Leisner
Handwerksordnung

Handwerksordnung

Kommentar

Herausgegeben von

Dr. iur. Walter Georg Leisner

stv. Hauptgeschäftsführer der Handwerkskammer
für München und Oberbayern,
Privatdozent an der Universität Hamburg

Bearbeitet von

Kunigunde Baier-Treu
Rechtsanwältin in München,
Wiss. Mitarbeiterin am
Ludwig-Fröhler-Institut für
Handwerkswissenschaften München

Florian Lang
Assessor iur.,
Abteilungsleiter Handwerkskammer
Niederbayern-Oberpfalz

Dr. iur. Walter Georg Leisner
stv. Hauptgeschäftsführer der Handwerkskammer
für München und Oberbayern,
Privatdozent an der Universität Hamburg

2016

C.H.BECK

Zitiervorschlag: *Lang* in Leisner HwO § 21 Rn. 1

www.beck.de

ISBN 978 3 406 68894 2

© 2016 Verlag C. H. Beck oHG
Wilhelmstraße 9, 80801 München
Druck: Beltz Bad Langensalza GmbH
Neustädter Straße 1–4, 99947 Bad Langensalza

Satz: Meta Systems Publishing & Printservices GmbH, Wustermark

Umschlaggestaltung: Druckerei C.H. Beck Nördlingen

Gedruckt auf säurefreiem, alterungsbeständigem Papier
(hergestellt aus chlorfrei gebleichtem Zellstoff)

Vorwort

Das Handwerk in Deutschland findet seine rechtlichen Regelungen vornehmlich in der im September 1953 erlassenen Handwerksordnung (BGBl. I S. 1411). Diese hat zuletzt im Jahr 2003 maßgebliche Änderungen erfahren, welche großteils europarechtlichen Vorgaben geschuldet waren und teilweise zu einer Neuordnung dieser Rechtsmaterie geführt haben. So wirft das Handwerksrecht laufend neue Fragen auf, deren aktuelle und vertiefte Beantwortung für Wissenschaft und Praxis von hoher Relevanz ist.

Vor diesem Hintergrund hat sich dieser neue Kommentar zur Aufgabe gemacht, grundsätzliche Fragen und Entwicklungen des Handwerksrechts vertieft zu bearbeiten, neben der Klärung von praxisrelevanten Einzelproblemen, die dieser Materie innewohnen. Vervollständigt wird diese Bearbeitung durch die erste bisher gebotene Kommentierung zur Anlage C, jenen Bestimmungen zu den Wahlen der Mitglieder der Vollversammlung der Handwerkskammern.

Dieses Werk schließt eine Lücke in der Reihe „Beck'sche Online-Kommentare", die über ihre regelmäßigen Updates auf aktuellen Stand gehalten werden. Die hier vorgelegte erste „Printauflage" der Kommentierung gibt dabei den Stand der zweiten Online-Überarbeitung (30.10.2015) wieder.

Mein Dank gilt meinen beiden Co-Autoren sowie allen am Kommentar Mitwirkenden, die die zügige Fertigstellung ermöglicht haben und auch zuverlässig die erforderlichen Aktualisierungen im Rahmen der Online-Kommentierung gewährleisten. Ausdrücklich sei an dieser Stelle überdies dem Verlag C.H. Beck für seine bewährte Betreuung bei der Erstellung des Werks gedankt.

München, im Februar 2016 *Walter Georg Leisner*

*„Verachtet mir die Meister nicht,
und ehrt mir ihre Kunst!"*

Richard Wagner, Die Meistersinger von Nürnberg
3. Akt, 2. Szene

Inhaltsverzeichnis

	Seite
Bearbeiterverzeichnis	XIII
Literaturverzeichnis	XV
Verzeichnis der abgekürzt zitierten Literatur	XVII
Abkürzungsverzeichnis	XIX

Gesetz zur Ordnung des Handwerks (Handwerksordnung)

Einleitung 1

Erster Teil: Ausübung eines Handwerks und eines handwerksähnlichen Gewerbes

Erster Abschnitt: Berechtigung zum selbständigen Betrieb eines zulassungspflichtigen Handwerks

§ 1	Handwerksbetrieb; Eintragung in die Handwerksrolle	7
§ 2	Anwendung des Gesetzes auf öffentlich-rechtliche Unternehmen und Nebenbetriebe	25
§ 3	Nebenbetrieb; Hilfsbetrieb	27
§ 4	Fortführung des Betriebes nach dem Tode des Inhabers oder dem Ausscheiden des Betriebsleiters	35
§ 5	Arbeiten in anderen Handwerken	37
§ 5a	Datenübermittlung	39
§ 5b	Verfahren über eine einheitliche Stelle	41

Zweiter Abschnitt: Handwerksrolle

§ 6	Handwerksrolle; Einsichtsrecht	42
§ 7	Eintragungen	47
§ 7a	Ausübungsberechtigung für anderes Gewerbe	58
§ 7b	Ausübungsberechtigung für zulassungspflichtige Handwerke	60
§ 8	Ausnahmebewilligung	66
§ 9	Ausnahmebewilligung für Angehörige der EWG-Mitgliedstaaten	82
§ 10	Handwerkskarte	87
§ 11	Mitteilungspflicht der Handwerkskammer	89
§ 12	Verwaltungsrechtsweg	91
§ 13	Löschung in der Handwerksrolle	93
§ 14	Beschränkung des Antrags auf Löschung	96
§ 15	Erneuter Eintragungsantrag nach Ablehnung	98
§ 16	Anzeigepflicht bei Betriebsbeginn; Untersagung der Fortsetzung	98
§ 17	Auskunftspflicht und -verweigerungsrecht; Betriebsüberwachung	106

Dritter Abschnitt: Zulassungsfreie Handwerke und handwerksähnliche Gewerbe

§ 18	Handwerksähnliche Gewerbe; Anzeigepflicht	110
§ 19	Inhaberverzeichnis	112
§ 20	Anwendbarkeit von Vorschriften	113

Zweiter Teil: Berufsbildung im Handwerk

Vorbemerkung zu §§ 21 ff. 115

Erster Abschnitt: Berechtigung zum Einstellen und Ausbilden

§ 21	Eignung der Ausbildungsstätte	115
§ 22	Persönliche und fachliche Eignung	122
§ 22a	Persönliche Eignung	124
§ 22b	Fachliche Eignung	126

Inhaltsverzeichnis

		Seite
§ 22c	Anerkennung der Berufsqualifikation	132
§ 23	Eignungsfeststellung	134
§ 24	Untersagung des Einstellens und Ausbildens	137

Zweiter Abschnitt: Ausbildungsordnung, Änderung der Ausbildungszeit

§ 25	Ausbildungsordnung	140
§ 26	Inhalt der Ausbildungsordnung	144
§ 27	Ausnahmen	162
§ 27a	Anrechnung auf die Ausbildungszeit	163
§ 27b	Verkürzung und Verlängerung der Ausbildungszeit	165
§ 27c	Verkürzte Gesamtausbildungszeit	172

Dritter Abschnitt: Verzeichnis der Berufsausbildungsverhältnisse

§ 28	Einrichten, Führen, Datenschutz	173
§ 29	Eintragen, Ändern, Löschen	177
§ 30	Antrag	189

Vierter Abschnitt: Prüfungswesen

§ 31	Gesellenprüfung	191
§ 32	Prüfungsgegenstand	201
§ 33	Gesellenprüfungsausschüsse	204
§ 34	Zusammensetzung, Berufung	209
§ 35	Vorsitzender; Stellvertreter	217
§ 35a	Bewertung von Prüfungsleistungen	218
§ 36	Zulassung zur Gesellenprüfung	220
§ 36a	Zulassung zu einzelnen Teilen der Gesellenprüfung	223
§ 37	Zulassung in besonderen Fällen	225
§ 37a	Entscheidung über die Zulassung	230
§ 38	Prüfungsordnung	232
§ 39	Zwischenprüfung	245
§ 39a	Gesonderte Prüfung	248
§ 40	Gleichstellung von Prüfungszeugnissen	249
§ 40a	Ausländische Ausbildungsnachweise	251

Fünfter Abschnitt: Regelung und Überwachung der Berufsausbildung

§ 41	Regelung der Berufsausbildung	254
§ 41a	Überwachung der Berufsausbildung	256

Sechster Abschnitt: Berufliche Fortbildung, berufliche Umschulung

§ 42	Fortbildungsordnung	264
§ 42a	Fortbildungsprüfungsregelungen	266
§ 42b	Berücksichtigung ausländischer Bildungsabschlüsse	269
§ 42c	Prüfungsausschüsse	270
§ 42d	Gleichstellung von Prüfungszeugnissen	278
§ 42e	Berufliche Umschulung	279
§ 42f	Umschulungsprüfungsregelungen	281
§ 42g	Umschulung für einen anerkannten Ausbildungsberuf	282
§ 42h	Berücksichtigung ausländischer Bildungsabschlüsse	285
§ 42i	Berufliche Umschulung	285
§ 42j	Gleichwertige Prüfungszeugnisse	293

Siebenter Abschnitt: Berufliche Bildung behinderter Menschen, Berufsausbildungsvorbereitung

§ 42k	Ausbildung	294
§ 42l	Behindertengerechte Regelung der Ausbildung	294

Inhaltsverzeichnis

Seite

§ 42m	Ausbildungsregelungen	297
§ 42n	Berufliche Fortbildung und Umschulung	299
§ 42o	Personenkreis	299
§ 42p	Grundlagen der Berufsausbildungsvorbereitung	302
§ 42q	Verbot und Anzeigepflicht der Berufsausbildungsvorbereitung	305

Achter Abschnitt: Berufsbildungsausschuß

§ 43	Berufsbildungsausschuss	307
§ 44	Aufgaben	310
§ 44a	Beschlussfähigkeit; Wirksamkeit von Beschlüssen	315
§ 44b	Geschäftsordnung	317

Dritter Teil: Meisterprüfung, Meistertitel

Vorbemerkung zu §§ 45 ff. 322

Erster Abschnitt: Meisterprüfung in einem zulassungspflichtigen Handwerk

§ 45	Anforderungen	322
§ 46	Befreiung von der Ablegung einzelner Teile der Meisterprüfung	329
§ 47	Meisterprüfungsausschüsse	332
§ 48	Zusammensetzung des Meisterprüfungsausschusses	333
§ 49	Zulassung zur Prüfung	334
§ 50	Prüfungskosten; Prüfungsordnung; Aufsichtsbefugnisse	337
§ 50a	Im Ausland erworbene Prüfungszeugnisse	338
§ 50b	Feststellung der Gleichwertigkeit	338
§ 51	Meistertitel in Verbindung mit einem zulassungspflichtigen Handwerk	343

Zweiter Abschnitt: Meisterprüfung in einem zulassungsfreien Handwerk oder in einem handwerksähnlichen Gewerbe

§ 51a	Meisterprüfung in einem zulassungsfreien Handwerk	344
§ 51b	Meisterprüfungsausschüsse	346
§ 51c	Gleichstellung von Prüfungszeugnissen	347
§ 51d	Meistertitel in Verbindung mit einem zulassungfreien Handwerk	347
§ 51e	Gleichwertigkeit ausländischer Ausbildungsnachweise	347

Vierter Teil: Organisation des Handwerks

Vorbemerkung zu §§ 52 ff. 348

Erster Abschnitt: Handwerksinnungen

§ 52	Bildung von Handwerksinnungen, Innungsbezirke	352
§ 53	Rechtsform der Handwerksinnung	367
§ 54	Aufgabe der Innung	371
§ 55	Satzung	385
§ 56	Genehmigung der Satzung	396
§ 57	Nebensatzungen für Unterstützungskassen	398
§ 58	Innungsmitglieder	401
§ 59	Gastmitglieder der Innung	409
§ 60	Organe der Innung	412
§ 61	Innungsversammlung	414
§ 62	Beschlussfassung; Einberufung der Versammlung	419
§ 63	Stimmrecht	426
§ 64	Ausschluss des Stimmrechts	428
§ 65	Übertragung des Stimmrechts	430
§ 66	Vorstand der Handwerksinnung	434
§ 67	Ausschüsse	445
§ 68	Gesellenausschuss	450

Inhaltsverzeichnis

		Seite
§ 69	Zusammensetzung und Wahl des Gesellenausschusses	454
§ 70	Wahlrecht	460
§ 71	Wählbarkeit zum Gesellenausschuss	462
§ 71a	Kurzzeitige Arbeitslosigkeit	464
§ 72	Bei Innungsmitgliedern nicht mehr beschäftigte Ausschussmitglieder	465
§ 73	Beiträge und Gebühren	466
§ 74	Haftung der Innung	479
§ 75	Aufsicht über die Handwerksinnung	482
§ 76	Auflösung der Innung	486
§ 77	Insolvenz- und Vergleichsverfahren	489
§ 78	Liquidation; Vermögensauseinandersetzung	492

Zweiter Abschnitt: Innungsverbände

§ 79	Landesinnungsverband	495
§ 80	Rechtsform; Satzung	499
§ 81	Aufgaben des Landesinnungsverbandes	502
§ 82	Förderung wirtschaftlicher und sozialer Interessen	503
§ 83	Anwendbarkeit von Vorschriften	505
§ 84	Anschluss von handwerksähnlichen Betrieben	512
§ 85	Bundesinnungsverband	514

Dritter Abschnitt: Kreishandwerkerschaften

§ 86	Kreishandwerkerschaft	516
§ 87	Aufgaben	519
§ 88	Mitgliederversammlung	522
§ 89	Anwendbarkeit von Vorschriften	526

Vierter Abschnitt: Handwerkskammern

§ 90	Handwerkskammern	532
§ 91	Aufgaben	543
§ 92	Organe der Handwerkskammer	561
§ 93	Zusammensetzung der Vollversammlung	562
§ 94	Rechtsstellung der Mitglieder	563
§ 95	Wahl der Mitglieder	564
§ 96	Wahlrecht	566
§ 97	Wählbarkeit	569
§ 98	Wahl der Vertreter der Arbeitnehmer	573
§ 99	Wählbarkeit zum Vertreter der Arbeitnehmer	575
§ 100	Wahlprüfung; Bekanntmachung des Ergebnisses	576
§ 101	Einspruch gegen die Wahl	580
§ 102	Ablehnung der Wahl; Amtsniederlegung	584
§ 103	Amtsdauer	585
§ 104	Ausscheiden aus dem Amt	586
§ 105	Satzung der Handwerkskammer	587
§ 106	Beschlussfassung der Vollversammlung	590
§ 107	Zuziehung von Sachverständigen	594
§ 108	Vorstands- und Präsidentenwahl	595
§ 109	Befugnisse des Vorstands; Vertretungsrecht	598
§ 110	Ausschüsse der Vollversammlung	599
§ 111	Überwachung der Lehrlingsausbildung; Auskunftspflicht der Gewerbetreibenden	600
§ 112	Ordnungsgeld	601
§ 113	Beiträge und Gebühren	603
§ 114	(aufgehoben)	616
§ 115	Aufsicht über Handwerkskammer; Auflösung der Vollversammlung	616
§ 116	Ermächtigung	620

Inhaltsverzeichnis

Seite

Fünfter Teil: Bußgeld-, Übergangs- und Schlußvorschriften

Vorbemerkung zu §§ 117 ff 621

Erster Abschnitt: Bußgeldvorschriften

§ 117 Ordnungswidrigkeiten 621
§ 118 Weitere Ordnungswidrigkeiten 624
§ 118a Unterrichtung der Handwerkskammer 625

Zweiter Abschnitt: Übergangsvorschriften

§ 119 Erhaltung der Berechtigung, ein Handwerk zu betreiben 625
§ 120 Erhaltung der Befugnis zur Lehrlingsausbildung 629
§ 121 Der Meisterprüfung gleichgestellte Prüfungen 629
§ 122 Gesellen- und Meisterprüfungsvorschriften bei Trennung oder Zusammenfassung von Handwerken 630
§ 123 Zulassung zur Meisterprüfung 630
§ 124 Bestehende Handwerksorganisation 631
§ 124a Bis zum 31. 12. 2004 begonnene Wahlverfahren 632
§ 124b Ermächtigung zur Übertragung von Zuständigkeiten 634

Dritter Abschnitt: Schlußvorschriften

§ 125 (Inkrafttreten) 637

Anlage A zu dem Gesetz zur Ordnung des Handwerks (Handwerksordnung)

Verzeichnis der Gewerbe, die als zulassungspflichtige Handwerke betrieben werden können (§ 1 Abs. 2) 638

Anlage B zu dem Gesetz zur Ordnung des Handwerks (Handwerksordnung)

Verzeichnis der Gewerbe, die als zulassungsfreie Handwerke oder handwerksähnliche Gewerbe betrieben werden können (§ 18 Abs. 2) 639

Anlage C zu dem Gesetz zur Ordnung des Handwerks (Handwerksordnung)
Wahlordnung für die Wahlen der Mitglieder der Vollversammlung der Handwerkskammern

Erster Abschnitt. Zeitpunkt der Wahl, Wahlleiter und Wahlausschuß

§ 1 Zeitpunkt der Wahl; Wahlleiter 642
§ 2 Wahlausschuss 654

Zweiter Abschnitt. Wahlbezirk

§ 3 Wahlbezirk 661

Dritter Abschnitt. Stimmbezirke

§ 4 Aufteilung der Mitglieder der Vollversammlung 662

Vierter Abschnitt. Abstimmungsvorstand

§ 5 aufgehoben 665
§ 6 aufgehoben 665

Fünfter Abschnitt. Wahlvorschläge

§ 7   Aufforderung zur Einreichung von Wahlvorschlägen 665
§ 8   Anforderungen an die Wahlvorschläge 684
§ 9   Einreichungsfrist 693
§ 10 Einzureichende Erklärungen und Bescheinigungen 694
§ 11 Beseitigung von Mängeln; Zulassung und Veröffentlichung der Wahlvorschläge 700

Inhaltsverzeichnis

Seite

Sechster Abschnitt. Wahl

§ 12	Wählerverzeichnis	705
§ 13	Wahlberechtigungsschein	718
§ 14	Gültigkeit der abgegebenen Stimmen	721
§ 15	Stimmzettel	722
§ 16	Abstimmungshandlung	724
§ 17	Ermittlung des Wahlergebnisses in den Stimmbezirken; ungültige Stimmen; Abstimmungsniederschrift	729
§ 17a	Verwahrung, Aufbewahrung und Vernichtung der Wahlunterlagen; Auskünfte	736
§ 18	Ermittlung des Gesamtergebnisses der Wahl; gewählte Bewerber	739
§ 19	aufgehoben	741
§ 20	Wegfall der Wahlhandlung	741
§ 21	Beschwerdeverfahren	746
§ 22	Kosten der Wahl	748

Anlage zur Wahlordnung für die Wahlen der Mitglieder der Vollversammlung der Handwerkskammern 748

Anlage D zu dem Gesetz zur Ordnung des Handwerks (Handwerksordnung)

Art der personenbezogenen Daten in der Handwerksrolle, in dem Verzeichnis der Inhaber eines zulassungsfreien Handwerks oder handwerksähnlichen Gewerbes und in der Lehrlingsrolle 749

Sachverzeichnis 751

Bearbeiterverzeichnis

Kunigunde Baier-Treu .... Rechtsanwältin in München, Wiss. Mitarbeiterin am Ludwig-Fröhler-Institut für Handwerkswissenschaften, München
Vorb. §§ 52 ff., §§ 52–89

Florian Lang .... Assessor iur., Abteilungsleiter Handwerkskammer Niederbayern-Oberpfalz
Vorb. §§ 21 ff., §§ 21–44b

Dr. Walter Georg Leisner ..... Stv. Hauptgeschäftsführer der Handwerkskammer für München und Oberbayern, Privatdozent an der Universität Hamburg
Einl., §§ 1–20, Vorb. §§ 45 ff., §§ 45–51e, Vorb. §§ 52 ff., §§ 90–116, Vorb. §§ 117 ff., §§ 117–125, Anl C WahlO

Literaturverzeichnis

Bader / Ronellenfitsch	Verwaltungsverfahrensgesetz, 2010.
Bamberger / Roth	Kommentar zum Bürgerlichen Gesetzbuch, 3. Aufl. 2012.
Baumbach / Lauterbach / Albers / Hartmann	Zivilprozessordnung, 73. Aufl. 2015.
Benecke / Hergenröder	Berufsbildungsgesetz, 2009.
Boettcher / Högner	Bundeswahlgesetz – Bundeswahlordnung, 14. Aufl. 1998.
Detterbeck	Handwerksordnung, 4. Aufl. 2008.
Detterbeck	Allgemeines Verwaltungsrecht, 13. Aufl. 2015.
Erman	BGB, 14. Aufl. 2014.
Eyermann	Verwaltungsgerichtsordnung, 14. Aufl. 2014.
Frentzel / Jäkel / Junge	Industrie- und Handelskammergesetz, 7. Aufl. 2009.
Fröhler / Oberndorfer	Körperschaften des öffentlichen Rechts und Interessenvertretung, 1974.
Glanegger / Güroff	Gewerbesteuergesetz, 8. Aufl. 2014.
Herkert / Töltl	Berufsbildungsgesetz, Loseblatt-Kommentar.
Honig / Knörr	Handwerksordnung, 4. Aufl. 2008.
Isensee / Kirchhof	Handbuch des Staatsrechts, 3. Aufl. 2003 ff.
Jäde / Dirnberger / Weiß	Baugesetzbuch, Baunutzungsverordnung: BauGB, BauNVO, 7. Aufl. 2013.
Jarass / Jieroth	Grundgesetz für die Bundesrepublik Deutschland, 13. Aufl. 2014.
Kirchhof / Eidenmüller / Stürner	Münchener Kommentar zur Insolvenzordnung, 3. Aufl. 2013 ff.
Klein	Abgabenordnung, 12. Aufl. 2014.
Kluth	Handbuch des Kammerrechts, 2. Aufl. 2011.
Kopp / Ramsauer	Verwaltungsverfahrensgesetz, 16. Aufl. 2015.
Kopp / Schenke	VwGO, 21. Aufl. 2015.
Kormann / Liegmann	Zur Abgrenzung des Vollhandwerks – Band I: Eine Bestandsaufnahme, 2006.
Kormann / Hüpers	Das neue Handwerksrecht, 2004.
Landmann / Rohmer	Gewerbeordnung und ergänzende Vorschriften: GewO, Loseblatt-Kommentar.
Leinemann / Taubert	Berufsbildungsgesetz, 2. Aufl. 2008.
Leisner	Die „wesentliche Tätigkeit" eines Handwerks in § 1 Abs. 2 HwO, Rechtsprechungsanalyse und systematische Einordnung von Einzel(grenz)fällen, 2014.
Maurer	Allgemeines Verwaltungsrecht, 18. Aufl. 2011.
Müller-Glöge / Preis / Schmidt	Erfurter Kommentar zum Arbeitsrecht, 15. Aufl. 2015.
Niehues / Fischer / Jeremias	Prüfungsrecht, 6. Aufl. 2014.
Oberndorfer	Die wirtschaftliche und berufliche Selbstverwaltung durch Kammern in der Bundesrepublik Deutschland, 1987.
Pointner	BWahlG, 1980.
Redeker / von Oertzen	Verwaltungsgerichtsordnung, 16. Aufl. 2014.
Sachs	Grundgesetz, 7. Aufl. 2014.

Literaturverzeichnis

Schmidt	Einkommensteuergesetz, 34. Aufl. 2015
Schreiber	BWahlG, 9. Aufl. 2013.
Sodan / Ziekow	Verwaltungsgerichtsordnung, 4. Aufl. 2014.
Streinz	EUV/AEUV, 2. Aufl. 2012.
Schwannecke	Die Deutsche Handwerksordnung, Loseblatt-Kommentar.
Schweinoch / Simader	Bundeswahlgesetz – Bundeswahlordnung, 11. Aufl. 1986.
Sodan	Grundgesetz, 3. Aufl. 2015.
Spannowsky / Uechtritz	Baugesetzbuch, 2. Aufl. 2014.
Thomas / Putzo	Zivilprozessordnung, 36. Aufl. 2015.
von Mangoldt / Klein / Starck	Kommentar zum Grundgesetz, 6. Aufl. 2010.
Will	Selbstverwaltung der Wirtschaft, 2011.
Wohlgemuth	Berufsbildungsgesetz, 2011.

Verzeichnis der abgekürzt zitierten Literatur

BLAH	Baumbach / Lauterbach / Albers / Hartmann, Zivilprozessordnung, 73. Aufl. 2015.
Bader/Ronellenfitsch	Bader / Ronellenfitsch, Verwaltungsverfahrensgesetz, 2010.
Bamberger/Roth	Bamberger / Roth, Kommentar zum Bürgerlichen Gesetzbuch, 3. Aufl. 2012.
Benecke/Hergenröder	Benecke / Hergenröder, Berufsbildungsgesetz, 2009.
Boettcher/Högner	Boettcher / Högner, Bundeswahlgesetz – Bundeswahlordnung, 14. Aufl. 1998.
Detterbeck	Detterbeck, Handwerksordnung, 4. Aufl. 2008.
Detterbeck AllgVerwR	Detterbeck, Allgemeines Verwaltungsrecht, 13. Aufl. 2015.
ErfK	Müller-Glöge / Preis / Schmidt, Erfurter Kommentar zum Arbeitsrecht, 15. Aufl. 2015.
Erman	Erman, BGB, 14. Aufl. 2014.
Eyermann	Eyermann, Verwaltungsgerichtsordnung, 14. Aufl. 2014.
Frentzel/Jäkel/Junge	Frentzel / Jäkel / Junge, Industrie- und Handelskammergesetz, 7. Aufl. 2009.
Fröhler/Oberndorfer	Fröhler / Oberndorfer, Körperschaften des öffentlichen Rechts und Interessenvertretung, 1974.
Glanegger/Güroff	Glanegger / Güroff, Gewerbesteuergesetz, 8. Aufl. 2014.
HK-BBiG	Wohlgemuth, Berufsbildungsgesetz, 2011.
Herkert/Töltl	Herkert / Töltl, Berufsbildungsgesetz, Loseblatt-Kommentar.
Honig/Knörr	Honig / Knörr, Handwerksordnung, 4. Aufl. 2008.
Isensee/Kirchhof HdbStaatsR	Isensee / Kirchhof, Handbuch des Staatsrechts, 3. Aufl. 2003 ff.
Jäde/Dirnberger/Weiß	Jäde / Dirnberger / Weiß, Baugesetzbuch, Baunutzungsverordnung: BauGB, BauNVO, 7. Aufl. 2013.
Jarass/Pieroth	Jarass / Pieroth, Grundgesetz für die Bundesrepublik Deutschland, 13. Aufl. 2014.
Klein	Klein, Abgabenordnung, 12. Aufl. 2014.
Kluth	Kluth, Handbuch des Kammerrechts, 2. Aufl. 2011.
Kopp/Ramsauer	Kopp / Ramsauer, Verwaltungsverfahrensgesetz, 16. Aufl. 2015.
Kopp/Schenke	Kopp / Schenke, VwGO, 21. Aufl. 2015.
Kormann/Liegmann	Kormann / Liegmann, Zur Abgrenzung des Vollhandwerks – Band I: Eine Bestandsaufnahme, 2006.
Kormann/Hüpers	Kormann / Hüpers, Das neue Handwerksrecht, 2004.
LR-GewO	Landmann / Rohmer, Gewerbeordnung und ergänzende Vorschriften: GewO, Loseblatt-Kommentar.
Leinemann/Taubert	Leinemann / Taubert, Berufsbildungsgesetz, 2. Aufl. 2008.
Leisner	Leisner, Die „wesentliche Tätigkeit" eines Handwerks in § 1 Abs. 2 HwO, Rechtsprechungsanalyse und systematische Einordnung von Einzel(grenz)fällen, 2014.
Maurer Allgemeines VerwaltungsR	Maurer, Allgemeines Verwaltungsrecht, 18. Aufl. 2011.
MüKoInsO	Kirchhof / Eidenmüller / Stürner, Münchener Kommentar zur Insolvenzordnung, 3. Aufl. 2013 ff.

Verzeichnis der abgekürzt zitierten Literatur

Niehues/Fischer/Jeremias	Niehues / Fischer / Jeremias, Prüfungsrecht, 6. Aufl. 2014.
NK-VwGO	Sodan / Ziekow, Verwaltungsgerichtsordnung, 4. Aufl. 2014.
Oberndorfer	Oberndorfer, Die wirtschaftliche und berufliche Selbstverwaltung durch Kammern in der Bundesrepublik Deutschland, 1987.
Pointner	Pointner, BWahlG, 1980.
Redeker/v. Oertzen	Redeker / von Oertzen, Verwaltungsgerichtsordnung, 16. Aufl. 2014.
Sachs	Sachs, Grundgesetz, 7. Aufl. 2014.
Schmidt EStG	Schmidt, Einkommensteuergesetz, 34. Aufl. 2015
Schreiber	Schreiber, BWahlG, 9. Aufl. 2013.
Streinz	Streinz, EUV/AEUV, 2. Aufl. 2012.
Schwannecke	Schwannecke, Die Deutsche Handwerksordnung, Loseblatt-Kommentar.
Schweinoch/Simader	Schweinoch / Simader, Bundeswahlgesetz – Bundeswahlordnung, 11. Aufl. 1986.
Sodan	Sodan, Grundgesetz, 3. Aufl. 2015.
Spannowsky/Uechtritz	Spannowsky / Uechtritz, Baugesetzbuch, 2. Aufl. 2014.
Thomas/Putzo	Thomas / Putzo, Zivilprozessordnung, 36. Aufl. 2015.
v. Mangoldt/Klein/Starck	von Mangoldt / Klein / Starck, Kommentar zum Grundgesetz, 6. Aufl. 2010.
Will	Will, Selbstverwaltung der Wirtschaft, 2011.

Abkürzungsverzeichnis

aA	andere Ansicht
aaO	am angegebenen Ort
abl.	ablehnend
ABM	Arbeitsbeschaffungs-Maßnahme(n)
aF	alte Fassung
AllMBl.	Allgemeines Ministerialamtsblatt (Bay.)
Anh.	Anhang
Anl.	Anlage
Anm.	Anmerkung, Anmerkungen
AOK	Allgemeine Ortskrankenkasse
AP	„Arbeitsrechtliche Praxis" (Nachschlagewerk des BAG)
ArbGG	Arbeitsgerichtsgesetz
AuR	„Arbeit und Recht"
Az.	Aktenzeichen
Bad-Württ.	Baden-Württemberg(isch)
BAG	Bundesarbeitsgericht
BAnz.	Bundesanzeiger
BArbBl.	Bundes-Arbeitsblatt
BauR	Zeitschrift für Baurecht
Bay.	Bayern, bayerische(s)
BayVBl.	„Bayerische Verwaltungsblätter"
BayVGH	Bayerischer Verwaltungsgerichtshof
BayWVMBl.	Amtsblatt des Bayer. Staatsministeriums für Wirtschaft und Verkehr
BB	„Der Betriebs-Berater"
BBiG	Berufsbildungsgesetz
Betrieb	„Der Betrieb"
BFH	Bundesfinanzhof; Bundesvereinigung der Fachverbände des Handwerks
BGB	Bürgerliches Gesetzbuch
BGBl.	Bundesgesetzblatt
BGH	Bundesgerichtshof
BGHZ	Amtliche Entscheidungssammlung des Bundesgerichtshof in Zivilsachen
BIV	Bundesinnungsverband
BSG	Bundessozialgericht
BStBl.	Bundessteuerblatt
BT-Drs.	Bundestags-Drucksache
BVerfG	Bundesverfassungsgericht
BVerwG	Bundesverwaltungsgericht
BVFG	Bundesvertriebenen- und -flüchtlingsgesetz
bzw.	beziehungsweise
DDR	Deutsche Demokratische Republik
Detterbeck	Detterbeck, Handwerksordnung, 4. Auflage, München 2008
DGB	Deutscher Gewerkschaftsbund
DHBl.	„Deutsches Handwerksblatt"
DHKT	Deutscher Handwerkskammertag, Bonn, Rundschreibendienst
DHreport	„Deutsches Handwerk report" (ZdH-Organ)
DÖV	„Die öffentliche Verwaltung"
DStR	„Deutsches Steuerrecht"
DVBl	„Deutsches Verwaltungsblatt"
E	amtliche Entscheidungssammlung
EG	Einführungsgesetz
ELG	Einkaufs- und Lieferungsgenossenschaft (DDR)
EStR	Einkommensteuerrichtlinien
EU	Europäische Union
EzB	„Entscheidungen zur Berufsbildung"
f.; ff.	folgender, folgende
FGG	Gesetz über die freiwillige Gerichtsbarkeit
FMBl.	Amtsblatt des Bundesfinanzministeriums
G.	Gesetz

Abkürzungsverzeichnis

gem.	gemäß
GewA	„Gewerbearchiv"
GewO	Gewerbeordnung
GG	Grundgesetz
GmbH	Gesellschaft mit beschränkter Haftung
GRUR	„Gewerblicher Rechtsschutz und Urheberrecht"
GVBl.	Gesetz- und Verordnungsblatt
GVG	Gerichtsverfassungsgesetz
hä.	handwerksähnlich(e, es)
hM	herrschende Meinung
Hess.	Hessen, Hessisch
HGB	Handelsgesetzbuch
HWK	Handwerkskammer
HwO	Handwerksordnung
idF	in der Fassung
IHK	Industrie- und Handelskammer
InsO	Insolvenzordnung
JA	Juristische Arbeitsblätter
JArbSchG	Jugendarbeitsschutzgesetz
JuS	„Juristische Schulung"
JW	„Juristische Wochenschrift"
JZ	„Juristenzeitung"
KG	Kammergericht Berlin; Kommanditgesellschaft
KHW	Kreishandwerkerschaft
KME	Entschließung des Kultusministeriums
KreisG	Kreisgericht
KrV	„Die Krankenversicherung"
KSVG	Künstlersozialversicherungsgesetz
LAG	Landesarbeitsgericht
LG	Landgericht
LIV	Landesinnungsverband
LKV	„Landes- und Kommunalverwaltung"
LS	(nur) Leitsatz
LSG	Landessozialgericht
LVG	Landesverwaltungsgericht
MABl.	Ministerialamtsblatt
MDR	„Monatsschrift für deutsches Recht"
MPO	Meisterprüfungsordnung
nF	neue Fassung
NJ	„Neue Justiz"
NJW	„Neue juristische Wochenschrift"
NJW-RR	„NJW-Rechtsprechungs-Report"
Nds.	Niedersachsen
NVwZ	„Neue Zeitschrift für Verwaltungsrecht"
NVwZ-RR	„NvwZ-Rechtsprechungs-Report"
NW	Nordrhein-Westfalen
NZA	„Neue Zeitschrift für Arbeitsrecht"
ObLG	Oberstes Landgericht
OHG	Offene Handelsgesellschaft
OLG	Oberlandesgericht
OVA	Oberversicherungsamt
OVG	Oberverwaltungsgericht
OWiG	Gesetz über Ordnungswidrigkeiten
PrOVG	Preußisches OVG
RArbG	Reichsarbeitsgericht
RBerG	Rechtsberatungsgesetz
RdA	„Recht der Arbeit"
Rdn.	Randnummer(n)
RG (Z.; St.)	Reichsgericht (Zivil-, Strafsachen)
RhPf	Rheinland-Pfalz
Rspr.	Rechtsprechung
RVO	Reichsversicherungsordnung
s.	siehe
S.	Seite
Schl.-Holst.	Schleswig-Holstein
SGB	Sozialgesetzbuch
SozR	„Sozialrecht"

Abkürzungsverzeichnis

StAnz.	„Staatsanzeiger"
StGB	Strafgesetzbuch
StPO	Strafprozeßordnung
str.	strittig
SVA-VO	Sozialversicherungsausweis-VO
SVO	Sachverständigenordnung
THE	„Taschenlexikon handwerksrechtlicher Entscheidungen"
THW	Technisches Hilfswerk
uä	und ähnliches
ÜLU	Überbetriebliche Lehrlingsunterweisung
uU	unter Umständen
u. dgl.	und dergleichen
UFITA	„Archiv für Urheber-, Film-, Funk- und Theaterrecht"
usw	und so weiter
UWG	Gesetz gegen den unlauteren Wettbewerb
VEB	Volkseigener Betrieb (DDR)
VerglO	Vergleichsordnung
VerwRspr.	„Verwaltungsrechtsprechung"
VG	Verwaltungsgericht
VGH	Verwaltungsgerichtshof
vgl.	vergleiche
VIZ	„Zeitschrift für Vermögens- und Investitionsrecht" (bis 31.12.1997), „Zeitschrift für Vermögens- und Investitionsrecht. Das Recht in den neuen Bundesländern" (ab 1.1.1998)
VMBl.	Amtsblatt des Verteidigungsministers
VO	Verordnung
VollzBek.	Vollzugs-Bekanntmachung
VRS	„Verwaltungsrechtsprechung"
VwGO	Verwaltungsgerichtsordnung
wistra	„Zeitschrift für Wirtschaft, Steuer, Strafrecht"
WiVerw; VuV	„Wirtschaft und Verwaltung"
WRP	„Wettbewerb in Recht und Praxis"
zB	zum Beispiel
ZdH-intern	Zentralverband des deutschen Handwerks, Bonn, Rundschreibendienst
ZPO	Zivilprozeßordnung

Gesetz zur Ordnung des Handwerks (Handwerksordnung)

In der Fassung der Bekanntmachung vom 24. September 1998 (BGBl. I S. 3074, ber. 2006 I S. 2095), zul. geänd. durch VO v. 31.8.2015 (BGBl. I S. 1474)

Einleitung

Übersicht

	Rn.		Rn.
A. Die neuen Grundkategorien des Handwerksrechts seit der Großen Handwerksrechtsnovelle von 2003	1	5. Fazit: Ein neues Handwerksrecht-System? Ziel- und Qualifikationsänderung	11
I. Die bis 2003 geltende Kategorieneinteilung	1	B. Verfassungsrechtliche Beurteilung der Handwerksrechtsnovelle von 2003	12
II. Die neue Kategorieneinteilung seit 2003	5	I. Die Verfassungsmäßigkeit der Großen Handwerksrechtsnovelle von 2003 – Einschränkung der Meisterpflicht	12
1. Allgemeines	5		
2. Die „zulassungspflichtigen Handwerke"	7		
3. Die zulassungsfreien Handwerke	9	II. Keine Neufassung des Bestimmungsrechts über die Änderung der Anlage A (§ 1 Abs. 3)	19
4. Die handwerksähnlichen Tätigkeiten	10		

A. Die neuen Grundkategorien des Handwerksrechts seit der Großen Handwerksrechtsnovelle von 2003

I. Die bis 2003 geltende Kategorieneinteilung

Bis zur **Novellierung der Handwerksordnung** vom 24.12.2003 (BGBl. I 2934 ff.) gab es nur **zwei Kategorien** von Tätigkeiten im gewerblichen Bereich, deren Regelungen Gegenstand des „**Handwerksrechts**" waren, in der Form wie dieses seit 1953, insoweit nur wenig verändert, seine kodifikatorische Gesamtordnung in der Handwerksordnung gefunden hatte: Einerseits das „**Handwerk**", als Begriff einer selbständigen Betriebseinheit, einer speziellen Art von Gewerbe (§§ 1 ff. aF), zum anderen die „**handwerksähnlichen Gewerbe**" (§§ 18–20 aF). 1

Als „**Handwerke**" wurden nur solche Tätigkeiten eines stehenden Gewerbes angesehen, die „selbständig" und „handwerklich" ausgeführt wurden und ein „Gewerbe vollständig umfassten", welches in der (damaligen) „Anlage zur HwO" aufgeführt war; gleiches galt zur Ausübung der für ein „solches Gewerbe wesentlichen Tätigkeiten". Unternehmer konnten mit ihren Betrieben (nur) unter diesen Voraussetzungen in die **Handwerksrolle eingetragen** werden (§ 1 Abs. 1 S. 1 aF), wenn sie, als Einzelunternehmer (§ 7 Abs. 1 aF), bei Personengesellschaften als persönlich haftende Gesellschafter (§ 7 Abs. 4 S. 2 aF), bei juristischen Personen als Betriebsleiter (§ 7 Abs. 4 S. 1 aF) **die Meisterprüfung** in dem betreffenden Handwerk bestanden hatten (§ 7 Abs. 1 aF). Gleichgestellt waren dieser Meisterqualifikation gewisse andere bestandene Prüfungen bzw. erworbene Qualifikationen gleichwertiger Art (§ 7 Abs. 2, 2a aF), sowie Ausnahmebewilligungen nach §§ 8, 9 aF. 2

Neben diesen „Handwerken" waren in der Handwerksordnung bis 2003 nur noch die „**Handwerksähnlichen Gewerbe**" geregelt (§§ 18–20 aF). Solche lagen vor, wenn ein selbständiges Unternehmen als stehendes Gewerbe betrieben wurde, in einer handwerksähnlichen Betriebsform, das in der Anlage B (alter Fassung) zur Handwerksordnung aufgeführt war (§ 18 Abs. 1 u. 2 aF). 3

Die Handwerksordnung kannte also bis zur großen Handwerksrechtsnovelle „**das Handwerk**", iSd „handwerklichen Gewerbe", der „Handwerker", der „handwerklichen Tätigkeiten" und der „Handwerksbetriebe". Entscheidende Voraussetzung für dieses Handwerk war es, dass Betriebsinhaber oder verantwortliche Betriebsleiter dieser Unternehmen „**Meister**" 4 waren, oder eine entsprechende Qualifikation erworben hatten. I. S. der Handwerksordnung von 1936 musste also ein „handwerklicher Meisterbetrieb" vorliegen, dessen „Führung" in „Meisterhand" lag. Daneben war für „das Handwerk" noch eine zweite Voraussetzung zu erfüllen: Die Betriebs-/Tätigkeitsform des Unternehmens musste eine „handwerkliche" sein. **„Handwerksähnlichkeit"** bestimmte sich demgegenüber nur nach (weitreichender) Erfüllung der zweiten Voraussetzung: des Vorliegens handwerklicher Betriebs-/ Tätigkeitsform(en). Dies war **eine in sich geschlossene gewerberechtliche Kategorien-Systematik**; sie hat 50 Jahre hindurch gegolten und damit die „Tradition" des deutschen Handwerks entscheidend geprägt. Im Jahre 2003 ist sie jedoch durch eine **andere Kategorien-Systematik der Handwerksordnung** (zur Frage der „Systemänderung" s. Rn. 11) ersetzt worden. Nach dieser gelten insoweit frühere Grundprinzipien und Norminhalte nur, soweit sie aufrechterhalten worden sind.

II. Die neue Kategorieneinteilung seit 2003

1. Allgemeines

5   Die Große Handwerksrechtsnovelle von 2003 hat durch eine neue Kategorieneinteilung der handwerklichen Tätigkeiten – damit der Regelungsgegenstände der Handwerksordnung – erstmals seit 1953 eine tiefgreifende rechtliche Strukturänderung in dieser Materie gebracht: Es ist nun **nicht mehr von einer Zwei-, sondern von einer Dreiteilung** innerhalb der rechtlich speziell geregelten „gewerblichen Tätigkeiten im Handwerk" auszugehen: Als Grundkategorien bleiben die bisherigen beiden Kategorien des „zulassungspflichtigen Handwerks" und der „handwerksähnlichen Tätigkeit" (→ Rn. 1) erhalten. Hinzugekommen ist jedoch – gewissermaßen „zwischen" jenen beiden Kategorien angesiedelt – die **neue Kategorie des zulassungsfreien Handwerks**. Die wesentlichen Änderungen, die seit 2003 gelten, liegen dabei auf zwei Ebenen:
- Die (alten) **zulassungspflichtigen Handwerke** wurden hinsichtlich ihrer Genehmigungsvoraussetzungen neu geregelt, hinsichtlich des Geltungsbereichs und Zulassungsvoraussetzungen erheblich eingeschränkt.
- Die (neuen) **zulassungsfreien Handwerke** sind nur mehr einer **Anzeigepflicht** unterworfen.

6   Diese neue Kategorienbildung (vgl. Detterbeck § 1 Rn. 2–6) hat im Schrifttum zu **intensiven Diskussionen** geführt. S. dazu allgemein Kormann/Hüpers, Das neue Handwerksrecht, 2004; Kormann/Hüpers Inländerdiskriminierung durch Meisterpflicht, GewArch 2008, 273, sowie etwa noch Bulla, Ist das Berufszulassungsregime der HwO noch verfassungsgemäß?, GewArch 2012, 470; Wiemers, Das novellierte Handwerksrecht in der neuesten Rechtsprechung des BVerwG – weitere Fragen offen, NVwZ 2012, 284; Th. Günther, Die Unterscheidung zwischen Handwerk und Industrie vor dem Hintergrund der wirtschaftlichen Entwicklung, GewArch 2012, 16; Zimmermann, Erosion ohne Gewinn: Die Handwerksrechtsreform und ihre Auswirkung auf die Ausbildung, GewArch 2011, 630. Zu einzelnen Handwerken vgl. insbes.: Augenoptiker – Detterbeck GewArch 2012, 337; Kluth GewArch 2009, 100; Putz- und Malerarbeiten: Bütow GewArch 2011, 320; Dachdecker: M. Pfeiffer GewArch 2010, 458; Gebäudereiniger: Kluth GewArch 2009, 329.

2. Die „zulassungspflichtigen Handwerke"

7   Betriebe in der Kategorie „**zulassungspflichtige Handwerke**" bedürfen, wie bisher (§ 1 Abs. 1 u. 2 aF und nF) der Genehmigung; diese erfolgt durch **Eintragung in die Handwerksrolle** (§§ 6 ff. aF und nF). Voraussetzungen sind weiterhin: Tätigkeit entsprechend einer Beschreibung der in der Anlage A aufgeführten Gewerbe, sowie handwerksmäßiges Betreiben des Unternehmens. Dieses Betreiben ist aber nur zulassungspflichtig, wenn es (eines) diese(r) Gewerbe **„vollständig erfasst"**, oder wenn in ihm Tätigkeiten ausgeführt werden, welche **„für dieses Gewerbe wesentlich sind"** (§ 1 Abs. 2 S. 1). Insoweit hat sich nichts geändert. Allerdings sind nun die „nicht wesentlichen Tätigkeiten", insbes. nach ihrer Erlernbarkeit, näher bestimmt (§ 1 Abs. 2 S. 2). Auch insoweit ist aber nicht eine wesentliche Änderung der bisherigen Gesetzeslage eingetreten. Die zulassungspflichtigen Handwerke werden weiterhin als A1-Gewerbe (Betriebe, Handwerksunternehmen) bezeichnet.

Hinsichtlich der **Zulassungspflicht** ist es jedoch zu einer bedeutsamen **Veränderung** 8
der Voraussetzungen gekommen, unter denen der Gesetzgeber eine Genehmigung handwerklicher Tätigkeit(en) für unabdingbar hält: Kriterium ist nicht mehr allein, wie nach der Handwerksordnung von 1953 (vgl. BVerfGE 13, 97 (120 ff.) – Handwerksurteil), die Aufrechterhaltung eines bestimmten – hohen – Qualifikationsstandes handwerklicher Leistungen, die vor allem aus dem handwerklichen Ausbildungsstand erwächst. Vielmehr kommt es in erster Linie auf das jeweilige **Gefahrenpotenzial** einer derartigen Tätigkeit an, für die einzelnen Kunden wie für die Allgemeinheit (BT-Drs. 15/1206, 22). Unter Zugrundelegung dieses Kriteriums gilt nun seit 2003:
- Für einen großen Teil der bisherigen A-Gewerbe (53 von 94) wurde die Zulassungspflicht aufgehoben, da sie nicht als „gefahrensensibel" angesehen wurde.
- Die traditionelle **grundsätzliche Meisterpflicht**, als Voraussetzung einer Betriebsinhaberschaft oder einer Betriebsführung, ist **entfallen**. Auch in einem zulassungspflichtigen Handwerk genügt die Qualifikation als Geselle (§ 7 b Abs. 1 Nr. 1), oder eine (zeitweise) leitende Berufstätigkeit im handwerksrechtlichen Sinn (§ 7 b Abs. 1 Nr. 2). Die bisherige – traditionelle – Meisterpflicht gilt nur mehr für 5 Gesundheitshandwerke sowie für Schornsteinfeger. Ein Handwerk muss also nicht mehr in einem „Meisterbetrieb" ausgeübt werden.
- Auch hinsichtlich der bisher der Meisterpflicht gleichgestellten anderen Qualifikationserfordernisse eines A-Gewerbes (§ 7 Abs. 2 aF) hat sich eine Änderung vollzogen (§ 7 Abs. 3 nF): Ob sich durch solche Qualifikationen die Zulassungsvoraussetzungen zum A-Gewerbe erfüllen lassen, ist nun nicht mehr nur am Maßstab der Meisterprüfung und deren Kriterien zu beurteilen, sondern auch im Vergleich zum Qualifikationsstand der „Gesellen" oder nach der „handwerklichen Tätigkeit" (§§ 7 b Abs. 1 Nr. 1 und 2). **Handwerkstätigkeit verlangt also nicht mehr Meisterqualifikation.**
- Entfallen ist weiterhin das **Inhaberprinzip**: Betriebsinhaber muss nicht mehr eine als Meister, Geselle oder handwerklich Berufstätiger im vorstehenden Sinn qualifizierte Person sein. Nach § 7 Abs. 1 gilt nun das **Betriebsleiterprinzip** (§ 7 Abs. 1 S. 1 nF): Inhaberschaft des Betriebs und (Letzt-) Entscheidungsrecht in diesem müssen nicht mehr zusammenfallen. Insoweit sind Schutzwirkungen nach Art. 12 GG von der Rechtsstellung nach Art. 14 GG entkoppelt.
- Sämtliche vorstehende Voraussetzungen für die Genehmigung einer Tätigkeit in einem A-Betrieb können auch in einem dem betreffenden Gewerbe „**verwandten anderen A-Gewerbe**" erworben werden: Die „Verwandtschaft" wird vom BMWi durch Rechtsverordnung durch Zustimmung des Bundesrates festgestellt (§ 7 Abs. 1 S. 2 nF).
- Über diese, bereits in ihrer Wirkung sehr weitreichenden, allgemeinen Regelungen für die Zulassung der Tätigkeit eines A-Betriebes hinaus, sind noch **Ausnahmebewilligungen** vorgesehen, wenn „erforderliche Kenntnisse und Fähigkeiten" nachgewiesen werden, wobei bisherige „berufliche Erfahrungen und Fähigkeiten" zu berücksichtigen sind; all dies sind „offene Begriffe".
- Für Zulassungsbetriebe aus EG- und EWR-Mitgliedstaaten gilt ein Zulassungsrecht (§ 9), das ihnen weitgehend die Tätigkeit im A-Bereich gestattet, wenn sie entsprechende Tätigkeit in ihrem Heimatland ausüben konnten.

Nimmt man die Wirkungen all dieser Regelungen zusammen, so zeigt sich, dass der früher viel kritisierte „Meisterzwang" für A-Handwerke bis auf wenige, praktisch nicht bedeutsame, Ausnahmen aufgehoben worden ist. Ersetzt wurde er durch zertifizierungsähnliche Bedingungen, welche vielfältige Probleme mit sich bringen. Damit ist das **bisherige Handwerksrecht tiefgreifend umgestaltet worden**, in Richtung auf flexible, prüfungsunabhängige rechtliche Ordnungsvoraussetzungen. Das Gewicht verwaltungsrechtlicher Ermessens- und Beurteilungsentscheidungen hat sich entsprechend verstärkt.

3. Die zulassungsfreien Handwerke

Der Begriff der zulassungsfreien Handwerke ist durch die Große Handwerksrechtsnovelle 9
von 2003 neu eingeführt worden (§ 18). Voraussetzung ist nur, dass das betreffende **stehende Gewerbe handwerksmäßig betrieben wird**, und dass die in ihm entfaltete Tätigkeit einer in der **Anlage B1** zur Handwerksordnung aufgeführten entspricht. Die Handwerkseigen-

schaft eines solchen Betriebs, wie die Eigenschaft der dort tätigen Handwerker, wird nicht durch Eintragung in das „Verzeichnis der Inhaber von Betrieben eines zulassungsfreien Handwerks" erworben, welches von der Handwerkskammer zu führen ist (§ 19 S. 1); wohl aber müssen die **Inhaber** eines solchen Betriebs Beginn und Ende ihrer Tätigkeit unverzüglich der Handwerkskammer anzeigen (§ 18 Abs. 1 S. 1); diese hat die Eintragung vorzunehmen (§ 19 S. 1). Die Handwerks-Eigenschaft ist aber als solche eintragungsunabhängig. Die Entfaltung jeder Tätigkeit in einem solchen B1-Gewerbe, nicht nur einer für dieses „wesentlichen", begründet die Handwerkseigenschaft des Betriebs und die Handwerkereigenschaft der dort Tätigen. Weder der Inhaber noch ein Betriebsleiter in solchen Unternehmen müssen eine Meisterprüfung bestanden haben; eine solche kann aber auch für diese Gewerbe abgelegt werden. Sie mag einen (zusätzlichen) zertifizierend wirkenden Nachweis erbringen, hat aber keinerlei handwerksrechtlich konstitutive Bedeutung.

4. Die handwerksähnlichen Tätigkeiten

10 Für die handwerksähnlichen Tätigkeiten hat die Große Handwerks-Novelle von 2003 nichts Wesentliches geändert. Die bisherigen Regelungen (§§ 18–20 aF) wurden ja der neuen Kategorie der zulassungsfreien Handwerke (Rn. 9) zugrunde gelegt (vgl. § 18 Abs. 1 S. 1 u. 2 nF). Nach wie vor ergibt sich die Handwerksähnlichkeit aus der „handwerksähnlichen Betriebsform", in welcher solche Tätigkeiten ausgeübt werden. Inhaltlich bezieht sich die erforderliche „Ähnlichkeit" zur Handwerkstätigkeit daraus, dass die betreffende Aktivität eine solche sein muss, wie sie nun in den Anlagen A und B1 aufgeführt sind (bisher: nur Anlage A). Wie bisher gilt auch: Für die Beurteilung der Handwerksähnlichkeit ist inhaltlich nicht maßgebend, ob eine Tätigkeit alle oder wenigstens die wesentlichen Tätigkeiten eines zulassungspflichtigen Gewerbes umfasst; dies war auch früher keine gesetzliche Voraussetzung der Handwerksähnlichkeit.

5. Fazit: Ein neues Handwerksrecht-System? Ziel- und Qualifikationsänderung

11 Ein neues Handwerksrechts-System ist 2003 nicht geschaffen worden. Die allermeisten bisherigen Bestimmungen der Handwerksordnung gelten unverändert fort. Verändert wurde lediglich teilw. das – allerdings grundlegende – bisherige Kriterium der besonderen „Handwerksqualifikation" einer gewerblichen Tätigkeit, damit der Gegenstand der Regelungsmaterie „Handwerksrecht" als solcher. Insoweit kam es zu zwei Änderungen:
- Nicht mehr nur die Sicherung der „Leistungsfähigkeit des Handwerks", durch Gewährleistung einer bestimmten fachlichen Qualifikation, ist **alleiniger Zweck** sämtlicher handwerksrechtlicher Bestimmungen, damit deren leitendes Auslegungsprinzip. Primär geht es nun vielmehr um **Gefahrenabwehr** (vgl. bereits → Rn. 8), sowie um eine „**effektive Nachwuchsausbildung**" im Handwerk (vgl. Detterbeck § 1 Rn. 12 mN).
- Dieser Zweck kann auch durch eine Handwerkerqualifikation ohne die herkömmliche Meisterprüfung, allein über Gesellen-Tätigkeit oder Berufserfahrung erreicht werden.

Nicht das „System" ist also geändert worden, wohl aber seine fundamentale **Zielsetzung** einer-, seine Qualifikationsfestlegung zur Sicherstellung von deren Erreichung andererseits.

B. Verfassungsrechtliche Beurteilung der Handwerksrechtsnovelle von 2003

I. Die Verfassungsmäßigkeit der Großen Handwerksrechtsnovelle von 2003 – Einschränkung der Meisterpflicht

12 Die vor der Großen Handwerksrechtsnovelle geltende gesetzliche Regelung mit dem Ziel der Sicherung des Leistungsstands im Handwerk, primär über eine „Meisterpflicht", war vom BVerfG in **stRspr als verfassungsmäßig anerkannt worden** (BVerfGE 13, 97; 19, 330 (341); vgl. auch BVerfG GewArch 2000, 240; 2000, 480; 204, 488). Das BVerfG hat dabei allerdings auf die Ausnahmeregelungen von dieser Meisterpflicht hingewiesen, die großzügig gehandhabt werden könnten (BVerfGE 13, 97 (120 f.); GewArch 2000, 240 (242)). Auch das BverwG hatte in stRspr die Verfassungsmäßigkeit der früheren Regelung bejaht (BVerwGE 119, 70 (72 f.); GewArch 1997, 63; 1999, 108).

Gegen diese frühere Regelung wurden vor Erlass der Novelle von 2003 **grundrechtliche** **13**
Bedenken geltend gemacht (vgl. Mangoldt/Klein/Starck/Manssen GG Art. 12 Rn. 249;
R. Schmidt/Czybulka, Öffentliches Wirtschaftsrecht, BT/1, 1995, 117; Steiner/Arndt, bes.
VerwR, 7. Aufl. 2003, VII, 305 ff.): Diese Einschränkung der Berufs-/Gewerbefreiheit
(Art. 12 Abs. 1 GG) sei unverhältnismäßig, sie diene einem unzulässigen Schutz gegen Konkurrenz. **Überwiegend wurde der große Befähigungsnachweis (Meisterpflicht) damals aber als verfassungsgemäß, ja als unverzichtbar angesehen** (vgl. f. viele Wiesheu GewArch 1999, 409; Müller VerwArch 2000, 149; Leisner GewArch 1998, 445; 2006, 393; Dürr GewArch 2007, 18; Frenz JZ 2007, 343 ff.).

Grundrechtliche Bedenken gegen die seit 2003 in ihrem Anwendungsbereich nunmehr **14**
wesentlich eingeschränkte Meisterpflicht (→ Rn. 8) bestehen auch **weiterhin nicht**. Zweifel, die insoweit geäußert wurden (vgl. BVerfG GewArch 2006, 71, s. auch GewArch 2007, 294 f.; dagegen OLG Nürnberg, GewArch 2006, 478), können nach 2003 nicht mehr darauf gestützt werden, dass das bis 2003 zugrunde gelegte Kriterium der Leistungsfähigkeit des Handwerks eine unzulässige Sonderbehandlung dieses Gewerbesektors darstelle. Die nunmehr grundlegenden Kriterien der **Gefahrenabwehr und der Ausbildungsbedeutung** (BT-Dr. 466/03, 3) für die einer Meisterpflicht noch unterliegenden Gewerbe sind **eindeutig verfassungsgemäß** (Detterbeck § 1 Rn. 12). Sie dienen der Sicherung hoch- wenn nicht höchstrangiger Gemeinschaftsbelange (körperliche Integrität, Volksgesundheit, Stabilisierung des Arbeitsmarkts) iSd Rspr. des BVerfG (vgl. das Apothekenurteil, BVerfGE 7, 377 ff.).

Der Gesetzgeber konnte auch ohne Verletzung des Grundrechts aus Art. 12 Abs. 1 GG **15**
die **Kriterien für die Meisterpflicht ändern,** von der allgemeinen Förderung der Leistungsfähigkeit des Handwerks zur Gefahrenabwehr und besonderen Ausbildungsbedeutung. Dem Gesetzgeber steht bei der Beurteilung, ob – damit eine erforderliche und verhältnismäßige Regelung schafft, ein weiter Beurteilungsspielraum zu (vgl. Detterbeck § 1 Rn. 15 mwN). Gleiches gilt auch für die gesetzgeberische Beurteilung, ob hier – im Verhältnis zwischen A1- und B1-Handwerken – eine Ungleichheit vorliegt, welche für erstere die Meisterpflicht rechtfertigt (zu den Kriterien dieser (Un-)Gleichheit nach Art. 3 Abs. 1 GG vgl. Mangoldt/Klein/Starck/Starck GG Art. 3 Rn. 1 ff., 16 ff.). Schließlich beruht die Neuregelung von 2003 nicht **auf einer Systemwidrigkeit**, welche ihre Verfassungswidrigkeit begründen könnte: Derartiges kann nur in Ausnahmefällen mit Erfolg gerügt werden (BVerfGE 81, 156 (207); 104, 74 (87)); ein solcher aber liegt schon deshalb nicht vor, weil hier ein „System als solches" gar nicht geändert, sondern nur ein allerdings wichtiges Kriterium der Abgrenzung des Regelungsgegenstandes verändert worden ist (→ Rn. 11). Verfassungsrechtliche, insbes. grundrechtliche Bedenken bestehen also (auch) gegen die Neuregelung insoweit nicht.

Der Gesetzgeber hat allerdings in der Neuregelung das früher maßgebliche **einheitliche** **16**
Kriterium der Meisterpflicht für A-Betriebe (Förderung der Leistungsfähigkeit des Handwerks) durch **zwei inhaltlich unterschiedliche Kriterien** ersetzt (Gefahrenabwehr – Ausbildungsintensität) (vgl. dazu BR-Plenarprot. 795/2003, 503, 517; vgl. Kormann/Hüpers S. 22 ff. mwN). Diese sind gleichgewichtig (Schwannecke/Heck GewArch 2004, 129 ff.; Müller NVwZ 2004, 404 (409)). Eines von beiden muss die Zuordnung zu den A-Handwerken in jedem Einzelfall rechtfertigen. Die Kriterien können auch beide, mit unterschiedlichem Gewicht, vorliegen. Inhaltlich müssen sie als solche von einander nicht abgrenzbar sein: Gerade besondere Gefahrenneigung kann auch spezielle Ausbildungsintensität bedingen, damit die Bedeutung der letzteren erhöhen (vgl. dazu Detterbeck § 1 Rn. 14). Die generelle Einschätzung des Gefahrenpotenzials eines menschlichen Verhaltens obliegt, im Gewerberecht wie auch darüber hinaus, etwa im allgemeinen Sicherheitsrecht, weithin dem Gesetzgeber; nur bei **eindeutiger Verfehlung eines Kriteriums** bei der Zuordnung zu A- oder B-Handwerken, kann im Einzelfall eine solche als verfassungswidrig angesehen werden (vgl. BVerwG GewArch 2004, 489), nicht aber schon dann, wenn sie lediglich als diskutabel erscheint, vor allem in Fällen des Nahrungsmittelhandwerks (vgl. dazu Stober GewArch 2003, 395; Müller NVwZ 2004, 408 f.), oder in dem der Friseure (vgl. dazu Deiserroth Juris PR-Verwaltungsgericht 4/2012 Anm. 2).

Verfassungsrechtlich nicht zu beanstanden ist die Neuordnung auch unter dem Gesichts- **17**
punkt, dass **zahlreiche Gewerbe nun nicht mehr nur** unter den besonderen Voraussetzungen der Anlage A (Meisterpflicht) betrieben werden können (vgl. Detterbeck § 1 Rn. 18).

Damit entfällt für sie zugleich ein gewisser Konkurrenzschutz gegenüber Wettbewerbern, welche diese strengeren Voraussetzungen nicht erfüllen. Abgesehen davon aber, dass nicht ein solcher Konkurrenzschutz, sondern die Leistungsfähigkeit des Handwerks die frühere Regelung gerechtfertigt hatte (→ Rn. 12) – auf die Aufrechterhaltung günstiger Voraussetzungen für eine gewerbliche Tätigkeit für bestimmte Gewerbe durch Notwendigkeit eines hohen Qualifikationsstatus besteht grds. kein grundrechtlicher Anspruch (BVerfGE 98, 218 (258 f.); 106, 275 (298 f.). Art. 12 Abs. 1 und auch Art. 2 Abs. 1 GG schützen nicht vor Wettbewerb (BVerfGE 34, 252 (257); 55, 261 (273) – stRspr), selbst wenn diese einen Wettbewerber vom Markt verdrängt (vgl. dazu W. Leisner, Wettbewerb als Verfassungsprinzip, 2012, S. 47 ff., insbes. S. 67 ff.), es sei denn, es würden dadurch konkurrentenunabhängig öffentliche Interessen schwerwiegend beeinträchtigt.

18 **Europarechtliche Bedenken gegen die Meisterpflicht** wurden seit Langem geäußert (vgl. f. viele Jeder, Die Meisterprüfung auf dem Prüfstand, 1992, 108 f.; Lackhoff, Deutsches Wirtschaftsverwaltungsrecht und die Grundfreiheiten d. Art. 30, 34, 48, 52 und 59 EGV, 1995, 105 ff.; Czybulka GewArch 1994, 94 f.; Früh GewArch 1998, 402). Sie haben den Gesetzgeber ersichtlich beeinflusst (vgl. BT-Dr. 15/1206, 21 ff.), mochten sie auch von der überwiegenden Meinung nicht geteilt werden (vgl. etwa VGH Mannheim GewArch 1998, 106 f.; Leisner GewArch 1998, 445 ff.; Stober GewArch 2003, 397 ff.; Kormann/Hüpers S. 37 ff.). In den weitaus meisten EU-Ländern gibt es allerdings vergleichbare Regelungen nicht (s. dazu Schwappach/Schmitz WiVerw 1996, 1 ff.). Die Neuregelung in § 9 hat nun aber Einwendungen den Boden entzogen (vgl. W. G. Leisner, Die „Meisterqualifikation" im Deutschen Handwerk, 2014; sowie Leisner WiVerw 2014, 229 ff.).

II. Keine Neufassung des Bestimmungsrechts über die Änderung der Anlage A (§ 1 Abs. 3)

19 Unverändert geblieben ist die Regelung über die Form (zukünftiger) Änderungen der Anlage A: sie sind nach wie vor durch Rechtsverordnung zulässig; **dies gilt allerdings nur für Streichung, teilweiser Zusammenfassung, Trennung oder Neubezeichnung von bisher in Anlage A aufgeführten Handwerken.** Insoweit waren und sind dagegen die früher vom Bundesrat erhobenen (vgl. BR-Dr. 355/1/65) Bedenken nicht begründet (s. Detterbeck § 1 Rn. 22): Grundrechte der Ausübenden aus der Anlage A gestrichener Handwerke sind schon deshalb nicht verletzt, weil insoweit ein Grundrechtseingriff abgeschwächt wird. Teilung und Zusammenfassung ändern die belastenden Voraussetzungen der Eintragung als A-Handwerk nicht; sie bringen allerdings mehr Transparenz, was zu begrüßen ist, halten sich iÜ aber iRv Konkretisierungen, wie sie nach den Grundsätzen des Art. 80 GG im Verordnungsweg vorgenommen werden dürfen.

20 **Aufnahme eines Handwerks in die Anlage A** kann jedoch **nur durch Gesetz** erfolgen (hL; vgl. BVerwG GewArch 1969, 107 (109); 194, 200; Pieroth/Storner GewArch 1997, 305; Leisner GewArch 1997, 393). Die Übernahme von Änderungen der Ausbildungsregelungen für Meister lediglich durch den VO-Geber genügt dafür nicht (Detterbeck § 1 Rn. 23). Die **Rechtsform einer VO reicht dagegen aus**, soweit es sich nur um Umgliederungen durch **teilweise Zusammenfassung oder Trennung bisheriger A-Handwerke handelt** (vgl. VG Frankfurt a. M. GewArch 1997, 479). Auf das Gewicht der umgegliederten Tätigkeiten im Rahmen ihrer bisherigen oder der neuen Einteilung kommt es dabei nicht an, sondern allein auf die Erforderlichkeit der Neueinteilung im Lichte einer technischen und **wirtschaftlichen** Entwicklung (→ § 1 Rn. 47).

Erster Teil: Ausübung eines Handwerks und eines handwerksähnlichen Gewerbes

Erster Abschnitt: Berechtigung zum selbständigen Betrieb eines zulassungspflichtigen Handwerks

§ 1 [Handwerksbetrieb; Eintragung in die Handwerksrolle]

(1) [1]Der selbständige Betrieb eines zulassungspflichtigen Handwerks als stehendes Gewerbe ist nur den in der Handwerksrolle eingetragenen natürlichen und juristischen Personen und Personengesellschaften gestattet. [2]Personengesellschaften im Sinne dieses Gesetzes sind Personenhandelsgesellschaften und Gesellschaften des bürgerlichen Rechts.

(2) [1]Ein Gewerbebetrieb ist ein Betrieb eines zulassungspflichtigen Handwerks, wenn er handwerksmäßig betrieben wird und ein Gewerbe vollständig umfaßt, das in der Anlage A aufgeführt ist, oder Tätigkeiten ausgeübt werden, die für dieses Gewerbe wesentlich sind (wesentliche Tätigkeiten). [2]Keine wesentlichen Tätigkeiten sind insbesondere solche, die
1. in einem Zeitraum von bis zu drei Monaten erlernt werden können,
2. zwar eine längere Anlernzeit verlangen, aber für das Gesamtbild des betreffenden zulassungspflichtigen Handwerks nebensächlich sind und deswegen nicht die Fertigkeiten und Kenntnisse erfordern, auf die die Ausbildung in diesem Handwerk hauptsächlich ausgerichtet ist, oder
3. nicht aus einem zulassungspflichtigen Handwerk entstanden sind.

[3]Die Ausübung mehrerer Tätigkeiten im Sinne des Satzes 2 Nr. 1 und 2 ist zulässig, es sei denn, die Gesamtbetrachtung ergibt, dass sie für ein bestimmtes zulassungspflichtiges Handwerk wesentlich sind.

(3) Das Bundesministerium für Wirtschaft und Energie wird ermächtigt, durch Rechtsverordnung mit Zustimmung des Bundesrates die Anlage A zu diesem Gesetz dadurch zu ändern, daß es darin aufgeführte Gewerbe streicht, ganz oder teilweise zusammenfaßt oder trennt oder Bezeichnungen für sie festsetzt, soweit es die technische und wirtschaftliche Entwicklung erfordert.

Literatur: Baumeister, Peter, Handwerkliche Zulassungspflicht für „gefahrgeneigte" Minderhandwerke oder Neben- und Hilfsbetriebe GewArch 2007, 310; BT-Drs. 15/1089, Entwurf eines Gesetzes zur Änderung der Handwerksordnung und zur Förderung von Kleinunternehmen, Gesetzesentwurf der Fraktionen SPD und Bündnis 90/Die Grünen; Czybulka, Detlef, Die Handwerksnovelle 1998, NVwZ 2000, 136; Dürr, Wolfram, Die Eigenständigkeit zulassungsfreier Handwerksberufe GewArch 2005, 364; Dürr, Wolfram, Kuriosum Reisegewerbe im Handwerk GewArch 2011, 8; v. Ebner, Hans-Christoph, Privater Lebensbereich und Gewerbeordnung GewArch 1983, 313; Fiege, Carsten, Der Filialhandwerker in Deutschland und Europa GewArch 2001, 409; Fröhler, Ludwig, Der Handwerksbegriff in der Europäischen Wirtschaftsgemeinschaft GewArch 1964, 145; Hagen, Othmar, Das Unternehmen als nach Art. 14 Abs. 1 GG geschütztes eigenständige Rechtssubjekt GewArch 2005, 402; Honig, Gerhart, Kommanditgesellschaft und Handwerksordnung GewArch 1997, 230 ff.; Hüpers, Frank, Reisegewerbe und handwerklicher Befähigungsnachweis GewArch 2004, 230; Jahn, Ralf, Zur IHK-Zugehörigkeit von Hausgewerbetreibenden – Anmerkungen zum Urteil des VG Düsseldorf, Urteil vom 16.11.1999 GewArch 2000, 98; Korte, Stefan, Vom goldenen Boden des Reisehandwerks GewArch 2010, 265; Leisner, Walter, Der Verfassungsschutz des Handwerks und die Abgrenzung Handwerk – Industrie GewArch 1997, 393; Leisner, Walter Georg, Die „wesentliche Tätigkeit" eines Handwerks in § 1 Abs. 2 HwO – Rechtsprechungsanalyse und systematische Einordnung von Einzel(grenz)fällen, LFI- Schriftenreihe 2014; Mallmann, Otto, Die Rechtsprechung des BVerwG zum Handwerksrecht GewArch 1996, 89; Müller, Martin, Die Novellierung der Handwerksordnung, NVwZ 2004, 403.; Otten, August Wilhelm, Heimarbeit – ein Dauerrechtsverhältnis eigener Art, NZA 1995, 289; Rüth, Herbert, Die handwerklichen Berufsbilder auf dem Prüfstand GewArch 1992, 129; Rüth, Herbert, Kunsthandwerk-Handwerk oder Kunst? GewArch 1995, 363; Schönleiter, Ulrich/ Stenger, Anja/ Zerbe, Marcus, Frühjahrssitzung 2008 des Bund-Länder-Ausschusses „Gewerberecht" GewArch 2008, 242; Schreiner, Manja, Reisegewerbe und Handwerk, GewArch 2015, 233 ff.; Schulze, Roland, Erleichterung von Existenzgründungen und Förderung von Kleinunternehmen im Bereich einfacher Tätigkeiten – Entwurf eines Gesetzes zur Änderung der Handwerksordnung GewArch 2003, 283

HwO § 1 Erster Teil: Ausübung eines Handwerks und eines handwerksähnlichen Gewerbes

Überblick

§ 1 bestimmt grundlegend, dass es unter der HwO zulassungspflichtige Handwerke gibt, die, sobald sie als stehendes Gewerbe (→ Rn. 1 ff.) selbständig betrieben werden, der Pflicht zur Eintragung in die Handwerksrolle (→ Rn. 14 ff.) unterliegen. Diese Pflicht stellt eine Voraussetzung für die Rechtmäßigkeit der Tätigkeit dar. Ob ein zulassungspflichtiges Handwerks vorliegt, bestimmt sich danach, ob ein Gewerbe der Anlage A der HwO in vollem Umfang (→ Rn. 31) oder zumindest durch wesentliche Tätigkeiten dieses Handwerks (→ Rn. 35 ff.) handwerksmäßig betrieben wird (→ Rn. 20 ff.). Der Begriff des handwerksmäßigen Betreibens, der insbes. der Abgrenzung zur Industrie und zum Minderhandwerk dient (→ Rn. 40 ff.), wird nicht definiert, sondern nur durch einen Negativkatalog weiter konkretisiert. Die Norm sieht vor, dass die Anlage A durch Rechtsverordnung an veränderte Gegebenheiten angepasst werden kann, ohne dass neue Gewerbe aufgenommen werden können (→ Rn. 48).

Übersicht

	Rn.		Rn.
A. Gewerbe	1	I. Gewerbe nach der Anlage A	31
B. Zulassungspflichtiges Handwerk: stehendes, selbständig auf Dauer betriebenes Gewerbe	2	II. Umfassendes Betreiben (§ 1 Abs. 2 S. 1)	34
		F. „Wesentliche Tätigkeiten", § 1 Abs. 2 S. 1	35
I. Gewinnorientierte Gewerbetätigkeit auf Dauer	2	I. Begriff	35
II. Stehendes Gewerbe – Reisegewerbe	5	II. Nicht wesentliche Tätigkeiten	40
III. Selbständigkeit	9	1. Gesetzliche Negativabgrenzung und Kernbereichstheorie des BVerwG	40
C. Handwerksrollenpflicht (§ 1 Abs. 1)	14	2. Einfache Tätigkeiten iSd § 1 Abs. 2 S. 2 Nr. 1	41
I. Eintragungspflicht	14	3. Nebensächliche Tätigkeiten iSd § 1 Abs. 2 S. 2 Nr. 2	42
II. EU-Recht: Eintragungsfähigkeit, Eintragungspflicht	16	4. Nicht aus dem Handwerk entstandene Tätigkeiten iSd § 1 Abs. 2 S. 2 Nr. 3	43
D. Das Betreiben eines zulassungspflichtigen Handwerks (§ 1 Abs. 2)	18	5. Das Kumulationsverbot des § 1 Abs. 2 S. 3	44
I. Tätigkeitsbezogene Kriterien einer Handwerkstätigkeit	18	6. Das Kriterium der Gefahrgeneigtheit	45
II. Kriterien der „handwerksmäßigen Tätigkeit" (§ 1 Abs. 2 S. 1)	22	III. Minderhandwerk (Kleingewerbe)	46
1. „Maschineneinsatz" – „Handarbeit"	22	IV. Kriterienkatalog	47
2. Handwerkliche Qualifikation	23	**G. Verordnungsermächtigung (§ 1 Abs. 3)**	48
3. Qualifikation der Betriebsleitung	24	**H. Einzelbeispiele zu Gewerben nach Anlage A**	49
4. Qualifikation der Mitarbeiter	25		
5. Arbeitsteilung	26	**I. Kaufmannseigenschaft von Handwerkern**	50
6. Betriebsgröße	27		
7. Abnehmer	28	I. Zugehörigkeit zu Handwerkskammer und Industrie- und Handelskammer	50
8. Beurteilung seitens der Tätigen	29	II. Beitragspflicht bei Mischbetrieben	53
9. Fazit zur Abgrenzung „handwerkliche – industrielle Tätigkeit"	30		
E. Zulassungspflicht nach Anlage A	31	III. Handwerk und Handelsregister	54

A. Gewerbe

1 „Handwerk" ist ein „Gewerbe", dh eine auf Dauer ausgeübte, auf Gewinn ausgerichtete (→ Rn. 2 ff.), stehende (→ Rn. 5 ff.), selbständige (→ Rn. 9 ff.) Tätigkeit, mit Ausnahme der Verwaltung eigenen Vermögens, der Urproduktion (Land- und Forstwirtschaft, Bergbau) (vgl. LR-GewO/Kahl GewO Rn. 3 ff.) und der sog. „Freien Berufe", insbes. der wissenschaftlichen, künstlerischen oder seelsorgerischen Tätigkeiten (BVerfG GewArch 1992, 138). **Freie Berufe** sind die in § 18 Abs. 1 Nr. 1 EStG aufgeführten Tätigkeiten oder solche, die diesen in typischen, wichtigen oder wesentlichen Merkmalen entsprechen; charakteristisch ist für sie, dass sie für ein wert- oder tätigkeitsbezogenes Entgelt (etwa entsprechend einer Gebührenordnung), nicht für ein Erfolgshonorar ausgeübt werden (BVerfG NJW 1978, 365 (367) = BStBl. II 1978, 125 (130); BFH NV 1992, 811). Vor allem zur Abgrenzung der gewerblichen von der wissenschaftlichen und der künstlerischen Tätigkeit lassen sich die im Steuerrecht entwickelten Kriterien heranziehen (vgl. Schmidt EStG/Wacker EStG § 18 Rn. 5 ff.), sowie die Erläuterungen zu den Begriffen der verfassungsrechtlichen Kunst- und Wissenschaftsfreiheit (Art. 5 Abs. 3 GG, vgl. etwa v. Mangoldt/Klein/Starck/Starck GG Art. 5 Rn. 351 ff.). Die **Abgrenzung von Handwerk und Kunst** ist in vielen Fällen (vgl. Überblick mwN bei Detterbeck Rn. 24) schwierig (vgl. allg. BSG GewArch 1999, 76; Rüth GewArch 1995, 363), insbes. in den Fällen des. sog. „Kunsthandwerks" (zB Goldschmiede, Keramiker). Generelle Abgrenzungsformeln („eigenschöpferische Leistung", „individuelle Anschauungen und Gestaltungen") können nur im Einzelfall orientieren. Selbst bei Restauratoren kann künstlerische Qualität vorherrschen (anders etwa BVerwG GewArch 1991, 231).

B. Zulassungspflichtiges Handwerk: stehendes, selbständig auf Dauer betriebenes Gewerbe

I. Gewinnorientierte Gewerbetätigkeit auf Dauer

Jedes zulassungspflichtige Handwerk muss als ein **Gewerbe, dh mit Gewinnerzielungsabsicht**, betrieben werden (BFH NJW 1998, 3664). Die Gewerbebegriffe der Gewerbeordnung und der Handwerksordnung sind allerdings nicht identisch mit dem Begriff des Steuerrechts (BVerfG NJW 1977, 772). Die Absicht der Gewinnerzielung fehlt bei Tätigkeiten, die lediglich aus Gefälligkeit, etwa Nachbarhilfe, ausführt werden (s. Ebner GewArch 1983, 313). Ob tatsächlich Gewinn erzielt oder – auch auf längere Zeit – nur Verluste gemacht werden, ist allerdings gleichgültig (OVG Koblenz GewArch 1981, 372); die Tätigkeit muss lediglich von der Art sein, dass sie im allgemeinen mit Gewinnabsicht ausgeübt wird, dann kann von Gewinnerzielungsabsicht ausgegangen werden, es sei denn, die Umstände des Einzelfalles sprechen dagegen (vgl. VG Würzburg GewArch 1996, 162). Ob es sich dabei um Haupt- oder Nebentätigkeit handelt, ist gleichgültig. Auch „Feierabendtätigkeit" kann gewerblich ausgeübt werden. Eigenversorgung beinhaltet grds. Gewinnstreben. Wie der Gewinn verwendet werden soll oder tatsächlich verwendet wird, ist dagegen gleichgültig (Honig/Knörr Rn. 12). 2

Wird die Tätigkeit in Anstalten, **zum Strafvollzug, zur Unterbringung oder in Behindertenwerkstätten** ausgeübt, so erfolgt sie zwar meist nicht primär, vielleicht gar nicht zur Gewinnerzielung, sondern zu anderen – idR öffentlichen – Zwecken. Dennoch ist sie jedenfalls dann gewerblich, wenn die Ergebnisse auf dem Markt angeboten werden und damit auch den Wettbewerb zu anderen Anbietern beeinflussen (können). Ist dies in nennenswertem Umfang der Fall, so müssen die Voraussetzungen der Handwerksordnung erfüllt werden. Gleiches gilt für **Lehrwerkstätten**, öffentliche Einrichtungen die der Berufsausbildung dienen. Gerade dieses Ziel kann nur erreicht werden, wenn Konkurrenzverhalten vermittelt wird. Dann aber müssen dort Strukturen, vor allem Qualifikationsmöglichkeiten, geschaffen werden, wie auch sonst im Handwerk; d.h. aber vor allem, dass hier Voraussetzungen einer Gewerblichkeit zu erfüllen sind, diese daher zu bejahen ist. 3

Eine gewisse **Dauer** ist Kriterium einer gewerblichen Tätigkeit (Schwannecke Rn. 50). Dies verlangt grds. begrifflich eine bestimmte Zeitspanne, in welcher die Aktivitäten erfolgen, sowie auch einen laufenden, nicht nur gelegentlichen Charakter ihrer Entfaltung. Beides darf allerdings nicht zu eng gesehen werden: auch **Saisonarbeit** und auch die **Erledigung einmaliger Arbeiten im Rahmen eines Auftrags** können gewerblich erfolgen; wesentlich ist, vor allem bei Tätigkeiten der letzteren Art, ob sie eine **auf längere Zeit wirksame Einnahmequelle erschließen (sollen)** (vgl. OLG Oldenburg GewArch 1969, 383; BayObLG GewArch 1999, 296 f.), etwa weil das derart hergestellte Objekt vermietet werden soll (OLG Karlsruhe GewArch 1963, 35). Umgekehrt ist eine länger andauernde Tätigkeit nicht notwendig ein Gewerbebetrieb (vgl. OLG Zweibrücken GewArch 1987, 163), und die Aktivität muss auch nicht mit der Absicht entfaltet werden, daraus nachhaltig den Lebensunterhalt zu beziehen. 4

II. Stehendes Gewerbe – Reisegewerbe

Die Handwerksordnung regelt eine solche gewerbliche Tätigkeit nur, wenn diese als „stehendes Gewerbe" ausgeübt wird. Der Begriff des stehenden Gewerbes ergibt sich aus der 5

Gewerbeordnung: Jedes Gewerbe ist ein stehendes, welches nicht als „Reisegewerbe" (§§ 55 ff. GewO) (BVerfG NVwZ 1991, 189; BGH GewArch 1191, 39) oder „im Marktverkehr" ausgeübt wird (§§ 64 ff. GewO), dh auf Messen, Jahr- und Wochenmärkten; letzteres wird, wenn es nur dort ausgeübt wird, ohnehin im Wesentlichen in Form eines Reisegewerbes erfolgen. Entscheidend ist also für den Regelungsgegenstand des zulassungspflichtigen Handwerks, dass eine **Tätigkeit nicht in der Form des Reisegewerbes** ausgeübt wird (Schwannecke Rn. 55). Denn eine zulassungspflichtige Handwerkstätigkeit, die als Reisegewerbe erfolgt, setzt nur die Ausstellung einer Reisegewerbekarte voraus (§§ 55, 57 GewO); sie muss seit 2007 nur dem Geschäftsinhaber, nicht auch jedem Mitarbeiter ausgestellt werden (vgl. Schönleiter/Stenger/Zerbe GewArch 2008, 242 (246)).

6   Ein Reisegewerbe (vgl. Dürr GewArch 2011, 8; Korte GewArch 2010, 265; Schreiner GewArch 2015, 233 ff.), dessen Vorliegen einen stehenden Gewerbebetrieb ausschließt, liegt vor, wenn eine gewerbliche Tätigkeit **nicht aufgrund vorgängiger Bestellung** ausgeübt wird (BVerfG GewArch 2000, 480 ff.; 2007, 294 f.; vgl. ausführlich zur Entwicklung der Rechtsprechung Schwannecke Rn. 56). Entscheidend ist also für das Reisegewerbe, wie die geschäftliche Beziehung zustande kommt: Geht die Initiative für den Auftrag vom Kunden aus – auch durch Telefonanruf oder über das Internet – so liegt jedenfalls stehendes Gewerbe vor; ist der Auftrag dagegen vom Gewerbetreibenden eingeworben worden, so ist ein Reisegewerbe anzunehmen. Die reisegewerbliche Tätigkeit muss nicht sogleich vor Ort ausgeführt werden (so die frühere Rechtsprechung VGH Koblenz GewArch 1995, 159 f.; 1995, 475 ff.; OVG Münster GewArch 1999, 32): dies kann auch später in einer Betriebsstätte des Gewerbetreibenden iSv § 42 Abs. 2 GewO erfolgen.

7   Nach der Rspr. des BVerfG (→ Rn. 6) ist der Begriff des **Reisegewerbes**, das nur von der Art des Zustandekommens des Auftrags abhängen soll, **nicht mehr nach dem Kriterium einer festen Betriebsstätte zu beurteilen**; auf deren Vorhandensein kommt es nicht mehr an (so aber noch Detterbeck Rn. 27). Der Begriff des Reisegewerbes ist daher in nicht unbedenklichem Umfang erweitert worden. Nach dieser Auff. darf in seinem Rahmen nicht nur minderhandwerkliche (§ 1 Abs. 2), sondern sogar zulassungspflichtige gewerbliche Handwerkstätigkeit als solche ausgeübt werden (OVG Münster GewArch 2004, 32 f.). Dies ist zutr. kritisiert worden (Detterbeck Rn. 28; Honig/Knörr Rn. 27; Hüpers GewArch 2004, 230 (232 f.)): Es widerspricht dies eindeutig dem Gefahrenkriterium, nach dem seit 2003 die Genehmigungspflicht im Handwerk zu bestimmen ist (→ Einleitung Rn. 8 ff.): Die Gefährlichkeit einer Tätigkeit hat mit der Art des Zustandekommens des Auftrags nichts zu tun; Gleiches gilt für die erforderliche Ausbildungsintensität in einem Gewerbe. Die strengen Zulassungsbeschränkungen für A-Gewerbe dürfen nicht durch werbewirtschaftliche Geschicklichkeit umgangen werden. Der Versuch, dieser Aushöhlung dadurch entgegenzuwirken, dass bei umfassender Ausübung eines Handwerks eine Vermutung für stehendes Gewerbe begründet sein soll (vgl. VGH München GewArch 2006, 34 f.), wird wohl ebenso problematisch bleiben, wie jene Bemühung, dies aus der jeweiligen „betrieblichen Ausstattung" herzuleiten oder aus dem Kriterium der „Selbständigkeit" (vgl. Honig/Knörr Rn. 32). Vielmehr ist tragfähig allein eine Auffassung, welche die Erledigung von Arbeiten eines Reisegewerbes in einer Betriebsstätte ausschließt.

8   **Spezialgesetzliche Einschränkungen** für die Ausübung eines Handwerks als **Reisegewerbe** bestehen weiter: Kehr- und Überprüfungsarbeiten dürfen nur von Bezirksschornsteinfegermeistern und ihren Gesellen oder Personen, die die Voraussetzungen nach den §§ 7–9 EU/EWR HwV erfüllen, ausgeführt werden (§ 2 Abs. 1 S. 2 SchfHwG); Huf- und Klauenbeschlag setzt die Anerkennung als geprüfter Hufbeschlagsschmied voraus (§ 1 Abs. 1 HufBeschlG), selbst wenn dies als Reisegewerbe betrieben wird (zu den „Huftechnikern" vgl. BVerfG GewArch 2007, 75). Dagegen ist die Ausübung des Friseurhandwerks seit 2003 auch als Reisegewerbe genehmigungsfrei (Streichung von § 56 Abs. 1 Nr. 5 GewO).

III. Selbständigkeit

9   Kriterium der Selbständigkeit ist der **Betrieb eines Gewerbes im eigenen Namen, auf eigene Rechnung und in eigener Verantwortung** (OLG Hamm 1986, 139; OVG Hamburg GewArch 1990, 409; Hagen GewArch 2005, 402). Ein solcher „Unternehmer" entscheidet über die Betriebsweise und trägt nach außen die volle Verantwortung für den

Betrieb (Honig/Knörr Rn. 30 mN). Er muss jedoch nicht selbst Eigentümer der Betriebsmittel oder des Betriebes sein iSd Art. 14 Abs. 1 S. 1 GG. Gütergemeinschaft insbes. begründet nicht notwendig eine Mitunternehmerschaft (BFH BB 1977, 1635). Nicht selbständig sind Betriebsleiter, Werksmeister, Zwischenmeister, Kolonnenführer oder der – auch ständige – Stellvertreter des Eigentümers (vgl. hierzu Detterbeck Rn. 33; Schwannecke Rn. 43).

Die **eigene Betriebsstätte** ist für die Selbständigkeit nicht erforderlich. Der Selbständige 10 kann auch lediglich bei seinen (wechselnden) Kunden, in deren privaten oder betrieblichen Räumen tätig sein (VGH Koblenz 1961, 121). Dass er eine eigenständige betriebliche Tätigkeitsgrundlage auf eine bestimmte Zeit unterhält, ist nicht erforderlich. Notwendige Materialien und Werkzeuge können auch nur im Einzelfall beschafft oder mitgebracht werden.

Nicht selbständig sind Arbeitnehmer (irgend)eines Unternehmers, soweit sie als solche 11 tätig werden. Selbständig ist dann (allenfalls) der Arbeitgeber. Denn die Arbeitnehmer schulden nur Dienste, nicht Ausführung eines bestimmten Werkes, gleich ob sie für ihre Tätigkeit mit Zeit- oder Stücklohn bezahlt werden (BVerwG GewArch 1979, 96). Dies gilt insbes. auch für Heimarbeiter (vgl. dazu BVerfG GewArch 1976, 226; Otten NZA 1995, 289; Jahn GewArch 2000, 98). Voraussetzung ist aber für diese Eigenschaft als Arbeitnehmer iSd Handwerksrechts, dass der Betreffende in die betriebliche(n) Tätigkeit(en) des Selbständigen soweit eingeordnet ist, dass der Arbeitgeber aufgrund eigener Sachkunde in die abhängige Berufsausübung eigenverantwortlich eingreifen kann, so dass der Arbeitnehmer eben nicht die ihm übertragenen Arbeiten als eigene ausführt (OLG Hamm GewArch 1986, 138). Allein der Besitz einer Lohnsteuerkarte macht nicht zum Arbeitnehmer (Honig/Knörr Rn. 35, 36). Ein Arbeitnehmer kann iRd Tätigkeit seines Arbeitgebers, völlig unabhängig, damit „selbständig" handwerkliche Leistungen erbringen (BVerwG GewArch 1979, 96); nicht selten erfolgt dies allerdings als Schwarzarbeit. Ein „Scheinarbeitnehmer" ist jedenfalls handwerksrechtlich als selbständiger Handwerker zu behandeln.

Nicht selbständig sind auch Arbeitnehmer, die als Scheinselbständige tätig sind, 12 dh angeblich in eigener Verantwortung, in Wahrheit aber in enger Bindung an ihren Arbeitgeber für diesen Leistungen erbringen und dabei hinsichtlich Anbahnung, Abwicklung und Kontrolle der Erledigung handwerklicher Aufträge von diesem abhängig sind (Schwannecke Rn. 46). Sie sind in Wahrheit abhängig beschäftigt; der Arbeitgeber muss für sie Sozialversicherungsabgaben bezahlen. Diese Praxis wird neuerdings dadurch begünstigt, dass in weit mehr Gewerben keine Meisterpflicht mehr besteht (vgl. Honig/Knörr Rn. 37).

Subunternehmer dagegen sind in aller Regel selbständig (BGH NJW 1994, 2756). 13 Der Grad ihrer wirtschaftlichen Abhängigkeit von einem anderen Unternehmer ist dabei gleichgültig, wenn sie nur ihre Leistungen in eigener Verantwortung und für eigene Rechnung erbringen. Dies gilt auch für Zuliefer- und Lohnbetriebe, die nur für einen einzigen Auftraggeber tätig werden (OLG Düsseldorf GewArch 1994, 246).

C. Handwerksrollenpflicht (§ 1 Abs. 1)

I. Eintragungspflicht

Eintragungspflicht (vgl. dazu BVerwG GewArch 2004, 488) besteht für alle natürlichen 14 und juristischen Personen sowie Personengesellschaften, welche ein zulassungspflichtiges Handwerk als stehendes Gewerbe selbständig betreiben (→ Rn. 1 ff.). **Personengesellschaften** sind nach § 1 Abs. 1 S. 2 Personenhandelsgesellschaften, also die offene Handelsgesellschaft (§§ 105 ff. HGB), die Kommanditgesellschaft (§§ 161 ff. HGB), daher die GmbH & Co. KG (zur KG Honig GewArch 1997, 230 ff.), sowie die Gesellschaft des Bürgerlichen Rechts (GbR §§ 705 ff. BGB), nicht aber die Erbengemeinschaft (zur Fortführung des Betriebs im Erbfall vgl. § 4 Abs. 1). **Juristische Personen** sind alle juristischen Personen des **privaten Rechts**, also die GmbH, die AG, die KG auf Aktien, die Genossenschaft und die (rechtsfähige) Stiftung, sowie sämtliche juristische Personen des Öffentlichen Rechts (Anstalten, Körperschaften, rechtsfähige Stiftungen; zur nichtrechtsfähigen Stiftung vgl. VGH Koblenz VBlBW 2012, 472; BVerwG VR 2014, 359). Zu Einzelheiten zur Eintragungspflicht und den Wirkungen der Eintragung vgl. §§ 6 ff., zu den Rechtsfragen eines Verstoßes gegen die Eintragungspflicht vgl. §§ 116, 117.

15 Die Erfüllung der Eintragungsvoraussetzungen wie der Eintragungspflicht entbinden nicht von einer Verpflichtung, uU **noch weiteren Voraussetzungen für die Zulässigkeit nach anderen Gesetzen gerecht zu werden** (vgl. Honig/Knörr Rn. 78 ff. mwN). Sie vermitteln auch keine rechtlichen Handlungsbefugnisse gegenüber Privaten, etwa Energieversorgungsunternehmen oder Wohnungsinhabern (vgl. BayObLG NJWE-MietR 1997, 159).

II. EU-Recht: Eintragungsfähigkeit, Eintragungspflicht

16 EU-Bürger und EU-ausländische Gesellschaften können im Bundesgebiet ein Handwerk ausüben oder grenzüberschreitende Handwerksleistungen erbringen (Niederlassungsfreiheit Art. 49 ff. AEUV, Dienstleistungsfreiheit 56 ff. AEUV). **EU-ausländische Gesellschaften** sind solche, die nach dem Recht eines anderen EU-Mitgliedstaates gegründet worden sind (Art. 49 iVm Art. 54 AEUV. Für sie gelten dann aber auch die Voraussetzungen von §§ 1 Abs. 1 iVm Art. 7 hinsichtlich ihrer Eintragungsfähigkeit, wie im Fall der englischen Private Limited Company. Die „Gesellschaften europäischen Rechts", nach sekundärem Gemeinschaftsrecht (vgl. Streinz/Müller-Graff AEUV Art. 54 Rn. 9) sind ebenfalls eintragungsfähig. Die Eintragung einer Zweiggesellschaft solcher Gesellschaften darf auch dann nicht abgelehnt werden, wenn ihre Tätigkeit auf Deutschland beschränkt ist (EuGH GewArch 1999, 375 – Centros).

17 EU-Ausländer sind daher grds. eintragungsfähig. Für EU-ausländische Gesellschaften folgt daraus aber noch **nicht eine Eintragungspflicht**. Vielmehr kommt es darauf an, ob die betreffende außerdeutsche Person eine Ausnahmebewilligung nach § 9 erlangen kann.

D. Das Betreiben eines zulassungspflichtigen Handwerks (§ 1 Abs. 2)

I. Tätigkeitsbezogene Kriterien einer Handwerkstätigkeit

18 Ein zulassungspflichtiges Handwerk liegt nur vor, wenn mit der Zielsetzung und in den Formen nach Abs. 1 gehandelt wird. Zusätzlich und des näheren muss dabei die ausgeübte Tätigkeit den Merkmalen des § 1 Abs. 2 entsprechen. Diese Kriterien stellen Voraussetzungen dafür auf, wie die Tätigkeit in ihrem Ablauf sich darstellen muss, sie betreffen also idR **„den Betrieb als Betreiben"** eines zulassungspflichtigen Handwerks, nicht „den Betrieb als Organisation(seinheit)" und gegebenenfalls rechtliche Anforderungen an eine(n) solche(n). Allerdings ist auch das Handwerkskriterium des „Betriebs als Organisationsform der Tätigkeit" von Bedeutung für das „Betreiben eines zulassungspflichtigen Handwerks" – diese letztere Begriffsumschreibung ist aber im Folgenden zugrunde zu legen. Ein zulassungspflichtiges „Handwerk" idS ist nur anzunehmen, wenn ein **handwerksmäßiges Betreiben** vorliegt (→ Rn. 23), und dies erfolgt im Rahmen eines Gewerbes nach der Anlage A (vgl. die Ausführungen unter → Rn. 31 ff.), unter **Ausführung wesentlicher Tätigkeiten** eines solchen (vgl. die Ausführungen unter → Rn. 35 ff.).

19 Gesetzlich sind damit allgemeine Bestimmungsmerkmale für das handwerklich betriebene Gewerbe festgelegt, nicht aber eine gesetzliche Definition des „Handwerks", der handwerklichen Tätigkeiten als solcher. Diese Zurückhaltung des Gesetzgebers war bereits vor 2003 festzustellen und hat sich auch seither nicht geändert (Detterbeck Rn. 35, 44, 49; Honig/Knörr Rn. 43; vgl. zur historischen Entwicklung des § 1 Abs. 2 bei Leisner S. 19 ff.). Der Gesetzgeber hat bewusst auf eine Definition der Begriffe des „Handwerks" bzw. des „zulassungspflichtigen Handwerks" des § 1 verzichtet, weil es „keine eindeutige Definition des Begriffs „Handwerk" gebe, die für die Organisationen, die aufsichtführenden Behörden und Gerichte praktikabel sei (Honig/Knörr Rn. 43; Leisner S. 22). Bei der Beurteilung, ob eine handwerkliche Tätigkeit vorliegt, sind also alle zum „handwerklichen Betreiben" und zur Anlage A entwickelten Kriterien zu beachten (→ Rn. 22 bis → Rn. 46). Auch die Nennung von „Gewerben" in den Anlagen A und B begründen wichtige Anhaltspunkte für das Vorliegen handwerklicher Tätigkeit, allerdings keine starren Kategorien, aus denen sich feste Bestimmungskriterien ohne weiteres entwickeln ließen (BVerwGE 95, 363 (370); Detterbeck Rn. 47). Insbes. das Kriterium der Ausbildung für die Bestimmung einer handwerklichen Tätigkeit ist nunmehr in § 1 Abs. 2 S. 2 konkretisiert worden (vgl. unten → Rn. 40 ff.).

20 Die (einzelnen) Kriterien der Handwerklichkeit einer Tätigkeit (→ Rn. 19) dürfen jedoch in der jeweiligen Fallkonstellation nicht isoliert gesehen und bewertet werden. Vielmehr

kommt es stets auf das **Gesamtbild der Tätigkeit** an (BVerwG GewArch 1994, 474; Detterbeck Rn. 50). Danach ist insbes. zu unterscheiden, ob **industrielle oder handwerkliche Tätigkeit** (früher: Betriebsform) anzunehmen ist (BVerwGE 58, 217 (224), 95, 383 (370) – stRspr; Leisner GewArch 1997, 400). Die Unterscheidung von der „Industrie" ist die **praktisch wichtigste Abgrenzungsproblematik** bei der Bestimmung der handwerklichen Tätigkeit (vgl. dazu → Rn. 22 ff.).

Darüber hinaus ist, zur Bestimmung der **Handwerklichkeit einer Tätigkeit von dem** 21 **sog. „dynamischen Handwerksbegriff" auszugehen** (BVerwGE 94, 201; 95, 363 (369) – stRspr.; Fröhler GewArch 1964, 145; Rüth GewArch 1992, 130; Leisner GewArch 1997, 398; Leisner, W.G., Die wesentliche Tätigkeit eines Handwerks in § 1 Abs. 2, Rechtsprechungsanalyse und systematische Einordnung von Einzel(grenz)fällen, LFI- Schriftenreihe 2014, 22): Die Handwerklichkeit einer Tätigkeit ergibt sich (auch) daraus, dass sie (jeweils „gegenwärtig") der „technischen" und „wirtschaftlichen" Entwicklung entspricht, diese uU auch fördernd gestaltet. „Statische" Daten, etwa zur Betriebsgröße, können hier nicht allein entscheiden (Honig/Knörr Rn. 61). Allerdings ist dabei auf eine gewisse **Kontinuität der Entwicklung**, damit auch auf deren jeweilige Ausgangsdaten zu achten. Der „dynamische Handwerksbegriff" ist aber kein „unbestimmter Rechtsbegriff", der etwa in einem weiten Beurteilungsermessen jeweils zu konkretisieren wäre. Vielmehr sind jedenfalls zunächst die folgenden Kriterien, nach den Grundsätzen rechtsstaatlicher Bestimmtheit, zu beachten:

II. Kriterien der „handwerksmäßigen Tätigkeit" (§ 1 Abs. 2 S. 1)

1. „Maschineneinsatz" – „Handarbeit"

Das traditionell maßgebende **Abgrenzungskriterium einer „Handwerklichkeit" im** 22 **Vergleich zu „industrieller Tätigkeit"** lag stets und liegt weiterhin in Art und Umfang des „Einsatzes von Maschinen" im weitesten Sinn. Nur soweit diese Raum für „Tätigkeiten von Hand" lassen (Detterbeck Rn. 51 ff.; Honig/Knörr Rn. 69; Schwannecke Rn. 63), kann Handwerksmäßigkeit der Tätigkeit angenommen werden. Dies gilt jedenfalls dann, wenn „die Maschine der Hand", nicht „die Hand der Maschine" primär dient, im Rahmen einer Gesamtbetrachtung (→ Rn. 20) des Produktionsablaufes für Güter und Dienste. Auch eine Beurteilung nach **Überwiegen von „Hand oder Maschine"** wird hier weithin über die Handwerkseigenschaft entscheiden können. Letztlich wird es auf das **Gewicht des Maschineneinsatzes** ankommen (BVerwGE 17, 230 (233); 18, 226 (231 f.); 58, 217 (224); 95, 363 (370); BVerwG GewArch 2004, 488 – stRspr; BAG GewArch 1986, 40). Anerkannt ist jedoch, seit langem, dass insoweit eine **Tendenz zu laufender Steigerung des Maschineneinsatzes im Handwerk** deutlich ist, entsprechend der **technischen Entwicklung; auf deren Stand kommt es dabei letztlich entscheidend an** (vgl. etwa VGH Koblenz GewArch 1993, 418), auch hinsichtlich ihrer betriebswirtschaftlichen Auswirkungen auf die Tätigkeit.

2. Handwerkliche Qualifikation

Handwerksmäßige Tätigkeit ist stets, aber auch nur dort anzunehmen, wo sie, in Leitung 23 wie Ausführung, eine gewisse – eben spezifisch **„handwerkliche" Qualifikation** verlangt („Befähigungsgrundsatz", vgl. Detterbeck Rn. 54), deren Erwerb bei zulassungspflichtigen Handwerken nachzuweisen ist. Für industrielle Gewerbetätigkeit stellt dies keine rechtlich zwingende Voraussetzung dar. Dies ergibt sich für die zulassungspflichtigen Handwerke bereits aus ihrer Bestimmung nach der Funktion der **Gefahrenabwehr** (vgl. vor → Einleitung Rn. 8), allgemein aber aus dem Begriff der Handarbeit, die eben einen gewissen menschlichen Qualifikations-, nicht nur einen maschinenmäßigen Qualitätsstandard erfordert. Auch das ebenfalls beibehaltene **Ausbildungskriterium für das A-Handwerk** spricht für spezielle Bedeutung der Befähigung für handwerkliche Tätigkeit.

3. Qualifikation der Betriebsleitung

Eine handwerksmäßige Tätigkeit verlangt eine „Betriebsleitung", welche die erforderliche 24 handwerkliche Qualifikation (→ Rn. 22) laufend feststellen und überwachen kann. Dies erfordert nun, auch bei A-Gewerben, zwar nicht mehr die **Mitarbeit des Betriebsinhabers**; denn das „Inhaber-" ist für zulassungspflichtige Gewerbe durch das **Betriebsleiterprinzip** ersetzt worden (§ 7 Abs. 1). Wohl aber muss die Leitung der Tätigkeiten in den Händen dazu „besonders, eben handwerklich Befähigter" liegen. Dies gilt auch für B-1 und B-2 Gewerbe, wenn auch in einer weniger ausgeprägten Form. Gerade dazu stellt ja die Handwerksordnung die umfangreichen und differenzierten Ausbildung(smöglichkeit)en zur Verfügung (§§ 21 ff.). Die Ausbildungsfunktion des Handwerks, welche nach wie vor dessen Begriff prägt, verlangt ebenso zwingend eine besondere – eben handwerkliche – Befähigung, gerade bei der „Betriebsleitung" jeder handwerklichen Tätigkeit. Hier ist der Produktionsablauf, weit stärker als in der „Industrie", von der technischen Leitung durch (einen) Einzelne(n) abhängig, wobei dann durch persönlichen Einsatz der Tätigkeitsablauf bestimmt werden kann (Detterbeck Rn. 55 f.). Dies ist Ausfluss des **„personalen Prinzips"** (VGH Koblenz GewArch 1993, 419 f.; vgl. auch VGH Koblenz GewArch 2006, 127), welches den Handwerksbegriff prägt. Dabei kommt es selbstverständlich auf die rechtlichen Einwirkungsmöglichkeiten der Betriebsleitung an, nicht darauf, wie diese einer solchen Aufgabe tatsächlich gerecht wird (vgl. dazu BVerwG GewArch 2004, 488).

4. Qualifikation der Mitarbeiter

25   Ein Kriterium für handwerkliche Tätigkeit in einem Betrieb ist auch der **„Qualifikationsstand der Mitarbeiter"**, sowie der Anteil derart speziell Befähigter an der Gesamtzahl der dort Beschäftigten (BVerwG GewArch 2004, 488; VGH Koblenz GewArch 2006, 127). Überwiegende Beschäftigung von ungelernten oder kurzfristig angelernten Mitarbeitnehmern spricht gegen handwerksmäßige Tätigkeit im Betrieb (VG Trier GewArch 1993, 295); insbes. eine, damit meist verbundene, **Austauschbarkeit des Personals** kann ein Anzeichen dafür sein, dass die Tätigkeit eben keine solche ist, dass sie den besonderen Qualifikationsstandard des „Hand-Werks" (→ Rn. 22, → Rn. 23) erfordert. Ein eindeutiges, durchgehendes Abgrenzungskriterium handwerklicher und industrieller Tätigkeit kann darin aber nicht gesehen werden: auch im Industriebetrieb werden – zunehmend – Facharbeiter beschäftigt, Ungelernte auch im Handwerk (zurückhaltend daher BVerwGE 58, 217 (222 f.); BAG GewArch 1986, 40). Überwiegender Einsatz nicht speziell Qualifizierter spricht daher, etwa im Baugewerbe, nicht notwendig für handwerkliche Tätigkeit. Nicht auf die, handwerkliche oder industrielle (Facharbeiter), **Berufsausbildung** kommt es an, in welcher die Mitarbeiter ihre Qualifikationen erworben haben (vgl. Detterbeck Rn. 59), sondern auf den Qualifikationsstand insgesamt, welchen die Tätigkeit bei den Mitarbeitern voraussetzt. Ein, auch laufender, **Mitarbeiterwechsel zwischen Handwerks- und Industriebetrieben**, steht also handwerklicher Tätigkeitsqualifikation als Kriterium nicht grds. entgegen, er verlangt lediglich dessen sorgfältig beurteilenden Einsatz.

5. Arbeitsteilung

26   Das **Ausmaß der Arbeitsteilung** ist in der stRspr des BVerwG als ein **Indiz** für oder gegen handwerksmäßige Tätigkeit gewertet worden (BVerwGE 17, 223 (225); 18, 226 (230 f.); 58, 217 (224); 95, 363 (370); vgl. auch VGH Koblenz GewArch 2006, 127). Wenn jede einzelne Arbeitskraft nur bestimmte und begrenzte, in der Regel wiederkehrende Teilarbeiten durchzuführen hat (BVerwGE 18, 226 (230 f.); BAG GewArch 1986, 40; Detterbeck Rn. 53), so spricht das für industrielle Tätigkeit. Ein „Einmannbetrieb" kann kein Industriebetrieb sein (VGH Koblenz GewArch 1985, 338). Dieses Kriterium der Arbeitsteilung ist jedoch nur sehr zurückhaltend einsetzbar zur Bestimmung der handwerksmäßigen Tätigkeit (vgl. Leisner GewArch 1997, 399), und es ist stets im Zusammenhang mit dem der handwerklichen Qualifikation zu gewichten (→ Rn. 23 ff.), ob etwa Arbeitsteilung auch Austauschbarkeit des Personals indiziert. Denn auch handwerkliche Tätigkeit wird iRd technischen Entwicklung (→ Rn. 22) zunehmend arbeitsteilig betrieben. Allerdings dürfte noch immer gelten (vgl. BVerwGE 17, 230 (232)): Ist ein Betrieb so weit spezialisiert, dass in ihm eine Lehrlingsausbildung für alle Fertigkeiten der betreffenden Gewerbetätigkeiten nicht (mehr) möglich ist, so wird kaum eine handwerkliche Tätigkeit vorliegen (Detterbeck Rn. 62).

6. Betriebsgröße

Betriebsgröße, etwa nach (Über-)Örtlichkeit sowie Filialstruktur (dazu OVG Magdeburg GewArch 2002, 201 ff.; Fiege GewArch 2001, 409 ff.), Mitarbeiterzahl, Anlagevermögen, Umsatz (vgl. Detterbeck Rn. 61) ist als solche **kein (Abgrenzungs-)Kriterium** handwerksmäßiger gegenüber industrieller Tätigkeit (BVerwG GewArch 2003, 79). „Handwerksbetrieb" ist nicht gleichzusetzen mit Kleinbetrieb (Honig/Knörr Rn. 65). Nur soweit die Betriebsgröße die **Überschaubarkeit** der Tätigkeitsabläufe idS beeinflusst, dass dies für die handwerksmäßige Betriebsleitung (→ Rn. 24) von Bedeutung ist (vgl. dazu BVerwG GewArch 1964, 264 f.; 1965, 163; 1973, 235), kann auch jener eine gewisse **Indizwirkung** für handwerksmäßige Tätigkeit zukommen. 27

7. Abnehmer

Der **Kundenkreis ist kein Kriterium** für handwerksmäßige Tätigkeit. Diese erfolgt auch „standortübergreifend" (vgl. allerdings die Indizwirkung der Betriebsgröße → Rn. 27), oft nur an bestimmte Abnehmer der Produkte oder Leistungen (Zulieferbeziehungen), andererseits in der Regel an einen wechselnden Kundenkreis (Bäcker, KFZ-Gewerbe), grds. sogar an jedermann, wie auch beim Industriebetrieb. Auch „Produktion auf Vorrat" unterscheidet handwerksmäßige nicht von industrieller Tätigkeit; entscheidend ist vielmehr der jeweilige Gegenstand der Leistung (iwS). 28

8. Beurteilung seitens der Tätigen

Ohne Bedeutung für die Beurteilung als „handwerksmäßige Tätigkeit" ist es, wie der Betriebsinhaber oder Betriebsleiter oder wie die Mitarbeiter ihre **Tätigkeit selbst einschätzen** (zu früheren Erörterungen darüber vgl. Detterbeck Rn. 61 mwN). Ein „Zugehörigkeitsgefühl" zum Handwerk oder zu einer von dessen Organisationen ist auch, umgekehrt, ohne Belang. Ein „Standesbewusstsein der Handwerker" mag es, vor allem in gewissen Bereichen, noch heute geben, dem mögen auch allgemeine Anschauungen entsprechen, vor allem in einem gesteigerten Vertrauen zu einem „Meisterbetrieb", insbes. im Bereich der A-Handwerke. Die „Handwerklichkeit als solche" einer bestimmten Tätigkeit prägt dies aber nur iRd Tätigkeitsbeschreibung nach der Positivliste A. 29

9. Fazit zur Abgrenzung „handwerkliche – industrielle Tätigkeit"

Die **Abgrenzung Handwerk-Industrie** muss nach den vorstehenden Kriterien und Indizien erfolgen (→ Rn. 22 bis → Rn. 27). Von zentraler Bedeutung ist dabei, nach wie vor, die technische Ausstattung als Grundlage der Tätigkeit (→ Rn. 22) und die ihr entsprechende notwendige Befähigung der Leitung und der Mitarbeiter (→ Rn. 23 bis → Rn. 26). Ein generelles durchgreifendes Abgrenzungskriterium gibt es aber nicht. Das Vorliegen einer „Handwerksmäßigen Tätigkeit" entsprechend den vorstehenden Kriterien und Indizien, kann nur auch nach den im Folgenden behandelten Gesichtspunkten, entsprechend den Gegebenheiten des jeweiligen Gewerbes, (→ Rn. 31 ff.) abschließend beurteilt werden. 30

E. Zulassungspflicht nach Anlage A

I. Gewerbe nach der Anlage A

Neben handwerksmäßigem Betreiben ist für die Zulassungspflicht zwingende Voraussetzung, dass die Tätigkeit „ein Gewerbe **vollständig umfasst**", das in der Anlage A aufgeführt ist, oder Tätigkeiten, die für dieses Gewerbe wesentlich sind (Schwannecke Rn. 71; Leisner S. 23). Die Handwerksmäßigkeit ist aber auch notwendige Voraussetzung für die Annahme nicht zulassungspflichtiger Handwerkstätigkeit und eines handwerksähnlichen Gewerbes (§ 18 Abs. 2). Für die Handwerklichkeit des B-Gewerbes gelten auch die folgenden Voraussetzungen der Konformität zur Beschreibung der Gewerbe, allerdings hier zur Anlage B1 oder B2. Die Handwerksmäßigkeit der Tätigkeit konstituiert damit allein zwar den **Hand-** 31 werksbegriff, begründet aber als solche noch nicht eine Zulassungs- oder Verzeichnispflicht der betreffenden Tätigkeiten.

32 Die Positivlisten in Anlage A1 und B1 und B2 nennen jeweils gewisse Gewerbe in sehr kurzer, meist in einer Ein-Wort-Form. Entscheidend ist handwerksrechtlich, ob die jeweiligen Tätigkeiten diesem Begriffsinhalt zuzuordnen sind, nicht, wie sie von Inhabern oder den dort Tätigen firmenmäßig oder in sonstiger Weise bezeichnet werden (OLG Saarbrücken GewArch 2002, 35; OVG Lüneburg GewArch 2003, 487). Dabei ist der, vor allem technischen, Entwicklung, entsprechend dem „dynamischen Handwerksbegriff" (→ Rn. 21), bei jedem der aufgelisteten Gewerbe jeweils Rechnung zu tragen. Entscheidend ist insoweit das betreffende **tatsächliche wirtschaftliche Berufsbild**, auf welches die Nennung des Gewerbes in der jeweiligen Anlage hinweist (BVerwGE 13, 97 (121 f.); BVerwG GewArch 1993, 330; 1994, 199; Rüth GewArch 1992, 131; Detterbeck GewArch 2003, 47 ff.). Zur rechtlichen Bedeutung der Berufsbilder vgl. allgemein Sachs/Mann, Art. 12 Rn. 168 ff.).

33 Zur näheren Bestimmung der Abgrenzungswirkungen, die sich für zulassungspflichtige – und nun auch für nicht zulassungspflichtige – Handwerke aus den Anlagen A sowie B1 und B2 ergeben, wird von jeher auf die Inhalte der **Meisterverordnungen** (§§ 45 Abs. 1, 51 Abs. 2; vgl. dazu Detterbeck Rn. 64) hingewiesen. Diese werden als RVOen des Bundes erlassen und sollten einen Schluss auf die Tätigkeit zulassen, welche in dem jeweils in den Anlagen aufgeführten Gewerbe notwendig durchzuführen sind (BVerwG GewArch 1991, 232; 1993, 199 f. und 1993, 729; BGH GewArch 1992, 25 f.); denn eben dafür sind ja die jeweiligen Fertigkeiten und Kenntnisse zu erwerben, bei zulassungspflichtigen Gewerben nachzuweisen. Dasselbe gilt für die **Ausbildungsordnungen** (OVG Lüneburg GewArch 2003, 487). Diese Meisterverordnungen und Ausbildungsordnungen legen jedoch das jeweilige handwerksähnliche Berufsbild weder als solches verbindlich fest (BVerwG GewArch 1994, 200; Czybulka NVwZ 2000, 138), noch auch einen Kernbereich desselben (OVG Saarbrücken GewArch 2002, 136 f.), vielmehr kommt ihnen insoweit **nur Indizwirkung** zu. Deshalb gelten diese Ausbildungsregelungen zwingend nur für die jeweiligen Prüfungen, und sie ergeben bereits seit 1998 „Meisterprüfungsberufsbilder" (Detterbeck Rn. 64).

II. Umfassendes Betreiben (§ 1 Abs. 2 S. 1)

34 Zulassungspflichtig ist eine Tätigkeit dann, wenn sie das betreffende Handwerk, wie es in der Anlage A aufgeführt ist, **vollständig umfasst**; es müssten dort demnach alle Tätigkeiten tatsächlich ausgeübt werden (betreiben „wird"), die in dem jeweiligen Gewerbe nach dessen Bezeichnung in der Anlage dort (überhaupt) stattfinden können (Leisner S. 23). Gegen diese Voraussetzung bestehen aber gewisse rechtsstaatliche Bedenken, soweit sich der zu bestimmende Umkreis solcher „möglicher" Tätigkeiten uU gar nicht oder nicht mit hinreichender Sicherheit feststellen lässt, weder über (tatsächliche) Berufsbilder (→ Rn. 32), noch unter Rückgriff auf Prüfungs- und Ausbildungsordnungen (→ Rn. 33). Dann aber ist die Regelung dieser Voraussetzung insoweit unvollziehbar. In der Praxis wird es auch kaum vorkommen, dass ein solches Gewerbe mit all den in ihm möglichen Tätigkeiten in einer Betriebseinheit ausgeübt wird (Leisner S. 23). Auch die gesetzlichen Regelungen über **Tätigkeitsüberschneidungen** zwischen Unternehmen nach den verschiedenen Anlagen (vgl. dazu Detterbeck Rn. 65), ermöglichen keine rechtsstaatliche inhaltliche Bestimmung der Voraussetzungen des „umfassenden Betreibens". Denn auch sie beziehen sich ja nur auf die Überschneidungen von Berufsbildern, denen aber eben nur Indizwirkung zukommt (→ Rn. 33).

F. „Wesentliche Tätigkeiten", § 1 Abs. 2 S. 1

I. Begriff

35 Die Zulassungspflicht besteht dann, sie hängt also rechtlich davon ab, ob und in welchem Umfang **„wesentliche Tätigkeiten"** eines Anlage A-Gewerbes im jeweiligen Fall ausgeführt werden (§ 1 Abs. 2 S. 1; Schwannecke Rn. 73). Diese Voraussetzung muss auf jeden Fall rechtsstaatlich im Einzelfall klärungsfähig sein, denn sie findet laufend Anwendung in erheblichem Umfang; sie wurde auch die Reform 2003 in S. 3 näher konkretisiert. Auch hier ergeben sich Schwierigkeiten, wie auch zum „umfassenden Betreiben" (→ Rn. 34),

Handwerksbetrieb; Eintragung in die Handwerksrolle § 1 HwO

von vorne herein daraus, dass ja auch diese wesentlichen Tätigkeiten sich **nicht eindeutig aus den Prüfungs- und Ausbildungsordnungen** heraus feststellen lassen; ihnen kommt auch hinsichtlich der „wesentlichen Tätigkeiten" allenfalls **Indizwirkung** zu (→ Rn. 33, → Rn. 34). Außerdem gewichten gerade sie in ihrem Wortlaut nicht nach „wesentlichen" und „unwesentlichen" Tätigkeiten. Dies gilt auch nach § 45 Abs. 3: Die danach nachzuweisenden Fertigkeiten und Kenntnisse müssen nicht ausschließlich „wesentliche Tätigkeiten" des jeweiligen Gewerbes betreffen. Die aufgrund § 45 durch Rechtsverordnung bestimmten Ausbildungs-Berufsbilder sind begrifflich nicht mit den durch den Gesetzgeber bei Aufnahme in die Positivliste nach § 1 Abs. 2 rechtlich fixierten Berufsbildern gleichzusetzen (BGH GewArch 1992, 25 ff.; Leisner S. 27 ff.). Sie haben nicht die Funktion, Handwerke verbindlich voneinander abzugrenzen und Tätigkeitsbereiche einem bestimmten Handwerksberuf unter Ausschluss anderer vorzubehalten (BGH GewArch 1992, 25 ff. unter Hinweis auf BVerwG GewArch 1984, 96 (97) und BVerwG BeckRS 1979, 30439412 = BVerwGE 58, 217 (219)). Zu beachten ist, dass Berufsbilder sich weiterentwickeln und Wandlungen unterliegen. Deshalb muss geprüft werden, ob das gegenwärtige tatsächliche Berufsbild des jeweiligen Handwerks von dem in der einschlägigen Verordnung umschriebenen Berufsbild abweicht (BVerwG GewArch 1991, 231 (232); Mallmann GewArch 1996, 89 (89)). Es muss auf das jeweilige **tatsächliche wirtschaftliche Berufsbild** zurückgegriffen werden. Die neuerliche Konkretisierung in S. 3 betrifft ja auch nur das Beurteilungselement „Ausbildung" (Nr. 1 und 2) und die „Entwicklung eines Handwerks aus einem anderen zulassungspflichtigen" (Nr. 3).

„Wesentliche Tätigkeiten" sind **nicht (notwendig) solche, welche nur** in dem betref- 36 fenden, nicht aber in einem anderen mit ihm verwandten Handwerk (dazu Detterbeck Rn. 65) ausgeübt werden oder vorkommen (können) (vgl. zum Fall des Dachdeckerhandwerks BVerwG GewArch 1993, 249 f.). Gerade eine für zwei oder mehrere Handwerke jeweils „wesentliche Tatsache" kann deren **„Verwandtschaft"** begründen; auch S. 3 verdeutlicht übrigens, dass sogar unwesentliche Tätigkeiten uU (kombiniert) die Wirkung von wesentlichen Tätigkeiten sollen entfalten können.

Wesentliche Tätigkeiten müssen nicht mehr- oder vielfältige Aktivitäten beinhalten; 37 eine einzige wesentliche Tätigkeit begründet die Zulassungspflicht (BayObLG GewArch 1993; Detterbeck Rn. 68 mwN). Der Begriff der „wesentlichen Tätigkeiten" kann auch nach Prüfungs- oder Ausbildungsordnungen aus den dort erwähnten Verrichtungen, allerdings nur mit einer Indizwirkung, bestimmt werden (→ Rn. 33); er muss also nach dem **tatsächlichen wirtschaftlichen Gesamtbild** der betreffenden handwerklichen Tätigkeit ermittelt werden. Ein Negativkriterium ergibt sich überdies dann, wenn gewisse Tätigkeiten nach den Anlagen B1 oder B2 nicht zulassungspflichtigen Gewerben zuzuordnen sind: Es kann sich bei diesen dann nicht um wesentliche Tätigkeiten eines zulassungspflichtigen Gewerbes handeln (Detterbeck Rn. 71; Honig/Knörr Rn. 55).

Nicht wesentliche Tätigkeiten sind nicht solche, welche den „nicht wesentlichen Teil" 38 der in einem Betrieb verrichteten Arbeiten ausmachen. Wesentliche Tätigkeit ist ein qualitativer, nicht ein quantitativer Begriff (BVerwG GewArch 1992, 107, 109; 1993, 249; BGH GewArch 1992, 26; Detterbeck Rn. 69).

Eine nähere Bestimmung der „wesentlichen Tätigkeiten" hatte die Rspr. seit langem mit 39 einem **„Kernbereichskriterium"** versucht, die das BVerwG anhand mehrerer Einzelfallrechtsprechungen entwickelt hat. Nach Ansicht des BVerwG bedarf es für die Annahme einer zulassungspflichtigen Tätigkeit auf der ersten Ebene der fachlichen Zugehörigkeit zu einem Vollhandwerk (BVerwG GewArch 1992, 107 (108); 1992, 386 (387); Mallmann GewArch 1996, 89 (89)). Um dies beurteilen zu können, können die Verordnungen über die Berufsbilder und Prüfungsanordnungen für das betreffende Handwerk ergänzend mit herangezogen werden, da die Berufsbilder grds. als Prüfungsgrundlage gedacht sind. In einem zweiten Schritt muss beurteilt werden, ob die ausgeführten Arbeiten zum Kernbereich des Handwerks der Anlage A gehören, denn allein die Feststellung, dass eine Tätigkeit grds. in den Bereich eines Handwerks der Anlage A fällt, ist nicht ausreichend, um den Betrieb als Handwerksbetrieb iSd § 1 Abs. 2 zu qualifizieren (vgl. BVerwG GewArch 1992, 107 (109)). Nach der sog. Kernbereichstheorie des BVerwG ist dies der Fall, wenn „es sich um Tätigkeiten handelt die nicht nur fachlich zu dem betreffenden Handwerk gehören, sondern gerade den Kernbereich dieses Handwerks ausmachen und ihm sein essentielles Gepräge verleihen, während Arbeitsvorgänge, die aus der Sicht des vollhandwerklich arbeitenden Betriebs als untergeordnet erscheinen, also lediglich einen Randbereich des betreffenden Handwerks erfassen, die Annahme eines handwerklichen Betriebs nicht rechtfertigen" (BVerwG GewArch 1993, 329 (329); vgl. dazu insgesamt bei Leisner S. 23 ff.). IErg müssen die ausgeübten Tätigkeiten dem betreffenden Handwerk schon essentielles Gepräge geben, nicht lediglich als untergeordnet erscheinen, oder nur einen Randbereich desselben betreffen. Dabei wurde vor allem auf den **Schwierigkeitsgrad** der betreffenden Regelung der jeweiligen Tätigkeit abgehoben, der wiederum nach dem **Kriterium der erforderlichen Kenntnisse und Fertigkeiten** beurteilt wurde (so BVerwG in stRspr etwa GewArch 1992, 107; 1993, 117; 1993, 249; 1993, 329; 1993, 383; BVerfG GewArch 2000, 242; 2000, 480). Der **erforderliche Qualifikationsstand nach Schwierigkeitsgrad** ist also insoweit auch gegenwärtig noch ein **entscheidendes Kriterium** für die Bestimmung dessen, was eine wesentliche Tätigkeit darstellt.

II. Nicht wesentliche Tätigkeiten

1. Gesetzliche Negativabgrenzung und Kernbereichstheorie des BVerwG

40 Der Gesetzgeber hat 2003 (weitere) **Negativabgrenzungen in § 1 Abs. 2 S. 2 und 3** vorgenommen. Zur Konkretisierung des Begriffs der „wesentlichen Tätigkeit" hat der Gesetzgeber, basierend auf der sog. „Kernbereichstheorie" des BVerwG eine **beispielhafte Negativabgrenzung** vorgenommen, indem § 1 Abs. 2 S. 2, 3 geschaffen wurde (BGBl. 2003 I 2933; BT-Drs. 15/108; Leisner S. 24). Danach sind keine wesentlichen Tätigkeiten „insbesondere" einfache Tätigkeiten (Abs. 2 S. 2 Nr. 1), nebensächliche Tätigkeiten (Abs. 2 S. 2 Nr. 2) und nicht aus dem Handwerk entstandene Tätigkeiten (Abs. 2 S. 2 Nr. 3). Diese gelten nur **„insbesondere"**, schließen also weitere Negativkriterien nicht aus, weder allgemeine (→ Rn. 36, → Rn. 37, → Rn. 38), noch solche, welche etwa die speziellen Regelungsbereiche der Konkretisierungen in § 1 Abs. 2 S. 2 u. 3 betreffen. Anlass für den Gesetzgeber, die Varianten **nicht abschließend** zu bestimmen, war – ausweislich der Begründung des Gesetzesentwurfs – die Tatsache, dass das BVerwG „keine abschließende Regelung der vom Vorbehaltsbereich nicht erfassten Tätigkeiten getroffen hat" (Gesetzesentwurf der Fraktion SPD und BÜNDNIS 90/ DIE GRÜNEN bei Schulze GewArch 2003, 283 (287); Müller NVwZ 2004, 403; krit. Baumeister GewArch 2007, 310, (313), (320); Leisner S. 31). Ferner der Aspekt, dass die Entscheidungen des BVerwG sog. „Jedenfalls- Entscheidungen" sind (Gesetzesentwurf der Fraktion SPD und BÜNDNIS 90/ DIE GRÜNEN bei Schulze GewArch 2003, 283 (287); Leisner S. 31). Diese Abgrenzungen sind allerdings von Bedeutung nur für A-Gewerbe, nach dem Gesetzeswortlaut („wenn das Gewerbe in der Anlage A aufgeführt ist", oder „Tätigkeiten ausgeführt werden, die für **dieses** Gewerbe wesentlich sind" (Hervorh. v. Verf.) nicht „ein Gewerbe", ebenso Honig/Knörr Rn. 48; vgl. aber Mirbach/Schmitz GewArch 2005, 453; Dürr GewArch 2005, 364).

2. Einfache Tätigkeiten iSd § 1 Abs. 2 S. 2 Nr. 1

41 Nach § 1 Abs. 2 S. 2 Nr. 1 (dazu Schulze GewArch 2003, 283) betrifft eine von einem durchschnittlich begabten Berufsanfänger in drei Monaten erlernbare Berufsqualifikation keine „wesentliche Tätigkeit". **Einfache Tätigkeiten** sind solche Arbeitsvorgänge, die wegen ihrem geringen Schwierigkeitsgrad keiner qualifizierten Kenntnisse und Fähigkeiten bedürfen, um einwandfrei ausgeübt werden zu können. Dabei ist nicht rein schematisch die Zahl der im Einzelnen notwendigen Kenntnisse und Fertigkeiten, sondern deren Gewichtigkeit zu berücksichtigen (OLG Schleswig-Holstein BeckRS 2013, 20464; Leisner S. 31). Solche Tätigkeiten dürfen daher auch durch andere Vorschriften nicht als „wesentliche" qualifiziert werden. Eine kurzfristig erlernbare Tätigkeit kann also auch nicht „als eine wesentliche" iRd Meisterprüfung (nach § 45 Abs. 3) geprüft werden. IE konnte der Gesetzgeber diese Tätigkeiten allerdings nicht auflisten (vgl. BT-Drs. 15/1089, 8 f. Nr. 7; Leisner S. 31 ff.). Die kurzfristige Erlernbarkeit ist daher ein tatsachenbezogener unbestimmter, im Einzelfall aber bestimmbarer Rechtsbegriff; seine Anwendung kann in vollem Umfang gerichtlich nachgeprüft werden (Detterbeck Rn. 74). Die vom Gesetzgeber vorgegebene Zeitspanne von drei Monaten ist nicht als starre Grenze anzusehen, sondern als Anhaltspunkt zu werten und eher von einem **offenen Zeitrahmen** auszugehen, wobei die Größenordnung von 3 Monaten als Indiz beachtet werden soll (Leisner S. 32 f.)

3. Nebensächliche Tätigkeiten iSd § 1 Abs. 2 S. 2 Nr. 2

§ 1 Abs. 2 S. 2 Nr. 2 bringt eine (Unter-)Ausnahme von Nr. 1: Keine wesentlichen Tätigkeiten sind solche, die zwar kurzfristig erlernbar, aber für das Gesamtbild (→ Rn. 20) **„nebensächlich"** sind. Das BVerwG spricht im Zusammenhang mit einer nebensächlichen Tätigkeit von Tätigkeiten, die „untergeordnet und damit vom Typ her gesehen als unbedeutend oder unwesentlich erscheinen" (BVerwG GewArch 1984, 96 (97)). Damit werden Kriterien aufgenommen, welche schon vor 2003 maßgebend waren; iSe „Geprägetheorie": das **tatsächliche wirtschaftliche Berufsbild** (→ Rn. 20), vor allem das von der Rechtsprechung entwickelte **„Kernbereichskriterium"** (→ Rn. 39). Sie werden hier nun allerdings „spezifisch ausbildungsmäßig konkretisiert": Nur dann schließt eine schon kurzfristig erreichbare Qualifikation eine „wesentliche Tätigkeit" aus, wenn gerade in der Ausbildung auf die Notwendigkeit eines solchen Qualifikationsstandes kein Wert gelegt wird; und zwar ist dies die einzige Erwägung („und deswegen"), mit der diese „Nebensächlichkeit" begründet werden kann. Anhaltspunkte zur Beurteilung könnten sich aus der Ausbildungsordnung iSd §§ 25, 26 ergeben, in denen das Ausbildungsberufsbild beschrieben wird (§ 26 Abs. 1 Nr. 3), der Ausbildungsrahmenplan festgelegt wird (§ 26 Abs. 1 Nr. 4) und nach § 26 Abs. 1 Nr. 2 die Ausbildungsdauer (Leisner S. 34). Ist die ausgeübte Tätigkeit in der **Ausbildungsordnung** genannt, könnte eine **Vermutung** dahingehend bestehen, dass keine nebensächliche Tätigkeit vorliegt, vor allem, wenn diese Tätigkeit Schwerpunkt der Ausbildungsordnung ist. Maßgeblich ist aber auch an dieser Stelle, dass der Ausbildungsordnung nur Indizwirkung zukommen kann, da der Schwerpunkt des Ausbildungsberufsbildes auf der Berufspädagogik liegt (Kormann/Liegmann S. 47; Leisner S. 34). Gerichtlich wurde festgestellt, dass es unvereinbar mit § 1 Abs. 2 S. 2 Nr. 2 ist, anzunehmen, dass sämtliche in den ersten zwei Ausbildungsjahren erlernbare Tätigkeiten oder sogar alle Tätigkeiten bis zum Gesellenniveau Minderhandwerk sei (VGH München GewArch 2013, 85 Rn. 20; Leisner S. 34). Ferner könnten sich Anhaltspunkte aus der jeweiligen **Meisterprüfungsverordnung** ergeben, wobei auch hier nicht davon ausgegangen werden kann, dass der Meisterprüfungsverordnung ausschlaggebende Bedeutung für die Abgrenzung der wesentlichen Tätigkeit zukommt, zumal Meisterprüfungsberufsbilder keine Beschreibung von Tätigkeiten enthalten darf (vgl. Detterbeck § 26 Rn. 7; Leisner S. 34).

4. Nicht aus dem Handwerk entstandene Tätigkeiten iSd § 1 Abs. 2 S. 2 Nr. 3

Nach **§ 1 Abs. 2 S. 2 Nr. 3** sind wesentliche Tätigkeiten (jedenfalls) nicht solche, die **nicht aus einem zulassungspflichtigen Handwerk entstanden sind** (dazu Detterbeck Rn. 76). Damit regelt die Vorschrift Wirkungen des „dynamischen Handwerksbegriffs" (→ Rn. 21; BVerwG GewArch 1994, 201; BT-Drs. 15/1089, S. 8): Was A-Handwerken aus Nicht-A-Handwerken zuwächst, kann bei A-Handwerken keine (neue) wesentliche Tätigkeit schaffen, wohl aber – eben nach dem „dynamischen Handwerksbegriff" – das, was sich aus der Entwicklung des betreffenden A-Handwerks selbst ergibt (Leisner S. 35).

5. Das Kumulationsverbot des § 1 Abs. 2 S. 3

Nach **§ 1 Abs. 2 S. 3** soll für mehrere Tätigkeiten iS Abs. 2 S. 2 Nr. 1 und 2 ein „Gesamtkriterium" gelten, nach dem zu beurteilen sei, ob nicht doch eine wesentliche Tätigkeit vorliege. Verhindert werden soll nämlich die Bildung eines zulassungsfreien Gewerbes, das aufgrund der Ansammlung einzelner einfach erlernbarer oder nebensächlicher Tätigkeiten beinahe identisch mit dem Berufsbild eines Vollhandwerks als zulassungspflichtiges Handwerk ist (Kormann/Liegmann S. 43; Leisner S. 36). Zutreffend ist zwar, dass es auf ein „Gesamtbild" der handwerklichen Tätigkeiten ankommt (→ Rn. 20; vgl. Schultze GewArch 2003, 384). Sinnvoll ist auch ein Verständnis, nachdem es nicht gestattet sein darf, dass nichtzulassungspflichtige Gewerbe nach und nach Tätigkeiten an sich ziehen und damit schließlich ein Gewerbe der zulassungspflichtigen Tätigkeit ausüben, ohne der Zulassungspflicht zu genügen. Dies darf aber nicht zu einer „quantitativen Gesamt-Betrachtung" führen (vgl.

dazu Detterbeck Rn. 78 ff.). Entscheidend ist immer die qualitative Beurteilung, ausgehend vom Gefahrenkriterium für die Zulassungspflicht (→ Rn. 8).

6. Das Kriterium der Gefahrgeneigtheit

45 **§ 1 Abs. 2 S. 2** wirft die Frage auf, ob diese Regelungen auch dann gelten sollen, wenn sie den Begriff der „wesentlichen Tätigkeit" bei einem „gefahrgeneigten Handwerk" einschränken (dazu vor → Einleitung Rn. 8). Dem könnte, im Wege einer sogenannten „teleologischen Reduktion" dadurch begegnet werden, dass die Vorschriften des Abs. 2 bei gefahrgeneigten Tätigkeiten nicht gelten sollen (vgl. in diesem Sinn Traublinger GewArch 2003, 357; Kormann/Hüpers S. 32). Dann würden die Bestimmungen des Abs. 2 lediglich insoweit gelten, als Tätigkeiten schon nach der erforderlichen Ausbildung nicht als wesentlich angesehen werden könnten. Die Regelung des Abs. 2 würde dann nur dies noch verdeutlichen (vgl. zur Problematik Detterbeck Rn. 77).

III. Minderhandwerk (Kleingewerbe)

46 Werden **keine „wesentlichen Tätigkeiten"** eines zulassungspflichtigen Handwerks iSv → Rn. 35 ausgeübt, so besteht keine Zulassungspflicht. Eine solche Tätigkeit ist deshalb allerdings nicht (notwendig) eine industrielle. Vielmehr liegt dann, falls immerhin eine „handwerkliche Tätigkeit" nach den allgemeinen Bestimmungskriterien anzunehmen ist (→ Rn. 22), ein sogenanntes **Mindesthandwerk (Kleingewerbe)** vor, in welchem eben **nur unwesentliche Tätigkeiten eines zulassungspflichtigen Handwerks – neben anderen handwerklichen Tätigkeiten – stattfinden**. Für diese gelten die Bestimmungen der Handwerksordnung insgesamt, nicht aber für deren Zulassungsregelungen. Daran hat sich 2003 nichts geändert (vgl. früher BVerwGE 87, 191 ff.; Detterbeck Rn. 66 mwN).

IV. Kriterienkatalog

47 Die Vielzahl von Rechtsprechung die im Zusammenhang mit der Abgrenzung der wesentlichen Tätigkeit ergangen ist, stellen Einzelfallentscheidungen dar, die aufgrund ihrer Einzelfalllastigkeit lediglich eine Orientierung für die Abgrenzung bieten können. Abgeleitet aus dieser Vielzahl von Rechtsprechungen der unterschiedlichen Gerichtsordnungen lassen sich jedoch aus einer Gesamtschau nachfolgende Regeln ableiten, die bei der Abgrenzung der wesentlichen Tätigkeiten i.S.v. § 1 Abs. 2 behilflich sein sollen (Kriterienkatalog aus Leisner S. 88 ff.):
1. Die Beurteilung der Wesentlichkeit einer Tätigkeit erfolgt nur nach **fachlichen** und nicht nach wirtschaftlichen Gesichtspunkten.
2. Ob eine wesentliche Tätigkeit vorliegt, bestimmt sich nach der **Qualität** und nicht nach der Quantität der Tätigkeiten, so dass eine handwerkliche Tätigkeit schon dann die Eintragung in die Handwerksrolle voraussetzt, wenn sie auch nur in geringem Umfang den Kernbereich eines eintragungsfähigen Handwerks betrifft. Es ist nicht entscheidend, ob ein zulassungspflichtiges Handwerk in seiner gesamten Breite ausgeübt wird. Denn bereits durch die Verrichtung einer einzigen wesentlichen Teiltätigkeit eines zulassungspflichtigen Handwerks wird die Grenze des erlaubnisfreien Gewerbes überschritten.
3. Die Zuordnung einer bestimmten Tätigkeit zu einem Handwerk der Anlage A führt nicht dazu, dass diese Tätigkeit ausschließlich eine wesentliche Tätigkeit dieses Gewebes sein kann/muss. Zwischen den einzelnen Handwerksberufen gibt es mehr oder weniger große Überschneidungen. Dabei können ggf. einzelne Tätigkeitsbereiche für das eine Handwerk wesentlich sein, für das andere Handwerk aber nicht.
4. Nach den gesetzlichen Bestimmungen ist es ausreichend, dass in einem Gewerbebetrieb wesentliche Tätigkeiten eines Gewerbes ausgeübt werden, das in der Anlage A der HwO aufgeführt ist. Insoweit ist es unerheblich, ob eine bestimmte Tätigkeit nur den Kernbereich eines zulassungspflichtigen Handwerks betrifft oder mehrerer Handwerke, wenn keine entsprechende Handwerkrolleneintragung besteht. Anderes kann nur gelten, wenn der Gesetzgeber selbst Teilbereiche solcher Handwerke als eigenständige Berufsbilder in die zulassungsfreien Handwerke oder handwerksähnlichen Gewerbe der Anlage B der HwO aufgenommen hat.

5. Tätigkeiten können ggf. dann nicht wesentlich für ein zulassungspflichtiges Handwerk sein, wenn sie zum Berufsbild eines zulassungsfreien Berufs gehören. Weisen die in den Ausbildungsverordnungen aufgeführten Tätigkeiten Übereinstimmungen mit zulassungsfreien Berufen auf, müssen diese jedoch so weit reichen, dass die zum Kernbereich gehörenden Tätigkeiten zumindest annähernd vollständig erfasst wären.
6. Zur Bestimmung einer wesentlichen Tätigkeit können im Zusammenhang mit dem Berufsbild die Ausbildungsverordnungen und die Meisterprüfungsverordnungen ergänzend mit herangezogen werden; ihnen kommt eine Indizwirkung zu. Die in einer Meisterverordnung aufgeführten Fertigkeiten und Kenntnisse sind somit nicht im Sinne eines ausschließlichen „Vorbehalts" eines Handwerks auszulegen, sondern sie dienen nur der Beurteilung, ob der zu Prüfende die in seinem Handwerk „wesentlichen Arbeiten" meisterhaft ausüben kann. Ferner sind in der Meisterprüfungsverordnung zusätzlich zu den wesentlichen Fertigkeiten und Kenntnissen auch einfache Tätigkeiten enthalten, die nicht zum Kernbereich des Handwerks gehören. Die Berufsausbildungsverordnungen enthalten erläuternde Einzelheiten über das Arbeitsgebiet und die zu dessen Bewältigung benötigten Fertigkeiten und Kenntnisse.
7. Erfordert eine Tätigkeit lediglich solche Fertigkeiten und Kenntnisse, die nicht im Ausbildungsberufsbild enthalten oder nur randständig und zur Abrundung genannt sind, stellt sie keine wesentliche Tätigkeit im Sinne von § 1 Abs. 2 S. 2 Nr. 2 dar.
8. Aus den Ausbildungsverordnungen lassen sich etwa die Zeiten ableiten, die für das Erlernen einer bestimmten Tätigkeit erforderlich sind und für die Beurteilung nach § 1 Abs. 2 S. 2 Nr. 1 als Indiz gewertet werden können. Abzustellen ist dabei auf den durchschnittlich begabten Auszubildenden und nicht auf den konkret Tätigen.
9. Unerheblich ist für die Beurteilung der Wesentlichkeit der Tätigkeit der Zeitanteil, den die Tätigkeit im Betriebsablauf durchschnittlich beansprucht und die Qualifikation des Ausübenden.
10. Im Rahmen der Zeitbestimmung sind auch die erforderlichen Zeiten für die Aneignung allgemeiner Sicherheitsvorkehrungen im Zusammenhang mit der bestimmten ggf. wesentlichen Tätigkeit zu beachten.
11. Für die Frage nach der Wesentlichkeit der Tätigkeiten kommt es nicht darauf an, ob sie während eines Jahres die durchschnittliche Arbeitszeit eines ohne Hilfskräfte in Vollzeit arbeitenden Betriebs übersteigen. Anhand dieses quantitativen Kriteriums ist nach § 3 Abs. 2 zu ermitteln, ob ein Handwerksbetrieb, der mit einem anderen Betrieb verbunden ist, noch als Nebenbetrieb im Sinne von § 2 Nr. 2 und Nr. 3 und § 3 Abs. 1 anzusehen ist. Die Wesentlichkeit im Sinne von § 1 Abs. 2 ist hingegen ein qualitatives Kriterium, da dort lediglich auf die Art der jeweiligen Tätigkeiten abgestellt wird. Daher kommt der Erheblichkeitsgrenze nach § 3 Abs. 2 für die Frage nach der Wesentlichkeit einer Tätigkeit für ein zulassungspflichtiges Handwerk keine Bedeutung zu.
12. Die Frage, ob die Ausübung eines Gewerbes sämtliche oder wesentliche Tätigkeiten eines Handwerks umfasst, ist nach dem für das jeweilige Handwerk geltenden Berufsbild zu beurteilen. Dabei können die aufgrund der §§ 45, 51a Abs. 2 ergangenen Meisterverordnungen sowie die nach den §§ 25, 26 erlassenen Ausbildungsordnungen Berücksichtigung finden, auch wenn darin die betreffenden tatsächlichen wirtschaftlichen Berufsbilder nicht verbindlich festgelegt werden. Arbeitsvorgänge, die aus der Sicht des vollhandwerklich arbeitenden Betriebes als untergeordnet erscheinen, also lediglich einen Randbereich des betreffenden Handwerks erfassen, vermögen demnach die Annahme eines handwerklichen Betriebes nicht zu rechtfertigen. Dies trifft namentlich auf Arbeitsvorgänge zu, die wegen ihres geringen Schwierigkeitsgrades keine qualifizierten Kenntnisse und Fertigkeiten voraussetzen. Andererseits spricht gegen die Bewertung einer Tätigkeit als wesentlicher Teil eines Handwerks noch nicht, dass man sie mit einigem Geschick auch dann ordentlich ausführen kann, wenn man den Beruf nicht erlernt hat.
13. Der Begriff der „Tätigkeit" in § 1 Abs. 2 ist iSv „Einzelverrichtung" zu verstehen und nicht iSv „Teiltätigkeiten" oder „wesentlicher Teil der Tätigkeit" nach § 8 Abs. 2, da § 1 Abs. 2 auf die Qualität der Tätigkeit abstellt, während § 8 Abs. 2 ein quantitatives Element enthält.
14. Die Gefahrgeneigtheit einer bestimmten Tätigkeit führt nicht (automatisch) zur Annahme einer wesentlichen Tätigkeit eines Handwerks der Anlage A.

G. Verordnungsermächtigung (§ 1 Abs. 3)

48 Diese Ermächtigung bezieht sich auf **sämtliche Gewerbe nach Anlage 1**. Sie gestattet die dort aufgeführten Änderungen, Streichungen, Zusammenfassungen, Trennungen, Bezeichnung(sänderung)en, nicht etwa die Neuaufnahme eines Gewerbes in die Anlage 1: Diese ist dem **parlamentarischen Gesetzgeber** vorbehalten, wegen der damit (uU) verbundenen Wirkungen von Grundrechtseingriffen, insbes. in den Schutzbereich des Art. 12 GG. Von den aufgeführten Änderungen dürfen allerdings solche Wirkungen grds. ausgehen. Für die Änderungen nach § 1 Abs. 3 sind stets die gesetzlichen Kriterien der Anlage A (Gefahrenneigung, uU Ausbildungsfunktion) zu beachten. Weitere gesetzliche Vorgaben – aus dem jeweils bisherigen Verhalten des Gesetzgebers zu den zulassungspflichtigen Gewerben – dürften praktisch keine Sperrwirkungen für den VO-Geber entfalten. Er kann jedenfalls auch Umstände bei seinen Änderungen berücksichtigen, die bereits früher (etwa vor 1998 oder 2003) vorhanden waren (vgl. dazu, allerdings iSe weitgehenden Sperrwirkung der bisherigen gesetzgeberischen Regelungen, Detterbeck Rn. 83).

H. Einzelbeispiele zu Gewerben nach Anlage A

49 Die Kriterien der Zulassungspflichtigkeit einer handwerklichen Tätigkeit (Handwerksmäßigkeit), volle Ausübung eines Anlage-Gewerbes oder dessen wesentlicher Tätigkeiten (→ Rn. 18 ff.), beruhen allerdings auf einer überaus komplizierten, nicht immer volldurchdachten Gesetzgebung. Im jeweiligen Einzelfall müssen daher die Ergebnisse einer, teilweise weit zurückliegenden, Einzel(fall)rechtsprechung konkretisierend herangezogen werden. Dies geschieht in der folgenden (exemplarischen) alphabetischen Übersicht. Sie schließt sich an die Beispiele in Detterbeck Rn. 82 an, unter Fortschreibung derselben bis zum gegenwärtigen Zeitpunkt.

- **Augenoptiker** (Nr. 33): BVerwGE 23, 140; BGH NJW 1972, 1132; BSG GewArch 1974, 199; BGH GewArch 2009, 415; Detterbeck GewArch 2012, 337.
- **Bäcker** (Nr. 30): OVG Münster BB 1956, 670; BVerwG GewArch 1964, 279; OVG Berlin RdschrDHKT 1965, Nr. 22; VGH München GewArch 1975, 22; BVerwG GewArch 1979, 262; OVG Koblenz GewArch 1995, 161; VG Neustadt a.d. Weinstraße GewArch 1997, 419; AG Paderborn Urt. v. 20.3.2001 – 25 OWi 372 Js 139/01 (126/01); OVG Magedeburg GewArch 2002, 201; VG Saarlouis GewArch 2005, 157.
- **Dachdecker** (Nr. 4): VG Würzburg GewArch 1976, 386; BVerwGE 58, 217; OLG Stuttgart GewArch 1986, 272; 1988, 196; 1989, 380; 1990, 416; VG München GewArch 1990, 248; OLG Stuttgart GewArch 1991, 141; BVerwG GewArch 1993, 249; LG Dessau GewArch 2003, 81; OVG Lüneburg GewArch 2003, 488; OLG Jena GewArch 2009, 208; OVG Münster GewArch 2010, 249; LG Arnsberg GewArch 2011, 253; BVerwG, NVwZ-RR 2012, 23; Schmitz GewArch 2012, 39.
- **Elektrotechniker** (Nr. 25): früher Elektroinstallateure, Elektromechaniker und Fernmeldeanlagentechniker: OLG Köln GewArch 1978, 377; OVG Lüneburg GewArch 1993, 382; 2006, 339; VG Sigmaringen GewArch 2009, 38.
- **Feinwerkmechaniker** (Nr. 16) – früher Maschinenbaumechaniker, Werkzeugmacher, Dreher und Feinmechaniker: VGH Koblenz GewArch 1985, 338; VGH München GewArch 1987, 126; VGH Kassel GewArch 1990, 418; VGH Koblenz GewArch 1993, 418; VG Gelsenkirchen GewArch 2009, 118; VG Würzburg BeckRS 2012, 58179.
- **Fleischer** (Nr. 32): VG Ansbach GewArch 1962, 136; OLG Köln GewArch 1964, 36; OVG Berlin RdschrDHKT 1966, Nr. 5; Fröhler GewArch 1963, 145; RdschrDHKT 1965, Nr. 14; VGH München GewArch 1994, 292.
- **Friseure** (Nr. 38): OVG Lüneburg GewArch 1993, 421; OLG München GewArch 1994, 247; OLG Schleswig BeckRS 2014, 02089; VG Köln Urt. v. 16.02.2006 – 1 K 2683/04; OLG Hamm GewArch 2008, 215; OVG Münster BeckRS 2010, 46911; VG Bremen GewArch 2011, 83; AG Balingen GewArch 2012, 410; VGH München BeckRS 2012, 57098; OVG Münster GewArch 2012, 35; BVerwG NVwZ-RR 2012, 28; OVG Lüneburg BeckRS 2013, 57981; VG Gelsenkirchen GewArch 2014, 455; Rieger GewArch 2012, 477.

Handwerksbetrieb; Eintragung in die Handwerksrolle § 1 HwO

- **Glaser** (Nr. 39): VG Karlsruhe GewArch 1978, 230; BVerwGE 67, 273; OLG Koblenz GewArch 1984, 382; OVG Lüneburg GewArch 1985, 230; VG Stuttgart GewArch 2000, 74; HessLAG BeckRS 2009, 73440; Scorl Jura 1987, 215.
- **Hörgeräteakustiker** (Nr. 34): OLG München GewArch 2013, 165; Detterbeck WiVerw 2009, 227.
- **Informationstechniker** (Nr. 19) – früher Büroinformationselektroniker sowie Radio- und Fernsehtechniker: VGH München GewArch 1990, 327; LG Karlsruhe GewArch 1998, 386.
- **Installateur und Heizungsbauer** (Nr. 24) – früher Gas- und Wasserinstallateur sowie Zentralheizungs- und Lüftungsbauer: OVG Münster GewArch 1966, 60; BVerwG GewArch 1969, 107; OVG Münster GewArch 1973, 126; OVG Koblenz GewArch 1981, 92; VG Karlsruhe BeckRS 2003, 24171; OLG Nürnberg GewArch 2006, 477.
- **Karosserie- und Fahrzeugbauer** (Nr. 15): OVG Lüneburg NVwZ-RR 2005, 173; VG Braunschweig GewArch 1999, 338.
- **Klempner** (Nr. 23): VGH Koblenz GewArch 2006, 126; VG Stuttgart BeckRS 2006, 22514.
- **Kraftfahrzeugtechniker** (Nr. 20) – früher Kraftfahrzeugmechaniker und Kraftfahrzeugelektriker: OVG Koblenz GewArch 1972, 15; BVerwG GewArch 1987, 25; KG GewArch 1987, 26; BayObLG GewArch 1989, 333; VG Neustadt a.d. Weinstraße GewArch 1991, 350; OVG Koblenz GewArch 1998, 337; OVG Lüneburg NVwZ-RR 2005, 173; OLG Frankfurt a. M. GRUR 2005, 695; VGH Kassel GewArch 2010, 366.
- **Maler und Lackierer** (Nr. 10): OLG Celle GewArch 1977, 380; OLG Hamm GewArch 1979, 94; OVG Koblenz GewArch 1982, 338; VG Oldenburg GewArch 1990, 277; OLG Bremen GewArch 1992, 144; OLG Saarbrücken GewArch 1993, 378; VGH München BeckRS 2009, 34862; 2009, 34877; VGH Kassel Beschl. v. 10.04.2008 – 9 UZ 1588/07; OLG Jena GewArch 2009, 120; VG München BeckRS 2012, 46608; AG Göppingen GewArch 2011, 320; AG Höxter GewArch 2012, 216; VGH München GewArch 2013, 85; OVG Koblenz GewArch 2013, 126; VG München BeckRS 2013, 55166; BVerwG GewArch 2014, 317 ff.; Bütow GewArch 2011, 320.
- **Maurer und Betonbauer** (Nr. 1): VGH Kassel GewArch 1962, 152; VG Köln GewArch 1964, 88; OVG Münster GewArch 1964, 157; BVerwGE 20, 263; OVG Münster GewArch 1965, 60; OVG Lüneburg GewArch 1976, 121; VGH Koblenz GewArch 1976, 229; VG Koblenz GewArch 1977, 269; OLG Düsseldorf GewArch 1978, 164; VG Koblenz GewArch 1979, 263; BayObLG GewArch 1998, 299; OLG Köln GewArch 2000, 73; LG Kiel GewArch 2001, 206; OLG Schleswig BeckRS 2013, 20464; OLG Celle GewArch 2003, 80 f.; VGH München GewArch 2007, 125.
- **Mechaniker für Reifen- und Vulkaniseurtechnik** (Nr. 41): LG Hof GewArch 2009, 39.
- **Metallbauer** (Nr. 13) – früher Schmiede und Schlosser: VG Würzburg GewArch 1976, 298; VG Koblenz GewArch 1978, 378; OVG Koblenz GewArch 1981, 12; KG BeckRS 2014, 12332; BVerfG BeckRS 2007, 23770.
- **Ofen- und Luftheizungsbauer** (Nr. 2) – früher Badeofenbauer sowie Kachelofen- und Luftheizungsbauer: BGH GewArch 1989, 269; 1992, 25; LG Paderborn GewArch 1995, 346 f.
- **Orthopädieschuhmacher** (Nr. 36): OVG Münster GewArch 1975, 267; KG GewArch 1993, 120; OLG Stuttgart GewArch 1997, 417; Musielak GewArch 1988, 105; Stober GewArch 1992, 364; Musielak GewArch 1993, 89.
- **Steinmetzen und Steinbildhauer** (Nr. 8): VG Würzburg GewArch 1976, 386; BVerwGE 87, 191; OLG Stuttgart GewArch 1991, 140; BVerwG GewArch 1991, 231; BVerwG GewArch 1993, 117; LG Mainz GewArch 2007, 123; VG Lüneburg GewArch 2008, 42; OVG Lüneburg GewArch 2010, 213.
- **Staßenbauer** (Nr. 5): BayObLG GewArch 1980, 60;VG Koblenz GewArch 1982, 83; OVG Koblenz GewArch 1983, 69; OLG Düsseldorf GewArch 1984, 86; VG Minden GewArch 1984, 87; VG Gelsenkirchen GewArch 1984, 90; VG Oldenburg GewArch 1985, 198; OVG Koblenz GewArch 1989, 271; OVG Lüneburg GewArch 1991, 347; BVerwG GewArch 1992, 107; BVerwG GewArch 1993, 329; SG Trier GewArch 1994, 338; OVG Lüneburg GewArch 1996, 419; OLG Köln GewArch 2000, 73; OLG Düssel-

HwO § 1   Erster Teil: Ausübung eines Handwerks und eines handwerksähnlichen Gewerbes

dorf GewArch 2002, 34; OLG Hamm BeckRS 2007, 02652; Berg GewArch 1982, 73; Mörtel GewArch 1982, 188.
- **Stukkateure** (Nr. 9): VG Würzburg GewArch 1976, 386; BayObLG GewArch 1989, 167; LG Konstanz Urt. v. 19.01.1995 – 3 HO 183/94; OLG Düsseldorf GewArch 1995, 119; OVG Lüneburg BeckRS 2005, 21180; OLG Köln NJOZ 2001, 364; VG Arnsberg GewArch 2007, 426; VGH München GewArch 2007, 125; VGH Kassel Beschl. v. 10.04.2008 – 9 UZ 1588/07; AG Göppingen GewArch 2008, 456; VG Köln BeckRS 2010, 56763; AG Göppingen GewArch 2011, 320.
- **Tischler** (Nr. 27): OVG Münster BB 1956, 670; RdschrDHKT 1966, Nr. 1; VGH Koblenz GewArch 1966, 62; VG Karlsruhe GewArch 1978, 130; BVerwGE 67, 273; OLG Koblenz GewArch 1984, 382; VGH Koblenz GewArch 1985, 133; OVG Lüneburg GewArch 1985, 230; OLG Hamm GewArch 1986, 235; BayObLG GewArch 1987, 18; OLG Saarbrücken GewArch 2002, 35
- **Wärme-, Kälte-, und Schallschutzisolierer** (Nr. 6): OVG Lüneburg BeckRS 2005, 21180; BVerwG GewArch 1993, 249; VG Neustadt GewArch 1996, 110; OLG München BeckRS 2014, 23284; 2014, 23174; OVG Münster Urt. v. 21.7.1997 – 3 A 5331/96.
- **Zahntechniker** (Nr. 37): KG GewArch 1966, 59; BGH GewArch 1972, 303; KG GewArch 1977, 93; OLG Oldenburg GewArch 1977, 378; VG Minden GewArch 1978, 196; BGH GewArch 1980, 165; BVerwG NJW 1980, 1349; VGH Koblenz GewArch 1984, 340.
- **Zimmerer** (Nr. 3): OLG Koblenz GewArch 1986, 139.; VG Neustadt a.d. Weinstraße GewArch 1996, 110; OLG München BeckRS 2014, 23174; OVG Lüneburg GewArch 1998, 381; OLG Jena GewArch 1999, 78; OVG Münster GewArch 1999, 32; AG Schwedt Beschl. v. 9.9.2002 – 16 OWi 200 Js/02; OVG Lüneburg GewArch 2003, 487; OVG Münster GewArch 2004, 32; OVG Lüneburg GewArch 2005, 381; VG Weimar GewArch 2006, 34.
- **Zweiradmechaniker** (Nr. 17): VG Wiesbaden GewArch 1985, 132.

I. Kaufmannseigenschaft von Handwerkern

I. Zugehörigkeit zu Handwerkskammer und Industrie- und Handelskammer

50   Handelstätigkeit wird in vielen Betrieben des Handwerks neben handwerklicher Tätigkeit entfaltet. Dies begründet dann die Anwendbarkeit des **IHKG neben der HwO** auf einen solchen „**Mischbetrieb**" (vgl. dazu Detterbeck Rn. 87; Honig/Knörr Rn. 82 ff.). Die Handwerker nach Anlage A und B1 sowie die handwerksähnlich Tätigen nach Anlage B2 gehören jeweils **hinsichtlich ihrer nicht handwerklichen oder nicht handwerksähnlichen Tätigkeiten** zugleich der Handwerkskammer und der Industrie- und Handelskammer an (§ 2 Abs. 3 IHKG, der auch für B2-Handwerke gilt, Detterbeck Rn. 87).

51   Ein **Handelsbetrieb** liegt insoweit vor, als von einem „**Kaufmann kraft Gesetzes**" auszugehen ist. Dies ist der Fall bei allen in ein Handelsregister eingetragenen Firmen, unter denen ein Handelsgewerbe betrieben wird (§ 5 iVm § 17 HGB), und gilt auch für einen Ein-Mann-Betrieb (§ 19 Abs. 1 Nr. 1 HGB). Ferner sind Kaufmann kraft Gesetzes: die AG (§ 3 Abs. 1 AktG, §§ 1 Abs. 1, 5, 6 HGB), die Kommanditgesellschaft auf Aktien (§ 278 Abs. 3 iVm § 3 Abs. 1 AktG), die GmbH (§ 13 Abs. 3 GmbHG iVm § 1 Abs. 1, 5, 6 HGB), Genossenschaften (§ 17 Abs. 2 GenG), die in das Handelsregister eingetragene OHG (§ 106 iVm § 5, 6 HGB). Zu Personengesellschaften vgl. Honig/Knörr Rn. 91. Unabhängig von handwerksrechtlichen Tätigkeiten haben sie jedenfalls Kaufmannseigenschaft, ob sie handwerklich tätig sind oder nicht. Für einen **Ist-Kaufmann** nach § 1 HGB gilt dasselbe, aber nur dann, wenn die in solchen Betrieben entfalteten Handwerklichen Tätigkeiten die Erforderlichkeit eines in kaufmännischer Weise eingerichteten Geschäftsbetriebes nicht ausschließen. Diese **kaufmännische Erforderlichkeit** ist gegeben, wenn die abzuwickelnden Geschäftsgänge nicht einfach und so umfangreich sind, dass sie eine kaufmännische Buch- und Kassenführung erfordern. Auch die Umsatzhöhe und ihr Zustandekommen kann in diesem Zusammenhang von Bedeutung sein (dazu mwN Detterbeck Rn. 85).

52   **Kein Mischbetrieb** liegt vor, soweit ein handwerklich Tätiger auch noch einen (handwerklichen) **Zubehör-Handel** betreibt, mit Waren, welche Bestandteile, Produkte oder

Leistungen des eigenen Gewerbes lediglich gebrauchsfähig machen oder erhalten. Keinen Mischbetrieb begründet auch der handwerkliche **Ergänzungshandel** mit Produkten, die nach der Verkehrsauffassung üblicherweise als wirtschaftliche Ergänzung der eigenen Erzeugnisse oder Leistungen angeboten werden. Der Begriff ist weit auszulegen (Honig/Knörr Rn. 83, Operngläser, Lupen). Selbständige Handelsware, insoweit dann ein Mischbetrieb, liegt dagegen etwa vor, wenn industrielle Erzeugnisse nach Größe und Wert nicht mehr nur beiläufig verkauft werden, oder wenn ein Handel mit ihnen gegenüber dem Handwerksbetrieb selbständige wirtschaftliche Bedeutung hat. Was jedoch in einer Handwerkstätigkeit als solcher hergestellt und vertrieben wird, ist stets „Handwerk". Ob Verkauf und Montage, etwa von Bauelementen, (noch) dem Handwerk zuzuordnen sind, ist im Einzelfall zu entscheiden (Honig/Knörr Rn. 84).

II. Beitragspflicht bei Mischbetrieben

Eine **Beitragspflicht von Mischbetrieben gegenüber der Industrie- und Handels-** 53
kammer besteht nach § 1 Abs. 4 IHKG idF v. 24.12.2003 nur, wenn
- der handwerkliche Gewerbebetrieb nach Art und Umfang einen kaufmännisch eingerichteten Geschäftsbetrieb erfordert, wie er im Handelsregister einzutragen ist (→ Rn. 52), **und** wenn
- die Höhe des nicht handwerk(sähn)lichen Umsatzes 130.000,00 EUR im Jahr übersteigt.

Liegt nur eine dieser Voraussetzungen vor, so besteht Zugehörigkeit, nicht aber Beitragspflicht zur Industrie- und Handelskammer. Die Beitragspflicht zur Industrie- und Handelskammer bemisst sich nur nach dem nichthandwerklichen Umsatz (VGH Koblenz GewArch 1989, 80), wie dieser der Handwerkskammer mitgeteilt worden ist (Honig/Knörr Rn. 88).

III. Handwerk und Handelsregister

Die Eintragungen im Handelsregister sollten der materiell-rechtlichen Lage hinsichtlich 54
der (gleichzeitigen oder nicht zulässigen) Zugehörigkeit zur Industrie- und Handelskammer (→ Rn. 50 bis → Rn. 52) entsprechen. Deshalb sind alle handwerksrechtlichen Instanzen zur Unterstützung der Handelsregisterbehörden verpflichtet (§ 126 FGG). Die Handwerkskammer ist von allen Handelsregisteranmeldungen von Handwerkern zu benachrichtigen (§ 23 HRV; vgl. näher dazu Honig/Knörr Rn. 95). Das Registergericht hat allerdings die gewerberechtliche Zulässigkeit einer Tätigkeit nicht zu prüfen (§ 7 HGB), zumindest Äußerungen der informierten Handwerkskammer zur Zulässigkeit einer Registereintragung im Zusammenhang mit fehlender Handwerksrolleneintragung sollten dort aber berücksichtigt werden (vgl. BGH GewArch 1988, 162).

§ 2 [Anwendung des Gesetzes auf öffentlich-rechtliche Unternehmen und Nebenbetriebe]

Die Vorschriften dieses Gesetzes für den selbständigen Betrieb eines zulassungspflichtigen Handwerks gelten auch
1. für gewerbliche Betriebe des Bundes, der Länder, der Gemeinden und der sonstigen juristischen Personen des öffentlichen Rechts, in denen Waren zum Absatz an Dritte handwerksmäßig hergestellt oder Leistungen für Dritte handwerksmäßig bewirkt werden,
2. für handwerkliche Nebenbetriebe, die mit einem Versorgungs- oder sonstigen Betrieb der in Nummer 1 bezeichneten öffentlich-rechtlichen Stellen verbunden sind,
3. für handwerkliche Nebenbetriebe, die mit einem Unternehmen eines zulassungspflichtigen Handwerks, der Industrie, des Handels, der Landwirtschaft oder sonstiger Wirtschafts- und Berufszweige verbunden sind.

Literatur: Meyer-Diefenbach, Handwerkliche Betätigung von Kommunen und kommunalen Unternehmen: Schranken aus Handwerks-, Kommunal-, Wettbewerbs- und Verfassungsrecht 2002; Hösch, Ulrich, Der öffentliche Zweck als Voraussetzung kommunaler Wirtschaftstätigkeit, GewArch 2000, 1 ff.

HwO § 2   Erster Teil: Ausübung eines Handwerks und eines handwerksähnlichen Gewerbes

Überblick

§ 2 stellt eine Sondervorschrift für öffentlich-rechtliche Unternehmen und Nebenbetriebe (→ Rn. 4) die gewerblich Tätig werden (→ Rn. 2) dar, und erklärt, dass die Vorschriften der HwO für zulassungspflichtige Handwerke auf diese Anwendung finden. Damit wird klargestellt, dass die Verfolgung eines öffentlichen Zwecks keine Ausnahme vom Anwendungsbereich der HwO begründet (→ Rn. 1).

A. Geltung der Handwerksordnung für Öffentlich-rechtliche Unternehmen

I. Öffentlich-rechtliche Unternehmen (§ 2 Abs. 1)

1   § 2 beinhaltet eine Sondervorschrift für sämtliche öffentlich-rechtliche Unternehmen und Nebenbetriebe, gleich in welcher Rechtsform sie betrieben werden. Für sie alle gelten die Bestimmungen der Handwerksordnung über die zulassungspflichtigen Gewerbe, insbes. also die Eintragungspflicht in die Handwerksrolle nach § 1 Abs. 1. Dass die Rechtsform, in der sie betrieben werden, keine Ausnahme von dieser Verpflichtung begründet, ergibt sich bereits aus § 1 Abs. 1 (→ § 1 Rn. 14). Dennoch hat die Bestimmung des § 2 Nr. 1 nicht nur deklaratorische Bedeutung (so Honig/Knörr Rn. 2); sie gilt auch nicht nur für Regiebetriebe juristischer Personen des öffentlichen Rechts (so Schwannecke/Heck Rn. 3), sondern für alle Unternehmen, die von ihnen betrieben, dh deren Tätigkeiten von ihnen wesentlich bestimmt werden. Dass die Handwerksordnung auch auf sie Anwendung findet, ist insoweit bedeutsam, als damit klargestellt wird, dass ein etwa von ihnen (mit-)verfolgter **öffentlicher Zweck keine Ausnahme von der Anwendbarkeit der Vorschriften der Handwerksordnung über die Zulassungspflicht begründen kann** – wie auch immer er wettbewerbsrechtlich zu beurteilen sein und sich auswirken mag (→ Rn. 3 und → § 1 Rn. 14).

2   Voraussetzung für die Anwendbarkeit des § 2 und damit der Handwerksordnungsvorschriften über das zulassungspflichtige Gewerbe, ist jedoch in jedem Fall, dass es sich (auch) bei den **öffentlichen Unternehmen um gewerbliche Tätigkeiten** handelt (→ § 1 Rn. 1 ff.), die daher insbes. mit **Gewinnerzielungsabsicht** betrieben werden (→ § 1 Rn. 2) (vgl. Meyer-Diefenbach, Handwerkliche Betätigung von Kommunen und kommunalen Unternehmen, 2002, S. 52; Hösch GewArch 2000, 1). Anzuwenden sind aber auf diese öffentlichen Unternehmen auch die übrigen, allgemeinen Kriterien für das Gewerbe nach § 1 Abs. 1: Dauer, Selbständigkeit, Nicht-Vorliegen eines Reisegewerbes (→ § 1 Rn. 1 ff.). Für nicht zulassungspflichtige handwerkliche und handwerksähnliche Tätigkeiten gilt § 2 analog (§ 18 Abs. 2).

II. Geltung bei Wettbewerb mit der Handwerkstätigkeit Privater

3   Öffentliche Unternehmen müssen die Voraussetzungen der handwerksrechtlichen Tätigkeiten in allen Fällen erfüllen, in denen sie zu irgendwelchen **handwerklich betriebenen Unternehmen Privater in Wettbewerb** stehen. Nicht erst Schädigung von oder Gefahren für private Handwerke durch unlauteren Wettbewerb öffentlicher Unternehmen sind für § 2 notwendige Voraussetzung (vgl. dazu Honig/Knörr Rn. 4 mwN).

B. Handwerkliche Nebenbetriebe öffentlicher Unternehmen (§ 2 Nr. 2)

4   Der Begriff des handwerklichen Nebenbetriebs ist in § 3 gesetzlich definiert. Für solche Tätigkeiten gelten die handwerksrechtlichen Zulassungsbestimmungen auch dann und in gleicher Weise, wenn es sich um Nebenbetriebe öffentlicher Unternehmen iSv Nr. 1 (→ Rn. 1 bis → Rn. 3) handelt. Wesentlicher Inhalt der Nr. 2 ist, dass in diesem Fall der „Hauptbetrieb" der juristischen Person des Öffentlichen Rechts nicht eine handwerkliche Tätigkeit dieser öffentlichen Träger ausüben muss, es kann sich bei ihm auch um eine (hoheitliche) Behördentätigkeit handeln. Gewerbliche Tätigkeit im „Hauptbetrieb" ist nicht erforderlich; bei diesem letzteren muss auch keine Gewinnerzielungsabsicht vorliegen. Der Nebenbetrieb ist hinsichtlich seiner handwerksrechtlichen Beurteilung gegenüber dem handwerklichen Hauptbetrieb verselbstständigt. Dies gilt etwa für Bauhöfe, Werkstätten bei

Behörden, in Gefängnissen oder (Hoch-)Schulen (Detterbeck Rn. 7). Wenn auch für den Hauptbetrieb Handwerklichkeit anzunehmen ist, gelten für ihn die Voraussetzungen der Gewerblichkeit (→ § 1 Rn. 1 ff.).

C. Handwerkliche Nebenbetriebe privater Unternehmen (§ 2 Nr. 3)

Die Zulassungsbestimmungen der Handwerksordnung gelten **für alle Nebenbetriebe, auch für private,** in denen zulassungspflichtige handwerkliche Tätigkeiten entfaltet wird; dies ist die Folge der handwerksrechtlich selbständigen Beurteilung der Nebenbetriebe als solcher (→ Rn. 4). Nach § 2 Nr. 3 gilt dies im Falle zulassungspflichtiger wie nicht zulassungspflichtiger handwerklicher Hauptbetriebe, sowie auch handwerksähnlicher Betriebe; auch sie unterfallen dem umfassenden Begriff der „sonstigen Wirtschafts- und Berufszweige". § 2 Nr. 3 stellt durch die Nennung von Industrie, Handel, Landwirtschaft ohnehin bereits klar, dass die **Haupttätigkeit** für die handwerksrechtliche Beurteilung der Nebentätigkeit keinerlei Rolle spielt. 5

Der Hauptbetrieb muss also auch nicht gewerblich tätig sein. Dies wirft insbes. bei **landwirtschaftlichen Hauptbetrieben** die Frage auf, wann im Nebenbetrieb nicht mehr landwirtschaftlich, sondern handwerklich gearbeitet wird: etwa bei gelegentlicher Bearbeitung und beim Verkauf im landwirtschaftlichen Betrieb selbst hergestellter Produkte („Landwirte als Metzger", „Winzer als Weinhersteller", „Getreideproduzent als Müller"). Die Abgrenzung kann wohl nur nach den Kriterien des § 3 Abs. 1 („Tätigkeit nur in unerheblichem Umfang") und ferner nach Abs. 2 (nach Arbeitszeit) getroffen werden. IE mag auch die Verkehrsauffassung eine Rolle spielen (vgl. Detterbeck Rn. 9). 6

Problematisch ist die Abgrenzung bei **Freien Berufen, insbes. Ärzten**, die technische Werkstätten ihrer Praxis angliedern (Zahn-, Orthopädie-, Hörgeräteakustik-, Optiker-Technik) (vgl. dazu Detterbeck Rn. 10, 11; s. auch BGH GewArch 1980, 166; BVerwGE 23, 140 ff.), aber auch etwa anwaltliche Großkanzleien (Computertechnik). Hier kommt es darauf an, wie diese Angliederung beschaffen ist, wie weit hier die Verbundenheit reicht (→ § 3 Rn. 4 ff.). Wird die Tätigkeit den „Technikern" laufend und weitgehend von dem Arzt vorgegeben, in ihrer Ausübung von ihm auf der Grundlage gerade seiner ärztlichen Qualifikation laufend überwacht, so liegt einheitlich eine freiberufliche Tätigkeit vor, kein handwerklicher Nebenbetrieb. IdR wird allerdings die Aufgabenerfüllung seitens der Ärzte und der Techniker so deutlich getrennt sein, dass eben doch ein handwerklicher Nebenbetrieb des Arztes anzunehmen ist. Wem der Techniker rechtlich die Leistung zu erbringen hat, dem Arzt oder dem Patienten, kann, jedenfalls für sich genommen, kein Abgrenzungskriterium zwischen freiberuflicher Haupt- und handwerklicher Nebentätigkeit sein (krit. auch Detterbeck Rn. 11). 7

§ 3 [Nebenbetrieb; Hilfsbetrieb]

(1) Ein handwerklicher Nebenbetrieb im Sinne des § 2 Nr. 2 und 3 liegt vor, wenn in ihm Waren zum Absatz an Dritte handwerksmäßig hergestellt oder Leistungen für Dritte handwerksmäßig bewirkt werden, es sei denn, daß eine solche Tätigkeit nur in unerheblichem Umfang ausgeübt wird, oder daß es sich um einen Hilfsbetrieb handelt.

(2) Eine Tätigkeit im Sinne des Absatzes 1 ist unerheblich, wenn sie während eines Jahres die durchschnittliche Arbeitszeit eines ohne Hilfskräfte Vollzeit arbeitenden Betriebs des betreffenden Handwerkszweigs nicht übersteigt.

(3) Hilfsbetriebe im Sinne des Absatzes 1 sind unselbständige, der wirtschaftlichen Zweckbestimmung des Hauptbetriebs dienende Betriebe eines zulassungspflichtigen Handwerks, wenn sie
1. Arbeiten für den Hauptbetrieb oder für andere dem Inhaber des Hauptbetriebs ganz oder überwiegend gehörende Betriebe ausführen oder
2. Leistungen an Dritte bewirken, die
   a) als handwerkliche Arbeiten untergeordneter Art zur gebrauchsfertigen Überlassung üblich sind oder

b) in unentgeltlichen Pflege-, Installations-, Instandhaltungs- oder Instandsetzungsarbeiten bestehen oder
c) in entgeltlichen Pflege-, Installations-, Instandhaltungs- oder Instandsetzungsarbeiten an solchen Gegenständen bestehen, die in einem Hauptbetrieb selbst hergestellt worden sind oder für die der Hauptbetrieb als Hersteller im Sinne des Produkthaftungsgesetzes gilt.

Literatur: Baudisch, Roman, Zum Begriff des handwerklichen Nebenbetriebes, GewArch 1965, 217; Baumeister, Peter, Handwerksrechtliche Zulassungspflicht für „gefahrgeneigte" Minderhandwerke oder Neben- und Hilfsbetriebe – Vermeintliche Paradoxien im aktuellen Handwerksrecht –, GewArch 2007, 310; Honig, Gerhart, Rechtsfragen um den handwerklichen Nebenbetrieb, GewArch 1989, 8; Kormann, Joachim/ Hüpers, Frank, Das neue Handwerksrecht – Rechtsfolgen aus der HwO-Novelle 2004, für Handwerksbetriebe und -organisationen – Überblick, Zweifelsfragen und erstes Resümee, München 2004; Schwannecke, Holger/ Heck, Hans-Joachim, Die Handwerksnovelle 2004 – Die wichtigsten Änderungen –, GewArch 2004, 129).

Überblick

§ 3 definiert die Begriffe des handwerklichen Nebenbetriebs (→ Rn. 1 ff.), und des Hilfsbetriebs (→ Rn. 17 ff.), wobei sich insbesondere der Begriff des Nebenbetriebs durch die negativen Merkmale der unerheblichen Tätigkeit (→ Rn. 12 ff.) und des Vorliegens eines Hilfsbetriebs bestimmt.

Übersicht

	Rn.		Rn.
A. Handwerklicher Nebenbetrieb (§ 3 Abs. 1)	1	VII. B1-Betriebe	16
I. Nebenbetrieb: Begriff, Voraussetzungen	1	B. Handwerklicher Hilfsbetrieb (§ 3 Abs. 3)	
II. „Hauptbetrieb"	2		17
III. Verbindung zwischen Haupt- und Nebenbetrieb	4	I. Begriff des Hilfsbetriebs	17
1. Rechtlich	4	II. Erscheinungsformen des Hilfsbetriebs	21
2. Organisatorisch	5	1. Allgemeines	21
3. Wirtschaftlich	6	2. Inhaberidentität (§ 3 Abs. 3 Nr. 1)	22
4. Fachlich	7	3. Hilfsbetriebe und Leistungen an Dritte (§ 3 Abs. 3 Nr. 2)	23
IV. Eigenständigkeit des Nebenbetriebs	10	4. Untergeordnete Arbeiten (§ 3 Abs. 3 Nr. 2 lit. a)	24
V. Leistungen des Nebenbetriebs an Dritte?	11	5. Installation und Werbung (§ 3 Abs. 3 Nr. 2 lit. b)	25
VI. Die Erheblichkeitsgrenze	12		

A. Handwerklicher Nebenbetrieb (§ 3 Abs. 1)

I. Nebenbetrieb: Begriff, Voraussetzungen

1 „Nebenbetrieb" iSd Handwerksordnung ist eine Form handwerklicher Tätigkeit. Seine rechtliche Regelung(sbedeutung) in § 3 Abs. 1 und 2 erschöpft sich nach dem Gesetzeswortlaut in der Inhaltsbestimmung des Wortes in § 2 Nr. 2 und 3. Nach dieser („verbunden sind") ist der Begriffsinhalt von „Nebenbetrieb" zu bestimmen. Aus § 3 Abs. 1 ergibt sich dafür nur: Im Nebenbetrieb muss eine „handwerksmäßig betriebene Tätigkeit" jedenfalls entfaltet werden (vgl. dazu → § 1 Rn. 22 ff.). Erforderlich ist auch, dass diese Tätigkeit die Voraussetzungen eines „Gewerbes", also Dauer, Selbständigkeit, Gewinnstreben erfüllt. Ferner muss die Aktivität im Rahmen einer zulassungspflichtigen Tätigkeitsbeschreibung nach Anlage A stattfinden. Handwerksmäßige Tätigkeit als solche begründet noch nicht die Annahme eines handwerklichen Nebenbetriebes (BVerwG, stRspr seit GewArch 1970, 10; Honig/Knörr Rn. 8).

II. „Hauptbetrieb"

2 Der Begriff „**Hauptbetrieb**" erscheint in der Handwerksordnung lediglich im unmittelbaren Zusammenhang mit dem „Hilfsbetrieb" (§ 3 Abs. 3), wobei aber auf den Nebenbetrieb (§ 3 Abs. 1) verwiesen wird. Der Hauptbetrieb muss weder ein handwerklicher Betrieb (vgl.

§ 2 Nr. 2: „sonstiger Betrieb"), noch ein gewerblicher Betrieb sein (vgl. § 2 Nr. 3). Gewinnerzielung ist bei ihm nicht nötig (etwa im Fall von Nebenbetrieben karitativer Hauptbetriebe). Eine wie immer geartete Tätigkeit genügt. Doch muss diese mit einer bestimmten Zielsetzung und auf eine gewisse Dauer ausgeübt werden; andernfalls kann von einer „Verbindung" des Nebenbetriebs, der immerhin eine Tätigkeit beinhaltet und ein Gewerbe darstellt (→ Rn. 1), mit einem „Hauptbetrieb" nicht gesprochen werden; auch das Teilwort „Betrieb" legt dies nahe.

Aus dem Begriffspaar „Haupt-/Nebenbetrieb" wird von der Rechtsprechung abgeleitet, 3 dass der **Hauptbetrieb der wirtschaftlich bedeutendere** sein müsse oder dass sich dies doch bei beiden Betrieben wenigstens die Waage halten sollte (BVerwG GewArch 1961, 58; BGH GewArch 1992, 27; BayObLG GewArch 1995, 487). Das jeweilige Gewicht der Betriebe soll nach wirtschaftlichen Faktoren ermittelt werden (BVerwG GewArch 1983, 140). Beim Nebenbetrieb, für dessen Erheblichkeit, ist ein solches Überwiegen nicht eindeutig festzustellen, so sollen zwei unabhängige Betriebe vorliegen, uU in der Hand eines Unternehmers (BVerwG GewArch 1983, 139). Gegen diese (frühere) Auffassung bestehen allerdings Bedenken: Erforderliche Betriebsanalyse liefert nicht immer überzeugende Ergebnisse; auch ein wirtschaftlich größerer, stärkerer Nebenbetrieb kann einem kleineren, wirtschaftlich schwächeren Hauptbetrieb förderlich sein, zumal dieser ja eine gewerblich-gewinnerzielende Zielsetzung gar nicht verfolgen muss. Es sollte also nach der gesamten Interessenlage des/der Betriebsinhaber entschieden werden, wobei der Hauptbetrieb das Gesamtziel vorgibt.

III. Verbindung zwischen Haupt- und Nebenbetrieb

1. Rechtlich

Notwendig sind, wie schon Wort- und Begriffsinhalt allgemein zeigen, nicht nur gewisse, 4 sondern enge(re) rechtliche organisatorische, wirtschaftliche und fachliche Verbindungen (→ § 2 Rn. 2, → § 2 Rn. 3) zwischen beiden Tätigkeiten (OVG Koblenz GewArch 1993, 74; OVG Lüneburg GewArch 1993, 422; BayObLG GewArch 1993, 424). **Rechtlich** sind solche allerdings nicht idS erforderlich, dass dieselbe natürliche oder juristische Person beide Tätigkeiten betreibt, rechtliche Identität der Betriebsinhaber ist nicht erforderlich (Detterbeck Rn. 3); darin liegt ein Unterschied zum Hilfsbetrieb (§ 3 Abs. 3). Umgekehrt kann eine und dieselbe natürliche oder juristische Person beide Tätigkeiten ausüben; dies muss nicht notwendig in unterschiedlichen Rechtsformen geschehen, die Betriebe müssen jedoch deutlich unterscheidbar sein (vgl. dazu OVG Koblenz GewArch 1993, 481; OVG Lüneburg GewArch 1993, 421). Die Unterschiedlichkeit der Tätigkeitsinhalte ist als solche ebenfalls kein gewichtiges Indiz gegen das Vorliegen eines Nebenbetriebs (sehr weitgehend OVG Hamburg GewArch 1993, 75).

2. Organisatorisch

Abstimmung des Geschäftsablaufs in Haupt- und Nebenbetrieb, insbesondere die Existenz 5 von betrieblichen Einrichtungen, gemeinsamen Personalverwaltungen, Einkaufs- oder Vertriebsorganisationen mögen ein – auch gewichtiges – **Indiz** für das Vorliegen eines Nebenbetriebes sein, wenn damit die Verbundenheit mit dem Hauptbetrieb, nicht nur jeweils (isoliert) Kostenersparnis in beiden Bereichen erreicht werden soll (vgl. BVerwG GewArch 1961, 58; OVG Koblenz GewArch 1993, 483; Baudisch GewArch 1965, 217 mwN; vgl. auch Detterbeck Rn. 4 mwN). Begrifflich erforderlich für das Vorliegen eines Nebenbetriebes ist aber allenfalls eine Organisationsstruktur desselben, welche das Bestehen einer reibungslosen, enge(re)n Kooperation mit dem Hauptbetrieb anzeigt.

3. Wirtschaftlich

Ein Nebenbetrieb muss den wirtschaftlichen Zwecken des Hauptbetriebes förderlich sein, 6 indem seine Produkte und Leistungen die Wirtschaftlichkeit des Hauptbetriebs günstig beeinflussen, vor allem dessen Wirkungseffizienz, insbesondere den Gewinn des Hauptbetriebs steigern (BVerwGE 67, 273 (278); GewArch 1987, 25; BGH GewArch 1992, 27).

Ob die Produkte und Leistungen der beiden Betriebe, wirtschaftlich gesehen, aufgespaltet werden können, oder einen „einheitlichen Lebensvorgang" betreffen, etwa Verkauf von Materialien einer-, der Montage anderseits (vgl. dazu Beispiele bei Honig/Knörr Rn. 4), ist jedoch nicht entscheidend für das Vorliegen eines Nebenbetriebs. Dieser kann auch Zuliefererfunktionen jeder Art erfüllen.

4. Fachlich

7   Ein **Handwerksbetrieb** ist (als Nebenbetrieb) mit einem anderen nur dann „verbunden" (→ § 2 Rn. 2, → § 2 Rn. 3), wenn er dem Hauptbetrieb Leistungen iwS erbringt, die dieser nicht nur – irgendwie auch – braucht, sondern die als solche für den Hauptbetrieb ein bedeutsamer Bestandteil seines eigenen betrieblichen Leistungsprogramms darstellen, und zwar gerade aus der Handwerklichkeit ihrer Erbringung heraus. Andernfalls würden alle wirtschaftlichen Geschäftsbeziehungen zwischen Lieferanten und Kunden nach den Kategorien Haupt- – Nebenbetrieb qualifiziert werden können. Eine gewisse „**Handwerksspezifik**" muss also zwischen Haupt- und Nebenbetrieb bestehen, deren „Verbundenheit" begründen. Insoweit wird zutreffend abgestellt auf die Betriebsprogramme von Haupt- wie Nebenbetrieb (Detterbeck Rn. 8). Sie müssen eine gewisse Kongruenz ihrer fachlichen, dh hier: ihrer **handwerklichen Prägung**, aufweisen. Begründet wird dies aus der Entstehungsgeschichte der Handwerksordnung (Detterbeck § 3 Rn. 6). Vor allem spricht dafür, dass bei Fehlen einer derartigen handwerklich-fachlich geprägten Verbundenheit die Zulassungsbestimmungen der Handwerksordnung leicht zu umgehen wären (Detterbeck Rn. 7): rechtliche wie organisatorische, aber auch wirtschaftliche Verbundenheit (→ Rn. 4 bis → Rn. 6) lässt sich unschwer zwischen Betrieben herstellen. Genügte Derartiges bereits, so könnte jeder beliebige Betriebsinhaber seinem Unternehmen einen weiteren Betrieb eines an sich zulassungspflichtigen Handwerks als Nebenbetrieb „angliedern", damit für diesen die Zulassungsbestimmungen nach der Handwerksordnung umgehen (Detterbeck Rn. 71; VG Lüneburg GewArch 1975, 24; OVG Koblenz GewArch 1982, 136; BayObLG GewArch 1983, 23; Honig GewArch 1989, 8 (11)).

8   Darüber hinaus muss der **Befähigungsgrundsatz** im Handwerk (→ § 1 Rn. 1 ff ff.) auch auf jede handwerksrechtlich relevante Begrifflichkeit, also auch **auf die der „Verbundenheit"** von Haupt- und Nebenbetrieb Anwendung finden (Detterbeck Rn. 5; vgl. BVerwGE 67, 273 (279); GewArch 1987, 26; BayObLG GewArch 1993, 424; 1994, 479). Diese Beziehung beinhaltet deshalb auch, im Namen der „Handwerklichkeit" (§ 3 Nr. 2, 3), die Notwendigkeit, dass nicht nur die Produkte und Leistungen des Nebenbetriebs handwerklich-fachlicher Art sein müssen, sondern auch die Beziehungen zwischen Haupt- und Nebenbetrieb, in dem der Hauptbetrieb gerade diese Handwerklichen Leistungen braucht und einsetzt; die Verbindung beider Betriebe darf also nicht nur aus organisationsrechtlichen und wirtschaftlichen, sie muss auch aus fachlichen Gründen erfolgt sein.

9   Die Notwendigkeit einer **fachlichen Verbundenheit** zwischen Haupt- und Nebenbetrieb soll nach verbreiteter Ansicht allerdings nicht nur aus der Sicht dieser beiden Betriebe beurteilt werden, sondern auch aus der ihrer Kunden. Daher wird in der Rechtsprechung in diesem Zusammenhang auf das **Verbraucherinteresse** als Beurteilungskriterium des erforderlichen Zusammenhangs hingewiesen (vgl. dazu Detterbeck Rn. 8 mwN; vgl. insbesondere BVerwG GewArch 1964, 107; BayObLG GewArch 1994, 479). Es soll darauf ankommen, ob gerade der Kunde diesen Zusammenhang sieht, Produkte oder Leistungen deswegen bestellt. Dies kann aber nur als Gradmesser des jeweiligen Vertrauens der (potenziellen) Kunden in die jeweilige spezifisch handwerkliche Qualität der von ihnen nachgefragten Produkte oder Leistungen verstanden werden. Nur idS hat also die Annahme eines Nebenbetriebs (auch) nach einem Kriterium des **Verbraucherschutzes** zu erfolgen; der Begriff des Nebenbetriebs steht – selbstverständlich – unter dem Vorbehalt der jeweiligen Verkehrsanschauung, nicht aber unter dem eines speziellen Verbraucherschutzes, der hier über dessen grundsätzliche Wirkungen hinausreichen könnte.

IV. Eigenständigkeit des Nebenbetriebs

10 Der Nebenbetrieb darf sich **nicht nur als eine Abteilung** oder ein unselbständiger **Filialbetrieb** des Hauptbetriebs darstellen (Detterbeck Rn. 14 mwN, etwa OLG Stuttgart

GewArch 1997, 418; BayObLG GewArch 1994, 479; OVG Koblenz GewArch 1993, 74; 482; OVG Lüneburg 1993, 422). Eine lediglich funktionale Abgrenzbarkeit der Programme, Einrichtungen und Leistungen von Haupt- und Nebenbetrieb (so Detterbeck Rn. 14 unter Hinweis auf BayObLG GewArch 1994, 479) kann also nicht genügen; vielmehr müssen im Einzelnen die Kriterien der notwendigen Verbundenheit (→ Rn. 4 ff.) geprüft und es muss nach ihnen insgesamt beurteilt werden.

V. Leistungen des Nebenbetriebs an Dritte?

Der Nebenbetrieb muss „Waren zum Absatz an Dritte herstellen" oder „Leistungen für Dritte bewirken" (§ 3 Abs. 1). Er muss aber keine Leistungen irgendwelcher Art unmittelbar an Dritte erbringen, mit diesen also als solchen im Geschäftsverkehr stehen (Detterbeck Rn. 9). Beliefert der Nebenbetrieb (tatsächlich oder aus rechtlicher Verpflichtung) **ausschließlich den Hauptbetrieb**, so schließt dies **allein** seine Qualifikation als Nebenbetrieb jedenfalls nicht aus. Ob der Nebenbetrieb einen „Marktzugang" hat (BVerwG GewArch 1986, 297; BGH NJW 1980, 1337 (1338)) ist als solches kein Kriterium des Nebenbetriebs; Markteinfluss übt er schon dadurch aus, dass er den Hauptbetrieb beliefert. Entscheidend ist also nicht das Kriterium des „Kundenkontakts", sondern die betriebliche „Verbundenheit und Eigenständigkeit" (→ Rn. 4 ff., → Rn. 10) von Haupt- und Nebenbetrieb. Die Frage, wie weit im Hauptbetrieb die im Nebenbetrieb „für Dritte" hergestellten Produkte und Leistungen verändert werden, kann allerdings als Indiz für (das Fehlen) eine(r) Eigenständigkeit des Nebenbetriebs gewertet werden. 11

VI. Die Erheblichkeitsgrenze

Ein Nebenbetrieb ist nur dann nicht zulassungspflichtig, wenn die dort verrichteten Tätigkeiten eines A1-Gewerbes „**unerheblich**" sind. Diese Erheblichkeitsgrenze ist praktisch von nicht geringer Bedeutung, weil eine fehlerhafte oder allzu „flexible", daher nicht mehr hinreichend bestimmbare Grenzziehung unschwer zu einer Aufweichung, ja einem Unterlaufen der Zulassungsbestimmungen für die A-Handwerke führen könnte. Die Zulassungspflicht auch für handwerkliche Nebenbetriebe soll gerade dies aber verhindern. Die folgenden Kriterien einer (Un-)Erheblichkeit sind also besonders sorgfältig zu beachten. 12

Entscheidend ist für die Erheblichkeitsgrenze die in dem **Nebenbetrieb tatsächlich geleistete – nicht eine fiktive, geplante oder nur mögliche – handwerkliche Jahresarbeitszeit**. Sie darf die **Jahresarbeitszeit eines Handwerkers** nicht überschreiten. Das bis 2003 zusätzlich geltende Kriterium des Umsatzes eines handwerklichen Ein-Mann-Betriebs ist entfallen. Das Arbeitszeitkriterium gilt nur für den Neben-, **nicht für den Hauptbetrieb**, und es ist unabhängig von den Beziehungen zwischen beiden. **Bei mehreren Nebenbetrieben** eines Hauptbetriebs ist es auf jede dieser Unternehmen gesondert anzuwenden. Die Arbeitszeitgrenze bezieht sich aber nur auf A1-Tätigkeiten, und zwar wesentliche wie unwesentliche, nicht aber auf solche iSd Anlage B1. Tätigkeiten, welche nur in der Form eines **Kleingewerbes** verrichtet werden (vgl. dazu → § 1 Rn. 46) bleiben dabei außer Betracht. Werden im Nebenbetrieb handwerkliche Tätigkeiten **mehrerer eintragungspflichtiger Handwerke** verrichtet, so ist die Erheblichkeit für jede derselben gesondert zu prüfen (BVerfG GewArch 2000, 242; Jahn GewArch 2000, 278). Soweit ein Hilfsbetrieb (§ 3 Abs. 3 wO) vorliegt (→ Rn. 17 ff.), entfällt die Prüfung nach dem Arbeitszeitkriterium. 13

Bei der Bestimmung (des Kriteriums) der „**Jahresarbeitszeit eines Handwerkers**" ist von den Arbeitszeitregelungen gesetzlicher und tariflicher Art in den betreffenden Bereich auszugehen, mit einer angemessenen Toleranz nach oben (vgl. dazu Detterbeck Rn. 12). Anzusetzen sind dabei nicht nur handwerkliche Tätigkeiten im engeren, „technischen" Sinn, sondern auch Zeiten für die in einem Handwerksbetrieb der gesetzlich vorgegebenen Art normalerweise anfallenden kaufmännisch-geschäftlichen Tätigkeiten. Alle diese Arbeiten können aber auf **mehrere, im Handwerksbetrieb Tätige verteilt sein**; ihre Arbeitszeit darf dann zusammengerechnet die Jahresarbeitszeit eines einzigen Handwerkers in einem Ein-Mann-Betrieb nicht übersteigen. – Angesichts der Schwierigkeiten bei Feststellung und Anwendung dieser Erheblichkeitsgrenze in Einzelfällen sind Unerheblichkeitstabellen wie die des ZDH (vgl. auch Schwannecke/Heck GewArch 2004, 135) hilfreich. 14

15 Problematisch ist, ob und wie weit **Werbung** für/mit handwerkliche(n) Tätigkeiten eines Betriebes stattfinden darf, in dem diese unter der Erheblichkeitsgrenze für Nebenbetriebe liegen. Einerseits darf der handwerkliche Ein-Mann-Betrieb, nach dem sich die Erheblichkeitsgrenze bestimmt (→ Rn. 13), mit seiner und für seine Betriebstätigkeit werben. Andererseits darf ein (größerer) Betrieb, in dem vergleichbar lange Zeit handwerklich gearbeitet wird, nicht den Eindruck erwecken, es liege damit insgesamt ein zugelassener Handwerksbetrieb vor (OLG Karlsruhe GewArch 2001, 298; OLG Frankfurt a. M. GewArch 2006, 32; Honig/Knörr Rn. 15). Allgemeine Zurückhaltungsmahnungen reichen nicht aus: ein nicht ausschließlich handwerklich arbeitender Betrieb muss ausdrücklich und eindeutig in seiner Werbung stets herausstellen, dass in ihm handwerkliche Tätigkeiten nur in einem gewissen, insbesondere nur in unerheblichem Maße betrieben werden.

VII. B1-Betriebe

16 Für handwerkliche Betriebe nach Anlage B1 gelten die Bestimmungen der §§ 2 und 3 HwO nicht; bei ihnen gibt es also keine „Nebenbetriebe". Außerhalb des Anlage-1-Bereichs hat mithin die Erheblichkeit Handwerklicher Tätigkeit Bedeutung allenfalls für die (gleichzeitige) Zugehörigkeit eines Betriebs zu Handwerkskammer und Industrie- und Handelskammer (vgl. dazu Honig/Knörr Rn. 12).

B. Handwerklicher Hilfsbetrieb (§ 3 Abs. 3)

I. Begriff des Hilfsbetriebs

17 In einem handwerklichen Hilfsbetrieb werden handwerkliche Tätigkeiten eines zulassungspflichtigen A-Handwerks ausgeführt, ohne dass sie einer Zulassung nach § 1 bedürfen; eine solche sehen hier die §§ 2 und 3 nicht vor, anders als im Fall der Nebenbetriebe. Die Begründung für diese Ausnahme von der handwerksrechtlichen Genehmigungspflicht liegt ausschließlich in der Enge der Verbindung des Hilfsbetriebs zum Hauptbetrieb, in welchem jedoch keine zulassungspflichtigen Tätigkeiten stattfinden müssen; es wird denn auch handwerkliche Zulassungspflicht weder des Haupt- noch des Hilfsbetriebs dadurch begründet, dass in letzterem zulassungspflichtige Handwerkstätigkeit stattfindet. Es kommt hier eben allein auf die Beurteilung der **Tätigkeit des Hauptbetriebs** an; diese muss für den Hilfsbetrieb die gleiche sein und eben dies konstituiert rechtlich den Begriff eines solchen.

18 Voraussetzung für eine solche Beurteilung der Tätigkeit des Hilfsbetriebs nach dem Hauptbetrieb ist eine **Verbundenheit beider Betriebe, die besonders eng und nach ihrem Inhalt eine wesentliche ist.** Dadurch unterscheidet sich der handwerkliche Hilfs- vom Nebenbetrieb. Das Gesetz umschreibt diese Verbindung in § 3 Abs. 3 HwO als eine, welche „**der wirtschaftlichen Zweckbestimmung des Hauptbetriebs dient**". Daraus ergibt sich, dass hier die Verbundenheit beider Betriebe (weit) über die bei Nebenbetrieben erforderliche **wirtschaftliche Verbundenheit** (→ Rn. 6) hinausgeht. „Förderung" oder „Gewinnsteigerung" des Haupt- durch den Hilfsbetrieb genügen nicht: Der Hilfsbetrieb muss so eng auf den Hauptbetrieb wirtschaftlich bezogen, in seiner ganzen gesamten Tätigkeit ausgerichtet sein, dass er dessen Schicksal zwangsläufig teilen, also schließen muss, wenn jener schließt, oder dann grundlegend umzugestalten ist (Detterbeck Rn. 17 unter Hinweis auf KG GewArch 1987, 27).

19 **Diese ausschließliche und enge Zuordnung des Hilfs- zum Hauptbetrieb** kommt in den beiden – ausschließlich möglichen – Erscheinungsformen zum Ausdruck, welche das Gesetz für die Annahme eines Hilfsbetriebs vorgibt: Arbeiten für den Hauptbetrieb oder in Ergänzung von Produkten und Leistungen des Hauptbetriebs (§ 3 Nr. 1, 2). Der Hilfsbetrieb muss rechtlich und organisatorisch so gestaltet sein, dass er außerhalb dieser auf den Hauptbetrieb ausgerichteten Betätigung gar nicht tätig sein kann/wird. Dies geht ebenfalls weit über die entsprechenden Verbundenheiten hinaus, welche den Nebenbetrieb charakterisieren (→ Rn. 4, → Rn. 5). Diese völlige, durchgehende „**Hauptbetriebsakzessorietät des Hilfsbetriebs**" schließt gewisse Kontakte mit Dritten nicht aus, unterscheidet den Hilfsbetrieb aber auch hier vor allem insoweit vom Nebenbetrieb (→ Rn. 11), als solche Kontakte nur mit Kunden des Hauptbetriebs und nur in eng begrenztem Rahmen stattfinden (dürfen) (§ 3

Abs. 3 Nr. 2). Eine „fachliche Berührung", wie im Falle des Nebenbetriebs (→ Rn. 9) ist hier jedoch nicht erforderlich.

Eine gewisse **Eigenständigkeit** ist auch Voraussetzung für den Hilfsbetrieb. Anders als im Fall eines Nebenbetriebs (→ Rn. 10) ist aber die Notwendigkeit organisatorischer Eigenständigkeit hier nur in abgeschwächter Form gegeben (vgl. Detterbeck Rn. 17): Sie schließt die dienende Funktion gegenüber dem Hauptbetrieb nicht aus, hat diese umgekehrt gerade sicherzustellen. Nur dann etwa kann von einer Eigenständigkeit beim Hilfsbetrieb nicht mehr die Rede sein, wenn die Tätigkeit des Hilfsbetriebs bereits wesentlich eine solche des Hauptbetriebs und von dieser gar nicht abtrennbar ist (BGH GewArch 1992, 25; OLG Stuttgart GewArch 1998, 385). Überhaupt dürfen an die Eigenständigkeit hier keine hohen Anforderungen gestellt werden (BVerwG GewArch 1986, 297). 20

II. Erscheinungsformen des Hilfsbetriebs

1. Allgemeines

Hilfsbetriebe können nach dem Gesetz **nur in zwei Erscheinungsformen** angenommen werden: wenn entweder der Haupt- und Hilfsbetrieb in gleicher Hand liegen (§ 3 Nr. 1), also im Falle einer rechtlichen Identität der Inhaberschaft, wie sie beim Nebenbetrieb nicht notwendig Voraussetzung ist (→ Rn. 4), oder wenn die Leistungen des Hilfsbetriebs in engem Zusammenhang mit Leistungen gerade des Hauptbetriebs stehen (§ 3 Nr. 2). In beiden Fällen müssten aber die begrifflichen Voraussetzungen der Annahme eines Hilfsbetriebs auch iÜ erfüllt sein (→ Rn. 17 bis → Rn. 20), insbesondere die der **dienenden Funktion** des Hilfsbetriebs. Gerade diese wird durch die Voraussetzungen nach Nr. 1 und 2 weiter konkretisiert, verengt. Andere Fälle, in denen uU die allgemeinen Voraussetzungen (nach I.) einen Hilfsbetrieb konstituieren könnten, gibt es nicht. Da Nr. 2 ebenfalls Leistungen für den Hauptbetrieb(sinhaber) voraussetzt, kann dort von Hilfsbetrieben im weiteren Sinn die Rede sein (Detterbeck Rn. 18). 21

2. Inhaberidentität (§ 3 Abs. 3 Nr. 1)

Die Identität der Inhaber eines Hilfs- und eines Hauptbetriebs ist eine notwendige Voraussetzung für die Annahme eines Hilfsbetriebs. In diesem müssen ausschließlich **Arbeiten für denselben Unternehmer** ausgeführt werden (vgl. Detterbeck Rn. 19) (Beispiel Kfz-Werkstatt für Omnibusbetrieb; Hotelbäckerei), und zwar in dem rechtlichen Sinn der Auftraggeberschaft. Als überwiegende hauptbetriebliche Beteiligung gilt bei Unternehmen, wenn jemand an ihnen zu mehr als 50 % beteiligt ist. Darüber hinaus darf es sich dabei nicht nur um allgemeine kunden- oder geschäftspartnerschaftliche Beziehungen handeln; vielmehr muss der **dienende Charakter des Hilfsbetriebs** im Vordergrund stehen, dessen Funktion, etwa aus Gründen der Kostenersparnis die Leistungen eines anderen Unternehmens (Hauptbetrieb) zu unterstützen. Ist dies nicht der Fall, so liegt ein Nebenbetrieb vor, bei fehlender enger(er) Verbundenheit desselben mit dem Hauptbetrieb ist von zwei selbständigen Betrieben auszugehen. In einem und demselben Betrieb können die Voraussetzungen eines Hilfs- wie eines Nebenbetriebs erfüllt sein. Soweit sie sich insoweit nicht trennen lassen, wird man von einem Mischcharakter (teils Hilfs-, teils Nebenbetrieb) auszugehen haben (Detterbeck § 3 Nr. 20). Es kann aber wohl hier auch nach einem Überwiegenskriterium zugunsten einer dieser Betriebsformen entschieden werden. 22

3. Hilfsbetriebe und Leistungen an Dritte (§ 3 Abs. 3 Nr. 2)

Der Hilfsbetrieb erbringt seine Leistungen grundsätzlich **rechtlich und wirtschaftlich** dem (einheitlichen) (einen) Inhaber von Hauptbetrieb(en) und Hilfsbetrieb(en). **Wirtschaftlich** wird der Hilfsbetrieb aber auch insoweit im Interesse des einen Inhabers des/der Hauptbetriebe tätig, wenn und insoweit die Leistungen des Hilfsbetriebs **rechtlich gegenüber einem Dritten erbracht werden**, der Kunde/Geschäftspartner des Inhabers des/der Hauptbetriebe ist. Nähere – enge – Voraussetzungen dafür, dass diese Beziehungen zu Dritten dem Charakter des Hilfsbetriebs nicht entgegenstehen, stellt § 3 Abs. 3 Nr. 2 für drei Kategorien von Leistungen auf (→ Rn. 24 bis → Rn. 27): Sie setzen alle voraus, dass sie **im** 23

Zusammenhang mit Leistungen des Hauptbetriebs erbracht werden. Andere handwerkliche Pflege- und Reparaturleistungen für Dritte sind dagegen „hilfsbetriebsschädlich", es sei denn, es handele sich um insgesamt unbeachtliche „Bagatell-Tätigkeiten". Diese Gesetzeslage mag für einen Ausnahmecharakter der insoweit hilfsbetrieblich unschädlichen Arbeiten für Dritte sprechen, so dass die Voraussetzungen von Nr. 2 a, b, c, eng auszulegen sind.

4. Untergeordnete Arbeiten (§ 3 Abs. 3 Nr. 2 lit. a)

24 **Arbeiten untergeordneter Art**, gegenüber der Hauptleistung des Hauptbetriebs sind einfache Zusammenbau-, Anschluss-, Montagearbeiten, sowie Beseitigung von Schäden in diesem Rahmen, allgemein bei Lieferung von Erzeugnissen des Hauptbetriebs, aber auch im Fall von kleineren Änderungsarbeiten (etwa Änderungen von Konfektionsbekleidung) (vgl. Detterbeck Rn. 22). Die **Üblichkeit** idS ist nach Branchenüblichkeit hinsichtlich der Hauptleistung und Handwerksüblichkeit unter Berücksichtigung des Gewichts der Tätigkeit im jeweiligen A1-Handwerk zu beurteilen. Insoweit mag die Neueinführung des Begriffs der „**Installation**" in 2b eine gewisse Erweiterung der im Hilfsbetrieb zulassungsfrei auszuführenden Handwerkstätigkeit gebracht haben.

5. Installation und Werbung (§ 3 Abs. 3 Nr. 2 lit. b)

25 Die Vorschrift betrifft Leistungen zur (Wieder-)Herstellung der Funktionstauglichkeit der von dem **Hauptbetrieb** gelieferten Erzeugnisse oder von ihm bewirkten Leistungen. Die 2003 vorgenommene Erweiterung um „**Installationsarbeiten**" bedeutet, dass Nr. 2 **sämtliche Montagearbeiten** umfassen soll, nicht nur solche, die sich auf den Beginn der Funktionswirksamkeit dieser Leistungen beziehen oder spätere Fehler beseitigen, die insoweit auftreten. Das Kriterium der „**untergeordneten Tätigkeit**" (Nr. 2 a; → Rn. 24) kann hier allerdings als solches nicht gelten, schon weil die (Wieder-)Herstellung der Funktion eines Produkts oder einer Leistung darüber hinausgehen kann. Aus der grundsätzlich dienenden Funktion der Hilfsbetriebe soll sich aber ergeben, dass solche Arbeiten in diesen nur in einem Umfang ausgeführt werden dürfen, der deutlich unter der der wirtschaftlich-finanziellen Leistung des Hauptbetriebs liegt (vgl. Detterbeck Rn. 23; vgl. allerdings → Rn. 3). Die **Unentgeltlichkeit** der Leistung verlangt, dass für die Leistungen nach Nr. 2b in keiner Form und zu keiner Zeit irgendwelche Entgelte berechnet worden sind. Damit sind Leistungen für spezielle **Wartung** ausgeschlossen, mögen Entgelte hier den Lieferverträgen gegenüber selbständig vereinbart worden oder durch Entgelte nach letzteren mit abgegolten worden sein. Die Arbeiten nach Nr. 2b gelten gewissermaßen als Teil der Lieferungsleistungen.

26 **§ 3 Abs. 3 Nr. 2 c** erweitert die Ausnahme vom Verbot der „Drittbeziehungen" bei handwerklichen Hilfstätigkeiten: in den hier geregelten Fällen dürfen sie **auch entgeltlich ausgeführt werden**. Die **Erweiterung auf „Installationen"** hat hier die in → Rn. 25 festgestellte Bedeutung. Wichtiger ist, dass seit 2003 die Leistungen nach Nr. 2 c nicht mehr als solche bei Lieferung der Produkte vereinbart worden sein müssen.

27 Eine bedeutsame **Erweiterung** hat in § 3 Abs. 3 Nr. 2 c im Jahre 2003 dadurch stattgefunden, dass der Nebenbetrieb auch zulassungspflichtige Arbeiten iRv → Rn. 25 und → Rn. 26 insoweit ausführen darf, als der Hauptbetrieb(sinhaber) für seine Leistungen und Produkte nach dem **Produkthaftungsgesetz** als „Hersteller" einstehen muss. Nach diesem Gesetz ist Hersteller auch (§ 4 Abs. 1 S. 1 ProdHaftG), wer nur einen Grundstoff oder ein Teilprodukt des Endprodukts herstellt, oder wer sich als Hersteller ausgibt, durch Anbringung seines Namens, seiner Marke oder eines anderen unterscheidungskräftigen Kennzeichens am Produkt (§ 4 Abs. 1 S. 2 ProdHaftG). Als Hersteller gelten auch Importeure von Produkten aus Nicht-EU-Ländern in die EU (§ 4 Abs. 2 ProdHaftG). Als Hersteller wird schließlich der Lieferant jedes Produkts angesehen, dessen Hersteller nicht festgestellt werden kann (§ 4 Abs. 3 ProdHaftG). Damit werden Leistungen in Nebenbetrieben in großem Umfang von den Zulassungsvoraussetzungen der Handwerksordnung freigestellt, insbesondere bei Importen aus dem Fernen Osten: bei Haftungsfällen für einen großen Teil der nach Deutschland importierten Produkte hinsichtlich aller „Nachbesserungsarbeiten" iwS, welche hierzulande erfolgen müssen. Gegen diese Regelung sind begründetet Bedenken angemeldet worden (Kormann/Hüpers S. 55): Sie durchbricht in sehr vielen Fällen das seit 2003 geltende „**Gefahrenkriterium**" für zulassungspflichtige Handwerkstätigkeiten (→ Einleitung

Rn. 8). Angesichts des eindeutigen Gesetzeswortlauts ist allerdings fraglich, ob dies genügt, um bei „besonders gefahrengeneigten Tätigkeiten" in Hilfsbetrieben die Anwendung von Nr. 2 c auszuschließen (abl. Detterbeck Rn. 25 unter Hinweis auf Baumeister GewArch 2007, 310 (313 ff.)).

§ 4 [Fortführung des Betriebes nach dem Tode des Inhabers oder dem Ausscheiden des Betriebsleiters]

(1) ¹Nach dem Tod des Inhabers eines Betriebs dürfen der Ehegatte, der Lebenspartner, der Erbe, der Testamentsvollstrecker, Nachlassverwalter, Nachlassinsolvenzverwalter oder Nachlasspfleger den Betrieb fortführen, ohne die Voraussetzungen für die Eintragung in die Handwerksrolle zu erfüllen. ²Sie haben dafür Sorge zu tragen, dass unverzüglich ein Betriebsleiter (§ 7 Abs. 1) bestellt wird. ³Die Handwerkskammer kann in Härtefällen eine angemessene Frist setzen, wenn eine ordnungsgemäße Führung des Betriebs gewährleistet ist.

(2) Nach dem Ausscheiden des Betriebsleiters haben der in die Handwerksrolle eingetragene Inhaber eines Betriebs eines zulassungspflichtigen Handwerks oder sein Rechtsnachfolger oder sonstige verfügungsberechtigte Nachfolger unverzüglich für die Einsetzung eines anderen Betriebsleiters zu sorgen.

Überblick

§ 4 sieht als zeitlich begrenzte Ausnahme (→ Rn. 6 ff.) vom Erfordernis der Handwerksrolleneintragung die Fälle des Todes des Inhabers eines inhabergeführten Betriebes für fortführungswillige Familienmitglieder (→ Rn. 2 ff.) bzw. den Fall des Ausscheidens eines Betriebsleiters eines betriebsleitergeführten Betriebes für den Inhaber vor (→ Rn. 12).

A. Die Novellierung von 2003

Die Bestimmung wurde, in Umsetzung des neuen **Betriebsleiterprinzips** (vgl. § 7 Abs. 1) im Jahre 2003 tiefgreifend umgestaltet. Für das bisher wichtige „Familienprivileg" bei der Betriebsfortführung bleibt daher nur mehr geringer Raum. Das Ausscheiden eines Betriebsleiters musste als neuer Sachverhalt geregelt werden. Die gesamte Bestimmung gilt, nach wie vor, ausschließlich für zulassungspflichtige Handwerkstätigkeiten. 1

B. Betriebsfortführung im Todesfall (§ 4 Abs. 1)

I. Das Fortführungsrecht (§ 4 Abs. 1 S. 1)

Fortführungsberechtigt sind, nach dem Tode des Betriebsinhabers, ohne (dass sie die) Eintragung(spflicht) in die Handwerksrolle (erfüllen müssten), dessen Ehegatte, Erbe, Testamentsvollstrecker, Nachlassverwalter, Nachlassinsolvenzverwalter oder Nachlasspfleger. Der Ehegatte kann auch getrennt leben; ihm steht nun der **eingetragene Lebenspartner** nach § 1 LPartG (BGBl. 2001 I 266) gleich, nicht aber eine Lebensgefährtin. Dies alles gilt nicht für den Todesfall eines der Gesellschafter einer Personengesellschaft oder einer juristischen Person, welche Betriebsinhaber sind. 2

Voraussetzung des Betriebsfortführungsrechts ist lediglich, dass der Verstorbene **Betriebsinhaber** als ein solcher zum Zeitpunkt seines Todes in die Handwerksrolle **eingetragen war**. Ob er damals den Betrieb tatsächlich ausgeübt hat, ist ohne Belang, solange seine Eintragung in der Handwerksrolle nicht gelöscht worden ist (§ 13). 3

Die **zivilrechtliche Erbberechtigung** ist für die Fortführungsberechtigung (nach → Rn. 2) ohne Belang; es genügt die privatrechtliche **Verfügungsbefugnis** über den Betrieb im Zeitpunkt des Todes des Betriebsinhabers, wenn diese über den Todeszeitpunkt hinaus rechtliche Wirkungen entfaltet, etwa im Fall eines Nießbrauches. Ergibt sich die Verfügungsbefugnis aus einer erbrechtlichen Rechtsstellung, so bleibt es gleich, ob dies eine testamentarische oder gesetzliche ist, ob sie auf eine Vor-, Ersatz- oder Nacherbeneinsetzung zurückgeht. 4

Der Erbengemeinschaft steht das Fortführungsrecht zu, doch muss eine Einigung darüber herbeigeführt werden, von wem der Betrieb fortgeführt wird (vgl. BFH BB 1974, 36). **Vermächtnisnehmern** steht das Fortführungsrecht nicht zu, da sie nicht „Erben" sind, deshalb auch nicht den Pflichtteilsberechtigten.

5 **Kraft Gesetzes** sind – ohne Eintragung in die Handwerksrolle – **fortführungsberechtigt** der Testamentsvollstrecker (§§ 2197 ff. BGB), der Nachlassverwalter (§§ 1975 ff. BGB), der Nachlasspfleger (§ 1960 Abs. 2, 1961 BGB) und der Nachlassinsolvenzverwalter (§§ 1975 ff., 1988 BGB iVm §§ 56 ff. InsO) – alle jeweils für die Dauer ihrer amtlichen Befugnisse.

II. Begrenzung der Fortführungsbefugnis (§ 4 Abs. 1 S. 2, 3)

6   Die Fortführungsbefugnis der Rechtsnachfolger, die nicht in der Handwerksrolle eingetragen sind (→ Rn. 1 ff.) sind, ist **zeitlich begrenzt** durch deren Pflicht, unverzüglich (§ 121 Abs. 1 BGB): „ohne schuldhaftes Zögern" einen **Betriebsleiter** zu bestellen (§ 4 Abs. 1 S. 2). Die Frist, innerhalb deren dies geschehen muss, ist gesetzlich nicht festgelegt; sie soll nach den Umständen des Einzelfalles bestimmt werden (BT-Drs. 15/1206, 25). Dabei muss vor allem mit Blick auf das Ziel entschieden werden, eine „ordnungsgemäße Fortführung des Betriebs zu gewährleisten" (Arg. S. 3).

7   Würde die unverzügliche Betriebsleiterbestellung für die Verpflichteten eine **Härte** bedeuten, so kann die Handwerkskammer dafür eine Frist setzen; dies gilt aber nur dann, wenn die ordnungsgemäße Fortführung des Betriebs bis zu deren Ablauf jedenfalls gewährleistet ist. Ist dies bis zum Fristablauf, dessen Länge nach der Verhältnismäßigkeit der Bestellungsverpflichtung zu den Härteumständen zu bestimmen ist, nicht möglich, so endet das Fortführungsrecht sogleich, dh sobald eine ordnungsmäßige Betriebsfortführung nicht mehr zu gewährleisten ist. Es kann dann unverzüglich eine Untersagungsanordnung nach § 16 Abs. 3 ergehen.

8   Ob eine Frist zur Bestellung des Betriebsleiters gesetzt wird, steht im Ermessen der Handwerkskammer. Dieser steht hinsichtlich des Ob der Fristlänge ein **Beurteilungsspielraum** zu. Dieser ist auch nicht auf Null reduziert (so aber Detterbeck Rn. 9): Denn die Handwerkskammer hat die Gefahren einer Betriebsfortführung durch nicht Qualifizierte angesichts dann drohender Gefahren (→ Einleitung Rn. 8) pflichtgemäß abzuwägen gegenüber den Interessen der Fortführungsberechtigten, insbesondere der Familienmitglieder, der Erben überhaupt und der Gläubiger. Hinsichtlich der abzuwägenden Faktoren, wie des Abwägungsvorgangs als solchen, steht der Handwerkskammer der erwähnte Beurteilungsspielraum zu („Härte", „angemessene Frist").

9   Bis zur Endigung der Berechtigung zur Fortführung des Betriebs, welche mit der Bestellung eines Betriebsleiters eintritt, sind die Fortführungsberechtigten nicht notwendig in die Handwerksrolle einzutragen. Nach Betriebsleiterbestellung erfüllen sie jedoch die Eintragungsvoraussetzungen in die Handwerksrolle. Als „Betriebsinhaber" sind sie, als natürliche oder juristische Personen oder Personengesellschaften, **als „Betriebsinhaber" in die Handwerksrolle einzutragen**; sie erfüllen dafür die gesetzlichen Voraussetzungen, sobald ein Betriebsleiter seinerseits die Voraussetzungen für die Eintragung erfüllt (§ 7 Abs. 1 S. 1). Andere bisher Fortführungsberechtigte, etwa der Nachlassverwalter, sind jedoch in die Handwerksrolle nicht einzutragen.

10   Eine Betriebsfortführung in den Fällen des § 4 Abs. 1 kann durch **spezialgesetzliche Bestimmungen** abweichend geregelt sein, vgl. etwa die mittlerweile aufgehobene Norm des § 21 Abs. 1 SchfG (kurze Fortführungsberechtigung der Familienmitglieder und Verpflichtung derselben, sogleich einen Vertreter zu beauftragen).

11   Für eine Betriebsfortführung durch den **Insolvenzverwalter** gelten die Vorschriften der Gewerbeordnung (§ 45: gewerbliche Tätigkeit als gesetzlicher Vertreter des Gemeinschuldners), der Insolvenzordnung, aber auch die besonderen Regelungen der Handwerksordnung: Wenn er selbst die Voraussetzungen für die Betriebsleitung in einem A-Handwerk nicht erfüllt, muss er einen Betriebsleiter nach § 7 Abs. 1 bestellen. Er selbst wird insoweit in die Handwerksrolle nicht eingetragen, als er (nur) als Insolvenzverwalter tätig wird (→ Rn. 9).

C. Ausscheiden des Betriebsleiters (§ 4 Abs. 2)

§ 4 Abs. 2 gilt in allen Fällen des Ausscheidens eines Betriebsleiters, dh der nicht nur vorübergehenden rechtlichen Beendigung seiner Befugnisse (etwa durch Tod, Berufsunfähigkeit, Kündigung). Dies trifft für alle Fälle der Betriebsleiterbestellung (§ 7 Abs. 1) zu, nicht nur dann, wenn der Betriebsleiter nach § 4 Abs. 1 bestellt worden ist. Auch haben der Betriebsinhaber, sein Rechtsnachfolger oder sonstige Verfügungsberechtigte „unverzüglich" zu handeln (→ Rn. 6). Eine Suchzeit für den neuen Betriebsleiter oder eine Härtefallregelung (→ Rn. 7) sind hier nicht vorgesehen. 12

§ 5 [Arbeiten in anderen Handwerken]

Wer ein Handwerk nach § 1 Abs. 1 betreibt, kann hierbei auch Arbeiten in anderen Handwerken nach § 1 Abs. 1 ausführen, wenn sie mit dem Leistungsangebot seines Gewerbes technisch oder fachlich zusammenhängen oder es wirtschaftlich ergänzen.

Literatur: Schwappach, Jürgen, Handwerksordnung: Die neuen Bestimmungen der §§ 5, 7 a und 7 Abs. 6 HwO, GewArch 1994, 308; Leisner, W.G., Ist eine Änderung des § 5 Handwerksordnung dahingehend anzustreben, dass auch Meisterbetriebe der B1-Handwerke in seinen Anwendungsbereich fallen?, LFI-Schriftenreihe 2011.

Überblick

§ 5 ermöglicht aus Praktikabilitätsgründen den Betreibern eines zulassungspflichtigen Handwerks auch die Ausübung von Tätigkeiten, die einem anderen zulassungspflichtigen oder – freien bzw. handwerksähnlichem Gewerbe zuzuordnen sind.

A. Arbeiten in anderen Handwerken – Begriff der Arbeiten

Die Vorschrift regelt nur das Recht eines Handwerkers, der ein zulassungspflichtiges Gewerbe betreibt, auch gewisse Arbeiten **eines anderen zulassungspflichtigen Handwerks – auch mehrerer solcher – zu verrichten.** B1-Handwerkern und handwerksähnlich Tätigen steht ein solches Recht nicht zu (vgl. insgesamt Leisner, W.G., § 5 und Meisterbetriebe der B1-Handwerke). In zulassungspflichtigen Handwerken Tätige dürfen, andererseits, auch B1- und handwerksähnliche Tätigkeiten ausüben. § 5 gilt auch für Inhaber handwerklicher Nebenbetriebe nach §§ 2 und 3 sowie für Berechtigte in den Fällen des § 4. 1

Sinn und Zweck der Vorschrift ist es einerseits, dem Kunden zahlungspflichtig zu erbringender Handwerksleistungen möglichst „**Leistung(en) aus einer Hand**" anbieten zu können, wenn er dies wünscht – andererseits aber zu vermeiden, dass ein für ein A1-Gewerbe zugelassener Handwerksbetrieb alle (möglichen) oder auch nur ein anderes Gewerbe ausübt, für das er keine Zulassung besitzt. Deshalb erlaubt ihm die Handwerksordnung herkömmlich in ihrem § 5 bei Ausübung des Gewerbes, für welches er die Zulassung innehatte, (zugleich auch), Arbeiten in „anderen zulassungspflichtigen Handwerken auszuführen". Diese Möglichkeit (Nachweise dazu bei Detterbeck Rn. 4 und 5) ist auch in den Novellierungen von 1993 und 2003 aufrechterhalten worden (vgl. Leisner, W.G., § 5 HwO und Meisterbetriebe der B1-Handwerke, 13 ff.). 2

Aus dem Wort „bei" ergaben sich jedoch von Anfang an für diese Überschreitung der Zulassungsgrenzen gewisse zu erfüllende **Voraussetzungen**: Die Arbeiten des „anderen" Handwerks mussten „**handwerksakzessorisch**" erfolgen, dh in **auftragsspezifischem Zusammenhang** mit den Auftragsarbeiten aus dem Handwerk, für welches der betreffende Handwerker die Zulassung besaß. Unabhängig von solchen Aufträgen für „sein" A1-Gewerbe darf er sich auch weiterhin im Bereich anderer A1-Gewerbe nicht betätigen, dh keine für solche „andere Gewerbe" „wesentlichen Arbeiten" (→ § 1 Rn. 35 ff.) ausführen, und auch nicht dafür werben (OLG Stuttgart GewArch 1987, 128; OLG Bremen GewArch 1992, 145 f.; OLG Düsseldorf GewArch 1994, 340). 3

Die Arbeiten im „anderen zulassungspflichtigen Handwerk" müssen, nach einer nach der Novelle von 1993 entwickelten hL, denen „**quantitativ untergeordnet**" sein, welche 4 auftragsspezifisch in dem Ausgangs-Handwerk auszuführen sind (so Detterbeck Rn. 5 mwN). Dies darf allerdings weder nach Zeit noch nach den Kosten (allein) bestimmt werden; es kommt auf die **vergleichsweise Bedeutung** im Rahmen des Gesamtauftrages an: die zulassungsgrenzüberschreitenden Tätigkeiten müssen sich als **Annex** derjenigen darstellen, für welche der Handwerker seine A-Zulassung besitzt. Begründet wird dies mit dem Befähigungsprinzip, welches als eine der Grundlagen der speziellen Zulassungsregelungen für A-Handwerke gilt (→ § 1 Rn. 23 ff.). Wesentliches Kriterium für die Bestimmung, wie weit Tätigkeiten anderer A-Handwerke ebenfalls ausgeübt werden dürfen, ist aber, auch für die Beurteilung dieser Unterordnung, der technische oder fachliche **Zusammenhang** (→ Rn. 5 ff) und die wirtschaftliche Ergänzung im Verhältnis der jeweils zugelassenen und der nicht zugelassenen Arbeiten zueinander, unter Berücksichtigung von gerechtfertigten Belangen der Auftraggeber.

B. Technischer oder fachlicher Zusammenhang mit genehmigten Tätigkeiten

5   Der – herkömmliche – Begriff des „**technischen oder fachlichen Zusammenhangs**", in dem zugelassene und andere Auftrags-Arbeiten stehen müssen, wurde zwar schon früher weit ausgelegt (vgl. etwa OLG Stuttgart GewArch 1989, 380). Einer uferlosen Ausweitung sollte allerdings die Betonung der Notwendigkeit eines Zusammenhangs zwischen zugelassenen und anderen Arbeiten („hierbei") entgegenwirken (vgl. Detterbeck Rn. 2 mwN). Dieser Begriff war bis 1993 auf „technischen oder fachlichen Zusammenhang" beschränkt. Dies gilt auch nach 2003 weiterhin. Dabei müssen aber die „anderen Arbeiten" stets bei einer Gesamtbetrachtung des jeweiligen Auftrags von **untergeordneter Bedeutung** sein (→ Rn. 4).

6   **Technischer Zusammenhang** (Beispiele bei Schwannecke/Brandt Rn. 12) setzt voraus, dass die betreffende A1-Tätigkeit nicht ohne die „andere Arbeit" durchgeführt werden kann, etwa bei Montage-, In- oder Einpassarbeiten, oder dass ohne die grenzüberschreitende Tätigkeit nur eine qualitativ schlechtere oder problematische Leistung im zulassungspflichtigen Gewerbe zu erbringen wäre. Ein **fachlicher Zusammenhang** ist gegeben, wenn eine arbeitsteilige Zuziehung anderer Handwerksbetriebe wirtschaftlich nicht zu vertreten wäre (OLG Stuttgart GewArch 1989, 380; VG Koblenz GewArch 1993, 73; s. Detterbeck Rn. 8 – Glaserei/Schreinerarbeiten; Zusatzleistungen eines Schornsteinfegers, OLG Köln GewArch 1991, 306). **Wirtschaftliche Ergänzung** der zulassungspflichtigen „Hauptleistung" eines Handwerksbetriebs durch Arbeiten eines anderen zulassungspflichtigen Handwerks ist als weiterer Fall auftragsspezifischer Akzessorietät im Jahre 1993 aufgenommen worden (vgl. dazu Schwappach GewArch 1994, 308 ff.). Dies gilt etwa für Verputzarbeiten bei Leitungsreparaturen. Das bedeutet eine Erweiterung des „fachlichen Zusammenhangs", bei der die Zulässigkeit ebenfalls nach wirtschaftlich-kostenmäßigen Gesichtspunkten zu beurteilen ist.

7   **Haftungsmäßig** hat der A1-Handwerker auch für seine sämtlichen „anderen Arbeiten" voll einzustehen. Er kann sich dabei nicht auf fehlende Qualifikation berufen. – **Wettbewerbsrechtlich** ist der Handwerker zu solcher Grenzüberschreitung berechtigt. Allerdings muss er irreführende Werbung mit einer fachlichen Qualifikation auch für „andere Arbeiten" unterlassen (näher Schwannecke/Brandt Rn. 14 mwN).

C. Übergangsregelungen

8   Wer **nach** dem 31.12.2003 den Betrieb eines bis dahin zulassungspflichtigen, nunmehr aber nicht mehr zulassungspflichtigen (B1-)Handwerks aufnimmt, kann A1-Tätigkeiten nicht (mehr) als „andere Arbeiten" verrichten. Dies ist nur demjenigen gestattet, der vor dem Stichtag in die Handwerksrolle eingetragen war. Ausnahmen gelten lediglich für Gerüstbauer nach § 1 Abs. 4 S. 2 Übergangsgesetz vom 25.3.1998 in der Fassung vom 24.12.2003 (HwÜbergG 98, BGBl. I 2934). Vor dem Stichtag in die Handwerksrolle eingetragene Handwerker, welche seitdem aber zulassungsfrei (etwa in einem B1-Handwerk) tätig sind, können weiterhin „andere Arbeiten" aus dem Bereich von A1-Handwerken verrichten (§ 3 HwÜbergG 98).

§ 5a [Datenübermittlung]

(1) ¹Öffentliche Stellen, die in Verfahren auf Grund dieses Gesetzes zu beteiligen sind, können über das Ergebnis unterrichtet werden, soweit dies zur Erfüllung ihrer Aufgaben erforderlich ist. ²Der Empfänger darf die übermittelten Daten nur für den Zweck verarbeiten oder nutzen, für dessen Erfüllung sie ihm übermittelt worden sind.

(2) ¹Handwerkskammern dürfen sich, soweit dieses Gesetz keine besonderen Vorschriften enthält, gegenseitig, auch durch Übermittlung personenbezogener Daten, unterrichten, auch durch Abruf im automatisierten Verfahren, soweit dies zur Feststellung erforderlich ist, ob der Betriebsleiter die Voraussetzungen für die Eintragung in die Handwerksrolle erfüllt und ob er seine Aufgaben ordnungsgemäß wahrnimmt. ²Das Bundesministerium für Wirtschaft und Energie wird ermächtigt, durch Rechtsverordnung mit Zustimmung des Bundesrates Einzelheiten eines Abrufs im automatisierten Verfahren zu regeln.

Literatur: BT-Dr. 12/5918, Entwurf eines Gesetzes zur Änderung der Handwerksordnung, anderer handwerksrechtlicher Vorschriften und des Berufsbildungsgesetzes, Gesetzesentwurf der Fraktionen CDU/CSU, SPD und F.D.P. v. 20.10.1993; Seidl, Franz-Peter, Datenschutz im Handwerksrecht WiVerw.1994, 55.

Überblick

§ 5a dient dem Zweck, die datenschutzrechtlichen Anforderungen des Volkszählungsurteils des BVerfG in der HwO bei der Kommunikation zwischen öffentlichen Stellen bzw. zwischen den Handwerkskammern zu verwirklichen.

A. Datenschutz im Handwerksrecht – Allgemeines

Der ab dem 1.1.1994 geltende § 5a wurde in seinem Abs. 2 2003 neu gefasst (vgl. dazu Seidl WiVerw 1994, 80f.). Er regelt, ebenso wie die §§ 6 Abs. 2, 19 S. 2, 28, 113 Abs. 2, 118 a sowie Anlage C und D den **Datenschutz im Bereich des Handwerksrechts**. Der Gesetzgeber will damit den **Vorgaben des Bundesverfassungsgerichts** im Volkszählungsurteil (BVerfG NJW 1994, 419) Rechnung tragen (BT-Drs. 12/5918, 16). § 5a ist daher nach den Grundsätzen dieser Entscheidung auszulegen, iVm der stRspr des BVerfG zum **informationellen Selbstbestimmungsrecht** (s. dazu näher mwN Schwannecke/Pfeifer Rn. 3, 4 mwN; v. Mangoldt/Klein/Starck/Starck GG Art. 2 Rn. 113 ff.; Sachs/Murswiek, Art. 2 Rn. 72 f.), insbes. zur Weitergabe personengebundener Daten. Den erwähnten anderen Datenschutzregelungen gegenüber kommt § 5a **nicht die Funktion eines Auffangtatbestands** zu (zutr. Schwannecke/Pfeifer Rn. 6; aA Detterbeck Rn. 5, 6; Honig/Knörr Rn. 2), da die jeweiligen Regelungsgegenstände speziellen Charakter haben und zu jeweils besonderen Rechtsfolgen führen. § 5a geht als Spezialnorm früher erlassenen gesetzlichen Datenschutzbestimmungen von Bund und Ländern vor. Er ist jedoch allgemein im systematischen Zusammenhang mit diesen weiterhin auszulegen.

B. Übermittlung von handwerksverfahrensrechtlichen Daten (§ 5a Abs. 1) – Übermittlungsumfang

Die Vorschrift regelt nur die **Datenübermittlung zwischen öffentlichen Stellen**, nicht zwischen (diesen und) Privaten. Öffentliche Stellen **können** sämtliche Verwaltungseinheiten juristischer Personen des Öffentlichen Rechts, insbes. von Bund, Ländern und Gemeinden sein, sowie auch juristische Personen des Öffentlichen Rechts nach der Handwerksordnung (Handwerkskammer, Kreishandwerkerschaften, Handwerksinnungen). Einbezogen sind jedoch auch solche Organisationen, welche in privatrechtlicher Form öffentliche Aufgaben im Handwerksbereich erfüllen, insbesondere auch Landesinnungsverbände, ferner Beliehene, aber auch der Deutsche Handwerkstag e.V. (Schwannecke/Pfeifer Rn. 7), schließlich auch Gerichte. Dies sind die – **möglichen** – **Übermittler und Empfänger der Daten nach § 5a**.

Diese öffentlichen Stellen sind nur übermittlungsbefugt, wenn sie an **irgendeinem Verfahren nach der Handwerksordnung „zu beteiligen sind"**, nicht nur „beteiligt werden können". Ihre Verfahrensbeteiligung muss daher eine zwingende sein; sie darf nicht im Ermessen der datenbesitzenden oder der datenanfordernden Stelle stehen. Ob die Stellen tatsächlich an einem solchen Verfahren beteiligt werden oder sind, ist unerheblich (Schwannecke/Pfeifer Rn. 9).

4 Übermittlungsfähig sind nach der Vorschrift **alle technisch übermittelbaren Daten**; zulässig ist die Übermittlung aber nur hinsichtlich der Daten, welche ein **Verfahrensergebnis mitteilen** können, nicht Daten über den Verfahrensablauf, soweit sie nicht für die Feststellung des Ergebnisses erforderlich sind. Die Weitergabe **personenbezogener Daten** scheidet daher in vielen Fällen aus (zu ähnlichen Fragen des Gesellschaftsrechts vgl. Schwannecke/Pfeifer Rn. 10). Allerdings ist „**Ergebnis**" weit zu verstehen, also einschließlich der tragenden Gründe für Zulässigkeit und Begründetheit einer Entscheidung, sowie Informationen über Antragsteller, Zuständigkeiten, geregelte Interessenlage (vgl. Schwannecke/Pfeifer Rn. 11). Damit soll den Grundsätzen der Verhältnismäßigkeit entsprochen werden (können).

5 Die Datenkenntnis muss für den **Übermittlungsempfänger zur Erfüllung seiner Aufgaben erforderlich sein** (vgl. dazu Schwannecke/Pfeifer Rn Rn. 12). Dieser Begriff ist nach den allgemeinen Grundsätzen der **rechtsstaatlichen Erforderlichkeit,** iRd Verhältnismäßigkeit, iwS (vgl. dazu Nachw. bei v. Mangoldt/Klein/Starck/Sommermann GG Art. 20 Rn. 308 ff.) zu bestimmen. Erforderlichkeit verlangt nicht Unumgänglichkeit, und auch nicht, dass andernfalls der Übermittlungsempfänger solche Aufgaben nur mit unverhältnismäßigem Aufwand erfüllen könnte. Es genügt, dass ihm dies erschwert wird. Irgendeine Form von Nützlichkeit genügt allerdings dafür nicht. Diese Beurteilung obliegt der die Daten übermittelnden Stelle. Die empfangende Stelle kann, muss aber nicht einen entsprechenden Antrag stellen. Wenn sie kompetenzmäßig näher mit dem betreffenden Sachverhalt befasst ist, muss die Ermittlungsstelle diese Situation angemessen berücksichtigen.

6 Die übermittelten Daten dürfen von der Empfangsstelle nur zu den **konkreten Zwecken ihrer Aufgabenerfüllung** verarbeitet und genutzt werden, zu denen sie ihr tatsächlich überlassen worden sind, nicht: rechtlich überlassen werden können. Die **Datenweitergabe ist zweckgebunden** (§ 5 a Abs. 1 S. 2). Ein solcher Zweck muss allerdings von der übermittelnden Stelle nicht besonders bezeichnet werden; dann können die Daten für alle Zwecke der genannten Aufgabenerfüllung von der Empfangsstelle genutzt werden. Diese ist jedoch gehindert, speziell von der Übermittlungsstelle bezeichneten Zwecken eigene hinzuzufügen, welche über eine Konkretisierung der Zweckbindung der Datenübermittlung hinausgehen.

7 Die Datenübermittlung „**kann**", sie muss aber nach dem Gesetzeswortlaut nicht erfolgen, selbst wenn alle vorstehend erörterten Voraussetzungen vorliegen. Dies widerspricht zwar dem Grundsatz, dass öffentliche Stellen, selbst wenn die Voraussetzungen einer Amtshilfe nicht vorliegen, sich dennoch nicht so verhalten dürfen, dass sie die Aufgabenerfüllung anderer derartiger Instanzen behindern; ja es ist von einer Förderungsverpflichtung anderer öffentlicher Stellen auszugehen, schon unter dem Gesichtspunkt der Einheit der Staatsgewalt. Dies spricht dafür, „kann" hier als „muss" zu verstehen, ein Ermessen der übermittelnden Stelle also auszuschließen. Auch lässt sich „kann" als „darf" lesen, womit lediglich betont wäre, dass etwaige andere (bundes- oder landes-)gesetzliche Verbote dem nicht entgegenstehen. Ein Beurteilungsspielraum hinsichtlich der Erforderlichkeit für die Empfangsstelle steht der übermittelnden Stelle jedenfalls zu. Sie wird dabei (verfassungsrechtlich) Belange des Datenschutzes abzuwägen haben gegenüber solchen einer effizient funktionierenden Wirtschaftsverwaltung.

C. Informationsfluss zwischen Handwerkskammern (§ 5a Abs. 2)

8 § 5a Abs. 2 gilt seit 2003 **nur mehr für den Datenaustausch zwischen Handwerkskammern,** nicht mehr, wie vorher, zwischen allen öffentlichen Körperschaften des Handwerksbereichs. Er bezieht sich auch nur auf Daten über die **Betriebsleiter** iSd seither geltenden Betriebsleiterprinzips der Handwerksordnung. Der gesamte übrige Datenaustausch zwischen den Handwerkskammern wie anderen Handwerksorganisationen wird durch die Datenschutzbestimmungen von Bund und Ländern geregelt, soweit die Handwerksordnung nicht spezielle Datenschutzbestimmungen enthält (→ Rn. 1).

9 Ziel der – inhaltlich neuen – Regelung seit 2003 ist es, die **tatsächliche Präsenz** des Betriebsleiters im Handwerksbetrieb sicherzustellen: Er muss dort seine Leitungsbefugnis

effektiv ausüben (können), also möglichst vor Ort, jedenfalls aber laufend von dort aus erreichbar sein. Diese Anforderungen müssen sich, auch gegenüber Grundrechten des Betriebsleiters, aus Art. 2 Abs. 1, 12 Abs. 1 GG, aus dem besonderen Qualifikationserfordernis für die (Leitung von) A1-Betriebe(n) rechtfertigen (→ § 1 Rn. 23 ff.), aber auch, ja vor allem, aus dem 2003 in den Mittelpunkt gerückten Kriterium der **Gefahrenabwehr** (→ Einleitung Rn. 8 ff.). Dennoch sollten derartige Präsenzanforderungen nicht überspannt werden. Schlagworte wie „Konzessionsträgertourismus" (vgl. Detterbeck Rn. 10 mwN) sind wenig hilfreich: Der Betriebsleiter ist (idR) privatrechtlich Beauftragter, nicht Inhaber einer öffentlich-rechtlichen Konzession. Und Aufgabe der Handwerkskammer ist es nicht (mehr), allgemein Leistungseffizienz im Handwerk zu gewährleisten, sondern Gefahrenabwehr und Ausbildungsqualität sicherzustellen. Darauf allein ist bei der Betriebsleiterüberwachung abzustellen.

Zur Überwachung der Betriebsleiter dürfen **auch personenbezogene Daten** ausgetauscht werden. Dies ermöglicht ein tiefes Eindringen der „öffentlichen Stellen" in die Privatsphäre der Betriebsleiter und damit in die Erstellung von Persönlichkeitsprofilen. Angesichts der Rechtsprechung des Bundesverfassungsgerichts (→ Rn. 1) ist hier größte Zurückhaltung unumgänglich, ein Datenaustausch nur bei unabweisbarer Dringlichkeit und schweren Gefahren für Leben und Gesundheit zulässig. Keinesfalls darf es zu flächendeckenden Kontrollen der örtlichen Präsenz oder privater Kontakte der (möglichen) Betriebsleiter kommen. 10

Die Betriebsleiterüberwachung soll vor allem dort zum Einsatz kommen, wo Betriebsleiter von einer natürlichen Person oder einer Personengesellschaft beschäftigt werden. Gerade dort aber ist der Betriebsleiter nicht in die Handwerksrolle einzutragen (vgl. zu dieser Problematik Detterbeck Rn. 11), was die gesetzliche vorgesehene – mögliche – Kontrolle erschwert. 11

Soweit eine Betriebsleiterkontrolle reichen darf, kann sie auch im Wege des **Abrufs im automatisierten Verfahren** erfolgen. Diese „Kontrollvernetzung" steigert die Effizienz der Überwachung erheblich; daher ist gerade hier besondere Vorsicht und Zurückhaltung mit Blick auf den Grundrechtsschutz, insbesondere der Intimsphäre, erforderlich (→ Rn. 10). Näheres regelt die VO über den automatisierten Datenabruf nach § 5 Abs. 2 der HwO v. 22.6.2004 (HKaDAbrufVO, BGBl. 2004 I 1314; abgedr. bei Schwannecke/Pfeifer Rn. 22; m. Erläuterungen Rn. 23–26). 12

§ 5b Verfahren über eine einheitliche Stelle

Verwaltungsverfahren nach diesem Gesetz oder nach einer auf Grund dieses Gesetzes erlassenen Rechtsverordnung können über eine einheitliche Stelle abgewickelt werden.

Überblick

§ 5b legt zur Vereinfachung für die Betroffenen fest, dass Verwaltungsverfahren nach der HwO alle durch eine einheitliche Stelle durchzuführen sind.

Die Vorschrift wurde durch das 4. Gesetz zur Änderung verwaltungsverfahrensrechtlicher Vorschriften vom 11.12.2008 neu in die HwO eingefügt (BGBl. 2003 I 2413), in Umsetzung europarechtlicher Vorschriften zur vereinfachten Verfahrensabwicklung für Unternehmen. Damit wurde die Richtlinie 2006/123/EG über Dienstleistungen im Binnenmarkt umgesetzt („Dienstleistungsrichtlinie"). Ziel ist eine gebündelte Abwicklung aller Verfahren und Formalitäten, die für Aufnahme oder Ausübung einer Dienstleistungstätigkeit erforderlich sind; für sie alle soll es einen einheitlichen Ansprechpartner für die Unternehmen geben. Damit soll die Bereitstellung der sachdienlichen Informationen erleichtert (Art. 7 RL 2006/123/ EG) werden. Erforderliche Verfahrensschritte können dementsprechend auf elektronischem Weg durchgeführt werden (Art. 8 Dienstleistungsrichtlinie; vgl. dazu Schwannecke/Stork Rn. 1, 2). 1

Nach der EG-Dienstleistungsrichtlinie muss der einheitliche Ansprechpartner nur bei **grenzüberschreitendem Verfahrensbezug** bereitstehen. In Deutschland wurde jedoch die Gelegenheit genutzt, dies auch für rein intern-rechtlich wirkendes Verfahrensrecht vorzu- 2 sehen. Durch Bundesgesetz wurde daher ein neuer Abschnitt 1a in Teil V des VwVfG eingefügt (§§ 71a ff. VwVfG), in dem die Verfahrensabwicklung über eine **einheitliche Stelle normiert** ist. Diese Bestimmungen regeln, über die Umsetzung der Dienstleistungsrichtlinie hinaus, das Verwaltungsverfahren über eine solche „einheitliche Stelle" in allen Fällen, in denen dies gesetzlich vorgesehen ist (vgl. Schwannecke/Stork Rn. 4 ff.; näher dazu Schmitz/Prell NVwZ 2009, 1 ff.). Die einheitliche Stelle soll insbes. einen sog. „Multikanalzugang" für alle (möglichen) Verfahrensbeteiligten sicherstellen (Schwannecke/Stork Rn. 7) und vor allem als zentrale Informationseinrichtung tätig werden (Schwannecke/Stork Rn. 8).

3   Verwaltungsverfahren nach der Handwerksordnung sind etwa das Verfahren der Eintragung in die Handwerksrolle sowie in das Verzeichnis der zulassungsfreien Handwerke und handwerksähnlichen Gewerbe, nach §§ 7b, 8 und 9, nicht aber etwa das der Eintragung in die Lehrlingsrolle (vgl. Schwannecke/Stork Rn. 9). Eine einheitliche Bundesregelung fehlt. Die Länder haben Regelungen nach folgenden Gesichtspunkten erlassen (vgl. Schwannecke/Stork Rn. 11 ff.):

Wirtschaftskammermodell (Mecklenburg Vorpommern usw.);
Allkammermodell (Thüringen ua)
Anstaltsmodell (Schleswig Holstein ua)
Kommunalmodell (NW, Nds, ua)
Mitglieder bzw. Behördenmodell (Hessen, Brandenburg, Rh.-Pf. ua).

Zweiter Abschnitt: Handwerksrolle

§ 6 [Handwerksrolle; Einsichtsrecht]

(1) Die Handwerkskammer hat ein Verzeichnis zu führen, in welches die Inhaber von Betrieben zulassungspflichtiger Handwerke ihres Bezirks nach Maßgabe der Anlage D Abschnitt I zu diesem Gesetz mit dem von ihnen zu betreibenden Handwerk oder bei Ausübung mehrerer Handwerke mit diesen Handwerken einzutragen sind (Handwerksrolle).

(2) [1]Eine Einzelauskunft aus der Handwerksrolle ist jedem zu erteilen, der ein berechtigtes Interesse glaubhaft darlegt. [2]Eine listenmäßige Übermittlung von Daten aus der Handwerksrolle an nicht-öffentliche Stellen ist unbeschadet des Absatzes 4 zulässig, wenn sie zur Erfüllung der Aufgaben der Handwerkskammer erforderlich ist oder wenn der Auskunftbegehrende ein berechtigtes Interesse an der Kenntnis der zu übermittelnden Daten glaubhaft darlegt und kein Grund zu der Annahme besteht, daß der Betroffene ein schutzwürdiges Interesse an dem Ausschluß der Übermittlung hat. [3]Ein solcher Grund besteht nicht, wenn Vor- und Familiennamen des Betriebsinhabers oder des gesetzlichen Vertreters oder des Betriebsleiters oder des für die technische Leitung des Betriebs verantwortlichen persönlich haftenden Gesellschafters, die Firma, das ausgeübte Handwerk oder die Anschrift der gewerblichen Niederlassung übermittelt werden. [4]Die Übermittlung von Daten nach den Sätzen 2 und 3 ist nicht zulässig, wenn der Gewerbetreibende widersprochen hat. [5]Auf die Widerspruchsmöglichkeit sind die Gewerbetreibenden vor der ersten Übermittlung schriftlich hinzuweisen.

(3) Öffentlichen Stellen sind auf Ersuchen Daten aus der Handwerksrolle zu übermitteln, soweit die Kenntnis tatsächlicher oder rechtlicher Verhältnisse des Inhabers eines Betriebs eines zulassungspflichtigen Handwerks (§ 1 Abs. 1) zur Erfüllung ihrer Aufgaben erforderlich ist.

(4) Der Empfänger darf die übermittelten Daten nur für den Zweck verarbeiten oder nutzen, zu dessen Erfüllung sie ihm übermittelt werden.

(5) Für das Verändern und Sperren der Daten in der Handwerksrolle gelten die Datenschutzgesetze der Länder.

Literatur: Seidel, Franz-Peter, Datenschutz im Handwerksrecht, WiVerw 1994, 55.

Handwerksrolle; Einsichtsrecht § 6 HwO

Überblick

§ 6 legt fest, dass für zulassungspflichtige Handwerke die Handwerksrolle zu führen ist, welche Daten in dieses Verzeichnis aufzunehmen sind und gibt den gesetzlichen Rahmen für Auskunfts-, Nutzungs- und Verarbeitungsrechte bzgl. der in diesem Verzeichnis aufgenommenen Daten vor.

Übersicht

	Rn.		Rn.
A. Neufassung 1993 und 2003	1	D. Auskünfte aus der Handwerksrolle, Datenübermittlung (§ 6 Abs. 2 ff.)	17
B. Die Handwerksrolleneintragung (§ 6 Abs. 1)	2	I. Einzelauskünfte	17
I. Regelungsgegenstand	2	II. Listenmäßige Auskunft (§ 6 Abs. 2 S. 2–5)	19
II. Führung der Handwerksrolle	3	III. Datenübermittlung an öffentliche Stellen (§ 6 Abs. 3)	22
III. Inhalt der Eintragung	4	IV. Internet	24
C. Wirkungen der Eintragung	7	V. Verarbeitungs- und Nutzungsbeschränkung (§ 6 Abs. 4)	25
I. Eintragung als Verwaltungsakt	7		
II. Bindungswirkung der Eintragung	9		
III. Zweigniederlassungen	11	VI. § 6 und die Datenschutzgesetze der Länder (§ 6 Abs. 5)	26
IV. Mehrere Handwerke, Teiltätigkeit	15		

A. Neufassung 1993 und 2003

1993 wurde § 6 neugefasst, zur Sicherung des Rechts auf informationelle Selbstbestimmung (BVerfGE 65, 1) und unter Berücksichtigung der technischen Entwicklung der Datenübermittlung. Angesichts der besonderen Bedeutung der **personenbezogenen Daten** (vgl. v. Mangoldt/Klein/Starck/Starck GG Art. 2 Rn. 114 ff. mwN) wurde deren Weitergabe in § 2 S. 3–5 und in der Anlage D für das Handwerksrecht einschränkend und in Form genauer Aufzählung zulässig mitzuteilender Informationen geregelt (vgl. Seidel WiVerw 1994, 59 ff.; Detterbeck S. 80 ff.). Die Tätigkeit im EU-Ausland ansässiger, in Deutschland tätiger Handwerker ist seit 2003 in § 9 iVm der EU/EWR-HwV vom 20.12.2007, BGBl. I 3675 iE normiert. Die Führung der Handwerksrolle ist seit 1998 in der Handwerksordnung geregelt, was die auf Grund der früheren Ermächtigung vorher geltende Verordnung des BMWi über die Führung der Handwerksrolle (VOHR) ersetzt. **1**

B. Die Handwerksrolleneintragung (§ 6 Abs. 1)

I. Regelungsgegenstand

Die Handwerksordnung regelt die Handwerksrolleneintragung lediglich als Zulässigkeitsvoraussetzung der Ausübung eines Gewerbes nach Anlage A zur Handwerksordnung. Für zulassungsfreie Handwerke nach Anlage B1 und handwerksähnliche Tätigkeiten nach Anlage B2 gelten lediglich die Datenschutzvorschriften des § 6 Abs. 2–5 entsprechend (§ 19 S. 2), Anlage DII S. 1 hinsichtlich der personenbezogenen Daten. Dies gilt jedoch lediglich hinsichtlich eines Mindestinhalts: wesentliche betriebliche Verhältnisse einschließlich der wichtigsten persönlichen Daten des Betriebsinhabers (Anlage D II S. 3). Für das Verzeichnis der Unternehmer nach § 90 Abs. 3 und 4 gelten noch weiter eingeschränkte Eintragungserfordernisse nach Anlage D IV. **2**

II. Führung der Handwerksrolle

Die Führung der Handwerksrolle – neuerdings in EDV-Form – ist Pflichtaufgabe der Handwerkskammer (§ 91 Abs. 3). Jede von ihnen hat eine solche für ihren Bezirk einzurichten, in welche lediglich die dort ansässigen Betriebe des zulassungspflichtigen Handwerks aufzunehmen sind. Dies prüft die insoweit zuständige Handwerkskammer in eigener Verantwortung. Auf Eintragungen in Handwerksrollen anderer Handwerkskammern wird nicht verwiesen; ihr Inhalt hat keine Bedeutung für eine Eintragung. **3**

III. Inhalt der Eintragung

4   Eintragungsfähig und -pflichtig sind alle natürlichen und juristischen Personen sowie Personengesellschaften, welche beabsichtigen, ein zulassungspflichtiges Handwerk als ständiges Gewerbe selbständig zu betreiben. Gleiches gilt auch für Personen, welche einen solchen handwerklichen Nebenbetrieb führen wollen (→ § 1 Rn. 1 ff.). Wird die Absicht nicht verwirklicht, so ist die Eintragung zu löschen. Näheres über den notwendigen Inhalt der jeweiligen Eintragungen regelt Anlage D in Abschnitt I. Diese Daten „dürfen" in die Handwerksrolle (nach Datenschutzrecht) aufgenommen werden (Anlage I.); ihre Erfassung ist aber für die handwerksrechtliche Zulässigkeit der betreffenden Tätigkeit erforderlich. Die Eintragung ist also personen-, nicht betriebsbezogen (Detterbeck Rn. 3; vgl. VGH BW NVwZ-RR 2002, 114). Zu Zweitbetrieben → Rn. 11 ff.

5   Eintragungspflichtig sind auch, nach Maßgabe von Anl. D I, Daten über **Betriebsleiter** und Stellvertreter (Detterbeck Rn. 10). Diese dürfen in einer Betriebsleiterdatenbank gespeichert werden, nicht aber weiterreichende Daten darüber, die nur freiwillig mitgeteilt werden können (vgl. Schwannecke/Karsten Rn. 14, 15).

6   Ein **Rechtsformwechsel** (etwa eines Einzelunternehmens in eine GmbH) führt zur Löschung der bisherigen diesbezüglichen Eintragungen und Neueintragung, nicht zu einer Berichtigung (Detterbeck Rn. 5). Eine solche reicht jedoch – als identitätswahrend – aus, wenn ein handwerkliches Einzelunternehmen zum handelsrechtlichen Einzelkaufmann wird, oder eine GbR zu einer OHG (Schwannecke/Karsten Rn. 10).

C. Wirkungen der Eintragung

I. Eintragung als Verwaltungsakt

7   Die Eintragung hat die **konstitutive Rechtswirkung einer Genehmigung** der zulassungspflichtigen Handwerkstätigkeit (BGH GewArch 1988, 164; OVG Koblenz GewArch 1988, 24). Sie wirkt vom Zeitpunkt ihrer Vornahme an, da von diesem an auch die entsprechenden Auskünfte über sie möglich sind (→ Rn. 17 ff.), als ein (begünstigender) Verwaltungsakt. Auf ihn besteht ein Rechtsanspruch, bei Erfüllung der Voraussetzungen der Eintragung, der im verwaltungsgerichtlichen Verfahren geltend gemacht werden kann. Auch eine Feststellungsklage kommt bei Vorliegen eines entsprechenden Interesses in Betracht (vgl. Schwannecke/Karsten Rn. 11 ff.; vgl. § 12). Die Ausübung zulassungspflichtiger Tätigkeiten vor Eintritt dieser Rechtswirkungen stellt eine Ordnungswidrigkeit dar (§ 117 Abs. 1 S. 1).

8   Der Eintragung vorher geht eine **Mitteilung der Handwerkskammer** an den Gewerbetreibenden über die von ihr beabsichtigte Eintragung in die Handwerksrolle (§ 11); auch sie wird als Verwaltungsakt angesehen und kann Gegenstand eines verwaltungsgerichtlichen Verfahrens sein (§ 12). Gleiches gilt für die beabsichtigte Löschung der Eintragung (§ 13 Abs. 3). Diese Entscheidungen, wie auch die Eintragung selbst, stellen Verwaltungsakte mit Dauerwirkung dar (BVerwG GewArch 1983, 139 f.; OVG Koblenz GewArch 1994, 66). Nach erfolgter Eintragung hat die Handwerkskammer darüber eine Bescheinigung auszustellen (§ 10 Abs. 2).

II. Bindungswirkung der Eintragung

9   Der Verwaltungsakt der Eintragung erzeugt für den **Handwerker wie für die Handwerkskammer beträchtliche Bindungswirkungen.** Insbes. ist von ihr an der Eingetragene Mitglied der Handwerkskammer, mit entsprechenden Wahlrechten (§§ 96 Abs. 1, 97) und Beitragspflichten. Schon deshalb kommt eine **Rückwirkung** hier nicht in Betracht (Detterbeck Rn. 6 mwN). Die spätere Löschung eines früher ausgeschiedenen Handwerkers hat nur berichtigende Wirkungen. Gebunden sind an die Eintragung auch die Innungen (vgl. § 52 Abs. 1; Honig/Knörr Rn. 4).

10 Anderen Rechtsträgern gegenüber kommt der Eintragung nur die **Tatbestandswirkung** des Verwaltungsakts zu, den sie beinhaltet: Rechtlich zugrunde legen müssen sie die Tatsache, dass eine solche Genehmigung der Tätigkeit erfolgt ist; unbenommen ist es ihnen aber, deren Berechtigung in Frage zu stellen. Dies gilt für Vergabeinstanzen öffentlicher Aufträge wie

insbes. für alle Gerichte: Sie können die Wirkungen der Eintragung im Rahmen ihrer Unabhängigkeit rechtlich überprüfen.

III. Zweigniederlassungen

Jeder eigenständige Betrieb, mit dem ein Inhaber im Bezirk einer Handwerkskammer **11** handwerklich tätig ist, muss als solcher in die Handwerksrolle eingetragen werden (VGH Mannheim GewArch 2002, 83 f.; s. Schlarmann/Niewerk, DVBl. 1999, 378 f.). Die Bezeichnung (Zweigstelle, Niederlassung, Zweigbetrieb, Filiale) ist gleichgültig. Ist ein Hauptbetrieb in diesem Kammerbezirk eintragungspflichtig, so ist der Zweigbetrieb, der in demselben Handwerkskammerbezirk liegt, nicht eintragungsfähig (BVerwG GewArch 1988, 96; BVerwGE 95, 363 (365 ff.); VGH Mannheim NVwZ-RR 2002, 113 f.; vgl. auch Fiege GewArch 2001, 409 (413)). Gleiches gilt, wegen der Personenbezogenheit der Eintragung, wenn der Inhaber bereits mit einer eigenständigen Filiale im Bereich der betreffenden Handwerkskammer eingetragen ist: weitere Filialen werden aber vermerkt (BVerwG GewArch 1988, 96; VGH Mannheim GewArch 2001, 81). Ob eine Betriebsstätte Hauptbetrieb oder Filialbetrieb sein soll, entscheidet der Inhaber im Rahmen seiner Organisationsfreiheit.

Eigenständig, damit eintragungspflichtig, ist ein **Zweigbetrieb** nur, wenn in ihm **hand- 12 werkliche Tätigkeiten** ausgeführt werden (§ 1 Abs. 2 S. 1). Dies ist der Fall, wenn (von) dort (aus) handwerkliche Aufträge entgegengenommen, die entsprechenden Arbeiten ausgeführt oder bestellte Güter ausgeliefert werden. Eine gewisse Selbständigkeit dieser Tätigkeit gegenüber einer (Gesamt-)Firmenleitung muss dabei gegeben sein. Die Buchführung kann jedoch im Hauptbetrieb erfolgen, von dort aus auch die Rechnungsstellung. Ebenso wenig steht eine filialextern konzentrierte Personalpolitik einer Eigenständig des Zweitbetriebs entgegen. Andererseits nicht Tätigkeiten spezieller handwerklicher Einrichtungen (Auftragsannahme, Materiallager, Arbeitsorganisation) (vgl. dazu BVerwG GewArch 1994, 474; Schwannecke/Karsten Rn. 7). Bei Verkaufsstellen kommt es darauf an, wie weit sie nach einer Gesamtbetrachtung in den Handwerksbetrieb integriert sind (vgl. OVG Magdeburg GewArch 2002, 201).

Andererseits liegt ein Zweigbetrieb iSd Handwerksrechts, hier der Handwerksrollenpflicht, **13** nur vor, wenn zwar die erwähnte Eigenständigkeit gegeben, zugleich aber auch jene **Einflussmöglichkeiten handwerklicher Art** auf den Zweigbetrieb gesichert sind, die nach dem Befähigungsgrundsatz (→ § 1 Rn. 23 ff.) beim zulassungspflichtigen Handwerk eröffnet sein müssen. Dieser Einfluss kann insbes. vom Hauptbetrieb ausgehen, durch den Betriebsinhaber, den Betriebsleiter oder einen Stellvertreter. Ist dies nicht der Fall, so darf die Zweigniederlassung nicht als solche eines Handwerksbetriebs eingetragen und betrieben werden (vgl. Detterbeck Rn. 11; vgl. VGH Mannheim NVwZ-RR 2002, 114). Eine Präsenzpflicht des Kontroll- oder Leitungsorgans des Gesamtbetriebs in der Zweigniederlassung ist als solche gesetzlich nicht vorgesehen.

Fehlt es an der für die eintragungsfähige/pflichtige Zweigniederlassung erforderlichen **14 Eigenständigkeit einer Betriebsniederlassung** (nach → Rn. 12, → Rn. 13), so kann, je nach den Umständen des Einzelfalles, ein eintragungsrechtlich unerheblicher **Nebenbetrieb** eines eintragungspflichtigen Handwerksbetriebs vorliegen (vgl. dazu die Nachweise bei Detterbeck Rn. 9). Die rechtlichen und tatsächlichen Verhältnisse selbständiger Handwerker in einem Kammerbezirk müssen sich dann aus der Eintragung seines Betriebs als solchen ergeben (vgl. BVerwG GewArch 1994, 474 (475)).

IV. Mehrere Handwerke, Teiltätigkeit

Übt ein Gewerbetreibender mehrere zulassungspflichtige Handwerke aus, so muss er mit **15** jedem von ihnen eingetragen werden (Detterbeck Rn. 12; Honig/Knörr Rn. 12). Es kann sich dabei aber um einen Betrieb handeln. Die Eintragungsvoraussetzungen müssen für all diese Handwerke erfüllt sein. Nach den tatsächlichen Umständen ist zu entscheiden, ob im Einzelfall mehrere Handwerke ausgeübt oder nur Arbeiten in anderen Handwerken nach § 5 verrichtet werden.

Wird ein zulassungspflichtiges Handwerk nur in seinen **wesentlichen Teilen** ausgeübt, **16** so ist der Handwerker dennoch für dieses Handwerk als solches einzutragen. Darf er ein zulassungspflichtiges Handwerk nur auf Grund einer beschränkten Ausnahmebewilligung betreiben (§ 8 Abs. 2), so ist das betreffende Handwerk unter Hinweis auf diese zu vermerken.

D. Auskünfte aus der Handwerksrolle, Datenübermittlung (§ 6 Abs. 2 ff.)

I. Einzelauskünfte

17 Einzelauskünfte sind jeder natürlichen wie juristischen Person auf Antrag zu erteilen – auch durch Einsichtnahme, wobei ein **berechtigtes Interesse** glaubhaft zu machen ist. Der Begriff beinhaltet jeden rechtlichen, wirtschaftlichen oder ideellen Belang, der als solcher rechtlich geschützt ist. Dies ist in einem weiten Sinn zu verstehen und umfasst insbes. auch familiäre und geschäftliche Interessen, welche etwa eine Wettbewerbslage betreffen oder – insbes. – Informationen zu Werbungszwecken. Auskunftsverweigerung zur Verhinderung von „Adressenhandel" (vgl. Honig/Knörr Rn. 25) kommt nur in Betracht, wenn sich aus den Umständen Hinweise auf eine (beabsichtigte) unzulässige Werbung ergeben. Ein Widerspruch des Eingetragenen ist als solcher unbeachtlich (§ 2 S. 4, 5 e contrario).

18 Das Auskunftsverlangen muss **glaubhaft gemacht** werden. Dies ist nach Grundsätzen zu beurteilen, welche auch für § 12 BGB, § 13 FamFG gelten. An den Nachweis sind keine speziellen Anforderungen zu stellen (s. Seidel WiVerw 1994, 61). Die Richtigkeit der Angaben, welche das Begehren begründen, muss nicht nachgeprüft werden, wenn sich aus diesem selbst keine Bedenken ergeben. Die Handwerkskammer haftet aber dafür, dass ihre Auskunft inhaltlich mit der Eintragung in der Handwerksrolle übereinstimmt.

II. Listenmäßige Auskunft (§ 6 Abs. 2 S. 2–5)

19 Für einen Antrag auf listenmäßige Übermittlung von Daten aus der Handwerksrolle an „**nicht öffentliche Stellen**", insbes. Private, gelten die Grundsätze nach → Rn. 17 und → Rn. 18 mit der Maßgabe, dass sie auch zur Erfüllung von Aufgaben der Handwerkskammer zulässig sind, diese hier also von sich aus nach pflichtgemäßem Ermessen tätig werden kann. Hier ist allerdings besonders zu prüfen, ob Betroffene nicht in einem schutzwürdigen Interesse an dem Ausschluss der Übermittlung verletzt werden (S. 2). Dies ist nicht der Fall, wenn nur die in S. 3 aufgeführten Daten in der Liste (Sammelauskunft) erscheinen. Damit sollen ersichtlich insbes. persönliche Daten vor Übermittlung geschützt werden. Im Unterschied zu Einzelauskünften ist eine Übermittlung gegen den Widerspruch des Betroffenen unzulässig (S. 4): Auf eine solche Widerspruchsmöglichkeit sind alle Betroffenen vor der ersten Übermittlung hinzuweisen (S. 5).

20 Nur die **listenmäßige Auskunft** betrifft S. 3, wie die Anknüpfung an den Grund („ein solcher") zur Annahme eines besonderen Interesses des Betroffenen an dem Ausschluss der Übermittlung belegt. In den Listen dürfen jedenfalls nur die in § 3 aufgeführten Daten enthalten sein. Eine „Zurückhaltung" bei der listenmäßigen Übermittlung von Daten kann von der Handwerkskammer nicht erwartet werden; sie hat auch nicht zu überprüfen, ob die Weitergabe Handwerkern dient, selbst wenn die Gefahr eines „Adressenhandels" nicht auszuschließen ist (aA Honig/Knörr Rn. 25).

21 Ein Ermessen steht der Handwerkskammer nicht zu (aA Detterbeck Rn. 18): Wenn der die Auskunft Begehrende ein „berechtigtes Interesse an der Kenntnis" geltend machen kann und im betreffenden Fall dies nur oder am besten durch listenmäßige Übermittlung zu befriedigen ist, so muss dies auch in solcher Form geschehen. Darauf besteht ebenso ein Anspruch – der auch durch verwaltungsgerichtliche Leistungsklage durchgesetzt werden kann – wie in den Fällen der Einzelauskunft.

III. Datenübermittlung an öffentliche Stellen (§ 6 Abs. 3)

22 § 6 Abs. 3 gewährt „öffentlichen Stellen" einen organisationsrechtlichen Leistungsanspruch gegenüber der Handwerkskammer auf Datenübermittlung, in Form von Einzel- wie listenmäßigen Auskünften (Schwannecke/Karsten Rn. 29). Voraussetzung ist, dass diese Datenkenntnis für die öffentlichen Stellen „zur Erfüllung ihrer Aufgaben" erforderlich ist. Ob dieses Bedürfnis gegeben ist, muss nach objektiven Gesichtspunkten von der Handwerkskammer entschieden werden. Dabei geht es nicht mehr nur um Daten über den Betriebsinha-

ber, sondern über alle Verhältnisse, welche in S. 3 genannt werden; der Gesetzeswortlaut ist noch nicht entsprechend angepasst.

§ 6 Abs. 3 konkretisiert die verfassungsrechtliche Verpflichtung zur **Rechts- und Amtshilfe** (Art. 35 GG). Auskunftsberechtigt sind daher alle Verwaltungsbehörden des Bundes, der Länder und des kommunalen Bereichs, gleich in welcher Rechtsform sie ihre Aufgaben erledigen, sowie Gerichte, nicht aber Kirchen oder Parteien (BVerwGE 132, 333 (336)). 23

IV. Internet

Einstellen von Daten aus der Handwerksrolle ins Internet ist nur zulässig, soweit dies auf Grund etwaiger gesetzlicher Gestattung zulässig oder gar erforderlich ist. Auf § 6 Abs. 2 ff. kann sich die Handwerkskammer hier nicht berufen; denn die Voraussetzungen des „glaubhaften Interesses" an der Mitteilung würden dadurch umgangen. Das Widerrufsrecht Betroffener (S. 4) muss jedenfalls wirksam gewahrt bleiben. 24

V. Verarbeitungs- und Nutzungsbeschränkung (§ 6 Abs. 4)

Sämtliche Datenempfänger unterliegen nach Abs. 4 einer Verarbeitungs- und Nutzungssperre, soweit sie die übermittelten Daten nicht zu den Zwecken nutzen, zu denen sie ihnen überlassen werden. Ist dies nicht näher bei der Überlassung spezifiziert, so sind das alle Zwecke iRd privaten Interessen nach S. 2 und 3 sowie der Aufgaben der öffentlichen Stellen nach Abs. 3. Diese Voraussetzungen müssen objektiv vorliegen. Wurden die Daten von der Handwerkskammer nur zu gewissen speziell genannten Zwecken übermittelt, so ist der Empfänger daran gebunden („übermittelt werden"). Geht ihm diese Auskunft nicht weit genug, so kann er diese Forderung im Verwaltungsrechtsweg sowie gerichtlich geltend machen. Die Vorschrift schränkt die weitergehenden Befugnisse zur Verarbeitung und Nutzung von Daten nach dem BDSG (§§ 14, 15 Abs. 3 BDSG) ein. 25

VI. § 6 und die Datenschutzgesetze der Länder (§ 6 Abs. 5)

Die Datenschutzgesetze der Länder gehen § 6 nur hinsichtlich der Daten natürlicher Personen vor; für solche von juristischen Personen und Personengesellschaften gilt insoweit allein die Handwerksordnung, hinsichtlich des Veränderns und Sperrens der Daten in der Handwerksrolle. Daraus ergibt sich e contrario, dass § 6 iÜ allen anderen **handwerksrechtlichen** Datenschutzbestimmungen außer diesen Bereichen der Änderung und Sperrung vorgeht (Seidel WiVerw 1994, 65 (80)). 26

§ 7 [Eintragungen]

(1) ¹Als Inhaber eines Betriebs eines zulassungspflichtigen Handwerks wird eine natürliche oder juristische Person oder eine Personengesellschaft in die Handwerksrolle eingetragen, wenn der Betriebsleiter die Voraussetzungen für die Eintragung in die Handwerksrolle mit dem zu betreibenden Handwerk oder einem mit diesem verwandten Handwerk erfüllt. ²Das Bundesministerium für Wirtschaft und Energie bestimmt durch Rechtsverordnung mit Zustimmung des Bundesrates, welche zulassungspflichtige Handwerke sich so nahestehen, daß die Beherrschung des einen zulassungspflichtigen Handwerks die fachgerechte Ausübung wesentlicher Tätigkeiten des anderen zulassungspflichtigen Handwerks ermöglicht (verwandte zulassungspflichtige Handwerke).

(1a) In die Handwerksrolle wird eingetragen, wer in dem von ihm zu betreibenden oder in einem mit diesem verwandten zulassungspflichtigen Handwerk die Meisterprüfung bestanden hat.

(2) ¹In die Handwerksrolle werden ferner Ingenieure, Absolventen von technischen Hochschulen und von staatlichen oder staatlich anerkannten Fachschulen für Technik und für Gestaltung mit dem zulassungspflichtigen Handwerk eingetragen, dem der Studien- oder der Schulschwerpunkt ihrer Prüfung entspricht. ²Dies gilt auch für Personen, die eine andere, der Meisterprüfung für die Ausübung des

betreffenden zulassungspflichtigen Handwerks mindestens gleichwertige deutsche staatliche oder staatlich anerkannte Prüfung erfolgreich abgelegt haben. ³Dazu gehören auch Prüfungen auf Grund einer nach § 42 dieses Gesetzes oder nach § 53 des Berufsbildungsgesetzes erlassenen Rechtsverordnung, soweit sie gleichwertig sind. ⁴Der Abschlussprüfung an einer deutschen Hochschule gleichgestellt sind Diplome, die nach Abschluss einer Ausbildung von mindestens drei Jahren oder einer Teilzeitausbildung von entsprechender Dauer an einer Universität, einer Hochschule oder einer anderen Ausbildungseinrichtung mit gleichwertigem Ausbildungsniveau in einem anderen Mitgliedstaat der Europäischen Union, einem anderen Vertragsstaat des Abkommens über den Europäischen Wirtschaftsraum oder in der Schweiz erteilt wurden; falls neben dem Studium eine Berufsausbildung gefordert wird, ist zusätzlich der Nachweis zu erbringen, dass diese abgeschlossen ist. ⁵Die Entscheidung, ob die Voraussetzungen für die Eintragung erfüllt sind, trifft die Handwerkskammer. ⁶Das Bundesministerium für Wirtschaft und Energie kann zum Zwecke der Eintragung in die Handwerksrolle nach Satz 1 im Einvernehmen mit dem Bundesministerium für Bildung und Forschung durch Rechtsverordnung mit Zustimmung des Bundesrates die Voraussetzungen bestimmen, unter denen die in Studien- oder Schulschwerpunkten abgelegten Prüfungen nach Satz 1 Meisterprüfungen in zulassungspflichtigen Handwerken entsprechen.

(2a) Das Bundesministerium für Wirtschaft und Energie kann durch Rechtsverordnung mit Zustimmung des Bundesrates bestimmen, daß in die Handwerksrolle einzutragen ist, wer in einem anderen Mitgliedstaat der Europäischen Gemeinschaft oder in einem anderen Vertragsstaat des Abkommens über den Europäischen Wirtschaftsraum eine der Meisterprüfung für die Ausübung des zu betreibenden Gewerbes oder wesentlicher Tätigkeiten dieses Gewerbes gleichwertige Berechtigung zur Ausübung eines Gewerbes erworben hat.

(3) In die Handwerksrolle wird ferner eingetragen, wer eine Ausnahmebewilligung nach § 8 oder § 9 Abs. 1 oder eine Gleichwertigkeitsfeststellung nach § 50b für das zu betreibende zulassungspflichtige Handwerk oder für ein diesem verwandtes zulassungspflichtiges Handwerk besitzt.

(4)–(6) [aufgehoben]

(7) In die Handwerksrolle wird eingetragen, wer für das zu betreibende Gewerbe oder für ein mit diesem verwandtes Gewerbe eine Ausübungsberechtigung nach § 7a oder § 7b besitzt.

(8) [aufgehoben]

(9) ¹Vertriebene und Spätaussiedler, die vor dem erstmaligen Verlassen ihrer Herkunftsgebiete eine der Meisterprüfung gleichwertige Prüfung im Ausland bestanden haben, sind in die Handwerksrolle einzutragen. ²Satz 1 ist auf Vertriebene, die am 2. Oktober 1990 ihren ständigen Aufenthalt in dem in Artikel 3 des Einigungsvertrages genannten Gebiet hatten, anzuwenden.

Literatur: Frenz, Walter, Grundfragen der Niederlassungs- und Dienstleistungsfreiheit im neuen Gewande, GewArch 2007, 98 (101 f.); Honig, Gerhart, Nicht-Meister als Inhaber eines Handwerksbetriebes, WiVerw 1980, 124 (135 f.); Karsten, Frederik, Fehlerhafte Gesellschaften im Anwendungsbereich des § 7 Abs. 4 HwO, GewArch 2003, 95; Karsten, Frederik, Die GmbH im Internationalen Wettbewerb um die beste Gesellschaftsform für den Mittelstand, GewArch 2006, 234; Kopp, Ferdinand O., Die Zukunft des Handwerksrecht und seiner Organisation, WiVerw 1994, 1 (6 f.); Leisner, W. G., Unzuverlässigkeit im Gewerberecht – Ausuferungsgefahren, notwendiger Gewerbebezug, GewArch 2008, 225; Müller, Martin, Die Novellierung der Handwerksordnung, NVwZ 2004, 403 (410); Schotthöfer, Kurt, Zum Betriebsleiterproblem im Handwerk, GewArch 1981, 114; Stork, Die neue Rahmenrichtlinie über die Anerkennung von Berufsqualifikationen (RL 2005/36/EG) unter besonderer Berücksichtigung reglementierter Handwerksberufe, WiVerw 2006, 152.

Überblick

§ 7 beinhaltet die persönlichen Voraussetzungen, unter denen die Eintragung einer natürlichen oder juristischen Person in die Handwerksrolle stattfinden kann. Diese Voraussetzungen können entweder durch den Inhaber des Betriebes oder aber, durch den Betriebsleiter erfüllt werden. Erforderlich für die Eintragung ist das erfolgreiche Ablegen der Meisterprüfung oder eine entsprechende gleichwertige Berechtigung, Ausnahmebewilligung oder Ausübungsberechtigung.

Übersicht

	Rn.		Rn.
A. Das „Inhaberprinzip" und der „Betriebsleiter"	1	I. Betriebsleiter als Eintragsvoraussetzung	15
I. Die Handwerksrolle als Verzeichnis der Betriebsinhaber (§ 7 Abs. 1 S. 1)	1	II. Bestellung durch den Inhaber	17
II. Betriebsleiter und Eintragung	2	III. Aufgaben und Befugnisse des Betriebsleiters	20
III. Der Betriebsinhaber als Betriebsleiter	3	IV. Insbesondere: „Präsenzpflicht" des Betriebsleiters	24
IV. Betriebsleitung: Stärkung des Inhaberprinzips	4	**D. Qualifikationsvoraussetzungen der Eintragung**	27
V. Betriebsleiterprinzip statt Inhaberprinzip?	5	I. Meisterprüfung (§ 7 Abs. 1a)	27
B. Eintragungsfähige Betriebsinhaber	6	II. Gleichwertige Prüfungen (§ 7 Abs. 2)	28
I. Mögliche Betriebsinhaber	6	III. Insbesondere Vertriebene und Spätaussiedler (§ 7 Abs. 2 S. 9)	35
II. Juristische Personen	7	IV. Ausübungsberechtigungen (§ 7 Abs. 7)	37
III. Personengesellschaften	10	V. Ausnahmebewilligung (§ 7 Abs. 3)	38
IV. Absicht der Betriebseröffnung	11	**E. Verwandte Handwerke (§ 7 Abs. 1 S. 1 und 2)**	39
V. Zuverlässigkeit des Inhabers	12		
C. Die Betriebsleitung	15		

A. Das „Inhaberprinzip" und der „Betriebsleiter"

I. Die Handwerksrolle als Verzeichnis der Betriebsinhaber (§ 7 Abs. 1 S. 1)

Aus der Handwerksrolle muss sich ergeben, welche Handwerksunternehmen die zulassungspflichtigen Tätigkeiten nach Anlage A ausüben, auf Grund einer Genehmigung, welche ihnen eben durch diese Eintragung erteilt wird. Die Regelung wirkt also jeweils für das betreffende Handwerk, dh, die Tätigkeiten die in Ausübung desselben in einem Betrieb entfaltet werden. Die diese genehmigende Eintragung ist aber als solche inhaltlich nicht betriebs-, sondern **personen-** und zwar **inhaberbezogen.** Eingetragen wird **nicht der Betrieb,** das Unternehmen als solches, **sondern der Inhaber desselben** (§ 7 Abs. 1 S. 1). An diesem traditionellen Eintragungsinhalt hat für die handwerklichen A-Betriebe auch die Novelle von 2003 nichts geändert. Der **Inhaber des Betriebs** im unternehmensrechtlichen, insbes. auch gesellschaftsrechtlichen Sinn ist der alleinige Adressat der handwerksrechtlichen Genehmigung. Die Handwerksrolle ist ein Verzeichnis der Betriebsinhaber (§ 6 Abs. 1 S. 1 nF). Damit bleiben auch die eigentumsrechtlichen Grundlagen handwerklicher Betriebstätigkeit, nach Art. 14 Abs. 1 S. 1 GG, etwa ein Eigentum an „dem Betrieb als solchem", oder das Eigentum „an den Betriebsmitteln", Grundlage und Gegenstand der verwaltungsrechtlichen Zulassungsregelungen der Handwerksordnung. Es gilt also nach wie vor, im Handwerksrecht allgemein, insbes. für das Recht der Eintragung in die Handwerksrolle das **„Inhaberprinzip".** Dieses ist nicht etwa durch ein „Betriebsleiterprinzip" abgeschafft oder ersetzt worden (s. näher dazu → Rn. 5).

II. Betriebsleiter und Eintragung

Ein Betriebsleiter wurde als solcher in die Handwerksrolle schon vor 2004 nicht eingetragen. Daten, welche ihn betrafen, durften nach Anlage D I nur gespeichert werden, soweit die Betriebsleitung nicht dem **Inhaber** als einer natürlichen Personen obliegen konnte, der Inhaber vielmehr als „juristische Person, Personengesellschaft oder Nebenbetriebsinhaber", einen **„Betriebsleiter" bestellen musste** (vgl. § 7 Abs. 2 und 3 aF). Dieser hatte dann – als natürliche Person – die Zulassungsvoraussetzungen, insbes. die Meisterqualifikation zu erfüllen. Die Novelle von 2004 hat diese Notwendigkeit der Betriebsleiterbestellung auch als **Voraussetzung der Eintragung des Inhabers** festgelegt und diese damit erweitert: Einem Betriebsleiter muss es nun in allen Fällen geben. Eintragungspflichtig sind, was ihn betrifft, aber weiterhin nur die Daten nach Anlage D I.

III. Der Betriebsinhaber als Betriebsleiter

3   **Betriebsleiter kann** („selbstverständlich", Honig/Knörr Rn. 4) **der Betriebsinhaber selbst sein.** Dies ist nach wie vor bei der weit überwiegenden Mehrheit der Handwerksbetriebe der Fall, mag sich auch, wohl gerade im Bereich der A-Gewerbe, immer stärker eine Tendenz zur Trennung von Betriebsleitung und Betriebsinhaberschaft zeigen. Diese wird durch „technische" Entwicklungen insgesamt im Handwerksbereich begünstigt: Das Gewicht der Qualifikation nimmt ebenso zu, wie das der Notwendigkeit ausreichenden Betriebskapitals. Beide Voraussetzungen sind häufig nicht mehr in einer Inhaberpersönlichkeit gemeinsam gegeben, dem „traditionellen Handwerker". Deshalb, und besonders angesichts des neuen „Gefahrenkriteriums" (→ Einleitung Rn. 8 ff.) war es sinnvoll, ja notwendig, die Betriebsleitung als solche als Voraussetzung einer Genehmigung neu zu regeln und zu verallgemeinern – in der Rechtsfigur des Betriebsleiters.

IV. Betriebsleitung: Stärkung des Inhaberprinzips

4   In keiner Weise darf die Novellierung hier im Sinne einer „Leiter-" oder gar „Führerbezogenheit" des Handwerksrechts verstanden werden. Das **Inhaberprinzip** wird vielmehr entwicklungsgerecht gestärkt. Das schon bisher betonte Zusammenwirken von „Kapital und Arbeit" gerade im Handwerk kann so sachgerecht fortentwickelt, näher konkretisiert werden. Der Faktor Arbeit wird ebenso gestärkt wie der Faktor Kapital, der nun neue Tätigkeitsinsbes. Investitionsmöglichkeiten findet. Ein politisierendes oder gar ideologisierendes Verständnis der Erweiterung der Voraussetzung der Betriebsleitung ist daher abwegig.

V. Betriebsleiterprinzip statt Inhaberprinzip?

5   Schon vor 2004 wurde gelegentlich Kritik am „Inhaberprinzip" laut (Kopp WiVerw 1994, 6 f.) – bereits damals zu Unrecht. Dieses verstößt weder gegen Art. 3 Abs. 1 GG noch gegen Art. 12 Abs. 1 GG (vgl. bereits BVerfGE 13, 97, 120 (123)), wenn es nicht geradezu durch Art. 14 Abs. 1 S. 1 GG geboten ist („Eigentum am Betrieb"), jedenfalls an den Betriebsmitteln. Die Auffassung, ein „Betriebsleiterprinzip" sei an die Stelle des „Inhaberprinzips" getreten, letzteres sei „abgeschafft worden", ist unzutreffend. Das **Inhaberprinzip gilt weiter**, als zentraler Grundsatz des Handwerksrechts, für zulassungspflichtige (§ 7) wie für zulassungsfreie Handwerke sowie für handwerksähnliche Tätigkeiten (§ 18). Erforderlich ist lediglich, dass eine **Betriebsleitung** vorhanden sein muss. Dies ergibt sich übrigens bereits aus dem Begriff des Handwerksbetriebs (§ 1); ebenso systematisch notwendig, ja selbstverständlich ist aber, dass diese Leitung durch ihre Qualifikation die Zulassungsvoraussetzungen für A-Handwerke erfüllen muss. Die Novellierung von 2003 hat also lediglich eine – allerdings in ihrer Auswirkung bedeutsame – Änderung gebracht: Diese Leitung muss nun nicht mehr grds. (mit den bereits früheren Ausnahmen nach Abs. 2) durch die Person des Inhabers selbst sichergestellt werden. Dem Inhaber steht es frei, ob er selbst die Voraussetzung erfüllt, oder einen anderen entsprechend Qualifizierten als Betriebsleiter bestellt. Daher sollte von einem „Prinzip der Betriebsleitung", nicht von einem „Betriebsleiterprinzip" die Rede sein.

B. Eintragungsfähige Betriebsinhaber

I. Mögliche Betriebsinhaber

6   Als Inhaber eines Handwerksbetriebs können eingetragen werden: Natürliche Personen, juristische Personen und Personengesellschaften nach deutschem Recht sowie Auslandsgesellschaften, welche die in ihren Gründungsländern geltenden rechtlichen Voraussetzungen erfüllen (Schwannecke/Karsten Rn. 60, 81 ff.). Voraussetzung für ihre Eintragsfähigkeit im Inland ist lediglich, dass sie nach dem Recht des **Gründungsstaates** rechtsfähig, insbes. eigentumsfähig sind, und nur in diesem Rahmen (EuGH GewArch 2003, 28 – Überseering).

II. Juristische Personen

7   Eintragungsfähig sind **die juristischen Personen des Privatrechts**: Der eingetragene Verein (eV), die eingetragene Genossenschaft, die rechtsfähige Stiftung, die Aktiengesellschaft

und die Gesellschaft mit beschränkter Haftung, unter der Voraussetzung, dass sie die jeweiligen gesetzlichen Gründungs- und rechtlichen Tätigkeitsvoraussetzungen erfüllen (vgl. Karsten GewArch 2006, 234).

Juristische Personen des öffentlichen Rechts sind ebenfalls, als solche, als Inhaber eintragungsfähig. Dies gilt grds. für alle rechtsfähigen Körperschaften, Anstalten und Stiftungen des öffentlichen Rechts, nach näherer Maßgabe von § 2. Wie weit sie (etwa Gemeinden) sich als solche handwerklich betätigen dürfen, ergibt sich aus den jeweiligen für sie geltenden allgemeinen und speziellen, gesetzlichen Bestimmungen, etwa der Gemeindeordnung. Wenn sie handwerkliche Tätigkeiten nach § 1 (oder § 18) durch juristische Personen des Privatrechts ausüben, so sind diese (→ Rn. 3) als Betriebsinhaber einzutragen. Die Eintragung eines **Betriebsgegenstandes** ist nicht erforderlich (für die GmbH vgl. Schwannecke/Karsten Rn. 69). 8

Eintragungsfähig ist eine juristische Person erst, wenn sie rechtlich existent (geworden) ist. **Gründungsgesellschaften** sind als solche nicht eintragungsfähig (OLG Oldenburg GewArch 1968, 132). Für eine **Vorgesellschaft** gilt dies schon deshalb nicht, weil sie idR nicht handwerkliche Tätigkeiten, sondern (nur) die Gründung einer juristischen Person für die Ausübung solcher zum Gegenstand hat (Schwannecke/Karsten Rn. 72). Sollten ihre handwerklichen Aktivitäten bereits weitergehen, also eine **„Vorgründungsgesellschaft"** vorliegen, so kommt – bei länger dauernden Aktivitäten – eine Eintragung als Personengesellschaft (→ Rn. 10 ff.) in Betracht, es müssen alle ihre Gesellschafter eingetragen werden (vgl. Detterbeck Rn. 14). Gegen diese herrschende Lehre wird die Haftungsverfassung der Vorgesellschaft angeführt (zur GmbH-Vorgesellschaft Schwannecke/Karsten Rn. 75 mwN): Die Zivilrechtsprechung sichere die Gründer einer solchen Gesellschaft gegen beschränkte Ansprüche von Gläubigern der Vorgründungsgesellschaft, die sich bei Verlusten auf Beiträge zur späteren Gesellschaft beschränkt sähen. Dies aber sei nur wirksam, wenn diese bereits rechtlich existent sei, weshalb sie auch schon als solche in die Handwerksrolle eintragungsfähig sein müsse. Dagegen spricht jedoch die Funktion der Handwerksrolle, welche gesicherte und (einigermaßen) stabile Verhältnisse dokumentieren soll, nicht vorübergehende Zustände, mögen diese auch, wie bei einer Vorgesellschaft einer GmbH, nicht selten länger andauern. 9

III. Personengesellschaften

Als Personengesellschaften können nur **Personenhandelsgesellschaften** (offene Handelsgesellschaft und Kommanditgesellschaft) sowie Gesellschaften des Bürgerlichen Rechts (§ 1 Abs. 1 S. 2) als Inhaber eines Handwerksbetriebs eingetragen werden, nicht aber als solche Erbengemeinschaften, Gütergemeinschaften oder wie immer bezeichnete andere Vereinigungen (Detterbeck Rn. 15). Bei **Handelsgesellschaften** werden nach erfolgter Eintragung in das Handelsregister die Firma und die Namen der Gesellschafter eingetragen. Bei **GbR** werden deren Gesellschafter eingetragen, obwohl diese Gesellschaft auch als solche im Zivilprozess aktiv und passiv parteifähig ist (BGH NJW 2001, 1056 ff.); ein entsprechender Zusatz („als GbR") ist zulässig (BGH NJW 2006, 3716, Rn. 10); eine Eintragung der Gesellschaft allein genügt hier jedoch nicht (Detterbeck Rn. 15, hM). Die GbR darf auch nicht mit einer Bezeichnung eingetragen werden, welche einen Firmennamen darstellt. Zu der Frage, wie weit die Eintragung der Namen einzelner Gesellschafter genügen kann vgl. §§ 15a, 15 b GewO. Veränderungen im Gesellschafterbestand müssen unter entsprechender Berichtigung der Eintragung ersichtlich sein. 10

IV. Absicht der Betriebseröffnung

Sämtliche als Betriebsinhaber für eine Eintragung in Betracht kommenden Personen sind eintragungsfähig, wenn bei ihnen die Absicht **deutlich erkennbar ist,** alsbald in ihrem Betrieb tatsächlich ein zulassungspflichtiges Handwerk selbständig zu betreiben (OVG Hamburg GewArch 1993, 75; Detterbeck Rn. 8); sie ergibt sich in der Regel aus dem Antrag, spezielle Nachforschungen muss die Handwerkskammer nicht anstellen. Nur wenn besondere Umständen zu Zweifeln an der Ernsthaftigkeit der Absicht Anlass geben, ist der Antrag abzulehnen, eine bereits erfolgte Eintragung nach § 13 Abs. 1 zu löschen (OVG Koblenz GewArch 1988, 197). Aufgabe des Antragstellers ist es aber, das beabsichtigte Gewerbe hinreichend zu konkretisieren (BVerwGE 140, 276). 11

V. Zuverlässigkeit des Inhabers

12 Der Inhaber muss die allgemeinen Voraussetzungen der **Zuverlässigkeit erfüllen** (§ 35 Abs. 1 GewO; vgl. dazu Leisner GewArch 2008, 225 ff.). Dies ist zwar keine in der Handwerksordnung ausdrücklich erwähnte Eintragungsvoraussetzung. Ist sie aber allgemein oder gerade hinsichtlich des einzutragenden Gewerbes nicht gegeben, so muss die Eintragung versagt, eine bereits erfolgte Eintragung nach § 13 Abs. 1 gelöscht werden. Dies folgt schon daraus, dass in einem solchen Fall nicht zu erwarten steht, dass der Antragsteller seine Absicht der Betriebseröffnung (→ Rn. 11) verwirklichen kann. Auf die subjektive Einstellung des Antragstellers kommt es dabei nicht an, ebenso wenig auf eine Täuschungsabsicht seinerseits, etwa Arglist, oder auch nur einen Verstoß gegen Treu und Glauben seitens des Antragstellers gegenüber der Handwerkskammer (aA insoweit Detterbeck Rn. 9; Schwannecke/Karsten Rn. 13).

13 Eine spezielle Untersuchung dahin, ob Unzuverlässigkeit vorliegt oder gegeben sein könnte, hat die Handwerkskammer jedoch nicht durchzuführen, wenn sich aus dem Eintragungsantrag ergibt, dass die nach der Handwerksordnung zu erfüllenden Voraussetzungen der Betriebsleitung (→ Rn. 14 ff.) und der Qualifikation des Betriebsleiters (→ Rn. 15 ff.) erfüllt sind und insoweit auch nach den Umständen kein Zweifel begründet ist. Eine handwerksrechtliche (Un-)Zuverlässigkeitsprüfung erstreckt sich nur auf diese Eintragungsvoraussetzungen. IÜ und auch allgemein ist vielmehr die Gewerbeaufsicht hier zur Prüfung und Entscheidung zuständig (vgl. dazu Detterbeck Rn. 9; Schwannecke/Karsten Rn. 12 ff.).

14 Ist die Unzuverlässigkeit des Einzutragenden bzw. der von ihm zu sicher zu stellenden Betriebsleitung von der zuständigen Behörde der Gewerbeaufsicht festgestellt und deshalb dieser Betrieb des Gewerbes bestandskräftig untersagt, so darf eine Eintragung in die Handwerksrolle nicht erfolgen (VGH BW GewArch 1981, 95), eine bereits erfolgte ist nach § 13 Abs. 1 zu löschen (BVerwG GewArch 1992, 339). Ein Recht zu ihrer Überprüfung und anderweitiger Entscheidung, etwa für den handwerklichen Teil der gewerblichen Tätigkeit, steht der Handwerkskammer nur dann zu, wenn die Gewerbeuntersagung insoweit beschränkt ist; im Übrigen hat die Handwerkskammer die Tatbestandswirkung der Untersagung zu achten, denn sie verhindert ja die Verwirklichung der Absicht, ein derartiges Handwerksgewerbe zu betreiben.

C. Die Betriebsleitung

I. Betriebsleiter als Eintragsvoraussetzung

15 Seit der Novellierung der Handwerksordnung 2004 darf kein Inhaber mehr in die Handwerksrolle eingetragen werden, wenn in seinem Betrieb nicht eine Betriebsleitung eingerichtet ist (→ Rn. 2 ff.). Das Gesetz verlangt dazu „**den Betriebsleiter**", also eine natürliche Person, ausdrücklich als Eintragungsvoraussetzung. Der Wortlaut schließt es wohl dennoch nicht aus, dass **zwei oder mehrere Personen** als Betriebsleiter bestellt werden. Es muss dann allerdings die Leitungsverantwortung klar zwischen diesen aufgeteilt sein; leitungsfreie Betriebstätigkeit darf es nicht geben. Ausgeschlossen ist die Übertragung der Leitung auf (Organe) eine(r) juristische(n) Person oder eine Personengesellschaft (aA Honig/Knörr Rn. 5).

16 Die Existenz eines Betriebsleiters ist **durchgehende, ausnahmslose Eintragungsvoraussetzung**. Nur insoweit mag es berechtigt sein, von einem „Betriebsleiterprinzip" zu sprechen, das nun ab 2004 für das Handwerksrecht gelte. Dabei handelt es sich aber nicht etwa um ein „Leitbild", ein Ausdruck, der vermieden werden sollte. Dieses „Betriebsleiterprinzip" wirkt aber rechtlich auf einer anderen Ebene als das – nicht „abgeschaffte", sondern weitergeltende (→ Rn. 1–Rn. 5) „Inhaberprinzip": Dieses wird durch jenes nicht etwa „ersetzt" (→ Rn. 5); denn es stellt nur **eine** – allerdings zentrale – **Eintragungsvoraussetzung** auf. Ihre Erfüllung ist vor den Qualifikationsvoraussetzungen (Rn. 27) zu prüfen, da sich letztere auf den Betriebsleiter beziehen.

II. Bestellung durch den Inhaber

17 Soweit der Inhaber nicht selbst Betriebsleiter ist (→ Rn. 2), dh, sich als solcher gegenüber der Handwerkskammer benennt, muss er einen **Betriebsleiter bestellen,** bei dessen Aus-

scheiden (vgl. § 4 Abs. 2) einen anderen Betriebsleiter einsetzen. Dies erfolgt durch Vertrag oder Vereinbarung zwischen Inhaber und Betriebsleiter. Deren Rechtsbeziehungen zueinander werden geregelt in Formen des Privatrechts, insbes. auch des Arbeitsrechts, oder des öffentlichen Rechts, vor allem des öffentlichen Dienstrechts. In der näheren Ausgestaltung dieser Rechtsbeziehungen sind Inhaber und Betriebsleiter frei (vgl. Honig WiVerw 1980, 124 (135 f.)) – iRd gesetzlichen Regelungen über die jeweiligen Vertragsabschlussformen. Diese Vereinbarung muss jedoch dem Betriebsleiter die zu seiner **Aufgabenerfüllung erforderliche Stellung** sichern, ihm insbes. die dazu nötigen Befugnisse einräumen (BVerwGE 88, 122 (124); Schotthöfer GewArch 1981, 114). Die Bestellung bedarf nicht der Schriftform; erfolgt sie jedoch in Form eines Arbeitsvertrags, so ist eine solche angezeigt, um Scheinverhältnisse zu vermeiden (Honig/Knörr Rn. 38).

Die Bestellung des Betriebsleiters **darf kein Scheingeschäft** beinhalten. Liegt ein solches vor (vgl. dazu BAG v. 18.3.2009, 5 AZR 355/08), so ist es wegen Umgehung der Voraussetzung des § 7 nichtig (§ 134 BGB), wenn etwa ein Handwerksmeister einem Handwerksbetrieb lediglich seinen Meistertitel zur Verfügung stellt, er aber tatsächlich gar nicht als technischer Betriebsleiter tätig werden soll. Die Vereinbarung muss also die erforderliche Ernsthaftigkeit der Bestellung zeigen. Kriterien sind dabei – und damit von vorne herein auch für ihre Rechtsgültigkeit – eine gewisse Tätigkeitsverpflichtung des Bestellten, vor allem aber auch die vereinbarte Vergütung (VGH Mannheim GewArch 1984, 124; OVG Lüneburg GewArch 1995, 74; vgl. Honig/Knörr Rn. 32; mwN Schwannecke/Karsten Rn. 48). Eine **gegenseitige Betriebsleiterbestellung** zwischen zwei selbständigen Handwerkern ist danach zu beurteilen, ob hier eine tatsächliche Betriebsleitung stattfinden kann (vgl. näher zur Präsenzpflicht → Rn. 24 ff.), oder ob nicht doch nur eine Scheinbestellung zu Betriebsleitern vorliegt (vgl. dazu OVG Mannheim GewArch 1988, 266; OVG Lüneburg GewArch 2012, 167). 18

Als Betriebsleiter kann jede handlungsfähige **natürliche Person bestellt** werden. In welchen rechtlichen Beziehungen sie (im Übrigen) zu dem Betriebsinhaber steht, ist gleichgültig, wenn nur die Tätigkeits- und Qualifikationserfordernisse für das A-Handwerk erfüllt. Es kann sich um **Arbeitnehmer** des Inhabers handeln, aber auch, bei einer juristischen Person oder einer Personengesellschaft, um deren Organträger oder Gesellschafter. Grenzen ergeben sich im Einzelfall aus den Aufgaben des Betriebsleiters, zu deren Erfüllung er nach seiner Stellung im Betrieb (arbeits-)vertraglich oder gesellschaftsrechtlich in der Lage sein muss (→ Rn. 20 ff.). 19

III. Aufgaben und Befugnisse des Betriebsleiters

Die **Aufgaben** des Betriebsleiters sind gesetzlich nicht näher bestimmt. Nach der früheren Rspr. des BVerwG zu § 7 Abs. 4 aF, die auch nach der Erweiterung der Notwendigkeit einer Betriebsleiter-Bestellung zu beachten ist, gilt insbes. (vgl. Schwannecke/Karsten Rn. 35 f; BVerwG GewArch 1991, 352, 1994, 172; 1997, 481): Die Aufgabenerfüllung des Betriebsleiters orientiert sich an der Tätigkeit eines **selbständig tätigen Handwerksmeisters**. Die fachlich-technische Organisation des Betriebes muss er bestimmen und den Betriebsablauf ständig steuern, betreuen und überwachen, in einem Ausmaß, dass er für dessen Ergebnisse die Verantwortung übernehmen kann. Auf eine bloße Kontrolle derselben darf er sich nicht beschränken, ebenso wenig auf Empfehlungen und Ratschläge (OVG Lüneburg GewArch 1983, 93), oder auf nur gelegentliches Eingreifen (Honig/Knörr Rn. 30). Mängel in der Ausführung der Arbeit hat er zu korrigieren. Bei all dem muss er die Einhaltung von Rechtsvorschriften und Betriebsanweisungen gewährleisten. Insgesamt obliegt ihm eine umfassende Aufgabenerfüllung hinsichtlich aller den Betrieb betreffenden Fragen; lediglich soweit dies Eigentumsverhältnisse am Betrieb berührt, ist – unter Umständen zugleich – der Betriebsinhaber entscheidungsbefugt. Diese Stellung wird herkömmlich mit dem Begriff der „**fachlich-technischen Leitung**" umschrieben. Im Einzelfall kommt es auf die Eigenart des jeweiligen Handwerks sowie auf Größe und Organisation des Betriebs an (VGH München GewArch 1997, 75). 20

Der Betriebsleiter darf innerhalb der Betriebsorganisation nicht nur eine unter- oder gleichgeordnete, er muss vielmehr eine deutlich **herausgehobene, ja übergeordnete Stellung** einnehmen (BVerwGE 102, 204 (208 f); GewArch 1997, 481 f.; Detterbeck Rn. 2 21 mwN). Diese verlangt zwar nicht eine Vertretungsbefugnis für den Betrieb nach außen (Honig/Knörr Rn. 31), wohl aber ein fachliches Weisungsrecht gegenüber den **Betriebsangehörigen** (VGH Mannheim GewArch 1994, 292; VGH Kassel GewArch 1997, 144). Dies letztere gilt auch gegenüber Gesellschaftern und Geschäftsführern juristischer Personen (BVerwGE 88, 122 (126); VGH Mannheim GewArch 1993, 488).

22 Dieses **umfassende Direktionsrecht** muss der Betriebsleiter nicht nur tatsächlich ausüben können, sondern auch tatsächlich ausüben (hL., BVerwG GewArch 1997, 481; Karsten GewArch 2003, 95) – sog. **materieller Betriebsleiterbegriff** (Detterbeck Rn. 19), im Sinn einer „echten Betriebsleitung" (VGH München GewArch 1997, 75). An die Kontrolle des Vorliegens dieser Voraussetzung seitens der Handwerkskammer dürfen jedoch keine zu hohen Anforderungen gestellt werden. Jedenfalls muss dabei stets auf die gegenwärtigen Verhältnisse des Betriebs abgestellt werden. Entwicklungsprognosen für den Handwerksbetrieb sind dabei nicht zulässig (BVerwG GewArch 1995, 164). Wie weit der Betriebsleiter sein Direktionsrecht im Einzelnen ausüben muss, wird in der Praxis auch weithin davon abhängen, wie ein Betrieb organisiert ist und vor allem wie hoch der Qualifikationsstandard der Mitarbeiter ist. Der Betriebsleiter darf selbstverständlich Teamarbeit organisieren und beaufsichtigen.

23 Die Handwerkskammer hat allerdings dafür zu sorgen, dass der bestellte Betriebsleiter seine Aufgaben **tatsächlich erfüllen kann**. Dies ist insbes. dann nicht mehr gewährleistet, wenn er schwer erkrankt, alt oder gebrechlich (geworden) ist, oder wenn er unter Betreuung gestellt wird. Feste Altersgrenzen gibt es jedoch nicht; sehr hohes Alter kann allenfalls Anlass zu einer näheren Prüfung der Leistungsfähigkeit des Betriebsleiters geben (BVerwG GewArch 1991, 353 (354)), oder wenn er Berufs- oder Erwerbsunfähigkeitsrente bezieht (vgl. BVerwG GewArch 1972, 21; Honig/Knörr Rn. 37). Dies soll allerdings für den Fall, dass der Inhaber selbst als Betriebsleiter tätig ist, also bei einem selbständig tätigen Handwerker, nur gelten, wenn dessen Unfähigkeit zur Betriebsleitung „ganz offenkundig" ist (Detterbeck Rn. 19) – eine Einschränkung, die nach Gleichheitsgesichtspunkten sowie insbes. angesichts des neuen Gefahrenkriteriums für die A-Betriebe (→ § 1 Rn. 7 ff.) kaum gerechtfertigt ist.

IV. Insbesondere: „Präsenzpflicht" des Betriebsleiters

24 Aus den Aufgaben des Betriebsleiters (→ Rn. 20 ff.) ergibt sich, wie weit sein notwendiger tatsächlicher Einfluss auf den Betriebsablauf seine **Gegenwart im Betrieb** erfordert. Dabei kommt es entscheidend auf die jeweilige Art der Tätigkeiten, die Organisationsstruktur des Betriebs und den Qualifikationsstandard der Mitarbeiter an. Generell ist die notwendige Präsenzzeit des Betriebsleiters auch von den jeweiligen (möglichen) Gefahrensituationen abhängig, die sich bei der Tätigkeit ergeben (können) (Nachw. aus der Rspr. bei Detterbeck Rn. 21). Weitestgehend ist also der Umfang einer Präsenzpflicht nach dem Kriterium der **Gefahrenabwehr** zu bestimmen (→ § 1 Rn. 7 ff.), so dass Praxis und Gerichtsentscheidungen vor 2004 nur mit Zurückhaltung herangezogen werden können.

25 Der Betriebsleiter muss weder ständig im Betrieb anwesend sein (Detterbeck Rn. 20), noch muss er immer erreichbar sein (zu weitgehend Honig/Knörr Rn. 33). Möglichkeit ständigen Eingreifens, zumindest erforderlicher Kontrollen durch moderne Kommunikationsmittel, machen physische Gegenwart heute in vielen Fällen entbehrlich (insoweit teilweise überholt OVG Lüneburg GewArch 1994, 172). Allerdings kann ein Handwerksbetrieb allgemein, ein gefahrengeneigter im Besonderen, nicht „aus der Entfernung geleitet werden". Auch wird eine lediglich gelegentliche Präsenz ebenso wenig genügen wie eine solche in unregelmäßigen Abständen. Tägliche zeitliche Mindesterfordernisse der Gegenwart des Betriebsleiters im Betrieb können jedoch nicht aufgestellt werden. Auch kann nicht durchgehend eine zeitlich bestimmte „Rufbereitschaft" gefordert werden, selbst nicht bei Gesundheitsberufen.

26 Die Erfüllung einer demnach dem Betriebsleiter obliegenden Präsenzpflicht ist besonders, und näher in Fällen der **gleichzeitigen Leitung von zwei oder gar mehreren Handwerksbetrieben durch eine Person** zu überwachen. Auch hier ist aber stets der neueste Stand der Entwicklung der Kommunikations- insbes. auch der Verkehrsmittel zu berücksichtigen. Früher in der Rechtsprechung entwickelte Grundsätze (vgl. Nachw. bei Honig/Knörr Rn. 34) sind daher nur mehr entsprechend zurückhaltend anzuwenden: Ein Betriebsleiter kann grds. mehrere Betriebe verantwortlich führen, wenn deren räumlicher Abstand, unter

Berücksichtigung der Verkehrsverhältnisse, nicht allzu groß ist; als Richtgröße wurde früher eine Entfernung von 100 km genannt. Kurzfristige Erreichbarkeiten muss jedenfalls sichergestellt sein. Feste Regeln lassen sich jedoch in keiner Richtung aufstellen.

D. Qualifikationsvoraussetzungen der Eintragung

I. Meisterprüfung (§ 7 Abs. 1a)

Eine – und die praktisch wichtigste – Qualifikationsvoraussetzung der Eintragung eines A-Betriebs in die Handwerksrolle ist nach wie vor das Bestehen der Meisterprüfung (§§ 45 ff.); es wird durch Vorlage des Meisterbriefes nachgewiesen (Schwannecke/Karsten Rn. 18). Die dem bereits früher gleichwertigen Qualifikationsvoraussetzungen (Abs. 2, 3) wurden durch die Novelle von 2003 wesentlich erweitert und durch neue Regelungen (Abs. 2a) ergänzt. Eine weitere Änderung von grundsätzlicher Bedeutung ist die zugleich erfolgte Einführung einer **Ausnahmeberechtigung für Gesellen** und in dem betreffenden Gewerbe Tätige in § 7b. Die sogenannte Meisterpflicht verliert bereits damit die Bedeutung einer Grundsatzregelung für die A-Betriebe. Da deren Zahl, und damit praktische Bedeutung, zugleich wesentlich verringert wurde, kann seither von einer Meisterpflicht als einem beherrschenden Prinzip, welches das gesamte deutsche Handwerksrecht präge, nicht mehr die Rede sein. Redaktionell kommt dies bereits zum Ausdruck („Abs. 1a"). 27

II. Gleichwertige Prüfungen (§ 7 Abs. 2)

Die sprachlich missratene Vorschrift (bei Prüfungen gibt es keinen „Studien- oder Schulschwerpunkt"; „Diplome" sind nicht „Prüfungen gleichgestellt") ist in einem rechtsstaatlich bedenklichem Maße schwer verständlich. Durch sie werden eine ganze Reihe heterogener Qualifikationen der deutschen Meisterprüfung gleichgestellt, wiederum nach unterschiedlichen Voraussetzungen. In allen Fragen, ob diese Qualifikationen der Ablegung einer Meisterprüfung gleichstehen und daher einen Anspruch derart ausgebildeter Betriebsleiter auf Eintragung sowie ihre Bestellungsfähigkeit (→ Rn. 15 ff.) begründen, **entscheidet einheitlich die Handwerkskammer** (Abs. 2 S. 5). Ihre Entscheidungen sind nicht selten von hohem Schwierigkeitsgrad, ergehen aber in der Regel nicht nach Ermessen, sondern innerhalb eines **Beurteilungsspielraums**, wie dies bei Prüfungen, damit auch bei deren Auslegung und Bewertung, üblich und angemessen ist. 28

Gleichwertige Prüfungen sind bereits kraft Gesetzes 3 Kategorien von Abschlüssen: **(1) deutscher Hoch- und Fachschulabschluss** (S. 1); **(2)** ein der Meisterprüfung mindestens gleichwertiger deutscher staatlicher oder staatlich anerkannter Abschluss (S. 2), etwa Fortbildungsabschlüsse nach § 42 oder § 53 BBiG (S. 3); **(3.)** Hochschul- oder gleichwertige Abschlüsse in EU-Ländern, Ländern des Europäischen Wirtschaftsraum (EWR) sowie der Schweiz (S. 4). Die Fortbildungsabschlüsse müssen durch eine Prüfung nachgewiesen werden, welche aufgrund einer nach § 42 Abs. 1 oder § 53 Abs. 1 erlassenen Rechtsverordnung (Prüfungsordnung) abgenommen wird; Prüfungen nach § 42a oder § 54 Abs. 1 BBiG genügen nicht (Detterbeck Rn. 45, 46). Die Gleichwertigkeit mit der deutschen Meisterprüfung entscheidet in den Fällen (2.) (S. 2 und 3) die Handwerkskammer. 29

Für die Fälle nach (1.) (S. 1) setzt der BMWi, nach näherer Maßgabe des S. 6, durch Rechtsverordnung Voraussetzungen fest, unter denen die in Studien- oder Schulschwerpunkten dort abgelegten Prüfungen der Meisterprüfung gleichwertig sind. Hier sind nicht gleichwertige Abschlüsse aufzulisten, sondern lediglich Kriterien der Gleichwertigkeit. Soweit sich eine Gleichwertigkeit hiernach nicht beurteilen lässt, hat die Handwerkskammer nach allen sachgerechten Kriterien den Fall zu entscheiden. Diese Regelung gilt auch für die ausländischen Abschlüsse nach S. 4, welche dem deutschen Hochschulabschluss nach S. 1 gleichgestellt sind, Letzteres geschehen in der VO über die Anerkennung von Prüfungen für die Eintragung in die Handwerksrolle vom 29.06.2005 (PrüfAnerkVO, BGBl. I 1935). Ein Eintragungsanspruch auf Grund gleichwertiger Prüfungen besteht in all diesen Fällen nicht bereits auf Grund des Gesetzes, sondern nur, wenn die Voraussetzungen der Zuordnung dieser Prüfungen zu den jeweils zulassungspflichtigen Handwerken im Übrigen erfüllt sind. 30

Die Anerkennung europäischer Abschlüsse (→ Rn. 29; eingefügt durch Gesetz vom 7.9.2007 BGBl. I, 2246) setzt EU-Recht um (Art. 11d iVm Art. 13 der Berufsqualifikatio- 31 nenanerkennungsrichtlinie vom 7.9.2005; RL 2005/36/EG; vgl. dazu Frenz GewArch 2007, 101 f; Stork WiVerw 2006, 152) sowie das Abkommen über den europäischen Wirtschaftsraum (EWR) und das Abkommen zwischen der Schweiz und der EU). Auch hier gilt S. 1, es müssen also diese Prüfungen nach den Schwerpunkten der Ausbildung den jeweiligen deutschen A-Handwerken zugeordnet werden (→ Rn. 30).

32 Die Voraussetzungen einer Eintragung in die Handwerksrolle können, abgesehen von diesen Gleichwertigkeiten, auch auf Grund von Verordnungen des BMWi über die Anerkennung im Ausland erworbener Prüfungszeugnisse erfüllt werden (§ 50a–50; s. dort).

33 Berechtigt zur Lehrlingsausbildung sind nur die nach Abs. 2 S. 2 bis 5 Einzutragenden, nicht aber die Berechtigten nach S. 1 (vgl. § 22b Abs. 2), da diese nicht die Prüfung nach Teil IV der Meisterprüfung und auch keine **dieser Prüfung gleichwertige Prüfung** abgelegt haben (vgl. Detterbeck Rn. 48).

34 Die Regelung der Qualifikationsvoraussetzungen nach der Novelle von 2003 sind mit Recht als äußerst bedenklich kritisiert worden (Detterbeck Rn. 38; Honig/Knörr Rn. 19; Müller NVwZ 2004, 410): **Praktische Tätigkeiten** iRd Ausbildung werden überhaupt nicht mehr (Ausnahme: allenfalls S. 4) als Zulassungsvoraussetzungen genannt (früher: Gesellen oder Facharbeiterausbildung, mindestens dreijährige berufspraktische Tätigkeit). Akademische Ausbildungen bieten dafür keinen auch nur annähernden Ersatz durch Praktika. Gerade angesichts des neuen Gefahren(abwehr)kriteriums (→ § 1 Rn. 7 ff.) ist eine solche „Akademisierung" nicht nur ein Verstoß gegen das rechtsstaatliche Kriterium der Eignung des staatlichen Eingriffs in die Gewerbefreiheit der Handwerker (Art. 12 Abs. 1 GG); sie zeigt eine inhaltliche Wertungsspannung, welche für innere Widersprüchlichkeit der Gesamtregelung und damit wiederum für eine Verletzung der Rechtsstaatlichkeit spricht – ganz abgesehen davon, dass dies zu der traditionellen, ja säkularen Grundvorstellung der Ordnung des Hand-werks im Widerspruch steht.

III. Insbesondere Vertriebene und Spätaussiedler (§ 7 Abs. 2 S. 9)

35 Eintragungsberechtigt ist dieser Personenkreis (Vertriebene iSv §§ 1–3 BVFG, Spätaussiedler nach § 4b BVFG), wenn die vor dem Verlassen des Herkunftslandes von ihnen dort abgelegten Prüfungen einer deutschen Meisterprüfung gleichwertig sind. Darüber entscheidet die Handwerkskammer. Sie müssen aber auch die übrigen Eintragungsvoraussetzungen (Absicht der Gewerbeausübung, Bestellung eines Betriebsleiters) erfüllen. Die in der ehemaligen DDR abgelegten Meisterprüfungen im Handwerk gelten nach Anl. I zum Einigungsvertrag als deutschen Meisterprüfungen gleichwertig. Eine „Großzügigkeit" (so Honig/Knörr Rn. 46) bei der Anerkennung findet im Gesetz keine Stütze; „politisch" darf hier keinesfalls entschieden werden. Der Gleichheitssatz (Art. 3 Abs. 1 und 2) verbietet lediglich eine strengere Prüfung im Sinne einer „Diskriminierung nach Herkunft".

36 **Vertriebene und Sowjetzonenflüchtlinge** sind nach § 71 BVFG, der insoweit § 119 ergänzt, eintragungsberechtigt, wenn sie glaubhaft machen, dass sie vor der Vertreibung ein Handwerk als stehendes Gewerbe selbständig betrieben haben **oder** die Befugnis zur Anleitung von Lehrlingen besessen haben. Die Glaubhaftmachung erstreckt sich auch auf den Verlust der entsprechenden Urkunde(n). An deren Stelle tritt eine nach § 93 BVFG von der zuständigen Behörde – hier der für den Wohn/Aufenthalt zuständigen Handwerkskammer – auszustellende Urkunde.

IV. Ausübungsberechtigungen (§ 7 Abs. 7)

37 Einzutragen ist – unabhängig von durch Ausbildungsabschlusszeugnisse nachgewiesener Qualifikation – wer eine **Ausübungsberechtigung** nach § 7a oder § 7b (vgl. dazu näher dort) oder eine in einem anderen EU- oder EWR-Staat erworbene Ausübungsberechtigung für das einzutragende Gewerbe oder wesentliche Tätigkeiten desselben besitzt. Diese 1998 erlassene Vorschrift gilt unverändert weiter. Eine Eintragung setzt nach ihr eine Regelung voraus, die solche Ausübungsberechtigungen im Einzelnen nennt (vgl. Detterbeck Rn. 50 ff.). Auf eine solche Ausübungsberechtigung können sich Ausländer wie Deutsche berufen, welche entsprechende Ausübungsberechtigungen im Ausland erworben haben. Anders als nach § 50a setzt die Eintragung dabei nicht eine ausländische Prüfung noch ein entsprechendes Zeugnis voraus. Die Vorschrift ist auch anzuwenden, wenn die Ausübungsbe-

rechtigungen nicht alle wesentlichen Tätigkeiten des auszuübenden Gewerbes gestatten, wie dies nach § 1 Abs. 2 S. 1 vorausgesetzt wird, sondern nur einzelne unter diesen („oder wesentlicher Tätigkeiten dieses Gewerbes"), sich die Ausübungsberechtigung also auf ein Teilhandwerk beschränkt (Detterbeck Rn. 51).

V. Ausnahmebewilligung (§ 7 Abs. 3)

38 Wem eine Ausnahmebewilligung nach § 8 oder § 9 Abs. 1 erteilt worden ist, oder wer eine Gleichwertigkeitsfeststellung nach § 50 besitzt (gegenüber im Ausland erworbenen Berufsqualifikationen, BGBl. 2011 I 2515, Art. 3 Nr. 2), der hat Anspruch auf Eintragung, auch wenn sich diese auf ein verwandtes zulassungspflichtiges Handwerk bezieht (→ Rn. 39 ff.). Näheres bei §§ 8, 9. Die Ausnahmebewilligung muss (noch) nicht bestandskräftig sein. Hat die Handwerkskammer, welche allerdings in die Erstattung der Ausnahmebewilligung einbezogen ist (vgl. § 8 Abs. 3). Zweifel an deren Zulässigkeit, so muss sie die Erteilung der Ausnahmebewilligung im verwaltungs(gerichtlichen) Verfahren anfechten (Detterbeck Rn. 54). Ein entsprechendes Recht steht ihr schon deshalb zu, weil sie sich als Selbstverwaltungskörperschaft nicht ein neues Mitglied in unzulässiger Weise aufdrängen lassen muss.

E. Verwandte Handwerke (§ 7 Abs. 1 S. 1 und 2)

39 In allen Fällen der Erfüllung der Eintragungsvoraussetzungen für ein zulassungspflichtiges Handwerk (→ Rn. 6 ff.) gilt die Genehmigung entsprechender Handwerkstätigkeiten nicht nur für solche, hinsichtlich deren die Eintragungsvoraussetzungen nach Abs. 1 a bis 9 erfüllt sind; die Wirkung der Eintragung erstreckt sich vielmehr auch auf alle Tätigkeiten in einem solchen „verwandten anderen Handwerk" (§ 7 Abs. 1 S. 1). Die Eintragung ist in diesen Fällen auch für das „verwandte Handwerk" vorzunehmen. Für dieses als solches müssen die Voraussetzungen nach Abs. 1 a und 2 ff. nicht auch noch erfüllt sein. Dies gilt auch für die Ablegung der Meisterprüfung, die für das verwandte Handwerk nicht erforderlich ist (aA Honig/Knörr Rn. 16).

40 Diese „Verwandtschaft" von Handwerken besteht nur in den Fällen, in denen sie durch VO des BMWi ausdrücklich und unter Nennung der betreffenden Handwerke festgestellt worden ist. Diese Regelungsermächtigung ist allerdings insoweit begrenzt, als in der VO die Verwandtschaft nur zwischen A-Handwerken geregelt werden darf. Ferner ist Voraussetzung, dass die Handwerke sich „so nahe stehen, dass die Beherrschung des einen zulassungspflichtigen Handwerks die fachgerechte Ausübung wesentlicher Tätigkeiten des anderen zulassungspflichtigen Handwerks ermöglicht" (Abs. 1 S. 2). Diese gesetzlich definierte Verwandtschaft zulassungspflichtiger Handwerke ist in der VO, zu deren Erlass der Verordnungsgeber verpflichtet ist (vgl. Detterbeck Rn. 29), festgelegt; eine Überprüfungspflicht der Handwerkskammer besteht nur dahin, ob die Verordnung die Voraussetzung ihres Erlasses erfüllt hat. Im Übrigen unterliegt sie verwaltungs- und verfassungsrechtlicher Überprüfung auf Antrag der Handwerkskammer und Betroffener.

41 Eine solche Rechtsverordnung wurde bereits 1968 erlassen und gilt gegenwärtig in der Fassung der Novelle von 2004 (BGBl. I 1314). Ihr Sinn und Zweck liegt darin, Abgrenzungsschwierigkeiten inhaltlich naher Tätigkeiten verschiedener Handwerke zu vermeiden und Handwerkern Leistungen aus einer Hand zu ermöglichen (Schwannecke/Karsten Rn. 20). Eine Prüfung im Einzelfall nach § 5 (Arbeiten in anderen Handwerken) ist im Falle verwandter Handwerker nicht erforderlich. Im Unterschied zu § 5 darf der Eingetragene auch mit der verwandten Handwerksqualifikation und -tätigkeit werben sowie letztere nicht nur iRv Aufträgen ausüben. Die fachliche Eignung zur Ausbildung (§ 22b) besteht auch für den Bereich verwandter Handwerke.

42 Die Wirkungen von Herabstufungen von Handwerken von A nach B1 seit 2004 werfen die Frage nach einem **Bestandsschutz** für die Zulassung der (früheren) Tätigkeit in solchen Betrieben im Bereich (früher) verwandter Handwerke auf. Ein **Bestandsschutz** gewährt das Übergangsgesetz (HwÜbergG 98, BGBl. 1998 I 597; BGBl. 2003 I 2934) § 3 nicht für die Gesamttätigkeit im (damaligen) verwandten Handwerk, sondern nur, wenn diese Arbeiten mit dem Leistungsangebot des (weiterhin ausgeübten) Gewerbes technisch oder fachlich im Zusammenhang stehen oder es wirtschaftlich ergänzen (so auch Detterbeck Rn. 35).

43 Für sämtliche **B1-Handwerke** gilt die Verwandtschaftsregelung nicht. Tätigkeiten in B1-Handwerken können keine Zulassung für solche im A-Bereich begründen, selbst wenn sie mit diesen verwandt sind; dies gilt auch dann, wenn vor 2004 eine Meisterprüfung in dem damals als A-Handwerk, die Verwandtschaft begründenden, nun mehr aber zulassungsfreien B1-Handwerk, bestanden wurde (Detterbeck Rn. 33).

§ 7a [Ausübungsberechtigung für anderes Gewerbe]

(1) Wer ein Handwerk nach § 1 betreibt, erhält eine Ausübungsberechtigung für ein anderes Gewerbe der Anlage A oder für wesentliche Tätigkeiten dieses Gewerbes, wenn die hierfür erforderlichen Kenntnisse und Fertigkeiten nachgewiesen sind; dabei sind auch seine bisherigen beruflichen Erfahrungen und Tätigkeiten zu berücksichtigen.

(2) § 8 Abs. 2 bis 4 gilt entsprechend.

Literatur: Erdmann, Jörg, Das System der Ausnahmetatbestände zur Meisterprüfung im Handwerksrecht, DVBl. 2010, 353; Schwappach, Jürgen, Handwerksordnung: Die neuen Bestimmungen der §§ 5, 7a und 7 Abs. 6 HwO, GewArch 1994, 308; Sydow, Maren, Auslegung des § 7b der Handwerksordnung, GewArch 2005, 456.

Überblick

§ 7a enthält in Erweiterung der zulässigen Gewerbeausübung nach § 7 auf Grund der Meisterqualifikation die Möglichkeit, neben dieser Betätigung auch eine Ausübungsberechtigung für andere zulassungspflichtiges Handwerk im stehenden Gewerbe zu erhalten, soweit die erforderlichen Kenntnisse vorliegen, ohne dass die Meisterqualifikation oder die Eintragung in die Handwerksrolle gem. § 7 erforderlich sind.

A. Inhalt, Eintragung

1 Die **Ausübungsberechtigung**, eingefügt in die Handwerksordnung 1993 (vgl. dazu Schwappach GewArch 1994, 308 (310); Erdmann J., DVBl. 2010, 353), beinhaltet für jeden Berechtigten, der mit seinem Betrieb bereits für ein A-Handwerk in die Handwerksrolle eingetragen ist – auf Grund von Qualifikationen nach § 7 – eine weitere, über den Inhalt dieser Genehmigung hinausreichende Gestattung: Der Ausübungsberechtigte darf nun auch, neben dem Handwerk, mit dem er bereits eingetragen ist (OLG Stuttgart GewArch 1997, 417), ein (oder mehrere) A-Handwerk(e) oder einige oder alle wesentlichen Tätigkeiten solcher zulassungspflichtiger Gewerbe zusätzlich ausüben, und zwar auch solche nach Nr. 12, Nr. 33–37 der Anlage A. Eine Ausübung im Zusammenhang mit dem bereits eingetragenen Handwerk ist nicht erforderlich. Mit dem Berechtigungshandwerk als solchem darf auch geworben werden. Diese Genehmigung wirkt nur nach Maßgabe des in der Ausgangsberechtigung im Einzelfall jeweils genehmigten Umfangs. Mit dieser Ausübungsberechtigung wird der Inhaber in die Handwerksrolle zusätzlich noch eingetragen (§ 7 Abs. 7). Zur Ausbildungstätigkeit ist er allerdings nicht befugt (Honig/Knörr Rn. 1).

B. Voraussetzungen

2 Voraussetzung für die Erteilung einer solchen Ausübungsberechtigung ist **nicht**, wie im Fall des § 5 bei Tätigkeiten im Bereich eines anderen Handwerks, eine wie immer geartete **Nähe des zusätzlich genehmigten A-Handwerks** zu dem A-Handwerk, mit der der Ausübungsberechtigte bereits eingetragen ist (Detterbeck Rn. 4). Darin unterscheidet sich der in § 7a geregelte Fall von dem des § 5, nach welchem Tätigkeiten im Bereich eines anderen A-Handwerks ohne eine zusätzliche Genehmigung, allein auf Grund der Eintragung mit einem bestimmten A-Handwerk erlaubt sind. Die „Nähe" zwischen den Handwerken wird im Fall des § 7a ersetzt durch den Nachweis der **erforderlichen Kenntnisse** (→ Rn. 3). Zweck der Vorschrift ist daher nicht, wie nach § 5, die Ermöglichung einer handwerklichen „Leistung aus einer Hand", sondern die **Anerkennung von handwerklichen**

Qualifikationen, die nicht durch Prüfungen nach § 7, sondern auf anderen Wegen, etwa durch berufliche Erfahrungen und Tätigkeiten, erworben worden sind. Insoweit kann die Erteilung einer Ausnahmegenehmigung ein Gegengewicht zu der neuerdings verschärften Tendenz zu einer praxisfernen Qualifikation für A-Handwerke (→ § 7 Rn. 34) darstellen.

C. Ausübungsberechtigte

Die Ausübungsbefugnis ist dem bereits jeweils in die Handwerksrolle Eingetragenen zu erteilen (→ § 7 Rn. 6 ff.). Sie ist jedoch personenbezogen (Schwannecke/Karsten Rn. 8), da sie sich auf Qualifikationen bezieht, wie sie nur eine natürliche Person auf- und nachweisen kann (→ Rn. 2). Adressat der Ausübungsberechtigung ist also der Inhaber des bereits eingetragenen Betriebs („wer ein Handwerk nach § 1 HwO betreibt"), entsprechend dem Inhaberprinzip (→ § 7 Rn. 1 ff.), nicht der Betriebsinhaber des Berechtigungshandwerks. Entscheidend sind die „Kenntnisse und Fähigkeiten" des jeweiligen **Betriebsleiters,** im Rahmen von dessen Bedeutung für die Zulassung zur Ausübung eines A-Gewerbes (→ § 7 Rn. 15 ff.). 3

D. Befähigung

Der Ausübungsberechtigte muss die für die Ausübung des Berechtigungshandwerks erforderlichen **Kenntnisse und Fähigkeiten** besitzen. Wie er sie im Einzelfall erworben hat, ist gleichgültig, dies wird sich allerdings praktisch meist weitgehend aus der Art des Nachweises ergeben, den der Berechtigte in jedem Falle zu führen hat (→ Rn. 5). Diese Kenntnisse und Fähigkeiten muss der Berechtigte **tatsächlich besitzen;** sie dürfen bei ihm nicht auf Grund irgendwelcher Zeugnisse angenommen oder gar unterstellt werden. Nachweismittel dafür können aber auch andere Prüfungsabschlüsse sein, als diejenigen, welche als solche bereits nach § 7 Abs. 2 und 3 die Zulassung zu den A-Handwerken begründen (Detterbeck Rn. 8). Die Prüfung, ob eine Ausübungsberechtigung zu erteilen ist, erschöpft sich jedoch in keinem Fall in der Feststellung des Inhalts des Beweismittels, sie muss immer auf das tatsächliche Vorliegen der Fähigkeiten und Kenntnisse gerichtet sein. Inhaltlich müssen diese einen Qualifikationszustand für das auszuübende Gewerbe zeigen, der dem nach § 7 gleichkommt. Die „Kenntnisse und Fähigkeiten" müssen also im Wesentlichen denen entsprechen, welche im Rahmen einer Meisterprüfung in dem betreffenden Handwerk Prüfungsgegenstände sind (§ 45). Ziel ist in diesem Sinn die Feststellung einer Meisterqualifikation ohne (Meister-)Prüfung. Die Tatsache, dass der Bewerber bereits den Meistertitel in einem A-Handwerk führen darf, rechtfertigt es nicht, hier geringere Anforderungen zugrunde zu legen (bedenklich Schwannecke/Karsten Rn. 14). 4

Der **Nachweis** der Befähigung iSv → Rn. 4 ist **vom Bewerber um die Ausübungsberechtigung** zu führen. Der höheren Verwaltungsbehörde (§ 7a Abs. 2 iVm § 8 Abs. 3), der Handwerkskammer oder anderen öffentliche Stellen oder Privaten obliegt keine Nachweis- oder Feststellungslast. Öffentliche Stellen müssen den Bewerber aber im Rahmen ihrer Zuständigkeiten und Möglichkeiten bei der Führung des Nachweises unterstützen. Der Bewerber kann hier im Rahmen einer vollen Nachweisfreiheit die von ihm als geeignet angesehenen Nachweismittel bestimmen (zu eng Detterbeck Rn. 8); die Ausstellungsbehörde der Berechtigung (§ 7a Abs. 2 iVm § 8 Abs. 3) kann aber auch andere Nachweismittel heranziehen, und sie hat dann alles Vorliegende ihrer Entscheidung zugrunde zu legen. 5

Zu berücksichtigen hat die Entscheidungsbehörde nach dem Gesetz (Abs. 1 Hs. 2) die **„bisherigen beruflichen Erfahrungen und Tätigkeiten des Bewerbers".** Eine Begrenzung nach Art derselben und der Zeit, in der sie gewonnen wurden, ergibt sich aus dem Gesetz nicht. „Länger und erfolgreich" muss dieser nicht gewesen sein (so aber Detterbeck Rn. 8). – Als **Nachweismittel** können dienen: Begutachtungen von Sachverständigen, die in der Praxis am nachweiskräftigsten sind, aber auch Arbeitszeugnisse oder Nachweise über Gesellentätigkeit (§ 7b Abs. 1 Nr. 2) in dem Berechtigungsgewerbe, oder auch in anderen Handwerken (zurückh. OVG Koblenz GewArch 2013, 38), ferner solche über den (erfolgreichen) Besuch einschlägiger Kurse von Handwerksorganisationen oder auch qualifizierter privater Einrichtungen. Bei Bescheinigungen früherer Arbeitgeber oder Kunden ist besonders zu prüfen, ob es sich nicht um Gefälligkeitsatteste handelt. 6

HwO § 7b Erster Teil: Ausübung eines Handwerks und eines handwerksähnlichen Gewerbes

7   Bei weiter zurückliegenden Tätigkeiten ist allerdings Zurückhaltung geboten. Problematisch ist es insbesondere, hier auch **frühere illegale Tätigkeiten zu berücksichtigen**. Nach früher wohl hL (Nachw. bei Detterbeck § 8 Rn. 21) sollte dies möglich sein (ebenso Detterbeck Rn. 8 mN; Sydow GewArch 2005, 457 f.). Das Bundesverwaltungsgericht hat dies offen gelassen (BVerwG GewArch 2004, 489 f.). Der Berücksichtigung illegaler Tätigkeit steht allerdings entgegen: Die Ausübungsberechtigung stellt eine Ausnahme von der Zulassung eines A-Gewerbes nach den Zulassungsvoraussetzungen des § 7 dar. Wenn ihre Voraussetzungen auf dem Weg gerade über einen Verstoß gegen diese Zulassungsvorschriften erfüllt werden können, so bedeutet dies eine Prämie, wenn nicht, vor allem in der Praxis, geradezu einen Anreiz für eine schwere Gesetzesverletzung im normativen Zentrum der Handwerksordnung. Ein solcher Wertungswiderspruch darf dem Gesetzgeber nicht unterstellt werden; es verstieße dies gegen die Rechtsstaatlichkeit, umso mehr, als damit sogar die Begehung von Ordnungswidrigkeiten nachträglich „belohnt" würde.

8   Das **Verfahren der Erteilung der Ausübungsberechtigung** bestimmt sich nach § 8 Abs. 3 und 4 (vgl. § 7a Abs. 2). Zuständig ist für die Erteilung die höhere Verwaltungsbehörde, idR der Regierungspräsident, nach Anhörung der Handwerkskammer. Die Landesregierung kann diese Zuständigkeit auf andere Behörden und insbesondere auch auf die Handwerkskammer übertragen (§ 124b). Die Berechtigung ist in die Handwerksrolle einzutragen, auch in einer Beschränkung auf Teilbereiche des betreffenden Handwerks. Auf ihrer Grundlage kann dann auch die Eintragung von mit diesem Berechtigungshandwerk verwandten weiteren Handwerken beantragt werden (→ § 7 Rn. 35 ff.).

§ 7b [Ausübungsberechtigung für zulassungspflichtige Handwerke]

(1) Eine Ausübungsberechtigung für zulassungspflichtige Handwerke, ausgenommen in den Fällen der Nummern 12 und 33 bis 37 der Anlage A, erhält, wer
1. eine Gesellenprüfung in dem zu betreibenden zulassungspflichtigen Handwerk oder in einem mit diesem verwandten zulassungspflichtigen Handwerk oder eine Abschlussprüfung in einem dem zu betreibenden zulassungspflichtigen Handwerk entsprechenden anerkannten Ausbildungsberuf bestanden hat und
2. in dem zu betreibenden zulassungspflichtigen Handwerk oder in einem mit diesem verwandten zulassungspflichtigen Handwerk oder in einem dem zu betreibenden zulassungspflichtigen Handwerk entsprechenden Beruf eine Tätigkeit von insgesamt sechs Jahren ausgeübt hat, davon insgesamt vier Jahre in leitender Stellung. Eine leitende Stellung ist dann anzunehmen, wenn dem Gesellen eigenverantwortliche Entscheidungsbefugnisse in einem Betrieb oder in einem wesentlichen Betriebsteil übertragen worden sind. Der Nachweis hierüber kann durch Arbeitszeugnisse, Stellenbeschreibungen oder in anderer Weise erbracht werden. Im Falle einer Gleichwertigkeitsfeststellung nach § 40a wird nur die Berufserfahrung nach Erteilung derselben berücksichtigt.
3. Die ausgeübte Tätigkeit muss zumindest eine wesentliche Tätigkeit des zulassungspflichtigen Handwerks umfasst haben, für das die Ausübungsberechtigung beantragt wurde.

(1a) ¹Die für die selbständige Handwerksausübung erforderlichen betriebswirtschaftlichen, kaufmännischen und rechtlichen Kenntnisse gelten in der Regel durch die Berufserfahrung nach Absatz 1 Nr. 2 als nachgewiesen. ²Soweit dies nicht der Fall ist, sind die erforderlichen Kenntnisse durch Teilnahme an Lehrgängen oder auf sonstige Weise nachzuweisen.

(2) ¹Die Ausübungsberechtigung wird auf Antrag des Gewerbetreibenden von der höheren Verwaltungsbehörde nach Anhörung der Handwerkskammer zu den Voraussetzungen des Absatzes 1 erteilt. ²Im Übrigen gilt § 8 Abs. 3 Satz 2 bis 5 und Abs. 4 entsprechend.

Literatur: BT-Drs. 15/1206, 27, Entwurf eines Dritten Gesetzes zur Änderung der Handwerksordnung und anderer handwerksrechtlicher Vorschriften, Gesetzesentwurf der Fraktionen SPD und BÜNDNIS 90/DIE GRÜNEN vom 24.06.2003; Bulla, Simon, Ist das Berufszulassungsregime der Handwerksordnung noch verfassungsgemäß? GewArch 2012, 470; Dürr, Wolfram, Verhältnismäßigkeit der Meisterpflicht im Handwerk – Beschluss des BVerfG vom 05.12.2005 –, GewArch 2007, 18 (20 f.); Dürr, Wolfram, Qualifikationsvermutung des § 7 b Abs. 1 Nr. 2 HwO nach nicht bestandener Meisterprüfung, GewArch 2011, 396; Günther, Thomas, Die „Altgesellenregelung" nach § 7b HwO unter Berücksichtigung der hierzu ergangenen Rechtsprechung, GewArch 2011, 189; Heck, Hans-Joachim, Systematisierung der Ausnahmegründe im Ausnahmebewilligungsverfahren nach § 8 HwO, WiVerw 2001, 277 ff.; Kormann, Joachim,/ Hüpers, Frank, Zweifelsfragen der HwO-Novelle 2004, GewArch 2004, 353 (357); Kormann, Joachim, / Hüpers, Frank, Inländerdiskriminierung durch Meisterpflicht?, GewArch 2008, 273; Kramer, Urs, Die Meisterpflicht im Handwerk – Relikt oder Weg in die Zukunft? GewArch 2013, 105; Leisner, Walter Georg, Der Meistertitel im Handwerk – (weiter) ein Zwang? – Europarechtliche und verfassungsrechtliche Probleme – Bemerkungen zu einem neuen Beschluss des Bundesverfassungsgerichts (BvR vom 05.12.2005 – 1BvR 1730/02), GewArch 2006, 393 ff.; Müller, Martin, Die Novellierung der Handwerksordnung, NVwZ 2004, 403 (410); Sydow, Maren, Auslegung des § 7b der Handwerksordnung, GewArch 2005, 456 (457); Witt, Daike, Bewertung ausländischer Berufsqualifikationen durch die Handwerkskammern – Umsetzung des neuen Anerkennungsgesetzes im Handwerk, WiVerw 2012, 101; Zimermann, Eric, Die „Altgesellenregelung" nach § 7b HwO, GewArch 2008, 334 (336).

Überblick

§ 7 b regelt die Voraussetzungen, unter denen die Erteilung einer Ausübungsberechtigung unabhängig von der Meisterqualifikation und der Eintragung in die Handwerksrolle für Gewerbetreibende, die kein anderes zulassungspflichtiges Handwerk rechtmäßig im stehenden Gewerbe betreiben, jedoch in dem Handwerk langjährige Berufserfahrung als Geselle erworben haben, möglich ist.

Übersicht

	Rn.		Rn.
A. Die handwerkspolitische Grundentscheidung des Jahres 2003	1	II. Berufstätigkeit im betreffenden Handwerk (§ 7b Abs. 1 Nr. 2, 3)	11
B. Anwendungsbereich	5	III. Insbesondere Tätigkeit in leitender Stellung (§ 7b Abs. 1 Nr. 2 S. 1)	14
C. Voraussetzungen einer Ausübungsberechtigung	8	IV. Die Qualifikationsnachweise (§ 7b Abs. 1 Nr. 2 S. 3; Abs. 1a)	19
I. Bestandene Prüfungen (§ 7b Abs. 1 Nr. 1)	8	V. Das Verfahren der Erteilung der Ausnahmeberechtigung	24

A. Die handwerkspolitische Grundentscheidung des Jahres 2003

Die große Handwerksrechts-Novelle von 2003 hat säkulare Grundstrukturen des traditionellen deutschen Handwerksrechts verändert: Die „Meisterpflicht", früher ganz allgemein „Meisterzwang" genannt, wurde entscheidend zurückgedrängt durch die **Beschränkung der zulassungspflichtigen Handwerke in Anlage A.** Zusätzlich ist sie nun nach § 7 b, dem Kernstück dieser Reform, nicht mehr Voraussetzung sogar für die noch übrig gebliebenen Handwerke der Anlage A, mit nur wenigen Ausnahmen. § 7 b eröffnet einen breiten Weg der Zulassung auch zu Anlage A-Handwerken, insbes. für **Gesellen** und andere berufserfahrene Handwerkstätige. Damit ist die **„Meisterpflicht" nicht mehr „die" Grundentscheidung** des deutschen Handwerksrechts. Vieles spricht für die Annahme, dass durch diese weitreichenden und zusammenwirkenden Abschwächungen der Zulassungspflicht im Handwerk sozialpolitische allgemeinere Ziele eines Hierarchie-, ja Autoritätsabbaus verfolgt werden sollten.

1

Die Regelung des § 7 b hat (vgl. dazu Kormann/Hüpers GewArch 2008, 73; Zimmermann GewArch 2008, 334; Günther GewArch 2011, 396) nichts mit einer „**Altgesellenregelung**" zu tun, als welche sie immer wieder bezeichnet wird. Dieser Ausdruck ist schlechthin unrichtig und sollte nicht mehr gebraucht werden. Er wurde aus der früheren Praxis der sogenannten Leipziger Beschlüsse des Bund-Länder-Ausschusses Handwerksrecht übernommen, die für Gesellen nach Erreichung einer Altersgrenze von 47 Jahren eine Ausnahmeregelung von der damals viel weiterreichenden Meisterpflicht vorgesehen hatten (GewArch 2001, 123 ff.; s. dazu Heck WiVerw 2001, 277 ff.); die geltende „Ausübungsberechtigung" dagegen stellt **in keiner Weise eine „Ausnahmeregelung"** dar (Detterbeck Rn. 5): weder von der Meisterpflicht – in der Praxis erreicht sie mindestens die gleiche

2

Zulassungsbedeutung wie diese – noch nach ihren Voraussetzungen, sind diese doch sehr allgemein formuliert. Diese Ausübungsberechtigung betrifft also nicht eine „Ausnahme" wie im Falle der nach wie vor geltenden Ausnahmebewilligung (§ 8), mag auch der Gesetzgeber davon ausgegangen sein (vgl. BT-Drs. 15/1206, 27). Praktisch eröffnet sie einen von zwei „Regel-Wegen" zur Zulassung in einem A1-Handwerk (Honig/Knörr Rn. 2). Die – mit Blick auf den eindeutigen Traditionsbruch (→ Rn. 1) – verständlichen Versuche, § 7 b als eine Ausnahmeregelung allgemein-grundsätzlich restriktiv zu interpretieren (vgl. Sydow GewArch 2005, 456 (457); Schwannecke/Peifer Rn. 2), daher insbes. für „leitende Positionen" besonders strenge Voraussetzungen aufzustellen, ist nicht zu begründen; der Gesetzgeber hat dies eindeutig nicht als eine Ausnahme gewollt.

3   Die durch § 7b bewirkte „**Aufweichung**", iErg wohl **weithin sogar Abschaffung der Meisterpflicht**, ist von der hL **zutreffend kritisiert worden** (vgl. etwa Müller NVwZ 2004, 403 (410); Leisner GewArch 2006, 393 ff.; Dürr GewArch 2007, 18 (20 f.); Kormann/Hüpers GewArch 2008, 273; Schwannecke/Peifer Rn. 4, 5; vgl. auch Bulla GewArch 2012, 470), schon weil sie dem durch dieselbe Novelle 2003 eingeführten neuen Gefahrenkriterium für Anlage A-Handwerke in keiner Weise Rechnung trägt. Diese Bedenken lassen sich auch nicht durch Hinweise auf Andeutungen in einem Kammerbeschluss des BVerfG (GewArch 2006, 71) ausräumen, welche Zweifel an der Verfassungsmäßigkeit der Meisterpflicht vor 2004 erkennen ließen; auch dies wurde von der h. L. sogleich kritisch bemerkt und abgelehnt (Nachw. b. Detterbeck Rn. 7).

4   Für diese Novellierung sind **damals europarechtliche Gründe** angeführt worden: Die Dritte Anerkennungsrichtlinie der EG vom 07.06.1999, ABl. EG L 2001, ersetzt durch Richtlinie vom 7.9.2005 ABl. EU L 255/22, hatte bestimmt, dass auch für die A-Handwerke nach deutschem Recht eine ununterbrochene einschlägige sechsjährige Tätigkeit als Selbständiger oder als Betriebsleiter in einem EU-Land genügen müsse. Dies wurde später durch die EU/EWR-Handwerks-Verordnung vom 20.12.2007, BGBl. I 3075 umgesetzt. Der EuGH hatte allerdings bereits vorher entschieden (EuGH EuGRZ 2000, 539 Rn. 41), dass die Behörden eines Mitgliedstaats nur formell überprüfen dürften, ob diese Voraussetzungen in einem anderen Mitgliedstaat erfüllt seien. Die Aufrechterhaltung der Meisterpflicht in dem früheren Umfang hätte daher zu einer **Inländerdiskriminierung** geführt: Ausländische Handwerker ohne Meisterqualifikation hätten in Deutschland A-Handwerke ausüben dürfen, Deutsche aber nur dann, wenn sie im Ausland gleiche Berufserfahrungen gesammelt hätten, nicht aber, wenn dies in Deutschland erfolgt wäre. Diese Inländerdiskriminierung wurde zwar vom EuGH als rechtlich zulässig angesehen (GewArch 1995, 195 Rn. 13), die deutsche Rspr. wie die nahezu einhellige Meinung im Schrifttum sah darin auch keinen Verstoß gegen das Grundgesetz (vgl. die zahlreichen Nachweise bei Detterbeck Rn. 7). Der deutsche Gesetzgeber musste zwar nicht, konnte diese EU-Entwicklung aber zum Anlass für die entscheidende Einschränkung der Meisterpflicht nehmen (→ Rn. 2, → Rn. 3). Damit wurde eine der ältesten deutschen Rechtstraditionen dem europäischen Einigungsstreben geopfert, ohne dass dafür eine rechtliche Notwendigkeit bestanden hätte, und obwohl sich der Gesetzgeber damit über eine nahezu einhellige hL im deutschen Recht hinweggesetzt hat (vgl. Nachweise → Rn. 3).

B. Anwendungsbereich

5   Ob die **Meisterpflicht** und Meisterprüfungen unter diesen Umständen noch eine **handwerkspolitische Zukunft** haben, ist, jedenfalls auf längere Sicht, schwer absehbar (vgl. dazu Kramer GewArch 2013, 105). Verkümmern sie zu einer Randerscheinung in der Praxis, so müssen wohl insbes. die gesellspezifischen Regelungen (etwa § 36 ff., § 68 ff.) in der Zukunft auf den Prüfstand gestellt werden, vielleicht das Gesamtsystem der Berufsausbildung im Handwerk (§§ 22 ff.). Entscheidend wird es sein, wie sich in der Praxis die Akzeptanz des „Berufserfahrungs-" (→ Rn. 11 ff.) gegenüber dem „Meisterweg" entwickelt. Jedenfalls muss möglichen Missbräuchen aus Ersterem entgegengewirkt werden – etwa dahin, dass Betriebe Mitarbeiter als für sie kostengünstigere Subunternehmer einsetzen (vgl. Honig/Knörr Rn. 2, unter Hinweis auf Zimmermann GewArch 2008, 334).

6   § 7b ist auf alle A-Handwerke anzuwenden, ohne Rücksicht auf den Grad von deren Gefahrenneigung (Detterbeck Rn. 8), **mit Ausnahme der Gesundheitshandwerke**

(Nr. 33–37) (§ 2 EU/EWR HwV); für diese ist nach wie vor das Bestehen der Meisterprüfung oder der Nachweis meisterähnlicher Qualifikationen Ausübungsvoraussetzung; dies gilt auch für EU-Ausländer. Begründet wird dies damit, dass diese Handwerke nicht auf der Liste I der Dritten Anerkennungsrichtlinie vom 7.6.1999 (ABl. EG 1999, L 201/77) stehen. Für sie gilt also noch § 3 EU/EWR HwV, mit der Wirkung, dass die Befähigung durch ein Diplom, Prüfungszeugnis oder einen sonstigen Befähigungsnachweis zu belegen ist, oder es ist dafür eine Ausnahmebewilligung nach § 8 erforderlich. Diese Regelung wird allerdings, unter dem Gesichtspunkt der Gefahrenabwehr, als kaum berechtigt kritisch gesehen (vgl. Schwannecke/Pfeifer Rn. 6, 7).

Die Ausübungsberechtigung gilt für die **gesamten Tätigkeiten** des betreffenden Handwerks; auf Teile (wie nach § 8) oder wesentliche Tätigkeiten eines solchen (wie nach § 7a) darf sie nicht beschränkt werden. Als Nebenbestimmungen (§ 36 VwVfG) kommen Befristungen nicht in Betracht, ebenso wenig Bedingungen und Auflagen, auch nicht im Fall des Abs. 1a S. 2, denn die Gefahrenabwehr bei Anlage A erfordert das Vorliegen der Qualifikation (ebenso Detterbeck Rn. 9). 7

C. Voraussetzungen einer Ausübungsberechtigung

I. Bestandene Prüfungen (§ 7b Abs. 1 Nr. 1)

Eine für die Erteilung einer Ausnahmeberechtigung zu erfüllende Voraussetzung ist das Bestehen einer **deutschen Gesellenprüfung** nach § 31 ff. in dem betreffenden Handwerk oder in einem mit diesem verwandten anderen A1-Handwerk, nach der VO über verwandte Handwerke (BGBl. 2004 I 2004 1314). Wird ein Handwerk, in dem eine solche Gesellenprüfung bestanden ist, mit einem anderen zusammengelegt, so ist sie auch für das so entstehende neue Handwerk zu erteilen. Voraussetzung ist also insoweit das Bestehen einer Prüfung nach deutschem Handwerksrecht. 8

Fraglich ist, ob auch Prüfungen, deren Zeugnisse nach **§ 40 Abs. 1 und 2 den entsprechenden Zeugnissen** über das Bestehen der Gesellenprüfung durch RVO des BMWi gleichgestellt sind, die Prüfungsvoraussetzung für eine Ausübungsberechtigung erfüllen. **Dagegen** mag sprechen, dass „gleichgestellte Prüfungen" in § 7b Abs. 1 Nr. 1 nicht erwähnt werden, anders als in § 7 Abs. 2, und dass damit dem BMWi die Möglichkeit eröffnet wird, durch Rechtsverordnung einen weiteren Weg zu eröffnen, über dem auf die Gesellenprüfung verzichtet werden kann, dennoch aber das zulassungspflichtige Handwerk ausgeübt werden darf. **Für** Gleichstellung mit der Gesellenprüfung mag jedoch sprechen, dass das Gesetz die „Gleichstellung" dieser Prüfungszeugnisse mit der deutschen Gesellenqualifikation eben ermöglicht. Dieser Auffassung (so auch Detterbeck Rn. 11 ff.) ist der Vorzug zu geben – allerdings bei inländischen wie ausländischen Abschlüssen mit der wichtigen Maßgabe, dass die nach § 40 anerkannten Zeugnisse den **entsprechenden Zeugnissen** über das Bestehen der Gesellenprüfung gleichstehen müssen, dh sie müssen die Qualifikation gerade **für diejenigen A-Handwerke belegen**, für welche die Zulassung erstrebt wird. – Bei diesen Prüfungszeugnissen handelt es sich insbes. um solche von Fachschulen (anerkannt etwa in BGBl. 1978 I 985; BGBl. 1979 I 1460; BGBl. 1994 I 2086; BGBl. 1998 I 2088 – abgedr. in: Schwannecke Nr. 257–259), sowie nach Verordnungen in BGBl. 2007 I 1487; 1491; BGBl. 2008 I 1719, abgedr. in: Schwannecke Nr. 265–267). 9

Die Voraussetzungen für die Erteilung einer Ausübungsberechtigung erfüllt auch, wer eine **Abschlussprüfung** in einem dem zu betreibenden zulassungspflichtigen Handwerk entsprechenden **anerkannten Ausbildungsberuf** bestanden hat (vgl. Kormann/Hüpers, GewArch 2004, 353 (357)). Auch dabei muss es sich um eine deutsche Abschlussprüfung handeln. Anerkannte Ausbildungsbereiche sind vor allem diejenigen, welche durch auf Grund § 4 Abs. 1 BBiG erlassene Verordnungen staatlich anerkannt sind, also insbes. **Facharbeiterprüfungen**. Dass diese nur in einem Beruf abgelegt worden sind, der einem mit dem erstrebten zulassungspflichtigen Handwerk **verwandten Handwerk** entspricht, genügt nicht; doch umfassen derartige Ausbildungsberufe meist in solchen Fällen zulassungspflichtige Handwerke wie mit diesen verwandte Berufe. 10

II. Berufstätigkeit im betreffenden Handwerk (§ 7b Abs. 1 Nr. 2, 3)

11 Eine zusätzliche Voraussetzung zum Bestehen der Prüfungen nach → Rn. 8 bis → Rn. 10 stellt die einer **berufspraktischen Tätigkeit von sechs Jahren** dar. Sie muss in dem zulassungspflichtigen oder einem mit diesem verwandten Handwerk stattgefunden haben, nicht notwendig aber in einem Meisterbetrieb desselben, oder in einem dem ersteren entsprechenden Beruf (→ Rn. 10). Praktische Ausbildungszeiten im Rahmen einer Gesellenprüfung rechnen dazu nicht, da bereits sie Qualifikationserfordernis dieser ersten Voraussetzung sind (VGH München GewArch 2009, 312 (313); Kormann/Hüpers GewArch 2004, 353 (358); Sydow GewArch 2005, 457; Zimmermann GewArch 2008, 334 (336)). Im Fall einer Gleichwertigkeitsfeststellung nach § 40a (s. dort) wird nur die Berufserfahrung nach Erteilung derselben berücksichtigt. (Abs. 1 Nr. 2, letzter Satz zur Feststellung im Ausland erworbener Berufsqualifikationen vom 6.12.2011, BGBl. 2011 I 2515, Art. 3 Nr. 3)

12 Besondere Schwierigkeitsanforderungen dürfen dabei an diese Tätigkeit nicht gestellt werden, da das Gesetz ja ausdrücklich eine spezielle Voraussetzung hinsichtlich der leitenden Tätigkeit, auch während dieser Zeit, aufstellt (aA insoweit Schwannecke/Peifer Rn. 14; „nicht nur einfacher Art"). Im fachlich-technischen Bereich muss die Tätigkeit stattgefunden haben, eine rein kaufmännische genügt idR nicht, denn sie muss mindestens eine wesentliche Tätigkeit des betreffenden zulassungspflichtigen Handwerks beinhaltet haben (Detterbeck Rn. 20); die erforderlichen betriebswirtschaftlichen, kaufmännischen und rechtlichen Kenntnisse gelten ja idR bereits durch eine fachlich-technische Berufserfahrung als abgegolten, während das Umgekehrte nicht zutrifft.

13 Die berufspraktische Tätigkeit muss **nicht ununterbrochen** stattgefunden haben, wie das Wort „insgesamt" belegt. Die Gründe der Unterbrechung sind dabei gleichgültig. Die hL (Kormann/Hüpers GewArch 2004, 353 (358); Zimmermann GewArch 2008, 334 (336); Schwannecke/Peifer Rn. 13) verlangt aber mit Recht, dass die so erworbene Qualifikation über **längere Unterbrechungen hinweg** erhalten geblieben ist. Bei **Teilzeitarbeit,** deren Zeiten grundsätzlich zusammenzurechnen sind, muss Gleiches sichergestellt sein (noch weitergehend VGH München GewArch 2009, 312).

III. Insbesondere Tätigkeit in leitender Stellung (§ 7b Abs. 1 Nr. 2 S. 1)

14 **Vier Jahre jedenfalls** muss – eine weitere Voraussetzung für Erteilung einer Ausnahmeberechtigung nach § 7b – der Bewerber eine „**leitende Stellung**" eingenommen haben, jeweils in einem der Betriebe, die ihm die Zulassungsqualifikation vermitteln (→ Rn. 11 ff.). Diese Zeit kann, muss aber nicht, ein Teil der sechs-jährigen berufspraktischen Tätigkeit sein. Dies wird näher dadurch verdeutlicht (S. 2), dass darunter „eigenverantwortliche Entscheidungsbefugnisse in einem **Betrieb oder in einem wesentlichen Betriebsteil**" zu verstehen sind. Dies ist der **organisatorische Rahmen,** in welchem diese „Eigenverantwortung" stattgefunden haben muss und zu beurteilen ist; dabei ist nach den jeweiligen Gegebenheiten des betreffenden Einzelfalles zu entscheiden, was einen „wesentlichen Betriebsteil" darstellt. Zusätzlich ist erforderlich, dass die eigenverantwortliche Entscheidungsbefugnis sich **inhaltlich auf mindestens eine „wesentliche Tätigkeit des zulassungspflichtigen Gewerbes"** bezieht (Nr. 3). Alle diese Voraussetzungen für die Annahme einer „leitenden Stellung" müssen **kumulativ** erfüllt sein. Sie können auch bei **Neben- und Hilfsbetrieben** (§ 3) gegeben sein (Detterbeck Rn. 25), was aber sorgfältig zu prüfen ist. Leitende Tätigkeit in **handwerksähnlichen Betrieben** genügt jedoch nicht, da dort nicht die Voraussetzungen nach Nr. 3 erfüllt werden. Hier kann allerdings eine Ausnahmebewilligung nach § 8 in Betracht kommen (Schwannecke/Peifer Rn. 26).

15 Die Stellung muss überdies eine „leitende" sein, vor allem muss sie dabei **eigenverantwortliche Entscheidungsbefugnisse beinhalten.** Dies liegt nur dann vor, wenn dem Mitarbeiter eigene Anordnungsbefugnisse, ohne Einschaltung eines Vorgesetzten, gegenüber Nachgeordneten im Betrieb zustehen. Dies wiederum erfordert für ihn eine organisatorisch übergeordnete Position im Betrieb, gegenüber jenen. Tatsächlich setzt dies eine gewisse **Betriebsgröße** voraus (so im Ergebnis – auch zurückhaltend – Detterbeck Rn. 24). Eigenverantwortlich bedeutet, dass der Betreffende nicht bei einem anderen Mitarbeiter jeweils „nachzufragen hat". Sie liegt nicht schon vor, wenn er allein gegenüber Dritten haftungsbegründend tätig werden kann, ebenso wenig, wenn ihm bei der Verrichtung seiner Arbeit

lediglich ein gewisser Freiraum zukommt (VG Ansbach GewArch 2005, 456; VG Köln GewArch 2006, 168).

Die leitende Stellung muss **betriebsorganisatorisch nach Handwerksrecht** gegeben sein. Der **arbeitsrechtliche Begriff des „leitenden Angestellten"** (vgl. § 5 Abs. 3 BetrVG) ist dafür nicht entscheidend, ebenso wenig das Vorliegen einer Vertretungsmacht für den Betrieb nach Zivilrecht (Schwannecke/Peifer Rn. 22). 16

Leitende Stellung in einem **Reisegewerbe** erfüllt die Voraussetzungen nach Abs. 1 Nr. 2 **nicht**; dies ergibt sich, entgegen einer verbreiteten Auffassung (Detterbeck Rn. 26; Sydow GewArch 2005, 456 (458); vorsichtiger Schwannecke/Peifer Rn. 23; Auslegungsrichtlinien des Bund-Länder-Ausschusses für Handwerksrecht, Stand: 30.6.2006) daraus, dass die Zulassungspflicht ausdrücklich ein stehendes Gewerbe voraussetzt (vgl. § 1 Abs. 2, → § 1 Rn. 5 ff.); diese Festlegung des Gesetzgebers mag unbefriedigend sein, sie kann aber nicht auf diesem Weg hier unterlaufen werden. 17

Unerlaubte Tätigkeit und (damit) auch **unzulässig ausgeübte leitende Tätigkeit** nach → Rn. 11 ff. sollen Voraussetzungen nach § 7 Abs. 1 erfüllen (können), so eine verbreitete Auffassung; sie stützt sich auf eine frühe Entscheidung des BVerfG GewArch 1962, 251, wobei das Gericht die Frage allerdings später offen gelassen hat (GewArch 2004, 489 f.; Nachw. b. Detterbeck Rn. 27, § 8 Rn. 21; Sydow GewArch 2005, 457 f.). Der Gesetzgeber ist offenbar ebenfalls davon ausgegangen (BT-Drs. 15/1206, 28). Dafür mag sprechen, dass insoweit eine (frühere) illegale Tätigkeit in die Legalität überführt werden sollte (Schwannecke/Peifer Rn. 25). Dennoch stehen dem entscheidende Bedenken entgegen (vgl. bereits → § 7a Rn. 7): Auch eine illegal abgelegte Prüfung (→ Rn. 8 ff.) kann die Voraussetzung nach § 7 nicht erfüllen, vielmehr ist jene als ungültig zu erklären. Es ist nicht ersichtlich, warum die Tätigkeitsvoraussetzung anders beurteilt werden dürfte. Höchst bedenklich ist es, auf diesem Weg geradezu einen Anreiz für illegale Tätigkeiten zu schaffen, damit durch die Anerkennungsentscheidung die Meisterpflicht unterlaufen zu lassen. 18

IV. Die Qualifikationsnachweise (§ 7b Abs. 1 Nr. 2 S. 3; Abs. 1a)

Nachweise über alle Qualifikationen, welche Voraussetzungen der Erteilung einer Ausübungsberechtigung sind, müssen in dem entsprechenden Verwaltungsverfahren → Rn. 24 ff. erbracht werden. Die Prüfungsleistungen (Abs. 2 Nr. 1, → Rn. 8 ff.) werden durch Vorlage entsprechender Prüfungszeugnisse nachgewiesen. 19

Die **Berufserfahrung** (Abs. 1 Nr. 2) hinsichtlich der **fachlich-technischen** Qualifikation kann auf jede Art und Weise erbracht werden. Dies gilt für die gesamte Tätigkeit während sechs Jahren (Detterbeck Rn. 34), obwohl die Gesetzesredaktion („hierüber") dafür sprechen könnte, dies nur für die leitenden Tätigkeiten (Abs. 1 Nr. 2 S. 3) zu verlangen. Das Gesetz nennt ausdrücklich und beispielhaft Arbeitszeugnisse und Stellenbeschreibungen. Die strengeren Voraussetzungen einer Ausnahmebewilligung nach § 8 Abs. 1 (→ § 8 Rn. 48 ff.) müssen hier nicht nachgewiesen werden, da die Ausnahmebewilligung insoweit, im Gegensatz zur Ausnahmeberechtigung, „meistergleiche" Qualifikation verlangt (Detterbeck Rn. 35) und dabei die beruflichen Erfahrungen nur „zu berücksichtigen sind"; lediglich diese letzteren aber sind für die Ausübungsberechtigung nachzuweisen. Denn immerhin hat der Bewerber um diese bereits den Nachweis einer bestandenen gesellen(gleichen) Prüfung zu erbringen. – Dieser Nachweis der Berufserfahrung ist auch für die Tätigkeit in leitender Stellung zu erbringen. 20

Dieser Nachweis der **fachlich-technischen Berufserfahrung** ist im Gesetz nur so allgemein angesprochen, dass den Überprüfungsinstanzen (→ Rn. 24 ff.) ein **sehr weitreichender Beurteilungsspielraum** gewährt ist. Umso mehr ist erforderlich, dass hier eine **sorgfältige Prüfung der vorgelegten Nachweise** stattfindet. Allerdings dürfen diese nicht von vorne herein mit einer Vermutung geprüft werden, es lägen lediglich Gefälligkeitsbescheinigungen vor (Detterbeck Rn. 34). Zur Nachweislast → Rn. 25, → Rn. 26. 21

Der Qualifikationsnachweis **betriebswirtschaftlicher, kaufmännischer und rechtlicher Kenntnisse** gilt idR als durch den Nachweis der fachlich-technischen Qualifikation (→ Rn. 20, → Rn. 21) bereits als erbracht (Abs. 1a S. 1). Diese Qualifikation muss sich, wie auch die der fachlich-technischen Qualifikation, jeweils (nur) auf das betreffende Handwerk beziehen. Hierfür stellt das Gesetz eine Vermutung auf, welche sich aber bei der Prüfung 22 als nicht zutreffend erweisen kann (Detterbeck Rn. 29). Dann muss insoweit ein spezieller Nachweis gerade und nur darüber geführt werden. Auch für diesen stellt das Gesetz aber keine besonderen Voraussetzungen auf; beispielhaft wird die Teilnahme an irgendwelchen, allerdings auf die Erfordernisse gerade des betreffenden Handwerks bezogenen, Lehrgängen genannt (§ 1a S. 2).

23 Das **Nichtbestehen der Meisterprüfung** in dem Handwerk, für welches die Ausübungsberechtigung erstrebt wird, darf bei der Entscheidung über diese keine Rolle spielen, wenn die vom Gesetz alternativ dazu geforderten Voraussetzungen nach → Rn. 8 sämtlich erfüllt sind (Detterbeck Rn. 30). Andernfalls würde doch eine Form von Meisterpflicht iRd Berücksichtigung einer nicht bestandenen Meisterprüfung weitergelten. Dies gilt auch für die betriebswirtschaftlichen uä Qualifikationen, selbst wenn der Bewerber gerade (auch) hier in der Meisterprüfung versagt hat; denn seine Berufserfahrung kompensiert auch dies (→ Rn. 22); eben die entsprechende Regel nach Abs. 1a S. 1 wird nicht durch Nichtbestehen der Meisterprüfung durchbrochen.

V. Das Verfahren der Erteilung der Ausnahmeberechtigung

24 Die Ausnahmeberechtigung wird nur auf **Antrag** erteilt. Zuständig dafür ist die höhere Verwaltungsbehörde, wie in anderen Fällen, in denen die Ausübung eines A-Handwerks ohne Bestehen der Meisterprüfung zulässig ist (§§ 7a Abs. 2, 8 Abs. 3 S. 1; 9 Abs. 1 S. 2). Die Landesregierungen können die Zuständigkeit auf andere Landesbehörden, aber auch **auf die Handwerkskammer** übertragen, die dann insoweit der Fachaufsicht unterliegt (§ 124b). Auf das Verfahren findet § 8 Abs. 3 S. 4 bis 5 und Abs. 4 entsprechende Anwendung (→ § 8 Rn. 48 ff.) – Zur **Bewertung ausländischer Berufserfahrungen** vgl. Witt WiVerw 2012, 101 ff.

25 Im Verfahren gilt der **Amtsermittlungsgrundsatz** (§ 24 VwVfG), für das Vorliegen aller Voraussetzungen der Erteilung der Ausnahmeberechtigung (→ Rn. 8 ff.). Die Behörde hat aber nicht zu prüfen, ob der Bewerber die Qualifikationen, die nach § 7b nachzuweisen sind, tatsächlich aufweist; sie ist auf die Überprüfung beschränkt, ob der dafür erforderliche Nachweis erbracht ist (→ Rn. 19 ff.). Zwar ist die Handwerkskammer jedenfalls in das Verfahren im Wege der Anhörung (Abs. 2 S. 1) einbezogen, vielleicht auch Entscheidungsinstanz (→ Rn. 24). Doch dies begründet nicht ihre Verpflichtung, oder die der höheren Verwaltungsbehörde, in eine fachliche Überprüfung der Qualifikationen des Bewerbers einzutreten. Sie hat lediglich zu kontrollieren, ob die ihr vorliegenden Nachweise eine solche Qualifikation belegen. Die Entscheidung fällt also nicht in einem Qualifikations-Überprüfungsverfahren, sondern (nur) in einem **Nachweis-Prüfungsverfahren**. Überprüfungsgegenstand sind nicht die Kenntnisse und Fähigkeiten des Bewerbers, sondern die Aussagekraft der Nachweise darüber. Dies führt dazu, dass hier ein „weitgehend formales Verfahren" abläuft; eine sehr weitgehende Zurückdrängung der Meisterpflicht ist die notwendige Folge in der Praxis, Prüfungsnachweise werden weithin durch Formalien ersetzt. Dies ist unter dem Gesichtspunkt der Gefahrenabwehr bei A1-Handwerken bedenklich (→ Einleitung Rn. 8 ff.), muss aber als eindeutig politisch gewollte Entscheidung hingenommen werden.

26 Dem **Antragsteller** obliegt im Verfahren keine Beweislast, sondern nur eine **Mitwirkungspflicht** (Detterbeck Rn. 33). Er hat die **erforderlichen Nachweise vorzulegen**. Fälle in denen ihm dies nicht zuzumuten ist, werden seltene Ausnahmen bleiben. Die Nachweise sind sodann von Amts wegen (→ Rn. 25) zu überprüfen. Verwaltungsbehörde oder Handwerkskammer sind nicht zur Beschaffung dieser Nachweise verpflichtet; sie können aber, soweit erforderlich, über deren Aussagekraft Nachforschungen anstellen. IÜ gilt das zu § 7a Rn. 5 für die Aufgaben der Kontrollinstanz Ausgeführte.

§ 8 [Ausnahmebewilligung]

(1) ¹In Ausnahmefällen ist eine Bewilligung zur Eintragung in die Handwerksrolle (Ausnahmebewilligung) zu erteilen, wenn die zur selbständigen Ausübung des von dem Antragsteller zu betreibenden zulassungspflichtigen Handwerks notwendigen Kenntnisse und Fertigkeiten nachgewiesen sind; dabei sind auch seine bisherigen beruflichen Erfahrungen und Tätigkeiten zu berücksichtigen. ²Ein Ausnah-

mefall liegt vor, wenn die Ablegung einer Meisterprüfung zum Zeitpunkt der Antragstellung oder danach für ihn eine unzumutbare Belastung bedeuten würde. ³Ein Ausnahmefall liegt auch dann vor, wenn der Antragsteller eine Prüfung auf Grund einer nach § 42 dieses Gesetzes oder § 53 des Berufsbildungsgesetzes erlassenen Rechtsverordnung bestanden hat.

(2) Die Ausnahmebewilligung kann unter Auflagen oder Bedingungen oder befristet erteilt und auf einen wesentlichen Teil der Tätigkeiten beschränkt werden, die zu einem in der Anlage A zu diesem Gesetz aufgeführten Gewerbe gehören; in diesem Falle genügt der Nachweis der hierfür erforderlichen Kenntnisse und Fertigkeiten.

(3) ¹Die Ausnahmebewilligung wird auf Antrag des Gewerbetreibenden von der höheren Verwaltungsbehörde nach Anhörung der Handwerkskammer zu den Voraussetzungen der Absätze 1 und 2 und des § 1 Abs. 2 erteilt. ²Die Handwerkskammer kann eine Stellungnahme der fachlich zuständigen Innung oder Berufsvereinigung einholen, wenn der Antragsteller ausdrücklich zustimmt. ³Sie hat ihre Stellungnahme einzuholen, wenn der Antragsteller es verlangt. ⁴Die Landesregierungen werden ermächtigt, durch Rechtsverordnung zu bestimmen, daß abweichend von Satz 1 an Stelle der höheren Verwaltungsbehörde eine andere Behörde zuständig ist. ⁵Sie können diese Ermächtigung auf oberste Landesbehörden übertragen.

(4) Gegen die Entscheidung steht neben dem Antragsteller auch der Handwerkskammer der Verwaltungsrechtsweg offen; die Handwerkskammer ist beizuladen.

Literatur: BT-Drs. 15/1206, 29, Entwurf eines Dritten Gesetzes zur Änderung der Handwerksordnung und anderer handwerksrechtlicher Vorschriften, Gesetzesentwurf der Fraktionen SPD und BÜNDNIS 90/ DIE GRÜNEN v. 03.06.2003; BT-Dr. 15/2138. 6, Entwurf eines Gesetzes zur Modernisierung und Zukunftssicherung des Handwerks, Gesetzesentwurf des Bundesrates v. 03.12.2003; Dieckmann, Gerrit, Die Ausnahmebewilligung nach § 8 der Handwerksordnung, WiVerw 1986, 138; Heck, Hans-Joachim, Systematisierung der Ausnahmegründe im Ausnahmebewilligungsverfahren nach § 8 HwO, WiVerw 2001, 277.

Überblick

§ 8 sieht neben den Ausübungsberechtigungen nach §§ 7, 7 a die Möglichkeit der Erteilung einer ggf. eingeschränkten Ausnahmebewilligung für die Eintragung in die Handwerksrolle durch die höhere Verwaltungsbehörde vor, für den Fall dass die Ablegung der Meisterprüfung für den Betroffenen eine unzumutbare Belastung darstellen würde, er aber die notwendigen Kenntnisse und Fähigkeiten eines Handwerksmeisters nachweisen kann.

Übersicht

	Rn.		Rn.
A. Entwicklung, Änderungen, Bedeutung der Vorschrift	1	C. Beschränkte Ausnahmebewilligung (§ 8 Abs. 2)	33
B. Der Ausnahmefall	6	I. Allgemeines	33
I. Ausnahme: Restriktive Auslegung	6	II. Nebenbestimmungen	37
II. Prüfungsbelastungen: Kein Ausnahmefall	10	III. Ausnahmebewilligung für Teilhandwerke (§ 8 Abs. 2)	42
III. Keine Ausnahmefälle	13		
IV. Ausnahmefall: Unzumutbare Belastung (§ 8 Abs. 1 S. 2)	19	D. Befähigungsnachweis	46
1. Allgemeines	19	I. Befähigung als Bewilligungsvoraussetzung	46
2. Gesundheitliche Gründe	22	II. Meistergleiche Befähigung	48
3. Familiäre Gründe	23	III. Die erforderlichen Kenntnisse und Fähigkeiten	50
4. Wirtschaftliche Schwierigkeiten	24		
5. Fortgeschrittenes Alter	25	IV. Nachweis der Befähigung	55
6. Arbeitslosigkeit	26		
7. Frühere erfolglose Meisterprüfungsversuche	27	E. Verwaltungsverfahren (§ 8 Abs. 3)	62
8. Anderweitiger Ausbildungsgang	28		
9. Ausländer	29	F. Das verwaltungsgerichtliche Verfahren (§ 8 Abs. 4)	66
V. Sonstige Ausnahmefälle (§ 8 Abs. 1 S. 3)	30		

A. Entwicklung, Änderungen, Bedeutung der Vorschrift

1   Die Entwicklung der Vorschrift zeigt deutlich den Vorgang der immer weiteren **Zurückdrängung der Meisterpflicht im Handwerk**. Bereits seit der Einführung der grundsätzlichen Gewerbefreiheit (GewO 1969) erschien diese Vielen als ein Fremdkörper in einer liberalen Wirtschaftsordnung, welche von grundsätzlicher Genehmigungsfreiheit aller gewerblicher Aktivitäten ausging. Die Gewährleistung der „Berufs- und **Gewerbefreiheit**" in Art. 12 GG bestätigte dieses Prinzip mit Verfassungskraft. Dennoch hielt die Handwerksordnung in ihrer Ursprungsfassung des Jahres 1953 die Meisterpflicht als beherrschenden Grundsatz des Handwerksrechts aufrecht, was vom Bundesverfassungsgericht gebilligt wurde (BVerfGE 13, 97 ff.). Dieses betonte dabei jedoch die Notwendigkeit, von der bereits damals gesetzlich vorgesehenen Ausnahmebewilligung im Wege verfassungskonformer Auslegung „großzügigen Gebrauch" zu machen. Diese wenig glückliche Formulierung hat nicht nur, wie es ihr Anliegen war, zu einer extensiven Anwendung der Ausnahmebewilligung des § 8 geführt, sie hat eine gesetzgeberische Entwicklung angestoßen.

2   In einer selbst im „dynamisch" entwickelten Gewerberecht insgesamt beispiellosen Änderungsfrequenz wurden die Voraussetzungen einer Eintragung in die Handwerksrolle ohne Bestehen der Meisterprüfung ständig erweitert (vgl. den Überblick bei Schwannecke/Stork Rn. 4 ff.; Detterbeck Rn. 1 ff.): 1965, 1994, 1998 und 2004. Noch bei dieser letzten großen Reform wurde erwogen, die Regeln des jetzigen § 7b in die der Ausnahmebewilligung einzufügen; dann wurde jedoch § 7b als eine eigenständige Alternative zur Meisterprüfung Gesetz (vgl. BT-Drs. 15/2138, 6). – Darüber hinaus spielen seit 2000 noch die sog. **Leipziger Beschlüsse** des Bund-Länder-Ausschusses Handwerksrecht zum Ausnahmebewilligungsrecht eine verwaltungsinterne anwendungsbestimmende Rolle (GewArch 2001, 123; dazu Schwannecke/Stork Rn. 10), iSe weiteren „Flexibilisierung" der Regelungen des § 8; allerdings kommt ihnen rechtliche Verbindlichkeit nicht zu (VGH München GewArch 2002, 431). Anderes gilt nur, soweit die zuständigen obersten Landesbehörden Inhalte der Beschlüsse durch Anwendungserlasse in Form von Verwaltungsvorschriften übernommen haben oder gleichlautende Verwaltungsvorschriften erlassen (VGH München GewArch 2002, 431).

3   Durch diese Entwicklung ist ein rechtsstaatlich bedenklicher, schwer übersichtlicher Zustand vor allem hinsichtlich der nun nach 2003 noch verbleibenden Bedeutung des § 8 entstanden. Verschiedene „**Umgehungswege der Meisterpflicht**", unter mehr oder weniger restriktiven Voraussetzungen, sind nunmehr – weitgehend nebeneinander – eröffnet: § 5 (Tätigkeit in anderen Handwerken); § 7 Abs. 2 (der Meisterprüfung gleichwertige Prüfungen); § 7a (Ausübungsberechtigung für ein anderes Gewerbe); § 7b (Ausübungsberechtigung für ein zulassungspflichtiges Handwerk); § 9 (Ausnahmebewilligung für EU/EWR-Staatsangehörige) – und daneben eine, noch immer, so benannte Ausnahmeregelung auch für deutsche Staatsangehörige (§ 8). **Vor allem die Regelung nach § 7b** könnte sehr viele Fälle, in denen bisher nach § 8 Zulassungen zu A-Handwerken erfolgten, aus diesem Anwendungsbereich ausscheiden lassen; denn die Ausübungsberechtigung ist eben – so werden es mit Detterbeck Rn. 3 Viele sehen – „viel leichter zu erhalten" als eine Ausnahmebewilligung.

4   Va ist es aufgrund dieser Entwicklung (jedenfalls seit 2004) nicht mehr berechtigt, die Voraussetzungen nach § 8 in „besonders großzügiger Weise" auszulegen, um „Härten der Meisterpflicht" abzumildern, was vorher ein verständliches Anliegen der Ausnahmebewilligung gewesen sein mag. Denn nun sind die „Wege an der Meisterprüfung vorbei" bereits so zahlreich und breit (→ Rn. 3), dass von einer „Härte" nur selten mehr die Rede sein kann, welche iSe Grundrechtsschutzes abgemildert werden müsste. Dies muss zur Folge haben, dass der „Ausnahmecharakter" dieser Erlaubnis beim § 8 nunmehr nachdrücklich zu betonen ist (→ Rn. 6 ff). Das Vorliegen eines „Ausnahmefalls" ist überdies **stets zunächst** zu prüfen, nicht die Möglichkeiten, in ihm doch eine Zulassung aufgrund der Kenntnisse und Fähigkeiten des Bewerbers auszusprechen, wie es allerdings neueren Kommentierungen zunehmend entspricht.

5   Auch die umfangreichen Erkenntnisse in **Rechtsprechung und Schrifttum aus früheren Jahren** (vgl. Detterbeck Rn. 1) zu § 8 sind unter Berücksichtigung der nun zusätzlich eröffneten Wege einer Umgehung der Meisterpflicht zu bewerten: Allzu „großzügige" Handhabungen des § 8 erscheinen uU vor allem als durch den Weg über § 7b überholt.

B. Der Ausnahmefall

I. Ausnahme: Restriktive Auslegung

Die Ausnahmebewilligung nach § 8 ist, nach wie vor, und auch trotz Eröffnung weiterer Wege, auf denen ein A-Handwerk ohne Ablegung der Meisterprüfung ausgeübt werden kann, Regelung eines **Ausnahmefalles,** der neben diesen anderen, uU weit einfacher zu realisierenden Ausnahmen aufrechterhalten worden ist. Es handelt sich daher um eine deutliche Reserve-/Auffangklausel, nach welcher Fälle zu entscheiden sind, in denen dem Verfassungsgebot der Verhältnismäßigkeit gegenüber dem Verlangen auf Bestehen der Meisterprüfung nur im Wege einer Ausnahme Rechnung getragen werden kann. Dies bedeutet bei der hier vorzunehmenden Prüfung: Das Vorliegen einer Ausnahme verlangt stets die Erfüllung **besonderer Voraussetzungen**. Hier ist nicht einfach im Wege einer „**Abwägung** Verhältnismäßigkeit herzustellen". Vielmehr hat der Gesetzgeber die **Regelentscheidung zugunsten der Meisterpflicht aufrechterhalten.** Diese gilt, trotz aller Erleichterungen, noch immer weiter – jedenfalls in den Fällen, in denen nicht nach jenen, sondern nach § 8 zu entscheiden ist: Dann aber ist eben das Bestehen der Meisterprüfung die Regel, die Erteilung einer Ausnahmebewilligung die Ausnahme, bei der Zulassung zur Ausübung der – ohnehin insoweit eingeschränkten – Zahl der A-Gewerbe.

6

Dass es sich dabei um eine **echte Ausnahme handeln muss,** die als solche ernst zu nehmen und daher nach ihren Voraussetzungen streng zu prüfen ist, ergibt sich gerade aus den neuesten Erleichterungen seit 2004. Es wäre systemwidrig, aus diesen, gerade umgekehrt, auch noch auf die Notwendigkeit „großzügiger" Handhabung bei § 8 zu schließen. Vielmehr ist hier die nach der **allgemeinen Rechtslehre geltende Auslegungsregel** strikt anzuwenden: Ausnahmen sind einschränkend, die Regel (Notwendigkeit des Bestehens der Meisterprüfung) ist extensiv auszulegen. Dies gilt für alle folgenden Prüfungsrichtungen der Voraussetzungen nach § 8. Grds. verfehlt ist es also, bei jeder von ihnen von vorne herein „großzügiges Verständnis" zu praktizieren. Ebenso ist es verfehlt, **zunächst das Vorliegen einer Befähigung zu prüfen,** sodann erst zu untersuchen, ob ein Ausnahmefall gegeben ist. Denn durch dieses Vorgehen wird methodisch die Prüfung von vorne herein in Bahnen gelenkt, welche sodann den Ausnahmefall geradezu als eine Alternative zur Meisterpflicht ansehen lassen, die als solche durch abgesenkte Voraussetzungen zu erleichtern ist.

7

Festzuhalten ist ferner: § 8 ist stets streng an dem zu orientieren, wovon er eine (enge) Ausnahme zulässt: an der **Meisterpflicht** und dem durch sie **gewährleisteten Qualifikationsstandard.** Unzutreffend ist daher eine Beurteilung allein oder doch vorwiegend mit Blick auf die Lage des Bewilligungsbewerbers: Zunächst muss stets der **Qualifikationsstandard der Meisterprüfung** genau ermittelt, die Befähigung des Bewerbers **sodann** an dieser gemessen und der Standard im Ergebnis voll gehalten werden. **§ 8 ist keine allgemeine Sozialklausel** (Honig/Knörr Rn. 29), durch deren Anwendung öffentliche Interessen beliebig im Einzelfall zurückgedrängt werden dürften; insoweit ist also auch eine Abwägung, wie sie etwa iRv Art. 14 Abs. 1 S. 1 und 2 GG zwischen dem Eigentum und sozialen Belangen stattfindet, fehl am Platz. Eine solche Handhabung würde nicht nur Grundanliegen der Handwerksordnung (Gefahrenabwehr, Ausbildungsstand) zuwiderlaufen, sie würde das gesamte Prüfungswesen, damit die „subjektiven Zulassungsschranken" bei Art. 12 GG in ihren Grundlagen erschüttern (vgl. dazu v. Mangoldt/Klein/Starck/Manssen GG Art. 12 Rn. 227 ff.). Die grundlegenden Belange, die durch Ablegung von Prüfungen gesichert werden, liegen fundamental einer auf das **Leistungsprinzip** gegründeten Rechtsordnung zugrunde (vgl. v. Mangoldt/Klein/Starck/M. Jachmann GG Art. 33 Rn. 12 f., 51 ff.); dies muss gerade auch bei § 8 beachtet werden. Die weitreichenden Ausnahmen von Prüfungserfordernissen im Handwerksrecht müssen daher stets auch im Licht der **allgemeinen Prüfungsgrundsätze** ausgelegt werden, wie sie nach Art. 3 GG in Lehre und Rspr. entwickelt worden sind (vgl. dazu v. Mangoldt/Klein/Starck/Starck GG Art. 3 Rn. 37 ff. mwN). Das Handwerksrecht kann nicht als Materie betrachtet werden, in der Prüfungsstandards anders angewendet werden als in anderen Rechtsbereichen.

8

Diese **allgemeinen Auslegungsgrundsätze** sind bei allen im Folgenden darzustellenden Prüfungsschritten besonders deshalb **streng zu beachten**, weil in der Zeit vor 2004 eine gewisse allgemeine Tendenz zur Absenkung der Voraussetzungen der Qualifikationsstandards

9

nach § 8 festzustellen war; sie war angesichts des Fehlens anderer Alternativen zur Meisterpflicht verständlich, darf sich aber nun nicht fortsetzen. Erkenntnisse aus der Zeit vor 2004 sind idS daher ebenfalls nur restriktiv zu berücksichtigen.

II. Prüfungsbelastungen: Kein Ausnahmefall

10 Festzustellen ist zunächst, ob in einem zu entscheidenden Fall eine „**Belastung**" vorliegt, welche gerade für einen bestimmten Bewerber um eine Ausnahmebewilligung als eine solche in Betracht kommen kann. Hier bereits ist das **Ausnahmekriterium** entscheidend: Es muss sich jedenfalls um eine Belastung handeln, die ein Absehen von der Voraussetzung des Bestehens einer Meisterprüfung überhaupt zu rechtfertigen vermag. Eine solche kann **grds. nicht in Prüfungsgestaltungen** gesehen werden, nach denen alle Kandidaten sich der Meisterprüfung unterziehen müssen. Insoweit kann es auch **keinen Beurteilungsspielraum** der Bewilligungsbehörde geben (Detterbeck Rn. 29). Unzulässig ist es, einen allgemeinen „Belastungsvergleich" zwischen Prüfungen und den anderen Voraussetzungen anzustellen, unter denen eine Bewilligung ausnahmsweise zu erteilen ist. Als „Belastungen" kommen überhaupt nur solche in Betracht, die im konkreten Fall als Ausnahmen, anders also als in allen Normalfällen, **unzumutbar** sein könnten (→ Rn. 19 ff.).

11 Keinen Ausnahmefall begründen also Belastungen, welche wesentlich mit der Ausgestaltung von Meisterprüfungen verbunden sind:
- Die Erfüllung der **Zulassungsvoraussetzungen** für die Meisterprüfung (§ 49). Hier sind ohnehin bereits Befreiungsmöglichkeiten vorgesehen (vgl. insbes. § 49 Abs. 4 Nr. 2). Wenn davon im Einzelfall nicht Gebrauch gemacht wurde, obwohl ein entsprechender Antrag gestellt war, und diese Entscheidung bestandskräftig ist, liegt keine unzumutbare Belastung vor (vgl. dazu OVG Berlin GewArch 1966, 64).
- Die Kosten der **Vorbereitung auf die Meisterprüfung** sind allgemein kein Grund dafür, dass deren Ablegung ausnahmsweise eine unzumutbare Belastung darstellen könnte. Allenfalls könnte dies angesichts der besonderen, vor allem wirtschaftlichen, Verhältnisse des Bewerbers in Betracht kommen (→ Rn. 13 ff.). Grds. ist es aber Sache des Bewerbers, individuelle Defizite seiner Kenntnisse und Fähigkeiten auszugleichen, und auch dafür die leistungsmäßigen Voraussetzungen zu schaffen. Allgemeine Kriterien können hier ohnehin nicht aufgestellt werden. Prüfungsvorbereitungen sind stets Gegenstand individueller Gestaltung seitens des Bewerbers um eine Zulassung (vgl. näher dazu Detterbeck Rn. 35).
- Die Ausgestaltung des **formellen Prüfungsverfahrens**, das sich bei Meisterprüfungen über eine längere Zeit hinziehen kann, mit all seinen Anforderungen („Meisterstück", „Examinierung", „Bewertungen" (vgl. BVerfGE 115, 70 (75); VGH Mannheim GewArch 2004, 21 (25)), stellt von vorne herein keine Belastung dar, welche bei einem Einzelnen eine Ausnahmebewilligung rechtfertigen könnte.
- Für den **Examensstoff** gilt Gleiches: er wird nach den gesetzlichen Regelungen vorgegeben. Ob er für die Meisterqualifikation geeignet und erforderlich ist, kann im Einzelfall zwar zweifelhaft sein; dann sind die Anforderungen aber allgemein zu korrigieren; eine unzumutbare Belastung für Einzelne kann in Extremfällen ein Anzeichen für die Notwendigkeit einer Umgestaltung des Examensstoffs indizieren; allenfalls kann eine Ausnahmebewilligung Anlass für eine solche Korrektur sein, diese sodann zur Folge haben.
- Die **Meisterprüfung als solche** – mit der Begründung, dass die **besonderen Belange eines Bewerbers hier nicht ausreichend berücksichtigt werden könnten,** die Unzumutbarkeit der Erfüllung der Voraussetzungen der Meisterqualifikation hier also nicht gleicher Weise wie bei Durchführung eines Verfahrens nach § 8 überprüft werden – scheidet von vorne herein als Begründung für eine Ausnahmebewilligung aus. Eine solche Argumentation (vgl. dazu mwN Detterbeck Rn. 33) ist unbehilflich, weil systematisch verfehlt: Wenn Umstände der Unzumutbarkeit der Prüfungsablegung im Einzelfall vorliegen, so ist eben **dies** ein Fall nach § 8; lässt sich Unzumutbarkeit **deshalb** nachweisen, so liegt eine Ausnahme vor, das Bestehen der Prüfung ist nicht erforderlich (→ Rn. 19 ff.). Ein genereller Vergleich zwischen Nachprüfungsmöglichkeiten im Fall von Prüfungen und Bewilligungsverfahren ist dagegen abwegig; gerade dem trägt ja die Einzelprüfung iRd Ausnahmebewilligung ausreichend Rechnung.

Die **Umstände nach** → Rn. 11 sind in aller Regel im Bewilligungsverfahren **nicht** näher 12
zu prüfen. Einwendungen insoweit sind grds. zurückzuweisen. Hier handelt es sich um
durch gesetzliches Prüfungsrecht festgelegte Voraussetzungen; sie sind nicht zum Gegenstand
individueller Untersuchungen zu machen. Denn hier muss streng die Prüfungsgleichheit
(Art. 3 Abs. 1 GG) gewahrt werden; andernfalls lassen sich rechtswidrige Bevorzugungen,
bis hin zur Korruption, nicht mehr vermeiden. Insbes. aber würde § 8 von der Ausnahme
zur gleichberechtigten Alternative zur Erfüllung der Meisterpflicht (vgl. dazu BVerfGE 115,
70 (76); OVG Münster GewArch 2000, 76).

III. Keine Ausnahmefälle

Bei der Prüfung, ob ein Ausnahmefall vorliegt, sind zunächst Fälle auszuscheiden, welche 13
die Gestaltung der Meisterprüfung als solche betreffen (→ Rn. 10 bis → Rn. 12); eine
Berufung darauf kann einen Ausnahmefall nicht begründen. Sodann erst ist zu untersuchen,
ob die zur Begründung eines Ausnahmefalls angeführten Umstände nicht nur allgemeine
Konstellationen betreffen, in denen grds. ein **Ausnahmefall nicht vorliegt**. Ein solcher
könnte dann allenfalls insoweit gegeben sein, als die im Folgenden unter → Rn. 19 ff.
zu prüfenden „besonderen Umstände" eine Ausnahmebewilligung rechtfertigen. Die im
Folgenden (→ Rn. 14 ff) dargestellten Konstellationen begründen jedoch als solche keine
Ausnahmebewilligung nicht.

Die Ausübung einer zulassungspflichtigen **Handwerkstätigkeit ohne Eintragung in** 14
die Handwerksrolle rechtfertigt als solche in keinem Fall eine Ausnahmebewilligung, auch
wenn sie über längere Zeit hin erfolgt ist. Rechtswidriges Handeln, hier sogar uU als Ordnungswidrigkeit zu ahnden (§ 117 Abs. 1 S. 1), kann unter keinen Umständen als solches
einen Ausnahmefall begründen (vgl. Detterbeck Rn. 49), umso weniger, als der betreffende
Betriebsinhaber ja einen Betriebsleiter einstellen kann.

Die Tatsache des – auch mehrmaligen – **Nichtbestehens der Meisterprüfung** begründet 15
als solche nie einen Ausnahmefall; sie belegt vielmehr, dass der Bewerber die erforderlichen
Kenntnisse und Fähigkeiten gerade nicht aufweist (VGH München GewArch 1974, 96; OVG
Bautzen GewArch 1997, 256). Nur wenn das Nichtbestehen gerade auf ausnahmerelevante
Umstände zurückzuführen ist (→ Rn. 19 ff.), kann ein Ausnahmefall anzunehmen sein.
Letzteres ist allerdings dann wenig wahrscheinlich, wenn die Meisterprüfung mehrmals nicht
bestanden wurde (vgl. OVG Frankfurt (Oder) GewArch 1999, 166).

Eine gerade im Zeitpunkt der Beantragung einer Ausnahmebewilligung für den Bewerber 16
besonders günstige **allgemeine Konjunkturlage** begründet keinen Ausnahmefall (VGH
München GewArch 1974, 95), ebenso wenig eine speziell für den Bewerber günstige Auftragslage in dem Handwerk, das er ausüben möchte (OVG Münster GewArch 1979, 308).
Gerade zum Zeitpunkt der Bewerbung um eine Ausnahmebewilligung besonders günstige
Möglichkeiten, sich durch Erwerb oder Pacht eines Betriebes eine Existenzgrundlage zu
schaffen, genügen als solche nicht zur Begründung eines Ausnahmefalls (BMWi Bek. v.
21.11.2000, GewArch 2001, 125, 210; Detterbeck Rn. 50; Honig/Knörr Rn. 32). Auf
Unaufschiebbarkeit einer „besonderen Gelegenheit" darf es dabei nicht ankommen (abw.
VGH Mannheim GewArch 1998, 195).

Die Beantragung einer **nur befristeten oder auf einen wesentlichen Teil des zulas-** 17
sungspflichtigen Handwerks beschränkten Ausnahmebewilligung (→ Rn. 33 ff.),
begründet als solche nicht bereits einen Ausnahmefall, denn diese Konstellation ist in Abs. 2
besonders geregelt, und auch für eine solche Bewilligung ist das Vorliegen eines Ausnahmefalls gerade Voraussetzung (Detterbeck Rn. 51; BVerwG GewArch 1993, 121). Soll nur eine
eng begrenzte Spezialtätigkeit aus dem Bereich des Handwerks ausgeübt werden, so kann
dafür eine Ausnahmebewilligung überhaupt nicht erteilt werden.

Die Frage, ob ein Ausnahmefall vorliegt, muss jedenfalls zunächst beantwortet werden. 18
Es geht nicht an, sie deshalb offen zu lassen, weil der Bewerber ohnehin die erforderliche
Befähigung für eine Ausnahmebewilligung nicht nachweisen könne (so aber Detterbeck
Rn. 52). Andernfalls besteht die Gefahr, dass diese Qualifikationsprüfung ohne Berücksichtigung der besonderen Umstände des Einzelfalles vorgenommen wird, was aber nach der
gesetzlichen Regelung ersichtlich nicht beabsichtigt ist.

IV. Ausnahmefall: Unzumutbare Belastung (§ 8 Abs. 1 S. 2)

1. Allgemeines

19   Eine Ausnahmebewilligung kommt lediglich dann in Betracht, wenn ein Ausnahmefall vorliegt. Diese Konstellation ist im Gesetz **abschließend** in dieser Weise legal definiert (Abs. 1 S. 2, 3). Eine **Erweiterung** dieser beiden Fallkomplexe ist **nicht möglich**, auch nicht unter Rückgriff auf verfassungsrechtliche Gebote (Verhältnismäßigkeit): Gerade ihnen ist vor allem durch die Härteklausel des Abs. 1 S. 2 vom Gesetzgeber bereits Rechnung getragen worden („unzumutbare Belastung"). Verfassungswertungen, insbes. aus Art. 12 Abs. 1 GG, lassen sich in diesem Rahmen ausreichend berücksichtigen.

20   Die Belastung ist in ihrer **Zumutbarkeit** stets mit Blick auf den **konkreten Einzelfall** zu beurteilen; allgemeine Kriterien kann es allenfalls für bestimmte Fallgruppen geben (vgl. i. Folg. → Rn. 22 ff.); auch sie sind jedoch stets individuell **personenbezogen** anzuwenden (vgl. Honig/Knörr Rn. 29). Die Belastungen müssen jedenfalls „von einigem Gewicht", sie müssen idS „außergewöhnlich" sein (OVG Münster BeckRS 2013, 50414). Handelt es sich um solche, die idR Bewerber nicht von der Ablegung der Meisterprüfung abhalten, so kommt eine Ausnahmebewilligung nicht in Betracht. Insoweit ist also jeweils ein **Drittvergleich** mit einem von der zuständigen Stelle, vor allem der Handwerkskammer, zugrunde zu legenden Normalfall erforderlich.

21   Die Beurteilung hat jedoch so zu erfolgen, dass die unzumutbare Belastung **zum Zeitpunkt der Antragsstellung** beurteilt wird (Abs. 1 S. 2). Durch diese Neufassung wurde 1994 die bis dahin h. L. relativiert, nach der eine Ausnahmebewilligung nicht zu erteilen war, wenn der Bewerber die Meisterprüfung früher, dh zu einem vor dem nunmehrigen Antragen liegenden Zeitpunkt, aus von ihm zu vertretenden oder gar verschuldeten Gründen nicht abgelegt hatte (vgl. etwa BVerwG GewArch 1992, 242; Detterbeck Rn. 38 mwN zur Praxis, etwa BVerwGE 115, 70 (74)). Es geht aber zu weit, das bisherige Verhalten des Bewerbers nur mehr dann zu seinen Lasten zu berücksichtigen, wenn es als geradezu rechtsmissbräuchlich erscheint (so aber Detterbeck Rn. 38). Vielmehr ist, nach wie vor, grds. der gesamte berufliche Werdegang des Bewerbers zu berücksichtigen (Honig/Knörr Rn. 28). Danach entscheidet sich, ob **im Zeitpunkt der Antragsstellung,** nach den Umständen gerade zu diesem, eine unzumutbare Belastung speziell für den Antragsteller vorlag, die Meisterprüfung abzulegen. Dies ist allerdings mit Blick allein auf diese **Belastung**, nicht auf deren **Ursachen** zu prüfen, insbes. also vor allem verschuldensunabhängig. Ist ihm die Prüfung zum Zeitpunkt der Antragsstellung für eine Ausnahmebewilligung nicht zuzumuten – und nur in diesem Fall – kommt es sodann darauf an, ob bei ihm die erforderlichen Kenntnisse und Fertigkeiten festzustellen sind oder nicht. Ob er sich irgendeiner anderen Ausbildung unterzogen hat, ist nicht entscheidend (bedenklich insoweit VGH Mannheim GewArch 2004, 21). – Diese **unzumutbare Belastung,** welche eine solche Prüfungsverpflichtung im Einzelnen für den Bewerber mit sich bringen könnte, kann vor allem – nicht ausschließlich, Einzelfälle sind darüber hinaus stets vorstellbar – in folgenden Konstellationen vorliegen:

2. Gesundheitliche Gründe

22   Eine unzumutbare Belastung stellt insoweit die Ablegung der Meisterprüfung nur dar, wenn gerade sie für den Bewerber eine im Vergleich zu anderen Prüflingen erheblich höhere Schwierigkeit zur Folge hätte, so dass dem Leistungskriterium mit ihr nicht mehr Rechnung getragen werden könnte. Die **gesundheitlichen Gründe** dürfen insoweit nicht nur **vorübergehender Natur** sein, wenn die Ablegung der Prüfung zu einem späteren Zeitpunkt dem Bewerber zumutbar ist; und ihnen darf auch nicht bereits durch Vorkehrungen iRd Prüfungsverfahrens (etwa längere Bearbeitungszeit) Rechnung getragen werden (können). **Prüfungsängste** begründen idR keine Unzumutbarkeit, auch wenn sie „pathologisch" sind; eine – seltene – Ausnahme kann davon allenfalls für den Fall gemacht werden, dass eindeutig festzustellen ist, dass es sich nicht um Belastungsängste handelt, die auch eine Berufsausübung beeinträchtigen könnten.

3. Familiäre Gründe

Die (schwere) **Erkrankung eines nahen Angehörigen** kann eine unzumutbare Belastung darstellen (Detterbeck Rn. 40; VGH Kassel GewArch 1990, 174 steht dem nicht grds. entgegen); hier sind auch verfassungsrechtliche Wertungen (Art. 6 GG) von Gewicht. Allerdings wird dann zu prüfen sein, ob nicht eine Verschiebung der Meisterprüfung zumutbar ist; in den meisten Fällen wird dies anzunehmen sein. Die wirtschaftlichen Auswirkungen einer solchen Situation sind im Zusammenhang mit der ökonomischen Lage des Bewerbers zu berücksichtigen.

4. Wirtschaftliche Schwierigkeiten

Besondere, gravierende Umstände wirtschaftlicher Art können im Einzelfall eines Bewerbers die Ablegung der Meisterprüfung unzumutbar erscheinen lassen, insbes. wenn sie familiär bedingt sind. Einem Bewerber darf hier vor allem in keiner Weise eine „Familienplanung auferlegt" werden. Ein verantwortliches wirtschaftliches Verhalten kann jedoch von ihm selbstverständlich verlangt werden. Er muss auch Einschränkungen in seiner Lebensführung für die Ablegung einer Meisterprüfung hinnehmen, selbst in erheblichem Umfang (vgl. BVerwGE 115, 70). Seine berufliche Tätigkeit muss er daher uU entsprechend einschränken. Nur weit überdurchschnittliche wirtschaftliche Probleme können einen Ausnahmefall begründen (vgl. Schwannecke/Stork Rn. 61 mN). Hat der Bewerber sich wirtschaftlich selbst besonders schwer belastet, in einer seiner Lage unangemessenen Weise, so kann dies nur einen Ausnahmefall begründen, wenn sich daraus unvorhersehbare (finanzielle) Schwierigkeiten ergeben (vgl. Schwannecke/Stork Rn. 62).

5. Fortgeschrittenes Alter

Nach den Leipziger Beschlüssen genügte bereits die Erreichung eines Alters von 47 Jahren zur Begründung eines Ausnahmefalls i. S. von § 8 (so auch die Rechtsprechung bis 2003, vgl. die Nachweise bei Stork, in Schwannecke Rn. 56). Durch die Neuregelung ist dies eindeutig überholt. Gleiches gilt für die frühere Begründung einer Ausnahme im Fall der Ablegung einer Gesellenprüfung und langjähriger Berufserfahrung (20 Jahre); auch diese Voraussetzungen sind nun durch § 7b überholt, sie dürfen bei der Entscheidung keine Rolle mehr spielen. Immerhin ist aber nach wie vor nicht auszuschließen, dass höheres Alter als solches einen Ausnahmefall hinsichtlich der Ablegung der Meisterprüfung begründet, und nicht nur als Einstellungshindernis für eine spätere Betätigung. Derartiges kann sich etwa zeigen, wenn längere Konzentration und körperliche Belastungen nicht mehr möglich sind, oder wenn sich der Bewerber bei einer Ablegung der Meisterprüfung altersbedingt erheblichen Schwierigkeiten bei der Ausübung seiner Handwerkstätigkeit in dem betreffenden Gewerbe ausgesetzt sähe.

6. Arbeitslosigkeit

(Drohende) Arbeitslosigkeit kann eine Ausübungsbewilligung rechtfertigen, wenn der Bewerber gerade im Antragszeitpunkt eine (neue) Beschäftigung finden kann, dies aber unwahrscheinlich oder doch sehr erschwert wäre, würde er vorher auf Ablegung der Meisterprüfung verwiesen. Vor allem in Verbindung mit anderen Ausnahmegründen (1–5) kann sich die (drohende) Arbeitslosigkeit als ein Gesichtspunkt erweisen, welcher die Ablegung der Meisterprüfung entscheidend erschwert (vgl. Detterbeck Rn. 41; so auch die Leipziger Beschlüsse). Ob gerade die Arbeitslosigkeit verschuldet ist, darf dabei keine Rolle spielen (→ Rn. 21).

7. Frühere erfolglose Meisterprüfungsversuche

Hat der Bewerber das Bestehen der Meisterprüfung in dem betreffenden Handwerk bereits erfolglos versucht, so spricht dies auch später dagegen, dass ihm nun der Weg über eine Ausübungsberechtigung zu eröffnen ist. Er hat damit ja den Beweis erbracht, dass er die erforderlichen Kenntnisse und Fertigkeiten nicht besitzt (vgl. VGH München GewArch 1974, 96; OVG Bautzen GewArch 1997, 256) – es sei denn, er habe versucht die Prüfung abzulegen, obwohl ihm dies zu jenem Zeitpunkt nicht zumuten gewesen wäre (vgl. vorstehend 1–6) (Detterbeck Rn. 53). Erst recht spricht es allerdings gegen ihn, wenn er solche Versuche mehrfach unternommen hat; die Bewilligung würde dann ja geradezu im Ergebnis die Zulassung eines erneuten Versuches unter veränderten Voraussetzungen bedeuten (Detterbeck Rn. 55). Allenfalls dann kann hier noch eine Bewilligung in Betracht kommen (nach dem Willen des Gesetzgebers, vgl. BT–Drs. 15/1206, 29), wenn die erfolglosen Prüfungen sämtlich unter unzumutbaren Belastungen abgelegt wurden, oder bereits seit dem früheren (letzten) Versuch längere Zeit vergangen ist. Zur Problematik einer Bewilligung für ein verwandtes Handwerk vgl. Detterbeck Rn. 56 f.

8. Anderweitiger Ausbildungsgang

28 Hat ein Bewerber eine Bewilligung nach § 8 in einem anderen Ausbildungsgang die erforderlichen Kenntnisse und Fähigkeit erworben, die Qualifikation auf diesem Weg aber nur für ein anderes zulassungspflichtiges Handwerk A, das er jedoch nicht ausübt, so kann es für ihn eine Härte bedeuten, nun für ein zulassungspflichtiges Handwerk B eine Meisterprüfung ablegen zu müssen; denn auf § 7a kann er sich ja, mangels der Ausübung des Handwerks A, dafür nicht berufen. In diesem Fall soll er nach den Leipziger Beschlüssen für das Handwerk B eine Ausübungsbewilligung nach § 8 erhalten (können) (BMWi GewArch 2001, 125 2.9; Schwannecke/Stork Rn. 74).

9. Ausländer

29 Für alle Ausländer gilt § 8 in gleicher Weise wie für deutsche Staatsangehörige. Dies gilt auch für EU-/EWG-Ausländer, welche überdies noch eine Ausnahmebewilligung nach § 9 erreichen können. Die Ausländereigenschaft begründet aber als solche nicht die Unzumutbarkeit einer Belastung, eine deutsche Meisterprüfung abzulegen. Nur unter deren besonderen Umständen (→ Rn. 19 ff) kann sich der Ausländer mit Erfolg um eine Ausübungsberechtigung bewerben, nicht allerdings wegen Sprachschwierigkeiten (VGH Münster GewArch 1982, 378; vgl. auch Schwannecke/Stork Rn. 81, 82). Einem Ausländer, der die erforderliche Qualifikation durch Nachweis einschlägiger Tätigkeiten in seiner Heimat erbringen kann, ist es nicht zuzumuten, sich in Deutschland handwerklicher Ausbildung und einer Meisterprüfung zu unterziehen (BVerwG GewArch 1991, 386 (387); Schwannecke/Stork Rn. 83 mwN; Detterbeck Rn. 48). Sein Alter darf dabei keine Rolle spielen.

V. Sonstige Ausnahmefälle (§ 8 Abs. 1 S. 3)

30 Einen eigenständigen Ausnahmefall gegenüber den in Abs. 1 S. 2 geregelten Ausnahmefällen der Unzumutbarkeit der Ablegung einer Meisterprüfung anerkennt S. 3: Bestehen einer Prüfung nach § 42 oder § 53 BBiG. In diesem Fall ist zwar nicht mehr die (Un-)Zumutbarkeit zu prüfen; der Bewerber muss dennoch die erforderlichen Kenntnisse und Fähigkeiten nach S. 1 besitzen. Denn das Bestehen der Prüfungen nach S. 3 bedeutet nur, dass ein Ausnahmefall vorliegt, nicht auch, dass die weitere Voraussetzung für die Erteilung der Ausnahmebewilligung (Kenntnisse und Fähigkeiten) erfüllt ist.

31 Einen Anspruch auf Erteilung einer Ausnahmebewilligung hat bei Vorliegen der entsprechenden Befähigung ein **Vertriebener iSd BVertrG**, wenn durch die Vertreibung seine handwerkliche Ausbildung unterbrochen und ihm jetzt eine Nachholung der Meisterprüfung zum Antragszeitpunkt nicht mehr zumutbar ist (vgl. Schwannecke/Stork Rn. 84 mwN).

32 Nach den Leipziger Beschlüssen sollte ein Ausnahmefall insoweit anzunehmen sein, wenn sich ein Bewerber auf begrenzte **Spezialtätigkeiten aus dem Kernbereich eines Handwerks** beschränken will (vgl. Schwannecke/Stork Rn. 85 f.). Wenn in diesem Fall eine abgrenzbare Tätigkeit iSe Teilhandwerks ausgeübt werden soll, so ist allerdings eine entsprechend eingegrenzte Ausnahmebewilligung zu beantragen (vgl. im Folg. C). Ist die Tätigkeit aber nicht abgrenzbar, so ist eine Bewilligung nach § 8 nicht möglich; die Spezialtätigkeit darf dann nicht ausgeübt werden (vgl. Detterbeck Rn. 51).

C. Beschränkte Ausnahmebewilligung (§ 8 Abs. 2)

I. Allgemeines

Die Ausnahmebewilligung ist, wenn sie als solche erteilt wird, eine Erlaubnis für sämtliche Tätigkeiten des betreffenden A-Handwerks; sie gilt dann im Zweifel ohne jede gegenständliche Einschränkung, sowie ohne Bedingungen, Auflagen und Befristungen. Soll sie nur in einem eingeschränkten Umfang gelten, so müssen diese Einschränkungen ausdrücklich und mit der erforderlichen rechtsstaatlichen Klarheit aus der Ausnahmebewilligung und damit aus der Handwerksrolle ersichtlich sein. Als Beschränkungen sind nur die in Abs. 2 genannten Gestaltungen zulässig. 33

Ein **Widerrufsvorbehalt** kann der Ausnahmebewilligung nicht hinzugefügt werden, weil dies durch Abs. 2 nicht zugelassen ist (vgl. § 36 Abs. 1 VwVfG). Dafür besteht auch kein Bedürfnis; ist die Bewilligung durch unwahre Angaben erschlichen worden, so hat die Löschung der Eintragung nach § 13 Abs. 1 zu erfolgen. 34

Die Entscheidung, ob die Voraussetzungen einer **Beschränkung** vorliegen, von welcher Art und in welchem Umfang, steht nicht **im Ermessen** der Erteilungsbehörde. Wenn und soweit ein Ausnahmefall vorliegt, besteht ein Rechtsanspruch auf Befähigungsprüfung und, wenn diese positiv ausfällt, auf Erteilung einer Ausnahmebewilligung. Beides sind verbundene Entscheidungen (anderer Ansicht Schwannecke/Stork Rn. 90; Detterbeck Rn. 70). Ihre Voraussetzungen sind durch unbestimmte Rechtsbegriffe umschrieben, welche lediglich einen Beurteilungsspielraum gewähren. Dieser ist erheblich eingeschränkt: Durch die Formen des Abs. 2 sowie durch die Voraussetzungen, unter denen überhaupt eine Ausnahmebewilligung in Betracht kommt (vorstehend B): Sind sie in vollem Umfang gegeben, so ist eine Beschränkung, welcher Art immer, überhaupt nicht zulässig, ebenso wenig, wenn sie als solche vollständig fehlen oder unerfüllbar sind. Eine Beschränkung kann also immer nur insoweit hinzugefügt werden, als die gesetzlichen Voraussetzungen für eine Ausnahmebewilligung (noch) nicht vollständig erfüllt sind, aber erfüllbar erscheinen, und zwar unter Umständen, welche als im Augenblick der beschränkten Erteilung absehbar sind. Diese Beschränkungen müssen sich ebenso im Rahmen eines **Antrags des Bewerbers** halten wie dieser allgemein den Umfang der Ausnahmebewilligung bestimmt. Ist der Bewerber mit ihnen nicht einverstanden, so wird er seinen Antrag zurückziehen. Nachträglich kann eine Beschränkung der Bewilligung nicht hinzugefügt werden, weil dies durch Abs. 2 nicht zugelassen ist. 35

Eine Beschränkung der Ausnahmebewilligung wird meist in Fällen in Betracht kommen, in denen die Qualifikation eines Bewerbers für die Ausübung eines A1-Handwerks noch nicht nach §§ 7, 7b nachgewiesen ist, er aber bereits **tatsächlich die erforderlichen Kenntnisse und Fertigkeiten** für diese Tätigkeiten nachweist. Wollte man ihn schon dann und deshalb das Handwerk in vollem Umfang und endgültig ausüben lassen, so würden allein die tatsächlichen Qualifikationen genügen, die Meisterprüfung als Voraussetzung wurde schlechthin umgangen, im Ergebnis abgeschafft. Einem Bewerber, der die Befähigung nicht voll besitzt, kann also allenfalls eine Teilbewilligung erteilt werden, für welche er aber die Befähigung nachzuweisen hat. Ein Bewerber, welcher die jeweils erforderliche Fähigkeiten noch nicht hinreichend besitzt, kann also keinesfalls eine befristete Ausübungsberechtigung erhalten, in der Erwartung, dass er durch eine noch abzulegende Meisterprüfung die volle Qualifikation für das Handwerk erlangen werde (BVerwG stRspr, etwa GewArch 1971, 164; 1973, 67; 1989, 273; Detterbeck Rn. 59). Vielmehr muss die tatsächliche Qualifikation stets in vollem Umfang vor Erteilung der Ausnahmebewilligung **nachgewiesen** sein. 36

II. Nebenbestimmungen

Als Nebenbestimmungen kommen nur **Auflagen, Bedingungen und Befristungen** in Betracht, nach § 36 VwVfG. Dies gilt auch für Teilbewilligungen (Schwannecke/Stork Rn. 90). Sie müssen jeweils als solche deutlich erkennbar sein und sollten auch so benannt werden. Ist fraglich, welche Art von Nebenbestimmung gemeint ist, so ist die für den Bewerber günstigste Gestaltung anzunehmen. 37

Bedingungen (§ 36 Abs. 2 Nr. 2 VwVfG) können nach dem Gesetz der Ausnahmebewilligung hinzugefügt werden; nach allgemeinen Grundsätzen ist dies in aufschiebender wie 38 auflösender Form möglich sein, etwa mit dem Inhalt, dass eine Meisterprüfung noch abzulegen ist, oder dass die Bewilligung erlischt, wenn sie nicht bestanden wird. In beiden Fällen erfüllt das aber die notwendige Voraussetzung für eine Eintragung in der Handwerksrolle nicht, die für jeden Einsichtsberechtigten eine klare, jederzeit feststellbare Rechtslage schaffen muss – es sei denn, es werde eine überprüfbare Befristung hinzugefügt. Eine unbefristete Bedingung dürfte also durch die Publizität der Handwerksrolle ausgeschlossen sein.

39 Für **Auflagen** gilt Gleiches: Anders als Bedingungen ist ihre Erfüllung zwar als solche überprüfbar und auch durchsetzbar. Hinsichtlich der Voraussetzungen für eine Ausnahmebewilligung ist aber die Durchsetzung idR gar nicht möglich (Erzwingung der Ablegung der Meisterprüfung); und auch hier kann bei Einsicht in die Handwerksrolle nicht festgestellt werden, ob und wann die Auflage erfüllt worden ist. Eine Befristung ist also ebenfalls erforderlich. Damit dürfte auch eine Auflage nur in befristeter Form in Betracht kommen.

40 **Befristungen** sind also die geeignete Form von Nebenbestimmungen bei Ausnahmebewilligungen. In der Wirkung kommt dies einer auflösenden Bedingung gleich, welche bis zum Ablauf der Frist nicht erfüllt ist. In Betracht kommt eine Befristung bei zeitweiser **Unzumutbarkeit der Ablegung der Meisterprüfung** oder der Erfüllung von dieser gleichwertigen Voraussetzung. Dem Bewerber muss dafür so lange Zeit gelassen werden, dass ihn die (bisherige) Unzumutbarkeit insbes. nicht an der erforderlichen Vorbereitung oder auch Ablegung der Prüfung hindert. Nur unter dieser Voraussetzung hat sich die Fristsetzung an dem – danach – nächsten Meisterprüfungstermin zu orientieren (vgl. BVerwG GewArch 1962, 95). Allzu lange Fristen verstoßen gegen Art. 3 Abs. 1 GG, da so die Qualifikationsvoraussetzungen gleichheitswidrig ausgestaltet würden. Legt der Bewerber die Prüfung in zumutbarer (→ Rn. 19 ff.) Frist nicht ab, so kommt ihre Verlängerung nicht in Betracht. Vermag er sie innerhalb dieser Frist nicht erfolgreich zu bestehen, so ist jedenfalls zu prüfen, ob eine Unzumutbarkeit nicht auch während der Frist bestanden hat oder weiter gegeben ist; in beiden Fällen – und nur in ihnen – kann eine Fristverlängerung erfolgen.

41 Nebenbestimmungen können als solche auf ihre Rechtmäßigkeit überprüft und angefochten werden, nach allgemeinen verwaltungsrechtlichen, insbes. verwaltungsprozessualen Grundsätzen und näheren gesetzlichen Bestimmungen. Die Ausnahmebewilligung insgesamt unterliegt als Verwaltungsakt nur dann der Aufhebung, wenn ihre Zulässigkeit als solche infolge einer Fehlerhaftigkeit der Nebenbestimmung(en) entfällt.

III. Ausnahmebewilligung für Teilhandwerke (§ 8 Abs. 2)

42 Die Ausnahmebewilligung kann entweder mit Nebenbestimmungen versehen **oder** auf einen Teil der Tätigkeiten eines A-Handwerks beschränkt werden (**Teilhandwerk**). Auch im letzteren Fall können **überdies noch Nebenbestimmungen hinzugefügt** werden. Die beschränkte Zulassung muss sich aber immer im Rahmen eines von dem betreffenden Bewerber gestellten Antrags halten. Ihre Erteilung steht ebenso wenig im Ermessen der Behörde wie die Anfügung von Nebenbestimmungen (→ Rn. 35).

43 Auch eine Teilbewilligung ist nur zulässig, wenn iÜ die Voraussetzungen nach Abs. 1 erfüllt sind: Für den Bewerber muss die Ablegung der Meisterprüfung (für das betreffende Gesamthandwerk) also unzumutbar sein. Ferner muss er gerade die Kenntnisse und Fertigkeiten für die Ausübung des Teilhandwerks erfüllen. Es handelt sich daher hier um **eine Ausnahme von der Ausnahme nach Abs. 1.** Da diese bereits als eine solche nach ihren Voraussetzungen **eng auszulegen** ist, gilt dies erst recht für die Voraussetzungen der Teilbewilligung; diese liegen nur vor, wenn dem Bewerber es nicht nur nicht zumutbar ist (war), die Meisterprüfung abzulegen, sondern wenn es ihm auch nicht zumutbar ist, den Befähigungsnachweis für das gesamte betreffende A1-Handwerk zu erbringen. Diese Unter-Ausnahme darf nicht dazu dienen, die Erforderlichkeit der Ablegung einer Meisterprüfung noch immer weiter abzuschwächen; denn im Zweifel muss eben der Bereich eines gesamten A-Handwerks beherrscht werden, schon weil die Abtrennbarkeit eines wesentlichen Teiles eines solchen Handwerks spezielle Probleme mit sich bringt:

44 (Mindestens) muss das Teilhandwerk einen **wesentlichen Teil der Tätigkeiten eines A1-Handwerks** umfassen, nicht nur einen wesentlichen Teil von Tätigkeiten in einem bestimmten Betrieb (OVG Lüneburg GewArch 2002, 203); dessen besondere Verhältnisse spielen keine Rolle. Ein Teil ist nur anzunehmen, wenn sich die Tätigkeiten im Teilbereich

von anderen Tätigkeiten abgrenzen lassen, welche unabhängig von ihm in dem betreffenden Handwerk noch verrichtet werden (dürfen); sind diese von völlig untergeordneter Bedeutung, so kann nicht nur eine Teil-, es muss eine volle Ausnahmebewilligung beantragt werden. Eine wesentliche Tätigkeit ist andererseits nur anzunehmen, wenn gerade sie dem betreffenden Handwerk sein „essenzielles Gepräge" gibt (BVerwG GewArch 1993, 121; vgl. auch BVerwG GewArch 1984, 96 (97)); quantitativ müssen diese Tätigkeiten im Gesamtzusammenhang der Tätigkeit des A-Handwerks allerdings nicht überwiegen (aA Schwannecke/ Stork Rn. 104).

Der Teilbereich des Handwerks, für dessen Ausübung die beschränkte Ausnahmebewilligung erteilt wird, muss zwar deutlich abgrenzbar und feststellbar, als solcher auch sinnvoll ausübbar sein (BVerwG GewArch 1993, 121; Schwannecke/Stork Rn. 105). Nicht erforderlich ist aber, gerade mit Blick auf Art. 12 Abs. 1 GG, das es sich dabei um einen **eigenständigen Beruf handelt.** Denn der Bewerber kann beabsichtigen, diese Tätigkeiten lediglich im Rahmen einer (ganz anderen) beruflichen Aktivität auszuüben, als eine Ergänzung derselben, gerade in seiner speziellen Lage. Ein derartiges individuelles Berufsbild darf er verfassungsrechtlich für sich in Anspruch nehmen, ja gerade für sich auch entwickeln; an die handwerklichen Berufsbilder (§ 45) ist er dabei nicht unbedingt gebunden (zur Berufsbildlehre vgl. v. Mangoldt/Klein/Starck/Manssen GG Art. 12 Rn. 45 ff.). Gerade deshalb wurde ja die Teilbewilligung geschaffen. Wenn sich der Teilbereich als ein bereits rechtlich fixiertes Berufsbild erweist, so ist allerdings eine entsprechend begrenzte Ausnahmebewilligung jedenfalls zu erteilen (BVerwG GewArch 1972, 72 (73)). Gegenüber der vollhandwerklichen Tätigkeit stellt sie aber jedenfalls ein aliud dar (VGH Mannheim GewArch 2004, 231). 45

D. Befähigungsnachweis

I. Befähigung als Bewilligungsvoraussetzung

In die Prüfung, ob die erforderliche Befähigung als Voraussetzung einer Ausnahmebewilligung vorliegt, ist erst einzutreten, wenn **feststeht, dass ein Ausnahmefall vorliegt** (vgl. B); dies ist auch vorgreiflich für den Fall einer beschränkten Ausnahmebewilligung zu prüfen (vgl. C). Eine Befähigungsprüfung vor Vorliegen eines Ausnahmefalls vorzunehmen, ist nicht mit Berufung darauf zulässig, dass es sich ja um voneinander unabhängige Voraussetzungen handele, denn dadurch entsteht die Gefahr, dass die Befähigungsvoraussetzungen angenommen werden und deshalb dann an das Vorliegen eines Ausnahmefalles geringere Anforderungen gestellt werden (→ Rn. 18). Überdies ist es dogmatisch allein korrekt, zunächst den Ausnahmefall festzustellen, sodann zu prüfen, welche Folgen in diesem eintreten und wie weit es dazu kommen kann. Ergeben sich allerdings von vorne herein keinerlei Anhaltspunkte dafür, dass der Bewerber die erforderliche Qualifikation aufweist, so muss die Ausnahmesituation **nicht näher geprüft**, es kann sogleich die Ausnahmebewilligung versagt werden (VGH München GewArch 2004, 259). 46

Die Befähigung ist nicht nur zu prüfen, wenn der Antragsteller das Handwerk als Betriebsinhaber ausüben will, sondern auch dann, wenn er als unselbständiger **Betriebsleiter** tätig werden möchte (§ 7 Abs. 1). Einer juristischen Person als solcher kann allerdings eine Ausnahmebewilligung nicht erteilt werden (Schwannecke/Stork Rn. 21). 47

II. Meistergleiche Befähigung

Eine Ausnahmebewilligung setzt den Nachweis der erforderlichen Kenntnisse und Fertigkeiten voraus, welche zur selbständigen Führung des Betriebes eines A-Handwerks erforderlich sind. Dies bedeutet vom Inkrafttreten der Handwerksordnung an einen Qualifikationsstand des Bewerbers, der dem entsprach, welcher durch das Bestehen einer Meisterprüfung nachgewiesen wurde. IdS wurde im Falle von Ausnahmebewilligungen stets etwas wie eine „Vergleichsüberprüfung" durchgeführt. Dies entsprach der StRspr des BVerwG: Sinn der Ausnahmebewilligung war es zu keiner Zeit, auf diesem Wege ein A-Handwerk durch eine Person führen zu lassen, die eine geringere Qualifikation als ein geprüfter Meister aufwies (vgl. BVerwG GewArch 1962, 95 (96); 1994, 250; Detterbeck Rn. 11 mwN). Lediglich die Nachweisform der Qualifikation, nicht der materielle Inhalt der Qualifikation ist im Fall der Ausnahmebewilligung ein anderer als in dem der Meisterprüfung. Soziale und wirtschaftliche 48

Gründe erlauben keinerlei Absenken des nachzuweisenden Qualifikationsstandards (Schwannecke/Stork Rn. 22 mN). Darauf ist bei der Prüfung der Voraussetzung der Befähigung **streng zu achten,** da sonst eine Ausuferung des § 8 zu einer „Sozialklausel" insgesamt nicht aufzuhalten ist.

49 Die Voraussetzungen einer „meistergleichen Befähigung" dürfen auch nicht etwa unter Berufung auf eine in der Rspr. des BVerwG gebrauchte Formulierung relativiert werden, nach der „in etwa **meisterliche Kenntnisse und Fähigkeiten**" verlangt werden: Dieses „in etwa" bezog sich lediglich auf Einzelheiten von Kenntnissen und Fertigkeiten, welche in der Meisterprüfung zum Prüfungsstoff gehören, im Rahmen einer Überprüfung der Befähigung nach § 8 aber naturgemäß nicht in gleicher Weise festgestellt werden können. Dagegen ist auch nach Art. 12 Abs. 1 GG nichts einzuwenden (vgl. VGH Mannheim GewArch 2003, 213). Das Gericht hat damit keineswegs eine Niveauabsenkung zulassen wollen (Nachweise bei Detterbeck Rn. 15; Schwannecke/Stork Rn. 23), und dies entsprach auch stets hL (vgl. für Viele Dieckmann WiVerw 1986, 138 (140); Heck WiVerw 2001, 279). Erst recht ist daran seit 2004 festzuhalten, nachdem nun der Erwerb einer meistergleichen Qualifikation noch erheblich erleichtert worden ist (§ 7 b; vgl. Detterbeck Rn. 15; Honig/Knörr Rn. 9). – Dass nicht, umgekehrt, nach § 8 eine höhere Qualifikation als die eines Meisters verlangt werden darf, ergibt sich aus den in § 8 Abs. 1 S. 1 festgelegten Anforderungen (Schwannecke/Stork Rn. 22).

III. Die erforderlichen Kenntnisse und Fähigkeiten

50 Da eine meistergleiche Befähigung erforderlich ist, müssen Kenntnisse und Fähigkeiten sowohl **in fachpraktischer wie fachtheoretischer** Hinsicht nachgewiesen werden, **ebenso die betriebswirtschaftlichen und kaufmännischen Fähigkeiten,** und zwar sämtliche mit Bezug auf alle im gesamten Bereich des Handwerks anfallenden Tätigkeiten (VGH München GewArch 2004, 259; OVG Lüneburg GewArch 2003, 203; VGH Mannheim GewArch 2004, 21). Auf keinem dieser Gebiete darf generell weniger vorausgesetzt werden als die Ablegung einer entsprechenden Meisterprüfung belegen würde. Insbes. kann lediglich ein Mindestmaß an fachtheoretischen Kenntnissen nicht genügen (bedenklich Schwannecke/Stork Rn. 24). Die Ablegung einer Gesellenprüfung kann nicht verlangt werden, ebenso wenig besondere berufs- und arbeitspädagogische Kenntnisse (VGH Mannheim GewArch 2004, 21).

51 „Bisherige berufliche Erfahrungen und Tätigkeiten des Bewerbers" sind bei der Beurteilung „zu berücksichtigen" (Abs. 1 S. 1, 2. TS). Dies bedeutet jedoch nicht, dass der **berufspraktischen Qualifikation** bei der Feststellung der Befähigung Vorrang oder auch nur ein besonderes Bewertungsgewicht zuzuerkennen wäre. Diese Bestimmung hat vielmehr Bedeutung lediglich als Orientierung für das Nachweisverfahren der Befähigung (→ Rn. 55 ff.).

52 Besonders hohe Anforderungen an eine Befähigung sind darüber hinaus auch bei **speziell gefahrengeneigten A1-Handwerken** nicht zu stellen; auch hier genügt, jedenfalls seit 2004, die Befähigung für das jeweilige Handwerk, weil ja dessen Gefahrenneigung schon bei der meisterlichen Prüfungsqualifikation berücksichtigt wird, die aber eben auch im Falle des § 8 erreicht sein muss. Frühere Diskussionen, ob jeweils speziell gefahrenbezogene Qualifikationen nachgewiesen werden müssen (vgl. Schwannecke/Stork Rn. 26 ff.), haben keine Bedeutung.

53 Die Befähigung muss sich auf den **Gesamtbereich** des betreffenden A-Handwerks erstrecken, soweit nicht eine Teilbewilligung (vgl. oben → Rn. 42 ff.) in Betracht kommt; die Befähigung muss dann aber ebenso vollständig diese abdecken. Dass der Bewerber, außerhalb dieser besonders geregelten Fallgestaltung geltend macht, er wolle nur einen Ausschnitt aus den betreffenden Handwerkstätigkeiten ausüben, ist unerheblich; Abs. 2 enthält insoweit eine abschließende Regelung. Auch wenn der Bewerber nur als fachlich-technischer Betriebsleiter tätig werden will, muss er dennoch auch alle betriebswirtschaftlichen und kaufmännischen Fähigkeiten nachweisen (Detterbeck Rn. 16 mN). Die Art, in welchem Umfang der Bewerber nach Erteilung der Bewilligung von dieser Gebrauch machen will, spielt generell keine Rolle.

Bei der Ausnahmebewilligung ist als Voraussetzung für deren Erteilung ausdrücklich hervorgehoben, dass beim Bewerber auch die Qualifikation zur **selbständigen Ausübung** des betreffenden Handwerks zu verlangen ist. Zur Selbständigkeit vgl. allgemein → § 1 Rn. 9 ff.). Gerade hier kommt es also darauf an, dass der Zuzulassende nicht nur für einen gewissen Abschnitt der Tätigkeiten die Befähigung besitzt; insoweit bestätigt dies die Notwendigkeit der Qualifikation für den Gesamtbereich. Überdies wird damit klargestellt, dass es nicht genügt, dass die Leitung nur mit Hilfe anderer (etwa Betriebsleiter) sichergestellt werden kann. 54

IV. Nachweis der Befähigung

Bis 2003 oblag dem Bewerber die Nachweislast (§ 8 Abs. 1 aF). Die geltende Fassung geht vom **Amtsermittlungsgrundsatz** aus (§ 24 VwVfG). Die Behörde muss also, auch von sich aus, alle erforderlichen Nachweismittel heranziehen und bewerten. Dies ändert aber nichts an dem auch im Verwaltungsverfahren geltenden Grundsatz der sog. **materiellen Beweislast**: Der Bewerber um eine Ausnahmebewilligung kann eine solche nicht erlangen, wenn sich die Voraussetzungen dafür im Ergebnis nicht erweisen lassen, weder durch seine Bemühungen, noch durch die der Behörde (§ 24 ff. VwVfG), noch schließlich der Gerichte (§ 86 VwGO). Eine „Mitwirkungspflicht" obliegt dabei dem Bewerber nur als eine „Verpflichtung gegenüber sich selbst". Die Nachweispflicht ist aber jedenfalls in der Weise verteilt, dass sie derjenigen Seite oder Instanz obliegt, die ihr auch genügen kann, praktisch also weitgehend dem Bewerber, insbes. soweit er dem Bereich anzustellender Ermittlungen an nächsten steht. Zeugnisse über seine Befähigung kann weithin überhaupt nur er vorlegen; von Behörden oder Gerichten kann nicht erwartet werden, dass sie, unabhängig von den von ihm vorgelegten Nachweisen, nach anderen suchen. Dies würde sie praktisch, vor allem arbeitsmäßig, völlig überfordern. Rechtlich erforderlich ist daher für ihre Amtsermittlung lediglich, dass sie ihnen vorgelegte Unterlagen genau überprüfen, vom Bewerber gegebenenfalls Ergänzungen einfordern; solche haben sie nur insoweit selbst zu beschaffen, als dies dem Bewerber ausnahmsweise nicht möglich, jedenfalls nicht zumutbar ist. Praktisch wird Ausgangspunkt stets das jeweilige „Befähigungsthema" sein, so wie es sich eben nach dem Antrag stellt. 55

Wie bei der Beurteilung aller im Verwaltungsrecht zu führenden Nachweise muss hier die Entscheidungsinstanz von gewissen **Grundsätzen allgemeiner Bewertung der Beweiskraft von Nachweismitteln** ausgehen, soweit möglich nach deren Kategorien gestuft. Dabei wird sie sich einerseits auf deren rechtliche Regelungen stützen, andererseits und vor allem auf praktische Erfahrungswerte hinsichtlich ihrer Aussagekraft. Stets ist aber diese Beurteilung der Nachweiskraft der jeweiligen Mittel zu unterscheiden von der Beurteilung der Befähigung insgesamt, welche sich nach jenen ergibt. – Ein Ermessen ist bei solchen Beurteilungen generell nicht eingeräumt; stets ist nur ein Beurteilungsspielraum eröffnet. Unter diesen Kriterien nach diesen Grundsätzen lassen sich vor allem folgende Feststellungen zur **Nachweiskraft von Beurteilungsunterlagen** treffen: 56

Längere selbständige **Ausübung eines (anderen) Handwerks in betriebsleitender Stellung** spricht jedenfalls für eine Befähigung iSd § 8 Abs. 1 (BVerwG GewArch 2004, 490), aber nur für das Vorliegen der Kenntnisse und Fertigkeiten gerade dieses Handwerks (vgl. BVerwG GewArch 1992, 242 (244)), so dass es dann dabei darauf ankommen wird, wie nahe sich beide Gewerbe stehen. Dies gilt insbes. hinsichtlich der so etwa nachzuweisenden betriebswirtschaftlichen und kaufmännischen Befähigung. Auch eine Tätigkeit in rechtlich abhängiger Stellung kann hier von Bedeutung sein, soweit sie tatsächlich eine (betriebs)leitende war; insoweit werden Zeugnisse der früheren Arbeitgeber nachweiskräftig sein (vgl. Detterbeck Rn. 20, 23 mN). Stets ist aber Voraussetzung eine insoweit erlaubte Tätigkeit (entgegen Detterbeck Rn. 24, s. bereits → Rn. 14). 57

Das Bestehen der **Meisterprüfung in einem anderen zulassungspflichtigen oder zulassungsfreien Handwerk** hat Nachweiskraft je nach der Nähe zu dem Handwerk, für das die Ausnahmebewilligung erstrebt wird; jedenfalls werden damit betriebswirtschaftliche und kaufmännische Kenntnisse idR belegt (Detterbeck Rn. 24). Das Bestehen **anderer Prüfungen,** welche nicht nach § 7 Abs. 2 der Meisterprüfung gleichstehen, kann den Nachweis einzelner Kenntnisse und Fertigkeiten erbringen, nicht aber der für die Erfüllung von für 58 das Gesamthandwerk erforderlichen Voraussetzungen (vgl. Detterbeck Rn. 24). Einem Besuch von Vorbereitungs-, Aus- oder Fortbildungskursen ohne Abschlüsse wird idR kein Nachweisgewicht zukommen.

59   Das Bestehen einer **Prüfung nach § 42 oder § 43 BBiG** belegt nur das Vorliegen eines Ausnahmefalls, nicht das der erforderlichen Befähigung; letzterer Nachweis muss dann noch geführt werden. **Andere Prüfungen,** die auf dem Niveau der Meisterprüfung stattfinden, können zugunsten einer Ausnahmebefähigung berücksichtigt werden (BMWi Bek. v. 21.11.2000, GewArch 2001, 124, 2.5.2); auch insoweit muss aber zunächst das Vorliegen eines Ausnahmefalles nachgewiesen werden (Detterbeck Rn. 25; s. auch bereits Rn. 18).

60   Häufig wird als Nachweis der Befähigung auf die **Begutachtung durch Sachverständige** zurückgegriffen. Eine solche wurde vor allem früher als besonders beweiskräftig angesehen, ihr Ergebnis konnte durch andere Nachweismittel nicht mehr in Frage gestellt werden (vgl. Nachweise bei Detterbeck Rn. 27). Die Behörde sollte einen Antrag auf solche Begutachtung im Allgemeinen auch nicht ablehnen dürfen (Detterbeck Rn. 28). Die Begutachtung wird dann uU durch einen von der Handwerkskammer eingesetzten und überwachten Prüfungsausschuss durchgeführt, hinsichtlich dessen sich Handwerkskammern sogar über gemeinsame Richtlinien abstimmen (vgl. Detterbeck Rn. 26). Derartige Praktiken sollen nicht unzulässig sein; allerdings dürfen sie nicht zu einer „anderen Art von Meisterprüfung" führen (VGH Mannheim GewArch 2004, 25). Letzteres liegt aber nahe, und sie sind daher nicht unbedenklich, weil eine Ablegung der Meisterprüfung ja – angeblich – in solchen Fällen gerade unzumutbar sein soll. Vielmehr hat eine Begutachtung sich im Wesentlichen auf im Einzelfall vorgelegte Tätigkeits- und Berufserfahrungszeugnisse zu beschränken, diese zu bewerten und es sind dem Bewerber allenfalls noch ergänzende Einzelfragen zu stellen; andernfalls wäre eine (unzulässige) Praxis einer „speziellen Meisterprüfung für Ausnahmefälle" kaum zu vermeiden. Eine „Eignungsprüfung" als solche kann der Bewerber ebenfalls nicht verlangen; auch sie begegnet den erwähnten Bedenken.

61   **Zeugnisse von (früheren) Arbeitgebern oder Betriebsinhabern** sind grds. taugliche Nachweismittel einer Befähigung, soweit sie sich auf die bisherige Berufstätigkeit beziehen und von Personen stammen, welche die Dauer der selbständigen Betriebsführung und deren Qualität beurteilen können (Detterbeck Rn. 23). Unter gleichen Voraussetzungen müssen auch Bekundungen **(früherer) Auftraggeber** Berücksichtigung finden (zu weitgehend ablehnend äußerte sich früher die hL, vgl. Nachweise bei Detterbeck Rn. 19). Dass Kunden die Leistungen von Handwerkern generell nicht beurteilen können, widerspricht in solcher Allgemeinheit der Lebenserfahrung.

E. Verwaltungsverfahren (§ 8 Abs. 3)

62   Das Verwaltungsverfahren über eine Ausnahmebewilligung findet stets nur **auf Antrag** statt (§ 8 Abs. 3 S. 1; Schwannecke/Stork Rn. 107). **Antragsberechtigt** ist allein der Gewerbetreibende, also der jeweils die Eintragung begehrende Betriebsleiter. Der Antrag ist grds. zu jedem Zeitpunkt zulässig, es sei denn, es ist bereits über ihn bestandskräftig ablehnend entschieden und die Voraussetzungslage haben sich seither nicht geändert, oder es ist eine befristete positive Entscheidung gefallen (→ Rn. 40), die Frist aber noch nicht abgelaufen. **Eine einstweilige Anordnung ist nicht zulässig,** insbes. nicht zur Rehabilitierung gegenüber einem Vorwurf der Schwarzarbeit (vgl. OVG Lüneburg GewArch 2003, 487; Schwannecke/Stork Rn. 116).

63   **Zuständig** ist nach dem Gesetz die örtlich kompetente höhere Verwaltungsbehörde. Nach § 124b können die Landesregierungen diese Zuständigkeit auf die jeweils örtlich zuständige Handwerkskammer übertragen. Davon ist in allen Ländern Gebrauch gemacht worden (Schwannecke/Stork Rn. 110). Das Anhörungsrecht der Handwerkskammer (§ 8 Abs. 3 S. 1) ist deshalb ohne Bedeutung.

64   Im Verwaltungsverfahren steht es im Ermessen der Handwerkskammer, ob sie eine Stellungnahme der fachlich zuständigen **Innung oder Berufsvereinigung** einholt. Dem muss aber der Antragsteller – aus Gründen des Datenschutzes – ausdrücklich zustimmen (§ 8 Abs. 3 S. 2). Auf sein Verlangen hat dies zu geschehen (§ 8 Abs. 3 S. 2). Von diesen beiden Regelungen darf keine Ausnahme gemacht werden, auch nicht unter Berufung auf den Amtsermittlungsgrundsatz, nach dem das Verfahren abläuft. Wird dagegen verstoßen, so ist

die Entscheidung über die Ausnahmebewilligung rechtsfehlerhaft (Honig/Knörr Rn. 69 f.; aA Detterbeck Rn. 67). Dies gilt **auch im Falle einer eingeschränkten Ausnahmebewilligung** (→ Rn. 35), denn insoweit steht der Behörde ein Ermessen nicht zu. Berufsvereinigungen sind nur solche, insbes. Fachverbände, welche die Gesamtinteressen des betreffenden Handwerks vertreten, etwa Verbände der Ingenieure VDI, VDE, nicht aber Arbeitgeber- oder Arbeitnehmer-Vertretungen, da diesen die erforderliche Fachkunde fehlt.

Im Verwaltungsverfahren ist folgende Prüfungsreihenfolge zu beachten: Zunächst ist zu 65 klären, ob dem Antragsteller ein **Rechtsschutzbedürfnis** zuzuerkennen ist (Honig/Knörr Rn. 61; Schwannecke/Stork Rn. 108). Daran fehlt es, der Antrag ist also als unzulässig zurückzuweisen, wenn der Antragsteller keine Tätigkeit ausüben will, welche nach § 1 einer Zulassung durch Eintragung in die Handwerksrolle bedarf. Gleiches gilt, wenn dies letztere zwar der Fall ist, die Zulassung aber auf einem anderen Weg als durch Ablegung der Meisterprüfung für ihn ohne weiteres erreichbar ist. Wenn das Rechtsschutzbedürfnis zu bejahen ist, muss dann in der vorstehend dargelegten Prüfungsreihenfolge über die Ausnahmebewilligung entschieden werden: Vorliegen eines Ausnahmefalls (B), der erforderlichen Befähigung (C), uU Angemessenheit von Beschränkungen einer Ausnahmebewilligung (D).

F. Das verwaltungsgerichtliche Verfahren (§ 8 Abs. 4)

Da die Erteilung einer Ausnahmebewilligung einen Verwaltungsakt darstellt, hat die Eröff- 66 nung des Verwaltungsrechtswegs hier (§ 8 Abs. 4) nur bestätigende Bedeutung. Wegen der Zuständigkeitsübertragung auf die Handwerkskammer (→ Rn. 63) ist die Beiladungsverpflichtung der Handwerkskammer als solcher bedeutungslos (§ 8 Abs. 4 S. 2). Die Handwerkskammer ist im gerichtlichen Verfahren Beklagte.

Gegenstand des Verwaltungsstreitverfahrens ist stets eine **Versagung der Ausnah-** 67 **mebewilligung** in ihrer beantragten Voll- oder eingeschränkten Form (D). Einzelne Feststellungen, welche die Entscheidung tragen, können nicht isoliert angegriffen werden. Dies gilt insbes. für Beurteilungen von Sachverständigen, in welcher Form immer. Nebenbestimmungen als solche können Gegenstand des Verfahrens sein, soweit sie isoliert anfechtbar sind.

Die Klageform ist die Verpflichtungsklage (§ 42 VwGO) gegen die Ablehnung der Aus- 68 nahmebewilligung (§ 113 Abs. 5 S. 1 VwGO), die **Anfechtungsklage** (§ 42 VwGO) soweit die Zulässigkeit einer Nebenbestimmung isoliert zu prüfen ist. Ist die Sache noch nicht spruchreif, etwa weil das Vorliegen eines Ausnahmefalls zu Unrecht abgelehnt, über die Befähigung also noch nicht entschieden ist, so ist eine Bescheidungsentscheidung zu treffen (Detterbeck Rn. 77).

Das **Anfechtungsrecht der Handwerkskammer,** mit deren Beiladung (vgl. Detterbeck 69 Rn. 79, 80) ist in Folge der Zuständigkeitsübertragungen auf die Handwerkskammern (→ Rn. 63) bedeutungslos. Gleiches gilt für Wirkungen einer Anfechtung durch die Handwerkskammer (Detterbeck Rn. 81).

Einem Konkurrenten des Bewerbers steht ein Klagerecht gegen Erteilung einer 70 **Ausnahmebewilligung** nur zu, wenn er gerade durch dessen rechtswidrige Zulassung in seiner Berufs/Gewerbefreiheit durch Veränderung der Wettbewerbssituation verletzt würde. Grds. schützt die Wettbewerbsfreiheit jedoch nicht vor Konkurrenz (vgl. BVerwGE 34, 252 (256); 55, 261 (269) – stRspr). Sie sichert vielmehr nur gegen Unlauteren Wettbewerb. Nur in seltenen Ausnahmefällen könnte also die Wettbewerbsfreiheit von Wettbewerbern bereits durch Erteilung einer Ausnahmebewilligung verletzt werden, wenn der Konkurrent dadurch etwa schwer und unerträglich im Wettbewerb eingeschränkt würde (BVerwG GewArch 1984, 30).

Das Verwaltungsgericht überprüft das Vorliegen sämtlicher Voraussetzungen der 71 Erteilung einer Ausnahmebewilligung rechtlich in vollem Umfang. Bei ihnen handelt es sich um unbestimmte Rechtsbegriffe, welche ein Ermessen nicht einräumen (vgl. BVerwGE 115, 70 (77); Detterbeck Rn. 82 mwN). Die gerichtliche Überprüfung erstreckt sich auch darauf, ob die Rechtsgrundsätze hinsichtlich des Befähigungsnachweises (→ Rn. 55 ff.) beachtet worden sind. Sachverständigenentscheidungen unterliegen gerichtlicher Nachprüfung grds. unbeschränkt (OVG Münster GewArch 1996, 288; VGH München GewArch 1984, 125 f.); eine Beschränkung insoweit nach Grundsätzen über die gerichtliche Überprüfung von Prüfungen (so Schwannecke/Stork Rn. 118; OVG Münster GewArch 1979, 309) verkennt, dass es sich dabei nicht um gesetzlich geregelte und anerkannte Prüfungen handelt, sondern eben doch (nur) um sachverständige Urteile, wie in allen anderen Fällen auch.

§ 9 [Ausnahmebewilligung für Angehörige der EWG-Mitgliedstaaten]

(1) ¹Das Bundesministerium für Wirtschaft und Energie wird ermächtigt, durch Rechtsverordnung mit Zustimmung des Bundesrates zur Durchführung von Richtlinien der Europäischen Union über die Anerkennung von Berufsqualifikationen im Rahmen der Niederlassungsfreiheit, des freien Dienstleistungsverkehrs und der Arbeitnehmerfreizügigkeit und zur Durchführung des Abkommens vom 2. Mai 1992 über den Europäischen Wirtschaftsraum (BGBl. 1993 II S. 267) sowie des Abkommens zwischen der Europäischen Gemeinschaft und ihren Mitgliedstaaten einerseits und der Schweizerischen Eidgenossenschaft andererseits über die Freizügigkeit vom 21. Juni 1999 (ABl. EG 2002 Nr. L 114 S. 6) zu bestimmen,
1. unter welchen Voraussetzungen einem Staatsangehörigen eines Mitgliedstaates der Europäischen Union, eines Vertragsstaates des Abkommens über den Europäischen Wirtschaftsraum oder der Schweiz, der im Inland zur Ausübung eines zulassungspflichtigen Handwerks eine gewerbliche Niederlassung unterhalten oder als Betriebsleiter tätig werden will, eine Ausnahmebewilligung zur Eintragung in die Handwerksrolle zu erteilen ist und
2. unter welchen Voraussetzungen einem Staatsangehörigen eines der vorgenannten Staaten, der im Inland keine gewerbliche Niederlassung unterhält, die grenzüberschreitende Dienstleistungserbringung in einem zulassungspflichtigen Handwerk gestattet ist.

²In den in Satz 1 Nr. 1 genannten Fällen bleibt § 8 Abs. 1 unberührt; § 8 Abs. 2 bis 4 gilt entsprechend. ³In den in Satz 1 Nr. 2 genannten Fällen ist § 1 Abs. 1 nicht anzuwenden.

(2) In den Fällen des § 7 Abs. 2a und des § 50a findet § 1 Abs. 1 keine Anwendung, wenn der selbständige Betrieb im Inland keine Niederlassung unterhält.

Überblick

§ 9 enthält die Ermächtigungsgrundlage zum Erlass der EU/EWG-Handwerk-Verordnung durch das BMWi, mit der die Voraussetzungen, unter denen Ausländer aus dem EU/EWR-Ausland eine Ausnahmebewilligung für die Betreibung einer Niederlassung im Inland bzw. des Anbietens einer Dienstleistung, festgelegt werden.

Übersicht

	Rn.		Rn.
A. Rechtliche Grundlagen	1	II. Ausnahmebewilligung für EU/EWR-Ausländer nach anderen Bestimmungen der Handwerksordnung	12
I. EU/EWR-Recht – Berufsqualifikationsregelungen	1		
II. Europarechtlicher Anlass der Neuordnung	3	C. Ausnahmebewilligung für grenzüberschreitende handwerkliche Dienstleistungen (§ 9 Abs. 1 S. 1 Nr. 2)	15
III. Inländerdiskriminierung	5		
B. Ausnahmebewilligung bei gewerblicher Niederlassung im EU/EWR-Ausland (§ 9 Abs. 1 S. 1 Nr. 1)	6	I. Voraussetzungen	15
		II. Art der Leistungen	18
		III. Zulassung nach anderen Vorschriften	21
I. Anerkennungsvoraussetzungen	6	IV. Rechtsschutz	23

A. Rechtliche Grundlagen

I. EU/EWR-Recht – Berufsqualifikationsregelungen

1 Zulassungspflichtige Tätigkeiten von **Staatsangehörigen der Europäischen Union,** der Länder des Europäischen Wirtschaftsraums (EWR) (zusätzlich Island, Liechtenstein, Norwe-

gen) sowie der Schweiz im Bereich der A-Handwerke in Deutschland bedürfen einer Gestattung. Diese erfolgt im Wege einer Eintragung in die Handwerksrolle, wenn die betreffenden Handwerker eine **inländische gewerbliche Niederlassung** unterhalten und ihre Leistung von dieser aus erbringen (§ 9 Abs. 1 S. 1 Nr. 1). Ist dies nicht der Fall, so kann eine Gestattung für die Erbringung **grenzüberschreitender Dienstleistungen** durch sie erfolgen (§ 9 Abs. 1 S. 1 Nr. 2). Die Voraussetzungen dieser beiden Komplexe genehmigungspflichtiger Tätigkeitsalternativen sind nach der Neufassung des § 9 durch das Änderungsgesetz vom 7.9.2007 (BGBl. I 2246) durch Verordnung des BMWi mit Zustimmung des Bundesrats zu regeln; die beiden Regelungsbereiche sind dabei stets zu unterscheiden (i. Folg. → Rn. 6 ff. bzw. → Rn. 15 ff.).

Diese Regelungen der beiden Ordnungsbereiche nach → Rn. 1 sind in der EU/EWR **2** HwV v. 20.12.2007 (BGBl. I 3072) erfolgt (vgl. dazu Stork GewArch 2008, 177; Kormann/Hüpers GewArch 2008, 273): Für Tätigkeiten **mit Niederlassung im Inland** in deren §§ 1– 6, für grenzüberschreitende Dienstleistungen in deren §§ 7 und 8. Damit hat der deutsche Normgeber die EU-Richtlinie 2005/36/EG vom 7.9.2005 über die Anerkennung von **Berufsqualifikationen** umgesetzt (ABl. EUNr. L 255, S. 22, 2007, L 271, S. 18, zuletzt geändert durch die VO (EG) Nr. 1430/2007 vom 5.12.2007, ABl. EUNr. L 320, S. 3). Die EU/EWR HwV ist abgedruckt und kommentiert bei Schwannecke/Stork Rn. 60 ff. Sie ersetzt die EU/EWR HwV vom 4.8.1966, welche für alle handwerklichen Dienstleistungen von EU/EWR-Staatsbürgern die Erfüllung der Voraussetzungen einer Eintragung in die Handwerksrolle (§ 7) verlangte, gleich ob sie von einer Niederlassung in Deutschland aus erbracht wurden, oder sich lediglich als grenzüberschreitende Handwerksleistungen darstellten.

II. Europarechtlicher Anlass der Neuordnung

Anlass der Neuordnung der Ausübung von A1-Handwerken im EU/EWR-Raum war **3** eine **Rspr. des EuGH**, welche allerdings nur die Eintragungspflicht bei grenzüberschreitender Erbringung von Handwerksleistungen aus dem EU/EWR-Bereich nach Deutschland als unvereinbar mit der Dienstleistungsfreiheit (Art. 56 AEUV) bezeichnet hatte (EuGH GewArch 2000, 476 – Corsten; 2004, 62 – Schnitzer; Stork WiVerw 2001, 229; Meyer GewArch 2001, 265; Diefenbach GewArch 2001, 305): In diesem Fall sei der Eintragungszwang eine übermäßige Belastung, insbes. wegen des damit verbundenen Zeitaufwands und der Kosten. Einen Verstoß gegen die Niederlassungsfreiheit (Art. 49 AEUV) hatte der EuGH dagegen nicht gerügt (vgl. EuGH GewArch 2000, 479 Rn. 45 – Corsten).

Der deutsche Gesetzgeber ist wesentlich weiter in seiner europafreundlichen Umsetzung **4** gegangen: Er hat nicht nur für den grenzüberschreitenden Dienstleistungsverkehr Voraussetzungen für eine Liberalisierung geschaffen (§ 9 Abs. 1 S. Nr. 2), sondern auch noch für eine Neuregelung der Niederlassungsfreiheit für Handwerker aus dem EU/EWR-Raum in Deutschland in beiden Richtungen sind Regelungen geschaffen worden, welche die Zulassung zur Ausübung von Tätigkeiten der A1-Handwerke erheblich weitergehend erleichtert haben, als dies nach EU-Recht erforderlich gewesen wäre. Insbes. ist dem gegenüber eine Kritik berechtigt (vgl. Detterbeck Rn. 22 mwN), nach der bereits vom EuGH die doch gegenüber der Niederlassungsfreiheiten nachrangige Dienstleistungsfreiheit (vgl. EuGH NJW 1996, 579 Rn. 22) überbewertet worden ist. Diese Kritik trifft auch den deutschen Gesetzgeber, der dies eben zum Anlass genommen hat, eine europarechtlich gar nicht veranlasste Neuordnung der Niederlassungsfreiheit in § 9 Abs. 1 S. 1 Nr. 1 damit zu verbinden. Es entsprach dieser europarechtlicher Anlass eben der politischen Grundlinie der Gesetzgebung von 2003, die Meisterprüfung als Tätigkeitsvoraussetzung im Handwerk weit einzuschränken.

III. Inländerdiskriminierung

Die Erleichterung welche die EU/EWR HwV für handwerkliche Leistungen in EU/ **5** EWR-Raum gebracht hat, hat keinerlei **Inländerdiskriminierung** zur Folge: Deutsche, die sich im EU/EWR-Ausland aufhalten, können eine Ausnahmebewilligung nach § 9 ebenfalls erreichen, unter denselben Voraussetzungen wie EU/EWR-Staatsangehörige (hL, Detterbeck Rn. 9; Honig/Knörr Rn. 10 ff.; Gerhardt GewArch 2000, 272; Früh GewArch 2001, 58; VGH München GewArch 2001, 422; 2002, 431). Deutsche können im Ausland unter den gleichen Voraussetzungen Handwerksqualifikationen erwerben wie EU/EWR-Bürger (EuGH BeckRS 2004, 71299 Rn. 24; NVwZ 1993, 661 Rn. 15; BVerwG GewArch 1991, 387). Dies gilt für Handwerker mit Niederlassung im Ausland (→ § 8 Rn. 6) wie im Fall von grenzüberschreitenden Handwerksleistungen (→ Rn. 14 ff.). Auf **rein internrechtliche Sachverhalte** findet § 9 dagegen keine Anwendung (vgl. Schwannecke/Stork Rn. 47 mit zahlreichen Nachweisen). Vergleichbar iSe möglichen Diskriminierung nach Art. 3 Abs. 1 GG sind aber Belastungen nur, soweit es um Sachverhalte geht, die als solche im EU/EWR-Raum verwirklicht werden, nicht allein im Inland; nur insoweit können ja EU/EWR-Freiheiten, über welche der EuGH allein zu entscheiden hatte (→ Rn. 3), überhaupt rechtliche Wirkungen entfalten. Dass dies deutsches Verfassungsrecht entsprechend – etwa über das Übermaßverbot – umpräge (so Albers JZ 2008, 708 (713)), widerspricht der Rspr. des EuGH zur Freizügigkeit (s. bereits EuGH GewArch 1995, 195).

B. Ausnahmebewilligung bei gewerblicher Niederlassung im EU/EWR-Ausland (§ 9 Abs. 1 S. 1 Nr. 1)

I. Anerkennungsvoraussetzungen

6   Bewerber aus dem EU/EWR-Ausland (und wie im Folgenden immer hinzuzufügen ist: aus der Schweiz) können eine Ausnahmebewilligung erhalten, aufgrund der sie in die Handwerksrolle einzutragen sind, wenn sie in ihrem Ursprungsland (Ansässigkeitsland) eine gewerbliche Niederlassung unterhalten (wollen) oder als Betriebsleiter tätig werden (wollen). Voraussetzung ist **entweder** eine mehrjährige einschlägige Berufserfahrung (§ 2 EU/EWR HwV) **oder** das Vorliegen einer im Ausland erworbenen Befähigung (§ 3 EU/EWR HwV), oder schließlich der Nachweis einer Ausbildung im Ursprungsstaat, welche dort eine entsprechende Befähigung vermittelt (§ 4 EU/EWR HwV). Dies ist der **materielle Inhalt** der erforderlichen Befähigung. Er muss sich auf eine solche **gerade zur Ausübung des betreffenden A1-Handwerks** beziehen, für das der Bewerber eingetragen werden will. Ob die Nachweise sich gerade darauf beziehen und damit insoweit die Voraussetzungen nach § 9 Abs. 1 S. 1 Nr. 1 EU/EWR HwV erfüllt sind, hat die über die Ausnahmebewilligung entscheidende Behörde im Rahmen eines Beurteilungsspielraums zu entscheiden; ein Ermessen ist ihr dabei nicht eingeräumt.

7   **Formale Voraussetzung** ist für alle diese drei Wege die **Vorlage von Unterlagen und Bescheinigungen.** Welche derartigen schriftlichen Unterlagen zu verlangen sind, ergibt sich aus der sehr eingehenden Regelung in § 6 EU/EWR HwV. Diese spricht nach ihrer Formulierung (vgl. etwa § 6 Abs. 3 EU/EWR HwV) dafür, dass derartige Unterlagen jedenfalls vorliegen müssen. Dass die Behörde dies verlangen „kann" (§ 6 Abs. 1 EU/EWR HwV) bezieht sich nur darauf, dass sie zu einem solchen Verlangen – selbstverständlich – nur dann berechtigt ist, wenn der Bewerber die Unterlagen nicht von sich aus vorlegt oder dies bereits getan hat, oder wenn nicht – ausnahmsweise – die nachzuweisenden Tatsachen der Behörde bereits bekannt sind oder unzweifelhaft vorliegen.

8   Die **deutsche Bewilligungsbehörde** hat das Vorliegen der nach → Rn. 6 und → Rn. 7 nachzuweisenden Befähigungsvoraussetzungen in **vollem Umfang zu prüfen**; insoweit hat sie auch die vorgelegten Nachweisdokumente zu kontrollieren: darauf, ob sie von der zuständigen ausländischen Instanz stammen **und** darauf, ob sie inhaltlich die Befähigung belegen (können). Selbst wenn all dies zu bejahen ist, bleibt der deutschen Behörde die Aufgabe einer Gesamt-Beurteilung dahin, ob aufgrund der so belegten Sachverhalte von einer hinreichenden – dh im Ergebnis dem deutschen Meisterstandard entsprechenden – Qualifikation des Bewerbers auszugehen ist (so auch Detterbeck Rn. 6: „tatsächliche" Erfüllung der Voraussetzungen). Bewertungen seitens ausländischer Instanzen bieten dafür nicht mehr als ein – idR allerdings gewichtiges – Indiz. Tatsachen, welche sich aus ausländischen urkundlichen Nachweisen ergeben, sind zwar **als solche** als vorliegend zu unterstellen, soweit nicht Anhaltspunkte für eine offensichtliche Unrichtigkeit bestehen (EuGH GewArch 1999, 107 Rn. 30). Die ausländische Beurteilung hinsichtlich der Gleichwertigkeit gegenüber dem deutschen Befähigungsstandard bindet jedoch die deutsche Behörde nicht.

9   Für die Anerkennung der Berufserfahrung sind die erforderlichen **Beschäftigungszeiten alternativ** nach der jeweiligen Art der Tätigkeit des Bewerbers im Ausland im Einzelnen

aufgeführt (§ 6 Abs. 2 EU/EWR HwV). Wird eine Zulassung für mehrere A-Handwerke erstrebt, so müssen diese Tätigkeiten nicht in jedem Handwerk als solchem und nach einander ausgeübt worden sein (Detterbeck Rn. 6).

Eine Ausnahmebewilligung für die Ausübung von **Handwerken im Gesundheitsbereich** (Anlage A Nr. 33 bis 37, etwa Augenoptiker, Zahntechniker) kann nicht aufgrund ausländischer Berufserfahrung, sondern nur im Wege der Anerkennung von Ausbildungs- und Befähigungsnachweisen erteilt werden (§ 2 Abs. 1 EU/EWR HwV). 10

In den Fällen einer Anerkennung von Ausbildungs- und Befähigungsnachweisen dieser Befähigung gleichgestellter Ausbildungen (→ Rn. 6) können **Ausgleichsmaßnahmen** angeordnet werden, wenn die Befähigung nicht hinreichend nachgewiesen ist (§ 5 EU/EWR HwV): Anpassungslehrgänge, Ablegen einer Eignungsprüfung. Auch insoweit besteht kein Ermessen, weil andernfalls die Erteilung einer Ausnahmebewilligung ja abgelehnt werden müsste; es geht um die Beurteilung der Befähigung des Bewerbers, welche in einem bestimmten Rechtsbegriff vorgesehen ist. 11

II. Ausnahmebewilligung für EU/EWR-Ausländer nach anderen Bestimmungen der Handwerksordnung

EU/EWR-Ausländer und in diesem Raum ansässige Deutsche können eine Ausnahmebewilligung, unabhängig von einem Antrag nach § 9, auch bei Erfüllung der Voraussetzungen nach **§ 7 Abs. 2 S. 4** (Hochschulabschlüsse) oder **§ 7 Abs. 2a**, erlangen (§ 9 Abs. 1 S. 2; Detterbeck Rn. 10). Die Voraussetzungen nach § 9 müssen in diesen Fällen nicht erfüllt sein. 12

Diesem selben Personenkreis kann auch eine Ausnahmebewilligung, wiederum unabhängig von der Erfüllung der Voraussetzungen des § 9, nach **§ 8 Abs. 1** erteilt werden: das Gesetz sieht in § 9 Abs. 1 S. 2 ausdrücklich die Anwendung dieser Vorschrift vor (näher dazu → § 8 Rn. 29). In vielen Fällen wird § 8 Abs. 1 gegenüber § 9 die leichterer Nachweismöglichkeit eröffnen. 13

Auch eine **inhaltlich beschränkte Ausnahmebewilligung** kann der EU/EWR-Ausländer unabhängig von § 9 nach § 8 Abs. 2 verlangen, bei Vorliegen entsprechender Voraussetzungen (→ § 8 Rn. 33 ff.). Eine **beschränkte Ausnahmebewilligung muss aber auch nach § 9** erlangt werden können (vgl. § 9 Abs. 1 S. 2; Detterbeck Rn. 12). Die dafür erforderlichen Nachweise sind nach § 6 der EU/EWR HwV zu führen. Ein Ermessen der Behörde besteht auch hier insoweit nicht (→ § 8 Rn. 35). 14

C. Ausnahmebewilligung für grenzüberschreitende handwerkliche Dienstleistungen (§ 9 Abs. 1 S. 1 Nr. 2)

I. Voraussetzungen

Unterhält der Bewerber um eine Ausnahmebewilligung nach § 9 **im Inland keine Betriebsstätte**, von der aus er die A1-Tätigkeiten entfalten kann, und will er auch eine solche nicht einrichten, so darf er Leistungen im Rahmen eines zulassungspflichtigen A1-Handwerks nur anbieten, wenn ihm dies durch die EU/EWR HwV in deren §§ 7–9 gestattet ist. Hier hat die Novellierung des Jahres 2007 (→ Rn. 1 ff.) die weitestgehenden Veränderungen gegenüber dem früheren Rechtszustand gemacht, weil dieser gerade ja in diesem Bereich durch den EuGH als europarechtswidrig angesehen worden ist (→ Rn. 3). Ein solcher aus dem EU/EWR-Ausland heraus handwerkliche Leistungen Anbietender musste allerdings schon vor 2004 nicht in die Handwerksrolle eingetragen werden. IÜ hatte er jedoch dieselben Voraussetzungen zu erfüllen, wie ein aus dem EU/EWR-Ausland kommender Gewerbetreibender, der in Deutschland von einer Betriebsstätte aus Leistungen erbringen wollte: dh, die Befähigung des lediglich grenzüberschreitend Tätigen musste vor 2004 dem in Deutschland allgemein geforderten handwerklichem Niveau entsprechen, daher eine „meistergleiche" sein. Dem gegenüber erleichtert nun die geltende Regelung diesen „grenzüberschreitenden handwerklichen Leistungsverkehr" erheblich: 15

Eine **Eintragung in die Handwerksrolle ist in diesem Fall nach wie vor nicht erforderlich**. Es wird jedoch keine dem deutschen Meisterstandard entsprechende Qualifikation mehr verlangt, die Befähigung des Ausnahmebewilligungs-Bewerbers ist überhaupt 16 nicht mehr unter diesem Gesichtspunkt des Meisterstandards zu prüfen. Es muss lediglich eine **der grenzüberschreitenden Leistung „entsprechende Tätigkeit"** in einer gewerblichen Niederlassung in einem EU/EWR-Staat rechtmäßig ausgeübt werden (die Notwendigkeiten einer dortigen Niederlassung ergibt sich aus § 1 EU/EWR HwV „insoweit niedergelassen sind"). Für diese entsprechende Tätigkeit muss es im Ansässigkeitsstaat kein berufliches Qualifikationserfordernis und auch keine staatlich geregelte Ausbildung iSv § 3 Abs. 4 Nr. 2 EU/EWR HwV geben; die Tätigkeit muss lediglich im Ansässigkeitsstaat 2 Jahre lang ausgeübt worden sein, und dies darf nicht länger als 10 Jahre zurückliegen (§ 7 Abs. 1 EU/EWR HwV).

17 Formal ist für die Zulässigkeit einer solchen Tätigkeit lediglich eine **schriftliche Anzeige** bei der deutschen Bewilligungsbehörde erforderlich, unter Vorlage von Unterlagen, welche das Vorliegen der Voraussetzungen nach → Rn. 16 „nachweisen" (§ 8 Abs. 1 EU/EWR HwV). Die deutsche Behörde ist auf die Prüfung beschränkt, ob dem genügt ist. Die Behauptung, dies sei lediglich eine „Prüfung auf formale Äquivalenz" (Detterbeck Rn. 16), trifft jedoch nicht zu: Immerhin ist die Feststellung einer inhaltlichen Entsprechung der im Ausland ausgeübten Tätigkeit und der grenzüberschreitenden Dienstleistungen erforderlich, und es muss insoweit auch ein „Nachweis" erbracht werden, dies also danach beurteilt werden. Allerdings muss der Bewerber das Ergebnis der Überprüfung nicht abwarten, die Leistungen kann er bereits erbringen, sobald die Eingangsbestätigung der Anzeige und der Unterlagen vorliegt (§ 8 Abs. 3 EU/EWR HwV).

II. Art der Leistungen

18 Dies gilt jedoch nur für grenzüberschreitende Dienstleistungen im Bereich eines Handwerks der Anlage A (§ 7 Abs. 1 EU/EWR HwV), ohne eine entsprechende Betriebsstätte im Inland. Die Leistung muss also in einer Weise erfolgen, dass die Erbringung zu einem nicht unwesentlichen Teil in einem Mitgliedstaat (A), andere Teile in wenigstens einem (B) aber uU auch in mehreren anderen (B, C usw.) Mitgliedsstaaten insgesamt abläuft (vgl. OLG Saarbrücken GewArch 2005, 194). Zur „Leistung" gehört jeweils alles, wofür am Ende eine Bezahlung für die Tätigkeit stattfindet, aber auch nur das, was sich konkret auf deren Ergebnis bezieht, nicht also allgemeine Ausbildungsvorbereitungen für eine solche Leistungstätigkeit, wohl aber uU eine gezielte Werbung für die Leistung, die Art ihrer Erbringung und deren Erfolg im Inland.

19 Die Leistung darf überdies nur „**vorübergehend und gelegentlich**" erfolgen (§ 7 Abs. 1 EU/EWR HwV), wobei beide Voraussetzung kumulativ neben der Voraussetzung der grenzüberschreitenden Erbringung (→ Rn. 18) vorliegen müssen (Detterbeck Rn. 21). Damit soll sichergestellt werden, dass die Leistungserbringung nicht von einer gewerblichen Niederlassung des ausländischen Anbieters in Deutschland ausgeht; denn dann würde ja die Regelung nach § 9 Abs. 1 S. 1 Nr. 1) eingreifen, nicht die nach Nr. 2. Die Leistungserbringung darf also weder zeitlich noch räumlich im Inland in einer geplanten, erst recht nicht in systematischer Weise erfolgen (Detterbeck Rn. 21 ff.), dies würde bereits für eine Betriebs-(Vertriebs-)Stätte in Deutschland sprechen. Voraussetzung der vorübergehend/gelegentlichen Leistungserbringung ist nur, dass die Bewerber „zur Ausübung vergleichbarer Tätigkeiten **in einem Mitgliedsstaat rechtmäßig niedergelassen sind**" (→ Rn. 16) – gerade nicht aber in Deutschland. Dies spricht deutlich dafür, dass sie **nicht über eine Infrastruktur im Inland verfügen** dürfen, welche einer „Betriebsstätte" iSd deutschen Rechts nahe käme (vgl. allerdings zu dieser Frage → § 1 Rn. 10). Die Rspr. des EuGH ist insoweit schwankend: Einerseits soll ein Büro unterhalten werden dürfen (EuGH NJW 1996, 579 Rn. 27), und Dienstleistungen im Rahmen eines Groß(bau)projekts sollen auch über mehrere Jahre als „vorübergehend und gelegentlich" erbracht werden dürfen. Andererseits soll eine Erwerbstätigkeit doch wiederum nicht im Inland „in stabiler und kontinuierlicher Weise" ausgeübt werden dürfen (vgl. zu beidem EuGH GewArch 2004, 63 Rn. 32 ff.). Die Leistungserbringung setzt zwar ein „stehendes Gewerbe" voraus, das eben doch eine stabile Infrastruktur verlangt, jedoch nur in einem anderen Mitgliedsstaat, nicht in Deutschland. Für Tätigkeiten hierzulande müssen also die Kriterien „gelegentlich und vorübergehend" jedenfalls ernst genommen und **eng ausgelegt** werden; denn immerhin handelt es sich ja im Fall von § 9 um eine **Ausnahmebewilligung**.

In Form eines **Reisegewerbes** darf die Tätigkeit nicht ausgeübt werden. Denn für sie ist 20 eben eine Tätigkeit im Ausland Ausgangspunkt, für welche sich der leistungserbringende Handwerker dort „niedergelassen" hat (§ 7 Abs. 1 EU/EWR HwV). Auch ist die Ausübung von A-Handwerken in Deutschland nur in Form eines stehenden Gewerbes erlaubt (→ § 1 Rn. 1 ff.; Detterbeck Rn. 20; vgl. aber zu der Problematik des Verhältnisses von Reisegewerbe und stehendem Gewerbe Leisner W.G., Handwerkstätigkeit und Reisegewerbe, LFI-Schriftenreihe 2015).

III. Zulassung nach anderen Vorschriften

Grenzüberschreitende Handwerksleistungen nach Deutschland sind auch außer einer Ausnahmebewilligung nach § 9 noch zulässig – ebenfalls ohne Eintragung (§ 9 Abs. 2) in die Handwerksrolle – aufgrund folgender Bestimmungen: § 7 Abs. 2 und § 50a S. 1; § 7 Abs. 2 S. 4; § 8 Abs. 1 (§ 7 Abs. 3); im letzteren Fall handelt es sich, wie in dem des § 9 Abs. 1, um eine Ausnahmebewilligung, es muss also eine Ausnahmesituation nachgewiesen werden. 21

Insgesamt führen alle diese Regelungen zu einer komplizierten und unsystematischen Rechtslage, so dass eine gesetzgeberisch systematisierende Neuordnung dringend erforderlich erscheint. Eine systematische Grundlinie muss aber bereits in der gegenwärtigen Lage durchgehend verfolgt werden, schon um eine Inländerdiskriminierung (→ Rn. 5) zu vermeiden: Alle diese Zulassungsregelung zur Ausübung von A-Handwerken dürfen nur unter Voraussetzungen eröffnet werden, welche jedenfalls demselben Grundanliegen Rechnung tragen, schon angesichts der übergreifenden Notwendigkeit, hier Gefahren abzuwenden (→ Einleitung Rn. 8 ff.): Eine der Ablegung der deutschen Meisterprüfung gleichstehende Qualifikation muss in allen Einzelfällen und in allen Zulassungsformen stets sichergestellt werden. 22

IV. Rechtsschutz

Gegen Entscheidungen deutscher Behörden nach § 9 steht der Verwaltungsrechtsweg offen. Soweit die verwaltungsrechtliche Zuständigkeit auch hier auf die Handwerkskammern übertragen worden ist (§ 124 b; → § 8 Rn. 63), steht der Handwerkskammer insoweit ein Klagerecht nicht zu; sie ist Beklagte. Aus dem gleichen Grund, angesichts der allgemeinen Übertragung der Zuständigkeit auf die Handwerkskammer, gilt dies auch im Fall von § 9 Abs. 1 S. 1 Nr. 2. 23

§ 10 [Handwerkskarte]

(1) ¹Die Eintragung in die Handwerksrolle erfolgt auf Antrag oder von Amts wegen. ²Wenn die Voraussetzungen zur Eintragung in die Handwerksrolle vorliegen, ist die Eintragung innerhalb von drei Monaten nach Eingang des Antrags einschließlich der vollständigen Unterlagen vorzunehmen. ³Hat die Handwerkskammer nicht innerhalb der Frist des Satzes 2 eingetragen, gilt die Eintragung als erfolgt. ⁴Die Vorschriften des Verwaltungsverfahrensgesetzes über die Genehmigungsfiktion gelten entsprechend.

(2) ¹Über die Eintragung in die Handwerksrolle hat die Handwerkskammer eine Bescheinigung auszustellen (Handwerkskarte). ²In die Handwerkskarte sind einzutragen der Name und die Anschrift des Inhabers eines Betriebs eines zulassungspflichtigen Handwerks, der Betriebssitz, das zu betreibende zulassungspflichtige Handwerk und bei Ausübung mehrerer zulassungspflichtiger Handwerke diese Handwerke sowie der Zeitpunkt der Eintragung in die Handwerksrolle. ³In den Fällen des § 7 Abs. 1 ist zusätzlich der Name des Betriebsleiters, des für die technische Leitung verantwortlichen persönlich haftenden Gesellschafters oder des Leiters eines Nebenbetriebs einzutragen. ⁴Die Höhe der für die Ausstellung der Handwerkskarte zu entrichtenden Gebühr wird durch die Handwerkskammer mit Genehmigung der obersten Landesbehörde bestimmt.

Literatur: BT-Dr.16/12784, Entwurf eines Gesetzes zur Umsetzung der Dienstleistungsrichtlinie im Gewerberecht und in weiteren Rechtsvorschriften, Entwurf der Bundesregierung vom 27.4.2009; Mann, Thomas, Randnotizen zur Umsetzung der Dienstleistungsrichtlinie im Gewerberecht, GewArch 2010, 93).

HwO § 10   Erster Teil: Ausübung eines Handwerks und eines handwerksähnlichen Gewerbes

Überblick

§ 10 legt fest, dass dem Gewerbetreibenden über die entweder auf Antrag oder von Amts wegen vorgenommene Eintragung in die Handwerksrolle gegen Entrichtung einer Gebühr eine Handwerkskarte auszustellen ist.

1   Der Vorschrift wurden in ihrem Abs. 1 mit Wirkung vom 28.12.2009 Neuregelungen in den S. 2–4 hinzugefügt (vgl. BT-Drs. 16/12784; dazu Mann GewArch 2010, 95). Damit wurden die Vorgaben der Richtlinien 2006/123/EG von EU-Parlament und EU-Rat vom 12.12.2006 über Dienstleistungen im Binnenmarkt umgesetzt (ABl. L 376 v. 27.12.2006, S. 36). – Abs. 2 war bereits durch die Novelle von 2003/2004 an die mit dieser erfolgten Neuregelungen redaktionell angepasst worden. Er gilt nun seit 2004 auch für Anlage B-Handwerker über § 20 S. 2. – Eine **Handwerkskarte** ist für B-Handwerke gesetzlich nicht vorgesehen, wird aber auch hier entsprechend praktischen Bedürfnissen von den Handwerkskammern ausgestellt. Es ist sinnvoll, die Regelungen über sie insoweit analog anzuwenden (vgl. Schwannecke/Krößig Rn. 1).

A. Eintragung in die Handwerksrolle (§ 10 Abs. 1)

I. Eintragung auf Antrag

2   Die Stellung eines Antrages auf Eintragung in die Handwerksrolle ist einer der beiden gesetzlich vorgesehenen Verfahrenswege, durch Eintragung die erforderliche Genehmigung für die Ausübung eines A-Handwerks zu erlangen. In der Praxis ist dies die regelmäßige Verfahrensvariante. Antragsberechtigt ist allein der Handwerker iSv § 1 S. 1, dh der Betriebsinhaber. Er kann einen Vertreter beauftragen (Schwannecke/Krößig Rn. 6).

3   **Formerfordernisse** für die Antragstellung sind gesetzlich nicht vorgesehen, sie ist mündlich, fernmündlich wie elektronisch zulässig (vgl. § 127 Abs. 2 BGB). Formularmäßige Antragstellung darf nicht verlangt werden. Der Antrag muss aber der rollenführenden Instanz (Handwerkskammer) zugehen und inhaltlich klar den Willen bekunden, die genehmigungspflichtige Tätigkeit unverzüglich oder zu einem bestimmten, zeitnahen Datum, aufzunehmen.

4   Die **erforderlichen Unterlagen** für die Eintragungsentscheidung müssen zeitgerecht vorgelegt werden (vgl. § 42 a Abs. 2 S. 2 VwVfG). Sie liegen bereits vor, wenn bei der betreffenden Handwerkskammer kurz zuvor die entsprechende Meisterprüfung abgelegt wurde. Die Unterlagen müssen **vollständig** sein. Sie müssen daher die Anforderungen nach § 10 Abs. 2 S. 1 sowie nach der Anlage D erfüllen.

5   Bei Eintragungen von **EU-Ausländern** sind die Regelungen der EU/EWR HwV (→ Rn. 1) zu beachten. Zu den Voraussetzungen der (Anerkennung der) **Echtheit von Urkunden** vgl. Art. 5 der EU-RL 2006/123/EG sowie Art. 6, 57 der EU-RL 2005/36/EG (vgl. näher Schwannecke/Krößig Rn. 15, 16).

II. Die Genehmigungsfiktion

6   Durch die Novelle des Jahres 2009 wurde (→ Rn. 1) die Genehmigungsfiktion nach § 42 VwVfG auch für die Eintragung in die Handwerksrolle eingeführt (siehe dazu Schwannecke/Krößig Rn. 17 ff.); sie soll Verzögerungen zu Lasten des Handwerks vermeiden. Die konstitutiven Wirkungen der Fiktion entsprechen vollständig denen der Eintragung. Der Antragsteller hat die Rechte und Pflichten eines Mitglieds der Handwerkskammer und muss die Eintragungsgebühr bezahlen.

7   Innerhalb der 3-Monatsfrist muss die Eintragungsentscheidung nicht nur (intern) erfolgt, sie muss auch bekannt gegeben worden sein (Schwannecke/Krößig Rn. 19). Die Eintragung hat bei positiver Entscheidung, selbstverständlich auch nach Ablauf der 3-Monatsfrist, zu erfolgen. – Die Genehmigungsfiktion hat die – nicht unbedenkliche – Folge, dass der Handwerksrolle nicht mehr mit Sicherheit die Genehmigung im Einzelfall und damit auch die Genehmigungslage als solche im betreffenden Handwerk entnommen werden kann. Die Fiktion gilt auch für zulassungsfreie und handwerksähnliche Tätigkeiten entsprechend (§ 20 S. 1) – insoweit allerdings nicht iSe, hier gar nicht erforderlichen, Genehmigung der Tätigkeit, sondern lediglich als Erfüllung aller Voraussetzungen, welche gesetzlich für diese Tätig-

III. Eintragung von Amts wegen

Das Gesetz sieht, neben der Eintragung auf Antrag, auch eine solche von Amts wegen vor, also selbst unabhängig von jeder auf Eintragung gerichteten Aktivität des Einzutragenden. Die Eintragung von Amts wegen ist ein VA (aA Schwannecke/Kräßig Rn. 10). Liegen der Handwerkskammer Informationen vor, nach denen ein Handwerker die Voraussetzungen der Eintragung erfüllt, so hat sie eine solche vorzunehmen (OVG Münster GewArch 1960, 276; BVerwG GewArch 1961, 65), auch gegen seinen Willen; dies entfaltet dann alle Wirkungen einer Eintragung auf Antrag. Die Handwerkskammer ist aber nicht verpflichtet, ihrerseits Ermittlungen anzustellen, ob in einem Fall alle Eintragungsvoraussetzungen erfüllt sind; Letzteres kommt nur in Betracht, wenn offensichtlich ohne besondere Schwierigkeiten Entscheidungsunterlagen behördlich ergänzt werden können, unabhängig selbst von einer Anforderung des Betroffenen. Ist dies nicht der Fall, so hat bei Bekanntwerden einer zulassungspflichtigen Tätigkeit die Handwerkskammer den Betreffenden zur Antragsstellung aufzufordern. Kommt er dem nicht nach, so ist ein Verfahren zum Verbot der Tätigkeit nach § 16 Abs. 3 ff. einzuleiten. Die Fortsetzung der Tätigkeit kann als Ordnungswidrigkeit nach § 117 geahndet werden. Dies alles gilt auch für nebenbetriebliche Tätigkeiten. 8

B. Die Handwerkskarte (§ 10 Abs. 2)

Die Ausstellung der Handwerkskarte ist als solche kein Verwaltungsakt, sondern Erteilung einer amtlichen Bescheinigung über die erfolgte Eintragung in die Handwerksrolle. Sie darf also nicht vor dieser, muss aber unverzüglich im Anschluss daran ausgestellt werden. Der Eingetragene hat darauf einen Rechtsanspruch, schon weil er sie der Gemeinde bei der Gewerbeanzeige vorzulegen hat (§ 16 Abs. 1); der Anspruch ist mit allgemeiner verwaltungsrechtlicher Klage durchzusetzen, da hier nur ein VA (Eintragung) dokumentiert wird. Ein Verzicht auf die Handwerkskarte – etwa zur Gebührenersparnis – ist nicht zulässig (VGH München VBl. 1972, 585; GewArch 1974, 91). 9

Der **Mindestinhalt** der Handwerkskarte ist gesetzlich festgelegt (§ 10 Abs. 2 S. 2 und 3). Er kann von der Handwerkskammer durch sachbezogene Angaben ergänzt werden, etwa zu einer erfolgten Meisterprüfung, oder wenn es der Feststellung von Kosten beim Abruf von Dienstleistungen der Handwerksorganisationen dienen soll. Auch die Form (Lichtbild) darf die Handwerkskammer bestimmen (Schwannecke/Kräßig Rn. 23). 10

Die Höhe der **Gebühr** für die Ausstellung der Handwerkskarte bestimmt die Handwerkskammer mit Genehmigung der obersten Landesbehörde (§ 10 Abs. 2 S. 4; § 113 Abs. 4). Sie kann mit der Eintragungsgebühr in die Handwerksrolle zusammengefasst werden (Detterbeck Rn. 4). Die jeweilige Gebührenhöhe ist unter Beachtung der allgemeinen Grundsätze des Gebührenrechts festzusetzen (Verwaltungsaufwand/Kostendeckung, wirtschaftlicher Nutzen für den Empfänger). – Bei Löschung der Eintragung ist die Karte der Handwerkskammer zurückzugeben (§ 13 Abs. 4). 11

§ 11 [Mitteilungspflicht der Handwerkskammer]

Die Handwerkskammer hat dem Gewerbetreibenden die beabsichtigte Eintragung in die Handwerksrolle gegen Empfangsbescheinigung mitzuteilen; gleichzeitig und in gleicher Weise hat sie dies der Industrie- und Handelskammer mitzuteilen, wenn der Gewerbetreibende dieser angehört.

Literatur: Wehr, BayVBl. 2000, 203.

Überblick

§ 11 legt fest, dass die Handwerkskammern iRd Eintragungsverfahrens in die Handwerksrolle eine Mitteilungspflicht zum einen gegenüber dem Gewerbetreibenden und unter bestimmten Voraussetzungen gegenüber den Industrie- und Handelskammern trifft, angesichts der Tatsache, dass die Eintragung in die Handwerksrolle für den Betroffenen nicht nur Rechte sondern auch Pflichten mit sich bringt.

A. Inhalt und Adressaten

1   Zur **Mitteilung verpflichtet** ist die Handwerkskammer, bei welcher das Eintragungsverfahren in die Handwerksrolle nach § 10 in Gang gesetzt worden ist. **Inhalt** der Mitteilung ist die „Absicht" der Handwerkskammer, die Eintragung vorzunehmen, damit also die handwerkliche Tätigkeit nach Anlage A zu genehmigen. Die Mitteilung hat mithin stets vor der Eintragung zu erfolgen. Kommt es zu einer Eintragung ohne diese Ankündigung, so ist das Verfahren der Eintragung fehlerhaft; dies (allein) begründet allerdings nicht die Anfechtung der Eintragung als solcher (→ Rn. 7 ff.; § 46 VwVfG; Detterbeck Rn. 10; aA Honig/Knörr Rn. 8).

2   Sinn der vorgängigen Mitteilung ist es, ersichtlich, nach Wortlaut und Zusammenhang des Gesetzes, den Adressaten derselben, dem Einzutragenden und der für ihn zuständigen IHK, **Gelegenheit zur Prüfung** zu geben, ob nach ihrer Auffassung der Eintragung in der beabsichtigten Form rechtliche Bedenken entgegenstehen. Auf diese Weise soll vermieden werden, dass nach der Eintragung diese alsbald im Verwaltungsrechtsweg angegriffen wird und sodann uU erneut aufwendige Verfahren über die Eintragung, etwa mit dem Ziel ihrer Änderung oder Löschung, stattfinden müssen. Daraus ergibt sich, dass den Adressaten eine – wenn auch nur kurze – **Zeit zur Prüfung der Mitteilung** bleiben muss, bevor sodann die Eintragung erfolgt.

3   **Inhalt** der Mitteilung ist die von der Handwerkskammer „beabsichtigte" Eintragung. Diese darf also erst erfolgen, wenn bei der Handwerkskammer die **Prüfung der Voraussetzungen der Eintragung** abgeschlossen ist. Die Mitteilung muss den genauen Inhalt der beabsichtigten Eintragung im Einzelnen erkennen lassen. Offene Fragen und Bedenken der Handwerkskammer zur Eintragung kann die Mitteilung enthalten; die Handwerkskammer darf darin aber kein Eintragungshindernis sehen. Ist letzteres der Fall, so muss die Handwerkskammer ihre Absicht, dennoch einzutragen, ausreichend begründen. – Eine beabsichtigte Ablehnung der Eintragung ist dagegen nach dem klaren Gesetzeswortlaut nicht mitteilungspflichtig.

4   Adressat der Mitteilung ist stets der **einzutragende Betriebsinhaber** (Honig/Knörr Rn. 2). Bei Ehegatten muss nicht jeder von eine Ausfertigung erhalten (BVerwG NVwZ 1992, 565). Notwendiger Adressat ist der Einzutragende stets, wenn die Eintragung von Amts wegen erfolgt (→ § 10 Rn. 8; Detterbeck Rn. 1; Honig/Knörr Rn. 4). Die Mitteilung ist aber an den Gewerbetreibenden auch dann zu richten, wenn er selbst den Antrag auf Eintragung gestellt hat (aA Detterbeck Rn. 1; Honig/Knörr Rn. 4; diff. Schwannecke/Taubert Rn. 1 bis 3).

5   Nach dem eindeutigen Gesetzeswortlaut muss auch ein **Antragsteller stets** die Mitteilung erhalten, mag auch eine sofortige Eintragung wegen eines diesbezüglichen Verfahrensfehlers nicht zwingend angefochten werden können (→ Rn. 1); aA Detterbeck Rn. 1, der sich gegen frühere Begründungen dieser Ansicht wendet. Dennoch ist an dieser festzuhalten: Dafür spricht nämlich bereits, dass Prüfungsgegenstand auch aus der Sicht eines Antragsstellers ja „die Eintragung insgesamt" ist, also vor allem auch die Inhaberschaft und die Beschreibung des Handwerks. Wenn diese dem Antrag nicht entspricht, so hat gerade der Antragsteller ein Recht darauf, eine solche, aus seiner Sicht unzutreffende Eintragung zu prüfen und zu ihrer Korrektur aufzufordern. Dies dient dann auch der Vermeidung weiterer Verfahren.

6   Adressat ist auch die **Industrie- und Handelskammer**, welcher ein Einzutragender zum Zeitpunkt der Prüfung durch die Handwerkskammer bereits angehört (klarer Gesetzeswortlaut); seine Absicht, idS tätig zu werden, genügt nicht (aA Schwannecke/Taubert Rn. 6); die Handwerkskammer könnte derartiges ja auch nicht ohne weiteres zweifelsfrei feststellen, und sie darf eine Aufnahmeentscheidung der Industrie- und Handelskammer nicht unterstellen, muss diese vielmehr abwarten. Die Eintragung in die Handwerksrolle kann rechtliche Folgerungen für die Annahme einer (gleichzeitigen) Mitgliedschaft in der Industrie- und Handelskammer haben (Detterbeck Rn. 1), weshalb diese auch die Eintragung anfechten kann (vgl. § 12; Schwannecke/Taubert Rn. 5). Die Industrie- und Handelskammer muss

nach dem Gesetzeswortlaut gleichzeitig mit dem Einzutragenden informiert werden (unklar Detterbeck Rn. 4).

B. Die Mitteilung als Verwaltungsakt und die Eintragung

Die Mitteilung ist als solche ein **selbständig anfechtbarer VA,** nach der stRspr des BVerfG (vgl. etwa GewArch 1961, 55; 1983, 139; GewArch 1992, 339; Detterbeck Rn. 7 mwN; Schwannecke/Taubert Rn. 11). Dies ergibt sich eindeutig bereits aus dem redaktionellen Zusammenhang zwischen §§ 11 und 12 iVm der Funktion der Mitteilung, eine vorgängige Prüfung durch den Einzutragenden und die Industrie- und Handelskammer zu ermöglichen, überdies aus der förmlichen und zeitorientierten Ausgestaltung der Mitteilungspflicht: Sie deutet auf eine Anfechtungsvoraussetzung hin – die Mitteilung beinhaltet die rechtliche Feststellung, dass die Eintragungsvoraussetzungen endgültig vorliegen (Wehr, BayVBl. 2000, 203; Schwannecke/Storck Rn. 2; aA Detterbeck Rn. 8). Die Handwerkskammer muss allerdings, schon nach allgemeinen Grundsätzen, gegebenenfalls den Inhalt ihrer Mitteilung überprüfen, auch nachdem diese erfolgt ist, und uU eine erneute Mitteilung versenden, wenn sich rechtliche Bedenken gegen die (erste) Mitteilung ergeben. 7

Sowohl die Mitteilung ist als solche ein VA, als auch die (etwa) nachfolgende Eintragung in die Handwerksrolle; deren VA-Qualität wird durch die der Mitteilung nicht ausgeschlossen. Der Auffassung, die Eintragung selbst sei schon wegen der VA-Qualität der Mitteilung lediglich ein Vollzugsakt ohne eigenständige Entscheidungsbedeutung (so VGH München GewArch 1976, 122; Schwannecke/Taubert Rn. 12), ist nicht zu folgen (Detterbeck Rn. 8). Denn die Funktion der Mitteilung ist ja Eröffnung einer Prüfungsmöglichkeit der künftigen Eintragungsentscheidung (→ Rn. 5), mit der sie aber nicht identisch und deren „Rechtsgrundlage" sie auch nicht ist. 8

C. Form der Mitteilung

Die Mitteilung hat „gegen Empfangsbestätigung" zu erfolgen, also durch Postsendung mit Rückschein. Sendeprotokolle beweisen nur die Absendung, nicht den Zugang (vgl. BGH NJW 1995, 221 für Fax-Übermittlung). 9

Im Fall der elektronischen Übermittlung des VA sind die Vorgaben von § 3a VwVfG zu beachten. Soweit der Empfänger den Zugang für elektronische Dokumente eröffnet hat, kann der VA elektronisch zugestellt werden. Gem. § 41 Abs. 2 S. 2 VwVfG gilt ein solcher elektronisch übermittelter VA als am dritten Tag nach Absendung bekannt gegeben, diese Vermutung ist jedoch widerleglich (Kopp/Ramsauer VwVfG § 3a Rn. 13). Störungen in der elektronischen Kommunikation gehen idR. zu Lasten des Absenders. 10

§ 12 [Verwaltungsrechtsweg]

Gegen die Entscheidung über die Eintragung eines der Industrie- und Handelskammer angehörigen Gewerbetreibenden in die Handwerksrolle steht neben dem Gewerbetreibenden auch der Industrie- und Handelskammer der Verwaltungsrechtsweg offen.

Überblick

§ 12 räumt der Industrie- und Handelskammer ein eigenes Klagerecht gegen die Eintragung eines bei ihr eingetragenen Gewerbetreibenden in die Handwerksrolle ein.

A. Gegenstand eines verwaltungsgerichtlichen Verfahrens

Die Vorschrift betrifft lediglich die (verwaltungs-)prozessualen Möglichkeiten im Zusammenhang mit der Eintragung in die Handwerksrolle, welche einem Gewerbetreibenden eröffnet sind, der bereits der Industrie- und Handelskammer angehört. Für seine Zugehörigkeit zur Industrie- und Handelskammer ist der Zeitpunkt maßgebend, in dem „die Entscheidung" über die Eintragung durch die Handwerkskammer ergeht. Diese Entscheidung bildet den 1

Gegenstand der verwaltungsgerichtlichen Klage, zu welcher der Gewerbetreibende wie die Industrie- und Handelskammer berechtigt ist. Nur diese beiden prozessualen Fragen werden hier handwerksrechtlich geregelt; iÜ gelten die verwaltungsprozessualen Bestimmungen der §§ 40 ff. VwGO.

2   „Entscheidung über die Eintragung" iSd Vorschrift ist (lediglich): die Mitteilung nach § 11, da sie einen selbstständig anfechtbaren VA darstellt (→ § 11 Rn. 7), dessen Regelungsgegenstand „die Eintragung" ist; die Ablehnung einer vom Gewerbetreibenden beantragten Eintragung (→ § 10 Rn. 1 ff.); die Entscheidung über die Eintragung als solche (Detterbeck § 11 Rn. 2, Honig/Knörr § 11 Rn. 2).

3   Dass gegen „Entscheidungen über die Eintragung" iSv → Rn. 2 der **Verwaltungsrechtsweg** offen steht, stellt nur eine ausdrückliche Bestätigung dessen dar, was ohnehin nach Art. 19 Abs. 4 GG und § 40 VwGO gilt: Die Entscheidung über die Eintragung ist eine hoheitliche Regelung, durch welche die Tätigkeit im A-Gewerbe erlaubt wird, die Handwerkskammer ist die dafür zuständige Behörde.

4   **Nicht Gegenstand** der Überprüfung im Verwaltungsrechtsweg ist der **Vollzug der Entscheidung über die Eintragung** als solche, gegen sie ist eine Vollstreckungsgegenklage (§ 173 VwGO iVm § 767 ZPO) nicht zulässig; gegenteiligen in früheren Gerichtsentscheidungen vertretenen Auff. (sowie noch in OVG Berlin NVwZ-RR 1989, 510; Schwannecke/Taubert Rn. 12) steht entgegen (überzeugend Detterbeck Rn. 14, 15), dass bei drohender Eintragung vorläufiger Rechtsschutz im VwGO-Verfahren beantragt werden kann, gegen bereits erfolgte Eintragung ist das Verfahren zur Löschung zulässig (§§ 13 Abs. 2, 14; aA insoweit Honig/Knörr Rn. 2). – Auch andere Maßnahmen als die in → Rn. 2 aufgeführten Entscheidungen können nicht Überprüfungsgegenstand sein, etwa eine Ermittlungstätigkeit (Detterbeck Rn. 23) der Handwerkskammer oder Hinweise derselben auf ordnungswidriges Verhalten.

5   Zulässige verwaltungsgerichtliche **Klagearten** sind: Gegen die Mitteilung nach § 11 als solche: die Anfechtungsklage (§ 42 VwGO); gegen die Ablehnung der Eintragung: die Verpflichtungsklage (§ 42 VwGO) (Detterbeck Rn. 22); gegen die Entscheidung der Eintragung – mit oder ohne vorgängige Mitteilung nach § 11 – die Anfechtungsklage (§ 42 VwGO). Eine vorbeugende Unterlassungsklage (allgemeine verwaltungsgerichtliche Leistungsklage) oder eine Feststellungsklage ist gegen eine „drohende Mitteilung" schon deshalb nicht zulässig, weil in dieses hier ablaufende Willensbildungsverfahren der Handwerkskammer nicht eingegriffen werden darf. Gegen die Entscheidung über die Eintragung als solche besteht dafür auch kein Rechtsschutzbedürfnis, weil bereits die Mitteilung angefochten werden kann; ist sie nicht ergangen, so steht gegen die Eintragungsentscheidung die Anfechtungsklage zur Verfügung, gegebenenfalls gegen ihre Ablehnung die Verpflichtungsklage, jeweils mit der Möglichkeit eines einstweiligen Rechtsschutzes (§§ 81, 123 VwGO) (Detterbeck Rn. 11). Eine Vollstreckungsgegenklage gegen den Vollzug der Eintragung ist unzulässig (→ Rn. 4).

B. Klageberechtigung

6   Eine nach § 12 erhobene verwaltungsgerichtliche Klage ist nur zulässig, wenn dafür die allgemeinen Voraussetzungen nach der VwGO erfüllt sind: Insbes. muss der Kläger, Gewerbetreibender wie Industrie- und Handelskammer, behaupten (können), in einem ihnen zustehenden subjektiven öffentlichen Recht gerade durch die mit dem betreffenden Inhalt beabsichtigte Eintragung verletzt zu sein (→ Rn. 4).

7   Beim **Gewerbetreibenden** trifft dies nur zu, wenn ihm damit die Genehmigung der Tätigkeit in einem A-Handwerk nicht in dem von ihm beantragten Umfang, oder, bei Amtseintragung nicht oder nicht so weitgehend erlaubt wird, wie es den dafür geltenden handwerksrechtlichen Voraussetzungen entsprechen könnte, insbes. der Qualifikation des Gewerbetreibenden. Ein Rechtsschutzbedürfnis steht ihm insoweit gegen alle Entscheidungen der Handwerkskammer (→ Rn. 2) zu.

8   Der **Industrie- und Handelskammer** steht dieses Rechtsschutzbedürfnis insoweit zu, als sie (bereits) in Folge der Mitteilung mit der Entscheidung der Handwerkskammer und/oder durch die Eintragungsentscheidung als solche in ihren körperschaftlichen Rechten verletzt wird, welche sie als Selbstverwaltungseinrichtung auch gegen den Staat wie gegen

Dritte (Handwerkskammer) geltend machen kann. Ein solcher Fall kommt dann in Betracht, wenn durch die (drohende) Eintragung der Status ihres Mitglieds, des Gewerbetreibenden, seiner Rechte- und Pflichtenlage, sich ändert, insbes. was seine Mitgliedschaft in der Industrie- und Handelskammer und (damit) auch seine Beitragspflicht zu dieser anlangt. Die **Ablehnung** einer Eintragung mit solcher Begründung wird die Industrie- und Handelskammer kaum rügen können, da ja dann die bisher von ihr nicht angefochtene Rechtslage bestehen bleibt. Allerdings mag sie kritisch geltend machen können, ihre Pflicht zur Förderung ihrer Mitglieder(kategorie) verlange, dass in solchen Fällen ein Gewerbetreibender zugleich auch als A-Handwerker sein könne, dürfe. Es kommt insoweit auf den Einzelfall an.

Unter diesen Voraussetzungen der → Rn. 6 gilt verwaltungsprozessual Folgendes: Eine Anfechtungsklage kann sowohl gegen eine vorgängige Mitteilung (§ 11) wie auch gegen die Eintragung als solche gerichtet werden (→ Rn. 2). Für eine Anfechtungsklage gegen die Mitteilung besteht nur ein Rechtsschutzbedürfnis im Fall einer Antragsstellung, wenn ihr Inhalt von dem Eintragungsinhalt abweicht, oder wenn eine Eintragung von Amtswegen vorgenommen werden soll (→ § 10 Rn. 8). Entscheidet die Handwerkskammer (dennoch) mitteilungsgemäß über die Eintragung, so kann gegen die so erfolgte Eintragung eine weitere Anfechtungsklage erhoben werden, verbunden mit einem Antrag auf antragsgemäße Eintragung. Die beiden Anfechtungsklagen können verbunden werden (§ 44 VwGO). Ergeht eine Entscheidung über die Eintragung ohne vorgängige Mitteilung, so ist nicht eine Klage auf eine solche, sondern nur gegen die Eintragungsentscheidung zulässig. Weicht diese von einer ergangenen und nicht angefochtenen Mitteilung ab, so muss sie insoweit eine Beschwerde für den Anfechtungsberechtigten (→ Rn. 6) enthalten, etwa weil die Abweichung auf Grund von nach der Mitteilung eingetretenen Umständen mit unvorhergesehenem Inhalt ergangen ist. Eine zweite Mitteilung sollte, muss aber in einem solchen Fall nicht ergehen (vgl. Detterbeck Rn. 1; § 46 VwVfG). 9

Werden Anfechtungsklagen nur von einem Gewerbetreibenden oder nur von der Industrie- und Handelskammer erhoben, so hat eine – notwendige – Beiladung des jeweils anderen Klägers zu erfolgen (§ 65 VwGO; OVG Koblenz GewArch 1986, 166). Fechten beide die Entscheidung an, so besteht notwendige Streitgenossenschaft (§ 62 ZPO, § 64 VwGO; Detterbeck Rn. 28). 10

Andere Personen können gegen die Entscheidung(en) über die Eintragung nicht klagen, insbes. nicht Sozialversicherungsträger (Detterbeck Rn. 27; Honig/Knörr Rn. 8; Schwannecke/Stork Rn. 9; VG Arnsberg GewArch 1963, 162). Dies gilt insbes. für die AOK (BVerwG GewArch 1966, 24). 11

§ 13 [Löschung in der Handwerksrolle]

(1) Die Eintragung in die Handwerksrolle wird auf Antrag oder von Amts wegen gelöscht, wenn die Voraussetzungen für die Eintragung nicht vorliegen.

(2) Wird der Gewerbebetrieb nicht handwerksmäßig betrieben, so kann auch die Industrie- und Handelskammer die Löschung der Eintragung beantragen.

(3) Die Handwerkskammer hat dem Gewerbetreibenden die beabsichtigte Löschung der Eintragung in die Handwerksrolle gegen Empfangsbescheinigung mitzuteilen.

(4) Wird die Eintragung in die Handwerksrolle gelöscht, so ist die Handwerkskarte an die Handwerkskammer zurückzugeben.

(5) ¹Die nach Absatz 1 in der Handwerksrolle gelöschten Daten sind für weitere dreißig Jahre ab dem Zeitpunkt der Löschung in einer gesonderten Datei zu speichern. ²Eine Einzelauskunft aus dieser Datei ist jedem zu erteilen, der ein berechtigtes Interesse glaubhaft darlegt, soweit der Betroffene kein schutzwürdiges Interesse an dem Ausschluß der Übermittlung hat. ³§ 6 Abs. 4 bis 6 gilt entsprechend.

Überblick

§ 13 beinhaltet die einzelnen Verfahrensschritte, die Voraussetzungen für, sowie die Konsequenzen einer Löschung einer Eintragung in die Handwerksrolle.

A. Allgemeines, Gegenstand

1   Die Vorschrift regelt nur die Löschung einer bereits **erfolgten Eintragung** in die Handwerksrolle; ihr Gegenstand ist allein der auf die Löschung gerichtete Antrag auf Rückgängigmachung einer früher ergangenen Eintragungsentscheidung als solcher (→ § 12 Rn. 2), nicht die Mitteilung nach § 11, ebenso wenig Maßnahmen der Handwerkskammer zur Vorbereitung des Löschungsverfahrens (→ § 12 Rn. 4 aE).

2   **Gegenstand und Inhalt** der Löschung(sentscheidung) ist **die Eintragung,** soweit deren Löschung beantragt wird, oder wegen Vorliegens der Voraussetzungen von Amtswegen vorzunehmen ist (→ Rn. 9 bzw. → Rn. 10). Die Löschung ist inhaltlich stets primär personenbezogen auf den Betriebsinhaber; hinsichtlich einzelner Betriebe eines solchen kann sie jedoch ebenfalls erfolgen (VGH Mannheim GewArch 2001, 81).

3   Die Löschung als solche **wirkt konstitutiv**, vom Zeitpunkt ihrer vollzugsmäßigen Vornahme an (ex nunc). Eine Rückwirkung tritt lediglich im Falle des Todes des Inhabers ein, mit Wirkung ab diesem Zeitpunkt (Detterbeck Rn. 7; → Rn. 7).

4   Auf die Löschung besteht ein **Rechtsanspruch des betreffenden Antragstellers,** bei Wegfall der Voraussetzungen des Weiterbestehens der Eintragung (→ Rn. 7 f.). Diesem Anspruch steht eine Bestandskraft der Eintragung nicht entgegen, da ein Dauerverwaltungsakt vorliegt, wohl aber uU die Rechtskraft einer Klage gegen die Löschung, wenn diese abgewiesen wurde, solange sich die Umstände nicht geändert haben. Erfolgt eine Löschung von Amts wegen (→ Rn. 9), gegen den Willen des Gewerbetreibenden, so steht diesem ein Vertrauensschutz nicht zur Verfügung, schon wegen der Publizitätsbedeutung der Handwerksrolle. Ein Vertrauensschaden kann nach §§ 48 ff. VwVfG in Betracht kommen (vgl. Detterbeck Rn. 4).

5   Seit der Umstellung der Eintragungskriterien der Eintragung auf insbes. Gefahrenabwehr ist das Löschungsverfahren, bei Vorliegen der Voraussetzungen, so zügig wie möglich durchzuführen, erforderliche Ermittlungen sind, vor allem bei Löschung von Amts wegen, auf das rechtsstaatlich unabdingbare Minimum zu beschränken.

B. Sachliche Voraussetzungen eine Löschung

6   Eine Löschung hat zu erfolgen, wenn die sachlichen Voraussetzungen für den Weiterbestand der Eintragung und deren Wirkung weggefallen sind (Detterbeck Rn. 2); es muss insoweit eine **wesentliche Änderung der Sachlage** eingetreten sein (VG Köln GewArch 1962, 483). Erst nach Ablauf eines Jahres darf die Löschung erfolgen (§ 14). Das Vorliegen eines der zahlreichen Löschungsgründe genügt:

7   Die wichtigsten Löschungsgründe sind Folgende (vgl. Detterbeck Rn. 5): Wandlung des eingetragenen Handwerks zum **Industriebetrieb**; Fehlen des erforderlichen **Betriebsleiters** (§ 7 Abs. 1; OVG Koblenz GewArch 1994, 66); **Fristablauf** einer erteilten Ausnahmebewilligung, insbes. sofern andere Eintragungsvoraussetzungen, etwa Bestehen der Meisterprüfung, nicht erfüllt sind (BVerwG GewArch 1962, 9); bestandskräftige **Untersagung** des Gewerbebetriebs (§ 16 Abs. 3, § 35 GewO; BVerwG GewArch 1992, 340); **Aufgabe des Gewerbebetriebs** oder **Unterlassen seines Beginns**, nicht aber zeitweise Nichtausübung der A-Tätigkeit (Honig/Knörr Rn. 11); **Tod des Betriebsinhabers** (→ Rn. 3). **Kein Löschungsgrund** sind Alter, Unzuverlässigkeit ohne ein entsprechendes Gewerbeverbot, körperliche Mängel (Detterbeck Rn. 5), beabsichtigte Rechtsformänderung (VGH Kassel GewArch 1988, 199).

8   Eine **Prüfungspflicht** obliegt der Handwerkskammer hinsichtlich der Löschungsgründe nur in beschränktem Umfang: Sie muss insbes. bei einer Veränderung des Handwerks in einen Industriebetrieb keine aufwendigen Ermittlungen durchführen (vgl. BVerwG GewArch 1992, 340; Honig/Knörr Rn. 6), sondern kann sich auf die Prüfung der formellen Löschungsvoraussetzungen beschränken (BVerwG NVwZ-RR 1997, 423 (424)). Ein **Ermessen** steht ihr nicht zu, wohl aber ein Beurteilungsspielraum der rechtlichen und tatsächlichen Umstände.

C. Löschung auf Antrag (§ 13 Abs. 1, 2)

Die Löschung erfolgt auf entsprechenden Antrag des **Gewerbetreibenden,** seines Vertreters, im Fall seines Todes des überlebenden Ehegatten oder Erben. Antragsberechtigt ist, unabhängig davon, die **Industrie- und Handelskammer** (Abs. 2), aber nur mit der Begründung, das Gewerbe werde nicht (mehr) handwerksmäßig betrieben (→ Rn. 7; VGH Mannheim GewArch 1970, 274). Das Antragsrecht steht der Industrie- und Handelskammer unabhängig davon zu, ob der Gewerbetreibende ihr angehört; der Antrag kann auch gegen seinen Willen gestellt werden. Die sachliche und zeitliche Beschränkung der Antragsstellung nach § 14 S. 2 ist zu beachten.

D. Löschung von Amts wegen

Eine Löschung hat auch von Amts wegen durch die Handwerkskammer zu erfolgen, wenn die Voraussetzungen dafür gegeben sind (→ Rn. 6). Änderungen nach → Rn. 7 oder bei Gesetzesänderungen geben am häufigsten Anlass dazu (vgl. Schwannecke/Taubert Rn. 13). Hinzu kommen Konstellationen, in denen eine Eintragung erschlichen wurde. Die Regelung über die Eintragung (→ § 10 Rn. 8) gilt entsprechend. Die Handwerkskammer muss Ermittlungen nur anstellen, wenn ihr Informationen vorliegen, welche auf eine Unzulässigkeit (weiterer Wirkungen) der Eintragung hindeuten. Ohne einen solchen Anlass hat sie nicht von sich aus Ermittlungen anzustellen, etwa gar laufend (vgl. Honig/Knörr Rn. 6). Ein Rechtsanspruch auf Löschung von Amts wegen steht niemanden zu (Detterbeck Rn. 9).

E. Mitteilung und Entscheidung über die Löschung (§ 13 Abs. 3)

IRd Löschungsverfahrens ist, ebenso wie bei der Eintragung (vgl. § 10), eine vorgängige Mitteilung der Löschungsabsicht durch die Handwerkskammer an den Gewerbetreibenden vorgesehen (§ 13 Abs. 3; → § 11 Rn. 1 ff). Für das Verhältnis der Mitteilung zu der Löschungsentscheidung als solcher und dem Vollzug der Löschung gilt auch das zu → § 12 Rn. 2 ff. Ausgeführte. Eine Mitteilung an die Industrie- und Handelskammer ist in keinem Fall vorgesehen (Detterbeck Rn. 11).

Die **Mitteilung als solche ist ein VA** (BVerwG stRspr, vgl. etwa GewArch 1983, 140; 1994, 248; vgl. Detterbeck Rn. 12 mwN). Gleiches gilt für die Löschungsentscheidung, nicht aber für deren Vollzug. Hinsichtlich der gerichtlichen Überprüfung bei der Verwaltungsakte gilt das zu → § 12 Rn. 10 Ausgeführte entsprechend, insbes. zur Anfechtung von Mitteilung und Löschungsentscheidung. Nicht der Vollzug der Löschung ist Anfechtungsgegenstand, sondern die Entscheidungen über die vorzunehmende Löschung, soweit sie Dauerwirkung entfalten (vgl. dazu Detterbeck Rn. 13 ff.). Sofortige Vollziehung eines Löschungsbescheids kommt insbes. bei spezieller Gefahrenneigung der zu untersagenden Tätigkeit in Betracht (Honig/Knörr Rn. 19). Die Kosten des Löschungsverfahrens trägt der Gewerbetreibende (vgl. Honig/Knörr Rn. 18).

F. Rückgabe der Handwerkskarte (§ 13 Abs. 4)

Die Handwerkskarte (→ § 10 Rn. 9 ff.) ist nach erfolgter Löschung (vgl. den Wortlaut zu Abs. 3 und 4) an die Handwerkskammer zurückzugeben. Die entsprechende Aufforderung durch die Handwerkskammer an den Gewerbetreibenden ist ein Verwaltungsakt (VGH München GewArch 1982, 377; Honig/Knörr Rn. 23). Welcher Grund die Löschung hat erforderlich werden lassen (→ Rn. 7) ist gleichgültig (OVG Münster GewArch 1965, 204). Die Rückgabe ist erforderlichenfalls im Wege des Verwaltungszwangs durchzusetzen (Zwangsgeld nach § 112; vgl. Honig/Knörr Rn. 24 mwN).

G. Aufbewahrung von Altdaten (§ 13 Abs. 5)

Sinn und Zweck der Aufbewahrungspflicht ergeben sich aus dem Wesen der Handwerksrolle als eines öffentlichen Registers (Detterbeck Rn. 19 f.). Es stehen sich berechtigte Interessen auf Auskunft und der Datenschutz des Gewerbetreibenden gegenüber (S. 2). Listenmäßige Auskünfte sind hier jedoch nicht zulässig.

§ 14 [Beschränkung des Antrags auf Löschung]

¹Ein in die Handwerksrolle eingetragener Gewerbetreibender kann die Löschung mit der Begründung, dass der Gewerbebetrieb kein Betrieb eines zulassungspflichtigen Handwerks im Sinne des § 1 Abs. 2 ist, erst nach Ablauf eines Jahres seit Eintritt der Unanfechtbarkeit der Eintragung und nur dann beantragen, wenn sich die Voraussetzungen für die Eintragung wesentlich geändert haben. ²Satz 1 gilt für den Antrag der Industrie- und Handelskammer nach § 13 Abs. 2 entsprechend.

Überblick

In Ergänzung zu dem in §§ 10–13 geregelten Antragsrecht auf Eintragung in die Handwerksrolle bzw. die Löschung einer Eintragung regeln die §§ 14, 15 Sperrfristen für eine erneute diesbezügliche Eintragung, ohne dass sie eine eigene Anspruchsgrundlage darstellen.

A. Regelungsgegenstand von § 14 und § 15: Löschung der Eintragung

1   Der Regelungsgegenstand der beiden Bestimmungen ist insofern der gleiche, als es in beiden um eine Eintragung in die Handwerksrolle geht: In der in § 14 normierten Konstellation soll eine erfolgte Eintragung gelöscht, im Fall des § 15 eine gelöschte Eintragung erneut vorgenommen werden. Die Voraussetzungen für Zulässigkeit und Begründetheit beider Forderungen entsprechen sich: Jeweils ist eine zeitliche Antragssperre vorgesehen, sowie der Nachweis der Änderung der Lage, in der die positive oder negative Eintragsentscheidung getroffen worden war.

2   Die beiden Bestimmungen gewähren nicht als solche bestimmte neue Ansprüche; sie regeln vielmehr nur nähere Voraussetzungen von Rechten, welche einem Gewerbetreibenden sowie der Industrie- und Handelskammer gegen Eintragung und Löschung von Gewerbetreibenden in der Handwerksrolle zustehen. Solche Ansprüche, gegen oder auf hoheitliche Genehmigungsentscheidungen der Zulassung zu einem Handwerk nach Anlage A, stehen den durch sie betroffenen Gewerbetreibenden und der jeweiligen Industrie- und Handelskammer bereits nach Verfassungsrecht (Art. 19 Abs. 4 GG) sowie nach Gesetzesrecht (§ 42 VwGO – Anfechtungs- und Verpflichtungsklage) zu. Sie werden hier lediglich an spezielle Voraussetzungen (frühere, wesentliche Änderung der Genehmigungslage) geknüpft. Deren Vorliegen ist jeweils, auf entsprechenden Antrag der Betroffenen (Gewerbetreibene; IHK) besonders zu überprüfen: Auf ein Tätigwerden der Handwerkskammer von Amts wegen richten sie sich nicht.

3   Die beiden Fälle, auf die sich die Regelungen beziehen, entsprechen sich in umgekehrter Gestaltung: Im Regelfall des § 14 erstreben von einer erfolgten Eintragung Betroffene deren Löschung, in dem des § 15 wenden sie sich gegen eine erfolgte Löschung. Sinn und Zweck beider Regelungen ist es gleichermaßen, Rechtsstreitigkeiten um die Berechtigung einer Eintragung in die Handwerksrolle durch enge(re) Voraussetzungen einzugrenzen als die, unter welchen nach den Regelungen der VwGO und des VwVfG bereits ergangene **positive oder negative Entscheidungen** über eine Eintragung in die Handwerksrolle rechtlich angegriffen werden könnten; diese sind nur solche, welche die Eintragung als solche zum Gegenstand haben, nicht aber die Absichtserklärungen der Handwerkskammer nach §§ 11 und 13 Abs. 3. Gegenstand der Regelung nach § 14 ist also auch eine etwa erfolgte Ablehnung eines Antrags auf Löschung (Honig/Knörr Rn. 4; Detterbeck Rn. 3). Eine gewisse **Kontinuität** der Rolleneintragungslage soll gesichert, die Handwerkskammer nicht ständig Rechtsstreitigkeiten über deren Berechtigung ausgesetzt werden (vgl. Detterbeck Rn. 1).

4   Voraussetzung für ein Eingreifen der Regelungen ist stets ein **Antrag** der Betroffenen (Gewerbetreibende, IHK). Der Begriff des antragsberechtigten Gewerbetreibenden entspricht dem des § 1; Gegenstand ist nur eine Eintragung in die Handwerksrolle, unter den Voraussetzungen der Zulassungspflicht zu einer handwerksrechtlichen Tätigkeit nach § 1 Abs. 2. Dabei muss es sich stets um denselben Betrieb handeln, der bereits Eintragungsgegenstand war (Honig/Knörr Rn. 3).

B. Voraussetzungen eines Anspruchs auf Rück- oder Vornahme einer Löschung

Beide Anträge auf Rücknahme (§ 14) wie Vornahme (§ 15) einer Löschung in der Handwerksrolle können nur unter **zwei Voraussetzungen** gestellt werden, welche beide kumulativ vorliegen müssen (Schwannecke/Storck Rn. 8): Zunächst „Ablauf einer **Jahresfrist**, beginnend mit dem Tag des Eintritts der Bestandskraft – oder deren Bestätigung durch Rechtskraft (§ 121 VwGO) einer verwaltungsgerichtlichen Entscheidung" – der jeweils vom betroffenen Gewerbetreibenden oder der IHK angegriffenen positiven oder negativen Eintragungsentscheidung(en) (→ Rn. 3). Diese **„Sperrfrist"** von einem Jahr ist die wichtigste Regelung, welche die Kontinuität der Eintragungslage in die Handwerksrolle sicherstellen soll. Die zweite einschränkende Voraussetzung für eine erfolgreiche Beseitigung der bisherigen Eintragungsentscheidungen ist der Nachweis, dass sich die **Voraussetzungen** für die Eintragung (§ 14) oder deren Ablehnung (§ 15) **wesentlich geändert** haben, weil der eingetragene Betrieb kein solcher eines zulassungspflichtigen Handwerks (mehr) sei (§ 14) – oder zu einem solchen geworden sei (§ 15).

5

Diese **Änderung der Voraussetzungslage** einer (Nicht-)Eintragung in die Handwerksrolle ist die einzige zulässige Begründung für eine Aufhebung bisheriger negativer oder positiver Eintragungsentscheidungen. Andere Gründe als Änderungen, welche die (Nicht-)Zulassungspflicht gerade des (nicht) eingetragenen Betriebs betreffen, können gegen diese Eintragungsentscheidungen nicht geltend gemacht werden; weder genügt dafür eine inzwischen erfolgte Betriebsaufgabe (Honig/Knörr Rn. 1), noch Gründe in der Person des Betriebsinhabers oder des Betriebsleiters (Detterbeck Rn. 4); sie sind iRd § 13 Abs. 1 u. 2 zu berücksichtigen. Bei §§ 14, 15 kann also nur eine **Änderung von Art oder Gegenstand der betrieblichen Tätigkeit** geltend gemacht werden („konkrete betriebliche Gründe", VG Köln GewArch 2002, 483). Diese allein können nicht jederzeit, also sogleich nach der Unanfechtbarkeit der (Nicht-)Eintragungsentscheidung, vorgebracht werden. Hauptsächlicher Grund dafür ist, dass andernfalls, angesichts einer möglicherweise fluktuierenden Ausrichtung/Schwerpunktbildung betrieblicher Aktivitäten, die Handwerkskammer in ständige und aufwendige Überprüfungen einer oft nur schwer zu beurteilenden Tatsachenlage gedrängt würde.

6

Die **betrieblichen Voraussetzungsänderungen** der Eintragungslage müssen von **wesentlichem Gewicht** für diese letztere sein, wobei es auf den Einzelfall ankommen soll (Schwannecke/Storck Rn. 8). Jedenfalls müssen sie zur notwendigen rechtlichen Folge führen, dass eine neue Entscheidung über die Eintragslage zu ergehen hat (Detterbeck Rn. 6). Nicht erforderlich ist, dass die Eintragung nunmehr als nichtig anzusehen wäre. Eine beachtliche Verschiebung ist etwa anzunehmen bei einer Änderung der Anlage A, hinsichtlich der betreffenden Tätigkeit (Detterbeck Rn. 5). In der (etwa anzufechtenden) Eintragungsentscheidung sollten also – dafür mag diese Regelung der §§ 14, 15 sprechen – möglichst erschöpfend die betreffenden Gründe genannt werden, auf welche sie sich bei ihrem Ergehen stützen sollte, damit das Vorliegen der Voraussetzungen einer Änderung der Eintragungslage nunmehr überzeugend beurteilt werden kann. „Alle denkbaren" Voraussetzungen werden sich allerdings selten in den anzufechtenden Entscheidungen finden können (zu weitgehend daher Detterbeck Rn. 7).

7

Die Änderung der Voraussetzung(en) welche einen Antrag für oder gegen eine Eintragung begründen, muss **nach der Eintragung** bzw. deren Ablehnung eingetreten sein (Detterbeck Rn. 9). War dies bereits vorher der Fall, ist die Änderung aber erst nach diesem Zeitpunkt bekannt geworden, so muss dennoch von diesem letzten Zeitpunkt an ein Antrag zulässig sein. Behördliches Entscheidungsermessen (vgl. § 48 VwVfG) ist in diesem Fall nicht gegeben; denn die Handwerksordnung will die „Registerwahrheit" der Handwerksrolle insoweit abschließend regeln.

8

Eine **Änderung der Rechtsauffassung** hinsichtlich der Eintragungsvoraussetzungen ist ebenfalls als eine in diesem Zusammenhang beachtliche Änderung anzusehen (vgl. BVerfG GewArch 1964, 105; Detterbeck Rn. 8). Dies gilt etwa für die Beurteilung von Betriebsformen des Handwerksunternehmens (OVG Münster GewArch 1960, 256). Voraussetzung ist allerdings, dass insoweit eine Änderung der hA festzustellen ist, wobei diese auch erst nach

9

der Eintragung eingetreten sein kann, → Rn. 8. Vereinzelte Gerichtsentscheidungen können nicht genügen (Honig/Knörr Rn. 8), ebenso wenig gelegentliche Vorgänge in der Praxis.

C. Verfahrensrecht

10   Die Unterscheidung zwischen Zulässigkeit und Begründetheit (vgl. dazu Detterbeck Rn. 10) ist bei diesen Anträgen zwar grds. zugrunde zu legen, wobei eine Überprüfung von Fristablauf und substanziierten Geltendmachen einer wesentlichen Änderung der Voraussetzungen iRd Zulässigkeitsprüfung stattzufinden hat. In der Praxis werden aber Zulässigkeit und Begründetheit im Verbund stattfinden (vgl. Honig/Knörr Rn. 11).

§ 15 [Erneuter Eintragungsantrag nach Ablehnung]

Ist einem Gewerbetreibenden die Eintragung in die Handwerksrolle abgelehnt worden, so kann er die Eintragung mit der Begründung, daß der Gewerbebetrieb nunmehr Handwerksbetrieb ist, erst nach Ablauf eines Jahres seit Eintritt der Unanfechtbarkeit der Ablehnung und nur dann beantragen, wenn sich die Voraussetzungen für die Ablehnung wesentlich geändert haben.

Überblick

Eine Kommentierung erfolgt bei → § 14 Rn. 1 ff.

§ 16 [Anzeigepflicht bei Betriebsbeginn; Untersagung der Fortsetzung]

(1) ¹Wer den Betrieb eines zulassungspflichtigen Handwerks nach § 1 anfängt, hat gleichzeitig mit der nach § 14 der Gewerbeordnung zu erstattenden Anzeige der hiernach zuständigen Behörde die über die Eintragung in die Handwerksrolle ausgestellte Handwerkskarte (§ 10 Abs. 2) vorzulegen. ²Der Inhaber eines Hauptbetriebs im Sinne des § 3 Abs. 3 hat der für die Entgegennahme der Anzeige nach § 14 der Gewerbeordnung zuständigen Behörde die Ausübung eines handwerklichen Neben- oder Hilfsbetriebs anzuzeigen.

(2) Der Gewerbetreibende hat ferner der Handwerkskammer, in deren Bezirk seine gewerbliche Niederlassung liegt oder die nach § 6 Abs. 2 für seine Eintragung in die Handwerksrolle zuständig ist, unverzüglich den Beginn und die Beendigung seines Betriebes und in den Fällen des § 7 Abs. 1 die Bestellung und Abberufung des Betriebsleiters anzuzeigen; bei juristischen Personen sind auch die Namen der gesetzlichen Vertreter, bei Personengesellschaften die Namen der für die technische Leitung verantwortlichen und der vertretungsberechtigten Gesellschafter anzuzeigen.

(3) ¹Wird der selbständige Betrieb eines zulassungspflichtigen Handwerks als stehendes Gewerbe entgegen den Vorschriften dieses Gesetzes ausgeübt, so kann die nach Landesrecht zuständige Behörde die Fortsetzung des Betriebs untersagen. ²Die Untersagung ist nur zulässig, wenn die Handwerkskammer und die Industrie- und Handelskammer zuvor angehört worden sind und in einer gemeinsamen Erklärung mitgeteilt haben, dass sie die Voraussetzungen einer Untersagung als gegeben ansehen.

(4) ¹Können sich die Handwerkskammer und die Industrie- und Handelskammer nicht über eine gemeinsame Erklärung nach Absatz 3 Satz 2 verständigen, entscheidet eine von dem Deutschen Industrie- und Handelskammertag und dem Deutschen Handwerkskammertag (Trägerorganisationen) gemeinsam für die Dauer von jeweils vier Jahren gebildete Schlichtungskommission. ²Die Schlichtungskommission ist erstmals zum 1. Juli 2004 zu bilden.

(5) ¹Der Schlichtungskommission gehören drei Mitglieder an, von denen je ein Mitglied von jeder Trägerorganisation und ein Mitglied von beiden Trägerorganisationen gemeinsam zu benennen sind. ²Das gemeinsam benannte Mitglied führt den

Vorsitz. ³Hat eine Trägerorganisation ein Mitglied nicht innerhalb von einem Monat nach Benennung des Mitglieds der anderen Trägerorganisation benannt, so erfolgt die Benennung durch das Bundesministerium für Wirtschaft und Energie. ⁴Das Bundesministerium für Wirtschaft und Energie benennt auch das vorsitzende Mitglied, wenn sich die Trägerorganisationen nicht innerhalb eines Monats einigen können, nachdem beide ihre Vorschläge für das gemeinsam zu benennende Mitglied unterbreitet haben. ⁵Die Schlichtungskommission gibt sich eine Geschäftsordnung.

(6) Das Bundesministerium für Wirtschaft und Energie wird ermächtigt, durch Rechtsverordnung mit Zustimmung des Bundesrates das Schlichtungsverfahren zu regeln.

(7) Hält die zuständige Behörde die Erklärung nach Absatz 3 Satz 2 oder die Entscheidung der Schlichtungskommission für rechtswidrig, kann sie unmittelbar die Entscheidung der obersten Landesbehörde herbeiführen.

(8) Bei Gefahr im Verzug kann die zuständige Behörde die Fortsetzung des Gewerbes auch ohne Einhaltung des Verfahrens nach Absatz 3 Satz 2 und Absatz 4 vorläufig untersagen.

(9) Die Ausübung des untersagten Gewerbes durch den Gewerbetreibenden kann durch Schließung der Betriebs- und Geschäftsräume oder durch andere geeignete Maßnahmen verhindert werden.

(10) ¹Die Schlichtungskommission kann auch angerufen werden, wenn sich in den Fällen des § 90 Abs. 3 die Handwerkskammer und die Industrie- und Handelskammer nicht über die Zugehörigkeit eines Gewerbetreibenden zur Handwerkskammer oder zur Industrie- und Handelskammer einigen können. ²Die Absätze 4 bis 6 gelten entsprechend. ³Hält der Gewerbetreibende die Entscheidung der Schlichtungskommission für rechtswidrig, so entscheidet die oberste Landesbehörde. ⁴§ 12 gilt entsprechend.

Literatur: BT-Drs. 15/1206, Entwurf eines Dritten Gesetzes zur Änderung der Handwerksordnung und anderer handwerksrechtlicher Vorschriften, Gesetzesentwurf der Fraktionen SPD und BÜNDNIS 90/DIE GRÜNEN v. 24.06. Dürr, Wolfram, Vorrang Handwerksrolleneintragung vor Gewerbeanzeige, § 16 Abs. 1 HwO – § 14, 15 GewO, GewArch 2006, 107; Herrmann, Joachim, Zum Verhältnis von Gewerbeanzeige und Handwerksrolleneintragung, Erwiderung auf Wolfram Dürr, GewArch 2006, 107 ff. GewArch 2006, 458; Odenthal, Hans-Jörg, Die Gewerbeuntersagung nach § 15 Abs. 2 GewO, GewArch 2001, 448).

Überblick

§ 16 Regelt die Anzeigepflicht bei Betriebsbeginn des Betriebsinhabers (→ Rn. 4 ff.), sowie die Voraussetzungen für die Gewebeuntersagung durch die zuständige Ordnungsbehörde (→ Rn. 9 ff.)

Übersicht

	Rn.		Rn.
A. Die Änderung im Jahre 2003	1	E. Insbes.: Das Verfahren der Betriebsuntersagung (§ 16 Abs. 3)	16
B. Anzeigepflicht gegenüber der Gewerbeaufsicht (§ 16 Abs. 1)	4	I. Gemeinsame Erklärung von Industrie- und Handelskammer und Handwerkskammer	16
I. Gegenstand, Form	4	II. Die Schlichtungskommission (§ 16 Abs. 4 bis 6)	18
II. Verpflichtete	5	III. Das Schlichtungsverfahren	20
III. Zuständige Behörde	6	IV. Vorläufige Betriebsuntersagung (§ 16 Abs. 8)	23
IV. Wirkung	7	V. Entscheidung durch die Oberste Landesbehörde (§ 16 Abs. 7)	25
C. Anzeigepflicht gegenüber der Handwerkskammer (§ 16 Abs. 2)	8	F. Vollstreckung der Untersagungsentscheidung (§ 16 Abs. 9)	26
D. Betriebsuntersagung (§ 16 Abs. 3, 9)	9	G. Verwaltungsstreitverfahren	27
I. Unzulässigkeit der Betriebstätigkeit	9	H. Streitigkeiten über Kammerzugehörigkeit von Kleingewerbetreibenden (§ 16 Abs. 10)	31
II. Voraussetzungen der Betriebsuntersagung	11		
III. Behördliche Entscheidungsspielräume	13		
IV. Inhalt der Untersagungsverfügung	15		

A. Die Änderung im Jahre 2003

1 § 16 wurde durch die Novellierung der Handwerksordnung im Jahre 2003 grundlegend geändert (BGBl. I 2934 ff.). Ziel war die Abschwächung des Einflusses der Handwerkskammer im Verfahren über die Untersagung der Fortsetzung des Betriebs von Handwerksunternehmen. Dem steht eine Verstärkung des Einflusses der Industrie- und Handelskammer gegenüber, sowie des verfahrensrechtlichen Schutzes betroffener Handwerker. Die Neuregelung von 2003 hat damit teilweise die Rechtslage von 1965 wieder hergestellt, vor allem aber die Bedeutung eines Fehlens der Meisterprüfung verfahrensrechtlich einer verschärften Prüfungspflicht unterworfen (BT-Drs. 15/1206, 31 f.). Auch dies wirkt sich im Ergebnis als eine Schwächung der Handwerkskammer bei der Durchsetzung der Meisterpflicht aus (vgl. dazu Detterbeck Rn. 1–4).

2 Der Handwerkskammer steht **kein Antragsrecht auf Betriebsuntersagung** mehr zu. Sie kann auch **nicht klagen** gegen eine Ablehnung der Betriebsuntersagung durch die zuständige Behörde (etwa der Gemeinde, in der die Betriebsstätte örtlich belegen ist, oder einer „einheitlichen Stelle" iSv § 5 b) oder gegen Gewerbetreibende, auf Feststellung der Unzulässigkeit ihrer Betriebsausübung. Eine Betriebsuntersagung darf sie allein auch nicht bei diesen Behörden anregen (vgl. § 16 Abs. 3 S. 2, Abs. 4). Eine **gemeinsame Erklärung** von Handwerkskammer und Industrie- und Handelskammer ist vorgesehen, und zwar nur als Voraussetzung der Fortsetzung eines von der Gewerbeaufsichtsbehörde nach deren Ermessen eingeleiteten Verfahrens (§ 16 Abs. 3 S. 1). Begründet wird diese tiefgreifende Veränderung des bis 2003 geltenden Rechtszustands vom Gesetzgeber (BT-Drs. 15/1206, 31) mit offenem Misstrauen gegenüber einer Praxis der Handwerkskammern: Diese hätten insbes. das Fehlen einer Meisterqualifikation nicht hinreichend großzügig bei der Handwerkszulassung als eine Ausnahme berücksichtigt. IErg ging es also erneut um eine **Abschwächung der Meisterpflicht**, über zusätzliche verfahrensrechtliche Sicherungen von Betroffenen.

3 Die frühere – damit wieder aufgenommene – Begründung der Schwächung der Handwerkskammer, diese werde durch eine unzulässige Handwerksausübung in (einzelnen) Betrieben nicht in ihren formellen subjektiv-öffentlichen Rechtspositionen beeinträchtigt (vgl. Detterbeck Rn. 2), verkennt die Aufgabenstellung der Handwerkskammer nach § 91 Abs. 1 (insbes. Nr. 1, 6): Die Untersagung von handwerksrechtlich unzulässigen Tätigkeiten ist eine zentrale Prüfungs- und Entscheidungsaufgabe iRd Förderung der Interessen des Handwerks; hier geht es vor allem um einen „gerechten Ausgleich der Interessen der einzelnen Handwerke", im Schutz gegen gesetzwidrige Wettbewerbstätigkeit. Das Ergebnis der Novelle von 2003 – weitestgehender Ausschluss der Handwerkskammer aus einem Zentralbereich der gewerberechtlichen Kontrolle des Handwerks – ist ein Systembruch in der normativen Gesamtstruktur des Handwerksrechts.

B. Anzeigepflicht gegenüber der Gewerbeaufsicht (§ 16 Abs. 1)

I. Gegenstand, Form

4 **Gegenstand der Anzeigepflicht** ist die Aufnahme des Betriebs eines selbständigen, stehenden Gewerbes, einer Zweigniederlassung desselben oder einer selbständigen Zweigstelle, deren Verlegung, der Wechsel des Gewerbegegenstandes, oder die Betriebsaufgabe (§ 14 Abs. 1), auch wenn diese in Folge einer Betriebsuntersagung erfolgt (KG GewArch 1993, 475), nach näherer Maßgabe dieser Bestimmung iÜ. Diese allgemeine gewerberechtliche Verpflichtung wird in § 16 Abs. 1 speziell (nur) für das **zulassungspflichtige Handwerk** geregelt und ausdrücklich auch auf die Anzeige von Neben- und Hilfsbetrieben ausgedehnt (vgl. Schwannecke/Schmitz Rn. 5 ff.). Die Anzeige hat schriftlich zu erfolgen, auch bei Bevollmächtigung, weitere Voraussetzungen sind für sie nicht vorgesehen (VGH München BeckRS 2009, 40301). Zu den mitzuteilenden Angaben bei zulassungspflichtigem Handwerk (Selbständigkeit, selbständig ausgeübter Gewerbebetrieb), → Einleitung Rn. 1 ff.

II. Verpflichtete

5 Zur Anzeige verpflichtet ist lediglich der **Betriebsinhaber**, nicht andere Personen, die uU ebenfalls einzutragen sind. Bei Personengesellschaften muss der vollhaftende Teilhaber eingetragen werden. Jeder Ein- oder Austritt muss angezeigt werden (OVG Saarlouis NJW 1992, 2846; OLG Saarbrücken GewArch 1992, 24). Für juristische Personen handeln deren Geschäftsführer. Die Verpflichtung ist eine **dauerhafte**; sie ist bei jeder Änderung zu erfüllen (Schwannecke/Schmitz Rn. 17). „Unverzüglich" bedeutet auch hier „ohne schuldhaftes Zögern" (§ 121 BGB; BVerwGE 127, 16 (17 f.)).

III. Zuständige Behörde

Zuständig zur Entgegennahme der Anmeldung ist die Behörde, welche das Landesrecht nach § 155 GewO und näherer Maßgabe dieser Bestimmung vorsieht. Das Landesrecht hat dabei § 5b zu beachten: **einheitliche Stellen zu bestimmen**; von und vor diesen sind die Verwaltungsverfahren zusammengefasst abzuwickeln, aufgrund der HwO oder von nach derselben zu erlassender Rechtsverordnungen. Um ein solches Verfahren geht es auch hier. S. dazu die Erläuterungen zu § 5b und § 91 Abs. 1a sowie § 6b GewO sowie §§ 71a ff. VwVfG (s. Schwannecke/Schmitz Rn. 11, 12).

IV. Wirkung

Die Anzeige nach Abs. 1 hat **nicht die Wirkung einer Genehmigung** der zulassungspflichtigen handwerklichen Tätigkeit; es handelt sich um eine reine Ordnungsvorschrift. Sie dient lediglich verfahrensrechtlich der Information der zuständigen Behörde (Stelle; → Rn. 6; vgl. Detterbeck Rn. 8). Die Behörde darf jedoch die nach § 15 Abs. 1 GewO vorgesehene Empfangsbestätigung nicht ausstellen, wenn nicht mit ihr gleichzeitig die **Handwerkskarte** (§ 10 Abs. 2) vorgelegt wird; der Gesetzeswortlaut ist insoweit eindeutig (vgl. BVerwG Beschl. v. 17.10.1955 – I B 224/53; Dürr GewArch 2006, 106 ff.; aA Detterbeck Rn. 8 – vgl. dort jedoch Rn. 9; Herrmann GewArch 2006, 458 ff.).

C. Anzeigepflicht gegenüber der Handwerkskammer (§ 16 Abs. 2)

Der Handwerkskammer hat der Inhaber des Betriebs unverzüglich **Beginn** und **Beendigung** seines Gewerbes anzuzeigen (vgl. dazu Schwannecke/Schmitz Rn. 14 ff.). Die Erwähnung der Zuständigkeit „nach § 6 Abs. 2" ist nach dessen Streichung überholt. Anzuzeigen sind auch Bestellung und Abberufung des Betriebsleiters nach § 7 Abs. 1, sowie bei juristischen Personen die Namen der gesetzlichen Vertreter. Überholt ist jedoch bei Personengesellschaften die Anzeigepflicht der Namen der für die technische Leitung verantwortlichen und der vertretungsberechtigten Gesellschafter (wegen Wegfalls des § 7 Abs. 4 S. 2 aF; vgl. nunmehr § 7 Abs. 1 S. 1). – Das Unterlassen der Anzeige stellt eine **Ordnungswidrigkeit** nach § 118 Abs. 1 Nr. 1 dar, selbst wenn die Handwerkskammer von ihrem vorgeschriebenen Inhalt auf anderen Wegen erfährt oder Kenntnis erlangen kann (BGH NJW 1969, 1770).

D. Betriebsuntersagung (§ 16 Abs. 3, 9)

I. Unzulässigkeit der Betriebstätigkeit

Durch die Betriebsuntersagung wird die „Ausübung" von handwerklichen Tätigkeiten in einem zulassungspflichtigen Gewerbe unterbunden (§ 16 Abs. 3 S. 1, Abs. 9). Als eine solche „**Tätigkeit**" soll nicht bereits Werbung für deren Leistungen gelten (Schwannecke/Schmitz Rn. 22 unter Hinweis auf die Änderung der Vorschrift über die Schwarzarbeit). Dem steht allerdings entgegen, dass Werbung im Bereich einer wegen gesetzlicher Vorschriften nicht durchzuführenden Tätigkeit den allgemein besonders schützenswerten Interessen des (betreffenden) Handwerks schaden kann und daher nicht nur durch wettbewerbsrechtliche Maßnahmen sollte verhindert werden können.

Der „**Betrieb eines Gewerbes**", der danach untersagt werden kann, ist allgemein nach den Vorschriften über die Zulassungspflicht zu bestimmen (→ Einleitung Rn. 1 ff.). Betriebsuntersagung bedeutet nicht ein generelles „Gewerbeverbot" (BVerwG GewArch 1971, 260; BayObLG GewArch 1987, 60; VG Arnsberg GewArch 2007, 426). Sie bezieht sich stets nur auf einen **konkreten Betrieb** (BVerwG GewArch 1971, 260; 1993, 117). Der Begriff „Betrieb" ist dabei weit auszulegen, zu verstehen auch iS „tatsächlicher Tätigkeit"

(VG Oldenburg GewArch 1978, 226); er umfasst auch Zweigbetriebe (VG Köln GewArch 1976, 128), sowie Nebenbetriebe (BVerwG GewArch 1980, 61). „Betrieb" verlangt keine ortsfeste Betriebsstätte (Geschäftsraum, Werkstatt), sondern nur eine von einem geschäftlichen Mittelpunkt aus ausgeübte Tätigkeit, der allerdings in der Verfügung zu kennzeichnen ist (BVerwG GewArch 1971, 260). Ein Reisegewerbe kann dagegen nach Abs. 3 nicht untersagt werden (OVG Münster GewArch 2004, 32 (33)).

II. Voraussetzungen der Betriebsuntersagung

11   Eine Betriebsuntersagung ist nach § 16 Abs. 3 (nur) zulässig, wenn die Ausübung der handwerklichen Tätigkeit **gegen Vorschriften der Handwerksordnung verstößt**. Auf andere rechtliche Gründe dürfen diese handwerksrechtlichen Maßnahmen nicht gestützt werden. Die Voraussetzung für eine Betriebsuntersagung ist daher vor allem erfüllt, wenn der Betreiber nicht in die Handwerksrolle eingetragen ist, oder wenn er keine andere Berechtigung zur Ausübung des betreffenden zulassungspflichtigen Gewerbes (§ 9 Abs. 1) besitzt. Trotz korrekter Eintragung in die Handwerksrolle kann eine Betriebsuntersagung jedoch auch dann ausgesprochen werden, wenn das **tatsächliche Betreiben** der Tätigkeit handwerksrechtlichen Regelungen widerspricht, so etwa wenn faktisch kein geeigneter Betriebsleiter bestimmt ist, oder tätig wird (VGH Mannheim GewArch 1987, 29), was gegen den Befähigungsgrundsatz für die Betriebsleitung (§ 7) verstößt (Detterbeck Rn. 15); ein Rückgriff auf § 45 GewO ist insoweit nicht erforderlich.

12   Voraussetzung für die Betriebsuntersagung ist jedoch nicht, dass **vorher eine Löschung** des Betriebs in der Handwerksrolle erfolgt (§ 13). Denn die Gewerbeaufsichts-Behörde, die für die Untersagung des Betriebs zuständig ist, kann nicht an die vorgängige Entscheidung der handwerksrechtlich zuständigen Instanz (Handwerkskammer) gebunden werden. Andererseits steht ihr aber auch nicht das Recht zu, deren Eintragsentscheidung in die Handwerksrolle zu korrigieren. Sie hat diese zugrunde zu legen; ein Antragsrecht dagegen steht nach § 13 Abs. 2 nur der Industrie- und Handelskammer zu.

III. Behördliche Entscheidungsspielräume

13   Die Gewerbeaufsichtsbehörde „kann", sie muss nicht in jedem Fall, eine Untersagungsverfügung in dem in → Rn. 16 ff. erläuterten Verfahren erlassen. Ein gewisser **Beurteilungsspielraum** steht ihr hinsichtlich der Auswahl unter Maßnahmen zur Verhinderung der Fortsetzung der Betriebstätigkeit zu. Dies ergibt sich schon daraus, dass sie, etwa zur Verhinderung der Schädigung von Arbeitnehmern oder von dessen Kunden, zunächst wegen einer Ordnungswidrigkeit eine Geldbuße nach § 117 Abs. 1 S. 1, Abs. 2 verhängen kann, ohne dass insoweit eine zwingende Rangfolge bestünde (VGH Kassel GewArch 1985, 67; aA Detterbeck Rn. 26). Die Fortsetzung der Gewerbeausübung kann auch „durch Schließung der Betriebs- und Geschäftsräume oder durch andere geeignete Maßnahmen" verhindert werden (§ 16 Abs. 9). Hierbei handelt es sich allerdings um deutlich **vollstreckungsrechtlich** geregelte Maßnahmen, die eine Betriebsuntersagungsverfügung voraussetzen.

14   Ein (beschränkter) Beurteilungsspielraum dahin, ob die Behörde (sogleich) bei handwerksrechtlichem Gesetzesverstoß eine Betriebsuntersagungsverfügung erlassen muss, steht ihr insbes. dann zur Verfügung, wenn ein Gesetzesverstoß unschwer und bald zu beheben, dies auch zu erwarten ist: Wenn es also nur um sog. „formelle Rechtswidrigkeit" geht (vgl. dazu näher mwN Detterbeck Rn. 26). Dies ist etwa der Fall, wenn die Voraussetzungen für die Eintragung in die Handwerksrolle erfüllt sind (VG Oldenburg BeckRS 2005, 22388) und diese von Amts wegen erfolgen kann. Versprechungen hinsichtlich baldiger Ablegung der Meisterprüfung oder des Erwerbs anderer Qualifikationen werden jedoch in der Regel nicht ausreichen.

IV. Inhalt der Untersagungsverfügung

15   Die Untersagung seitens der Gewerbeaufsicht muss **ausdrücklich** erfolgen, und sie muss sich inhaltlich auf den „Betrieb" iSv → Rn. 12 beziehen. Dies ist Voraussetzung für ihre Durchsetzung (→ Rn. 26; Odenthal GewArch 2001, 448). Die untersagten Tätigkeiten müssen erkennbar sein; ein Hinweis auf die entsprechende Bezeichnung in der Anlage A

kann genügen. Alle (möglichen) Aktivitäten iRd entsprechenden Berufsbilder müssen nicht aufgeführt werden (OVG Münster DHreport 1/1996, 35). Erlaubte Tätigkeiten dürfen dabei nicht (mit) untersagt werden.

E. Insbes.: Das Verfahren der Betriebsuntersagung (§ 16 Abs. 3)

I. Gemeinsame Erklärung von Industrie- und Handelskammer und Handwerkskammer

Das Untersagungsverfahren ist 2003 grundlegend neu geregelt worden. Kommt eine Betriebsuntersagung in Betracht (→ Rn. 9 ff.), so hat die zuständige Gewerbeaufsichtsbehörde ein Anhörungsverfahren der jeweils für den Betrieb örtlich zuständigen Handwerkskammer und Industrie- und Handelskammer durchzuführen. Die Industrie- und Handelskammer ist auch dann anzuhören, wenn ihr der Betrieb nicht angehört; dies ist zwar wenig sinnvoll, ergibt sich eindeutig aus dem Gesetzeswortlaut, weil ja das Ergebnis der Anhörung notwendig in einer gemeinsamen Erklärung der beiden Kammern zum Ausdruck kommen muss. Diese Erklärung muss **eine** und es muss eine **gemeinsame Erklärung** sein. Getrennte, wenn auch sachlich übereinstimmende Erklärungen, können nicht genügen, angesichts des auch hier, wiederholt, eindeutigen Gesetzeswortlaut (§ 16 Abs. 3 S. 2, Abs. 4 S. 1; aA VG Arnsberg GewArch 2005, 487). Der Sinn der Neuregelung liegt nicht zuletzt darin, dass hier eine echte Kammerkooperation gesetzlich vorgesehen worden ist (vgl. Schwannecke/Schmitz Rn. 29). 16

Das Fehlen der vorgängigen gemeinsamen Erklärung mit einem bestimmten Inhalt begründet einen unheilbaren Mangel einer Untersagungsverfügung (Schwannecke/Schmitz Rn. 25). Eine Nachholung in späteren Verfahrensabschnitten oder im gerichtlichen Verfahren ist unzulässig (VG Arnsberg GewArch 2007, 426). Die gemeinsame Erklärung ist jedoch nicht selbst gerichtlich anfechtbar (Schwannecke/Schmitz Rn. 27). 17

II. Die Schlichtungskommission (§ 16 Abs. 4 bis 6)

Das aufwendige Verfahren der Einschaltung einer Schlichtungskommission ist gerade unter dem Gesichtspunkt bedenklich, weil rechtsstaatlich unverhältnismäßig, der es rechtfertigen soll (vgl. BT-Drs. 15/1206, 331 f.): Der Schutz der von Untersagungsverfügungen betroffenen Gewerbetreibenden (krit. Schwannecke/Heck GewArch 2004, 129 (137); Kormann/Hüpers S. 75 f.): Dass eine gerichtliche Klärung hier problematisch sei, ist ein abwegiges Misstrauensvotum gegen die Judikative (vgl. auch Schwannecke/Schmitz Rn. 24); ein Vorwurf trifft hier allenfalls den Gesetzgeber selbst. Ferner dient die Einrichtung der Schlichtungskommission gar nicht primär dem Schutz der Betroffenen; vor allem werden hier Differenzen zwischen den Sichtweisen der Kammern ausgeräumt. Einen Rechtsschutz gegen ihre Entscheidungen gibt es nicht (Detterbeck Rn. 22). Die Gesamtkonstruktion ist also zwar handwerksrechtlich verunglückt; sie unterstreicht allerdings die **Bedeutung des Kammerdualismus** (Industrie- und Handelskammer – Handwerkskammer) und stützt sachgerechte Rechtsstellung der bei der Bildung der Schlichtungskommission mitwirkenden (handwerklichen) Spitzenverbände (Schwannecke/Schmitz Rn. 30), welche hier als „beliehene Private" auf gesetzlicher Grundlage tätig sind. 18

Die Schlichtungskommission setzt sich zusammen aus je einem vom Deutschen Industrie- und Handelskammertag und vom Handwerkskammertag benannten Mitglied, einem weiteren Mitglied (Vorsitzenden), gemeinsam benannt von diesen beiden „Trägerorganisationen". Einigen sich diese nicht auf diese letztere Benennung, so erfolgt sie durch den BMWi. Dieser – ebenfalls bedenkliche – Bestellungsmodus (vgl. krit. Detterbeck Rn. 20) kann dazu führen, dass ein in jeder Hinsicht sachfernerer Vorsitzender letztlich entscheidet. – Die Geschäftsordnung der Schlichtungskommission findet sich in GewArch 2005, 470 ff. 19

III. Das Schlichtungsverfahren

Das Schlichtungsverfahren ist in der nach Abs. 6 erlassenen VO über das Schlichtungsverfahren nach § 16 der Handwerksordnung vom 22.06.2004 (HWOSchlichtVO, BGBl. I 13, 14 (Anhang)) geregelt. Handwerkskammer und Industrie- und Handelskammer haben nach 20 dieser innerhalb eines Monats nach Zugang der behördlichen Aufforderung zur gemeinsamen Stellungnahme in einer solchen zu entscheiden (§ 1 Abs. 1 S. 1). Bei unterschiedlichen Auffassungen über eine Betriebsuntersagung haben sie unverzüglich die Schlichtungskommission anzurufen und die Gewerbeaufsichtsbehörde darüber zu informieren. Handwerkskammer und Industrie- und Handelskammer haben die Schlichtungskommission auch dann anzurufen, wenn sie innerhalb der Monatsfrist untätig bleiben, weil sie sich insbes. nicht einigen können. Die Behörde ihrerseits kann ebenfalls die Schlichtungskommission anrufen (Detterbeck Rn. 18).

21 Einzelheiten des Schlichtungsverfahrens regeln §§ 2 ff. HWOSchlichtVO, insbes. Fristen für die Entscheidung der Schlichtungskommission (§§ 2, 5 HWOSchlichtVO).

22 Die Schlichtungskommission **entscheidet** mit Bedeutung für das Ergebnis einer Untersagungsverfügung, wenn die Auffassungen über eine solche zwischen den Kammern divergieren, oder wenn eine gemeinsame Erklärung nicht vorliegt (Detterbeck Rn. 22 f.). Hier fällt aber nicht eine Entscheidung in der Sache der Betriebsuntersagung, sondern nur zwischen den (Rechtsauffassungen der) beiden Kammern. In der Sache wird dies zur Entscheidung über die Betriebsuntersagung nur, wenn die Gewerbeaufsicht sich dem Ergebnis der Kommission anschließt (vgl. Abs. 4 S. 1), nicht aber wenn sie eine Entscheidung der Obersten Landesbehörde herbeiführt (Abs. 7), weil sie das Kommissionsergebnis etwa für rechtswidrig hält.

IV. Vorläufige Betriebsuntersagung (§ 16 Abs. 8)

23 Eine **vorläufige Betriebsuntersagung** ist auszusprechen, und nicht nur möglich („kann"), schon wegen des erforderlichen Rechtsgüterschutzes, wenn **Gefahr in Verzug** ist, eine solche Verletzung „unmittelbar droht" (vgl. BVerfG NJW 2001, 1121 (1123)), also eine konkrete Gefahr besteht (Detterbeck Rn. 24). Diese muss deutlich über die allgemeine Gefahrenlage hinausgehen, welche das gesamte Genehmigungsverfahren als solches rechtfertigt (vgl. zu letzterem → Einleitung Rn. 8). Das ist der Fall, wenn die Tätigkeit ohne die gesetzlich erforderliche Qualifikation durchgeführt wird, oder wenn der Betriebsleiter seine Aufgaben nach § 7 in erheblichem Maß vernachlässigt. In diesem Fall sollte – nicht muss – eine Stellungnahme wenigstens einer der beiden Kammern eingeholt werden (Schwannecke/Schmitz Rn. 41).

24 **Vorläufige Betriebsuntersagungen** können **befristet oder bedingt** erfolgen, oder unter dem Vorbehalt einer endgültig im Verfahren nach Abs. 3 S. 2, Abs. 4 und 5 zu treffenden Entscheidung (also in Form eines vorläufigen Verwaltungsakts, vgl. dazu BVerwGE 67, 909 (1001 ff.)). Nach der Entscheidung der Schlichtungskommission (→ Rn. 22) oder der Obersten Landesbehörde (Abs. 7) ist die vorläufige Untersagung unverzüglich aufzuheben.

V. Entscheidung durch die Oberste Landesbehörde (§ 16 Abs. 7)

25 Die Möglichkeit der Gewerbeaufsichtsbehörde, unmittelbar die Entscheidung der Obersten Landesbehörde über eine Betriebsuntersagung herbeizuführen, setzt eine **Prüfungspflicht** der Gewerbeaufsichtsinstanz hinsichtlich der gemeinsamen Erklärung der beiden Kammern (→ Rn. 16 f.) wie auch ggf. der Stellungnahme der Schlichtungskommission (→ Rn. 18 f.) voraus (Schwannecke/Schmitz Rn. 37). Der Obersten Verwaltungsbehörde steht dann jedenfalls die Letztentscheidung über die Betriebsuntersagung zu. Eine Rückverweisung an eine der anderen verpflichteten Prüfungsinstanzen ist nicht vorgesehen.

F. Vollstreckung der Untersagungsentscheidung (§ 16 Abs. 9)

26 Die Untersagungsverfügung kann durch die Gewerbeaufsichtsbehörde durchgeführt werden, im Rahmen eines **Beurteilungsspielraums**: Zu wählen ist von ihr diejenige Maßnahme, die im konkreten Fall die effektivste Vollziehung der Entscheidung sicherstellt, welche daher am intensivsten, weitestgehenden und raschesten wirken kann. Zugleich ist, in Beachtung der rechtsstaatlichen Erforderlichkeit, die den Betroffenen am wenigsten belastende Maßnahme zu wählen. Beide Ziele, Effizienz und Geringstbelastung, sind nach rechtsstaatlicher Verhältnismäßigkeit in ihrem Gewicht abzuwägen. Die Maßnahme muss aber jedenfalls **geeignet** sein. Das Gesetz nennt ausdrücklich die Schließung der Betriebs- und Geschäftsräume, nicht aber von solchen, welche lediglich privat genutzt werden (OVG Lüneburg GewArch 2005, 381 (382)). Andere geeignete Maßnahmen können Wegnahme von Werkzeugen und Maschinen oder Anordnung einer Verhängung von Zwangsgeld sein (vgl. OVG Magdeburg GewArch 1978, 131). Kumulativ wirkende Zwangsmittel dürfen nicht nebeneinander angedroht werden (vgl. VGH München GewArch 1984, 126).

G. Verwaltungsstreitverfahren

Gegen Betriebsuntersagung kann der **Gewerbetreibende** Anfechtungsklage erheben (§ 42 VwGO). Verpflichtungsklagen der Handwerkskammer, zur Erwirkung einer Betriebsuntersagung, gegen die Gewerbeaufsichtsinstanz, sind nicht (mehr) zulässig. **27**

Ob die Gewerbeaufsicht **sofortige Vollziehung** ihrer Untersagungsverfügung nach § 80 Abs. 2 S. 1 Nr. 4 VwGO ebenfalls anordnen kann, ist angesichts der speziellen Regelung nach Abs. 8 (vorläufige Anordnung) fraglich (vgl dazu Detterbeck Rn. 33). Abs. 8 betrifft alle Fälle, in denen es um eine gesetzeswidrige (Handwerks-)Tätigkeit geht. Es ist kaum vorstellbar, dass es noch andere öffentliche Interessen geben könnte, zu deren Wahrung ein sofortiger Vollzug nach § 80 VwGO anzuordnen wäre. Dies spricht dafür, die vorläufige Untersagung als eine Spezialregelung anzusehen, welche der Anordnung sofortiger Vollziehung nach Verwaltungsprozessrecht vorgeht. Nach Abs. 9 kann auch wegen spezieller Gefahr oder besonderer Uneinsichtigkeit des Betroffenen eine vorläufige Regelung ergehen (abw. Detterbeck Rn. 33). **28**

Der Gewerbetreibende kann auch **Feststellungsklagen** gegen die Gewerbeaufsichtsbehörde erheben dahin, dass er seine handwerkliche Tätigkeit weiter ausüben dürfe, da diese nicht gegen Rechtsvorschriften, insbes. nicht gegen die Handwerksordnung, verstoße. Bereits 1965 wurde die Zulässigkeit solcher Klagen gegen die Handwerkskammer von der hL bejaht (vgl. BVerwGE 16, 92; 39, 247 (248 f.); Detterbeck Rn. 34 mwN). Dieselben Gründe sprechen (vgl. schon vor 2003 VGH München GewArch 1998, 76; VGH Mannheim GewArch 1993, 72), erst recht nach Wiederherstellung der früheren Rechtslage (VGH Mannheim GewArch 2004, 431), dafür, eine solche Klage gegen die Gewerbeaufsicht zuzulassen: Dem Betroffenen kann nicht eine länger dauernde Ungewissheit über eine drohende Betriebsuntersagung zugemutet werden (VGH München GewArch 1998, 76), auch nicht das Risiko der Verhängung eines Bußgeldes nach §§ 117 f., mit nur nachträglichem Rechtsschutz (BVerfG GewArch 2003, 243; Detterbeck Rn. 35 mwN). Voraussetzungen der Zulässigkeit einer solchen Feststellungsklage ist nicht, dass die Gewerbeaufsichtsbehörde bereits iSe Untersagung tätig geworden ist; es genügen Meinungsverschiedenheiten zwischen ihr und dem Gewerbetreibenden über dessen Handwerksrollenpflicht (BVerfG GewArch 2003, 243; VGH Mannheim GewArch 2004, 430 f.). **29**

Eine **Beiladung** von Handwerkskammer und/oder Industrie- und Handelskammer in einem gerichtlichen Verfahren, angestrengt durch einen Betroffenen, gegen die Untersagung ist **nicht „notwendig"** (§ 65 Abs. 2 VwGO); denn den Kammern stehen, nach 2003, eigene Rechte in Untersagungsverfahren nicht (mehr) zu (→ Rn. 2); auf sie erstreckt sich auch die Rechtskraft einer solchen Entscheidung nicht (so auch schon früher BVerwG GewArch 1989, 381). Die frühere Beiladungsregelung (§ 16 Abs. 3 S. 3 a. F.) wurde 2003 gestrichen. Eine **nicht notwendige, „einfache" Beiladung** (§ 65 Abs. 1 VwGO) einer oder beider Kammern ist jedoch möglich, obwohl ihnen kein Klagerecht und keine eigenen Rechte im Betriebsuntersagungsverfahren zustehen. Es genügt, dass dadurch eine Rechtsposition der Beigeladenen oder der Parteien des Rechtsstreits faktisch verbessert bzw. verschlechtert werden kann (BVerwG NVwZ-RR 1999, 276). Dies trifft hier sowohl für die Kammern als auch für den Betroffenen und die Untersagungsbehörde zu; die Kammern sind überdies ja, als Sachverständige, in das Untersagungsverfahren einbezogen worden (Abs. 3 S. 2). **30**

H. Streitigkeiten über Kammerzugehörigkeit von Kleingewerbetreibenden (§ 16 Abs. 10)

Nach dem 2003 neu eingefügten § 90 Abs. 3 gehören der Handwerkskammer auch Gewerbetreibende an, die ein handwerksrechtliches Kleingewerbe ausüben, iSv § 1 Abs. 2 S. 2 Nr. 1, bei Erfüllung der weiteren Voraussetzungen für dieses. Darüber kann es zum Streit zwischen Handwerkskammer und Industrie- und Handelskammer kommen. In einem **31** solchen können die Kammern, nach Übermittlung der Gewerbeanzeige nach § 14 Abs. 5 GewO, die Schlichtungskommission anrufen (§ 16 Abs. 4 und 5) (Abs. 10 iVm § 1 Abs. 2 HWOSchlichtVO). Gegen die Entscheidung der Schlichtungskommission steht dem Gewerbetreibenden allerdings nicht der Verwaltungsrechtsweg offen, wohl aber der der Beschwerde zur Obersten Landesbehörde. Erst gegen diese kann er verwaltungsgerichtlichen Rechtsschutz beantragen (Detterbeck Rn. 39, 40).

32 Der **Industrie- und Handelskammer** steht ein Anfechtungsrecht sowohl gegen eine derartige Entscheidung der Schlichtungskommission zu (aA Schwannecke/Schmitz Rn. 45), als auch der Obersten Landesbehörde; zu letzterer hat sie allerdings kein Beschwerderecht (Detterbeck Rn. 41). – Ein entsprechendes Anfechtungsrecht muss auch der Handwerkskammer zustehen, da sie sonst, in einem Streit zwischen der Industrie- und Handelskammer und ihr selbst, schlechter stünde als die Industrie- und Handelskammer. § 12 schließt dies nicht aus (zutr. Detterbeck Rn. 42).

§ 17 [Auskunftspflicht und -verweigerungsrecht; Betriebsüberwachung]

(1) ¹Die in der Handwerksrolle eingetragenen oder in diese einzutragenden Gewerbetreibenden sind verpflichtet, der Handwerkskammer die für die Prüfung der Eintragungsvoraussetzungen erforderliche Auskunft über Art und Umfang ihres Betriebs, über die Betriebsstätte, über die Zahl der im Betrieb beschäftigten gelernten und ungelernten Personen und über handwerkliche Prüfungen des Betriebsinhabers und des Betriebsleiters sowie über die vertragliche und praktische Ausgestaltung des Betriebsleiterverhältnisses zu erteilen sowie auf Verlangen hierüber Nachweise vorzulegen. ²Auskünfte, Nachweise und Informationen, die für die Prüfung der Eintragungsvoraussetzungen nach Satz 1 nicht erforderlich sind, dürfen von der Handwerkskammer nicht, auch nicht für Zwecke der Verfolgung von Straftaten oder Ordnungswidrigkeiten, verwertet werden. ³Die Handwerkskammer kann für die Erteilung der Auskunft eine Frist setzen.

(2) ¹Die Beauftragten der Handwerkskammer sind nach Maßgabe des § 29 Abs. 2 der Gewerbeordnung befugt, zu dem in Absatz 1 bezeichneten Zweck Grundstücke und Geschäftsräume des Auskunftspflichtigen zu betreten und dort Prüfungen und Besichtigungen vorzunehmen. ²Der Auskunftspflichtige hat diese Maßnahmen zu dulden. ³Das Grundrecht der Unverletzlichkeit der Wohnung (Artikel 13 des Grundgesetzes) wird insoweit eingeschränkt.

(3) Der Auskunftspflichtige kann die Auskunft auf solche Fragen verweigern, deren Beantwortung ihn selbst oder einen der in § 383 Abs. 1 Nr. 1 bis 3 der Zivilprozeßordnung bezeichneten Angehörigen der Gefahr strafgerichtlicher Verfolgung oder eines Verfahrens nach dem Gesetz über Ordnungswidrigkeiten aussetzen würde.

(4) Sofern ein Gewerbetreibender ohne Angabe von Name und Anschrift unter einem Telekommunikationsanschluß Handwerksleistungen anbietet und Anhaltspunkte dafür bestehen, daß er den selbständigen Betrieb eines Handwerks als stehendes Gewerbe entgegen den Vorschriften dieses Gesetzes ausübt, ist der Anbieter der Telekommunikationsdienstleistung verpflichtet den Handwerkskammern auf Verlangen Namen und Anschrift des Anschlußinhabers unentgeltlich mitzuteilen.

Literatur: BT-Drs. 15/5704, Entwurf eines Gesetzes zur Änderung des Gemeindefinanzreformgesetzes und anderer Gesetze, Beschlussempfehlung und Bericht des Finanzausschusses (7. Ausschuss) v. 15.06.2005; Dürr, Wolfram, Streichung des Verwertungsverbots in § 17 Abs. 1 Satz 2 HwO, GewArch 2006, 16; Kormann, Joachim/Dopheide, Oliver, Behördliche Kontrollen in Handwerksbetrieben: Notwendigkeit oder Übermaß?, LFI 2006, Knorr, Gerhard, Geheimhaltung und Gewerbeaufsicht, Umfang und Geltungsbereich der Geheimhaltungspflichten; ein Leitfaden für Betriebe, Verbände und Behörden; Berlin 1982; Thiel, Markus, Auskunftverlangen und Nachschau als Instrumente der Informationsbeschaffung im Rahmen der Gewerbeaufsicht, GewArch 2001, 403.

Überblick

§ 17 stellt die Rechtsgrundlage für die Handwerkskammer dar, auf Grund derer sie die notwendigen Ermittlungen von Tatsachen vornehmen kann, deren Kenntnis für die Erfüllung ihrer Aufgaben der Führung der Handwerksrolle sowie der Sicherstellung der Einhaltung der Zulassungsvorschriften der Handwerksordnung erforderlich ist.

A. Entwicklung, Regelungszweck

Die Vorschrift ist **traditioneller Regelungsbestandteil** der Handwerksordnung, nicht etwa eine durch neuere Entwicklungen veranlasste Normierung. Die durch die Auskunftsrechte ermöglichte stärkere Einbindung der Handwerkskammern in die Bekämpfung von Scheinniederlassungen – notwendig infolge der Erweiterung der EU – hat hier nicht etwa eine neue Entwicklung angestoßen (missverständlich Detterbeck Rn. 1). Es kann daher auf früheres Schrifttum (Honig GewArch 1979, 187; Knorr, Geheimhaltung und Gewerbeaufsicht, 1982; Thiel GewArch 2001, 403) zurückgegriffen werden, sowie auch auf ähnliche gewerberechtliche Auskunftsregelungen (Detterbeck Rn. 2), insbes. auf die aufgrund von § 34b Abs. 2 und 8 erlassenen Verordnungen des Bundes und auf die aufgrund von § 38 GewO erlassenen Verordnungen der Länder, schließlich auf das Wirtschaftssicherstellungsgesetz von 1965 (BGBl. I 920). 1

Ihre derzeit geltende Form hat die Vorschrift im Jahre 2006 gefunden (Gesetz vom 6.9.2005, BGBl. I 2725). Das Verwertungsverbot von Auskünften soll den Datenschutz verstärken (Abs. 1 S. 2), dessen Belange hier durchgehend besonders zu beachten sind. 2

B. Die Auskunftspflicht (§ 17 Abs. 1)

I. Auskunftspflichtige

Auskunftspflichtig sind lediglich die bereits in die Handwerksrolle Eingetragenen, auch wenn die Eintragung zu Unrecht erfolgte, bereits angefochten aber noch nicht gelöscht ist; insoweit ist der Adressatenkreis eindeutig bestimmt. Zu ihm gehören aber auch Gewerbetreibende, welche „**in die Handwerksrolle einzutragen sind**", also solche, die nach ihrer beabsichtigten oder bereits ausgeübten Tätigkeit den Gewerbebeschreibungen der Anlage A unterfallen. Der Handwerkskammer müssen daher, will sie ein Auskunftsersuchen an einen Gewerbetreibenden richten, hinreichende Anhaltspunkte dafür vorliegen, dass eine Eintragungspflicht in einem konkreten Fall gegeben sein könnte („konkrete Verdachtsgründe"). Ein Auskunftsersuchen „nur auf allgemeinen Verdacht", lediglich auf die Möglichkeit einer solchen Lage hin, ist unzulässig. Dies ist der Sinn der Äußerung des BVerfG (GewArch 2007, 206), die Handwerkskammern hätten sich auf die ihnen zugewiesenen Aufgaben zu beschränken. Sie sind (auch in diesem Zusammenhang) also nicht allgemein „Wahrer von Recht und Ordnung" im gewerblichen Bereich. 3

„**In die Handwerksrolle Einzutragende**" sind allerdings jedenfalls alle Gewerbetreibende, welche einen Antrag auf Eintragung nach § 10 Abs. 1 gestellt haben (→ Rn. 1 ff.); hier handelt es sich beim Auskunftsrecht dann bereits um einen Teil des Eintragungsverfahrens. Da eine Eintragung aber auch uU von Amts wegen zu erfolgen hat (→ § 10 Rn. 8), hat die Handwerkskammer ein Auskunftsrecht auch gegenüber denjenigen Gewerbetreibenden, hinsichtlich derer ihr Informationen darüber vorliegen, dass sie einer Tätigkeit nach Anlage A nachgehen. Woher diese stammen – etwa von Kunden oder Konkurrenten – ist gleichgültig; sie müssen lediglich hinreichend belastbar sein. Ohne einen dadurch begründeten konkreten Verdacht darf die Handwerkskammer nicht von sich aus Ermittlungen anstellen. 4

Auskunftspflichtig sind lediglich die jeweiligen **Gewerbetreibenden,** natürliche Personen, Personenvereinigungen und juristische Personen. Die Anfragen haben sich an die jeweiligen Inhaber oder, entsprechend der Informationslage in dem jeweiligen Betrieb, an die Betriebsleitung zu richten. Anfragen an weitere, etwa in Abs. 1 S. 1 genannte Personen, sind dagegen unzulässig. 5

II. Auskunftsgegenstände (§ 17 Abs. 1 S. 1)

Die **Gegenstände**, über welche die Auskunftspflichtigen (→ Rn. 3 ff.) der Handwerkskammer Informationen zuleiten müssen, sind in Abs. 1 abschließend aufgeführt (vgl. Dürr GewArch 2006, 16 (18)). Dies ist aber im Gesetz derart allgemein formuliert („Art und Umfang des Betriebs", „Betriebsstätte"), dass es alle im Zweifel irgendwie entscheidungsbe- 6 deutsamen Einzelheiten umfasst. Dazu können etwa auch gehören: Angaben über hergestellte Waren und bewirkte Leistungen, Betriebsausstattung, insbes. mit Maschinen, (Formen der) Arbeitsteilung, Arbeitszeiten, Nebenbetriebe, vor allem deren Verhältnis zum Hauptbetrieb, erzielte Umsätze (Schwannecke/Schmitz Rn. 10). Die Anfrage der Handwerkskammer, die auch in Form eines Fragebogens erfolgen kann, ist aber als solche kein anfechtbarer Verwaltungsakt (VGH München BayVBl. 1963, 123).

7   Der Gegenstand der Fragen darf sich nur auf Informationen beziehen, welche dem **Zweck dienen, den das Gesetz mit § 17 verfolgt** (vgl. BVerfG GewArch 2007, 206 Rn. 29): Klärung und/oder Überprüfung des Vorliegens der Voraussetzungen einer Eintragung in die Handwerksrolle seitens der Handwerkskammer, insbes. Handwerksmäßigkeit der Betriebstätigkeit iSd Anlage A. Dies begrenzt die zulässigen Fragestellungen nach den Grundsätzen der Rechtsstaatlichkeit (Art. 2 Abs. 1 iVm Art. 20 Abs. 3 GG): Gefragt werden darf, allgemein und nach Einzelheiten, zu den gesetzlich erwähnten Gegenständen der Informationspflicht nur, soweit dies dem erwähnten Gesetzeszweck dient, dazu geeignet, erforderlich und verhältnismäßig ist. Dies hat die Handwerkskammer im Rahmen eines Beurteilungsspielraums, nicht nach ihrem Ermessen, zu beurteilen. Zu beachten ist dabei, dass sich auch die **Reihenfolge der Abfragen** nach der zweckbezogenen Geeignetheit und Erforderlichkeit der Information richten muss (Schwannecke/Schmitz Rn. 12).

III. Vorlage von Nachweisen (§ 17 Abs. 1 S. 1 aE)

8   Seit der Novellierung im Jahre 2005 (BGBl. I 2725) müssen die Verpflichteten (→ Rn. 3 ff.), im Rahmen ihrer betrieblichen Zuständigkeiten und tatsächlichen Möglichkeiten (insbes. auch als Betriebsleiter), die erforderlichen Nachweise über die Auskunftsgegenstände (→ Rn. 6 ff.) vorlegen. Ein entsprechend klares Verlangen muss von der Handwerkskammer, soweit möglich, auch zu Einzelheiten, an die Verpflichteten gerichtet werden. Insbes. soll dies die Prüfung ermöglichen, ob eine Betriebsstätte in Deutschland besteht (BT-Drs. 15/5704, S. 9). Vorlagepflichtig sind iE etwa Verträge, einschließlich etwaiger Leistungsverzeichnisse, sowie Rechnungen (VG München GewArch 1995, 77 (78)).

IV. Betretungsrechte (§ 17 Abs. 2)

9   Seit der Novelle von 2003 gilt das Betretungsrecht (vgl. dazu Kormann/Dopheide, Behördliche Kontrollen in Handwerksbetrieben, Notwendigkeit oder Übermaß?, 2006, 53 f.) der Handwerkskammer zu den Aufklärungszwecken nach → Rn. 7 ausdrücklich iRd § 29 Abs. 2 GewO, auf dessen Erläuterungen insoweit iE verwiesen werden kann (vgl. etwa LR-GewO/Marcks GewO § 29 Rn. 14 ff.). Ausgeübt werden darf es nur von dazu **Beauftragten der Handwerkskammer**, dh deren zuständigen Mitarbeitern. Dritte, etwa speziell sachkundige Personen, insbes. Sachverständige, können hinzugezogen werden, aber auch allein betreten, wenn sie entsprechend von der Handwerkskammer beauftragt sind und sich ausweisen (können) (Honig/Knörr Rn. 8). Alle Betretungsberechtigten unterliegen der strafrechtlichen Verschwiegenheitspflicht (§§ 203, 204 StGB), insbes. hinsichtlich der Betriebs- und Geschäftsgeheimnisse, auch nach Maßgabe von Abs. 1 S. 2 (Detterbeck Rn. 14).

10 **(Betriebs-)Grundstücke und Geschäftsräume** des Auskunftspflichtigen – dh hier: lediglich die des gewerbetreibenden Betriebsinhabers (→ Rn. 5) – dürfen betreten werden, obwohl sie dem Schutzbereich des Art. 13 GG grds. unterfallen (BVerfGE 78, 251 (255 f.); 121, 345 (355)), selbst wenn der Inhaber sie öffentlich zugänglich gemacht hat (BVerfGE 97, 228 (265); BVerwGE 121, 345 (348)), allerdings nur während der üblichen Geschäftszeiten. Betretungsbereich ist jedoch nur der **geschäftliche Bereich** der Räume und Grundstücke, nicht der Wohnbereich, der nach Art. 13 GG grundrechtlich speziell geschützt ist. Dient ein Bereich **zugleich** – in welchem Verhältnis immer – **Wohn- und Geschäftszwecken**, so darf er nach § 29 Abs. 2 S. 2 nur dann tagsüber betreten werden (vgl. BVerfGE 32, 54 (75)), wenn dies zur Verhütung dringender Gefahren für die öffentliche Sicherheit und Ordnung erforderlich ist. Dabei ist zwar, wegen des Grundrechtsschutzes, ein strenger Maßstab anzulegen; immerhin kann eine Betretung aber, angesichts der Gefahrenneigung bei Anlage A-Handwerken (→ Einleitung Rn. 8), auch hier unumgänglich sein.

11 Im Rahmen und im Zuge der Betretung dürfen im Betretungsbereich „Prüfungen und Besichtigungen" vorgenommen werden, soweit dies für den **Auskunftszweck** (→ Rn. 7)

erforderlich ist. Diese Befugnisse unterscheiden sich von denen, die im Rahmen einer „Durchsuchung" zulässig sind (vgl. Schwannecke/Schmitz Rn. 19), iS von Art. 13 Abs. 2 GG. Dies ergibt sich schon aus dem Wortlaut der Bestimmung; andernfalls würde – jedenfalls bei auch zu Wohnzwecken genutzten Bereichen der Richtervorbehalt in Art. 13 Abs. 2 GG eingreifen. Bei einer Betretung darf also in dem damit zugänglichen Bereich nicht ein „ziel- und zweckgerichtetes Suchen nach Personen oder Sachen oder zur Ermittlung eines Sachbereichs" stattfinden, um etwa aufzuspüren, was der Inhaber der Wohnung von sich aus nicht offenlegen oder herausgeben will (BVerfGE 51, 97 (106 f.); 75, 318 (327)). Zu einer „Durchsuchung" iSd StPO und des OWiR darf die Betretung auch dann werden, wenn sie der Verfolgung von Schwarzarbeit dient (vgl. BVerfG GewArch 2007, 206 mAnm Maiwald, ebenso Wolff GewArch 2007, 231; aA VHG München GewArch 2006, 34 ff.; vgl. dazu Detterbeck Rn. 8).

Ein Betretungsrecht besteht nicht, wenn bereits feststeht, dass eine Eintragung in die **12** Handwerksrolle nicht in Betracht kommt (Detterbeck Rn. 9; BVerfG GewArch 2007, 206 Rn. 32, 40). Ein Betreten ist daher nur erforderlich, wenn eine Eintragung in die Handwerksrolle schon erfolgt ist, oder auf Antrag oder von Amtswegen erfolgen soll.

Der Auskunftspflichtige hat das **Betreten zu dulden,** den Zugang also zu ermöglichen. **13** Er muss die Zugänge öffnen und den Bereich ausreichend beleuchten (vgl. OVG Hamburg GewArch 1991, 423). Eine aktive Unterstützung muss er darüber hinaus nicht leisten, so etwa obliegt ihm keine Vorlagepflicht von Dokumenten in den Räumen der Handwerkskammer (BayObLG GewArch 1983, 387). Verhindern darf er allerdings die Einsicht in Unterlagen nicht (VG München GewArch 1995, 77).

Die Betriebsbesichtigung als solche stellt ein Handeln dar, welches als ein Verwaltungsakt **14** zu qualifizieren ist. Dies gilt auch bereits für ihre **Ankündigung** (Schwannecke/Schmitz Rn. 21; aA Honig/Knörr Rn. 12). Angekündigt werden muss das Bevorstehen des Betretens dem Betriebsleiter, bei Unerreichbarkeit desselben, einem Mitarbeiter (BVerfGE 121, 345 (355)). Soweit der Kontrollzweck es unabweisbar erfordert, soll allerdings ein Betreten auch unangekündigt und in Abwesenheit des Inhabers, Betriebsleiters oder von Betriebsangehörigen zulässig sein (OVG Hamburg GewArch 1991, 423).

V. Verwertungsverbote (§ 17 Abs. 1 S. 2)

Sämtliche über Betretung erlangten Informationen aufgrund der Auskunftspflicht dürfen **15** von der Handwerkskammer lediglich für die Feststellung der Eintragungsvoraussetzungen verwendet werden (Schwannecke/Schmitz Rn. 15; Detterbeck Rn. 8, 9). Dies gilt erst recht für solche, die unter Überschreitung der Betretungs- und Besichtigungsrechte gewonnen sind (→ Rn. 11). Dieses Verwertungsverbot gilt auch für Informationen, welche die Handwerkskammer auf anderen Wegen erlangt, soweit diese nicht Voraussetzungen und Verfahren der Eintragung betreffen.

Der Gewerbetreibende muss die Auskunftspflicht nach → Rn. 3 ff. erfüllen. Andernfalls **16** begeht er eine Ordnungswidrigkeit (§ 118 Abs. 1 Nr. 2). Der Verwaltungsakt, welcher die Auskunftsverpflichtung ausspricht, kann – uU nach Ablauf der nach Abs. 1 S. 3 von der Handwerkskammer gesetzten Frist – sobald er bestandskräftig geworden ist, mit den Mitteln des gesetzlichen Verwaltungszwangs durchgesetzt werden.

C. Auskunftsverweigerungsrecht (§ 17 Abs. 3)

Dem Gewerbetreibenden steht ein Aussageverweigerungsrecht nach § 383 Abs. 1 Nr. 1 **17** ZPO zu, soweit er sich oder seine dort genannten Angehörigen durch seine Aussage der Gefahr strafgerichtlicher Verfolgung oder eines Verfahrens nach dem OWiG aussetzen würde, insbes. auf der Grundlage von § 117 Abs. 1 Nr. 1. Nachweise (→ Rn. 8) muss er dann insoweit ebenfalls nicht vorlegen. Einer Betretung (→ Rn. 4 ff.) kann er widersprechen. Da eine Duldungsverpflichtung letzterer jedoch nach hL einen Verwaltungsakt darstellt (Nachweise bei Detterbeck Rn. 13), muss der Betroffene versuchen, den Eintritt von dessen Bestandskraft (→ Rn. 16) rechtzeitig durch Anfechtungsklage zu verhindern. Über diese Rechte muss der Gewerbetreibende in dem ihn verpflichtenden Verwaltungsakt belehrt werden (Schwannecke/Schmitz Rn. 26).

D. Telekommunikationsrecherche (§ 17 Abs. 4)

18 Die Handwerkskammer darf Anbieter von Telekommunikationsleistungen durch Verwaltungsakt verpflichten, ihr Namen und Anschrift eines Anschlussinhabers unentgeltlich mitzuteilen. Dies gilt bereits wenn auch nur Anhaltspunkte, nicht bereits ein konkreter Verdacht, für die Annahme vorliegen, dass ein Gewerbetreibender Handwerksleistungen über seinen Anschluss anbietet, damit Tätigkeiten, mit denen er gegen Vorschriften der Handwerksordnung verstößt. In systematischer Auslegung ist diese Verpflichtung jedoch auf Verstöße gegen Verpflichtungen aus §§ 1–17 zu beschränken, welche sich auf Eintragungsvoraussetzungen in der Handwerksrolle, deren Änderungen oder Löschung beziehen.

Dritter Abschnitt: Zulassungsfreie Handwerke und handwerksähnliche Gewerbe

§ 18 [Handwerksähnliche Gewerbe; Anzeigepflicht]

(1) ¹Wer den selbständigen Betrieb eines zulassungsfreien Handwerks oder eines handwerksähnlichen Gewerbes als stehendes Gewerbe beginnt oder beendet, hat dies unverzüglich der Handwerkskammer, in deren Bezirk seine gewerbliche Niederlassung liegt, anzuzeigen. ²Bei juristischen Personen sind auch die Namen der gesetzlichen Vertreter, bei Personengesellschaften die Namen der vertretungsberechtigten Gesellschafter anzuzeigen.

(2) ¹Ein Gewerbe ist ein zulassungsfreies Handwerk im Sinne dieses Gesetzes, wenn es handwerksmäßig betrieben wird und in Anlage B Abschnitt 1 zu diesem Gesetz aufgeführt ist. ²Ein Gewerbe ist ein handwerksähnliches Gewerbe im Sinne dieses Gesetzes, wenn es handwerksähnlich betrieben wird und in Anlage B Abschnitt 2 zu diesem Gesetz aufgeführt ist.

(3) Das Bundesministerium für Wirtschaft und Energie wird ermächtigt, durch Rechtsverordnung mit Zustimmung des Bundesrates die Anlage B zu diesem Gesetz dadurch zu ändern, daß es darin aufgeführte Gewerbe streicht, ganz oder teilweise zusammenfaßt oder trennt, Bezeichnungen für sie festsetzt oder die Gewerbegruppen aufteilt, soweit es die technische und wirtschaftliche Entwicklung erfordert.

Überblick

§ 18 regelt die Begriffe des zulassungsfreien Handwerks und des handwerksähnlichen Gewerbes näher und begründet die Pflicht, auch die Ausübung bzw. Aufgabe dieser Tätigkeiten vorab der Handwerksammer zur Registrierung anzuzeigen. § 18 Abs. 3 stellt die Rechtsgrundlage für die Befugnis des Bundesministeriums für Wirtschaft und Technologie, die Anlage B, in der diese Gewerbe aufgeführt sind anzupassen.

A. Das zulassungsfreie Gewerbe (§ 18 Abs. 1, 2)

1 In der Handwerksordnung werden nur Tätigkeiten **gewerblicher Art** (→ § 1 Rn. 1) geregelt, welche auf **Dauer** (→ § 1 Rn. 2), in einer **stehenden Betriebsform** (→ § 1 Rn. 5) **selbständig** (→ § 1 Rn. 9 ff.) ausgeübt werden. Diese Begriffsbestimmungen nach § 1 Abs. 1 gelten in vollem Umfang auch für die Anzeigepflicht nach § 18 Abs. 1. Eigenständiger Reglungsinhalt kommt insoweit der Vorschrift nicht zu (ebenso iErg Schwannecke/Stork Rn. 4 ff.; Detterbeck Rn. 3 ff.).

2 Voraussetzung für die Verpflichtung(en) eines solches Gewerbetreibenden nach § 18 ist überdies, dass das Gewerbe **handwerksmäßig** betrieben wird. Der Begriff des „Handwerks", damit auch der der handwerklichen Tätigkeit, ist ebenfalls bereits in § 1 Abs. 2 S. 1 angesprochen; er ist in § 18 in gleicher Weise zu bestimmen: Gesetzlich sind die Begriffe nicht

definiert; sie werden aber – herkömmlich – unter Beachtung der Verkehrsauffassung (Detterbeck Rn. 18) allgemein (→ § 1 Rn. 18 ff.) wie auch nach einer Reihe von Einzelkriterien (→ § 1 Rn. 22 ff.) in der Lehre bestimmt und in der Praxis angewendet.

Was den Begriff des „**zulassungsfreien Gewerbes**" anlangt, so wurde er, als eine der Kategorien des so bestimmten „Handwerks" (→ Rn. 1, → Rn. 2), durch die Handwerksnovelle von 2003 **neu** eingeführt (→ Einleitung Rn. 5 ff.). Inhaltlich unterfallen ihm Gegenstände (→ Einleitung Rn. 2; → § 1 Rn. 31 ff.), in denen nicht **Tätigkeiten ausgeübt werden,** welche für Anlage-A Betriebe wesentlich sind. (dazu vgl. → § 1 Rn. 35 ff.). IErg ist damit der Begriff der zulassungsfreien Gewerbe zwar **formal (negativ) bestimmt** – durch die (fehlende) Eintragungspflicht in die Handwerksrolle; deren Voraussetzungen können jedoch über Verordnungsrecht näher materiell bestimmt werden (dazu → § 1 Rn. 48).   3

Aus § 18 ergibt sich daraus – systematisch konsequent – die rechtlich regulierende Rechtsfolge aus dem **Begriff des zulassungsfreien Handwerks: Anzeigepflicht** von Beginn und Beendigung der Tätigkeit (Abs. 1) – entsprechend der nach § 16 für die zulassungspflichtigen Handwerke – sowie Eintragungspflicht in das Verzeichnis der zulassungsfreien Handwerke (§ 19). Da § 16 in § 20 bei den auf die zulassungsfreien Handwerke anzuwendenden Bestimmungen nicht erwähnt ist, ist die Anzeigepflicht für zulassungsfreie Betriebe nach § 18 Abs. 1 eine insoweit ausschließlich geltende Spezialvorschrift.   4

Handwerkliche Betätigung ist damit für den überwiegenden Teil ihrer Betriebsform **inhaltlich genehmigungsfrei.** Die Regulierungswirkung der Auskunfts- (wie auch der Eintragungs-)Verpflichtung nach § 19 ist durch das Bestreben einer **Registertransparenz** voll gerechtfertigt, welche eindeutig im Interesse der Auszubildenden, der Verbraucher (Kunden) wie auch der Allgemeinheit (Gefahrenabwehr) liegt. Wesentliche Belastungen für die Berufstätigen gehen davon nicht aus.   5

Verfassungsrechtliche Bedenken gegen diese systematisch tiefgreifende Neuordnung im Jahre 2003 bestehen nicht (→ Einleitung Rn. 12 ff.). Durch sie ist für einen Großteil handwerklicher Tätigkeitsformen **Gewerbefreiheit** hergestellt worden. Eine regulierende Ausnahme besteht nur insoweit, als auch für zulassungsfreie Handwerksbetriebe Zugehörigkeitspflicht zur Handwerkskammer gilt (vgl. dazu → § 1 Rn. 50); insoweit sollte 2003 die bisherige Rechtslage nicht geändert werden (Nachweise bei Schwannecke/Stork Rn. 1). Rechtfertigen lässt sich dies (vgl. Detterbeck Rn. 2) insbes. mit den notwendigen Betreuungs- und Überwachungsfunktionen (→ Rn. 5) der Handwerkskammer gegenüber dem Handwerk insgesamt.   6

B. Handwerksähnliche Gewerbe

Der Begriff des handwerksähnlichen Gewerbes ist seit 2003 (zur früheren Regelung → Einleitung Rn. 3) durch zwei Kriterien bestimmt: die handwerkliche Tätigkeitsform → Rn. 8 und den Tätigkeitsgegenstand. Dieser muss in der (neuen) Anlage B2 als „handwerksähnlich" aufgeführt sein. In einem dieser Bereiche muss die Aktivität stattfinden.   7

Nicht erforderlich ist dafür allerdings, dass insoweit „**wesentliche Tätigkeiten**" für ein B1-Handwerk stattfinden (vgl. § 1 Abs. 2 S. 1; sa → Einleitung Rn. 10); es genügen „irgendwelche" B1-Aktivitäten. Daraus wird geschlossen (Detterbeck Rn. 10; Stork, in Schwannecke Rn. 10), dass die „Handwerksähnlichkeit" nicht (mehr) qualitativ, sondern quantitativ zu verstehen sein soll (vgl. VG Karlsruhe NJOZ 2006, 1024). Diese Unterscheidung ist jedoch missverständlich; das Gesetz verlangt ausdrücklich, dass „das handwerksähnliche Gewerbe" in Anlage B2 aufgeführt sein muss; aus dem Text folgt weiter, dass aber nur eine „Handwerksähnlichkeit" gegeben sein muss. Diese beiden Begriffselemente sprechen dafür, dass ein „quantitatives Kriterium" hier nicht angewendet werden darf. Ähnlichkeit bestimmt sich immer qualitativ, quantitative Beurteilung, etwa nach „Überwiegen", kann kaum, jedenfalls nicht ausschließlich, eine Ähnlichkeit bestimmen. Zutreffend vielmehr die Auffassung, dass es für diese auf das technische und wirtschaftliche Gesamtbild der Tätigkeit ankommt, darauf, wie dieses nach der Verkehrsauffassung zu beurteilen ist (Detterbeck Rn. 12).   8

Daraus, und gerade aus dem nunmehr notwendigen Bezugspunkt der „Handwerksähnlichkeit" zu Beschreibungen nach Anlage B2, folgt auch, dass bei **handwerklicher Betriebsform Ähnlichkeit** zu Gestaltungen vorliegen muss, welche auch bei A- und B1-Betrieben Voraussetzungen für „Handwerklichkeit" sind, – aber eben nur iSv „Ähnlichkeiten" nach   9 den für jene jeweils entscheidenden Kriterien. Dies sind solche, die insbes. zur Abgrenzung der Mitgliedschaften in Industrie- und Handelskammer und Handwerkskammer eingesetzt werden (→ § 1 Rn. 50): Technische Ausstattung des Betriebes, Qualifikation der dort Beschäftigten, Organisation, insbes. Arbeitsteilung. All diese Kriterien müssen auch bei handwerksähnlichen Betrieben in ihren Auswirkungen erkennbar sein – andernfalls könnte deren Status ja nicht in der Handwerksordnung geregelt, sie könnten nicht Mitglieder der Handwerkskammer (§ 90 Abs. 2) sein. Diese Voraussetzungen der handwerklichen Betriebsform müssen bei den handwerksähnlichen Betrieben aber nicht in gleicher Intensität erfüllt sein, wie bei A- und B1-Betrieben, sie müssen deren Aktivität nicht das Gepräge geben. Was hier iE die (noch erforderliche) Ähnlichkeit begründet, kann nur im Einzelfall ermittelt werden, unter Berücksichtigung der Verkehrsauffassung.

C. Die Anzeigepflicht

10   Die Anzeigepflicht trifft die Inhaber oder Vertretungsberechtigten der zulassungsfreien Handwerke sowie der handwerksähnlichen Betriebe. Sie greift nicht ein, wenn ein Betrieb in den Anlagen zur Handwerksordnung anders eingestuft wird/worden ist, also etwa statt als A-Betrieb nun als B1-Betrieb, oder nicht mehr als B1-Betrieb aufgeführt wird, nicht mehr als handwerksähnlich in der Anlage B2. In solchen Fällen sind die erforderlichen Korrekturen über Löschungen bzw. Neueintragungen in der Handwerksrolle sowie im Verzeichnis der zulassungsfreien Handwerke nach § 19 auf Antrag oder von Amtswegen vorzunehmen. Bei Neuaufnahme eines Handwerks in die Anlagen A oder B sind die Handwerkskammer die dafür erforderlichen Informationen zur Verfügung zu stellen (Detterbeck Rn. 23).

11   **Beginn und Beendigung der Tätigkeit** sind hier ebenso anzuzeigen wie nach § 16 Abs. 1 (→ Rn. 4 ff.). Eine Form ist dafür nicht vorgeschrieben. Formulare können von der Handwerkskammer vorgesehen werden, ihre Benützung ist aber nicht Wirksamkeitsvoraussetzung der Anzeige.

12   Der notwendige Inhalt der Anzeige bei juristischen Personen und Personengesellschaften (Abs. 1 S. 2) ergibt sich aus den Vertretungsregelungen der einschlägigen Gesetze (etwa für die OHG §§ 105 ff. HGB, für die KG aus §§ 161 ff. HGB, für die GbR aus den §§ 705 ff. BGB, sowie aus dem GmbHG und dem AktG).

13   Der Bundesminister für Wirtschaft und Energie kann die Anzeigepflicht, damit die Aufnahme in das Verzeichnis von § 19, durch Verordnung in gleicher Weise ändern, wie dies auch hinsichtlich der Anlage A zulässig ist (→ § 1 Rn. 48; Schwannecke/Stork Rn. 20).

§ 19 [Inhaberverzeichnis]

¹Die Handwerkskammer hat ein Verzeichnis zu führen, in welches die Inhaber eines Betriebs eines zulassungsfreien Handwerks oder eines handwerksähnlichen Gewerbes nach Maßgabe der Anlage D Abschnitt II zu diesem Gesetz mit dem von ihnen betriebenen Gewerbe oder bei Ausübung mehrerer Gewerbe mit diesen Gewerben einzutragen sind. ²§ 6 Abs. 2 bis 5 gilt entsprechend.

Überblick

Die Norm des § 19 bildet das Pendant zu § 6 und regelt für die zulassungsfreien Handwerke bzw. handwerksähnlichen Gewerbe unter Berücksichtigung zum einen des Grundrechts auf informationelle Selbstbestimmung der Gewerbetreibenden, zum anderen des Bedürfnisses nach der Erlangung von Wirtschaftsdaten mittels moderner Kommunikationstechniken die Pflicht der Handwerkskammer, auch für diese Gewerbe ein Verzeichnis zu führen, wobei dessen inhaltliche Ausgestaltung mittels des Verweises durch die Anlage D zur HwO geregelt wird.

1   Für das Verzeichnis der zulassungsfreien Handwerke und handwerksähnlichen Betriebe gelten die Vorschriften über die Handwerksrolle und die Einsichtsrechte in diese (§ 6 Abs. 2–5). Inhaltliche Unterschiede hinsichtlich der Eintragungen ergeben sich allgemein nur insoweit, als nach der hier geltenden Anlage D II das Verzeichnis nicht die gleichen Angaben

wie die Handwerksrolle zu enthalten braucht, sondern nur solche über die „wesentlichen persönlichen Verhältnisse einschließlich der wichtigsten persönlichen Daten".

Im Besonderen müssen **Neben- und Hilfsbetriebe** dieser handwerklich aktiven Betriebe 2 nicht jeweils zusammen mit dem Hauptbetrieb eingetragen werden, da §§ 2 und 3 unter den anzuwendenden Bestimmungen in § 20 S. 1 nicht erwähnt sind (BVerwG GewArch 1994, 248). Ob es sich allerdings um solche Neben- oder Hilfsbetriebe überhaupt handelt, und nicht etwa um zwei oder mehrere (Haupt-, Voll-)Betriebe in der Hand desselben Inhabers, muss nach §§ 2 und 3 ermittelt werden; im letzteren Fall sind diese als (Voll-) Betriebe in das Verzeichnis aufzunehmen, im ersteren erscheinen sie nicht im Verzeichnis.

Die Eintragung in das Verzeichnis ist keine Zulässigkeitsvoraussetzung für die Ausübung 3 einer B1- oder B2-Tätigkeit, da § 20 nicht auf § 16 verweist; eine Betriebsuntersagung deshalb ist nicht möglich. Das Unterlassen der Anmeldung nach § 18 stellt aber eine Ordnungswidrigkeit nach § 118 Abs. 1 S. 1 dar.

§ 20 [Anwendbarkeit von Vorschriften]

¹Auf zulassungsfreie Handwerke und handwerksähnliche Gewerbe finden § 10 Abs. 1, die §§ 11, 12, 13 Abs. 1 bis 3, 5, die §§ 14, 15 und 17 entsprechend Anwendung. ²§ 5a Abs. 2 Satz 1 findet entsprechende Anwendung, soweit dies zur Feststellung erforderlich ist, ob die Voraussetzungen für die Eintragung in das Verzeichnis der Inhaber eines Betriebs eines zulassungsfreien oder eines handwerksähnlichen Gewerbes vorliegen.

Literatur: BT-Drs. 15/5704, Entwurf eines Gesetzes zur Änderung des Gemeindefinanzreformgesetzes und anderer Gesetze, Beschlussempfehlung und Bericht des Finanzausschusses (7. Ausschuss) v. 15.06.2005.

Überblick

§ 20 sorgt für einen weitgehenden Gleichlauf der Behandlung der im A- und B-Verzeichnis geführten Gewerbe, da laut dieser Norm alle Vorschriften, die auf die Gewerbe des A-Verzeichnisses anwendbar sind auch auf die Gewerbe des B-Verzeichnisses Anwendung finden, soweit sie nicht im Zusammenhang mit dem großen Befähigungsnachweis stehen.

A. Anwendbarkeit von Bestimmungen – über zulassungspflichtige Handwerke – Allgemeines

Auf die zulassungsfreien Handwerke sowie die handwerksähnlichen Gewerbe finden Vor- 1 schriften über die zulassungspflichtigen handwerklichen Gewerbe nur insoweit Anwendung, als ihr Inhalt **Eintragung und Löschung** in das Verzeichnis nach § 19 betrifft, das damit etwas wie eine „kleine Handwerksrolle" für die nichtzulassungspflichtigen Betriebe darstellt. Eine derartige lediglich formal gleiche Regelung für die letzteren rechtfertigt sich in ihrem – nicht erheblich belastenden – Regelungsinhalt bereits aus Gründen der Regelungstransparenz der Handwerksordnung, der Rechtsklarheit von deren organisatorischen Bestimmungen (Mitgliedschaft in Organisationen) sowie insbesondere durch Kunden-(Verbraucherschutz-)Interessen.

Die Verweisung auf die im Gesetz genannten Bestimmungen schließt jede Form eines, 2 auch nur sinngemäßen, Rückgriffs auf andere Vorschriften der §§ 1 bis 17 aus (OVG Koblenz GewArch 1992, 146; OVG Hamburg GewArch 1993, 74, für die handwerksähnlichen Nebenbetriebe). **„Entsprechende Anwendung"** auf die zustimmungsfreien Handwerke und handwerksähnlichen Tätigkeiten bedeutet volle Anwendbarkeit, lediglich unter Ersetzung von „Handwerksrolle" durch „Inhaberverzeichnis".

B. Einzelne Verweisungen

IE gilt: 3
- **§ 10**: Eintragung in das B-Verzeichnis auf Antrag oder von Amtswegen. Eine Eintragungsbescheinigung (§ 10 Abs. 2) ist nicht nötig, aber zulässig, eine Handwerkskarte gibt es hier nicht.

- **§ 11**: Die beabsichtigte Eintragung hat die Handwerkskammer dem Gewerbetreibenden mitzuteilen, ebenso der Industrie- und Handelskammer.
- **§ 12**: Der Verwaltungsrechtsweg steht dem Gewerbetreibenden wie einer Industrie- und Handelskammer offen, der er etwa angehört.
- **§ 13**: Die Löschung von Eintragungen erfolgt auf Antrag oder von Amts wegen, ebenso die Speicherung von Altdaten und Auskünften daraus. Abs. 4 ist unanwendbar, da eine Handwerkskarte nicht vorgesehen ist.
- **§§ 14/15**: Die Beschränkung des Antragsrechts auf Löschung oder Vornahme einer Eintragung gilt auch für das Verzeichnis, zur Wahrung einer gewissen Registerkontinuität.
- **§ 17**: Das Auskunftsrecht der Handwerkskammer auf Abs. 1 rechtfertigt sich auch hier aus der Notwendigkeit von Feststellungen über Betriebsgegenstand und Betriebsform. Betretungs- und Prüfungsrecht (Abs. 2) dienen diesem selben Zweck in gleichem Umfang, wenn auch mit anderem Gegenstand (Feststellung der Voraussetzung einer B-Gewerblichkeit) wie als im Fall der A-Betriebe. Dies gilt auch für das Auskunftsverweigerungsrecht (Abs. 3) und die Auskunft über Fernmeldeanschlüsse (Abs. 4).

4 Die entsprechende Anwendbarkeit von **§ 5 a Abs. 2 S. 1** (gegenseitiges Datenübermittlungsrecht zwischen Handwerkskammern im automatisierten Verfahren), eingefügt als S. 2 durch Gesetz vom 6.9.2005 (BGBl. I 2934) dient der Bekämpfung von der Errichtung von Scheinniederlassungen (BT-Drs. 15/5704, 9) durch Anträge in (mehreren) Handwerkskammerbezirken; durch diesen Missbrauch der Niederlassungsfreiheit aus Art. 49 ff. AEUV sollten die im Beitrittsvertrag enthaltenen zulässigen Begrenzungen der Freizügigkeit der Arbeitnehmer (Art. 45 ff. AEUV) umgangen werden.

Zweiter Teil: Berufsbildung im Handwerk

Vorbemerkung zu §§ 21 ff.

Rechtliche Grundlagen der Berufsbildung im Handwerk

Die rechtliche Grundlage für die Berufsausbildung im Handwerk bildet das BBiG. Der **1** Anwendungsbereich erstreckt sich nach § 3 Abs. 1 BBiG auf die Berufsbildung, soweit sie nicht in berufsbildenden Schulen durchgeführt wird. Aus verfassungsrechtlichen Gründen obliegen den Ländern die Regelungen zum Schulwesen sowie zur rein schulisch ausgestalteten Berufsbildung. Aufgrund der Gesetzgebungskompetenz des Bundes beschränkt sich die Regelungsbefugnis auf den Bereich der betrieblichen Berufsbildung und der damit in unmittelbaren Zusammenhang stehenden Berufsbildung.

Den Besonderheiten der Berufsbildung im Handwerk aufgrund der handwerklichen Orga- **2** nisationsstrukturen wird durch § 3 Abs. 3 BBiG Rechnung getragen. Danach gelten die Vorschriften des BBiG zur Ordnung der Berufsbildung (§§ 4–9 BBiG), zur Eignung von Ausbildungsstätte und Ausbildungspersonal (§§ 27–33 BBiG), zum Verzeichnis der Berufsausbildungsverhältnisse (§§ 34–36 BBiG), zum Prüfungswesen (§§ 37–50 BBiG), zur Fortbildung und Umschulung (§§ 53–63 BBiG), zur Berufsbildung behinderter Menschen (§§ 64–67 BBiG), zur Berufsausbildungsvorbereitung (§§ 68–70 BBiG), zur Regelung und Überwachung der Berufsausbildung (§ 76 BBiG), zum Berufsbildungsausschuss (§§ 77–80 BBiG) sowie zu den Ordnungswidrigkeiten (§ 105 BBiG) nicht. An ihre Stelle treten die Regelungen der HwO, die im Wesentlichen gleich strukturiert sind.

In einzelnen Teilbereichen unterscheiden sich die Vorschriften der HwO zum einen in **3** sprachlicher und zum anderen in inhaltlicher Hinsicht. So spricht die HwO weiterhin von Lehrlingen anstelle von Auszubildenden sowie von der Lehrlingsrolle statt vom Verzeichnis der Berufsausbildungsverhältnisse. Die Ausbildungsberufe werden den Gewerben der Anlage A und B zugeordnet (→ § 25 Rn. 3). Bei der fachlichen Eignung wird zwischen der Ausbildung in zulassungspflichtigen Handwerken und der Ausbildung in zulassungsfreien Handwerken und handwerksähnlichen Gewerben unterschieden (→ § 22b Rn. 1). Auch wird die Meisterprüfung als Regelqualifikation für die Ausbildung vorausgesetzt (→ § 22b Rn. 2; → § 22b Rn. 9). Ferner ist der Datenschutz in Zusammenhang mit der Registrierung der Ausbildungsverträge detailliert geregelt (→ § 28 Rn. 7). Im Bereich des Prüfungswesens besteht die Möglichkeit, Innungen zur Errichtung eigener Prüfungsausschüsse zu ermächtigen und damit die Prüfungsdurchführung an diese zu delegieren (→ § 33 Rn. 10; → § 39 Rn. 5).

Dagegen sind die arbeitsrechtlichen Vorschriften des BBiG bzgl. des Ausbildungsvertrags **4** (§§ 10–26 BBiG) direkt auf die Berufsausbildung in Handwerksberufen anzuwenden. Insoweit bestehen keine Besonderheiten im Bereich des Handwerks, so dass ausschließlich die Regelungen des BBiG hinsichtlich der arbeitsrechtlichen Beziehung zwischen Lehrling und Ausbildenden gelten.

Aufgrund der Regelung des § 3 Abs. 3 BBiG besteht zwischen BBiG und HwO ein **5** Stufenverhältnis. Das BBiG als lex generalis regelt die Berufsbildung für die gesamte gewerbliche Wirtschaft. Bei der Berufsbildung in handwerklichen Berufen wird es in Teilen durch die HwO als lex specialis verdrängt. Durch das Stufenverhältnis werden gleiche rechtliche Rahmenbedingungen in der Berufsbildung der gewerblichen Wirtschaft gewährleistet.

Erster Abschnitt: Berechtigung zum Einstellen und Ausbilden

§ 21 [Eignung der Ausbildungsstätte]

(1) Lehrlinge (Auszubildende) dürfen nur eingestellt und ausgebildet werden, wenn

1. die Ausbildungsstätte nach Art und Einrichtung für die Berufsausbildung geeignet ist, und
2. die Zahl der Lehrlinge (Auszubildenden) in einem angemessenen Verhältnis zur Zahl der Ausbildungsplätze oder zur Zahl der beschäftigten Fachkräfte steht, es sei denn, dass anderenfalls die Berufsausbildung nicht gefährdet wird.

(2) Eine Ausbildungsstätte, in der die erforderlichen beruflichen Fertigkeiten, Kenntnisse und Fähigkeiten nicht in vollem Umfang vermittelt werden können, gilt als geeignet, wenn diese durch Ausbildungsmaßnahmen außerhalb der Ausbildungsstätte vermittelt werden.

Überblick

Die Vorschriften §§ 21–24 regeln die Eignung der Ausbildungsstätte und des Ausbildungspersonals. Anders als das BBiG verwendet die HwO weiterhin den Begriff „Lehrling", da er im Handwerk institutionelle Bedeutung besitzt. Durch den Klammerzusatz soll die Identität mit dem Begriff „Auszubildender" zum Ausdruck kommen, da teilweise das BBiG auch für die Berufsbildung im Handwerk gilt.

§ 21 regelt die Voraussetzungen für die Eignung der Ausbildungsstätte. Die Vorschrift ist iVm § 22 zu sehen. Die Ausbildung qualifizierten Nachwuchses soll durch geeignete Ausbildungsstätten sowie durch persönlich und fachlich geeignete Ausbilder sichergestellt werden.

In § 21 Abs. 1 werden die Kriterien konkret genannt. Zum einen muss die Ausbildungsstätte (→ Rn. 3) nach Art (→ Rn. 4) und Einrichtung (→ Rn. 5) geeignet sein. Zum anderen darf nur eine angemessene Zahl an Lehrlingen ausgebildet werden (→ Rn. 6). Eine förmliche Anerkennung hinsichtlich der Eignung ist nicht vorgesehen (→ Rn. 1). Die Folgen mangelnder Eignung ergeben sich nicht direkt aus § 21 (→ Rn. 11). Ferner ermöglicht § 21 Abs. 2 Ausbildungsstätten, die nicht in vollem Umfang geeignet sind, einen Mangel durch ergänzende außerbetriebliche Ausbildungsmaßnahmen auszugleichen (→ Rn. 13).

Auf die berufliche Umschulung ist die Norm gem. § 42g S. 2 entsprechend anwendbar.

Die Vorschrift entspricht § 21 aF und wurde durch das Berufsbildungsreformgesetz vom 23.3.2005 neugefasst.

Die Parallelvorschrift zu § 21 ist § 27 BBiG.

A. Eignung der Ausbildungsstätte

1 Lehrlinge dürfen nur eingestellt und ausgebildet werden, wenn die Ausbildungsstätte nach § 21 Abs. 1 geeignet ist. Die Eignung der Ausbildungsstätte ist in § 21 abschließend geregelt (OVG Koblenz GewArch 1975, 381). Neben der Eignung der Ausbildungsstätte müssen die persönliche (→ § 22a Rn. 1) und fachliche Eignung (→ § 22b Rn. 1) des Ausbildenden bzw. *Ausbilders* gegeben sein. Eine förmliche Anerkennung der Ausbildungsstätte ist gesetzlich nicht vorgesehen (Leinemann/Taubert BBiG § 27 Rn. 5). Der Ausbildende muss also in eigener Verantwortung überprüfen, ob sein Betrieb die Voraussetzungen nach § 21 Abs. 1 erfüllt. Im Zweifelsfall kann er die Beratung der Handwerkskammer nach § 41a in Anspruch nehmen. Als Grundlage für die Beurteilung kann bis zu einer Aktualisierung die Empfehlung des Bundesausschuss für Berufsbildung herangezogen werden (→ Rn. 1.1).

1.1 Der Hauptausschuss des Bundesinstituts für Berufsbildung hat am 16.12.2015 eine neue Empfehlung zur Eignung der Ausbildungsstätten beschlossen. Diese ersetzt die bisherige Empfehlung vom 28.3.1972 (BArbBl. 5/1972, 344) und kann als Grundlage für die Beurteilung der Eignung herangezogen werden:
Einleitung
Mit dieser Empfehlung legt der Hauptausschuss Kriterien für die Eignung der Ausbildungsstätten und damit für die einheitliche Anwendung von §§ 27 und 32 BBiG, §§ 21 und 23 HwO vor.
1. Die gesetzlichen Bestimmungen
1.1 Eignung der Ausbildungsstätte
Eine Ausbildungsstätte muss nach Art und Einrichtung für die Berufsausbildung geeignet sein (vgl. § 27 Abs. 1 Nr. 1 BBiG, § 21 Abs. 1 Nr. 1 HwO).
Können die in der Ausbildungsordnung genannten erforderlichen Fertigkeiten, Kenntnisse und Fähigkeiten (berufliche Handlungsfähigkeit) nicht in vollem Umfang in der Ausbildungsstätte vermittelt

werden, gilt sie als geeignet, wenn dieser Mangel durch Ausbildungsmaß-nahmen außerhalb der Ausbildungsstätte behoben wird (vgl. § 27 Abs. 2 BBiG, § 21 Abs. 2 HwO). Diese Maßnahmen müssen im Berufsausbildungsvertrag ausdrücklich vereinbart sein (vgl. § 11 Absatz 1 Nr. 3 BBiG).

Eignungsvoraussetzung ist außerdem, dass die Zahl der Auszubildenden in einem angemessenen Verhältnis zur Zahl der Ausbildungsplätze oder zur Zahl der beschäftigten Fachkräfte steht. Eine Abweichung von dieser Bestimmung ist zulässig, wenn dadurch die Berufsausbildung nicht gefährdet wird (vgl. § 27 Abs. 1 Nr. 2 BBiG, § 21 Abs. 2 Nr. 3 HwO).

Für Berufe der Landwirtschaft und der Hauswirtschaft kann das jeweils zuständige Ressort im Einvernehmen mit BMBF und nach Anhörung des Hauptausschusses des Bundesinstituts für Berufsbildung durch Rechtsverordnung Mindestanforderungen für die Größe, Einrichtung und den Bewirtschaftungszustand der Ausbildungsstätten festsetzen (vgl. § 27 Abs. 3 und 4 BBiG).

1.2 Eignungsfeststellung – Überwachung

Die zuständige Stelle hat darüber zu wachen, dass die Eignung der Ausbildungsstätte vor-liegt (vgl. § 32 Abs. 1 BBiG, § 23 Abs. 1 HwO).

Der Hauptausschuss des Bundesinstituts für Berufsbildung geht davon aus, dass die Feststellung und Überwachung der Eignung von Ausbildungsstätten eine den zuständigen Stellen unmittelbar obliegende Aufgabe ist, die sie nicht übertragen können. Er hält insbesondere bei Ausbildungsstätten, in denen erstmalig oder nach längerer Unterbrechung ausgebildet werden soll, und bei Ausbildungsstätten, in denen der beantragte Ausbildungsberuf noch nicht ausgebildet wurde, eine vorherige Eignungsfeststellung in der Ausbildungsstätte oder andere geeignete Mittel für erforderlich.

Die Eignungsfeststellung soll überprüft werden, wenn Erkenntnisse z. B. aus Prüfungsergebnissen, Vertragslösungen, Schlichtungsverfahren oder der Ausbildungsberatung dies begründen.

Die Überwachung der Einhaltung der gesetzlichen Vorschriften im Sinne dieser Empfehlung erfolgt für Auszubildende als Arbeitnehmer/-innen auch durch Betriebs- und Personalräte nach § 80 BetrVG und § 68 BPersVG. Betriebs- und Personalräten stehen bei der Durchführung der Berufsbildung die Mitbestimmungsrechte gemäß § 98 BetrVG bzw. § 75 BPersVG zu.

Ausbildende haben der zuständigen Stelle ohne Aufforderung jede Änderung der Eignung der Ausbildungsstätte mitzuteilen, die dazu führen kann, dass das Erreichen des Ausbildungsziels oder die Durchführung des Ausbildungsgangs beeinträchtigt wird. Werden bei der Überwachung Mängel der Eignung festgestellt, so hat die zuständige Stelle, falls der Mangel zu beheben und eine Gefährdung der/des Auszubildenden nicht zu erwarten ist, die/den Auszubildenden aufzufordern, innerhalb einer von ihr gesetzten Frist den Mangel zu beseitigen. Ist der Mangel der Eignung nicht zu beheben oder ist eine Gefährdung der/des Auszubilden-den zu erwarten oder wird der Mangel nicht innerhalb der gesetzten Frist beseitigt, so hat die zuständige Stelle dies der nach Landesrecht zuständigen Behörde mitzuteilen (vgl. § 32 Abs. 2 BBiG, § 23 Abs. 2 HwO).

1.3 Löschen der Eintragung

Werden die bei der Überwachung festgestellten oder von der/dem Ausbildenden mitgeteilten Mängel nicht innerhalb einer gesetzten Frist beseitigt oder ist eine Gefährdung der/des Auszubildenden zu erwarten, so ist die Eintragung zu löschen (vgl. § 35 Abs. 2 BBiG, § 29 Abs. 2 HwO).

Um der/dem Auszubildenden den Abschluss der Ausbildung zu ermöglichen und um Nach-teile zu vermeiden, sollte sich die zuständige Stelle in Zusammenarbeit mit der Berufsberatung der Bundesagentur für Arbeit bemühen, dass die begonnene Berufsausbildung in einer geeigneten Ausbildungsstätte fortgesetzt werden kann. Die Verantwortung der/des bisherigen Ausbildenden bleibt davon unberührt.

2. Kriterien für die Eignung der Ausbildungsstätten

2.1 Verfügbarkeit der Ausbildungsregelung

Für jeden Ausbildungsberuf, für den die Eintragung eines Ausbildungsverhältnisses beantragt wird, müssen der Ausbildungsstätte die einschlägigen gültigen Ausbildungsordnungen bzw. nach § 104 Abs. 1 BBiG anzuwendenden Berufsbilder, Berufsbildungspläne und Prüfungsanforderungen oder nach § 122 Abs. 2 und 4 HwO anzuwendenden Berufsbilder und fachlichen Vorschriften vorliegen.

2.2 Betrieblicher Ausbildungsplan

In der Ausbildungsstätte ist ein betrieblicher Ausbildungsplan zu führen, aus dem erkennbar ist, dass die Ausbildung systematisch unter Berücksichtigung der Arbeits- und Geschäftsprozesse, der betrieblichen Anforderungen und der individuellen Lernvoraussetzungen von Auszubildenden durchgeführt wird. Der betriebliche Ausbildungsplan sollte je nach der Struktur der Ausbildungsstätte und des Ausbildungsberufes mindestens Angaben enthalten über die konkreten Ausbildungsplätze, die Ausbildungsabschnitte, die zu vermittelnden Ausbildungsinhalte und die zugeordneten Ausbildungszeiten.

2.3 Passfähigkeit der betrieblichen Arbeits- und Geschäftsprozesse

Art und Umfang der Produktion, des Sortiments und der Dienstleistungen sowie die Produktions- bzw. Arbeitsverfahren müssen gewährleisten, dass die Fertigkeiten, Kenntnisse und Fähigkeiten (berufliche Handlungsfähigkeit) entsprechend der Ausbildungsordnung vermittelt werden können.

2.4 Materielle und technische Einrichtung und Ausstattung der Ausbildungsstätte

Die Ausbildungsstätte muss über eine ausreichende Einrichtung und Ausstattung verfügen, insbesondere müssen die für die Vermittlung der in der jeweiligen Ausbildungsordnung vor-gesehenen Fertigkeiten, Kenntnisse und Fähigkeiten (berufliche Handlungsfähigkeit) erforderlichen Einrichtungen und notwendigen Ausbildungsmittel vorhanden sein und die angemessene Zeit für Ausbildungszwecke zur Verfügung stehen. Dazu gehören zum Beispiel die erforderlichen Kommunikations- und Informationssysteme, Grundausstattungen an Werkzeugen, Maschinen, Apparaten und Geräten, Pflege- und Wartungseinrichtungen, bürotechnische Einrichtungen und notwendige Lehr- und Lernmittel.

In der Regel müssen die Ausbildungsplätze in die regulären Arbeits- und Geschäftsprozesse integriert sein.

Zur Unterstützung des Erwerbs der in der Ausbildungsordnung vorgesehenen Fertigkeiten, Kenntnisse und Fähigkeiten (berufliche Handlungsfähigkeit) können ergänzend – unabhängig von den normalen Bedingungen des Arbeitsablaufs – intern oder extern Inhalte vermittelt werden, zum Beispiel auch in Ausbildungswerkstätten oder -ecken, Ausbildungslaboren, betriebs- oder bürotechnischen Unterweisungsräumen.

2.5 Personelle Anforderungen
2.5.1 Relation zwischen Fachkräften und Auszubildenden

Als Fachkraft gelten die/der Ausbildende, die/der Ausbilder/-in oder wer eine Ausbildung in einer dem Ausbildungsberuf entsprechenden Fachrichtung abgeschlossen hat oder mindestens das Anderthalbfache der Zeit, die als Ausbildungszeit vorgeschrieben ist, in dem Beruf tätig gewesen ist, in dem ausgebildet werden soll.

Als angemessenes Verhältnis der Zahl der Auszubildenden zur Zahl der Fachkräfte im Sinne von § 27 Abs. 1 Nr. 2 BBiG, § 21 Abs. 1 Nr. 2 HwO gilt in der Regel

eine bis zwei Fachkräfte = 1 Auszubildende/-r
drei bis fünf Fachkräfte = 2 Auszubildende
sechs bis acht Fachkräfte = 3 Auszubildende
je weitere drei Fachkräfte = 1 weitere/-r Auszubildende/-r

Diese Relationen müssen kontinuierlich während des gesamten Ausbildungsgangs bestehen. Abweichungen von diesen Relationen sind in Einzelfällen zulässig. Sie müssen begründet werden und dürfen die Ausbildung nicht gefährden.

2.5.2 Relation zwischen Ausbildenden und Auszubildenden

2.5.2.1 Nebenberufliche/r Ausbilder/-in
Ausbildende gemäß § 28 Abs. 1 BBiG, § 22 Abs. 1 HwO und Ausbilder/-innen im Sinne von § 28 Abs. 2 BBiG, § 22 Abs. 2 HwO, die neben der Aufgabe des Ausbildens noch weitere betriebliche Funktionen ausüben, sollen durchschnittlich nicht mehr als drei Auszubildende selbst ausbilden. Es muss sichergestellt sein, dass ein angemessener Teil der Arbeitszeit für die Tätigkeit als Ausbilder/-in zur Verfügung steht.

2.5.2.2 Hauptberufliche/r Ausbilder/in
Ausbilder/innen im Sinne von § 28 Abs. 2 BBiG, § 22 Abs. 2 HwO, denen ausschließlich Ausbildungsaufgaben übertragen sind, sollen nicht mehr als 16 Auszubildende in einer Gruppe unmittelbar selbst ausbilden.

2.5.2.3 Ausbildende Fachkraft
Für die Relation zwischen Auszubildenden und ausbildenden Fachkräften im Sinne von § 28 Abs. 3 BBiG, § 22 Abs. 3 HwO, die unter der Verantwortung der Ausbilderin/des Ausbilders bei der Berufsausbildung mitwirken, gelten dieselben Anforderungen wie für die unter 2.5.2.1 beschriebenen nebenberuflichen Ausbilder/-innen.

Bei gefahrenanfälligen Tätigkeiten, zum Beispiel an Werkzeugmaschinen, ist die Zahl der Auszubildenden entsprechend geringer anzusetzen.

Die Art des Ausbildungsberufes oder die Gestaltung der Ausbildung können eine höhere Zahl von Auszubildenden rechtfertigen. Eine Abweichung von dem angegebenen Zahlenverhältnis ist insbesondere dann zulässig, wenn und soweit besondere betriebliche oder über-betriebliche Maßnahmen zur Förderung der Ausbildung durchgeführt werden.

Der/die Ausbildende, in der Regel der Ausbildungsbetrieb, muss die entsprechende Anzahl von Ausbildern/-innen im Sinne von § 28 Abs. 2 BBiG, § 22 Abs. 2 HwO sowie an ausbilden-den Fachkräften nach § 28 Abs. 3 BBiG, § 22 Abs. 3 HwO für die unmittelbare Ausbildung der Auszubildenden bereitstellen, um die unter 2.5.2.1, 2.5.2.2 und 2.5.2.3 genannten Relationen zu sichern. Die/der Ausbildende muss für die benannten Ausbilder/-innen und ausbildenden Fachkräfte die nötigen Voraussetzungen schaffen, damit diese ihre Ausbildungsaufgabe wahrnehmen können.

2.5.3 Qualifikation des Ausbildungspersonals

Das in der Ausbildungsstätte eingesetzte Ausbildungspersonal muss über die gesetzlich vor-geschriebene berufsfachliche und pädagogische Qualifikation verfügen; zur Vertiefung und Erweiterung dieser Qualifikationen kann ein vielfältiges Weiterbildungsangebot bedarfsgerecht genutzt werden:
Nebenberufliche/r Ausbilder/in
– gesetzliche Grundlage: § 30 BBiG, § 22b HwO
– obligatorisch: Nachweis der Eignung durch Prüfung nach AEVO oder Teil IV der Meisterprüfung + berufsfachliche Eignung
– optional: z. B. geprüfte/-r Aus- und Weiterbildungspädagoge/-in, zielgruppenspezifische Weiterbildungsangebote
Hauptberufliche/r Ausbilder/in
– gesetzliche Grundlage: § 30 BBiG, § 22b HwO
– obligatorisch: Nachweis der Eignung durch Prüfung nach AEVO oder Teil IV der Meisterprüfung + berufsfachliche Eignung
– optional: z. B. Geprüfte/-r Aus- und Weiterbildungspädagoge/-in, geprüfte/-r Berufspädagoge/-in, zielgruppenspezifische Weiterbildungsangebote
Ausbildende Fachkräfte
– gesetzliche Grundlage: § 28 Abs. 3 BBiG, § 22 Abs. 3 HwO
– optional: z. B. Ausbilderlehrgang, Vorbereitungslehrgang für die AEVO-Prüfung, zielgruppenspezifische Weiterbildungsangebote

2.6 Schutz der Auszubildenden

Auszubildende müssen in der Ausbildungsstätte gegen die Gefährdung ihrer Gesundheit sowie gegen die Beeinträchtigung ihrer Würde geschützt werden.

2.7 Ausbildung in mehreren Ausbildungsstätten

Wird die Ausbildung in mehreren Ausbildungsstätten durchgeführt, so muss jede dieser Ausbildungsstätten für den jeweiligen Ausbildungsabschnitt den vorstehenden Kriterien entsprechen.

Kann eine Ausbildungsstätte die Anforderungen der jeweiligen Ausbildungsordnung nicht in vollem Umfange erfüllen, so muss eine notwendige Ausbildungsmaßnahme außerhalb der Ausbildungsstätte, z. B. in einer geeigneten anderen Ausbildungsstätte oder überbetrieblichen Einrichtung vorgesehen werden.

Nach dem Wortlaut muss die Eignung sowohl zum Zeitpunkt der Einstellung als auch im Zeitraum des Ausbildens vorliegen. Der Zeitpunkt des Einstellens ist der Abschluss des Berufsausbildungsvertrags. Unter Ausbilden ist die Vermittlung der beruflichen Handlungsfähigkeit zu verstehen (Leinemann/Taubert BBiG § 27 Rn. 4). Die Eignung der Ausbildungsstätte muss daher während der **gesamten Dauer der Berufsausbildung** vorliegen.

I. Art und Einrichtung der Ausbildungsstätte

Die Ausbildungsstätte muss nach Art und Einrichtung für die Berufsausbildung geeignet sein. Die Eignung lässt sich dabei unmittelbar aus dem Ausbildungsberufsbild und dem Ausbildungsrahmenplan entnehmen (VG Arnsberg EzB BBiG §§ 27–33 Nr. 8). Als Ausbildungsstätte wird der Ort bezeichnet, an dem die Berufsausbildung stattfinden soll. Die **Ausbildungsstätte** kann daher als **Gattungsoberbegriff für den Träger und Ort der konkreten Ausbildung** verstanden werden (Leinemann/Taubert BBiG § 27 Rn. 10). Somit fallen neben der Betriebsstätte auch Baustellen und sonstige Arbeitsstellen darunter, wenn der Lehrling im Rahmen seiner Ausbildung damit in Kontakt kommt (Schwannecke/Urbanek Rn. 5; Benecke/Hergenröder/Hergenröder BBiG § 27 Rn. 8). Vom Begriff der Ausbildungsstätte sind **berufsbildende Schulen nicht** umfasst, da sie nach § 3 Abs. 1 BBiG vom Anwendungsbereich ausgenommen sind.

Zum einen muss die Ausbildungsstätte nach der **Art** für die Berufsausbildung geeignet sein. Es muss aufgrund des Betriebszuschnitts möglich sein, dem Lehrling die in der Ausbildungsordnung beschriebenen Inhalte zu vermitteln (HK-BBiG/Pepping BBiG § 27 Rn. 11). Nicht entscheidend ist wegen der Möglichkeit der außerbetrieblichen Ausbildung (→ Rn. 13), dass der Ausbildungsbetrieb in der Lage ist, alle erforderlichen Fertigkeiten, Kenntnisse und Fähigkeiten zu vermitteln. Allerdings müssen diejenigen Fertigkeiten und Kenntnisse vermittelt werden können, deren Beherrschung für die Ausübung des Berufs von zentraler Bedeutung sind (VG Braunschweig NVwZ-RR 1992, 478 = GewArch 1992, 147). Es müssen also Art und Umfang der Produktion, des Sortiments und der Dienstleistungen sowie die Produktions- bzw. Arbeitsverfahren gewährleisten, dass die Inhalte der Ausbildungsordnung vermittelt werden können (Schwannecke/Urbanek Rn. 7; HK-BBiG/Pepping BBiG § 27 Rn. 11). Daher ist eine Ausbildungsstätte ungeeignet, wenn sie sich so stark spezialisiert hat, dass die Ausbildung für das fragliche Handwerk überwiegend nach § 21 Abs. 2 außerhalb erfolgen müsste; ebenso spricht die völlige Überhandnahme von Handelstätigkeiten in einem kleinen Handwerksbetrieb gegen eine Eignung der Ausbildungsstätte (Honig/Knörr Rn. 4). Eine Ausbildungsstätte ist auch ungeeignet, wenn sie aus sonstigen Gründen (zB Porno-Fotograf) für Jugendliche nachteilig ist (Honig/Knörr Rn. 5).

5 Des Weiteren muss die Ausbildungsstätte aufgrund ihrer **Einrichtung** geeignet sein. Dies setzt voraus, dass angemessene und geeignete Räumlichkeiten vorhanden sind und die Ausbildungsstätte mit den erforderlichen Einrichtungen, Maschinen und Werkzeugen ausgestattet ist (Honig/Knörr Rn. 3). Aufgrund der Einrichtung muss es möglich sein, die nach der Ausbildungsordnung vorgesehenen Fertigkeiten, Kenntnisse und Fähigkeiten entsprechend dem Ausbildungsberufsbild (→ § 26 Rn. 5) und dem Ausbildungsrahmenplan (→ § 26 Rn. 7) zu vermitteln. Eine reine Übungswerkstatt ist deshalb aufgrund der fehlenden hinreichenden Praxisbezogenheit keine geeignete Ausbildungsstätte (BVerwG GewArch 1983, 67).

II. Anzahl der Lehrlinge

6 Nach § 21 Abs. 1 Nr. 2 muss die Zahl der Lehrlinge in einem angemessenen Verhältnis zur Zahl der Ausbildungsplätze oder zur Zahl der beschäftigten Fachkräfte stehen. Dadurch soll eine **Lehrlingszüchterei verhindert** werden (Honig/Knörr Rn. 7). Nach dem Wortlaut der Vorschrift ist es ausreichend, wenn das angemessene Verhältnis bzgl. eines der beiden genannten Kriterien besteht (VG Kassel NVwZ 1984, 818; aA Schwannecke/Urbanek Rn. 14).

7 Zum einen muss die Anzahl der Lehrlinge in einem angemessenen Verhältnis zur Zahl der Ausbildungsplätze stehen. Als **Ausbildungsplatz** wird der Ort angesehen, an dem der Lehrling seine Ausbildungstätigkeiten ausübt. Dies kann ein besonderer Platz zum Erlernen von Grundfertigkeiten in der Lehrecke oder Lehrwerkstatt sein oder auch ein Arbeitsplatz im Produktionsbereich, der für die Berufsausbildung genutzt werden (Detterbeck Rn. 9). Daneben wird auch der Einsatzort auf einer Bau- oder Montagestelle erfasst (Schwannecke/Urbanek Rn. 16). Eine gesetzliche Festlegung des **angemessenen Verhältnisses** gibt es nicht. Daher besitzt sowohl die Handwerkskammer iRd Überwachung der betrieblichen Eignung (→ § 23 Rn. 1) als auch die zuständige Behörde beim Untersagungsverfahren (→ § 24 Rn. 1) einen Beurteilungsspielraum. Dabei kommt es auf die örtlichen Gegebenheiten im Einzelfall an. Daher ist es unzulässig, für einen bestimmten Ausbildungsberuf eine allgemein geltende Höchstzahl der gleichzeitig Auszubildenden festzulegen (OVG Koblenz BB 1975, 840). Ein angemessenes Verhältnis liegt dann nicht mehr vor, wenn Lehrlinge ihre Ausbildungstätigkeiten nicht mehr im erforderlichen Maße mit der notwendigen Ausrüstung durchführen und üben können (Schwannecke/Urbanek Rn. 19; Leinemann/Taubert BBiG § 27 Rn. 20).

8 Zum anderen ist ein angemessenes Verhältnis zwischen der Lehrlingszahl und der Anzahl der Fachkräfte notwendig. Als **Fachkräfte** zählen der Ausbildende und der Ausbilder. Darüber hinaus fallen auch im Betrieb beschäftigten Personen, die die Gesellenprüfung im Ausbildungsberuf abgelegt haben oder eine diesem Ausbildungsberuf entsprechende qualifizierte Tätigkeit ausüben (Schwannecke/Urbanek Rn. 21; Leinemann/Taubert BBiG § 27 Rn. 21). Auch hier existiert keine gesetzliche Regelung hinsichtlich des angemessenen Verhältnisses. Insoweit besteht ein Beurteilungsspielraum für die Handwerkskammer und die nach § 24 Abs. 1 zuständige Behörde. Anhaltspunkte für ein angemessenes Verhältnis liefert die Empfehlung über die Eignung der Ausbildungsstätten des Bundesausschuss für Berufsbildung (→ Rn. 1.1).

9 Von der Rspr. wurden teilw. abweichende Grundsätze hinsichtlich der Angemessenheit aufgestellt. Danach liegt kein angemessenes Verhältnis mehr vor, wenn nicht mehr als zwei Fachkräfte auf einen Auszubildenden kommen (LAG Bln EzB BBiG §§ 27–33 Nr. 11). Ausschlaggebend ist, dass eine geordnete Ausbildung durch eine ausreichende Zahl von Ausbildern sichergestellt ist. Daher soll die Zahl der Lehrlinge im Regelfall niedriger sein als die Zahl der beschäftigten Fachkräfte, zumindest nicht höher (VG Kassel NVwZ 1984, 818).

Eignung der Ausbildungsstätte § 21 HwO

Im Ausnahmefall kann vom **Erfordernis eines angemessenen Verhältnisses** zwischen 10
Lehrlingsanzahl und Ausbildungsplätzen bzw. Fachkräften **abgesehen** werden. Voraussetzung
ist, dass die Berufsausbildung nicht gefährdet ist. Eine Gefährdung ist jedenfalls anzunehmen,
wenn die notwendige Berufserfahrung und damit die berufliche Handlungsfähigkeit nicht
vermittelt werden kann (Benecke/Hergenröder/Hergenröder BBiG § 27 Rn. 13). Die
Handwerkskammer muss das Vorliegen einer Gefährdung im Einzelfall prüfen.

III. Folgen einer mangelnden Eignung

Die Eignung der Ausbildungsstätte ist nur gegeben, wenn gleichzeitig die Kriterien nach 11
§ 21 Abs. 1 Nr. 1 und § 21 Abs. 1 Nr. 2 erfüllt werden. Die Handwerkskammer überwacht
die Eignung der Ausbildungsstätte (→ § 23 Rn. 1). Ist ein Mangelbeseitigungsverfahren (→
§ 23 Rn. 5) nicht möglich oder nicht erfolgreich, so muss die Handwerkskammer die zuständige Behörde informieren. Diese hat nach § 24 Abs. 1 zu prüfen, ob ein **Untersagungsverfahren** eingeleitet wird. Die Handwerkskammer ihrerseits muss die **Eintragung** des Berufsausbildungsvertrags in die Lehrlingsrolle bei fehlender betrieblicher Eignung **verweigern**
(→ § 29 Rn. 9). Eine **Ordnungswidrigkeit** nach § 118 liegt erst vor, wenn eine Untersagungsverfügung nach § 24 Abs. 1 erlassen wurde.

Der Ausbildungsvertrag ist trotz fehlender betrieblicher Eignung wirksam (Detterbeck 12
Rn. 2; Leinemann/Taubert BBiG § 27 Rn. 4). Der Lehrling hat jedoch ein **Kündigungsrecht** nach § 22 Abs. 2 Nr. 1 BBiG (Detterbeck Rn. 2; Benecke/Hergenröder/Hergenröder
BBiG § 27 Rn. 24). Zudem kann der Lehrling vom Ausbildenden **Schadensersatz** verlangen (LAG Bln EzB BBiG §§ 27–33 Nr. 11; ArbG Detmold EzB BBiG § 23 Nr. 4).

B. Ausbildungsmaßnahmen außerhalb der Ausbildungsstätte

Nach § 21 Abs. 2 gilt ein Ausbildungsbetrieb, obwohl er nicht alle erforderlichen Kennt- 13
nisse und Fertigkeiten nach der Ausbildungsordnung vermitteln kann, als geeignet, wenn
diese durch Ausbildungsmaßnahmen außerhalb des Ausbildungsbetriebs beigebracht werden.
Dabei kann es sich allerdings nur um **ergänzende** externe Maßnahmen handeln. Der
Schwerpunkt der Berufsausbildung muss weiterhin im Ausbildungsbetrieb liegen (Detterbeck
Rn. 14; Leinemann/Taubert BBiG § 27 Rn. 29). Der Berufsschulunterricht zählt dabei nicht
als eine Maßnahme außerhalb der Ausbildungsstätte (LAG München EzB BBiG § 19 Abs. 1
Nr. 1 Nr. 8).

Voraussetzung ist, dass der Ausbildungsbetrieb die erforderlichen Kenntnisse und Fertigkei- 14
ten nicht in vollem Umfang vermitteln kann. Die zu vermittelnden Kenntnisse und Fertigkeiten ergeben sich aus dem Ausbildungsberufsbild (→ § 26 Rn. 5) und dem Ausbildungsrahmenplan (→ § 26 Rn. 7). Die außerbetrieblichen Ausbildungsmaßnahmen dienen daher
dem Schließen der Vermittlungslücken. Dabei ist es auch möglich, mehrere Ausbildungsmaßnahmen zu absolvieren (Leinemann/Taubert BBiG § 27 Rn. 29). Die inhaltliche und zeitliche Konkretisierung der außerbetrieblichen Maßnahmen richtet sich einerseits nach den
Kenntnisse und Fertigkeiten, die der Ausbildungsbetrieb nicht vermitteln kann, und andererseits nach den insgesamt zu vermittelnden Kenntnisse und Fertigkeiten nach der Ausbildungsordnung. Die Ausbildungsmaßnahmen außerhalb der Ausbildungsstätte müssen gem. § 11
Abs. 1 Nr. 3 BBiG **im Ausbildungsvertrag** unter Angabe der Ausbildungsstätte und der
Inhalte aufgeführt werden. Eine derartige Vereinbarung ist nicht notwendig, wenn die Ausbildungsmaßnahmen durch die betreffende Ausbildungsordnung oder durch Satzung der
Handwerkskammer angeordnet werden (Schwannecke/Urbanek Rn. 29).

Die Ausbildungsstätte, in der die außerbetrieblichen Maßnahmen durchgeführt werden, 15
muss ebenfalls die Anforderungen der §§ 21–23 erfüllen (Schwannecke/Urbanek Rn. 28;
Leinemann/Taubert BBiG § 27 Rn. 31; Benecke/Hergenröder/Hergenröder BBiG § 27
Rn. 17). Die Vorschriften der betrieblichen Eignung sowie der fachlichen und persönlichen
Eignung gelten für die gesamte Dauer der Berufsausbildung (→ Rn. 2) und somit auch für
diesen Teil der Ausbildung. Durch das Kriterium der Berechtigung zum Einstellen und
Ausbilden wird für die gesamte Dauer des Berufsausbildungsverhältnisses der Lehrling
geschützt und eine qualifizierte Ausbildung gesichert. Allerdings muss die außerbetriebliche
Ausbildungsstätte nach Art und Einrichtung nur für die Vermittlung der nicht vermittelbaren

erforderlichen beruflichen Fertigkeiten, Kenntnisse und Fähigkeiten geeignet zu sein (Leinemann/Taubert BBiG § 27 Rn. 31).

16 In Betracht kommen die Ausbildung in anderen Teilen des Betriebs, zB andere Filiale oder Zentrale, oder in einem anderen Ausbildungsbetrieb (Schwannecke/Urbanek Rn. 31). Daneben sind Ausbildungsmaßnahmen in überbetrieblichen Lehrwerkstätten, die von Handwerkskammern, Innungen oder Kreishandwerkerschaften getragen werden, gemeint (Detterbeck Rn. 12). Die **überbetriebliche Lehrlingsunterweisung** dient zum einen dazu, die berufliche Grundbildung zu vertiefen, und zum anderen, in dem Ausbildungsbetrieb vermittelten Kenntnisse und Fertigkeiten zu ergänzen. Die Verbindlichkeit derartiger Kurse der überbetrieblichen Lehrlingsunterweisung kann durch die Ausbildungsordnung angeordnet werden (→ § 26 Rn. 22); auch die Handwerkskammer kann den verpflichtenden Besuch festlegen (→ § 41 Rn. 7).

§ 22 [Persönliche und fachliche Eignung]

(1) ¹Lehrlinge (Auszubildende) darf nur einstellen, wer persönlich geeignet ist. ²Lehrlinge (Auszubildende) darf nur ausbilden, wer persönlich und fachlich geeignet ist.

(2) Wer fachlich nicht geeignet ist oder wer nicht selbst ausbildet, darf Lehrlinge (Auszubildende) nur dann einstellen, wenn er persönlich und fachlich geeignete Ausbilder bestellt, die die Ausbildungsinhalte unmittelbar, verantwortlich und in wesentlichem Umfang vermitteln.

(3) Unter der Verantwortung des Ausbilders kann bei der Berufsausbildung mitwirken, wer selbst nicht Ausbilder ist, aber abweichend von den besonderen Voraussetzungen des § 22b die für die Vermittlung von Ausbildungsinhalten erforderlichen beruflichen Fertigkeiten, Kenntnisse und Fähigkeiten besitzt und persönlich geeignet ist.

Überblick

In § 22 werden die allgemeinen Voraussetzungen für die Eignung des Ausbildenden sowie des von ihm bestellten Ausbildungspersonals geregelt. Bei der Eignung wird zwischen der Einstellungsberechtigung (→ Rn. 1) und der Ausbildungsberechtigung (→ Rn. 4) unterschieden. Für das Einstellen von Lehrlingen muss die persönliche Eignung gegeben sein. Dagegen ist für das Ausbilden die persönliche und fachliche Eignung erforderlich. Beide Berechtigungen müssen nach dem Gesetz nicht in einer Person vorliegen. Der Einstellungsberechtigte kann daher die Ausbildung in die Verantwortung eines von ihm bestellten Ausbilders geben (→ Rn. 6). Zudem können unter Aufsicht eines Ausbilders Ausbildungsinhalte teilweise von sog. Ausbildungshelfern vermittelt werden (→ Rn. 10). Die Rechtsfolgen bei fehlender Eignung sind nicht direkt in § 22 geregelt (→ Rn. 11).

Die Regelung findet auf die berufliche Umschulung gem. § 42g S. 2 entsprechende Anwendung.

Die Vorschrift basiert auf § 21 aF und wurde durch das Berufsbildungsreformgesetz vom 23.3.2005 geändert.

Die Parallelvorschrift zu § 22 ist § 28 BBiG.

A. Eignung zum Einstellen und Ausbilden

I. Einstellungsberechtigung

1 Voraussetzung für das Einstellen von Lehrlingen ist die persönliche Eignung. Die **persönliche Eignung** ist grds. gegeben und entfällt, wenn insbes. die Ausschlussgründe des § 22a (→ § 22a Rn. 1) erfüllt sind.

2 Eine Definition des Einstellens erfolgt in der Vorschrift nicht. In jedem Fall ist darunter die **Begründung eines Ausbildungsverhältnisses** zu verstehen (Honig/Knörr § 22c Rn. 5; Benecke/Hergenröder/Hergenröder BBiG § 28 Rn. 6). Aufgrund von § 10 Abs. 4 BBiG ist

der Ausbilder daher in jedem Fall zum Abschluss eines Berufsausbildungsvertrags verpflichtet. Umstr. ist, ob zusätzlich auch die tatsächliche Beschäftigung des Lehrlings zu verlangen und damit der weite Einstellungsbegriff des § 99 Abs. 1 S. 1 BetrVG zugrunde zu legen ist (Detterbeck Rn. 2; Schwannecke/Urbanek Rn. 4; aA Leinemann/Taubert BBiG § 28 Rn. 7; HK-BBiG/Pepping BBiG § 28 Rn. 10).

Die Einstellungsberechtigung steht im Grundsatz sowohl natürlichen als auch juristischen **3** Personen zu. Allerdings ist die persönliche Eignung ausschließlich auf natürliche Personen bezogen, da der Verlust der persönlichen Eignung aufgrund schuldhaften Handelns eintritt. Dies ist jedoch nur bei natürlichen Personen möglich. Bei einem **Einzelunternehmer** muss die persönliche Eignung dieser selbst besitzen (Schwannecke/Urbanek Rn. 6; aA Leinemann/Taubert BBiG § 28 Rn. 10). Bei **Personengesellschaften** muss die persönliche Eignung bei allen vertretungsberechtigten Personen gegeben sein (Honig/Knörr § 22c Rn. 14). Bei **juristischen Personen** muss die persönliche Eignung bei den gesetzlichen Vertretern vorliegen (VGH Mannheim EzB BBiG §§ 27–33 Nr. 23). Auch Prokuristen mit Einzelprokura müssen persönlich geeignet sein (VG Ansbach GewArch 2007, 292). Bei **Großbetrieben**, in denen zwischen Lehrling und vertretungsberechtigten Personen nie oder sehr selten persönlicher Umgang besteht, ist auf den unmittelbaren dienstlichen Vorgesetzten abzustellen. Dieser muss die persönliche Eignung besitzen (Leinemann/Taubert BBiG § 28 Rn. 12). In der Praxis wird man davon ausgehen können, dass iRd Einstellung derjenige für die Beurteilung der persönlichen Eignung in Betracht kommt, der als Ausbildender oder für den Ausbildenden den Berufsausbildungsvertrag unterzeichnet (Herkert/Töltl BBiG § 28 Rn. 8).

II. Ausbildungsberechtigung

Personen, die ausbilden, müssen persönlich und fachlich geeignet sein. Die persönliche **4** Eignung wird grds. angenommen und entfällt, wenn Ausschlussgründe nach § 22a (→ § 22a Rn. 1) oder sonstige Gründe (→ § 22a Rn. 8) vorliegen. Die fachliche Eignung bestimmt sich danach, ob in einem zulassungspflichtigen Handwerk oder in einem zulassungsfreien Handwerk bzw. handwerksähnlichen Gewerbe ausgebildet wird (→ § 22b Rn. 1). Fachlich ungeeignet ist ein Ausbilder, der nur auf Teilgebiete der in Frage stehenden Berufsausbildung beschränkte Kenntnisse besitzt. Diese teilweise fachliche Eignung kann nicht in entsprechender Anwendung des § 21 Abs. 2 durch einen anderen Ausbilder ausgeglichen werden (BVerwG GewArch 1981, 301).

Eine Definition des Begriffs „ausbilden" findet sich nicht im Gesetz. Unter **Ausbilden** **5** ist daher das Vermitteln der beruflichen Fertigkeiten, Kenntnisse und Fertigkeiten entsprechend der Ausbildungsordnung zu verstehen (Schwannecke/Urbanek Rn. 7; Benecke/Hergenröder/Hergenröder BBiG § 28 Rn. 8). Auch die charakterlicher Förderung ist mit umfasst (Honig/Knörr § 22c Rn. 15; Herkert/Töltl BBiG § 28 Rn. 9). Dies setzt ein umfassendes Tätigwerden voraus; ein gelegentliches nach dem Rechten sehen ist nicht ausreichend (HK-BBiG/Pepping BBiG § 28 Rn. 17).

B. Bestellung von Ausbildern

Ausbildende, die nicht selbst ausbilden oder die fachliche Eignung nicht besitzen, dürfen **6** Lehrlinge nur einstellen, wenn sie persönlich und fachlich geeignete Ausbilder bestellen. Der Ausbilder muss die persönliche Eignung besitzen, also insbes. den Negativtatbestand des § 22a nicht erfüllen (→ § 22a Rn. 1) Ferner benötigt er die erforderliche fachliche Eignung (→ § 22b Rn. 1). Der Ausbildende muss sich hinsichtlich dessen Eignung vor der Bestellung als Ausbilder vergewissern (Leinemann/Taubert BBiG § 28 Rn. 15). Als Ausbilder kommt ausschließlich ein Arbeitnehmer des Ausbildenden in Betracht (LAG Köln BeckRS 2000, 40518 = EzB BBiG § 14 Rn. 1 Nr. 2 Rn. 3).

Die Bestellung eines Ausbilders muss wegen § 118 Abs. 1 Nr. 3 und § 29 Abs. 2 Nr. 2 vor **7** dem Einstellen eines Lehrlings erfolgen. Die Bestellung muss nach § 14 Abs. 1 Nr. 2 BBiG offiziell durch **Beauftragung** geschehen. Eine bestimmte Form ist nicht vorgeschrieben. Die Bestellung ist gem. § 30 Abs. 2 Nr. 2 der Handwerkskammer anzuzeigen (→ § 30 Rn. 8).

Mit der Bestellung als Ausbilder ist dieser von anderen Verpflichtungen, die die Berufsaus- **8** bildung behindern können, freizustellen. Nach Möglichkeit soll die Ausbildung seine Hauptbeschäftigung sein (Detterbeck Rn. 12). Dem Ausbilder werden die Ausbildungspflichten nach § 14 Abs. 1 Nr. 1, 4, 5 BBiG sowie nach § 14 Abs. 2 BBiG übertragen. Der Ausbilder muss die Ausbildungsinhalte unmittelbar, verantwortlich und in wesentlichem Umfang vermitteln. Er muss sich persönlich und in selbstverantwortlicher Art und Weise der Ausbildung widmen. Zudem muss er die Ausbildungsinhalte größtenteils selbst vermitteln. IRd Berufsausbildung muss der Ausbilder die überwiegende Zeit im Ausbildungsbetrieb anwesend sein (VG Aachen EzB BBiG §§ 34–36 Nr. 4).

9 Trotz der Bestellung eines Ausbilders bleibt der Einstellende, also der Betriebsinhaber, für die Ausbildung des Lehrlings letztlich verantwortlich (OVG Koblenz GewArch 1976, 61). Der Ausbildende muss den Ausbilder sorgfältig auswählen und auch dahingehend überwachen, dass dieser die Ausbildung ordnungsgemäß durchführt (BAG NJW 1965, 709).

C. Mitwirkung bei der Ausbildung

10 Nach § 22 Abs. 3 ist es möglich, dass **Ausbildungshelfer** an der Berufsausbildung mitwirken. Diese sind keine Ausbilder iSd § 22 Abs. 2. Der Mitwirkende muss persönlich geeignet sein (→ § 22a Rn. 1). Allerdings muss er nicht die fachliche Eignung nach § 22b besitzen. Ausreichend ist vielmehr eine **tatsächliche fachliche Teileignung** (Detterbeck Rn. 16). Der Ausbildungshelfer muss die für den Teil der Ausbildungsinhalte die erforderlichen Fertigkeiten und Kenntnisse besitzen. Die Mitwirkung an der Ausbildung ist auf die Vermittlung einzelner Ausbildungsinhalte begrenzt (BT-Drs. 15/3980, 64). Der Einsatz muss unter der Verantwortung des Ausbilders erfolgen. Dieser muss daher die Ausbildungstätigkeit des Ausbildungshelfers überwachen.

D. Rechtsfolgen bei fehlender Eignung

11 Wird ein Ausbildungsvertrag von einer Person ohne Einstellungsberechtigung bzw. Ausbildungsberechtigung abgeschlossen, ist dieser wegen § 10 Abs. 4 BBiG wirksam. Der Lehrling kann den Vertrag jedoch **fristlos kündigen** (Detterbeck Rn. 7; Honig/Knörr BBiG § 22 Rn. 14). Zudem kann dieser **Schadensersatz** geltend machen (Honig/Knörr BBiG § 23 Rn. 8). Auch im Falle des Ausscheidens des Ausbilders kann der Lehrling das Ausbildungsverhältnis fristlos kündigen (LAG BW AP HGB § 77 Nr. 1). Denn nach § 22 Abs. 2 ist nicht nur das Einstellen, sondern auch die Weiterbeschäftigung eines Lehrlings ohne geeigneten Ausbilder unzulässig (BVerwG GewArch 1986, 95). Auch steht dem Lehrling in diesem Fall ein Schadensersatz zu (Leinemann/Taubert BBiG § 28 Rn. 15).

12 Der Ausbildende begeht eine **Ordnungswidrigkeit** nach § 118 Abs. 1 Nr. 3, wenn er einen Lehrling einstellt bzw. ausbildet ohne die erforderliche Eignung zu besitzen. Ebenso ist eine Ordnungswidrigkeit nach § 118 Abs. 1 Nr. 4 gegeben, wenn der Ausbildende einen Lehrling einstellt ohne einen geeigneten Ausbilder zu bestellen.

13 Ferner muss die Handwerkskammer die **Eintragung** eines Ausbildungsvertrags **verweigern** oder ein eingetragenes Ausbildungsverhältnis aus der Lehrlingsrolle löschen, wenn keine Einstellungsberechtigung bzw. keine Ausbildungsberechtigung besteht (→ § 29 Rn. 9). Gleiches gilt, wenn kein Ausbilder bestellt ist oder der Ausbilder den Betrieb verlässt. Ferner muss die Handwerkskammer ein **Mangelbeseitigungsverfahren** einleiten (→ § 23 Rn. 6) bzw. die zuständige Behörde über die fehlende Eignung informieren (→ § 23 Rn. 10). Darüber hinaus wird dem Ausbildenden das Einstellen und Ausbilden nach § 24 Abs. 2 **untersagt** (→ § 24 Rn. 3).

§ 22a [Persönliche Eignung]

Persönlich nicht geeignet ist insbesondere, wer
1. Kinder und Jugendliche nicht beschäftigen darf oder
2. wiederholt oder schwer gegen dieses Gesetz oder die auf Grund dieses Gesetzes erlassenen Vorschriften und Bestimmungen verstoßen hat.

Überblick

Die persönliche Eignung ist unabdingbare Voraussetzung sowohl für das Einstellen als auch für das Ausbilden von Lehrlingen. Die Vorschrift definiert die persönliche Eignung nicht positiv. Vielmehr werden nicht abschließend Tatbestände aufgeführt, die die persönliche Eignung ausschließen. Die persönliche Eignung entfällt, wenn ein Beschäftigungsverbot von Kindern und Jugendlichen besteht (→ Rn. 1). Ferner mangelt es an der persönlichen Eignung, wenn gegen die HwO oder andere Gesetze verstoßen worden ist (→ Rn. 4). Zudem kann ein Mangel der persönlichen Eignung bei anderen vergleichbar schweren Verstößen vorliegen (→ Rn. 8).

Die Vorschrift entspricht § 21 Abs. 2 aF. Durch das Berufsbildungsreformgesetz vom 23.3.2005 wurde sie zu einer eigenständigen Vorschrift ausgestaltet.

Die Parallelvorschrift zu § 22a ist § 29 BBiG.

A. Beschäftigungsverbot von Kindern und Jugendlichen

Die persönliche Eignung ist nach § 22a Nr. 1 bei Personen nicht gegeben, wenn sie Kinder **1** oder Jugendliche nicht beschäftigen dürfen. Ein entsprechendes **Beschäftigungsverbot** enthält **§ 25 JArbSchG**. Danach besteht bspw. ein Verbot bei Verletzung der Fürsorge- und Erziehungspflicht eines Kindes, wegen Unzucht mit abhängigen Personen oder anderen Sittlichkeitsverbrechen, wegen Verbreitung unzüchtiger Schriften, wegen leichtfertiger Gefährdung der körperlichen, geistigen und sittlichen Entwicklung eines Jugendlichen wegen Verstoßes gegen die Arbeitsschutzbestimmungen oder wegen gewissenloser Ausnutzung der Arbeitskraft Jugendlicher (Detterbeck Rn. 2). Bei **Straftaten** ist eine **rechtskräftige Verurteilung** notwendig. Bei **Ordnungswidrigkeiten** nach § 58 Abs. 1–4 JArbSchG muss mind. dreimal eine **Geldbuße rechtskräftig festgesetzt** worden sein. Das Beschäftigungsverbot **erlischt** nach § 25 Abs. 1 S. 2 JArbSchG fünf Jahre nach der rechtskräftigen Verurteilung. Ebenso erlischt dieses bei Ordnungswidrigkeiten gem. § 25 Abs. 2 S. 2 JArbSchG fünf Jahre nach der rechtskräftigen Festsetzung der Geldbuße.

Das Beschäftigungsverbot gilt für alle Lehrverhältnisse. Denn durch die Aufnahme des **2** § 25 JArbSchG in den Kontext der HwO sollen nach dem Willen des Gesetzgebers nicht nur jugendliche Lehrlinge, sondern auch erwachsene Lehrlinge geschützt werden (BT-Drs. 15/3980, 48).

Für den Fall, dass die Voraussetzungen nach § 22a Nr. 1 erfüllt sind, entfällt die persönliche **3** Eignung automatisch kraft Gesetzes. Für den Entzug der persönlichen Eignung ist daher kein Verwaltungsakt erforderlich. Die Handwerkskammer muss gem. § 23 Abs. 2 S. 2 der nach Landesrecht zuständigen Behörde die mangelnde persönliche Eignung mitteilen (→ § 23 Rn. 10). Die zuständige Behörde muss dann das Einstellen und Ausbilden nach § 24 Abs. 2 zu untersagen (→ § 24 Rn. 3).

B. Verstoß gegen die Handwerksordnung und andere Vorschriften

Die persönliche Eignung entfällt nach § 22a Nr. 2 bei Verstößen gegen die HwO und **4** aufgrund der HwO erlassenen Vorschriften und Bestimmungen. In Betracht kommt ein Verstoß gegen die Vorschriften über die persönliche oder fachliche Eignung oder gegen die Eintragungspflicht in die Lehrlingsrolle (→ § 30 Rn. 1). Bei den aufgrund der HwO erlassenen Bestimmungen kommen die Ausbildungsordnungen sowie die von der Handwerkskammer erlassenen Prüfungsordnungen (→ § 38 Rn. 1) oder nach § 41 erlassenen Satzungen (→ § 41 Rn. 2) in Betracht.

Der Verstoß muss grds. keine Ordnungswidrigkeit darstellen (Leinemann/Taubert BBiG **5** § 29 Rn. 16). Ausreichend ist ein schwerer oder wiederholter Versuch. Ein **schwerer Verstoß** liegt vor, wenn dadurch die persönliche Integrität des Ausbildenden bzw. Ausbilders so sehr in Frage gestellt ist, dass es unverantwortlich erscheint, Lehrlinge weiterhin in dessen Obhut zu anzuvertrauen (Leinemann/Taubert BBiG § 29 Rn. 18). Ein schweres Fehlverhalten ist gegeben, wenn dem Lehrling ein schwerer Schaden entstanden ist (Benecke/Hergenröder/Hergenröder BBiG § 29 Rn. 6). Ebenso liegt ein schwerer Verstoß bei Ordnungswidrigkeiten nach § 118 Abs. 1 Nr. 2–6 vor. Dabei können nur Ordnungswidrigkeiten berücksichtigt werden, die nach § 31 OWiG noch nicht verjährt sind. Ein **wiederholter**

Verstoß ist bei mehrmaligem Zuwiderhandeln gegen die in § 22a Nr. 2 genannten Normen anzunehmen. Dabei müssen die Verstöße in ihrer Gesamtheit einen wesentlichen Unrechtsgehalt aufweisen (Honig/Knörr § 22c Rn. 11; Detterbeck Rn. 8; Schwannecke/Urbanek Rn. 18; Leinemann/Taubert BBiG § 29 Rn. 20; aA Benecke/Hergenröder/Hergenröder BBiG § 29 Rn. 7).

6 Bei einem Verstoß iSd § 22a Nr. 2 ist eine gerichtliche Verurteilung oder Festsetzung einer Geldbuße nicht notwendig. Vielmehr ist entscheidend, ob tatsächlich bei objektiver Würdigung ein entsprechendes Fehlverhalten anzunehmen ist (Schwannecke/Urbanek Rn. 17). Die Handwerkskammer bzw. die nach Landesrecht zuständige Behörde muss den Verstoß nachweisen.

7 Wenn die Voraussetzungen nach § 22a Nr. 2 erfüllt sind, entfällt die persönliche Eignung automatisch kraft Gesetzes; ein Verwaltungsakt ist nicht erforderlich. Die Handwerkskammer muss gem. § 23 Abs. 2 S. 2 der nach Landesrecht zuständigen Behörde die mangelnde persönliche Eignung mitteilen (→ § 23 Rn. 10). Die zuständige Behörde hat dann das Einstellen und Ausbilden nach § 24 Abs. 2 zu untersagen (→ § 24 Rn. 3).

C. Andere Gründe

8 Aufgrund des Wortlauts kann die persönliche Eignung auch aus anderen Gründen nicht gegeben sein. Dabei muss der Verstoß vom Unrechtsgehalt und der Gefährdung des Lehrlings vergleichbar mit den in § 22a Nr. 1 und Nr. 2 genannten Verstößen sein.

9 In Betracht kommen **Verstöße gegen das BBiG**, da nach § 3 Abs. 3 BBiG ein Teil der Vorschriften auch auf die Berufsausbildung in Handwerksberufen anwendbar ist. In erster Linie lässt ein Verstoß gegen die Ausbilderpflichten der §§ 10–19 BBiG die persönliche Eignung entfallen (Schwannecke/Urbanek Rn. 22).

10 Auch von der **Rspr.** wurden Fälle der fehlenden persönlichen Eignung anerkannt. So ist bei Unzuverlässigkeit iSd § 35 GewO im Regelfall mangelnde persönliche Eignung anzunehmen (BVerwG VerwRspr 15, 353). Auch bei schweren oder wiederholten Verstößen gegen die Bestimmungen des JArbSchG kann grds. die persönliche Eignung fraglich sein (OVG Münster GewArch 1985, 21). Ebenso fehlt die persönliche Eignung, wenn die Stellung als Ausbildender dazu ausgenutzt wird, den Auszubildenden weltanschaulich (hier: Scientology-Organisation) zu beeinflussen (OVG Münster EzB BBiG §§ 27–33 Nr. 28). Ferner ist die persönliche Eignung nicht gegeben, wenn der Ausbildende bzw. Ausbilder nicht die Gewähr dafür bietet, dass der Auszubildende charakterlich gefördert sowie sittlich und körperlich nicht gefährdet wird (VG Düsseldorf EzB BBiG §§ 27–33 Nr. 29). Danach ist ein Ausbilder persönlich ungeeignet, bei dem Tatsachen die Annahme rechtfertigen, dass er die Menschenwürde und speziell die Intim- und Privatsphäre der von ihm abhängigen Auszubildenden verletzen könnte (VGH München NVwZ-RR 2005, 49 = GewArch 2005, 36).

11 Auch bei Trunksucht, bei geistigen Gebrechen oder bei abschreckender oder ansteckender Krankheit kann ein Fehlen der persönlichen Eignung anzunehmen sein (Herkert/Töltl BBiG § 29 Rn. 13). Dasselbe gilt bei Spielsucht des Ausbildenden bzw. Ausbilders (Leinemann/Taubert BBiG § 29, Rn. 23).

§ 22b [Fachliche Eignung]

(1) Fachlich geeignet ist, wer die beruflichen sowie die berufs- und arbeitspädagogischen Fertigkeiten, Kenntnisse und Fähigkeiten besitzt, die für die Vermittlung der Ausbildungsinhalte erforderlich sind.

(2) In einem zulassungspflichtigen Handwerk besitzt die fachliche Eignung, wer
1. die Meisterprüfung in dem zulassungspflichtigen Handwerk, in dem ausgebildet werden soll, oder in einem mit diesem verwandten Handwerk bestanden hat oder
2. in dem zulassungspflichtigen Handwerk, in dem ausgebildet werden soll, oder in einem mit diesem verwandten Handwerk
   a) die Voraussetzungen zur Eintragung in die Handwerksrolle nach § 7 erfüllt oder

b) eine Ausübungsberechtigung nach § 7a oder § 7b erhalten hat oder
c) eine Ausnahmebewilligung nach § 8 oder nach § 9 Abs. 1 Satz 1 Nr. 1 erhalten hat

und den Teil IV der Meisterprüfung oder eine gleichwertige andere Prüfung, insbesondere eine Ausbildereignungsprüfung auf der Grundlage einer nach § 30 Abs. 5 des Berufsbildungsgesetzes erlassenen Rechtsverordnung, bestanden hat.

(3) ¹In einem zulassungsfreien Handwerk oder einem handwerksähnlichen Gewerbe besitzt die für die fachliche Eignung erforderlichen beruflichen Fertigkeiten, Kenntnisse und Fähigkeiten, wer
1. die Meisterprüfung in dem zulassungsfreien Handwerk oder in dem handwerksähnlichen Gewerbe, in dem ausgebildet werden soll, bestanden hat,
2. die Gesellen- oder Abschlussprüfung in einer dem Ausbildungsberuf entsprechenden Fachrichtung bestanden hat,
3. eine anerkannte Prüfung an einer Ausbildungsstätte oder vor einer Prüfungsbehörde oder eine Abschlussprüfung an einer staatlichen oder staatlich anerkannten Schule in einer dem Ausbildungsberuf entsprechenden Fachrichtung bestanden hat,
4. eine Abschlussprüfung an einer deutschen Hochschule in einer dem Ausbildungsberuf entsprechenden Fachrichtung bestanden hat oder
5. eine Gleichwertigkeitsfeststellung nach § 51e oder einen Bildungsabschluss besitzt, dessen Gleichwertigkeit nach anderen rechtlichen Regelungen festgestellt worden ist

und im Falle der Nummern 2 bis 5 eine angemessene Zeit in seinem Beruf praktisch tätig gewesen ist. ²Der Abschlussprüfung an einer deutschen Hochschule gemäß Satz 1 Nr. 4 gleichgestellt sind Diplome nach § 7 Abs. 2 Satz 4. ³Für den Nachweis der berufs- und arbeitspädagogischen Fertigkeiten, Kenntnisse und Fähigkeiten finden die auf der Grundlage des § 30 Abs. 5 des Berufsbildungsgesetzes erlassenen Rechtsverordnungen Anwendung.

(4) ¹Das Bundesministerium für Wirtschaft und Energie kann nach Anhörung des Hauptausschusses des Bundesinstituts für Berufsbildung durch Rechtsverordnung, die nicht der Zustimmung des Bundesrates bedarf, bestimmen, dass der Erwerb berufs- und arbeitspädagogischer Fertigkeiten, Kenntnisse und Fähigkeiten gesondert nachzuweisen ist. ²Dabei können Inhalt, Umfang und Abschluss der Maßnahmen für den Nachweis geregelt werden. ³Das Bestehen des Teils IV der Meisterprüfung gilt als Nachweis.

(5) Die nach Landesrecht zuständige Behörde kann Personen, die die Voraussetzungen der Absätze 2, 3 und 4 nicht erfüllen, die fachliche Eignung nach Anhören der Handwerkskammer widerruflich zuerkennen.

Überblick

Die Ausbildungsberechtigung besteht nur bei persönlicher und fachlicher Eignung. § 22b normiert die Voraussetzungen der fachlichen Eignung. Diese setzt sich aus zwei Komponenten zusammen, die beruflichen und die berufs- und arbeitspädagogischen Fertigkeiten, Kenntnisse und Fähigkeiten (→ Rn. 1).

Bei der Ausbildung in einem zulassungspflichtigen Handwerk wird die fachliche Eignung durch die Meisterprüfung nachgewiesen (→ Rn. 2). Ebenso kann diese vorliegen, wenn die Eintragungsvoraussetzungen in die Handwerksrolle gegeben sind (→ Rn. 5) und entsprechende berufs- und arbeitspädagogische Fertigkeiten, Kenntnisse und Fähigkeiten nachgewiesen werden (→ Rn. 8).

Für die Ausbildung in zulassungsfreien Handwerken und handwerksähnlichen Gewerben kann die fachliche Eignung ebenfalls durch die Meisterprüfung nachgewiesen werden (→ Rn. 9). Ferner ist die fachliche Eignung gegeben, wenn eine fachlich vergleichbare Prüfung (→ Rn. 10) abgelegt wurde sowie eine Berufstätigkeit (→ Rn. 15) ausgeübt wird und die berufs- und arbeitspädagogische Fertigkeiten, Kenntnisse und Fähigkeiten nachgewiesen werden (→ Rn. 16).

§ 22b Abs. 4 legt die Modalitäten fest, auf welche Weise die berufs- und arbeitspädagogischen Fertigkeiten, Kenntnisse und Fähigkeiten nachgewiesen werden (→ Rn. 17).

In Ausnahmefällen kann die nach Landesrecht zuständige Behörde die fachliche Eignung widerruflich zuerkennen (→ Rn. 20). Dadurch soll der Nachweis der notwendigen beruflichen sowie berufs- und arbeitspädagogischen Fertigkeiten, Kenntnisse und Fähigkeiten erleichtert werden.

Die Norm basiert auf § 21 Abs. 3, 5–7 aF. Das Berufsbildungsreformgesetz vom 23.3.2005 hat diese zu einer eigenständigen Vorschrift umgestaltet.

Die Parallelvorschrift zu § 22b ist § 30 BBiG.

Übersicht

	Rn.		Rn.
A. Grundregel	1	C. Fachliche Eignung für die Ausbildung in zulassungsfreien Handwerken und handwerksähnlichen Gewerben	9
B. Fachliche Eignung für die Ausbildung in zulassungspflichtigen Handwerken	2	I. Fachliche Eignung aufgrund einer Meisterprüfung	9
I. Fachliche Eignung aufgrund einer Meisterprüfung	2	II. Fachliche Eignung ohne Meisterprüfung	10
		D. Ausbilder-Eignungsverordnung	17
II. Fachliche Eignung ohne Meisterprüfung	4	E. Widerrufliche Zuerkennung der fachlichen Eignung	20

A. Grundregel

1 Die fachliche Eignung wird in § 22b Abs. 1 positiv definiert und besteht aus zwei Bestandteilen. Zum einen müssen die **beruflichen** Fertigkeiten, Kenntnisse und Fähigkeiten vorliegen. Zum anderen muss der Ausbildende bzw. Ausbilder die erforderlichen **berufs- und arbeitspädagogischen** Fertigkeiten, Kenntnisse und Fähigkeiten besitzen. Eine Konkretisierung der fachlichen Eignung erfolgt in den nachfolgenden Absätzen. Dabei wird zwischen der fachlichen Eignung für die Ausbildung in zulassungspflichtigen Handwerken (→ Rn. 2) und der fachlichen Eignung für die Ausbildung in zulassungsfreien Handwerken und handwerksähnlichen Gewerben (→ Rn. 9) differenziert. Bei der fachlichen Eignung handelt es sich um eine höchstpersönliche Eigenschaft (Honig/Knörr § 22c Rn. 17).

B. Fachliche Eignung für die Ausbildung in zulassungspflichtigen Handwerken

I. Fachliche Eignung aufgrund einer Meisterprüfung

2 Die fachliche Eignung für die Ausbildung in einem zulassungspflichtigen Handwerk wird durch die Meisterprüfung nachgewiesen. Die Meisterprüfung muss in dem zulassungspflichtigen Handwerk abgelegt werden, in dem auch ausgebildet werden soll. Alternativ ist eine Meisterprüfung in einem verwandten zulassungspflichtigen Handwerk ausreichend. Die verwandten Handwerke ergeben sich aus der Verordnung über verwandte Handwerke. Der Hinweis, dass Teil IV der Meisterprüfung bestanden sein muss, hat lediglich klarstellenden Charakter. Denn die Meisterprüfung stellt eine einheitliche Prüfung dar, die erst mit dem erfolgreichen Absolvieren aller vier Teile insgesamt bestanden ist (→ § 45 Rn. 25). Die Befreiung von Teil IV der Meisterprüfung aufgrund einer vergleichbaren Prüfung ist darüber hinaus in § 46 geregelt. Die fachliche Eignung kann auch aufgrund des Bestehens einer ausländischen Meisterprüfung gegeben sein, wenn diese nach § 50a als gleichwertig anerkannt ist (→ § 50a Rn. 1).

3 Die durch die Meisterprüfung in einem zulassungspflichtigen Handwerk verliehene **Ausübungs- und Ausbildungsbefugnis sind deckungsgleich** (Honig/Knörr § 22c Rn. 19). Daher bleibt die fachliche Eignung auch nach § 120 Abs. 2 gegeben, wenn einzelne Gewerbe durch den Gesetzgeber ganz oder teilweise zusammengefasst oder getrennt oder umbenannt werden.

II. Fachliche Eignung ohne Meisterprüfung

Die fachliche Eignung kann auch ohne Ablegen der Meisterprüfung gegeben sein. Dazu müssen zum einen die **beruflichen Fertigkeiten, Kenntnisse und Fähigkeiten** nachgewiesen werden. Diese müssen einen Bezug zu dem zulassungspflichtigen Handwerk, in dem ausgebildet werden soll, oder zu einem verwandten Handwerk aufweisen. 4

Dieser Nachweis ist nach § 22b Abs. 2 Nr. 2 lit. a gegeben, wenn die **Eintragungsvoraussetzungen in die Handwerksrolle** nach § 7 erfüllt sind. Aufgrund des Wortlauts ist eine tatsächliche Eintragung in die Handwerksrolle nicht erforderlich. Nach § 7 Abs. 2 S. 1 werden **Ingenieure**, **Absolventen von technischen Hochschulen** und von staatlichen oder staatlich anerkannten **Fachschulen für Technik und für Gestaltung** in die Handwerksrolle eingetragen. Sie werden mit dem zulassungspflichtigen Handwerk eingetragen, dem der Studien- oder der Schulschwerpunkt ihrer Prüfung entspricht. Den Absolventen einer deutschen Hochschule sind nach § 7 Abs. 2 S. 4 Personen mit einem **ausländischen Diplom** gleichgestellt, das nach Abschluss einer Ausbildung von mindestens drei Jahren oder einer Teilzeitausbildung von entsprechender Dauer an einer Universität, einer Hochschule oder einer anderen Ausbildungseinrichtung mit gleichwertigem Ausbildungsniveau in einem anderen Mitgliedstaat der Europäischen Union, einem anderen Vertragsstaat des Abkommens über den Europäischen Wirtschaftsraum oder in der Schweiz erteilt worden ist. Die Handwerkskammer muss in den genannten Fällen feststellen, ob zwischen dem zulassungspflichtigen Handwerk und dem Abschluss der Hochschule bzw. der Fachschule ein fachlicher Zusammenhang besteht. Des Weiteren erfüllen Personen, die eine der Meisterprüfung gleichwertige Fortbildungsprüfung nach § 42 oder § 53 BBiG erfolgreich abgelegt haben, die Eintragungsvoraussetzungen nach § 7 Abs. 2 S. 2, 3. In Betracht kommen hier vor allem Prüfungen zum **Industriemeister**. Nach § 7 Abs. 3 können auch Personen, die eine **Gleichwertigkeitsfeststellung** nach § 50b erhalten haben, in die Handwerksrolle eingetragen werden. Ferner erfüllen nach § 7 Abs. 9 **Vertriebene und Spätaussiedler**, die vor dem erstmaligen Verlassen ihrer Herkunftsgebiete eine der Meisterprüfung gleichwertige Prüfung im Ausland bestanden haben, die Eintragungsvoraussetzungen. Der Status ist durch einen Vertriebenenausweis bzw. eine Spätaussiedlerbescheinigung nachzuweisen. Zuletzt können Absolventen einer **DDR-Meisterprüfung** in die Handwerkrolle eigetragen werden; die Voraussetzungen der DDR-Ausbildungsabschlüsse-Anerkennungsverordnung müssen erfüllt sein. 5

Ferner können nach § 22b Abs. 2 Nr. 2 lit. b die beruflichen Fertigkeiten, Kenntnisse und Fähigkeiten durch eine **Ausübungsberechtigung** nach § 7a oder § 7b nachgewiesen werden. Aufgrund des Wortlauts muss die Ausübungsberechtigung bereits erteilt worden sein, damit der Nachweis der beruflichen Fertigkeiten, Kenntnisse und Fähigkeiten erfolgreich geführt werden kann; ein bloßes Vorliegen der Voraussetzungen für die Erteilung ist nicht ausreichend. Die Ausübungsberechtigung muss für das zulassungspflichte Handwerk, in dem ausgebildet werden soll, oder einem verwandten Handwerk erteilt worden sein. 6

Ebenso kann gem. § 22b Abs. 2 Nr. 2 lit. c der Nachweis durch eine **Ausnahmebewilligung** nach § 8 oder nach § 9 Abs. 1 S. 1 Nr. 1 erfolgen. Auch in diesen Fällen muss die Ausnahmebewilligung für das zulassungspflichte Handwerk, in dem ausgebildet werden soll, oder einem verwandten Handwerk erteilt worden sein. 7

Zusätzlich sind in allen Fällen die **berufs- und arbeitspädagogischen Fertigkeiten, Kenntnisse und Fähigkeiten** nachzuweisen. Dies kann einerseits durch das Bestehen des Teil IV der Meisterprüfung geschehen. Andererseits kann der Nachweis durch eine vergleichbare Prüfung erfolgen. In Betracht kommt vor allem eine Prüfung nach der Ausbilder-Eignungsverordnung, die auf Grundlage von § 30 Abs. 5 BBiG erlassen worden ist. Bei anderen Prüfungen kommt es sowohl auf die formelle Gleichwertigkeit als auch auf die materielle Gleichwertigkeit an. Die Prüfung muss also hinsichtlich des Prüfungsverfahrens und auch der Prüfungsanforderungen mit Teil IV der Meisterprüfung vergleichbar sein. 8

C. Fachliche Eignung für die Ausbildung in zulassungsfreien Handwerken und handwerksähnlichen Gewerben

I. Fachliche Eignung aufgrund einer Meisterprüfung

9   Die fachliche Eignung ist gegeben, wenn die Meisterprüfung in dem zulassungsfreien Handwerk bzw. in dem handwerksähnlichen Gewerbe erfolgreich abgelegt worden ist. Durch die Meisterprüfung werden sowohl die erforderlichen beruflichen als auch die berufs- und arbeitspädagogischen Fertigkeiten, Kenntnisse und Fähigkeiten nachgewiesen.

II. Fachliche Eignung ohne Meisterprüfung

10   Die fachliche Eignung kann ebenso ohne das Ablegen der Meisterprüfung nachgewiesen werden. Die **beruflichen Fertigkeiten, Kenntnisse und Fähigkeiten** können auch durch eine Prüfung in einer dem Ausbildungsberuf entsprechenden Fachrichtung belegt werden.

11   So besitzen Personen, die eine **Gesellen- oder Abschlussprüfung** erfolgreich bestanden haben, nach § 22b Abs. 3 S. 1 Nr. 2 die notwendigen beruflichen Fertigkeiten, Kenntnisse und Fähigkeiten. Die Prüfung muss in einer dem Ausbildungsberuf entsprechenden Fachrichtung abgelegt worden sein. Die Handwerkskammer besitzt dabei einen Beurteilungsspielraum hinsichtlich der **entsprechenden Fachrichtung**. Der Ausbildende bzw. Ausbilder muss die berufliche Handlungsfähigkeit des betreffenden Ausbildungsberufs vermitteln können (Schwannecke/Urbanek Rn. 27; Benecke/Hergenröder/Hergenröder BBiG § 30 Rn. 7). Dies ist unstreitig der Fall, wenn die Gesellenprüfung im entsprechenden Ausbildungsberuf abgelegt worden ist. Auch bei neugeordneten Ausbildungsberufen wird im Regelfall eine Entsprechung anzunehmen sein, wenn die Prüfung im vorherigen Ausbildungsberuf abgelegt worden ist (Schwannecke/Urbanek Rn. 27). Bei verschiedenen Ausbildungsberufen müssen die Ausbildungsinhalte verglichen werden. Eine Entsprechung ist nur bei inhaltlicher Nähe bzw. Übereinstimmung der Ausbildungsinhalte gegeben.

12   Ebenso können Personen die beruflichen Fertigkeiten, Kenntnisse und Fähigkeiten gem. § 22b Abs. 3 S. 1 Nr. 3 nachweisen, wenn sie eine **anerkannte Prüfung** an einer Ausbildungsstätte oder vor einer Prüfungsbehörde oder eine Abschlussprüfung an einer staatlichen oder staatlich anerkannten Schule bestanden haben. Die Prüfung muss in einer dem Ausbildungsberuf entsprechenden Fachrichtung abgelegt worden sein (→ Rn. 11). In Betracht kommen einschlägige Fortbildungsabschlüsse sowie Prüfungen, die tatsächlich oder rechtlich im jeweiligen Wirtschafts- oder Berufszweig anerkannt sind (BT-Drs. 15/3980, 48). Ferner können Absolventen vollzeitschulischer Bildungsgänge ihre Eignung auf diesem Weg nachweisen. Ebenso sind Prüfungszeugnisse erfasst, die der Gesellenprüfung durch Rechtsverordnung gleichgestellt sind (→ § 40 Rn. 1.1).

13   Des Weiteren können **Hochschulabsolventen** durch eine Abschlussprüfung an einer deutschen Hochschule die erforderlichen beruflichen Fertigkeiten, Kenntnisse und Fähigkeiten nach § 22b Abs. 3 S. 1 Nr. 4 nachweisen. Den Absolventen einer deutschen Hochschule sind nach § 22b Abs. 3 S. 2 iVm § 7 Abs. 2 S. 4 Personen mit einem **ausländischen Diplom**, das nach Abschluss einer Ausbildung von mindestens drei Jahren oder einer Teilzeitausbildung von entsprechender Dauer an einer Universität, einer Hochschule oder einer anderen Ausbildungseinrichtung mit gleichwertigem Ausbildungsniveau in einem anderen Mitgliedstaat der Europäischen Union, einem anderen Vertragsstaat des Abkommens über den Europäischen Wirtschaftsraum oder in der Schweiz erteilt worden ist. Auch in diesen Fällen muss die Prüfung in einer dem Ausbildungsberuf entsprechenden Fachrichtung absolviert worden sein (→ Rn. 11).

14   Zuletzt können gem. § 22b Abs. 3 S. 1 Nr. 5 die beruflichen Fertigkeiten, Kenntnisse und Fähigkeiten durch eine **Gleichwertigkeitsfeststellung** nach § 51e (→ § 51e Rn. 1) oder einen Bildungsabschluss, dessen Gleichwertigkeit nach anderen rechtlichen Regelungen festgestellt worden ist, nachgewiesen werden.

15   Neben einer entsprechenden Prüfung muss eine **angemessene Zeit der praktischen einschlägigen Berufstätigkeit** nachgewiesen werden. Dabei können nur Zeiten nach der Prüfung berücksichtigt werden (Schwannecke/Urbanek Rn. 37; Leinemann/Taubert BBiG § 30 Rn. 20). Eine Vorgabe hinsichtlich der Angemessenheit findet sich im Gesetz nicht.

Daher kommt der Handwerkskammer ein Ermessensspielraum hinsichtlich der Bemessung des angemessenen Zeitraums zu. Maßgeblich sind die Umstände des Einzelfalls. Vor allem ist der Praxisanteil der jeweiligen Ausbildung zu berücksichtigen, so dass bei einer einschlägigen Gesellenprüfung ein Jahr Berufspraxis ausreichen dürfte, während bei einem Universitätsstudium drei Jahre erforderlich sein dürften (Schwannecke/Urbanek Rn. 38). Als Orientierungsmaßstab kann weiterhin § 49 dienen, so dass die Obergrenze für die Berufspraxis bei drei Jahren liegt (Honig/Knörr § 22c Rn. 25; Schwannecke/Urbanek Rn. 38). Im Fall der **Gleichwertigkeitsfeststellung** nach § 51e soll die Handwerkskammer auf eine Berufspraxis im Rahmen ihrer Ermessensentscheidung verzichten (Schwannecke/Urbanek Rn. 34). Denn sonst wird dieser Personenkreis schlechter gestellt als Absolventen einer deutschen Meisterprüfung, da aufgrund der Feststellung der Gleichwertigkeit gem. § 51e die ausländische Berufsqualifikation der deutschen Meisterprüfung in einem zulassungspflichtigen Handwerk bzw. handwerksähnlichen Gewerbe vollumfänglich gleichgestellt wird.

Zusätzlich müssen die **berufs- und arbeitspädagogischen Fertigkeiten, Kenntnisse und Fähigkeiten** nachgewiesen werden. Die Vorschrift verweist auf die Rechtsverordnung auf Grundlage von § 30 Abs. 5 BBiG. Das Bundesbildungsministerium hat auf dieser Rechtsgrundlage die Ausbilder-Eignungsverordnung erlassen. Daher müssen nunmehr die berufs- und arbeitspädagogischen Fertigkeiten, Kenntnisse und Fähigkeiten in jedem Fall nachgewiesen werden. 16

D. Ausbilder-Eignungsverordnung

Das Bundeswirtschaftsministerium wird ermächtigt, eine Rechtsverordnung hinsichtlich des Nachweises der berufs- und arbeitspädagogischen Fertigkeiten, Kenntnisse und Fähigkeiten zu erlassen. Die Zustimmung des Bundesrats ist nicht erforderlich. Vor dem Erlass ist der Hauptausschuss des Bundesinstituts für Berufsbildung anzuhören. Bislang hat das Bundeswirtschaftsministerium noch keinen Gebrauch von der Erlasskompetenz gemacht. Die Ausbilder-Eignungsverordnung wurde lediglich auf der Rechtsgrundlage des § 30 Abs. 5 BBiG erlassen. 17

Die Rechtsverordnung kann die Inhalte und den Umfang des Nachweises festlegen. Zudem kann der Abschluss der Maßnahme geregelt werden. Daher ist der Verordnungsgeber berechtigt, als Nachweis eine Prüfung vorzuschreiben. In diesem Zusammenhang kann er auch das Prüfungsverfahren und die Errichtung von Prüfungsausschüssen regeln. Ebenso kann festgelegt werden, dass der Nachweis in anderer Form als einer Prüfung erbracht werden kann. 18

Durch § 22b Abs. 4 S. 3 erfolgt die Gleichstellung des Teils IV der Meisterprüfung mit dem Nachweis der berufs- und arbeitspädagogischen Fertigkeiten, Kenntnisse und Fähigkeiten nach der erlassenen Rechtsverordnung. 19

E. Widerrufliche Zuerkennung der fachlichen Eignung

Nach § 22b Abs. 5 kann Personen, die die fachliche Eignung iSd § 22b nicht besitzen, die Ausbildungsberechtigung zuerkannt werden. Die Zuerkennung bezieht sich nur auf die **fachliche Eignung** iSd § 22b Abs. 1. Es wird also sowohl auf die beruflichen als auch auf die berufs- und arbeitspädagogischen Fertigkeiten, Kenntnisse und Fähigkeiten Bezug genommen. Dabei darf im Hinblick auf die Zielsetzung des Gesetzes, die fachliche Eignung trotz fehlender Prüfung zuzuerkennen, nicht angenommen werden, dass bei einer Zuerkennung nach § 22b Abs. 5 geringere Anforderungen zu stellen wären. Der Antragsteller muss das gleiche fachliche Können und auch die berufs- und arbeitspädagogischen Fertigkeiten, Kenntnisse und Fähigkeiten nachweisen, die von Ausbildenden bzw. Ausbildern gem. § 22b Abs. 2 bzw. § 22b Abs. 3 gefordert werden. Lediglich die Form des Nachweises soll durch die Regelung des § 22b Abs. 5 erleichtert werden (Schwannecke/Urbanek Rn. 48). 20

Die zuständige Behörde besitzt einen **Ermessensspielraum** hinsichtlich der Beurteilung der fachlichen Eignung. Sie hat von Amts wegen alle notwendigen Ermittlungen anzustellen, um festzustellen, ob der Antragsteller zur Lehrlingsausbildung geeignet ist (VG Oldenburg GewArch 1972, 186). Die Ermittlungen dürfen nur die beruflichen und die berufs- und arbeitspädagogischen Fertigkeiten, Kenntnisse und Fähigkeiten betreffen. Eine weiterge- 21 hende Prüfung wäre ermessensfehlerhaft (VG Koblenz GewArch 1965, 134). Eine Zuerkennung ist nicht möglich, wenn nur auf Teilgebiete beschränkte Kenntnisse der in Frage stehenden Berufsausbildung vorhanden sind (BVerwG GewArch 1981, 301).

22 Die Zuerkennung der fachlichen Eignung erfolgt durch die nach Landesrecht **zuständige Behörde**. Im Regelfall ist dies die höhere Verwaltungsbehörde. Die Länder können die Zuständigkeit nach § 124b S. 1 auf die Handwerkskammern übertragen (→ Rn. 22.1).

22.1 Folgende Länger haben die Zuständigkeit auf die Handwerkskammern übertragen:
Baden-Württemberg: Verordnung der Landesregierung über Zuständigkeiten nach der Handwerksordnung vom 12.9.2006, GBl. BW 294; **Bayern:** AGBBiG vom 29.9.1993, BayGVBl., 754; **Berlin:** Handwerkskammer-Zuständigkeits-ÜbertragungsVO vom 10.1.2006, BlnGVBl., 25; **Bremen:** Berufsbildungszuständigkeitsverordnung vom 15.4.2008, BremGBl., 76; **Hamburg:** Verordnung zur Übertragung der Zuständigkeiten nach § 30 Absatz 6 des Berufsbildungsgesetzes und § 22 b Absatz 5 der Handwerksordnung vom 5.6.2007, HmbGVBl., S. 165; **Hessen:** Verordnung über Zuständigkeiten auf dem Gebiet der Berufsbildung und für die Anerkennung ausländischer Abschlüsse vom 25.2.2008, HGVBl. I, 25; **Mecklenburg-Vorpommern:** BBiZustLVO M-V vom 27.8.2007, GVOBl. M-V, 320; **Niedersachsen:** ZustVO-Bildung vom 27.8.2012, NdsGVBl., 344; **Nordrhein-Westphalen:** BBiGZustVO vom 5.9.2006, GV. NRW., 446; **Rheinland-Pfalz:** Landesverordnung über Zuständigkeiten für die Berufsbildung nach dem Berufsbildungsgesetz und der Handwerksordnung vom 4.3.2009, RhPfGVBl., 108; **Saarland:** Verordnung über die Zuständigkeiten nach dem Berufsbildungsgesetz und der Handwerksordnung vom 16.8.2007, SAmtsblatt, 1733; **Sachsen:** SächsBBiGAVO vom 21.7.2014, SächsGVBl., 423; **Sachsen-Anhalt:** BBiZustVO vom 19.7.2006, GVBl. LSA, 420; **Schleswig-Holstein:** BRZVO vom 3.12.2005, SchlHGVOBl., 556; **Thüringen:** ThürZustErmGeVO vom 9.1.1992, ThürGVBl., 45

23 IRd Zuerkennung muss die Handwerkskammer **angehört** werden. Die Anhörung ist zwingend für die Zuerkennung der fachlichen Eignung vorgesehen. Unterlässt die zuständige Behörde die Anhörung, hat die Handwerkskammer jedoch keine Klagebefugnis (OVG Koblenz NVwZ 1987, 239). Denn bei der Anhörung handelt es sich nur um eine Ordnungsvorschrift, deren Verletzung die Rechtsbeständigkeit der ausgesprochenen Entscheidung nicht beeinflusst (Honig/Knörr § 22c Rn. 35). Im Fall der Ablehnung besteht grds. keine Pflicht zu Anhörung (Honig/Knörr § 22c Rn. 35). Jedoch ist es zweckmäßig, die Handwerkskammer auch in diesem Fall anzuhören. Eine Anhörung **entfällt**, sofern die Zuständigkeit auf die Handwerkskammer übertragen worden ist.

24 Die Zuerkennung erfolgt **widerruflich**. Ein besonderer Widerrufsvorbehalt ist aus Wirksamkeitsgründen nicht erforderlich, da die Widerrufsmöglichkeit unmittelbar in § 22b Abs. 5 geregelt ist. Ein ausdrücklicher Vorbehalt ist jedoch empfehlenswert (Detterbeck Rn. 21). Der Widerruf darf nur erfolgen, wenn festgestellt wird, dass die Voraussetzungen für die Zuerkennung der fachlichen Eignung nicht vorlagen bzw. entfallen sind.

25 Die Zuerkennung der fachlichen Eignung kann auch mit **Nebenbestimmungen** versehen werden (Honig/Knörr § 22c Rn. 34; Schwannecke/Urbanek Rn. 53; aA Detterbeck Rn. 18; Leinemann/Taubert BBiG § 30 Rn. 47). Denn nach dem Willen des Gesetzgeber kann die Zuerkennung ggf. davon abhängig gemacht werden, dass ein etwa erforderlicher Nachweis innerhalb eines bestimmten Zeitraums zu erbringen ist (BT-Drs. 15/3980, 49). Auch stellen Bedingung, Befristung oder Auflage ein Minus gegenüber dem Widerruf dar (Schwannecke/Urbanek Rn. 53). Daher kann die Zuerkennung auf einen einzelnen, namentlich bezeichneten Lehrling, beschränkt werden (OVG Münster BB 1955, 352).

§ 22c [Anerkennung der Berufsqualifikation]

(1) In den Fällen des § 22b Abs. 3 besitzt die für die fachliche Eignung erforderlichen beruflichen Fertigkeiten, Kenntnisse und Fähigkeiten auch, wer die Voraussetzungen für die Anerkennung seiner Berufsqualifikation nach der Richtlinie 2005/36/EG des Europäischen Parlaments und des Rates vom 7. September 2005 über die Anerkennung von Berufsqualifikationen (ABl. EU Nr. L 255 S. 22) erfüllt, sofern er eine angemessene Zeit in seinem Beruf praktisch tätig gewesen ist.

(2) Die Anerkennung kann unter den in Artikel 14 der in Absatz 1 genannten Richtlinie aufgeführten Voraussetzungen davon abhängig gemacht werden, dass

der Antragsteller oder die Antragstellerin zunächst einen höchstens dreijährigen Anpassungslehrgang ableistet oder eine Eignungsprüfung ablegt.

(3) ¹Die Entscheidung über die Anerkennung trifft die Handwerkskammer. ²Sie kann die Durchführung von Anpassungslehrgängen und Eignungsprüfungen regeln.

Überblick

Die Vorschrift ergänzt die Regelungen bzgl. der fachlichen Eignung des § 22b und dient der Umsetzung der Anerkennungsrichtlinie. Der Anwendungsbereich ist auf zulassungsfreie Handwerke und handwerksähnliche Gewerbe beschränkt (→ Rn. 1). Zudem bezieht sich die Anerkennung ausländischer Qualifikationsnachweise lediglich auf die beruflichen Fertigkeiten, Kenntnisse und Fähigkeiten (→ Rn. 1). Zusätzlich muss der Antragsteller eine angemessene Zeit im Beruf tätig sein (→ Rn. 2). Die Anerkennung kann unter den Voraussetzungen des Art. 14 Anerkennungsrichtlinie vom Absolvieren eines Anpassungslehrgangs oder einer Eignungsprüfung abhängig gemacht werden (→ Rn. 3). Für die Anerkennung ist die Handwerkskammer zuständig (→ Rn. 6). Sie kann auch die Durchführung von Anpassungslehrgängen und Eignungsprüfungen regeln (→ Rn. 7).

Die Anerkennung erfolgt nicht automatisch und steht im Ermessen der Handwerkskammer (→ Rn. 6). Sie ist nicht mit der Gleichstellung ausländischer Prüfungszeugnisse nach § 40 zu verwechseln.

Die Regelung wurde durch das Zweite Gesetz zum Abbau bürokratischer Hemmnisse insbes. in der mittelständischen Wirtschaft vom 7.9.2007 eingefügt.

Die Parallelvorschrift zu § 22c ist § 31 BBiG.

A. Anerkennung bestimmter Eignungsnachweise

Nach § 22c Abs. 1 können die **beruflichen Fertigkeiten, Kenntnisse und Fähigkeiten** 1 bezüglich der fachlichen Eignung in zulassungsfreien Handwerken und handwerksähnlichen Gewerben auch durch eine in anderen Mitgliedstaaten erworbene Berufsqualifikation nachgewiesen werden. Nach Art. 3 Abs. 1 lit. a RL 2005/36/EG sind unter Berufsqualifikationen die Qualifikationen zu verstehen, die durch einen Ausbildungsnachweis, einen Befähigungsnachweis nach Art. 11 lit. a Nr. i und bzw. oder Berufserfahrung nachgewiesen werden. Die Anerkennung können sowohl EU-Bürger als auch Deutsche beantragen (Detterbeck Rn. 1). Die **berufs- und arbeitspädagogischen Fertigkeiten, Kenntnisse und Fähigkeiten** werden von der Anerkennung nicht umfasst und sind daher nach § 22b Abs. 3 S. 3 gesondert nachzuweisen (Schwannecke/Urbanek Rn. 3).

Weitere Voraussetzung ist, dass der Antragsteller eine **angemessene Zeit in seinem** 2 **Beruf praktisch tätig** gewesen ist. Die Handwerkskammer besitzt einen Ermessensspielraum, welcher Zeitraum als angemessen anzusehen ist (→ § 22b Rn. 15). Eine Berufstätigkeit länger als drei Jahre darf entsprechend § 49 Abs. 2 S. 2 nicht verlangt werden (Detterbeck Rn. 2; Schwannecke/Urbanek § 22b Rn. 38).

B. Anpassungslehrgang oder Eigungsprüfung

Nach § 22c Abs. 2 kann die Handwerkskammer den Besuch eines Anpassungslehrgangs 3 oder die Ablegung einer Eignungsprüfung verlangen, wenn die **Voraussetzungen des Art. 14 Abs. 1 RL 2005/36/EG erfüllt** sind. Dies ist der Fall, wenn gem. Art. 14 Abs. 1 lit. a RL 2005/36/EG die Ausbildungsdauer, die der Antragsteller gem. Art. 13 Abs. 1 oder 2 RL 2005/36/EG nachweist, mind. ein Jahr unter der im Inland geforderten Ausbildungsdauer liegt. Ferner ist die Voraussetzung erfüllt, wenn nach Art. 14 Abs. 1 lit. b RL 2005/36/EG der reglementierte Beruf im Aufnahmemitgliedstaat eine oder mehrere reglementierte berufliche Tätigkeiten umfasst, die im Herkunftsmitgliedstaat des Antragstellers nicht Bestandteil des entsprechenden reglementierten Berufs sind, und wenn sich die im Aufnahmemitgliedstaat geforderte Ausbildung auf Fächer bezieht, die sich wesentlich von denen unterscheiden, die von dem Befähigungs- oder Ausbildungsnachweis des Antragstellers abgedeckt werden. Dabei sind nach Art. 14 Abs. 4 RL 2005/36/EG unter Fächer, die sich wesentlich unterscheiden, jene Fächer zu verstehen, bei denen Kenntnis, Fähigkeiten und Kompetenzen eine wesentliche Voraussetzung für die Ausübung des Berufs sind und bei denen die bisherige Ausbildung des Antragstellers wesentliche Abweichungen hinsichtlich des Inhalts gegenüber der im Aufnahmemitgliedstaat geforderten Ausbildung aufweist.

4 Der Antragsteller besitzt nach Art. 14 Abs. 2 RL 2005/36/EG ein **Wahlrecht** zwischen Anpassungslehrgang und Eignungsprüfung. Im Ausnahmefall kann die Wahlmöglichkeit ausgeschlossen werden. Nach Art. 3 Abs. 1 lit. g RL 2005/36/EG ist unter einem **Anpassungslehrgang** die Ausübung eines reglementierten Berufs, die unter der Verantwortung eines qualifizierten Berufsangehörigen erfolgt und gegebenenfalls mit einer Zusatzausbildung einhergeht. Der Lehrgang ist Gegenstand einer Bewertung und kann daher mit einer Prüfung abgeschlossen werden. Der Anpassungslehrgang darf gem. Art. 14 Abs. 1 RL 2005/36/EG max. drei Jahre dauern. Unter Berücksichtigung einer dreijährigen Lehrzeit als Regelfall der Berufsausbildung ist anzunehmen, dass ein Anpassungslehrgang nach § 22c Abs. 2 grds. unter der Höchstdauer von drei Jahren anzusiedeln ist (Schwannecke/Urbanek Rn. 8). Die **Eignungsprüfung** wird nach Art. 3 Abs. 1 lit. h RL 2005/36/EG Prüfung definiert, die sich auf die beruflichen Kenntnisse, Fähigkeiten und Kompetenzen des Antragstellers bezieht und mit dem Zweck durchgeführt wird, die Fähigkeit des Antragstellers zu beurteilen, einen reglementierten Beruf auszuüben. Bei der Eignungsprüfung ist zu berücksichtigen, dass der Antragsteller bereits über eine berufliche Qualifikation verfügt. Daher können lediglich Sachgebiete geprüft werden, die von der bereits erworbenen Qualifikation nicht abgedeckt werden und wesentliche Voraussetzung für die Ausübung des Berufs in Deutschland sind. Zusätzlich kann die Prüfung sich auch auf die Kenntnis der für die betreffenden Tätigkeiten einschlägigen berufsständischen Regeln erstrecken.

5 Die Handwerkskammer muss iRd Verfahrens den **Grundsatz der Verhältnismäßigkeit** gem. Art. 14 Abs. 5 RL 2005/36/EG beachten. Bevor einem Antragsteller der Besuch eines Anpassungslehrgangs oder die Ablegung einer Eignungsprüfung vorgeschrieben wird, muss die Handwerkskammer prüfen, ob die vom Antragsteller im Rahmen seiner Berufspraxis oder durch lebenslanges Lernen in einem Mitgliedstaat oder einem Drittland erworbenen Kenntnisse, Fähigkeiten und Kompetenzen, die hierfür von einer einschlägigen Stelle formell als gültig anerkannt wurden, den wesentlichen Unterschied in Bezug auf die Fächer iSd Art. 14 Abs. 4 RL 2005/36/EG ganz oder teilweise ausgleichen können.

C. Entscheidung durch die Handwerkskammer

6 Die Handwerkskammer ist nach § 22c Abs. 3 S. 1 bzgl. der Anerkennung zuständig. Die örtliche Zuständigkeit richtet sich nach den allgemeinen Regelungen des Verwaltungsverfahrensrechts. Die Handwerkskammer besitzt bei der Anerkennung einen Ermessensspielraum. Die Anerkennung der Berufsqualifikationen bewirkt nach Art. 4 Abs. 1 RL 2005/36/EG, dass der Antragsteller, seinen im Herkunftsland erlernten Beruf unter denselben Voraussetzungen wie ein Inländer ausüben darf. Die Entscheidung ist als Verwaltungsakt iSd § 35 VwVfG zu qualifizieren (Schwannecke/Urbanek Rn. 10).

7 Des Weiteren erhält die Handwerkskammer gem. § 22c Abs. 3 S. 2 die Befugnis, die Durchführung von Anpassungslehrgängen und Eignungsprüfungen zu regeln. Von der Regelungsbefugnis werden zum einen die organisatorischen Fragen erfasst. Zum anderen wird der Handwerkskammer die Kompetenz zugewiesen, die Inhalte des Anpassungslehrgangs sowie den Gegenstand der Eignungsprüfung festzulegen (Schwannecke/Urbanek Rn. 11; Leinemann/Taubert BBiG § 31 Rn. 16). Vor dem Erlass einer derartigen allgemeinen Regelung muss der Berufsbildungsausschuss nach § 44 Abs. 2 angehört werden (→ § 44 Rn. 4).

§ 23 [Eignungsfeststellung]

(1) Die Handwerkskammer hat darüber zu wachen, dass die Eignung der Ausbildungsstätte sowie die persönliche und fachliche Eignung vorliegen.

(2) ¹Werden Mängel der Eignung festgestellt, so hat die Handwerkskammer, falls der Mangel zu beheben und eine Gefährdung des Lehrlings (Auszubildenden) nicht zu erwarten ist, den Ausbildenden aufzufordern, innerhalb einer von ihr gesetzten

Frist den Mangel zu beseitigen. ²Ist der Mangel der Eignung nicht zu beheben oder ist eine Gefährdung des Lehrlings (Auszubildenden) zu erwarten oder wird der Mangel nicht innerhalb der gesetzten Frist beseitigt, so hat die Handwerkskammer der nach Landesrecht zuständigen Behörde dies mitzuteilen.

Überblick

In § 23 wird die allgemeine Überwachungspflicht der Handwerkskammer nach § 41a bezüglich der Eignungsvoraussetzungen konkretisiert. Die Vorschrift beinhaltet die Rechtsfolgen, wenn die fehlende Eignung festgestellt wird. Die Handwerkskammer wird verpflichtet, über die Dauer des Ausbildungsverhältnisses (→ Rn. 2) die Eignung der Ausbildungsstätte und des Ausbildungspersonals zu überwachen (→ Rn. 1). Das Überwachungsverfahren richtet sich einerseits nach der Art des Mangels und andererseits nach der Gefährdung des Lehrlings. So kommt eine Aufforderung zur Mangelbeseitigung nur in Betracht, wenn der Mangel behebbar (→ Rn. 6) ist und keine Gefährdung des Lehrlings droht (→ Rn. 7). Dagegen ist die Handwerkskammer zur Mitteilung des Mangels an die zuständige Behörde verpflichtet, wenn der Mangel nicht behebbar ist bzw. nicht beseitigt wurde oder der Lehrling gefährdet ist (→ Rn. 10).

Auf die berufliche Umschulung findet die Regelung gem. § 42g S. 2 Anwendung.

Die Norm entspricht § 23 aF und wurde durch das Berufsbildungsreformgesetz vom 23.3.2005 lediglich an den Wortlaut des neuen BBiG angeglichen.

Die Parallelvorschrift zu § 23 ist § 32 BBiG.

A. Überwachungspflicht der Handwerkskammer

Die Handwerkskammer ist nach § 23 Abs. 1 verpflichtet, die Eignung der Ausbildungsstätte (→ § 21 Rn. 6) und die persönliche (→ § 22a Rn. 1) und die fachliche Eignung (→ § 22b Rn. 1) sowohl des Ausbildenden als auch des Ausbilders zu überwachen. Die Überwachungspflicht nach § 23 wird durch die Regelung des § 41a Abs. 1 ergänzt. Danach überwacht die Handwerkskammer die Durchführung der Ausbildung mit Hilfe von Beratern (→ § 41a Rn. 1). 1

Die Überwachung bezieht sich auf Betriebe, in denen eine Berufsausbildung aufgenommen werden soll, und auf Betriebe, die bereits ausbilden (Honig/Knörr Rn. 2). Betriebe, die nicht ausbilden unterliegen daher nicht der Überwachungspflicht nach § 23 Abs. 1. Regelmäßig **beginnt** die Überwachung zu dem Zeitpunkt, in dem die Handwerkskammer Kenntnis vom Abschluss eines Berufsausbildungsvertrags erlangt. Dementsprechend sind vor allem im Zusammenhang mit der Eintragung eines Ausbildungsvertrages in die Lehrlingsrolle die erforderlichen Überprüfungen (→ § 29 Rn. 5) vorzunehmen (Honig/Knörr Rn. 2). IÜ sollen die Ausbildungsbetriebe iRd Möglichkeiten laufend überwacht werden. Bei konkreten Anhaltspunkten für die fehlende Eignung muss eine Überprüfung des Ausbildungsbetriebs erfolgen. Die Überwachungspflicht erstreckt sich somit auf die **gesamte Dauer des einzelnen Ausbildungsverhältnisses** (Schwannecke/Urbanek Rn. 5; Leinemann/Taubert BBiG § 32 Rn. 4) 2

Die Intensität und die Maßnahmen der Überwachung liegen im pflichtgemäßen Ermessen der Handwerkskammer. Hinsichtlich der **Intensität** der Überwachung ist die Erfahrung in der Berufsausbildung zu berücksichtigen. Bei Erstausbildungsbetrieben ist die Eignung der Ausbildungsstätte im Regelfall durch einen Betriebsbesuch festzustellen, die fachliche Eignung soll durch die Vorlage entsprechender Zeugnisse nachgewiesen werden. Ebenso ist bei Betrieben, die nach längerer Unterbrechung wieder ausbilden, eine eingehendere Überprüfung der Eignung angezeigt. Im Fall eines bereits bekannten Ausbildungsbetriebs reicht im Regelfall die Auskunft des Ausbildenden hinsichtlich der Eignung aus, sofern keine konkreten Anhaltspunkte für eine fehlende Eignung vorliegen (Schwannecke/Urbanek Rn. 4; Benecke/Hergenröder/Hergenröder BBiG § 32 Rn. 8). Als **Maßnahmen** der Überwachung kommen sowohl Betriebsbesuche durch die aufgrund § 41 Abs. 1 S. 2 bestellten Berater (→ § 41a Rn. 2) als die Anforderung von Auskünfte und Unterlagen des Ausbildungsbetriebs in Betracht. 3

4   Die **fachliche Zuständigkeit** der Handwerkskammer ergibt sich aus § 71 BBiG. Danach ist sie gem. § 71 Abs. 1 BBiG für die Berufsbildung in Berufen der HwO für alle Betriebe zuständig. Zudem umfasst die Zuständigkeit nach § 71 Abs. 7 BBiG die Berufsausbildungsvorbereitung, die Berufsausbildung und die berufliche Umschulung in allen Betrieben, die zulassungspflichtige Handwerke, zulassungsfreie Handwerke und handwerksähnliche Gewerbe ausführen. Die **örtliche Zuständigkeit** richtet sich nach dem Sitz der Ausbildungsstätte.

B. Überwachungsverfahren

5   Das Vorgehen bei Vorliegen eines Mangels hinsichtlich der Eignung der Ausbildungsstätte bzw. des Ausbildungspersonals richtet sich danach, ob der Mangel zu beheben ist bzw. eine Gefährdung des Lehrlings zu erwarten ist. Dabei reichen bloße Zweifel an der fehlenden Eignung nicht aus (BVerwG GewArch 1983, 67).

I. Aufforderung zur Mängelbeseitigung

6   Für den Fall, dass ein **behebbarer Mangel** von der Handwerkskammer festgestellt worden ist, hat diese den Ausbildenden zur Mangelbeseitigung aufzufordern. Der Mangel muss für den Ausbildenden behebbar sein. In Betracht kommt ein Mangel der Ausbildungsstätte oder ein Mangel bzgl. der fachlichen Eignung. Diese können durch entsprechende Änderung der Ausbildungsstätte bzw. durch Ablegen einer entsprechenden Prüfung nach § 22b Abs. 2 und 3 behoben werden. Die widerrufliche Zuerkennung der fachlichen Eignung nach § 22b Abs. 5 ist nicht ausreichend, da diese nicht in der Hand des Ausbilders liegt (VG Aachen GewArch 1977, 154). Ein Beheben bei fehlender persönlicher Eignung dagegen erscheint problematisch. In Betracht kommt allenfalls ein Austausch des ungeeignete Ausbilders (Leinemann/Taubert BBiG § 32 Rn. 9).

7   Weitere Voraussetzung für das Verfahren zur Mängelbeseitigung ist die **fehlende Gefährdung des Lehrlings**. Es muss also eine Gefährdung des Lehrlings durch die Fristsetzung zur Mangelbeseitigung ausgeschlossen sein. Die Handwerkskammer besitzt einen gewissen Beurteilungsspielraum, da der Begriff „Gefährdung" ein unbestimmter Rechtsbegriff ist (Schwannecke/Urbanek Rn. 9). Es kommt eine Gefährdung in Bezug auf die Berufsausbildung und charakterliche Erziehung ebenso wie in sittlicher und körperlicher Hinsicht in Betracht (Herkert/Töltl BBiG § 32 Rn. 11). Eine Gefährdung liegt daher vor, wenn aufgrund dieser die Berufsausbildung nicht ordnungsgemäß durchgeführt werden kann oder die charakterliche oder körperliche Integrität des Lehrlings bedroht ist.

8   Der festgestellte Mangel muss innerhalb der festgesetzten **Frist** beseitigt werden. Eine gesetzliche Vorgabe hinsichtlich der Länge der Frist existiert nicht. Daher sind für die Bemessung der Frist die Umstände des Einzelfalls maßgeblich. Sie muss so bemessen sein, dass eine Mangelbeseitigung realistischerweise möglich ist. Andererseits muss die Beseitigung so zügig erfolgen, dass eine Gefährdung der Berufsausbildung nicht eintreten kann. Im Regelfall wird die Frist aus diesen Gründen einen Zeitraum von einem bis zwei Monaten nicht überschreiten dürfen (Schwannecke/Urbanek Rn. 10). Wird der Mangel nicht innerhalb der Frist behoben, muss die Handwerkskammer die nach Landesrecht zuständige Behörde darüber informieren.

9   Die Aufforderungen zur Mangelbeseitigung ist ein Verwaltungsakt (Detterbeck Rn. 7; Leinemann/Taubert BBiG § 32 Rn. 14; Benecke/Hergenröder/Hergenröder BBiG § 32 Rn. 13; aA Honig/Knörr Rn. 5). Der Handwerkskammer steht bei der Entscheidung **kein Ermessen** zu; sie muss bei Vorliegen der Voraussetzungen ein Verfahren zur Mangelbeseitigung einleiten.

II. Mitteilung an die zuständige Behörde

10 Die Handwerkskammer ist verpflichtet, die nach Landesrecht zuständige Behörde zu informieren, wenn ein Mangel nicht behebbar ist, die Mangelbeseitigung nicht innerhalb der gesetzten Frist erfolgt oder der Lehrling gefährdet wird. Die **Mitteilungspflicht** besteht, sobald einer der genannten Gründe vorliegt; dabei steht der Handwerkskammer hinsichtlich der Mitteilung kein Ermessen zu. Die Mitteilung an die zuständige Behörde muss **unverzüg-**

lich erfolgen, sobald die Handwerkskammer Kenntnis vom Vorliegen eines Mitteilungsgrundes erlangt hat (Schwannecke/Urbanek Rn. 13; Leinemann/Taubert BBiG § 32 Rn. 17). Regelmäßig ist die Mitteilung an die höhere Verwaltungsbehörde zu richten. Die Länder können nach § 124b die Zuständigkeit nach § 23 Abs. 2 S. 2 auf die Handwerkskammer übertragen (→ Rn. 10.1). In diesem Fall ist eine Mitteilung entbehrlich.

Baden-Württemberg: Verordnung der Landesregierung über Zuständigkeiten nach der Handwerksordnung vom 12.9.2006, BWGBl., 294; **Bayern:** AGBBiG vom 29.9.1993, BayGVBl 1993, 754; **Bremen:** Berufsbildungszuständigkeitsverordnung vom 15.4.2008, BremGBl. 2008, 76; **Hessen:** Verordnung über Zuständigkeiten auf dem Gebiet der Berufsbildung und für die Anerkennung ausländischer Abschlüsse vom 25.2.2008, HGVBl. I, 25; **Mecklenburg-Vorpommern:** BBiZustLVO M-V vom 27.8.2007, GVOBl. M-V, 320; **Niedersachsen:** ZustVO-Bildung vom 27.8.2012, NdsGVBl., 344; **Nordrhein-Westphalen:** BBiGZustVO vom 5.9.2006, GV. NRW., 446; **Rheinland-Pfalz:** Landesverordnung über Zuständigkeiten für die Berufsbildung nach dem Berufsbildungsgesetz und der Handwerksordnung vom 4.3.2009, RhPfGVBl., 108; **Saarland:** Verordnung über die Zuständigkeiten nach dem Berufsbildungsgesetz und der Handwerksordnung vom 16.8.2007, SAmtsblatt, 1733; **Sachsen:** SächsBBiGAVO vom 21.7.2014, SächsGVBl., 423; **Sachsen-Anhalt:** BBiZustVO vom 19.7.2006, GVBl. LSA, 420; **Schleswig-Holstein:** BRZVO vom 3.12.2005, SchlHGVOBl., 556; **Thüringen:** ThürZustErmGeVO vom 9.1.1992; ThürGVBl., 45

10.1

Die zuständige Behörde ist nicht automatisch zur Einleitung eines Untersagungsverfahrens nach § 24 verpflichtet. Vielmehr dient die Mitteilung als Grundlage für eine eigenständige Prüfung, ob und in welchem Umfang eine Untersagung erforderlich ist (Schwannecke/Urbanek Rn. 14; Herkert/Töltl BBiG § 32 Rn. 16). Es handelt sich daher im eine verwaltungsinterne Handlung, die mangels Außenwirkung nicht als Verwaltungsakt iSd § 35 VwVfG zu qualifizieren ist (Honig/Knörr Rn. 7; Leinemann/Taubert BBiG § 32 Rn. 18). Ein verwaltungsgerichtliches Vorgehen seitens des Ausbildenden ist folglich unzulässig. Eine gesetzliche Pflicht der Handwerkskammer diesen über die Mitteilung zu informieren besteht nicht; eine Mitteilung kann jedoch zweckmäßigerweise erfolgen (Benecke/Hergenröder/Hergenröder BBiG § 32 Rn. 14).

11

Die Handwerkskammer darf bei Vorliegen der Voraussetzungen der Mitteilungspflicht keine Berufsausbildungsverträge mehr in die Lehrlingsrolle eintragen; auch bereits erfolgte Eintragungen muss sie löschen (Honig/Knörr Rn. 7).

12

§ 24 [Untersagung des Einstellens und Ausbildens]

(1) Die nach Landesrecht zuständige Behörde kann für eine bestimmte Ausbildungsstätte das Einstellen und Ausbilden untersagen, wenn die Voraussetzungen nach § 21 nicht oder nicht mehr vorliegen.

(2) Die nach Landesrecht zuständige Behörde hat das Einstellen und Ausbilden zu untersagen, wenn die persönliche oder fachliche Eignung nicht oder nicht mehr vorliegt.

(3) ¹Vor der Untersagung sind die Beteiligten und die Handwerkskammer zu hören. ²Dies gilt nicht in den Fällen des § 22a Nr. 1.

Überblick

§ 24 ist eine Ausführungsvorschrift bzgl. der Eignung der Ausbildungsstätte und des Ausbildungspersonals. Sie regelt die Rechtsfolgen, wenn die Überwachung durch die Handwerkskammer ergibt, dass die Eignung nicht bzw. nicht mehr gegeben ist. Die Untersagung bei Mängeln der Ausbildungsstätte steht dabei im Ermessen (→ Rn. 1) der zuständigen Behörde (→ Rn. 2). Die Untersagungsverfügung ist betriebsbezogen und bezieht sich auf das Einstellen und Ausbilden im gesamten Betrieb (→ Rn. 9). Bei Mängeln des Ausbildungspersonals ist die Behörde zum Untersagen des Einstellens und Ausbildens verpflichtet (→ Rn. 3). Die Untersagungsverfügung ist in diesem Fall personenbezogen und kann an den Ausbildenden oder den Ausbilder gerichtet sein (→ Rn. 4). Vor der Entscheidung über die Untersagung sind die Beteiligten und ggf. die Handwerkskammer anzuhören (→ Rn. 6).

Die zuständige Behörde erlässt bei Vorliegen der Voraussetzungen eine Untersagungsverfügung (→ Rn. 8) mit der Folge, dass sowohl die Einstellungs- als auch die Ausbildungsberechtigung entfällt (→ Rn. 9).
Die Vorschrift ist auf die berufliche Umschulung gem. § 42g S. 2 anwendbar.
Die Regelung entspricht § 24 aF. Durch das Berufsbildungsreformgesetz vom 23.3.2005 wurde die Reihenfolge in § 24 Abs. 1 und 2 getauscht.
Die Parallelvorschrift zu § 24 ist § 35 BBiG.

A. Untersagung bei fehlender Eignung der Ausbildungsstätte

1   Bei fehlender betrieblicher Eignung kann die zuständige Behörde das Einstellen und Ausbilden gem. § 24 Abs. 1 untersagen. Diese überwacht nicht selbst, ob die Eignung der Ausbildungsstätte weggefallen ist. Im Regelfall wird die Behörde von der Handwerkskammer nach § 23 Abs. 2 S. 2 informiert und wird tätig. Die Behörde ist nicht verpflichtet, die Untersagung auszusprechen; sie besitzt aufgrund des Wortlauts der Vorschrift vielmehr einen **Ermessensspielraum**, ob sie eine Untersagungsverfügung erlässt. Die betriebliche Eignung ergibt sich aus den Vorgaben des § 21 (→ § 21 Rn. 6). IRd Überprüfung der einzelnen Betriebsmerkmale ist zu Lasten der untersagenden Behörde ein strenger Maßstab anzulegen (VG Arnsberg GewArch 1980, 16 (17)). Es ist also nicht jeder Mangel ausreichend, sondern nur wesentliche Eignungsmängel. Eine Verpflichtung zum Erlass der Untersagungsverfügung besteht jedenfalls dann, wenn der Mangel der betrieblichen Eignung nicht beseitigt werden kann bzw. dadurch Lehrlinge gefährdet werden. Dagegen ist eine Untersagung ermessensfehlerhaft, wenn weniger einschneidende Maßnahmen zur Mangelbeseitigung ebenso erfolgversprechend sind (Honig/Knörr Rn. 6; Leinemann/Taubert BBiG § 33 Rn. 9). In Betracht kommen Auflagen bezüglich der Einrichtung der Ausbildungsstätte oder des Einstellens zusätzlicher Fachkräfte oder einer beschränkten Untersagung, weitere Lehrlinge einzustellen (Schwannecke/Urbanek Rn. 3; Leinemann/Taubert BBiG § 33 Rn. 9). Auch ist die Anordnung einer befristeten außerbetrieblichen Ausbildungsmaßnahme möglich (VG Braunschweig NVwZ-RR 1992, 478 = GewArch 1992, 147).

2   Für den Erlass der Untersagungsverfügung ist die nach Landesrecht zuständige Behörde **zuständig**. Im Regelfall ist dies die höhere Verwaltungsbehörde. Die Länder können die Zuständigkeit gem. § 124b S. 1 auf die Handwerkskammern übertragen (→ Rn. 2.1).

2.1 Folgende Länder haben die Zuständigkeit auf die Handwerkskammern übertragen:
Baden-Württemberg: Verordnung der Landesregierung über Zuständigkeiten nach der Handwerksordnung vom 12.9.2006, BWGBl., 294; **Bayern:** AGBBiG vom 29.9.1993, BayGVBl 1993, 754; **Bremen:** Berufsbildungszuständigkeitsverordnung vom 15.4.2008, BremGBl. 2008, 76; **Hessen:** Verordnung über Zuständigkeiten auf dem Gebiet der Berufsbildung und für die Anerkennung ausländischer Abschlüsse vom 25.2.2008, HGVBl. I, 25; **Mecklenburg-Vorpommern:** BBiZustLVO M-V vom 27.8.2007, GVOBl. M-V, 320; **Niedersachsen:** ZustVO-Bildung vom 27.8.2012, NdsGVBl., 344; **Nordrhein-Westfalen:** BBiGZustVO vom 5.9.2006, GV. NRW., 446; **Rheinland-Pfalz:** Landesverordnung über Zuständigkeiten für die Berufsbildung nach dem Berufsbildungsgesetz und der Handwerksordnung vom 4.3.2009, RhPfGVBl., 108; **Saarland:** Verordnung über die Zuständigkeiten nach dem Berufsbildungsgesetz und der Handwerksordnung vom 16.8.2007, SAmtsblatt, 1733; **Sachsen:** SächsBBiGAVO vom 21.7.2014, SächsGVBl., 423; **Sachsen-Anhalt:** BBiZustVO vom 19.7.2006, GVBl. LSA, 420; **Schleswig-Holstein:** BRZVO vom 3.12.2005, SchlHGVOBl., 556; **Thüringen:** ThürZustErmGeVO vom 9.1.1992; ThürGVBl., 45

B. Untersagung bei fehlender persönlicher oder fachlicher Eignung

3   Bei fehlender persönlicher oder fachlicher Eignung muss die zuständige Behörde das Einstellen und Ausbilden untersagen. Diese hat bei Vorliegen der Voraussetzungen des § 24 Abs. 2 **keinen Ermessensspielraum** (VGH München EzB HwO §§ 21–24 Nr. 3). Eine Untersagung ist unzulässig, wenn ein Einstellen und Ausbilden gar nicht beabsichtigt ist (Leinemann/Taubert BBiG § 33 Rn. 12). Die Voraussetzungen der persönlichen Eignung bestimmen sich nach dem Negativtatbestand des § 22a (→ § 22a Rn. 1). Die Vorgaben hinsichtlich der fachlichen Eignung finden sich in § 22b (→ § 22b Rn. 1).

4   Die Untersagung kann sich sowohl an den Ausbildenden als auch an den Ausbilder richten (Honig/Knörr Rn. 1; Leinemann/Taubert BBiG § 33 Rn. 13). Nach dem Wortlaut ist anzu-

nehmen, dass nach § 24 Abs. 2 das Einstellen und zugleich das Ausbilden zu untersagen ist. Jedoch kann der Ausbildende bei fehlender fachlicher Eignung einen geeigneten Ausbilder bestellen und so den Mangel beheben. Aus Gründen der Verhältnismäßigkeit wäre dann eine Untersagung des Einstellens und Ausbildens unverhältnismäßig. Eine Untersagung des Einstellens und Ausbildens bezüglich des Ausbildenden muss daher erst erfolgen, wenn dieser keinen persönlich und fachlich geeigneten Ausbilder bestellt. Bei fehlender persönlicher Eignung des Ausbildenden müssen jedoch beide Befugnisse aberkannt werden (Honig/Knörr Rn. 1; Detterbeck Rn. 9). Bei einem Ausbilder ist lediglich die Untersagung des Ausbildens erforderlich (Leinemann/Taubert BBiG § 33 Rn. 16).

Zuständig für den Erlass einer Untersagung nach § 24 Abs. 2 ist die nach Landesrecht 5 zuständige Behörde, im Regelfall also die höhere Verwaltungsbehörde. Die Länder können die Zuständigkeit gem. § 124b S. 1 auf die Handwerkskammern übertragen (→ Rn. 2.1).

C. Anhörung

Vor dem Erlass einer Untersagungsverfügung sind die Beteiligten und die Handwerkskam- 6 mer **anzuhören**. Als unmittelbar Betroffene sind der Ausbildende bzw. der Ausbilder als Beteiligte nach § 24 Abs. 3 S. 1 anzuhören. Ferner ist der Lehrling und ggf. die gesetzlichen Vertreter ebenfalls anzuhören, sofern durch die Untersagung der Ausbildungsplatz wegfällt (VGH Mannheim GewArch 1988, 100; aA Schwannecke/Urbanek Rn. 15). Eine Anhörung ist entbehrlich, wenn die persönliche Eignung wegen eines Beschäftigungsverbots entfallen ist (→ § 22a Rn. 1). Ferner ist eine Anhörung der Handwerkskammer nicht erforderlich, wenn sie nach § 23 Abs. 2 S. 2 die Behörde informiert und den Antrag auf Untersagung gestellt hat (Honig/Knörr Rn. 7; Detterbeck Rn. 12). Auch wenn die Zuständigkeit zum Erlass der Untersagungsverfügung auf die Handwerkskammer übertragen (→ Rn. 2.1) worden ist, ist eine Anhörung nicht erforderlich.

Unterbleibt eine Anhörung vor Erlass der Untersagungsverfügung ist diese nicht nichtig, 7 sondern rechtsfehlerhaft und im Verwaltungsrechtsstreit aufzuheben (Honig/Knörr Rn. 8). Die unterbliebene Anhörung kann nach § 45 Abs. 1 Nr. 3 VwVfG nachgeholt werden (aA Honig/Knörr § 24 Rn. 8).

D. Untersagungsverfügung

Die Untersagungsverfügung ist ein **Verwaltungsakt mit Dauerwirkung** (VHG Mün- 8 chen GewArch 1975, 29). Diese wird mit der Bekanntgabe nach § 41 Abs. 1 VwVfG wirksam und entfaltet unbefristet Bindungswirkung. Die Untersagung darf nur so lange aufrechterhalten werden, wie ein Mangel hinsichtlich der betrieblichen bzw. der persönlichen oder fachlichen Eignung besteht. Daher darf diese nicht mehr aufrechterhalten werden, wenn zum Zeitpunkt der mündlichen Gerichtsverhandlung die Voraussetzungen für eine Untersagung nicht mehr gegeben sind (VHG Mannheim GewArch 1980, 386; aA BVerwG NJW 1965, 1394). Der maßgebliche Zeitpunkt für die Beurteilung ist von der Art des Aufhebungsantrags abhängig. Bei einem Antrag auf Aufhebung ex tunc ist der Zeitpunkt der Entziehung entscheidend; ein späteres Wohlverhalten ist nicht zu prüfen und zu berücksichtigen (BVerwG NJW 1965, 1394). Bei einem Antrag auf Aufhebung ex nunc ist auf den Zeitpunkt der letzten mündlichen Verhandlung abzustellen (BVerwG GewArch 1973, 128). Die zuständige Behörde ist verpflichtet, in angemessenen, nicht allzu kurzen Abständen eine Überprüfung vorzunehmen (Honig/Knörr Rn. 13). Im Fall eines Beschäftigungsverbots nach § 25 Abs. 1 S. 2 JArbSchG ist eine Überprüfung nach Ablauf von fünf Jahren erforderlich (OVG Saarlouis GewArch 1976, 299). Die Aufhebung der Untersagung als actus contrarius ist nach den allgemeinen verwaltungsrechtlichen Grundsätzen möglich, auch wenn eine dahingehende ausdrückliche Bestimmung im Gesetz nicht enthalten ist (Honig/Knörr Rn. 13; Detterbeck Rn. 10). Die Aufhebung hat zu erfolgen, wenn der Mangel der Eignung beseitigt worden ist.

Bei einem Mangel der betrieblichen Eignung bezieht sich die Untersagung auf den gesam- 9 ten Betrieb. Dagegen ist die Untersagung bei einem Mangel der persönlichen oder fachlichen Eignung personenbezogen (→ Rn. 4). Die Untersagung **bewirkt** einen Wegfall der Einstellungsberechtigung und der Ausbildungsberechtigung. Die Eintragung von Ausbildungsverträgen muss nach § 29 Abs. 2 abgelehnt werden (→ § 29 Rn. 9); bestehende Ausbildungsverhältnisse sind in der Lehrlingsrolle zu löschen (→ § 29 Rn. 10). Der Ausbildende muss das Ausbildungsverhältnis kündigen (Honig/Knörr Rn. 10). Auch der Lehrling kann fristlos kündigen und Schadensersatz verlangen (Schwannecke/Urbanek Rn. 27; Benecke/Hergenröder/Hergenröder BBiG § 33 Rn. 13).

10 Der Ausbildende begeht eine **Ordnungswidrigkeit** nach § 118 Abs. 1 Nr. 5, wenn er trotz vollziehbarer Untersagung Lehrlinge einstellt bzw. ausbildet. Die Untersagungsverfügung ist vollziehbar, sobald sie rechtskräftig geworden ist. Ebenso kann diese vollzogen werden, wenn die sofortige Vollziehung nach § 80 Abs. 2 S. 1 Nr. 4 VwGO angeordnet worden ist.

Zweiter Abschnitt: Ausbildungsordnung, Änderung der Ausbildungszeit

§ 25 [Ausbildungsordnung]

(1) ¹Als Grundlage für eine geordnete und einheitliche Berufsausbildung kann das Bundesministerium für Wirtschaft und Energie im Einvernehmen mit dem Bundesministerium für Bildung und Forschung durch Rechtsverordnung, die nicht der Zustimmung des Bundesrates bedarf, für Gewerbe der Anlage A und der Anlage B Ausbildungsberufe staatlich anerkennen und hierfür Ausbildungsordnungen nach § 26 erlassen. ²Dabei können in einem Gewerbe mehrere Ausbildungsberufe staatlich anerkannt werden, soweit dies wegen der Breite des Gewerbes erforderlich ist; die in diesen Berufen abgelegten Gesellenprüfungen sind Prüfungen im Sinne des § 49 Abs. 1 oder § 51a Abs. 5 Satz 1.

(2) Für einen anerkannten Ausbildungsberuf darf nur nach der Ausbildungsordnung ausgebildet werden.

(3) In anderen als anerkannten Ausbildungsberufen dürfen Jugendliche unter 18 Jahren nicht ausgebildet werden, soweit die Berufsausbildung nicht auf den Besuch weiterführender Bildungsgänge vorbereitet.

(4) Wird die Ausbildungsordnung eines Ausbildungsberufes aufgehoben oder werden Gewerbe in der Anlage A oder in der Anlage B zu diesem Gesetz gestrichen, zusammengefasst oder getrennt, so gelten für bestehende Berufsausbildungsverhältnisse die bisherigen Vorschriften.

(5) Das Bundesministerium für Wirtschaft und Energie informiert die Länder frühzeitig über Neuordnungskonzepte und bezieht sie in die Abstimmung ein.

Literatur: Fehling WiVerw 1998, 106; Witt WiVerw 2003, 236

Überblick

Redaktioneller Hinweis: § 25 Abs. 1 S. 1 und Abs. 5 geändert mWv 8.9.2015 durch Art. 283 Zehnte ZuständigkeitsanpassungsVO v. 31.8.2015 (BGBl. I 1474).

Die §§ 25–27 regeln die Ordnung der Berufsausbildung durch Anerkennung von Ausbildungsberufen mittels Erlass von Ausbildungsordnungen. Dadurch wird eine Grundlage für eine einheitliche und geordnete Berufsausbildung im Bundesgebiet geschaffen.

Die rechtlichen Voraussetzungen für die Anerkennung bzw. Änderung oder Aufhebung von Ausbildungsberufen finden sich in § 25 Abs. 1 (→ Rn. 1). Die Ausbildungsordnung regelt dabei die betriebliche Seite der Ausbildung. Um eine inhaltliche Abstimmung mit den Rahmenlehrplänen der Berufsschule zu erreichen, wird das Bundeswirtschaftsministerium nach § 25 Abs. 5 zur Information der Bundesländer über Neuordnungsvorhaben verpflichtet (→ Rn. 14). Um eine einheitliche Berufsausbildung zu gewährleisten, ordnet § 25 Abs. 2 an, dass die Ausbildung in anerkannten Ausbildungsberufen ausschließlich auf Grundlage einer Ausbildungsordnung erfolgen darf (→ Rn. 7). Ferner dürfen Jugendliche nur in anerkannten Ausbildungsberufen ausgebildet werden, um eine vollständige und grundlegende Berufsausbildung zu erreichen (→ Rn. 10). Aus Gründen des Vertrauensschutzes gelten bei einer Aufhebung von Ausbildungsordnungen oder der Veränderung von Gewerben die bisherigen Bestimmungen für bestehende Ausbildungsverhältnisse weiter (→ Rn. 12).

Die Norm basiert auf § 25 Abs. 1 und 3 sowie § 27 Abs. 1 und 2 aF und wurde durch das Berufsbildungsreformgesetz vom 23.3.2005 umgestaltet.

Die Parallelvorschrift zu § 25 ist § 4 BBiG.

A. Anerkennung von Ausbildungsberufen und Erlass von Ausbildungsordnungen

Als Grundlage für eine ordnungsgemäße und geregelte Berufsausbildung sieht § 25 Abs. 1 die **Anerkennung** von Ausbildungsberufen vor. Das Bundeswirtschaftsministerium wird ermächtigt für zulassungspflichtige und zulassungsfreie Handwerke sowie für handwerksähnliche Gewerbe Ausbildungsberufe und entsprechende Ausbildungsordnungen durch Rechtsverordnung anzuerkennen. Dabei besteht eine Pflicht zum Erlass einer entsprechenden Rechtsverordnung, da zum einen Jugendliche ausschließlich in anerkannten Ausbildungsberufen ausgebildet werden dürfen (→ Rn. 10). Zum anderen darf die Ausbildung in anerkannten Ausbildungsberufen ausschließlich auf Grundlage einer Ausbildungsordnung erfolgen (→ Rn. 7).

Obwohl keine ausdrückliche gesetzlich Regelung besteht, ist nach dem Willen des Gesetzgebers in der Ermächtigung zur Regelung einer geordneten und einheitlichen Berufsausbildung auch die Möglichkeit zur **Änderung** sowie zur **Aufhebung** der Anerkennung mit umfasst (BT-Drs. 15/3980, 64). Das Bundeswirtschaftsministerium kann also auf Grundlage von § 25 Abs. 1 Ausbildungsberufe und deren Ausbildungsordnung an die wirtschaftlichtechnische Entwicklung anpassen oder die Anerkennung aufheben.

Die Ausbildungsberufe und deren Ausbildungsordnung müssen einem zulassungspflichtigen oder zulassungsfreien Handwerk oder einem handwerksähnlichen Gewerbe zugeordnet werden. Durch diese Zuordnung wird das für die Identität der Handwerke unerlässliche Berufsprinzip in der Berufsbildung aufrechterhalten (Schwannecke/Witt Rn. 3). Dabei ist es nach § 25 Abs. 1 S. 2 möglich, für ein Gewerbe der Anlage A und B mehrere Ausbildungsberufe anzuerkennen. Voraussetzung dafür ist, dass aufgrund der Breite des Gewerbes ein Ausbildungsberuf allein nicht ausreichend ist. Durch diese Möglichkeit soll sichergestellt werden, dass weder der Ausbildende noch der Lehrling überfordert werden. Zudem können dadurch bei der Ausbildung sachgerechte Differenzierungen für die Praxis der Handwerksunternehmen und im Hinblick auf eine verstärkte Mobilität erreicht werden (Honig/Knörr § 26 Rn. 3). Die Gesellenprüfung in einem Ausbildungsberuf, der lediglich einen Teil eines Gewerbes abdeckt, eröffnet nach § 25 Abs. 1 S. 2 Hs. 2 die Zulassung zur Meisterprüfung für das entsprechende Gesamtgewerbe. Damit wird auch bei einer spezialisierten Ausbildung und Gesellenprüfung der Zugang zur Meisterprüfung in einem Handwerk oder handwerksähnlichem Gewerbe ermöglicht (Detterbeck Rn. 3).

Das Bundeswirtschaftsministerium ist für den Erlass einer entsprechenden Rechtsverordnung **zuständig**. Vor dem Erlass ist das Einvernehmen mit dem Bundesbildungsministerium herzustellen. Die Rechtsverordnung bedarf dabei nicht der Zustimmung des Bundesrats. Die Initiative für die Anerkennung, Änderung oder Aufhebung eines Ausbildungsberufs geht regelmäßig von den Fachverbänden, den Spitzenorganisationen der Wirtschaft, den Gewerkschaften und den Spitzenverbänden der Kammern aus (→ Rn. 4.1). Der Bundesausschuss für Berufsbildung hat eine Empfehlung für die Kriterien und das Verfahren über die Anerkennung und Aufhebung von Ausbildungsberufen beschlossen.

Empfehlung betreffend Kriterien und Verfahren für die Anerkennung und Aufhebung von Ausbildungsberufen des Bundesausschusses für Berufsbildung vom 25.10.1974 (BWP 5/1974)
I. Präambel
Gemäß § 25 BBiG werden Ausbildungsberufe durch Rechtsverordnung der zuständigen Fachminister im Einvernehmen mit dem Bundesminister für Bildung und Wissenschaft staatlich anerkannt bzw. Anerkennungen aufgehoben sowie für die Ausbildungsberufe Ausbildungsordnungen erlassen.

Das Bundesinstitut für Berufsbildungsforschung hat im Rahmen seiner Aufgabe Inhalte und Ziele der Berufsbildung zu ermitteln, materielle Grundlagen für die Anerkennung und Aufhebung von Ausbildungsberufen und den Erlaß von Ausbildungsordnungen zu schaffen. Vorarbeiten in dieser Hinsicht von Antragstellern sind zu prüfen und zu berücksichtigen.

Anträge auf Anerkennung oder Aufhebung von Ausbildungsberufen können bei den zuständigen Bundesministerien stellen:
Bundesausschuß für Berufsbildung,
unternehmerische oder gewerkschaftliche Fachorganisationen sowie deren jeweilige Zusammenschlüsse,
zuständige Stellen gemäß BBiG sowie deren Dachorganisationen.

Bei der Anerkennung bzw. Aufhebung eines Ausbildungsberufes sind bildungspolitische, wirtschafts- und arbeitsmarktpolitische sowie berufspädagogische Gesichtspunkte zu berücksichtigen. Um dem Antragsteller entsprechende Überlegungen zu ermöglichen, sollen die im folgenden festgelegten Kriterien von der Bundesregierung veröffentlicht werden.

II. Kriterien
Kriterien für die Anerkennung und die Beibehaltung anerkannter Ausbildungsberufe sind:
– Hinreichender Bedarf an entsprechenden Qualifikationen, der zeitlich unbegrenzt und einzelbetriebsunabhängig ist
– Ausbildung für qualifizierte, eigenverantwortliche Tätigkeiten auf einem möglichst breiten Gebiet
– Anlage auf dauerhafte, vom Lebensalter unabhängige berufliche Tätigkeit
– breit angelegte berufliche Grundbildung
– Möglichkeit eines geordneten Ausbildungsganges
– Ausreichende Abgrenzung von anderen Ausbildungsberufen
– Operationalisierbarkeit der Ausbildungsziele
– Ausbildungsdauer zwischen zwei und drei Jahren
– Grundlage für Fortbildung und beruflichen Aufstieg
– Erwerb von Befähigung zum selbständigen Denken und Handeln bei der Anwendung von Fertigkeiten und Kenntnissen

III. Verfahren
Bei der Prüfung von Anträgen und der Vorbereitung von Initiativen der zuständigen Bundesministerien zur Anerkennung bzw. Aufhebung von Ausbildungsberufen sind rechtzeitig die Spitzenorganisationen der Unternehmer und der Gewerkschaften und das Bundesinstitut für Berufsbildungsforschung einzuschalten. Dies gilt entsprechend für den Erlaß von Ausbildungsordnungen.

Zeigen sich bei der Prüfung besondere Probleme, für deren Lösung der Kriterienkatalog nicht ausreicht, ist der Bundesausschuß für Berufsbildung von den zuständigen Bundesministerien zu hören.

Die Prüfung, ob neue Ordnungsmaßnahmen notwendig sind, sollte spätestens ein Jahr nach Antragstellung abgeschlossen sein.

5 Sofern das Bundeswirtschaftsministerium von seiner Kompetenz zum Erlass von Ausbildungsordnungen nach § 25 Abs. 1 keinen Gebrauch macht, besteht **keine Zuständigkeit der Handwerkskammer nach § 41** (→ § 41 Rn. 8) für den Erlass einer Ausbildungsordnung (Honig/Knörr § 26 Rn. 2). Fachliche Vorschriften für Ausbildungsberufe, die vor dem Inkrafttreten des BBiG am 1.9.1969 erlassen worden sind, gelten nach § 122 Abs. 4 als Ausbildungsordnungen iSd § 25 weiter fort.

5.1 Im Bereich des Handwerks gilt nach § 122 Abs. 4 lediglich die Ausbildungsordnung Glas- und Porzellanmaler/Glas- und Porzellanmalerin vom 7.2.1962 weiter.

6 Die Ausbildung in **nichthandwerklichen Ausbildungsberufen** richtet sich nach den aufgrund von § 4 BBiG erlassenen Ausbildungsordnungen. Dabei ist unbeachtlich, ob die Ausbildung in diesen Berufen in einem Handwerks- oder handwerksähnlichen Betrieb stattfindet.

B. Ausschließlichkeitsgrundsatz

7 Die Ausbildung in anerkannten Ausbildungsberufen muss zwingend auf Grundlage der entsprechenden Ausbildungsordnung erfolgen. Dadurch wird eine einheitliche Berufsausbildung in gesamten Bundesgebiet sichergestellt und verhindert, dass gleichlautende Berufsabschlüsse mit unterschiedlichen Qualifikationsinhalten erworben werden (Schwannecke/Witt Rn. 9). Ein **anerkannter Ausbildungsberuf** liegt vor, wenn eine entsprechende Ausbildungsordnung existiert bzw. eine fachliche Vorschrift nach § 122 Abs. 4 weitergilt und der Ausbildungsberuf in das Verzeichnis der anerkannten Ausbildungsberufe eingetragen ist. Der

Ausschließlichkeitsgrundsatz gilt iRd Ausbildung für jeden Lehrling, unabhängig davon, ob er minderjährig oder volljährig ist. Ferner ist dieser Grundsatz allein auf die **Erstausbildung** anwendbar. Absolviert ein Lehrling im Anschluss an eine vorhergehende abgeschlossene Berufsbildung eine zweite Berufsausbildung, ist diese nicht als Umschulung zu qualifizieren. Vielmehr liegt eine zweite Ausbildung vor, wenn zwischen beiden Ausbildungen keine erhebliche Berufstätigkeit im zuerst erlernten Beruf stattgefunden hat (BAG NZA 1988, 66).

Abweichungen sind nur zulässig, wenn diese gesetzlich geregelt sind, wie zB die Verkürzung der Ausbildungszeit nach § 27b Abs. 1. Auch eine **Erprobungsverordnung** nach § 27 kann Ausnahmen vom Ausschließlichkeitsgrundsatz zulassen (→ § 27 Rn. 4). Bei **behinderten Personen**, die aufgrund ihrer Behinderung nicht in anerkannten Ausbildungsberufen ausgebildet werden können, kommt die Sonderreglung nach § 42m zur Anwendung (→ § 42m Rn. 1). Die Handwerkskammer kann für diesen Personenkreis besondere Ausbildungsregelungen erlassen, die sich inhaltlich am einschlägigen Ausbildungsberuf orientieren sollen (→ § 42m Rn. 6). Im Fall der **Umschulung** nach § 42g gilt der Ausschließlichkeitsgrundsatz ebenfalls nicht (Benecke/Hergenröder/Hergenröder BBiG § 4 Rn. 12). 8

Gegen § 25 Abs. 2 bestehen **keine verfassungsrechtlichen Bedenken** hinsichtlich eines Verstoßes gegen Art. 12 GG. Der Gesetzgeber darf für typische Berufe Berufsbilder gesetzlich festlegen und die Wahl untypischer Berufe in diesem Berufsfeld ausschließen (BVerfG NJW 1988, 2290; NJW 1964, 1067). 9

C. Minderjährigenschutzvorschrift

Jugendliche dürfen grds. **nur in anerkannten Ausbildungsberufen ausgebildet** werden. Erfasst werden nach § 2 Abs. 2 JArbSchG Lehrlinge, die bereits das 15. Lebensjahr, aber noch nicht das 18. Lebensjahr vollendet haben. Dadurch soll sichergestellt werden, dass Jugendliche eine vollständige und grundlegende Berufsausbildung erhalten (Leinemann/Taubert BBiG § 4 Rn. 24). Zudem sollen sie davor bewahrt werden, dass die Berufsausbildung später nicht auf dem Arbeitsmarkt verwertbar ist und keine berufliche Aufstiegsmöglichkeiten durch Weiterbildung möglich ist (Detterbeck Rn. 10; Schwannecke/Witt Rn. 14). Ein Ausbildungsvertrag, der § 25 Abs. 3 widerspricht, ist nach § 134 BGB nichtig; infolge der Nichtigkeit entsteht ein faktisches Arbeitsverhältnis (BAGE 135, 187 = EzB HwO § 25 Nr 1). 10

Eine **Ausnahme** vom Minderjährigenschutzgebot gilt bei Berufsausbildungen, die auf den Besuch weiterführender Bildungsgänge vorbereiten. Die Ausnahmeregelung ist eng auszulegen (Benecke/Hergenröder/Hergenröder BBiG § 4 Rn. 14). In Betracht kommen Praktika, die vor Beginn der Berufsausbildung oder vor einem Studium absolviert werden (Leinemann/Taubert BBiG § 4 Rn. 25; Detterbeck Rn. 10). Dabei ist der Inhalt der Ausbildung aufgrund der abgeschlossenen Vereinbarung maßgeblich, so dass die Vereinbarung nichtig ist, wenn sie gegen das Minderjährigenschutzgebot verstößt (Leinemann/Taubert BBiG § 4 Rn. 26). Ferner können Minderjährige außerhalb anerkannter Ausbildungsberufe ausgebildet werden, wenn eine Erprobungsverordnung nach § 27 dies gestattet (→ § 27 Rn. 4). Zudem sind Maßnahmen der Berufsausbildungsvorbereitung (→ § 42o Rn. 1) oder sonstige berufsvorbereitende Maßnahmen nach § 61 SGB III zulässig (Benecke/Hergenröder/Hergenröder BBiG § 4 Rn. 14). 11

D. Ausbildung nach Aufhebung von Ausbildungsordnungen und Änderung von Gewerben

Wird eine Ausbildungsordnung aufgehoben, dann bleiben bestehende Ausbildungsverhältnisse davon unberührt. Das gleiche gilt, wenn der Bestand der Gewerbe nach Anlage A und B zur HwO verändert wird. Der Fortbestand der bisher geltenden Ausbildungsordnung wird garantiert. Der **Vertrauensschutz** bewirkt, dass bestehende Ausbildungsverhältnisse nach den bisherigen Vorschriften bis zum Ende der Ausbildungszeit durchgeführt werden. Ebenso wird die Gesellenprüfung auf Grundlage der bisherigen Vorschriften abgenommen. Der Vertrauensschutz gilt allein für **bestehende Ausbildungsverhältnisse**. Dabei ist nicht der Zeitpunkt des Abschluss des Ausbildungsvertrags, sondern die tatsächliche Aufnahme der Berufsausbildung maßgeblich (Honig/Knörr § 26 Rn. 17). 12

Der Lehrling kann die Ausbildung auf Grundlage der aufgehobenen Ausbildungsordnung weiterführen. Er kann aber auch das Ausbildungsverhältnis nach § 22 Abs. 2 Nr. 2 BBiG 13 kündigen, da die Änderung der rechtlichen Rahmenbedingungen einem Berufswechsel gleichzusetzen ist (Honig/Knörr § 26 Rn. 17; Detterbeck Rn. 11). Ferner können beide Parteien des Ausbildungsvertrags das Ausbildungsverhältnis durch Aufhebungsvertrag beenden. Im Fall der Fortsetzung der Berufsausbildung im neuen Ausbildungsberuf kommt eine Verkürzung der Ausbildungszeit nach § 27b Abs. 1 aufgrund der bereits erworbenen Berufsqualifikationen in Betracht (Schwannecke/Witt Rn. 15). Die bisher erworbenen Qualifikationen müssen zwingend angerechnet werden, wenn die neue Ausbildungsordnung nach § 26 Abs. 2 Nr. 3 eine Fortsetzung der Ausbildung vorsieht (→ § 26 Rn. 17) und die Vertragsparteien die Fortsetzung unter Anrechnung der bisherigen Ausbildungszeit vereinbart haben.

E. Einbeziehung der Bundesländer

14 Die Regelung soll die **Einflussmöglichkeit der Bundesländer** sicherstellen, da der Länderausschuss beim Bundesinstitut für Berufsbildung abgeschafft worden ist (BT-Drs. 15/4752, 34). Zudem werden Ausbildungsordnungen nach § 25 Abs. 1 S. 1 ohne Zustimmung des Bundesrates erlassen. Das Bundeswirtschaftsministerium wird verpflichtet, die Länder frühzeitig über Neuordnungskonzepte zu informieren und sie in die Abstimmung mit einzubeziehen. Die Information muss dabei so rechtzeitig stattfinden, dass die Bundesländer ihre Ansichten in den Abstimmungsprozess noch einfließen lassen können. Die Einbeziehung ist sichergestellt, wenn das Bundeswirtschaftsministerium einen vorläufigen Entwurf über ein Neuordnungskonzept zur Stellungnahme vorlegt (Leinemann/Taubert BBiG § 4 Rn. 33). Der Begriff des Neuordnungskonzepts wird dabei nicht näher definiert. Die Vorschrift soll die Kooperation zwischen Bund und Länder hinsichtlich der Neuordnung von Berufen und der Schaffung neuer Ausbildungsberufe sowie der inhaltlichen Abstimmung von Ausbildungsordnungen und Rahmenlehrplänen auf eine gesetzliche Grundlage stellen (BT-Drs. 15/4752, 34). Aus diesem Grund ist unter Berücksichtigung des Zwecks der Vorschrift davon auszugehen, dass der Begriff des Neuordnungskonzepts auch den Erlass neuer Ausbildungsordnungen und die Änderung bestehender Ausbildungsordnungen umfasst (Schwannecke/Witt Rn. 16; aA Detterbeck Rn. 12). Damit wird eine enge Abstimmung zwischen schulischer und betrieblicher Ausbildung erreicht.

§ 26 [Inhalt der Ausbildungsordnung]

(1) Die Ausbildungsordnung hat festzulegen
1. die Bezeichnung des Ausbildungsberufes, der anerkannt wird; sie kann von der Gewerbebezeichnung abweichen, muss jedoch inhaltlich von der Gewerbebezeichnung abgedeckt sein,
2. die Ausbildungsdauer; sie soll nicht mehr als drei und nicht weniger als zwei Jahre betragen,
3. die beruflichen Fertigkeiten, Kenntnisse und Fähigkeiten, die mindestens Gegenstand der Berufsausbildung sind (Ausbildungsberufsbild),
4. eine Anleitung zur sachlichen und zeitlichen Gliederung der Vermittlung der beruflichen Fertigkeiten, Kenntnisse und Fähigkeiten (Ausbildungsrahmenplan),
5. die Prüfungsanforderungen.

(2) ¹Die Ausbildungsordnung kann vorsehen,
1. dass die Berufsausbildung in sachlich und zeitlich besonders gegliederten, aufeinander aufbauenden Stufen erfolgt; nach den einzelnen Stufen soll ein Ausbildungsabschluss vorgesehen werden, der sowohl zu einer qualifizierten beruflichen Tätigkeit im Sinne des § 1 Abs. 3 des Berufsbildungsgesetzes befähigt, als auch die Fortsetzung der Berufsausbildung in weiteren Stufen ermöglicht (Stufenausbildung),
2. dass die Gesellenprüfung in zwei zeitlich auseinander fallenden Teilen durchgeführt wird,
3. dass abweichend von § 25 Abs. 4 die Berufsausbildung in diesem Ausbildungsberuf unter Anrechnung der bereits zurückgelegten Ausbildungszeit fortgesetzt werden kann, wenn die Vertragsparteien dies vereinbaren,

4. dass auf die durch die Ausbildungsordnung geregelte Berufsausbildung eine andere, einschlägige Berufsausbildung unter Berücksichtigung der hierbei erworbenen beruflichen Fertigkeiten, Kenntnisse und Fähigkeiten angerechnet werden kann,
5. dass über das in Absatz 1 Nr. 3 beschriebene Ausbildungsberufsbild hinaus zusätzliche berufliche Fertigkeiten, Kenntnisse und Fähigkeiten vermittelt werden können, die die berufliche Handlungsfähigkeit ergänzen oder erweitern,
6. dass Teile der Berufsausbildung in geeigneten Einrichtungen außerhalb der Ausbildungsstätte durchgeführt werden, wenn und soweit es die Berufsausbildung erfordert (überbetriebliche Berufsausbildung),
7. dass Lehrlinge (Auszubildende) einen schriftlichen Ausbildungsnachweis zu führen haben.

²Im Rahmen der Ordnungsverfahren soll stets geprüft werden, ob Regelungen nach Nummer 1, 2 und 4 sinnvoll und möglich sind.

Überblick

Die Norm ergänzt § 25, indem sie abschließend die Inhalte einer Ausbildungsordnung aufzählt. Damit wird § 26 zur zentralen Vorschrift hinsichtlich der inhaltlichen Ausgestaltung von Ausbildungsordnungen. Dabei wird zwischen zwingenden Inhalten (→ Rn. 1) und fakultativen Regelungen (→ Rn. 9) unterschieden. In jeder Ausbildungsordnung muss die Bezeichnung des Ausbildungsberufs (→ Rn. 2), die Ausbildungsdauer (→ Rn. 4), das Ausbildungsberufsbild (→ Rn. 5), der Ausbildungsrahmenplan (→ Rn. 7) und die Prüfungsanforderungen (→ Rn. 8) geregelt werden. Zusätzlich können Bestimmungen über die Stufenausbildung (→ Rn. 11), die gestreckte Gesellenprüfung (→ Rn. 14), die Fortsetzung der Berufsausbildung (→ Rn. 17), die Anrechnung einer anderen Berufsausbildung (→ Rn. 18), die Vermittlung von Zusatzqualifikationen (→ Rn. 21), die überbetriebliche Berufsausbildung (→ Rn. 22), und das Führen von Ausbildungsnachweisen (→ Rn. 26) mit aufgenommen werden. Hinsichtlich bestimmter Regelungsoptionen besteht eine Prüfpflicht, ob diese sinnvoll und möglich sind (→ Rn. 10).

Die Vorschrift übernimmt § 25 Abs. 2 sowie §§ 26, 26a aF und wurde durch das Berufsbildungsreformgesetz vom 23.3.2005 grundlegend neugefasst.

Die Parallelvorschrift zu § 26 ist § 5 BBiG.

Übersicht

	Rn.		Rn.
A. Mindestinhalt von Ausbildungsordnungen	1	I. Stufenausbildung	11
I. Bezeichnung des Ausbildungsberufs	2	II. Gestreckte Gesellenprüfung	14
II. Ausbildungsdauer	4	III. Fortsetzung der Berufsausbildung	17
III. Ausbildungsberufsbild	5	IV. Anrechnung einer anderen Berufsausbildung	18
IV. Ausbildungsrahmenplan	7	V. Zusatzqualifikationen	21
V. Prüfungsanforderungen	8	VI. Überbetriebliche Berufsausbildung	22
B. Fakultativer Inhalt von Ausbildungsordnungen	9	VII. Führen eines Ausbildungsnachweises	26

A. Mindestinhalt von Ausbildungsordnungen

Die in § 25 Abs. 1 geregelten Mindestinhalte sind zwingend in jeder Ausbildungsordnung zu regeln. Diese Vorgaben sind für alle Ausbildenden, Lehrlinge und Handwerkskammern bindend und zu beachten. Dadurch wird eine bundesweite Grundlage für eine einheitliche und geordnete Berufsausbildung gewährleistet. 1

I. Bezeichnung des Ausbildungsberufs

Die Ausbildungsordnung, durch die ein bestimmter Ausbildungsberuf nach § 25 staatlich anerkannt wird, muss die Bezeichnung des Ausbildungsberufes enthalten. Nachdem für ein 2

Gewerbe auch mehrere Ausbildungsberufe anerkannt werden können (§ 25 Abs. 1 S. 2), ist eine Verweisung auf eine Gewerbe Anlage A oder B zur HwO allein nicht mehr ausreichend. Vielmehr muss die Bezeichnung des Ausbildungsberufs ausdrücklich in der Ausbildungsordnung festgelegt werden. Dabei steht die Bezeichnung des Ausbildungsberufs für die berufliche Tätigkeit, für die die Ausbildung qualifiziert (Schwannecke/Witt Rn. 2). Bei einem **Abweichen** von der Gewerbebezeichnung muss die Ausbildungsberufsbezeichnung inhaltlich von dieser abgedeckt sein. Dabei kommt es allein darauf an, dass die Gewerbebezeichnung materiell umfasst wird; ein sprachliches Abdecken ist nicht zwingend erforderlich (Detterbeck Rn. 4).

3   Die Bezeichnung soll den tatsächlichen Berufsinhalt wiedergeben und aussagekräftig sein. Ferner soll mit der Angabe des erlernten Berufs eine bestimmte Qualifikation verbunden werden können (Benecke/Hergenröder/Hergenröder BBiG § 5 Rn. 3). Mit der Anerkennung des Ausbildungsberufs ist **kein besonderer gesetzlicher Schutz** vergleichbar mit dem Meistertitel (→ § 51 Rn. 5; → § 51d Rn. 1) verbunden. Aus der staatlichen Anerkennung eines Ausbildungsberufs folgt nicht zwangsläufig, dass die entsprechende Berufsbezeichnung schon allein mit Rücksicht darauf geschützt ist (VG Freiburg EzB BBiG § 43 Abs. 2 Nr. 5).

II. Ausbildungsdauer

4   Die Ausbildungsordnung muss die Ausbildungsdauer festsetzen. Dabei geht der Gesetzgeber davon aus, dass im Regelfall eine Ausbildungsdauer von zwei Jahren nicht unterschritten werden soll. Ebenso soll die Dauer der Ausbildung drei Jahre nicht überschreiten. Dabei handelt es sich ausweislich des Wortlauts um eine **Sollvorschrift**. Eine Abweichung vom vorgegebenen Rahmen ist im begründeten Ausnahmefall allerdings möglich. Als Maßstab muss immer die Zeit dienen, die ein durchschnittlich begabter Jugendlicher benötigt, um alle Kenntnisse und Fertigkeiten des betreffenden Berufes ordnungsgemäß zu erlernen (Honig/Knörr Rn. 8). Eine individuelle Verkürzung oder Verlängerung ist über die Regelungen der §§ 27a, 27b möglich.

III. Ausbildungsberufsbild

5   Das Ausbildungsberufsbild setzt sich aus den beruflichen Fertigkeiten, Kenntnisse und Fähigkeiten zusammen, die mindestens Gegenstand der Berufsausbildung sind. Damit wird die berufliche Handlungsfähigkeit iSd § 1 Abs. 3 BBiG in dem jeweiligen Ausbildungsberuf definiert. Das Ausbildungsberufsbild stellt somit ein **Qualifikationsprofil** dar. Das Ausbildungsberufsbild weist aufgrund der Regelung des § 26 Abs. 1 Nr. 3 lediglich die Mindestinhalte der Ausbildung aus. Zusätzliche, weitergehende Fertigkeiten, Kenntnisse und Fähigkeiten, die in sachlichem Zusammenhang mit der Ausbildung stehen, können nach § 26 Abs. 2 Nr. 5 in die Ausbildungsordnung aufgenommen werden.

5.1   Der Hauptausschuss des Bundesinstituts für Berufsbildung hat mit seiner Empfehlung zur Struktur und Gestaltung von Ausbildungsordnungen – Ausbildungsberufsbild, Ausbildungsrahmenplan vom 26.6.2014 (BAnz AT 25.7.2014 S1) auf die Einführung des Deutschen Qualifikationsrahmens reagiert. Zukünftig sollen Kompetenzorientierung und das Kompetenzverständnis des Deutschen Qualifikationsrahmens Eingang in Ausbildungsordnungen finden Daher enthält die Empfehlung auch Musterformulierungen für das Ausbildungsberufsbild.

6   Inhalte, die ausschließlich Bestandteile der **schulischen Ausbildung** sind, dürfen nicht aufgenommen werden (Leinemann/Taubert BBiG § 5 Rn. 11). Die Rahmenschulpläne sollen allerdings nach § 92 Abs. 1 Nr. 5 BBiG mit den Inhalten der Ausbildungsordnung abgeglichen werden.

IV. Ausbildungsrahmenplan

7   Der Ausbildungsrahmenplan stellt eine Anleitung zur sachlichen und zeitlichen Gliederung der Vermittlung der beruflichen Fertigkeiten, Kenntnisse und Fähigkeiten dar. Dieser hat aufgrund seiner Eigenschaft als Anleitung nur **Richtliniencharakter** für den betrieblichen Ausbildungsplan. Der Ausbildungsrahmenplan entfaltet daher weder eine öffentlich-

rechtliche noch privatrechtliche Pflicht zur Einhaltung für den Ausbildenden (Leinemann/Taubert BBiG § 5 Rn. 14). Jedoch dient er als Grundlage für den betrieblichen Ausbildungsplan, der die Umsetzung der Inhalte des Ausbildungsrahmenplans im Betrieb konkret festlegt. Er wird in eigener Verantwortung vom Ausbildenden unter Berücksichtigung der Gegebenheiten des Ausbildungsbetriebs erstellt. Daher sollen im Ausbildungsrahmenplan die im Ausbildungsberufsbild festgelegten Fertigkeiten und Kenntnisse nach Breite und Tiefe näher konkretisiert und in einen sachlichen und zeitlichen Zusammenhang gestellt werden. Als Hilfsmittel hat der Hauptausschuss des Bundesinstituts für Berufsbildung einen Beschluss zur zeitlichen Gliederung in Ausbildungsordnungen erlassen (→ Rn. 7.1).

Beschluß des Hauptausschusses des Bundesinstituts für Berufsbildung zur zeitlichen Gliederung in Ausbildungsordnungen vom 16.5.1990 (BAnz. 110/1990) **7.1**

I. Die Bundesregierung wird gebeten, die Anleitung zur zeitlichen Gliederung der Ausbildung wie folgt vorzunehmen:

A. Ein Ausbildungsberufsbild soll im allgemeinen zwischen fünf und zehn Positionen umfassen, die jeweils einstufig gegliedert werden können. Erfolgt keine Untergliederung, kann diese Zahl angemessen überschritten werden.

B. Für die Anleitung zur zeitlichen Gliederung können folgende Methoden angewandt werden:
1. Gliederung nach Ausbildungsjahren mit Zeitrahmen
2. Gliederung nach Ausbildungsjahren mit Zeitrichtwerten
C.
1. Ist ein Zeitrahmen vorgegeben, werden im Ausbildungsrahmenplan die Anleitungen zur sachlichen und zeitlichen Gliederung getrennt.
2. In der Anleitung zur zeitlichen Gliederung wird für jede Berufsbildposition oder Teilposition der ersten Gliederungsstufe ein Zeitrahmen in Monaten vorgegeben, in dem die zugeordneten Fertigkeiten und Kenntnisse schwerpunktmäßig vermittelt werden sollen.
3. Der Zeitrahmen soll zwischen zwei und sechs Monaten liegen.
4. Die Anleitung zur zeitlichen Gliederung kann durch weitere Hinweise zeitlicher Art ergänzt werden, z. B. zur Fortführung, Anwendung und Vertiefung bereits vermittelter Inhalte, zur Schwerpunktsetzung und zur Kombination einzelner Positionen.

Die Verwendung von Zeitrahmenvorgaben in der Anleitung zur zeitlichen Gliederung wird in der Anlage veranschaulicht.

D. Zeitrichtwerte sollen nicht kürzer als zwei Wochen sein.

II. Im Hauptausschuß besteht in folgenden Punkten Übereinstimmung:
1. Die Frage, ob Zeitrahmen oder Zeitrichtwerte vorgegeben werden, wird im Antragsgespräch entschieden. Die Festlegung der Zeitrahmen bzw. Zeitrichtwerte erfolgt im Erarbeitungs- und Abstimmungsverfahren.
2. Durch vorgegebene Zeitrahmen wird der durch den Anleitungscharakter eingeräumte Spielraum für die Gestaltung des betrieblichen Ausbildungsplanes ausgenutzt. Diese Auffassung soll von den zuständigen Stellen im Rahmen ihrer Beratungsaufgabe vertreten werden.
3. Die zuständigen Stellen sollen darauf hinwirken, daß den Berufsausbildungsverträgen betriebliche Ausbildungspläne im Sinne von § 3 Nr. 1 des Musterberufsausbildungsvertrages beigefügt werden, die auf der Grundlage der Anleitung zur sachlichen und zeitlichen Gliederung (Anlage zur Ausbildungsordnung) erstellt worden sind. Die Einhaltung der Vorschrift des § 4 Absatz 1 Nr. 1 BBiG soll Gegenstand der Berichterstattung im Berufsbildungsausschuß sein.

Anlage zum Hauptausschuß-Beschluß vom 16.5.1990
Muster einer Anleitung zur zeitlichen Gliederung mit Zeitrahmenvorgaben
II. Zeitliche Gliederung
1. Ausbildungsjahr
1. In einem Zeitraum von zwei bis drei Monaten sind schwerpunktmäßig die Kenntnisse und Fertigkeiten gem.
I Nr. 1.1 Stellung des Ausbildungsbetriebes in der Gesamtwirtschaft – unter Einbeziehung von I Nr. 2.1 Leistungserstellung und Leistungsverwertung -,
I Nr. 1.2 Berufsbildung und
I Nr. 1.3 Arbeitssicherheit, Umweltschutz und rationelle Energieverwendung
zu vermitteln.
2. In einem Zeitraum von jeweils vier bis sechs Monaten sind schwerpunktmäßig die Kenntnisse und Fertigkeiten gem.

I Nr. 4.1 Textverarbeitung – unter Einbeziehung von I Nr. 3,1 Organisation des Arbeitsplatzes und I Nr. 3.2 Arbeits- und Organisations-mittel – und
I Nr. 4.2 Bürokommunikationstechniken – unter Einbeziehung von I Nr. 3.3 Bürowirtschaftliche Abläufe –
zu vermitteln.
2. Ausbildungsjahr
1. In einem Zeitraum von jeweils drei bis vier Monaten sind schwerpunktmäßig die Kenntnisse und Fertigkeiten gem.
I Nr. 4.3 Datenverarbeitung für kaufmännische Anwendungen und
I Nr. 7 Büroorganisation – unter Einbeziehung von I Nr. 2.2 Betriebliche Organisation und Funktionszusammenhänge und I Nr. 3.4 Statistik –
zu vermitteln.
2. In einem Zeitraum von jeweils zwei bis vier Monaten sind schwerpunktmäßig die Kenntnisse und Fertigkeiten gem.
I Nr. 5.1 Kaufmännische Steuerung und Kontrolle und
I Nr. 6.1 Grundlagen des betrieblichen Personalwesens
zu vermitteln.
3. Die bisher vermittelten Kenntnisse und Fertigkeiten, insbesondere der Bürowirtschaft und Statistik gem. I Nr. 3 und der Informationsverarbeitung gem. I Nr. 4, sind weiter anzuwenden und zu üben.
3. Ausbildungsjahr
1. In einem Zeitraum von vier bis sechs Monaten sind schwerpunktmäßig die Kenntnisse und Fertigkeiten gem.
I Nr. 5.2 Buchführung – unter Einbeziehung von I Nr. 5.3 Kostenrechnung und I Nr. 6.3 Entgeltabrechnung –
zu vermitteln.
2. In einem Zeitraum von jeweils zwei bis drei Monaten sind schwerpunktmäßig die Kenntnisse und Fertigkeiten gem.
I Nr. 6.2 Personalverwaltung
I Nr. 8.1 Auftrags- und Rechnungsbearbeitung und
I Nr. 8.2 Lagerhaltung
zu vermitteln.
3. Die bisher vermittelten Kenntnisse und Fertigkeiten, insbesondere der Datenverarbeitung für kaufmännische Anwendungen gern. I Nr. 4.3 und der Büroorganisation gem. I Nr. 7, sind weiter anzuwenden und zu üben. Die Kenntnisse beruflicher Weiterbildungs- und Aufstiegsmöglichkeiten sind zu vertiefen.

7.2 Aufgrund der Einführung des Deutschen Qualifikationsrahmens hat der Hauptausschuss des Bundesinstituts für Berufsbildung eine Empfehlung zur Struktur und Gestaltung von Ausbildungsordnungen – Ausbildungsberufsbild, Ausbildungsrahmenplan vom 26.6.2014 (BAnz AT 25.7.2014 S1) beschlossen. Die Empfehlung enthält auch Musterformulierungen für den Ausbildungsrahmenplan.

V. Prüfungsanforderungen

8 Die Ausbildungsordnung muss neben den zu vermittelnden Fertigkeiten, Kenntnisse und Fähigkeiten auch deren Feststellung iRv Prüfungen regeln. Dabei werden sowohl die Prüfungsanforderungen in der Zwischenprüfung als auch in der Gesellenprüfung vorgegeben. Hierunter sind die **materiellen Prüfungsanforderungen**, wie Prüfungsinhalt, Prüfungsinstrumente, Dauer und Gewichtungsregelungen, zu verstehen (Schwannecke/Witt Rn. 10; Honig/Knörr Rn. 13). Die Anforderungen beziehen sich auf das Ausbildungsberufsbild und den Ausbildungsrahmenplan und müssen sich an beiden orientieren. Durch die Festlegung von Inhalt, Umfang und Schwierigkeitsgrad des Prüfungsstoffes werden auch ein bundeseinheitliches Niveau und die Vergleichbarkeit der Prüfung gewährleistet. Die **formalen Bestimmungen** hinsichtlich des Prüfungsverfahrens sind dagegen in der Gesellenprüfungsordnung nach § 38 zu regeln (→ § 38 Rn. 1).

8.1 Der Hauptausschuss des Bundesinstituts für Berufsbildung hat in seiner Empfehlung zur Struktur und Gestaltung von Ausbildungsordnungen – Prüfungsanforderungen vom 12.12.2013 (BAnz AT 13.01.2014 S1) eine Gliederung in Prüfungsbereiche mit zugehörigen Prüfungsinstrumenten vorgegeben.

8.2 Daneben ist die Empfehlung für die Regelung der mündlichen Prüfungen in Ausbildungsordnungen des Bundesausschuss für Berufsbildung vom 25.10.1974 (BWP 5/1974) zu berücksichtigen:

Die bisherigen Erfahrungen haben gezeigt, daß es notwendig ist, Empfehlungen zur Regelung der mündlichen Prüfungen in Ausbildungsordnungen zu geben. Der Bundesausschuß für Berufsbildung wendet sich daher mit den nachfolgenden Grundsätzen an den Verordnungsgeber.

1. Der Verordnungsgeber hat in den Ausbildungsordnungen zu regeln,
– ob eine mündliche Prüfung stattfinden soll
– was Gegenstand der mündlichen Prüfung ist
– wie die mündliche Prüfung zeitlich zu bemessen und zu gewichten ist.

2. In den Ausbildungsordnungen soll der Verordnungsgeber die mündliche Prüfung vorsehen, wenn sie zur Feststellung bestimmter berufstypischer Kenntnisse und Fertigkeiten notwendig ist, die durch eine schriftliche (konventionelle bzw. programmierte) oder praktische Prüfung nicht sachgerecht beurteilt werden können (z. B. Kundenberatung, Verkaufsgespräch); Kenntnisse und Fertigkeiten, die durch andere Prüfungsverfahren objektiver, zuverlässiger und gültiger festzustellen und zu beurteilen sind, sollen nicht Gegenstand der mündlichen Prüfung sein.

Sonderregelungen gemäß § 13 (3) b und (4) der Musterprüfungsordnung für die Durchführung von Abschlußprüfungen sind jedoch zu berücksichtigen.

3. Falls in der Ausbildungsordnung gemäß Nr. 3 Satz 1 eine mündliche Prüfung vorgesehen wird, muß im einzelnen geregelt werden

3.1 in welchen Prüfungsfächern eine mündliche Prüfung durchzuführen ist; dabei müssen die zu prüfenden Inhalte und Lernziele eindeutig festgelegt sein;

3.2 wie die mündliche Prüfung bei der Ermittlung von Teilergebnissen (mündliche Prüfung als Ergänzung der schriftlichen Prüfung) und Gesamtergebnissen (mündliche Prüfung als eigenständige Prüfung) zu gewichten ist, insbesondere das Ergebnis einer mündlichen Prüfung zum entsprechenden Ergebnis der schriftlichen Prüfung in einem Prüfungsfach;

3.3 Die Mindest- und Höchstdauer für eine mündliche Prüfung pro Prüfungsfach und Prüfungsteilnehmer; sie sollten in der Regel nicht weniger als 15 Minuten und nicht mehr als 30 Minuten betragen.

4. Beim Festlegen der Gewichtung der mündlichen Prüfung muß die Relation zu den anderen Prüfungsleistungen nach Inhalt, Bedeutung und Prüfungsdauer berücksichtigt werden.

5. Auch bereits bestehende Ausbildungsordnungen sind an die vorstehenden Grundsätze anzupassen.

6. Die vorstehenden Grundsätze sind auch im Bereich der Fortbildung und Umschulung sinngemäß anzuwenden.

Ergänzend kann die Empfehlung für die Durchführung von mündlichen Prüfungen des Bundesausschuss für Berufsbildung vom 20.1.1976 (BWP 2/1976) herangezogen werden:

8.3

1. Vorbemerkung

Bei der Vorbereitung und Durchführung von mündlichen Prüfungen*) gelten insbesondere folgende allgemeine Grundsätze:

1. Mündliche Prüfungen sollten sich auf Leistungen beziehen, für deren Erfassung dieses Prüfungsverfahren besonders geeignet ist.

2. Kenntnisse und Fertigkeiten, die durch andere Prüfungsverfahren besser und objektiver festgestellt und beurteilt werden können, sollten nicht Gegenstand der mündlichen Prüfung sein.

3. Mündliche Prüfungen bieten sich insbesondere bei der Erfassung folgender Leistungen an:
– Fachkenntnisse in beruflichen Gesprächssituationen anwenden (Verkaufsgespräche u. ä.).
– Probleme aus der beruflichen Praxis darstellen und daraus begründete Lösungsvorschläge ableiten.
– Komplexe Sachverhalte (wirtschaftliche und betriebliche Zusammenhänge) verständlich darstellen.
– Spezielle eigene berufliche Erfahrung mit dem allgemeinen Berufswissen in Beziehung bringen.
– Arbeitsvollzüge und Produkte erläutern.

2. Vorbereitung der mündlichen Prüfung

2.1 Vorbereitende Sitzung des Prüfungsausschusses

2.1.1 Zur Vorbereitung der mündlichen Prüfung werden die Mitglieder des Prüfungsausschusses rechtzeitig vor der Prüfung zu einer Sitzung eingeladen. Dazu sollen jedem Prüfer die erforderlichen Unterlagen zugänglich sein, z. B. Zusammenstellung der bisherigen Prüfungsleistungen.

2.1.2 Es ist darauf zu achten, daß in der vorbereitenden Sitzung gefaßte Beschlüsse in einer Niederschrift festgehalten werden.

2.2 Entscheidungen des Prüfungsausschusses in der vorbereitenden Sitzung

2.2.1 Es ist darüber zu befinden, ob besondere persönliche Belange des Prüfungsteilnehmers für die Prüfung von Bedeutung sind (vgl. § 13 Abs. 4 der Musterprüfungsordnung für die Durchführung von Abschlußprüfungen**).

2.2.2 Soweit in den Ordnungsmitteln eine mündliche Prüfung nicht zwingend für alle Prüfungsteilnehmer vorgeschrieben ist, entscheidet der Prüfungsausschuß, in welchen Fächern und Prüfungsgebieten der einzelne Prüfungsteilnehmer geprüft wird. Dabei sind folgende Fragen zu klären:

Lang

– Sind die bisher erbrachten Prüfungsleistungen eindeutig oder ist für die Bewertung eine Entscheidung durch eine mündliche Prüfung erforderlich?
– Stehen die in der Berufsschule oder im Betrieb gezeigten Leistungen in erheblichem Widerspruch zu dem bisherigen Prüfungsergebnis (vgl. § 13 Abs. 3 Buchst. b der o. a. Musterprüfungsordnung)?
2.2.3 Der Prüfungsausschuß entscheidet darüber, in welcher Form die mündliche Prüfung durchgeführt wird (Einzel- oder Gruppenprüfung).
2.2.4 Um Zufallsfragen und „Steckenpferde" zu vermeiden, hat sich der Prüfungsausschuß hinsichtlich der Prüfungsinhalte abzustimmen (z. B. stichwortartige Zuteilung von Themenbereichen an die einzelnen Prüfer, methodische Gestaltung der Prüfung etwa anhand von Situations- und Fallaufgaben).
2.2.5 Für die Bewertung und Gewichtung der Prüfungsteile, -fächer und -gebiete sind die Vorschriften der in Betracht kommenden Ordnungsmittel (insbesondere Aus- und Fortbildungsordnungen sowie Prüfungsordnungen) und bindende Beschlüsse über Bewertungsrichtlinien maßgebend.
Soweit derartige Regelungen nicht vorliegen, hat sich der Prüfungsausschuß über Bewertungskriterien und ggf. über folgende Gewichtungen zu verständigen:
– Gewichtung von schriftlichen zu mündlichen Prüfungsleistungen,
– Gewichtung der Bewertungskriterien (vgl. 4.1.2),
– Gewichtung der Prüfungsleistungen innerhalb der mündlichen Prüfung.
Beim Festlegen von Gewichtungen muß die Relation der Prüfungsleistungen zueinander nach Inhalt, Bedeutung und Prüfungsdauer berücksichtigt werden.
2.2.6 Der Prüfungsausschuß legt die Funktionen seiner Mitglieder für die mündliche Prüfung im voraus fest und klärt die Art ihrer Beteiligung, insbesondere
– wer jeweils das Prüfungsgespräch führt und welche Eingreifmöglichkeiten die anderen Mitglieder des Prüfungsausschusses haben sollen,
– wer jeweils das Prüfungsprotokoll führt (vgl. § 5 Abs. 1 der o. a. Musterprüfungsordnung).
2.2.7 Bei der Regelung des zeitlichen Ablaufs der Prüfung ist insbesondere folgendes zu beachten:
– Der Prüfungsausschuß entscheidet über die zur Feststellung der Prüfungsleistung erforderliche Prüfungsdauer; die mündliche Prüfung sollte in der Regel eine Prüfungsdauer von 15 Minuten je Teilnehmer nicht unterschreiten und von 30 Minuten nicht überschreiten.
– Bei der zeitlichen Gestaltung sind auch etwaige Vorbereitungszeiten für die Prüfungsteilnehmer, Beratungszeiten und Pausen zu berücksichtigen.
– Die Wartezeiten für die Prüfungsteilnehmer sind möglichst gering zu halten.
– Bei der Festlegung der Zahl der Prüfungsteilnehmer pro Prüfungstag ist auch eine Überbeanspruchung der Prüfer zu vermeiden, um möglichen Beurteilungsunterschieden und Beurteilungsfehlern vorzubeugen.
2.2.8 Der Prüfungsraum sollte einen möglichst störungsfreien Ablauf gewährleisten; die Sitzordnung soll ein zwangloses Prüfungsgespräch ermöglichen.

3. Durchführung der mündlichen Prüfung
3.1 Die Prüfer sollten alles tun, um eine gelöste Prüfungsatmosphäre herzustellen. Prüfungsangst und Prüfungshemmungen sollten bereits in der Eingangsphase der Prüfung abgebaut werden.
Im Verlauf der Prüfung kann es angezeigt sein, die Prüfungsteilnehmer zu ermuntern und ihnen abgewogene Hilfestellungen zu geben; derartige Erleichterungen müssen allen Prüfungsteilnehmern in gleichem Maße zugute kommen.
3.2 Die Prüfer müssen Selbstkontrolle üben, insbesondere
– ihre eigene Sprechzeit möglichst gering halten,
– einen ausgewogenen Gesprächston wahren,
– Vorhaltungen und Belehrungen vermeiden,
– unterschiedliche Auffassungen über Prüfungsfragen und -antworten nicht in Anwesenheit der Prüfungsteilnehmer erörtern,
– kritischen Stellungnahmen der Prüfungsteilnehmer mit Toleranz begegnen.
3.3 Die Prüfer sollten bei der Befragung der Prüfungsteilnehmer
– verständliche und eindeutige Fragen stellen sowie für Antworten genügend Bedenkzeit lassen;
– suggestive und stereotype Fragen vermeiden;
– im Schwierigkeitsgrad zunächst vom gleichen Niveau ausgehen, vom Leichteren zum Schwereren fortschreiten;
– bei erkennbarer Überforderung eines Prüfungsteilnehmers das Frageniveau angemessen reduzieren, andere Prüfungsthemen verwenden oder zeitweilig auf andere Prüfungsteilnehmer übergehen;
– an die Erfahrungen der betrieblichen Praxis anknüpfen und dabei verschiedene Fragenkategorien verwenden, z. B. Kenntnis-, Anwendungs- und Verständnisfragen;

– bei Weitergabe unbeantworteter Fragen an andere Prüfungsteilnehmer berücksichtigen, daß sich durch die Weitergabe von Fragen Verunsicherungen und Bewertungsschwierigkeiten ergeben können (ggf. Reihenfolge der Weitergabe wechseln).

4. Bewertung, Niederschrift und Mitteilung des Prüfungsergebnisses
4.1 Bewertung
4.1.1 Es ist eine Bewertung aufgrund der gezeigten Leistungen nach dem 100-Punkte-System vorzunehmen. Die Bewertung der Prüfungsleistungen darf nicht pauschal nach dem Gesamteindruck der Prüfung erfolgen.
4.1.2 Bei der Bewertung stehen Richtigkeit und Vollständigkeit als Kriterien im Vordergrund (z. B. richtig – teilweise bzw. mit Hilfestellung richtig – falsch bzw. nicht gewußt); dabei ist der Schwierigkeitsgrad zu berücksichtigen. Außerdem können z. B. Argumentationsfähigkeit und Ausdrucksvermögen in die Bewertung miteinbezogen werden.
4.1.3 Bei der Bewertung ist darauf zu achten, daß aus einer einseitigen leistungsmäßigen Zusammensetzung der zuerst geprüften Gruppe keine falschen Bewertungsmaßstäbe für die folgenden Prüfungsgruppen gesetzt werden.
4.1.4 Es ist zweckmäßig, für die Niederschrift der Bewertung der Prüfungsleistungen standardisierte Bewertungsbogen zu verwenden. Dabei empfiehlt es sich, auch stichwortartige Angaben oder Kennzeichnungen des Prüfungsgegenstandes aufzunehmen.
4.2 Niederschrift
4.2.1 Die Niederschrift ist auf einem Vordruck zu fertigen und von den Mitgliedern des Prüfungsausschusses zu unterschreiben (vgl. § 21 Abs. 4 der o. a. Musterprüfungsordnung).
4.2.2 Der Prüfungsausschuß sollte in der Niederschrift mögliche Gründe für das Versagen bei der Prüfung festhalten, soweit ihm diese bekannt werden und für die zuständige Stelle von Interesse sein können (z. B. für Maßnahmen, für Beratung und Überwachung).
Außer den Aufzeichnungen über den Verlauf der Prüfung einschließlich der Feststellung der einzelnen Prüfungsergebnisse (vgl. § 21 Abs. 4 der o. a. Musterprüfungsordnung) hat die Niederschrift stichwortartige Angaben oder Kennzeichnungen des Prüfungsgegenstandes zu enthalten, sofern nicht bereits die Bewertungsbogen (vgl. 4.1.4) zum Bestandteil der Niederschrift gemacht werden.
4.3 Feststellung und Mitteilung des Prüfungsergebnisses
4.3.1 Unmittelbar nach der mündlichen Prüfung einer Gruppe stellt der Prüfungsausschuß die Ergebnisse dieser Prüfung fest.
4.3.2 Bildet die mündliche Prüfung den Abschluß der Prüfung, so teilt der Prüfungsausschuß das Prüfungsergebnis unverzüglich den Prüfungsteilnehmern mit.
Das Prüfungszeugnis sollte möglichst sofort ausgehändigt werden (vgl. § 22 der o. a. Musterprüfungsordnung). Falls dies nicht möglich ist, stellt der Vorsitzende eine Bescheinigung über das Bestehen oder Nichtbestehen der Prüfung aus (vgl. § 21 Abs. 5 der o. a. Musterprüfungsordnung).
4.3.3 Bildet die mündliche Prüfung den Abschluß der Prüfung, so ist der Prüfungsteilnehmer bei nicht bestandener Prüfung zugleich – unbeschadet der schriftlichen Mitteilung vgl. § 23 der o. a. Musterprüfungsordnung) – über die Möglichkeiten der Wiederholungsprüfung sowie über die Anrechnung von Prüfungsleistungen in der Wiederholungsprüfung zu unterrichten.
*) Vgl. auch die Empfehlung des Bundesausschusses für Berufsbildung für die Regelung von mündlichen Prüfungen in Ausbildungsordnungen vom 25. Oktober 1974 (Zeitschrift „Berufsbildung in Wissenschaft und Praxis", Heft 5/1974).
**) Anlage 1 a zu den Richtlinien des Bundesausschusses für Berufsbildung für Prüfungsordnungen gemäß § 41 Berufsbildungsgesetz/§ 38 Handwerksordnung vom 9. Juni 1971 (BArb. Bl. Heft 10/1971), geändert durch Beschluß des Bundesausschusses für Berufsbildung vom 2. November 1971 (BArb. Bl. Heft 12/1971).

B. Fakultativer Inhalt von Ausbildungsordnungen

Neben den zwingenden Elementen einer Ausbildungsordnung kann der Verordnungsgeber weitere Optionen in die Ausbildungsordnung aufnehmen. Das Bundeswirtschaftsministerium kann nach pflichtgemäßem Ermessen diese Inhalte in der Ausbildungsordnung regeln. Diese sind dann für Ausbildende, Lehrlinge und Handwerkskammern verbindlich und zwingend zu beachten. Nach dem Willen des Gesetzgebers ist die Auszählung in § 25 Abs. 2 abschließend (BT-Drs. 15/3980, 64).

Der Verordnungsgeber besitzt nach § 26 Abs. 2 S. 2 eine Prüfpflicht hinsichtlich der Stufenausbildung, der gestreckten Gesellenprüfung und der Anrechnung einer anderen einschlägigen Berufsausbildung. IRd Ordnungsverfahrens besteht lediglich eine prinzipielle Prüfungspflicht, aber **keine Regelungspflicht** (Detterbeck Rn. 29). Der Verordnungsgeber soll prüfen, ob diese Optionen sinnvoll und möglich sind.

I. Stufenausbildung

11   In der Ausbildungsordnung kann nach § 26 Ab. 2 Nr. 1 geregelt werden, dass die Ausbildung in einzelne Abschnitte gegliedert ist und in **aufeinander aufbauende Stufen** erfolgt. Nach den einzelnen Stufen soll gem. § 26 Abs. 2 Nr. 1 Hs. 2 ein Ausbildungsabschluss vorgesehen werden, der zu einer qualifizierten beruflichen Tätigkeit befähigt. Die kann ein eigenständiger Beruf sein, ist aber kein anerkannter Ausbildungsberuf iSd § 25 (Schwannecke/Witt Rn. 12). Dem Verordnungsgeber bleibt hinsichtlich der Voraussetzungen für die Verleihung des Ausbildungsabschlusses ein breiter Regelungsspielraum, da eine diesbezügliche Regelung fehlt. Daher ist neben einer Prüfung am Ende der jeweiligen Stufe auch eine Bescheinigung über vermittelte Inhalte möglich (Schwannecke/Witt Rn. 13; Leinemann/Taubert BBiG § 5 Rn. 44; Benecke/Hergenröder/Hergenröder BBiG § 5 Rn. 18). Für den Fall, dass eine Prüfung vorgesehen ist, muss diese als Zwischenprüfung qualifiziert werden, da sie zwar am Ende der Stufe, aber während der Berufsausbildung stattfindet (Schwannecke/Witt Rn. 13; Herkert/Töltl BBiG § 5 Rn. 27; aA Detterbeck Rn. 16). Beendet der Lehrling nach Abschluss einer Stufe seine Ausbildung, wird die abgelegte Zwischenprüfung faktisch zu einer Abschlussprüfung (Herkert/Töltl BBiG § 5 Rn. 28).

12   Bei einer Stufenausbildung wird der Berufsausbildungsvertrag über die gesamte Ausbildungsdauer abgeschlossen und bezieht sich auf alle Stufen, da nach § 21 Abs. 1 S. 2 BBiG die Berufsausbildung erst mit Ablauf der letzten Stufe endet. Dem Lehrling steht nach § 22 Abs. 2 Nr. 2 BBiG ein Sonderkündigungsrecht zu; er kann nach jeder Stufe die Ausbildung beenden.

13   Eine Ausbildungsordnung mit einer Stufenausbildung nach § 26 Abs. 2 Nr. 1 wurde bislang noch nicht erlassen (Honig/Knörr Rn. 15). Sieht eine Ausbildungsordnung eine Ausbildung in einem anerkannten zweijährigen Ausbildungsberuf in der ersten Stufe und die Fortsetzung in einem anerkannten dreijährigen Ausbildungsberuf vor, liegt ein Anrechnungsmodell nach § 26 Abs. 2 Nr. 4 vor. Damit wird dem Lehrling eine Möglichkeit der Fortsetzung der Ausbildung eingeräumt. Bei der Stufenausbildung dagegen besitzt der Lehrling die Option, die Berufsausbildung nach jeder Stufe zu beenden.

13.1   Zwar sprechen die Ausbildungsordnung im Maler- und Lackierergewerbe sowie die Ausbildungsordnung für die Bauwirtschaft von einer Stufenausbildung, allerdings sind die Abschlüsse der ersten Stufe als eigenständige Ausbildungsberufe anerkannt. Daher ist es möglich, einen Berufsausbildungsvertrag über die erste Stufe abzuschließen. Den Vertragsparteien steht es frei, eine Fortsetzung der Ausbildung in der nächsten Stufe zu vereinbaren. Diese Fallgestaltungen stellen eine unechte Stufenausbildung dar und fallen unter die Regelung des § 26 Abs. 2 Nr. 4 (→ Rn. 18).

II. Gestreckte Gesellenprüfung

14   Die Ausbildungsordnung kann nach § 26 Abs. 2 Nr. 2 vorsehen, dass die Gesellenprüfung in zwei zeitlich auseinander fallenden Teilen durchgeführt wird. Im Fall der gestreckten Gesellenprüfung findet **keine Zwischenprüfung** mehr statt (→ § 39 Rn. 6). Diese wird durch Teil 1 der Gesellenprüfung ersetzt und findet während der Ausbildungszeit statt. Teil 2 der Gesellenprüfung wird dann am Ende der Ausbildungszeit abgehalten. Das Ergebnis von Teil 1 der Gesellenprüfung fließt in das Gesamtergebnis mit ein.

14.1   Folgende Ausbildungsordnungen sehen eine gestreckte Gesellenprüfung vor:
Verordnung über die Berufsausbildung zum Augenoptiker und zur Augenoptikerin vom 26.4.2011, BGBl I 698
Verordnung über die Berufsausbildung zum Bootsbauer und zur Bootsbauerin vom 8.6.2011, BGBl I 1058
Verordnung über die Berufsausbildung zum Büchsenmacher und zur Büchsenmacherin vom 26.5.2010, BGBl I 677
Verordnung über die Berufsausbildung zum Elektroniker und zur Elektronikerin vom 25.7.2008, BGBl I 1413
Verordnung über die Berufsausbildung zum Elektroniker für Maschinen und Antriebstechnik und zur Elektronikerin für Maschinen und Antriebstechnik vom 25.7.2008, BGBl I 1490

Verordnung über die Berufsausbildung zur Fachkraft für Lederherstellung und Gerbereitechnik vom 2.7.2015, BGBl. I 1148

Verordnung über die Berufsausbildung zum Feinwerkmechaniker und zur Feinwerkmechanikerin vom 7.7.2010, BGBl I 888

Verordnung über die Berufsausbildung zum Friseur/zur Friseurin vom 21.5.2008, BGBl I 856

Verordnung über die Berufsausbildung zum Karosserie- und Fahrzeugbaumechaniker und zur Karosserie- und Fahrzeugbaumechanikerin vom 10.06.2014, BGBl I 714

Verordnung über die Berufsausbildung zum Klempner und zur Klempnerin vom 21.6.2013, BGBl I 1614

Verordnung über die Berufsausbildung zum Kraftfahrzeugmechatroniker und zur Kraftfahrzeugmechatronikerin vom 14.6.2013, BGBl I 1578

Verordnung über die Berufsausbildung zum Mechaniker und zur Mechanikerin für Land- und Baumaschinentechnik vom 25.7.2008, BGBl I 1545

Verordnung über die Berufsausbildung zum Mechatroniker für Kältetechnik/zur Mechatronikerin für Kältetechnik vom 20.7.2007, BGBl I 1493

Verordnung über die Berufsausbildung zum Metallbauer und zur Metallbauerin vom 25.7.2008, BGBl I 1468

Verordnung über die Berufsausbildung zum Orthopädieschuhmacher und zur Orthopädieschuhmacherin vom 16.7.2015, BGBl. I 1298

Verordnung über die Berufsausbildung zum Orthopädietechnik-Mechaniker und zur Orthopädietechnik-Mechanikerin vom 15.5.2013, BGBl I 1358

Verordnung über die Berufsausbildung zum Schilder- und Lichtreklamehersteller und zur Schilder- und Lichtreklameherstellerin vom 26.3.2012, BGBl I 494

Verordnung über die Berufsausbildung zum Segelmacher und zur Segelmacherin vom 5.5.2010, BGBl I 564

Verordnung über die Berufsausbildung zum Systemelektroniker und zur Systemelektronikerin vom 25.7.2008, BGBl I 1455

Verordnung über die Berufsausbildung zum Technischen Modellbauer/zur Technischen Modellbauerin vom 27.5.2009, BGBl I 1187

Verordnung über die Berufsausbildung zum Zweiradmechatroniker und zur Zweiradmechatronikerin vom 13.6.2014, BGBl I 731

Der Verordnungsgeber muss im Falle einer gestreckten Gesellenprüfung für beide Teile die Prüfungsanforderungen und deren Gewichtung festlegen. Ferner muss der Zeitpunkt des Teil 1 der Gesellenprüfung sowie die bis dahin zu vermittelnden Ausbildungsinhalte in der Ausbildungsordnung fixiert werden. **15**

Bei der gestreckten Gesellenprüfung handelt es sich um eine einheitliche Prüfung (Schwannecke/Witt Rn. 16). Zwar ist nach § 36a Abs. 1 über die Zulassung zu beiden Teilen jeweils gesondert zu entscheiden. Allerdings ist Teil 1 der Gesellenprüfung gem. § 31 Abs. 1 S. 3 nicht eigenständig wiederholbar (→ § 31 Rn. 8). Zudem erhält der Prüfling bei Teil 1 der Gesellenprüfung kein Zeugnis, sondern nach § 31 Abs. 2 S. 3 ein schriftliche Mitteilung über das Ergebnis (→ § 31 Rn. 13). Daher kann Teil 1 der Gesellenprüfung auch nicht isoliert angefochten werden. **16**

III. Fortsetzung der Berufsausbildung

Im Falle einer Änderung einer Ausbildungsordnung bestimmt § 25 Abs. 4 (→ § 25 Rn. 12), dass bestehende Lehrverhältnisse nach den Vorschriften der alten Ausbildungsordnung zu Ende geführt werden (**Kontinuitätsgrundsatz**). Die Ausbildungsordnung kann jedoch vorsehen, dass das Lehrverhältnis auf Grundlage der neuen Ausbildungsordnung fortgesetzt wird. Dafür ist eine **Vereinbarung** zwischen dem Ausbildenden und dem Lehrling sowie ggf. den gesetzlichen Vertretern notwendig. Der Abschluss einer entsprechenden Vereinbarung ist freiwillig. Zuvor sollten sich die Vertragsparteien informieren, ob die Berufsschule den Unterricht auf Grundlage der neuen Ausbildungsordnung anbietet und auch die Handwerkskammer die Gesellenprüfung nach den neuen Vorschriften abnimmt. Schließen die Vertragsparteien eine derartige Vereinbarung ab, so ist die bisher absolvierte Lehrzeit zwingend auf die Gesamtausbildungszeit **anzurechnen**. Die Vereinbarung stellt eine wesentliche Änderung des Ausbildungsvertrags dar (→ § 29 Rn. 1; → § 30 Rn. 2) und muss zur **17**

Eintragung bei der Lehrlingsrolle angemeldet werden (Benecke/Hergenröder/Hergenröder BBiG § 5 Rn. 29).

IV. Anrechnung einer anderen Berufsausbildung

18   In der Ausbildungsordnung kann nach § 26 Abs. 2 Nr. 4 geregelt werden, dass eine andere fachlich einschlägige Berufsausbildung auf die bestehende Berufsausbildung angerechnet wird (**Anrechnungsmodell**). Umstritten ist dabei, ob eine Anrechnung nur aufgrund einer erfolgreich **abgeschlossenen Berufsausbildung** zulässig ist. Nach dem Wortlaut der Vorschrift wäre eine Anrechnung auch ohne abgeschlossene Berufsausbildung möglich. Nach dem Willen des Gesetzgebers soll die Anrechnung aber nur aufgrund einer erfolgreich abgeschlossenen Berufsausbildung in einem anderen Ausbildungsberuf erfolgen (BT-Drs. 15/3980, 65). Zudem wäre eine abstrakte Anrechnungsbestimmung in einer Ausbildungsordnung nicht möglich, wenn die Vorschrift auch den individuellen Erwerb beruflicher Handlungsfähigkeit durch Lehrlinge im Rahmen einer nicht erfolgreich oder gar nicht beendeten Berufsausbildung als anrechnungsfähig erklären würde (Herkert/Töltl BBiG § 5 Rn. 40; aA HK-BBiG/Wohlgemuth BBiG § 5 Rn. 25).

19   Durch die Vorschrift wird eine zusätzliche Anrechnungsmöglichkeit neben § 27a und § 27b geschaffen. Voraussetzung ist, dass beide Berufsausbildungen einen inhaltlichen Bezug zueinander haben und in einem Stufenverhältnis zueinander stehen (Schwannecke/Witt Rn. 18). Vor allem bei der „**unechten Stufenausbildung**" kommt dieses Anrechnungsmodell in Betracht. Dabei wird auf eine längere und anspruchsvollere Ausbildung eine kürzere und einfachere Ausbildung angerechnet. Anders als bei der Stufenausbildung nach § 27 Abs. 2 Nr. 1 können die Parteien des Ausbildungsvertrags wählen, ob sie von Anfang an einen auf eine drei- bzw. dreieinhalbjährige Ausbildung gerichteten Vertrag abschließen oder zuerst einen auf eine zweijährige Berufsausbildung gerichteten Vertrag mit Anrechnungsoption bei einer weitergehenden Ausbildung.

20   Aufgrund des Wortlauts der Vorschrift ist zum einen die Anrechnung der einschlägigen erfolgreich abgeschlossenen Berufsausbildung auf die Ausbildungszeit möglich. Daneben kann auch die Anrechnung von Prüfungsleistungen der vorausgegangenen Ausbildung auf die spätere Prüfung geregelt werden. Insoweit muss der Verordnungsgeber in der Ausbildungsordnung die Kriterien und den Umfang der Anrechnung festlegen.

20.1   Folgende Ausbildungsordnungen im Handwerk enthalten Anrechnungsregelungen:
Verordnung über die Berufsausbildung im Maler- und Lackierergewerbe vom 3.7.2003, BGBl. I 1064
Die Ausbildung in der ersten Stufe zum Ausbildungsberuf Bauten- und Objektbeschichter dauert 24 Monate und wird auf die Ausbildungszeit der darauf aufbauenden zweiten Stufe zum Ausbildungsberuf Maler und Lackierer angerechnet, die weitere zwölf Monate dauert (§ 2 MalLackAusbVO). § 12 MalLackAusbVO legt fest, dass die Abschlussprüfung im Ausbildungsberuf Bauten- und Objektbeschichter als Zwischenprüfung für den Ausbildungsberuf Maler und Lackierer gilt.
Verordnung über die Berufsausbildung in der Bauwirtschaft vom 2.6.1999, BGBl. I 1102
Die Ausbildung in der ersten Stufe zu den Ausbildungsberufen Hochbaufacharbeiter, Ausbaufacharbeiter oder Tiefbaufacharbeiter dauert 24 Monate und auf die Ausbildungszeit der darauf aufbauenden zweiten Stufe der Ausbildungsberufe angerechnet, die weitere 12 Monate dauert. Die Abschlussprüfung der ersten Stufe gilt nach § 10 Abs. 8 BauAusbV bzw. § 16 Abs. 8 BauAusbV bzw. § 22 Abs. 8 BauAusbV dabei als Zwischenprüfung für die Ausbildungsberufe der zweiten Stufe.
Verordnung über die Berufsausbildung zum Zweiradmechatroniker und zur Zweiradmechatronikerin vom 13.6.2014, BGBl. I 731
Die erfolgreich abgeschlossene Berufsausbildung zum Fahrradmonteur kann ab dem dritten Ausbildungsjahr im Ausbildungsberuf Zweiradmechatroniker fortgesetzt werden (§ 13 ZweiradAusbV).

V. Zusatzqualifikationen

21   Die Ausbildungsordnung kann vorsehen, dass zusätzlich Fertigkeiten, Kenntnisse und Fähigkeiten, die nicht zum Mindestinhalt des Ausbildungsberufsbildes zählen, vermittelt werden können. In Betracht kommen zusätzliche Wahlqualifikationseinheiten der Ausbildungsordnung als auch Teile anderer Ausbildungs- oder Fortbildungsordnungen (BT-Drs. 15/3980, 65). Da die Zusatzqualifikationen nicht zum Ausbildungsberufsbild gehören, müssen

Sie nach § 39a gesondert abgeprüft und bescheinigt werden (→ § 39a Rn. 2). Das Ergebnis fließt gem. § 39a Abs. 1 S. 2 nicht in das Ergebnis der Gesellenprüfung ein.

VI. Überbetriebliche Berufsausbildung

In der Ausbildungsordnung kann angeordnet werden, dass Teile der Berufsausbildung außerhalb der Ausbildungsstätte durchgeführt werden, wenn und soweit es die Berufsausbildung erfordert. Aufgrund des Wortlauts ist es nicht zulässig, dass die gesamte Ausbildung außerhalb des Ausbildungsbetriebs absolviert wird. Möglich sind daher nur zeitlich und fachlich begrenzte Ausbildungsabschnitte. Darüber hinaus muss die überbetriebliche Berufsausbildung **erforderlich** sein. Es ist von der Erforderlichkeit im Regelfall auszugehen, wenn der Verordnungsgeber die überbetriebliche Berufsausbildung in einer Ausbildungsordnung mit aufnimmt. In jüngerer Zeit findet sich eine **Öffnungsklausel** in der Ausbildungsordnung bezüglich der Anordnung der überbetrieblichen Berufsausbildung. Danach kann ein Betrieb eine Befreiung beantragen, wenn dieser die beruflichen Fertigkeiten, Kenntnisse und Fähigkeiten in der erforderlichen Breite und Tiefe vermitteln kann. Die Handwerkskammer ist dann verpflichtet, zu überprüfen, ob eine Befreiung möglich ist. 22

Eine gesetzliche Regelung, welche Einrichtungen für die überbetriebliche Berufsausbildung geeignet sind, besteht nicht. In Betracht kommen insbes. Bildungseinrichtungen der Handwerkskammern und Innungen. Die Einrichtungen müssen geeignet iSd § 21 sein (→ § 21 Rn. 6). Ferner muss das Ausbildungspersonal die persönliche (→ § 22a Rn. 1) und fachliche Eignung (→ § 22b Rn. 1) besitzen. Der Hauptausschuss des Bundesinstituts für Berufsbildung hat eine Empfehlung bezüglich von Ausbildungsmaßnahmen in überbetrieblichen Berufsbildungsmaßnahmen beschlossen (→ Rn. 23.1). 23

Empfehlung des Hauptausschuss des Bundesinstituts für Berufsbildung zum Nachweis über die Gestaltung und Durchführung von Ausbildungsmaßnahmen in überbetrieblichen Berufsbildungsmaßnahmen vom 28.6.2002 (BAnz. 137/2002): 23.1

1. Einführung

Der Hauptausschuss des Bundesinstituts für Berufsbildung (BIBB) hat am 28. Juni 2002 die folgende Empfehlung für die Gestaltung und Durchführung von Ausbildungsmaßnahmen in überbetrieblichen Berufsbildungsstätten beschlossen. Sie tritt an die Stelle des am 26. September 1979 vom Hauptausschuss des BIBB verabschiedeten Kriterienkatalogs zur Beurteilung von Lehrgängen für die überbetriebliche Berufsausbildung.

Überbetriebliche Ausbildung ist Teil der betrieblichen Ausbildung und unterstützt diese. Nach § 22 und 27 des Berufsbildungsgesetzes (BBiG) bzw. §§ 23 und 26a der Handwerksordnung (HwO) kann ein Betrieb als Ausbildungsbetrieb anerkannt werden, wenn die eingeschränkte Eignung zur Ausbildung durch ergänzende Ausbildungsmaßnahmen außerhalb des Betriebes ausgeglichen werden kann. Hierdurch besteht die Möglichkeit, Teile der betrieblichen Ausbildung in überbetrieblichen Berufsausbildungsstätten durchzuführen.

Überbetriebliche Ausbildung im Sinne dieser Empfehlung sind Qualifizierungsmaßnahmen auf der Grundlage von Ausbildungsordnungen nach § 25 BBiG sowie § 25 HwO und Ausbildungsgänge gemäß § 108 Abs. 1 BBiG.

Die Empfehlung soll einen Beitrag zur Entwicklung und Sicherung der Qualität der Überbetrieblichen Berufsausbildung leisten. Zu diesem Zweck soll sie auf drei Entscheidungsebenen der Qualitätsentwicklung und -sicherung überbetrieblicher Berufsbildungsmaßnahmen Einfluss nehmen:
• Konzeptionelle Ebene
• Maßnahmeträger-Ebene
• Durchführungs-Ebene

2. Aufgabe und Ziel überbetrieblicher Berufsausbildung

Die überbetriebliche Berufsausbildung hat die Aufgabe, die mit der Berufsausbildung in Betrieb und Schule verfolgte Zielvorstellung der Förderung beruflicher Handlungskompetenz von Auszubildenden mit speziell dafür entwickelten Ausbildungsmaßnahmen zu unterstützen. Dabei verfolgt sie insbesondere folgende Ziele:
• Verbreiterung der beruflichen Grundbildung sowie Vertiefung und Intensivierung der Fachbildung und damit Unterstützung des Berufsprinzips
• Förderung der betrieblichen Ausbildungsbereitschaft und Ausbildungsfähigkeit durch das Angebot von Ausbildungsmaßnahmen, das die betriebliche Berufsausbildung ergänzt und dazu beiträgt, ein ausreichendes und auswahlfähiges Ausbildungsplatzangebot zu sichern

- Ausrichtung der Berufsausbildung am technologischen, wirtschaftlichen, ökologischen und gesellschaftlichen Fortschritt
- Sicherung und Erhöhung der Qualität der Berufsausbildung durch
  - den Einsatz handlungsorientierter Lehr- und Lernarrangements
  - den Einsatz qualifizierter Ausbilder
  - die Initiierung und Förderung der Lernortkooperation.

3. Gestaltung und Durchführung von überbetrieblichen Ausbildungsmaßnahmen
3.1 Umsetzung auf der konzeptionellen Ebene

- Überbetriebliche Ausbildungspläne sollen bedarfsorientiert und zeitnah entwickelt werden. Insbesondere die Fachverbände der Wirtschaft und die Gewerkschaften geben Impulse und fachliche Anregungen. Bei der Erstellung der Konzepte ist der Sachverstand aus Wissenschaft und Praxis einzubeziehen. Bestehende überbetriebliche Ausbildungspläne sollen ebenfalls bedarfsorientiert aktualisiert werden.
- Die Vorgaben für die Vermittlung der Ausbildungsinhalte sollen so formuliert werden, dass eine gestaltungsoffene und flexible, regionale und betriebliche Besonderheiten berücksichtigende überbetriebliche Berufsausbildungsmaßnahme vor Ort möglich ist. Den Möglichkeiten der Lernortkooperation sollen unter Berücksichtigung der für den jeweiligen Lernort geltenden Rahmenbedingungen entsprochen werden.
- Durch überbetriebliche Berufsausbildungsmaßnahmen sollen berufliche Kompetenzen möglichst nach handlungsorientierten Ausbildungskonzepten erworben werden.
- Zur Förderung der Handlungsorientierung sollen überbetriebliche Ausbildungspläne Angaben enthalten über:
  - den Ausbildungsabschnitt, in dem die Maßnahme stattfinden soll,
  - den Zeitraum, über den diese sich erstrecken soll,
  - die Berufsbildpositionen und die dazugehörigen Ausbildungsinhalte, die in der didaktischen Planung des Ausbildungspersonals zu berücksichtigen sind,
  - die Kompetenzen, die mit diesem Ausbildungsangebot gefördert werden sollen,
  - Empfehlungen für Ausbilderinnen und Ausbilder zu entsprechenden problemhaltigen Handlungssituationen der Praxis (Orientierung an der Struktur von Arbeits- und Geschäftsprozessen), einschließlich methodischer Hinweise und Angaben zum organisatorischen Rahmen sowie ihrer multimedialen Umsetzung.

3.2 Umsetzung auf der Ebene der Maßnahmeträger

- Die Planungen des Ausbildungs- und Führungspersonals der Berufsbildungsstätte zur Umsetzung der überbetrieblichen Berufsausbildungsmaßnahme sollen die Möglichkeiten der Lernortkooperation mit berufsbildenden Schulen und den Ausbildungsbetrieben vor Ort in konzeptioneller und organisatorischer Hinsicht schaffen und effizient nutzen. Ausbilder bzw. Bildungsstättenleiter sollen dazu die Initiative ergreifen und die Bildungsstätte zu einem Ort des Informationsaustauschs zwischen den Lernorten in der Region entwickeln.
- Die überbetrieblichen Berufsausbildungsmaßnahmen sollen nach betrieblichem, branchen- bzw. regionalspezifischem Bedarf inhaltlich, methodisch und zeitlich flexibilisierbar und adressatengerecht aufbereitet werden.
- Die mit der Planung, Durchführung und Nachbereitung der überbetrieblichen Berufsausbildungsmaßnahmen betrauten Ausbilderinnen und Ausbilder sichern ihr Leistungsvermögen bedarfs- und anforderungsgerecht, insbesondere durch kontinuierliche fachlichtechnische und pädagogische Weiterbildung.
- Die Bildungsstätte muss zur Umsetzung der überbetrieblichen Berufsausbildungsmaßnahme die sachlichen Ressourcen, insbesondere den Bedarf an Werkstatt- und Seminarräumen in getrennter und integrierter Form, an Kommunikations- und Informationstechnik sowie an Medien für den methodisch-didaktischen Einsatz in pädagogisch und wirtschaftlich angemessenem Umfang vorhalten. Dabei soll dafür Sorge getragen werden, dass selbstgesteuertes Lernen gefördert wird und die dafür erforderlichen Voraussetzungen geschaffen werden. Von besonderer Bedeutung ist in diesem Zusammenhang die Fähigkeit der Ausbilderinnen und Ausbilder, entsprechende Ausbildungsarrangements für das selbstgesteuerte Lernen zu planen und bedarfsgerecht in überbetrieblichen Berufsausbildungsmaßnahmen einzusetzen.
- Die Anzahl der Teilnehmerinnen und Teilnehmer an einer überbetrieblichen Berufsausbildungsmaßnahme soll in einem pädagogisch angemessenen und wirtschaftlichen Verhältnis zur Anzahl der mit dieser Maßnahme betrauten Ausbilderinnen und Ausbilder stehen. Weichen die Lernvoraussetzungen der Teilnehmerinnen und Teilnehmer bei einer Maßnahme erheblich voneinander ab, sollten binnendifferenzierende Ausbildungsmethoden eingesetzt werden. Möglichkeiten des Teamteaching, auch mit Meistern aus Ausbildungsbetrieben oder mit Lehrern der berufsbildenden Schulen, sollten hin-

sichtlich ihrer Bedeutung für den Lernerfolg einer überbetrieblichen Ausbildungsmaßnahme geprüft und im Rahmen der Möglichkeiten vor Ort realisiert werden.
- Die Sicherung und Optimierung der Qualität überbetrieblicher Berufsausbildungsmaßnahmen sollte durch ein Qualitätsmanagement unterstützt werden.

3.3 Umsetzung auf der Ebene der Durchführung
- Die Durchführung der überbetrieblichen Berufsausbildungsmaßnahmen sollte sich vorzugsweise nach auftrags- und betriebsorientierten Gesichtspunkten ausrichten. Die didaktische Aufbereitung einer überbetrieblichen Berufsausbildungsmaßnahme soll sich dabei an der Struktur des Kundenauftrags ausrichten. Dadurch können die Auszubildenden die Anforderungen besser bewältigen.
- Die Auftragsorientierung drückt sich vor allem in der methodisch-didaktischen Berücksichtigung des Prinzips der vollständigen Handlung in Lehr- und Lernarrangements aus. Das Lernhandeln der Auszubildenden in komplexen Lernsituationen umfasst dabei die wesentlichen Phasen des Kundenauftrags (Analyse, Planung, Durchführung und Auswertung).
- Die Strukturierung der überbetrieblichen Berufsausbildungsmaßnahme durch das Ausbildungspersonal soll insbesondere vorsehen:
  - die Konkretisierung einzelner Lernziele mit den Auszubildenden,
  - den Einstieg in die jeweilige Ausbildungsmaßnahme. Dabei sollen Handlungsziele vorgegeben bzw. vereinbart werden. Diese Handlungsziele sollen vor Beginn der Ausbildungsphase dokumentiert werden, damit sie überprüft werden können,
  - die selbständige Bearbeitung der Lernaufträge in Einzel- oder Gruppenarbeit, die vom Ausbilder moderierend zu begleiten sind,
  - die Förderung der Selbstlernkompetenz, insbesondere auch durch E-Learning,
  - die Auswertung der Lernergebnisse durch Lernerfolgskontrollen.
- Die Zusammenstellung eines Methodenmixes durch das Ausbildungspersonal soll sich an den Lernvoraussetzungen der Teilnehmer orientieren.

Die überbetriebliche Berufsausbildung soll lediglich die **betriebliche Ausbildung ergänzen** und stellt aus diesem Grund auch kein Durchbrechen des dualen Systems dar. Daher bleibt der Ausbildende alleiniger Vertragspartner des Lehrlings (Schwannecke/Witt Rn. 22). Die überbetriebliche Berufsausbildung ist nach § 11 Abs. 1 Nr. 3 BBiG im Berufsausbildungsvertrag aufzunehmen. Für die Zeit der Maßnahme muss der Ausbildungsbetrieb den Lehrling nach § 15 S. 2 BBiG freistellen und nach § 19 Abs. 1 Nr. 1 BBiG die Vergütung fortzahlen. Im Gegenzug besteht für den Lehrling die Pflicht, an den Maßnahmen der überbetrieblichen Berufsausbildung teilzunehmen. Ferner hat der Ausbildende einen Anspruch auf Mitteilung der Leistungen seines Lehrlings (BVerwG NVwZ-RR 1996, 83 = GewArch 1995, 373). 24

Die überbetriebliche Berufsausbildung kann einerseits nach § 26 Abs. 2 Nr. 6 in der Ausbildungsordnung geregelt werden. Andererseits kann die Handwerkskammer nach § 41 Regelungen hinsichtlich der überbetrieblichen Lehrlingsunterweisung erlassen (→ § 41 Rn. 7). Dies ist allerdings nur zulässig, sofern die Ausbildungsordnung keine Regelung enthält oder einen Regelungsspielraum lässt. 25

VII. Führen eines Ausbildungsnachweises

In der Ausbildungsordnung kann festgelegt werden, dass Lehrlinge einen schriftlichen Ausbildungsnachweis zu führen haben. Eine bestimmte Form wird dabei nicht vorgegeben. Daher kann dies auch weiterhin in Form des **Berichtshefts** erfolgen. Der Ausbildungsnachweis ist dem Lehrling vom Ausbildenden kostenlos zur Verfügung zu stellen, da es sich um ein Ausbildungsmittel handelt. Üblicherweise sehen die Ausbildungsordnungen vor, dass der Ausbildungsnachweis während der Arbeitszeit zu führen ist. Fehlt es jedoch an einer derartigen Regelung, so besteht kein Anspruch des Lehrlings, diesen innerhalb der Arbeitszeit zu führen (BAG GewArch 1973, 181). Wird der Ausbildungsnachweis nicht ordnungsgemäß geführt, kann der Lehrling abgemahnt und ihm gekündigt werden (Schwannecke/Witt Rn. 28; Benecke/Hergenröder/Hergenröder BBiG § 5 Rn. 41). Ferner ist das Führen des Ausbildungsnachweises nach § 36 Abs. 1 Nr. 2 Zulassungsvoraussetzung zur Gesellenprüfung, so dass die Zulassung verweigert werden kann, wenn der Ausbildungsnachweis nicht ordnungsgemäß geführt worden ist (→ § 36 Rn. 7). 26

Die Handwerkskammer kann gem. § 44 Abs. 2 Nr. 1 nach Anhörung des Berufsbildungsausschusses Richtlinien hinsichtlich des Führens von Ausbildungsnachweisen erlassen (→ 27

§ 44 Rn. 4). Dabei kann sie sich an der Empfehlung des Hauptausschusses des Bundesinstituts für Berufsbildung (→ Rn. 27.1) orientieren.

27.1 Empfehlung des Hauptausschusses des Bundesinstituts für Berufsbildung vom 9.10.2012 für das Führen von Ausbildungsnachweisen (BAnz AT 07.11.2012 S2):
Die vom HA verabschiedete Empfehlung für das Führen von Ausbildungsnachweisen wird den zuständigen Stellen mit der Bitte zur Verfügung gestellt, Beschlüsse herbei-zuführen, die dieser Empfehlung Rechnung tragen.
Empfehlung für das Führen von Ausbildungsnachweisen
1. Auszubildende haben während ihrer Ausbildung einen Ausbildungsnachweis zu führen. Hierzu kann eines der in den Anlagen 2 und 3 beiliegenden Muster genutzt werden.
2. Das Führen des Ausbildungsnachweises dient folgenden Zielen:
- Auszubildende und Ausbildende sollen zur Reflexion über die Inhalte und den Verlauf der Ausbildung angehalten werden.
- Der zeitliche und sachliche Ablauf der Ausbildung im Betrieb und in der Berufsschule soll für die an der Berufsausbildung Beteiligten sowie die zur Überwachung der Berufsausbildung zuständigen Stellen in einfacher Form nachvollziehbar und nachweisbar gemacht werden.
3. Der ordnungsgemäß geführte Ausbildungsnachweis ist gemäß § 43 Abs. 1 Nr. 2 BBiG/§ 36 Absatz 1 Nr. 2 HwO Zulassungsvoraussetzung zur Abschluss-/Gesellenprüfung.
4. Sofern die Ausbildungsordnung oder eine Regelung der zuständigen Stelle vorsieht, dass der Ausbildungsnachweis zur mündlichen Prüfung mitgebracht werden muss, ist er dem Prüfungsausschuss vorzulegen. Der Ausbildungsnachweis wird im Rahmen der Zwischen- und Abschlussprüfungen nicht bewertet
5. Für das Anfertigen der Ausbildungsnachweise gelten folgende Mindestanforderungen:
- Die Ausbildungsnachweise sind täglich oder wöchentlich in möglichst einfacher Form (stichwortartige Angaben, ggf. Loseblattsystem, schriftlich oder elektronisch) von Auszubildenden selbständig zu führen sowie abzuzeichnen. (Umfang: ca. 1 DIN A 4-Seite für eine Woche)
- Jedes Blatt des Ausbildungsnachweises ist mit dem Namen des/der Auszubildenden, dem Ausbildungsjahr und dem Berichtszeitraum zu versehen.
- Die Ausbildungsnachweise müssen mindestens stichwortartig den Inhalt der betrieblichen Ausbildung wiedergeben. Dabei sind betriebliche Tätigkeiten einerseits sowie Unterweisungen bzw. überbetriebliche Unterweisungen (z. B. im Handwerk), betrieblicher Unterricht und sonstige Schulungen andererseits zu dokumentieren.
- In die Ausbildungsnachweise müssen darüber hinaus die Themen des Berufsschulunterrichts aufgenommen werden.
- Die zeitliche Dauer der Tätigkeiten sollte aus dem Ausbildungsnachweis hervorgehen.
6. Ausbildende sollen Auszubildende zum Führen von schriftlichen Ausbildungsnach-weisen, soweit solche im Rahmen der Berufsausbildung verlangt werden, anhalten und diese durchsehen (§ 14 Absatz 1 Nr. 4 BBiG).
7. Auszubildenden ist Gelegenheit zu geben, die Ausbildungsnachweise während der Ausbildungszeit im Betrieb zu führen. Die erforderlichen Nachweishefte, Formblätter o. ä. werden den Auszubildenden kostenlos von den Ausbildenden zur Verfügung gestellt (§ 14 Abs. 1 Nr. 3 BBiG).
8. Ausbildende oder Ausbilder/innen prüfen die Eintragungen in den Ausbildungsnachweisen mindestens monatlich (§ 14 Abs. 1 Nr. 4 BBiG). Sie bestätigen die Richtigkeit und Vollständigkeit der Eintragungen mit Datum und Unterschrift. Elektronisch er-stellte Nachweise sind dazu monatlich auszudrucken oder es ist durch eine elektronische Signatur sicherzustellen, dass die Nachweise in den vorgegebenen Zeitabständen erstellt und abgezeichnet wurden.
9. Im Rahmen der Lernortkooperation kann die Berufsschule vom Ausbildungsnachweis Kenntnis nehmen.
10. Bei minderjährigen Auszubildenden soll ein/e gesetzliche/r Vertreter/in in angemessenen Zeitabständen von den Ausbildungsnachweisen Kenntnis erhalten und diese unterschriftlich bestätigen.
11. Arbeitnehmervertretungen können durch Einsichtnahme in den Ausbildungsnachweis Kenntnis vom Ablauf der Ausbildung zum Zwecke ihrer Aufgabenerfüllung (§ 80 Absatz 1 BetrVG) nehmen.
12. Diese Regelungen können mit Ausnahme der Ziffer 3 für Umschüler entsprechend angewendet werden, soweit die Führung des Ausbildungsnachweises vertraglich vereinbart wird.
Anlagen:
Anlage 1: Muster Deckblatt
Anlage 2 a: Muster Ausbildungsnachweis (täglich)
Anlage 2 b: Muster Ausbildungsnachweis (wöchentlich)

Inhalt der Ausbildungsordnung § 26 HwO

Anlage 3 a: Muster Ausbildungsnachweis mit Bezug zum Ausbildungsrahmenplan (täglich)
Anlage 3 b: Muster Ausbildungsnachweis mit Bezug zum Ausbildungsrahmenplan (wöchentlich)
Anlage 4: Muster Sichtvermerk

Anlage 1: Deckblatt Ausbildungsnachweis

Heft-Nr.:	
Name, Vorname:	
Adresse:	
Ausbildungsberuf:	
Fachrichtung/Schwerpunkt:	
Ausbildungsbetrieb:	
Verantwortliche/r Ausbilder/in:	
Beginn der Ausbildung:	
Ende der Ausbildung:	

Ausbildungsverlauf[1]

Ausbildungsbereich	Zeitraum von – bis	Ausbildungsnachweis von – bis

[1] Optionales Feld (Nur auszufüllen, wenn die Ausbildung in verschiedenen Bereichen stattfindet.)

Anlage 2 a: Ausbildungsnachweis (täglich)

Name des/der Auszubildenden:			
Ausbildungsjahr:		Ggf. Ausbildende Abteilung:	
Ausbildungswoche vom:		bis:	

HwO § 26   Zweiter Teil: Berufsbildung im Handwerk

	Betriebliche Tätigkeiten, Unterweisungen bzw. überbetriebliche Unterweisungen (z. B. im Handwerk), betrieblicher Unterricht, sonstige Schulungen, Themen des Berufsschulunterrichts	Stunden
Montag		
Dienstag		
Mittwoch		
Donnerstag		
Freitag		
Samstag		

Durch die nachfolgende Unterschrift wird die Richtigkeit und Vollständigkeit der obigen Angaben bestätigt.

_____

Datum, Unterschrift Auszubildende/r Datum, Unterschrift Ausbildende/r oder Ausbilder/in

Anlage 2 b: Ausbildungsnachweis (wöchentlich)

Name des/der Auszubildenden:			
Ausbildungsjahr:		Ggf. Ausbildende Abteilung:	
Ausbildungswoche vom:		bis:	

Betriebliche Tätigkeiten	Stunden
Unterweisungen bzw. überbetriebliche Unterweisungen (z. B. im Handwerk), betrieblicher Unterricht, sonstige Schulungen	Stunden
Themen des Berufsschulunterrichts	Stunden

Durch die nachfolgende Unterschrift wird die Richtigkeit und Vollständigkeit der obigen Angaben bestätigt.

_____

Datum, Unterschrift Auszubildende/r Datum, Unterschrift Ausbildende/r oder Ausbilder/in

Inhalt der Ausbildungsordnung § 26 HwO

Anlage 3 a: Ausbildungsnachweis mit Bezug zum Ausbildungsrahmenplan (täglich)

Name des/der Auszubildenden:			
Ausbildungsjahr:		Ggf. Ausbildende Abteilung:	
Ausbildungswoche vom:		bis:	

	Betriebliche Tätigkeiten, Unterweisungen bzw. überbetriebliche Unterweisungen (z. B. im Handwerk), betrieblicher Unterricht, sonstige Schulungen, Themen des Berufsschulunterrichts	Lfd. Nr.: Bezug zum Ausbildungsrahmenplan	Stunden
Montag			
Dienstag			
Mittwoch			
Donnerstag			
Freitag			
Samstag			

Durch die nachfolgende Unterschrift wird die Richtigkeit und Vollständigkeit der obigen Angaben bestätigt.

_____

Datum, Unterschrift Auszubildende/r Datum, Unterschrift Ausbildende/r oder Ausbilder/in

Anlage 3 b: Ausbildungsnachweis mit Bezug zum Ausbildungsrahmenplan (wöchentlich)

Name des/der Auszubildenden:			
Ausbildungsjahr:		Ggf. Ausbildende Abteilung:	
Ausbildungswoche vom:		bis:	

Betriebliche Tätigkeiten	Lfd. Nr.: Bezug zum Ausbildungsrahmenplan	Stunden
Unterweisungen bzw. überbetriebliche Unterweisungen (z. B. im Handwerk), betrieblicher Unterricht, sonstige Schulungen		Stunden

Themen des Berufsschulunterrichts		Stunden

Durch die nachfolgende Unterschrift wird die Richtigkeit und Vollständigkeit der obigen Angaben bestätigt.

Datum, Unterschrift Auszubildende/r Datum, Unterschrift Ausbildende/r oder Ausbilder/in

Anlage 4: Sichtvermerke
In angemessenen Zeitabständen sollten die gesetzlichen Vertreter, die Berufsschule sowie Betriebs- bzw. Personalrat von den Ausbildungsnachweisen Kenntnis nehmen und diese unterschriftlich bestätigen.

Name des/der Auszubildenden:	
Ausbildungsjahr:	Ausbildende Abteilung:

Durch die nachfolgende Unterschrift wird die Kenntnisnahme des Ablaufs der Berufsausbildung bestätigt.

	Zeitraum Von – bis	Datum	Unterschrift
I. Berufsschule			
II. Gesetzlicher Vertreter			
III. Betriebsrat/Personalrat			

§ 27 [Ausnahmen]

Zur Entwicklung und Erprobung neuer Ausbildungsberufe sowie Ausbildungs- und Prüfungsformen kann das Bundesministerium für Wirtschaft und Energie im Einvernehmen mit dem Bundesministerium für Bildung und Forschung nach Anhörung des Hauptausschusses des Bundesinstituts für Berufsbildung durch Rechtsverordnung, die nicht der Zustimmung des Bundesrates bedarf, Ausnahmen von § 25 Abs. 2 und 3 sowie den §§ 26, 31 und 39 zulassen, die auch auf eine bestimmte Art und Zahl von Ausbildungsstätten beschränkt werden können.

Überblick

§ 27 regelt die Voraussetzungen, unter denen Ausnahmen von den Bestimmungen der Ausbildungsordnung zulässig sind. Die Ausnahme dürfen nur durch Rechtsverordnung und zu festgelegten Zwecken bestimmt werden (→ Rn. 1). Die Ausnahmen sind ausdr. aufgeführt (→ Rn. 3). Die Ausnahmeregelungen beziehen sich einerseits auf die Grundsätze der Berufsausbildung in anerkannte Ausbildungsberufen (→ Rn. 4) und andererseits auf die Inhalte einer Ausbildungsordnung (→ Rn. 5). Ferner kann von den Vorschriften der Zwischen- und der Gesellenprüfung abgewichen werden (→ Rn. 6).

Die Regelung entspricht § 27 Abs. 3 aF. Das Berufsbildungsreformgesetz vom 23.3.2005 hat den Anwendungsbereich auf neue Ausbildungsberufe und Prüfungsformen erweitert.

Die Parallelvorschrift zu § 27 ist § 6 BBiG.

A. Erprobungsverordnung

Das Bundeswirtschaftsministerium wird ermächtigt, Erprobungsverordnungen zu erlassen. 1
Vor dem Erlass der Verordnung muss zwingend der Hauptausschuss des Bundesinstituts für
Berufsbildung **angehört** werden. Die Verordnung ist rechtwidrig und nichtig, wenn die
Anhörung unterbleibt (Detterbeck Rn. 4; Schwannecke/Witt Rn. 2; aA Honig/Knörr
Rn. 5). Ferner ist das **Einvernehmen** mit dem Bundesbildungsministerium herzustellen.
Der Bundesrat muss der Rechtsverordnung nicht zustimmen.

Aufgrund des Erprobungscharakters werden derartige Rechtsverordnungen im Regelfall 2
befristet erlassen, um nach einer bestimmten Zeit die Ergebnisse der Erprobung beurteilen
zu können (Schwannecke/Witt Rn. 2; Leinemann/Taubert § 6 BBiG Rn. 5). Am Ende
der Frist kann die Erprobungsverordnung als Ausbildungsordnung unverändert oder mit
Änderungen erlassen werden. Ebenso kann die Erprobung verlängert oder beendet werden.

B. Ausnahmeregelungen

Eine Erprobungsverordnung hat zum Zweck, **neue Ausbildungsberufe** sowie **neue** 3
Ausbildungs- und Prüfungsformen zu entwickeln und zu erproben. Dazu sind Ausnahmen von den zu beachtenden gesetzlichen Regelungen zulässig. Der Gesetzgeber hat dabei
die Bestimmungen, von denen abgewichen werden darf, ausdr. aufgeführt, um einen zu
extensiven Gebrauch der Ermächtigungsnorm und eine mögliche Zersplitterung des Berufsbildungssystems zu verhindern (BT-Drs. 15/3980, 65). Die Ausnahmeregelungen können in
der Erprobungsverordnung auch auf eine bestimmte Art und Zahl von Ausbildungsstätten
begrenzt werden.

In der Erprobungsverordnung kann eine Ausnahme vom **Ausschließlichkeitsgrundsatz** 4
(→ § 25 Rn. 7) nach § 25 Abs. 2 vorgesehen werden. Dadurch kann von einer Ausbildungsordnung abgewichen werden, um neue Ausbildungsinhalte für einen anerkannten Ausbildungsberuf zeitlich befristet zu erproben. Zudem kann vom **Minderjährigenschutzgebot**
(→ § 25 Rn. 10) nach § 25 Abs. 3 abgewichen werden, damit Minderjährige in dem neuen
Ausbildungsberuf ausgebildet werden können. Dies ist jedoch nur sinnvoll, wenn zu erwarten
ist, dass der Ausbildungsberuf auch später anerkannt wird (Schwannecke/Witt Rn. 3).

Ferner kann die Erprobungsverordnung Ausnahmen vom gesetzlich festgelegten **Inhalt** 5
einer Ausbildungsordnung (→ § 26 Rn. 1) vorsehen. Möglich ist damit eine kürzere bzw.
längere Ausbildungsdauer oder neue Beschreibung der beruflichen Fertigkeiten, Kenntnisse
und Fähigkeiten im Ausbildungsberufsbild oder ein neu gestalteter Ausbildungsrahmenplan.

Zuletzt kann von den Vorschriften bezüglich der **Zwischenprüfung** nach § 39 (→ § 39 6
Rn. 1) und der **Gesellenprüfung** nach § 31 (→ § 31 Rn. 1) abgewichen werden. Jedoch
sind Abweichungen lediglich hinsichtlich der **Prüfungsformen** zulässig, da die Verweisung
nicht die gesamten Prüfungsvorschriften umfasst (Schwannecke/Witt Rn. 5). Der Prüfungsgegenstand sowie die Organisation und Abwicklung der Gesellenprüfung dürfen daher nicht
verändert werden.

C. Umsetzung

Die **Handwerkskammer** ist für die Durchführung und Überwachung der Ausbildungs- 7
verhältnisse, die auf Basis einer Erprobungsverordnung abgeschlossen wurden, in ihrem
Bereich **zuständig** (Leinemann/Taubert BBiG § 6 Rn. 8). Lehrlinge, die ihre Ausbildung
aufgrund einer Erprobungsverordnung absolvieren, sind rechtlich und tatsächlich Auszubildenden iSd BBiG und HwO gleichgestellt (Benecke/Hergenröder/Hergenröder BBiG § 6
Rn. 3).

§ 27a [Anrechnung auf die Ausbildungszeit]

**(1) ¹Die Landesregierungen können nach Anhörung des Landesausschusses für
Berufsbildung durch Rechtsverordnung bestimmen, dass der Besuch eines Bildungsganges berufsbildender Schulen oder die Berufsausbildung in einer sonstigen
Einrichtung ganz oder teilweise auf die Ausbildungszeit angerechnet wird. ²Die**

Ermächtigung kann durch Rechtsverordnung auf oberste Landesbehörden weiter übertragen werden.

(2) ¹Die Anrechnung nach Absatz 1 bedarf des gemeinsamen Antrags der Lehrlinge (Auszubildenden) und Ausbildenden. ²Der Antrag ist an die Handwerkskammer zu richten. ³Er kann sich auf Teile des höchstzulässigen Anrechnungszeitraums beschränken.

Überblick

Die §§ 27a–27c befassen sich mit der Änderung der Ausbildungszeit. Die reguläre Ausbildungszeit ist in der Ausbildungsordnung festgelegt. Aufgrund individueller Gründe in der Person des Lehrlings ist es teilweise notwendig, die Ausbildungszeit an diese Umstände anzupassen.

Die Vorschrift regelt die Anrechnung beruflicher Vorbildung aufgrund des Besuchs einer berufsbildenden Schule oder sonstigen Einrichtung (→ Rn. 3). Die Anrechnung erfolgt auf Grundlage einer Rechtsverordnung der Landesregierung (→ Rn. 1). Dabei erfolgt die Anrechnung nicht automatisch, sondern auf Antrag des Lehrlings und des Ausbildenden (→ Rn. 5). Die Anrechnung bewirkt eine Verkürzung der Ausbildungszeit (→ Rn. 8).

Die Regelung entspricht § 27a aF und wurde durch das Berufsbildungsreformgesetz vom 23.3.2005 neu gefasst.

Die Parallelvorschrift zu § 27a ist § 7 BBiG.

A. Anrechnungsverordnung

1   Die **Landesregierung** ist für den Erlass der entsprechenden Rechtsverordnung **zuständig**. Die Ermächtigung zum Erlass der Verordnung kann die Landesregierung mittels Rechtsverordnung auf das zuständige Ministerium delegieren. Vor dem Erlass der Verordnung muss zwingend der Landesausschuss für Berufsbildung **angehört** werden. Unterbleibt die Anhörung, so ist die Rechtsverordnung rechtswidrig und nichtig (Detterbeck Rn. 11).

2   Nach dem Wortlaut besteht keine Pflicht, eine Anrechnungsordnung zu erlassen. Es liegt im **pflichtgemäßen Ermessen** des jeweiligen Bundeslandes, ob es eine Anrechnungsverordnung erlässt. Nach dem Willen des Gesetzgebers soll eine Anrechnungsmöglichkeit regelmäßig nur dann in Betracht zu ziehen sein, wenn die Bildungsangebote nach ihrer inhaltlichen und zeitlichen Struktur der Ausbildungsordnung eines anerkannten Ausbildungsberufs entsprechen (BT-Drs. 15/3980, 45). Die Rechtsverordnung gilt nur für das jeweilige Bundesland. Zwar soll die Handwerkskammer nach dem Willen des Gesetzgebers auch auf Grundlage einer Rechtsverordnung eines anderen Bundeslandes eine Anrechnung vornehmen, wenn ein Lehrling dort einen anrechenbaren schulischen Ausbildungsgang besucht hat (BT-Drs. 15/3980, 45). Jedoch kann der Bund mangels grundgesetzlicher Gesetzgebungskompetenz, die Länder nicht zur Anrechnung aufgrund einer Verordnung eines anderen Bundeslandes verpflichten (Leinemann/Taubert § 7 Rn. 12; Herkert/Töltl BBiG § 7 Rn. 6; HK-BBiG/Pieper BBiG § 7 Rn. 3; aA Benecke/Hergenröder/Hergenröder BBiG § 7 Rn. 8).

2.1   Folgende Bundesländer haben eine Anrechnungsverordnung erlassen:
Bayern: BBiGHwOV vom 24.7.2007, BayGVBl., 579; **Hessen:** Anrechnungsverordnung vom 19.11.2012, HGVBl., 450; **Nordrhein-Westfalen:** Berufskolleganrechnungs- und -zulassungsverordnung vom 16.5.2006, GV. NRW. S. 217; **Saarland:** AO-BS vom 2.6.1992, SAmtsblatt, 646; **Sachsen:** Sächsische Ausführungsverordnung zum Berufsbildungsgesetz und zu den Berufsqualifikationsfeststellungsgesetzen vom 21.7.2014, SächsGVBl., 423

3   Die Anrechnung soll wegen einer individuellen beruflichen Vorbildung aufgrund des Besuchs einer berufsbildenden Schule oder einer sonstigen Einrichtung erfolgen. Eine Definition der berufsbildenden Schule und der sonstigen Einrichtung findet sich im Gesetz nicht. Daher bestimmt das jeweilige Landesrecht, welche Schule als **berufsbildende Schule** anzusehen ist (Schwannecke/Witt Rn. 4). Berufsschule und Berufsaufbauschulen fallen nicht darunter, da sie neben der regulären Ausbildung besucht werden (Honig/Knörr Rn. 2). Daher kommen in erster Linie Berufsfachschulen in Betracht, die durch Vollzeitunterricht auf eine Berufstätigkeit oder auf die Berufsausbildung vorbereiten und die Allgemeinbildung

fördern (Detterbeck Rn. 3). Unter **sonstiger Einrichtung** ist jede außerbetriebliche Bildungseinrichtung zu verstehen, die systematisch und planvoll eine Berufsausbildung betreibt (Honig/Knörr Rn. 2). Dabei spielt die Trägerschaft keine Rolle.

Auch hinsichtlich des **Anrechnungsumfangs** bestehen keine gesetzlichen Vorgaben. Es steht somit im pflichtgemäßen Ermessen des jeweiligen Bundeslandes, den Umfang festzulegen. Jedoch geht der Gesetzgeber davon aus, dass eine mögliche Anrechnung von mehr als zwei Jahren regelmäßig den Interessen beider Vertragsparteien widersprechen wird (BT-Drs. 15/3980, 45). 4

B. Antrag

Hinsichtlich der Anrechnung müssen der Lehrling und der Ausbildende zwingend einen **gemeinsamen Antrag** stellen. Ein Antrag lediglich einer Vertragspartei kann von der Handwerkskammer nicht berücksichtigt werden. Beide Parteien können nach § 27a Abs. 2 S. 3 auch beantragen, dass lediglich eine **Teilanrechnung** erfolgen soll und nicht der vorgesehene höchstzulässige Anrechnungszeitraum zur Anwendung kommen soll. Damit soll den Parteien des Ausbildungsvertrags eine weitgehende Flexibilität bei der Gestaltung ihres Vertragsverhältnisses ermöglicht werden (BT-Drs. 15/3980, 65). 5

Eine besondere Form ist für den Antrag nicht vorgeschrieben. Daher könnte der Antrag theoretisch von beiden Parteien mündlich gestellt werden. Es empfiehlt sich aber aus Gründen der Rechtssicherheit, den Antrag **schriftlich** zu stellen (Benecke/Hergenröder/Hergenröder BBiG § 7 Rn. 7). 6

Der Antrag ist bei der Handwerkskammer zu stellen. Diese besitzt bei einem gemeinsamen Antrag **keinen Ermessensspielraum** hinsichtlich der Anrechnung. Die Handwerkskammer darf insoweit nur prüfen, ob die Voraussetzungen der einschlägigen Rechtsverordnung erfüllt sind (Detterbeck Rn. 9). Dabei kann bei der Prüfung nur die Anrechnungsverordnung des eigenen Bundeslandes berücksichtigt werden (→ Rn. 2). Sowohl der Ausbildende als auch der Lehrling können die Anrechnung im Wege einer **Verpflichtungsklage** gerichtlich durchsetzen (Detterbeck Rn. 9). 7

C. Auswirkung der Anrechnung

Die Anrechnung bewirkt, dass die Ausbildung im Umfang der Anrechnung als bereits absolviert gilt (Schwannecke/Witt Rn. 14; Benecke/Hergenröder/Hergenröder BBiG § 7 Rn. 5). Es wird ein bestehendes Ausbildungsverhältnis vorausgesetzt, damit eine Anrechnung überhaupt erfolgen kann. Die Anrechnungsverordnung muss vorsehen, dass die anrechnungsfähigen Zeiten an den Beginn der betrieblichen Ausbildung gelegt werden (Leinemann/Taubert BBiG § 7 Rn. 7). Die Anrechnung ist daher bei Abschluss des Ausbildungsvertrags zu berücksichtigen und im Vertrag zu vermerken. 8

Die Anrechnung hat ebenfalls Auswirkung auf die **Ausbildungsvergütung**. Die angerechnete Zeit ist vergütungsmäßig als zurückgelegte Ausbildungszeit zu bewerten (BAG NJW 1983, 1629). Bei einer Anrechnung von einem Jahr hat also der Lehrling ab Beginn der betrieblichen Ausbildung Anspruch auf die Vergütung des zweiten Lehrjahres (Schwannecke/Witt Rn. 14). 9

§ 27b [Verkürzung und Verlängerung der Ausbildungszeit]

(1) ¹Auf gemeinsamen Antrag des Lehrlings (Auszubildenden) und des Ausbildenden hat die Handwerkskammer die Ausbildungszeit zu kürzen, wenn zu erwarten ist, dass das Ausbildungsziel in der gekürzten Zeit erreicht wird. ²Bei berechtigtem Interesse kann sich der Antrag auch auf die Verkürzung der täglichen oder wöchentlichen Ausbildungszeit richten (Teilzeitberufsausbildung).

(2) ¹In Ausnahmefällen kann die Handwerkskammer auf Antrag des Lehrlings (Auszubildenden) die Ausbildungszeit verlängern, wenn die Verlängerung erforderlich ist, um das Ausbildungsziel zu erreichen. ²Vor der Entscheidung nach Satz 1 ist der Ausbildende zu hören.

(3) Für die Entscheidung über die Verkürzung oder Verlängerung der Ausbildungszeit kann der Hauptausschuss des Bundesinstituts für Berufsbildung Richtlinien erlassen.

Literatur: Natzel DB 1981, 1407; Hurlebaus DB 1981, 2125

Überblick

§ 27b normiert die Voraussetzungen für eine Verkürzung oder Verlängerung der Ausbildungszeit aufgrund individueller Gründe des Lehrlings. Die Verkürzung ist eine Möglichkeit, die Ausbildungszeit abzukürzen (→ Rn. 1). Lediglich bei Vorliegen eines Grundes ist eine Verkürzung zulässig (→ Rn. 2). Die Verkürzung erfolgt nicht von Amts wegen, sondern erfordert einen Antrag des Lehrlings und des Ausbildenden (→ Rn. 3). Aufgrund der Verkürzung verringert sich die ursprüngliche Ausbildungszeit (→ Rn. 6). Für die Entscheidung über die Verkürzung ist die Handwerkskammer zuständig (→ Rn. 4). Eine besondere Form der Verkürzung der Ausbildungszeit stellt die Teilzeitberufsausbildung dar (→ Rn. 7).

Bei der Verlängerung der Ausbildungszeit muss ebenfalls ein Grund vorliegen (→ Rn. 11). Anders als bei der Verkürzung ist nur der Antrag des Lehrlings erforderlich (→ Rn. 13). Über den Antrag entscheidet die Handwerkskammer im pflichtgemäßen Ermessen (→ Rn. 14).

Der Hauptausschuss des Bundesinstituts für Berufsbildung wird ermächtigt, Richtlinien bezüglich der Entscheidung über die Verkürzung oder Verlängerung der Ausbildungszeit erlassen (→ Rn. 15). Dadurch soll eine Vereinheitlichung der Verwaltungspraxis erreicht werden.

Die Vorschrift entspricht § 27a Abs. 2, 3 und 4 aF und wurde durch das Berufsbildungsreformgesetz vom 23.3.2005 leicht geändert.

Die Parallelvorschrift zu § 27b ist § 8 BBiG.

A. Verkürzung der Ausbildungszeit

1   Die Verkürzung der Ausbildungszeit kann neben einer Anrechnung nach § 27a beantragt werden (Detterbeck Rn. 3). Ferner besteht die Möglichkeit der vorzeitigen Zulassung zur Gesellenprüfung nach § 37 Abs. 1, wobei diese von überdurchschnittlichen Leistungen in der Berufsschule und im Ausbildungsbetrieb abhängt (→ § 37 Rn. 1). Zudem wird die Ausbildung nach § 21 Abs. 2 BBiG mit Bestehen der Gesellenprüfung faktisch vorzeitig beendet.

I. Gründe für die Verkürzung

2   Die Handwerkskammer hat auf Antrag die in der Ausbildungsordnung festgelegte Ausbildungsdauer aufgrund individueller Gründe zu verkürzen. Dabei handelt es sich um eine Einzelfallentscheidung. In diesem Zusammenhang ist maßgeblich, dass das Ausbildungsziel innerhalb der verkürzten Zeitspanne erreicht wird. Es kommt darauf an, dass der Lehrling die Gesellenprüfung besteht; nicht entscheidend ist, dass er die Prüfung mit einem guten Ergebnis ablegt (HK-BBiG/Pieper BBiG § 8 Rn. 2). Es zählen iRd Verkürzung ausschließlich leistungsbezogene Merkmale. Als **Verkürzungsgründe** kommen zu Beginn der Ausbildung die berufsbezogene oder höhere allgemeinschulische Vorbildung des Lehrlings, sein Lebensalter oder sein Reifestand in Betracht (Detterbeck Rn. 3). Während der Ausbildung ist eine Verkürzung aufgrund überdurchschnittlicher Leistungen in der Berufsschule und im Ausbildungsbetrieb als eine Form der Begabtenförderung möglich (Detterbeck Rn. 3; Leinemann/Taubert BBiG § 8 Rn. 11). Dagegen sind wirtschaftliche Gründe des Lehrlings oder der Wunsch, eine ganzzeitige berufsbildende Schule zu besuchen, **keine Gründe** für eine Verkürzung der Ausbildungszeit (Leinemann/Taubert BBiG § 8 Rn. 7). Bei einer Stufenausbildung kommt eine Verkürzung der Ausbildungsdauer kaum in Betracht. Denn diese ist stark systematisiert und grds. anspruchsvoll (Leinemann/Taubert BBiG § 8 Rn. 13; Herkert/Töltl BBiG § 8 Rn. 17).

II. Gemeinsamer Antrag

Für die Verkürzung der Ausbildungszeit ist zwingend ein **gemeinsamer Antrag** von 3
Ausbildenden und Lehrling sowie ggf. der gesetzlichen Vertreter notwendig. Wird der Antrag nur von einer Partei gestellt, darf eine Entscheidung über die Verkürzung nicht erfolgen. Eine besondere Form ist nicht vorgeschrieben. Jedoch ist ein schriftlicher Antrag aus Gründen der Rechtssicherheit empfehlenswert. Der Antrag kann bereits zu Beginn der Ausbildung zusammen mit dem Ausbildungsvertrag gestellt werden. Ebenso kann die Verkürzung auch während der Ausbildungszeit beantragt werden. In diesem Fall muss aber noch Raum für eine auf die Zukunft bezogene Prognose bleiben (VGH Kassel EzB BBiG § 8 Abs. 1 Nr. 2). Denn anderenfalls ist eine Anpassung der Ausbildung an die verkürzte Dauer nicht mehr möglich. Bei einer kurz bevorstehenden Prüfung kommt keine Verkürzung der Ausbildungszeit, sondern nur die vorzeitige Zulassung zur Prüfung in Frage (VG Kassel EzB BBiG § 8 Abs. 1 Nr. 4). Nach dem Wortlaut ist eine Anhörung Dritter nicht vorgesehen. Die Handwerkskammer kann aber zB die Berufsschule vor der Entscheidung anhören (Leinemann/Taubert BBiG § 8 Rn. 20).

III. Entscheidung der Handwerkskammer

Hinsichtlich des **Umfangs** der Verkürzung bestehen keine Festlegungen. Die Handwerks- 4
kammer muss im Regelfall bei ihrer Entscheidung die beantragte Verkürzung der Vertragsparteien berücksichtigen. Entscheidend aber ist, dass der Ausbildungserfolg durch die Verkürzung nicht gefährdet wird. Daher kann die Handwerkskammer auch eine geringere Verkürzung anordnen, wenn sie zu dem Ergebnis kommt, dass das Ausbildungsziel innerhalb der kürzeren Ausbildungsdauer nicht erreicht wird (Leinemann/Taubert BBiG § 8 Rn. 14; Benecke/Hergenröder/Hergenröder BBiG § 8 Rn. 5). Allerdings ist sie an die beantragte Verkürzung als Obergrenze gebunden (Herkert/Töltl BBiG § 8 Rn. 16).

Die Handwerkskammer besitzt **kein Ermessen** hinsichtlich der Entscheidung über die 5
Verkürzung. Die Antragsteller haben bei Vorliegen der Voraussetzungen einen Anspruch auf Verkürzung der Ausbildungszeit. Die Genehmigung der Verkürzung stellt einen **privatrechtsgestaltenden Verwaltungsakt** dar (Detterbeck Rn. 11). Dieser bewirkt unmittelbar eine Verkürzung der Ausbildungsdauer; eine privatrechtliche Änderung des Ausbildungsvertrags zur Umsetzung der Entscheidung der Handwerkskammer durch die Parteien ist nicht erforderlich (Honig/Knörr Rn. 13; Leinemann/Taubert BBiG § 8 Rn. 33; HK-BBiG/Pieper BBiG § 8 Rn. 25; Herkert/Töltl BBiG § 8 Rn. 25; aA Natzel DB 1981, 1407). Gegen die ablehnende Entscheidung der Handwerkskammer können sowohl Ausbildender als auch Lehrling, sofern gesetzlich vorgesehen, Widerspruch einlegen. Den Anspruch auf Verkürzung können beide im Wege einer Verpflichtungsklage verwaltungsgerichtlich durchsetzen.

IV. Folgen der Verkürzung

Durch die Verkürzung wird lediglich die Ausbildungsdauer verringert. Die in der Ausbil- 6
dungsordnung vorgesehenen Ausbildungsinhalte müssen daher innerhalb eines kürzeren Zeitraums vermittelt werden. Die Verkürzung der Ausbildungszeit hat keine Auswirkung auf die **Vergütung**. Der Lehrling hat infolge der bloßen Komprimierung der Ausbildungszeit keinen Anspruch darauf, dass die Ausbildungsvergütung für das zweite bzw. dritte Ausbildungsjahr bereits um den Verkürzungszeitraum früher gezahlt werden muss (BAG NJW 1983, 1629; EzB BBiG § 17 Abs. 1 Nr. 19). Auch im Falle der Verkürzung aufgrund einer höheren Bildung besteht aufgrund der Wirkung der Verkürzung kein Anlass, die Vergütung in kürzeren Abständen ansteigen zu lassen (Schwannecke/Witt Rn. 11; aA Herkert/Töltl BBiG § 17 Rn. 24). Den Parteien des Ausbildungsvertrags bleibt es aber unbenommen, den Anstieg der Vergütung individuell zu regeln. Daneben können Tarifverträge für derartige Fallkonstellationen Regelungen vorsehen.

V. Teilzeitberufsausbildung

Als besondere Form der Verkürzung ist in § 27b Abs. 1 S. 2 die **Teilzeitberufsausbildung** 7
vorgesehen. Dabei wird nicht die Gesamtausbildungszeit verringert, sondern die tägliche oder wöchentliche Ausbildungszeit. Es ist auch möglich, neben der täglichen Ausbildungszeit

zugleich auch die wöchentliche zu reduzieren (Detterbeck Rn. 4). Dabei sind die Ausbildungsinhalte in Teilzeit unter Beibehaltung der in der Ausbildungsordnung festgelegten Ausbildungsdauer zu vermitteln. Die Teilzeitberufsausbildung ist zulässig, wenn ein **berechtigtes Interesse** besteht. Dies ist gegeben, wenn bspw. ein eigenes Kind oder ein pflegebedürftiger naher Angehöriger zu betreuen ist (BT-Drs. 15/4752, 35). Durch die Möglichkeit der Teilzeitberufsausbildung soll eine bessere Vereinbarkeit von Ausbildung und Familie erreicht werden (Benecke/Hergenröder/Hergenröder BBiG § 8 Rn. 12).

8   Hinsichtlich des **Umfang** der Verkürzung sind neben den persönlichen Belangen des Lehrlings auch die betrieblichen Interessen zu berücksichtigen (Leinemann/Taubert BBiG § 8 Rn. 25). Eine Verkürzung ist allerdings nur zulässig, wenn das Ausbildungsziel innerhalb der verringerten Ausbildungszeit erreicht werden kann.

9   Auch im Fall der Teilzeitberufsausbildung ist ein **gemeinsamer Antrag** (→ Rn. 3) von Ausbildendem und Lehrling erforderlich (Detterbeck Rn. 4). Daher sind im Falle einer Ablehnung sowohl Lehrling als auch Ausbildender anfechtungsberechtigt.

10 Eine gesetzliche Regelung bzgl. der Auswirkung der Teilzeitberufsausbildung auf die **Vergütung** existiert nicht. Im Grundsatz stellt die Ausbildungsvergütung neben einer Entlohnung für geleistete Dienste in erster Linie eine finanzielle Hilfe zur Durchführung der Berufsausbildung und die Gewährleistung der Heranbildung eines ausreichenden Nachwuchses dar (BAG NJW 1999, 1205). Aufgrund des arbeitsrechtlichen pro-rata-temporis-Grundsatzes ist die Ausbildungsvergütung anteilig zu kürzen (Schwannecke/Witt Rn. 19; Herkert/Töltl BBiG § 17 Rn. 25a; aA Detterbeck Rn. 4; Benecke/Hergenröder/Hergenröder BBiG § 8 Rn. 15). Dabei muss die Ausbildungsvergütung aber in jedem Fall weiterhin angemessen sein und einen spürbaren Beitrag zum Lebensunterhalt darstellen.

B. Verlängerung der Ausbildungszeit

11 In Ausnahmefällen ist die Verlängerung der Ausbildungszeit möglich, wenn sie zum Erreichen des Ausbildungsziels erforderlich ist. Dabei kommt es auf die Umstände des Einzelfalls an. In Betracht kommen **längere Ausfallzeiten**, zB aufgrund Krankheit oder aus betrieblichen Gründen. Daneben ist eine Verlängerung bei schweren Mängeln in der Ausbildung oder körperlichen bzw. geistigen Beeinträchtigungen oder besonderen persönlichen Situationen möglich (Schwannecke/Witt Rn. 25). Die Erwartung, dass eine anstehende Abschlussprüfung aufgrund mangelhafter beruflicher Fertigkeiten, Kenntnisse und Fähigkeiten nicht bestanden wird, reicht für sich genommen jedoch als Verlängerungsgrund nicht aus (BT-Drs. 15/3980, 46). Maßgeblich ist in jedem Fall, dass das Erreichen des Ausbildungsziels gefährdet ist. Die Verlängerung ist daher nur zulässig, wenn durch diese das Erreichen des Ausbildungsziels gesichert wird. Die Handwerkskammer muss daher eine Prognose über den weiteren Ausbildungsverlauf anstellen (Schwannecke/Witt Rn. 26). Durch die Verlängerung wird die in der Ausbildungsordnung festgelegte Ausbildungszeit gestreckt und das Ende der Ausbildung nach hinten verschoben. Die **Vergütung** muss bis zum späteren Ende gezahlt werden, wobei sie sich nicht aufgrund der Verlängerung erhöht (Schwannecke/Witt Rn. 24).

12 Der **Umfang** der Verlängerung ist nicht festgeschrieben. Daher kann die Handwerkskammer auch eine Verlängerung über den Zeitraum von einem Jahr anordnen (Detterbeck Rn. 8). Bei der Bemessung der Verlängerung muss die Handwerkskammer nach pflichtgemäßem Ermessen entscheiden. Dabei hat sie neben dem Zweck der Verlängerung, das Erreichen des Ausbildungsziels, auch die Interessen des Ausbildenden zu berücksichtigen. Für die Entscheidung ist es nicht maßgeblich, ob der Ausbildende oder der Lehrling die Verzögerung der Ausbildung zu vertreten hat (HK-BBiG/Pieper BBiG § 8 Rn. 20).

13 Für die Verlängerung ist ein **Antrag des Lehrlings** bzw. des gesetzlichen Vertreters bei minderjährigen Lehrlingen notwendig. Eine bestimmte Form ist nicht vorgeschrieben. Aus Gründen der Rechtssicherheit empfiehlt es sich, den Antrag schriftlich zu stellen. Der Antrag kann bereits bei Abschluss des Ausbildungsvertrages, vor allem bei Behinderten, gestellt werden (Honig/Knörr Rn. 8; Detterbeck Rn. 7). Im Regelfall wird die Verlängerung während der Ausbildung beantragt (Detterbeck Rn. 7). Nach Beendigung der Ausbildung ist aufgrund des Ablaufs der Ausbildungszeit ein Verlängerungsantrag nicht mehr möglich. In diesem Fall kommt eine Verlängerung nach § 21 Abs. 3 BBiG bei nichtbestandener Prüfung in Betracht. Der **Ausbildende** hat dem Wortlaut nach **kein Antragsrecht**. Die Verlänge-

rung kann daher auch gegen den Willen des Ausbildenden beantragt und angeordnet werden. Allerdings ist dieser vor der Entscheidung anzuhören, damit seine Interessen iRd Ermessensentscheidung berücksichtigt werden können.

Die Handwerkskammer entscheidet nach **pflichtgemäßem Ermessen**. Der Lehrling hat 14 keinen Anspruch auf Verlängerung der Ausbildungszeit (Detterbeck Rn. 12; Leinemann/ Taubert BBiG § 8 Rn. 32). Der Lehrling kann gegen die Ablehnung der Verlängerung, sofern gesetzlich vorgesehen, Widerspruch einlegen und iRd Verpflichtungsklage verwaltungsgerichtlich vorgehen (Detterbeck Rn. 12; Benecke/Hergenröder/Hergenröder BBiG § 8 Rn. 20). Der Verlängerungsbescheid ist ein privatrechtsgestaltender Verwaltungsakt (→ Rn. 5) und ändert daher die Ausbildungsdauer unmittelbar (LAG Mainz MDR 1998, 606). Deshalb kann in diesem Fall der Ausbildende die Entscheidung wegen seiner rechtlichen Beschwer anfechten (Detterbeck Rn. 12).

C. Richtlinien des Hauptausschusses des Bundesinstituts für Berufsbildung

Der Hauptausschuss des Bundesinstituts für Berufsbildung wird ermächtigt, Richtlinien 15 für die Entscheidung über die Verkürzung oder Verlängerung der Ausbildungszeit zu erlassen. Dieser hat von seiner Kompetenz Gebrauch gemacht und mit Beschluss vom 27.6.2008 Richtlinien erlassen (→ Rn. 15.1). Diese sollen in erster Linie der Vereinheitlichung der Verwaltungspraxis dienen und enthalten daher Maßstäbe für die Entscheidung. Die Richtlinien richten sich nicht an die Parteien des Ausbildungsvertrags, sondern an die Handwerkskammer (Leinemann/Taubert BBiG § 8 Rn. 34). Bei den Richtlinien handelt es sich um gesetzesauslegende oder ermessenslenkende Verwaltungsvorschriften, die mangels Weisungsbefugnis des Bundesinstituts für Berufsbildung gegenüber den Handwerkskammern **keine Bindungswirkung** für diese entfalten (Detterbeck Rn. 9; Schwannecke/Witt Rn. 28; aA Herkert/Töltl BBiG § 8 Rn. 45; Leinemann/Taubert BBiG § 8 Rn. 34; Benecke/Hergenröder/Hergenröder BBiG § 8 Rn. 22). Die Handwerkskammer kann allerdings eigene Verwaltungsgrundsätze auf Grundlagen der Richtlinien erlassen (Schwannecke/Witt Rn. 28). Dabei ist dann nach § 44 Abs. 2 Nr. 1 der Berufsbildungsausschuss anzuhören (→ § 44 Rn. 4).

Empfehlung des Hauptausschusses des Bundesinstituts für Berufsbildung vom 27.6.2008 zur Abkür- 15.1 zung und Verlängerung der Ausbildungszeit/zur Teilzeitberufsausbildung (§ 8 BBiG/§ 27 HwO) sowie zur vorzeitigen Zulassung zur Abschlussprüfung (§ 45 Abs. 1 BBiG / § 37 Abs. 1 HwO) (BAnz. 129/ 2008)

Übersicht
A. Grundsätze
B. Abkürzung der Ausbildungszeit und Teilzeitausbildung gem. § 8 Abs. 1 BBiG/§ 27b Abs. 1 HwO
C. Vorzeitige Zulassung zur Abschluss-/Gesellenprüfung gem. § 45 Abs. 1 BBiG/§ 37 Abs. 1 HwO
D. Mindestdauer der Ausbildung
E. Verlängerung der Ausbildungszeit gem. § 8 Abs. 2 BBiG/§ 27b Abs. 2 HwO
A. Grundsätze
(1) Die nachstehende Empfehlung soll die Auslegung der gesetzlichen Vorschriften über die Abkürzung der Ausbildungszeit gem. § 8 Abs. 1 S. 1 und 2 Berufsbildungsgesetz (BBiG)/§ 27b Abs. 1 S. 1 und 2 Handwerksordnung (HwO) konkretisieren. Die Abkürzung beinhaltet auch die Teilzeitberufsausbildung, die insbesondere Alleinerziehenden und jungen Eltern durch die Verkürzung der täglichen oder wöchentlichen Ausbildungszeit die Möglichkeit gibt, Berufsausbildung und Familie zu vereinbaren. Darüber hinaus werden Empfehlungen über die vorzeitige Zulassung zur Abschluss-/Gesellenprüfung gem. § 45 Abs. 1 BBiG i.V.m. § 21 Abs. 2 BBiG/§ 37 Abs. 1 HwO i.V.m. § 21 Abs. 2 BBiG und über die Verlängerung der Ausbildungszeit gem. § 8 Abs. 2 BBiG/§ 27b Abs. 2 HwO formuliert.
(2) Die Empfehlungen enthalten Maßstäbe für die Entscheidungen der zuständigen Stellen.
(3) Im Einzelfall können besondere Gesichtspunkte eine abweichende Beurteilung erfordern.
B. Abkürzung der Ausbildungszeit und Teilzeitausbildung gem. § 8 Abs. 1 BBiG/§ 27b Abs. 1 HwO
B.1 Grundsatz und allgemeine Voraussetzungen der Antragstellung
(1) Auf gemeinsamen Antrag des Ausbildenden (Betrieb) und des Auszubildenden[1] hat die zuständige Stelle die Ausbildungszeit gem. § 8 Abs. 1 BBiG/§ 27b Abs. 1 HwO zu kürzen, wenn zu erwarten ist, dass das Ausbildungsziel in der gekürzten Zeit erreicht wird.
(2) Die Kürzung der Ausbildungszeit soll möglichst bei Vertragsschluss, spätestens jedoch so rechtzeitig beantragt werden, dass noch mindestens ein Jahr Ausbildungszeit verbleibt.

(3) Der Antrag muss gemeinsam von beiden Vertragsparteien (Ausbildender und Auszubildender) schriftlich bei der zuständigen Stelle gestellt werden. Bei Minderjährigen ist die entsprechende Zustimmung der gesetzlichen Vertreter erforderlich.

(4) Die Antragsteller müssen glaubhaft machen, dass das Ausbildungsziel in der gekürzten Zeit erreicht werden kann, z. B. durch Vorlage von (Berufs-)Schul- und Prüfungszeugnissen, Leistungsbeurteilungen, Berufsausbildungsverträgen und betrieblichen Ausbildungsplänen.

B.2 Abkürzungsgründe bei Vertragsabschluss gem. § 8 Abs. 1 S. 1 BBiG/§ 27b Abs. 1 S. 1 HwO

(1) Nachfolgende Gründe können zu einer Verkürzung in dem angegebenen Zeitrahmen führen:
- Fachoberschulreife oder gleichwertiger Abschluss bis zu 6 Monate
- Nachweis der Fachhochschulreife oder bis zu 12 Monate
- allgemeine Hochschulreife oder
- abgeschlossene Berufsausbildung

(2) Im Einzelfall kann die Ausbildungszeit auch wegen eines Lebensalters von mehr als 21 Jahren um bis zu 12 Monaten verkürzt werden.

(3) Darüber hinaus kann bei Nachweis einer einschlägigen beruflichen Grundbildung oder einschlägigen Berufstätigkeit oder Arbeitserfahrung im Berufsfeld diese angemessen berücksichtigt werden.

(4) Bei Fortsetzung der Berufsausbildung in demselben Beruf kann die zurückgelegte Ausbildungszeit ganz oder teilweise für eine Kürzung berücksichtigt werden.

(5) Soweit festgestellt wird, dass nach Abschluss des ersten Ausbildungsjahres bei einem Berufswechsel die Grundausbildung des Erstberufes im Wesentlichen identisch ist mit der Grundausbildung des neuen Ausbildungsberufes, so kann diese in vollem Umfang (12 Monate) berücksichtigt werden.

B.3 Abkürzung während der Berufsausbildung gem. § 8 Abs. 1 S. 1 BBiG/§ 27b Abs. 1 S. 1 HwO

(1) Die Kürzung der Ausbildungszeit während der laufenden Berufsausbildung ist möglich, wenn Verkürzungsgründe nach B.1 vorliegen, das Ausbildungsziel in der verkürzten Zeit erreicht werden kann und die Ausbildungsinhalte vermittelt werden können.

(2) Wird der Antrag erst im Laufe der letzten 12 Monate der Ausbildungszeit gestellt, so soll dieser vorrangig als Antrag auf vorzeitige Zulassung zur Abschluss-/Gesellenprüfung behandelt werden (siehe C. Vorzeitige Zulassung zur Abschluss-/Gesellenprüfung).

B.4 Zusammentreffen mehrerer Verkürzungsgründe

Mehrere Verkürzungsgründe können nebeneinander berücksichtigt werden. Eine vorzeitige Zulassung zur Prüfung (siehe unter C.) ist auch bei verkürzter Ausbildungsdauer gem. § 45 Abs. 1 BBiG/ § 37 Abs. 1 HwO möglich, wenn dadurch die unter D. vorgegebene Mindestausbildungsdauer nicht unterschritten wird.

B.5 Abkürzung der täglichen oder wöchentlichen Ausbildungszeit gem. § 8 Abs. 1 S. 2 BBiG/§ 27b Abs. 1 S. 2 HwO (Teilzeitberufsausbildung)

(1) Bei berechtigtem Interesse ist auf gemeinsamen Antrag des Auszubildenden und Ausbildenden die Ausbildungszeit auch in Form einer täglichen oder wöchentlichen Reduzierung der Arbeitszeit zu kürzen (§ 8 Abs. 1 S. 2 BBiG/§ 27b Abs. 1 S. 2 HwO). Ein berechtigtes Interesse ist z. B. dann gegeben, wenn der Auszubildende ein eigenes Kind oder einen pflegebedürftigen Angehörigen zu betreuen hat oder vergleichbar schwerwiegende Gründe vorliegen.

(2) Das berechtigte Interesse ist durch Vorlage geeigneter Belege nachzuweisen.

(3) Da das Berufsbildungsgesetz für die Abkürzung der Ausbildungszeit keine anteilige Untergrenze festlegt, ist jeweils im Einzelfall zu prüfen, ob die Auszubildenden auch bei einer täglichen oder wöchentlichen Reduzierung der betrieblichen Ausbildungszeiten noch wirklichkeitsnah mit den wesentlichen Betriebsabläufen vertraut gemacht werden können und in dem für die Ausbildung erforderlichen Maß in die betriebliche Praxis eingebunden werden können. Als Richtschnur soll eine wöchentliche Mindestausbildungszeit von 25 Stunden nicht unterschritten werden.

(4) Die Teilzeitberufsausbildung führt grundsätzlich nicht zu einer Verlängerung der kalendarischen Gesamtausbildungsdauer.

(5) Im Einzelfall kann eine verkürzte tägliche oder wöchentliche Arbeitszeit aber mit einer Verlängerung der kalendarischen Ausbildungsdauer verbunden werden (§ 8 Abs. 2 BBiG, siehe unter E.), wenn die Verlängerung erforderlich ist, um das Ausbildungsziel zu erreichen.

(6) Die Entscheidung über die Verlängerung kann bei noch unsicherer Prognose oder bei veränderten Rahmenbedingungen auch später getroffen werden.

C. Vorzeitige Zulassung zur Abschluss-/Gesellenprüfung gem. § 45 Abs. 1 BBiG/§ 37 Abs. 1 HwO

C.1 Grundsatz und allgemeine Voraussetzungen der Antragstellung

Verkürzung und Verlängerung der Ausbildungszeit § 27b HwO

(1) Der Auszubildende kann nach Anhörung des Ausbildenden (Betrieb) und der Berufsschule vor Ablauf seiner Ausbildungszeit zur Abschluss-/Gesellenprüfung zugelassen werden, wenn seine Leistungen dies rechtfertigen (§ 45 Abs. 1 BBiG/§ 37 Abs. 1 HwO).

(2) Der Antrag ist schriftlich bei der zuständigen Stelle zu stellen, im Falle der vorzeitigen Zulassung zur Gesellenprüfung bei der Geschäftsstelle des Prüfungsausschusses.

(3) Dem Antrag sind die nach der geltenden Prüfungsordnung erforderlichen Anmeldeunterlagen beizufügen.

C.2 Zulassungsvoraussetzungen

(1) Eine vorzeitige Zulassung ist gerechtfertigt, wenn der Auszubildende sowohl in der Praxis (Betrieb) als auch in der Berufsschule (Durchschnittsnote aller prüfungsrelevanten Fächer oder Lernfelder) überdurchschnittliche Leistungen nachweist.

(2) Überdurchschnittliche Leistungen liegen in der Regel vor, wenn das letzte Zeugnis der Berufsschule in den prüfungsrelevanten Fächern oder Lernfeldern einen Notendurchschnitt besser als 2,49 enthält und die praktischen Ausbildungsleistungen als überdurchschnittlich bzw. besser als 2,49 bewertet werden.

(3) Neben dem Zeugnis der Berufsschule sind für den Nachweis das Leistungszeugnis oder eine entsprechende Bescheinigung des ausbildenden Betriebs und die Vorlage der Zwischenprüfungsbescheinigung erforderlich. Der ordnungsgemäß geführte Ausbildungsnachweis ist vorzulegen oder das ordnungsgemäße Führen des Ausbildungsnachweises vom Betrieb und vom Auszubildenden schriftlich zu bestätigen.

C.3 Zulassungsentscheidung

(1) Bei Abschlussprüfungen trifft die zuständige Stelle die Zulassungsentscheidung. Hält sie die Zulassungsvoraussetzungen für nicht gegeben, entscheidet der Prüfungsausschuss (§ 46 Abs. 1 BBiG).

(2) Bei Gesellenprüfungen trifft der Vorsitzende des Prüfungsausschusses die Zulassungsentscheidung. Hält er die Zulassungsvoraussetzungen für nicht gegeben, entscheidet der gesamte Prüfungsausschuss (§ 37a Abs. 1 HwO).

(3) Die vorgezogene Prüfung soll nicht mehr als 6 Monate vor dem ursprünglichen Prüfungstermin stattfinden. Darüber hinausgehende Anträge sollen von den zuständigen Stellen als Antrag auf Abkürzung der Ausbildungszeit nach §§ 8 Abs. 1 BBiG/27b Abs. 1 HwO behandelt werden (siehe unter B.).

D. Mindestdauer der Ausbildung

Die Ausbildungsvertragsdauer soll in der Regel folgende Mindestzeiten, insbesondere beim Zusammentreffen mehrerer Verkürzungsgründe bzw. bei vorzeitiger Zulassung, nicht unterschreiten:
Regelausbildungszeit Mindestzeit der Ausbildung
3 ½ Jahre 24 Monate
3 Jahre 18 Monate
2 Jahre 12 Monate

E. Verlängerung der Ausbildungszeit gem. § 8 Abs. 2 BBiG und § 27b Abs. 2 HwO

E.1 Grundsatz

(1) In Ausnahmefällen kann die zuständige Stelle auf Antrag des Auszubildenden die Ausbildungszeit verlängern, wenn die Verlängerung erforderlich ist, um das Ausbildungsziel zu erreichen (§ 8 Abs. 2 BBiG/§ 27b Abs. 2 HwO). § 21 Abs. 3 BBiG bleibt unberührt.

(2) Inhaltlich verknüpfte Anträge auf Verkürzung der täglichen oder wöchentlichen Ausbildungszeit und auf Verlängerung der kalendarischen Gesamtausbildungsdauer sollen im Sinne förderlicher Bedingungen für die Vereinbarkeit von Berufsausbildung und Familie entschieden werden.

E.2 Allgemeine Voraussetzungen der Antragstellung

(1) Der Antrag ist vom Auszubildenden schriftlich bei der zuständige Stelle zu stellen. Bei Minderjährigen ist die entsprechende Zustimmung der gesetzlichen Vertreter erforderlich.

(2) Der Antrag soll rechtzeitig vor Ablauf des Berufsausbildungsverhältnisses gestellt werden.

(3) Vor der Entscheidung über den Antrag ist der Ausbildende (Betrieb) zu hören (§ 8 Abs. 2 BBiG/ § 27b Abs. 2 HwO). Die Berufsschule kann gehört werden.

(4) Der Auszubildende muss glaubhaft machen, dass die Verlängerung erforderlich ist, um das Ausbildungsziel zu erreichen. Eine Verlängerung nach § 8 Abs. 2 BBiG/§ 27 a Abs. 2 HwO soll nur ausnahmsweise bei Vorliegen besonderer Gründe gewährt werden.

E.3 Verlängerungsgründe

(1) Nachfolgende Gründe können eine Verlängerung erforderlich machen:
- erkennbare schwere Mängel in der Ausbildung,
- Nichterreichen des Leistungszieles der Berufsschulklasse,
- längere, vom Auszubildenden nicht zu vertretende Ausfallzeiten (z. B. infolge Krankheit),
- körperliche, geistige und seelische Behinderung des Auszubildenden, die dazu führen, dass das Ausbildungsziel nicht in der vereinbarten Ausbildungszeit erreicht werden kann,

- Betreuung des eigenen Kindes oder von pflegebedürftigen Angehörigen,
- verkürzte tägliche oder wöchentliche Ausbildungszeit (§ 8 Abs. 1 S. 2 BBiG/§ 27b Abs. 1 S. 2 HwO).

(2) Bei Festlegung der Verlängerungszeit sind die Prüfungstermine zu berücksichtigen.

[1] Zur besseren Lesbarkeit wird generell auf weibliche Bezeichnungen verzichtet; mit männlichen Wortformen sind männliche und weibliche Personen in gleicher Weise gemeint.

§ 27c [Verkürzte Gesamtausbildungszeit]

[1]Werden in einem Betrieb zwei verwandte Handwerke ausgeübt, so kann in beiden Handwerken in einer verkürzten Gesamtausbildungszeit gleichzeitig ausgebildet werden. [2]Das Bundesministerium für Wirtschaft und Energie bestimmt im Einvernehmen mit dem Bundesministerium für Bildung und Forschung durch Rechtsverordnung für welche verwandte Handwerke eine Gesamtausbildungszeit vereinbart werden kann und die Dauer der Gesamtausbildungszeit.

Überblick

Redaktioneller Hinweis: § 27c S. 2 geändert mWv 8.9.2015 durch Art. 283 Zehnte ZuständigkeitsanpassungsVO v. 31.8.2015 (BGBl. I 1474).

Die Vorschrift regelt einen Sonderfall der Verkürzung der Ausbildungszeit. Bei einer gleichzeitigen Ausbildung in zwei verwandten Handwerken kann die Ausbildungszeit verkürzt und zu einer Gesamtausbildungszeit zusammengefasst werden (→ Rn. 1).Die Gesamtausbildungszeit muss durch Rechtsverordnung des Bundeswirtschaftsministeriums festgelegt werden (→ Rn. 4).

A. Verkürzung der Gesamtausbildungszeit

1   Für den Fall, dass in einem Betrieb zwei verwandte Handwerke ausgeübt werden, können Lehrlinge in beiden Handwerken gleichzeitig in Form der **Gemischtlehre** ausgebildet werden (Honig/Knörr Rn. 2). Dabei wird die Ausbildungszeit in den jeweiligen Handwerken zu einer **verkürzten Gesamtausbildungszeit** zusammengefasst. Die Ausbildung ist nur in miteinander verwandten Handwerken nach der Verordnung über verwandte Handwerke zulässig. Die Vorschrift bezieht sich allein auf die Verkürzung der Ausbildungszeit. Dabei handelt es sich um einen obligatorischen Verkürzungstatbestand, für den kein Antrag notwendig ist (Schwannecke/Witt Rn. 2).

2   Die Bestimmungen zur fachlichen Eignung des Ausbildenden bzw. Ausbilders bleiben unberührt. Die fachliche Eignung richtet sich ausschließlich nach § 22b. Danach besteht aufgrund § 22b Abs. 2 eine **Ausbildungsberechtigung** auch im verwandten Handwerk (→ § 22b Rn. 2). Es muss also nicht jeweils ein fachlich geeigneter Ausbildender bzw. Ausbilder für jedes Handwerk vorhanden sein (Detterbeck Rn. 2).

3   Ebenso bestehen keine Besonderheiten im Hinblick auf die **Gesellenprüfung**. In jedem Handwerk ist eine gesonderte Gesellenprüfung abzulegen (Honig/Knörr Rn. 3). Eine Anrechnung von Prüfungsleistungen in der jeweils anderen Gesellenprüfung ist gesetzlich nicht vorgesehen und daher unzulässig (Schwannecke/Witt Rn. 7). Ebenso scheidet eine Befreiung von Prüfungsbereichen mangels gesetzlicher Regelung aus.

B. Verordnungsermächtigung

4   Das Bundeswirtschaftsministerium ist zuständig für den Erlass einer entsprechenden Rechtsverordnung. Vor dem Erlass der Verordnung ist das Einvernehmen mit dem Bundesbildungsministerium herzustellen. In der Rechtsverordnung müssen die betroffenen verwandten Handwerke und auch die Dauer der Gesamtausbildungszeit geregelt sein. Eine derartige Rechtsverordnung ist vom Bundeswirtschaftsministerium bislang noch nicht erlassen worden. Daher ist eine verkürzte Gesamtausbildung derzeit rechtlich unzulässig (Detterbeck Rn. 1).

C. Praktische Bedeutung

Die praktische Bedeutung der Vorschrift ist **gering**. Zum einen ist bislang keine entsprechende Rechtsverordnung erlassen worden (→ Rn. 4). Zum anderen ist die Zulassung zur Meisterprüfung in einem zulassungspflichtigen Handwerk nach § 49 Abs. 1 auch aufgrund einer Gesellenprüfung in einem damit verwandten Handwerk möglich (→ § 49 Rn. 2). Für die Zulassung in einem zulassungsfreien Handwerk oder handwerksähnlichen Gewerbe ist nach § 51a Abs. 5 eine erfolgreich abgelegte Gesellenprüfung oder eine Abschlussprüfung in einem anerkannten Ausbildungsberuf erforderlich (→ § 51a Rn. 8). Ferner ist die Eintragung mit einem verwandten Handwerk in die Handwerksrolle nach § 7 Abs. 1a aufgrund einer erfolgreich abgelegten Meisterprüfung im zulassungspflichtigen Handwerk möglich (→ § 7 Rn. 39).

Dritter Abschnitt: Verzeichnis der Berufsausbildungsverhältnisse

§ 28 [Einrichten, Führen, Datenschutz]

(1) ¹Die Handwerkskammer hat zur Regelung, Überwachung, Förderung und zum Nachweis der Berufsausbildung in anerkannten Ausbildungsberufen ein Verzeichnis der in ihrem Bezirk bestehenden Berufsausbildungsverhältnisse nach Maßgabe der Anlage D Abschnitt III zu diesem Gesetz einzurichten und zu führen (Lehrlingsrolle). ²Die Eintragung ist für den Lehrling (Auszubildenden) gebührenfrei.

(2) ¹Die nach Absatz 1 gespeicherten Daten dürfen an öffentliche und nicht-öffentliche Stellen übermittelt werden, soweit dies zu den in Absatz 1 genannten Zwecken erforderlich ist. ²Werden Daten an nicht-öffentliche Stellen übermittelt, so ist der Betroffene hiervon zu benachrichtigen, es sei denn, daß er von der Übermittlung auf andere Weise Kenntnis erlangt.

(3) ¹Der Empfänger darf die übermittelten Daten nur für den Zweck verarbeiten oder nutzen, zu dessen Erfüllung sie ihm übermittelt werden. ²Bei Übermittlungen an nicht-öffentliche Stellen hat die übermittelnde Stelle den Empfänger hiervon zu unterrichten.

(4) Für das Verändern und Sperren der Daten in der Lehrlingsrolle gelten die Datenschutzgesetze der Länder.

(5) Die Eintragungen sind am Ende des Kalenderjahres, in dem das Berufsausbildungsverhältnis beendet wird, in der Lehrlingsrolle zu löschen.

(6) ¹Die nach Absatz 5 gelöschten Daten sind in einer gesonderten Datei zu speichern, solange und soweit dies für den Nachweis der Berufsausbildung erforderlich ist, höchstens jedoch 60 Jahre. ²Die Übermittlung von Daten ist nur unter den Voraussetzungen des Absatzes 2 zulässig.

(7) ¹Zur Verbesserung der Ausbildungsvermittlung, zur Verbesserung der Zuverlässigkeit und Aktualität der Ausbildungsvermittlungsstatistik sowie zur Verbesserung der Feststellung von Angebot und Nachfrage auf dem Ausbildungsmarkt darf die Handwerkskammer folgende Daten aus der Lehrlingsrolle an die Bundesagentur für Arbeit übermitteln:
1. Name, Geburtsname, Vornamen, Geburtsdatum und Anschrift des Lehrlings (Auszubildenden),
2. Name und Anschrift der Ausbildungsstätte,
3. Ausbildungsberuf sowie
4. Datum des Beginns der Berufsausbildung.

²Bei der Datenübermittlung sind dem jeweiligen Stand der Technik entsprechende Maßnahmen zur Sicherstellung von Datenschutz und Datensicherheit zu treffen, die insbesondere die Vertraulichkeit, Unversehrtheit und Zurechenbarkeit der Daten gewährleisten.

(8) Im Übrigen darf die Handwerkskammer Daten aus dem Berufsausbildungsvertrag, die nicht nach Absatz 1 oder Absatz 6 gespeichert sind, nur für die in Absatz 1 genannten Zwecke sowie in den Fällen des § 88 Abs. 2 des Berufsbildungsgesetzes übermitteln.

Literatur: Seidl WiVerw 1994, 55

Überblick

Die §§ 28–30 regeln das Verzeichnis der Berufsausbildungsverhältnisse. Die HwO hat den Begriff „Lehrlingsrolle" beibehalten.

Die Handwerkskammer wird verpflichtet, eine Lehrlingsrolle einzurichten und zu führen (→ Rn. 1). Sie muss daher nicht nur die Ausbildungsverhältnisse erfassen, sondern auch die Daten entsprechend pflegen (→ Rn. 3). Die Eintragung ist für den Lehrling gebührenfrei, aber nicht für den Ausbildenden (→ Rn. 9). Die einzutragenden personenbezogenen Daten ergeben sich aus der Anlage D Abschn. III (→ Rn. 7). Ferner können auch weitere, nicht-personenbezogene Daten in der Lehrlingsrolle erfasst werden (→ Rn. 8). Daneben werden in § 28 zweckgebundene Befugnisse zur Übermittlung personenbezogener Daten (→ Rn. 11) und nicht-personenbezogener Daten (→ Rn. 20) geregelt. Ebenso wird die Nutzung nur zweckgebunden erlaubt (→ Rn. 14). Eine gesonderte Regelung erfährt die Datenübermittlung an die Bundesagentur für Arbeit (→ Rn. 18). Zudem werden Regelungen hinsichtlich der Löschung von Daten sowie der Übermittlung archivierter Daten festgelegt (→ Rn. 16). Im Hinblick auf die Datenschutzgesetze der Länder wird bestimmt, dass diese nur für das Verändern und Löschen von Daten Anwendung finden (→ Rn. 15).

Die Vorschrift entspricht § 28 aF und wurde durch das Berufsbildungsreformgesetz vom 23.3.2005 leicht ergänzt.

Die Parallelvorschriften zu § 28 sind § 34 und § 35 Abs. 3 BBiG.

Übersicht

	Rn.		Rn.
A. Einrichten und Führen der Lehrlingsrolle	1	I. Übermittlung von Daten an öffentliche und nicht-öffentliche Stellen	11
I. Lehrlingsrolle	1	II. Nutzung übermittelter Daten	14
II. Inhalt der Eintragung	7	III. Verändern und Sperren von Daten	15
III. Gebührenfreiheit	9	IV. Löschen und Archivieren von Daten	16
		V. Übermittlung von Daten an die Bundesagentur für Arbeit	18
B. Verwendung der Daten	11	VI. Übermittlung anderer Daten	20

A. Einrichten und Führen der Lehrlingsrolle

I. Lehrlingsrolle

1   Jede Handwerkskammer ist verpflichtet, eine Lehrlingsrolle einzurichten und zu führen. Die Aufgabe ist allein der Handwerkskammer zugewiesen. Eine Delegation auf eine Innung oder Kreishandwerkerschaft ist nicht zulässig (Schwannecke/Witt Rn. 10). Ein Verzeichnis über Ausbildungsverhältnisse, das eine Innung führt, stellt keine Lehrlingsrolle iSd § 28 dar und entfaltet daher keine rechtliche Wirkung (Honig/Knörr Rn. 1). Daher kann eine Innung für die Eintragung in dieses Verzeichnis keine Gebühr erheben (VG Ansbach GewArch 1986, 27).

2   Die Lehrlingsrolle dient in erster Linie der Überwachung der Berufsausbildung. Die Handwerkskammer kann aufgrund des Eintragungsantrags (→ § 30 Rn. 1) die Eignung der Ausbildungsstätte (→ § 21 Rn. 6) sowie des Ausbildungspersonals (→ § 22 Rn. 1) überprüfen. Wird dabei ein Mangel festgestellt, so fordert die Handwerkskammer zur Beseitigung des Mangels auf. Daneben kann die Handwerkskammer iRd Eintragungsverfahrens zu Änderungen des Ausbildungsvertrags beraten.

3   Das **Einrichten** der Lehrlingsrolle bedeutet das Anlegen eines Verzeichnisses in Form einer Liste oder Kartei oder das Anlegen eines elektronischen Verzeichnisses (Leinemann/

Taubert BBiG § 34 Rn. 9). Unter **Führen** ist das erstmalige Erfassen der erforderlichen Daten sowie die Pflege derselben durch Aktualisierung, Berichtigung oder Löschen zu verstehen (Benecke/Hergenröder/Hergenröder BBiG § 34 Rn. 7). Detaillierte Regelungen bezüglich des Einrichtens und des Führens bestehen nicht, so dass die Handwerkskammer bei ihrem Handeln das jeweilige Landesverwaltungsverfahrensgesetz ergänzend anzuwenden hat. Die Handwerkskammer kann auch eine Lehrlingsrollenordnung auf Grundlage des § 41 erlassen (Detterbeck Rn. 9).

Die Handwerkskammer führt die Lehrlingsrolle in ihrem sachlichen, fachlichen und örtlichen Zuständigkeitsbereich. Nach dem Wortlaut sind vom **sachlichen Anwendungsbereich** ausschließlich Ausbildungsverhältnisse in anerkannten Ausbildungsberufen erfasst. Daneben sind nach § 42m Abs. 2 auch Ausbildungsverträge auf Grundlage von Ausbildungsregelungen für behinderte Menschen in die Lehrlingsrolle einzutragen (→ § 42m Rn. 7). Für Umschulungsverhältnisse besteht nach § 42i Abs. 2 keine Eintragungspflicht, sondern lediglich eine Anzeigepflicht (→ § 42i Rn. 2). Die Handwerkskammer kann auf freiwilliger Basis ein Verzeichnis für Umschulungsverhältnisse führen, um die Organisation der Prüfung zu erleichtern (→ § 42i Rn. 4). Ebenso können freiwillig Verträge mit Praktikanten registriert werden (Leinemann/Taubert BBiG § 34 Rn. 11). 4

Die **fachliche Zuständigkeit** ergibt sich aus der Regelung des § 71 BBiG. Die Handwerkskammer ist nach § 71 Abs. 1 BBiG für die Berufsbildung in den Berufen des Handwerks, also zulassungspflichtige und zulassungsfreie Handwerke (Anlage A und Anlage B Abschn. 1 zur HwO) sowie handwerksähnliche Gewerbe (Anlage B Abschn. 2 zur HwO), zuständig. Dabei kommt es auf die Zugehörigkeit des Ausbildungsbetriebs zur Handwerkskammer nicht an. Ferner ist die Handwerkskammer nach § 71 Abs. 7 BBiG für alle Ausbildungsverhältnisse in Betrieben zulassungspflichtiger und zulassungsfreier Handwerke sowie handwerksähnlicher Gewerbe zuständig. Es wird also die Ausbildung sowohl in Handwerksberufen als auch in nichthandwerklichen Berufen erfasst. Im letzten Fall ist die Handwerkskammer zuständige Stelle iSd BBiG (BT-Drs. 15/3980, 57). Die Eintragung erfolgt daher nicht auf Grundlage von §§ 28 ff., sondern nach §§ 34 ff BBiG (Honig/Knörr Rn. 2; aA Schwannecke/Witt Rn. 9). Aufgrund der vergleichbaren Regelungsinhalte ergeben sich im Ergebnis keine großen Unterschiede. 5

Örtlich zuständig ist die Handwerkskammer für alle Ausbildungsbetriebe in ihrem Bezirk. Bei einer Ausbildung in einen Filialbetrieb, der eine eigenständige Ausbildungsstätte darstellt, ist die Handwerkskammer zuständig, in deren Bezirk die Filiale liegt. Daher sind bei Filialbetrieben in verschiedenen Bezirken die Ausbildungsverträge bei der jeweils örtlich zuständigen Handwerkskammer einzutragen (Schwannecke/Witt Rn. 11). Eine Eintragung ist nicht bei lediglich vorübergehender Ausbildung außerhalb des Bezirks notwendig. Der Wohnort des Lehrlings ist bei der Bestimmung der örtlichen Zuständigkeit nicht maßgeblich. 6

II. Inhalt der Eintragung

Bei der Eintragung handelt es sich nicht lediglich um eine schematische Übernahme der Daten des Ausbildungsvertrags (Honig/Knörr Rn. 3). Die Vorschrift verweist hinsichtlich der einzutragenden Daten auf Anlage D Abschn. III zur HwO. Dort sind abschließend alle **personenbezogenen Daten** aufgeführt, die in der Lehrlingsrolle erfasst werden dürfen. Danach sind die persönlichen Daten des Lehrlings sowie die gesetzlichen Vertreters bei minderjährigen Lehrlingen einzutragen. Ebenso sind die persönlichen Daten des Ausbilders und die Daten des Ausbildungsbetriebs zu erfassen. Ferner sind die notwendigen Informationen zum Ausbildungsverhältnis zu registrieren. Durch diese detaillierte Auflistung wird die Rechtsprechung des BVerfG zum Grundrecht auf informationelle Selbstbestimmung umgesetzt, die einen Eingriff in dieses Grundrecht nur durch oder auf Grund eines formellen Gesetzes erlaubt (Detterbeck Rn. 5). 7

Die Handwerkskammer ist auch berechtigt, andere, nicht-personenbezogene Daten in der Lehrlingsrolle zu erfassen. Denn Anlage D Abschn. III zur HwO enthält ausschließlich eine abschließende Regelung hinsichtlich personenbezogener Daten. Ein Verstoß gegen das Grundrecht auf informationelle Selbstbestimmung beim Erfassen nicht-personenbezogener Daten ist nicht gegeben, da sich dieses lediglich auf personenbezogenen Daten bezieht (Det- 8 terbeck Rn. 6). Die Verwendung solcher nicht-personenbezogener Daten richtet sich dann nach § 28 Abs. 8 (→ Rn. 20).

III. Gebührenfreiheit

9   Die Eintragung des Ausbildungsverhältnisses ist **für den Lehrling gebührenfrei**. Nach dem Wortlaut der Vorschrift bezieht sich die Gebührenfreiheit lediglich auf die Eintragung. Dem Lehrling dürfen allerdings keine Kosten, die mit dem Führen der Lehrlingsrolle in Zusammenhang stehen, auferlegt werden (Leinemann/Taubert BBiG § 34 Rn. 13; Benecke/Hergenröder/Hergenröder BBiG § 34 Rn. 9). Damit sind Änderungen des Namens oder der Adresse für den Lehrling gebührenfrei durchzuführen.

10 Die Handwerkskammer kann jedoch auf Grundlage von § 113 Abs. 4 **Gebühren** für die Eintragung in die Lehrlingsrolle **von den Ausbildungsbetrieben** erheben. Neben der Ersteintragung des Ausbildungsverhältnisses können auch Änderungen von der Gebührenpflicht umfasst sein. Der Ausbildende kann nicht die Erstattung der Gebühr vom Lehrling verlangen, da dies eine Umgehung der Gebührenfreiheit für den Lehrling darstellt und eine derartige Vereinbarung somit gegen § 12 Abs. 2 Nr. 1 BBiG verstößt (Leinemann/Taubert BBiG § 34 Rn. 15).

B. Verwendung der Daten

I. Übermittlung von Daten an öffentliche und nicht-öffentliche Stellen

11 Die Handwerkskammer darf zum Zweck der Regelung, Überwachung, Förderung und zum Nachweis der Berufsausbildung personenbezogenen Daten der Lehrlingsrolle an öffentliche und nicht-öffentliche Stellen **übermitteln**. In erster Linie kommt die Weitergabe zum Zweck der Förderung oder Nachweis der Berufsausbildung in Betracht. Daneben können die Daten an Innungen zur Regelung und Überwachung der Lehrlingsausbildung nach § 54 Abs. 1 Nr. 3 bzw. an Kreishandwerkerschaften im Falle der Unterstützung der jeweiligen Innung nach § 87 Nr. 2 weitergegeben werden. Eine Weitergabe zu anderen Zwecken ist unzulässig und nur aufgrund spezialgesetzlicher Regelung außerhalb der HwO zulässig (Detterbeck Rn. 12). Eine Übermittlung ist nur statthaft, wenn diese für die Erfüllung des Zwecks erforderlich ist. Die Erforderlichkeit ist gegeben, wenn die Daten zur rechtmäßigen und vollständigen Erfüllung der gestellten Aufgabe in angemessener Zeit notwendig sind (Schwannecke/Witt Rn. 19). Dabei besitzt die Handwerkskammer bei der Beurteilung der Erforderlichkeit einen Ermessensspielraum.

12 Eine Regelung hinsichtlich der **Einsichtnahme** in die Lehrlingsrolle existiert nicht. Sofern die Voraussetzungen für die Übermittlung der Daten erfüllt sind, kann an deren Stelle auch die Einsicht in die Lehrlingsrolle gestattet werden. Denn die Einsichtnahme stellt im Vergleich zur Übermittlung ein wesensgleiches Minus dar (Detterbeck Rn. 11).

13 Der Betroffene ist von der Übermittlung der personenbezogenen Daten an nicht-öffentliche Stellen zu **informieren**. Bei einer Weitergabe der Daten an öffentliche Stellen ist eine Benachrichtigung nicht vorgesehen und muss daher auch nicht erfolgen.

II. Nutzung übermittelter Daten

14 Die übermittelten Daten dürfen nicht in allgemeiner Weise von der Stelle, die sie erhalten hat, genutzt werden. Eine Verarbeitung und Nutzung darf ausschließlich **zweckgebunden** erfolgen. Die Handwerkskammer muss den Betroffenen **informieren**, dass seine Daten zu einem bestimmten Zweck an eine nicht-öffentliche Stelle übermittelt wurden und von dieser verarbeitet und genutzt werden. Ist der Empfänger eine öffentliche Stelle, ist eine Benachrichtigung des Betroffenen nicht vorgesehen und somit nicht erforderlich.

III. Verändern und Sperren von Daten

15 Im Hinblick auf das Verändern und Sperren von gespeicherten Daten der Lehrlingsrolle wird auf das jeweilige Landesdatenschutzgesetz verwiesen. Damit wird klargestellt, dass die **Datenschutzgesetze der Länder** ausschließlich für das Verändern und Sperren der gespei-

cherten personenbezogenen Daten nach Anlage D Abschn. III zur HwO **vorrangig** Anwendung finden. Für andere gespeicherte Daten sind die Vorschriften der HwO maßgeblich (Detterbeck Rn. 16).

IV. Löschen und Archivieren von Daten

Die persönlichen Daten sind mit Ablauf des Kalenderjahres zu **löschen**, in dem das Ausbildungsverhältnis beendet wurde. Mit Beendigung der Berufsausbildung entfällt auch der Zweck der Datenspeicherung in der Lehrlingsrolle. Von der Pflicht zur Löschung sind auch die nicht-personenbezogenen Daten umfasst (Detterbeck Rn. 17). 16

Die gelöschten Daten sind allerdings in einer gesonderten Datei zu speichern und zu **archivieren**. Die Daten sollen zum Zweck des Nachweises der Berufsausbildung, insbes. für die Rentenberechnung, zur Verfügung stehen. Die Höchstdauer der Aufbewahrung beträgt 60 Jahre. Die Daten sind früher zu löschen, wenn der Speicherzweck vorher entfallen ist (BT-Drs. 12/5918, 20). Bei der Übermittlung sind die Regelungen des § 28 Abs. 2 zu beachten (→ Rn. 11). Es kommt vor allem die Übermittlung von Daten zum Zweck des Nachweises der Berufsausbildung gegenüber den Rentenversicherungsträgern in Betracht. 17

V. Übermittlung von Daten an die Bundesagentur für Arbeit

Der Handwerkskammer wird durch diese Reglung erlaubt, bestimmte Daten aus der Lehrlingsrolle an die Bundesagentur für Arbeit zu übermitteln. Es dürfen ausschließlich die persönlichen Daten des Lehrlings, die Daten des Ausbildungsbetriebs, der Ausbildungsberuf sowie der Beginn der Ausbildung weitergegeben werden. Die Bundesagentur für Arbeit darf die übermittelten Daten ausschließlich zu Zwecken der Verbesserung der Ausbildungsvermittlung, der Verbesserung der Zuverlässigkeit und Aktualität der Ausbildungsvermittlungsstatistik und zur Verbesserung der Feststellung von Angebot und Nachfrage auf dem Ausbildungsmarkt verwenden. Die Verarbeitung durch die Bundesagentur für Arbeit ist in § 282b SGB III geregelt. Eine Weitergabe der übermittelten Daten an Dritte oder die Einsicht durch Dritte ist nicht statthaft (Leinemann/Taubert BBiG § 35 Rn. 41). 18

Bei der Übermittlung muss die Handwerkskammer dem jeweiligen Stand der Technik entsprechende Maßnahmen zur Sicherstellung von Datenschutz und Datensicherheit treffen. Dies verlangt bei einer Übermittlung durch das Internet eine entsprechende Verschlüsselung (Benecke/Hergenröder/Hergenröder BBiG § 34 Rn. 28). 19

VI. Übermittlung anderer Daten

Die Regelung erfasst die Übermittlung von anderen, **nicht-personenbezogenen Daten** aus dem Ausbildungsvertrag. Nicht erfasst werden die personenbezogenen Daten, die in der Lehrlingsrolle bzw. in der Altdatei nach § 28 Abs. 6 gespeichert sind. Die Daten dürfen lediglich zum Zweck der Regelung, Überwachung, Förderung und zum Nachweis der Berufsausbildung weitergegeben werden. Zudem dürfen die Daten zum Zweck der Bundesstatistik nach § 88 Abs. 2 BBiG weitergegeben werden. 20

§ 29 [Eintragen, Ändern, Löschen]

(1) Ein Berufsausbildungsvertrag und Änderungen seines wesentlichen Inhalts sind in die Lehrlingsrolle einzutragen, wenn
1. der Berufsausbildungsvertrag den gesetzlichen Vorschriften und der Ausbildungsordnung entspricht,
2. die persönliche und fachliche Eignung sowie die Eignung der Ausbildungsstätte für das Einstellen und Ausbilden vorliegen und
3. für Auszubildende unter 18 Jahren die ärztliche Bescheinigung über die Erstuntersuchung nach § 32 Abs. 1 des Jugendarbeitsschutzgesetzes zur Einsicht vorgelegt wird.

(2) ¹Die Eintragung ist abzulehnen oder zu löschen, wenn die Eintragungsvoraussetzungen nicht vorliegen und der Mangel nicht nach § 23 Abs. 2 behoben

wird. ²Die Eintragung ist ferner zu löschen, wenn die ärztliche Bescheinigung über die erste Nachuntersuchung nach § 33 Abs. 1 des Jugendarbeitsschutzgesetzes nicht spätestens am Tag der Anmeldung des Auszubildenden zur Zwischenprüfung oder zum ersten Teil der Gesellenprüfung zur Einsicht vorgelegt und der Mangel nicht nach § 23 Abs. 2 behoben wird.

Überblick

Die Vorschrift regelt die Eintragung in die Lehrlingsrolle (→ Rn. 1). Die Eintragung darf nur unter bestimmten Voraussetzungen erfolgen. So muss der Ausbildungsvertrag nicht nur den gesetzlich Vorschriften, sondern auch der Ausbildungsordnung entsprechen (→ Rn. 5). Ferner muss die Ausbildungsstätte und das Ausbildungspersonal geeignet sein (→ Rn. 7). Zuletzt muss die Bescheinigung über die Erstuntersuchung bei jugendlichen Lehrlingen vorgelegt werden (→ Rn. 8). Die Eintragung in die Lehrlingsrolle wird abgelehnt, sofern die Eintragungsvoraussetzungen nicht erfüllt sind (→ Rn. 9). Auch können bestehende Ausbildungsverhältnisse aus der Lehrlingsrolle gelöscht werden, wenn die Eintragungsvoraussetzungen nachträglich entfallen (→ Rn. 10). Zudem ist in bestimmten Fällen die Löschung von Amts wegen vorzunehmen (→ Rn. 11).

Die Regelung entspricht § 29 aF. Das Berufsbildungsreformgesetz vom 23.3.2005 hat nur eine Ergänzung in Zusammenhang mit der gesteckten Gesellenprüfung vorgenommen.

Die Parallelvorschrift zu § 29 ist § 35 BBiG.

A. Eintragung und Änderung des Ausbildungsvertrags

I. Eintragung

1 Die Handwerkskammer ist für das Führen der Lehrlingsrolle nach § 28 zuständig (→ § 28 Rn. 4). Sie muss jeden Ausbildungsvertrag in ihrem Zuständigkeitsbereich eintragen. Die Eintragungspflicht erstreckt sich sowohl auf das **erstmalige Registrieren** zu Beginn der Ausbildung als auch auf das Eintragen von **Änderungen**. Zum wesentlichen Inhalt des Ausbildungsvertrags zählen alle Daten, die nach Abschn. III der Anlage D zur HwO in der Lehrlingsrolle einzutragen sind. Nach § 30 Abs. 1 stellt der Ausbildende den Antrag auf Eintragung bzw. auf Änderung des Ausbildungsvertrags (→ § 30 Rn. 1).

2 Die Eintragungsvoraussetzungen sind in § 29 Abs. 1 Nr. 1–3 **abschließend** aufgezählt. Die Handwerkskammer kann die Eintragung daher nicht von zusätzlichen Voraussetzungen abhängig machen. Insbes. darf sie die Eintragung nicht verweigern, wenn die Vertragsparteien nicht das von ihr herausgegebene Vertragsformular verwenden (OVG Koblenz EzB BBiG §§ 34–36 Nr. 5). Ebenso wenig kann die Handwerkskammer aufgrund der Regelungen im § 11 BBiG Bestimmungen hinsichtlich des Vertragsinhalts und der Form der schriftlichen Niederlegung erlassen (VG Kassel EzB BBiG §§ 34–36 Nr. 2). Aus Gründen der Verwaltungsvereinfachung und der Rechtssicherheit hinsichtlich des notwendigen Vertragsinhalts empfiehlt es sich allerdings, den von der Handwerkskammer herausgegebenen Ausbildungsvertrag zu verwenden. Der Hauptausschuss des Bundesinstituts für Berufsbildung hat daher am 18.7.2005 (BAnz. 168/2005) bzw. 7.3.2008 ein Muster für einen Ausbildungsvertrag empfohlen (→ Rn. 2.1).

2.1 Berufsausbildungsvertrag (§§ 10, 11 Berufsbildungsgesetz – BBiG)
Zwischen

(Name und Anschrift des Ausbildenden (Ausbildungsbetriebs)[1]
und

(Name und Anschrift der/des Auszubildenden)
geb. am

gesetzlich vertreten durch[2]

wird nachstehender Berufsausbildungsvertrag zur Ausbildung im Ausbildungsberuf

nach Maßgabe der Ausbildungsordnung[3] geschlossen:
§ 1 – Dauer der Ausbildung
1. (Dauer)
Die Ausbildungsdauer beträgt nach der Ausbildungsordnung _____ Jahre/Monate.
a) Auf die Ausbildungsdauer wird die Berufsausbildung zum _____[4] bzw. eine berufliche Vorbildung in _____[5] mit ____ Monaten angerechnet.
b) Die Ausbildungsdauer verkürzt sich vorbehaltlich der Entscheidung der zuständigen Stelle aufgrund _____ um _____ Monate.[6]
Das Berufsbildungsverhältnis beginnt am _____ und endet am _____.[7]
2. (Probezeit)
Die Probezeit beträgt ____ Monate.[8] Wird die Ausbildung während der Probezeit um mehr als ein Drittel dieser Zeit unterbrochen, so verlängert sich die Probezeit um den Zeitraum der Unterbrechung.
3. (Vorzeitige Beendigung des Berufsausbildungsverhältnisses)
Bestehen Auszubildende vor Ablauf der unter Nr. 1 vereinbarten Ausbildungszeit die Abschlussprüfung, so endet das Berufsausbildungsverhältnis mit Bekanntgabe des Ergebnisses durch den Prüfungsausschuss.
4. (Verlängerung des Berufsausbildungsverhältnisses)
Bestehen Auszubildende die Abschlussprüfung nicht, so verlängert sich das Berufsausbildungsverhältnis auf ihr Verlangen bis zur nächstmöglichen Wiederholungsprüfung, höchstens um ein Jahr.
§ 2 – Ermächtigung zur Anmeldung zu Prüfungen
Die/der Auszubildende ermächtigen den Ausbildenden, sie/ihn in ihrem/seinem Namen zu Prüfungen im Rahmen der Ausbildung anzumelden; siehe näher § 4 Nr. 11 dieses Vertrages.
§ 3 – Ausbildungsstätte
Die Ausbildung findet vorbehaltlich der Regelungen nach § 4 Nr. 12 in

_____
(Ausbildungsstätte)
und den mit dem Betriebssitz für die Ausbildung üblicherweise zusammenhängenden Bau-, Montage- und sonstigen Arbeitsstellen statt.
§ 4 – Pflichten des Ausbildenden
Der Ausbildende verpflichtet sich,
1. (Ausbildungsziel)
dafür zu sorgen, dass der/dem Auszubildenden die berufliche Handlungsfähigkeit vermittelt wird, die zum Erreichen des Ausbildungsziels erforderlich ist, und die Berufsausbildung nach den beigefügten Angaben zur sachlichen und zeitlichen Gliederung des Ausbildungsablaufs so durchzuführen, dass das Ausbildungsziel in der vorgesehenen Ausbildungszeit erreicht werden kann;
2. (Ausbilder/Ausbilderinnen)
selbst auszubilden oder eine/einen persönlich und fachlich geeignete/geeigneten Ausbilderin/Ausbilder ausdrücklich damit zu beauftragen und diese/diesen der/dem Auszubildenden jeweils schriftlich bekannt zu geben;
3. (Ausbildungsordnung)
der/dem Auszubildenden vor Beginn der Ausbildung die Ausbildungsordnung kostenlos auszuhändigen;
4. (Ausbildungsmittel)
der/dem Auszubildenden kostenlos die Ausbildungsmittel, insbesondere Werkzeuge, Werkstoffe und Fachliteratur zur Verfügung zu stellen, die für die Ausbildung in den betrieblichen und überbetrieblichen Ausbildungsstätten und zum Ablegen von Zwischen- und Abschlussprüfungen[9], auch soweit solche nach Beendigung des Berufsausbildungsverhältnisses und in zeitlichem Zusammenhang damit stattfinden, erforderlich sind;
5. (Besuch der Berufsschule und von Ausbildungsmaßnahmen außerhalb der Ausbildungsstätte)
die/den Auszubildende/n zum Besuch der Berufsschule anzuhalten und freizustellen. Das gleiche gilt, wenn Ausbildungsmaßnahmen außerhalb der Ausbildungsstätte vorgeschrieben oder nach Nr. 12 durchzuführen sind;
6. (Führung von schriftlichen Ausbildungsnachweisen)
soweit schriftliche Ausbildungsnachweise geführt werden, diese der/dem Auszubildenden für die Berufsausbildung kostenfrei auszuhändigen und die ordnungsgemäße Führung durch regelmäßige Abzeichnung zu überwachen;

7. (Ausbildungsbezogene Tätigkeiten)
der/dem Auszubildenden nur Aufgaben zu übertragen, die dem Ausbildungszweck dienen und ihren/seinen körperlichen Kräften angemessen sind;
8. (Sorgepflicht)
dafür zu sorgen, dass die/der Auszubildende charakterlich gefördert sowie sittlich und körperlich nicht gefährdet wird;
9. (Ärztliche Untersuchungen)
sofern die/der Auszubildende noch nicht 18 Jahre alt ist, sich Bescheinigungen gemäß § 32, 33 Jugendarbeitsschutzgesetz darüber vorlegen zu lassen, dass sie/er a) vor der Aufnahme der Ausbildung untersucht und b) vor Ablauf des ersten Ausbildungsjahres nachuntersucht worden ist;
10. (Eintragungsantrag)
unverzüglich nach Abschluss des Berufsausbildungsvertrages die Eintragung in das Verzeichnis der Berufsausbildungsverhältnisse bei der zuständigen Stelle unter Beifügung der Vertragsniederschriften und – bei Auszubildenden unter 18 Jahren – einer Kopie oder Mehrfertigung der ärztlichen Bescheinigung über die Erstuntersuchung gemäß § 32 Jugendarbeitsschutzgesetz zu beantragen; Entsprechendes gilt bei späteren Änderungen des wesentlichen Vertragsinhaltes;
11. (Anmeldung zu Prüfungen)
die/den Auszubildende/n im Rahmen einer gemäß § 2 dieses Vertrages erteilten Ermächtigung rechtzeitig zu den angesetzten Zwischen- und Abschlussprüfungen oder zum ersten und zweiten Teil einer gestreckten Abschlussprüfung anzumelden und für die Teilnahme freizustellen sowie der Anmeldung zur Zwischenprüfung oder zum ersten Teil einer gestreckten Abschlussprüfung bei Auszubildenden, die noch nicht 18 Jahre alt sind, eine Kopie oder Mehrfertigung der ärztlichen Bescheinigung über die erste Nachuntersuchung gemäß § 33 Jugendarbeitsschutzgesetz beizufügen; die/der Auszubildende erhalten eine Kopie des Anmeldeantrages;
12. (soweit zutreffend: Ausbildungsmaßnahmen außerhalb der Ausbildungsstätte)

§ 5 – Pflichten der/des Auszubildenden

Die/Der Auszubildende hat sich zu bemühen, die berufliche Handlungsfähigkeit zu erwerben, die erforderlich ist, um das Ausbildungsziel zu erreichen. Sie/Er verpflichtet sich insbesondere,
1. (Lernpflicht)
die ihr/ihm im Rahmen ihrer/seiner Berufsausbildung übertragenen Aufgaben sorgfältig auszuführen;
2. (Berufsschulunterricht, Prüfungen und sonstige Maßnahmen)
am Berufsschulunterricht und an Prüfungen sowie an Ausbildungsmaßnahmen außerhalb der Ausbildungsstätte teilzunehmen, für die sie/er nach § 4 Nr. 5, 11 und 12 freigestellt wird;
3. (Weisungsgebundenheit)
den Weisungen zu folgen, die ihr/ihm im Rahmen der Berufsausbildung von Ausbildenden, von Ausbildern oder Ausbilderinnen oder von anderen weisungsberechtigten Personen, soweit sie als weisungsberechtigt bekannt gemacht worden sind, erteilt werden;
4. (Betriebliche Ordnung)
die für die Ausbildungsstätte geltende Ordnung zu beachten;
5. (Sorgfaltspflicht)
Werkzeug, Maschinen und sonstige Einrichtungen pfleglich zu behandeln und sie nur zu den ihr/ihm übertragenen Arbeiten zu verwenden;
6. (Betriebsgeheimnisse)
über Betriebs- und Geschäftsgeheimnisse Stillschweigen zu wahren;
7. (Führung von schriftlichen Ausbildungsnachweisen)
vorgeschriebene schriftliche Ausbildungsnachweise ordnungsgemäß zu führen und regelmäßig vorzulegen;
8. (Benachrichtigung)
bei Fernbleiben von der betrieblichen Ausbildung, vom Berufsschulunterricht oder von sonstigen Ausbildungsveranstaltungen dem Ausbildenden unter Angabe von Gründen unverzüglich Nachricht zu geben. Bei einer Arbeitsunfähigkeit infolge von Krankheit, die länger als drei Kalendertage dauert, hat die/der Auszubildende eine ärztliche Bescheinigung über das Bestehen der Arbeitsunfähigkeit sowie deren voraussichtliche Dauer spätestens an dem darauf folgenden Arbeitstag vorzulegen. Der Ausbildende ist berechtigt, die Vorlage der ärztlichen Bescheinigung früher zu verlangen. Dauert die Arbeitsunfähigkeit länger als in der Bescheinigung angegeben, ist die/der Auszubildende verpflichtet, eine neue ärztliche Bescheinigung vorzulegen;

9. (Ärztliche Untersuchungen)
soweit auf sie/ihn die Bestimmungen des Jugendarbeitsschutzgesetzes Anwendung finden, sich gemäß § 32 und 33 dieses Gesetzes ärztlich
  a) vor Beginn der Ausbildung untersuchen
  b) vor Ablauf des ersten Ausbildungsjahres nachuntersuchen zu lassen und die Bescheinigungen hierüber dem Ausbildenden vorzulegen.

§ 6 – Vergütung und sonstige Leistungen
1. (Höhe und Fälligkeit)
Der Ausbildende zahlt der/dem Auszubildenden eine angemessene Vergütung; sie beträgt z. Z. monatlich
  EUR _____ brutto im ersten Ausbildungsjahr,
  EUR _____ brutto im zweiten Ausbildungsjahr,
  EUR _____ brutto im dritten Ausbildungsjahr,
  EUR _____ brutto im vierten Ausbildungsjahr.
Soweit Vergütungen tariflich geregelt und nach § 12 anwendbar oder vereinbart sind, gelten die tariflichen Sätze.
Eine über die vereinbarte regelmäßige tägliche Ausbildungszeit hinaus gehende Beschäftigung wird besonders vergütet oder durch entsprechende Freizeit ausgeglichen.
Die Vergütung wird spätestens am letzten Arbeitstag des Monats gezahlt. Das auf die Urlaubszeit entfallende Entgelt (Urlaubsentgelt) wird vor Antritt des Urlaubs ausgezahlt.
Die Beiträge für die Sozialversicherung tragen die Vertragschließenden nach Maßgabe der gesetzlichen Bestimmungen.

2. (Sachleistungen)
Soweit der Ausbildende der/dem Auszubildenden Kosten und/oder Wohnung gewährt, gilt die in der Anlage beigefügte Regelung.

3. (Kosten für Maßnahmen außerhalb der Ausbildungsstätte)
Ausbildende tragen die Kosten für Maßnahmen außerhalb der Ausbildungsstätte nach § 4 Nr. 5, soweit sie nicht anderweitig gedeckt sind. Ist eine auswärtige Unterbringung erforderlich, so können Auszubildenden anteilige Kosten für Verpflegung in dem Umfang in Rechnung gestellt werden, in dem diese Kosten einsparen. Die Anrechnung von anteiligen Kosten und Sachbezugswerten nach § 17 Abs. 2 BBiG darf 75 % der vereinbarten Bruttovergütung nicht übersteigen.

4. (Berufskleidung)
Wird vom Ausbildenden eine besondere Berufskleidung vorgeschrieben, so wird sie von ihm zur Verfügung gestellt.

5. (Fortzahlung der Vergütung)
Der/Dem Auszubildenden wird die Vergütung auch gezahlt
  a) für die Zeit der Freistellung gem. § 4 Nr. 5, 11 und 12 dieses Vertrages sowie gemäß § 10 Abs. 1 Nr. 2 und § 43 Jugendarbeitsschutzgesetz
  b) bis zur Dauer von 6 Wochen, wenn sie/er
  aa) sich für die Berufsausbildung bereit hält, diese aber ausfällt,
  bb) aus einem sonstigen, in ihrer/seiner Person liegenden Grund unverschuldet verhindert ist, die Pflichten aus dem Berufsausbildungsverhältnis zu erfüllen,
  cc) bei Krankheit nach Maßgabe des Entgeltfortzahlungsgesetzes.

§ 7 – Ausbildungszeit und Urlaub
1. (Tägliche Ausbildungszeit[10])
Die regelmäßige tägliche Ausbildungszeit beträgt _____ Stunden[11].

2. (Urlaub)
Der Ausbildende gewährt der/dem Auszubildenden Urlaub nach den geltenden Bestimmungen. Es besteht ein Urlaubsanspruch
  auf _____ Werktage oder _____ Arbeitstage im Jahr _____,
  auf _____ Werktage oder _____ Arbeitstage im Jahr _____,
  auf _____ Werktage oder _____ Arbeitstage im Jahr _____,
  auf _____ Werktage oder _____ Arbeitstage im Jahr _____.

3. (Lage des Urlaubs)
Der Urlaub soll zusammenhängend und in der Zeit der Berufsschulferien erteilt und genommen werden. Während des Urlaubs darf die/der Auszubildende keine dem Urlaubszweck widersprechende Erwerbsarbeit leisten.

§ 8 – Kündigung
1. (Kündigung während der Probezeit)
Während der Probezeit kann das Berufsausbildungsverhältnis ohne Einhaltung einer Kündigungsfrist und ohne Angabe von Gründen gekündigt werden.
2. (Kündigungsgründe)
Nach der Probezeit kann das Berufsausbildungsverhältnis nur gekündigt werden
a) aus einem wichtigen Grund[12] ohne Einhaltung einer Kündigungsfrist
b) von der/dem Auszubildenden mit einer Kündigungsfrist von vier Wochen, wenn sie/er die Berufsausbildung aufgeben oder sich für eine andere Berufstätigkeit ausbilden lassen will.
3. (Form der Kündigung)
Die Kündigung muss schriftlich, im Falle der Nr. 2 unter Angabe der Kündigungsgründe erfolgen.
4. (Unwirksamkeit einer Kündigung)
Eine Kündigung aus einem wichtigen Grund ist unwirksam, wenn die ihr zugrunde liegenden Tatsachen dem zur Kündigung Berechtigten länger als zwei Wochen bekannt sind. Ist ein Schlichtungsverfahren gem. § 10 eingeleitet, so wird bis zu dessen Beendigung der Lauf dieser Frist gehemmt.
5. (Schadensersatz bei vorzeitiger Beendigung)
Wird das Berufsausbildungsverhältnis nach Ablauf der Probezeit vorzeitig gelöst, so kann der Ausbildende oder die/der Auszubildende Ersatz des Schadens verlangen, wenn die andere Person den Grund für die Auflösung zu vertreten hat. Das gilt nicht bei Kündigung wegen Aufgabe oder Wechsels der Berufsausbildung (Nr. 2b). Der Anspruch erlischt, wenn er nicht innerhalb von drei Monaten nach Beendigung des Berufsausbildungsverhältnisses geltend gemacht wird.
6. (Aufgabe des Betriebes, Wegfall der Ausbildungseignung)
Bei Kündigung des Berufsausbildungsverhältnisses wegen Betriebsaufgabe oder wegen Wegfalls der Ausbildungseignung verpflichten sich Ausbildende, sich mit Hilfe der Berufsberatung der zuständigen Arbeitsagentur rechtzeitig um eine weitere Ausbildung im bisherigen Ausbildungsberuf in einer anderen geeigneten Ausbildungsstätte zu bemühen.
§ 9 – Betriebliches Zeugnis
Der Ausbildende hat der/dem Auszubildenden bei Beendigung des Berufsausbildungsverhältnisses ein Zeugnis auszustellen. Die elektronische Form ist ausgeschlossen. Hat der Ausbildende die Berufsausbildung nicht selbst durchgeführt, so soll auch der Ausbilder oder die Ausbilderin das Zeugnis unterschreiben. Es muss Angaben enthalten über Art, Dauer und Ziel der Berufsausbildung sowie über die erworbenen beruflichen Fertigkeiten, Kenntnisse und Fähigkeiten der/des Auszubildenden. Auf Verlangen der/des Auszubildenden sind auch Angaben über Verhalten und Leistung aufzunehmen.
§ 10 – Beilegung von Streitigkeiten
Bei Streitigkeiten aus dem bestehenden Berufsausbildungsverhältnis ist vor Inanspruchnahme des Arbeitsgerichts der nach § 111 Abs. 2 des Arbeitsgerichtsgesetzes errichtete Schlichtungsausschuss anzurufen, sofern ein solcher bei der zuständigen Stelle besteht.
§ 11 – Erfüllungsort
Erfüllungsort für alle Ansprüche aus diesem Vertrag ist der Ort der Ausbildungsstätte.
§ 12 – Sonstige Vereinbarungen[13]; Hinweis auf anzuwendende Tarifverträge und Betriebs- bzw. Dienstvereinbarungen

Rechtswirksame Nebenabreden, die das Berufsausbildungsverhältnis betreffen, können nur durch schriftliche Ergänzung im Rahmen des § 12 dieses Berufsausbildungsvertrages getroffen werden.
Vorstehender Vertrag ist in Ausfertigungen (bei Mündeln __fach) ausgestellt und von den Vertragsschließenden eigenhändig unterschrieben worden.

_____, den _____
(Ort) (Datum)
Der/die Ausbildende:Der/die Auszubildende:
_____
(Stempel und Unterschrift)
Die gesetzlichen Vertreter des/der Auszubildenden:
Vater: _____
und Mutter: _____
oder Vormund: _____
Dieser Vertrag ist in das Verzeichnis der Berufsausbildungsverhältnisse eingetragen am _____ unter Nr. _____
Vorgemerkt zur Prüfung für (Siegel) _____

Anlage gemäß § 4 Nr. 1 des Berufsausbildungsvertrages
Angaben zur sachlichen und zeitlichen Gliederung des Berufsausbildungsablaufs:

Anlage gemäß § 6 Nr. 2 des Berufsausbildungsvertrages
Ausbildende gewähren Auszubildenden angemessene Wohnung und Verpflegung im Rahmen der Hausgemeinschaft. Diese Leistungen können in Höhe der nach § 17 des Vierten Buches Sozialgesetzbuch festgesetzten Sachbezugswerte angerechnet werden, jedoch nicht über 75% der Bruttovergütung hinaus. Können Auszubildende während der Zeit, für welche die Vergütung fortzuzahlen ist, aus berechtigtem Grund Sachleistungen nicht abnehmen (z. B. bei Urlaub, Krankenhausaufenthalt etc.), so sind diese nach den Sachbezugswerten abzugelten.

Merkblatt zum Berufsausbildungsvertrag
Der Berufsausbildungsvertrag wird zwischen dem Ausbildenden und den Auszubildenden geschlossen. Ausbildender ist diejenige natürliche oder juristische Person (z. B. GmbH), die einen anderen zur Berufsausbildung einstellt. Davon zu unterscheiden sind diejenigen, die die Ausbildung praktisch durchführen. Das können der Ausbildende selbst oder von ihm beauftragte Ausbilder oder Ausbilderinnen sein. Auszubildende sind diejenigen, die ausgebildet werden. Im Falle der Minderjährigkeit ist zum Vertragsschluss die Zustimmung der gesetzlichen Vertreter erforderlich. Für Jugendliche unter 18 Jahren darf ein Berufsausbildungsvertrag nur in einem anerkannten Ausbildungsberuf abgeschlossen werden. Ausbildungsberufe werden durch Rechtsverordnung gem. §§ 4, 5 Berufsbildungsgesetz (BBiG) und §§ 25, 26 Handwerksordnung (HwO) anerkannt. Solange dies nicht geschehen ist, sind gem. § 104 Abs. 1 BBiG die bisherigen Ordnungsmittel (Berufsbild, Berufsbildungsplan und Prüfungsanforderungen) bzw. gem. § 122 Abs. 4 HwO die fachlichen Vorschriften anzuwenden. Das amtliche Verzeichnis der anerkannten Ausbildungsberufe kann bei der Berufsberatung der Agentur für Arbeit oder bei der zuständigen Stelle eingesehen werden. Ist durch den übereinstimmenden Willen, dass eine Ausbildung in diesem Ausbildungsberuf stattfinden soll, zwischen den Vertragspartnern der Ausbildungsvertrag zustande gekommen, so muss unverzüglich, spätestens vor Beginn der Berufsausbildung, die Vertragsniederschrift ausgefertigt werden. Als Niederschrift dient das von der zuständigen Stelle vorgesehene Muster des Berufsausbildungsvertrages. Unverzüglich nach Ausfertigung der Vertragsniederschrift hat der Ausbildende bei der zuständigen Stelle die Eintragung in das Verzeichnis der Berufsausbildungsverhältnisse zu beantragen.

Bei der Ausfertigung der Vertragsniederschrift ist im Einzelnen Folgendes zu beachten:

§ 1 – Dauer der Ausbildung
Zu Nr. 1 (Dauer)
Die vorgeschriebene Ausbildungsdauer ist der Ausbildungsordnung zu entnehmen. Die tatsächliche Dauer der Ausbildung ist unter Berücksichtigung von etwaigen Verkürzungen oder Anrechnungen im Vertrag mit dem Datum des Beginns und des Endes anzugeben.

Eine längere Dauer als in der Ausbildungsordnung vorgeschrieben, darf nicht vereinbart werden. Es ist aber möglich, dass während der Laufzeit des Ausbildungsverhältnisses der Auszubildende im Ausnahmefall einen Verlängerungsantrag stellt, den die Kammer genehmigen kann, wenn die Verlängerung erforderlich ist, um das Ausbildungsziel zu erreichen. Gegebenfalls kann auf die Ausbildungsdauer eine vorherige Berufsausbildung oder nach besonderen Bestimmungen der einzelnen Bundesländer eine anderweitige berufliche Vorbildung wie etwa ein Berufsgrundbildungsjahr ganz oder teilweise angerechnet werden.

Die zuständige Stelle hat auf gemeinsamen Antrag der Auszubildenden und Ausbildenden die Ausbildungszeit zu kürzen, wenn zu erwarten ist, dass der Auszubildende das Ausbildungsziel in der gekürzten Zeit erreicht. Für die Entscheidung im Einzelfall sind die Richtlinien des Hauptausschusses des Bundesinstituts für Berufsbildung und der jeweiligen zuständigen Stelle maßgebend.

Die Verkürzung oder Anrechnung von Ausbildungszeiten ist in § 1 Nr. 1 der Vertragsniederschrift unter Angabe der bereits abgeleisteten Ausbildungszeit bzw. der besuchten Schulen auszuweisen.

Über die vertraglich vereinbarten Abkürzungen und Anrechnungen hinaus eröffnet das BBiG die Möglichkeit der vorzeitigen Zulassung zur Abschlussprüfung (§ 45 Abs. 1 BBiG, § 37 Abs. 1 HwO). Das Nähere regelt die Prüfungsordnung der zuständigen Stelle.

Der Berufsausbildungsvertrag endet spätestens mit Ablauf der vereinbarten Ausbildungszeit. Im Berufsausbildungsvertrag ist die Vereinbarung einer Weiterbeschäftigung nach Beendigung des Berufsausbildungsverhältnisses unzulässig. Außerhalb des Berufsausbildungsvertrages kann eine solche Vereinbarung frühestens während der letzten 6 Monate des bestehenden Berufsausbildungsverhältnisses getroffen werden. Wenn die Vertragsparteien dies beabsichtigen, soll im Interesse der Vertragsklarheit innerhalb der letzten 6 Monate des bestehenden Berufsausbildungsverhältnisses eine entsprechende Willensäußerung des Auszubildenden erfolgen.

Das Arbeitsverhältnis kann auf unbestimmte Zeit oder befristet eingegangen werden. Bei einer Befristung sind die Bestimmungen des Teilzeit- und Befristungsgesetzes (TzBfG) zu beachten.

§ 2 – Ermächtigung zur Anmeldung zu Prüfungen
Entgegen verbreiteter früherer Praxis steht die Anmeldung zu Prüfungen grundsätzlich der bzw. dem Auszubildenden selbst zu. Der Ausbildende kann zur Prüfung nicht bereits aus eigenem Recht anmelden, sondern nur infolge einer Ermächtigung; eine solche in § 2 vorgesehene Ermächtigung ist aber auch nachdrücklich zu empfehlen, um eine fristgerechte Anmeldung zur Prüfung zu gewährleisten und eine ungewollte Unterbrechung des Vertragsverhältnisses zu vermeiden. Eine Unterbrechung mit der Folge des Wegfalles der Ausbildungsvergütung könnte eintreten, wenn die Prüfung infolge verspäteter Anmeldung erst nach Ende der vereinbarten Ausbildungszeit anberaumt werden könnte, § 21 Abs. 1 BBiG.

§ 3 – Ausbildungsstätte
Hier ist aufzuführen,
a) wenn die gesamte Ausbildung nur in einer Ausbildungsstätte vorgenommen wird: der Ort der Ausbildungsstätte;
b) wenn die Ausbildung in mehreren Ausbildungsstätten vorgenommen wird: die Bezeichnung der Ausbildungsstätten mit Angabe des Ortes.

§ 4 – Pflichten des Ausbildenden
Zu Nr. 1 (Ausbildungsziel)
Dem Berufsausbildungsvertrag sind Angaben über die sachliche und zeitliche Gliederung der Berufsausbildung als Anlage beizufügen. Der Ausbildungsablauf ist unter Zugrundelegung des Ausbildungsrahmenplanes gemäß § 5 BBiG bzw. § 26 HwO den betrieblichen Gegebenheiten entsprechend so aufzugliedern, dass sowohl die zeitliche Folge als auch der sachliche Aufbau der Berufsausbildung ersichtlich ist.

Zu Nr. 9 (Untersuchungen)
Nach § 32 Jugendarbeitsschutzgesetz (JArbSchG) darf der Ausbildende mit der Berufsausbildung eines Jugendlichen nur beginnen, wenn dieser innerhalb der letzten 14 Monate von einem Arzt untersucht worden ist und ihm eine von diesem Arzt ausgestellte Bescheinigung vorliegt. Der Ausbildende hat sich vor Ablauf des ersten Ausbildungsjahres die Bescheinigung eines Arztes darüber vorlegen zu lassen, dass der Jugendliche nachuntersucht worden ist.

Zu Nr. 10 (Eintragungsantrag)
Der Eintragungsantrag muss vor Beginn des Berufsausbildungsverhältnisses bei der zuständigen Stelle gestellt werden, nicht etwa erst während der Probezeit. Dem Antrag sind die Vertragsniederschriften in der von der zuständigen Stelle benötigten Stückzahl und die sonstigen Formblätter der zuständigen Stelle beizufügen. Auch nachträgliche Änderungen des Vertragsinhalts, die von dem ursprünglich der zuständigen Stelle eingereichten Text des Vertrages und der Anlagen abweichen, müssen der zuständigen Stelle unverzüglich mitgeteilt werden.

Zu Nr. 11 (Anmeldung zu Prüfungen)
Siehe Erläuterung zu § 2.

Zu Nr. 12 (Ausbildungsmaßnahmen außerhalb der Ausbildungsstätte)
An dieser Stelle sind diejenigen Ausbildungsmaßnahmen einzutragen, die außerhalb der Ausbildungsstätte durchgeführt werden. Für diese Maßnahmen trägt der Ausbildende die Kosten entsprechend § 6 Nr. 3 des Berufsausbildungsvertrages.

§ 5 – Pflichten der/des Auszubildenden
Zu Nr. 4 (Betriebliche Ordnung)
Die für die Ausbildungsstätte geltende Ordnung kann z. B. betreffen: Sicherheits- und Unfallverhütungsvorschriften, Anlegen von Schutzkleidung, Vorschriften über das Betreten von Werkstätten und bestimmten Räumen, Benutzungsordnungen für Sozialeinrichtungen, allgemeine Hausordnung usw., soweit sie nicht zu den Bestimmungen des BBiG im Widerspruch stehen. Der Ausbildende hat die Auszubildenden auf bestehende Ordnungen hinzuweisen. Die Auszubildenden sollen sich auch selbst über die Ordnungen informieren, wenn diese in der Ausbildungsstätte allgemein zugänglich sind.

Zu Nr. 6 (Betriebsgeheimnisse)
Die Auszubildenden haben über die ihnen als Betriebs- und Geschäftsgeheimnisse bezeichneten Tatsachen hinaus auch dann Stillschweigen zu bewahren, wenn sie eindeutig erkennen mussten, dass es sich um Betriebs- und Geschäftsgeheimnisse handelt.

§ 6 – Vergütung und sonstige Leistungen
Zu Nr. 1 (Höhe und Fälligkeit)
In die vorgesehenen Zeilen der Vertragsniederschrift ist die dem Auszubildenden zu gewährende Vergütung für jedes Ausbildungsjahr einzutragen. Die Vergütung muss nach dem Lebensalter des Auszubildenden und mit fortschreitender Berufsausbildung, mindestens jährlich, ansteigen.

Sofern keine Tarifregelung vorliegt, ist zu empfehlen, sich an einer branchenverwandten Vergütung zu orientieren oder sich an vergleichbare Tarife anzulehnen. Auch bei bestehender Tarifbindung steht es den Vertragsparteien frei, eine über den tariflich festgelegten Sätzen liegende Ausbildungsvergütung zu vereinbaren.

Zu Nr. 3 (Kosten für Maßnahmen außerhalb der Ausbildungsstätte)
Hier sind auch abweichende Regelungen zugunsten des Auszubildenden zulässig.

Zu Nr. 4 (Berufskleidung)
Die Regelung, dass eine besondere Berufskleidung zur Verfügung gestellt wird, soll die Auszubildenden vor übermäßiger Kostenbelastung schützen. Sie soll außerdem verhindern, dass Berufsausbildungsverhältnisse nicht eingegangen werden können, weil die Beschaffung und Unterhaltung einer vorgeschriebenen besonderen Berufskleidung die finanzielle Leistungsfähigkeit der Auszubildenden und ihrer Eltern übersteigen würde. Deshalb ist in erster Linie an diejenigen Fälle gedacht, wo außerhalb der Entscheidungsfreiheit der Auszubildenden eine in ihrer Art, Qualität oder sonstigen Hinsicht von der in der betreffenden Branche üblichen Berufskleidung abweichende Berufskleidung vom Ausbildenden vorgeschrieben wird.

§ 7 – Ausbildungszeit und Urlaub
Zu Nr. 1 (Tägliche Ausbildungszeit)
Die regelmäßige tägliche Ausbildungszeit ist ausdrücklich in der Vertragsniederschrift zu vereinbaren. Sie bezieht sich auf den Arbeitstag und hat ihre obere Grenze bei den gesetzlichen Bestimmungen, z. B. im Jugendarbeitsschutzgesetz. Die Vereinbarung der regelmäßigen täglichen Ausbildungszeit hat die Auswirkung, dass eine über sie hinausgehende Beschäftigung des Auszubildenden besonders zu vergüten ist.

In Ausbildungsbetrieben, in denen eine gleitende Arbeitszeit eingeführt ist und die Auszubildenden in diese Regelung einbezogen werden, darf die Dauer der täglichen Arbeitszeit nicht über die im Jugendarbeitsschutzgesetz höchstzulässigen Grenzen ausgedehnt werden. Die Lage der täglichen Ausbildungszeit muss sich innerhalb der vom Jugendarbeitsschutzgesetz gezogenen Grenzen bewegen.

Bei berechtigtem Interesse kann auf gemeinsamen Antrag von Ausbildenden und Auszubildenden bei der zuständigen Stelle die Ausbildung auch als Teilzeitberufsausbildung durchgeführt werden (§ 8 Abs. 1 Satz 2 BBiG).

Zu Nr. 2 (Urlaub)
In die vorgesehenen Zeilen der Vertragsniederschrift ist der dem Auszubildenden zustehende Urlaub für jedes Kalenderjahr (nicht Ausbildungsjahr) einzutragen, soweit nicht bereichsspezifische Ausnahmen bestehen. Es ist jeweils nur eine Spalte, entweder Werktage oder Arbeitstage, je nach tariflicher oder einzelvertraglicher Vereinbarung, einzutragen.

Die Dauer des Urlaubs richtet sich nach dem Alter des Auszubildenden zu Beginn eines jeden Kalenderjahres. Ferner ist maßgebend, ob der Urlaub nach dem Jugendarbeitsschutzgesetz, dem Bundesurlaubsgesetz oder nach Tarif gewährt wird. Nur allgemeine Hinweise auf tarifliche Urlaubsregelungen sind nicht ausreichend.

Soweit nicht günstigere Urlaubsregelungen zur Anwendung kommen, besteht ein jährlicher Urlaubsanspruch:
• von mindestens 30 Werktagen, wenn der Jugendliche zu Beginn des Kalenderjahres noch nicht 16 Jahre alt ist,
• von mindestens 27 Werktagen, wenn der Jugendliche zu Beginn des Kalenderjahres noch nicht 17 Jahre alt ist,
• von mindestens 25 Werktagen, wenn der Jugendliche zu Beginn des Kalenderjahres noch nicht 18 Jahre alt ist,
• von mindestens 24 Werktagen, wenn der Jugendliche zu Beginn des Kalenderjahres das 18. Lebensjahr bereits vollendet hat.

§ 10 – Beilegung von Streitigkeiten
Zuständig für Streitigkeiten aus einem Berufsausbildungsverhältnis ist das Arbeitsgericht. Wenn die zuständige Stelle für die Beilegung von Streitigkeiten einen so genannten Schlichtungsausschuss errichtet hat, ist Voraussetzung für die Durchführung des arbeitsgerichtlichen Verfahrens, dass dieser Schlichtungsausschuss vor Inanspruchnahme des Arbeitsgerichtes angerufen wird. Die Anrufung des Schlichtungsausschusses ist schriftlich oder mündlich zu Protokoll bei der zuständigen Stelle vorzunehmen.

§ 12 – Sonstige Vereinbarungen
Es dürfen keine Vereinbarungen getroffen werden, die mit dem Sinn und Zweck der Berufsausbildung im Widerspruch stehen oder zuungunsten des Auszubildenden von den Vorschriften des Berufsbildungsgesetzes abweichen. Unzulässig sind insbesondere Vereinbarungen, die die Auszubildenden für die Zeit nach Beendigung des Berufsausbildungsverhältnisses in der Ausübung ihrer beruflichen Tätigkeit beschränken.

Vertragsstrafen dürfen nicht vereinbart werden. Ebenso unzulässig sind Vereinbarungen über den Ausschluss oder die Beschränkung von Schadensersatzansprüchen und über die Festsetzung der Höhe eines Schadensersatzes in Pauschbeträgen.

Verstöße gegen Bestimmungen des BBiG / der HwO im Zusammenhang mit dem Vertragsschluss und der Niederschrift des Vertrages sowie der Eintragung in das Verzeichnis der Berufsausbildungsverhältnisse können als Ordnungswidrigkeiten mit einer Geldbuße bis zu € 1.000,-, in bestimmten Fällen mit einer Geldbuße bis zu € 5.000,- geahndet werden (§ 102 BBiG, § 118 HwO).

Fußnoten

[1] Zur Erfüllung der vertraglichen Verpflichtungen der Ausbildenden können mehrere natürliche oder juristische Personen in einem Ausbildungsverbund zusammenwirken, soweit die Verantwortlichkeit für die einzelnen Ausbildungsabschnitte sowie für die Ausbildungszeit insgesamt sichergestellt ist (Verbundausbildung, § 10 Abs. 5 BBiG)

[2] Vertretungsberechtigt sind beide Eltern gemeinsam, soweit nicht die Vertretungsberechtigung nur einem Elternteil zusteht. Ist ein Vormund bestellt, so bedarf dieser zum Abschluss des Ausbildungsvertrages der Genehmigung des Vormundschaftsgerichtes.

[3] Gemäß § 104 Abs. 1 BBiG und § 122 Abs. 4 HwO sind der vor dem 1. September 1969 bestehenden Ordnungsmittel anzuwenden, solange eine Ausbildungsordnung nicht erlassen ist.

[4] Eine vorgehende Berufsausbildung kann auf die Ausbildungsdauer angerechnet werden, sofern die dem Vertrag zugrunde liegende Ausbildungsordnung eine Anrechnungsmöglichkeit nach § 5 Abs. 2 Nr. 4 BBiG vorsieht.

[5] Für die Anrechnung beruflicher Vorbildung durch den Besuch eines Bildungsganges berufsbildender Schulen oder der Berufsausbildung in einer sonstigen Einrichtung gelten bis 31. Juli 2006 die Bundesverordnungen für die Berufsgrundbildungsjahre und Berufsfachschulen. Danach können die Länder durch Rechtsverordnung bestimmen, ob Bewerber einen Rechtsanspruch auf Anrechnung haben bzw. ob eine obligatorische Anrechnung erfolgt. Spätestens ab 1. August 2009 bedarf eine Anrechnung des gemeinsamen Antrages der Auszubildenden und Ausbildenden (§ 7 BBiG).

[6] Nach § 8 Abs. 1 BBiG hat die zuständige Stelle auf gemeinsamen Antrag der/des Auszubildenden und Ausbildenden die Ausbildungsdauer zu verkürzen, wenn zu erwarten ist, dass das Ausbildungsziel auch in der verkürzten Zeit erreicht wird.

[7] Wenn die Ausbildungsordnung vorsieht, dass die Berufsausbildung in sachlich und zeitlich besonders gegliederten, aufeinander abgestimmten Stufen erfolgt, soll zwar nach den einzelnen Stufen ein Ausbildungsabschluss vorgesehen sein, der zu einer qualifizierten beruflichen Tätigkeit befähigt (sog. „echte" Stufenausbildung, § 5 Abs. 2 Nr. 1 BBiG). Auch in diesem Fall muss aber der Vertrag über die gesamte Ausbildungszeit abgeschlossen werden (§ 21 Abs. 1 BBiG).

[8] Die Probezeit muss mindestens einen Monat und darf höchstens vier Monate betragen.

[9] Auch eines ersten Teils der Abschlussprüfung, sofern nach der Ausbildungsordnung vorgesehen.

[10] Nach dem Jugendarbeitsschutzgesetz beträgt die höchstzulässige tägliche Arbeitszeit (Ausbildungszeit) bei noch nicht 18 Jahre alten Personen grundsätzlich acht Stunden. Ist allerdings die Arbeitszeit an einzelnen Werktagen auf weniger als acht Stunden verkürzt, können Jugendliche an den übrigen Werktagen derselben Woche bis zu achteinhalb Stunden beschäftigt werden (§ 8 JArbSchG). Im Übrigen sind die Vorschriften des Jugendarbeitsschutzgesetzes über die höchstzulässigen Wochenarbeitszeiten zu beachten.

[11] Bei berechtigtem Interesse kann auf gemeinsamen Antrag von Ausbildenden und Auszubildenden bei der zuständigen Stelle die Ausbildung auch als Teilzeitausbildung durchgeführt werden (§ 8 Abs. 1 Satz 2 BBiG).

[12] Ein wichtiger Grund ist gegeben, wenn Tatsachen vorliegen, aufgrund derer dem Kündigenden unter Berücksichtigung aller Umstände des Einzelfalls und unter Abwägung der Interessen beider Vertragsteile die Fortsetzung des Ausbildungsverhältnisses bis zum Ablauf der Ausbildungsdauer nicht zugemutet werden kann.

[13] U.a. können als integraler Bestandteil der Ausbildung Ausbildungsabschnitte im Ausland bis zu einem Viertel der Ausbildungsdauer vereinbart werden. Weiterhin können Zusatzqualifikationen vereinbart werden. Diese können Wahlbausteine in neuen Ausbildungsordnungen oder Teile anderer Ausbildungs- oder Fortbildungsordnungen sein. Zusatzqualifikationen müssen gesondert geprüft und bescheinigt werden.

3   Die Eintragung in die Lehrlingsrolle ist ein Verwaltungsakt (BVerwG GewArch 1959, 82; Honig/Knörr Rn. 5). Die Handwerkskammer muss die Eintragung nach den Bestimmungen des jeweiligen Landesverwaltungsverfahrensgesetzes den Betroffenen, also dem Ausbildenden und dem Lehrling sowie ggf. den gesetzlichen Vertretern, bekanntgeben (VG Hannover EzB

BBiG §§ 34–36 Nr. 3). Der Antragsteller, nach § 30 der Ausbildende, hat einen **Anspruch auf Eintragung** des Ausbildungsvertrags, wenn die Eintragungsvoraussetzungen des § 29 Abs. 1 Nr. 1–3 erfüllt sind. Der Ausbildende kann im Rahmen einer Verpflichtungsklage die Eintragung in die Lehrlingsrolle gerichtlich geltend machen (BVerwG NVwZ 1984, 105 = GewArch 1982, 273). Ebenso besitzt der Lehrling das Recht, auf Eintragung zu klagen (VG Kassel GewArch 1980, 168). Der Anspruch auf Eintragung kann auch iRd vorläufigen Rechtsschutzes durch eine einstweilige Anordnung durchgesetzt werden (VG Stuttgart EzB BBiG §§ 34–36 Nr. 7).

Die Eintragung in die Lehrlingsrolle ist **keine Wirksamkeitsvoraussetzung** des Ausbil- 4 dungsvertrags (BAG NJW 1972, 1440; Honig/Knörr Rn. 5). Der Ausbildungsvertrag ist daher auch ohne Eintragung wirksam und bindet die Vertragsparteien. Ebenso wenig kann die Eintragung in die Lehrlingsrolle die Nichtigkeit des Ausbildungsvertrags heilen (LAG München EzB BBiG §§ 34–36 Nr. 19a; Detterbeck Rn. 2; Honig/Knörr Rn. 5).

II. Eintragungsvoraussetzungen

1. Einklang mit gesetzlichen Vorschriften und Ausbildungsordnung

Der Ausbildungsvertrag muss den **gesetzlichen Vorschriften** entsprechen. So muss der 5 Ausbildungsvertrag den Mindestinhalt nach § 11 Abs. 1 BBiG, wie Ausbildungsberuf, Beginn und Dauer der Berufsausbildung, Ausbildungsmaßnahmen außerhalb der Ausbildungsstätte, tägliche Ausbildungszeit, Probezeit, Vergütung, Urlaub, Kündigung, enthalten. Ebenso muss er nach § 11 Abs. 2 BBiG vom Ausbildenden und vom Lehrling sowie ggf. von den gesetzlichen Vertretern unterschrieben werden. Die Handwerkskammer darf nicht die Verwendung eines bestimmten Vertragsvordrucks vorschreiben (→ Rn. 2). Die Handwerkskammer kann die Eintragung des Ausbildungsvertrags verweigern, solange die erforderlichen Angaben fehlen und nicht nachgereicht worden sind. Ferner darf der Ausbildungsvertrag nicht gegen § 12 BBiG verstoßen und bspw. eine Vereinbarung einer Ausbildungsentschädigung für den Ausbildenden, eine Vertragsstrafe oder den Ausschluss oder die Beschränkung von Schadensersatzansprüchen beinhalten. Für den Fall, dass der Ausbildungsvertrag einen derartigen Nichtigkeitsgrund enthält, muss die Handwerkskammer die Eintragung verweigern und auf eine Änderung hinwirken. Ferner sind wegen § 10 Abs. 2 BBiG die allgemeinen Rechtsvorschriften (zB MuSchG, EFZG, ArbSchG, AGG) und Rechtsgrundsätze bzgl. des Arbeitsvertrags zu beachten. Daher darf der Vertrag nach allgemeinen Grundsätzen, wie § 117 BGB, § 134 BGB oder § 138 BGB, nicht nichtig sein (Schwannecke/Witt Rn. 6; Benecke/Hergenröder/Hergenröder BBiG § 35 Rn. 4). So ist ein Ausbildungsvertrag nichtig, wenn vor Beginn der Ausbildung ein vorgeschriebenes Berufsgrundbildungsjahr nicht besucht wurde (VG Oldenburg EzB §§ 34–36 BBiG Nr. 16). Problematisch ist der Umgang mit der **Angemessenheit der Vergütung** iSd § 17 BBiG. Nach allgM kann die Handwerkskammer die Eintragung eines Ausbildungsvertrags verweigern, wenn die Vergütung die unterste Grenze der Angemessenheit nicht mehr einhält (BVerwG GewArch 1986, 305 = NVwZ 1987, 411; NJW 1981, 2209; OVG Berlin-Brandenburg NZA-RR 2010, 260; SächsLAG BeckRS 2011, 66074; Leinemann/Taubert BBiG § 35 Rn. 13; Benecke/Hergenröder/Hergenröder BBiG § 35 Rn. 5; HK-BBiG/Pepping BBiG § 35 Rn. 6; Herkert/Töltl BBiG § 35 Rn. 5). Die Handwerkskammer kann jedoch keine Mindestsätze für die Ausbildungsvergütung verbindlich festlegen und die Eintragung von der Anerkennung dieser Sätze abhängig machen (BVerwG NJW 1981, 2209).

Außerdem muss der Ausbildungsvertrag der **Ausbildungsordnung** entsprechen. Die 6 Handwerkskammer hat dabei zu prüfen, ob der Inhalt des Ausbildungsvertrags mit den Festlegungen in der Ausbildungsordnung übereinstimmt. Zudem muss der betriebliche Ausbildungsplan den Anforderungen des Rahmenlehrplans entsprechen (Schwannecke/Witt Rn. 10).

2. Eignung der Ausbildungsstätte und des Ausbildungspersonals

Der Lehrvertrag ist einzutragen, wenn die **Eignung** des Ausbildungspersonals (→ § 22 7 Rn. 1) und der Ausbildungsstätte (→ § 21 Rn. 6) gegeben ist. Die Handwerkskammer muss die persönliche (→ § 22a Rn. 1) und fachliche Eignung (→ § 22b Rn. 1) sowohl des Ausbildenden als auch des Ausbilders überprüfen. Ebenso ist die Eignung der Ausbildungsstätte nachzuprüfen. Die Handwerkskammer besitzt dabei aufgrund § 23 Abs. 1 ein **materielles Prüfungsrecht** hinsichtlich der Eignung (VG Hannover EzB §§ 34–36 BBiG Nr. 3). Daher ist nicht erforderlich, dass die zuständige Landesbehörde (→ § 24 Rn. 2.1) die Untersagung nach § 24 ausgesprochen hat. Ausreichend ist vielmehr, dass die Handwerkskammer aufgrund ihrer Überprüfung zu dem Ergebnis kommt, dass die Eignung nicht gegeben ist (HK-BBiG/Pepping BBiG § 35 Rn. 10). Ebenso kann sie die Eintragung ablehnen, wenn die zuständige Landesbehörde den Ausbildenden für geeignet hält (VG Hannover EzB §§ 34–36 BBiG Nr. 3). Bei bloßen Zweifeln an der Eignung der Ausbildungsstätte darf die Handwerkskammer die Eintragung nicht ablehnen (BVerwG GewArch 1983, 67). In diesem Fall muss sie sich Gewissheit hinsichtlich der Eignung verschaffen (Leinemann/Taubert BBiG § 35 Rn. 4).

3. Bescheinigung über Erstuntersuchung

8   Zuletzt ist eine Bescheinigung über die **Erstuntersuchung** gem. § 32 Abs. 1 JArbSchG vorzulegen. Diese Bescheinigung darf nicht älter als 14 Monate sein. Der Ausbildende ist verpflichtet, selbst zu überprüfen, ob die Bescheinigung diese Voraussetzung erfüllt (Benecke/Hergenröder/Hergenröder BBiG § 35 Rn. 11). Die Form der Bescheinigung richtet sich nach § 6 JArbSchUV, der Inhalt der Bescheinigung nach § 39 JArbSchG. Die Handwerkskammer besitzt lediglich ein **formelles Prüfungsrecht**. Sie darf die Bescheinigung nicht auf ihre materielle Richtigkeit hin überprüfen (Schwannecke/Witt Rn. 14; Leinemann/Taubert BBiG § 35 Rn. 23). Aus diesem Grund darf die Eintragung in die Lehrlingsrolle auch nicht verweigert werden, wenn der Arzt einen Gefährdungsvermerk nach § 39 Abs. 2 JArbSchG in die Bescheinigung mit aufnimmt (Leinemann/Taubert BBiG § 35 Rn. 23). Jedoch kann die Handwerkskammer in diesem Fall aufgrund ihrer allgemeinen Überwachungs- und Beratungspflicht nach § 41a auf die Einhaltung der Einschränkung während der Ausbildung hinwirken. Im Einzelfall kann sie auch die Auflösung des Ausbildungsvertrags vorschlagen (Schwannecke/Witt Rn. 14). Wird eine Bescheinigung nicht vorgelegt und auch nicht innerhalb der gesetzten Frist eingereicht, so ist der Ausbildungsvertrag nicht einzutragen. Es besteht insoweit ein gesetzliches Eintragungsverbot (Benecke/Hergenröder/Hergenröder BBiG § 35 Rn. 14). Darüber hinaus kann der Lehrling aufgrund § 36 Abs. 1 Nr. 3 nicht zur Gesellenprüfung zugelassen werden. Die Pflicht zur Vorlage der Bescheinigung **entfällt**, wenn der Lehrling zu Ausbildungsbeginn bereits das 18. Lebensjahr vollendet hat und somit nicht mehr in den Anwendungsbereich des JArbSchG fällt.

B. Ablehnung und Löschen der Eintragung

9   Die Handwerkskammer muss die Eintragung des Ausbildungsvertrags **ablehnen**, wenn die Eintragungsvoraussetzungen nach § 29 Abs. 1 Nr. 1–3 nicht gegeben sind. Insoweit besitzt sie keinen Ermessensspielraum. Ebenso muss die Eintragung abgelehnt werden, wenn der festgestellte Mangel innerhalb einer von der Handwerkskammer gesetzten Frist nach § 23 Abs. 2 nicht beseitigt worden ist (→ § 23 Rn. 8).

10 Die Handwerkskammer muss den Ausbildungsvertrag aus der Lehrlingsrolle **löschen**, wenn dieser bereits in die Lehrlingsrolle eingetragen worden ist und die Eintragungsvoraussetzungen von Anfang an nicht erfüllt worden sind oder nachträglich entfallen sind (OVG Koblenz GewArch 1976, 61). Vor der Löschung muss die Handwerkskammer nach § 23 Abs. 2 den Ausbildenden zur Beseitigung des Mangels auffordern und dazu eine Frist setzen (Schwannecke/Witt Rn. 22). Die Löschung ist dann vorzunehmen, wenn der Mangel nicht innerhalb der Frist behoben wird bzw. generell nicht behebbar ist. Die Löschung erfolgt dabei unabhängig davon, ob die nach Landesrecht zuständige Behörde das Einstellen und Ausbilden von Lehrlingen gem. § 24 untersagt (OVG Koblenz GewArch 1976, 61; Detterbeck Rn. 3). Ferner ist die Eintragung zu löschen, wenn die ärztliche Bescheinigung über die **erste Nachuntersuchung nach § 33 Abs. 1 JArbSchG** nicht fristgerecht vorgelegt wird. Diese muss spätestens am Tag der Anmeldung zur Zwischenprüfung oder zum ersten Teil der Gesellenprüfung eingereicht werden. Die Handwerkskammer muss den Ausbildenden vor der Löschung aus diesem Grund zur Vorlage der Bescheinigung auffordern und eine Frist zur Vorlage setzen. Die Pflicht zur Vorlage entfällt bei Lehrlingen, die das 18. Lebensjahr vollendet haben und nicht mehr in den Anwendungsbereich des JArbSchG fallen.

Zuletzt muss die Handwerkskammer aufgrund § 28 Abs. 5 eine **Löschung von Amts** 11
wegen vornehmen, wenn der Ausbildungsvertrag durch Kündigung nach § 22 BBiG oder durch Aufhebungsvertrag vorzeitig gelöst worden ist (Benecke/Hergenröder/Hergenröder BBiG § 35 Rn. 20). In gleicher Weise erfolgt eine Löschung, wenn der Lehrling die Gesellenprüfung besteht und das Ausbildungsverhältnis nach § 21 Abs. 2 BBiG dadurch vorzeitig beendet wird.

Die Ablehnung der Eintragung und auch die Löschung sind ein Verwaltungsakt (Honig/ 12
Knörr Rn. 6). Dieser ist sowohl dem Ausbildenden als auch dem Lehrling sowie ggf. den gesetzlichen Vertretern bekanntzugeben (VG Hannover EzB BBiG §§ 34–36 Nr. 3). Beide können gegen die Entscheidung der Handwerkskammer, sofern nach Landesrecht vorgesehen, **Widerspruch** nach § 68 VwGO einlegen. Im Fall der Ablehnung der Eintragung können sowohl der Ausbildende als auch der Lehrling **Verpflichtungsklage** erheben (→ Rn. 3). Gegen eine Löschung können der Ausbildende und auch der Lehrling im Rahmen einer **Anfechtungsklage** vorgehen (Honig/Knörr Rn. 5; Benecke/Hergenröder/Hergenröder BBiG § 35 Rn. 24). Dagegen besitzt eine Innung keine Klagebefugnis nach § 42 Abs. 2 VwGO, da ein Rechtsverhältnis hinsichtlich der Eintragung lediglich zwischen Handwerkskammer, dem Ausbildenden sowie dem Lehrling besteht (VG Ansbach GewArch 1986, 27).

§ 30 [Antrag]

(1) ¹Der Ausbildende hat unverzüglich nach Abschluß des Berufsausbildungsvertrags die Eintragung in die Lehrlingsrolle zu beantragen. ²Der Antrag kann schriftlich oder elektronisch gestellt werden; eine Kopie der Vertragsniederschrift ist jeweils beizufügen. ³Auf einen betrieblichen Ausbildungsplan im Sinne des § 11 Absatz 1 Satz 2 Nummer 1 des Berufsbildungsgesetzes, der der zuständigen Stelle bereits vorliegt, kann dabei Bezug genommen werden. ⁴Entsprechendes gilt bei Änderungen des wesentlichen Vertragsinhalts.

(2) Der Ausbildende hat anzuzeigen
1. eine vorausgegangene allgemeine und berufliche Ausbildung des Lehrlings (Auszubildenden),
2. die Bestellung von Ausbildern.

Überblick

Gem. § 30 Abs. 1 ist der Ausbildende verpflichtet, den Ausbildungsvertrag in die Lehrlingsrolle eintragen zu lassen (→ Rn. 1). Ebenso ist der Ausbildende verpflichtet, Änderungen des Ausbildungsvertrags mitzuteilen und die Eintragung zu beantragen (→ Rn. 2). Die Mitteilung kann entweder schriftlich oder auf elektronischem Wege erfolgen (→ Rn. 3). Zusätzlich bestehen nach § 30 Abs. 2 für den Ausbildenden Anzeigepflichten. Er muss eine vorausgegangene Ausbildung des Lehrlings mitteilen (→ Rn. 7). Ebenso ist die Bestellung von Ausbildern anzuzeigen (→ Rn. 8).

§ 30 wurde durch das Berufsbildungsreformgesetz vom 23.3.2005 nicht verändert. Die elektronische Antragstellung wurde durch Art. 19 Gesetz zur Förderung der elektronischen Verwaltung sowie zur Änderung weiterer Vorschriften vom 25.7.2013 eingefügt.

Die Parallelvorschrift zu § 30 ist § 36 BBiG.

A. Antrag auf Eintragung

Der **Ausbildende** ist verpflichtet, unverzüglich nach Abschluss des Ausbildungsvertrags 1
die Eintragung in die Lehrlingsrolle zu **beantragen**. Die Antragspflicht besteht nur bei Ausbildungsverträgen für anerkannte Ausbildungsberufe. Dabei sind für die Unverzüglichkeit iSd § 121 Abs. 1 S. 1 BGB die Umstände des Einzelfalls maßgeblich. Als Faustregel für das Vorliegen von schuldhaftem Zögern gilt in der Praxis, dass der Eintragungsantrag nicht später als einen Monat nach Abschluss des Ausbildungsvertrages gestellt werden darf (Schwannecke/ Witt Rn. 2). Maßgeblich ist der Tag des Vertragsschlusses und nicht der Tag, an dem die Niederschrift des Ausbildungsvertrags gefertigt wird. Der Lehrvertrag kann grds. formlos

abgeschlossen werden. Nach § 11 BBiG ist allerdings unverzüglich, spätestens vor Beginn der Ausbildung, eine Niederschrift über die wesentlichen Vertragsbedingungen anzufertigen. Diese Niederschrift ist jedoch keine Wirksamkeitsvoraussetzung für den Abschluss eines Ausbildungsvertrages. Durch die Verpflichtung zur Antragstellung wird es der Handwerkskammer ermöglicht, die Eintragungsvoraussetzungen nach § 29 Abs. 1 vor Ausbildungsbeginn zu überprüfen und die Beseitigung von eventuellen Mängeln zu verlangen.

2   Die Antragspflicht besteht nicht nur bei der Ersteintragung des Ausbildungsverhältnisses, sondern auch bei **Änderungen** des wesentlichen Vertragsinhalts. Diese sind nach § 11 Abs. 4 BBiG schriftlich niederzulegen. Die Vertragsbedingungen können entweder in beiderseitigem Einvernehmen oder einseitig, zB im Falle der Kündigung, geändert werden. Änderungen aufgrund gesetzlicher oder tarifvertraglicher Regelungen müssen nicht mitgeteilt werden (Schwannecke/Witt Rn. 9; Leinemann/Taubert BBiG § 36 Rn. 16; Herkert/Töltl BBiG § 36 Rn. 24; aA Benecke/Hergenröder/Hergenröder BBiG § 36 Rn. 7; HK-BBiG/Wohlgemuth BBiG § 36 Rn. 6). Der Handwerkskammer wird dadurch die Überprüfung ermöglicht, ob die Eintragungsvoraussetzungen auch weiterhin bestehen.

3   Im Hinblick auf die **Form** des Antrags kann der Ausbildenden zwischen der schriftlichen oder der elektronischen Antragstellung wählen. Bei der elektronischen Antragstellung kann die Schriftform entweder durch die qualifizierte elektronische Signatur oder durch eine De-Mail mit der Versandoption „absenderbestätigt" oder durch eine Web-Anwendungen der Verwaltung in Verbindung mit sicherer elektronischer Identifizierung durch die eID-Funktion des neuen Personalausweises ersetzt werden (Herkert/Töltl BBiG § 36 Rn. 14).

4   Der **Inhalt** des Antrags ist gesetzlich nicht geregelt. Aus dem Zweck der Vorschrift ergibt sich aber, dass zum einen alle Angaben für die Prüfung der Eintragungsvoraussetzungen nach § 29 Abs. 1 mitgeteilt werden müssen. Zum anderen ist die Eintragung des Ausbildungsverhältnisses selbst zu beantragen. In diesem Zusammenhang ist es empfehlenswert, für den Antrag ein Formular der Handwerkskammer zu verwenden. Zusätzlich muss der Ausbildende eine Kopie der Vertragsniederschrift nach § 11 Abs. 1 S. 2 BBiG beifügen. Der betriebliche Ausbildungsplan gem. § 11 Abs. 1 S. 2 Nr. 1 BBiG muss nur eingereicht werden, wenn er der Handwerkskammer noch nicht vorliegt. Anderenfalls kann auf den bereits eingereichten Ausbildungsplan verwiesen werden.

5   Die Pflicht, die Eintragung zu beantragen, steht nach dem eindeutigen Wortlaut der Vorschrift dem Ausbildenden allein zu. Die Handwerkskammer kann für die Eintragung nach § 113 Abs. 4 eine Gebühr verlangen (→ § 28 Rn. 10). Zudem besteht ein Antragsrecht des Lehrling bezüglich der Eintragung (VG Stuttgart EzB BBiG §§ 34–36 Nr. 9; Schwannecke/Witt Rn. 6; HK-BBiG/Wohlgemuth BBiG § 36 Rn. 7; aA Leinemann/Taubert BBiG § 36 Rn. 7).

6   Der Ausbildende begeht eine **Ordnungswidrigkeit** gem. § 118 Abs. 1 Nr. 6, wenn er den Eintragungsantrag nicht oder nicht rechtzeitig stellt. Ebenso handelt er ordnungswidrig, wenn eine Ausfertigung des Ausbildungsvertrags nicht vorgelegt wird. Zudem kann sich der Ausbildende bei unterlassener oder nicht rechtzeitiger Antragstellung gegenüber dem Lehrling **schadensersatzpflichtig** machen (Benecke/Hergenröder/Hergenröder BBiG § 36 Rn. 5).

B. Anzeigepflicht

7   Neben der Antragspflicht bestehen für den Ausbildenden zusätzlich Anzeigepflichten. Zum einen muss dieser eine **vorausgegangene allgemeine und berufliche Ausbildung** des Lehrlings der Handwerkkammer mitteilen. Die Anzeigepflicht umfasst Angaben bezüglich der gesamten Schulausbildung des Lehrlings. Ebenso müssen bisher absolvierte berufliche Ausbildungen sowie berufliche Prüfungen angegeben werden. Aufgrund des Wortlauts müssen jedoch keine Zeugnisse über die schulische und berufliche Bildung vorgelegt werden. Durch diese Daten kann die Handwerkskammer die Vertragsparteien beraten, ob eine Verkürzung der Ausbildung nach § 27a bzw. § 27b möglich ist.

8   Zum anderen muss der Ausbildende die **Bestellung von Ausbildern** anzeigen. Die Mitteilungspflicht schließt alle erforderlichen Daten bezüglich des Ausbilders ein, damit die Handwerkskammer die persönliche und fachliche Eignung überprüfen kann. Sind an der Ausbildung verschiedene Ausbilder beteiligt, so muss der Ausbildende die Daten zu allen

Ausbildern mitteilen (Schwannecke/Witt Rn. 13). Auch Änderungen, zB infolge des Ausscheidens von Ausbildern, sind anzuzeigen (Honig/Knörr Rn. 8).

Die **Form** der Anzeige ist gesetzlich nicht vorgegeben. Aus Gründen der Rechtssicherheit 9 ist allerdings eine Anzeige in schriftlicher oder elektronischer Form (→ Rn. 3) empfehlenswert. Nach Sinn und Zweck der Anzeigepflicht muss die Mitteilung ebenfalls unverzüglich erfolgen (Honig/Knörr Rn. 9).

Vierter Abschnitt: Prüfungswesen

§ 31 [Gesellenprüfung]

(1) ¹In den anerkannten Ausbildungsberufen (Gewerbe der Anlage A oder der Anlage B) sind Gesellenprüfungen durchzuführen. ²Die Prüfung kann im Falle des Nichtbestehens zweimal wiederholt werden. ³Sofern die Gesellenprüfung in zwei zeitlich auseinander fallenden Teilen durchgeführt wird, ist der erste Teil der Gesellenprüfung nicht eigenständig wiederholbar.

(2) ¹Dem Prüfling ist ein Zeugnis auszustellen. ²Dem Ausbildenden werden auf dessen Verlangen die Ergebnisse der Gesellenprüfung des Lehrlings (Auszubildenden) übermittelt. ³Sofern die Gesellenprüfung in zwei zeitlich auseinander fallenden Teilen durchgeführt wird, ist das Ergebnis der Prüfungsleistung im ersten Teil der Gesellenprüfung dem Prüfling schriftlich mitzuteilen.

(3) ¹Dem Zeugnis ist auf Antrag des Lehrlings (Auszubildenden) eine englischsprachige und eine französischsprachige Übersetzung beizufügen. ²Auf Antrag des Lehrlings (Auszubildenden) kann das Ergebnis berufsschulischer Leistungsfeststellungen auf dem Zeugnis ausgewiesen werden.

(4) Die Prüfung ist für den Lehrling (Auszubildenden) gebührenfrei.

Überblick

Die §§ 31–40a enthalten die Vorschriften über das Prüfungswesen in anerkannten Ausbildungsberufen nach der HwO.

§ 31 Abs. 1 schreibt zwingend vor, dass in anerkannten Ausbildungsberufen Gesellenprüfungen durchzuführen sind (→ Rn. 1). Ferner wird die Wiederholungsmöglichkeit bei der Gesellenprüfung auf zwei Versuche beschränkt (→ Rn. 4). Im Hinblick auf die gesteckte Gesellenprüfung wird bestimmt, dass der erste Teil nicht eigenständig wiederholt werden kann (→ Rn. 8).

In § 31 Abs. 2 wird die Pflicht zur Erteilung eines Zeugnisses geregelt (→ Rn. 9). Für die gestreckte Gesellenprüfung wird dabei festgelegt, dass die Ergebnisse des ersten Teils durch eine formlose Bescheinigung mitgeteilt werden (→ Rn. 13). Auch der Ausbildende kann die Übermittlung der Ergebnisse der Gesellenprüfung seines Lehrlings verlangen (→ Rn. 12).

Die Regelungen bzgl. der Zeugniserteilung ergänzt § 31 Abs. 3 und verleiht dem Prüfling einen Anspruch auf Übersetzungen des Zeugnisses (→ Rn. 14). Ferner können auf seinen Antrag hin, die berufsschulischen Leistungsfeststellungen ausgewiesen werden (→ Rn. 15).

Eine Regelung bezüglich der Kosten der Gesellenprüfung enthält § 34 Abs. 4. Danach ist die Prüfung für den Lehrling kostenfrei (→ Rn. 17).

Für Zwischenprüfungen ist § 31 gem. § 39 Abs. 1 S. 2 entsprechend anzuwenden. Nach § 39a Abs. 2 finden § 31 Abs. 2 und 3 entsprechende Anwendung bei der Prüfung der Zusatzqualifikationen. Gleiches gilt nach § 42c Abs. 1 S. 2 bei der beruflichen Fortbildung sowie nach § 42i Abs. 3 S. 2 bei der beruflichen Umschulung.

Die Vorschrift entspricht dem § 31 aF und wurde durch das Berufsbildungsreformgesetz vom 23.3.2005 lediglich leicht ergänzt.

Die Parallelvorschrift zu § 31 ist § 37 BBiG.

Übersicht

	Rn.		Rn.
A. Gesellenprüfung in anerkannten Ausbildungsberufen	1	IV. Übersetzungen des Zeugnisses	14
I. Durchführung der Gesellenprüfung	1	V. Ausweisen berufsschulischer Leistungsfeststellungen	15
II. Wiederholung der Gesellenprüfung	4	VI. Rechtsschutz	16
III. Wiederholung der gestreckten Gesellenprüfung	8	C. Gebührenfreiheit	17
B. Zeugnis	9	D. Rechtsschutz bei Prüfungsentscheidungen	22
I. Ausstellen eines Zeugnisses	9	I. Verfahren	22
II. Übermitteln der Ergebnisse an den Ausbildenden	12	II. Gerichtlicher Überprüfungsmaßstab	26
		1. Formelle Fehler im Prüfungsverfahren	27
III. Ergebnismitteilung bei der gestreckten Gesellenprüfung	13	2. Materielle Fehler im Prüfungsverfahren	35
		III. Rechtsfolgen	40

A. Gesellenprüfung in anerkannten Ausbildungsberufen

I. Durchführung der Gesellenprüfung

1   Nach § 31 Abs. 1 S. 1 werden **in anerkannten Ausbildungsberufen** Gesellenprüfungen durchgeführt. Die Anerkennung des Ausbildungsberufs für ein Gewerbe der Anlage A oder der Anlage B erfolgt nach § 25 Abs. 1 (→ § 25 Rn. 1). Ferner werden Gesellenprüfungen in Ausbildungsberufen durchgeführt, deren fachliche Vorschriften gem. § 122 Abs. 4 weitergelten. Die Gesellenprüfung bildet den offiziellen **Abschluss der handwerklichen Berufsausbildung** (Honig/Knörr Rn. 1). Sie dient der Feststellung, ob der Prüfling die notwendigen beruflichen Fertigkeiten, Kenntnisse und Fähigkeiten für die Berufsausübung, also die erforderliche berufliche Handlungsfähigkeit iSd § 1 Abs. 3 BBiG, besitzt.

2   Der Handwerkskammer wird in § 91 Abs. 1 Nr. 5 die Pflichtaufgabe zugewiesen, Prüfungsausschüsse zur Abnahme der Gesellenprüfung zu errichten. Diese Aufgabe kann die Handwerkskammer durch eigene Prüfungsausschüsse gem. § 33 Abs. 1 S. 1 erfüllen (→ § 33 Rn. 1). Möglich ist auch, dass sie eine Innung zur Errichtung von Gesellenprüfungsausschüssen gem. § 33 Abs. 1 S. 3 ermächtigt (→ § 33 Rn. 10). Zudem besteht die Möglichkeit, dass verschiedene Handwerkskammern nach § 33 Abs. 1 S. 2 gemeinsame Prüfungsausschüsse errichten (→ § 33 Rn. 6). Der Lehrling besitzt einen Rechtsanspruch auf die Durchführung der Gesellenprüfung. Diesen kann er mit Hilfe einer Verpflichtungsklage dahingehend geltend machen, dass überhaupt innerhalb eines angemessenen Zeitraumes und unter angemessenen Umständen die Möglichkeit zur Prüfungsablegung gewährt wird (Honig/Knörr Rn. 1). Der Lehrling ist aber gesetzlich nicht verpflichtet, an der Gesellenprüfung teilzunehmen, da diese nicht Ziel der Ausbildung ist (Detterbeck Rn. 3; Leinemann/Taubert BBiG § 37 Rn. 12).

3   Die Handwerkskammer bzw. im Fall des § 33 Abs. 1 S. 3 die Innung ist für die Durchführung der Gesellenprüfung zuständig. Dies ergibt sich daraus, dass die HwO der Handwerkskammer in § 38 die Kompetenz zuweist, konkretisierende Regelungen hinsichtlich der Durchführung der Gesellenprüfung in Form einer Prüfungsordnung zu erlassen (→ § 38 Rn. 1). Dem Gesellenprüfungsausschuss werden dagegen in der HwO explizit die Zuständigkeiten bezüglich der Abnahme, also der Leistungsermittlung und der Bewertung, der Gesellenprüfung zugewiesen (→ § 33 Rn. 5). Die Durchführung umfasst daher seitens der Handwerkskammer bzw. der Innung die Vorbereitung, wie Festsetzung der Prüfungstermine, Prüfungseinladung, Raumbeschaffung sowie Prüfungsaufgabenerstellung und die Nachbereitung, wie Erstellen und Versand der Zeugnisse (Leinemann/Taubert BBiG § 37 Rn. 14). Zudem unterstützt diese den Vorsitzenden bzw. den Prüfungsausschuss bei der Erfüllung seiner Aufgaben in organisatorischer Weise.

II. Wiederholung der Gesellenprüfung

4   Die Gesellenprüfung kann zweimal wiederholt werden. Dies ist allerdings **nur bei Nichtbestehen** der Gesellenprüfung zulässig. Eine Wiederholung zur Notenverbesserung ist dage-

gen nicht möglich (Honig/Knörr Rn. 2). Die Wiederholungsmöglichkeit erstreckt sich auf die gesamte Gesellenprüfung (Detterbeck Rn. 12). In der Prüfungsordnung nach § 38 kann die Anrechnung bestandener Prüfungsbereiche iRd Wiederholungsprüfung festgelegt werden (→ § 38 Rn. 19.1). Das Recht zur Wiederholung der kompletten Prüfung darf jedoch nicht ausgeschlossen werden (OVG Bremen NVwZ-RR 1994, 26 = GewArch 1993, 296).

Im Falle des Nichtbestehens der zweiten Wiederholung ist ein Anspruch, die Gesellenprüfung nochmals zu wiederholen, ausgeschlossen (VG Hamburg EzB BBiG § 47 Wiederholungsprüfung Nr. 6). Die Gesellenprüfung in diesem Ausbildungsberuf ist damit **endgültig nicht bestanden**. Eine Zulassung zur Gesellenprüfung nach § 36 Abs. 1 scheidet aus, auch wenn nochmals ein Ausbildungsverhältnis in diesem Ausbildungsberuf absolviert worden ist (Schwannecke/Vogt Rn. 14; Herkert/Töltl BBiG § 37 Rn. 16; aA Leinemann/Taubert BBiG § 37 Rn. 23; Benecke/Hergenröder/Hergenröder BBiG § 37 Rn. 9; HK-BBiG/ Wohlgemuth BBiG § 37 Rn. 8). Ebenso scheidet eine Zulassung zur dritten Wiederholung aufgrund § 36 Abs. 2 oder aufgrund § 37 Abs. 2 aus, da die Voraussetzungen nicht erfüllt sind. In Betracht kommt jedoch eine Ausbildung in einem verwandten Ausbildungsberuf oder in einem Nachfolgeberuf des bisherigen Ausbildungsberufs (Schwannecke/Vogt Rn. 14). 5

Bei einer Aufhebung des bisherigen Ausbildungsberufs vor dem Ablegen der Wiederholungsprüfung hat der Prüfling einen Anspruch auf eine Gesellenprüfung nach den bisher geltenden Regelungen (OVG Münster EzB BBiG § 37 Nr. 7). Gleiches muss auch aus Gründen des Vertrauensschutzes gelten, wenn inhaltliche Änderungen des Ausbildungsberufs erfolgen. 6

Im Falle des Nichtbestehens der Gesellenprüfung wird das Berufsausbildungsverhältnis auf Verlangen des Lehrlings nach § 21 Abs. 3 BBiG bis zum Zeitpunkt der nächstmöglichen Wiederholungsprüfung verlängert, längstens um ein Jahr. 7

III. Wiederholung der gestreckten Gesellenprüfung

Im Fall der gestreckten Gesellenprüfung ist nach § 31 Abs. 1 S. 3 eine eigenständige Wiederholung des ersten Teils der Gesellenprüfung nicht zulässig. Bei der gestreckten Gesellenprüfung handelt es sich rechtlich nur um eine einheitliche Gesellenprüfung, die lediglich zeitlich entzerrt wird (BT-Drs. 15/3980, 50). Daher kann der erste Teil der Gesellenprüfung nur wiederholt werden, wenn die Gesellenprüfung insgesamt nicht bestanden worden ist. IRd Wiederholungsprüfung kann sich der Inhalt auch nur auf den ersten Teil der Gesellenprüfung beschränken. 8

B. Zeugnis

I. Ausstellen eines Zeugnisses

Der Prüfling hat nach § 31 Abs. 2 S. 1 einen Anspruch auf ein Gesellenprüfungszeugnis. Das Zeugnis ist sowohl bei Bestehen als auch bei Nichtbestehen der Gesellenprüfung auszustellen (Leinemann/Taubert BBiG § 37 Rn. 28; Benecke/Hergenröder/Hergenröder BBiG § 37 Rn. 16; Herkert/Töltl BBiG § 37 Rn. 18; aA Schwannecke/Vogt Rn. 21). Denn das Zeugnis dient als **förmliches Beweismittel über das Ergebnis** der von ihm abgelegten Prüfung gegenüber jedermann (Honig/Knörr Rn. 4). Im Falle des Nichtbestehens der Gesellenprüfung wird damit dieser Tatbestand in Form eines Bescheides mitgeteilt (Benecke/ Hergenröder/Hergenröder BBiG § 31 Rn. 16). 9

Die Einzelheiten zur **Form** und zum **Inhalt** sind in der Vorschrift nicht geregelt. Nachdem das Prüfungszeugnis eine öffentliche Urkunde ist, muss neben dem Austeller auch der Prüfling genannt werden sowie das Ergebnis der Gesellenprüfung in dem betreffenden Ausbildungsberuf (Schwannecke/Vogt Rn. 19). Detaillierte Regelungen sollen nach § 38 Abs. 2 in der Prüfungsordnung festgelegt werden (→ § 38 Rn. 12). Nach § 27 Musterprüfungsordnung (→ § 38 Rn. 19.1) enthält das Gesellenprüfungszeugnis die Personalien des Prüflings, die Bezeichnung des Ausbildungsberufs mit Fachrichtung oder prüfungsrelevantem Schwerpunkt, die Ergebnisse der Prüfungsbereiche und ggfs. das Gesamtergebnis, das Datum des Bestehens der Prüfung und die Namenswiedergaben bzw. Unterschriften des Vorsitzenden und der beauftragten Person zuständigen Körperschaft mit Siegel. Ein Anspruch auf ein 10 bestimmtes Format oder Verwendung der Computerschrift besteht aber nicht (VG Karlsruhe EzB BBiG § 47 Prüfungszeugnis Nr. 2).

11 Das Zeugnis ist von der Handwerkskammer bzw. im Fall des § 33 Abs. 1 S. 3 von der Innung auszustellen. Denn der Prüfungsausschuss besitzt keine Behördenqualität (OVG Münster EzB HwO § 38 Nr. 7). Die Handwerkskammer bzw. die Innung ist an die Bewertungen und das festgestellte Ergebnis des Gesellenprüfungsausschusses gebunden (Schwannecke/Vogt Rn. 24; Leinemann/Taubert BBiG § 37 Rn. 34). Diese müssen ein Zeugnis entsprechend dem festgestellten Prüfungsergebnis ausstellen. Eine Korrektur ist im Ausnahmefall bei Rechenfehlern und offenkundigen Unrichtigkeiten zulässig (Benecke/Hergenröder/Hergenöder BBiG § 37 Rn. 21). Ebenso kann die Handwerkskammer bzw. Innung ein Zeugnis über die bestandene Gesellenprüfung unter den Voraussetzungen des § 48 VwVfG zurücknehmen, wenn die Prüfung aufgrund der Bestehensregelung in der Ausbildungsordnung als nicht bestanden gilt (VG Berlin EzB BBiG § 47 Bewertung Nr. 45). Das Zeugnis ist dem Prüfling direkt zu übermitteln und nicht an den Ausbildenden zu übersenden (Schwannecke/Vogt Rn. 19; Leinemann/Taubert BBiG § 37 Rn. 29).

II. Übermitteln der Ergebnisse an den Ausbildenden

12 Der Ausbildende kann beantragen, dass ihm die Ergebnisse der Gesellenprüfung mitgeteilt werden. Die Vorschrift regelt weder die Form des Antrags noch die Form der Mitteilung. Daher hat der Ausbildende keinen Anspruch auf eine Ausfertigung des Prüfungszeugnisses. Aus Gründen der Rechtssicherheit empfiehlt es sich, dass sowohl der Antrag als auch die Ergebnismitteilung schriftlich erfolgt. Die Ergebnisse dürfen ausschließlich an den Ausbildenden, nicht an Dritte, übermittelt werden. Der Auskunftsanspruch ist auf die Ergebnisse der Gesellenprüfung beschränkt, weitergehende Informationen oder die Einsicht in die Prüfungsakte sind unzulässig. Ebenso kann der Ausbildende verlangen, dass ihm die Ergebnisse des ersten Teils der Gesellenprüfung mitgeteilt werden.

III. Ergebnismitteilung bei der gestreckten Gesellenprüfung

13 Bei der gestreckten Gesellenprüfung wird die Prüfung lediglich zeitlich entzerrt. Der erste Teil der Gesellenprüfung stellt folglich keine eigenständige Prüfung dar (→ § 26 Rn. 16). Aus diesem Grund legt § 31 Abs. 2 S. 3 fest, dass dem Prüfling das Ergebnis der Prüfungsleistungen im ersten Teil der Gesellenprüfung mitzuteilen ist. Die Mitteilung stellt kein formales Zeugnis dar, sondern ist eine **formlose Bescheinigung** (BT-Drs. 17/3980, 50). Die Bescheinigung muss schriftlich ausgestellt werden. Das Ergebnis des Teil 1 der Gesellenprüfung kann aufgrund der Bescheinigung nicht angefochten werden, da diese keine Verwaltungsaktqualität besitzt. Das Zeugnis wird im Regelfall erst nach Ablegen des zweiten Teils der Gesellenprüfung ausgestellt.

IV. Übersetzungen des Zeugnisses

14 Der Prüfling kann nach § 31 Abs. 3 S. 1 eine **englischsprachige und eine französischsprachige Übersetzung** des Gesellenprüfungszeugnisses beantragen. Der Antrag ist bei der Handwerkskammer zu stellen. Der Prüfling kann seinen Antrag auch auf eine Übersetzung beschränken, so dass dem Wunsch entsprechend entweder eine englische oder eine französische Übersetzung gefertigt werden muss (Leinemann/Taubert BBiG § 37 Rn. 42). Zweckmäßigerweise und um die Aussagekraft des übersetzten Zeugnisses zu erhöhen, sollten Zeugnis und Ausbildungsprofil miteinander verbunden werden (BT-Drs. 15/3980, 50). Der Anspruch auf eine Übersetzung besteht jedoch nur, wenn die Gesellenprüfung nach dem 1.4.2005 abgelegt wurde, da vor diesem Zeitpunkt keine Rechtsgrundlage für eine Übersetzung bestand (VG München EzB BBiG § 37 Nr. 15).

V. Ausweisen berufsschulischer Leistungsfeststellungen

15 Ebenfalls auf Antrag des Prüflings kann das Ergebnis berufsschulischer Leistungsfeststellungen in das Zeugnis mit aufgenommen werden. Der Anspruch ist auf die Abschlussnote bzw. die Zeugnisendnoten der Berufsschule beschränkt. Die Führung in der Berufsschule darf dagegen nicht ausgewiesen werden (Benecke/Hergenröder/Hergenröder BBiG § 37

Rn. 20). In dem Antrag auf Ausweisen der Berufsschulnote ist das Einverständnis des Prüflings zur Übermittlung der Leistungsfeststellungen der Berufsschule an die Handwerkskammer zu sehen (BT-Drs. 15/4752, 36).

VI. Rechtsschutz

Das Zeugnis dokumentiert die Prüfungsentscheidung des Gesellenprüfungsausschusses. Es **16** ist ein Verwaltungsakt der Handwerkskammer bzw. Innung (Leinemann/Taubert BBiG § 37 Rn. 34; Benecke/Hergenröder/Hergenröder BBiG § 37 Rn. 21; aA VG Darmstadt EzB BBiG § 38 Nr. 11). Der Prüfling kann einerseits gegen das Zeugnis, das das Bestehen der Gesellenprüfung bescheinigt, und andererseits gegen den Bescheid bezüglich des Nichtbestehens der Gesellenprüfung vorgehen. Der Verwaltungsakt kann sowohl wegen formeller als auch materieller Fehler angefochten werden (Leinemann/Taubert BBiG § 37 Rn. 35). Der Ausbildende kann nicht gegen die Prüfungsentscheidung vorgehen, da er nicht in seinen eigenen Rechten verletzt ist (OVG Münster EzB VwGO § 42 Nr. 2; VG Düsseldorf EzB VwGO § 42 Nr. 8; aA OVG Lüneburg EzB BBiG § 38 Nr. 2).

Die **Rücknahme** einer begünstigenden Prüfungsentscheidung, die irrtümlich bekanntgegeben worden ist, ist zulässig, wenn das mit der Rücknahme des Bescheides verfolgte öffentliche Interesse das Vertrauensinteresse des Prüfungsteilnehmers überwiegt (VG Kassel EzB BBiG § 47 Bewertung Nr. 10). Ebenso ist eine Rücknahme nach § 48 VwVfG zulässig, wenn das Prüfungsergebnis durch arglistige Täuschung, Drohung oder Bestechung erschlichen worden ist (Honig/Knörr § 38 Rn. 28; Detterbeck Rn. 10). **16a**

C. Gebührenfreiheit

Die Gebührenfreiheit nach § 31 Abs. 4 gilt ausschließlich für den Lehrling. Daher setzt **17** die Regelung begrifflich ein **bestehendes Ausbildungsverhältnis** zum Zeitpunkt der Zulassung zur Gesellenprüfung voraus (Schwannecke/Vogt Rn. 42; Leinemann/Taubert BBiG § 37 Rn. 44; Herkert/Töltl BBiG § 37 Rn. 38; aA Benecke/Hergenröder/Hergenröder BBiG § 37 Rn. 23; HK-BBiG/Wohlgemuth BBiG § 37 Rn. 16). Daher besteht keine Gebührenfreiheit, wenn das Ausbildungsverhältnis vor der Zulassung zur Gesellenprüfung durch Kündigung oder Aufhebungsvertrag vorzeitig beendet worden ist (Schwannecke/Vogt § 37 Rn. 42). Gleiches gilt auch für Lehrlinge, deren Ausbildungsverhältnis regulär vor der Zulassung zur Gesellenprüfung geendet hat (Schwannecke/Vogt Rn. 43; Leinemann/Taubert BBiG § 37 Rn. 44). Jedoch kann sich aufgrund des Rechtsgedankens des § 14 Abs. 1 Nr. 3 BBiG eine nachwirkende Vertragspflicht zur Übernahme der Prüfungsgebühren durch den Ausbildenden ergeben, wenn die Gesellenprüfung in einem zeitlichen und inhaltlichen Zusammenhang zum beendeten Ausbildungsverhältnis steht (Schwannecke/Vogt Rn. 43; Herkert/Töltl BBiG § 37 Rn. 38). Dies ist regelmäßig dann der Fall, wenn die Gesellenprüfung aus organisatorischen Gründen nach dem Ausbildungsende stattfindet. Dagegen besteht kein Zusammenhang mit dem Ausbildungsverhältnis, wenn der ehemalige Lehrling eine Arbeit aufgenommen hat und sich damit aus dem Pflichtverhältnisses des Ausbildungsverhältnisses gelöst hat (Schwannecke/Vogt Rn. 43).

Die Gebührenfreiheit besteht auch nicht für Personen, die gem. § 36 Abs. 2 zur Gesellenprüfung zugelassen worden sind, da kein Ausbildungsverhältnis bestanden hat. Aus dem gleichen Grund sind die Gebühren von Prüflingen selbst zu tragen, die eine Zulassung nach § 37 Abs. 2 und 3 erhalten haben. **18**

Die Gebührenfreiheit erstreckt sich auf die **Prüfungsgebühren** der Gesellenprüfung. Dies **19** schließt auch die Gebühren für Wiederholungsprüfungen mit ein, wenn das Ausbildungsverhältnis nach § 21 Abs. 3 BBiG verlängert worden ist (LAG Köln NZA-RR 2006, 635 = EzB BBiG § 12 Nr. 24b). Auch die Kosten für die Zwischenprüfung werden nach § 39 Abs. 1 S. 2 iVm § 31 Abs. 4 werden von der Gebührenfreiheit erfasst. Ebenso können wegen § 39a Abs. 2 iVm § 31 Abs. 4 keine Gebühren für die Prüfung der Zusatzqualifikationen vom Lehrling verlangt werden. Ferner sind die Übersetzungen des Gesellenprüfungszeugnisses für den Lehrling gebührenfrei (BT-Drs. 15/3980, 50).

Dagegen müssen Lehrlinge andere Kosten in Zusammenhang mit der Gesellenprüfung, **20** zB **Fahrtkosten oder Übernachtungskosten**, selbst tragen (BAG AP BBiG § 34 Nr. 1 = EzB BBiG § 14 Abs. 1 Nr. 3 Nr. 3). Denn nach § 31 Abs. 4 besteht nur Gebührenfreiheit für die Prüfung. Im Hinblick auf Ausbildungsmittel regelt § 14 Abs. 1 Nr. 3 BBiG, dass diese kostenlos für die Ablegung der Gesellenprüfung zur Verfügung gestellt werden müssen.

21 Beim **Ausbildenden** können für die Gesellenprüfung gem. § 113 Abs. 4 Gebühren erhoben werden, da sich nach dem Wortlaut des § 31 Abs. 4 die Gebührenfreiheit ausschließlich auf den Lehrling bezieht. Die Handwerkskammer kann also in ihrer Gebührenordnung die Tatbestände festlegen, für die der Ausbildenden iRd Durchführung der Gesellenprüfung die Kosten zu tragen hat.

D. Rechtsschutz bei Prüfungsentscheidungen

I. Verfahren

22 Die **Entscheidungen des Gesellenprüfungsausschusses sind Verwaltungsakte** iSd § 35 VwVfG (Honig/Knörr § 38 Rn. 6; Detterbeck Rn. 4). Diese werden von der Handwerkskammer bzw. Innung erlassen, da der Prüfungsausschuss Organ der errichtenden Körperschaft ist (Detterbeck Rn. 9). Die Entscheidungen können iRd Verwaltungsrechtswegs überprüft werden.

23 Vor einer verwaltungsgerichtlichen Klage muss nach § 68 VwGO ein **Vorverfahren** durchgeführt werden, soweit es nicht durch Landesgesetz ausgeschlossen worden ist (→ Rn. 23.1). Die Widerspruchsbefugnis entspricht dabei der Klagebefugnis (BeckOK VwGO/Hüttenbrink VwGO § 68 Rn. 15). Da der Prüfling allein durch die Entscheidung des Gesellenprüfungsausschusses unmittelbar in seinen Rechten verletzt ist, kann der Widerspruch nur von diesem eingelegt werden, nicht aber vom Ausbildenden (OVG Münster EzB HwO § 38 Nr. 5 = EzB VwGO § 42 Nr. 2; Honig/Knörr § 38 Rn. 6; Schwannecke/Vogt Rn. 37; aA VG Berlin EzB BBiG § 47 Bewertung Nr. 45 = EzB VwGO § 42 Nr. 18; Leinemann/Taubert BBiG § 41 Rn. 33; Benecke/Hergenröder/Hergenröder BBiG § 37 Rn. 21). Der Widerspruch ist grds. bei der Körperschaft, die den Verwaltungsakt erlassen hat, zu erheben. Da der Prüfungsausschuss keine eigenständige Behörde ist (→ § 33 Rn. 4; → § 33 Rn. 15), muss der Widerspruch bei der Handwerkskammer bzw. im Fall des § 33 Abs. 1 S. 3 bei der Innung eingelegt werden. Der Widerspruch ist nach § 70 Abs. 1 VwGO innerhalb eines Monats nach Bekanntgabe **schriftlich** oder zur Niederschrift einzulegen. Sofern der Prüfling keine ordnungsgemäße Rechtsbehelfsbelehrung erhalten hat, beträgt die Widerspruchsfrist nach § 70 Abs. 2 iVm § 58 Abs. 2 VwGO ein Jahr.

23.1 In den einzelnen Bundesländern bestehen bezüglich des Widerspruchsverfahrens folgende Regelungen:

Baden-Württemberg: Widerspruchsverfahren bei berufsbezogenen Prüfungen erforderlich (§ 15 Abs. 1 Nr. 2 BWAGVwGO); **Bayern:** fakultatives Widerspruchsverfahren (Art. 15 Abs. 1 Nr. 6 BayAGVwGO); **Berlin:** Widerspruchsverfahren zwingend (§ 4 Abs. 2 BlnAGVwGO); **Brandenburg:** Widerspruchsverfahren zwingend; **Bremen:** Widerspruchsverfahren zwingend (Art. 8 BremAGVwGO); **Hamburg:** Widerspruchsverfahren zwingend (§ 6 HmbAGVwGO); **Hessen:** Widerspruchsverfahren bei berufsbezogenen Prüfungen erforderlich (§ 16a Abs. 2 S. 2 HAGVwGO); **Mecklenburg-Vorpommern:** Widerspruchsverfahren zwingend; **Niedersachsen:** Widerspruchsverfahren bei berufsbezogenen Prüfungen erforderlich (§ 80 Abs. 3 Nr. 1 NJG); **Nordrhein-Westfalen:** Widerspruchsverfahren bei berufsbezogenen Prüfungen erforderlich (§ 110 Abs. 2 Nr. 2 NRWJustG); **Rheinland-Pfalz:** Widerspruchsverfahren zwingend; **Saarland:** Widerspruchsverfahren zwingend; **Sachsen:** Widerspruchsverfahren zwingend; **Sachsen-Anhalt:** Widerspruchsverfahren bei berufsbezogenen Prüfungen erforderlich (§ 8a Abs. 1 Nr. 2 LSAAGVwGO); **Schleswig-Holstein:** Widerspruchsverfahren zwingend; **Thüringen:** Widerspruchsverfahren bei berufsbezogenen Prüfungen erforderlich (§ 9 Abs. 1 Nr. 1 ThürAGVwGO).

24 Bei der Überprüfung der Rechtmäßigkeit der Entscheidung des Gesellenprüfungsausschusses muss die Handwerkskammer die gleichen Überprüfungsmaßstäbe (→ Rn. 26) anwenden wie bei einer Überprüfung durch die Verwaltungsgerichte (BVerwG NVwZ 1985, 577 = GewArch 1985, 97; Leinemann/Taubert BBiG § 41 Rn. 30). Kommt sie zu dem Ergebnis, die Entscheidung ist rechtswidrig und der Widerspruch damit begründet, erlässt sie einen **Abhilfebescheid** gemäß § 72 VwGO. Bei Nichtabhilfe durch den Prüfungsausschuss wird ein **Widerspruchsbescheid** erlassen. Diesen erlässt gem. § 73 Abs. 1 S. 2 Nr. 3 VwGO die Handwerkskammer, wenn der Gesellenprüfungsausschuss von ihr errichtet wor-

den ist. Denn die Errichtung von Gesellenprüfungsausschüssen und die Abnahme der Gesellenprüfung sind Selbstverwaltungsangelegenheiten der Handwerkskammer (Detterbeck Rn. 9). Bei einem Gesellenprüfungsausschuss der Innung ist nicht die Innung für den Erlass des Widerspruchsbescheids zuständig, sondern ebenfalls die Handwerkskammer. Denn die Errichtung des Prüfungsausschusses und die Abnahme der Prüfung sind keine Selbstverwaltungsangelegenheit der Innung (VG Oldenburg GewArch 1984, 128) Die Handwerkskammer übt die Rechts- und Fachaufsicht über die Innung aus, da sie die ordnungsgemäße Durchführung der Prüfung zu überwachen hat (OVG Münster Urt. v. 18.5.1994 – 19 A 877/92).

Gegen den Widerspruchsbescheid kann Klage erhoben werden. Richtige Klageart ist dabei die **Verpflichtungsklage** nach § 42 Abs. 1 Alt. 2 VwGO, da der Kläger eine Verbesserung erreichen will (OVG Münster NVwZ 1993, 95). Dabei darf das Gericht weder selbst die Leistungen mit einer bestimmten Note bewerten noch den Prüfungsausschuss zur Vergabe einer bestimmten Note verpflichten (Detterbeck Rn. 8). Vielmehr kann lediglich die Prüfungsentscheidung aufgehoben werden und der Prüfungsausschuss verpflichtet werden, unter Beachtung der Rechtsauffassung des Gerichts den Prüfling neu zu bescheiden (Detterbeck Rn. 8; Niehues/Fischer/Jeremias Rn. 828). Die **Anfechtungsklage** nach § 42 Abs. 1 Alt. 1 VwGO ist möglich, wenn die Prüfungsentscheidung aufgehoben werden soll. Dadurch lebt der Prüfungsanspruch des Klägers wieder auf und die Handwerkskammer bzw. die Innung wird zur Wiederholung der Prüfung verpflichtet (Niehues/Fischer/Jeremias Rn. 825). Die Klage ist nicht gegen den Prüfungsausschuss zu richten, da diesem die Behördeneigenschaft iSd § 78 Abs. 1 Nr. 2 VwGO fehlt. Vielmehr ist die Handwerkskammer bzw. Innung nach § 78 Abs. 1 Nr. 1 VwGO richtige **Klagegegner,** da sie den Prüfungsausschuss errichtet und den Verwaltungsakt erlassen hat (OVG Münster EzB HwO § 38 Nr. 7). Die **Klagebefugnis** steht dem Prüfling zu, da dieser allein von der Entscheidung des Gesellenprüfungsausschusses unmittelbar betroffen ist (→ Rn. 23). Auch beim Bestehen der Wiederholungsprüfung wird die Klage gegen die erste Prüfung nicht gegenstandslos, der Kläger durch die Feststellung, die erste Prüfung nicht bestanden zu haben, weiterhin beschwert ist (BVerwG NVwZ 1992, 56; VGH München EzB BBiG § 54 Bewertung Nr. 4; OVG Lüneburg EzB BBiG § 38 Nr. 2). **25**

II. Gerichtlicher Überprüfungsmaßstab

Nach der Rspr. des BVerfG müssen berufsbezogene Prüfungsverfahren so gestaltet sein, dass das **Grundrecht der Berufsfreiheit** und die Rechtsweggarantie **effektiv geschützt** werden. Prüflinge müssen deshalb das Recht haben, Einwände gegen ihre Abschlussnoten wirksam vorzubringen. (BVerfG NJW 1991, 2005). Damit ist die bisherige verwaltungsgerichtliche Rechtsprechung nicht mehr maßgeblich. Denn danach war die gerichtliche Überprüfungsmöglichkeit von Prüfungsentscheidungen auf die Prüfung beschränkt, ob die Prüfer das anzuwendende Recht verkannt haben, ob sie von einem unrichtigen Sachverhalt ausgegangen sind, ob sie allgemeingültige Bewertungsgrundsätze nicht beachtet und ob sie sachfremde Erwägungen angestellt oder sonst willkürlich gehandelt haben (BVerwG NJW 1984, 2650). Vielmehr ist die Rspr. der Verwaltungsgerichte zum **Bewertungsspielraum** der Prüfungsbehörden mit Art. 19 Abs. 4 GG nur vereinbar, soweit es um **prüfungsspezifische Wertungen** geht (BVerfG NJW 1991, 2005). Danach ist hinsichtlich der gerichtlichen Kontrolle von Prüfungsentscheidungen zwischen der Beantwortung von Fachfragen und prüfungsspezifischen Wertungen zu differenzieren. Soweit es die Beantwortung von Fachfragen betrifft, sind diese von den Verwaltungsgerichten nun in vollem Umfang überprüfbar (Detterbeck Rn. 6; Schwannecke/Vogt Rn. 31). Dies betrifft vor allem die schriftlichen Aufgaben in der Gesellenprüfung, da die Bewertung auf ein Ergebnis abzielt. Auch bei einem Prüfungsprodukt bzw. Prüfungsstück wird ausschließlich das Ergebnis bewertet. Dagegen können prüfungsspezifische Wertungen, insbes. Prozessbewertungen, die nicht wiederholbar sind, nur in beschränktem Umfang gerichtlich überprüft werden. Denn in diesem Fall ordnet der Prüfer die festgestellte Leistung zu einem Punktesystem aufgrund Kriterien, die er durch persönliche Erfahrungen gewonnen hat, zu (Niehues/Fischer/Jeremias Rn. 875). Die gerichtliche Kontrolle beschränkt sich dabei darauf, ob das anzuwendende Recht verkannt wurde, ob von einem unrichtigen Sachverhalt ausgegangen wurde, ob allgemeingültige **26**

Bewertungsgrundsätze nicht beachtet wurden und ob sachfremde Erwägungen angestellt wurden oder sonst willkürlich gehandelt wurde (BVerwG NJW 1995, 977; BayVBl 1994, 443). Daher ist bei einer Arbeitsprobe die gerichtliche Überprüfung eingeschränkt, da nicht das Ergebnis des Herstellungsvorgangs, sondern der Herstellungsvorgang selbst bewertet wird (OVG Bremen NVwZ-RR 1994, 26 = GewArch 1993, 296). Auch bei der Arbeitsaufgabe und dem betrieblichen Auftrag steht die Prozessbewertung im Mittelpunkt.

1. Formelle Fehler im Prüfungsverfahren

27   Das Verfahren der Abnahme der Gesellenprüfung wird durch die §§ 31ff festgelegt und durch die nach § 38 zu erlassende Gesellenprüfungsordnung konkretisiert. Ein Verfahrensfehler liegt demnach vor, wenn der **Gesellenprüfungsausschuss fehlerhaft besetzt** ist (VG Darmstadt EzB BBiG § 40 Nr. 13). Der Prüfungsausschuss muss in seiner korrekten Besetzung nach § 34 die Prüfung abnehmen. Ein Prüfling kann sich jedoch nicht auf die fehlerhafte Besetzung des Prüfungsausschusses berufen, wenn er vor der Prüfung über die Regelungen bezüglich der ordnungsgemäßen Besetzung informiert und eine unverzügliche Rüge der fehlerhaften Besetzung zumutbar war (OVG Lüneburg BeckRS 2011, 52140). Gleiches gilt, wenn sich der Prüfling mit der Vertretung eines unvorhergesehen verhinderten Prüfers durch einen anderen einverstanden erklärt (OVG Lüneburg EzB BBiG § 40 Nr. 28 = GewArch 1995, 170).

28   Ebenso besteht eine unverzügliche Rügepflicht hinsichtlich der **Befangenheit** eines Prüfers. So muss der Prüfling die Befangenheit vor der Prüfung geltend machen, wenn er Anhaltspunkte für eine Befangenheit des Prüfers vermutet. Eine nachträglich erhobene Befangenheitsrüge ist regelmäßig unzulässig (OVG Münster NWVBl 1993, 293). Dagegen kann die Prüfung unverzüglich angefochten werden, wenn sich nach der Prüfung Anhaltspunkte für eine Befangenheit ergeben (Niehues/Fischer/Jeremias Rn. 350). Nicht ausreichend für eine erfolgreiche Rüge der Befangenheit ist das Schneiden von Grimassen durch einen Prüfer (FG Rheinland-Pfalz BeckRS 2005, 26020813).

29   Aus der Rechtsprechung des BVerfG zur grundsätzlichen vollen gerichtlichen Überprüfbarkeit von Prüfungsleistungen resultiert eine **umfassende Pflicht zur Dokumentation des Prüfungsablaufs und zur Begründung der Bewertung** für den Gesellenprüfungsausschusses (Honig/Knörr § 38 Rn. 15; Schwannecke/Vogt Rn. 32). Die Mindestinhalte ergeben sich dabei aus dem einschlägigen Prüfungsordnung (→ § 38 Rn. 19.1). Fehlen besondere Bestimmungen in der Prüfungsordnung, so sind die allgemeinen prüfungsrechtlichen Grundsätze bezüglich der Dokumentation maßgeblich (Niehues/Fischer/Jeremias Rn. 456). Eine lückenlose Dokumentierung, insbes. von mündlichen Prüfungsleistungen, wird allerdings nicht verlangt (BVerfG NVwZ 1997, 263; BVerwG NVwZ 1995, 494). Ausreichend ist ein **Ergebnisprotokoll bezüglich des wesentlichen Gangs des Prüfungsverfahrens,** wie Namen der Prüfer und der Prüflinge, der Hinweis auf den Prüfungsstoff, die Dauer der Prüfung und wesentliche verfahrensmäßige Vorkommnisse sowie die Ergebnisse (Niehues/Fischer/Jeremias Rn. 456). Es steht im Ermessen des jeweiligen Prüfers, welche Aufzeichnungen er macht (BVerwG BeckRS 1993, 08541). Ein Fehlen einer vorgeschriebenen Niederschrift bewirkt die Rechtswidrigkeit der Prüfungsentscheidung nur, wenn sich das Fehlen das Prüfungsergebnis beeinflusst haben könnte (OVG Münster EzB BBiG § 47 Niederschrift Nr. 9).

30   Neben der Dokumentation folgt aus Art. 19 Abs. 4 GG auch die Pflicht des Prüfungsausschusses, die Prüfungsentscheidung zu begründen. Diese **Begründungspflicht** bezieht sich dabei sowohl auf schriftliche als auch auf mündliche Prüfungsleistungen (BVerwG NVwZ 2006, 478; NJW 1996, 2670; NVwZ 1993, 677). Ebenso sind praktische Prüfungsleistungen zu begründen (Niehues/Fischer/Jeremias Rn. 713). Bei **schriftlichen Arbeiten** sind Korrekturanmerkungen anzubringen, die dem Prüfling und auch den Gerichten die Möglichkeit geben, die Gedankengänge des Prüfers nachzuvollziehen (BVerwG NJW 2012, 2054 (2055)). Dabei ist nicht der Umfang der Begründung maßgeblich, sondern Inhalt, um die Bewertung zu rechtfertigen (Niehues/Fischer/Jeremias Rn. 710). Die Begründung muss schriftlich erfolgen (BVerwG NVwZ 1993, 677). Bei **mündlichen und praktischen Prüfungsleistungen** besteht ebenfalls die Mitteilung der tragenden Gründe für die Bewertung (Niehues/Fischer/ Jeremias Rn. 713). Allerdings ist ein Prüfer nicht verpflichtet, von sich aus eine Begründung

zu geben, sondern die Bewertung nur auf Antrag des Prüflings zu begründen (BVerwG NJW 1996, 2670; OVG Münster EzB BBiG § 47 Niederschrift Nr. 9). Eine generelle Hinweispflicht auf das Erfordernis, die Begründung der Bewertung zu beantragen, besteht nicht (Niehues/Fischer/Jeremias Rn. 720). Es ist ausreichend, wenn der Prüfling auf das Erfordernis eines spezifizierten Verlangens umgehend hingewiesen wird, sobald er deutlich macht, dass er mit der Bewertung nicht einverstanden ist (BVerwG NJW 1996, 2670 (2674); OVG Münster EzB BBiG § 47 Niederschrift Nr. 9). Eine unvollständige oder fehlende Begründung kann nachgeholt werden (Niehues/Fischer/Jeremias Rn. 712, 718).

Ebenso begründen **Fehler im Prüfungsverfahren** die Rechtswidrigkeit der Prüfungsleistung. Es entspricht allgemeinem Prüfungsrecht und wird durch den Paritätsgrundsatz für die handwerklichen Prüfungen eher noch verstärkt, dass alle Prüfer die Prüfungsleistungen persönlich zur Kenntnis nehmen und bewerten müssen (OVG Bremen NVwZ-RR 1994, 26 = GewArch 1993, 296). Daher ist eine Delegation der Beurteilung an fachkundige Beauftragte ist unzulässig (VGH München NVwZ-RR 1991, 198 = GewArch 1990, 417). Nach § 35a Abs. 2 ist die Vorbenotung nicht mündlich zu erbringender Prüfungsleistungen durch zwei Prüfer zulässig. Die Festlegung der endgültigen Bewertung bleibt nach § 35a Abs. 1 dem Prüfungsausschuss insgesamt vorbehalten. Ebenso liegt ein Fehler vor, wenn sich die Prüfer nicht mit voller Aufmerksamkeit auf das Prüfungsgeschehen konzentrieren (OVG Münster NVwZ 1992, 397). Gleiches gilt für die zeitweilige Abwesenheit eines Prüfers, sofern dies Einfluss auf die Bewertung des Prüflings hat (Niehues/Fischer/Jeremias Rn. 450). Ferner ist das Prüfungsverfahren fehlerhaft, wenn eine Person, die nicht dem Prüfungsausschuss angehört, Fragen stellt (VGH Mannheim GewArch 1995, 280). **31**

Ferner führen **Störungen im Prüfungsablauf** zur Rechtswidrigkeit der Prüfung. Dabei kann es sich sowohl um eine objektive äußere Störung handeln als auch um eine subjektiv empfundene Störung. Die jeweilige Prüfungsbehörde ist verpflichtet, die erforderlichen Kompensationsmaßnahmen zur Wiederherstellung der Chancengleichheit zu ergreifen. Ihr steht dabei jedoch kein Ermessensspielraum zu (BVerfG NJW 193, 917). Eine Anfechtung ist unzulässig, wenn die Beeinträchtigung durch eine ausreichende Bearbeitungszeit ausgeglichen wurde (BVerwG NVwZ 1994, 486; NJW 1991, 442). Ebenso ist eine Anfechtung der Prüfung ist ausgeschlossen, wenn eine Rüge durch den Prüfling unterbleibt bzw. erst nachträglich erhoben wird. Denn diesen trifft aufgrund des Prüfungsrechtsverhältnisses eine Pflicht, die Störung **unverzüglich zu rügen** (BVerwG NJW 1985, 447). **32**

Die Nichtberücksichtigung von Leistungsmängeln aufgrund persönlicher Umstände führt zur Rechtswidrigkeit der Prüfungsentscheidung. Daher kann ein Prüfling wegen Prüfungsunfähigkeit aufgrund persönlicher körperlicher oder psychische Leiden von der Prüfung zurücktreten (Niehues/Fischer/Jeremias Rn. 249). Allerdings folgt aus dem Grundsatz der Chancengleichheit, dass der Rücktritt von einer Prüfung wegen **krankheitsbedingter Prüfungsunfähigkeit** grundsätzlich vor der Prüfung, spätestens aber bei Kenntnis der Prüfungsunfähigkeit unverzüglich erklärt werden muss (BVerwG NJW 1989, 2340; VGH Mannheim GewArch 1994, 429). Die Berufung auf die krankheitsbedingte Prüfungsunfähigkeit ist daher ausgeschlossen, wenn ein Prüfling sich in Kenntnis seines Zustands der Prüfung unterzogen hat, um sich im Falle des Misserfolgs durch nachträglichen Rücktritt den Rechtswirkungen der fehlgeschlagenen Prüfung zu entziehen (VGH München BeckRS 2009, 32604 = BayVBl 2010, 27). Gleiches gilt, wenn ein Prüfling durch Einnahme von Medikamenten seine Prüfungsfähigkeit herabsetzt (VGH München BeckRS 2011, 46106). **Prüfungsängste** stellen grundsätzlich keine krankhafte Verminderung der Leistungsfähigkeit dar und erfordern daher keinen Ausgleich (BVerwG BeckRS 1995, 31255285; OVG Münster NJW 2011, 1094). Anders verhält es sich mit **Behinderungen,** die den Gesundheitszustand erheblich beeinträchtigen und damit die Leistungsfähigkeit einschränken. Sofern diese lediglich den Nachweis der vorhandenen Befähigung erschweren und nicht die zu prüfenden Befähigungen betreffen, sind die Behinderungen durch geeignete Hilfsmittel als **Nachteilsausgleich** auszugleichen (Niehues/Fischer/Jeremias Rn. 259). **33**

Ferner können die Verwaltungsgerichte uneingeschränkt überprüfen, ob zulässiger **Prüfungsstoff** zugrunde gelegt wurde (BVerwG NJW 1998, 323). Dabei ist im Handwerksrecht ein sich in vernünftigen Grenzen haltender Überschuss an Ausbildungs- und Prüfungsanforderungen hinzunehmen (BVerfG NJW 1969, 1571 (1572); BVerwG BeckRS 1987, 31232300; VGH Kassel GewArch 1998, 34 (36)). Die Prüfungsinhalte ergeben sich aus der **34** einschlägigen Ausbildungsordnung. Nach § 32 ist in der Gesellenprüfung nachzuweisen, dass die erforderlichen beruflichen Fertigkeiten beherrscht werden, die notwendigen beruflichen Kenntnisse und Fähigkeiten sowie der für die Berufsausbildung wesentlichen Lehrstoff der Berufsschule bekannt ist (→ § 32 Rn. 1). Daher ist der gesamte Inhalt des Rahmenlehrplans zulässiger Prüfungsstoff, auch wenn er nicht im Berufsschulunterricht durchgenommen wurde (VG Köln EzB BBiG § 47 Bewertung Nr. 58). Jedoch darf in der Prüfung nichts verlangt werden, was der Prüfling in der Ausbildung oder im Unterricht nicht gelernt haben kann (VGH Mannheim NVwZ-RR 1998, 106 = BeckRS 9998, 30195; VG Meiningen GewArch 1997, 378).

2. Materielle Fehler im Prüfungsverfahren

35   Bei der Überprüfung des prüfungsimmanenten Bewertungsspielraums ist die Kontrolle der Verwaltungsgerichte eingeschränkt (→ Rn. 26). Allerdings sind fachliche Meinungsverschiedenheiten zwischen Prüfer und Prüfling der gerichtlichen Kontrolle nicht generell entzogen (BVerfG NJW 1991, 2005). Zwar wird dem Prüfer ein **Bewertungsspielraum** zugestanden, allerdings korrespondiert damit auch ein angemessener Antwortspielraum des Prüflings (BVerwG BeckRS 1994, 20420 = BayVBl 1994, 443).

36   Der Prüfer muss bei der Beurteilung der Prüfungsleistung vom **richtigen Sachverhalt** ausgehen. Dies ist der Fall, wenn er die Prüfungsaufgabe und die darauf bezogene Prüfungsleistung vollständig und richtig zur Kenntnis nimmt und in seine Erwägungen einbezieht (BVerwG BeckRS 1994, 20420 = BayVBl 1994, 443). Daher liegt ein Bewertungsfehler vor, wenn er sich über die Prüfungsaufgabe irrt, Aufgaben verwechselt oder von einer anderen als der tatsächlich gestellten Aufgabe ausgeht (BVerwG NVwZ 1985, 187 (188)).

37   Die Bewertung der Prüfungsleistung ist fehlerhaft, wenn der Prüfer die **allgemein gültigen Bewertungsgrundsätze** nicht beachtet. Darunter sind fachwissenschaftlich fundierte, allgemein anerkannte Regeln der Leistungsbewertung (Niehues/Fischer/Jeremias Rn. 647). Daher dürfen bei Aufgabenstellungen, bei denen die Richtigkeit oder Angemessenheit von Lösungen nicht eindeutig bestimmbar sind, die Beurteilung vielmehr unterschiedlichen Ansichten Raum lässt, vertretbare und mit gewichtigen Argumenten folgerichtig begründete Lösungen nicht als falsch bewertet werden. Im Allgemeinen dürfen zutreffende Antworten und brauchbare Lösungen nicht als falsch bewertet werden (BVerfG NJW 1991, 2005 (2008)). Generell muss der Prüfer aufgrund des Gebots der Sachlichkeit die Prüfungsleistung ohne Ansehen der Person unvoreingenommen würdigen (BVerwG NVwZ 1985, 187 (189)). Daher verbietet sich auch eine Relativierung der Bewertungsmaßstäbe wegen persönlicher Umstände des Prüflings (Niehues/Fischer/Jeremias Rn. 651). Bei der Mehrfachwertung sog. **Folgefehler** liegt ein Verstoß gegen einen allgemeingültigen Bewertungsgrundsatz vor. Ein Fehler, der bei einer in sich abgeschlossenen Teilaufgabe bereits zu einem Punktabzug geführt hat, darf nicht nochmals bei einer späteren Teilaufgabe berücksichtigt werden (VG Neustadt a.d. Weinstraße EzB BBiG § 54 Bewertung Nr. 6; EzB BBiG § 54 Bewertung Nr. 2). Dagegen sind Fehler jeweils zu berücksichtigen, wenn sich ein Fehler nicht aus einem anderen Fehler ergibt und sich unabhängig voneinander auf die Lösung auswirkt (VG Neustadt a.d. Weinstraße EzB BBiG § 54 Bewertung Nr. 6). Ein Folgefehler liegt dann nicht vor, wenn keine Teilaufgaben, sondern separate Einzelaufgaben gestellt werden (VG Frankfurt EzB BBiG § 47 Bewertung Nr. 40).

38   Der prüfungsimmanente Bewertungsspielraum ist überschritten, wenn der Prüfer **sachfremde Erwägungen** anstellt. Diese stehen in keinem inhaltlichen Zusammenhang mit dem Sinn und Zweck der Leistungskontrolle in der Prüfung (Niehues/Fischer/Jeremias Rn. 642). Ebenso beruht die Bewertung auf sachfremden Erwägungen, wenn ein Prüfer entgegen seiner festen Überzeugung um des lieben Friedens willen nachgibt und die Bewertungsentscheidung darauf maßgeblich beruht (BVerwG NVwZ 1995, 469).

39   Ferner sind **willkürliche Bewertungen** unzulässig. Die Bewertungen müssen in jedem Fall durch sachliche Gesichtspunkte gerechtfertigt sein und nicht auf irrationalen Erwägungen oder bloßer Intuition beruhen (Niehues/Fischer/Jeremias Rn. 640). Ebenso ist eine willkürliche Bewertung anzunehmen, wenn der Prüfer die Grundlagen und den Gegenstand der Prüfung verkennt und bspw. Antworten vermisst, die nach der Aufgabenstellung nicht verlangt sind (BVerwG NJW 1984, 2650). Ferner liegt ein Verstoß gegen das Willkürverbot

vor, wenn die Bewertung auf einer derart eklatanten und außerhalb jedes vernünftigen Rahmens liegenden Fehleinschätzung wissenschaftlich-fachlicher Gesichtspunkte beruht, dass sich ihr Ergebnis dem Fachkundigen als gänzlich unhaltbar aufdrängen muß (BVerwG NVwZ 1991, 271 (272)).

III. Rechtsfolgen

Die Klage gegen eine Prüfungsentscheidung ist nur erfolgreich, wenn der **gerügte Man-** 40 **gel für das negative Ergebnis ursächlich** ist. Daher ist die Klage abzuweisen, wenn ausgeschlossen werden kann, dass die nochmalige Erörterung eines Prüfungspunktes zu einem für den Prüfling günstigeren Ergebnis führt (BVerfG NJW 1991, 2005 (2008)). Ebenso wenig kann ein Prüfling auf Grundlage des Grundsatzes der Chancengleichheit geltend machen, dass ungerechtfertigte Vorteile gegenüber anderen oder Bewertungsfehler bei anderen Prüflingen ihm ebenfalls zugutekommen, sofern sein Prüfungsverfahren ordnungsgemäß verlaufen ist (OVG Magdeburg GewArch 1997, 158). Die Aufhebung der Prüfungsentscheidung bewirkt nicht, dass die Prüfung als bestanden gilt, sondern der Prüfling wird in den Stand vor der Ablegung der Prüfung zurückversetzt (Honig/Knörr § 38 Rn. 29; Detterbeck Rn. 8).

Es bestimmt sich nach den Umständen des Einzelfalls, ob eine Neubewertung der Prü- 41 fungsleistung oder eine Wiederholung der Prüfungsleistung zulässig ist. Dabei muss einerseits berücksichtigt werden, ob das Verfahren zur Ermittlung der Kenntnisse und Fertigkeiten fehlerhaft durchgeführt wurde oder ein Fehler bei der Bewertung der Prüfungsleistung vorliegt (Niehues/Fischer/Jeremias Rn. 499). Andererseits kommt es darauf an, dass eine bewertungsfähige Prüfungsleistung vorhanden ist (Niehues/Fischer/Jeremias Rn. 509). Danach kommt eine **Neubewertung** im Regelfall bei Mängeln in der Bewertung von Prüfungsleistungen in Betracht (BVerwG NJW 2003, 1063 (1064); NVwZ 1997, 502). Zwingende Voraussetzung ist allerdings, dass die Kenntnisse und Fähigkeiten des Prüflings fehlerfrei ermittelt wurden und damit eine bewertungsfähige Prüfungsleistung vorliegt (OVG Saarlouis BeckRS 2008, 32540). Eine Neubewertung scheidet aus, wenn die Erinnerung der Prüfer an die Leistungen des Prüflings, insbes. bei mündlichen Prüfungen, aufgrund Zeitablaufs verblasst ist, so dass eine Grundlage für eine erneute Bewertung nicht mehr vorliegt (BVerwG NVwZ 2002, 1375 (1376); NVwZ 1997, 502). Eine **Wiederholung der Prüfung** kommt regelmäßig in Betracht, wenn es aufgrund eines fehlerhaften Prüfungsverlaufs an einer zuverlässigen Bewertungsgrundlage fehlt (Niehues/Fischer/Jeremias Rn. 500).

Die Neubewertung der Prüfungsleistung darf wegen des verfassungsrechtlichen **Verbots** 42 **der reformatio in peius** nicht zu einer Notenverschlechterung führen (BVerwG NVwZ 1993, 686 (688); Honig/Knörr § 38 Rn. 11). Die nochmalige Bewertung kann also lediglich zum gleichen Ergebnis oder zu einer Verbesserung kommen. Aufgrund des Grundsatzes der Chancengleichheit wird die Bewertung grundsätzlich von den **gleichen Prüfern** vorgenommen, die die Prüfung zunächst abgenommen haben (BVerwG NVwZ 1993, 686 (688)). Denn es kann nicht angenommen werden, dass diese aufgrund der Einlegung eines Rechtsmittels automatisch befangen sind (BVerwG NVwZ 1995, 788; NJW 1983, 2154). Dagegen ist die Neubewertung durch andere Prüfer geboten, wenn sich die ursprünglichen Prüfer vorab festgelegt haben, die Note nicht mehr zu ändern (BVerwG NVwZ 1993, 686).

§ 32 [Prüfungsgegenstand]

¹**Durch die Gesellenprüfung ist festzustellen, ob der Prüfling die berufliche Handlungsfähigkeit im Sinne des § 1 Abs. 3 des Berufsbildungsgesetzes erworben hat.** ²**In ihr soll der Prüfling nachweisen, dass er die erforderlichen beruflichen Fertigkeiten beherrscht, die notwendigen beruflichen Kenntnisse und Fähigkeiten besitzt und mit dem im Berufsschulunterricht zu vermittelnden, für die Berufsausbildung wesentlichen Lehrstoff vertraut ist.** ³**Die Ausbildungsordnung ist zugrunde zu legen.**

Überblick

Die Gesellenprüfung bezweckt und zielt auf das Feststellen der beruflichen Handlungsfähigkeit ab (→ Rn. 1). Der Prüfling soll in der Prüfung nachweisen, dass er die erforderlichen beruflichen Fertigkeiten (→ Rn. 2), Kenntnisse (→ Rn. 3) und Fähigkeiten besitzt (→ Rn. 4). Zudem zählt der wesentliche Lehrstoff der Berufsschule zum Prüfungsgegenstand (→ Rn. 5). Der Prüfungsstoff umfasst also den Lernstoff sowohl der betrieblichen Ausbildung als auch der Berufsschule. Dadurch wird der Grundsatz der Einheit der Gesellenprüfung verdeutlicht (→ Rn. 6). Die entsprechende Ausbildungsordnung dient dabei bezüglich der Struktur und des Inhalts der Gesellenprüfung als Grundlage (→ Rn. 8).

Auf die Zwischenprüfung findet § 32 gem. § 39 Abs. 1 S. 2 entsprechende Anwendung.

Die Regelung entspricht § 32 aF. Durch das Berufsbildungsreformgesetz vom 23.3.2005 wurde das Feststellen der beruflichen Handlungsfähigkeit als neue Zielsetzung der Gesellenprüfung festgelegt.

Die Parallelvorschrift zu § 32 ist § 38 BBiG.

A. Prüfungsgegenstand der Gesellenprüfung

I. Feststellen der beruflichen Handlungsfähigkeit

1   Zweck der Gesellenprüfung ist gem. § 32 S. 1 die Feststellung, ob der Prüfling die berufliche Handlungsfähigkeit iSd § 1 Abs. 3 BBiG, also die notwendigen beruflichen Fertigkeiten, Kenntnisse und Fähigkeiten erworben hat. Damit werden auch in allgemeiner Art und Weise der Rahmen und der Inhalt der Gesellenprüfung umschrieben (Detterbeck Rn. 2). In § 32 S. 2 wird der **Nachweis der beruflichen Handlungsfähigkeit** konkretisiert, indem vier materielle Prüfungsbereiche definiert werden. Danach muss der Prüfling die erforderlichen beruflichen Fertigkeiten (→ Rn. 2) beherrschen, die notwendigen beruflichen Kenntnisse (→ Rn. 3) und Fähigkeiten (→ Rn. 4) besitzen und mit dem im Berufsschulunterricht zu vermittelnden, für die Berufsausbildung wesentlichen Lehrstoff (→ Rn. 5) vertraut sein. Leitbild für das Niveau des Nachweises der beruflichen Handlungsfähigkeit ist der in den Tätigkeiten des entsprechenden Gewerbes ausreichend ausgebildeten Berufstätige (Detterbeck Rn. 2). Aus diesem Grund müssen lediglich die erforderlichen beruflichen Fertigkeiten, Kenntnisse und Fähigkeiten nachgewiesen werden. Der Prüfling muss die zur Erbringung der Facharbeiterleistung notwendigen praktischen und theoretischen Kenntnisse besitzen; der Nachweis meisterliche Kenntnisse wird nicht verlangt (Honig/Knörr Rn. 2; Detterbeck Rn. 2).

2   Die **beruflichen Fertigkeiten** beziehen sich auf das praktische berufliche Können. Dazu zählen handliches Geschick, Gewandtheit im Umgang mit Maschinen, Werkzeug und Material sowie praktisches Gespür für Zusammenhänge (Leinemann/Taubert § 38 Rn. 13). Das berufliche Können ist im Ausbildungsberufsbild (→ § 26 Rn. 5) und im Ausbildungsrahmenplan (→ § 25 Rn. 7) der jeweiligen Ausbildungsordnung festgelegt. Der Lehrling muss diese Fertigkeiten erlernt haben und in der Praxis anwenden können. Der Nachweis erfolgt dann entsprechend den Prüfungsanforderungen in der Gesellenprüfung.

3   Die notwendigen **beruflichen Kenntnisse** umfassen sowohl das praktische als auch das theoretische Wissen (Benecke/Hergenröder/Hergenröder BBiG § 38 Rn. 8). Dabei orientieren sich die praktischen Kenntnisse an der Notwendigkeit für die Berufsausübung und die theoretischen Kenntnisse an den Voraussetzungen für die Berufsausbildung. Die notwendigen Kenntnisse bestimmen sich nach dem Ausbildungsberufsbild und dem Ausbildungsrahmenplan. In der Gesellenprüfung wird der Besitz derartiger Kenntnisse dadurch festgestellt, dass der Prüfling die Prüfungsanforderungen in ausreichendem Maße erfüllt.

4   Die notwendigen **beruflichen Fähigkeiten** nehmen Bezug auf das Handlungspotenzial und die soziale Kompetenz. Der Prüfling muss nachweisen, dass er die beruflichen Herausforderungen und Aufgaben mit seinen erlernten Fähigkeiten und seinem Talent sachgerecht bewältigen kann (Leinemann/Taubert BBiG § 38 Rn. 16). Zudem sollen soziale Kompetenzen, wie Teamfähigkeit oder Kommunikationsfähigkeit, nachgewiesen werden (BT-Drs. 15/3980, 42).

5   Durch die Aufnahme des **wesentlichen Lehrstoffs** als materiellen Prüfungsbereich der Gesellenprüfung wird die enge Verzahnung zwischen betrieblicher und schulischer Ausbil-

dung im dualen System verdeutlicht (BVerwG EzB BBiG § 38 Nr. 1). Nach dem Wortlaut der Vorschrift wird der Lehrstoff nicht auf den tatsächlich vermittelten Stoff begrenzt. Vielmehr findet der nach dem Lehrplan auf Grundlage der Ausbildungsordnung zu vermittelnde Lehrstoff in der Gesellenprüfung Berücksichtigung. Folglich ist nicht entscheidend, ob der Lehrstoff konkret im Unterricht durchgenommen oder vermittelt wurde (OVG Münster EzB BBiG § 38 Nr. 20; VG Köln EzB BBiG § 38 Nr. 17). Jedoch kann nur der für die Berufsausbildung wesentliche Lehrstoff in der Gesellenprüfung abgeprüft werden. Eine allgemeingültige Regelung kann nicht für alle Ausbildungsberufe aufgestellt werden. Der wesentliche Lehrstoff ist für jeden Ausbildungsberuf einzeln zu bestimmen. Dabei kommt es auf einen Sachzusammenhang zwischen dem Lehrstoff und den Ausbildungsinhalten in der Ausbildungsordnung an, der den schulischen Lehrstoff als für die Berufsausbildung und damit die Erreichung des Ausbildungszieles wesentlich erscheinen lässt (Herkert/Tölt BBiG § 38 Rn. 9). Auch den allgemeinbildenden Fächern kommt iRd Berufsausbildung eine wesentliche Bedeutung zu und deshalb darf der Zusammenhang zwischen diesen im Berufsschulunterricht vermittelten Fächern und dem jeweiligen Ausbildungsberuf nicht zu eng beurteilt werden (VG Braunschweig GewArch 1977, 155).

II. Einheit der Gesellenprüfung

Der Prüfungsgegenstand umfasst gem. § 32 S. 2 nach dem Grundsatz der dualen Ausbildung sowohl die betriebliche Ausbildung als auch die Ausbildung in der Berufsschule. Es gilt somit der Grundsatz der **Einheit der Gesellenprüfung**. Danach findet in der Gesellenprüfung eine punktuelle Prüfung der Ausbildungsergebnisse von Betrieb und Schule in einem Prüfungsvorgang und zu einem Prüfungstermin statt (BT-Drs. 15/3980, 51). Aus diesem Grund können schriftliche Ausbildungsnachweise nicht in die Bewertung mit einfließen, da sie nicht iRd Prüfung angefertigt worden sind (Leinemann/Taubert BBiG § 38 Rn. 8). Aufgrund der Prüfungseinheit ist es auch unzulässig, Ergebnisse anderer Prüfungen in die Bewertung der Gesellenprüfung mit aufzunehmen. Daher können zusätzlich vermittelte Fertigkeiten, Kenntnisse und Fähigkeiten, die nicht zum Mindestinhalt des Ausbildungsberufsbildes zählen (→ § 26 Rn. 21), nur in einer gesonderten Prüfung nachgewiesen werden (→ § 39a Rn. 1). Die Ergebnisse werden in einer eigenen Bescheinigung ausgewiesen (→ § 39a Rn. 2) und fließen nicht in das Ergebnis der Gesellenprüfung mit ein (→ § 39a Rn. 3). Ebenso kann die Abschlussprüfung der Berufsschule oder Teile von ihr nicht als Teil der Gesellenprüfung anerkannt werden. Auch die Übernahme von Ergebnisse dieser Prüfung oder die Anrechnung als Vorleistung scheiden aus (BT-Drs. 15/3980, 51). Die Berufsschule wird in der Gesellenprüfung angemessen repräsentiert, indem Berufsschullehrer nach § 34 Abs. 2 dem Prüfungsausschuss angehören müssen (Benecke/Hergenröder/Hergenröder BBiG § 38 Rn. 2). 6

Die HwO lässt jedoch **Ausnahmen** vom Grundsatz der Einheit der Gesellenprüfung zu. IRv Wiederholungsprüfungen kann die Prüfungsordnung festlegen, dass bereits bestandene Prüfungsbereiche nicht mehr wiederholt werden müssen und auf die Wiederholungsprüfung angerechnet werden (→ § 38 Rn. 16). Ebenso wird bei der gestreckten Gesellenprüfung (→ § 36a Rn. 1) die Prüfung in zwei auseinanderfallenden Teilen durchgeführt. Bei dieser Prüfungsform wird die Gesellenprüfung lediglich zeitlich und nicht inhaltlich entzerrt (Schwannecke/Vogt Rn. 16). Das Gesamtergebnis wird am Schluss in einem Gesellenprüfungszeugnis zusammengefasst (→ § 31 Rn. 13). 7

B. Ausbildungsordnung als Grundlage

IRd Durchführung der Gesellenprüfung ist die einschlägige Ausbildungsordnung als Grundlage für die Struktur und die Inhalte der Gesellenprüfung verbindlich. Insbes. sind die Prüfungsanforderungen (→ § 26 Rn. 8) zu beachten, die Inhalt, Umfang und Schwierigkeitsgrad der Prüfung im konkreten Ausbildungsberuf festlegen und dadurch eine bundesweite Einheitlichkeit der Prüfungsgegenstände gewährleisten (Leinemann/Taubert BBiG § 38 Rn. 23). Zusätzlich ist das Ausbildungsberufsbild als Maßstab für das Anforderungsniveau heranzuziehen, da dadurch festgelegt wird, welche beruflichen Fertigkeiten, Kenntnisse und Fähigkeiten für die Berufsausübung notwendig sind (Schwannecke/Vogt Rn. 9). 8

9 Der Prüfungsausschuss muss die in der Ausbildungsordnung festgelegte Gliederung der Prüfung, die Themen der einzelnen Prüfungsfächer, die vorgegebenen Prüfungsinstrumente sowie die zeitlichen Bestimmungen und die Bestehensregelungen einhalten. Eine Prüfung ist daher rechtwidrig und aufzuheben, wenn die Prüfungsaufgaben die Anforderungen überspannen, die sich aus dem Prüfungsziel und der Prüfungsordnung ergeben (OVG Lüneburg EzB BBiG § 47 Prüfungsaufgaben Nr. 1). Deswegen darf eine Prüfungsaufgabe nicht unverständlich sein, sich nicht auf ein Wissensgebiet außerhalb des Prüfungsgegenstandes beziehen oder im Hinblick auf die zu erwerbende Qualifikation unangemessen schwierig sein (OVG Koblenz EzB BBiG § 38 Nr. 12). Ferner darf der Prüfungsausschuss nicht von den vorgeschriebenen Gewichtungen abweichen (OVG Hamburg BeckRS 1992, 09704).

9.1 Eine Herausforderung stellt die Durchführung der Gesellenprüfung, insbe. bei Theorie-Aufgaben, aufgrund der gesunkenen Lesekompetenz und der steigenden Anzahl von Prüflingen mit einer anderen Muttersprache als Deutsch dar. Grds. ist die Prüfungssprache nach § 23 Abs. 1 VwVfG deutsch. Aus dem Grundsatz der Chancengleichheit folgt, dass eine Differenzierung der Prüfungsbedingungen nach den jeweiligen Sprachkenntnissen unzulässig ist (Niehues/Fischer/Jeremias Rn. 421). Ein Prüfling hat keinen Anspruch darauf, dass die Prüfungsfragen an seine eingeschränkten individuellen Fähigkeiten zur Verständigung in deutscher Sprache angepasst werden (BVerwG BeckRS 1993, 31283686; OVG Lüneburg NVwZ-RR 2008, 323). Ebenso scheidet die Gewährung eines Nachteilsausgleichs aus, da mangelnde Sprachkenntnisse keine Behinderung darstellen, die den Nachweis der vorhandenen Befähigung erschweren. In Betracht kommt die generelle sprachliche Vereinfachung der Aufgabenstellung ohne die Prüfungsanforderungen nach der jeweiligen Ausbildungsordnung zu unterlaufen.

§ 33 [Gesellenprüfungsausschüsse]

(1) ¹Für die Abnahme der Gesellenprüfung errichtet die Handwerkskammer Prüfungsausschüsse. ²Mehrere Handwerkskammern können bei einer von ihnen gemeinsame Prüfungsausschüsse errichten. ³Die Handwerkskammer kann Handwerksinnungen ermächtigen, Gesellenprüfungsausschüsse zu errichten, wenn die Leistungsfähigkeit der Handwerksinnung die ordnungsgemäße Durchführung der Prüfung sicherstellt.

(2) Werden von einer Handwerksinnung Gesellenprüfungsausschüsse errichtet, so sind sie für die Abnahme der Gesellenprüfung aller Lehrlinge (Auszubildenden) der in der Handwerksinnung vertretenen Handwerke ihres Bezirks zuständig, soweit nicht die Handwerkskammer etwas anderes bestimmt.

(3) Der Prüfungsausschuss kann zur Bewertung einzelner, nicht mündlich zu erbringender Prüfungsleistungen gutachterliche Stellungnahmen Dritter, insbesondere berufsbildender Schulen, einholen.

(4) Im Rahmen der Begutachtung nach Absatz 3 sind die wesentlichen Abläufe zu dokumentieren und die für die Bewertung erheblichen Tatsachen festzuhalten.

Literatur: Rückert GewArch 1986, 221

Überblick

Die Prüfungshoheit ist nach der HwO der Handwerkskammer zugewiesen. Zur Erfüllung dieser Aufgabe müssen Gesellenprüfungsausschüsse errichtet werden (→ Rn. 1). Dabei kann die Handwerkskammer eigene Prüfungsausschüsse oder zusammen mit anderen Handwerkskammern gemeinsame Prüfungsausschüsse errichten (→ Rn. 6). Des Weiteren kann sie die Errichtung an eine Innung delegieren (→ Rn. 10). Dies ist aber nur zulässig, wenn die Innung die Leistungsfähigkeit bezüglich der Durchführung der Gesellenprüfung besitzt (→ Rn. 11).

Den Gesellenprüfungsausschüssen wird iRd Durchführung der Gesellenprüfung die Aufgabe zugewiesen, die Gesellenprüfung abzunehmen (→ Rn. 5). Die Prüfungsausschüsse erhalten in diesem Zusammenhang die Befugnis, Dritte mit der Bewertung einzelner Prüfungsleistungen zu beauftragen (→ Rn. 16). Diese fertigen eine gutachterliche Stellungnahme an, die als Grundlage für die Bewertung dient (→ Rn. 19).

Die Norm entspricht § 33 aF. Das Berufsbildungsreformgesetz vom 23.3.2005 hat die Einholung gutachterlicher Stellungnahmen Dritter eingeführt.
Die Parallelvorschrift zu § 33 ist § 39 BBiG.

Übersicht

	Rn.		Rn.
A. Errichtung von Gesellenprüfungsausschüssen	1	III. Gemeinsamer Prüfungsausschuss	6
I. Errichtung von Gesellenprüfungsausschüssen	1	B. Delegation der Prüfungszuständigkeit auf Innungen	10
II. Aufgabe der Gesellenprüfungsausschüsse	5	C. Gutachterliche Stellungnahmen Dritter	16

A. Errichtung von Gesellenprüfungsausschüssen

I. Errichtung von Gesellenprüfungsausschüssen

Die Handwerkskammer wird durch § 33 Abs. 1 S. 1 zur Errichtung von Gesellenprüfungs- 1
ausschüssen verpflichtet. Denn die Errichtung der Prüfungsausschüsse sowie die Abnahme der Gesellenprüfung sind gem. § 91 Abs. 1 Nr. 5 eine **Pflichtaufgabe der Handwerkskammer**. Aufgrund dieser Aufgabe hat die Handwerkskammer die Pflicht, Gesellenprüfungsausschüsse entsprechend der Lehrlingszahlen in den Ausbildungsberufen bedarfsgerecht einzurichten bzw. die ordnungsgemäße Abnahme der Gesellenprüfung durch einen Prüfungsausschuss sicherzustellen (Schwannecke/Vogt Rn. 8). Die Handwerkskammer kann dazu eigene Gesellenprüfungsausschüsse oder gemeinsame Prüfungsausschüsse mit einer oder mehreren anderen Handwerkskammern (→ Rn. 6) errichten sowie eine Innung ermächtigen, Prüfungsausschüsse zu errichten (→ Rn. 10). Im begründeten Ausnahmefall ist eine Freistellung an einen anderen, im Grunde unzuständigen Gesellenprüfungsausschuss nach § 5 VwVfG möglich. Dies kommt allerdings nur in Betracht, wenn kein Prüfungsausschuss bei der Handwerkskammer besteht und die Errichtung aus tatsächlichen (zB keine Prüfer) oder ökonomischen Gründen nicht möglich ist (Schwannecke/Vogt Rn. 10).

Die Handwerkskammer muss im Hinblick auf § 31 Abs. 1 **für jeden Ausbildungsberuf** 2
einen Gesellenprüfungsausschuss errichten. Dies folgt auch daraus, dass jeder Prüfungsausschuss mit sachkundigen Prüfern gem. § 34 Abs. 3 besetzt werden muss (Detterbeck Rn. 3). Die Prüfung darf nur von einem einheitlichen Prüfungsausschuss abgenommen werden; die Mitwirkung verschiedener Ausschüsse ist unzulässig (Detterbeck Rn. 2). Der Gesellenprüfungsausschuss muss die Prüfungsleistung unabhängig und eigenständig bewerten (VG Oldenburg GewArch 1984, 128). Daher sind die Mitglieder des Prüfungsausschusses nicht an Weisungen der Handwerkskammer gebunden. Sie arbeiten innerhalb ihres Zuständigkeitsbereichs autonom und haben lediglich die materiellen und formellen Prüfungsvorschriften zu berücksichtigen (Schwannecke/Vogt Rn. 12).

Der Gesellenprüfungsausschuss ist im Regelfall für den ganzen Bezirk der Handwerkskam- 3
mer **zuständig**. Die Handwerkskammer kann auch mehrere Gesellenprüfungsausschüsse für einen Ausbildungsberuf errichten. Dies kommt insbes. bei einer größeren Anzahl von Prüflingen in Betracht. Dabei muss durch entsprechende Richtlinien (zB räumliche Aufteilung des Bezirks, Anfangsbuchstaben des Familiennamens des Prüflings) von Anfang an eindeutig festgelegt sein, welcher Ausschuss im Einzelfall zuständig ist (Honig/Knörr Rn. 8).

Der Gesellenprüfungsausschuss ist als **Organ der Handwerkskammer** anzusehen 4
(Honig/Knörr Rn. 12). Seine Entscheidungen können im verwaltungsgerichtlichen Verfahren angegriffen werden. Dabei ist die Handwerkskammer und nicht der Gesellenprüfungsausschuss der richtige Klagegegner (OVG Münster GewArch 1979, 21).

II. Aufgabe der Gesellenprüfungsausschüsse

Die Gesellenprüfungsausschüsse werden für die Abnahme der Gesellenprüfung errichtet. 5
Damit legt § 33 Abs. 1 S. 1 den Zweck und die Zuständigkeit der Prüfungsausschüsse fest, nämlich die Abnahme der Prüfung. Jedoch definiert die Vorschrift nicht, was unter der

Abnahme der Prüfung zu verstehen ist. Einigkeit besteht, dass in jedem Fall die Bewertung der Prüfungsleistungen und die Feststellung der Prüfungsergebnisse zur Abnahme der Prüfung zählt und damit zum Aufgabenbereich des Prüfungsausschusses gehört (Schwannecke/Vogt Rn. 3; Leinemann/Taubert BBiG § 39 Rn. 13; Herkert/Töltl BBiG § 39 Rn. 9). Umstritten ist allerdings, ob auch andere Tätigkeiten hinsichtlich der Vor- und Nachbereitung, insbes. die Erstellung von Prüfungsaufgaben in den Zuständigkeitsbereich des Gesellenprüfungsausschusses fallen (Benecke/Hergenröder/Hergenröder BBiG § 39 Rn. 9). Dies ist allerdings abzulehnen, da die umfassende Verantwortung für die Gesellenprüfung der Handwerkskammer zugewiesen ist. Zum einen werden dem Prüfungsausschuss einzelne Aufgaben in der HwO explizit zugewiesen. Zum anderen sollen nach dem Willen des Gesetzgebers Einzelheiten des Verfahrens und des Aufgabenbereichs der Prüfungsausschüsse, die nicht im Gesetz geregelt sind, in der Prüfungsordnung durch die Handwerkskammer geregelt werden (BVerwG NVwZ-RR 1990, 410 = GewArch 1990, 363). Zudem wird in § 38 Abs. 2 S. 2 vorgesehen, dass in der Prüfungsordnung die Übernahme von überregional oder von einem Aufgabenerstellungsausschuss bei der Handwerkskammer erstellten oder ausgewählten Prüfungsaufgaben ohne Einsichtnahme und Beschluss festgelegt werden kann (BT-Drs. 15/3980, 53). Daher ist unter Abnahme der Prüfung lediglich das Bewerten der Prüfungsleistungen und das Feststellen der Prüfungsergebnisse zu verstehen (OVG Berlin EzB BBiG § 48 Nr. 3; VG Düsseldorf EzB BBiG § 39 Nr. 6). Die Handwerkskammer kann aber den Gesellenprüfungsausschuss mit dem Erstellen von Prüfungsaufgaben ausdr. beauftragen.

5.1 Die Gegenansicht verweist darauf, dass eine Untergliederung der Prüfungsdurchführung in Vorbereitung, Abnahme und Nachbereitung nicht aus dem Wortlaut abgeleitet werden kann und auch vorbereitende Arbeiten zur Abnahme der Prüfung gehören (OVG Hamburg EzB BBiG § 40 Nr. 4). Mit der umfassenden Definition der Abnahme der Prüfung wird auch den Besonderheiten der beruflichen Bildung Rechnung getragen, da anderenfalls die Einflussmöglichkeiten des Prüfungsausschusses auf die Abnahme der Prüfung beschnitten werden und die Regelungen der Zusammensetzung ihren Sinn verlieren (HK-BBiG/Wohlgemuth BBiG § 39 Rn. 15). Daher ist in der Vorschrift des § 38 Abs. 2 S. 2 lediglich eine Einschränkung der Befugnisse des Prüfungsausschusses hinsichtlich der Prüfungsabnahme zu sehen und zwar dergestalt, dass der Prüfungsausschuss das Vorliegen der Voraussetzungen für die Übernahme überprüft und dann einen Beschluss bezüglich der Übernahme fasst (HK-BBiG/Wohlgemuth BBiG § 39 Rn. 14). Dieser Beschluss kann aber auch ohne Rechtsgrundlage in der Prüfungsordnung erfolgen (Benecke/Hergenröder/Hergenröder BBiG § 39 Rn. 9).

III. Gemeinsamer Prüfungsausschuss

6 Es besteht auch die Möglichkeit, dass mehrere Handwerkskammern einen **gemeinsamen Prüfungsausschuss** errichten. Daneben können aufgrund § 91 Abs. 2 iVm § 39 Abs. 1 S. 2 BBiG gemeinsame Prüfungsausschüsse mit einer Industrie- und Handelskammer gebildet werden. Mangels Regelung können ermächtigte Innungen keine gemeinsamen Gesellenprüfungsausschüsse errichten. Die Errichtung eines gemeinsamen Prüfungsausschusses steht im Ermessen der betreffenden Handwerkskammern. In Betracht kommt ein gemeinsamer Prüfungsausschuss vor allem bei einer geringen Anzahl von Prüflingen oder fehlenden Prüfern (Detterbeck Rn. 5). Bei einem gemeinsamen Prüfungsausschuss wird die Pflichtaufgabe nach § 91 Abs. 1 Nr. 5 nicht gemeinsam ausgeführt. Vielmehr verzichtet eine Handwerkskammer auf die Rechte der Prüfungsabnahme durch eigene Gesellenprüfungsausschüsse und delegiert diese an eine andere Handwerkskammer (Detterbeck Rn. 5). Die Delegation erfolgt aufgrund einer **Verwaltungsvereinbarung**, die als öffentlich-rechtlicher Vertrag nach § 54 VwVfG zu qualifizieren ist (Detterbeck Rn. 5; Leinemann/Taubert BBiG § 39 Rn. 21; Benecke/Hergenröder/Hergenröder BBiG § 39 Rn. 12; HK-BBiG/Wohlgemuth BBiG § 39 Rn. 25; aA Schwannecke/Vogt Rn. 17; Herkert/Töltl BBiG § 39 Rn. 23). Aus Gründen der Rechtssicherheit ist ein formloses Zusammenwirken iSe Konsenses im Vollzug nicht ausreichend.

7 Der gemeinsame Prüfungsausschuss wird bei einer Handwerkskammer errichtet. Diese Handwerkskammer ist dann für die Errichtung, Zusammensetzung und Berufung der Mitglieder zuständig. Ein Einvernehmen mit der anderen Handwerkskammer ist nur bei einer entsprechenden Vereinbarung erforderlich; ansonsten ist davon auszugehen, dass die Handwerkskammer zu eigenverantwortlichem Handeln ermächtigt worden ist (Schwannecke/

Vogt Rn. 18). Auch ist nicht erforderlich, dass von jeder beteiligten Handwerkskammer mindestens ein Ausschussmitglied entsandt wird (Schwannecke/Vogt Rn. 17).

Auf das Prüfungsverfahren ist im Regelfall die Prüfungsordnung der Handwerkskammer 8 anwendbar, bei der der Prüfungsausschuss errichtet ist. Ebenfalls ist deren Gebührenordnung für die Prüfungsgebühren maßgeblich. Diese Handwerkskammer stellt auch das Gesellenprüfungszeugnis aus.

Der gemeinsame Prüfungsausschuss ist für alle fachlich betroffenen Ausbildungsverhältnisse 9 der Handwerkskammern zuständig, die ihn errichtet haben. Da er somit für diese handelt, müssen sich die beteiligten Handwerkskammern die Entscheidungen wie Entscheidungen eines eigenen Prüfungsausschusses zurechnen lassen. Aus diesem Grund wird eine Prüfungsentscheidung der Handwerkskammer zugerechnet, deren örtliche Zuständigkeit für den Lehrling begründet ist. Ebenso sind Rechtsmittel bezüglich der Prüfungsentscheidung gegenüber dieser Handwerkskammer geltend zu machen.

B. Delegation der Prüfungszuständigkeit auf Innungen

Die Handwerkskammer kann gem. § 33 Abs. 1 S. 3 Innungen ermächtigen, Gesellenprü- 10 fungsausschüsse zu errichten. Eine Ermächtigung hinsichtlich der Errichtung von Abschlussprüfungsausschüssen ist aufgrund des eindeutigen Wortlauts der Vorschrift nicht möglich. Ebenso sieht das BBiG keine Ermächtigung von Innungen vor. Die Handwerkskammer kann in diesem Fall lediglich die Geschäftsführung für den Abschlussprüfungsausschuss auf die Innung übertragen (Schwannecke/Vogt Rn. 34). Das Gleiche gilt für Umschulungsprüfungsausschüsse (→ § 42c Rn. 3). Seitens der Innung besteht **kein Rechtsanspruch** auf die Erteilung der Ermächtigung (Honig/Knörr Rn. 3). Die Errichtung von Gesellenprüfungsausschüssen und die Abnahme der Gesellenprüfung sind nach § 91 Abs. 1 Nr. 5 originäre Aufgabe der Handwerkskammer (VG Oldenburg GewArch 1984, 128). Auch § 54 Abs. 1 Nr. 4 stellt klar, dass die Errichtung von Prüfungsausschüssen und die Abnahme der Gesellenprüfung erst bei einer Ermächtigung durch die Handwerkskammer eine Selbstverwaltungsangelegenheit der Innung wird. Die Ermächtigung steht somit im pflichtgemäßen Ermessen der Handwerkskammer. Die Innung kann daher nur den Gebrauch fehlerfreien Ermessens verlangen (Detterbeck Rn. 7).

Eine Ermächtigung kommt nur in Betracht, wenn die ordnungsgemäße Durchführung 11 der Gesellenprüfung durch die **Leistungsfähigkeit der Innung** gewährleistet ist. Die Leistungsfähigkeit ist anzunehmen, wenn die Innung finanziell und personell ausreichend ausgestattet ist, um die ordnungsgemäße Durchführung der Gesellenprüfung in organisatorischer und fachlicher Hinsicht zu gewährleisten. Zudem muss die Innung sicherstellen, dass ausreichend Mitglieder für den Gesellenprüfungsausschuss vorhanden sind und der Ausschuss ordnungsgemäß besetzt werden kann. Ferner kommt eine Ermächtigung in Betracht, wenn aufgrund einer dauerhaft großen Anzahl an Prüflingen ein Gesellenprüfungsausschuss der Innung gerechtfertigt ist (Detterbeck Rn. 7).

Die Ermächtigung kann nach den allgemeinen verwaltungsverfahrensrechtlichen Bestim- 12 mungen unter Nebenbestimmungen wie Auflagen, Bedingungen erteilt werden (Honig/ Knörr Rn. 5). Die Handwerkskammer kann die Ermächtigung **widerrufen**, wenn die Voraussetzungen des § 33 Abs. 1 S. 3 nicht mehr gegeben sind, also die ordnungsgemäße Durchführung der Gesellenprüfung von der Innung nicht mehr gewährleistet werden kann (Honig/Knörr Rn. 6).

Erteilt die Handwerkskammer der Innung die Ermächtigung, so ist sie auch verpflichtet, 13 einen Prüfungsausschuss zu errichten. Die Abnahme der Gesellenprüfung und die Errichtung des Prüfungsausschusses sind damit gem. § 54 Abs. 1 Nr. 4 Aufgaben der Innung. Die Handwerkskammer ist dann Aufsichtsbehörde und überwacht iRd **Rechts- und Fachaufsicht** die ordnungsgemäße Erfüllung dieser Aufgabe (VG Oldenburg GewArch 1984, 128). Deshalb muss die Innung auch die Gesellenprüfungsordnung, die die Handwerkskammer auf Grundlage des § 38 erlassen hat, beachten (→ § 38 Rn. 1). Gleiches gilt für die Gebührenordnung der Handwerkskammer. Die Innung muss die Obergrenzen beachten (Honig/Knörr Rn. 5). Jedoch kann sie eine Differenzierung zwischen Mitglieder und Nichtmitgliedern vornehmen, indem sie die Prüfungsgebühr für Innungsmitglieder reduziert (OVG Bremen BeckRS 1996, 10848 = GewArch 1997, 423).

14 Die **örtliche Zuständigkeit** des Gesellenprüfungsausschusses der Innung erstreckt sich nach § 33 Abs. 2 auf alle Prüfungskandidaten im Bezirk der Innung. Eine Unterscheidung zwischen Lehrlingen von Mitgliedsbetrieben und Nichtmitgliedsbetrieben findet gerade nicht statt. Der Handwerkskammer bleibt allerdings eine anderweitige Regelung unbenommen. Möglich ist bspw. die Ermächtigung auf die Durchführung der Prüfungen für die eigenen Mitgliedsbetriebe zu beschränken (Honig/Knörr Rn. 10; Detterbeck Rn. 8; aA Schwannecke/Vogt Rn. 33). In diesem Fall muss aber die Handwerkskammer durch die Errichtung eigener Gesellenprüfungsausschüsse die Abnahme der Prüfung sicherstellen. Ferner kann die Handwerkskammer in der Ermächtigung die Zuständigkeit des Gesellenprüfungsausschusses einer Innung für den Bezirk einer anderen Innung erweitern (Honig/Knörr Rn. 11; Schwannecke/Vogt Rn. 35; aA Detterbeck Rn. 8). Ein Eingriff in die Aufgaben der anderen Innung liegt nicht vor, da die Errichtung von Gesellenprüfungsausschüssen und die Abnahme der Prüfung nach § 54 Abs. 1 Nr. 4 erst durch die Ermächtigung der Handwerkskammer zu einer Aufgabe der Innung wird. Dies gilt aufgrund des Gleichbehandlungsgrundsatzes nur, wenn bezüglich der anderen Innung keine Ermächtigung wegen fehlender Leistungsfähigkeit in Frage kommt. Zudem kann sich die Zuständigkeitsregelung in der Ermächtigung nur auf den eigenen Bezirk der Handwerkskammer beziehen, da die Handwerkskammer lediglich die eigene Aufgabe nach § 91 Abs. 1 Nr. 5 delegieren kann. Aus diesem Grund scheidet auch eine Ermächtigung einer Innung in einem anderen Kammerbezirk aus (Schwannecke/Vogt Rn. 40).

15 Der Gesellenprüfungsausschuss ist ein **Organ der Innung** (VG Meiningen GewArch 1998, 206). Die Entscheidungen des Prüfungsausschusses sind der Innung zuzurechnen, da der Ausschuss keine Behörde ist (OVG Münster EzB HwO § 38 Nr. 7). Die Abnahme der Gesellenprüfung und die Errichtung der Prüfungsausschüsse stellen keine Selbstverwaltungsangelegenheiten dar, da die Innung erst durch die Ermächtigung die Aufgabe nach § 54 Abs. 1 Nr. 4 erhält (Honig/Knörr Rn. 3). Daher entscheidet die Handwerkskammer als Widerspruchsbehörde nach § 73 Abs. 1 S. 2 Nr. 1 VwGO über den Widerspruch (VG Oldenburg GewArch 1984, 128).

C. Gutachterliche Stellungnahmen Dritter

16 Der Prüfungsausschuss kann für die Bewertung bestimmter Prüfungsleistungen gutachterliche Stellungnahme Dritter einholen. Dazu ist der Prüfungsausschuss nicht verpflichtet. Er entscheidet vielmehr nach pflichtgemäßem Ermessen, ob derartige Stellungnahmen eingeholt werden.

17 Als **Dritte** kommen Personen in Betracht, die an der Berufsausbildung beteiligt sind. Die können vor allem Ausbilder des Betriebs und Berufsschullehrer sein (BT-Drs. 15/3980, 66). Auf diese Personen sind die gleichen Grundsätze bzgl. der erforderlichen Sachkunde und der Unbefangenheit wie bei Mitgliedern des Gesellenprüfungsausschusses anzuwenden (Leinemann/Taubert BBiG § 39 Rn. 27).

18 Die gutachterlichen Stellungnahmen dürfen sich dem Wortlaut des § 33 Abs. 2 nach nur auf **einzelne Prüfungsleistungen** beziehen, nicht auf das Gesamtergebnis der Prüfung. Ferner sind mündliche Prüfungsleistungen von der Begutachtung durch Dritte ausgeschlossen. Bei mündlichen Prüfungen muss die Prüfung vom gesamten Ausschuss abgenommen werden (VG Gelsenkirchen EzB BBiG § 41 Nr. 21). Daher kommen gutachterliche Stellungnahmen nur bei praktischen und schriftlichen Prüfungsleistungen in Betracht. Neuere Ausbildungsordnungen sehen aufgrund der Handlungsorientierung bei Prüfungen vermehrt Mischformen vor, insbes. **situative oder begleitende Gesprächsphasen** während einer praktischen Arbeitsaufgabe. Diese werden also während der Zeit der praktischen Prüfung abgenommen. Qualifiziert man diese Gesprächsphasen als mündliche Prüfungsleistungen, müsste der gesamte Prüfungsausschuss bei der praktischen Prüfung anwesend sein, um diese mündlichen Prüfungsanteile abzunehmen. Dadurch wird jedoch der gesetzgeberische Wille unterlaufen, die zeitliche Beanspruchung der Prüfer zu reduzieren (BT-Drs. 15/3980, 66 zu § 35a). Daher ist bei der Beurteilung, ob eine mündlich zu erbringende Prüfungsleistung vorliegt der Schwerpunkt der Prüfungsleistung maßgeblich (Herkert/Töltl BBiG § 39 Rn. 35). Dabei sind die Regelungen der jeweiligen Ausbildungsordnung für die Beurteilung heranzuziehen. Schreibt diese eine gesonderte Bewertung der mündlichen Prüfungsleistung

vor, spricht eine derartige Regelung für eine selbstständige, rein mündlich zu erbringende Prüfungsleistung. In diesem Fall ist die gutachterliche Stellungnahme Dritter ausgeschlossen und der Prüfungsausschuss muss die Leistung des Prüflings abnehmen. Sieht die Ausbildungsordnung aber vor, dass die mündliche Prüfung eine praktische Prüfungsleistung ergänzen und somit eine untergeordnete Rolle spielen soll, ist keine mündlich zu erbringenden Prüfungsleistung anzunehmen (Schwannecke/Vogt Rn. 47; Herkert/Töltl BBiG § 39 Rn. 35). Bei derartigen Regelungen ist somit eine gutachterliche Stellungnahme Dritter zulässig.

Die gutachterlichen Stellungnahmen Dritter können als Grundlage zur Bewertung eingeholt werden. Daher sind diese als **unverbindlicher Vorschlag** anzusehen und besitzen keine bindende Wirkung für den Gesellenprüfungsausschuss. Dieser muss nach § 35a Abs. 1 die abschließende Bewertung vornehmen und letztendlich über die Noten und das Bestehen bzw. das Nichtbestehen der Gesellenprüfung entscheiden. Deshalb ist es auch möglich, dass der Prüfungsausschuss von dem Bewertungsvorschlag abweicht. Allerdings muss sich der Ausschuss mit der gutachterlichen Stellungnahme ausführlich auseinandersetzen und sein Abweichen ausführlich begründen (Detterbeck Rn. 12). 19

Die mit der Stellungnahme Beauftragten sind nach § 33 Abs. 4 verpflichtet eine **Dokumentation** anzufertigen. Die Dokumentation muss die wesentlichen Abläufe und die für die Bewertung erheblichen Tatsachen enthalten. Nachdem die Stellungnahme dem Gesellenprüfungsausschuss als Grundlage für die eigene Bewertung der Prüfungsleistung dient, muss die gutachterliche Stellungnahme sowohl einen Bewertungsvorschlag als auch eine nachvollziehbare Begründung der Bewertung beinhalten. 20

§ 34 [Zusammensetzung, Berufung]

(1) ¹Der Prüfungsausschuß besteht aus mindestens drei Mitgliedern. ²Die Mitglieder müssen für die Prüfungsgebiete sachkundig und für die Mitwirkung im Prüfungswesen geeignet sein.

(2) ¹Dem Prüfungsausschuß müssen als Mitglieder für zulassungspflichtige Handwerke Arbeitgeber oder Betriebsleiter und Arbeitnehmer in gleicher Zahl, für zulassungsfreie Handwerke oder handwerksähnliche Gewerbe Beauftragte der Arbeitgeber und Arbeitnehmer in gleicher Zahl sowie mindestens ein Lehrer einer berufsbildenden Schule angehören. ²Mindestens zwei Drittel der Gesamtzahl der Mitglieder müssen in zulassungspflichtigen Handwerken Arbeitgeber und Arbeitnehmer, in zulassungsfreien Handwerken oder handwerksähnlichen Gewerben Beauftragte der Arbeitgeber und der Arbeitnehmer sein. ³Die Mitglieder haben Stellvertreter. ⁴Die Mitglieder und die Stellvertreter werden längstens für fünf Jahre berufen oder gewählt.

(3) ¹Die Arbeitgeber müssen in dem zulassungspflichtigen Handwerk, für das der Prüfungsausschuß errichtet ist, die Meisterprüfung abgelegt haben oder zum Ausbilden berechtigt sein. ²In dem zulassungsfreien Handwerk oder in dem handwerksähnlichen Gewerbe, für das der Prüfungsausschuss errichtet ist, müssen die Arbeitgeber oder die Beauftragten der Arbeitgeber die Gesellenprüfung oder eine entsprechende Abschlussprüfung in einem anerkannten Ausbildungsberuf nach § 4 des Berufsbildungsgesetzes bestanden haben und in diesem Handwerk oder in diesem Gewerbe tätig sein. ³Die Arbeitnehmer und die Beauftragten der Arbeitnehmer müssen die Gesellenprüfung in dem zulassungspflichtigen oder zulassungsfreien Handwerk oder in dem handwerksähnlichen Gewerbe, für das der Prüfungsausschuss errichtet ist, oder eine entsprechende Abschlussprüfung in einem anerkannten Ausbildungsberuf nach § 4 des Berufsbildungsgesetzes bestanden haben und in diesem Handwerk oder in diesem Gewerbe tätig sein. ⁴Arbeitnehmer, die eine entsprechende ausländische Befähigung erworben haben und handwerklich tätig sind, können in den Prüfungsausschuß berufen werden.

(4) ¹Die Mitglieder werden von der Handwerkskammer berufen. ²Die Arbeitnehmer und die Beauftragten der Arbeitnehmer der von der Handwerkskammer errichteten Prüfungsausschüsse werden auf Vorschlag der Mehrheit der Gesellenvertreter in der Vollversammlung der Handwerkskammer berufen. ³Der Lehrer

einer berufsbildenden Schule wird im Einvernehmen mit der Schulaufsichtsbehörde oder der von ihr bestimmten Stelle berufen.

(5) ¹Für die mit Ermächtigung der Handwerkskammer von der Handwerksinnung errichteten Prüfungsausschüsse werden die Arbeitgeber und die Beauftragten der Arbeitgeber von der Innungsversammlung, die Arbeitnehmer und die Beauftragten der Arbeitnehmer von dem Gesellenausschuß gewählt. ²Der Lehrer einer berufsbildenden Schule wird im Einvernehmen mit der Schulaufsichtsbehörde oder der von ihr bestimmten Stelle nach Anhörung der Handwerksinnung von der Handwerkskammer berufen.

(6) ¹Die Mitglieder der Prüfungsausschüsse können nach Anhörung der an ihrer Berufung Beteiligten aus wichtigem Grund abberufen werden. ²Die Absätze 4 und 5 gelten für die Stellvertreter entsprechend.

(7) ¹Die Tätigkeit im Prüfungsausschuß ist ehrenamtlich. ²Für bare Auslagen und für Zeitversäumnis ist, soweit eine Entschädigung nicht von anderer Seite gewährt wird, eine angemessene Entschädigung zu zahlen, deren Höhe von der Handwerkskammer mit Genehmigung der obersten Landesbehörde festgesetzt wird.

(8) Von Absatz 2 darf nur abgewichen werden, wenn anderenfalls die erforderliche Zahl von Mitgliedern des Prüfungsausschusses nicht berufen werden kann.

Überblick

Die Vorschrift regelt die Zusammensetzung der Gesellenprüfungsausschüsse sowie die Berufung der Mitglieder. Dabei geht der Gesetzgeber von einer Grundbesetzung von mindestens drei Mitgliedern aus (→ Rn. 1). Die Handwerkskammer kann die Mitgliederzahl nach pflichtgemäßem Ermessen festsetzen (→ Rn. 2). Sie muss dabei auf eine paritätische Besetzung bezüglich der Arbeitgeber und Arbeitnehmer achten (→ Rn. 8). Neben ordentlichen Mitgliedern sind auch Stellvertreter vorzusehen (→ Rn. 20). Im Ausnahmefall kann von den Besetzungsvorgaben abgewichen werden (→ Rn. 24).

Die Mitglieder müssen sachkundig (→ Rn. 4) und für die Mitarbeit im Prüfungswesen geeignet sein (→ Rn. 5). Hinsichtlich der Sachkunde werden für zulassungspflichtige Handwerke (→ Rn. 11) sowie für zulassungsfreie Handwerke und handwerksähnliche Gewerbe (→ Rn. 16) unterschiedliche Anforderungen aufgestellt. Die Tätigkeit im Prüfungsausschuss ist ehrenamtlich (→ Rn. 41).

Das Berufungsverfahren ist unterschiedlich geregelt und hängt davon ab, ob die Handwerkskammer (→ Rn. 27) oder die Innung (→ Rn. 30) den Prüfungsausschuss errichtet. Die Mitglieder werden für eine bestimmte Amtsdauer berufen (→ Rn. 34). Die Mitwirkung kann durch das Mitglied beendet werden oder durch Abberufung (→ Rn. 37).

§ 34 ist nach § 39a Abs. 2 im Hinblick auf die Prüfung der Zusatzqualifikationen anwendbar. Auch findet § 34 gem. § 42c Abs. 1 S. 2 auf die berufliche Fortbildung und gem. § 42i Abs. 3 S. 2 auf die berufliche Umschulung Anwendung.

Die Vorschrift entspricht § 34 aF und wurde durch das Berufsbildungsreformgesetz vom 23.3.2005 leicht modifiziert.

Die Parallelvorschrift zu § 34 ist § 40 BBiG.

Übersicht

	Rn.		Rn.
A. Zusammensetzung des Gesellenprüfungsausschusses	1	V. Stellvertreter	20
		VI. Ausnahmefall	24
I. Zahl der Ausschussmitglieder	1	B. Berufung der Ausschussmitglieder	27
II. Eignung der Ausschussmitglieder	4	I. Kammerausschüsse	27
III. Zusammensetzung des Gesellenprüfungsausschusses	8	II. Innungsausschüsse	32
		III. Amtsdauer	35
IV. Voraussetzungen der Mitgliedschaft	11	C. Abberufung der Ausschussmitglieder	37
1. Zulassungspflichtige Handwerke	11		
2. Zulassungsfreie Handwerke und handwerksähnliche Gewerbe	16	D. Ehrenamtliche Tätigkeit	41

A. Zusammensetzung des Gesellenprüfungsausschusses

I. Zahl der Ausschussmitglieder

Nach § 34 Abs. 1 S. 1 besteht der Gesellenprüfungsausschuss in der **Grundbesetzung** aus mindestens **drei Mitgliedern**. Er setzt sich dann aus einem Arbeitgeberbeisitzer, einem Arbeitnehmerbeisitzer und einem Lehrerbeisitzer zusammen. Die Handwerkskammer bzw. die Innung kann keinen Prüfungsausschuss mit weniger als drei Ausschussmitgliedern errichten, da dieser wegen § 35 S. 3 nicht beschlussfähig ist (→ § 35 Rn. 4). 1

Eine Höchstgrenze für die Zahl der Ausschussmitglieder nennt das Gesetz nicht. Aus diesem Grund ist die Handwerkskammer bzw. die Innung bei der Bestimmung der Regelzahl der Mitglieder frei (VG Münster NVwZ-RR 1992, 77 (78) = GewArch 1991, 182). Diese muss bei einem größeren Ausschuss den Paritätsgedanken des § 34 Abs. 2 S. 2 beachten und sicherstellen, dass mindestens zwei Drittel der Gesamtzahl der Mitglieder Arbeitgeber- und Arbeitnehmerbeisitzer sein müssen. Denn die **paritätische Besetzung** der Prüfungsausschüsse mit Arbeitgeber- und Arbeitnehmervertretern wird als ein wesentliches Element für eine ausgewogene Leistungsbeurteilung angesehen (BVerwG NVwZ 1985, 577 (578)). Bei der Bestimmung der Mitgliederzahl sind die Prüflingsanzahl, die Zahl der zur Verfügung stehenden Prüfer sowie die Prüfungsmodalitäten zu berücksichtigen. Ferner ist ein kleiner Prüfungsausschuss organisatorisch flexibler zu handhaben (Schwannecke/Vogt Rn. 3). Im Regelfall ist daher ein Gesellenprüfungsausschuss mit der Mindestzahl empfehlenswert (Honig/Knörr Rn. 1). 2

Bei der Größe des Prüfungsausschusses dürfen die Stellvertreter nicht mitgezählt werden. Denn sie wirken ausschließlich im Verhinderungsfall eines ordentlichen Mitglieds bei der Prüfung mit (Benecke/Hergenröder/Hergenröder BBiG § 40 Rn. 20). Ebenso bleiben Dritte, die gutachterliche Stellungnahmen abgeben (→ § 33 Rn. 16), bei der Berechnung der Ausschussgröße außer Betracht (Leinemann/Taubert BBiG § 40 Rn. 9). 3

II. Eignung der Ausschussmitglieder

Die Ausschussmitglieder müssen **für das Prüfungsgebiet sachkundig** sein. Dabei müssen die Prüfer in ihrer Gesamtheit über ein Fachwissen hinsichtlich des Prüfungsstoffes entsprechend der jeweiligen Ausbildungsordnung verfügen (Schwannecke/Vogt Rn. 9). Die Prüfer müssen aufgrund ihres Fachwissens und Könnens, das fachliche Leistungsvermögen der Prüflinge beurteilen können (Leinemann/Taubert BBiG § 40 Rn. 18). Nicht erforderlich ist, dass das Ausschussmitglied die Prüfung selbst früher abgelegt hat (OVG Münster EzB BBiG § 40 Nr. 30). Die Sachkunde für zulassungspflichtige Handwerke (→ Rn. 11) sowie für zulassungsfreie Handwerke und handwerksähnliche Gewerbe (→ Rn. 16) wird in § 34 Abs. 3 konkretisiert 4

Die Mitglieder des Gesellenprüfungsausschusses müssen **für die Mitarbeit im Prüfungswesen geeignet** sein. Dies setzt zum einen die Fähigkeit voraus, mit Menschen umgehen zu können (Honig/Knörr Rn. 2). Daneben müssen die Ausschussmitglieder Einfühlungsvermögen für die Prüfungssituation haben (Detterbeck Rn. 1). Ebenso ist objektives Urteilsvermögen erforderlich, um die Leistungen der Prüflinge sachgerecht und objektiv beurteilen zu können (Benecke/Hergenröder/Hergenröder BBiG § 40 Rn. 11). Zudem müssen die Prüfer mit den rechtlichen Regelungen des Prüfungswesens und der einschlägigen Ausbildungsordnung vertraut sein (Detterbeck Rn. 1). 5

Gesetzlich sind **keine weiteren Kriterien** für die Eignung der Prüfungsausschussmitglieder vorgesehen. Die Ausschussmitglieder müssen nicht im Bezirk der Handwerkskammer bzw. Innung ihren Wohnsitz oder Arbeitsort haben (Benecke/Hergenröder/Hergenröder BBiG § 40 Rn. 13). Ebenso ist die deutsche Staatsangehörigkeit keine Voraussetzung für die Mitgliedschaft im Prüfungsausschuss (Leinemann/Taubert BBiG § 40 Rn. 13). Auch kann keine starre Grenze hinsichtlich eines Mindestalters bzw. Höchstalters für die Tätigkeit im Prüfungsausschuss im Hinblick auf § 2 Abs. 1 Nr. 3 AGG gezogen werden (Benecke/Hergenröder/Hergenröder BBiG § 40 Rn. 12; aA Herkert/Töltl BBiG § 40 Rn. 16). Allerdings kann das Lebensalter im Hinblick auf die Reife bei der Geeignetheit eine Rolle spielen. Zudem kann das Alter auch bei der Sachkunde Berücksichtigung finden. 6

7   Die Eignung muss für die gesamte Dauer der Mitarbeit im Prüfungsausschuss vorliegen (Schwannecke/Vogt Rn. 12). Die Handwerkskammer bzw. die Innung muss vor der Berufung überprüfen, ob erforderliche die Sachkunde und Geeignetheit vorliegt. Dabei besitzt sie einen Beurteilungsspielraum.

III. Zusammensetzung des Gesellenprüfungsausschusses

8   § 34 Abs. 2 S. 1 legt fest, dass im Prüfungsausschuss für ein zulassungspflichtiges Handwerk Arbeitgeber bzw. Betriebsleiter und Arbeitnehmer **paritätisch** vertreten sein müssen. Zusätzlich muss mindestens ein Lehrer einer berufsbildenden Schule dem Prüfungsausschuss angehören.

9   Bei größeren Prüfungsausschüssen mit mehreren Ausschussmitgliedern müssen nach § 34 Abs. 2 S. 2 mind. zwei Drittel der Gesamtzahl der Mitglieder Arbeitgeber und Arbeitnehmer sein. Dabei sind Betriebsleiter wegen § 34 Abs. 2 S. 1 der Gruppe der Arbeitgeber zuzurechnen (Detterbeck Rn. 10). Die Gruppe der Berufsschullehrer darf nicht mehr als einen Anteil von einem Drittel nicht übersteigen. Eine Drittelparität wird aber von der Vorschrift nicht gefordert (Detterbeck Rn. 2). Es kann also einem größeren Ausschuss auch nur ein Lehrer als Mindestbesetzung angehören.

10 Bei Prüfungsausschüssen für zulassungsfreie Handwerke oder handwerksähnliche Gewerbe gelten die gleichen Grundsätze. Dabei zählen die Beauftragen dann zur Zahl der Mitglieder der jeweiligen Gruppe, die sie vertreten.

IV. Voraussetzungen der Mitgliedschaft

1. Zulassungspflichtige Handwerke

11 Bei einem Gesellenprüfungsausschuss in einem zulassungspflichtigen Handwerk müssen die **Arbeitgeberbeisitzer** die Meisterprüfung in diesem Handwerk abgelegt haben. Ebenso kann die Meisterprüfung in einem verwandten Handwerk abgelegt worden sein (Detterbeck Rn. 6). Für den Fall, dass keine Meisterprüfung abgelegt wurde, muss die Ausbildungsberechtigung iSd § 22 Abs. 1 S. 2 erfüllt sein. Neben der persönlichen Eignung (→ § 22a Rn. 1) muss auch die fachliche Eignung gegeben sein. Dies setzt voraus, dass die Eintragungsvoraussetzungen in die Handwerksrolle erfüllt werden (→ § 22b Rn. 4).

12 Arbeitgeberbeisitzer können aufgrund der Tätigkeit als Prüfer ausschließlich **natürliche Personen** sein. Juristische Personen und Personengesellschaften können daher keine Prüfer sein. Sie können jedoch einen Betriebsleiter als Mitglied für den Prüfungsausschuss stellen (Honig/Knörr Rn. 5).

13 Die **Arbeitnehmerbeisitzer** müssen die Gesellenprüfung in dem zulassungspflichtigen Handwerk oder eine entsprechende Abschlussprüfung bestanden haben und in diesem Handwerk oder in diesem Gewerbe tätig sein. Ebenso kann Mitglied im Prüfungsausschuss werden, wer eine der Gesellenprüfung entsprechende ausländische Befähigung erworben hat. Zudem können angestellte Gesellen, die die Meisterprüfung abgelegt haben, sog Meistergesellen, als Arbeitnehmerbeisitzer im Prüfungsausschuss tätig sein (Honig/Knörr Rn. 6).

14 Sowohl Arbeitgeber- als auch Arbeitnehmerbeisitzer müssen **in dem Handwerk tätig** sein. Dabei ist eine aktive berufliche Betätigung mit Bezug zum Handwerk als ausreichend anzusehen (Schwannecke/Vogt Rn. 19; Detterbeck Rn. 9). Für die Arbeitnehmerbeisitzer ist dies ausdr. in § 34 Abs. 3 S. 3 geregelt. Eine entsprechende Regelung fehlt für die Arbeitgeberbeisitzer. Jedoch setzt die Arbeitgebereigenschaft ebenfalls eine aktive berufliche Tätigkeit voraus. Denn ein Betriebsleiter leitet in verantwortlicher Position aktiv den Betrieb (Detterbeck Rn. 9). In gleicher Weise ist auch ein Betriebsinhaber, auch wenn er sich aus dem aktiven Geschäftsleben zurückgezogen hat, als Arbeitgeber anzusehen, da er an der Spitze des Unternehmens steht und weiterhin die Verantwortung für dieses trägt (Detterbeck Rn. 9).

15 Bezüglich der **Lehrerbeisitzer** werden keine besonderen Regelungen hinsichtlich der Sachkunde aufgestellt. Es können sowohl Beamte als auch Angestellte als Ausschussmitglieder berufen werden (Leinemann/Taubert BBiG § 40 Rn. 35). Ebenso ist es nicht entscheidend, ob die Lehrkraft in Vollzeit oder Teilzeit arbeitet (Schwannecke/Vogt Rn. 23; Leinemann/Taubert BBiG § 40 Rn. 35). Aufgrund ihrer Sachkunde können sowohl Fachpraxis- als auch Fachtheorielehrer in den Prüfungsausschuss berufen werden (Schwannecke/Vogt Rn. 23).

Jedoch kann nur ein **hauptamtlicher Lehrer** als Mitglied in einem Prüfungsausschuss fungieren (Benecke/Hergenröder/Hergenröder BBiG § 40 Rn. 17). Zudem muss er zum Zeitpunkt der Berufung im aktiven Schuldienst sein und Unterricht erteilen, da auch bei Arbeitgeber- und Arbeitnehmerbeisitzern eine aktive berufliche Tätigkeit (→ Rn. 14) gefordert wird (Detterbeck Rn. 9).

2. Zulassungsfreie Handwerke und handwerksähnliche Gewerbe

Im Fall eines Prüfungsausschusses für ein zulassungsfreies Handwerk oder handwerksähnliches Gewerbe müssen die **Arbeitgeber** oder die Beauftragten der Arbeitgeber die Gesellenprüfung oder eine entsprechende Abschlussprüfung in diesem Handwerk oder Gewerbe bestanden haben. Ebenso können Personen, die die Meisterprüfung abgelegt haben, Mitglied im Prüfungsausschuss werden (Detterbeck Rn. 10). Zudem müssen die Arbeitgeberbeisitzer in diesem Handwerk oder Gewerbe tätig sein. Auch in diesem Fall ist eine aktive berufliche Tätigkeit ausreichend (Detterbeck Rn. 10). 16

Die Arbeitnehmer und die Beauftragten der Arbeitnehmer müssen die Gesellenprüfung in diesem Handwerk oder Gewerbe oder eine entsprechende Abschlussprüfung erfolgreich absolviert haben. Ebenso können Arbeitnehmerbeisitzer, die eine entsprechende ausländische Befähigung erworben haben, im Prüfungsausschuss mitwirken. Des Weiteren müssen die Arbeitnehmerbeisitzer in diesem Handwerk oder Gewerbe tätig, wobei eine aktive berufliche Tätigkeit ausreichend ist. 17

Bei Prüfungsausschüssen für zulassungsfreie Handwerke oder handwerksähnliche Gewerbe können auch **Beauftragte** der Arbeitgeber bzw. der Arbeitnehmer in den Ausschuss berufen werden. Diese müssen nicht die Eigenschaft eines Arbeitgebers oder Arbeitnehmers aufweisen, sondern vertreten im Prüfungsausschuss die entsprechende Gruppe (Schwannecke/Vogt Rn. 25). Erforderlich ist lediglich, dass die Person die notwendige Sachkunde besitzt (→ Rn. 4) und für die Mitwirkung im Prüfungswesen geeignet ist (→ Rn. 5). Ferner muss sie im Handwerk tätig sein (→ Rn. 16). Daher ist es möglich, dass ein angestellter Geselle als Vertreter der Arbeitgeber oder ein Arbeitgeber als Vertreter der Arbeitnehmer fungiert. Ebenso kann ein nebenberuflich tätiger Lehrer Vertreter der Arbeitgeber bzw. der Arbeitnehmer sein. 18

Für die **Lehrerbeisitzer** gelten die gleichen Grundsätze wie bei den Prüfungsausschüssen für zulassungspflichtige Handwerke (→ Rn. 15). Es können lediglich hauptamtlicher Lehrer, die zum Zeitpunkt der Berufung Unterricht erteilen, als Mitglied in einen Prüfungsausschuss berufen werden. 19

V. Stellvertreter

Nach § 34 Abs. 2 S. 3 sind in den Gesellenprüfungsausschuss ebenfalls Stellvertreter zu berufen. Eine bestimmte **Anzahl** ist vom Gesetz nicht vorgeschrieben. Es können daher weniger oder mehr Stellvertreter als ordentliche Mitglieder berufen werden (Schwannecke/Vogt Rn. 27; Benecke/Hergenröder/Hergenröder BBiG § 40 Rn. 19). Ebenso muss nicht für jede Gruppe die gleiche Anzahl von Stellvertretern berufen werden (Leinemann/Taubert BBiG § 40 Rn. 39). 20

Die Stellvertreter müssen die erforderliche Sachkunde aufweisen (→ Rn. 4) und für die Mitwirkung im Prüfungswesen geeignet (→ Rn. 5) sein (Benecke/Hergenröder/Hergenröder BBiG § 40 Rn. 20). Zudem müssen sie die gleichen Gruppeneigenschaften wie die ordentlichen Mitglieder aufweisen (Honig/Knörr Rn. 12). IRd Berufung muss die Handwerkskammer bzw. die Innung diese Voraussetzungen überprüfen. 21

Aus dem Wortlaut der Vorschrift ergibt sich nicht, dass jedes ordentliche Mitglied einen persönlichen Stellvertreter haben muss (Honig/Knörr Rn. 12). Die Stellvertretung bezieht sich daher auf die drei Gruppen. Innerhalb der drei Gruppen besteht keine feste Reihenfolge der Stellvertreter (Leinemann/Taubert § 40 Rn. 41). 22

Die Stellvertreter dienen zur Aufrechterhaltung der Funktionsfähigkeit des Prüfungsausschusses. Daher darf ein Stellvertreter nur an der Prüfung mitwirken, wenn ein **ordentliches Mitglied verhindert** ist (VG Frankfurt a. M. EzB BBiG § 40 Nr. 8). Anderenfalls ist der Gesellenprüfungsausschuss nicht ordnungsgemäß besetzt, wenn zusätzlich ein Stellvertreter 23 an der Prüfung mitwirkt (VG Oldenburg Urt. v. 10.12.2002 – 12 A 818/01). Denkbar ist aber der Einsatz von Stellvertretern iRd Prüfungsaufsicht.

VI. Ausnahmefall

24 § 34 Abs. 8 enthält eine Ausnahmeregelung bezüglich der Besetzung des Gesellenprüfungsausschusses. Die Ausnahmeregel greift nur ein, wenn die erforderliche Anzahl an Prüfern für die Regelbesetzung des Gesellenprüfungsausschusses nach § 34 Abs. 2 nicht zur Verfügung steht und deshalb die **Durchführung der Prüfung nicht möglich** ist (Schwannecke/Vogt Rn. 14; Leinemann/Taubert BBiG § 40 Rn. 46). Daher liegt kein Ausnahmefall iSd § 34 Abs. 8 vor, wenn die Handwerkskammer bzw. die Innung die Berufung von Stellvertretern lediglich versäumt hat (OVG Lüneburg EzB BBiG § 40 Nr. 3).

25 Die Handwerkskammer bzw. die Innung kann aufgrund § 34 Abs. 8 einerseits von der grundsätzlichen Zusammensetzung nach Mitgliedsgruppen absehen (Leinemann/Taubert BBiG § 40 Rn. 44). Es kann also ein Ausschussmitglied einer Gruppe durch ein Mitglied einer anderen Gruppe ersetzt werden. Andererseits ist ein Abweichen von der paritätischen Besetzung des Prüfungsausschusses möglich. Es müssen also nicht mehr mindestens zwei Drittel der Gesamtzahl der Mitglieder Arbeitgeber- und Arbeitnehmervertreter sein. Ferner kann vom Erfordernis der Berufung von Stellvertretern abgesehen werden (Leinemann/Taubert BBiG § 40 Rn. 44).

26 Allerdings darf nicht von der **Mindestbesetzung** nach § 34 Abs. 1 S. 1 abgewichen werden (VGH Mannheim EzB BBiG § 40 Nr. 15). Ebenso wenig kann eine Ausnahme von der Sachkunde und der Geeignetheit für die Mitwirkung im Prüfungswesen gemacht werden, da die Vorschrift dem Wortlaut nach keine Ausnahme von § 34 Abs. 1 zulässt (Detterbeck Rn. 5; Leinemann/Taubert BBiG § 40 Rn. 44).

B. Berufung der Ausschussmitglieder

I. Kammerausschüsse

27 Die Mitglieder des Gesellenprüfungsausschusses werden von der Handwerkskammer berufen, wenn dieser von ihr errichtet wird. Die Vorschriften über die Berufung gelten gem. § 34 Abs. 6 S. 2 auch für die stellvertretenden Ausschussmitglieder. Die Vollversammlung muss die Arbeitgeberbeisitzer und die Arbeitnehmerbeisitzer wählen (Detterbeck Rn. 11; aA Schwannecke/Vogt Rn. 29).

27.1 Die Gegenmeinung führt an, dass eine Wahl durch die Vollversammlung nicht erforderlich ist, da das Gesetz in § 34 Abs. 4 und § 34 Abs. 5 zwischen der Berufung und der Wahl der Ausschussmitglieder differenziert (Lücke GewArch 1984, 289 (290)). Zudem wird darauf verwiesen, dass das Berufungsverfahren der Prüfungsausschüsse in § 34 und in § 40 BBiG im Wesentlichen identisch geregelt wurde (Schwannecke/Vogt Rn. 29). Aus diesen Gründen werden die Gesellenprüfungsausschüsse nicht als Ausschüsse nach § 106 angesehen. Dies widerspricht jedoch der Stellung des Gesellenprüfungsausschüsse als Organe der Handwerkskammer (→ § 33 Rn. 4). Die Prüfungsausschüsse sind daher Ausschüsse iSd § 106 Abs. 1 Nr. 1 (Schwannecke/Schmitz § 106 Rn. 4). Ebenso zählen nach der Mustersatzung für Handwerkskammern die Prüfungsausschüsse zu den Ausschüssen, die durch die Vollversammlung zu wählen sind (Kuhfuhs GewArch 1984, 112 (113)). Dabei behandelt § 106 nicht nur die Wahl der Ausschüsse, sondern auch die Wahl bestimmter Personen (Kuhfuhs GewArch 1984, 112 (113)). Daher sind auch die Mitglieder der Prüfungsausschüsse durch die Vollversammlung zu wählen.

28 Ein Vorschlagsrecht der Arbeitgeber in der Vollversammlung für die **Arbeitgeber** und die Beauftragten der Arbeitgeber ist gesetzlich nicht vorgesehen. Aus diesem Grund können diese von der Handwerkskammer auf eigene Initiative berufen werden. Zulässig ist aber auch, dass Vorschläge von Seiten der Innungen kommen.

29 Die **Arbeitnehmer** und die Beauftragten der Arbeitnehmer werden von der Mehrheit der Gesellenvertreter in der Vollversammlung vorgeschlagen. Der Vorschlag muss nicht in einer Sitzung der Vollversammlung zustande gekommen sein (Detterbeck Rn. 11). Maßgeblich ist lediglich, dass die Gesellenvertreter in der Vollversammlung die Arbeitnehmer und die Beauftragten der Arbeitnehmer vorschlagen. Erfolgt eine Berufung ohne Vorschlag der Gesellenvertreter, so ist die Berufung fehlerhaft (Detterbeck Rn. 11).

Die **Berufsschullehrer** werden auf Initiative der Handwerkskammer von ihr berufen (Detterbeck Rn. 11). Vor der Berufung ist das Einvernehmen mit der Schulaufsichtsbehörde bzw. einer von ihr benannten Stelle herzustellen. Aus dem Erfordernis des Einvernehmens kann kein Vorschlagsrecht der Schulaufsichtsbehörde bzw. der benannten Stelle abgeleitet werden (Leinemann/Taubert BBiG § 40 Rn. 62). Besteht kein Einvernehmen hinsichtlich der Berufsschullehrer, so ist deren Berufung fehlerhaft (Honig/Knörr Rn. 9). 30

Aufgrund der Berufung wird ein **öffentlich-rechtliches Auftragsverhältnis** zwischen der Handwerkskammer und dem Prüfer begründet (Schwannecke/Vogt Rn. 29; Herkert/Tölt BBiG § 40 Rn. 54). Die Handwerkskammer beauftragt das Ausschussmitglied, in einem bestimmten Prüfungsausschuss mitzuwirken. Zugleich wird das Mitglied verpflichtet, die Aufgabe als Prüfer unter Beachtung der für die Gesellenprüfung maßgeblichen Rechtsvorschriften auszuüben. 31

II. Innungsausschüsse

Bei einem Gesellenprüfungsausschuss der Innung werden die **Arbeitgeber** und die Beauftragten der Arbeitgeber von der Innungsversammlung (→ § 61 Rn. 13) gewählt. Gleiches gilt auch für die Wahl von Betriebsleitern (Detterbeck Rn. 12). Die **Arbeitnehmer** und die Beauftragten der Arbeitnehmer werden vom Gesellenausschuss (→ § 68 Rn. 8) gewählt. Nach § 34 Abs. 6 S. 2 gelten die Regelungen bezüglich der Wahl auch für die stellvertretenden Ausschussmitglieder. Werden keine geeigneten Prüfer in ausreichender Zahl gewählt, so spricht dies gegen die Leistungsfähigkeit der Innung iSd § 33 Abs. 1 S. 3 (Honig/Knörr Rn. 11). Ebenso ist die Leistungsfähigkeit in Frage gestellt, wenn kein beschlussfähiger Gesellenausschuss gewählt wird (Schwannecke/Vogt Rn. 37). In der Konsequenz muss die Ermächtigung zur Errichtung von Gesellenprüfungsausschüssen von der Handwerkskammer widerrufen werden. 32

Die Wahl der Ausschussmitglieder ist nicht auf Innungsmitglieder bzw. Mitglieder des Gesellenausschusses beschränkt (Schwannecke/Vogt Rn. 36). Nach dem Wortlaut der Vorschrift muss keine Wahl aus der Mitte der Mitglieder bzw. des Gesellenausschusses erfolgen. Die Satzung der Innung kann aber eine entsprechende Beschränkung aufstellen (Schwannecke/Vogt Rn. 36). 33

Die Handwerkskammer beruft auch bei einem Gesellenprüfungsausschuss der Innung die **Berufsschullehrer**. Vor der Berufung ist gem. § 34 Abs. 5 S. 2 zwingend die Innung anzuhören. Im Falle der unterbliebenen Anhörung ist die Berufung fehlerhaft (Honig/Knörr Rn. 10). Ferner ist das Einvernehmen der Schulaufsichtsbehörde bzw. einer von ihr bestimmten Stelle erforderlich (→ Rn. 30). Die Regelung bzgl. der Berufung gilt auch gem. § 34 Abs. 6 S. 2 für Stellvertreter. 34

III. Amtsdauer

Nach § 34 Abs. 2 S. 4 beträgt die Amtszeit für ordentliche wie für stellvertretende Mitglieder des Gesellenprüfungsausschusses längstens fünf Jahre. Kürzere Berufungszeiträume sind nicht ausgeschlossen. Eine nachträgliche Verkürzung ist dagegen unzulässig (Detterbeck Rn. 13). Ein Wegfall der Berufungsvoraussetzungen hat keinen Einfluss auf die Amtsdauer, da die Berufung in den Gesellenprüfungsausschuss konstitutiven Charakter besitzt (Detterbeck Rn. 13). 35

Die Frist beginnt bei der erstmaligen Bildung des Ausschusses nicht mit der tatsächlichen Berufung, sondern erst mit der endgültigen Konstituierung des Prüfungsausschusses (Honig/Knörr Rn. 13). Anders verhält es sich bei der Nachberufung in einen bestehenden Prüfungsausschuss; in diesem Fall beginnt mit der Berufung die Amtsdauer. Scheidet ein Mitglied vor Ablauf der Amtszeit aus, so wird im Regelfall das neue Ausschussmitglied für die verbleibende Amtszeit berufen (Schwannecke/Vogt Rn. 41; Leinemann/Taubert BBiG § 40 Rn. 67). Ein Mitglied kann auch wiederholt in den Gesellenprüfungsausschuss berufen werden (Honig/Knörr Rn. 14). 36

C. Abberufung der Ausschussmitglieder

Eine Abberufung der Mitglieder des Prüfungsausschusses ist nach § 34 Abs. 6 S. 1 möglich. Es können dem Wortlaut nach sowohl ordentliche als auch stellvertretende Ausschussmitglie- 37 der abberufen werden (Honig/Knörr Rn. 18). Unter Abberufung ist die **einseitige Beendigung des Amtes** zu verstehen (Detterbeck Rn. 14). Daneben kann die Tätigkeit als Prüfer in beiderseitigem Einvernehmen beendet werden. Zudem kann ein Ausschussmitglied auch zurücktreten, da keine Pflicht zur Übernahme des Prüferamtes besteht. In diesem Fall darf der Rücktritt aber nicht zur Unzeit erfolgen, also mitten in einem laufenden Prüfungsverfahren (Honig/Knörr Rn. 15).

38 Eine Abberufung ist nur bei **Vorliegen eines wichtigen Grundes** in der Person des Mitglieds zulässig. Dieser ist anzunehmen, wenn sich das Ausschussmitglied in seiner Amtstätigkeit schwerwiegende Pflichtverletzungen zu Schulden kommen ließ oder wenn aus sonstigen triftigen Gründen seine weitere Tätigkeit als Prüfer als nicht mehr zumutbar erscheint (Honig/Knörr Rn. 16). Dabei ist an eine Benachteiligung oder Bevorzugung einzelner Prüflinge ohne sachlichen Grund zu denken (Leinemann/Taubert BBiG § 40 Rn. 69). Ebenso kommt eine Abberufung bei mangelnder Kooperation mit anderen Ausschussmitgliedern in Betracht (Benecke/Hergenröder/Hergenröder BBiG § 40 Rn. 34). Ferner liegt ein wichtiger Grund vor, wenn sich der Prüfer aufgrund fehlender Sachkunde bzw. fehlender persönlicher Eignung als allgemein ungeeignet erweist (Schwannecke/Vogt Rn. 44; Leinemann/Taubert BBiG § 40 Rn. 69; aA HK-BBiG/Wohlgemuth BBiG § 40 Rn. 35). Zuletzt ist eine Abberufung möglich, wenn die Berufungsvoraussetzungen fehlen oder weggefallen sind (Honig/Knörr Rn. 16). Jedoch ist der Wegfall der Berufungsvoraussetzungen allein für sich genommen kein wichtiger Grund, da die fachliche Qualifikation dadurch nicht in Frage gestellt wird (Schwannecke/Vogt Rn. 45). Eine erneute Berufung scheidet dann aber aus.

39 Die Abberufung erfolgt durch die Stelle, die das betreffende Ausschussmitglied berufen hat (Schwannecke/Vogt Rn. 47; Leinemann/Taubert BBiG § 40 Rn. 70). Die Handwerkskammer ist bei Berufsschullehrern in jedem Fall zuständig; bei Arbeitgebervertretern und Arbeitnehmervertretern nur, soweit der Gesellenprüfungsausschuss von ihr errichtet worden ist. Bei Gesellenprüfungsausschüssen der Innung ist diese für die Abberufung der Vertreter der Arbeitgeber und der Arbeitnehmer zuständig. Die Abberufung kann vom betroffenen Ausschussmitglied im verwaltungsgerichtlichen Verfahren angefochten werden (Honig/Knörr Rn. 16).

40 Vor der Abberufung sind die an der Berufung Beteiligten **anzuhören**. Daher ist in jedem Fall das betroffene Ausschussmitglied anzuhören. Im Falle eines Kammerausschusses sind bei einem Arbeitnehmervertreter die Gesellenvertreter in der Vollversammlung anzuhören. Bei einem Innungsausschuss muss die Innungsversammlung bei einem Arbeitgebervertreter und der Gesellenausschuss bei einem Arbeitnehmervertreter angehört werden. Bei einem Berufsschullehrer ist die Schulaufsichtsbehörde oder eine von ihr bestimmte Stelle anzuhören. Die Anhörung ist eine zwingende Verfahrensvorschrift, so dass bei einer unterbliebenen Anhörung die Abberufung anfechtbar ist (Honig/Knörr Rn. 17).

D. Ehrenamtliche Tätigkeit

41 Die Tätigkeit im Gesellenprüfungsausschuss ist ehrenamtlich. Darunter ist jede unentgeltliche Mitwirkung bei der Erfüllung öffentlicher Aufgaben aufgrund öffentlich-rechtlicher Bestellung außerhalb eines haupt- oder nebenberuflichen Dienstverhältnisses zu verstehen (Benecke/Hergenröder/Hergenröder BBiG § 40 Rn. 36). Aus diesem Grund kann keine besondere Vergütung verlangt oder vereinbart werden (Honig/Knörr Rn. 19).

42 Lediglich für bare Auslagen und für Zeitversäumnis ist eine **angemessene Entschädigung** zu zahlen. In Betracht kommen dabei Aufwendungen für Fahrtkosten, Verpflegung, Übernachtung sowie für Materialaufwendungen (Honig/Knörr Rn. 19; Benecke/Hergenröder/Hergenröder BBiG § 40 Rn. 37). Für Zeitversäumnis wird gewöhnlich eine Pauschalsumme gezahlt (Honig/Knörr Rn. 19). IRd Entschädigung sind nicht nur die reinen Prüfungszeiten zu berücksichtigen, sondern auch Zeiten für die Korrektur und für andere Aufgaben in Zusammenhang mit der Prüfertätigkeit (Honig/Knörr Rn. 19; Leinemann/Taubert BBiG § 40 Rn. 80). Nach § 34 Abs. 7 S. 1 wird auf die Entschädigung jede Kostenerstattung bzw. Entschädigung von anderer Seite angerechnet.

43 Die Höhe der Entschädigung wird von der Handwerkskammer festgelegt. Sie ist für alle Gesellenprüfungsausschüsse im Bezirk der Handwerkskammer verbindlich, also auch für Prüfungsausschüsse der Innung (Honig/Knörr Rn. 20). Vor dem Erlass der Entschädigungs-

regelung ist der Berufsbildungsausschuss anzuhören (→ § 44 Rn. 4). Die Entschädigungsregelung muss nach § 34 Abs. 7 S. 2 von der obersten Landesbehörde genehmigt werden.

§ 35 [Vorsitzender; Stellvertreter]

¹Der Prüfungsausschuß wählt aus seiner Mitte einen Vorsitzenden und dessen Stellvertreter. ²Der Vorsitzende und sein Stellvertreter sollen nicht derselben Mitgliedergruppe angehören. ³Der Prüfungsausschuß ist beschlußfähig, wenn zwei Drittel der Mitglieder, mindestens drei, mitwirken. ⁴Er beschließt mit der Mehrheit der abgegebenen Stimmen. ⁵Bei Stimmengleichheit gibt die Stimme des Vorsitzenden den Ausschlag.

Überblick

§ 35 regelt die interne Arbeitsweise des Gesellenprüfungsausschusses. Jeder Prüfungsausschuss muss einen Vorsitzenden und einen Stellvertreter wählen (→ Rn. 1). Die Beschlüsse im Ausschuss werden mit der Mehrheit der Stimmen gefasst. Bei Stimmengleichheit ist die Stimme des Vorsitzenden ausschlaggebend (→ Rn. 6). Für die Beschlussfähigkeit ist im Grundsatz die Anwesenheit von zwei Dritteln der Ausschussmitglieder, mind. aber von drei Mitgliedern, erforderlich (→ Rn. 4).

Die Vorschrift ist nach § 39a Abs. 2 auf die Prüfung der Zusatzqualifikationen anzuwenden. Ebenso findet § 35 gem. § 42c Abs. 1 S. 2 auf die berufliche Fortbildung sowie gem. § 42i Abs. 3 S. 2 auf die berufliche Umschulung Anwendung.

§ 35 wurde durch das Berufsbildungsreformgesetz vom 23.3.2005 nicht verändert.
Die Parallelvorschrift zu § 35 ist § 41 BBiG.

A. Wahl des Vorsitzenden und des Stellvertreters

Der Vorsitzenden und sein Stellvertreter müssen gewählt werden. Es kann also die Handwerkskammer bzw. die Innung iRd Errichtung des Prüfungsausschusses nicht bestimmen, wer Vorsitzender und Stellvertreter des Prüfungsausschusses ist. § 35 S. 1 **verpflichtet** den Gesellenprüfungsausschuss, sowohl einen Vorsitzenden als auch einen Stellvertreter zu wählen. Diese müssen aus der Mitte des Prüfungsausschusses gewählt werden, so dass nur die ordentlichen Mitglieder wahlberechtigt sind. Wird ein ordentliches Mitglied durch einen Stellvertreter vertreten, so kann dieser sein Stimmrecht ausüben; jedoch ist der Stellvertreter nicht wählbar (Schwannecke/Vogt. 2; Leinemann/Taubert BBiG § 41 Rn. 5). Die Amtszeit des Vorsitzenden als auch des Stellvertreters ist an den Zeitraum gebunden, für den sie als Prüfer berufen worden sind. 1

Hinsichtlich des **Wahlverfahrens** enthält die Vorschrift keine Regelungen. Die Wahl kann daher durch offene oder geheime Abstimmung erfolgen. Für die Wahl ist die Beschlussfähigkeit des Gesellenprüfungsausschusses nach § 35 S. 3 erforderlich. Der Vorsitzende und der Stellvertreter werden mit der Mehrheit der Stimmen gewählt. Bei Stimmengleichheit muss der Wahlgang wiederholt werden, da § 35 S. 5 auf Wahlen nicht anzuwenden ist (Schwannecke/Vogt Rn. 3; Detterbeck Rn. 1; aA Leinemann/Taubert BBiG § 41 Rn. 6). Vor der Wahl soll der Ausschuss einem Mitglied, meist dem ältesten, die Leitung der Wahl übertragen (Detterbeck Rn. 1). Die Wahl des Vorsitzenden und des Stellvertreters muss in zwei getrennten Wahlgängen erfolgen (Detterbeck Rn. 1; Schwannecke/Vogt Rn. 4; Benecke/Hergenröder/Hergenröder BBiG § 41 Rn. 6; aA Honig/Knörr § 35 Rn. 3). 2

Der Vorsitzende und der Stellvertreter sollen nach § 35 S. 2 nicht derselben Mitgliedergruppe angehören. Im begründeten Ausnahmefall kann von dieser Proporzregelung abgewichen werden (Honig/Knörr Rn. 2). Auf die Rechtmäßigkeit einer Prüfungsentscheidung hat eine Verletzung des § 35 S. 2 keine Auswirkung, da die Beschlussfassung über das Ergebnis in der Besetzung nach § 34 Abs. 2 S. 1 zu erfolgen hat (Schwannecke/Vogt Rn. 5; Leinemann/Taubert BBiG § 41 Rn. 8; Benecke/Hergenröder/Hergenröder BBiG § 41 Rn. 6; aA HK-BBiG/Wohlgemuth BBiG § 41 Rn. 12). 3

B. Beschlussfähigkeit und Beschlussfassung

4 Die Beschlussfähigkeit des Gesellenprüfungsausschusses richtet sich nach § 35 S. 3. Danach müssen grds. zwei Drittel der ordentlichen Mitglieder des Prüfungsausschusses anwesend sein und an dem Beschluss mitwirken. In jedem Fall ist die Mitwirkung von mindestens drei Mitgliedern an einer Entscheidung des Prüfungsausschusses notwendig. Dies bedeutet, dass bei einem Gesellenprüfungsausschuss mit drei ordentlichen Mitgliedern, alle anwesend sein müssen, um die Beschlussfähigkeit herzustellen. Nach dem Wortlaut kommt es iRd Beschlussfähigkeit nicht darauf an, dass alle Mitgliedergruppen vertreten sind. Dies hat allerdings nur praktische Bedeutung, wenn der Prüfungsausschuss aus mehr als drei Mitgliedern besteht. Maßgeblich für die Bestimmung der Beschlussfähigkeit des Prüfungsausschusses ist daher die Gesamtzahl der Mitglieder, die als ordentliche Prüfer in den Ausschuss berufen worden sind.

5 Die Regelung zur Beschlussfähigkeit findet eingeschränkt Anwendung. So gilt diese bei Beschlüssen nach § 35a Abs. 1 (→ § 35a Rn. 2) aufgrund der prüfungsrechtlichen Rechtsprechung des BVerfG nicht (Honig/Knörr Rn. 5; Schwannecke/Vogt § 35a Rn. 3; Herkert/Töltl BBiG § 42 Rn. 6; aA Detterbeck Rn. 3; Leinemann/Taubert BBiG § 42 Rn. 7; Benecke/Hergenröder/Hergenröder BBiG § 42 Rn. 3).

6 Die Beschlüsse des Gesellenprüfungsausschusses werden mit der **Mehrheit der abgegebenen Stimmen** gefasst. Die einfache Mehrheit ist in diesem Zusammenhang ausreichend. Die Mitglieder des Prüfungsausschusses können sich der Stimme enthalten (Schwannecke/Vogt Rn. 18; Benecke/Hergenröder/Hergenröder BBiG § 41 Rn. 9; aA Herkert/Töltl BBiG § 41 Rn. 29). Die Stimmenthaltungen werden bei der Zahl der abgegebenen Stimmen nicht berücksichtigt (Detterbeck Rn. 6). Lediglich im Fall der **Stimmengleichheit** gibt die Stimme des Vorsitzenden nach § 35 S. 4 den Ausschlag. Ist der Vorsitzende verhindert, dann ist die Stimme seines Stellvertreters ausschlaggebend. Fehlen sowohl der Vorsitzende als auch der Stellvertreter greift die Regelung des § 35 S. 4 nicht.

§ 35a [Bewertung von Prüfungsleistungen]

(1) Beschlüsse über die Noten zur Bewertung einzelner Prüfungsleistungen, der Prüfung insgesamt sowie über das Bestehen und Nichtbestehen der Gesellenprüfung werden vom Prüfungsausschuss gefasst.

(2) ¹Zur Vorbereitung der Beschlussfassung nach Absatz 1 kann der Vorsitzende mindestens zwei Mitglieder mit der Bewertung einzelner, nicht mündlich zu erbringender Prüfungsleistungen beauftragen. ²Die Beauftragten sollen nicht derselben Mitgliedergruppe angehören.

(3) Die nach Absatz 2 beauftragten Mitglieder dokumentieren die wesentlichen Abläufe und halten die für die Bewertung erheblichen Tatsachen fest.

Überblick

§ 35a befasst sich mit den Modalitäten der Beschlussfassung und der Bewertung von Prüfungsleistungen. Aus verfassungsrechtlichen Gründen muss der Gesellenprüfungsausschuss als Kollegialorgan tätig werden (→ Rn. 1). Daher müssen bei Beschlüssen über Noten sowie das Bestehen bzw. das Nichtbestehen alle Ausschussmitglieder mitwirken (→ Rn. 2). Als Ausnahme hierzu können einzelne, nicht mündlich zu erbringende (→ Rn. 5), Prüfungsleistungen von mindestens zwei Ausschussmitgliedern bewertet werden (→ Rn. 6). Die Entscheidung hinsichtlich der Delegation der Bewertung trifft der Vorsitzende (→ Rn. 4). Die beauftragten Ausschussmitglieder müssen ihre Bewertung dokumentieren (→ Rn. 8). Diese dient dann als Grundlage für die abschließende Bewertung (→ Rn. 6).

§ 35a gilt nach § 39a Abs. 2 für die Prüfung von Zusatzqualifikationen. Auch ist die Regelung gem. § 42c Abs. 2 S. 2 auf die berufliche Fortbildung sowie gem. § 42i Abs. 3 S. 2 auf die berufliche Umschulung anwendbar.

Die Vorschrift wurde durch das Berufsbildungsreformgesetz vom 23.3.2005 neu eingefügt. Die Parallelvorschrift zu § 35a ist § 42 BBiG.

A. Beschlussfassung im Prüfungsausschuss

In § 35a Abs. 1 HwO wird klargestellt, dass der Prüfungsausschuss bei bestimmten Entscheidungen als **Kollegialorgan** tätig werden muss. Dies ist aus verfassungsrechtlichen Gründen notwendig. Danach müssen alle Entscheidungen, die das durch Art. 12 GG geschützte Grundrecht der Berufsfreiheit des Prüflings berühren können, durch den Prüfungsausschuss in seiner Gesamtheit getroffen werden (BT-Drs. 15/3980, 51). Der Entscheidung des Prüfungsausschusses sind die Beschlüsse über die Noten der einzelnen Prüfungsleistungen, über die Note in der Gesellenprüfung sowie über das Bestehen bzw. Nichtbestehen der Gesellenprüfung vorbehalten. Dagegen müssen vorbereitende Handlungen, wie der Beschluss über die Aufgaben, nicht vom Prüfungsausschuss als Kollegialorgan entschieden werden (BT-Drs. 15/3980, 51).

Die **Beschlussfähigkeit** des Ausschusses richtet sich dabei nicht nach § 35 S. 3 HwO (Honig/Knörr § 35 Rn. 5; Schwannecke/Vogt Rn. 3; Herkert/Töltl BBiG § 42 Rn. 6; aA Detterbeck § 35 Rn. 3; Leinemann/Taubert BBiG § 42 Rn. 7; Benecke/Hergenröder/Hergenröder BBiG § 42 Rn. 3). Aufgrund der verfassungsrechtlichen Vorgaben und dem Willen des Gesetzgebers müssen alle Mitglieder des Prüfungsausschusses den Beschluss fassen (BT-Drs. 15/3980, 51). Eine Stimmenthaltung ist unzulässig, da sonst keine Bewertung der Leistung des Prüflings vorgenommen wird (Detterbeck § 35 Rn. 6; Niehues/Fischer/Jeremias Rn. 559).

Die Mitglieder des Prüfungsausschusses müssen vor dem Beschluss über die Noten, die Prüfungsleistungen selbst beurteilen und bewerten. Sie dürfen Vorkorrekturen nicht ungeprüft übernehmen (VGH München NVwZ-RR 1991, 198 = GewArch 1990, 417). Dies gilt auch bei Bewertungen durch beauftragte Ausschussmitglieder, da deren Beurteilung nach § 35a Abs. 2 S. 2 lediglich als Grundlage für einen Beschluss nach § 35a Abs. 1 dient (→ Rn. 6). Bei der abschließenden Beschlussfassung müssen das Ergebnis einer einzelnen Prüfungsleistung und das Gesamtergebnis nicht als arithmetisches Mittel der von den einzelnen Prüfern erteilten Punktzahlen ermittelt werden, sondern werden vom Prüfungsausschuss gemeinsam festgestellt (OVG Koblenz EzB BBiG § 41 Nr. 2).

B. Berichterstatterprinzip

§ 35a Abs. 2 S. 1 enthält für bestimmte Bereiche der Gesellenprüfung eine Ausnahme vom Kollegialprinzip. Der Gesetzgeber wollte vor allem bei den praktischen Prüfungsteilen den personellen Aufwand reduzieren, damit sich weiterhin fachlich und sachlich hoch qualifizierte Personen als Prüfer engagieren (BT-Drs. 15/3980, 66). Daher erhält der Vorsitzende die Befugnis, mindestens zwei Ausschussmitglieder mit der Bewertung zu beauftragen. Er ist aber dazu nicht verpflichtet. Der Vorsitzende entscheidet nach pflichtgemäßem Ermessen, ob eine **Delegation der Bewertung** für die fragliche Prüfungsleistung möglich ist. Zudem muss er bei einem Gesellenprüfungsausschuss mit mehr als drei Mitgliedern eine Entscheidung treffen, ob die Beauftragung von mindestens zwei Prüfern ausreichend ist. Die Entscheidung, ob Ausschussmitglieder mit der Bewertung beauftragt werden, ist ausschließlich dem Vorsitzenden zugewiesen. Der Prüfungsausschuss kann die Beauftragung diskutieren und eine Empfehlung aussprechen. Die Entscheidung bleibt aber dem Vorsitzenden vorbehalten. Der Vorsitzende kann nur **ordentliche Mitglieder** des Prüfungsausschusse mit der Bewertung beauftragen. Denn stellvertretende Mitglieder können erst im Fall der Verhinderung des ordentlichen Mitglieds im Prüfungsausschuss mitwirken.

Die Delegation der Bewertung ist bei mündlichen Prüfungsleistungen **ausgeschlossen**. Die mündliche Prüfung muss weiterhin vom Prüfungsausschuss in seiner Gesamtheit abgenommen werden. Eine Delegation der Bewertung kommt bei schriftlichen und praktischen Prüfungsleistungen in Betracht. Auch bei situativen Gesprächsphasen, die im Rahmen eine Arbeitsaufgabe vorgesehen sind, ist eine Delegation möglich (→ § 33 Rn. 18).

Die mit der Bewertung beauftragten Ausschussmitglieder müssen die Prüfungsleistung selbst begutachten. Aufgrund ihrer Kenntnisnahme müssen sie sich ein Urteil bilden und eine Bewertung der Prüfungsleistung vornehmen (Detterbeck Rn. 3; Leinemann/Taubert BBiG § 42 Rn. 13; aA Schwannecke/Vogt Rn. 8). In Zusammenhang mit der Bewertung sind einheitliche Bewertungs- und Beurteilungskriterien sinnvoll und zweckmäßig (Benecke/Hergenröder/Hergenröder BBiG § 42 Rn. 5). Die Bewertung des beauftragen Mitglieds bildet dann die Grundlage für die Beschlussfassung nach § 35a Abs. 1. Von der Bewertung kann der Prüfungsausschuss abweichen (BT-Drs. 15/3980, 52). Daher haben die beauftragten Ausschussmitglieder die Bewertung sowie deren Grundlage zu dokumentieren (→ Rn. 8).

7 Die beauftragten Ausschussmitglieder sollen gemäß § 35a Abs. 2 S. 2 nicht derselben Mitgliedergruppe angehören. Diese Regelung hat nur praktische Auswirkung bei Gesellenprüfungsausschüssen, die aus mindestens fünf Mitgliedern bestehen. Von dieser **Proporzregelung** kann im begründeten Ausnahmefall abgewichen werden.

C. Dokumentationspflicht

8 Die Bewertung der beauftragten Mitglieder bildet die Grundlage für die abschließenden Beschlüsse des Gesellenprüfungsausschusses. Aus diesem Grund schreibt § 35a Abs. 3 vor, dass die wesentliche Abläufe und die für die Bewertung erhebliche Tatsachen dokumentiert werden müssen. Die beauftragten Mitglieder müssen also den Ablauf der konkreten Prüfung festhalten sowie die Bewertung der Prüfungsleistungen. Dabei müssen auch die Gründe für die Bewertung nachvollziehbar dokumentiert werden. Neben schriftlichen Notizen kommen auch andere Mittel, zB Fotos, in Betracht (Leinemann/Taubert BBiG § 42 Rn. 15). Der Prüfungsausschuss kann von der Bewertung der beauftragten Mitglieder abweichen. Jedoch muss die Bewertungsänderung ihre Grundlage in den Dokumentationsunterlagen haben und aufgrund der Unterlagen nachvollziehbar sein (Schwannecke/Vogt Rn. 14).

§ 36 [Zulassung zur Gesellenprüfung]

(1) Zur Gesellenprüfung ist zuzulassen,
1. wer die Ausbildungszeit zurückgelegt hat oder wessen Ausbildungszeit nicht später als zwei Monate nach dem Prüfungstermin endet,
2. wer an vorgeschriebenen Zwischenprüfungen teilgenommen sowie vorgeschriebene schriftliche Ausbildungsnachweise geführt hat und
3. wessen Berufsausbildungsverhältnis in die Lehrlingsrolle eingetragen oder aus einem Grund nicht eingetragen ist, den weder der Lehrling (Auszubildende) noch dessen gesetzlicher Vertreter zu vertreten hat.

(2) ¹Zur Gesellenprüfung ist ferner zuzulassen, wer in einer berufsbildenden Schule oder einer sonstigen Berufsbildungseinrichtung ausgebildet worden ist, wenn dieser Bildungsgang der Berufsausbildung in einem anerkannten Ausbildungsberuf (Gewerbe der Anlage A oder der Anlage B) entspricht. ²Ein Bildungsgang entspricht der Berufsausbildung in einem anerkannten Ausbildungsberuf, wenn er
1. nach Inhalt, Anforderung und zeitlichem Umfang der jeweiligen Ausbildungsordnung gleichwertig ist,
2. systematisch, insbesondere im Rahmen einer sachlichen und zeitlichen Gliederung durchgeführt wird, und
3. durch Lernortkooperation einen angemessenen Anteil an fachpraktischer Ausbildung gewährleistet.

Überblick

§ 36 regelt die Zulassung zur Gesellenprüfung. In § 36 Abs. 1 werden die materiellen Kriterien für eine reguläre Zulassung festgelegt (→ Rn. 1). Danach muss der Lehrling die im Ausbildungsvertrag vereinbarte Ausbildungszeit zurückgelegt haben (→ Rn. 5). Ferner muss er an der Zwischenprüfung teilgenommen haben (→ Rn. 7). Ebenso muss der Lehrling die vorgeschriebenen schriftlichen Ausbildungsnachweise geführt haben (→ Rn. 8). Zuletzt muss sein Ausbildungsverhältnis in die Lehrlingsrolle eingetragen sein (→ Rn. 9).
In § 36 Abs. 2 wird als gleichberechtigte Alternative die Zulassung aufgrund einer Ausbildung in einer berufsbildenden Schule oder einer sonstigen Berufsbildungseinrichtung gere-

gelt (→ Rn. 10). Dabei muss die Ausbildung einem anerkannten Ausbildungsberuf im Handwerk entsprechen (→ Rn. 11).

Die Vorschrift beruht auf § 36 Abs. 1 und § 37 Abs. 3 aF und wurde durch das Berufsbildungsreformgesetz vom 23.3.2005 neu gefasst.

Die Parallelvorschrift zu § 36 ist § 43 BBiG.

A. Zulassungsvoraussetzungen zur Gesellenprüfung

In § 36 Abs. 1 werden die Voraussetzungen für die Zulassung zur Gesellenprüfung im Regelfall aufgezählt. Die Aufzählung der **materiellen Zulassungsvoraussetzungen** ist abschließend (Schwannecke/Vogt Rn. 3; Leinemann/Taubert BBiG § 43 Rn. 4). Erfüllt der Lehrling diese Voraussetzungen hat er einen **Rechtsanspruch** auf die Zulassung. Dagegen ist die Zulassung abzulehnen, wenn bereits eine Voraussetzung nicht erfüllt wird. 1

Die **formellen Zulassungsvoraussetzungen** können in der Prüfungsordnung nach § 38 geregelt werden (→ § 38 Rn. 3). So können die Verwendung bestimmter Antragsformulare oder Anmeldefristen vorgeschrieben werden. Diese formellen Zulassungsvoraussetzungen haben jedoch keine Auswirkung auf den Anspruch auf Zulassung zur Gesellenprüfung (Schwannecke/Vogt Rn. 5). 2

Der Vorsitzende bzw. der Prüfungsausschuss ist nach § 37a Abs. 1 für die Entscheidung über die Zulassung zur Gesellenprüfung **zuständig** (→ § 37a Rn. 1). Dabei steht diesem ein Beurteilungsspielraum hinsichtlich der Erfüllung der Zulassungsvoraussetzungen zu. Die Entscheidung über die Zulassung ist ein Verwaltungsakt, der verwaltungsgerichtlich angefochten werden kann (→ § 37a Rn. 4). 3

Behinderte können gem. § 42l Abs. 3 S. 2 auch zur Gesellenprüfung zugelassen werden, wenn sie weder an der Zwischenprüfung teilgenommen noch die vorgeschriebenen Ausbildungsnachweise geführt haben. Zudem wird bei dieser Personengruppe auf das Erfordernis der Eintragung des Ausbildungsverhältnisses in die Lehrlingsrolle verzichtet. Jedoch muss die Ausbildungszeit iSd § 36 Abs. 1 Nr. 1 zurückgelegt worden sein. 4

Die rechtmäßige Zulassung kann nicht widerrufen werden. Dagegen ist eine rechtswidrige Zulassung grds. zurückzunehmen. Maßgeblich für die Beurteilung der Rechtmäßigkeit bzw. der Rechtswidrigkeit ist der Zeitpunkt der Zulassung (Herkert/Töltl BBiG § 43 Rn. 41). Nach diesem Zeitpunkt auftretende Zulassungshindernisse wirken sich auf die Rechtmäßigkeit der Zulassung nicht mehr aus. Nach § 13 Abs. 4 Musterprüfungsordnung für die Durchführung von Gesellen- und Umschulungsprüfungen (→ § 38 Rn. 19.1) kann die Zulassung bis zum Zeitpunkt der Bekanntgabe des Prüfungsergebnisses widerrufen werden, wenn sie aufgrund von gefälschten Unterlagen oder falschen Angaben ausgesprochen wurde. Dagegen kann die Zulassung trotz des Fehlens der Zulassungsvoraussetzung gem. § 36 Abs. 1 Nr. 1 nicht mehr zurückgenommen werden, wenn der Prüfling die Gesellenprüfung bestanden hat, da dieser Verstoß die Rechtmäßigkeit des Prüfungsverfahrens nicht so wesentlich beeinträchtigt, dass ihm die Anerkennung der erbrachten Prüfungsleistungen zu versagen ist (VGH Mannheim EzB BBiG § 43 Abs. 1 Nr. 3). 4a

I. Zurücklegen der Ausbildungszeit

Als erste Voraussetzung für die Zulassung zur Gesellenprüfung muss der Lehrling die **Ausbildungszeit zurückgelegt** haben. Die Ausbildungsdauer wird grds. von der einschlägigen Ausbildungsordnung festgelegt (→ § 26 Rn. 4). Die vorgeschriebene Ausbildungsdauer kann jedoch unter den Voraussetzungen des § 27b Abs. 1 verkürzt (→ § 27b Rn. 2) bzw. nach § 27b Abs. 2 verlängert (→ § 27b Rn. 11) werden. Ebenso kann nach § 27a der Besuch eines Bildungsganges berufsbildender Schulen oder die Berufsausbildung in einer sonstigen Einrichtung auf die Ausbildungszeit angerechnet werden (→ § 27a Rn. 1). Daher ist für die Beurteilung, ob die Ausbildungszeit zurückgelegt worden ist, die im Ausbildungsvertrag vereinbarte individuelle Ausbildungszeit maßgeblich (Honig/Knörr Rn. 2). Für das Zurücklegen der Ausbildungszeit ist der bloße kalendarische Ablauf nicht ausreichend. Vielmehr muss die Berufsausbildung auch **tatsächlich betrieben** worden sein (OVG Berlin-Brandenburg BeckRS 2010, 51080; OVG Hamburg NVwZ-RR 1993, 31 (33); aA VG Stuttgart EzB BBiG § 43 Abs. 1 Nr. 11). Bei der Beurteilung, ob die Ausbildungszeit zurückgelegt worden ist, steht dem Vorsitzenden bzw. dem Prüfungsausschuss ein Spielraum zu. Dabei ist 5 zu prüfen, ob die Zeiten der Anwesenheit im Betrieb und bei Ausbildungsmaßnahmen, für die der Lehrling nach § 15 BBiG freigestellt wird, ausreichen (Schwannecke/Vogt Rn. 9). In diesem Zusammenhang sind auch Unterbrechungen der Ausbildung aufgrund Inanspruchnahme der Elternzeit beachtlich (VG Köln EzB BBiG § 43 Abs. 1 Nr. 10). Nach § 20 Abs. 1 S. 2 BEEG wird die Elternzeit nämlich nicht auf die Ausbildungszeit angerechnet. Eine Benachteiligung iSd § 37a Abs. 2 liegt aber nicht vor, da diese Regelung keine Befreiung von den Zulassungsvoraussetzungen des § 36 Abs. 1 gewährt (→ § 37a Rn. 7). Ebenso sind Zeiten eines Beschäftigungsverbotes nach dem MuSchG beachtlich, da der Lehrling nicht im Betrieb anwesend ist und die Berufsausbildung nicht stattfindet. Allerdings bleiben **kurzfristige Fehlzeiten außer Betracht**; im Einzelfall ist die Geringfügigkeitsgrenze aber bei einer Ausfallzeit von etwa 15,07 Prozent deutlich überschritten. (VG Schwerin GewArch 2000, 288). Von daher kann als Orientierungsmaßstab für eine Geringfügigkeit der Fehlzeit eine Verhinderung von nicht mehr als 10 Prozent der individuell vereinbarten Ausbildungszeit herangezogen werden (Honig/Knörr Rn. 3; Schwannecke/Vogt Rn. 9; Herkert/Töltl BBiG § 43 Rn. 10; aA Leinemann/Taubert BBiG § 43 Rn. 10; Benecke/Hergenröder/Hergenröder BBiG § 43 Rn. 5). Daher muss der Vorsitzende bzw. der Prüfungsausschuss prüfen, ob die Fehlzeiten im konkreten Einzelfall das Erreichen des Ausbildungsziels gefährden (OVG Münster GewArch 2008, 167; VG Hamburg EzB BBiG § 43 Abs. 1 Nr. 6). Kommt der Vorsitzende bzw. der Prüfungsausschuss bei der Überprüfung zu dem Ergebnis, dass das Ausbildungsziel nicht erreicht wird, muss die Zulassung abgelehnt werden. Im Falle der Ablehnung steht dem Lehrling kein Anspruch auf Verlängerung der Ausbildungszeit nach § 21 Abs. 3 BBiG zu; allenfalls kann eine Verlängerung unter den Voraussetzungen des § 27b Abs. 2 (→ § 27b Rn. 11) beantragt werden.

6   Ebenso gilt die Ausbildungszeit als zurückgelegt, wenn das Ausbildungsverhältnis nicht später als zwei Monate nach dem Prüfungstermin endet. Dadurch können Lehrlinge zur Gesellenprüfung zugelassen werden, die das Ausbildungsziel bereits erreicht haben und anderenfalls unverhältnismäßig lange auf die nächste Prüfung warten müssten (Honig/Knörr Rn. 4). Bei der Berechnung der Frist ist auf den offiziell festgesetzten Termin abzustellen (Honig/Knörr Rn. 4). Dabei ist als Prüfungstermin die gesamte Dauer einer Prüfung von ihrem ersten Prüfungsbereich bis zum tatsächlichen Abschluss ihres letzten Teils anzusehen (VG Aachen EzB BBiG § 43 Abs. 1 Nr. 8).

II. Teilnahme an der Zwischenprüfung und Führen der Ausbildungsnachweise

7   Zweite Voraussetzung für die Zulassung zur Gesellenprüfung ist zum einen die Teilnahme an der Zwischenprüfung und zum anderen das Führen der vorgesehenen schriftlichen Ausbildungsnachweise. Die Ausbildungsordnung (→ § 26 Rn. 8) bzw. die nach § 122 Abs. 4 fortgeltenden fachlichen Vorschriften legen fest, ob eine Zwischenprüfung durchgeführt wird (aA Detterbeck Rn. 4). § 36 Abs. 1 Nr. 2 fordert lediglich die Teilnahme an der Zwischenprüfung. Für eine **Teilnahme** ist nicht nur die körperliche Anwesenheit ausreichend, sondern der Prüfling muss ernsthafte Bemühungen an den Tag legen, die auf eine aktive Teilnahme schließen lassen (Schwannecke/Vogt Rn. 11; Leinemann/Taubert BBiG § 43 Rn. 21). Ein erfolgreiches Ablegen der Zwischenprüfung fordert die Vorschrift also nicht. Im **Ausnahmefall** kann vom Erfordernis der Teilnahme an der Zwischenprüfung abgesehen werden, wenn der Lehrling bis zur Gesellenprüfung an der Zwischenprüfung nicht teilnehmen konnte. Die Gründe für die Nichtteilnahme darf er nicht zu vertreten haben (Schwannecke/Vogt Rn. 12; Benecke/Hergenröder/Hergenröder BBiG § 43 Rn. 11).

8   Ferner muss der Lehrling die vorgeschriebenen Ausbildungsnachweise geführt haben. Die Pflicht, einen schriftlichen Ausbildungsnachweis zu führen, ergibt sich aus der Ausbildungsordnung (→ § 26 Rn. 26). Die Handwerkskammer kann zur Konkretisierung dieser Pflicht nach § 41 Richtlinien bezüglich des Führens von Ausbildungsnachweisen erlassen (→ § 41 Rn. 5). Grds. gilt ein schriftlicher Ausbildungsnachweis als geführt, wenn ein gewisses Mindestmaß an inhaltlicher Gestaltung und Regelmäßigkeit sowie Sauberkeit der Eintragungen gegeben ist (Schwannecke/Vogt Rn. 14; Herkert/Töltl BBiG § 43 Rn. 18). Der Vorsitzenden bzw. der Prüfungsausschuss besitzt diesbezüglich einen Beurteilungsspielraum. Auch nach der Anmeldefrist eingereichte Ausbildungsnachweise müssen grds. für die Zulassung

zur Gesellenprüfung beachtet werden (VG Stuttgart BeckRS 2013, 47745; VG Greifswald Beschl. v. 24.6.1998 – 4 B 1158/98).

III. Eintragung des Berufsausbildungsverhältnisses

Letzte Voraussetzung für die Zulassung zur Gesellenprüfung ist, dass das Berufsausbildungsverhältnis in die Lehrlingsrolle eingetragen ist. Fehlt die Eintragung, so besteht kein Anspruch auf Zulassung zur Gesellenprüfung. Allerdings kann die Zulassung ausgesprochen werden, wenn das Berufsausbildungsverhältnis aus einem Grund nicht eingetragen worden ist, den weder der Lehrling noch dessen gesetzlicher Vertreter zu vertreten hat. Dies ist grds. der Fall, wenn der Ausbildende seine Anmeldepflicht nach § 30 Abs. 1 nicht erfüllt hat. Eine Pflicht, sich von der ordnungsgemäßen Anmeldung zu überzeugen, hat der Lehrling nur dann, wenn konkrete Anhaltspunkte dafür vorliegen, dass die Anmeldung nicht erfolgt ist (Honig/Knörr Rn. 7). 9

B. Zulassung nach Besuch einer berufsbildenden Schule oder sonstigen Berufsbildungseinrichtung

Nach § 36 Abs. 2 können Absolventen, die eine Ausbildung an einer berufsbildenden Schule oder einer sonstigen Berufsbildungseinrichtung durchlaufen haben, zur Gesellenprüfung zugelassen werden. Damit wird eine Sonderform der Externenzulassung nach § 37 Abs. 2 normiert. Als berufsbildende Schulen kommen vor allem Berufsfachschulen in Betracht (→ § 27a Rn. 3). Unter sonstige Berufsbildungseinrichtungen sind außerbetriebliche Ausbildungsstätten, wie Erwachsenenbildungseinrichtungen, Rehabilitationseinrichtungen, Strafvollzugsanstalten, sowie Einrichtungen der Jugendsozialhilfe oder der Bundeswehr oder der Bundespolizei, zu verstehen (Leinemann/Taubert BBiG § 43 Rn. 38). 10

Ein Anspruch auf Zulassung besteht nur, wenn die Ausbildung einer Berufsausbildung in einem anerkannten Ausbildungsberuf im Handwerk entspricht. § 36 Abs. 2 S. 2 stellt die Kriterien für eine **Gleichwertigkeit** auf. Danach muss der Bildungsgang nach Inhalt, Anforderung und zeitlichem Umfang mit der jeweiligen Ausbildungsordnung identisch sein. Des Weiteren muss die Ausbildung systematisch, also sachlich und zeitlich gegliedert auf das Ausbildungsziel hin, durchgeführt worden sein. Dies bedeutet eine Ausbildung aufgrund eines Ausbildungsplans mit Lernfortschrittskontrollen (Leinemann/Taubert BBiG § 43 Rn. 45). Ferner muss der Bildungsgang einen angemessenen Anteil an fachpraktischer Ausbildung aufweisen. 11

Die Länder konnten aufgrund von § 36 Abs. 2 S. 3 und 4, die zum 1.8.2011 außer Kraft getreten sind, Rechtsverordnungen bzgl. gleichwertiger Bildungsgänge erlassen. Diese Rechtsverordnungen gelten nach Wegfall der Ermächtigung weiter und müssen bei der Zulassung nach § 36 Abs. 2 beachtet werden. Folgende Rechtsverordnungen bestehen weiter: **Bayern:** Verordnung zur Umsetzung des Berufsbildungsgesetzes, des Berufsqualifikationsfeststellungsgesetzes und der Handwerksordnung – BayBBiGHwOV vom 24.7.2007, BayGVBl., 579; **Nordrhein-Westphalen:** Berufskolleganrechnungs- und -zulassungsverordnung – NRWBKAZVO vom 16.5.2006, GV. NRW. 217 11.1

Der Vorsitzende bzw. der Prüfungsausschuss ist für die Zulassung nach § 36 Abs. 2 **zuständig**. Dieser muss prüfen, ob die Gleichwertigkeit der Ausbildung gegeben ist. Dabei steht dem Vorsitzenden bzw. dem Prüfungsausschuss ein Beurteilungsspielraum zu, der nur eingeschränkt gerichtlich überprüfbar ist. 12

§ 36a [Zulassung zu einzelnen Teilen der Gesellenprüfung]

(1) Sofern die Gesellenprüfung in zwei zeitlich auseinander fallenden Teilen durchgeführt wird, ist über die Zulassung jeweils gesondert zu entscheiden.

(2) Zum ersten Teil der Gesellenprüfung ist zuzulassen, wer die in der Ausbildungsordnung vorgeschriebene, erforderliche Ausbildungszeit zurückgelegt hat und die Voraussetzungen des § 36 Abs. 1 Nr. 2 und 3 erfüllt.

(3) ¹Zum zweiten Teil der Gesellenprüfung ist zuzulassen, wer über die Voraussetzungen in § 36 Abs. 1 hinaus am ersten Teil der Gesellenprüfung teilgenommen hat. ²Dies gilt nicht, wenn der Lehrling (Auszubildende) aus Gründen, die er nicht zu vertreten hat, am ersten Teil der Gesellenprüfung nicht teilgenommen hat. ³In diesem Fall ist der erste Teil der Gesellenprüfung zusammen mit dem zweiten Teil abzulegen.

Überblick

§ 36a regelt die Zulassung bei der gesteckten Gesellenprüfung. In diesem Fall ist das Zulassungsverfahren vor jedem Teil der Gesellenprüfung durchzuführen (→ Rn. 1). Der Anspruch auf Zulassung zum ersten Teil der Gesellenprüfung besteht, wenn der Lehrling die erforderliche Ausbildungszeit zurückgelegt (→ Rn. 4) und die vorgeschriebenen Ausbildungsnachweise geführt hat (→ Rn. 5). Zuletzt muss sein Ausbildungsverhältnis in die Lehrlingsrolle eingetragen sein (→ Rn. 5).

Für die Zulassung zum zweiten Teil der Gesellenprüfung muss der Lehrling die vereinbarte Ausbildungszeit absolviert und die Ausbildungsnachweise geführt haben (→ Rn. 6). Ferner muss er die Teilnahme am ersten Teil der Gesellenprüfung nachweisen (→ Rn. 7). Ferner muss das Ausbildungsverhältnis in die Lehrlingsrolle eingetragen sein (→ Rn. 6).

Die Vorschrift wurde durch das Berufsbildungsreformgesetz vom 23.3.2005 neu aufgenommen.

Die Parallelvorschrift zu § 36a ist § 44 BBiG.

A. Gestreckte Gesellenprüfung

1 Die Sonderregelungen des § 36a finden nur Anwendung, wenn die Gesellenprüfung in zwei zeitlich auseinander fallenden Teilen abgenommen wird. Die gestreckte Gesellenprüfung muss in der Ausbildungsordnung vorgesehen sein (→ § 26 Rn. 14). Bei einer gestreckten Gesellenprüfung ordnet § 36a Abs. 1 an, dass über die Zulassung zu jedem Teil der Gesellenprüfung gesondert entschieden werden muss. Es sind folglich **zwei getrennte Zulassungsverfahren** durchzuführen. Dabei hat die Zulassung zum ersten Teil der Gesellenprüfung keine präjudizielle Wirkung hinsichtlich der Zulassung zum zweiten Teil der Gesellenprüfung. Hinsichtlich des Zulassungsverfahrens ergeben sich keine Besonderheiten im Vergleich zur herkömmlichen Gesellenprüfung (→ § 36 Rn. 1). Für die Entscheidung über die Zulassung ist der Vorsitzende bzw. der Prüfungsausschuss zuständig (→ § 37a Rn. 1).

2 Bei der gestreckten Gesellenprüfung wird **keine Zwischenprüfung** durchgeführt (→ § 39 Rn. 6). Dafür findet zum gleichen Zeitpunkt Teil 1 der Gesellenprüfung statt. Diese Prüfung dient einerseits auch der Leistungsstandkontrolle (Schwannecke/Vogt Rn. 4). Das Ergebnis des ersten Teils fließt andererseits in das Gesamtergebnis der Gesellenprüfung entsprechend der Vorgaben der Ausbildungsordnung mit ein (→ § 26 Rn. 15). Somit bildet Teil 1 der Gesellenprüfung keinen formellen Teilabschluss (Schwannecke/Vogt Rn. 6). Das Ergebnis der Prüfung wird durch Angabe der erreichten Punkte in den Prüfungsbereichen und nicht in Form einer Note von Teil 1 der Gesellenprüfung mitgeteilt. Diese Mitteilung kann aufgrund der fehlenden Eigenschaft eines Verwaltungsakts nicht verwaltungsgerichtlich angefochten werden.

3 Es handelt sich bei der gestreckten Gesellenprüfung um ein **einheitliche Prüfung**, die zeitlich entzerrt worden ist (Schwannecke/Vogt Rn. 7; Leinemann/Taubert BBiG § 44 Rn. 2). Daher ist Teil 1 der Gesellenprüfung nicht eigenständig wiederholbar (→ § 31 Rn. 8). Das Ergebnis des ersten Teils der Gesellenprüfung fließt in das Gesamtergebnis der Gesellenprüfung mit ein. Deshalb kann der Prüfungsausschuss erst nach Ablegen von Teil 2 der Gesellenprüfung das Gesamtergebnis feststellen (→ § 35a Rn. 1) und dem Prüfling bekanntgeben. Erst dieses Gesamtergebnis kann dann verwaltungsgerichtlich angefochten werden.

B. Zulassung zum ersten Teil der Gesellenprüfung

4 Der Anspruch auf Zulassung zum ersten Teil der Gesellenprüfung besteht, wenn die Voraussetzungen des § 36 Abs. 2 erfüllt sind. So muss der Lehrling die erforderliche Ausbil-

dungszeit zurückgelegt haben (→ § 36 Rn. 5). Anders als bei der herkömmlichen Gesellenprüfung kommt es nicht auf die individuelle Ausbildungszeit an, sondern auf die **erforderliche Ausbildungszeit nach der Ausbildungsordnung**. Denn diese legt den Zeitpunkt fest, nach welcher Ausbildungsdauer der erste Teil der Gesellenprüfung stattfindet.

Ferner muss der Lehrling die vorgeschriebene schriftliche **Ausbildungsnachweise** 5 geführt haben (→ § 36 Rn. 8). Die Teilnahme an der Zwischenprüfung muss nicht nachgewiesen werden, da diese gem. § 39 Abs. 2 nicht durchgeführt wird (→ § 39 Rn. 6). Zudem muss das **Berufsausbildungsverhältnis in die Lehrlingsrolle eingetragen** sein oder aus einem Grund nicht eingetragen sein, den weder der Lehrling noch dessen gesetzlicher Vertreter zu vertreten hat (→ § 36 Rn. 9).

C. Zulassung zum zweiten Teil der Gesellenprüfung

Ein Anspruch auf Zulassung zum zweiten Teil der Gesellenprüfung besteht, wenn die 6 Zulassungsvoraussetzungen der herkömmlichen Gesellenprüfung (→ § 36 Rn. 1) erfüllt sind und die Teilnahme am ersten Teil der Gesellenprüfung nachgewiesen wird. Der Lehrling muss die individuelle **Ausbildungszeit zurückgelegt** haben (→ § 36 Rn. 5). Daneben muss er die vorgeschriebenen schriftlichen **Ausbildungsnachweise geführt** haben (→ § 36 Rn. 8). Ein Nachweis der Teilnahme an der Zwischenprüfung entfällt, da wegen § 39 Abs. 2 keine durchgeführt wird (→ § 39 Rn. 6). Ferner muss das **Berufsausbildungsverhältnis in die Lehrlingsrolle eingetragen** sein oder aus einem Grund nicht eingetragen sein, den weder der Lehrling noch dessen gesetzlicher Vertreter zu vertreten hat (→ § 36 Rn. 9).

An Stelle des Nachweises der Teilnahme an der Zwischenprüfung tritt der Nachweis, dass 7 der erste Teil der Gesellenprüfung absolviert worden ist. Hinsichtlich Teil 1 der Gesellenprüfung fordert § 36a Abs. 3 lediglich die **Teilnahme** an dieser Teilprüfung. Die Teilnahme setzt zum einen die körperliche Anwesenheit des Prüflings und zum anderen ein ernsthaftes Bemühen iSv aktiver Teilnahme voraus (Leinemann/Taubert § 44 Rn. 9). Folglich besteht ein Zulassungsanspruch auch dann, wenn der Lehrling den ersten Teil der Gesellenprüfung nicht erfolgreich abgelegt hat (Detterbeck Rn. 4).

Im **Ausnahmefall** kann nach § 36a Abs. 3 S. 2 die Zulassung zum zweiten Teil der Gesel- 8 lenprüfung ausgesprochen werden, ohne dass der Lehrling am ersten Teil der Gesellenprüfung teilgenommen hat. Die Nichtteilnahme an Teil 1 der Gesellenprüfung muss allerdings seitens des Lehrlings unverschuldet, zB infolge Krankheit, sein. Bei der Beurteilung, ob der Lehrling die Nichtteilnahme nicht zu vertreten hat, besitzt der Vorsitzende bzw. der Prüfungsausschuss iRd Prüfung der Zulassungsvoraussetzungen nach § 37a Abs. 1 einen Beurteilungsspielraum. In diesem Fall ist nach § 36a Abs. 3 S. 3 Teil 1 der Gesellenprüfung zusammen mit Teil 2 der Gesellenprüfung abzulegen. Dies bedeutet aber nicht, dass beide Teile vermischt oder gleichzeitig abgelegt werden (Schwannecke/Vogt Rn. 11). Ebenso muss der erste Teil nicht zwingend vor dem zweiten Teil durchgeführt werden; jedoch erscheint dies sinnvoll, da sich Teil 1 der Gesellenprüfung auf die grundlegenden Fertigkeiten, Fähigkeiten und Kenntnisse bezieht (Herkert/Töltl BBiG § 44 Rn. 9).

§ 37 [Zulassung in besonderen Fällen]

(1) Der Lehrling (Auszubildende) kann nach Anhörung des Ausbildenden und der Berufsschule vor Ablauf seiner Ausbildungszeit zur Gesellenprüfung zugelassen werden, wenn seine Leistungen dies rechtfertigen.

(2) [1]Zur Gesellenprüfung ist auch zuzulassen, wer nachweist, dass er mindestens das Eineinhalbfache der Zeit, die als Ausbildungszeit vorgeschrieben ist, in dem Beruf tätig gewesen ist, in dem er die Prüfung ablegen will. [2]Als Zeiten der Berufstätigkeit gelten auch Ausbildungszeiten in einem anderen, einschlägigen Ausbildungsberuf. [3]Vom Nachweis der Mindestzeit nach Satz 1 kann ganz oder teilweise abgesehen werden, wenn durch Vorlage von Zeugnissen oder auf andere Weise glaubhaft gemacht wird, dass der Bewerber die berufliche Handlungsfähigkeit erworben hat, die die Zulassung zur Prüfung rechtfertigt. [4]Ausländische Bildungsabschlüsse und Zeiten der Berufstätigkeit im Ausland sind dabei zu berücksichtigen.

(3) Soldaten auf Zeit und ehemalige Soldaten sind nach Absatz 2 Satz 3 zur Gesellenprüfung zuzulassen, wenn das Bundesministerium der Verteidigung oder die von ihm bestimmte Stelle bescheinigt, dass der Bewerber berufliche Fertigkeiten, Kenntnisse und Fähigkeiten erworben hat, welche die Zulassung zur Prüfung rechtfertigen

Literatur: Eule BB 1990, 1337

Überblick

§ 37 regelt ergänzend die Sondertatbestände der Zulassung zur Gesellenprüfung. Nach § 37 Abs. 1 können Lehrlinge vor Ablauf der Ausbildungszeit zur Gesellenprüfung zugelassen werden (→ Rn. 1). Voraussetzungen sind überdurchschnittliche Leistungen in der betrieblichen Ausbildung und in der Berufsschule (→ Rn. 4). Zudem müssen alle wesentlichen Ausbildungsinhalte bis zur Gesellenprüfung vermittelt werden können (→ Rn. 5). Die vorzeitige Zulassung wird nur auf Antrag und nach Anhörung des Ausbildenden sowie der Berufsschule ausgesprochen (→ Rn. 7).

§ 37 Abs. 2 regelt die Voraussetzungen für die sog. Externenzulassung. Der Bewerber muss eine Berufstätigkeit im Ausbildungsberuf über eine bestimmte Dauer nachweisen (→ Rn. 10). Dabei können auch Ausbildungszeiten in anderen, einschlägigen Ausbildungsberufen berücksichtigt werden (→ Rn. 12). Im Ausnahmefall kann vom Erfordernis der Mindestzeit abgesehen werden, wenn die berufliche Handlungsfähigkeit auf andere Weise nachgewiesen wird (→ Rn. 13). Ausländische Bildungsabschlüsse und berufliche Tätigkeiten im Ausland können bei der Prüfung der Zulassungsvoraussetzungen berücksichtigt werden (→ Rn. 14).

§ 37 Abs. 3 gewährt Soldaten und ehemaligen Soldaten einen Anspruch auf Zulassung zur Gesellenprüfung, wenn sie eine entsprechende Bescheinigung über die berufliche Handlungsfähigkeit vorlegen (→ Rn. 17).

Die Vorschrift beruht auf § 37 aF und wurde durch das Berufsbildungsreformgesetz vom 23.3.2005 leicht modifiziert.

Die Parallelvorschrift zu § 37 ist § 45 BBiG.

A. Vorzeitige Zulassung zur Gesellenprüfung

1 Nach § 37 Abs. 1 kann ein Lehrling im Ausnahmefall vor Ablauf der vertraglich vereinbarten Ausbildungszeit zur Gesellenprüfung zugelassen werden. Die Zulassung wird in diesem Fall aufgrund überdurchschnittlicher Leistungen erteilt. Dabei ist es nicht möglich, die vorzeitige Prüfungszulassung unter der auflösenden Bedingung auszusprechen, dass die anschließende Prüfung auch wirklich bestanden wird (Honig/Knörr Rn. 2). Die vorzeitige Zulassung befreit von der Zulassungsvoraussetzung nach § 36 Abs. 1 Nr. 1, die übrigen Voraussetzungen der Zulassung zur Gesellenprüfung müssen aber vorliegen.

2 Die vorzeitige Zulassung kann unabhängig von einer Verkürzung der Lehrzeit (→ § 27b Rn. 2) beantragt werden. Auch eine vorherige Ablehnung der Verkürzung ist unschädlich. Denn beide Möglichkeiten sind in der HwO vorgesehen und mit unterschiedlichen Voraussetzungen gestaltet (VG Stuttgart EzB BBiG § 45 Abs. 1 Nr. 25; VG Ansbach EzB BBiG § 45 Abs. 1 Nr. 4). Bei einer Verkürzung der Lehrzeit stehen die Gründe für diese bereits bei Beginn der Ausbildung fest. Dagegen entstehen die Gründe für eine vorzeitige Zulassung zur Gesellenprüfung erst im Lauf der Ausbildung aufgrund der gezeigten Leistungen (Leinemann/Taubert BBiG § 45 Rn. 4). Bei einem Zusammentreffen beider Möglichkeiten der Lehrzeitabkürzung sollen jedoch bestimmte Mindestausbildungszeiten (→ § 27b Rn. 15.1) eingehalten werden, damit das Erreichen des Ausbildungsziels nicht gefährdet wird (Schwannecke/Vogt Rn. 18).

3 Die vorzeitige Zulassung zur Gesellenprüfung hat zur **Folge**, dass die Gesellenprüfung im Regelfall um ein halbes Jahr vorgezogen wird; bei besonders herausragenden Leistungen kann die Prüfung auch um ein Jahr vorgezogen werden (Schwannecke/Vogt Rn. 8; Benecke/Hergenröder/Hergenröder BBiG § 45 Rn. 4).

Zulassung in besonderen Fällen § 37 HwO

I. Zulassungsvoraussetzungen

Die vorzeitige Zulassung zur Gesellenprüfung ist nur möglich, wenn die Leistungen des Lehrlings dies rechtfertigen. Diese Tatbestandvoraussetzung stellt einen unbestimmten Rechtsbegriff ohne behördlichen Ermessensspielraum dar und unterliegt vollständig der gerichtlichen Kontrolle (VGH München GewArch 1996, 422; VGH Kassel GewArch 1971, 230; VG Stade GewArch 1984, 385; aA OVG Hamburg NVwZ-RR 1993, 31; VG Köln EzB BBiG § 45 Abs. 1 Nr. 31). Die Leistungen müssen sowohl im Betrieb als auch in der Berufsschule überdurchschnittlich und damit **gute Leistungen** sein (VGH München GewArch 1996, 422; VGH Kassel GewArch 1971, 230; VG Neustadt a.d. Weinstraße EzB BBiG § 45 Abs. 1 Nr. 26; VG Stade GewArch 1984, 385; VG Stuttgart EzB BBiG § 45 Abs. 1 Nr. 20). Allerdings kann nicht gefordert werden, dass der Lehrling in allen Fächern der Berufsschule mindestens gute Noten hat. Maßgeblich sind gute Leistungen in den Fächern, die für die Ausbildung wesentlich sind (→ § 32 Rn. 5) und damit Prüfungsgegenstand sein können (Schwannecke/Vogt Rn. 9). Die Leistungen in der Zwischenprüfung können ebenfalls berücksichtigt werden (VG Ansbach EzB BBiG § 45 Abs. 1 Nr. 28). Die Leistungen im Betrieb und in der Berufsschule sind getrennt zu bewerten. Daher können schwächere Leistungen in einem Bereich nicht durch sehr gute Leistungen im anderen Bereich ausgeglichen werden; insoweit kommt eine vermittelnde Gesamtbeurteilung der Leistungen nicht in Betracht (VG Düsseldorf EzB BBiG § 45 Abs. 1 Nr. 29). 4

Die vorzeitige Zulassung zur Gesellenprüfung kommt ferner nur in Betracht, wenn der Lehrling aufgrund seiner Leistungen das Ausbildungsziel vorzeitig erreichen kann. IRd Prüfung der Voraussetzungen muss der Vorsitzende bzw. der Prüfungsausschuss also zu dem Ergebnis gelangen, dass aufgrund der fortgeschrittenen Berufsausbildung die Beherrschung des Prüfungsgegenstandes im Wesentlichen angenommen werden kann (VG Köln EzB BBiG § 45 Abs. 1 Nr. 31). Es muss also möglich erscheinen, dass dem Lehrling **alle wesentlichen Ausbildungsinhalte bis zum Zeitpunkt der Gesellenprüfung vermittelt** werden können. Der Vorsitzende bzw. der Prüfungsausschuss kann dazu auch den Lehrling im Rahmen eines formlosen Prüfungsgesprächs befragen, um das Vorliegen der Voraussetzungen für die vorzeitige Zulassung zu prüfen (Honig/Knörr Rn. 3). Die vorzeitige Zulassung kann abgelehnt werden, wenn sich aus der Stellungnahme des Auszubildenden ergibt, dass die Fülle der Kenntnislücken in der verbleibenden Zeit nicht geschlossen werden kann (OVG Lüneburg EzB BBiG § 45 Abs. 1 Nr. 18). Ebenso kann die vorzeitige Zulassung auch bei guten Leistungen in Betrieb und Schule versagt werden, wenn wesentliche Teile der Ausbildung noch fehlen (VG Ansbach EzB BBiG § 45 Abs. 1 Nr. 15). Damit besitzt der Vorsitzende bzw. der Prüfungsausschuss hinsichtlich der Frage, ob alle wesentlichen Ausbildungsinhalte vermittelt werden können, einen Ermessensspielraum (OVG Münster EzB BBiG § 45 Abs. 1 Nr. 23; VG Regensburg EzB BBiG § 45 Abs. 1 Nr. 33). Damit hat der Lehrling keinen Rechtsanspruch auf die vorzeitige Zulassung zur Gesellenprüfung; im steht lediglich ein Anspruch auf ermessensfehlerfreie Entscheidung zu (Detterbeck Rn. 3). 5

Die Vorschrift legt keinen **Zeitpunkt für die Leistungsbeurteilung** fest. Daher ist eine Regelung in der Prüfungsordnung nach § 38 möglich. Fehlt eine ausdrückliche Regelung, so ist der Zeitpunkt der Antragstellung maßgeblicher Zeitpunkt für die Leistungsbeurteilung (OVG Koblenz EzB BBiG § 45 Abs. 1 Nr. 19; aA VG Stuttgart EzB BBiG § 45 Abs. 1 Nr. 8). In Bezug auf die Leistungen in der Berufsschule ist auf das letzte Zeugnis abzustellen (VG Darmstadt EzB BBiG § 45 Abs. 1 Nr. 21). 6

II. Zulassungsverfahren

Die vorzeitige Zulassung muss **beantragt** werden, eine Prüfung von Amts wegen erfolgt nicht. Der Antrag ist bei der Handwerkskammer zu stellen, die für die Abnahme der Gesellenprüfung örtlich zuständig ist. Der Vorsitzende bzw. der Prüfungsausschuss ist dann nach § 37a Abs. 1 für die Entscheidung über die vorzeitige Zulassung **zuständig** (→ § 37a Rn. 1). 7

Nach dem Wortlaut der Vorschrift sind vor der Zustimmung zur vorzeitigen Zulassung zwingend der Ausbildende und die Berufsschule **anzuhören**. Nach dem Sinn und Zweck der Vorschrift muss auch bei einer Ablehnung der vorzeitigen Zulassung eine Anhörung stattfinden (Honig/Knörr Rn. 4). Eine tatsächliche Stellungnahme ist nicht erforderlich, vielmehr genügt es, wenn der Ausbildende und die Berufsschule die Möglichkeit zur Äuße- 8 rung hatten. Die abgegebenen Stellungnahmen sind nicht bindend, eine ablehnende Entscheidung ist trotz befürwortender Stellungnahmen möglich (VG Ansbach EzB BBiG § 45 Abs. 1 Nr. 15). Bei der Anhörung handelt es sich um eine Ordnungsvorschrift, deren Verletzung die Rechtwidrigkeit und damit die Anfechtbarkeit der Entscheidung nach sich zieht. Die Anhörung kann nicht nach § 45 Abs. 1 Nr. 3 VwVfG nachgeholt werden, da weder der Ausbildende noch die Berufsschule Beteiligte iSd § 45 Abs. 1 Nr. 3 iVm § 13 VwVfG sind. Jedoch ist die Regelung des § 46 VwVfG anwendbar (Detterbeck Rn. 3). Aus der Pflicht zur Anhörung resultiert auch nicht die Klagebefugnis für den Ausbildenden oder die Berufsschule (VG Ansbach EzB BBiG § 45 Abs. 1 Nr. 4).

B. Zulassung aufgrund Berufstätigkeit

9   Die Zulassung nach § 37 Abs. 2 regelt eine Ausnahme zu § 36 Abs. 1 und Abs. 2. Durch diese Regelung können Personen, die weder eine duale Berufsausbildung noch einen vollzeitschulischen Ausbildungsgang absolviert haben, zur Gesellenprüfung zugelassen werden und ihre berufliche Qualifikation in der Prüfung nachweisen. Dadurch soll allerdings lediglich der Zugang zur Gesellenprüfung erleichtert werden; eine Erleichterung hinsichtlich der Prüfungsanforderungen ist nicht bezweckt (Schwannecke/Vogt Rn. 26; Leinemann/Taubert BBiG § 45 Rn. 22). Daher werden auch Kenntnisse und Fertigkeiten des gesamten Berufsbildes verlangt (VG Kassel EzB BBiG § 45 Abs. 2 Nr. 4). Eine Sonderzulassung nach § 37 Abs. 2 kommt auch für Flüchtlinge in Betracht (→ Rn. 14).

I. Nachweis von Berufserfahrung

10   Der Prüfungsbewerber muss nach § 37 Abs. 2 S. 1 eine Berufstätigkeit nachweisen, die mindestens das Eineinhalbfache der vorgeschriebenen Ausbildungszeit beträgt. Nach dem Wortlaut der Vorschrift ist die in der betroffenen Ausbildungsordnung festgelegte reguläre Ausbildungszeit maßgeblich. Daher bleiben individuelle Kürzungsmöglichkeiten außer Betracht. Der Bewerber muss eine **Berufstätigkeit in dem Ausbildungsberuf** nachweisen, in dem er die Gesellenprüfung ablegen will. Dabei bedeutet Tätigkeit nicht jede Beschäftigung in einem Handwerksbetrieb; vielmehr muss sich diese auf den fachlich-technischen Bereich des betreffenden Ausbildungsberufs beziehen (Honig/Knörr Rn. 8). Dabei dient die Ausbildungsordnung als Grundlage für die Beurteilung, welche Tätigkeiten zu fordern sind. Vor allem praktische Tätigkeiten müssen über eine gewisse Dauer und wiederholt ausgeübt werden und nicht nur einmal (VG Gießen NVwZ-RR 2002, 649 = GewArch 2002, 338). Insofern ist eine Berufstätigkeit auch bei Ableistung eines Praktikums im Zweifel nicht anzunehmen (VG Düsseldorf EzB BBiG § 45 Abs. 2 Nr. 2). Ebenso sind reine Hilfstätigkeiten nicht ausreichend (VG Gießen NVwZ-RR 2002, 649 (650)). Auch die bereits absolvierte Ausbildungszeit kann nicht nach § 37 Abs. 2 S. 1 berücksichtigt werden, da aufgrund ihrer Schutzfunktion bezüglich des Ausbildungszwecks und der körperlichen Kräfte noch keine vollwertige Berufsausübung gegeben ist (VG Köln EzB BBiG § 45 Abs. 2 Nr. 3). Ferner können keine Tätigkeiten in verwandten Handwerken oder in artverwandten Berufen angerechnet werden (Detterbeck Rn. 4).

11   Der Prüfungsbewerber ist verpflichtet, die **Zeit der Berufstätigkeit nachzuweisen**. Dies kann mit Hilfe von Arbeitsbescheinigungen und Zeugnisse des Arbeitgebers erfolgen; aber auch andere Beweismittel sind möglich, solange sie überprüfbar sind (VG Köln EzB BBiG § 45 Abs. 2 Nr. 3). In Betracht kommen Arbeitsverträge, Ausbildungsverträge, Referenzen, Sozialversicherungsnachweise oder Gewerbeanmeldungen (Schwannecke/Vogt Rn. 31). Ferner können Auskünfte eingeholt werden sowie Zeugen oder Sachverständige angehört werden (HK-BBiG/Pieper BBiG § 45 Rn. 17).

II. Nachweis von Ausbildungszeiten

12   Aufgrund § 37 Abs. 2 S. 2 können **Ausbildungszeiten in anderen Ausbildungsberufen** als Zeiten der Berufstätigkeit iSd § 37 Abs. 2 S. 1 berücksichtigt werden. Der Ausbildungsberuf muss jedoch artverwandt mit dem Ausbildungsberuf sein, in dem die Gesellenprüfung abgelegt werden soll (Detterbeck Rn. 4). In diesem Zusammenhang müssen beide Ausbildungsordnungen im Hinblick auf die zu vermittelnden beruflichen Fertigkeiten,

Kenntnisse und Fähigkeiten verglichen werden. Die Regelung richtet sich vor allem an Absolventen zweijähriger Berufe, die eine Gesellenprüfung in verwandten dreijährigen Ausbildungsberufen anstreben (BT-Drs. 15/3980, 52).

III. Nachweis beruflicher Handlungsfähigkeit

Gem. § 37 Abs. 2 S. 3 kann im Ausnahmefall von dem **Erfordernis der Mindestzeit** 13 einer Berufstätigkeit nach § 37 Abs. 2 S. 1 ganz oder teilw. **abgewichen** werden. Aufgrund der Vorschrift kann aber nicht vom Erfordernis einschlägiger beruflicher Tätigkeit überhaupt befreit werden (VG Braunschweig EzB BBiG § 45 Abs. 2 Nr. 14). Denn der Prüfungsbewerber muss glaubhaft machen, dass er die erforderliche berufliche Handlungsfähigkeit besitzt. Deswegen ist ein Mindestmaß an beruflicher Tätigkeit notwendig, um die geforderte Handlungsfähigkeit überhaupt zu erwerben. Daher ist im Regelfall eine Berufstätigkeit von der Dauer der regulären Ausbildungszeit zu verlangen (VG Koblenz EzB BBiG § 45 Abs. 2 Nr. 5; VG Düsseldorf EzB BBiG § 45 Abs. 2 Nr. 2; Schwannecke/Vogt Rn. 33; Benecke/Hergenröder/Hergenröder BBiG § 45 Rn. 21; HK-BBiG/Pieper BBiG § 45 Rn. 19; aA VGH Kassel EzB BBiG § 45 Abs. 2 Nr. 1; Leinemann/Taubert BBiG § 45 Rn. 32). Der Prüfungsbewerber muss den Besitz der beruflichen Handlungsfähigkeit glaubhaft machen. Die Glaubhaftmachung ist weniger als der Nachweis, so dass es ausreichend ist, wenn aufgrund der Beweismittel eine überwiegende Wahrscheinlichkeit besteht, dass die berufliche Handlungsfähigkeit beim Prüfungsbewerber vorliegt (Leinemann/Taubert BBiG § 45 Rn. 33). Die Vorschrift schreibt keine bestimmten Mittel für das Glaubhaftmachen der Handlungsfähigkeit vor. Somit kann der Prüfungsbewerber die gleichen Beweismittel wie beim Nachweis nach § 37 Abs. 2 S. 1 verwenden (→ Rn. 11). Zusätzlich kommen Bescheinigungen über Qualifizierungsmaßnahmen oder einschlägige Studienzeiten sowie gutachterliche Stellungnahme über vorhandene beruflichen Fertigkeiten, Kenntnisse und Fähigkeiten (Schwannecke/Vogt Rn. 34).

IV. Ausländische Bildungsabschlüsse und Berufstätigkeit im Ausland

IRd Zulassung nach § 37 Abs. 2 sind gem. § 37 Abs. 2 S. 4 **ausländische Bildungsab-** 14 **schlüsse** und **Zeiten der Berufstätigkeit im Ausland** zu berücksichtigen. Dabei ist eine Beschränkung auf die Mitgliedsstaaten der EU nicht vorgesehen. Damit kommt die Regelung auch für Flüchtlinge in Betracht, wobei sich der Prüfungsbewerber bewusst sein muss, dass neben den fachlichen Kenntnissen und Fertigkeiten auch deutsche Sprachkenntnisse notwendig sind, um eine reelle Chance zum Bestehen der Prüfung zu besitzen. Die Regelung ist sowohl auf den Nachweis der Mindestzeit der Berufstätigkeit nach § 37 Abs. 2 S. 1 und 2 als auch auf das Glaubhaftmachen der beruflichen Handlungsfähigkeit nach § 37 Abs. 2 S. 3 anwendbar (Schwannecke/Vogt Rn. 36; Leinemann/Taubert BBiG § 45 Rn. 36). Der Prüfungsbewerber muss die entsprechenden Nachweise vorlegen und ggf. für eine deutsche Übersetzung sorgen (Benecke/Hergenröder/Hergenröder BBiG § 45 Rn. 22). Der Vorsitzende bzw. der Prüfungsausschuss muss diese Nachweise bewerten und iRd Entscheidung über die Zulassung berücksichtigen.

V. Zulassungsverfahren

Die Zulassung zur Gesellenprüfung aufgrund § 37 Abs. 2 muss **beantragt** werden; sie 15 erfolgt nicht bereits kraft Gesetzes (VG Gießen NVwZ-RR 2002, 649 = GewArch 2002, 338). Für die Entscheidung über die Zulassung ist nach § 37a Abs. 1 der Vorsitzende bzw. der Prüfungsausschuss **zuständig** (→ § 37a Rn. 1).

Der Lehrling besitzt einen **Rechtsanspruch** auf die Erteilung der Zulassung, wenn die 16 Voraussetzungen nach § 37 Abs. 2 S. 1 und 2 erfüllt sind (Honig/Knörr Rn. 9; Detterbeck Rn. 4). Es ist also keine Ermessensentscheidung, sondern eine gebundene Entscheidung (VGH Kassel GewArch 1977, 155). Dagegen steht dem Vorsitzenden bzw. dem Prüfungsausschuss bei der Entscheidung über die Zulassung nach § 37 Abs. 2 S. 3 ein **Ermessensspielraum** hinsichtlich der Frage, ob eine ausreichende berufliche Handlungsfähigkeit vorliegt, zu (VG Oldenburg Urt. v. 24.8.1983 – 2 A 8/83; VG Karlsruhe EzB BBiG § 45 Abs. 2 Nr. 6; aA VG Kassel EzB BBiG § 45 Abs. 2 Nr. 4).

C. Zulassung von Soldaten

17 Für Soldaten und ehemalige Soldaten legt § 36 Abs. 3 besondere Zulassungsbestimmungen fest. Nach § 1 Abs. 1 S. 1 SG ist Soldat, wer auf Grund der Wehrpflicht oder freiwilliger Verpflichtung in einem Wehrdienstverhältnis steht. Dieser Personenkreis hat einen Anspruch auf Zulassung zur Gesellenprüfung, wenn er eine Bescheinigung iSd § 37 Abs. 3 vorlegt. Die Bescheinigung muss vom Bundesverteidigungsministerium oder einer von ihm bestimmten Stelle ausgestellt worden sein. In dieser muss bescheinigt werden, dass der Soldat bzw. der ehemalige Soldat die beruflichen Fertigkeiten, Kenntnisse und Fähigkeiten, also die berufliche Handlungsfähigkeit, erworben hat.

18 Der Vorsitzende ist für die Entscheidung über die Zulassung zur Gesellenprüfung nach § 37a Abs. 1 zuständig. Er besitzt hinsichtlich der Zulassung **keinen Ermessensspielraum**. Der Vorsitzende muss die Zulassung aussprechen, wenn der Soldat bzw. der ehemalige Soldat eine entsprechende Bescheinigung vorlegt.

§ 37a [Entscheidung über die Zulassung]

(1) ¹Über die Zulassung zur Gesellenprüfung entscheidet der Vorsitzende des Prüfungsausschusses. ²Hält er die Zulassungsvoraussetzungen nicht für gegeben, so entscheidet der Prüfungsausschuss.

(2) Auszubildenden, die Elternzeit in Anspruch genommen haben, darf bei der Entscheidung über die Zulassung hieraus kein Nachteil erwachsen.

Überblick

§ 37a legt die Zuständigkeit für die Entscheidung über die Zulassung zur Gesellenprüfung fest. Die Zuständigkeit erstreckt sich auf alle Zulassungen (→ Rn. 2). Die Zulassung zur Gesellenprüfung wird nicht von Amts wegen ausgesprochen, sondern muss beantragt werden (→ Rn. 1). Aufgrund der Zulassung entsteht ein öffentlich-rechtliches Prüfungsverhältnis (→ Rn. 5).

Nach § 37a Abs. 2 darf Lehrlingen bei der Entscheidung über die Zulassung zur Gesellenprüfung kein Nachteil entstehen, wenn sie Elternzeit in Anspruch genommen haben (→ Rn. 7).

Die Regelung ist nach § 42c Abs. 1 S. 2 auf die berufliche Fortbildung und gem. § 42i Abs. 3 S. 2 auf die berufliche Umschulung anzuwenden.

Die Vorschrift basiert auf § 36 Abs. 2 aF. Das Berufsbildungsreformgesetz vom 23.3.2005 hat diese zu einer eigenständigen Norm ausgestaltet und ein Benachteiligungsverbot in § 37a Abs. 2 neu aufgenommen.

Die Parallelvorschrift zu § 37a ist § 46 BBiG.

A. Entscheidung über die Zulassung

I. Zulassungsverfahren

1 Die Zulassung zur Gesellenprüfung muss **beantragt** werden. Eine Zulassung von Amts wegen ist unzulässig, da der Lehrling nicht verpflichtet ist, an der Gesellenprüfung teilzunehmen. (Detterbeck § 31 Rn. 3; Leinemann/Taubert BBiG § 46 Rn. 4). Die Prüfungsordnung muss die Einzelheiten der Anmeldung zur Gesellenprüfung regeln (→ § 38 Rn. 5). Im Regelfall ist für die Beantragung der Zulassung ein bestimmtes Formular vorgeschrieben. Ebenso kann die Anmeldebefugnis geregelt werden. Der Lehrling besitzt in jedem Fall das Recht, sich zur Gesellenprüfung anzumelden, auch wenn im Ausbildungsvertrag die Anmeldepflicht des Ausbildenden vereinbart worden ist. Ferner sind bestimmte Anmeldefristen zu beachten. Wird der Antrag nach Ablauf der Antragsfrist gestellt, so darf die Zulassung nicht allein deswegen abgelehnt werden. Eine Ablehnung der Zulassung zur aktuellen Prüfung ist zulässig, wenn hierdurch aus organisatorischen Gründen eine fristgerechte Durchführung der Prüfung in Frage gestellt ist (OVG Münster EzB BBiG § 47 Anmeldung Nr. 1). Bei den

Anmeldefristen zur Gesellenprüfung handelt es sich um Ordnungsfristen iSd § 31 Abs. 2 VwVfG. Daher kann die Frist aus Billigkeitserwägungen verlängert werden. Aus diesem Grund kann die Zulassung nicht unter Hinweis der Fristversäumnis verweigert werden, wenn genügend Zeit zur umfassenden Prüfung des Antrags und zur organisatorischen Vorbereitung der Prüfung besteht (VG Dresden EzB VwGO § 123 Nr. 21). Kann der Prüfling aus zwingenden organisatorischen Gründen nicht mehr zu aktuellen Gesellenprüfung zugelassen werden, so muss er auf den nächstmöglichen Termin verwiesen werden. Eine Verlängerung des Ausbildungsverhältnisses kann der Lehrling in diesem Zusammenhang nicht beantragen (Schwannecke/Vogt Rn. 5).

Die **Zuständigkeitsregelung** des § 37a Abs. 1 bezieht sich sowohl auf reguläre Zulassungen nach § 36 und § 36a als auch auf Zulassungen in Sonderfällen nach § 37. Die Entscheidung über die Zulassung obliegt gem. § 37a Abs. 1 in erster Linie dem Vorsitzenden des Gesellenprüfungsausschusses. Zulässigerweise kann die Handwerkskammer bzw. im Fall des § 33 Abs. 1 S. 3 die Innung eine Vorprüfung der Zulassungsvoraussetzungen vornehmen und den Antrag mit einem Entscheidungsvorschlag an den Vorsitzenden weiterleiten (Detterbeck Rn. 3). Dem Vorsitzenden verbleibt bei der Prüfung, ob die Zulassungsvoraussetzungen erfüllt sind, allenfalls ein eingeschränkter Beurteilungsspielraum (Schwannecke/Vogt Rn. 6). Der Prüfungsausschuss ist zur Entscheidung bezüglich der Zulassung zuständig, wenn der Vorsitzende die materiellen Zulassungsvoraussetzungen für nicht gegeben hält. Die **örtliche Zuständigkeit** des Vorsitzenden bzw. des Prüfungsausschusses richtet sich nach dem Bezirk, für den der Ausschuss errichtet worden ist. 2

Die **Entscheidung** des Vorsitzenden ist für den Prüfungsausschuss **bindend**; er kann die Entscheidung des Vorsitzenden nicht abändern (Honig/Knörr Rn. 1). Ebenso ist die Handwerkskammer bzw. die Innung an die Entscheidung des Vorsitzenden bzw. des Prüfungsausschusses gebunden (VG Hamburg EzB BBiG § 43 Abs. 1 Nr. 5). Nur im Fall der offensichtlichen Rechtswidrigkeit der Entscheidung entfällt die Bindungswirkung (Schwannecke/Vogt Rn. 10; Herkert/Töltl BBiG § 46 Rn. 26; aA HK-BBiG/Pieper BBiG § 46 Rn. 6). 3

Die Entscheidung hinsichtlich der Zulassung zur Gesellenprüfung ist ein Verwaltungsakt, der von der Handwerkskammer bzw. Innung erlassen wird. Im Fall der Ablehnung der Zulassung ist der Verwaltungsakt schriftlich zu erlassen und mit einer Begründung zu versehen. Die Ablehnung ist verwaltungsgerichtlich überprüfbar. Sofern ein Widerspruchsverfahren vorgesehen ist, ist der Widerspruch an die Handwerkskammer bzw. Innung zu richten, da der Gesellenprüfungsausschuss ein Organ dieser Körperschaft ist (→ § 33 Rn. 4; → § 33 Rn. 15). Gegen die Ablehnung der Zulassung ist die Verpflichtungsklage nach § 42 Abs. 1 Alt. 2 VwGO die richtige Klageart, da nicht nur die Aufhebung der ablehnenden Entscheidung, sondern zugleich die Zulassung zur Prüfung angestrebt wird. IRd vorläufigen Rechtsschutzes kann nur die vorläufige Teilnahme an der Prüfung begehrt werden (OVG Hamburg GewArch 1990, 217; OVG Münster EzB VwGO § 123 Nr. 4). 4

II. Rechtswirkungen der Zulassung

Aufgrund der Zulassung zur Gesellenprüfung entsteht ein **öffentlich-rechtliches Prüfungsverhältnis** zwischen Handwerkskammer und Prüfling. Maßgeblich für die inhaltliche Ausgestaltung sind dabei die Gesellenprüfungsordnung und ergänzend die gem. § 2 Abs. 3 Nr. 2 VwVfG geltenden Vorschriften. Das Prüfungsverhältnis beinhaltet verschiedene Rechte und Pflichten auf beiden Seiten. Hervorzuheben sind die Fürsorge- und Informationspflichten auf Seiten der Handwerkskammer und auf Seiten des Prüflings die Rügepflicht von Mängeln im Prüfungsverlauf (Niehues/Fischer/Jeremias Rn. 14). Ferner ist der Prüfling nun verpflichtet, die Vorgaben der Gesellenprüfungsordnung sowie Weisungen der Prüfer hinsichtlich eines ordnungsgemäßen Prüfungsablaufs zu beachten (Schwannecke/Vogt Rn. 16). 5

Die Zulassung zur Gesellenprüfung bezieht sich auf die gesamte Prüfung. Daher ist bei einer Wiederholungsprüfung keine erneute Zulassung auszusprechen (Schwanneke/Vogt Rn. 3). Das öffentlich-rechtliche Prüfungsverhältnis wird erst mit dem erfolgreichen Ablegen oder mit dem endgültigen Nichtbestehen der Gesellenprüfung beendet. Außerdem kann es 6 durch Rücktritt von der Prüfung, unentschuldigtes Nichterscheinen oder Ausschluss von der Prüfung beendet werden (Niehues/Fischer/Jeremias Rn. 15).

B. Benachteiligungsverbot

7   § 37a Abs. 2 stellt klar, dass Lehrlinge bei der Zulassung zur Gesellenprüfung nicht benachteiligt werden dürfen, wenn sie Elternzeit in Anspruch genommen haben. Die Regelung befreit aber nicht von den Zulassungsvoraussetzungen zur Gesellenprüfung (Honig/Knörr Rn. 5). Der Lehrling muss daher trotz der Elternzeit die materiellen Zulassungsvoraussetzungen nach § 36 bzw. § 37 erfüllen, um die Zulassung zur Gesellenprüfung zu erhalten.

8   Gem. § 20 Abs. 1 S. 1 BEEG können Lehrlinge Elternzeit in Anspruch nehmen. Die Elternzeit wird nach § 20 Abs. 1 S. 2 BEEG nicht auf die Ausbildungszeit angerechnet. Der Lehrling muss die Ausbildungszeit somit nachholen. Aufgrund von § 37a Abs. 2 kann aber die Zulassung nicht mit der Begründung verweigert werden, dass aufgrund der Elternzeit der Beginn der Ausbildungszeit zu weit zurückliegt (Detterbeck Rn. 4). Ebenso ist eine Ablehnung der Zulassung mit dem Hinweis ausgeschlossen, dass aufgrund der Elternzeit die Erfüllung der Zulassungsvoraussetzungen zu lange zurückliegen (Leinemann/Taubert BBiG § 46 Rn. 21). Aus der Regelung des § 37a Abs. 2 folgt auch die Möglichkeit, **während der Elternzeit** die Zulassung zur Gesellenprüfung zu erhalten und an der Prüfung teilzunehmen (Detterbeck Rn. 4).

§ 38 [Prüfungsordnung]

(1) ¹Die Handwerkskammer hat eine Prüfungsordnung für die Gesellenprüfung zu erlassen. ²Die Prüfungsordnung bedarf der Genehmigung der zuständigen obersten Landesbehörde.

(2) ¹Die Prüfungsordnung muss die Zulassung, die Gliederung der Prüfung, die Bewertungsmaßstäbe, die Erteilung der Prüfungszeugnisse, die Folgen von Verstößen gegen die Prüfungsordnung und die Wiederholungsprüfung regeln. ²Sie kann vorsehen, dass Prüfungsaufgaben, die überregional oder von einem Aufgabenerstellungsausschuss bei der Handwerkskammer erstellt oder ausgewählt werden, zu übernehmen sind, sofern diese Aufgaben von Gremien erstellt oder ausgewählt werden, die entsprechend § 34 Abs. 2 zusammengesetzt sind.

(3) Der Hauptausschuss des Bundesinstituts für Berufsbildung erlässt für die Prüfungsordnung Richtlinien.

Überblick

Die Vorschrift behandelt die Prüfungsordnung für die Durchführung der Gesellenprüfung. Die Handwerkskammer ist verpflichtet, eine Prüfungsordnung zu erlassen (→ Rn. 1). Die Prüfungsordnung regelt die formellen Prüfungsanforderungen der Gesellenprüfung (→ Rn. 3). § 38 Abs. 2 S. 1 legt die Mindestinhalte der Prüfungsordnung fest (→ Rn. 4). Zusätzlich kann die Handwerkskammer die Übernahme von Prüfungsaufgaben in der Prüfungsordnung vorsehen (→ Rn. 17). Außerdem können weitere Einzelheiten bezüglich der Durchführung der Prüfung geregelt werden (→ Rn. 18). Beim Erlass soll sich die Handwerkskammer an die Richtlinien des Hauptausschusses des Bundesinstituts für Berufsbildung orientieren (→ Rn. 20). Dieser wird nach § 38 Abs. 3 verpflichtet, zur Vereinheitlichung der Prüfungsordnungen Richtlinien zu erlassen (→ Rn. 19).

Nach § 39a Abs. 2 ist § 38 entsprechend auf die Prüfung von Zusatzqualifikationen anzuwenden. Auch findet § 38 gem. § 42c Abs. 1 S. 2 auf die berufliche Fortbildung und gem. § 42i Abs. 3 S. 2 auf die berufliche Umschulung Anwendung.

§ 38 beruht auf § 38 aF und wurde durch das Berufsbildungsreformgesetz vom 23.3.2005 an das neue BBiG angepasst.

Die Parallelvorschrift zu § 38 ist § 47 BBiG.

Übersicht

	Rn.		Rn.
A. Erlass einer Prüfungsordnung	1	4. Erteilung der Prüfungszeugnisse	12
B. Inhalt der Prüfungsordnung	3	5. Folgen von Verstößen gegen die Prüfungsordnung	14
I. Mindestinhalt	4	6. Wiederholungsprüfung	16
1. Zulassungsverfahren	5	C. Fakultativer Inhalt	17
2. Gliederung der Prüfung	6	D. Richtlinien des Hauptausschusses	19
3. Bewertungsmaßstäbe	7		

A. Erlass einer Prüfungsordnung

Die Handwerkskammer ist nach § 38 Abs. 1 S. 1 verpflichtet, eine Prüfungsordnung zu 1 erlassen. Die Prüfungsordnung ist eine **Satzung** der Handwerkskammer (Detterbeck Rn. 1; Schwannecke/Vogt Rn. 2; aA Honig/Knörr Rn. 1). Sofern die Handwerkskammer die Errichtung von Gesellenprüfungsausschüssen auf die Innungen delegiert hat (→ § 33 Rn. 10), gilt die Prüfungsordnung der Handwerkskammer ebenfalls für diese Prüfungsausschüsse. Denn die Innungen besitzen nach § 38 Abs. 1 S. 1 keine Rechtsetzungskompetenz hinsichtlich des Prüfungsverfahrens (Honig/Knörr Rn. 5; Detterbeck Rn. 3). Damit gilt im Bezirk der Handwerkskammer ausschließlich die von ihr erlassene Prüfungsordnung.

Die Prüfungsordnung wird nach § 106 Abs. 1 Nr. 11 von der Vollversammlung erlassen. 2 Vor dem Beschluss der Vollversammlung ist der Berufsbildungsausschuss gem. § 44 Abs. 4 zu beteiligen (→ § 44 Rn. 8). Die Prüfungsordnung muss nach §§ 38 Abs. 1 S. 2, 106 Abs. 2 S. 1 von der obersten Landesbehörde genehmigt werden. Die Prüfungsordnung ist gem. § 106 Abs. 2 S. 2 in den für die Bekanntmachungen der Handwerkskammer bestimmten Organen zu veröffentlichen.

B. Inhalt der Prüfungsordnung

Der Inhalt der Prüfungsordnung wird in § 38 Abs. 2 geregelt. Die Prüfungsordnung 3 bezweckt die Regelung der formellen Prüfungsanforderungen, also die Formalien und der äußere Ablauf der Gesellenprüfung (Honig/Knörr Rn. 1). Die materiellen Prüfungsanforderungen, also Prüfungsinhalte, bestimmen sich nach der einschlägigen Ausbildungsordnung. Der zwingende Inhalt der Prüfungsordnung ist in § 38 Abs. 2 S. 1 geregelt. Aufgrund von § 38 Abs. 2 S. 2 kann in der Prüfungsordnung die Übernahme von überregionalen oder von einem Aufgabenerstellungsausschuss erstellten Prüfungsaufgaben vorgesehen werden. Außerdem kann die Handwerkskammer weitere Regelungen, zB bzgl. der Befangenheit oder des Rücktritts, in die Prüfungsordnung aufnehmen.

I. Mindestinhalt

Nach § 38 Abs. 2 S. 1 muss die Prüfungsordnung die aufgeführten Regelungen zwingend 4 beinhalten. Hierbei handelt es sich um den **Mindestinhalt** der Prüfungsordnung (Detterbeck Rn. 2). Die Handwerkskammer kann davon nicht abweichen.

1. Zulassungsverfahren

Die Zulassungsvoraussetzungen zur Gesellenprüfung sind in §§ 36–37 abschließend gere- 5 gelt. Die Prüfungsordnung kann daher keine abweichenden Regelungen mehr treffen. Möglich ist aber, **Einzelheiten des Zulassungsverfahrens** festzulegen (Schwannecke/Vogt Rn. 8). Die Prüfungsordnung kann daher das Anmeldeverfahren zur Gesellenprüfung regeln und Bestimmungen über die Anmeldebefugnis, über Anmeldeformulare oder Anmeldefristen enthalten.

2. Gliederung der Prüfung

Die Prüfungsordnung muss die **Gliederung der Prüfung** regeln. Allerdings enthalten 6 die Ausbildungsordnungen im Regelfall die Bestimmungen über die Prüfungsinhalte, die

Prüfungsinstrumente und die Dauer der einzelnen Prüfungsbereiche (→ § 26 Rn. 8), so dass kein Raum für eine Regelung in der Prüfungsordnung verbleibt. Allenfalls kann die Prüfungsordnung die Gliederung der Prüfung regeln, wenn sich dies nicht aus der Ausbildungsordnung ergibt (Schwannecke/Vogt Rn. 9).

3. Bewertungsmaßstäbe

7   In der Prüfungsordnung sind die **Bewertungsmaßstäbe** als einheitliches Beurteilungsschema festzulegen. Dabei ist aus Gründen der Chancengleichheit für alle Prüflinge derselbe Bewertungsmaßstab anzuwenden. In Zusammenhang mit der Festlegung des Bewertungsmaßstabs sind Prüfungsnoten in Anlehnung an die Schulnotenskala möglich. Ferner darf zulässigerweise die Bewertung von Prüfungsleistungen nach einem Punkteschlüssel erfolgen, wobei einzelne Punktespannen Noten zugeordnet werden (VGH Mannheim NVwZ-RR 1989, 479; OVG Münster NVwZ 1985, 596).

8   Die Gewichtung der einzelnen Prüfungsbereiche darf nicht dem Prüfungsausschuss überlassen werden; diese ist grds. in der Prüfungsordnung festzulegen (VG Hannover EzB BBiG § 47 Bewertung Nr. 31). Die Mindestanforderungen an das Bestehen müssen daher in der Prüfungsordnung festgelegt werden. Dabei darf zulässigerweise vorgesehen werden, dass ein Ausgleich bei nicht ausreichenden Leistungen ausgeschlossen ist (VG Schleswig EzB BBiG § 47 Bewertung Nr. 5). Im Regelfall besteht aber kein Spielraum für derartige Regelungen in der Prüfungsordnung, da die Ausbildungsordnungen die Gewichtungs- und Bestehensregelungen beinhalten (→ § 26 Rn. 8). Der Prüfungsausschuss darf sich nicht über die festgelegten Bewertungsgrundsätze und Gewichtungsregelungen hinwegsetzen, sondern muss diese beachten (OVG Münster EzB HwO § 38 Nr. 6).

9   Innerhalb der Bewertungsmaßstäbe besitzen die Prüfer aber einen **Bewertungsspielraum**, der auch der verwaltungsgerichtlichen Nachprüfung (→ § 31 Rn. 26) unterliegt (BVerfG NJW 1991, 2005). Daher hat der Prüfungsausschuss die Möglichkeit, eine Gewichtung einzelner Aufgaben innerhalb eines Prüfungsbereiches aufgrund seiner besonderen Fachkompetenz vorzunehmen (VG Düsseldorf EzB HwO § 38 Nr. 14). Ebenso kann der Ausschuss die Gewichtung einzelner Bewertungskriterien als prüfungsspezifische Wertungen festlegen (Schwannecke/Vogt Rn. 13). Jedoch ist der Spielraum überschritten, wenn die Prüfer Verfahrensfehler begehen, anzuwendendes Recht verkennen, von einem unrichtigen Sachverhalt ausgehen, allgemeingültige Bewertungsmaßstäbe verletzen oder sich von sachfremden Erwägungen leiten lassen (Niehues/Fischer/Jeremias Rn. 636).

10 Die Prüfungsordnung muss grds. die Berechnung des Prüfungsergebnisses festlegen. So muss die Durchschnittspunktzahl voll erreicht werden, wenn sie Voraussetzung für eine bestimmte Note ist (VGH Mannheim DÖV 1980, 612). Für die Ermittlung des Prüfungsergebnisses müssen Dezimalstellen hinter dem Komma nicht aufgerundet werden; dies gilt zumindest bei einer ausdrücklichen Regelung in der Prüfungsordnung (OVG Koblenz EzB BBiG § 47 Bewertung Nr. 18).

11 Dem Gebot der getrennten Beurteilung und Bewertung ist genügt, wenn jeder Prüfer zunächst ohne Absprache mit den anderen die Arbeit bewertet und eine Note vergibt (OVG Münster BeckRS 1997, 16618). In diesem Zusammenhang besteht auch grds. keine Verpflichtung für eine Begründung, warum eine Prüfungsleistung mit einer bestimmten Punktzahl oder Note bewertet wird (BVerwG BeckRS 1984, 01907 = DVBl 1985, 60). Daher ist dem Prüfling im Widerspruchsverfahren die Möglichkeit zur Stellungnahme und zur Kritik an der Bewertung zu eröffnen. Deshalb muss in diesem Fall der Rechtsbehelf so ausgestaltet sein, dass die erhobenen Einwände geprüft und gewürdigt werden können (BVerfG NJW 1991, 2005 (2006)).

4. Erteilung der Prüfungszeugnisse

12 § 31 Abs. 2 S. 1 ordnet in allgemeiner Weise an, dass der Prüfling ein Zeugnis erhält. Aus diesem Grund muss die Prüfungsordnung Einzelheiten bezüglich der **Erteilung der Prüfungszeugnisse** enthalten. Die Prüfungsordnung kann sowohl die äußere Form als auch den Inhalt näher bestimmen. Das Zeugnis muss eindeutig zum Ausdruck bringen, dass die Gesellenprüfung bestanden ist (Leinemann/Taubert BBiG § 47 Rn. 29). Daher sind der Ausbildungsberuf, in dem die Prüfung abgelegt worden ist, das Gesamtergebnis sowie die

Ergebnisse der Prüfungsbereiche und auch das Datum des Bestehens der Prüfung im Zeugnis aufzunehmen. Ferner müssen die Personalien des Prüfungsteilnehmers mit Geburtsdatum auf dem Zeugnis vermerkt sein, um die Identität des Inhabers bestimmen zu können. Ein Anspruch auf ein bestimmtes Format oder Verwendung der Computerschrift besteht jedoch nicht (VG Karlsruhe EzB BBiG § 47 Prüfungszeugnis Nr. 2).

Im Falle des Nichtbestehens der Prüfung wird kein Zeugnis ausgestellt, sondern ein **Nichtbestehensbescheid**. Aus diesem muss der Prüfling erkennen können, welche Noten er erreicht hat und welche Prüfungsbereiche bei einer Wiederholungsprüfung nicht mehr wiederholt werden müssen. 13

5. Folgen von Verstößen gegen die Prüfungsordnung

Die Prüfungsordnung muss auch die **Folgen von Verstößen gegen die Prüfungsordnung** regeln. Insbes. muss die Prüfungsordnung die Konsequenzen bei **Täuschungshandlungen** festlegen (Niehues/Fischer/Jeremias Rn. 228). Eine Täuschungshandlung liegt vor, wenn der Prüfling eine eigene Prüfungsleistung vorspiegelt, obwohl er sich unerlaubter Hilfe bedient hat (OVG Münster BeckRS 2013, 54182 = NWVBl 2014, 69). Es kommt nicht darauf an, ob das unzulässige Hilfsmittel verwendet wird bzw. für die Bearbeitung der Prüfungsaufgabe geeignet ist (VGH München BeckRS 2008, 38039). Nach der Rspr. kann durch den Beweis des ersten Anscheins ein Täuschungsversuch bewiesen werden, wenn die Prüfungsarbeit und das Lösungsmuster teilw. wörtlich und iÜ in Gliederung und Gedankenführung übereinstimmen (BVerwG NVwZ 1985, 191; OVG Koblenz NVwZ-RR 2012, 476 = NJW 2012, 3117). 14

Auch hinsichtlich **Störungen im Prüfungsverlauf** muss die Prüfungsordnung Regelungen treffen. Diese muss die Voraussetzung für die Verhängung von Sanktionen, die Zuständigkeit für die Verhängung und die Sanktionen, insbes. der Ausschluss von der Prüfung und die Bewertung mit null Punkten, selbst regeln (Niehues/Fischer/Jeremias Rn. 222). 15

6. Wiederholungsprüfung

Nach § 31 Abs. 1 S. 2 kann die nicht bestandene Gesellenprüfung zweimal wiederholt werden (→ § 31 Rn. 4). Aus diesem Grund muss die Prüfungsordnung Regelungen bzgl. der **Wiederholungsprüfung** beinhalten. Zum einen sind das Anmeldeverfahren und der Zeitpunkt der Wiederholungsprüfung zu regeln. Zum anderen kann die Prüfungsordnung festlegen, dass bereits bestandene Prüfungsbereiche iRd Wiederholungsprüfung angerechnet werden. Im Fall der Anrechnung bestandener Prüfungsleistungen kann der Prüfling nicht auch die Nachbesserung der bereits bestandenen Prüfungsbereiche verlangen (OVG Lüneburg NVwZ-RR 2000, 225). Entscheidet sich der Prüfling dennoch für die Wiederholung der bereits bestandenen Prüfungsbereiche, so zählen ausschließlich die Ergebnisse der Wiederholungsprüfung (Benecke/Hergenröder/Hergenröder BBiG § 47 Rn. 17). 16

C. Fakultativer Inhalt

Nach § 38 Abs. 2 S. 2 kann in der Prüfungsordnung die **Übernahme** von überregional oder von einem Aufgabenerstellungsausschuss erstellten bzw. ausgewählten **Prüfungsaufgaben** normiert werden. Eine inhaltliche Überprüfung der Aufgaben durch den Prüfungsausschuss ist dann unzulässig. Voraussetzung ist jedoch, dass der überregionale Aufgabenerstellungsausschuss bzw. der Aufgabenerstellungsausschuss bei der Handwerkskammer entsprechend den Vorgaben des § 34 Abs. 2 zusammengesetzt ist. Dem Ausschuss müssen daher Arbeitgeber und Arbeitnehmer in gleicher Zahl sowie mind. ein Lehrer einer berufsbildenden Schule angehören. Nach der Rechtsprechung ist nur im Fall einer derartigen Zusammensetzung des Ausschusses eine Verpflichtung des Prüfungsausschusses, überregional erstellte oder ausgewählte Prüfungsaufgaben ohne Einsichtnahme und Beschlussfassung zu übernehmen, rechtmäßig (BVerwG NVwZ-RR 1990, 410 = GewArch 1990, 363). 17

Daneben kann die Handwerkskammer weitere Regelungen in die Prüfungsordnung aufnehmen. Dabei muss sie sich aber auch an den Richtlinien (→ Rn. 19.1) nach § 38 Abs. 2 HwO orientieren (→ Rn. 20). In Betracht kommen Regelungen zur **Befangenheit** von Prüfern, um den einzelnen Prüfling weder zu benachteiligen noch zu bevorteilen (Niehues/ 18

Fischer/Jeremias Rn. 336). Zudem sollen Festlegungen hinsichtlich des **Rücktritts** in die Prüfungsordnung aufgenommen werden. In diesem Zusammenhang sind die Gründe des Rücktritts, der Nachweis des Rücktrittsgrundes, die Fristen für die Erklärung des Rücktritts sowie die Folgen eines Rücktritts zu regeln. Ebenfalls soll die **unentschuldigte Nichtteilnahme** normiert werden; insbes. die Rechtsfolgen des unentschuldigten Fernbleibens bedürfen einer Regelung. Ebenso sollen Bestimmungen über die **Zuständigkeit der Prüfungsausschüsse** in die Prüfungsordnung aufgenommen werden.

D. Richtlinien des Hauptausschusses

19 Nach § 38 Abs. 3 wird der Hauptausschuss des Bundesinstituts für Berufsbildung ermächtigt, **Richtlinien für die Prüfungsordnung** zu erlassen. Damit wird dieser aber auch zugleich zum Erlass derartiger Richtlinien verpflichtet. Das Recht des Hauptausschusses umfasst neben dem Erlass auch die Möglichkeit, die Richtlinien zu ändern oder aufzuheben (HK-BBiG/Wohlgemuth BBiG § 47 Rn. 7). Der Hauptausschuss hat eine Musterprüfungsordnung für die Durchführung von Gesellen- und Umschulungsprüfungen in Ausübung seiner Richtlinienkompetenz erlassen (→ Rn. 19.1).

19.1 Der Hauptausschuss des Bundesinstituts für Berufsbildung hat folgende Richtlinie am 8.3.2007 erlassen (BAnz.-Beil. 2007, Nr. 152a):
Musterprüfungsordnung für die Durchführung von Gesellen- und Umschulungsprüfungen
Auf Grund des Beschlusses des Berufsbildungsausschusses vom ... gemäß den Richtlinien des Hauptausschusses des Bundesinstituts für Berufsbildung vom 8. März 2007 (geändert am 13. Dezember 2012) erlässt die Handwerkskammer ... als zuständige Stelle nach § 38 Absatz 1 Satz 1 und § 42i Absatz 3 Satz 2 der Handwerksordnung vom 24. September 1998 (BGBl. I S. 3074) zuletzt geändert durch Art. 3b des Gesetzes zur Änderung des Gemeindereformgesetzes und andere Gesetze vom 6. September 2005 (BGBl. I S. 2725) die folgende Prüfungsordnung für die Durchführung von Gesellen – und Umschulungsprüfungen:
Inhaltsverzeichnis
Erster Abschnitt: Prüfungsausschüsse
§ 01 Errichtung
§ 02 Zusammensetzung und Berufung
§ 03 Ausschluss von der Mitwirkung
§ 04 Vorsitz, Beschlussfähigkeit, Abstimmung
§ 05 Geschäftsführung
§ 06 Verschwiegenheit
Zweiter Abschnitt: Vorbereitung der Prüfung
§ 07 Prüfungstermine
§ 08 Zulassungsvoraussetzungen für die Gesellen- und Umschulungsprüfung
§ 09 Zulassungsvoraussetzungen für die Gesellenprüfung in zwei zeitlich auseinanderfallenden Teilen
§ 10 Zulassung von Absolventen schulischer und sonstiger Bildungsgänge
§ 11 Zulassungsvoraussetzungen in besonderen Fällen
§ 12 Zulassung zur Prüfung
§ 13 Entscheidung über die Zulassung
Dritter Abschnitt: Durchführung der Prüfung
§ 14 Prüfungsgegenstand
§ 15 Gliederung der Prüfung
§ 16 Besondere Verhältnisse behinderter Menschen
§ 17 Befreiung von vergleichbaren Prüfungsbestandteilen bei der Umschulungsprüfung
§ 18 Prüfungsaufgaben
§ 19 Nichtöffentlichkeit
§ 20 Leitung, Aufsicht und Niederschrift
§ 21 Ausweispflicht und Belehrung
§ 22 Täuschungshandlungen und Ordnungsverstöße
§ 23 Rücktritt, Nichtteilnahme
Vierter Abschnitt: Bewertung, Feststellung und Beurkundung des Prüfungsergebnisses
§ 24 Bewertungsschlüssel
§ 25 Bewertungsverfahren, Feststellung der Prüfungsergebnisse
§ 26 Ergebnisniederschrift, Mitteilung über Bestehen oder Nichtbestehen

§ 27 Prüfungszeugnis
§ 28 Bescheid über nicht bestandene Prüfung
Fünfter Abschnitt: Wiederholungsprüfung
§ 29 Wiederholungsprüfung
Sechster Abschnitt: Schlussbestimmungen
§ 30 Rechtsbehelfsbelehrung
§ 31 Prüfungsunterlagen
§ 32 Prüfung von Zusatzqualifikationen
§ 33 Inkrafttreten
Erster Abschnitt: Prüfungsausschüsse
§ 1 Errichtung
(1) Die Handwerkskammer errichtet für die Abnahme der Gesellen- und Umschulungsprüfungen Prüfungsausschüsse (§ 33 Absatz 1 Satz 1 HwO/§ 42i Absatz 3 Satz 1 HwO).
(2) Für einen Ausbildungsberuf können bei Bedarf, insbesondere bei einer großen Anzahl von Prüfungsbewerbern und bei besonderen Anforderungen in der Ausbildungsordnung, mehrere Prüfungsausschüsse errichtet werden.
(3) Mehrere Handwerkskammern können bei einer von ihnen gemeinsame Prüfungsausschüsse errichten (§ 33 Abs. 1 Satz 2 HwO).
(4) Die Handwerkskammer kann Innungen ermächtigen, Gesellenprüfungsausschüsse zu errichten, wenn die Leistungsfähigkeit der Innung die ordnungsgemäße Prüfungsabnahme sicherstellt (§ 33 Absatz 1 Satz 3 HwO). Diese gelten als für die Prüfungsabnahme zuständige Körperschaft im Sinne dieser Prüfungsordnung.
(5) Werden von einer Handwerksinnung Gesellenprüfungsausschüsse errichtet, so sind sie für die Abnahme der Gesellenprüfung aller Lehrlinge (Auszubildenden) der in der Handwerksinnung vertretenen Handwerke ihres Bezirks zuständig, soweit nicht die Handwerkskammer etwas anderes bestimmt (§ 33 Absatz 2 HwO).
§ 2 Zusammensetzung und Berufung
(1) Der Prüfungsausschuss besteht aus mindestens drei Mitgliedern. Die Mitglieder müssen für die Prüfungsgebiete sachkundig und für die Mitwirkung im Prüfungswesen geeignet sein (§ 34 Abs. 1 Satz 2 HwO).
(2) In zulassungspflichtigen Handwerken müssen dem Prüfungsausschuss als Mitglieder Arbeitgeber oder Betriebsleiter und Arbeitnehmer in gleicher Zahl sowie mindestens ein Lehrer einer berufsbildenden Schule angehören. Mindestens zwei Drittel der Gesamtzahl der Mitglieder müssen Arbeitgeber und Arbeitnehmer sein (§ 34 Absatz 2 1. Halbsatz und 2 HwO).
(3) In zulassungsfreien Handwerken oder handwerksähnlichen Gewerken müssen dem Prüfungsausschuss als Mitglieder Beauftragte der Arbeitgeber und Arbeitnehmer in gleicher Zahl sowie mindestens ein Lehrer einer berufsbildenden Schule angehören. Mindestens zwei Drittel der Gesamtzahl der Mitglieder müssen Beauftragte der Arbeitgeber und Arbeitnehmer sein (§ 34 Absatz 2 2. Halbsatz und Satz 2 HwO)
(4) Die Mitglieder werden für eine einheitliche Periode, längstens für fünf Jahre berufen oder gewählt (§ 34 Absatz 2 Satz 3 HwO).
(5) In zulassungspflichtigen Handwerken müssen die Arbeitgeber die Meisterprüfung in dem entsprechenden Handwerk abgelegt haben oder zum Ausbilden berechtigt sein. Die Arbeitnehmer müssen die Gesellenprüfung in dem entsprechenden Handwerk oder eine entsprechende Abschlussprüfung in einem anerkannten Ausbildungsberuf nach § 4 BBiG bestanden haben und in diesem Handwerk oder Gewerbe tätig sein. Arbeitnehmer, die eine entsprechende ausländische Befähigung erworben haben und handwerklich tätig sind, können in den Prüfungsausschuss berufen werden.
(6) In zulassungsfreien Handwerken oder handwerksähnlichen Gewerben müssen die Beauftragten der Arbeitgeber und der Arbeitnehmer die Gesellenprüfung in dem entsprechenden Handwerk oder eine entsprechende Abschlussprüfung in einem anerkannten Ausbildungsberuf nach § 4 BBiG bestanden haben und in diesem Handwerk oder Gewerbe tätig sein. Arbeitnehmer, die eine entsprechende ausländische Befähigung erworben haben und handwerklich tätig sind, können in den Prüfungsausschuss berufen werden.
(7) Die Arbeitnehmer und die Beauftragten der Arbeitnehmer der von der Handwerkskammer errichteten Prüfungsausschüsse werden auf Vorschlag der Mehrheit der Gesellenvertreter in der Vollversammlung der Handwerkskammer berufen (§ 34 Absatz 4 Satz 2 HwO).
(8) Lehrer von berufsbildenden Schulen in den von der Handwerkskammer errichteten Prüfungsausschüssen werden im Einvernehmen mit der Schulaufsichtsbehörde oder der von ihr bestimmten Stelle berufen (§ 34 Absatz 4 Satz 3 HwO).

(9) Für die von der Handwerksinnung errichteten Prüfungsausschüsse werden die Arbeitgeber und die Beauftragten der Arbeitgeber von der Innungsversammlung, die Arbeitnehmer und die Beauftragten der Arbeitnehmer von dem Gesellenausschuss gewählt (§ 34 Absatz 5 Satz 1 HwO).

(10) Lehrer einer berufsbildenden Schule in von der Handwerksinnung errichteten Prüfungsausschüssen werden im Einvernehmen mit der Schulaufsichtsbehörde oder der von ihr bestimmten Stelle nach Anhörung der Handwerksinnung von der Handwerkskammer berufen (§ 34 Absatz 5 Satz 2 HwO).

(11) Die Mitglieder der Prüfungsausschüsse können nach Anhörung der an ihrer Berufung Beteiligten aus wichtigem Grunde abberufen werden (§ 34 Absatz 6 Satz 1 HwO).

(12) Die Mitglieder haben Stellvertreter oder Stellvertreterinnen (§ 34 Absatz 2 Satz 3 HwO). Die Absätze 3 bis 11 gelten für sie entsprechend.

(13) Die Tätigkeit im Prüfungsausschuss ist ehrenamtlich. Für bare Auslagen und für Zeitversäumnis ist, soweit eine Entschädigung nicht von anderer Seite gewährt wird, eine angemessene Entschädigung zu zahlen, deren Höhe von der zuständigen Stelle mit Genehmigung der obersten Landesbehörde festgesetzt wird (§ 34 Absatz 7 HwO).

(14) Von den Absätzen 3 und 12 darf nur abgewichen werden, wenn andernfalls die erforderliche Zahl von Mitgliedern des Prüfungsausschusses nicht berufen werden kann (§ 34 Absatz 8 HwO)

§ 3 Ausschluss von der Mitwirkung

(1) Bei der Zulassung und Prüfung dürfen Angehörige der Prüfungsbewerber nicht mitwirken. Angehörige im Sinne des Satz 1 sind:
1. Verlobte,
2. Ehegatten,
3. eingetragene Lebenspartner,
4. Verwandte und Verschwägerte gerader Linie,
5. Geschwister,
6. Kinder der Geschwister,
7. Ehegatten der Geschwister und Geschwister der Ehegatten,
8. Geschwister der Eltern,
9. Personen, die durch ein auf längere Dauer angelegtes Pflegeverhältnis mit häuslicher Gemeinschaft wie Eltern und Kind miteinander verbunden sind (Pflegeeltern und Pflegekinder).

Angehörige sind die im Satz 2 aufgeführten Personen auch dann, wenn
1. in den Fällen der Nummern 2, 3, 4 und 7 die die Beziehung begründende Ehe oder die Lebenspartnerschaft nicht mehr besteht;
2. in den Fällen der Nummern 4 bis 8 die Verwandtschaft oder Schwägerschaft durch Annahme als Kind erloschen ist;
3. im Falle der Nummer 9 die häusliche Gemeinschaft nicht mehr besteht, sofern die Personen weiterhin wie Eltern und Kind miteinander verbunden sind.

(2) Hält sich ein Prüfungsausschussmitglied nach Absatz 1 für ausgeschlossen oder bestehen Zweifel, ob die Voraussetzungen des Absatz 1 gegeben sind, ist dies der für die Prüfungsabnahme zuständigen Körperschaft mitzuteilen, während der Prüfung dem Prüfungsausschuss. Die Entscheidung über den Ausschluss von der Mitwirkung trifft die für die Prüfungsabnahme zuständige Körperschaft, während der Prüfung der Prüfungsausschuss. Im letzteren Fall darf das betroffene Mitglied nicht mitwirken. Ausgeschlossene Personen dürfen bei der Beratung und Beschlussfassung nicht zugegen sein.

(3) Liegt ein Grund vor, der geeignet ist, Misstrauen gegen eine unparteiische Ausübung des Prüfungsamtes zu rechtfertigen, oder wird von einem Prüfling das Vorliegen eines solchen Grundes behauptet, so hat die betroffene Person dies der für die Prüfungsabnahme zuständigen Körperschaft mitzuteilen, während der Prüfung dem Prüfungsausschuss. Absatz 2 Sätze 2 bis 4 gelten entsprechend.

(4) Ausbilder und Ausbilderinnen des Prüflings sollen, soweit nicht besondere Umstände eine Mitwirkung zulassen oder erfordern, nicht mitwirken.

(5) Wenn in den Fällen der Absätze 1 bis 3 eine ordnungsgemäße Besetzung des Prüfungsausschusses nicht möglich ist, kann die Handwerkskammer die Durchführung der Prüfung einem anderen oder einem gemeinsamen Prüfungsausschuss übertragen. Erforderlichenfalls kann eine andere Handwerkskammer ersucht werden, die Prüfung durchzuführen. Das gleiche gilt, wenn eine objektive Durchführung der Prüfung aus anderen Gründen nicht gewährleistet erscheint.

§ 4 Vorsitz, Beschlussfähigkeit, Abstimmung

(1) Der Prüfungsausschuss wählt aus seiner Mitte einen Vorsitzenden und dessen Stellvertreter. Der Vorsitzende und sein Stellvertreter sollen nicht derselben Mitgliedergruppe angehören (§ 35 Satz 1 und 2 HwO).

(2) Der Prüfungsausschuss ist beschlussfähig, wenn zwei Drittel der Mitglieder, mindestens drei, mitwirken. Er beschließt mit der Mehrheit der abgegebenen Stimmen. Bei Stimmengleichheit gibt die Stimme des vorsitzenden Mitgliedes den Ausschlag (§ 35 Satz 3 bis 5 HwO).

§ 5 Geschäftsführung

(1) Die Geschäftsführung des Prüfungsausschusses liegt in Abstimmung mit dem Prüfungsausschuss bei der für die Prüfungsabnahme zuständigen Körperschaft. Einladungen, (Vorbereitung, Durchführung, Nachbereitung), Protokollführung und Durchführung der Beschlüsse werden im Einvernehmen mit dem Vorsitz des Prüfungsausschusses geregelt.

(2) Zu den Sitzungen des Prüfungsausschusses sind die ordentlichen Mitglieder rechtzeitig einzuladen. Stellvertretende Mitglieder werden in geeigneter Weise unterrichtet. Kann ein Mitglied an einer Sitzung nicht teilnehmen, so soll es dies unverzüglich der für die Prüfungsabnahme zuständigen Körperschaft mitteilen. Für ein verhindertes Mitglied ist ein stellvertretendes Mitglied einzuladen, welches derselben Gruppe angehören soll.

(3) Die Sitzungsprotokolle sind von der protokollführenden Person und dem Vorsitzenden zu unterzeichnen. § 26 Abs. 1 bleibt unberührt.

§ 6 Verschwiegenheit

Unbeschadet bestehender Informationspflichten, insbesondere gegenüber dem Berufsbildungsausschuss, haben die Mitglieder des Prüfungsausschusses und sonstige mit der Prüfung befassten Personen über alle Prüfungsvorgänge Verschwiegenheit gegenüber Dritten zu wahren.

Zweiter Abschnitt: Vorbereitung der Prüfung

§ 7 Prüfungstermine

(1) Die Handwerkskammer bestimmt in der Regel zwei für die Durchführung der Prüfung maßgebende Zeiträume im Jahr. Diese Zeiträume sollen auf den Ablauf der Berufsausbildung und des Schuljahres abgestimmt sein. Die für die Prüfungsabnahme zuständige Körperschaft setzt die einzelnen Prüfungstage fest.

(2) Die Handwerkskammer gibt die Zeiträume im Sinne des Abs. 1 Satz 1 einschließlich der Anmeldefristen in geeigneter Weise öffentlich mindestens einen Monat vor Ablauf der Anmeldefrist bekannt. Wird die Anmeldefrist überschritten, kann die für die Prüfungsabnahme zuständige Körperschaft die Annahme des Antrags verweigern.

(3) Werden für schriftlich durchzuführende Prüfungsbereiche einheitliche überregionale Aufgaben verwendet, sind dafür entsprechende überregional abgestimmte Prüfungstage anzusetzen.

§ 8 Zulassungsvoraussetzungen für die Gesellen- und Umschulungsprüfung

(1) Zur Gesellenprüfung ist zuzulassen (§ 36 Absatz 1 HwO),

1. wer die Ausbildungszeit zurückgelegt hat oder wessen Ausbildungszeit nicht später als zwei Monate nach dem Prüfungstermin endet,

2. wer an vorgeschriebenen Zwischenprüfungen teilgenommen sowie vorgeschriebene schriftliche Ausbildungsnachweise geführt hat und

3. wessen Berufsausbildungsverhältnis in die Lehrlingsrolle eingetragen oder aus einem Grund nicht eingetragen ist, den weder der Lehrling (Auszubildende) noch dessen gesetzlicher Vertreter oder Vertreterinnen zu vertreten haben.

(2) Behinderte Menschen sind zur Gesellenprüfung auch zuzulassen, wenn die Voraussetzungen des Absatz 1 Nr. 2 und 3 nicht vorliegen (§ 42 l Absatz 2 Satz 2 HwO).

(3) Die Zulassungsvoraussetzungen für die Umschulungsprüfung richten sich nach der Umschulungsordnung oder der Umschulungsprüfungsregelung der Handwerkskammer (§§ 42e, 42f HwO).

§ 9 Zulassungsvoraussetzungen für die Gesellenprüfung in zwei zeitlich auseinander fallenden Teilen

(1) Sofern die Gesellenprüfung in zwei zeitlich auseinander fallenden Teilen durchgeführt wird, ist über die Zulassung jeweils gesondert zu entscheiden (§ 36a Abs. 1 HwO).

(2) Zum ersten Teil der Gesellenprüfung ist zuzulassen (§ 36a Absatz 2 in Verbindung mit § 36 Abs. 1 Nr. 2 und 3 HwO),

1. wer die in der Ausbildungsordnung vorgeschriebene, erforderliche Ausbildungszeit zurückgelegt hat,

2. wer vorgeschriebene schriftliche Ausbildungsnachweise geführt hat und

3. wessen Berufsausbildungsverhältnis in die Lehrlingsrolle eingetragen oder aus einem Grund nicht eingetragen ist, den weder der Lehrling (Auszubildende) noch dessen gesetzlicher Vertreter oder Vertreterinnen zu vertreten haben.

(3) Zum zweiten Teil der Gesellenprüfung ist zuzulassen,

1. wer die Ausbildungszeit zurückgelegt hat oder wessen Ausbildungszeit nicht später als zwei Monate nach dem Prüfungstermin endet,

2. wer am ersten Teil der Gesellenprüfung teilgenommen hat

3. und wer die Voraussetzungen des Absatzes 2 Nr. 2 und 3 erfüllt.

Dies gilt nicht, wenn der Lehrling (Auszubildende) aus Gründen, die er nicht zu vertreten hat, am ersten Teil der Gesellenprüfung nicht teilgenommen hat. In diesem Fall ist der erste Teil der Gesellenprüfung zusammen mit dem zweiten Teil abzulegen (§ 36a Abs. 3 HwO).

§ 10 Zulassung von Absolventen schulischer und sonstiger Bildungsgänge
Zur Gesellenprüfung ist ferner zuzulassen (§ 36 Absatz 2 HwO),

1. wer in einer berufsbildenden Schule oder einer sonstigen Berufsbildungseinrichtung ausgebildet worden ist, wenn dieser Bildungsgang der Berufsausbildung in einem anerkannten Ausbildungsberuf entspricht. Ein Bildungsgang entspricht der Berufsausbildung in einem anerkannten Ausbildungsberuf, wenn er

a) nach Inhalt, Anforderung und zeitlichem Umfang der jeweiligen Ausbildungsordnung gleichwertig ist,

b) systematisch, insbesondere im Rahmen einer sachlichen und zeitlichen Gliederung durchgeführt wird und

c) durch Lernortkooperation einen angemessenen Anteil an fachpraktischer Ausbildung gewährleistet.

2. wer einen Bildungsgang absolviert hat, welcher nach der Rechtsverordnung eines Landes die Voraussetzungen nach Nummer 1 erfüllt.

§ 11 Zulassungsvoraussetzungen in besonderen Fällen
(1) Der Lehrling (Auszubildende) kann nach Anhörung des Ausbildenden und der Berufsschule vor Ablauf seiner Ausbildungszeit zur Gesellenprüfung zugelassen werden, wenn seine Leistungen dies rechtfertigen (§ 37 Abs. 1 HwO).

(2) Zur Gesellenprüfung ist auch zuzulassen, wer nachweist, dass er mindestens das Eineinhalbfache der Zeit, die als Ausbildungszeit vorgeschrieben ist, in dem Beruf tätig gewesen ist, in dem die Prüfung abgelegt werden soll. Als Zeiten der Berufstätigkeit gelten auch Ausbildungszeiten in einem anderen, einschlägigen Ausbildungsberuf. Vom Nachweis der Mindestzeit nach Satz 1 kann ganz oder teilweise abgesehen werden, wenn durch Vorlage von Zeugnissen oder auf andere Weise glaubhaft gemacht wird, dass der Bewerber oder die Bewerberin die berufliche Handlungsfähigkeit erworben hat, die die Zulassung zur Prüfung rechtfertigt. Ausländische Bildungsabschlüsse und Zeiten der Berufstätigkeit im Ausland sind dabei zu berücksichtigen (§ 37 Absatz 2 HwO).

(3) Soldaten oder Soldatinnen auf Zeit und ehemalige Soldaten oder Soldatinnen sind nach Absatz 2 Satz 3 zur Gesellenprüfung zuzulassen, wenn das Bundesministerium der Verteidigung oder die von ihm bestimmte Stelle bescheinigt, dass der Bewerber oder die Bewerberin berufliche Fertigkeiten, Kenntnisse und Fähigkeiten erworben hat, welche die Zulassung zur Prüfung rechtfertigen (§ 37 Abs. 3 HwO).

§ 12 Zulassung zur Prüfung
(1) Der Antrag auf Zulassung zur Prüfung ist durch die Lehrlinge (Auszubildenden) schriftlich nach den von der Handwerkskammer bestimmten Fristen und Formularen zu stellen. Die Lehrlinge (Auszubildenden) haben die Ausbildenden über die Antragstellung zu unterrichten.

(2) In den Fällen der §§ 8 Abs. 3, 10 und 11 Abs. 2 und 3 ist der Antrag auf Zulassung zur Prüfung von den Prüfungsbewerbern einzureichen.

(3) Örtlich zuständig für die Zulassung ist die für die Prüfungsabnahme zuständige Körperschaft, in deren Bezirk

1. in den Fällen der §§ 8, 9 und 11 Abs. 1 die Ausbildungs- oder Umschulungsstätte liegt,
2. in den Fällen der §§ 10, 11 Abs. 2 und 3 der gewöhnliche Aufenthalt der Prüfungsbewerber liegt,
3. in den Fällen des § 1 Abs. 3 der gemeinsame Prüfungsausschuss errichtet worden ist.

(4) Dem Antrag auf Zulassung sind beizufügen:
a) in den Fällen der §§ 8 Abs. 1 und Abs. 2, 9 Abs. 3
- Bescheinigung über die Teilnahme an vorgeschriebenen Zwischenprüfungen oder am ersten Teil der Gesellenprüfung,
- vorgeschriebene schriftliche Ausbildungsnachweise,
b) in den Fällen des § 9 Abs. 2
- vorgeschriebene schriftliche Ausbildungsnachweise,
c) im Fall des § 11 Abs. 1
- zusätzlich zu den Unterlagen nach a) oder b) das letzte Zeugnis oder eine aktuelle Leistungsbeurteilung der zuletzt besuchten berufsbildenden Schule,
d) in den Fällen des § 10
- Bescheinigung über die Teilnahme an dem schulischen oder sonstigen Bildungsgang
und in den Fällen des § 10 Nr. 1 zusätzlich
- Bescheinigung über die Teilnahme an der fachpraktischen Ausbildung im Rahmen des schulischen oder sonstigen Bildungsganges,

e) in den Fällen des § 11 Abs. 2 Sätze 1 und 2
- Tätigkeitsnachweis und ggf. Nachweis der Dauer der Berufsausbildung in dem oder in einem anderen einschlägigen Ausbildungsberuf und ggf. glaubhafte Darlegung über den Erwerb der beruflichen Handlungsfähigkeit,
f) in den Fällen des § 11 Abs. 2 Satz 3 und Abs. 3
- glaubhafte Darlegung über den Erwerb der beruflichen Handlungsfähigkeit oder Bescheinigung über den Erwerb der beruflichen Fertigkeiten, Kenntnisse und Fähigkeiten.
(5) Für Wiederholungsprüfungen genügt die form- und fristgerechte Anmeldung zur Prüfung.

§ 13 Entscheidung über die Zulassung
(1) Über die Zulassung zur Gesellen- und Umschulungsprüfung entscheidet die der Vorsitzende des Prüfungsausschusses. Hält er die Zulassungsvoraussetzungen nicht für gegeben, so entscheidet der Prüfungsausschuss (§ 37a Absatz 1 und § 42i Absatz 3 Satz 2 HwO).
(2) Sofern eine Umschulungsordnung (§ 42e HwO) oder eine Umschulungsprüfungsregelung (§ 42f HwO) der Handwerkskammer Zulassungsvoraussetzungen vorsieht, sind ausländische Bildungsabschlüsse und Zeiten der Berufstätigkeit im Ausland zu berücksichtigen (§ 42h HwO).
(3) Die Entscheidung über die Zulassung ist den Prüfungsbewerbern rechtzeitig unter Angabe des Prüfungstages und -ortes einschließlich der erlaubten Arbeits- und Hilfsmittel schriftlich mitzuteilen. Die Entscheidung über die Nichtzulassung ist dem Prüfungsbewerber schriftlich mit Begründung bekannt zu geben.
(4) Die Zulassung kann von der für die Prüfungsabnahme zuständigen Körperschaft im Einvernehmen mit dem Prüfungsausschuss bis zur Bekanntgabe des Prüfungsergebnisses widerrufen werden, wenn sie aufgrund von gefälschten Unterlagen oder falschen Angaben ausgesprochen wurde.

Dritter Abschnitt: Durchführung der Prüfung
§ 14 Prüfungsgegenstand
(1) Durch die Gesellenprüfung ist festzustellen, ob der Prüfling die berufliche Handlungsfähigkeit erworben hat. In ihr soll der Prüfling nachweisen, dass er die erforderlichen beruflichen Fertigkeiten beherrscht, die notwendigen beruflichen Kenntnisse und Fähigkeiten besitzt und mit dem im Berufsschulunterricht zu vermittelnden, für die Berufsausbildung wesentlichen Lehrstoff vertraut ist. Die Ausbildungsordnung ist zugrunde zu legen (§ 32 HwO).
(2) Der Gegenstand der Umschulungsprüfung ergibt sich aus der jeweiligen Umschulungsordnung oder Umschulungsprüfungsregelung der Handwerkskammer.
(3) Sofern sich die Umschulungsordnung oder die Umschulungsprüfungsregelung der Handwerkskammer auf die Umschulung für einen anerkannten Ausbildungsberuf richtet, sind das Ausbildungsberufsbild, der Ausbildungsrahmenplan und die Prüfungsanforderungen zugrunde zu legen (§ 42 g HwO).
(4) Die Prüfungssprache ist Deutsch soweit nicht die Ausbildungsordnung, die Umschulungsordnung oder die Umschulungsprüfungsregelung der Handwerkskammer etwas anderes vorsieht.

§ 15 Gliederung der Prüfung
Die Gliederung der Prüfung richtet sich nach der Ausbildungsordnung oder der Umschulungsordnung oder -prüfungsregelung der Handwerkskammer.

§ 16 Besondere Verhältnisse behinderter Menschen
Bei der Durchführung der Prüfung sollen die besonderen Verhältnisse behinderter Menschen berücksichtigt werden. Dies gilt insbesondere für die Dauer der Prüfung, die Zulassung von Hilfsmitteln und die Inanspruchnahme von Hilfeleistungen Dritter wie Gebärdensprachdolmetscher für hörbehinderte Menschen (§ 42l Absatz 1 HwO). Die Art der Behinderung ist mit dem Antrag auf Zulassung zur Prüfung (§ 12) nachzuweisen.

§ 17 Befreiung von vergleichbaren Prüfungsbestandteilen bei der Umschulungsprüfung
Bei der Umschulungsprüfung (§§ 42e, 42f HwO) ist der Prüfling auf Antrag von der Ablegung einzelner Prüfungsbestandteile durch die Handwerkskammer zu befreien, wenn er eine andere vergleichbare Prüfung vor einer öffentlichen oder staatlich anerkannten Bildungseinrichtung oder vor einem staatlichen Prüfungsausschuss erfolgreich abgelegt hat und die Anmeldung zur Umschulungsprüfung innerhalb von fünf Jahren nach der Bekanntgabe des Bestehens der anderen Prüfung erfolgt (§ 42i Abs. 4 HwO).

§ 18 Prüfungsaufgaben
(1) Der Prüfungsausschuss beschließt auf der Grundlage der Ausbildungsordnung oder der Umschulungsordnung oder -prüfungsregelung der Handwerkskammer die Prüfungsaufgaben.
(2) Überregional oder von einem Aufgabenerstellungsausschuss bei der für die Prüfungsabnahme zuständigen Körperschaft erstellte oder ausgewählte Aufgaben sind vom Prüfungsausschuss zu übernehmen, sofern diese Aufgaben von Gremien erstellt oder ausgewählt und beschlossen wurden, die entsprechend § 2 Abs. 2 oder Abs. 3 zusammengesetzt sind und die Handwerkskammer über die Übernahme entschieden hat.

(3) Sind an einem Tag ausschließlich schriftliche Prüfungsleistungen zu erbringen, soll die Dauer der Prüfung 300 Minuten nicht überschreiten.

§ 19 Nichtöffentlichkeit

Die Prüfungen sind nicht öffentlich. Vertreter und Vertreterinnen der obersten Landesbehörde, für das Prüfungswesen zuständige Vertreter und Vertreterinnen der Handwerkskammer und der zur Prüfungsabnahme ermächtigten Innung sowie die Mitglieder des Berufsbildungsausschusses der Handwerkskammer können anwesend sein. Der Prüfungsausschuss kann im Einvernehmen mit der Handwerkskammer andere Personen als Gäste zulassen. An der Beratung über das Prüfungsergebnis im Sinne des § 25 Abs. 1 Satz 2 dürfen nur Mitglieder des Prüfungsausschusses beteiligt sein.

§ 20 Leitung, Aufsicht und Niederschrift

(1) Die Prüfung wird unter Leitung des Vorsitzes vom gesamten Prüfungsausschuss unbeschadet der Regelungen in § 25 Abs. 2 und 3 abgenommen.

(2) Die für die Prüfungsabnahme zuständige Körperschaft regelt im Einvernehmen mit dem Prüfungsausschuss die Aufsichtsführung, die sicherstellen soll, dass die Prüfungsleistungen selbstständig und nur mit erlaubten Arbeits- und Hilfsmitteln durchgeführt werden.

(3) Über den Ablauf der Prüfung ist eine Niederschrift zu fertigen.

§ 21 Ausweispflicht und Belehrung

Die Prüflinge haben sich auf Verlangen des Vorsitzes oder der Aufsichtsführung über ihre Person auszuweisen. Sie sind vor Beginn der Prüfung über den Prüfungsablauf, die zur Verfügung stehende Zeit, die erlaubten Arbeits- und Hilfsmittel, die Folgen von Täuschungshandlungen und Ordnungsverstößen, Rücktritt und Nichtteilnahme zu belehren.

§ 22 Täuschungshandlungen und Ordnungsverstöße

(1) Unternimmt es ein Prüfling, das Prüfungsergebnis durch Täuschung oder Benutzung nicht zugelassener Hilfsmittel zu beeinflussen oder leistet er Beihilfe zu einer Täuschung oder einem Täuschungsversuch, liegt eine Täuschungshandlung vor.

(2) Wird während der Prüfung festgestellt, dass ein Prüfling eine Täuschungshandlung begeht oder einen entsprechenden Verdacht hervorruft, ist der Sachverhalt von der Aufsichtsführung festzustellen und zu protokollieren. Der Prüfling setzt die Prüfung vorbehaltlich der Entscheidung des Prüfungsausschusses über die Täuschungshandlung fort.

(3) Liegt eine Täuschungshandlung vor, wird die von der Täuschungshandlung betroffene Prüfungsleistung mit „ungenügend" (= 0 Punkte) bewertet. In schweren Fällen, insbesondere bei vorbereiteten Täuschungshandlungen, kann der Prüfungsausschuss den Prüfungsteil oder die gesamte Prüfung mit „ungenügend" (= 0 Punkte) bewerten.

(4) Behindert ein Prüfling durch sein Verhalten die Prüfung so, dass die Prüfung nicht ordnungsgemäß durchgeführt werden kann, ist er von der Teilnahme auszuschließen. Die Entscheidung hierüber kann von der Aufsichtsführung getroffen werden. Die endgültige Entscheidung über die Folgen für den Prüfling hat der Prüfungsausschuss unverzüglich zu treffen. Absatz 3 gilt entsprechend. Gleiches gilt bei Nichtbeachtung der Sicherheitsvorschriften.

(5) Vor Entscheidungen des Prüfungsausschusses nach den Absätzen 3 und 4 ist der Prüfling zu hören.

§ 23 Rücktritt, Nichtteilnahme

(1) Der Prüfling kann nach erfolgter Anmeldung vor Beginn der Prüfung durch schriftliche Erklärung zurücktreten. In diesem Fall gilt die Prüfung als nicht abgelegt.

(2) Versäumt der Prüfling einen Prüfungstermin, werden bereits erbrachte selbstständige Prüfungsleistungen anerkannt, wenn ein wichtiger Grund für die Nichtteilnahme vorliegt. Selbstständige Prüfungsleistungen sind solche, die thematisch klar abgrenzbar und nicht auf eine andere Prüfungsleistung bezogen sind sowie eigenständig bewertet werden.

(3) Erfolgt der Rücktritt nach Beginn der Prüfung oder nimmt der Prüfling an der Prüfung nicht teil, ohne dass ein wichtiger Grund vorliegt, so wird die Prüfung mit 0 Punkten bewertet.

(4) Bei den zeitlich auseinanderfallenden Teilen einer Gesellenprüfung gelten die Absätze 1 bis 3 für den jeweiligen Teil.

(5) Der wichtige Grund ist unverzüglich mitzuteilen und nachzuweisen. Im Krankheitsfall ist die Vorlage eines ärztlichen Attestes erforderlich.

Vierter Abschnitt: Bewertung, Feststellung und Beurkundung des Prüfungsergebnisses

§ 24 Bewertungsschlüssel

Die Prüfungsleistungen sind wie folgt zu bewerten:
Eine den Anforderungen in besonderem Maße entsprechende Leistung
= 100 – 92 Punkte = Note 1 = sehr gut
eine den Anforderungen voll entsprechende Leistung
= unter 92 – 81 Punkte = Note 2 = gut

eine den Anforderungen im allgemeinen entsprechende Leistung
= unter 81 – 67 Punkte = Note 3 = befriedigend
eine Leistung, die zwar Mängel aufweist, aber im ganzen den Anforderungen noch entspricht
= unter 67 – 50 Punkte = Note 4 = ausreichend
eine Leistung, die den Anforderungen nicht entspricht, jedoch erkennen lässt, dass gewisse Grundkenntnisse noch vorhanden sind
= unter 50 – 30 Punkte = Note 5 = mangelhaft
eine Leistung, die den Anforderungen nicht entspricht und bei der selbst Grundkenntnisse fehlen
= unter 30 – 0 Punkte = Note 6 = ungenügend.

Der 100-Punkte-Schlüssel ist der Bewertung aller Prüfungsleistungen sowie der Ermittlung von Zwischen- und Gesamtergebnissen zugrunde zu legen.

§ 25 Bewertungsverfahren, Feststellung der Prüfungsergebnisse

(1) Jede Prüfungsleistung ist von jedem Mitglied des Prüfungsausschusses selbstständig zu bewerten. Beschlüsse über die Bewertung einzelner Prüfungsleistungen, der Prüfung insgesamt sowie über das Bestehen und Nichtbestehen der Gesellenprüfung werden vom Prüfungsausschuss gefasst. Bei der gemeinsamen Feststellung der Ergebnisse dienen die Einzelbewertungen der Prüfungsausschussmitglieder als Grundlage.

(2) Zur Vorbereitung der Beschlussfassung nach Absatz 1 kann der Vorsitzende mindestens zwei Mitglieder mit der Bewertung einzelner, nicht mündlich zu erbringender Prüfungsleistungen beauftragen. Die Beauftragten sollen nicht derselben Mitgliedergruppe angehören. Die beauftragten Mitglieder dokumentieren die wesentlichen Abläufe und halten die für die Bewertung erheblichen Tatsachen fest (§ 35a Absatz 2 und 3 HwO). Die übrigen Mitglieder des Prüfungsausschusses sind bei der Beschlussfassung nach Absatz 1 nicht an die Einzelbewertungen der beauftragten Mitglieder gebunden.

(3) Der Prüfungsausschuss kann zur Bewertung einzelner, nicht mündlich zu erbringender Prüfungsleistungen gutachterliche Stellungnahmen Dritter, insbesondere berufsbildender Schulen, einholen. Im Rahmen der Begutachtung sind die wesentlichen Abläufe zu dokumentieren und die für die Bewertung erheblichen Tatsachen festzuhalten (§ 33 Abs. 2 und 3 HwO). Die Beauftragung erfolgt nach den Verwaltungsgrundsätzen der Handwerkskammer. Personen, die nach § 3 von der Mitwirkung im Prüfungsausschuss auszuschließen sind, sollen nicht als Gutachter tätig werden.

§ 26 Ergebnisniederschrift, Mitteilung über Bestehen oder Nichtbestehen

(1) Über die Feststellung der einzelnen Prüfungsergebnisse ist eine Niederschrift auf den von der Handwerkskammer genehmigten Formularen zu fertigen. Sie ist von den Mitgliedern des Prüfungsausschusses zu unterzeichnen und der für die Prüfungsabnahme zuständigen Körperschaft unverzüglich vorzulegen.

(2) Dem Prüfling soll unmittelbar nach Feststellung des Gesamtergebnisses der Prüfung mitgeteilt werden, ob er die Prüfung „bestanden" oder „nicht bestanden" hat. Hierüber erhält der Prüfling eine vom Vorsitzenden zu unterzeichnende Bescheinigung. Kann die Feststellung des Prüfungsergebnisses nicht am Tag der letzten Prüfungsleistung getroffen werden, so hat der Prüfungsausschuss diese unverzüglich zu treffen und dem Prüfling mitzuteilen.

(3) Sofern die Gesellenprüfung in zwei zeitlich auseinander fallenden Teilen durchgeführt wird, ist das Ergebnis der Prüfungsleistungen im ersten Teil der Gesellenprüfung dem Prüfling schriftlich mitzuteilen (§ 31 Absatz 2 Satz 2 HwO). Der erste Teil der Gesellenprüfung ist nicht eigenständig wiederholbar (§ 31 Absatz 1 Satz 3 HwO).

(4) Dem Ausbildenden werden auf Verlangen die Ergebnisse der Zwischen- und Gesellenprüfung des Lehrlings (Auszubildenden) übermittelt (§ 31 Abs. 2 Satz 2 HwO).

§ 27 Prüfungszeugnis

(1) Über die Prüfung erhält der Prüfling von der für die Prüfungsabnahme zuständigen Körperschaft ein Zeugnis (§ 31 Absatz 2 Satz 1 HwO). Der von der Handwerkskammer vorgeschriebene Vordruck ist zu verwenden.

(2) Das Prüfungszeugnis enthält
- die Bezeichnung „Prüfungszeugnis nach § 31 Absatz 2 HwO" oder „Prüfungszeugnis nach § 42i Absatz 3 in Verbindung mit § 31 Absatz 2 HwO",
- die Personalien des Prüflings (Name, Vorname, Geburtsdatum),
- die Bezeichnung des Ausbildungsberufs mit Fachrichtung oder prüfungsrelevantem Schwerpunkt. Weitere in der Ausbildungsordnung ausgewiesene prüfungsrelevante Differenzierungen können aufgeführt werden.
- die Ergebnisse (Punkte) der Prüfungsbereiche und das Gesamtergebnis (Note), soweit ein solches in der Ausbildungsordnung vorgesehen ist,
- das Datum des Bestehens der Prüfung,

– die Namenswiedergaben (Faksimile) oder Unterschriften des Vorsitzes des Prüfungsausschusses und der beauftragten Person der für die Prüfungsabnahme zuständigen Körperschaft mit Siegel.

Im Prüfungszeugnis soll darüber hinaus ein Hinweis auf die vorläufige Einordnung des Abschlusses im Deutschen Qualifikationsrahmen (DQR) und das sich aus der Verknüpfung des DQR mit dem Europäischen Qualifikationsrahmen (EQR) ergebende EQR-Niveau enthalten sein.

Im Prüfungszeugnis können darüber hinaus die selbstständigen Prüfungsleistungen eines Prüfungsbereichs (§ 23 Abs. 2 Satz 2) ohne Bewertung aufgeführt werden.

(3) Dem Zeugnis ist auf Antrag des Lehrlings (Auszubildenden) eine englischsprachige und eine französischsprachige Übersetzung beizufügen. Auf Antrag des Lehrlings (Auszubildenden) kann das Ergebnis berufsschulischer Leistungsfeststellungen auf dem Zeugnis ausgewiesen werden (§ 31 Absatz 3 HwO).

§ 28 Bescheid über nicht bestandene Prüfung
(1) Bei nicht bestandener Prüfung erhalten der Prüfling und seine gesetzlichen Vertreter von der für die Prüfungsabnahme zuständigen Körperschaft einen schriftlichen Bescheid. Darin ist anzugeben, welche Prüfungsleistungen in einer Wiederholungsprüfung nicht mehr wiederholt werden müssen (§ 29 Abs. 2 bis 3). Die von der Handwerkskammer vorgeschriebenen Formulare sind zu verwenden.

(2) Auf die besonderen Bedingungen der Wiederholungsprüfung gemäß § 29 ist hinzuweisen.

Fünfter Abschnitt: Wiederholungsprüfung
§ 29 Wiederholungsprüfung
(1) Eine nicht bestandene Gesellenprüfung kann zweimal wiederholt werden (§ 31 Abs. 1 Satz 2 HwO). Es gelten die in der Wiederholungsprüfung erzielten Ergebnisse.

(2) Hat der Prüfling bei nicht bestandener Prüfung in einer selbstständigen Prüfungsleistung (§ 23 Abs. 2 Satz 2) mindestens ausreichende Leistungen erbracht, so ist dieser auf Antrag des Prüflings nicht zu wiederholen, sofern der Prüfling sich innerhalb von zwei Jahren – gerechnet vom Tage der Feststellung des Ergebnisses der nicht bestandenen Prüfung an – zur Wiederholungsprüfung anmeldet. Die Bewertung in einer selbstständigen Prüfungsleistung (§ 23 Abs. 2 Satz 2) ist im Rahmen der Wiederholungsprüfung zu übernehmen.

(3) Die Prüfung kann frühestens zum nächsten Prüfungstermin (§ 7) wiederholt werden.

Sechster Abschnitt: Schlussbestimmungen
§ 30 Rechtsbehelfsbelehrung
Maßnahmen und Entscheidungen der Prüfungsausschüsse sind bei ihrer schriftlichen Bekanntgabe an den Prüfungsbewerber bzw. den Prüfling mit einer Rechtsbehelfsbelehrung gemäß § 70 VwGO zu versehen.

§ 31 Prüfungsunterlagen
Auf Antrag ist dem Prüfling binnen der gesetzlich vorgegebenen Frist zur Einlegung eines Rechtsbehelfs Einsicht in seine Prüfungsunterlagen zu gewähren. Die schriftlichen Prüfungsarbeiten sind ein Jahr, die Niederschriften gemäß § 26 Abs. 1 10 Jahre aufzubewahren. Die Aufbewahrungsfrist beginnt mit dem Zugang des Prüfungsbescheides nach § 27 Abs. 1 bzw. § 28 Abs. 1. Der Ablauf der vorgenannten Fristen wird durch das Einlegen eines Rechtsmittels gehemmt.

§ 32 Prüfung von Zusatzqualifikationen
Die Vorschriften dieser Prüfungsordnung gelten entsprechend für die Abnahme von Prüfungen gem. § 39a HwO (Zusatzqualifikationsprüfungen). Das Ergebnis der Prüfung nach § 31 HwO bleibt unberührt.

§ 33 Inkrafttreten
Diese Prüfungsordnung tritt am Tag der Veröffentlichung im Mitteilungsblatt der Handwerkskammer in Kraft. Gleichzeitig tritt die bisherige Gesellen-/ Umschulungsprüfungsordnung außer Kraft. Die Prüfungsordnung wurde am … gemäß § 38 Absatz 1 Satz 1 HwO von …(zuständige Behörde) genehmigt.

20 Die Richtlinien haben für die Handwerkskammer **keine unmittelbare verbindliche Wirkung** (Honig/Knörr Rn. 3). Denn diese sind keine bindenden Rechtsvorschriften, da der Hauptausschuss bzw. das Bundesinstitut für Berufsbildung keine diesbezügliche Rechtssetzungsbefugnis erhalten hat (HK-BBiG/Wohlgemuth BBiG § 47 Rn. 9). Ebenso scheidet eine Qualifizierung als Verwaltungsvorschriften aus, da der Hauptausschuss keine Weisungsbefugnis gegenüber den Handwerkskammern besitzt (Detterbeck Rn. 4; HK-BBiG/Wohlgemuth BBiG § 47 Rn. 10). Vielmehr sind die Richtlinien iSd § 38 Abs. 3 **Vorschriften sui generis** (HK-BBiG/Wohlgemuth BBiG § 47 Rn. 11). Daher entfalten die Richtlinien nur mittelbare Wirkung, dh die Handwerkskammer muss beim Erlass einer eigenen Prüfungsordnung die Vorgaben der Richtlinien beachten (Schwannecke/Vogt Rn. 19). Abweichungen sind deshalb nur bei unabwendbaren landes- oder regionalspezifischen Besonderheiten möglich (Honig/Knörr Rn. 3; Detterbeck Rn. 4).

Mit den Richtlinien soll eine Vereinheitlichung der Prüfungsordnungen erreicht werden. Aus diesem Grund soll die oberste Landesbehörde iRd Genehmigungsverfahrens nach § 38 Abs. 1 S. 2 die Beachtung der Richtlinien überprüfen und Abweichungen nur im begründeten Ausnahmefall zulassen. 21

§ 39 [Zwischenprüfung]

(1) ¹Während der Berufsausbildung ist zur Ermittlung des Ausbildungsstands eine Zwischenprüfung entsprechend der Ausbildungsordnung durchzuführen. ²Die §§ 31 bis 33 gelten entsprechend.

(2) Sofern die Ausbildungsordnung vorsieht, dass die Gesellenprüfung in zwei zeitlich auseinander fallenden Teilen durchgeführt wird, findet Absatz 1 keine Anwendung.

Überblick

§ 39 legt fest, dass in jedem anerkannten Ausbildungsberuf eine Zwischenprüfung durchzuführen ist (→ Rn. 1). Grundlage für die Durchführung sind die Regelungen in der jeweiligen Ausbildungsordnung (→ Rn. 3). Die Zwischenprüfung wird zur Ermittlung des Ausbildungsstandes abgehalten und ist keine Prüfung im technischen Sinn (→ Rn. 2). Nach § 39 Abs. 1 S. 2 sind die Vorschriften über die Gesellenprüfung teilweise entsprechend anwendbar (→ Rn. 5).

Ist in der Ausbildungsordnung eine gestreckte Gesellenprüfung vorgesehen, so bestimmt § 39 Abs. 2, dass keine Zwischenprüfung durchgeführt wird (→ Rn. 6). Dafür wird der erste Teil der Gesellenprüfung abgenommen (→ Rn. 7).

Die Vorschrift basiert auf § 39 aF und wurde durch das Berufsbildungsreformgesetz vom 23.3.2005 modifiziert und um § 39 Abs. 2 ergänzt.

Die Parallelvorschrift zu § 39 ist § 48 BBiG.

A. Durchführung der Zwischenprüfung

Gem. § 39 Abs. 1 S. 1 ist eine Zwischenprüfung entsprechend der Ausbildungsordnung vorgeschrieben. Danach handelt es sich um eine überbetriebliche Prüfung; Prüfungen der Berufsschule oder des Betriebs sind keine Zwischenprüfung iSd § 39 Abs. 1 (Benecke/Hergenröder/Hergenröder BBiG § 48 Rn. 4). Aufgrund des Wortlauts darf nur noch eine Zwischenprüfung iRd Berufsausbildung durchgeführt werden. Die Handwerkskammer ist aufgrund § 39 Abs. 1 S. 1 verpflichtet, Zwischenprüfungen abzunehmen. Ebenso ist der Lehrling zur Teilnahme verpflichtet, da diese Zulassungsvoraussetzung zur Gesellenprüfung ist (→ § 36 Rn. 7). 1

Die Zwischenprüfung hat die Ermittlung des Ausbildungsstandes zum **Zweck**. Aus diesem Grund ist sie keine Prüfung im technischen Sinne (BT-Drs. V/4260, 18). Daher ist lediglich eine Teilnahme des Lehrlings notwendig. Die Leistungen werden zwar in der Zwischenprüfung bewertet. Allerdings zieht das Nichtbestehen keine Konsequenzen nach sich, insbes. muss der betreffende Ausbildungsabschnitt nicht wiederholt werden (Honig/Knörr Rn. 3). Die Zwischenprüfung kann daher mangels Rechtsschutzinteresses nicht im Verwaltungsrechtsweg angegriffen werden (VG Düsseldorf Gerichtsbescheid v. 29.3.1985 – 15 K 4817/84). Die Zwischenprüfung ist eine Lernstandskontrolle und dient sowohl Ausbildendem als auch Lehrling zum Erkennen, ob die Berufsausbildung bislang erfolgreich verlaufen ist oder Korrekturen bei der Vermittlung von Ausbildungsinhalten notwendig sind. 2

Der **Inhalt** der Zwischenprüfung ergibt sich aus dem Zweck, nämlich der Ermittlung des Ausbildungsstandes. Die konkreten Prüfungsanforderungen werden in der Ausbildungsordnung festgelegt. Im Regelfall bezieht sich der Prüfungsstoff auf die bis zum Zeitpunkt der Zwischenprüfung zu vermittelnden beruflichen Fertigkeiten, Kenntnisse und Fähigkeiten sowie auf die für die Berufsausbildung wesentlichen Lehrstoff. Der damalige Bundesaus- 3 schuss für Berufsbildung hat Grundsätze für die Durchführung von Zwischenprüfungen in einer Empfehlung beschlossen, die zur Orientierung herangezogen werden können (→ Rn. 3.1).

3.1 Empfehlung des Bundesausschusses für Berufsbildung (§ 50 BBiG) vom 26.1.1972 über Grundsätze für die Durchführung von Zwischenprüfungen (BArbBl. 3/1972, S. 181)
Der Bundesausschuß für Berufsbildung empfiehlt, daß von den zuständigen Stellen der nachfolgende Beschluß gefaßt wird:
Der Berufsbildungsausschuß der zuständigen Stelle ... der ... ... kammer in ... hat in seiner Sitzung am ... folgende Grundsätze für die Durchführung von Zwischenprüfungen beschlossen:

1. Zweck
Zweck der Zwischenprüfung ist die Ermittlung des jeweiligen Ausbildungsstandes, um ggf. korrigierend auf die weitere Ausbildung einwirken zu können.

2. Gegenstand
Gegenstand der Zwischenprüfung sind die in der Ausbildungsordnung[1] für die Zeit bis zur Ablegung der Zwischenprüfung vorgesehenen Kenntnisse und Fertigkeiten, die sich aus der dem Ausbildungsrahmenplan entsprechenden sachlichen und zeitlichen Gliederung ergeben, sowie der im Berufsschulunterricht entsprechend den Rahmenlehrplänen[2] zu vermittelnde Lehrstoff, soweit er für die Berufsausbildung wesentlich ist.

3. Durchführung
Soweit die Ausbildungsordnung nichts anderes bestimmt, sollen in der Zwischenprüfung Kenntnisse und Fertigkeiten geprüft werden. Bei der Prüfung der Fertigkeiten können kleinere Arbeitsproben oder ein einfaches Prüfungsstück oder beides vorgesehen werden. Von einer besonderer Prüfung der Fertigkeiten kann abgesehen werden, wenn dieses für die Ermittlung des Ausbildungsstandes nicht erforderlich ist. Die Prüfung der Kenntnisse soll schriftlich, gegebenenfalls auch in programmierter Form, durchgeführt werden. Falls es die Art des Ausbildungsberufes erfordert, kann ausnahmsweise neben der schriftlichen Prüfung eine mündliche Prüfung durchgeführt werden.

4. Aufgabenstellung
Der Prüfungsausschuß beschließt auf der Grundlage der Ausbildungsordnung die Prüfungsaufgaben; soweit die Ausbildungsordnung keine Anforderungen für die Zwischenprüfung enthält, beschließt er die Prüfungsaufgaben im Sinne der Ziff. 2 dieser Grundsätze. Der Prüfungsausschuß soll überregional – insbesondere bezirks-, landes- oder bundeseinheitlich – erstellte Prüfungsaufgaben übernehmen, soweit diese von Gremien erstellt oder ausgewählt werden, die entsprechend § 37 BBiG/§ 34 HwO zusammengesetzt sind.

5. Prüfungsausschüsse
Für die Durchführung der Zwischenprüfung kann die zuständige Stelle Prüfungsausschüsse, die bereits für Abschlußprüfungen/Gesellenprüfungen errichtet sind, für zuständig erklären oder besondere Prüfungsausschüsse errichten. Die Handwerkskammer kann Handwerksinnungen ermächtigen, Zwischenprüfungsausschüsse zu errichten, wenn die Leistungsfähigkeit der Handwerksinnung die ordnungsgemäße Durchführung der Prüfung sicherstellt. In diesem Falle gilt die Innung als zuständige Stelle im Sinne dieser Grundsätze. Bei der Zusammensetzung und Berufung sind die sich aus den §§ 37, 38 BBiG/§§ 34, 35 HwO ergebenden Grundsätze zu wahren.

6. Zeitpunkt
Der Zeitpunkt der Zwischenprüfung soll so bestimmt werden, daß einerseits die Ausbildung so weit fortgeschritten ist, daß hinreichende Kenntnisse und Fertigkeiten abprüfbar sind und anderseits ggf. notwendige Korrekturen in der Ausbildung noch erfolgen können. Soweit die Ausbildungsordnung nichts anderes bestimmt, findet eine Zwischenprüfung für Ausbildungsberufe mit 3- und 3½jähriger Ausbildungszeit in der Regel vor dem Ende des 2. Ausbildungsjahres, für Ausbildungsberufe mit 2- und 2½jähriger Ausbildungszeit in der Regel nach dem 1. Ausbildungsjahr statt. Für das Ausbildungsverhältnis mit abweichender Ausbildungszeit kann eine entsprechende Regelung getroffen werden[3].

7. Anmeldung zur Teilnahme
Die zuständige Stelle fordert den Ausbildenden rechtzeitig zur Anmeldung des Auszubildenden für die Teilnahme an der Zwischenprüfung auf.

8. Feststellung des Ausbildungsstandes
Mängel im Ausbildungsstand sind gegeben, wenn die Leistungen den Anforderungen im allgemeinen nicht entsprechen.

9. Niederschrift
Über den Verlauf der Prüfung einschließlich der Feststellung des Leistungsstandes, insbesondere etwaiger Mängel, ist eine Niederschrift zu fertigen. Sie ist von den Mitgliedern des Prüfungsausschusses zu unterschreiben. Für die Niederschrift stellt die zuständige Stelle einen Vordruck zur Verfügung.

10. Prüfungsbescheinigung
Über die Teilnahme wird eine Bescheinigung ausgestellt. Sie enthält eine Feststellung über den Ausbildungsstand, insbesondere Angaben über Mängel, die bei der Prüfung festgestellt wurden. Die Bescheinigung erhalten der Auszubildende, der gesetzliche Vertreter, der Ausbildende und die Berufsschule. Der Nachweis der Teilnahme ist Zulassungsvoraussetzung für die Abschlußprüfung/Gesellenprüfung, soweit Zwischenprüfungen vorgeschrieben und durchgeführt sind.

¹ Der Begriff „Ausbildungsordnung" bezieht sich auch auf die gem. § 108 BBiG/§ 122 Abs. 5 HwO weiter anzuwendenden Vorschriften

² Der Begriff „Rahmenlehrplan" bezieht sich auf alle amtlich erlassenen Stoffpläne

³ Hierbei wird es sich insbesondere um Kürzungen oder Verlängerungen im Einzelfall gem. § 29 Abs. 2 und 3 BBiG/§ 27 a Abs. 2 und 3 HwO handeln

Ein bestimmter **Zeitpunkt** für die Ablegung der Zwischenprüfung ist in § 39 Abs. 1 nicht vorgesehen. Es wird nur geregelt, dass sie während der Berufsausbildung durchzuführen ist. Im Regelfall bestimmt die jeweilige Ausbildungsordnung den Zeitpunkt der Zwischenprüfung (→ § 26 Rn. 8). Dabei ist zu berücksichtigen, dass zum Ermitteln des Ausbildungsstandes bereits berufliche Fertigkeiten, Kenntnisse und Fähigkeiten sowie der für die Berufsausbildung wesentliche Lehrstoff vermittelt worden sein müssen und aber noch hinreichend Zeit auf die Gesellenprüfung ist, um die Vorbereitung auf diese zu ermöglichen. Daher wird die Zwischenprüfung regelmäßig in der Hälfte der Ausbildungszeit durchgeführt (Leinemann/Taubert BBiG § 48 Rn. 10). Bei einer Stufenausbildung (→ § 26 Rn. 11) wird grds. zum Abschluss einer Stufe eine Zwischenprüfung durchgeführt, die als Abschlussprüfung gilt, wenn der Lehrling die Berufsausbildung nicht fortsetzt (Schwannecke/Vogt Rn. 9; Leinemann/Taubert BBiG § 48 Rn. 8).

§ 39 Abs. 1 S. 2 verweist auf die Teile der **Vorschriften über die Gesellenprüfung** und erklärt die §§ 31–33 für **entsprechend anwendbar**. Daher sind die Besonderheiten der Zwischenprüfung bei der Anwendung zu berücksichtigen. Danach muss die Zwischenprüfung nur in **anerkannten Ausbildungsberufen** durchgeführt werden (→ § 31 Rn. 1). Eine Wiederholung der Zwischenprüfung (→ § 31 Rn. 4) entspricht nicht dem Sinn und Zweck der Zwischenprüfung, nämlich der Feststellung des Ausbildungsstandes. Aus diesem Grund ist eine Wiederholungsprüfung nicht notwendig (Schwannecke/Vogt Rn. 12; Benecke/Hergenröder/Hergenröder BBiG § 48 Rn. 9). Über das Ablegen der Zwischenprüfung ist ein Zeugnis auszustellen. Allerdings ist es ausreichend, eine **Prüfungsbescheinigung** mit Ergebnismitteilung zu erteilen (Benecke/Hergenröder/Hergenröder BBiG § 48 Rn. 9). Diese dient als Teilnahmebescheinigung für die spätere Zulassung zur Gesellenprüfung (→ § 36 Rn. 7). Dem Ausbildenden werden auf sein Verlangen hin die Leistungen des Lehrlings in der Zwischenprüfung mitgeteilt (→ § 31 Rn. 12). Eine Übersetzung (→ § 31 Rn. 14) der Zwischenprüfungsbescheinigung kommt im Regelfall nicht in Betracht (Benecke/Hergenröder/Hergenröder BBiG § 48 Rn. 9). Ein Ausweisen der berufsschulischen Leistungen (→ § 31 Rn. 15) auf der Zwischenprüfungsbescheinigung entspricht nicht dem Sinn und Zweck der Zwischenprüfung und findet daher keine Anwendung (Schwannecke/Vogt Rn. 14). Die Ablegung der Zwischenprüfung ist für den Lehrling **gebührenfrei** (→ § 31 Rn. 19). Die Handwerkskammer kann aber gem. § 113 Abs. 4 vom Ausbildenden Gebühren verlangen. Der **Prüfungsgegenstand** der Zwischenprüfung ergibt sich aus der jeweiligen Ausbildungsordnung. Er bezieht sich auf die bis zum Zeitpunkt der Zwischenprüfung zu vermittelnden beruflichen Fertigkeiten, Kenntnisse und Fähigkeiten sowie auf den für die Berufsausbildung wesentlichen Lehrstoff (→ § 32 Rn. 1). Für die Abnahme der Zwischenprüfung muss die Handwerkskammer **Prüfungsausschüsse** errichten. Sie kann dieses Recht auf leistungsfähige Innungen delegieren. Es müssen nicht zwangsläufig gesonderte Prüfungsausschüsse errichtet werden; möglich ist auch, den Gesellenprüfungsausschuss mit der Abnahme der Zwischenprüfung zu beauftragen (Schwannecke/Vogt Rn. 18; Benecke/Hergenröder/Hergenröder BBiG § 48 Rn. 9). Hinsichtlich der Zusammensetzung der Zwischenprüfungsausschüsse macht die Vorschrift keine Vorgaben, es fehlt auch der Verweis auf § 34. Dennoch ist es empfehlenswert, sich bei der Besetzung an den Vorschriften zu den Gesellenprüfungsausschüssen zu orientieren (Honig/Knörr Rn. 2).

B. Gestreckte Gesellenprüfung

6 Die Ausbildungsordnung kann festlegen, dass die Gesellenprüfung in zwei zeitlich auseinanderfallenden Teilen absolviert wird (→ § 26 Rn. 14). In diesem Fall stellt § 39 Abs. 2 klar, dass **keine Zwischenprüfung** durchgeführt wird.

7 Im Fall der gestreckten Gesellenprüfung findet während der Ausbildung zum Zeitpunkt der früheren Zwischenprüfung Teil 1 der Gesellenprüfung statt. Die Prüfung bezieht sich regelmäßig auf die Inhalte der ersten drei Ausbildungshalbjahre (Schwannecke/Vogt Rn. 22). Der mit der Zwischenprüfung beabsichtigte Zweck der Leistungskontrolle wird nun durch Teil 1 der Gesellenprüfung erfüllt, da das Ergebnis dem Lehrling schriftlich mitgeteilt wird (→ § 31 Rn. 13). Das Ergebnis fließt in die Gesamtnote der Gesellenprüfung ein.

§ 39a [Gesonderte Prüfung]

(1) ¹Zusätzliche berufliche Fertigkeiten, Kenntnisse und Fähigkeiten nach § 26 Abs. 2 Nr. 5 werden gesondert geprüft und bescheinigt. ²Das Ergebnis der Prüfung nach § 31 bleibt unberührt.

(2) § 31 Abs. 3 und 4 sowie die §§ 33 bis 35a und 38 gelten entsprechend.

Überblick

§ 39a regelt das Verfahren bezüglich der Prüfung von Zusatzqualifikationen. Diese können in der Ausbildungsordnung als zusätzliche Fertigkeiten, Kenntnisse und Fähigkeiten vorgesehen werden (→ Rn. 1). Ihre Vermittlung ist freiwillig. Die Prüfung findet in einem gesonderten Verfahren statt (→ Rn. 2) und wirkt sich auf das Ergebnis der Gesellenprüfung nicht aus (→ Rn. 3).

Bezüglich der Abnahme und Bewertung durch einen Prüfungsausschuss finden die entsprechenden Vorschriften der Gesellenprüfung Anwendung. Ebenso sind die Regelungen hinsichtlich des Zeugnisses und der Gebührenfreiheit anwendbar (→ Rn. 4).

Die Vorschrift wurde durch das Berufsbildungsreformgesetz vom 23.3.2005 neu in die HwO aufgenommen.

Die Parallelvorschrift zu § 39a ist § 49 BBiG.

A. Prüfung der Zusatzqualifikationen

1 Die Ausbildungsordnung kann nach § 26 Abs. 2 Nr. 5 vorsehen, dass zusätzliche berufliche Fertigkeiten, Kenntnisse und Fähigkeiten, die über das Ausbildungsberufsbild hinausgehen, vermittelt werden (→ § 26 Rn. 21). Dadurch soll die berufliche Handlungsfähigkeit ergänzt und erweitert werden (Benecke/Hergenröder/Hergenröder BBiG § 49 Rn. 3). Die Vermittlung von Zusatzqualifikationen erfolgt **freiwillig** und muss gesondert von den Parteien des Ausbildungsvertrags vereinbart werden. Um die vermittelten Zusatzqualifikationen für den Prüfling verwertbar zu machen, müssen diese von einem Prüfungsausschuss auch geprüft und zertifiziert werden (BT-Drs. 15/3980, 53).

2 Die Prüfung der Zusatzqualifikationen muss wegen der Einheit der Gesellenprüfung (→ § 32 Rn. 6) in einer **gesonderten Prüfung** stattfinden; eine Prüfung iRd Gesellenprüfung ist unzulässig. Jedoch ist es möglich, die zusätzlichen beruflichen Fertigkeiten, Kenntnisse und Fähigkeiten in engem zeitlichem und organisatorischem Zusammenhang mit der Gesellenprüfung abzuprüfen. Der Prüfling erhält aufgrund des Wortlauts und des fehlenden Verweises auch § 31 Abs. 2 kein Zeugnis, sondern eine **Bescheinigung** über das Ergebnis der Prüfung der Zusatzqualifikationen.

3 Das Ergebnis der Prüfung hat gem. § 39a Abs. 1 S. 2 auf das Ergebnis in der Gesellenprüfung **keine Einfluss**. Das Ergebnis der Prüfung der Zusatzqualifikationen fließt daher nicht in das Ergebnis der Gesellenprüfung mit ein und besitzt auch keinen Einfluss auf das Bestehen bzw. Nichtbestehen der Gesellenprüfung.

B. Entsprechende Anwendung von Prüfungsvorschriften

§ 39a Abs. 2 erklärt bestimmte Vorschriften über das Prüfungswesen für anwendbar. So 4 kann der Lehrling eine englische und eine französische Übersetzung der Bescheinigung verlangen (→ § 31 Rn. 14). Die Prüfung der Zusatzqualifikationen ist für den Lehrling gebührenfrei (→ § 31 Rn. 19). Sofern die Berufsschule bei der Vermittlung der Zusatzqualifikationen mitgewirkt hat, kann der Lehrling die Aufnahme der berufsschulischen Noten verlangen (→ § 31 Rn. 15). Hinsichtlich der Organisation der Prüfung verweist § 39a Abs. 2 auf die Vorschriften bezüglich der Errichtung von Prüfungsausschüssen (→ § 33 Rn. 1), deren Zusammensetzung (→ § 34 Rn. 1) und das Berufungsverfahren der Mitglieder (→ § 34 Rn. 27) sowie der Beschlussfassung (→ § 35 Rn. 6) und der Beschlussfähigkeit (→ § 35 Rn. 4). Ferner wird über die Verweisung auch die Regelung über die Bewertung (→ § 35a Rn. 1) und die gutachterlichen Stellungnahmen Dritter (→ § 33 Rn. 16) für anwendbar erklärt. Zuletzt legt § 39a Abs. 2 fest, dass die Handwerkskammer eine Prüfungsordnung mit den Inhalten nach § 38 für die Prüfung der Zusatzqualifikationen zu erlassen hat (→ § 38 Rn. 1).

§ 40 [Gleichstellung von Prüfungszeugnissen]

(1) Das Bundesministerium für Wirtschaft und Energie kann im Einvernehmen mit dem Bundesministerium für Bildung und Forschung nach Anhörung des Hauptausschusses des Bundesinstituts für Berufsbildung durch Rechtsverordnung außerhalb des Anwendungsbereichs dieses Gesetzes erworbene Prüfungszeugnisse den entsprechenden Zeugnissen über das Bestehen der Gesellenprüfung gleichstellen, wenn die Berufsausbildung und die in der Prüfung nachzuweisenden beruflichen Fertigkeiten, Kenntnisse und Fähigkeiten gleichwertig sind.

(2) Das Bundesministerium für Wirtschaft und Energie kann im Einvernehmen mit dem Bundesministerium für Bildung und Forschung nach Anhörung des Hauptausschusses des Bundesinstituts für Berufsbildung durch Rechtsverordnung im Ausland erworbene Prüfungszeugnisse den entsprechenden Zeugnissen über das Bestehen der Gesellenprüfung gleichstellen, wenn die in der Prüfung nachzuweisenden beruflichen Fertigkeiten, Kenntnisse und Fähigkeiten gleichwertig sind.

Überblick

§ 40 regelt die Voraussetzungen für eine Gleichstellung von Prüfungszeugnissen. Das Bundeswirtschaftsministerium kann nach § 40 Abs. 1 durch eine Rechtsverordnung inländische Prüfungszeugnisse, die nicht auf Grundlage der HwO erworben wurden, mit Gesellenprüfungszeugnissen gleichstellen (→ Rn. 1). Ferner kann das Ministerium aufgrund § 40 Abs. 2 eine Rechtsverordnung hinsichtlich der Gleichstellung von im Ausland erworbenen Prüfungszeugnissen erlassen (→ Rn. 5).

Die Regelung beruht auf § 40 aF und wurde durch das Berufsbildungsreformgesetz vom 23.3.2005 geringfügig umformuliert.

Die Parallelvorschrift zu § 40 ist § 50 BBiG.

A. Gleichstellung inländischer Prüfungszeugnisse

Das Bundeswirtschaftsministerium wird ermächtigt durch **Rechtsverordnung** (→ 1 Rn. 1.1) Prüfungszeugnisse gleichzustellen. Vor dem Erlass der Verordnung muss der Hauptausschuss des Bundesinstituts für Berufsbildung angehört werden. Zudem ist das Einvernehmen mit dem Bundesbildungsministerium herzustellen. Es liegt im pflichtgemäßen Ermessen des Bundeswirtschaftsministeriums, ob es eine entsprechende Rechtsverordnung erlässt (Honig/Knörr Rn. 3).

Folgende Rechtsverordnungen wurden auf Grundlage von § 40 Abs. 1 erlassen: 1.1
- Verordnung zur Gleichstellung von Prüfungszeugnissen der staatlich anerkannten Hiberniaschule Herne mit den Zeugnissen über das Bestehen der Gesellenprüfung in handwerklichen Ausbildungsberufen v. 19.7.2007, BGBl. I 1481 (ZeugGleichstV2007/1)

- Verordnung zur Gleichstellung von Prüfungszeugnissen der Berufsfachschule für das Holz und Elfenbein verarbeitende Handwerk in Michelstadt mit den Zeugnissen über das Bestehen der Abschluss- und Gesellenprüfung in Ausbildungsberufen vom 19.7.2007, BGBl. I 1483 (ZeugGleichstV2007/2)
- Verordnung zur Gleichstellung von Prüfungszeugnissen des Staatlichen Berufskollegs Glas-Keramik-Gestaltung des Landes Nordrhein-Westfalen in Rheinbach mit den Zeugnissen über das Bestehen der Abschluss- und Gesellenprüfung in Ausbildungsberufen vom 19.7.2007, BGBl. I 1485 (ZeugGleichstV2007/3)
- Verordnung zur Gleichstellung von Prüfungszeugnissen der Erwin-Stein-Schule, Staatliche Glasfachschule Hadamar, mit den Zeugnissen über das Bestehen der Abschluss- und Gesellenprüfung in Ausbildungsberufen vom 19.7.2007, BGBl. I 1487 (ZeugGleichstV2007/4)
- Verordnung zur Gleichstellung von Prüfungszeugnissen der Berufsfachschule – Handwerksberufe – an der Berufsbildenden Schule des Bezirksverbandes Pfalz in Kaiserslautern mit den Zeugnissen über das Bestehen der Abschluss- und Gesellenprüfung in Ausbildungsberufen vom 19.7.2007, BGBl. I 1489 (ZeugGleichstV2007/5)
- Verordnung zur Gleichstellung von Prüfungszeugnissen der Staatlichen Zeichenakademie Hanau mit den Zeugnissen über das Bestehen der Abschluss- und Gesellenprüfung in Ausbildungsberufen vom 2.4.2013, BGBl. I 799 (ZAZeugGleichstV)

2 Die Gleichstellung nach § 40 Abs. 1 bezieht sich ausschließlich auf Prüfungszeugnisse, die **im Inland erworben** worden sind, da im Hinblick auf ausländische Prüfungszeugnisse § 40 Abs. 2 eine gesonderte Rechtsgrundlage für die Gleichstellung enthält. Ferner werden nur Prüfungen erfasst, die außerhalb des Anwendungsbereichs der HwO erworben worden sind. Das Prüfungszeugnis darf also nicht nach Maßgabe der HwO erteilt worden sein.

3 Voraussetzung für die Gleichstellung ist die **materielle Gleichwertigkeit** der Prüfung mit der Gesellenprüfung. Dabei müssen sowohl die Berufsausbildung als auch die in der Prüfung nachzuweisenden beruflichen Fertigkeiten, Kenntnisse und Fähigkeiten gleichwertig sein. IRd Gleichwertigkeitsprüfung sind daher zum einen die Lehr- und Lerninhalte der Ausbildung mit dem Ausbildungsberufsbild und dem Ausbildungsrahmenplan der entsprechenden Ausbildungsordnung zu vergleichen. Zum anderen sind die Prüfungsanforderungen den Anforderungen in der einschlägigen Gesellenprüfung gegenüberzustellen. Eine Gleichwertigkeit kann angenommen werden, wenn die Ausbildung in Inhalt, Umfang und Schwierigkeitsgrad des Ausbildungsberufsbilds und Ausbildungsrahmenplans sowie eine Prüfung entsprechend den Prüfungsanforderungen der Ausbildungsordnung durchgeführt wird (Detterbeck Rn. 2; Leinemann/Taubert BBiG § 50 Rn. 6). Der damalige Bundesausschuss für Berufsbildung des Bundesinstituts für Berufsbildung hat eine Empfehlung mit Kriterien zur Prüfung der Gleichwertigkeit erlassen (→ Rn. 3.1).

3.1 Empfehlung von Kriterien zur Prüfung der Gleichwertigkeit von Abschlüssen an Berufsfachschulen mit den Ausbildungsabschluß- oder Gesellenprüfungen in Ausbildungsberufen (§ 43 Abs. 1 BBiG/§ 40 Abs. 1 HwO) des Bundesausschuss für Berufsbildung des Bundesinstituts für Berufsbildung vom 20.1.1976 (BWP 2/1976):

Prüfungszeugnisse von Berufsfachschulen werden mit den Zeugnissen über das Bestehen der Abschluß- oder Gesellenprüfungen in Ausbildungsberufen gleichgestellt, wenn
1. die Vermittlung der in der Ausbildungsordnung vorgeschriebenen Fertigkeiten und Kenntnisse sichergestellt wird;
2. die gleichen zum Erwerb der Berufsqualifikation notwendigen Lernziele und Lerninhalte für die Ausbildungsberufe vermittelt werden, für die gleichgestellt werden soll;
3. der Anteil der fachbezogenen (fachpraktisch/fachtheoretisch) Ausbildung durch einen Mindestzeitanteil von 26 Wochenstunden gewährleistet ist;
4. die Prüfungszulassung nach Kriterien erfolgt, die denen bei den Abschlußprüfungen oder Gesellenprüfungen der zuständigen Stellen entsprechen;
5. die Durchführung von Lernfortschrittskontrollen (Zwischenprüfungen) gewährleistet ist;
6. die Prüfungsanforderungen und das Prüfungsverfahren den Prüfungsanforderungen und dem Prüfungsverfahren der Abschluß- oder Gesellenprüfung gleichwertig sind;
7. bei Änderungen von Lerninhalten und Lernzielen, von Prüfungsanforderungen und Prüfungsverfahren diese von den Schulen berücksichtigt werden, deren Zeugnisse gleichgestellt sind.

Einer endgültigen Anerkennung sollte eine befristete Erprobungsphase, die in Verbindung mit der Berufspraxis durchzuführen ist, vorausgehen.

Die Gleichstellung ist aufzuheben, wenn die Berufsausbildung und die in den Prüfungen nachzuweisenden Fertigkeiten und Kenntnisse der außerschulischen Ausbildung nicht mehr den Punkten 1 bis 7 entsprechen.

Mit Inkrafttreten der Rechtsverordnung werden die betroffenen Prüfungen der entsprechenden Gesellenprüfung gleichgestellt und erlangen den gleichen Stellenwert wie die einschlägige Gesellenprüfung. Solange keine Rechtsverordnung erlassen worden ist, ist die Handwerkskammer nicht berechtigt, eine Gleichwertigkeit festzustellen (Honig/Knörr Rn. 2). Die Gleichstellung von Facharbeiterberufen und deren Prüfungen nach Art. 37 Abs. 3 EVertr mit Ausbildungsberufen und Gesellenprüfungen bleibt unberührt. 4

B. Gleichstellung ausländischer Prüfungszeugnisse

Das Bundeswirtschaftsministerium kann ausländische Prüfungszeugnisse durch **Rechtsverordnung** (→ Rn. 5.1) mit Gesellenprüfungen gleichstellen. Vor Erlass der Verordnung muss der Hauptausschuss des Bundesinstituts für Berufsbildung angehört werden. Ferner ist das Einvernehmen mit dem Bundesbildungsministerium herzustellen. Der Erlass einer entsprechenden Rechtsverordnung wird in das pflichtgemäße Ermessen des Ministeriums gestellt. 5

Folgende Rechtsverordnungen wurden auf Grundlage von § 40 Abs. 2 erlassen: 5.1
Verordnung zur Gleichstellung französischer Prüfungszeugnisse mit Zeugnissen über das Bestehen der Abschlußprüfung oder Gesellenprüfung in anerkannten Ausbildungsberufen vom 16.6.1977, BGBl I 857
Verordnung zur Gleichstellung österreichischer Prüfungszeugnisse mit Zeugnissen über das Bestehen der Abschlußprüfung oder Gesellenprüfung in anerkannten Ausbildungsberufen vom 12.4.1990, BGBl I 771

Die ausländische Prüfung muss **materiell gleichwertig** mit einer Gesellenprüfung sein. Bei der Prüfung der Gleichwertigkeit kommt es daher nur auf die vergleichbaren Prüfungsanforderungen an; eine Berufsausbildung darf nicht berücksichtigt werden. Eine Gleichwertigkeit ist somit anzunehmen, wenn die ausländische Prüfung nach Inhalt, Umfang und Schwierigkeitsgrad den Prüfungsanforderungen in der Gesellenprüfung entspricht (Schwannecke/Vogt Rn. 9). 6

Die Gleichstellung der ausländischen Prüfungszeugnisse erfolgt mit Inkrafttreten der Rechtsverordnung. Ab diesem Zeitpunkt ist der Absolvent der Prüfung einem Absolventen der Gesellenprüfung rechtlich gleichgestellt. Wenn keine Rechtsverordnung erlassen worden ist, darf die Handwerkskammer auch bei Vorliegen der Gleichwertigkeit keine Gleichstellung feststellen. Eine Gleichstellung aufgrund § 10 BVFG für Vertriebene und Aussiedler ist davon nicht berührt. 7

§ 40a [Ausländische Ausbildungsnachweise]

¹Ausländische Ausbildungsnachweise stehen der Gesellenprüfung im Sinne dieses Gesetzes und der auf ihm beruhenden Rechtsverordnungen gleich, wenn ihre Gleichwertigkeit festgestellt wurde. ²§ 50b Absatz 4 gilt entsprechend. ³Die Vorschriften des Berufsqualifikationsfeststellungsgesetzes für nicht reglementierte Berufe sowie § 17 sind anzuwenden.

Literatur: Maier/Rupprecht WiVerw 2012, 62; Witt WiVerw 2012, 101

Überblick

§ 40a gewährt einen Anspruch auf eine individuelle Prüfung der Gleichwertigkeit ausländischer Berufsqualifikationen mit der Gesellenprüfung. Das Verfahren richtet sich nach den Vorschriften für nicht reglementierte Berufe des BQFG (→ Rn. 2). Danach sind die Verfahrensregelungen dieses Gesetzes anzuwenden (→ Rn. 6). Ebenso richten sich die materiellen Voraussetzungen für die Gleichwertigkeitsfeststellung nach den Regelungen des BQFG (→

Rn. 3). Die Handwerkskammer dabei kann ein Kompetenzfeststellungsverfahren durchführen, um die beruflichen Fertigkeiten, Kenntnisse und Fähigkeiten festzustellen (→ Rn. 11). Die Vorschrift wurde durch Art. 3 Gesetz zur Verbesserung der Feststellung und Anerkennung im Ausland erworbener Berufsqualifikationen vom 6.12.2011 in die HwO eingefügt. Die Parallelvorschrift zu § 40a ist § 50a BBiG.

A. Anspruch auf Gleichwertigkeitsfeststellung

1 § 40a S. 1 beinhaltet eine Rechtsgrundlage für die Gleichstellung ausländischer Ausbildungsnachweise mit der Gesellenprüfung. Die Gleichwertigkeit muss festgestellt werden. Damit wird ein Rechtsanspruch auf Gleichwertigkeitsfeststellung für Abschlüsse auf Gesellenebene begründet. Die Bedeutung der Vorschrift dürfte aufgrund der hohen Flüchtlingszahlen zukünftig wachsen.

B. Anwendung des Berufsqualifikationsfeststellungsgesetzes

2 Das Verfahren der Feststellung der Gleichwertigkeit richtet sich nach den Vorschriften des BQFG. § 40a S. 3 erklärt die Vorschriften für nicht reglementierte Berufe (§§ 4–8 BQFG) sowie § 17 BQFG für entsprechend anwendbar. Darüber hinaus sollen die allgemeinen Vorschriften Anwendung finden (BT-Drs. 17/6260, 55). Daher sind §§ 15, 16 BQFG ebenfalls anwendbar. § 14 BQFG wird von § 50b Abs. 4 als lex specialis verdrängt, der nach § 40a S. 2 Anwendung findet.

I. Materielle Voraussetzungen

3 Nach § 4 Abs. 1 BQFG findet das Feststellungsverfahren ausschließlich bei **ausländischen Ausbildungsnachweisen** statt. Ausbildungsnachweise werden in § 3 Abs. 2 BQFG als Prüfungszeugnisse und Befähigungsnachweise definiert, die von verantwortlichen Stellen für den Abschluss einer erfolgreich absolvierten Berufsbildung ausgestellt werden. Dazu ist eine förmliche Bestätigung über eine individuelle Berufsbefähigung, zB aufgrund einer erfolgreich abgelegten Prüfung, notwendig (Schwannecke/Witt § 50b Rn. 16). Zwingend erforderlich ist, dass die Ausbildungsgänge durch Rechts- oder Verwaltungsvorschriften geregelt sind (BT-Drs. 17/6260, 45). Der Ausbildungsnachweis muss den Abschluss einer **Berufsbildung dokumentieren**. Der Begriff Berufsbildung umfasst nach § 3 Abs. 3 S. 1 BQFG sowohl die Berufsausbildung als auch die berufliche Fortbildung, die durch Rechtsvorschriften oder Verwaltungsvorschriften geregelt ist. Bei der Berufsausbildung wird in einem geordneten Bildungsgang eine umfassende berufliche Handlungsfähigkeit vermittelt, damit eine qualifizierte berufliche Tätigkeit ausgeübt werden kann. Darunter fallen nicht Lehrgänge, die eine nur kurzfristige Unterweisung beinhalten und keine umfassende berufliche Handlungsfähigkeit vermitteln (BT-Drs. 17/6260, 46). Die berufliche Fortbildung baut auf einer erfolgreichen Berufsausbildung und auf Berufserfahrung auf und qualifiziert für höherwertige, meist auch verantwortungsvollere Tätigkeiten. Es können allerdings keine Fortbildungen berücksichtigt werden, die durch die Berufsausbildung bereits erworbenen Qualifikationen an neue Erfordernisse anpassen (BT-Drs. 17/6260, 46).

4 Ferner muss der ausländische Befähigungsnachweis zu vergleichbaren beruflichen Tätigkeiten wie die Gesellenprüfung **befähigen**. Dadurch wird klargestellt, dass sich die Feststellung der Gleichwertigkeit auf vergleichbare Berufe und Niveaus der Qualifizierung bezieht. Es muss also zwischen dem ausländischen Ausbildungsnachweis und der Gesellenprüfung eine inhaltliche Nähe bestehen und auf vergleichbare berufliche Tätigkeiten beziehen (BT-Drs. 17/6260, 46).

5 Des Weiteren dürfen gem. § 4 Abs. 2 BQFG **keine wesentlichen Unterschiede** zwischen der ausländischen Berufsqualifikation und der Gesellenprüfung bestehen. Daher muss zwischen der ausländischen Berufsqualifikation und der Gesellenprüfung keine vollständige Deckungsgleichheit bestehen. Nur erhebliche Abweichungen sollen die Gleichwertigkeit ausschließen (Schwannecke/Witt § 50b Rn. 31). Zwischen dem ausländischen Ausbildungsnachweis und der Gesellenprüfung dürfen gem. § 4 Abs. 2 Nr. 1 BQFG **keine erheblichen Abweichungen hinsichtlich der vermittelten Inhalte oder auf Grund der Ausbildungsdauer** bestehen. Dabei werden das Ausbildungsberufsbild und der Ausbildungsrah-

menplan der einschlägigen Ausbildungsordnung als Vergleichsmaßstab herangezogen. Die Ausbildungsdauer ist ebenfalls in der Ausbildungsordnung festgelegt. Ein wesentlicher Unterschied hinsichtlich der Ausbildungsdauer kann insbes. dann vorliegen, wenn die Dauer der ausländischen Regelausbildungszeit mehr als ein Drittel unter der entsprechenden inländischen Regelausbildungszeit liegt (BT-Drs. 17/6260, 46). Ferner dürfen nach § 4 Abs. 2 Nr. 2 BQFG **keine wesentlichen Fertigkeiten, Kenntnisse und Fähigkeiten für die Ausübung des jeweiligen Berufs fehlen**. Dabei ist auf das Ausbildungsberufsbild der einschlägigen Ausbildungsordnung abzustellen, in dem alle wesentlichen Fertigkeiten, Kenntnisse und Fähigkeiten aufgelistet sind. Allerdings ist zwischen allgemeinen und berufsspezifischen Inhalten zu differenzieren. Bei allgemeinen, berufsübergreifenden Inhalten, zB Qualitätssicherung oder Informations- und Kommunikationstechniken ist der Nachweis einer generellen beruflichen Handlungsfähigkeit ausreichend (Schwannecke/Witt § 50b Rn. 46). Dagegen muss die ausländische Berufsqualifikation bei berufsspezifischen Tätigkeiten vergleichbare Kenntnisse und Fertigkeiten vermitteln (Schwannecke/Witt § 50b Rn. 45). Die Unterschiede können nach § 4 Abs. 2 Nr. 3 BQFG durch weitere Befähigungsnachweise, zB Nachweise über Fortbildungen, oder einschlägige Berufserfahrung **ausgeglichen** werden. Bezüglich der Berufserfahrung kann aufgrund des gesetzlichen Grundgedankens zur Zulassung zur Externenprüfung nach § 37 Abs. 2 davon ausgegangen werden, dass grds. das Eineinhalbfache einer Ausbildung für die Annahme einer gleichwertigen Berufserfahrung erforderlich ist (Schwannecke/Witt § 50b Rn. 50).

II. Verfahrensregelungen

Das Verfahren zur Feststellung der Gleichwertigkeit wird nach § 6 Abs. 1 S. 1 BQFG nur auf **Antrag** begonnen. Antragsberechtigt ist jede Person, die einen ausländischen Ausbildungsnachweis erworben hat; daher können auch Deutsche, die eine ausländische Berufsqualifikation besitzen, einen Antrag stellen. Die Handwerkskammer ist nach § 8 Abs. 1 Nr. 2 BQFG für die Feststellung der Gleichwertigkeit in Berufen nach der HwO **zuständig**. 6

Neben dem Antrag sind nach § 5 Abs. 1 BQFG weitere **Unterlagen** erforderlich. So sind eine tabellarische Aufstellung der absolvierten Ausbildungsgänge und der ausgeübten Erwerbstätigkeiten in deutscher Sprache, ein Identitätsnachweis, die im Ausland erworbenen Ausbildungsnachweise sowie erforderliche Nachweise über einschlägige Berufserfahrung oder sonstige Befähigungsnachweise einzureichen. Der Antragsteller muss die Unterlagen im Original oder in beglaubigter Kopie einreichen. Die Ausbildungsnachweise und die Nachweise der Berufserfahrung sowie die Befähigungsnachweise müssen in deutscher Übersetzung, erstellt von einem öffentlich bestellten oder beeidigten Dolmetscher oder Übersetzer, eingereicht werden. Ferner muss der Antragsteller versichern, dass noch kein Antrag auf Gleichwertigkeitsfeststellung gestellt worden ist. Des Weiteren muss der Antragsteller nach § 5 Abs. 6 BQFG nachweisen, dass er in Deutschland eine Erwerbstätigkeit ausüben will. 7

Der Antragssteller ist im Rahmen seiner **Mitwirkungspflichten** nach § 15 BQFG gehalten, alle zur Ermittlung der Gleichwertigkeit notwendigen Unterlagen vorzulegen und die erforderlichen Auskünfte zu erteilen. So kann die Handwerkskammer nach § 5 Abs. 4 BQFG den Antragsteller auffordern, innerhalb einer angemessenen Frist Informationen zu Inhalt und Dauer der im Ausland absolvierten Berufsbildung sowie zu sonstigen Berufsqualifikationen vorzulegen. Dadurch soll das Verfahren vereinfacht und beschleunigt werden, da der Antragsteller im Regelfall am ehesten in der Lage sind, die Inhalte und Dauer der Berufsbildung darzulegen (BT-Drs. 17/6260, 47). Die Handwerkskammer kann auch anderweitig die erforderlichen Informationen beschaffen. Allerdings ist sie nicht zur Amtsermittlung verpflichtet (Schwannecke/Witt Rn. 17). Auch im Falle begründeter Zweifel an der Echtheit oder der inhaltlichen Richtigkeit der vorgelegten Unterlagen kann die Handwerkskammer nach § 5 Abs. 5 BQFG innerhalb einer angemessenen Frist weitere geeignete Unterlagen anfordern. Die Handwerkskammer kann im Falle der Verletzung der Mitwirkungspflichten oder der erheblichen Behinderung der Sachverhaltsaufklärung eine Entscheidung ohne weitere Ermittlungen gem. § 15 Abs. 2 BQFG treffen. Will die Handwerkskammer die Gleichwertigkeit ablehnen, muss sie dem Antragsteller eine Frist zur Mitwirkung setzen und auf die drohende Ablehnung schriftlich hinweisen. 8

9 Der Eingang des Antrags und der eingereichten Unterlagen ist gem. § 6 Abs. 2 S. 1 BQFG innerhalb eines Monats zu bestätigen. Die Handwerkskammer muss fehlende nach § 5 Abs. 1 BQFG notwendige Unterlagen innerhalb dieser Frist anfordern. Wenn die Unterlagen vollständig eingereicht worden sind, muss die Handwerkskammer gem. § 6 Abs. 3 S. 1 BQFG innerhalb von drei Monaten über die Gleichwertigkeit entscheiden. In besonderen Fällen kann die Frist nach § 6 Abs. 3 S. 3 BQFG verlängert werden. Die Fristverlängerung ist zu begründen und dem Antragsteller mitzuteilen. Die **Bearbeitungsfrist** ist nach § 6 Abs. 4 BQFG gehemmt, sofern weitere Unterlagen vom Antragsteller angefordert worden sind oder eine Qualifikationsanalyse nach § 40a S. 3 iVm § 50b Abs. 4 durchgeführt wird.

10 Die **Entscheidung** hinsichtlich der Gleichwertigkeit stellt einen **Verwaltungsakt** dar und muss nach § 7 Abs. 1 BQFG schriftlich erfolgen. Der Bescheid ist gem. § 7 Abs. 3 BQFG mit einer Rechtsbehelfsbelehrung zu versehen. Die Entscheidung kann nach § 16 BQFG im Verwaltungsrechtsweg angefochten werden. Für den Fall der Ablehnung der Gleichwertigkeit aufgrund wesentlicher Unterschiede sieht § 7 Abs. 2 BQFG vor, dass die Handwerkskammer iRd Bescheidsbegründung die tatsächlich vorhandenen Fähigkeiten, Fertigkeiten und Kenntnisse sowie die wesentlichen Unterschiede darlegt. Dadurch sollen zum einen die vorhandenen Berufsqualifikationen positiv festgestellt werden. Zum anderen können die benannten Defizite durch konkrete Ausgleichsmaßnahmen behoben werden, um die Gleichwertigkeit zu erreichen (BT-Drs. 17/6260, 49).

C. Verfahren der Feststellung von Qualifikationen

11 Nach § 40a S. 2 kann ein Verfahren nach § 50b Abs. 4 zur Feststellung der relevanten beruflichen Fertigkeiten, Kenntnisse und Fähigkeiten durchgeführt werden. Dieses Verfahren kommt vor allem zur Anwendung, wenn der Antragsteller seine Berufsqualifikationen nicht oder nicht ausreichend durch Unterlagen nachweisen kann. Ebenso kommt das Verfahren nach § 50b Abs. 4 (→ § 50b Rn. 19) in Betracht, wenn Zweifel an der Echtheit oder Richtigkeit der vorgelegten Nachweise bestehen oder wenn diese nicht aussagekräftig sind (BT-Drs. 17/6260, 55).

12 Der Antragsteller muss mit der Teilnahme an einem Kompetenzfeststellungsverfahren einverstanden sein. Die Ergebnisse des Feststellungsverfahrens hinsichtlich der beruflichen Fertigkeiten, Kenntnisse und Fähigkeiten werden bei der Feststellung der Gleichwertigkeit unmittelbar berücksichtigt.

Fünfter Abschnitt: Regelung und Überwachung der Berufsausbildung

§ 41 [Regelung der Berufsausbildung]

Soweit Vorschriften nicht bestehen, regelt die Handwerkskammer die Durchführung der Berufsausbildung im Rahmen der gesetzlichen Vorschriften.

Literatur: Leisner GewArch 2005, 408; Kormann GewArch 1990, 193; Kormann GewArch 1991, 89

Überblick

Aufgrund von § 41 erlangt die Handwerkskammer eine umfassende Regelungskompetenz bezüglich der Durchführung der Berufsausbildung (→ Rn. 1). Die Regelungen können sich auf alle Angelegenheiten der Berufsausbildung beziehen. In Betracht kommen Durchführungsregelungen zum Berufsordnungsrecht (→ Rn. 3) oder zum Prüfungswesen (→ Rn. 4). Möglich sind auch Regelungen bezüglich der Lehrlingsrolle (→ Rn. 5) oder bezüglich der Ausbildungsberater (→ Rn. 6). Auch die Überbetriebliche Lehrlingsunterweisung kann auf dieser Grundlage geregelt werden (→ Rn. 7). Die Regelungskompetenz findet ihre Grenzen in den bestehenden gesetzlichen Vorschriften und in Zuständigkeitszuweisungen an andere Organe (→ Rn. 8). Eine bestimmte Form der Durchführungsregelung ist nicht vorgeschrieben, so dass generelle Regelungen und auch Einzelfallregelungen zulässig sind (→ Rn. 9).

§ 41 wurde durch das Berufsbildungsreformgesetz nicht verändert.
Die Parallelvorschrift zu § 41 ist § 9 BBiG.

A. Charakter

Die Vorschrift ist eine reine Zuständigkeitsnorm (Honig/Knörr Rn. 1; Detterbeck Rn. 1). 1
Die Handwerkskammer soll dadurch in die Lage versetzt werden, Lücken zu schließen, die
bei der Durchführung der Berufsausbildung in der Praxis auftreten (Leinemann/Taubert
BBiG § 9 Rn. 6). Dadurch soll sie eine umfassende Regelungskompetenz erhalten.

B. Regelungsbefugnis

I. Inhalt der Regelung

Die Durchführungsregelungen können sich auf alle Angelegenheiten der Berufsausbildung 2
beziehen. Es wird dabei der gesamte Bereich der Berufsausbildung vom Abschluss des Lehrvertrags bis zum Ablegen der Gesellen- oder Abschlussprüfung erfasst (Detterbeck Rn. 2).

Grds. bezieht sich die Regelungsbefugnis auf alle Bereiche, die dem **Berufsordnungs-** 3
recht zuzuordnen sind (Benecke/Hergenröder/Hergenröder BBiG § 9 Rn. 9). Umstritten
ist, ob auch vertragsrechtliche Angelegenheiten unter die Regelungsbefugnis des § 41 fallen.
Nach einer Ansicht ist dies ausgeschlossen, da das Berufsausbildungsverhältnis umfassend im
BBiG bzw. in der HwO geregelt ist (Herkert/Töltl BBiG § 9 Rn. 4). Nach anderer Meinung
wird aber die Zuständigkeit für Regelungen bezüglich der vertraglichen Angelegenheiten
konkludent eröffnet, da der Berufsbildungsausschuss nach § 44 Abs. 2 Nr. 3 bei wesentlichen
inhaltlichen Änderungen des Ausbildungsvertragsmusters anzuhören ist (HK-BBiG/Wohlgemuth BBiG § 9 Rn. 9). IErg bleibt aber festzuhalten, dass die Handwerkskammer an die
Vorgaben des BBiG und der HwO zum Berufsausbildungsverhältnis gebunden ist, da sie
Durchführungsregelungen nach § 41 nur iRd gesetzlichen Vorschriften erlassen kann (→
Rn. 8; Leinemann/Taubert BBiG § 9 Rn. 8; Benecke/Hergenröder/Hergenröder BBiG § 9
Rn. 9). Daher ist es unzulässig, ein bestimmtes Formular für den Ausbildungsvertrag zur
Verwendung vorzuschreiben und die Eintragung bei Nichtverwenden abzulehnen (VG Hannover EzB BBiG § 9 Nr. 2). Auch kann die Handwerkskammer als zuständige Stelle nicht
bestimmte Mindestsätze für die Ausbildungsvergütung festlegen und die Eintragung des Ausbildungsvertrags von deren Anerkennung abhängig machen (BVerwG NJW 1981, 2209).

In Betracht kommen Durchführungsregelungen im Bereich des **Prüfungswesens**. Zum 4
einen können Innungen zur Errichtung von Gesellenprüfungsausschüssen ermächtigt werden
(Schwannecke/Witt Rn. 12). Zum anderen kann die Handwerkskammer als zuständige
Stelle, freiwillige schriftliche Zusatzprüfungen auch in Fächern abnehmen, die im Berufsschulunterricht angeboten werden und für die Berufsausbildung wesentlich sind (VG Hamburg EzB BBiG § 9 Nr. 5).

Ferner können Regelungen im Bereich der **Lehrlingsrolle** erlassen werden. Insbes. sind 5
Verwaltungsvorschriften über das Verfahren bei Eintragung der Ausbildungsverträge, der
Überprüfung der persönlichen, fachlichen sowie betrieblichen Eignung und deren Überwachung, das Führen von Ausbildungsnachweisen und Vorschriften bezüglich der Verkürzung
oder Verlängerung der Lehrzeit denkbar (Schwannecke/Witt Rn. 12).

Die Regelungsbefugnis erstreckt sich zudem auf Richtlinien über die Tätigkeit der **Aus-** 6
bildungsberater und eine Verfahrensordnung für den Ausschuss zur Schlichtung von Lehrlingsstreitigkeiten (Leinemann/Taubert BBiG § 9 Rn. 11).

Aufgrund § 41 kann die Handwerkskammer Durchführungsregelungen für die **Überbe-** 7
triebliche Lehrlingsunterweisung (ÜLU) erlassen (VGH Mannheim GewArch 1986, 28;
Honig/Knörr Rn. 2). Voraussetzung ist, dass die Ausbildungsordnung weder die ÜLU anordnet (→ § 26 Rn. 22) noch eine abschließende Regelung hinsichtlich der ÜLU enthält.
Letzteres ist anhand der Gesamtumstände der Vorschrift zu bestimmen (Kormann GewArch
1990, 89 (90)). Im Regelfall ist davon auszugehen, wenn die Anordnung der ÜLU in der
Ausbildungsordnung fehlt, dass der Verordnungsgeber die Anordnung der ÜLU und den
konkreten Umfang der jeweiligen Handwerkskammer ins pflichtgemäße Ermessen gestellt
hat (Schwannecke/Witt Rn. 7; Kormann GewArch 1990, 89 (90)). Dabei muss die Hand-

werkskammer das Erfordernis der ÜLU im betreffenden Handwerk anhand der Bedürfnisse aller ausbildenden Betriebe im Kammerbezirk iSe repräsentativen Querschnitts bestimmen (Kormann GewArch 1990, 193 (197)).

II. Umfang der Regelungsbefugnis

8   Der Erlass von Durchführungsregelungen ist nur in den **Grenzen** des § 41 zulässig. Zum einen dürfen sich dem Wortlaut nach die Vorschriften nur auf den Bereich der Berufsausbildung iSd § 1 Abs. 3 BBiG beziehen. Damit sind Regelungen bezüglich der Durchführung der beruflichen Umschulung und der beruflichen Fortbildung ausgeschlossen, da mit §§ 42 ff. abschließende Regelungen existieren. Auch für spezielle Ausbildungsregelungen behinderter Menschen besteht eine besondere Regelungsbefugnis nach § 42m. Zum anderen hat die Handwerkskammer grds. die Vorschriften der Berufsausbildung nach dem BBiG und der HwO zu beachten. Sie darf den an der Berufsausbildung beteiligten Personen nur Pflichten auferlegen, die sich mit den Regelungen des BBiG und der HwO vereinbaren lassen. Die Handwerkskammer darf die gesetzlichen Vorschriften ausfüllen, aber nicht verengen oder erweitern (Schwannecke/Witt Rn. 9; Leinemann/Taubert BBiG § 9 Rn. 3). Zuletzt gehen abschließende Regelungen des BBiG und der HwO denen der Handwerkskammer vor. Das bedeutet, dass die Handwerkskammer nicht tätig werden darf, wenn einer anderen Stelle die Zuständigkeit zugewiesen wurde (zB §§ 25, 26, 27a, 27c, 36 Abs. 2 S. 3, 40). Auch spielt es dabei keine Rolle, dass die Stelle von ihrer Befugnis keinen Gebrauch gemacht hat (Honig/Knörr Rn. 1).

III. Rechtsform der Regelung

9   Die Vorschrift enthält keine Vorgaben, in welcher Rechtsform die Durchführungsregelungen zu treffen sind. Die Handwerkskammer entscheidet nach pflichtgemäßem Ermessen. Möglich sind **generelle Vorschriften**, wie Satzungen oder interne Verwaltungsrichtlinien, oder auch **Einzelfallregelungen** durch Verwaltungsakt oder Allgemeinverfügung (Honig/Knörr Rn. 1; Leinemann/Taubert BBiG § 9 Rn. 14). Im Fall der Regelung durch Satzung muss der Berufsbildungsausschuss gem. § 44 Abs. 4 zur Stellungnahme aufgefordert worden sein (→ § 44 Rn. 8). Die Vollversammlung beschließt dann nach §§ 91 Abs. 1 Nr. 4, 106 Abs. 1 Nr. 10. Ebenso ist der Berufsbildungsausschuss nach § 44 Abs. 2 Nr. 1 anzuhören, wenn Verwaltungsrichtlinien erlassen werden sollen (→ § 44 Rn. 4). Dagegen ist der Berufsbildungsausschuss nicht zu beteiligen, wenn eine Einzelfallentscheidung durch Verwaltungsakt getroffen wird (Leinemann/Taubert BBiG § 9 Rn. 16).

10 Gegen die erlassenen Durchführungsregelungen steht der **Rechtsweg** vor den Verwaltungsgerichten offen. Satzungen können im Wege des Normenkontrollverfahrens nach § 47 VwGO überprüft werden. Ebenso können Verwaltungsakte vor den Verwaltungsgerichten angegriffen werden.

§ 41a [Überwachung der Berufsausbildung]

(1) ¹Die Handwerkskammer überwacht die Durchführung
1. der Berufsausbildungsvorbereitung,
2. der Berufsausbildung und
3. der beruflichen Umschulung
und fördert diese durch Beratung der an der Berufsbildung beteiligten Personen. ²Sie hat zu diesem Zweck Berater zu bestellen. ³§ 111 ist anzuwenden.

(2) Ausbildende, Umschulende und Anbieter von Maßnahmen der Berufsausbildungsvorbereitung sind auf Verlangen verpflichtet, die für die Überwachung notwendigen Auskünfte zu erteilen und Unterlagen vorzulegen sowie die Besichtigung der Ausbildungsstätten zu gestatten.

(3) ¹Die Durchführung von Auslandsaufenthalten nach § 2 Abs. 3 des Berufsbildungsgesetzes überwacht und fördert die Handwerkskammer in geeigneter Weise. ²Beträgt die Dauer eines Ausbildungsabschnitts im Ausland mehr als vier Wochen, ist hierfür ein mit der Handwerkskammer abgestimmter Plan erforderlich.

(4) Die Handwerkskammer teilt der Aufsichtsbehörde nach dem Jugendarbeitsschutzgesetz Wahrnehmungen mit, die für die Durchführung des Jugendarbeitsschutzgesetzes von Bedeutung sein können.

Überblick

§ 41a verpflichtet die Handwerkskammer, die Berufsausbildungsvorbereitung, die Berufsausbildung und die berufliche Umschulung zu überwachen (→ Rn. 1). Die Überwachung erstreckt sich auch auf Auslandsaufenthalte (→ Rn. 12). Hinsichtlich der konkreten Maßnahmen steht der Handwerkkammer ein Ermessensspielraum zu (→ Rn. 7). Die an der Berufsbildung Beteiligten werden zur Mitwirkung bei der Erfüllung der Überwachung verpflichtet (→ Rn. 11). Die Maßnahmen der Überwachung können auch gegen den Willen des Betriebsinhabers durchgesetzt werden (→ Rn. 8). Daneben kommt der Handwerkskammer eine Beratungspflicht zu (→ Rn. 9). Zur Erfüllung der Überwachung und der Beratung muss sie Berater bestellen (→ Rn. 2). Ferner wird die Handwerkskammer zur Mitwirkung beim Jugendarbeitsschutz durch eine entsprechende Mitteilungspflicht verpflichtet (→ Rn. 13).

Die Vorschrift entspricht § 41a aF. Das Berufsbildungsreformgesetz vom 23.3.2005 hat den Anwendungsbereich auf die Überwachung und Beratung der Berufsausbildungsvorbereitung und der beruflichen Umschulung ausgeweitet.

Die Parallelvorschrift zu § 41a ist § 76 BBiG.

A. Überwachung und Förderung

I. Umfang

Die Überwachung durch die Handwerkskammer beschränkt sich auf den Bereich der 1 beruflichen Berufsausbildungsvorbereitung, der Berufsausbildung und der beruflichen Umschulung. Die berufliche Fortbildung ist nicht umfasst, da die HwO nicht den Zweck hat, den Inhalt der Fortbildung zu regeln, sondern lediglich die Prüfung. Die Überwachung richtet sich ausschließlich an Betriebe, die tatsächlich Maßnahmen der Berufsausbildungsvorbereitung, der Berufsausbildung und der beruflichen Umschulung durchführen. Eine Überwachung ist nicht zulässig bei Betrieben, die keine derartigen Maßnahmen durchführen. Allerdings besteht die Überwachungspflicht bei Betrieben, die Vertragsverhandlungen mit dem Ziel aufgenommen haben, einen Berufsausbildungsvorbereitungsvertrag, Ausbildungsvertrag oder Umschulungsvertrag abzuschließen (Schwannecke/Witt Rn. 2; Leinemann/Taubert BBiG § 76 Rn. 5; HK-BBiG/Pieper BBiG § 76 Rn. 4).

II. Bestellung von Ausbildungsberatern

Die Handwerkskammer ist zum Zwecke der Überwachung und Förderung verpflichtet, 2 Berater zu bestellen. In der Praxis werden die Berater weiterhin als Ausbildungsberater bezeichnet, obwohl sich ihr Tätigkeitsbereich auf die Berufsausbildungsvorbereitung und die berufliche Umschulung erweitert hat. Die Vorschrift regelt weder den Status noch das Verfahren der Bestellung und die Anzahl der Berater. Anhaltspunkte bieten die Grundsätze des früheren Bundesausschusses für Berufsbildung (→ Rn. 2.1).

Grundsätze für die Beratung und Überwachung der Ausbildungsstätten durch Ausbildungsberater 2.1 vom 24.8.1973

Gemäß § 45 Abs. 1 und § 47 Abs. 4 BBiG sowie § 41 a und § 42 a Abs. 4 HwO sind die zuständigen Stellen verpflichtet, die Durchführung der Berufsausbildung und der beruflichen Umschulung zu überwachen und sie durch Beratung der Ausbildenden und Auszubildenden bzw. Umschüler zu fördern.

Zu diesem Zweck hat die zuständige Stelle die erforderliche Anzahl Ausbildungsberater zu bestellen.

Im Interesse einer einheitlichen Handhabung sollen die zuständigen Stellen die folgenden Grundsätze für die Beratung und Überwachung der betrieblichen und überbetrieblichen Ausbildungsstätten durch Ausbildungsberater anwenden.

Die zuständigen Stellen werden aufgefordert, die nachfolgende Regelung durch den Berufsbildungsausschuß beschließen zu lassen und in Kraft zu setzen.

I. Status des Ausbildungsberaters
Die Ausbildungsberater sind in der Regel hauptberuflich (hauptamtlich) tätig.

Daneben können nebenberufliche (nebenamtliche) und ehrenamtliche Ausbildungsberater, insbesondere für spezielle Ausbildungsberufe und Aufgaben, bestellt werden.

Die Ausbildungsberater sind der zuständigen Stelle für Ihre Tätigkeit verantwortlich.

Die von der zuständigen Stelle bestellten hauptberuflichen. nebenberuflichen und ehrenamtlichen Ausbildungsberater sind unter Angabe Ihres Zuständigkeitsbereiches allen interessierten Kreisen in geeigneter Weise bekanntzumachen.

II. Qualifikationsmerkmale des Ausbildungsberaters
Der Ausbildungsberater hat die Eignung als Ausbilder im Sinne des Berufsbildungsgesetzes bzw. der Handwerksordnung zu erfüllen und eine mehrjährige Berufserfahrung nachzuweisen.

III. Aufgaben des Ausbildungsberaters
1. Beratung der an der Berufsausbildung Beteiligten
2. Überwachung der Durchführung der Berufsausbildung
3. Mitwirkung bei der Zusammenarbeit der zuständigen Stelle mit betrieblichen und außerbetrieblichen Stellen

Zu 1. Beratung der an der Berufsausbildung Beteiligten
1.1 Beratung der Ausbildenden und Ausbilder:
z. B.:
Ausbildungsmöglichkeiten (Ausbildungsberufe – Ausbildungsordnungen)
Ausbildungsvertrag insbes. Ausbildungspflichten
Art und Einrichtung der Ausbildungsstätte
Angemessenes Verhältnis zwischen Ausbildenden/Ausbildern/Fachkräften/Ausbildungsplätzen und Auszubildenden
Persönliche und fachliche Eignung der Ausbildenden und Ausbilder
Bestellung von Ausbildern
Sachliche und zeitliche Gliederung der Ausbildung (betrieblicher Ausbildungsplan) und gegebenenfalls ergänzende Maßnahmen
Verkürzung der Ausbildungszeiten (Anrechnung, Abkürzung, vorzeitige Zulassung) und Verlängerung
Berufs- und arbeitspädagogische Fragen der Ausbildung
Berichtsheftführung bzw. Ausbildungsnachweis
Berufsschulbesuch und Teilnahme an Ausbildungsmaßnahmen außerhalb der Ausbildungsstätte
Zwischen- und Abschlußprüfungen (Anmeldung, Zulassung, Anforderungen und Ablauf)
Zusammenarbeit mit den an der Ausbildung Beteiligten, insbesondere den Erziehungsberechtigten und berufsbildenden Schulen
Einschlägige Gesetze, Vorschriften und Anordnungen
1.2 Beratung der Auszubildenden
z. B.:
Rechte und Pflichten aus dem Ausbildungsverhältnis
Verkürzung der Ausbildungszeiten (Anrechnung, Abkürzung, vorzeitige Zulassung) und Verlängerung
Berufsschulbesuch und Teilnahme an Ausbildungsmaßnahmen außerhalb der Ausbildungsstätte
Zwischen- und Abschlußprüfungen (Anmeldung, Zulassung, Anforderungen und Ablauf)
Aufstiegs-, Fortbildungs- und Förderungsmöglichkeiten
Hinweise auf Beratungsmöglichkeiten bei Leistungs- und Entwicklungsstörungen.

Zu 2. Überwachung der Durchführung der Berufsausbildung
z. B.:
Art und Einrichtung der Ausbildungsstätte
Angemessenes Verhältnis zwischen Ausbildenden/Ausbildern/Fachkräften/Ausbildungsplätzen und Auszubildenden
Persönliche und fachliche Eignung der Ausbildenden und Ausbilder
Einhaltung der Ausbildungsordnung und des betrieblichen Ausbildungsplanes
Einhaltung des Verbots der Beschäftigung mit ausbildungsfremden Arbeiten
Freistellung zum Besuch der Berufsschule von Ausbildungsmaßnahmen außerhalb der Ausbildungsstätte
Kostenlose Bereitstellung der Ausbildungsmittel
Anwendung der einschlägigen Vorschriften (z. B. BBiG, JArbSchG, MuSchG und sonstige arbeits- und sozialrechtliche Vorschriften)

Erfüllung von Auflagen zur Behebung von Mängeln i. S. von § 22 Abs. 2 und § 23 Abs. 2 BBiG sowie § 23 a Abs. 2 HwO.

Zu 3. Mitwirkung bei der Zusammenarbeit der zuständigen Stellen mit betrieblichen und außerbetrieblichen Stellen

Der Ausbildungsberater hat im Rahmen seiner Tätigkeit bei der Zusammenarbeit der zuständigen Stelle mit der Betriebsleitung bzw. der Verwaltung und dem Betriebsrat bzw. dem Personalrat sowie mit der Berufsberatung, den beruflichen Schulen, der Gewerbeaufsicht und sonstigen Stellen mitzuwirken.

IV. Verfahren für die Beratung und Überwachung

Die Beratungs- und Überwachungsaufgaben soll der Ausbildungsberater erfüllen durch
– Besuche der Ausbildungsstätten
– regelmäßige Sprechstunden bzw. Sprechtage
– Einzel- oder Gruppenberatung
– Informationsveranstaltungen für Ausbildende, Ausbilder und Auszubildende.

Dabei hat der Ausbildungsberater von einem Arbeitsplan bzw. Zeitplan auszugehen, der sicherstellt, daß die in seinem Bereich liegenden Ausbildungsstätten mindestens in jährlichem Turnus aufgesucht werden. Der Plan hat zu berücksichtigen, daß die Ausbildungsstätten bei gegebener Veranlassung (Beschwerden oder sonstige aktuelle Anlässe) mit Vorrang zu prüfen sind.

Zur Erfüllung seiner Aufgaben sind die Ausbildenden gemäß § 45 Abs. 1 BBiG und § 111 HwO verpflichtet, die für die Überwachung notwendigen Auskünfte zu erteilen und Unterlagen vorzulegen sowie die Besichtigung der Ausbildungsstätten zu gestatten.

Der Auskunftpflichtige kann die Auskunft auf solche Fragen verweigern, deren Beantwortung ihn selbst oder einen der in § 52 Abs. 1 Nr. 1- 3 der Strafprozeßordnung bezeichneten Angehörigen der Gefahr strafgerichtlicher Verfolgung oder eines Verfahrens nach dem Gesetz über Ordnungswidrigkeiten aussetzen würde.

Der Ausbildungsberater ist gemäß § 98 BBiG bzw. § 116 HwO zur Verschwiegenheit über fremde Geheimnisse, namentlich über Betriebs- und Geschäftsgeheimnisse, verpflichtet.

V. Zahl der Ausbildungsberater

Die Zahl der Ausbildungsberater ist so festzusetzen, daß jede Ausbildungsstätte mindestens einmal im Jahr aufgesucht und überprüft werden kann sowie Beratungs- und Überwachungsaufgaben nach Ziffer III und IV wahrgenommen werden können.

Die Anzahl der Ausbildungsberater ist von folgenden Faktoren abhängig:
Zahl der Ausbildungsstätten
geographische Verteilung der Ausbildungsstätten
Zahl der Auszubildenden jeweils in gewerblichen, kaufmännischen oder sonstigen Fachbereichen
Verteilung der Auszubildenden auf die Ausbildungsstätten.

Soweit möglich, sollen Ausbildungsberater fachspezifisch eingesetzt werden. Ihr Tätigkeitsbereich kann auch berufsfeld- oder fachbereichsbezogen sein.

VI. Berichterstattung über die Tätigkeit

Der Ausbildungsberater berichtet regelmäßig mindestens einmal jährlich dem Berufsbildungsausschuß der zuständigen Stelle über die Tätigkeit und die dabei gewonnenen Erfahrungen.

Aufgrund einer fehlenden Regelung hinsichtlich des **Status** der Berater kann die Handwerkskammer sowohl hauptamtliche als auch nebenamtliche oder ehrenamtliche Berater bestellen. Im Hinblick auf eine effektive Überwachung muss es das Ziel sein, hauptamtliche Berater zu bestellen (Detterbeck Rn. 6; Honig/Knörr Rn. 4). Aufgrund der komplexen Beratungen und zahlreichen, umfassenden Überwachungsaufgaben werden ausschließlich nebenamtliche Berater für die Erfüllung des gesetzlichen Auftrags nicht ausreichen (Detterbeck Rn. 6). **3**

Die fachlichen **Qualifikationen** für die Tätigkeit als Berater sind gesetzlich nicht geregelt. Im Hinblick auf die Aufgaben der Berater sind Kenntnisse im Berufsbildungsrecht sowie pädagogische Kenntnisse notwendig. Nicht erforderlich ist aufgrund des Wortlauts der Vorschrift die fachliche Eignung (Leinemann/Taubert BBiG § 76 Rn. 18) Allerdings ist technisches Wissen und Verständnis bezüglich handwerklicher Berufe sinnvoll (Schwannecke/Witt Rn. 17). Entscheidend ist, dass der Berater die Überwachung und die Beratung bei den rechtlichen, technischen und menschlichen Problemen in umfassender Weise erfüllen kann (Honig/Knörr Rn. 4; Leinemann/Taubert BBiG § 76 Rn. 18). **4**

In Bezug auf das **Bestellungsverfahren** fehlt es ebenfalls an gesetzlichen Vorgaben. Bei hauptamtlichen und nebenamtlichen Beratern erfolgt die Bestellung durch die Aufgabenübertragung iRd Arbeitsvertrages. Zuständig ist dafür die Geschäftsführung der Handwerks- **5** kammer. Eine Beteiligung des Berufsbildungsausschusses ist nicht notwendig, da es sich um keine wichtige Angelegenheit der Berufsbildung (→ § 44 Rn. 1) handelt, sondern das Verwaltungshandeln der Handwerkskammer betrifft (Schwannecke/Witt Rn. 18). Bei ehrenamtlichen Beratern empfiehlt es sich die wesentlichen Rechte und Pflichten aus Gründen der Rechtsklarheit und Rechtssicherheit schriftlich niederzulegen.

6   Auch bezüglich der **Anzahl** der Berater enthält die Vorschrift keine Regelung. Die Handwerkskammer legt die Zahl in eigenem Ermessen fest, wobei eine effektive Ausübung der Überwachung und Beratung gewährleistet sein muss. Für die Bestimmung der Anzahl sind die zu betreuenden Bildungsverhältnisse zu berücksichtigen (Schwannecke/Witt Rn. 19). Weitere Anhaltspunkte können die Zahl der Ausbildungsstätten sowie deren geografische Lage sein, wie sie in Ziff. V der Grundsätze des Bundesausschuss für Berufsbildung niedergelegt sind (→ Rn. 2.1).

III. Maßnahmen

7   Die Vorschrift normiert die Überwachung der Berufsausbildungsvorbereitung, der Berufsausbildung und der beruflichen Umschulung sowie die Beratung der an der Berufsbildung Beteiligten als **Pflichtaufgaben** der Handwerkskammer. Dieser steht kein Ermessensspielraum zu, ob sie diese Aufgaben erfüllt (Leinemann/Taubert BBiG § 76 Rn. 4). Hinsichtlich der Umsetzung und Ausgestaltung der Überwachung und der Beratung existieren keine gesetzlichen Vorgaben, so dass die Handwerkskammer diesbezüglich nach pflichtgemäßem Ermessen handeln kann. Anhaltspunkte für die Umsetzung bieten die Grundsätze für die Beratung und Überwachung der Ausbildungsstätten durch Ausbildungsberater (→ Rn. 2.1) sowie die Grundsätze über Methoden und Mittel der Überwachung der Berufsbildung (→ Rn. 7.1) des früheren Bundesausschusses für Berufsbildung.

7.1   Grundsätze über Methoden und Mittel der Überwachung der Berufsbildung vom 16.3.1976 (BWP 2/1976)
Der Bundesausschuß für Berufsbildung hat am 24. August 1973 „Grundsätze für die Beratung und Überwachung der Ausbildungsstätten durch Ausbildungsberater" (Zeitschrift für Berufsbildungsforschung Heft 4/1973) beschlossen. Hierin sind vor allem Aussagen über den Status des Ausbildungsberaters, seine Qualifikation, die erforderliche Zahl sowie Hinweise über die formelle Aufgabenerfüllung enthalten.
Allgemeine Kriterien für die Eignung der Ausbildungsstätten, an denen sich unter anderem die Ausbildungsberater bei ihrer Überwachungstätigkeit orientieren können, sind in der Empfehlung des Bundesausschusses für Berufsbildung über die Eignung der Ausbildungsstätten vom 28./29. März 1972 (BArbBl. Heft 5/1972) niedergelegt (ersetzt durch die neue Empfehlung v. 16.12.2015 → § 21 Rn. 1.1).
Der Bundesausschuß verfolgt mit den folgenden Grundsätzen die Absicht, die Überwachungstatbestände übersichtlich zusammenzufassen und Methoden und Mittel der Überwachung der Berufsbildung aufzuzeigen.
Den an der Durchführung der Berufsbildung beteiligten Stellen wird empfohlen, nach diesen Grundsätzen zu verfahren.
   1. Zuständigkeiten
   1.1 Zuständige Stellen
Die zuständigen Stellen überwachen die Einhaltung des Berufsbildungsgesetzes (BBiG) und der Handwerksordnung (HwO). Die Aufgaben der zuständigen Stellen im Sinne des Berufsbildungsgesetzes, die unmittelbar oder mittelbar die Überwachung der beruflichen Bildung betreffen, sind in der Übersicht 1 enthalten. In Betracht kommende Überwachungstatbestände sind in die Übersicht 2 aufgenommen.
   1.2 Zuständige Behörden
Die zuständigen Behörden haben im Interesse der Berufsbildung die in der Übersicht 3 enthaltenen Maßnahmen zu treffen.
   1.3 Zuständige oberste Landesbehörden
Die zuständigen obersten Landesbehörden überprüfen als Dienstaufsichtsbehörde Eingaben gegen Maßnahmen der nach Landesrecht zuständigen Behörden, falls sie nicht selbst deren Aufgaben wahrnehmen.
Außerdem üben die zuständigen obersten Landesbehörden über die zuständigen Stellen die Rechtsaufsicht aus. Im Rahmen der Rechtsaufsicht haben sie dafür zu sorgen, daß die zuständigen Stellen die ihnen nach dem Berufsbildungsgesetz (Übersicht 1) oder Satzungsrecht obliegenden Überwachungsaufgaben erfüllen.

1.4 Andere Überwachungsinstitutionen

Für die Überwachung der Einhaltung anderer Rechtsvorschriften, die für die Berufsbildung bedeutsam sind, sind nicht die zuständigen Stellen, sondern andere Verwaltungsbehörden und Körperschaften des öffentlichen Rechts, z. B. Gewerbeaufsichtsämter, Berufsgenossenschaften, Arbeitsämter oder Hauptfürsorgestellen verantwortlich. Die Nichteinhaltung solcher Rechtsvorschriften durch Ausbildende oder Ausbilder kann auch gegen ihre Eignung und damit gegen die Eignung der Ausbildungsstätte nach dem Berufsbildungsgesetz sprechen. Es handelt sich dabei um Rechtsvorschriften, die dem Schutz der Arbeitnehmer dienen, z. B. um das Jugendarbeitsschutzgesetz, die Arbeitszeitordnung, die Reichsversicherungsordnung, die Gewerbeordnung und technische Arbeitsschutzvorschriften.

Darüber hinaus sind die Rehabilitationsträger – die Bundesanstalt für Arbeit, die Träger der gesetzlichen Unfall- und Rentenversicherung, die Kriegsopferfürsorge und Sozialhilfe – verpflichtet, sicherzustellen, daß die dem Behinderten gewährte berufliche Bildungsmaßnahme ordnungsgemäß und sachgerecht durchgeführt wird.

2. Zusammenarbeit

Die Überwachung der Berufsbildung erfordert eine ständige Zusammenarbeit zwischen den an der beruflichen Bildung Beteiligten, den betrieblichen Stellen (insbesondere Betriebsleitung, Betriebsrat und Ausbilder), den berufsbildenden Schulen, den zuständigen Stellen, Behörden und öffentlich-rechtlichen Körperschaften.

3. Betrieb und Schule

Nicht unter das Berufsbildungsgesetz fallen die berufsbildenden Schulen, die dem Schulrecht der Länder unterstehen. Dennoch besteht zwischen dem Schulrecht der Länder und dem BBiG ein Sach- und Wirkungszusammenhang, der im Rahmen der betrieblichen Berufsausbildung schulbezogene Pflichten begründet. Dieser Sach- und Wirkungszusammenhang zwischen Ausbildungsstätten und berufsbildenden Schulen zeigt sich insbesondere bei folgenden Tatbeständen: § 7 BBiG, § 9 Nr. 2 BBiG, § 14 BBiG, § 29 BBiG/§ 27 a HwO.

Der Bundesausschuß für Berufsbildung regt deshalb an, daß die Landesausschüsse für Berufsbildung entsprechend ihrer weitergehenden Kompetenz nach § 55 BBiG, insbesondere auf eine enge Zusammenarbeit zwischen der betrieblichen und schulischen Berufsausbildung hinzuwirken, diese Grundsätze um den schulischen Teil ergänzen.

4. Mittel und Methoden der Überwachung

Zur Überwachung gehören zunächst Informationen, mit deren Hilfe sich die zuständigen Stellen Kenntnisse über die Eignung der Ausbildungsstätten, die persönliche Eignung des Ausbildenden, die persönliche und fachliche Eignung des Ausbilders und über die ordnungsmäßige Durchführung der Berufsbildung verschaffen. In der Regel gehen den zuständigen Stellen Informationen über die Ausbildungsstätten zu; außerdem werden Informationen von den zuständigen Stellen, den von den zuständigen Stellen bestellten Ausbildungsberatern oder anderen von den zuständigen Stellen Beauftragten, die nicht Angehörige der zuständigen Stellen zu sein brauchen, eingeholt (s. methodische Beispiele in Übersicht 4). Die Ausbildenden sind verpflichtet, die für die Überwachung notwendigen Auskünfte zu erteilen. Außerdem können Auszubildende, Erziehungsberechtigte und Betriebsräte Auskünfte geben.

Mündliche Informationen erhalten die zuständigen Stellen und ihre Vertreter unter anderem bei Betriebsbegehungen, persönlichen Gesprächen, Sprechtagen und Fachveranstaltungen. Darüber hinaus können unter anderem schriftliche Auskünfte, Unterlagen des Ausbildenden, Berichtshefte oder Tätigkeitsberichte des Auszubildenden angefordert werden. Außerdem können sich die zuständigen Stellen im Einzelfall oder auf dem Wege allgemeiner Erhebungen über besondere Umstände unterrichten lassen, die einen Hinweis für die Qualität der Ausbildung geben.

Dabei ist methodisch und planmäßig vorzugehen; denn nur durch ein solches Vorgehen beim Einsatz der Mittel wird die Aufgabe gelöst werden, die Qualität der beruflichen Bildung zu sichern. Ausgewählte Beispiele in Übersicht 4 dienen daher den beteiligten Stellen zur besseren Durchführung der Überwachung der Berufsbildung und der Ausbildungsberatung.

Die zuständigen Stellen können auch Informationen von Verwaltungsbehörden oder Körperschaften des öffentlichen Rechts einholen, deren Überwachung sich auf Mängel erstreckt, die gleichzeitig die Eignung der Ausbildungsstätte, des Ausbildenden oder des Ausbilders infrage stellen (vgl. 1.4). Werden Mängel festgestellt, sollten diese in erster Linie im persönlichen Gespräch, durch schriftliche Hinweise, Belehrungen und Anordnungen behoben werden, falls der Mangel zu beheben und eine Gefährdung des Auszubildenden nicht zu erwarten ist.

Ist der Mangel nicht zu beheben oder ist eine Gefährdung des Auszubildenden zu erwarten oder wird der Mangel nicht in der gesetzten Frist beseitigt, haben die zuständigen Stellen die zuständigen Behörden einzuschalten.

Viele Mängel lassen sich vermeiden, wenn die zuständigen Stellen alle an der Berufsbildung Beteiligten, besonders die Ausbildenden, Betriebsräte, Ausbilder und Auszubildenden, rechtzeitig und umfassend informieren.

8 Die **Überwachung** der Durchführung der Berufsbildung nach § 41a steht selbständig neben der Überwachung der Eignung nach § 23 (Detterbeck Rn. 2). Ziel ist es, dass die Einhaltung der gesetzlichen Bestimmungen bei Abschluss des Vertrages als auch bei der Durchführung der berufsbildenden Maßnahme überprüft wird (HK-BBiG/Pieper BBiG § 76 Rn. 5). Dazu zählen neben den Vorschriften des BBiG und der HwO auch Regelungen der betreffenden Ausbildungsordnung sowie die Bestimmungen des JArbSchG und des MuSchG und auch Unfallverhütungsvorschriften. Auch wenn die Handwerkskammer für die Überprüfung der Einhaltung bestimmter Vorschriften nicht primär zuständig ist, so hat sie doch die Pflicht, andere Stellen über Verstöße zu informieren, um eine qualifizierte berufsbildende Maßnahme sicherzustellen (Schwannecke/Witt Rn. 8). Für den Bereich des Jugendarbeitsschutzes wurde die Informationspflicht ausdr. normiert (→ Rn. 13). Die Überwachung muss nach dem gesetzgeberischen Willen laufend und umfassend erfolgen; stichprobenartige Kontrollen sind nicht ausreichend (Honig/Knörr Rn. 1). Daraus folgt auch, dass die Überwachung nicht erst bei Verdacht auf Pflichtverletzungen eingreift. Vielmehr ist die Handwerkskammer zu einer anlassunabhängigen Überwachung der Durchführung der Berufsausbildungsvorbereitung, der Berufsausbildung und der beruflichen Umschulung verpflichtet. Auch die rein büromäßige Erfassung der Verträge und Kontrolle der Durchführung ist nicht ausreichend. Vielmehr sollen die betrieblichen und persönlichen Verhältnisse vor Ort begutachtet werden (Honig/Knörr Rn. 2).

9 Neben der Überwachung besteht auch die Pflicht zur Förderung durch **Beratung** der an der Berufsbildung Beteiligten. Darunter fallen neben Lehrlingen und Umschülern auch Ausbildende, Umschulende und Ausbilder sowie Anbieter von Maßnahmen der Berufsausbildungsvorbereitung und Teilnehmer an diesen Maßnahmen. Darüber hinaus sind auch Eltern und Lehrer mit umfasst (Schwannecke/Witt Rn. 11). Die zu Beratenden haben einen Anspruch auf Beratung, da diese eine Pflichtaufgabe der Handwerkskammer ist. Jedoch hat die Handwerkskammer einen Ermessensspielraum bei der Umsetzung der Beratung, da die Vorschrift diesbezüglich keine Vorgaben enthält. In Betracht kommen persönliche Gespräche bei Betriebsbesuchen oder am Telefon, der Versand von Merkblättern und Rundschreiben sowie die Durchführung von Informationsveranstaltungen oder Workshops (Leinemann/Taubert BBiG § 76 Rn. 13; HK-BBiG/Pieper BBiG § 76 Rn. 10). Ziel der Beratung ist es, bei Fragen zur Durchführung der Berufsausbildungsvorbereitung, der Berufsausbildung und der Umschulung zu unterstützen und aufzuzeigen, wie diese iRd gesetzlichen Vorgaben am besten zu gestalten ist (Benecke/Hergenröder/Benecke BBiG § 76 Rn. 5). Die Beratung kann sowohl auf Initiative der Handwerkskammer als auch aufgrund von Nachfragen der zu Beratenden erfolgen. IRd Beratung sind die Berater zur Neutralität verpflichtet, da sie beide Seiten zu beraten haben (Schwannecke/Witt Rn. 13).

10 Über den Verweis in § 41a Abs. 1 S. 3 ist § 111 (→ § 111 Rn. 2) anwendbar. Dadurch erhält die Handwerkskammer die rechtliche Möglichkeit, die Überwachung, auch gegen den Willen des Betriebsinhabers, effektiv auszuüben. Die Rechte nach § 111 stehen nicht nur den Beratern, sondern allen Mitarbeitern der Handwerkskammer zu, soweit sie mit der Überwachung und Förderung der Berufsausbildungsvorbereitung, der Berufsausbildung und der beruflichen Umschulung beauftragt sind (Honig/Knörr Rn. 9). Die eingetragenen Betriebe sind verpflichtet, auf Anforderung **Auskünfte** zu erteilen und **Unterlagen** vorzulegen. Für die Erteilung der Auskunft kann eine Frist gesetzt werden. Der Betriebsinhaber kann die Auskunft verweigern, wenn er sich selbst oder bestimmte nahe Angehörige belasten würde. Daneben hat der mit der Überwachung Beauftragte das Recht, die Betriebsräume, Betriebseinrichtungen und Ausbildungsplätze sowie die Aufenthaltsräume und die Unterkunftsräume der Lehrlinge zu betreten und dort Prüfungen und **Besichtigungen** vorzunehmen. Der Berater oder die beauftragte Person muss gegenüber dem Betrieb die Beauftragung durch die Handwerkskammer nachweisen (Schwannecke/Witt Rn. 20). Die Weigerung, Auskünfte zu erteilen oder Unterlagen vorzulegen sowie die Betriebsräume zu betreten stellt eine Ordnungswidrigkeit nach § 118 Abs. 1 Nr. 2 dar und kann mit Geldbuße bis zu 1.000 EUR geahndet werden.

B. Mitwirkungspflichten

Die Mitwirkungspflichten richten sich an Ausbildende, Umschulende und Anbieter von 11
Maßnahmen der Berufsausbildungsvorbereitung. Nach dem Wortlaut beschränken sich diese
Pflichten nicht auf eingetragene Mitgliedsbetriebe. Auch andere Betriebe und Bildungsanbieter, die Maßnahmen der Berufsausbildungsvorbereitung, der Berufsausbildung oder der beruflichen Umschulung durchführen, sind zur Mitwirkung bei der Überwachung verpflichtet. Bei Maßnahmen der Berufsausbildungsvorbereitung ist § 42q Abs. 3 zu beachten (→
§ 42q Rn. 6). Die Handwerkskammer bzw. die mit der Überwachung beauftragte Person
wählt nach pflichtgemäßem Ermessen das Mittel der Überwachung aus, um die Überwachung wirkungsvoll zu gewährleisten (Schwannecke/Witt Rn. 21). Die Vorschrift sieht vor,
dass die Bildungsanbieter erforderliche **Auskünfte** erteilen, notwendige **Unterlagen** vorlegen oder die **Besichtigung** der Ausbildungsstätten ermöglichen.

C. Auslandsaufenthalte

Die Handwerkskammer hat auch die Berufsausbildung während eines Auslandsaufenthalts 12
zu überwachen. Die **Überwachung** soll in geeigneter Weise erfolgen, da konkrete Vorgaben
durch die Handwerkskammer nicht sinnvoll umgesetzt werden können. Zum einen besitzt
sie keine Hoheitsgewalt im Ausland. Zum anderen ist eine Überprüfung und Betreuung vor
Ort im Ausland praktisch kaum durchführbar. Der Handwerkskammer wird daher ein großer
Spielraum eingeräumt, wie sie die Beratung und Überwachung vollzieht. Denkbar ist, die
Berichtspflichten der Auszubildenden bei EU-Programmen zur Kontrolle zu nutzen oder
ein Vorgehen in Kooperation mit ausländischen Kammern oder ein Einschalten von Mittlerorganisationen (BT-Drs. 15/3980, 58). Der Umfang der Überwachungspflicht ist dabei von
der Dauer des Auslandsaufenthalts abhängig. Dauert dieser länger als vier Wochen, so ist ein
mit der Handwerkskammer abgestimmter **Plan** notwendig. Dabei wurde auf klare Vorgaben
für den Inhalt eines Plans bewusst verzichtet, um einen Spielraum für die Gestaltung zu
eröffnen. So kann bspw. ein Vertrag zwischen dem inländischen und dem ausländischen
Ausbildungsbetrieb und dem Lehrling, der iRd EU-Programms LEONARDO notwendigerweise geschlossen wird, ein Plan sein (BT-Drs. 15/3980, 58). Erforderlich ist in jedem Fall,
dass der Plan Ausbildungsinhalte sowie Rechte und Pflichten der Vertragsparteien enthält,
da sonst eine Überwachung nicht erfolgen kann.

D. Mitwirkung beim Jugendarbeitsschutz

Die Handwerkskammer hat eine **Mitteilungspflicht** gegenüber der für den Jugendar- 13
beitsschutz zuständigen Aufsichtsbehörde (→ Rn. 13.1). Diese Verpflichtung bezieht sich
auf alle Wahrnehmungen, die für die Durchführung des JArbSchG von Bedeutung sein
können. Aufgrund der weiten Fassung steht die Mitteilung des jeweiligen Sachverhalts im
pflichtgemäßen Ermessen der Handwerkskammer. Sie ist daher verpflichtet, bei Verstößen
gegen das JArbSchG die Aufsichtsbehörde zu informieren. Ebenso besteht die Informationspflicht, wenn die Aufforderungen zu Abhilfe ohne Erfolg geblieben sind (Schwannecke/
Witt Rn. 23). Eine Begrenzung der Mitteilungspflicht auf schwerwiegende Verstöße analog
§ 53 JArbSchG scheidet aufgrund des eindeutigen Wortlauts aus (aA Herkert/Töltl BBiG
§ 76 Rn. 30). Im Gegenzug sind die Aufsichtsbehörden nach § 53 JArbSchG verpflichtet,
schwerwiegende Verstöße gegen das JArbSchG oder darauf basierenden Rechtsverordnungen
der Handwerkskammer mitzuteilen. Dadurch soll der Handwerkskammer ermöglicht werden, ihren Auftrag, die Überwachung der Berufsausbildung, umfassend auszuüben.

Zuständige Aufsichtsbehörden: 13.1
Baden-Württemberg: untere Verwaltungsbehörde (§ 1 Abs. 1 Nr. 1 BWJArbSchGZuVO iVm §1
Nr. 3 BWArbZZuVO); **Bayern:** Gewerbeaufsichtsamt der Regierung (§ 1 Abs. 1 BayZustVGA); **Berlin:**
Landesamt für Arbeitsschutz, Gesundheitsschutz und technische Sicherheit (§ 2 Abs. 3 BlnLAmtErG);
Brandenburg: Landesamt für Arbeitsschutz (§ 1 Abs. 1 BbgASZV); **Bremen:** Gewerbeaufsichtsamt (§ 2
JSchGZustVO); **Hamburg:** Behörde für Gesundheit und Verbraucherschutz (Nr. I Anordnung zur Durchführung des Jugendarbeitsschutzgesetzes); **Hessen:** Regierungspräsidium (§ 1 Abs. 1 HesArbSchZV);
Mecklenburg-Vorpommern: Gewerbeaufsichtsamt (§ 2 Abs. 1 MVJArbSchMSchZustVO); **Niedersachsen:** Gewerbeaufsichtsamt (§ 1 Abs. 1 NdsUmArbZustVO); **Nordrhein-Westphalen:** Bezirksregie-

rung (§ 1 Abs. 1 NRWZustVOArbtG); **Rheinland-Pfalz:** Struktur- und Genehmigungsdirektion (§ 1 Abs. 1 RPArbSchZuVO); **Saarland:** Landesamt für Umwelt- und Arbeitsschutz (§ 1 Nr. 1 SaarJArbSchDVO); **Sachsen:** Landesdirektion Sachsen (§ 1 Abs. 1 Nr. 1 SächsArbSchZuVO); **Sachsen-Anhalt:** Landesamt für Verbraucherschutz (§ 1 Abs. 1 LSAArbSchRZVO); **Schleswig-Holstein:** Staatliche Arbeitsschutzbehörde bei der Unfallkasse Schleswig-Holstein (§ 2 lit. a SHJArbSchGZustVO); **Thüringen:** Landesamt für Verbraucherschutz (§ 2 ThürASZustVO)

Sechster Abschnitt: Berufliche Fortbildung, berufliche Umschulung

§ 42 [Fortbildungsordnung]

(1) Als Grundlage für eine einheitliche berufliche Fortbildung kann das Bundesministerium für Bildung und Forschung im Einvernehmen mit dem Bundesministerium für Wirtschaft und Energie nach Anhören des Hauptausschusses des Bundesinstituts für Berufsbildung durch Rechtsverordnung, die nicht der Zustimmung des Bundesrates bedarf, Fortbildungsabschlüsse anerkennen und hierfür Prüfungsregelungen erlassen (Fortbildungsordnung).

(2) Die Fortbildungsordnung hat festzulegen
1. die Bezeichnung des Fortbildungsabschlusses,
2. das Ziel, den Inhalt und die Anforderungen der Prüfung,
3. die Zulassungsvoraussetzungen sowie
4. das Prüfungsverfahren.

Überblick

Die §§ 42–42d regeln die berufliche Fortbildung.

Das Bundeswirtschaftsministerium wird ermächtigt, durch Rechtsverordnung Fortbildungsabschlüsse staatlich anzuerkennen und Prüfungsregelungen zu erlassen (→ Rn. 1). In der Fortbildungsordnung sind gem. § 42 Abs. 2 die Bezeichnung des Abschlusses, der Prüfungsgegenstand, die Zulassungsvoraussetzungen und das Prüfungsverfahren zu regeln (→ Rn. 3).

§ 42 entspricht § 42 Abs. 2 aF. Die Vorschrift wurde durch das Berufsbildungsreformgesetz vom 23.3.2005 geringfügig geändert.

Die Parallelregelung zu § 42 enthält § 53 BBiG.

A. Fortbildungsordnung

1 Zum Zweck einer einheitlichen beruflichen Fortbildung wird das Bundesbildungsministerium ermächtigt, Fortbildungsabschlüsse staatlich anzuerkennen und Vorgaben für die Prüfung festzulegen. Von der Regelungskompetenz kann das Bundesbildungsministerium nach pflichtgemäßem Ermessen Gebrauch machen. Es hat dabei zu prüfen, ob ein Bedürfnis für eine bundeseinheitliche Regelung besteht. Im Regelfall ergreifen die Spitzenorganisationen der Wirtschaft und Gewerkschaften die Initiative für eine Regelung durch eine Fortbildungsordnung. Dazu haben der Deutsche Gewerkschaftsbund und die Spitzenverbände der Wirtschaft im Kuratorium der Deutschen Wirtschaft für Berufsbildung die Vereinbarung zur beruflichen Fortbildung gem. §§ 53, 54 BBiG und §§ 42, 42a geschlossen und darin das Verfahren für die Initiierung von Fortbildungsordnungen festgelegt (Schwannecke/Witt Rn. 11).

2 Das Bundesbildungsministerium muss vor Erlass der Rechtsverordnung den Hauptausschuss des Bundesinstituts für Berufsbildung anhören und das Einvernehmen mit dem Bundeswirtschaftsministerium hinsichtlich der Fortbildungsordnung herstellen. Beides sind zwingende Verfahrensvorschriften. Werden diese nicht beachtet, so zieht dies die Rechtswidrigkeit der Fortbildungsordnung nach sich (Detterbeck Rn. 7). Die Rechtsverordnung bedarf nicht der Zustimmung des Bundesrates.

Folgende Fortbildungsordnungen sind auf Grundlage des § 42 erlassen worden: 2.1
- Verordnung über die Prüfung zum anerkannten Fortbildungsabschluss Geprüfter Aus- und Weiterbildungspädagoge/Geprüfte Aus- und Weiterbildungspädagogin v. 21.8.2009, BGBl. I 2934 (AuWPädPrüfVO)
- Verordnung über die Prüfung zum anerkannten Abschluß Geprüfter Baumaschinenführer v. 12.12.1977, BGBl. I 2539
- Verordnung über die Prüfung zum anerkannten Abschluß Geprüfter Baumaschinenmeister v. 23.1.1985, BGBl. I 177
- Verordnung über die Prüfung zum anerkannten Fortbildungsabschluss Geprüfter Berufspädagoge/ Geprüfte Berufspädagogin v. 21.8.2009, BGBl. I 2927 (BPädPrüfVO)
- Verordnung über die Prüfung zum anerkannten Fortbildungsabschluss Geprüfter Betriebswirt nach der Handwerksordnung und Geprüfte Betriebswirtin nach der Handwerksordnung v. 13.3.2011, BGBl. I 511 (BetrWPrüfVO)
- Verordnung über die Prüfung zum anerkannten Abschluss Geprüfter Fachbauleiter/Geprüfte Fachbauleiterin im Tischlerhandwerk v. 6.7.2004, BGBl. I 1492 (TischlFachbaulPrüfVO)
- Verordnung über die Prüfung zum anerkannten Abschluss Geprüfte Fachkraft zur Arbeits- und Berufsförderung in Werkstätten für behinderte Menschen v. 25.6.2001, BGBl. I 1239
- Verordnung über die Prüfung zum anerkannten Fortbildungsabschluss Geprüfter Fachmann für kaufmännische Betriebsführung nach der Handwerksordnung und Geprüfte Fachfrau für kaufmännische Betriebsführung nach der Handwerksordnung v. 11.11.2014, BGBl. I 1725 (PrüVOFortkfmBf)
- Verordnung über die Prüfung zum anerkannten Abschluss Geprüfter Fertigungsplaner/Geprüfte Fertigungsplanerin im Tischlerhandwerk v. 6.7.2004, BGBl. I 1487 (TischlFertPlPrüfVO)
- Verordnung über die Prüfung zum anerkannten Abschluss Geprüfter Gerüstbau-Kolonnenführer v. 14.11.1978, BGBl. I 1795
- Verordnung über die Prüfung zum anerkannten Abschluss Geprüfter Gestaltungsberater im Raumausstatter-Handwerk/Geprüfte Gestaltungsberaterin im Raumausstatter-Handwerk v. 17.1.2006, BGBl. I 54 (GestaltBPrüfVO)
- Verordnung über die Prüfung zum anerkannten Abschluss Geprüfter Konstrukteur/Geprüfte Konstrukteurin v. 26.5.1994, BGBl. I 1151
- Verordnung über die Prüfung zum anerkannten Abschluss Geprüfter Kraftfahrzeug-Servicetechniker/ Geprüfte Kraftfahrzeug-Servicetechnikerin v. 15.12.1997, BGBl. I 3127
- Verordnung über die Prüfung zum anerkannten Abschluss Geprüfter Kundenberater/Geprüfte Kundenberaterin im Tischlerhandwerk v. 6.7.2004, BGBl. I 1482 (TischlKbPrüfVO)
- Verordnung über die Prüfung zum anerkannten Abschluss Geprüfter Schließ- und Sicherungstechniker/Geprüfte Schließ- und Sicherungstechnikerin v. 12.7.2006, BGBl. I 1682 (SchluSichTechnPruefVO)
- Verordnung über die Prüfung zum anerkannten Fortbildungsabschluss Geprüfter Verkaufsleiter im Lebensmittelhandwerk und Geprüfte Verkaufsleiterin im Lebensmittelhandwerk v. 10.11.2015 BGBl. I 1980 (LmhFortbPrüfV)
- Verordnung über die Prüfung zum anerkannten Fortbildungsabschluss Geprüfter Zweirad-Servicetechniker – nichtmotorisierte Zweiradtechnik und Geprüfte Zweirad-Servicetechnikerin – nichtmotorisierte Zweiradtechnik und Geprüfter Zweirad-Servicetechniker – motorisierte Zweiradtechnik und Geprüfte Zweirad- Servicetechnikerin – motorisierte Zweiradtechnik v. 13.2.2013, BGBl. I 214 (ZweiradFortbV)

B. Inhalt der Fortbildungsordnung

§ 42 Abs. 2 regelt den **Inhalt**, den eine Fortbildungsordnung enthalten muss. Die Aufzäh- 3
lung ist abschließend (BT-Drs. 15/3980, 67). Nicht umfasst sind dagegen Regelungen zum Inhalt von Fortbildungsmaßnahmen, da der HwO und dem BBiG gesetzliche Bestimmungen über didaktische Methoden und Formen der Vermittlung von Bildungsinhalten wesensfremd sind (BT-Drs. 15/3980, 54). Mittelbar wirken sich aber die Festlegungen der Fortbildungsordnung hinsichtlich des Inhalts und der Anforderungen der Prüfung auf die Gestaltung von Vorbereitungslehrgängen vereinheitlichend aus, da jeder Anbieter seinen Teilnehmern einen Prüfungserfolg ermöglichen will (Schwannecke/Witt Rn. 9).

Die Fortbildungsordnung muss die **Bezeichnung** des Fortbildungsabschlusses nennen. 4
Dadurch wird der Abschluss mit diesem Titel staatlich anerkannt.

Die Fortbildungsordnung legt mit Ziel, Inhalt und Anforderungen der Prüfung den Prü- 5
fungsgegenstand fest. Das **Ziel** der Prüfung ist der Nachweis der beruflichen Handlungskom-

petenz auf dem Gebiet der jeweiligen Fortbildung (Schwannecke/Witt Rn. 14; aA Leinemann/Taubert BBiG § 53 Rn. 15). Wird diese vom Prüfling nachgewiesen, dann erreicht er auch den Abschluss der jeweiligen Fortbildung. Mit dem **Prüfungsinhalt** wird der Prüfungsgegenstand festgelegt, also welche Kenntnisse, Fertigkeiten und Fähigkeiten ein Prüfling nachweisen muss (Leinemann/Taubert BBiG § 53 Rn. 16). Die **Anforderungen** umschreiben zum einen die Art der Prüfung, bspw. schriftlich, mündlich, praktisch oder Projektarbeit. Zum anderen wird die Dauer der einzelnen Prüfungsbereiche definiert (Schwannecke/Witt Rn. 14).

6 Die Fortbildungsordnung bestimmt die **Zulassungsvoraussetzungen** und damit die materiellen Anforderungen, die ein Prüfungsbewerber für die Zulassung erfüllen muss (Benecke/Hergenröder/Benecke BBiG § 53 Rn. 9). Aufgrund des Wortlauts von § 1 Abs. 4 BBiG, der iRd berufliche Fortbildung von beruflicher Handlungsfähigkeit und damit einer abgeschlossenen Berufsausbildung ausgeht, ist grds. eine Gesellenprüfung oder eine vergleichbare Prüfung als Zulassungsvoraussetzung vorzusehen (Detterbeck Rn. 3, Schwannecke/Witt Rn. 15). Bei den Zulassungsvoraussetzungen ist zwischen der Anpassungsfortbildung und der Aufstiegsfortbildung zu differenzieren. Während bei der **Anpassungsfortbildung** das Ziel der Erhalt und die Anpassung der beruflichen Handlungsfähigkeit ist, wird mit der **Aufstiegsfortbildung** die Erweiterung der beruflichen Handlungsfähigkeit und der berufliche Aufstieg bezweckt (Detterbeck Rn. 4). Daher wird in letzterem Fall neben einer abgeschlossenen Berufsausbildung regelmäßig auch einschlägige Berufserfahrung vorausgesetzt (Leinemann/Taubert BBiG § 53 Rn. 19). Daneben soll insbes. bei Aufstiegsfortbildungen auch Personen, die die Zulassungsvoraussetzungen nicht erfüllen, der Zugang zur Prüfung ermöglicht werden. Dies erfolgt regelmäßig durch eine Öffnungsklausel in der jeweiligen Fortbildungsordnung. Der Prüfungsbewerber muss jedoch durch geeignete Unterlagen nachweisen, dass er ausreichende Kenntnisse und Fertigkeiten erworben hat, die eine Zulassung rechtfertigen (Schwannecke/Witt Rn. 15). Ausländische Bildungsabschlüsse sind über § 42b bei der Prüfung der Zulassungsvoraussetzungen zu berücksichtigen (→ § 42b Rn. 1).

7 Die Fortbildungsordnung hat das **Prüfungsverfahren** für die jeweilige Fortbildungsprüfung regeln. Dabei ist § 42c zu beachten, der die allgemeinen Regelungen für die Abnahme von Fortbildungsprüfungen enthält (→ § 42c Rn. 2). Insoweit bleibt nur Raum für spezifische Verfahrensregelungen wie Bestehensregelungen, Gewichtungsvorschriften oder Vorgaben für Zeugnisse (Schwannecke/Witt Rn. 16).

§ 42a [Fortbildungsprüfungsregelungen]

¹Soweit Rechtsverordnungen nach § 42 nicht erlassen sind, kann die Handwerkskammer Fortbildungsprüfungsregelungen erlassen. ²Die Vorschriften über die Meisterprüfung bleiben unberührt. ³Die Handwerkskammer regelt die Bezeichnung des Fortbildungsabschlusses, Ziel, Inhalt und Anforderungen der Prüfungen, ihre Zulassungsvoraussetzungen sowie das Prüfungsverfahren.

Überblick

Die Handwerkskammer kann Fortbildungsprüfungsregelungen erlassen, sofern das Bundesbildungsministerium keine Fortbildungsordnung nach § 42 erlassen hat (→ Rn. 1). Die Regelungen dürfen sich lediglich auf die berufliche Fortbildung beziehen, wobei die Meisterprüfung ausgenommen ist (→ Rn. 3). In der Fortbildungsprüfungsregelung muss die Handwerkskammer die Bezeichnung des Fortbildungsabschlusses, den Prüfungsgegenstand, die Zulassungsvoraussetzungen sowie das Prüfungsverfahren festlegen (→ Rn. 5).

Die Vorschrift entspricht § 42 Abs. 1 aF und wurde durch das Berufsbildungsreformgesetz leicht geändert.

Die Parallelregelung zu § 42a enthält § 54 BBiG.

A. Befugnis der Handwerkskammern

1 Die Handwerkskammer erhält durch § 42a S. 1 die Kompetenz, in Eigenverantwortung Fortbildungsprüfungsregelungen zu schaffen, um auf dieser Grundlage öffentlich-rechtliche

Prüfungen durchzuführen (BT-Drs. 15/3980, 54). Die Regelungsbefugnis ist **subsidiär**. Die Handwerkskammer kann eine eigene Fortbildungsprüfungsregelung nur erlassen, soweit keine Fortbildungsordnung nach § 42 erlassen worden ist. Bestehende Fortbildungsregelungen sind, sobald das Bundesbildungsministerium von seiner Verordnungsermächtigung für eine Fortbildungsordnung nach § 42 Gebrauch macht, nach Maßgabe von Art. 31 GG nichtig (Detterbeck § 42 Rn. 8, BeckOK GG/Hellermann GG Art. 31 Rn. 15).

Der Erlass einer Fortbildungsprüfungsregelung steht im pflichtgemäßen Ermessen der Handwerkskammer. Stellt sie ein Regelungsbedürfnis fest, also eine Bedürfnis nach Qualifizierung, so reduziert sich ihr Ermessen (Benecke/Hergenröder/Benecke BBiG § 54 Rn. 3). 2

Der Deutsche Gewerkschaftsbund und die Spitzenverbände der Wirtschaft im Kuratorium der Deutschen Wirtschaft für Berufsbildung haben in der Vereinbarung zur beruflichen Fortbildung gem. §§ 53, 54 BBiG und §§ 42, 42a die Voraussetzungen für den Erlass von Fortbildungsprüfungsregelungen konkretisiert (→ § 42 Rn. 1). 2.1

Ausgenommen von der Regelungsbefugnis der Handwerkskammer sind nach § 42a S. 3 die Vorschriften über die **Meisterprüfung**. Die Handwerkskammer kann also keine Meisterprüfungsordnung für Handwerke und handwerksähnliche Gewerbe erlassen. Die Regelungskompetenz liegt ausschließlich beim Bundeswirtschaftsministerium (→ § 45 Rn. 1). 3

Die Fortbildungsprüfungsregelung wird als **Satzung** der Handwerkskammer erlassen. Vor dem Erlass durch die Vollversammlung nach § 91 Abs. 1 Nr. 4a iVm § 106 Abs. 1 Nr. 10 ist die Stellungnahme des Berufsbildungsausschusses nach § 44 Abs. 4 einzuholen (→ § 44 Rn. 8). Die Fortbildungsprüfungsregelung ist nach § 106 Abs. 2 S. 1 von der obersten Landesbehörde zu genehmigen und nach § 106 Abs. 2 S. 2 bekanntzumachen. 4

B. Inhalt der Fortbildungsprüfungsregelung

Hinsichtlich des Inhalts verweist § 42a S. 3 auf die **Elemente** einer Fortbildungsordnung nach § 42 Abs. 2. Die Handwerkskammer kann in der Fortbildungsprüfungsregelung also die Bezeichnung des Fortbildungsabschlusses (→ § 42 Rn. 4), das Ziel (→ § 42 Rn. 5), den Inhalt (→ § 42 Rn. 5) und die Anforderungen der Prüfungen (→ § 42 Rn. 5), die Zulassungsvoraussetzungen (→ § 42 Rn. 6) und auch das Prüfungsverfahren (→ § 42 Rn. 7) regeln. 5

Der Hauptausschuss des Bundesinstituts für Berufsbildung hat am 18.05.1979 eine Empfehlung für Fortbildungsregelungen der zuständigen Stellen veröffentlicht (BWP 5/1979). 5.1
Empfehlung für Fortbildungsregelungen der zuständigen Stellen
Der Hauptausschuß des Bundesinstituts für Berufsbildung (BIBB) hat in der Sitzung am 18. Mai 1979 folgende Empfehlung für Fortbildungsregelungen der zuständigen Stellen beschlossen:
I. Allgemeines
Berufliche Fortbildung ist ein wesentliches Erfordernis der Berufs- und Arbeitswelt.
Die fortschreitende technische, wirtschaftliche und gesellschaftliche Entwicklung verlangt von den Arbeitskräften berufliche Beweglichkeit, Anpassung an die sich ständig ändernden Anforderungen und die Fähigkeit zur Mitgestaltung.
Fortbildung trägt zur beruflichen und persönlichen Entfaltung des einzelnen bei und schafft auch Grundlagen für die weitere Entwicklung von Wirtschaft und Gesellschaft. Den vielseitigen Bedürfnissen und Ansprüchen der beruflichen Praxis entsprechen die Vielfalt der Maßnahmen und die Pluralität der Trägerschaft. Träger der beruflichen Weiterbildung sind Betriebe und überbetriebliche Einrichtungen von Arbeitgeber- und Arbeitnehmerorganisationen, Kammern, Schulen und andere öffentliche und private Bildungseinrichtungen. Berufliche Fortbildung vollzieht sich in der beruflichen Praxis sowie in organisierten Lernprozessen. Soweit organisierte Lernprozesse zu Abschlüssen und Qualifikationen führen sollen, kann eine Regelung auf der Grundlage des Berufsbildungsgesetzes und der Handwerksordnung erfolgen.
§ 46 Abs. 1 Berufsbildungsgesetz und § 42 Abs. 1 Handwerksordnung bieten den zuständigen Stellen die Möglichkeit, zum Nachweis von Kenntnissen, Fertigkeiten und Erfahrungen, die durch berufliche Fortbildung erworben worden sind, Prüfungen durchzuführen. Solche Prüfungen sind in der Regel nur sinnvoll, wenn sie der Feststellung eines Mindestmaßes an beruflichen Kenntnissen und Fertigkeiten dienen. Anhaltspunkte für die Beurteilung dieses Mindestmaßes sollten dabei Fortbildungsziele sein, die bei organisierten Lernprozessen einer Lerndauer von mindestens 200 Stunden entsprechen.

Ausnahmen können sich insbesondere bei Einzelabschlüssen im Rahmen eines Bausteinsystems ergeben.

Die zuständigen Stellen sollten vor dem Erlaß von Fortbildungsregelungen prüfen, inwieweit überregional bereits vergleichbare Regelungen vorhanden sind.

Soweit ein überregionaler Bedarf erkennbar ist oder bei anderen zuständigen Stellen gleiche oder ähnliche Regelungen beabsichtigt sind oder bereits vorliegen, sollte eine überregionale Abstimmung angestrebt werden.

II. Kriterien für Fortbildungsregelungen

Als inhaltliches und formales Kriterium für die Regelungen organisierter und formalisierter beruflicher Fortbildung ist zu beachten, daß berufliche Fortbildung grundsätzlich allgemeine oder spezielle berufliche Erfahrungen voraussetzt. Berufliche Fortbildung hat die Aufgabe, berufliche Fähigkeiten zu erhalten, zu erweitern und auf veränderte berufliche Anforderungen vorzubereiten oder Möglichkeiten zum beruflichen Aufstieg zu eröffnen.

Berufliche Fortbildung soll die berufliche Mobilität fördern. Sie sollte deshalb so angelegt sein, daß die Vermittlung von Fertigkeiten und Kenntnissen die berufliche Mobilität verbessert, die fachlichen Voraussetzungen für die Umsetzung und Verwertung solcher Fähigkeiten schafft und für weiteres Lernen motiviert.

In Fortbildungsregelungen sollen jeweils die konkreten Anforderungen präzisiert und dargestellt werden.

Die Regelungen der beruflichen Fortbildung durch Rechtsvorschriften für die Prüfung bei den zuständigen Stellen sollte durch eine Lehrgangsempfehlung ergänzt werden, um ein vergleichbares Qualifikationsniveau zu ermöglichen.

1. Voraussetzungen im einzelnen

1.1 Hinreichender qualitativer und quantitativer Bedarf für den Nachweis von Kenntnissen, Fertigkeiten und Erfahrungen.

1.1.1 Der Bedarf ergibt sich aus den technischen, wirtschaftlichen und gesellschaftlichen Erfordernissen; die Qualifikation muß im Beschäftigungssystem verwertbar sein.

1.1.2 Der Bedarf darf in der Regel nicht absehbar zeitlich begrenzt sein; er soll nicht ausschließlich auf einen Betrieb ausgerichtet sein.

1.1.3 Die Qualifikation soll längerfristige Bedeutung haben und sich nicht kurzfristig grundlegend ändern.

1.2 Soweit ein überregionaler Bedarf erkennbar ist oder bereits Regelungen anderer zuständiger Stellen bestehen, sollte eine überregionale Abstimmung und inhaltsgleiche Inkraftsetzung angestrebt werden.

1.3 Abgrenzung zur Berufsausbildung, zu anderen Fortbildungsregelungen und zu Regelungen für sonstige Bildungsmaßnahmen.

1.3.1 Die Fortbildungsregelung darf eine Regelung der beruflichen Erstausbildung i. S. des Berufsbildungsgesetzes nicht ersetzen.

1.3.2 Für berufliche Tätigkeiten, deren Ausübung lediglich eine kurzfristige Vorbereitung (z. B. Einarbeitung oder Anlernung für einen bestimmten Arbeitsplatz) erfordern, kommt eine Fortbildungsregelung nicht in Betracht.

1.3.3 Eine neue Fortbildungsregelung erübrigt sich, wenn sich die neu zu regelnde Qualifikation nicht hinreichend deutlich von den Anforderungen anderer Fortbildungsregelungen abgrenzen läßt.

III. Verfahren für die Vorbereitung von Fortbildungsregelungen

1.

Die Fortbildungsregelung wird vom Berufsbildungsausschuß der zuständigen Stelle beschlossen und von der zuständigen Stelle erlassen und veröffentlicht.

Für das Handwerk gilt das Verfahren gemäß § 44 Abs. 2 und 3 i. V. mit § 106 Abs. 1 Nr. 8 HwO.

Zur Vorbereitung des Beschlusses sollten nach Möglichkeit folgende Angaben vorliegen:

1.1 Angaben zum qualitativen und quantitativen Bedarf für die vorgesehene Qualifikation sowohl im regionalen Bereich, wie gegebenenfalls auch im überregionalen Bereich.

1.1.1 Beschreibung des angestrebten Ziels der beantragten beruflichen Fortbildungsprüfung.

1.1.2 Beschreibung der beruflichen Tätigkeit, die aufgrund des durch die Prüfung nachgewiesenen Qualifikationsstandes üblicherweise ausgeübt werden kann.

1.1.3 Beschreibung der erwünschten Zulassungsvoraussetzungen, die vor Eintritt in die Prüfung erfüllt sein sollten.

1.1.4 Beschreibung der in der Fortbildungsprüfung festzustellenden einzelnen Kenntnisse, Fertigkeiten und beruflichen Erfahrungen.

1.1.5 Angaben zur Zahl der in dieser beruflichen Tätigkeit bereits beschäftigten Personen.

1.2 Begründung der Notwendigkeit einer Regelung durch die zuständige Stelle.
1.3 Angaben über die Abgrenzung zur Berufsausbildung, zu anderen Fortbildungsregelungen und zu Regelungen für sonstige Bildungsmaßnahmen.
1.3.1 Angaben über die Abgrenzung der Fortbildungsqualifikation gegenüber relevanten Ausbildungsabschlüssen.
1.3.2 Angaben über die Abgrenzung zu verwandten Fortbildungsregelungen.
1.3.3 Angaben über die Abgrenzung zu kurzfristigen Bildungsmaßnahmen zur Einarbeitung oder Anlernung für einen bestimmten Arbeitsplatz oder über die Abgrenzung von schulischen Bildungsmaßnahmen (z. B. Technikerlehrgänge).
1.4 Angaben über Möglichkeiten zur Vorbereitung auf Fortbildungsprüfungen.
1.4 Stellungnahme der einschlägigen Organisation der Arbeitgeber und Gewerkschaften, soweit solche vorliegen.

IV. Gliederung von Fortbildungsprüfungsregelungen
Die zuständige Stelle regelt nach § 46 Abs. 1 BBiG und § 42 Abs. 1 HwO den Inhalt, das Ziel, die Anforderungen, das Verfahren dieser Prüfung und die Zulassungsvoraussetzungen.
Eine Fortbildungsprüfungsregelung sollte wie folgt gegliedert sein:
1. Präambel
Die zuständige Stelle bestimmt die Präambel nach der jeweils gültigen Rechtsgrundlage.
2. Beschreibung des Prüfungsziels
3. Zulassungsvoraussetzungen
4. Inhalt und Gliederung der Prüfung
Die Regelungen sind fachlich zu gliedern. Sie haben anzugeben, welche Anforderungen schriftlich, mündlich oder fachpraktisch zu prüfen sind.
5. Anrechnung anderer Prüfungsleistungen
6. Bestehen der Prüfung
7. Inkrafttreten

Informationsaustausch
Die zuständige Stelle teilt dem BIBB erlassene Fortbildungsregelungen mit, damit dieses im Rahmen seiner Möglichkeiten Auskünfte im Zusammenhang von Fortbildungsregelungen erteilen kann.

§ 42b [Berücksichtigung ausländischer Bildungsabschlüsse]

Sofern die Fortbildungsordnung (§ 42) oder eine Regelung der Handwerkskammer (§ 42a) Zulassungsvoraussetzungen vorsieht, sind ausländische Bildungsabschlüsse und Zeiten der Berufstätigkeit im Ausland zu berücksichtigen.

Überblick

§ 42b bestimmt, dass iRd Prüfung der Zulassungsvoraussetzungen ausländische Bildungsabschlüsse und Zeiten der Berufstätigkeit im Ausland berücksichtigt werden müssen (→ Rn. 1). Dabei kommt es auf die Zulassungsvoraussetzungen der Fortbildungsordnung bzw. der Fortbildungsprüfungsregelung an. Eine Befreiung von Prüfungsbestandteilen ist nach dieser Vorschrift nicht möglich (→ Rn. 2).
Die Regelung wurde durch das Berufsbildungsreformgesetz vom 23.3.2005 in die HwO eingefügt.
Die Parallelregelung zu § 42b enthält § 55 BBiG.

Für den Fall, dass eine Fortbildungsordnung nach § 42 oder eine Fortbildungsprüfungsregelung der Handwerkskammer nach § 42a Zulassungsvoraussetzungen vorsieht, müssen ausländische Bildungsabschlüsse und Zeiten der Berufstätigkeit im Ausland Berücksichtigung finden. Die Anwendung dieser Vorschrift obliegt nach § 42c Abs. 1 iVm § 37a Abs. 1 dem Vorsitzenden des Prüfungsausschusses bzw. dem Prüfungsausschuss im Fall der Ablehnung der Zulassung. Fordert die Fortbildungsordnung oder die Fortbildungsregelung einen **Berufsabschluss**, so hat der Vorsitzende bzw. der Ausschuss zu prüfen, ob der ausländische Bildungsabschluss materiell gleichwertig mit den geforderten Zulassungsvoraussetzungen ist (Schwannecke/Witt Rn. 2; Benecke/Hergenröder/Benecke BBiG § 55 Rn. 3). Dabei sind Dauer und Inhalt der deutschen und der ausländischen Ausbildung zu vergleichen (Schwannecke/Witt Rn. 3). Der im Ausland erworbene Bildungsabschluss ist durch ein Zeugnis oder

1

Diplom nachzuweisen. Werden in der Fortbildungsordnung oder der Fortbildungsregelung **Zeiten der Berufstätigkeit** verlangt, so ist zu prüfen, ob durch die im Ausland erworbenen Berufserfahrungen ausreichende berufliche Kenntnisse, Fertigkeiten und Fähigkeiten erlangt worden sind, um eine Zulassung zu rechtfertigen (Schwannecke/Witt Rn. 4). Die Berufstätigkeit ist durch geeignete Unterlagen, wie Arbeitsbestätigungen oder Arbeitszeugnisse, nachzuweisen.

2   Die Vorschrift bezieht sich ausschließlich auf die Zulassung zur Fortbildungsprüfung. Die Bedeutung der Regelung dürfte im Hinblick auf die aktuellen Flüchtlingszahlen wachsen. Probleme wird jedoch der Nachweis des Berufsabschlusses bzw. der Berufstätigkeit bereiten, wenn die erforderlichen Unterlagen nicht vorgelegt werden können. Für eine Befreiung von Prüfungsbestandteilen ist § 42c Abs. 2 maßgeblich (→ § 42c Rn. 8).

3   Daneben kann das Bundeswirtschaftsministerium im Einvernehmen mit dem Bundesbildungsministerium nach § 42d ausländische Fortbildungsabschlüsse mit inländischen Fortbildungsprüfungszeugnissen gleichstellen (→ § 42d Rn. 1).

§ 42c [Prüfungsausschüsse]

(1) ¹Für die Durchführung von Prüfungen im Bereich der beruflichen Fortbildung errichtet die Handwerkskammer Prüfungsausschüsse. ²§ 31 Abs. 2 und 3 sowie die §§ 34 bis 35a, 37a und 38 gelten entsprechend.

(2) Der Prüfling ist auf Antrag von der Ablegung einzelner Prüfungsbestandteile durch die Handwerkskammer zu befreien, wenn er eine andere vergleichbare Prüfung vor einer öffentlichen oder staatlich anerkannten Bildungseinrichtung oder vor einem staatlichen Prüfungsausschuss erfolgreich abgelegt hat und die Anmeldung zur Fortbildungsprüfung innerhalb von fünf Jahren nach der Bekanntgabe des Bestehens der anderen Prüfung erfolgt.

Überblick

Die Handwerkskammer wird nach § 42c Abs. 1 S. 1 verpflichtet, Prüfungsausschüsse für die Durchführung von Fortbildungsprüfungen zu errichten (→ Rn. 1). Hinsichtlich des Prüfungsverfahrens werden wesentliche Vorschriften der Gesellenprüfung für anwendbar erklärt (→ Rn. 2).

Nach § 42c Abs. 2 kann ein Prüfling von vergleichbaren Prüfungsbestandteilen befreit werden (→ Rn. 4). Dabei darf bei der Prüfungsanmeldung ein Zeitraum von fünf Jahren ab der Bekanntgabe des anderen Prüfungsergebnisses nicht überschritten worden sein (→ Rn. 6). Die Befreiungsmöglichkeit wird nur auf Antrag von der Handwerkskammer geprüft (→ Rn. 8).

§ 42c Abs. 1 basiert auf § 42 Abs. 1 S. 3 Hs. 2 aF. Das Berufsbildungsreformgesetz vom 23.3.2005 hat § 42c Abs. 2 angefügt.

Die Parallelregelung zu § 42c enthält § 56 BBiG.

A. Errichtung von Fortbildungsprüfungsausschüssen

I. Fortbildungsausschuss

1   Die Handwerkskammer ist verpflichtet, für die Durchführung von Fortbildungsprüfungen auf Grundlage des § 42 oder § 42a gesonderte Prüfungsausschüsse zu errichten. Hinsichtlich gemeinsamer Prüfungsausschüsse mehrerer Handwerkskammern enthält § 42c Abs. 1 keine Regelung. In der Musterprüfungsordnung für Fortbildungsprüfungen ist die Bildung gemeinsamer Prüfungsausschüsse vorgesehen (→ Rn. 2.1).

II. Prüfungsvorschriften

2   Hinsichtlich der Durchführung der Fortbildungsprüfungen verweist § 42c Abs. 1 S. 2 auf die Vorschriften über die Gesellenprüfung. Damit sollen wesentliche Elemente des Prüfungs-

Prüfungsausschüsse § 42c HwO

wesens im Bereich der Berufsausbildung auch für Fortbildungsprüfungen zur Anwendung kommen (BT-Drs. 15/3980, 54). Danach sind die Regelungen bezüglich des Zeugnisses (→ § 31 Rn. 9), der Zusammensetzung des Prüfungsausschusses (→ § 34 Rn. 1), der Berufung der Mitglieder (→ § 34 Rn. 27), der Beschlussfassung (→ § 35a Rn. 1) sowie der Zulassungsentscheidung (→ § 37a Rn. 1) entsprechend anzuwenden. Darüber hinaus wird auf die Vorschrift zur Prüfungsordnung (→ § 38 Rn. 1) verwiesen. Diese muss den in § 38 Abs. 2 S. 1 genannten Inhalt aufweisen (→ § 38 Rn. 3). Die Handwerkskammer muss sich im Hinblick auf die inhaltlichen Regelungen bei der Fortbildungsprüfungsordnung an den Richtlinien des Hauptausschusses des Bundesinstituts für Berufsbildung orientieren, die dieser erlassen hat (→ Rn. 2.1). Die Prüfungsordnung wird vom Berufsbildungsausschuss nach § 44 Abs. 4 (→ § 44 Rn. 8) und der Vollversammlung nach §§ 91 Abs. 1 Nr. 4a, 106 Abs. 1 Nr. 10 beschlossen. Die Prüfungsordnung ist von der obersten Landesbehörde nach § 106 Abs. 2 zu genehmigen.

Richtlinie des Hauptausschusses des Bundesinstituts für Berufsbildung vom 27.6.2008 über Musterprüfungsordnung für Fortbildungsprüfungen gem. § 42 c Abs. 1 in Verbindung mit § 38 Handwerksordnung (MPO-F-HwO) (BAnz. 129/2008) **2.1**

Diese Prüfungsordnung gilt für die Durchführung von Prüfungen gemäß § 42c Abs. 1 in Verbindung mit § 38 Handwerksordnung (HwO) und ist für die Durchführung von Prüfungen nach den aufgrund des § 30 Abs. 5 Berufsbildungsgesetz erlassenen Rechtsverordnungen über den Nachweis berufs- und arbeitspädagogischer Fertigkeiten, Kenntnisse und Fähigkeiten entsprechend anzuwenden.

Inhaltsverzeichnis
Erster Abschnitt: Prüfungsausschüsse
§ 1 Errichtung
§ 2 Zusammensetzung und Berufung
§ 3 Ausschluss von der Mitwirkung
§ 4 Vorsitz, Beschlussfähigkeit, Abstimmung
§ 5 Geschäftsführung
§ 6 Verschwiegenheit
Zweiter Abschnitt: Vorbereitung der Fortbildungsprüfung
§ 7 Prüfungstermine
§ 8 Zulassung zur Fortbildungsprüfung
§ 9 Befreiung von vergleichbaren Prüfungsbestandteilen
§ 10 Entscheidung über die Zulassung und über Befreiungsanträge
§ 11 Prüfungsgebühr
Dritter Abschnitt: Durchführung der Fortbildungsprüfung
§ 12 Prüfungsgegenstand, Prüfungssprache
§ 13 Gliederung der Prüfung
§ 14 Prüfungsaufgaben
§ 15 Nachteilsausgleich für behinderte Menschen
§ 16 Nichtöffentlichkeit
§ 17 Leitung, Aufsicht und Niederschrift
§ 18 Ausweispflicht und Belehrung
§ 19 Täuschungshandlungen und Ordnungsverstöße
§ 20 Rücktritt, Nichtteilnahme
Vierter Abschnitt: Bewertung, Feststellung und Beurkundung des Prüfungsergebnisses
§ 21 Bewertungsschlüssel
§ 22 Bewertungsverfahren, Feststellung der Prüfungsergebnisse
§ 23 Ergebnisniederschrift, Mitteilung über das Bestehen oder Nichtbestehen
§ 24 Prüfungszeugnis
§ 25 Bescheid über nicht bestandene Prüfung
Fünfter Abschnitt: Wiederholungsprüfung
§ 26 Wiederholungsprüfung
Sechster Abschnitt: Schlussbestimmungen
§ 27 Rechtsbehelfsbelehrung
§ 28 Prüfungsunterlagen
§ 29 Inkrafttreten, Genehmigung

Erster Abschnitt: Prüfungsausschüsse
§ 1 Errichtung
(1) Für die Durchführung von Prüfungen im Bereich der beruflichen Fortbildung errichtet die Handwerkskammer Prüfungsausschüsse (§ 42 c Abs. 1 Satz 1 HwO).
(2) Soweit die Fortbildungsregelungen nach §§ 42 und 42 a HwO selbstständige Prüfungsteile beinhalten, können zur Durchführung der Teilprüfungen eigene Prüfungsausschüsse gebildet werden.
(3) Mehrere Handwerkskammern können bei einer von ihnen gemeinsame Prüfungsausschüsse errichten.

§ 2 Zusammensetzung und Berufung
(1) Der Prüfungsausschuss besteht aus mindestens drei Mitgliedern. Die Mitglieder von Prüfungsausschüssen sind hinsichtlich der Beurteilung der Prüfungsleistungen unabhängig und nicht an Weisungen gebunden. Die Mitglieder müssen für die Prüfungsgebiete sachkundig und für die Mitwirkung im Prüfungswesen geeignet sein (§ 42 c i. V. m. § 34 Abs. 1 HwO).
(2) Dem Prüfungsausschuss müssen als Mitglieder bei Fortbildungsprüfungen für zulassungspflichtige Handwerke Arbeitgeber oder Betriebsleiter und Arbeitnehmer in gleicher Zahl, bei sonstigen Fortbildungsprüfungen Beauftragte der Arbeitgeber und der Arbeitnehmer in gleicher Zahl sowie mindestens eine Person, die als Lehrkraft im beruflichen Schul- oder Fortbildungswesen tätig ist, angehören. Mindestens zwei Drittel der Gesamtzahl der Mitglieder müssen bei Fortbildungsprüfungen für zulassungspflichtige Handwerke Arbeitgeber und Arbeitnehmer, bei sonstigen Fortbildungsprüfungen Beauftragte der Arbeitgeber und der Arbeitnehmer sein (§ 42 c i. V. m. § 34 Abs. 2 Sätze 1 und 2 HwO).
(3) Bei Fortbildungsprüfungen für zulassungspflichtige Handwerke müssen die Arbeitgeber die Meisterprüfung in dem Handwerk abgelegt haben, für das der Prüfungsausschuss errichtet wurde. Bei sonstigen Fortbildungsprüfungen müssen die Beauftragten der Arbeitgeber die Gesellenprüfung oder eine entsprechende Abschlussprüfung nach § 4 des BBiG bestanden haben. Die Arbeitnehmer und Beauftragten der Arbeitnehmer müssen die Gesellenprüfung oder eine entsprechende Abschlussprüfung bestanden haben. Bei Fortbildungsprüfungen für zulassungspflichtige und zulassungsfreie Handwerke oder sonstige Gewerbe müssen die Beauftragten der Arbeitgeber sowie die Arbeitnehmer oder Beauftragten der Arbeitnehmer in diesem Handwerk oder Gewerbe tätig sein. (§ 42 c i. V. m. § 34 Abs. 3)
(4) Die Mitglieder werden von der Handwerkskammer für eine einheitliche Periode, längstens für fünf Jahre berufen (§ 42 c i. V. m. § 34 Abs. 2 Satz 4 HwO).
(5) Die Arbeitnehmer und die Beauftragten der Arbeitnehmer der von der Handwerkskammer errichteten Prüfungsausschüsse werden auf Vorschlag der Mehrheit der Gesellenvertreter in der Vollversammlung der Handwerkskammer berufen (§ 42 c i. V. m. § 34 Abs. 4 Satz 2 HwO).
(6) Lehrkräfte im beruflichen Schul- oder Fortbildungswesen werden im Einvernehmen mit der Schulaufsichtsbehörde oder der von ihr bestimmten Stelle berufen (§ 42 c i. V. m. § 34 Abs. 4 Satz 3 HwO). Soweit es sich um Lehrkräfte von Fortbildungseinrichtungen handelt, werden sie von den Fortbildungseinrichtungen benannt.
(7) Werden Mitglieder nicht oder nicht in ausreichender Zahl innerhalb einer von der Handwerkskammer gesetzten angemessenen Frist vorgeschlagen, so beruft diese insoweit nach pflichtgemäßem Ermessen.
(8) Die Mitglieder der Prüfungsausschüsse können nach Anhörung der an ihrer Berufung Beteiligten aus wichtigem Grund abberufen werden (§ 42 c i. V. m. § 34 Abs. 6 Satz 1 HwO).
(9) Die Mitglieder haben Stellvertreter oder Stellvertreterinnen (§ 42 c i. V. m. § 34 Abs. 2 Satz 3 HwO). Die Absätze 3 bis 7 gelten für sie entsprechend.
(10) Die Tätigkeit im Prüfungsausschuss ist ehrenamtlich. Für bare Auslagen und für Zeitversäumnis ist, soweit eine Entschädigung nicht von anderer Seite gewährt wird, eine angemessene Entschädigung zu zahlen, deren Höhe von der Handwerkskammer mit Genehmigung der obersten Landesbehörde festgesetzt wird (§ 42 c i. V. m. § 34 Abs. 7 HwO).
(11) Von den Absätzen 2 und 8 darf nur abgewichen werden, wenn andernfalls die erforderliche Zahl von Mitgliedern des Prüfungsausschusses nicht berufen werden kann (§ 42 c i. V. m. § 34 Abs. 8 HwO).

§ 3 Ausschluss von der Mitwirkung
(1) Bei der Zulassung und Prüfung dürfen Angehörige der Prüfungsbewerberinnen/Prüfungsbewerber nicht mitwirken. Angehörige im Sinne des Satz 1 sind:
 1. Verlobte,
 2. Ehegatten,
 3. eingetragene Lebenspartner,
 4. Verwandte und Verschwägerte gerader Linie,
 5. Geschwister,

6. Kinder der Geschwister,
7. Ehegatten der Geschwister und Geschwister der Ehegatten,
8. Geschwister der Eltern,
9. Personen, die durch ein auf längere Dauer angelegtes Pflegeverhältnis mit häuslicher Gemeinschaft wie Eltern und Kind miteinander verbunden sind (Pflegeeltern und Pflegekinder).
Angehörige sind die im Satz 2 aufgeführten Personen auch dann, wenn
1. in den Fällen der Nummern 2, 3, 4 und 7 die die Beziehung begründende Ehe oder die Lebenspartnerschaft nicht mehr besteht;
2. in den Fällen der Nummern 4 bis 8 die Verwandtschaft oder Schwägerschaft durch Annahme als Kind erloschen ist;
3. im Falle der Nummer 9 die häusliche Gemeinschaft nicht mehr besteht, sofern die Personen weiterhin wie Eltern und Kind miteinander verbunden sind.
(2) Hält sich ein Prüfungsausschussmitglied nach Absatz 1 für ausgeschlossen oder bestehen Zweifel, ob die Voraussetzungen des Absatzes 1 gegeben sind, ist dies der Handwerkskammer mitzuteilen, während der Prüfung dem Prüfungsausschuss. Die Entscheidung über den Ausschluss von der Mitwirkung trifft die Handwerkskammer, während der Prüfung der Prüfungsausschuss. Im letzteren Fall darf das betroffene Mitglied nicht mitwirken. Ausgeschlossene Personen dürfen bei der Beratung und Beschlussfassung nicht zugegen sein.
(3) Liegt ein Grund vor, der geeignet ist, Misstrauen gegen eine unparteiische Ausübung des Prüfungsamtes zu rechtfertigen, oder wird von einem Prüfling das Vorliegen eines solchen Grundes behauptet, so hat die betroffene Person dies der Handwerkskammer mitzuteilen, während der Prüfung dem Prüfungsausschuss. Absatz 2 Sätze 2 bis 4 gelten entsprechend.
(4) Personen, die gegenüber dem Prüfling Arbeitgeberfunktionen innehaben, sollen, soweit nicht besondere Umstände eine Mitwirkung zulassen oder erfordern, nicht mitwirken.
(5) Wenn in den Fällen der Absätze 1 bis 3 eine ordnungsgemäße Besetzung des Prüfungsausschusses nicht möglich ist, kann die Handwerkskammer die Durchführung der Prüfung einem anderen oder einem gemeinsamen Prüfungsausschuss übertragen. Erforderlichenfalls kann eine andere Handwerkskammer ersucht werden, die Prüfung durchzuführen. Das Gleiche gilt, wenn eine objektive Durchführung der Prüfung aus anderen Gründen nicht gewährleistet erscheint.

§ 4 Vorsitz, Beschlussfähigkeit, Abstimmung
(1) Der Prüfungsausschuss wählt aus seiner Mitte einen Vorsitzenden und dessen Stellvertreter. Der Vorsitzende und sein Stellvertreter sollen nicht derselben Mitgliedergruppe angehören (§§ 42 c i. V. m. § 35 Satz 1 und 2 HwO).
(2) Der Prüfungsausschuss ist beschlussfähig, wenn zwei Drittel der Mitglieder, mindestens drei, mitwirken. Er beschließt mit der Mehrheit der abgegebenen Stimmen. Bei Stimmengleichheit gibt die Stimme des Vorsitzenden den Ausschlag (§ 42 c i. V. m. § 35 Satz 3 bis 5 HwO).

§ 5 Geschäftsführung
(1) Die Geschäftsführung des Prüfungsausschusses liegt in Abstimmung mit dem Prüfungsausschuss bei der Handwerkskammer. Einladungen (Vorbereitung, Durchführung, Nachbereitung), Protokollführung und Durchführung der Beschlüsse werden im Einvernehmen mit dem Vorsitz des Prüfungsausschusses geregelt.
(2) Zu den Sitzungen des Prüfungsausschusses sind die ordentlichen Mitglieder rechtzeitig einzuladen. Stellvertretende Mitglieder werden in geeigneter Weise unterrichtet. Kann ein Mitglied an einer Sitzung nicht teilnehmen, so soll es dies unverzüglich der zuständigen Stelle mitteilen. Für ein verhindertes Mitglied ist ein stellvertretendes Mitglied einzuladen, welches derselben Gruppe angehören soll.
(3) Die Sitzungsprotokolle sind von der protokollführenden Person und dem Vorsitz zu unterzeichnen. § 23 Abs. 1 bleibt unberührt.

§ 6 Verschwiegenheit
Unbeschadet bestehender Informationspflichten, insbesondere gegenüber dem Berufsbildungsausschuss, haben die Mitglieder des Prüfungsausschusses und sonstige mit der Prüfung befassten Personen über alle Prüfungsvorgänge Verschwiegenheit gegenüber Dritten zu wahren.

Zweiter Abschnitt: Vorbereitung der Fortbildungsprüfung
§ 7 Prüfungstermine
(1) Die Handwerkskammer legt die Prüfungstermine je nach Bedarf fest. Die Termine sollen nach Möglichkeit mit den beruflichen Bildungsmaßnahmen der im Bezirk der Handwerkskammer vorhandenen Fortbildungseinrichtungen abgestimmt werden.
(2) Die Handwerkskammer gibt die Prüfungstermine einschließlich der Anmeldefristen in geeigneter Weise öffentlich mindestens einen Monat vor Ablauf der Anmeldefrist bekannt. Wird die Anmeldefrist überschritten, kann die Handwerkskammer die Annahme des Antrags verweigern.

(3) Werden für schriftlich durchzuführende Prüfungsbereiche einheitliche überregionale Aufgaben verwendet, sind dafür entsprechende überregional abgestimmte Prüfungstage anzusetzen.

§ 8 Zulassung zur Fortbildungsprüfung

(1) Der Antrag auf Zulassung zur Prüfung ist schriftlich nach den von der Handwerkskammer bestimmten Fristen und Formularen zu stellen. Dem Antrag auf Zulassung sind beizufügen.
1. Angaben zur Person und
2. Angaben über die in den Absätzen 2 bis 4 genannten Voraussetzungen.

(2) Örtlich zuständig für die Zulassung zur Fortbildungsprüfung ist die Handwerkskammer, in deren Bezirk die Prüfungsbewerberin/der Prüfungsbewerber
 a) an einer Maßnahme der Fortbildung teilgenommen hat oder
 b) in einem Arbeitsverhältnis steht oder selbstständig tätig ist oder
 c) seinen/ihren Wohnsitz hat.

(3) Zur Fortbildungsprüfung ist zuzulassen, wer die Zulassungsvoraussetzungen einer Fortbildungsregelung nach § 42 oder § 42 a HwO erfüllt.

(4) Sofern die Fortbildungsordnung (§ 42 HwO) oder eine Regelung der Handwerkskammer (§ 42 a HwO) Zulassungsvoraussetzungen vorsieht, sind ausländische Bildungsabschlüsse und Zeiten der Berufstätigkeit im Ausland zu berücksichtigen (§ 42 b HwO).

§ 9 Befreiung von vergleichbaren Prüfungsbestandteilen

(1) Der Prüfling ist auf Antrag von der Ablegung einzelner Prüfungsbestandteile durch die Handwerkskammer zu befreien, wenn er eine andere vergleichbare Prüfung vor einer öffentlichen oder staatlich anerkannten Bildungseinrichtung oder vor einem staatlichen Prüfungsausschuss erfolgreich abgelegt hat und die Anmeldung zur Fortbildungsprüfung innerhalb von fünf Jahren nach Bekanntgabe des Bestehens der anderen Prüfung erfolgt (§ 42 c HwO).

(2) Anträge auf Befreiung von Prüfungsbestandteilen sind zusammen mit dem Zulassungsantrag schriftlich bei der Handwerkskammer zu stellen. Die Nachweise über Befreiungsgründe im Sinne von Abs. 1 sind beizufügen.

§ 10 Entscheidung über die Zulassung und über Befreiungsanträge

(1) Über die Zulassung zur Fortbildungsprüfung entscheidet der Vorsitzende des Prüfungsausschusses. Hält er die Zulassungsvoraussetzungen nicht für gegeben, so entscheidet der Prüfungsausschuss (§ 42 c i. V. m. § 37 a Abs. 1 HwO).

(2) Über die Befreiung von Prüfungsbestandteilen entscheidet die Handwerkskammer. Hält sie die Befreiungsgründe nicht für gegeben, so entscheidet der Prüfungsausschuss.

(3) Die Entscheidungen über die Zulassung und die Befreiung von Prüfungsbestandteilen sind der Prüfungsbewerberin/dem Prüfungsbewerber rechtzeitig unter Angabe des Prüfungstages und -ortes einschließlich der erlaubten Arbeits- und Hilfsmittel mitzuteilen. Die Entscheidungen über die Nichtzulassung und über die Ablehnung der Befreiung sind der Prüfungsbewerberin/dem Prüfungsbewerber schriftlich mit Begründung bekannt zu geben.

(4) Die Zulassung und die Befreiung von Prüfungsbestandteilen können von der Handwerkskammer im Einvernehmen mit dem Prüfungsausschuss bis zur Bekanntgabe des Prüfungsergebnisses widerrufen werden, wenn sie aufgrund gefälschter Unterlagen oder falscher Angaben ausgesprochen wurde.

§ 11 Prüfungsgebühr

Der Prüfling hat die Prüfungsgebühr nach Aufforderung an die Handwerkskammer zu entrichten. Die Höhe der Prüfungsgebühr bestimmt sich nach der Gebührenordnung der Handwerkskammer.

Dritter Abschnitt: Durchführung der Fortbildungsprüfung

§ 12 Prüfungsgegenstand, Prüfungssprache

(1) Soweit keine Fortbildungsordnungen nach § 42 HwO erlassen sind, regelt die Handwerkskammer Ziel, Inhalt und Anforderungen der Prüfung durch Fortbildungsprüfungsregelungen nach § 42 a HwO.

(2) Die Prüfungssprache ist Deutsch, soweit nicht die Fortbildungsordnung oder die -prüfungsregelung der Handwerkskammer etwas anderes vorsieht.

§ 13 Gliederung der Prüfung

Die Gliederung der Prüfung ergibt sich aus den Fortbildungsordnungen oder Fortbildungsprüfungsregelungen gemäß §§ 42, 42 a HwO (Prüfungsanforderungen).

§ 14 Prüfungsaufgaben

(1) Der Prüfungsausschuss beschließt auf der Grundlage der Prüfungsanforderungen die Prüfungsaufgaben.

(2) Überregional oder von einem Aufgabenerstellungsausschuss bei der Handwerkskammer erstellte oder ausgewählte Aufgaben sind vom Prüfungsausschuss zu übernehmen, sofern diese Aufgaben von Gremien erstellt oder ausgewählt und beschlossen wurden, die entsprechend § 2 Abs. 2 zusammengesetzt sind und die Handwerkskammer über die Übernahme entschieden hat (§ 42 c i. V. m. § 38 Abs. 2 Satz 2 HwO).

§ 15 Nachteilsausgleich für behinderte Menschen
Bei der Durchführung der Prüfung sollen die besonderen Verhältnisse behinderter Menschen berücksichtigt werden. Dies gilt insbesondere für die Dauer der Prüfung, die Zulassung von Hilfsmitteln und die Inanspruchnahme von Hilfeleistungen Dritter wie Gebärdensprachdolmetscher für hörbehinderte Menschen (§ 42 l HwO). Die Art der Behinderung ist mit dem Antrag auf Zulassung zur Prüfung (§ 8 Abs. 1) nachzuweisen.

§ 16 Nichtöffentlichkeit
Die Prüfungen sind nicht öffentlich. Vertreter und Vertreterinnen der obersten Landesbehörden, der Handwerkskammer sowie die Mitglieder des Berufsbildungsausschusses der Handwerkskammer können anwesend sein. Der Prüfungsausschuss kann im Einvernehmen mit der Handwerkskammer andere Personen als Gäste zulassen. An der Beratung über das Prüfungsergebnis im Sinne des § 22 Abs. 1 Satz 2 dürfen nur die Mitglieder des Prüfungsausschusses beteiligt sein.

§ 17 Leitung, Aufsicht und Niederschrift
(1) Die Prüfung wird unter Leitung des Vorsitzes vom gesamten Prüfungsausschuss unbeschadet der Regelungen in § 22 Abs. 3 abgenommen.

(2) Die Handwerkskammer regelt im Einvernehmen mit dem Prüfungsausschuss die Aufsichtsführung, die sicherstellen soll, dass die Prüfungsleistungen selbstständig und nur mit erlaubten Arbeits- und Hilfsmitteln durchgeführt werden.

(3) Störungen durch äußere Einflüsse müssen von Prüflingen ausdrücklich gegenüber der Aufsicht oder dem Vorsitz gerügt werden. Entstehen durch die Störungen erhebliche Beeinträchtigungen, entscheidet der Prüfungsausschuss über Art und Umfang von geeigneten Ausgleichsmaßnahmen. Bei der Durchführung von schriftlichen Prüfungen kann die Aufsicht über die Gewährung einer Zeitverlängerung entscheiden.

(4) Über den Ablauf der Prüfung ist eine Niederschrift zu fertigen.

§ 18 Ausweispflicht und Belehrung
Der Prüfling hat sich auf Verlangen des Vorsitzes oder der Aufsichtsführung über seine Person auszuweisen. Er ist vor Beginn der Prüfung über den Prüfungsablauf, die zur Verfügung stehende Zeit, die erlaubten Arbeits- und Hilfsmittel, die Folgen von Täuschungshandlungen, Ordnungsverstößen, Rücktritt und Nichtteilnahme zu belehren.

§ 19 Täuschungshandlungen und Ordnungsverstöße
(1) Unternimmt es ein Prüfling, das Prüfungsergebnis durch Täuschung oder Benutzung nicht zugelassener Hilfsmittel zu beeinflussen oder leistet er Beihilfe zu einer Täuschung oder einem Täuschungsversuch, liegt eine Täuschungshandlung vor.

(2) Wird während der Prüfung festgestellt, dass ein Prüfling eine Täuschungshandlung begeht oder einen entsprechenden Verdacht hervorruft, ist der Sachverhalt von der Aufsichtsführung festzustellen und zu protokollieren. Der Prüfling setzt die Prüfung vorbehaltlich der Entscheidung des Prüfungsausschusses über die Täuschungshandlung fort.

(3) Liegt eine Täuschungshandlung vor, wird die von der Täuschungshandlung betroffene Prüfungsleistung mit „ungenügend" (= 0 Punkte) bewertet. In schweren Fällen, insbesondere bei vorbereiteten Täuschungshandlungen, kann der Prüfungsausschuss den Prüfungsteil oder die gesamte Prüfung mit „ungenügend" (= 0 Punkte) bewerten.

(4) Behindert ein Prüfling durch sein Verhalten die Prüfung so, dass die Prüfung nicht ordnungsgemäß durchgeführt werden kann, ist er von der Teilnahme auszuschließen. Die Entscheidung hierüber kann von der Aufsichtsführung getroffen werden. Die endgültige Entscheidung über die Folgen für den Prüfling hat der Prüfungsausschuss unverzüglich zu treffen. Absatz 3 gilt entsprechend. Gleiches gilt bei Nichtbeachtung der Sicherheitsvorschriften.

(5) Vor Entscheidungen des Prüfungsausschusses nach den Absätzen 3 und 4 ist der Prüfling zu hören.

§ 20 Rücktritt, Nichtteilnahme
(1) Der Prüfling kann nach erfolgter Anmeldung vor Beginn der Prüfung (bei schriftlichen Prüfungen vor Bekanntgabe der Prüfungsaufgaben) durch schriftliche Erklärung zurücktreten. In diesem Fall gilt die Prüfung als nicht abgelegt.

(2) Versäumt der Prüfling einen Prüfungstermin, so werden bereits erbrachte selbstständige Prüfungsleistungen anerkannt, wenn ein wichtiger Grund für die Nichtteilnahme vorliegt. Selbstständige Prüfungsleistungen sind solche, die thematisch klar abgrenzbar und nicht auf eine andere Prüfungsleistung bezogen sind sowie eigenständig bewertet werden.

(3) Erfolgt der Rücktritt nach Beginn der Prüfung oder nimmt der Prüfling an der Prüfung nicht teil, ohne dass ein wichtiger Grund vorliegt, so wird die Prüfung mit „ungenügend" (= 0 Punkte) bewertet.

(4) Der wichtige Grund ist unverzüglich mitzuteilen und nachzuweisen. Im Krankheitsfall ist die Vorlage eines ärztlichen Attestes erforderlich.

Vierter Abschnitt: Bewertung, Feststellung und Beurkundung des Prüfungsergebnisses
§ 21 Bewertungsschlüssel
Die Prüfungsleistungen sind wie folgt zu bewerten:
Eine den Anforderungen in besonderem Maße entsprechende Leistung
= 100–92 Punkte = Note 1 = sehr gut;
eine den Anforderungen voll entsprechende Leistung
= unter 92–81 Punkte = Note 2 = gut;
eine den Anforderungen im Allgemeinen entsprechende Leistung
= unter 81–67 Punkte = Note 3 = befriedigend;
eine Leistung, die zwar Mängel aufweist, aber im Ganzen den Anforderungen noch entspricht
= unter 67–50 Punkte = Note 4 = ausreichend;
eine Leistung, die den Anforderungen nicht entspricht, jedoch erkennen lässt, dass gewisse Grundkenntnisse noch vorhanden sind
= unter 50–30 Punkte = Note 5 = mangelhaft;
eine Leistung, die den Anforderungen nicht entspricht und bei der selbst Grundkenntnisse fehlen
= unter 30–0 Punkte = Note 6 = ungenügend.
Der Hundert-Punkte-Schlüssel ist der Bewertung aller Prüfungsleistungen sowie der Ermittlung von Zwischen- und Gesamtergebnissen zugrunde zu legen.

§ 22 Bewertungsverfahren, Feststellung der Prüfungsergebnisse
(1) Jede Prüfungsleistung ist von jedem Mitglied des Prüfungsausschusses selbstständig zu bewerten. Beschlüsse über die Bewertung einzelner Prüfungsleistungen, der Prüfung insgesamt sowie über das Bestehen und Nichtbestehen der Prüfung werden vom Prüfungsausschuss gefasst. Bei der gemeinsamen Feststellung der Ergebnisse dienen die Einzelbewertungen der Prüfungsausschussmitglieder als Grundlage.
(2) Bei der Feststellung von Prüfungsergebnissen bleiben Prüfungsleistungen, von denen befreit worden ist (§ 9), außer Betracht.
(3) Zur Vorbereitung der Beschlussfassung nach Absatz 1 kann der Vorsitz mindestens zwei Mitglieder mit der Bewertung einzelner, nicht mündlich zu erbringender Prüfungsleistungen beauftragen. Die Beauftragten sollen nicht derselben Mitgliedergruppe angehören. Die beauftragten Mitglieder dokumentieren die wesentlichen Abläufe und halten die für die Bewertung erheblichen Tatsachen fest (§ 42 c i. V. m. § 35 a Abs. 2 HwO). Die übrigen Mitglieder des Prüfungsausschusses sind bei der Beschlussfassung nach Absatz 1 nicht an die Einzelbewertungen der beauftragten Mitglieder gebunden.

§ 23 Ergebnisniederschrift, Mitteilung über Bestehen oder Nichtbestehen
(1) Über die Feststellung der einzelnen Prüfungsergebnisse ist eine Niederschrift auf den von der Handwerkskammer genehmigten Formularen zu fertigen. Sie ist von den Mitgliedern des Prüfungsausschusses zu unterzeichnen und der zuständigen Stelle unverzüglich vorzulegen.
(2) Die Prüfung ist vorbehaltlich der Fortbildungsregelungen nach §§ 42, 42 a HwO insgesamt bestanden, wenn in jedem der einzelnen Prüfungsbestandteile mindestens ausreichende Leistungen erbracht worden sind.
(3) Dem Prüfling soll unmittelbar nach Feststellung des Gesamtergebnisses der Prüfung mitgeteilt werden, ob er die Prüfung „bestanden" oder „nicht bestanden" hat. Kann die Feststellung des Prüfungsergebnisses nicht am Tag der letzten Prüfungsleistung getroffen werden, so hat der Prüfungsausschuss diese unverzüglich zu treffen und dem Prüfling mitzuteilen.
(4) Über das Bestehen eines Prüfungsteils erhält der Prüfling Bescheid, wenn für den Prüfungsteil ein eigener Prüfungsausschuss gemäß § 1 Abs. 2 gebildet werden kann.

§ 24 Prüfungszeugnis
(1) Über die Prüfung erhält der Prüfling von der Handwerkskammer ein Zeugnis (§ 42 c i. V. m. § 31 Abs. 2 HwO). Der von der Handwerkskammer vorgeschriebene Vordruck, soweit keine Bestimmungen der Fortbildungsordnungen nach § 42 HwO entgegenstehen, ist zu verwenden.
(2) Das Prüfungszeugnis enthält
- die Bezeichnung „Zeugnis" und die Angabe der Fortbildungsregelung,
- die Personalien des Prüflings (Name, Vorname, Geburtsdatum),
- die Bezeichnung der Fortbildungsprüfung mit Datum und Fundstelle,
- die Ergebnisse der Fortbildungsprüfung nach Maßgabe der jeweiligen Fortbildungsregelung sowie Angaben zu Befreiungen von Prüfungsbestandteilen,
- das Datum des Bestehens der Prüfung,
- die Namenswiedergaben (Faksimile) oder Unterschriften des Vorsitzes des Prüfungsausschusses und der beauftragten Person der Handwerkskammer mit Siegel.

Im Prüfungszeugnis soll darüber hinaus ein Hinweis auf die vorläufige Einordnung des Abschlusses im Deutschen Qualifikationsrahmen (DQR) und das sich aus der Verknüpfung des DQR mit dem Europäischen Qualifikationsrahmen (EQR) ergebende EQR-Niveau enthalten sein.

(3) Dem Zeugnis ist auf Antrag des Prüflings eine englischsprachige und eine französischsprachige Übersetzung beizufügen (§ 42 c i. V. m. § 31 Abs. 3 Satz 1 HwO).

§ 25 Bescheid über nicht bestandene Prüfung

(1) Bei nicht bestandener Prüfung erhält der Prüfling von der Handwerkskammer einen schriftlichen Bescheid. Darin ist anzugeben, welche Prüfungsleistungen in einer Wiederholungsprüfung nicht mehr wiederholt werden müssen (§ 26 Abs. 2 bis 3). Die von der Handwerkskammer vorgeschriebenen Formulare sind zu verwenden.

(2) Auf die besonderen Bedingungen der Wiederholungsprüfung gemäß § 26 ist hinzuweisen.

Fünfter Abschnitt: Wiederholungsprüfung

§ 26 Wiederholungsprüfung

(1) Eine Fortbildungsprüfung, die nicht bestanden ist, kann zweimal wiederholt werden. Ebenso können Prüfungsteile, die nicht bestanden sind, zweimal wiederholt werden, wenn ihr Bestehen Voraussetzung für die Zulassung zu einem weiteren Prüfungsteil ist. Es gelten die in der Wiederholungsprüfung erzielten Ergebnisse.

(2) Hat der Prüfling bei nicht bestandener Prüfung in einer selbstständigen Prüfungsleistung (§ 20 Abs. 2 Satz 2) mindestens ausreichende Leistungen erbracht, so ist diese auf Antrag des Prüflings nicht zu wiederholen, sofern der Prüfling sich innerhalb von zwei Jahren – gerechnet vom Tage der Feststellung des Ergebnisses der nicht bestandenen Prüfung an – zur Wiederholungsprüfung anmeldet. Die Bewertung einer selbstständigen Prüfungsleistung (§ 20 Abs. 2 Satz 2) ist im Rahmen der Wiederholungsprüfung zu übernehmen.

(3) Die Prüfung kann frühestens zum nächsten Prüfungstermin (§ 7) wiederholt werden.

Sechster Abschnitt: Schlussbestimmungen

§ 27 Rechtsbehelfsbelehrung

Maßnahmen und Entscheidungen der Prüfungsausschüsse sowie der Handwerkskammer sind bei ihrer schriftlichen Bekanntgabe an die Prüfungsbewerberin/den Prüfungsbewerber bzw. den Prüfling mit einer Rechtsbehelfsbelehrung gemäß § 70 VwGO zu versehen.

§ 28 Prüfungsunterlagen

(1) Auf Antrag ist dem Prüfling binnen der gesetzlich vorgegebenen Frist zur Einlegung eines Rechtsbehelfs Einsicht in seine Prüfungsunterlagen zu gewähren. Die schriftlichen Prüfungsarbeiten sind ein Jahr, die Niederschriften gemäß § 23 Abs. 1 10 Jahre aufzubewahren. Die Aufbewahrungsfrist beginnt mit dem Zugang des Prüfungsbescheides nach § 24 Abs. 1 bzw. § 25 Abs. 1. Der Ablauf der vorgenannten Fristen wird durch das Einlegen eines Rechtsmittels gehemmt.

(2) Die Aufbewahrung kann auch elektronisch erfolgen. Landesrechtliche Vorschriften zur Archivierung bleiben unberührt.

§ 29 Inkrafttreten, Genehmigung

Diese Prüfungsordnung tritt am Tag der Veröffentlichung im Mitteilungsblatt der Handwerkskammer in Kraft. Gleichzeitig tritt die bisherige Fortbildungsprüfungsordnung außer Kraft. Die Prüfungsordnung wurde am … gemäß § 38 HwO von …(zuständige Behörde) genehmigt.

Von der Verweisung des § 42c ist § 33 nicht umfasst, so dass ein Fortbildungsprüfungsausschuss ausschließlich von der Handwerkskammer errichtet werden kann. Eine Delegation der Prüfungsdurchführung auf Innungen und damit die Errichtung von Innungsausschüssen ist daher nicht zulässig. **3**

B. Befreiung von Prüfungsbestandteilen

I. Befreiungsvoraussetzungen

Die Handwerkskammer wird ermächtigt, im Rahmen einer Einzelfallentscheidung von einzelnen Prüfungsbestandteilen bei einer Fortbildungsprüfung zu befreien. Als **Prüfungsbestandteile** kommen Prüfungsteile, Prüfungsbereiche, Prüfungsfächer oder Handlungsfelder in Betracht (BT-Drs. 15/3980, 54). Aufgrund des Wortlauts ist lediglich eine Befreiung von einzelnen Prüfungsbestandteilen möglich. Daher scheidet eine vollständige Befreiung von der gesamten Prüfung aus (Schwannecke/Witt Rn. 11; Benecke/Hergenröder/Benecke BBiG § 56 Rn. 5). **4**

5 Eine Befreiung ist nur bei einer **vergleichbaren Prüfung** möglich. Dabei ist zu prüfen, ob die Prüfung mit dem fachlichen Inhalt, den Anforderungen und den Prüfungsmethoden der betroffenen Fortbildungsprüfung vergleichbar ist (Leinemann/Taubert BBiG § 56 Rn. 14; Schwannecke/Witt Rn. 8). Des Weiteren muss die Prüfung vor einer öffentlichen oder staatlich anerkannten Bildungseinrichtung oder vor einem staatlichen Prüfungsausschuss abgelegt worden sein. Zudem kann aufgrund des Wortlauts der Vorschrift die Befreiung lediglich aufgrund einer bestandenen Prüfung erfolgen. Die Vorschrift erfasst ausschließlich **inländische Prüfungen**. Dies folgt aus der systematischen Stellung der Vorschrift (Detterbeck Rn. 3). Ferner erwähnt der Gesetzgeber ausdrücklich, ob ausländische Qualifikationen vom Anwendungsbereich einer Vorschrift erfasst sein sollen (Schwannecke/Witt Rn. 7). Dies ist hier nicht der Fall, so dass die Vorschrift nicht auf ausländische Qualifikationen anzuwenden ist.

6 Weitere Voraussetzung ist, dass die Anmeldung zur Prüfung innerhalb eines Zeitraums von fünf Jahren ab Bekanntgabe des anderen Prüfungsergebnisses erfolgt. Maßgeblich ist damit nicht der Zeitpunkt, an dem die andere Prüfung abgelegt worden ist, sondern der Zeitpunkt der Mitteilung des Prüfungsergebnisses. Die Anmeldung kann sich nur auf den nächstmöglichen Prüfungstermin beziehen. Eine Anmeldung innerhalb der Fünf-Jahres-Frist für eine deutlich spätere Prüfung ist nicht zulässig (Benecke/Hergenröder/Benecke BBiG § 56 Rn. 7).

7 Sind die Voraussetzungen für eine Befreiung nach § 42c Abs. 2 gegeben, dann hat der Prüfling einen **Rechtsanspruch** auf Befreiung. Gegen eine ganz oder teilw. ablehnende Entscheidung steht ihm der Verwaltungsrechtsweg offen.

II. Befreiungsverfahren

8 Die Handwerkskammer ist **zuständig** für die Entscheidung über die Befreiung. In der Musterprüfungsordnung für Fortbildungsprüfungen (→ Rn. 2.1) erhält die Handwerkskammer die Entscheidungskompetenz über die Befreiung. Lediglich im Fall der Ablehnung ist der Fortbildungsprüfungsausschuss zur Entscheidung berufen.

9 Die Befreiung wird nur auf **Antrag** des Prüflings ausgesprochen. Zweckmäßigerweise sind dem Antrag entsprechende Unterlagen, zB Prüfungszeugnis, Prüfungsordnung, für die Überprüfung der Befreiungsmöglichkeit beizulegen. Eine Prüfung der Befreiungsmöglichkeit von Amts wegen ist damit ausgeschlossen. Ebenso kann der Befreiungsantrag ausschließlich vom Prüfling gestellt werden. Andere Personen oder Bildungsanbieter sind nicht antragsberechtigt.

§ 42d [Gleichstellung von Prüfungszeugnissen]

Das Bundesministerium für Wirtschaft und Energie kann im Einvernehmen mit dem Bundesministerium für Bildung und Forschung nach Anhörung des Hauptausschusses des Bundesinstituts für Berufsbildung durch Rechtsverordnung außerhalb des Anwendungsbereichs dieses Gesetzes oder im Ausland erworbene Prüfungszeugnisse den entsprechenden Zeugnissen über das Bestehen einer Fortbildungsprüfung auf der Grundlage der §§ 42 und 42a gleichstellen, wenn die in der Prüfung nachzuweisenden beruflichen Fertigkeiten, Kenntnisse und Fähigkeiten gleichwertig sind.

Überblick

Aufgrund von § 42d kann das Bundeswirtschaftsministerium durch Rechtsverordnung Prüfungszeugnisse, die im Inland nicht auf Grundlage einer Fortbildungsordnung nach § 42 oder einer Fortbildungsregelung nach § 42a erworben wurden, gleichstellen. Ebenso kann das Ministerium ausländische Prüfungszeugnisse als gleichwertig anerkennen.

Die Regelung beruht auf § 42 Abs. 3 aF und wurde durch das Berufsbildungsreformgesetz vom 23.3.2005 zu einer eigenständigen Vorschrift umgestaltet.

Die Parallelregelung zu § 42d enthält § 57 BBiG.

Berufliche Umschulung § 42e HwO

Das Bundeswirtschaftsministerium kann durch Rechtsverordnung andere Prüfungszeugnisse einem Fortbildungsprüfungszeugnis gleichstellen. Dabei bezieht sich die Gleichstellung auf Fortbildungsordnungen nach § 42 oder auf Fortbildungsregelungen nach § 42a. Das Bundeswirtschaftsministerium kann nach dem Wortlaut sowohl **ausländische Prüfungszeugnisse** als auch **inländische Prüfungszeugnisse**, die nicht auf Grundlage einer Fortbildungsprüfung nach § 42 und § 42a ausgestellt worden sind, gleichstellen. 1

Die Gleichstellung ist in einer Rechtsverordnung zu regeln. Vor deren Erlass ist der Hauptausschuss des Bundesinstituts für Berufsbildung zu hören und das Einvernehmen mit dem Bundesbildungsministerium hinsichtlich der Gleichstellung herzustellen. Die Anhörung und das Einvernehmen sind zwingende Verfahrensvorschriften. Eine Nichtbeachtung hat die Rechtswidrigkeit der Verordnung zur Folge. 2

Voraussetzung für eine Gleichstellung ist die **materielle Gleichwertigkeit** der in der gleichzustellenden Prüfung nachgewiesenen beruflichen Fertigkeiten, Kenntnisse und Fähigkeiten mit denen der Fortbildungsprüfung. Von einer Gleichwertigkeit ist auszugehen, wenn keine wesentlichen Unterschiede in den Prüfungen nachzuweisenden beruflichen Fertigkeiten, Kenntnisse und Fähigkeiten bestehen (Schwannecke/Witt Rn. 3). 3

Solange keine Rechtsverordnung erlassen worden ist, kann ein außerhalb des Anwendungsbereichs der HwO oder im Ausland erworbenes Prüfungszeugnis mangels Rechtsgrundlage nicht als gleichwertig anerkannt werden. Bei anderen inländischen Prüfungszeugnissen kommt eine Befreiung nach § 42c Abs. 2 in Betracht; bei ausländischen Prüfungszeugnisse ist dies ausgeschlossen, da von § 42c Abs. 2 ausschließlich deutsche Prüfungen erfasst sind (Detterbeck Rn 1). Möglich ist lediglich eine Berücksichtigung bei der Prüfung der Zulassungsvoraussetzungen nach § 42b (→ § 42b Rn. 1). 4

Bislang ist die Verordnung über die Gleichstellung österreichischer Prüfungszeugnisse mit Zeugnissen über anerkannte Fortbildungsabschlüsse – Prüfungszeugnis-GleichstellungsVO Österreich (APrAbschlGlVO) – v. 13.11.2007, BGBl. I 2600 erlassen worden. 4.1

§ 42e [Berufliche Umschulung]

Als Grundlage für eine geordnete und einheitliche berufliche Umschulung kann das Bundesministerium für Bildung und Forschung im Einvernehmen mit dem Bundesministerium für Wirtschaft und Energie nach Anhörung des Hauptausschusses des Bundesinstituts für Berufsbildung durch Rechtsverordnung, die nicht der Zustimmung des Bundesrates bedarf,
1. die Bezeichnung des Umschulungsabschlusses,
2. das Ziel, den Inhalt, die Art und Dauer der Umschulung,
3. die Anforderungen der Umschulungsprüfung und ihre Zulassungsvoraussetzungen sowie
4. das Prüfungsverfahren der Umschulung
unter Berücksichtigung der besonderen Erfordernisse der beruflichen Erwachsenenbildung bestimmen (Umschulungsordnung).

Überblick

Die §§ 42e–42j enthalten die Regelungen bezüglich der beruflichen Umschulung.

Das Bundesbildungsministerium wird ermächtigt, Umschulungsordnungen zu erlassen (→ Rn. 1). Diese müssen die Bezeichnung des Abschlusses (→ Rn. 4) sowie den Prüfungsgegenstand festlegen (→ Rn. 5). Anders als bei der beruflichen Fortbildung muss auch die Art der Wissensvermittlung und die Dauer der Umschulung bestimmt werden (→ Rn. 5). Ferner sind in der Umschulungsordnung die Zulassungsvoraussetzungen (→ Rn. 6) und das Prüfungsverfahren (→ Rn. 7) zu regeln.

Die Vorschrift entspricht dem § 42a Abs. 2 S. 3 iVm § 42a Abs. 1 aF. Das Berufsbildungsreformgesetz vom 23.3.2005 hat die Norm im Wesentlichen unverändert gelassen.

Die Parallelregelung zu § 42e enthält § 58 BBiG.

A. Umschulungsordnung

1   Das Bundesbildungsministerium wird ermächtigt, Umschulungsordnungen zu erlassen. Von der Regelungskompetenz kann es nach pflichtgemäßem Ermessen Gebrauch machen, wobei das Ministerium zu prüfen hat, ob ein Bedürfnis für eine bundeseinheitliche Regelung besteht. Dabei kann das Bundesbildungsministerium sowohl eine Umschulungsordnung für einen oder mehrere Umschulungsgänge als auch eine Umschulungsordnung, die Rahmenregelungen für sämtliche Umschulungsgänge enthält, erlassen (Detterbeck Rn. 5).

2   Das **Erlassverfahren** der Umschulungsordnung gleicht dem Verfahren zum Erlass der Fortbildungsordnung (→ § 42 Rn. 2). Das Bundesbildungsministerium muss vor dem Erlass den Hauptausschuss des Bundesinstituts für Berufsbildung anhören. Zusätzlich ist das Einvernehmen mit dem Bundeswirtschaftsministerium herzustellen. Die Umschulungsordnung ist bei Nichtbeachtung dieser zwingenden Verfahrensvorschriften rechtswidrig. Die Zustimmung des Bundesrats ist nach dem Wortlaut der Vorschrift nicht erforderlich.

2.1   Für den Bereich des Handwerks existiert keine bundeseinheitliche Umschulungsordnung. Auf Grundlage des BBiG wurde die Verordnung über den anerkannten Umschulungsabschluss Geprüfte Fachkraft Bodenverkehrsdienst im Luftverkehr (UAbVOGFBVkDL) v. 13.3.2015, BGBl. I 305.

B. Inhalt der Umschulungsordnung

3   Bei der Erarbeitung der Umschulungsordnung sind die besonderen Erfordernisse der beruflichen Erwachsenenbildung zu berücksichtigen. Die Umschulung richtet sich an Personen, die bereits Berufserfahrung gesammelt haben und sich für einen anderen Beruf qualifizieren möchten. Insoweit ist bei der inhaltlichen und methodischen Ausgestaltung sowie der Dauer der Umschulung auf die Lebens- und Berufserfahrung Rücksicht zu nehmen (Benecke/Hergenröder/Benecke BBiG § 58 Rn. 7).

4   Die Umschulungsordnung muss die **Bezeichnung** des Umschulungsabschlusses enthalten. Damit wird unter diesem Titel der Umschulungsabschluss staatlich anerkannt. Bei einer Umschulung in einem anerkannten Ausbildungsberuf ist dessen Titel zu verwenden. Bei einer Umschulung in einem nicht staatlich anerkannten Beruf kann sich der Titel am Gewerbe orientieren, in dem die Umschulung stattfindet (Detterbeck Rn. 6).

5   Anders als bei der beruflichen Fortbildung nach § 42 muss die Umschulungsordnung auch inhaltliche Strukturen der Umschulung bestimmen. Das **Ziel** der Umschulung ist die Befähigung zu einer anderen beruflichen Tätigkeit, mithin der Erwerb der Handlungskompetenz im Umschulungsberuf. Der **Inhalt** richtet sich nach der angestrebten Qualifikation und den Prüfungsinhalten. Die Umschulungsordnung muss die zu vermittelnden Kenntnisse, Fertigkeiten und Fähigkeiten des angestrebten Berufs festlegen (Benecke/Hergenröder/Benecke BBiG § 58 Rn. 12). Bei einer Umschulung in einem anerkannten Ausbildungsberuf sind daher nach § 42g die Inhalte der entsprechenden Ausbildungsordnung zu berücksichtigen. Ebenso ist die **Art** der Wissensvermittlung zu regeln. Die Mittel der Wissensvermittlung sollen didaktisch und methodisch auf die Erwachsenenbildung zugeschnitten sein. Die Teilnehmer sollen durch Gruppenarbeit sowie Unterrichtsgespräche beteiligt werden und nicht eine passive Zuhörerrolle einnehmen (Leinemann/Taubert BBiG § 58 Rn. 12). Hinsichtlich der **Dauer** bestehen keine gesetzlichen Vorgaben. Die Maßnahme soll dabei auf eine schnelle Wiedereingliederung in den Arbeitsmarkt gerichtet sein (Detterbeck Rn. 4). Die Dauer der Umschulungsmaßnahme ist so zu bemessen, dass alle für die Berufsausübung erforderlichen Kenntnisse und Fertigkeiten vermittelt werden und somit ein erfolgreicher Abschluss der Umschulung ermöglicht wird.

6   Die Umschulungsordnung muss die Anforderungen und die Zulassungsvoraussetzungen für die Umschulungsprüfung regeln. Die **Anforderungen** sind von Inhalt und Ziel der Umschulung abhängig. Maßgeblich sind die Qualifikationen, die für die spätere Berufsausübung notwendig sind (Leinemann/Taubert BBiG § 58 Rn. 13). Bei Umschulungsprüfungen in einem anerkannten Ausbildungsberuf sind daher nach § 42g die Anforderungen in der Gesellenprüfung maßgebend. Bei den **Zulassungsvoraussetzungen** sind die Besonderheiten der Umschulung zu berücksichtigen. Eine abgeschlossene Berufsausbildung kann dabei nicht zwingend gefordert werden (aA Honig/Knörr § 42j Rn. 2). IRd Prüfung der Zulas-

sungsvoraussetzungen sind nach § 42h auch ausländische Bildungsabschlüsse und Zeiten der Berufstätigkeit im Ausland zu berücksichtigen (→ § 42h Rn. 1).

Ferner muss in der Umschulungsordnung das **Prüfungsverfahren** geregelt sein. In diesem 7 Zusammenhang sind die Vorgaben des § 42i Abs. 3 zu berücksichtigen, der generelle Bestimmungen zur Abnahme der Umschulungsprüfung enthält (→ § 42i Rn. 6). Infolgedessen besteht lediglich Raum für spezifische Regelungen, wie Vorgaben für Zeugnisse, Gewichtungsvorschriften und Bestehensregelungen.

§ 42f [Umschulungsprüfungsregelungen]

¹Soweit Rechtsverordnungen nach § 42e nicht erlassen sind, kann die Handwerkskammer Umschulungsprüfungsregelungen erlassen. ²Die Handwerkskammer regelt die Bezeichnung des Umschulungsabschlusses, Ziel, Inhalt und Anforderungen der Prüfungen, ihre Zulassungsvoraussetzungen sowie das Prüfungsverfahren unter Berücksichtigung der besonderen Erfordernisse beruflicher Erwachsenenbildung.

Überblick

Die Handwerkskammer kann eigene Umschulungsprüfungsregelungen erlassen, sofern das Bundesbildungsministerium keine Umschulungsordnung nach § 42e erlassen hat (→ Rn. 1). In der Umschulungsregelung müssen die Bezeichnung des Abschlusses, der Prüfungsgegenstand, die Zulassungsvoraussetzungen sowie das Prüfungsverfahren bestimmt werden. Anders als in der Umschulungsordnung darf die Handwerkskammer keine Festlegungen hinsichtlich der inhaltlichen Ausgestaltung der Umschulungsmaßnahme treffen (→ Rn. 3).

Die Regelung entspricht § 42a Abs. 2 aF und wurde durch das Berufsbildungsreformgesetz vom 23.3.2005 zu einem eigenständigen Paragrafen ausgestaltet. Dabei erfuhr die Vorschrift inhaltlich keine wesentliche Änderung.

Die Parallelregelung zu § 42f enthält § 59 BBiG.

A. Befugnis der Handwerkskammer

Die Handwerkskammer erhält die Ermächtigung, eigene Umschulungsprüfungsregelun- 1 gen zu erlassen. Die Regelungskompetenz ist jedoch **subsidiär**. Die Handwerkskammer kann ihre Erlasskompetenz nur dann ausüben, soweit keine bundeseinheitlichen Umschulungsordnungen nach § 42e bestehen. Bestehende Umschulungsprüfungsregelungen werden nach Art. 31 GG nichtig, sobald das Bundesbildungsministerium eine einschlägige Umschulungsordnung nach § 42e erlässt.

Die Umschulungsprüfungsregelung wird als Satzung der Handwerkskammer erlassen. Eine 2 Stellungnahme des Berufsbildungsausschusses ist nach § 44 Abs. 4 (→ § 44 Rn. 8) einzuholen. Zuständig für den Erlass der Umschulungsprüfungsregelung ist die Vollversammlung nach § 91 Abs. 1 Nr. 4a iVm § 106 Abs. 1 Nr. 10. Die Satzung ist gem. § 106 Abs. 2 S. 1 von der obersten Landesbehörde rechtsaufsichtlich zu genehmigen und nach § 106 Abs. 2 S. 2 bekanntzumachen.

B. Inhalt der Umschulungsprüfungsregelung

Der Inhalt der Umschulungsprüfungsregelung ist abschließend aufgezählt und orientiert 3 sich an der Regelung des § 42e. Jedoch sind Bestimmungen hinsichtlich der inhaltlichen Ausgestaltung des Umschulungsmaßnahme nicht zulässig. Die Umschulungsprüfungsregelung darf sich lediglich auf die Durchführung von Umschulungsprüfungen beziehen. Die Handwerkskammer kann aber über die Ausgestaltung der Zulassungsvoraussetzungen sowie der Prüfungsinhalte und auch der Prüfungsanforderungen indirekt auf die Dauer und den Inhalt der Umschulungsmaßnahme Einfluss nehmen.

In der Umschulungsprüfungsregelung kann die Handwerkskammer daher die Bezeich- 4 nung (→ § 42e Rn. 4) und das Ziel des Umschulungsabschlusses (→ § 42e Rn. 5), den Prüfungsinhalt und die Anforderungen der Prüfung (→ § 42e Rn. 6) sowie die Zulassungsvoraussetzungen (→ § 42e Rn. 6) und das Prüfungsverfahren (→ § 42e Rn. 6) in der Umschulungsprüfungsregelung bestimmen. Bei der Erarbeitung der Umschulungsprüfungsregelung sind die besonderen Erfordernisse beruflicher Erwachsenenbildung zu berücksichtigen (→ § 42e Rn. 3).

§ 42g [Umschulung für einen anerkannten Ausbildungsberuf]

¹Sofern sich die Umschulungsordnung (§ 42e) oder eine Regelung der Handwerkskammer (§ 42f) auf die Umschulung für einen anerkannten Ausbildungsberuf (Gewerbe der Anlage A oder der Anlage B) richtet, sind das Ausbildungsberufsbild (§ 26 Abs. 1 Nr. 3), der Ausbildungsrahmenplan (§ 26 Abs. 1 Nr. 4) und die Prüfungsanforderungen (§ 26 Abs. 1 Nr. 5) zugrunde zu legen. ²Die §§ 21 bis 24 gelten entsprechend.

Überblick

Für den Fall, dass die berufliche Umschulung in einem anerkannten Ausbildungsberuf stattfindet, bestimmt § 42g S. 1, dass wesentliche Teile der betreffenden Ausbildungsordnung Beachtung finden (→ Rn. 1). Dadurch sollen die gleichen Qualitätskriterien wie in der beruflichen Erstausbildung zur Anwendung kommen. Die Vorschrift enthält keine eigenständige Rechtsgrundlage für die berufliche Umschulung (→ Rn. 2). Nach § 42g S. 2 finden die Regelungen bezüglich der Eignung der Ausbildungsstätte sowie der Eignung des Ausbildungspersonals entsprechend Anwendung (→ Rn. 5). Die Eignung ist durch die Handwerkskammer zu überwachen (→ Rn. 6).

Die Vorschrift entspricht § 42a Abs. 3 S. 1 aF und wurde durch das Berufsbildungsreformgesetz vom 23.3.2005 zu einer eigenständigen Regelung ausgestaltet. Die Norm wurde dabei inhaltlich unwesentlich geändert.

Die Parallelregelung zu § 42g enthält § 60 BBiG.

A. Materielle Anforderungen an Umschulungen

1 Ein Großteil der Umschulungsmaßnahmen dient der Nachqualifizierung. Die Teilnehmer sollen zur Gesellenprüfung in einem anerkannten Ausbildungsberuf herangeführt werden. Nach dem Willen des Gesetzgebers sind dabei auch die gleichen Qualitätskriterien wie in der beruflichen Erstausbildung einzuhalten. Daher wird auf Teile der jeweiligen Ausbildungsordnung verwiesen. Somit sind für die Umschulungsmaßnahme das Ausbildungsberufsbild hinsichtlich der zu vermittelnden beruflichen Fertigkeiten und Kenntnisse (→ § 26 Rn. 5) und der Ausbildungsrahmenplan bezüglich der strukturierten Vermittlung der Kompetenzen (→ § 26 Rn. 7) der betreffenden Ausbildungsordnung maßgeblich. Die Inhalte und die Modalitäten der Umschulungsprüfung richten sich nach den Prüfungsvorgaben der einschlägigen Ausbildungsordnung (→ § 26 Rn. 8). Ein Verweis auf die Ausbildungsdauer der Ausbildungsordnung fehlt bewusst aufgrund der Besonderheiten der beruflichen Umschulung, da die Teilnehmer bereits über Berufserfahrung verfügen und das Ziel eine schnelle Eingliederung in den Arbeitsmarkt ist.

2 Die Vorschrift greift nur, wenn eine Umschulungsordnung nach § 42e oder eine Umschulungsprüfungsregelung nach § 42f erlassen worden ist, die auf einen anerkannten Ausbildungsberuf Bezug nimmt. Insoweit stellt sie keine eigenständige Rechtsgrundlage für eine Umschulungsmaßnahme oder Umschulungsprüfung dar (Benecke/Hergenröder/Benecke BBiG § 60 Rn. 1). Für den Fall, dass Teilnehmer eine Umschulungsmaßnahme absolvieren, die nicht auf eine Umschulungsordnung bzw. Umschulungsprüfungsregelung beruht, besteht unter bestimmten Voraussetzungen die Möglichkeit, an einer sogenannten Externenprüfung nach § 37 Abs. 2 teilzunehmen (Schwannecke/Witt Rn. 2).

3 Bei der Umschulung in anerkannten Ausbildungsberufen sind nach § 42i Abs. 1 ebenfalls die besonderen Erfordernisse der beruflichen Erwachsenenbildung zu berücksichtigen (→ § 42i Rn. 1).

B. Eignungsvoraussetzungen und Überwachung

Durch den Verweis auf die Vorschriften über die Eignung von Ausbildungsstätten und Ausbildungspersonal sowie die Überwachung wird die Sicherstellung eines vergleichbaren Qualitätsniveaus wie in der Berufsausbildung erreicht. Die Empfehlung des früheren Bundesausschusses für Berufsbildung (→ Rn. 4.1) liefert Anhaltspunkte für die Eignung von Umschulungsstätten und konkretisiert die Überwachung derselben. Für Umschulungen in nicht anerkannten Ausbildungsberufen gelten die Vorschriften zu den Eignungsvoraussetzungen und der Überwachung nicht. In diesem Fall greift die allgemeine Aufgabe der Überwachung nach § 41a Abs. 1 Nr. 3.

4

Grundsätze für die Eignung von Umschulungsstätten vom 24.8.1973 (Zeitschrift für Berufsbildungsforschung 4/1973)

4.1

Geeignete Umschulungsstätten sind eine wesentliche Voraussetzung für eine qualifizierte, den gesetzlichen Bestimmungen entsprechende Umschulung.

Berufsbildungsgesetz und Handwerksordnung verpflichten die zuständigen Stellen, die Eignung der Umschulungsstätten festzustellen und zu überwachen. Der Umschulungsvertrag soll nur dann mit einem Sichtvermerk versehen werden (vgl. Empfehlung des Bundesausschusses für Berufsbildung vorn 28/29. März 1972), wenn die Umschulungsstätte geeignet ist. Die Eignungsfeststellung sollte während der Umschulung wiederholt werden. Außerdem muß eine Eignungsfeststellung erfolgen, wenn mindestens ein Drittel der Teilnehmer an einer Maßnahme der beruflichen Umschulung dies verlangt.

In sinngemäßer Erfüllung seiner Aufgabe gemäß § 51 Abs. 2 BBiG, Grundsätze für die Eignung und Überwachung der Umschulungsstätten aufzustellen, legt der Bundesausschuß für Berufsbildung hiermit Kriterien für die Eignung der Umschulungsstätten vor. Sie sollen den zuständigen Stellen als Grundlage für die Eignungsbeurteilung dienen und eine sorgfältige Auswahl sowie einheitliche Entscheidung fördern.

Diese Empfehlung gilt für die Eignungsfeststellung aller betrieblichen, überbetrieblichen und außerbetrieblichen Umschulungseinrichtungen.

Die zuständigen Stellen werden aufgefordert, die nachfolgende Regelung durch den Berufsbildungsausschuß beschließen zu lassen und in Kraft zu setzen.

1. Die gesetzlichen Bestimmungen
1.1 Eignung der Umschulungsstätte

Eine Umschulungsstätte muß nach Art und Einrichtung für eine den besonderen Erfordernissen der beruflichen Erwachsenenbildung entsprechenden Umschulung geeignet sein (vgl. § 47 Abs. 1 BBiG, § 42 Abs. 1 Hw0). Können die für eine erfolgreiche berufliche Umschulung erforderlichen Kenntnisse und Fertigkeiten nicht in vollem Umfang in der Umschulungsstätte vermittelt werden, gilt sie als geeignet, wenn dieser Mangel durch Maßnahmen außerhalb der Umschulungsstätte entsprechend § 22 Abs. 2 BBiG, § 23 Abs. 2 HwO behoben wird. Diese Maßnahmen müssen im Umschulungsvertrag ausdrücklich vereinbart sein (vgl. § 3 Abs. 2 des Musters eines Umschulungsvertrages).

1.2 Eignungsfeststellung und Überwachung

Die zuständige Stelle hat darüber zu wachen, daß die Eignung der Umschulungsstätte vorliegt (vgl. § 47 Abs. 4 in Verbindung mit § 23 Abs. 1 BBiG und § 42 Abs. 4 in Verbindung mit § 23 a Abs. 1 HwO).

Die zuständige Stelle ist ohne Aufforderung zu unterrichten, wenn durch Veränderungen in der Umschulungsstätte die Umschulung gefährdet ist.

Werden bei der Überwachung Mängel der Eignung festgestellt, hat die zuständige Stelle, falls der Mangel zu beheben und eine Gefährdung der Umschulung nicht zu erwarten ist, die Umschulungsstätte aufzufordern, innerhalb einer von ihr gesetzten Frist den Mangel zu beseitigen.

Ist der Mangel der Eignung nicht zu beheben oder eine Gefährdung zu erwarten oder wird nicht innerhalb der gesetzten Frist beseitigt, hat die zuständige Stelle dies der nach Landesrecht zuständigen Behörde mitzuteilen (vgl. § 23 Abs 2 BBiG. § 23 a Abs. 2 HwO).

Um Nachteile für den Umzuschulenden zu vermeiden, sollten in diesen Fällen die zuständige Stelle in Zusammenarbeit mit den Fachdiensten des Arbeitsamtes darum bemüht sein, daß die begonnene Umschulung in einer anderen geeigneten Umschulungsstätte fortgesetzt werden kann. Die Verantwortung der bisherigen Umschulungsstätte bleibt davon unberührt.

2. Allgemeine Kriterien für die Eignung der Umschulungsstätten
2.1 Die Umschulung findet in betrieblichen oder über- bzw. außerbetrieblichen Umschulungsstätten statt. Es muß dabei gewährleistet sein, daß alle notwendigen Fertigkeiten und Kenntnisse vermittelt werden und das Ziel der Umschulung erreicht wird.

2.2 Für jeden Ausbildungsberuf müssen der Umschulungsstätte die einschlägigen gültigen Ausbildungsordnungen oder die nach § 108 Abs. 1 BBiG anzuwendenden Berufsbilder, Berufsbildungspläne und Prüfungsanforderungen oder die fachlichen Vorschriften nach § 122 Abs. 5 HwO vorliegen. Entsprechendes gilt bei einer Umschulung in sonstige Tätigkeiten hinsichtlich des Vorliegens z. B. von Rahmenlehrplänen und Stoffgliederungen der zu vermittelnden Fertigkeiten und Kenntnisse sowie der Prüfungsanforderungen.

2.3 In der Umschulungsstätte ist eine Übersicht zu führen, aus der erkennbar ist, daß die Umschulung systematisch durchgeführt wird. Diese Übersicht sollte Angaben enthalten über die Umschulungsplätze, ihre Ausstattung, die Umschulungsabschnitte, die zu vermittelnden Umschulungsinhalte und zugeordneten Umschulungszeiten sowie die Art des Unterrichts.

2.4 Wird die Umschulung in unmittelbarer Verbindung mit dem betrieblichen Arbeitsablauf durchgeführt, so müssen Art und Umfang der Produktion, des Sortiments und der Dienstleistungen sowie der Produktions- bzw. Arbeitsverfahren gewährleisten, daß die Kenntnisse und Fertigkeiten entsprechend der Ausbildungsordnung bzw. den sonstigen Ausbildungsunterlagen vermittelt werden können.

2.5 Die Umschulungsstätte muß über eine ausreichende Einrichtung und Ausstattung verfügen, damit die nach der Ausbildungsordnung oder nach sonstigen Ausbildungsunterlagen erforderlichen Kenntnisse und Fertigkeiten vermittelt werden können. Dazu gehören insbesondere die Grundausstattungen an Werkzeugen, Maschinen, Apparaten und Geräten, Pflege- und Wartungseinrichtungen, bürotechnische Einrichtungen, Büroorganisatonsmittel und Bürohilfsmittel sowie andere notwendige Lern- und Hilfsmittel.

2.6 Die Umzuschulenden sind über Inhalt, Ablauf und Ziel der Umschulungsmaßnahmen eingehend zu informieren. Zur Information und zur Diskussion von Problemen während der Umschulung ist vom Umschulungsträger ein Meinungs- und Erfahrungsaustausch insbesondere zwischen Ausbildern und Umzuschulenden einzurichten.

2.7 Zur Durchführung von Umschulungsmaßnahmen müssen Ausbilder vorhanden sein, die persönlich und fachlich für die berufliche Erwachsenenbildung geeignet sind (§ 23 Abs. 1 i. V. m. § 20 BBiG). Ausbilder, denen ausschließliche Umschulungsaufgaben übertragen sind, sollen nicht mehr als 15 Umzuschulende in einer Gruppe unmittelbar selbst ausbilden. In besonderen Lernsituationen und bei gefahrenanfälligen Tätigkeiten ist diese Zahl entsprechend geringer anzusetzen. Die Art des Ausbildungsberufes oder die Gestaltung der Umschulung können eine höhere Zahl der Umzuschulenden rechtfertigen.

Ausbildende und Ausbilder, die neben der Aufgabe des Umschulens noch weitere betriebliche Funktionen ausüben, sollen durchschnittlich nicht mehr als drei Umzuschulende selbst ausbilden. Es muß sichergestellt sein, daß ein angemessener Teil der Arbeitszeit für die Tätigkeit als Ausbilder zur Verfügung steht.

In besonderen Lernsituationen und bei gefahrenanfälligen Tätigkeiten ist die Zahl der Auszubildenden und Umzuschulenden entsprechend geringer anzusetzen. Die Art des Ausbildungsberufs oder die Gestaltung der Umschulung können eine höhere Zahl der Umzuschulenden rechtfertigen.

2.8 Zur Eignung der Umschulungsstätte gehört, daß der Umzuschulende gegen die Gefährdung von Leben und Gesundheit auereichend geschützt ist und die Bestimmungen der Unfallverhütungsvorschriften sowie der Gewerbeordnung eingehalten werden.

2.9 Umzuschulende dürfen nicht eingestellt werden, wenn über die Umschulungsstätte ein Konkurs- oder Vergleichsverfahren eröffnet worden ist oder wenn eine Gewerbeuntersagung rechtskräftig ausgesprochen oder für vorläufig vollziehbar erklärt worden ist.

5 Die Umschulung hat in einer geeigneten Ausbildungsstätte stattzufinden. Merkmale für die Geeignetheit sind in § 21 aufgestellt (→ § 21 Rn. 1). Zudem muss gem. § 22 der Ausbildende bzw. der Ausbilder persönlich und fachlich geeignet sein (→ § 22 Rn. 1). Hinsichtlich der persönlichen Eignung stellt § 22a einen Negativkatalog für das Fehlen der persönlichen Eignung auf (→ § 22a Rn. 1). Die Voraussetzungen für die fachliche Eignung sind in § 22b aufgelistet (→ § 22b Rn. 1). Im Bereich der zulassungsfreien Handwerke und der handwerksähnlichen Gewerbe ist über § 22c eine Anerkennung europäischer Abschlüsse für die fachliche Eignung möglich (→ § 22c Rn. 1).

6 Der Handwerkskammer obliegt neben der allgemeinen Aufgabe der Überwachung nach § 41a Abs. 1 S. 1 Nr. 3 (→ § 41a Rn. 1) auch gem. § 23 die Aufgabe, die Eignung der Ausbildungsstätte und die persönliche sowie fachliche Eignung des Ausbildungspersonals zu überwachen (→ § 23 Rn. 1).

7 Die zuständige Behörde kann bei Mängeln der Umschulungsstätte nach § 24 Abs. 1 das Einstellen und die Ausbildung von Umschulenden untersagen (→ § 24 Rn. 1). Ebenso ist

§ 42h [Berücksichtigung ausländischer Bildungsabschlüsse]

Sofern die Umschulungsordnung (§ 42e) oder eine Regelung der Handwerkskammer (§ 42f) Zulassungsvoraussetzungen vorsieht, sind ausländische Bildungsabschlüsse und Zeiten der Berufstätigkeit im Ausland zu berücksichtigen.

Überblick

§ 42h bestimmt, dass ausländische Bildungsabschlüsse und Zeiten der Berufstätigkeit im Ausland iRd Prüfung der Zulassungsvoraussetzungen berücksichtigt werden müssen. Eine Berücksichtigung ist lediglich erforderlich, wenn in der Umschulungsordnung oder in der Umschulungsregelung Zulassungsvoraussetzungen geregelt wurden.

Die Vorschrift wurde durch das Berufsbildungsreformgesetz vom 23.3.2005 neu in die HwO aufgenommen.

Die Parallelregelung zu § 42h enthält § 61 BBiG.

Für den Fall, dass in einer Umschulungsordnung nach § 42e oder in einer Umschulungsprüfungsregelung nach § 42f Zulassungsvoraussetzungen vorgesehen sind, müssen ausländische Bildungsabschlüsse und Zeiten der Berufstätigkeit im Ausland bei der Prüfung der Zulassungsvoraussetzungen berücksichtig werden. Der Umschüler hat in diesem Fall einen Anspruch auf Berücksichtigung der ausländischen Qualifikation oder Berufstätigkeit. Die Entscheidung über die Berücksichtigung trifft gem. § 42i Abs. 3 S. 2 iVm § 37a Abs. 1 der Vorsitzende bzw. der Ausschuss nach pflichtgemäßem Ermessen. Aufgrund der Besonderheiten der Umschulung, die zur Ausübung eines neuen Berufs befähigen soll, sind ausschließlich Abschlüsse und Zeiten der Berufstätigkeit zu berücksichtigen, die inhaltlich und fachlich der Qualifikation entsprechen, die für die Zulassung im Umschulungsberuf gefordert werden (Leinemann/Taubert BBiG § 61 Rn. 3). Das bedeutet, dass der ausländische Bildungsabschluss materiell gleichwertig mit der in den Zulassungsvoraussetzungen geforderten Qualifikation sind muss. IRd Berufstätigkeit im Ausland müssen Kenntnisse und Fertigkeiten erworben worden sein, die vergleichbar mit den in den Zulassungsvoraussetzungen geforderten Fähigkeiten sein müssen. Der ausländische Bildungsabschluss ist durch ein entsprechendes Zeugnis oder Diplom zu belegen. Die Zeiten der Berufstätigkeit sind durch geeignete Unterlagen, wie zB Arbeitszeugnisse oder Arbeitsbescheinigungen, nachzuweisen. 1

Die Vorschrift bezieht sich dem Wortlaut nach ausschließlich auf die Zulassung zur Umschulungsprüfung. Eine Befreiung von Prüfungsbestandteilen ist nur auf Grundlage von § 42i Abs. 4 möglich (→ § 42i Rn. 8). 2

Das Bundeswirtschaftsministerium kann ausländische Prüfungszeugnisse ferner nach § 42j mit Umschulungsprüfungszeugnisse aufgrund einer Umschulungsordnung (§ 42e) oder einer Umschulungsprüfungsregelung (§ 42f) gleichstellen (→ § 42j Rn. 1). 3

§ 42i [Berufliche Umschulung]

(1) Maßnahmen der beruflichen Umschulung müssen nach Inhalt, Art, Ziel und Dauer den besonderen Erfordernissen der beruflichen Erwachsenenbildung entsprechen.

(2) ¹Der Umschulende hat die Durchführung der beruflichen Umschulung unverzüglich vor Beginn der Maßnahme der Handwerkskammer schriftlich anzuzeigen. ²Die Anzeigepflicht erstreckt sich auf den wesentlichen Inhalt des Umschulungsverhältnisses. ³Bei Abschluss eines Umschulungsvertrages ist eine Ausfertigung der Vertragsniederschrift beizufügen.

(3) ¹Für die Durchführung von Prüfungen im Bereich der beruflichen Umschulung errichtet die Handwerkskammer Prüfungsausschüsse. ²§ 31 Abs. 2 und 3 sowie die §§ 34 bis 35a, 37a und 38 gelten entsprechend.

(4) Der Prüfling ist auf Antrag von der Ablegung einzelner Prüfungsbestandteile durch die Handwerkskammer zu befreien, wenn er eine andere vergleichbare Prüfung vor einer öffentlichen oder staatlich anerkannten Bildungseinrichtung oder vor einem staatlichen Prüfungsausschuss erfolgreich abgelegt hat und die Anmeldung zur Umschulungsprüfung innerhalb von fünf Jahren nach der Bekanntgabe des Bestehens der anderen Prüfung erfolgt.

Überblick

§ 42i Abs. 1 stellt klar, dass bei der Ausgestaltung von Umschulungsmaßnahmen die besonderen Erfordernisse der Erwachsenenbildung berücksichtigt werden müssen (→ Rn. 1). Auch bei der beruflichen Umschulung besitzt die Handwerkskammer die Pflicht zur Überwachung. Aus diesem Grund muss die Umschulungsmaßnahme nach § 42i Abs. 2 bei der Handwerkskammer angezeigt werden (→ Rn. 2).

Im Hinblick auf die Durchführung der Umschulungsprüfungen wird die Handwerkskammer verpflichtet, eigene Prüfungsausschüsse einzurichten (→ Rn. 5). Nach § 42i Abs. 3 S. 2 gelten für Umschulungsprüfungen wesentliche Vorschriften über die Gesellenprüfung entsprechend (→ Rn. 6). Eine gesonderte Regelung erfährt die Befreiung von Prüfungsbestandteilen bei der Umschulungsprüfung in § 42i Abs. 4 (→ Rn. 8).

Die Norm beruht auf § 42a Abs. 1 aF. Das Berufsbildungsreformgesetz vom 23.3.2005 hat die Anzeigepflicht von Umschulungsmaßnahmen neu eingeführt.

Die Parallelregelung zu § 42i enthält § 62 BBiG.

A. Anforderungen an die berufliche Umschulung

1   Die Umschulungsmaßnahmen müssen nach Inhalt, Art, Ziel und Dauer den besonderen Erfordernissen der beruflichen Erwachsenenbildung entsprechen. Von dem Begriff der Umschulungsmaßnahme sind sowohl **Gruppenmaßnahmen** als auch **Einzelmaßnahmen** erfasst. Die Umschulung kann in einem Betrieb als **innerbetriebliche Umschulung** oder als **außerbetriebliche Umschulung** in überbetrieblichen Ausbildungseinrichtungen oder Rehabilitationszentren durchgeführt werden. Aufgrund der Besonderheiten im Bereich der Umschulung haben sich die Maßnahmen inhaltlich und methodisch von der beruflichen Erstausbildung zu unterscheiden (Detterbeck Rn. 1). Teilnehmer an Umschulungsmaßnahmen besitzen neben der Lebenserfahrung auch Berufserfahrung, die iRd Umschulungsmaßnahme berücksichtigt werden soll. In Betracht kommt partnerschaftliches Lernen mit Hilfe von Gruppenarbeit, Selbstarbeit und Lehrgespräch (Detterbeck Rn. 1). Aufgrund des Ziels der Umschulung, der raschen Eingliederung in den Arbeitsmarkt, ist die Dauer einer Maßnahme kurz zu bemessen.

B. Anzeigepflicht

2   Der Umschulende ist verpflichtet, vor Beginn der Umschulungsmaßnahme die Umschulung unverzüglich **schriftlich** anzuzeigen. Der Handwerkskammer ist der **wesentliche Inhalt des Umschulungsverhältnisses** mitzuteilen. Dazu zählen die Vertragsparteien, evtl. Ausbilder sowie Dauer, Ort und Ziel der Umschulung (Detterbeck Rn. 2; Schwannecke/Witt Rn. 2). Im Falle einer innerbetrieblichen Umschulung umfasst die Anzeigepflicht aufgrund der Zuständigkeitsregelung des § 71 Abs. 7 BBiG neben der Umschulung in handwerklichen Berufen auch die Umschulung in nichthandwerklichen Berufen. Durch diese Anzeigepflicht wird eine effektive Überwachung der Umschulung iSd § 41a Abs. 1 Nr. 3 sichergestellt.

3   Für den Fall, dass ein **Umschulungsvertrag** abgeschlossen wurde, ist der Umschulende verpflichtet, iRd Anzeige vor Beginn der Umschulungsmaßnahme eine Kopie des Vertrages bei der Handwerkskammer einzureichen.

3.1   Der frühere Bundesausschuss für Berufsbildung hat eine Empfehlung zum Umschulungsvertrag am 28.3.1972 beschlossen (BArbBl. 5/1972).

Der Bundesausschuß für Berufsbildung hat am 2. November 1971 Richtlinien für Umschulungsprüfungsordnungen verabschiedet. In Ergänzung dieser ersten Ordnungsvorstellungen für die berufliche

Umschulung hält es der Bundesausschuß für notwendig, eine Empfehlung für die Ausgestaltung des Rechtsverhältnisses zwischen dem Umzuschulenden und dem Träger der Umschulungsmaßnahme vorzulegen.

Um den unterschiedlichen Bedingungen betrieblicher und außerbetrieblicher Umschulungsmaßnahmen gerecht zu werden, enthält die Empfehlung zwei Muster von Umschulungsverträgen.

Der Bundesausschuß geht davon aus, daß künftig diese Vertragsmuster allen Umschulungsverhältnissen zugrunde gelegt werden. Das gilt sowohl für die Umschulung von Nichtbehinderten wie von Behinderten. Er erwartet, daß die Kostenträger bei der Förderung der Umschulung aus öffentlichen Mitteln auf die Verwendung der Vertragsmuster achten.

Der Bundesausschuß bittet die Umschulungsstätten einschließlich der Berufsförderungswerke für Behinderte, das vorgelegte Vertragsmuster zu übernehmen. Er bittet außerdem die Berufsbildungsausschüsse der zuständigen Stellen, die Verwendung des Vertragsmusters für betriebliche Umschulung zu empfehlen.

Anlage 1 zur Empfehlung zum Umschulungsvertrag
Muster eines Umschulungsvertrages (Betriebliche Umschulung)
Zwischen ....Träger der Umschulungsmaßnahme (Umschulungsträger)
in ....
und .... (Umzuschulender)
in ....
geb. am ....
wird nachstehender Vertrag zur Umschulung
– in den anerkannten Ausbildungsberuf ....
– in die berufliche Tätigkeit als ....
abgeschlossen.

§ 1 Zweck der Umschulung
Mit der Umschulung werden dem Umzuschulenden durch eine den besonderen Erfordernissen der beruflichen Erwachsenenbildung entsprechende Ausbildung mit verkürzter Ausbildungszeit die Kenntnisse und Fertigkeiten
des staatlich anerkannten Ausbildungsberufes ....
der beruflichen Tätigkeit als ....
vermittelt.

§ 2 Dauer der Umschulung
(1) Das Umschulungsverhältnis dauert unter Berücksichtigung des bisherigen Bildungsweges aufgrund der nachgewiesenen Berufsausbildung
als ....
und/oder der bisher ausgeübten Tätigkeit als ....
Monate. Es beginnt am .... 19.... und endet am .... 19....

(2) Bei vorzeitig bestandener Umschulungsprüfung endet das Umschulungsverhältnis am letzten Tage der Prüfung.

(3) Eine Verlängerung des Umschulungsverhältnisses kann auf Antrag des Umzuschulenden bei Vorliegen wichtiger Gründe (z. B. längere Krankheit, Unfall) vereinbart werden, wenn eine solche Verlängerung zum Erreichen des Umschulungszieles notwendig ist[1].

§ 3 Pflichten des Umschulungsträgers
(1) Der Träger der Umschulungsmaßnahme verpflichtet sich:
1. dafür zu sorgen, daß alle Fertigkeiten und Kenntnisse, die zum Erreichen des Umschulungszieles notwendig sind, in erwachsenengerechter Weise vermittelt werden,
Dabei sind bei der Umschulung für einen anerkannten Ausbildungsberuf das Ausbildungsberufsbild, der Ausbildungsrahmenplan und die Prüfungsanforderungen[2],
bei der Durchführung von Umschulungsmaßnahmen für andere Berufe, für die von der zuständigen Steile Prüfungen abgenommen werden, die hierfür erlassenen Prüfungsanforderungen zugrunde zu legen.
2. unter Berücksichtigung der Nr. 1 einen Plan für die sachliche und zeitliche Gliederung der Umschulung zu erstellen, der die individuellen und betrieblichen Belange berücksichtigt,
3. den besonderen Belangen körperlich, geistig und seelisch Behinderter Rechnung zu tragen,
4. nur solche Personen mit der Durchführung der Umschulungsmaßnahme zu beauftragen, die nach ihrer Ausbildung und Berufserfahrung dafür qualifiziert sind,
5. die Maßnahme an Ausbildungsplätzen durchzuführen, die nach Art und Ausstattung dazu geeignet sind,
6. dem Umzuschulenden alle Lern- und Hilfsmittel zur Verfügung zu stellen, die zur Durchführung der betrieblichen Umschulung und zum Ablegen von Prüfungen erforderlich sind,

7. dem Umzuschulenden nur solche Tätigkeiten und Aufgaben zu übertragen, die dem Umschulungszweck dienen,
8. dem Umzuschulenden zur Teilnahme an Prüfungen und Maßnahmen nach Abs. 2 die erforderliche Zeit zu gewähren.
(2) Die Umschulungsmaßnahme schließt folgende weitere Veranstaltungen ein:
Fachlehrgang: ....
theoretische Unterweisung: ....
....

§ 4 Pflichten des Umzuschulenden
Der Umzuschulende verpflichtet sich:
1. sich zu bemühen, die notwendigen Fertigkeiten und Kenntnisse zu erwerben,
2. an allen Maßnahmen nach § 3 regelmäßig teilzunehmen,
3. aktiv im Rahmen der Umschulung mit anderen Personen, insbesondere den Lehrpersonen, zusammenzuarbeiten und notwendigen Anleitungen zu folgen,
4. Werkzeuge, Maschinen und die sonstige Ausstattung sorgsam zu behandeln, die Arbeitsschutz- und Unfallverhütungsvorschriften und Regelungen, die die Ordnung des Betriebes betreffen, zu beachten,
5. an Maßnahmen zur Ermittlung des Ausbildungsstandes teilzunehmen, sofern solche vorgesehen sind,
6. beim Fernbleiben von der Umschulung unter Angabe von Gründen dem Umschulungsträger unverzüglich Nachricht zu geben

§ 5 Vorzeitige Beendigung
Das Umschulungsverhältnis kann von jedem Vertragspartner aus wichtigem Grund gekündigt werden. Als wichtiger Grund für den Umzuschulenden gelten auch soziale und familiäre Schwierigkeiten, der Wegfall der Leistungen eines Kostenträgers/Rehabilitationsträgers sowie Schwierigkeiten, die auf eine Behinderung zurückzuführen sind. Die Kündigung muß schriftlich unter Angabe des Grundes erfolgen.

§ 6 Wöchentliche Umschulungszeit, Urlaub
(1) Die wöchentliche Umschulungszeit beträgt in der Regel ... Stunden. Die Verteilung auf die Wochentage richtet sich nach der für den Betrieb geltenden Ordnung bzw. nach folgender Vereinbarung:
(2) Der Urlaub beträgt:
im Jahr .... Arbeitstage
im Jahr .... Arbeitstage

§ 7 Vergütung[3)]
(1) Der Umschulungsträger gewährt dem Umzuschulenden als Vergütung wöchentlich/monatlich
vom ....bis........................-........ DM
vom ....bis........................-........ DM
(2) Er gewährt außerdem folgende Zuwendungen:
..................................,..
....

§ 8 Unterkunft und Verpflegung
Unterkunft wird – nicht – gestellt.
Voll-/Teilverpflegung wird – nicht – gewährt.

§ 9 Zeugnis
Der Umschulungsträger stellt dem Umzuschulenden bei Beendigung der Umschulung ein Zeugnis aus. Es muß Angaben enthalten über Art, Dauer und Ziel der Umschulung sowie über die erworbenen Kenntnisse und Fertigkeiten des Umzuschulenden. Auf Verlangen des Umzuschulenden sind auch Angaben über Leistung, besondere Fähigkeiten und Fertigkeiten aufzunehmen.

§ 10 Sonstige Vereinbarungen
§ 11 Nebenabreden
Rechtswirksame Nebenabreden, die das Umschulungsverhältnis betreffen, können nur durch schriftliche Ergänzung im Rahmen des § 10 dieses Umschulungsvertrages getroffen werden.
Unterschriften
....
....
Sichtvermerk der zuständigen Stelle gemäß BBiG/HwO: ....
Sichtvermerk des zuständigen Arbeitsamtes: ....
Sichtvermerk des zuständigen Kostenträgers/Rehabilitationsträgers: ....

Anlage 2 zur Empfehlung zum Umschulungsvertrag
Muster eines Umschulungsvertrages (Außerbetriebliche Umschulung)
Zwischen ....Träger der Umschulungsmaßnahme (Umschulungsträger)

Berufliche Umschulung § 42i HwO

in ....
und .... (Umzuschulender)
in ....
geb. am ....
wird nachstehender Vertrag zur Umschulung
– in den anerkannten Ausbildungsberuf ....
– in die berufliche Tätigkeit als ....
abgeschlossen.

§ 1 Zweck der Umschulung
Mit der Umschulung werden dem Umzuschulenden durch eine den besonderen Erfordernissen der beruflichen Erwachsenenbildung entsprechende Ausbildung mit verkürzter Ausbildungszeit die Kenntnisse und Fertigkeiten
des staatlich anerkannten Ausbildungsberufes ....
der beruflichen Tätigkeit als ....
vermittelt.

§ 2 Dauer der Umschulung
(1) Das Umschulungsverhältnis dauert unter Berücksichtigung des bisherigen Bildungsweges aufgrund der nachgewiesenen Berufsausbildung
als ....
und/oder der bisher ausgeübten Tätigkeit als ....
Monate. Es beginnt am .... 19.... und endet am .... 19....

(2) Bei vorzeitig bestandener Umschulungsprüfung endet das Umschulungsverhältnis am letzten Tage der Prüfung.

(3) Eine Verlängerung des Umschulungsverhältnisses kann auf Antrag des Umzuschulenden bei Vorliegen wichtiger Gründe (z. B. längere Krankheit, Unfall) vereinbart werden, wenn eine solche Verlängerung zum Erreichen des Umschulungszieles notwendig ist[1].

§ 3 Pflichten des Umschulungsträgers
(1) Der Träger der Umschulungsmaßnahme verpflichtet sich:
1. dafür zu sorgen, daß alle Fertigkeiten und Kenntnisse, die zum Erreichen des Umschulungszieles notwendig sind, in erwachsenengerechter Weise vermittelt werden.
Dabei sind bei der Umschulung für einen anerkannten Ausbildungsberuf das Ausbildungsberufsbild, der Ausbildungsrahmenplan und die Prüfungsanforderungen,[2] bei der Durchführung von Umschulungsmaßnahmen für andere Berufe, für die von der zuständigen Stelle Prüfungen abgenommen werden, die hierfür erlassenen Prüfungsanforderungen zugrunde zu legen.
2. unter Berücksichtigung der Nr. 1 einen Plan für die sachliche und zeitliche Gliederung der Umschulung zu erstellen, der die individuellen und institutionellen Belange berücksichtigt,
3. den besonderen Belangen körperlich, geistig und seelisch Behinderter Rechnung zu tragen, bei Rehabilitanden insbesondere durch Gewährung von ausbildungsbegleitender Heilbehandlung und sonstigen Hilfen,
4. nur solche Personen mit der Durchführung der Umschulungsmaßnahme zu beauftragen, die nach ihrer Ausbildung und Berufserfahrung dafür qualifiziert sind,
5. die Maßnahme in einer Einrichtung durchzuführen, die nach Art und Ausstattung dazu geeignet ist,
6. dem Umzuschulenden alle Lern- und Hilfsmittel zur Verfügung zu stellen, die zur Durchführung der Umschulung und zum Ablegen von Prüfungen erforderlich sind,
7. dem Umzuschulenden nur solche Tätigkeiten und Aufgaben zu übertragen, die dem Umschulungszweck dienen,
8. dem Umzuschulenden zur Teilnahme an Prüfungen und Maßnahmen nach Abs. 2 die erforderliche Zeit zu gewähren.

(2) Die Umschulungsmaßnahme schließt folgende weitere Veranstaltungen ein:
Fachlehrgang: ....
theoretische Unterweisung: ....
....

§ 4 Pflichten des Umzuschulenden
Der Umzuschulende verpflichtet sich:
1. sich zu bemühen, die notwendigen Fertigkeiten und Kenntnisse zu erwerben,
2. an allen Maßnahmen nach § 3 regelmäßig teilzunehmen,
3. aktiv im Rahmen der Umschulung mit anderen Personen, insbesondere den Lehrpersonen, zusammenzuarbeiten und notwendigen Anleitungen zu folgen,

4. Werkzeuge, Maschinen und die sonstige Ausstattung sorgsam zu behandeln, die Arbeitsschutz- und Unfallverhütungsvorschriften und Regelungen, die die Ordnung der Einrichtung betreffen, zu beachten,

5. an Maßnahmen zur Ermittlung des Ausbildungsstandes teilzunehmen, sofern solche vorgesehen sind,

6. beim Fernbleiben von der Umschulung unter Angabe von Gründen dem Umschulungsträger unverzüglich Nachricht zu geben.

§ 5 Vorzeitige Beendigung
Das Umschulungsverhältnis kann von jedem Vertragspartner aus wichtigem Grund gekündigt werden. Als wichtiger Grund für den Umzuschulenden gelten auch soziale und familiäre Schwierigkeiten, der Wegfall der Leistungen eines Kostenträgers/Rehabilitationsträgers sowie Schwierigkeiten, die auf eine Behinderung zurückzuführen sind. Die Kündigung muß schriftlich unter Angabe des Grundes erfolgen.

§ 6 Wöchentliche Umschulungszeit, Ferien
(1) Die wöchentliche Umschulungszeit beträgt in der Regel ... Stunden. Die Verteilung auf die Wochentage richtet sich nach der für die Einrichtung geltenden Ordnung
(2) Die Ferien sind:
vom .... bis ....
vom .... bis ....
(3) Zeiten für Familienheimfahrten werden besonders geregelt.

§ 7 Lehrgangsgebühren
(1) Die Lehrgangsgebühren betragen ... DM monatlich/halbjährlich/jährlich.
Sie enthalten: ...
(2) Die Lehrgangsgebühren sind in folgender Form zu entrichten:
a) durch den Umzuschulenden
b) durch unmittelbare Abrechnung zwischen Umschulungsträger und dem Kostenträger/Rehabilitationsträger.
Sofern die Abrechnung gemäß Buchstabe a) nicht zwischen der Umschulungsstätte und dem Rehabilitationsträger erfolgt, hat der Umzuschulende Lehrgangsgebühren nur in Höhe des zwischen der Umschulungsstätte und dem Rehabilitationsträger vereinbarten Betrages zu entrichten.

§ 8 Unterkunft und Verpflegung
Unterkunft wird – nicht – gestellt.
Voll-/Teilverpflegung wird – nicht – gewährt.

§ 9 Zeugnis
Der Umschulungsträger stellt dem Umzuschulenden bei Beendigung der Umschulung ein Zeugnis aus. Es muß Angaben enthalten über Art, Dauer und Ziel der Umschulung sowie über die erworbenen Kenntnisse und Fertigkeiten des Umzuschulenden. Auf Verlangen des Umzuschulenden sind auch Angaben über Leistung, besondere Fähigkeiten und Fertigkeiten aufzunehmen.

§ 10 Sonstige Vereinbarungen[3]
§ 11 Nebenabreden
Rechtswirksame Nebenabreden, die das Umschulungsverhältnis betreffen, können nur durch schriftliche Ergänzung im Rahmen des § 10 dieses Umschulungsvertrages getroffen werden.
Unterschriften:
....
....
Sichtvermerk der zuständigen Stelle gemäß BBiG/HwO: ....
Sichtvermerk des zuständigen Arbeitsamtes: ....
Sichtvermerk des zuständigen Kostenträgers/Rehabilitationsträgers: ....

1) Erhält der Umzuschulende Leistungen zur Förderung der beruflichen Bildung, so soll mit dem Kostenträger bzw. Rehabilitationsträger die Möglichkeit einer weiteren Förderung rechtzeitig geklärt werden.
2) Bis zum Erlaß der Ausbildungsordnungen nach § 25 BBiG/HwO sind die Berufsbilder, die Berufsbildungspläne, Fachliche Vorschriften und die dazugehörigen Prüfungsanforderungen anzuwenden (vgl. § 108 BBiG / § 122 Abs. 5 HwO).
3) Soweit ein Kostenträger/Rehabilitationsträger Leistungen gewährt, wird die Vergütung nach Maßgabe der einschlägigen rechtlichen Vorschriften angerechnet.
3) Bei Rehabilitanden ist an dieser Stelle die Gewährung begleitender medizinischer und psychologischer Betreuung zu erwähnen.

3.2 Auf den Umschulungsvertrag sind die Vorschriften des Berufsausbildungsvertrags nicht anwendbar (BAG NZA 1992, 452; GewArch 1975, 382). Bei einem Umschulungsvertrag ist nur die außerordentlich

Kündigung gem. § 626 BGB zulässig (BAG NZA 1992, 452). Das Schriftformerfordernis nach § 623 BGB gilt bei einem Umschulungsvertrag für eine Kündigung oder einen Aufhebungsvertrag nicht; § 623 BGB gilt jedoch, wenn neben dem Umschulungsvertrag ein Arbeitsvertrag zwischen Umschulenden und Umschüler besteht (BAG NJW 2006, 2796). Für Streitigkeiten aus dem Umschulungsverhältnis ist der Rechtsweg zu den Arbeitsgerichten eröffnet (BAG EzB ArbGG § 5 Nr. 3; NZA 1997, 1013).

Die Handwerkskammer ist nicht verpflichtet, ein Verzeichnis über Umschulungsverhältnisse einzurichten und zu führen, da ein Verweis auf § 30 fehlt. Daher besteht auch kein Anspruch des Umschulenden auf Eintragung eines Umschulungsvertrags in ein Verzeichnis (VG Saarlouis EzB BBiG §§ 58–63 Nr. 14). Die Handwerkskammer kann aber freiwillig ein gesondertes Verzeichnis für Umschulungsverträge einrichten und führen. Dies ist empfehlenswert, um die Überwachungsaufgaben nach § 41a Abs. 1 Nr. 3 und § 42g S. 2 effektiv erfüllen zu können. **4**

C. Prüfungsverfahren

I. Umschulungsprüfungsausschuss

Die Handwerkskammer hat die Pflicht, Umschulungsprüfungsausschüsse für die Durchführung von Umschulungsprüfungen auf Grundlage des § 42e oder § 42f zu errichten. Zwar ist die Errichtung gemeinsamer Prüfungsausschüsse durch mehrere Handwerkskammern gesetzlich nicht vorgesehen, aber aufgrund des Spielraums durch Regelung in der Prüfungsordnung möglich. **5**

II. Prüfungsvorschriften

Die Vorschrift verweist im Hinblick auf die Durchführung der Umschulungsprüfungen auf die Vorschriften zur Gesellenprüfung. Damit wird erreicht, dass wesentliche Elemente aus dem Bereich der Gesellenprüfung auch im Bereich der Umschulung Anwendung finden. Es sind demnach die Regelungen bezüglich des Zeugnisses (→ § 31 Rn. 9), der Zusammensetzung des Prüfungsausschusses (→ § 34 Rn. 1), der Berufung der Mitglieder (→ § 34 Rn. 27), der Beschlussfassung (→ § 35a Rn. 1) und der Zulassungsentscheidung (→ § 37a Rn. 1) entsprechend anzuwenden. Ferner bezieht sich der Verweis auf den Erlass einer **Prüfungsordnung**. Ihr Inhalt bestimmt sich nach § 38 Abs. 2 S. 1 (→ § 38 Rn. 3). Der Hauptausschuss des Bundesinstituts für Berufsbildung hat eine Empfehlung zur Prüfungsregelung für Umschulungen herausgebracht, die die Handwerkskammer beim Erlass ihrer Prüfungsordnung beachten soll (→ Rn. 6.1). Die Prüfungsordnung wird als Satzung erlassen. Es ist eine Stellungnahme des Berufsbildungsausschusses nach § 44 Abs. 4 (→ § 44 Rn. 8) einzuholen. Die Vollversammlung beschließt die Prüfungsordnung nach § 91 Abs. 1 Nr. 4a iVm § 106 Abs. 1 Nr. 10. Sie ist von der obersten Landesbehörde nach § 106 Abs. 2 S. 1 rechtsaufsichtlich zu genehmigen und nach § 106 Abs. 2 S. 2 bekanntzumachen. **6**

Empfehlung des Hauptausschusses des Bundesinstituts für Berufsbildung vom 18.12.2008 zur Prüfungsregelung der Handwerkskammer [Bezeichnung der Handwerkskammer] für Umschulungen in anerkannte Ausbildungsberufe (BAnz. Nr. 19/2009) **6.1**

Aufgrund der Beschlüsse des Berufsbildungsausschusses vom ... und der Vollversammlung vom ... erlässt die Handwerkskammer für ... als zuständige Stelle nach § 42 f in Verbindung mit § 42 g der Handwerksordnung vom 24. September 1998 (BGBl. I S. 3074), zuletzt geändert durch Art. 3 b des Gesetzes zur Änderung des Gemeindereformgesetzes und andere Gesetze vom 6. September 2005 (BGBl. I S. 2725) und aufgrund § 71 Abs. 7 in Verbindung mit § 59 und 60 des Berufsbildungsgesetzes vom 23. März 2005 (BGBl. I, Seite 931) die folgende Umschulungsprüfungsregelung:

Inhaltsverzeichnis
§ 1 Anwendungsbereich
§ 2 Ziel, Inhalt und Anforderungen der Umschulungsprüfung
§ 3 Bezeichnung des Umschulungsabschlusses
§ 4 Zulassung zur Umschulungsprüfung
§ 5 Prüfungsverfahren
§ 6 Inkrafttreten

§ 1 Anwendungsbereich
Nachstehende Vorschriften gelten für Umschulungsprüfungen für Umschulungen der Handwerkskammer ... in nach der Handwerksordnung staatlich anerkannten Ausbildungsberufen sowie für Umschulungen in nach dem Berufsbildungsgesetz staatlich anerkannten Ausbildungsberufen.
§ 2 Ziel, Inhalt und Anforderungen der Umschulungsprüfung
Für Umschulungsprüfungen in anerkannten Ausbildungsberufen gelten die Bestimmungen über die Gesellen- oder Abschlussprüfung der jeweils einschlägigen Ausbildungsordnung.
§ 3 Bezeichnung des Umschulungsabschlusses
Die erfolgreich abgelegte Umschulungsprüfung führt zu der in der jeweiligen Ausbildungsordnung genannten Abschlussbezeichnung.
§ 4 Zulassung zur Prüfung
(1) Zur Prüfung ist zuzulassen
1. wer an einer auf das Ausbildungsziel des jeweiligen staatlich anerkannten Ausbildungsberufs gerichteten Umschulungsmaßnahme teilgenommen hat, welche nach Art, Ziel und Dauer den besonderen Erfordernissen der beruflichen Erwachsenenbildung entsprochen hat,
2. wessen Umschulungsmaßnahme der Handwerkskammer schriftlich angezeigt wurde und
3. wer die im Umschulungsvertrag vereinbarte Ausbildungsdauer zurückgelegt hat.
(2) Sofern die Umschulungsprüfung in zwei zeitlich auseinanderfallenden Teilen durchgeführt wird, ist über die Zulassung gesondert zu entscheiden. Dies gilt nicht, wenn Umschüler aus Gründen, die sie nicht zu vertreten haben, am ersten Teil der Umschulungsprüfung nicht teilgenommen haben. In diesem Fall ist der erste Teil der Umschulungsprüfung zusammen mit dem zweiten Teil abzulegen.
§ 5 Prüfungsverfahren
Für die Durchführung von Umschulungsprüfungen gelten die Bestimmungen der Prüfungsordnungen der Handwerkskammer [Name der Kammer] vom [Datum der Prüfungsordnung und Angabe der Publikation, in der die Prüfungsordnung veröffentlicht worden ist.].
§ 6 Inkrafttreten
Diese Umschulungsprüfungsregelung tritt am Tage ihrer Veröffentlichung in [Angabe der Publikation.] in Kraft.

7   Eine Errichtung von Umschulungsprüfungsausschüssen durch eine Innung ist unzulässig. Die Vorschrift verweist nicht auf § 33, so dass eine Delegation der Prüfungsdurchführung auf eine Innung nicht möglich ist. Die Handwerkskammer allein kann einen Umschulungsprüfungsausschuss errichten.

D. Befreiung von Prüfungsbestandteilen

I. Befreiungsvoraussetzungen

8   Die Handwerkskammer kann einen Teilnehmer von **einzelnen Prüfungsbestandteilen** bei der Umschulungsprüfung befreien. Unter Prüfungsbestandteile sind Prüfungsteile, Prüfungsfächer, Prüfungsbereiche oder Handlungsfelder zu verstehen, die in der Prüfungsordnung gesondert dargestellt werden. Dem Wortlaut nach ist eine Befreiung von der gesamten Prüfung nicht zulässig, sondern lediglich eine Befreiung von einzelnen Prüfungsbestandteilen.

9   Eine Befreiung ist nur möglich, wenn eine andere vergleichbare Prüfung vor einer öffentlichen oder staatlich anerkannten Bildungseinrichtung oder vor einem staatlichen Prüfungsausschuss erfolgreich abgelegt worden ist. Eine Befreiung aufgrund einer teilweise bestandenen Prüfung ist aufgrund des Wortlauts unzulässig. Die andere Prüfung muss mit der Umschulungsprüfung **vergleichbar** sein. Dabei müssen sich die Inhalte und die Anforderungen der Umschulungsprüfung mit denen der anderen Prüfung entsprechen. Eine Befreiung ist einzig aufgrund einer anderen **inländischen** Prüfung möglich, da der Gesetzgeber ausländische Qualifikationen nicht ausdrücklich erwähnt hat (Schwannecke/Witt § 42c Rn. 7).

10 Die Anmeldung zur Umschulungsprüfung muss innerhalb eines Zeitraums von fünf Jahren ab Bekanntgabe des anderen Prüfungsergebnisses erfolgen. Maßgeblich ist also der Zeitpunkt der Mitteilung des anderen Prüfungsergebnisses und nicht der Zeitpunkt des Ablegens der anderen Prüfung. Die Anmeldung ist nur für den nächstmöglichen Prüfungstermin zulässig.

11 Der Prüfling hat einen **Rechtsanspruch** auf Befreiung, wenn die Voraussetzungen des § 42i Abs. 4 gegeben sind. Eine ganz oder teilw. ablehnende Entscheidung kann vor dem Verwaltungsgericht angegriffen werden.

II. Befreiungsverfahren

Die Handwerkskammer ist für die Entscheidung über die Befreiung von Prüfungsbestandteilen **zuständig**. Das Befreiungsverfahren wird nur auf **Antrag** des Prüflings durchgeführt. Dem Antrag sind zweckmäßigerweise entsprechende Unterlagen für die Prüfung der Befreiungsmöglichkeit beizulegen. Eine Prüfung von Amts wegen, ob ein Prüfling von Prüfungsbestandteilen befreit werden kann, ist aufgrund des eindeutigen Wortlauts unzulässig. 12

§ 42j [Gleichwertige Prüfungszeugnisse]

Das Bundesministerium für Wirtschaft und Energie kann im Einvernehmen mit dem Bundesministerium für Bildung und Forschung nach Anhörung des Hauptausschusses des Bundesinstituts für Berufsbildung durch Rechtsverordnung außerhalb des Anwendungsbereichs dieses Gesetzes oder im Ausland erworbene Prüfungszeugnisse den entsprechenden Zeugnissen über das Bestehen einer Umschulungsprüfung auf der Grundlage der §§ 42e und 42f gleichstellen, wenn die in der Prüfung nachzuweisenden beruflichen Fertigkeiten, Kenntnisse und Fähigkeiten gleichwertig sind.

Überblick

Das Bundeswirtschaftsministerium kann durch Rechtsverordnung inländische Prüfungszeugnisse, die nicht nach Maßgabe der HwO erworben wurden, mit Umschulungsprüfungszeugnissen gleichstellen. Ebenso kann das Ministerium durch Rechtsverordnung die Gleichwertigkeit im Ausland erworbener Prüfungszeugnisse festlegen.

Die praktische Bedeutung der Vorschrift ist allerdings gering, da das Bundeswirtschaftsministerium bislang keine derartigen Rechtsverordnungen erlassen hat.

Die Vorschrift entspricht § 42 Abs. 3 aF und wurde durch das Berufsbildungsreformgesetz v. 23.3.2005 zu einer eigenständigen Regelung ausgestaltet.

Die Parallelregelung zu § 42j enthält § 63 BBiG.

Durch Rechtsverordnung kann das Bundeswirtschaftsministerium andere Prüfungszeugnisse einem Umschulungsprüfungszeugnis gleichstellen. Es können sowohl **ausländische Prüfungszeugnisse** als auch **inländische Prüfungszeugnisse**, die nicht aufgrund einer Umschulungsordnung nach § 42e oder einer Umschulungsprüfungsregelung nach § 42f ausgestellt worden sind, gleichgestellt werden. Die Gleichstellung bezieht sich auf Zeugnisse aufgrund einer Umschulungsordnung nach § 42e oder nach einer Umschulungsprüfungsregelung § 42f. 1

Die Gleichstellung erfolgt durch Rechtsverordnung. Vor dem Erlass ist der Hauptausschuss des Bundesinstituts für Berufsbildung anzuhören und das Einvernehmen mit dem Bundesbildungsministerium herzustellen. 2

Voraussetzung für die Gleichstellung mit einem Umschulungsprüfungszeugnis ist die **materielle Gleichwertigkeit**. Dabei müssen die in der anderen Prüfung nachzuweisenden beruflichen Fertigkeiten, Kenntnisse und Fähigkeiten denen der Umschulungsprüfung entsprechen. Bestehen keine wesentlichen Unterschiede zwischen den Prüfungsanforderungen der anderen Prüfung und der Umschulungsprüfung, so ist von einer Gleichwertigkeit auszugehen. 3

Eine Anerkennung ist aufgrund einer fehlenden Rechtsgrundlage nicht möglich, solange eine entsprechende Rechtsverordnung nicht erlassen worden ist. Bei anderen inländischen Prüfungszeugnisse ist eine Befreiung nach § 42i Abs. 4 möglich (→ § 42i Rn. 8). Bei ausländischen Prüfungszeugnissen ist lediglich eine Berücksichtigung iRd Prüfung der Zulassungsvoraussetzungen nach § 42h zulässig (→ § 42h Rn. 1), da die Befreiungsmöglichkeit nach § 42i Abs. 4 nur bei inländischen Prüfungszeugnissen gegeben ist (→ § 42i Rn. 9). 4

Siebenter Abschnitt: Berufliche Bildung behinderter Menschen, Berufsausbildungsvorbereitung

§ 42k [Ausbildung]

Behinderte Menschen (§ 2 Abs. 1 Satz 1 des Neunten Buches Sozialgesetzbuch) sollen in anerkannten Ausbildungsberufen ausgebildet werden.

Überblick

Die §§ 42k–42q enthalten die Vorschriften über die berufliche Bildung behinderter Menschen.
Die Vorschrift stellt klar, dass die Berufsausbildung behinderter Menschen vorrangig in anerkannten Ausbildungsberufen stattfinden soll. Die Norm basiert auf § 42b aF und wurde durch das Berufsbildungsreformgesetz vom 23.3.2005 neu gefasst.
Die Parallelregelung zu § 42k enthält § 64 BBiG.

1 Durch die Vorschrift wird klargestellt, dass die Berufsausbildung behinderter Menschen vorrangig in **anerkannten Ausbildungsberufen** erfolgen soll. Damit kann eine Ausbildung in allen Berufen stattfinden, für die eine Ausbildungsordnung nach § 25 erlassen worden ist oder Regelungen nach § 122 Abs. 4 fortgelten. Bei der Durchführung der Ausbildung behinderter Menschen sind die allgemeinen Bestimmungen der jeweiligen Ausbildungsordnung hinsichtlich des Ausbildungsinhalts sowie der Prüfung ohne Einschränkung anzuwenden. Für den Fall, dass aufgrund der Art und Schwere der Behinderung eine Ausbildung in einem anerkannten Ausbildungsberuf nicht möglich ist, findet § 42m Anwendung (→ § 42m Rn. 1).

2 Die Vorschrift verweist bezüglich der Definition der Behinderung auf § 2 Abs. 1 S. 1 SGB IX. Danach sind Menschen behindert, wenn ihre körperliche Funktion, geistige Fähigkeit oder seelische Gesundheit mit hoher Wahrscheinlichkeit länger als sechs Monate von dem für das Lebensalter typischen Zustand abweichen und daher ihre Teilhabe am Leben in der Gesellschaft beeinträchtigt ist. Danach kommt es darauf an, dass eine **negative Abweichung** bezüglich Körper, Geist oder Seele besteht, die für das Lebensalter untypisch ist und voraussichtlich länger als sechs Monate andauern wird. Diese Abweichung muss ursächlich für eine **Beeinträchtigung** bei der Teilhabe am Leben in der Gesellschaft sein.

3 Es sind drei Gruppen von behinderten Menschen unterscheiden. Bei einer **körperlichen Behinderung** ist die Arbeitsfähigkeit und die Bewegungsfähigkeit aufgrund physischer Schädigung erheblich eingeschränkt (Detterbeck Rn. 5; Benecke/Hergenröder/Benecke BBiG § 64 Rn. 6). Eine **geistige Behinderung** liegt vor, wenn das Intelligenzniveau weit unter dem Durchschnitt liegt oder eine Krankheit den Lernfortschritt und Entwicklungsfortschritt verhindert (HK-BBiG/Proyer-Popella BBiG § 64 Rn. 6). Eine **seelische Behinderung** ist bei einer neurotischen oder psychotischen Erkrankung gegeben, die eine Berufsausbildung erschwert (Detterbeck Rn. 5; Benecke/Hergenröder/Benecke BBiG § 64 Rn. 6).

§ 42l [Behindertengerechte Regelung der Ausbildung]

(1) ¹Regelungen nach den §§ 38 und 41 sollen die besonderen Verhältnisse behinderter Menschen berücksichtigen. ²Dies gilt insbesondere für die zeitliche und sachliche Gliederung der Ausbildung, die Dauer von Prüfungszeiten, die Zulassung von Hilfsmitteln und die Inanspruchnahme von Hilfeleistungen Dritter, wie Gebärdendolmetscher für hörbehinderte Menschen.

(2) ¹Der Berufsausbildungsvertrag mit einem behinderten Menschen ist in die Lehrlingsrolle (§ 28) einzutragen. ²Der behinderte Mensch ist zur Gesellenprüfung auch zuzulassen, wenn die Voraussetzungen des § 36 Abs. 1 Nr. 2 und 3 nicht vorliegen.

Überblick

§ 42l Abs. 1 verpflichtet die Handwerkskammer, die besonderen Verhältnisse behinderter Menschen zu berücksichtigen und dementsprechende Regelungen zu erlassen (→ Rn. 1). Die besonderen Verhältnisse können lediglich beim Ablauf der Ausbildung und dem Prüfungsverfahren berücksichtigt werden, nicht bei den Inhalten der Ausbildung oder Prüfung (→ Rn. 2).

§ 42l Abs. 2 bestimmt, dass der Ausbildungsvertrag in die Lehrlingsrolle einzutragen ist (→ Rn. 3). Ferner erfährt der behinderte Mensch eine Privilegierung im Hinblick auf die Zulassungsvoraussetzungen zur Gesellenprüfung, indem er nur das Zurücklegen der Ausbildungszeit nachweisen muss (→ Rn. 5).

Die Vorschrift beruht auf § 42c aF und wurde durch das Berufsbildungsreformgesetz vom 23.3.2005 leicht geändert.

Die Parallelregelung zu § 42l enthält § 65 BBiG.

A. Berücksichtigung besonderer Verhältnisse behinderter Menschen

Die Handwerkskammer soll die besonderen Verhältnisse behinderter Menschen bei der inhaltlichen Gestaltung der Gesellenprüfungsordnung nach § 38 und bei Regelungen zur Berufsausbildung nach § 41 berücksichtigen. Allerdings bleibt die Ausbildungsordnung nach § 25 für die Durchführung der Berufsausbildung und der Prüfung maßgeblich, eine Ausnahme vom Ausschließlichkeitsgrundsatz des § 25 Abs. 2 (→ § 25 Rn. 7) ist nicht vorgesehen (Detterbeck Rn. 1). Das bedeutet, dass iRd Ausbildung die wesentlichen Ausbildungsinhalte vollständig vermittelt werden müssen. Ebenso dürfen die Prüfungsanforderungen nicht herabgesetzt werden (Detterbeck Rn. 2). Das Ziel ist es, durch besondere Förderung oder durch Nachteilsausgleich dem behinderten Menschen einen sinnvollen Berufsabschluss zu ermöglichen (Honig/Knörr § 42q Rn. 2). 1

Die Vorschrift zählt nicht abschließend Gegenstände spezifischer Sonderregelungen für behinderte Menschen auf. Diese betreffen ausschließlich den äußeren Ablauf der Berufsausbildung und das Prüfungsverfahren, inhaltliche Änderungen sind nicht erfasst (Detterbeck Rn. 2). Danach sind Abweichungen bei der zeitlichen und sachlichen Gliederung der Ausbildung möglich. IRd Prüfungsdurchführung können Erschwernisse behinderter Menschen bei der Dauer von Prüfungszeiten, der Zulassung von Hilfsmitteln und der Inanspruchnahme von Hilfeleistungen Dritter, wie Gebärdendolmetscher, berücksichtigt werden. Die Handwerkskammer muss bei diesen Sonderregelungen die besondere Situation des jeweiligen behinderten Prüflings mit einbeziehen (Leinemann/Taubert BBiG § 65 Rn. 6). Mögliche Ausgleichsmaßnahmen sind auch in der Empfehlung des Hauptausschusses des Bundesinstituts für Berufsbildung zur Berücksichtigung besonderer Belange Behinderter bei Zwischen-, Abschluss- und Gesellenprüfungen aufgezählt (→ Rn. 2.1). 2

Empfehlung des Hauptausschusses des Bundesinstituts für Berufsbildung zur Berücksichtigung besonderer Belange Behinderter bei Zwischen-, Abschluss- und Gesellenprüfungen vom 24.5.1985 (Leinemann/Taubert BBiG § 65 Anhang). 2.1

1. Nach § 13 Abs. 4 der Musterprüfungsordnung für die Durchführung von Abschluss- bzw. Gesellenprüfungen sind die besonderen Belange der körperlich, geistig und seelisch Behinderten bei der Prüfung zu berücksichtigen. Diese Empfehlung soll Hinweise geben, wie der o. g. Prüfungsvorschrift Rechnung getragen werden kann.

2. Die Empfehlung soll von den zuständigen Stellen (einschließlich der Innungen im Handwerk), ihren Prüfungsausschüssen und allen übrigen am Ausbildungsgeschehen Beteiligten berücksichtigt werden.

3. Bei der Anmeldung zur Prüfung ist auf das Vorliegen einer Behinderung hinzuweisen, wenn diese bei der Durchführung der Prüfung berücksichtigt werden soll.

4. Die Feststellung, dass eine zu berücksichtigende Behinderung vorliegt, erfolgt durch die zuständige Stelle, bei erst später gegebenem Hinweis durch den Prüfungsausschuss. Grundlage für diese Feststellung können u. a. ärztliche und psychologische Stellungnahmen sowie andere differenzierte Befunde amtlicher Stellen wie z. B. die der Träger der beruflichen Rehabilitation sein.

5. Bei der Vorbereitung der Prüfung wird festgelegt, durch welche besonderen Maßnahmen die Belange des Behinderten berücksichtigt werden.

6. Die besonderen Maßnahmen dürfen lediglich die behinderungsbedingte Benachteiligung ausgleichen. Die Prüfungsanforderungen dürfen dadurch qualitativ nicht verändert werden.
7. Um die Belange der Behinderten bei der Durchführung der Prüfung zu berücksichtigen, kommen in Betracht:
7.1 Eine besondere Organisation der Prüfung, z. B. :
- Prüfung ganz oder teilweise am eigenen Ausbildungsplatz;
- Einzel- statt Gruppenprüfung.
7.2 Eine besondere Gestaltung der Prüfung, z. B. :
- Zeitverlängerung;
- angemessene Pausen;
- Änderung der Prüfungsformen;
- Abwandlung der Prüfungsaufgaben;
- zusätzliche Erläuterung der Prüfungsaufgaben.
7.3 Die Zulassung spezieller Hilfen, z. B. :
- größere Schriftbilder;
- Anwesenheit einer Vertrauensperson;
- Zulassung besonders konstruierter Apparaturen;
- Einschaltung eines Dolmetschers.
8. Bei der Zwischenprüfung sollte bereits erprobt werden, in welcher Weise Behinderungen im Einzelfall bei der Abschluß- bzw. Gesellenprüfung zu berücksichtigen sind.
9. Diese Empfehlung gilt für Abschluss- und Gesellenprüfungen sowie für Prüfungen gem. §§ 48, Abs. 2, 44 Berufsbildungsgesetz bzw. §§ 42 b Abs. 2, 41 Handwerksordnung. Für Zwischenprüfungen gilt diese Empfehlung sinngemäß.

B. Eintragung in die Lehrlingsrolle

3   Der Ausbildungsvertrag mit einem behinderten Menschen ist **zwingend** in die Lehrlingsrolle nach § 28 einzutragen. Dabei muss der Vertrag sich auf eine Ausbildung in einem anerkannten Ausbildungsberuf beziehen (→ § 28 Rn. 4). Aufgrund dieser Eintragungspflicht erst kann die Handwerkskammer ihrer Aufgabe der Überwachung und Förderung der Berufsausbildung in umfassender Weise nachkommen (→ § 28 Rn. 2). Zudem erhält sie dadurch die erforderlichen Daten, um die Abnahme der Prüfung organisieren zu können.

4   Auch bei einer Ausbildung in **außerbetrieblichen Ausbildungsstätten**, wie zB Berufsbildungswerke für Behinderte, besteht die Eintragungspflicht, wenn ein Ausbildungsvertrag abgeschlossen worden ist (Leinemann/Taubert BBiG § 65 Rn. 9).

C. Zulassung zur Gesellenprüfung

5   Die Vorschrift statuiert eine **prüfungsrechtliche Privilegierung** behinderter Menschen bei der Zulassung zur Gesellenprüfung. Der behinderte Prüfling hat einen Rechtsanspruch auf Zulassung, wenn die Voraussetzungen allein nach § 36 Abs. 1 Nr. 1 erfüllt sind. Es ist also ausreichend, wenn der behinderte Mensch die **Ausbildungszeit zurückgelegt** hat (→ § 36 Rn. 5) oder diese nicht später als zwei Monate nach dem Prüfungstermin endet (→ § 36 Rn. 6). Dagegen sind die Teilnahme an der Zwischenprüfung (→ § 36 Rn. 7) und das Führen der schriftlichen Ausbildungsnachweise (→ § 36 Rn. 8) für die Zulassung nicht relevant. Ebenso muss das Lehrverhältnis nicht in die Lehrlingsrolle eingetragen sein (→ § 36 Rn. 9), wobei auch ein Verschulden des Lehrlings oder seines Vertreters bezüglich der Nichteintragung unbeachtlich ist (Schwannecke/Sandtvos Rn. 5). Im Fall der **gestreckten Gesellenprüfung** nach § 36a ist keine Zwischenprüfung mehr vorgesehen (→ § 39 Rn. 1), so dass der behinderte Prüfling an Teil 1 der Gesellenprüfung teilnehmen muss. Von formellen Zulassungsvoraussetzungen, zB schriftliche Anmeldung zur Prüfung, kann aufgrund § 42l Abs. 2 S. 2 nicht abgewichen werden; dies ist allenfalls auf Grundlage von § 42l Abs. 1 denkbar (Leinemann/Taubert BBiG § 65 Rn. 11).

6   Die **Entscheidung** über die Zulassung obliegt dem Vorsitzenden des Prüfungsausschusses nach § 37a Abs. 1; der Ausschuss entscheidet, wenn dieser die Zulassungsvoraussetzung nach § 42l Abs. 2 S. 2 für nicht gegeben hält (→ § 37a Rn. 2). Gegen die ablehnende Zulassungsentscheidung kann der Prüfling vor den Verwaltungsgerichten klagen.

§ 42m [Ausbildungsregelungen]

(1) ¹Für behinderte Menschen, für die wegen Art und Schwere ihrer Behinderung eine Ausbildung in einem anerkannten Ausbildungsberuf nicht in Betracht kommt, trifft die Handwerkskammer auf Antrag der behinderten Menschen oder ihrer gesetzlichen Vertreter Ausbildungsregelungen entsprechend den Empfehlungen des Hauptausschusses des Bundesinstituts für Berufsbildung. ²Die Ausbildungsinhalte sollen unter Berücksichtigung von Lage und Entwicklung des allgemeinen Arbeitsmarktes aus den Inhalten anerkannter Ausbildungsberufe entwickelt werden. ³Im Antrag nach Satz 1 ist eine Ausbildungsmöglichkeit in dem angestrebten Ausbildungsgang nachzuweisen.

(2) § 42l Abs. 2 Satz 1 gilt entsprechend.

Überblick

§ 42m normiert eine Ausnahme vom Grundsatz, dass behinderte Menschen vorrangig in anerkannten Ausbildungsberufen ausgebildet werden sollen. § 42m Abs. 1 enthält dazu eine Sonderregelung, wenn eine derartige Ausbildung aufgrund der Art und Schwere der Behinderung nicht möglich ist. In diesem Fall ist die Handwerkskammer zum Erlass von speziellen Ausbildungsregelungen verpflichtet (→ Rn. 1).

Nach § 42m Abs. 2 sind die Berufsausbildungsverträge in die Lehrlingsrolle einzutragen, um der Handwerkskammer eine Überwachung der Berufsausbildung iRd Ausbildungsregelungen zu ermöglichen (→ Rn. 7).

Die Vorschrift beruht auf § 42d aF und wurde durch das Berufsbildungsreformgesetz vom 23.3.2005 leicht geändert.

Die Parallelregelung zu § 42m enthält § 66 BBiG.

A. Ausbildungsregelung für behinderte Menschen

Die Vorschrift stellt eine Ausnahme von dem Grundsatz des § 42k dar. Danach sollen behinderte Menschen vorrangig in anerkannten Ausbildungsberufen ausgebildet werden (→ § 42k Rn. 1). Dabei können ihnen nach § 42l während der Berufsausbildung bestimmte Erleichterungen gewährt werden (→ § 42l Rn. 1). Nur für den Fall, dass behinderte Menschen aufgrund der Art und der Schwere der Behinderung keine Berufsausbildung in einem anerkannten Ausbildungsberuf absolvieren können, ist die Handwerkskammer verpflichtet, spezielle Ausbildungsregelungen nach § 42m zu erlassen. Dabei handelt es sich um **abstrakt-generelle Regelungen**, also Ausbildungsregelungen für sog Behindertenberufe. Die Handwerkskammer ist nicht zum Erlass einer individuellen Ausbildungsregelung für den antragstellenden behinderten Menschen verpflichtet (Detterbeck Rn. 1; aA Benecke/Hergenröder/Benecke BBiG § 66 Rn. 2). 1

Voraussetzung für eine Ausbildungsregelung ist, dass aufgrund der **Art und Schwere der Behinderung** eine Ausbildung in einem anerkannten Ausbildungsberuf nicht möglich ist. Es kommen also nur behinderungsbezogene Gründe in Betracht. Andere Erschwernisse, wie mangelnde Sprachkenntnisse, Integrationsschwierigkeiten, oder Vermittlungshemmnisse, wie mangelnde Ausbildungsmöglichkeiten am Wohnort, rechtfertigen eine Ausbildung auf Grundlage des § 42m nicht (Schwannecke/Sandtvos Rn. 4, Leinemann/Taubert BBiG § 66 Rn. 4). Die Handwerkskammer ist für die **Feststellung** der Art und Schwere zuständig. Aufgrund der fehlenden Sachkunde ist regelmäßig die Hinzuziehung von Ärzten, Psychologen oder Psychiatern für die Entscheidung erforderlich. Ebenso kann die Beurteilung, ob eine Ausbildung auf Grundlage des § 42m geboten ist, durch den Reha-Berater der Agentur für Arbeit mithilfe eines Gutachtens des Psychologischen Dienstes der Bundesagentur für Arbeit erfolgen (Schwannecke/Sandtvos Rn. 4). Die Feststellung hinsichtlich der Art und Schwere kann nur inzident im verwaltungsgerichtlichen Verfahren überprüft werden, wenn der Antrag auf Ausbildung auf Grundlage von § 42m abgelehnt wird (HK-BBiG/Proyer-Propella BBiG § 66 Rn. 5). 2

Weitere Voraussetzung ist ein **Antrag** auf Ausbildung nach § 42m. Der Antrag ist vom behinderten Menschen oder seinem gesetzliche Vertreter zu stellen. Zusammen mit dem 3

Antrag ist auch nachzuweisen, dass eine Ausbildungsmöglichkeit in dem angestrebten Ausbildungsgang gegeben ist. In diesem Fall hat die Handwerkskammer keinen Ermessensspielraum hinsichtlich des Erlasses einer Ausbildungsregelung nach § 42m, sondern eine Pflicht zum Erlass. Aufgrund des Wortlauts der Vorschrift hat der Hauptausschuss des Bundesinstituts für Berufsbildung in den Rahmenregelungen für Ausbildungsregelungen (→ Rn. 5.1) festgelegt, dass die Handwerkskammer als zuständige Stelle auch die **Initiative** für den Erlass einer Ausbildungsregelung ergreifen kann, ohne dass ein Antrag vorliegt.

4   Vor dem **Erlass** einer Ausbildungsregelung nach § 42m ist die Stellungnahme des Berufsbildungsausschusses einzuholen (→ § 44 Rn. 8), da durch die Regelung die Durchführung des Berufsausbildung gestaltet wird. Die Ausbildungsregelung ist gem. § 106 Abs. 1 Nr. 10 von der Vollversammlung zu beschließen und nach § 106 Abs. 2 S. 1 von der obersten Landesbehörde rechtsaufsichtlich zu genehmigen. Die Ausbildungsregelung ist gem. § 106 Abs. 2 S. 2 bekanntzumachen.

5   Die Ausbildungsregelung muss sich an den Empfehlungen des Hauptausschusses des Bundesinstituts für Berufsbildung orientieren (→ Rn. 5.1). Dadurch soll eine Vereinheitlichung der Ausbildungsregelungen erreicht werden. Die Handwerkskammer hat diesbezüglich keinen Spielraum für Abweichungen. Für bestimmte Bereiche hat der Hauptausschuss Musterausbildungsregelungen beschlossen (→ Rn. 5.2).

5.1   Der Hauptausschuss des Bundesinstituts für Berufsbildung hat am 20.6.2006 **Rahmenrichtlinien für Ausbildungsregelungen** nach § 66 BBiG und § 42m HwO für behinderte Menschen beschlossen (BAnz. 130/2006). Die Rahmenrichtlinien regeln das Verfahren für die Feststellung der Notwendigkeit einer Ausbildung auf Grundlage einer Ausbildungsregelung nach § 42m und die Durchführung der Ausbildung. Daneben enthalten sie ein Muster für den Antrag sowie ein Muster für den Nachweis der Ausbildungsmöglichkeit. Die Richtlinien wurden am 17.12.2009 durch eine Empfehlung für eine **Rahmenregelung für Ausbildungsregelungen** für behinderte Menschen gemäß § 66 BBiG/§ 42m HwO ergänzt (BAnz. Nr. 118a/2009). Die Rahmenregelung dient als Grundlage für die Ausarbeitung von Ausbildungsregelungen.

5.2   Folgende Empfehlungen für Ausbildungsregelungen sind im Bereich Handwerk erarbeitet und als Empfehlung vom Hauptausschuss des Bundesinstituts für Berufsbildung beschlossen worden:
- Empfehlung für eine Ausbildungsregelung Fachpraktiker für Bürokommunikation/Fachpraktikerin für Bürokommunikation gemäß § 66 BBiG/§ 42m HwO v. 15.12.2010
- Empfehlung für eine Ausbildungsregelung Fachpraktiker für Holzverarbeitung/Fachpraktikerin für Holzverarbeitung gemäß § 66 BBiG/§ 42m HwO v. 15.12.2010
- Empfehlung für eine Ausbildungsregelung Fachpraktiker für Metallbau/Fachpraktikerin für Metallbau gemäß § 66 BBiG/§ 42m HwO v. 15.12.2010

6   Die **Ausbildungsinhalte** sollen aus den Inhalten anerkannter Ausbildungsberufe entwickelt werden. Die Inhalte der Ausbildungsregelung sollen sich also am sachlich einschlägigen Ausbildungsberuf orientieren (Detterbeck Rn. 3). Ziel ist es behinderte Menschen in **tätigkeitsverwandten Fachberufen** auszubilden und dadurch eine Grund- und Teilqualifizierung zu erreichen. Des Weiteren sollen bei der Entwicklung der Inhalte die Bedürfnisse des allgemeinen Arbeitsmarktes berücksichtigt werden. Damit soll eine bedarfsgerechte Ausbildung erreicht werden. Ziel bei der Entwicklung von Ausbildungsinhalten ist somit ein großes Maß an Praxisnähe und Ähnlichkeit mit dem anerkannten Ausbildungsberuf (Benecke/Hergenröder/Benecke BBiG § 66 Rn. 7).

B. Eintragungspflicht

7   Aufgrund der Verweisung auf § 42l Abs. 2 S. 1 müssen Ausbildungsverträge auf Grundlage von Ausbildungsregelungen für behinderte Menschen in die **Lehrlingsrolle eingetragen** werden. Die Eintragung ermöglicht der Handwerkskammer die Überwachung und Förderung der Berufsausbildung auch bei Ausbildungen im Rahmen einer Ausbildungsregelung nach § 42m. Daher ist auch die Zuständigkeit für die Überwachung nach § 41a mit den gleichen Sanktionsmöglichkeiten wie bei einer Ausbildung in einem anerkannten Ausbildungsberuf gegeben (Schwannecke/Sandtvos Rn. 14).

§ 42n [Berufliche Fortbildung und Umschulung]

Für die berufliche Fortbildung und die berufliche Umschulung behinderter Menschen gelten die §§ 42k bis 42m entsprechend, soweit Art und Schwere der Behinderung dies erfordern.

Überblick

Durch § 42n werden die Grundsätze der Berufsausbildung behinderter Menschen auf die Bereiche der beruflichen Fortbildung und der beruflichen Umschulung für diesen Personenkreis übertragen.

Die Vorschrift entspricht § 42e aF und wurde durch das Berufsbildungsreformgesetz vom 23.3.2005 an die Änderungen des BBiG und der HwO angepasst.

Die Parallelregelung zu § 42n enthält § 67 BBiG.

Die Vorschrift erklärt die Prinzipien der Berufsausbildung behinderter Menschen auf die Bereiche der beruflichen Fortbildung und der beruflichen Umschulung für entsprechend anwendbar. Behinderter Mensch ist aufgrund des Verweises auf § 42k eine Person, die Merkmale nach § 2 Abs. 1 S. 1 SGB IX aufweist (→ § 42k Rn. 2). 1

Bei **Fortbildungsprüfungen** sind vorrangig die Prüfungen nach den Fortbildungsordnungen des § 42 oder nach den Fortbildungsprüfungsregelungen gemäß § 42a durchzuführen. Die Handwerkskammer muss auch hier auf die besonderen Verhältnisse behinderter Menschen Rücksicht nehmen. Nachdem im Bereich der beruflichen Fortbildung keine Vorgaben für die Fortbildungsmaßnahmen in den Vorschriften auf Grundlage von § 42 (→ § 42 Rn. 3) bzw. § 42a (→ § 42a Rn. 5) gemacht werden, sind **Sonderregelungen** nur für die Durchführung der Fortbildungsprüfung möglich. Allerdings sind aufgrund des Grundsatzes der Chancengleichheit keine Sonderregelungen hinsichtlich der Prüfungsanforderungen zulässig. Für den Fall, dass aufgrund der Art und Schwere der Behinderung eine Fortbildungsprüfung nicht in Frage kommt, ist die Handwerkskammer in entsprechender Anwendung von § 42m auf Antrag verpflichtet, eine besondere **Fortbildungsregelung für behinderte Menschen** zu erlassen (Detterbeck Rn. 2). Bislang ist noch keine derartige Vorschrift erlassen worden. 2

Im Bereich der **Umschulung** soll diese primär nach den Vorgaben einer Umschulungsordnung nach § 42e bzw. Umschulungsprüfungsregelung nach § 42f erfolgen. Die Handwerkskammer ist verpflichtet, auf die besonderen Verhältnisse behinderter Menschen Rücksicht zu nehmen. Sofern in den entsprechenden Umschulungsvorschriften auch Vorgaben zur Umschulungsmaßnahme geregelt sind, sind auch **Sonderregelungen** diesbezüglich möglich. Bei einer Umschulung in einen anerkannten Ausbildungsberuf ist die betreffende Ausbildungsordnung maßgeblich, so dass in diesem Fall aufgrund des Ausschließlichkeitsgrundsatzes (→ § 25 Rn. 7) lediglich Sonderregelungen hinsichtlich des äußeren Ablaufs der Umschulungsmaßnahme zulässig sind (Benecke/Hergenröder/Benecke BBiG § 67 Rn. 6). In jedem Fall sind die besonderen Verhältnisse bei der Prüfungsdurchführung, nicht aber bei den Prüfungsanforderungen zu berücksichtigen. Zudem ist die Handwerkskammer auf Antrag zum Erlass spezifischer **Umschulungsregelungen für behinderte Menschen** verpflichtet, wenn eine Umschulung aufgrund der Art und Schwere der Behinderung nur zu einem Behindertenberuf möglich ist (Detterbeck Rn. 2). Eine Vorschrift auf Grundlage von § 42n iVm § 42m existiert derzeit nicht. 3

§ 42o [Personenkreis]

(1) ¹Die Berufsausbildungsvorbereitung richtet sich an lernbeeinträchtigte oder sozial benachteiligte Personen, deren Entwicklungsstand eine erfolgreiche Ausbildung in einem anerkannten Ausbildungsberuf (Gewerbe der Anlage A oder der Anlage B) noch nicht erwarten lässt. ²Sie muss nach Inhalt, Art, Ziel und Dauer den besonderen Erfordernissen des in Satz 1 genannten Personenkreises entsprechen und durch umfassende sozialpädagogische Betreuung und Unterstützung begleitet werden.

(2) Für die Berufsausbildungsvorbereitung, die nicht im Rahmen des Dritten Buches Sozialgesetzbuch oder anderer vergleichbarer, öffentlich geförderter Maßnahmen durchgeführt wird, gelten die §§ 21 bis 24 entsprechend.

Überblick

Die Berufsausbildungsvorbereitung richtet sich vorrangig an lernbeeinträchtigte oder sozial benachteiligte Personen, die über ausreichendes Potenzial verfügen, im Anschluss an eine Berufsausbildungsvorbereitung eine Lehre erfolgreich zu beginnen (→ Rn. 1). Bei der Ausgestaltung der Maßnahmen der Berufsausbildungsvorbereitung müssen die Besonderheiten des Adressatenkreises besondere Berücksichtigung finden (→ Rn. 3). Zusätzlich ist eine umfassende sozialpädagogische Betreuung der Teilnehmer erforderlich (→ Rn. 4). Bei einer öffentlich geförderten Maßnahme besteht zwischen Teilnehmer und Arbeitsverwaltung ein öffentlich-rechtliches Leistungsverhältnis, während bei einer betrieblichen Berufsausbildungsvorbereitung zwischen Betrieb und Teilnehmer ein zivilrechtlicher Vertrag geschlossen wird (→ Rn. 6). Im Falle der betrieblichen Berufsausbildungsvorbereitung hat die zuständige Landesbehörde die Verpflichtung, die Eignung des Ausbildungspersonals und der Ausbildungsstätte zu überwachen (→ Rn. 8).
Die Vorschrift wurde durch das Berufsbildungsreformgesetz vom 23.3.2005 neu in die HwO eingefügt.
Die Parallelregelung zu § 42o enthält § 68 BBiG.

A. Zielgruppe der Berufsausbildungsvorbereitung

1   Die Berufsausbildungsvorbereitung richtet sich an **lernbeeinträchtigte oder sozial benachteiligte Personen**. Nach dem Willen des Gesetzgebers sind die Maßnahmen unter anderem für Personen mit schwachem oder fehlendem Hauptschul-, oder vergleichbarem Abschluss bei Beendigung der allgemeinen Schulpflicht, Jugendliche, für die Hilfe zur Erziehung iSd Kinder- und Jugendhilfegesetzes (SGB VIII) geleistet wird, ehemals drogenabhängige Jugendliche, straftentlassene Jugendliche oder junge Strafgefangene, jugendliche Spätaussiedler oder ausländische Jugendliche mit Sprachdefiziten (BT-Drs. 15/26, 30). Die Aufzählung darf aber nicht den Eindruck vermitteln, dass die Berufsausbildungsvorbereitung ausschließlich Personen mit einer besonderen sozialen Indikation vorbehalten ist (Benecke/Hergenröder/Benecke BBiG § 68 Rn. 3). Nach dem Wortlaut der Vorschrift richtet sich die Berufsausbildungsvorbereitung an alle Personen, die aufgrund schulischer Mängel oder Defizite im persönlichen Entwicklungsstand oder in der Sozialisation derzeit für eine Berufsausbildung unzureichend vorbereitet oder ungeeignet sind. Dies bedeutet, dass die Person über **ausreichendes persönliches Potential** verfügt, so dass nach Abschluss der Berufsausbildungsvorbereitung das Ziel einer Lehre möglich erscheint. Das schulische Defizit oder das Defizit im Entwicklungsstand muss also behebbar sein. Daher scheidet die Berufsausbildungsvorbereitung aus, wenn grundlegende intellektuelle Defizite oder Minderbegabungen vorliegen (Benecke/Hergenröder/Benecke BBiG § 68 Rn. 4). Bei behinderten Personen kommt die Berufsausbildungsvorbereitung somit in Betracht, wenn dadurch die spätere Berufsausbildung möglich erscheint. Anderenfalls kommt eine Ausbildung nach § 42m in Frage (→ § 42m Rn. 1). Ferner muss die Maßnahme der Behebung des Mangels an Ausbildungsreife dienen. Die Berufsausbildungsvorbereitung richtet sich daher nicht an Personen, die aus anderen Gründen als der fehlenden Eignung für eine Lehre keinen Ausbildungsplatz erhalten.

2   Die jeweils zuständigen Agentur für Arbeit trifft iRd Berufsberatung nach §§ 30–33 SGB III die Feststellung, ob eine Person zum Adressatenkreis der Berufsausbildungsvorbereitung gehört (Benecke/Hergenröder/Benecke BBiG § 68 Rn. 3).

B. Anforderungen an die Berufsausbildungsvorbereitung

3   Die Maßnahmen der Berufsausbildungsvorbereitung müssen nach Inhalt, Art, Ziel und Dauer den **besonderen Erfordernissen** des Adressatenkreises entsprechen. Dabei ist nicht auf die Bedürfnisse des einzelnen Teilnehmers abzustellen, sondern auf die allgemeinen Bedürfnisse der Zielgruppe (Detterbeck. 6). Vorrangiges **Ziel** ist die spätere Aufnahme einer

Berufsausbildung, indem Grundlagen für den Erwerb beruflicher Handlungsfähigkeit vermittelt werden. Nach dem Willen des Gesetzgebers umfasst dies das Erlernen fachspezifischer Fertigkeiten als auch eine Verbesserung der bildungsmäßigen Voraussetzungen (wie etwa das Nachholen des Hauptschulabschlusses) und eine Verstärkung sozialer Kompetenzen (Teamfähigkeit, Kommunikationsfähigkeit) (BT-Drs. 15/26, 30). Dabei haben sich die Anbieter von Berufsausbildungsvorbereitungsmaßnahmen bei der **inhaltlichen Gestaltung** am Ziel, Aufnahme einer Berufsausbildung, zu orientieren. Daneben ist § 42p zu beachten, der die Vermittlung durch Lerneinheiten konkretisiert (→ § 42p Rn. 2). Hinsichtlich der **Art** macht die Vorschrift keine Vorgaben, daher sind sowohl Maßnahmen für einzelne Teilnehmer oder Gruppen möglich. Ebenso wenig existieren gesetzliche Vorgaben bezüglich der **Dauer**. Im Regelfall dauern Maßnahmen zwischen sechs und zwölf Monaten (Leinemann/Taubert BBiG § 68 Rn. 12).

Nach dem Wortlaut der Vorschrift ist eine umfassende **sozialpädagogische Betreuung** 4 und Begleitung verpflichtend. Nach dem Willen des Gesetzgebers soll jeder Anbieter von Berufsausbildungsvorbereitungsmaßnahmen eine personengerechte Begleitung in sozialpädagogischer Hinsicht sicherstellen (BT-Drs. 15/26, 30). Nachdem die besonderen Bedürfnisse der Teilnehmer im Vordergrund stehen, hält die Literatur eine generelle umfassende Betreuung für kontraproduktiv und beschränkt die Betreuung auf das erforderliche Maß (Schwannecke/Witt Rn. 11; Benecke/Hergenröder/Benecke BBiG § 68 Rn. 9; Leinemann/Taubert BBiG § 68 Rn. 13; HK-BBiG/Wohlgemuth BBiG § 68 Rn. 7). Danach kann die sozialpädagogische Unterstützung im Einzelfall auch komplett entfallen, wenn sie beim Teilnehmer nicht erforderlich ist (Detterbeck Rn. 6).

Eine gesetzliche Regelung, wer Anbieter von Maßnahmen der Berufsausbildungsvorbereitung sein kann, existiert nicht. Daher können sowohl Betriebe als private wie öffentliche Bildungsträger im Bereich der Berufsausbildungsvorbereitung tätig sein. Ebenso ist es möglich, dass Handwerkskammern oder Innungen Maßnahmen der Berufsausbildungsvorbereitung anbieten (Detterbeck Rn. 2). 5

C. Rechtliche Beziehungen zwischen den Beteiligten

Nachdem sowohl Bildungsträger als auch Betriebe Anbieter der Berufsausbildungsvorbereitung sein können, bestehen verschiedene rechtliche Beziehungen zwischen den Beteiligten. So stehen Personen, die an öffentlich geförderten Maßnahmen bei Bildungsträgern teilnehmen, in einem **öffentlich-rechtlichen Leistungsverhältnis** zur Arbeitsverwaltung (BT-Drs. 15/26, 30). Im Falle einer **betrieblichen Berufsausbildungsvorbereitung** wird ein zivilrechtlicher Vertrag zwischen Teilnehmer und Betrieb abgeschlossen. Dieser Vertrag ist weder als Arbeitsvertrag noch als Ausbildungsvertrag zu werten, sondern als **Qualifizierungsvertrag** eigener Art (Schwannecke/Witt Rn. 15; Leinemann/Taubert BBiG § 68 Rn. 7). Die überwiegende Meinung sieht in diesem Qualifizierungsvertrag ein anderes Vertragsverhältnis iSd § 26 BBiG (Schwannecke/Witt Rn. 15; Leinemann/Taubert BBiG § 68 Rn. 7; HK-BBiG/Wohlgemuth BBiG § 68 Rn. 9). Eine andere Ansicht verweist auf den entgegenstehenden Wortlaut des § 26 BBiG, demzufolge berufliche Fertigkeiten, Kenntnisse und Fähigkeiten vermittelt werden müssen, während bei der Berufsausbildungsvorbereitung lediglich Grundlagen für den Erwerb beruflicher Handlungsfähigkeit vermittelt werden (Benecke/Hergenröder/Benecke BBiG § 68 Rn. 6). Diese Meinung überzeugt nicht angesichts des Willens des Gesetzgebers, auch die Qualifizierungsverträge in den Anwendungsbereich der Schutzvorschriften der §§ 10–23 und § 25 BBiG einzubeziehen. Zudem werden iRd Berufsausbildungsvorbereitung nach § 42p Lerneinheiten verwendet, die aus den Inhalten anerkannter Ausbildungsberufe entwickelt werden. Damit werden ebenfalls auch berufliche Kompetenzen vermittelt, so dass eine inhaltlich Nähe zwischen Berufsausbildungsvorbereitung und Berufsausbildung besteht. Inhaltlich sind im Qualifizierungsvertrag die zu vermittelnden Inhalte, sog. Qualifizierungsbausteine, zu vereinbaren. 6

Der Teilnehmer hat nach Beendigung der Berufsausbildungsvorbereitung keinen Anspruch auf Abschluss eines Ausbildungsvertrages (Schwannecke/Witt Rn. 17; Leinemann/Taubert BBiG § 68 Rn. 8). Der Betrieb ist nicht verpflichtet, den Teilnehmer ohne ausdrückliche vertragliche Vereinbarung in ein Ausbildungsverhältnis zu übernehmen. Dieser Automatismus würde der Vertragsautonomie der Parteien widersprechen. 7

D. Eignung von Ausbildungsstätte und Ausbildungspersonal

8 Für die Berufsausbildungsvorbereitung sind die Vorschriften über die Eignung der Ausbildungsstätte (§ 21) und Ausbilder (§ 22) sowie die Überwachung der Eignung (§ 24) anwendbar. Der Anwendungsbereich beschränkt sich dem Wortlaut nach ausschließlich auf Maßnahmen der **betrieblichen Berufsausbildungsvorbereitung**. Durch die Verweisung wird auch die Nähe der Berufsausbildungsvorbereitung zur Berufsausbildung dokumentiert (Benecke/Hergenröder/Benecke BBiG § 68 Rn. 10). Die Ausbildungsstätte muss aufgrund der Ausstattung (→ § 21 Rn. 10) und des Tätigkeitsspektrums (→ § 21 Rn. 9) sowie des Betreuungsverhältnisses (→ § 21 Rn. 11) in der Lage sein, die Maßnahme der Berufsausbildungsvorbereitung durchzuführen. Zudem muss der Ausbilder persönlich (→ § 22a Rn. 1) und fachlich (→ § 22b Rn. 1) geeignet sein. Die nach Landesrecht zuständige Behörde hat die Eignung der Ausbildungsstätten und die Eignung der Ausbilder zu überwachen (→ § 24 Rn. 1). Davon zu unterscheiden ist die Überwachung nach § 42q Abs. 1, die sich auf die Teilnehmer und die Maßnahmen der Berufsausbildungsvorbereitung beziehen (→ § 42q Rn. 1).

9 Die Vorschriften über die Eignung und Überwachung sind **nicht anwendbar**, wenn die Berufsausbildungsvorbereitung iRd SGB III oder anderer öffentlich geförderter Maßnahmen durchgeführt wird. Der Gesetzgeber möchte dadurch Widersprüche zu Anforderungen an Ausbildungsstätten und Ausbildungspersonal, die durch öffentliche Fördermaßnahmen aufgrund anderer Vorschriften aufgestellt werden, vermeiden. Aufgrund der Ausnahme für die außerbetriebliche Berufsausbildungsvorbereitung kann nicht davon ausgegangen werden, dass der Gesetzgeber geringere Anforderungen an die Ausbildungsstätten und Ausbilder gelten lassen möchte. Die Ausbilder müssen ebenfalls persönlich und fachlich geeignet sein. Ebenso müssen die Ausbildungsstätten so ausgestattet sein, dass ausbildungsrelevante Grundlagen effektiv unterwiesen werden können (Detterbeck Rn. 8).

§ 42p [Grundlagen der Berufsausbildungsvorbereitung]

(1) **Die Vermittlung von Grundlagen für den Erwerb beruflicher Handlungsfähigkeit (§ 1 Abs. 2 des Berufsbildungsgesetzes) kann insbesondere durch inhaltlich und zeitlich abgegrenzte Lerneinheiten erfolgen, die aus den Inhalten anerkannter Ausbildungsberufe (Gewerbe der Anlage A oder der Anlage B) entwickelt werden (Qualifizierungsbausteine).**

(2) ¹**Über vermittelte Grundlagen für den Erwerb beruflicher Handlungsfähigkeit stellt der Anbieter der Berufsausbildungsvorbereitung eine Bescheinigung aus.** ²**Das Nähere regelt das Bundesministerium für Bildung und Forschung im Einvernehmen mit dem Bundesministerium für Wirtschaft und Energie nach Anhörung des Hauptausschusses des Bundesinstituts für Berufsbildung durch Rechtsverordnung, die nicht der Zustimmung des Bundesrates bedarf.**

Überblick

§ 42p Abs. 1 die Vermittlung von Grundlagen für den Erwerb beruflicher Handlungsfähigkeit. Als eine Möglichkeit der Vermittlung nennt sie Qualifizierungsbausteine (→ Rn. 2). Die Anbieter von Berufsausbildungsvorbereitungsmaßnahmen haben gem. § 42p Abs. 2 die Verpflichtung gegenüber den Teilnehmern, eine Bescheinigung über die vermittelten Grundlagen auszustellen (→ Rn. 3). Die Bescheinigung bewirkt keine unmittelbaren Rechtsfolgen (→ Rn. 4). Das Bundesbildungsministerium kann Einzelheiten bzgl. der Bescheinigung in einer Rechtsverordnung regeln (→ Rn. 5).

Die Vorschrift wurde durch das Berufsbildungsreformgesetz vom 23.3.2005 in die HwO neu aufgenommen.

Die Parallelregelung zu § 42p enthält § 69 BBiG.

Grundlagen der Berufsausbildungsvorbereitung § 42p HwO

A. Qualifizierungsbausteine

Der Anbieter der Berufsausbildungsvorbereitung hat einen Spielraum bei der Gestaltung der Maßnahme, da keine zwingenden gesetzlichen Vorgaben hinsichtlich der inhaltlichen Gestaltung und der Art und Weise der Vermittlung der Inhalte existieren. Nach § 42p Abs. 1 kann die Vermittlung von Grundlagen für den Erwerb beruflicher Handlungsfähigkeit insbes. durch Qualifizierungsbausteine erfolgen. Aufgrund des Wortlauts der Vorschrift ist die Regelung nicht abschließend. Daher sind neben Qualifizierungsbausteinen auch andere Bestandteile der Ausbildungsvorbereitung, wie der nachträgliche Erwerb des Hauptschulabschlusses oder die Vermittlung von Medienkompetenz möglich (BT-Drs. 15/26, 30). Der Anbieter hat dabei nur die Anforderungen nach § 42o Abs. 1 hinsichtlich des Teilnehmerkreises (→ § 42o Rn. 1) und seiner Bedürfnisse (→ § 42o Rn. 3) sowie des Zwecks der Berufsausbildungsvorbereitung, die Vermittlung von Grundlagen für den Erwerb beruflicher Handlungsfähigkeit, zu beachten. 1

Als Strukturierungselement für die Maßnahme der Berufsausbildungsvorbereitung nennt § 42p Abs. 1 den **Qualifizierungsbaustein**. Die Entwicklung von Qualifizierungsbausteinen dient auch der Vereinheitlichung der Maßnahmen der Berufsausbildungsvorbereitung. Zudem soll mit Hilfe der Qualifizierungsbausteine eine fachliche Grundlage für die Strukturierung der Berufsausbildungsvorbereitung geschaffen werden und den Teilnehmern ermöglicht werden, die erforderlichen Grundlagen für den späteren Erwerb der beruflichen Handlungsfähigkeit im Ausbildungsberuf zu erlernen (Leinemann/Taubert BBiG § 69 Rn. 3). Dazu sind **inhaltlich und zeitlich abgegrenzte Lerneinheiten** zu entwickeln. Damit wird den Bedürfnissen der Teilnehmer Rechnung getragen, die Defizite in der Ausbildungsreife besitzen. Mit Hilfe dieser Lerneinheiten können sich die Teilnehmer die Grundlagen für den Erwerb der beruflichen Handlungsfähigkeit aneignen. Am Schluss jeder Lerneinheit kann eine Leistungsfeststellung durchgeführt werden. Ferner sind die Qualifizierungsbausteine aus den **Inhalten anerkannter Ausbildungsberufe** der Gewerbe der Anlage A und B der HwO zu entwickeln. Dadurch soll eine praxisgerechte Vermittlung von Grundlagen für eine spätere erfolgreiche Berufsausbildung erreicht werden. 2

Der Hauptausschuss des Bundesinstituts für Berufsbildung hat am 12.12.2003 eine Empfehlung „Zentrale Erfassung der von den Kammern bestätigten Qualifizierungsbausteine" (BAnz Nr. 15/2004) beschlossen. Die Kammern sollen alle bestätigten Qualifizierungsbausteine der Dokumentationsstelle beim Bundesinstitut melden bzw. übersenden, um deren vollständige Erfassung zu erreichen. Die Qualifizierungsbausteine sind im Internet im Good Practice Center des Bundesinstituts für Berufsbildung abrufbar. 2.1

B. Bescheinigung

Der Anbieter einer Berufsausbildungsvorbereitungsmaßnahme ist verpflichtet, dem Teilnehmer eine Bescheinigung über die vermittelten Grundlagen für den Erwerb beruflicher Handlungsfähigkeit auszustellen. Der Teilnehmer hat gegenüber dem Anbieter einen **Rechtsanspruch** auf die Ausstellung einer Bescheinigung. Diese ist mit Abschluss der Maßnahme der Berufsausbildungsvorbereitung zu erteilen. Die Berufsausbildungsvorbereitung ist im Regelfall also mit einer **Zertifizierung** zu beenden. Der Anbieter muss eine **Leistungsfeststellung**, bspw. eine Prüfung, durchführen, um neben der Teilnahme an der Maßnahme auch den erfolgreichen Abschluss bescheinigen zu können (Benecke/Hergenröder/Benecke BBiG § 69 Rn. 7). Die Einzelheiten hinsichtlich der Bescheinigung sind gem. § 42p Abs. 2 S. 2 durch Rechtsverordnung zu regeln. 3

Die Bescheinigung bewirkt **keine unmittelbaren Rechtsfolgen**. So handelt es sich nicht um ein Zeugnis über einen anerkannten beruflichen Teilabschluss (Schwannecke/Witt Rn. 6). Denn die Berufsausbildungsvorbereitung dient der Schaffung von Grundlagen für eine Berufsausbildung (→ § 42o Rn. 1). Nach dem Willen des Gesetzgebers soll bei erfolgreichem Abschluss der Berufsausbildungsvorbereitung die Verkürzung der Ausbildungszeit nach § 27b Abs. 1 möglich sein (BT-Drs. 15/26, 30). Nachdem sich die Berufsausbildungsvorbereitung an lernbeeinträchtigte oder sozial benachteiligte Personen richtet und mit dem Ziel durchgeführt wird, Grundlagen für eine erfolgreiche Berufsausbildung zu legen, erscheint dies aber fraglich. Denn aufgrund des Personenkreises scheint eine positive Prognose 4 nach § 27b Abs. 1, das Ausbildungsziel aufgrund einer Maßnahme der Berufsausbildungsvorbereitung schneller zu erreichen, im Regelfall unwahrscheinlich (Schwannecke/Witt Rn. 7; Detterbeck Rn. 5). Im Grundsatz können aber Bescheinigungen über absolvierte Maßnahmen der Berufsausbildungsvorbereitung bei einer Verkürzung der Ausbildungszeit nach § 27b Abs. 1 berücksichtigt werden. Ferner ist strittig, ob der Teilnehmer einen Anspruch auf ein Zeugnis nach § 16 BBiG besitzt. Dies hängt davon ab, ob § 26 BBiG auf den Qualifizierungsvertrag anwendbar ist (→ § 42o Rn. 6). Nachdem die Bescheinigung über die Berufsausbildungsvorbereitung die wesentlichen Daten der Maßnahme und der Vertragsparteien enthält, kann diese als einfaches Zeugnis qualifiziert werden. Verlangt der Teilnehmer dagegen ein qualifiziertes Zeugnis, so ist dies gesondert auszustellen (Schwannecke/Witt Rn. 5; HK-BBiG/Wohlgemuth BBiG § 69 Rn 11).

5 Die Rechtsverordnung nach § 42p Abs. 2 S. 2 erlässt das Bundesbildungsministerium. Vor dem Erlass ist der Hauptausschuss des Bundesinstituts für Berufsbildung anzuhören und das Einvernehmen des Bundeswirtschaftsministeriums herzustellen. Eine Zustimmung des Bundesrats ist nicht erforderlich. Das Bundesbildungsministerium hat von dieser Verordnungsermächtigung bislang noch keinen Gebrauch gemacht. Allerdings wurde eine Rechtsverordnung, die Berufsausbildungsvorbereitungs-Bescheinigungsverordnung, aufgrund § 52 Abs. 2 BBiG aF erlassen. Diese Verordnung wurde iRd Reform des BBiG nicht aufgehoben und ist daher weiterhin anwendbar (Schwannecke/Witt Rn. 8; Benecke/Hergenröder/Benecke BBiG § 69 Rn. 8). Die Rechtsverordnung regelt Einzelheiten zur Bescheinigung und enthält Muster für Bescheinigungen und Zeugnisse.

5.1 Nach dem Wortlaut des § 1 BAVBVO ist die Verordnung auf Maßnahmen der Berufsausbildungsvorbereitung auf Grundlage des BBiG anwendbar. Dies lässt sich damit erklären, dass die Berufsausbildungsvorbereitung erst nachträglich in die HwO mit aufgenommen wurde (BT-Drs. 15/3980, 68). Der Gesetzgeber ging allerdings davon aus, dass die Berufsausbildungsvorbereitung auch im Handwerk stattfinden kann (Schwannecke/Witt Rn. 9).

- Nach § 2 BAVBVO muss die **Bescheinigung** über die in der Berufsausbildungsvorbereitung erworbenen Grundlagen beruflicher Handlungsfähigkeit mindestens den Namen und die Anschrift des Anbieters der Berufsausbildungsvorbereitung, den Namen und die Anschrift des Teilnehmers, die Dauer der Maßnahme und die Beschreibung der vermittelten Inhalte enthalten.
- Hinsichtlich der Bescheinigung und Dokumentation von Qualifizierungsbausteinen enthält § 3 BAVBVO besondere Regelungen. So müssen nach § 3 Abs. 1 BAVBVO Qualifizierungsbausteine ein klar definiertes Qualifizierungsziel, einen Bezug zum Ausbildungsrahmenplan einer Ausbildungsordnung, eine Dauer von mind. 140 und höchstens 420 Zeitstunden und am Ende eine verpflichtende Leistungsfeststellung vorsehen. Der Anbieter ist gem. § 3 Abs. 2 BAVBVO verpflichtet, für jeden Qualifizierungsbaustein ein **Qualifizierungsbild** nach dem Muster der Anlage 1 zu erstellen. Das Qualifizierungsbild muss die Bezeichnung des Qualifizierungsbausteins, den zugrunde liegenden Ausbildungsberuf, das Qualifizierungsziel, die zu vermittelnden Tätigkeiten unter Hinweis auf den Ausbildungsrahmenplan der Ausbildungsordnung, die Dauer der Vermittlung und die Art und Weise der Leistungsfeststellung beinhalten. Fraglich ist, ob die detaillierten Vorgaben hinsichtlich der Qualifizierungsbausteine von der Verordnungsermächtigung gedeckt sind, da aufgrund des Regelungszusammenhangs in § 42p Abs. 2 vorrangig die Inhalte der Bescheinigung und die Modalitäten des Ausstellens geregelt werden sollen (→ Rn. 6). Das Bundesbildungsministerium rechtfertigt die Vorgaben damit, dass ein enger Sachzusammenhang zwischen den Eckpunkten der Qualifizierungsbausteine und der Bescheinigung bestehe (Schwannecke/Witt Rn. 11).
- Der Anbieter kann auf Antrag gem. § 4 BAVBVO eine **Bestätigung** der zuständigen Stelle nach §§ 71–75 BBiG erhalten, dass das vorgelegte Qualifizierungsbild mit den Vorgaben des § 3 BAVBVO übereinstimmt. Die zuständige Stelle übernimmt eine Art Anerkennungsfunktion und ist in das Zertifizierungsverfahren mit eingebunden (Schwannecke/Witt Rn. 12). Eine Zuständigkeit für die Erarbeitung von Qualifizierungsbausteinen ist damit jedoch nicht verbunden.
- Nach § 5 BAVBVO ist der Anbieter verpflichtet, bei Beendigung eines Qualifizierungsbausteins eine **Leistungsfeststellung** durchzuführen. Die Beurteilung bezieht sich auf die Fertigkeiten und Kenntnisse des Qualifizierungsbildes. Hinsichtlich der Prüfungsmodalitäten enthält die BAVBVO keine Vorgaben. Bei der Leistungsbewertung sind nach § 6 BAVBVO nur die **Bewertungen** „mit gutem Erfolg" oder „mit Erfolg" vorgesehen.
- Bei erfolgreichem Erreichen des Qualifizierungsziels hat der Anbieter nach § 7 Abs. 1 BAVBVO ein **Zeugnis** nach dem Muster gem. Anlage 2 auszustellen. Im Falle des Nichterreichens des Qualifizie-

rungsziels wird gem. § 7 Abs. 2 BAVBVO lediglich eine **Teilnahmebescheinigung** nach dem Muster in Anlage 3 erteilt. Zusätzlich erhält jeder Teilnehmer eine Abschrift des Qualifizierungsbildes.

Von der Ermächtigungsgrundlage des § 42p Abs. 2 S. 2 ist eine unmittelbare Regelung **6** von Inhalten der Berufsausbildungsvorbereitung nicht gedeckt. Aufgrund des Regelungszusammenhangs kann sich die Verordnung lediglich auf die Inhalte der auszustellenden Bescheinigung sowie die Art und Weise des Ausstellens beziehen. Eine mittelbare Regelung der Inhalte der Berufsausbildungsvorbereitung über die Rechtsverordnung ist kaum möglich (Detterbeck Rn. 4; aA: Natzel DB 2003, 719). Die BAVBVO macht zwar detaillierte Vorgaben hinsichtlich der Gestaltung von Qualifizierungsbausteinen (→ Rn. 5.1), allerdings enthält sie keine Regelungen in Bezug auf die Modalitäten der Leistungsfeststellung. Damit liegt keine vergleichbare Konstellation wie im Fall der Fortbildungsprüfung nach § 42 und § 42a vor. IÜ steht es den Anbietern frei, Maßnahmen der Berufsausbildungsvorbereitung nach den Vorgaben der BAVBVO durchzuführen (Detterbeck Rn. 4).

§ 42q [Verbot und Anzeigepflicht der Berufsausbildungsvorbereitung]

(1) Die nach Landesrecht zuständige Behörde hat die Berufsausbildungsvorbereitung zu untersagen, wenn die Voraussetzungen des § 42o Abs. 1 nicht vorliegen.

(2) ¹Der Anbieter hat die Durchführung von Maßnahmen der Berufsausbildungsvorbereitung vor Beginn der Maßnahme der Handwerkskammer schriftlich anzuzeigen. ²Die Anzeigepflicht erstreckt sich auf den wesentlichen Inhalt des Qualifizierungsvertrages sowie die nach § 88 Abs. 1 Nr. 5 des Berufsbildungsgesetzes erforderlichen Angaben.

(3) Die Absätze 1 und 2 sowie § 41a finden keine Anwendung, soweit die Berufsausbildungsvorbereitung im Rahmen des Dritten Buches Sozialgesetzbuch oder anderer vergleichbarer, öffentlich geförderter Maßnahmen durchgeführt wird.

Überblick

Die Vorschrift dient der Überwachung und Qualitätssicherung der Berufsausbildungsvorbereitung. Dazu wird die zuständige Landesbehörde verpflichtet, die Berufsausbildungsvorbereitung bei nicht vorliegenden Voraussetzungen zu untersagen (→ Rn. 1). Ferner muss der Anbieter die betriebliche Berufsausbildungsvorbereitung bei der Handwerkskammer vor Beginn der Maßnahme anzeigen (→ Rn. 4). Die Überwachungspflicht der zuständigen Behörde nach § 42q Abs. 1 und der Handwerkskammer nach § 41a besteht nicht bei geförderten Maßnahmen der Berufsausbildungsvorbereitung durch Bildungsträger (→ Rn. 6).

Die Vorschrift wurde durch das Berufsbildungsreformgesetz vom 23.3.2005 neu in die HwO aufgenommen.

Die Parallelregelung zu § 42q enthält § 70 BBiG.

A. Untersagung

Die nach Landesrecht zuständige Behörde muss die Berufsausbildungsvorbereitung untersagen, wenn die Voraussetzungen nach § 42o Abs. 1 nicht vorliegen. Insoweit hat die Behörde aufgrund des eindeutigen Wortlauts keinen Ermessensspielraum. In Betracht kommt zum einen eine **personenbezogene Untersagung**, wenn die Bedingungen des § 42o Abs. 1 hinsichtlich des Teilnehmerkreises nicht erfüllt sind (→ § 42o Rn. 1). Die Maßnahme der Berufsausbildungsvorbereitung muss untersagt werden, wenn diese nicht für lernbeeinträchtigte oder sozial benachteiligte Personen durchgeführt wird. Ebenso ist die Maßnahme zu untersagen, wenn sie sich an Personen mit strukturellen Defiziten, die durch die Berufsausbildungsvorbereitung nicht ausgeglichen werden können, richtet (Detterbeck Rn. 1). In der Praxis dürfte eine personenbezogene Untersagung aufgrund von Nachweisschwierigkeiten schwer durchsetzbar sein (Schwannecke/Witt Rn. 2). Zum anderen ist eine **sachbezogene Untersagung** möglich, wenn die Anforderungen des § 42o Abs. 1 an die Maßnahme nicht erfüllt sind (→ § 42o Rn. 3). Die Maßnahme ist zu untersagen, wenn sie nicht die besonderen Bedürfnisse des Personenkreises hinsichtlich der Art, Ziel und Dauer berücksichtigt und die erforderliche sozialpädagogische Betreuung und Begleitung fehlt oder nicht ausreichend ist.

2   Die Landesregierung kann nach § 124b die Zuständigkeit auch auf die Handwerkskammer übertragen.

2.1   Zuständige Behörde für die Untersagung:
Baden-Württemberg: Handwerkskammer (§ 3 Abs. 1 Nr. 9 Verordnung der Landesregierung über Zuständigkeiten nach der Handwerksordnung (BWHwOZuVOLreg)); **Bayern:** Handwerkskammer (Art. 3 Abs. 1 lit. d BayAGBBiG); **Brandenburg:** Landesamt für Soziales und Versorgung (§ 5 Nr. 2 BbgBBiZV; **Bremen:** Handwerkskammer (§ 1 Nr. 4 BrBBiZVO); **Hessen:** Handwerkskammer (§ 2 Abs. 1 Nr. 3 lit. e Verordnung über Zuständigkeiten auf dem Gebiet der Berufsbildung und für die Anerkennung ausländischer Abschlüsse); **Mecklenburg-Vorpommern:** Handwerkskammer (§ 8 Nr. 5 MVBBiZustLVO); **Niedersachsen:** Handwerkskammer (§ 1 Nr. 4 NdsBiZustVO); **Nordrhein-Westfalen:** Handwerkskammer (§ 4 Abs. 4 NRWBBiGZustVO); **Rheinland-Pfalz:** Handwerkskammer (§ 1 Abs. 1 Nr. 5 RPBBiZustVO); **Saarland:** Handwerkskammer (§ 2 Abs. 2 SaarBBiGHandwOZustVO); **Sachsen:** Handwerkskammer (§ 2 Abs. 1 SaBBiGAVO); **Sachsen-Anhalt:** Handwerkskammer (§ 3 lit. j LSABBiZustVO); **Schleswig-Holstein:** Handwerkskammer (§ 4 Abs. 2 Nr. 3 SHBBiGZustVO); **Thüringen:** Handwerkskammer (§ 5 Abs. 1 S. 4 ThürZustErmGeVO)

3   Neben der Untersagung durch die zuständige Behörde hat die Handwerkskammer nach § 42o Abs. 2 die Eignung der Ausbildungsstätte und des Ausbildungspersonals zu überwachen (→ § 42o Rn. 8).

B. Anzeigepflicht

4   Die Anbieter von Maßnahmen der Berufsausbildungsvorbereitung sind verpflichtet, die Durchführung **vor Beginn** der Handwerkskammer anzuzeigen. Im Falle der Durchführung der Berufsausbildungsvorbereitung durch Betriebe sind nicht nur Maßnahmen in handwerklichen Ausbildungsberufen erfasst, sondern aufgrund § 71 Abs. 7 BBiG auch Maßnahmen der Berufsausbildungsvorbereitung in nichthandwerklichen Ausbildungsberufen. Bei anderen Anbietern umfasst die Anzeigepflicht aufgrund der Zuständigkeitsregelung nach § 71 Abs. 1 BBiG lediglich Maßnahmen der Berufsausbildungsvorbereitung in handwerklichen Ausbildungsberufen. Die Handwerkskammer soll mit Hilfe der Anzeigepflicht in die Lage versetzt werden, ihre Überwachungspflicht nach § 42o Abs. 2 und § 41a Abs. 1 Nr. 1 effektiv durchzuführen.

5   Die Anzeige muss **schriftlich** erfolgen. Der Anbieter muss die wesentlichen Elemente des Qualifizierungsvertrags, wie Vertragsparteien, Inhalt der Berufsausbildungsvorbereitung sowie Dauer und Ort, mitteilen. Darüber hinaus sind Angaben nach § 88 Abs. 1 Nr. 5 BBiG, also Geschlecht, Alter und Staatsangehörigkeit, zu übermitteln.

C. Ausnahmen für öffentlich geförderte Maßnahmen

6   Bei öffentlich geförderten Maßnahmen sind weder die Möglichkeit der Untersagung noch die Anzeigepflicht anwendbar. Hintergrund für diese Ausnahmeregelung ist, dass bei öffentlich geförderten Maßnahmen, insbes. nach dem SGB III, eigene Ausschreibungs-, Qualitäts- und Überwachungskriterien existieren, die vom Fördergeber kontrolliert werden. Aus diesem Grund besteht in diesen Fällen auch keine Überwachungspflicht der Handwerkskammer nach § 41a.

7   Bei einer betrieblichen Berufsausbildungsvorbereitung gelten dagegen § 42q Abs. 1 und Abs. 2 uneingeschränkt. Dies galt auch bei einer betrieblichen Maßnahme, wenn die Kosten der notwendigen sozialpädagogischen Betreuung nach § 421m SGB III erstattet wurden. Diese Förderung war bis zum 31.12.2007 möglich und ist nun ausgelaufen.

Achter Abschnitt: Berufsbildungsausschuß

§ 43 [Berufsbildungsausschuss]

(1) ¹Die Handwerkskammer errichtet einen Berufsbildungsausschuß. ²Ihm gehören sechs Arbeitgeber, sechs Arbeitnehmer und sechs Lehrer an berufsbildenden Schulen an, die Lehrer mit beratender Stimme.

(2) ¹Die Vertreter der Arbeitgeber werden von der Gruppe der Arbeitgeber, die Vertreter der Arbeitnehmer von der Gruppe der Vertreter der Gesellen und der anderen Arbeitnehmer mit einer abgeschlossenen Berufsausbildung in der Vollversammlung gewählt. ²Die Lehrer an berufsbildenden Schulen werden von der nach Landesrecht zuständigen Behörde als Mitglieder berufen. ³Die Amtszeit der Mitglieder beträgt längstens fünf Jahre.

(3) § 34 Abs. 7 gilt entsprechend.

(4) Die Mitglieder können nach Anhören der an ihrer Berufung Beteiligten aus wichtigem Grund abberufen werden.

(5) ¹Die Mitglieder haben Stellvertreter, die bei Verhinderung der Mitglieder an deren Stelle treten. ²Die Absätze 1 bis 4 gelten für die Stellvertreter entsprechend.

(6) ¹Der Berufsbildungsausschuß wählt aus seiner Mitte einen Vorsitzenden und dessen Stellvertreter. ²Der Vorsitzende und sein Stellvertreter sollen nicht derselben Mitgliedergruppe angehören.

Überblick

Die Vorschrift regelt die Errichtung des Berufsbildungsausschusses im Detail. Die Handwerkskammer ist verpflichtet, einen Berufsbildungsausschuss als Organ der Kammer zu bilden (→ Rn. 1). Der Ausschuss setzt sich aus sechs Vertretern der Arbeitgeber (→ Rn. 4) und aus sechs Vertretern der Arbeitnehmer (→ Rn. 5) sowie aus sechs Vertretern der Berufsschullehrer (→ Rn. 6) zusammen. Die Arbeitgebervertreter und die Arbeitnehmervertreter werden von der Vollversammlung gewählt; die Lehrervertreter werden von der zuständigen Landesbehörde berufen (→ Rn. 7). Zusätzlich werden für die ordentlichen Mitglieder Stellvertreter bestellt (→ Rn. 13). Die Amtszeit der Mitglieder beträgt max. fünf Jahre (→ Rn. 8). Jedes Mitglied kann aus wichtigem Grund abberufen werden (→ Rn. 10). Die Tätigkeit im Berufsbildungsausschuss ist ehrenamtlich; die Mitglieder enthalten eine Entschädigung (→ Rn. 9).

Die Vorschrift entspricht § 43 aF und wurde durch das Berufsbildungsreformgesetz vom 23.3.2005 nicht geändert.

Die Parallelvorschrift zu § 43 ist § 77 BBiG.

A. Errichtung und Zusammensetzung

I. Rechtsstellung

Die Handwerkskammer muss einen Berufsbildungsausschuss mit den gesetzlich vorgeschriebenen Mitgliedern (→ Rn. 3) bilden. Er wird durch Beschluss der Vollversammlung gem. §§ 92 Nr. 3, 106 Abs. 1 Nr. 1 errichtet, da es sich um einen gesetzlich vorgeschriebenen Ausschuss handelt. Der Berufsbildungsausschuss ist ein Organ der Handwerkskammer, da er in die Kammerorganisation eingebettet ist (BVerwG NJW 1978, 233; Detterbeck Rn. 1). Er kann sich zur Erfüllung seiner Aufgaben der personellen und sachlichen Mittel der Handwerkskammer bedienen. Die Geschäftsführung des Ausschusses wird von der Handwerkskammer übernommen und erfolgt in Abstimmung mit dem Vorsitzenden (§ 8 Mustergeschäftsordnung; → § 44b Rn. 2.1). 1

Die **Zuständigkeit** des Berufsbildungsausschusses umfasst alle Fragen der Ausbildung in handwerklichen und nichthandwerklichen Berufen (Honig/Knörr Rn. 1; Detterbeck Rn. 3). Dies ergibt sich aus den Bestimmungen zur zuständigen Stelle nach § 71 BBiG. 2

Danach ist die Handwerkskammer nach § 71 Abs. 1 BBiG nicht nur für die Berufsbildung in Berufen nach der HwO zuständig, sondern nach § 71 Abs. 7 BBiG für die gesamte Berufsbildung in Betrieben zulassungspflichtiger Handwerke, zulassungsfreier Handwerke und handwerksähnlicher Gewerbe. Das Berufsprinzip wird für den Bereich des Handwerks zugunsten des Ausbildungsstättenprinzips durchbrochen (BT-Drs. 15/3980, 57). IÜ sind nach § 90 Abs. 2 alle Arbeitnehmer und Lehrlinge eines Handwerksbetriebs oder handwerksähnlichen Betriebs Mitglied der Handwerkskammer und die Wahl der Arbeitnehmervertreter für den Berufsbildungsausschuss erfolgt durch Gesellen und andere Arbeitnehmer mit abgeschlossener Berufsausbildung (→ Rn. 7). Durch die Einbeziehung auch nichthandwerklicher und nichtgewerbähnlicher Personen ist die Zuständigkeit des Berufsbildungsausschusses für die gesamte Berufsbildung in Handwerksbetrieben oder handwerksähnlichen Betrieben gerechtfertigt (Detterbeck Rn. 4). Aufgrund der umfassenden Zuständigkeit besteht daher auch keine Notwendigkeit zwei Berufsbildungsausschüsse, einen auf Basis der HwO für Fragen der Ausbildung in Berufen nach der HwO und einen auf Grundlage des BBiG für Fragen der Ausbildung in anderen Berufen, zu bilden (Detterbeck Rn. 4). Die örtliche Zuständigkeit orientiert sich am Bezirk der Handwerkskammer.

II. Mitglieder

3   Der Berufsbildungsausschuss setzt sich aus sechs Arbeitgebern, sechs Arbeitnehmern und sechs Lehrern an berufsbildenden Schulen zusammen. Die Lehrkräfte besitzen nach § 43 Abs. 1 S. 2 nur beratende Stimme (Ausnahme § 44 Abs. 6, → § 44 Rn. 14). Besondere persönliche oder fachliche Qualifikationen werden nicht verlangt. Es kann jedoch iRd Wahl bzw. Berufung die Fachkunde in Fragen der beruflichen Bildung berücksichtigt werden (Schwannecke/Witt Rn. 13).

4   Ein **Arbeitgeber** ist jede natürliche oder juristische Person des Privatrechts oder öffentlichen Rechts sowie Personengesellschaften, die mindestens einen Arbeitnehmer beschäftigen. Juristischen Personen und Personengesellschaften werden dabei von durch Gesetz, Satzung oder Gesellschaftsvertrag bestimmten Personen (zB Geschäftsführer) vertreten (Detterbeck Rn. 6). Ein Betriebsleiter kann anders als beim Gesellenprüfungsausschuss grds. nicht als Mitglied gewählt werden, da die Vorschrift – im Gegensatz zu § 34 Abs. 2 – den Betriebsleiter nicht erwähnt. Etwas anderes gilt, wenn dem Betriebsleiter eine arbeitgeberähnliche Position eingeräumt wird (Schwannecke/Witt Rn. 10). Aufgrund des Wortlauts der Vorschrift ist keine besondere Qualifikation, wie zB eine Gesellenprüfung oder Meisterprüfung, Voraussetzung für die Wahl in den Berufsbildungsausschuss.

5   Als **Arbeitnehmer** ist jeder unselbständige Beschäftigte anzusehen. Aufgrund des Wortlauts kann eine Gesellenprüfung oder Abschlussprüfung nicht vorausgesetzt werden. Auch die Tätigkeit im Handwerk oder handwerksähnlichen Gewerbe kann mangels gesetzlicher Regelung nicht verlangt werden. Daher ist es denkbar, dass auch Lehrer an berufsbildenden Schulen oder Personen, die in berufs- und sozialpolitischen Vereinigungen, bspw. Gewerkschaften, beschäftigt sind, als Arbeitnehmer berufen werden (BVerwG GewArch 1972, 210; Schwannecke/Witt Rn. 11). Angestellte der Handwerkskammer scheiden als Mitglieder aufgrund der Rechtsetzungsbefugnis des Berufsbildungsausschusses aus (Schwannecke/Witt Rn. 12; Herkert/Töltl BBiG § 77 Rn. 9).

6   Bei den **Lehrern** können mangels gesetzlicher Vorgaben sowohl hauptberufliche Lehrer als auch nebenberufliche Lehrer berufen werden. Dabei sollen erstere in den Berufsbildungsausschuss berufen werden, um einen möglichst großen Praxisbezug zur Berufsschule zu gewährleisten (Schwannecke/Witt Rn. 17). Eine Berufung von Personen der Schulverwaltung ist aufgrund des Gesetzeswortlauts nicht zulässig. Die Lehrer haben grds. nur beratende Stimme. Durch diese Regelung soll einerseits der Sachverstand der Lehrer in den Berufsbildungsausschuss eingebracht werden, andererseits wird die paritätische Entscheidungshoheit der Arbeitgeber und Arbeitnehmer nicht aufgegeben. Nachdem der Berufsbildungsausschuss für die außerschulische berufliche Bildung, die hauptsächlich in Betrieben stattfindet, zuständig ist (→ § 44 Rn. 1), sind in erster Linie Arbeitgeber und Arbeitnehmer betroffen. IÜ besitzen Arbeitgeber und Arbeitnehmer bei Entscheidungen im Bereich der schulischen Berufsbildung keine Mitwirkungsmöglichkeiten (BT-Drs. 15/4752, 37).

B. Mitgliedschaft

Die **Arbeitgeber** und die **Arbeitnehmer** werden jeweils von den Arbeitgebern bzw. 7
den Gesellen oder Arbeitnehmern mit abgeschlossener Berufsausbildung (→ § 90 Rn. 8) in
der Vollversammlung gewählt. Die **Wahl** erfolgt somit **gruppenweise**. Die Mitglieder des
Berufsbildungsausschusses können im Rahmen einer Vollversammlung gewählt werden oder
durch ein gesondertes Wahlverfahren (Detterbeck Rn. 10). Die **Lehrer** werden von der nach
Landesrecht zuständigen Behörde **berufen**.

Zuständige Behörden für die Berufung der Lehrer: 7.1
Baden-Württemberg: Finanz- und Wirtschaftsministerium (§ 1 Nr. 3 BWHwOZuVOWM),
Bayern: Regierungen (§ 12 Abs. 3 BayBBiGHwOV), **Bremen:** Senatorin für Inneres, Kultur und
Sport (§ 2 BrHWOZustBek), **Hamburg:** Behörde für Schule und Berufsbildung (Ziff. II Abs. 1 Anordnung über Zuständigkeiten nach der Handwerksordnung), **Hessen:** Wirtschaftsministerium (§ 2 Abs. 1 Nr. 2 HesBBZustVO), **Mecklenburg-Vorpommern:** Ministerium für Bildung, Wissenschaft und Kultur (§ 1 Abs. 3 MVBBiZustLVO), **Niedersachsen:** Landesschulbehörde (Ziff. II. Nr. 2 Beschluss der Landesregierung MK-45-87012 (Nds_LReg_MK_45_87012)), **Nordrhein-Westfalen:** Bezirksregierung (§ 2 Abs. 2 NRWBBiGZustVO), **Rheinland-Pfalz:** Ministerium für Wirtschaft, Klimaschutz, Energie und Landesplanung (§ 5 Abs. 2 RPBBiZustVO), **Saarland:** Ministerium für Wirtschaft und Wissenschaft (§ 3 SaarBBiGHandwOZustVO), **Sachsen:** Staatsministerium für Wirtschaft, Arbeit und Verkehr (§ 2 Abs. 6 SaBBiGAVO), **Sachsen-Anhalt:** Ministerium für Wissenschaft und Wirtschaft (§ 2 Abs. 2 LSABBiZustVO), **Schleswig-Holstein:** Ministerium für Wirtschaft, Arbeit, Verkehr und Technologie (§ 2 Abs. 2 SHBBiGZustVO), **Thüringen:** Ministerium für Wirtschaft, Arbeit und Technologie (§ 2 Abs. 1 Nr. 3 THBBZuStV)

Die **Amtszeit** der Mitglieder des Berufsbildungsausschusses dauert längstens fünf Jahre. 8
Es bleibt der Handwerkskammer unbenommen, die Amtsperiode für alle Mitglieder zu
verkürzen (Detterbeck Rn. 12). Gleichwohl erscheint es sinnvoll, sich an der fünfjährigen
Amtszeit aller anderen Gremien (§ 103) zu orientieren. Eine Wiederwahl ist aufgrund des
Wortlauts der Vorschrift nicht ausgeschlossen (Schwannecke/Witt Rn. 24).

C. Entschädigung

§ 43 Abs. 3 verweist auf die Regelungen zur **Entschädigung** von Prüfungsausschussmit- 9
gliedern (→ § 34 Rn. 41). Damit ist die Tätigkeit im Berufsbildungsausschuss ehrenamtlich.
Eine Entschädigung wird nur für bare Auslagen und Zeitversäumnis gezahlt. Die Zahlung
ist allerdings davon abhängig, dass von anderer Seite keine Entschädigung gewährt wird. Die
Höhe der Entschädigung wird von der Handwerkskammer festgesetzt und muss von der
zuständigen obersten Landesbehörde genehmigt werden. Die Kosten der Entschädigung trägt
die Handwerkskammer (Honig/Knörr Rn. 10).

D. Abberufung

Jedes Mitglied des Berufsbildungsausschusses kann nach Anhörung der an der Berufung 10
Beteiligten aus wichtigem Grund abberufen werden. Die **Abberufung** erfolgt durch die
Stelle, die das Mitglied auch berufen hat (Leinemann/Taubert BBiG § 77 Rn. 24). Für
die Abberufung der Arbeitgeber und der Arbeitnehmer ist somit die Vollversammlung der
Handwerkskammer zuständig (Detterbeck Rn. 14). Vor der Abberufung muss zwingend die
Gruppe der Arbeitgeber oder die Gruppe der Gesellen und anderen Arbeitnehmer, je nachdem welcher Gruppe der Betroffene angehört, gehört werden. Die Vollversammlung ist an
das Ergebnis der Anhörung nicht gebunden, sie kann auch entgegen der Empfehlung der
betroffenen Gruppe die Abberufung vornehmen (Schwannecke/Witt Rn. 28). Die Lehrer
werden von der zuständigen Behörde abberufen. In allen Fällen ist vor der Entscheidung
über die Abberufung der Betroffene anzuhören; dies ist zwar nicht explizit geregelt, ergibt
sich aber aus allgemeinen rechtsstaatlichen Grundsätzen (Leinemann/Taubert BBiG § 77
Rn. 25).

Eine Abberufung ist nur zulässig, wenn ein **wichtiger Grund** vorliegt. Dieser muss 11
in der Person des Mitglieds gegeben sein und einen Zusammenhang mit der Arbeit des
Berufsbildungsausschusses aufweisen (Detterbeck Rn. 14). Ein Verschulden des Betroffenen

ist nicht erforderlich (Benecke/Hergenröder/Hergenröder BBiG § 77 Rn. 8). In Betracht kommt, dass das Mitglied sein Amt dauerhaft nicht mehr ausüben kann, bspw. aufgrund Krankheit oder Wegzug aus dem Kammerbezirk. Ebenso liegt ein wichtiger Grund vor, wenn ein Mitglied seine Pflichten aus dem Amt in schwerwiegender Weise verletzt, zB wiederholtes unentschuldigtes Fehlen (Leinemann/Taubert BBiG § 77 Rn. 23). Auch ein Verhalten, das zum Verlust der persönlichen Eignung nach § 22a führt (→ § 22a Rn. 1), kann einen wichtigen Grund darstellen (Detterbeck Rn. 14). Nicht ausreichend dagegen ist der Verlust des Vertrauens der vorschlagenden Gruppe oder der Wunsch, eine andere Person als Mitglied zu berufen (Schwannecke/Witt Rn. 28).

12 Jedes Mitglied des Berufsbildungsausschusses kann freiwillig **zurücktreten** (Detterbeck Rn. 14). Bis zur Wahl eines neuen Mitglieds tritt der Stellvertreter (→ Rn. 13) an dessen Stelle.

E. Stellvertreter

13 Für die Mitglieder sind Stellvertreter zu berufen. Üblicherweise handelt es sich um eine **gruppenweise Vertretung**, dh jeder Stellvertreter kann jedes Mitglied der Gruppe vertreten (Schwannecke/Witt Rn. 30). Es muss also nicht jedes Mitglied einen persönlichen Stellvertreter haben (Honig/Knörr Rn. 8). Im Verhinderungsfall tritt dann der Stellvertreter vorübergehend an die Stelle des Mitglieds. Für die Stellvertreter gelten die gleichen Vorschriften wie für die ordentlichen Mitglieder.

14 Bei einer dauerhaften Verhinderung eines Mitglieds rückt nicht automatisch der Stellvertreter auf dessen Position. In diesem Fall ist für das ausgeschiedene Mitglied ein neues Mitglied nach den Vorgaben des § 43 Abs. 2 zu berufen (Leinemann/Taubert BBiG § 77 Rn. 30).

F. Wahl des Vorsitzenden

15 Die Regelung der Wahl entspricht der wortgleichen Bestimmung von § 35 S. 1 und 2 (→ § 35 Rn. 1). Der Berufsbildungsausschuss wählt aus seiner Mitte der Mitglieder einen **Vorsitzenden** sowie einen Stellvertreter. Beide sollen nicht der gleichen Gruppe angehören. Die Lehrer haben bei der Wahl aufgrund § 43 Abs. 1 kein Stimmrecht und nehmen daran nicht teil. Dagegen kann sich ein Lehrer zum Vorsitzenden oder Stellvertreter wählen lassen, da dies nicht explizit ausgeschlossen ist (Detterbeck Rn. 16). Mit der Wahl zum Vorsitzenden oder Stellvertreter ist aber kein volles Stimmrecht verbunden; vielmehr bleibt es beim eingeschränkten Stimmrecht nach § 44 Abs. 6 (Detterbeck Rn. 16).

§ 44 [Aufgaben]

(1) ¹Der Berufsbildungsausschuß ist in allen wichtigen Angelegenheiten der beruflichen Bildung zu unterrichten und zu hören. ²Er hat im Rahmen seiner Aufgaben auf eine stetige Entwicklung der Qualität der beruflichen Bildung hinzuwirken.

(2) Wichtige Angelegenheiten, in denen der Berufsbildungsausschuss anzuhören ist, sind insbesondere:
1. Erlass von Verwaltungsgrundsätzen über die Eignung von Ausbildungs- und Umschulungsstätten, für das Führen von schriftlichen Ausbildungsnachweisen, für die Verkürzung der Ausbildungsdauer, für die vorzeitige Zulassung zur Gesellenprüfung, für die Durchführung der Prüfungen, zur Durchführung von über- und außerbetrieblicher Ausbildung sowie Verwaltungsrichtlinien zur beruflichen Bildung,
2. Umsetzung der vom Landesausschuss für Berufsbildung (§ 82 des Berufsbildungsgesetzes) empfohlenen Maßnahmen,
3. wesentliche inhaltliche Änderungen des Ausbildungsvertragsmusters.

(3) Wichtige Angelegenheiten, in denen der Berufsbildungsausschuss zu unterrichten ist, sind insbesondere:

Aufgaben   § 44 HwO

1. Zahl und Art der der Handwerkskammer angezeigten Maßnahmen der Berufsausbildungsvorbereitung und beruflichen Umschulung sowie der eingetragenen Berufsausbildungsverhältnisse,
2. Zahl und Ergebnisse von durchgeführten Prüfungen sowie hierbei gewonnene Erfahrungen,
3. Tätigkeit der Berater und Beraterinnen nach § 41a Abs. 1 Satz 2,
4. für den räumlichen und fachlichen Zuständigkeitsbereich der Handwerkskammer neue Formen, Inhalte und Methoden der Berufsbildung,
5. Stellungnahmen oder Vorschläge der Handwerkskammer gegenüber anderen Stellen und Behörden, soweit sie sich auf die Durchführung dieses Gesetzes oder der auf Grund dieses Gesetzes erlassenen Rechtsvorschriften im Bereich der beruflichen Bildung beziehen,
6. Bau eigener überbetrieblicher Berufsbildungsstätten,
7. Beschlüsse nach Absatz 5 sowie beschlossene Haushaltsansätze zur Durchführung der Berufsbildung mit Ausnahme der Personalkosten,
8. Verfahren zur Beilegung von Streitigkeiten aus Ausbildungsverhältnissen,
9. Arbeitsmarktfragen, soweit sie die Berufsbildung im Zuständigkeitsbereich der Handwerkskammer berühren.

(4) ¹Vor einer Beschlußfassung in der Vollversammlung über Vorschriften zur Durchführung der Berufsbildung, insbesondere nach den §§ 41, 42, 42a und 42e bis 42g, ist die Stellungnahme des Berufsbildungsausschusses einzuholen. ²Der Berufsbildungsausschuß kann der Vollversammlung auch von sich aus Vorschläge für Vorschriften zur Durchführung der Berufsbildung vorlegen. ³Die Stellungnahmen und Vorschläge des Berufsbildungsausschusses sind zu begründen.

(5) ¹Die Vorschläge und Stellungnahmen des Berufsbildungsausschusses gelten vorbehaltlich der Vorschrift des Satzes 2 als von der Vollversammlung angenommen, wenn sie nicht mit einer Mehrheit von drei Vierteln der Mitglieder der Vollversammlung in ihrer nächsten Sitzung geändert oder abgelehnt werden. ²Beschlüsse, zu deren Durchführung die für Berufsbildung im laufenden Haushalt vorgesehenen Mittel nicht ausreichen oder zu deren Durchführung in folgenden Haushaltsjahren Mittel bereitgestellt werden müssen, die die Ausgaben für Berufsbildung des laufenden Haushalts nicht unwesentlich übersteigen, bedürfen der Zustimmung der Vollversammlung.

(6) Abweichend von § 43 Abs. 1 haben die Lehrkräfte Stimmrecht bei Beschlüssen zu Angelegenheiten der Berufsausbildungsvorbereitung und Berufsausbildung, soweit sich die Beschlüsse unmittelbar auf die Organisation der schulischen Berufsbildung (§ 2 Abs. 1 Nr. 2 des Berufsbildungsgesetzes) auswirken.

Überblick

Die Vorschrift definiert die Aufgaben des Berufsbildungsausschusses. Dieser hat in wichtigen Angelegenheiten der beruflichen Bildung (→ Rn. 1) ein umfassendes Informationsrecht, das andere Organe der Handwerkskammer zu beachten haben. In bestimmten wichtigen Angelegenheiten hat der Ausschuss ein Anhörungsrecht (→ Rn. 4) bzw. ein Recht auf Unterrichtung (→ Rn. 6). Zudem ist ihm als ständige Aufgabe die Qualitätssicherung in der beruflichen Bildung zugewiesen worden (→ Rn. 2). Der Berufsbildungsausschuss selbst kann keine Rechtsvorschriften zur Durchführung der Berufsbildung beschließen, da dies der Vollversammlung vorbehalten ist. Er muss allerdings vor jedem Beschluss derartiger Vorschriften eine Stellungnahme abgeben (→ Rn. 8). Daneben besitzt der Berufsbildungsausschuss ein Initiativrecht, der Vollversammlung Vorschläge zur Durchführung der Berufsbildung zu machen (→ Rn. 11). Die Stellungnahmen und Vorschläge gelten aufgrund einer gesetzlichen Fiktion als angenommen, wenn die Vollversammlung diese nicht mit qualifizierter Mehrheit ändert oder ablehnt (→ Rn. 12). Zuletzt regelt die Vorschrift das Stimmrecht der Lehrkräfte, das sich ausschließlich auf die Berufsausbildungsvorbereitung und die Berufsausbildung beschränkt (→ Rn. 14).

Die Vorschrift beruht auf § 44 aF. Durch das Berufsbildungsreformgesetz vom 23.3.2005 wurde das Anhörungsrecht und das Unterrichtungsrecht durch Regelbeispiele näher definiert und ein eingeschränktes Stimmrecht der Berufsschullehrer normiert.

Die Parallelvorschrift zu § 44 ist § 79 BBiG, die teilweise Unterschiede aufweist.

A. Aufgaben des Berufsbildungsausschusses

1   Der Berufsbildungsausschuss ist in allen **wichtigen Angelegenheiten** der beruflichen Bildung zu unterrichten (→ Rn. 6) und zu hören (→ Rn. 4). Umfasst werden alle Angelegenheiten der Berufsausbildungsvorbereitung, der Berufsausbildung, der beruflichen Fortbildung und der beruflichen Umschulung, die in den fachlichen und örtlichen Zuständigkeitsbereich der Handwerkskammer fallen. Jedoch müssen die Themen in den Anwendungsbereich des § 3 BBiG fallen (Benecke/Hergenröder/Benecke BBiG § 79 Rn. 3; HK-BBiG/Wohlgemuth BBiG § 79 Rn. 8). Daher ist der Bereich der beruflichen Bildung an Berufsschulen ausgeklammert. Ebenso betrifft die Informationspflicht keine Einzelfallentscheidungen, soweit sie keinen exemplarischen Charakter für zukünftige vergleichbare Sachverhalte besitzen (Leinemann/Taubert BBiG § 79 Rn. 8). Vielmehr sind allgemeine Fragen und **Grundsatzangelegenheiten der Berufsbildung** sowie Themen, die eine Vielzahl von Fällen betreffen, umfasst. Diese umfängliche Informationspflicht richtet sich an alle Organe der Handwerkskammer, wie Vollversammlung, Vorstand oder Geschäftsführung (Benecke/Hergenröder/Benecke BBiG § 79 Rn. 2). Dabei obliegt nicht der Handwerkskammer die Entscheidung, welche Angelegenheit wichtig ist, da es sich um einen unbestimmten Rechtsbegriff ohne Beurteilungsspielraum handelt (Detterbeck Rn. 2; HK-BBiG/Wohlgemuth BBiG § 79 Rn. 16). Anhaltspunkte, ob eine wichtige Angelegenheit vorliegt, geben die Regelbeispiele in Abs. 2 und Abs. 3. Ist strittig, ob es sich um eine wichtige Angelegenheit handelt, ist eine Entscheidung durch die Aufsichtsbehörde herbeizuführen (Detterbeck Rn. 2). Daneben ist auch die gerichtliche Klärung im Wege eines Organstreits möglich (Leinemann/Taubert BBiG § 79 Rn. 12). Ein einzelnes Mitglied des Berufsbildungsausschusses kann allerdings die Informationspflicht nicht einklagen, da diese dem Ausschuss als Ganzes zusteht (VG Karlsruhe EzB BBiG §§ 77–80 Nr. 4; VG Aachen EzB BBiG §§ 77–80 Nr. 7).

2   Mit der Zuweisung der **Qualitätssicherung** als ständige Aufgabe werden keine besonderen Befugnisse des Berufsbildungsausschusses begründet (Detterbeck Rn. 7; Schwannecke/Witt Rn. 5). Vielmehr ist darin eine Leitlinie für die Aufgabenwahrnehmung durch den Ausschuss zu sehen. Er soll bei seinen Stellungnahmen und Beschlüssen besonderes Augenmerk auf die Qualität der beruflichen Bildung und deren Fortentwicklung legen (Detterbeck Rn. 7). Ferner dient die Vorschrift zur Auslegung des Begriffs der wichtigen Angelegenheit, da Gegenstände, die denen die Qualität der beruflichen Bildung und deren Weiterentwicklung eine Rolle spielt, als wichtige Angelegenheit anzusehen sind (Detterbeck Rn. 7; HK-BBiG/Wohlgemuth BBiG § 79 Rn. 5).

B. Unterrichtung und Anhörung des Berufsbildungsausschusses

3   Der Gesetzgeber hat nun in § 44 Abs. 2 und 3 wichtige Angelegenheiten, in denen der Berufsausbildungsausschuss ein Anhörungsrecht bzw. ein Unterrichtungsrecht besitzt, als Regelbeispiele genauer definiert. Dadurch sollen Meinungsverschiedenheiten über den Umfang der Aufgaben des Berufsausbildungsausschusses vermieden werden (BT-Drs. 15/3980, 58). Die Aufzählung ist aufgrund des Wortlauts nicht abschließend.

I. Anhörungsrecht

4   In § 44 Abs. 2 werden, nicht abschließend, die Angelegenheiten aufgeführt, in denen der Berufsbildungsausschuss anzuhören ist. Die **Anhörung** geht begrifflich weiter als die Unterrichtung. Sie umfasst neben der Information über die wichtige Angelegenheit auch das Recht zur Stellungnahme und die Auseinandersetzung mit dieser Stellungnahme (Schwannecke/Witt Rn. 10). Andere Organe, bspw. Vollversammlung, Vorstand oder Geschäftsführung, sind zwar an die Stellungnahme nicht gebunden. Allerdings ist ein Hinwegsetzen über den Beschluss des Berufsbildungsausschusses nur bei sachlichen Gründen, die dem Ausschuss mitgeteilt werden sollten, möglich (Detterbeck Rn. 3; Leinemann/Tau-

bert BBiG § 79 Rn. 14). Der Berufsbildungsausschuss ist bei Verwaltungsgrundsätzen und Verwaltungsrichtlinien zur beruflichen Bildung anzuhören (Nr. 1). Darunter fallen Vorschriften über die Eignung der Ausbildungsstätte, Führung von Berichtsheften, Kürzung und Verlängerung der Ausbildungszeiten, Durchführung von Prüfungen, soweit sie die gesetzlichen Rahmenbedingungen konkretisieren. Dabei ist der Berufsbildungsausschuss grds. nicht bei Einzelfallentscheidungen anzuhören, soweit sie keinen exemplarischen Charakter für zukünftige vergleichbare Sachverhalte besitzen. Die Anhörung bezieht sich auf Verwaltungsgrundsätze, die vorgeben, wie im Einzelfall zu entscheiden ist (Honig/Knörr Rn. 3; Detterbeck Rn. 4). Des Weiteren ist eine Anhörung bei Empfehlungen und Maßnahmen der regionalen Berufsbildungskonferenz, die sich an die Handwerkskammer richten und von dieser umgesetzt werden sollen, vorgesehen (Nr. 2). Zuletzt soll der Berufsbildungsausschuss bei wesentlichen Änderungen des Ausbildungsvertragsmusters angehört werden (Nr. 3). Darüber hinaus besteht ein Anhörungsrecht bei Vorschriften zur Durchführung der Berufsbildung (→ Rn. 8).

Die **Form** der Anhörung ist in der Vorschrift nicht geregelt. Daher kann die Anhörung 5 sowohl mündlich als auch schriftlich erfolgen. Die Handwerkskammer entscheidet nach pflichtgemäßem Ermessen, in welcher Form die Anhörung erfolgt (Detterbeck Rn. 8; aA HK-BBiG/Wohlgemuth BBiG § 79 Rn. 32). Ebenso findet sich keine Festlegung des **Zeitpunkts** der Unterrichtung. Der Berufsbildungsausschuss ist rechtzeitig vor einer Entscheidung in einer wichtigen Angelegenheit nach Abs. 2 anzuhören. Dabei muss dieser ausreichend Zeit zur Meinungsbildung und zur Stellungnahme haben (Detterbeck Rn. 8; Schwannecke/Witt Rn. 10). Unterbleibt die Anhörung, so ist das Verwaltungshandeln der Handwerkskammer rechtsfehlerhaft. Jedoch sind die Entscheidungen, die aufgrund der ohne Anhörung gefassten Beschlüsse getroffen werden, nicht unwirksam; insoweit greift in diesen Fällen der Rechtsgedanke des § 45 Abs. 1 Nr. 3 VwVfG (Detterbeck Rn. 6).

II. Unterrichtungsrecht

§ 44 Abs. 3 listet nicht abschließend die wichtigen Angelegenheiten auf, in denen der 6 Berufsbildungsausschuss unterrichtet werden muss. Dabei bedeutet **Unterrichtung** das Weitergeben aller notwendigen Informationen und die Mitteilung, mit welchem Ergebnis die Angelegenheit weiter behandelt worden ist (Benecke/Hergenröder/Benecke BBiG § 79 Rn. 4; HK-BBiG/Wohlgemuth BBiG § 79 Rn. 26). So kann sich der Berufsbildungsausschuss ein umfassendes Bild über die durchgeführten Bildungsmaßnahmen der Handwerkskammer (Nr. 1) sowie deren Ergebnisse nach Abschluss der Maßnahme (Nr. 2) machen. Daneben ist er über die Tätigkeit der Ausbildungsberater zu informieren (Nr. 3). Ferner ist der Berufsbildungsausschuss über neue Entwicklungen bei Bildungsinhalten, Bildungsmethoden und Bildungsformen (zB Erprobungsverordnungen, Zusatzqualifikationen, gestreckte Gesellen-/Abschlussprüfungen, gutachterliche Stellungnahmen Dritter und Berichterstatterprinzip bei Gesellen-/Abschlussprüfungen) zu unterrichten (Nr. 4). Das Recht auf Unterrichtung bezieht sich auf Stellungnahmen und Vorschläge der Handwerkskammer gegenüber anderen Stellen und Behörden zu Fragen der Berufsbildung (Nr. 5). Nicht umfasst sind dagegen Äußerungen, die die Handwerkskammer in ihrer Eigenschaft als Selbstverwaltungskörperschaft der selbständigen Handwerker abgibt, auch wenn diese bildungspolitische Themen behandeln. Darüber hinaus muss der Berufsbildungsausschuss über den Bau eigener überbetrieblicher Berufsbildungsstätten (Nr. 6), die Haushaltsmittel für Berufsbildungsangelegenheiten der Handwerkskammer (Nr. 7) unterrichtet werden. Außerdem umfasst die Unterrichtung die Streitbeilegungsverfahren aus Ausbildungsverhältnissen (Nr. 8) und Arbeitsmarktfragen, die die sich auf die Berufsbildung im Zuständigkeitsbereich der Handwerkskammer beziehen (Nr. 9).

Die Vorschrift regelt nicht die **Form** der Unterrichtung. Daher kann die Unterrichtung 7 sowohl mündlich als auch schriftlich erfolgen. Sie muss aufgrund der Aufgabe des Berufsbildungsausschusses lückenlos und umfassend sein (Honig/Knörr Rn. 1). Dabei entscheidet die Handwerkskammer nach pflichtgemäßem Ermessen, in welcher Art und Weise die Unterrichtung erfolgt (Detterbeck Rn. 8; Schwannecke/Witt Rn. 13; aA HK-BBiG/Wohlgemuth BBiG § 79 Rn. 32). Ebenso findet sich keine Festlegung des **Zeitpunkts** der Unterrichtung.

Im Gegensatz zu den Anhörungsangelegenheiten kann die Unterrichtung daher auch nachträglich erfolgen (BT-Drs. 15/3980, S. 58).

C. Beteiligung bei Erlass von Vorschriften zur Durchführung der Berufsbildung

8 Der Berufsbildungsausschuss hat das Recht zur **Stellungnahme** bei allen Rechtsvorschriften bezüglich der Durchführung der Berufsbildung, über die die Vollversammlung beschließt. Die Aufzählung der Gegenstände der Stellungnahme ist aufgrund des Wortlauts der Vorschrift nicht abschließend. Zudem ist der Verweis auf § 42 und § 42e nicht zutreffend, da der Berufsbildungsausschuss bei einer bundesrechtliche Verordnung nicht anzuhören ist (Detterbeck Rn. 9). Der Schwerpunkt wird der Bereich des Prüfungswesens, insbes. Gesellenprüfungsordnung (→ § 38 Rn. 1), Fortbildungsprüfungsordnung (→ § 42c Rn. 2), Fortbildungsregelungen (→ § 42a Rn. 1) und Umschulungsprüfungsregelungen (→ § 42f Rn. 2) bilden. Daneben sind auch die Ausbildungsregelungen für behinderte Menschen nach § 42m erfasst (→ § 42m Rn. 1), da mit diesen Regelungen die Berufsausbildung dieser Personengruppe ausgestaltet wird. Die Stellungnahme muss vom Berufsbildungsausschuss nach § 44 Abs. 4 S. 3 mit einer Begründung versehen werden.

9 Erfasst werden lediglich alle Vorschriften, die Außenwirkung entfalten und eine Vielzahl von Fällen betreffen. Mangels Außenwirkung entfällt bei Richtlinien und Verwaltungsvorschriften ein Recht zur Stellungnahme. In diesen Fällen hat der Berufsbildungsausschuss eine Anhörungsrecht nach Abs. 2 (Leinemann/Taubert BBiG § 44 Rn. 32; Schwannecke/Witt Rn. 15).

10 Die Handwerkskammer ist verpflichtet vor der Beschlussfassung in der Vollversammlung, die Stellungnahme des Berufsbildungsausschusses einzuholen. Wird diese nicht eingeholt, ist der Beschluss der Vollversammlung rechtswidrig zustande gekommen und die Aufsichtsbehörde hat die Genehmigung zu versagen (Honig/Knörr Rn. 2). Sofern die Genehmigung erteilt wird, ist die Rechtsvorschrift nichtig (Detterbeck Rn. 9).

11 Der Berufsbildungsausschuss kann von sich aus tätig werden und Vorschläge bringen. Sein **Initiativrecht** ist allerdings auf Gebiet der Vorschriften zur Durchführung der Berufsbildung begrenzt. Dagegen ist er nicht auf Vorlagen, die von anderen Organen der Handwerkskammer oder der Geschäftsführung vorgelegt werden, beschränkt. Bei der Formulierung der Vorschläge ist die Zustimmungsfiktion nach Abs. 5 (→ Rn. 12) zu beachten. Die Vorschläge sind daher so zu formulieren, dass sie ohne Änderung bekanntgemacht und auch vollzogen werden können (Honig/Knörr Rn. 4; Detterbeck Rn. 10). Die Vorschläge des Berufsbildungsausschusses sind zu begründen.

D. Rechtswirkung der Beschlüsse des Berufsbildungsausschusses

12 Die Stellungnahmen (→ Rn. 8) und Vorschläge (→ Rn. 11) zu Vorschriften der Durchführung der Berufsbildung nach Abs. 4 gelten aufgrund einer **gesetzlichen Fiktion** als von der Vollversammlung angenommen. Die Vollversammlung kann in der auf den Beschluss des Berufsbildungsausschusses folgenden Sitzung dessen Votum mit einer Dreiviertelmehrheit ändern oder ablehnen. Beschließt die Vollversammlung keine Änderung oder Ablehnung oder wird die erforderliche Mehrheit nicht erreicht, so gilt die Stellungnahme oder der Vorschlag als durch Vollversammlungsbeschluss angenommen. Fraglich ist, ob die Vollversammlung eine Vertagung der Entscheidung über eine Stellungnahme oder Vorschlag des Berufsbildungsausschusses mit einer Dreiviertelmehrheit beschließen kann, ohne die Zustimmungsfiktion auszulösen (Honig/Knörr Rn. 6). Zwar stellt die Vertagung ein Minus verglichen mit der Änderung oder Ablehnung dar, allerdings ist der Zweck der Zustimmungsfiktion, ein Hinauszögern der Umsetzung der Voten des Berufsbildungsausschusses zu verhindern. Daher ist aus Praktikabilitätsgründen nicht auf einen sachlichen Grund für die Vertagung abzustellen (Honig/Knörr Rn. 6), vielmehr auf die Zustimmung des Vorsitzenden bzw. des Berufsbildungsausschusses bezüglich der Vertagung (Detterbeck Rn. 12).

13 Die **Zustimmungsfiktion** greift **nicht** ein bei Beschlüssen, die sich in finanzieller Hinsicht auf den Haushalt der Handwerkskammer auswirken. Die Vollversammlung muss zustimmen, wenn die Haushaltsmittel des laufenden Jahres für die Umsetzung des Beschlusses nicht

ausreichen. Dabei kommt es nach dem Wortlaut der Vorschrift nicht darauf an, ob die Übersteigung geringfügig oder wesentlich ist. Ferner bedarf der Beschluss der Zustimmung der Vollversammlung, wenn die Haushaltsansätze für die kommenden Jahre im Vergleich zum aktuellen Jahr wesentlich angehoben werden müssten. Bei der nicht unwesentlichen Erhöhung der Haushaltsmittel handelt es sich um einen unbestimmten Rechtsbegriff, der keinen Ermessensspielraum für die Handwerkskammer eröffnet (Honig/Knörr Rn. 8). Eine Zustimmung der Vollversammlung ist dann nicht erforderlich, wenn ein Ausgleich aufgrund gegenseitiger Deckungsfähigkeit bei einem anderen Haushaltstitel erfolgt (Detterbeck Rn. 13). Die Vollversammlung hat die Pflicht, sich mit den Beschlüssen mit finanzieller Auswirkung zu befassen. Für die Zustimmung ist die einfache Mehrheit ausreichend.

E. Stimmrecht der Lehrkräfte

Lehrern steht explizit bei Abstimmungen über Angelegenheiten der Berufsausbildungsvorbereitung und Berufsausbildung, soweit sich die Beschlüsse unmittelbar auf die Organisation der schulischen Berufsbildung auswirken, ein **Stimmrecht** zu. Der Gesetzgeber will durch die Stärkung der Stimmen des Lernortes Berufsschule auch die Zusammenarbeit zwischen beiden Lernorten, Betrieb und Berufsschule, intensivieren (BT-Drs. 17/3980, 58). Danach kommt ein Stimmrecht in Betracht, wenn Verwaltungsgrundsätze für die Verkürzung der Ausbildungsdauer unmittelbar Auswirkungen auf die Organisation der Berufsschule haben oder im Bezirk der zuständigen Stelle iRd Durchführung der Berufsbildung Rechtsvorschriften erlassen werden, die ein abgestimmtes Vorgehen von Schule und Betrieb erfordern (BT-Drs. 17/4752, 37, weitere Bespiele bei Schwannecke/Witt Rn. 25). Voraussetzung für das Stimmrecht ist, dass die Beschlüsse eine **unmittelbare Auswirkung** auf die Schulorganisation besitzen. Dies ist dann der Fall, wenn eine Auswirkung auf die Schulorganisation durch einen Beschluss bezweckt wird. 14

Dagegen besteht **kein Stimmrecht** bei der Entwicklung von Ausbildungsvertragsmustern, der Einrichtung neuer Lehrgänge der Aufstiegsfortbildung und der überbetrieblichen Unterweisung oder bei materiellen Regelungen für die betriebliche Ausbildung behinderter Menschen aus (BT-Drs. 17/4752, 37). Ferner sind die Lehrer beim Erlass von Prüfungsordnungen für außerschulische Prüfungen und Zusatzqualifikationen nicht stimmberechtigt (Detterbeck Rn. 15). Aufgrund des Wortlauts scheidet auch im Bereich der Umschulung und der Fortbildung ein Stimmrecht aus. 15

§ 44a [Beschlussfähigkeit; Wirksamkeit von Beschlüssen]

(1) ¹Der Berufsbildungsausschuß ist beschlußfähig, wenn mehr als die Hälfte seiner stimmberechtigten Mitglieder anwesend ist. ²Er beschließt mit der Mehrheit der abgegebenen Stimmen.

(2) Zur Wirksamkeit eines Beschlusses ist es erforderlich, daß der Gegenstand bei der Einberufung des Ausschusses bezeichnet ist, es sei denn, daß er mit Zustimmung von zwei Dritteln der stimmberechtigten Mitglieder nachträglich auf die Tagesordnung gesetzt wird.

Überblick

Die Vorschrift enthält die formalen Voraussetzungen für die Beschlussfassung im Berufsbildungsausschuss. Sie regelt die Beschlussfähigkeit des Ausschusses (→ Rn. 1) und auch das Abstimmungsverfahren (→ Rn. 3). Zudem wird normiert, dass Beschlüsse nur wirksam gefasst werden können, wenn die Mitglieder in ausreichender Weise über den Beschlussgegenstand informiert worden sind (→ Rn. 5).

Die Vorschrift entspricht § 44a aF und wurde durch das Berufsbildungsreformgesetz vom 23.3.2005 nicht geändert.

Die Parallelregelung zu § 44a enthält § 78 BBiG.

A. Beschlussfähigkeit

I. Beschlussfähigkeit

1 Der Berufsbildungsausschuss ist **beschlussfähig**, wenn mehr als die Hälfte der **stimmberechtigten** Mitglieder anwesend ist. Nach § 43 Abs. 1 S. 1 sind im Regelfall die Vertreter der Arbeitgeber und Arbeitnehmer stimmberechtigt. Es müssen folglich mindestens sieben Mitglieder anwesend sein, damit der Berufsbildungsausschuss stimmberechtigt ist. Die anwesenden Lehrer bleiben dabei unberücksichtigt. Im Fall des § 44 Abs. 6 sind die Lehrer ebenfalls stimmberechtigt. Somit ist der Berufsbildungsausschuss beschlussfähig, wenn mindestens zehn Mitglieder anwesend sind.

2 Nach dem Wortlaut von § 44a Abs. 1 S. 1 kommt es bei der Beschlussfähigkeit nicht darauf an, dass die jeweiligen Mitgliedergruppen paritätisch anwesend sind. Es wird lediglich auf die Anwesenheit der Mitglieder abgestellt. Daher sind bei Abstimmungen in jedem Fall Arbeitgeber und Arbeitnehmer beteiligt. Im Fall der Stimmberechtigung der Lehrer nach § 44 Abs. 6 ist es möglich, dass ein Beschluss ohne Mitwirkung der Lehrkräfte gefasst wird. Voraussetzung ist, dass mindestens zehn Mitglieder aus der Gruppe der Arbeitgeber und der Arbeitnehmer anwesend sind (Benecke/Hergenröder/Benecke BBiG § 78 Rn. 3).

II. Beschlussfassung

3 Beschlüsse werden mit der **Mehrheit der abgegebenen Stimmen** gefasst. Im Regelfall sind vier befürwortende Stimmen notwendig; im Fall des § 44 Abs. 6 mind. sechs befürwortende Stimmen. Bei **Stimmengleichheit** kommt ein Beschluss nicht zustande, der Antrag gilt als abgelehnt. Die Stimme des Vorsitzenden des Berufsbildungsausschusses gibt nicht den Ausschlag, da es an einer § 35 S. 5 entsprechenden Regelung fehlt. Bei der Bestimmung der Mehrheit der abgegebenen Stimmen sind **Stimmenthaltungen** nicht zu berücksichtigen (Schwannecke/Witt Rn. 6; iErg zust. Leinemann/Taubert BBiG § 78 Rn. 6f).

4 Die Form der Beschlussfassung ist in § 44a Abs. 2 nicht geregelt. Daher ist sowohl eine geheime als auch eine offene Abstimmung zulässig. Einzelheiten sollten in der Geschäftsordnung des Berufsbildungsausschusses nach § 44b geregelt werden.

B. Wirksamkeit des Beschlusses

I. Einberufung mit Tagesordnung

5 Erforderlich ist, dass mit der Einberufung des Berufsbildungsausschusses die Beratungsgegenstände benannt werden. Nach dem Wortlaut reicht die **Bezeichnung des Beratungsgegenstandes** aus, eine Beschlussvorlage wird nicht gefordert (Honig/Knörr Rn. 4). Nachdem die Vorschrift verhindern soll, dass Beschlüsse ohne ausreichende Vorabinformationen und Vorbereitung der Mitglieder gefasst werden, ist es sinnvoll den zu beratenden Gegenstand so konkret und eindeutig zu bezeichnen und auch zusätzliche informierende Unterlagen zur Verfügung zu stellen (Detterbeck Rn. 2).

6 Die Vorschrift des § 44a Abs. 2 enthält keine Regelung zur **Einberufungsfrist**. Diese und auch die Frist zur Übersendung der Tagesordnung sollten in der Geschäftsordnung des Berufsbildungsausschusses geregelt werden. Dabei soll die Frist angemessen bemessen sein, um die Vorbereitung der Mitglieder zu gewährleisten.

II. Nachträgliche Erweiterung der Tagesordnung

7 Im Ausnahmefall kann die Tagesordnung **nachträglich erweitert** werden. Voraussetzung ist, dass mindestens zwei Drittel der stimmberechtigten Mitglieder der Erweiterung zustimmen. Dazu ist die Zustimmung von acht Vertretern der Arbeitgeber und Arbeitnehmer erforderlich; im Fall der Stimmberechtigung der Lehrer (§ 44 Abs. 6) sind mind. 12 befürwortende Voten notwendig.

8 Umstritten ist, ob eine konkludente Zustimmung zur nachträglichen Erweiterung der Tagesordnung vorliegt, wenn der Beratungsgegenstand mit einer Mehrheit von zwei Dritteln beschlossen worden ist (Leinemann/Taubert BBiG § 78 Rn. 14; Benecke/Hergenröder/Ben-

ecke BBiG § 78 Rn. 5). Die Gegenmeinung sieht in diesem Fall die ausreichende Information und Vorbereitung der Mitglieder auf die Abstimmung für nicht gegeben und hält einen ausdrücklichen Beschluss über die nachträgliche Erweiterung der Tagesordnung für erforderlich (Schwannecke/Witt Rn. 9). Nachdem die Mitglieder vor der Beschlussfassung über den Beratungsgegenstand die Möglichkeit zur Diskussion in der Sache haben und sich so eine Meinung bilden können, ist eine gesonderte Abstimmung über die nachträgliche Erweiterung der Tagesordnung eine reine Formalie. Es ist also im Beschluss über den Beratungsgegenstand zugleich die stillschweigende Zustimmung zur nachträglichen Erweiterung der Tagesordnung zu sehen, wenn die erforderliche Zweidrittelmehrheit erreicht wird.

§ 44b [Geschäftsordnung]

¹Der Berufsbildungsausschuß gibt sich eine Geschäftsordnung. ²Sie kann die Bildung von Unterausschüssen vorsehen und bestimmen, daß ihnen nicht nur Mitglieder des Ausschusses angehören. ³Für die Unterausschüsse gelten § 43 Abs. 2 bis 6 und § 44a entsprechend.

Überblick

§ 44b regelt die Funktionsweise des Berufsbildungsausschusses. Dieser hat die Pflicht, eine Geschäftsordnung zu erlassen (→ Rn. 1). Die Geschäftsordnung soll in erster Linie die interne Arbeitsweise des Ausschusses regeln (→ Rn. 2). Zusätzlich können durch die Geschäftsordnung Unterausschüsse eingerichtet werden (→ Rn. 3). Für diese gelten ebenfalls die Bestimmungen der Geschäftsordnung (→ Rn. 5).

Die Vorschrift entspricht § 44b aF und wurde durch das Berufsbildungsreformgesetz vom 23.3.2005 nicht geändert.

Die Parallelregelung zu § 44b enthält § 80 BBiG.

A. Geschäftsordnung

1 Der Berufsbildungsausschuss hat die Pflicht, eine **Geschäftsordnung** (→ Rn. 2.1) selbst zu erlassen. Soweit sie nichts anderes bestimmt, ist sie nicht an die Amtsperiode der Mitglieder gebunden, sondern gilt zeitlich unbegrenzt (Leinemann/Taubert BBiG § 80 Rn. 3). Die Geschäftsordnung ist **keine Satzung** und muss weder von einem anderen Organ der Handwerkskammer noch von der Aufsichtsbehörde genehmigt werden (Detterbeck Rn. 1). Ebenso ist eine Veröffentlichung der Geschäftsordnung nicht erforderlich (Honig/Knörr Rn. 2). Jedoch kann die Aufsichtsbehörde bei einem Verstoß der Geschäftsordnung gegen die gesetzlichen Regelungen und bei einem Verstoß gegen die Geschäftsordnung selbst nach § 115 einschreiten (Honig/Knörr Rn. 2).

2 Inhaltlich soll die Geschäftsordnung die **interne Tätigkeit** des Berufsbildungsausschusses regeln, insbes. den Verfahrensgang. Dazu zählen unter anderem Sitzungshäufigkeit, Einladungsfrist, Tagesordnung, Verfahren bei Verhinderung, Verschwiegenheitsverpflichtung, Befangenheitsregelung, Wahl des Vorsitzenden, periodischer Wechsel des Vorsitzenden, Öffentlichkeit, Beschlussfassung im schriftlichen Verfahren, Fertigung des Sitzungsprotokolls sowie Geschäftsführung durch die Handwerkskammer. Dabei sind die gesetzlichen Regelungen der §§ 43–44b zu beachten. Es ist also nicht möglich die Aufgaben des Berufsbildungsausschusses über den gesetzlichen Rahmen hinaus zu erweitern oder einzuschränken (Detterbeck Rn. 1).

2.1 **Mustergeschäftsordnung** (Schwannecke Anhang)
Diese Geschäftsordnung wurde zwischen DHKT und DGB abgestimmt.
Geschäftsordnung des Berufsbildungsausschusses bei der Handwerkskammer …
Aufgrund des § 44 b HwO gibt sich der gem. § 43 HwO von der Handwerkskammer … errichtete Berufsbildungsausschuss folgende Geschäftsordnung:
§ 1 Zuständigkeit
Der Berufsbildungsausschuss ist im Rahmen der Handwerksordnung, des Berufsbildungsgesetzes und der Satzung der Handwerkskammer für die Aufgaben der Berufsbildung zuständig.

§ 2 Aufgaben

(1) Der Berufsbildungsausschuss ist in allen wichtigen Angelegenheiten der beruflichen Bildung zu unterrichten und zu hören. Er hat im Rahmen seiner Aufgaben auf eine stetige Entwicklung der Qualität der beruflichen Bildung hinzuwirken (§ 44 Absatz 1 HwO) und hierzu ins-besondere die an der Berufsbildung Beteiligten bei der fortlaufenden Qualitätssicherung und beim Qualitätssicherungsmanagement zu unterstützen.

(2) Wichtige Angelegenheiten, in denen der Berufsbildungsausschuss anzuhören ist, sind insbesondere:
1. Erlass von Verwaltungsgrundsätzen
• über die Eignung von Ausbildungs- und Umschulungsstätten,
• für das Führen von schriftlichen Ausbildungsnachweisen,
• für die Verkürzung der Ausbildungsdauer,
• für die vorzeitige Zulassung zur Gesellenprüfung,
• für die Durchführung der Prüfungen,
• zur Durchführung von über- und außerbetrieblicher Ausbildung
sowie Verwaltungsrichtlinien zur beruflichen Bildung,
2. Umsetzung der vom Landesausschuss für Berufsbildung (§ 82 Berufsbildungsgesetz) empfohlenen Maßnahmen,
3. wesentliche inhaltliche Änderungen des Ausbildungsvertragsmusters.

(3) Wichtige Angelegenheiten, in denen der Berufsbildungsausschuss zu unterrichten ist, sind insbesondere:
1. Zahl und Art der der Handwerkskammer angezeigten Maßnahmen der Berufsausbildungsvorbereitung und beruflichen Umschulung sowie der eingetragenen Berufsausbildungsverhältnisse,
2. Zahl und Ergebnisse von durchgeführten Prüfungen sowie hierbei gewonnene Erfahrungen,
3. Tätigkeit der Berater und Beraterinnen nach § 41a Abs. 1 Satz 2 HwO und Einstellung von Beratern und Beraterinnen der Handwerkskammer,
4. für den räumlichen und fachlichen Zuständigkeitsbereich der Handwerkskammer neue Formen, Inhalte und Methoden der Berufsbildung,
5. Stellungnahmen oder Vorschläge der Handwerkskammer gegenüber anderen Stellen und Behörden, soweit sie sich auf die Durchführung der Handwerksordnung oder des Berufsbildungsgesetzes oder der auf Grund dieser Gesetze erlassenen Rechtsvorschriften im Bereich der beruflichen Bildung beziehen,
6. Bau eigener überbetrieblicher Berufsbildungsstätten,
7. Beschlüsse nach Absatz 5 sowie beschlossene Haushaltsansätze zur Durchführung der Berufsbildung mit Ausnahme der Personalkosten,
8. Verfahren zur Beilegung von Streitigkeiten aus Ausbildungsverhältnissen,
9. Arbeitsmarktfragen, soweit sie die Berufsbildung im Zuständigkeitsbereich der Handwerkskammer berühren,
10. Lehrgangsangebote kammereigener Bildungseinrichtungen zur Umsetzung von Fortbildungsregelungen nach §§ 42, 42 a HwO

(4) Vor einer Beschlussfassung in der Vollversammlung über Vorschriften zur Durchführung der Berufsbildung, insbesondere nach den §§ 41, 42, 42 a und 42 e bis g HwO, ist die Stellungnahme des Berufsbildungsausschusses einzuholen. Der Berufsbildungsausschuss kann der Vollversammlung auch von sich aus Vorschläge für Vorschriften zur Durchführung der Berufsausbildung vorlegen. Die Stellungnahmen und Vorschläge des Berufsbildungsausschusses sind zu begründen (§ 44 Absatz 4 HwO).

(5) Die Vorschläge und Stellungnahmen des Berufsbildungsausschusses gelten vorbehaltlich der Vorschriften des Satzes 2 als von der Vollversammlung angenommen, wenn sie nicht mit einer Mehrheit von drei Vierteln der Mitglieder der Vollversammlung in ihrer nächsten Sitzung geändert oder abgelehnt werden. Beschlüsse, zu deren Durchführung die für die Berufsbildung im laufenden Haushalt vorgesehenen Mittel nicht ausreichen oder zu deren Durchführung in folgenden Haushaltsjahren Mittel bereitgestellt werden müssen, die die Ausgaben für Berufsbildung des laufenden Haushalts nicht unwesentlich übersteigen, bedürfen der Zustimmung der Vollversammlung (§ 44 Absatz 5 HwO).

§ 3 Zusammensetzung, Stellvertretung

(1) Der Berufsbildungsausschuss besteht aus
6 selbständigen Handwerkern (Arbeitgebern)
6 Arbeitnehmern
6 Lehrern an berufsbildenden Schulen

(2) Die Mitglieder haben die gleiche Anzahl Stellvertreter. Stellvertreter sind gleichzeitig mit den Mitgliedern über die Sitzungen des Ausschusses zu unterrichten und erhalten Tagesordnung und Sitzungsunterlagen zur Kenntnisnahme.

Geschäftsordnung § 44b HwO

(3) Ist ein Mitglied an der Teilnahme verhindert, so wird es durch einen Stellvertreter oder eine Stellvertreterin seiner Gruppe vertreten. Das Vertretungsrecht umfasst das Stimmrecht für das verhinderte Mitglied.

(4) Eine Verhinderung ist der Geschäftsstelle unverzüglich mitzuteilen, damit die Geschäftsstelle einen Stellvertreter nach Absatz 3 laden kann. Die Einhaltung der Einladungsfrist des § 5 Abs. 2 ist in diesem Fall nicht erforderlich.

§ 4 Vorsitz

(1) Der Berufsbildungsausschuss wählt aus seiner Mitte einen Vorsitzenden und dessen Stellvertreter (§ 43 Abs. 6 Satz 1 HwO). Der Vorsitzende und sein Stellvertreter sollen nicht der-selben Mitgliedergruppe angehören (§ 43 Abs. 6 Satz 2 HwO).

(2) Erhält im ersten Wahlgang keiner der Bewerber die Mehrheit der abgegebenen Stimmen, so findet ein zweiter Wahlgang statt, bei dem nur die beiden Bewerber mit der höchsten Stimmenzahl zur Wahl stehen. Erhält keiner von ihnen die Mehrheit der abgegebenen Stimmen, so entscheidet das Los.

(3) Die Abstimmung kann offen erfolgen, soweit kein Wahlberechtigter Widerspruch erhebt.

(4) Der Vorsitz wechselt jährlich zwischen dem Vorsitzenden und dessen Stellvertreter.

§ 5 Sitzungen, Verschwiegenheit

(1) Der Ausschuss wird vom Vorsitzenden im Einvernehmen mit dem stellvertretenden Vorsitzenden nach Bedarf, in der Regel dreimal jährlich, zu einer Sitzung einberufen. Eine Einberufung muss erfolgen, wenn mindestens vier Ausschussmitglieder dies beantragen.

(2) Zu den Sitzungen soll zwei Wochen, mindestens aber eine Woche vor dem Sitzungstermin unter Bekanntgabe der Tagesordnung eingeladen werden. Beratungsunterlagen sollen der Einladung beigefügt werden.

(3) Die Mitglieder sind zur Verschwiegenheit über vom Ausschuss als vertraulich bezeichnete Angelegenheiten verpflichtet. Diese Verpflichtung bleibt auch nach dem Ausscheiden aus dem Amt bestehen.

(4) Die Sitzungen sind nicht öffentlich. Der Ausschuss kann die Öffentlichkeit einer Sitzung beschließen.

(5) Der Präsident und der Hauptgeschäftsführer der Handwerkskammer sowie deren Stellvertreter können jederzeit an den Sitzungen des Ausschusses teilnehmen.

(6) Die Mitgliedergruppen des Berufsbildungsausschusses können zu Vorbereitung der Sitzungen angemessene Vorbesprechungen durchführen. Die Vorbesprechungen werden am Tag der Hauptsitzung durchgeführt. Für die Teilnahme an Vorbesprechungen gilt § 9 dieser Geschäftsordnung.

§ 6 Stimmberechtigung, Beschlussfähigkeit, Abstimmung

(1) Stimmberechtigt sind die selbständigen Handwerker und Arbeitnehmer. Die Lehrer an berufsbildenden Schulen nehmen mit beratender Stimme teil (§ 43 Absatz 1 Satz 2 HwO).

(2) Abweichend von Abs. 1 haben die Lehrkräfte Stimmrecht bei Beschlüssen zu Angelegenheiten der Berufsausbildungsvorbereitung und Berufsausbildung, soweit sich die Beschlüsse unmittelbar auf die Organisation der schulischen Berufsausbildung (§ 2 Absatz 1 Nr. 2 des Berufsbildungsgesetzes) auswirken (§ 44 Absatz 6 HwO).

(3) Der Berufsbildungsausschuss ist beschlussfähig, wenn mehr als die Hälfte seiner stimmberechtigten Mitglieder anwesend ist. Er beschließt mit der Mehrheit der abgegebenen Stimmen (§ 44 a Abs. 1 HwO). Bei Stimmengleichheit gilt ein Antrag als abgelehnt.

(4) Zur Wirksamkeit eines Beschlusses ist es erforderlich, dass der Gegenstand bei der Einberufung des Ausschusses bezeichnet ist, es sei denn, dass er mit Zustimmung von mindestens zwei Dritteln der stimmberechtigten Mitgliedern nachträglich auf die Tagesordnung gesetzt wird (vgl. § 44 a Abs. 2 HwO).

(5) An der Beratung und Beschlussfassung über Angelegenheiten, die das persönliche Interesse einzelner Mitglieder berühren, dürfen diese nicht teilnehmen. Die Betroffenen haben dies dem Vorsitzenden unaufgefordert mitzuteilen.

§ 7 Umlaufverfahren

(1) In eilbedürftigen Angelegenheiten können Beschlüsse und Stellungnahmen im Sinne des § 2 Absatz 2 und 3 auf schriftlichem Weg herbeigeführt werden, wenn der Berufsbildungsausschuss in einer Sitzung die Durchführung des Umlaufverfahrens für diesen Gegenstand beschlossen oder sich Vorsitz und Stellvertretung auf die Durchführung des Umlaufverfahrens geeinigt haben.

(2) Die Vorlagen sind den Mitgliedern schriftlich zu erläutern. Beschlussvorlagen müssen Beschlussvorschläge enthalten. Das Datum der letztmöglichen Willenserklärung ist in die Vorlage aufzunehmen.

(3) Der Geschäftsführer des Berufsbildungsausschusses oder sein Stellvertreter entscheidet, welche Frist für die Stimmabgabe gewährt wird.

(4) Das Datum für die letztmögliche Stimmabgabe gilt als Datum des Beschlusses.

Lang

§ 8 Geschäftsführung
(1) Die Geschäfte des Ausschusses und seiner Unterausschüsse werden durch die Handwerkskammer in Abstimmung mit dem Vorsitz geführt. Der Ausschuss bestellt im Einvernehmen mit der Hauptgeschäftsführung der Handwerkskammer einen Mitarbeiter oder eine Mitarbeiterin der Handwerkskammer zur Geschäftsführung und zur stellvertretenden Geschäftsführung.
(2) Die Geschäftsführung führt Protokoll über die Sitzungen.

§ 9 Ehrenamtliche Tätigkeit
Die Tätigkeit im Berufsbildungsausschuss ist ehrenamtlich. Es gelten die Entschädigungsregelungen der Satzung der Handwerkskammer ... .

§ 10 Unterausschüsse
(1) Der Ausschuss kann nach Bedarf Unterausschüsse bilden. Unterausschüsse sollen insbesondere an der Qualitätsentwicklung der Beruflichen Bildung im Sinne von § 2 Absatz 1 Satz 2 dieser Geschäftsordnung mitwirken. Hierzu kann auch ein Qualitätsausschuss eingerichtet werden.
(2) Den Unterausschüssen können auch Personen angehören, die nicht Mitglieder des Berufsbildungsausschusses sind.
(3) Die Unterausschüsse haben das Ergebnis ihrer Beratungen dem Ausschuss zur abschließenden Beratung vorzulegen.
(4) Für den Unterausschuss gelten die Vorschriften dieser Geschäftsordnung mit Ausnahme des § 13 entsprechend.
(5) Der Vorsitzende und der stellvertretende Vorsitzende des Ausschusses haben das Recht, an allen Sitzungen der Unterausschüsse teilzunehmen.

§ 11 Hinzuziehen von Sachverständigen
Der Ausschuss kann zu seinen Sitzungen Sachverständige hinzuziehen. Kann sich der Ausschuss nicht auf einen Sachverständigen einigen, so wird für jede Gruppe der von ihr vorgeschlagene Sachverständige hinzugezogen.

§ 12 Niederschrift
Über jede Sitzung des Ausschusses ist eine Niederschrift anzufertigen, die vom Vorsitzenden und vom Protokollführer zu unterzeichnen ist. Eine Abschrift der Niederschrift ist den Ausschussmitgliedern und ihren Stellvertretern sowie dem Vorstand und dem Hauptgeschäftsführer der Handwerkskammer zuzuleiten. Die Niederschrift muss auf der folgenden Sitzung genehmigt werden.

§ 13 Änderung der Geschäftsordnung
Änderungen der Geschäftsordnung bedürfen der Zustimmung von mindestens zwei Dritteln der stimmberechtigten Mitglieder.

§ 14 Inkrafttreten
Diese Geschäftsordnung tritt am ... (Datum der Beschlussfassung) in Kraft. Gleichzeitig tritt die Geschäftsordnung vom ... außer Kraft.

B. Unterausschüsse

3 Nach § 44b S. 2 kann in der Geschäftsordnung vorgesehen werden, dass **Unterausschüsse** gebildet werden. Ebenso kann in der Geschäftsordnung bestimmt werden, dass neben Mitgliedern des Berufsbildungsausschusses auch weitere Personen, die nicht Mitglieder des Berufsbildungsausschusses sind, in den Unterausschuss berufen werden können. Hintergrund der Öffnung für Nichtmitglieder ist, externen Sachverstand von Arbeitgebern oder Vertretern von Arbeitnehmerorganisationen mit einzubinden (Detterbeck Rn. 2). Gleichwohl ist es unzulässig, einen Unterausschuss ausschließlich zum Zweck der Einbindung qualifizierter Nichtmitglieder zu bilden, da nach dem Willen des Gesetzgebers eine begrenzte Anzahl von Personen die Meinungsbildung des Berufsbildungsausschusses beeinflussen soll (Detterbeck Rn. 2). Auch ist es aufgrund des Wortlauts der Vorschrift nicht möglich, einen Unterausschuss ausschließlich bestehend aus Nichtmitgliedern einzurichten. IÜ ist der Berufsbildungsausschuss nicht verpflichtet, Unterausschüsse einzurichten. Es liegt in seinem Ermessen, von dieser Möglichkeit Gebrauch zu machen.

4 Der Tätigkeitsbereich des Unterausschusses beschränkt sich auf die vom Berufsbildungsausschuss zugewiesene Aufgabe; eigenständige Aufgaben können nicht wahrgenommen werden (Schwannecke/Witt Rn. 6). Die Beschlüsse des Unterausschusses binden den Berufsbildungsausschuss nicht, sie haben lediglich Empfehlungscharakter (Leinemann/Taubert BBiG § 80 Rn. 8).

5 Für den Unterausschuss gelten nach § 44b S. 3 die Regelungen der Wahl der Mitglieder (§ 43 Abs. 2), die ehrenamtliche Tätigkeit (§ 43 Abs. 3), die Abberufung der Mitglieder (§ 43

Abs. 4), die Stellvertretung (§ 43 Abs. 5) und die Regelungen der Beschlussfassung (§ 44a) in entsprechender Anwendung. Die Größe und eine paritätische Besetzung des Unterausschusses mit Arbeitgebern, Arbeitnehmern und Lehrkräften ist nicht zwingend vorgegeben, da ein Verweis auf § 43 Abs. 1 fehlt (Detterbeck Rn. 3; aA Honig/Knörr Rn. 3). Bei der Zahl der Mitglieder des Unterausschusses sollte aber die Gewährleistung der Arbeitsfähigkeit des Ausschusses Berücksichtigung finden. Ebenso erscheint es sinnvoll, die paritätische Besetzung nach Möglichkeit im Unterausschuss zu übernehmen (Detterbeck Rn. 3). Im Gegensatz zum Berufsbildungsausschuss besitzen die Lehrer im Unterausschuss bei jedem Beratungsgegenstand Stimmrecht, da weder auf § 43 Abs. 1 noch auf § 44 Abs. 6 verwiesen wird.

Dritter Teil: Meisterprüfung, Meistertitel

Vorbemerkung zu §§ 45 ff.

1   Die Handwerksordnung gliedert die Handwerke in zulassungspflichtige, zulassungsfreie und handwerksähnliche Gewerbe auf (vgl. ausf. hierzu → Einleitung Rn. 1 ff.; insbes. → Einleitung Rn. 5 ff.).

2   Um zulassungspflichtige Handwerke im stehenden Gewerbe betreiben zu dürfen, ist grds. Voraussetzung die Eintragung in die Handwerksrolle (§§ 1, 7), was wiederum die Meisterqualifikation voraussetzt (zu den hiervon bestehenden Ausnahmen → § 7 Rn. 28 ff.).

3   Die Meisterprüfung stellt den sog. „großen Befähigungsnachweis" dar. „Groß" ist dieser deshalb, da er vor einem Meisterprüfungsausschuss erworben werden muss (Schwannecke/Dietrich Ordnungsnummer 390 Rn. 3). Sie stellt eine sog. einheitliche Prüfung dar, dh, sie besteht aus verschiedenen Teilprüfungen, die jedoch nur in ihrer Gesamtheit den großen Befähigungsnachweis verleihen (Honig/Knörr Rn. 11). Der große Befähigungsnachweis soll sicherstellen, dass die Feststellung der berufsspezifischen Befähigung auf meisterlichem Niveau, der selbstständigen Betriebsführung und der Befähigung zur ordnungsgemäßen Ausbildung garantiert wird (vgl. § 45 Abs. 2).

4   Gerechtfertigt werden diese erhöhten Anforderungen im Vergleich zu den übrigen Handwerken und Gewerben dadurch, dass die zulassungspflichtigen Handwerke der Anlage A der HwO eine gewisse Gefahrgeneigtheit aufweisen und dem Interesse der besonderen Ausbildungsleistung des Handwerks dienen (vgl. ausf. zu dieser Rspr. des BVerfG → Einleitung Rn. 12 ff.).

5   Welche Anforderungen iRd Meisterprüfungen gestellt werden, wird durch die mittels Rechtsverordnung festgelegten Meisterprüfungsverordnungen, die die gesetzliche Fixierung des jeweiligen Berufsbildes darstellen (→ § 45 Rn. 4), bestimmt. Diese sollen neben den fachlichen Fähigkeiten auch verstärkt die unternehmerischen Kenntnisse des Gewerbetreibenden abprüfen (vgl. zu dieser Entwicklung Fehling GewArch 2003, 41 ff.). Der erworbene Meistertitel wird iRd HwO als Ausbildungsbezeichnung ergänzend zum ohnehin bestehenden Schutz durch das UWG (vgl. Schwannecke/Behrendt § 117 Rn. 25) vor missbräuchlicher Verwendung geschützt (vgl. § 51). Das Führen des Titels ohne die erfolgreich abgelegte Prüfung ist bußgeldbewehrt (§ 117).

6   Die Zuständigkeiten im Bereich des Meisterprüfungswesens sind auf das Bundesministerium für Wirtschaft und Energie, die obersten Landesbehörden, die höheren Verwaltungsbehörden und die Handwerkskammern verteilt (Schwannecke/Dietrich Ordnungsnummer 390 Rn. 5), wobei die Zuständigkeit für den Erlass sämtlicher Rechtsverordnungen in diesem Bereich beim Bundesministerium für Wirtschaft und Energie liegt (vgl. §§ 45, 51a, 51c, 50 Abs. 2, 50a).

7   Soweit ein zulassungsfreies Handwerk oder ein handwerksähnliches Gewerbe betroffen ist, kann auf freiwilliger Basis eine Meisterprüfung abgelegt werden, soweit eine entsprechende Ausbildungsordnung erlassen wurde. Dieser freiwillige große Befähigungsnachweis, der mit der Novelle der HwO von 2003 eingeführt wurde, soll nach dem Willen des Gesetzgebers dem Niveau des großen Befähigungsnachweises bei den Anlage A – Handwerken entsprechen (BT-Drs. 15/1206, 39).

Erster Abschnitt: Meisterprüfung in einem zulassungspflichtigen Handwerk

§ 45 [Anforderungen]

(1) **Als Grundlage für ein geordnetes und einheitliches Meisterprüfungswesen für zulassungspflichtige Handwerke kann das Bundesministerium für Wirtschaft**

und Energie im Einvernehmen mit dem Bundesministerium für Bildung und Forschung durch Rechtsverordnung, die nicht der Zustimmung des Bundesrates bedarf, bestimmen,
1. welche Fertigkeiten und Kenntnisse in den einzelnen zulassungspflichtigen Handwerken zum Zwecke der Meisterprüfung zu berücksichtigen (Meisterprüfungsberufsbild A)
2. welche Anforderungen in der Meisterprüfung zu stellen sind und
3. welche handwerksspezifischen Verfahrensregelungen in der Meisterprüfung gelten.

(2) Durch die Meisterprüfung ist festzustellen, ob der Prüfling befähigt ist, ein zulassungspflichtiges Handwerk meisterhaft auszuüben und selbständig zu führen sowie Lehrlinge ordnungsgemäß auszubilden.

(3) Der Prüfling hat in vier selbständigen Prüfungsteilen nachzuweisen, dass er wesentliche Tätigkeiten seines Handwerks meisterhaft verrichten kann (Teil I), die erforderlichen fachtheoretischen Kenntnisse (Teil II), die erforderlichen betriebswirtschaftlichen, kaufmännischen und rechtlichen Kenntnisse (Teil III) sowie die erforderlichen berufs- und arbeitspädagogischen Kenntnisse (Teil IV) besitzt.

(4) ¹Bei der Prüfung in Teil I können in der Rechtsverordnung Schwerpunkte gebildet werden. ²In dem schwerpunktspezifischen Bereich hat der Prüfling nachzuweisen, dass er wesentliche Tätigkeiten in dem von ihm gewählten Schwerpunkt meisterhaft verrichten kann. ³Für den schwerpunktübergreifenden Bereich sind die Grundfertigkeiten und Grundkenntnisse nachzuweisen, die die fachgerechte Ausübung auch dieser Tätigkeiten ermöglichen.

Literatur: BT-Drs. 15/1206,Entwurf eines Dritten Gesetzes zur Änderung der Handwerksordnung und anderer handwerksrechtlicher Vorschriften, Gesetzesentwurf der Fraktionen SPD und BÜNDNIS 90/DIE GRÜNEN v. 24.06.2003; Detterbeck, Steffen, Inhalt und Grenzen einer Schornsteinfegermeisterverordnung nach § 45 HwO, GewArch 2003, 47; Dürr, Wolfram, Gedanken zur Schwarzarbeitsbekämpfung, vor allem im Handwerk, GewArch 2007, 61; Fehling, Friedrich, Neuere Entwicklungen bei den Rechtsverordnungen für Meisterprüfungen im Handwerk, GewArch 2003, 41; Leisner, Walter, Tradition und Verfassungsrecht zwischen Fortschrittshemmung und Überzeugungskraft. Vergangenheit als Zukunft, 2013, S. 68 ff., 131.; Leisner, Walter Georg, Die körperschaftliche Rechtsform bei Innungen, Kreishandwerkerschaften und Landesinnungsverbänden: Öffentlich-rechtlicher oder privatrechtlicher Status? LFI- Schriftenreihe, 2011

Überblick

§ 45 regelt die Anforderungen, die an die Meisterprüfung zu stellen sind bzw. gibt den Rahmen vor, innerhalb dessen Regelungen diesbezüglich zu erlassen sind.

Übersicht

	Rn.		Rn.
A. Bedeutung der Meisterqualifikation	1	IV. Einheitliche Gesamtregelung eines A-Handwerks: Meisterprüfungsziel	13
B. Berufsbilder – Verfassungs- und Gesetzesrecht	4	V. Fertigkeiten und Kenntnisse	15
I. Verfassungsrecht	4	D. Handwerksspezifische Verfahrensregelungen (§ 45 Abs. 1 Nr. 3)	17
II. Die gesetzlichen Berufsbildregelungen	6	E. Gegenstände der Meisterprüfung (§ 45 Abs. 3, 4)	18
C. Die Meisterprüfungsberufsbilder	7	I. Die einheitliche Prüfung und ihre Teile	18
I. Meisterprüfungsberufsbilder und Anlage 1 (§ 45 Abs. 1 Nr. 1, 2)	7	II. Die „Verselbständigung" der gegenständlichen Prüfungsbereiche	20
II. Tätigkeitsbezug der Prüfungsregelungen (§ 45 Abs. 2, 3)	9	III. Prüfungsteil I	21
		IV. Prüfungsteile II–IV	24
III. Meisterprüfungsberufsbild und „dynamischer Handwerksbegriff"	12	V. Schwerpunktbildung in Teil I (§ 45 Abs. 4)	26

A. Bedeutung der Meisterqualifikation

1   Die Regelungen der §§ 45 bis 51 e beziehen sich zwar nur auf zulassungspflichtige Handwerke (Abs. 1), und sie normieren auch nur eine Voraussetzung für deren Ausübung: die **Meisterprüfung**. Dass es sich dabei immer noch um die wichtigste und um die Regelqualifikation für diesen Bereich der Berufswahl und -ausübung handelt, (vgl. allerdings nun die Redaktion von § 7 insbes. Abs. 1a), ergibt sich klar aus § 45: Ausf. werden hier allgemein Ziele und Einzelheiten zu den Qualifikationsinhalten und den Verfahrensschritten zu deren Erreichung angesprochen; die Ausgestaltung wird dem Bundesgesetzgeber (im materiellen Sinn der Verordnungsgebung) vorbehalten.

2   Aus der Gesetzesvorschrift ergibt sich auch ausdr. (Abs. 2), dass – nach wie vor – neben Gefahrenabwehr (→ Einleitung Rn. 8 ff.) und Ausbildungskompetenz die Meisterpflicht auch, mindestens gleichrangig, der **Qualifikationssicherung** im Handwerk dient und sich daraus ihre Rechtfertigung ergibt (trotz der Systemveränderungen durch die Novelle von 2003 (→ Einleitung Rn. 1 ff.). Dies muss jedenfalls im gesamten Normierungsbereich des zulassungspflichtigen Handwerks in Formen durchgehend **qualitätsorientierter Auslegung** aller Vorschriften berücksichtigt werden.

3   Darüber hinaus kommt § 45 eine grundsätzliche Bedeutung **für Verständnis und Auslegung der gesamten Handwerksordnung** zu. In Abs. 2 knüpft die Vorschrift deutlich an die **traditionelle Leitvorstellung des deutschen Handwerkswesens** an: Das „Leitbild" des selbständig tätigen Handwerksmeisters", das hier im Meisterprüfungsberufsbild A aufgenommen und präzisiert wird (→ Rn. 4 ff.). Die „meisterhafte" Ausführung eines Handwerks gehört zu den unverzichtbaren Traditionsgrundlagen der deutschen Rechtsordnung (vgl. Detterbeck Rn. 1; Leisner, W., Tradition und Verfassungsrecht zwischen Fortschrittshemmung und Überzeugungskraft. Vergangenheit als Zukunft, 2013, S. 68 ff.; 131; Leisner, W.G., Die körperschaftliche Rechtsform bei Innungen, LFI 2011, 20 ff.). Weit darüber hinaus hat das Handwerk durch diesen Meisterbegriff („Meistersinger von Nürnberg") deutsche Kultur und Gesellschaft geprägt.

B. Berufsbilder – Verfassungs- und Gesetzesrecht

I. Verfassungsrecht

4   Berufsbilder können in allen Bereichen den grundrechtlichen Freiheitsraum der verfassungsrechtlich verbürgten Berufs- und Gewerbefreiheit (Art. 12 Abs. 1 GG) näher bestimmen und auch begrenzen (vgl. dazu ausf. Maunz/Dürig/Scholz GG Art. 12 Rn. 280 ff.). Berufsbilder können dabei von den **Trägern des Grundrechts** entwickelt werden; ihnen kommt dann, bei entsprechend allgemeiner gesellschaftlicher Akzeptanz, die rechtliche Bedeutung einer näheren Bestimmung des Inhalts verfassungsrechtlicher Berufsbegriffe zu, damit des grundrechtlichen Schutzbereichs, soweit sie nicht gegen öffentliche Interessen verstoßen (vgl. BVerfGE 7, 377 – Apothekenurteil). Im Handwerksrecht dagegen hat der **Gesetzgeber** von der ihm vom BVerfG zugestandenen Befugnis Gebrauch gemacht, Berufsbilder normativ festzulegen durch Begriffe und näher beschreibende Verdeutlichungen von deren Inhalten (vgl. die stRspr des BVerfG, etwa BVerfGE 13, 97 (106); 54, 301 (314); 78, 179 (193)). Dies kann auch zu einer normativen Monopolisierung des Berufsbilds in einer gesetzlichen Festlegung führen (v. Mangoldt/Klein/Starck/Manssen GG Art. 12 Rn. 46). Eben dafür ist das Handwerksrecht das Paradebeispiel in seinen Anlagen zur Handwerksordnung (BVerfGE 13, 97 (117)), in erster Linie in Anlage A für die zulassungspflichtigen Berufe. Im Gesetz ist dies auch in § 45 Abs. 1 Nr. 1 (Meisterprüfungsberufsbild) angesprochen.

5   Dieses „**Meisterprüfungsberufsbild**" (dazu Fehling GewArch 2003, 41; Detterbeck GewArch 2003, 47; Schwannecke/Dietrich Rn. 1) stellt eine begriffliche Neuschöpfung dar. Es lehnt sich zwar an die traditionellen Begriffe der **Ausbildungsordnung** an (vgl. §§ 25, 26), geht aber inhaltlich in der Zielrichtung über diese hinaus. Es werden hier Grundlinien gezeichnet für ein volles „Berufsbild", nicht nur Einzelheiten der Ausbildung(sinhalte) geregelt. Deutlich wird dies in den Zielsetzungen der Meisterprüfung nach Abs. 2, aber auch in der Prüfungssystematik der Abs. 3 und 4. Dargeboten wird ein normatives Berufsbild des zulassungspflichtigen Handwerks, entwickelt aus Meisterprüfungsgrundsätzen.

II. Die gesetzlichen Berufsbildregelungen

Die gesetzlichen Berufsbildfixierungen iSv → Rn. 1 finden hier auf **3 Ebenen** statt: In 6 der **Handwerksordnung selbst**, soweit diese wie hier, auf ihre Anlage A verweist, aber auch in ihren Anlagen B1 und B2. In der hier bedeutsamen Anlage A bestimmen sie konstitutiv die Rechtswirkungen der Zulässigkeit der Tätigkeit als solcher, die Anlage B1 und B2 legen die Voraussetzungen für Rechtswirkungen von minderem Regularisierungsgewicht fest (etwa Mitgliedschaft in Handwerksorganisationen). Für die zulassungspflichtigen, wie auch die zulassungsfreien Handwerke ergeben sich aus formellen Gesetzesrecht Präzisierungen dieser Berufsbilder. Auf einer 2. Ebene sind für das Berufsbild wichtig die **Meisterverordnungen,** welche vom Bundesminister für Wirtschaft als Rechtsverordnungen erlassen werden (für die A-Handwerke vgl. die Übersicht derselben bei Schwannecke Ordnungsnummer 400). Auf einer 3. Stufe kommen weitere Verdeutlichungen hinzu aus den **Meisterprüfungsordnungen,** welche von den Meisterverordnungen zu unterscheiden sind (Detterbeck Rn. 4). Das Meisterprüfungsverfahren ist nun in der Verordnung über das Zulassungs- und Prüfungsverfahren für die Meisterprüfung im Handwerk (MPVerfVO v. 17.12.2001, BGBl. I 4154) bundeseinheitlich geregelt. IÜ können die Handwerkskammern Satzungen nach § 50 Abs. 1 und 2 erlassen. In deren Rahmen werden insbes. Gebühren- und Kostenfragen geregelt (vgl. Schwannecke/Dietrich Rn. 19).

C. Die Meisterprüfungsberufsbilder

I. Meisterprüfungsberufsbilder und Anlage 1 (§ 45 Abs. 1 Nr. 1, 2)

Meisterprüfungsberufsbilder, gesetzlich festgelegt in den Formen nach → Rn. 6, stellen 7 nicht eine „Ergänzung" der Berufsbilder dar (so aber Detterbeck Rn. 6), wie diese in der Anlage A dargestellt sind (→ Rn. 6). Vielmehr handelt es sich dabei um eine Verdeutlichung der Inhalte der Anlage A, die auch als eine **Konkretisierung** derselben bezeichnet werden kann. Diese erfolgt ebenfalls durch Gesetz im materiellen Sinn (Rechtsverordnungen des BMWi). Damit sind die handwerklichen Berufsbilder bis in Einzelheiten hinein gesetzlich festgelegt (→ Rn. 4). Die Inhalte der Anlage 1 sind daher durchgehend und primär im Lichte der normativen Meisterprüfungsberufsbilder zu verstehen, auszulegen.

Diese normative Bedeutung der Meisterprüfungsberufsbilder ist jedoch in **dreifacher** 8 **Hinsicht** begrenzt: Sie gilt nur nach § 45, hinsichtlich der Beschreibungen in der Anlage A (so ausdr. Abs. 1), **nicht bezüglich der Anlage B1.** Soweit für die dort aufgeführten Berufe allerdings eine Meisterprüfung – fakultativ – vorgesehen ist, können die Bestimmungen der Prüfungsordnungen für Handwerke nach Anlage A auch auf B1-Handwerke entsprechend angewendet werden; Voraussetzung ist allerdings, dass für letztere nicht Spezialvorschriften ergangen sind. Die **zweite** Begrenzung der Normsetzungswirkung von (Meister-)Prüfungsvorschriften für die Anlage A ergibt sich daraus, dass nur prüfungsrelevante, also **„prüfbare"** Voraussetzungen eine solche Konkretisierungswirkung auf die Anlage A-Beschreibungen entfalten können; dies schließt persönlichkeitsbezogene, etwa (Eignungs-)Voraussetzungen aus. Die Verdeutlichung der Anlage A durch Meisterprüfungsberufsbilder kann nur im **formellen und materiellen Prüfungsbereich** wirken (vgl. Abs. 1 Nr. 2). **Drittens** entfaltet der Inhalt dieser Prüfungsbestimmungen auf die Handwerke nach Anlage A nur zu „berücksichtigende", nicht zu „beachtende" Wirkungen auf die Inhalte der Berufsbildungsfestlegungen in der Anlage A; dies ist iSd Unterscheidung zu verstehen, wie sie zwischen „beachten" und „berücksichtigen" aus Art. 33 Abs. 5 GG für die hergebrachten Grundsätze des Berufsbeamtentums bekannt ist (vgl. etwa BVerfGE 63, 367 (379 mwN)), also nur iSe abgeschwächten Konkretisierungsbedeutung.

II. Tätigkeitsbezug der Prüfungsregelungen (§ 45 Abs. 2, 3)

Berufsbilder sind selbstverständlich – schon nach dieser ihrer Begrifflichkeit – stets **tätig-** 9 **keitsbezogen.** Ihr Inhalt besteht in einer Festlegung von Tätigkeitsformen und -bereichen. Dieser Tätigkeitsbezug gilt auch für die entsprechenden Prüfungsbestimmungen (→ Rn. 6 bis → Rn. 8) der Meisterqualifikation. Dass in § 45 „Tätigkeiten" – anders als in § 45 aF – nicht mehr ausdrücklich allgemein erwähnt sind, bedeutet also keineswegs, dass das Recht der Meisterprüfung nicht tätigkeitsbezogen ausgestaltet wäre (abwegig dem gegenüber die Begründung in BT-Drs. 15/1206, S. 35; zutr. krit. Detterbeck Rn. 7; Schwannecke/Dietrich Rn. 5 ff.); nach Honig/Knörr Rn. 4, unter Hinweis auf Dürr (GewArch 2007, 64) sollte damit der „Kern der Meisterprüfungsinhalte reduziert werden", dh, es liegt dies auf der Linie der Reform von 2003 (Einschränkung der Meisterpflicht).

10   Der – notwendige – Tätigkeitsbezug der Anlage A, wie der diese konkretisierenden Meisterprüfungsbestimmungen, bedeutet – ebenso selbstverständlich – nicht, dass in der Meisterprüfung alle Tätigkeiten eines A-Handwerks ausnahmslos und gleichgewichtig Prüfungsgegenstände sein müssen; vielmehr sind die Prüfungsgegenstände iSe Zusammenfassung dieser Bereiche zu sehen (vgl. Schwannecke/Dietrich Rn. 6 und 7). Dies kommt deutlich in Abs. 2 zum Ausdruck: Es muss die Befähigung nachgewiesen werden, „**ein** zulassungspflichtiges Handwerk meisterhaft auszuüben" (Herv. v. Verfasser), dh dieses Handwerk in seiner **Gesamtheit**, im Zusammenklang all seiner einzelnen Tätigkeiten. Die Novelle hat also eine – sachgerechte – Globalisierung des Tätigkeitsbezugs der Prüfungsregelungen festgelegt, nicht etwa jenen aufgegeben.

11   Dies zeigt auch die Erwähnung der (für das A-Handwerk) **wesentlichen Tätigkeiten** in Abs. 3. Auf sie haben sich die Prüfungsanforderungen zu beziehen, dies ist das entscheidende Kriterium für die Auswahl zulässiger Prüfungsstoffe. Damit erfolgt hier ein Rückgriff auf den Begriff der „wesentlichen Tätigkeiten" iSd § 1 Abs. 2 S. 1 (vgl. dort → § 1 Rn. 35 ff.), und zwar mit Bezug auf jedes einzelne Berufsbild der Anlage A-Handwerke. Der Begriff der wesentlichen Tätigkeit ist einerseits im Lichte der Berufsbilder zu verstehen und auszulegen, diese wiederum ergeben sich weithin aus den gesetzlichen Prüfungsbestimmungen.

III. Meisterprüfungsberufsbild und „dynamischer Handwerksbegriff"

12   Die Berufsbilder zulassungspflichtiger Handwerke werden auf solche Weise (→ Rn. 11) in Konkretisierungsstufen – von der Handwerksordnung bis zu Satzungen der Handwerkskammern – über das Verfahren der Meisterprüfungen – gesetzlich festgelegt. Auf all diesen Stufen entfaltet insoweit der sogenannte „dynamische Handwerksbegriff" (vgl. → § 1 Rn. 21 mwN) ebenfalls gewisse konkretisierende rechtlich-normative Wirkungen, sie sind von Handwerksinstanzen wie Gerichten zu beachten, allerdings ausschließlich iRd ausdrücklichen gesetzlichen Berufsregelungen. Der Wirkungsraum des „dynamischen Handwerksbegriffs" ist jedoch ein sehr enger: Es handelt sich hier nicht etwa um einen „unbestimmten Rechtsbegriff" (→ § 1 Rn. 1 ff), welcher die Berufsbilder zulassungspflichtiger Handwerke, in ihren Grundzügen wie ihren wesentlichen Tätigkeiten iE, schrankenlos neuen technischen oder wirtschaftlichen Entwicklungen öffnet. Dem stehen vor allem die überaus detaillierten, stufenförmigen gesetzlichen Regelungen der Berufsbilder im A-Bereich entgegen. Allenfalls kann sich aus dem „dynamischen Handwerksbegriff" eine (verfassungs-)gesetzliche Verpflichtung zu einer Änderung ergeben, zu einer Anpassung gerade der sehr ins Einzelne gehenden Prüfungsvorschriften für die Meisterqualifikation (Detterbeck Rn. 6). Ein Rechtsanspruch auf Änderung etwa der entsprechenden Verordnungen nach Abs. 2 besteht aber allgemein nicht (vgl. VGH Kassel GewArch 1998, 34). Allenfalls in Extremfällen, in denen jede Eignung oder Erforderlichkeit einer Prüfungsregelung offensichtlich entfallen ist, infolge fundamentaler Änderung des betreffenden handwerklichen Umfelds, könnte ein verwaltungs- oder verfassungsrechtliches Normenkontrollverfahren, etwa wegen Verletzung von Art. 12 Abs. 1 GG, oder der Rechtsstaatlichkeit (Art. 2 Abs. 1 iVm Art. 20 Abs. 3 GG) Erfolg haben.

IV. Einheitliche Gesamtregelung eines A-Handwerks: Meisterprüfungsziel

13   Welche rechtlichen Regelungs-/Eingriffswirkungen im Einzelnen von den Meisterprüfungsberufsbildern für die Abgrenzung der betreffenden Handwerke und damit inhaltlich für deren Berufsausübung iSv Art. 12 Abs. 1 GG ausgehen, lässt sich nur sehr beschränkt aufgrund allgemeiner Kriterien bestimmen (vgl. dazu Detterbeck GewArch 2003, 47 f; Czybulka NVwZ 2000, 138 und weitere Nachweise bei Detterbeck Rn. 13). Die Kernbereichsrechtsprechung des BVerwG (vgl. GewArch 1992, 306) mag hier Anhaltspunkte bieten (vgl. auch Schwannecke/Dietrich Rn. 3).

14   Allgemeines Ziel der gesetzlichen Regelung ist immerhin eindeutig eine **einheitliche Regelung** (vgl. Detterbeck Rn. 13), nicht nur der gesamten Zulassungsordnung für die A-

Handwerke, sondern auch eine ebensolche Einheitlichkeit der Regelungen für deren einzelne Handwerke (Abs. 1 am Anfang). Jene muss eine Ordnung in einer gewissen **Systematik** sicherstellen, diese wiederum das **gesamte** jeweilige Handwerk in all seinen Tätigkeiten regeln: dh sie muss es gegenständlich umfassen, auch wenn sie sich nicht mit gleichem Gewicht auf alle Tätigkeiten bezieht (→ Rn. 9, → Rn. 10).

V. Fertigkeiten und Kenntnisse

Aus diesem **Gesamt-Regelungs-Verständnis** sind die Begriffe „Fertigkeiten und Kenntnisse" näher zu bestimmen (Abs. 1, näher 3, 4). Zu sehen sind sie stets in ihrem Zusammenhang (Schwannecke/Dietrich Rn. 7). Nach der „Wesentlichkeit" der einzelnen Tätigkeiten innerhalb des jeweiligen Handwerks kann nicht nur, es muss, soweit wie möglich, danach gewichtet werden. Dies hat jedoch im Rahmen eines Beurteilungsspielraums der jeweiligen Regelungsinstanz zu erfolgen; Rechtsansprüche von Prüflingen bestehen hier nicht, soweit die Rechtsstaatlichkeit inhaltlich und verfahrensmäßig beachtet wird. Anfechtungen etwa wegen „Überfrachtung des Prüfungsstoff", könnten nur in kaum vorstellbaren Extremfällen Erfolg haben. 15

Die Erforderlichkeit von „Kenntnissen und Fähigkeiten" ist nach **qualitativen Kriterien** zu beurteilen (Detterbeck Rn. 15), unter Berücksichtung dessen, was die „wesentlichen Tätigkeiten" (→ Rn. 11) des jeweiligen A-Handwerks ausmacht. Auf den „Schwierigkeitsgrad" kann es dabei ankommen; dies gilt aber nicht ausschließlich oder „abstrakt", ohne Blick etwa auf die wirtschaftliche Bedeutung dieser Qualifikationselemente (Detterbeck Rn. 14). 16

D. Handwerksspezifische Verfahrensregelungen (§ 45 Abs. 1 Nr. 3)

Die Vorschrift wurde durch Gesetz vom 11.7.2011 (BGBl. I 1341) neu in die Handwerksordnung eingefügt. Damit sollte der Regelungsgehalt der § 50 Abs. 1 S. 2, Abs. 2 und § 51a Abs. 7 von dem des § 45 Abs. 1 Nr. 2 abgegrenzt werden: Erstere Bestimmungen gelten allgemein, handwerks- und verfahrensübergreifend, für alle Meisterprüfungsverfahren, letztere nur speziell für handwerksrechtliche Verfahrensregelungen, die ebenfalls in den Meisterprüfungsverordnungen getroffen werden dürfen (vgl. näher Schwannecke/Dietrich Rn. 9). 17

E. Gegenstände der Meisterprüfung (§ 45 Abs. 3, 4)

I. Die einheitliche Prüfung und ihre Teile

„Die Meisterprüfung" wird in 4 gegenständlich getrennten Teilen (I–IV) abgenommen. Diese sind zwar in verschiedener Hinsicht verselbstständigt (→ Rn. 20); es handelt sich dennoch um eine **einheitliche Prüfung** (Schwannecke/Dietrich Rn. 13). Diese wird nach übergreifenden Kriterien abgenommen, mit den Zielen des Nachweises, dass der Prüfling in seiner Tätigkeit sicherstellen kann: Gefahrenabwehr, Fähigkeit zur Ausbildung, aber auch „meisterhafte" Qualität seiner handwerklichen Leistungen. Letzteres wird in Abs. 3 ausdrücklich angesprochen; es ist verfassungsrechtlich nach wie vor eine zulässige Zielsetzung (vgl. BVerfGE 13, 79); aus ihr rechtfertigen sich übrigens nach wie vor die Regulierungswirkungen der Handwerksordnung. Unzulässig ist dagegen jede Form von Bedürfnisprüfung, außerhalb des Einsatzes zulässiger Wettbewerbskriterien (vgl. Detterbeck Rn. 25). 18

Die Prüfungsleistungen sind (nur) auf den 4 gesetzlich erwähnten Gebieten zu erbringen, denen die „Prüfungsteile" entsprechen: Der Nachweis betrifft „Fertigkeiten und Kenntnisse" (vgl. dazu Abs. 1; → Rn. 15 f.). **Fertigkeiten** bezieht sich dabei primär auf die praktische Seite der Berufstätigkeit in deren konkreter Bezogenheit auf dabei zu erbringende Leistungen; dies schließt aber die Notwendigkeit von theoretischen Kenntnissen ein, die dafür erforderlich sind. „Kenntnisse und Fähigkeiten" lassen sich insbes. im Prüfungsteil I nicht trennscharf unterscheiden, aber auch nicht durchgehend bei II–IV (etwa bei der Bedienung von Kommunikationstechnologien). Weitere Prüfungsfelder, etwa Psychologie oder medizinische Bereiche, dürfen aber als solche keinen Prüfungsstoff liefern. 19

II. Die „Verselbständigung" der gegenständlichen Prüfungsbereiche

20 Die Aufgliederung der Prüfungsgegenstände im Gesetz bestimmt den Prüfungsstoff. Sie führt zu folgenden rechtlichen Ausgestaltungen: Zwar ist nur **eine Meisterprüfung,** es sind nicht vier Meisterprüfungen abzulegen (→ Rn. 18); sie ist im Ergebnis nach Beendigung der Prüfung auf allen 4 Bereichen als solche bestanden oder nicht bestanden. Ein Bestehen der Gesamtprüfung setzt aber erfolgreiches Bestehen in allen Prüfungsteilen voraus; über das Ergebnis ist für jeden Teil ein selbständiges Zeugnis zu erteilen. Die einzelnen Zeugnisse können formal zusammengefasst werden, müssen aber inhaltlich getrennte Leistungsnachweise beinhalten. Jeder Zeugnisteil ist selbständig anfechtbar, ebenso aber auch die Gesamtleistung als solche. Jeder Prüfungsteil kann (einzeln) wiederholt werden (Detterbeck Rn. 24).

III. Prüfungsteil I

21 Die Prüfungsgegenstände im Einzelnen sind bundesrechtlich in den Prüfungsverordnungen festgelegt (vgl. den Überblick bei Schwannecke Ordunungsnummer 400). Zu Formen und Kategorien der Darstellung vgl. näher Schwannecke/Dietrich Rn. 17. Nur in diesem handwerklich-praktischen Prüfungsteil hat der Prüfling „meisterhafte" Leistungen zu erbringen: Dies bedeutet nicht, dass diese „hervorragend" sein müssen (VGH Mannheim GewArch 1994, 427); sie haben lediglich dem durchschnittlichen Leistungsniveau eines Meisters in dem betreffenden Handwerk zu entsprechen. Daher muss die Leistung qualitativ deutlich über der liegen, welche von einem Gesellen zu erwarten ist (vgl. Schwannecke/Dietrich Rn. 12).

22 Nicht alle wesentlichen Tätigkeitsbereiche des jeweiligen Handwerks iSv § 1 Abs. 2 müssen „flächendeckend abgeprüft" werden. Es genügt, dass für die entscheidenden Tätigkeiten **exemplarische Leistungsbelege** geboten werden (Detterbeck Rn. 21). Dies kann, muss aber nicht allein, durch Fertigung eines „**Meisterstücks**" nachgewiesen werden (vgl. Detterbeck Rn. 21). Umgekehrt kann ein solches, bereits angefertigt, auch bei einer Wiederholung der Prüfung unter unveränderter Bewertung zugrunde gelegt werden (Honig/Knörr Rn. 17).

23 Die Bewertung ist beim handwerklichen Teil I in einem Beurteilungsspielraum durchzuführen, in dem Entscheidungen nur begrenzt gerichtlich nachprüfbar sind (dazu VGH Mannheim GewArch 2000, 29). Immerhin verfügen hier uU Richter, als Kunden von Handwerksleistungen, über eine gewisse Sachkunde; iÜ kann auf Sachverständige zurückgegriffen werden.

IV. Prüfungsteile II–IV

24 Die hier nachzuweisenden Kenntnisse beziehen sich auf das betreffende Handwerk in dessen ganzer Breite, nicht nur auf seine wesentlichen Tätigkeiten (Detterbeck Rn. 23). Dies gilt allerdings nur, soweit diese Kenntnisse für (irgendwelche) Tätigkeiten in dem betreffenden Berufsbild „erforderlich" sind. Daher dürfen hier keine unverhältnismäßig vertieften Kenntnisse verlangt werden; für schwierige Fragen kann sich der Handwerker ja später spezialisierter Hilfe bedienen. Seine Grenzen muss er aber insoweit jedenfalls erkennen können.

25 Zu den Inhalten der Teile III und IV sind 2011 in der Verordnung über gemeinsame Anforderungen in der Meisterprüfung des Handwerks (BGBl I 2149) einheitliche Regelungen getroffen worden (Ziele, Gliederung des Prüfungsstoffes, Inhalt, Prüfungsdauer, Bestehen der Prüfung). Ferner gelten die allgemeinen Prüfungs- und Verfahrensvorschriften der MPVerfVO (→ Rn. 6).

V. Schwerpunktbildung in Teil I (§ 45 Abs. 4)

26 Schwerpunkte können, müssen nicht in der RVO gebildet werden. Schwerpunkte sind zusammengehörige Aufgabenkomplexe mit beruflich bedeutsamen Handlungssituationen (Schwannecke/Dietrich Rn. 17). Dem Prüfling steht ein Wahlrecht zwischen ihnen zu. Im Schwerpunktbereich selbst muss er die wesentlichen Teile seines Handwerks meisterhaft zu verrichten in der Lage sein, im schwerpunktübergreifenden Bereich hat er lediglich Grundfertigkeiten und Grundkenntnisse nachzuweisen (vgl. Detterbeck Rn. 26 f.).

§ 46 [Befreiung von der Ablegung einzelner Teile der Meisterprüfung]

(1) ¹Der Prüfling ist von der Ablegung einzelner Teile der Meisterprüfung befreit, wenn er eine dem jeweiligen Teil der Meisterprüfung vergleichbare Prüfung auf Grund einer nach § 42 oder § 51a Abs. 1 in Verbindung mit Abs. 2 dieses Gesetzes oder § 53 des Berufsbildungsgesetzes erlassenen Rechtsverordnung oder eine andere vergleichbare Prüfung vor einer öffentlichen oder staatlich anerkannten Bildungseinrichtung oder vor einem staatlichen Prüfungsausschuss erfolgreich abgelegt hat. ²Er ist von der Ablegung der Teile III und IV befreit, wenn er die Meisterprüfung in einem anderen zulassungspflichtigen oder zulassungsfreien Handwerk oder in einem handwerksähnlichen Gewerbe bestanden hat.

(2) ¹Prüflinge, die andere deutsche staatliche oder staatlich anerkannte Prüfungen mit Erfolg abgelegt haben, sind auf Antrag durch den Meisterprüfungsausschuss von einzelnen Teilen der Meisterprüfung zu befreien, wenn bei diesen Prüfungen mindestens die gleichen Anforderungen gestellt werden wie in der Meisterprüfung. ²Der Abschlussprüfung an einer deutschen Hochschule gleichgestellt sind Diplome nach § 7 Abs. 2 Satz 4.

(3) Der Prüfling ist auf Antrag von der Ablegung der Prüfung in gleichartigen Prüfungsbereichen, Prüfungsfächern oder Handlungsfeldern durch den Meisterprüfungsausschuss zu befreien, wenn er die Meisterprüfung in einem anderen zulassungspflichtigen oder zulassungsfreien Handwerk oder handwerksähnlichen Gewerbe bestanden hat oder eine andere vergleichbare Prüfung vor einer öffentlichen oder staatlich anerkannten Bildungseinrichtung oder vor einem staatlichen Prüfungsausschuss erfolgreich abgelegt hat.

(4) Der Meisterprüfungsausschuss entscheidet auf Antrag des Prüflings auch über Befreiungen auf Grund ausländischer Bildungsabschlüsse.

Überblick

§ 46 regelt die möglichen Ausnahmen von § 45, wobei eine (Teil)Befreiung von der Ablegung der Meisterprüfung idR davon abhängig ist, dass der Antragssteller eine gleichwertige Prüfung mit Erfolg abgelegt hat.

A. Zweck und Wirkung der Vorschrift

I. Befreiungen und Einheit der Meisterprüfung

Eine – naheliegende – Begründung für alle Bestimmungen der Vorschrift liegt darin, dass „Doppelprüfungen" vermieden werden sollen (Detterbeck Rn. 1; Schwannecke/Dietrich Rn. 1 ff.). In Wahrheit ergibt sich daraus aber eine weitere – und durchaus bedeutsame – **Relativierung der Meisterpflicht,** die allerdings bereits durch die Aufspaltung der einheitlichen Meisterprüfung vorgezeichnet war (§ 45 Abs. 3 und 4), sich hier nun in komplizierten Einzelregelungen fortsetzt. Damit wird die Einheit(lichkeit) der Meisterprüfung (→ § 45 Rn. 18 ff.) formal, teilw. inhaltlich, grds. durchbrochen: Formal hinsichtlich des Ausmaßes der Prüfungszuständigkeiten des Meisterprüfungsausschusses, inhaltlich in gewichtiger Weise dadurch, dass nun eine einheitliche Schlussbewertung dahin, ob das Meisterniveau erreicht ist, nicht mehr möglich ist. Mehr noch: „Auf sie hin" darf auch in den einzelnen Fällen der Prüfung nicht mehr die Leistungsfähigkeit beurteilt werden. Dass damit „die Meisterprüfung eine andere geworden ist", war aber offenbar vom Gesetzgeber gewollt. 1

II. Prüfungskompetenz des Prüfungsausschusses; Vergleichbarkeit des Prüfungsniveaus

Deutlich wird dies vor allem im **Umfang des Prüfungsrechts des Meisterprüfungsausschusses** (§ 47) hinsichtlich der Befreiungen. Dieser hat nur mehr über die „Vergleichbarkeit der Prüfungen" zu entscheiden. In dem – wichtigen – Fall des Abs. 1 S. 2 (Anerkennung von anderen Meisterprüfungen) ist der Meisterprüfungsausschuss auf formale Dokumenten- 2 überprüfung beschränkt. Die – naheliegende – Folge ist für die Praxis: Auch die „Vergleichbarkeitsprüfung" – für die das Gesetz keinerlei nähere Kriterien bietet – wird sich uU weitestgehend auf eine rein formelle „Echtheitsüberprüfung" der vorgelegten Zeugnisse beschränken; es besteht sogar die Gefahr, dass dabei dann Vergleichbarkeit nur mehr schematisierend-global feststellt, auf nähere inhaltliche Überprüfungen verzichtet wird. Das könnte – angesichts eines föderalen Gefälles – zu einer weiteren Gefahr für die Feststellung einer bundesweiten Qualitätsgleichheit der Leistungen im Handwerk führen. Dem allem ist durch intensive **Einzelüberprüfung** der Voraussetzungen nach § 46 seitens der Meisterprüfungsausschüsse, soweit wie praktisch möglich, entgegenzuwirken: **Vergleichbarkeit** der Prüfungen kann nur bedeuten: Gleiches Prüfungsniveau – bundesweit.

B. Befreiung von einzelnen Teilen der Meisterprüfung

I. Befreiung von Teilen der oder „von der" Gesamtprüfung

3   Das Gesetz regelt nur die Befreiung von „einzelnen Teilen der Prüfung" (Abs. 1 S. 1), nicht von dieser in ihrer Gesamtheit. Daraus wird gefolgert, dass von der Prüfung insgesamt, also von der Meisterprüfung als solcher, nicht befreit werden könne (Detterbeck Rn. 1; vgl. allerdings Schwannecke/Dietrich Rn. 4). Diese Auffassung ist problematisch: Zwar lässt der Gesetzeswortlaut nur eine Befreiung von einzelnen Teilen der Meisterprüfung zu; er sieht aber nicht vor, dass nicht von allen Teilen befreit werden kann. Geschieht dies Letztere, so bleibt für die „Ablegung der Meisterprüfung" insgesamt keinerlei Raum mehr – von einer solchen Prüfung ist dann insgesamt eben doch befreit worden. Der Meisterprüfungsausschuss hat auch gar nicht zusammenzutreten, wenn eine solche Entscheidung ausschließlich nach Abs. 1 S. 1 und 2 ergehen kann. Dann bleibt der Handwerkskammer nur das formale Prüfungsrecht, ob diese gesetzlichen Voraussetzungen der Befreiung von sämtlichen Teilprüfungen erfüllt sind. Wenn dagegen eine Befreiung von einzelnen Teilen eine Entscheidung des Meisterprüfungsausschusses voraussetzt (Abs. 2 bis 5), so muss der Ausschuss zwar zusammentreten, er führt dann aber keine „Meisterprüfung" durch, auch nicht teilweise, sondern er entscheidet lediglich (in der Regel schriftlich) über den entsprechenden Antrag des Gewerbetreibenden (vgl. Schwannecke/Dietrich Rn. 6). Die Meisterprüfung in einem A-Handwerk kann also uU vollständig durch Befreiungen entfallen.

II. Befreiung von den Prüfungsleistungen I und II (§ 46 Abs. 1 S. 1)

4   Es sind dies die zentralen, die „eigentlichen", weil eben die „handwerklichen" Teile der Meisterprüfung; deren Teile III und IV betreffen lediglich Prüfungsmaterien, welche iRd Prüfung nach Teil I und II, für die dort geprüften Gegenstände erforderlich sind. Das Prüfungsniveau insgesamt hängt daher letztlich nur davon ab, wie für Teil I und II der Prüfungsstoff bestimmt wird, und welche Kriterien an dessen Beherrschung anzulegen sind. Für beides enthält das Gesetz selbst keine näheren Angaben, außer den sehr allgemeinen Hinweisen in Abs. 2; entscheidende Bedeutung kommt hier den Prüfungsordnungen und den Regelungen des Prüfungsverfahrens zu.

5   Das Gesetz selbst stellt abgelegte Prüfungen aufgrund von **§§ 42, oder 51a Abs. 1 iVm § 2** (vgl. dort) **und § 53 BBiG** den Prüfungen nach den Teilen I und II der Meisterprüfung gleich; insoweit hat also der Meisterprüfungsausschuss keinerlei Prüfungspflicht. Die Handwerkskammer allein entscheidet rein formal über das Vorliegen der gesetzlichen Voraussetzungen, etwa für das Eintragungsverfahren in die Handwerksrolle.

6   Eine Prüfung nach den Teilen I und II ist auch nicht durchzuführen, wenn „eine andere vergleichbare Prüfung vor einer öffentlichen oder staatlich anerkannten Bildungseinrichtung oder vor einem staatlichen Prüfungsausschuss erfolgreich (von dem Gewerbetreibenden) abgelegt worden ist". Die sprachlich fehlerhafte Formulierung ist wohl so zu lesen: „nach den Voraussetzungen und vor den Prüfungsausschüssen einer öffentlichen oder staatlich anerkannten Bildungseinrichtung"; denn hier muss die „Vergleichbarkeit" vom Prüfungsausschuss (→ Vorb § 45 Rn. 3) bejaht werden, was (auch) eine Feststellung gleicher Voraussetzungen verlangt.

7   „Öffentliche Bildungseinrichtungen" sind nicht etwa nur solche, welche in öffentlichrechtlicher Rechtsform errichtet worden und mit entsprechenden Befugnissen ausgestattet

sind. Vielmehr kommt es auf die Instanz an, welche sie errichtet hat; denn von Privaten geschaffene Einrichtungen werden den „öffentlichen" gleichgestellt. Letztere müssen also jedenfalls auch nur entsprechend derartigen Anerkennungskriterien funktionieren. Dies alles hat der Meisterprüfungsausschuss zu untersuchen und festzustellen.

Vor einem „**staatlichen Prüfungsausschuss**" abgelegte Prüfungen ersetzen ebenfalls die Ablegung von Teil I und II der Meisterprüfung. Auch müssen sie insoweit der Meisterprüfung nach der Handwerkskammer „vergleichbar" sein, was ebenfalls vom Meisterprüfungsausschuss festzustellen ist. Genannt werden hier Hochschulprüfungen (Arg. Abs. 2 S. 2), „Staatsexamina", Prüfungen, welche die Handwerkskammer durchführt (Schwannecke/Dietrich Rn. 5), sowie Prüfungen an Fachschulen der Länder, etwa Technikerprüfungen (Detterbeck Rn. 6; Honig/Knörr Rn. 3). Dies eröffnet erneut kaum absehbare Möglichkeiten, entscheidende Kriterien der Meisterprüfung zu relativieren, sie jedenfalls dem Einfluss der Handwerkskammer zu entziehen. Auf diese Weise kann es zu Auflösung der Einheitlichkeit handwerklicher Qualifikationsbeurteilungen kommen. 8

In den Fällen der → Rn. 4 bis → Rn. 8 trifft der Meisterprüfungsausschuss seine Feststellungen von Amtswegen. Weder ist also ein Antrag des Qualifikationsbewerbers erforderlich, noch muss dieser irgendeinen Nachweis führen (auch nicht iZw; so aber Detterbeck Rn. 3 hinsichtlich der staatlichen Anerkennung einer Prüfung). 9

III. Befreiung von den Prüfungsteilen I und II bei Bestehen anderer Prüfungen (§ 46 Abs. 2, 4)

Von der Ablegung der handwerklich zentralen Teile I und II der Meisterprüfung **muss auf Antrag** vom Meisterprüfungsausschuss ebenfalls befreit werden (Abs. 2); Voraussetzung dafür ist das **Bestehen „anderer" als der in Abs. 1 genannten Prüfungen**. Diese müssen durch deutsches Recht nach Prüfungsinhalten und -verfahren geregelt sein. Eine Ausnahme gilt nur für Regelungen im Bereich der EU und des EWR (S. 2): Diplome nach § 7 Abs. 2 S. 4. 10

Diese Prüfungen müssen „staatlich oder staatlich anerkannt" sein. Ein Unterschied zu den Voraussetzungen nach Abs. 1 S. 1 (→ Rn. 7, → Rn. 8) besteht nur insoweit, als bei den Prüfungen nach Abs. 2 „mindestens die gleichen Anforderungen gestellt werden (müssen) wie in der Meisterprüfung". Dies zu beurteilen ist Aufgabe des Meisterprüfungsausschusses; es kann von ihm aber in vielen Fällen kaum nachgeprüft, schon gar nicht überzeugend festgestellt werden. Praktisch bleibt er weithin auf irgendwelche – insoweit kaum objektiven – Angaben des Qualifikationsbewerbers angewiesen. Die Vorschrift bezieht sich auch nicht auf einzelne Prüfungsformen (schriftliche oder mündliche Prüfungsabschnitte vgl. Honig/Knörr Rn. 5), sondern allein auf inhaltliche Prüfungsanforderungen. Was „Mindestanforderungen" der Meisterprüfung sein sollen, bleibt unklar. Die Vorschrift ist nach rechtsstaatlichen Kriterien bedenklich. Inhaltlich bedeutet sie die Anerkennung von „Discount-Meisterprüfungen". 11

Jedenfalls muss hier das **Antragserfordernis** ernst genommen werden: In den meisten Fällen bleibt der Meisterprüfungsausschuss ja auf Angaben des Qualifikationsbewerbers angewiesen. 12

IV. Befreiung von den Prüfungsteilen III und IV (§ 46 Abs. 1 S. 2)

Eine Befreiung von den Prüfungsteilen III und IV – damit uU auch von der gesamten Prüfung (→ Rn. 3) **ist zu gewähren**, wenn der Qualifikationsbewerber eine Meisterprüfung in (**irgend**)einem A- oder B-Handwerk oder (sogar) in einem handwerksähnlichen Gewerbe bestanden hat. Der Gesetzgeber geht also davon aus, dass es **spezielle Voraussetzungen etwa betriebswirtschaftlicher oder rechtlicher Art** für irgendein Handwerk nicht gibt, und dass es insbes. für A-Handwerke, trotz deren spezieller Gefahrenneigung und ihrer entsprechenden Ausbildungsaufgaben, keinerlei spezielle Zulassungsvoraussetzungen, keine Qualifikationsanforderungen in diesen Richtungen geben kann. Dies entspricht einer nicht nur mit Blick auf den Verbraucherschutz, sondern etwa auch auf polizeirechtliche, sicherheitsrechtliche und strafrechtliche Kenntnisse höchst bedenklichen Vorstellung. Im Ergebnis bedeutet dies eine weitere materienbezogene Abwertung gerade der A-Handwerke. 13

Leisner

14   Befreiung von den Prüfungsteilen III und IV ist, darüber hinaus, auch nach Abs. 2 und Abs. 4 möglich.

C. Befreiung bei Bestehen von anderen Meisterprüfungen (§ 46 Abs. 3)

15   Befreiung **nicht von Prüfungsteilen**, sondern **von der Erbringung von Prüfungsleistungen auf einzelnen Bereichen** dieser Teile **sind** zu gewähren nach Abs. 3, zusätzlich zu und unabhängig von den Befreiungen nach → Rn. 3 bis → Rn. 14 (vgl. dazu Schwannecke/Dietrich Rn. 11). Solche Befreiungen sind in(nerhalb von) allen Bereichen nach I bis IV möglich. Sie betreffen die (entsprechende) Erbringung von (einzelnen) Prüfungsleistungen, nach deren jeweiligen qualifizierenden Inhalt, nicht nach ihrer Prüfungs-Form (schriftlich – mündlich).

16   Voraussetzung ist das Bestehen eines als „Meisterprüfung" bezeichneten Examens in einem „gleichartigen" zulassungspflichtigen, zulassungsfreien oder handwerksähnlichen Gewerbe. Die Prüfung kann überdies nur insoweit erlassen werden, als Prüfungsbereiche, Prüfungsfächer oder Handlungsfelder bei jenen anderen Meisterprüfungen „gleichartig" sind, gegenüber denen der Meisterprüfung A, auf welche sich der Befreiungsantrag jeweils bezieht. „Gleichartigkeit" kann hier nicht allein nach der jeweiligen Bezeichnung der Prüfungsfächer beurteilt werden, es muss vielmehr „Vergleichbarkeit" iS auch der Gleichwertigkeit der jeweiligen einzelnen Prüfungsanforderungen gegeben sein (zutr. Schwannecke/Dietrich Rn. 11). Auch diese Bestimmung ist unter Qualitätsgesichtspunkten höchst problematisch; sie muss jedenfalls in strenger Überprüfung ausgelegt und angewendet werden. Denn äußerlich gleiche Prüfungsanforderungen haben nur selten auch gleiches Gewicht für (ganz) unterschiedliche Handwerke.

D. Befreiungen aufgrund ausländischer Bildungsabschlüsse (§ 46 Abs. 4)

17   „Befreiung" ist hier iSd Gleichstellung bei den Teilen I–IV wie auch bei einzelnen Prüfungsleistungen innerhalb dieser Prüfungsteile zu verstehen (Detterbeck Rn. 13). Voraussetzung ist das Vorliegen von „Bildungsabschlüssen", was aber wiederum das Bestehen von „Prüfungen" voraussetzt (Detterbeck Rn. 12). Der Regelung unterfallen alle ausländischen Abschlüsse. Voraussetzungen für die Anerkennung nennt das Gesetz nicht.

18   Für die Abschlüsse in EU-Staaten gilt die EU-Richtlinie 89/48/EWG vom 21.12.1988, ABl. EG 1989 Nr. L 19, S. 16. Die Anerkennungsentscheidung trifft das zuständige Kultusministerium oder andere zuständige Behörden der Länder. Gleiches gilt nach dem EWR-Abkommen vom 2.5.1992 für die EWR-Staaten Island und Norwegen.

§ 47 [Meisterprüfungsausschüsse]

(1) ¹Die Meisterprüfung wird durch Meisterprüfungsausschüsse abgenommen. ²Für die Handwerke werden Meisterprüfungsausschüsse als staatliche Prüfungsbehörden am Sitz der Handwerkskammer für ihren Bezirk errichtet. ³Die oberste Landesbehörde kann in besonderen Fällen die Errichtung eines Meisterprüfungsausschusses für mehrere Handwerkskammerbezirke anordnen und hiermit die für den Sitz des Meisterprüfungsausschusses zuständige höhere Verwaltungsbehörde beauftragen. ⁴Soll der Meisterprüfungsausschuß für Handwerkskammerbezirke mehrerer Länder zuständig sein, so bedarf es hierfür des Einvernehmens der beteiligten obersten Landesbehörden. ⁵Die Landesregierungen werden ermächtigt, durch Rechtsverordnung zu bestimmen, daß abweichend von Satz 3 an Stelle der obersten Landesbehörde die höhere Verwaltungsbehörde zuständig ist. ⁶Sie können diese Ermächtigung auf oberste Landesbehörden übertragen.

(2) ¹Die höhere Verwaltungsbehörde errichtet die Meisterprüfungsausschüsse nach Anhörung der Handwerkskammer und ernennt auf Grund ihrer Vorschläge die Mitglieder und die Stellvertreter für längstens fünf Jahre. ²Die Geschäftsführung der Meisterprüfungsausschüsse liegt bei der Handwerkskammer.

Zusammensetzung des Meisterprüfungsausschusses § 48 HwO

Überblick

§ 47 regelt die Rechtsnatur, die Einrichtung und die Aufgaben der Meisterprüfungsausschüsse, die kein Organ der Handwerkskammer sind.

Aufgaben und Organisation der Meisterprüfungsausschüsse ergeben sich ausschließlich aus § 47. Ihre **Aufgaben** betreffen Entscheidungen im Verfahren der Meisterprüfung für A-Handwerke. Dazu gehören auch Feststellungen und Entscheidungen über Befreiungen nach § 46. Weitere Aufgaben können ihnen nicht übertragen werden. Für B1-Handwerke und handwerksähnliche Gewerbe gelten § 51a Abs. 1 und Abs. 4.

Grds. ist für jedes Handwerk am Ort des Sitzes der zuständigen Handwerkskammer ein Meisterprüfungsausschuss einzurichten (Abs. 1 S. 2). Zuständig für die „Errichtung" ist die **höhere Verwaltungsbehörde** des betreffenden Landes (Abs. 2 S. 1). Sie hat vor Errichtung die zuständige Handwerkskammer anzuhören. Bei größerem Prüfungsbedarf können parallele Meisterprüfungsausschüsse gebildet werden. In „besonderen Fällen" (Abs. 1 S. 3) ist die Errichtung eines Meisterprüfungsausschusses für die Bereiche mehrerer Handwerkskammern zulässig; dies ist von der Obersten Landesbehörde anzuordnen, von der höheren Verwaltungsbehörde durchzuführen. Mehrere Ausschüsse können personell ganz oder teilweise gleich besetzt werden (Detterbeck Rn. 11).

Die **Mitglieder** werden aufgrund der Vorschläge der Handwerkskammer von der höheren Verwaltungsbehörde ernannt. Der Vorschlag der Handwerkskammer ist für jene bindend, soweit den Benannten nicht die Eignung fehlt oder andere gesetzliche Hindernisse ihrer Ernennung entgegenstehen. Sie sind abzuberufen, wenn sich insoweit die Ernennungsvoraussetzungen später ändern (vgl. § 48 Abs. 6). Die Amtsdauer der Mitglieder ist einheitlich für den Meisterprüfungsausschuss festzulegen (vgl. Detterbeck Rn. 17). Sie kann bis zu 5 Jahre, aber auch für eine kürzere Periode erfolgen (Abs. 2 S. 1).

Der so gebildete Meisterprüfungsausschuss ist ein **Staatsorgan**, nicht ein Organ der Handwerkskammer (Abs. 1 S. 2). Die Dienst- und Fachaufsicht über ihn führt die höhere Verwaltungsbehörde (Detterbeck Rn. 7). In seinen Prüfungsentscheidungen ist er an Anweisungen nicht gebunden. Die Geschäftsführung liegt bei der Handwerkskammer (Abs. 2 S. 2). Alle Entscheidungen des Meisterprüfungsausschusses fallen in dessen Namen (Detterbeck Rn. 4).

Die Entscheidungen des Meisterprüfungsausschusses sind, als Verwaltungsakte der Landesstaatlichkeit, **verwaltungsgerichtlich anfechtbar** (vgl. Detterbeck Rn. 5 ff.). Der Meisterprüfungsausschuss ist auch, je nach Gesetzeslage, bereits in die Durchführung des Vorverfahrens eingeschaltet.

§ 48 [Zusammensetzung des Meisterprüfungsausschusses]

(1) ¹Der Meisterprüfungsausschuß besteht aus fünf Mitgliedern; für die Mitglieder sind Stellvertreter zu berufen. ²Die Mitglieder und die Stellvertreter sollen das vierundzwanzigste Lebensjahr vollendet haben.

(2) Der Vorsitzende braucht nicht in einem zulassungspflichtigen Handwerk tätig zu sein; er soll dem zulassungspflichtigen Handwerk, für welches der Meisterprüfungsausschuss errichtet ist, nicht angehören.

(3) Zwei Beisitzer müssen das Handwerk, für das der Meisterprüfungsausschuß errichtet ist, mindestens seit einem Jahr selbständig als stehendes Gewerbe betreiben und in diesem Handwerk die Meisterprüfung abgelegt haben oder das Recht zum Ausbilden von Lehrlingen besitzen oder in dem zulassungspflichtigen Handwerk als Betriebsleiter, die in ihrer Person die Voraussetzungen zur Eintragung in die Handwerksrolle erfüllen, tätig sein.

(4) Ein Beisitzer soll ein Geselle sein, der in dem zulassungspflichtigen Handwerk, für das der Meisterprüfungsausschuß errichtet ist, die Meisterprüfung abgelegt hat oder das Recht zum Ausbilden von Lehrlingen besitzt und in dem betreffenden zulassungspflichtigen Handwerk tätig ist.

(5) Für die Abnahme der Prüfung in der wirtschaftlichen Betriebsführung sowie in den kaufmännischen, rechtlichen und berufserzieherischen Kenntnissen soll ein

Beisitzer bestellt werden, der in diesen Prüfungsgebieten besonders sachkundig ist und dem Handwerk nicht anzugehören braucht.

(6) § 34 Abs. 6 Satz 1 und Abs. 7 gelten entsprechend.

Überblick

§ 48 ergänzt § 47 dahingehend, dass er an die Zusammensetzung der Meisterprüfungsausschüsse bestimmte Mindestvoraussetzungen zum einen an die Qualifikation und zum anderen an die Gruppenzugehörigkeit der Mitglieder stellt.

1 **Abs. 1**: 5 Mitglieder und 5 Beisitzer **müssen** dem Ausschuss angehören (gesetzliche Mitgliederzahl), 1 Vorsitzender, 4 Beisitzer. Stellvertretung gilt stets für ein gesamtes Prüfungsverfahren. Deutscheneigenschaft ist nicht (mehr) erforderlich. Mindest- oder Höchstaltersgrenzen sind nicht vorgesehen. Bewertungen können (vgl. § 16 bis 18 MPVerfVO) in einzelnen Bereichen auch durch eine geringere Anzahl von Mitgliedern erfolgen. Über das (Nicht-)Bestehen der Prüfung muss in Vollbesetzung des Meisterprüfungsausschusses entschieden werden.

2 **Abs. 2**: Der **Vorsitzende** hat eine herausgehobene Stellung: Zulassungsentscheidungen trifft er (§ 49 Abs. 5). Besondere Rechte im Verfahren stehen ihm nach § 6 Abs. 3, § 9, § 16 Abs. 2, § 17 Abs. 1 S. 2, § 18 Abs. 1 S. 2, § 19 Abs. 2 MPVerfVO zu. Handwerker muss er nicht sein (Detterbeck Rn. 2; Schwannecke/Dietrich Rn. 5), bestellt werden kann etwa ein Richter, ein Beamter oder Fachschullehrer. Dem prüfungsgegenständlichen Handwerk soll er nicht, er kann ihm aber angehören.

3 **Abs. 3**: Zwei der Beisitzer („Meisterbeisitzer") **müssen** Meister in dem Prüfungshandwerk sein und dies mind. seit einem Jahr iSv § 1 noch immer betreiben, nicht nur früher betrieben haben. Tatsächliches Betreiben ist nötig (VG Berlin GewArch 1991, 436), nicht nur Eintragung in die Handwerksrolle. Es genügt stattdessen auch die Befugnis zur Ausbildung von Lehrlingen (§§ 22 Abs. 1 S. 1, 22a, 22b), oder die gegenwärtig, aber nicht seit einem Jahr ausgeübte (aA Detterbeck Rn. 3) Tätigkeit als Betriebsleiter.

4 **Abs. 4**: Ein Beisitzer (Gesellenbeisitzer) **soll** Geselle sein, der im Prüfungshandwerk die Meisterprüfung abgelegt hat, oder das Ausbildungsrecht von Lehrlingen besitzt, **und** im Bereich des Prüfungshandwerks (tatsächlich) tätig ist, nicht aber notwendig als selbständiger Handwerker. Ein solcher Beisitzer **muss aber nicht bestellt werden**.

5 **Abs. 5**: Ein Beisitzer soll (nur) für die Abnahme der Teile III und IV der Prüfung (§ 45 Abs. 4) bestellt werden; er soll – nicht muss – auf diesen Prüfungsgebieten „besonders sachkundig" sein; dem Handwerk muss er nicht angehören.

6 **Abs. 6**: Das – erstaunliche – Ergebnis dieser Regelung der Zusammensetzung **kann** für einzelne, auch „hochtechnisierte", besonders gefahrengeneigte Handwerkstätigkeiten sein, dass die Prüfung in ihnen nur von zwei in diesem Handwerk überhaupt Tätigen abgenommen wird. Nicht ein einziger Handwerksmeister des betreffenden A-Handwerks muss notwendig an dessen Meisterprüfung teilnehmen. Ob derartige Zusammensetzungsregelung noch dem verfassungsrechtlichen Eignungskriterium (Art. 12 Abs. 1 GG) und der Rechtsstaatlichkeit entsprechen (Art. 20 Abs. 3 GG), ist zweifelhaft.

§ 49 [Zulassung zur Prüfung]

(1) Zur Meisterprüfung ist zuzulassen, wer eine Gesellenprüfung in dem zulassungspflichtigen Handwerk, in dem er die Meisterprüfung ablegen will, oder in einem damit verwandten zulassungspflichtigen Handwerk oder eine entsprechende Abschlussprüfung in einem anerkannten Ausbildungsberuf oder eine Prüfung auf Grund einer nach § 45 oder § 51a Abs. 1 in Verbindung mit Abs. 2 erlassenen Rechtsverordnung bestanden hat oder eine Gleichwertigkeitsfeststellung nach § 40a für das entsprechende zulassungspflichtige Handwerk oder für ein verwandtes zulassungspflichtiges Handwerk besitzt.

(2) ¹Zur Meisterprüfung ist auch zuzulassen, wer eine andere Gesellenprüfung oder eine andere Abschlussprüfung in einem anerkannten Ausbildungsberuf

bestanden hat und in dem zulassungspflichtigen Handwerk, in dem er die Meisterprüfung ablegen will, eine mehrjährige Berufstätigkeit ausgeübt hat. ²Für die Zeit der Berufstätigkeit dürfen nicht mehr als drei Jahre gefordert werden. ³Ferner ist der erfolgreiche Abschluss einer Fachschule bei einjährigen Fachschulen mit einem Jahr, bei mehrjährigen Fachschulen mit zwei Jahren auf die Berufstätigkeit anzurechnen.

(3) Ist der Prüfling in dem zulassungspflichtigen Handwerk, in dem er die Meisterprüfung ablegen will, selbständig, als Werkmeister oder in ähnlicher Stellung tätig gewesen, oder weist er eine der Gesellentätigkeit gleichwertige praktische Tätigkeit nach, so ist die Zeit dieser Tätigkeit anzurechnen.

(4) ¹Die Handwerkskammer kann auf Antrag
1. eine auf drei Jahre festgesetzte Dauer der Berufstätigkeit unter besonderer Berücksichtigung der in der Gesellen- oder Abschlussprüfung und während der Zeit der Berufstätigkeit nachgewiesenen beruflichen Befähigung abkürzen,
2. in Ausnahmefällen von den Voraussetzungen der Absätze 1 bis 4 ganz oder teilweise befreien,
3. unter Berücksichtigung ausländischer Bildungsabschlüsse und Zeiten der Berufstätigkeit im Ausland von den Voraussetzungen der Absätze 1 bis 4 ganz oder teilweise befreien.

²Die Handwerkskammer kann eine Stellungnahme des Meisterprüfungsausschusses einholen.

(5) ¹Die Zulassung wird vom Vorsitzenden des Meisterprüfungsausschusses ausgesprochen. ²Hält der Vorsitzende die Zulassungsvoraussetzungen nicht für gegeben, so entscheidet der Prüfungsausschuß.

Überblick

§ 49 regelt die persönlichen Voraussetzungen für die Zulassung zur Meisterprüfung, die hauptsächlich an die bislang erworbene berufliche Qualifikation, zT in Kombination mit dem beruflichen Werdegang, anknüpfen.

Die seit 2004 in tiefgreifend veränderter Form geltende Vorschrift bringt erhebliche **1** Erleichterungen bei der Zulassung zur Prüfung (vgl. Detterbeck Rn. 1 f.). Damit wurden die Voraussetzungen der Erfüllung der Meisterpflicht entsprechend abgesenkt, gleichzeitig damit das noch zu beweisende Qualifikationsniveau des Handwerksmeisters in A-Gewerben. Auswirkungen auf das Qualitätsniveau aller anderen Handwerke – insbes. über Meisterprüfungen in diesen – sind kaum auszuschließen. Im Ergebnis kann eine Meisterprüfung in einem A-Handwerk auch ohne jede berufspraktische Erfahrung abgelegt werden; der Meistertitel kann erlangt werden, ohne irgendeine berufsspezifische Prüfung gerade in dem betreffenden A-Gewerbe (vgl. Abs. 4).

Abs. 1: Zuzulassen ist zur Meisterprüfung, bereits unmittelbar nach Bestehen einer der **2** anderen „Voraussetzungsprüfungen": **Gesellenprüfung** in dem Prüfungshandwerk oder in einem mit diesem verwandten A-Handwerk; entsprechende Abschlussprüfung in einem anerkannten Ausbildungsberuf (§§ 45 bzw. 51a Abs. 1 iVm Abs. 2 (RVO)), in deren jeweils letzter Stufe; Meisterprüfung in einem B-Handwerk (§ 51 a); Gleichwertigkeitsfeststellung von (allen) ausländischen Gesellenprüfungen, nach dem Anerkennungsgesetz v. 6.12.2011 (BGBl. 2011 I 2515 ff.; vgl. Detterbeck Rn. 2a) sowie näher dazu § 51a.

Abs. 2: Zugelassen wird ebenso, wer eine **andere Gesellenprüfung** als die im Prüfungs- **3** handwerk, oder eine Abschlussprüfung in einem anerkannten Ausbildungsberuf bestanden hat, nach näherer Maßgabe von S. 2. Er muss dann allerdings noch eine **mehrjährige** (also mindestens eine 3 ½ jährige) (Schwannecke/Dietrich Rn. 4) **Berufstätigkeit im Prüfungshandwerk** (Detterbeck Rn. 5) nachweisen, nicht in einem verwandten Handwerk, diese darf nicht nur eine fachfremde oder eine reine Hilfstätigkeit sein (Schwannecke/Dietrich Rn. 3). Diese Voraussetzungen können auch im Ausland erfüllt werden (Detterbeck Rn. 5).

Auf die **Berufstätigkeit** nach Abs. 2 werden **Fachhochschulbesuchszeiten**, etwa an **4** Techniker- oder Meisterschulen für 1 bzw. 2 Jahre (Schwannecke/Dietrich Rn. 5) angerechnet. Damit kann also auch bei einer Gesellenqualifikation in einem B-Handwerk die Voraus-

5 **Abs. 3:** Auf die berufspraktische Tätigkeit nach Abs. 2 werden auch angerechnet irgendwelche Tätigkeiten, die in dem Prüfungsbereich selbständig oder in der Funktion eines Werkmeisters oder in ähnlicher Stellung, vor allem mit Überwachungsfunktionen, ausgeübt wurden. Gleiches gilt für **irgendwelche praktischen Tätigkeiten**, welche einer Gesellentätigkeit gleichwertig sind. Anrechenbar sind damit auch Tätigkeiten im Bereich der **Bundeswehr** (vgl. die „Berufsförderung für Soldaten auf Zeit", Schwannecke Ordnungsnummer 826).

6 **Abs. 4 S. 1: Sehr weitreichende Befreiungsmöglichkeiten** sind für zentrale Zulassungsvoraussetzungen auf **Antrag** vorgesehen, und zwar **durch die Handwerkskammer.** Dies ist systemwidrig (Schwannecke/Dietrich Rn. 8), weil die Handwerkskammer damit in das Entscheidungsverfahren eingeschaltet wird – in bindender Weise – welches aber vor einem Staatsorgan, dem Meisterprüfungsausschuss, abläuft (→ § 47 Rn. 4). Überdies ist der Handwerkskammer hier auch noch ein **Ermessen** eingeräumt („kann"), dessen Ausübung an **ganz unterschiedliche Voraussetzungen** gebunden ist: Nach **Nr. 1** „insbesondere unter Berücksichtigung" (so zu lesen, nicht „unter besonderer Berücksichtigung", Schwannecke/Dietrich Rn. 10, nur: und was eine solche sein sollte, bliebe unklar); nach **Nr. 2** „in Ausnahmefällen"; nach **Nr. 3** ohne jede nähere Eingrenzung. Die Vorschrift sollte geändert, die Zuständigkeiten sollten dem Meisterprüfungsausschuss übertragen werden.

7 Nach **Abs. 4 Nr. 2** kann von allen Voraussetzungen für die Zulassung befreit werden, auch vollständig. Dies ist in solcher Allgemeinheit nur sachgerecht, wenn nähere Voraussetzungen für das Vorliegen von „Ausnahmefällen", wenigstens exemplarisch, genannt werden. Der Hinweis auf verschuldete Arbeitslosigkeit, Krankheit oder „Spätzünder" (Schwannecke/Dietrich Rn. 11) bringt hierzu keine überzeugenden Eingrenzungen. Abgesehen davon, dass es sich dabei keineswegs (nur) um Ausnahmekonstellationen handelt: Es wäre schlechthin unerträglich, wenn ein Arbeitsloser, lange Zeit Kranker oder ein „Spätzünder" sich zur Meisterprüfung in einem gefahrträchtigen A-Handwerk anmelden könnte, ohne mit diesem je in irgendeinem beruflichen Kontakt gewesen zu sein. Befreit werden darf nicht von (all) „den", sondern allenfalls von „einzelnen" Voraussetzungen der Abs. 1 bis 3 (nicht: 4).

8 Ebenso systemwidrig im (möglichen) Ergebnis sachlich unhaltbar ist die Befreiungsmöglichkeit von **den** Voraussetzungen nach **Abs. 4 Nr. 3** (wo ebenfalls Nr. 1 bis 3 zu lesen ist). Eine solche ist, nach der gegenwärtigen Textfassung, nicht nur in Ausnahmefällen möglich, kann aber sogar noch mit der nach Nr. 2 kombiniert werden.

9 Die Entscheidungen der Handwerkskammer nach Abs. 4 sind Verwaltungsakte. Gegen sie ist der **verwaltungsgerichtliche Rechtsweg** der Anfechtungsklage eröffnet. Sie ist vom Qualifikationsbewerber gegen die Handwerkskammer zu erheben (Schwannecke/Dietrich Rn. 17). Ergeht aufgrund einer Nichtzulassung ein Nichtzulassungsbescheid zur Meisterprüfung nach Abs. 5 S. 2, so ist die Anfechtungsklage (§ 42 VwGO) gegen die Entscheidung des Meisterprüfungsausschusses zu richten; Beklagter ist das Land, als dessen Staatsorgan der Meisterprüfungsausschuss gehandelt hat (→ § 47 Rn. 4).

10 **Abs. 5**: Der Vorsitzende allein prüft das Vorliegen der Zulassungsvoraussetzungen (S. 1). Hierbei steht ihm hinsichtlich der Abs. 1 bis 3 ein fachlicher Beurteilungsspielraum nur zur Verfügung, soweit die Zulassungsvoraussetzungen nach Abs. 1 bis 3 nicht gesetzlich geregelt sind, also etwa nach Abs. 3 („gleichwertige praktische Tätigkeit"). Dass dies ein Nichthandwerker (→ § 48 Rn. 2) sachgerecht beurteilen kann, ist höchst zweifelhaft. Das Vorliegen der Voraussetzungen nach Abs. 4 (Befreiung durch die Handwerkskammer) ist nur formal zu überprüfen.

11 Wenn der **Vorsitzende** die Zulassungsvoraussetzungen als erfüllt ansieht, spricht er die **Zulassung zur Meisterprüfung** aus. Daran ist der Prüfungsausschuss gebunden, an eine Entscheidung also, die uU von einem Nichthandwerker getroffen werden kann. Gegen sie gibt es auch keinerlei förmliche Anfechtung.

12 Sind die **Zulassungsvoraussetzungen** nach Ansicht des Vorsitzenden **nicht erfüllt**, so legt er die Zulassungsfrage dem Meisterprüfungsausschuss vor. Dieser entscheidet durch Verwaltungsakt, der bei Ablehnung der Zulassung seitens des Bewerbers mit Anfechtungsklage (§ 42 VwGO) angegriffen werden kann. Eine Anfechtung seitens der Handwerkskammer ist nicht vorgesehen.

§ 50 [Prüfungskosten; Prüfungsordnung; Aufsichtsbefugnisse]

(1) ¹Die durch die Abnahme der Meisterprüfung entstehenden Kosten trägt die Handwerkskammer. ²Das Zulassungsverfahren sowie das allgemeine Prüfungsverfahren werden durch eine von der Handwerkskammer mit Genehmigung der obersten Landesbehörde zu erlassende Meisterprüfungsordnung geregelt.

(2) ¹Das Bundesministerium für Wirtschaft und Energie wird ermächtigt, durch Rechtsverordnung mit Zustimmung des Bundesrates Vorschriften über das Zulassungsverfahren sowie das allgemeine Prüfungsverfahren nach Absatz 1 Satz 2 zu erlassen. ²Die Rechtsverordnung kann insbesondere die Zulassung zur Prüfung, das Bewertungssystem, die Erteilung der Prüfungszeugnisse, die Folgen von Verstößen gegen die Prüfungsvorschriften und die Wiederholungsprüfung regeln.

Überblick

§ 50 enthält die abschließenden organisatorischen Regelungen für die Meisterprüfung in kosten- und verfahrenstechnischer Hinsicht und sieht für die konkrete Ausgestaltung des Prüfungsverfahrens den verpflichtenden Erlass einer Prüfungsordnung vor.

A. Kosten der Meisterprüfung (§ 50 Abs. 1)

Sämtliche Kosten, die durch die Abnahme der Meisterprüfung entstehen, trägt die Handwerkskammer (Abs. 1). Sie kann dieselben alle dem Prüfling über § 106 Abs. 1 Nr. 5 durch Prüfungsgebühren-Satzungen auferlegen (Detterbeck Rn. 1; Schwannecke/Dietrich Rn. 4). Es handelt sich dabei etwa um Kosten für Meisterprüfung, Prüfungszeugnisse, Raumbenutzung für Klausurarbeiten, Kosten des Prüfungsstücks (Material, Arbeitsgerät, Versicherung), aber auch für ein Verfahren nach § 49.

1

B. Prüfungs(verfahrens)ordnungen (§ 50 Abs. 1 S. 2, Abs. 2)

I. Meisterverordnungen und Meisterprüfungsordnungen

Zu unterscheiden sind im Rahmen der Prüfungsordnungen die Regelungen der materiellen **Inhalte der Prüfungsanforderungen**, die in den sog. **Meisterverordnungen** festgelegt sind (§ 45 I), und die Regelung des Meisterprüfungsverfahrens, welche sich in § 50 finden. Die letzteren normieren lediglich Zulassungs- und Verfahrensfragen der Meisterprüfung für A-Handwerke (für B-Handwerke und für handwerksähnliche Gewerbe vgl. § 51 ff.).

2

II. Meisterprüfungsordnungen

Traditionell ist die Regelung des Zulassungs- und Prüfungsverfahren zur Meisterprüfung in einem genehmigungspflichtigen Handwerk Aufgabe der Handwerkskammer; sie erfolgt in Form von Satzungen. Diese Regelung gilt auch nach gegenwärtiger Gesetzeslage (Abs. 1 S. 2; Detterbeck Rn. 2). Dieser Regelungsbereich ist jedoch wesentlich verengt worden, durch das **bundesrechtliche Verordnungsrecht** nach Abs. 2 (→ Rn. 4). Die Handwerkskammer muss – nicht: kann – nur mehr Bestimmungen über regelungsbedürftige Gegenstände erlassen, welche nicht durch Bestimmungen in den bundesrechtlichen Vorschriften erfasst sind, etwa die Einzelheiten der Gewichtung von Prüfungsleistungen (Detterbeck Rn. 4).

3

Eine Verordnung des BMWi nach Abs. 2, die Meisterprüfungsverfahrensordnung (MPVerfVO vom 17.12.2001, BGBl. I 4154, geändert durch VO vom 26.10.2011, BGBl. I 2145) hat bundeseinheitliche Regelungen auch zu wichtigen Verfahrensfragen gebracht, etwa zur Anfertigung von Meisterstücken und zur Bewertung mündlicher und schriftlicher Prüfungen (§§ 16 ff.). Nähere Ermächtigungsbestimmungen, nach Art. 80 GG, wie etwa in § 38 Abs. 2 enthält allerdings Abs. 2 nicht, ebenso wenig die entsprechende Vorschrift für Meisterprüfungen in B-Handwerken (§ 51 Abs. 7). Verfassungsrechtliche Bedenken sind daher geäußert worden: Wenn sie begründet sind, so ist allerdings eine Regelung etwa entsprechend § 38 Abs. 2 nicht nur „wünschenswert", die MPVerfVO wäre insoweit verfas-

4

sungswidrig. Davon ist jedoch nicht auszugehen: Das Verfahren ist hier entsprechend den in den §§ 45, 46 gesetzlich normierten Prüfungszielen auszugestalten. Was iE dazu erforderlich ist, lässt sich nach Regelungsbereichen, nach allgemeinen Grundsätzen rechtsstaatlicher Prüfungsverfahren abgrenzen; in seiner Zielorientierung im Einzelnen ergibt es sich aus den Qualifikationszielen der Prüfung. Weitergehende Einzelbestimmungen in den regelnden Ermächtigungen sind auch nach Art. 80 GG nicht erforderlich.

§ 50a [Im Ausland erworbene Prüfungszeugnisse]

¹Das Bundesministerium für Wirtschaft und Energie kann im Einvernehmen mit dem Bundesministerium für Bildung und Forschung durch Rechtsverordnung mit Zustimmung des Bundesrates im Ausland erworbene Prüfungszeugnisse den entsprechenden Zeugnissen über das Bestehen einer deutschen Meisterprüfung in zulassungspflichtigen Handwerken gleichstellen, wenn an den Bildungsgang und in den Prüfungen gleichwertige Anforderungen gestellt werden. ²Die Vorschriften des Bundesvertriebenengesetzes bleiben unberührt.

Überblick

§ 50a regelt die Möglichkeit durch Rechtsverordnung im Ausland erworbene Qualifikationen der Meisterprüfung gleichzustellen, soweit Ausbildung und abgelegte Prüfung den in den §§ 45 ff. aufgestellten Voraussetzungen genügen.

1   Im – nicht nur EU/EWR – Ausland erworbene Prüfungszeugnisse können entsprechenden Zeugnissen über das Bestehen einer Meisterprüfung durch Rechtsverordnung des BMWi gleichgestellt werden. Dies gilt nur für genehmigungspflichtige Handwerkstätigkeiten. Voraussetzungen sind gleichwertige Anforderungen im Ausland an Bildungsgang und Prüfung. „**In der Prüfung**" ist entsprechend § 40 Abs. 2 zu verstehen (in der Prüfung nachzuweisende „Kenntnisse und Fertigkeiten"). Dies ist auch auf den **Bildungsgang** zu beziehen: ein solcher muss also insoweit ebenfalls – anders als nach § 40 Abs. 2 – für den Erwerb dieser Kenntnisse und Fähigkeiten in gleicher Weise erforderlich sein, wie dies dem deutschen Meister-Ausbildungsstandard, also den Ausbildungsanforderungen, entspricht.
2   Derartige **Gleichstellungsverordnungen** sind für österreichische (BGBl. 1997 I 142) und französische (BGBl. 1997 I 3324) Meisterprüfungszeugnisse ergangen.

§ 50b [Feststellung der Gleichwertigkeit]

(1) ¹Die Gleichwertigkeit ist festzustellen,
1. wenn die Antragstellerin oder der Antragsteller einen Ausbildungsnachweis besitzt, der im Ausland erworben wurde, und
2. dieser Ausbildungsnachweis – soweit erforderlich – unter Berücksichtigung sonstiger Befähigungsnachweise der Meisterprüfung in dem zu betreibenden zulassungspflichtigen Handwerk gleichwertig ist.

²Ausbildungsnachweise sind Prüfungszeugnisse und sonstige Befähigungsnachweise, die von verantwortlichen Stellen für den Abschluss einer erfolgreich absolvierten Berufsbildung ausgestellt werden.

(2) Ein Ausbildungsnachweis – soweit erforderlich – unter Berücksichtigung sonstiger Befähigungsnachweise ist als gleichwertig anzusehen, sofern
1. der im Ausland erworbene Ausbildungsnachweis, bezogen auf die Meisterprüfung, in dem zu betreibenden zulassungspflichtigen Handwerk die Befähigung zu vergleichbaren beruflichen Tätigkeiten belegt,
2. die Antragstellerin oder der Antragsteller im Ausbildungsstaat zur Ausübung des zu betreibenden zulassungspflichtigen Handwerks berechtigt ist oder die Berechtigung zur Ausübung des zu betreibenden Handwerks aus Gründen verwehrt wurde, die der Ausübung im Inland nicht entgegenstehen, und

3. zwischen der nachgewiesenen Befähigung und der Meisterprüfung in dem zu betreibenden zulassungspflichtigen Handwerk keine wesentlichen Unterschiede bestehen.

(3) Wesentliche Unterschiede zwischen der nachgewiesenen Befähigung und der entsprechenden Meisterprüfung liegen vor, sofern
1. sich der im Ausland erworbene Ausbildungsnachweis auf Fertigkeiten und Kenntnisse bezieht, die sich wesentlich von den Fertigkeiten und Kenntnissen der entsprechenden Meisterprüfung unterscheiden; dabei sind Inhalt und Dauer der Ausbildung zu berücksichtigen,
2. die entsprechenden Fertigkeiten und Kenntnisse maßgeblich für die Ausübung zumindest einer wesentlichen Tätigkeit des zulassungspflichtigen Handwerks sind und
3. die Antragstellerin oder der Antragsteller diese Unterschiede nicht durch sonstige Befähigungsnachweise oder nachgewiesene einschlägige Berufserfahrung ausgeglichen hat.

(4) ¹Kann die Antragstellerin oder der Antragsteller die für die Feststellung der Gleichwertigkeit erforderlichen Nachweise nicht oder nur teilweise vorlegen, bestehen Zweifel an der Echtheit oder Richtigkeit der Nachweise oder sind diese inhaltlich nicht ausreichend, kann die Handwerkskammer, insbesondere in Fällen, in denen bei der Gleichwertigkeitsfeststellung Berufserfahrung herangezogen wird, die für einen Vergleich mit der Meisterprüfung in dem zu betreibenden zulassungspflichtigen Handwerk relevanten beruflichen Fertigkeiten, Kenntnisse und Fähigkeiten der Antragstellerin oder des Antragstellers im Rahmen geeigneter Verfahren feststellen. ²Geeignete Verfahren sind insbesondere Arbeitsproben, Fachgespräche sowie praktische und theoretische Prüfungen.

(5) Sofern die Gleichwertigkeit wegen wesentlicher Unterschiede zu der entsprechenden Meisterprüfung nicht festgestellt werden kann, kann die Handwerkskammer zur Feststellung der Gleichwertigkeit die Teilnahme an einem Anpassungslehrgang, der Gegenstand einer Bewertung ist, oder das Ablegen einer Eignungsprüfung verlangen.

(6) ¹§ 8 Absatz 2 und 3 Satz 2 und 3 gilt entsprechend. ²Im Übrigen sind die Vorschriften des Berufsqualifikationsfeststellungsgesetzes über reglementierte Berufe sowie § 17 anzuwenden.

Literatur: BT-Drs. 17/6260, Entwurf eines Gesetzes zur Verbesserung der Feststellung und Anerkennung im Ausland erworbener Berufsqualifikationen, Gesetzesentwurf der Bundesregierung vom 22.06.2011.

Überblick

In Ergänzung zu § 50a regelt § 50b die Möglichkeit, im Einzelfall auf Antrag die Gleichwertigkeit einer im Ausland erworbenen Qualifikation mit der Meisterprüfung festzustellen, wobei die Norm Anhaltspunkte und Mindestvoraussetzungen für die Gleichwertigkeit festsetzt sowie das Verfahren der Gleichwertigkeitsfeststellung ausgestaltet.

Übersicht

	Rn.		Rn.
A. Das Anerkennungsgesetz	1	F. Wesentliche Unterschiede (§ 50b Abs. 3)	12
B. Zuständigkeit der Handwerkskammer	2	G. „Geeignete Verfahren" zur Gleichwertigkeitsfeststellung (§ 50b Abs. 4)	19
C. Rechtsanspruch – Rechtsfolgen	3	I. Bedeutung – Kritik	19
D. Ausbildungsnachweise (§ 50b Abs. 1 S. 1 Nr. 1)	4	II. Beispiele	20
I. Formale Voraussetzungen	4	H. Anpassungslehrgang, Eignungsprüfung (§ 50 b Abs. 5)	21
II. Sonstige Befähigungsnachweise (§ 50b Abs. 1 S. 1 Nr. 2)	5	I. Anzuwendende Vorschriften (§ 50 b Abs. 6)	22
III. Inhaltliche Voraussetzungen: Berufsbildung	6		
E. Gleichwertigkeit (§ 50b Abs. 2)	8	J. Verfassungsmäßigkeit der Vorschrift?	24

A. Das Anerkennungsgesetz

1   Das Anerkennungsgesetz (Gesetz zur Verbesserung der Feststellung und Anerkennung im Ausland erworbener Berufsqualifikationen v. 6.12.2011, BGBl. 2011 I 2515 ff. – vgl. dazu Schwannecke/Witt Rn. 1 ff. auch mit näheren praktischen Hinweisen zum Verwaltungsvollzug) – regelt Voraussetzungen und Prüfungsverfahren über eine Gleichwertigkeit von (allen) ausländischen Berufsqualifikationen mit entsprechenden Qualifizierungen nach deutschem Recht. Ziel ist die Erleichterung der Integration von Migranten in den deutschen Arbeitsmarkt (BT-Drs. 17/6260, 1). Die entsprechenden Regelungen der EU-Qualifikationen (vgl. § 9) wurden weithin auf Personen aus Drittstaaten und dort erworbene Qualifikationen erweitert.

B. Zuständigkeit der Handwerkskammer

2   Zuständig für die Feststellung der Gleichwertigkeit ist örtlich die Handwerkskammer (§ 91 Abs. 1 Nr. 6a nF) des (angestrebten) Tätigkeitsorts, bei Nichtfeststellbarkeit die des regelmäßigen Wohnsitz des Antragstellers.

C. Rechtsanspruch – Rechtsfolgen

3   Die Gleichwertigkeitsfeststellung wird auf Antrag durch Bescheid getroffen. Auf eine – positive oder negative – Entscheidung besteht bei Erfüllung der Voraussetzungen ein Rechtsanspruch (Schwannecke/Witt Rn. 10). Positive Entscheidung schafft die Voraussetzung für eine Ausnahmebewilligung (§ 7 Abs. 3) sowie eines Eintragungsanspruchs in die Handwerksrolle und der Erteilung einer Ausbildungserlaubnis (§ 22b), nicht aber von Ansprüchen auf finanzielle Hilfen für eine Nachqualifikation (Schwannecke/Witt Rn. 83 ff.).

D. Ausbildungsnachweise (§ 50b Abs. 1 S. 1 Nr. 1)

I. Formale Voraussetzungen

4   Voraussetzung ist der Besitz eines **Ausbildungsnachweises**, der „ausgestellt" worden ist. Dies spricht für die Erforderlichkeit einer Schriftform (Schwannecke/Witt Rn. 14). Herrühren muss der Nachweis, in nachprüfbarer Form, von (irgendwelchen) ausländischen „verantwortlichen Stellen", staatlichen (nach Kriterien des deutschen Öffentlichen Rechts) oder auch privaten. Letztere müssen **staatlich zugelassen** oder wenigstens **wirksam überwacht** sein. Die Existenz von „staatlichen Bildungsstrukturen" ist dafür nicht Voraussetzung, ebenso wenig die staatlich-hoheitliche Festsetzung von Bildungsvoraussetzungen (aA Schwannecke/Witt Rn. 16); dies ließe sich auch häufig nicht zuverlässig überprüfen.

II. Sonstige Befähigungsnachweise (§ 50b Abs. 1 S. 1 Nr. 2)

5   Zum Begriff vgl. EU-RL 2005/36/EG, BT-Drs. 17/6260, S. 45. Schriftlichkeit ist nicht erforderlich, ebenso wenig „staatliche" Urheberschaft oder staatliche Kontrollen iSv → Rn. 4. Die sonstigen Befähigungsnachweise sind nur im Zusammenhang mit den Ausbildungsnachweisen „zu berücksichtigen" (anders aber nach Abs. 3 Nr. 3). Die sonstigen Nachweise können sich auch auf Fort- oder Weiterbildung beziehen, oder auf Berufserfahrungen, unter der Voraussetzung tatsächlicher und rechtmäßiger Berufsausübung (Schwannecke/Witt Rn. 24).

III. Inhaltliche Voraussetzungen: Berufsbildung

6   Eine „**Berufsausbildung**" muss absolviert sein. Dass dies „erfolgreich" erfolgt sein muss, verlangt nicht den Ablauf von formalen Prüfungsverfahren, wohl aber die Erfüllung überprüfbarer inhaltlicher Qualifikationserfordernisse. Dass kurzfristige Unterweisungen nicht genügen sollen, oder dass die inhaltlichen Voraussetzungen sich aus staatlichen Rechts- oder Verwaltungsvorschriften ergeben müssen (so Schwannecke/Witt Rn. 19, 20), lässt sich wohl aus dem Gesetz nicht ableiten.

An eine „Berufsausbildung" dürfen nicht (alle) Anforderungen nach § 1 BBiG gestellt werden. Sie müssen sich auch nicht aus ausländischen Rechts- oder Verwaltungsvorschriften ergeben (teilw. abw. Schwannecke/Witt Rn. 17 ff, unter Berufung auf BT-Drs. 17/6260, 45). Ein „Berufsbild" nach ausländischen Nachweisen kann in einer „Ganzheitlichkeit", nach inländischen (Verfassungs-)Kriterien, wohl ebenso wenig gefordert werden. 7

E. Gleichwertigkeit (§ 50b Abs. 2)

Die „**Gleichwertigkeit**" ausländischer mit den jeweiligen deutschen A1-Handwerksqualifikationen wird in **Abs. 2** gesetzlich näher bestimmt. Die Voraussetzungen nach Nr. 1 bis 3 müssen dafür **kumulativ** vorliegen. Nr. 1 und 3 beziehen sich dabei auf die Befähigung, dh die Qualifikation, Nr. 2 auf die Berechtigung zur Tätigkeit im Ausland. Nr. 1–3 entsprechen sich inhaltlich. 8

Abs. 2 Nr. 1: Eine inhaltliche „Nähe" kann sich hier allenfalls auf die **Gegenstände** der Qualifikation beziehen, welche die „Tätigkeiten" prägen (vgl. Schwannecke/Witt Rn. 27). „Nähe" ist aber kein rechtlich fassbarer Begriff. Gemeint sein kann nur „Gleichheit" nach den wesentlichen Beurteilungskriterien oder in wesentlichen Teilen der Tätigkeit. Dies muss auch für das Qualitätsniveau gelten (vgl. Schwannecke/Witt Rn. 28). 9

Abs. 2 Nr. 2: Die Vorschrift ist mangelhaft fomuliert: Zur Ausübung gerade des deutschen A1-Handwerks muss der Antragsteller – selbstverständlich – im Ausbildungsstaat nicht berechtigt (gewesen) sein, sondern allenfalls zur Vornahme von Tätigkeiten, welche diese gleichwertig sind. Außerdem wird in der Vorschrift nicht zwischen Ausbildungs- und Herkunftsstaat unterschieden, welche aber nicht identisch sein müssen. Ob im Ausbildungs- oder im Herkunftsstaat eine diese Berechtigung ausschließende oder beschränkende Reglementierung besteht (bestand), ist in vielen Fällen schwer oder gar nicht feststellbar; für den EU-Bereich kann auf das Binnenmarktinformationssystem zurückgegriffen werden (vgl. VO (EU) 1024/2012, Schwannecke/Witt Rn. 30). Liegen sichere Informationen nicht vor, so kann eine Gleichwertigkeitsfeststellung nicht getroffen werden. Der Rückgriff auf Auskünfte des Antragstellers (vgl. § 15 Abs. 2 BQFG) setzt dessen Glaubwürdigkeit voraus. 10

Abs. 2 Nr. 3: Die – fehlerhaft formulierte – Vorschrift ist zu lesen: „... und das Vorliegen der durch Bestehen der deutschen Meisterprüfung nachgewiesenen Befähigung". Hier wird „Vergleichbarkeit" mit „Fehlen wesentlicher Unterschiede" gleichgesetzt, – eine nicht unproblematische Festlegung. Dass dies dann auch noch „großzügig" zu handhaben sein soll (Schwannecke/Witt Rn. 31) ist bedenklich. „Wesentlichkeit" soll dem Begriff in der EU-Berufsanerkennungsrichtlinie (Art. 14 RL 2005/36/EG) entsprechen (Schwannecke/Witt Rn. 32). 11

F. Wesentliche Unterschiede (§ 50b Abs. 3)

Hier werden „**wesentliche Unterschiede**" iSd Vorschrift näher gesetzlich bestimmt, was wohl als abschließend anzusehen ist; die Voraussetzungen müssen **kumulativ** vorliegen. Das gilt auch hinsichtlich des 2. Hs. in Nr. 1. 12

Abs. 3 Nr. 1: „Fertigkeiten und Kenntnisse" ist iSv § 45 zu verstehen. Sie sind zentraler Vergleichsgegenstand, und nicht nur ein solcher „in erster Linie" (Schwannecke/Witt Rn. 33), sie bestimmen den gesamten Vergleichsvorgang. Wieder ist die Formulierung fehlerhaft, zu lesen ist: „Fertigkeiten und Kenntnisse nachgewiesen durch Bestehen der entsprechenden deutschen Meisterprüfung". „Entsprechende deutsche Meisterprüfung" ist allerdings wiederum zu begreifen iSv sämtlichen für eine solche geltenden, also etwa auch EU- oder ausländischen Regelungen nach anderen Bestimmungen als denen des § 50b. 13

Eine **Amtsermittlung** soll zur Feststellung nach Nr. 1 nicht stattfinden müssen (Schwannecke/Witt Rn. 37). Zwar besteht grds. keine Beibringungspflicht des jeweiligen Antragstellers im Genehmigungsverfahren für A-Handwerke, und eine solche begründet auch § 15 BQFG nicht. Fraglich ist aber, ob es dem Sinn des Gesetzes (→ Rn. 1) entspricht, hier dem Antragsteller eine volle Nachweis-Beibringungslast aufzuerlegen. Andererseits dürfen auch vorgelegte Unterlagen nicht allzu „großzügig" als Nachweise zugelassen werden. Insoweit ist gegebenenfalls auf Abs. 4 zurückzugreifen. 14

„**Inhalt und Dauer der Ausbildung**" (im Ausland) sind zu berücksichtigen. Hinsichtlich des Inhalts ist dies lediglich eine Wiederholung von Abs. 2 Nr. 1 und 3. Was die Dauer 15 anlangt, so ist sie als Unterscheidungskriterium gegenüber deutschen Regelungen schon deshalb problematisch, weil nach diesen die Ausbildungsdauer nicht einheitlich geregelt ist.

16 **Abs. 3 Nr. 2**: Hier werden die Voraussetzungen einer Gleichwertigkeitsfeststellung verschärft: Die im Ausland erworbenen Kenntnisse und Fähigkeiten dürfen auch nicht für **eine** wesentliche Tätigkeit iSd deutschen Handwerksrecht fehlen. Allerdings gilt dies letztere nur, wenn sie gerade für diese „maßgeblich" sind. Sie müssen den deutschen Voraussetzungen nicht etwa „entsprechen". Es soll damit nur ein Beleg für eine „generelle berufliche Handlungsfähigkeit" geführt werden müssen (Schwannecke/Witt Rn. 46 m. n. Beschreibungen) – was immer das bedeuten mag.

17 **Abs. 3 Nr. 3**: Sollten sich „wesentliche Unterschiede" iSv Nr. 1 und 2 zeigen, so können sie „ausgeglichen" werden „durch" (fehlerhaft: gemeint ist „durch Vorlage von sonstigen Befähigungsnachweisen oder den Nachweis einschlägiger Berufserfahrung"). Beide Begriffe sind nicht näher bestimmt. Die Nachweise können aus deutschen oder beliebigen ausländischen Quellen stammen. Voraussetzungen für ihre Glaubwürdigkeit gibt es nicht. Die **Berufserfahrung** muss lediglich „einschlägig" sein, also irgendwie etwas mit den Tätigkeiten des betreffenden A-Handwerks zu tun haben. Eine zeitliche Mindestbegrenzung gibt es nicht; Versuche, eine solche über deutsche „Erfahrungswerte" zu bestimmen (vgl. Schwannecke/Witt Rn. 56), finden im Gesetz keine Stütze.

18 Über **Nr. 3** können sämtliche Voraussetzungen bezüglich Nachweisen nach den vorhergehenden Bestimmungen der Vorschrift umgangen, besser: unterlaufen werden. Dies mag die Forderung nach strenger Prüfung bei der Anwendung dieser Nr. 3 rechtfertigen; selbst dann ist aber ein Leerlauf aller Eingrenzungsmechanismen einer Gleichstellung kaum zu vermeiden.

G. „Geeignete Verfahren" zur Gleichwertigkeitsfeststellung (§ 50b Abs. 4)

I. Bedeutung – Kritik

19 Die bereits sehr weitgehenden Erleichterungen des Nachweises der Gleichwertigkeit genügten dem Gesetzgeber noch nicht. Zusätzlich hat er, für den Fall, dass ein solcher nach jenen nicht zu führen sein könne, noch eine weitere Möglichkeit vorgesehen, zu einer Feststellung der Gleichwertigkeit zu gelangen, „insbesondere ..." für Fälle, in denen Berufserfahrungen bei der Wertigkeitsfeststellung herangezogen werden (S. 1). Darauf ist diese „Kompensationsmöglichkeit" aber nicht beschränkt, wie die Erwähnung von theoretischen Prüfungen in S. 2 belegt. Der dafür verwendete Ausdruck „Qualifikationsanalyse" (vgl. Schwannecke/Witt Rn. 53) ist inhaltsleer, denn eine Qualifikationsanalyse verlangt – als Prüfungsschritt – jede Gleichwertigkeitsfeststellung. Diese „Kompensationsmöglichkeit" ist so weitgehend eröffnet, dass sie praktisch zum Regelverfahren werden könnte. Appelle zu einer „strengeren Überprüfung" können dies kaum verhindern, vor allem angesichts der häufig schwer überwindbaren Nachweisschwierigkeiten nach Abs. 1–3.

II. Beispiele

20 Der Handwerkskammer steht hier ein weites Ausgestaltungsermessen zu (Schwannecke/Witt Rn. 58); nur einige geeignete Verfahren werden beispielhaft erwähnt. Dass hier überhaupt noch darauf hingewiesen werden muss, sachkundige Personen seien einzuschalten (Schwannecke/Witt Rn. 61), spricht für sich. Selbst bei fehlenden Deutschkenntnissen soll einem Bewerber – immerhin um einen Meistertitel in einem gefahrgeneigten Handwerk (!) – noch fürsorglich entgegengekommen werden (vgl. Schwannecke/Witt Rn. 63). Handlungsanweisungen wie iÜ verfahren werden soll, finden sich bei Schwannecke/Witt Rn. 64 ff.).

H. Anpassungslehrgang, Eignungsprüfung (§ 50 b Abs. 5)

21 Kann auf all diesen – nahezu schrankenlos eröffneten – Wegen eine Gleichwertigkeit dennoch nicht festgestellt werden, so kann die Handwerkskammer die Teilnahme des Antragstellers an einem „Anpassungslehrgang" verlangen – ein schwer vollziehbarer Begriff. Offenbar soll Nicht-Gleichartiges (ausländische Qualifikationen) an deutschen Standards „angepasst" werden. Auch (irgendwelche) Eignungsprüfungen sind zulässig.

I. Anzuwendende Vorschriften (§ 50 b Abs. 6)

Nach § 8 Abs. 2 kann die Ausnahmebewilligung (→ Rn. 3) auch bedingt, nicht aber befristet (Schwannecke/Witt Rn. 72) erteilt und auch auf einen wesentlichen Teil der Tätigkeit beschränkt werden. Bei ausdrücklicher Zustimmung des Antragstellers kann eine Stellungnahme der fachlich zuständigen Innung oder Berufsvereinigung eingeholt werden (warum dies erforderlich sein soll, ist unerfindlich); auf seinen Antrag muss dies geschehen (§ 8 Abs. 3 S. 2, 3). 22

IÜ sind die Vorschriften des Berufsqualifikationsfeststellungsgesetzes (BGFG) über reglementierte Berufe (§§ 9–15 BGFG) sowie dessen § 17 BGFG anzuwenden: Feststellung durch Bescheid § 10 BGFG, festzulegende Urkunden § 12 BGFG, Verfahren § 13 BGFG, Mitwirkungspflichten § 15 BGFG, Rechtsweg § 16 BGFG. 23

J. Verfassungsmäßigkeit der Vorschrift?

Die Vorschrift gibt zu **erheblichen verfassungsrechtlichen Bedenken** Anlass: Sie verletzt in gravierender Weise die **Gleichheit (Art. 3 Abs. 1 GG)** zwischen Zulassungsbewerbern, welche die Voraussetzungen nach den Bestimmungen von §§ 1 ff. iVm § 45 ff. der erfüllen müssen, um ein A-Handwerk betreiben zu dürfen, und anderen, die in den Genuss einer „Gleichwertigkeitsfeststellung", damit einer Ausnahmebewilligung gelangen können. Für Letztere sind die Genehmigungsvoraussetzungen in einer Weise erleichtert worden, welche in keinem zu rechtfertigenden Verhältnis zu Fällen der Zulassung nach der Handwerksordnung stehen. Außerdem ist eine derart weit geöffnete Genehmigungsmöglichkeit völlig unvereinbar mit dem vom Gesetzgeber gesetzten Ziel der Gefahrenabwehr in der Ausbildungsbefugnis bei A-Handwerken. Ein Beispiel: Im Extremfall kann ein Ausländer, der keinerlei Nachweise vorlegt, aufgrund eines „Fachgesprächs" (Abs. 4 S. 2), das in mangelhaftem Deutsch unter Verwendung von Wörterbüchern erfolgt, und nicht notwendig mit einem Handwerker des Prüfungshandwerks stattfinden muss (etwa mit dem Vorsitzenden eines Prüfungsausschusses), dennoch Meister in einem gefahrenträchtigen deutschen A-Handwerk werden. Darin liegt ein **gesetzgeberischer Widerspruch** und eine so grobe Sachwidrigkeit, dass dies eine **Verletzung der Rechtsstaatlichkeit (Art. 20 Abs. 3 GG)** bedeuten kann. Insbes. Abs. 3 Nr. 3, Abs. 4 und Abs. 5 bedürfen daher dringend der gesetzgeberischen Korrektur. 24

§ 51 [Meistertitel in Verbindung mit einem zulassungspflichtigen Handwerk]

Die Ausbildungsbezeichnung Meister/Meisterin in Verbindung mit einem zulassungspflichtigen Handwerk oder in Verbindung mit einer anderen Ausbildungsbezeichnung, die auf eine Tätigkeit in einem oder mehreren zulassungspflichtigen Handwerken hinweist, darf nur führen, wer für dieses zulassungspflichtige Handwerk oder für diese zulassungspflichtigen Handwerke die Meisterprüfung bestanden hat.

Literatur: Schwannecke, Holger/Heck, Hans-Joachim, Die neue Handwerksordnung. Die wichtigsten Neuerungen und ihre Auswirkungen auf die Praxis, GewArch 1998, 305 (310).

Überblick

§ 51 legt die Voraussetzungen für die Zulässigkeit des Führens der Ausbildungsbezeichnung fest, ohne einen Titel zu schaffen.

„Meister" ist kein „Titel", der etwa wie „Dr.", Bestandteil des Namens wäre, sondern eine Berufsbezeichnung, in Form einer „Ausbildungsbezeichnung"; so wird er in § 51 rechtlich qualifiziert. Die Handwerksordnung regelt dies nur, soweit diese Bezeichnung in irgendeiner sprachlichen Verbindung („Bäckermeister") oder mit Bezug („Meister des Bäckerhandwerks") auf ein zulassungspflichtiges Handwerk (Abs. 1) oder irgendeine sonstige handwerkliche Tätigkeit iSv § 1 Abs. 2 gebraucht wird (Abs. 2). Nach dieser ausdrücklichen Gesetzesbe- 1 stimmung darf sich daher nur Meister nennen, wer eine Meisterprüfung nach deutschem Recht (§ 7 Abs. 1a, § 51a) bestanden hat.

2   Wer dagegen nur eine Ausübungsberechtigung oder -bewilligung für das betreffende Handwerk besitzt, darf sich nicht „Meister" nennen, ebenso wenig jemand, der eine Ausnahmebewilligung nach § 50b erlangt hat. Abgeleitet wird dies allerdings daraus, dass der Titel „Meister" keine Berufsbezeichnung sein soll (Schwannecke/Dietrich Rn. 1); dies trifft allerdings nicht zu (→ Rn. 1). Daher ist es zweifelhaft, ob diese Auff. aufrechterhalten werden kann. Problematisch ist dies auch dann, wenn der Betreffende in seinem Herkunftsland sich ebenfalls als „Meister" oder in entsprechender Weise bezeichnen durfte.

3   Wird die Bezeichnung des betreffenden Handwerks in den Anlagen A oder B geändert (vgl. § 1 Abs. 3), so darf die bisherige Bezeichnung weitergeführt werden, soweit damit keine inhaltliche Änderung der Tätigkeitsbeschreibung verbunden ist. Kommt es dabei zu einer inhaltlichen, also materiellen Änderung des Handwerksbegriffs (vgl. dazu Detterbeck Rn. 3), so darf nur der ursprüngliche Titel weitergeführt werden (vgl. Schwannecke/Heck GewArch 1998, 305 (310)). Bei ersatzloser Streichung des Handwerks darf die Bezeichnung weitergeführt werden, sie ist aber nicht mehr gesetzlich geschützt (vgl. aber → Rn. 4).

4   Für Handwerker-Meistertitel, die in den neuen Ländern am Tag von deren Beitritts zur Bundesrepublik geführt werden durften, bleibt dieses Recht inhaltlich unverändert erhalten, auch wenn in den alten Ländern dafür damals andere Voraussetzungen galten oder solche nach dem Beitritt geändert wurden (Anlage I zum E-Vertr, Anlage 2).

5   Der Gebrauch einer Bezeichnung, die den unrichtigen Eindruck erweckt, es handele sich um einen Handwerksmeister, stellt eine Ordnungswidrigkeit nach § 117 Abs. 1 Nr. 2 dar. Verboten ist allerdings nur das unberechtigte **Führen des Meistertitels**: Der Betreffende muss sich im geschäftlichen oder auch im privaten Verkehr als Meister ausgeben und als solcher auftreten. Dann kann derartiges Verhalten auch eine wettbewerbswidrige Handlung nach §§ 1, 3 UWG darstellen, wenn die unrichtige Angabe zu einer Irreführung über den Betriebsinhaber oder Betriebsmitglieder führt, wenn sie insbes. den Anschein eines besonders günstigen, insbes. qualitativ hochwertigen Angebots herrufen kann. Auch die Bezeichnung „meisterhaft" darf zu Werbungszwecken nicht verwendet werden (Honig/Knörr Rn. 15 f.).

Zweiter Abschnitt: Meisterprüfung in einem zulassungsfreien Handwerk oder in einem handwerksähnlichen Gewerbe

§ 51a [Meisterprüfung in einem zulassungsfreien Handwerk]

(1) Für zulassungsfreie Handwerke oder handwerksähnliche Gewerbe, für die eine Ausbildungsordnung nach § 25 dieses Gesetzes oder nach § 4 des Berufsbildungsgesetzes erlassen worden ist, kann eine Meisterprüfung abgelegt werden.

(2) Als Grundlage für ein geordnetes und einheitliches Meisterprüfungswesen für Handwerke oder Gewerbe im Sinne des Absatzes 1 kann das Bundesministerium für Wirtschaft und Energie im Einvernehmen mit dem Bundesministerium für Bildung und Forschung durch Rechtsverordnung, die nicht der Zustimmung des Bundesrates bedarf, bestimmen,
1. welche Fertigkeiten und Kenntnisse in den einzelnen zulassungsfreien Handwerken oder handwerksähnlichen Gewerben zum Zwecke der Meisterprüfung zu berücksichtigen sind (Meisterprüfungsberufsbild B),
2. welche Anforderungen in der Meisterprüfung zu stellen sind und
3. welche handwerks- und gewerbespezifischen Verfahrensregelungen in der Meisterprüfung gelten.

(3) ¹Durch die Meisterprüfung ist festzustellen, ob der Prüfling eine besondere Befähigung in einem zulassungsfreien Handwerk oder in einem handwerksähnlichen Gewerbe erworben hat und Lehrlinge ordnungsgemäß ausbilden kann. ²Zu diesem Zweck hat der Prüfling in vier selbständigen Prüfungsteilen nachzuweisen, dass er Tätigkeiten seines zulassungsfreien Handwerks oder seines handwerksähnli-

chen Gewerbes meisterhaft verrichten kann (Teil I), besondere fachtheoretische Kenntnisse (Teil II), besondere betriebswirtschaftliche, kaufmännische und rechtliche Kenntnisse (Teil III) sowie die erforderlichen berufs- und arbeitspädagogischen Kenntnisse (Teil IV) besitzt.

(4) ¹Zum Nachweis der Fertigkeiten und Kenntnisse führt die Handwerkskammer Prüfungen durch und errichtet zu diesem Zweck Prüfungsausschüsse. ²Die durch die Abnahme der Meisterprüfung entstehenden Kosten trägt die Handwerkskammer.

(5) ¹Zur Prüfung ist zuzulassen, wer eine Gesellenprüfung oder eine Abschlussprüfung in einem anerkannten Ausbildungsberuf bestanden hat oder eine Gleichwertigkeitsfeststellung nach § 51e besitzt. ²Die Handwerkskammer kann auf Antrag in Ausnahmefällen von der Zulassungsvoraussetzung befreien. ³Für die Ablegung des Teils III der Meisterprüfung entfällt die Zulassungsvoraussetzung.

(6) Für Befreiungen gilt § 46 entsprechend.

(7) ¹Das Bundesministerium für Wirtschaft und Energie kann durch Rechtsverordnung mit Zustimmung des Bundesrates Vorschriften über das Zulassungsverfahren sowie das allgemeine Prüfungsverfahren erlassen. ²Die Rechtsverordnung kann insbesondere die Zulassung zur Prüfung, das Bewertungssystem, die Erteilung der Prüfungszeugnisse, die Folgen von Verstößen gegen die Prüfungsvorschriften und die Wiederholungsprüfung regeln.

Überblick

§ 51a konstituiert die fakultative Meisterprüfung, ihren Inhalt und das durchzuführende Prüfungsverfahren für zulassungsfreie und handwerksähnliche Gewerbe. Der Inhalt der Norm entspricht im Wesentlichen den Vorschriften der §§ 45, 46, 49 und 50 der HwO, so dass ein weitgehender Gleichlauf in verfahrenstechnischer und anforderungstechnischer Hinsicht mit der Meisterprüfung für zulassungspflichtige Gewerbe geschaffen wird. Zum Teil bestehen jedoch auch erhebliche Unterschiede.

Abs. 1: Die Vorschrift regelt seit 2004 die Meisterprüfung in Handwerken nach den Anlagen B1 und 2 nach Zulassungsvoraussetzungen und Verfahren. Sie ist **rein fakultativ**. Ihr Bestehen stellt keinerlei Zulassung oder Genehmigungsvoraussetzung nach Handwerksrecht dar; ihre rechtliche Folge ist lediglich, dass ein Meistertitel nach § 51 geführt werden darf (§ 51d).

Die Regelungen weichen von denen für A-Handwerksprüfungen (§§ 45, 46) zum Teil erheblich ab. Dies gilt für Ansprüche an das Prüfungsniveau (Abs. 3; aA Schwannecke/Witt Rn. 1), vor allem aber für die **Zulassungsvoraussetzungen** nach Abs. 4, bei denen berufspraktische Erfahrungen nicht erwähnt sind. Anders als im Fall der A-Handwerke muss für diese Gewerbe eine Ausbildungsordnung nach § 25 oder § 4 BBiG erlassen (worden) sein. Für die früheren A-Handwerke gelten die für solche Handwerke seit 2004 erlassenen Meisterordnungen.

Abs. 2 entspricht § 45 Abs. 1, wobei nach Nr. 2 auch gewerbespezifische Verfahrensregelungen für diese Meisterprüfung gelten. Insbesondere sind hier auch die sich aus dem Begriff des § 45 Abs. 1 des „Meisterprüfungsberufsbildes" ergebenden Regelungsinhalte anzuwenden (→ § 45 Rn. 1 ff.); ebenso gelten die Ausführungen über die Bedeutung des „dynamischen Handwerksbegriffs" (→ § 45 Rn. 12 ff.) auch hier (Detterbeck Rn. 2). Die Inhalte des jeweiligen Meisterprüfungsberufsbildes B sind naturgemäß andere als bei A-Handwerken.

Abs. 3: Ein **wesentlicher Unterschied** zu der Regelung für die Meisterprüfung in A-Handwerken besteht für die Prüfungen in B-Handwerken darin, dass hier der Prüfling lediglich eine „**besondere Befähigung**" in dem betreffenden Prüfungshandwerk nachzuweisen hat, nicht aber befähigt sein muss, dieses „meisterhaft auszuüben und selbständig zu führen" (§ 45 Abs. 2). Was eine „besondere Befähigung" sein soll, verdeutlicht das Gesetz nicht; es ist dies auch schwer mit einiger Genauigkeit abzugrenzen. Jedenfalls spricht die Formulierung für einen deutlichen qualitativen Niveauunterschied gegenüber den Anforderungen an die Meisterprüfung A (aA Schwannecke/Witt Rn. 8). Insbesondere ist keine Befähigung zur „selbstän-

5 Insgesamt wird hier aber etwas verlangt wie ein Befähigungsnachweis, der durch Ablegung der Gesellenprüfung erbracht wird (Schwannecke/Witt Rn. 8); andererseits liegt er aber doch niveaumäßig nicht unerheblich unter dem Anforderungsniveau bei A-Handwerken. Was dies im Einzelnen an Unterschieden bedeutet, ist den jeweiligen Ausbildungsordnungen nach Abs. 2 zu entnehmen; die Gestaltungsfreiheit des Verordnungsgebers, wird insoweit aber durch das Gesetz nicht wesentlich eingeschränkt.

6 Eine Einteilung der Prüfung in **IV Teile** gibt es auch hier (Abs. 3 S. 2), entsprechend § 45 Abs. 3. **Schwerpunktbildungen** entsprechend § 45 Abs. 4 sind jedoch nicht vorgesehen.

7 **Abs. 4:** Meisterprüfungsausschüsse werden von der Handwerkskammer errichtet; sie sind Organe der Kammer, nicht Staatsorgane. Klagen gegen ihre Entscheidungen sind gegen die Handwerkskammer zu richten. – Die Regelung der **Prüfungskosten** entspricht der nach → § 50 Rn. 1. Die Kammer kann jedoch auch hier Prüfungsgebühren nach § 106 erheben.

8 **Abs. 5: Zuzulassen** zur Prüfung ist, wer eine Gesellenprüfung in (irgend)einem Handwerk oder eine Abschlussprüfung in (irgend)einem anerkannten Ausbildungsberuf bestanden hat oder eine Gleichwertigkeitsfeststellung nach § 40a besitzt. Eine wie immer geartete Nähe oder auch nur fachliche Berührung mit dem Meisterprüfungshandwerk ist nicht erforderlich. Keinerlei Berufserfahrung ist nötig. Für die Prüfung betriebswirtschaftlicher, kaufmännischer und rechtlicher Kenntnisse (Teil III) entfällt jede Zulassungsvoraussetzung. Für **Ausnahmefälle** kann von allen („von der") Zulassungsvoraussetzungen befreit werden; zur Prüfung ist dann – jedermann zuzulassen.

9 **Abs. 6:** Von einzelnen Prüfungsleistungen kann auch hier nach § 46 befreit werden.

10 **Abs. 7:** Das Zulassungsverfahren kann durchgehend, das Prüfungsverfahren „allgemein" durch den BMWi im Verordnungsweg geregelt werden. Abs. 7 entspricht § 50 Abs. 2 (vgl. dort → § 50 Rn. 4). Die danach erlassene Verordnung wird auch auf Fälle nach § 51a angewendet.

§ 51b [Meisterprüfungsausschüsse]

(1) ¹Die Handwerkskammer errichtet an ihrem Sitz für ihren Bezirk Meisterprüfungsausschüsse. ²Mehrere Handwerkskammern können bei einer von ihnen gemeinsame Meisterprüfungsausschüsse errichten.

(2) ¹Der Meisterprüfungsausschuss besteht aus fünf Mitgliedern; für die Mitglieder sind Stellvertreter zu berufen. ²Sie werden für längstens fünf Jahre ernannt.

(3) Der Vorsitzende braucht nicht in einem zulassungsfreien Handwerk oder einem handwerksähnlichen Gewerbe tätig zu sein; er soll dem zulassungsfreien Handwerk oder dem handwerksähnlichen Gewerbe, für welches der Meisterprüfungsausschuss errichtet ist, nicht angehören.

(4) Zwei Beisitzer müssen das zulassungsfreie Handwerk oder das handwerksähnliche Gewerbe, für das der Meisterprüfungsausschuss errichtet ist, mindestens seit einem Jahr selbständig als stehendes Gewerbe betreiben und in diesem zulassungsfreien Handwerk oder in diesem handwerksähnlichen Gewerbe die Meisterprüfung abgelegt haben oder das Recht zum Ausbilden von Lehrlingen besitzen.

(5) Ein Beisitzer soll ein Geselle sein, der in dem zulassungsfreien Handwerk oder in dem handwerksähnlichen Gewerbe, für das der Meisterprüfungsausschuss errichtet ist, die Meisterprüfung abgelegt hat oder das Recht zum Ausbilden von Lehrlingen besitzt und in dem betreffenden zulassungsfreien Handwerk oder handwerksähnlichen Gewerbe tätig ist.

(6) Für die Abnahme der Prüfung der betriebswirtschaftlichen, kaufmännischen und rechtlichen Kenntnisse sowie der berufs- und arbeitspädagogischen Kenntnisse soll ein Beisitzer bestellt werden, der in diesen Prüfungsgebieten besonders sachkundig ist und einem zulassungsfreien Handwerk oder einem handwerksähnlichen Gewerbe nicht anzugehören braucht.

(7) § 34 Abs. 6 Satz 1 und Abs. 7 gilt entsprechend.

Gleichwertigkeit ausländischer Ausbildungsnachweise § 51e HwO

Überblick

§ 51b sieht als Pendant zu § 48 die Regelungen für die Meisterprüfungsausschüsse für die Meisterprüfung nach § 51a vor.

Die Meisterprüfungsausschüsse für B-Handwerke werden von der Handwerkskammer errichtet (vgl. § 51a Abs. 4). Die Vorschrift entspricht § 48 (s. dort). Gemeinsame Handwerkskammern können auch gemeinsame Meisterprüfungsausschüsse errichten, nicht aber „in besonderen Fällen". 1

§ 51c [Gleichstellung von Prüfungszeugnissen]

¹Das Bundesministerium für Wirtschaft und Energie kann im Einvernehmen mit dem Bundesministerium für Bildung und Forschung durch Rechtsverordnung mit Zustimmung des Bundesrates im Ausland erworbene Prüfungszeugnisse den entsprechenden Zeugnissen über das Bestehen einer deutschen Meisterprüfung in einem zulassungsfreien Handwerk oder handwerksähnlichen Gewerbe gleichstellen, wenn an den Bildungsgang und in den Prüfungen gleichwertige Anforderungen gestellt werden. ²Die Vorschriften des Bundesvertriebenengesetzes bleiben unberührt.

Überblick

§ 51c regelt entsprechend § 50a die Gleichstellung von ausländischen Prüfungszeugnissen mit den nach einer fakultativen Meisterprüfung erworbenen Zeugnissen durch Rechtsverordnung.

Die Bestimmung stimmt inhaltlich mit § 50a überein. 1

§ 51d [Meistertitel in Verbindung mit einem zulassungfreien Handwerk]

Die Ausbildungsbezeichnung Meister/Meisterin in Verbindung mit einem zulassungsfreien Handwerk oder handwerksähnlichen Gewerbe darf nur führen, wer die Prüfung nach § 51a Abs. 3 in diesem Handwerk oder Gewerbe bestanden hat.

Überblick

Entsprechend § 51 legt § 51d die Voraussetzungen, unter denen die Ausbildungsbezeichnung Meister/in bei Ausübung eines zulassungsfreien Handwerks oder handwerksähnlichen Gewerbe geführt werden darf, fest.

Die Bestimmung entspricht inhaltlich § 51. Sie gilt auch für den Meistertitel eines B-Gewerbes, wenn in diesem die Meisterprüfung abgelegt wurde zu einem Zeitpunkt, zu dem dieses Handwerk noch ein A-Gewerbe war. 1

§ 51e [Gleichwertigkeit ausländischer Ausbildungsnachweise]

¹Im Fall der Gleichwertigkeit eines im Ausland erworbenen Ausbildungsnachweises mit der Meisterprüfung ist die Gleichwertigkeit festzustellen. ²§ 50b gilt entsprechend.

Überblick

Über Verweis auf § 50b kann auch bei der fakultativen Meisterprüfung die Gleichwertigkeit im Ausland abgelegter Prüfungen im Einzelfall festgestellt werden.

Die Bestimmung wurde durch das Anerkennungsgesetz (→ § 51b Rn. 1) neu eingefügt. Auf die Erläuterungen nach § 51b wird verwiesen. 1

Leisner 347

Vierter Teil: Organisation des Handwerks

Vorbemerkung zu §§ 52 ff.

Übersicht

	Rn.		Rn.
Organisation des Handwerks	1	1. Die Organisationsform und Aufgaben der Handwerkskammer	7
I. Handwerksinnungen (§§ 52–78)	2	2. Die Mitglieder der Handwerkskammern	12
II. Innungsverbände (§§ 79–85)	3	3. Die interne Organisation der Handwerkskammern	14
1. Landesinnungsverbände (§§ 79–84)	4	4. Die Mitgliedschaft in der Vollversammlung im Unterschied zur Pflichtmitgliedschaft in der Handwerkskammer	16
2. Bundesinnungsverbände (§ 85)	5		
III. Kreishandwerkerschaften (§§ 86–89)	6	5. Die Überwachungsfunktion der Handwerkskammer	20
IV. Handwerkskammern (§§ 90–116)	7		

Organisation des Handwerks

1 Der Vierte Teil der HwO regelt in den §§ 52–116 die Organisation des Handwerks. Der Erste Abschnitt thematisiert die Handwerksinnungen (§§ 52–78; → Rn. 2), der Zweite Abschnitt die Innungsverbände (§§ 79–85; → Rn. 3 ff.), der Dritte Abschnitt die Kreishandwerkerschaften (§§ 86–89; → Rn. 6) und der Vierte Abschnitt die Handwerkskammern (§§ 90–116; → Rn. 7 ff.). Diese gesetzlich normierten Organisation(sform)en des Handwerks unterscheiden sich in ihren konkreten Aufgaben und in ihrer Ausgestaltung, verfolgen aber das gemeinsame Ziel der Interessenvertretung des Handwerks gegenüber Politik und Gesellschaft (→ Rn. 21).

I. Handwerksinnungen (§§ 52–78)

2 IRd Organisation des Handwerks vertreten die Handwerksinnungen auf regionaler Ebene die gemeinsamen gewerblichen Interessen des Einzelhandwerks innerhalb ihres räumlichen Zuständigkeitsbereichs (→ § 52 Rn. 1 ff.). Nach § 52 Abs. 1 S. 1 können „Inhaber von Betrieben des gleichen zulassungspflichtigen Handwerks oder des gleichen zulassungsfreien Handwerks oder des gleichen handwerksähnlichen Gewerbes oder solcher Handwerke oder handwerksähnlicher Gewerbe, die sich fachlich oder wirtschaftlich nahe stehen, (…) zur Förderung ihrer gemeinsamen gewerblichen Interessen (…) zu einer Handwerksinnung zusammentreten" (→ § 52 Rn. 6). Die Mitgliedschaft zu den Innungen ist freiwillig (→ § 58 Rn. 1 ff.). Ihrer Rechtsform nach sind sie Körperschaften des Öffentlichen Rechts und damit Teil der Selbstverwaltung der Wirtschaft (→ § 53 Rn. 1 ff.). Sie erlangen mit der Genehmigung ihrer Satzung (→ § 55 Rn. 1 ff., § 56 Rn. 1 ff.) durch die zuständige Handwerkskammer als Aufsichtsbehörde (→ § 75 Rn. 1 ff.) die Rechtsfähigkeit (→ § 53 Rn. 3 ff.). Die Aufgaben der Innungen ergeben sich aus § 54, wobei die Förderung der gemeinsamen gewerblichen Interessen der Innungsmitglieder zentrale Aufgabe ist (→ § 54 Rn. 1 ff.). Organe der Innung (→ § 60 Rn. 1 ff.) sind die Innungsversammlung (→ § 61 Rn. 1 ff.), der Vorstand (→ § 66 Rn. 1 ff.) und die Ausschüsse (→ § 67 Rn. 1 ff.). Die Finanzierung der Innung erfolgt durch Beiträge und Gebühren (→ § 73 Rn. 1 ff.).

II. Innungsverbände (§§ 79–85)

3 Die Innungsverbände untergliedern sich in die Landesinnungsverbände (→ Rn. 4) und die Bundesinnungsverbände (→ Rn. 5).

1. Landesinnungsverbände (§§ 79–84)

4 Der Landesinnungsverband ist nach der Definition des § 79 Abs. 1 S. 1 ein freiwilliger „Zusammenschluß von Handwerksinnungen des gleichen Handwerks oder sich fachlich oder wirtschaftlich nahestehender Handwerke im Bezirk eines Landes" (→ § 79 Rn. 1 ff.). Sie sind Teil der staatlich geregelten Organisation des Handwerks auf Landesebene. Ihrer Rechtsform nach sind die Landesinnungsverbände juristische Person des Privatrechts (→ § 80 Rn. 1 ff.), die sich aus Innungen, die ihrerseits Körperschaften des Öffentlichen Rechts sind, zusammensetzen. Pflichtaufgaben des Landesinnungsverbandes sind etwa neben der Wahrnehmung der Interessen ihrer Mitglieder (→ § 81 Rn. 3) auch die Unterstützung der Innungen bei ihrer Aufgabenerfüllung (→ § 81 Rn. 4). Daneben kann der Landesinnungsverband auch freiwillige Aufgaben erfüllen (→ § 81 Rn. 7 f., → § 82 Rn. 2 ff.). Die HwO enthält nur lückenhafte Regelungen zum Landesinnungsverband. Aufgrund der Verweisungsnorm des § 83 finden zahlreiche Innungsvorschriften und Regelungen zum Vereinsrecht aus den BGB auf den Landesinnungsverband entsprechende Anwendung (→ § 83 Rn. 1 ff.).

2. Bundesinnungsverbände (§ 85)

Der Bundesinnungsverband ist ein Zusammenschluss von Landesinnungsverbänden des **5** gleichen Handwerks oder sich fachlich oder wirtschaftlich nahestehender Handwerke im Bundesgebiet (→ § 85 Rn. 1 ff.). Er ist Teil der staatlich geregelten Organisation des Handwerks auf Bundesebene. Freiwillige Mitglieder des Bundesinnungsverbandes, der seiner Rechtsform nach eine juristische Person des Privatrechts ist, sind die Landesinnungsverbände einer Fachrichtung (→ § 85 Rn. 9 ff.). Nach der Verweisungsnorm des § 85 Abs. 2 S. 1 sind die Vorschriften des Zweiten Abschnitts des Vierten Teils der HwO (§§ 79–84) zu den Landesinnungsverbänden sinngemäß anzuwenden (→ § 85 Rn. 2 ff.).

III. Kreishandwerkerschaften (§§ 86–89)

Die Kreishandwerkerschaften befinden sich im Geflecht der Handwerksorganisationen auf **6** Kreisebene und damit neben den Innungen auf unterster Stufe der Interessenvertretung des Handwerks (→ § 86 Rn. 1). Die Kreishandwerkerschaften sind ein Zusammenschluss sämtlicher fachübergreifender Innungen, die ihren Sitz im Bezirk der Kreishandwerkerschaft haben (→ § 86 Rn. 6). Es handelt sich um eine Pflichtmitgliedschaft (→ § 86 Rn. 7). Grundaufgabe der Kreishandwerkerschaften, die ihrer Rechtsform nach Körperschaften des Öffentlichen Rechts sind, ist die Vertretung der Interessen der Mitgliedsinnungen (→ § 87 Rn. 1 ff.). Basierend auf ihrer Organstruktur bestehen die Kreishandwerkerschaften aus der Mitgliederversammlung, dem Vorstand und den Ausschüssen (→ § 88 Rn. 1 ff.). Die HwO selbst enthält nur vereinzelt gesetzlich normierte Regelungen zu den Kreishandwerkerschaften. Vielmehr sind aufgrund der Verweisungsnorm des § 89 zahlreiche Innungsvorschriften auf die Kreishandwerkerschaft entsprechend anwendbar (→ § 86 Rn. 2; → § 89 Rn. 1 ff.).

IV. Handwerkskammern (§§ 90–116)

1. Die Organisationsform und Aufgaben der Handwerkskammer

Das Handwerk wird neben den Innungen und Kreishandwerkerschaften auch maßgeblich **7** durch die Handwerkskammern organisiert. Die Handwerkskammern stellen eine wegweisende Organisationsform dar (Hoffmann-Riem NVwZ 1984, 286 (286)), die in ihrer jetzigen Form nach dem zweiten Weltkrieg geschaffen wurde (Detterbeck § 90 Rn. 2).

Die Handwerkskammern sind eine Organisation der öffentlich-rechtlichen Selbstverwaltung (Detterbeck § 90 Rn. 3). Selbstverwaltungsorganisationen sind Teil der mittelbaren **8** Staatsverwaltung (Bayer, LKV 1991, 371 (371)). Die Besonderheit dieser Form der mittelbaren Staatsverwaltung liegt darin, dass, obwohl die Hoheitsgewalt des Selbstverwaltungsträgers vom Staat hergeleitet wird, der Vollzug der dem Selbstverwaltungsträger überlassenen Aufgaben keine Rückkopplung an die Willensbildung staatlicher Organe erfährt, sondern vielmehr selbständig durch die deswegen zwingend demokratisch legitimierten Organe des Selbstverwaltungsträgers durchgeführt wird (Bayer LKV 1991, 371 (371)).

Im Unterschied zu den übrigen öffentlich-rechtlichen Kammern (zB den Industrie- und **9** Handelskammern) wurde bei den Handwerkskammern von Anfang an eine zwingende Beteiligung auch der Arbeitnehmer vorgesehen (Hoffmann-Riem NVwZ 1984, 286 (286). Diese Beteiligung wurde gegen den Willen der Amerikaner, die in ihrer Besatzungszone die volle Gewerbefreiheit auch für Handwerker durchgesetzt hatten (Schwannecke Ordnungsnummer 105 B), eingeführt. Die Realisierung dieser Organisationsform erforderte einen parteiübergreifenden politischen Einsatz (Hoffmann-Riem NVwZ 1984, 286 (286)). Die SPD und die Gewerkschaften hatten zwar mit ihrer ursprünglichen Forderung nach einer paritätischen Besetzung der Organe keinen Erfolg, sondern mussten sich mit einer Beteiligung der Arbeitnehmer zu 1/3 begnügen, trotzdem stellte diese Zusammensetzung der Handwerkskammer gesellschaftspolitisch einen Durchbruch dar (Hoffmann-Riem NVwZ 1984, 286 (286)). Das Modell der Mitentscheidung wurde aber auch von Seiten des politischen Gegners von SPD und Gewerkschaften, der CDU/CSU als eine „fortschrittliche Weiterentwicklung" (BT Plenarprotokoll Nr. 01/258, 12547) angesehen.

10 Die Handwerkskammern sollen und müssen (→ § 90 Rn. 6) als Selbstverwaltungskörperschaft die Interessen des gesamten Handwerks als solches (vgl. Schwannecke/Schwannecke § 90 Rn. 1) sowohl gegenüber Organisationen anderer Wirtschaftszweige, als auch gegenüber staatlichen Stellen vertreten (vgl. Detterbeck § 90 Rn. 4). Dies schließt die Interessen des handwerksähnlichen Gewerbes, das gem. § 90 Abs. 2 auch der Kammerpflichtmitgliedschaft unterfällt, mit ein (→ § 90 Rn. 7; Detterbeck § 90 Rn. 4) und unterscheidet die Handwerkskammern auch von den Kreishandwerkerschaften und Innungen, deren Aufgabe nur die Förderung der Interessen der selbständigen Handwerker als Unternehmer ist (Honig/Knörr § 90 Rn. 1). Darüber hinaus sollen die Handwerkskammern einen Ausgleich zwischen den Interessen der einzelnen Handwerke erzielen (BVerwG NVwZ 2006, 1068 (1070)).

Die Wahl der Mittel zur Wahrnehmung ihrer Interessenvertretung steht grds. im Ermessen der Handwerkskammern (Schwannecke/Schwannecke § 90 Rn. 3).

11 Der Umfang der Interessenvertretung bestimmt sich zweckorientiert danach, ob eine Aufgabe geeignet erscheint, neben der Gesamtheit der Betriebe auch dem einzelnen Mitglied der Handwerkskammer zu dienen (Schwannecke/Schwannecke § 90 Rn. 3). Mit dem Argument der Interessenvertretung können jedoch die Aufgaben der Handwerkskammern, wie sie von der HwO festgelegt werden, nicht beliebig erweitert werden (→ § 90 Rn. 7; Schwannecke/Schwannecke Rn. 3). Der Aufgabenkatalog des § 91 ist zwar nicht abschließend (vgl. BVerwG NVwZ 2006, 1068 (1070)) sondern lässt einen vom Gesetzgeber gewollten Interpretationsspielraum (Schwannecke/Schwannecke § 90 Rn. 3). Gleichwohl hat die Handwerkskammer die ihr vom Gesetz, insbesondere der HwO, der jeweiligen Satzung und dem übrigen geltenden Recht gesetzten Grenzen einzuhalten (Schwannecke/Schwannecke § 90 Rn. 3). Genaue Klarheit, wo diese äußersten Grenzen liegen, herrscht jedoch nicht.

2. Die Mitglieder der Handwerkskammern

12 Eng mit den Aufgaben der Handwerkskammern hängt auch das Konzept der sog. Pflichtmitgliedschaft (zT wird sogar von Zwangsmitgliedschaft gesprochen, vgl. nur Detterbeck § 90 Rn. 7 ff.), zusammen. Die Handwerkskammern sollen die Interessen des gesamten Handwerks wahrnehmen und untereinander zum Ausgleich bringen (→ § 90 Rn. 7). Die Pflichtmitgliedschaft stellt zum einen unter dem Gesichtspunkt der Befugnis der Handwerkskammer zur Gebühren- und Beitragserhebung (§ 113) einen Eingriff in die verfassungsrechtlich geschützten Rechte der Betroffenen dar, auch wenn diese nur zur Kostendeckung erhoben werden dürfen (Detterbeck § 113 Rn. 2) und bedarf einer Rechtfertigung. Entsprechendes gilt zum anderen für den in der Wahrnehmung hoheitlicher Aufgaben durch die Handwerkskammer liegenden Eingriff in die verfassungsrechtlich durch Art. 12 GG geschützte Berufs- und Gewerbefreiheit (→ § 90 Rn. 16). Diese Eingriffe können nur dann gerechtfertigt werden, wenn auch Vertreter des gesamten Handwerks Mitglieder der Handwerkskammern sind, da sie ja gerade von der hoheitlichen Erfüllung von Verwaltungsaufgaben durch die Handwerkskammer betroffen werden (→ § 90 Rn. 18).

13 Das Konzept der Pflichtmitgliedschaft in einer Kammer ist allerdings nicht nur unter verfassungsrechtlichen Gesichtspunkten problematisch. Auch die Unionsrechtskonformität der Pflichtmitgliedschaft wird unter dem Gesichtspunkt der primärrechtlich abgesicherten Grundfreiheiten, insbes. der Niederlassungs- und der Dienstleistungsfreiheit (Art. 49 und Art. 56 AEUV), zT in Zweifel gezogen (→ § 90 Rn. 23 ff.; zum Problem ausf. Kirchberg NJW 2009, 1313 (1313 ff.)). Allerdings lässt die bisherige Rechtsprechung des EuGH eher die Tendenz vermuten, dass der durch die Pflichtmitgliedschaft begründete Eingriff in die genannten Grundfreiheiten gerechtfertigt sei (vgl. EuGH EuR 2001, 275 (282) (Corsten)).

3. Die interne Organisation der Handwerkskammern

Die Handwerkskammer als Selbstverwaltungsorganisation ist in verschiedene Organe aufgegliedert, gem. § 92 sind dies die Vollversammlung, der Vorstand und die Ausschüsse. Nur diese Organe können nach den allgemeinen Grundsätzen mit rechtlicher Wirkung für und gegen die Organisation tätig werden, die Aufzählung in § 92 ist abschließend (→ § 92 Rn. 3; Detterbeck § 92 Rn. 1). 14

Hauptorgan ist die Vollversammlung, in der auch die Arbeitnehmer im Handwerk zu einem Drittel repräsentiert sein müssen. Die Mitglieder der Vollversammlung werden nach den Vorschriften der §§ 95 ff. iVm der Anlage C zur HwO nach demokratischen Grundsätzen von den wahlberechtigten Mitgliedern der Handwerkskammer (vgl. §§ 96, 98) in einem Listenwahlverfahren gewählt (Detterbeck § 95 Rn. 1 ff.). Dieses Listenwahlverfahren führt häufig mangels konkurrierender Liste dazu, dass eine sogenannte Friedenswahl stattfindet, dh, dass gem. § 20 Anlage C die Bewerber einer Liste ohne Wahlhandlung als gewählt gelten (→ § 95 Rn. 4; Detterbeck § 95 Rn. 5). Trotz anhaltender Zweifel an dieser Regelung (ua VGH Mannheim GewArch 1998, 61 ff.), insbes. was ihre Verfassungskonformität betrifft, hat das BVerfG diese bislang nicht beanstandet, wobei es sich jedoch noch nicht inhaltlich mit der Problematik auseinandergesetzt hat, sondern bereits die Zulässigkeit der angestrengten Verfahren verneinte (vgl. ausf. → § 95 Rn. 4). Die Vollversammlung hat gewichtige Aufgaben hinsichtlich der Führung der Handwerkskammer: unter anderem obliegen ihr gem. § 106 Abs. 1 Nr. 1 die Wahl auch des Vorstandes und des Präsidenten gem. § 108 sowie die Bildung von Ausschüssen sowie die wesentlichen wirtschaftlichen Entscheidungen wie zB hinsichtlich der von der Handwerkskammer zu erhebenden Gebühren und Beiträge bzw. der Jahresrechnungsprüfung, die ihr auch nicht durch zB Satzungserlass entzogen werden können (Detterbeck § 106 Rn. 1).

Die interne Organisation der Handwerkskammern wird von der HwO jedoch nicht nur was die Organstruktur und deren Aufgaben betrifft vorgegeben, sondern auch hinsichtlich der ihre internen Angelegenheiten regelnden Satzung, die gem. § 105 Abs. 2 bestimmte Punkte zwingend regeln muss. Darüber hinaus kann die Handwerkskammer in ihrer Satzung im Rahmen ihrer Zuständigkeiten, die sie auf diese Weise jedoch nicht erweitern darf, weitere Regelungen treffen (vgl. Detterbeck § 105 Rn. 2). 15

4. Die Mitgliedschaft in der Vollversammlung im Unterschied zur Pflichtmitgliedschaft in der Handwerkskammer

Die Pflichtmitgliedschaft in der Handwerkskammer (vgl. die Ausführungen zu → § 90 Rn. 8–26) ist von der Mitgliedschaft in der Vollversammlung der Handwerkskammer zu unterscheiden (vgl. Detterbeck § 90 Rn. 7). Die Mitgliedschaft in der Vollversammlung bestimmt sich nach dem Umfang der Vorschriften über das aktive und passive Wahlrecht zur Vollversammlung. Diese sind für Arbeitnehmer und Arbeitgeber in den §§ 96–99 geregelt. 16

Was die Arbeitgeberseite betrifft, so stimmen das aktive und das passive Wahlrecht nach §§ 96, 97 mit der Pflichtmitgliedschaft in der Kammer gem. § 90 Abs. 2, Abs. 3 überein. IErg sind grds. die Inhaber eines zulassungspflichtigen, in die Handwerksrolle eingetragenen Handwerks, die Inhaber eines handwerksähnlichen Gewerbes sowie die Inhaber eines zulassungsfreien Handwerks sowohl aktiv als auch passiv wahlberechtigt, was die Vollversammlung der Handwerkskammer betrifft. 17

Im Gegensatz dazu führt die Pflichtmitgliedschaft der Arbeitnehmer zur Handwerkskammer nicht zwangsläufig zu deren möglicher Mitgliedschaft in der Vollversammlung. Während Pflichtmitglied der Kammern auch die Lehrlinge der zulassungspflichtigen Handwerke, der zulassungsfreien Handwerke sowie der handwerksähnlichen Gewerbe sind, haben sie jedoch weder das aktive noch das passive Wahlrecht zur Vollversammlung der Handwerkskammer gem. §§ 98, 99. Was die Arbeitnehmer der Kleinunternehmer, die gem. § 90 Abs. 3 zwar, soweit sie Arbeitgeber sind, Pflichtmitglied der Handwerkskammer sind, betrifft, so sind diese bereits von der Pflichtmitgliedschaft der Handwerkskammer ausgenommen, da § 90 Abs. 3 das selbständige Betreiben einer gewerblichen Tätigkeit nach § 1 Abs. 2 S. 2 Nr. 1 voraussetzt. Diese „Befreiung" von der Pflichtmitgliedschaft zur Kammer korreliert mit dem Umstand, dass Arbeitnehmern von Kleinunternehmern auch kein aktives und passives Wahlrecht zur Vollversammlung zusteht. 18

19   IErg sind daher zwar alle Mitglieder der Vollversammlung zugleich auch Mitglieder der Kammer, die Mitgliedschaft der Kammer umfasst jedoch noch zusätzlich zu diesen Mitgliedern die Lehrlinge.

5. Die Überwachungsfunktion der Handwerkskammer

20   Neben rein verwaltenden Tätigkeiten kommt vor allem den Aufgaben der Handwerkskammer mit Überwachungs- und Kontrollfunktion im Verhältnis zu ihren Mitgliedern herausgehobene Bedeutung zu. IRd Überwachungsfunktion kommen der Handwerkskammer weitreichende Auskunftsansprüche, die ggf. auch in Durchsuchungsbefugnissen münden, zu.

Auf diese Weise soll die Handwerkskammer befähigt werden, die ihr übertragenen hoheitlichen Befugnisse, die auch insbes. die Sicherstellung der Einhaltung der gesetzlichen Vorschriften bzgl. der Ausübung eines Handwerks umfasst, effektiv durchzusetzen, dies betrifft nicht zuletzt das Führen der Handwerksrolle (BVerfG NVwZ 2007, 1049 (1050)). Diese Befugnisse der Handwerkskammern sind von einer speziellen Grundrechtsrelevanz, nicht nur im Hinblick auf Art. 12 Abs. 1 GG, sondern auch im Hinblick auf Art. 13, 14, 2 Abs. 1 GG (BVerwG NVwZ-RR 2011, 314 (315)). In diesem Zusammenhang ist die Handwerkskammer unter anderem auch dazu berechtigt, Ordnungsgelder bei Zuwiderhandlung gegen ihre Anordnungen (§ 112) festzusetzen.

Erster Abschnitt: Handwerksinnungen

§ 52 [Bildung von Handwerksinnungen, Innungsbezirke]

(1) [1]Inhaber von Betrieben des gleichen zulassungspflichtigen Handwerks oder des gleichen zulassungsfreien Handwerks oder des gleichen handwerksähnlichen Gewerbes oder solcher Handwerke oder handwerksähnlicher Gewerbe, die sich fachlich oder wirtschaftlich nahe stehen, können zur Förderung ihrer gemeinsamen gewerblichen Interessen innerhalb eines bestimmten Bezirks zu einer Handwerksinnung zusammentreten. [2]Voraussetzung ist, dass für das jeweilige Gewerbe eine Ausbildungsordnung erlassen worden ist. [3]Für jedes Gewerbe kann in dem gleichen Bezirk nur eine Handwerksinnung gebildet werden; sie ist allein berechtigt, die Bezeichnung Innung in Verbindung mit dem Gewerbe zu führen, für das sie errichtet ist.

(2) [1]Der Innungsbezirk soll unter Berücksichtigung einheitlicher Wirtschaftsgebiete so abgegrenzt sein, daß die Zahl der Innungsmitglieder ausreicht, um die Handwerksinnung leistungsfähig zu gestalten, und daß die Mitglieder an dem Leben und den Einrichtungen der Handwerksinnung teilnehmen können. [2]Der Innungsbezirk hat sich mindestens mit dem Gebiet einer kreisfreien Stadt oder eines Landkreises zu decken. [3]Die Handwerkskammer kann unter den Voraussetzungen des Satzes 1 eine andere Abgrenzung zulassen.

(3) [1]Der Innungsbezirk soll sich nicht über den Bezirk einer Handwerkskammer hinaus erstrecken. [2]Soll der Innungsbezirk über den Bezirk einer Handwerkskammer hinaus erstreckt werden, so bedarf die Bezirksabgrenzung der Genehmigung durch die oberste Landesbehörde. [3]Soll sich der Innungsbezirk auch auf ein anderes Land erstrecken, so kann die Genehmigung nur im Einvernehmen mit den beteiligten obersten Landesbehörden erteilt werden.

Literatur: Badura Peter/Kormann Joachim, Der Beitrag zur Handwerkskammer, GewArch 2005, 99 ff.; Detterbeck Steffen, Handwerkskammerbeitrags-Bonussystem für Innungsmitglieder, GewArch 2005, 271 ff.; Detterbeck Steffen/Will Martin, Die Handwerksinnungen in der staatlichen dualen Ordnung des Handwerks, 2003; Dürr Wolfram, Zum Recht der Innungen und Kreishandwerkerschaften, GewArch 2009, 54 ff.; Fröhler Ludwig, Das Recht der Handwerksinnung, 1959; Haußer Carl, Das Handwerk in Staat und Wirtschaft, 1936; Kormann Joachim, Zur Struktur der Aufsicht über Innungen und Kreishandwerkerschaften, 1986; Kormann Joachim, Der aufsichtliche Genehmigungsakt im Handwerksrecht – Natur und Modalität der Entscheidung,

Bildung von Handwerksinnungen, Innungsbezirke   § 52 HwO

GewArch 1996, 393 ff.; Kormann Joachim/Wolf Ulrike, Ausbildungsordnung und Ausbildungsberuf – aktuelle Rechtsfragen der handwerklichen Berufsbildung, 2003/2004; Leisner Walter Georg, Die körperschaftliche Rechtsform bei Innungen, Kreishandwerkerschaften und Landesinnungsverbänden: Öffentlich-rechtlicher oder privatrechtlicher Status?, LFI 2010/2011; Leisner Walter Georg, Die Gründung einer eigenständigen Innung durch eine Fachgruppe nach vorheriger Ausgliederung aus einer Sammelinnung, LFI 2012; Leisner Walter Georg, Die Ausgliederung einer Fachgruppe aus einer Sammelinnung und Gründung einer eigenständigen Handwerksinnung, GewArch 2013, 235 ff.; Palandt Otto, Bürgerliches Gesetzbuch, 74. Aufl., 2015; Roellecke Gerd, Bezirke der Handwerksinnungen und Änderungen der Stadt- und Landkreisgrenzen, GewArch 1987, 105 ff.; Schwannecke Holger/Heck Hans-Joachim, Die Handwerksordnungsnovelle 2004, GewArch 2004, 129 ff.; Wernet Karl Friedrich, Handwerksgeschichtliche Perspektiven, 1963; Will Martin, Selbstverwaltung der Wirtschaft, 2010; Zimmermann Eric, Zwangsfusion von deckungsungleichen Innungen, GewArch 2006, 274 ff.

Überblick

Der Erste Abschnitt des Vierten Teils der HwO normiert gesetzlich in den §§ 52–78 die Regelungen zu den Handwerksinnungen, die ihrer Rechtsform nach **Selbstverwaltungskörperschaften der Wirtschaft** (→ § 53 Rn. 3 ff.) sind. Die Handwerksinnungen sind neben den Handwerkskammern (§§ 90 ff.), den Innungsverbänden (§§ 79 ff.) und den Kreishandwerkerschaften (§§ 86 ff.) Bestandteil der **Interessenvertretung** des Handwerks (→ Rn. 1 ff.).

IRd Organisation des Handwerks vertreten die Handwerksinnungen auf der untersten Stufe die gemeinsamen gewerblichen Interessen des Einzelhandwerks im Rahmen ihres räumlich regionalen Zuständigkeitsbereichs.

§ 52 Abs. 1 definiert den Begriff der Handwerksinnung und nennt die Voraussetzungen für ihre **Entstehung** (→ Rn. 33 ff.), wobei vor allem die gesetzlich normierte sog. **Monopolstellung** (→ Rn. 55) einer bestehenden Handwerksinnung zu beachten ist. Ferner lassen sich primär aus dem ersten Absatz des § 52 die verschiedenen **Innungsformen** (→ Rn. 17 ff.) ableiten. Die Abs. 2 und 3 des § 52 enthalten Regelungen über die Größe und Ausgestaltung des **Bezirks** (→ Rn. 56 ff.) einer Innung.

Übersicht

	Rn.		Rn.
A. Die Position der Innungen im Geflecht der Handwerksorganisation	1	III. Gründungsversammlung mit Satzungsbeschluss	49
B. Innungen – Überblick	6	1. Die Wahl des Vorstands	50
C. Die historische Entwicklung des Innungswesens	8	2. Die Genehmigung der Satzung	51
		3. Die öffentliche Bekanntmachung der Satzung	52
D. Formen der Handwerksinnungen	17	4. Der Name der Innung	53
I. Innung in Reinform (§ 52 Abs. 1 S. 1 Alt. 1–3)	20	IV. Das sog. „Innungsmonopol" (§ 52 Abs. 1 S. 3)	55
II. Sammelinnung (§ 52 Abs. 1 S. 1 Alt. 4, 5)	21	F. Der Innungsbezirk (Abs. 2, 3)	56
1. Fachliche und wirtschaftliche Nähe	23	I. Historie des § 52 Abs. 2	56
2. Ausbildungsordnung	29	II. Der Grundsatz der Deckungsgleichheit	58
III. Innung mit Öffnungsklausel (§ 58 Abs. 1 S. 2)	32	III. Nichtüberschreitung des Kammerbezirks	62
		IV. Kein Grundrechtsschutz	64
E. Die Bildung einer Handwerksinnung (Abs. 1)	33	G. Die Ausgliederung einer Fachgruppe aus einer bestehenden Sammelinnung	65
I. Die Gründungsmitglieder (Abs. 1 S. 1)	34	I. Die Ausgliederung einer Fachgruppe	68
1. Der Kreis der Gründungsmitglieder	34	II. Die teilweise Auflösung der Sammelinnung	75
2. Keine Mindestanzahl von Gründungsmitgliedern	44	III. Die Gesamtauflösung der Sammelinnung	79
II. Das Gründungsverfahren	48		

A. Die Position der Innungen im Geflecht der Handwerksorganisation

Das Handwerk wird durch verschiedene **Organisationen** vertreten. Diese unterscheiden **1** sich in ihren konkreten Funktionen und Ausgestaltung, verfolgen aber iErg das gemeinsame

Ziel der effektiven Vertretung der Interessen des Handwerks gegenüber der Politik und der Gesellschaft. Ausdrücklich gesetzlich normiert sind in der HwO die Organisationen in Form der Handwerksinnungen (§§ 52 ff.), der Handwerkskammern (§§ 90 ff.), der Innungsverbände in Form der Landes- und Bundesinnungsverbände (§§ 79 ff.) und der Kreishandwerkerschaften (§§ 86 ff.). Keine gesetzliche Erwähnungen finden in der HwO die Spitzenorganisationen auf Bundesebene, der Zentralverband des Deutschen Handwerks (ZDH), der Deutscher Handwerkskammertag (DHKT) und der Unternehmerverband Deutsches Handwerk (UDH), die ihrer Rechtsform nach eingetragenen Vereine iSd BGB sind, sowie auf Länderebene die privatrechtlichen Vereinigungen, wie die regionalen Handwerkskammertage, die Vereinigungen der Länderfachverbände und die Landeshandwerksvertretungen (Schwannecke/Schwannecke Vorb. Vierter Teil S. 1 ff.).

2   Zur übersichtlicheren Darstellung der Grundzüge des **Aufbaus der Handwerksorganisationen** ist eine Gliederung in die verschiedenen Ebenen, ausgehend von der untersten Stufe der Kreisebene, zur höheren Bezirksebene, Landesebene und Bundesebene, erforderlich. Die Betriebe des Handwerks und des handwerksähnlichen Gewerbes können auf Kreisebene Mitglieder der entsprechenden Innung ihres Berufszweiges sein und sind Pflichtmitglieder der zuständigen Handwerkskammer auf Bezirksebene.

3   Die Handwerksinnungen sind auf Kreisebene Pflichtmitglieder der entsprechenden Kreishandwerkerschaften und freiwillige Mitglieder der Vereinigung auf Landesebene, den Landesfach- bzw. Landesinnungsverbänden. Die Landesfach- bzw. Landesinnungsverbänden können Mitglieder der Zentralfachverbände bzw. Bundesinnungsverbänden sein.

4   Die **Handwerkskammern**, die auf der Bezirksebene anzusiedeln sind, üben die Rechtsaufsicht über die Innungen und Kreishandwerkerschaften aus. Selbst sind sie auf Landesebene Mitglieder der regionalen Kammertage und der Landeshandwerksvertretungen, sowie auf Bundesebene des Deutschen Handwerkskammertags und der Spitzenorganisation des Zentralverbandes des Handwerks (ZDH).

4.1   Das BVerwG äußerte sich in seiner Entscheidung (BVerwGE 74, 254 (259)) im Zusammenhang mit der Mitgliedschaft einer Handwerkskammer in der Dachorganisation des Zentralverbandes des deutschen Handwerks e.V. (ZDH) für die Zulässigkeit einer solchen Mitgliedschaft: „Die Handwerksordnung will nicht (...) einen Versuch der einzelnen Handwerkskammern verhindern, für die überregionale Interessenvertretung des Handwerks nach außen im Verein mit allen handwerkspolitisch relevanten Kräften um eine einheitliche Willensbildung besorgt zu sein und zusammen mit den Fachverbänden handwerkspolitische Entschließungen zu fassen, soweit (...) die gesetzliche Aufgabenstellung der Handwerkskammer nicht überlagert wird".

5   Der **Deutsche Handwerkskammertag** (DHKT) ist als Dachverband ein Zusammenschluss der Handwerkskammern in Deutschland. Das höchste Interessenvertretungsorgan auf Bundesebene ist der **Zentralverband des Deutschen Handwerks e.V.** (ZDH), als Zusammenschluss der Handwerkskammern, der Zentralverbände des Handwerks und weiterer bedeutender wirtschaftlicher und wissenschaftlicher Einrichtungen des Handwerks (vgl. insgesamt zur Handwerksorganisation die Grafik unter www.zdh.de).

B. Innungen – Überblick

6   Die Innungen vertreten auf regionale Ebene die Interessen ihrer Mitglieder. Nach § 52 Abs. 1 S. 1 können „Inhaber von Betrieben des gleichen zulassungspflichtigen Handwerks oder des gleichen zulassungsfreien Handwerks oder des gleichen handwerksähnlichen Gewerbes oder solcher Handwerke oder handwerksähnlicher Gewerbe, die sich fachlich oder wirtschaftlich nahe stehen, (...) zur Förderung ihrer gemeinsamen gewerblichen Interessen (...) zu einer Handwerksinnung zusammentreten". Die **Bildung** einer Innung regelt § 52 (vgl. zu den **Formen** der Innungen (→ Rn. 17); vgl. zu den **Gründungsmitgliedern** (→ Rn. 34 ff.); vgl. zum **Gründungsverfahren** (→ Rn. 48 ff.); vgl. zum **Innungsbezirk** § 52 Abs. 2, (→ Rn. 56 ff.); vgl. zur **Ausgliederung** einer Fachgruppe (→ Rn. 65 ff.)).

7   Die Innungen sind ihrer Rechtsform nach **Körperschaften des Öffentlichen Rechts** (§ 53 S. 1). Sie erlangen mit der **Genehmigung** ihrer Satzung (§§ 55, 56) durch die zuständige Handwerkskammer als **Aufsichtsbehörde** (§ 75) die **Rechtsfähigkeit** (§ 53 S. 2). Die **Mitgliedschaft** zu den Innungen ist freiwillig (§ 58). Die **Aufgaben** der Innung in Form von Pflichtaufgaben und freiwilligen Aufgaben bestimmt § 54. **Organe** der Innung (§ 60)

sind die **Innungsversammlung** (§§ 61–65), der **Vorstand** (§ 66) und die **Ausschüsse** (§ 67). Die Finanzierung der Innung durch **Beiträge** und **Gebühren** regelt § 73. § 74 regelt die **Haftung** der Innung, § 76 die **Auflösung** der Innung, § 77 die **Insolvenz** und § 78 die **Liquidation** des Innungsvermögens sowie die Vermögensauseinandersetzung.

C. Die historische Entwicklung des Innungswesens

Das Innungswesen hat eine weitreichende Tradition, die bis ins 12. Jahrhundert reicht. So 8 sind die heutigen Innungen Nachfolger der mittelalterlichen **Zünfte**; bereits im 12. Jahrhundert gab es die ersten **freiwilligen Zusammenschlüsse** des **selbständigen Handwerks** mit dem Ziel der gemeinsamen Interessenvertretung und der Sicherung bzw. Erweiterung des Einflusses des eigenen Berufstandes („Bestand kraft eigener Kompetenz") (Kormann, Zur Struktur der Aufsicht über Innungen und Kreishandwerkerschaften, 1986, 19 f., 25; Leisner, W. G., Die körperschaftliche Rechtsform bei Innungen, Kreishandwerkerschaften und Landesinnungsverbänden: Öffentlich-rechtlicher oder privatrechtlicher Status?, LFI 2011, 22; Detterbeck/Will, Die Handwerksinnungen in der staatlichen dualen Ordnung des Handwerks, 2003, 23 ff.). Die gemeinschaftliche Organisierung zur Bündelung der wirtschaftlichen und politischen Interessen gegenüber der feudalen Herrschaft begann in den Städten und führte im Ergebnis zu dem sog. „Zunftzwang" (→ Rn. 9) und „Zunftbann" (→ Rn. 10) (Kormann, Zur Struktur der Aufsicht über Innungen und Kreishandwerkerschaften, 1986, 20; Wernet, Handwerksgeschichtliche Perspektiven, 1963, 56).

Der sog. „**Zunftzwang**" begründete das **Handwerksmonopol**. Als Einschränkung der 9 allgemeinen Gewerbefreiheit war es nur selbständigen Handwerkern, die Mitglieder der Zunft waren gestattet, in dem entsprechenden Handwerksbereich tätig zu sein und die Handwerkstätigkeit auszuüben (Fröhler, Das Recht der Handwerksinnung, 1959, 2; Leisner, W. G., Die Gründung einer eigenständigen Innung durch eine Fachgruppe nach vorheriger Ausgliederung aus einer Sammelinnung, LFI 2012, 14). Bezweckt wurde damit der Schutz der Zunftmitglieder vor Konkurrenz und insoweit die Sicherung ihres Einkommens. Festgehalten wurde diese Regelung im Rahmen sog. **Zunftordnungen**, die neben Normen bzgl. des Zugangs zu dem jeweiligen Handwerk, etwa auch Regelungen zu der Lehrlingsausbildung enthielt und festgelegte Preise für die einzelnen Handwerkstätigkeiten (Leisner, W. G., Die Gründung einer eigenständigen Innung durch eine Fachgruppe nach vorheriger Ausgliederung aus einer Sammelinnung, LFI 2012, 14).

Der sog. „**Zunftbann**" begründete das **Gebietsmonopol** (Badura/Kormann GewArch 10 2005, 99 (103); Leisner, W. G., Die Gründung einer eigenständigen Innung durch eine Fachgruppe nach vorheriger Ausgliederung aus einer Sammelinnung, LFI 2012, 14). Damit konnten selbständige Handwerker erst nach dem Beitritt zu den Zünften ihren Beruf innerhalb des Zunftgebietes ausüben.

Über die nachfolgenden Jahrhunderte hinweg errangen die Zünfte iRd sog. „**Zunft-** 11 **kämpfe**" zudem das Anrecht zur Mitarbeit an der Stadtverwaltung und damit das **Recht zur Ausübung hoheitlicher Rechte** (Kormann, Zur Struktur der Aufsicht über Innungen und Kreishandwerkerschaften, 1986, 20; Haußer, Das Handwerk in Staat und Wirtschaft, 1936, 121).

Der bestehende Einfluss der Zünfte nahm Anfang des 19. Jahrhunderts ab, als die Zünfte 12 ihrer Rechte weitgehend beschnitten wurden. Als Ausfluss der **Industrialisierung** und der zunehmenden Bedeutung der Liberalisierung der Wirtschaft und der Gewerbefreiheit reduzierte sich ihr Einfluss und Großbetriebe traten in Konkurrenz mit den Zünften (vgl. insgesamt Fröhler, Das Recht der Handwerksinnungen, 1959, 5 f.; Kormann, Zur Struktur der Aufsicht über Innungen und Kreishandwerkerschaften, 1986, 20 f.; Leisner, W. G., Die Gründung einer eigenständigen Innung durch eine Fachgruppe nach vorheriger Ausgliederung aus einer Sammelinnung, LFI 2012, 15).

Hinsichtlich ihrer Ausgestaltung unterlagen die Innungen einem steten Wandel: In der 13 **Gewerbeordnung des Norddeutschen Bundes von 1869**, die auch vom Reichsgesetzgeber 1871 übernommen wurde, wurden die Innungen gesetzlich als freiwillige privatrechtliche Zusammenschlüsse mit fakultativer Mitgliedschaft qualifiziert (Leisner, W. G., Die Gründung einer eigenständigen Innung durch eine Fachgruppe nach vorheriger Ausgliederung aus einer Sammelinnung, LFI 2012, 15; Fröhler, Das Recht der Handwerksinnungen, 1959, 7;

Kormann, Zur Struktur der Aufsicht über Innungen und Kreishandwerkerschaften, 1986, 21 f.; Leisner, W. G., Die körperschaftliche Rechtsform bei Innungen, Kreishandwerkerschaften und Landesinnungsverbänden: Öffentlich-rechtlicher oder privatrechtlicher Status?, LFI 2010/2011, 22). Eine Neuerung ergab sich anlässlich der **Handwerker-Novelle von 1897** zur Gewerbeordnung. Das Gesetz erlaubte gleichzeitig das Bestehen von freiwilligen Innungen und Innungen mit Pflichtmitgliedschaft, abhängig von der Willensbildung der Mitglieder im Gründungsprozess (Will, Selbstverwaltung der Wirtschaft, 2010, 585 f.).

14 In der Zeit des **Nationalsozialismus** wurden die Innungen gesetzlich im Zuge der Ersten HandwerksVO des Jahres 1934, die auf dem Ermächtigungsgesetz von 1933 basierte, als Zusammenschluss mit Pflichtmitgliedschaft qualifiziert, wobei ihnen aber ihr Recht auf Selbstverwaltung iRd Umgestaltung des Aufbaus des Handwerks entzogen wurde (Will, Selbstverwaltung der Wirtschaft, 2010, 596 f.).

15 Mit Erlass der ersten **Handwerksordnung aus dem Jahre 1953**, die am 17.9.1953 ausgefertigt wurde und zum 24.9.1953 in Kraft trat, wurden die Innungen als Zusammenschluss der selbständigen Handwerker mit freiwilliger Mitgliedschaft gesetzlich normiert und der Rechtform nach als Körperschaft des öffentlichen Rechts ausgestaltet (BGBl. 1953 I 1411 (1417); Will, Selbstverwaltung der Wirtschaft, 2010, 612 ff., 620). Mitglieder der Innung konnte nach der Regelung des § 53 Abs. 1 von 1953 jeder selbständige Handwerker sein, der das Handwerk betreibt, für welche die Innung gebildet wurde (Will, Selbstverwaltung der Wirtschaft, 2010, 621). An der fakultativen Mitgliedschaft zu den Innungen hat der Gesetzgeber, trotz zahlreichen Reformen der HwO, bis heute festgehalten.

16 IErg waren die Innungen -historisch betrachtet- Zusammenschlüsse des selbständigen Handwerks. Dem **Gewerbe des handwerksähnlichen Gewerbes** (heutige B2-Berufe) wurde erst im Lichte der Novellierungen der HwO von 1998 und 2004 schrittweise das Recht der Interessenvertretung in Form von Innungen zugebilligt: Infolge der **Reform der HwO von 1998** (BGBl. 1998 I 3074 ff.) wurde dem handwerksähnlichen Gewerbe die Möglichkeit eröffnet, sich einer Innung mittels Öffnungsklausel (→ Rn. 17 ff., 32) anzuschließen. Die Rechte des handwerksähnlichen Gewerbes wurden im Zuge der **Novelle der HwO vom 24.12.2003**, die am 1.1.2004 in Kraft traf (BGBl. 2003 I 2934 ff.), weiter gestärkt. Unter Beachtung des gesetzlich normierten Erfordernisses, des Bestehens einer eigenen Ausbildungsordnung für das jeweilige handwerksähnliche Gewerbe, kommt nunmehr eine eigene Interessenvertretung in Form einer Innung in Reinform (→ Rn. 20) in Betracht. Alternativ ist die Wahrnehmung ihre Interessen durch eine Sammelinnung (→ Rn. 21 f.) möglich (vgl. insgesamt Leisner, W. G., Die Gründung einer eigenständigen Innung durch eine Fachgruppe nach vorheriger Ausgliederung aus einer Sammelinnung, LFI 2012, S. 41 f.).

D. Formen der Handwerksinnungen

17 Aus den Regelungen der § 52 Abs. 1 und § 58 lassen sich unterschiedliche **Innungsformen** ableiten. Die HwO selbst spricht in ihrem Gesetzestext nur von „Handwerksinnungen" ohne die einzelnen Innungsformen näher zu bezeichnen.

18 Im Wesentlichen gibt es drei unterschiedliche Innungsformen. Neben sog. **Innungen in Reinform** (auch „eigenständige Innungen" oder „reine Innungen" genannt) (→ Rn. 20) gibt es sog. **Sammelinnungen** (auch unter dem Begriff der „gemischten Innungen" bekannt) (→ Rn. 21 f.) und sog. **Innungen mit Öffnungsklauseln** (→ Rn. 52) (vgl. dazu insgesamt ausführlich in: Leisner, W. G., Die Gründung einer eigenständigen Innung durch eine Fachgruppe nach vorheriger Ausgliederung aus einer Sammelinnung, LFI 2012, 25 ff.; Leisner, W. G. GewArch 2013, 235 ff.).

19 Grds. steht es im **Ermessen** der Gewerbetreibenden des einzelnen Gewerbes, ob sie überhaupt eine gebündelte Vertretung ihrer Interessen in Form einer Innung anstreben, denn die Mitgliedschaft zu den Innungen ist freiwillig. Anders als bei den Handwerkskammern etwa kennt die HwO keine Pflichtmitgliedschaft zu den Innungen. Hinsichtlich der Wahl der Innungsform, dh des „Wie" der Ausgestaltung, wird die freie Wahl durch die gesetzlichen Voraussetzungen der HwO eingeschränkt. Maßgebliche „Weichenstellung" ist neben der **Ausbildungsordnung** (→ Rn. 29) auch das Bestehen eines **fachlichen oder wirtschaftlichen Näheverhältnisses** (→ Rn. 23) der einzelnen Berufsgruppen (vgl. dazu insgesamt

ausführlich in: Leisner, W. G., Die Gründung einer eigenständigen Innung durch eine Fachgruppe nach vorheriger Ausgliederung aus einer Sammelinnung, LFI 2012, 25 ff.; Leisner, W. G. GewArch 2013, 235 ff.).

I. Innung in Reinform (§ 52 Abs. 1 S. 1 Alt. 1–3)

Als eine Innung in Reinform wird eine Innung bezeichnet, deren Mitglieder nur **einem einzigen Gewerbe** zuzuordnen sind (Leisner, W. G., Die Gründung einer eigenständigen Innung durch eine Fachgruppe nach vorheriger Ausgliederung aus einer Sammelinnung, LFI 2012, 25; Leisner, W. G. GewArch 2013, 235 (236)). Nach dem Wortlaut des § 52 Abs. 1 S. 1 Alt. 1–3 können „Inhaber von Betrieben des gleichen zulassungspflichtigen Handwerks oder des gleichen zulassungsfreien Handwerks oder des gleichen handwerksähnlichen Gewerbes" im Rahmen einer eigenen Innung nur ihre eigenen Interessen vertreten lassen. Eine reine Innung ist demnach die Innung eines einzigen Handwerksberufs. Für dieses Gewerbe muss nach § 52 Abs. 1 S. 2 eine eigene **Ausbildungsordnung** (→ Rn. 29) bestehen. 20

II. Sammelinnung (§ 52 Abs. 1 S. 1 Alt. 4, 5)

Die Sammelinnung ist eine Innung, die die gewerblichen Interessen mehrere (mindestens zwei) **unterschiedlicher Gewerbe** vertritt. Die beteiligten Gewerbe werden zu sog. **Fachgruppen** der Sammelinnung. Die Gewerbe können dem Verzeichnis der A-Berufe, der B1-Berufe und seit der Reform der HwO von 2004 auch den heutigen B2-Berufen (→ Rn. 16) entstammen (Leisner, W. G., Die Gründung einer eigenständigen Innung durch eine Fachgruppe nach vorheriger Ausgliederung aus einer Sammelinnung, LFI 2012, 26). 21

Grds. kommen danach etwa folgende Zusammensetzungen einer Sammelinnung in Betracht: Zusammenschluss mehrerer zulassungspflichtiger Handwerke (A-Berufe) oder verschiedener zulassungsfreier Handwerke (B1-Berufe) oder mehrerer unterschiedlicher handwerksähnlicher Gewerbe (B2-Berufe). In Betracht kommen aber auch „Mischformen", indem sich etwa Gewerbe der unterschiedlichen Verzeichnisse im Rahmen einer Sammelinnung vereinigen. Möglich sind danach vielfältige Zusammensetzungen der Sammelinnung. Diese theoretische Variationsbreite wird aber durch die gesetzlichen Erfordernisse der gegenseitigen **Nähe** (→ Rn. 23) der Fachgruppen und der bestehenden **Ausbildungsordnung** (→ Rn. 29) eingeschränkt. Denn die beteiligten Fachgruppen der Sammelinnung bedürfen einer fachlichen oder wirtschaftlichen Nähe und müssen jeweils eine eigene Ausbildungsordnung aufweisen, um Teil einer Sammelinnung sein zu können (vgl. dazu insgesamt ausführlich in: Leisner, W. G., Die Gründung einer eigenständigen Innung durch eine Fachgruppe nach vorheriger Ausgliederung aus einer Sammelinnung, LFI 2012, 26). 22

1. Fachliche und wirtschaftliche Nähe

Nach dem eindeutigen Wortlaut des § 52 Abs. 1 S. 1 Alt. 4, 5 fordert das Gesetz das Bestehen einer **fachlichen oder wirtschaftlichen Nähe**, der sich in einer Innung zusammenschließenden unterschiedlichen Berufsgruppen, d.h. der einzelnen Fachgruppen der Sammelinnung. Die HwO enthält keine Legaldefinition der Begrifflichkeiten der „fachlichen oder wirtschaftliche Nähe". Auffallend ist, dass der Gesetzgeber das Wort der „Nähe" und nicht wie in § 7 Abs. 1 den Begriff der „Verwandtschaft" gebraucht. Aufgrund dieser unterschiedlichen Wortwahl lässt sich schließen, dass eine Nähe nicht erst dann vorliegen soll, wenn die engen Voraussetzungen für eine Verwandtschaft zwischen den einzelnen Fachgruppen gegeben sind, denn sonst hätte der Gesetzgeber in beiden Fällen die gleichen Begrifflichkeiten verwenden können. Dies ist gerade nicht geschehen. Vielmehr handelt es sich bei der erforderlichen Nähe um ein „wesensgleiches Minus" zu der Verwandtschaft. Dies hat zur Folge, dass auch Berufe, die nicht in der vom Bundesministerium für Wirtschaft und Technologie erlassenen Verordnung über verwandte Handwerke (BGBl. 2004 I 1314) ausdrücklich aufgelistet sind (vgl. § 7 Abs. 1 S. 2), sich durchaus zu einer Sammelinnung zusammenschließen können (vgl. dazu insgesamt ausführlich in: Leisner, W. G., Die Gründung einer eigenständigen Innung durch eine Fachgruppe nach vorheriger Ausgliederung aus einer Sammelinnung, LFI 2012, 29 ff.). 23

24 Mit dem Erfordernis der Nähe bezweckt der Gesetzgeber die Gewährleistung einer effektiven gewerblichen Interessenvertretung (Schwannecke Rn. 13). Die Wahrscheinlichkeit einer sachgerechten und effizienten Aufgabenwahrnehmung durch die Innung erhöht sich, wenn unter den Mitgliedern der Innung eine gewisse übereinstimmende Basis besteht, so dass das gesetzliche Erfordernis der Nähe durchaus sinnvoll erscheint, wobei aber an die Anforderung der Übereinstimmung nicht zu hohe Anforderungen zu stellen sind (vgl. dazu insgesamt ausf. in: Leisner, W. G., Die Gründung einer eigenständigen Innung durch eine Fachgruppe nach vorheriger Ausgliederung aus einer Sammelinnung, LFI 2012, 29 ff.).

25 Die Auslegung der Nähe als ein **wesensgleiches Minus zur Verwandtschaft** wird auch mit Blick auf die in der Verordnung ausdrücklich aufgelisteten Handwerke gestärkt. In dem Verzeichnis sind nur 16 verwandte Handwerke aufgeführt, während die drei Verzeichnisse der HwO eine weit größere Anzahl von handwerklichen Berufen beinhaltet. Eine Beschränkung auf die in der Verordnung genannten Berufe wäre nicht sachegerecht und vor dem Hintergrund der Gleichbehandlung der verschiedenen Berufe nicht gerechtfertigt (vgl. dazu insgesamt ausführlich in: Leisner, W. G., Die Gründung einer eigenständigen Innung durch eine Fachgruppe nach vorheriger Ausgliederung aus einer Sammelinnung, LFI 2012, 29 ff.).

26 So wird von einer **fachlichen Nähe** ausgegangen, wenn die einzelnen Fachgruppen „einzelne Grundfertigkeiten" übereinstimmend wahrnehmen (Detterbeck Rn. 9).

27 Eine **wirtschaftliche Nähe** besteht, wenn die Fachgruppen gleiche ökonomischen Interessen vertreten, wobei diese Interessen über die im Allgemeinen immer bestehende Gewinnerzielungsabsicht hinausgehen müssen (Detterbeck Rn. 9).

28 Nach dem Wortlaut des Gesetzes („oder") handelt es sich um **alternative** und nicht um kumulative Voraussetzungen, so dass bereits das Vorliegen lediglich einer Variante der Nähe ausreicht, um ein Näheverhältnis zu bejahen (vgl. insgesamt zur Thematik der Nähe: Leisner, W. G., Die Gründung einer eigenständigen Innung durch eine Fachgruppe nach vorheriger Ausgliederung aus einer Sammelinnung, LFI 2012, 29 ff.).

2. Ausbildungsordnung

29 Eine weitere maßgebliche gesetzliche **Weichenstellung für die Wahl der Innungsform** ist das Bestehen einer eigenen Ausbildungsordnung des jeweiligen Handwerks oder handwerksähnlichen Gewerbes (§§ 52 Abs. 1 S. 2, 58 Abs. 1 S. 2). Das jeweilige Gewerbe hat nach § 52 Abs. 1 grds. ein Wahlrecht, ob es eine eigene Handwerksinnung in Reinform gründen möchte oder eine Vertretung im Rahmen einer Sammelinnung bevorzugt, soweit es eine eigene Ausbildungsordnung hat. Zugleich verwehrt die Existenz einer Ausbildungsordnung dem jeweiligen Gewerbe nach der Regelung des § 58 Abs. 1 S. 2, einer Innung mit Öffnungsklausel (→ Rn. 32) beizutreten (Leisner, W. G., Die Gründung einer eigenständigen Innung durch eine Fachgruppe nach vorheriger Ausgliederung aus einer Sammelinnung, LFI 2012, 27 f.).

30 Zusammenfassend bedarf es des Bestehens einer eigenen Ausbildungsordnung, damit eine Berufsgruppe eine Innung in Reinform oder eine Sammelinnung gründen kann. Die Handwerke des A-Verzeichnisses (A-Berufe) besitzen heutzutage bereits in der Regel Ausbildungsordnungen für ihren eigenen Berufszweig (Honig/Knörr Rn. 3). Hingegen verstärkt sich diese Tendenz in den Berufen, die den handwerksähnlichen Berufen zuzuordnen sind in letzter Zeit, so dass immer mehr handwerksähnliche Gewerbe mittlerweile die Möglichkeit haben einer Innung in Reinform oder einer Sammelinnung zu gründen (vgl. insgesamt Leisner, W. G., Die Gründung einer eigenständigen Innung durch eine Fachgruppe nach vorheriger Ausgliederung aus einer Sammelinnung, LFI 2012, 28).

31 § 52 Abs. 1 S. 2 konkretisiert seinem Regelungsgehalt nach aber nicht die **Anforderungen** an die notwendige Ausbildungsordnung. Insoweit ist auf die §§ 25 ff. abzustellen. Die §§ 25 ff. HwO finden nicht nur auf die Gewebe der Anlage A, sondern seit der Reform der HwO von 2004 auch anstelle der Regelungen des Berufsbildungsgesetzes (BBiG) auf die Berufe des handwerksähnlichen Gewerbes Anwendung (Leisner, W. G., Die Gründung einer eigenständigen Innung durch eine Fachgruppe nach vorheriger Ausgliederung aus einer Sammelinnung, LFI 2012, 28; Kormann/Wolf, Ausbildungsordnung und Ausbildungsberuf, 2003/2004, 12, 47; Detterbeck Rn. 10).

III. Innung mit Öffnungsklausel (§ 58 Abs. 1 S. 2)

Nach § 58 Abs. 1 S. 2 kann sich eine bestehende Innung für die Aufnahme eines fachlich 32 oder wirtschaftlich nahestehenden handwerksähnlichen Gewerbes öffnen, wobei dieses Gewerbe keine sog. Fachgruppe der Innung bildet. Voraussetzung ist, dass die bestehende Innung in ihrer Satzung eine sog. Öffnungsklausel enthält. Zudem muss zwischen der Fachgruppe der bestehenden Innung und dem aufzunehmenden handwerksähnlichen Gewerbe eine fachliche oder wirtschaftliche Nähe (→ Rn. 23 ff.) bestehen. Ferner darf das handwerksähnliche Gewerbe keine eigene Ausbildungsordnung (→ Rn. 29 ff.) besitzen (vgl. insgesamt dazu Leisner, W. G., Die Gründung einer eigenständigen Innung durch eine Fachgruppe nach vorheriger Ausgliederung aus einer Sammelinnung, LFI 2012, 27).

E. Die Bildung einer Handwerksinnung (Abs. 1)

§ 52 Abs. 1 S. 1 regelt seinem Inhalt nach, wer Gründungsmitglied (→ Rn. 34) einer 33 neu zu bildenden Handwerksinnung sein kann, wobei eine Neugründung einer Innung im Hinblick auf die Anzahl der bereits bestehenden Innungen und das geltende sog. Innungsmonopol (→ Rn. 55) zugunsten bereits bestehender Innungen, heute eine Ausnahme sein wird (Honig/Knörr Rn. 12). Im Gegensatz dazu regelt § 58 wer Mitglied einer bereits bestehenden Innung sein kann (Detterbeck Rn. 5).

I. Die Gründungsmitglieder (Abs. 1 S. 1)

1. Der Kreis der Gründungsmitglieder

Der **Kreis der Gründungsmitglieder** wurde im Wege der Reform von 2004 erweitert 34 (Detterbeck Rn. 5). Nach dem Wortlaut des § 52 Abs. 1 S. 1 können Inhaber von Betrieben des gleichen zulassungspflichtigen Handwerks, d.h. Inhaber eines Betriebs in dem ein Gewerbe der Anlage A ausgeführt wird (§ 1 Abs. 2 iVm Anlage A) (→ Rn. 35), innerhalb eines bestimmten Bezirks zur Förderung ihrer gemeinsamen gewerblichen Interessen, zu einer Handwerksinnung zusammentreten. Ferner Inhaber des gleichen zulassungsfreien Handwerks, die sich aus § 18 Abs. 2 iVm Anlage B Abschnitt 1 ergeben und nunmehr Inhaber des gleichen handwerksähnlichen Gewerbes (§ 18 Abs. 2 iVm Anlage B Abschnitt 2). Im Zuge der Novelle der HwO von 2004 wurde auch den Inhaber von sog. B2-Betrieben ermöglicht grds. eine Innung zu gründen (Detterbeck Rn. 5).

Betriebsinhaber eines zulassungspflichtigen Betriebs sind nach § 1 Abs. 1, 2 die in 35 die Handwerksrolle eingetragenen **natürlichen** (→ Rn. 37) oder **juristischen Personen** (→ Rn. 38) oder **Personengesellschaften** (→ Rn. 39) (Honig/Knörr Rn. 4, 5; Detterbeck Rn. 5), unabhängig davon, aufgrund welcher Regelung eine Eintragung erfolgte (bestandener Meisterprüfung § 7 Abs. 1a, andere gleichwertige Prüfungen § 7 Abs. 2, Ausnahmebewilligungen § 7 Abs. 3, Ausübungsbefugnis nach § 7a, Ausübungsberechtigung nach § 7b; Ausnahmebewilligung § 8).

Irrelevant ist zudem, ob die Eintragung zu Recht besteht oder ein Löschungsgrund vor- 36 liegt, solange die Löschung nicht vollzogen wurde (Schwannecke Rn. 8; Detterbeck Rn. 5). Allein maßgebend für die Gründungsbeteiligung ist die bestehende **Eintragung** der natürlichen oder juristischen Person oder der Personengesellschaft in die **Handwerksrolle** mit dem Handwerk, für das die Innung gegründet werden soll (Schwannecke Rn. 8; Will, Selbstverwaltung der Wirtschaft, 2010, 644; Honig/Knörr Rn. 4). Die tatsächliche **Ausübung des Gewerbes** ist nicht Voraussetzung für die Beteiligung an der Gründung der Innung (Detterbeck Rn. 7; Schwannecke Rn. 10; anders hingegen Honig/Knörr Rn. 5 und § 58 Rn. 6, der diese formale Betrachtungsweise mit dem Hinweis darauf ablehnt, dass eine sachgerechte Interessenvertretung in einer Innung nur möglich sei, wenn das Gewerbe auch tatsächlich ausgeübt werde und damit Kenntnisse über das Gewerbe aus eigenen Erfahrungen vorlägen). Vorzugswürdig erscheint vor dem Hintergrund des Wortlauts des Gesetzes die formale Betrachtungsweise, denn der Gesetzgeber hat in § 52 die Ausübung des entsprechenden Gewerbes nicht als Voraussetzung aufgeführt.

Eine **natürliche Person** ist der Mensch als Rechtssubjekt und damit als Träger von 37 Rechten und Pflichten (Palandt/Ellenberger BGB Vor § 1 Rn. 1).

38 **Juristische Personen** die in die Handwerksrolle eingetragen sind, können ebenfalls Gründungsmitglieder sein. Erfasst werden juristische Personen des Zivilrechts und des Öffentlichen Rechts (Detterbeck § 1 Rn. 38). Juristische Personen des **Privatrechts** sind rechtsfähige Vereinigungen von Personen oder Sachen, denen vom Gesetz rechtliche Selbstständigkeit anerkannt wurde, so dass sie Träger von Rechten und Pflichten sein können (Palandt/Ellenberger BGB Einf. v. § 21 Rn. 1 aE). Dazu zählen etwa der eingetragene Verein, die (rechtsfähige) Stiftung, die Genossenschaft, die Aktiengesellschaft, die Kommanditgesellschaft auf Aktien und die Gesellschaft mit beschränkter Haftung (vgl. Aufzählung bei Honig/Knörr § 7 Rn. 6). Juristische Personen des **Öffentlichen Rechts** sind die Anstalten, Körperschaften und rechtsfähigen Stiftungen.

39 Der Begriff der **Personengesellschaften** ist in § 1 Abs. 1 S. 2 definiert. Danach sind Personengesellschaften iSd HwO Personenhandelsgesellschaften, damit die offene Handelsgesellschaft (§§ 105 ff. HGB), die Kommanditgesellschaft (§§ 161 ff. HGB) und die GmbH & Co. KG, sowie die Gesellschaft des bürgerlichen Rechts (GbR §§ 705 ff. BGB).

40 **Betriebsinhaber des zulassungsfreien oder handwerksähnlichen Handwerks** können ebenfalls natürlichen oder juristischen Personen oder Personengesellschaften sein. Die Eintragung in das Inhaberverzeichnis nach § 19 S. 1 hat nur deklaratorische Bedeutung (→ § 19 Rn. 3), so dass die Eintragung keine Voraussetzung für die Beteiligung an der Gründung einer Innung ist (Will, Selbstverwaltung der Wirtschaft, 2010, 645; Detterbeck Rn. 6; aA hingegen Honig/Knörr Rn. 4). Ebenso wenig ist auch hier nach der zugrunde gelegten formalen Betrachtungsweise die tatsächliche Ausübung des Gewerbes Voraussetzung, sondern allein die Betriebsinhaberschaft (Detterbeck Rn. 7).

41 Die Gründung von Handwerksinnungen billigt der Gesetzgeber aber nicht nur Betriebsinhabern des **gleichen** Gewerbes an, sondern nach dem ausdrücklichen Wortlaut des § 52 Abs. 1 S. 1 auch solchen Handwerken oder handwerksähnlichen Gewerben, die sich **fachlich oder wirtschaftlich nahe** (→ Rn. 23) stehen.

42 **Keine Gründungsmitglieder** können **Gesellen**, andere **Arbeitnehmer** und **Lehrlinge** sein (BVerwG GewArch 2006, 341 (342); Honig/Knörr Rn. 6; Detterbeck Rn. 8). Die Vertretung der Gesellen erfolgt allein durch den Gesellenausschuss iSd §§ 68 ff. (→ § 68 Rn. 1 ff.).

43 Die Gründung einer Innung knüpft der Gesetzgeber an bestimmte **Voraussetzungen** an, die er in den § 52 Abs. 1 S. 2 und S. 3 dargelegt hat: Nach § 52 Abs. 1 S. 2 ist Voraussetzung, dass für jedes einzelne an der Gründung der Innung beteiligte Gewerbe eine eigene **Ausbildungsordnung** (→ Rn. 49) existiert. Ferner bestimmt § 52 Abs. 1 S. 3, dass im Zusammenhang mit der Bildung einer Innung beachtet werden muss, dass für jedes Gewerbe in einem Innungsbezirk nur eine Handwerksinnung im Zusammenhang mit diesem Gewerbe gebildet werden kann (sog. **Innungsmonopol** (→ Rn. 55) oder sog. **Ausschließlichkeitsgrundsatz**).

2. Keine Mindestanzahl von Gründungsmitgliedern

44 Eine bestimmte **Mindestanzahl** von Gründungsmitgliedern ist gesetzlich in der HwO nicht normiert, wird aber von einigen Vertretern im Schrifttum gefordert, wobei dabei unterschiedlich Zahlen von teilweise bis zu 100 Mitgliedern genannt werden (vgl. insgesamt dazu Leisner, W. G., Die Gründung einer eigenständigen Innung durch eine Fachgruppe nach vorheriger Ausgliederung aus einer Sammelinnung, LFI 2012, 61; Detterbeck Rn. 15; so fordert Schwannecke Rn. 19 aE eine Mindestzahl von 50 Gründungsmitgliedern, während Honig/Knörr Rn. 28 eine Zahl von mind. 50–100 Mitgliedern nennt).

45 Die Festsetzung einer pauschale Mitgliederzahl an Gründungsmitgliedern ist nicht möglich, sondern vor dem Hintergrund der erforderlichen Leistungsfähigkeit der Innung und der effektiven Interessenvertretung zu betrachten, so dass die Anzahl der Gründungsmitglieder vom Einzelfall abhängt (BVerwG GewArch 1992, 302 (303); vgl. Dürr GewArch 2009, 54 (54); Zimmermann GewArch 2006, 274 (276)). Jede Gründungsinitiative muss abwägen, ob ihre Mitgliederzahl hoch genug ist, damit die zukünftige Handwerksinnung leistungsfähig ist und ihren Innungsmitgliedern die gesetzlich festgesetzten Leistungen anbieten kann (Zimmermann GewArch 2006, 274 (276)).

Maßgebliche Faktoren sind die Größe des Innungsbezirks, die Gewichtung des Handwerks 46
und die örtliche Verbreitung des Handwerks im Wirkungsbereich der Handwerksinnung
(BVerwG GewArch 1972, 333 (335); Zimmermann GewArch 2006, 274 (276)). Zur Beurteilung der Leistungsfähigkeit der Innung kommt der Mitgliederzahl zwar eine besondere
aber keine ausschließliche Bedeutung zu (BVerwG GewArch 1972, 333 ff.). Ein weiteres
Kriterium ist, ob die gesetzlich vorgesehene organschaftliche Struktur des § 60 gewährleistet
werden kann und die Innung die gesetzlich zugewiesenen Pflichtaufgaben aus § 54 Abs. 1
erfüllen kann (Zimmermann GewArch 2006, 274 (276)).

IErg muss die Innung im Einzelfall so viele Gründungsmitglieder aufweisen, dass sie 47
zumindest die gesetzlich vorgeschriebenen notwendigen Organe der Innung, dh den Vorstand, die Innungsversammlung und die notwendigen Ausschüsse besetzen kann (vgl. Honig/
Knörr § 60 Rn. 1, 2). Ferner bedarf es einer gewissen finanziellen Leistungsfähigkeit der
Innung (Zimmermann GewArch 2006, 274 (276)); (vgl. insgesamt zur Problematik der
Mindestzahl in Leisner, W. G., Die Gründung einer eigenständigen Innung durch eine Fachgruppe nach vorheriger Ausgliederung aus einer Sammelinnung, LFI 2012, 61 f.).

II. Das Gründungsverfahren

Die HwO enthält keine Regelungen hinsichtlich des Verfahrens zur Gründung einer 48
Innung. Ausfluss der Natur der Innung als Selbstverwaltungskörperschaft der Wirtschaft ist
die freie Entscheidung der Gründungsinitiative eine Innung zu gründen Die Gründung
erfolgt in einem sog. „bottom up"-Verfahren, dh auf **Eigeninitiative der Gründungswilligen** und nicht aufgrund gesetzlicher Festsetzungen (Will, Selbstverwaltung der Wirtschaft,
2010, 645). Entscheiden sich die Befürworter für die Gründung einer eigenen Innung bedarf
es des Erlasses einer eigenen Innungssatzung, die ihrem Inhalt nach die gesetzlichen Vorgaben
des § 55 einhält und der Genehmigung der Satzung durch die Handwerkskammer (§ 56
Abs. 1), sowie der ordnungsgemäße Besetzung der Organe der Innung iSd § 60 (vgl. insgesamt dazu Leisner, W. G., Die Gründung einer eigenständigen Innung durch eine Fachgruppe
nach vorheriger Ausgliederung aus einer Sammelinnung, LFI 2012, 61 f.).

III. Gründungsversammlung mit Satzungsbeschluss

Im Rahmen einer Gründungsversammlung bedarf es eines Gründungsbeschlusses (vgl. 49
insgesamt zum Gründungsverfahren bei Leisner, W. G., Die Gründung einer eigenständigen
Innung durch eine Fachgruppe nach vorheriger Ausgliederung aus einer Sammelinnung,
LFI 2012, 62; Will, Selbstverwaltung der Wirtschaft, 2010, 645). Erforderlich ist eine
Beschlussfassung der „zukünftigen Mitglieder" eine Innung zu gründen. Die Beschlussfassung
erfolgt iRd Gründungsversammlung (Schwannecke Rn. 23). Sachgerecht ist es die Namen
der Gründungsmitglieder zu notieren, um gegenüber der Handwerkskammer als Aufsichtsbehörde, im Zusammenhang mit der erforderlichen Genehmigung, die Leistungsfähigkeit der
Innung insoweit nachzuweisen (Schwannecke Rn. 23). In der Gründerversammlung muss
zudem eine eigene Satzung für die Handwerksinnung beschlossen werden. Darin müssen alle
in § 55 genannten Bestimmungen enthalten sein. Eine Orientierung an der Mustersatzung
für Handwerksinnungen bietet sich an (Vgl. Mustersatzung für Innungen Baden-Württemberg in: Schwannecke Ordnungsnummer 720).

1. Die Wahl des Vorstands

Zudem muss der Vorstand unter Beachtung der Vorgaben des § 66 Abs. 1 S. 1 gewählt 50
werden (→ § 66 Rn. 1 ff.). Dieser hat die Aufgabe, die Handwerksinnung nach außen, auch
gegenüber der Handwerkskammer oder dem Gericht, zu vertreten. Abhängig von der Größe
der Innung und der Anzahl ihrer Mitglieder kann das Amt des Vorstandes auch von mehreren
Personen ausgeübt werden (vgl. Honig/Knörr § 66 Rn. 13; vgl. insgesamt dazu Leisner, W.
G., Die Gründung einer eigenständigen Innung durch eine Fachgruppe nach vorheriger
Ausgliederung aus einer Sammelinnung, LFI 2012, 63.).

2. Die Genehmigung der Satzung

51 Die Satzung der Innung bedarf der Genehmigung der Handwerkskammer als Aufsichtsbehörde nach § 56 Abs. 1, denn erst infolge der Genehmigung erlangt die Innung als Körperschaft des Öffentlichen Rechts ihre Rechtsfähigkeit (→ § 56 Rn. 1 ff.).

3. Die öffentliche Bekanntmachung der Satzung

52 Eine öffentliche Bekanntmachung der Satzung ist nach der HwO nicht erforderlich. Eine Veröffentlichung erscheint aber zweckdienlich, damit sie Außenwirkung entfalten kann (→ § 55 Rn. 10 ff) (Honig/Knörr § 55 Rn. 4; Kormann GewArch 1996, 393 (395)). Die einzuhaltende Form der Bekanntmachung ergibt sich aus der entsprechenden Bestimmung der Innungssatzung.

4. Der Name der Innung

53 Der **Name der Innung** soll möglichst klar und verständlich sein und zum Ausdruck bringen, für welches Handwerk eine Interessenvertretung erfolgt. Möglich ist eine Orientierung an den Bezeichnungen der Handwerke in der Anlage A und B der HwO, aber auch die Benutzung historischer Begrifflichkeiten (Leisner, W. G., Die Gründung einer eigenständigen Innung durch eine Fachgruppe nach vorheriger Ausgliederung aus einer Sammelinnung, LFI 2012, 55; Detterbeck Rn. 12; Honig/Knörr § 55 Rn. 7). Der Name ist damit eine Kombination aus dem oder der Gewerbe, zu deren Gunsten eine Interessenvertretung erfolgen soll und dem Zusatz des Wortes „Innung". Der Name der Innung darf jedoch nicht derart gewählt werden, dass der irrige Eindruck vermittelt wird, ein Gewerbe sei Teil der Innung, obwohl dies nicht Mitglied der Innung ist (VGH München GewArch 1985, 164 (165); Detterbeck Rn. 12).

54 Bei der Auswahl des Namens der Innung ist die Regelung des § 52 Abs. 1 S. 3 Hs. 2 zu beachten, wonach für jedes Gewerbe in dem gleichen Bezirk nur eine Handwerksinnung gebildet werden darf und nur diese Innung allein berechtigt ist die Bezeichnung Innung in Verbindung mit dem Gewerbe zu führen, für das sie errichtet ist.

IV. Das sog. „Innungsmonopol" (§ 52 Abs. 1 S. 3)

55 Nach dem Wortlaut des § 52 Abs. 1 S. 3 kann „für jedes Gewerbe (…) in dem gleichen Bezirk nur eine Handwerksinnung gebildet werde". Dieser gesetzliche Ausschließlichkeitsgrundsatz bezweckt die Sicherung der Leistungsfähigkeit der Innungen, indem eine „Zersplitterung" der Innungen verhindert wird. Unzulässig ist damit die Gründung einer weiteren Innung durch ein Gewerbe innerhalb eines Innungsbezirks in dem dieses Gewerbe bereits durch eine andere Innung vertreten wird. Damit dürfen innerhalb eines Innungsbezirks nicht zwei Innungen ein und dasselbe Handwerk vertreten. Auch eine nur teilweise Überlappung ist unzulässig. Ferner entspricht es nicht den gesetzlichen Anforderungen des Ausschließlichkeitsgrundsatzes, wenn „verschiedene Innungen für Teile desselben Gewerbes iSd Anlage A und B zur HwO (z. B. Herrenfriseur und Damenfriseur) im selben Bezirk" gegründet werden (vgl. dazu insgesamt: Will, Selbstverwaltung der Wirtschaft, 2010, 646).

F. Der Innungsbezirk (Abs. 2, 3)

I. Historie des § 52 Abs. 2

56 IRd Änderungsgesetzes vom 20.12.1993 (BGBl. 1993 I 2256 (2260)) wurde § 52 Abs. 2 S. 2 neu gefasst. § 52 Abs. 2 S. 2 lautete in der Fassung der HwO von 1965: „Der Innungsbezirk soll sich in der Regel mit einem Stadt- oder Landkreis decken" (BGBl. 1966 I 1 (11)). § 52 Abs. 2 S. 2 wurde iRd Änderungsgesetzes vom 20.12.1993 durch nachfolgende Sätze ergänzt: „Der Innungsbezirk hat sich mindestens mit dem Gebiet einer kreisfreien Stadt oder eines Landkreises zu decken. Die Handwerkskammer kann unter den Voraussetzungen des S. 1 eine andere Abgrenzung zulassen" (BGBl. 1993 I 2256, 2260 Nr. 30). Der Wortlaut wurde um den Passus „hat sich … zu decken" angepasst. Der Gesetzgeber wollte entsprechend seinen Ausführungen in der Gesetzesbegründung mit der Gesetzesänderung der Entscheidung des BVerwG v. 17.3.1992 – 1 C 31/89 (NVwZ 1993, 675 ff.) „über die Mindestgebietsanforderungen für Innungen und zur Deckungsgleichheit von Innungs- und kommunalen Gebietsgrenzen" Rechnung tragen (BT-Drs. 12/5918, 23 zu Nr. 27). Ferner war die Regelung aufgrund der Gebietsreform der neun Bundesländer erforderlich (BT-Drs. 12/5918, 23 zu Nr. 27).

Das BVerwG hat festgestellt, dass der Gesetzgeber mit dieser Gesetzesänderung jedoch keine materielle Rechtsänderung verfolgen wollte, sondern dieser nur klarstellende Funktion zukommen solle (BVerwG NVwZ-RR 1996, 385 = GewArch 1996, 163) (→ Rn. 57.1); VGH München GewArch 1996, 163 (163)). **57**

Das BVerwG führte in seinem Beschluss v. 20.12.1995 (NVwZ-RR 1996, 385 = GewArch 1996, 163) aus: „Der Gesetzgeber hat mit den Worten „hat sich … zu decken" nur dem schon nach bisherigem Recht grundsätzlich zwingenden Charakter der Vorschrift klareren Ausdruck gegeben. Die Änderung des Wortlauts hat insoweit keine materielle Rechtsänderung zur Folge. Schon nach bisherigem Recht war die Vorschrift als Soll- Vorschrift im verwaltungsrechtlichen Sinne zu verstehen, d.h. als eine Vorschrift, die zwar im Regelfall für die Innung rechtlich zwingend ist, ihr in Sonderfällen aber gestattet, von der Regel abzuweichen (BVerwGE 90, 88, (93)). Auch die jetzige Fassung, die den zwingenden Charakter stärker hervorhebt belässt „unter den Voraussetzungen des Satzes 1" die Möglichkeit einer anderen Abgrenzung, wenn dies zur Wahrung der dort genannten weiteren Maßstäbe der Leistungsfähigkeit und Integration geboten erscheint (§ 52 Abs. 2 S. 3)." **57.1**

II. Der Grundsatz der Deckungsgleichheit

Der Innungsbezirk hat sich nach der Regelung des § 52 Abs. 2 S. 2 „mindestens mit dem Gebiet einer kreisfreien Stadt oder eines Landkreises zu decken" wobei diese Abgrenzung der **Regelfall** sein soll, aber die Handwerkskammer im Einzelfall nach § 52 Abs. 2 S. 3 auch andere Abgrenzungen zulassen kann, wenn „die Zahl der Innungsmitglieder ausreicht, um die Handwerksinnung leistungsfähig zu gestalten und (…) die Mitglieder an dem Leben und den Einrichtungen der Handwerksinnung teilnehmen können", § 52 Abs. 2 S. 1. **58**

Der Innungsbezirk und damit ihr regionaler Kompetenzbereich ist im Regelfall auf den **Bezirk der unteren Verwaltungsbehörde** beschränkt, während der Bezirk der Handwerkskammer sich auf den Bezirk der höheren Verwaltungsbehörde erstreckt (Detterbeck GewArch 2005, 271 (273); Roellecke GewArch 1987, 105 ff.). § 52 Abs. 2 S. 2 dient nach Aussage des BVerwG „der Durchsetzung des allgemein anerkannten **Postulats der Einräumigkeit der staatlichen Verwaltung**, zu der die Innung als Körperschaft des öffentlichen Rechts gehören", so dass sich die Zuständigkeitsbereiche im Interesse der Verwaltungsökonomie decken sollen (BVerwG NVwZ 1993, 675 (676) (→ Rn. 60.1) (Herv. d. Verf.). **59**

Diese Auslegung steht auch im Einklang mit der Regelung des § 86, wonach alle Innungen, die im selben Stadt- und Landkreis ihren Sitz haben, die Kreishandwerkerschaften bilden (BVerwG NVwZ 1993, 675 (676)). **60**

Das BVerwG führte zum **Postulat der Einräumigkeit der Verwaltung** aus: Mit dem Postulat der Einräumigkeit der Verwaltung ist gemeint „daß eine Deckungsgleichheit der Zuständigkeitsbezirke der Sonderbehörden und Gerichte mit den Gebieten der allgemeinen Inneren Verwaltung der Gemeinden und Gemeindeverbänden hergestellt ist (Wagner, GewArch 1979, S. 73 (75)). Dieses im Grundsatz der Deckungsgleichheit ebenfalls berücksichtigte Postulat ist insbesondere dann verletzt, wenn Innungsgrenzen die Grenzen von Kreisen durchschneiden mit der Folge, daß der jeweilige Kreis mehrere Ansprechpartner hat." (BVerwG GewArch 1996, 163 (163)). **60.1**

Diese Grundsätze gelten sowohl für den Fall der **Neugründung** der Innung als auch für die **gesamte Dauer ihres Bestandes** (BVerwG NVwZ 1993, 675 (676); Honig/Knörr Rn. 38) und damit auch für den Fall der Änderung des Innungsbezirks (vgl. VG Hannover GewArch 2011, 362 ff. zur Erweiterung des Innungsbezirks). Dies leitet das BVerwG aus dem Wortlaut der Norm des § 52 Abs. 2 S. 1 ab, wonach der Innungsbezirk „abgegrenzt sein" soll und nicht auf den Zeitpunkt der Gründung beschränkt ist, ferner aus dem Sinn und Zweck der Norm, die darauf ausgelegt ist, dass die Organisationskriterien (Leistungsfähigkeit, Integrationskraft, Deckungsgleichheit und Nichtüberschreitung des Kammerbezirks) fortlaufend erfüllt werden, sich aber während des Bestehens der Innung durchaus ändern können (BVerwG NVwZ 1993, 675 (676); VG Hannover GewArch 2011, 362 ff.). **61**

III. Nichtüberschreitung des Kammerbezirks

62 Nach § 52 Abs. 3 soll der Innungsbezirk sich nicht über den Bezirk der einer Handwerkskammer hinaus erstrecken. Der Innungsbezirk soll im Regelfall nicht größer sein als der Bezirk der aufsichtsführenden Handwerkskammer (ausf. VG Hannover GewArch 2011, 362 ff. zur Erweiterung des Innungsbezirks). Eine Ausnahme von diesem Grundsatz ist aber im Einzelfall möglich, wobei in diesem Falle nach § 52 Abs. 3 S. 2 die **Genehmigung durch die oberste Landesbehörde** einzuholen ist. Dies wird va im Zusammenhang des Zusammenschlusses von seltenen Gewerben der Fall sein (Honig/Knörr Rn. 40). Die Genehmigung aller betroffenen Landesbehörden ist erforderlich, wenn sich der Innungsbezirk auch auf ein anderes Bundesland erstrecken soll. Möchten die Gründungsmitglieder der Innung ihren Bezirk so groß fassen, dass er den Bezirk der Handwerkskammer übersteigt, bedarf es neben der Genehmigung der Innungssatzung durch die Handwerkskammer zusätzlich der Genehmigung der für den Sitz der Innung zuständigen Landesbehörde(n) (Honig/Knörr Rn. 40). Nach § 56 Abs. 2 Nr. 2 hat ist Handwerkskammer die Genehmigung der Innungssatzung zu versagen, wenn die durch die Satzung vorgesehene Begrenzung des Innungsbezirks die Genehmigung der Landesbehörde(n) nicht erhalten hat (Honig/Knörr Rn. 41). Bedarf es der Genehmigungserteilung mehrere Landesbehörden muss die Zustimmung aller Landesbehörden vorliegen (Honig/Knörr Rn. 40). Gegen die Versagung der Genehmigungserteilung, die ein Verwaltungsakt ist, kann die Innung gerichtlich vorgehen.

63 Grds. steht es im Ermessen der Gründungswilligen ihren räumlichen Geltungsbereich bei der Errichtung der Innung festzulegen, wobei hierbei die gesetzlichen Anforderungen zu beachten sind (Honig/Knörr Rn. 37). Nach § 52 Abs. 2 S. 1 ist der Grundsatz der Leistungsfähigkeit zu beachten und der Bezirk soll Handwerker umfassen, die unter den gleichen wirtschaftlichen Bedingungen existieren (Honig/Knörr Rn. 37). Ferner begrenzt der Ausschließlichkeitsgrundsatz die Festsetzung des Innungsbezirks. Der räumliche Geltungsbereich der Innung muss nach § 55 Abs. 2 Nr. 1 iRd Innungssatzung genannt und festgelegt werden. Diese Satzung und damit der Bezirk der Innung als Pflichtbestandteil der Innungssatzung bedarf nach § 56 der Genehmigung durch die Handwerkskammer des Bezirks in dem die Handwerksinnung ihren Sitz nimmt.

IV. Kein Grundrechtsschutz

64 Das BVerfG hat im Zusammenhang mit dem Innungsbezirk festgestellt, dass die Innung sich bei der Festsetzung der Grenzen des Innungsbereichs nicht auf ihren Grundrechtsschutz berufen könne, das „der territoriale Zuschnitt einer Innung kein Recht (ist), das die Innung gegen den Staat geltend machen kann. Vielmehr betrifft die Ausdehnung des Bereichs, in dem eine Innung tätig ist, allein ihren Status als juristische Person des öffentlichen Rechts und damit als Teil der öffentlichen Verwaltung" (BVerfG GewArch 1993, 288 (289)). Insoweit können sich die Innungen im Zusammenhang mit ihrem Bezirk nicht auf Grundrechte berufen (vgl. allgemein zur Innung als Träger von Grundrechten → § 53 Rn. 11).

G. Die Ausgliederung einer Fachgruppe aus einer bestehenden Sammelinnung

65 Die HwO selbst enthält keine Regelungen dazu „ob" und „wie" eine Fachgruppe sich aus einer Sammelinnung (→ Rn. 21) wieder lösen kann und damit aus einer bestehenden Innung austreten kann, um ggf. eine eigene Innung zu gründen. Allein die Tatsache, dass die HwO zu dieser Thematik keine speziellen Regelungen enthält, lässt jedoch nicht den Rückschluss zu, dass eine Ausgliederung einer Fachgruppe generell nicht möglich sei. Demnach kann trotz fehlender gesetzlicher Regelungen in der HwO der Fachgruppe eine Ausgliederung nicht schlechthin untersagt werden, denn sonst könnte eine einmal getroffene Entscheidung nicht mehr geändert werden. Eine solche Annahme stünde auch nicht im Einklang mit dem grundsätzlichen gesetzgeberischen Willen, denn der Gesetzgeber hat durch die Schaffung der Normen des §§ 76, 62 Abs. 2 S. 3, die die Auflösung der Innung als solches thematisieren, durchaus die Möglichkeit gesehen, Gründungsentscheidungen rückgängig zu machen. Damit muss der austretungswilligen Fachgruppe grds. zugestanden werden sich aus einer bestehenden Sammelinnung zu lösen (vgl. insgesamt dazu ausf. Leisner, W. G., Die

Gründung einer eigenständigen Innung durch eine Fachgruppe nach vorheriger Ausgliederung aus einer Sammelinnung, LFI 2012, 53; Leisner W. G. GewArch 2013, 235 ff.).

Nicht möglich ist es parallel zu der bestehenden Sammelinnung zusätzlich eine eigene **66** Innung der austretungswilligen Fachgruppe zu gründen, denn einem solchen Vorgehen würde das sog. Innungsmonopol (→ Rn. 55) (§ 52 Abs. 1 S. 3) zugunsten der bestehenden Sammelinnung verstoßen, denn innerhalb eines Bezirks kann für jedes Handwerk nur eine Innung bestehen. Aus diesem Grund ergibt sich eine zwingend einzuhaltende Reihenfolge, die durch die austretungswillige Fachgruppe zu beachten ist: zuerst muss sie sich aus der bestehenden Sammelinnung lösen, bevor eine Neugründung einer eigenen Innung in Betracht kommt (vgl. insgesamt dazu: Leisner, W. G., Die Gründung einer eigenständigen Innung durch eine Fachgruppe nach vorheriger Ausgliederung aus einer Sammelinnung, LFI 2012, 50 ff.; Leisner, W. G. GewArch 2013, 235 ff.; VGH Mannheim GewArch 1975, 127 (127)).

Hinsichtlich des ersten Schrittes des Austritts einer Fachgruppe aus einer Sammelinnung **67** kommen idR drei Vorgehensweisen in Betracht: Neben einer Ausgliederung der Fachgruppe aus der bestehenden Sammelinnung (→ Rn. 68) kann eine sog. „Teilauflösung" (→ Rn. 75) oder Gesamtauflösung der Sammelinnung (→ Rn. 79) mit jeweils anschließender Neugründung einer eigenen Innung erfolgen (Leisner, W. G., Die Gründung einer eigenständigen Innung durch eine Fachgruppe nach vorheriger Ausgliederung aus einer Sammelinnung, LFI 2012, 48). Eine praktikable Lösung bietet va der Weg über die Ausgliederung der Fachgruppe, denn eine Gesamtauflösung birgt gewisse Risiken und eine sog. „Teilauflösung" ist im Ergebnis eine Satzungsänderung der Sammelinnung.

I. Die Ausgliederung einer Fachgruppe

Mit der Thematik der Ausgliederung einer Fachgruppe aus einer bestehenden Sammelinnung hat sich der VGH Mannheim in seinem Urteil vom 27.11.1974 (VGH Mannheim GewArch 1975, 127 ff.) näher befasst und die Anforderungen an das Vorgehen konkretisiert. Die Kriterien des VGH Mannheim werden in der Rspr. immer noch berücksichtigt (ausführlich Leisner, W. G., Die Gründung einer eigenständigen Innung durch eine Fachgruppe nach vorheriger Ausgliederung aus einer Sammelinnung, LFI 2012, 53; Schwannecke/Heck GewArch 2004, 129 (140); VG Trier GewArch 2011, 39; VG Saarlouis Urt. v. 22.03.2007 – 1 K 06/06). **68**

Nach den vom VGH Mannheim (VGH Mannheim GewArch 1975, 127 ff.) entwickelten **69** Kriterien bedarf es zuerst einer **Änderung der Satzung der Sammelinnung** durch Beschlussfassung dahingehend, dass die austretungswillige Fachgruppe nicht mehr Mitglied der Sammelinnung sein soll und eine entsprechende Interessenvertretung zugunsten dieser Fachgruppe zukünftig nicht mehr erfolgen soll. Nach der Regelung des § 55 Abs. 2 Nr. 1 muss die Satzung der Innung eine solche Regelung über „den Namen, den Sitz und den Bezirk der Handwerksinnung sowie die Handwerke, für welche sie errichtet ist" enthalten. Ggf. muss die Sammelinnung auch ihren Namen ändern, falls das austretungswillige Handwerk bisher Bestandteil des Innungsnamens war. Die Satzungsänderung bedarf nach § 61 Abs. 3 der **Genehmigung** der zuständigen Handwerkskammer als Aufsichtsbehörde.

Zuständiges Organ im Zusammenhang mit der Beschlussfassung über die Satzungsänderung ist gem. § 61 Abs. 2 Nr. 8 die **Innungsversammlung**, soweit die Satzung der Sammelinnung keine abweichende Regelung dahingehend erhält, dass die Vertreterversammlung zuständig sein soll (VGH Mannheim GewArch 1975, 127 ff.). Nach § 61 Abs. 1 S. 3 besteht grds. die Möglichkeit festzusetzen, dass einzelne Aufgaben der Innungsversammlung durch die Vertreterversammlung erfüllt werden. **70**

Zur Gültigkeit der Beschlussfassung der Innungsversammlung ist es erforderlich, dass die **71** **formalen Voraussetzungen** des § 62 Abs. 1 eingehalten werden und die entsprechenden Vorgaben der Satzung der Sammelinnung beachtet wurden. Es bedarf einer förmlichen **Einberufung der Innungsversammlung** unter Angabe der Änderung der Satzung als **Tagesordnungspunkt**. Eine nachträgliche Aufnahme dieses Punktes in die Tagesordnung ist nach der Regelung des § 62 Abs. 1 nicht möglich und wäre angesichts der Tragweite der Auswirkungen der Entscheidung auch nicht angemessen. IRd Beschlussfassung sind grds. nur Innungsmitglieder iSd § 58 **stimmberechtigt**, nicht hingegen die Nichtmitglieder (VGH

Mannheim GewArch 1975, 127 (128); → Rn. 71.1; Leisner, W. G., Die Gründung einer eigenständigen Innung durch eine Fachgruppe nach vorheriger Ausgliederung aus einer Sammelinnung, LFI 2012, 57 f.).

71.1 So führte der VGH Mannheim in seiner Entscheidung zu dem Gewerbe der Kraftfahrzeugelektriker vom 27.11.1974- VI 223/73 aus: „Eine Änderung des Bestandes der Innung könne nur von Innen her, also nach dem Mehrheitswillen der Mitglieder, nicht aber durch die Willensentscheidung der Nichtmitglieder erfolgen" (VGH Mannheim GewArch 1975, 127 (128)).

72 Abgeleitet hat der VGH Mannheim dieses Erfordernis aus einer Analogie zu den Regelungen der HwO im Zusammenhang mit der Auflösung der Innung, wonach in diesem Falle auch nur Innungsmitglieder iRd Innungsversammlung stimmberechtigt seien (§§ 61 Abs. 1 S. 2, Abs. 2 Nr. 8, 62 Abs. 2 S. 3, 4) (VGH Mannheim GewArch 1975, 127 (128)). Diese Reduzierung der Stimmberechtigung auf den Kreis der Mitglieder der Innung ist sachgerecht. Wenn bei dem denkbar schwersten Eingriff in den Bestand der Innung, d.h. im Fall der Auflösung der Innung als solche die Stimmberechtigung auf die Mitglieder reduziert ist, dann erst Recht im Falle eines weniger einschneidenden Eingriffs im Zuge der Ausgliederung einer Fachgruppe (VGH Mannheim GewArch 1975, 127 (128); Leisner, W. G., Die Gründung einer eigenständigen Innung durch eine Fachgruppe nach vorheriger Ausgliederung aus einer Sammelinnung, LFI 2012, 58).

73 Im Zusammenhang mit der Stimmberechtigung hat der VGH Mannheim eine weitere Einschränkung vorgenommen, um den gegenläufigen Interessen der Sammelinnung und der austretungswilligen Fachgruppe gerecht zu werden. Die Sammelinnung verfolgt oftmals das Ziel die Interesse von so viel wie möglichen Mitgliedern zu vertreten, vor allem vor dem Hintergrund der damit verbundenen Einnahmen von Innungsbeiträgen und der damit im Zusammenhang stehenden Leistungsfähigkeit der Sammelinnung. Dieser Bestandsschutz der Sammelinnung ist in Einklang mit dem verfassungsrechtlichen Recht der Fachgruppe, aus dem Grundrecht der Vereinigungsfreiheit des Art. 9 GG und des einfachgesetzlich normierten § 52 Abs. 1 S. 1 zu bringen, grds. aus der bestehenden Sammelinnung auszutreten, um eine eigene Innung zu gründen.

74 Diesen Konflikt löste der VGH Mannheim dadurch, dass die **austretungswillige Fachgruppe gesondert über den Austritt aus der Sammelinnung entscheidet** und die Sammelinnung das Ergebnis der Abstimmung zu akzeptieren hat. Ihr steht kein Ermessen zu. Nur so könne garantiert werden, dass auch kleinere Fachgruppen die Möglichkeit zur Ausgliederung haben. Würden die Mitglieder aller Fachgruppen, deren Interessen die Sammelinnung vertritt, zur Abstimmung berechtigt sein, könnte die Ausgliederung einer kleineren Fachgruppe stets durch die übrigen Innungsmitglieder verhindert werden, indem die kleinere Fachgruppe überstimmt wird. Allerdings muss iRd Abstimmung der austretungswilligen Fachgruppe eine **qualifizierte Mehrheit** sich für die Ausgliederung entscheiden. Diese Anforderung an das Quorum leitet der VGH Mannheim erneut aus der analogen Anwendung der Normen betreffend die Auflösung der Innung ab (§ 62 Abs. 2 S. 3, 4). Nach § 62 Abs. 2 S. 3 kann „der Beschluss auf Auflösung der Handwerksinnung nur mit einer **Mehrheit** von **drei Vierteln der stimmberechtigten Mitglieder** gefasst werden" (Herv. d. Verf.). In der ggf. stattfindenden zweiten Innungsversammlung bedarf es nach § 62 Abs. 2 S. 4 einer Mehrheit von **drei Vierteln der erschienenen Mitglieder** der austretungswilligen Fachgruppe (vgl. insgesamt dazu VGH Mannheim GewArch 1975, 127 (129); ausf. Leisner, W. G., Die Gründung einer eigenständigen Innung durch eine Fachgruppe nach vorheriger Ausgliederung aus einer Sammelinnung, LFI 2012, 59). Ist eine Ausgliederung der Fachgruppe erfolgt, kann dieses Gewerbe eine neue Innung gründen.

II. Die teilweise Auflösung der Sammelinnung

75 Keine Alternative zu der Ausgliederung der Fachgruppe aus der Sammelinnung ist die teilweise Auflösung der Sammelinnung unter entsprechender Anwendung der Normen zur Auflösung einer Innung, indem so viele Mitglieder einer Fachgruppe aus der Sammelinnung austreten, dass die Sammelinnung aufgrund des zahlreichen Verlustes von Mitglieder nicht mehr als Vertretung dieses Handwerks fungieren kann (Leisner, W. G., Die Gründung einer eigenständigen Innung durch eine Fachgruppe nach vorheriger Ausgliederung aus einer Sammelinnung, LFI 2012, 64 f.).

Das BVerwG hat die Möglichkeit einer „Teilauflösung" der Sammelinnung abgelehnt und 76
klargestellt, dass es sich um einen Fall der Satzungsänderung nach allgemeinen Grundsätzen
handle, da die HwO den Fall der „Teilauflösung" einer Innung nicht kenne, sondern mit
§ 76 Nr. 3 nur die Alternative der Gesamtauflösung (BVerwG GewArch 1972, 333 (334);
Leisner, W. G., Die Gründung einer eigenständigen Innung durch eine Fachgruppe nach
vorheriger Ausgliederung aus einer Sammelinnung, LFI 2012, 65 f.). Eine analoge Anwendung des § 76 Nr. 3 lehnt das BVerwG mangels Vorliegens einer planwidrigen Regelungslücke ab, da der Gesetzgeber bewusst keine Regelung für diesen Bereich geschaffen habe und
kein Bedürfnis für eine teilweise Auflösung der Innung bestehe (BVerwG GewArch 1972,
333 (334); Leisner, W. G., Die Gründung einer eigenständigen Innung durch eine Fachgruppe nach vorheriger Ausgliederung aus einer Sammelinnung, LFI 2012, 65 f.). Falls die
Innung infolge des Austritts zahlreicher Mitglieder nicht mehr hinreichend leistungsfähig ist
und damit die Erfüllung ihre Pflichtaufgaben nicht mehr gewährleisten kann, muss sie ihre
Satzung entsprechend ändern und die Interessenvertretung des „ausgetretenen Gewerbes"
aufgeben. Ob eine hinreichende Leistungsfähigkeit der Innung noch gegeben ist, ist im
Einzelfall zu beurteilen, abhängig von der Größe der Innung, im Vergleich zur Größe der
Fachgruppe und der Anzahl der ausgetretenen Mitglieder (insgesamt dazu Leisner, W. G.,
Die Gründung einer eigenständigen Innung durch eine Fachgruppe nach vorheriger Ausgliederung aus einer Sammelinnung, LFI 2012, 64 f.).

Weigert sich die Sammelinnung ihre Satzung zu ändern kommt ein aufsichtliches Ein- 77
schreiten der zuständigen Handwerkskammer in Betracht (Leisner, W. G., Die Gründung
einer eigenständigen Innung durch eine Fachgruppe nach vorheriger Ausgliederung aus einer
Sammelinnung, LFI 2012, 66 f.; Honig/Knörr Rn. 26).

Ist die Satzungsänderung der Sammelinnung erfolgt, können die Mitglieder des ausgetre- 78
nen Gewerbes eine neue Innung gründen.

III. Die Gesamtauflösung der Sammelinnung

Eine eher theoretische Option wäre die Gesamtauflösung der Innung mit anschließender 79
Neugründung einzelner sog. reiner Innungen durch die jeweiligen Fachgruppen. Diese
Lösung ist angesichts des Risikos des Verlustes von bestehenden Mitgliedern ein nicht anzuratendes Vorgehen (Leisner, W. G., Die Gründung einer eigenständigen Innung durch eine
Fachgruppe nach vorheriger Ausgliederung aus einer Sammelinnung, LFI 2012, 67 f.).

§ 53 [Rechtsform der Handwerksinnung]

[1]Die Handwerksinnung ist eine Körperschaft des öffentlichen Rechts. [2]Sie wird mit Genehmigung der Satzung rechtsfähig.

Literatur: Detterbeck Steffen, Allgemeines Verwaltungsrecht, 12. Aufl. 2014; Emde Ernst Thomas, Die demokratische Legitimation der funktionalen Selbstverwaltung, 1991; Hendler Reinhard, Wirtschaftliche Selbstverwaltung im Staat der Gegenwart, DÖV 1986, 675 ff.; Jahn Ralf, Wirtschaftliche und freiberufliche Selbstverwaltung durch Kammern, GewArch 2002, 353 ff.; Jahn Ralf, Die Kontrolle von Unternehmen und Beteiligungen der Kammern, GewArch 2006, 89 ff.; Leisner Walter Georg, Die körperschaftliche Rechtsform bei Innungen, Kreishandwerkerschaften und Landesinnungsverbänden: Öffentlich-rechtlicher oder privatrechtlicher Status?, LFI-Schriftenreihe 2010/11; Leisner Walter Georg, Öffentlich-rechtliche oder privatrechtliche Körperschaftsrechtsform für Innungen, Kreishandwerkerschaften und Innungsverbände?, GewArch 2011, 470 ff.; Leisner Walter Georg, Ermöglicht die Handwerksordnung die Einführung der doppelten kaufmännischen Buchführung bei den Handwerkskammern, LFI-Schriftenreihe 2011/12; Leisner Walter Georg, Die Gründung einer eigenständigen Innung durch eine Fachgruppe nach vorheriger Ausgliederung aus einer Sammelinnung, LFI-Schriftenreihe 2012; Maurer Hartmut, Allgemeines Verwaltungsrecht, 18. Aufl. 2011; Palandt Otto, Bürgerliches Gesetzbuch, BGB, 74 Aufl. 2015; Sodan Helge, Grundgesetz, 2. Aufl. 2011; Sodan Helge/Ziekow Jan, Grundkurs Öffentliches Recht, 6. Aufl. 2014; Stober Rolf, Handbuch des Wirtschaftsverwaltungs- und Umweltrechts, 1. Aufl. 1989; Stober Rolf, Allgemeines Wirtschaftsverwaltungsrecht, 16. Aufl. 2008; Tettinger Peter, Kammerrecht, 1997; Will Martin, Selbstverwaltung der Wirtschaft, 2010; Wolff Hans J., Verwaltungsrecht II, 2. Aufl. 1967

Überblick

Die Innungen sind **Körperschaften des Öffentlichen Rechts** (→ Rn. 3 ff.) mit dem
Recht auf Selbstverwaltung. Sie können infolge der **Rechtsfähigkeit** (→ Rn. 13 ff.) als

juristische Person in eigenem Namen Recht erwerben und Verbindlichkeiten eingehen. Neben ihrem Status als Selbstverwaltungskörperschaft der Wirtschaft sind sie auch Teil der mittelbaren Staatsverwaltung (**Doppelnatur der Innung**) (→ Rn. 2). Abhängig davon, ob die Innung als Träger der mittelbaren Staatsverwaltung Hoheitsrechte ausübt, oder in ihrer Funktion als Selbstverwaltungskörperschaft auftritt, besteht eine **Grundrechtsfähigkeit** der Innungen (→ Rn. 11).

A. Unterschiedliche Rechtsformen der Handwerksorganisationen

1   IRd Handwerksorganisation unterscheiden sich die Rechtsformen der einzelnen Organisationen: Während die Innungen, Kreishandwerkerschaften und Handwerkskammern mitgliedschaftlich strukturierte **Körperschaften des Öffentlichen Rechts** sind, handelt es sich bei den Landesinnungsverbänden und den Bundesinnungsverbänden um juristische Personen des Privatrechts (Leisner W.G. GewArch 2011, 470 ff.).

B. Die Doppelnatur der Innungen

2   Die Innungen haben ihrer Natur nach eine doppelte Stellung inne. Sie sind einerseits **Selbstverwaltungskörperschaften der Wirtschaft** (→ Rn. 3 ff.) und zugleich Teil der **mittelbaren Staatsverwaltung** (→ Rn. 10) (BVerfG NJW 1985, 1385 (1386); Will, Selbstverwaltung der Wirtschaft, 2010, 677; Schwannecke/Webers § 54 Rn. 3). Die Zuordnung der Innungen zu dem jeweiligen Bereich ist maßgeblich für die Frage ihrer **Grundrechtsfähigkeit** (→ Rn. 11).

I. Selbstverwaltungskörperschaft der Wirtschaft

1. Körperschaft des Öffentlichen Rechts

3   Nach der gesetzlichen Normierung in S. 1 sind die Innungen **Körperschaften des Öffentlichen Rechts** in Form von Personalkörperschaften (Palandt/Ellenberger BGB Vorb. v. § 89 Rn. 2). Sie sind mitgliedschaftlich organisiert und nehmen öffentliche Aufgaben wahr, wobei sie unter staatlicher Aufsicht stehen (Detterbeck Rn. 1; Schwannecke Rn. 1). Zur Wahrnehmung von Aufgaben, die dem Staat obliegen und auf die Innungen übertragen wurden, besitzen die Innungen **Hoheitsgewalt**, so dass das Verhältnis zu ihren Mitgliedern ein öffentlich-rechtliches ist (BVerfG NJW 1985, 1385 (1386); vgl. Honig/Knörr Rn. 2). Die Innungen können Satzungen und Verwaltungsakte erlassen sowie Beiträge und Gebühren erheben (vgl. Honig/Knörr Rn. 3; vgl. Detterbeck Rn. 2; vgl. Schwannecke Rn. 2; vgl. allgemein zu Körperschaften des öffentlichen Rechts: Maurer Allgemeines VerwaltungsR § 23 Rn. 44).

4   Einzuordnen sind die Innungen in das Konstrukt des Kammerwesens als dem „**Kammerwesen nahe stehende Korporationen**" (Leisner W.G., Die körperschaftliche Rechtsform bei Innungen, Kreishandwerkerschaften und Landesinnungsverbänden: Öffentlich-rechtlicher oder privatrechtlicher Status?, LFI 2010/11, 11; Leisner W.G. GewArch 2011, 470 (470); Tettinger, Kammerrecht, 1997, 30). Das Kammerwesen selbst untergliedert sich etwa in die Wirtschaftskammern (Handwerkskammer, Industrie- und Handelskammer) und die berufständischen Kammern der freien Berufe (z. B. Architektenkammer, Ingenieurkammer, Rechtsanwaltskammer, Notarkammer, Steuerberaterkammer, Wirtschaftsprüferkammer) (Jahn GewArch 2006, 89 (89)).

5   Im Schrifttum wird vereinzelt diskutiert, ob die geltende Rechtslage hinsichtlich der Rechtsform der Innungen einer Änderung bedürfe, indem ein Wechsel hin zu einem privatrechtlichen Status für die Innungen erfolgen solle und ob die gegenwärtige Rechtsform noch sachgerecht sei (vgl. ausführlich Leisner, W.G., Die körperschaftliche Rechtsform bei Innungen, Kreishandwerkerschaften und Landesinnungsverbänden: Öffentlich-rechtlicher oder privatrechtlicher Status?, LFI 2010/11, 20 ff.; Leisner W.G. GewArch 2011, 470 ff.). IRd Betrachtung von Leisner erfolgte eine Abwägung anhand zahlreicher Kriterien: der Historie, den Innungsaufgaben, der Gestaltungsfreiheit des Staates, der Grundrechtsfähigkeit, der Gewährleistung der Leistungsfähigkeit der Innung, der Tariffähigkeit der Innung sowie der Aufsicht. Ergebnis der Abwägung dieses Grundsatzproblems war, dass eine Änderung

der Rechtsform in eine Körperschaft des Privatrechts durchaus möglich sei, aber „rechtlich nicht erforderlich ist, so lange den dort verfolgten Handwerksinteressen das bisher zugrunde gelegte, die Rechtsfigur der Körperschaft des öffentlichen Rechts legitimierende Gewicht zuerkannt wird." (Leisner W.G. GewArch 2011, 470 (478); vgl. dazu insgesamt ausf. bei Leisner, W.G., Die körperschaftliche Rechtsform bei Innungen, Kreishandwerkerschaften und Landesinnungsverbänden: Öffentlich-rechtlicher oder privatrechtlicher Status?, LFI 2010/11, 20 ff.).

2. Funktionale wirtschaftliche Selbstverwaltung

Die Innungen sind auch eine Organisation der **funktionalen** (→ Rn. 9) **wirtschaftlichen** (→ Rn. 8) **Selbstverwaltung** (→ Rn. 7) (vgl. Tettinger, Kammerrecht, 1997, 35). **Bezweckt** wird mit der Selbstverwaltung neben der Entlastung der Staatsverwaltung durch Dezentralisierung von Verwaltungsaufgaben und gleichzeitiger Stärkung eigenverantwortlichen regionalen Tätigwerdens, auch die Nutzung des Sachverstands in eigenen Angelegenheiten (Stober, Handbuch des Wirtschaftsverwaltungs- und Umweltrechts, 1989, § 77 II 2; Stober, Allgemeines Wirtschaftsverwaltungsrecht, 16. Aufl. 2008, § 43 IV 1, 285). Ferner sollen die Betroffenen aktiv an der Erledigung eigener Angelegenheiten mitwirken, so dass die „funktionale Selbstverwaltung das Demokratieprinzip ergänzt und stärkt" (Stober, Allgemeines Wirtschaftsverwaltungsrecht, 16. Aufl. 2008, § 43 IV 1 S. 285; vgl. Hendler DÖV 1986, 675 ff.; vgl. BVerfGE 107, 59, 92 f.; vgl. BVerfGE 33, 125 (156 f.) zur Ärztekammer; vgl. allgemein Emde, Die demokratische Legitimation der funktionalen Selbstverwaltung, 1991).

6

Der Begriff der **Selbstverwaltung der Wirtschaft** wird gesetzlich nicht definiert (Stober, Allgemeines Wirtschaftsverwaltungsrecht, 16. Aufl. 2008, § 43 I 1, 282). Im Rechtssinne wird die Selbstverwaltung **allgemein** definiert als „selbständige, fachweisungsfreie Wahrnehmung enumerativ oder global überlassener oder zugewiesener eigener öffentlicher Aufgaben durch unterstaatliche Träger oder Subjekte öffentlicher Verwaltung" (Tettinger, Kammerrecht, 1997, 33 in Orientierung an der klassischer Formel von Wolff, Verwaltungsrecht II, 2. Aufl. 1967, § 84 IV b; Jahn GewArch 2002, 353 (354)). Voraussetzung ist damit das Vorhandensein einer Organisation des öffentlichen Rechts, sowie die Erledigung staatlicher bzw. öffentlicher Aufgaben der Verwaltung für gewisse private Wirtschaftsbereiche (Stober, Allgemeines Wirtschaftsverwaltungsrecht, 16. Aufl. 2008, § 43 I 1, 282). Die wirtschaftliche Selbstverwaltung wird aufgrund ihrer Position zwischen der Wirtschaft und dem Staat auch als „Mittler zwischen Staat und Wirtschaft" bezeichnet (Stober, Allgemeines Wirtschaftsverwaltungsrecht, 16. Aufl. 2008, § 43 I 1, 282).

7

Die **wirtschaftliche** Selbstverwaltung findet im Gegensatz zur gemeindlichen Selbstverwaltung (Art. 28 Abs. 2 GG) keine Normierung im Grundgesetz, so dass keine verfassungsrechtliche Garantie auf Bundesebene besteht (Stober, Allgemeines Wirtschaftsverwaltungsrecht, 16. Aufl. 2008, § 8 II 2, 62 f.; Jahn GewArch 2002, 353 (354)). Lediglich in Verfassungen der Länder (zB Art. 154 BayVerf) wird eine solche Garantie zugebilligt (Stober, Allgemeines Wirtschaftsverwaltungsrecht, 16. Aufl. 2008, § 8 II 2, 63), sodass nur ein einfachgesetzlicher Schutz erfolgt.

8

Die Innung gehört zum Bereich der sog. **funktionalen** Selbstverwaltung (Jahn GewArch 2002, 353 (354)). Typische Merkmale der Selbstverwaltung sind neben der öffentlich-rechtlichen Organisationsform (§ 53 S. 1), die Satzungshoheit (§ 55), die Personalhoheit, die Finanz-, Haushalts- und Abgabenhoheit (§ 73), die Bildung eigener Organe aufgrund Wahlen (§§ 60 ff.) sowie die „eingeschränkte" Aufsicht durch Begrenzung auf die Rechtsaufsicht (§ 75) (vgl. Jahn GewArch 2002, 353 (354)). Im Unterschied zur gemeindlichen Selbstverwaltung besitzt die Innung jedoch keine Allzuständigkeit zur Interessenvertretung, sondern begrenzt auf die Interessenvertretung ihrer Mitglieder in ihrem Geltungsbereich (§ 54 Abs. 1 S. 1). Die Selbstverwaltung der Innung bedeutet aber nicht, dass die Innungen frei von jeglicher Aufsicht sind. Vielmehr ist die Aufsicht das erforderliche Gegenstück zur Selbstverwaltung (vgl. allgemein Sodan/Ziekow, Grundkurs Öffentliches Recht, § 58 Rn. 8; Honig/Knörr Rn. 4).

9

II. Teil der mittelbare Staatsverwaltung

10 Als Körperschaft des Öffentlichen Rechts und damit als juristische Person des Öffentlichen Rechts mit eigener Rechtspersönlichkeit, sind die Innungen **Träger der mittelbaren Staatsverwaltung** (BVerfGE 68, 193, 208 = BVerfG NJW 1985, 1385 ff.; OVG Bremen GewArch 2000, 490 (491); Detterbeck Rn. 1; Schwannecke Rn. 2; § 54 Rn. 3). Die Organisation der Verwaltung unterteilt sich grds. in die unmittelbare und die mittelbare Staatsverwaltung. Im Falle der unmittelbaren Staatsverwaltung ist der Staat selbst (Staat und Länder) mit seinen Behörden Träger der Verwaltung und nimmt die Verwaltungsaufgaben wahr. IRd mittelbaren Staatsverwaltung sind die jeweiligen rechtlich selbständigen juristischen Personen des Öffentlichen Rechts (Körperschaften, Anstalten, Stiftungen) Verwaltungsträger, oder im Falle der Beliehenen juristische Personen des Privatrechts oder natürliche Personen (Detterbeck AllgVerwR Rn. 175 ff.; Leisner W.G., Ermöglicht die Handwerksordnung die Einführung der doppelten kaufmännischen Buchführung bei den Handwerkskammern, LFI 2011/12, 71 ff.). Die Innungen nehmen damit in Form der mittelbaren Staatsverwaltung öffentliche (hoheitliche, staatliche) Aufgaben wahr, zusätzlich zu ihren Selbstverwaltungsaufgaben.

III. Die Innung als Träger von Grundrechten

11 Es bedarf einer differenzierten Betrachtung hinsichtlich der Frage, ob die Innungen **Träger von Grundrechten** sein können (vgl. zum Grundrechtsschutz der Innung im Zusammenhang mit dem Innungsbezirk → § 52 Rn. 64). Maßgeblich ist, ob die Innung als Träger der mittelbaren Staatsverwaltung (→ Rn. 10) Hoheitsrechte ausübt, oder in ihrer Funktion als Selbstverwaltungskörperschaft (→ Rn. 6 ff.) auftritt (BVerfG NJW 1985, 1385 (1386)).

12 Die Grundrechte dienen primär als subjektive Schutz- und Abwehrrechte dem Einzelnen, dh natürlichen Personen, gegenüber dem Staat (BVerfG NVwZ 1994, 262; Sodan/Sodan GG Vorb. Art. 1 Rn. 34 ff.). Grds. können juristische Personen nur dann Träger von Grundrechten sein, wenn nach der Regelung des Art. 19 Abs. 3 GG die Grundrechte ihrem Wesen nach auf die juristischen Personen anwendbar sind. Diese müssen sich in einer „grundrechttypischen Gefährdungslage" befinden. Diesbezüglich ist zwischen juristischen Personen des Privatrechts und juristischen Personen des Öffentlichen Rechts zu differenzieren. Die Innungen sind Körperschaften des Öffentlichen Rechts und damit juristische Personen des Öffentlichen Rechts. Nach dem sog. Konfusionsargument soll den juristischen Personen des Öffentlichen Rechts die Grundrechtsberechtigung grds. nicht zukommen, da sie als Teil der staatlichen Gewalt nicht gleichzeitig Grundrechtsverpflichteter iSd Art. 1 Abs. 3 GG sein können und Grundrechtsberechtigter (Sodan/Sodan GG Art. 19 Rn. 23.). Von diesem Grundsatz sind allerdings zahlreiche Ausnahmen gemacht worden. So könne sich juristische Personen des Öffentlichen Rechts auf Grundrechte berufen, wenn sie „unmittelbar dem durch die Grundrechte geschützten Lebensbereich zuzuordnen" sind (BVerfG NVwZ 1994, 262 (262)). Im Bezug auf die Innungen hängt der Grundrechtsschutz also davon ab in welcher Funktion sie tätig werden, dh als Träger der mittelbaren Staatsverwaltung (→ Rn. 10) oder als Selbstverwaltungskörperschaft (→ Rn. 6 ff.) (BVerfG NJW 1985, 1385 (1386); NVwZ 1994, 262 (262); Tettinger, Kammerrecht, 1997, 101). Insoweit **fehlt** es an der **Grundrechtsberechtigung**, wenn die Innungen öffentliche **Aufgaben in hoheitlicher Form** wahrnehmen (BVerfG NJW 1985, 1385 (1386); Tettinger, Kammerrecht, 1997, 101). Soweit die Innungen aber keine hoheitlichen Tätigkeiten ausüben, sondern **Aufgaben der Interessenvertretung** wahrnehmen, können sie **Träger von Grundrechten** sein, wenn diese ihrem Wesen nach auf sie anwendbar sind gem. Art. 19 Abs. 3 GG, so dass sie insoweit befugt sind im Rahmen einer Verfassungsbeschwerde ihre Rechte geltend zu machen (BVerfG NJW 1985, 1385 (1386); NVwZ 1994, 262 f.; Tettinger, Kammerrecht, 1997, 77, 80 f., 101).

C. Die Rechtsfähigkeit der Innung (S. 2)

13 Historisch betrachtet war die Rechtsfähigkeit der Innungen bereits in § 86 GewO von 1897 gesetzliche normiert (Will, Selbstverwaltung der Wirtschaft, 2010, 643 Fn. 4).

14 Die Innung erlangt als Körperschaft des Öffentlichen Rechts ihre Rechtsfähigkeit infolge der **Genehmigung** ihrer Satzung (§ 56) durch die zuständige Handwerkskammer als Aufsichtsbehörde. Nach dem eindeutigen Wortlaut des § 53 S. 2 hat die Veröffentlichung der

Innungssatzung keinen Einfluss auf den Zeitpunkt der Erlangung der Rechtsfähigkeit (Detterbeck Rn. 3; Will, Selbstverwaltung der Wirtschaft, 2010, 643; aA Honig/Knörr Rn. 6). Vielmehr erlangt die Innung ihre Rechtsfähigkeit mit **Bekanntgabe** der Genehmigung (entsprechend §§ 43 Abs. 1, 41 VwVfG), die ihrer Rechtform nach ein Verwaltungsakt ist (Detterbeck Rn. 3).

Zuständig ist die Handwerkskammer in deren Bezirk die Innung ihres Sitz hat (§ 56 Abs. 1). Die Erteilung der Genehmigung liegt nicht im Ermessen der zuständigen Handwerkskammer. Vielmehr hat die Innung einen **Anspruch auf Genehmigung** ihrer Satzung, wenn die Satzung den gesetzlichen Vorschriften entspricht, § 56 Abs. 2 Nr. 1 (Detterbeck § 56 Rn. 3; Schwannecke/Taubert § 56 Rn. 7; Will, Selbstverwaltung der Wirtschaft, 2010, 643). Insoweit überprüft die Handwerkskammer etwa, ob die Regelungen der Satzung mit höherrangigem Recht übereinstimmen und ob die Innung die Erfordernisse der HwO an eine wirksame Gründung einhält. Solche Gründungsanforderungen (→ § 52 Rn. 33 ff.) ergeben sich etwa aus der Regelung des § 52 Abs. 1 S. 2, 3, wonach eine Ausbildungsordnung erforderlich ist und die Monopolstellung einer bestehenden Innung (→ § 52 Rn. 55 ff.), die Gründung einer weiteren Innung der gleichen Berufsgruppe im gleichen Bezirk verbietet (Will, Selbstverwaltung der Wirtschaft, 2010, 644). Zudem muss die Handwerkskammer die Genehmigung verweigern, wenn entsprechend den Anforderungen des § 56 Abs. 2 Nr. 2 iVm § 52 Abs. 3 S. 2 die Genehmigung der Landesbehörde für die Ausdehnung des Innungsbezirks über den Bezirk der Handwerkskammer hinaus (→ § 52 Rn. 62), nicht vorliegt (Will, Selbstverwaltung der Wirtschaft, 2010, 644). Bei Verweigerung der Erteilung der Genehmigung steht der zu gründenden Innung der Rechtsweg zu den Verwaltungsgerichten offen (Detterbeck Rn. 4).

Aufgrund der gesetzlich zugebilligten Rechtsfähigkeit kann die Innung als juristische Person nach der Genehmigung ihrer Satzung in ihrem **eigenen Namen Rechte erwerben und Verpflichtungen eingehen** sowie klagen und verklagt werden (Schwannecke Rn. 4; Will, Selbstverwaltung der Wirtschaft, 2010, 643; Detterbeck Rn. 3). Vertreten wird die Innung dabei durch den Vorstand, § 66 Abs. 3 S. 1 (Honig/Knörr Rn. 9). Die Innung kann aber mangels Prozessführungsbefugnis **keine Rechte ihrer Mitglieder** im eigenen Namen geltend machen (BVerwG GewArch 1982, 271 (271); → Rn. 16.1).

So führt das BVerwG in seinem Beschluss vom 22.03.1982 – 5 B 6.81 wörtlich aus: „In der Rechtsprechung des BVerwG ist klargestellt, dass das verwaltungsgerichtliche Verfahren keine allgemeine Prozessführungsbefugnis von Vereinigungen zur Wahrnehmung der Rechte ihrer Mitglieder im eigenen Namen kennt. Eine solche Befugnis kann nur dort anerkannt werden, wo Vereinigungen durch Gesetz die Ermächtigung erteilt ist, Rechte ihrer Mitglieder im eigenen Namen geltend zu machen. Hieran fehlt es im vorliegenden Fall (…)." (BVerwG GewArch 1982, 271 (271)).

Der **Innung in der Gründungsphase** kommt damit noch keine eigene Rechtspersönlichkeit zu. Die Innung wird erst infolge der Genehmigung ihrer Satzung rechtsfähig infolge der Erlangung des Status einer Körperschaft des Öffentlichen Rechts. Bis dahin ist die Innung, die sich im Gründungsstadium befindet ein „Personenverband sui generis" auf den die Regelungen des § 54 BGB über den nicht rechtsfähigen Verein entsprechend anzuwenden sind (Leisner, W.G., Die Gründung einer eigenständigen Innung durch eine Fachgruppe nach vorheriger Ausgliederung aus einer Sammelinnung, LFI 2012, 52 f.; Detterbeck § 52 Rn. 16; Schwannecke § 52 Rn. 23 aE).

Rechtsfolge der Rechtsfähigkeit der Innung ist, dass nur die Innung als Körperschaft für das Fehlverhalten ihrer Organe mit ihrem Vermögen **haftet**, nicht aber die Innungsmitglieder (Schwannecke Rn. 4; Honig/Knörr Rn. 8; Detterbeck Rn. 3).

§ 54 [Aufgabe der Innung]

(1) ¹Aufgabe der Handwerksinnung ist, die gemeinsamen gewerblichen Interessen ihrer Mitglieder zu fördern. ²Insbesondere hat sie
1. den Gemeingeist und die Berufsehre zu pflegen,
2. ein gutes Verhältnis zwischen Meistern, Gesellen und Lehrlingen anzustreben,

3. entsprechend den Vorschriften der Handwerkskammer die Lehrlingsausbildung zu regeln und zu überwachen sowie für die berufliche Ausbildung der Lehrlinge zu sorgen und ihre charakterliche Entwicklung zu fördern,
4. die Gesellenprüfungen abzunehmen und hierfür Gesellenprüfungsausschüsse zu errichten, sofern sie von der Handwerkskammer dazu ermächtigt ist,
5. das handwerkliche Können der Meister und Gesellen zu fördern; zu diesem Zweck kann sie insbesondere Fachschulen errichten oder unterstützen und Lehrgänge veranstalten,
6. bei der Verwaltung der Berufsschulen gemäß den bundes- und landesrechtlichen Bestimmungen mitzuwirken,
7. das Genossenschaftswesen im Handwerk zu fördern,
8. über Angelegenheiten der in ihr vertretenen Handwerke den Behörden Gutachten und Auskünfte zu erstatten,
9. die sonstigen handwerklichen Organisationen und Einrichtungen in der Erfüllung ihrer Aufgaben zu unterstützen,
10. die von der Handwerkskammer innerhalb ihrer Zuständigkeit erlassenen Vorschriften und Anordnungen durchzuführen.

(2) Die Handwerksinnung soll
1. zwecks Erhöhung der Wirtschaftlichkeit der Betriebe ihrer Mitglieder Einrichtungen zur Verbesserung der Arbeitsweise und der Betriebsführung schaffen und fördern,
2. bei der Vergebung öffentlicher Lieferungen und Leistungen die Vergebungsstellen beraten,
3. das handwerkliche Pressewesen unterstützen.

(3) Die Handwerksinnung kann
1. Tarifverträge abschließen, soweit und solange solche Verträge nicht durch den Innungsverband für den Bereich der Handwerksinnung geschlossen sind,
2. für ihre Mitglieder und deren Angehörige Unterstützungskassen für Fälle der Krankheit, des Todes, der Arbeitsunfähigkeit oder sonstiger Bedürftigkeit errichten,
3. bei Streitigkeiten zwischen den Innungsmitgliedern und ihren Auftraggebern auf Antrag vermitteln.

(4) Die Handwerksinnung kann auch sonstige Maßnahmen zur Förderung der gemeinsamen gewerblichen Interessen der Innungsmitglieder durchführen.

(5) Die Errichtung und die Rechtsverhältnisse der Innungskrankenkassen richten sich nach den hierfür geltenden bundesrechtlichen Bestimmungen.

Literatur: Aberle Hans-Jürgen, Inkassotätigkeit von Kreishandwerkerschaften, GewArch 1970, 1 ff.; Dannenbring Jan, Die Tarifpartnerschaft im Handwerk, WiVerw 2012, 156 ff.; Detterbeck Steffen, Handwerkskammerbeitrags-Bonussystem für Innungsmitglieder, GewArch 2005, 271 ff.; Detterbeck Steffen/Will Martin, Die Handwerksinnungen in der staatlichen dualen Ordnung des Handwerks, 2003; Dürr Wolfram, Anmerkung zum Urteil des OVG Lüneburg, Urt. v. 25.09.2014 – 8 LC 23/14, GewArch 2015, 36, 41 ff.; Emmerich-Fritsche Angelika, Rechtliche Grenzen und Risiken der Betriebsberatung in einer Unternehmenskrise am Beispiel der Beratung durch die Handwerkskammern, GewArch 2011, 385 ff.; Heck Hans-Joachim, Kreishandwerkerschaften und Rechtsberatungsgesetz, GewArch 1982, 48 ff.; Heck Hans-Joachim, Schieds-, Schlichtungs- und Inkassowesen im Handwerk, WiVerw 1999, 100 ff.; Honig Gerhard, Innung und Wettbewerb, GewArch 2000, 99 ff.; Honig Gerhard, Einige Rechtsfragen im Zusammenhang mit den Schiedsstellen des Kfz-Handwerks, GewArch 1977, 258 ff.; Jahn Ralf, Wirtschaftliche und freiberufliche Selbstverwaltung durch Kammern, GewArch 2002, 353 ff.; Jahn Ralf, Zum gerichtlichen Inkasso durch Handwerkskammern für ihre Mitgliedsbetriebe, NVwZ 2002, 306 ff.; Kluth Winfried, Die Zulässigkeit einer Mitgliedschaft ohne Tarifbindung in Handwerksinnungen und Innungsverbänden, GewArch 2013, 377 ff.; Kluth Winfried, Die sachliche und personelle Reichweite des allgemeinverbindlichen Mindestlohntarifvertrags für die gewerblichen Beschäftigten in der Gebäudereinigung, GewA2009, 329 ff.; Kluth Winfried, Funktionale Selbstverwaltung, 1997; Kormann Joachim, Überbetriebliche Unterweisungen und außerbetriebliche Ausbildung, 1985; Kormann Joachim, Zur Struktur der Aufsicht über Innung und Kreishandwerkerschaft, 1986; Kormann Joachim, Steuerberatung als Service-Leistung der Handwerkskammer GewArch 1988, 249 ff.; Kormann Joachim, Normsetzungskonkurrenz bei Vorkehrung überbetrieblicher Unterweisung im Handwerk, GewArch 1991, 89 ff.; Kormann Joachim, Rechtsanspruch der Innung auf Genehmigung oder Ermessensentscheidung der Handwerkskammer?, GewArch 1996, 41 ff.; Kormann Joachim/Schinner-Stör Ute, Zulässigkeit von Rechtsdienstleistungen, LFI-Schriftenreihe 2003; Kormann Joachim/Schinner-Stör Ute, Rechtsdienstleistungen durch öffentlich-rechtliche Handwerksorganisationen, GewArch 2004, 265 ff.; Leisner Walter Georg, Öffentlich-rechtliche oder privatrechtliche Körperschaftsrechtsform für Innungen, Kreishandwerkerschaften und Innungsverbände?, GewArch 2011, 470 ff.; Leisner Walter Georg, Die Überbetriebliche Lehrlingsunterweisung (ÜLU) im Handwerk, LFI-Schriftenreihe 2011/12; Leisner Walter Georg, Ausbildungszwang in Einrichtungen der Handwerkskammern?, GewArch 2005, 408 ff.; Luber Michael/Tremml Bernd, Die Amtshaftung der Handwerksorganisationen, GewArch 2007, 393 ff.; Maiwald Beate, Handwerksorganisationen und wirtschaftliche Unternehmen – Haftung und Durchgriffshaftung, GewArch 1990, 46 ff.; Mohr Gerhard/Faber Joachim, Zur Ehrengerichtsbarkeit von Handwerksinnungen, GewArch 1989, 157 ff.; Oetker Hartmut, Zur Tariffähigkeit der Handwerksinnung, EWiR 2004, 91 ff. als Anmerkung zu BAG Urt. v. 06.05.2003 – 1 AZR 241/02; Reuß Wilhelm, Nochmals: Die rechtliche Zulässigkeit einer Zeitungsherausgabe durch Handwerkskammern, GewArch 1974, 317 ff.; Rieble Volker, Sondertarifrecht des Handwerks, GewArch 2014, 265 ff.; Rieble Volker/Klebeck Ulf, Tarifwechsel ins Handwerk, BB 2006, 885 ff.; Schöbener Burkhard, Die Erbringung von Rechtsdienstleistungen durch Kammern, GewArch 2011, 49 ff.; Webers Gerhard, Zur Haftung der Betriebsberater bei Handwerkskammern, Fachverbänden und Handwerksinnungen, GewArch 1997, 405 ff.; Will Martin, Selbstverwaltung der Wirtschaft, 2010

Überblick

Grundlegende Aufgabe der Innung ist die gewerkspezifische Interessenvertretung. Der Gesetzgeber bediente sich zur Beschreibung der Aufgabenstruktur der **Generalklausel** des § 54 Abs. 1 S. 1, wonach es der Innung obliegt die gemeinsamen gewerblichen Interessen ihrer Mitglieder zu fördern (→ Rn. 3). IRd **Aufgabenkatalogs**, der sich in sog. „Muss"-, „Soll"- und „Kann"- Aufgaben unterteilen lässt, werden beispielhafte Aufgabenfelder der Innung aufgelistet (→ Rn. 4). Nach Ansicht der Rspr. sind die **„Muss"-Aufgaben** des § 54 Abs. 1 S. 2 Nr. 1–10 (→ Rn. 6) **Pflichtaufgaben** der Innung und die **„Soll"-Aufgaben** des § 54 Abs. 2 (→ Rn. 19) und die **„Kann"-Aufgaben** nach § 54 Abs. 3 (→ Rn. 23) **freiwillige Aufgaben** der Innung (→ Rn. 5). Nach § 54 Abs. 5 kann die Innung **Innungskrankenkassen** errichten (→ Rn. 38).

Übersicht

	Rn.		Rn.
A. Historie	1	8. Erstattung von Gutachten und Auskünften (Abs. 1 S. 2 Nr. 8)	15
B. Innungsaufgaben	2	9. Unterstützung sonstiger handwerklicher Organisationen und Einrichtungen (Abs. 1 S. 2 Nr. 9)	17
I. Die Systematik des § 54	2		
II. Die Generalklausel des § 54 Abs. 1 S. 1	3	10. Durchführung von Vorschriften und Anordnungen der Handwerkskammer (Abs. 1 S. 2 Nr. 10)	18
III. Zuordnung der Aufgaben in „Muss"- „Soll"- und „Kann"- Aufgaben	4	II. „Soll"-Aufgaben nach Abs. 2	19
C. Der Aufgabenkatalog (Abs. 1 S. 2– Abs. 3)	6	1. Einrichtungen zur Verbesserung der Arbeitsweise und der Betriebsführung (Abs. 2 Nr. 1)	20
I. „Muss"– Aufgaben nach Abs. 1 S. 2 als Pflichtaufgaben	6	2. Beratung bei der Vergebung öffentlicher Lieferungen und Leistungen (Abs. 2 Nr. 2)	21
1. Pflege des Gemeingeistes und der Berufsehre (Abs. 1 S. 2 Nr. 1)	7	3. Unterstützung des handwerklichen Pressewesens (Abs. 2 Nr. 3)	22
2. Gutes Verhältnis zwischen Meistern, Gesellen und Lehrlingen (Abs. 1 S. 2 Nr. 2)	8	III. „Kann"- Aufgaben nach Abs. 3	23
3. Lehrlingsausbildung (Abs. 1 S. 2 Nr. 3)	9	1. Abschluss von Tarifverträgen (Abs. 3 Nr. 1)	24
4. Gesellenprüfung (Abs. 1 S. 2 Nr. 4)	11	2. Errichtung von Unterstützungskassen (Abs. 3 Nr. 2)	35
5. Förderung des handwerklichen Könnens (Abs. 1 S. 2 Nr. 5)	12	3. Vermittlung bei Streitigkeiten mit Auftraggebern (Abs. 3 Nr. 3)	37
6. Verwaltung der Berufsschulen (Abs. 1 S. 2 Nr. 6)	13	D. Die Innungskrankenkassen (Abs. 5)	38
7. Förderung des Genossenschaftswesens (Abs. 1 S. 2 Nr. 7)	14		

A. Historie

§ 54 hat vereinzelt Änderungen im Zuge der Novellierungen der HwO erfahren. Im Wesentlichen stimmte die Fassung aus dem Jahre 1953 (im damaligen § 49) mit der heute geltenden Fassung des § 54 überein. Nachfolgende Änderungen erfolgten: **1**

- **§ 54 Abs. 1 S. 2 Nr. 3**: 1953 lautete § 49 Abs. 1 S. 2 Nr. 3 noch „sowie für die technische, gewerbliche und sittliche Ausbildung der Lehrlinge zu sorgen" (BGBl. 1953 I 1411 (1418)). Dieser Wortlaut wurde im Zuge der Reform der HwO von 1965 an den heute geltenden Wortlaut angepasst, so dass die Regelung nun lautet „sowie für die berufliche Ausbildung der Lehrlinge zu sorgen und ihre charakterliche Entwicklung zu fördern" (BGBl 1966 I 1 (11)).
- **§ 54 Abs. 1 S. 2 Nr. 4**: 1953 lautete § 49 Abs. 1 S. 2 Nr. 4 „Gesellenprüfung mit Ermächtigung der Handwerkskammer abzunehmen" (BGBl. 1953 I 1411 (1418)). Dieser Wortlaut wurde im Zuge der Reform der HwO von 1965 an den heute geltenden Wortlaut angepasst (BGBl 1966 I 1 (11)).
- **§ 54 Abs. 1 S. 2 Nr. 5**: Im Zuge der Reform von 1965 wurde der Wortlaut des § 49 Abs. 1 S. 2 Nr. 5 (1953) um den Zusatz „und Lehrgänge veranstalten" ergänzt und entspricht seitdem der heutigen Fassung (BGBl 1966 I 1 (11)).
- **§ 54 Abs. 1 S. 2 Nr. 10** wurde im Wege der Reform der HwO von 1965 neu eingeführt und entspricht der heutigen Fassung (BGBl 1966 I 1 (11)).

B. Innungsaufgaben

I. Die Systematik des § 54

2   In Abs. 1 S. 1 hat der Gesetzgeber im Rahmen einer **Generalklausel** (→ Rn. 3) gesetzlich normiert, dass die Förderung der gemeinsamen gewerblichen Interessen der Innungsmitglieder Aufgabe der Innung ist. Konkretisiert wird die Generalklausel durch die in den einzelnen Absätzen des § 54 genannten Aufgaben (Detterbeck/Will, Die Handwerksinnungen in der staatlichen dualen Ordnung des Handwerks, 2003, 29). In § 54 Abs. 1 S. 2 werden in nicht abschließender Weise beispielhafte Aufgaben in Form von sog. „**Muss-Aufgaben**" genannt, die als staatliche Aufgaben Pflichtaufgaben der Innung sind (→ Rn. 4 ff.) (BVerfGE 68, 193 (210); 70, 1 (17, 19 f.); Schwannecke/Webers Rn. 6). § 54 Abs. 2 nennt die sog. „**Soll-Aufgaben**" (→ Rn. 19) und § 54 Abs. 3 die sog. „**Kann-Aufgaben**" (→ Rn. 23) der Innung, die freiwillige Aufgaben der Innung sind (BVerfGE 70, 1 (20)). § 54 Abs. 4 wiederholt erneut in klarstellender Funktion, dass die gesetzlich genannten Aufgaben der Innung in § 54 keinen abschließenden Katalog darstellen. Vielmehr kann die Innung auch sonstige Maßnahmen zur Förderung der gemeinsamen gewerblichen Interessen ihrer Mitglieder durchführen. Die Regelung des § 54 Abs. 5 betrifft die **Innungskrankenkassen** und steht im Zusammenhang mit § 54 Abs. 3 S. 2.

II. Die Generalklausel des § 54 Abs. 1 S. 1

3   Aufgrund der **Generalklausel** des § 54 Abs. 1 S. 1 hat die Innung die Pflicht die gemeinsamen gewerblichen Interessen ihrer Mitglieder zu fördern. Dies entspricht dem Zweck, den die Innungen nach § 52 Abs. 1 S. 1 zu verfolgen haben (Schwannecke/Webers Rn. 1; Honig/Knörr Rn. 1). Diese **Interessenförderungspflicht** ist die „oberste" Aufgabe der Innung (OVG Hamburg GewArch 1998, 295 (296); VGH München GewArch 1989, 28 (29)), jedoch begrenzt auf ihren räumlichen Wirkungsbereich im Innungsbezirk (→ § 52 Rn. 56 ff.). Im Gegensatz zur Handwerkskammer vertritt die Innung nur die Interessen ihrer Mitglieder, dh eines bestimmten einzelnen Handwerks bzw. nahestehender Handwerke und nicht die Interessen des gesamten Handwerks (vgl. zur Aufgabenüberschneidung mit der Handwerkskammer → Rn. 3.1) (vgl. für Viele: Detterbeck/Will, Die Handwerksinnungen in der staatlichen dualen Ordnung des Handwerks, 2003, 41; Detterbeck GewArch 2005, 271 (273)). Interessenförderung bedeutet die Verfolgung der öffentlichen gewerblichen Gesamtinteressen der Innungsmitglieder und nicht die konkreten Einzelinteressen eines einzigen Mitglieds oder allgemeine Interessen (Leisner W.G. GewArch 2011, 470 (473); vgl. Jahn GewArch 2002, 353 (355); Kormann/Schinner-Stör GewArch 2004, 265 (266)). Anzumerken ist, dass der Gesetzgeber die Aufgabe der Interessenvertretung und der Interessenförderung gesetzlich dreifach normiert hat in den § 52 Abs. 1 S. 1, § 54 Abs. 1 S. 1 und § 54 Abs. 4 (Kormann, Zur Struktur der Aufsicht über Innung und Kreishandwerkerschaft, 1986, 31). Die Generalklausel des § 54 Abs. 1 S. 1 wird durch die beispielhafte, nicht abschließende katalogartige Aufzählung in § 54 Abs. 1 S. 2 Nr. 1–10, Abs. 2 und Abs. 3, Abs. 4 konkre-

Aufgabe der Innung **§ 54 HwO**

tisiert (VGH München GewArch 1989, 28 (29); Detterbeck GewArch 2005, 271 (273)). Nach § 55 Abs. 2 Nr. 2 muss die **Innungssatzung** Bestimmungen über die Aufgaben der Innung enthalten, so dass die von der Innung wahrzunehmenden Aufgaben sich aus ihrer Satzung ergeben (→ § 55 Rn. 19) (Schwannecke/Webers Rn. 1).

Entsprechend der Auffassung der Rspr. können **Aufgabenüberschneidungen zwischen der** **3.1** **Handwerkskammer und der Innung** aufgrund der unterschiedlichen Grundaufgaben, der unterschiedlichen Mitgliederstruktur und der unterschiedlichen räumlichen Wirkungsweise weitestgehend vernachlässigt werden (BVerwG GewArch 2006, 341 (343f.)). Das BVerwG führt zur Thematik der Aufgabenüberscheidungen im Einzelnen aus:

„Nach alledem bestehen zwischen den Handwerkskammern und den Innungen ungeachtet ihrer gemeinsamen Eigenschaft als öffentlich-rechtliche Handwerksorganisation sowohl mit Blick auf ihre personelle Grundlage als auch – und vor allem – hinsichtlich ihres Auftrages und des Einrichtungszwecks wesentliche Unterschiede, die Aufgabenüberschneidungen weitgehend ausschließen. Wie bereits ausgeführt, besteht die Grundaufgabe der Handwerkskammer gemäß § 90 Abs. 1 HwO in der Vertretung der Interessen des Handwerks (und, wie gemäß § 91 Abs. 4 HwO hinzuzufügen ist, derjenigen der handwerksähnlichen Gewerke). Diese Aufgabe geht über die in § 54 Abs. 1 HwO den Innungen zugewiesene Aufgabe der Förderung der gemeinsamen gewerblichen Interessen der Inhaber von Betrieben des gleichen zulassungspflichtigen Handwerks oder des gleichen zulassungsfreien Handwerks oder sich fachlich nahe stehender Handwerke oder handwerksähnlicher Gewerke weit hinaus. Zudem erstreckt sich die den Handwerkskammern auferlegte Vertretung der Interessen des Handwerks auf einen regelmäßig größeren räumlichen Bereich mit entsprechend weiterem Entscheidungspotential der als Ansprechpartner der Kammer in Betracht kommenden Entscheidungsträger in Verwaltung und Wirtschaft. Die von Pflichtmitgliedern getragenen Handwerkskammern haben ihre Aufgaben grundsätzlich unabhängig davon zu erfüllen, ob und inwieweit in ihrem Bezirk zugleich aufgrund der Initiative der Betriebsinhaber für einzelne Handwerke Innungen bestehen, welche die Interessen ihres jeweiligen Handwerks fördern. Soweit dies der Fall ist, handelt es sich um eine zusätzliche Aufgabenerfüllung aus der Sicht der einzelnen Handwerke und damit im Ergebnis um eine sich wechselseitig verstärkende, umfassende Förderung der berufsständischen Belange des Handwerks unter verschiedenen Gesichtspunkten (vgl. Detterbeck, GewArch 2005, 321). Das Verhältnis zwischen den Handwerkskammern und den Innungen ist daher nicht von Aufgabenüberschneidungen, sondern von Komplementarität der Aufgabenerfüllung gekennzeichnet.

Soweit sich Aufgabenüberschneidungen hinsichtlich konkreter Aufgabenzuweisungen im Einzelnen ergeben können, z. B. im Rahmen der Förderung des Genossenschaftswesens, der Erstattung von Gutachten, der Erteilung von Auskünften, der Betriebs-, Steuer- und (soweit zulässig) der Rechtsberatung, der Errichtung von Inkassostellen, der Berufsbildung (im Einzelnen Detterbeck, GewArch 2005, 271, 273 f.), betrifft dies nur einen beschränkten Teil der Gesamtaufgaben der Handwerkskammern und trägt in diesem Umfang dem Gedanken Rechnung, dass die gesamte Handwerksorganisation auch dem einzelnen Handwerker durch Rat und Tat zur Seite stehen soll (Urt. vom 16.05.1957 – BVerwG 1 C 174.54 – BVerwGE 5, 74, 78), kann aber nicht die grundsätzlichen Unterschiede in der Aufgabenzuweisung verwischen. Dafür ist es ohne Bedeutung, ob sich aus der Ausgestaltung bestimmter Aufgaben der Innung als Soll- oder als Kann-Aufgaben ableiten lässt, dass darin der Gedanke der Subsidiarität der Innungsaufgaben gegenüber den der Handwerkskammern als Pflichtaufgaben übertragenen Tätigkeitsfeldern zum Ausdruck kommt (so Badura/Kormann, GewArch 2005, 99, 105). Auch wenn die Innungen auch insofern originäre Aufgaben wahrzunehmen haben sollten oder doch jedenfalls nicht durch eine gleichartige Aufgabenwahrnehmung durch die Handwerkskammern an ihrer Erfüllung gehindert wären, hätte diese angesichts des abweichenden personellen und räumlichen Bezugs nur eine beschränkte Bedeutung, die die Aufgabenwahrnehmung durch die Handwerkskammer nicht im Kern berührt." (BVerwG GewArch 2006, 341 (343)).

Als Bestandteil der Pflicht zur Förderung der gemeinsamen gewerblichen fachspezifischen **3a** Interessen des § 54 Abs. 1 S. 1 kann die Innung grundsätzlich iRd Wahlverfahrens zur Vollversammlung der Handwerkskammer **Wahlwerbung** für eine bestimmte Liste betreiben, die maßgeblich von den Organen der Innung bzw. Innungsmitgliedern aufgestellt wurde und wenn der konkurrierenden Liste fast ausschließlich Nicht-Innungsmitglieder angehören. Die Wahlwerbung durch die Innungen erfolgt nicht in ihrer Funktion als mittelbare Staatsverwaltung, sondern iRd Interessenwahrnehmung ihrer Innungsmitglieder und bedarf einer entsprechenden demokratischen Legitimation. Aufgrund der freiwilligen Innungsmitgliedschaft unterliegen die Innungen iRd Interessenvertretung grds. keinem speziellen **Neutralitätsgebot**, da die Innungen keine Gesamtinteressen wahrnehmen, sondern gerade ausschließlich

Baier-Treu 375

die gemeinsamen gewerblichen Interessen ihrer Mitglieder. Die Innungen müssen aber auch wie andere privaten Verbände die Grenzen bei der Wahlwerbung beachten. Bei der Wahrnehmung hoheitlicher Aufgaben haben die Innungen sich aber, als Ausfluss des hier geltenden Neutralitätsgebotes, neutral und objektiv zu verhalten.

III. Zuordnung der Aufgaben in „Muss"- „Soll"- und „Kann"- Aufgaben

4   Die Innungen nehmen aufgrund ihrer Doppelfunktion (→ § 53 Rn. 2) als Selbstverwaltungskörperschaft des Öffentlichen Rechts (→ § 53 Rn. 3 ff.) neben Selbstverwaltungsaufgaben, in ihrer Funktion als Träger der mittelbaren Staatsverwaltung (→ § 53 Rn. 10) auch staatliche Aufgaben wahr (BVerfGE 68, 193 (208 f.); Schwannecke/Webers Rn. 3). Die Innungen sind, soweit sie keine Pflichtaufgaben erfüllen, Interessenvertretungen ihrer Mitglieder (BVerwG GewArch 2006, 341 (343)). Die Aufgabenzuweisung erfolgt in der Rechtsprechung anhand des Gesetzeswortlauts nach den sog. **„Muss"- „Soll"- und „Kann"- Aufgaben** (→ Rn. 5). Im Schrifttum erfolgt die Abgrenzung vereinzelt anhand der Funktionen der Innung, so dass eine Aufteilung in die sog „Interessenvertretungsfunktion", „Disziplinierungsfunktion" und „Organisationsfunktion" vorgenommen wird (Kormann GewArch 1996, 41 (43)).

5   Das **BVerfG** und das **BVerwG** nehmen die Unterteilung der Innungsaufgaben anhand der gesetzlichen Kategorisierung des § 54 in die sog. „Muss"- „Soll"- und „Kann"- Aufgaben vor, wonach **Pflichtaufgaben** und damit staatliche Aufgaben im Zuge der mittelbaren Staatsverwaltung nur die sog. „Muss-Aufgaben" des § 54 Abs. 1 S. 2 sind als die übrigen Aufgaben der Abs. 2 und 3 als **freiwillige Aufgaben** und damit als Aufgaben der Interessenvertretung zu qualifizieren sind (BVerfGE 70, 1 (20); 68, 193 (208); BVerwG GewArch 2006, 341 (343)). Das BVerfG qualifiziert den Bereich der Interessenvertretung als nichtstaatliche Aufgabe (BVerfGE 68, 193 (210); 70, 1 (20)). Einige Vertreter des **Schrifttums** lehnen diese Aufgabenkategorisierung der Rspr. als zu schematisch ab und sehen zum Teil auch die „Soll"-Aufgaben des § 54 Abs. 2 als (eingeschränkte) Pflichtaufgaben der Innung an, von deren Erfüllung die Innung nur aus wichtigem Grunde absehen kann, so dass im Schrifttum eine von der Rspr. abweichende Zuordnung der einzelnen Aufgaben des § 54 erfolgt (Detterbeck/Will, Die Handwerksinnungen in der staatlichen dualen Ordnung des Handwerks, 2003, 29 ff; 50 ff.; Will, Selbstverwaltung der Wirtschaft, 2010, 678; Schwannecke/Webers Rn. 7; Detterbeck Rn. 3 ff.; Detterbeck GewArch 2005, 271 (275 f.); aA Honig/Knörr Rn. 35).

C. Der Aufgabenkatalog (Abs. 1 S. 2–Abs. 3)

I. „Muss"– Aufgaben nach Abs. 1 S. 2 als Pflichtaufgaben

6   Die sog. „Muss"- Aufgaben sind nach Ansicht der Rspr. und der Lit. **Pflichtaufgaben** der Innung, die sie als staatliche Aufgaben zwingend wahrzunehmen hat (BVerfGE 70, 1 (20); 68, 193 (208); Will, Selbstverwaltung der Wirtschaft, 2010, 676; Schwannecke/Webers Rn. 6; Detterbeck Rn. 5). Die Pflichtaufgaben sind Aufgaben, die die Innung in jedem Fall erfüllen muss. Dies ergibt sich bereits infolge der Auslegung des Gesetzeswortlauts („hat") in Abs. 1 S. 2. Die in Abs. 1 aufgelisteten Aufgaben sind nach dem Wortlaut „insbesondere" **nicht abschließende** Aufgaben. Infolge Delegation durch die Handwerkskammer können sich weitere Pflichtaufgaben für die Innung ergeben (Schwannecke/Webers Rn. 6).

1. Pflege des Gemeingeistes und der Berufsehre (Abs. 1 S. 2 Nr. 1)

7   Abs. 1 S. 2 Nr. 1 weist der Innung die Verpflichtung zur Pflege des Gemeingeistes und der Berufsehre zu. Der Begriff „**Gemeingeist**" betrifft das Innenverhältnis der Organisation, während der Ausdruck „**Berufsehre**" die Pflege des Ansehens nach außen betrifft (OVG Hamburg GewArch 1998, 295 (296); VGH München GewArch 1989, 28 (29); Will, Selbstverwaltung der Wirtschaft, 2010, 680; Schwannecke/Webers Rn. 11). Die beiden unbestimmten Begriffe erschließen sich inhaltlich aus dem „Wesen der Innung als berufsständische Organisation" und damit „aus dem Charakter des Handwerks als einer einheitlichen sozialen Gruppe, die durch geschichtliche Entwicklung, Tradition, typische Besonderheiten ihrer Tätigkeiten, Lebensstil und Standesbewusstsein der Berufsangehörigen von anderen Berufs-

gruppen deutlich abgegrenzt ist" (VGH München GewArch 1989, 28 (29); vgl. BVerfG NJW 1961, 2011 (2013)). Unter diese Pflichtaufgabe fallen Maßnahmen zur Förderung der gegenseitigen Achtung und der beruflichen Verbundenheit (Will, Selbstverwaltung der Wirtschaft, 2010, 680; Schwannecke/Webers Rn. 10). So kommt die Errichtung eines Schlichtungsausschusses in Betracht (Schwannecke/Webers Rn. 10; Will, Selbstverwaltung der Wirtschaft, 2010, 681). Die Verpflichtung zur Pflege des Gemeingeistes und der Berufsehre bedeutet jedoch nicht, dass die Innung „einen Apparat zur Überwachung ihrer und potentieller Mitglieder auf mögliche Rechtsverstöße hin auch nur einrichten dürfte" (VGH München GewArch 1989, 28 (29); Detterbeck Rn. 9). Der Innung kommt **keine Disziplinargewalt** gegenüber ihren Mitgliedern in Bezug auf deren „persönliches, berufliches oder wettbewerbsrechtliches Verhalten" zu (VGH München GewArch 1989, 28 (29); Will, Selbstverwaltung der Wirtschaft, 2010, 681; Detterbeck Rn. 9). Unzulässig wäre die Schaffung von Ehrengerichten (Detterbeck Rn. 9; Will, Selbstverwaltung der Wirtschaft, 2010, 681; Schwannecke/Webers Rn. 10; Mohr/Faber GewArch 1989, 157 ff.). In welcher Art und Weise die Innung iE diese Pflichtaufgabe zur Pflege des Gemeingeistes und der Berufsehre wahrnimmt, liegt in ihrem **pflichtgemäßen Ermessen** (Schwannecke/Webers Rn. 10; Detterbeck Rn. 9; Will, Selbstverwaltung der Wirtschaft, 2010, 680).

2. Gutes Verhältnis zwischen Meistern, Gesellen und Lehrlingen (Abs. 1 S. 2 Nr. 2)

Die Innung ist nach der Regelung des Abs. 1 S. 2 Nr. 2 verpflichtet „ein gutes Verhältnis 8 zwischen Meistern, Gesellen und Lehrlingen anzustreben". Neben der Pflege des Gemeingeistes und der Berufsehre (→ Rn. 7) dient diese Aufgaben der Stärkung des Berufs- und Standesethos (Kluth, Funktionale Selbstverwaltung, 1997, 153). Diese Aufgabe erfüllt die Innung etwa durch die Errichtung eines Gesellenausschusses (§ 68) (→ § 68 Rn. 1 ff.), eines Berufsbildungsausschusses (§ 67 Abs. 2) (→ § 67 Rn. 12) und dem Schlichtungsausschuss (§ 67 Abs. 3) (→ § 67 Rn. 17 ff.) (Detterbeck Rn. 10; Will, Selbstverwaltung der Wirtschaft, 2010, 681; Schwannecke/Webers Rn. 12).

3. Lehrlingsausbildung (Abs. 1 S. 2 Nr. 3)

Nach dem Wortlaut des Abs. 1 S. 2 Nr. 3 hat die Innung „entsprechend den Vorschriften 9 der Handwerkskammer die Lehrlingsausbildung zu regeln und zu überwachen sowie für die berufliche Ausbildung der Lehrlinge zu sorgen und ihre charakteristische Entwicklung zu fördern". Die Regelung der Lehrlingsausbildung durch Erlass entsprechender Vorschriften steht der Innung nur zu, wenn die Handwerkskammer keine derartigen Vorschriften erlassen hat (Detterbeck Rn. 11). Nach § 41 regelt die Handwerkskammer die Durchführung der Berufsausbildung, soweit keine Vorschriften bestehen (→ § 41 Rn. 1 ff.) und überwacht die Durchführung der Berufsausbildung nach § 41a Abs. 1 S. 1 Nr. 2 (→ § 41a Rn. 1 ff.). § 91 Abs. 1 Nr. 4 weist die Regelung der Berufsausbildung und den Erlass entsprechender Vorschriften sowie die Überwachung der Durchführung als Aufgabe der Handwerkskammer zu (→ § 91 Rn. 21). Bestehen entsprechende Vorschriften der Handwerkskammer darf die Innung dagegen nicht verstoßen. Hat die Handwerkskammer von ihrer Befugnis zur Regelung keinen Gebrauch gemacht, kann die Innung für ihren Bereich entsprechende Vorschriften erlassen (Will, Selbstverwaltung der Wirtschaft, 2010, 682; Leisner W.G., Die Überbetriebliche Lehrlingsunterweisung (ÜLU) im Handwerk, LFI- Schriftenreihe 2011/12, 37). Nach § 61 Abs. 2 Nr. 6 obliegt der Erlass von Vorschriften der Lehrlingsausbildung der Innungsversammlung, deren Beschluss nach § 61 Abs. 3 der Genehmigung durch die Handwerkskammer bedarf (→ § 61 Rn. 14). Nach § 68 Abs. 2 Nr. 1, Abs. 3 Nr. 2 ist der Gesellenausschuss bei der Beratung und Beschlussfassung der Innungsversammlung zu beteiligen, indem sämtliche Mitglieder des Gesellenausschusses mit vollem Stimmrecht daran teilnehmen.

Ferner obliegt es der Innung entsprechend den Vorschriften der Handwerkskammer die 10 Lehrlingsausbildung zu überwachen und damit in ihrem Bezirk die Einhaltung der von der Handwerkskammer erlassenen Berufsausbildungsvorschriften zu überprüfen (Detterbeck Rn. 11). Der Vorbehalt gilt auch hier (OVG Münster GewArch 2006, 84 (84)). Zur Förderung der Berufsbildung ist von der Innung nach § 67 Abs. 2 S. 1 ein Ausschuss zu bilden

(→ § 67 Rn. 10). Welche sonstigen Maßnahmen die Innung ergreift, um für die berufliche Ausbildung der Lehrlinge zu sorgen und ihre charakterliche Entwicklung zu fördern, steht in ihrem Ermessen (Will, Selbstverwaltung der Wirtschaft, 2010, 682 mit Bsp.; Detterbeck Rn. 11 mit Bsp. und mwN). Die Pflicht zur Sorge der beruflichen Ausbildung der Lehrlinge kann grds. auch die Durchführung von Maßnahmen der überbetrieblichen Unterweisung umfassen (OVG Münster GewArch 2006, 84 (84) mwN; VG Köln GewArch 2003, 256 (257); VG Köln Urt. v. 27.3.1999 – 1 K 1906/99 (= BeckRS 2005, 27382); vgl. ausf. zur sog. überbetrieblichen Lehrlingsunterweisung (ÜLU) bei Leisner W.G., Die Überbetriebliche Lehrlingsunterweisung (ÜLU) im Handwerk, LFI- Schriftenreihe 2011/12 (→ § 91 Rn. 22); Leisner GewArch 2005, 408 und Kormann, Überbetriebliche Unterweisungen und außerbetriebliche Ausbildung, 1985; Kormann GewArch 1991, 89 ff.). Nach § 68 Abs. 2 Nr. 2 ist der Gesellenausschuss bei Maßnahmen zur Förderung und Überwachung der beruflichen Ausbildung und zur Förderung der charakterlichen Entwicklung der Lehrlinge zu beteiligen.

4. Gesellenprüfung (Abs. 1 S. 2 Nr. 4)

11 Die Innung hat nach Abs. 1 S. 2 Nr. 4 „die Gesellenprüfungen abzunehmen und hierfür Gesellenprüfungsausschüsse zu errichten, sofern sie von der Handwerkskammer dazu ermächtigt ist". Grds. errichtet die Handwerkskammer nach § 91 Abs. 1 Nr. 5, § 33 Abs. 1 S. 1 Prüfungsausschüsse für die Abnahme der Gesellenprüfung (§ 31) (Detterbeck Rn. 12; Schwannecke/Webers Rn. 14). Nach § 33 Abs. 1 S. 3 kann die Handwerkskammer aber die Innung ermächtigen Gesellenprüfungsausschüsse zu errichten und damit die Aufgabe auf die Innung übertragen, wenn die Leistungsfähigkeit der Innung die ordnungsgemäße Durchführung der Prüfung sicherstellt, indem hinreichend Kapazitäten (zB Personen, Maschinen, Räumlichkeiten) zur Durchführung der Aufgaben bestehen (Detterbeck Rn. 12; Schwannecke/Webers Rn. 14). Besteht eine Ermächtigung muss die Innung einen Gesellenprüfungsausschuss errichten (Will, Selbstverwaltung der Wirtschaft, 2010, 682). Bei der Errichtung des Gesellenprüfungsausschusses durch die Innung bedarf es der Beteiligung des Gesellenausschusses der Innung nach § 68 Abs. 2 Nr. 3 (Honig/Knörr Rn. 19).

5. Förderung des handwerklichen Könnens (Abs. 1 S. 2 Nr. 5)

12 Nach dem Wortlaut des Abs. 1 S. 2 Nr. 5 hat die Innung „das handwerkliche Können der Meister und Gesellen zu fördern; zu diesem Zweck kann sie insbes. Fachschulen errichten oder unterstützen und Lehrgänge veranstalten". Welche Maßnahme die Innung ergreift, um das handwerkliche Können zu fördern, liegt in ihrem Ermessen (Will, Selbstverwaltung der Wirtschaft, 2010, 683). Der Gesetzgeber nennt in nicht abschließender beispielhafter Weise („insbesondere") als Möglichkeit die Errichtung und Unterstützung von **Fachschulen** und die **Veranstaltung von Lehrgängen**; darüber hinaus kann die Innung aber auch andere Maßnahmen ergreifen (zB Veranstaltung von Vorträgen, Bereitstellen von Fachbüchern und Fachzeitschriften, Anbieten von Ausbildungskurse) (vgl. weitere Beispiele bei Detterbeck Rn. 13; Will, Selbstverwaltung der Wirtschaft, 2010, 683; Honig/Knörr Rn. 20; Schwannecke/Webers Rn. 15). Die vom Gesetzgeber beispielhaft genannten Maßnahmen der Errichtung und Unterstützung von Fachschulen und die Veranstaltung von Lehrgängen sind nach dem Wortlaut des Gesetzes („kann") keine Pflichtaufgaben der Innung (Schwannecke/Webers Rn. 15; Honig/Knörr Rn. 21). Der Begriff der Fachschulen ist weit auszulegen, so dass alle Einrichtungen zur Aus- und Fortbildung darunter fallen (Detterbeck Rn. 14; Will, Selbstverwaltung der Wirtschaft, 2010, 683).

6. Verwaltung der Berufsschulen (Abs. 1 S. 2 Nr. 6)

13 Nach Abs. 1 S. 2 Nr. 6 hat die Innung „bei der Verwaltung der Berufsschulen gemäß den bundes- und landesrechtlichen Bestimmungen mitzuwirken". Die Mitwirkungsmöglichkeiten der Innung ergeben sich mangels bundesrechtlicher Bestimmungen ggf. aus landesrechtlichen Bestimmungen (Schwannecke/Webers Rn. 16). Derzeit hat diese Pflichtaufgabe der Innung in der Praxis aufgrund fehlender landesrechtlicher Bestimmungen, die ihr ein entsprechendes Recht zur Mitwirkung einräumen, wenig Bedeutung (Will, Selbstverwaltung der Wirtschaft, 2010, 683; Honig/Knörr Rn. 25). Der Begriff der „Verwaltung" ist weit auszule-

gen und enthält etwa die Mitwirkung in Fachausschüssen und Beiräten (Will, Selbstverwaltung der Wirtschaft, 2010, 683). Wäre eine Mitwirkung der Innung eröffnet, müsste der Gesellenausschuss beteiligt werden nach § 68 Abs. 2 Nr. 5 (Honig/Knörr Rn. 25).

7. Förderung des Genossenschaftswesens (Abs. 1 S. 2 Nr. 7)

Die Innung hat nach Abs. 1 S. 2 Nr. 7 die Aufgabe „das Genossenschaftswesen im Handwerk zu fördern". Den Genossenschaften, etwa in Form von Einkaufs-, Produktions- oder Verkaufsgenossenschaften, kommt in der Praxis große Bedeutung zu (Will, Selbstverwaltung der Wirtschaft, 2010, 683; Honig/Knörr Rn. 26; Schwannecke/Webers Rn. 17). Durch die Genossenschaft wird die wirtschaftliche Tätigkeit ihrer Mitglieder, durch die „Bündelung der Kräfte", ergänzend unterstützt (Will, Selbstverwaltung der Wirtschaft, 2010, 684). In welcher Art und Weise die Innung das Genossenschaftswesen fördert, liegt in ihrem pflichtgemäßen Ermessen (Detterbeck Rn. 17; Will, Selbstverwaltung der Wirtschaft, 2010, 683). Möglich ist etwa die Beratung der Innungsmitglieder über die Vor- und Nachteile einer Mitgliedschaft in der Genossenschaft (Schwannecke/Webers Rn. 17; Honig/Knörr Rn. 26) und die Zusammenarbeit der Innung mit der Genossenschaft bei der Teilnahme an Messen und Ausstellungen (Schwannecke/Webers Rn. 17). 14

8. Erstattung von Gutachten und Auskünften (Abs. 1 S. 2 Nr. 8)

Nach der Regelung des Abs. 1 S. 2 Nr. 8 hat die Innung „über Angelegenheiten der in ihr vertretenen Handwerke den Behörden Gutachten und Auskünfte zu erstatten". Die Pflicht zur Erstattung von Gutachten und zur Erteilung von Auskünften ist Ausdruck der **Amtshilfe** und damit Konkretisierung der allgemeinen Pflicht aus Art. 35 Abs. 1 GG, wonach in der Regel eine allgemeine Verpflichtung der Gerichte und Behörden des Bundes und der Länder zu gegenseitiger Rechts- und Amtshilfe besteht (Schwannecke/Webers Rn. 18; Detterbeck Rn. 18; Will, Selbstverwaltung der Wirtschaft, 2010, 684). Der Begriff der Behörde ist dahingehend auszulegen, dass neben den Bundesbehörden und den Landesbehörden etwa auch andere Körperschaften des Öffentlichen Rechts und Gerichte darunter fallen (Detterbeck Rn. 19). 15

Das zuständige Organ der Innung kann nicht wegen der Besorgnis der **Befangenheit**, von der Erstellung des Gutachtens abgelehnt werden, da eine solche Ablehnung auf natürliche Personen begrenzt ist und gegenüber korporativen Gremien nicht anzuwenden ist, da diese bei begründeter Ablehnung funktionsunfähig wäre und die ihr übertragene gesetzliche Aufgabe nicht erfüllen könnte (OLG Nürnberg NJW 1967, 401 (401); Schwannecke/Webers Rn. 18; Honig/Knörr Rn. 18). 16

9. Unterstützung sonstiger handwerklicher Organisationen und Einrichtungen (Abs. 1 S. 2 Nr. 9)

Eine Pflichtaufgabe der Innung ist nach Abs. 1 S. 2 Nr. 9 die Unterstützung sonstiger handwerklicher Organisationen und Einrichtungen bei der Erfüllung ihrer Aufgaben. Der Begriff der sonstigen handwerklichen Organisationen und Einrichtungen ist weit auszulegen (Will, Selbstverwaltung der Wirtschaft, 2010, 684), so dass zB die Handwerkskammern, die Kreishandwerkerschaften, die Innungsverbände, Regionale Vereinigungen der Verbände in den Bundesländern, Regionale Handwerkskammertage, Deutscher Handwerkskammertag und der Zentralverband des Deutschen Handwerks darunter fallen (Schwannecke/Webers Rn. 19; Detterbeck Rn. 20). 17

10. Durchführung von Vorschriften und Anordnungen der Handwerkskammer (Abs. 1 S. 2 Nr. 10)

Nach der Regelung des Abs. 1 S. 2 Nr. 10 hat die Innung „die von der Handwerkskammer innerhalb ihrer Zuständigkeit erlassenen Vorschriften und Anordnungen durchzuführen". Die Innung vollzieht die von der Handwerkskammer im Rahmen ihrer Zuständigkeit erlassenen Vorschriften und ihre Anordnungen. In der Praxis sind dies oftmals die Vorschriften über die Berufsausbildung der Lehrlinge und die Gesellen- und Meisterprüfungsordnungen (Will, Selbstverwaltung der Wirtschaft, 2010, 685; Detterbeck Rn. 21). Bei Verstößen der 18

Innung kann die Handwerkskammer in ihrer Funktion als Aufsichtsbehörde aufsichtlich tätig werden (§ 75) (Schwannecke/Webers Rn. 20; Detterbeck Rn. 21).

II. „Soll"-Aufgaben nach Abs. 2

19 Die sog. „Soll"-Aufgaben sind nach Ansicht der Rspr. freiwillige Aufgaben der Innung (BVerfGE 70, 1 (20); 68, 193 (208); BVerwG GewArch 2006, 341 (343)). Im Schrifttum werden die „Soll"-Aufgaben als (eingeschränkte) Pflichtaufgaben der Innung angesehen, die die Innung im Regelfall erfüllen soll und von deren Erfüllung die Innung nur aus wichtigem Grunde absehen kann (Detterbeck/Will, Die Handwerksinnungen in der staatlichen dualen Ordnung des Handwerks, 2003, 29 ff.; 50 ff.; Will, Selbstverwaltung der Wirtschaft, 2010, 678, 685; Schwannecke/Webers Rn. 7; Detterbeck Rn. 3 ff.; Detterbeck GewArch 2005, 271 (275 f.)).

1. Einrichtungen zur Verbesserung der Arbeitsweise und der Betriebsführung (Abs. 2 Nr. 1)

20 Die Innung soll nach Abs. 2 Nr. 1 „zwecks Erhöhung der Wirtschaftlichkeit der Betriebe ihrer Mitglieder Einrichtungen zur Verbesserung der Arbeitsweise und der Betriebsführung schaffen und fördern". Die Innungen sollen ihre Mitglieder in betriebswirtschaftlichen, technischen oder sonstigen betrieblichen Fragen (zB Betriebsorganisation, Rechnungs- und Buchführungswesen) beraten, damit diese ihre Wirtschaftlichkeit erhöhen können (Will, Selbstverwaltung der Wirtschaft, 2010, 685; Detterbeck Rn. 23; Luber/Tremml GewArch 2007, 393 (394); Webers GewArch 1997, 405 (406); vgl. OVG Lüneburg GewArch 1986, 201 ff. zu den Handwerkskammern; Honig GewArch 2000, 99 ff.). Dazu gehören Betriebsberatungsstellen, die die Mitglieder entsprechend beraten (vgl. zur **rechtsberatenden Tätigkeit**: Schöbener GewArch 2011, 49 ff.; Kormann/Schinner-Stör, Zulässigkeit von Rechtsdienstleistungen, LFI- Schriftenreihe 2003, 27 ff., 83 ff., Kormann/Schinner-Stör GewArch 2004, 265 ff., vgl. LG Kleve GewArch 2006, 167 (zu Kreishandwerkerschaft), vgl. VG Düsseldorf GewArch 2002, 244 ff. (zu IHK); vgl. Heck GewArch 1982, 48 ff. (zu Kreishandwerkerschaft); vgl. zur **Inkassotätigkeiten**: Kormann/Schinner-Stör GewArch 2004, 265 (268 f.), vgl. Jahn NVwZ 2002, 306 ff. (zu Handwerkskammer); vgl. OLG Hamm GewArch 1983, 27 ff. (zu Kreishandwerkerschaft); vgl. OLG Köln GewArch 1986, 341 ff. (zu Kreishandwerkerschaft); vgl. Aberle GewArch 1970, 1 ff. (zu Kreishandwerkerschaft); vgl. Heck WiVerw 1999, 100 (104 f.) mit Auflistung grundlegender gerichtlicher Entscheidungen); vgl. zur **steuerlichen Beratung**: Schwannecke/Webers Rn. 23; Kormann GewArch 1988, 249 ff. (zu Handwerkskammer), Kormann/Schinner-Stör, Zulässigkeit von Rechtsdienstleistungen, LFI-Schriftenreihe 2003, 105 ff.; vgl. zur **Prozessvertretung**: Kormann/Schinner-Stör, Zulässigkeit von Rechtsdienstleistungen, LFI- Schriftenreihe 2003, 98 ff., Detterbeck Rn. 23, OLG Bamberg NVwZ 2002, 377 ff. (zu Handwerkskammer); vgl. zur **Betriebsberatung**: Emmerich-Fritsche GewArch 2011, 385 ff. (zu Handwerkskammer); vgl. VG Schleswig-Holstein GewArch 1982, 30 f. (zu Handwerkskammer), vgl. OVG Lüneburg GewArch 1986, 201 ff. (zur Handwerkskammer), Webers GewArch 1997, 405 (406); Maiwald GewArch 1990, 46 ff. zur Haftung).

2. Beratung bei der Vergebung öffentlicher Lieferungen und Leistungen (Abs. 2 Nr. 2)

21 Die Innung soll nach Abs. 2 Nr. 2 „bei der Vergebung öffentlicher Lieferungen und Leistungen die Vergebungsstellen beraten". Die Vergabestellen müssen nach den Regelungen der VOB (Verdingungsordnung für Bauleistungen) und VOL (Verdingungsordnung für Leistungen) iRd Vergabe von öffentlichen Aufträge im Vergabeverfahren durchführen (Schwannecke/Webers Rn. 24). In diesem Zusammenhang können die Innungen beratend tätig werden, etwa durch technische Sachkunde (Will, Selbstverwaltung der Wirtschaft, 2010, 686). Im Grunde handelt es sich um eine Art „Amtshilfe" wie auch Abs. 1 S. 2 Nr. 8 vorsieht (Honig/Knörr Rn. 38; Honig GewArch 2000, 99 (100)). Die Innung muss sich aber im Rahmen ihrer Beratung stets objektiv verhalten und darf kein Innungsmitglied bevorzugen oder benachteiligen (Schwannecke/Webers Rn. 24; Will, Selbstverwaltung der Wirtschaft,

2010, 686; Honig/Knörr Rn. 38; Detterbeck Rn. 24; Honig GewArch 2000, 99 (100)). Selbst als Bieter iRd Vergabeverfahrens aufzutreten, ist der Innung nicht gestattet, da dies eine unzulässige gewerbliche Tätigkeit wäre (Schwannecke/Webers Rn. 24; Honig/Knörr Rn. 38; Detterbeck Rn. 24).

3. Unterstützung des handwerklichen Pressewesens (Abs. 2 Nr. 3)

Nach Abs. 2 Nr. 3 soll die Innung „das handwerkliche Pressewesen unterstützen". Die Innung kann eine eigene handwerksbezogene Zeitschrift/Zeitung oder ein Magazin gestalten und herausgeben oder ein entsprechendes Presseerzeugnis unterstützen (Will, Selbstverwaltung der Wirtschaft, 2010, 686), sofern der Zweck der Förderung der gemeinsamen gewerblichen Interesses der Innungsmitglieder verfolgt wird (Schwannecke/Webers Rn. 25; vgl. Reuß GewArch 1974, 317 ff. (zur Handwerkskammer)). Zweifelhaft ist, ob die Innungsmitglieder zur Abnahme eines solchen Presseerzeugnisses verpflichtet werden können (bejahend Schwannecke/Webers Rn. 25; ablehnend Detterbeck Rn. 25 unter Hinweis auf BVerwGE 64, 115 (118 ff.) zur Steuerberaterkammer). 22

III. „Kann"- Aufgaben nach Abs. 3

Die sog. „Kann"-Aufgaben des § 54 Abs. 3 sind nach Ansicht der Rspr. und der Literatur **freiwillige Aufgaben** der Innung, die sie abhängig von ihrem Ermessen erfüllen kann (BVerfGE 70, 1 (20); 68, 193 (208); BVerwG GewArch 2006, 341 (343); Detterbeck Rn. 26; Schwannecke/Webers Rn. 26). IRd § 54 Abs. 3 hat der Gesetzgeber zwar nicht ausdrücklich festgelegt, dass die in den § 54 Abs. 3 Nr. 1–3 genannten Aufgaben nicht abschließende freiwillige Aufgaben sind. In Verbindung mit der Regelung des § 54 Abs. 4 ergibt sich dies jedoch (Detterbeck Rn. 32). Nach Abs. 4 kann die Innung auch sonstige, dh auch in Abs. 3 nicht genannte Maßnahmen zur Förderung der gemeinsamen gewerblichen Interessen der Innungsmitglieder durchführen. 23

1. Abschluss von Tarifverträgen (Abs. 3 Nr. 1)

Nach § 54 Abs. 3 Nr. 1 kann die Innung „Tarifverträge abschließen, soweit und solange solche Verträge nicht durch den Innungsverband für den Bereich der Handwerksinnung geschlossen sind". Die Innung kann infolge der spezialgesetzlichen Regelung des § 54 Abs. 3 Nr. 1 Tarifverträge abschließen (→ Rn. 24.1), obwohl sie in § 2 TVG nicht ausdr. als Tarifvertragspartei genannt ist (Rieble GewArch 2014, 265 (265); Kluth GewArch 2013, 377 (377, 378 f.); vgl. Kluth GewArch 2009, 329 (331 ff.); Rieble/Klebeck BB 2006, 885 (888); Maunz/Dürig/Scholz GG Art. 9 Rn. 197; vgl. BAG NZA 2004, 562 wonach die Innung eine tariffähige Arbeitgebervereinigung iSd § 2 Abs. 1 TVG und dadurch auch Mitglied in einer tariffähigen Spitzenorganisation sein kann; vgl. Oetker EWiR 2004, 91 f. Anmerkung zu BAG NZA 2004, 562). Die Innung kann Tarifverträge im Rahmen ihrer Tarifzuständigkeit abschließen, ist dazu aber nicht verpflichtet (OVG Lüneburg GewArch 2015, 36 (39); HessLAG Beschl. v. 3.4.1979 – 4/5TaBV 60/78). **Zweck** der Tariffähigkeit ist die Förderung der Tarifautonomie im Handwerk und den Gewerkschaften „einen schlagkräftigen Tarifpartner zur Seite zu stellen" (VG Braunschweig GewArch 2010, 314 (315)). Schließt die Innung einen Tarifvertrag ab, entfällt diesbezüglich die Beteiligung des Gesellenausschusses nach § 68 Abs. 5 (Detterbeck Rn. 27; Schwannecke/Webers Rn. 27). 24

Das BVerwG führte zur **Tariffähigkeit der Innung** aus: „Die Tariffähigkeit der Handwerksinnung besteht nämlich nur Kraft der Vorschrift der Handwerksordnung und demgemäß auch nur in dem vom Gesetz gezogenen Rahmen (…). Übrigens ist es den Mitgliedern einer Innung und sonstigen Handwerkern unbenommen, ohne Rücksicht auf § 52 HandwO einen Arbeitgeberverband zu bilden oder in einen bestehenden einzutreten und durch ihn einen Tarifvertrag abzuschließen (…)." (BVerwG NVwZ 1993, 675 (677)). 24.1

Die Tariffähigkeit der Innung ist mit dem **Grundgesetz vereinbar** (BVerfG NJW 1966, 2305 (→ Rn. 25.1)). Nach dem Wortlaut des § 54 Abs. 3 Nr. 1 ist die **Tariffähigkeit** der Innung **subsidiär** („soweit und solange"), dh sie ist nur dann tariffähig, wenn der Innungsverband für ihren Bereich keine Tarifverträge geschlossen hat, so dass dem Landesinnungsver- 25 band ein Vorrang zukommt (Rieble GewArch 2014, 265 (266); Honig/Knörr Rn. 43; Schwannecke/Webers Rn. 27; BAG NZA 2004, 562). Insoweit ist die Tariffähigkeit der Innung beschränkt (Rieble GewArch 2014, 265 (266)). Dies gilt jedoch nur, wenn die Innung auch Mitglied des Landesinnungsverbandes ist (vgl. BAG Urt. v. 16.06.2010 – 4 AZR 944/08 Rn. 11 (= BeckRS 2010, 74397); Rieble GewArch 2014, 265 (266); Honig/Knörr Rn. 43; Schwannecke/Webers Rn. 29).

25.1 Nach Ansicht des **BVerfG** (Beschl. v. 19.10.1966 – 1 BvL 24/65) **verstößt** die **Verleihung der Tariffähigkeit** an die Innungen und die Innungsverbände **nicht gegen das Grundgesetz:**
„(…) Entscheidend ist allein, ob gerade Art. 9 Abs. 3 GG die Verleihung der Tariffähigkeit an die Innungen und die Innungsverbände durch den einfachen Gesetzgeber ausschließt. Diese Frage ist zu verneinen.
I. Art. 9 Abs. 3 GG gewährleistet mit der Koalitionsfreiheit auch die sog. Tarifautonomie und damit den Kernbereich eines Tarifvertragssystems, weil sonst die Koalitionen ihre Funktion, in dem von der staatlichen Rechtsetzung frei gelassenen Raum das Arbeitsleben im einzelnen durch Tarifverträge zu ordnen, nicht sinnvoll erfüllen könnten (BVerfGE 4, 96 (108) (…) Eine solche Gewährleistung ist aber ganz allgemein und umfaßt nicht die besondere Ausprägung, die das Tarifvertragssystem in dem zur Zeit des Inkrafttretens des Grundgesetzes geltenden Tarifvertragsgesetz erhalten hat. Sie läßt dem einfachen Gesetzgeber einen weiten Spielraum zur Ausgestaltung der Tarifautonomie.
1. Die ihm dadurch gesetzten Grenzen hat der Gesetzgeber nicht überschritten, wenn er den Innungen und Innungsverbänden die Teilnahme an der Tarifautonomie gestattet, also die Tariffähigkeit verliehen hat. Das Grundgesetz hat auch die Voraussetzungen der Tariffähigkeit nicht ein für allemal abschließend festgelegt, etwa im Sinne des von ihm vorgefundenen Tarifvertragsgesetzes, sondern dem Gesetzgeber überlassen, sie im einzelnen zu normieren und der jeweiligen gesellschaftlichen Wirklichkeit so anzupassen, daß die Koalitionen ihre Aufgabe erfüllen können. Daher ist er nicht darauf beschränkt, die Tariffähigkeit jedenfalls auf der Seite der Arbeitgeber nur echten arbeits-, rechtlichen Vereinigungen (vgl. BVerfGE 4, 96 (106 f.) (…) zuzuerkennen. Dies ergibt sich schon daraus, daß dem einzelnen Arbeitgeber, also einem Partner, der keine Koalition ist, von jeher (§ 1 Abs. 1 Satz 1 der Verordnung über Tarifverträge, Arbeiter- und Angestelltenausschüsse und Schlichtung von Arbeitsstreitigkeiten v. 23.12.1918 – RGBl. S. 1456) und auch nach dem geltenden Recht (§ 2 Abs. 1 TVG) die Tariffähigkeit eignet. Durch eine solche Ausdehnung der Tariffähigkeit auf der Arbeitgeberseite will es das Gesetz den Koalitionen der Arbeitnehmer erleichtern, einen Tarifpartner zu finden und mit ihm durch den Abschluß eines Tarifvertrags die Arbeitsbedingungen zu regeln. Die Ausdehnung begünstigt also unmittelbar den Abschluß von Tarifverträgen und damit mittelbar auch die Realisierung der Koalitionsfreiheit.
Auch die Verleihung der Tariffähigkeit an die Innungen und die Innungsverbände ist geeignet, der Tarifautonomie zu dienen. Erfahrungsgemäß gelingt es schwer, die zahlreichen kleinen Handwerker mit nur einem oder wenigen Arbeitnehmern zum Beitritt zu einem besonderen Arbeitgeberverband zu bewegen. Da dann ein den Gewerkschaften entsprechender umfassender Tarifpartner nicht vorhanden wäre, würden die Ordnung der Arbeitsbedingungen und die Befriedung des Arbeitslebens im Bereich des Handwerks unvollständig bleiben. Seiner Innung beizutreten ist dagegen auch der kleine Handwerker wegen der damit verbundenen sonstigen Vorteile, insbesondere der beruflichen Förderung, eher geneigt. Die Ausdehnung der Tariffähigkeit auf die Innungen und Innungsverbände begünstigt also das Zustandekommen einer umfassenden tariflichen Ordnung.
Auch die Gewerkschaften haben dadurch, daß sie in der Praxis die Innungen und Innungsverbände als geeignete Tarifpartner angesehen haben, zum Ausdruck gebracht, daß die zur Prüfung gestellte Regelung jedenfalls mit ihrer eigenen Koalitionsfreiheit nicht in Widerspruch steht.
Schließlich widerlegt die frühere und die jetzige gesellschaftliche Wirklichkeit die Ansicht, die Tariffähigkeit der Innungen sei mit der Koalitionsfreiheit unvereinbar. Die Innungen sind in der Zeit bis 1933, obgleich sie Zwangscharakter hatten, als tariffähig angesehen worden und betätigen sich seit 1933 wiederum als Tarifvertragsparteien; dadurch ist die den Koalitionen obliegende Aufgabe der Ordnung und Befriedung des Arbeitslebens nie behindert worden.
2. Daher ist der Gesetzgeber durch Art. 9 Abs. 3 GG nicht gehindert, auch anderen als den in § 2 Abs. 1 TVG genannten Verbänden von Arbeitgebern die Tariffähigkeit zu verleihen.
II. Der Befugnis des Gesetzgebers, anderen Zusammenschlüssen als „Koalitionen" die Tariffähigkeit zu verleihen, sind gewisse Grenzen gesetzt. Die Koalitionsfreiheit ist nur sinnvoll, wenn die Rechtsordnung den Koalitionen auch die Erreichung ihres in Art. 9 Abs. 3 GG bezeichneten Zweckes, nämlich die Arbeits- und Wirtschaftsbedingungen ihrer Mitglieder zu wahren und zu fördern, gewährleistet und die Möglichkeit gibt, diesen Zweck durch spezifische koalitionsgemäße Betätigung, also durch Tarifverträge zu verwirklichen (BVerfGE 18, 18 (26) (…). Daher ist es dem Gesetzgeber verwehrt,

die Tariffähigkeit der Koalitionen dadurch auszuhöhlen, daß er die ihnen vom Grundgesetz zugesprochenen Aufgaben andersartigen Zusammenschlüssen zuweist. Diese Grenze überschreitet jedoch die Verleihung der Tariffähigkeit an die Innungen noch nicht.

Rechtlich bleibt die Bildung und die Betätigung von Arbeitgeberverbänden im Bereiche des Handwerks frei. Auch der einzelne Handwerker ist rechtlich nicht gehindert, der Innung fernzubleiben und sich einem Arbeitgeberverband anzuschließen.

Auch die tatsächliche Wirkung, die die Tariffähigkeit der Innungen für sich allein auf die Möglichkeit der Bildung und Betätigung auch das Handwerk umfassender Arbeitgeberverbände ausübt, hat bei richtiger Würdigung der Gesamtheit der rechtlichen, wirtschaftlichen und sozialen Zusammenhänge nicht die vom LAG ihr beigemessene Bedeutung, daß „im Bereich des Handwerks den Innungen ein Tarifmonopol gewährt" worden sei. Die Tariffähigkeit bedeutet lediglich eine rechtliche Möglichkeit, aber keinen rechtlichen Zwang zum Abschluß eines Tarifvertrages. Der Innung ist nicht etwa die Verpflichtung auferlegt, für ihren Handwerkszweig den Abschluß eines Tarifvertrages anzustreben.

Ob eine Innung von ihrer Tariffähigkeit durch den Abschluß von Tarifverträgen tatsächlich Gebrauch macht oder nicht, hängt also – abgesehen von der Bereitschaft der zuständigen Gewerkschaft, mit der Innung und nicht mit einem etwaigen besonderen Arbeitgeberverband einen Tarifvertrag für die bei den Innungsmitgliedern beschäftigten Arbeitnehmer abzuschließen – allein von der Entschließung ihrer Organe, letztlich also ihrer Mitglieder ab. (…)" (BVerfG NJW 1966, 2305)

26 Fraglich ist, ob die Mitglieder der Innung an den geschlossenen Tarifvertrag gebunden sind. Diskutiert wird, ob die Innung zwei unterschiedliche Mitgliedschaften anbieten kann, eine mit Tarifbindung (sog. T-Mitgliedschaft) und eine Innungsmitgliedschaft ohne Tarifbindung (**sog. OT-Mitgliedschaft**) (Rieble GewArch 2014, 265 (269 f.); Anmerkung Dürr GewArch 2015; 41 ff.; Kluth GewArch 2013, 377 ff.; Dannenbring WiVerW 2012, 156 ff.). In Arbeitgeberverbänden ist eine Mitgliedschaft ohne Tarifbindung mittlerweile anerkannt (Rieble GewArch 2014, 265 (269 f.); BAG NZA 2012, 1372).

27 Die **Rspr.** lehnte dies in der **ersten Instanz** für den Bereich der Innung ab und ist im Wesentlichen der Ansicht, dass die HwO die Einführung einer Innungsmitgliedschaft ohne Tarifbindung nicht zulasse (VG Braunschweig GewArch 2010, 314 (314); VG Braunschweig GewArch 2014, 361, (361 f.)) (→ Rn. 28), während das Oberverwaltungsgericht als **zweite Instanz** von der Zulässigkeit der OT-Mitgliedschaft ausgeht (OVG Lüneburg GewArch 2015, 36 ff., wobei das OVG die Revision gegen sein Urteil zugelassen hat; → Rn. 33).

28 Das Verwaltungsgericht als **erstinstanzliches Gericht** begründete seine ablehnende Ansicht damit, dass die Einführung einer Mitgliedschaft ohne Tarifbindung eine „eigenständige und selbständige Form der Mitgliedschaft (sei), die in der HwO nicht geregelt sei" und mit §§ 58 Abs. 1, Abs. 4, 54 Abs. 3 Nr. 1 unvereinbar sei (VG Braunschweig GewArch 2010, 314 (314)).

29 Die HwO kenne in den §§ 58, 59 nur zwei Formen der Mitgliedschaft: eine Vollmitgliedschaft nach § 58 mit der Folge der Tarifbindung von Tarifverträgen, die die Innung oder ihr Innungsverband abgeschlossen haben und eine Gastmitgliedschaft nach § 59 (VG Braunschweig GewArch 2014, 361, (361 f.). Eine darüber hinausgehende Differenzierung bzgl. der Mitgliedschaft kenne die HwO nicht (VG Braunschweig GewArch 2014, 361 (362)). Eine sog. OT-Mitgliedschaft sei aber weder eine Vollmitgliedschaft iSd § 58 noch eine Gastmitgliedschaft nach § 59, sondern eine „eingeschränkte und selbständige Form der Mitgliedschaft, die in der HwO nicht geregelt sei (VG Braunschweig GewArch 2014, 361 (362). Ein Mitglied der Innung könne sich der Tarifbindung nur durch den Austritt aus der Innung entziehen (VG Braunschweig GewArch 2010, 314 (315); Kluth GewArch 2014, 377 (377)).

30 Eine sog. OT-Mitgliedschaft verstoße auch gegen die Regelung des § 58 Abs. 4, wonach von der Erfüllung der gesetzlichen und satzungsmäßigen Bedingungen zugunsten Einzelner nicht abgesehen werden kann (GewArch 2010, 314 (315)). Nach Ansicht des VG stellt die sog. OT-Mitgliedschaft „eine Abweichung von der gesetzlichen Ausgestaltung der in § 58 Abs. 1 geregelten Mitgliedschaft (mit potentiell gleicher Tarifbindung) dar" (GewArch 2010, 314 (315)).

31 Die Rspr. des BAG zu den Arbeitgeberverbänden, bei denen eine Mitgliedschaft ohne Tarifbindung anerkannt sei, sei auf die Innungen nicht übertragbar, da die Innung sich maßgeblich von den unabhängigen Arbeitgeberverbänden unterscheide, va da die Innung ihrer Rechtsform nach eine Körperschaften des Öffentlichen Rechts ist und ihre Satzungsautonomie aus § 55 Abs. 1 ableite und nicht wie die Arbeitgeberverbände aus Art. 9 Abs. 3 S. 1 GG (VG Braunschweig GewArch 2010, 314 (315); 2014, 361 (361).

32 Ohne ausdrückliche Änderung des § 58 durch den Gesetzgeber, sei die Einführung einer sog. OT- Mitgliedschaft nach Ansicht des Verwaltungsgerichts unzulässig (VG Braunschweig GewArch 2014, 361, (361)).

33 Dieser erstinstanzlichen Ansicht des VG hat sich das OVG in **zweiter Instanz** nicht angeschlossen (OVG Lüneburg GewArch 2015, 36 ff.; vgl. dazu Anmerkung Dürr GewArch 2015, 41 ff.), hat aber gleichzeitig die Revision zum BVerwG zugelassen, so dass insoweit in Zukunft mit einer höchstrichterlichen Entscheidung zu rechnen ist. Eine sog. OT-Mitgliedschaft ist nach Ansicht des OVG mit den gesetzlichen Vorgaben der HwO vereinbar und verstoße nicht gegen §§ 58, 59 (OVG Lüneburg GewArch 2015, 36 (38)). Im Wesentlichen führt das OVG dazu aus: Der Gesetzgeber habe durch die Regelungen der §§ 58, 59 die Voraussetzungen für den Erwerb der Mitgliedschaft in der Innung festgelegt und geregelt wer Mitglied einer Innung sein kann, ohne darüber hinaus die innungsinternen Rechte und Pflichten der Mitglieder in den §§ 58, 59 zu regeln (OVG Lüneburg GewArch 2015, 36 (38)). Eine Satzungsregelung der Innung, wonach eine OT-Mitgliedschaft ermöglicht werde, regelt jedoch nur welche Rechte und Pflichten sich aus der Mitgliedschaft ergeben, ohne zu bestimmen, wer Mitglied der Innung sein könne (OVG Lüneburg GewArch 2015, 36 (39)).

34 Die Einführung einer sog. OT-Mitgliedschaft verstoße nach Ansicht des OVG auch nicht gegen § 58 Abs. 4. Aus § 58 Abs. 4 lasse sich nicht ableiten, dass alle ordentlichen Mitglieder dieselben Rechte und Pflichten haben müssten (OVG Lüneburg GewArch 2015, 36 (39)). Vielmehr regle § 58 Abs. 4 seinem Wortlaut nach nur, dass von der Erfüllung der gesetzlichen und satzungsmäßigen Bedingungen zugunsten einzelner Mitglieder nicht abgesehen werden könne, verbiete aber nicht Differenzierungen in Satzungsregelungen selbst (OVG Lüneburg GewArch 2015, 36 (39)). Ferner verbiete § 58 Abs. 4 nur willkürliche Abweichungen in konkreten Einzelfällen, nicht aber differenzierende abstrakte Satzungsregelungen, die eine Vielzahl von Mitgliedern betreffen (OVG Lüneburg GewArch 2015, 36 (39)).

2. Errichtung von Unterstützungskassen (Abs. 3 Nr. 2)

35 Nach Abs. 3 Nr. 2 kann die Innung „für ihre Mitglieder und deren Angehörige Unterstützungskassen für Fälle der Krankheit, des Todes, der Arbeitsunfähigkeit oder sonstiger Bedürftigkeit errichten". Unterstützungseinrichtungen sind freiwillige **Nebeneinrichtungen** der Innung ohne eigene Rechtspersönlichkeit, deren Regelungen nach § 57 Abs. 1 S. 1 in einer eigenen Nebensatzung getroffen werden (→ § 57 Rn. 3 ff.) (Honig/Knörr Rn. 44; Detterbeck Rn. 29). Die Gründung erfolgt durch entsprechende Beschlussfassung der Innungsversammlung und Erlass der Nebensatzung sowie der Genehmigung der Handwerkskammer gem. § 57 Abs. 1 S. 2 (Schwannecke/Webers Rn. 30; Will, Selbstverwaltung der Wirtschaft, 2010, 687; Detterbeck Rn. 29; Honig/Knörr Rn. 44). Die Unterstützungskassen sollen im Notfall die Innungsmitglieder und ihre Angehörigen finanziell unterstützen. Die Einzelheiten ergeben sich aus den Bestimmungen der **Nebensatzung**. Den Inhalt der Nebensatzung kann die Innung aufgrund ihrer Satzungsautonomie grds. nach ihrem Ermessen festsetzen, solange die Regelungen nicht gegen höherrangiges Recht verstoßen. Sie kann den Geltungsbereich der Nebensatzung definieren, indem sie etwa den Unterstützungsfall (zB unverschuldete wirtschaftliche Not, Sterbefall) und den Personenkreis, der in den Anwendungsbereich fällt, regelt. Es ist grds. der Innung überlassen, den Begriff der Angehörigen zu definieren. Eine konkrete Definition des Begriffs der Angehörigen enthält die HwO nicht. In den unterschiedlichen Rechtsgebieten unterfallen dem Begriff der Angehörigen unterschiedliche Personengruppen, so dass es insoweit keine zwingenden Vorgaben bzgl. des umfassten Personenkreises gibt. Es gibt keine für alle Rechtsgebiete allgemeingültige Definition des Angehörigenbegriffs. Bei der Auswahl der umfassten Personengruppen, darf die Innung aber nicht gegen höherrangiges Recht va gegen den Grundsatz der Gleichbehandlung aus Art. 3 Abs. 1 GG verstoßen. Zudem ist der finanzielle Aspekt zu beachten, dass die Unterstützungskasse einer umso größeren wirtschaftlichen Belastung ausgesetzt ist, je größer der Kreis der Anspruchsberechtigten ist.

Die Innung kann auch Unterstützungskassen für die Gesellen bilden. Dies lässt sich aus der Regelung des § 68 Abs. 2 Nr. 7 ableiten, wonach der Gesellenausschuss bei der Begründung und Verwaltung aller Einrichtungen die zu ihrer Unterstützung bestimmt sind, zu beteiligen ist (Honig/Knörr Rn. 44). Abgeleitet aus dieser gesetzlichen Regelung ergibt sich, dass die Innung grds. auch die Möglichkeit haben muss Unterstützungskassen für Gesellen zu errichten. 36

3. Vermittlung bei Streitigkeiten mit Auftraggebern (Abs. 3 Nr. 3)

Nach Abs. 3 Nr. 3 kann die Innung „bei Streitigkeiten zwischen den Innungsmitgliedern und ihren Auftraggebern auf Antrag vermitteln". Nach dem Wortlaut des Gesetzes darf die Innung nur auf Antrag des Innungsmitglieds oder dessen Auftraggebers hin vermittelnd tätig werden und sich nicht von Amts wegen einschalten (Will, Selbstverwaltung der Wirtschaft, 2010, 687; Honig/Knörr Rn. 48; Detterbeck Rn. 30). Die Innung kann etwa einen Vermittlungsausschuss bilden oder die Wahrnehmung der Schlichtung einer bestimmten Person (zB Obermeister) übertragen (vgl. Heck WiVerw 1999, 100 (102 f.); Detterbeck Rn. 30; Honig/Knörr Rn. 48). In der Praxis gibt es va im Kfz-Gewerbe solche Schlichtungsstellen (Honig/Knörr Rn. 48; Honig GewArch 1977, 258 ff.; Heck WiVerw 1999, 100 (102 f.)). 37

D. Die Innungskrankenkassen (Abs. 5)

Die Regelung des § 54 Abs. 5 betrifft die **Innungskrankenkassen** und steht im Zusammenhang mit § 54 Abs. 3 Nr. 2 (→ Rn. 35), so dass Innungen Innungskrankenkassen errichten können. Diesen haben eine eigene Rechtspersönlichkeit (Honig/Knörr HWO § 54 Rn. 56). Nach dem Wortlaut des § 54 Abs. 5 richten sich „die Errichtung und die Rechtsverhältnisse der Innungskrankenkassen (…) nach den hierfür geltenden bundesrechtlichen Bestimmungen". Zur Anwendung kommen va die Regelungen der §§ 157–164 SGB V zu den Innungskrankenkassen. § 157 SGB V regelt die Voraussetzungen der Errichtung (→ Rn. 38.1), § 158 SGB V das Verfahren bei der Errichtung (→ Rn. 38.2), § 161 SGB V das Ausscheiden der Innung, § 162 SGB V die Auflösung der Innungskrankenkasse, § 163 SGB V die Schließung der Innungskrankenkasse und § 164 SGB V die Auseinandersetzung bei Auflösung und Schließung der Innungskrankenkasse (vgl. ausf. Schwannecke/Webers § 54 Rn. 33 ff.; Detterbeck Rn. 32 ff.). 38

§ 157 SGB V regelt: 38.1
„ (1) Eine oder mehrere Handwerksinnungen können für die Handwerksbetriebe ihrer Mitglieder, die in die Handwerksrolle eingetragen sind, eine Innungskrankenkasse errichten.
(2) Eine Innungskrankenkasse darf nur errichtet werden, wenn
1. in den Handwerksbetrieben der Mitglieder der Handwerksinnung regelmäßig mindestens 1.000 Versicherungspflichtige beschäftigt werden,
2. ihre Leistungsfähigkeit auf Dauer gesichert ist.
(3) Absatz 1 gilt nicht für Handwerksbetriebe, die als Leistungserbringer zugelassen sind, soweit sie nach diesem Buch Verträge mit den Krankenkassen oder deren Verbänden zu schließen haben."

§ 158 SGB V regelt: 38.2
„(1) Die Errichtung der Innungskrankenkasse bedarf der Genehmigung der nach der Errichtung zuständigen Aufsichtsbehörde. Die Genehmigung darf nur versagt werden, wenn eine der in § 157 genannten Voraussetzungen nicht vorliegt oder die Krankenkasse zum Errichtungszeitpunkt nicht 1.000 Mitglieder haben wird.
(2) Die Errichtung bedarf der Zustimmung der Innungsversammlung und der Mehrheit der in den Innungsbetrieben Beschäftigten.
(3) Für das Verfahren gilt § 148 Abs. 2 Satz 2 und 3 und Abs. 3 entsprechend. An die Stelle des Arbeitgebers tritt die Handwerksinnung."

§ 55 [Satzung]

(1) Die Aufgaben der Handwerksinnung, ihre Verwaltung und die Rechtsverhältnisse ihrer Mitglieder sind, soweit gesetzlich nichts darüber bestimmt ist, durch die Satzung zu regeln.

(2) Die Satzung muß Bestimmungen enthalten über
1. den Namen, den Sitz und den Bezirk der Handwerksinnung sowie die Handwerke, für welche die Handwerksinnung errichtet ist,
2. die Aufgaben der Handwerksinnung,
3. den Eintritt, den Austritt und den Ausschluß der Mitglieder,
4. die Rechte und Pflichten der Mitglieder sowie die Bemessungsgrundlage für die Erhebung der Mitgliedsbeiträge,
5. die Einberufung der Innungsversammlung, das Stimmrecht in ihr und die Art der Beschlußfassung,
6. die Bildung des Vorstands,
7. die Bildung des Gesellenausschusses,
8. die Beurkundung der Beschlüsse der Innungsversammlung und des Vorstands,
9. die Aufstellung des Haushaltsplans sowie die Aufstellung und Prüfung der Jahresrechnung,
10. die Voraussetzungen für die Änderung der Satzung und für die Auflösung der Handwerksinnung sowie den Erlaß und die Änderung der Nebensatzungen,
11. die Verwendung des bei der Auflösung der Handwerksinnung verbleibenden Vermögens.

Literatur: Kormann Joachim, Der aufsichtliche Genehmigungsakt im Handwerksrecht – Natur und Modalität der Entscheidung, GewArch 1996, 393 ff.; Leisner Walter Georg, Die Gründung einer eigenständigen Innung durch eine Fachgruppe nach vorheriger Ausgliederung aus einer Sammelinnung, LFI-Schriftenreihe 2012, Palandt Otto, Bürgerliches Gesetzbuch, 74 Aufl. 2015; Will Martin, Selbstverwaltung der Wirtschaft, 2010

Überblick

Als Selbstverwaltungskörperschaft des Öffentlichen Rechts kann die Innung als Ausfluss ihrer **Satzungsautonomie** (→ Rn. 2) eine Satzung erlassen, um ihre eigenen Angelegenheiten zu regeln, die jedoch nicht gegen höherrangiges Recht verstoßen darf. Die Satzung konkretisiert und ergänzt die gesetzlichen Regelungen der HwO, wobei deklaratorische wörtliche Wiederholungen des Gesetzestextes innerhalb der Satzung möglich sind. § 55 Abs. 2 setzt inhaltliche **Mindestanforderungen** der Satzung (→ Rn. 13) fest. Die Satzung und auch ihre Änderungen bedürfen der **Bekanntgabe** (→ Rn. 10).

Übersicht

	Rn.		Rn.
A. Historie	1	3. Ausschluss aus der Innung	26
B. Die Satzungsautonomie der Innung	2	V. Regelungen zu den Rechten und Pflichten der Mitglieder und den Beiträgen (Abs. 2 Nr. 4)	30
I. Inhalt der Satzung	2	1. Rechte und Pflichten der Mitglieder	31
1. Die Aufgaben der Innung	4	2. Bemessungsgrundlage für die Erhebung der Mitgliedsbeiträge	32
2. Die Verwaltung der Innung	5		
3. Die Rechtsverhältnisse der Mitglieder	7	VI. Regelungen zu den Organen (Abs. 2 Nr. 5–8)	33
II. Schriftform und Bekanntmachung der Satzung	8	1. Innungsversammlung	34
1. Schriftform	9	2. Vorstand	35
2. Bekanntmachung der Satzung	10	3. Ausschüsse	36
C. Der Katalog des § 55 Abs. 2	13	VII. Haushaltsregelungen (Abs. 2 Nr. 9)	37
I. Mindestanforderungen	13	1. Haushaltsplan	38
II. Name, Sitz und Bezirk der Innung (Abs. 2 Nr. 1)	15	2. Jahresrechnung	39
		3. Nebeneinrichtungen	40
III. Regelungen über die Aufgaben der Innung (Abs. 2 Nr. 2)	19	VIII. Änderung der Satzung, Auflösung der Innung, Nebensatzung (Abs. 2 Nr. 10)	41
IV. Regelungen zur Mitgliedschaft (Abs. 2 Nr. 3)	20	1. Satzungsänderung und Auflösung der Innung	42
1. Eintritt in die Innung	21	2. Nebensatzung	43
2. Austritt aus der Innung	23	IX. Verwendung des Innungsvermögens (Abs. 2 Nr. 11)	44

A. Historie

Bereits die HwO aus dem Jahre 1953 enthielt in dem damaligen § 50 eine wortgleiche 1
Regelung zu dem heutigen § 55 (BGBl 1953 I 1411 (1418)).

B. Die Satzungsautonomie der Innung

I. Inhalt der Satzung

Als Selbstverwaltungskörperschaft des Öffentlichen Rechts kann die Innung ihre eigenen 2
Angelegenheiten weitestgehend selbständig regeln. Ausfluss der Selbstverwaltung ist die **Satzungsautonomie** der Innung, die in § 55 zum Ausdruck kommt. Die Befugnis der Innung zur Regelung durch Satzung, reicht nach dem Wortlaut des § 55 Abs. 1 soweit, „wie gesetzlich nichts darüber bestimmt ist" (VG Gießen GewArch 2006, 298 (298)). Die Innung soll demnach ihre **wesentlichen Rechtsverhältnisse** durch Satzung regeln, soweit keine gesetzlich zu beachtenden Vorgaben bestehen (Schwannecke/Taubert Rn. 1; Honig/Knörr Rn. 2). Zu den wesentlichen Rechtsverhältnissen gehören va ihre Aufgaben (→ Rn. 4), ihre Verwaltung (→ Rn. 5) und die Rechtsverhältnisse ihrer Mitglieder (→ Rn. 7).

Eine Orientierungshilfe für die Ausgestaltung der Innungssatzung bieten die **Mustersatzungen** 3
für Innungen, die an die Anforderungen den Einzelfalls angepasste werden können (Schwannecke/Taubert Rn. 8; Detterbeck Rn. 2).

1. Die Aufgaben der Innung

Die Aufgaben der Innung (→ Rn. 19) sind in § 54 gesetzlich geregelt. § 54 gibt mit 4
den beispielhaft aufgelisteten Muss-, Soll-, und Kann-Aufgaben insoweit den gesetzlichen Rahmen vor, der durch die Satzung ausgefüllt werden muss bzw. kann.

2. Die Verwaltung der Innung

Die HwO enthält zur **Verwaltung der Innung** nur vereinzelte Regelungen (Schwann- 5
ecke/Taubert Rn. 12). Das Gesetz gibt durch § 60 die **Organstruktur** der Innung (→ § 60 Rn. 1) vor und nennt durch die Bestimmungen der §§ 61–65 zur Innungsversammlung, des § 66 zum Vorstand und Geschäftsführer und der §§ 67–72 zu den Ausschüssen, einen Rahmen, der durch die Satzung im Detail ausgefüllt wird.

Im Zusammenhang mit den Organen sind ergänzende Satzungsbestimmungen va dort 6
erforderlich, wo die HwO selbst auf die Satzung der Innung verweist: zB § 61 Abs. 1 S. 3 (Bestehen und Aufgaben einer Vertreterversammlung), § 62 Abs. 3 S. 1, 2 (zur Einberufung der Innungsversammlung), § 65 Abs. 2 (Übertragung des Stimmrechts), § 66 Abs. 1 S. 1 (Amtszeit des Vorstands der Innung), § 66 Abs. 2 (Widerruf des Vorstands), § 66 Abs. 3 S. 2 (Vertretung der Innung), § 68 Abs. 2 Nr. 6 (Beteiligung des Gesellenausschusses), § 69 Abs. 3 S. 4 (Zusammensetzung des Gesellenausschusses und Wahlverfahren).

3. Die Rechtsverhältnisse der Mitglieder

In der Satzung sollen die **Rechtsverhältnisse der Innungsmitglieder** im Verhältnis 7
zur Innung geregelt werden (Schwannecke/Taubert Rn. 14). Gesetzliche Regelungen zur Mitgliedschaft enthalten die § 58 und § 59, die regeln, wer grds. Mitglied einer Innung werden kann. Die Innung kann im Rahmen ihrer Satzung etwa regeln, dass sie sich für nahestehende handwerksähnliche Gewerbe öffnet (§ 58 Abs. 1 S. 2) und Gastmitglieder aufnimmt, deren Rechte und Pflichten des Weiteren zu regeln sind (§ 59 S. 2). Die Innung kann, unter Beachtung des Aufnahmeanspruchs aus § 58 Abs. 3, weitere zu erfüllende Voraussetzungen für die Mitgliedschaft im Rahmen ihrer Satzung aufstellen, darf aber keine willkürliche Beschränkung vornehmen (Honig/Knörr Rn. 12). In Betracht kommen etwa Regelungen zur **Begründung und Beendigung der Mitgliedschaft** (→ Rn. 20).

II. Schriftform und Bekanntmachung der Satzung

Die Satzung ist eine für die Mitglieder der Innung **verbindliche Rechtsnorm**, die aber 8
ihrerseits nicht gegen höherrangiges Recht, etwa die HwO, verstoßen darf (Schwannecke/Taubert Rn. 3; Detterbeck Rn. 3).

1. Schriftform

9 Bedingt durch das Erfordernis der Genehmigung durch die Aufsichtsbehörde (§ 56 Abs. 1) (→ § 56 Rn. 1) bedarf die Satzung der **Schriftform** und ist in **deutscher Sprache** zu verfassen (Schwannecke/Taubert Rn. 5; Detterbeck Rn. 4, aA Honig/Knörr Rn. 3 der eine deutsche Übersetzung einer fremdsprachigen Satzung für ausreichend erachtet). Mit der **Genehmigung** der Satzung durch die zuständige Handwerkskammer erlangt die Innung ihre Rechtsfähigkeit (→ § 53 Rn. 13), §§ 53 S. 2, 56 (Schwannecke/Taubert Rn. 4).

2. Bekanntmachung der Satzung

10 In der HwO finden sich keine Regelungen dazu, ob eine **Bekanntmachung** der Satzung der Innung erforderlich ist (Schwannecke/Taubert Rn. 6; Honig/Knörr Rn. 4). Anders hingegen bei den Handwerkskammern, deren Satzung nach § 105 Abs. 4 bei erstmaligem Erlass in dem amtlichen Organ, der für den Sitz der Handwerkskammer zuständigen Verwaltungsbehörde, bekanntzumachen ist und jede nachfolgende Änderung der Satzung in den durch die Handwerkskammer bestimmten Organen (vgl. dazu → § 105 Rn. 19). Die Annahme, dass allein das Fehlen einer entsprechenden gesetzlichen Regelung bei der Innung zum Fehlen einer Veröffentlichungspflicht führt, ist nicht tragfähig (VGH München GewArch 1987, 240 (241)). Vielmehr muss auch die Innung den Wortlaut ihrer Satzung öffentlich bekannt geben, um den Anforderungen des Rechtsstaatsprinzips zu genügen (VGH München GewArch 1987, 240 (241)). Nach dem **Rechtsstaatsprinzip** (Art. 20 Abs. 3 GG) müssen Rechtsnormen der Öffentlichkeit durch Verkündung ihres Wortlauts bekanntgemacht werden, so dass sich jedermann über den Inhalt und Wortlaut des Rechts unterrichten kann (VGH München GewArch 1987, 240 (241); BVerfG NVwZ 1984, 430 (431)). Die Bekanntgabe ist demnach bei förmlichen Rechtsakten erforderlich, um die nötige Publizität zu erlangen und **Außenwirkung** zu entfalten (Leisner, W.G., Die Gründung einer eigenständigen Innung durch eine Fachgruppe nach vorheriger Ausgliederung aus einer Sammelinnung, LFI 2012, 64; Kormann GewArch 1996, 393 (395)). Es erscheint mit Blick auf das Rechtsstaatsprinzip sachgerecht, dass die Innung nicht nur gegenüber ihren Mitgliedern, etwa in Form von Rundschreiben an die Mitglieder (OVG Münster GewArch 1980, 337 (338)), die Satzung veröffentlicht, sondern auch die Möglichkeit eröffnet wird, dass Dritte vom Inhalt der Satzung Kenntnis erlangen können, indem sie die Satzung etwa in einer bestimmten Zeitung und/oder im Internet veröffentlicht (Schwannecke/Taubert Rn. 6; Detterbeck Rn. 11; Honig/Knörr Rn. 4; VGH München GewArch 1987, 240 (241); aA OVG Münster GewArch 1980, 337 (338), wonach ein Rundschreiben ausreichend ist, wenn der Mitgliederkreis festgelegt ist.). Die Festlegung des Verkündungsverfahrens wird der Innung überlassen, so dass in der Satzung der Innung das **Publizitätsorgan** festgelegt werden soll (VGH München GewArch 1987, 240 (241); vgl. BVerfG NVwZ 1984, 430 (431); OVG Münster GewArch 1980, 337 (338)).

11 Im Zusammenhang mit der Reihenfolge ist zu beachten, dass die **Bekanntmachung der letzte Akt** ist. Falls eine Genehmigung der Satzung durch die Handwerkskammer erforderlich ist (wie bei der Gründungssatzung nach § 56 und bei den in § 61 Abs. 3 aufgeführten Fällen), ist diese vorher einzuholen, andernfalls wäre die Satzung nichtig (Kormann GewArch 1996, 393 (395)). Es bedarf dann einer erneuten Veröffentlichung der Satzung, nach Erteilung der Genehmigung, damit die Satzung ihre Rechtskraft entwickeln kann (Kormann GewArch 1996, 393 (395)).

12 Die **Änderung der Satzung** erfolgt nach § 61 Abs. 2 Nr. 8 durch die Innungsversammlung, die im Rahmen ihrer Beschlussfassung nach § 62 Abs. 2 S. 2 mit einer Mehrheit von drei Viertel der erschienenen Mitglieder die Änderungen beschließen muss (Detterbeck Rn. 4). Die Änderung der Satzung und damit der geänderte Wortlaut der Satzung sollte ebenfalls in den entsprechenden Publizitätsorgan der Innung bekanntgemacht werden, um dem Rechtsstaatsprinzip Genüge zu tun.

C. Der Katalog des § 55 Abs. 2

I. Mindestanforderungen

§ 55 Abs. 2 listet **katalogartig Sachbereiche** auf, zu denen in der Satzung der Innung 13
Bestimmungen enthalten sein müssen. Daneben kann die Innung auch weitere Regelungen
in ihre Satzung aufnehmen. Innerhalb der Satzung dürfen jedoch keine Regelungen zu den
Unterstützungskassen (§ 54 Abs. 3 Nr. 2) enthalten sein, da diese nach gesetzlicher Vorgabe
des § 57 im Rahmen einer eigenen Satzung (einer sog. Nebensatzung) geregelt werden
müssen (Honig/Knörr Rn. 2).

Der Katalog des Abs. 2 stellt keine abschließende Aufzählung dar, sondern **beispielhafte** 14
Mindestanforderungen (Schwannecke/Taubert Rn. 2; Detterbeck Rn. 1). Zu sämtlichen
in § 55 Abs. 2 genannten Mindestanforderungen, muss die Satzung der Innung Regelungen
erhalten, um von der zuständige Handwerkskammer nach § 56 genehmigt werden zu können
(Schwannecke/Taubert Rn. 2; Detterbeck Rn. 1). Zusätzlich müssen in der Satzung Regelungen über den gesetzlich zwingend vorgesehenen **Berufsbildungsausschuss** (§ 67 Abs. 2)
enthalten sein und zu dem **Gesellenprüfungsausschuss** (§ 54 Abs. 1 S. 2 Nr. 4, § 33 Abs. 2),
sofern die Innung durch die Handwerkskammer nach § 33 Abs. 1 S. 3 zur Errichtung des
Gesellenprüfungsausschusses ermächtigt wurde (Schwannecke/Taubert Rn. 2; Honig/Knörr
Rn. 5; Detterbeck Rn. 1).

II. Name, Sitz und Bezirk der Innung (Abs. 2 Nr. 1)

Die Satzung muss Regelungen über den Namen (→ Rn. 16), den Sitz (→ Rn. 17) 15
und den Bezirk (→ Rn. 18) der Handwerksinnung, sowie die Handwerke, für welche die
Handwerksinnung errichtet ist, enthalten, § 55 Abs. 2 Nr. 1.

Im Zusammenhang mit dem **Namen** der Innung ist zu beachten, dass dieser klar und 16
verständlich gefasst wird (Leisner, W.G., Die Gründung einer eigenständigen Innung durch
eine Fachgruppe nach vorheriger Ausgliederung aus einer Sammelinnung, LFI 2012, 55).
Es bietet sich eine Zusammensetzung aus der Bezeichnung des Gewerbes bzw. der Gewerbe,
deren Interessen die Innung vertritt, entsprechend der Formulierung der Anlage A, und
des Begriffs „Innung" an (Honig/Knörr Rn. 7). Möglich ist auch die Verwendung einer
historischen Gewerbebezeichnung (Honig/Knörr Rn. 7). Ferner ist die gesetzliche Regelung
des § 52 Abs. 1 S. 3 Hs. 2 zu beachten. Danach kann für jedes Gewerbe im gleichen Bezirk
nur eine Handwerksinnung gebildet werden und sie allein ist berechtigt, die Bezeichnung
Innung in Verbindung mit dem Gewerbe zu führen, für das sie errichtet ist (VGH München
GewArch 1985, 164 (165)). Unzulässig ist die Wahl eines Innungsnamens der einen **verwechslungsfähigen Bestandteil** enthält (VGH München GewArch 1985, 164 (165)). Maßgeblich ist dabei der Eindruck der bei den beteiligten Verkehrskreisen hervorgerufen wird,
dh in den Teilen der Öffentlichkeit, denen gegenüber die Innung kraft ihrer öffentlichrechtlichen Zwecksetzung in Erscheinung tritt (VGH München GewArch 1985, 164 (165)).
Die Innung darf durch ihre Namenswahl keinen falschen Eindruck der Aufgaben ihres Handwerks hervorrufen (VGH München GewArch 1985, 164 (165)). Vielmehr „findet der Gestaltungsraum einer Innung dort seine Grenzen, wo der Anschein erweckt wird, daß in den
Tätigkeitsbereich benachbarter Handwerke, und zwar in deren handwerklichen Bereich,
eingegriffen wird" (VGH München GewArch 1985, 164 (165) zu der Uhrmacherinnung,
die in unzulässiger Weise ihren Namen um den Namensbestandteil „Schmuck" erweitern
wollte).

Der **Sitz** der Innung ist der Ort an dem die Innung ihre Verwaltung hat, dh, der Vorstand 17
tätig wird (Detterbeck Rn. 5; Honig/Knörr Rn. 8). Der Sitz muss im Innungsbezirk (→
§ 52 Rn. 56 ff.) sein (Honig/Knörr Rn. 8).

Der **Bezirk** der Innung ist ihr Geltungsbereich. Dieser soll in der Satzung genannt werden. 18
Die gesetzlichen Vorgaben des § 52 Abs. 2, 3 müssen beachtet werden (→ § 52 Rn. 56 ff.).

III. Regelungen über die Aufgaben der Innung (Abs. 2 Nr. 2)

Die Satzung muss Bestimmungen über die **Aufgaben der Innung** enthalten. Die Regelung des § 54 ist insoweit zu beachten. In der Satzung aufzuführen sind so konkret wie 19

Baier-Treu

möglich neben den zwingend zu erfüllenden **Pflichtaufgaben** („Muss"- Aufgaben des § 54 Abs. 1 S. 2), auch die „**Soll**"-**Aufgaben**, die die Innung aufgrund ihrer Leistungsfähigkeit erfüllen kann und ggf. die „**Kann**"-**Aufgaben**, entsprechend dem Ergebnis ihrer Ermessensausübung (Schwannecke/Taubert Rn. 10 f.). Empfehlenswert wäre neben der **Auflistung der einzelnen Aufgaben**, die die Innung wahrnimmt, in der Satzung Bestimmungen über die **Art und Weise der Aufgabenerfüllung** aufzunehmen (Schwannecke/Taubert Rn. 10). Einzelheiten vgl. bei § 54.

IV. Regelungen zur Mitgliedschaft (Abs. 2 Nr. 3)

20 Die Satzung muss nach Abs. 2 Nr. 3 Regelungen zur Mitgliedschaft in Form des **Eintritts** (→ Rn. 21 ff.), des **Austritts** (→ Rn. 23 f.) und des **Ausschlusses** (→ Rn. 26 ff.) der Mitglieder enthalten, wobei § 58 zu beachten ist, der festlegt wer Innungsmitglied sein kann.

1. Eintritt in die Innung

21 Sofern die Aufnahmevoraussetzungen erfüllt sind und keine Ablehnungsgründe bestehen, muss das (potentielle, beitretungswillige) Mitglied aufgenommen werden, da der Innung diesbezüglich kein Ermessen zukommt (VG Gießen GewArch 2006, 298 (298); vgl. BVerwG GewArch 1988, 96 (97); VGH München GewArch 1989, 28 (29)). Das potentielle Mitglied hat, unter Beachtung des § 58 Abs. 3, einen **Aufnahmeanspruch** (VGH München GewArch 1989, 28 (29)). Der Aufnahmeanspruch in eine Körperschaft des Öffentlichen Rechts kann nur aus **zwingenden** und **sachgerechten Gründen** eingeschränkt werden, etwa beim Vorliegen von **schweren Vorstrafen** und die **Aberkennung der bürgerlichen Ehrenrechte** (VGH München GewArch 1989, 28 (29); Honig/Knörr Rn. 15). Ein Versagung des Eintritts in die Innung ist möglich, wenn das Verhalten des eintretungswilligen Mitglieds die Erreichung des Innungszwecks, in Form der Förderung der gemeinsamen gewerblichen Interessen der Mitglieder (§ 52 Abs. 1 S. 1), gefährden würde (VGH München GewArch 1989, 28 (29); Honig/Knörr Rn. 15). Nur in „**äußersten Ausnahmefällen**" kann die Mitgliedschaft ausgeschlossen werden, etwa wenn das eintretungswillige Mitglied das „Handwerkswesen als solches bekämpft oder das für jeden Berufsstand geltende Mindestmaß an Solidarität und Berufsehre offensichtlich, grob und nachhaltig missachtet" (VGH München GewArch 1989, 28 (29)).

22 IRd Satzung sollen Regelung zum **Aufnahmeverfahren**, die die formellen Anforderungen (zB Antragstellung, Schriftformerfordernis) festsetzen, sowie eine Bestimmung über den **Beginn** und das **Ende der Mitgliedschaft** enthalten sein. Von der Erhebung einer **Aufnahmegebühr** sollte grds. Abstand genommen werden, um der gesetzgeberischen Zielsetzung gerecht zu werden (Honig/Knörr Rn. 14), wobei die Erhebung in der Praxis der Regelfall ist. Der Gesetzgeber hat durch die Normierung des Aufnahmeanspruchs zum Ausdruck gebracht, dass möglichst allen innungsfähigen Personen die Mitgliedschaft in der Innung ermöglicht wird (Honig/Knörr Rn. 14; vgl. OVG Hamburg GewArch 1998, 295 (295)).

22.1 § 7 der Mustersatzung für Innungen Baden-Württemberg regelt zum **Aufnahmeverfahren**:
„(1) Der Antrag auf Erwerb der Mitgliedschaft ist bei der Innung schriftlich zu stellen. Über den Antrag entscheidet der Vorstand.
(2) Gegen die Ablehnung des Aufnahmeantrags ist der Widerspruch zulässig. Er ist bei der Innung einzulegen. Über den Widerspruch entscheidet die Innungsversammlung.
(3) Die Erhebung einer Aufnahmegebühr ist unzulässig."

22.2 § 9 Abs. 1 der Mustersatzung für Innungen Baden-Württemberg regelt zum **Beginn der Mitgliedschaft**:
„Die Mitgliedschaft beginnt mit dem Tage der Entscheidung über die Aufnahme."

2. Austritt aus der Innung

23 Mangels gesetzlicher Regelung in der HwO bedarf es satzungsmäßiger Regelungen über die **Beendigung der Mitgliedschaft** (→ § 58 Rn. 32) und ihre **Rechtsfolgen** (Schwannecke/Taubert Rn. 15). Eine Beendigung der Mitgliedschaft ist grds. möglich infolge Austritts, Ausschlusses und Verlustes der Voraussetzungen für die Mitgliedschaft (Löschung aus dem Verzeichnis oder Verlegung der gewerblichen Niederlassung aus dem Innungsbezirk).

§ 9 Abs. 2 der Mustersatzung für Innungen Baden-Württemberg regelt zum **Ende der Mitgliedschaft** 23.1
„Die Mitgliedschaft endet mit
1. der Löschung im Verzeichnis der zulassungspflichtigen Handwerke oder im Verzeichnis der zulassungsfreien Handwerke und der handwerksähnlichen Gewerbe oder
2. dem Austritt (…) oder
3. dem Ausschluss (…) oder
4. der Verlegung der gewerblichen Niederlassung aus dem Innungsbezirk."

Im Zuge der Regelung des Endes der Mitgliedschaft durch freiwilligen **Austritt** (→ 24 § 58 Rn. 33) sind die **formellen Anforderungen** in der Satzung festzulegen, wie etwa zu beachtende Fristen und Formerfordernisse der Kündigung (Honig/Knörr Rn. 18). Mit der Beendigung der Mitgliedschaft erlischt die Verpflichtung zur Zahlung (zukünftiger) Mitgliedsbeiträge und zur Nutzung der Innungseinrichtungen. Bis zum Zeitpunkt der Beendigung muss das Innungsmitglied die Mitgliedsbeiträge errichten.

§ 10 der Mustersatzung für Innungen Baden-Württemberg regelt zum **Austritt**: 24.1
„Der Austritt aus der Innung kann nur zum Schluss des Kalenderjahres erfolgen und muss spätestens drei Monate vorher der Innung schriftlich erklärt werden."

§ 12 der Mustersatzung für Innungen Baden-Württemberg regelt zu den **Rechtsfolgen** bei Beendigung der Mitgliedschaft: 24.2
„(1) Mit Beendigung der Mitgliedschaft erlöschen alle Ansprüche auf das Innungsvermögen und auf Innungseinrichtungen.
(2) Die Verpflichtung zur Zahlung der Beiträge und sonstiger finanzieller Leistungen bleib bis zur Beendigung der Mitgliedschaft bestehen.
(3) Vertragliche und sonstige Verbindlichkeiten, welche der Innung oder deren Einrichtungen gegenüber bestehen, werden durch die Beendigung der Innungsmitgliedschaft nicht berührt."

Die HwO verlangt für die Satzung der Innung eine Regelung über den Austritt, schreibt 25 aber keine Höchstgrenze für eine Austrittsfrist vor (VG Berlin GewArch 2012, 324 (325)). Die Innung kann selbst eine **Kündigungsfrist** im Zusammenhang mit der Mitgliedschaft festlegen (Honig/Knörr Rn. 18, der darauf hinweist, dass in Anlehnung an den allgemeinen Rechtsgedanken des § 39 Abs. 2 BGB eine Höchstdauer der Kündigungsfrist von 2 Jahren nicht überschritten werden darf). Die Rechtsprechung hat eine satzungsmäßige **Austrittsfrist von sechs Monaten** zum Ende des Rechnungsjahres nach vorheriger schriftlicher Austrittserklärung gegenüber dem Vorstand als nicht unangemessen erachtet (VG Berlin GewArch 2012, 324 (325)). Nach der Rspr. des VG Berlin ist die Regelung des § 314 BGB verallgemeinerungsfähig, so dass eine vorzeitige **außerordentliche Beendigung der Mitgliedschaft** aus wichtigem Grunde erfolgen kann (VG Berlin GewArch 2012, 324 (325)). Ein wichtiger Grund besteht, wenn Tatsachen vorliegen, die unter Berücksichtigung und Abwägung der beidseitigen Interessen die Fortsetzung der Mitgliedschaft unzumutbar machen (VG Berlin GewArch 2012, 324 (325); vgl. Palandt/Grüneberg BGB § 314 Rn. 7). Eine gescheiterte Abwahl des Obermeisters der Innung stellt keinen solchen wichtigen Grund dar (VG Berlin GewArch 2012, 324 (325)). Auch eine für das Innungsmitglied nicht akzeptable Beschlussfassung der Innungsversammlung ist kein wichtiger Grund, der einen vorzeitigen Austritt rechtfertigt, wenn das Mitglied an der Beschlussfassung nicht teilgenommen hat (VG Berlin GewArch 2012, 324 (325)). Eine Ausnahme besteht nur in außergewöhnlichen Fällen, in denen der Beschluss unzumutbare Folgen für das untätige Innungsmitglied hat (VG Berlin GewArch 2012, 324 (325)).

3. Ausschluss aus der Innung

Eine unmittelbare gesetzliche Regelung zum Ausschluss des Mitglieds aus der Innung gibt 26 es in der HwO nicht (OVG Hamburg GewArch 1998, 295 (295)). Die Innung muss im Rahmen ihrer Satzung Bestimmungen über den **Ausschluss** eines Mitgliedes aus der Innung aufnehmen und damit Vorkehrungen für den Fall treffen, dass ein Mitglied die Innung bei der Wahrnehmung ihrer Aufgaben nachhaltig stört (BVerwG GewArch 1988, 96 (98)); jedoch sind an die Voraussetzungen **strenge Anforderungen** zu stellen (OVG Hamburg GewArch 1998, 295 (295); Taubert/Schwannecke Rn. 22). Angesichts der außerordentlichen Bedeutung der Mitgliedschaft soll die Satzung hohe Anforderungen an den Tatbestand des

Ausschlusses stellen, denn der Gesetzgeber hat den Innungen – mit Blick auf § 54 – Aufgaben von erheblicher Bedeutung für die einzelnen Handwerksbetriebe zugewiesen (OVG Hamburg GewArch 1998, 295 (295)). In Anbetracht des Aufnahmeanspruchs des (potentiellen) Mitglieds gegenüber der Innung (§ 58 Abs. 3) soll „jedem selbständigen Handwerker in möglichst weitem Umfang die Zugehörigkeit zur fachhandwerklichen Vertretung in seinem Bezirk eröffnet sein" (OVG Hamburg GewArch 1998, 295 (295)). Aus diesem Grund darf ein Ausschluss nur erfolgen, wenn **zwingende und sachgerechte Gründe,** die im Interesse der Innung liegen, dies erfordern (OVG Hamburg GewArch 1998, 295 (295)). Nur ein **schwerwiegender Verstoß** kann damit einen Ausschluss rechtfertigen, nicht hingegen geringfügige Verstöße (OVG Hamburg GewArch 1998, 295 (295)).

27 Als **Ausschlussgrund** kommt „gröblicher oder beharrlicher Verstoß gegen die Satzung" in Betracht (OVG Hamburg GewArch 1998, 295 (295); Honig/Knörr Rn. 16; Taubert/Schwannecke Rn. 22). Ein solcher **gröblicher Verstoß** liegt vor, „wenn das Mitglied durch sein persönliches oder gewerbliches Verhalten satzungsgemäße Pflichten in so schwerwiegendem Maße verletzt hat, das den anderen Mitgliedern seine Zugehörigkeit zur Innung nicht zugemutet werden kann" (VG Gießen GewArch 2006, 298 (298)). Von einem **beharrlichen Verstoß** ist auszugehen, wenn die Pflichtverletzung wiederholt und mit fehlender Einsicht begangen wird (VG Gießen GewArch 2006, 298 (298); OVG Hamburg GewArch 1998, 295 (295)). Mögliche Ausschlussgründe sind das Bestehen **schwere Vorstrafen** und die **Aberkennung der bürgerlichen Ehrenrechte** (VGH München GewArch 1989, 28 (29)) oder die **Versäumnis der Zahlung der Mitgliederbeiträge** über einen in der Satzung festgelegten gewissen Zeitraum, sowie der **Aufruf eines Mitglieds zum Austritt aus der Innung** (OVG Hamburg GewArch 1998, 295 (296) (→ Rn. 27.1).

27.1 In diesem Zusammenhang hat das OVG Hamburg entschieden, dass der **Aufruf eines Mitglieds zum Austritt aus der Innung** ein Ausschlussgrund darstelle: „Ein solcher Aufruf ist ein Versuch die Innung in ihrem Bestand zu schädigen (…). Er ist auf die Auflösung (der Innung) gerichtet. Sofern ein Austrittsaufruf Erfolg hätte, nähme (die Innung) erheblichen Schaden, weil ihr in größerem Umfang Mitgliedsbeiträge verloren gingen und sie durch eine sinkende Zahl der Mitglieder an Bedeutung verlöre. Zudem stellt schon die Tatsache, daß ein Mitglied zum Austritt aufruft, eine Beeinträchtigung des Ansehens der Organisation dar. Der Versuch eines Mitglieds, die eigene Organisation in dieser Weise zu schädigen, ist grob illoyal. Das Mindestmaß an Solidarität mit der Organisation, der man angehört, ist in einem solchen Fall nicht mehr geboten." (Erg. d. d. Verf.) (OVG Hamburg GewArch 1998, 295 (296)).

27.2 § 11 der Mustersatzung für Innungen Baden-Württemberg regelt zum **Ausschluss**:
„(1) Durch Beschluss des Vorstands kann ausgeschlossen werden, wer
1. gegen die Satzung grob oder beharrlich verstößt oder satzungsmäßige Beschlüsse oder Anordnungen der Innungsorgane nicht befolgt, oder
2. mit seinen Beiträgen oder sonstigen Zahlungsverpflichtungen trotz wiederholter schriftlicher Aufforderung länger als ein Jahr im Rückstand geblieben ist.
(2) Vor dem Beschluss ist dem Innungsmitglied Gelegenheit zur schriftlichen Äußerung zu geben; hierfür ist eine Frist von mindestens vier Wochen einzuräumen. § 7 Abs. 2 findet entsprechend Anwendung".
Aufgrund der Verweisung auf § 7 Abs. 2 der Mustersatzung für Innungen Baden-Württemberg kann das Innungsmitglied gegen die Entscheidung des Vorstands Widerspruch einlegen über den die Innungsversammlung entscheidet.

28 Die Entscheidung über den Ausschluss des Mitglieds aus der Innung liegt aufgrund der hohen Bedeutung der Innungsmitgliedschaft idR – abhängig auch vom Wortlaut der Satzung („kann") – im **Ermessen der Innung**, so dass es einer ermessensfehlerfreie Entscheidung bedarf, die den Grundsatz der Verhältnismäßigkeit zu beachten hat (OVG Hamburg GewArch 1998, 295 (295)). Eine **Anhörung** des Innungsmitglieds, bevor die Innung über den Ausschluss entscheidet, erscheint vor dem Hintergrund des zu beachtenden Grundsatzes der Verhältnismäßigkeit, sachgerecht (Honig/Knörr Rn. 16; vgl. Taubert/Schwannecke Rn. 22). Die Ausschlussentscheidung ist ein **Verwaltungsakt**, gegen den gerichtlich vorgegangen werden kann.

29 Eine **Abmahnung** mit der Folge, dass ein Mitglied erst bei wiederholtem Verstoß aus der Innung ausgeschlossen werden kann, ist im Falle eines **gröblichen**, dh schwerwiegenden Verstoßes nicht erforderlich (OVG Hamburg GewArch 1998, 295 (295); BVerwG Beschl.

v. 13.11.1997 – 1 B 213.97), da die Innung unter Beachtung des Grundsatzes der Verhältnismäßigkeit nicht verpflichtet sein kann, zunächst abzuwarten, ob das schädliche Verhalten erneut erfolgt (BVerwG Beschl. v. 13.11.1997 – 1 B 213.97 (= BeckRS 2008, 06330)). Im Falle von weniger schwerwiegenden Satzungsverstößen, die nur einen Ausschlussgrund darstellen, wenn sie **beharrlich** begangen werden, ist eine Abmahnung im Regelfall geboten (BVerwG Beschl. v. 13.11.1997 – 1 B 213.97 (= BeckRS 2008, 06330)).

V. Regelungen zu den Rechten und Pflichten der Mitglieder und den Beiträgen (Abs. 2 Nr. 4)

Nach § 55 Abs. 2 Nr. 4 muss die Satzung Bestimmungen über die Rechte und Pflichten der Mitglieder sowie die Bemessungsgrundlage für die Erhebung der Mitgliedsbeiträge enthalten. 30

1. Rechte und Pflichten der Mitglieder

Innungsmitglieder sind zur **Förderung der Innungsarbeit** und damit zur Förderung des Innungszwecks verpflichtet. Aufgrund der mitgliedschaftlichen **Treuepflicht** hat ein Mitglied alle Handlungen zu unterlassen, die dem verfolgten Innungszweck schaden (OVG Hamburg GewArch 1998, 295 (296)). Ein Verhalten, das der Innung schadet, verstößt gegen diese Verpflichtung der Mitglieder. Zudem obliegt dem Mitglied eine **Mitwirkungspflicht** an der Erfüllung der Aufgaben der Innung (OVG Hamburg GewArch 1998, 295 (296)). Zentrale Pflicht ist auch die **Zahlung der Mitgliedsbeiträge** (Will, Selbstverwaltung der Wirtschaft, 2010, 671) und die Beachtung der Beschlüsse der Innungsorgane. Die einzelnen Rechten und Pflichten können sich aus der Satzung der Innung und aus der HwO ergeben. 31

§ 14 der Mustersatzung für Innungen Baden-Württemberg regelt zu den Pflichten: „Die Mitglieder sind verpflichtet, an der Erfüllung der Innungsaufgaben mitzuwirken und die Vorschriften der Satzung sowie die Beschlüsse und Anordnungen der Innungsorgane zu beachten". 31.1

2. Bemessungsgrundlage für die Erhebung der Mitgliedsbeiträge

IRd Satzung muss die Innung die **Bemessungsgrundlage** für die Erhebung der Mitgliedsbeiträge festsetzen, da die HwO keine Regelung zu den Maßstäben für die Bemessung der Innungsbeiträge enthält (BVerwG NVwZ-RR 1992, 175 (176); Honig/Knörr Rn. 20; Taubert/Schwannecke Rn. 23). Rechtsgrundlage für die Beitragserhebung sind die §§ 55 Abs. 2 Nr. 4, 61 Abs. 2 Nr. 2, 73 (BVerwG NVwZ-RR 1992, 175 (176)) wonach die Bemessungsgrundlage durch die Satzung der Innung festgesetzt wird und deren Höhe durch Beschluss der Innungsversammlung (BVerwG NVwZ-RR 1992, 175 (176)). Einzelheiten zu dem Beiträgen vgl. bei § 73 (→ § 73 Rn. 4 ff.). 32

VI. Regelungen zu den Organen (Abs. 2 Nr. 5–8)

In der Satzung müssen Regelungen im Zusammenhang mit den **Organen der Innung** (Innungsversammlung (→ Rn. 34), Vorstand (→ Rn. 35), Ausschüsse (→ Rn. 36)) enthalten sein, wobei der vom Gesetzgeber vorgegebene Rahmen in Form der §§ 60–72 zu beachten ist. 33

1. Innungsversammlung

Nach Abs. 2 Nr. 5 muss die Satzung Bestimmungen zu der **Einberufung der Innungsversammlung** (§ 62) enthalten, so dass in der Satzung etwa festgelegt werden soll in welchen Fällen eine Einberufung erfolgen kann und in welchen Zeitabständen die Innungsversammlung stattfinden soll, sowie welches Verfahren dabei zu beachten ist (zB Wer beruft die Innungsversammlung ein; In welcher Weise erfolgt die Einladung der Mitglieder zur Innungsversammlung; Beilegung der Tagesordnung) (Detterbeck Rn. 9; Honig/Knörr Rn. 21). Ferner sind Regelungen erforderlich über das **Stimmrecht** in der Innungsversammlung, wie etwa die Stimmberechtigung, der Ausschluss des Stimmrechts, die Befangenheit des Mitglieds der Innungsversammlung und die Übertragung des Stimmrechts, wobei die gesetzlichen Rahmenregelungen der §§ 61–65 zu beachten sind (Detterbeck Rn. 9). Erfor- 34 derlich sind auch satzungsmäßige Regelungen zu der **Art der Beschlussfassung** (§ 55 Abs. 2 Nr. 5), so dass die im Einzelfall erforderliche Mehrheiten festgesetzt werden können, und bestimmt werden soll wie die Beschlussfassung erfolgt (zB Handzeichen, Stimmzettel) (Honig/Knörr Rn. 21; Taubert/Schwannecke Rn. 24, die darauf hinweisen, dass nur in Ausnahmefällen zusätzliche besondere Mehrheitserfordernisse durch die Innungssatzung festgelegt werden sollen, um die Funktionsfähigkeit der Innung aufrecht zu halten und zu ermöglichen, dass die „Innung dem Wandel der tatsächlichen Verhältnisse leicht folgen kann"). Insoweit ist § 62 Abs. 2 zu beachten, der eine Mehrheit von drei Vierteln der erschienenen Mitglieder im Falle der Beschlussfassung über die Änderung der Innungssatzung vorschreibt (§ 62 Abs. 2 S. 2) und eine Mehrheit von drei Viertel der Stimmberechtigten Innungsmitglieder im Falle der Beschlussfassung über die Auflösung der Innung (62 Abs. 2 Nr. 3 zur ersten Innungsversammlung; vgl. § 62 Abs. 2 Nr. 4 zur zweiten Innungsversammlung). Nach § 55 Abs. 2 Nr. 8 muss die Satzung Bestimmungen über **die Beurkundung der Beschlüsse** der Innungsversammlung beinhalten. Es ist satzungsmäßig zu regeln wie die Beurkundung erfolgen soll (zB Angabe von Datum und Ort, Unterzeichnung durch bestimmte Person/en; Veröffentlichung der Beschlüsse im Publizitätsorgan) (Honig/Knörr Rn. 24).

2. Vorstand

35 Nach Abs. 6 bedarf es Regelungen über die **Bildung des Vorstands** (§ 66) (→ § 66 Rn. 1) und der **Beurkundung der Beschlüsse** des Vorstands (Abs. 2 Nr. 8). Es muss etwa geregelt werden aus wie vielen Personen der Vorstand bestehen soll und die Länge seiner Amtszeit (Honig/Knörr Rn. 22). Ferner soll die Satzung regeln, dass der Vorstand sich eine Geschäftsordnung geben soll (Honig/Knörr Rn. 22). Es ist ferner satzungsmäßig zu regeln wie die Beurkundung erfolgen soll (zB Angabe von Datum und Ort, Unterzeichnung durch bestimmte Person/en; Veröffentlichung der Beschlüsse im Publizitätsorgan) (Honig/Knörr Rn. 24).

3. Ausschüsse

36 Entsprechend dem Wortlaut der Nr. 7 des § 55 Abs. 2 muss die Innung auch satzungsmäßige Bestimmungen über die **Bildung des Gesellenausschusses** (§§ 68-72) haben, zB über die Größe und Zusammensetzung des Gesellenausschusses und seiner Amtszeit (Honig/Knörr Rn. 23). Über den Wortlaut des § 55 Abs. 2 Nr. 7 hinaus bedarf es zudem satzungsmäßiger Regelungen zu allen gesetzlich verbindlich bestehenden Innungsausschüssen (**Berufsbildungsausschuss** gem. § 67 Abs. 2) und **Gesellenprüfungsausschuss** gem. § 54 Abs. 1 S. 2 Nr. 4, § 33 Abs. 2, sofern die Innung durch die Handwerkskammer nach § 33 Abs. 1 S. 3 zur Errichtung des Gesellenprüfungsausschusses ermächtigt wurde (Schwannecke/Taubert Rn. 2; Honig/Knörr Rn. 5; Detterbeck Rn. 1). Entscheidet sich die Innung für die Errichtung **freiwilliger Ausschüsse**, die ständig bestehen sollen, bedarf es in diesem Zusammenhang ebenfalls satzungsmäßiger Regelungen. In Verbindung mit jedem Innungsausschuss sind damit satzungsmäßige Regelungen erforderlich, etwa im Zusammenhang mit der Zusammensetzung der einzelnen Ausschüsse, der Aufgaben der Ausschüsse, dem Wahlverfahren und der Beschlussfassung. Nach § 61 Abs. 2 Nr. 5 obliegt die Einsetzung besonderer Ausschüsse zur Vorbereitung einzelner Angelegenheiten der Innungsversammlung.

VII. Haushaltsregelungen (Abs. 2 Nr. 9)

37 Nach Abs. 2 Nr. 9 muss die Satzung Regelungen enthalten über die Aufstellung des Haushaltsplans (→ Rn. 38) und die Aufstellung und Prüfung der Jahresrechnung (→ Rn. 39).

1. Haushaltsplan

38 Im **Haushaltsplan** sind zu Beginn des Rechnungsjahres die voraussichtlich anfallenden jährlichen Einnahmen und Ausgaben der Innung aufzustellen (Honig/Knörr Rn. 25; Taubert/Schwannecke Rn. 25). Der Haushaltsplan wird vom Vorstand in Zuge seiner Geschäftsführungsfunktion aufgestellt und von der Innungsversammlung nach § 61 Abs. 2 Nr. 1 Alt. 1

festgestellt (Honig/Knörr Rn. 25; Detterbeck § 61 Rn. 4; Will, Selbstverwaltung der Wirtschaft, 2010, 657). Die Innungsversammlung ist grds. berechtigt an dem vom Vorstand vorgelegten und vorgeschlagenen Haushaltsplan Änderungen und Ergänzungen vorzunehmen (Will, Selbstverwaltung der Wirtschaft, 2010, 657; Schwannecke/Kräßig § 61 Rn. 5 lit. a; Detterbeck § 61 Rn. 4). Der Vorstand ist iRd Verwaltung der Innung an den festgestellten Haushaltsplan gebunden (Detterbeck § 61 Rn. 4). Ausgaben, die im Haushaltsplan nicht vorgesehen sind, bedürfen der Billigung durch die Innungsversammlung nach § 61 Abs. 2 Nr. 1 Alt. 2 (Will, Selbstverwaltung der Wirtschaft, 2010, 657; Schwannecke/Kräßig § 61 Rn. 5 lit. a), der auch die nachträgliche Genehmigung der außerordentlichen Ausgaben durch die Innungsversammlung genügen lässt; Detterbeck § 61 Rn. 4 verlangt die vorherige Billigung der Innungsversammlung). Hält sich der Vorstand nicht an die Vorgaben des festgestellten Haushaltsplans macht er sich ggf. schadensersatzpflichtig, sofern keine entsprechende Billigung der Innungsversammlung vorliegt (Detterbeck § 61 Rn. 4; Schwannecke/Kräßig § 61 Rn. 5 lit. a).

§ 65 der Mustersatzung für Innungen Baden-Württemberg regelt zum **Haushaltsplan**: 38.1
„(1) Das Rechnungsjahr ist das Kalenderjahr.
(2) Der Vorstand der Innung hat alljährlich über den zur Erfüllung der gesetzlichen und satzungsmäßigen Aufgaben erforderlichen Kostenaufwand einen Haushaltsplan für das folgende Rechnungsjahr nach dem von der Handwerkskammer empfohlenen Muster aufzustellen und ihn der Innungsversammlung zur Beschlussfassung vorzulegen. Für die Einrichtungen der Innung (…) sind gesonderte Haushaltspläne aufzustellen und zu beschließen.
(3) Der Vorstand der Innung ist bei seiner Verwaltung an den Haushaltsplan gebunden. Über Ausgaben, die im Haushaltsplan nicht vorgesehen sind, hat die Innungsversammlung gesondert zu beschließen."

2. Jahresrechnung

Am Ende des Rechnungsjahres ist die **Jahresrechnung** aufzustellen, die einen Überblick 39 über die tatsächlichen Einnahmen und Ausgaben der Innung im letzten Rechnungsjahr gibt (Honig/Knörr Rn. 25; Taubert/Schwannecke Rn. 25; Detterbeck § 61 Rn. 4). Darzulegen sind die gesamten Einnahmen und Ausgaben der Innung. Die Rechnungslegung erfolgt durch den Vorstand der Innung. Nach Billigung und Abnahme der vorgelegten Jahresrechnung durch die Innungsversammlung bedarf es der Entlastung des Vorstands, § 61 Abs. 2 Nr. 3 (Honig/Knörr Rn. 25). Zur Prüfung der Jahresrechnung kann auch ein Ausschuss (Rechnungsprüfungsausschuss) bestellt werden (Honig/Knörr Rn. 25; Taubert/Schwannecke Rn. 25).

§ 66 der Mustersatzung für Innungen Baden-Württemberg regelt zur **Jahresrechnung**: 39.1
„(1) Der Vorstand der Innung hat innerhalb der ersten sechs Monate des Rechnungsjahres für die Innungskasse sowie für jede Nebenkasse eine gesonderte Rechnung für das abgelaufene Rechnungsjahr aufzustellen. Die Jahresrechnung muss sämtliche Einnahmen und Ausgaben nachweisen. Die erforderlichen Belege und eine Liste der rückständigen Beiträge und Gebühren sind ihr beizufügen.
(2) Nach Prüfung durch den Rechnungs- und Kassenprüfungsausschuss ist die Jahresrechnung der Innungsversammlung zur Abnahme vorzulegen."

3. Nebeneinrichtungen

Für die Einnahmen und Ausgaben der **Nebeneinrichtungen** der Innungen nach § 54 40 Abs. 3 Nr. 2 sind nach § 57 Abs. 2 eigene Haushaltsplänen und Jahresrechnungen zu erstellen, da das Vermögen getrennt vom Innungsvermögen zu verwalten ist (Honig/Knörr Rn. 26; Taubert/Schwannecke Rn. 25; → Rn. 43).

VIII. Änderung der Satzung, Auflösung der Innung, Nebensatzung (Abs. 2 Nr. 10)

Nach Abs. 2 Nr. 10 muss die Satzung Bestimmungen über die Voraussetzungen für die 41 Änderung der Satzung (→ Rn. 42) und für die Auflösung der Innung (→ Rn. 42) sowie den Erlass und die Änderung der Nebensatzungen (→ Rn. 43) enthalten.

1. Satzungsänderung und Auflösung der Innung

42 Im Zusammenhang mit der **Änderung der Satzung** ist die gesetzliche Vorgabe der § 61 Abs. 2 Nr. 8, Abs. 3, 62 Abs. 1, Abs. 2 S. 2 zu beachten und der **Auflösung der Innung** die gesetzlichen Vorgaben der §§ 61 Abs. 2 Nr. 8, Abs. 3, 62 Abs. 2 S. 3. Danach bedarf es einer Beschlussfassung durch die Innungsversammlung unter Beachtung des gesetzlich vorgegebenen Mehrheitserfordernisses und des Erfordernisses der Nennung auf der Tagesordnung. Von diesen Vorgaben kann die Innung durch Satzungsregelungen nicht abweichen. Sie kann aber Details im Zusammenhang mit der Satzungsänderung regeln, wie etwa weitere formelle Anforderung bzgl. des Änderungsantrag oder Auflösungsantrags stellen oder Ladungsfristen festlegen (Taubert/Schwannecke Rn. 29). (Vgl. zur Verwendung des Innungsvermögens im Falle der Auflösung der Innung → Rn. 44).

2. Nebensatzung

43 Im Zusammenhang mit der **Nebensatzung**, muss iRd Hauptsatzung der Innung eine Verweisung auf die Nebensatzung erfolgen, sofern iRd Aufgabenbildung iSd § 54 Abs. 3 Nr. 2 die Bildung von Unterstützungskassen erfolgen soll (Taubert/Schwannecke Rn. 31). Weitere Regelungen zu den Unterstützungskassen sind aber zwingend in der separaten Nebensatzung zu erfolgen, § 57 Abs. 1 S. 1 (→ § 57 Rn. 3 ff.).

IX. Verwendung des Innungsvermögens (Abs. 2 Nr. 11)

44 Nach Abs. 2 Nr. 11 muss in der Satzung der Innung geregelt werden wer im Falle der **Auflösung der Innung** das verbleibenden Innungsvermögen erhalten soll. Die Auflösung der Innung kann durch die Innung selbst erfolgen durch entsprechenden Beschluss der Innungsversammlung, der der Genehmigung der zuständigen Handwerkskammer bedarf (§§ 78 Abs. 1, 61 Abs. 2 Nr. 8, Abs. 3, 62 Abs. 2 S. 3). Eine Auflösung der Innung ist aber auch durch die Handwerkskammer als Aufsichtsbehörde möglich, wenn eine Fallvariante des § 76 gegeben ist. § 78 Abs. 1 regelt unter Hinweis auf die §§ 47–53 BGB die Liquidation des Innungsvermögens. In der Satzung muss der **Adressat** des verbleibenden Vermögens genannt werden. Grds. kann das Vermögen etwa auf die vorhandenen Mitglieder der Innung aufgeteilt werden, dem Landesinnungsverband oder einer dem Handwerk nachstehenden Organisation zugutekommen (Honig/Knörr Rn. 30; Taubert/Schwannecke Rn. 27).

44.1 § 75 Abs. 5 der Mustersatzung für Innungen Baden-Württemberg regelt in diesem Zusammenhang zur **Liquidation**:
„Das Innungsvermögen ist zunächst zur Erfüllung der Verbindlichkeiten zu verwenden. Das verbleibende Vermögen haben die Liquidatoren mit Genehmigung der Handwerkskammer zur Verwendung für handwerksfördernde Zwecke zugunsten der Handwerke, für welche die Innung errichtet worden ist, zu verwenden."

§ 56 [Genehmigung der Satzung]

(1) **Die Satzung der Handwerksinnung bedarf der Genehmigung durch die Handwerkskammer des Bezirks, in dem die Handwerksinnung ihren Sitz nimmt.**

(2) **Die Genehmigung ist zu versagen, wenn**
1. **die Satzung den gesetzlichen Vorschriften nicht entspricht,**
2. **die durch die Satzung vorgesehene Begrenzung des Innungsbezirks die nach § 52 Abs. 3 Satz 2 erforderliche Genehmigung nicht erhalten hat.**

Literatur: Kopp Ferdinand/Ramsauer Ulrich, Verwaltungsverfahrensgesetz, 15. Aufl. 2014; Kormann Joachim, Der aufsichtliche Genehmigungsakt im Handwerksrecht – Natur und Modalität der Entscheidung, GewArch 1996, 393 ff.; Kormann Joachim, Rechtsanspruch der Innung auf Genehmigung oder Ermessensentscheidung der Handwerkskammer?, GewArch 1996, 41 ff.

Überblick

Nach dem gesetzlich festgelegten Genehmigungsvorbehalt des § 56 Abs. 1 bedarf die Satzung der Innung iSd § 55 der Genehmigung durch die Handwerkskammer (**Genehmi-**

gungspflichtigkeit; → Rn. 1 ff.). Weitere aufsichtliche Genehmigungsvorbehalte im Zusammenhang mit den Innungen regelt das Gesetz in den § 53 S. 2, § 61 Abs. 3 und 78 Abs. 2 S. 1. Abs. 2 des § 56 regelt die **Versagungsgründe** (→ Rn. 7). Erfüllt die Innung alle gesetzlichen Voraussetzung hat sie einen **Anspruch auf Erteilung der Genehmigung** (→ Rn. 8).

Die Regelung des § 56 Abs. 1. Abs. 2 Nr. 1 finden nach der Verweisungsnorm des § 89 Abs. 1 Nr. 2 entsprechend Anwendung auf die Kreishandwerkerschaften.

A. Genehmigungspflichtigkeit der Satzung

Die Satzung der Innung (§ 55) bedarf nach § 56 Abs. 1 der Genehmigung durch die **1** Handwerkskammer als Aufsichtsbehörde. **Zweck** des Genehmigungsvorbehaltes ist die Schaffung von Rechtssicherheit für alle Beteiligten (Kormann GewArch 1996, 41 (46)). Die Innungssatzung als Rechtsvorschrift ist damit ein genehmigungsbedürftiger Rechtsakt (Kormann GewArch 1996, 393 (393)). Neben dem **erstmaligen Erlass** einer Satzung, im Falle der **Neugründung** der Innung, basierend auf dem Gründungsbeschluss der Gründungsversammlung, ist auch jede **Änderung der Satzung** nach § 61 Abs. 3 iVm Abs. 2 Nr. 8 Alt. 1 in Form des Innungsversammlungsbeschlusses genehmigungspflichtig (Kormann GewArch 1996, 393 (393) unter Fn. 7).

Örtlich und sachlich zuständig für die Genehmigungserteilung ist nach Abs. 1 die **Hand-** **2** **werkskammer** in deren Bezirk die Innung ihren Sitz hat. Weitere Regelungen zur näheren Ausgestaltung der Genehmigungserteilung enthält die HwO nicht, so dass mangels spezieller Vorschriften allgemein geltende Grundsätze, etwa des Verwaltungsrechts, zur Anwendung kommen (Kormann GewArch 1996, 393 (393)).

Erst infolge der Erteilung der Genehmigung wird der Beschluss wirksam und entfaltet **3** seine Rechtskraft. Bis zum Zeitpunkt der Genehmigungserteilung ist der Beschluss schwebend unwirksam. Im Falle der Neugründung erlangt die Innung erst mit Genehmigungserteilung ihre Rechtsfähigkeit als Körperschaft des öffentlichen Rechts (§ 53 S. 2). Mit Versagung der Genehmigung wird der Beschluss unwirksam.

Die Genehmigung bzw. ihre Versagung ist ihrer Rechtsform nach ein **Verwaltungsakt** **4** iSd § 35 S. 1 VwVfG (Honig/Knörr Rn. 1). Als Verwaltungsakt wird die Genehmigung bzw. Versagung unter Zugrundelegung der allgemeinen gültigen Regelung § 43 Abs. 1 S. 1 VwVfG mit ihrer **Bekanntgabe** gegenüber der Innung als Adressaten wirksam. Wirksamkeit bedeutet, dass die Innung als Adressat des Verwaltungsaktes zunächst an die im Verwaltungsakt getroffene Regelung gebunden wird (vgl. allgemein Kopp/Ramsauer VwVfG § 43 Rn. 14). Gegen diese **Bindungswirkung** kann die Innung durch Rechtsbehelfe im Klagewege gerichtlich (oder ggf. im Wege des Widerspruchs) vorgehen.

Aus der HwO ergeben sich keine **Formvorschriften** im Zusammenhang mit der Geneh- **5** migungserteilung bzw. Versagung. Nach der allgemein gültigen Regelung des Verfahrensrechts in § 37 Abs. 2 S. 1 VwVfG kann der Verwaltungsakt grds. mündlich, schriftlich, elektronisch oder in anderer Weise erlassen werden. Ein mündlicher Verwaltungsakt ist aber schriftlich oder elektronisch zu bestätigen, wenn hieran ein berechtigtes Interesse besteht und der Betroffene dies unverzüglich verlangt (§ 39 Abs. 2 S. 2 VwVfG).

Entscheidet sich die Handwerkskammer für den Erlass einer schriftlichen Genehmigung **6** bzw. Versagung bedarf im Regelfall einer **Begründung** des Verwaltungsaktes. Nach § 39 Abs. 1 VwVfG ist ein schriftlicher Verwaltungsakt mit einer Begründung zu versehen, aus der sich die wesentlichen tatsächlichen und rechtlichen Gründe ergeben. Eine Begründung bedarf es dann nicht, soweit die Behörde dem Antrag entspricht (§ 39 Abs. 2 Nr. 1 VwVfG), d.h. wenn die Handwerkskammer die Genehmigung erteilt. Wird hingegen die Erteilung der Genehmigung verwehrt, muss die Ablehnung durch die Handwerkskammer begründet werden.

B. Genehmigungsfähigkeit der Satzung

§ 56 Abs. 2 beinhaltet im Zusammenhang mit der Genehmigungsfähigkeit der Satzung **7** **Versagungsgründe**, aus denen die Handwerkskammer die Erteilung der Genehmigung der Innungssatzung ablehnen kann. Nach Nr. 1 ist die Genehmigung zu versagen, wenn „die

Satzung der Innung des gesetzlichen Vorschriften nicht entspricht" und nach Nr. 2 „die durch die Satzung vorgesehene Begrenzung des Innungsbezirks die nach § 53 Abs. 3 S. 2 erforderliche Genehmigung nicht erhalten hat". Die Versagungsgründe ergeben sich gesetzlich normiert aus den in § 56 Abs. 2 **beispielhaft** aufgezählten Gründen, die nicht abschließend sind (Honig/Knörr Rn. 5; Detterbeck Rn. 3). Bestehen Versagungsgründe muss die Handwerkskammer die Genehmigungserteilung auch versagen (Honig/Knörr Rn. 7).

8 Die zuständige Handwerkskammer ist verpflichtet, die Satzung zu genehmigen, soweit keine Versagungsgründe vorliegen, so dass die Innung einen **Anspruch auf Erteilung der Genehmigung** hat (Detterbeck Rn. 3; Schwannecke/Taubert Rn. 7; Kormann GewArch 1996, 41 (46); anders Honig/Knörr Rn. 8). Die Handwerkskammer ist in ihrer Funktion als Rechtsaufsichtsbehörde auf die Ausübung der Rechtsaufsicht beschränkt, so dass sie keine Zweckmäßigkeitserwägungen anstellen der Innung vornehmen oder an ihrer Stelle Ermessenserwägungen ausüben dürfte (Kormann GewArch 1996, 41 (46)). Dies ist sachgerecht. Erst mit der Genehmigung der Innungssatzung erlangt die Innung ihre Rechtsfähigkeit und damit ihre rechtliche Existenz. Erfüllt die Innung alle in der HwO gesegelten Voraussetzungen im Zusammenhang mit ihrer Gründung, kann es nicht von einer Ermessensentscheidung der Handwerkskammer abhängen, ob die Innung gegründet werden darf (Kormann GewArch 1996, 41 (46)). Auch iRv Satzungsänderungen besteht ein Anspruch auf Erteilung der Genehmigung, wenn die Innung ihrerseits alle gesetzlichen Voraussetzungen erfüllt hat (Kormann GewArch 1996, 41 (46)).

§ 57 [Nebensatzungen für Unterstützungskassen]

(1) ¹Soll in der Handwerksinnung eine Einrichtung der im § 54 Abs. 3 Nr. 2 vorgesehenen Art getroffen werden, so sind die dafür erforderlichen Bestimmungen in Nebensatzungen zusammenzufassen. ²Diese bedürfen der Genehmigung der Handwerkskammer des Bezirks, in dem die Handwerksinnung ihren Sitz hat.

(2) ¹Über die Einnahmen und Ausgaben solcher Einrichtungen ist getrennt Rechnung zu führen und das hierfür bestimmte Vermögen gesondert von dem Innungsvermögen zu verwalten. ²Das getrennt verwaltete Vermögen darf für andere Zwecke nicht verwandt werden. ³Die Gläubiger haben das Recht auf gesonderte Befriedigung aus diesem Vermögen.

Literatur: Fröhler Ludwig/Dannbeck Siegmund, Das Recht der Handwerksinnung, Handwerksrechtsinstitut München e.V., 1959; Will Martin, Selbstverwaltung der Wirtschaft, 2010

Überblick

Soweit die Innungen im Rahmen ihrer Aufgabenerfüllung **Unterstützungskassen** (→ Rn. 3 f.) für ihre Mitglieder und deren Angehörigen errichten, sind diesbezügliche Regelungen in eigenen **Nebensatzungen** (→ Rn. 5) zu treffen. Der Gesetzgeber schreibt eine strikte **Vermögenstrennung und -verwaltung** (→ Rn. 9 f.) zwischen dem Vermögenskreis der Unterstützungskassen und dem Vermögen der Innung vor. Die Gläubiger haben ein gesondertes **Befriedigungsrecht** aus dem Vermögen der Unterstützungskassen (→ Rn. 11).

A. Historie

1 Bereits die HwO von 1953 enthielt im damaligen § 52 eine entsprechende Regelung zum heutigen § 57. Lediglich in § 52 Abs. 1 S. 2 (1953) wurde anstelle der Genehmigung der Handwerkskammer, in deren Bezirk die Innung ihren Sitz hat, die Genehmigung der Nebensatzung durch die „höhere Verwaltungsbehörde" gefordert, so dass es insoweit eine Abweichung im Wortlaut gab (BGBl. 1953 I 1411 (1418)). Im Wege der Reform von 1998 wurde der Wortlaut dahingehen angepasst, dass die Genehmigung der Handwerkskammer erforderlich ist (BGBl. 1998 I 3074 (3088)). § 52 Abs. 2 (1953) entsprach damals bereits dem heutigen Wortlaut des § 57 Abs. 2. Im Zuge der Reform von 1965 änderte sich die Nummerierung der Normen, so dass sich die Regelung nunmehr in § 57 fand (BGBl. 1966 I 1 (12)).

B. Unterstützungskassen (Abs. 1 S. 1)

Nach der Regelung des § 54 Abs. 3 Nr. 2 können Innungen für ihre Mitglieder und deren Angehörige Unterstützungskassen für die Fälle der Krankheit, des Todes, der Arbeitsunfähigkeit oder sonstiger Bedürftigkeiten errichten (→ § 54 Rn. 35) (Schwannecke/Taubert Rn. 1). Unterstützungseinrichtungen sind **freiwillige Nebeneinrichtungen** der Innung, die basierend auf dem Grundsatz der Solidarität, „bedürftige" Mitglieder bzw. ihre Angehörigen finanziell unterstützen. Er handelt sich um eine freiwillige Aufgabenerfüllung der Innung, so dass die Entscheidung, ob und in welcher Art und Weise Unterstützungskassen gebildet werden sollen, im **Ermessen der Innung** stehen. Im Zusammenhang mit der Errichtung von Unterstützungskassen bedarf es einer entsprechenden Beschlussfassung der **Innungsversammlung**, § 61 Abs. 1 S. 1 (Detterbeck Rn. 1). Nach § 1 Abs. 3 Nr. 1a Gesetz über die Beaufsichtigung der Versicherungsunternehmen (Versicherungsaufsichtsgesetz-VAG) unterliegen die Unterstützungskassen der Innungen nicht der Aufsicht nach dem VAG. 3

Die Unterstützungskassen haben als unselbständige Innungseinrichtungen – anders als die Innungskrankenkassen iSd § 54 Abs. 5 iVm §§ 157 ff. SGB V – **keine eigene Rechtspersönlichkeit** (Honig/Knörr Rn. 5; Detterbeck Rn. 1; Schwannecke/Taubert Rn. 1; Will, Selbstverwaltung der Wirtschaft, 2010, 687). Mangels eigener Rechtspersönlichkeit kann die Unterstützungskasse keinen eigenen Verträge, etwa einen Darlehensvertrag, mit der Innung abschließen (Honig/Knörr Rn. 14). Da die Unterstützungskasse eine unselbständige Nebeneinrichtung der Innung ist, haftet neben der Unterstützungskasse auch die Innung mit ihrem Vermögen gegenüber den Gläubigern der Unterstützungskasse (Honig/Knörr Rn. 15; Detterbeck Rn. 7; Schwannecke/Taubert Rn. 6). 4

C. Nebensatzung

I. Eigenes Regelwerk (Abs. 1 S. 1)

Nach der gesetzlichen Bestimmung des Abs. 1 S. 1 müssen die Regelungen im Zusammenhang mit den Unterstützungskassen in einer **eigenen Satzung** normiert sein. Diese sog. **Nebensatzung** steht selbständig neben der sog. Hauptsatzung der Innung iSd § 55. Die Hauptsatzung enthält nur einen Hinweis auf die Errichtung der Nebeneinrichtung als Aufgabe der Innung (§ 55 Abs. 2 Nr. 10), während die Nebensatzung die eigentlichen Regelungen zu den Nebeneinrichtungen enthält (Schwannecke/Taubert Rn. 2; Honig/Knörr Rn. 2). 5

§ 4 Abs. 1 der Mustersatzung für Innungen Baden-Württemberg regelt zu den Innungseinrichtungen: 5.1
„Soll in der Innung eine Einrichtung (…) (Unterstützungskassen für Fälle der Krankheit, des Todes, der Arbeitsunfähigkeit oder sonstiger Bedürftigkeit) getroffen werden, so sind die erforderlichen Bestimmungen in Nebensatzungen zusammenzufassen. Diese bedürfen der Genehmigung durch die Handwerkskammer." (Erg. d. d. Verf.).

II. Inhalt der Nebensatzung

Die HwO legt in Abs. 1 S. 1 nur fest, dass eine Nebensatzung für Unterstützungskassen bestehen muss, falls die Innung eine Unterstützungseinrichtung betreiben möchte, enthält aber keine Aussage zu dem **Inhalt der Nebensatzung** (Schwannecke/Taubert Rn. 3). Eine entsprechende Regelung zu § 55 fehlt. Die Nebensatzung und damit auch ihr Inhalt ist von der **Innungsversammlung** zu beschließen (Schwannecke/Taubert Rn. 2; Will, Selbstverwaltung der Wirtschaft, 2010, 687). Angelehnt an § 55, der den Mindestinhalt der Hauptsatzung der Innung festlegt, sollten sich auch aus der Nebensatzung zumindest die **wesentlichen Rechtsverhältnisse** ergeben, dh die Aufgaben der Unterstützungskasse, ihre Verwaltung und die Rechtsverhältnisse der Mitglieder. Eine Orientierung an den Mindestinhalten der Hauptsatzung nach § 55 Abs. 2 bietet sich insoweit an, zumal die Unterstützungskasse eine auf einen bestimmten Zweck zugeschnittene Sondereinrichtung der Innung darstellt (Schwannecke/Taubert Rn. 3; Fröhler/Dannbeck, Das Recht der Handwerksinnung, Handwerksrechtsinstitut München e.V., 1959, S. 77). So bedarf es zB Regelungen über den Namen der Unterstützungskasse und ihre Verknüpfung mit einer bestimmten Innung, den 6

Sitz und den Zweck der Unterstützungskasse (dh genau bezeichnete Fälle der Bedürftigkeit), ihre Aufgaben, die Unterstützungskassenmitgliedschaft (Erwerb und Erlöschen), Rechte und Pflichten der Mitglieder, die Leistung des Unterstützungsbeitrags, die Leistungsempfänger, die Verwaltung der Unterstützungskasse, die Haushaltsführung und Rechnungslegung, die Satzungsänderung, die Auflösung der Unterstützungskasse und die Vermögensverwendung (vgl. Schwannecke/Taubert Rn. 3; Fröhler/Dannbeck, Das Recht der Handwerksinnung, Handwerksrechtsinstitut München e.V., 1959, S. 77 f.). In der Praxis gibt es verschiedene Ausgestaltungsformen der Mitgliedschaft: Unterstützungskassen bei denen sämtliche Innungsmitglieder auch gleichzeitig Mitglieder der Unterstützungskasse (automatische Mitgliedschaft) oder Unterstützungskassen bei denen nur diejenigen Innungsmitglieder Mitglieder der Unterstützungskasse sind, die neben der Innungsmitgliedschaft auch eine gesonderte Mitgliedschaft zu den Unterstützungskassen wünschen (gesonderte Mitgliedschaft).

7   Sollte die Unterstützungskasse eigene Einrichtungen etwa in Form einer **Mitgliederversammlung** oder eines **Kassenvorstands** haben, stellt sich die Frage nach der **Organqualität** dieser Einrichtungen: Detterbeck führt insoweit aus, dass es sich um Innungsausschüsse handle (Detterbeck § 60 Rn. 3), Honig/Knörr hingegen vertritt die Ansicht, dass die Satzung der Unterstützungskasse zwar besondere Organe vorsehen könne, es sich jedoch nicht um Organe der Innung selbst handle (Honig/Knörr § 60 Rn. 6), auch nach Ansicht von Schwannecke sind Einrichtungen die für die Unterstützungskassen vorgesehen sind keine Organe der Innung (Schwannecke/Schwannecke § 60 Rn. 4). Aufgrund der fehlenden Rechtspersönlichkeit der Unterstützungskasse erscheint diese letztgenannte Ansicht vorzugswürdig, so dass die Organe der Unterstützungskasse keine Organe der Innung sind (Fröhler/Dannbeck, Das Recht der Handwerksinnung, Handwerksrechtsinstitut München e.V., 1959, S. 78). Dies hat zur Folge, dass die Innungsversammlung und nicht die Mitgliederversammlung der Unterstützungskasse über die Änderung der Nebensatzung und über die Auflösung der Unterstützungskasse (→ Rn. 12) zu entscheiden hat (Fröhler/Dannbeck, Das Recht der Handwerksinnung, Handwerksrechtsinstitut München e.V., 1959, S. 78).

III. Genehmigung der Nebensatzung (Abs. 1 S. 2)

8   Die Nebensatzung bedarf der **Genehmigung** der zuständigen Handwerkskammer, Abs. 1 S. 2. Sofern die Regelungen der Nebensatzung mit höherrangigem Recht vereinbar sind und die Unterstützungskasse hinreichend leistungsfähig ist, ist die Handwerkskammer zur Genehmigung der Nebensatzung verpflichtet (Detterbeck Rn. 4; Honig/Knörr Rn. 10; Schwannecke/Taubert Rn. 4). Die Innung hat insoweit einen Anspruch auf Erteilung der Genehmigung, da die Genehmigung nicht im Ermessen der Handwerkskammer steht (Detterbeck Rn. 4; Honig/Knörr Rn. 10; Schwannecke/Taubert Rn. 4). Die Genehmigung der Handwerkskammer als Aufsichtsbehörde bzw. die Versagung der Genehmigung ist ihrer Rechtsform nach ein **Verwaltungsakt** (Detterbeck Rn. 4; Schwannecke/Taubert Rn. 4), gegen den die Innung gerichtlich vorgehen kann. Zuständig ist die Handwerkskammer in deren Bezirk die Innung ihren Sitz hat.

D. Vermögen der Unterstützungskasse

I. Vermögensverwaltung und -verwendung (Abs. 2 S. 1, 2)

9   Der Gesetzgeber schreibt in Abs. 2 eine strikte **Vermögenstrennung und -verwaltung** zwischen dem Vermögenskreis der Unterstützungskassen und dem Vermögen der Innung vor. Für die Einnahmen und Ausgaben der **Nebeneinrichtungen** sind nach Abs. 2 S. 1 eigene Haushaltsplänen und Jahresrechnungen zu erstellen, das Vermögen getrennt vom Innungsvermögen zu verwalten ist (Honig/Knörr § 55 Rn. 26; Taubert/Schwannecke § 55 Rn. 25). Eine strikte Vermögenstrennung scheint sachgerecht, da ein Mitglied der Innung, abhängig von der Satzungsregelung im Einzelfall, nicht zwangsweise gleichzeitig auch Mitglied der Unterstützungskasse sein muss, so dass die Vermögensmassen, die auch maßgeblich durch die Mitgliedsbeiträge gespeist werden, getrennt zu halten sind. Nur durch die Vermögenstrennung kann auch die Leistungsfähigkeit der Unterstützungskasse beurteilt werden (Honig/Knörr Rn. 12; Schwannecke/Taubert Rn. 5; Detterbeck Rn. 6). Aufgrund des Grundsatzes der strikten Trennung der Vermögensmassen darf die Innung, auch in finanziell

schwierigen Situationen, nicht zu ihren Gunsten, Geld aus dem Haushalt der Unterstützungskasse entnehmen und ihrem Vermögen zuführen.

Das getrennt verwaltete Vermögen der Unterstützungskassen darf nur für die von der Unterstützungskasse verfolgte Zweck (zB Sterbegeld, Nothilfe) **verwendet** werden und nicht für andere Zwecke, Abs. 2 S. 2. Diese gesetzliche Regelung dient dem Schutz der Interessen der Kassenmitglieder (Honig/Knörr Rn. 13), aber auch der Interessen der Gläubiger der Unterstützungskassen und der Innung selbst (Schwannecke/Taubert Rn. 5; Detterbeck Rn.). Abs. 2 S. 1 und S. 2 sollen **Schutzgesetze** iSd § 823 Abs. 2 BGB sein (Detterbeck Rn. 6; Schwannecke/Taubert Rn. 5; Honig/Knörr Rn. 12). 10

§ 4 Abs. 2 der Mustersatzung für Innungen Baden-Württemberg regelt zu den **Innungseinrichtungen**: 10.1
„Über die Einnahmen und Ausgaben solcher Einrichtungen ist getrennt Rechnung zu führen und das hierfür bestimmte Vermögen gesondert von dem Innungsvermögen zu verwalten., Das getrennt verwaltete Vermögen darf für andere Zwecke nicht verwendet werden. Die Gläubiger haben das Recht auf abgesonderte Befriedigung aus diesem Vermögen."

II. Gesondertes Befriedigungsrecht (Abs. 2 S. 3)

Den Gläubigern der Unterstützungskasse wird nach Abs. 2 S. 3 ein **gesondertes Befriedigungsrecht** aus dem Vermögen der Unterstützungskasse zugebilligt. Sie haben ein gesondertes Befriedigungsrecht innerhalb und außerhalb des Insolvenzverfahrens aus dem gesonderten zu verwaltenden Vermögen der Unterstützungskasse (Honig/Knörr Rn. 15; Will, Selbstverwaltung der Wirtschaft, 2010, 688). Zu den Gläubigern können auch die Mitglieder der Unterstützungskassen gehören, die einen Leistungsanspruch aus der Unterstützungskasse haben (Detterbeck Rn. 7; Honig/Knörr Rn. 15). Mangels Rechtsfähigkeit der Unterstützungskassen **haftet** die Innung mit ihrem gesamten Vermögen für Forderungen die die Unterstützungskassen als Innungseinrichtung betreffen (Detterbeck Rn. 7; Schwannecke/Taubert Rn. 7; Honig/Knörr Rn. 15; Will, Selbstverwaltung der Wirtschaft, 2010, 688). 11

E. Auflösung der Unterstützungskasse

Die Nebensatzung kann bestimmte Gründe regelt, die zu einer Auflösung der Unterstützungskasse führen können (zB unzulässige Zweckverfolgung, Gefährdung der Aufgabenerfüllung durch Rückgang der Zahl der Mitglieder der Unterstützungskasse). Daneben ist eine Auflösung der Unterstützungskasse grds. auch infolge entsprechenden Auflösungsbeschlusses durch die Innungsversammlung möglich. Die Errichtung der Unterstützungskasse steht als sog. „Kann"-Aufgabe (§ 54 Abs. 3 Nr. 2) im Ermessen der Innung, so dass im Umkehrschluss auch die Entscheidung über die Auflösung der Unterstützungskasse grds. im Ermessen der Innung stehen muss, zumal der Gesetzgeber die Unterhaltung der Unterstützungskassen gerade nicht als Pflichtaufgabe der Innung formuliert hat. Zuständig zur Beschlussfassung ist mangels Organqualität der Mitgliederversammlung der Unterstützungskasse die Innungsversammlung (→ Rn. 7). Nach Beschlussfassung der Innungsversammlung über die Auflösung der Unterstützungskasse, bedarf es der Liquidation des Vermögens der Unterstützungskasse entsprechend § 78. Das Vermögen der Unterstützungskasse ist entsprechend der Regelung der Nebensatzung zu verwenden, die eine Regelung über den Anfall des Vermögens im Falle der Auflösung enthalten soll. 12

§ 58 [Innungsmitglieder]

(1) ¹Mitglied bei der Handwerksinnung kann jeder Inhaber eines Betriebs eines Handwerks oder eines handwerksähnlichen Gewerbes werden, der das Gewerbe ausübt, für welches die Handwerksinnung gebildet ist. ²Die Handwerksinnung kann durch Satzung im Rahmen ihrer örtlichen Zuständigkeit bestimmen, dass Gewerbetreibende, die ein dem Gewerbe, für welches die Handwerksinnung gebildet ist, fachlich oder wirtschaftlich nahe stehendes handwerksähnliches Gewerbe ausüben, für das keine Ausbildungsordnung erlassen worden ist, Mitglied der Handwerksinnung werden können.

(2) Übt der Inhaber eines Betriebs eines Handwerks oder eines handwerksähnlichen Gewerbes mehrere Gewerbe aus, so kann er allen für diese Gewerbe gebildeten Handwerksinnungen angehören.

(3) Dem Inhaber eines Betriebs eines Handwerks oder eines handwerksähnlichen Gewerbes, das den gesetzlichen und satzungsmäßigen Vorschriften entspricht, darf der Eintritt in die Handwerksinnung nicht versagt werden.

(4) Von der Erfüllung der gesetzlichen und satzungsmäßigen Bedingungen kann zugunsten einzelner nicht abgesehen werden.

Literatur: Detterbeck Steffen/Will Martin, Die Handwerksinnungen in der staatlichen dualen Ordnung des Handwerks, 2003; Fröhler Ludwig, Das Recht der Handwerksinnungen, 1959; Leisner Walter Georg, Die körperschaftliche Rechtsform bei Innungen, Kreishandwerkerschaften und Landesinnungsverbänden: Öffentlich-rechtlicher oder privatrechtlicher Status?, LFI- Schriftenreihe 2010/11; Leisner Walter Georg, Öffentlich-rechtliche oder privatrechtliche Körperschaftsrechtsform für Innungen, Kreishandwerkerschaften und Innungsverbände?, GewArch 2011, 470 ff.; Leisner Walter Georg, Die Gründung einer eigenständigen Innung durch eine Fachgruppe nach vorheriger Ausgliederung aus einer Sammelinnung, LFI-Schriftenreihe 2012; Schwannecke Holger/Heck Hans-Joachim, Die neue Handwerksordnung, GewArch 1998, 305 ff.; Stolz Jürgen, Das Recht des selbständigen Handwerkers auf Eintritt in eine Handwerksinnung – Bemerkungen im Anschluss an das Urteil des VG Augsburg vom 23.9.1981, GewArch 1982, 153 ff.; Will Martin, Anmerkung zu Schl.-Holst. VG, Urteil vom 29.11.2004 – 12 A 352/03 – GewArch 2005, 380 ff.; Will Martin, Selbstverwaltung der Wirtschaft, 2010.

Überblick

§ 58 regelt seinem Inhalt nach neben § 59 wer Mitglied einer Handwerksinnung sein kann, während die Regelung des § 52 festlegt, wer eine neue Innung gründen kann. Erfüllt der Bewerber die gesetzlichen und satzungsmäßigen **Voraussetzungen** (→ Rn. 1 ff.), die an die Mitgliedschaft geknüpft sind, hat er grds. einen **Aufnahmeanspruch** (→ Rn. 28) gegenüber der zuständigen Innung. Der Mitgliederkreis der Innungen ist **teilidentisch** mit dem Mitgliederkreis der Handwerkskammern (→ Rn. 17). Wesentlicher Unterschied der beiden Mitgliedschaften ist, dass die Mitgliedschaft zu den Innungen **freiwillig** (→ Rn. 18) ist, während zu den Handwerkskammern eine Verpflichtung besteht. Eine **gleichzeitige** Mitgliedschaft zu mehreren Innungen ist möglich (→ Rn. 26 f.). Aufgrund des **Gleichbehandlungsgrundsatzes** des § 58 Abs. 4 sind die Innungsmitglieder grds. gleich zu behandeln (→ Rn. 40).

Übersicht

	Rn.		Rn.
A. Der Mitgliederkreis der Innung (Abs. 1)	1	C. Die gleichzeitige Mitgliedschaft in mehreren Innungen (Abs. 2)	26
I. Die Voraussetzungen der Mitgliedschaft	1	D. Der Aufnahmeanspruch (Abs. 3)	28
1. Betriebsinhaber (Abs. 1 S. 1)	3	I. Kein Aufnahmeverweigerungsrecht der Innung	28
2. Gewerbeausübung (Abs. 1 S. 1)	8	II. Beginn der Mitgliedschaft	31
3. Erfüllung der gesetzlichen und satzungsmäßigen Bedingungen (Abs. 3)	10	III. Beendigung der Mitgliedschaft	32
II. Innung mit Öffnungsklausel (Abs. 1 S. 2)	13	1. Austritt	33
		2. Ausschluss	34
		3. Tod	36
B. Die fakultative Mitgliedschaft	18	4. Löschung aus den Verzeichnissen	37
I. Die Freiwilligkeit des Innungsbeitritts	18	5. Verlegung des gewerblichen Niederlassung	39
II. Zulässigkeit einer Pflichtmitgliedschaft zu den Innungen?	20	E. Der Gleichbehandlungsgrundsatz (Abs. 4)	40

A. Der Mitgliederkreis der Innung (Abs. 1)

I. Die Voraussetzungen der Mitgliedschaft

1 Abs. 1 S. 1 regelt seinem Wortlaut nach wer Mitglied einer Innung sein kann. Nach S. 1 kann „(…) jeder Inhaber eines Handwerks oder eines handwerksähnlichen Gewerbes (…),

der ein Gewerbe ausübt, für welches die Handwerksinnung gebildet ist" einer Innung als Mitglied beitreten. Die Regelung verfolgt das **Ziel** in „möglichst weitem Umfang jedem selbständigen Handwerker die Zugehörigkeit zur fachhandwerklichen Vertretung seines Bezirks zu eröffnen" (VGH München GewArch 1985, 68 (70)).

Aus Abs. 1, 3 lassen sich drei **kumulative** gesetzliche **Voraussetzungen** für die Mitgliedschaft ableiten: 2
1. der Bewerber muss Inhaber eines Handwerksbetriebs oder eine Betriebs eines handwerksähnlichen Gewerbes, für das die Innung gebildet wurde, sein (Abs. 1 S. 1; → Rn. 3 ff.),
2. der Bewerber muss das Gewerbe, für das die Innung gebildet wurde im Innungsbezirk, „ausüben" (Abs. 1 S. 1; → Rn. 8),
3. der Bewerber muss den „gesetzlichen und satzungsmäßigen Vorschriften entsprechen" nach Abs. 3; → Rn. 10 (Schwannecke/Taubert Rn. 2; Detterbeck Rn. 2; Honig/Knörr Rn. 2).

1. Betriebsinhaber (Abs. 1 S. 1)

Innungsmitglieder können nur Inhaber eines Betriebs eines Handwerks (→ Rn. 4, → Rn. 5) oder eines handwerksähnlichen Gewerbes (→ Rn. 6) sein (Schwannecke/Taubert Rn. 4; Detterbeck Rn. 2). Der Mitgliederkreis entspricht dem Kreis der Gründungsmitglieder in § 52 Abs. 1 S. 1. Insoweit ist der Mitgliederkreis auch teilweise identisch mit dem Mitgliederkreis der Handwerkskammern (→ Rn. 17). 3

Betriebsinhaber eines zulassungspflichtigen Betriebs (A-Berufe) sind nach § 1 Abs. 1, 2 die in die Handwerksrolle eingetragenen natürlichen oder juristischen Personen oder Personengesellschaften (Honig/Knörr Rn. 3; Detterbeck Rn. 2), unabhängig davon, aufgrund welcher Regelung eine Eintragung erfolgte und ob die Eintragung zu Recht besteht (BVerwG GewArch 1988, 97; Detterbeck Rn. 3). Die Betriebsinhaber müssen mit dem Handwerk in die Handwerksrolle eingetragen sein, für das die Innung gebildet worden ist (Detterbeck Rn. 2). Der Innung steht nicht die Befugnis zu, selbst zu überprüfen, ob die Eintragung des Bewerbers in die Handwerksrolle rechtmäßig ist; vielmehr entfaltet die Eintragung eine **Bindungswirkung** für die Innung (BVerfG GewArch 1988, 96 (97) (→ Rn. 4.1); Honig/Knörr Rn. 3; Detterbeck Rn. 3). Die Bindungswirkung erstreckt sich auch auf den Inhalt der Eintragung in die Handwerksrolle (BVerfG GewArch 1988, 96 (97)). So lange die Eintragung besteht, muss die Innung davon ausgehen, dass der Bewerber das Handwerk, mit dem er in der Handwerksrolle aufgeführt ist, auch ausübt und die sich aus der Eintragung ergebende Qualifikation inne hat (BVerfG GewArch 1988, 96 (97)). Der Innung obliegt nur die Prüfung, ob der Bewerber das spezifische Handwerk ausübt, für das die Innung gebildet ist (VG Stade GewArch 1992, 190 (190)). 4

In diesem Zusammenhang führt das BVerfG in seinem Urteil vom 30.9.1987 – 1 C 32.85 aus: „Ist der Bewerber um die Mitgliedschaft bei einer Handwerksinnung in der Handwerksrolle eingetragen, so ist- sofern die Eintragung nicht an einem so schwerwiegenden Fehler leidet, dass dieser Verwaltungsakt nichtig ist- die Handwerksinnung an die Tatsache der Eintragung gebunden, hat daher die Eintragung nicht auf Rechtmäßigkeit zu prüfen. Wer in die Handwerksrolle wirksam eingetragen ist, gilt als selbständiger Handwerker." (BVerfG GewArch 1988, 96 (97)). 4.1

Betriebsinhaber des zulassungsfreien Gewerbes (B1-Berufe) können ebenfalls natürlichen oder juristischen Personen oder Personengesellschaften sein. Die Eintragung in das Inhaberverzeichnen nach § 19 S. 1 hat nur deklaratorische Bedeutung (Detterbeck Rn. 4; → § 19 Rn. 3). 5

Im Zusammenhang mit den **Betriebsinhabern des handwerksähnlichen Gewerbes** (B2-Berufe) bedarf es einer Differenzierung danach, ob das Gewerbe eine eigene Ausbildungsordnung besitzt (→ Rn. 13). Ist dies der Fall kann dieses Gewerbe als Fachgruppe einer bestehenden Innung beitreten (sog. Sammelinnung; → § 52 Rn. 41 ff.), so dass die Inhaber dieses Gewerbes Mitglied der Sammelinnung werden können. Fehlt es an einer solchen Ausbildungsordnung verwehrt Abs. 1 S. 2 dieses und ermöglicht lediglich die Mitgliedschaft in einer Innung mit Öffnungsklausel (→ Rn. 13), sofern ein entsprechendes wirtschaftliches oder fachliches Näheverhältnis (→ Rn. 15) besteht (vgl. Detterbeck Rn. 5). 6

Keine Mitglieder können **Gesellen**, **Arbeitnehmer** und **Betriebsleiter,** die nicht zugleich Betriebsinhabern sind, sein (Honig/Knörr Rn. 5; Detterbeck Rn. 2). 7

2. Gewerbeausübung (Abs. 1 S. 1)

8 Nach dem Wortlaut des Abs. 1 S. 1 muss der Bewerber das Gewerbe, für das die Innung gebildet wurde, „ausüben". Dieses Merkmal kann dahingehend ausgelegt werden, dass es eines tatsächlichen Ausübens iSd Praktizierens des Handwerks bzw. handwerksähnlichen Gewerbes bedarf (so Honig/Knörr Rn. 6) oder dass allein die bestehende Berechtigung iSe Befugnis zur Betriebsausübung ausreichend ist (so Detterbeck Rn. 3, 4; Schwannecke/Taubert Rn. 5).

9 Anzumerken ist, dass der Wortlaut des § 58 im Zusammenhang mit den Voraussetzungen einer Mitgliedschaft den Begriff des „Ausübens" ausdrücklich nennt, hingegen in § 52, der die Voraussetzungen an die Gründungsmitglieder gesetzlich normiert, ein solches Erfordernis nicht zu finden ist. Der Kreis der Gründungsmitglieder nach § 52, die nach der Gründung im Regelfall auch zugleich Mitglieder der Innung sind, ist identisch mit dem Kreis der Mitglieder nach § 58. Insoweit muss sowohl im Zusammenhang mit der Gründung als auch mit der Mitgliedschaft, trotz unterschiedlicher Wortlaute des Gesetzes, die Anforderungen an die „Ausübung des Handwerks und handwerksähnlichen Gewerbes" gleich ausgelegt werden. Es erscheint nicht gerechtfertigt an die Gründung einer Innung und die Mitgliedschaft in einer Innung unterschiedlich hohe Anforderungen zu stellen. Insoweit erscheint es sachgerecht auch iRd Mitgliedschaft nach § 58, die bestehende Berechtigung iSe Befugnis zur Betriebsausübung als ausreichend zu betrachten und nicht auf die tatsächliche Ausübung iSe Praktizierens abzustellen.

3. Erfüllung der gesetzlichen und satzungsmäßigen Bedingungen (Abs. 3)

10 Aus der **Innungssatzung** (§ 55 Abs. 2 Nr. 3) können sich neben den (→ Rn. 1 ff.) gesetzlichen Voraussetzungen weitere Anforderungen an die Mitgliedschaft ergeben (BVerfG GewArch 1988, 96 (97); Detterbeck Rn. 6). Erfüllt der Bewerber diese Satzungsbestimmungen nicht, kann die Innung ihm den Eintritt versagen.

11 Die satzungsmäßige Einschränkung der Mitgliedschaft durch die Innung darf aber selbst nicht gegen die gesetzlichen Vorschriften des HwO, als höherrangiges Recht, verstoßen. Vielmehr kann die Satzung die Anforderungen an die Mitgliedschaft nur **ergänzen**, wobei die satzungsmäßigen Anforderungen sachlich begründet sein müssen (BVerwG GewArch 1988, 96 (97)), dh nur aus willkürfreien, sachlichen im Interesse der Innung liegenden Erwägungen (VG Stade GewArch 1992, 190 (190)). Insoweit wäre es unzulässig in der Satzung etwa festzulegen, dass Voraussetzung der Mitgliedschaft das Bestehen der Meisterprüfung sei und die gleichwertigen Qualifikationen, die die HwO als zulässig ansieht und aufgrund derer eine Eintragung in die Handwerksrolle möglich ist, nicht anzuerkennen (vgl. BVerwG GewArch 1988, 96 (97 f). Eine solche Satzungsregelung wäre unzulässig, da sie höherrangiges Recht verletzen würde, weil sie gegen die Grundkonzeption der HwO verstößt und der Rechtsordnung zuwiderlaufen würden (BVerwG GewArch 1988, 96 (97 f.); VG Stade GewArch 1992, 190 (190)).

12 Darüber hinaus muss der Bewerber allen **weiteren gesetzlichen Vorschriften der HwO,** außerhalb des § 58, entsprechen, etwa den Anforderungen die sich aus § 52 ergeben, wonach es im Zusammenhang mit der Ausübung eines zulassungspflichtigen Handwerks (A-Beruf) etwa der Eintragung in die Handwerksrolle mit dem innungskonformen Handwerk bedarf, sowie der Niederlassung im Innungsbezirk (Detterbeck Rn. 2).

II. Innung mit Öffnungsklausel (Abs. 1 S. 2)

13 Der potentielle Mitgliederkreis wurde im Zuge der HwO-Reform von 1998, die zum 1.4.1998 in Kraft trat, erweitert (Detterbeck Rn. 1, 3). Den Innungen wurde das Recht zugebilligt durch entsprechende Änderung ihrer Satzung, als Ausfluss ihrer Satzungsautonomie, als Mitglieder auch Gewerbetreibende eines handwerksähnlichen Gewerbes (B2-Berufe) aufzunehmen, wenn für dieses handwerksähnliche Gewerbe keine eigene Ausbildungsordnung besteht (Zweites Gesetz zur Änderung der Handwerksordnung und anderer handwerksrechtlicher Vorschriften vom 25.03.1998, BGBl. I 596; Will, Selbstverwaltung der Wirtschaft, 2010, 630; Schwannecke/Heck GewArch 1998, 305 (312); Detterbeck Rn. 3; Honig/Knörr Rn. 4). Mangels eigener **Ausbildungsordnung** (→ § 52 Rn. 49) des handwerksähnlichen Gewerbes kann dieses keine eigene Innung gründen oder einer Sammelinnung beitreten (§ 52 Abs. 1 S. 1, 2), so dass nur die Möglichkeit besteht einer bestehenden nahestehenden Innung beizutreten, ohne Fachgruppe dieser Innung zu werden. Zurzeit haben die wenigsten handwerksähnlichen Gewerbe des B2-Verzeichnisses der Anlage A eigene Ausbildungsordnungen, wobei die Tendenz steigend ist.

Nach der Regelung des § 58 Abs. 1 S. 2 steht es im **Ermessen** der bestehenden Innung, 14 sich für den Beitritt des nahestehenden handwerksähnlichen Gewerbes innerhalb ihres Innungsbezirks zu öffnen (→ § 52 Rn. 32 sog. Innung mit Öffnungsklausel). Erforderlich ist eine entsprechende **Satzungsänderung** der bestehenden Innung dahingehend, dass auch die Vertreter des nahestehenden handwerksähnlichen Gewerbes Mitglied der Innung sein können. Nötig ist eine dahingehende Beschlussfassung der Innungsversammlung, die gem. § 61 Abs. 2 Nr. 8 für die Beschlussfassung über die Änderung der Satzung zuständig ist und die die Anforderungen des § 62 erfüllen muss. Die Beschlussfassung bedarf der Genehmigung der Handwerkskammer nach § 61 Abs. 3.

Das Erfordernis der fachlichen oder wirtschaftlichen **Nähe** (→ § 52 Rn. 23) zwischen 15 dem bestehenden Mitgliederkreis der Innung und den beitretungswilligen handwerksähnlichen Gewerbe ist vor dem Hintergrund der Gewährleistung einer sachgerechten Interessenvertretung durchaus sinnvoll. Ein gewisser Grand an Übereinstimmung im Zusammenhang mit den verfolgten Interessen erleichtert bzw. ermöglicht erst eine sachgerechte Interessenvertretung durch die Innung. Eine **fachliche Nähe** besteht, wenn „einzelne Grundfertigkeiten" übereinstimmend vorliegen (Detterbeck § 52 Rn. 9). Eine **wirtschaftliche Nähe** besteht, wenn gleiche ökonomischen Interessen vertreten werden, wobei diese Interessen über die im Allgemeinen immer bestehende Gewinnerzielungsabsicht hinausgehen müssen (Detterbeck § 52 Rn. 9).

Nach dem Wortlaut des Gesetzes („oder") handelt es sich um **alternative** und nicht um 16 kumulative Voraussetzungen, so dass bereits das Vorliegen lediglich einer Variante der Nähe ausreicht, um ein Näheverhältnis zu bejahen (vgl. insgesamt zur Thematik der Nähe: Leisner, W.G., Die Gründung einer eigenständigen Innung durch eine Fachgruppe nach vorheriger Ausgliederung aus einer Sammelinnung, LFI 2012, 29 ff.).

IErg ist der denkbare **Mitgliederkreis** von Handwerkskammern und Innungen **teilweise** 17 **personenidentisch.** Beide Handwerksorganisationen vertreten die Interessen der selbständigen Handwerker, die Pflichtmitglieder der Handwerkskammer ihres Handwerkskammerbezirks und fakultative Mitglieder der jeweils fachlich einschlägigen Handwerksinnung sind. Die Interessen der Gesellen, andere Arbeitnehmer mit einer abgeschlossenen Berufsausbildung und der Lehrlinge dieser Gewerbetreibenden sind aber nur Mitglieder der zuständigen Handwerkskammer (Detterbeck/Will, Die Handwerksinnungen in der staatlichen dualen Ordnung des Handwerks, 2003, 29; Leisner W.G. GewArch 2011, 470 (471); Will GewArch 2005, 380 (381)).

B. Die fakultative Mitgliedschaft

I. Die Freiwilligkeit des Innungsbeitritts

Die Mitgliedschaft zu den Handwerksinnungen ist **freiwillig**, eine Pflicht zum Beitritt 18 besteht nicht („kann" in Abs. 1 S. 1) (Schwannecke/Taubert Rn. 1; Detterbeck Rn. 1; Honig/Knörr Rn. 1). Es steht im Ermessen jedes selbständigen Handwerkers, der das Handwerk ausübt für das die Innung gebildet ist, der im Einzelfall zuständigen Innung beizutreten. Erfüllt der „Beitrittswillige" alle gesetzlichen und satzungsmäßigen Anforderungen, die an den Erwerb der Mitgliedschaft gestellt werden, hat er nach der Regelung des § 58 Abs. 3 einen **Anspruch auf Aufnahme** (→ Rn. 28) in die für ihn im Einzelfall zuständige Innung.

Die Innungen dürfen zwar für ihre Institution werben, sind aber nicht berechtigt auf 19 potentielle Mitglieder Druck, etwa wirtschaftlicher oder moralischer Art, auszuüben, um einen Beitritt zu erzwingen (Schwannecke/Taubert Rn. 1; Detterbeck Rn. 1; Honig/Knörr Rn. 1).

II. Zulässigkeit einer Pflichtmitgliedschaft zu den Innungen?

20 Im Schrifttum wird vermehrt die Frage aufgeworfen, ob eine **Pflichtmitgliedschaft zu den Innungen** zulässig und erforderlich wäre, zumal sie ihrer Rechtsform nach gem. § 53 S. 1 Körperschaften des öffentlichen Rechts sind (vgl. dazu Leisner W.G. GewArch 2011, 470 (475)).

21 Das **Bundesverfassungsgericht** hat die Pflichtmitgliedschaft zu den IHK und den Handwerkskammern, die ebenfalls Körperschaften des Öffentlichen Rechts sind (§ 3 Abs. 1 IHKG; § 90 Abs. 1 Hs. 2), als verfassungsgemäß erachtet (BVerfGE 15, 235 ff.; BVerwGE 107, 169 ff. und BVerfG NVwZ 2002, 335 ff. zu den IHK; BVerfGE 32, 54 ff; BVerwGE 108, 169 ff. zu den Handwerkskammern).

22 Aus diesem Grund wird nach einigen Ansichten in der Lit., die Zulässigkeit der Einführung einer Pflichtmitgliedschaft zu den Innungen, mit dem Hinweis darauf, dass kein Verstoß gegen die Grundrechte der Innungsmitglieder vorläge, zwar bejaht, gleichzeitig die Erforderlichkeit einer solchen aber abgelehnt (vgl. dazu ausf.: Leisner W.G., Die körperschaftliche Rechtsform bei Innungen, Kreishandwerkerschaften und Landesinnungsverbänden: Öffentlich-rechtlicher oder privatrechtlicher Status?, LFI 2010/11, 62 ff.; Leisner W.G. GewArch 2011, 470 (475 f.)). Eine verfassungsgemäße mögliche Pflichtmitgliedschaft wird daraus abgeleitet, dass weder gegen Art. 2 Abs. 1 GG (allgemeine Handlungsfreiheit) (→ Rn. 25), noch gegen die Grundrechte der Mitglieder aus Art. 9 Abs. 1 GG (Vereinsfreiheit), Art. 9 Abs. 3 GG (Koalitionsfreiheit) (→ Rn. 25), Art. 5 Abs. 1 (Meinungsfreiheit) (→ Rn. 24) und Art. 12 Abs. 1 GG (Berufsfreiheit) (→ Rn. 23) verstoßen würde (ausf. bei Detterbeck/Will, Die Handwerksinnung in der staatlichen dualen Ordnung des Handwerks, 2003, 65 ff.; Leisner W.G. GewArch 2011, 470 (475 f.)):

23 Die Pflichtmitgliedschaft in einer Innung wäre die Folge der Ausübung eines bestimmten Handwerks, so dass weder der grundgesetzlich geschützte Bereich der Ausübung des Berufes oder der Wahl des Berufes tangiert wäre, so dass der Schutzbereich der **Berufsfreiheit** nach Art 12 Abs. 1 GG nicht eröffnet wäre (Detterbeck/Will, Die Handwerksinnung in der staatlichen dualen Ordnung des Handwerks, 2003, 65 f.).

24 Das Grundrecht auf **Meinungsfreiheit** aus Art. 5 Abs. 1 S. 1 GG würde ebenfalls nicht verletzt werden, da Aussagen der Innung in ihrer Funktion als Organ der Interessenvertretung nicht den Mitgliedern als solches zugerechnet werde; vielmehr bestünde eine „rechtliche Trennung zwischen dem Verband und seinen Mitgliedern" (Detterbeck/Will, Die Handwerksinnung in der staatlichen dualen Ordnung des Handwerks, 2003, 66).

25 Der Schutzbereich der negativen **Vereinigungsfreiheit** des Art. 9 Abs. 1 GG und damit das Recht sich einer Innung nicht anschließen zu müssen, sowie der des Art. 9 Abs. 3 GG, ist im Zusammenhang mit öffentlich-rechtlichen Verbänden nicht eröffnet, sondern nur bei privatrechtlichen Verbänden (Detterbeck/Will, Die Handwerksinnung in der staatlichen dualen Ordnung des Handwerks, 2003, 67 f.). In dieser Konstellation sei der Schutzbereich des Grundrechts der allgemeinen Handlungsfreiheit aus Art. 2 Abs. 1 GG eröffnet (Detterbeck/Will, Die Handwerksinnung in der staatlichen dualen Ordnung des Handwerks, 2003, 72 ff.). Die Anordnung einer Pflichtmitgliedschaft würde zwar in die **allgemeine Handlungsfreiheit** (Art. 2 Abs. 1 GG) der Mitglieder eingreifen (Detterbeck/Will, Die Handwerksinnung in der staatlichen dualen Ordnung des Handwerks, 2003, 72). Dieser Eingriff wäre jedoch verfassungsgemäß, da die Innungen legitime öffentliche Aufgaben erfüllen (ausf. bei Detterbeck/Will, Die Handwerksinnung in der staatlichen dualen Ordnung des Handwerks, 2003, 74 ff. der auch eine europarechtliche Betrachtung vornimmt).

C. Die gleichzeitige Mitgliedschaft in mehreren Innungen (Abs. 2)

26 Nach der Regelung des § 58 Abs. 2 kann ein Inhaber eines Betriebs eines Handwerks oder eines handwerksähnlichen Gewerbes, der mehrere Gewerbe ausübt, allen für diese Gewerbe gebildeten Innungen angehören. Eine **gleichzeitige Mitgliedschaft** in unterschiedlichen Innungen erachtet der Gesetzgeber als grds. zulässig. Der Bewerber muss aber für jede einzelne seiner Innungsmitgliedschaften die gesetzlichen und satzungsmäßigen Voraussetzungen erfüllen. Eine mehrfache Mitgliedschaft in unterschiedlichen Innungen kommt in Betracht, wenn der Bewerber mit mehreren Handwerken der Anlage A in die Handwerksrolle eingetragen ist oder der Bewerber Inhaber eines oder mehrere Betriebe ist, die mehrere Gewerbe der Anlage B ausüben (Will, Selbstverwaltung der Wirtschaft, 2010, 650 f.; Detterbeck Rn. 8; Schwannecke/Taubert Rn. 12; Honig/Knörr Rn. 8).

Übt der Bewerber sein Gewerbe in **unterschiedlichen Innungsbezirken** aus, stellt sich die Frage, ob er nur der Innung als Mitglied beitreten darf, in deren Bezirk seine Hauptniederlassung liegt, oder allen Innungen, in deren Bezirk **Zweigniederlassungen** ausgeübt werden. Einige Vertreter des Schrifttums bejahen die Zulässigkeit der mehrfachen Mitgliedschaft in diesem Falle mit dem Hinweis darauf, dass die HwO keine genaue Regelung dazu enthält und aus praktischer Sicht keine Bedenken gegen eine Mehrfachmitgliedschaft in der Innung in deren Bezirk die Hauptniederlassung liegt und der Innung in deren räumlichen Geltungsbereich die Zweigniederlassung(en) sich befinden, bestünden (Detterbeck Rn. 9; Schwannecke/Taubert Rn. 12; Honig Rn. 8). Dies erscheint sachgerecht, wenn der Zweigbetrieb nach der Regelung des § 6 selbständig, neben dem Hauptbetrieb, in die Handwerksrolle einzutragen ist (→ § 6 Rn. 11 ff.). 27

D. Der Aufnahmeanspruch (Abs. 3)

I. Kein Aufnahmeverweigerungsrecht der Innung

Erfüllt der Bewerber alle Voraussetzungen für den Erwerb der Mitgliedschaft der Innung, steht ihm ein **Aufnahmeanspruch** zu. Die Innung als Körperschaft des Öffentlichen Rechts darf in diesem Falle den Eintritt nicht versagen, ihr kommt grds. kein Ermessens- oder Beurteilungsspielraum zu (BVerwG GewArch 1988, 96 (97); BVerwGE 78, 134 (135); VGH München GewArch 1989, 28 (29)). Der Gesetzgeber bezweckt mit der Regelung die Erreichung einer hohe Vertretungsdichte: „in möglichst weitem Maße jedem Handwerker die Zugehörigkeit zur fachhandwerklichen Vertretung seines Bezirks zu eröffnen" (VGH München GewArch 1985, 68 (70); Stolz GewArch 1982, 153 (153); Fröhler, Das Recht der Handwerksinnungen, 1959, 83 f.). 28

Die **Verweigerung der Aufnahme** (→ § 55 Rn. 21) eines Bewerbers in die Innung ist hingegen ausnahmsweise möglich, wenn **zwingende** und **sachliche Gründe** dies erfordern (VGH München GewArch 1989, 28 (29) (→ Rn. 29.1). Dies ist der Fall, wenn der Bewerber etwa durch sein Verhalten die Tätigkeit der Innung erheblich beeinträchtigen würde und die Innung ihrem Zweck, der Förderung der gemeinsamen gewerblichen Interessen ihrer Mitglieder nicht mehr nachkommen könnte (VGH München GewArch 1985, 68 (70); VGH München GewArch 1989, 28 (29); Stolz GewArch 1982, 153 (154). Ferner kann die Aufnahme dann verweigern werden, wenn Gründe vorliegen, die auch einen Ausschluss des Bewerbers aus der Innung rechtfertigen könnten (VG Gießen GewArch 2006, 298; Detterbeck Rn. 2). 29

Der VGH München nennt als beispielhaften zwingenden und sachlichen Ablehnungsgrund das Bestehen einer schweren Vorstrafe, sowie die Aberkennung der bürgerlichen Rechte (VGH München GewArch 1989, 28 (29)). 29.1

Verwehrt die Innung dem Bewerber die Aufnahme, besteht die Möglichkeit gegen die Ablehnung im Wege einer **Verpflichtungsklage** zum Verwaltungsgericht vorzugehen, soweit im Einzelfall vorab nicht zuerst ein Widerspruch gegen den Verwaltungsakt eingelegt werden muss. Dies ist abhängig von der Ausgestaltung der Gesetze des jeweiligen Bundeslandes. 30

II. Beginn der Mitgliedschaft

Mit **Bekanntgabe der Aufnahme** durch die Innung gegenüber dem Bewerber, die ihrer Rechtsnatur nach ein Verwaltungsakt ist, beginnt die Mitgliedschaft (Will, Selbstverwaltung der Wirtschaft, 2010, 648; Detterbeck Rn. 7). Nicht bereits mit dem Aufnahmeantrag des Bewerbers (Honig/Knörr Rn. 11). Die Innungssatzung muss nach § 55 Abs. 2 Nr. 3 Bestimmungen über den Eintritt enthalten, so dass ua das Aufnahmeverfahren geregelt wird und Formerfordernisse begründet werden, die entsprechend zu beachten sind (→ § 55 Rn. 22). 31

Nach § 6 der Mustersatzung der Innung für Baden-Württemberg ist etwa „der Antrag auf Erwerb der Mitgliedschaft (...) bei der Innung schriftlich zu stellen". 31.1

III. Beendigung der Mitgliedschaft

32 Die Mitgliedschaft zu der Innung kann aus diversen Gründen beendet werden. Neben einem **freiwilligen Austritt** des Innungsmitglieds (→ Rn. 33) kommt grds. auch ein **Ausschluss** (→ Rn. 34) auf Initiative der Innung in Betracht. Mit Beendigung der Mitgliedschaft erlöschen die gegenseitigen Rechte und Pflichten, soweit nicht besondere vertragliche Verpflichtung eingegangen wurde. So endet das Recht des Mitgliedes auf Nutzung der Innungseinrichtungen, aber auch die Pflicht auf Zahlung der Innungsbeiträge.

1. Austritt

33 Aufgrund der Freiwilligkeit der Mitgliedschaft zu den Innungen kann das Mitglied jederzeit seine Mitgliedschaft aus eigenem Entschluss beenden und aus der Innung austreten. Aus der Satzungsbestimmungen der Innung ergeben sich ggf. gewisse einzuhaltende Anforderungen an den Austritt, wie etwa bestimmte Fristen und Formen. Nach § 55 Abs. 2 S. 3 muss die Innungssatzung eine Regelung über den Austritt der Mitglieder enthalten (→ § 55 Rn. 23 ff.).

33.1 Nach § 10 der Mustersatzung der Innung für Baden-Württemberg kann „der Austritt eines Mitglieds aus der Innung (…) nur zum Schluss des Kalenderjahres erfolgen und muss spätestens drei Monate vorher der Innung schriftlich erklärt werden".

2. Ausschluss

34 Auf Initiative der Innung kann die Mitgliedschaft ebenfalls beendet werden. Nach § 55 Abs. 2 S. 3 muss die Innungssatzung eine Regelung über den Ausschluss der Mitglieder enthalten (→ § 55 Rn. 26 ff.). Aufgrund des bestehenden Aufnahmeanspruchs eines Bewerbers erscheint es als sachgerecht, wenn ein Ausschluss des Mitgliedes durch die Innung nur erfolgen kann, wenn -entsprechend dem Aufnahmeverweigerungsrechts (→ Rn. 28) der Innung- ein zwingender und sachlicher Grund den Ausschluss erfordert. Ein zwingender Grund liegt vor, wenn das Mitglied nicht mehr die gesetzlichen Anforderungen, die an die Mitgliedschaft gestellt werden, erfüllt (Detterbeck Rn. 11).

34.1 Nach § 11 der Mustersatzung der Innung für Baden-Württemberg kann „durch Beschluss des Vorstandes (…) ausgeschlossen werden, wer (…) gegen die Satzung grob und beharrlich verstößt oder satzungsmäßige Beschlüsse oder Anordnungen der Innungsorgane nicht befolgt, oder (…) mit seinen Beiträgen oder sonstigen Zahlungsverpflichtungen trotz wiederholter schriftlicher Aufforderung länger als ein Jahr im Rückstand geblieben ist".

35 Der Beschluss der Innung ein Mitglied auszuschließen stellt ein **Verwaltungsakt** dar (Detterbeck Rn. 12), mit der Folge dass ein Mitglied im verwaltungsrechtlichen Klagewege bzw. Widerspruchsverfahren dagegen vorgehen kann.

3. Tod

36 Mit dem Tode des Mitglieds endet zwangsläufig die Mitgliedschaft, da die Mitgliedschaft ein höchstpersönliches Recht ist, das nicht vererbbar ist (Detterbeck Rn. 13).

4. Löschung aus den Verzeichnissen

37 Die Mitgliedschaft im Falle der Ausübung eines zulassungspflichtigen Handwerks mit der Löschung aus der **Handwerksrolle**. Die Löschung erfolgt nach § 13 Abs. 1 von Amts wegen oder auf Antrag, wenn die Voraussetzungen für die Eintragung nicht mehr vorliegen. In diesem Fall erfüllt das Mitglied nicht mehr die Voraussetzungen, die der Gesetzgeber an die Ausübung eines zulassungspflichtigen Handwerks stellt, so dass die Mitgliedschaft kraft Gesetz endet (Detterbeck Rn. 14).

38 Ausgehend davon, dass der Eintragung in das **Inhaberverzeichnis** nach § 19 von Mitgliedern, die ein zulassungsfreies Handwerk oder ein handwerksähnliches Gewerbe ausüben, nur deklaratorische Wirkung zukommt (→ § 19 Rn. 3), dürfte die Löschung aus diesem Verzeichnis per se keine Auswirkungen auf die Mitgliedschaft haben (so auch Detterbeck Rn. 14).

5. Verlegung des gewerblichen Niederlassung

Verlegt das Innungsmitglied seine gewerbliche Niederlassung aus dem Innungsbezirk, endet seine Mitgliedschaft kraft Gesetz, da eine Mitgliedschaft nur in der regional zuständigen Innung des ausgeübten Handwerks möglich ist. **39**

E. Der Gleichbehandlungsgrundsatz (Abs. 4)

Nach dem Wortlaut des § 58 Abs. 4, „kann von der Erfüllung der gesetzlichen und satzungsmäßigen Bedingungen (…) zugunsten einzelner nicht abgesehen werden". **40**

Jedes ordentliche Mitglied hat die gleichen Rechte und Pflichten und ist berechtigt die Einrichtungen der Innung zu nutzen (Schwannecke/Taubert Rn. 10). Eine Begünstigung Einzelner ist unzulässig. Da die HwO selbst die ordentlichen Mitglieder iSd § 58 und die Gastmitglieder nach § 59 unterschiedlich behandelt, indem den Stimmen der Gastmitglieder nur eine beratende Funktion zukommt während die ordentlichen Mitglieder umfängliche Mitwirkungsrechte haben, erscheint eine Ungleichbehandlung im Verhältnis dieser beiden Mitgliederkreise als zulässig (so auch Detterbeck Rn. 16). Innerhalb der beiden Mitgliederkreise gilt aber der Gleichbehandlungsgrundsatz mit der Folge, dass Gleiches gleich und Ungleiches ungleich zu behandeln ist. **41**

§ 59 [Gastmitglieder der Innung]

¹Die Handwerksinnung kann Gastmitglieder aufnehmen, die dem Handwerk, für das die Innung gebildet ist, beruflich oder wirtschaftlich nahestehen. ²Ihre Rechte und Pflichten sind in der Satzung zu regeln. ³An der Innungsversammlung nehmen sie mit beratender Stimme teil.

Literatur: Will Martin, Selbstverwaltung der Wirtschaft, 2010

Überblick

§ 59 ergänzt systematisch die Regelung des § 58. § 58 regelt die ordentliche (Voll)Mitgliedschaft von selbständigen Handwerkern die das Handwerk ausüben, für das die Innung gebildet ist, während § 59 die **Gastmitgliedschaft** solcher Personen (→ Rn. 4) regelt, die dem Handwerk, für das die Innung gebildet ist, beruflich oder wirtschaftlich **nahe stehen** (→ Rn. 5). Ein **Aufnahmeanspruch** besteht nicht (→ Rn. 3). Die Gastmitglieder haben im Vergleich zu den ordentlichen Mitgliedern **eingeschränkte Rechte** (→ Rn. 10).

A. Historie und Zweck der Regelung

Die Regelung des heutigen § 59 wurde iRd Novellierung der HwO von 1965, die am 16.9.1965 in Kraft trat, eingeführt (Art. X Gesetz zur Änderung der Handwerksordnung vom 09.09.1965, BGBl. I 1254; Will, Selbstverwaltung der Wirtschaft, 2010, 626 f.). Danach durften Innungen Gastmitglieder, die der Innung beruflich oder wirtschaftlich nahestehen, aufnehmen. Diese Regelung gilt in entsprechender Weise auch heute noch. **1**

Zweck der Regelung ist es den Innungsmitgliedern zu ermöglichen von dem Rat und den Erfahrungen anderer Fachleute, die ihrem Gewerbe nahe stehen, zu profitieren (BT-Drs. IV/2335 Nr. 45; Honig/Knörr Rn. 1). **2**

Der Bundestagsausschuss für Mittelstandsfragen begründete die Einführung der Gastmitgliedschaft wie folgt: „In der Praxis ist das Bedürfnis aufgetreten, dem Handwerk nahestehende Personen, die keine selbständigen Handwerker sind, am Innungsleben teilnehmen zu lassen." Im Blick hatte der Ausschuss die Aufnahme etwa von Gewerbeschullehrern und Fabrikanten, mit dem Ziel den Innungsmitgliedern den Rat und die Erfahrung dieser Fachleute nutzbar zu machen (BT-Drs. IV/ 3461, 15; Detterbeck Rn 2). **2.1**

B. Gastmitgliedschaft

I. Kein Aufnahmeanspruch

3   Die Aufnahme von Gastmitgliedern steht im **Ermessen** der Innung („kann") (Detterbeck Rn. 2). Möchte die Innung sich für Gastmitglieder öffnen, bedarf es einer entsprechenden Bestimmung in ihrer Satzung (Detterbeck Rn. 3). Ein **Aufnahmeanspruch** möglicher Gastmitglieder besteht insoweit nicht (Detterbeck Rn. 4). Eine Regelung entsprechend dem § 58 Abs. 3, wonach den ordentlichen Mitgliedern grds. ein Aufnahmeanspruch zusteht, wenn sie die erforderlichen Voraussetzungen erfüllen, gibt es im Zusammenhang mit der Gastmitgliedschaft nicht (Honig/Knörr Rn. 4). Hingegen hat der Bewerber einen **Anspruch auf ermessensfehlerfreie Entscheidung** der Innung über seinen Aufnahmeantrag (Schwannecke/Taubert Rn. 3; Detterbeck Rn. 4). Insoweit darf die Innung als Körperschaft des öffentlichen Rechts nicht willkürlich über die Aufnahmeanträge entscheiden, sondern muss den **Grundsatz auf Gleichbehandlung** aus Art. 3 GG beachten (Schwannecke/Taubert Rn. 3; Detterbeck Rn. 4).

II. Voraussetzungen der Gastmitgliedschaft

1. Handwerk und handwerksähnliche Gewerbe

4   Nach dem Wortlaut des § 59 S. 1 „kann" die Innung Gastmitglieder aufnehmen, die dem „**Handwerk**", deren Interessen die Innung vertritt, beruflich oder wirtschaftliche nahestehen. Nach **analoger** Anwendung des § 59 S. 1, kann die Innung auch Gastmitglieder, die dem **handwerksähnlichen Gewerbe** nahe stehen aufnehmen, zumal davon ausgegangen werden kann, dass der Gesetzgeber übersehen hat im Zuge der Reform von 2004 den Wortlaut des § 59 S. 1 entsprechend anzupassen; dem handwerksähnlichen Gewerbe wurde im Wege der Reform von 2004 ja sogar die Möglichkeit eröffnet, unter bestimmten Voraussetzungen eine eigene Innung zu gründen und damit auch ordentliches Mitglied einer Innung zu sein (Detterbeck Rn. 1). Damit können auch Personen, die dem handwerksähnlichen Gewerbe nahestehen Gastmitglieder werden.

2. Näheverhältnis

5   Voraussetzung der Gastmitgliedschaft ist das Bestehen eines **beruflichen oder wirtschaftlichen Näheverhältnisses**, S. 1. Eine Definition des beruflichen oder wirtschaftlichen Näheverhältnisses findet sich in der HwO nicht. Insoweit handelt es sich um eine ausfüllungsbedürftige Begriffsbestimmung, die der **Auslegung** bedarf.

6   Unter Zugrundelegung der gesetzlichen Zweckbestimmung, der Nutzung von fremdem Fachwissen, das in gewisser Weise im Zusammenhang mit den Handwerk bzw. handwerksähnlichen Gewerbe steht, deren Interessen die Innung vertritt, darf der Begriff **nicht zu eng ausgelegt** werden (Schwannecke/Taubert Rn. 1). Dies erscheint auch sachgerecht, da die Innung von dem „branchenfremden" Wissen der Gastmitglieder nur profitieren kann, während diese aufgrund ihrer reduzierten Rechte das Innungsleben nur mit Ratschlägen unterstützen können, ohne dass die Gastmitglieder ein den ordentlichen Mitgliedern vergleichbaren Stimmrecht hätten (vgl. Detterbeck Rn. 5). Denn nach der gesetzlichen Regelung des § 59 S. 3 haben die Gastmitglieder nur eine **beratende Stimme** (→ Rn. 10), so dass sie an der Innungsversammlung auch nur mit beratender Funktion teilnehmen. Sie können die Innungspolitik damit auch nur indirekt über diesen Weg mitbestimmen. Mangels Bestehens einer sog. „Vollmitgliedschaft" steht den Gastmitgliedern auch nicht das Recht zu, Aufgaben der Innungsorgane zu erfüllen (Detterbeck Rn. 5). Insoweit kann sich die Innung das Wissen der Gastmitglieder zu Nutzen machen und davon überwiegend profitieren. Ein Näheverhältnis ist dann anzunehmen, wenn ein **beruflicher oder wirtschaftlicher Zusammenhang** besteht, da gewisse Berührungspunkte der einzelnen Handwerke bzw. handwerksähnliche Gewerbe vorliegen.

3. Innungsbezirk

Gastmitglieder können **natürliche** oder **juristische Personen** sein (Honig/Knörr **7** Rn. 1). Sie müssen im **Innungsbezirk** (→ § 52 Rn. 56 ff.) wohnen bzw. ihre gewerbliche Niederlassung dort haben (→ Rn. 9) (Detterbeck Rn. 2; VGH München GewArch 1997, 373; aA Honig/Knörr Rn. 3).

III. Keine Gastmitgliedschaft

Kein Gastmitglied kann ein selbständiger Handwerker sein, der im Innungsbezirk das **8** Gewerbe ausübt für das die Innung gebildet wurde (VG Ansbach Urt. v. 10.10.1996 – AN 4 K 96.00629 (= BeckRS 1996, 31215293). Liegen die **Voraussetzungen für eine ordentliche Mitgliedschaft** iSd § 58 vor, kann der Bewerber nicht „nur" die Position als Gastmitglied, mit reduzierten Rechten und Pflichten für sich in Anspruch nehmen. Dies folgt aus dem Ausnahmecharakter des § 59 und daraus, dass ein Handwerker nicht gleichzeitig dem Handwerk, das er selber ausübt, nahestehen kann (VG Ansbach Urt. v. 10.10.1996 – AN 4 K 96.00629 (= BeckRS 1996, 31215293).

Unzulässig ist es auch, dass die Innung als Gastmitglied einen in die Handwerksrolle **9** eingetragenen Betrieb aufnimmt, der das Handwerk ausübt, für welches die Innung gebildet wurde, auch wenn er einem **anderen Innungsbezirk** zugehört (BVerwG Beschl. v. 15.5.1997 – 1 B 158.97 (= BeckRS 1997, 31220450). Dies würde gegen die Regelung des § 52 im Zusammenhang mit der Monopolstellung einer bestehenden Innung verstoßen. Die Innungen sollen sich nicht gegenseitig Konkurrenz machen und potentielle Mitglieder abschöpfen. Dies wäre aber der Fall, wenn eine Innung einen Handwerker, der die Voraussetzungen für die ordentliche Mitgliedschaft in einer anderen Innung eines anderen Bezirks erfüllt, als Gastmitglied aufnehmen würde (VG Ansbach Urt. v. 10.10.1996 – AN 4 K 96.00629 (= BeckRS 1996, 31215293) in 1. Instanz, VGH München Beschl. v. 13.5.1997 – 22 B 96.3929 (= BeckRS 1997, 21901) in 2. Instanz und BVerwG v. 15.8.1997 – 1 B 158.97 (= BeckRS 1997, 31220450) in 3. Instanz).

C. Rechte und Pflichten der Gastmitglieder

Aus der Satzung der Innung müssen sich nach der Regelung des § 59 S. 2 die **Rechte** **10** **und Pflichten** der Gastmitglieder ergeben. Dabei ist die höherrangige Regelung des § 59 S. 3 zu beachten, wonach den Gastmitgliedern nur eine **beratende Stimme** zusteht, so dass sie nicht an den Abstimmungen der Innungsorgane teilnehmen dürfen (Detterbeck Rn. 5). Die Gastmitglieder dürfen nicht die vollen Rechte der ordentlichen Innungsmitglieder haben, denn dies würde dem Grundsatz widersprechen, dass die Innungen nach § 52 ein Zusammenschluss von selbständigen Handwerkern ist (Schwannecke/Taubert Rn. 4; vgl. Honig/Knörr Rn. 5).

Nach § 16 Abs. 2 der Mustersatzung für Innungen Baden-Württemberg sind die Gastmitglieder **10.1** berechtigt, „die Einrichtungen der Innung in gleicher Weise wie Innungsmitglieder zu benutzen. Sie nehmen an der Innungsversammlung mit beratender Stimme teil.".

Nach § 16 Abs. 4 der Mustersatzung für Innungen Baden-Württemberg kann „die Innungsversamm- **10.2** lung (…) beschließen, dass Gastmitglieder einen Beitrag zu entrichten haben".

Ferner muss die Satzung der Innung die Bereitschaft der Innung Gastmitglieder aufzuneh- **11** men widerspiegeln, sowie Regelungen über den **Eintritt und zur Beendigung der Mitgliedschaft**. Zweckmäßig erscheint **die Nennung der Berufsgruppen**, die der Innung als nahestehend gelten.

D. Grundrechtsfähigkeit der Innung

Die Fragen der Mitgliedschaft betreffen die Innung in ihrer Eigenschaft als Körperschaft **12** des öffentlichen Rechts, d.h. als Teil der Staatsverwaltung, da die Art und Weise der Mitgliedschaft im Zusammenhang mit der staatlichen Organisation steht (VG Ansbach Urt. v. 10.10.1996 – AN 4 K 96.00629 (= BeckRS 1996, 31215293)). Dies hat zur Folge, dass die Innung im Zusammenhang mit der **Thematik der Gastmitgliedschaft** sich **nicht auf** ihren **Grundrechtsschutz** berufen kann (VG Ansbach Urt. v. 10.10.1996 – AN 4 K 96.00629 (= BeckRS 1996, 31215293)).

§ 60 [Organe der Innung]

Die Organe der Handwerksinnung sind
1. **die Innungsversammlung,**
2. **der Vorstand,**
3. **die Ausschüsse.**

Literatur: Diefenbach Wilhelm, Zur Organstruktur der Handwerks- und der Industrie- und Handelskammern, GewArch 2006, 313 ff.; Maurer Hartmut, Allgemeines Verwaltungsrecht; Tettinger Peter, Kammerrecht, 1997; Will Martin, Selbstverwaltung der Wirtschaft, 2010; Wolff Hans J./Bachof Otto/Stober Rolf, Verwaltungsrecht, Band 3, 5. Aufl.; Zimmermann Eric, Die Vorstandswahl bei der Innung, GewArch 2013, 471 ff.

Überblick

Der Gesetzgeber hat iRd § 60 in **abschließender** Weise (→ Rn. 3) die erforderlichen Organe einer Innung festgesetzt (→ Rn. 1): Jede Innung **muss** (→ Rn. 4) ihrer **Organisationsstruktur** (→ Rn. 6) nach zwingend ein **Innungsversammlung** (→ Rn. 9), einen **Vorstand** (→ Rn. 11) und die gesetzlich vorgesehenen **Ausschüsse** (→ Rn. 12) vorhalten.
Die Regelung des § 60 ist aufgrund der gesetzlichen Verweisung nach § 83 Abs. 1 Nr. 2 auf **Landesinnungsverbände**, nach § 85 Abs. 2 iVm § 83 Abs. 1 Nr. 2 auf **Bundesinnungsverbände** und nach § 89 Abs. 1 Nr. 3 auf **Kreishandwerkerschaften** entsprechend anzuwenden, so dass auch diese Organisationen eine entsprechende Organisationsstruktur aufweisen.

A. Die Innungsorgane – Allgemein

I. Begriff „Organ"

1   Die Innung als Körperschaft des Öffentlichen Rechts bedarf eigener **Organe**, um im Rechtsverkehr **handlungsfähig** zu sein (Schwannecke Rn. 1; vgl. Tettinger, Kammerrecht, 1997, 96). „Organ" im juristischen Sinne wird definiert als „eine der juristischen Person durch Rechtssatz eingegliederte, aber organisatorisch selbständige Wirkeinheit, die bestimmte Zuständigkeiten und Aufgaben der Organisation verantwortlich wahrnimmt und deren Handlung der Organisation zugerechnet werden" (Diefenbach GewArch 2006, 313 unter Hinweis auf Wolff/Bachof/Stober/Kluth, Verwaltungsrecht, Band 3, 5. Aufl. 2004, § 83 Rn. 132 und Maurer, Allgemeines Verwaltungsrecht, 14. Aufl. 2002, § 21 Rn. 19).

2   Die Innungsorgane nehmen arbeitsteilig bestimmte Zuständigkeiten, entsprechend der gesetzlichen und satzungsmäßigen Aufgabenzuweisung, für die Innung wahr. Nach außen handeln die Organe nicht für sich, sondern verpflichten und berechtigen die Innung. Das Handeln der Organe wird der Innung **zugerechnet**. Die **Innungsversammlung** (→ Rn. 9) ist die Zusammenfassung der Innungsmitglieder und repräsentiert diese. Der **Vorstand** (→ Rn. 11) ist ein Organ der Exekutive, das sich gegenüber der Innungsversammlung verantworten muss und die Innung nach außen vertritt. Die gesetzlich vorgesehenen **Ausschüsse** (→ Rn. 12) als Organ der Innung, sollen spezielle Fragekreise vorbereiten (vgl. Tettinger, Kammerrecht, 1997, 97).

II. Abschließende Aufzählung der Innungsorgane

3   § 60 zählt **abschließend** die Organe der Innung auf: die Innungsversammlung (§§ 61–65), der Vorstand (§ 66) und die Ausschüsse (§§ 67–72). Die Innung kann keine weiteren Einrichtungen mit Organfunktion eigenständig im Wege ihrer Satzung oder auf andere Weise errichten (Schwannecke/Schwannecke Rn. 1; Honig/Knörr Rn. 5; Will, Selbstverwaltung der Wirtschaft, 2010, 673; Detterbeck Rn. 1).

4   Jede Innung **muss** diese gesetzlich festgelegten Organe vorhalten und mit Innungsmitgliedern entsprechend den gesetzlichen und satzungsmäßigen Vorgaben besetzen (Detterbeck

Rn. 2). Dies hat zur Folge, dass jede Innung in ihrer Organisationsstruktur (→ Rn. 6) dem Grunde nach gleich aufgebaut ist. Lediglich im Zusammenhang mit den Ausschüssen steht es im Ermessen der Innung, ob sie neben den gesetzlich zwingend vorgesehenen (obligatorischen) Ausschüssen zB dem **Berufsbildungsausschuss** (§ 67 Abs. 2) weitere Ausschüsse zur Wahrung einzelner Angelegenheiten bilden möchten (§ 67 Abs. 1) (Schwannecke/Kräßig § 67 Rn. 4; Detterbeck Rn. 2).

Dem **Geschäftsführer** der Innung kommt **keine Organfunktion** zu. Als Angestellter **5** der Innung ist er als „Hilfskraft der Organe", dh des Vorstandes zu qualifizieren (Detterbeck Rn. 1; Honig/Knörr Rn. 5). Keine Organe der Innung, sondern Organe einer Einrichtung einer Innung, nämlich der **Unterstützungskassen** (§§ 54 Abs. 3 Nr. 2, 57) sind etwa der **Kassenvorstand** oder die **Mitgliederversammlung der Unterstützungskassen** (→ § 57 Rn. 7) (Detterbeck Rn. 3; Honig/Knörr Rn. 6; Schwannecke/Schwannecke Rn. 4).

III. Festlegung der wesentlichen Organstruktur durch den Gesetzgeber

Nach den Grundsätzen des Demokratie- und Rechtsstaatsprinzips muss der Gesetzgeber **6** die **Organstruktur** im Wesentlichen selbst festlegen, sowie die Bildung der Organe, ihre Aufgaben und Handlungsbefugnisse (Diefenbach GewArch 2006, 313 unter Hinweis auf BVerfG GewArch 2005, 72 (73) → Rn. 6.1).

In diesem Zusammenhang führte das BVerfG in seinem Beschluss vom 13.7.2004 – 1 BvR 1298/ **6.1** 94 ua verallgemeinerungsfähig aus:
„Die Einrichtung funktionaler Selbstverwaltung als Ausprägung des Demokratieprinzips des Art. 20 Abs. 2 GG mit dem Ziel der Verwirklichung der freien Selbstbestimmung (vgl. BVerfGE 107, 59, 92 unter Bezugnahme auf BVerfGE 44, 125, 142) darf nicht dazu führen, dass der Gesetzgeber sich seiner Regelungsverantwortung entäußert. Überlässt er öffentlichrechtlichen Körperschaften und Anstalten als Trägern funktionaler Selbstverwaltung bestimmte Aufgaben zur Regelung in Satzungsautonomie, darf er ihnen die Rechtsetzungsbefugnis nicht zur völlig freien Verfügung überlassen." (BVerfG GewArch 2005, 72 (72) im Zusammenhang mit Notarkassen).
„Die Bildung der Organe, ihre Aufgaben und Handlungsbefugnisse müssen in ihren Grundstrukturen in einem parlamentarischen Gesetz ausreichend bestimmt sein; das Gesetz muss außerdem mittels Vorgaben für das Verfahren der autonomen Entscheidungsfindung eine angemessene Partizipation der Berufsangehörigen an der Willensbildung gewährleisten (vgl. den Hinweis in BVerfGE 76, 171, 186). Die Organe müssen nach demokratischen Grundsätzen gebildet werden (vgl. BVerfGE 33, 125, 157); es sind institutionelle Vorkehrungen vorzusehen, damit die Beschlüsse so gefasst werden, dass nicht einzelne Interessen bevorzugt werden (vgl. BVerfGE 107, 59, 93 unter Bezugnahme auf BVerfGE 37, 1, 27 f.). Das weitgehende Ermessen des Gesetzgebers hinsichtlich der Bildung von Organisationseinheiten und der Auswahl der zu übertragenden Aufgaben findet seine Grenze darin, dass die von ihm zu setzenden Regelungen über Strukturen und Entscheidungsprozesse, in denen diese Aufgaben bewältigt werden sollen, dem Demokratie- und dem Rechtsstaatsprinzip entsprechen müssen. Der Gesetzgeber hat sicherzustellen, dass sich die verbindlich und autonom gesetzten Regelungen mit Eingriffscharakter als Ergebnis eines demokratischen Willensbildungsprozesses im Innern darstellen." (BVerfG GewArch 2005, 72 (73) im Zusammenhang mit Notarkassen).

IV. Ununterbrochene Legitimationskette

Als Ausfluss des Demokratieprinzips aus Art. 20 GG bedarf es einer **ununterbrochenen** **7** **Legitimationskette** von den Innungsmitgliedern zu den Organen der Innung (vgl. Tettinger, Kammerrecht, 1997, 97): Die Innungsversammlung besteht in der Regel aus sämtlichen Mitgliedern der Innung (§ 61 Abs. 1 S. 2), so dass eine unmittelbare demokratische Legitimation vorliegt und nur ausnahmsweise aus einer Vertreterversammlung und damit aus Vertretern die gewählt wurden (§ 61 Abs. 1 S. 3), so dass in diesem Falle eine mittelbare demokratische Legitimation bestünde (Will, Selbstverwaltung der Wirtschaft, 2010, 651 f.). Die Innungsversammlung wählt die Mitglieder des Vorstandes der Innung (§ 61 Abs. 2 Nr. 4, § 66 Abs. 1 S. 1), so dass diese ebenfalls demokratisch legitimiert sind. Die Ausschussmitglieder werden nach § 61 Abs. 2 Nr. 4 ebenfalls von der Innungsversammlung gewählt, so dass auch hier eine demokratische Legitimation besteht.

V. Keine Beiladung der Innungsmitglieder im Rechtsstreit

8 Im Rahmen eines Rechtsstreits ist die Innung grds. mit all ihren Organen am Rechtsstreit beteiligt, so dass es keiner **Beiladung der Innungsmitglieder** bedarf nach § 65 VwGO, wenn die Innung in ihrem Namen eigene Rechte einklagt, denn die Regelung der Außenvertretung durch den Vorstand hat keinen Einfluss auf die interne Kompetenzverteilung (BVerwG NVwZ-RR 1995, 196 (197); → Rn. 8.1; BVerwG NVwZ 1986, 555; Schwannecke/Schwannecke Rn. 1).

8.1 „§ 65 VwGO ist daher dahin anzuwenden, dass die Mitglieder einer Innung, die an der Willensbildung der Innung mitzuwirken berechtigt sind, in einem von dieser geführten Rechtsstreit um Rechte, die der Innung als solcher und nicht einzelnen Mitgliedern zustehet, i.S. dieser Vorschrift nicht Dritte sind und deswegen nicht beigeladen werden können" (BVerwG NVwZ-RR 1995, 196 (197)).

B. Die Innungsversammlung (Nr. 1)

9 Die **Innungsversammlung** ist als Kollegialorgan das **höchste Organ der Innung**, der „Repräsentant der Innungsmitglieder" der für die **Willensbildung** der Innung verantwortlich ist (Schwannecke/Schwannecke Rn. 1; Detterbeck Rn. 2; vgl. Tettinger, Kammerrecht, 1997, 96, 111, 113; Will, Selbstverwaltung der Wirtschaft, 2010, 651). Dies ist im Hinblick auf das Demokratiegebot aus Art. 20 GG und dem daraus ableitenden Gedanken der Legitimation durchaus sachgerecht. Die Mitglieder der Innung sollen im Wege ihrer sog. „geborenen Mitgliedschaft" (Will, Selbstverwaltung der Wirtschaft, 2010, 659) maßgeblichen Einfluss auf die Entscheidungen der Innung ausüben können.

10 Die gesetzlichen Regelungen der §§ 61–65 thematisieren die Aufgaben der Innungsversammlung (§ 61), die Beschlussfassung und die Einberufung der Innungsversammlung (§ 62) und die Stimmberechtigung innerhalb der Innungsversammlung (§§ 63, 64, 65). Daneben muss die Innungssatzung nach § 55 Abs. 2 Nr. 5 Bestimmungen über die nähere Ausgestaltung im Zusammenhang mit der Einberufung der Innungsversammlung, das Stimmrecht in ihr und die Art der Beschlussfassung enthalten.

C. Der Vorstand (Nr. 2)

11 Der **Vorstand** der Innung vertritt idR die Innung gerichtlich und außergerichtlich nach außen (§ 66 Abs. 3 S. 1). § 66 regelt die Wahl des Vorstandes (§ 66 Abs. 1, 2) (→ § 66 Rn. 5), seine Aufgaben (§ 66 Abs. 3) sowie die Verwaltung des Amtes als Ehrenamt (§ 66 Abs. 4) (→ § 66 Rn. 56). Daneben muss die Satzung der Innung nach § 55 Abs. 2 Nr. 6 konkrete Regelungen zur Bildung des Vorstandes enthalten.

D. Die Ausschüsse (Nr. 3)

12 Die **Ausschüsse** der Innung (→ § 67 Rn. 4) sind für die Wahrnehmung bestimmter einzelner Aufgaben zuständig. Zu unterscheiden sind **fakultative Ausschüsse**, deren Bildung im Ermessen der Innung steht und **obligatorische Ausschüsse** (vgl. § 67; → § 67 Rn. 9)), die jede Innung vorhalten muss. Die HwO nennt einzelne Ausschüsse: zB Berufsbildungsausschuss (§ 67 Abs. 2), Schlichtungsausschuss (§ 67 Abs. 3), Gesellenprüfungsausschuss (§§ 54 Abs. 1 S. 2 Nr. 4, 33).

§ 61 [Innungsversammlung]

(1) ¹Die Innungsversammlung beschließt über alle Angelegenheiten der Handwerksinnung, soweit sie nicht vom Vorstand oder den Ausschüssen wahrzunehmen sind. ²Die Innungsversammlung besteht aus den Mitgliedern der Handwerksinnung. ³Die Satzung kann bestimmen, daß die Innungsversammlung aus Vertretern besteht, die von den Mitgliedern der Handwerksinnung aus ihrer Mitte gewählt werden (Vertreterversammlung); es kann auch bestimmt werden, daß nur einzelne Obliegenheiten der Innungsversammlung durch eine Vertreterversammlung wahrgenommen werden.

(2) Der Innungsversammlung obliegt im besonderen
1. die Feststellung des Haushaltsplans und die Bewilligung von Ausgaben, die im Haushaltsplan nicht vorgesehen sind;
2. die Beschlußfassung über die Höhe der Innungsbeiträge und über die Festsetzung von Gebühren; Gebühren können auch von Nichtmitgliedern, die Tätigkeiten oder Einrichtungen der Innung in Anspruch nehmen, erhoben werden;
3. die Prüfung und Abnahme der Jahresrechnung;
4. die Wahl des Vorstands und derjenigen Mitglieder der Ausschüsse, die der Zahl der Innungsmitglieder zu entnehmen sind;
5. die Einsetzung besonderer Ausschüsse zur Vorbereitung einzelner Angelegenheiten;
6. der Erlaß von Vorschriften über die Lehrlingsausbildung (§ 54 Abs. 1 Nr. 3);
7. die Beschlußfassung über
   a) den Erwerb, die Veräußerung oder die dingliche Belastung von Grundeigentum,
   b) die Veräußerung von Gegenständen, die einen geschichtlichen, wissenschaftlichen oder Kunstwert haben,
   c) die Ermächtigung zur Aufnahme von Krediten,
   d) den Abschluß von Verträgen, durch welche der Handwerksinnung fortlaufende Verpflichtungen auferlegt werden, mit Ausnahme der laufenden Geschäfte der Verwaltung,
   e) die Anlegung des Innungsvermögens;
8. die Beschlußfassung über die Änderung der Satzung und die Auflösung der Handwerksinnung;
9. die Beschlußfassung über den Erwerb und die Beendigung der Mitgliedschaft beim Landesinnungsverband.
(3) Die nach Absatz 2 Nr. 6, 7 und 8 gefaßten Beschlüsse bedürfen der Genehmigung durch die Handwerkskammer.

Literatur: Detterbeck Steffen/Will Martin, Die Handwerksinnung in der staatlichen dualen Ordnung des Handwerks, 2003; Diefenbach Wilhelm, Zur Organstruktur der Handwerks- und der Industrie- und Handelskammern, GewArch 2006, 313 ff.; Maurer Hartmut, Allgemeines Verwaltungsrecht, 18. Aufl. 2011; Will Martin, Selbstverwaltung der Wirtschaft, 2010; Zimmermann Eric, Die Vorstandswahl bei der Innung, GewArch 2013, 471 ff.

Überblick

§ 61 regelt in Abs. 1 die **Zusammensetzung** der Innungsversammlung (→ Rn. 2) als **oberstes Organ** der Innung (→ Rn. 1) und in Abs. 2 die ihr zukommenden **Kompetenzen** (→ Rn. 6 ff.). Grds. ist von einer sog. „**Allzuständigkeit**" der Innungsversammlung (→ Rn. 5) auszugehen, soweit eine bestimmte Aufgabe nicht ausdr. einem anderen Organ der Innung zugewiesen ist. Nach der Regelung des § 61 Abs. 3 bedürfen bestimmte Beschlüsse der **Genehmigung** (→ Rn. 25) durch die Handwerkskammer als Aufsichtsbehörde.

Nach § 89 Abs. 1 sind die Regelungen des § 61 Abs. 1, Abs. 2 Nr. 1–5 und Nr. 7 hinsichtlich der Beschlussfassung über die Änderung der Satzung auf die **Kreishandwerkerschaften** entsprechend anzuwenden. Nach § 83 Abs. 1 Nr. 2 in eingeschränkter Weise einzelne Regelungen des § 61 auf die **Landesinnungsverbände** und über die Verweisungsnorm des § 85 Abs. 2 S. 1 auf die **Bundesinnungsverbände**.

Übersicht

	Rn.		Rn.
A. Die Innungsversammlung als Repräsentationsorgan	1	I. Die „Allzuständigkeit" der Innungsversammlung (Abs. 1 S. 1)	5
B. Die Zusammensetzung der Innungsversammlung	2	II. Die einzelnen Aufgaben der Innungsversammlung (Abs. 2)	6
C. Die Zuständigkeit der Innungsversammlung	5	1. Haushaltsplan und Jahresrechnung (Abs. 2 Nr. 1, Nr. 3)	7

	Rn.		Rn.
2. Innungsbeiträge und Gebühren (Abs. 2 Nr. 2)	10	6. Satzungsänderungen und Innungsauflösung (Abs. 2 Nr. 8)	20
3. Vorstand und Ausschüsse (Abs. 2 Nr. 4, Nr. 5)	13	7. Mitgliedschaft im Landesinnungsverband (Abs. 2 Nr. 9)	24
4. Lehrlingsausbildung (Abs. 2 Nr. 6)	14		
5. Bedeutsame Geschäfte der Innung (Abs. 2 Nr. 7)	15	**D. Genehmigungspflichtige Rechtsgeschäfte (Abs. 3)**	25

A. Die Innungsversammlung als Repräsentationsorgan

1   Die Innungsversammlung besteht aus den Mitgliedern der Innung (→ Rn. 2). Die Mitglieder der Innung, sind das maßgebliche Merkmal der Personalkörperschaft. Sie sollen den bestimmenden Einfluss auf die Entscheidungen der Angelegenheiten der Innung haben, so dass die wesentlichen Entscheidungen von der Innungsversammlung als **Repräsentationsorgan** zu treffen sind (vgl. insgesamt allgemein bei Maurer Allgemeines VerwaltungsR § 23 Rn. 40; Detterbeck/Will, Die Handwerksinnung in der staatlichen dualen Ordnung des Handwerks, 2003, 28). Die Innungsversammlung ist das **oberste Organ** der Innung (§ 60 Nr. 1; Schwannecke/Kräßig Rn. 1; Honig/Knörr Rn. 1). Als Hauptorgan der Innung und demokratischer Vertretung der Innungsmitglieder, muss sie aufgrund des Demokratie- und Rechtsstaatsprinzips aus Art. 20 GG sicherstellen, dass die Interessen der Mitglieder hinreichend zur Geltung kommen und die wesentlichen Entscheidungen Ergebnis eines „demokratischen Willensbildungsprozesses" sind (vgl. Diefenbach GewArch 2006, 313 (314) zu der Vertreterversammlung der Handwerkskammer und IHK). Bezweckt wird die „interessengerechte Repräsentation" der Mitglieder (vgl. Diefenbach GewArch 2006, 313 (314) zu der Vertreterversammlung der Handwerkskammer und IHK).

B. Die Zusammensetzung der Innungsversammlung

2   Die **Innungsversammlung** besteht nach dem Wortlaut des Abs. 1 S. 2 idR aus den Mitgliedern der Handwerksinnung, dh aus allen **ordentlichen Vollmitgliedern** iSd § 58 (→ § 58 Rn. 1 ff.; Schwannecke/Kräßig Rn. 3; Honig/Knörr Rn. 2). **Ehrenmitglieder** und **Gastmitglieder** (§ 59; → § 59 Rn. 3 ff.) sind keine ordentlichen Mitglieder (Schwannecke/Kräßig Rn. 3; Honig/Knörr Rn. 2). Zur Einberufung und Beschlussfassung der Innungsversammlung vgl. § 62.

3   Eine **abweichende Zusammensetzung** der Innungsversammlung ist nach Abs. 1 S. 3 möglich. Die Regelung des Abs. 1 S. 3 wurde iRd Novellierung der HwO von 1965, die am 16.9.1965 in Kraft trat, eingeführt (Art. X Gesetz zur Änderung der Handwerksordnung vom 9.9.1965, BGBl. I 1254; Will, Selbstverwaltung der Wirtschaft, 2010, 627). Danach kann in der Innungssatzung bestimmt werden, dass eine **Vertreterversammlung** gebildet wird, die für bestimmte Aufgaben (Abs. 1 S. 3 Hs. 2) der Innungsversammlung zuständig sein soll (Schwannecke/Kräßig Rn. 4; Honig/Knörr Rn. 3; Detterbeck Rn. 2). Die Vertreterversammlung besteht aus den **gewählten Vertretern** aus der Mitte der Innungsversammlung (Detterbeck Rn. 2; Will, Selbstverwaltung der Wirtschaft, 2010, 627; Honig/Knörr Rn. 3). Zur Bildung einer Vertreterversammlung bedarf es einer entsprechenden **Regelung in der Innungssatzung** (Schwannecke/Kräßig Rn. 4; Detterbeck Rn. 2). Es steht im **Ermessen der Innung**, ob eine Vertreterversammlung bestehen soll (Honig/Knörr Rn. 3). Nach § 62 Abs. 2 S. 5, der auf S. 3 des Abs 2 in § 62 verweist, bedarf es für den Beschluss zur Bildung einer Vertreterversammlung der Mehrheit von drei Vierteln der stimmberechtigten Mitglieder der Vollversammlung. Der Beschluss kann auch im Wege der schriftlichen Abstimmung gefasst werden (§ 62 Abs. 2 S. 5). Die **Stimmberechtigung** der Mitglieder ergibt sich aus § 63 (→ § 63 Rn. 1 ff.). Vor allem bei großen Innungen mit vielen Mitgliedern, erscheint es praktikabel einzelne Aufgaben der Innungsversammlung der Vertreterversammlung zu übertragen und auf diesem Wege die Beschlussfassung zu erleichtern (Detterbeck Rn. 2; Schwannecke/Kräßig Rn. 4).

4   **Gastmitgliedern** kommt nach § 59 S. 3 nur eine beratende Stimme zu, so dass sie an der Wahl der Vertreter zur Vertreterversammlung nicht teilnehmen dürfen (Zimmermann

GewArch 2013, 471 (472); Honig/Knörr Rn. 3). Ferner haben sie auch kein Stimmrecht innerhalb der Vollversammlung (Schwannecke/Kräßig Rn. 3).

C. Die Zuständigkeit der Innungsversammlung

I. Die „Allzuständigkeit" der Innungsversammlung (Abs. 1 S. 1)

Aus der Regelung des Abs. 1 S. 1 ergibt sich eine sog. „**Allzuständigkeit**" der Innungsversammlung. Die Innung beschließt über alle Angelegenheiten der Innung, soweit sie nicht aufgrund gesetzlicher oder satzungsmäßiger Bestimmungen vom Vorstand oder den Ausschüssen wahrzunehmen sind (Schwannecke/Kräßig, Rn. 2). Die Innung kann im Rahmen ihrer Satzungsbestimmungen grds. einzelne Aufgaben an den Vorstand, einen bestimmten Ausschuss oder die Vertreterversammlung (Abs. 1 S. 3 Hs. 2) übertragen. Finden sich keine Regelungen zur Kompetenzübertragung einzelner Angelegenheiten, ist die Innungsversammlung zuständiges Organ. Die Innungsversammlung kann aber nicht jede Aufgabe übertragen; vielmehr hat der Gesetzgeber die in Abs. 2 des § 61 dargestellten Angelegenheiten in den Zuständigkeitsbereich der Innungsversammlung gelegt, so dass diese Aufgaben auch von der Innungsversammlung wahrzunehmen sind (sog. Vorbehaltsaufgaben; → Rn. 6) (Schwannecke/Kräßig Rn. 5; Honig/Knörr Rn. 7).

II. Die einzelnen Aufgaben der Innungsversammlung (Abs. 2)

Die in Abs. 2 des § 61 aufgelisteten Aufgaben sind **nicht abschließend** („im besonderen"). Die Innungsversammlung kann darüber hinausgehende Aufgaben durchaus wahrnehmen, falls die Innungssatzung ihr weitere Kompetenzen zuweisen sollte (Honig/Knörr Rn. 7). Ferner ist die Innungsversammlung iRd sog. „Auffangzuständigkeit" für die Wahrnehmung von Aufgaben zuständig, die nicht in den Kompetenzbereich eines anderen Innungsorgans fallen. Die in Abs. 2 aufgelisteten Aufgaben sind jedoch Aufgaben die der Gesetzgeber ihr zugewiesen hat, so dass die Innungsversammlung diese selber wahrnehmen muss (sog. **Vorbehaltsaufgaben** der Innungsversammlung). Eine Übertragung der Erfüllung dieser Aufgaben auf ein anderes Organ der Innung ist unzulässig (Detterbeck Rn. 1; Schwannecke/Kräßig Rn. 5; Honig/Knörr Rn. 7).

1. Haushaltsplan und Jahresrechnung (Abs. 2 Nr. 1, Nr. 3)

Nach der Regelung des Abs. 2 Nr. 1 obliegt der Vollversammlung im Zusammenhang mit der Haushaltsführung die **Feststellung des Haushaltsplans** (→ § 55 Rn. 38) und die **Bewilligung von Ausgaben**, die im Haushaltsplan nicht vorgesehen sind. Ferner nach Nr. 3 die **Prüfung und Abnahme der Jahresrechnung** (→ § 55 Rn. 39). Diesbezüglich muss die Satzung der Innung Regelungen enthalten (§ 55 Abs. 2 Nr. 9).

Der Vorstand leitet grds. die Geschäfte der Innung. Er hat iRd **Haushaltsplans** jährlich die zur Erfüllung der Aufgaben der Innung erforderlichen Kostenaufwand aufzustellen. Den Haushaltsplan legt er der Innungsversammlung zur Beschlussfassung vor. IRd Geschäftsführung ist der Vorstand an den Haushaltsplan gebunden. Sollten sich unvorhergesehene Ausgaben ergeben, müssen diese durch die Vollversammlung bewilligt werden (vgl. § 65 Mustersatzung für Innungen Baden-Württemberg; → § 55 Rn. 38.1; Detterbeck Rn. 4; Schwannecke/Kräßig Rn. 5 lit. a).

IRd **Jahresrechnung** stellt der Vorstand sämtliche Einnahmen und Ausgaben der Innung für das abgelaufene Rechnungsjahr zusammen. Diese Jahresrechnung bedarf der Prüfung und Abnahme durch die Innungsversammlung, Abs. 2 Nr. 3 (vgl. § 66 Mustersatzung für Innungen Baden-Württemberg (→ § 55 Rn. 39.1); Detterbeck Rn. 4; Schwannecke/Kräßig Rn. 5 lit. c).

2. Innungsbeiträge und Gebühren (Abs. 2 Nr. 2)

Nach Abs. 2 Nr. 2 beschließt die Innungsversammlung über die **Höhe der Innungsbeiträge** (→ Rn. 11) und **Festsetzung von Gebühren** (→ Rn. 12) iSd § 73.

Beiträge werden unabhängig von der Inanspruchnahme im Einzelfall für die Bereitstellung der Gegenleistungen der Innung erhoben, dh allein für die bestehende Möglichkeit der

Inanspruchnahme der Leistungen der Innung (→ § 73 Rn. 5). Die Kosten der Handwerksinnung und ihres Gesellenausschusses sind durch Beiträge der Innungsmitglieder zu decken, soweit eine andere Kostendeckung nicht möglich ist, § 73 Abs. 1. Die **Bemessungsgrundlage** der Beiträge wird durch die Satzung der Innung festgelegt (§ 55 Abs. 2 Nr. 4; → § 55 Rn. 32), die **Höhe** muss die Innungsversammlung iRd Beschlussfassung festlegen (Detterbeck Rn. 5; Schwannecke/Kräßig Rn. 5 lit. b; Honig/Knörr Rn. 9).

12 **Gebühren** werden von der Innung für die tatsächliche Benutzung ihrer Einrichtungen erhoben (→ § 73 Rn. 27). Der Inanspruchnehmende hat diese für seine Nutzung zu entrichten. Dies können Mitglieder der Innung aber auch Nichtmitglieder sein (Detterbeck Rn. 5; Schwannecke/Kräßig Rn. 5 lit. b).

3. Vorstand und Ausschüsse (Abs. 2 Nr. 4, Nr. 5)

13 Der Innungsversammlung obliegt aus ihrer Mitte die **Wahl der Mitglieder des Vorstandes** und der **Mitglieder der Ausschüsse**, Abs. 2 Nr. 4. Das Wahlverfahren der Vorstandsmitglieder legt § 66 fest (→ § 66 Rn. 5 ff.). Ferner obliegt der Vollversammlung die Einsetzung weiterer Ausschüsse zur Vorbereitung einzelner Angelegenheiten nach § 61 Abs. 2 Nr. 5, dh von Ausschüssen die die Innungsversammlung freiwillig zusätzlich zu den gesetzlich vorgesehenen Ausschüssen (zB Berufsbildungsausschuss) einsetzen will (vgl. § 67; Detterbeck Rn. 6; Schwannecke/Kräßig Rn. 5 lit. e).

4. Lehrlingsausbildung (Abs. 2 Nr. 6)

14 Der Erlass von Vorschriften über die **Lehrlingsausbildung** obliegt nach Abs. 2 Nr. 6 der Vollversammlung. Entsprechend den Vorschriften der Handwerkskammer ist die Lehrlingsausbildung zu regeln (§ 54 Abs. 1 S. 2 Nr. 3; → § 54 Rn. 9 f.) (Schwannecke/Kräßig Rn. 5 lit. f; Honig/Knörr Rn. 13; Detterbeck Rn. 7). Die Beschlüsse im Zusammenhang mit der Lehrlingsausbildung bedürfen zu ihrer Wirksamkeit nach Abs. 3 des § 61 der **Genehmigung** (→ Rn. 25) durch die Handwerkskammer. In bestimmten Fällen bedarf es der Beteiligung des Gesellenausschusses, § 68.

5. Bedeutsame Geschäfte der Innung (Abs. 2 Nr. 7)

15 Die Innungsversammlung ist zuständig zur Beschlussfassung über die Vornahme von für die Innung wichtiger, für die Innung **bedeutsame Geschäfte**, Abs. 2 Nr. 7. Diese Geschäfte sind in den Nr. 7 lit. a–e abschließend genannt. Hierbei handelt es sich vorwiegend um Rechtsgeschäfte mit großem wirtschaftlichem Wert, die maßgebend für das Vermögen der Innung sein können und damit in weitestem Sinne für den Bestand der Innung. Insoweit wird der Vorstand, der grds. für die Geschäftsführung der Innung zuständig ist, in seiner Vertretungsbefugnis dahingehend beschränkt, dass für diese aufgelisteten Geschäfte die Zustimmung der Vollversammlung erforderlich ist (Detterbeck Rn. 8; Schwannecke/Kräßig Rn. 5 lit. g)).

16 So bedarf es nach **Nr. 7 lit. a** der Beschlussfassung der Innungsversammlung im Zusammenhang mit dem Erwerb, der Veräußerung oder der dinglichen Belastung von Grundeigentum der Innung. Eine dingliche Belastung erfolgt durch Bestellung von Erbbaurechten, Dienstbarkeiten (§§ 1018 ff. BGB), Vorkaufsrechten (§§ 1094 ff. BGB), Reallasten (§§ 1105 ff. BGB), Hypotheken, Grundschuld und Rentenschuld (§§ 1113 ff. BGB) (Schwannecke/Kräßig Rn. 5 lit. g; Honig/Knörr Rn. 15).

17 Des Weiteren bedarf die Veräußerung von Gegenständen mit geschichtlichem oder wissenschaftlichen Wert oder Kunstwert der Zustimmung durch die Innungsversammlung (**Nr. 7 lit. b**). Die Ermächtigung zur Aufnahme von Krediten (**Nr. 7 lit. c**), der Abschluss von Verträgen, aus denen sich laufende Verpflichtungen der Innung ergeben (→ Rn. 19), mit Ausnahme der laufenden Geschäfte der Verwaltung, die einfacher Art sind, der täglichen Verwaltungsarbeit zuzuordnen sind und aus denen sich keine laufende Verpflichtung der Innung ergibt (**Nr. 7 lit. d**) (Detterbeck Rn. 8). Ferner die Anlegung des Innungsvermögens (**Nr. 7 lit. e**).

18 Die Beschlüsse der Innungsversammlung im Zusammenhang mit diesen bedeutsamen Geschäften müssen nach Abs. 3 von der Handwerkskammer **genehmigt** werden (→ Rn. 25).

Der Begriff der **„laufenden Geschäfte der Verwaltung"** iSd § 61 Abs. 2 Nr. 7 lit. d ist 19
gleichzusetzen mit dem Begriff der „einfachen Geschäfte der laufenden Verwaltung" aus
dem Kommunalrecht (BAG Urt. v. 9.11.1993 – 3 AZR 302/93 (= BeckRS 1993,
30746631)). Dies sind regelmäßig wiederkehrende Geschäfte die nach Größe, Umfang, Verwaltungstätigkeit und Finanzkraft der Gemeinde von sachlich weniger erheblicher Bedeutung
sind (BAG Urt. v. 9.11.1993 – 3 AZR 302/93 (= BeckRS 1993, 3074663) unter Hinweis
auf BGH NJW 1980, 117). Zu den Verträgen, die der Innung fortlaufend Verpflichtungen
auferlegen und damit keine laufenden Geschäfte der Verwaltung sind, gehören Anstellungsverträge und die Zusage, dem bei der Innung angestellten Geschäftsführer, eine betriebliche
Altersvorsorge zu gewähren, sowie wesentliche Änderungen, die die Verpflichtungen der
Innung erhöhen (BAG Urt. v. 9.11.1993 – 3 AZR 302/93 (= BeckRS 1993, 3074663)).

6. Satzungsänderungen und Innungsauflösung (Abs. 2 Nr. 8)

Der Vollversammlung obliegt die Beschlussfassung über die **Änderung ihrer Satzung** 20
und der **Auflösung der Innung** iSd § 76.

Nach Abs. 1 muss die Beschlussfassung der Innungsversammlung über die Satzungsände- 21
rung und Auflösung der Innung Bestandteil der an die Mitglieder versendeten Tagesordnung sein; eine nachträgliche Aufnahme auf die Tagesordnung ist nicht möglich. Ferner bedarf es
nach Abs. 2 S. 2 für Beschlüsse über die **Satzungsänderung** einer Mehrheit von drei Viertel
der erschienenen Mitglieder.

Beschlüsse über die **Auflösung** der Innung einer Mehrheit von drei Viertel der stimmbe- 22
rechtigten Mitglieder in der ersten Innungsversammlung bzw. drei Viertel der erschienenen
Mitglieder, falls in der ersten Innungsversammlung nicht drei Viertel der Stimmberechtigten
erschienen sind, § 62 Abs. 2 S. 3, 4. Das gesetzliche Erfordernis einer qualifizierten Mehrheit
erscheint aufgrund der Tragweite der Beschlüsse für die Innung sachgerecht.

Die Beschlüsse der Innungsversammlung im Zusammenhang mit der Satzungsänderung 23
und der Auflösungsbeschluss müssen nach Abs. 3 von der Handwerkskammer **genehmigt**
werden (→ Rn. 25).

7. Mitgliedschaft im Landesinnungsverband (Abs. 2 Nr. 9)

Die Innungsversammlung beschließt auch über ihre Mitgliedschaft der Innung beim Lan- 24
desinnungsverband, Abs. 2 Nr. 9. Der Landesinnungsverband ist der Zusammenschluss von
Handwerksinnungen des gleichen Handwerks oder sich fachlich oder wirtschaftlich nahestehender Handwerke im Bezirk eines Landes, § 79 Abs. 1 S. 1 (Schwannecke/Kräßig Rn. 5
lit. i).

D. Genehmigungspflichtige Rechtsgeschäfte (Abs. 3)

Die Beschlüsse nach Abs. 2 Nr. 7, 8, 9, betreffend die für die Innung wichtigen Geschäften, 25
die Satzungsänderungen und die Mitgliedschaft, bedürfen der **Genehmigung der Handwerkskammer** als Aufsichtsbehörde; erst dann können sie ihre Wirksamkeit entfalten. Im
Umkehrschluss führt dies zu der Annahme, dass die nicht ausdr. in Abs. 3 des § 61 numerisch
aufgezählten Beschlüsse, per se nicht der Genehmigung der Handwerkskammer bedürfen.

Bis zum Zeitpunkt der Genehmigungserteilung ist der Beschluss der Vollversammlung 26
schwebend unwirksam (Detterbeck Rn. 16; Schwannecke/Kräßig Rn. 6). Die Innung
hat keinen Anspruch auf Erteilung der Genehmigung, sondern nur einen **Anspruch auf
fehlerfreie Ermessensausübung** der Handwerkskammer (Detterbeck Rn. 17; Honig/
Knörr Rn. 29 f.; Schwannecke/Kräßig Rn. 6). Versagt die Handwerkskammer ihre Genehmigung, die ihrer Rechtsnatur nach ein **Verwaltungsakt** iSd § 35 VwVfG ist (BVerwG
GewArch 1992, 302; Schwannecke/Kräßig Rn. 6; Detterbeck Rn. 17), steht der Innung der
Rechtsweg zu den Verwaltungsgerichten offen.

§ 62 [Beschlussfassung; Einberufung der Versammlung]

**(1) Zur Gültigkeit eines Beschlusses der Innungsversammlung ist erforderlich,
daß der Gegenstand bei ihrer Einberufung bezeichnet ist, es sei denn, daß er in**

der Innungsversammlung mit Zustimmung von drei Vierteln der erschienenen Mitglieder nachträglich auf die Tagesordnung gesetzt wird, sofern es sich nicht um einen Beschluß über eine Satzungsänderung oder Auflösung der Handwerksinnung handelt.

(2) ¹Beschlüsse der Innungsversammlung werden mit einfacher Mehrheit der erschienenen Mitglieder gefaßt. ²Zu Beschlüssen über Änderungen der Satzung der Handwerksinnung ist eine Mehrheit von drei Vierteln der erschienenen Mitglieder erforderlich. ³Der Beschluß auf Auflösung der Handwerksinnung kann nur mit einer Mehrheit von drei Vierteln der stimmberechtigten Mitglieder gefaßt werden. ⁴Sind in der ersten Innungsversammlung drei Viertel der Stimmberechtigten nicht erschienen, so ist binnen vier Wochen eine zweite Innungsversammlung einzuberufen, in welcher der Auflösungsbeschluß mit einer Mehrheit von drei Vierteln der erschienenen Mitglieder gefaßt werden kann. ⁵Satz 3 gilt für den Beschluß zur Bildung einer Vertreterversammlung (§ 61 Abs. 1 Satz 3) mit der Maßgabe, daß er auch im Wege schriftlicher Abstimmung gefaßt werden kann.

(3) ¹Die Innungsversammlung ist in den durch die Satzung bestimmten Fällen sowie dann einzuberufen, wenn das Interesse der Handwerksinnung es erfordert. ²Sie ist ferner einzuberufen, wenn der durch die Satzung bestimmte Teil oder in Ermangelung einer Bestimmung der zehnte Teil der Mitglieder die Einberufung schriftlich unter Angabe des Zwecks und der Gründe verlangt; wird dem Verlangen nicht entsprochen oder erfordert es das Interesse der Handwerksinnung, so kann die Handwerkskammer die Innungsversammlung einberufen und leiten.

Literatur: Zimmermann Eric, Die Vorstandswahl bei der Innung, GewArch 2013, 471 ff.

Überblick

§ 62 regelt die gesetzlichen formellen Anforderungen an die Beschlussfassung der Innungsversammlung als oberstes Organ der Innung (→ Rn. 4). Sie fasst ihre Beschlüsse iRv **Sitzungen** zu denen alle Mitglieder ordnungsgemäß, grds. unter Nennung der **Tagesordnungspunkte**, zu **laden** sind, § 62 Abs. 1, 2 (→ Rn. 5 ff.). Ausnahmsweise können Tagesordnungspunkt auch **nachträglich** in die Tagesordnung aufgenommen werden (→ Rn. 10). Von der Möglichkeit der nachträglichen Ergänzung der Tagesordnung sind die Punkte **Satzungsänderung** (→ Rn. 19) und **Auflösung der Innung** (→ Rn. 22) ausgenommen. Die Beschlusse der Innungsversammlung werden im Regelfall mit **einfacher Mehrheit** der anwesenden stimmberechtigten Mitglieder gefasst, § 62 Abs. 2 S. 1 (→ Rn. 14). Ein **abweichendes Quorum** hat der Gesetzgeber abschließend im Falle der Beschlussfassung zur **Satzungsänderung** (→ Rn. 19), zur **Auflösung der Innung** (→ Rn. 22) und zu **Bildung einer Vertreterversammlung** (→ Rn. 25) (§ 61 Abs. 1 S. 3) festgesetzt. § 62 Abs. 3 regelt die **Einberufung** der Innungsversammlung (→ Rn. 27).

Nach § 89 Abs. 1 Nr. 4 ist § 62 Abs. 1, Abs. 2 S. 1 und S. 2 und Abs. 3 entsprechend für die Kreishandwerkerschaften anzuwenden.

Übersicht

	Rn.		Rn.
A. Historie	1	2. Beschluss zur Auflösung der Innung (Abs. 2 S. 3, 4)	22
B. Beschlussfassung der Innungsversammlung (Abs. 1, 2)	4	3. Beschluss zur Bildung einer Vertreterversammlung (Abs. 2 S. 5)	25
I. Grundsatz (Abs. 1, Abs. 2 S. 1)	5	C. Einberufung der Innungsversammlung (Abs. 3)	27
1. Einberufung der Innungsversammlung	5		
2. Nachträgliche Ergänzung der Tagesordnung	10	I. Ordentliche Innungsversammlung	27
3. Beschlussfähigkeit und Quorum	14	II. Außerordentliche Innungsversammlung	28
II. Gesetzliche Sonderfälle (Abs. 2 S. 2–5)	19	1. Initiative der Innung	28
1. Beschluss über eine Satzungsänderung (Abs. 2 S. 2)	19	2. Initiative der Mitglieder	29
		3. Initiative der Handwerkskammer	31

A. Historie

§ 62 Abs. 1, § 62 Abs. 2 S. 1–4 und § 62 Abs. 3 S. 1 waren bereits wortgleich in der HwO 1
von 1953 im damaligen § 56 Abs. 1, Abs. 2 S. 1–4, Abs. 3 S. 1 (1953) enthalten (BGBl. 1953
I 1411 (1419).

§ 62 Abs. 2 S. 5 wurde im Zuge der Novellierung von 1965 neu eingeführt (BGBl. 1966 2
I 1 (13); BT-Drs IV/3461, 11 zu Nr. 47).

§ 62 Abs. 3 S. 2 wurde ergänzt um den Zusatz „oder erfordert es das Interesse der Hand- 3
werksinnung" im Wege der Reform der HwO von 1965 (BGBl. 1966 I 1 (13); BT-Drs IV/
3461, 11 zu Nr. 47).

B. Beschlussfassung der Innungsversammlung (Abs. 1, 2)

Die Innungsversammlung als oberstes Organ der Innung beschließt über alle Angelegen- 4
heiten der Innung, soweit sie nicht vom Vorstand oder den Ausschüssen wahrzunehmen
sind (§§ 60 Nr. 1, 61 Abs. 1 S. 1). Sie fasst ihre Beschlüsse iRv **Sitzungen**. § 62 setzt die
grundsätzlichen gesetzlichen **formellen Rahmenbedingungen** für die Gültigkeit der
Beschlussfassung der Innungsversammlung fest, die unabdingbares Recht sind (Detterbeck
Rn. 1). Ergänzende Einzelheiten ergeben sich aus der Innungssatzung, die nach § 55 Abs. 2
Nr. 5 Bestimmungen über die Einberufung der Innungsversammlung, das Stimmrecht in ihr
und die Art der Beschlussfassung enthalten muss (Detterbeck Rn. 1). Den Inhalt der vorran-
gigen einschlägigen gesetzlichen Regelungen der HwO muss die Satzung nicht wiederholen
(VG Düsseldorf GewArch 2011, 128 (130)). Der Beschluss ist formell unwirksam, wenn
gesetzliche Vorgaben zur formellen Rechtmäßigkeit nicht eingehalten wurden, zB Ladungsmängel bestehen (OLG München Urt. v. 19.5.2010 – 20 U 1695/10 (= BeckRS 2010,
14562); Detterbeck Rn. 8 der von einer Nichtigkeit ausgeht; Schwannecke/Krägig Rn. 1).
IRd formellen Rechtmäßigkeit der Beschlussfassung wird neben der Zuständigkeit der
Innungsversammlung auch geprüft, ob das Verfahren zur Herbeiführung des Beschlusses
eingehalten wurde (zB form- und fristgerechte Einberufung der Innungsversammlung (→
Rn. 5 ff.), Beschlussfähigkeit der Innungsversammlung (→ Rn. 14), Form der Beschlussfassung (→ Rn. 15)).

I. Grundsatz (Abs. 1, Abs. 2 S. 1)

1. Einberufung der Innungsversammlung

In Vorbereitung auf die Beschlussfassung in der Sitzung sind die **Mitglieder der Innungs-** 5
versammlung (§ 61 Abs. 1 S. 2) ordnungsgemäß unter Angabe des Datums, des Orts der
Sitzung und des Zeitpunkts des Sitzungsbeginns, **einzuberufen** (→ Rn. 27; vgl. VG Düsseldorf GewArch 2011, 128 (130)). Einzuhaltende **Ladungsfristen und Formen** der Ladung,
sowie Regelungen zur **Zuständigkeit** der Einberufung (Versendung der Einladungen, Leitung der Sitzung) ergeben sich aus der Innungssatzung (vgl. Honig/Knörr Rn. 8; LSG Essen
GewArch 1975, 378 (380); Detterbeck Rn. 9). Es steht den Mitgliedern frei, der Einladung
zu folgen (VG Düsseldorf GewArch 2011, 128 (130)). Beschlüsse, die von einer nicht ordnungsgemäß einberufenen Innungsversammlung gefasst werden, haben dann keine Auswirkung auf die Gültigkeit des dabei gefassten Beschlusses, wenn der Beschluss allen Innungsmitgliedern bekanntgegeben wurde und kein Innungsmitglied Widerspruch gegen den Beschluss
erhoben hat (LSG Essen GewArch 1975, 378 (380) – Eintritt einer Heilung).

Ist der Gesellenausschuss zu beteiligen (§ 68 Abs. 2), nehmen sämtliche Mitglieder des 6
Gesellenausschusses bei der Beratung und Beschlussfassung der Innungsversammlung teil
(§ 68 Abs. 3 Nr. 2), so dass auch sämtliche **Mitglieder des Gesellenausschusses** zu der
Sitzung ordnungsgemäß einzuladen sind. Diese nehmen an den Tagesordnungspunkten teil,
die eine beteiligungspflichtige Angelegenheit iSd § 68 Abs. 2 betreffen.

Nach § 62 Abs. 1 Hs. 1 ist zur Gültigkeit einer Beschlussfassung erforderlich, dass der 7
Gegenstand der Sitzung, dh die zu besprechenden **Tagesordnungspunkte** der Sitzung, den
Innungsmitgliedern grds. bereits mit der Einladung bekannt gegeben werden (VG Düsseldorf
GewArch 2011, 128 (130); OVG Münster Urt. v. 4.7.1974 – 13 A 1268/73; Schwannecke/
Krägig Rn. 4; Detterbeck Rn. 2). Durch dieses Erfordernis wird sichergestellt, dass die

Innungsmitglieder sich in hinreichendem Maße auf die Sitzung vorbereiten können und auch die Tragweite und Konsequenzen der Innungsversammlung abschätzen können (vgl. VG Düsseldorf GewArch 2011, 128 (130)). Die Tagesordnungspunkte sind so **konkret** wie möglich zu fassen (Detterbeck Rn. 2). Die allgemeine Angabe „Verschiedenes" oder „Regularien" als Tagesordnungspunkt ist nicht genau ausreichend (Honig/Knörr Rn. 2; Schwannecke/Kräßig Rn. 4; Detterbeck Rn. 2). So war nach Ansicht der Rechtsprechung ein Beschluss über eine Beitragserhebung nicht wirksam, wenn als Gegenstand bei der Einberufung der Versammlung als Tagesordnungspunkt nur „Verabschiedung der Haushaltspläne" angegeben war (OVG Münster Urt. v. 4.7.1974 – 13 A 1268/73). Möglich ist es den vollständigen Wortlaut, des in Aussicht gestellten Beschlusses der Innungsversammlung, in der Einladung abzudrucken (VG Düsseldorf GewArch 2011, 128 (130)). Ausnahmsweise ist eine nachträgliche Ergänzung der Tagesordnung möglich (→ Rn. 10).

8   Grds. sind Beschlüsse über Tagesordnungspunkte, die nicht oder nicht hinreichend deutlich mit der Ladung zur Versammlung angekündigt wurden, nichtig (OLG München Urt. v. 19.5.2010 – 20 U 1695/10 (= BeckRS 2010, 14562)).

9   **Keinen Hinweis** bedarf es in der Einladung darauf, dass die Innungsversammlung auch beschlussfähig ist, wenn in der Sitzung nur eine Minderheit der Mitglieder anwesend ist, da dies nach § 62 Abs. 2 S. 1 (→ Rn. 14) der Regelfall ist (VG Düsseldorf GewArch 2011, 128 (130)). Auch bedarf es keines Hinweises darauf, ob es sich um eine ordentliche (→ Rn. 27) oder außerordentliche (→ Rn. 28 ff.) Innungsversammlung handelt (VG Düsseldorf GewArch 2011, 128 (130)).

2. Nachträgliche Ergänzung der Tagesordnung

10   Eine Ausnahme von Grundsatz der vorherigen Bekanntmachung der Tagesordnungspunkte (→ Rn. 7) regelt § 62 Abs. 1 S. 1 Hs. 2, wonach ein **Tagesordnungspunkt** auch **nachträglich**, dh erst nach der Einberufung der Innungsversammlung, etwa während der laufenden Sitzung, in die Tagesordnung aufgenommen werden kann, wenn **drei Viertel der erschienenen Mitglieder** der Aufnahme zustimmen (Honig/Knörr Rn. 2; Schwannecke/Kräßig Rn. 5). Es bedarf der Herbeiführung einer Beschlussfassung über die nachträgliche Aufnahme des Tagesordnungspunktes. Nur wenn drei Viertel der erschienenen Mitglieder der Innungsversammlung der nachträglichen Aufnahme zustimmen, erfolgt eine anschließende Beratung und Beschlussfassung über den neu aufgenommenen Tagesordnungspunkt.

11   Aufgrund der singulären gesetzlichen Formulierung „der Gegenstand" ergibt sich, dass nur **einzelne** Tagesordnungspunkte nachträglich Beratungs- und Beschlussgegenstand der Sitzung der Innungsversammlung werden können, es also einer grundsätzlichen Aufstellung und Versendung einer Tagesordnung bedarf. Gleichzeitig ergibt sich durch die Möglichkeit der nachträglichen Ergänzung der Tagesordnung die Möglichkeit, dass die Innung flexibel auf aktuelle oder dringende Geschehnisse reagieren kann.

12   Von der Möglichkeit der nachträglichen Ergänzung der Tagesordnung sind nach dem Willen des Gesetzgebers die Punkte „**Satzungsänderung**" (→ Rn. 19) und „**Auflösung der Innung**" (→ Rn. 22) ausgenommen (Honig/Knörr Rn. 2). Darüber hinaus kann die Innung in ihrer Satzung weitere Punkte ausnehmen (Detterbeck Rn. 2; Schwannecke/Kräßig Rn. 6 zB Fusion der Innung; Widerruf der Bestellung der Vorstandsmitglieder (→ Rn. 18.3)).

13   Auch Angelegenheiten, bei denen der **Gesellenausschuss** zu beteiligen ist (§ 68 Abs. 2, 3) können nicht nachträglich in die Tagesordnung aufgenommen werden, auch wenn der Gesetzgeber dies nicht ausdrücklich bestimmt hat. Nach § 68 Abs. 3 Nr. 2 ist der Gesellenausschuss in den gesetzlich aufgelisteten Angelegenheiten des § 68 Abs. 2 Nr. 1–7 zu beteiligen, indem bei der Beratung und Beschlussfassung der Innungsversammlung sämtliche Mitglieder des Gesellenausschusses teilnehmen. Dieses Mitwirkungsrecht des Gesellenausschusses darf nicht umgangen werden, indem nachträglich mitwirkungspflichtige Tagesordnungspunkte Gegenstand der Innungsversammlung werden. Etwas anderes kann sich nur ergeben, wenn die Mitglieder des Gesellenausschusses bereits in der Innungsversammlung anwesend sind und der nachträglichen Aufnahme ebenfalls zustimmen.

3. Beschlussfähigkeit und Quorum

Die HwO enthält, abgesehen von den Sonderfällen der Auflösung der Innung und der Satzungsänderung keine Regelung dazu, wann die Innungsversammlung **beschlussfähig** ist, so dass nicht die Anwesenheit einer bestimmten Anzahl von Mitgliedern gefordert werden kann (Detterbeck Rn. 3; Honig/Knörr Rn. 4). Regelungen zur Beschlussfähigkeit können sich aus der Satzung ergeben (Honig/Knörr Rn. 4; Detterbeck Rn. 3). 14

Die Beschlüsse der Innungsversammlung werden im Regelfall mit **einfacher Mehrheit** der anwesenden stimmberechtigten Mitglieder gefasst, § 62 Abs. 2 S. 1. Dieses Quorum ist erforderlich, falls sich aus der Innungssatzung oder aus dem Gesetz keine anderweitigen Mehrheitsverhältnisse ergeben. Bestehen keine anderslautenden Regelungen ist vom Erfordernis einer einfachen Mehrheit auszugehen (Schwannecke/Kräßig Rn. 7; Zimmermann GewArch 2013, 471 (477)). Einfache Mehrheit ist die Mehrheit der abgegebenen Stimmen (OLG München Urt. v. 19.5.2010 – 20 U 1695/10 = BeckRS 2010, 14562). Stehen mehrere Beschlussalternativen zur Auswahl, ist die Alternative beschlossen, die die meisten Stimmen auf sich vereint (OLG München Urt. v. 19.05.2010 – 20 U 1695/10 (= BeckRS 2010, 14562)). Maßgeblich zur Berechnung der Mehrheit ist das Verhältnis der Ja-/Nein- Stimmen der anwesenden, stimmberechtigten, abstimmenden Mitglieder (Honig/Knörr Rn. 5; Schwannecke/Kräßig Rn. 7). Nach den allgemeinen Grundsätzen zählen **Stimmenthaltungen**, soweit gesetzlich nichts anderes bestimmt ist, bei der Mehrheitsberechnung nicht, da das Verhalten gleichzusetzen ist mit dem Fernbleiben von der Sitzung oder dem Entfernen vor dem Abstimmung und der Enthaltung weder ein zustimmendes noch ein ablehnendes Votum zu entnehmen ist, sondern gerade die Unentschiedenheit (vgl. BGH NJW 1982, 1585 (1585) zum Verein; vgl. BGH NJW 1989, 1090 (1090); Honig/Knörr Rn. 5; Schwannecke/Kräßig Rn. 7). Eine anderweitige Auslegung zur Wertung der Enthaltung ergibt sich aus der HwO nicht. 15

Die **Stimmberechtigung** der Mitglieder der Innungsversammlung ergibt sich aus § 63, wonach die Mitglieder iSd § 58 Abs. 1 stimmberechtigt sind. Ein **Ausschluss des Stimmrecht** kann sich aus § 64 ergeben und eine **Übertragung des Stimmrechts** aus § 65. Weiter zu beachtende Einzelheiten iRd Beschlussfassung können sich aus der Innungssatzung ergeben. 16

Die **Form der Abstimmung** (zB Handzeichen/Zuruf/verdeckte Abstimmung) bestimmt die Innungssatzung, § 55 Abs. 2 Nr. 5 (Honig/Knörr Rn. 5). 17

Ein **abweichendes Quorum** hat der Gesetzgeber **abschließend** im Falle der Beschlussfassung zur **Satzungsänderung** (→ Rn. 19), zur **Auflösung der Innung** (→ Rn. 22) und zu **Bildung einer Vertreterversammlung** (§ 61 Abs. 1 S. 3) (→ Rn. 25) festgesetzt (VG Düsseldorf GewArch 2011, 128 (130)). 18

§ 27 der Mustersatzung für Innungen Baden-Württemberg regelt zur **Einladung zur Innungsversammlung**: 18.1
„(1) Der Obermeister lädt zur Innungsversammlung spätestens eine Woche vor der Sitzung schriftlich unter Mitteilung der Tagesordnung ein.
(2) Bei außerordentlichen Innungsversammlungen kann in dringenden Fällen die Einladungsfrist bis auf drei Tage verkürzt werden.
(3) Sollen Angelegenheiten beraten oder beschlossen werden, in denen der Gesellenausschuss zu beteiligen ist (…), so sind auch die Mitglieder des Gesellenausschusses schriftlich unter Mitteilung der Tagesordnung einzuladen."

§ 28 der Mustersatzung für Innungen Baden-Württemberg regelt zur **Leitung der Innungsversammlung**: 18.2
„(1) Der Obermeister leitet die Innungsversammlung. Beruft die Handwerkskammer die Innungsversammlung ein, so kann deren Vertreter sie leiten.
(2) Der Versammlungsleiter ist berechtigt, Versammlungsteilnehmer, die seinen Anordnungen nicht nachkommen oder sich ungebührlich benehmen, aus der Versammlung auszuschließen.
(3) Über die Innungsversammlung ist eine Niederschrift anzufertigen, in der sämtliche Beschlüsse, Wahlen und Abstimmungen enthalten sein müssen. Die Niederschrift ist von dem Versammlungsleiter und dem Schriftführer zu unterzeichnen.
(4) Die Innungsversammlung ist nicht öffentlich. Ausnahmen kann die Innungsversammlung zulassen."

18.3 § 29 der Mustersatzung für Innungen Baden-Württemberg regelt zu den **Beschlüssen der Innungsversammlung**:
„(1) Beschlüsse der Innungsversammlung werden vorbehaltlich der Bestimmungen des § 72 Absätze 3 und 3 (der Mustersatzung für Innungen Baden-Württemberg) mit einfacher Mehrheit der erschienenen stimmberechtigten Mitglieder gefasst. Stimmenthaltungen, nicht abgegebene und ungültige Stimmen bleiben unberücksichtigt; bei Stimmgleichheit ist der Antrag abgelehnt.
(2) Beschlüsse können von der Innungsversammlung nur über solche Angelegenheiten gefasst werden, die bei der Einberufung in der Tagesordnung bezeichnet sind.
(3) Sofern es sich nicht um einen Beschluss über eine Satzungsänderung, die Fusion der Innung mit anderen Innungen, die Auflösung der Innung oder den Widerruf der Bestellung von Vorstandsmitgliedern handelt, können Angelegenheiten mit Zustimmung von drei Vierteln der erschienenen Stimmberechtigten durch den Versammlungsleiter nachträglich auf die Tagesordnung gesetzt werden. Die in § 54 Abs. 1 (der Mustersatzung für Innungen Baden-Württemberg) bezeichneten Angelegenheiten können nur dann nachträglich auf die Tagesordnung gesetzt werden, wenn mehr als die Hälfte der Mitglieder des Gesellenausschusses anwesend sind und alle anwesenden Mitglieder des Gesellenausschusses mit der Behandlung der Angelegenheit einverstanden sind." (Erg. d. d. Verf.).

II. Gesetzliche Sonderfälle (Abs. 2 S. 2–5)

1. Beschluss über eine Satzungsänderung (Abs. 2 S. 2)

19 Zur Satzungsänderung ist nur die Innungsversammlung befugt (VGH Mannheim Urt. v. 27.11.1974 – VI 223/73). Nach § 62 Abs. 1 Hs. 3 kann ein Beschluss über eine **Satzungsänderung nicht nachträglich** auf die Tagesordnung gesetzt werden. Es bedarf bereits der Nennung iRd Einladung und der beigefügten Tagesordnung zur Innungsversammlung.

20 Zudem bedarf der Beschluss über die Änderung der Innungssatzung einer **Mehrheit von drei Vierteln** der **erschienenen** Mitglieder, § 62 Abs. 2 S. 2 (qualifizierte Mehrheit der erschienenen Mitglieder) (VGH Mannheim Urt. v. 27.11.1974 – VI 223/73; Schwannecke/Kräßig Rn. 8 lit. b).

21 Der Beschluss zur Satzungsänderung bedarf nach § 61 Abs. 3 iVm Abs. 2 Nr. 8 der **Genehmigung** durch die zuständige Handwerkskammer.

2. Beschluss zur Auflösung der Innung (Abs. 2 S. 3, 4)

22 Der Beschluss der Innungsversammlung über die **Auflösung der Innung** kann ebenfalls **nicht nachträglich** auf die Tagesordnung gesetzt werden. Es bedarf auch hier bereits der Nennung iRd Einladung und der beigefügten Tagesordnung zur Innungsversammlung, § 62 Abs. 1 Hs. 3.

23 Der Beschluss auf Auflösung der Innung kann nur mit einer **Mehrheit von drei Vierteln** der **stimmberechtigten** Mitglieder gefasst werden, § 62 Abs. 2 S. 3. Sind in der ersten Innungsversammlung drei Viertel der Stimmberechtigten nicht erschienen, so ist binnen vier Wochen eine zweite Innungsversammlung einzuberufen. Das Gesetz verwendet zwar die Begrifflichkeit „einberufen", so dass streng am Wortlaut orientiert innerhalb der gesetzlichen Frist die zweite Innungsversammlung nur einzuberufen wäre, jedoch nicht stattfinden müsste. Das Schrifttum lehnt dies ab und legt die Norm dahingehend aus, dass innerhalb der vier Wochen die zweite Innungsversammlung stattfinden soll und nicht nur die Einladungen versendet werden soll (Detterbeck Rn. 5 der von einem „missverständlichen Wortlaut" ausgeht; Honig/Knörr Rn. 7 der von einem „irreführenden Wortlaut" spricht; Schwannecke/Kräßig Rn. 8 lit. c). Die Frist berechnet sich nach §§ 187, 188 BGB (Honig/Knörr Rn. 7). In dieser **zweiten Innungsversammlung** bedarf es iRd Auflösungsbeschlusses einer **Mehrheit von drei Vierteln** der **erschienenen** Mitglieder, § 62 Abs. 2 S. 4. Eine zweite Innungsversammlung ist aber nur abzuhalten, wenn in der ersten Innungsversammlung die erforderliche Mehrheit zur Beschlussfähigkeit nicht erreicht wurde, nicht jedoch wenn die qualifizierte Mehrheit der Stimmberechtigten anwesend war und sich iRd Abstimmung gegen die Auflösung entschieden hat (Honig/Knörr Rn. 7; Detterbeck Rn. 5).

24 Der Beschluss zur Auflösung der Innung bedarf nach § 61 Abs. 3 iVm Abs. 2 Nr. 8 der **Genehmigung** durch die zuständige Handwerkskammer.

3. Beschluss zur Bildung einer Vertreterversammlung (Abs. 2 S. 5)

Aufgrund der gesetzlichen Verweisung des § 62 Abs. 2 S. 5 gilt die Regelung des § 62 Abs. 2 S. 3 für den Beschluss zur **Bildung einer Vertreterversammlung** (§ 61 Abs. 1 S. 3) mit der Maßgabe, dass er auch im Wege schriftlicher Abstimmung gefasst werden kann (vgl. zur Vertreterversammlung allgemein bei Zimmermann GewArch 2013, 471 (473)). Der Beschluss zur Bildung einer Vertreterversammlung kann nur mit einer **Mehrheit von drei Vierteln** der **stimmberechtigten** Mitglieder gefasst werden, § 62 Abs. 2 S. 5 iVm S. 3. Streng am Wortlaut orientiert, erfolgt keine Verweisung auf Abs. 2 S. 4, so dass auch in einer zweiten Innungsversammlung das Quorum drei Vierteln der stimmberechtigten Mitglieder erforderlich ist und nicht auf die anwesenden Mitglieder abgestellt werden darf (Detterbeck Rn. 6). 25

Möglich ist nach dem Wortlaut des Gesetzes auch eine **schriftliche Abstimmung** (Schwannecke/Kräßig Rn. 8 lit. d; Detterbeck Rn. 7). 26

C. Einberufung der Innungsversammlung (Abs. 3)

I. Ordentliche Innungsversammlung

Nach dem Wortlaut des Abs. 3 S. 1 Hs. 1 ist die Innungsversammlung in den durch die Satzung bestimmten Fällen **einzuberufen**. Zu unterscheiden sind die **ordentlichen Innungsversammlungen**, die in regelmäßigen Zeitabständen stattfinden sollen, von den außerordentlichen Innungsversammlungen (→ Rn. 28). Der Turnus der ordentlichen Innungsversammlung ergibt sich im Einzelfall aus der Bestimmung der Satzung (→ Rn. 31.1). 27

II. Außerordentliche Innungsversammlung

1. Initiative der Innung

Um angemessen und zeitnah auf aktuelle Geschehnisse reagieren zu können, können jederzeit **außerordentliche Innungsversammlungen** einberufen werden. Dies ist der Fall, wenn das **Interesse der Innung** die Abhaltung einer Innungsversammlung erfordert, § 62 Abs. 3 S. 1 Hs. 2. Hier geht meist die **Initiative vom Vorstand** der Innung aus. 28

2. Initiative der Mitglieder

Ferner ist die Innungsversammlung einzuberufen, wenn die **Mitglieder** dies fordern. Dazu bedarf es eines einzuhaltenden Quorums, das sich aus der Innungssatzung ergibt, § 62 Abs. 3 S. 2 (Honig/Knörr Rn. 10 wonach der in der Satzung bestimmte Teil nicht größer als die Hälfte der Mitglieder sein darf, da es sich um Minderheitenrechte handelt; ähnlich Detterbeck Rn. 9 wonach die Zahl der Mitglieder als Ausfluss des Minderheitenrechts „nicht zu hoch" gewählt werden soll). 29

Ist in der Innungssatzung keine entsprechende Regelung enthalten, ist die Innungsversammlung einzuberufen, wenn der zehnte Teil der Mitglieder die Einberufung verlangt. Es bedarf einer **schriftlichen Aufforderung** unter **Angabe des Zwecks** und der **Gründe**, § 62 Abs. 3 S. 2 Hs. 1. Wird dem Verlangen durch den Leiter der Innungsversammlung, der diese auch einzuberufen hat (in der Praxis meist der Vorsitzende des Vorstands der Innung) nicht entsprochen, können sich die Beantragenden an die Handwerkskammer wenden (Schwannecke/Kräßig Rn. 10). Die Handwerkskammer beruft dann die Innungsversammlung ein und leitet diese, § 62 Abs. 3 S. 2 Hs. 2. 30

3. Initiative der Handwerkskammer

Nach § 62 Abs. 3 S. 2 Hs. 2 kann die zuständige **Handwerkskammer** in ihrer Funktion als Aufsichtsbehörde die Innungsversammlung auch einberufen, wenn das Interesse der Innung dies erfordert (Detterbeck Rn. 10). Die Initiative geht dann von der Handwerkskammer aus. 31

31.1 § 26 der Mustersatzung für Innungen Baden-Württemberg regelt zur **Durchführung der Innungsversammlung**:

„(1) Ordentliche Innungsversammlungen finden in der Regel halbjährlich statt.

(2) Außerordentliche Innungsversammlungen können einberufen werden, wenn der Vorstand es beschließt. Sie müssen einberufen werden, wenn es das Interesse der Innung erfordert oder wenn ein Viertel der stimmberechtigten Mitglieder schriftlich unter Angabe der Gründe beim Vorstand die Einberufung beantragen. Wird dem Verlangen nicht entsprochen oder erfordert es das Interesse der Innung, so kann die Handwerkskammer die Innungsversammlung einberufen."

§ 63 [Stimmrecht]

¹Stimmberechtigt in der Innungsversammlung sind die Mitglieder der Handwerksinnung im Sinne des § 58 Abs. 1. ²Für eine juristische Person oder eine Personengesellschaft kann nur eine Stimme abgegeben werden, auch wenn mehrere vertretungsberechtigte Personen vorhanden sind.

Überblick

§ 63 regelt die **Stimmberechtigung** in der Innungsversammlung. Stimmberechtigt sind idR die **ordentlichen Mitglieder** der Innung (→ Rn. 5), wobei es in Einzelfällen zu **Modifikationen** (→ Rn. 8), durch **Einschränkungen** (→ Rn. 11), **Erweiterungen** (→ Rn. 12), **Ausschluss** (→ Rn. 9) oder **Übertragung** des Stimmrechts (→ Rn. 13) kommen kann.

Die Regelung des § 63 findet mangels Verweisung in § 89 keine Anwendung auf Kreishandwerkerschaften und aufgrund fehlender Verweisung in § 83 auch nicht auf Landesinnungsverbände bzw. Bundesinnungsverbände (§ 85 Abs. 2 S. 1 iVm § 83).

A. Historie

1 § 57 (1953) regelte: „Stimmberechtigt in der Innungsversammlung sind die der Handwerksinnung angehörenden natürlichen und juristischen Personen. Für eine juristische Person kann nur eine Stimme abgegeben werden, auch wenn mehrere gesetzliche Vertreter vorhanden sind" (BGBl. 1953 I 1411 (1419)).

2 Im Zuge der Reform der HwO von 1965 wurde der Wortlaut geändert wie folgt (§ 63 idF 1965): „Stimmberechtigt in der Innungsversammlung sind die der Handwerksinnung angehörenden selbständigen Handwerker. Für eine juristische Person oder eine Personengesellschaft kann nur eine Stimme abgegeben werden, auch wenn mehrere vertretungsberechtigte Personen vorhanden sind (BGBl. 1966 I 1 (13)). Der S. 2 des § 63 entspricht der heutigen geltenden Version des § 63.

3 Im Zuge der Reform von 1998 wurde S. 1 des § 63 an die heute noch geltende Version angepasst (BGBl. 1998 I 596 (598 Nr. 22)). Der Gesetzgeber verfolgt damit das Ziel handwerksähnlichen Gewerben, die zunehmend an Bedeutung für die Handwerksorganisationen gewonnen haben, eine stärkere Position einzuräumen (BT-Drs. 13/9388 zu Nr. 22, 22). Den Inhabern handwerksähnlicher Gewerbebetriebe sollte ein Stimmrecht in der Innungsversammlung eingeräumt werden, nachdem infolge der Änderung des § 58 Abs. 1 die Inhaber handwerksähnlicher Gewerbebetriebe aufgrund der Novellierung auch Mitglieder der Innung werden konnten, wenn eine fachliche oder wirtschaftliche Nähe besteht (BT-Drs. 13/9388 zu Nr. 22, 22).

4 Zusammenfassend beruht der heutige S. 1 des § 63 auf einer Novellierung der HwO von 1965 und der S. 2 des § 63 auf einer Novellierung der HwO von 1998.

B. Stimmrecht der ordentlichen Mitglieder (S. 1, 2)

5 Nach dem Wortlaut des § 63 S. 1 sind in der Innungsversammlung (§ 61; → § 61 Rn. 1) die Mitglieder der Handwerksinnung iSd § 58 S. 1 stimmberechtigt. IdR sind damit die **ordentlichen Mitglieder** (→ § 58 Rn. 1) der Innung iSd § 58 S. 1 stimmberechtigt iRd Beschlussfassung der Innungsversammlung und somit jeder Inhaber eines Betriebs eines

Handwerks oder eines handwerksähnlichen Gewerbes, der das Gewerbe ausübt, für welches die Handwerksinnung gebildet ist. Betriebsinhaber eines zulassungspflichtigen Betriebs (A-Berufe) sind nach § 1 Abs. 1, 2 die in die Handwerksrolle eingetragenen natürlichen oder juristischen Personen oder Personengesellschaften (Honig/Knörr Rn. 3; Detterbeck Rn. 2), unabhängig davon, aufgrund welcher Regelung eine Eintragung erfolgte und ob die Eintragung zu Recht besteht (BVerwG GewArch 1988, 97; Detterbeck Rn. 3). Für eine juristische Person oder eine Personengesellschaft kann nach dem Wortlaut des § 63 S. 2 auch nur **eine Stimme** abgegeben werden, auch wenn mehrere vertretungsberechtigte Personen vorhanden sind. Diese Regelung ist Ausfluss des allgemeinen Grundsatzes der Gleichheit der Stimmen. Jedes stimmberechtigte Mitglied der Innung hat eine Stimme, die gleich gewichtet wird, auch wenn die HwO dies ausdr. nur für die juristischen Personen und Personengesellschaften gesetzlich normiert hat (Detterbeck § 64 Rn. 2; Honig/Knörr Rn. 1; Schwannecke/Kräßig Rn. 3). Die Innung kann von diesem Grundsatz nicht abweichen, indem sie etwa eine Satzungsregelung erlassen würde, wonach ein unterschiedliches „abgestuftes Stimmrecht", abhängig zB von der Betriebs- oder Beitragshöhe, zugebilligt wird (Detterbeck § 64 Rn. 2; Schwannecke/Kräßig Rn. 3).

Wer für die juristischen Personen und Personengesellschaften das Stimmrecht wahrnehmen darf, richtet sich nach der **Vertretungsbefugnis**, anhängig auch von den Normen des einschlägigen Fachrechts, dh die gesetzlichen Vertreter, die vertretungsbefugte Gesellschafter und die wirksam bestellten Prokuristen (Detterbeck § 64 Rn. 3; Honig/Knörr Rn. 2; Schwannecke/Kräßig Rn. 7). Im Zweifelsfall muss ein Nachweis der Vertretungsberechtigung vorgelegt werden (Detterbeck § 64 Rn. 3; Schwannecke/Kräßig Rn. 8). 6

Nicht stimmberechtigt sind **Gastmitglieder** (§ 59) und **Ehrenmitglieder**, da ihnen nicht die gleichen „vollwertigen" Rechte wie den ordentlichen Innungsmitgliedern zukommen. Sie nehmen an der Sitzung der Vollversammlung nur mit beratender Stimme teil (vgl. § 59 S. 3). 7

C. Modifizierung der Stimmrechtsberechtigung

S. 1 normiert den Regelfall des Kreises der Stimmberechtigten. Daneben können sich aus der HwO und der Satzung der Innung ggf. zusätzliche **Modifizierungen** ergeben, die jedoch nicht gegen höherrangiges Recht verstoßen dürfen (Detterbeck § 64 Rn. 1; Schwannecke/Kräßig Rn. 2). 8

I. Ausschluss des Stimmrechts

Ein **Ausschluss des Stimmrechts** eines ordentlichen Innungsmitglieds kann sich aus § 64 (→ § 64 Rn. 3 ff.) wegen **Befangenheit** ergeben, wonach ein Mitglied im Einzelfall nicht stimmberechtigt ist, wenn die Beschlussfassung der Innungsversammlung die Vornahme eines Rechtsgeschäfts oder die Einleitung oder Erledigung eines Rechtsstreits zwischen ihm und der Innung betrifft. 9

Neben der gesetzlichen Ausschussrecht des § 64 kann auch die Satzung der Innung Ausschlussgründe festlegen, wobei diesbezüglich hohe Hürden bestehen, denn das Mitglied darf nicht willkürlich und in unbilliger Weise seines Rechts auf Mitbestimmung iRd Beschlussfassung beschnitten werden (Honig/Knörr § 63 Rn. 6; Schwannecke/Kräßig Rn. 1). 10

II. Einschränkung des Kreises der Stimmberechtigten

Eine **Einschränkung** des Kreises der Stimmberechtigten ergibt sich für den Fall, dass eine **Vertreterversammlung** iSd § 61 Abs. 1 S. 3 Hs. 1 existiert. Gibt es eine solche, dann sind nur die gewählten Mitglieder der Vertreterversammlung stimmberechtigt, nicht jedoch die übrigen Innungsmitglieder (Schwannecke/Kräßig Rn. 2). Sollen nur einzelne Obliegenheiten der Innungsversammlung durch die Vertreterversammlung wahrgenommen werden (§ 61 Abs. 1 S. 3 Hs. 2), wären bzgl. dieser Obliegenheiten nur die Mitglieder der Vertreterversammlung stimmberechtigt, in den übrigen Angelegenheiten hingegen die Vollversammlung und damit alle ordentlichen Mitglieder (Detterbeck § 64 Rn. 1). 11

III. Erweiterung des Kreises der Stimmberechtigten

12 Eine Erweiterung der Stimmberechtigten ergibt sich aus § 68 Abs. 3 Nr. 2, wonach sämtliche **Mitglieder des Gesellenausschusses** bei der Beratung und Beschlussfassung der Innungsversammlung mit vollem Stimmrecht teilnehmen, falls Gegenstand der Sitzung der Vollversammlung die Beratung bzw. Beschlussfassung über eine in § 68 Abs. 2 aufgelistete Angelegenheit ist (→ § 68 Rn. 13 ff.; Schwannecke/Kräßig Rn. 2).

IV. Übertragung des Stimmrechts

13 Ein Stimmberechtigter der Innungsversammlung kann sein Stimmrecht gem. § 65 **übertragen** (→ § 65 Rn. 3 ff.), so dass die Stimmberechtigung von einem anderen übernommen wird. Diese Regelung stellt eine Ausnahme von dem Grundsatz der Höchstpersönlichkeit des Stimmrechts dar.

D. Mitwirkung eines Nichtberechtigten

14 Wirkt ein nicht Stimmberechtigter iRd Beschlussfassung der Innungsversammlung mit, so führt dies nur dann zur Unwirksamkeit des Beschlusses, wenn die Stimme des Nichtberechtigten für das Ergebnis ausschlaggebend war, dh der Beschluss wird nur ungültig, wenn diese Stimme entscheidend sein konnte (Detterbeck § 64 Rn. 7; Honig/Knörr Rn. 7; Schwannecke/Kräßig Rn. 8).

§ 64 [Ausschluss des Stimmrechts]

Ein Mitglied ist nicht stimmberechtigt, wenn die Beschlußfassung die Vornahme eines Rechtsgeschäfts oder die Einleitung oder Erledigung eines Rechtsstreits zwischen ihm und der Handwerksinnung betrifft.

Literatur: Bamberger Heinz Georg/Roth Herbert, Kommentar zum Bürgerlichen Gesetzbuch, 3. Auf. 2012; Ermann, Bürgerliches Gesetzbuch, 13. Aufl. 2011; Palandt Otto, BGB, 74 Aufl. 2015

Überblick

§ 64 enthält einen gesetzlichen Ausschluss des Stimmrechts und ist eine Ausnahme zum Grundsatz, dass jedes ordentliche Mitglied der Innung iRd Beschlussfassung der Innungsversammlung nach § 63 stimmberechtigt ist.
Aufgrund der Verweisung in § 89 Abs. 1 Nr. 5 findet die Regelung des § 64 entsprechend Anwendung bei den Kreishandwerkerschaften und nach § 83 Abs. 1 Nr. 3 auf die Landesinnungsverbände bzw. Bundesinnungsverbände (§ 85 Abs. 2 S. 1 iVm § 83 Abs. 1 Nr. 3).

A. Historie und Zweck des Gesetzes

1 Die Regelung des heutigen § 64 existierte bereits wortgleich in § 58 von 1953 (BGBl. 1953, 1411 (1419)).

2 Die Norm bezweckt den Schutz der Interessen der Innung durch **Vermeidung von Interessenkollisionen** des Innungsmitglieds bei der Stimmabgabe, indem innungsfremde Sonderinteressen verfolgt werden, dh einer Kollision der Interessen der Innung, wahrgenommen durch die Innungsmitglieder iRd Beschlussfassung und der privaten Interessen des Innungsmitglieds. Der Rechtsgedanke der Vermeidung von Interessekollisionen ist auch in anderen Rechtsgebieten zu finden, so etwa im Kommunalrecht in Art. 49 Abs. 1 BayGO (Gemeinderat), im Zivilrecht in § 181 BGB (Insichgeschäft), im Gesellschaftsrecht in § 47 Abs. 4 S. 2 GmbHG oder im Vereinsrecht in § 34 BGB. § 34 BGB enthält eine inhaltsgleiche Regelung zu § 64, dessen Wortlaut im Bezug auf den Verein gleich ist (Schwannecke/Kräßig Rn. 1; Honig/Knörr Rn. 1; Detterbeck Rn. 5).

B. Ausschluss der Stimmberechtigung wegen persönlicher Beteiligung

Ein **Ausschluss des Stimmrechts** eines ordentlichen Innungsmitglieds kann sich aus 3
§ 64 wegen **Befangenheit** infolge persönlicher Beteiligung ergeben. Von einer Befangenheit ist nach dem Gesetzgeber auszugehen, wenn die Beschlussfassung der Innungsversammlung die Vornahme eines Rechtsgeschäfts (→ Rn. 8) oder die Einleitung oder Erledigung eines Rechtsstreits (→ Rn. 10) zwischen ihm und der Innung betrifft. Diese **gesetzlichen** Fallgruppen der Befangenheitsgründe wegen persönlicher Beteiligung sind in § 64 **abschließend** aufgezählt. Nicht jeder Fall widerstreitender Interessen hat den Verlust des Stimmrechts zur Folge, wenn er sich nicht unter diese gesetzlich normierten Ausschlussgründe subsumieren lässt.

Das gesetzlich normierte Ausschlussrecht wegen Befangenheit ist **zwingend** und kann 4
nicht durch entsprechende Satzungsregelungen der Innung umgangen werden (Schwannecke/Krößig Rn. 1; Honig/Knörr Rn. 1; Detterbeck Rn. 5). Die Innung kann in ihrer Satzung jedoch daneben weitere Ausschlussgründe des Stimmrechts festlegen, soweit diese nicht gegen höherrangiges Recht verstoßen (Detterbeck Rn. 6; Schwannecke/Krößig Rn. 1). In der Praxis haben viele Innungen in ihrer Satzung normiert, dass keine Stimmberechtigung besteht, wenn das Innungsmitglied infolge rechtskräftiger Verurteilung die Fähigkeit verloren hat öffentliche Ämter zu bekleiden und Rechte aus öffentlichen Wahlen zu erlangen oder das Recht, in öffentlichen Angelegenheiten zu wählen oder zu stimmen (Detterbeck Rn. 6). Ferner enthalten einige Innungssatzungen Regelungen, dass das Stimmrecht ruht, wenn das Innungsmitglied mit der Zahlung der Innungsbeiträge über einen längeren Zeitraum hinaus, der in der Satzung genau festgelegt ist, in Verzug ist (Detterbeck Rn. 6).

Der Tatbestand der Befangenheit setzt eine **persönliche Betroffenheit** des Innungsmit- 5
gliedes voraus, so dass keine Befangenheit vorliegt, wenn ein **naher Angehöriger** Beteiligter ist oder eine **juristische Person** betroffen ist an der das Innungsmitglied beteiligt ist (vgl. Palandt/Ellenberger BGB § 34 Rn. 3 zum Verein unter Hinweis auf BGHZ 56, 47, 53 f. und BGHZ 68, 107). Die Norm des § 64 beschränkt sich in ihrem Wortlaut auf das Innungsmitglied; nahe Angehörige werden anders als etwa in Art. 49 Abs. 1 S. 1 BayGO, der ausdr. Ehegatten, Lebenspartner, Verwandte und Verschwägerte bis zum 3. Grad aufführt, hier nicht erwähnt. Auch eine bloße Beteiligung an einer juristischen Person führt nicht zum Stimmrechtsausschluss, solange das Innungsmitglied die juristische Person nicht beherrscht oder eine wirtschaftliche Identität besteht (vgl. Palandt/Ellenberger BGB § 34 Rn. 3 zum wortgleichen § 34 BGB unter Hinweis auf BGHZ 56, 47 (53) und BGHZ 68, 107).

Ob im konkreten Einzelfall ein Ausschluss wegen persönlicher Betroffenheit eines 6
Innungsmitglieds im Zusammenhang mit einem bestimmten Tagesordnungspunkt vorliegt, hat idR die Innungsversammlung durch Beschlussfassung zu bestimmen.

Nach dem Wortlaut des § 64 ist das befangene Innungsmitglied nur zur **Stimmabgabe** 7
als solches nicht berechtigt, dh zur Abgabe seiner Stimme iRd Beschlussfassung der Innungsversammlung zu dem entsprechenden Tagesordnungspunkt. Der Wortlaut der Norm verbietet nicht das das betroffene Mitglied an der **Sitzung und der Beratung zu dem entsprechenden Tagesordnungspunkt** teilnimmt (Schwannecke/Krößig Rn. 1; Honig/Knörr Rn. 1; Detterbeck Rn. 5).

I. Vornahme eines Rechtsgeschäfts

Ein Mitglied der Innungsversammlung ist nicht stimmberechtigt iSd § 63, wenn die 8
Innungsversammlung im Rahmen ihrer Sitzung über die Vornahme eines **Rechtsgeschäfts** zwischen einem Innungsmitglied und der Innung beschließen soll (vgl. zu den Arten des Rechtsgeschäfts Palandt/Ellenberger BGB Überbl. v. § 104 Rn. 11 ff.). Der Begriff des Rechtsgeschäfts ist in der HwO nicht definiert. IAllg wird unter dem Begriff Rechtsgeschäft „ein Tatbestand, der aus mindestens einer Willenserklärung sowie aus weiteren Elementen besteht und an den die Rechtsordnung den Eintritt des gewollten rechtlichen Erfolgs knüpft", verstanden (Erman/Müller H.-F. BGB Einl. § 104 Rn. 2). Es ist das wichtigste Mittel zur Verwirklichung der Privatautonomie (Erman/Müller H.-F. BGB Einl. § 104 Rn. 1).

Das betroffene Innungsmitglied wird wegen persönlicher Beteiligung von der Beschlussfas- 9
sung zu **diesem Tagesordnungspunkt** ausgeschlossen, wenn eine persönliche Beziehung

vorliegt, die dem Innungsmitglied einen unmittelbaren Sondervorteil bzw. Sondernachteil verschafft. Dies ist der Fall, wenn das Mitglied der Innungsversammlung etwa Vertragspartei und damit Dritter ist. Nicht unter das Verbot der Stimmabgabe fallen „körperschaftliche Akte", so dass betroffenen Innungsmitglied ein Stimmrecht etwa bei der eigenen Wahl zum Mitglied des Vorstandes der Innung oder zum Mitglied eines Ausschusses der Innung haben, da nur Mitgliedsrechte ausgeübt werden und eine interne Angelegenheit der Innung betroffen ist (Honig/Knörr Rn. 2; vgl. Bamberger/Roth/Schöpflin BGB § 34 Rn. 6 zu den Vereinen unter Hinweis auf BGHZ 51, 209 (215 f.) und BGHZ 18, 205 (210) zu der GmbH).

II. Einleitung oder Erledigung eines Rechtsstreits

10   Im Falle der Beschlussfassung der Innungsversammlung über die Einleitung (z. B. Klageerhebung) und Erledigung eines Rechtsstreits (zB Klagerücknahme, Erledigterklärung, Vergleich) deren Parteien einerseits die Innung und anderseits das Mitglied der Innungsversammlung sind, ist das betroffene Innungsmitglied nicht stimmberechtigt. Der Begriff des Rechtsstreits umfasst alle gerichtlichen Verfahren, unabhängig von der Art des Verfahrens (zB einstweiliger Rechtsschutz, Hauptverfahren) und der Gerichtsbarkeit (zB Zivilgerichtsbarkeit, Sozialgerichtsbarkeit, Finanzgerichtsbarkeit, Verwaltungsgerichtsbarkeit).

C. Rechtfolge bei Stimmabgabe eines Befangenen

11   Die HwO enthält keine Regelung über die **Rechtsfolgen** wenn ein Befangener in unbefugter Weise an der Abstimmung der Innungsversammlung teilgenommen hat. Nach den allgemeinen Grundsätzen führt die Abgabe einer Stimme durch ein befangenes Mitglied der Innungsversammlung nur dann zur Unwirksamkeit der Beschlussfassung, wenn die Stimme des persönlich betroffenen Mitgliedes für das Ergebnis der Beschlussfassung ausschlaggebend war (Detterbeck Rn. 7; Schwannecke/Krähig Rn. 3; Honig/Knörr Rn. 3).

11.1   Im bayerischen Kommunalrecht etwa ist dieses Folge für die Stimmabgabe eines befangenen Gemeinderatsmitglieds gesetzlich in Art. 49 Abs. 4 BayGO normiert. Danach hat die Mitwirkung eines wegen persönlicher Beteiligung ausgeschlossenen Mitglieds die Unwirksamkeit des Beschlusses nur zur Folge, wenn sie für das Abstimmungsergebnis entscheidend war.

12   Erfolgt hingegen eine Beschlussfassung ohne die Abstimmung durch das Innungsmitglied, das zu Unrecht wegen Befangenheit von der Abstimmung ausgeschlossen wurde, muss der Beschluss unwirksam sein, denn andernfalls wäre die Möglichkeit zum Missbrauch eröffnet.

§ 65 [Übertragung des Stimmrechts]

(1) Ein gemäß § 63 stimmberechtigtes Mitglied, das Inhaber eines Nebenbetriebs im Sinne des § 2 Nr. 2 oder 3 ist, kann sein Stimmrecht auf den Leiter des Nebenbetriebs übertragen, falls dieser die Pflichten übernimmt, die seinen Vollmachtgebern gegenüber der Handwerksinnung obliegen.

(2) Die Satzung kann die Übertragung der in Absatz 1 bezeichneten Rechte unter den dort gesetzten Voraussetzungen auch in anderen Ausnahmefällen zulassen.

(3) Die Übertragung und die Übernahme der Rechte bedarf der schriftlichen Erklärung gegenüber der Handwerksinnung.

Literatur: Zimmermann Eric, Die Vorstandswahl bei der Innung, GewArch 2013, 471 ff..

Überblick

§ 65 Abs. 1 regelt die Übertragung des Stimmrechts des **Inhabers des handwerklichen Nebenbetriebs** auf den **Betriebsleiter des Nebenbetriebs** (→ Rn. 3), als gesetzliche Ausnahme des **Grundsatzes der Höchstpersönlichkeit** der Stimmabgabe (→ Rn. 2). Die Stimmrechtsübertragung kann jederzeit **widerrufen** werden (→ Rn. 9). Daneben kann die **Satzung** weitere Fälle bestimmen, in denen eine Stimmrechtsübertragung erfolgen kann, § 65 Abs. 2. Die Übertragung des Stimmrechts sowie die Übernahme der Rechte muss gegenüber der zuständigen Handwerksinnung **schriftlich erklärt** werden, § 65 Abs. 3 (→ Rn. 15 f.).

A. Historie

Die Regelung des § 65 war bereits weitestgehend inhaltsgleich in § 59 aus dem Jahre 1953 **1** vorhanden (BGBl. 1953 I 1411 (1419)).

B. Stimmrechtsübertragung im gesetzlichen Ausnahmefall (Abs. 1)

I. Grundsatz der Höchstpersönlichkeit der Stimmabgabe

§ 65 steht im Zusammenhang mit der Stimmberechtigung der Innungsmitglieder in der **2** Innungsversammlung. Grds. sind nur die Mitglieder iSd § 58 Abs. 1 in der Innungsversammlung stimmberechtigt, § 63 S. 1. Es gilt der **Grundsatz der Höchstpersönlichkeit der Stimmabgabe** (Schwannecke/Krägig Rn. 3; Detterbeck Rn. 1; Zimmermann GewArch 2013, 471 (474)). § 65 ist eine gesetzliche Ausnahme von diesem Grundsatz und regelt die **Übertragung des Stimmrechts** (→ Rn. 3 ff.). Diese gesetzliche Stimmrechtsübertragungsmöglichkeit kann durch die Innungssatzung nicht ausgeschlossen werden, wobei durch die Satzung nach § 65 Abs. 2 weitere Fälle der Stimmrechtsübertragung bestimmt werden können (→ Rn. 13; Schwannecke/Krägig Rn. 3; Detterbeck Rn. 5; Honig/Knörr Rn. 1).

II. Übertragung des Stimmrechts

1. Beteiligte der Stimmrechtsübertragung

Nach der Regelung des § 65 Abs. 1 kann ein nach § 63 stimmberechtigtes Mitglied, das **3** **Inhaber eines Nebenbetriebs** iSd § 2 Nr. 2 (handwerklicher Nebenbetrieb öffentlicher Unternehmen) (→ § 2 Rn. 4) oder § 2 Nr. 3 (handwerklicher Nebenbetrieb privater Unternehmen) (→ § 2 Rn. 5 ff.) ist, sein Stimmrecht auf den **Betriebsleiter** (→ § 7 Rn. 1 ff.) seines handwerklichen Nebenbetriebs übertragen (Schwannecke/Krägig Rn. 1).

Der Begriff des **handwerklichen Nebenbetriebs** ist in § 3 gesetzlich definiert (→ § 3 **4** Rn. 1 ff.). Nach § 3 Abs. 1 liegt ein handwerksmäßiger Nebenbetrieb iSd § 2 Nr. 2 und § 2 Nr. 3 vor, wenn in Verbindung mit einem als Hauptunternehmen übergeordneten anderen Betrieb (→ § 3 Rn. 4 ff.), Waren zum Absatz an Dritte handwerksmäßig hergestellt werden oder Leistungen für Dritten handwerksmäßig bewirkt werden (→ § 3 Rn. 11) und der Umfang einer solchen Tätigkeit einen nicht nur unerheblichen Umfang hat (§ 3 Abs. 2; → § 3 Rn. 12 ff.), ohne dass es sich um einen Hilfsbetrieb (§ 3 Abs. 3; → § 3 Rn. 17 ff.) handelt.

Die gesetzliche Übertragbarkeit nach Abs. 1 unterstützt die „Homogenität der Innung" **5** (Zimmermann GewArch 2013, 471 (474)). In der Praxis ist der Inhaber des Nebenbetriebs meist kein Handwerker, sondern nur der Leiter des Nebenbetriebs (Zimmermann GewArch 2013, 471 (474); Honig/Knörr Rn. 1), so dass der Nebenbetriebsleiter den „gewerksspezifischen Themen der Innung nahe steht" (Zimmermann GewArch 2013, 471 (474)).

Vgl. zur Anwendbarkeit des § 65 auf Nebenbetriebe, die ein **B1- oder B2-Gewerbe 6** ausüben bei Detterbeck Rn. 2 f. und Zimmermann GewArch 2013, 471 (474).

2. Rechte und Pflichten

Das Gesetz spricht von der Übertragung des „Stimmrechts" ohne eine Begrenzung oder **7** Konkretisierung auf das aktive oder passive Stimmrecht (Schwannecke/Krägig Rn. 3 der von der Übertragung des aktiven und des passiven Wahlrecht ausgeht). Eine Stimmrechtsübertragung ist jedoch nur zulässig, wenn der Nebenbetriebsleiter die **Pflichten** gegenüber der Innung übernimmt, die bisher dem Inhaber des Nebenbetriebs zugekommen sind. Mit der Übertragung des Stimmrechts ist grds. der Nebenbetriebsleiter nunmehr Inhaber der sich aus der Mitgliedschaft ergebenden Rechte und Pflichten, soweit sie im Zusammenhang mit der Stimmrechtsausübung stehen (Schwannecke/Krägig Rn. 3; Detterbeck Rn. 4). Er übt das **Stimmrecht** und das **Wahlrecht** anstelle des Inhabers des Nebenbetriebs, der weiterhin Mitglied der Innung iSd § 58 Abs. 1 bleibt, aus (Schwannecke/Krägig Rn. 3; Detterbeck

Rn. 1, 6). Dazu zählen etwa das Recht zur Mitwirkung an der Beschlussfassung der Innungsversammlung im Rahmen ihrer Sitzungen (§ 62) oder die Teilnahme an den Wahlen der Mitglieder der Innungsorgane (→ Rn. 8; § 61 Abs. 2 Nr. 4, § 66 Abs. 1 S. 1), aber auch die Pflicht die zur Mitarbeit, soweit im Einzelfall möglich, und die Pflicht zur Beachtung der Beschlüsse der Innungsorgane (Detterbeck Rn. 4). Hingegen bleiben die Rechte und Pflichten des Mitglieds, die nicht mit dem Stimmrecht im Zusammenhang stehen, weiterhin Rechte und Pflichten des Inhabers des Nebenbetriebs als Mitglied der Innung, so etwa die **Verpflichtung zur Beitragszahlung** (Schwannecke/Kräßig Rn. 3; Honig/Knörr Rn. 2). Das Gesetz spricht nur von der Übertragung des „Stimmrechts" und nicht von einer vollumfänglichen Übertragung aller Rechte und Pflichten der Mitgliedschaft.

3. Wahrnehmung von Ämtern der Innung

8   Im Schrifttum umstritten ist, ob der Nebenbetriebsleiter berechtigt ist **Ämter der Innung** wahrzunehmen und sich etwa in den Vorstand der Innung wählen lassen kann. Während die eA davon ausgeht, dass mit der Stimmrechtsübergabe auch alle sonst aus der Mitgliedschaft zu der Innung ergebenden Pflichten und Rechte übergehen und damit auch das Recht der Wählbarkeit in Innungsämter als passives Wahlrecht (Schwannecke/Kräßig Rn. 3; Honig/Knörr Rn. 3), geht die aA davon aus, dass die Übernahme von Innungsämtern, aufgrund der widerruflichen Ausgestaltung des Stimmrechts (→ Rn. 9), nicht möglich sei (Detterbeck Rn. 8), da die Unabhängigkeit des Nebenbetriebsleiters nicht gewährt sei. Ferner würde gegen die Wahrnehmung eines Innungsamtes sprechen, dass der Gesetzgeber keine Gleichsetzung des Stimmrechts und des passiven Wahlrechts vorgenommen habe und § 65 sich allein auf das Stimmrecht beziehe (Zimmermann GewArch 2013, 471 (475)). Die Unterscheidung zwischen aktiven Wahlrecht und passivem Wahlrecht sei der HwO aber nicht wesensfremd und dem Gesetzgeber durchaus bekannt, wie sich aus den Regelungen zur Wahl des Gesellenausschusses in §§ 70, 71 zeige, in der eine Differenzierung zwischen dem aktiven und passiven Wahlrecht erfolge (Zimmermann GewArch 2013, 471 (475) mit weiteren Argumenten). Ausgehend von dem engen Wortlaut des Abs. 1, der nur von „Stimmrecht" spricht, erscheint diese Ansicht als vorzugswürdig, mit der Folge, dass dem Nebenbetriebsleiter zwar das aktive Wahlrecht zukommt aber nicht das passive Wahlrecht.

III. Erlöschen des übertragenen Stimmrechts

1. Widerruf

9   Die Übertragung des Stimmrechts kann jederzeit durch den **übertragenden Nebenbetriebinhaber**, der weiterhin Mitglied der Innung bleibt, widerrufen werden (vgl. Schwannecke/Kräßig Rn. 3; Detterbeck Rn. 7; Honig/Knörr Rn. 9). Eine diesbezügliche Regelung enthält die HwO zwar nicht. Ein jederzeitiger **Widerruf** der Übertragung erscheint jedoch sachgerecht. Genau wie die Übertragung jederzeit erfolgen kann, muss es im freien Belieben des Innungsmitglieds sein, seine Rechte und Pflichten als Innungsmitglied wieder selber auszuüben und die Übertragung rückgängig zu machen. Der Widerruf ist gegenüber der Innung ebenfalls **schriftlich zu erklären** (Schwannecke/Kräßig Rn. 3; Honig/Knörr Rn. 9), damit diese etwa iRv Beschlüssen die Beschlussfähigkeit feststellen kann und iRv Wahlen die Wahlberechtigung beurteilen kann. Das Recht zum Widerruf steht auch dem **Leiter des Nebenbetriebs** zu (Schwannecke/Kräßig Rn. 3; Detterbeck Rn. 7; Honig/Knörr Rn. 9). Mit wirksamen Widerruf erlischt das übertragene Stimmrecht des Nebenbetriebsleiters und das ursprüngliche Stimmrecht des Inhabers des Nebenbetriebs lebt wieder auf (Honig/Knörr Rn. 9).

2. Beendigung der Innungsmitgliedschaft

10   Ferner **erlischt das Stimmrecht** des Leiters des Nebenbetriebs, wenn die Mitgliedschaft des Inhabers des Nebenbetriebs endet, etwa infolge Austritts, Ausschlusses oder Todes (Schwannecke/Kräßig Rn. 3), da nach dem Grundsatz des § 63 S. 1 das Stimmrecht an dem Bestehen der Mitgliedschaft anknüpft. Der Leiter des Nebenbetriebs hängt bzgl. seines

übertragenen Stimmrechts an dem „Schicksal" des Innungsmitglieds als ursprünglicher Stimmrechtsinhaber.

Das Stimmrecht des Leiters des Nebenbetriebs erlischt auch im Falle des Todes des Nebenbetriebsleiters oder des Ausscheidens aus dem Nebenbetrieb (Schwannecke/Kräßig Rn. 3). 11

3. Befangenheit

Ein gesetzlicher **Ausschluss des Stimmrechts** kann sich aus § 64 wegen **Befangenheit** infolge persönlicher Beteiligung ergeben (→ § 64 Rn. 3). Die Regelung umfasst den Fall der Befangenheit des ordentlichen Innungsmitglieds, dh des Inhabers des Nebenbetriebs. Diese Befangenheit des Inhabers eines Nebenbetriebs muss der Nebenbetriebsleiter im Einzelfall auch im Falle der Stimmrechtsübertragung gegen sich gelten lassen, da er sein Stimmrecht vom Inhaber des Nebenbetriebs ableitet (Schwannecke/Kräßig Rn. 3; Detterbeck Rn. 7). Zudem führt die Befangenheit aufgrund der persönlichen Beteiligung des Nebenbetriebsleiters zum Ausschluss des Stimmrechts iSd § 64 (Schwannecke/Kräßig Rn. 3; Detterbeck Rn. 7). 12

C. Stimmrechtsübertragung in satzungsmäßigen Ausnahmefällen (Abs. 2)

Die **Satzung** der Innung kann neben dem gesetzlichen Übertragungsrecht des § 65 Abs. 1 (→ Rn. 2 ff.) weitere Übertragungsmöglichkeiten vorsehen, Abs. 2. Abs. 2 ist eine gesetzliche **Ermächtigungsgrundlage** (Schwannecke/Kräßig Rn. 5). Der Gesetzgeber selbst sieht die Möglichkeit der Übertragung des Stimmrechts nur in anderen „Ausnahmefällen", so dass das gesetzliche Regel-Ausnahmeverhältnis grds. zu beachten ist. Nur in Ausnahmefällen soll die Stimmrechtsübertragung möglich sein, so dass die Innung ein solches Verhalten infolge Satzungsregelungen nicht zum Regelfall werden lassen soll (Detterbeck Rn. 9 mit Beispielen; Schwannecke/Kräßig Rn. 5; Honig/Knörr Rn. 5 der als Beispiele „langwierige Krankheit oder hohes Alter des selbständigen Handwerkers, Betriebsfortführung durch den überlebenden Ehegatten oder den minderjährigen Erben, Nachlasspflegschaft, Nachlassverwaltung, Testamentsvollstreckung, Führung eines weit entfernten Filialbetrieb" nennt; aA Zimmermann, wonach ein Ausnahmefall nur dann angenommen werden kann, „wenn nicht damit zu rechnen ist, dass der Inhaber das größtmögliche Interesse in das Innungsleben mitbringt" und die bei Honig/Knörr und Detterbeck aufgelisteten beispielhaften Ausnahmetatbestände ablehnt: „Diese Tatbestände werden einer Liste von Ausnahmegründen nicht gerecht und würden im Ergebnis eine – gesetzlich nicht gewollte – Ausweitung auf den Betriebsleiter vorweggreifen." Zimmermann GewArch 2013, 471 (474) mit weiteren Argumenten). 13

Der gesetzgeberische Verweis in Abs. 2 auf die in Abs. 1 „gesetzten Voraussetzungen" führt dazu, dass es auch im Rahmen anderer satzungsmäßiger Stimmrechtsübertragungen der ausdrücklichen Erklärung der Übernahme der Pflichten bedarf (Detterbeck Rn. 10; Honig/Knörr Rn. 6; → Rn. 15). 14

D. Erklärung gegenüber der Innung (Abs. 3)

Die Übertragung des Stimmrechts sowie die Übernahme der Rechte muss gegenüber der zuständigen Handwerksinnung **schriftlich erklärt** werden, § 65 Abs. 3. Nach dem Wortlaut des Gesetzes bedarf es zweier schriftlicher Erklärungen. Einerseits die Erklärung des übertragenden Nebenbetriebsinhabers als Innungsmitglied, dass eine Übertragung des Stimmrechts auf den Leiter des Nebenbetriebs stattfinden soll (Schwannecke/Kräßig Rn. 6; Detterbeck Rn. 11; Zimmermann GewArch 2013, 471 (474)). Ferner die Annahme dieser Übertragung durch den Leiter des Nebenbetriebs, mit der ausdrücklichen Bereitschaft die bestehenden Pflichten des Innungsmitglieds gegenüber der Innung zu übernehmen (Detterbeck Rn. 11; Schwannecke/Kräßig Rn. 6; Honig/Knörr Rn. 2). Erst wenn beide Erklärungen vorliegen, liegt eine wirksame Stimmrechtübertragung vor, dh mit dem Zeitpunkt des **Zugangs** der letzten Erklärung bei der Innung (Schwannecke/Kräßig Rn. 6; Detterbeck Rn. 11; Honig/Knörr Rn. 8). In diesem Zeitpunkt ist die Stimmrechtsübertragung vollzogen (Schwannecke/Kräßig Rn. 6). Einer ausdrücklichen Zustimmung der Innung zur Übertragung des Stimmrechts bedarf es nicht (Honig/Knörr Rn. 1). 15

16 Da der Wortlaut des § 65 Abs. 3 sich nicht auf die Übertragung aufgrund des gesetzlichen Ausnahmefalles des § 65 Abs. 1 beschränkt, sondern allgemein von der Übertragung des Stimmrechts spricht, ist davon auszugehen, dass das Erfordernis der schriftlichen Erklärung gegenüber der Innung sich auf die gesetzlichen und auf die satzungsmäßigen Stimmrechtsübertragungen bezieht. Diese Annahme stimmt auch überein mit der Zwecksetzung des Gesetzgebers, die Innung über die Inhaberschaft des Stimmrechts zu informieren. Auch die systematische Stellung der Regelung als letzter Absatz des § 65, nach der Regelung der gesetzlichen und satzungsmäßigen Ausnahmefälle, spricht für die Anwendbarkeit des § 65 Abs. 3 sowohl auf § 65 Abs. 1 als auch auf § 65 Abs. 2.

E. Entscheidung im Streitfall

17 Erkennt die Innung das übertragene Stimmrecht nicht an und verweigert etwa dem Nebenbetriebsleiter die Teilnahme an der Beschlussfassung der Innungsversammlung oder an der Wahl der Mitglieder des Vorstands oder der Ausschüsse, ist diese Entscheidung ihrer Rechtsnatur nach ein Verwaltungsakt gegen den gerichtlich im Wege der Anfechtungsklage vorgegangen werden kann (Schwannecke/Kräßig Rn. 6; Detterbeck Rn. 12; Honig/Knörr Rn. 10).

§ 66 [Vorstand der Handwerksinnung]

(1) ¹Der Vorstand der Handwerksinnung wird von der Innungsversammlung für die in der Satzung bestimmte Zeit mit verdeckten Stimmzetteln gewählt. ²Die Wahl durch Zuruf ist zulässig, wenn niemand widerspricht. ³Über die Wahlhandlung ist eine Niederschrift anzufertigen. ⁴Die Wahl des Vorstands ist der Handwerkskammer binnen einer Woche anzuzeigen.

(2) ¹Die Satzung kann bestimmen, daß die Bestellung des Vorstands jederzeit widerruflich ist. ²Die Satzung kann ferner bestimmen, daß der Widerruf nur zulässig ist, wenn ein wichtiger Grund vorliegt; ein solcher Grund ist insbesondere grobe Pflichtverletzung oder Unfähigkeit.

(3) ¹Der Vorstand vertritt die Handwerksinnung gerichtlich und außergerichtlich. ²Durch die Satzung kann die Vertretung einem oder mehreren Mitgliedern des Vorstands oder dem Geschäftsführer übertragen werden. ³Als Ausweis genügt bei allen Rechtsgeschäften die Bescheinigung der Handwerkskammer, daß die darin bezeichneten Personen zur Zeit den Vorstand bilden.

(4) Die Mitglieder des Vorstands verwalten ihr Amt als Ehrenamt unentgeltlich; es kann ihnen nach näherer Bestimmung der Satzung Ersatz barer Auslagen und eine Entschädigung für Zeitversäumnis gewährt werden.

Literatur: Bamberger Heinz Georg/Roth Herbert, Kommentar zum Bürgerlichen Gesetzbuch, 3. Auf. 2012; Dohrn Max-Jürgen, Wahlen zum Vorstand eines Innungsverbandes und deren Bescheinigung durch die Behörde, GewArch 1987, 49 ff.; Leisner Walter Georg, Die Wahlen zur Vollversammlung der Handwerkskammer, LFI- Schriftenreihe 2012; Leisner Walter Georg, Rechtsaufsicht über Innungen und Kreishandwerkerschaften bei Aufgabenausgliederung auf privatrechtliche Gesellschaften, LFI- Schriftenreihe 2013; Leisner Walter Georg, Zulässigkeit satzungsmäßiger Altersgrenzen für die Wählbarkeit als Organvertreter in Handwerksorganisationen?, LFI- Schriftenreihe 2014; Palandt Otto, BGB, 74 Aufl. 2015; Will Martin, Selbstverwaltung der Wirtschaft, 2010; Zimmermann Eric, Die Vorstandswahl bei der Innung, GewArch 2013, 471 ff.

Überblick

Der Vorstand der Innung ist nach § 60 Nr. 2 neben der Innungsversammlung und den gesetzlich vorgesehenen Ausschüssen ein **Organ der Innung** (→ Rn. 1 ff.). Als Organ der Exekutive **vertritt** er die Innung nach außen (→ Rn. 42 ff.) und muss sich gegenüber der Innungsversammlung verantworten. Gewählt werden die Vorstandsmitglieder, die ihr Amt als **Ehrenamt** (→ Rn. 56) erfüllen, durch die ordentlichen Mitglieder der Innungsversammlung (→ Rn. 5 ff.), wobei die Bestellung **widerruflich** (→ Rn. 37) ist, soweit entsprechende Bestimmungen in der Innungssatzung enthalten sind. Nach § 55 Abs. 2 Nr. 6 muss die Satzung der Innung Bestimmungen über die Bildung des Vorstandes enthalten.

Nach der Verweisungsnorm des § 89 Abs. 1 Nr. 5 findet die Regelung des § 66 auch auf die Kreishandwerkerschaften Anwendung und nach § 83 Abs. 1 Nr. 3 auf die Landesinnungsverbände.

Übersicht

	Rn.		Rn.
A. Der Vorstand als Organ der Innung	1	I. Die organschaftliche Vertretungsbefugnis des Vorstandes	42
B. Die Wahl des Vorstandes (Abs. 1)	5	1. Einzelvertretung, Gesamtvertretung, Empfangsvertretung	42
I. Das Wahlrecht	5	2. Die Bescheinigung der Handwerkskammer	47
1. Das aktive Wahlrecht	9	3. Der Umfang der Vertretungsmacht	49
2. Das passive Wahlrecht	14	II. Die Vertretung durch den Geschäftsführer	51
II. Das Wahlverfahren zum Vorstand	20	III. Die Vertretung durch die Kreishandwerkerschaft	54
III. Einspruch gegen die Rechtsgültigkeit der Wahl	30		
1. Rechtsbehelf- Zulässigkeit	30		
2. Begründetheit	36		
C. Der Widerruf der Vorstandsbestellung (Abs. 2)	37	**E. Die Haftung des Vorstandes**	55
D. Die Vertretungsbefugnis des Vorstandes (Abs. 3)	42	**F. Das Ehrenamt des Vorstandes (Abs. 4)**	56

A. Der Vorstand als Organ der Innung

Der Vorstand ist ein zwingendes **Organ der Innung** (§ 60 Nr. 2). Seine Organstellung **1** ist nicht aufhebbar. Jede Innung muss gewährleisten, dass sie in hinreichendem Maße dahingehend leistungsfähig ist, dass dieses Organ mit der erforderlichen Anzahl an Vorstandsmitgliedern besetzt werden kann.

Die HwO erhält keine näheren Bestimmungen über die **Bildung des Vorstandes**, etwa **2** zu der Anzahl der Vorstandsmitglieder oder zu der Länge der Amtszeit, seinen konkreten Aufgaben und einzelnen Zuständigkeiten (Zimmermann GewArch 2013, 471 (472)). Dies ergibt sich vielmehr aus der Innungssatzung. Als **Ausfluss der Satzungsautonomie** kann die Innung als Selbstverwaltungskörperschaft im Rahmen ihrer Satzung die Bildung des Vorstandes selbständig regeln, soweit sich keine zu beachtenden Vorgaben aus der HwO ergeben sollten. Der Erlass dieser Satzungsregelungen ist aber nicht nur ein Recht der Innung, sondern auch eine Verpflichtung der Innung nach § 55 Abs. 2 Nr. 6 („muß"). IRd Kataloges des § 55 Abs. 2 werden die einzelnen Sachgebiete aufgelistet, die die Innung in ihrer Satzung mindestens regeln muss, ua auch Bestimmungen über die Bildung des Vorstands (Schwannecke/Taubert Rn. 16). Die Regelungen der Innungssatzung zur Vorstandswahl dürfen aber nicht gegen höherrangiges Recht verstoßen (Grundsatz des Vorrang des Gesetzes als Ausfluss des Demokratie- und Rechtsstaatsprinzip des Art. 20 Abs. 1, 3 GG).

Die **Anzahl** der erforderlichen Vorstandsmitglieder ergibt sich somit aus der Innungssatzung. **3** IdR besteht der Vorstand aus dem Vorsitzenden (**sog. Obermeister**), seinem Stellvertreter (**sog. Stellvertretende Obermeister**) und einer satzungsmäßig festgelegten bestimmten Anzahl von weiteren Beisitzern (Zimmermann GewArch 2013, 471 (472); Will, Selbstverwaltung der Wirtschaft, 2010, 659 f.), meist abhängig von der Größe der Innung. Anders als beim Vorstand der Handwerkskammer (§ 108 Abs. 2 der einen Vorsitzenden als Präsidenten und zwei Stellvertreter als Vizepräsidenten vorschreibt) gibt die HwO hier nicht vor, wie sich der Vorstand zusammensetzen soll (Zimmermann GewArch 2013, 471 (472)).

Fehlt das Amt des Vorstandes, soll die zuständige Handwerkskammer als Aufsichtsbehörde **4** die Innungsversammlung einberufen, um eine Wahl der Vorstandsmitglieder zu ermöglichen (Honig/Knörr Rn. 21). Ein solches Vorgehen der Handwerkskammer ermöglicht § 62 Abs. 3, wonach die Handwerkskammer die Innungsversammlung einberufen und leiten kann, wenn das Interesse der Innung dies erfordert. Scheitert die Wahl und kann das Amt des Vorstandes nicht besetzt werden, kommt als ultima ratio einer Auflösung der Innung durch die Handwerkskammer nach § 76 in Betracht, da die Innung ihre Aufgaben nicht mehr erfüllen kann (Honig/Knörr Rn. 21). Vor der Auflösung bedarf es der Anhörung des Landesinnungsverbandes, § 76. Ferner soll die Auflösung der Innung ultima ratio sein, so dass die

Handwerkskammer als Ausfluss des Grundsatzes der Verhältnismäßigkeit vorab durch den Einsatz milderer Mittel die Besetzung des Vorstands durch Wahl herbeizuführen versuchen soll.

B. Die Wahl des Vorstandes (Abs. 1)

I. Das Wahlrecht

5   Die Vorstandsmitglieder der Innung werden von der **Innungsversammlung** für die in der Satzung bestimmte Zeit gewählt, § 66 Abs. 1 S. 1. Sämtliche Mitglieder des Vorstandes (Obermeister, Stellvertreter und sonstige Beisitzer) müssen gewählt werden (Will, Selbstverwaltung der Wirtschaft, 2010, 660; Detterbeck Rn. 1). Durch die Innungssatzung können keine **sog. „geborenen" Vorstandsmitglieder** festgelegt werden, die automatisch ohne Wahlverfahren dem Organ angehören sollen (Will, Selbstverwaltung der Wirtschaft, 2010, 660; Detterbeck Rn. 1; Schwannecke/Kräßig Rn. 4). Das Verbot der Festlegung sog. „geborener Vorstandsmitglieder" ergibt sich aus dem Umkehrschluss zu § 83 Abs. 3 im Zusammenhang mit den Landesinnungsverbänden bzw. § 85 Abs. 2 S. 1 iVm § 83 Abs. 3 zu den Bundesinnungsverbänden. Dort hat der Gesetzgeber eine solche Möglichkeit ausdr. als zulässig erachtet. Eine entsprechende Regelung hat der Gesetzgeber bei den Innungen hingegen nicht geschaffen.

6   Das Wahlrecht gliedert sich in das aktive und das passive Wahlrecht. Das **aktive Wahlrecht** (→ Rn. 9) umfasst das Recht bei der Wahl zu wählen, während das **passive Wahlrecht** (→ Rn. 14) die Wählbarkeit, dh das Recht, sich wählen zu lassen, beinhaltet (Leisner, W.G., Die Wahlen zur Vollversammlung der Handwerkskammer, LFI 2012, § 1 Rn. 48). § 66 Abs. 1 regelt seinem Wortlaut nach die Wahlberechtigung, mithin das aktive Wahlrecht. Die HwO enthält hingegen keine ausdrückliche Regelung im Zusammenhang mit den Wählbarkeitsvoraussetzungen, d.h. über das passive Wahlrecht bzgl. der Vorstandswahl (Will, Selbstverwaltung der Wirtschaft, 2010, 660).

7   Unerheblich für die Ausübung des Wahlrechts und die Wählbarkeit ist die **Staatsangehörigkeit**, da die HwO das Wahlrecht, aufgrund der Formulierung der Normen, nicht an die Deutscheneigenschaft iSd Art. 116 Abs. 1 GG anknüpft (vgl. Leisner, W.G., Die Wahlen zur Vollversammlung der Handwerkskammer, LFI 2012, § 1 Rn. 48).

8   Das Wahlrecht ist ein höchstpersönliches Recht, das grds. nicht auf einen Dritten übertragen werden kann (Zimmermann GewArch 2013, 471 (474)). Eine Ausnahme vom **Grundsatz der Höchstpersönlichkeit** ergibt sich aus § 65 Abs. 1, wonach ein nach § 63 stimmberechtigtes Mitglied, das Inhaber eines Nebenbetriebs iSd § 2 Nr. 2 oder Nr. 3 ist, unter bestimmten Voraussetzungen sein Stimmrecht auf den Leiter des Nebenbetriebes übertragen kann. Ferner kann die **Übertragung des Stimmrechts** auch in anderen Ausnahmefällen zugelassen werden, soweit die Innung in ihrer Satzung diesbezügliche Regelungen enthält, § 65 Abs. 2.

1. Das aktive Wahlrecht

9   **Aktiv wahlberechtigt** zur Wahl des Vorstandes sind die nach § 63 stimmberechtigten ordentlichen Mitglieder der Innungsversammlung und damit idR alle Mitglieder der Innung iSd § 58 Abs. 1, soweit keine Vertreterversammlung besteht, der diese Aufgabe laut Satzung zukommen soll (Will, Selbstverwaltung der Wirtschaft, 2010, 653; Schwannecke/Kräßig Rn. 4). Wahlberechtigt sind damit, abhängig vom Einzelfall, entweder die stimmberechtigten ordentlichen Mitglieder der Innungsversammlung oder die stimmberechtigten gewählten Mitglieder der Vertreterversammlung. Es besteht ein Recht zur Wahl, jedoch keine Wahlpflicht.

10   Aus Praktikabilitätsgründen ist es im Zusammenhang mit der Ausübung der Wahl unerheblich, ob das ordentliche Mitglied zum Zeitpunkt der Wahl sein Handwerk auch tatsächlich noch ausübt, solange der Wählende rein formal noch Mitglied der Innung ist (BVerwG Beschl. vom 12.7.1982 – 5 CB 117.81 (= BeckRS 1982, 31250578); → Rn. 10.1)).

10.1   Das BVerwG führte in seinem Beschluss vom 12.7.1982 – 5 CB 117.81 (BeckRS 1982, 31250578) ferner aus: „Es ist (…) aus Sicht des Bundesrechts nicht zu beanstanden, wenn die Satzung der Beklagten

[Innung] die vorübergehende oder dauernde Aufgabe der handwerklichen Tätigkeit für sich allein noch nicht als Grund für die Beendigung der Mitgliedschaft genügen lässt, sondern an eindeutig erkennbare Tatbestände, wie den Austritt und den Ausschluß aus der Innung oder die Löschung in der Handwerksrolle anknüpft. Dies gilt, wie der angefochtene Beschluß mit Recht ausführt, für das Wahlverfahren, wo im Interesse der Rechtssicherheit und der Praktikabilität der Wahlrechtsvorschriften, von den Fällen offenkundiger Aufgabe handwerklicher Tätigkeiten einmal abgesehen, von der formellen Zugehörigkeit des Betroffenen zur Innung ausgegangen werden muß. Es würde den Ablauf des Wahlverfahrens und dessen Überprüfung in unvertretbarer Weise erschweren, wenn in diesem Zusammenhang auch eine Prüfung erfolgen müsste, ob die an der Wahlhandlung teilnehmenden Innungsmitglieder ihr Handwerk zu diesem Zeitpunkt auch tatsächlich ausüben." (Erg. d. d. Verf.)

Den **Gast- und Ehrenmitglieder** (§ 59) der Innungsversammlung kommt kein aktives 11 Wahlrecht zu (Will, Selbstverwaltung der Wirtschaft, 2010, 653; Zimmermann GewArch 2013, 471 (472)). Dies erscheint sachgerecht, da die **Gastmitglieder** nach § 59 S. 3 auch nur mit beratender Stimme an der Innungsversammlung teilnehmen und damit das Gesetz den Gastmitgliedern nicht die „vollen Rechte eines Innungsmitgliedes" zubilligt (Honig/Knörr § 59 Rn. 5; → § 59 Rn. 3 ff.). Ferner verweist § 63 S. 1, der die Stimmberechtigung in der Innungsversammlung gesetzlich regelt in seinem Wortlaut ausdr. nur auf § 58 Abs. 1 und knüpft damit die Stimmberechtigung an die ordentliche Mitgliederstellung iSd § 58 Abs. 1.

Den **Ehrenmitgliedern** der Innung soll ebenfalls kein Wahlrecht zukommen, da diese 12 keine ordentlichen Mitglieder iSd § 58 Abs. 1 sind und ihnen damit auch nicht die Rechte eines ordentlichen Mitgliedes zustehen (Schwannecke/Taubert § 58 Rn. 11).

Jedes wahlberechtigte ordentliche Innungsmitglied bzw. gewählte Mitglied der Vertreter- 13 versammlung besitzt eine Stimme, die gleich gewichtet wird (Will, Selbstverwaltung der Wirtschaft, 2010, 653). Der **Grundsatz der Stimmgleichheit** ist Ausfluss des Wahlgrundsatzes der gleichen Wahl. Auch juristische Personen und Personengesellschaften haben nur eine Stimme. Nach der gesetzlichen Regelung des § 63 S. 2 können für juristische Personen oder Personengesellschaften nur eine Stimme abgegeben werden, auch wenn mehrere vertretungsberechtigte Personen vorhanden sind (Honig/Knörr § 63 Rn. 2).

2. Das passive Wahlrecht

Passiv wahlberechtigt und damit die Möglichkeit sich zum Mitglied des Innungsvorstan- 14 des wählen zu lassen, sind alle ordentlichen stimmberechtigten Mitglieder der Innung (Schwannecke/Kräßig Rn. 5). Die HwO stellt zwar in diesem Zusammenhang keine Anforderungen an das passive Wahlrecht, so dass sich die Wählbarkeit zum Vorstand nach den Vorschriften zur Innungssatzung beurteilt (BVerwG Beschl. v. 12.7.1982 – 5 CB 117.81, Rn. 4 (= BeckRS 1982, 31250578)). Dennoch erscheint es sachgerecht, dass nur ordentliche Mitglieder der Handwerksinnung das Amt des Vorstandes belegen sollen, da nur ein Innungsmitglied ein solch wichtiges Amt der Innung innehaben sollte (so auch Detterbeck Rn. 2; Honig/Knörr Rn. 2; Schwannecke/Kräßig Rn. 5; Will, Selbstverwaltung der Wirtschaft, 2010, 660; BVerwG Beschl. v. 12.7.1982 – 5 CB 117.81, Rn. 4 (= BeckRS 1982, 31250578) das von der „Wählbarkeit der Innungsmitglieder zum Vorstand" spricht.). Aus der Innungssatzung können sich weitere Wählbarkeitsvoraussetzungen ergeben (Detterbeck Rn. 2).

Die **Anzahl der Vorstandsmitglieder** und damit seine Zusammensetzung wird durch 15 die Satzung der Innung festgelegt. § 55 Abs. 2 Nr. 6 ermächtigt die Innung entsprechende Regelungen festzulegen, d.h. zu bestimmen, ob ein Allein- oder Einzelvorstand oder ein mehrgliedriger Vorstand bestehen soll.

Der Vorstand wird auf Zeit gewählt, § 66 Abs. 1 S. 1. Die **Amtszeit** der Vorstandsmitglie- 16 der bestimmt sich aus der Satzung (Zimmermann GewArch 2013, 471 (472); Schwannecke/Kräßig Rn. 6). Eine Wahl auf Lebzeiten ist unzulässig (Honig/Knörr Rn. 4).

Eine **Wiederwahl** ist möglich, falls die Innungssatzung dies nicht ausschließt (Zimmer- 17 mann GewArch 2013, 471 (472); Schwannecke/Kräßig Rn. 6). Die sich im Amt befindenden Vorstandsmitglieder bleiben bis zum Wahl ihrer Nachfolger im Amt.

Scheiden einzelne Mitglieder des Vorstandes vor Ablauf der Amtszeit aus, so soll zeitnah 18 im Rahmen einer **Nachwahl** für den Rest der Wahlzeit ein neues Vorstandsmitglied gewählt werden. Ein Ausscheiden tritt etwa im Falle des Todes oder der Niederlegung ein oder wenn das Vorstandsmitglied die Voraussetzungen für die Mitgliedschaft in der Innung verliert (vgl. Schwannecke/Kräßig Rn. 6). Ferner auch im Falle des Widerrufs der Wahl, falls die Satzung eine entsprechende Regelung enthält und Widerrufsgründe vorliegen.

19 Aktuell diskutiert wird, ob eine **Höchstaltersgrenze** als Wählbarkeitsvoraussetzung für das Innehaben des Amtes des Vorstandes gesetzeskonform ist und mit höherrangigem Recht vereinbar ist (vgl. dazu ausf. Leisner, W.G., Zulässigkeit satzungsmäßiger Altersgrenzen für die Wählbarkeit als Organvertreter in Handwerksorganisationen?, LFI 2014). Diverse Innungen haben im Rahmen ihrer Satzungen die Voraussetzung aufgenommen, dass die Vorstandsmitglieder nur bis zu einer Altersgrenze des gesetzlichen Renteneinrittalters in das Amt des Vorstandes gewählt werden können bzw. die Amtszeit endet, wenn die Höchstaltersgrenze erreicht wird. Hintergrund der Altersgrenze ist der Gedanke, dass die gewählten Mitglieder für eine sachgerechte Interessenvertretung unmittelbar im Arbeitsleben und Berufsalltag stehen sollen, so dass die Höchstaltersgrenze an das gesetzliche Regelrenteneintrittsalter anknüpft. Solche Höchstaltersgrenzen in Innungssatzungen sind grds. möglich (Leisner, W.G., Zulässigkeit satzungsmäßiger Altersgrenzen für die Wählbarkeit als Organvertreter in Handwerksorganisationen?, LFI 2014). Die HwO enthält diesbezüglich zwar keine ausdrückliche Ermächtigung, verbietet dies aber auch nicht, so dass die Innung als Ausfluss ihrer Satzungsautonomie solche Regelungen treffen kann (ausf. dazu Leisner, W.G., Zulässigkeit satzungsmäßiger Altersgrenzen für die Wählbarkeit als Organvertreter in Handwerksorganisationen?, LFI 2014 unter Beachtung der HwO, des AGG, der Grundrechte und Europarecht).

II. Das Wahlverfahren zum Vorstand

20 Nach der Regelung des § 66 Abs. 1 S. 1 erfolgt die Wahl der Vorstandsmitglieder mit **verdeckten Stimmzetteln**. Jedes wahlberechtigte anwesende Innungsmitglied soll den Stimmzettel derart ausfüllen können, dass seine Wahlentscheidung geheim bleibt, ohne dass es der Aufstellung von Wahlkabinen bedarf (Will, Selbstverwaltung der Wirtschaft, 2010, 660; Detterbeck Rn. 3).

21 Die Wahl mittels verdeckten Stimmzetteln wurde im Zuge der Novellierung der HwO von 1965 aus Praktikabilitätsgründen eingeführt (BGBl. 1966 I 1 (13)) nun als § 66 Abs. 1 S. 2). Die HwO von 1953 sah in § 60 Abs. 1 S. 1 (1953) noch die Wahl des Vorstandes in „geheimer Wahl" vor (BGBl. 1953 I 1411 (1420); Schwannecke/Kräßig Rn. 3).

21.1 „Die im geltenden Recht aufgestellte Forderung, unter bestimmten Voraussetzungen den Vorstand der Handwerksinnung in „geheimer" Wahl zu ermitteln, ist in der Praxis kaum durchsetzbar. Die Bestimmung „mit verdeckten Stimmzetteln" ist deshalb der allgemein in den Innungen angewandten Übung angepasst." (Schriftlicher Bericht des Ausschusses für Mittelstandsfragen zu Drucksache IV/3461 zu Nr. 49).

22 Wenn kein wahlberechtigtes Mitglied der Innung widerspricht und die Innungssatzung diese Wahlform nicht ausschließt, ist auch die Wahl des Vorstandes durch **Zuruf,** dh durch mündliche Abstimmung zulässig, § 66 Abs. 1 S. 2 (Will, Selbstverwaltung der Wirtschaft, 2010, 661; Detterbeck Rn. 4; Schwannecke/Kräßig Rn. 7). Die offene Wahl per Zuruf stellt eine Ausnahme vom Grundsatz der geheimen Wahl dar, wonach nicht veröffentlich werden soll ob ein Wahlberechtigter gewählt hat und wie er gewählt hat. Entgegen des Wortlauts der HwO erscheint es auch sachgerecht eine Wahl mittels **Handzeichen** zuzulassen. Dieser Wahlform kommt die gleiche Aussagekraft zu wie einer Wahl mittel Zuruf. Es erscheint sachgerecht, dass jedes anwesende wahlberechtigte Innungsmitglied widerspruchsberechtigt ist, denn jedes Mitglied muss für sich entscheiden können, ob es auf sein Recht auf Durchführung einer geheimen Wahl verzichtet, indem die Wahl per Zuruf erfolgt.

22.1 § 30 der Mustersatzung für Innungen Baden-Württemberg regelt: in seinen Abs. 1–5 „Wahlen werden mit verdeckten Stimmzetteln vorgenommen." „Wahlen durch Zuruf sind mit Ausnahme der Wahl des Obermeisters zulässig, wenn niemand widerspricht." „Wahlen en bloc (Blockwahlen) sind zulässig, wenn sich nicht mehr Kandidaten, als zu wählen sind zur Wahl stellen und niemand widerspricht." „Bei Stimmengleichheit ist die Wahl zu wiederholen. Bei erneuter Stimmengleichheit entscheidet das Los." „Wahlen müssen bei der Einladung auf der Tagesordnung ausgewiesen sein und können nicht nachträglich auf die Tagesordnung gesetzt werden."

Entsprechend den Regelungen in der Innungssatzung, müssen alle wahlberechtigten Mitglieder der Innungsversammlung bzw. Vertreterversammlung unter Einhaltung der Form und Frist und unter Angabe der anstehenden Vorstandswahl als **Tagesordnungspunkt** ordnungsgemäß zur Sitzung einberufen werden (vgl. § 62 Abs. 1). Aus der **Einladung** ergeben sich neben dem Datum und der Ort der Sitzung, unter Angabe der genauen Adresse, der Beginn der Sitzung auch die einzelnen Tagesordnungspunkte. 23

Zur Sitzung lädt der Vorstand ein, der die Wahl vorbereitet, wobei sich Einzelheiten wie etwa Form und Frist der Einladung aus der Geschäftsordnung des Vorstandes ergeben können. IRd Sitzung der beschlussfähigen Innungsversammlung bzw. Vertreterversammlung erfolgt die Wahl der Vorstandsmitglieder. Ob die Innungsversammlung im Einzelfall beschlussfähig ist, richtet sich nach den maßgeblichen Normen der Innungssatzung. 24

§ 27 Abs. 1 der Mustersatzung für Innungen Baden-Württemberg regelt: 24.1
„Der Obermeister lädt zur Innungsversammlung spätestens eine Woche vor der Sitzung schriftlich unter Mitteilung der Tagesordnung ein."

Als gewählt gilt wer die Mehrheit der Stimmen auf sich vereinen konnte, wobei keine Verpflichtung zur Annahme der Wahl besteht (Schwannecke/Krässig Rn. 4; Honig/Knörr Rn. 3). Die HwO fordert kein bestimmtes **Quorum** im Zusammenhang mit der Vorstandswahl der Innung, so dass die Innung im Rahmen ihrer Satzung eine entsprechende Regelung aufnehmen sollte. Möglich wäre theoretisch auch die Wahl durch Erlangung der einfachen Mehrheit der erschienenen Mitglieder (§ 62 Abs. 2 S. 1). Das Erfordernis einer qualifizierten Mehrheit verlangt die HwO nur im Falle der Beschlussfassung über die Änderung der Satzung (§ 62 Abs. 2 S. 2) und die Auflösung der Innung (§ 62 Abs. 2 S. 3). 25

Ebenfalls in der Innungssatzung sollte festgehalten werden, wie im Falle eines weiteren Wahlvorgangs verfahren wird, wenn keine Bewerber die erforderliche Mehrheit erhalten hat. 26

Es erscheint zweckmäßig zur Übersichtlichkeit für jedes Mitglied des Vorstandes einen eigenen Wahlgang durchzuführen. 27

§ 32 Abs. 1 der Mustersatzung für Innungen Baden Württemberg lautet: 27.1
„Der Obermeister und sein Stellvertreter werden von der Innungsversammlung in je einem gesonderten Wahlgang mit absoluter Stimmenmehrheit der erschienenen Stimmberechtigten gewählt. Fällt die Mehrheit der abgegebenen Stimmen nicht auf eine Person, so findet eine engere Wahl unter denjenigen Personen statt, welche die meisten Stimmen erhalten haben. Die Wahl der weiteren Mitglieder des Vorstandes erfolgt mit einfacher Stimmenmehrheit; Stimmenthaltungen, nicht abgegebene Stimmen und ungültige Stimmen bleiben unberücksichtigt."

Über die Wahl ist eine **Niederschrift** zu fertigen (§ 66 Abs. 1 S. 3), wobei alle relevanten Dinge festzuhalten sind, die im Zweifelsfall eine Überprüfung der Rechtmäßigkeit der Wahl ermöglichen können soll. Neben der Beschlussfähigkeit der Innungsversammlung bzw. Vertreterversammlung, sind die wesentlichen Abläufe etwa das konkrete Abstimmungsergebnis und die Anzahl der Wahlgänge festzuhalten (Detterbeck Rn. 5). Insoweit kommt der Niederschrift Beweisfunktion zu. Details zur Zuständigkeit, zum Erfordernis der Unterzeichnung und zur Aufbewahrung sollten in der Innungssatzung geregelt sein. 28

Die Wahl der Vorstandsmitglieder ist innerhalb einer Woche der zuständigen Handwerkskammer anzuzeigen, § 66 Abs. 1 S. 4. Die Frist ist eine Ereignisfrist nach §§ 187, 188 BGB (Honig/Knörr Rn. 3). Ein Verstoß gegen diese Ordnungsvorschrift führt nicht zur Ungültigkeit der Wahl (Detterbeck Rn. 6; Schwannecke/Krässig Rn. 9). Allerdings bedarf es der **Anzeige des Wahlergebnisses** gegenüber der zuständigen Handwerkskammer, damit die Handwerkskammer die Bescheinigung nach § 66 Abs. 3 ausstellen kann und der Innungsvorstand sich bei der Betätigung von Rechtsgeschäften als Vertreter der Innung ausweisen kann (Schwannecke/Krässig Rn. 9). 29

III. Einspruch gegen die Rechtsgültigkeit der Wahl

1. Rechtsbehelf- Zulässigkeit

Die HwO erhält im Zusammenhang mit der Wahl des Vorstandes der Innung keine gesetzliche Regelung über einen Einspruch gegen die Wahl (Honig/Knörr Rn. 4). 30

31 § 101 der seinem Inhalt nach den Einspruch gegen die Wahl als Rechtsmittel regelt, befindet sich im Vierten Abschnitt des Vierten Teils der HwO und steht aufgrund seiner systematischen Stellung innerhalb des Gesetzes im Zusammenhang mit der Wahl der Vollversammlung zur Handwerkskammer. Auch der Wortlaut des § 101 der sich in seinem Abs. 2 auf das Wahlrecht zur Vollversammlung der Handwerkskammer nach §§ 96–99 bezieht, untermauert dieses Ergebnis. Allgemeiner in seiner Aussage ist hingegen die Norm des § 101 Abs. 3, der einen Einspruch gegen die Wahl insgesamt ermöglicht. Ein Einspruch gegen die Vorstandswahl der Innung infolge direkter Anwendung von § 101 kommt jedoch aufgrund der systematischen Stellung der Norm nicht in Betracht.

32 Ein Teil der Lit. verweist darauf, dass die Wahl des Vorstandes iRd Beschlussfassung der Innungsversammlung erfolgt und damit die Rechtsmittel zur Anwendung kommen sollen, die generell im Zusammenhang mit jeder Beschlussfassung der Innungsversammlung anwendbar sind (Honig/Knörr Rn. 6 unter Hinweis auf seine Ausführungen unter § 61 Rn. 32 ff.). Mangels Verwaltungsaktsqualität der Wahl könne nicht im Wege einer Anfechtungsklage direkt gegen die Wahl vorgegangen werden (Honig/Knörr Rn. 6). Ein Wahlberechtigter, der von der Rechtswidrigkeit der Wahl ausgeht, soll sich demnach an die zuständige Handwerkskammer als Aufsichtsbehörde richten können und eine Wahlprüfung durch diese anregen. Falls diese untätig bleibt, könne im Wege einer Verpflichtungsklage auf aufsichtliches Tätigwerden zum zuständigen Verwaltungsgericht vorgegangen werden oder im Falle eines ablehnenden Bescheides der Handwerkskammer mittels einer Anfechtungsklage (Honig/Knörr Rn. 6 unter Hinweis auf seine Ausführungen unter § 61 Rn. 32 ff.; für eine Verpflichtungsklage auch Zimmermann GewArch 2013, 471 (477)).

33 Das klagende Innungsmitglied verliert nicht sein **Rechtsschutzinteresse** an der gerichtlichen Überprüfung der Ordnungsgemäßheit der Wahl, wenn der Kläger im Verlauf der Wahlanfechtung seine Mitgliedschaft zur Innung und damit seine Wahlberechtigung verliert, da maßgeblicher Zeitpunkt zur Beurteilung der Wahlberechtigung der Tag der Wahl ist (VG Mainz GewArch 2012, 322 (322)).

33.1 Diesbezüglich führte das VG Mainz aus: „Das Wahlanfechtungsverfahren bei Wahlen zu Organen von Gebietskörperschaften oder sonstigen Körperschaften des öffentlichen Rechts (…) dient nicht (allein) dem Einzelinteresse, sondern vielmehr dem allgemeinen Interesse an der Ordnungsmäßigkeit der Wahl zum Organ der Körperschaft des öffentlichen Recht. Der im Verlauf der Wahlanfechtung eintretende Verlust der Wahlberechtigung für künftige Wahlen berührt die Berechtigung zur Wahlanfechtung nicht; maßgeblicher Zeitpunkt für die Wahlanfechtung ist die Wahlberechtigung am Wahltag (…). Insoweit ist das Rechtsschutzinteresse im Rahmen der Wahlanfechtung (zumindest auch) in einem objektiven Sinne zu verstehen. Eines „eigenen Nutzens" am Ausgang des Wahlanfechtungsverfahrens bedarf es daher nicht, so dass der Umstand, dass die Klägerinnen (…) als zwischenzeitl. „Nicht-Mitglieder" von einer Ungültigkeitserklärung der Wahl künftig nicht mehr in ihrer Mitgliederstellung betroffen sein können, an ihrem Rechtsschutzinteresse nichts ändert." (VG Mainz GewArch 2012, 322 (322)).

34 Irrelevant ist in diesem Zusammenhang auch, ob der Kläger sein Wahlrecht ausgeübt hatte, da das Wahlanfechtungsverfahren nicht voraussetzt, dass das Wahlrecht wahrgenommen wurde (VG Mainz GewArch 2012, 322 (322)).

35 In der Praxis haben die Innungen meistens im Rahmen ihrer Satzung eine Regelung zur Wahlüberprüfung, die im Falle ihrer Existenz dann auch maßgebend ist. Innerhalb dieser Regelungen wird der genaue Ablauf des Einspruchs gegen die Wahl sowie die Zuständigkeiten, Form und Frist dargelegt.

35.1 Die Mustersatzung für Handwerksinnungen der Sächsischen Handwerkskammern regelt in ihrem § 20:
„Gegen die Rechtsgültigkeit der Wahlen kann jeder Wahlberechtigte binnen zwei Wochen nach der Wahl Einspruch beim Vorstand der Handwerksinnung erheben. Der Einspruch ist schriftlich einzulegen und zu begründen. Wird der Einspruch abgelehnt, so ist hierüber ein schriftlicher Bescheid zu erteilen. Gegen den ablehnenden Bescheid kann innerhalb eines Monats nach Zugang Widerspruch erhoben werden. Über diesen entscheidet der Innungsversammlung." (vgl. zu dieser Norm ausführlich Detterbeck Rn. 7 ff., wonach gegen den ablehnenden Bescheid der Innungsversammlung, der seiner Rechtsnatur nach ein Verwaltungsakt ist, im Wege der Anfechtungsklage zum Verwaltungsgericht gerichtlich vorgegangen werden kann.)

35.2 Hingegen ist in der Mustersatzung für Innungen Baden-Württemberg in § 22 geregelt:

„Gegen die Rechtsgültigkeit einer Wahl kann jeder Wahlberechtigte innerhalb eines Monats nach Feststellung des Wahlergebnisses Einspruch erheben. Der Einspruch ist bei der Geschäftsstelle der Innung schriftlich einzulegen. Über den Einspruch entscheidet die Innungsversammlung".

2. Begründetheit

Nicht jeder Fehler iRd Wahl des Vorstandes führt gleich zur Ungültigkeit der Wahl (Detterbeck Rn. 9 u.a. unter Hinweis auf BVerfGE 59, 119 (123) zu den Bundestagswahlen; Zimmermann GewArch 2013, 471 (477)). Vielmehr kommt es darauf an, ob der Wahlfehler Einfluss auf das Ergebnis der Wahl haben kann und die Möglichkeit besteht, dass ohne den Wahlfehler ein anderes Wahlergebnis sich ergeben hätte (Detterbeck Rn. 9, der auf die „nach der allgemeinen Lebenserfahrung konkrete und nicht ganz fernliegende Möglichkeit der Kausalität" abstellt unter Hinweis auf BVerfGE 89, 291 (304); Zimmermann GewArch 2013, 471 (477), der von „theoretischer Kausalität" spricht). 36

C. Der Widerruf der Vorstandsbestellung (Abs. 2)

Nach der Regelung des § 66 Abs. 2 S. 1 kann die Innungssatzung bestimmen, dass die „Bestellung des Vorstandes" jederzeit widerruflich ist. Nach S. 2 des § 66 Abs. 2 kann die Satzung der Innung ferner bestimmen, dass der **Widerruf** nur zulässig ist, wenn ein wichtiger Grund vorliegt, insbes. grobe Pflichtverletzung oder Unfähigkeit. Die Innung kann zwischen zwei Alternativen wählen: einen jederzeitigen Widerruf oder einen Widerruf aus wichtigem Grund iRd Innungssatzung vorzusehen (Schwannecke/Kräßig Rn. 10). 37

Streng am Wortlaut orientiert, wäre nur ein Widerruf des „Vorstandes", d.h. des gesamten Vorstandes als Organ möglich. Dies erscheint aber nicht zweckmäßig. Vielmehr sollte die Innungssatzung ermöglichen die Bestellung einzelner Vorstandsmitglieder zu widerrufen (so auch Will, Selbstverwaltung der Wirtschaft, 2010, 661 und Schwannecke/Kräßig Rn. 10). Mit Blick auf S. 2 des § 66 Abs. 2 ergibt sich, dass der Gesetzgeber durchaus die Möglichkeit gesehen hat, das einzelnen Vorstandsmitgliedern ihr Amt entzogen wird, denn der beispielhaft aufgeführte Widerrufsgrund der „Unfähigkeit" knüpft an die persönliche Voraussetzung des einzelnen Mitglieds an und nicht an den Vorstand als Organ. 38

Die **Widerrufsgründe** der groben Pflichtverletzung und der Unfähigkeit sind nicht abschließende, sondern beispielhafte Gründe, die der Gesetzgeber aufgeführt hat („insbesondere"). Darüber hinaus kann die Innung im Rahmen ihrer Innungssatzung weitere Gründe aufnehmen, die einen Widerruf der Bestellung rechtfertigen sollen. 39

In der Satzung sollte auch geregelt werden, welches **Quorum** in Zusammenhang mit dem Widerruf erforderlich ist. Die HwO erhält diesbezüglich keine Vorgaben. Zweckmäßig erscheint das Erfordernis einer qualifizierten Mehrheit, um die Handlungsfähigkeit des Vorstandes und damit die der Innung nicht zu gefährden (Schwannecke/Kräßig Rn. 10; Will, Selbstverwaltung der Wirtschaft, 2010, 661). 40

Die HwO trifft keine Aussage im Zusammenhang mit der **Widerrufszuständigkeit**. Der Widerruf ist Gegenakt (actus contrarius) zur Wahl der Vorstandsmitglieder, so dass für den Widerruf das gleiche Organ wie für die Wahl zuständig ist, dh die Innungsversammlung bzw. die Vertreterversammlung (Will, Selbstverwaltung der Wirtschaft, 2010, 661). 41

D. Die Vertretungsbefugnis des Vorstandes (Abs. 3)

I. Die organschaftliche Vertretungsbefugnis des Vorstandes

1. Einzelvertretung, Gesamtvertretung, Empfangsvertretung

Nach der Regelung des § 66 Abs. 3 S. 1 vertritt der Vorstand die Innung und führt die Geschäfte der Innung (**sog. Vertretungs- und Geschäftsführungsorgan**). Nach S. 2 des § 66 Abs. 3 kann die Vertretung einem oder mehreren Mitgliedern des Vorstandes oder dem Geschäftsführer (→ Rn. 51) übertragen werden, wenn eine Satzungsvorschrift dies vorsieht. 42

Die HwO aus dem Jahre 1953 sah in § 60 Abs. 3 S. 1 (1953) noch den Grundsatz der Gesamtvertretung vor (BGBl. 1953 I 1411 (1420)). Eine Übertragungsmöglichkeit der Vertretungsbefugnis auf ein- 42.1

zelne Vorstandsmitglieder oder einen Geschäftsführer bestand zum damaligen Zeitpunkt nicht. Diese wurde im Zuge der Novellierung der HwO von 1965 aus Praktikabilitätsgründen eingeführt, § 66 Abs. 3 S. 2 (1965), der in seinem Wortlaut mit der heutigen Fassung des § 66 Abs. 3 S. 2 übereinstimmt (BGBl. 1966 I 1 (13)).

42.2 „In § 60 Abs. 3 S. 1 HwO ist der Grundsatz der Gesamtvertretung des Vorstandes aufgestellt. Durch den neu eingeführten Satz 2 soll aus praktischen Gründen ermöglicht werden, daß die Satzung in bestimmten Fällen eine abweichende Regelung treffen kann. Vor allem für laufende Geschäfte der Verwaltung ist eine Gesamtvertretung nicht erforderlich" (Schriftlicher Bericht des Ausschusses für Mittelstandsfragen zu Drucksache IV/3461 zu Nr. 49).

43 Abhängig von der Ausgestaltung der jeweiligen Innungssatzung zur Vertretungsbefugnis gilt im Einzelfall der **Grundsatz der Gesamtvertretung** (sämtliche Mitglieder des Vorstands gemeinschaftlich) bzw. der **Grundsatz der Einzelvertretung** (einzelne Mitglieder des Vorstands allein), wobei unterschiedliche Vertretungsregelungen in Verbindung mit einzelnen Sachgebieten, abhängig auch von ihrer Relevanz für die Innung, möglich sind (Detterbeck Rn. 16).

44 Ist in der Innungssatzung keine entsprechende Regelung vorhanden, bleibt es nach dem Wortlaut und der Systematik des § 66 Abs. 3 S. 1, 2 beim Grundsatz der Gesamtvertretung, auch wenn diese Art der Vertretung in der Praxis ggf. aufgrund ihrer Umständlichkeit zu Schwierigkeiten führen kann (Detterbeck Rn. 15). Vor allem für laufende Geschäfte der Verwaltung ist eine Gesamtvertretung nicht zweckmäßig, sondern eher hinderlich und schwerfällig (vgl. Detterbeck Rn. 16).

45 Steht die Vertretungsmacht mehreren Vorstandmitgliedern gemeinschaftlich zu, bedarf es intern innerhalb des Vorstandes einer übereinstimmenden Willensbildung; nach außen gegenüber dem Dritten ist es ausreichend, wenn ein Vorstandsmitglied auftritt (vgl. Palandt/Ellenberger BGB § 167 Rn. 13).

46 IRd **Empfangsvertretung** (sog. Passivvertretung) hat jedes Vorstandsmitglied Einzelvertretungsmacht, für den Empfang von Willenserklärungen (vgl. Bamberger/Roth/Schöpflin BGB § 26 Rn. 1 zum Vorstand des Vereins). Ausreichend ist wenn ein Dritter gegenüber einem Vorstandsmitglied seine Willenserklärung abgibt (Schwannecke/Kräßig Rn. 11), auch im Fall einer Gesamtvertretung.

2. Die Bescheinigung der Handwerkskammer

47 Nach Abs. 3 S. 3 genügt bei allen Rechtsgeschäften die **Bescheinigung der Handwerkskammer**, dass die darin bezeichnete Person zurzeit den Vorstand bildet („Beurkundungsfunktion der Bescheinigung" (Detterbeck Rn. 21)). Die Bescheinigung gilt als **Nachweis der Legitimation** der amtierenden Vorstandsmitglieder im Rechtsverkehr (Honig/Knörr Rn. 17; Detterbeck Rn. 20; Schwannecke/Kräßig Rn. 15) und sollte von Anfang an auf die Dauer der Amtszeit beschränkt werden, um unbefugtes Benutzen nach Ablauf der regulären Amtszeit zu verhindern (Detterbeck Rn. 21; Schwannecke/Kräßig Rn. 15). Die Bescheinigung hat **keine konstitutive Wirkung** (Dohrn GewArch 1987, 49 (50)). Um eine Ausstellung der Bescheinigung durch die zuständige Handwerkskammer zu ermöglichen, bedarf es der Anzeige der vollzogenen Vorstandswahlen und der Mitteilung der Ergebnisse (vgl. § 66 Abs. 1 S. 4), wobei die Niederschrift über die Vorstandswahl der Handwerkskammer vorgelegt werden sollte (vgl. Schwannecke/Kräßig Rn. 15). Die Handwerkskammer ist grds. verpflichtet eine solche Bescheinigung nach Beantragung auszustellen, wobei der Handwerkskammer in ihrer Funktion als Rechtsaufsichtsbehörde ein Recht zur Prüfung der ordnungsgemäßen Wahlen zustehen sollte. Ist die Handwerkskammer der Ansicht, dass die Vorstandswahl an einem erheblichen Fehler leidet und infolge dessen ungültig ist, erscheint es sachgerecht, dass sie die Ausstellung der Bescheinigung verweigern kann. Der Innung steht dann der Weg zu den Verwaltungsgerichten im Wege einer Verpflichtungsklage auf Erteilung einer Bescheinigung, offen.

48 Ändert sich die Zusammensetzung des Vorstandes, etwa infolge Widerrufs der Bestellung und Ausscheiden aus dem Amt, ist dies der Handwerkskammer ebenfalls unverzüglich mitzuteilen, so dass die nunmehr zu Unrecht ausgestellte Bescheinigung durch die Handwerkskammer eingezogen oder für kraftlos erklärt werden kann, bevor eine neue berichtigte Bescheinigung erteilt wird (vgl. Detterbeck Rn. 20, 21 der die Bescheinigung mit einer

Vollmachtsurkunde nach § 172 BGB gleichsetzt; Honig/Knörr Rn 18 unter entsprechender Anwendung des §§ 175, 176 BGB). Die Handwerkskammer als Aufsichtsbehörde ist verpflichtet die Rückgabe der unrichtigen Bescheinigung zu verlangen (Schwannecke/Kräßig Rn. 15). Eine unbefugte Benutzung nach Ablauf der Amtszeit des Vorstandes und die Ausnutzung des Rechtsscheins der Legitimation im Rechtsverkehr soll verhindert werden. Solange eine Bescheinigung existiert und der Rechtsverkehr keine Kenntnis von der Unrichtigkeit hat, erzeugt die Bescheinigung weiterhin den Rechtsschein, dass eine entsprechende Vertretungsbefugnis besteht (Detterbeck Rn. 20). Dies hätte zur Folge, dass mit außenstehenden Dritten im Namen der Innung weiterhin Rechtsgeschäfte abgeschlossen werden können, die die Innung gegenüber Dritten verpflichten. Im Innenverhältnis gegenüber dem nicht mehr vertretungsbefugten Vorstandsmitglied kommen Schadensersatzansprüche der Innung in Betracht.

3. Der Umfang der Vertretungsmacht

Die Vertretung durch den Vorstand umfasst die **gerichtliche** und die **außergerichtliche** 49 Vertretung, § 66 Abs. 3 S. 1. Der Vorstand vertritt die Innung im gerichtlichen Verfahren und bei Rechtsgeschäften der Innung mit außenstehenden Dritten.

Einschränkungen der Vertretungsmacht ergeben sich aus § 61 Abs. 2 Nr. 7 und aus 50 § 61 Abs. 2 Nr. 9, wonach die Innungsversammlung zuständig ist für: Erwerb, Veräußerung oder dingliche Belastung von Grundeigentum (§ 61 Abs. 2 Nr. 7 lit. a), Veräußerung von Gegenständen, die einen geschichtlichen, wissenschaftlichen oder Kunstwert haben (§ 61 Abs. 2 Nr. 7 lit. b), die Ermächtigung zur Aufnahme von Krediten (§ 61 Abs. 2 Nr. 7 lit. c), Abschluss von Verträgen, durch welche die Innung fortlaufende Verpflichtungen auferlegt werden, mit Ausnahme der laufenden Geschäfte der Verwaltung (§ 61 Abs. 2 Nr. 7 lit. d), Anlegung des Innungsvermögens (§ 61 Abs. 2 Nr. 7 lit. e) und dem Erwerb und die Beendigung der Mitgliedschaft im Landesinnungsverband (§ 61 Abs. 2 Nr. 9) (Will, Selbstverwaltung der Wirtschaft, 2010, 658). Schließt der Vorstand solche Geschäfte ohne Vertretungsmacht ab, sind diese bis zu einer nachträglichen Genehmigung durch die Innungsversammlung schwebend unwirksam (BAG Urt. v. 9.11.1993 – 3 AZR 302/93 (= BeckRS 1993, 30746631)). Mit Erteilung der Genehmigung werden sie erst wirksam bzw. im Falle der Verweigerung der Genehmigungserteilung nichtig (Will, Selbstverwaltung der Wirtschaft, 2010, 658; BAG Urt. v. 9.11.1993 – 3 AZR 302/93 (= BeckRS 1993, 30746631); aA Honig/Knörr Rn. 11, der von einer Wirksamkeit der Geschäfte ausgeht).

II. Die Vertretung durch den Geschäftsführer

Die **Geschäfte der laufenden Verwaltung** können auch auf den **Geschäftsführer** über- 51 tragen werden, falls die Innungssatzung dies vorsieht (→ Rn. 52.1). Dies sind regelmäßig wiederkehrende Geschäfte der Innung, die keine grundsätzliche Relevanz für die Innung haben, wie etwa täglich anfallende Verwaltungsaufgaben und Geschäfte die keine großen finanziellen Verpflichtungen der Innung mit sich ziehen, wobei insoweit eine Einzelfallbetrachtung erfolgen muss (Detterbeck Rn. 17 unter Hinweis auf § 61 Rn. 12; Will, Selbstverwaltung der Wirtschaft, 2010, 675). Dem Geschäftsführer können aufgrund entsprechender Satzungsregelungen ggf. noch weitere Befugnisse zur Vertretung der Innung übertragen werden, wobei eine Übertragung sämtlicher Angelegenheiten, die in den Zuständigkeitsbereich des Vorstandes fallen, nicht zulässig ist (Detterbeck Rn. 17). Vertretungsorgan ist entsprechend dem Willen des Gesetzgebers der Vorstand der Innung und diese Regelung würde im Falle einer umfassenden Vertretung durch den Geschäftsführer und eines gleichzeitigen Ausschluss des Vorstandes von der Vertretung, ausgehöhlt werden.

Die **Wahl des Geschäftsführers**, der **kein Organ** der Innung ist, sondern ein Angestell- 52 ter der Innung, erfolgt entsprechend der Regelung in der Innungssatzung meistens durch die Innungsversammlung (Will, Selbstverwaltung der Wirtschaft, 2010, 658 und 675). Der Vorstand ist in der Regel für den Abschluss des Anstellungsvertrages mit dem Geschäftsführer zuständig (Will, Selbstverwaltung der Wirtschaft, 2010, 675 der den Geschäftsführer als „angestellte Hilfskraft ihrer Organe" bezeichnet).

§ 36 der Mustersatzung für Innungen Baden-Württemberg regelt im Zusammenhang mit der 52.1 **Geschäftsführung** auszugsweise: „Sofern ein Geschäftsführer gewählt und bestellt ist, obliegt ihm die

Erledigung der laufenden Geschäfte der Verwaltung. Insoweit vertritt er die Innung." (Abs. 1 des § 36). „Laufende Geschäfte der Verwaltung sind alle Verwaltungsaufgaben, die nach Art oder Ausmaß regelmäßig wiederkehren" (Abs. 3 des § 36). „Die Wahl des Geschäftsführers erfolgt durch die Innungsversammlung (…), die Anstellung und Entlassung durch den Vorstand. Der Anstellungsvertrag bedarf der Schriftform" (Abs. 5 des § 36).

53   Die Abberufung des Geschäftsführers erfolgt durch die Kündigung des Anstellungsvertrags. Enthält die Satzung keine ausdrückliche Regelung über die Zuständigkeit im Zusammenhang mit der Abberufung des Geschäftsführers kann der Gedanken des actus contrarius herangezogen werden (LG Köln Urt. v. 11.2.2010 – 22 O 168/09 (= BeckRS 2010, 05509)).

III. Die Vertretung durch die Kreishandwerkerschaft

54   Die Geschäftsführung der laufenden Verwaltung kann auch auf die zuständige **Kreishandwerkerschaft** ganz oder teilweise übertragen werden, so dass der Geschäftsführer der Kreishandwerkerschaft auch die laufenden Geschäfte der Innung wahrnimmt (→ Rn. 54.1; Will, Selbstverwaltung der Wirtschaft, 2010, 675, der des Weiteren ausführt, dass die Kreishandwerkerschaft dieses Verlangen der Innung nicht ablehnen kann). Nach § 87 Nr. 2 soll die Kreishandwerkerschaft die Innung bei der Erfüllung ihrer Aufgaben unterstützen, worunter auch die Führung der Geschäfte der Mitgliedsinnung fallen kann (Honig/Knörr § 87 Rn. 2).

54.1 § 36 der Mustersatzung für Innungen Baden-Württemberg regelt: „Ist die Geschäftsführung der Kreishandwerkerschaft übertragen, so vertritt der Geschäftsführer der Kreishandwerkerschaft insoweit die Innung. Entsprechendes gilt für die Übertragung der Geschäftsführung auf den Landesinnungsverband oder andere Einrichtungen" (Abs. 2 des § 36).

E. Die Haftung des Vorstandes

55   Die Mitglieder des Vorstandes sind zur ordnungsgemäßen Verwaltung verpflichtet. Liegt eine schuldhafte Pflichtverletzung der einzelnen Vorstandsmitglieder vor, kommt eine **persönliche Haftung des Vorstandmitglieds** in Betracht. Die Tatsache, dass das Vorstandsamt als Ehrenamt (→ Rn. 56) ausgeübt wird. entbindet die Vorstandsmitglieder nicht von einer Haftung, da der Tatbestand der Haftung nicht an eine entgeltliche Tätigkeit des Handelnden anknüpft (Leisner, W.G., Rechtsaufsicht über Innungen und Kreishandwerkerschaften bei Aufgabenausgliederung auf privatrechtliche Gesellschaften, LFI 2013, 108 auch unter Hinweis auf die Regelungen des Vereinsrechts nach §§ 31 ff. BGB sowie § 89 Abs. 1 BGB). Die Vorstandsmitglieder haften für einen aus der Pflichtverletzung entstandenen Schaden, soweit ihnen Verschulden zur Last fällt. Eine persönliche Haftung der Vorstandsmitglieder kommt vor allem im deliktischen Bereich in Betracht (Leisner, W.G., Rechtsaufsicht über Innungen und Kreishandwerkerschaften bei Aufgabenausgliederung auf privatrechtliche Gesellschaften, LFI 2013, 109; Honig/Knörr § 74 Rn. 3). Neben der persönlichen Haftung der Vorstandsmitglieder kommt auch eine **Haftung der Innung** gegenüber dem geschädigten Dritten für das Handeln des Vorstands nach § 74 in Betracht, wenn eine Zurechnung des Handelns erfolgt.

F. Das Ehrenamt des Vorstandes (Abs. 4)

56   Die Mitglieder des Vorstandes üben ihr Amt als **Ehrenamt** aus, Abs. 4 Hs. 1 (→ Rn. 58.1). Bereits die HwO aus dem Jahre 1953 enthielt die wortgleiche Regelung (vgl. § 60 Abs. 4 (1953) in BGBl. 1953 I 1411 (1420)). Eine Vergütung der Tätigkeit soll nicht erfolgen, damit die Vorstandsmitglieder weiterhin veranlasst werden ihr Handwerk zu betreiben und damit dem Handwerk, das durch die Innung vertreten wird, praxisbezogen verbunden zu bleiben (Honig/Knörr Rn. 19; Will, Selbstverwaltung der Wirtschaft, 2010, 661). Die Vorschrift des § 66 Abs. 4 Hs. 1 zur unentgeltlichen Amtsausübung ist **bindend** und kann nicht durch anderslautende Regelungen iRd Innungssatzung geändert werden (Schwannecke/Krägig Rn. 16). Die Gewährung einer Vergütung in Form eines Gehaltes oder Honorars ist unzulässig (Schwannecke/Krägig Rn. 16).

57   Die Innung kann im Rahmen ihrer jedoch Satzung regeln, dass den Vorstandsmitgliedern **Ersatz barer Auslagen und eine Entschädigung für Zeitversäumnis** gewährt wird,

Abs. 4 Hs. 2. Voraussetzung für den Ersatz ist, dass Auslagen, Zeitversäumnis und der Aufwand der Vorstandsmitglieder mit ihrer Amtsausübung im Zusammenhang stehen und nicht mit den Vorstandsmitgliedern in ihrer Eigenschaft als Privatpersonen (OVG Hamburg Urt. v. 7.4.1992 – Bf VI 80/90 Rn. 53 (= BeckRS 1992, 09714)). Ob eine bestimmte Tätigkeit in Verbindung mit der Ausübung des öffentlichen Amtes steht oder der Privatsphäre der Vorstandsmitglieder zuzurechnen ist, bestimmt sich nach der Zielsetzung, in deren Sinn das Vorstandsmitglied tätig wurde (OVG Hamburg Urt. v. 7.4.1992 – Bf VI 80/90 Rn. 57 (= BeckRS 1992, 09714) unter Hinweis auf BGHZ 42, 176 (179)). So soll die Abgabe eines Rechenschaftsberichtes über die Amtsführung der Amtstätigkeit des Vorstandsmitgliedes zugerechnet werden, nicht hingegen Aussagen im Zusammenhang mit der Wiederwahl als Obermeister des Vorstandes (OVG Hamburg Urt. v. 7.4.1992 – Bf VI 80/90 Rn. 58 (= BeckRS 1992, 09714). Aussagen iRd Wahlrede sind als Privatäußerungen der Privatsphäre zuzurechnen (OVG Hamburg Urt. v. 7.4.1992 – Bf VI 80/90 Rn. 61 (= BeckRS 1992, 09714)).

Im Zusammenhang mit der Arbeit des Vorstandes trägt die Innung die **Kosten der Entschädigung**. Es gilt der Grundsatz, dass Selbstverwaltungskörperschaften die Verwaltungskosten zu tragen haben, die ihnen durch die Übertragung von Verwaltungsaufgaben entstehen (vgl. BVerwG NJW 1978, 233 (233) zu der Kostentragungspflicht der Rechtsanwaltskammer für die Entschädigung der Mitglieder des Berufsbildungsausschuss). Die Vorstandsmitglieder haben einen Erstattungsanspruch gegen die zuständige Innung. 58

§ 31 Abs. 4 der Mustersatzung für Innungen Baden-Württemberg regelt in diesem Zusammenhang: „Die Mitglieder des Vorstandes verwalten ihr Amt als Ehrenamt unentgeltlich. Für bare Auslagen und Zeitversäumnis wird Ersatz und Entschädigung nach den von der Innungsversammlung beschlossenen Sätzen gewährt. Die Zahlung eines pauschalierten Ersatzes für bare Auslagen in Form von Tages- und Übernachtungsgeldern ist zulässig. Dem Obermeister und seinem Stellvertreter kann für den mit ihrer Tätigkeit verbundenen Aufwand eine angemessene Entschädigung gewährt werden." 58.1

§ 67 [Ausschüsse]

(1) **Die Handwerksinnung kann zur Wahrnehmung einzelner Angelegenheiten Ausschüsse bilden.**

(2) ¹**Zur Förderung der Berufsbildung ist ein Ausschuß zu bilden.** ²**Er besteht aus einem Vorsitzenden und mindestens vier Beisitzern, von denen die Hälfte Innungsmitglieder, die in der Regel Gesellen oder Lehrlinge beschäftigen, und die andere Hälfte Gesellen sein müssen.**

(3) ¹**Die Handwerksinnung kann einen Ausschuß zur Schlichtung von Streitigkeiten zwischen Ausbildenden und Lehrlingen (Auszubildenden) errichten, der für alle Berufsausbildungsverhältnisse der in der Handwerksinnung vertretenen Handwerke ihres Bezirks zuständig ist.** ²**Die Handwerkskammer erläßt die hierfür erforderliche Verfahrensordnung.**

Literatur: Will Martin, Selbstverwaltung der Wirtschaft, 2010

Überblick

§ 67 Abs. 1 ermächtigt die Innung zur Bildung von Ausschüssen. Neben dem gesetzlich vorgegebenen **obligatorischen Berufsbildungsausschuss** (§ 67 Abs. 2; → Rn. 12) steht es im **Ermessen der Innung** (→ Rn. 4) weitere Ausschüsse zu bilden, die bestimmte Aufgaben der Innung erfüllen. Der Gesetzgeber nennt in § 67 Abs. 3 als fakultativen Ausschuss den **Schlichtungsausschuss** (→ Rn. 17). Die Ausschüsse werden untergliedert in fakultative/ obligatorische Ausschüsse (→ Rn. 9), ständige/ temporäre Ausschüsse (→ Rn. 10) und entscheidungsbefugte/ beratende Ausschüsse (→ Rn. 11).

Nach § 89 Abs. 1 Nr. 5 kommt nur die Regelung des § 67 Abs. 1 bei den Kreishandwerkerschaften zur Anwendung.

Übersicht

	Rn.		Rn.
A. Historie	1	3. Entscheidungsbefugte Ausschüsse – Vorbereitende Ausschüsse	11
B. Die Bildung von Ausschüssen (Abs. 1)	4	C. Berufsbildungsausschuss (Abs. 2)	12
I. Ermessen der Innung	4	I. Wesen des Ausschusses und seine Aufgaben (Abs. 2 S. 1)	12
II. Die Mitgliedschaft im Ausschuss	6	II. Zusammensetzung (Abs. 2 S. 2)	13
III. Ausschussarten	9	D. Schlichtungsausschuss (Abs. 3)	17
1. Obligatorische Ausschüsse – Fakultative Ausschüsse	9	I. Fakultativer Ausschuss	17
2. Ständige Ausschüsse – Temporäre Ausschüsse	10	II. Wesen des Ausschusses	18
		III. Zusammensetzung des Ausschusses	19
		IV. Verfahrensordnung	21

A. Historie

1 Die Regelung des heutigen § 67 Abs. 1 lässt sich auf die HwO in ihrer Fassung aus dem Jahre 1953 zurückführen. Bereits die HwO aus dem Jahre 1953 enthielt in ihrem damaligen § 61 Abs. 1 die wortgleiche Regelung des heutigen § 67 Abs. 1 (BGBl. 1953 I 1411 (1420)).

2 § 67 Abs. 2 wurde in seinem Wortlaut geändert. Nach § 61 Abs. 2 (1953) konnten Ausschüsse zur „Förderung der Berufsausbildung der Lehrlinge" gebildet werden (BGBl. 1953 I 1411 (1420)). Durch die Reform der HwO von 1993 wurde der Zusatz „der Lehrlinge" gestrichen und der Begriff „Berufsausbildung" durch den Begriff „Berufsbildung" ersetzt (BGBl. 1993 I 2256 (2260); BT-Drs. 12/5918, 23). Entsprechend der Begründung des Gesetzgebers diente diese Änderung des Wortlauts der Klarstellung. Unter den Begriff der „Berufsbildung" soll neben der Berufsausbildung nunmehr auch die Weiterbildung, die zunehmend an Bedeutung gewann, subsumiert werden können (BT-Drs. 12/5918, 23).

3 Im Wege der Reform der HwO von 1965 wurde der damalige § 67 Abs. 3 (1965), der im Wesentlichen dem heutigen Art. 67 Abs. 3 entspricht, eingefügt (BGBl. 1966 I 1 (14)).

B. Die Bildung von Ausschüssen (Abs. 1)

I. Ermessen der Innung

4 § 67 Abs. 1 ermächtigt die Innung zur Bildung von Ausschüssen. **Ausschüsse** sind **Organe der Innung** (§ 60 Nr. 3), die zur Erfüllung bestimmter Aufgaben gebildet werden (Will, Selbstverwaltung der Wirtschaft, 2010, 662; Schwannecke/Kräßig Rn. 1). Nach dem Wortlaut des § 67 Abs. 1 „kann" die Innung zur Wahrnehmung einzelner Angelegenheiten Ausschüsse bilden. Solange die Innung nicht kraft Gesetz verpflichtet wird einen bestimmten Ausschuss zu errichten, steht es in ihrem **Ermessen**, ob und welchen Ausschuss sie errichten möchte und mit welchen Angelegenheiten dieser betraut werden soll, solange keine zu beachtenden Regelungen der HwO bestehen (Schwannecke/Kräßig Rn. 1).

5 **Zuständig** für die Einsetzung besonderer Ausschüsse zur Vorbereitung einzelner Angelegenheiten ist nach § 61 Abs. 2 Nr. 5 die **Innungsversammlung** (Detterbeck Rn. 4). Auf die Ausschüsse können nur **einzelne** Aufgaben übertragen werden, nicht jedoch die gesamten Aufgaben eines anderen Innungsorgans (Schwannecke/Kräßig Rn. 2). Die Innungsversammlung wählt auch die Mitglieder der Ausschüsse, die der Zahl der Innungsmitglieder zu entnehmen ist, § 61 Abs. 2 Nr. 4. Ferner können sich auch aus der **Innungssatzung** Regelungen im Zusammenhang mit dem Bestehen von bestimmten Ausschüssen ergeben (Schwannecke/Kräßig Rn. 1).

II. Die Mitgliedschaft im Ausschuss

6 Die Mitwirkung in den Ausschüssen, als Organe der Innung, ist grds. den **Innungsmitgliedern** (§ 58; → § 58 Rn. 1 ff.) vorbehalten (Will, Selbstverwaltung der Wirtschaft, 2010, 663).

Das Gesetz ordnet in bestimmten Fällen die Beteiligung von **Gesellen** an, die jedoch 7
nicht Mitglieder der Innung sind, sondern Beschäftigte der einzelnen Innungsmitglieder (zB
Abs. 2 im Berufsbildungsausschuss (→ Rn. 12)). In diesen Fällen sind neben den gewählten
Innungsmitgliedern auch die gewählten Gesellen Mitglieder des Ausschusses. Die mitwirkenden Gesellen werden vom Gesellenausschuss gewählt nach § 68 Abs. 1 S. 2 (vgl. zum Gesellenbegriff → § 70 Rn. 4 ff.). Daneben kann die Mitwirkung der Gesellen in Ausschüssen,
wie sich aus § 68 Abs. 1 S. 2, Abs. 2 Nr. 6 ableiten lässt, auch ergeben, wenn die Satzung
der Innung dies anordnet (Detterbeck Rn. 2). Der Gesellenausschuss ist zu beteiligen bei
der Wahl oder der Benennung der Vorsitzenden von Ausschüssen, bei denen die Mitwirkung der Gesellen durch Gesetz oder Satzung vorgesehen ist (§ 68 Abs. 2 Nr. 6).

Die Beteiligung von **sonstigen Nichtmitgliedern,** wäre möglich, wenn das Gesetz dies 8
anordnet (Detterbeck Rn. 3). Dies ist beim **Schlichtungsausschuss** der Fall, der nach § 67
Abs. 3 S. 1 iVm § 111 Abs. 2 S. 1 ArbGG zu gleichen Teilen aus Arbeitgebern und Arbeitnehmern bestehen muss (→ Rn. 17) (Will, Selbstverwaltung der Wirtschaft, 2010, 663). Die
Ausschüsse sind Organe der Innung, die bestimmte Aufgaben der Innung selbständig erfüllen
oder solche im Auftrag eines anderen Innungsorgans vorbereiten. Es erscheint nicht sachgerecht sonstigen Nichtmitgliedern die Mitarbeit in den Ausschüssen zu ermöglichen, wenn
eine entsprechende gesetzliche Ermächtigungsgrundlage fehlt. Nichtmitglieder können auch
nicht die Ämter der übrigen Innungsorgane (Vorstand (→ § 60 Rn. 10) oder der Innungsversammlung (→ § 61 Rn. 2)) besetzen, so dass nicht ersichtlich ist, wieso ihnen dieses Recht
in den Ausschüssen zugebilligt werden sollte, wenn der Gesetzgeber dies nicht anordnet
(Detterbeck Rn. 3; Honig/Knörr Rn. 2, aA Will, Selbstverwaltung der Wirtschaft, 2010,
663 der bei beratenden Ausschüssen die Mitwirkung von Nichtmitgliedern und die Nutzbarmachung von fremdem Sachverstand als möglich erachtet). Die Ausschüsse können sich
externer Sachverstand auch nutzbar machen, ohne dass diese Nichtmitglieder eine Position
im Ausschuss erhalten.

III. Ausschussarten

1. Obligatorische Ausschüsse – Fakultative Ausschüsse

Zu unterscheiden sind grds. **fakultative Ausschüsse**, deren Bildung im Ermessen der 9
Innung steht und **obligatorische Ausschüsse**, die jede Innung kraft Gesetz vorhalten muss.
Der **Berufsbildungsausschuss** (→ Rn. 12) ist ein obligatorischer Ausschuss der Innung
(Will, Selbstverwaltung der Wirtschaft, 2010, 662; Detterbeck Rn. 1; aA Schwannecke/
Krääig Rn. 1). Weitere obligatorische Ausschüsse sind der **Gesellenprüfungsausschuss**,
sofern die Handwerkskammer die Innung zur Errichtung entsprechend ermächtigt hat (§ 33
Abs. 1 S. 3; → § 33 Rn. 10 ff.) und der **Zwischenprüfungsausschuss**, ebenfalls bei entsprechender Ermächtigung durch die Handwerkskammer (§ 39 Abs. 1 S. 2 iVm § 33 Abs. 1 S. 3;
→ § 39 Rn. 5; Will, Selbstverwaltung der Wirtschaft, 2010, 662). Fakultative Ausschüsse
kann die Innung für alle Zwecke bilden, die im Zusammenhang mit den von der Innung
zu erfüllenden Aufgaben stehen (zB **Rechnungs- und Kassenprüfungsausschuss**;
Schwannecke/Krääig Rn. 2).

2. Ständige Ausschüsse – Temporäre Ausschüsse

Ferner sind abhängig von der Dauer ihres Bestandes sog. **ständige Ausschüsse** von den 10
sog. **temporären Ausschüssen** zu unterscheiden. Während ständige Ausschüsse dauerhaft
errichtet sind und damit laufend die zugewiesenen Aufgaben wahrnehmen, bestehen die
temporären Ausschüsse nur vorübergehend zur Erledigung einer befristeten Aufgabe (Detterbeck Rn. 1). Obligatorische Ausschüsse sind immer auch ständige Ausschüsse (Detterbeck
Rn. 1), jedoch können auch fakultative Ausschüsse ständige Ausschüsse sein (in der Praxis
oft der **Rechnungs- und Kassenprüfungsausschuss**).

3. Entscheidungsbefugte Ausschüsse – Vorbereitende Ausschüsse

Auch bzgl. der Wahrnehmung der Aufgaben ist zu unterscheiden, ob die Ausschüsse 11
einzelne Aufgaben selbständig erfüllen und damit darüber **entscheiden** oder ob sie lediglich

einzelne Angelegenheiten **vorbereiten** und zur Entscheidung einem anderen Organ der Innung (Vorstand, Innungsversammlung) mit einer Beschlussempfehlung vorlegen (Detterbeck Rn. 1). Sofern die HwO bestimmte Aufgaben nicht einem bestimmten Organ zur zwingenden Erfüllung zuweist, steht es im Ermessen der Innung, ob sie einzelne Angelegenheiten dem Ausschuss zur Erledigung überträgt. Die in § 61 Abs. 2 aufgelisteten Angelegenheiten obliegen der Innungsversammlung, so dass diese nicht auf einen Ausschuss zur Erfüllung übertragen werden können. Möglich ist aber, dass der Ausschuss diese Angelegenheiten berät und zur Beschlussfassung durch die Innungsversammlung vorbereitet. In der Praxis ist in der Regel der **Gesellenprüfungsausschuss** (§ 33) und der **Schlichtungsausschuss** (§ 67 Abs. 3) ein entscheidungsbefugter Ausschuss (Detterbeck Rn. 1).

C. Berufsbildungsausschuss (Abs. 2)

I. Wesen des Ausschusses und seine Aufgaben (Abs. 2 S. 1)

12   Nach dem Wortlaut des § 67 Abs. 2 S. 1 „ist" zur Förderung der Berufsbildung ein Ausschuss zu bilden. Aufgrund der gesetzlichen Verpflichtung handelt es sich um einen **obligatorischen** (→ Rn. 9), ständigen (→ Rn. 10) Ausschuss der Innung (Schwannecke/Krääig Rn. 4; Detterbeck Rn. 5; Honig/Knörr Rn. 4). Der Ausschuss bezweckt die Förderung der Berufsbildung der Lehrlinge, Gesellen und Meister (Detterbeck Rn. 5). Unter die Berufsbildung fällt die berufliche Ausbildung und die Weiterbildung (→ Rn. 2), so dass der Ausschuss alle Aufgaben wahrnimmt, die die berufliche Ausbildung und Weiterbildung betreffen (→ Rn. 12.1) (Detterbeck Rn. 5; Schwannecke/Krääig Rn. 4). Dieser Ausschuss steht im Zusammenhang mit der Aufgabenerfüllung der Innung nach § 54 Abs. 1 S. 2 Nr. 3, Nr. 5 (Schwannecke/Krääig Rn. 5; Detterbeck Rn. 5). Ob es sich um einen entscheidungsbefugten oder einen beratenden Ausschuss (→ Rn. 11) handelt, bestimmt die Innungssatzung (Detterbeck Rn. 5; Schwannecke/Krääig Rn. 5).

12.1   § 42 der Mustersatzung für Innungen Baden-Württemberg regelt zu den **Aufgaben des Ausschuss zur Förderung der Berufsbildung**:
„Der Ausschuss hat nach Maßgabe der für die Berufsbildung geltenden Vorschriften, alle Angelegenheiten, welche die Berufsbildung betreffen, insbesondere folgende Gegenstände zu beraten:
1. die Vorschriften über die Berufsausbildung der Lehrlinge (…)
2. Stellungnahmen in Verfahren zur Untersagung des Einstellens und Ausbildens von Lehrlingen, soweit die Innung damit befasst wird."

II. Zusammensetzung (Abs. 2 S. 2)

13   Die **Zusammensetzung** des Berufsbildungsausschusses ergibt sich aus § 67 Abs. 2 S. 2. Nach dessen Wortlaut besteht der Berufsbildungsausschuss aus einem **Vorsitzenden** und **mindestens vier Beisitzern**, von denen die Hälfte Innungsmitglieder, die in der Regel Gesellen oder Lehrlinge beschäftigen, und die andere Hälfte Gesellen (→ § 70 Rn. 4) sein müssen. Durch die gesetzliche Regelung zu den Beisitzern besteht diesbezüglich eine **paritätische Mitbestimmung** (zwei von Seiten der Innungsmitglieder als Arbeitgeber und zwei von Seiten der Gesellen als Arbeitnehmer). Sollte die Innungssatzung festsetzen, dass der Ausschuss mehr als vier Beisitzer enthalten soll, muss die gesetzlich festgelegte hälftige Aufteilung der Beisitzer beachtet werden. Die Festsetzung einer geringeren Anzahl an Beisitzern ist angesichts des Wortlauts („mindestens") auch durch eine entsprechende Satzungsbestimmung nicht zulässig.

14   Ob der Vorsitzende des Berufsbildungsausschusses (sog. Lehrlingswart) von Seiten der Innungsmitglieder oder von Seiten der Gesellen stammt, setzt das Gesetz nicht fest, so dass es der Wahl vorbehalten ist wer dieses Amt erfüllt (vgl. Detterbeck Rn. 8; vgl. Honig/Knörr Rn. 5).

15   Die mitwirkenden **Gesellen als Beisitzer** des Berufsbildungsausschusses werden vom Gesellenausschuss gewählt, § 68 Abs. 1 S. 2 (vgl. zum Gesellenbegriff → § 70 Rn. 4 ff.; (Honig/Knörr Rn. 5; Schwannecke/Krääig Rn. 3). Der Gesellenausschuss ist zu beteiligen bei der Wahl oder der Benennung der Vorsitzenden der Berufsbildungsausschusses, § 68 Abs. 2 Nr. 6 (Schwannecke/Krääig Rn. 3).

Die **Innungsmitglieder als Beisitzer** werden von der Innungsversammlung in den **16** Berufsbildungsausschuss gewählt, § 61 Abs. 2 Nr. 4. Die Mitglieder des Berufsbildungsausschusses von Seiten der Innungsmitglieder sollen im Regelfall („in der Regel") Gesellen oder Lehrlinge beschäftigen. Erfüllt ein einzelnes Mitglied des Berufsbildungsausschusses diese Regelvoraussetzung nicht, führt dies nicht zum sofortigen Verlust des Amtes bzw. zur Verhinderung der Wahl in den Ausschuss. Dennoch sollte es sich diesbezüglich um eine Ausnahme handeln, da der Gesetzgeber die Beschäftigung von Lehrlingen oder Gesellen als Regelfall ansieht (Detterbeck Rn. 8).

§ 41 der Mustersatzung für Innungen Baden-Württemberg regelt zum **Ausschuss zur Förderung** **16.1** **der Berufsbildung**:
„(1) Der Ausschuss zur Förderung der Berufsbildung besteht aus einem Vorsitzenden (Lehlingswart) und mindestens vier Beisitzern, von denen die Hälfte Innungsmitglieder, die in der Regel Gesellen oder Lehrlinge beschäftigen, die andere Hälfte Gesellen sein müssen.
(2) Der Vorsitzende sowie die Beisitzer, die Innungsmitglieder sind, werden von der Innungsversammlung, die Beisitzer, die Gesellen sind, vom Gesellenausschuss gewählt. Bei der Wahl des Vorsitzenden nehmen die Mitglieder des Gesellenausschusses mit vollem Stimmrecht an der Innungsversammlung teil. (…)."

D. Schlichtungsausschuss (Abs. 3)

I. Fakultativer Ausschuss

Nach dem Wortlaut des § 67 Abs. 3 S. 1 „kann" die Innung einen Schlichtungsausschluss **17** errichten, so dass es sich um einen **fakultativen Ausschuss** der Innung handelt (Will, Selbstverwaltung der Wirtschaft, 2010, 663; Honig/Knörr Rn. 10; aA Schwannecke/Kräßig Rn. 1 der von einem obligatorischen Ausschuss ausgeht). Die Entscheidung über die Errichtung des Ausschusses trifft die Innungsversammlung (Detterbeck Rn. 10). Der Schlichtungsausschuss ist ein **Organ** der Handwerksinnung (BAG Urt. v. 24.10.1985 – 2 AZR 505/83 (= BeckRS 1985, 30714977); Schwannecke/Kräßig Rn. 6).

II. Wesen des Ausschusses

Nach § 111 Abs. 2 S. 1 ArbGG kann die Innung zur Beilegung von Streitigkeiten zwischen **18** Ausbildenden und Auszubildenden aus einem bestehenden Berufsausbildungsverhältnis Ausschüsse bilden (BAG BB 1962, 52 ff.; → Rn. 20.1). Die Streitenden sollen versuchen ihren Streit außergerichtlich vor dem Schlichtungsausschuss beizulegen, bevor eine Klage zum Arbeitsgericht erhoben wird (BAG Urt. v. 24.10.1985 – 2 AZR 505/83 (= BeckRS 1985, 30714977) zum Streit über die Wirksamkeit der Kündigung; Detterbeck Rn. 10). Die Streitigkeiten müssen mit einem **bestehenden Berufsausbildungsverhältnis** im Zusammenhang stehen (Honig/Knörr Rn. 9; Schwannecke/Kräßig Rn. 7; BAG BB 1962, 52 ff.). Die Anrufung des Schlichtungsausschusses ist eine **Prozessvoraussetzung** der arbeitsgerichtlichen Klage, § 111 Abs. 2 S. 5 ArbGG (BAG Urt. v. 24.10.1985 – 2 AZR 505/83 (= BeckRS 1985, 30714977); Detterbeck Rn. 10; Honig/Knörr Rn. 10). Der Schlichtungsausschuss hat die Parteien mündlich zu hören, § 111 Abs. 2 S. ArbGG. Wird der vom Schlichtungsausschuss gefällte Spruch nicht innerhalb einer Woche von beiden Parteien anerkannt, so kann innerhalb von zwei Wochen nach ergangenem Spruch **Klage** bei zuständigen Arbeitsgericht erhoben werden, § 111 Abs. 2 Nr. 3 ArbGG. Die Verpflichtung zur Anrufung des Schlichtungsausschusses entfällt, wenn die Innung keinen Schlichtungsausschuss gebildet hat (BAG Urt. v. 24.10.1985 – 2 AZR 505/83 (= BeckRS 1985, 30714977)).

III. Zusammensetzung des Ausschusses

Dem Schlichtungsausschuss müssen „Arbeitgeber und Arbeitnehmer in gleicher Zahl" **19** angehören, § 111 Abs. 2 S. 1 ArbGG (Detterbeck Rn. 15; Schwannecke/Kräßig Rn. 9). Den Begriff des **Arbeitnehmer** definiert § 5 ArbGG (Schwannecke/Kräßig Rn. 9). Nach § 5 Abs. 1 S. 1 ArbGG sind dies Arbeiter und Angestellte, sowie die zu ihrer Berufsausbildung Beschäftigten. **Arbeitgeber** sind auf jeden Fall die Innungsmitglieder iSd § 58. Ob darüber hinaus auch Nichtmitglieder auf Seiten der Arbeitgeber Mitglied des Ausschusses sein können, ist fraglich. Streng am Wortlaut des Gesetzes orientiert wäre dies der Fall, denn der Gesetzgeber hat hier den Begriff des „Arbeitgebers" und nicht des „Innungsmitglieds" verwendet (Detterbeck Rn. 15; Schwannecke/Kräßig Rn. 9). Die Innung sollte aber den Personenkreis auf ihre Mitglieder durch eine Satzungsregelung begrenzen können (Detterbeck Rn. 15; Schwannecke/Kräßig Rn. 9).

20 Die genaue **Anzahl der Mitglieder** des Ausschusses ergibt sich aus der Innungssatzung, wobei die gesetzlich vorgegebene **paritätische Besetzung** zu beachten ist (Honig/Knörr Rn. 7). Um eine Pattsituation zu vermeiden bietet es sich an, einen Unparteiischen als **Vorsitzenden** des Ausschusses zu bestimmen (vgl. Detterbeck Rn. 15, 17 mit Hinweis auf die zu beachtenden Grundsätze aus BAG BB 1962, 52 ff.; Schwannecke/Kräßig Rn. 9), wobei dies in der Innungssatzung festgelegt werden müsste (→ Rn. 20.2).

20.1 § 44 der Mustersatzung für Innungen Baden-Württemberg regelt zur **Zuständigkeit** des Ausschusses zur Schlichtung von Streitigkeiten zwischen Ausbildenden und Lehrlingen (Auszubildenden):
„(1) Der Ausschuss ist zuständig für die Schlichtung aller Streitigkeiten zwischen Ausbildenden und ihren Lehrlingen (Auszubildenden)
1. aus dem Berufsausbildungsverhältnis,
2. über das Bestehen oder Nichtbestehen eines Ausbildungsverhältnisses,
ohne Rücksicht auf die Innungsmitgliedschaft des Ausbildenden.
(2) Die Zuständigkeit des Ausschusses entfällt, wenn das Ausbildungsverhältnis zur Zeit der Schlichtung der Streitigkeiten nach Auffassung beider Vertragsparteien nicht mehr besteht.
(3) Die Durchführung des Verfahrens vor dem Ausschuss richtet sich nach der von der Handwerkskammer erlassenen Verfahrensordnung.
(4) Die Geschäftsführung des Ausschusses zur Schlichtung von Streitigkeiten zwischen Ausbildenden und Lehrlingen (Auszubildenden) kann der Kreishandwerkerschaft oder dem Landesinnungsverband übertragen werden."

20.2 § 43 der Mustersatzung für Innungen Baden-Württemberg regelt zum **Ausschuss zur Schlichtung von Streitigkeiten zwischen Ausbildenden und Lehrlingen (Auszubildenden)**:
„(1) Beschließt die Innung die Bildung eines Ausschusses zur Schlichtung von Streitigkeiten zwischen Ausbildenden und Lehrlingen (Auszubildenden), so besteht dieser aus einem Vorsitzenden und zwei Beisitzern. Der Vorsitzende darf nicht Innungsmitglied und weder Arbeitgeber noch Arbeitnehmer in einem gewerblichen Betrieb sein. Ein Beisitzer muss Innungsmitglied sein und in der Regel Gesellen oder Lehrlinge (Auszubildende) beschäftigen; der andere Beisitzer muss Geselle sein.
(2) Der Vorsitzende sowie der Beisitzer, der Innungsmitglied ist, werden von der Innungsversammlung, der Beisitzer, der Geselle ist, von dem Gesellenausschuss gewählt. Bei der Wahl des Vorsitzenden nehmen die Mitglieder des Gesellenausschusses mit vollem Stimmrecht an der Innungsversammlung teil. (…)"

IV. Verfahrensordnung

21 Nach Abs. 3 S. 2 erlässt die Handwerkskammer die erforderliche Verfahrensordnung, die die Innung zu beachten hat (Detterbeck Rn. 18; Honig/Knörr Rn. 7; Schwannecke/Kräßig Rn. 9).

§ 68 [Gesellenausschuss]

(1) [1]Im Interesse eines guten Verhältnisses zwischen den Innungsmitgliedern und den bei ihnen beschäftigten Gesellen (§ 54 Abs. 1 Nr. 2) wird bei der Handwerksinnung ein Gesellenausschuß errichtet. [2]Der Gesellenausschuß hat die Gesellenmitglieder der Ausschüsse zu wählen, bei denen die Mitwirkung der Gesellen durch Gesetz oder Satzung vorgesehen ist.

(2) Der Gesellenausschuß ist zu beteiligen
1. bei Erlaß von Vorschriften über die Regelung der Lehrlingsausbildung (§ 54 Abs. 1 Nr. 3),
2. bei Maßnahmen zur Förderung und Überwachung der beruflichen Ausbildung und zur Förderung der charakterlichen Entwicklung der Lehrlinge (§ 54 Abs. 1 Nr. 3),
3. bei der Errichtung der Gesellenprüfungsausschüsse (§ 54 Abs. 1 Nr. 4),

4. bei Maßnahmen zur Förderung des handwerklichen Könnens der Gesellen, insbesondere bei der Errichtung oder Unterstützung der zu dieser Förderung bestimmten Fachschulen und Lehrgänge (§ 54 Abs. 1 Nr. 5),
5. bei der Mitwirkung an der Verwaltung der Berufsschulen gemäß den Vorschriften der Unterrichtsverwaltungen (§ 54 Abs. 1 Nr. 6),
6. bei der Wahl oder Benennung der Vorsitzenden von Ausschüssen, bei denen die Mitwirkung der Gesellen durch Gesetz oder Satzung vorgesehen ist,
7. bei der Begründung und Verwaltung aller Einrichtungen, für welche die Gesellen Beiträge entrichten oder eine besondere Mühewaltung übernehmen, oder die zu ihrer Unterstützung bestimmt sind.

(3) Die Beteiligung des Gesellenausschusses hat mit der Maßgabe zu erfolgen, daß
1. bei der Beratung und Beschlußfassung des Vorstands der Handwerksinnung mindestens ein Mitglied des Gesellenausschusses mit vollem Stimmrecht teilnimmt,
2. bei der Beratung und Beschlußfassung der Innungsversammlung seine sämtlichen Mitglieder mit vollem Stimmrecht teilnehmen,
3. bei der Verwaltung von Einrichtungen, für welche die Gesellen Aufwendungen zu machen haben, vom Gesellenausschuß gewählte Gesellen in gleicher Zahl zu beteiligen sind wie die Innungsmitglieder.

(4) ¹Zur Durchführung von Beschlüssen der Innungsversammlung in den in Absatz 2 bezeichneten Angelegenheiten bedarf es der Zustimmung des Gesellenausschusses. ²Wird die Zustimmung versagt oder nicht in angemessener Frist erteilt, so kann die Handwerksinnung die Entscheidung der Handwerkskammer binnen eines Monats beantragen.

(5) Die Beteiligung des Gesellenausschusses entfällt in den Angelegenheiten, die Gegenstand eines von der Handwerksinnung oder von dem Innungsverband abgeschlossenen oder abzuschließenden Tarifvertrags sind.

Literatur: Dannenbring Jan, Die Tarifpartnerschaft im Handwerk, WiVerw 2012, 156 ff.; Fröhler Ludwig, Interessenvertretung durch Körperschaften des öffentlichen Rechts? (behandelt am Beispiel der Handwerkskammern), GewArch 1972, 33 ff.; John Peter, Novellierung der Handwerksordnung: Arbeitgeberbeteiligung konkretisiert, gefestigt und ausgeweitet, WiVerw 1994, 34 ff.; Will Martin, Selbstverwaltung der Wirtschaft, 2010

Überblick

Der Gesellenausschuss ist ein „**Ausschuss**" (→ Rn. 1), der bei der Innung zu **errichten** (→ Rn. 6) ist. Im Schrifttum bestehen unterschiedliche Ansichten dazu, ob es sich um einen **obligatorischen Ausschuss** (→ Rn. 2) handelt und ob er ein **Organ** der Innung ist (→ Rn. 3). IRd Gesellenausschusses werden den Gesellen der Innungsmitglieder spezifische **Mitwirkungsrechte** (→ Rn. 9) an der Innungsarbeit eingeräumt (§ 68 Abs. 2), aber auch **Mitwirkungsverbote** (→ Rn. 12) werden für bestimmte Angelegenheiten gesetzlich normiert (§ 68 Abs. 5). Die **Ausgestaltung der Beteiligung** (→ Rn. 13 ff.) des Gesellenausschusses variiert abhängig vom beteiligten Innungsorgan, § 68 Abs. 3, Abs. 4.

A. Wesen des Gesellenausschusses

I. Einrichtung sui generis

Der Gesellenausschuss ist ein „**Ausschuss**" der Innung, der im Interesse eines guten Verhältnisses zwischen den Innungsmitgliedern und den bei ihnen beschäftigten Gesellen (→ § 70 Rn. 4; → § 70 Rn. 5; → § 70 Rn. 6) zu errichten ist, § 68 Abs. 1 S. 1. Die Innung vertritt als Berufsgemeinschaft der selbständigen Handwerker die gemeinsamen gewerblichen Interessen ihrer Mitglieder und nimmt die sozialpolitische Aufgabe wahr, diejenigen Angelegenheiten wahrzunehmen, welche die selbständigen Handwerker und die Arbeitnehmer des Handwerks betreffen (BSG Urt. v. 29.1.1971 – 2 RU 203/67 Rn. 17 (= BeckRS 1971, 00253)). In diesem Rahmen wirkt der Gesellenausschuss als Vertreter der bei den Innungsmitgliedern beschäftigten Gesellen mit (BSG Urt. v. 29.1.1971 – 2 RU 203/67 Rn. 17 (= BeckRS 1971, 00253)). Durch die Regelung des § 68 Abs. 1 S. 1 kommt „das besondere sozialpartnerschaftliche Verständnis" zwischen Unternehmern und Arbeitnehmer zum Ausdruck (Dannenbring WiVerw 2012, 156 (165); vgl. zur Arbeitnehmerbeteiligung in Handwerksorganisationen John WiVerw 1994, 34 ff.). Die Hauptaufgabe des Gesellenausschusses besteht also darin als Vertretung der Gesellen ein gutes Verhältnis zwischen den Innungsmitgliedern und den bei ihnen beschäftigten Gesellen herbeizuführen und zu erhalten, § 68 Abs. 1 S. 1 (Detterbeck Rn. 4).

2   Im Schrifttum bestehen unterschiedliche Ansichten dazu, ob es sich um einen **obligatorischen Ausschuss** handelt (von einer verpflichtender Errichtung geht Honig/Knörr Rn 2 und Will, Selbstverwaltung der Wirtschaft, 2010, 668 aus; aA Schwannecke/Kräßig Rn. 1 der mit Hinweis auf den Wortlaut „wird errichtet" anstelle „ist zu errichten" die Bildung nicht als zwingend ansieht und Detterbeck Rn. 15). Aus dem Schriftlichen Bericht des Bundestagsausschusses für Mittelstandsfragen zu BT-Drs. IV/3461 ergibt sich, dass der Gesetzgeber den Gesellenausschuss wohl nicht als obligatorischen Ausschuss ansieht (→ Rn. 2.1).

2.1   Im Schriftlichen Bericht des Bundestagsausschusses für Mittelstandsfragen zu BT-Drs. IV/3461 zu Nr. 51 heißt es: „In der Praxis sind Schwierigkeiten aufgetreten, (…) wenn eine Zustimmung des Gesellenausschusses nicht zu erhalten war, weil der Gesellenausschuss überhaupt nicht gebildet oder nicht beschlussfähig war. Die Entscheidung der Handwerkskammer soll deshalb nicht nur dann, wenn der Gesellenausschuss seine Zustimmung versagt hat, sondern auch, wenn aus anderen Gründen eine Zustimmung nicht zu erreichen ist, herbeigeführt werden können" (Herv. d. Verf.).

II. Die Organqualität des Gesellenausschusses

3   Im Schrifttum umstritten ist die Frage der **Organqualität** des Gesellenausschuss. Der Gesetzgeber schweigt dazu (Schwannecke/Kräßig Rn. 4).

4   Nach einer Ansicht ist der Gesellenausschuss ein **Organ der Innung**, da er der Erfüllung einer Pflichtaufgabe der Innung dient, nämlich nach § 54 Abs. 1 S. 2 Nr. 2 das Streben nach einem guten Verhältnis zwischen Meistern, Gesellen und Lehrlingen und der Gesetzgeber die Bildung des Gesellenausschusses bei jeder Innung als zwingend vorgeschrieben hat (Honig/Knörr Rn 2; Fröhler GewArch 1972, 33 (35)).

5   Nach aA besitzt der Gesellenausschuss **keine Organqualität** sondern soll eine **Einrichtung sui generis** sein, da ihm nur Gesellen und gerade keine Innungsmitglieder dh selbständige Handwerker angehören und auch nur Gesellen die Mitglieder des Gesellenausschusses wählen (§§ 70, 71) (Will, Selbstverwaltung der Wirtschaft, 2010, 668 f.; Detterbeck Rn. 1; Schwannecke/Kräßig Rn. 4). Gegen eine Organqualität spreche zudem die gesetzgeberische Formulierung in § 68 Abs. 1 S. 1, wonach „bei der Handwerksinnung" ein Gesellenausschuss errichtet werden soll, sowie die Regelung des § 68 Abs. 4 S. 2 (Will, Selbstverwaltung der Wirtschaft, 2010, 669; Detterbeck Rn. 1). Diesbezüglich führt Will überzeugend aus: „Wäre der Gesellenausschuss ein Organ der Innung, müsste das Recht, die Entscheidung der Handwerkskammer zu beantragen, der Innungsversammlung und nicht der Innung zustehen, denn es widerspricht dem System des Verwaltungsrechts, dass eine juristische Person des öffentlichen Rechts wegen des Verhaltens eines ihrer Organe die Rechtsaufsichtsbehörde anrufen kann" (Will, Selbstverwaltung der Wirtschaft, 2010, 669; so auch Detterbeck Rn. 1).

B. Errichtung des Gesellenausschusses (Abs. 1)

6   In jeder Innung sollte als Element der Gesellenvertretung ein Gesellenausschuss errichtet werden (Honig/Knörr Rn 2). Die Innungssatzung muss nach § 55 Abs. 2 Nr. 7 Bestimmungen zur Bildung des Gesellenausschusses enthalten. Vereinzelte Regelungen zur **Zusammensetzung** und der **Wahl** des Gesellenausschusses ergeben sich aus § 69. Die Innungssatzung muss nähere Bestimmungen etwa zu der Zahl der Mitglieder des Gesellenausschusses, der Amtszeit und dem Wahlverfahren enthalten (§ 69 Abs. 3 S. 4) (Schwannecke/Kräßig Rn. 4). Die **aktive Wahlberechtigung** regelt § 70 (→ § 70 Rn. 2 ff.), die **passive Wahlberechtigung** § 71 (→ § 71 Rn. 5 ff.). Der Gesellenausschuss wird nicht durch die Innung oder eines ihrer Organe, sondern durch die bei den Innungsmitgliedern beschäftigten Gesellen unmittelbar durch Wahl errichtet (Schwannecke/Kräßig Rn. 3).

Die **Kosten des Gesellenausschusses** sind Kosten der Innung, § 73 Abs. 1 S. 1 (Honig/ Knörr Rn. 7). 7

C. Aufgaben und Mitwirkungsrechte des Gesellenausschusses

Die Aufgaben des Gesellenausschusses ergeben sich neben der zentralen Aufgabe des § 68 Abs. 1 S. 1 (→ Rn. 1) aus Abs. 1 S. 2. Der Gesellenausschuss hat die Gesellenmitglieder der Ausschüsse zu wählen, bei denen die Mitwirkung der Gesellen durch Gesetz oder Satzung vorgesehen ist (Honig/Knörr Rn. 4; Detterbeck Rn. 4). Die Mitwirkung der Gesellen wird **gesetzlich** vorgeschrieben etwa für den Gesellenprüfungsausschuss (§§ 33, 34 Abs. 5), Berufsbildungsausschuss (§ 67 Abs. 2) und den Ausschuss für Lehrlingsstreitigkeiten (§ 67 Abs. 3, § 111 Abs. 2 ArbGG) (Honig/Knörr Rn. 4; Schwannecke/Kräßig Rn. 5; John WiVerw 1994, 34 (37); Detterbeck Rn. 6). Ferner kann sich aus der **Satzung** der Innung das Erfordernis der Beteiligung des Gesellenausschusses ergeben (Schwannecke/Kräßig Rn. 5; Honig/Knörr Rn. 4). 8

Der Gesetzgeber hat dem Gesellenausschuss **Beteiligungsrechte** an der Aufgabenerfüllung der Innung eingeräumt und damit eine Verpflichtung der Innungsorgane normiert in bestimmten Angelegenheiten den Gesellenausschuss mitwirken zu lassen (Will, Selbstverwaltung der Innung, 2010, 668 f.; Schwannecke/Kräßig Rn. 6). Der Gesellenausschuss ist bei den sozialpolitisch bedeutsamen Aufgaben der Innung, die die Belange der Selbständigen und der Unselbständigen berühren, zu beteiligen (BSG Urt. v. 29.01.1971 – 2 RU 203/67 Rn. 17 (= BeckRS 1971, 00253)). Abgeleitet aus dem Wortlaut „ist zu beteiligen" handelt es sich um ein **Recht** des Gesellenausschusses in den gesetzlich aufgelisteten Fällen an der Aufgabenerfüllung der Innung beteiligt zu werden. Das Mitwirkungsrecht betrifft die in den § 68 Abs. 2 Nr. 1–7 (→ Rn. 10) aufgeführten Aufgaben der Innung, die in besonderer Weise die Gesellen betreffen (Will, Selbstverwaltung der Innung, 2010, 669). 9

Nach der **gesetzlichen Aufzählung** des § 68 Abs. 2 ist der Gesellenausschuss nach dem Wortlaut der Norm „beim Erlass von Vorschriften über die Regelung der Lehrlingsausbildung (§ 54 Abs. 1 Nr. 3) zu beteiligen, bei Maßnahmen zur Förderung und Überwachung der beruflichen Ausbildung und zur Förderung der charakterlichen Entwicklung der Lehrlinge (§ 54 Abs. 1 Nr. 3)", „bei der Errichtung der Gesellenprüfungsausschüsse (§ 54 Abs. 1 Nr. 4, § 33)", „bei Maßnahmen zur Förderung des handwerklichen Könnens der Gesellen, insbes. bei der Errichtung oder Unterstützung der zu dieser Förderung bestimmten Fachschulen und Lehrgänge (§ 54 Abs. 1 Nr. 5)", „bei der Mitwirkung an der Verwaltung der Berufsschulen gem. den Vorschriften der Unterrichtsverwaltungen (§ 54 Abs. 1 Nr. 6)", „bei der Wahl oder Benennung der Vorsitzenden von Ausschüssen, bei denen die Mitwirkung der Gesellen durch Gesetz oder Satzung vorgesehen ist, bei der Begründung und Verwaltung aller Einrichtungen, für welche die Gesellen Beiträge entrichten oder eine besondere Mühewaltung übernehmen, oder die zu ihrer Unterstützung bestimmt sind". 10

Zudem bedarf es der Beteiligung bei der Errichtung von **Innungskrankenkassen,** § 158 Abs. 2 SGB V (Detterbeck Rn. 7). 11

Ein **Mitwirkungsverbot** ergibt sich aus § 68 Abs. 5 in Angelegenheiten die Gegenstand eines von der Innung oder dem Innungsverband abgeschlossenen oder abzuschließenden **Tarifvertrags** sind (Schwannecke/Kräßig Rn. 10; Detterbeck Rn. 21). In Angelegenheiten des Tarifvertrags bedarf es einer genauen Trennung der Parteien, dh der Innung als Arbeitgebervertretung von den Arbeitnehmervertretern, da unterschiedliche Interessen vertreten werden. 12

D. Die Ausgestaltung der Beteiligung (Abs. 3, 4)

Die Ausgestaltung der Beteiligung ist abhängig davon welches Innungsorgan beteiligt ist. Wird der Gesellenausschuss nicht ordnungsmäßig beteiligt, ist der Beschluss des Innungsorgans unwirksam (Detterbeck Rn. 8 geht grds. von der Nichtigkeit aus; Honig/Knörr Rn. 9 geht zwar nicht von der Nichtigkeit aber von der Fehlerhaftigkeit aus und der Möglichkeit die Handwerkskammer anzurufen). Der Beschluss wird aber nicht unwirksam, wenn der Gesellenausschuss aus eigener Entscheidung von seinem Beteiligungsrecht keinen Gebrauch gemacht hat (Will, Selbstverwaltung der Wirtschaft, 2010, 671; Detterbeck Rn. 8). Vgl. zum 13

14 Bei der Beratung und Beschlussfassung des **Vorstands** über beteiligungspflichtige Angelegenheiten nimmt mindestens ein Mitglied des Gesellenausschusses mit vollem Stimmrecht teil, § 68 Abs. 3 Nr. 1. Es bedarf einer rechtzeitige ordnungsgemäßen Einladung zu der Sitzung des Vorstands (Detterbeck Rn. 8; Will, Selbstverwaltung der Wirtschaft, 2010, 671).

15 Bei der Beratung und Beschlussfassung der **Innungsversammlung** nehmen alle Mitglieder des Gesellenausschusses mit vollem Stimmrecht teil, § 68 Abs. 3 Nr. 2. Es bedarf einer rechtzeitige ordnungsgemäßen Einladung zu der Sitzung der Innungsversammlung (Detterbeck Rn. 8; Will, Selbstverwaltung der Wirtschaft, 2010, 671). Nach § 68 Abs. 4 S. 1 bedarf es zur Durchführung der Beschlüsse der Innungsversammlung über beteiligungspflichtige Angelegenheiten der aktiven **Zustimmung** des Gesellenausschusses (Detterbeck Rn. 11). Dem Gesellenausschuss soll eine angemessene Frist zur Entscheidung über die Erteilung der Zustimmung gegeben werden. Die Fristlänge ist abhängig vom Einzelfall und kann im Falle einer eilbedürftigen Entscheidung kürzer ausfallen (Detterbeck Rn. 14). Solange diese Zustimmung nicht erteilt ist darf der Beschluss der Vollversammlung nicht vollzogen werden (Detterbeck Rn. 16).

16 Ob die Zustimmung erteilt wird, entscheiden die Mitglieder des Gesellenausschusses im Rahmen einer Abstimmung (Detterbeck Rn. 12). Wird diese verweigert oder äußert sich der Gesellenausschuss nicht innerhalb einer angemessenen Frist dazu, darf die Innung den Beschluss der Innungsversammlung nicht vollziehen, sondern kann sich innerhalb eines Monats an die Handwerkskammer wenden und die **Entscheidung der Handwerkskammer** beantragen (Detterbeck Rn. 16). Die Monatsfrist zur Anrufung der Handwerkskammer beginnt ein Tag nach dem Tag der Bekanntgabe der ablehnenden Entscheidung des Gesellenausschusses bzw. ein Tag nachdem die Zustimmungsfrist geendet hat und berechnet sich nach §§ 187 Abs. 1, 188 Abs. 2 Alt. 1 BGB (Honig/Knörr Rn. 12; Detterbeck Rn. 14). Die positive Entscheidung der Handwerkskammer ersetzt die Zustimmung des Gesellenausschusses (Schwannecke/Kräßig Rn. 9; Will, Selbstverwaltung der Wirtschaft, 2010, 671). Die Entscheidung der Handwerkskammer ist ihrer Rechtsnatur nach ein Verwaltungsakt der gerichtlich überprüft werden kann (Schwannecke/Kräßig Rn. 9; ausführlich Detterbeck Rn. 17 ff.).

17 Bei der **Verwaltung von Einrichtungen**, für welche die Gesellen Aufwendungen zu machen haben, sind vom Gesellenausschuss gewählte Gesellen in gleicher Zahl zu beteiligen wie die Innungsmitglieder, § 68 Abs. 3 Nr. 3.

§ 69 [Zusammensetzung und Wahl des Gesellenausschusses]

(1) Der Gesellenausschuß besteht aus dem Vorsitzenden (Altgesellen) und einer weiteren Zahl von Mitgliedern.

(2) Für die Mitglieder des Gesellenausschusses sind Stellvertreter zu wählen, die im Falle der Verhinderung oder des Ausscheidens für den Rest der Wahlzeit in der Reihenfolge der Wahl eintreten.

(3) ¹Die Mitglieder des Gesellenausschusses werden mit verdeckten Stimmzetteln in allgemeiner, unmittelbarer und gleicher Wahl gewählt. ²Zum Zwecke der Wahl ist eine Wahlversammlung einzuberufen; in der Versammlung können durch Zuruf Wahlvorschläge gemacht werden. ³Führt die Wahlversammlung zu keinem Ergebnis, so ist auf Grund von schriftlichen Wahlvorschlägen nach den Grundsätzen der Verhältniswahl zu wählen; jeder Wahlvorschlag muß die Namen von ebensovielen Bewerbern enthalten, wie Mitglieder des Gesellenausschusses zu wählen sind; wird nur ein gültiger Wahlvorschlag eingereicht, so gelten die darin bezeichneten Bewerber als gewählt. ⁴Die Satzung trifft die näheren Bestimmungen über die Zusammensetzung des Gesellenausschusses und über das Wahlverfahren, insbesondere darüber, wie viele Unterschriften für einen gültigen schriftlichen Wahlvorschlag erforderlich sind.

(4) ¹Die Mitglieder des Gesellenausschusses dürfen in der Ausübung ihrer Tätigkeit nicht behindert werden. ²Auch dürfen sie deswegen nicht benachteiligt oder

begünstigt werden. ³Die Mitglieder des Gesellenausschusses sind, soweit es zur ordnungsgemäßen Durchführung der ihnen gesetzlich zugewiesenen Aufgaben erforderlich ist und wichtige betriebliche Gründe nicht entgegenstehen, von ihrer beruflichen Tätigkeit ohne Minderung des Arbeitsentgelts freizustellen.

(5) Das Ergebnis der Wahl der Mitglieder des Gesellenausschusses ist in den für die Bekanntmachung der zuständigen Handwerkskammer bestimmten Organen zu veröffentlichen.

Literatur: Jarass Hans D./Pieroth Bodo, Grundgesetz, 13. Aufl. 2014; John Peter, Novellierung der Handwerksordnung: Arbeitgeberbeteiligung konkretisiert, gefestigt und ausgeweitet, WiVerw 1994, 34 ff.; Sodan Helge, Grundgesetz, 2. Aufl. 2011; Will Martin, Selbstverwaltung der Wirtschaft, 2010

Überblick

§ 69 regelt in Abs. 1 und Abs. 2 die **Zusammensetzung** des Gesellenausschusses (→ Rn. 3), der aus einer bestimmten Anzahl von **Gesellen** und **Stellvertretern** (→ Rn. 4 f.) besteht, die sich aus der Satzung der Innung ergibt. § 69 Abs. 3 regelt die Grundzüge der **Wahl** (→ Rn. 6 ff.). Aus § 69 Abs. 4 ergibt sich das sog. **Benachteiligung- und Behinderungsverbot** (→ Rn. 17) sowie der gesetzlich normierte **Freistellungsanspruch** (→ Rn. 18 ff.).

Übersicht

	Rn.		Rn.
A. Historie	1	2. Zweite Wahlversammlung: Verhältniswahl	12
B. Zusammensetzung des Gesellenausschusses	3	IV. Bekanntgabe des Wahlergebnisses (Abs. 5)	15
C. Die Wahl des Gesellenausschusses (Abs. 3)	6	V. Rechtsschutz	16
I. Wahlgrundsätze	6	D. Rechte der Mitglieder des Gesellenausschusses	17
II. Einberufung der Wahlversammlung	7	I. Das Benachteiligungs- und Behinderungsverbot (Abs. 4 S. 1, 2)	17
III. Das Wahlverfahren	9	II. Der Freistellungsanspruch (Abs. 4 S. 3)	18
1. Erste Wahlversammlung: Mehrheitswahl	9		

A. Historie

In § 69 Abs. 2 erfolgte im Wege der Reform der HwO von 1994 eine Änderung des Wortlauts. Die vormals bestehende Bezeichnung „Ersatzmänner" wurde durch die Begrifflichkeit „Stellvertreter" ersetzt (BGBl. 1994 I 2256 (2261)). Der Gesetzgeber wollte mit dieser Änderung klarstellen, dass nicht nur Männer sondern auch Frauen als Stellvertreter/Stellvertreterinnen Mitglied des Gesellenausschusses sein können (BT-Drs. 12/5918, 23 zu Nr. 29; Schwannecke/Kräßig Rn. 2). Ferner wurde das Wort „Behinderung" in Abs. 2 durch das Wort „Verhinderung" ersetzt (BT-Drs. 12/5918, 23). 1

Die Regelung des § 69 Abs. 4 S. 3 wurde durch die Reform der HwO von 1994 neu eingefügt (BGBl. 1994 I 2256 (2261)) (→ Rn. 18). 2

B. Zusammensetzung des Gesellenausschusses

Nach der gesetzlichen Vorgabe der HwO besteht der Gesellenausschuss (§ 68) aus dem Vorsitzenden, der auch **Altgeselle** genannt wird, und einer weiteren Anzahl an Mitgliedern, wozu die gewählten regulären Mitglieder und die Stellvertreter (→ Rn. 4) gehören. Detaillierte Regelungen, etwa zur genauen **Anzahl der Mitglieder** (reguläre Mitglieder und Stellvertreter) oder zur **Amtszeit**, lassen sich diesbezüglich in der HwO nicht finden. Vielmehr sind diese Regelungen der Satzung der Innung vorbehalten (Detterbeck Rn. 1; Honig/Knörr Rn. 1; Schwannecke/Kräßig Rn. 1), die nach § 55 Abs. 2 Nr. 7 Bestimmungen über die Bildung des Gesellenausschusses enthalten muss (→ Rn. 5.1). 3

Nach § 69 Abs. 2 sind neben den regulären Mitgliedern auch **Stellvertreter** zu wählen. Diese treten nach dem Wortlaut des Gesetzes im Falle der **Verhinderung** oder des **Ausschei-** 4 dens eines regulären Mitglieds für den Rest der Wahlzeit in den Gesellenausschuss ein (Detterbeck Rn. 2; Honig/Knörr Rn. 17). Reguläre Mitglieder scheiden aus dem Gesellenausschuss aus, wenn sie etwa die Wählbarkeitsvoraussetzungen verlieren sollten, d.h. sich herausstellt, dass die Voraussetzungen des § 71 nicht (mehr) gegeben sind. Jedoch ist in diesem Zusammenhang die Regelung des § 72 S. 1 zu beachten, wonach die Mitglieder des Gesellenausschusses, auch wenn sie nicht mehr bei den Innungsmitgliedern beschäftigt sind, solange sie im Bezirk der Handwerksinnung im Betrieb eines selbständigen Handwerkers verbleiben, die Mitgliedschaft und damit ihr Amt noch bis zum Ende der Wahlzeit, jedoch höchstens für ein Jahr beibehalten. Im Falle eintretender **Arbeitslosigkeit** behalten die Mitglieder des Gesellenausschusses ihr Amt bis zum Ende der Wahlzeit, § 72 S. 2. Da der Gesetzgeber den Eintritt des Stellvertreters „für den Rest der Wahlzeit" anordnet, muss es sich auch im Falle der Verhinderung um eine längerfristige handeln, so dass der Fall der Verhinderung nicht bereits beim einmaligen Fernbleiben in einer Sitzung des Gesellenausschusses eintritt (Detterbeck Rn. 3; Schwannecke/Krääig Rn. 3; aA Honig/Knörr Rn. 17).

5 Die **Nachbesetzung** des Gesellenausschusses durch einen Stellvertreter erfolgt in der **Reihenfolge der Wahl**, so dass den ersten frei werdenden Platz im Gesellenausschuss, der Stellvertreter, der in der Wahl die meisten Stimmen erhalten hat, nachbelegen wird (Schwannecke/Krääig Rn. 3). In dieser Reihenfolge ist weiter zu verfahren. Eine Einzelzuordnung eines bestimmten Stellvertreters zu einem bestimmten regulären Mitglied des Gesellenausschusses erfolgt nicht (anders bei der Wahl der Mitglieder der Vollversammlung der Handwerkskammer nach § 93 Abs. 3, § 8 Abs. 2 S. 2 Anlage C zur HwO; Detterbeck Rn. 3; Schwannecke/Krääig Rn. 3). Die **Anzahl** der Stellvertreter sowie ihre **Amtszeit** ergeben sich ebenfalls aus der Innungssatzung.

5.1 § 55 der Mustersatzung für Innungen Baden-Württemberg regelt zu **Besetzung und Wahlperiode** des Gesellenausschusses: „ (1) Der Gesellenausschuss besteht aus dem Vorsitzenden und .... weiteren Mitgliedern.

(2) Für die Mitglieder des Gesellenausschusses sind Stellvertreter zu wählen, die im Falle der Verhinderung oder des Ausscheidens für den Rest der Wahlzeit in der Reihenfolge ihrer Wahl eintreten.

(3) Die Mitglieder des Gesellenausschusses und die Stellvertreter werden auf die Dauer von .... Jahren gewählt. Sie behalten, auch wenn sie nicht mehr bei den Innungsmitgliedern beschäftigt sind, solange sie im Innungsbezirk im Betrieb eines selbständigen Handwerkers verbleiben, die Mitgliedschaft noch bis zum Ende der Wahlzeit, jedoch höchstens für ein Jahr. Im Falle eintretender Arbeitslosigkeit behalten sie ihr Amt bis zur Ende der Wahlzeit.

(4) Die Mitglieder des Gesellenausschusses bleiben nach Ablauf der Wahlzeit so lange im Amt, bis ihre Nachfolger das Amt angetreten haben."

C. Die Wahl des Gesellenausschusses (Abs. 3)

I. Wahlgrundsätze

6 Nach dem Wortlaut des § 69 Abs. 3 S. 1 sind iRd Wahl des Gesellenausschusses die **Wahlgrundsätze** der allgemeinen, unmittelbaren und gleichen Wahl zu beachten. Der Wahlgrundsatz der **allgemeinen Wahl** bezieht sich auf die Wahlteilnahme im weiteren Sinne, von der einzelne Wahlberechtigte grds. nicht unberechtigt ausgeschlossen werden dürfen (Sodan/Leisner W.G. GG Art. 38 Rn. 26). Abgeleitet aus dem Grundsatz der **unmittelbaren Wahl** folgt, dass eine direkte Wahl, ohne der Einschaltung von Wahlmännern vorzunehmen ist (Jarass/Pieroth/Pieroth GG Art. 38 Rn. 14). Der Grundsatz der **gleichen Wahl** bedeutet, dass „alle Wahlberechtigte das aktive und passive Wahlrecht möglichst in formal gleicher Weise ausüben können" (Jarass/Pieroth/Pieroth GG Art. 38 Rn. 11 unter Hinweis auf ua BVerfGE 121, 266 (295, 297)). Jeder Wahlberechtigte hat die gleiche Anzahl an Stimmen die gleich gewichtet werden und alle Wahlbewerber haben die gleiche Chance gewählt zu werden (Jarass/Pieroth/Pieroth GG Art. 38 Rn. 11).

II. Einberufung der Wahlversammlung

7 Die Wahl der Mitglieder des Gesellenausschusses (reguläre Mitglieder und Stellvertreter) erfolgt im Rahmen einer **Wahlversammlung**, § 69 Abs. 3 S. 2 Hs. 1. Diese ist vom **Wahllei-**

ter einzuberufen, der **Tag**, **Zeit und Ort** der Wahlversammlung bestimmt und diese leitet. Wer das Amt des Wahlleiters ausübt, ist der Satzung zu entnehmen (→ Rn. 8.1) (aA Honig/Knörr Rn. 1, 5 und Schwannecke/Kräßig Rn. 5 die von einem „Wahlvorstand" bestehend aus dem Wahlleiter als Vorsitzenden und zwei Beisitzern ausgehen). Die individuelle Ladung aller wahlberechtigten Gesellen zur Wahlversammlung durch den Wahlleiter, unter Angabe der durchzuführenden Wahl als Tagesordnungspunkt, erscheint in der Praxis als schwierig, da der Gesetzgeber die Führung einer Wählerliste nicht vorgeschrieben hat und damit die einzelnen Wahlberechtigten nicht in Gänze bekannt sein dürften. Aus diesem Grund erscheint es sachgerecht dem Wahlleiter lediglich die Verpflichtung aufzuerlegen über die Innungsmitglieder, etwa durch einen Aushang im Betrieb der Innungsmitglieder oder die Verteilung von Rundschreiben, die Arbeitnehmer über die bevorstehende Wahl zu informieren (Honig/Knörr Rn. 6 weist darauf hin, dass die Innung die Wahlberechtigten durch Bekanntmachung in ihrem Veröffentlichungsorgan informieren solle). Es sollte sichergestellt werden, dass möglichst allen wahlberechtigten Arbeitnehmern von der bevorstehenden Wahl erfahren. Eine **Wahlpflicht** besteht nicht.

Aus der Satzung der Innung können sich einzuhaltende **Formvorschriften** und **Fristen** ergeben (§ 69 Abs. 3 S. 4; → Rn. 8.1; → Rn. 8.2). **8**

§ 59 Abs. 2 S. 1 der Mustersatzung für Innungen Baden-Württemberg regelt zum **Wahlleiter:** **8.1**
„Die Durchführung der Wahl obliegt dem Wahlleiter".

§ 59 Abs. 3 der Mustersatzung für Innungen Baden-Württemberg regelt ferner:
„Der Wahlleiter muss den Voraussetzungen der Wählbarkeit des § 57 (d.h der Wählbarkeit der Gesellen) entsprechen. Er wird vom Gesellenausschuss mindestens vier Wochen vor Ablauf der Wahlperiode bestellt. Ist dies nicht geschehen oder besteht noch kein Gesellenausschuss, bestellt der Innungsvorstand den Wahlleiter. Der Wahlleiter kann die Geschäftsführung der Innung zur Durchführung der Wahl in Anspruch nehmen." (Erg. d. d. Verf.).

§ 60 der Mustersatzung für Innungen Baden-Württemberg regelt zur **Wahlversammlung**: **8.2**
„(1) Der Wahlleiter bestimmt Zeit und Ort der Wahlversammlung. Die Abstimmungszeit ist so zu bestimmen, dass in der Regel kein Lohnausfall eintritt. Etwa entstandener Lohnausfall wird durch die Innung nicht ersetzt. Der Wahlleiter hat die Wahlberechtigten mindestens zwei Wochen vor dem Wahltermin zur Wahlversammlung durch Rundschreiben über die Innungsmitglieder einzuladen. Die Innungsmitglieder haben die bei ihnen beschäftigten wahlberechtigten Gesellen auf die Wahl aufmerksam zu machen und im Betrieb Hinweise des Wahlleiters auf die Wahl zuzulassen.

(2) Der Wahlleiter leitet die Wahlversammlung. Er hat dafür zu sorgen, dass nur wahlberechtigte Personen an der Versammlung teilnehmen und Personen, die nicht wahlberechtigt sind, den Versammlungsraum verlassen und der Ablauf der Wahl ordnungsgemäß erfolgt. Der Wahlversammlung ist vor Beginn der Wahl das Wahlverfahren zu erläutern.

(3) Nach Beendigung der Stimmabgabe stellt der Wahlleiter fest, wie viele Stimmen auf den einzelnen Bewerber entfallen. Gewählt sind die Bewerber, welche die meisten Stimmen auf sich vereinen, und zwar gelten die ersten ..... als Mitglieder, die folgenden .... als Stellvertreter. Bei Stimmengleichheit entscheidet das Los.

(4) Über die Wahlhandlung ist eine Niederschrift anzufertigen, die vom Wahlleiter zu unterzeichnen ist."

III. Das Wahlverfahren

1. Erste Wahlversammlung: Mehrheitswahl

IRd **ersten** Wahlversammlung können durch **Zuruf** der Anwesenden **Wahlvorschläge** **9** gemacht werden, § 69 Abs. 3 S. 2 Hs. 2. Die Regelung macht keine Vorgaben dazu wie viele Wahlberechtigte in der Wahlversammlung anwesend sein müssen, damit die Wahl durchgeführt werden kann. Die Wahl kann auch dann stattfinden, wenn nur wenige Wahlberechtigte anwesend sind (Detterbeck Rn. 5). Jeder Wahlberechtigte ist berechtigt einen Wahlvorschlag zu machen. Weitere detaillierte Vorschriften zur Durchführung der Wahl können sich aus der Satzung ergeben (→ Rn. 14.1).

Die Mitglieder des Gesellenausschusses (reguläre Mitglieder und die Stellvertreter) werden **10** nach § 69 Abs. 3 S. 1 mit **verdeckten Stimmzetteln** von den Anwesenden in einem gemeinsamen Wahlgang gewählt. Streng am Wortlaut des Gesetzes orientiert wäre eine Wahl mittels Handzeichen oder durch Zuruf nicht zulässig (vgl. Honig/Knörr Rn. 1, 4). Die aktive Wahlberechtigung ergibt sich aus § 70, das passive Wahlrecht aus § 71. Das erforderliche **Quorum** ergibt sich aus der Satzung (in der Regel sollte die einfache Mehrheit ausreichen sein). Gewählt wird ein **einzelner Kandidat**. Jeder Wahlberechtigte hat eine Stimme. Die Stimmen für jeden Bewerber sind gesondert auszuzählen. Gewählt sind die Bewerber, die die meisten Stimmen erhalten haben. Die gewählten Mitglieder können die Wahl annehmen, sind dazu aber nicht verpflichtet. Eine **Wiederwahl** ist zulässig.

11 Nach § 72 Abs. 2 ist über die Wahlhandlung eine **Niederschrift** anzufertigen (→ § 71 Rn. 15; → Rn. 14.2).

2. Zweite Wahlversammlung: Verhältniswahl

12 Führt die erste Wahlversammlung (→ Rn. 9) mit der Mehrheitswahl zu keinem Ergebnis, so ist in einer **zweiten** Wahlversammlung aufgrund von **schriftlichen Wahlvorschlägen** nach den **Grundsätzen der Verhältniswahl** zu wählen, § 69 Abs. 3 S. 3 Hs. 1. Im Rahmen einer Verhältniswahl erfolgt die Besetzung der Wahlämter genau im Verhältnis der abgegebenen Stimmen. In einer zweiten Wahlversammlung kann nur **ein Wahlvorschlag** gewählt werden, der so viele Bewerber enthalten muss wie Mitglieder zu wählen sind, § 69 Abs. 3 S. 3 Hs. 2 (Detterbeck Rn. 7; Schwannecke/Krääg Rn. 6). Aus der Satzung können sich nähere Bestimmungen darüber, wie viele **Unterschriften** für einen gültigen Wahlvorschlag erforderlich sind, ergeben (§ 69 Abs. 3 S. 4; → Rn. 14.1). Jeder Wahlberechtigte hat eine Stimme, die er für einen der eingereichten Wahlvorschläge abgibt. Zur **Berechnung** iRd Verhältniswahl, beim Vorliegen mehrerer Wahlvorschläge nach dem sog. dHondtschen Verfahren, vgl. mit ausführlichem Berechnungsbeispiel bei Detterbeck Rn. 8, 9 und Schwannecke/Krääg Rn. 7. Die gewählten Mitglieder können die Wahl annehmen, sind dazu aber nicht verpflichtet. Eine **Wiederwahl** ist zulässig.

13 Wird nur ein **einziger gültiger Wahlvorschlag eingereicht**, so gelten die darin bezeichneten Bewerber als gewählt, § 69 Abs. 3 S. 3 Hs. 3. Es bedarf keines Wahlaktes mehr.

14 Nach § 72 Abs. 2 ist über die Wahlhandlung eine **Niederschrift** anzufertigen (→ § 71 Rn. 15; → Rn. 14.2).

14.1 § 59 Abs. 1 der Mustersatzung für Innungen Baden-Württemberg regelt zum **Wahlverfahren**:
„(1) Die Mitglieder des Gesellenausschusses und die Stellvertreter werden mit verdeckten Stimmzetteln in allgemeiner, unmittelbarer und gleicher Wahl gewählt. Zum Zweck der Wahl ist eine Wahlversammlung (…) einzuberufen; in der Versammlung können durch Zuruf Wahlvorschläge gemacht werden. Führt die Wahlversammlung zu keinem Ergebnis, so ist aufgrund von schriftlichen Wahlvorschlägen nach den Grundsätzen der Verhältnismäßigkeit zu wählen. Jeder Wahlvorschlag muss die Namen von ebenso vielen Bewerbern enthalten, wie Mitglieder des Gesellenausschusses zu wählen sind; er muss von …. Wahlberechtigten unterzeichnet sein; die Unterzeichner müssen Beruf, Wohnung und Adresse des Arbeitgebers angeben. Wird nur ein gültiger Wahlvorschlag eingereicht, so gelten die darin bezeichneten Bewerber als gewählt.

14.2 § 61 der Mustersatzung für Innungen Baden-Württemberg regelt zum **Wahlergebnis**:
„(1) Der Wahlleiter hat die Niederschrift über die Wahlhandlung sowie die Stimmzettel und Beschäftigungsausweise dem Vorstand der Innung zu übergeben.
(2) Der Vorstand der Innung prüft gemeinsam mit dem Wahlleiter das Ergebnis der Wahl und stellt fest, ob die Gewählten die gesetzlichen und satzungsmäßigen Voraussetzungen für die Wahl erfüllen (…).
(3) Das Ergebnis zur Wahl der Mitglieder des Gesellenausschusses ist in dem für die Bekanntmachung der zuständigen Handwerkskammer bestimmten Organ zu veröffentlichen."

IV. Bekanntgabe des Wahlergebnisses (Abs. 5)

15 Das **Ergebnis der Wahl**, d.h. die gewählten Mitglieder (reguläre Mitglieder und Stellvertreter) und damit die Zusammensetzung des Gesellenausschusses ist in den für die Bekanntmachung der Handwerkskammer bestimmten Organen zu **veröffentlichen**, § 69 Abs. 5. Fernern sollte auch die Innung das Ergebnis der Wahl erfahren, um die Beteiligung und Mitwirkung des Gesellenausschusses iSd § 68 Abs. 2, Abs. 3 zu ermöglichen (Honig/Knörr Rn. 2).

V. Rechtsschutz

Die HwO enthält keine Regelungen zum Rechtsschutz im Zusammenhang mit der Wahl des Gesellenausschusses (Detterbeck Rn. 10; VGH München GewArch 1975, 129 (129)). Aus der Satzung können sich diesbezüglich zu beachtende Regelungen ergeben (→ Rn. 16.1). Die Wahl des Gesellenausschusses ist als solches nicht als Verwaltungsakt zu qualifizieren (VGH Mannheim Beschl. v. 25.4.1989 – 14 S 1029/89 Rn. 3). Das Erfordernis einer förmlichen Feststellung der Gültigkeit der Wahl regelt die HwO nicht (VGH Mannheim Beschl. v. 25.4.1989 – 14 S 1029/89 Rn. 3; VGH München GewArch 1975, 129 (129)). Falls die Satzung dies auch nichts vorschreibt, kann die Wahl durch die Erhebung einer **allgemeinen Leistungs- oder Feststellungsklage** gerichtlich überprüft werden (VGH München GewArch 1975, 129 (129); Detterbeck Rn. 10). Bestimmt aber die Satzung der Innung, dass eine Feststellung des Wahlergebnisses erforderlich ist, ist diese förmliche Entscheidung über die Gültigkeit der Wahl ein feststellender Verwaltungsakt, gegen den abhängig vom Klagebegehren mit einer **Anfechtungs- oder Verpflichtungsklage** vorgegangen werden kann (VGH Mannheim Beschl. v. 25.4.1989 – 14 S 1029/89 Rn. 3; so auch BVerwG GewArch 1986, 93). Nur wahlberechtigte Gesellen haben ein Einspruchsrecht gegen die Rechtsgültigkeit der Wahl des Gesellenausschusses (SG Nürnberg GewArch 1968, 134).

16

§ 61 Abs. 2 S. 2 der Mustersatzung für Innungen Baden-Württemberg regelt zum **Rechtsschutz**: „Gegen die Rechtsgültigkeit der Wahl kann jeder Wahlberechtigte innerhalb eines Monats nach der Wahl Einspruch erheben. Der Einspruch ist schriftlich einzulegen. Wird dem Einspruch vom Vorstand der Innung und dem Wahlleiter nicht stattgegeben, so entscheidet die Innungsversammlung."

16.1

D. Rechte der Mitglieder des Gesellenausschusses

I. Das Benachteiligungs- und Behinderungsverbot (Abs. 4 S. 1, 2)

§ 69 Abs. 4 S. 1, 2 regeln das sog. **Behinderungs- und Benachteiligungsverbot**. Die Mitglieder des Gesellenausschusses dürfen in der Ausübung ihrer Ausschusstätigkeit weder behindert werden noch benachteiligt oder bevorzugt werden (Schwannecke/Krähig Rn. 8; Detterbeck, Rn. 11; Honig/Knörr Rn. 18).

17

II. Der Freistellungsanspruch (Abs. 4 S. 3)

Im Zuge der Novellierung der HwO von 1994, wurde festgelegt, dass entsprechend der Regelung des § 69 Abs. 4 S. 3 die Mitglieder des Gesellenausschusses von ihrer beruflichen Tätigkeit freizustellen sind, soweit dies zur ordnungsgemäßen Durchführung der ihnen gesetzlich zugewiesenen Aufgaben, erforderlich ist (BGBl. 1994 I 2256 (2261); Will, Selbstverwaltung der Wirtschaft, 2010, 628). Diese **konkretisierende Ergänzung** der bereits bestehenden Schutzbestimmung des Benachteiligungs- und Behinderungsverbotes war erforderlich, da sich in der Praxis die Fälle mehrten, in denen die Gesellen an der Ausübung ihrer ehrenamtlichen Tätigkeit im Gesellenausschuss durch die Arbeitgeber behindert wurden (ausf. mit Beispielen bei John WiVerw 1994 34 (50)).

18

Der gesetzlich normierte Freistellungsanspruch erfüllt eine Hinweisfunktion, indem er klarstellt, dass die Freistellung nur für die **Erfüllung der gesetzlich zugewiesenen Aufgaben im Gesellenausschuss** in Betracht kommt (BT-Drs. 12/5918, 23). Der Freistellungsanspruch besteht aber nicht in uneingeschränktem Maße, sondern nur „**soweit**" keine betrieblichen Gründe entgegenstehen (BT-Drs. 12/5918, 23). Vor allem in kleineren Betrieben können **betriebliche Belange** Vorrang vor der Mandatsausübung des Gesellen im Gesellenausschuss haben (BT-Drs. 12/5918, 23). Als relevante betriebliche Gründe nennt der Gesetzgeber beispielhaft in seiner Gesetzesbegründung die schelle Bearbeitung von Aufträgen zur Vermeidung der Entstehung von Vertragsstrafen, die Ausübung von Arbeiten zur Beseitigung von Notfällen bei Sturm- oder Wasserschäden sowie personelle Engpässe durch Urlaub oder Krankheit anderer Arbeitnehmer des Betriebs (BT-Drs. 12/5918, 23). Die betrieblichen Gründe zur Einschränkung des Freistellungsanspruchs sollen **eng ausgelegt** werden, um die Mitwirkung der Arbeitnehmer an der Selbstverwaltung zu ermöglichen (John WiVerw 1994 34 (51)).

19

20   Trotz Freistellung des Gesellen von seiner beruflichen Tätigkeit darf der Arbeitgeber das **Arbeitsentgelt nicht mindern** (Abs. 4 S. 3). Der sich ehrenamtlich im Gesellenausschuss betätigende Geselle erhält sein Arbeitsentgelt vollständig, auch wenn er seine berufliche Tätigkeit in dieser Zeit nicht ausüben kann. Dieser finanzielle Nachteil des Arbeitgebers kann nicht auf ihm lasten bleiben. In § 73 Abs. 1 S. 2 hat der Gesetzgeber eine **Entschädigungsregelung** getroffen (BGBl. 1994 I 2265 (2261); John WiVerw 1994 34 (50 f.)). Die anteiligen Lohn- und Lohnnebenkosten, die dem Arbeitgeber durch die Freistellung der Mitglieder des Gesellenausschusses von ihrer beruflichen Tätigkeit entstehen, gelten als Kosten des Gesellenausschusses. Die Kosten des Gesellenausschusses sind nach § 73 Abs. 1 S. 1 Kosten der Innung mit der Folge, dass dem Arbeitgeber diese anteiligen Lohn- und Lohnnebenkosten auf Antrag von der Innung zu erstatten sind (§ 73 Abs. 1 S. 3). Anteilig erstattet werden damit der tatsächliche Arbeitslohn sowie die gesetzlichen Arbeitgeberbeiträge zur Sozialversicherung. Nur infolge der gesetzlichen Normierung eines Entschädigungsanspruchs des Arbeitgebers gegenüber der Innung kann ein Mitwirken im Gesellenausschuss durch die Gesellen ermöglicht werden und damit eine sachgerechte Interessenvertretung der Arbeitnehmer.

§ 70 [Wahlrecht]

Berechtigt zur Wahl des Gesellenausschusses sind die bei einem Innungsmitglied beschäftigten Gesellen.

Überblick

§ 70 regelt das **aktive Wahlrecht** (→ Rn. 2) im Zusammenhang mit dem Gesellenausschuss (§ 68). Wahlberechtigt sind die **Gesellen** (→ Rn. 4), sowie die den Gesellen **Gleichgestellte** (→ Rn. 5 f.), die sich in einem ordnungsgemäßen Beschäftigungsverhältnis (→ Rn. 7 f.) zu einem Innungsmitglied befinden.

Mangels entsprechender Verweisung findet die Regelung des § 70 keine Anwendung auf die Kreishandwerkerschaften

A. Historie

1   Bereits die HwO aus dem Jahre 1953 erhielt in § 64 eine wortgleiche Regelung zum heutigen § 70 (BGBl. 1953 I 1411 (1420)).

B. Das aktive Wahlrecht

2   § 70 regelt das **aktive Wahlrecht**, dh die Wahlberechtigung zum Gesellenausschuss (§ 68), während § 71 das passive Wahlrecht, dh die Wählbarkeit in den Gesellenausschuss regelt (Schwannecke/Kräßig Rn. 1).

I. Der Kreis der Wahlberechtigten

3   Entsprechend dem Wortlaut des § 70 sind „die bei einem Innungsmitglied beschäftigten Gesellen" wahlberechtigt. Die Wahlberechtigung knüpft danach nur an die **Geselleneigenschaft** (→ Rn. 4) und an das **Vorliegen eines Beschäftigungsverhältnisses** (→ Rn. 7) an (Schwannecke/Kräßig Rn. 1; Honig/Knörr Rn. 1). Weitere Voraussetzungen nennt die HwO hier, anders als beim passiven Wahlrecht nach § 71, nicht (BVerwG Urt. v. 17.12.1985 – 1C 1/84 Rn. 8 (= BeckRS 1985, 31240052), so dass der Kreis der Wahlberechtigten größer ist als der Kreis der Wählbaren (Honig/Knörr Rn. 1; Schwannecke/Kräßig Rn. 1). Diese Voraussetzungen müssen zum **Zeitpunkt der Wahl** der Mitglieder des Gesellenausschusses vorliegen (Schwannecke/Kräßig Rn. 1; Honig/Knörr Rn. 2; Detterbeck Rn. 3). Irrelevant ist, ob die Voraussetzungen zu einem früheren oder späteren Zeitpunkt vorgelegen haben (Schwannecke/Kräßig Rn. 1; Honig/Knörr Rn. 2; Detterbeck Rn. 3).

1. Gesellen

Alle bei einem Innungsmitglied (→ § 58 Rn. 1) beschäftigten Gesellen sind wahlberechtigt zum Gesellenausschuss, unabhängig davon in welchem Handwerk sie die Gesellenprüfung abgelegt haben (BVerwG Urt. v. 17.12.1985 – 1C 1/84 Rn. 8 (= BeckRS 1985, 31240052); Schwannecke/Kräßig Rn. 2). Die Gesellenprüfung iSd §§ 31 Abs. 1 S. 1, 32 ist die Abschlussprüfung in einem Handwerksberuf und gilt als Nachweis der beruflichen Kenntnisse und Fähigkeiten des entsprechenden Handwerks (Detterbeck § 31 Rn. 2). Geselle ist, wer die Gesellenprüfung erfolgreich abgelegt hat (Detterbeck Rn. 4). Für das aktive Wahlrecht ist es nicht erforderlich, dass die Gesellen die Gesellenprüfung in einem Fachgebiet, das zur Innung gehört, abgelegt haben oder bei einem Innungsmitglied Arbeiten eines solchen Handwerks ausführen (BVerwG Urt. v. 17.12.1985 – 1C 1/84 Rn. 8 (= BeckRS 1985, 31240052); Schwannecke/Kräßig Rn. 2). Da die HwO dahingehende Einschränkungen des aktiven Wahlrechts nicht vornimmt, darf die Berechtigung zur Wahl des Gesellenausschusses auch nicht von der Erfüllung einer im Gesetz nicht ausdrücklich bestimmten Voraussetzung abhängig gemacht werden (BVerwG Urt. v. 17.12.1985 – 1 C 1/84 Rn. 7 (= BeckRS 1985, 31240052)). Das aktive Wahlrecht darf nur eingeschränkt werden, wenn eine ausdrückliche gesetzliche Regelung dies bestimmt (BVerwG Urt. v. 17.12.1985 – 1 C 1/84 Rn. 9 (= BeckRS 1985, 31240052)). Das Verbot der diesbezüglichen Einschränkung des aktiven Wahlrechts steht nicht im Widerspruch zur Regelung des § 71, wonach der Kreis der Wählbaren zum Gesellenausschuss eingeschränkt wird, denn Regelungen zum aktiven und zum passiven Wahlrecht können in zulässiger Weise unterschiedliche Inhalte haben (BVerwG Urt. v. 17.12.1985 – 1 C 1/84 Rn. 9 (= BeckRS 1985, 31240052)). Nach § 71 Abs. 1 sind nur Gesellen wählbar, die volljährig sind, eine Gesellenprüfung oder eine entsprechende Abschlussprüfung abgelegt haben und seit mindestens drei Monaten in dem Betrieb eines der Handwerksinnungen angehörenden selbständigen Handwerkers beschäftigt sind (→ § 71 Rn. 5).

2. Den Gesellen Gleichgestellte

Der Kreis der Wahlberechtigten ist nach dem Wortlaut des § 70 auf die „Gesellen" begrenzt, wobei keine Einschränkung der Geselleneigenschaft auf die Gesellen, die die Gesellenprüfung erfolgreich abgelegt haben, erfolgen soll (Schwannecke/Kräßig Rn. 2; Honig/Knörr Rn. 4 und Detterbeck Rn. 4 unter Hinweis auf § 71 Abs. 1 Nr. 2). Eine Erweiterung der Wahlberechtigten auf ähnliche Arbeitnehmer, die ohne Ablegung einer Gesellenprüfung, in der Weise wie gelernte Gesellen im Betrieb tätig sind, erscheint sachgerecht (Schwannecke/Kräßig § 68 Rn. 2). Den Gesellen gleichgestellt sind die **Facharbeiter** mit Lehrabschlussprüfung und **andere Arbeitnehmer**, die nicht nur vorübergehend in einem Handwerksbetrieb mit Arbeiten betraut sind, die gewöhnlich nur von Gesellen oder Facharbeitern ausgeführt werden (vgl. BVerfG Beschl. v. 11.10.1960 – 1 BvL 2/59, 1 BvL 35/59 Rn. 48 (= BeckRS 1960, 00269 = BVerfGE 11, 310 ff.); Honig/Knörr Rn. 4; Detterbeck Rn. 4; Schwannecke/Kräßig Rn. 2).

Nicht wahlberechtigt, mangels Erfüllung der Geselleneigenschaft, sind **ungelernte Hilfsarbeiter**, **Lehrlinge** und **kaufmännische Angestellte wie Büro- und Ladenpersonal** (BVerfG Beschl. v. 11.10.1960 – 1 BvL 2/59, 1 BvL 35/59 Rn. 48 (= BeckRS 1960, 00269 = BVerfGE 11, 310 ff.); Schwannecke/Kräßig Rn. 2; Honig/Knörr Rn. 4 der ausführt „eine allzu strenge Anwendung dieses Grundsatzes entspräche nicht dem Sinn des Gesetzes", so dass auch geprüfte Verkäuferinnen im Lebensmittelhandwerk einem Gesellen gleichstehen sollen).

II. Das Beschäftigungsverhältnis

Die Gesellen bzw. die gleichgestellten Arbeitnehmer müssen sich zum Zeitpunkt der Wahl in einem **ordnungsgemäßen Arbeitsverhältnis** zu einem Innungsmitglied (→ § 58 Rn. 1) befinden, wobei eine kurzzeitige Arbeitslosigkeit das Wahlrecht nach der Regelung des § 71 a (→ § 71a Rn. 2) unberührt lässt (Schwannecke/Kräßig Rn. 4; Detterbeck Rn. 1). Nicht ausreichend ist eine nur gelegentliche Beschäftigung ohne Begründung eines Arbeitsverhältnisses (Schwannecke/Kräßig Rn. 4; Detterbeck Rn. 1).

8 Nicht wahlberechtigt sind Gesellen die bei einem **Gastmitglied** iSd § 59 beschäftigt sind, denn Gastmitglieder der Innung besitzen nur beratende Stimmen und sind keine Innungsmitglieder iSd § 58 (Schwannecke/Kräßig Rn. 4; Detterbeck Rn. 1). Die Gesellen dieser Gastmitglieder können keine weiterreichenden Rechte haben als das Gastmitglied selbst (Schwannecke/Kräßig Rn. 4).

C. Rechtsschutz bei fehlerhafter Wahl

9 Die Anfechtung der Wahl des Gesellenausschusses bedarf einer ausdrücklichen gesetzlichen Regelung, die in der HwO in dieser Form nicht vorhanden ist (VGH München GewArch 1975, 129 (129); Schwannecke/Kräßig Rn. 6; Honig/Knörr § 69 Rn. 16). Rechtsschutz gegen eine fehlerhafte Wahl des Gesellenausschusses kann nur im Regelfall durch eine **Leistungs- oder Feststellungsklage** erlangt werden (→ § 69 Rn. 16; VGH München GewArch 1975, 129 (129); Schwannecke/Kräßig Rn. 6).

10 Nimmt ein Nichtberechtigter an der Wahl des Gesellenausschusses teil, soll die Wahl nur dann ungültig werden, wenn seine Stimme für das Wahlergebnis entscheidend war (Schwannecke/Kräßig Rn. 1; Honig/Knörr Rn. 3).

§ 71 [Wählbarkeit zum Gesellenausschuss]

(1) Wählbar ist jeder Geselle, der
1. volljährig ist,
2. eine Gesellenprüfung oder eine entsprechende Abschlußprüfung abgelegt hat und
3. seit mindestens drei Monaten in dem Betrieb eines der Handwerksinnung angehörenden selbständigen Handwerkers beschäftigt ist.

(2) Über die Wahlhandlung ist eine Niederschrift anzufertigen.

Literatur: John Peter, Novellierung der Handwerksordnung: Arbeitgeberbeteiligung konkretisiert, gefestigt und ausgeweitet, WiVerw 1994, 34 ff.; Palandt Otto, BGB, 74 Aufl. 2015

Überblick

§ 71 Abs. 1 regelt das **passive Wahlrecht** zum Gesellenausschuss. Mitglied des Gesellenausschusses kann nur der Geselle werden, der die in Abs. 1 genannten kumulativen **Voraussetzungen** (→ Rn. 5 ff.) erfüllt. Nach § 71 Abs. 2 muss eine **Niederschrift** über die Wahlhandlung angefertigt werden (→ Rn. 15).

Mangels entsprechender Verweisung findet die Regelung des § 71 keine Anwendung auf die Kreishandwerkerschaften.

A. Historie

1 Die Regelung des § 71 hat mehrere Änderungen inhaltlicher und redaktioneller Art erfahren: Die HwO aus dem Jahre 1953 verlangte in § 65 Abs. 1 Nr. 1 (1953) für die Wählbarkeit zum Gesellenausschuss noch die Voraussetzung der deutschen Staatsangehörigkeit (BGBl. 1953 I 1411 (1420)). Diese Voraussetzung wurde im Zuge der Reform der HwO von 1994 abgeschafft (BGBl. 1994 I 2256 (2261 Nr. 33); BT-Drs. 12/5918, 23). Infolge der Streichung der Nr. 1 wurde im Rahmen einer redaktionellen Anpassung aus den Nr. 2–4 die Nr. 1–3 (BGBl. 1994 I 2256 (2261 Nr. 33)). Eine Neunummerierung der Normen der HwO erfolgte bereits im Wege der Reform von 1965, so dass die Regelung nunmehr in § 71 zu finden war.

2 Des Weiteren wurde der § 65 Abs. 1 Nr. 2 (1953) bzw. der inhaltsgleiche § 71 Abs. 1 Nr. 2 (1965) dahingehend angepasst, dass die Volljährigkeit nunmehr die Altersgrenze darstellt und nicht mehr auf die Vollendung des 21. Lebensjahres abgestellt wird (BGBl. 1974 I 1713 (1715)).

3 § 65 Abs. 1 Nr. 3 (1953) wurde im Zuge der Reform von 1965 um das Tatbestandsmerkmal der Ablegung einer „entsprechenden Lehrabschlussprüfung" ergänzt (§ 71 Abs. 1 Nr. 3 (1965), BGBl. 1966 I 1 (14)).

Hingegen fordert bereits § 65 Abs. 2 (1953) die Anfertigung einer Niederschrift über die   4
Wahlhandlung (BGBl. 1953 I 1411 (1421)).

B. Die Wählbarkeitsvoraussetzungen (Abs. 1)

§ 71 regelt in Abs. 1 das **passive Wahlrecht** zum Gesellenausschuss (→ § 68 Rn. 1),   5
während § 70 das aktive Wahlrecht umfasst (→ § 70 Rn. 2; Schwannecke/Kräßig Rn. 1).
Der Kreis der passiv Wahlberechtigten und damit die Gesellen die Mitglied des Gesellenausschusses werden können, ist infolge der gesetzlichen Einschränkungen kleiner als der Kreis
der aktiv Wahlberechtigten nach § 70 (→ § 70 Rn. 3). Nicht jeder wahlberechtigte Geselle
ist auch gleichzeitig wählbar zum Gesellenausschuss (Schwannecke/Kräßig Rn. 2). Zum
Mitglied des Gesellenausschusses kann nur ein **Geselle** (→ Rn. 7) gewählt werden, der die
drei **kumulativen** Voraussetzungen des § 71 Abs. 1 erfüllt. Mithin nur Gesellen, die **volljährig** sind (→ Rn. 8), eine **Gesellenprüfung** oder eine **entsprechende Abschlussprüfung**
abgelegt haben (→ Rn. 10) und seit mind. drei Monaten in dem Betrieb eines der Handwerksinnungen angehörenden selbständigen Handwerkers **beschäftigt** sind (→ Rn. 13).
Der Gesetzgeber bezweckt mit den Anforderungen an die Mitglieder des Gesellenausschusses
die Gewährleistung ihrer Reife, Qualität und Beständigkeit (Honig/Knörr Rn. 2). Diese
Voraussetzungen müsse alle im **Zeitpunkt der Wahl** vorliegen (Detterbeck Rn. 7; Honig/
Knörr Rn. 1; Schwannecke/Kräßig Rn. 3).

In Zuge der Novellierung der HwO aus dem Jahre 1994 wurde die Begrenzung des   6
passiven Wahlrechts auf die Gesellen mit **deutscher Staatsangehörigkeit** abgeschafft
(BGBl. 1994 I 2256 (2261 Nr. 33); BT-Drs. 12/5918, 23; John WiVerw 1994, 34 (40);
Detterbeck Rn. 1; Schwannecke/Kräßig Rn. 4). Diese diskriminierte in unzulässiger Weise
die Ausländer und schlossen von der Mitwirkung im Gesellenausschuss in unzulässiger
Weise aus, so dass diese Einschränkung vor dem Hintergrund des europarechtlichen Diskriminierungsverbotes aus Art. 18 AEUV abgeschafft wurde.

I. Der Begriff des Gesellen (Abs. 1)

Der Gesellenbegriff des § 71 entspricht dem Begriff des Gesellen in § 70 (→ § 70 Rn. 4,   7
→ § 70 Rn. 5, → § 70 Rn. 6) und dem des § 68.

II. § 71 Abs. 1 Nr. 1: Volljährigkeit

Die Gesellen erlangen mit der **Volljährigkeit** die passive Wahlberechtigung. Die Festset-   8
zung des Mindestalters gewährleistet den erforderlichen Grad an Reife, Vernunft und Verantwortungsbewusstsein. Die Volljährigkeit tritt mit der Vollendung des 18. Lebensjahres ein
(§ 2 BGB), dh am 18. Geburtstag um 0 Uhr (Palandt/Ellenberger BGB § 2 Rn. 1; Schwannecke/Kräßig Rn. 5; Honig/Knörr Rn. 3; Detterbeck Rn. 3). Zum Mitglied des Gesellenausschusses kann gewählt werden, wer spätestens am Tag der Wahl 18 Jahre alt wird.

Sollte ein Geselle zum Mitglied des Gesellenausschuss gewählt worden sein, der am Wahl-   9
tag noch nicht volljährig war, verliert dieser sein Amt und ein der Stellvertreter (Ersatzmann)
mit der höchsten Stimmenzahl nimmt dieses ein (Honig/Knörr Rn. 1). Eine Heilung des
Mangels tritt nicht ein (Schwannecke/Kräßig Rn. 3).

III. § 71 Abs. 1 Nr. 2: Gesellenprüfung oder entsprechende Abschlussprüfung

Ferner ist nur ein Geselle passiv wahlberechtigt, der eine Gesellenprüfung oder eine ent-   10
sprechende Abschlussprüfung (zB industrielle Facharbeiterprüfung) abgelegt hat. Die **Gesellenprüfung** iSd §§ 31 Abs. 1 S. 1, 32 ist die Abschlussprüfung in einem Handwerksberuf und
gilt als Nachweis der beruflichen Kenntnisse und Fähigkeiten des entsprechenden Handwerks
(Detterbeck § 31 Rn. 2). Passiv wahlberechtigt zum Gesellenausschuss sind alle Gesellen,
unabhängig davon in welchem Handwerk sie die Gesellenprüfung abgelegt haben (Detterbeck Rn. 4; Schwannecke/Kräßig Rn. 6). Diese Auslegung stimmt überein mit dem Wortlaut des § 71 Abs. 1 Nr. 2, der von „einer" Gesellenprüfung spricht und nicht von einer
Gesellenprüfung in dem Fachbereich des Handwerks deren Interessen die Innung vertritt
bzw. „der" Gesellenprüfung (Schwannecke/Kräßig Rn. 6; aA Honig/Knörr Rn. 4 unter

Hinweis auf die Pflicht der Mitglieder des Gesellenausschusses zur Beteiligung an der Prüfung der Gesellen nach § 38 Abs. 2 S. 2; vgl. zum gleichen Problem beim aktiven Wahlrecht → § 70 Rn. 4).

11   Die **entsprechenden Abschlussprüfungen** müssen mit der Gesellenprüfung gleichwertig sein und dieser entsprechen. Zur Gleichwertigkeit von Prüfungszeugnissen vgl. § 40 Abs. 1 (Detterbeck Rn. 4) und zu ausländischen Ausbildungsnachweisen vgl. § 40 Abs. 2 und § 40a. Ausreichend soll eine erfolgreich abgelegte industrielle Lehrabschlussprüfung sein, nicht hingegen Verkaufskräfte (Honig/Knörr Rn. 4) oder mangels Entsprechung Abschlussprüfungen im kaufmännischen Bereich (Schwannecke/Krägig Rn 6).

12   **Verliert** der Geselle seine **Geselleneigenschaft**, etwa indem die Gesellenprüfung als ungültig erklärt wird, verliert der Geselle sein passives Wahlrecht bzw. der bereits gewählte Geselle sein Amt als Mitglied des Gesellenausschusses (Honig/Knörr Rn. 7). Ebenso im Falle des Verlustes der Geselleneigenschaft infolge Selbständigmachung (Honig/Knörr Rn. 7).

IV. § 71 Abs. 1 Nr. 3 Beschäftigungsverhältnis

13   Als dritte Voraussetzung im Zusammenhang mit dem passiven Wahlrecht zum Gesellenausschuss bedarf es einer mindestens **dreimonatigen Beschäftigung** im Betrieb eines Handwerkers, der der Handwerksinnung angehört (Honig/Knörr Rn. 5). Die Wartezeit von drei Monaten kann sich auch aus der Mitarbeit aus mehreren Innungsbetrieben zusammensetzen (Honig/Knörr Rn. 6). Es ist nicht erforderlich dass der Arbeitgeber während der ganzen dreimonatigen Beschäftigungszeit Innungsmitglied war (Honig/Knörr Rn. 5). Erlangt der Geselle eine höhere Qualifikation im Betrieb oder legte er die Meisterprüfung ab, hat dies keine Auswirkungen auf das passive Wahlrecht (Honig/Knörr Rn. 5).

14   Im Falle **kurzzeitiger Arbeitslosigkeit** tritt nach § 71a kein Wahlrechtsverlust ein (→ § 71a Rn. 2). Ferner ist die Regelung des § 72 zu beachten im Falle der **Lösung des Beschäftigungsverhältnisses** (§ 72).

C. Niederschrift (Abs. 2)

15   Über die Wahlhandlung in der Wahlversammlung (§ 69 Abs. 3 S. 2) soll eine **Niederschrift** angefertigt werden. Zu Beweiszwecken im Rahmen einer möglichen Wahlprüfung ist der Ablauf der Wahl des Gesellenausschusses genau zu protokollieren. Diesbezüglich sind die Regelungen in der Satzung der jeweiligen Innung zu beachten Schwannecke/Krägig Rn. 10). Auch wenn die HwO dies nicht erfordert erscheint es sachgerecht, dass das Protokoll vom Schriftführer und Wahlleiter **unterzeichnet** wird, um die Authentizität zu belegen.

§ 71a [Kurzzeitige Arbeitslosigkeit]

Eine kurzzeitige Arbeitslosigkeit läßt das Wahlrecht nach den §§ 70 und 71 unberührt, wenn diese zum Zeitpunkt der Wahl nicht länger als drei Monate besteht.

Literatur: John, Peter, Novellierung der Handwerksordnung: Arbeitgeberbeteiligung konkretisiert, gefestigt und ausgeweitet, WiVerw 1994, 34 ff.

Überblick

Nach der Regelung des neu eingeführten § 71a (→ Rn. 1) soll eine **kurzzeitige Arbeitslosigkeit** (→ Rn. 2) das Wahlrecht zum Gesellenausschuss unberührt lassen.

A. Historie

1   IRd Reform der HwO 1993 wurde § 71a neu eingeführt (BGBl. 1993 I 2256 (2261 Nr. 34); John WiVerw 1994, 34 (42)). Entsprechend der Gesetzesbegründung sollte der Konjunktur- und Saisonabhängigkeit mancher Handwerke Rechnung getragen werden (BT-Drs. 12/5918, 23 Nr. 30; → Rn. 1.1; Detterbeck Rn. 2) und eine kurzfristige Arbeitslosigkeit nicht die Übernahme eines Ehrenamtes in der Innung verhindern (John WiVerw 1994,

34 (42); Schwannecke/Kräßig Rn. 1). Die kontinuierliche Arbeit des Gesellenausschusses soll ermöglicht werden (John WiVerw 1994, 34 (42)).

So führte der Gesetzgeber in seiner Begründung aus: „Der neu eingefügte § 71a ist angesichts der Tatsache, dass manche Handwerke konjunktur- und saisonabhängig sind und es deshalb in diesen Unternehmen zu kurzzeitigen Entlassungen bzw. Wechsel von Beschäftigungsverhältnissen kommen kann, sachlich gerechtfertigt. Kurzzeitige Arbeitslosigkeit soll nicht zum Ausschluss von der Übernahme eines Ehrenamtes in einer öffentlich-rechtlichen Körperschaft, hier der Handwerksinnung, führen" (BT-Drs. 12/5918, 23 Nr. 30). 1.1

B. Kurzzeitige Arbeitslosigkeit

Grds. knüpft das Wahlrecht zum Gesellenausschuss an das Bestehen eines Beschäftigungsverhältnisses bei einem Innungsmitglied an. Die Beendigung des Beschäftigungsverhältnisses führt grundsätzlich zum Verlust des Wahlrechts, mit Ausnahme des Eintritts einer kurzfristigen Arbeitslosigkeit. Die **kurzzeitige Arbeitslosigkeit**, die nicht länger als drei Monate dauert, hat auf das passive Wahlrecht der Gesellen nach § 71 und ihr aktive Wahlrecht nach § 70 keinen Einfluss. Damit sind grds. auch arbeitslose Gesellen berechtigt an der Wahl des Gesellenausschusses teilzunehmen und sich in diesen wählen zu lassen. Die Wahlberechtigung entfällt nur im Falle einer längerfristigen Arbeitslosigkeit, die länger als drei Monate dauert. Maßgeblich zur **Fristberechnung** ist die Zeitspanne zwischen dem Tag der eintretenden Arbeitslosigkeit, dh der Tag an dem das Beschäftigungsverhältnis beendet wurde und dem Wahltag an dem der Gesellenausschuss gewählt wird. 2

Tritt die Arbeitslosigkeit erst **nach der Wahl** des Mitglieds zum Gesellenausschuss ein, gilt § 72 (Schwannecke/Kräßig Rn. 2). 3

§ 72 [Bei Innungsmitgliedern nicht mehr beschäftigte Ausschussmitglieder]

¹Mitglieder des Gesellenausschusses behalten, auch wenn sie nicht mehr bei Innungsmitgliedern beschäftigt sind, solange sie im Bezirk der Handwerksinnung im Betrieb eines selbständigen Handwerkers verbleiben, die Mitgliedschaft noch bis zum Ende der Wahlzeit, jedoch höchstens für ein Jahr. ²Im Falle eintretender Arbeitslosigkeit behalten sie ihr Amt bis zum Ende der Wahlzeit.

Literatur: John, Peter, Novellierung der Handwerksordnung: Arbeitgeberbeteiligung konkretisiert, gefestigt und ausgeweitet, WiVerw 1994, 34 ff.

Überblick

§ 72 regelt in S. 1 eine Ausnahme vom Grundsatz des Verlustes des Amtes als Mitglied des Gesellenausschusses, bei Verlust der Voraussetzungen des passiven Wahlrechts (→ Rn. 1). Trotz Beendigung des Beschäftigungsverhältnisses behält das Mitglied sein Mandat, bis zum Ende der Wahlzeit, höchstens jedoch für ein Jahr, solange es weiterhin als Geselle im Innungsbezirk tätig ist (→ Rn. 2). Nach der Regelung des § 72 S. 2, der im Zuge der Novellierung 1993 eingeführt wurde (→ Rn. 7), behält das Mitglied des Gesellenausschusses im Falle seiner eintretenden Arbeitslosigkeit bis zum Ende der Wahlzeit sein Amt fort (→ Rn. 6).

A. Beibehaltung des Amtes trotz Beendigung des Beschäftigungsverhältnisses (S. 1)

Das passive Wahlrecht der Mitglieder des Gesellenausschusses ergibt sich aus § 71. Danach ist jeder Geselle wählbar, der volljährig ist, eine Gesellenprüfung oder eine entsprechende Abschlussprüfung abgelegt hat und seit mindestens drei Monaten in dem Betrieb eines der Innung angehörenden selbständigen Handwerks beschäftigt ist. Verliert ein Mitglied des Gesellenausschusses einer dieser Wählbarkeitsvoraussetzungen, hat dies grundsätzlich auch den **Verlust des Amtes** zur Folge (Honig/Knörr Rn. 1; Detterbeck Rn. 5). Dies ist dann der Fall, wenn die Geselleneigenschaft verloren geht oder ein Wechsel in einen anderen nichthandwerklichen Betrieb erfolgt (Honig/Knörr Rn. 4). 1

2 Von diesem Grundsatz des Mandatsverlustes macht § 72 im Zusammenhang mit dem Bestehen des Beschäftigungsverhältnisses eine Ausnahme. Bis zum **Ende der Wahlzeit**, jedoch höchstens für **ein Jahr** (→ Rn. 4), behält das Mitglied des Gesellenausschusses sein Amt, auch wenn es nicht mehr bei einem Innungsmitglied beschäftigt ist, solange es im Betrieb eines selbständigen Handwerkerkers im Innungsbezirk verbleibt. Das Ausschussmitglied muss also weiterhin als Geselle im **Innungsbezirk** tätig sein (Honig/Knörr Rn. 2; Detterbeck Rn. 2). Wechselt der Geselle zu einem Handwerksbetrieb, der nicht Innungsmitglied ist, sich aber im Innungsbezirk befindet, tritt kein Mandatsverlust ein (John WiVerw 1994, 34 (49); Schwannecke/Kräßig Rn. 3). Verlässt der Geselle jedoch den Innungsbezirk, verliert er auch sein Amt und ein Stellvertreter übernimmt seine Position im Gesellenausschuss.

3 Unerheblich ist, auf wessen Initiative das Beschäftigungsverhältnis zwischen dem Mitglied des Gesellenausschusses und dem Innungsmitglied endet. Das Mitglied des Gesellenausschusses ist auch dann nicht mehr bei einem Innungsmitglied beschäftigt, wenn sein Arbeitgeber, d.h. das Innungsmitglied selbst die Mitgliedschaft zur Innung auflöst (Honig/Knörr Rn. 1; Schwannecke/Kräßig Rn. 3).

4 Das Mitglied behält höchstens für ein Jahr sein Amt. Die **Jahresfrist** berechnet sich nach den §§ 187 Abs. 1, 188 Abs. 2 Alt. 1 BGB (Detterbeck Rn. 3) und beginnt damit an dem Tag der dem Tag folgt an dem das Beschäftigungsverhältnis beendet ist (Schwannecke/Kräßig Rn. 3). Nach Ablauf der Jahresfrist scheidet das Mitglied aus dem Gesellenausschuss aus und ein Stellvertreter übernimmt sein Amt. Ist die verbleibende Amtszeit kürzer als ein Jahr, behält das Mitglied bis zum Ende der Amtszeit sein Amt inne.

5 Mit der Regelung des § 72 S. 1 soll die **Kontinuität der Arbeitsfähigkeit des Gesellenausschusses** sichergestellt werden (Honig/Knörr Rn. 2).

B. Beibehaltung des Amtes trotz Arbeitslosigkeit (S. 2)

6 Nach der Regelung des § 72 S. 2 behält das Mitglied des Gesellenausschusses im Falle seiner eintretenden Arbeitslosigkeit bis zum Ende der Wahlzeit sein Amt fort. Die Beendigung des Beschäftigungsverhältnisses hat keine Auswirkung auf das bereits ausgeübte Amt im Gesellenausschuss. Hat der Geselle das Amt bereits inne, ist es auch unerheblich wie lange er arbeitslos ist, denn § 72 S. 2 enthält keine zeitliche Befristung (anders nach § 71a der zur Anwendung kommt, wenn der Geselle noch kein Mandatsträger ist, dh vor der Wahl). Denn der Gesetzgeber geht davon aus, dass mit Eintritt einer konjunktur- und saisonbedingten Arbeitslosigkeit die fachliche und soziale Kompetenz zur Ausübung des Ehrenamtes im Gesellenausschuss nicht verloren gehen und die Gesellen dem Handwerk weiterhin verbunden bleiben (John WiVerw 1994, 34 (49 f.); Schwannecke/Kräßig Rn. 4).

7 § 72 S. 2 wurde im Zuge der Novelle der HwO aus den Jahren 1993, zusammen mit § 71a (→ § 71a Rn. 1) neu eingeführt (BGBl. I 1993, 2256 (2261 Nr. 34); → Rn. 7.1).

7.1 „Das Eintreten einer konjunktur- bzw. saisonbedingten Arbeitslosigkeit, mit der nicht gleichzeitig auch die fachliche Kompetenz zur Ausübung der Ehrenamtstätigkeit im Gesellenauschuß verlorengeht, soll nicht zu einem Verlust der Ehrenamtstätigkeit in einem Organ einer öffentlich-rechtlichen Körperschaft führen" (BT-Drs 12/5918, 24 zu Nr. 32).

§ 73 [Beiträge und Gebühren]

(1) ¹Die der Handwerksinnung und ihrem Gesellenauschuß erwachsenden Kosten sind, soweit sie aus den Erträgen des Vermögens oder aus anderen Einnahmen keine Deckung finden, von den Innungsmitgliedern durch Beiträge aufzubringen. ²Zu den Kosten des Gesellenausschusses zählen auch die anteiligen Lohn- und Lohnnebenkosten, die dem Arbeitgeber durch die Freistellung der Mitglieder des Gesellenausschusses von ihrer beruflichen Tätigkeit entstehen. ³Diese Kosten sind dem Arbeitgeber auf Antrag von der Innung zu erstatten.

(2) Die Handwerksinnung kann für die Benutzung der von ihr getroffenen Einrichtungen Gebühren erheben.

(3) Soweit die Handwerksinnung ihre Beiträge nach dem Gewerbesteuermeßbetrag, Gewerbekapital, Gewerbeertrag, Gewinn aus Gewerbebetrieb oder der Lohnsumme bemißt, gilt § 113 Abs. 2 Satz 2, 3 und 8 bis 11.

(4) Die Beiträge und Gebühren werden auf Antrag des Innungsvorstands nach den für die Beitreibung von Gemeindeabgaben geltenden landesrechtlichen Vorschriften beigetrieben.

Literatur: Badura Peter/Kormann Joachim, Der Beitrag zur Handwerkskammer, GewArch 2005, 99 ff. und 136 ff.; Detterbeck Steffen/Will Martin, Die Handwerksinnungen in der staatlichen dualen Ordnung des Handwerks, 2003; Dürr Wolfram, Zum Recht der Innungen und Kreishandwerkerschaften, GewArch 2009, 54 ff.; Glanegger Peter/Güroff Georg, Gewerbesteuergesetz, 7. Aufl. 2009; Hahn Dittmar, Verwaltungsstreitverfahren zwischen Kammern und ihren Mitgliedern, GewArch 2003, 217 ff.; Jahn Ralf, Zur Entwicklung des Beitragsrechts der Industrie- und Handelskammern, GewArch 2005, 221 ff.; Klein Franz, Abgabenordnung, 12. Aufl., 2014; Kluth Winfried, Beitragsbonus für Innungsmitglieder und Kammerrecht, GewArch 2008, 377 ff.; Kopp Ferdinand/Schenke Wolf-Rüdiger, Verwaltungsgerichtsordnung, 20. Aufl. 2014; Eyermann Erich/Rennert Klaus, Verwaltungsgerichtsordnung, 13. Aufl. 2010; Sodan Helge/Ziekow Jan, Verwaltungsgerichtsordnung, 4. Aufl. 2014; Kormann Joachim, Abgabenerhebung durch Handwerkskammer und Handwerksinnung für Maßnahmen der überbetrieblichen Unterweisung, Deutsches Handwerksinstitut, 1990; Leisner Walter Georg, Die Gründung einer eigenständigen Innung durch eine Fachgruppe nach vorheriger Ausgliederung aus einer Sammelinnung, LFI-Schriftenreihe 2012; Leisner Walter Georg, Ausschüttung von Innungsvermögen an Innungsmitglieder in Form von Beitragsrückerstattungen oder Erlösauskehr aus der Veräußerung von (Anlage-)Vermögen?, LFI- Schriftenreihe 2013; Leisner Walter Georg, Rechtsaufsicht über Innungen und Kreishandwerkerschaften bei Aufgabenausgliederung auf privatrechtliche Gesellschaften, LFI-Schriftenreihe 2013; Redeker Martin/von Oertzen Hans-Joachim, Verwaltungsgerichtsordnung, 16. Aufl. 2014; Will Martin, Selbstverwaltung der Wirtschaft, 2010; Zimmermann Eric, Einführung eines Handwerkskammerbeitragsbonus für Innungsmitglieder?, GewArch 2007, 141 ff.

Überblick

§ 73 normiert gesetzlich die Kostendeckung der Innung. § 73 Abs. 1 S. 1 dient als gesetzliche Ermächtigungsgrundlage der Innung für die Erhebung von **Mitgliedsbeiträgen** (→ Rn. 4 ff.). In S. 2 des § 73 Abs. 1 hat der Gesetzgeber eine **Zuordnung der Kosten des Gesellenausschusses** (→ Rn. 26) als Kosten der Innung vorgenommen und in S. 3 einen **Erstattungsanspruch des Arbeitgebers** in Verbindung mit der Mitwirkung der Arbeitnehmer im Gesellenausschuss gegen die Innung gesetzlich normiert. § 73 Abs. 2 HwO ermächtigt die Innung für die Benutzung ihrer Einrichtungen **Gebühren** (→ Rn. 27) zu erheben und dient als gesetzliche Ermächtigungsgrundlage. § 73 Abs. 3 verweist auf die S. 2, 3, 8–11 des § 113 Abs. 2 zur Beitrags- und Gebührenerhebung durch die Handwerkskammern und damit insbesondere auf die **Ermächtigung zur Erteilung von Auskünften durch die Finanzämter** an die Innung im Zusammenhang mit der Beitragsbemessung und nennt Beitragsbemessungsgrundlagen. § 73 Abs. 4 regelt die **Beitreibung der Innungsbeiträge und Gebühren** (→ Rn. 32).

Aufgrund der Verweisungsnorm des § 89 Abs. 1 Nr. 5 findet die Regelung des § 73 entsprechende Anwendung auf die **Kreishandwerkerschaften**.

Übersicht

	Rn.		Rn.
A. Historie	1	4. Besonderheiten der Beitragsbemessung bei Mischbetrieben	21
B. Mitgliedsbeiträge (Abs. 1)	4	III. Höhe der Mitgliedsbeiträge	23
I. Kostendeckung der Innung durch Beitragszahlungen	4	1. Beschluss der Innungsversammlung zur Beitragshöhe	23
1. Grundsatz der Erforderlichkeit	4	2. Kostendeckungsprinzip, Grundsatz der Nichtgewerblichkeit von Handwerksorganisationen	24
2. Beiträge im Rechtssinne	5		
3. Beitragsarten: Grundbeitrag, Zusatzbeitrag, Sonderbeitrag	6		
II. Bemessungsgrundlage der Beitragserhebung	9	3. Beitragsrabatt in Form eines Bonussystems – beitragsmindernde Berücksichtigung der Innungsmitgliedschaft?	25
1. Rechtsgrundlagen der Beitragserhebung	9		
2. Kriterien der Bemessungsgrundlage der Mitgliedsbeiträge	10	C. Kosten des Gesellenausschusses (Abs. 1 S. 2)	26
3. Äquivalenzprinzip und Gleichheitsgrundsatz	17	D. Gebühren (Abs. 2)	27

	Rn.		Rn.
I. Der Begriff der Gebühren	27	I. Beitreibung	32
II. Die Gebührenordnung	28	II. Verjährung	33
III. Materielle Gebührenprinzipien	31		
E. Die Beitreibung der Beiträge und Gebühren (Abs. 4)	32	**F. Rechtsschutz**	34

A. Historie

1   Die Regelung des heutigen § 73 Abs. 1 S. 1, Abs. 2 und Abs. 4 existierte bereits wortgleich in § 67 Abs. 1, Abs. 2 und Abs. 3 der HwO von 1953. Im Zuge der Novellierung der HwO von 1965 erfolgte eine neue Nummerierung der Normen, so dass aus dem ehemaligen § 67 (1953) der § 73 wurde.

2   IRd Reform von 1994 wurden § 73 Abs. 1 S. 2 und S. 3 HwO sowie § 73 Abs. 3 neu geschaffen (BGBl. 1993 I 2261 zu Nr. 36; BT-Drs. 12/5918, 7, 24; Schwannecke/Karsten Rn. 3). Anlass der **Neuaufnahme des § 73 Abs. 1 S. 2, 3 HwO** war die Notwendigkeit einer bundeseinheitlichen gesetzlichen Regelung im Zusammenhang mit dem Freistellungsanspruch der Arbeitnehmervertreter im Gesellenausschuss der Innung, zur Erfüllung ihrer zugewiesenen Aufgaben im Ausschuss (BT-Drs. 12/5918, 24). Es erschien nach der gesetzlichen Normierung des Behinderungs- und Benachteiligungsverbotes der Arbeitnehmervertreter in § 69 Abs. 4 und dem damit verbundenen Freistellungsanspruchs des Arbeitnehmers sachgerecht, eine entsprechende gesetzliche Regelung des Erstattungsanspruchs des Arbeitgebers gegenüber der Innung, im Zusammenhang mit den Kosten, die dem Arbeitgeber für die Freistellung des Arbeitnehmers für die Mitarbeit im Gesellenausschuss, entstehen, zu schaffen (BT-Drs. 12/5918, 24).

3   Die **Neuschaffung des § 73 Abs. 3** regelt mit dem Verweis auf § 113 Abs. 2 dass sich die Erteilung der Auskünfte über die Daten, die für die Bemessung der Mitgliedsbeiträge erforderlich sind, durch die Finanzbehörden nach § 31 AO richtet und die datenschutzrechtlichen Anforderungen, entsprechend der Verweisung, aus § 113 gelten sollen (BT-Drs. 12/5918, 24). Im Zuge der Novelle von 2004 wurde im Zusammenhang mit dem Verweis in § 73 Abs. 3 auf § 113 Abs. 2 die Angabe S. 5–8 durch S. 8–11 ersetzt (BGBl. 2003 I 2943; BT-Drs. 15/1206, 12 zu Nr. 49). Hierbei handelte es sich um eine redaktionelle Änderung infolge Richtigstellung und Folgeänderung des Verweises (BT-Drs. 15/1206, 39).

B. Mitgliedsbeiträge (Abs. 1)

I. Kostendeckung der Innung durch Beitragszahlungen

1. Grundsatz der Erforderlichkeit

4   Nach der gesetzlichen Regelung des § 73 Abs. 1 S. 1 sind die Kosten, die der Innung und ihrem Gesellenausschuss (→ Rn. 26) entstehen, durch Mitgliedsbeiträge zu decken, soweit aus den Erträgen des Vermögens der Innung oder aus anderen Einnahmen keine anderweitige Deckung möglich ist. Abgeleitet aus dem Wortlaut des § 73 Abs. 1 S. 1 ergibt sich iRd Kostendeckung der zu beachtende **Grundsatz der Erforderlichkeit**. Mitgliedsbeiträge sollen nur insoweit erhoben werden, als eine anderweitige Kostendeckung infolge anderer Einnahmen (zB aus Gebühren für die Benutzung der Innungseinrichtungen, öffentlichen Zuschüssen, anderen Vermögenserträgen, Schenkungen, Einnahmen aus Vermietung und Verpachtung) nicht ausreichend erfolgen kann (Honig/Knörr Rn. 2; Detterbeck Rn. 1; Schwannecke/Karsten Rn. 4). Dies ist jedoch in der Praxis der Regelfall, so dass die Verpflichtung der Mitglieder zur Beitragszahlung im Grunde zentrale Pflicht der Mitglieder ist (Will, Selbstverwaltung der Wirtschaft, 2010, 672; Detterbeck Rn. 1).

2. Beiträge im Rechtssinne

5   Durch die allgemeinen Innungsbeiträge werden die Mitglieder zur Finanzierung der Innung und damit zur Deckung des allgemeinen Finanzbedarfs der Innung iRd Aufgabenerfüllung herangezogen (Kormann, Abgabenerhebung durch Handwerkskammer und Hand-

werksinnung für Maßnahmen der überbetrieblichen Unterweisung, Deutsches Handwerksinstitut, 1990, 17). Durch die Mitgliedsbeiträge sollen **besondere Vorteile** der Mitglieder, die sich aus dem Nutzen der Tätigkeit der Innung für ihre Mitglieder ergeben, abgegolten werden (BVerwG GewArch 1992, 28 (28); Schwannecke/Karsten Rn. 5). IdS stellen die Mitgliedsbeiträge **Gegenleistungen** der Mitglieder für die Vorteile, die die Mitglieder aus der Tätigkeit der Innung ziehen, dar (BVerwG GewArch 1992, 28 (28)), so dass es sich im **rechtlichen Sinne** um Abgaben in Form von **Beiträgen** handelt (vgl. zu der Kategorisierung und Abgrenzung der Abgaben in Beiträge/Gebühren/Steuern in § 113 Rn. 2 (→ § 113 Rn. 2); vgl. BVerwG GewArch 1990, 398 (399) zur IHK; Schwannecke/Karsten Rn. 5). Die Vorteile bestehen insbes. daraus, dass die Innung die ihr gesetzlich übertragenen Aufgaben erfüllt, va die gemeinsamen gewerblichen Interessen ihrer Mitglieder in ihrem Bezirk wahrnimmt und diese Interessen der Mitglieder fördert (§§ 52 Abs. 1 S. 1, 54 Abs. 1 S. 1; BVerwG GewArch 1992, 28 (29); Schwannecke/Karsten Rn. 12). Der Vorteil dieser Interessenvertretung kommt sämtlichen Mitgliedern zugute. Es bedarf nicht eines unmittelbaren wirtschaftlichen Vorteils, der sich bei dem einzelnen Innungsmitglied messbar auswirkt, denn die Tätigkeit der Innung in Form der Verfolgung der gewerblichen Gesamtinteressen ihrer Mitglieder wird sich im Regelfall nur mittelbar bei dem einzelnen Mitglied auswirken, so dass die Beitragszahlung die Gegenleistung der Mitglieder für einen **mittelbaren Vorteil** sein kann (BVerwG GewArch 1992, 28 (29); vgl. BVerwG GewArch 1990, 398 (399) zur IHK; Schwannecke/Karsten Rn. 12; Honig/Knörr Rn. 12). IErg darf der Vorteil nicht auf einen unmittelbaren, direkten oder tatsächlichen Vorteil reduziert werden (Kormann, Abgabenerhebung durch Handwerkskammer und Handwerksinnung für Maßnahmen der überbetrieblichen Unterweisung, Deutsches Handwerksinstitut, 1990, 18; Schwannecke/Karsten Rn. 12; Honig/Knörr Rn. 12). Der Nutzen der Tätigkeit der Innung kann sich auch nur mittelbar auswirken und der Vorteil der Mitgliedschaft weitgehend nur **vermutet** werden (BVerwG GewArch 1992, 28 (29); vgl. OVG Hamburg GewArch 1993, 485 (486) zu den Handwerkskammern).

Das BVerwG führt zum **Wesen des Beitrags** aus: „Das Wesen des Beitrags – der nicht nur fiskalische öffentliche Abgaben (...) sondern in einem weiteren Sinne auch die von den Mitgliedern der Körperschaften des öffentlichen Rechts erhobenen „Umlagen" umfasst – besteht darin, daß er eine Gegenleistung für einen gewährten (Sonder-)Vorteil darstellt und die von dem Beitragspflichtigen geforderten Leistungen in einem angemessen Verhältnis stehen müssen (...). Zwischen dem Erhebungsanlaß und dem Vorteil des Pflichtigen besteht allerdings nur ein mittelbarer Zusammenhang, der sich zu einer bloßen gesetzlichen Vermutung oder Fiktion des Vorteils verflüchtigen kann." (BVerwG NJW 1972, 350 (352) zur Landesärztekammer). **5.1**

3. Beitragsarten: Grundbeitrag, Zusatzbeitrag, Sonderbeitrag

In § 73 wird nur von „Beiträgen" gesprochen, ohne dass die **Art der Beiträge** näher definiert wird. Anders hingegen bei den Handwerkskammern bei denen der Gesetzgeber in § 113 Abs. 2 S. 1 ausdr. zur Erhebung von „Grundbeiträgen", „Zusatzbeiträgen" und „Sonderbeiträgen" ermächtigt hat (vgl. dazu → § 113 Rn. 26 ff.). Die Tatsache, dass in § 73 nur der undifferenzierte Begriff der „Beiträgen" verwendet wird und – anders als bei den Handwerkskammern in § 113 Abs. 2 S. 1 – keine ausdrückliche gesetzliche Auflistung der Beitragsarten erfolgt, verbietet der Innung jedoch nicht eine satzungsmäßige Differenzierung zwischen Grundbeiträgen, Zusatzbeiträgen und Sonderbeiträgen vorzunehmen (VG Köln Beschl. v. 15.11.2010 – 1 K 4178/09 (= BeckRS 2011, 45407); Detterbeck Rn. 3; VG Düsseldorf Urt. v. 30.6.2010 – 20 K 4018/09 Rn. 26 ff. (= BeckRS 2010, 52690); OVG Lüneburg GewArch 1999, 125 (125)). Maßgeblich ist, dass die Innung von ihren Mitgliedern Beiträge erheben darf – ohne dass es dabei auf die Unterscheidung zwischen regelmäßigen und außerordentlichen Beiträgen ankommt- soweit der Innung Kosten iRd zulässigen Aufgabenwahrnehmung entstanden sind (VG Köln Beschl. v. 15.11.2010 – 1 K 4178/09 (= BeckRS 2011, 45407). Es steht grds. im normativen **Ermessen der Innung**, ob und inwieweit sie umlagefähige Kosten der Innung außer durch Grundbeiträge durch Zusatzbeiträge oder Sonderbeiträge decken will (vgl. BVerwG GewArch 2005, 31 (31) zu den Handwerkskammern; VG Düsseldorf Urt. v. 30.6.2010 – 20 K 4018/09 Rn. 28 ff. (= BeckRS 2010, 52690)). Die Befugnis zur Erhebung von **Sonderbeiträgen** als außerordentliche Beiträge **6** ist von § 73 Abs. 1 S. 1 gedeckt, auch wenn die Norm die Sonderbeiträge nicht ausdrücklich erwähnt (VG Köln Beschl. v. 15.11.2010 – 1 K 4178/09 (= BeckRS 2011, 45407); VG Düsseldorf Urt. v. 30.6.2010 – 20 K 4018/09 Rn. 26 (= BeckRS 2010, 52690); Detterbeck Rn. 3). Es wäre systemwidrig der Innung als freiwilligen Zusammenschluss von Handwerksbetrieben das Recht zur Erhebung von Sonderbeiträgen nicht zuzubilligen obwohl die HwO dieses Recht den Handwerkskammern ausdrücklich gestattet (VG Düsseldorf Urt. v. 30.6.2010 – 20 K 4018/09 Rn. 30 (= BeckRS 2010, 52690)). Allein die Tatsache, dass § 73 Abs. 3 nicht auf § 113 Abs. 2 S. 1 verweist, der den Begriff der Sonderbeiträge bei den Handwerkskammer ausdrücklich nennt, steht dieser Annahme nicht entgegen (VG Düsseldorf Urt. v. 30.6.2010 – 20 K 4018/09 Rn. 31 (= BeckRS 2010, 52690)). § 73 Abs. 3 regelt nämlich nicht die Zulässigkeit einzelner Beitragstypen, sondern ermächtigt die Innungen nur zur Informationsbeschaffung iRd Beitragserhebung (VG Düsseldorf Urt. v. 30.6.2010 – 20 K 4018/09 Rn. 31 (= BeckRS 2010, 52690)).

7   **Grund- und Zusatzbeitrag** dienen der allgemeinen Kostendeckung (vgl. BVerwG GewArch 2002, 206 (207) und BVerwG GewArch 2005, 31 (31) zu den Handwerkskammern). IRd **Sonderbeiträge** werden die Kosten, die im Zusammenhang mit der Erfüllung einer bestimmten Aufgabe entstanden sind, umgelegt, so dass sich diese Kosten von den allgemeinen Kosten der Innung abgrenzen lassen (BVerwG GewArch 2002, 206 (207); VG Köln Beschl. v. 15.11.2010 – 1 K 4178/09 (= BeckRS 2011, 45407); vgl. BVerwG GewArch 2005, 31 (31) zu den Handwerkskammern). Außerordentliche Beiträge sollen nicht den regelmäßigen Finanzbedarf der Innung decken, so dass sie keine Mitgliedsbeiträge sind (VG Köln Beschl. v. 15.11.2010 – 1 K 4178/09 (= BeckRS 2011, 45407); VG Köln Urt. v. 21.10.2010 – 1 K 4225/09 (= BeckRS 2011, 53470)). Sie dienen dem Ausgleich eines etwaigen überschießenden Finanzbedarfs der Innung in besonderen Fällen und der Bewältigung außergewöhnlichen finanzieller Belastungen der Innungen, die nicht immer vorhersehbar sind (VG Köln Beschl. v. 15.11.2010 – 1 K 4178/09 (= BeckRS 2011, 45407); VG Köln Urt. v. 21.10.2010 – 1 K 4225/09 (= BeckRS 2011, 53470)). Die Innung kann Sonderbeiträge va zur Finanzierung der von ihr geschaffenen Einrichtungen erheben (Will, Selbstverwaltung der Wirtschaft, 2010, 672; Detterbeck Rn. 3; VG Köln Beschl. v. 15.11.2010 – 1 K 4178/09 (= BeckRS 2011, 45407). Zu den grds. umlagefähigen Kosten zählen v.a. die Kosten der Innung für die überbetriebliche Aus- und Weiterbildung (VG Köln Beschl. v. 15.11.2010 – 1 K 4178/09 (= BeckRS 2011, 45407 zu den Kosten für die Errichtung eines überbetrieblichen Ausbildungszentrums der Innung unter Hinweis auf BVerwGE 108, 169; VG Köln Urt. v. 21.10.2010 – 1 K 4225/09 (= BeckRS 2011, 53470); VG Düsseldorf Urt. v. 30.6.2010 – 20 K 4018/09 Rn. 28 (= BeckRS 2010, 52690)).

8   Theoretisch gibt es im Zusammenhang mit der Beitragsgestaltung diverse Gestaltungsmöglichkeiten (Schwannecke/Karsten Rn. 14). In der **Praxis** besteht der Mitgliedsbeitrag idR aus einem für alle Mitglieder gleichen **Grundbeitrag kombiniert** mit einem **Zusatzbeitrag**, der sich an der finanziellen Leistungsfähigkeit (→ Rn. 10) des jeweiligen Mitglieds orientiert (Will, Selbstverwaltung der Wirtschaft, 2010, 672; Honig/Knörr Rn. 4, 13; Detterbeck Rn. 3 Schwannecke/Karsten Rn. 13). Möglich ist es aber auch den Grundbeitrag an der individuellen finanziellen Leistungsfähigkeit zu bemessen, so dass diese etwa für juristische Personen einerseits und natürliche Personen und Personengesellschaften andererseits modifiziert werden können (OVG Hamburg GewArch 1993, 485 (486) zu den Handwerkskammern; Detterbeck Rn. 3).

II. Bemessungsgrundlage der Beitragserhebung

1. Rechtsgrundlagen der Beitragserhebung

9   **Rechtsgrundlage für die Beitragserhebung** sind die §§ 55 Abs. 2 Nr. 4, 61 Abs. 2 Nr. 2, 73, wonach die **Bemessungsgrundlage** durch die Satzung der Innung allgemein festgesetzt wird und deren **Höhe** (→ Rn. 23) durch den jährlichen Beschluss der Innungsversammlung (BVerwG GewArch 1992, 28 (28); Honig/Knörr Rn. 3; Detterbeck Rn. 3, Schwannecke/Karsten Rn. 6; Leisner, W.G., Ausschüttung von Innungsvermögen an Innungsmitglieder in Form von Beitragsrückerstattungen oder Erlösauskehr aus der Veräußerung von (Anlage-)Vermögen?, LFI- Schriftenreihe, 2013, 18). Die Berechnung der Beitrags-

höhe im Einzelfall bzgl. des einzelnen Mitglieds erfolgt durch den Vorstand und den Geschäftsführer (Will, Selbstverwaltung der Wirtschaft, 2010, 657). Diese Befugnis der Innung ist Ausfluss ihrer **Finanzhoheit** als Selbstverwaltungskörperschaft des Öffentlichen Rechts (vgl. Dürr GewArch 2009, 54 (54); Schwannecke/Karsten Rn. 14). Die Innung erlässt gegenüber dem einzelnen Mitglied einen **Beitragsbescheid**, der seiner Rechtsnatur nach ein **Verwaltungsakt** ist (vgl. Will, Selbstverwaltung der Wirtschaft, 2010, 673; Detterbeck Rn. 10).

2. Kriterien der Bemessungsrundlage der Mitgliedsbeiträge

Die HwO enthält keine Regelung über die Bemessungsgrundlage, auf deren Basis die Beitragserhebung der Innung erfolgen müsse, so dass die Innungen in ihrer Satzung selbständig diese festlegen müssen (vgl. § 55 Abs. 2 Nr. 4; BVerwG GewArch 1992, 28 (28); Detterbeck Rn. 3). Eine entsprechende **satzungsmäßige Regelung** zur Bemessung bedarf es zu den **Mitgliedsbeiträgen**, nicht jedoch zu den **außerordentlichen Beiträgen** (VG Köln Beschl. v. 15.11.2010 – 1 K 4178/09 (= BeckRS 2011, 45407); VG Düsseldorf Urt. v. 30.6.2010 – 20 K 4018/09 Rn. 34 (= BeckRS 2010, 52690). Dies ergibt sich aus der Zwecksetzung, wonach die Erhebung außerordentlicher Beiträge auch der Bewältigung außergewöhnlicher finanzieller Belastungen der Innung dient, die nicht immer vorhersehbar sind, so dass die außergewöhnlichen Beiträge und ihrer Höhe einer abstrakt-generellen Regelung durch die Satzung der Innung nicht in gleicher Weise zugänglich sind wie etwa die Mitgliedsbeiträge (VG Köln Beschl. v. 15.11.2010 – 1 K 4178/09 (= BeckRS 2011, 45407); VG Köln Urt. v. 21.10.2010 – 1 K 4225/09 (= BeckRS 2011, 53470); VG Düsseldorf Urt. v. 30.6.2010 – 20 K 4018/09 Rn. 34 (= BeckRS 2010, 52690)). Im Zusammenhang mit außerordentlichen Beiträgen, genügt es, wenn die Innungssatzung in Rahmen einer Regelung die Entscheidung über die Sonderbeiträge dem Beschluss der Innungsversammlung vorbehält (VG Köln Beschl. v. 15.11.2010 – 1 K 4178/09 (= BeckRS 2011, 45407) zu der Umlegung von Darlehenskosten auf die Innungsmitglieder, wenn die Kreditaufnahme satzungsmäßige Zwecke der Innung verfolgt; VG Düsseldorf Urt. v. 30.6.2010 – 20 K 4018/09 Rn. 36 (= BeckRS 2010, 52690)). Dies ist ausreichend, da die Innungsversammlung im Rahmen ihrer Einzelfallentscheidung über die Erhebung von Sonderbeiträgen als autonomes Selbstverwaltungsorgan der Innung über dieselbe Legitimation verfügt wie bei der Entscheidung über den Inhalt der Satzung (vgl. VG Düsseldorf Urt. v. 30.6.2010 – 20 K 4018/09 Rn. 36 (= BeckRS 2010, 52690)). Insoweit muss nicht bereits die Innungssatzung die Höhe des Sonderbeitrags festlegen; vielmehr kann diese im Wege der Beschlussfassung der Innungsversammlung festgelegt werden (VG Düsseldorf Urt. v. 30.6.2010 – 20 K 4018/09 Rn. 37 (= BeckRS 2010, 52690).

Grds. kommen unterschiedliche **Bemessungsgrundlagen** für den Mitgliedsbeitrag in Betracht. Der Mitgliedsbeitrag (der sich in der Praxis normalerweise aus einem festen Grundbetrag und einer nach der Leistungsfähigkeit differenzierenden Zusatzbeitrag zusammensetzt) kann sich entsprechend dem Wortlaut der Regelung des § 73 Abs. 3 nach dem **Gewerbesteuermessbetrag, dem Gewerbekapital** (→ Rn. 12.1), dem **Gewerbeertrag, dem Gewinn aus Gewerbebetrieb** oder aus der **Lohnsumme** (→ Rn. 13) bemessen, wobei auch andere Bemessungskriterien grundsätzlich zulässig sind, solange sie verfassungsgemäß sind (Detterbeck Rn. 6). Abgeleitet aus dem Wortlaut des § 73 Abs. 3 („soweit") ergibt sich, dass die Aufzählung nicht abschließend ist (vgl. Schwannecke/Karsten Rn. 14; Detterbeck Rn. 6). Diese in § 73 Abs. 3 genannten Kriterien stehen im Zusammenhang mit der individuellen Leistungsfähigkeit des Innungsmitglieds, welches infolge der gesetzlichen Verweisung in § 73 Abs. 3 auf den § 113 Abs. 2 S. 2 (→ Rn. 16) verdeutlicht wird (vgl. Honig/Knörr Rn. 9).

Soweit die Innung im Rahmen ihrer Satzung eines dieser Kriterien festsetzt, hat die Innung ein **Auskunftsanspruch** zur Erhebung der nötigen Daten (Schwannecke/Karsten Rn. 14). Aufgrund des Verweises in § 73 Abs. 3 auf die Regelung des § 113 Abs. 2 S. 3, erhält die Innung über die **Finanzbehörden** die erforderlichen Informationen, um im Einzelfall die Höhe des Beitrags berechnen zu können, falls sich die Beitragserhebung an dem **Gewerbesteuermessbetrag, Gewerbeertrag, Gewinn aus Gewerbebetrieb** orientiert (Detterbeck Rn. 6). Die Finanzbehörden werden insoweit zur Mitteilung der Beitragsgrundlagen nach § 31 AO verpflichtet. § 31 AO enthält eine **Durchbrechung des Grundsatzes des Steuergeheimnisses** (Klein/Rüsken AO § 31 Rn. 1). Nach § 113 Abs. 2 S. 8 HwO, der entsprechend auf die Innungen anzuwenden ist, sind die Innungen berechtigt, zur Festsetzung der Beiträge die genannten Bemessungsgrundlagen bei den Finanzämtern zu erheben.

12.1 Im Unterschied zu § 113 Abs. 2 S. 3, der die Mitgliedsbeiträge zur Handwerkskammer regelt, nennt § 73 Abs. 3 zusätzlich das **Gewerbekapital als Beitragsbemessungsgrundlage** der Mitgliedsbeiträge zur Innung. Dieser aus dem Gewerbesteuergesetz stammende Begriff war bis zum Erhebungszeitraum 1997 neben dem Gewerbeertrag Besteuerungsgrundlage für die Gewerbesteuer, wurde jedoch 1998 als Bezugsgröße abgeschafft und die Gewerbesteuer knüpft nur noch an den Gewerbeertrag an (Glanegger/Güroff/Güroff § 6 Rn. 1, 3). Insoweit scheint es sich um redaktionelles Versehen des Gesetzgebers zu handeln, wenn in § 73 Abs. 3 HwO weiterhin das Gewerbekapital als Bemessungsgrundlage genannt wird (vgl. Will, Selbstverwaltung der Wirtschaft, 2010, 672, der in Fn. 286 darauf hinweist, dass das „in § 73 Abs. 3 HwO genannte Gewerbekapital als Bemessungsgrundlage für den Innungsbeitrag nicht mehr tunlich (ist)").

13 Widersprüchlich ist, ob zulässige Bemessungskriterien **Umsatz**, **Beschäftigtenzahl** oder **Lohnsumme** sind. § 73 Abs. 3, der die beispielhaften Bemessungskriterien aufzählt, verweist ua auf § 113 Abs. 2 S. 8–11. Nach dem Wortlaut des § 113 Abs. 2 S. 9 können „bis zum 31. Dezember 1997 (...) die Beiträge in dem in Artikel 3 des Einigungsvertrags genannten Gebiet auch nach dem Umsatz, der Beschäftigtenzahl oder nach der Lohnsumme bemessen werden". Streng am ausdrücklichen Wortlaut des § 113 Abs. 2 S. 9 orientiert, gab es nur bis zur zeitlichen Grenze des 31.12.1997 die Möglichkeit die Bemessung der Beiträge in dem in Art. 3 des Einigungsvertrags (Vertrag zwischen der Bundesrepublik Deutschland und der Deutschen Demokratischen Republik über die Herstellung der Einheit Deutschlands) genannten Gebiet (Länder Brandenburg, Mecklenburg-Vorpommern, Sachsen, Sachsen-Anhalt und Thüringen sowie in einem Teil des Landes Berlin), nach dem **Umsatz**, der **Beschäftigtenzahl** oder der **Lohnsumme** auszurichten. Im Zusammenhang mit der **Lohnsumme** als Bemessungsgrundlage erhielt die Innung die erforderlichen Daten nach § 73 Abs. 3 iVm § 113 Abs. 2 S. 10 von den beitragspflichtigen Mitgliedern. Die Innung hatte einen Auskunftsanspruch gegenüber den Mitgliedern in Form der Übermittlung eines Duplikats des Lohnnachweises nach § 165 SGB VII. Im Zusammenhang mit der **Zahl der Beschäftigten** im Betrieb des Innungsmitglieds war die Innung nach § 73 Abs. 3 iVm § 113 Abs. 2 S. 11 berechtigt bei den beitragspflichtigen Mitgliedern die Zahl der Beschäftigten zu erheben.

14 Nach dem eindeutigen Wortlaut des § 73 Abs. 3 iVm § 113 Abs. 2 S. 9 ist ab dem 1.1.1998 die Möglichkeit einer Bemessung der Beiträge nach diesen Bemessungsgrundlagen entfallen (vgl. BVerwG GewArch 2005, 31 (31)). Hingegen ist anzumerken, dass in § 73 Abs. 3 selbst immer noch das Kriterium der **Lohnsumme** ausdr. als Bemessungsgrundlage genannt wird. Insoweit besteht ein Widerspruch der gesetzlichen Regelung des § 73 Abs. 3 zu dem § 113 Abs. 2 S. 9 auf den § 73 Abs. 3 verweist. Auch die Rspr. hat die **Anzahl der Beschäftigten** der jeweiligen Einzelmitglieder als zulässige Bemessungsgrundlage gewertet (OLG München Urt. v. 19.5.2010 – 20 U 1695/10 (= BeckRS 2010, 14562)).

15 Im **Schrifttum** werden Umsatz, Beschäftigtenzahl oder Lohnsumme weiterhin als zulässige Bemessungskriterien angesehen (Detterbeck Rn. 7 argumentiert, dass § 73 Abs. 3 keinen allgemeinen Verweis auf § 113 Abs. 2 S. 9 enthält, sondern nur ein Verweis auf § 113 Abs. 2 S. 2, 3 und 8–11, „soweit diese Bestimmungen Regelungen für die in § 73 Abs. 3 genannten Bemessungskriterien enthalten" und ausführt, „dass § 113 Abs. 2 S. 9 HwO für die Handwerksinnungen keine Anwendung findet, belegt zudem das in § 73 Abs. 3 HwO genannte Kriterium der Lohnsumme, auf das die Handwerkskammer nach § 113 Abs. 2 S. 9 HwO nicht abstellen dürfe"; Schwannecke/Karsten Rn. 13, 14 unter Hinweis auf die nicht abschließende Regelung des § 73 Abs. 3 und damit auf die nicht abschließende Vorgaben für die Kriterien zur Beitragsbemessung; Honig/Knörr Rn. 4 der etwa die „Zahl der beschäftigten Gesellen" und einen „Tausendsatz der Lohnsumme" nennt; auch die Mustersatzung für Innungen Baden-Württemberg nennt in ihrem § 64 Abs. 2 die Lohnsumme und die Zahl der Beschäftigten als Bemessungsgrundlage des Zusatzbeitrags). In der **Rspr.** wurde die Lohnsumme als Bemessungskriterium des Zusatzbeitrags grds. gebilligt: „Die Lohnsumme ist ein geeigneter Indikator der wirtschaftlichen Leistungsfähigkeit der Innungsmitglieder" (BVerwG GewArch 1992, 28 (29) wobei anzumerken ist, dass diese Entscheidung des

BVerwG vor 1998 erging und sich das Problem zum damaligen Zeitpunkt wohl noch nicht stellte).

Die Zulässigkeit der **Staffelung der Mitgliedsbeiträge** anhand der wirtschaftlichen **Leistungskraft** des beitragspflichtigen Innungsmitglieds ergibt sich aus § 73 Abs. 3, der auf § 113 Abs. 2 S. 2 HwO verweist, wobei eine derartige Staffelung der Beiträge möglich, aber nicht zwingend erforderlich ist (vgl. BVerwG GewArch 2002, 206 (206) zu den Handwerkskammern; Honig/Knörr Rn. 4; Detterbeck Rn. 3). Die Regelung ist Ausdruck des **Solidargedankens**, wonach wirtschaftlich schwächere Mitglieder auf Kosten leistungsstärkerer Mitglieder entlastet werden (BVerwG GewArch 2005, 31 (32); 1992, 28 (29); VG Düsseldorf Urt. v. 30.6.2010 – 20 K 4018/09 Rn. 72 (= BeckRS 2010, 52690)). Dies basiert auf der Annahme, dass unter Zugrundelegung einer typisierenden Betrachtung leistungsstärkere Mitglieder aus der Wahrnehmung der den Innungen obliegende Aufgaben regelmäßig höhere Vorteile ziehen können als wirtschaftlich schwächere Mitglieder (BVerwG GewArch 1992, 28 (29); vgl. so auch BVerwG GewArch 2002, 206 (206) zu den Handwerkskammern). Die Innung darf typisierend davon ausgehen, dass die Leistungskraft der Mitglieder, die ihrer Rechtsform nach **juristische Personen** sind oder eine **GmbH & Co. KG** sind, höher anzusetzen ist, als die Leistungskraft von Einzelunternehmen oder Personengesellschaften (BGB-Gesellschaft, OHG, KG) mit Ausnahme der GmbH & Co. KG (vgl. BVerwG GewArch 2002, 206 (206) zu den Handwerkskammern). Diese Annahme beruht auf der Überlegung, dass Geschäftsführer- und Betriebsleitergehälter steuerlich ertragsmindernd angesetzt werden können, was bei Einzelunternehmen und Personengesellschaften nicht möglich ist (BVerwG GewArch 2002, 206 (206); OVG Hamburg GewArch 1993, 485 (486)). 16

3. Äquivalenzprinzip und Gleichheitsgrundsatz

Die Satzung der Innung muss mit höherrangigem Recht vereinbar sein, so dass die festgelegte Beitragsbemessung insbesondere mit dem für Abgaben geltende **Äquivalenzprinzip** (→ Rn. 18) und den **Gleichheitsgrundsatz** (→ Rn. 19) vereinbar sein muss (BVerwG GewArch 1992, 28 (29) zur Innung; BVerwG GewArch 2002, 206 (206) zu den Handwerkskammern; vgl. BVerwG GewArch 1989, 328 ff. zur Ärztekammer; BVerwG GewArch 1990, 398 (399) zur IHK; OVG Lüneburg GewArch 1999, 125 (125); Schwannecke/Karsten Rn. 10). 17

Das **Äquivalenzprinzip** ist die beitragsrechtliche Ausprägung des verfassungsrechtlichen Grundsatzes der Verhältnismäßigkeit (BVerwG GewArch 1992, 28 (29); 1990, 398 (399); Schwannecke/Karsten Rn. 11). Nach dem Äquivalenzprinzip muss zwischen der Höhe des Mitgliedsbeitrags und dem Nutzen des Mitglieds ein Zusammenhang bestehen (BVerwG GewArch 2002, 206 (206); 1990, 398 (399)). Es darf kein Missverhältnis zwischen der Beitragshöhe und dem Vorteil bestehen, der durch den Beitrag abgegolten werden soll (BVerwG GewArch 1992, 28 (29); 2002, 206 (206); 1990, 398 (399); OVG Lüneburg GewArch 1999, 125 (125); Schwannecke/Karsten Rn. 11). IRd Äquivalenzprinzips kommt es jedoch nicht darauf an, dass der dem Innungsmitglied zuzurechnende Vorteil tatsächlich genutzt wird, denn ausreichend ist, dass dem Mitglied ein entsprechender Vorteil geboten wird und das Mitglied ihn nutzen könnte (BVerwG GewArch 1990, 398 (400)). Zudem dürfen einzelne Mitglieder im Vergleich zu den anderen Mitgliedern nicht übermäßig hoch belastet werden (BVerwG GewArch 1992, 28 (29); 2002, 206 (206); 1990, 398 (399); Schwannecke/Karsten Rn. 11). 18

Nach dem **Gleichheitsgrundsatz** des Art. 3 Abs. 1 GG muss wesentlich Gleiches gleich und wesentlich Ungleiches ungleich behandelt werden, sofern keine hinreichende Rechtfertigung für eine unterschiedliche Behandlung besteht (OVG Hamburg GewArch 1993, 485 (485)). Es darf kein Mitglied im Vergleich zu einem anderen Mitglied anders behandelt werden, ohne dass zwischen ihnen Unterschiede solcher Art und solchem Gewicht bestehen, dass sie eine Ungleichbehandlung rechtfertigen (BVerwG GewArch 1992, 28 (29); BVerwG GewArch 1990, 398 (400); Schwannecke/Karsten Rn. 11). Insbes. müssen die Beiträge im Verhältnis der Beitragspflichtigen zueinander grundsätzlich vorteilsgerecht bemessen werden, d.h. der **Maßstab** muss **vorteilsbezogen** sein (BVerwG GewArch 1992, 28 (29); Schwannecke/Karsten Rn. 11). 19

20 Die Einbeziehung des **Gedankens der Solidargemeinschaft** (→ Rn. 16) verstößt grds. nicht gegen den Gleichheitsgrundsatz (BVerwG GewArch 1992, 28 (29); BVerwG GewArch 1990, 398 (400)). Das BVerwG führt dazu aus: „(...) (E)ine gewisse Entlastung der wirtschaftlich schwächeren Mitglieder auf Kosten der leistungsstärkeren (Mitgliedern entspricht) sozialen Erwägungen, die bei einer Organisation zur Erfüllung gemeinsamer Standesaufgaben mit zu berücksichtigen sind", ist zulässig (BVerwG GewArch 1990, 398 (400); vgl. idS auch BVerwG GewArch 1992, 28 (29)). So entspricht die Berücksichtigung der wirtschaftlichen Leistungsfähigkeit dem Gedanken der Solidargemeinschaft (BVerwG GewArch 1992, 28 (29); OVG Lüneburg GewArch 1999, 125 (125)). Aufgrund des sozialen Gedankens soll jedes Innungsmitglied abhängig von seiner wirtschaftlichen Leistungsfähigkeit zu den Kosten der Innung als gemeinsame Einrichtung beitragen (BVerwG GewArch 1992, 28 (29); vgl. OVG Lüneburg GewArch 1999, 125 (125)).

4. Besonderheiten der Beitragsbemessung bei Mischbetrieben

21 Die Innung muss im Rahmen der satzungsmäßigen Festlegung der Beitragsbemessungsgrundlage die wesentlichen Besonderheiten von **Mischbetrieben** berücksichtigen (BVerwG GewArch 1992, 28 (30)). Als Mischbetriebe werden solche mitgliedschaftlichen Innungsbetriebe bezeichnet, die neben dem innungszugehörigen Gewerbe auch innungsfremde Tätigkeiten ausüben (zB Tätigkeiten die der beitragserhebenden Innung fremd sind oder in den Tätigkeitsbereich einer anderen Innung fallen) (Will, Selbstverwaltung der Wirtschaft, 2010, 672 f.; Schwannecke/Karsten Rn. 15). Unter Beachtung des Äquivalenzprinzips und des Grundsatzes der Gleichheit, dürfen iRd Beitragserhebung nach dem Grundsatz der wirtschaftlichen Leistungsfähigkeit nur die Tätigkeiten, die dem entsprechenden Innungsbereich zuzuordnen sind, als beitragsrelevant beachtet werden, nicht jedoch die innungsfremden Tätigkeiten der Mischbetriebe oder die Tätigkeiten die von einer dritten Innung umfasst werden (BVerwG GewArch 1992, 28 (29 f.) zu der Lohnsumme als Bemessungskriterium des Zusatzbeitrags; Will, Selbstverwaltung der Wirtschaft, 2010, 672; Honig/Knörr Rn. 7; Detterbeck Rn. 4 f.; Schwannecke/Karsten Rn. 15).

22 Im Zusammenhang mit der **Ermittlung der relevanten Lohnsumme** führte das BVerwG aus, dass die Innung nicht gehindert ist die „Abgrenzung typisierend und pauschalierend zu regeln" va bei Beschäftigten wie dem Büropersonal, das sowohl für das von der Innung vertretene Handwerk als auch für ein innungsfremdes Handwerk tätig ist (BVerwG GewArch 1992, 28 (30)). „Die Innung ist danach nicht darauf beschränkt, nur den Teil der Lohnsumme heranzuziehen, der unmittelbar auf die Tätigkeit im Innungshandwerk entfällt; eine zumindest anteilmäßige Berücksichtigung der Lohnsumme für Bürokräfte der Mischbetriebe entspricht den gesetzlichen Anforderungen. Auch brauchen nicht etwa Tätigkeiten die bei der Ausübung des Handwerks miterledigt zu werden pflegen, als „innungsfremd" ausgesondert werden" (BVerwG GewArch 1992, 28 (30); vgl. dazu auch ausf. bei Detterbeck Rn. 5; Honig/Knörr Rn. 7; Schwannecke/Karsten Rn. 16).

III. Höhe der Mitgliedsbeiträge

1. Beschluss der Innungsversammlung zur Beitragshöhe

23 Die **Höhe** der Mitgliedsbeiträge wird durch den **Beschluss der Innungsversammlung** jährlich iRd Feststellung des Haushaltsplans, und damit unter Beachtung der Kosten der Aufgabenerfüllung der Innung und des Bedarfs der Innung, durch die Innungsversammlung festgelegt (§ 61 Abs. 2 Nr. 1, 2) (VG Köln Beschl. v. 15.11.2010 – 1 K 4178/09 (= BeckRS 2011, 45407); VG Köln Urt. v. 21.10.2010 – 1 K 4225/09 (= BeckRS 2011, 53470); Detterbeck Rn. 1; Leisner, W.G., Ausschüttung von Innungsvermögen an Innungsmitglieder in Form von Beitragsrückerstattungen oder Erlösauskehr aus der Veräußerung von (Anlage-)Vermögen?, LFI, 2013, 18). IRd Aufstellung des Haushaltsplans wird der Finanzbedarf der Innung ermittelt, so dass die Höhe der Beiträge sich berechnen lässt (Detterbeck Rn. 1). Der Bedarf der Innung ergibt sich aus den zu erfüllenden Innungsaufgaben (§ 54 Abs. 1–4) (Leisner, W.G., Ausschüttung von Innungsvermögen an Innungsmitglieder in Form von Beitragsrückerstattungen oder Erlösauskehr aus der Veräußerung von (Anlage-)Vermögen?, LFI, 2013, 18).

2. Kostendeckungsprinzip, Grundsatz der Nichtgewerblichkeit von Handwerksorganisationen

Im Zusammenhang mit der Bemessung der Beitragshöhe ist neben dem Äquivalenzprinzip auch das sog. **Kostendeckungsprinzip** zu beachten, das sich aus dem **Aspekt der Nichtgewerblichkeit von Handwerksorganisationen** ergibt (Leisner, W.G., Ausschüttung von Innungsvermögen an Innungsmitglieder in Form von Beitragsrückerstattungen oder Erlösauskehr aus der Veräußerung von (Anlage-)Vermögen? LFI- Schriftenreihen 2013, 20). Die Handwerksorganisationen sind nicht gewerblich geprägt, die Innungen wirtschaften nach dem Prinzip der Kostendeckung und nicht gewinnorientiert (Honig/Knörr Rn. 10; VG Schleswig GewArch 2000, 428; Leisner, W.G., Rechtsaufsicht über Innungen und Kreishandwerkerschaften bei Aufgabenausgliederung auf privatrechtliche Gesellschaften, LFI- Schriftenreihe 2013, 52, 56). Aus dem Kostendeckungsprinzip verbietet sich die Ansammlung von, für die Aufgabenerfüllung, **unnötiger Rücklagen** (Leisner, W.G., Ausschüttung von Innungsvermögen an Innungsmitglieder in Form von Beitragsrückerstattungen oder Erlösauskehr aus der Veräußerung von (Anlage-)Vermögen? LFI- Schriftenreihen 2013, 20; vgl. BVerwG GewArch 1990, 398 (400) zur IHK). Zwar dürfen die Beiträge grundsätzlich nicht der Bildung von Vermögen dienen, aber die Bildung von „**angemessenen Rücklagen**" ist als Bestandteil der ordnungsgemäßen Haushaltsführung zulässig (BVerwG GewArch 1990, 398 (400)). Innungen dürfen Vermögen insoweit halten, als dies zur Gewährung einer gewissen Kontinuität ihrer Aufgabenerfüllung nötig ist (Leisner, W.G., Ausschüttung von Innungsvermögen an Innungsmitglieder in Form von Beitragsrückerstattungen oder Erlösauskehr aus der Veräußerung von (Anlage-)Vermögen? LFI- Schriftenreihen 2013, 20).

3. Beitragsrabatt in Form eines Bonussystems – beitragsmindernde Berücksichtigung der Innungsmitgliedschaft?

Freiwillige Mitglieder der Innung sind zugleich Pflichtmitglieder der zuständigen Handwerkskammer. Aufgrund dieser Doppelmitgliedschaft sind Mitgliedsbeiträge zu der Innung und gleichzeitig Beiträge zu der Handwerkskammer zu entrichten, so dass eine doppelte finanzielle Belastung für diese Mitglieder vorliegt. In der Praxis wurde die Einführung eines sog. Kammerbeitrags-Bonussystems für Doppelmitglieder diskutiert, mit der Folge, dass Doppelmitglieder einen geringeren Beitrag zur Handwerkskammer zahlen sollten (Detterbeck/Will, Die Handwerksinnungen in der staatlichen dualen Ordnung des Handwerks, 2003, 107 ff.; Leisner W.G., Die Gründung einer eigenständigen Innung durch eine Fachgruppe nach vorheriger Ausgliederung aus einer Sammelinnung, LFI 2012, 10; Detterbeck GewArch 2005, 271 ff.; Badura/Kormann GewArch 2005, 99 ff.; 2005, 136 ff.; Zimmermann GewArch 2007, 141; Dürr GewArch 2009, 54 ff.; Kluth GewArch 2008, 377 ff.). Das BVerwG hat die zwingende beitragsmindernde Berücksichtigung mit dem Hinweis darauf abgelehnt, dass eine Beitragsreduzierung „nicht geboten sei" (BVerwG GewArch 2006, 341 ff.). Die Regelung des § 113 verpflichte die Handwerkskammer nicht die gleichzeitige freiwillige Innungsmitgliedschaft ihrer Pflichtmitglieder bei der Bestimmung des Beitragsmaßstabs zu berücksichtigen (BVerwG GewArch 2006, 341 (341). Weder aus dem Wortlaut des § 113 lasse sich eine solche Verpflichtung der Handwerkskammer ableiten noch aus der Systematik oder den verfassungsrechtlichen Grundsätzen des Äquivalenzprinzips oder des Gleichheitsgrundsatzes (BVerwG GewArch 2006, 341 (342)).

Das BVerwG führt diesbezüglich aus: „Das Gesetz sieht nicht vor, dass bei der Erhebung des Beitrags zur Handwerkskammer beitragsmindernd berücksichtigt werden muss, dass das Pflichtmitglied zugleich einer Innung angehört. Der Wortlaut des § 113 HwO gibt für eine derartige Verpflichtung nichts her. Auch systematische Gründe sprechen gegen eine obligatorische Begünstigung der Mitgliedschaft in einer Innung. Handwerkskammern und Innungen sind im selben Teil der HwO über die Organisation des Handwerks geregelt worden. Wenn der Gesetzgeber die Vorstellung gehabt hätte, dass typischerweise die Mitgliedschaft in der Innung den Vorteil des Pflichtmitglieds der Handwerkskammer aus seiner Zugehörigkeit dazu mindert, hätte es nahe gelegen, eine dies berücksichtigende Bestimmung über die Beitragserhebung zu treffen. Dies ist nicht geschehen. Demgegenüber hat der Gesetzgeber einer ähnlichen Situation durch Ermäßigung des Beitrags Rechnung getragen. Nach § 3 Abs. 4 S. 2 des Gesetzes zur vorläufigen Regelung des Rechts der Industrie- und Handelskammern vom 18.12.1956 (BGBl I S; 920) – IHKG – werden seit In-Kraft-Treten des Gesetzes vom 23.07.1998 (BGBl I S. 1887)

Kammerzugehörige, die Inhaber einer Apotheke sind und daher regelmäßig einer Apothekerkammer angehören, (nur) mit einem Viertel ihres Gewerbeertrages bzw. Gewinns aus Gewerbebetrieb zum Grundbeitrag und zur Umlage veranlagt. Eine ähnliche Regelung gilt für Zugehörige zu anderen Kammern (§ 3 Abs. 4 S. 3 IHKG). Dem Gesetzgeber ist daher das Problem der Zugehörigkeit von Pflichtmitgliedern einer Kammer zu anderen Organisationen durchaus bewusst. Dennoch hat er keine Veranlassung gesehen, die Zugehörigkeit zu einer Innung in § 113 HwO beitragsmindernd zu berücksichtigen. Daher kann nicht angenommen werden, dass dem Gesetz die Vorstellung einer Pflicht zur Berücksichtigung der Innungsmitgliedschaft zugrunde liegt." (BVerwG GewArch 2006, 341 (342)).

25.2 „Weder das Äquivalenzprinzip noch der Gleichbehandlungsgrundsatz erfordern es, die Zugehörigkeit eines Pflichtmitglieds der Handwerkskammer zur Innung bei der Veranlagung zum Handwerkskammerbeitrag zu berücksichtigen. Eine derartige Doppelmitgliedschaft reduziert weder in signifikanter Weise den durch die Mitgliedschaft in der Handwerkskammer vermittelten Vorteil, noch führt sie zu einer vor Art. 3 Abs. 1 GG nicht gerechtfertigten Gleichbehandlung von „Nur-Kammermitgliedern" und „Auch-Kammermitgliedern". Die Ungleichheiten der beiden Gruppen sind im Hinblick auf den Vorteil aus der Mitgliedschaft in der Handwerkskammer nicht so bedeutsam, dass sie bei einer am Gerechtigkeitsgedanken orientierten Betrachtungsweise beachtet werden müssten. Dies gilt umso mehr, als einer etwaigen faktischen Ungleichheit in der tatsächlichen Inanspruchnahme von Kammerleistungen wegen der Freiwilligkeit der Mitgliedschaft in der HwO ohne weiteres ausgewichen werden kann. Die Einschätzung des Gesetzgebers, die Mitgliedschaft in der Innung müsse nicht zur Bildung einer dies berücksichtigenden Gruppe gesondert zu behandelnder beitragspflichtiger Kammermitglieder führen, ist daher nicht zu beanstanden." (BVerwG GewArch 2006, 341 (342)).

C. Kosten des Gesellenausschusses (Abs. 1 S. 2)

26   Die Kosten des Gesellenausschusses der Innung (§ 68), zu den auch die anteiligen Lohn- und Lohnnebenkosten gehören die dem Arbeitgeber infolge der Freistellung der Mitglieder des Gesellenausschusses entstehen, sind Kosten der Innung, § 73 Abs. 1 S. 2, 3 iVm § 69 Abs. 4 S. 3 (Detterbeck Rn. 2; Will, Selbstverwaltung der Wirtschaft, 2010, 672). Diese Kosten sind im Rahmen des Bedarfs der Innung und damit bei der Festsetzung der Höhe der Innungsbeiträge zu beachten (Detterbeck Rn. 2).

D. Gebühren (Abs. 2)

I. Der Begriff der Gebühren

27   § 73 Abs. 2 ermächtigt die Innung für die Benutzung ihrer Einrichtungen Gebühren zu erheben und dient als gesetzliche **Ermächtigungsgrundlage** (Schwannecke/Karsten Rn. 1, 2). Der Begriff der **Gebühren** ist in der HwO nicht definiert. Da die HwO aber an die allgemeine Differenzierung zwischen Gebühren und Beiträge anknüpft (vgl. § 61 Abs. 2 Nr. 2 Hs. 2, § 73 zu den Innungen und § 106 Abs. 1, § 113 zu den Handwerkskammern), können allgemeine abgabenrechtliche Grundsätze herangezogen werden (OVG Münster GewArch 1997, 374 (375)). In Anlehnung an das Abgabenrecht wird der Begriff der Gebühren iSv öffentlichen Abgaben allgemein **definiert** als „öffentlich-rechtliche Geldleistungen, die dem Schuldner aus Anlaß einer individuell zurechenbaren Leistung der Verwaltung als unmittelbare Gegenleistung durch eine öffentlich-rechtliche Norm oder eine sonstige nach Maßgabe öffentlichen Rechts ergangene Maßnahme auferlegt wird und die dazu bestimmt ist, in Anknüpfung an diese Leistung deren Kosten ganz oder teilweise zu decken" (OVG Münster GewArch 1997, 374 (375); BVerfGE 50, 217 (226); 95, 188 (200); vgl. Kormann, Abgabenerhebung durch Handwerkskammern und Handwerksinnung für Maßnahmen der überbetrieblichen Unterweisung, Deutsches Handwerksinstitut, 1990, 16; Schwannecke/Karsten Rn. 20). Die Gebühren sind Gegenleistungen für die **tatsächlichen Inanspruchnahme** der Innungseinrichtungen (Detterbeck Rn. 12; Honig/Knörr Rn. 8; OVG Münster GewArch 1997, 374 (375)). Das Erfordernis der individuellen Zurechenbarkeit der Verwaltungsleistung gilt auch für den handwerksrechtlichen Gebührenbegriff, wobei dies nicht voraussetzt, dass der Gebührenpflichtige die Leistung selbst veranlasst haben muss (OVG Münster GewArch 1997, 374 (375); Schwannecke/Karsten Rn. 21). Grundgedanke ist, dass die allgemeinen Kosten der Innungstätigkeit allein von den Innungsmitgliedern durch ihre Mitgliedsbeiträge getragen werden, während Nichtmitglieder die Kosten der Innung nur

insoweit mittragen sollen, als sie Leistungen der Innung auch tatsächlich in Anspruch genommen haben (OVG Münster GewArch 1997, 374 (375)). Dieser Grundgedanke steht in Verbindung mit dem Grundsatz der freiwilligen Mitgliedschaft zu den Innungen, wonach denjenigen selbständigen Handwerkern, die der Beitritt zu der Innung nicht aufgezwungen werden kann, auch nicht an den allgemeinen Kosten der Innungstätigkeit beteiligt werden sollen (OVG Münster GewArch 1997, 374 (375)). Die Gebühren können somit von Mitgliedern und nach der Ermächtigung des § 61 Abs. 2 Nr. 2 Hs. 2 auch von **Nichtmitgliedern**, die Tätigkeiten oder Einrichtungen der Innung in Anspruch nehmen, verlangt werden, da auch Nichtmitglieder vielfach von den Einrichtungen der Innungen profitieren (Detterbeck Rn. 12; Schwannecke/Karsten Rn. 22; OVG Lüneburg GewArch 1982, 307 (308); VG Schleswig GewArch 2000, 428 (428)).

II. Die Gebührenordnung

Die Innungsversammlung setzt durch entsprechende Beschlussfassung die Gebührenregelungen im Rahmen einer **Gebührenordnung** fest (§ 61 Abs. 2 Nr. 2) (Detterbeck Rn. 14; Schwannecke/Karsten Rn. 23). Grundlage der Beschlussfassung muss eine entsprechende **Gebührenkalkulation** sein, damit die Gebührenordnung in formeller Hinsicht rechtmäßig ist (VG Schleswig GewArch 2000, 428 (428)). Die Gebührenordnung ist ihrer Rechtsnatur nach eine **Satzung** (vgl. OVG Bremen GewArch 1997, 423 (424); Detterbeck Rn. 14). 28

Der Beschluss der Innungsversammlung zur Gebührenerhebung bedarf als Akt der Rechtssetzung einer Körperschaft des öffentlichen Rechts, über die Erhebung von Abgaben, zu seiner Wirksamkeit der **Verkündung** (VGH München GewArch 1987, 240 (241)). Das Erfordernis zur öffentlichen Bekanntgabe ergibt sich aus dem Rechtsstaatsprinzip, auch wenn die HwO dies nicht ausdrücklich anordnet (VGH München GewArch 1987, 240 (241)). Das Rechtsstaatsprinzip fordert, dass „Rechtsnormen in gehöriger Weise der Öffentlichkeit durch Verkündung ihres Wortlauts bekanntgemacht werden, so dass sich jedermann jederzeit über Inhalt und Wortlaut gesetzten Rechts unterrichten kann" (VGH München GewArch 1987, 240 (241); BVerwGE 25, 151 (159); BVerfGE 65, 283 (291))). 29

Die Beschlussfassung der Innungsversammlung über die Gebührenerhebung von Nichtinnungsmitglieder nach § 61 Abs. 2 Nr. 2 Hs. 2 ist von der **Genehmigungsbedürftigkeit durch die Handwerkskammer** nach dem Wortlaut des § 61 Abs. 3 **nicht** umfasst (VG Schleswig GewArch 2000, 428 (428)). Auch eine Gebührenordnung der Innung, die Prüfungsgebühren für Lehrlinge festsetzt, bedarf nicht der Genehmigung durch die zuständige Handwerkskammer, da diese Gebührenordnung keine Vorschrift über die Lehrlingsausbildung iSd § 61 Abs. 2 Nr. 6 iVm § 54 Abs. 1 S. 2 Nr. 3 ist, sondern zu dem Prüfungswesen iSd § 54 Abs. 1 S. 2 Nr. 4 zuzuordnen ist (VG Schleswig GewArch 2000, 428 (428) zu der Zwischenprüfungsgebühr für Auszubildende; vgl. zum Zwischenprüfungsausschuss der Innung und der erforderlichen Ermächtigung durch die Handwerkskammer §§ 33 Abs. 1 S. 3, 39 Abs. 1 S. 2). 30

III. Materielle Gebührenprinzipien

Die Gebührenordnung muss in materieller Hinsicht mit den Gebührenprinzipien vereinbar sein (VG Schleswig GewArch 2000, 428 (428). Bei der Festsetzung der **Gebührenhöhe** sind das **Kostendeckungsprinzip** und der **Gleichheitssatz** des Art 3 Abs. 1 GG zu beachten (Detterbeck Rn. 15; VG Schleswig GewArch 2000, 428 (428 f.) zu den Zwischenprüfungsgebühren; Honig/Knörr Rn. 10; Schwannecke/Karsten Rn. 24). Aus dem Gleichbehandlungsgrundsatz des Art. 3 GG folgt die Verpflichtung die Teilnehmer einer gebührenpflichtigen Veranstaltung der Innung gleichmäßig zu belasten, wobei dies nicht bedeutet, dass es in jedem Fall einer einheitlichen zahlenmäßigen Gebührenhöhe bedarf (OVG Bremen GewArch 1997, 423 (424); Schwannecke/Karsten Rn. 25). Die Gebühren können ihrer Höhe nach für Innungsmitgliedern und Nichtmitgliedern grds. differenzieren, da es sich bei Mitgliedern und Nichtmitglieder um wesentlich unterschiedliche Sachverhalte handelt (OVG Bremen GewArch 1997, 423 (424) zur Prüfungsgebühr; OVG Lüneburg GewArch 1982, 307 (308) zu den Kosten der Lehrlingsausbildung; Honig/Knörr Rn. 11). Allerdings darf die Belastung von Nichtinnungsmitglieder nicht unverhältnismäßig hoch sein (VG Schleswig GewArch 2000, 428 (429) zu dem Verhältnis von 1:4, wobei es nach Ansicht 31 des Gerichts „nicht die Aufgabe des Gerichts (ist) ein angemessenes Verhältnis für die Belastungsproportionalität zwischen Innungsmitglieder und Nichtinnungsmitglieder anzugeben" und VG Stade Urt. v. 9.2.1984 – 5 VG A 118/93 – wonach die Gebühr für Nichtinnungsmitglieder höchstens zwischen 10 % und 20 % höher sein darf; Schwannecke/Karsten Rn. 26.). Bei Innungsmitgliedern kann ihre Beitragsleistung gebührenmindernd berücksichtigt werden (OVG Bremen GewArch 1997, 423 (424); Honig/Knörr Rn. 11).

E. Die Beitreibung der Beiträge und Gebühren (Abs. 4)

I. Beitreibung

32   Nach § 73 Abs. 4 gelten für die Beitreibung der rückständischen Beiträge und Gebühren die **landesrechtlichen Vorschriften über die Beitreibung von Gemeindeabgaben**, so dass die entsprechenden Verwaltungsvollstreckungsgesetze der Länder (zB in Bayern das BayVwZVG) zur Anwendung kommen und nicht das Verwaltungsvollstreckungsgesetz des Bundes (Honig/Knörr Rn. 13; Detterbeck Rn. 17; Schwannecke/Karsten Rn. 29). **Beitreibung** ist die zwangsweise Durchsetzung der festgesetzten Abgaben und damit die Zwangsvollstreckung (Detterbeck § 113 Rn. 27). Die Vollstreckung des Beitragsbescheids bzw. Gebührenbescheids und damit die Beitreibung der fälligen Beiträge und Gebühren als Geldforderung, erfolgt auf **Antrag des Vorstands** der Innung. Die Beitreibung der trotz Mahnung nicht gezahlten Beiträge bzw. Gebühren werden von der nach diesen Vorschriften zuständigen Behörde durchgeführt (Detterbeck Rn. 17; Schwannecke/Karsten Rn. 29).

II. Verjährung

33   Die HwO enthält keine Regelungen zur **Verjährung** der Ansprüche der Innung auf Zahlung der Beiträge oder Gebühren (Detterbeck Rn. 18; Honig/Knörr Rn. 15). Die Innung kann im Rahmen ihrer Satzung bzw. Gebührenordnung entsprechende Regelungen aufnehmen (Detterbeck Rn. 18). Ist dies nicht der Fall können sich ggf. Verjährungsregelungen aus entsprechenden landesrechtlichen Regelungen zu öffentlich-rechtlichen Geldforderungen (oftmals Kommunalabgabengesetze) ergeben (Schwannecke/Karsten Rn. 28, § 113 Rn. 71; Detterbeck Rn. 18; Honig/Knörr Rn. 15). Falls dies nicht der Fall ist, kommen die allgemeinen Verjährungsregelungen des §§ 195 ff. BGB zur Anwendung, wonach die regelmäßige Verjährungsfrist drei Jahre beträgt (§ 195 BGB; Schwannecke/Karsten Rn. 28, § 113 Rn. 71; Detterbeck Rn. 18).

F. Rechtsschutz

34   Der Beitragsbescheid und der Gebührenbescheid sind ihrer Rechtsnatur nach jeweils **Verwaltungsakte** (Schwannecke/Karsten Rn. 30). Gegen die Bescheide kann gerichtlich im Wege der **Anfechtungsklage** nach § 42 Abs. 1 Alt. 1 VwGO vorgegangen werden (vgl. zum Thema Verwaltungsstreitverfahren bei den Kammern und ihren Mitgliedern bei Hahn GewArch 2003, 217 (220)). Ob vorher ein **Vorverfahren** durchgeführt werden muss, ist abhängig von den bestehenden landesrechtlichen Regelungen. Nach § 68 Abs. 1 S. 2 VwGO bedarf es vor der Erhebung einer Anfechtungsklage keiner Durchführung eines Vorverfahrens, wenn ein Gesetz dies bestimmt. Zahlreiche Bundesländer haben von dieser Regelung in unterschiedlicher Ausgestaltung Gebrauch gemacht, einige haben das Vorverfahren ganz oder teilw. ausgeschlossen oder fakultativ beibehalten (vgl. die Auflistung der Regelungen in den einzelnen Bundesländern bei Redeker/v. Oertzen/Kothe VwGO § 68 Rn. 11; Kopp/Schenke VwGO § 68 Rn. 17a und Eyermann/Rennert, 13. Aufl. 2010, VwGO § 68 Rn. 24; NK-VwGO/Geis VwGO, 4. Aufl. 2014, § 68 Rn. 131). In Bayern etwa gilt die Regelung des Art. 15 BayAGVwGO, wonach das Vorverfahren nach § 68 VwGO grds. entfällt (Art. 15 Abs. 2 BayAGVwGO), solange nicht eine Fallgruppe des Art. 15 Abs. 1 BayAGVwGO vorliegt und ein fakultatives Vorverfahren durchgeführt werden kann (GVBl. 2007, 390). Das Widerspruchsverfahren wurde damit im Bereich des Handwerkrechts in Bayern abgeschafft, so dass dort der Widerspruch gegen den Beitrags- oder Gebührenbescheid nicht statthaft ist.

35   Die festgesetzten Beiträge und Gebühren sind öffentliche Abgaben iSd § 80 Abs. 2 Nr. 1 VwGO, so dass kraft Gesetz die aufschiebende Wirkung der Anfechtungsklage fehlt

(Schwannecke/Karsten Rn. 30; vgl. Jahn GewArch 2005, 221 (229) zur IHK). Der Verpflichtete kann im einstweiligen Rechtsschutz mit einem **Antrag auf Anordnung der aufschiebenden Wirkung** nach § 80 Abs. 5 S. 1 Alt. 1, Abs. 2 Nr. 1 VwGO vorgehen.

Die Satzung der Innung in der die Bemessungsgrundlage festgesetzt wird, kann ggf. iRd **36 Normenkontrolle** nach § 47 VwGO gerichtlich überprüft werden.

§ 74 [Haftung der Innung]

Die Handwerksinnung ist für den Schaden verantwortlich, den der Vorstand, ein Mitglied des Vorstands oder ein anderer satzungsmäßig berufener Vertreter durch eine in Ausführung der ihm zustehenden Verrichtungen begangene, zum Schadensersatz verpflichtende Handlung einem Dritten zufügt.

Literatur: Emmerich-Fritsche Angelika, Rechtliche Grenzen und Risiken der Betriebsberatung in einer Unternehmenskrise am Beispiel der Beratung durch die Handwerkskammern, GewArch 2011, 385 ff.; Grütters Jochen, Die Haftung von IHK-Organen, GewArch 2006, 141 ff.; Hüttenbrink Jost, Die öffentlich-rechtliche Haftung der ehrenamtlichen Organwalter gegenüber ihren Selbstverwaltungskörperschaften, DVBl. 1981, 989 ff.; Kormann Joachim/Schinner-Stör Ute, Rechtsdienstleistungen durch öffentlich-rechtliche Handwerksorganisationen, GewArch 2004, 265 ff.; Leisner, Walter Georg, Rechtsaufsicht über Innungen und Kreishandwerkerschaften bei Aufgabenausgliederung auf privatrechtliche Gesellschaften, LFI-Schriftenreihe 2014, Luber Michael/Tremmel Bernd, Die Amtshaftung der Handwerksorganisationen, GewArch 2007, 393 ff.; Wallerath Max, Die öffentlich-rechtliche Innenhaftung von Organwaltern, DVBl. 1971, 197 ff.; Webers Gerhard, Zur Haftung der Betriebsberater bei Handwerkskammer, Fachverbänden und Handwerksinnungen, GewArch 1997, 405 ff.

Überblick

§ 74 regelt die **Haftung der Innung**, indem das schadensverursachende Verhalten des **Vorstandes**, eines **Mitglieds des Vorstandes** oder eines anderen **satzungsmäßig berufenen Vertreters** (→ Rn. 5), der Innung **zugerechnet** (→ Rn. 3) wird. In **Ausübung** der Organtätigkeit bzw. der Vertretertätigkeit (→ Rn. 6) muss es aufgrund eines kausalen pflichtwidrigen Handelns zu einem **Schadenseintritt bei einem Dritten** (→ Rn. 7) gekommen sein. Neben der Haftung der Innung kommt eine **Eigenhaftung** des Handelnden (→ Rn. 8) in Betracht.

Die Regelung des § 74 ist aufgrund der Verweisungsnorm des § 89 Abs. 1 Nr. 5 auf die Kreishandwerkerschaft entsprechend anwendbar, sowie nach § 83 Abs. 1 Nr. 3 auf Landesinnungsverbände und nach § 85 Abs. 2 S. 1 iVm § 83 Abs. 1 Nr. 3 auf die Bundesinnungsverbände.

A. Historie

Bereits die HwO von 1953 erhielt in ihrem § 68 (1953) eine wortgleiche Regelung zur **1** Haftung der Innung (BGBl. 1953 I 1411 (1421)). Im Zuge der Handwerksreform von 1965 erfolgte ohne inhaltliche Änderung eine Neunummerierung der Normen, so dass die Haftung der Innung in § 74 geregelt wurde (BGBl. 1966 I 1 (15)).

B. Anwendungsbereich

Die Regelung des § 74 entspricht fast wortgleich der Haftungsregelung des § 31 BGB, **2** der die Haftung des Vereins für seine Organe gesetzlich normiert (Detterbeck Rn. 1; Honig/Knörr Rn. 5; Schwannecke/Brandt Rn. 1). Nach § 89 Abs. 1 BGB kann § 31 BGB grds. entsprechend auch auf Körperschaften des öffentlichen Rechts und damit auch auf Innungen Anwendung finden, sofern es keine spezialgesetzlichen Regelungen gibt. § 74 stellt eine solche spezielle Haftungsregelung für die Innungen dar, so dass die allgemeine Regelung des § 31 BGB hier nicht zur Anwendung kommt (Leisner W.G., Rechtsaufsicht über Innungen und Kreishandwerkerschaften bei Aufgabenausgliederung auf privatrechtliche Gesellschaften, LFI 2014, 109). § 74 ist eine spezialgesetzliche Norm zu § 31 BGB (Leisner W.G., Rechtsaufsicht über Innungen und Kreishandwerkerschaften bei Aufgabenausgliederung auf privatrechtliche Gesellschaften, LFI 2014, 109; Detterbeck Rn. 1; aA Schwannecke/Brandt Rn. 1, der davon ausgeht, dass § 74 den § 31 BGB ergänzt; aA Honig/Knörr Rn. 5 wonach § 31 BGB auch für die Innungen gelten soll).

C. Haftung der Innung

I. Zurechnungsnorm mit zwingendem Charakter

3   § 74 regelt die Haftung der Innung, indem das schadensverursachende Verhalten des Vorstandes, eines Mitglieds des Vorstandes oder eines anderen satzungsmäßig berufenen Vertreters der Innung zugerechnet wird. Die Innung als rechtsfähige Körperschaft ist für den Schaden verantwortlich, den ihre Vertreter, durch eine zum Schadensersatz verpflichtende Handlung, verursacht haben. Dieses Handeln wird der Innung als eigenes Handeln zugerechnet. § 74 ist eine **Zurechnungsnorm** in Form einer haftungszuweisenden Norm, nicht jedoch einer haftungsbegründenden Norm (Detterbeck Rn. 3; Schwannecke/Brandt Rn. 1; OVG Hamburg Urt. v. 7.4.1992 – Bf VI 80/90 Rn. 51 (= BeckRS 1992, 09714)). § 74 regelt wer für den Schaden einstehen muss, begründet aber keine Schadensersatzpflicht (Detterbeck Rn. 3). Als **zwingende** Regelung der HwO kann § 74 nicht durch die Satzung der Innung ausgeschlossen oder abgeändert werden (Honig/Knörr Rn. 1; Schwannecke/Brandt Rn. 1; Detterbeck Rn. 1).

II. Voraussetzung der Haftung

4   IRd Haftung sind im Wesentlichen die Haftung im Außenverhältnis und die Haftung im Innenverhältnis zu unterscheiden. Das **Außenverhältnis** ist in zwei Varianten denkbar: das Verhältnis der Innung zu einem Außenstehenden und das Verhältnis des handelnden Innungsvertreters zu einem außenstehenden Dritten. Das **Innenverhältnis** betrifft das Verhältnis der Innung zu ihrem handelnden Vertreter. § 74 als Zurechnungsnorm steht seinem Wortlaut nach im Zusammenhang mit dem Außenverhältnis, speziell dem Verhältnis der Innung zu einem Außenstehenden. Keine Regelungen enthält die HwO zu der Haftung im Innenverhältnis (→ Rn. 9) und zu der Haftung im Außenverhältnis in Form des Verhältnisses des handelnden Innungsvertreters zum Außenstehenden (→ Rn. 8).

1. Schadensverursacher

5   Die Innung haftet nach dem Wortlaut des § 74 nur für die Schäden die der **Vorstand** als Organ der Innung (Gesamtvorstand), ein einzelnes **Mitglied des Vorstandes** oder **eine satzungsgemäß bestimmte zuständige Person** einem Dritten zufügt. Wer eine satzungsgemäß bestimmte Person im Einzelfall sein kann, ist der einzelnen Innungssatzung zu entnehmen. Als satzungsgemäß bestimmte Person zur Vertretung der Innung kommt zB der **Geschäftsführer** in Betracht (§ 66 Abs. 3 S. 2; Schwannecke/Brandt Rn. 2; Honig/Knörr Rn. 5). Die Innung haftet demnach nicht über § 74, wenn andere als in § 74 genannte Personen einen Schaden verursachen (Honig/Knörr Rn. 2; Schwannecke/Brandt Rn. 2). Ggf. kommt eine Haftungszurechnung für diese Personen nach § 287 BGB für Erfüllungsgehilfen, § 831 BGB für Verrichtungsgehilfen oder Art. 34 GG iVm § 839 BGB iRd Amtshaftung in Betracht (Schwannecke/Brandt Rn. 2; Honig/Knörr Rn. 2; Detterbeck Rn. 2; vgl. zur Amtshaftung der Handwerksorganisationen bei Luber/Tremmel GewArch 2007, 393 ff.; vgl. zur Haftung von IHK-Organen bei Grütters GewArch 2006, 141 ff.).

2. In Ausübung seiner Organtätigkeit bzw. Geschäftstätigkeit

6   Der Schaden muss der Vorstand bzw. ein Mitglied des Vorstandes **in Ausübung seiner Organtätigkeit** bzw. der satzungsgemäß befugte Vertreter **in Ausübung seiner Vertretertätigkeit** verursacht haben. Der Gesetzgeber spricht insoweit von „Ausführung, der ihm zustehenden Verrichtung" (Schwannecke/Brandt Rn. 3). Maßstab zur Beurteilung ist die eigentliche Zielsetzung, in deren Sinn die Person tätig wurde, dh ob in amtlicher Eigenschaft gehandelt wurde (OVG Hamburg Urt. v. 7.4.1992 – Bf VI 80/90 Rn. 57 (= BeckRS 1992, 09714)). Eine Haftungszurechnung erfolgt demnach nicht, wenn der Vorstand, ein Mitglied des Vorstandes bzw. der satzungsgemäß bestimmte Innungsvertreter in ihrer Eigenschaft als

Privatpersonen einen Schaden verursachen (vgl. LG Wiesbaden GewArch 1998, 472 (473) zu Äußerungen als Vertreter der Innung und dem Rechtsweg). Vielmehr muss das schadensverursachende Handeln gerade im Zusammenhang mit der Ausübung des Amtes des Vorstandes als Ehrenamt stehen bzw. im Zusammenhang mit der Tätigkeit als satzungsmäßig bestimmter Vertreter eingetreten sein (vgl. zur Haftung der Betriebsberater bei Webers GewArch 1997, 405 ff. und Emmerich-Fritsche GewArch 2011, 385 (386 f.); vgl. zu Rechtsdienstleistungen durch öffentlich-rechtliche Handwerksorganisationen bei Kormann/Schinner-Stör GewArch 2004, 265 (271 f.)). Die Schadensverursachung darf **nicht nur bei Gelegenheit** der Amtsausübung erfolgt sein, sondern in Wahrnehmung der Pflichten (vgl. Detterbeck Rn. 4, der ausführt, dass die Handlung in den zugewiesenen Geschäftsbereich fallen muss, unabhängig davon ob die Grenzen der Vertretungsmacht eingehalten wurden).

3. Schadenseintritt bei einem Dritten

Das pflichtwidrige Handeln des Vorstands, des Mitglieds des Vorstand bzw. des satzungsgemäß bestimmten Vertreters der Innung muss **kausal** zu einem **Schaden bei einem Dritten** geführt haben. Betroffen ist das sog. Außenverhältnis, dh die Rechtsbeziehung zu einem Dritten, der außerhalb der Innung steht (vgl. Schwannecke/Brandt Rn. 4, der auch Vorstandsmitglieder selbst, die bei der schadensverursachenden Handlung nicht mitgewirkt haben als Dritte ansieht). Dritter kann auch ein **Innungsmitglied** sein (Honig/Knörr Rn. 4). 7

D. Eigenhaftung des Handelnden gegenüber Dritten

Ob neben der Innungshaftung als Organhaftung auch eine **Eigenhaftung** der ehrenamtlich Tätigen bzw. des satzungsgemäß bestimmten Vertreters gegenüber einem Dritten bestehen kann, regelt die HwO nicht, so dass insoweit auf die allgemeinen Haftungsgrundsätze zurückgegriffen werden kann (Schwannecke/Brandt Rn. 5; Honig/Knörr Rn. 6, der von einer eigenen Haftung des Handelnden neben der Innung ausgeht; vgl. BGH GewArch 1985, 390 (391); vgl. allg. zur öffentlich-rechtlichen Haftung der ehrenamtlichen Organwalter ggü. ihrer Selbstverwaltungskörperschaft bei Hüttenbrink DVBl. 1981, 989 ff. und Wallerath DVBl 1971, 197 ff.). Die Mitglieder des Vorstandes nehmen nach § 66 Abs. 4 Hs. 1 ihr Amt als Ehrenamt wahr, dennoch kommt eine eigene Haftung der Vorstandsmitglieder grds. in Betracht, wenn die Voraussetzungen für Schadensersatzansprüche vorliegen, denn der Tatbestand der Haftung knüpft nicht an eine entgeltliche Tätigkeit an und die HwO enthält keine entsprechenden Ausschlussnormen (Leisner W.G., Rechtsaufsicht über Innungen und Kreishandwerkschaften bei Aufgabenausgliederung auf privatrechtliche Gesellschaften, LFI 2014, 108). Vor allem im deliktischen Bereich durch Vornahme unerlaubter Handlungen (zB §§ 823 ff. BGB) kommt eine Eigenhaftung in Betracht, aber auch wenn der Vertreter seine Vertretungsmacht überschreitet oder außerhalb seines übertragenen Aufgabenbereichs handelt (Leisner W.G., Rechtsaufsicht über Innungen und Kreishandwerkschaften bei Aufgabenausgliederung auf privatrechtliche Gesellschaften, LFI 2014, 109; Honig/Knörr Rn. 3; vgl. Emmerich-Fritsche GewArch 2011, 385 (389). 8

§ 35 Abs. 4 der Mustersatzung für Innungen Baden-Württemberg regelt zu den **Pflichten des Vorstands**: 8.1
„Die Mitglieder sind zur ordnungsgemäßen Verwaltung verpflichtet; sie haften für jeden aus der Pflichtverletzung entstehenden Schaden, soweit ihnen ein Verschulden zur Last fällt. Sind mehrere für den Schaden verantwortlich, so haften sie als Gesamtschuldner".

E. Innenhaftung des Handelnden gegenüber der Innung

In der HwO sind auch keine Regelungen zur Innenhaftung ggü. der Innung enthalten. Da es keine speziellen Regelungen in der HwO gibt, kommen die allgemeinen Grundsätze zur Anwendung. Liegt eine schuldhafte Pflichtverletzung gegenüber der Innung vor und bestehen die übrigen Voraussetzungen für einen Schadensersatzanspruch, kommt eine Haftung gegenüber der Innung durchaus in Betracht (Leisner W.G., Rechtsaufsicht über Innungen und Kreishandwerkschaften bei Aufgabenausgliederung auf privatrechtliche Gesellschaften, LFI 2014, 110 ff., der infolge entsprechender Anwendung des § 31a BGB von der 9

Reduzierung des Haftungsmaßstabs auf das Vorliegen von Vorsatz und grober Fahrlässigkeit ausgeht).

10 Ob die Innung bei dem Schadensverursacher in **Regress** gehen kann regelt die HwO nicht (bejahend Honig/Knörr Rn. 7; aA Detterbeck Rn. 6 der zumindest im Falle leichter Fahrlässigkeit von einer Freistellungsverpflichtung der Innung ausgeht). Diesbezüglich können sich Regelungen aus der Innungssatzung ergeben. Falls dies nicht der Fall ist, gelten die allgemeinen Grundsätze (Schwannecke/Brandt Rn. 5).

§ 75 [Aufsicht über die Handwerksinnung]

¹Die Aufsicht über die Handwerksinnung führt die Handwerkskammer, in deren Bezirk die Handwerksinnung ihren Sitz hat. ²Die Aufsicht erstreckt sich darauf, daß Gesetz und Satzung beachtet, insbesondere daß die der Handwerksinnung übertragenen Aufgaben erfüllt werden.

Literatur: Binder Bruno, Staatsaufsicht über Wirtschaftskammer, WiVerw 1979, 175 ff: Detterbeck Steffen, Allgemeines Verwaltungsrecht, 11. Aufl. 2013; Eyermann Erich, Verwaltungsgerichtsordnung, 13. Aufl. 2010; Honig Gerhard, Die überbezirkliche Innung und ihre besonderen Probleme, GewArch 1972, 229 ff.; Kopp Ferdinand, Die Staatsaufsicht über die Handwerkskammern, Deutsches Handwerksinstitut, 1992; Kopp Ferdinand/Schenke Wolf-Rüdiger, Verwaltungsgerichtsordnung, 20. Aufl. 2014; Kormann Joachim, Zur Struktur der Aufsicht über Innung und Kreishandwerkerschaft, Deutsches Handwerksinstitut, 1986; Kormann Joachim, Sieben Thesen zur Kammeraufsicht über Innung und Kreishandwerkerschaft, GewArch 1987, 249 ff.; Kormann Joachim, Statthafte Aufsichtsinstrumente der Handwerkskammer, GewArch 1989, 105 ff.; Kormann Joachim, Genehmigungsvorbehalte und Genehmigungserteilung gegenüber Innung und Kreishandwerkerschaft, Deutsches Handwerksinstitut 1993; Kormann Joachim, Rechtsanspruch der Innung auf Genehmigung oder Ermessensentscheidung der Handwerkskammer?, GewArch 1996, 41 ff.; Leisner Walter Georg, Rechtsaufsicht über Innungen und Kreishandwerkerschaften bei Aufgabenausgliederung auf privatrechtliche Gesellschaften, LFI-Schriftenreihe 2014; Tettinger, Peter J., Kammerrecht, 1997; Will, Martin, Selbstverwaltung der Wirtschaft, 2010

Überblick

§ 75 regelt die Aufsicht der **Handwerkskammer** als **mittelbare Staatsaufsicht** in Form der Rechtsaufsicht über die Innung (→ Rn. 2). Zuständig ist die Handwerkskammer in deren **Bezirk** die Innung ihren Sitz hat. Die Aufsicht beschränkt sich als **Rechtsaufsicht** auf die Rechtskontrolle, so dass die Handwerkskammer keine Zweckmäßigkeitserwägungen iRd Fachaufsicht vornehmen darf, dh nicht die Art und Weise der Aufgabenerfüllung und der Handhabung des Ermessens der Innung überprüfen darf (→ Rn. 4). Die zur Verfügung stehenden **Aufsichtsmittel** (→ Rn. 6) regelt die HwO nur rudimentär. Die Handwerkskammer kann sich **präventiver** (→ Rn. 7) und **repressiver Aufsichtsmittel** (→ Rn. 8), bedienen. IRd Auswahl des Aufsichtsmittels gilt das sog. **Opportunitätsprinzip** (→ Rn. 9) und der **Grundsatz der Verhältnismäßigkeit** (→ Rn. 10).

Aufgrund der Verweisung § 89 Abs. 1 Nr. 5 findet § 75 entsprechende Anwendung auf die Kreishandwerkerschaften.

A. Historie

1 Bereits die HwO aus dem Jahre 1953 enthielt in § 69 eine wortgleiche Regelung zum heutigen § 74 (BGBl. 1953 I 1411 (1421)).

B. Aufsicht

I. Aufsichtsbehörde

2 § 75 regelt die Aufsicht über die Innung, die das Gegenstück zur Selbstverwaltung darstellt (Tettinger, Kammerrecht, 1997, 128). Zuständig ist nach § 75 S. 1 die handwerksorganisatorisch hierarchisch übergeordnete **Handwerkskammer**, die ihrerseits selbst eine Selbstverwaltungskörperschaft des öffentlichen Rechts ist, so dass es sich vorliegend nicht um eine unmittelbare Staatsaufsicht durch den Staat, sondern um eine delegierte sog. **mittelbare**

Staatsaufsicht handelt (Will, Selbstverwaltung der Wirtschaft, 2010, 691; Schwannecke/Brandt Rn. 1; Detterbeck Rn. 1 der zu Recht von einem „weitreichenden Vertrauensbeweis des Staates gegenüber der handwerklichen Selbstverwaltung" spricht).

Örtlich zuständig ist die Handwerkskammer in deren **Bezirk** die Innung ihren **Sitz** (§ 52 Abs. 2) hat. Maßgeblich für die Zuordnung der örtlichen Zuständigkeit der Handwerkskammer ist allein der Sitz der Innung, auch wenn der Innungsbezirk nach § 52 Abs. 3 S. 2 sich über den Handwerkskammerbezirk hinaus erstrecken sollte (Honig/Knörr § 74 Rn. 2; Schwannecke/Brandt Rn. 1). 3

II. Rechtsaufsicht

Nach dem Wortlaut des § 75 S. 2 erstreckt sich die Aufsicht darauf, dass Gesetz und Satzung beachtet werden und dass insbes. die der Handwerksinnung übertragenen Aufgaben erfüllt werden. Die von der Handwerkskammer ausgeübte Aufsicht ist mittelbare Staatsaufsicht in Form der **Rechtsaufsicht** (BVerwG Urt. v. 25.4.1972 – I C 3.70 Rn. 21 (= BeckRS 1972, 31275609); Honig/Knörr Rn. 3; Detterbeck Rn. 2; Schwannecke/Brandt Rn. 1; Kormann GewArch 1987, 249 (251); Kormann, Zur Struktur der Aufsicht über Innung und Kreishandwerkerschaft, Deutsches Handwerksinstitut, 1986, 49 ff.). Die Rechtsaufsicht berechtigt die Handwerkskammer zu einer Rechtskontrolle der Gesetzmäßigkeit des Handelns, aber **nicht** zu einer **Fachaufsicht** und damit nicht zu einer Zweckmäßigkeitskontrolle (Leisner W.G., Rechtsaufsicht über Innungen und Kreishandwerkerschaften bei Aufgabenausgliederung auf privatrechtliche Gesellschaften, LFI 2014, 75; Detterbeck Rn. 2; Schwannecke/Brandt Rn. 2). Die Handwerkskammer prüft, ob die Innung im Rahmen ihrer Aufgabenerfüllung die Vorgaben der Satzung und des Gesetzes einhalten und die übertragenen hoheitlichen Aufgaben erfüllt (BVerwG GewArch 1992, 302 (302); Honig/Knörr Rn. 3; Kormann GewArch 1987, 249 (251)). Die Zweckmäßigkeit des Handelns der Innung wird nicht überprüft, so dass die Handwerkskammer keine Zweckmäßigkeitserwägungen anstelle der Innung vornehmen darf. Lediglich eine Überprüfung auf **Ermessensfehler** kann erfolgen (Leisner W.G., Rechtsaufsicht über Innungen und Kreishandwerkerschaften bei Aufgabenausgliederung auf privatrechtliche Gesellschaften, LFI 2014, 75 f.). Nach den allgemeinen Grundsätzen der sog. Ermessensfehlerlehre darf iRd Rechtsaufsicht nur geprüft werden, ob ein Ermessensausfall, eine Ermessensüberschreitung oder ein Ermessensfehlgebrauch der Innung vorliegt (Leisner W.G., Rechtsaufsicht über Innungen und Kreishandwerkerschaften bei Aufgabenausgliederung auf privatrechtliche Gesellschaften, LFI 2014, 75 f.; vgl. allg. zur Ermessensfehlerlehre bei Kopp/Schenke VwGO § 114 Rn. 7 ff. und Eyermann/Rennert, VwGO, 13. Aufl. 2010, VwGO § 114 Rn. 10 ff.). Auch in den Fällen des § 54 Abs. 2 Nr. 10, in denen die Innung die von der Handwerkskammer innerhalb ihrer Zuständigkeit erlassenen Vorschriften und Anordnungen durchführt, ist die Handwerkskammer nur zur Rechtsaufsicht berechtigt (Detterbeck Rn. 2). Eine Fachaufsicht kommt ausnahmsweise dann in Betracht, wenn die Handwerkskammer sich ausdrücklich in zulässiger Weise in Rechtsvorschriften vorbehalten hat oder durch ein besonderes Gesetz dazu ermächtigt wird (Detterbeck Rn. 2; Leisner W.G., Rechtsaufsicht über Innungen und Kreishandwerkerschaften bei Aufgabenausgliederung auf privatrechtliche Gesellschaften, LFI 2014, 76). 4

Die Rechtsaufsicht besteht nach dem Wortlaut des § 75 ggü. der „Innung". Die Innung kann aber nur über ihre Organe (§ 60) aktiv handeln (Kormann GewArch 1987, 249 (255), so dass die Aufsicht sich auf das Handeln der Organe der Innung bezieht (Schwannecke/Brandt Rn. 2). **Adressat der Aufsichtsmaßnahme**, im Falle eines Fehlverhaltens der Innungsorgane, ist aber stets die Innung, vertreten durch ihren Vorstand der formeller Adressat ist (Kormann GewArch 1987, 249 (255); Detterbeck Rn. 17). 5

III. Aufsichtsmittel

1. Präventive und repressive Aufsichtsmittel

Welche **Aufsichtsmittel** der Handwerkskammer iE zur Verfügung stehen und wie sie anzuwenden sind, regelt die HwO, bis auf einige wenige Ausnahmen, nicht (BVerwG Urt. v. 25.4.1972 – I C 3.70 Rn. 20 (= BeckRS 1972, 31275609); VGH Mannheim Urt. v. 25.7.1979 – VI 8/78 Rn. 21; Detterbeck Rn. 10; Kormann GewArch 1987, 249 (249); vgl. 6

allg. zu den Wirtschaftskammern Binder WiVerw 1979, 175 (189 f.); Honig/Knörr Rn. 5)). Als mögliche Aufsichtsmittel nennt die HwO die Auflösung der Innung (§ 76), die Einberufung und Leitung der Innungsversammlung (§ 62 Abs. 3 S. 2 Hs. 2), sowie die Auferlegung eines Ordnungsgeldes (§ 112; Leisner W.G., Rechtsaufsicht über Innungen und Kreishandwerkerschaften bei Aufgabenausgliederung auf privatrechtliche Gesellschaften, LFI 2014, 77; Kormann GewArch 1989, 105 (105) Fn. 1). Diese in der HwO ausdr. genannten Aufsichtsmittel sind aber nicht abschließend. Es ist allgemein anerkannt, dass mangels bestehender spezieller Regelungen zur Durchführung der Aufsicht über die Handwerksinnungen, auf die allgemeinen Grundsätze des Verwaltungsrechts zur Staatsaufsicht gegenüber Körperschaften des öffentlichen Rechts, entsprechend abgestellt werden kann (BVerwG Urt. v. 25.4.1972 – I C 3.70 Rn. 20 (= BeckRS 1972, 31275609)); VGH Mannheim Urt. v. 25.7.1979 – VI 8/78 Rn. 21 mwN; Honig/Knörr Rn. 5; Detterbeck Rn. 10 mwN; Kormann GewArch 1987, 249 (249); Schwannecke/Brandt Rn. 3). Die Handwerkskammer als Aufsichtsbehörden kann sich **präventiver** (→ Rn. 7) und **repressiver Aufsichtsmittel** (→ Rn. 8) bedienen (vgl. zu den einzelnen Aufsichtsmitteln ausf. bei Detterbeck Rn. 12 und Leisner W.G., Rechtsaufsicht über Innungen und Kreishandwerkerschaften bei Aufgabenausgliederung auf privatrechtliche Gesellschaften, LFI 2014, 78 ff und vgl. Kopp, Die Staatsaufsicht über die Handwerkskammern, Deutsches Handwerksinstitut, 1992, 46 f., 75 ff.).

7 Zu den vorbeugenden sog. **präventiven Aufsichtsmitteln** gehören etwa das **Informationsrecht**, die **Erteilung von Ratschlägen** und die **Beratung** der Innung, ferner die **Unterstützung** der Innung, sowie die **Genehmigungsvorbehalte** (ausführlich dazu Leisner W.G., Rechtsaufsicht über Innungen und Kreishandwerkerschaften bei Aufgabenausgliederung auf privatrechtliche Gesellschaften, LFI 2014, 78 f.; Kormann GewArch 1989, 105 (107 ff.)). Das Erfordernis der Genehmigungserteilung kennt die HwO etwa in § 56, wonach die Satzung der Innung der Genehmigung der Handwerkskammer bedarf oder des § 61 Abs. 3, wonach bestimmte Beschlüsse der Innungsversammlung der Genehmigung bedürfen (vgl. ausf. zur Genehmigung bei Kormann GewArch 1996, 41 ff. und Kormann, Genehmigungsvorbehalte und Genehmigungserteilung gegenüber Innung und Kreishandwerkerschaft, Deutsches Handwerksinstitut 1993, 3 ff.).

8 **Repressive Aufsichtsmittel** haben das Ziel eine bestehende Rechtsverletzung zu beseitigen (Leisner W.G., Rechtsaufsicht über Innungen und Kreishandwerkerschaften bei Aufgabenausgliederung auf privatrechtliche Gesellschaften, LFI 2014, 80). Die Handwerkskammer haben ein **Recht zur Akteneinsicht**, um sich über die Gegebenheiten zu informieren, ein **Prüfungsrecht** und ein **Beanstandungsrecht** (ausf. dazu bei Leisner W.G., Rechtsaufsicht über Innungen und Kreishandwerkerschaften bei Aufgabenausgliederung auf privatrechtliche Gesellschaften, LFI 2014, 80 ff.; Kormann GewArch 1989, 105 (106 ff.); Detterbeck Rn. 12; Honig GewArch 1972, 229 (230 f.). Die Handwerkskammer kann die **Aufhebung** von Maßnahmen verlangen, **Anordnungen** treffen (zB Satzungsänderung (BVerwG GewArch 1992, 302 ff; → Rn. 8.1; OVG Berlin-Brandenburg Urt. v. 8.12.2011 – OVG 1 B 67.09 (= BeckRS 2011, 56913)) und eine **Ersatzvornahme** (Selbsteintritt) vornehmen (BVerwG Urt. v. 25.4.1972 – I C 3.70 Rn. 18 ff. (= BeckRS 1972, 31275609)); VGH Mannheim Urt. v. 25.7.1979 – VI 8/78 Rn. 21), wenn der durch die Aufsichtsbehörde ausgesprochenen Verpflichtung nicht fristgerecht nachgekommen wird (Leisner W.G., Rechtsaufsicht über Innungen und Kreishandwerkerschaften bei Aufgabenausgliederung auf privatrechtliche Gesellschaften, LFI 2014, 80 ff.; Detterbeck Rn. 12; Kormann GewArch 1989, 105 (110 f.)). Die Ersatzvornahme führt „zu einer teilweisen Beseitigung des Selbstverwaltungsrechts" der Innung (BVerwG Urt. v. 25.4.1972 – I C 3.70 Rn. 18 (= BeckRS 1972, 31275609)). Zudem besteht nach § 112 das Recht **Ordnungsgeld** zu verhängen. Möglich sind auch die **Amtsenthebung** und die **Einsetzung eines Beauftragten** der Handwerkskammer (Leisner W.G., Rechtsaufsicht über Innungen und Kreishandwerkerschaften bei Aufgabenausgliederung auf privatrechtliche Gesellschaften, LFI 2014, 80 ff.; Detterbeck Rn. 12; Kormann GewArch 1989, 105 (112 ff.)). Die Handwerkskammer hat das Recht die **Jahresrechnung**, **Kassenführung** und **Rechnungsführung** der Innung zu prüfen (VGH Mannheim Urt. v. 27.6.1979 – VI 3056/78 Rn. 19). Die **Auflösung** der Handwerksinnung (§ 76) als Aufsichtsmittel soll als stärkstes Aufsichtsmittel ultima ratio sein (Detterbeck Rn. 12 Ziff. 7; Schwannecke/Brandt Rn. 3). Die **Anweisung** der Handwerkskammer gegenüber der Innung eine **Unterlassungserklärung** anzugeben, ist kein geeignetes Mittel der Rechtsaufsicht (VG Freiburg GewArch 1992, 30 (31)).

Das BVerwG führte zur Befugnis der Handwerkskammer als Aufsichtsbehörde zur **Anordnung der** **8.1** **Satzungsänderung** und zum **Verbot des Widerrufs der Genehmigung** der Innungssatzung aus:

„Die Handwerkskammer ist daher befugt einer Innung deren Satzung dem Gesetz widerspricht, aufzuheben, die Satzung mit dem Gesetz in Einklang zu bringen. Zu Unrecht meint die Klägerin, ein solches Änderungsverlangen sei bei einer von der Handwerkskammer ursprünglich zu Recht genehmigten Satzung (vgl. § 56) erst dann möglich, wenn die Kammer die Genehmigung widerrufen habe. Dieser Ansicht ist schon deshalb nicht zu folgen, weil der Widerruf einer Satzungsgenehmigung unzulässig ist. Nach der Rechtsprechung des BVerwG kann die Aufsichtsbehörde einen als Satzung erlassenen Bebauungsplan nicht durch Rücknahme der von ihr erteilten Genehmigung beseitigen. Zwar ist eine solche Satzungsgenehmigung der satzungsgebenden Gemeinde gegenüber ein Verwaltungsakt. Sie ist aber zugleich ein und in erster Linie Mitwirkung an einem Rechtssetzungsverfahren und kann deswegen nicht mehr isoliert rückgängig gemacht werden, wenn das Rechtssetzungsverfahren abgeschlossen und der Rechtssatz entstanden ist. Jedenfalls von diesem Zeitpunkt an lässt sich nur noch der Rechtssatz selbst – nicht mehr der einzelne Akt, der zu seiner Entstehung beigetragen hat – aufheben oder ändern (BVerGE 75, 142 (146). Diese Gründe, die der Rücknahme der Genehmigung eines Bebauungsplans entgegenstehen, schließen auch den Widerruf der Genehmigung der Satzung der Klägerin aus." (BVerwG GewArch 1992, 302 (302)).

2. Opportunitätsprinzip und Grundsatz der Verhältnismäßigkeit

Nach dem sog. **Opportunitätsprinzip** liegt es grds. im **pflichtgemäßen Ermessen** der **9** Handwerkskammer zu entscheiden, ob sie im Einzelfall aufsichtsrechtlich tätig wird und welcher Aufsichtsmittel sie sich bedient (Kormann GewArch 1987, 249 (255 ff.) mit weiteren Argumenten); Detterbeck Rn. 8; Leisner W.G., Rechtsaufsicht über Innungen und Kreishandwerkerschaften bei Aufgabenausgliederung auf privatrechtliche Gesellschaften, LFI 2014, 83). Eine stete Verpflichtung zum aufsichtlichen Tätigwerden, bei jedem Verstoß der Innung gegen Satzungsregelungen oder Gesetze, besteht nicht zwar nicht. Ein aufsichtliches Einschreiten wird aber oftmals erforderlich sein, und nur ausnahmsweise bei sehr geringwertigen Rechtsverstößen der Innung unterbleiben können, so dass das Ermessen der Handwerkskammer im Regelfall **auf Null reduziert** sein wird (Detterbeck Rn. 8).

Im Zusammenhang mit der Wahl des Aufsichtsmittels muss die Handwerkskammer den **10** **Grundsatz der Verhältnismäßigkeit**, der sich aus dem Rechtsstaatsprinzip ergibt, beachten (Detterbeck Rn. 14; vgl. Kopp, Die Staatsaufsicht über die Handwerkskammern, Deutsches Handwerksinstitut, 1992, 98 ff.). Das Aufsichtsmittel muss geeignet, erforderlich und angemessen sein, um das gewünschte Ergebnis zu erreichen. Wird ein legitimer Zweck mit der Aufsichtsmaßnahme verfolgt, ist diese geeignet (Detterbeck AllgVerwR, 11. Aufl. 2013, § 6 Rn. 234). Das ausgewählte Aufsichtsmittel der Handwerkskammer ist erforderlich, wenn es kein genauso wirksames aber weniger beeinträchtigende Aufsichtsmaßnahme gibt. Ferner muss das Aufsichtsmittel angemessen und damit verhältnismäßig ieS sein. Dies ist der Fall, wenn das Verhältnis des Zwecks zum ausgewählten Aufsichtsmittel sachgerecht ist (Leisner W.G., Rechtsaufsicht über Innungen und Kreishandwerkerschaften bei Aufgabenausgliederung auf privatrechtliche Gesellschaften, LFI 2014, 83; Detterbeck AllgVerwR, 11. Aufl. 2013, § 6 Rn. 239).

Unter Beachtung des Grundsatzes der Verhältnismäßigkeit soll geprüft werden, ob im **11** Einzelfall Beratung und aufsichtliche Hinweise nicht vorrangig vor eingreifenden Maßnahmen genutzt werden können (Kormann GewArch 1987, 249 (257)). Auch soll der Innung die Möglichkeit gegeben werden selbst den Verstoß gegen die Satzung oder das Gesetz zu beseitigen und wieder rechtmäßige Zustände herzustellen, bevor eine Ersatzvornahme durch die Handwerkskammer erfolgt (Detterbeck Rn. 14).

C. Rechtsschutz

Das aufsichtliche Einschreiten der Handwerkskammer ist seiner Rechtsnatur nach ein **12** **Verwaltungsakt** gegen den die Innung als Adressat der Maßnahme etwa im Wege der Anfechtungsklage gerichtlich vorgehen kann (Detterbeck Rn. 18; vgl. Kopp, Die Staatsaufsicht über die Handwerkskammern, Deutsches Handwerksinstitut, 1992, 108 ff.).

Zum Rechtsschutz im Zusammenhang mit der Ersatzvornahme führte das BVerwG (BVerwG, Urt. **12.1** v. 25.4.1972 – I C 3.70 Rn. 18 (= BeckRS 1972, 31275609)) aus: „Gehen einer Ersatzvornahme

Androhungen oder sonstige Anordnungen voraus muß die betroffene Körperschaft gegen diese Maßnahme mit der Anfechtungsklage vorgehen, um keine Einwendungen zu verlieren. Hat sie die einer Ersatzvornahme vorausgehenden Anordnungen nicht angefochten, so haben sich die Verwaltungsgerichte im Falle einer Anfechtung der Ersatzvornahme auf die Prüfung und Feststellung der Mängel zu beschränken, die sich aus der Ersatzvornahme selbst ergeben." (vgl. auch VGH München Beschl. v. 8.5.2001 – 22 B 97.369 Rn. 10 (= BeckRS 2001, 25111)).

13 Eine Innung hat keinen Anspruch auf aufsichtliches Einschreiten der Handwerkskammer gegen eine andere Innung (OVG Berlin-Brandenburg Urt. v. 8.12.2011 – OVG 1 B 67.09 (= BeckRS 2011, 56913).

13.1 „Die Handwerksinnung hat zwar eine Doppelnatur: Sie ist nicht nur Teil staatlicher Verwaltung mit dem Recht zur Selbstverwaltung, sondern nimmt auch die gemeinsamen berufsständischen und wirtschaftlichen Interessen der in ihnen zusammengeschlossenen Handwerker wahr (vgl. BVerwG NVwZ 1993, 675 = BVerwGE 90, 88 ff. (…). In beiden Funktionen steht ihr aber ein Anspruch auf aufsichtsbehördliches Einschreiten der Handwerkskammer gegen eine andere Innung nicht zu. Grundsätzlich erfolgt im Rahmen der Rechtsaufsicht ausschließlich eine Legalitätskontrolle zur Wahrung der staatlichen Ordnung im Interesse der Allgemeinheit. Die Aufsicht erfolgt nicht im Interesse anderer Innungen, unabhängig davon, ob diese in ihrer Funktion als Behörde oder als Interessenvertretung der in ihr organisierten Handwerker betroffen sind, sondern im öffentlichen Interesse am Funktionieren des Innungswesens an sich (vgl. im Allgemeinen etwa: OVG Münster VerwRspr 1976, 438 = OVGE 31, 51 (53); BVerwG NJW 1977, 118 f.; und im Besonderen: BVerwG GewArch 1982, 271; OVG Bremen GewArch 2000, 490 (492); Detterbeck, HwO, 4. Aufl. 2008, HwO § 75 Rn. 8, § 52 Rn 31 und 32; Honig/Knörr, HwO, 4. Aufl. 2008, HwO § 75 Rn. 4, 8)). Das gilt selbst dann, wenn die Maßnahme, gegen die das Einschreiten der Handwerkskammer begehrt wird, eine andere Innung in ihren Rechten verletzt, denn Klagegegenstand ist insofern nicht die Maßnahme, sondern allein die Rechtsaufsicht durch die Handwerkskammer (vgl. Maurer Allgemeines VerwaltungsR, 17. Aufl., 2009, § 28 Rn. 22; OVG Bremen GewArch 2000, 490 (492) mwN)" (OVG Berlin-Brandenburg Urt. v. 08.12.2011 – OVG 1 B 67.09 –, Rn. 18 (= BeckRS 2011, 56913)).

§ 76 [Auflösung der Innung]

Die Handwerksinnung kann durch die Handwerkskammer nach Anhörung des Landesinnungsverbands aufgelöst werden,
1. wenn sie durch einen gesetzwidrigen Beschluß der Mitgliederversammlung oder durch gesetzwidriges Verhalten des Vorstands das Gemeinwohl gefährdet,
2. wenn sie andere als die gesetzlich oder satzungsmäßig zulässigen Zwecke verfolgt,
3. wenn die Zahl ihrer Mitglieder so weit zurückgeht, daß die Erfüllung der gesetzlichen und satzungsmäßigen Aufgaben gefährdet erscheint.

Literatur: Dürr Wolfram, Zum Recht der Innungen und Kreishandwerkerschaften, GewArch 2009, 107 ff.; Fröhler Ludwig/Kormann Joachim, Die Auswirkungen staatlicher Gebietsreformen auf den Bezirk von Handwerksinnungen, GewArch 1976, 313 ff.; Kormann Joachim, Statthafte Aufsichtsinstrumente der Handwerkskammer, GewArch 1989, 105 ff.; Kopp Ferdinand/Schenke Wolf-Rüdiger, Verwaltungsgerichtsordnung, 20. Aufl. 2014

Überblick

§ 76 regelt die Auflösung der Innung durch die zuständige Handwerkskammer. Die Auflösung ist ein gesetzlich normiertes **Aufsichtsmittel**, das aufgrund des Grundsatzes der Verhältnismäßigkeit ultima ratio sein soll (→ Rn. 4). Die **Auflösungsgründe** ergeben sich in nicht abschließender Weise aus den § 76 Nr. 1–3 (→ Rn. 6 ff.). Bevor die Auflösung der Innung verfügt wird, muss der bezirklich und fachlich zuständigen **Landesinnungsverband** dazu anhören werden (→ Rn. 10).

Nach § 89 Abs. 1 Nr. 5 findet die Regelung des § 76 entsprechende Anwendung auf die Kreishandwerkerschaften.

A. Historie

Bereits die Regelung des § 70 aus dem Jahre 1953 erhielt eine wort- und inhaltsgleiche **1**
Regelung zum heutigen § 76 im Zusammenhang mit der Auflösung der Innung (BGBl.
1953 I 1411 (1421)).

B. Auflösung der Innung – Varianten

Es gibt mehrere denkbare Möglichkeiten, die zu einer Auflösung der Innung führen **2**
können: auf Initiative der Innung, kraft Gesetzes oder im Wege der Aufsicht der Handwerkskammer.

Die **Innung** kann sich selbst aufzulösen. Diesbezüglich bedarf es eines Auflösungsbeschlus- **3**
ses der Innungsversammlung nach § 61 Abs. 2 Nr. 8, unter Beachtung der Erfordernisse des
§ 62 Abs. 1, Abs. 2 S. 3, 4 iR Beschlussfassung, sowie einer Genehmigung der Handwerkskammer (§ 61 Abs. 3). Eine Auflösung der Innung **kraft Gesetzes** erfolgt im Falle der
Insolvenz der Innung nach § 77 Abs. 1. Ferner ist eine Auflösung der Innung im Wege der
Aufsicht der Handwerkskammer nach § 76 möglich (→ Rn. 4).

C. Auflösung durch die Handwerkskammer

I. Aufsichtsmittel

Nach § 76 kann die zuständige Handwerkskammer in ihrer Funktion als Aufsichtsbehörde **4**
die Innung auflösen. Die **Auflösung** der Innung ist, neben der Regelung des § 62 Abs. 3
S. 2 zur Einberufung der Innungsversammlung und der Verhängung eines Ordnungsgeldes
nach § 113, eines der wenigen Aufsichtsmittel, die in der HwO gesetzlich normiert sind.
Die Auflösung ist ein Eingriff in den Bestand der Innung und muss angesichts des **Grundsatzes der Verhältnismäßigkeit** (VG Aachen GewArch 1989, 208 (208)), wonach das angewandte Aufsichtsmittel und der erstrebte Erfolg im Verhältnis stehen müssen, **ultima ratio**
sein (Detterbeck Rn. 1, 2; Schwannecke/Brandt Rn. 1). Nur wenn die übrigen milderen
Aufsichtsmittel nicht zum Erfolg geführt haben und Auflösungsgründe (→ Rn. 6) bestehen,
kann die Innung aufgelöst werden (Schwannecke/Brandt Rn. 1). Nach dem Wortlaut
(„kann") ist die Auflösung unter Beachtung des Grundsatzes der Verhältnismäßigkeit ins
Ermessen der Handwerkskammer gestellt, so dass es einer ermessensfehlerfreien Entscheidung der Handwerkskammer bedarf (Schwannecke/Brandt Rn. 1; Detterbeck Rn. 1; aA
Honig/Knörr Rn. 12 der von einer Verpflichtung ausgeht, wenn die Voraussetzungen für die
Auflösung vorliegen). Das Ermessen kann sich ggf. auf Null reduzieren, wenn mit milderen
Aufsichtsmitteln keine rechtmäßigen Zustände hergestellt werden können und ein Auflösungsgrund besteht (Detterbeck Rn. 2). Die Handwerkskammer muss das gesetzlich vorgeschriebene Auflösungsverfahren einhalten und den Landesinnungsverband anhören (→
Rn. 10).

Möglich ist nur die Auflösung der gesamten Innung, eine **sog. Teilauflösung** kennt die **5**
HwO nicht (BVerwG Urt. v. 25.4.1972 – I C 3.70 Rn. 22 (= BeckRS 1972, 31275609);
Detterbeck Rn. 3; aA Schwannecke/Brandt Rn. 1). Insoweit handelt es sich um ein bewusstes Schweigen des Gesetzgebers und nicht um eine Regelungslücke (BVerwG Urt. v.
25.4.1972 – I C 3.70 Rn. 22 (= BeckRS 1972, 31275609)).

Dazu führt das BVerwG in seinem Urteil weiterführend aus: „Dieses Ergebnis schließt jedoch die **5.1**
Ausgliederung von Teilbezirken aus der bestehenden Innung nicht aus. Nach ihrer Errichtung und
nach der Genehmigung ihrer Satzung steht einer rechtsfähigen Handwerksinnung als Körperschaft des
öffentlichen Rechts kein räumlich unveränderbarer Bestandschutz zu. Sie kann sich insoweit insbesondere nicht auf den § 52 Abs. 1 S. 2 HwO berufen. Bereits der durch die Novelle zur Gewerbeordnung
vom 26. Juli 1897 (RGBl. S. 663) eingefügte und als Vorläufer des § 76 Nr. 3 HwO anzusehende § 100
u GewO ermächtigte die Aufsichtsbehörde, den Teilbezirk einer Zwangsinnung auch gegen den Willen
ihrer Mitglieder, allerdings auf Antrag einer Mehrheit der auszuscheidenden Innungsmitglieder, auszugliedern. Wie bereits dargelegt, kennt das geltende Handwerksrecht eine Zwangsmitgliedschaft in den
Handwerksinnungen nicht mehr. Gleichwohl ist es im Hinblick auf die Funktionsfähigkeit einer rechtsfähigen Innung und die Erfüllung der ihr nach § 54 HwO übertragenen Aufgaben notwendig, auch im
geltenden Handwerksrecht räumliche Veränderungen des Wirkungsbereichs einer Innung im Bedarfsfall

zu vollziehen. Kommt eine Bezirksänderung nicht auf Grund eines in erster Reihe zu erstrebenden Beschlusses der Handwerksinnung zustande, bleibt diese Möglichkeit auch der Handwerkskammer als äußerstes Aufsichtsmittel vorbehalten." (BVerwG Urt. v. 25.4.1972 – I C 3.70 Rn. 23 (= BeckRS 1972, 31275609)).

II. Auflösungsgründe

6   Die Auflösung der Innung kann nur erfolgen, wenn ein **Auflösungsgrund** besteht. Der Gesetzgeber nennt in den §§ 76 Nr. 1–3 in **nicht abschließender** Weise die Auflösungsgründe der Gemeinwohlgefährdung (Nr. 1), der Verfolgung unzulässiger Zwecke (Nr. 2) und des Verlustes der Leistungsfähigkeit (Nr. 3) (Dürr GewArch 2009, 107 (108) mwN; VGH Mannheim GewArch 1979, 380; Detterbeck Rn. 2; Fröhler/Kormann GewArch 1976, 313 (316)).

1. Gemeinwohlgefährdung (Nr. 1)

7   Nach § 76 Nr. 1 kann die Handwerkskammer die Innung auflösen, wenn durch einen gesetzeswidrigen Beschluss der Innungsversammlung oder durch gesetzeswidriges Verhalten des Vorstands das Gemeinwohl gefährdet wird. Es bedarf einer kausalen Gemeinwohlgefährdung (Schwannecke/Brandt Rn. 3). Eine solche tritt ein, wenn „bedeutende Interessen der Allgemeinheit" gefährdet werden (Schwannecke/Brandt Rn. 3).

2. Verfolgung unzulässiger Zwecke (Nr. 2)

8   Nach § 76 Nr. 2 kann die Innung aufgelöst werden, wenn sie andere als die gesetzlichen oder satzungsmäßig zulässigen Zwecke verfolgt. Die zulässigen Zwecke ergeben sich aus der HwO und der Satzung der Innung (Schwannecke/Brandt Rn. 4).

3. Verlust der Leistungsfähigkeit (Nr. 3)

9   Eine Auflösung der Innung ist möglich, wenn die Innung nicht mehr leistungsfähig ist, da die Zahl ihrer Mitglieder so weit zurückgegangen ist, dass die Erfüllung der gesetzlichen und satzungsmäßigen Aufgaben gefährdet erscheint (§ 76 Nr. 3). Wie sich aus § 52 Abs. 2 ergibt, hängt die **Leistungsfähigkeit** der Innung im Wesentlichen von der Zahl ihrer Mitglieder ab (BVerwG Urt. v. 25.4.1972 – I C 3.70 Rn. 25 (= BeckRS 1972, 31275609)). Zur Beurteilung der Leistungsfähigkeit bedarf es einer konkreten **Einzelfallbetrachtung** (BVerwG Urt. v. 25.4.1972 – I C 3.70 Rn. 25 (= BeckRS 1972, 31275609); Schwannecke/Brandt Rn. 5). Die HwO mach diesbezüglich keine konkreten zahlenmäßigen Angaben (Schwannecke/Brandt Rn. 5). Die Innung muss in ihrem gesamten räumlichen Wirkungsbereich **dauerhaft** nicht mehr leistungsfähig sein und dadurch bedingt kommt es zu einer Gefährdung der Aufgabenerfüllung (Honig/Knörr Rn. 6). Eine „bloße – möglicherweise vorübergehende- Verstimmung unter den Mitgliedern oder ihr Fernbleiben von Veranstaltungen und Institutionen der (Innung) reicht nicht aus (…)" (Erg. d. d. Verf.) (BVerwG Urt. v. 25.4.1972 – I C 3.70 Rn. 25 (= BeckRS 1972, 312756095)). Auch das grundsätzliche Sinken der Mitgliederzahlen rechtfertigt allein keine Auflösung der Innung (Schwannecke/Brandt Rn. 5). Kann die Innung aufgrund der gesunkenen Mitgliederzahl aber die Innungsorgane nicht mehr ordnungsgemäß besetzen und dadurch ihre Aufgaben nicht mehr ordnungsgemäß erfüllen, ist sie nicht mehr leistungsfähig (VG Aachen GewArch 1989, 208; Schwannecke/Brandt Rn. 5).

III. Anhörung des Landesinnungsverbandes

10   Vor Erlass der Auflösungsanordnung, muss die Handwerkskammer den bezirklich und fachlich zuständigen **Landesinnungsverband** dazu anhören, § 76 (Honig/Knörr Rn. 9; Detterbeck Rn. 5; Schwannecke/Brandt Rn. 6). Sind mehrere Landesinnungsverbände zuständig, sind alle anzuhören (Schwannecke/Brandt Rn. 6; Honig/Knörr Rn. 9). Gibt es keinen zuständigen Landesinnungsverband, kann auch keiner angehört werden (Honig/Knörr Rn. 9; Schwannecke/Brandt Rn. 6). Dem Landesinnungsverband im Zusammenhang mit der beabsichtigten Auflösung ist die Möglichkeit zur **Stellungnahme** zu geben (Detter-

beck Rn. 5). Die endgültige Entscheidung tritt jedoch die Handwerkskammer, so dass es ihr überlassen ist inwieweit sie sich der Stellungnahme des Landesinnungsverbandes anschließt (Detterbeck Rn. 5). Eine Anhörungsverfahren ist unabhängig davon durchzuführen, ob die Innung Mitglied im Landesinnungsverband ist (Detterbeck Rn. 5; Honig/Knörr Rn. 9; Schwannecke/Brandt Rn. 6), da das Gesetz eine solche Einschränkung seinem Wortlaut nach nicht vornimmt. Wurde ein Anhörungsverfahren nicht durchgeführt, obwohl ein zuständiger Landesinnungsverband existiert, ist die Auflösungsverfügung der Handwerkskammer formell rechtswidrig (Detterbeck Rn. 5; vgl. Schwannecke/Brandt Rn. 6, der von „fehlerhaft" spricht).

IV. Rechtsfolge der Auflösung und Rechtsschutz

Die Anordnung der Auflösung der Innung durch die Handwerkskammer ist ein **Verwaltungsakt** (Dürr GewArch 2009, 107 (109); Kormann GewArch 1989, 105 (113); Schwannecke/Brandt Rn. 6) gegen den die Innung gerichtlich im Wege der Anfechtungsklage und ggf. im einstweiligen Rechtsschutzverfahren vorgehen kann (Detterbeck Rn. 5). IRd Rechtsstreits wird die Innung, trotz verfügter Auflösung, noch als beteiligtenfähig betrachtet (Detterbeck Rn. 4; vgl. Kopp/Schenke VwGO § 61 Rn. 3). Erst infolge der wirksamen Auflösung der Innung, durch Bestandskraft des Verwaltungsaktes, verliert die Innung ihre **Rechtsfähigkeit** (Dürr GewArch 2009, 107 (109); Schwannecke/Brandt Rn. 6) und das Innungsvermögen ist in entsprechender Anwendung der §§ 47–53 BGB zu **liquidieren**, § 78 Abs. 1 (Kormann GewArch 1989, 105 (113); Honig/Knörr Rn. 12; Detterbeck Rn. 6). 11

§ 77 [Insolvenz- und Vergleichsverfahren]

(1) Die Eröffnung des Insolvenzverfahrens über das Vermögen der Handwerksinnung hat die Auflösung kraft Gesetzes zur Folge.

(2) ¹Der Vorstand hat im Falle der Zahlungsunfähigkeit oder der Überschuldung die Eröffnung des Insolvenzverfahrens oder des gerichtlichen Vergleichsverfahrens zu beantragen. ²Wird die Stellung des Antrags verzögert, so sind die Vorstandsmitglieder, denen ein Verschulden zur Last fällt, den Gläubigern für den daraus entstehenden Schaden verantwortlich; sie haften als Gesamtschuldner.

Literatur: Braun, Eberhard, Insolvenzordnung, 3. Aufl. 2007; Dürr Wolfram, Zum Recht der Innungen und Kreishandwerkerschaften, GewArch 2009, 107 ff.; Dürr Wolfram, Keine staatliche Ergänzungsfinanzierung von Innungen, GewArch 2012, 300 ff.; Engelsing, Zahlungsunfähigkeit von Kommunen und anderen juristischen Personen des öffentlichen Rechts, 1999; Gundlach Ulf, Die Insolvenzfähigkeit juristischer Personen und Vermögen des öffentlichen Rechts, DÖV 1999, 815 ff.; Gundlach Ulf, Frenzel Volkhard, Schmidt Nikolaus, Die Haftung des Landes gemäß § 12 II InsO, NVwZ 2001, 778 ff.; Münchener Kommentar zur Insolvenzordnung, 3. Auflage 2013; Rieger Frank, Die Insolvenzfähigkeit von Kammern und die Konsequenzen, GewArch 2011, 279 ff.; Rieger Frank, Kammern in der Insolvenz, Schriften zum Kammer- und Berufsrecht, 2010.

Überblick

Die Innungen sind aufgrund der gesetzlichen Regelung des § 77 Abs. 1 **insolvenzfähig**, soweit eine Insolvenzunfähigkeit der Innung als Körperschaft des Öffentlichen Rechts nicht durch Landesrecht ausdr. gesetzlich angeordnet ist (→ Rn. 1 ff.). Dies ist abhängig von der jeweiligen Ausgestaltung der Regelungen in den Gesetzen der einzelnen Bundesländer. Die Gründe für die Eröffnung eines Insolvenzverfahrens über das Vermögen der Innung sind das Bestehen einer **Zahlungsunfähigkeit** der Innung und ihrer **Überschuldung**, § 77 Abs. 2 S. 1 (→ Rn. 11). Nach der Regelung des § 77 Abs. 1 führt die Eröffnung des Insolvenzverfahrens über das Vermögen der Innung **kraft Gesetzes zur Auflösung der Innung** (→ Rn. 7). Der Vorstand **haftet** im Falle der Verzögerung der Antragstellung, § 77 Abs. 2 S. 2 (→ Rn. 9 f.).

Die Regelung des § 77 ist aufgrund der Verweisungsnorm des § 89 Abs. 1 Nr. 5 entsprechend anwendbar auf die Kreishandwerkerschaften.

A. Die Insolvenzfähigkeit der Innungen (Abs. 1)

1   Nach der Regelung des § 77 Abs. 1 hat die „Eröffnung des Insolvenzverfahrens über das Vermögen der Handwerksinnung (…) die Auflösung kraft Gesetz zur Folge". Aufgrund dieser Regelung sind Innungen als Körperschaften des Öffentlichen Rechts grds. insolvenzfähig.

2   Die grundsätzliche **Insolvenzfähigkeit** von juristischen Personen des öffentlichen Rechts ergibt sich auch aus der allgemeinen Regelung des § 11 Abs. 1 S. 1 InsO, wonach „ein Insolvenzverfahren über das Vermögen jeder natürlichen und jeder juristischen Person eröffnet werden" kann (MüKoInsO/Ott/Vuia InsO § 12 Rn. 8; Rieger GewArch 2011, 279 (285); vgl. ausf. zu den Kammern bei Rieger, Kammern in der Insolvenz, 2010, S. 216 ff.). Eine **Ausnahme** von diesem Grundsatz ergibt sich jedoch aus der Regelung des § 12 InsO, die den § 11 InsO einschränkt (Grundlach DÖV 1999, 815 (816); Dürr GewArch 2011, 279 (285); Gundlach/Frenzel/Schmidt NVwZ 2001, 778 (778); MüKoInsO/Ott/Vuia InsO § 12 Rn. 8). Nach § 12 Abs. 1 Nr. 1 InsO sind der Bund und die Länder, sowie nach § 12 Abs. 1 Nr. 2 InsO „juristische Personen des Öffentlichen Rechts, die der Aufsicht des Landes unterstehen, wenn das Landesrecht dies bestimmt", nicht insolvenzfähig. Durch die Insolvenzunfähigkeit soll die Funktionsfähigkeit der öffentlichen Verwaltung aufrechterhalten werden (BT-Drs. 12/2443, 113; Gundlach/Frenzel/Schmidt NVwZ 2001, 778 (778)).

3   Inwieweit die **Insolvenzfähigkeit der Innung** infolge entsprechender **landesrechtlicher Bestimmungen** auf Grundlage des § 12 Abs. 1 Nr. 2 InsO ausgeschlossen werden kann, wird uneinheitlich beantwortet (vgl. zur höchstrichterlichen Rspr. im Zusammenhang mit der Insolvenzfähigkeit von Kammern bei Rieger, Kammern in der Insolvenz, 2010, S. 226 ff., der insoweit BVerfGE 65, 359; 89, 132 und BVerwGE 64, 248 thematisiert).

4   Die eA geht davon aus, dass dies nicht möglich sei, da nach Art. 31 GG das Bundesrecht Vorrang gegenüber dem Landesrecht habe und Innungen nach der bundesrechtlichen Regelung des § 77 ausdr. für insolvenzfähig erklärt werden, so dass eine Ausfallhaftung durch das Landesrecht nach § 12 Abs. 1 Nr. 2 InsO für die Innungen nicht angeordnet werden könne (MüKoInsO/Ott/Vuia InsO § 12 Rn. 12; Dürr GewArch 2009, 107 (107) wonach im Zusammenhang mit dem Verhältnis zwischen § 77 und § 12 InsO der Grundsatz zu berücksichtigen sei, dass „die HwO als Bundesrecht regelmäßig Vorrang vor den landesrechtlichen Vollstreckungsgesetzen und die Handwerksordnung grds. als lex specialis gegenüber diesen Landesgesetzen anzusehen ist"; vgl. Dürr GewArch 2012, 300 ff.).

5   Andererseits kann davon ausgegangen werden, dass sich für Innungen als Körperschaft des Öffentlichen Rechts eine Insolvenzunfähigkeit ergeben könne, wenn landesrechtliche Normen auf Grundlage des § 12 Abs. 1 Nr. 2 InsO dies festlegen (vgl. Auflistung der landesrechtlichen Normen bei Dürr GewArch 2009, 107 Fn. 53 und MüKoInsO/Ott/Vuia InsO § 12 Rn. 12 Fn. 33 wonach die Länder Thüringen, Sachsen-Anhalt und Rheinland-Pfalz die Insolvenzfähigkeit von Innungen und Kreishandwerkerschaften ausdr. geregelt haben mit Hinweis auf Dürr GewArch 2009, 107 Fn. 61 und 62). Infolge landesrechtlicher Regelungen kann es zum Ausschluss der Insolvenzfähigkeit der Innung kommen und damit zum Ausschluss der Anwendbarkeit der Normen der InsO. Die entsprechenden landesrechtlichen Regelungen basieren auf der Ermächtigungsgrundlage des § 12 Abs. 1 Nr. 2 InsO, so dass sich mit § 77 Abs. 1 und § 12 Abs. 1 Nr. 2 InsO zwei gleichrangigen bundesrechtlichen Normen gegenüber stehen.

6   **Folge der Insolvenzunfähigkeit** der Innung ist, dass sie den Umlagepflichten in Form des Insolvenzgeldes für ihre Arbeitnehmer nach § 358 Abs. 1 S. 2 SGB III (→ Rn. 6.1) und den Beitragspflichten zur Insolvenzsicherung der Betriebsrenten ihre Arbeitnehmer nach § 17 Abs. 2 Betriebsrentengesetzes (BetrAVG) nicht unterliegen (Grundlach DÖV 1999, 815 (816); Gundlach/Frenzel/Schmidt NVwZ 2001, 778 (778); BT-Drs. 12/2443, 113).

6.1   Der Wortlaut des § 358 Abs. 1 SGB III regelt: „Die Mittel für die Zahlung des Insolvenzgeldes werden durch eine monatliche Umlage von den Arbeitgebern aufgebracht. Der Bund, die Länder, die Gemeinden sowie Körperschaften, Stiftungen und Anstalten des öffentlichen Rechts, über deren Vermögen ein Insolvenzverfahren nicht zulässig ist, und solche juristischen Personen des öffentlichen Rechts, bei denen der Bund, ein Land oder eine Gemeinde kraft Gesetzes die Zahlungsfähigkeit sichert, und private Haushalte werden nicht in die Umlage einbezogen."

B. Auflösung der Innung kraft Gesetz

Wird die Insolvenzunfähigkeit der Innung nicht infolge entsprechender landesrechtlicher Regelung angeordnet, bleibt es beim Grundsatz des § 77 Abs. 1, der von der Insolvenzfähigkeit der Innung ausgeht. Nach der Regelung des § 77 Abs. 1 führt die Eröffnung des Insolvenzverfahrens über das Vermögen der Innung **kraft Gesetzes zur Auflösung der Innung**. Im Gegensatz zu den Auflösungsgründen, die sich aus § 76 ergeben, bedarf es im Falle der Insolvenz aufgrund Überschuldung oder Zahlungsunfähigkeit keiner Entscheidung der Handwerkskammer als Aufsichtsbehörde über die Auflösung der Innung (Honig/Knörr Rn. 1). Vielmehr tritt die Auflösung kraft Gesetz, mit Beschluss des Amtsgerichts ein, ohne dass es eines weiteren Handelns der Handwerkskammer bedarf (Honig/Knörr Rn. 1; Detterbeck Rn. 2; Schwannecke/Brandt Rn. 2). 7

Der Ablauf des Insolvenzverfahrens über das Vermögen der Innung als Körperschaft des Öffentlichen Rechts, erfolgt mangels spezieller Regelungen in der HwO nach den Regelungen der Insolvenzordnung (vgl. Engelsing, Zahlungsunfähigkeit von Kommunen und anderen juristischen Personen des öffentlichen Rechts, 1999, 125 ff.; Rieger, Kammern in der Insolvenz, 2010, S. 235). Voraussetzung für die Eröffnung des Insolvenzverfahrens ist neben dem Vorliegen eines Eröffnungsgrundes (→ Rn. 11) auch die Stellung eines Antrags auf Eröffnung des Verfahrens (→ Rn. 9 f.). 8

I. Antragstellung

Die **Antragstellung** auf Eröffnung des Insolvenzverfahrens erfolgt durch den **Vorstand** der Innung (§ 77 Abs. 2 S. 1). Keine Aussage enthält die Regelung des § 77 Abs. 2 S. 1 darüber, ob nur der Vorstand als Ganzes oder auch einzelne Vorstandsmitglieder antragsbefugt sind. Mit Blick auf die Haftungsregelung des § 77 Abs. 2 S. 2 InsO erscheint es sachgerecht jedem einzelnen Vorstandsmitglied ein Antragsrecht zuzubilligen, um ggf. eine eigene Haftung, unabhängig vom Verhalten des übrigen Vorstandsmitglieder, ausschließen zu können (vgl. zudem § 15 InsO; vgl. Detterbeck Rn. 4). 9

Wird die Stellung des Antrags **verzögert** kommt eine Haftung der verantwortlichen Vorstandsmitglieder in Betracht (Schwannecke/Brandt Rn. 5). Die Vorstandsmitglieder, denen ein Verschulden zur Last fällt, sind den Gläubigern für den daraus entstehenden Schaden verantwortlich, § 77 Abs. 2 S. 2 Hs. 1. Fällt mehreren Vorstandmitgliedern ein Verschulden zur Last, haften sie als **Gesamtschuldner**, § 77 Abs. 2 S. 2 Hs. 2. 10

II. Eröffnungsgründe für das Insolvenzverfahren

§ 77 Abs. 2 S. 1 nennt als Gründe für die Eröffnung des Insolvenzverfahrens die Zahlungsunfähigkeit der Innung (→ Rn. 12) oder die Überschuldung der Innung (→ Rn. 13) (Schwannecke/Brandt Rn. 3). Dabei handelt es sich um alternative Eröffnungsgründe („oder"), so dass bereits das Vorliegen eines Grundes ausreichend ist. Die HwO regelt nicht, wann die Innung zahlungsunfähig ist oder eine Überschuldung vorliegt. 11

Die Definition der **Zahlungsunfähigkeit** ergibt sich aus § 17 Abs. 2 InsO: „Der Schuldner ist zahlungsunfähig, wenn er nicht in der Lage ist, die fälligen Zahlungspflichten zu erfüllen. Zahlungsunfähigkeit ist in der Regel anzunehmen, wenn der Schuldner seine Zahlungen eingestellt hat." 12

Eine **Überschuldung** liegt nach § 19 Abs. 2 S. 1 InsO vor „wenn das Vermögen des Schuldners die bestehenden Verbindlichkeiten nicht mehr deckt, es sei denn, die Fortführung des Unternehmens ist nach den Umständen überwiegend wahrscheinlich." Eine Überschuldung der Innung liegt folglich vor, wenn das Vermögen der Innung die bestehenden Verbindlichkeiten nicht mehr deckt (Schwannecke/Brandt Rn. 3). 13

Alternativ zur Eröffnung des Insolvenzverfahrens nennt § 77 Abs. 2 S. 1 immer noch die Antragstellung auf **Eröffnung des gerichtlichen Vergleichsverfahrens**. Die Insolvenzordnung (InsO) trat am 1.1.1999 in Kraft und löste das bis dahin geltende Insolvenzrecht, die Konkursordnung (KO), die Vergleichsordnung (VglO) und die Gesamtvollstreckungsordnung (GesO) ab (Braun/Kießner, InsO, 3. Auf. 2007, Einf. Rn. 1). Das gerichtliche Vergleichsverfahren nach der Vergleichsordnung wurde in die InsO nicht aufgenommen, so dass der Gesetzgeber übersehen hat dies zu ändern (ausführlich bei Schwannecke/Brandt Rn. 1). 14

§ 78 [Liquidation; Vermögensauseinandersetzung]

(1) Wird die Handwerksinnung durch Beschluß der Innungsversammlung oder durch die Handwerkskammer aufgelöst, so wird das Innungsvermögen in entsprechender Anwendung der §§ 47 bis 53 des Bürgerlichen Gesetzbuchs liquidiert.

(2) ¹Wird eine Innung geteilt oder wird der Innungsbezirk neu abgegrenzt, so findet eine Vermögensauseinandersetzung statt, die der Genehmigung der für den Sitz der Innung zuständigen Handwerkskammer bedarf; kommt eine Einigung über die Vermögensauseinandersetzung nicht zustande, so entscheidet die für den Innungsbezirk zuständige Handwerkskammer. ²Erstreckt sich der Innungsbezirk auf mehrere Handwerkskammerbezirke, so kann die Genehmigung oder Entscheidung nur im Einvernehmen mit den beteiligten Handwerkskammern ergehen.

Literatur: Bamberger Heinz Georg/Roth Herbert, Kommentar zum Bürgerlichen Gesetzbuch, 3. Aufl. 2012; Dürr Wolfram, Zum Recht der Innungen und Kreishandwerkerschaften, GewArch 2009, 54 ff.; Kormann Joachim, Rechtsanspruch der Innung auf Genehmigung oder Ermessensentscheidung der Handwerkskammer?, GewArch 1996, 41 ff; Schmidt Patrick, Zulässigkeit und Gestaltung einer Fusion von Handwerksinnungen, GewArch 2006, 451 ff.

Überblick

§ 78 Abs. 1 regelt die **Liquidation** des Innungsvermögens im Falle der **Auflösung** der Innung (→ Rn. 3). In entsprechender Anwendung der §§ 47–53 BGB erfolgt die Durchführung der Liquidation, die der Vermögensabwicklung dient. **Liquidatoren** können die Vorstandsmitglieder der Innung sein oder andere Personen, die von der Innungsversammlung zu bestellen sind (→ Rn. 5). Den Liquidatoren obliegt die **Geschäftsführung der Innung** zum Zwecke der Abwicklung (→ Rn. 6, → Rn. 7). Erst mit der Beendigung der Liquidation verliert die Innung ihre **Rechtsfähigkeit** (→ Rn. 9). Die Auflösung der Innung und ihre Liquidation muss **öffentlich bekanntgemacht** werden (→ Rn. 10). § 78 Abs. 2 regelt die **Vermögensauseinandersetzung** der Innung im Falle der Teilung der Innung oder der Neuabgrenzung des Innungsbezirks (→ Rn. 12 ff.)

A. Historie

1 Bereits die HwO aus dem Jahre 1953 enthielt zur **Liquidation** in § 72 (1953) eine wortgleiche Regelung zum heutigen § 72 Abs. 1 (BGBl. 1953 I 1411 (1421)). Infolge redaktioneller Änderung befindet sich die Regelung zur Liquidation seit der Novellierung der HwO aus dem Jahre 1965 nunmehr in § 78 Abs. 1 (BGBl. 1966 I 1 (15)).

2 Die heutige Regelung zur **Vermögensauseinandersetzung** nach § 72 Abs. 2 wurde im Zuge der Reform der HwO von 1965 neu eingeführt, die bereits damals den gleichen Wortlaut hatte (BGBl. 1966 I 1 (15); BT-Drs IV/3461, 12 zu Nr. 56).

B. Liquidation (Abs. 1)

3 Nach der Regelung des § 78 Abs. 1 ist das Innungsvermögen im Falle der Auflösung der Innung zu liquidieren. Eine **Auflösung** der Innung kann auf Initiative der Innung infolge **Beschlusses der Innungsversammlung** nach § 61 Abs. 2 Nr. 8, Abs. 3, unter Beachtung der Erfordernisse des § 62 Abs. 1, Abs. 2 S. 3, 4 in Betracht kommen oder infolge der **Auflösung durch die Handwerkskammer** nach § 76 (Detterbeck Rn. 1; Honig/Knörr Rn. 1; Schwannecke/Brandt Rn 1).

4 Die Liquidation ist die Phase in der sich die Innung nach dem Auflösungsbeschluss befindet und stellt die **Abwicklung der Geschäfte** der Innung dar. Die Liquidation richtet sich nach den §§ 47–53 BGB, die aufgrund der gesetzgeberischen Verweisung in § 78 Abs. 1 entsprechend anzuwenden sind. Die Bestimmungen der §§ 47–53 BGB regeln in ihrer direkten Anwendung die Liquidation des Vereins.

I. Liquidatoren (Abs. 1 iVm § 48 BGB)

5 Nach entspr. Anwendung des § 48 Abs. 1 S. 1 BGB erfolgt die Liquidation durch den **Vorstand** der Innung, dessen Mitglieder „geborene Liquidatoren" sind (vgl. Bamberger/

Roth/Schöpflin, BGB, 3. Aufl. 2012, BGB § 48 Rn. 2; vgl. Detterbeck Rn. 2; Honig/Knörr Rn. 2). Auch **andere Personen** können **Liquidatoren** sein, sofern sie bestellt wurden, § 48 Abs. 1 S. 2 Hs. 1 BGB (sog. „gekorene Liquidatoren"; vgl. Bamberger/Roth/Schöpflin, BGB, 3. Aufl. 2012, BGB § 48 Rn. 2). Nach § 48 Abs. 1 S. 2 Hs. 2 BGB sind für die Bestellung der Liquidatoren die für die Bestellung des Vorstands geltenden Vorschriften maßgeblich. In entsprechender Anwendung dieses Grundsatzes auf die Innung werden die Liquidatoren durch die **Innungsversammlung** bestellt (Schwannecke/Brandt Rn. 2; Honig/Knörr Rn. 2). Nach § 61 Abs. 2 Nr. 4, § 66 Abs. 1 S. 1 wird der Vorstand der Innung von der Innungsversammlung gewählt, so dass dieses Organ der Innung auch für die Bestellung der Liquidatoren zuständig sein muss.

Den Liquidatoren obliegt die **Geschäftsführung,** beschränkt durch den Liquidations- 6 zweck (Abwicklungszweck; → Rn. 7), und die **Vertretung** der Innung (vgl. Bamberger/ Roth/Schöpflin, BGB, 3. Aufl. 2012, BGB § 48 Rn. 3). Sind **mehrere Liquidatoren** vorhanden, so sind diese nach der entsprechenden Regelung des § 48 Abs. 3 BGB nur gemeinschaftlich zur Vertretung befugt und können Beschlüsse nur einstimmig fassen, sofern nichts anderes bestimmt ist. Nach entspr. Anwendung des § 53 BGB kommt eine **Haftung** der Liquidatoren auf Schadensersatz ggü. der Innung, bei Verstoß gegen die Pflichten zur ordnungsgemäßen Liquidation, und gegenüber den Innungsgläubigern in Betracht (vgl. Bamberger/Roth/Schöpflin, BGB, 3. Aufl. 2012, BGB § 53 Rn. 1 ff.).

II. Aufgaben der Liquidatoren (Abs. 1 iVm § 49 BGB)

Die **Aufgaben der Liquidatoren** ergibt sich aus der entsprechenden Anwendung des 7 § 49 BGB. Den Liquidatoren obliegen die **Führung der Geschäfte** der Innung (Detterbeck Rn. 2). Nach dem Wortlaut des § 49 Abs. 1 BGB haben „die Liquidatoren die laufenden Geschäfte zu beenden, die Forderungen einzuziehen, das übrige Vermögen in Geld umzusetzen, die Gläubiger zu befriedigen und den Überschuss den Anfallberechtigten auszuantworten." Die Liquidatoren der Innung haben das verbleibende Vermögen der Innung festzustellen (Schwannecke/Brandt Rn. 2; Honig/Knörr Rn. 2). Zu der Aufgabe der **Einziehung von Forderungen** gehört auch die Einziehung rückständiger Mitgliedsbeiträge (Detterbeck Rn. 2; vgl. Bamberger/Roth/Schöpflin, BGB, 3. Aufl. 2012, BGB § 49 Rn. 8). Die **Befriedigung der Innungsgläubiger** soll erfolgen, indem die Verbindlichkeiten der Innung beglichen werden. Entsprechend der Regelung des § 49 Abs. 1 S. 2 BGB können zur Beendigung schwebender Geschäfte auch neue Geschäfte eingegangen werden. Entsprechend § 49 Abs. 1 S. 3 BGB „darf die Einziehung der Forderungen und die Umsetzung des übrigen Vermögens in Geld unterbleiben, soweit diese Maßregeln nicht zur Befriedigung der Gläubiger oder zur Verteilung des Überschusses unter die Anfallberechtigten erforderlich sind".

Sollte nach der Befriedigung der Innungsgläubiger noch Innungsvermögen vorhanden 8 sein, ist dieses den **Anfallberechtigten auszuzahlen**, wenn das Sperrjahr nach § 51 BGB abgelaufen ist (vgl. Bamberger/Roth/Schöpflin, BGB, 3. Aufl. 2012, BGB § 49 Rn. 10). Die Anfallberechtigten ergeben sich aus der Satzung der Innung. Nach § 55 Abs. 2 Nr. 11 muss die Satzung Bestimmungen enthalten über die Verwendung des bei der Auflösung der Innung verbleibenden Vermögens.

Entsprechend der Regelung des § 49 Abs. 2 BGB gilt die Innung bis zur Beendigung der 9 Liquidation als fortbestehend, soweit der Zweck der Liquidation dies erfordert. Die **Innung erlischt** erst mit der rechtswirksamen Beendigung der Abwicklung, so dass sie bis dahin **rechtfähig** ist (Detterbeck Rn. 1; vgl. Bamberger/Roth/Schöpflin, BGB, 3. Aufl. 2012, BGB § 49 Rn. 13).

III. Öffentliche Bekanntmachung der Innung in Liquidation (Abs. 1 iVm § 50 BGB)

In entsprechender Anwendung des § 50 BGB bedarf es zum Schutze der Gläubiger der 10 Innung der **öffentlichen Bekanntmachung** der Auflösung der Innung und ihrer Liquidation (Detterbeck Rn. 2). Die Gläubiger sollen iRd öffentlichen Bekanntmachung aufgefordert werden ihre Ansprüche, die sie gegen die Innung haben, geltend zu machen (Detterbeck Rn. 2). Die Bekanntmachung erfolgt in dem **Publizitätsorgan der Innung** (§ 50 Abs. 1 S. 3 BGB analog). Welches dies ist, ergibt sich aus der Innungssatzung. Zwei Tage nach der

Bekanntgabe beginnt das **Sperrjahr** (§ 51 BGB), wobei der Tag der Veröffentlichung nicht mitgerechnet wird, § 50 Abs. 1 S. 4 BGB iVm §§ 187 Abs. 1, 188 Abs. 2 BGB (vgl. Bamberger/Roth/Schöpflin, BGB, 3. Aufl. 2012, BGB § 50 Rn. 3). Erst nach Ablauf des Sperrjahres darf noch ggf. bestehendes Vermögen an die Anfallberechtigten ausgekehrt werden, § 51 BGB (Detterbeck Rn. 2; vgl. Bamberger/Roth/Schöpflin, BGB, 3. Aufl. 2012, BGB § 51 Rn. 1 ff.).

11 Die den Liquidatoren **bekannten Gläubiger** sind zudem durch besondere Mitteilung zur Anmeldung ihrer Forderungen aufzufordern, § 50 Abs. 2 BGB (Detterbeck Rn. 2; vgl. Bamberger/Roth/Schöpflin, BGB, 3. Aufl. 2012, BGB § 50 Rn. 4). Meldet sich der bekannte Innungsgläubiger nicht, ist der geschuldete Betrag zu hinterlegen, wenn die Berechtigung zur Hinterlegung vorhanden ist, § 52 Abs. 1 BGB (vgl. Bamberger/Roth/Schöpflin, BGB, 3. Aufl. 2012, BGB § 52 Rn. 2). Hinterlegungsfähig ist grds. Geld (vgl. Bamberger/Roth/Schöpflin, BGB, 3. Aufl. 2012, BGB § 52 Rn. 2).

11.1 § 75 der Mustersatzung für Innungen Baden Württemberg regelt zur **Liquidation**:
„(1) Wird die Innung durch Beschluss der Innungsversammlung oder durch die Handwerkskammer aufgelöst, so wird das Innungsvermögen in entsprechender Anwendung der §§ 47 bis 53 des Bürgerlichen Gesetzbuches liquidiert.
(2) Die Auflösung der Innung ist durch die Liquidatoren im Veröffentlichungsorgan der Handwerkskammer bekanntzugeben.
(3) (…)
(4) Im Falle der Auflösung der Innung sind die Innungsmitglieder verpflichtet, die Beiträge für das laufende Vierteljahr unbeschadet etwaiger rückständiger Beiträge an die Liquidatoren zu zahlen.
(5) Das Innungsvermögen ist zunächst zur Erfüllung der Verbindlichkeiten zu verwenden. Das verbleibende Vermögen haben die Liquidatoren mit Genehmigung der Handwerkskammer zur Verwendung für handwerksfördernde Zwecke zugunsten der Handwerke, für welche die Innung errichtet worden war, zu verwenden."

C. Vermögensauseinandersetzung (Abs. 2)

12 § 78 Abs. 2 regelt die **Vermögensauseinandersetzung** der Innung im Falle der **Teilung der Innung** oder der **Neuabgrenzung** des Innungsbezirks. Eine Neuabgrenzung des Innungsbezirks erfolgt, wenn sich der Innungsbezirk ändert, etwa im Falle einer Verschiebung durch Verkleinerung oder Vergrößerung des Bezirks, so dass auch eine Zusammenlegung oder **Fusion von Innungen** zu einer Vermögensauseinandersetzung führt (Honig/Knörr Rn. 4; Schwannecke/Brandt Rn. 3; vgl. zur Fusion Schmidt GewArch 2006, 451; Dürr GewArch 2009, 54 (56 f.)). Die Vermögensauseinandersetzung der beteiligten Innungen ist erforderlich, da die Verschiebung des Innungsbezirks Auswirkung auf die Mitgliedschaft hat und die Mitglieder durch ihre Beiträge zum Innungsvermögen beigetragen haben (Detterbeck Rn. 3). Infolge der Veränderung des Innungsbezirks können einzelne Mitglieder in den örtlichen Wirkungskreis einer anderen Innung fallen (Detterbeck Rn. 3).

13 Primär sollen die betroffenen Innungen sich über die vorzunehmende Vermögensauseinandersetzung einigen, § 78 Abs. 2 S. 1 Hs. 1 (Kormann GewArch 1996, 41 (48)). Diese **Einigung** bedarf der **Genehmigung** der zuständigen Handwerkskammer (vgl. zur Genehmigung Kormann GewArch 1996, 41 (48)). Erstreckt sich der Innungsbezirk auf mehrere Handwerkskammerbezirke, so kann nach § 78 Abs. 2 S. 2 die Genehmigung nur im **Einvernehmen** mit den beteiligten Handwerkskammern ergehen. Kommt eine Einigung zwischen den betroffenen Innungen nicht zustande, so entscheidet die zuständige Handwerkskammer über die Vermögensauseinandersetzung der Innungen nach pflichtgemäßem Ermessen über einen statthaften Ausgleich, § 78 Abs. 2 S. 1 Hs. 2 (Honig/Knörr Rn 3; Detterbeck Rn. 3; Schwannecke/Brandt Rn. 3). Auch hier bedarf es einer Entscheidung die im Einvernehmen aller beteiligten Handwerkskammern ergeht, § 78 Abs. 2 S. 2. Die Entscheidung der Handwerkskammer ist eine **Verwaltungsakt**, gegen den gerichtlich vorgegangen werden kann (Honig/Knörr Rn. 3; Detterbeck Rn. 5).

14 Die Vermögensauseinandersetzung berührt die **Rechtsfähigkeit** der Innung nicht, da es nicht zu einer Auflösung der Innung mit anschließender Liquidation der Innung iSd § 78 Abs. 1 kommt, sondern die Innung mit anderem örtlichen Wirkungsbereich fortbestehen soll (Honig/Knörr Rn. 3; Schwannecke/Brandt Rn. 3; Detterbeck Rn. 4 mit dem Hinweis,

dass eine Liquidation des Vermögens erfolgt, wenn eine der betroffenen Innungen aufgelöst wird).

§ 75 der Mustersatzung für Innungen Baden Württemberg regelt zur **Vermögensauseinandersetzung**: **14.1**
  „(3) Wird eine Innung geteilt oder wird der Innungsbezirk neu abgegrenzt, so findet eine Vermögensauseinandersetzung statt, die der Genehmigung der für den Sitz der Innung zuständigen Handwerkskammer bedarf. Kommt eine Einigung über die Vermögensauseinandersetzung nicht zustande, so entscheidet die für den Innungsbezirk zuständige Handwerkskammer. Erstreckt sich der Innungsbezirk auf mehrere Handwerkskammerbezirke, so kann die Genehmigung oder Entscheidung nur im Einvernehmen mit den beteiligten Handwerkskammern ergehen."

Zweiter Abschnitt: Innungsverbände

§ 79 [Landesinnungsverband]

(1) ¹Der Landesinnungsverband ist der Zusammenschluß von Handwerksinnungen des gleichen Handwerks oder sich fachlich oder wirtschaftlich nahestehender Handwerke im Bezirk eines Landes. ²Für mehrere Bundesländer kann ein gemeinsamer Landesinnungsverband gebildet werden.

(2) ¹Innerhalb eines Landes kann in der Regel nur ein Landesinnungsverband für dasselbe Handwerk oder für sich fachlich oder wirtschaftlich nahestehende Handwerke gebildet werden. ²Ausnahmen können von der obersten Landesbehörde zugelassen werden.

(3) Durch die Satzung kann bestimmt werden, daß selbständige Handwerker dem Landesinnungsverband ihres Handwerks als Einzelmitglieder beitreten können.

Literatur: Leisner Walter Georg, Die Gründung einer eigenständigen Innung durch eine Fachgruppe nach vorheriger Ausgliederung aus einer Sammelinnung, LFI-Schriftenreihe 2012; Leisner Walter Georg, Die körperschaftliche Rechtsform bei Innungen, Kreishandwerkerschaften und Landesinnungsverbänden: Öffentlich-rechtlicher oder privatrechtlicher Status?, LFI- Schriftenreihe 2010/11; Will Martin, Selbstverwaltung der Wirtschaft, 2010

Überblick

Ein Landesinnungsverband ist ein **privatrechtlicher Spitzenverband der Innungen** eines Handwerks auf Landesebene (→ Rn. 1 ff.). Die Innungen des gleichen Handwerks oder sich fachlich oder wirtschaftlich nahestehender Handwerke können sich innerhalb eines Bundeslandes zu einem Landesinnungsverband zusammenschließen (→ Rn. 13). Die Mitgliedschaft ist **freiwillig** (→ Rn. 15). Möglich ist auch eine **Einzelmitgliedschaft** von selbständigen Handwerkern, § 79 Abs. 3 (→ Rn. 21). Im Regelfall erstreckt sich der Wirkungskreis des Landesinnungsverbandes auf das Gebiet eines **Bundeslandes**, § 79 Abs. 1 (→ Rn. 18). Innerhalb eines Landes kann idR nur ein Landesinnungsverband für dasselbe Handwerk oder für sich fachlich oder wirtschaftlich nahestehender Handwerke gebildet werden, § 79 Abs. 2 (→ Rn. 19).

Übersicht

	Rn.		Rn.
A. Landesinnungsverband – Überblick	1	I. Freiwillige Mitgliedschaft der Innungen (§ 79 Abs. 1 S. 1)	13
B. Historische Entwicklung des Wesens der Landesinnungsverbände	8	II. Gebiet des Verbandes (§ 79 Abs. 1)	18
		III. „Ausschließlichkeitsanspruch" (§ 79 Abs. 2)	19
C. Zusammenschluss von Innungen	13	IV. Mitgliedschaft von Einzelmitgliedern (§ 79 Abs. 3)	21

A. Landesinnungsverband – Überblick

1   Der Landesinnungsverband ist nach der Definition des § 79 Abs. 1 S. 1 ein freiwilliger „Zusammenschluß von Handwerksinnungen des gleichen Handwerks oder sich fachlich oder wirtschaftlich nahestehender Handwerke im Bezirk eines Landes". Er ist Teil der staatlich geregelten Organisation des Handwerks auf **Landesebene** (BVerfG NJW 1985, 1385 (1387); vgl. BVerfG NJW 1966, 2305 (2305); Leisner, W.G., Die Gründung einer eigenständigen Innung durch eine Fachgruppe nach vorheriger Ausgliederung aus einer Sammelinnung, LFI 2012, 20). Als Dachverband ist der Landesinnungsverband eine **juristische Person des Privatrechts** (§ 80 S. 1 Hs. 1; → § 80 Rn. 2). Die **Rechtsfähigkeit** erlangt der Landesinnungsverband infolge der Genehmigung der Satzung durch die oberste Landesbehörde, § 80 S. 1 Hs. 2 (→ § 80 Rn. 4). Die **Satzung** des Landesinnungsverbandes muss den Bestimmungen des § 55 Abs. 2 entsprechen (§ 80 S. 4) (→ § 80 Rn. 10), konkretisiert durch § 83 Abs. 1 Nr. 1 (→ § 83 Rn. 2).

2   **Mitglieder** des Landesinnungsverbandes können alle **Innungen** sein, die ihren Sitz im Bezirk des Verbandes haben und die die Interessen des gleichen Handwerks vertreten, die auch der Landesinnungsverband vertritt. Der Landesinnungsverband als juristische Person des Privatrechts setzt sich damit aus Innungen, die ihrerseits Körperschaften des Öffentlichen Rechts sind, zusammen (BVerfG NJW 1985, 1385 (1387) das im Zusammenhang mit dem Landesinnungsverband von einer „atypischen Erscheinungsform der juristischen Person des Privatrechts" spricht). Die Mitgliedschaft der Innungen ist **freiwillig**. Mitglieder im Landesinnungsverband können auch **Einzelmitglieder** in Form von selbständigen Handwerkern des betroffenen Handwerks sein, wenn der Landesinnungsverband aufgrund Satzungsregelung eine Einzelmitgliedschaft vorsieht, § 79 Abs. 3 (→ Rn. 21). § 84 ermöglicht den Anschluss von **Inhabern handwerksähnlicher Betriebe**. Nach der Regelung des §§ 83 Abs. 1 Nr. 3, 59 kann der Landesinnungsverband auch **Gastmitglieder** aufnehmen. In entsprechender Anwendung des § 83 Abs. 1 Nr. 4 iVm § 39 BGB wird der **Austritt** der Mitglieder aus dem Landesinnungsverband geregelt.

3   Die **Pflichtaufgaben** des Landesinnungsverbandes ergeben sich aus § 81 Abs. 1. Daneben kann der Landesinnungsverband auch **freiwillige Aufgaben** gem. §§ 81 Abs. 2, 82 erfüllen. Die oberste Landesbehörde führt **keine Rechtsaufsicht** über die Landesinnungsverbände, da sie als juristische Personen des Privatrechts nicht hoheitlich tätig werden können (VG Potsdam GewArch 2002, 204 (204); Schwannecke/Webers Rn. 9; Detterbeck Rn. 11). Eine Verweisung auf § 75 oder § 115 erfolgt in § 83 nicht (VG Potsdam GewArch 2002, 204 (204)). Weder eine unmittelbare Staatsaufsicht noch eine Kammeraufsicht als mittelbare Staatsaufsicht findet statt (VG Potsdam GewArch 2002, 204 (204)). Möglich ist nur eine Aufsicht des Staates über den Landesinnungsverband iRd § 43 BGB, der nach § 83 Abs. 1 Nr. 4 entsprechende Anwendung findet (VG Potsdam GewArch 2002, 204 (205)). Danach kann dem Landesinnungsverband in bestimmten Fällen die Rechtsfähigkeit durch den Staat entzogen werden (→ § 83 Rn. 20).

4   Die HwO enthält nur lückenhafte Regelungen zum Landesinnungsverband. Aufgrund der **Verweisungsnorm** des § 83 finden zahlreiche Innungsvorschriften und Regelungen zum Vereinsrecht aus den BGB auf den Landesinnungsverband entsprechend Anwendung:

5   So weist der Landesinnungsverband eine Organstruktur auf (§§ 83 Abs. 1 Nr. 2, 60). **Organe** des Landesinnungsverbandes sind die Mitgliederversammlung (§ 83 Abs. 2), der Vorstand (§§ 83 Abs. 1 Nr. 3, 66) und die Ausschüsse (→ § 83 Rn. 4). Die **Zusammensetzung der Mitgliederversammlung** ergibt sich aus § 83 Abs. 2 (→ § 83 Rn. 31). Die Einberufung der Mitgliederversammlung und die Beschlussfassung richtet sich nach §§ 83 Abs. 1 Nr. 3, 62, 64 (→ § 83 Rn. 10) (→ § 83 Rn. 13). §§ 83 Abs. 1 Nr. 2, 61 regeln die **Zuständigkeit der Mitgliederversammlung** des Landesinnungsverbandes, wobei nur die in § 83 Abs. 1 Nr. 2 ausdr. genannten Regelungen des § 61 zur Anwendung kommen und die sog. Vorbehaltsaufgaben der Mitgliederversammlung festlegen (→ § 83 Rn. 5 ff.).

6   Die **Haftung** des Landesinnungsverbandes regelt §§ 83 Abs. 1 Nr. 3, 74 (→ § 83 Rn. 15).

7   Die **Auflösung** des Landesinnungsverbandes infolge Beschlusses der Mitgliederversammlung regelt § 83 Abs. 1 Nr. 4 iVm § 41 BGB (→ § 83 Rn. 18). Die **Insolvenz** des Landesinnungsverbandes richtet sich nach § 83 Abs. 1 Nr. 4 iVm § 42 BGB (→ § 83 Rn. 19). Dem Landesinnungsverband kann die **Rechtsfähigkeit entzogen** werden, wenn er einen anderen

als den in der Satzung bestimmten Zweck verfolgt (§ 83 Abs. 1 Nr. 4 iVm §§ 43, 44 BGB; → § 83 Rn. 20). In entsprechender Anwendung der § 83 Abs. 1 Nr. 4 iVm § 45 BGB wird der **Anfall des Vermögens** des Landesinnungsverbandes im Falle der Auflösung und der Entziehung der Rechtsfähigkeit geregelt (→ § 83 Rn. 21). § 83 Abs. 1 Nr. 4 iVm §§ 47–53 BGB regelt die **Liquidation** des Vermögens des Landesinnungsverbandes (→ § 83 Rn. 23 ff.).

B. Historische Entwicklung des Wesens der Landesinnungsverbände

Vorschriften zu den Landesinnungsverbänden enthielt bereits die Gewerbeordnung von 1881 (Schwannecke/Webers Rn. 1; Detterbeck Rn. 1). Im Zuge der Innungsnovelle von 1881 wurden die Innungen ermächtigt sich zu Innungsausschüssen, die Vorreiter der heutigen Kreishandwerkerschaften, und zu Innungsverbänden zusammenzuschließen (Will, Selbstverwaltung der Wirtschaft, 2010, 568). Innungen die unterschiedlichen Aufsichtsbehörden unterstanden waren befugt sich zu einem gemeinsamen Innungsverband zusammenzuschließen, um ihre Aufgaben gemeinsam verfolgen zu können und die gemeinsamen gewerblichen Interessen zu pflegen (Will, Selbstverwaltung der Wirtschaft, 2010, 569). Bereits die GewO aus dem Jahre 1881 enthielt zahleiche Vorschriften zu den Innungsverbänden, etwa zu ihrem Status und dem Genehmigungserfordernis, ihren Aufgaben, den Rechten und Pflichten des Vorstands und der Auflösung der Verbände (Will, Selbstverwaltung der Wirtschaft, 2010, 569 mwN). 8

Das Änderungsgesetz zur GewO aus dem Jahre 1886 (RGBl. 1886, 125 ff.) ergänzte die Regelung über die Innungsverbände (Will, Selbstverwaltung der Wirtschaft, 2010, 571). Den Innungsverbänden wurde die Rechtsfähigkeit zugebilligt und ihre Haftung wurde auf das Verbandsvermögen beschränkt (Will, Selbstverwaltung der Wirtschaft, 2010, 571). Die Innungsverbände waren ihrer Rechtsform nach Körperschaften des Privatrecht (Leisner W.G., Die körperschaftliche Rechtsform bei Innungen, Kreishandwerkschaften und Landesinnungsverbänden: Öffentlich-rechtlicher oder privatrechtlicher Status?, LFI 2010/11, 100). Ferner wurden sie der Rechtsaufsicht der höheren Verwaltungsbehörde unterstellt und ihre Aufgaben wurden konkretisiert (Will, Selbstverwaltung der Wirtschaft, 2010, 571). Vorschriften zur Konkursfähigkeit und zur Auflösung des Innungsverbandes wurden geschaffen (Will, Selbstverwaltung der Wirtschaft, 2010, 571). 9

In der NS-Zeit wurden es den Innungen verboten sich in Innungsverbänden zusammenzuschließen; die Innungsverbände wurden damit abgeschafft (Leisner W.G., Die körperschaftliche Rechtsform bei Innungen, Kreishandwerkerschaften und Landesinnungsverbänden: Öffentlich-rechtlicher oder privatrechtlicher Status?, LFI 2010/11, 100; Schwannecke/Webers Rn. 1; Will, Selbstverwaltung der Wirtschaft, 2010, 602; Detterbeck Rn. 1). 10

In der Nachkriegszeit fanden sich in den Besatzungszonen unterschiedliche Situationen vor. In der britischen Besatzungszone etwa wurden wieder Regelungen zu den Innungsverbänden als freiwillige Zusammenschlüsse der Innungen geschaffen (Will, Selbstverwaltung der Wirtschaft, 2010, 606; Schwannecke/Webers Rn. 1). In der französischen Zone besaßen die Innungsverbände „öffentlich-rechtlichen Charakter" und die Pflichtmitgliedschaft der Innungen war vorgesehen (Schwannecke/Webers Rn. 1). 11

In der Handwerksordnung von 1953 wurde die Landes- und Bundesinnungsverbände als juristische Personen des Privatrechts wieder errichtet (Leisner W.G., Die körperschaftliche Rechtsform bei Innungen, Kreishandwerkerschaften und Landesinnungsverbänden: Öffentlich-rechtlicher oder privatrechtlicher Status?, LFI 2010/11, 100; vgl. Will, Selbstverwaltung der Wirtschaft, 2010, 620). 12

C. Zusammenschluss von Innungen

I. Freiwillige Mitgliedschaft der Innungen (§ 79 Abs. 1 S. 1)

Der Landesinnungsverband ist nach § 79 Abs. 1 S. 1 ein freiwilliger (→ Rn. 15) Zusammenschluss von Innungen des gleichen Handwerks oder sich fachlich oder wirtschaftlich nahestehender Handwerke. Die Innungen des gleichen Handwerks, dh **einer Fachrichtung** können sich innerhalb eines Bundeslandes zu einem Landesinnungsverband zusammenschlie- 13 ßen. Möglich ist auch der Zusammenschluss von Innungen die sich fachlich oder wirtschaftlich nahestehen. Eine **fachlichen Nähe** liegt vor, wenn „einzelne Grundfertigkeiten" übereinstimmend wahrgenommen werden (→ § 52 Rn. 23; Detterbeck § 52 Rn. 9). Eine **wirtschaftliche Nähe** besteht, wenn gleiche ökonomischen Interessen vertreten werden, wobei diese Interessen über die im Allgemeinen immer bestehende Gewinnerzielungsabsicht hinausgehen müssen (→ § 52 Rn. 23; Detterbeck § 52 Rn. 9).

14   Entgegen dem engen Wortlaut des § 79 Abs. 1 S. 1 sollte auch für die Innungen, die die Interessen eines **handwerksähnlichen Gewerbes** (heutige B2-Berufe) vertreten die Möglichkeit bestehen sich zu Landesinnungsverbänden zusammenzuschließen (vgl. Detterbeck Rn. 3 der aufgrund der Beibehaltung von § 84 davon ausgeht, dass der „Gesetzgeber diese Möglichkeit bewusst ausgeschlossen hat"). Im Lichte der Novellierungen der HwO von 1998 und 2004 wurde dem handwerksähnlichen Gewerbe schrittweise das Recht der Interessenvertretung in Form von Innungen zugebilligt, so dass konsequenter Weise auch eine Interessenvertretung durch die Landesinnungsverbände möglich sein sollte (→ § 52 Rn. 16). Den Anschluss von handwerksähnlichen Gewerbes regelt § 84 (→ § 84 Rn. 2 ff).

15   Die Mitgliedschaft der Innung im Landesinnungsverband ist **freiwillig** (vgl. Schwannecke/Webers Rn. 4 zu der gesetzgeberischen Intention). Dies ergibt sich ua aufgrund der Verweisung des § 83 Abs. 1 Nr. 4 auf § 39 BGB, der entsprechend anzuwenden ist. Nach § 83 Abs. 1 Nr. 4 iVm § 39 Abs. 1 BGB sind die Innungen als Mitglieder zum Austritt aus dem Landesinnungsverband berechtigt. Ein Austritt ist nur im Rahmen einer freiwilligen Mitgliedschaft möglich. Die Satzung des Landesinnungsverbandes muss Bestimmungen enthalten über den Eintritt, den Austritt und den Ausschluss der Mitglieder (§§ 83 Abs. 1 Nr. 1, 55 Abs. 2 Nr. 3) sowie über die Rechte und Pflichten der Mitglieder (§§ 83 Abs. 1 Nr. 1, 55 Abs. 2 Nr. 4). Im Zusammenhang mit dem Austritt können sich Kündigungsfristen aufgrund satzungsmäßiger Regelungen, basierend auf § 83 Abs. 1 Nr. 4 iVm § 39 Abs. 2 BGB ergeben (→ § 83 Rn. 17).

16   Der Beschluss über den Erwerb und über die Beendigung der Mitgliedschaft der Innung im Landesinnungsverband obliegt als Vorbehaltsaufgabe der **Innungsversammlung**, § 61 Abs. 2 Nr. 9.

17   Ein **Aufnahmeanspruch** des potentiellen Mitglieds besteht nicht, da § 83 nicht auf die Regelung des § 58 Abs. 3 verweist und damit die Regelung nicht entspr. anwendbar ist für die Mitgliedschaft in den Landesinnungsverbänden (Honig/Knörr Rn. 5; Detterbeck Rn. 8 und Schwannecke/Webers Rn. 10 die davon ausgehen, dass eine Ablehnung der Aufnahme nur aus „triftigen Gründen" möglich ist, wenn das potentielle Mitglied alle gesetzlichen und satzungsmäßigen Voraussetzungen für eine Mitgliedschaft erfüllt).

II. Gebiet des Verbandes (§ 79 Abs. 1)

18   Der Landesinnungsverband ist ein Zusammenschluss im Bezirk eines Landes, § 79 Abs. 1 S. 1. Im Regelfall erstreckt sich der Wirkungskreis des Landesinnungsverbandes auf das Gebiet eines **Bundeslandes** (Schwannecke/Webers Rn. 5). Eine Ausnahme kann sich aus § 79 Abs. 1 S. 2 ergeben, wonach ein gemeinsamer Landesinnungsverband für **mehrere Bundeländer** gebildet werden kann. § 79 Abs. 1 S. 2 wurde im Wege der Novelle der HwO von 1994 zur Klarstellung neu eingeführt (BT-Drs 12/5918, 7, 24; Schwannecke/Webers Rn. 6). Erstreckt sich der Landesinnungsverband über mehrere Bundesländer, bedarf es der Genehmigung nach § 80 S. 3 (→ § 80 Rn. 9).

III. „Ausschließlichkeitsanspruch" (§ 79 Abs. 2)

19   Nach der Regelung des § 79 Abs. 2 S. 1 kann innerhalb eines Landes grds. nur ein Landesinnungsverband für dasselbe Handwerk oder für sich fachlich oder wirtschaftlich nahestehende Handwerke gebildet werden. Im Regelfall ergibt sich ein sog. „**Ausschließlichkeitsanspruch**" (→ Rn. 20) des Landesinnungsverbandes eines Handwerks bzw. sich fachlich oder wirtschaftlich nahestehender Handwerke innerhalb eines Bundeslandes. Von dieser Regel kann ausnahmsweise abgewichen werden, wenn die oberste Landesbehörde dies zulässt, § 79 Abs. 2 S. 2. Ob im Einzelfall eine **Ausnahmegenehmigung** erteilt wird, steht im **Ermessen** der obersten Landesbehörde („kann"), die dieses pflichtgemäß ausüben muss (Schwannecke/Webers Rn. 7). **Oberste Landesbehörde** ist idR das Landeswirtschafsminis-

terium (Schwannecke/Webers Rn. 9). Um durch eine Zersplitterung die Leistungsfähigkeit der handwerklichen Organisationen nicht zu gefährden, sollte eine solche Ausnahmegenehmigung nur aus zwingenden Gründen erteilt werden (Detterbeck Rn. 3). Die Ausnahmebewilligung bzw. die Ablehnung sind **Verwaltungsakte** gegen die gerichtlich vorgegangen werden kann (Detterbeck Rn. 3).

Dem bestehende Landesinnungsverband steht **kein subjektives Recht** zu in seinem Bereich der einzige Landesinnungsverband zu sein (OLG Köln Rpfleger 1995, 163). Aus diesem Grund ist der bestehende Landesinnungsverband nicht berechtigt gegen die Genehmigung der Satzung eines neuen Landesinnungsverbandes in seinem Bereich vorzugehen (OLG Köln Rpfleger 1995, 163). Auch können Innungen andere Zusammenschlüsse neben den Landesinnungsverbänden gründen, sofern diese Vereinigungen nicht die Bezeichnung Landesinnungsverband führen (OLG Köln Rpfleger 1995, 163). § 79 Abs. 2 steht nicht der Bildung von Vereinigungen entgegen, die keine Landesinnungsverbände sind (OLG Köln Rpfleger 1995, 163). 20

IV. Mitgliedschaft von Einzelmitgliedern (§ 79 Abs. 3)

Die Satzung des Landesinnungsverbandes kann bestimmen, dass auch „selbständige Handwerker dem Landesinnungsverband ihres Handwerks als **Einzelmitglieder** beitreten können", § 79 Abs. 3. Damit können auch **Inhaber von Betrieben des entsprechenden zulassungspflichtigen Handwerks** dem Landesinnungsverband beitreten, ohne dass sie Mitglied in der Innung sein müssen (Honig/Knörr Rn. 5). 21

Ein Anschluss der Inhaber **handwerksähnlicher Betriebe** und Vereinigungen von Inhabern handwerksähnlicher Betriebe ergibt sich aus § 84 (→ § 84 Rn. 2 ff.; Detterbeck Rn. 8). 22

Der Landesinnungsverband kann auch **Gastmitglieder** und **Ehrenmitglieder** aufnehmen (§§ 83 Abs. 1 Nr. 3, 59; → § 83 Rn. 9; Detterbeck Rn. 9). 23

§ 80 [Rechtsform; Satzung]

¹Der Landesinnungsverband ist eine juristische Person des privaten Rechts; er wird mit Genehmigung der Satzung rechtsfähig. ²Die Satzung und ihre Änderung bedürfen der Genehmigung durch die oberste Landesbehörde. ³Im Falle eines gemeinsamen Landesinnungsverbandes nach § 79 Abs. 1 Satz 2 ist die Genehmigung durch die für den Sitz des Landesinnungsverbandes zuständige oberste Landesbehörde im Einvernehmen mit den beteiligten obersten Landesbehörden zu erteilen. ⁴Die Satzung muß den Bestimmungen des § 55 Abs. 2 entsprechen.

Literatur: Leisner Walter Georg., Die körperschaftliche Rechtsform bei Innungen, Kreishandwerkschaften und Landesinnungsverbänden: Öffentlich-rechtlicher oder privatrechtlicher Status?, LFI- Schriftenreihe 2010/11

Überblick

Der Landesinnungsverband ist eine **juristische Person des Privatrechts** (§ 80 S. 1 Hs. 1) (→ Rn. 2). Die **Rechtsfähigkeit** (→ Rn. 4) erlangt er infolge der **Genehmigung** der Satzung (→ Rn. 8) durch die oberste Landesbehörde (§ 80 S. 1 Hs. 2, S. 2), die im **Einvernehmen** mit den übrigen betroffenen obersten Landesbehörden ergehen muss, wenn der Landesinnungsverband seinen Wirkungskreis über mehrere Bundesländer erstreckt (§ 80 S. 3) (→ Rn. 9). Die **Satzung** des Landesinnungsverbandes muss den Bestimmungen des § 55 Abs. 2 entsprechen (§ 80 S. 4) (→ Rn. 10).

A. Historie

Im Zuge der Novelle der HwO von 1994 wurde der heutige § 80 S. 3 zur Klarstellung neu eingeführt (BT-Drs. 12/5918, 7, 24). 1

B. Rechtsform (§ 80 S. 1 Hs. 1)

2 Der Landesinnungsverband ist eine **juristische Person des Privatrechts** (§ 80 S. 1 Hs. 1). Das BVerfG spricht im Zusammenhang mit dem Landesinnungsverband von einer „atypischen Erscheinungsform der juristischen Person des Privatrechts", weil der Verband als juristische Person des Privatrechts sich aus Innungen, die ihrerseits Körperschaften des Öffentlichen Rechts sind, zusammensetzt (BVerfG NJW 1985, 1385 (1387)). Aufgrund der Verweisungsnorm des § 83 Abs. 1 Nr. 4 BGB sind zahlreiche Vorschriften des Vereinsrecht aus dem BGB auf den Landesinnungsverband sinngemäß anzuwenden (→ § 83 Rn. 16 ff.). Als juristische Person des Privatrechts kann der Landesinnungsverband, anders als die Innungen und Kreishandwerkerschaften, die Körperschaften des Öffentlichen Rechts sind, keine hoheitlichen Aufgaben wahrnehmen (Detterbeck Rn. 1 unter Hinweis auf den Ausnahmefall der Beleihung; vgl. Leisner W.G., Die körperschaftliche Rechtsform bei Innungen, Kreishandwerkerschaften und Landesinnungsverbänden: Öffentlich-rechtlicher oder privatrechtlicher Status?, LFI- Schriftenreihe 2010/11, 101).

3 Der Landesinnungsverband ist **nicht grundrechtfähig**, sofern er gesetzlich zugewiesene öffentliche Aufgaben erfüllt (BVerfG NJW 1985, 1385 (1387); Schwannecke/Webers Rn. 2; Detterbeck § 82 Rn. 8; Leisner W.G., Die körperschaftliche Rechtsform bei Innungen, Kreishandwerkerschaften und Landesinnungsverbänden: Öffentlich-rechtlicher oder privatrechtlicher Status?, LFI- Schriftenreihe 2010/11, 101; vgl. zu Art. 12 Abs. 1 GG LSG Bln-Bbg GewArch 2011, 490 (493) in 2. Instanz und BSG Urt. v. 22.11.2012 – B 3 KR 19/11 R Rn. 41 ff. (= BeckRS 2013, 67328 = GewArch 2013, 326 f.) in 3. Instanz). Ein Zusammenschluss von grundrechtsunfähigen Innungen kann nach den Ausführungen des BVerfG nicht zu einem grundrechtsfähigen Landesinnungsverband führen (→ Rn. 3.1).

3.1 Zur **Grundrechtsfähigkeit** des Landesinnungsverbands führte das BVerfG iE aus:
„Zwar sind, wie gezeigt, juristische Personen des privaten Rechts grundsätzlich fähig, Träger von Grundrechten zu sein (…). Damit wird aber im Einzelfall eine Prüfung der Anwendbarkeit des jeweiligen Grundrechts nicht entbehrlich (vgl. BVerfGE 21, 362 (368 f.)) = NJW 1967, 1411.). Diese kann ebensowenig wie bei juristischen Personen des öffentlichen Rechts allein von der Rechtsform abhängen, der lediglich eine indizielle Bedeutung zukommt. Auch hier sind maßgebend die Art der wahrzunehmenden Aufgaben und die Funktion, welche die juristische Person jeweils ausübt. Sind diese Aufgaben und Funktionen solche der öffentlichen Verwaltung, so kann die Organisationsform keinen ausschlagebenden Unterschied begründen. Demgemäß hat das BVerfG entschieden, daß eine Aktiengesellschaft, deren alleiniger Aktionär eine Körperschaft des öffentlichen Rechts ist, sich ebensowenig wie diese auf Individualgrundrechte berufen könne. Anderenfalls wäre die Frage der Grundrechtsfähigkeit der öffentlichen Hand in nicht geringem Umfang abhängig von den jeweiligen Organisationsformen (BVerfGE 45, 63, (79 f.) = NJW 1977, 1960).

Das gleiche hat zu gelten, wenn einer juristischen Person des Privatrechts, die als Teil einer gesetzlich geregelten Organisation durch staatlichen Akt Rechtsfähigkeit erlangt hat, durch Gesetz Aufgaben öffentlicher Verwaltung übertragen worden sind, wie dies bei den beschwerdeführenden Innungsverbänden der Fall ist. Die Entscheidung, auf welche Weise eine bestimmte öffentliche Aufgabe erfüllt werden soll, obliegt dem Gesetzgeber; dieser hat die Wahl zwischen einer Fülle organisatorischer Möglichkeiten (vgl. BVerfGE 21, 362 (370) = NJW 1967, 1411) die bis zu einem gewissen Grade austauschbar sind. Daß dabei nicht nur die Zweckmäßigkeit, sondern auch andere, namentlich historische Gründe eine Rolle spielen können und wie gering deshalb der Indikationswert der Rechtsform für die Frage der Grundrechtsfähigkeit einer Organisation sein kann, zeigt gerade die Geschichte der Innungen und Innungsverbände seit dem 19. Jahrhundert: Beide sind zeitweise private Zusammenschlüsse, zeitweise öffentlichrechtliche Körperschaften gewesen (vgl. dazu Bieback, aaO, S. 345 ff.; Huber, WirtschaftsverwaltungsR I, 2. Aufl. (1953), S. 227 f.); besonders deutlich geht dieses Schwanken auch aus der Entstehungsgeschichte der Handwerksordnung hervor (vgl. dazu Kübler-Aberle-Schubert, Die Deutsche Handwerksordnung, Stand 18. Lfg., Einl. S. 28 ff.).

bb) Einer Grundrechtsfähigkeit der Landesinnungsverbände steht ferner entgegen, daß sie eine atypische Erscheinungsform der juristischen Person des Privatrechts sind: Sie setzen sich ausschließlich aus als Körperschaften des öffentlichen Rechts organisierten Innungen zusammen (§ 79 Abs. 1 HandwO) – der Möglichkeit, in der Satzung auch die Einzelmitgliedschaft selbständiger Handwerker vorzusehen (§ 79 Abs. 3 HandwO), kommt keine praktische Bedeutung zu. Ein Zusammenschluß grundrechtsunfähiger juristischer Personen kann aber nicht grundrechtsfähige juristische Person sein. Die Bildung und Betätigung der Innungsverbände ist auch nicht Ausdruck der grundrechtsgeschützten freien Entfaltung "hinter" ihnen stehender natürlicher Personen. Im vorliegenden Falle verteidigen sie zudem nicht Grundrechte einzelner Handwerker gegen staatliche Eingriffe, sondern sie wenden sich gegen die Neugestaltung der ihnen gesetzlich zugewiesenen Kompetenzen im Bereich ihrer Mitwirkung an dem öffentlichrechtlichen Gesamtvertragssystem des Kassenarztrechts. Da sie jedenfalls insoweit nicht Träger von Grundrechten sein können, sind sie nicht befugt, gem. § 90 BVerfGG Verfassungsbeschwerde zu erheben." (BVerfG NJW 1985, 1385 (1987).

C. Satzung

I. Rechtsfähigkeit und Genehmigung der Satzung (§ 80 S. 1 Hs. 2, S. 2, 3)

1. Rechtsfähigkeit (§ 80 S. 1 Hs. 2)

Die **Rechtsfähigkeit** erlangt der Landesinnungsverband infolge der Genehmigung der 4 Satzung durch die oberste Landesbehörde, § 80 S. 1 Hs. 2. Er erlangt seine Rechtsfähigkeit mit der Bekanntgabe der Genehmigung (Zugang) (entspr. §§ 43 Abs. 1, 41 VwVfG), die ihrer Rechtform nach ein Verwaltungsakt ist (Honig/Knörr Rn. 4; Detterbeck Rn. 1; Schwannecke/Webers Rn. 1). Aufgrund der gesetzlich zugebilligten Rechtsfähigkeit kann der Landesinnungsverband als juristische Person, nach der Genehmigung seiner Satzung, in seinem eigenen Namen Rechte erwerben und Verpflichtungen eingehen sowie klagen und verklagt werden (Detterbeck Rn. 1; Schwannecke/Webers Rn.). Der Landesinnungsverband haftet mit seinem Verbandsvermögen (Schwannecke/Webers Rn. 1). Bis zur Erlangung der Rechtsfähigkeit ist er ein nichtrechtsfähiger Verein (Schwannecke/Webers Rn. 4).

Oberste Landesbehörde ist in der Regel das Landeswirtschaftsministerium in dessen 5 Bundesland der Landesinnungsverband seinen Sitz hat (Schwannecke/Webers § 79 Rn. 9).

Die **Gründung** eines Landesinnungsverbandes steht im freien Ermessen der Gründungs- 6 mitglieder (Honig/Knörr Rn. 2). Gründungsmitglieder können die Mitglieder des Landesinnungsverbandes sein (→ § 79 Rn. 13).

Dem Landesinnungsverband kann die **Rechtsfähigkeit entzogen** werden, wenn er einen 7 anderen als den in der Satzung bestimmten Zweck verfolgt (§ 83 Abs. 1 Nr. 4 iVm §§ 43, 44 BGB) (→ § 83 Rn. 15). Dies ist eine Möglichkeit der Aufsicht des Staates über den Landesinnungsverband, der sonst weder eine unmittelbare Staatsaufsicht noch eine Kammeraufsicht als mittelbare Staatsaufsicht unterliegt (VG Potsdam GewArch 2002, 204 (205); → § 79 Rn. 3).

2. Genehmigung der Satzung (§ 80 S. 2)

Nach § 80 S. 2 bedarf die **Satzung** und die **Änderung** der Satzung der **Genehmigung** 8 durch die oberste Landesbehörde. Die Genehmigung der Satzung des Landesinnungsverbandes bzw. ihre Änderung kann nur erteilt werden, wenn sie mit höherrangigem Recht vereinbar ist. Die Satzung muss die Mindestinhalte des § 83 Abs. 1 Nr. 1, 55 Abs. 2 aufweisen (§ 80 S. 4). Der Landesinnungsverband hat einen **Anspruch auf Satzungsgenehmigung**, wenn die Satzung nicht gegen höherrangiges Recht verstößt (Honig/Knörr Rn. 3; Detterbeck Rn. 6; Schwannecke/Webers Rn. 8). Die Genehmigung bzw. die Versagung sind Verwaltungsakte gegen die der Landesinnungsverband gerichtlich vorgehen kann (Detterbeck Rn. 3; Schwannecke/Webers Rn. 5).

3. Einvernehmen der betroffenen obersten Landesbehörden (§ 80 S. 3)

Erstreckt sich der Wirkungskreis des Landesinnungsverbandes auf das Gebiet **mehrerer** 9 **Bundesländer** (§ 79 Abs. 1 S. 2) bedarf es der Genehmigung der obersten Landesbehörde in dessen Bundesland der Landesinnungsverband seinen Sitz hat. Die Genehmigung muss im **Einvernehmen** mit den beteiligten obersten Landesbehörden aller anderen betroffenen Bundesländer ergehen, § 80 S. 3 (vgl. Detterbeck Rn 4; vgl. Schwannecke/Webers Rn. 4).

II. Inhalt der Satzung (§ 80 S. 4)

Die **Satzung** des Landesinnungsverbandes muss den Bestimmungen des § 55 Abs. 2 ent- 10 sprechen (§ 80 S. 4), konkretisiert durch §§ 83 Abs. 1 Nr. 1 (→ § 83 Rn. 2) (Honig/Knörr

Rn. 3). Aufgrund der Verweisungsnorm des § 83 Abs. 1 Nr. 1 muss die Satzung des Landesinnungsverbandes die dort genannten Bestimmungen beinhalten, die auf den Landesinnungsverband entsprechend anzuwenden sind (vgl. zur Orientierung die Mustersatzung für Landesinnungsverbände (Hrsg. Bundesministerium für Wirtschaft) abgedruckt bei Schwannecke Ordnungsnummer 785).

§ 81 [Aufgaben des Landesinnungsverbandes]

(1) Der Landesinnungsverband hat die Aufgabe,
1. die Interessen des Handwerks wahrzunehmen, für das er gebildet ist,
2. die angeschlossenen Handwerksinnungen in der Erfüllung ihrer gesetzlichen und satzungsmäßigen Aufgaben zu unterstützen,
3. den Behörden Anregungen und Vorschläge zu unterbreiten sowie ihnen auf Verlangen Gutachten zu erstatten.

(2) Er ist befugt, Fachschulen und Fachkurse einzurichten oder zu fördern.

Literatur: Kormann Joachim/Lutz Helmut/Rührmair Alfred, Service-Einrichtungen der Handwerksorganisationen als Gesellschaften des Privatrechts, GewArch 2009, 89 Leisner Walter Georg, Die körperschaftliche Rechtsform bei Innungen, Kreishandwerkerschaften und Landesinnungsverbänden: Öffentlich-rechtlicher oder privatrechtlicher Status?, LFI- Schriftenreihe 2010/11; Thieme Werner, Innungsverbände und Wettbewerb, BB 1990, 1285 ff.

Überblick

§ 81 regelt die Aufgaben des Landesinnungsverbandes. Die **Pflichtaufgaben** (→ Rn. 2) des Landesinnungsverbandes ergeben sich aus § 81 Abs. 1, der in abschließender Weise die **Interessenwahrnehmung** des Handwerks (§ 81 Abs. 1 Nr. 1; → Rn. 3), die **Unterstützung** der Innungen (§ 81 Abs. 1 Nr. 2; → Rn. 4) und die **Unterbreitung von Anregungen und Vorschlägen** sowie die **Gutachtenerstellung** (§ 81 Abs. 1 Nr. 3; → Rn. 5) nennt. § 81 Abs. 2 enthält mit der Befugnis Fachschulen und Fachkurse einzurichten und zu fördern eine **freiwillige Aufgabe** des Landesinnungsverbandes (→ Rn. 7).

A. Historie

1   Bereits die HwO aus dem Jahre 1953 enthielt im ihrem § 75 (1953) eine wortgleiche Regelung zum heutigen § 81 (BGBl. 1953 I 1411 (1421)).

B. Pflichtaufgaben (§ 81 Abs. 1)

2   Die **Pflichtaufgaben** des Landesinnungsverbandes ergeben sich aus § 81 Abs. 1 („hat"). Der Katalog des § 81 Abs. 1 ist **abschließend** (Detterbeck § 82 Rn. 1). Als juristische Person des Privatrechts kann der Landesinnungsverband keine hoheitlichen Aufgaben wahrnehmen (Detterbeck § 80 Rn. 1 unter Hinweis auf den Ausnahmefall der Beleihung). Bei den Pflichtaufgaben handelt es sich primär um Verwaltungstätigkeiten (Leisner W.G., Die körperschaftliche Rechtsform bei Innungen, Kreishandwerkerschaften und Landesinnungsverbänden: Öffentlich-rechtlicher oder privatrechtlicher Status?, LFI- Schriftenreihe 2010/11, 100). Vgl. zur Wahl der Rechtsform der Aufgabenerfüllung Kormann/Lutz/Rührmair GewArch 2009, 89 (94).

I. Interessenwahrnehmung (§ 81 Abs. 1 Nr. 1)

3   Nach § 81 Abs. 1 Nr. 1 hat der Landesinnungsverband „die Interessen des Handwerks wahrzunehmen, für das er gebildet ist". Während die Innungen nach § 54 Abs. 1 S. 1 verpflichtet sind die „gemeinsamen gewerblichen Interessen ihrer Mitglieder" wahrzunehmen, findet sich eine solche Einschränkung auf die Mitglieder bei dem Landesinnungsverband nicht. Er hat die Interessen des „gesamten Handwerks", für das er gebildet wurde, zu vertreten (Detterbeck § 82 Rn. 1; vgl. OVG Magdeburg Urt. v. 19.5.1993 – 3 L 5/92 Rn. 13 (= BeckRS 2008, 30615) wonach der Landesinnungsverband im Interesse seiner Mitglieder

tätig wird, aber keine Verpflichtungen gegenüber den Kunden seiner Mitglieder hat). Zu verfolgen sind die Gesamtinteressen des Handwerks und nicht die Interessen eines Einzelnen (Thieme BB 1990, 1285 (1289)). Dem Landesinnungsverband obliegt etwa „die Sorge um die Einhaltung der wettbewerbsrechtlichen Spielregeln im Handwerk" und damit die „Förderung des gesetzmäßigen lauteren Wettbewerbs in den zugehörigen Handwerken und die Unterbindung einschlägiger Verstöße" (LG München II GewArch 1982, 62 (62)).

II. Unterstützung der Innungen (§ 81 Abs. 1 Nr. 2)

Nach § 81 Abs. 1 Nr. 2 hat der Landesinnungsverband die Pflicht „die angeschlossenen 4
Handwerksinnungen in der Erfüllung ihrer gesetzlichen und satzungsmäßigen Aufgaben zu unterstützen". Die Aufgaben der Innungen ergeben sich aus § 54 und ihrer Satzung. Bei der Aufgabenerfüllung soll der Landesinnungsverband, soweit erforderlich, behilflich sein.

III. Unterbreitung von Anregungen und Vorschlägen (§ 81 Abs. 1 Nr. 3)

Nach § 81 Abs. 1 Nr. 3 hat der Landesinnungsverband die Pflicht „den Behörden Anre- 5
gungen und Vorschläge zu unterbreiten sowie ihnen auf Verlangen Gutachten zu erstatten". Der Begriff der Behörde ist weit auszulegen, so dass neben den Bundesbehörden und den Landesbehörden etwa auch Körperschaften des Öffentlichen Rechts und Gerichte darunter fallen. Die Möglichkeit zur Unterbreitung von **Anregungen und Vorschläge** eröffnet dem Landesinnungsverband die Chance die Interessen seines Handwerks zu vertreten, indem er etwa Vorschläge zu Gesetzesvorhaben, die das Handwerksrecht betreffen, unterbreitet (Schwannecke § 81 Rn. 4). So ist der Landesinnungsverband anzuhören, bevor die Handwerkskammer eine Innung auflöst (§ 76).

Auf Verlangen der Behörden sind die Landesinnungsverbände verpflichtet **Gutachten,** 6
zu Fragen die das Handwerk betreffen, zu erstellen (vgl. Detterbeck § 82 Rn. 2 zum Entgelt).

C. Freiwillige Aufgabe (§ 81 Abs. 2)

§ 81 Abs. 2 enthält **freiwillige Aufgaben** des Landesinnungsverbandes (Detterbeck § 82 7
Rn. 4). Daneben kann der Landesinnungsverband auch weitere freiwillige Aufgaben erfüllen, wenn entsprechende Satzungsregelung dies vorsehen und diese mit den Zielen des § 81 Abs. 1 vereinbar sind (Detterbeck § 82 Rn. 3).

Nach der Regelung des § 81 Abs. 2 ist der Landesinnungsverband „befugt, Fachschulen 8
und Fachkurse einzurichten oder zu fördern" (vgl. OLG Koblenz Urt. v. 23.6.2006 – 10 U 1730/05 Rn. 51 (= BeckRS 2006, 14454)). Diese Aufgaben haben auch die Innungen. Nach dem Wortlaut des § 54 Abs. 1 S. 2 Nr. 5 hat die Innung „das handwerkliche Können der Meister und Gesellen zu fördern; zu diesem Zweck kann sie insbes. Fachschulen errichten oder unterstützen und Lehrgänge veranstalten" (→ § 54 Rn. 12). Der Begriff der Fachschulen ist weit auszulegen, so dass alle Einrichtungen zur Aus- und Fortbildung darunter fallen. Es steht im Ermessen des Landesinnungsverbandes ob er diese freiwillige Aufgabe erfüllt und in welcher Weise die Errichtung und Unterstützung der Fachschulen und Fachkurse erfolgt. Der Landesinnungsverband ist aber nicht befugt zum Besuch der Fachschulen zu verpflichten. Die Regelung der Lehrlingsausbildung durch Erlass entsprechender Vorschriften steht der Innung zu (§ 54 Abs. 1 S. 2 Nr. 3), sofern die Handwerkskammer derartigen Vorschriften erlassen hat (→ § 54 Rn. 9).

§ 82 [Förderung wirtschaftlicher und sozialer Interessen]

¹Der Landesinnungsverband kann ferner die wirtschaftlichen und sozialen Interessen der den Handwerksinnungen angehörenden Mitglieder fördern. ²Zu diesem Zweck kann er insbesondere
1. Einrichtungen zur Erhöhung der Leistungsfähigkeit der Betriebe, vor allem in technischer und betriebswirtschaftlicher Hinsicht schaffen oder unterstützen,
2. den gemeinschaftlichen Einkauf und die gemeinschaftliche Übernahme von Lieferungen und Leistungen durch die Bildung von Genossenschaften, Arbeitsge-

meinschaften oder auf sonstige Weise im Rahmen der allgemeinen Gesetze fördern,
3. Tarifverträge abschließen.

Literatur: Kluth Winfried, Die Zulässigkeit einer Mitgliedschaft ohne Tarifbindung in Handwerksinnungen und Innungsverbände, GewArch 2013, 377 ff.; Rieble Volker, Sondertarifrecht des Handwerks, GewArch 2014, 265 ff.

Überblick

§ 82 ermöglicht dem Landesinnungsverband **freiwillig Aufgaben** zur **Förderung der wirtschaftliche und sozialen Interessen** wahrzunehmen, § 82 S. 1 HwO (→ Rn. 2 f.). Der Katalog des § 82 S. 2 Nr. 1–3 listet **beispielhafte** Aufgaben auf, die dem Zweck der Förderung der wirtschaftliche und sozialen Interessen dienen (→ Rn. 4 ff.).

A. Historie

1   Der Wortlaut des § 82 S. 2 Nr. 2 wurde im Wege der Reform der HwO von 1965 um den Zusatz „den gemeinschaftlichen Einkauf" ergänzt (BGBl. 1966 I 1 (16); Schwannecke/Webers Rn. 5). Die übrigen Regelungen des § 82 waren bereits wortgleich in der HwO von 1953 enthalten (damals § 76; BGBl. 1953 I 1411 (1421 f.).

B. Freiwillige Aufgaben

2   § 82 ermöglicht dem Landesinnungsverband, neben den Pflichtaufgaben des § 81 Abs. 1 und der freiwilligen Aufgabe aus § 81 Abs. 2 auf freiwilliger Basis Aufgaben zur Förderung der wirtschaftlichen und sozialen Interessen wahrzunehmen („kann"). Der Katalog des § 82 S. 2 Nr. 1–3 listet beispielhafte Aufgaben auf. Der Landesinnungsverband kann weitere freiwillige Aufgaben erfüllen, wenn entsprechende Satzungsregelung dies vorsehen und diese mit den Zielen des §§ 81, 82 vereinbar sind.

I. Förderung der wirtschaftlichen und sozialen Interessen (§ 82 S. 1)

3   Nach § 82 S. 1 kann der Landesinnungsverband „die wirtschaftlichen und sozialen Interessen der den Handwerksinnungen angehörenden Mitglieder fördern". Die Aufgaben des Landesinnungsverbandes müssen im Interesse der Mitglieder der Innungen (→ § 58 Rn. 1 ff.) erfolgen. Darunter fällt etwa die Befugnis im eigenen Namen Wettbewerbsverstöße iSd UWG im Klagewege zu verfolgen (BGH NJW-RR 1993, 363 (363); OLG Koblenz GRUR 1988, 473 ff.; Honig/Knörr Rn. 1; Schwannecke/Webers Rn. 2). Zu den sozialen Interessen zählt zB die Regelung der Altersversorgung für selbständige Handwerker (Schwannecke/Webers Rn. 1).

II. Katalog (§ 82 S. 2)

4   Der Katalog des § 82 S. 2 Nr. 1–3 listet **beispielhafte** nicht abschließende Aufgaben auf, die dem Zweck der Förderung der wirtschaftliche und sozialen Interessen dienen („insbesondere") (Schwannecke/Webers Rn. 3).

1. Einrichtungen (§ 82 S. 2 Nr. 1)

5   Der Landesinnungsverband kann nach § 82 S. 2 Nr. 1 „Einrichtungen zur Erhöhung der Leistungsfähigkeit der Betriebe, vor allem in technischer und betriebswirtschaftlicher Hinsicht schaffen oder unterstützen". Welche Einrichtungen der Landesinnungsverband schaffen und unterstützen will, liegt in seinem Ermessen. Der Landesinnungsverband kann die Mitglieder der Innung in betriebswirtschaftlichen und technischen Fragen (zB Betriebsorganisation, Rechnungs- und Buchführungswesen) beraten, damit diese ihre Wirtschaftlichkeit und Leistungsfähigkeit erhöhen können und entsprechende Beratungsstellen schaffen oder unterstützen. Möglich ist auch die Durchführung von Vorträgen und Ausstellungen sowie die Verbreitung von entsprechenden Informationen über Rundschreiben und Fachbücher (Schwannecke/Webers Rn. 4; Detterbeck Rn. 5).

2. Genossenschaftswesen (§ 82 S. 2 Nr. 2)

Der Landesinnungsverband kann nach § 82 S. 2 Nr. 2 „den gemeinschaftlichen Einkauf 6 und die gemeinschaftliche Übernahme von Lieferungen und Leistungen durch die Bildung von Genossenschaften, Arbeitsgemeinschaften oder auf sonstige Weise iRd allgemeinen Gesetze fördern". Durch die „Bündelung von Kräften" soll die wirtschaftliche Tätigkeit der Mitglieder der Innungen unterstützt werden. In Betracht kommen etwa die Förderung von Genossenschaften in Form von Einkaufs-, Produktions- oder Verkaufsgenossenschaften (Detterbeck Rn. 6). Der Landesinnungsverband darf sich an der Genossenschaft nicht beteiligen (Honig/Knörr Rn. 2; Detterbeck Rn. 6). Möglich ist aber auch die Bildung von Arbeitsgemeinschaften.

3. Tariffähigkeit (§ 82 S. 2 Nr. 3)

Der Landesinnungsverband kann nach § 82 S. 2 Nr. 3 **Tarifverträge** abschließen. Die 7 Landesinnungsverbände sind, wie auch die Innungen, tariffähig (BVerfG NJW 1966, 2305 → § 54 Rn. 25.1; Kluth GewArch 2013, 377 ff.). Im Verhältnis zu den Innungen hat der Landesinnungsverband bzgl. der Befugnis Tarifverträge abzuschließen Vorrang (Rieble GewArch 2014, 265 (266); vgl. ausf. Schwannecke/Webers Rn. 6 ff.). Die Innung hat nur die subsidiäre Befugnis, „soweit und sofern" der Landesinnungsverband keinen Tarifvertrag abgeschlossen hat (§ 54 Abs. 3 Nr. 1; → § 54 Rn. 24 ff.). Der Landesinnungsverband kann Streikfonds bilden (BGH NJW 1968, 543; Detterbeck Rn. 7).

Eine Subsidiarität im Verhältnis des Landesinnungsverbandes zum Bundesinnungsverband 8 ordnet der Gesetzgeber in § 82 S. 2 Nr. 3 nicht an. Hier findet sich im Wortlaut der Norm keine Einschränkung dahingehend, dass der Landesinnungsverband nur dann einen Tarifvertrag abschließen darf, soweit und sofern der Bundesinnungsverband keinen entsprechenden abgeschlossen hat (Schwannecke/Webers Rn. 7).

§ 83 [Anwendbarkeit von Vorschriften]

(1) Auf den Landesinnungsverband finden entsprechende Anwendung:
1. § 55 Abs. 1 und Abs. 2 Nr. 1 bis 6, 8 bis 9 und hinsichtlich der Voraussetzungen für die Änderung der Satzung und für die Auflösung des Landesinnungsverbandes Nummer 10 sowie Nummer 11,
2. §§ 60, 61 Abs. 1 und Abs. 2 Nr. 1 und hinsichtlich der Beschlußfassung über die Höhe der Beiträge zum Landesinnungsverband Nummer 2 sowie Nummern 3 bis 5 und 7 bis 8,
3. §§ 59, 62, 64, 66 und 74,
4. § 39 und §§ 41 bis 53 des Bürgerlichen Gesetzbuchs.

(2) ¹Die Mitgliederversammlung besteht aus den Vertretern der angeschlossenen Handwerksinnungen und im Fall des § 79 Abs. 3 auch aus den von den Einzelmitgliedern nach näherer Bestimmung der Satzung gewählten Vertretern. ²Die Satzung kann bestimmen, daß die Handwerksinnungen und die Gruppe der Einzelmitglieder entsprechend der Zahl der Mitglieder der Handwerksinnungen und der Einzelmitglieder mehrere Stimmen haben und die Stimmen einer Handwerksinnung oder der Gruppe der Einzelmitglieder uneinheitlich abgegeben werden können.

(3) Nach näherer Bestimmung der Satzung können bis zur Hälfte der Mitglieder des Vorstands Personen sein, die nicht von der Mitgliederversammlung gewählt sind.

Literatur: Dohrn Max-Jürgen, Wahlen zum Vorstand eines Innungsverbandes und deren Bescheinigung durch die Behörde, GewArch 1987, 49 ff.; Webers Gerhard, Zur Haftung der Betriebsberater bei Handwerkskammern, Fachverbänden und Handwerksinnungen, GewArch 1997, 405 ff.

Überblick

§ 83 Abs. 1 regelt als **Verweisungsnorm** (→ Rn. 1) welche Innungsnormen (→ Rn. 2 ff.) und welche Normen des BGB aus dem Vereinsrecht (→ Rn. 16 ff.) auf die Landesinnungsverbände entspr. anwendbar sind. § 83 Abs. 2 normiert die **Zusammensetzung der Mitgliederversammlung** (→ Rn. 31 ff.) der Landesinnungsverbandes und § 83 Abs. 3 die **Zusammensetzung des Vorstands** (→ Rn. 34).

Übersicht

	Rn.		Rn.
A. Entsprechende Anwendung der Innungsnormen und der Regelungen des Vereinsrechts (§ 83 Abs. 1)	1	1. § 83 Abs. 1 Nr. 4 iVm § 39 BGB – Austritt	17
I. § 83 Abs. 1 Nr. 1 – Inhalt der Satzung	2	2. § 83 Abs. 1 Nr. 4 iVm § 41 BGB – Auflösung	18
II. § 83 Abs. 1 Nr. 2 – Organe, Zuständigkeit der Mitgliederversammlung	4	3. § 83 Abs. 1 Nr. 4 iVm § 42 BGB – Insolvenz	19
1. §§ 83 Abs. 1 Nr. 2, 60 – Organe	4	4. § 83 Abs. 1 Nr. 4 iVm §§ 43, 44 BGB – Entziehung der Rechtsfähigkeit	20
2. §§ 83 Abs. 1 Nr. 2, 61 – Zuständigkeit der Mitgliederversammlung	5	5. § 83 Abs. 1 Nr. 4 iVm §§ 45, 46 BGB – Anfall des Vermögens des Landesinnungsverbandes	21
III. § 83 Abs. 1 Nr. 3	9	6. § 83 Abs. 1 Nr. 4 iVm §§ 47 – 53 BGB – Liquidation	23
1. §§ 83 Abs. 1 Nr. 3, 59 – Gastmitglieder	9	B. Zusammensetzung der Mitgliederversammlung (§ 83 Abs. 2)	31
2. §§ 83 Abs. 1 Nr. 3, 62 – Einberufung, Beschlussfassung der Mitgliederversammlung	10	I. Vertreter (§ 83 Abs. 2 S. 1)	31
3. §§ 83 Abs. 1 Nr. 3, 64 – Ausschluss des Stimmrechts	13	II. Stimmrecht (§ 83 Abs. 2 S. 2)	33
4. §§ 83 Abs. 1 Nr. 3, 66 – Vorstand	14	C. Zusammensetzung des Vorstands (§ 83 Abs. 3)	34
5. §§ 83 Abs. 1 Nr. 3, 74 – Haftung des Landesinnungsverband	15		
IV. § 83 Abs. 1 Nr. 4	16		

A. Entsprechende Anwendung der Innungsnormen und der Regelungen des Vereinsrechts (§ 83 Abs. 1)

1   Die §§ 79–84 enthalten nur lückenhafte Regelungen zu den Landesinnungsverbänden. Aufgrund der Verweisungsnorm des § 83 sind die dort genannten Innungsvorschriften sowie die genannten Regelungen des BGB aus dem Vereinsrechts auf die Landesinnungsverbänden entsprechend anwendbar (vgl. insoweit die entsprechenden Kommentierungen zu den jeweiligen Innungsnormen auf die verwiesen wird).

I. § 83 Abs. 1 Nr. 1 – Inhalt der Satzung

2   Nach der Regelung des § 83 Abs. 1 Nr. 1 finden § 55 Abs. 1 und Abs. 2 Nr. 1–6, Nr. 8, Nr. 9 und hinsichtlich der Voraussetzungen für die Änderung der Satzung und für die Auflösung des Landesinnungsverbandes Nr. 10 sowie Nr. 11 entspr. Anwendung.

3   Der Landesinnungsverband gibt sich eine Satzung in der die Aufgaben, seine Verwaltung und die Rechtsverhältnisse seiner Mitglieder zu regeln sind, soweit gesetzlich nichts darüber bestimmt ist (§§ 83 Abs. 1 Nr. 1, 55 Abs. 1; → § 55 Rn. 2 ff.). Die Satzung des Landesinnungsverbandes muss Bestimmungen enthalten über den **Namen**, den **Sitz** und seinen **Bezirk** (§§ 83 Abs. 1 Nr. 1, 55 Abs. 2 Nr. 1; → § 55 Rn. 13 ff.), seine **Aufgaben** (§§ 83 Abs. 1 Nr. 1, 55 Abs. 2 Nr. 2), den **Eintritt**, **Austritt** und **Ausschluss** der Mitglieder (§§ 83 Abs. 1 Nr. 1, 55 Abs. 2 Nr. 3), die **Rechte und Pflichten der Mitglieder** sowie die **Bemessungsgrundlage** für die Erhebung der Mitgliedsbeiträge (§§ 83 Abs. 1 Nr. 1, 55 Abs. 2 Nr. 4), die **Einberufung** der Mitgliederversammlung, das **Stimmrecht** in ihr und die **Art der Beschlussfassung** (§§ 83 Abs. 1 Nr. 1, 55 Abs. 2 Nr. 5), die Bildung des **Vorstands** (§§ 83 Abs. 1 Nr. 1, 55 Abs. 2 Nr. 6), die **Beurkundung der Beschlüsse** der Mitgliederversammlung und des Vorstands (§§ 83 Abs. 1 Nr. 1, 55 Abs. 2 Nr. 8), die Aufstellung des **Haushaltsplans** sowie die Aufstellung und Prüfung der **Jahresrechnung** (§§ 83 Abs. 1 Nr. 1, 55 Abs. 2 Nr. 9), die Voraussetzungen für die **Änderung der Satzung** (§§ 83 Abs. 1 Nr. 1, 55 Abs. 2 Nr. 10 Alt. 1) und die **Auflösung** des Landesinnungsverbandes (§§ 83 Abs. 1 Nr. 1, 55 Abs. 2 Nr. 10 Alt. 2), sowie die **Verwendung** des bei der Auflösung des Landesinnungsverbandes verbleibenden **Vermögens** (§§ 83 Abs. 1 Nr. 1, 55 Abs. 2 Nr. 11).

II. § 83 Abs. 1 Nr. 2 – Organe, Zuständigkeit der Mitgliederversammlung

1. §§ 83 Abs. 1 Nr. 2, 60 – Organe

Nach § 83 Abs. 1 Nr. 2 ist § 60 entspr. anwendbar. **Organe** des Landesinnungsverbandes sind die Mitgliederversammlung (§ 83 Abs. 2), der Vorstand (→ Rn. 14) und die Ausschüsse (§§ 83 Abs. 1 Nr. 2, 60; → § 60 Rn. 1).Die Zusammensetzung der Mitgliederversammlung ergibt sich aus § 83 Abs. 2 und ihre Befugnisse aus §§ 83 Abs. 1 Nr. 2, 61 (→ Rn. 5). 4

2. §§ 83 Abs. 1 Nr. 2, 61 – Zuständigkeit der Mitgliederversammlung

Nach § 83 Abs. 1 Nr. 2 sind § 61 Abs. 1, Abs. 2 Nr. 1 und hinsichtlich der Beschlussfassung über die Höhe der Beiträge zum Landesinnungsverband § 61 Abs. 2 Nr. 2 und Nr. 3–5, Nr. 7, Nr. 8 entspr. anwendbar. §§ 83 Abs. 1 Nr. 2, 61 regeln die **Zuständigkeit der Mitgliederversammlung** des Landesinnungsverbandes, wobei nur die in § 83 Abs. 1 Nr. 2 ausdr. genannten Regelungen des § 61 zur Anwendung kommen. 5

Die Mitgliederversammlung beschließt über alle Angelegenheiten des Landesinnungsverbandes, sofern sie nicht vom Vorstand oder den Ausschüssen wahrzunehmen sind (§§ 83 Abs. 1 Nr. 2, 61 Abs. 1 S. 1). Finden sich keine gesetzlichen oder satzungsmäßigen Regelungen zur Kompetenzübertragung einzelner Angelegenheiten auf den Vorstand oder die Ausschüsse, ist die Mitgliederversammlung zuständiges Organ (sog. „**Allzuständigkeit der Mitgliederversammlung**"). 6

Aufgrund der entsprechenden Anwendung einzelner Nummern des § 61, ergeben sich sog. **Vorbehaltsaufgaben** der Mitgliederversammlung (→ Rn. 8), die von dieser wahrgenommen werden müssen und nicht auf ein anderes Organ des Landesinnungsverbandes übertragen werden können. Darüber hinausgehende Aufgaben kann die Mitgliederversammlung durchaus wahrnehmen, falls die Landesinnungsverbandssatzung ihr weitere Kompetenzen zuweisen sollte. 7

Vorbehaltsaufgaben, die der Mitgliederversammlung obliegen sind insbes., die Feststellung des Haushaltsplans und die Bewilligung von Ausgaben, die im Haushaltsplan nicht vorgesehen sind (§§ 83 Abs. 1 Nr. 2, 61 Abs. 2 Nr. 1; → § 61 Rn. 6), die Beschlussfassung über die Höhe der Beiträge zum Landesinnungsverband (§§ 83 Abs. 1 Nr. 2, 61 Abs. 2 Nr. 2; → § 61 Rn. 7), die Prüfung und Abnahme der Jahresrechnung (§§ 83 Abs. 1 Nr. 2, 61 Abs. 2 Nr. 3; → § 61 Rn. 6), die Wahl des Vorstands und der Mitglieder der Ausschüsse (§§ 83 Abs. 1 Nr. 2, 61 Abs. 2 Nr. 4; → § 61 Rn. 8) und die Einsetzung besonderer Ausschüsse zur Vorbereitung einzelner Angelegenheiten (§§ 83 Abs. 1 Nr. 2, 61 Abs. 2 Nr. 5; → § 61 Rn. 8). Ferner nach §§ 83 Abs. 1 Nr. 2, 61 Abs. 2 Nr. 7 die Beschlussfassung über den Erwerb, die Veräußerung oder die dingliche Belastung von Grundeigentum (§§ 83 Abs. 1 Nr. 2, 61 Abs. 2 Nr. 7 lit. a), die Veräußerung von Gegenständen, die einen geschichtlichen, wissenschaftlichen oder Kunstwert haben (§§ 83 Abs. 1 Nr. 2, 61 Abs. 2 Nr. 7 lit. b), die Ermächtigung zur Aufnahme von Krediten (§§ 83 Abs. 1 Nr. 2, 61 Abs. 2 Nr. 7 lit. c), den Abschluss von Verträgen, durch welche dem Landesinnungsverband fortlaufende Verpflichtungen auferlegt werden, mit Ausnahme der laufenden Geschäfte der Verwaltung (§§ 83 Abs. 1 Nr. 2, 61 Abs. 2 Nr. 7 lit. d), die Anlegung des Vermögens des Landesinnungsverbandes (§§ 83 Abs. 1 Nr. 2, 61 Abs. 2 Nr. 7lit. e; → § 61 Rn. 10 f.). Der Mitgliederversammlung obliegt auch die Beschlussfassung über die Änderung der Satzung des Landesinnungsverbandes und seiner Auflösung, §§ 83 Abs. 1 Nr. 2, 61 Abs. 2 Nr. 8 (→ § 61 Rn. 12). 8

III. § 83 Abs. 1 Nr. 3

1. §§ 83 Abs. 1 Nr. 3, 59 – Gastmitglieder

Nach der Regelung des §§ 83 Abs. 1 Nr. 3, 59 S. 1 kann der Landesinnungsverband Gastmitglieder aufnehmen, die dem Handwerk, für das der Landesinnungsverband gebildet ist, beruflich oder wirtschaftlich nahestehen. Die Rechte und Pflichten der Gastmitglieder sind in der Satzung des Landesinnungsverbandes zu regeln (§§ 83 Abs. 1 Nr. 3, 59 S. 2). An der Mitgliederversammlung des Landesinnungsverbandes nehmen sie mit beratender Stimme teil (§§ 83 Abs. 1 Nr. 3, 59 S. 3). Den Gast- und Ehrenmitgliedern kommt kein Stimmrecht oder 9 sonstige Mitwirkungsrechte zu (Detterbeck § 79 Rn. 9). Der Verweis in § 83 Abs. 1 Nr. 3 auf § 59 wurde im Zuge der Novelle der von 1994 zur Klarstellung neu eingeführt (BT-Drs. 12/5918, 8, 24).

2. §§ 83 Abs. 1 Nr. 3, 62 – Einberufung, Beschlussfassung der Mitgliederversammlung

10 § 83 Abs. 1 Nr. 3 schreibt die entsprechende Anwendung des § 62 im Zusammenhang mit der Einberufung und Beschlussfassung der Mitgliederversammlung vor.

11 Nach §§ 83 Abs. 1 Nr. 3, 62 Abs. 1 ist es zur Gültigkeit eines Beschlusses der Mitgliederversammlung erforderlich, dass der Gegenstand bei ihrer Einberufung bezeichnet ist, es sei denn, dass er in der Mitgliederversammlung mit Zustimmung von drei Vierteln der erschienenen Mitglieder nachträglich auf die Tagesordnung gesetzt wird, sofern es sich nicht um einen Beschluss über eine Satzungsänderung oder Auflösung des Landesinnungsverbandes handelt. Die Beschlüsse der Mitgliederversammlung werden mit einfacher Mehrheit der erschienenen Mitglieder gefasst (§§ 83 Abs. 1 Nr. 3, 62 Abs. 2 S. 1). Zu Beschlüssen über Änderungen der Satzung des Landesinnungsverbandes ist eine Mehrheit von drei Vierteln der erschienenen Mitglieder erforderlich (§§ 83 Abs. 1 Nr. 3, 62 Abs. 2 S. 2). Der Beschluss auf Auflösung des Landesinnungsverbandes kann nur mit einer Mehrheit von drei Vierteln der stimmberechtigten Mitglieder gefasst werden (§§ 83 Abs. 1 Nr. 3, 62 Abs. 2 S. 3). Sind in der ersten Mitgliederversammlung drei Viertel der Stimmberechtigten nicht erschienen, so ist binnen vier Wochen eine zweite Mitgliederversammlung einzuberufen, in welcher der Auflösungsbeschluss mit einer Mehrheit von drei Vierteln der erschienenen Mitglieder gefasst werden kann (§§ 83 Abs. 1 Nr. 3, 62 Abs. 2 S. 4). §§ 83 Abs. 1 Nr. 3, 62 Abs. 2 S. 3 gilt für den Beschluss zur Bildung einer Vertreterversammlung (§ 61 Abs. 1 S. 3) mit der Maßgabe, dass er auch im Wege schriftlicher Abstimmung gefasst werden kann (§§ 83 Abs. 1 Nr. 3, 62 Abs. 2 S. 5).

12 Die Mitgliederversammlung ist in den durch die Satzung bestimmten Fällen sowie dann einzuberufen, wenn das Interesse des Landesinnungsverbandes es erfordert (§§ 83 Abs. 1 Nr. 3, 62 Abs. 3 S 1). Sie ist ferner einzuberufen, wenn der durch die Satzung bestimmte Teil oder in Ermangelung einer Bestimmung der zehnte Teil der Mitglieder die Einberufung schriftlich unter Angabe des Zwecks und der Gründe verlangt (§§ 83 Abs. 1 Nr. 3, 62 Abs. 3 S. 2 Hs. 1).

3. §§ 83 Abs. 1 Nr. 3, 64 – Ausschluss des Stimmrechts

13 Nach §§ 83 Abs. 1 Nr. 3, 64 sind Mitglieder des Landesinnungsverbandes in der Mitgliederversammlung **nicht stimmberechtigt**, wenn die Beschlussfassung die Vornahme eines Rechtsgeschäfts oder die Einleitung oder Erledigung eines Rechtsstreits zwischen ihm und dem Landesinnungsverband betrifft.

4. §§ 83 Abs. 1 Nr. 3, 66 – Vorstand

14 §§ 83 Abs. 1 Nr. 3, 66 steht im Zusammenhang mit dem **Vorstand** des Landesinnungsverbandes (→ § 66 Rn. 1 ff.). Der Vorstand des Landesinnungsverbandes wird von der Mitgliederversammlung für die in der Satzung bestimmte Zeit mit verdeckten Stimmzetteln gewählt (§§ 83 Abs. 1 Nr. 3, 66 Abs. 1 S. 1). Die Wahl durch Zuruf ist zulässig, wenn niemand widerspricht (§§ 83 Abs. 1 Nr. 3, 66 Abs. 1 S. 2). Über die Wahlhandlung ist eine Niederschrift anzufertigen (§§ 83 Abs. 1 Nr. 3, 66 Abs. 1 S. 3). Die Wahl des Vorstands ist der obersten Landesbehörde binnen einer Woche anzuzeigen (§§ 83 Abs. 1 Nr. 3, 66 Abs. 1 S. 4; Dohrn GewArch 1987, 49 (49)). Die Satzung kann bestimmen, dass die Bestellung des Vorstands jederzeit widerruflich ist (§§ 83 Abs. 1 Nr. 3, 66 Abs. 2 S. 1). Die Satzung kann ferner bestimmen, dass der Widerruf nur zulässig ist, wenn ein wichtiger Grund vorliegt, wobei ein solcher Grund insbes. grobe Pflichtverletzung oder Unfähigkeit ist (§§ 83 Abs. 1 Nr. 3, 66 Abs. 2 S. 2). Der Vorstand vertritt den Landesinnungsverband gerichtlich und außergerichtlich (§§ 83 Abs. 1 Nr. 3, 66 Abs. 3 S. 1). Durch die Satzung kann die Vertretung einem oder mehreren Mitgliedern des Vorstands oder dem Geschäftsführer übertragen werden (§§ 83 Abs. 1 Nr. 3, 66 Abs. 3 S. 2). Als Ausweis genügt bei allen Rechtsgeschäften die

Bescheinigung der obersten Landesbehörde, dass die darin bezeichneten Personen zurzeit den Vorstand bilden (§§ 83 Abs. 1 Nr. 3, 66 Abs. 3 S. 3; Dohrn GewArch 1987, 49 (49)). Die Mitglieder des Vorstands verwalten ihr Amt als Ehrenamt unentgeltlich; es kann ihnen nach näherer Bestimmung der Satzung Ersatz barer Auslagen und eine Entschädigung für Zeitversäumnis gewährt werden (§§ 83 Abs. 1 Nr. 3, 66 Abs. 4).

5. §§ 83 Abs. 1 Nr. 3, 74 – Haftung des Landesinnungsverband

Der Landesinnungsverband ist für den Schaden verantwortlich, den der Vorstand, ein **15** Mitglied des Vorstands oder ein anderer satzungsmäßig berufener Vertreter durch eine in Ausführung der ihm zustehenden Verrichtungen begangene, zum Schadensersatz verpflichtende Handlung einem Dritten zufügt (§§ 83 Abs. 1 Nr. 3, 74; vgl. zur Haftung Webers GewArch 1997, 405 ff.; vgl. zur Frage der persönlichen Haftung eines Landesinnungsmeisters BGH NJW-RR 1986, 33 ff.).

IV. § 83 Abs. 1 Nr. 4

§ 83 Abs. 1 Nr. 4 regelt welche Normen des BGB aus dem Vereinsrecht auf den Landesin- **16** nungsverband sinngemäß anzuwenden sind. Genannt werden § 39 BGB und die §§ 41–53 BGB.

1. § 83 Abs. 1 Nr. 4 iVm § 39 BGB – Austritt

Die Mitglieder sind zum Austritt aus dem Landesinnungsverband berechtigt (§ 83 Abs. 1 **17** Nr. 4 iVm § 39 Abs. 1 BGB). Durch die Satzung kann bestimmt werden, dass der Austritt nur am Schluss eines Geschäftsjahrs oder erst nach dem Ablauf einer Kündigungsfrist zulässig ist; die Kündigungsfrist kann höchstens zwei Jahre betragen (§ 83 Abs. 1 Nr. 4 iVm § 39 Abs. 2 BGB).

2. § 83 Abs. 1 Nr. 4 iVm § 41 BGB – Auflösung

In entsprechender Anwendung des § 83 Abs. 1 Nr. 4 iVm § 41 BGB kann der Landesin- **18** nungsverband durch Beschluss der Mitgliederversammlung aufgelöst werden. Zu dem Beschluss ist eine Mehrheit von drei Vierteln der abgegebenen Stimmen erforderlich, wenn nicht die Satzung ein anderes bestimmt (§ 83 Abs. 1 Nr. 4 iVm § 41 S. 2 BGB).

3. § 83 Abs. 1 Nr. 4 iVm § 42 BGB – Insolvenz

In entsprechender Anwendung des § 83 Abs. 1 Nr. 4 iVm § 42 Abs. 1 S. 1 BGB wird der **19** Landesinnungsverband durch die Eröffnung des Insolvenzverfahrens und mit Rechtskraft des Beschlusses, durch den die Eröffnung des Insolvenzverfahrens mangels Masse abgewiesen worden ist, aufgelöst. Wird das Verfahren auf Antrag des Schuldners eingestellt oder nach der Bestätigung eines Insolvenzplans, der den Fortbestand des Landesinnungsverbandes vorsieht, aufgehoben, so kann die Mitgliederversammlung die Fortsetzung des Landesinnungsverbandes beschließen (§ 83 Abs. 1 Nr. 4 iVm § 42 Abs. 1 S. 2 BGB). Durch die Satzung kann bestimmt werden, dass der Landesinnungsverband im Falle der Eröffnung des Insolvenzverfahrens als nicht rechtsfähiger Verein fortbesteht; auch in diesem Falle kann unter den Voraussetzungen des S. 2 die Fortsetzung als rechtsfähiger Verein beschlossen werden (§ 83 Abs. 1 Nr. 4 iVm § 42 Abs. 1 S. 3 BGB). Der Vorstand des Landesinnungsverbandes hat im Falle der Zahlungsunfähigkeit oder der Überschuldung die Eröffnung des Insolvenzverfahrens zu beantragen (§ 83 Abs. 1 Nr. 4 iVm § 42 Abs. 2 S. 1 BGB). Wird die Stellung des Antrags verzögert, so sind die Vorstandsmitglieder, denen ein Verschulden zur Last fällt, den Gläubigern für den daraus entstehenden Schaden verantwortlich; sie haften als Gesamtschuldner (§ 83 Abs. 1 Nr. 4 iVm § 42 Abs. 2 S. 2 BGB).

4. § 83 Abs. 1 Nr. 4 iVm §§ 43, 44 BGB – Entziehung der Rechtsfähigkeit

Dem Landesinnungsverband kann die Rechtsfähigkeit entzogen werden, wenn er einen **20** anderen als den in der Satzung bestimmten Zweck verfolgt (§ 83 Abs. 1 Nr. 4 iVm § 43

BGB). Die Zuständigkeit und das Verfahren für die Entziehung der Rechtsfähigkeit nach § 43 BGB bestimmen sich nach dem Recht des Landes, in dem der Landesinnungsverband seinen Sitz hat (§ 83 Abs. 1 Nr. 4 iVm § 44 BGB). Zuständig für die Auflösung des Landesinnungsverbandes ist die oberste Landesbehörde (Detterbeck Rn. 2).

5. § 83 Abs. 1 Nr. 4 iVm §§ 45, 46 BGB – Anfall des Vermögens des Landesinnungsverbandes

21   In entsprechender Anwendung der § 83 Abs. 1 Nr. 4 iVm § 45 BGB wird der Anfall des Vermögens des Landesinnungsverbandes im Falle der Auflösung durch Beschluss der Mitgliederversammlung (§ 83 Abs. 1 Nr. 4 iVm § 41 BGB) oder infolge Insolvenz (§ 83 Abs. 1 Nr. 4 iVm § 42 BGB) und der Entziehung der Rechtsfähigkeit (§ 83 Abs. 1 Nr. 4 iVm § 43 BGB) geregelt.

22   Nach § 83 Abs. 1 Nr. 4 iVm § 45 Abs. 1 BGB fällt mit der Auflösung des Landesinnungsverbandes oder der Entziehung der Rechtsfähigkeit das Vermögen an die in der Satzung bestimmten Personen. Durch die Satzung kann vorgeschrieben werden, dass die Anfallberechtigten durch Beschluss der Mitgliederversammlung oder eines anderen Organs des Landesinnungsverbandes bestimmt werden (§ 83 Abs. 1 Nr. 4 iVm § 45 Abs. 2 S. 1 BGB). Fehlt es an einer Bestimmung der Anfallberechtigten, so fällt das Vermögen, wenn der Landesinnungsverband nach der Satzung ausschließlich den Interessen seiner Mitglieder diente, an die zur Zeit der Auflösung oder der Entziehung der Rechtsfähigkeit vorhandenen Mitglieder zu gleichen Teilen, anderenfalls an den Fiskus des Landes, in dessen Gebiet der Landesinnungsverband seinen Sitz hatte (§ 83 Abs. 1 Nr. 4 iVm § 45 Abs. 3 BGB).

Fällt das Landesinnungsverbandsvermögen an den Fiskus, so finden die Vorschriften über eine dem Fiskus als gesetzlichem Erben anfallende Erbschaft entsprechende Anwendung (§ 83 Abs. 1 Nr. 4 iVm § 46 S. 1 BGB). Der Fiskus hat das Vermögen tunlichst in einer den Zwecken des Landesinnungsverbandes entsprechenden Weise zu verwenden (§ 83 Abs. 1 Nr. 4 iVm § 46 S. 2 BGB).

6. § 83 Abs. 1 Nr. 4 iVm §§ 47 – 53 BGB – Liquidation

23   Fällt das Landesinnungsverbandsvermögen nicht an den Fiskus, so muss eine **Liquidation** stattfinden, sofern nicht über das Vermögen des Landesinnungsverbandes das Insolvenzverfahren eröffnet ist (§ 83 Abs. 1 Nr. 4 iVm § 47 BGB).

24   Die Liquidation erfolgt durch den Vorstand (§ 83 Abs. 1 Nr. 4 iVm § 48 Abs. 1 S. 1 BGB). Zu Liquidatoren können auch andere Personen bestellt werden; für die Bestellung sind die für die Bestellung des Vorstands geltenden Vorschriften maßgebend (§ 83 Abs. 1 Nr. 4 iVm § 48 Abs. 1 S. 2 BGB). Die Liquidatoren haben die rechtliche Stellung des Vorstands, soweit sich nicht aus dem Zwecke der Liquidation ein anderes ergibt (§ 83 Abs. 1 Nr. 4 iVm § 48 Abs. 2 BGB). Sind mehrere Liquidatoren vorhanden, so sind sie nur gemeinschaftlich zur Vertretung befugt und können Beschlüsse nur einstimmig fassen, sofern nicht ein anderes bestimmt ist (§ 83 Abs. 1 Nr. 4 iVm § 48 Abs. 3 BGB).

25   Die Liquidatoren haben die laufenden Geschäfte zu beendigen, die Forderungen einzuziehen, das übrige Vermögen in Geld umzusetzen, die Gläubiger zu befriedigen und den Überschuss den Anfallberechtigten auszuantworten (§ 83 Abs. 1 Nr. 4 iVm § 49 Abs. 1 S. 1 BGB). Zur Beendigung schwebender Geschäfte können die Liquidatoren auch neue Geschäfte eingehen (§ 83 Abs. 1 Nr. 4 iVm § 49 Abs. 1 S. 2 BGB). Die Einziehung der Forderungen sowie die Umsetzung des übrigen Vermögens in Geld darf unterbleiben, soweit diese Maßregeln nicht zur Befriedigung der Gläubiger oder zur Verteilung des Überschusses unter die Anfallberechtigten erforderlich sind (§ 83 Abs. 1 Nr. 4 iVm § 49 Abs. 1 S. 3 BGB). Der Landesinnungsverband gilt bis zur Beendigung der Liquidation als fortbestehend, soweit der Zweck der Liquidation es erfordert (§ 83 Abs. 1 Nr. 4 iVm § 49 Abs. 2 BGB).

26   Die Auflösung des Landesinnungsverbandes oder die Entziehung der Rechtsfähigkeit ist durch die Liquidatoren öffentlich bekannt zu machen (§ 83 Abs. 1 Nr. 4 iVm § 50 Abs. 1 S. 1 BGB). In der Bekanntmachung sind die Gläubiger zur Anmeldung ihrer Ansprüche aufzufordern (§ 83 Abs. 1 Nr. 4 iVm § 50 Abs. 1 S. 2 BGB). Die Bekanntmachung erfolgt durch das in der Satzung für Veröffentlichungen bestimmte Blatt (§ 83 Abs. 1 Nr. 4 iVm § 50 Abs. 1 S. 3 BGB). Die Bekanntmachung gilt mit dem Ablauf des zweiten Tages nach

der Einrückung oder der ersten Einrückung als bewirkt (§ 83 Abs. 1 Nr. 4 iVm § 50 Abs. 1 S. 4 BGB). Bekannte Gläubiger sind durch besondere Mitteilung zur Anmeldung aufzufordern (§ 83 Abs. 1 Nr. 4 iVm § 50 Abs. 2 BGB).

Hat der Landesinnungsverband in der Satzung kein Blatt für Bekanntmachungen bestimmt oder hat das bestimmte Bekanntmachungsblatt sein Erscheinen eingestellt, sind Bekanntmachungen des Landesinnungsverbandes in dem Blatt zu veröffentlichen, welches für Bekanntmachungen des Amtsgerichts bestimmt ist, in dessen Bezirk der Landesinnungsverband seinen Sitz hat (§ 83 Abs. 1 Nr. 4 iVm § 50a BGB). 27

Das Vermögen darf den Anfallberechtigten nicht vor dem Ablauf eines Jahres nach der Bekanntmachung der Auflösung des Landesinnungsverbandes oder der Entziehung der Rechtsfähigkeit ausgeantwortet werden (§ 83 Abs. 1 Nr. 4 iVm § 51 BGB). 28

Meldet sich ein bekannter Gläubiger nicht, so ist der geschuldete Betrag, wenn die Berechtigung zur Hinterlegung vorhanden ist, für den Gläubiger zu hinterlegen (§ 83 Abs. 1 Nr. 4 iVm § 52 Abs. 1 BGB). Ist die Berichtigung einer Verbindlichkeit zurzeit nicht ausführbar oder ist eine Verbindlichkeit streitig, so darf das Vermögen den Anfallberechtigten nur ausgeantwortet werden, wenn dem Gläubiger Sicherheit geleistet ist (§ 83 Abs. 1 Nr. 4 iVm § 52 Abs. 2 BGB). 29

Liquidatoren, welche die ihnen nach dem § 42 Abs. 2 BGB und den §§ 50, 51 und 52 BGB obliegenden Verpflichtungen verletzen oder vor der Befriedigung der Gläubiger Vermögen den Anfallberechtigten ausantworten, sind, wenn ihnen ein Verschulden zur Last fällt, den Gläubigern für den daraus entstehenden Schaden verantwortlich; sie haften als Gesamtschuldner (§ 83 Abs. 1 Nr. 4 iVm § 53 BGB). 30

B. Zusammensetzung der Mitgliederversammlung (§ 83 Abs. 2)

I. Vertreter (§ 83 Abs. 2 S. 1)

Die Mitgliederversammlung des Landesinnungsverbandes besteht aus den **Vertretern der Mitgliedsinnungen**, § 83 Abs. 2 S. 1. Da die Innungen als Mitglieder des Landesinnungsverbandes juristische Personen sind, bedarf es eines Vertreters, der für sie handelt. Jede Mitgliedsinnung hat einen Vertreter in der Mitgliederversammlung und ist damit in diesem Organ vertreten. Grds. werden die Mitgliedsinnungen durch ihren Vorstand (Obermeister) in der Mitgliederversammlung vertreten, da der Vorstand nach § 60 Abs. 3 Nr. 1 die Aufgaben hat die Innung nach außen zu vertreten. Die Innungsversammlung kann aber auch eine andere Person als Vertreter für die Mitgliederversammlung vorsehen und diese wählen, da die HwO selbst nicht festlegt, dass der Vorstand Vertreter sein muss. Maßgeblich ist insoweit die Regelung in der Satzung der Mitgliedsinnung. Es soll auch ein Stellvertreter bestimmt werden, der im Verhinderungsfalle die Innung in der Mitgliederversammlung vertritt (im Regelfall der stellvertretende Obermeister). 31

Daneben kann die Mitgliederversammlung auch aus den von den **Einzelmitgliedern gewählten Vertretern** bestehen, falls die Satzung des Landesinnungsverbandes eine Einzelmitgliedschaft iSd § 79 Abs. 3 zulässt (→ § 79 Rn. 21). Die Wahl der Vertreter durch die Einzelmitglieder ergibt sich aus den näheren Bestimmungen der Satzung des Landesinnungsverbandes, § 83 Abs. 2 S. 1. 32

II. Stimmrecht (§ 83 Abs. 2 S. 2)

Die Vertreter über das Stimmrecht für die Mitgliedsinnungen bzw. die Einzelmitglieder aus. Sie sind in der Mitgliederversammlung wahl- und stimmberechtigt. Grds. hat jeder **eine Stimme** in der Mitgliederversammlung (Schwannecke/Webers Rn. 3). Die Satzung des Landesinnungsverbandes kann festlegen, dass die Innung und die Gruppe der Einzelmitglieder, entsprechend der Zahl der Mitglieder der Handwerksinnungen und der Einzelmitglieder, mehrere Stimmen haben (Schwannecke/Webers Rn. 3). Die Vergabe von **Zusatzstimmen** muss nach dem Wortlaut des § 83 Abs. 2 S. 2 an die Anzahl der Mitglieder der Innungen und die Anzahl der Einzelmitglieder anknüpfen. Wie viele Zusatzstimmen vergeben werden, bestimmt die Satzung des Landesinnungsverbandes. Das Gesetz legt hier keine Höchstgrenze bzgl. der Anzahl der Zusatzstimmen fest. Hat ein Mitglied mehrere Stimmen, kann die 33

Satzung des Landesinnungsverbandes bestimmen, dass diese **uneinheitlich** abgegeben werden können, § 83 Abs. 2 S. 2.

C. Zusammensetzung des Vorstands (§ 83 Abs. 3)

34 Die Mitglieder des Vorstandes des Landesinnungsverbandes werden grds. von der Mitgliederversammlung gewählt, dh von den Vertretern der Mitglieder (§§ 83 Abs. 1 Nr. 3, 66 Abs. 1 S. 1; Detterbeck § 84 Rn. 4; Honig/Knörr Rn. 3). Die Satzung des Landesinnungsverbandes kann jedoch vorsehen, dass bis zur Hälfte der Vorstandsmitglieder **sog. geborene Vorstandsmitglieder** sind, die nicht gewählt werden, § 83 Abs. 3. Aus der Satzung des Landesinnungsverbandes muss sich dann auch ergeben, wer ein geborenes Vorstandsmitglied ist (Schwannecke/Webers Rn. 4).

§ 84 [Anschluss von handwerksähnlichen Betrieben]

¹Durch die Satzung kann bestimmt werden, daß sich Vereinigungen von Inhabern handwerksähnlicher Betriebe oder Inhaber handwerksähnlicher Betriebe einem Landesinnungsverband anschließen können. ²In diesem Fall obliegt dem Landesinnungsverband nach Maßgabe der §§ 81 und 82 auch die Wahrnehmung der Interessen des handwerksähnlichen Gewerbes. ³§ 83 Abs. 2 gilt entsprechend für die Vertretung des handwerksähnlichen Gewerbes in der Mitgliederversammlung.

Literatur: Leisner Walter Georg, Die Gründung einer eigenständigen Innung durch eine Fachgruppe nach vorheriger Ausgliederung aus einer Sammelinnung, LFI-Schriftenreihe 2012

Überblick

Durch die Regelung des § 84 S. 1 wollte der Gesetzgeber auch dem **handwerksähnlichen Gewerbe** die Möglichkeit eröffnen sich einem Landesinnungsverband anzuschließen (→ Rn. 2). Die Reglung des § 84 hat jedoch aufgrund der Reformierungen der HwO aus dem Jahre 1998 und 2004, in dem die Rechte des handwerksähnlichen Gewerbes gestärkt wurden, an Bedeutung verloren (→ Rn. 3), kommt aber weiterhin zur Anwendung, wenn das handwerksähnliche Gewerbe die Voraussetzungen für eine Mitgliedschaft in einer Innung nicht erfüllen sollte (→ Rn. 5). Besteht die Möglichkeit eine Mitgliedschaft von Vereinigungen von Inhabern handwerksähnlicher Gewerbe oder von Inhabern handwerksähnlicher Betriebe muss der Landesinnungsverband die Vorgaben des § 84 S. 2 bzgl. seiner **Aufgaben** (→ Rn. 7) und die Vorgaben des § 84 S. 3 bzgl. der **Zusammensetzung der Mitgliederversammlung** (→ Rn. 8) beachten.

A. Historie

1 Die Regelung des § 84 wurde im Zuge der Novellierung der HwO aus dem Jahre 1965 neu eingeführt (BGBl. 1966 I 1 (16); Schwannecke Rn. 1).

B. Anschluss handwerksähnlicher Gewerbe

I. Mitgliedschaft (§ 84 S. 1)

2 Durch die Regelung des § 84 S. 1 wollte der Gesetzgeber auch dem handwerksähnlichen Gewerbe die Möglichkeit eröffnen sich einem Landesinnungsverband anzuschließen. Nach dem Wortlaut der Regelung des § 79 Abs. 1 S. 1 können sich Innungen des „gleichen Handwerks oder sich fachlich oder wirtschaftlich nahestehender Handwerke im Bezirk eines Landes" zusammenschließen. § 79 Abs. 3 bestimmt, dass „selbständige Handwerker dem Landesinnungsverband ihres Handwerks als Einzelmitglieder beitreten können". Nach § 79 besteht eine Beschränkung der Mitgliedschaft zum Landesinnungsverband auf das selbständige Handwerk. Eine Erweiterung will § 84 vornehmen, indem er auch dem handwerksähnlichen Gewerbe, unter bestimmten Voraussetzungen, eine Mitgliedschaft im Landesinnungsverband ermöglicht.

Die Reglung des § 84 hat jedoch aufgrund der Reformierungen der HwO aus dem Jahre 3
1998 und 2004 an Bedeutung eingebüßt (vgl. Honig/Knörr Rn. 1).

Dem Gewerbe des handwerksähnlichen Gewerbes (heutige B2-Berufe) wurde im Lichte 4
der Novellierungen der HwO von 1998 und 2004 schrittweise das Recht der Interessenvertretung in Form von Innungen zugebilligt: Infolge der Reform der HwO von 1998 (BGBl. I 1998, 3074 ff.) wurde dem handwerksähnlichen Gewerbe die Möglichkeit eröffnet sich einer Innung mit Öffnungsklausel (→ § 52 Rn. 17) anzuschließen. Die Rechte des handwerksähnlichen Gewerbes wurden im Zuge der Novelle der HwO von 2004 (BGBl. I 2003, 2934 ff.) weiter gestärkt. Unter Beachtung des gesetzlich normierten Erfordernisses, des Bestehens einer eigenen Ausbildungsordnung für das jeweilige handwerksähnliche Gewerbe, kommt nunmehr eine eigene Interessenvertretung in Form einer Innung in Reinform (→ § 52 Rn. 20) in Betracht. Alternativ ist die Wahrnehmung ihrer Interessen durch eine Sammelinnung (→ § 52 Rn. 21) möglich (vgl. insgesamt Leisner, W.G., Die Gründung einer eigenständigen Innung durch eine Fachgruppe nach vorheriger Ausgliederung aus einer Sammelinnung, LFI 2012, S. 41 f.). Demnach hat auch das handwerksähnliche Gewerbe nunmehr die Möglichkeit Mitglied einer Innung zu sein. Nach dem Wortlaut des § 52 Abs. 1 S. 1 Alt. 1–3 „Inhaber von Betrieben des gleichen zulassungspflichtigen Handwerks oder des gleichen zulassungsfreien Handwerks oder des gleichen handwerksähnlichen Gewerbes" im Rahmen einer eigenen Innung ihre eigenen Interessen vertreten lassen. Dies hat zur Folge, dass die Interessen des handwerksähnlichen Gewerbes auch im Landesinnungsverband berücksichtigt werden, wenn das handwerksähnliche Gewerbe in der Innung vertreten ist und die Innung Mitglied im Landesinnungsverband ist. Auch eine Einzelmitgliedschaft aus dem Bereich des handwerksähnlichen Gewerbes müsste damit möglich sein. Ein Rückgriff auf die Regelung des § 84 bedürfte es insoweit nicht mehr.

Die Regelung des § 84 hat aber dann weiterhin Bedeutung, wenn das handwerksähnliche 5
Gewerbe die Voraussetzungen für die Mitgliedschaft in einer Innung nicht erfüllen sollte. Dann besteht über die Regelung des § 84 S. 1 die Möglichkeit, dass Vereinigungen von Inhabern handwerksähnlicher Gewerbe oder Inhaber handwerksähnlicher Betriebe sich einem Landesinnungsverband anschließen können. Ein solcher Anschluss ist möglich, wenn der Landesinnungsverband durch eine entsprechende Regelung in seiner **Satzung** sich dafür öffnen möchte (§ 84 S. 1). Des Weiteren sollte, auch wenn der Wortlaut des § 84 dies nicht ausdrücklich fordert, ein fachliches oder wirtschaftliches Näheverhältnis zwischen dem handwerksähnlichen Gewerbe und dem Handwerk, für das der Landesinnungsverband errichtet wurde, bestehen, um eines sachgerechte Interessenvertretung zu ermöglichen (Detterbeck Rn. 1; Schwannecke Rn. 2).

Besteht die Möglichkeit eine Mitgliedschaft von Vereinigungen von Inhabern handwerks- 6
ähnlicher Gewerbe oder von Inhabern handwerksähnlicher Betriebe muss der Landesinnungsverband die Vorgaben des § 84 S. 2 bzgl. seiner Aufgaben (→ Rn. 7) und die Vorgaben des § 84 S. 3 bzgl. der Zusammensetzung der Mitgliederversammlung (→ Rn. 8) beachten.

II. Aufgaben (§ 84 S. 2)

§ 84 S. 2 stellt klar, dass der Landesinnungsverband im Rahmen seiner Aufgabenerfüllung 7
nach §§ 81, 82 auch die Interessen der handwerksähnlichen Gewerbes wahrnehmen muss, wenn er sich für eine Mitgliedschaft des handwerksähnlichen Gewerbes durch eine entsprechende Satzungsregelung geöffnet hat.

III. Vertretung in der Mitgliederversammlung (§ 84 S. 3)

Nach § 84 S. 3 gilt die Regelung des § 83 Abs. 2 entsprechend für die Vertretung des 8
handwerksähnlichen Gewerbes in der Mitgliederversammlung. 83 Abs. 2 bestimmt die Zusammensetzung der Mitgliederversammlung des Landesinnungsverbandes und das Stimmrecht in ihr (→ § 83 Rn. 31 ff.). Die Mitgliederversammlung besteht dann auch aus Vertretern des angeschlossenen handwerksähnlichen Gewerbes, die in der Mitgliederversammlung stimmberechtigt sind.

§ 85 [Bundesinnungsverband]

(1) Der Bundesinnungsverband ist der Zusammenschluß von Landesinnungsverbänden des gleichen Handwerks oder sich fachlich oder wirtschaftlich nahestehender Handwerke im Bundesgebiet.

(2) ¹Auf den Bundesinnungsverband finden die Vorschriften dieses Abschnitts sinngemäß Anwendung. ²Die nach § 80 erforderliche Genehmigung der Satzung und ihrer Änderung erfolgt durch das Bundesministerium für Wirtschaft und Energie.

Überblick

Der Bundesinnungsverband ist ein privatrechtlicher Spitzenverband auf Bundesebene. Die Landesinnungsverbände des gleichen Handwerks oder sich fachlich oder wirtschaftlich nahestehender Handwerke können sich innerhalb des Bundesgebietes zu einem Bundesinnungsverband zusammenschließen, § 85 Abs. 1 (→ Rn. 1). Die Mitgliedschaft ist **freiwillig** (→ Rn. 9). Nach der **Verweisungsnorm** des § 85 Abs. 2 S. 1 sind die Vorschriften zu den Landesinnungsverbänden (§§ 79–84) sinngemäß anzuwenden (→ Rn. 2 ff.).

A. Bundesinnungsverband

1   Nach der Definition des § 85 Abs. 1 ist der Bundesinnungsverband ein „Zusammenschluß von Landesinnungsverbänden des gleichen Handwerks oder sich fachlich oder wirtschaftlich nahestehender Handwerke im Bundesgebiet". Das Gebiet des Bundesinnungsverbandes erstreckt sich auf das Bundesgebiet.

B. Anwendung der Normen zu den Landesinnungsverbänden

2   Nach der **Verweisungsnorm** des § 85 Abs. 2 S. 1 sind die Vorschriften des Zweiten Abschnitts des Vierten Teils der HwO, dh die §§ 79–84 zu den Landesinnungsverbänden sinngemäß anzuwenden (vgl. die entsprechenden Kommentierungen zu den Landesinnungsverbänden).

I. Rechtsform, Rechtsfähigkeit

3   Der Bundesinnungsverband ist eine **juristische Person des Privatrechts**, §§ 85 Abs. 2 S. 1, 80 S. 1 Hs. 1.

4   Die **Rechtsfähigkeit** erlangt der Bundesinnungsverband infolge der Genehmigung der Satzung durch das Bundesministerium für Wirtschaft und Energie (§§ 85 Abs. 2 S. 1, 80 S. 1 Hs. 2 iVm § 85 Abs. 2 S. 2; → § 80 Rn. 4; vgl. zur Änderung der Bezeichnung des Ministeriums BGBl. 2015 I 1474 (1515)). Die Genehmigung der Satzung des Bundesinnungsverbandes bzw. die Genehmigung ihre Änderung kann nur erteilt werden, wenn sie mit höherrangigem Recht vereinbar ist. Die **Satzung** muss die Mindestinhalte aufweisen, die sich aus §§ 85 Abs. 2 S. 1, 80 S. 4, 83 Abs. 1 Nr. 1 iVm den entsprechenden Regelungen des § 55 aufweisen (→ § 80 Rn. 10, vgl. zur Orientierung die Mustersatzung für Bundesinnungsverbände abgedruckt bei Schwannecke Ordnungsnummer 805). Der Bundesinnungsverband hat einen **Anspruch auf Satzungsgenehmigung**, wenn die Satzung nicht gegen höherrangiges Recht verstößt (→ § 80 Rn. 8).

5   Dem Bundesinnungsverband kann die **Rechtsfähigkeit entzogen** werden, wenn er einen anderen als den in der Satzung bestimmten Zweck verfolgt (§§ 85 Abs. 2 S. 1, 83 Abs. 1 Nr. 4 iVm §§ 43, 44 BGB; → § 83 Rn. 15).

II. Organe

6   Nach §§ 85 Abs. 2 S. 1, 83 Abs. 1 Nr. 2, 60 sind **Organe** des Bundesinnungsverbandes die Mitgliederversammlung, der Vorstand und die Ausschüsse.

7   Die Zusammensetzung der **Mitgliederversammlung** ergibt sich aus §§ 85 Abs. 2 S. 1, 83 Abs. 2 und ihre Befugnisse aus §§ 85 Abs. 2 S. 1, 83 Abs. 1 Nr. 2 iVm den entsprechenden

Regelungen des § 61, die sinngemäß anzuwenden sind. Die Einberufung und das Stimmrecht in der Mitgliederversammlung regeln §§ 85 Abs. 2 S. 1, 83 Abs. 1 Nr. 3, 62, 64.

Die Zusammensetzung des **Vorstands** ergibt sich aus §§ 85 Abs. 2 S. 1, 83 Abs. 3 und seine Befugnisse aus §§ 85 Abs. 2 S. 1, 83 Abs. 1 Nr. 3, 66. **8**

III. Mitgliedschaft

Der Bundesinnungsverband ist nach § 85 Abs. 1 ein freiwilliger Zusammenschluss von Landesinnungsverbänden des gleichen Handwerks oder sich fachlich oder wirtschaftlich nahestehender Handwerke. Die Landesinnungsverbände des gleichen Handwerks, dh einer Fachrichtung können sich innerhalb des Bundesgebietes zu einem Bundesinnungsverband zusammenschließen. Möglich ist auch der Zusammenschluss von Landesinnungsverbände die sich fachlich oder wirtschaftlich nahestehen (→ § 79 Rn. 13). Die Mitgliedschaft der Landesinnungsverbände im Bundesinnungsverband ist **freiwillig** (→ § 79 Rn. 15). **9**

Daneben kann die Satzung des Bundesinnungsverbandes bestimmen, dass auch selbständige Handwerker, aus dem entsprechenden Fachgebiet, dem Bundesinnungsverband als **Einzelmitglieder** beitreten können, §§ 85 Abs. 2 S. 1, 79 Abs. 3 (→ § 79 Rn. 21). Mitglieder können auch **Innungen** des entsprechenden Handwerks sein (Detterbeck Rn. 1; Schwannecke Rn. 3). Der Bundesinnungsverband kann auch **Gastmitglieder** und **Ehrenmitglieder** aufnehmen (§§ 85 Abs. 2 S. 1, 83 Abs. 1 Nr. 3, 59; → Rn. 10.1). Ein Anschluss der Inhaber **handwerksähnlicher Betriebe** und Vereinigungen von Inhabern handwerksähnlicher Betriebe ergibt sich aus §§ 85 Abs. 2 S. 1, 84 (→ Rn. 10.2). **10**

§ 5 der Mustersatzung für Bundesinnungsverbände (abgedruckt bei Schwannecke Ordnungsnummer 805) regelt zur **Mitgliedschaft**: **10.1**

„(1) Landesinnungsverbände der in § 2 genannten Handwerke sind berechtigt, dem Bundesinnungsverband als Mitglied beizutreten.

(2) Zum Erwerb der Mitgliedschaft bei dem Bundesinnungsverband sind ferner Handwerksinnungen der in § 2 genannten Handwerke berechtigt, wenn der Landesinnungsverband, dem sie angehören, dem Bundesinnungsverband nicht angeschlossen ist, oder wenn im Bereich ihres Landes ein Landesinnungsverband für die in dem Bundesinnungsverband zusammengeschlossenen Handwerke nicht besteht.

(3) Selbständige Handwerker, die mit einem in § 2 genannten Handwerk in der Handwerksrolle eingetragen sind, sind berechtigt, dem Bundesinnungsverband als Einzelmitglied beizutreten, wenn die Handwerksinnung, der sie angehören, dem Bundesinnungsverband oder einem Landesinnungsverband, der Mitglied des Bundesinnungsverband ist, nicht angeschlossen ist, oder wenn eine Handwerksinnung nicht besteht.

(4) Personen, die sich um die Förderung des Bundesinnungsverbandes oder eines der von ihm umfaßten Handwerke besondere Verdienste erworben haben, können durch Beschluss der Mitgliederversammlung zu Ehrenmitgliedern ernannt werden. Ehrenmitglieder können an der Mitgliederversammlung mit beratender Stimme teilnehmen."

§ 6 der Mustersatzung für Bundesinnungsverbände (abgedruckt bei Schwannecke Ordnungsnummer 805) regelt zur **Mitgliedschaft**: **10.2**

„(1) Vereinigungen von Inhabern handwerksähnlicher Betriebe, die für ein Gewerbe gebildet worden sind, das einem der in § 2 genannten Handwerke fachlich nahesteht, können Mitglieder des Bundesinnungsverbandes werden. § 5 Abs. 3 gilt entsprechend.

(2) In den Fällen des Absatzes 1 obliegt dem Bundesinnungsverband nach Maßgabe der §§ 3 und 4 auch die Wahrnehmung der Interessen des betreffenden handwerksähnlichen Gewerbes."

IV. Sog. „Ausschließlichkeitsanspruch"

Nach der Regelung des §§ 85 Abs. 2 S. 1, 79 Abs. 2 S. 1 kann innerhalb des Bundesgebietes grds. nur ein Bundesinnungsverband für dasselbe Handwerk oder für sich fachlich oder wirtschaftlich nahestehende Handwerke gebildet werden. Im Regelfall ergibt ein sog. „Ausschließlichkeitsanspruch" des Bundesinnungsverbandes eines Handwerks bzw. sich fachlich oder wirtschaftlich nahestehender Handwerke auf Bundesebene. Von dieser Regel kann ausnahmsweise abgewichen werden, wenn das Bundesministerium für Wirtschaft und Energie dies zulässt, §§ 85 Abs. 2 S. 1, 79 Abs. 2 S. 2. Ob im Einzelfall eine Ausnahmegenehmigung erteilt wird, steht im Ermessen des Bundesministeriums für Wirtschaft und Energie, die dieses pflichtgemäß ausüben muss (vgl. dazu → § 79 Rn. 19 f.). **11**

V. Aufgaben

12 Die **Pflichtaufgaben** des Bundesinnungsverbandes ergeben sich in sinngemäßer Anwendung der §§ 85 Abs. 2 S. 1, 81 Abs. 1 (→ § 81 Rn. 2 ff.). Daneben kann der Bundesinnungsverband auch **freiwillige Aufgaben** gem. §§ 85 Abs. 2 S. 1, 81 Abs. 2 und § 82 erfüllen (→ § 81 Rn. 7; → § 82 Rn. 2 ff.; vgl. zur Tariffähigkeit BAG AP TVG § 2 Nr. 29).

VI. Haftung

13 Die **Haftung** des Bundesinnungsverbandes regelt §§ 85 Abs. 2 S. 1, 83 Abs. 1 Nr. 3, 74.

VII. Auflösung, Insolvenz, Liquidation

14 Die **Auflösung** des Bundesinnungsverbandes infolge Beschlusses der Mitgliederversammlung regelt §§ 85 Abs. 2 S. 1, 83 Abs. 1 Nr. 4 iVm § 41 BGB (→ § 83 Rn. 13).
15 Die **Insolvenz** des Bundesinnungsverbandes richtet sich nach den Regelungen des §§ 85 Abs. 2 S. 1, 83 Abs. 1 Nr. 4 iVm § 42 BGB (→ § 83 Rn. 14).
16 In entsprechender Anwendung der §§ 85 Abs. 2 S. 1, 83 Abs. 1 Nr. 4 iVm § 45 BGB wird der **Anfall des Vermögens** des Bundesinnungsverbandes im Falle der Auflösung und der Entziehung der Rechtsfähigkeit geregelt (→ § 83 Rn. 16). §§ 85 Abs. 2 S. 1, 83 Abs. 1 Nr. 4 iVm §§ 47–53 BGB regelt die **Liquidation** des Vermögens des Bundesinnungsverbandes (→ § 83 Rn. 17 ff.).

Dritter Abschnitt: Kreishandwerkerschaften

§ 86 [Kreishandwerkerschaft]

¹Die Handwerksinnungen, die in einem Stadt- oder Landkreis ihren Sitz haben, bilden die Kreishandwerkerschaft. ²Die Handwerkskammer kann eine andere Abgrenzung zulassen.

Literatur: Dürr Wolfram, Zum Recht der Innungen und Kreishandwerkerschaften, GewArch 2009, 54 ff. und 107 ff.; Dürr Wolfram, Kreishandwerkerschaften- Eine Nachlese, GewArch 2010, 102 ff.; Fabri Andreas, De iure oder de facto?, GewArch 2009, 481 ff.; Fröhler Ludwig/Kormann Joachim, Die Auswirkungen staatlicher Gebietsreformen auf den Bezirk von Handwerksinnungen, GewArch 1976, 313 ff.; Kreppner Oskar, Auswirkungen der Gebietsreform auf die Handwerksorganisation, GewArch 1971, 121 ff.; Leisner Walter Georg, Die körperschaftliche Rechtsform bei Innungen, Kreishandwerkerschaften und Landesinnungsverbänden: Öffentlich-rechtlicher oder privatrechtlicher Status?, LFI 2010/11; Leisner, Walter Georg, Die Gründung einer eigenständigen Innung durch eine Fachgruppe nach vorheriger Ausgliederung aus einer Sammelinnung, LFI 2012; Will Martin, Selbstverwaltung der Wirtschaft, 2010

Überblick

Die Kreishandwerkerschaft ist ein Zusammenschluss sämtlicher Innungen, die ihren Sitz im Bezirk der Kreishandwerkerschaft haben. Es besteht eine **Pflichtmitgliedschaft** der Innungen kraft Gesetzes (→ Rn. 6 f.). Im Regelfall entspricht der **Bezirk** der Kreishandwerkerschaft einem Stadt- oder Landkreis (→ Rn. 4). Bei dieser zwingenden gesetzlichen Zuweisung bleibt es, solange die Handwerkskammer den Bezirk der Kreishandwerkerschaft nicht anders abgrenzt.

A. Kreishandwerkerschaft – Überblick

1 Nach der Regelung des § 86 S. 1 bilden alle Innungen, „die in einem Stadt- oder Landkreis ihren Sitz haben (…), die Kreishandwerkerschaft". Mitglieder der Kreishandwerkerschaft sind demnach fachübergreifend alle Innungen eines Stadt- oder Landkreises. Die Handwerkskammer als Aufsichtsbehörde kann auch eine andere räumliche Abgrenzung des **Bezirks** der Kreishandwerkerschaft zulassen, § 86 S. 2 (→ Rn. 4). Anzusiedeln sind die Kreishandwerkerschaften im Geflecht der Handwerksorganisationen auf **Kreisebene** und damit neben

den Innungen auf unterster Stufe der Interessenvertretung des Handwerks (Leisner, W.G., Die Gründung einer eigenständigen Innung durch eine Fachgruppe nach vorheriger Ausgliederung aus einer Sammelinnung, LFI 2012, 21).

Die §§ 86–88 enthalten nur lückenhafte Regelungen zu den Kreishandwerkerschaften. Aufgrund der Verweisungsnorm des § 89 sind einige der zahlreichen Innungsvorschriften auf die Kreishandwerkerschaft entsprechend anwendbar. Die Kreishandwerkerschaft erlangt ihre **Rechtsfähigkeit** infolge der Genehmigung ihrer Satzung durch die zuständige Handwerkskammer (§ 89 Abs. 1 Nr. 2, 56 Abs. 1). Zu den Kreishandwerkerschaften, die ihrer Rechtsform nach **Körperschaften des Öffentlichen Rechts** sind (§§ 89 Abs. 1 Nr. 1, 53), besteht eine **Pflichtmitgliedschaft** der Innungen, die selbst jedoch auf einer freiwilligen Mitgliedschaft beruhen. Die Kreishandwerkerschaft weist eine **Organstruktur** auf, bestehend aus der Mitgliederversammlung (§ 88), dem Vorstand und den Ausschüssen (§§ 89 Abs. 1 Nr. 3, 60). Die von den Kreishandwerkerschafen zu erfüllenden **Aufgaben** ergeben sich aus § 87, wobei Grundaufgabe die Vertretung der Interessen der Innungsmitglieder ist. **Aufsichtsbehörde** über die Kreishandwerkerschaft ist die zuständige Handwerkskammer, §§ 89 Abs. 1 Nr. 5, 75. Die **Auflösung** der Kreishandwerkerschaft durch die Handwerkkammer ist in den gesetzlich genannten Fällen des §§ 89 Abs. 1 Nr. 5, 76 möglich. 2

B. Die Historische Entwicklung der Kreishandwerkerschaften

Die Kreishandwerkerschaften entstanden 1934 basierend auf den Innungsausschüssen, die im Jahre 1881 eingeführt wurden (ausf. Will, Selbstverwaltung der Wirtschaft, 2010, 522; Kormann, Zur Struktur der Aufsicht über Innungen und Kreishandwerkerschaften, 1986, 34; Leisner W.G., Die körperschaftliche Rechtsform bei Innungen, Kreishandwerkerschaften und Landesinnungsverbänden: Öffentlich-rechtlicher oder privatrechtlicher Status?, LFI 2010/11, 95 f.). Im Zuge der Innungsnovelle von 1881 zur Gewerbeordnung wurde den Innungen gestattet sich freiwillig in Innungsausschüssen zusammenzuschließen (Will, Selbstverwaltung der Wirtschaft, 2010, 568 f.). Innungen, die unter der Aufsicht der gleichen Aufsichtsbehörde standen, konnten einen gemeinsamen freiwilligen Innungsausschuss bilden, der die Aufgabe hatte die gemeinsamen Interessen der beteiligten Innungen zu vertreten (Will, Selbstverwaltung der Wirtschaft, 2010, 569). Durch die Novelle zur Gewerbeordnung von 1897 wurden die Landeszentralbehörden ermächtigt den Innungsausschüssen körperschaftliche Rechte zu verleihen (Kormann, Zur Struktur der Aufsicht über Innungen und Kreishandwerkerschaften, 1986, 35 f.; Leisner W.G., Die körperschaftliche Rechtsform bei Innungen, Kreishandwerkerschaften und Landesinnungsverbänden: Öffentlich-rechtlicher oder privatrechtlicher Status?, LFI 2010/11, 96). Die freiwilligen Innungsausschüsse wurden im Wege der Ersten Verordnung über den vorläufigen Aufbau des deutschen Handwerks vom 15.06.1934 (RGBl. 1934 I 493 ff. – Erste HandwerksVO) durch die obligatorischen Kreishandwerkerschaften ersetzt; der Begriff der „Kreishandwerkerschaft" wurde eingeführt (Will, Selbstverwaltung der Wirtschaft, 2010, 569, 599; Kormann, Zur Struktur der Aufsicht über Innungen und Kreishandwerkerschaften, 1986, 36; Detterbeck Rn. 1). IRd Erste HandwerksVO wurde geregelt, dass die Kreishandwerkerschaften zwangsweise Zusammenschlüsse der Innungen sind, ihr Bezirk sich mit einem Stadt- oder Landkreis decken sollte, sie ihrer Rechtsform nach Körperschaften des Öffentlichen Rechts sind und der Aufsicht der Handwerkskammer unterliegen (Kormann, Zur Struktur der Aufsicht über Innungen und Kreishandwerkerschaften, 1986, 36). Im Jahre 1943 wurde im Zuge der Zielverfolgung der Zusammenfassung der gewerblichen Wirtschaft in einheitliche Gauwirtschaftskammern die Änderung der bisherigen Kammerorganisation angeordnet und den Kreishandwerkerschaften die Rechtsform als Körperschaft des Öffentlichen Rechts aberkannt (Sechste Verordnung zur Durchführung der Verordnung über die Vereinfachung und Vereinheitlichung der Organisation der gewerblichen Wirtschaft vom 23.3.1943 (RGBl. 1943 I 158); Will, Selbstverwaltung der Wirtschaft, 2010, 605; Detterbeck Rn. 1). Nach Kriegsende wurden die nationalsozialistischen Gauwirtschaftskammern durch die Besatzungsmächte aufgelöst (Will, Selbstverwaltung der Wirtschaft, 2010, 605). Die Kreishandwerkerschaften in ihrer jetzigen Ausgestaltung, wurden durch die Handwerksordnung von 1953 wieder geschaffen, nachdem es in den einzelnen Besatzungszonen zu unterschiedlichen Entwicklungen der Handwerksorganisationen kam (Kormann, Zur Struktur der Aufsicht über Innungen und Kreishandwer- 3 kerschaften, 1986, 36; vgl. Will, Selbstverwaltung der Wirtschaft, 2010, 605 ff. zu den Entwicklungen in den einzelnen Besatzungszonen).

C. Bezirk der Kreishandwerkerschaft

4   Im Regelfall entspricht der Bezirk der Kreishandwerkerschaft einem **Stadt- oder Landkreis** (§ 86 S. 1). Bei dieser zwingenden gesetzlichen Zuweisung bleibt es, solange die Handwerkskammer den Bezirk der Kreishandwerkerschaft nicht anders abgrenzt (OVG Münster GewArch 1975, 93 (94)). Die Befugnis der Handwerkskammer zur anderweitigen Abgrenzung des Bezirks der Kreishandwerkerschaft soll sicherstellen, dass leistungsfähige Kreishandwerkerschaften bestehen, so dass ggf. nicht leistungsfähige Kreishandwerkerschaften zusammengefasst werden können und große Kreishandwerkerschaften geteilt werden können (Honig/Knörr Rn. 2; Detterbeck Rn. 4; Schwannecke/Brandt Rn. 2; BT-Drs. IV/ 3461zu Nr. 60; vgl. zu Fusionen bei Kreishandwerkerschaften Dürr GewArch 2009, 54 (57 ff.), Fabri GewArch 2009, 481 (482 f.) und Dürr GewArch 2010, 102 (105). Die Ausnahmeregelung des § 86 S. 2 wurde im Zuge der Novelle der HwO im Jahre 1965 eingeführt (BGBl. 1966 I 1 (16); BT-Drs. IV/ 3461zu Nr. 60; Schwannecke/Brandt Rn. 2).

5   Eine Änderung im Bestand der jeweiligen kommunalen Gebietskörperschaft (kommunale Neugliederung) soll sich auch auf den Bestand und die Befugnisse der Kreishandwerkerschaft auswirken (OVG Münster GewArch 1975, 93 (94); Kreppner GewArch 1971, 121 (122); vgl. Fröhler/Kormann GewArch 1976, 313 ff. zu den Innungen; aA VG Köln GewArch 1973, 207 ff.).

D. Mitgliedschaft der Innungen

6   Die Kreishandwerkerschaft als Selbstverwaltungskörperschaft besteht handwerksübergreifend aus alle **Innungen**, die in ihrem Bezirk ihren Sitz haben (Honig/Knörr Rn. 1). Die Besonderheit besteht darin, dass die Innungen als Mitglieder der Kreishandwerkerschaft selbst Selbstverwaltungskörperschaften der Wirtschaft sind (Will, Selbstverwaltung der Wirtschaft, 2010, 720). Natürliche Personen, etwa selbständige Handwerker, können nicht Mitglieder sein (Will, Selbstverwaltung der Wirtschaft, 2010, 698; Honig/Knörr Rn. 3; Schwannecke/Brandt Rn. 3).

7   Die Innungen sind **Pflichtmitglieder** der Kreishandwerkerschaft („bilden" in § 86 S. 1) (Honig/Knörr Rn. 3; Schwannecke/Brandt Rn. 3; VG Freiburg GewArch 1970, 220 (220)). Dies ergibt sich auch daraus, dass § 89 Abs. 1 Nr. 1 den § 55 Abs. 2 Nr. 3 ausdr. aus der Verweisung herausnimmt und damit in der Satzung der Kreishandwerkerschaft keine Regelungen zum Eintritt, Austritt und Ausschluss der Innungsmitglieder enthalten sind (Schwannecke/Brandt Rn. 4; VG Freiburg GewArch 1970, 220 (220)).

8   Die gesetzliche Zwangsmitgliedschaft der Innungen bei der Kreishandwerkerschaft verstößt nicht gegen das Grundrecht der negativen Koalitionsfreiheit (Art. 9 Abs. 3 GG; VG Freiburg GewArch 1970, 220 (220)) und auch das Grundrecht der einzelnen Innungsmitglieder auf freie Berufsausübung (Art. 12 Abs. 1 GG) ist nicht verletzt, da diese jederzeit die Mitgliedschaft zu der Innung beenden können und damit auch die „mittelbare Mitgliedschaft" in der Kreishandwerkerschaft (VG Freiburg GewArch 1970, 220 (221)).

9   Es bedarf keines Gründungsaktes der Mitgliedsinnungen für die Bildung der Kreishandwerkerschaft (OVG Münster GewArch 1975, 93 (94); vgl. zur Bildung Dürr GewArch 2009, 54 (57 ff.), Fabri GewArch 2009, 481 (482 f.) und Dürr GewArch 2010, 107 (109)). Die Mitgliedschaft besteht **kraft Gesetzes** durch die Existenz der Innung innerhalb des Bezirks der Kreishandwerkerschaft (OVG Münster GewArch 1975, 93 (94); Detterbeck Rn. 4). Die Pflichtmitgliedschaft der Innungen beginnt kraft Gesetzes mit der Erlangung ihrer Rechtsfähigkeit und endet mit dem Verlust der Rechtsfähigkeit der Innung (Leisner, W.G. Die Gründung einer eigenständigen Innung durch eine Fachgruppe nach vorheriger Ausgliederung aus einer Sammelinnung, LFI 2012. S. 22; Honig/Knörr Rn. 3; Schwannecke/Brandt Rn. 4). Ein Austritt der Innung aus der Kreishandwerkerschaft ist nicht möglich (VG Freiburg GewArch 1970, 220 (220)). Maßgeblich für die Zuordnung der Innung zu einer Kreishandwerkerschaft ist der Sitz der Innung, der im Bezirk der Kreishandwerkerschaft liegt (Will, Selbstverwaltung der Wirtschaft, 2010, 698; Honig/Knörr Rn. 3; Detterbeck Rn. 3; Schwannecke/Brandt Rn. 3).

§ 87 [Aufgaben]

Die Kreishandwerkerschaft hat die Aufgabe,
1. die Gesamtinteressen des selbständigen Handwerks und des handwerksähnlichen Gewerbes sowie die gemeinsamen Interessen der Handwerksinnungen ihres Bezirks wahrzunehmen,
2. die Handwerksinnungen bei der Erfüllung ihrer Aufgaben zu unterstützen,
3. Einrichtungen zur Förderung und Vertretung der gewerblichen, wirtschaftlichen und sozialen Interessen der Mitglieder der Handwerksinnungen zu schaffen oder zu unterstützen,
4. die Behörden bei den das selbständige Handwerk und das handwerksähnliche Gewerbe ihres Bezirks berührenden Maßnahmen zu unterstützen und ihnen Anregungen, Auskünfte und Gutachten zu erteilen,
5. die Geschäfte der Handwerksinnungen auf deren Ansuchen zu führen,
6. die von der Handwerkskammer innerhalb ihrer Zuständigkeit erlassenen Vorschriften und Anordnungen durchzuführen; die Handwerkskammer hat sich an den hierdurch entstehenden Kosten angemessen zu beteiligen.

Literatur: Aberle Hans-Jürgen, Inkassotätigkeit von Kreishandwerkerschaften, GewArch 1970, 1 ff.; Creutzig Jürgen, Noch einmal: Inkassotätigkeit von Kreishandwerkerschaften, GewArch 1970, 124 ff.; Heck Hans-Joachim, Kreishandwerkerschaften und Rechtsberatungsgesetz, GewArch 1982, 48 ff.; Heck Hans-Joachim, Schieds-, Schlichtungs- und Inkassowesen im Handwerk, WiVerw 1999, 100 ff.; Kormann Joachim/Lutz Helmut/Rührmair Alfred, Service-Einrichtungen der Handwerksorganisationen als Gesellschaften des Privatrechts, GewArch 2003, 89 ff.; Kormann Joachim/Schinner-Stör Ute, Rechtsdienstleistungen durch öffentlich-rechtliche Handwerksorganisationen, GewArch 2004, 265 ff.; Scholtissek Friedrich-Karl, Der Umfang der Hilfeleistung der Kreishandwerkerschaften in Steuersachen, GewArch 1991, 210 ff.; Vetter Heinz Oskar, Gebühren für Inkassotätigkeit der Kreishandwerkerschaften, GewArch 1970, 199 ff.; Will Martin, Selbstverwaltung der Wirtschaft, 2010

Überblick

§ 87 regelt die **Pflichtaufgaben** der Kreishandwerkerschaft (→ Rn. 3). Der Katalog des § 87 Nr. 1–6 (→ Rn. 5 ff.) ist **abschließend**.

A. Historie

§ 87 Nr. 1 und § 87 Nr. 4 wurde im Zuge der Reform der von 1965 um den Zusatz „und des handwerksähnlichen Gewerbes" bzw. „und das handwerksähnliche Gewerbe" ergänzt (BGBl. 1966, 1 (16)). 1

Im Zuge der Reform der HwO von 1965 wurde **§ 87 Nr. 6** eingeführt und um den Hs 2 der Regelung zur Kostenbeteiligung dahingehend ergänzt, dass die Handwerkskammer sich an den Kosten angemessen beteiligt, die der Kreishandwerkerschaft iRd Durchführung der von der Handwerkskammer erlassenen Vorschriften und Anordnungen entstehen (BT-Drs. IV/ 3461zu Nr. 61; Will, Selbstverwaltung der Wirtschaft, 2010, 627; Honig/Knörr Rn. 4).

B. Pflichtaufgaben

Die in § 87 Nr. 1–6 genannten Aufgaben der Kreishandwerkerschaft sind **Pflichtaufgaben** ("hat"), die erfüllt werden müssen (Will, Selbstverwaltung der Wirtschaft, 2010, 711; Honig/Knörr Rn. 1; Detterbeck Rn. 1; Schwannecke/Brandt Rn. 1). Sie stehen nicht im Ermessen der Kreishandwerkerschaft (Will, Selbstverwaltung der Wirtschaft, 2010, 711). Nach dem Wortlaut der Norm ist der Katalog der Pflichtaufgaben **abschließend** (Schwannecke/Brandt Rn. 1). Daneben kann die Kreishandwerkerschaft ggf. **freiwillige Aufgaben** erfüllen, wenn dies in ihrer Satzung geregelt ist und mit ihren Pflichtaufgaben im Einklang steht (Will, Selbstverwaltung der Wirtschaft, 2010, 712; Honig/Knörr Rn. 8; Detterbeck Rn. 1; Schwannecke/Brandt Rn. 1, 11). 3

Unter Beachtung der Auffassung des BVerfG zu den Aufgaben der Innungen, wonach alle Pflichtaufgaben staatliche Aufgaben sind, würde es sich bei den gesetzlich genannten Aufgaben der Kreishandwerkerschaft in § 87 Nr. 1–6 um **staatliche Aufgaben** handeln (vgl. 4

BVerfG zu den Innungen → § 54 Rn. 5)). Einige Vertreter der Literatur lehnen die Einteilung der Rspr. als zu schematisch ab und bevorzugen eine andere Differenzierung: ist die Aufgaben inhaltlich der staatlichen Hoheitsverwaltung zuzurechnen, liegt eine staatliche Aufgabe vor, mit der Folge, dass die Aufgaben aus § 87 Nr. 2, 4, 6 idR als staatliche Aufgabe zu qualifizieren seien (Will, Selbstverwaltung der Wirtschaft, 2010, 712).

I. Wahrnehmung der Gesamtinteressen (§ 87 Nr. 1)

5   Nach § 87 Nr. 1 hat die Kreishandwerkerschaft die Aufgaben „die Gesamtinteressen des selbständigen Handwerks und des handwerksähnlichen Gewerbes sowie die gemeinsamen Interessen der Handwerksinnungen ihres Bezirks wahrzunehmen". Wahrzunehmen sind die Gruppeninteressen des selbständigen Handwerks und des handwerksähnlichen Gewerbes und die der Mitgliedsinnungen, nicht hingegen die Interessen der Gesellen, Lehrlinge und anderer Arbeitnehmer (Will, Selbstverwaltung der Wirtschaft, 2010, 713; Schwannecke/Brandt Rn. 3). Verfolgt werden die gemeinsamen Interessen der vertretenen Gruppen in ihrem Bezirk und nicht die Interessen der Einzelnen. Aufgrund dieser gesetzlichen Aufgabenstellung, die Gesamtinteressen wahrzunehmen, müssen die Kreishandwerkerschaften grundsätzlich das **Neutralitätsgebot** beachten und sind zB dann zur Neutralität verpflichtet, wenn in ihrem Bezirk zwei unterschiedliche Listen im Rahmen der Wahl zur Vollversammlung der Handwerkskammer konkurrieren, so dass sie insoweit keine **Wahlwerbung** betreiben dürfen. Unter Nr. 1 des § 87 gehört etwa die Aufgabe der Kreishandwerkerschaft, eine unerlaubte Ausübung des Handwerks durch Aufklärung und Warnung der Kunden abzuwehren (VGH Mannheim GewArch 1976, 231 ff.).

II. Unterstützung der Innungen (§ 87 Nr. 2)

6   Nach § 87 Nr. 2 hat die Kreishandwerkerschaft die Aufgaben „die Handwerksinnungen bei der Erfüllung ihrer Aufgaben zu unterstützen". Die Aufgaben der Innung ergeben sich aus § 54. Die Kreishandwerkerschaft kann etwa ihr Wissen und ihre Erfahrung den Innungen zu Verfügung stellen und sie unterstützen, indem sie zB Lehrgänge veranstaltet und Fachschulen errichtet (Will, Selbstverwaltung der Wirtschaft, 2010, 714; Schwannecke/Brandt Rn. 4).

III. Förderungs- und Unterstützungseinrichtungen (§ 87 Nr. 3)

7   Die Kreishandwerkerschaft hat die Aufgabe „Einrichtungen zur Förderung und Vertretung der gewerblichen, wirtschaftlichen und sozialen Interessen der Mitglieder der Handwerksinnungen zu schaffen oder zu unterstützen", § 87 Nr. 3. In Betracht kommt etwa die **Einrichtung von Inkassostellen** (→ Rn. 8), die **Beratung in Steuersachen** mit Bezug zur gewerblichen Tätigkeit (→ Rn. 9) und **betriebsbezogene außergerichtliche Rechtsberatung** in geschäftlichen Angelegenheiten (→ Rn. 8) (Will, Selbstverwaltung der Wirtschaft, 2010, 714 ff.). Diese Tätigkeiten unterstützen die wirtschaftlichen Interessen der Innungsmitglieder. Die Kreishandwerkerschaft kann solche Einrichtungen entweder selbst schaffen oder eine solche Einrichtung der Innung unterstützen (Will, Selbstverwaltung der Wirtschaft, 2010, 715). Nach §§ 89 Abs. 1 Nr. 5, 73 Abs. 2 kann die Kreishandwerkerschaft für die Benutzung ihrer Einrichtungen **Gebühren** verlangen (Detterbeck Rn. 4; Kormann/Schinner-Stör GewArch 2004, 265 (272 f.); Heck GewArch 1982, 48 (49); OLG Köln GewArch 1986, 341 ff.).

8   Die Rechtsbetreuung iRd **Inkassotätigkeit** der Kreishandwerkerschaft für die Mitglieder ihrer Innungsmitglieder, für Forderungen die in einem Handwerksbetrieb entstanden sind, ist nach § 8 Abs. 1 Nr. 2 iVm § 2 Abs. 2 RDG (Gesetz über außergerichtliche Rechtsdienstleistungen) möglich, der seinem Wortlaut nach regelt: „Erlaubt sind Rechtsdienstleistungen, (…) die Behörden und juristische Personen des öffentlichen Rechts einschließlich der von ihnen zur Erfüllung ihrer öffentlichen Aufgaben gebildeten Unternehmen und Zusammenschlüsse (…) im Rahmen ihres Aufgaben- und Zuständigkeitsbereichs erbringen." § 2 Abs. 2 RDG regelt: „Rechtsdienstleistung ist, unabhängig vom Vorliegen der Voraussetzungen des (§ 2) Absatzes 1, die Einziehung fremder oder zum Zweck der Einziehung auf fremde Rechnung abgetretener Forderungen, wenn die Forderungseinziehung als eigenständiges Geschäft betrieben wird (Inkassodienstleistung). Abgetretene Forderungen gelten für den bisherigen

Gläubiger nicht als fremd" (Erg. d.d. Verf.) (vgl. dazu insgesamt ausf. Will, Selbstverwaltung der Wirtschaft, 2010, 715; Schwannecke/Brandt Rn. 5; Detterbeck Rn. 4; Honig/Knörr Rn. 12; vgl. zur **Rechtsberatung und Inkassotätigkeit** (noch auf Grundlage des Rechtsberatungsgesetzes (RBG), das am 1.7.2008 außer Kraft getreten ist): BVerwGE 5, 74 ff.; BGH GewArch 1991, 36 ff.; OLG München GewArch 1990, 103 ff.; LG Kleve GewArch 2006, 167 ff.; OLG Bamberg NVwZ 2002, 377 ff.; OLG Hamm GewArch 1983, 27 ff.; OLG Köln GewArch 1986, 341 ff.; Kormann/Lutz/Rührmair GewArch 2003, 89 (94); Heck GewArch 1982, 48 ff.; Kormann/Schinner-Stör GewArch 2004, 265 ff.; Aberle GewArch 1970, 1 ff.; Creutzig GewArch 1970, 124 f.; Vetter GewArch 1970, 199; Heck GewArch 1982, 48 ff.; vgl. Heck WiVerw 1999, 100 (104 f.) mit Auflistung grundlegender gerichtlicher Entscheidungen); vgl. zur **gerichtlichen Vertretung**: Detterbeck Rn. 4, 10; OLG Bamberg NVwZ 2002, 377; LG Kleve GewArch 2006, 167 ff.; Honig/Knörr Rn. 15 f; vgl. zur **Haftung** der Kreishandwerkerschaft bei Rechtsberatung: OLG Düsseldorf GewArch 2002, 205 f.; Kormann/Schinner-Stör GewArch 2004, 265 (271)).

Die **Beratung in Steuersachen** ist durch die Kreishandwerkerschaft nach § 4 Nr. 3 **9** StBerG (Steuerberatungsgesetz) möglich, der seinem Wortlaut nach regelt: „Zur geschäftsmäßigen Hilfeleistung in Steuersachen sind ferner befugt: (…) Behörden und Körperschaften des öffentlichen Rechts sowie die überörtlichen Prüfungseinrichtungen für Körperschaften und Anstalten des öffentlichen Rechts im Rahmen ihrer Zuständigkeit". Die Einschränkung des § 5 Abs. 1 S. 2 StBerG ist zu beachten: „Die in § 4 bezeichneten Personen und Vereinigungen dürfen nur im Rahmen ihrer Befugnis geschäftsmäßig Hilfe in Steuersachen leisten." Die Beratung der Mitglieder der Mitgliedsinnungen in Steuersachen ist nur zulässig, wenn die Hilfestellung in einem sachlichen Zusammenhang mit dem Handwerksbetrieb steht (BGH GewArch 1991, 233 ff.; OLG Karlsruhe GewArch 1993, 29 (29)) (vgl. dazu insgesamt ausführlich Will, Selbstverwaltung der Wirtschaft, 2010, 715; Scholtissek GewArch 1991, 210 ff.; Detterbeck Rn. 5; Schwannecke/Brandt Rn. 5).

IV. Unterstützung der Behörden (§ 87 Nr. 4)

Nach § 87 Nr. 4 hat die Kreishandwerkerschaft die Aufgabe „die Behörden bei den das **10** selbständige Handwerk und das handwerksähnliche Gewerbe ihres Bezirks berührenden Maßnahmen zu unterstützen und ihnen Anregungen, Auskünfte und Gutachten zu erteilen". Diese Aufgabe beruht auf der allgemeinen Pflicht zur Amtshilfe aus Art. 35 Abs. 1 GG (Will, Selbstverwaltung der Wirtschaft, 2010, 716; Detterbeck Rn. 2). Der Begriff der Behörde ist weit auszulegen (→ § 54 Rn. 15).

V. Führung der Geschäfte der Innung (§ 87 Nr. 5)

Nach § 87 Nr. 5 hat die Innung „die Geschäfte der Handwerksinnungen auf deren Ansu- **11** chen zu führen". Liegt ein ausdrückliches Ersuchen der Mitgliedsinnung vor, ist die Kreishandwerkerschaft zur Übernahme der Geschäftsführung verpflichtet (Schwannecke/Brandt Rn. 7; Will, Selbstverwaltung der Wirtschaft, 2010, 717; Detterbeck Rn. 3). In der Praxis übertragen kleine und weniger leistungsfähige Innungen die Geschäftsführung auf die Kreishandwerkerschaft. Für die Übernahme der Geschäftsführung kann die Kreishandwerkerschaft von der Mitgliedinnung ein Entgelt verlangen (OVG Lüneburg GewArch 1999, 125 (125); Detterbeck Rn. 3).

VI. Durchführung der Vorschriften und Anordnungen der Handwerkskammer (§ 87 Nr. 6)

Nach § 87 Nr. 6 hat die Innung „die von der Handwerkskammer innerhalb ihrer Zustän- **12** digkeit erlassenen Vorschriften und Anordnungen durchzuführen; die Handwerkskammer hat sich an den hierdurch entstehenden Kosten angemessen zu beteiligen". Die Kreishandwerkerschaft vollzieht die von der Handwerkskammer im Rahmen ihrer Zuständigkeit erlassenen Vorschriften und ihre Anordnungen. Die Handwerkskammer hat sich an den hierdurch entstandenen Kosten angemessen zu beteiligen. Orientiert am Wortlaut „angemessene Kostenbeteiligung" ergibt sich, dass die Handwerkskammer nicht die vollständigen Kosten erstatten muss (vgl. dazu Will, Selbstverwaltung der Wirtschaft, 2010, 717 f.; Honig/Knörr Rn. 7;

Detterbeck Rn. 8). Eine generelle finanzielle Unterstützung der Kreishandwerkerschaft ordnet § 87 Nr. 6 nicht an (Honig/Knörr Rn. 4; Detterbeck Rn. 8).

§ 88 [Mitgliederversammlung]

¹**Die Mitgliederversammlung der Kreishandwerkerschaft besteht aus Vertretern der Handwerksinnungen. ²Die Vertreter oder ihre Stellvertreter üben das Stimmrecht für die von ihnen vertretenen Handwerksinnungen aus. ³Jede Handwerksinnung hat eine Stimme. ⁴Die Satzung kann bestimmen, daß den Handwerksinnungen entsprechend der Zahl ihrer Mitglieder bis höchstens zwei Zusatzstimmen zuerkannt und die Stimmen einer Handwerksinnung uneinheitlich abgegeben werden können.**

Literatur: Will Martin, Selbstverwaltung der Wirtschaft, 2010

Überblick

Die Mitgliederversammlung ist das **oberste Organ** der Kreishandwerkerschaft. Sie besteht aus den von der Mitgliedsinnung bestimmten **Vertretern** der jeweiligen Innung, § 88 S. 1 (→ Rn. 2). Diese sind in der Mitgliederversammlung **stimm-** und **wahlberechtigt** § 88 S. 2 (→ Rn. 3). Grds. hat jeder Vertreter **eine Stimme**, sofern die Satzung der Kreishandwerkerschaft nicht die Verteilung von **Zusatzstimmen** vorsieht, § 88 S. 3, 4. Die **Einberufung** der Mitgliederversammlung und die **Beschlussfassung** in dieser richtet sich nach § 89 Abs. 1 Nr. 4, der die entsprechende Anwendung des §§ 62 Abs. 1, Abs. 2 S. 1, S. 2 und Abs. 3 vorschreibt (→ Rn. 4). Die Aufgaben der Mitgliederversammlung ergeben sich aufgrund der Verweisung des § 89 Abs. 1 Nr. 3 auf § 61 Abs. 1, Abs. 2 Nr. 1–5, Nr. 7 und hinsichtlich der Beschlussfassung über die Änderung der Satzung aus Nr. 8, die entsprechend anzuwenden sind (→ Rn. 7).

A. Historie

1   Im Wesentlichen enthielt bereits § 81 (1953) eine ähnliche Regelung zum heutigen § 88 (BGBl. 1953 I 1411 (1422)). Im Zuge der Reform der HwO von 1965 wurde der Passus zur einheitlichen Abgabe der Stimmen in § 88 S. 4 geändert (BGBl. 1966 I 1 (16)). Die Regelung des § 81 S. 4 (1953) sah noch vor, dass die Stimmen einer Innung nur einheitlich abgegeben werden können. Dies wurde dahingehend geändert, dass die Stimmen einer Innung nunmehr auch uneinheitlich abgegeben werden können (BT-Drs. IV/3461 zu Nr. 62 mit dem Hinweis, dass § 88 S. 4 an die neu geschaffene Regelung des § 77 Abs. 2 (1953) (heutige § 83 Abs. 2) angepasst werden musste, wonach im Landesinnungsverband die Mitglieder ihre Stimmen auch uneinheitlich abgeben konnten; Schwannecke/Brandt Rn. 4).

B. Mitgliederversammlung

I. Zusammensetzung (§ 88 S. 1)

2   Die Mitgliederversammlung der Kreishandwerkerschaft ist neben dem Vorstand und den Ausschüssen oberstes **Organ** der Kreishandwerkerschaft, §§ 89 Abs. 1 Nr. 3, 60 (Schwannecke/Brandt Rn. 1). Sie besteht aus **Vertretern** der Innungen (§ 88 S. 1). Da die Innungen als Mitglieder der Kreishandwerkerschaft juristische Personen sind, bedarf es eines Vertreters, der für sie handelt (Will, Selbstverwaltung der Wirtschaft, 2010, 699; Detterbeck Rn. 1). Jede Mitgliedsinnung hat einen Vertreter in der Mitgliederversammlung und ist damit in diesem Organ vertreten. Grds. werden die Mitgliedsinnungen durch ihren Vorstand (Obermeister) in der Mitgliederversammlung vertreten, da der Vorstand nach § 60 Abs. 3 Nr. 1 die Aufgaben hat die Innung nach außen zu vertreten (Will, Selbstverwaltung der Wirtschaft, 2010, 699; Honig/Knörr Rn. 3; Schwannecke/Brandt Rn. 1). Die Innungsversammlung kann aber auch eine andere Person als Vertreter für die Mitgliederversammlung vorsehen und diese wählen, da die HwO selbst nicht festlegt, dass der Vorstand Vertreter sein muss

(Will, Selbstverwaltung der Wirtschaft, 2010, 699; Honig/Knörr Rn 3; Schwannecke/Brandt Rn. 1). Maßgeblich ist insoweit die Regelung in der Satzung der Mitgliedsinnung (Detterbeck Rn. 1). Es soll auch ein **Stellvertreter** bestimmt werden, der im Verhinderungsfalle die Innung in der Mitgliederversammlung vertritt (im Regelfall der stellvertretende Obermeister) (Schwannecke/Brandt Rn. 1).

II. Stimmrecht (§ 88 S. 2–4)

Nach der Regelung des § 88 S. 2 üben die Vertreter oder ihre Stellvertreter das Stimmrecht für die von ihnen vertretene Innung aus. Die Vertreter der Mitgliedsinnungen sind in der Mitgliederversammlung der Kreishandwerkerschaft **wahl- und stimmberechtigt**, § 88 S. 2. Grds. hat jede Mitgliedsinnung **eine Stimme**, § 88 S. 3. Die Satzung der Kreishandwerkerschaft kann jedoch vorsehen, dass **Zusatzstimmen** vergeben werden, § 88 S. 4. Nach dem Wortlaut des § 88 S. 4 kann eine Mitgliedsinnung höchstens zwei Zusatzstimmen in der Mitgliederversammlung der Kreishandwerkerschaft erhalten und damit **max. drei Stimmen** haben. So kann eine Gewichtung der Stimmen, abhängig von der Anzahl der Mitglieder in der Mitgliedsinnungen vorgenommen werden, § 88 S. 4. Maßgeblich für den Erhalt der Zusatzstimmen ist nach dem Wortlaut des § 88 S. 4 als Maßstab die **Zahl der Mitglieder** der Innungen. Aus der Tatsache, dass die Stimmen einer Mitgliedsinnung auch uneinheitlich abgegeben werden können, kann abgeleitet werden, dass eine Innung, entsprechend der Anzahl ihrer Stimmen in der Mitgliederversammlung, mehrere Vertreter in der Mitgliederversammlung haben kann, die jeweils eine Stimme haben (Will, Selbstverwaltung der Wirtschaft, 2010, 699; Detterbeck Rn. 1). Ob eine **uneinheitliche Stimmabgabe** möglich ist, bestimmt die Satzung der Kreishandwerkerschaft (Detterbeck Rn. 1). Nach §§ 89 Abs. 1 Nr. 5, 64 ist das **Stimmrecht ausgeschlossen** und der Innungsvertreter ist nicht stimmberechtigt, wenn die Beschlussfassung die Vornahme eines Rechtsgeschäfts oder die Erledigung eines Rechtsgeschäfts zwischen der Mitgliedsinnung und der Kreishandwerkerschaft betrifft.

3

§ 8 der Mustersatzung für Kreishandwerkerschaften (Hrsg. Handwerkskammer für München und Oberbayern) regelt zur **Mitgliederversammlung**:
„(1) Die Mitgliederversammlung der Kreishandwerkerschaft besteht aus Vertretern der Handwerksinnungen. Die Vertreter jeder Mitgliedsinnung und ihre Stellvertreter werden nach den Bestimmungen der Satzung der Mitgliedsinnung von dieser gewählt. Die Vertreter oder ihre Stellvertreter üben das Stimmrecht für die von ihnen vertretenen Handwerksinnungen aus.
(2) Jede Handwerksinnung hat eine Stimme. Hat sie mehr als .... Mitglieder, so erhält sie für je .... weitere Mitglieder eine, höchstens jedoch zwei Zusatzstimmen. Die Zahl der Zusatzstimmen der Mitgliedsinnungen stellt der Vorstand der Kreishandwerkerschaft alljährlich bei der Genehmigung des Haushaltsplanes fest. Veränderungen der Mitgliederzahl der Handwerksinnungen, die sich nach der Festsetzung der Stimmenzahl im Laufe eines Jahres ergeben, werden nicht berücksichtigt.
(3) Die Stimmen einer Mitgliedsinnung können nur einheitlich abgegeben werden.
(4) Wahl- und stimmberechtigt in der Mitgliederversammlung sind die Vertreter der Mitgliedsinnung oder deren Stellvertreter.
(5) Ein Mitglied ist nicht stimmberechtigt, wenn die Beschlussfassung die Vornahme eines Rechtsgeschäftes oder die Einleitung oder Erledigung eines Rechtsstreites zwischen ihm und der Kreishandwerkerschaft betrifft."

3.1

III. Einberufung und Beschlussfassung (§§ 89 Abs. 1 Nr. 4, 62)

§ 89 Abs. 1 Nr. 4 schreibt die entsprechende Anwendung des §§ 62 Abs. 1, Abs. 2 S. 1, S. 2 und Abs. 3 vor.

4

Nach entsprechender Anwendung des § 62 Abs. 1 ist zur Gültigkeit eines Beschlusses der Mitgliederversammlung erforderlich, dass der Gegenstand bei ihrer **Einberufung** bezeichnet ist, es sei denn, dass er in der Mitgliederversammlung mit Zustimmung von drei Vierteln der erschienenen Mitglieder nachträglich auf die Tagesordnung gesetzt wird, sofern es sich nicht um einen Beschluss über eine Satzungsänderung handelt (→ § 62 Rn. 4 ff.). Einzuhaltende Formvorschriften und Fristen bzgl. der Einberufung der Mitgliederversammlung ergeben sich aus der Satzung der Kreishandwerkerschaft.

5

Entsprechend der Regelung des § 62 Abs. 2 S. 1 werden Beschlüsse der Mitgliederversammlung mit **einfacher Mehrheit** der erschienenen Vertreter der Mitgliedsinnungen

6

gefasst. Entsprechend der Regelung des § 62 Abs. 2 S. 2 ist zu Beschlüssen über die **Änderungen der Satzung** der Kreishandwerkerschaft eine Mehrheit von drei Vierteln der erschienenen Mitglieder erforderlich. Entsprechend der Regelung des § 62 Abs. 3 S. 1 ist die Mitgliederversammlung in den durch die Satzung bestimmten Fällen sowie dann **einzuberufen**, wenn das Interesse der Kreishandwerkerschaft es erfordert. Die Mitgliederversammlung ist ferner einzuberufen, wenn der durch die Satzung bestimmte Teil oder in Ermangelung einer Bestimmung der zehnte Teil der Mitglieder die Einberufung schriftlich unter Angabe des Zwecks und der Gründe verlangt; wird dem Verlangen nicht entsprochen oder erfordert es das Interesse der Kreishandwerkerschaft, so kann die Handwerkskammer die Mitgliederversammlung einberufen und leiten (§ 62 Abs. 3 S. 2 entsprechend; → § 62 Rn. 14 ff.).

6.1 § 10 der Mustersatzung für Kreishandwerkerschaften (Hrsg. Handwerkskammer für München und Oberbayern) regelt:
„Ordentliche Mitgliederversammlungen finden in der Regel halbjährlich, mindestens aber jährlich statt. Außerordentliche Mitgliederversammlungen können abgehalten werden, wenn der Vorstand sie beschließt. Sie müssen einberufen werden, wenn das Interesse der Kreishandwerkerschaft es erfordert oder wenn die Einberufung von einem Viertel der Mitglieder schriftlich unter Angabe des Zweckes und der Gründe beim Vorstand beantragt oder von der Handwerkskammer verlangt wird. Weigert sich der Kreishandwerksmeister, die Mitgliederversammlung einzuberufen, so kann die Handwerkskammer sie einberufen und leiten."

6.2 § 11 der Mustersatzung für Kreishandwerkerschaften (Hrsg. Handwerkskammer für München und Oberbayern) regelt:
„Der Vorsitzende des Vorstandes (Kreishandwerksmeister) lädt zur Mitgliederversammlung mit einer Frist von mindestens .... Woche(n) schriftlich unter Angabe der Tagesordnung ein; bei außerordentlichen Mitgliederversammlungen kann in besonders dringenden Fällen die Einladungsfrist bis auf drei Tage verkürzt werden."

6.3 § 12 der Mustersatzung für Kreishandwerkerschaften (Hrsg. Handwerkskammer für München und Oberbayern) regelt:
„(1) Den Vorsitz in der Mitgliederversammlung führt der Kreishandwerksmeister.
(2) Über die Verhandlungen der Mitgliederversammlung ist eine Niederschrift anzufertigen, in der sämtliche Beschlüsse, Wahlen und Abstimmungen enthalten sein müssen. Die Niederschrift ist von dem Vorsitzenden und dem Geschäftsführer zu unterzeichnen und der nächsten Mitgliederversammlung zur Genehmigung vorzulegen."

6.4 § 13 der Mustersatzung für Kreishandwerkerschaften (Hrsg. Handwerkskammer für München und Oberbayern) regelt:
„(1) Beschlüsse der Mitgliederversammlung werden vorbehaltlich der Bestimmungen der §§ 31 und 15 Abs. 6 mit einfacher Stimmenmehrheit der in der Mitgliederversammlung vertretenen Mitgliedsinnungen gefasst. Bei Stimmengleichheit gilt ein Antrag als abgelehnt.
(2) Beschlüsse können von der Mitgliederversammlung nur über solche Angelegenheiten gefasst werden, die bei ihrer Einberufung in der Tagesordnung bezeichnet sind oder, sofern es sich nicht um eine Satzungsänderung oder den Widerruf der Bestellung des Vorstandes handelt, mit Zustimmung von drei Vierteln der Stimmen der in der Mitgliederversammlung vertretenen Mitgliedsinnungen vom Vorsitzenden nachträglich auf die Tagesordnung gesetzt werden."

6.5 § 14 der Mustersatzung für Kreishandwerkerschaften (Hrsg. Handwerkskammer für München und Oberbayern) regelt:
„(1) Die von der Mitgliederversammlung vorzunehmenden Wahlen sind geheim und erfolgen durch Stimmzettel. Bei Stimmengleichheit entscheidet das Los. Wahlen durch Zuruf sind abgesehen von § 15 Abs. 2 zulässig, wenn niemand widerspricht.
(2) Über die Wahlhandlung ist eine Niederschrift anzufertigen."

IV. Aufgaben (§§ 89 Abs. 1 Nr. 3, 61)

7 Aufgrund der Verweisung des § 89 Abs. 1 Nr. 3 finden die Regelungen des § 61 Abs. 1, Abs. 2 Nr. 1–5, Nr. 7 und hinsichtlich der Beschlussfassung über die Änderung der Satzung Nr. 8 entsprechend Anwendung.

8 Die Mitgliederversammlung beschließt über alle Angelegenheiten der Kreishandwerkerschaft, sofern sie nicht vom Vorstand oder den Ausschüssen wahrzunehmen sind (§§ 89 Abs. 1 Nr. 3, 61 Abs. 1 S. 1). Finden sich keine gesetzlichen oder satzungsmäßigen Regelungen zur Kompetenzübertragung einzelner Angelegenheiten auf den Vorstand oder die Ausschüsse,

ist die Mitgliederversammlung zuständiges Organ (sog. „**Allzuständigkeit** der Mitgliederversammlung").

Aufgrund der entsprechenden Anwendung einzelner Nummern des § 61, ergeben sich sog. **Vorbehaltsaufgaben** der Mitgliederversammlung, die von dieser wahrgenommen werden müssen und nicht auf ein anderes Organ der Kreishandwerkerschaft übertragen werden können. Darüber hinausgehende Aufgaben kann die Mitgliederversammlung durchaus wahrnehmen, falls die Kreishandwerkerschaftssatzung ihr weitere Kompetenzen zuweisen sollte. 9

Vorbehaltsaufgaben, die der Mitgliederversammlung obliegen sind insbes., die Feststellung des Haushaltsplans und die Bewilligung von Ausgaben, die im Haushaltsplan nicht vorgesehen sind (§§ 89 Abs. 1 Nr. 3, 61 Abs. 2 Nr. 1; → § 61 Rn. 7), die Beschlussfassung über die Höhe der Kreishandwerkerschaftsbeiträge und über die Festsetzung von Gebühren (§§ 89 Abs. 1 Nr. 3, 61 Abs. 2 Nr. 2; → § 61 Rn. 10), die Prüfung und Abnahme der Jahresrechnung (§§ 89 Abs. 1 Nr. 3, 61 Abs. 2 Nr. 3; → § 61 Rn. 7), die Wahl des Vorstands und der Mitglieder der Ausschüsse (§§ 89 Abs. 1 Nr. 3, 61 Abs. 2 Nr. 4; → § 61 Rn. 13) und die Einsetzung besonderer Ausschüsse zur Vorbereitung einzelner Angelegenheiten (§§ 89 Abs. 1 Nr. 3, 61 Abs. 2 Nr. 5; → § 61 Rn. 13). Ferner nach §§ 89 Abs. 1 Nr. 4, 61 Abs. 2 Nr. 7 die Beschlussfassung über den Erwerb, die Veräußerung oder die dingliche Belastung von Grundeigentum (§§ 89 Abs. 1 Nr. 3, 61 Abs. 2 Nr. 7 lit. a), die Veräußerung von Gegenständen, die einen geschichtlichen, wissenschaftlichen oder Kunstwert haben (§§ 89 Abs. 1 Nr. 3, 61 Abs. 2 Nr. 7 lit. b), die Ermächtigung zur Aufnahme von Krediten (§§ 89 Abs. 1 Nr. 3, 61 Abs. 2 Nr. 7 lit. c), den Abschluss von Verträgen, durch welche der Kreishandwerkerschaft fortlaufende Verpflichtungen auferlegt werden, mit Ausnahme der laufenden Geschäfte der Verwaltung (§§ 89 Abs. 1 Nr. 3, 61 Abs. 2 Nr. 7 lit. d), die Anlegung des Vermögens der Kreishandwerkerschaft (§§ 89 Abs. 1 Nr. 3, 61 Abs. 2 Nr. 7 lit. e; → § 61 Rn. 15 f.). Der Mitgliederversammlung obliegt auch die Beschlussfassung über die Änderung der Satzung der Kreishandwerkerschaft, §§ 89 Abs. 1 Nr. 3, 61 Abs. 2 Nr. 8 (→ § 61 Rn. 20). Nach § 89 Abs. 1 Nr. 3 bedürfen die nach § 61 Abs. 2 Nr. 1–3, Nr. 7 und Nr. 8 gefassten Beschlüsse der Mitgliederversammlung der **Genehmigung** der Handwerkskammer (→ § 61 Rn. 25 f.). 10

Mangels Verweisung in § 89 Abs. 1 auf die § 61 Abs. 2 Nr. 6 ist die Mitgliederversammlung nicht befugt zum Erlass von Vorschriften über die Lehrlingsausbildung und aufgrund der eingeschränkten Verweisung auf § 61 Abs. 2 Nr. 8 auch nicht befugt über die Auflösung der Kreishandwerkerschaft zu beschließen. 11

§ 9 der Mustersatzung für Kreishandwerkerschaften (Hrsg. Handwerkskammer für München und Oberbayern) regelt: 11.1
„(1) Die Mitgliederversammlung beschließt über alle Angelegenheiten der Kreishandwerkerschaft soweit sie nicht vom Vorstand oder den Ausschüssen wahrzunehmen sind.
(2) Der Mitgliederversammlung obliegt im besonderen
1. die Feststellung des Haushaltsplanes und die Bewilligung von Ausgaben, die im Haushaltsplan nicht vorgesehen sind;
2. die Beschlussfassung über die Höhe der Beiträge und der Geschäftsführungsbeiträge (§ 25) sowie über die Festsetzung von Gebühren;
3. die Prüfung und Abnahme der Jahresrechnung;
4. die Wahl der Mitglieder des Vorstandes und der Ausschüsse;
5. die Einsetzung besonderer Ausschüsse zur Vorberatung einzelner Angelegenheiten und zur Verwaltung von Einrichtungen der Kreishandwerkerschaft;
6. die Beschlussfassung über
a) Erwerb, Veräußerung oder dingliche Belastung von Grundeigentum;
b) Veräußerung von Gegenständen, die einen geschichtlichen, wissenschaftlichen oder Kunstwert haben;
c) die Aufnahme von Anleihen;
d) die Wahl des Geschäftsführers;
e) den Abschluss von Verträgen, durch welche der Kreishandwerkerschaft fortlaufende Verpflichtungen auferlegt werden;
f) die Anlegung des Vermögens der Kreishandwerkerschaft;
7. die Beschlussfassung über die Änderung der Satzung.
(3) Die nach Abs. 2 Nr. 1 – 3 und 6 und 7 gefassten Beschlüsse bedürfen der Genehmigung durch die Handwerkskammer."

§ 89 [Anwendbarkeit von Vorschriften]

(1) Auf die Kreishandwerkerschaft finden entsprechende Anwendung:
1. § 53 und § 55 mit Ausnahme des Absatzes 2 Nummern 3 und 7 sowie hinsichtlich der Voraussetzungen für die Änderung der Satzung § 55 Abs. 2 Nr. 10,
2. § 56 Abs. 1 und Abs. 2 Nr. 1,
3. § 60 und § 61 Abs. 1, Abs. 2 Nr. 1 bis 5, 7 und hinsichtlich der Beschlußfassung über die Änderung der Satzung Nummer 8; die nach § 61 Abs. 2 Nr. 1 bis 3, 7 und 8 gefaßten Beschlüsse bedürfen der Genehmigung der Handwerkskammer,
4. § 62 Abs. 1, Abs. 2 Sätze 1 und 2 sowie Abs. 3,
5. §§ 64, 66, 67 Abs. 1 und §§ 73 bis 77.

(2) [1]Wird die Kreishandwerkerschaft durch die Handwerkskammer aufgelöst, so wird das Vermögen der Kreishandwerkerschaft in entsprechender Anwendung der §§ 47 bis 53 des Bürgerlichen Gesetzbuchs liquidiert. [2]§ 78 Abs. 2 gilt entsprechend.

Literatur: Dürr Wolfram, Zum Recht der Innungen und Kreishandwerkerschaften, GewArch 2009, 54 ff. und 107 ff.; Kormann Joachim, Die Finanzaufsicht der Handwerkskammer über die Kreishandwerkerschaft, GewArch 2008, 148 ff.; Will Martin, Selbstverwaltung der Wirtschaft, 2010

Überblick

§ 89 ist eine Verweisungsnorm, die aufgrund der lückenhaften Regelungen der HwO zu den Kreishandwerkerschaften zahlreiche Innungsnormen für entsprechend anwendbar erklärt.

Übersicht

	Rn.		Rn.
A. Anwendung der Innungsnormen (§ 89 Abs. 1)	1	3. §§ 89 Abs. 1 Nr. 5, 67 Abs. 1 – Ausschüsse	16
I. § 89 Abs. 1 Nr. 1 – Rechtsform und Inhalt der Satzung	2	4. §§ 89 Abs. 1 Nr. 5, 73 – Beiträge und Gebühren	17
1. §§ 89 Abs. Nr. 1, 53 – Rechtsform	3	5. §§ 89 Abs. 1 Nr. 5, 74 – Haftung der Kreishandwerkerschaft	18
2. §§ 89 Abs. Nr. 1, 55 Inhalt der Satzung	4	6. §§ 89 Abs. 1 Nr. 5, 75 – Aufsicht über die Kreishandwerkerschaft	19
II. § 89 Abs. 1 Nr. 2 – Genehmigung der Satzung	9	7. §§ 89 Abs. 1 Nr. 5, 76 – Auflösung der Kreishandwerkerschaft	20
III. § 89 Abs. 1 Nr. 3 – Organe, Zuständigkeit der Mitgliederversammlung	10	8. §§ 89 Abs. 1 Nr. 5, 77 – Insolvenz der Kreishandwerkerschaft	21
IV. § 89 Abs. 1 Nr. 4 – Einberufung, Beschlussfassung der Mitgliederversammlung	12	B. Liquidation und Vermögensauseinandersetzung (§ 89 Abs. 2)	22
V. § 89 Abs. 1 Nr. 5	13	I. Liquidation (§ 89 Abs. 2 S. 1)	22
1. §§ 89 Abs. 1 Nr. 5, 64 – Ausschluss des Stimmrechts	14	II. Vermögensauseinandersetzung (§§ 89 Abs. 2 S. 2, 78 Abs. 2)	23
2. §§ 89 Abs. 1 Nr. 5, 66 – Vorstand	15		

A. Anwendung der Innungsnormen (§ 89 Abs. 1)

1   Die §§ 86–88 enthalten nur lückenhafte Regelungen zu den Kreishandwerkerschaften. Aufgrund der Verweisungsnorm des § 89 sind die dort genannten Innungsvorschriften auf die Kreishandwerkerschaft entsprechend anwendbar (vgl. insoweit die entsprechenden Kommentierungen zu den jeweiligen Innungsnormen auf die verwiesen wird) (vgl. ausf. Will, Selbstverwaltung der Wirtschaft, 2010, 697 ff.).

I. § 89 Abs. 1 Nr. 1 – Rechtsform und Inhalt der Satzung

2   Nach § 89 Abs. Nr. 1 sind die § 53 und § 55 mit Ausnahme des Abs. 2 Nr. 3 und Nr. 7 sowie hinsichtlich der Voraussetzungen für die Änderung der Satzung § 55 Abs. 2 Nr. 10 entsprechend anwendbar.

1. §§ 89 Abs. Nr. 1, 53 – Rechtsform

Dies hat zur Folge, dass die Kreishandwerkerschaft eine **Körperschaft des Öffentlichen** 3
Rechts ist (→ § 53 Rn. 2), die mit der Genehmigung ihrer Satzung **rechtsfähig** (→ § 53
Rn. 14 ff.) wird (§§ 89 Abs. 1 Nr. 1, 53) (Schwannecke/Brandt Rn. 2).

2. §§ 89 Abs. Nr. 1, 55 Inhalt der Satzung

Die Kreishandwerkerschaft gibt sich eine **Satzung** in der die Aufgaben, Verwaltung und 4
Rechtsverhältnisse ihrer Mitglieder zu regeln sind (§§ 89 Abs. 1 Nr. 1, 55 Abs. 1; → § 55
Rn. 2 ff.). Die Satzung der Kreishandwerkerschaft muss **Bestimmungen** enthalten über den
Namen, den **Sitz** und den **Bezirk** der Kreishandwerkerschaft (§§ 89 Abs. 1 Nr. 1, 55 Abs. 2
Nr. 1; → § 55 Rn. 15 ff.), ihre **Aufgaben** (§§ 89 Abs. 1 Nr. 1, 55 Abs. 2 Nr. 2; → § 87
Rn. 1 ff.), die **Rechte** und **Pflichten** der Mitglieder sowie die Bemessungsgrundlage für
die Erhebung der **Mitgliedsbeiträge** (§§ 89 Abs. 1 Nr. 1, 55 Abs. 2 Nr. 4), die Einberufung
der **Mitgliederversammlung**, das Stimmrecht in ihr und die Art der Beschlussfassung (§§ 89
Abs. 1 Nr. 1, 55 Abs. 2 Nr. 5; → § 88 Rn. 1 ff.), die Bildung des **Vorstands** (§§ 89 Abs. 1
Nr. 1, 55 Abs. 2 Nr. 6; → Rn. 15), die **Beurkundung** der Beschlüsse der Mitgliederversammlung und des Vorstands (§§ 89 Abs. 1 Nr. 1, 55 Abs. 2 Nr. 8), die Aufstellung des
Haushaltsplans sowie die Aufstellung und Prüfung der **Jahresrechnung** (§§ 89 Abs. 1 Nr. 1,
55 Abs. 2 Nr. 9), die Voraussetzungen für die **Änderung der Satzung** (§§ 89 Abs. 1 Nr. 1, 55
Abs. 2 Nr. 10 Alt. 1) und die Verwendung des bei der Auflösung der Kreishandwerkerschaft
verbleibenden **Vermögens** (§§ 89 Abs. 1 Nr. 1, 55 Abs. 2 Nr. 11).

Nach dem Wortlaut des § 89 Abs. 1 Nr. 1 sind **nicht anzuwenden** die Regelung des 5
§ 55 Abs. 2 Nr. 3 zum **Eintritt, Austritt und Ausschluss der Mitgliedsinnungen**, da eine
Pflichtmitgliedschaft der Innungen zu den Kreishandwerkerschaften besteht (Schwannecke/
Brandt Rn. 2; Honig/Knörr Rn. 1).

Auch die Norm des § 55 Abs. 2 Nr. 7 zur Bildung des **Gesellenausschusses** ist nicht 6
anwendbar, da es bei den Kreishandwerkerschaften keinen Gesellenausschuss gibt (Schwannecke/Brandt Rn. 2). Die Kreishandwerkerschaften vertreten nur die Interessen des selbständigen Handwerks und des handwerksähnlichen Gewerbes sowie die gemeinsamen Interessen
der Handwerksinnungen ihres Bezirks (§ 87 Nr. 1), aber nicht die Interessen der Gesellen,
Lehrlinge und andere Arbeitnehmer, so dass es diesbezüglich keiner Vertretung der Arbeitnehmer in den Kreishandwerkerschaften bedarf. Aus diesem Grund finden die Regelungen
der HwO, betreffend den Gesellenausschuss (§§ 68–72), keine Anwendung.

Die Bestimmung des § 55 Abs. 2 Nr. 10 Alt. 2 ist ebenfalls nicht anwendbar, so dass die 7
Satzung der Kreishandwerkerschaft keine Regelung zu den Voraussetzungen der **Auflösung**
der Kreishandwerkerschaft hat (Schwannecke/Brandt Rn. 2; Honig/Knörr Rn. 1). Die
Kreishandwerkerschaft kann nicht infolge Beschlusses der Mitgliederversammlung aufgelöst
werden, sondern nur durch die Handwerkskammer (§§ 89 Abs. 1 Nr. 5, 76; → Rn. 20) oder
im Falle der Eröffnung des Insolvenzverfahrens (§§ 89 Abs. 1 Nr. 5, 77; → Rn. 21; (Dürr
GewArch 2009, 107 (108); Detterbeck Rn. 3). Aus diesem Grund bedarf es auch keines
Verweises des § 89 Abs. 1 Nr. 3 auf § 61 Abs. 2 Nr. 8 Alt. 2.

Der Erlass von Vorschriften über den Erlass und Änderung einer **Nebensatzung** iSv § 55 8
Abs. 2 Nr. 10 Alt. 3 ist ebenfalls unzulässig für die Kreishandwerkerschaft, da die Errichtung
von Unterstützungskassen mangels Verweis auf §§ 54 Abs. 3 Nr. 2, 57 nicht möglich ist
(Schwannecke/Brandt Rn. 2; Honig/Knörr Rn. 1).

II. § 89 Abs. 1 Nr. 2 – Genehmigung der Satzung

Die Satzung der Kreishandwerkerschaft bedarf der **Genehmigung** durch die zuständige 9
Handwerkskammer (§§ 89 Abs. 1 Nr. 2, 56 Abs. 1; → § 56 Rn. 1 ff.). Die Genehmigung ist
zu versagen, wenn die Satzung den gesetzlichen Vorgaben nicht entspricht (§§ 89 Abs. 1
Nr. 2, 56 Abs. 2 Nr. 1; → § 56 Rn. 7 f.). Der Versagungsgrund des § 56 Abs. 2 Nr. 2 ist
mangels Erwähnung in § 89 Abs. 1 Nr. 2 auf die Kreishandwerkerschaften nicht anwendbar.

III. § 89 Abs. 1 Nr. 3 – Organe, Zuständigkeit der Mitgliederversammlung

10   Nach § 89 Abs. 1 Nr. 3 ist § 60 entspr. anwendbar. **Organe** der Kreishandwerkerschaft sind die Mitgliederversammlung (§ 88), der Vorstand (→ Rn. 15) und die Ausschüsse (→ Rn. 16) (§§ 89 Abs. 1 Nr. 3, 60; → § 60 Rn. 1).

11   Nach § 89 Abs. 1 Nr. 3 sind § 61 Abs. 1, Abs. 2 Nr. 1–5, 7 und hinsichtlich der Beschlussfassung über die Änderung der Satzung § 61 Abs. 2 Nr. 8 entspr. anwendbar. §§ 89 Abs. 1 Nr. 3, 61 regeln die **Zuständigkeit der Mitgliederversammlung** der Kreishandwerkerschaft, wobei nur die in § 89 Abs. 1 Nr. 3 ausdr. genannten Regelungen des § 61 zur Anwendung kommen (→ § 88 Rn. 7 f.).

IV. § 89 Abs. 1 Nr. 4 – Einberufung, Beschlussfassung der Mitgliederversammlung

12   § 89 Abs. 1 Nr. 4 schreibt die entsprechende Anwendung des §§ 62 Abs. 1, Abs. 2 S. 1, S. 2 und Abs. 3 im Zusammenhang mit der Einberufung und Beschlussfassung der Mitgliederversammlung vor (→ § 88 Rn. 4).

V. § 89 Abs. 1 Nr. 5

13   § 89 Abs. 1 Nr. 5 schreibt die entsprechende Anwendung der § 64 (→ Rn. 14), § 66 (→ Rn. 15), § 67 Abs. 1 (→ Rn. 16), § 73 (→ Rn. 17), § 74 (→ Rn. 18), § 75 (→ Rn. 19), § 76 (→ Rn. 20) und § 77 (→ Rn. 21) vor.

1. §§ 89 Abs. 1 Nr. 5, 64 – Ausschluss des Stimmrechts

14   §§ 89 Abs. 1 Nr. 5, 64 regelt den **Ausschluss des Stimmrechts** in der Mitgliederversammlung der Kreishandwerkerschaft wegen Befangenheit des Mitglieds (→ § 64 Rn. 3 ff.). Eine Übertragung des Stimmrechts iSd § 65 ist mangels Verweisung auf diese Norm nicht möglich.

2. §§ 89 Abs. 1 Nr. 5, 66 – Vorstand

15   §§ 89 Abs. 1 Nr. 5, 66 steht im Zusammenhang mit dem **Vorstand** der Kreishandwerkerschaft (→ § 66 Rn. 1 ff.). Der Vorstand der Kreishandwerkerschaft wird von der Mitgliederversammlung für die in der Satzung bestimmte Zeit mit verdeckten Stimmzetteln gewählt (§§ 89 Abs. 1 Nr. 5, 66 Abs. 1 S. 1). Die Wahl durch Zuruf ist zulässig, wenn niemand widerspricht (§§ 89 Abs. 1 Nr. 5, 66 Abs. 1 S. 2). Über die Wahlhandlung ist eine Niederschrift anzufertigen (§§ 89 Abs. 1 Nr. 5, 66 Abs. 1 S. 3). Die Wahl des Vorstands ist der Handwerkskammer binnen einer Woche anzuzeigen (§§ 89 Abs. 1 Nr. 5, 66 Abs. 1 S. 4). Die Satzung kann bestimmen, dass die Bestellung des Vorstands jederzeit widerruflich ist (§§ 89 Abs. 1 Nr. 5, 66 Abs. 2 S. 1). Die Satzung kann ferner bestimmen, dass der Widerruf nur zulässig ist, wenn ein wichtiger Grund vorliegt wobei ein solcher Grund insbes. grobe Pflichtverletzung oder Unfähigkeit ist (§§ 89 Abs. 1 Nr. 5, 66 Abs. 2 S. 2). Der Vorstand vertritt die Kreishandwerkerschaft gerichtlich und außergerichtlich (§§ 89 Abs. 1 Nr. 5, 66 Abs. 3 S. 1). Durch die Satzung kann die Vertretung einem oder mehreren Mitgliedern des Vorstands oder dem Geschäftsführer übertragen werden (§§ 89 Abs. 1 Nr. 5, 66 Abs. 3 S. 2). Als Ausweis genügt bei allen Rechtsgeschäften die Bescheinigung der Handwerkskammer, dass die darin bezeichneten Personen zurzeit den Vorstand bilden (§§ 89 Abs. 1 Nr. 5, 66 Abs. 3 S. 3). Die Mitglieder des Vorstands verwalten ihr Amt als Ehrenamt unentgeltlich; es kann ihnen nach näherer Bestimmung der Satzung Ersatz barer Auslagen und eine Entschädigung für Zeitversäumnis gewährt werden (§§ 89 Abs. 1 Nr. 5, 66 Abs. 4).

15.1   § 15 der Mustersatzung für Kreishandwerkerschaften (Hrsg. Handwerkskammer für München und Oberbayern) regelt zum **Vorstand**:
„(1) Der Vorstand besteht aus dem Kreishandwerksmeister, seinem Stellvertreter und .... weiteren Mitgliedern. Er wird von der Mitgliederversammlung auf drei Jahre gewählt. Wiederwahl ist zulässig.
(2) Der Kreishandwerksmeister und sein Stellvertreter werden in je einem besonderen Wahlgang mit absoluter, die anderen Mitglieder werden gemeinschaftlich mit einfacher Stimmenmehrheit gewählt. Soweit bei der Wahl des Kreishandwerksmeisters oder seines Stellvertreters die absolute Stimmenmehrheit nicht auf eine Person entfällt, findet eine engere Wahl unter den beiden Personen statt, die im

ersten Wahlgang die meisten Stimmen erhalten haben; gewählt ist, wer die meisten gültigen Stimmen auf sich vereinigt.

(3) Die Wahl des Kreishandwerksmeisters und seines Stellvertreters findet unter der Leitung der Handwerkskammer, die Wahl der übrigen Vorstandsmitglieder unter Leitung des Kreishandwerksmeisters statt.

(4) Die Wahl des Vorstandes ist der Handwerkskammer binnen einer Woche anzuzeigen.

(5) Die Vorstandsmitglieder bleiben nach Ablauf ihrer Amtszeit solange im Amt, bis ihre Nachfolger das Amt angetreten haben.

(6) Die Mitgliederversammlung kann die Bestellung des Vorstandes oder einzelner Mitglieder des Vorstandes widerrufen, wenn ein wichtiger Grund vorliegt; ein solcher Grund ist insbesondere grobe Pflichtverletzung. Der Widerruf ist nur zulässig, wenn er bei der Einberufung der Mitgliederversammlung in der Tagesordnung bezeichnet ist; er darf nicht nachträglich auf die Tagesordnung gesetzt werden. Der Widerruf kann nur mit einer Mehrheit von drei Vierteln der anwesenden Stimmberechtigten beschlossen werden.

(7) Scheiden Mitglieder des Vorstandes vor Ablauf ihrer Wahlzeit aus, so ist in der nächsten Mitgliederversammlung eine Neuwahl für den Rest der Wahlzeit vorzunehmen."

§ 16 der Mustersatzung für Kreishandwerkerschaften (Hrsg. Handwerkskammer für München und Oberbayern) regelt zum Vorstand: **15.2**

„(1) Sitzungen des Vorstandes finden nach Bedarf statt; sie müssen auf Antrag von mindestens einem Drittel der Vorstandsmitglieder einberufen werden.

(2) Der Kreishandwerksmeister lädt zu den Sitzungen des Vorstandes ein und leitet sie. Weigert sich der Kreishandwerksmeister, so kann die Handwerkskammer den Vorstand einberufen und dessen Sitzung leiten.

(3) Der Vorstand ist beschlussfähig, wenn einschließlich des Kreishandwerksmeisters oder seines Stellvertreters mindestens die Hälfte der Mitglieder anwesend ist. Der Geschäftsführer ist zu den Vorstandssitzungen, soweit es sich nicht um eigene Angelegenheiten handelt, mit beratender Stimme hinzuzuziehen.

(4) Die Beschlüsse werden mit einfacher Stimmenmehrheit gefasst; bei Stimmengleichheit entscheidet die Stimme des Vorsitzenden. An der Beratung und Beschlussfassung über Angelegenheiten, die das persönliche Interesse eines Vorstandsmitgliedes berühren, darf dieses nicht teilnehmen.

(5) Über die Verhandlungen des Vorstandes ist eine Niederschrift anzufertigen; sie ist von dem Vorsitzenden und dem Geschäftsführer zu unterzeichnen."

§ 17 der Mustersatzung für Kreishandwerkerschaften (Hrsg. Handwerkskammer für München und Oberbayern) regelt zum Vorstand: **15.3**

„(1) Der Vorstand vertritt die Kreishandwerkerschaft gerichtlich und außergerichtlich und führt ihre Verwaltung; er bereitet die Verhandlungen der Mitgliederversammlung vor und führt ihre Beschlüsse aus. Der Vorstand kann seine Geschäftsordnung und die Verteilung der Verwaltungsgeschäfte unter seinen Mitgliedern durch Beschlüsse regeln. Urkunden, welche die Kreishandwerkerschaft verpflichten, müssen von allen Vorstandsmitgliedern unterzeichnet werden.

(2) Die Vorstandsmitglieder können den Kreishandwerksmeister allein zur Vornahme bestimmter Rechtsgeschäfte oder bestimmter Arten von Rechtsgeschäften bevollmächtigen. § 181 BGB findet Anwendung.

(3) Ist der Kreishandwerkerschaft gegenüber eine Willenserklärung abzugeben, so genügt die Abgabe gegenüber einem Vorstandsmitglied.

(4) Als Ausweis des Vorstandes genügt bei allen Rechtsgeschäften die Bescheinigung der Handwerkskammer, dass die darin bezeichneten Personen zur Zeit den Vorstand bilden.

(5) Die Mitglieder des Vorstandes sind zur ordnungsmäßigen Verwaltung verpflichtet; sie haften für jeden aus einer Pflichtverletzung entstehenden Schaden, soweit ihnen ein Verschulden zur Last fällt; sind mehrere für den Schaden verantwortlich, so haften sie als Gesamtschuldner. Die Haftung tritt auch dann ein, wenn nicht zum Vorstand gehörende Personen an der Verursachung des Schadens beteiligt sind."

§ 18 der Mustersatzung für Kreishandwerkerschaften (Hrsg. Handwerkskammer für München und Oberbayern) regelt: **15.4**

„Die Mitglieder des Vorstandes und der Ausschüsse versehen ihre Obliegenheiten als Ehrenamt unentgeltlich. Für bare Auslagen und Zeitversäumnisse wird Ersatz nach besonderen, von der Mitgliederversammlung der Kreishandwerkerschaft zu beschließenden Sätze gewährt; der Beschluss bedarf der Genehmigung der Handwerkskammer. Dem Kreishandwerksmeister und seinem Stellvertreter kann durch Beschluss der Mitgliederversammlung mit Genehmigung der Handwerkskammer für den mit ihrer Tätigkeit verbundenen Aufwand eine angemessene Entschädigung gewährt werden."

15.5 § 19 der Mustersatzung für Kreishandwerkerschaften (Hrsg. Handwerkskammer für München und Oberbayern) regelt:
„Mitglieder des Vorstandes der Kreishandwerkerschaft verlieren ihr Amt, wenn ihre Befugnis zur Vertretung der Handwerksinnung in der Kreishandwerkerschaft fortfällt. Bei Meinungsverschiedenheiten entscheidet die Handwerkskammer."

3. §§ 89 Abs. 1 Nr. 5, 67 Abs. 1 – Ausschüsse

16 Die Kreishandwerkerschaft kann zur Wahrnehmung einzelner Angelegenheiten **Ausschüsse** bilden, §§ 89 Abs. 1 Nr. 5, 67 Abs. 1 (→ § 67 Rn. 4 ff.). §§ 67 Abs. 2, 3 kommen mangels Verweisung nicht zur entsprechenden Anwendung bei den Kreishandwerkerschaften.

16.1 § 20 der Mustersatzung für Kreishandwerkerschaften (Hrsg. Handwerkskammer für München und Oberbayern) regelt zu den **Ausschüssen**:
„(1) Die Kreishandwerkerschaft kann für einzelne Angelegenheiten besondere Ausschüsse bilden.
(2) Die Ausschüsse haben die ihnen zugewiesenen Gegenstände vorzuberaten und über das Ergebnis ihrer Beratungen an den Vorstand zu berichten; über die Berichte beschließt das zuständige Organ der Kreishandwerkerschaft."

16.2 § 21 der Mustersatzung für Kreishandwerkerschaften (Hrsg. Handwerkskammer für München und Oberbayern) regelt:
„(1) Die Vorsitzenden und Mitglieder der Ausschüsse werden von der Mitgliederversammlung abgesehen von § 23 auf drei Jahre mit einfacher Stimmenmehrheit gewählt. § 15 Abs. 6 gilt entsprechend. Wiederwahl ist zulässig.
(2) Die Vorstandsmitglieder können an den Sitzungen der Ausschüsse mit beratender Stimme teilnehmen."

16.3 § 22 der Mustersatzung für Kreishandwerkerschaften (Hrsg. Handwerkskammer für München und Oberbayern) regelt
„Die Ausschüsse sind beschlussfähig, wenn einschließlich des Vorsitzenden mindestens die Hälfte der Mitglieder anwesend ist. Die Beschlüsse werden mit einfacher Stimmenmehrheit gefasst. Bei Stimmengleichheit entscheidet die Stimme des Vorsitzenden."

4. §§ 89 Abs. 1 Nr. 5, 73 – Beiträge und Gebühren

17 Die der Kreishandwerkerschaft erwachsenden Kosten sind, soweit sie aus den Erträgen des Vermögens oder aus anderen Einnahmen keine Deckung finden, von den Mitgliedern durch **Beiträge** aufzubringen (§§ 89 Abs. 1 Nr. 5, 73 Abs. 1; → § 73 Rn. 4 ff.; VG Dresden GewArch 2009, 211 ff.; Dürr GewArch 2009, 54 (54); OVG Lüneburg GewArch 1999, 125 ff.; VG Bayreuth GewArch 1973, 240 ff.). Da es bei den Kreishandwerkerschaften keinen Gesellenausschuss gibt (→ Rn. 5), ist dieser Passus des § 73 Abs. 1 hier irrelevant. Die Kreishandwerkerschaft kann für die Benutzung der von ihr getroffenen Einrichtungen **Gebühren** erheben (§§ 89 Abs. 1 Nr. 5, 73 Abs. 2; → § 73 Rn. 27 ff.). Soweit die Kreishandwerkerschaft ihre Beiträge nach dem Gewerbesteuermessbetrag, Gewerbekapital, Gewerbeertrag, Gewinn aus Gewerbebetrieb oder der Lohnsumme bemisst, gilt § 113 Abs. 2 Satz 2, 3 und 8–11 (§§ 89 Abs. 1 Nr. 5, 73 Abs. 3; → § 73 Rn. 9 ff.). Die Beiträge und Gebühren werden auf Antrag des Vorstand der Kreishandwerkerschaft nach den für die Beitreibung von Gemeindeabgaben geltenden landesrechtlichen Vorschriften beigetrieben (§§ 89 Abs. 1 Nr. 5, 73 Abs. 4; → § 73 Rn. 32).

17.1 § 25 der Mustersatzung für Kreishandwerkerschaften (Hrsg. Handwerkskammer für München und Oberbayern) regelt zu den **Beiträgen**:
„(1) Die aus der Errichtung und Tätigkeit der Kreishandwerkerschaft erwachsenden Kosten sind, soweit sie nicht aus dem Ertrag des Vermögens oder aus anderen Einnahmen gedeckt werden, von den Mitgliedsinnungen durch Beiträge aufzubringen.
(2) Der von der Mitgliedsinnung zu entrichtende Beitrag besteht aus einem Grundbeitrag für jedes ihr angehörende Innungsmitglied und einem Zusatzbeitrag. Der Zusatzbeitrag wird nach der Zahl der bei den Innungsmitgliedern beschäftigten Gesellen und Lehrlinge erhoben.
(3) Die Kreishandwerkerschaft hat die Grundbeiträge, welche auf die außerhalb des Bezirks der Kreishandwerkerschaft ansässigen Mitglieder der Mitgliedsinnungen entfallen, an diejenige Kreishandwerkerschaft abzuführen, in deren Bezirk diese Mitglieder ihren Sitz haben.

(4) Die Mitgliedsinnungen, die ihre Geschäftsführung auf die Kreishandwerkerschaft übertragen haben, zahlen für die Wahrnehmung der Geschäfte einen besonderen Beitrag (Geschäftsführungsbeitrag).
(5) Die Beiträge und die Geschäftsführungsbeiträge der Mitgliedsinnungen werden alljährlich in dem Haushaltsplan der Kreishandwerkerschaft festgelegt; sie sind in vierteljährlichen Raten zu entrichten.
(6) Für die Benutzung von Einrichtungen der Kreishandwerkerschaft können Gebühren erhoben werden."

5. §§ 89 Abs. 1 Nr. 5, 74 – Haftung der Kreishandwerkerschaft

Die Kreishandwerkerschaft ist für den Schaden verantwortlich, den der Vorstand, ein Mitglied des Vorstands oder ein anderer satzungsmäßig berufener Vertreter durch eine in Ausführung der ihm zustehenden Verrichtungen begangene, zum Schadensersatz verpflichtende Handlung einem Dritten zufügt (§§ 89 Abs. 1 Nr. 5, 74). **18**

6. §§ 89 Abs. 1 Nr. 5, 75 – Aufsicht über die Kreishandwerkerschaft

Die Aufsicht über die Kreishandwerkerschaft führt die Handwerkskammer, in deren Bezirk die Kreishandwerkerschaft ihren Sitz hat (§§ 89 Abs. 1 Nr. 5, 75 S. 1). Die Aufsicht erstreckt sich darauf, dass Gesetz und Satzung beachtet, insbes. dass die der Kreishandwerkerschaft übertragenen Aufgaben erfüllt werden (§§ 89 Abs. 1 Nr. 5, 75 S. 2) (Kormann GewArch 2008, 148 ff.; Dürr GewArch 2009, 107 (110)). **19**

§ 36 der Mustersatzung für Kreishandwerkerschaften (Hrsg. Handwerkskammer für München und Oberbayern) regelt zr **Aufsicht**: **19.1**
„(1) Die Aufsicht über die Kreishandwerkerschaft führt die Handwerkskammer, in deren Bezirk die Kreishandwerkerschaft ihren Sitz hat. Die Aufsicht erstreckt sich darauf, dass Gesetz und Satzung beachtet, insbesondere die der Kreishandwerkerschaft übertragenen Aufgaben erfüllt werden.
(2) Die Handwerkskammer kann die Geschäfts- und Kassenführung jederzeit prüfen. Sie ist berechtigt, an allen Sitzungen der Kreishandwerkerschaft und ihrer Organe teilzunehmen."

7. §§ 89 Abs. 1 Nr. 5, 76 – Auflösung der Kreishandwerkerschaft

Die Kreishandwerkerschaft kann durch die Handwerkskammer nach Anhörung des Landesinnungsverbands aufgelöst werden, wenn sie durch einen gesetzwidrigen Beschluss der Mitgliederversammlung oder durch gesetzwidriges Verhalten des Vorstands das Gemeinwohl gefährdet, oder wenn sie andere als die gesetzlich oder satzungsmäßig zulässigen Zwecke verfolgt, oder wenn die Zahl ihrer Mitglieder so weit zurückgeht, dass die Erfüllung der gesetzlichen und satzungsmäßigen Aufgaben gefährdet erscheint (§§ 89 Abs. 1 Nr. 5, 76; vgl. Dürr GewArch 2009, 107 (108 ff.)). Im Falle der Auflösung wird das Vermögen der Kreishandwerkerschaft liquidiert (§ 89 Abs. 2; → Rn. 22). **20**

8. §§ 89 Abs. 1 Nr. 5, 77 – Insolvenz der Kreishandwerkerschaft

Nach §§ 89 Abs. 1 Nr. 5, 77 Abs. 1 hat die **Eröffnung des Insolvenzverfahrens** (→ § 77 Rn. 1 ff.) über das Vermögen der Kreishandwerkerschaft die **Auflösung kraft Gesetzes** zur Folge (→ § 77 Rn. 7 ff.). Der Vorstand hat im Falle der Zahlungsunfähigkeit oder der Überschuldung die Eröffnung des Insolvenzverfahrens zu beantragen (§§ 89 Abs. 1 Nr. 5, 77 Abs. 2 S. 1; → § 77 Rn. 9 ff.). Wird die Stellung des Antrags verzögert, so sind die Vorstandsmitglieder, denen ein Verschulden zur Last fällt, den Gläubigern für den daraus entstehenden Schaden verantwortlich; sie haften als Gesamtschuldner (§§ 89 Abs. 1 Nr. 5, 77 Abs. 2 S. 2; vgl. Dürr GewArch 2009, 107 (107)). **21**

B. Liquidation und Vermögensauseinandersetzung (§ 89 Abs. 2)

I. Liquidation (§ 89 Abs. 2 S. 1)

Das Vermögen der Kreishandwerkerschaft wird in entsprechender Anwendung der §§ 47– 53 BGB **liquidiert**, wenn die Kreishandwerkerschaft durch die Handwerkskammer aufgelöst wird (§ 89 Abs. 2 S. 1). Die Liquidation ist die Phase in der sich die Kreishandwerkerschaft nach dem Auflösungsbeschluss befindet und stellt die Abwicklung der Geschäfte der Kreis- **22** handwerkerschaft dar (→ § 78 Rn. 3). Die Liquidation richtet sich nach den Regelungen §§ 47–53 BGB, die entspr. anzuwenden sind (→ § 78 Rn. 5 ff.).

II. Vermögensauseinandersetzung (§§ 89 Abs. 2 S. 2, 78 Abs. 2)

23 § 89 Abs. 2 S. 2 weist im Zusammenhang mit der Vermögensauseinandersetzung die entsprechende Anwendung des § 78 Abs. 2 an (→ § 78 Rn. 12 ff.). Wird eine Kreishandwerkerschaft geteilt oder wird der Kreishandwerkerschaftsbezirk neu abgegrenzt, so findet eine Vermögensauseinandersetzung statt, die der Genehmigung der für den Sitz der Kreishandwerkerschaft zuständigen Handwerkskammer bedarf; kommt eine Einigung über die Vermögensauseinandersetzung nicht zustande, so entscheidet die für den Kreishandwerkschaftsbezirk zuständige Handwerkskammer (§§ 89 Abs. 2 S. 2, 78 Abs. 2 S. 1). Erstreckt sich der Kreishandwerkschaftsbezirk auf mehrere Handwerkskammerbezirke, so kann die Genehmigung oder Entscheidung nur im Einvernehmen mit den beteiligten Handwerkskammern ergehen (§§ 89 Abs. 2 S. 2, 78 Abs. 2 S. 2).

Vierter Abschnitt: Handwerkskammern

§ 90 [Handwerkskammern]

(1) Zur Vertretung der Interessen des Handwerks werden Handwerkskammern errichtet; sie sind Körperschaften des öffentlichen Rechts.

(2) Zur Handwerkskammer gehören die Inhaber eines Betriebs eines Handwerks und eines handwerkähnlichen Gewerbes des Handwerkskammerbezirks sowie die Gesellen, andere Arbeitnehmer mit einer abgeschlossenen Berufsausbildung und die Lehrlinge dieser Gewerbetreibenden.

(3) [1]Zur Handwerkskammer gehören auch Personen, die im Kammerbezirk selbständig eine gewerbliche Tätigkeit nach § 1 Abs. 2 Satz 2 Nr. 1 ausüben, wenn
1. sie die Gesellenprüfung in einem zulassungspflichtigen Handwerk erfolgreich abgelegt haben,
2. die betreffende Tätigkeit Bestandteil der Erstausbildung in diesem zulassungspflichtigen Handwerk war und
3. die Tätigkeit den überwiegenden Teil der gewerblichen Tätigkeit ausmacht.
[2]Satz 1 gilt entsprechend auch für Personen, die ausbildungsvorbereitende Maßnahmen erfolgreich absolviert haben, wenn diese Maßnahmen überwiegend Ausbildungsinhalte in Ausbildungsordnungen vermitteln, die nach § 25 erlassen worden sind und insgesamt einer abgeschlossenen Gesellenausbildung im Wesentlichen entsprechen.

(4) [1]Absatz 3 findet nur unter der Voraussetzung Anwendung, dass die Tätigkeit in einer dem Handwerk entsprechenden Betriebsform erbracht wird. [2]Satz 1 und Absatz 3 gelten nur für Gewerbetreibende, die erstmalig nach dem 30. Dezember 2003 eine gewerbliche Tätigkeit anmelden. [3]Die Handwerkskammer hat ein Verzeichnis zu führen, in welches die Personen nach § 90 Abs. 3 und 4 ihres Bezirks nach Maßgabe der Anlage D Abschnitt IV zu diesem Gesetz mit dem von ihnen betriebenen Gewerbe einzutragen sind (Verzeichnis der Personen nach § 90 Abs. 3 und 4 der Handwerksordnung).

(5) [1]Die Landesregierungen werden ermächtigt, durch Rechtsverordnung Handwerkskammern zu errichten und die Bezirke der Handwerkskammern zu bestimmen; die Bezirke sollen sich in der Regel mit denen der höheren Verwaltungsbehörde decken. [2]Wird der Bezirk einer Handwerkskammer nach Satz 1 geändert, muss eine Vermögensauseinandersetzung erfolgen, welche der Genehmigung durch die oberste Landesbehörde darf.

Literatur: Detterbeck, Steffen/Will, Martin, Die Bauvorlageberechtigung der Handwerksmeister und das Problem handwerksrechtlich gleichgestellter Personen, GewArch 2001, 310; Entwurf eines Dritten Gesetzes zur Änderung der Handwerksordnung und anderer handwerksrechtlicher Vorschriften, Gesetzesentwurf der Fraktionen SPD und Bündnis90/Die Grünen, v. 24.06.2003, BT-Dr. 15/1206, 33; Fröhler, Ludwig/Oberndorfer, Peter, Körperschaften des öffentlichen Rechts und Interessenvertretung, München, 1974; Gornig, Gilbert, Pflichtmitgliedschaft in der Industrie- und Handelskammer Verfassungsrechtliche und europarechtliche Aspekte, WiVerw. 1998, 157; Hahn, WuV 2004, 178; Hartmann, Karl/Philipp, Franz, Handwerksrecht, Kommentar zur Handwerksordnung, 1954; Hendler, Reinhard, Selbstverwaltung als Ordnungsprinzip, Köln 1984; Jahn, Ralf, IHK statt Staat – Das Bundesverfassungsgericht und die IHK-Pflichtmitgliedschaft, GewArch 2002, 98; Jahn, Ralf, Die Änderungen im Recht der Industrie- und Handelskammer per 01.01.2004, GewArch 2004, 43; Jahn, Ralf, Interne Willensbildungsprozesse in wirtschaftlichen Selbstverwaltungskörperschaften am Beispiel der Industrie- und Handelskammern, WiVerw 2004, 133; Kluth, Winfried, Funktionale Selbstverwaltung: verfassungsrechtlicher Status – verfassungsrechtlicher Schutz, 1997; Kormann, GewArch 1979, 281; Kormann, Joachim/Hüpers Frank, Das neue Handwerksrecht, Rechtsfolgen aus der HwO-Novelle 2004 für Handwerksbetriebe und -organisation – Überblick, Zweifelsfragen und erstes Resümee, LFI-Schriftenreihe 2004; Kreppner, Oskar, Auswirkungen der Gebietsreform auf die Handwerksorganisation, GewArch 1971, 121; Leiser, Walter Georg, Die körperschaftliche Rechtsform bei Innungen, Kreishandwerkerschaften und Landesinnungsverbänden: Öffentlich-rechtlicher oder privatrechtlicher Status?; LFI-Schriftenreihe, 2011; Ausschüttung von Innungsvermögen an Innungsmitglieder in Form von Beitragsrückerstattung oder Erlösauskehr aus der Veräußerung von (Analge-)Vermögen? LFI 2013; Löwer, Wolfgang, Verfassungsdogmatische Grundprobleme der Pflichtmitgliedschaft in Industrie- und Handelskammern, GewArch 2000, 89; Meyer, Werner, Regionale Kammergliederungen, GewArch 2006, 227; Meyer, Werner, Der Kammerbezirk, GewArch 2006, 305; Mirbach, Horst, „Reinigung nach Hausfrauenart" unzulässig?, GewArch 2005, 366; Oberndorfer, Peter, Die wirtschaftliche und berufliche Selbstverwaltung durch Kammern in der Bundesrepublik Deutschland, 1987; Rieger Frank, Die Insolvenzfähigkeit von Kammern und die Konsequenzen, GewArch 2011, 279; Rieger, Frank, Kammern in der Insolvenz, Die Beteiligten, deren Finanzierungspflichten und das Verfahren bei der Insolvenz von Körperschaften des öffentlichen Rechts als Träger wirtschaftlicher und berufsständischer Selbstverwaltung, Schriften zum Kammer- und Berufsrecht, Band 9, 2010; Schmitz, Klaus, Die Mitgliedschaft in den Handwerkskammern – Systematik der Zuordnung, GewArch 2005, 453; Schöbener, VerwArch 2000, 374; Stober, Rolf, Die IHK als Mittler zwischen Staat und Wirtschaft, GewArch 1992, 41; Stober, Rolf, Kammern der Wirtschaft: Mehr als Pflichtmitgliedschaft? Plädoyer gegen eine Privatisierung als Etikettenschwindel, GewArch 2001, 393; Soltmann WuV 1998, 228; Tettinger, Peter J., Kammerrecht, München 1997; Tettinger, Peter J./Schwarz, Kyrill-Alexander, in: v. Mangoldt/Klein/Starck GG 6. Auflage 2010, Art. 28 Rn. 126 ff. m. Nachw.; Weides, GewArch 1981, 366; Wolff, Hans J./Bachof, Otto/Stober, Rolf, Verwaltungsrecht I, 10. Auflage, München 1994

Überblick

§ 90 regelt die Errichtung (→ Rn. 27) und die Rechtsnatur (→ Rn. 4) der aus Pflichtmitgliedern (→ Rn. 8 ff.) bestehenden Handwerkskammern, die den Zweck der Interessenvertretung (→ Rn. 5 f.) des Handwerks erfüllen sollen.

Übersicht

	Rn.		Rn.
A. Entstehung und Entwicklung der Handwerkskammern	1	VI. Ehren- und Gastmitglieder	15
B. Körperschaftsstatus der Handwerkskammer, Selbstverwaltung und Interessenvertretung (§ 90 Abs. 1)	4	D. Die Pflichtmitgliedschaft in der Handwerkskammer (Abs. 2)	16
I. Körperschaftsstatus	4	I. Pflichtmitgliedschaft in Verbänden – Allgemeines	16
II. Selbstverwaltungsrecht der Handwerkskammern	5	II. Begründungen für die Zulässigkeit der „berufsständischen Pflichtmitgliedschaften"	18
III. Insbes.: Interessenvertretung durch die Handwerkskammern	6	III. Die Pflichtmitgliedschaft in den „berufsständischen Körperschaften", insbes. Industrie- und Handelskammer, Handwerkskammern, Innungen	19
C. Zugehörigkeit zur Handwerkskammer (§ 90 Abs. 2)	8	IV. EU-Recht und Pflichtmitgliedschaft	23
I. Inhaber und Angehörige von Handwerksbetrieben (A und B Betriebe)	8	E. Errichtung und Bezirk der Handwerkskammer (§ 90 Abs. 5)	27
		I. Errichtung der Handwerkskammer	27
II. Kleinunternehmer im zulassungspflichtigen Bereich A	10	II. Die Größe des Kammerbezirks – Leistungsfähigkeit	29
III. Handwerksähnliche Tätige im zulassungsfreien Bereich	11	III. Vermögensauseinandersetzung bei Handwerkskammer-Bezirksänderungen	30
IV. Keine Kleinunternehmer im zulassungsfreien Bereich B1	12	F. Insolvenzfähigkeit der Handwerkskammer	31
V. Handwerkliche Nebenbetriebe	13		

A. Entstehung und Entwicklung der Handwerkskammern

1   Die Organisation „Handwerkskammer" wurde erstmals durch Regelungen der Novelle zur Reichsgewerbeordnung (vom 26.7.1897, RGBl. 1897, 633, „Handwerkernovelle") eingeführt und eingehend nach Aufgabenstellung und organisatorischer Struktur geregelt. Auf dieser Grundlage wurden mit Wirkung vom 1.4.1900 an im Reichsgebiet flächendeckend von Gewerbebehörden der Bundesstaaten Handwerkskammern errichtet. Modell waren die nach französischem Vorbild errichteten Industrie- und Handwerkskammern. Die Handwerkskammern wurden im Zuge der „Verkammerung der Wirtschaftstätigkeit" eingeführt, welche wiederum vor allem Ausdruck des berufsständisch-genossenschaftlichen Denkens der damaligen Zeit war. In der Einzelgestaltung schloss sich die Kammerorganisation allerdings weitgehend an die Vorbilder der Innungen an, welche in vielhundertjähriger Entwicklung bislang die eigentlichen Vertreter der Handwerkerschaft(en) gewesen waren (vgl. Leisner, W.G. Die körperschaftliche Rechtsform, 20 ff.). Die Handwerkskammern entstanden so zunächst als übergreifende höherrangige Organisation über den Innungen; viele Strukturregelungen der Innungen waren und blieben daher in der Entwicklung bis heute, nach Einzelregelungen und Grundvorstellungen, auf sie anwendbar und gelten auch für die Handwerkskammern.

2   Die **Entwicklung der Handwerkskammern** war zunächst – und ab 1933 sogar verstärkt – durch staatlichen Einfluss geprägt: Jede einzelne Kammer wurde durch einen Staatskommissar überwacht; zentrale und vorrangige Aufgabe war die Sicherstellung der Anwendung gesetzlicher, iwS gewerberechtlicher Bestimmungen und deren nähere Ausgestaltung durch kammereigenes Satzungsrecht (vgl. die Begründung zur Handwerkernovelle Rn. 1). Die Handwerkskammern erschienen daher zunächst mehr als eine Form dezentralisierter Verwaltungsorganisation denn als eine Selbstverwaltungsform des Handwerks als Träger öffentlicher Interessen. Den Kammern oblag dabei die verordnungsähnliche nähere Ausgestaltung des gesetzlichen Handwerksrechts wie auch die Überwachung seiner Anwendung durch Beauftragte gewerbeüberwachender Verwaltungsinstanzen. Immerhin wurde den Handwerkskammern von Anfang an auch die „Förderung des Handwerks als solchen, nicht nur der Einzelinteressen seiner Betriebe und (deren) Gruppierungen übertragen".

3   Der **Selbstverwaltungscharakter** trat jedoch, unter dem Einfluss freiheitlich-demokratischer Verfassungsentwicklungen, in der Weimarer Periode deutlicher in den Vordergrund. In der Handwerkernovelle von 1929 (RGBl. 1929, 21) wurde das Wahlrecht von den Innungen auf die Kammermitglieder übertragen unter Übernahme der Verfassungsgrundsätze des politischen Wahlrechts (allgemeines, geheimes, gleiches, unmittelbares Wahlrecht) (vgl. dazu BVerfGE 11, 351 (360)). Die Staatsaufsicht wurde als Form der Körperschaftsaufsicht den Landeszentralbehörden übertragen. Die Handwerkskammern wurden, unter wesentlicher Aufgabenerweiterung, zu Aufsichtsbehörden über alle Handwerksbetriebe, welche seit 1929 in der Handwerksrolle erfasst wurden, sowie über alle Untergliederungen des Handwerks, vor allem die Innungen. Nach 1933 erfolgten tiefgreifende gesetzliche Änderungen von Aufgabenstrukturen und Organisation der Handwerkskammern iSd Nationalsozialismus, vor allem in einer verstärkten Aufsicht, mit dem Ziel einer Eingliederung in die Staatsorganisation, sowie der Durchsetzung des Führerprinzips (Näheres bei Hartmann/Philipp Rn. 3 ff.). Sie wurden bereits nach 1945 in den Ländern rückgängig gemacht. 1953 kam es in der Handwerksordnung zu einer umfassenden Neuordnung des Kammerrechts durch den Bund, nach Aufgaben wie Organisation. In den Grundzügen wie in allen wesentlichen Einzelheiten ist diese Gesetzeslage als solche unverändert geblieben. Durch die Novellierungen von 2003 wurde die Mitgliedschaft in der Handwerkskammer erweitert (Abs. 3, 4), hinsichtlich der Ausbildungsvoraussetzungen, vor allem für Gesellen, und der zulassungsfreien Handwerkssowie einer (ausreichenden, teilweise) gewerblichen Tätigkeit.

B. Körperschaftsstatus der Handwerkskammer, Selbstverwaltung und Interessenvertretung (§ 90 Abs. 1)

I. Körperschaftsstatus

4   Die Handwerkskammern sind landesunmittelbare, rechtsfähige (zur Grundrechtsfähigkeit vgl. BVerfG NJW 1980, 1093) Körperschaften des Öffentlichen Rechts. Sie unterliegen

damit dem allgemeinen Verwaltungsgesetzes- und Verordnungsrecht, welches für die Körperschaften als Träger der mittelbaren Staatsverwaltung gilt (dazu grds. Tettinger, Kammerrecht, 1997; Leisner, W. G. Die körperschaftliche Rechtsform, 11 ff.). Wesentlich ist damit für sie die **mitgliedschaftsbestimmte Grundstruktur**, ebenso wie für die Innungen (Leisner, W. G. Die körperschaftliche Rechtsform, 25 ff. mwN); deren Regelungen sind daher, jedenfalls idS, weitgehend auch auf die Handwerkskammern anwendbar (Fröhler/Oberndorfer S. 66 ff.). Dies verlangt insbes. die Anwendung **demokratischer Grundprinzipien** auf Zusammensetzung und Willensbildung der Innungen, schließt aber gruppenspezifische Ausgestaltungen (etwa Gesellenquorum, § 93 Abs. 1) nicht aus. Der Körperschaftsstatus ermöglicht die Übertragung gewisser Hoheitsrechte auf die Handwerkskammern (zu diesen Hoheitsrechten s. Leisner, W.G. Die körperschaftliche Rechtsform, 28 ff.), zur Erfüllung eigener Aufgaben, aber auch zur Überwachung anderer handwerksrechtlicher Instanzen.

II. Selbstverwaltungsrecht der Handwerkskammern

Der Körperschaftsstatus vermittelt den Handwerkskammern das **Selbstverwaltungsrecht** 5 (Wolff/Bachof/Stober, Verwaltungsrecht I, 10. Auflage, 1994, § 97; Hendler, Selbstverwaltung als Ordnungsprinzip, 1984), nach dem (verfassungsrechtlichen) Vorbild der kommunalen Selbstverwaltung (Art. 28 Abs. 2 GG; v. Mangoldt/Klein/Starck/Tettinger/Schwarz GG Art. 28 Rn. 126 ff. mwN), aber in der spezifischen Ausprägung, welche diese in der **Funktionalen Selbstverwaltung** gefunden hat (grdl. Kluth, Funktionale Selbstverwaltung, 1997). Allerdings sind dabei stets die handwerksrechtlichen Besonderheiten zu beachten, soweit sie in der Handwerksordnung ihren Niederschlag gefunden haben. Das Selbstverwaltungsrecht bezieht sich nicht nur auf die Aufgaben der Interessenvertretung (→ Rn. 6), sondern auch auf die Wahrnehmung der den Kammern gesetzlich übertragenen besonderen Aufgaben. In beidem unterliegen die Kammern jeweils nur der bereichsspezifisch ausgestalteten Rechtsaufsicht der Landesbehörden (§ 115). Das Selbstverwaltungsrecht der Handwerkskammern ist zwar nicht als solches verfassungsrechtlich geschützt. Als eine Grundentscheidung des einfachen Gesetzgebers ist für seine Schutzwirkungen aber das **Folgerichtigkeitsprinzip** zu beachten; überdies sind die Grundgedanken des Schutzes der (Kommunal-)Autonomie nach Art. 28 Abs. 2 GG auf die Regelungen der Handwerkskammern, insbes. Formen und Umfang des staatlichen Einflusses, auf sie übertragbar (insbes. hinsichtlich des gesetzlichen Rahmens der Selbstverwaltung, vgl. v. Mangoldt/Klein/Starck/Tettinger/Schwarz GG Art. 28 Rn. 185 ff.).

III. Insbes.: Interessenvertretung durch die Handwerkskammern

Körperschaftsstatus und Selbstverwaltungsrecht kommen den Handwerkskammern (nur) 6 deshalb zu, weil sie „zur Vertretung der Interessen des Handwerks" berufen sind (§ 90 Abs. 1). Daraus folgt zunächst, dass sie diese „Interessen des Handwerks" allumfassend nicht nur vertreten dürfen, sondern müssen (BGH GewArch 1986, 381). Diese Rechts- und Pflichtenstellung kommt ihnen jedoch nur iRd jeweiligen besonderen gesetzlichen Regelungen zu; dies ist Ausdruck der Funktionenteilung zwischen dem Staat und (diesen) Selbstverwaltung(skörperschaften), (Stober GewArch 2001, 393 (396)). Die Interessenvertretung „des Handwerks" betrifft daher dessen sämtliche öffentlich-rechtliche wie privatrechtliche Belange. So sind Handwerkskammern Verbände zur Förderung gewerblicher Interessen nach § 13 UWG sowie Träger öffentlicher Belange in Planungsangelegenheiten (§ 2 Abs. 5 BauGB), Handelsregister- (§ 380 Abs. 1 FamFG) oder Wehrdienstangelegenheiten (BVerfG GewArch 1999, 206; NVwZ-RR 1998, 439). In „allen wichtigen das Handwerk berührenden Angelegenheiten sollen sie gehört werden" (§ 93 Abs. 3).

Diese **Interessenvertretung** „des Handwerks" schließt zwar als solche die Wahrnehmung 7 von Belangen der dem Handwerk Zugehörigen nicht aus, stellt jedoch als solche keine Generalklausel der Aufgaben der Handwerkskammer dar; unter Berufung auf Interessenvertretung lassen sich diese nicht erweitern (vgl. dazu VGH München GewArch 2000, 60; entspr. für die IHK Stober GewArch 1992, 41; Stoltmann WuV 1998, 228). „Interessen des Handwerks" sind auch die Interessen des **handwerksähnlichen Gewerbes**, weil die dort Beschäftigten der Handwerkskammer als Pflichtmitglieder (→ Rn. 16) zugehören. Dies gilt jedoch, ebenso wie die Förderung der anderen Pflichtmitglieder der Handwerkskammer, nur im Rahmen der Aufgaben derselben (§ 91 Abs. 1, 4) insbes. der „Förderung des Handwerks".

C. Zugehörigkeit zur Handwerkskammer (§ 90 Abs. 2)

I. Inhaber und Angehörige von Handwerksbetrieben (A und B Betriebe)

8 Zugehörig zur Handwerkskammer sind Personen, welche in zulassungspflichtigen und zulassungsfreien Handwerksbetrieben, deren Nebenbetrieben sowie in handwerksähnlichen Betrieben tätig sind, nach näherer Maßgabe der §§ 1, 18 und 90. Die **Zugehörigkeit zur Handwerkskammer** ist ein speziell öffentlich-rechtlich ausgestaltetes Mitgliedschaftsverhältnis, das in Abs. 2 bis 4 geregelt ist. Dieses grenzt den Personenkreis ab, der dem Gesetzesrecht für die Handwerkskammern, insbes. §§ 90 ff., und dem von der Handwerkskammer gesetzten statutarischen Recht unterliegt. Es handelt sich daher nicht um ein privatrechtliches Mitgliedschaftsrecht, und es beinhaltet die Zugehörigkeit zur Handwerkskammer auch nicht ein Mitgliedschaftsrecht in der Vollversammlung der Kammer (§§ 93 bis 95). Die Zugehörigkeit zur Handwerkskammer vermittelt jedoch ein Wahlrecht zu Kammerorganen sowie ein Antragsrecht in diesen (VG Würzburg GewArch 1993, 246; Jahn WuV 2004, 133; Hahn WuV 2004, 178). Nach Maßgabe der jeweiligen Bestimmungen der Handwerksordnung insbes. der §§ 96 und 97. Die Zugehörigkeit zur Handwerkskammer ist personal ausgestaltet; sie kann nur natürlichen und juristischen Personen zukommen sowie Personalgesellschaften, d.h. Personenhandelsgesellschaften und Gesellschaften des Bürgerlichen Rechts (§ 1 Abs. 1 S. 2). **Betriebsbezogen** ist die Zugehörigkeit idS, dass diese Personen Inhaber, Gesellen, andere Arbeitnehmer mit einer abgeschlossenen Berufsausbildung oder Lehrlinge im Betrieb eines Handwerks oder eines handwerksähnlichen Gewerbebetriebs sein müssen, der im Handwerkskammerbezirk ansässig ist. Nicht alle in solchen Betrieben Beschäftigte sind also auch Kammerzugehörige.

9 Die **Zugehörigkeit beginnt** in A-Betrieben für die Inhaber mit ihrer Eintragung in die Handwerksrolle und endet mit deren Löschung (§ 1). Für Gesellen und Lehrlinge besteht Zugehörigkeit nach der Dauer des Lehrvertrages, für andere Arbeitnehmer entsprechend ihrer Betriebszugehörigkeit nach ihrem Arbeitsvertrag. Inhaber von B1 oder B2 sowie deren Betriebsangehörige gehören der Kammer während der Zeit ihrer Eintragung in das B-Verzeichnis (§ 19) an. Gleiches gilt für Inhaber handwerklicher Nebenbetriebe, aus Gründen der Rechtsklarheit und Rechtssicherheit, trotz der fehlenden konstitutiven Wirkung dieser Eintragung (Detterbeck Rn. 8, Schwannecke Rn. 17).

II. Kleinunternehmer im zulassungspflichtigen Bereich A

10 Seit der Novellierung von 2003 spielt der Begriff der **handwerklichen Kleinunternehmer** für die Zugehörigkeit zur Handwerkskammer eine Rolle. Er ist durch die Regelungen der Abs. 3 und 4 entstanden und begründet – anders als bislang – Zugehörigkeit zur Handwerkskammer nur in Fällen, wo selbstständig eine nicht wesentliche Tätigkeit eines A-Handwerks (nach § 90 Abs. 2 S. 2 Nr. 1) ausgeübt wird. Ein derart Tätiger ist kammerzugehörig a) wenn (§ 90 Abs. 3 Nr. 1 bis 3) die Tätigkeit für das jeweilige A-Handwerk nicht wesentlich ist, also innerhalb von zwei bis drei Monaten erlernt werden kann, b) wenn der so Tätige die Gesellenausbildung in einem (beliebigen) A-Handwerk durchlaufen hat und seine Tätigkeit Bestandteil der Erstausbildung in gerade diesem Handwerk war, sowie wenn c) die Tätigkeit den quantitativ überwiegenden Teil der Tätigkeit des betreffenden Handwerks ausmacht. Dies alles gilt entsprechend für ausbildungsvorbereitende Maßnahmen nach Ausbildungsordnungen, die im Wesentlichen den Ausbildungsstand eines Gesellen vermitteln. Schließlich muss noch d) die entsprechende „handwerklich qualifizierende Tätigkeit" in einer dem Handwerk entsprechenden Betriebsform erbracht werden (§ 90 Abs. 4). Liegen alle diese Voraussetzungen vor, so ist ein derart tätiger Kleinunternehmer zwar nach wie vor nicht handwerksrollenpflichtig, er ist jedoch Angehöriger der Handwerkskammer, weil hier eine spezielle, persönlichkeitsbezogene fachliche Beziehung zum zulassungspflichtigen A-Handwerk angenommen wird (kritisch insoweit Jahn GewArch 2004, 43). Hintergrund ist die Tendenz einer Aufwertung (insbes.) der Gesellenqualifikation. Kammerangehörige sind jedoch nicht die anderen in Abs. 2 genannten Personen, die ein derart tätiger Kleinunterneh-

mer beschäftigt. Ein Streit zwischen einer Handwerkskammer und einer Industrie- und Handelskammer über die Kammerzugehörigkeit eines derartigen Kleinunternehmers kann von der Schlichtungskommission (§ 16 Abs. 10) entschieden werden. Der Kleinunternehmer eines A-Handwerks kann nach dieser Regelung Angehöriger einer Handwerkskammer nur werden, wenn er nach dem 30.12.2003 erstmals (irgend-)eine gewerbliche Tätigkeit anmeldet, die den Voraussetzungen nach Rn. 9 entspricht (aA Detterbeck Rn. 10, der andererseits aber zutreffend auf die Bewahrung des Angehörigkeitsstatus quo abhebt). Damit sollte ersichtlich eine Novierung der Zugehörigkeitsregelung nur für die Zukunft erfolgen, die vor allem auf einer neuen Ausbildungssituation beruht.

III. Handwerksähnliche Tätige im zulassungsfreien Bereich

Der Handwerkskammer zugehörig sind überdies die Inhaber von **handwerksähnlichen** 11 **Betrieben** nach § 18 Abs. 2 S. 2. Diese Betriebe sind in dem Verzeichnis B2 auszuführen (§ 19). Der Handwerkskammer gehören hier auch – anders als im Falle der Kleinunternehmer mit Tätigkeiten im Bereich der A-Betriebe – die Beschäftigten dieser Betriebe iSv § 90 Abs. 2 an. Dies führt im Ergebnis zu einer **Ausdehnung der Zugehörigkeit zur Handwerkskammer auf gewisse Gewerbetreibende auch des zulassungsfreien Bereichs.** Die Voraussetzungen dafür sind aber andere als bei den Kleinunternehmern im zulassungspflichtigen Bereich (→ Rn. 10): § 90 Abs. 3 und 4 findet hier keine Anwendung; die Zugehörigkeit zur Handwerkskammer ist also insoweit nicht qualifikationsbezogen. Auch das – hier allein wesentliche – Kriterium der in solchen handwerksähnlichen Betrieben auszuübenden, „für dieses Gewerbe **wesentlichen Tätigkeiten**" (§ 1 Abs. 2, S. 1) spielt für die Zugehörigkeit der handwerksähnlichen Tätigen zur Handwerkskammer keine Rolle; es muss sich lediglich um eine Tätigkeit handeln, die **handwerksähnlich**, also entsprechend dem Typus eines oder mehrerer B-Gewerbebetrieben wird. Entscheidend ist mithin das Gesamtbild der handwerksähnlichen Tätigkeit, nicht deren Umfang/Anteil innerhalb der Gesamttätigkeit. Für die handwerksähnliche Tätigkeit als solche hat sich also insoweit, als Grundlage einer Zugehörigkeit zur Handwerkskammer, nichts geändert.

IV. Keine Kleinunternehmer im zulassungsfreien Bereich B1

Betriebe des zulassungsfreien Bereichs, aufgelistet in der Anlage B1, vermitteln die Zuge- 12 hörigkeit dort Tätiger zur Handwerkskammer (→ Rn. 8 und → Rn. 9). Die Erweiterung der Voraussetzungen für Tätigkeiten im Bereich der A-Betriebe (→ Rn. 10) hat jedoch keine Auswirkungen auf die Zugehörigkeit der im Bereich der B1-Betriebe Tätigen; dh es gibt für den B1-Bereich nicht die Rechtsfigur der den Handwerkern gleichgestellten „Kleinunternehmer", welche in § 90 Abs. 3 und 4 eben nur für den A-Bereich eingeführt worden ist (ebenso iErg Detterbeck Rn. 14, § 18 Rn. 5). Es wäre systemwidrig, eine Rechtsfigur, welche der Gesetzgeber in klarer Ausnahmeregelung nur für den – nach 2003 verbleibenden – A-Bereich erweiternd vorgesehen hat, nun auch in dem aus diesem Bereich gerade ausgegliederten B1-Bereich dennoch anzuwenden. Mit der Problematik der Bedeutung der §§ 18–20 für die Zugehörigkeit zum Handwerk hat diese Kleinunternehmerfigur nicht zu tun. Denn sie ist in der sachnäheren Vorschrift des § 90 Abs. 2–4 anders geregelt worden (iErg ebenso Kormann/Hüpers S. 71; Mirbach GewArch 2005, 368 f; vgl. auch Schmitz GewArch 2005, 454 f., sowie Detterbeck Rn. 15).

V. Handwerkliche Nebenbetriebe

Auch ab 2004 gilt weiterhin, dass Inhaber und Beschäftigte von Nebenbetrieben, in denen 13 ein **handwerksähnliches Gewerbe** ausgeübt wird (B2-Nebenbetriebe), der Handwerkskammer nicht zugehören. Dies ergibt sich nach wie vor aus dem fehlenden Hinweis auf die §§ 2 und 3 in § 20 (so auch Detterbeck Rn. 17). Von dieser Fallgruppe abgesehen gilt, ebenfalls weiterhin, der Grundsatz, dass für alle A-Betriebe einheitlich die Zugehörigkeit zur Handwerkskammer bestehen soll, auch wenn das A-Handwerk nur in einem Nebenbetrieb ausgeübt wird, in dessen Hauptbetrieb kein Handwerk betrieben wird (BVerfGE 34, 56 (58)). Dies ist auch weiterhin gerade deshalb erforderlich, weil nur so die besondere Gefahrenabwehr sichergestellt werden kann, welche die speziellen Regelungen für A-Betriebe rechtfertigt (vgl. BVerwG GewArch 1994, 249). Nebenbetriebe die handwerklich in Anlage A betrieben werden, gehören also zur Handwerkskammer.

14   Durch die Überführung vieler A-Betriebe in die Kategorie der B1-Betriebe ist jedoch durch die Novellierungen von 2003 für deren Nebenbetriebe eine veränderte Lage entstanden. Für diese jetzt zulassungsfreien Betriebe gilt nunmehr der neugefasste § 20: Er enthält aber auch für sie keine Verweisung auf ihre Nebenbetriebe (§§ 2, 3). Sie gehören also der Handwerkskammer nicht an; sie dürfen nicht in das Handwerkskammerverzeichnis (§ 19) eingetragen werden (Detterbeck § 18 Rn. 20). Vielmehr müssen sämtliche (nunmehr) B1-Nebenbetriebe eben durch die Handwerkskammer von Amtswegen gelöscht werden (Detterbeck Rn. 19); sie werden Mitglieder der Industrie- und Handelskammer. Diese die bisherige Zugehörigkeitsstruktur zur Handwerkskammern bzw. Industrie- und Handelskammer verändernde Konsequenz hatte der Gesetzgeber offenbar nicht bedacht, als er davon ausging, es würden (unverändert nur) die Nebenbetriebe von der Industrie- und Handelskammer angehörigen Hauptbetrieben nicht in das Handwerksverzeichnis eingetragen (BT-Drs. 15/1206, 33). Vielmehr wird nun, infolge der fehlenden Verweisung auf Nebenbetriebe, der Zusammenhang zwischen Haupt- und Nebenbetriebe, hinsichtlich der Kammerzugehörigkeit, weithin und grds. zerrissen. Systematisch ist dies auch deshalb bedenklich, weil die B1-Nebenbetriebe allein schon wegen dieser ihrer Nebenbetriebseigenschaft nicht in das Kammerverzeichnis eingetragen werden können; läge dagegen bei ihnen der für Nebenbetriebe wesentlich technisch-wirtschaftliche Zusammenhang mit dem Hauptbetrieb nicht vor, wären sie vielmehr gleichwertige Betriebsteile eines Gesamtunternehmens, so wären sie Angehörige der Handwerkskammer (Detterbeck § 18 Rn. 20, unter Hinweis auf BVerwG 1994, 248 ff.). Der Gesetzgeber könnte diese Folgerung beseitigen, indem er in § 20 einen Verweis auf die §§ 2, 3 aufnähme (zur Kritik vgl. auch Kormann/Hüpers, 71).

VI. Ehren- und Gastmitglieder

15   Die Satzungen der Handwerkskammern können die **freiwillige Zugehörigkeit** von dem Handwerk nahestehenden natürlichen oder juristischen Personen zulassen. Dies ist in § 59 für „Gastmitglieder der Innungen" vorgesehen und kann ohne Bedenken auch von den Handwerkskammern praktiziert werden. Auch hier sind ihre Rechte und Pflichten in der Satzung zu regeln (§ 59, 2). Ehren- und Gastmitglied kann nicht sein, wer Pflichtmitglied der Kammer ist. Dass ihre Zugehörigkeit der Ehren- und Gastmitglieder nur ein beschränktes „Mitgliedschaftsrecht" vermittelt, ergibt sich daraus, dass ihnen ein aktives und insbes. auch ein passives Wahlrecht nicht zusteht (§§ 96, 97 iVm § 93 Abs. 1, § 108 Abs. 1, § 110). Sie können also nicht Mitglieder der Organe der Handwerkskammer (§ 92) sein. Ihre Mitwirkung innerhalb der Handwerkskammer ist daher auf Beratung beschränkt. Wenn sie jedoch als „sachverständige Mitglieder" nach § 93 Abs. 4 zur Vollversammlung gewählt werden, stehen ihnen sämtliche Organrechte zu.

D. Die Pflichtmitgliedschaft in der Handwerkskammer (Abs. 2)

I. Pflichtmitgliedschaft in Verbänden – Allgemeines

16   Pflichtmitgliedschaft in Selbstverwaltungseinrichtungen bedeutet eine Einschränkung der Berufs- und Gewerbefreiheit (Art. 12 Abs. 1 GG) der Betroffenen; sie bedarf daher einer **gesetzlichen Grundlage** und muss den verfassungsrechtlichen Voraussetzungen entsprechen, die das Bundesverfassungsgericht im Apothekenurteil aufgestellt hat (BVerfGE 7, 377). Die Pflichtmitgliedschaft beinhaltet eine die Berufstätigkeit insgesamt prägende, weitreichende und meist tiefgreifende Zusammenfassung von Rechten und Pflichten (Rechtsstatus). Daher muss sie gewichtigen Belangen des Gemeinwohls nicht nur entsprechen, sondern zu deren Schutz nach rechtsstaatlichen Grundsätzen (Art. 20 Abs. 3 GG) erforderlich sein (vgl. dazu Oberndorfer S. 66). Problematisch ist die in der früheren Rspr. des BVerfG anklingende Auff. (BVerfGE 10, 354 (362f); 13, 181 (184); 15, 235 (239); 32, 54 (64); VGH Mannheim GewArch 1998, 164), die Zwangsmitgliedschaft sei nur eine Folge der Berufstätigkeit als solcher, dieser also gewissermaßen immanent; ein Eingriff in deren Wahl- oder Ausübungsfreiheit könne mithin begrifflich nicht vorliegen: Die Anordnung der Pflichtmitgliedschaft stellt aber eine hoheitliche Zwangsmaßnahme dar, gegen welche der Schutzbereich des

Art. 12 GG sichert (so auch Scholz GG Art. 9 Rn. 90; Sachs/Höfling GG Art. 9 Rn. 25; offen in BVerfGE 107, 169 (173); 108, 169 (172)). Dies gilt nicht nur soweit der Zwangsverband zu bestimmten Maßnahmen gegen die Pflichtmitgliedschaft ermächtigt ist (Detterbeck Rn. 27); denn die Pflichtmitgliedschaft führt jedenfalls zu Beitragsverpflichtungen. Nach hier vertretener Auff. ist also Pflichtmitgliedschaft stets am Maßstab des Art. 12 Abs. 1 GG zu prüfen.

Nach der in der Rspr. vertretenen Auff. (→ Rn. 16) kommt Art. 9 Abs. 1 GG (Vereinsfreiheit) nicht als Verfassungsmaßstab der Pflichtmitgliedschaft nach § 90 Abs. 2 in Betracht, schon weil dieses Grundrecht lediglich gegen einen Beitrittszwang zu einer privatrechtlichen Vereinigung schütze. Verfassungsmaßstab sei für öffentlich-rechtliche „Zwangsverbandlichkeit" nur Art. 2 Abs. 1 GG. Dies hat zur Folge, dass sie grds. durch einfaches Gesetz angeordnet werden kann, soweit ein solches mit der „verfassungsmäßigen Ordnung" des Grundgesetzes vereinbar ist (vgl. für Viele v. Mangold/Klein/Starck/Starck GG Art. 2 GG Rn. 25). Schranke bleibt aber auch dann die Erforderlichkeit einer Anordnung von Pflichtmitgliedschaft zur Sicherung der öffentlichen Belange iSd Art. 12 Abs. 1 GG (→ Rn. 15). Auch eine verbreitete Auff., welche Art. 9 Abs. 1 GG immerhin grds. als Verfassungsmaßstab einer Pflichtmitgliedschaft in öffentlich-rechtlichen Körperschaften anerkennen will (vgl. Detterbeck Rn. 23 m. zahlr. Nachw.), führt zu keinem anderen Ergebnis. Art. 9 Abs. 1 GG fügt jedenfalls der Berufsfreiheit als Maßstab der Pflichtmitgliedschaft kein weiteres Kriterium hinzu; allenfalls ist bei jener Prüfung besonderes Augenmerk darauf zu richten, dass die schützenswerten öffentlichen Belange nicht bereits durch – tatsächlich vorhandene – private Verbandlichkeit in ausreichendem Maße wahrgenommen werden können (vgl. zu Privatverbandlichkeit im Handwerksrecht Leisner, W. G. Die körperschaftliche Rechtsform, 28–30 ff.).

II. Begründungen für die Zulässigkeit der „berufsständischen Pflichtmitgliedschaften"

Das BVerfG hält eine Pflichtmitgliedschaft in öffentlich-rechtlichen Körperschaften grds. va aus zwei Gründen für zulässig, weil erforderlich: Die **hoheitliche Erfüllung von Verwaltungsaufgaben** verlange eine Beteiligung all der Gewerbetreibenden, welche davon betroffen sein könnten. Anderseits sei eine **Legitimation der öffentlich-rechtlichen Körperschaftsstellung** nur dann überzeugend, wenn in die Aufgabeerfüllung alle Interessenträger einbezogen seien. Es könne andernfalls zu einem „Machtüberhang" gewisser Unternehmensgruppen kommen. Ungerecht sei es jedenfalls, wenn Körperschaftsmitglieder mit ihren Beiträgen eine Interessenwahrnehmung auch für Nichtmitglieder zu bezahlen hätten. Der Staat dürfe daher auch in einer grds. freien Wirtschaft deren Förderung im weitesten Sinn in den Rang einer besonders wichtigen Staatsaufgabe erheben. Er dürfe sich dabei Organe bedienen, die er sich aus der Wirtschaft selbst herausbilden lasse; dies könne dazu beitragen, dass staatliche Einflüsse in entsprechender Sachnähe erfolgten (vgl. BVerfGE 15, 235 (242); 38, 281 (310); Detterbeck Rn. 25).

III. Die Pflichtmitgliedschaft in den „berufsständischen Körperschaften", insbes. Industrie- und Handelskammer, Handwerkskammern, Innungen

Diese allgemeinen (Verfassungs-)Grundsätze gelten für sämtliche öffentlich-rechtlich verfasste Zusammenschlüsse mit Pflichtmitgliedschaft (sog. „Zwangsverbände"), wie etwa Versorgungseinrichtungen (Wasserverbände, BVerfGE 10, 89 (102); BVerwGE 42, 210 (217)), Versorgungswerke (für Ärzte BVerfG NJW 1991, 746; für Rechtsanwälte BVerwGE 87, 324 (325)), aber auch für Zusammenschlüsse mit allgemein-berufsständischen Zielsetzungen (Arbeitnehmerkammern, BVerfGE 38, 281 (297 f.); Studentenschaften BVerfGE 59, 231 (233); 109, 97 ff.) und auch für Organisationen einzelner Berufsstände. Pflichtmitgliedschaft stellt also eine Gestaltung dar, die in ihrer Zulässigkeit nicht auf einzelne Gruppen oder spezielle Zielsetzungen der Interessenwahrnehmung oder -förderung beschränkt ist.

Die Verfassungs- wie die höchstrichterliche Verwaltungsrechtsprechung haben eine **Pflichtmitgliedschaft in der Industrie- und Handelskammer** in stRspr für zulässig erklärt (vgl. etwa BVerfGE 15, 235 (239 ff.); BVerfG GewArch 2002, 111 ff; BVerwGE 107, 169; NVwZ-RR 2002, 187 f.). Dies entspricht auch der ganz hL im Schrifttum (s. etwa

Gornig WiVerw 1998, 157; Jahn GewArch 2002, 98; 453; Kluth, Verfassungsfragen der Privatisierung von IHK, 1997, 7 ff.; Kluth NVwZ 2002, 298; Löwer GewArch 2000, 89; Schöbener VerwArch 91 (2000), 374).

21 Die allgemeinen Kriterien der Zulässigkeit einer Pflichtmitgliedschaft, welche für die **Industrie- und Handelskammer** erfüllt sind, rechtfertigen eine solche **auch für die Handwerkskammer** (so BVerwGE 108, 169 (174)). Nach Aufgaben wie Befugnissen zu deren Erfüllung – den beiden entscheidenden Gesichtspunkten für die Zulässigkeit einer berufsständischen „Verkammerung" mit Pflichtmitgliedschaft (vgl. Leisner, W.G. Die körperschaftliche Rechtsform, 62 ff.) – sind Industrie- und Handelskammer und Handwerkskammer weitgehend vergleichbar. Die beiden Kammern entsprechen sich auch in der – differenzierten – Zusammensetzung ihrer Mitgliedschaften, der sie in ihrer Organisation Rechnung zu tragen haben. Es handelt sich eben um zwei große Sektoren der gewerblichen Wirtschaft, laufende Probleme der Übergänge und Abgrenzungen zwischen beiden belegen diese durchgehende Vergleichbarkeit für die Beurteilung der Zulässigkeit einer Verkammerung. Dies schließt – selbstverständlich – die Notwendigkeit einer Berücksichtigung typisch handwerksrechtlicher Besonderheiten nicht aus. Eine vereinfachend-pauschalierende Übertragung „weil Industrie- und Handelskammer – deshalb auch Handwerkskammer" ist jedenfalls in kritischer Differenzierung zu vermeiden. Ein ganz allgemein vergleichender Hinweis auf die (Rechtfertigung der) „mittelbaren Staatsverwaltung" (Detterbeck Rn. 22) ist ebenfalls problematisch.

22 Pflichtmitgliedschaft in den Handwerkskammern unterliegt also grds. keinen (insbes. verfassungs-)rechtlichen Bedenken. Aus ihr kann allerdings nicht ohne weiteres auf eine gleiche Gestaltung auch für die **Innungen** geschlossen werden. Diese stellen zwar eine typisch handwerkliche Form der berufsständischen Organisation, ja der öffentlich-rechtlichen „Verkammerung" dar. Von geschichtlich weit zurückliegenden Anfängen aus haben sie die gesamte Entwicklung der beruflichen Selbstverwaltung im Handwerk eigenständig geprägt (zur geschichtlichen Entwicklung vgl. Leisner, W.G. Die körperschaftliche Rechtsform, 20 ff. mwN). In der Handwerksordnung zeigt sich redaktionell ihre „prototypische Stellung" auch im Verhältnis zu Regelungen für die Handwerkskammern (§§ 52 ff. – 90 ff.). Auch verfasst sind sie zwar in der Form von Körperschaften des Öffentlichen Rechts (§ 53), jedoch ohne Pflichtmitgliedschaft. Eine solche könnte auch bei ihnen eingeführt werden (Detterbeck/Will 65 ff.); rechtlich erforderlich ist dies aber nicht (eingehende Darstellung der Gründe für und gegen eine Zwangsmitgliedschaft bei Leisner, W. G. Die körperschaftliche Rechtsform, 62 ff.). Gerade hier zeigt sich, dass rechtliche Organisationsformen für die Handwerkskammern zwar (auch) in Analogie zu anderen gewerblich/beruflichen Organisationsformen begründet werden können, dass dies aber keineswegs durchgehend rechtlich zwingend angenommen werden muss.

IV. EU-Recht und Pflichtmitgliedschaft

23 Der gesetzlichen Pflichtmitgliedschaft in der Handwerkskammer unterliegen grds. deutsche Staatsangehörige sowie solche eines Mitgliedstaates der Europäischen Union und der Schweiz. Die EU-Niederlassungsfreiheit sowie das entsprechende Diskriminierungsverbot schließen diese Pflichtmitgliedschaft allerdings nicht aus (VGH Mannheim GewArch 1998, 165; VG Lüneburg GewArch 1995, 473). Eine Änderung dieser grundlegenden Entwicklung ist nach der EuGH-Rspr. nach wie vor nicht zu erwarten (vgl. Schwannecke/Schwannecke Rn. 12 f.). Auch mit der EMRK ist die Pflichtmitgliedschaft vereinbar (VG Würzburg GewArch 1996, 161; so auch für die IHK Gornig WuV 1998, 157; Kluth NVwZ 2002, 198). Dies gilt jedoch nur nach **näherer Maßgabe** des § 9. Danach ist Folgendes zu beachten:

24 **EU-Ausländer** sind Pflichtmitglieder der Handwerkskammer nur, wenn sie **innerhalb des Bundesgebietes eine gewerbliche Niederlassung** unterhalten. Eine **Betriebsstätte** (gewerbliche Niederlassung) im Bundesgebiet liegt nur vor, wenn der Gewerbetreibende eine Infrastruktur als Grundlage seiner Tätigkeit aufgebaut hat, die es ihm erlaubt, dieser kontinuierlich und nachhaltig nachzugehen (vgl. EuGH GewArch 2003, 472). Umfangreiche, auch länger andauernde Aktivitäten im Bundesgebiet genügen allein nicht. EU-Ausländer müssen überdies selbstständig ein A-Handwerk, B1-Handwerk, B2-Gewerbe oder eine gewerbliche Tätigkeit nach § 90 Abs. 3, 4 ausüben; auf ihre Mitarbeiter ist dann § 90 Abs. 2 anzuwenden. Inhaber von A-Betrieben sind in die Handwerksrolle einzutragen (s. EuGH NVwZ 2001, 182 Rn. 45 – Corsten). Besteht eine gewerbliche Niederlassung nicht im

Bereich einer Handwerkskammer, so unterliegt der EU-Ausländer auch keiner Anzeigepflicht nach § 18 (Abs. 1 S. 1), ebenso wenig einer Eintragungspflicht in das Verzeichnis der B-Betriebe (§ 19). Jedenfalls hinsichtlich der Pflichtmitgliedschaft in der Handwerkskammer werden also insoweit Deutsche und EU-Staatsangehörige gleich behandelt, als sie eine (Zweig-)Betriebsstätte im Bundesgebiet unterhalten.

Von diesen Tätigkeiten in „deutschen Betriebsstätten – Unternehmen" des Handwerks sind **handwerkliche oder handwerksähnliche Leistungen** zu unterscheiden, welche im EU-Ausland ansässige Deutsche oder EU-Ausländer in Deutschland erbringen, die hier aber über keine (eigene) Betriebsstätte verfügen. Diese können zur Ausübung eines A-Handwerks berechtigt werden, wenn sie die Voraussetzungen nach § 9 Abs. 1 S. 1 Nr. 2 iVm §§ 7 EU/EWR HwV erfüllen. Bei A-Tätigkeiten erfolgt keine Eintragung in die Handwerksrolle (§ 9 Abs. 1 S. 3); diese Gewerbetreibenden sind daher auch nicht Pflichtmitglieder der Handwerkskammer. Gleiches gilt für alle – deutschen und EU-ausländischen – Inhaber von im EU-Ausland gelegenen B1- oder B2-Betrieben. Sie unterliegen auch weder der Anzeigepflicht (§ 18 Abs. 1) noch der Eintragungspflicht in das B-Verzeichnis nach § 19. 25

Damit ist eine rechtliche Gleichstellung von Deutschen und EU-Ausländern im Hinblick auf die Pflichtmitgliedschaft in der Handwerkskammer und all deren (insbes. Beitrags-) Pflichten gewährleistet: Anknüpfungspunkt einer Unterscheidung ist **nicht die Staatsangehörigkeit, sondern die Art der Leistungserbringung:** Sie knüpft nicht an allgemeine Kategorien des Gewerberechts („stehendes" Gewerbe) an, sondern allein an die organisationsrechtliche Form der Erbringung der Leistungen (**Betriebsstätte**). Eine – schwierige – Überprüfung der Art handwerklicher Leistungserbringung im Einzelnen, oder deren Dauer, Intensität oder finanziellen Volumens ist nicht nur nicht erforderlich, sondern unzulässig. Das Kriterium der „Betriebsstätte" lässt sich – schon damit – rechtfertigen, dass deren Vorliegen im Bundesgebiet einerseits ein sachgerechtes Indiz für einen gewissen Umfang sowie eine Nachhaltigkeit der Tätigkeit darstellt; andererseits, vor allem hier ist eine rechtsbehördliche Überprüfung durch deutsche Instanzen in ganz anderer Weise möglich, als wenn diese ins (EU-)Ausland ausgreifen müssten. Bedenken wegen einer Ausländer- und Inländerdiskriminierung wären also unbegründet; das Betriebsstättenkriterium ist als Differenzierungsgrundlage auch nach Art. 3 Abs. 1 GG sachgerecht. 26

E. Errichtung und Bezirk der Handwerkskammer (§ 90 Abs. 5)

I. Errichtung der Handwerkskammer

Handwerkskammern müssen flächendeckend für das gesamte **Bundesgebiet** errichtet werden. Dies ist geschehen, so dass nur mehr eine Änderung der Kammer-Bezirksgrenzen in Betracht kommt. Zuständig sind die jeweiligen territorial kompetenten obersten Landesbehörden, dh die entsprechenden Fachminister/Senatoren der Länder, nicht die Landesregierungen. 27

Errichtungen wie **Bezirksgrenzenänderungen** erfolgen durch öffentlich-rechtlichen Organisationsakt (Schwannecke/Schwannecke Rn. 18) oder durch Verwaltungsakt. Da sie nicht nur den inneren Geschäftsbetrieb der Handwerkskammern betreffen, sondern auch die Rechtssphäre der Kammermitglieder, der Innungen und Kreishandwerkerschaften maßgeblich bestimmen, muss gegen sie insoweit verwaltungsgerichtlicher Rechtsschutz geltend gemacht werden können. Erfolgt die Änderung im Wege der Rechtsverordnung, so unterliegt sie der Normenkontrolle (OVG Münster GewArch 1981, 291), als Verwaltungsakt der Anfechtungsklage (OVG Münster GewArch 1975, 194; GewArch 1981, 875; VG Halle GewArch 1996, 75; vgl. auch Weides GewArch 1981, 366). Die Änderung kann auch inzident überprüft werden, bei Anlass der Entscheidung über Verwaltungsakte, die auf ihrer Grundlage ergehen (vgl. OVG Münster GewArch 1975, 176). 28

II. Die Größe des Kammerbezirks – Leistungsfähigkeit

Der Kammerbezirk soll sich idR mit der höheren Verwaltungsbehörde (Regierungspräsidium) decken (Abs. 5 S. 1; dazu Meyer GewArch 2006, 227; Meyer GewArch 2006, 305). Entscheidend ist aber bei der Bestimmung der Kammerbezirke, dass sie **leistungsfähig** sind, die Handwerkskammer also ihre Aufgaben nach § 91 sachgerecht erfüllen kann. Daher müssen 29

Änderungen, insbes. Zusammenlegungen von Regierungsbezirken keineswegs zu entsprechenden Veränderungen der Kammerbezirke führen (s. Kreppner GewArch 1971, 121; Kormann GewArch 1979, 281). Als optimale Größenordnungen werden Bezirke mit 15.000–20.000 Handwerkerbetrieben genannt (Honig/Knörr Rn. 15). Dabei wird es auch auf die Entwicklung der Betriebsgrößen ankommen. Die Grundsätze über die Abgrenzung der Innungsbezirke (§ 52 Abs. 2 S. 1) können entsprechend angewendet werden (Schwannecke Rn. 20).

III. Vermögensauseinandersetzung bei Handwerkskammer-Bezirksänderungen

30   Bei **Zusammenlegung** von Kammern ist das Vermögen der aufgehobenen und verkleinerten auf die neugebildete oder aufnehmende Kammer zu übertragen; ebenso ist bei Bezirks(grenzen)änderungen zu verfahren (§ 90 Abs. 5 S. 2; vgl. insgesamt Leisner, W.G., Ausschüttung von Innungsvermögen an Innungsmitglieder). Dies ist im Wege eines öffentlich-rechtlichen Vertrages zwischen abgebenden und aufnehmenden Kammern zu regeln (§§ 54 ff VwVfG). Wird eine Kammer aufgelöst, so kann die Vermögensregelung nur von der für die Neugestaltung zuständigen obersten Verwaltungsbehörde (vgl. 1.) durchgeführt werden, ebenso dann, wenn sich die betroffenen Kammern vertraglich nicht einigen (können). Die Genehmigung des Vertrages durch die oberste Verwaltungsbehörde ist ein Verwaltungsakt, der durch Verpflichtungsklage überprüft werden kann (§§ 42, 113 Abs. 5 VwGO). Die gerichtliche Entscheidung betrifft dann lediglich Rechtsfragen, die im Zuge dieser Vermögensauseinandersetzung auftreten, nicht solche ökonomischer Zweckmäßigkeit oder Billigkeit. Maßstab für die Vermögens(um)verteilung ist nicht die Mitgliederzahl im Verhältnis zwischen ausscheidenden und verbleibenden Mitgliedern (so aber Honig/Knörr Rn. 19), sondern das Verhältnis von deren Beitragsvolumina zu einander; davon hängen weitestgehend die jeweiligen Vermögensverhältnisse der durch die Änderung betroffenen Kammern ab. Der obersten Verwaltungsbehörde steht bei der Aufteilungs- bzw. der Genehmigungsentscheidung kein Ermessen zu (aA Detterbeck Rn. 41).

F. Insolvenzfähigkeit der Handwerkskammer

31   Die Handwerkskammern sind juristische Personen des Öffentlichen Rechts. Für diese letzteren gilt allgemein, dass sie **insolvent** sind, soweit dies nicht durch gesetzliche Regelung ausgeschlossen ist (BVerfG NJW 1994, 1465; BVerfGE 64, 248 (253); vgl. zur Insolvenzfähigkeit allg. Rieger GewArch 2011, 279; Rieger, Kammern in der Insolvenz, 2010). Ein **Ausschluss der Insolvenzfähigkeit** der Handwerkskammern lässt sich nicht aus einer Analogie zu §§ 77 und 89 ableiten, in denen die Insolvenzfähigkeit von Innungen und Kreishandwerkerschaften geregelt ist, mit der Folge ihrer Auflösung bei Eintritt der Insolvenz; denn es handelt sich hier um Sonderbestimmungen, wie sie für die Handwerkskammer gerade nicht bestehen. §§ 106 und 113 regeln die Mittelaufbringung im Bereich der Handwerkskammer, sagen aber ebenfalls nichts darüber aus, was gilt, wenn sich auf diesem Weg die Zahlungsfähigkeit der Handwerkskammer nicht sicherstellen lässt. § 115 Abs. 2 sieht eine Möglichkeit vor, deren Vollversammlung aufzulösen; daraus folgt aber nicht, dass die Handwerkskammer als solche insolvenzfähig und damit uU aufzulösen/abzuwickeln wäre, wenn die Vollversammlung Zahlungsfähigkeit der Kammer nicht sicherstellt. Keine gesetzliche Vorschrift sichert die Zahlungsfähigkeit der Handwerkskammer, so dass bereits daraus im Umkehrschluss eine Insolvenzunfähigkeit derselben abzuleiten wäre; dies müsste dann jedenfalls im Wege einer eindeutigen und durchgehenden Einstandspflicht vorgesehen sein (vgl. dazu BVerfG NJW 1994, 1465; BVerwGE 64, 248 (257); 72, 212 (216)), was aber nicht der Fall ist. Eine solche Gewährleistungspflicht des Staates kann übrigens für die Handwerkskammer auch nicht aus anderen GG-Bestimmungen abgeleitet werden, wie etwa für die öffentlich-rechtlichen Rundfunkanstalten aus Art. 5 Abs. 1 S. 2 GG (BVerfGE 89, 144 (151 ff.)).

32   **Unzulässig ist das Insolvenzverfahren** über das Vermögen „einer juristischen Person des Öffentlichen Rechts, die der Aufsicht eines Landes untersteht, wenn das Landesrecht dies bestimmt" (§ 12 Abs. 1 Nr. 2 InsO); dies gilt also auch für die Handwerkskammer. In sämtlichen Ländern – mit Ausnahme von Mecklenburg Vorpommern – ist die Insolvenz/ Konkursfähigkeit der juristischen Personen des Öffentlichen Rechts durch Landesgesetz ausgeschlossen (vgl. Schwanecke/Schwanecke Rn. 24). Damit ist der ununterbrochene Fortbestand der Handwerkskammern in flächendeckender Organisationsdichte gesichert. In Meck-

lenburg-Vorpommern muss bei einer etwaigen Auflösung einer Handwerkskammer als Folge eines Insolvenzverfahrens im kompetenzmäßigen Anschluss an dieses eine entsprechende neue Organisation (→ Rn. 27 ff.) durch die zuständige Landesinstanz geschaffen werden. Gleiches gilt für den Fall einer künftigen Neuregelung der Insolvenzunfähigkeit von Handwerkskammern in einem Land, die eine solche nicht mehr (völlig) ausschlösse.

§ 91 [Aufgaben]

(1) Aufgabe der Handwerkskammer ist insbesondere,
1. die Interessen des Handwerks zu fördern und für einen gerechten Ausgleich der Interessen der einzelnen Handwerke und ihrer Organisationen zu sorgen,
2. die Behörden in der Förderung des Handwerks durch Anregungen, Vorschläge und durch Erstattung von Gutachten zu unterstützen und regelmäßig Berichte über die Verhältnisse des Handwerks zu erstatten,
3. die Handwerksrolle (§ 6) zu führen,
4. die Berufsausbildung zu regeln (§ 41), Vorschriften hierfür zu erlassen, ihre Durchführung zu überwachen (§ 41a) sowie eine Lehrlingsrolle (§ 28 Satz 1) zu führen,
4a. Vorschriften für Prüfungen im Rahmen einer beruflichen Fortbildung oder Umschulung zu erlassen und Prüfungsausschüsse hierfür zu errichten,
5. Gesellenprüfungsordnungen für die einzelnen Handwerke zu erlassen (§ 38), Prüfungsausschüsse für die Abnahme der Gesellenprüfungen zu errichten oder Handwerksinnungen zu der Errichtung von Gesellenprüfungsausschüssen zu ermächtigen (§ 37) und die ordnungsmäßige Durchführung der Gesellenprüfungen zu überwachen,
6. Meisterprüfungsordnungen für die einzelnen Handwerke zu erlassen (§ 50) und die Geschäfte des Meisterprüfungsausschusses (§ 47 Abs. 2) zu führen,
6a. die Gleichwertigkeit festzustellen (§§ 40a, 50b, 51e),
7. die technische und betriebswirtschaftliche Fortbildung der Meister und Gesellen zur Erhaltung und Steigerung der Leistungsfähigkeit des Handwerks in Zusammenarbeit mit den Innungsverbänden zu fördern, die erforderlichen Einrichtungen hierfür zu schaffen oder zu unterstützen und zu diesem Zweck eine Gewerbeförderungsstelle zu unterhalten,
8. Sachverständige zur Erstattung von Gutachten über Waren, Leistungen und Preise von Handwerkern zu bestellen und zu vereidigen,
9. die wirtschaftlichen Interessen des Handwerks und die ihnen dienenden Einrichtungen, insbesondere das Genossenschaftswesen zu fördern,
10. die Formgestaltung im Handwerk zu fördern,
11. Vermittlungsstellen zur Beilegung von Streitigkeiten zwischen Inhabern eines Betriebs eines Handwerks und ihren Auftraggebern einzurichten,
12. Ursprungszeugnisse über in Handwerksbetrieben gefertigte Erzeugnisse und andere dem Wirtschaftsverkehr dienende Bescheinigungen auszustellen, soweit nicht Rechtsvorschriften diese Aufgaben anderen Stellen zuweisen,
13. die Maßnahmen zur Unterstützung notleidender Handwerker sowie Gesellen und anderer Arbeitnehmer mit einer abgeschlossenen Berufsausbildung zu treffen oder zu unterstützen.

(1a) ¹Die Länder können durch Gesetz der Handwerkskammer die Aufgaben einer einheitlichen Stelle im Sinne des Verwaltungsverfahrensgesetzes übertragen. ²Das Gesetz regelt, welche Aufgabenbereiche von der Zuweisung erfasst sind. ³Dabei kann das Gesetz vorsehen, dass die Handwerkskammer auch für nicht Kammerzugehörige tätig wird. ⁴Das Gesetz regelt auch die Aufsicht.

(2) Die Handwerkskammer kann gemeinsam mit der Industrie- und Handelskammer Prüfungsausschüsse errichten.

(2a) Die Länder können durch Gesetz der Handwerkskammer ermöglichen, sich an einer Einrichtung zu beteiligen, die Aufgaben einer einheitlichen Stelle im Sinne des Verwaltungsverfahrensgesetzes erfüllt.

(3) Die Handwerkskammer soll in allen wichtigen das Handwerk und das handwerksähnliche Gewerbe berührenden Angelegenheiten gehört werden.

(4) Absatz 1 Nr. 1, 2 und 7 bis 13 findet auf handwerksähnliche Gewerbe entsprechende Anwendung.

Literatur: Badura, Peter/Kormann, Joachim, Der Beitrag zur Handwerkskammer – Zur Frage einer Anrechenbarkeit von an eine Innung geleisteten Beiträgen –, GewArch 2005, 99; Bleutge, Peter, Die neuere Rechtsprechung zu § 36 GewO, GewArch 1986, 145; Bleutge, Peter, Die öffentliche Bestellung in der Rechtsprechung – Eine Übersicht der letzten 17 Jahre – GewArch 2008, 9; Bremer BB 1974, 210; Bünger, Klaus, zum Thema „Sachverständige und Verbraucher", GewArch 1998, 231; Detterbeck, Steffen, Handwerkskammerbeitrags-Bonussystem für Innungsmitglieder, GewArch 2005, 271; Frentzel, Gerhard/Jäkel, Ernst/Junge, Werner, Industrie- und Handelskammergesetz, Kommentar, 6. Auflage 1999; Fröhler, Ludwig/Oberndorfer, Peter, Die Beteiligung der Handwerkskammern an den Spitzenverbänden des Handwerks als Rechtsproblem, WiVerw 1981, 137; Heck, GewArch 1985, 71; Heck WiVerw 1999, 12; Hoffmann-Riem Wolfgang, Interessenvertretung im Handwerk Kooperartion oder Konfrontation? NVwZ 1984, 286; Honig, Gerhart, Innung und Wettbewerb, GewArch 2000, 99; Jahn, Ralf, Zum gerichtlichen Inkasso durch Handwerkskammern für ihre Mitgliedsbetriebe, NVwZ 2002, 306; Kluth, Winfried, Die Auswirkungen der Rechtsprechung des Bundesverwaltungsgerichtes zur „Limburger Erklärung" auf die Mitbestimmung von Arbeitnehmerinnen und Arbeitnehmern in der Selbstverwaltung des Handwerks, GewArch 2012, 424; Kormann, Joachim, Überbetriebliche Unterweisung und außerbetriebliche Ausbildung, GewArch 1986, 105; Kormann, Joachim, Zur Struktur der Rechtsbeziehungen bei überbetrieblicher Unterweisung, GewArch 1986, 353; Kormann, Joachim, Steuerberatung als Service-Leistung der Handwerkskammern, GewArch 1988, 249; Kormann, Joachim, Die Verpflichtung zur überbetrieblichen Unterweisung im Handwerk – Einige Anmerkungen zur Struktur und Gehalt der Rechtspflichtigen des Betriebs (des „Ausbildenden") –, GewArch 1989, 366; Kormann, Joachim, Normsetzungskonkurrenz bei Vorkehrung überbetrieblicher Unterweisung im Handwerk, GewArch 1991, 89; Kormann, Joachim/Schinner-Stör, Ute, Rechtsdienstleistungen durch öffentlichrechtliche Handwerksorganisationen, GewArch 2004, 265;Kormann, Joachim/Schinner-Stör, Ute, Zulässigkeit von Rechtsdienstleistungen der Handwerksorganisationen, LFI 2003; Leisner, Walter, Privatinteressen als öffentliche Interessen, DÖV 1970, 217; Leisner, Walter Georg, Rechtsaufsicht über Innungen und Kreishandwerkerschaften bei Aufgabenausgliederung auf privatrechtliche Gesellschaften, Neue Lösungsansätze für die allgemeine Legitimation einer Beteiligungskompetenz einer Körperschaft des Öffentlichen Rechts an einem Aufgabenerfüllungsträger kraft Privatisierung, LFI 2013; Leisner, W.G., Die Überbetriebliche Lehrlingsunterweisung (ÜLU) im Handwerk, Bedeutung – Rechtsgrundlagen – Finanzierung, LFI- Schriftenreihe 2011/12; Lenssen, Zulässigkeit und rechtliche Bedeutung der Wahrnehmung beruflicher Interessen einzelner Kammerzugehöriger durch die Handwerkskammer, GewArch 1973, 201; Maiwald, Beate, Handwerksorganisationen und wirtschaftliche Unternehmen – Haftung und Durchgriffshaftung, GewArch 1990, 46; Oberndorfer, Peter, Die wirtschaftliche und berufliche Selbstverwaltung durch Kammern in der Bundesrepublik Deutschland, 1987; Pause, Eckhard, Die Unabhängigkeit des Sachverständigen – Anmerkungen zu Beutge in Gewerbearchiv 1986, 145, GewArch 1986, 218;Pietzcker, NJW 1987, 305; Ress, Georg, Gedächtnisschrift f. Dietrich Schultz 1987, 305; Reuß, Wilhelm, Nochmals: Die rechtliche Zulässigkeit einer Zeitungsherausgabe durch Handwerkskammern, GewArch 1974, 317; Schöbener, Burkhard, Die Erbringung von Rechtsdienstleistungen durch Kammern, GewArch 2011, 49; Schotthöfer, Kurt, Haftung der Betriebsberater der Handwerksorganisationen, GewArch 1977, 213; Siegert/Sternberg-Lieben, GewArch 1986, 301; Sternberg, Hans-Karl, Zur Zulässigkeit der Beteiligung einer Handwerkskammer an einer Steuerberatungsgesellschaft, GewArch 1989, 374; Thieme, Werner, Die Handwerkskammern, Innungen und Landesinnungsverbände im sozialgerichtlichen Verfahren, GewArch 1967, 121; Webers, Zur Haftung der Betriebsberater bei Handwerkskammern, Fachverbänden und Handwerksinnungen, GewArch 1997, 405;

Überblick

§ 91 legt in einer exemplarischen Aufzählung (→ Rn. 1 ff.) die Aufgaben der Handwerkskammer (→ Rn. 15 ff; → Rn. 62 ff.) fest, mit denen der allgemeine Zweck der Handwerkskammern, der Interessenvertretung des Gesamthandwerks sowie die Selbstverwaltung, realisiert werden soll.

Übersicht

	Rn.		Rn.
A. Aufgaben der Handwerkskammer	1	IV. Interessenförderung durch die Handwerkskammer und durch die Innungen	9
I. Aufzählung – Generalklausel? (§ 91 Abs. 1 Nr. 1–3)	1	V. Allgemeine Grenzen der handwerklichen Interessenförderung	11
II. „Interessen des Handwerks – der Handwerker" (§ 91 Abs. 1 Nr. 1)	4	VI. Spitzenverbände von Handwerkskammern	14
III. Handwerksinteressen und Handwerkerinteressen	6	B. Die einzelnen Aufgaben der Handwerkskammer nach Abs. 1 Nr. 2–13	15

Aufgaben		§ 91 HwO	
	Rn.		Rn.
I. Verhältnis von Nr. 1 zu Nr. 2 ff.	15	XI. Einrichtung von Vermittlungsstellen (§ 91 Abs. 1 Nr. 11)	50
II. Zusammenarbeit mit Behörden und Berichterstattung (§ 91 Abs. 1 Nr. 2)	16	XII. Ausstellung von Ursprungszeugnissen (§ 91 Abs. 1 Nr. 12)	53
III. Führung der Handwerksrolle (§ 91 Abs. 1 Nr. 3)	20	XIII. Unterstützung notleidender im Handwerk Tätiger	54
IV. Berufsausbildung, berufliche Fortbildung, Umschulung (§ 91 Abs. 1 Nr. 4, 4a)	21	XIV. Weitere Aufgabenregelungen (§ 91 Abs. 2–4)	56
V. Gesellenprüfungsordnungen, Gesellenprüfungsausschüsse (§ 91 Abs. 1 Nr. 5)	23	XV. Aufgaben der Handwerkskammern im Innungsbereich	59
VI. Meisterprüfungen, Meisterprüfungsausschüsse (§ 91 Abs. 1 Nr. 6)	25	XVI. Aufgaben nach dem Berufsbildungsgesetz	60
VII. Technisch-betriebswirtschaftliche Fortbildung (§ 91 Abs. 1 Nr. 7)	29	**C. Freiwillige Aufgaben der Handwerkskammer**	61
VIII. Bestellung von Sachverständigen (§ 91 Abs. 1 Nr. 8)	32	I. Pflichtaufgaben und freiwillige Aufgaben	61
IX. Förderung der wirtschaftlichen Interessen des Handwerks und der ihnen dienenden Einrichtungen, insbes. des Genossenschaftswesens	43	II. Rechtsberatung	62
		III. Betriebliche Beratung	64
		IV. Steuerberatung	65
X. Förderung der Formgestaltung (§ 91 Abs. 1 Nr. 10)	49	V. Inkassostellen	66
		VI. Messen	67

A. Aufgaben der Handwerkskammer

I. Aufzählung – Generalklausel? (§ 91 Abs. 1 Nr. 1–3)

Die Aufgaben der Handwerkskammer werden in Abs. 1–3 in zweifacher Weise aufgezählt: **1** einerseits durch Erwähnung der **Tätigkeitsbereiche der Handwerkskammern**, in denen diese also materiell-rechtliche Entscheidungen treffen dürfen. Der Begriff der „Aufgabe" verpflichtet sie auch grds. dazu, schließt aber Beurteilungs- und Ermessensspielräume im Einzelnen nicht aus; sie können sich aus gesetzlichen Bestimmungen ergeben, iÜ sind sie aus dem Begriff der Selbstverwaltung (→ § 90 Rn. 5) iVm den Erforderlichkeitsgrundsätzen der Rechtsstaatlichkeit (Art. 20 Abs. 3 GG) zu bestimmen.

Zum anderen und vor allem werden die Aufgaben aus den **Mitteln** (näher) bestimmt, **2** welche nach Abs. 1 -3 der Handwerkskammer zu deren Erfüllung zur Verfügung stehen. Diese formale Bestimmung der Aufgaben erfolgt durch Nennung der dafür zu ergreifenden Maßnahmen: Normerlass (Nr. 4, 5), Normanwendung und deren Überwachung (Nr. 5), organisatorische Maßnahmen (Nr. 5, 7, 11), Formen des Verwaltungshandelns (Nr. 12), wirtschaftliche Tätigkeiten (Nr. 9). Dabei ist stets von einer Zusammenschau der materiellen (→ Rn. 1) und dieser formalen Gesichtspunkten der Erfüllungsmodalitäten auszugehen; denn es sind die gesetzlich vorgesehenen Mittel der Aufgabenerfüllung, welche stets einen Rahmen zur Bestimmung der „Aufgaben", damit der Zuständigkeiten der Handwerkskammer abstecken. Aussagen zu den Erfüllungsformen (etwa wirtschaftliche Tätigkeit, vgl. Detterbeck Rn. 50 f.) sind nicht generell, sondern nur iRd jeweiligen formal und materiell bestimmten Aufgaben möglich. Der Gesetzgeber, welcher zur Bestimmung der körperschaftlichen Rechtsform der Handwerkskammer berufen ist (→ § 90 Rn. 4), hat dabei die Aufgabenstruktur der Kammer insgesamt zu Grunde zu legen. Diese rechtfertigt die Rechtsform einer Körperschaft des Öffentlichen Rechts (vgl. dazu näher Leisner, W. G. Die körperschaftliche Rechtsform, 13 ff.). Die Aufgaben der Handwerkskammer sind auch entscheidend für die Beurteilung der Zulässigkeit einer **Beteiligung der Handwerkskammer an privatrechtlichen Verbänden** (vgl. ausf. Leisner, W.G., Rechtsaufsicht über Innungen und Kreishandwerkschaften).

Eine Generalklausel der Zuständigkeit der Handwerkskammer gibt es nicht; der Begriff **3** „generalklauselartig" (Detterbeck Rn. 1) sollte vermieden werden. Abs. 1 bringt nur eine **nicht erschöpfende Aufgabenaufzählung („insbesondere")**. Die „Förderung der Interessen des Handwerks" (§ 91 Abs. 1 Nr. 1), stellt nach der klaren redaktionellen Fassung des Gesetzes, keine Generalklausel dar: auch dieser Begriff bezeichnet nur eine, wenn auch weit zu verstehende (vgl. Thieme GewArch 1967, 121) sehr speziell aufgezählte Aufgabe der

Handwerkskammern (§ 91 Abs. 1 Nr. 1–13); auch sie wird nur „insbesondere" in diesem Zusammenhang erwähnt. Die Förderung der Interessen des Handwerks ist dabei idS zu verstehen, dass der Gesetzgeber die Handwerkskammer nicht zu einem Verhalten ermächtigen oder gar verpflichten will, den Interessen des Handwerks zuwiderläuft. Dies bedeutet jedoch nicht, dass die Handwerkskammer bei ihrem Gesamtverhalten stets primär handwerkliche Interessen zu vertreten hat, sondern lediglich, dass es sich um solche bei ihren Entscheidungen gehen muss; diese handwerklichen Interessen können dabei aber durchaus auch eingeschränkt werden. Erst recht ist Förderung der Interessen des Handwerks keine gesetzliche Grundlage für eine Erweiterung der Zuständigkeiten der Handwerkskammer. Es handelt sich eben um einen (weiten) Rahmen-, nicht um einen Generalklauselbegriff, aus dem sich beliebige andere Zuständigkeiten ableiten ließen.

II. „Interessen des Handwerks – der Handwerker" (§ 91 Abs. 1 Nr. 1)

4   „**Das Handwerk**", dessen Interessen von der Handwerkskammer zu fördern sind, wird **als solches** in der Handwerksordnung nicht definiert; dennoch stellt es „als solches" einen Rechtsbegriff dar (→ § 1 Rn. 19 ff.). Bestimmt wird dieser „Begriff Handwerk" durch die ihm zugehörenden Betriebe (→ § 1 Rn. 18 ff.). Diese Betriebe werden ihrerseits durch zwei Begriffselemente bestimmt: Die dort entfaltete „handwerksmäßige Tätigkeit" (vgl. § 1 Abs. 2 S. 1) sowie durch die Erfüllung der formalen Voraussetzungen für die Annahme eines Handwerksbetriebs (für A-Betriebe § 1 ff.; für B-Betriebe und handwerksähnliche Gewerbe § 18 ff.). „**Das Handwerk" ist also betriebsbezogen definiert**, die Betriebe sind ihrerseits tätigkeitsbezogen zu bestimmen. Aus Letzterem folgt, dass die „Interessen des Handwerks" aus denen der in diesen Betrieben Tätigen erwachsen. In den Betrieben sind Beschäftigte tätig, die durch gesetzliche Regelungen zu **Gruppen** zusammengefasst sind – neben den Betriebsinhabern insbes. Gesellen und Arbeitnehmer. Die „Interessen all dieser Gruppen" sind Grundlagen der Ermittlung der „Interessen des Handwerks", allerdings stets nur mit dem den Gruppen jeweils nach den gesetzlichen Regelungen zukommenden Gewicht. Entscheidend sind dabei die allen Gruppen **gemeinsamen Interessen**, mögen diese auch gruppenspezifisch jeweils von unterschiedlichem Gewicht sein. Hinzustellen sind sie alle in das „**Gesamtinteresse des Handwerks**", jeweils nach ihrem (gesetzlich bestimmten) Einzelgewicht. Forderungsmaßnahmen müssen dabei nicht allen Gruppen gleichmäßig zugutekommen; die Förderung darf aber jeweils nicht gesetzliche Rechtspositionen anderer Gruppen verletzen (BVerwG NJW 1982, 1298; BGH GewArch 1986, 381); sie muss ein aus Gruppeninteressen integriertes einheitliches Gesamtinteresse im Auge haben.

5   „Das Handwerk" ist also ein betriebs- und einzeltätigkeitsübergreifender Begriff; dieser bezeichnet einen **durch gemeinsame Interessen abgegrenzten Berufsstand**. Gleiches wie für „Interessen des Handwerks" gilt für die **„Interessen der einzelnen Handwerke"**, die innerhalb des Handwerks zu unterscheiden sind; diese Handwerke sind vor allem in den Innungen organisiert. Sie sind, iRd „Handwerks", dh des Gesamthandwerks, ebenso wie dieses, betriebs- und tätigkeitsbezogen zu bestimmen (→ Rn. 4) wie dieses Letztere. Die jeweiligen Interessenlagen der einzelnen Handwerke ergeben sich vorwiegend aus deren spezifischen Tätigkeitsformen und ihren dadurch bestimmten Organisationsformen. Die Formulierung des Abs. 1 Nr. 1 zeigt deutlich, dass die Förderung der **Gesamtinteressen des Handwerks Vorrang** hat vor der der Einzelinteressen der Einzelhandwerke, mag sich jenes auch auf diesen aufbauen. Für die Interessenermittlung und -bewertung gilt dabei – anderes als für das Gesamtinteresse des „Handwerks" – im Verhältnis zu den in den Handwerken tätigen Gruppen – das Gebot des **Interessenausgleichs zwischen den Handwerkern:** Gerade diesen hat hier die Handwerkskammer zu leisten. „Ausgleich" verlangt, dass die Belange jedes Einzelhandwerks jedenfalls als solche und mit ihrem spezifischen Gewicht in die Entscheidungsfindungen der Handwerkskammer einzubeziehen sind. Sie müssen sich in dem Verhalten der Handwerkskammer stets „wiederfinden" lassen, wenn auch nicht in einer bestimmten, rechtlich vorgegebenen Gewichtung; eine solche ist Aufgabe der Organisationsentscheidungen der Handwerkskammer, in denen entsprechende Minderheitsrechte vorgesehen sein müssen.

III. Handwerksinteressen und Handwerkerinteressen

Die Handwerkskammer hat nicht die Interessen der einzelnen Handwerksbetriebe als solche zu fördern, sondern die Interessen „des Handwerks" und die der (einzelnen) Handwerke als solche; der Interessenausgleich zwischen diesen Letzteren führt dann zur Interessenförderung des **Gesamthandwerks**. Dies alles erfolgt in Wahrung eines hochrangigen **öffentlichen Interesses** iSv Art. 12 Abs. 1 GG und rechtfertigt die Beschränkungen der Handwerker, die sich aus der **Pflichtmitgliedschaft** in der Handwerkskammer ergeben. Im „Gesamtinteresse" des Handwerks, wie der einzelnen Handwerke, sind jeweils die Einzelinteressen der Betriebe als rechtliche Einheiten und auch die Belange aller in ihnen Tätigen „integriert", „aufgehoben – hinaufgehoben in eine höhere Einheit". In diesem Verhältnis stehen die „**Gesamtinteressen" als berufsständischer Begriff** allgemein und grds. zu den „Einzelinteressen" (vgl. dazu etwa § 54 BRAO; § 76 Abs. 1 StBerG; § 57 Abs. 1 WPO). Die Individualinteressen der Betriebe und der in ihnen Tätigen sind und bleiben als solche **Privatinteressen** und sind als solche einer Interessenvertretung in privatrechtlicher Form zugänglich und bedürftig (Leisner, W. G., Die körperschaftliche Rechtsform, 36 ff.). Dieses Verhältnis der „Handwerksinteressen" und der „Handwerkerinteressen" hat das Bundesverfassungsgericht klar beschrieben (BVerfGE 15, 235 (240f)): Die Förderung der Handwerksinteressen ist eine „besonders wichtige Staatsaufgabe"; sie stellt aber als solche gerade keine reine Interessenvertretung der (einzelnen) Betriebe und Handwerker dar. 6

Dieses **Verhältnis zwischen Handwerks- und Handwerkerinteressen** wird nicht hinreichend deutlich, wenn es etwa heißt, die Förderung des Gesamtinteresses „schließe auch die Förderung der wirtschaftlichen Interessen der einzelnen Betriebe ein" (Detterbeck Rn. 4 m. zahlr. Nachw.). Richtig ist allerdings, dass das „Gesamtinteresse" nicht losgelöst von den Interessenlagen einzelner Betriebe, Handwerker und deren Gruppierungen erfasst werden kann. Entscheidend ist aber stets die Frage nach der Art und Weise wie diese Integration zu verstehen und durchzuführen ist, wie also im Ergebnis Individualinteressen von Handwerkern „Teilmengen eines Gesamtinteresses des Handwerks" darstellen (Detterbeck GewArch 2005, 271, 273), oder mit diesem gar identisch sein könnten („Privatinteressen als öffentliche Interessen", vgl. Leisner, W., DÖV 1970, 217 ff.). Dies Letztere kann nicht allgemein und grds. angenommen werden, es muss stets für den konkreten Fall beantwortet werden. Individualinteressen dürfen eben nur im öffentlichen Gesamtinteresse gefördert werden (vgl. Lenssen GewArch 1973, 201.; OVG Lüneburg GewArch 1974, 388). Leitlinien sind dabei: Jedes individuelle Mitgliedsinteresse von einigem Gewicht ist in die Beurteilung einzubeziehen; zu prüfen ist, ob und wie dieses Gewicht des Individualinteresses (auch) in (vielen) anderen, vergleichbaren Fällen vorliegt; sodann ist zu fragen, welche Ordnungskraft eine Wahrnehmung solcher Belange für das betreffende Handwerk entfalten kann; schließlich muss dies auch für das Gesamthandwerk geprüft und festgestellt werden. Stets muss bei all diesen Prüfungsschritten auch untersucht werden, ob eine Förderung gerade eines spezifischen Individualbelangs nicht etwa in Spannung, ja in Widerspruch steht zu anderen, privaten Individualbelangen, oder zu anderen berufsständischen Allgemeinbelangen von Handwerken oder des Gesamthandwerks. – Eine derart differenzierende Untersuchung muss an die Stelle der bisher üblichen pauschalierenden Formulierungen treten, nach denen die Handwerkskammer „auch Individualinteressen ihrer Mitglieder zu fördern" habe: Dies gilt nur, soweit diese **zugleich auch öffentliche Belange des Gesamthandwerks** oder der einzelnen Handwerke sind, wobei aber diese Letzteren denen anderer Handwerke nicht widersprechen dürfen, sondern mit diesen „auszugleichen" sind. Ähnlich ist ja in allen Spannungslagen zwischen privaten und öffentlichen Interessen zu verfahren, wie etwa das steuerrechtliche Gemeinnützigkeitsrecht zeigt: Individualförderung von gemeinnützig Tätigen kann, muss aber nicht „als solche auch" gemeinnützig sein, als Wahrnehmung eines öffentlichen Belanges. Die verbreitete Meinung, jeder „handwerkliche Förderung" sei grds. Wahrnehmung der gesetzlichen Aufgabe der Handwerkskammer nach § 91 Abs. 1 Nr. 1, muss jedenfalls in der dargestellten Weise kritisch überprüft werden. 7

Aufgabe der Handwerkskammern ist es nach dem Gesetz nicht, die Individualinteressen ihrer Mitglieder zu einem Ausgleich zu bringen; diese Verpflichtung obliegt ihnen, nach dem klaren Gesetzeswortlaut, lediglich im Verhältnis der einzelnen Handwerke untereinander, damit weithin auch im Verhältnis der Innungen, welche diese Belange vertreten (→ 8

Rn. 5). **Die Handwerkskammern sind keine Mediationsinstanz zwischen Handwerkern** hinsichtlich der wirtschaftlichen Interessen. Dass sie diese zu ermitteln und sorgfältig zu gewichten haben, ergibt sich zwar aus ihrer Aufgabenstellung einer Verfolgung des öffentlichen Interesses des Gesamthandwerks und der Gesamtinteressen der Einzelhandwerke. Die Entscheidungen der Kammer können und werden sich also in vielen Fällen im Ergebnis auch als schiedsrichterliche Erkenntnisse zwischen den Belangen ihrer Mitglieder letztlich auswirken. Dennoch ist Streitentscheidung zwischen ihnen nicht ihr Sinn; was sich auf Letzteres beschränkt, höherrangige Gesamtinteressen nicht verfolgt, ist nicht Aufgabe der Handwerkskammer.

IV. Interessenförderung durch die Handwerkskammer und durch die Innungen

9   Während die Handwerkskammern die Interessen des Gesamthandwerks und der einzelnen Handwerke zu fördern haben (§ 90 Abs. 1 Nr. 1), obliegt den Innungen, nach dem klaren Gesetzeswortlaut des § 54 Abs. 1 S. 1, ganz allgemein die Aufgabe, „die gemeinsamen gewerblichen Interessen ihrer Mitglieder zu fördern". Bei der Handwerkskammer ist diese Förderung aber eine unter mehreren Aufgaben, daher stets nur im gesetzlichen Rahmen der jeweiligen Einzelkompetenzen zu prüfen und zu erfüllen. Bei der Innung handelt es sich dagegen um eine Zuständigkeits-Generalklausel, deren Inhalt durch ihre im Folgenden aufgezählten Kompetenzen (Abs. 1 S. 2, Abs. 2, 3) verdeutlicht und in Abs. 4 nochmals ausdrücklich, wieder für die „gemeinsamen gewerblichen Interessen der Mitglieder" bestätigt wird. Daraus folgt, dass die Förderung von „Individualinteressen" ein vorrangiges Ziel der Innungstätigkeit ist; diese hat nicht primär mit Blick auf die Gesamtinteressen des Handwerks zu erfolgen und die Interessen des jeweiligen von den Innungen vertretenen Handwerks stets primär aus der Förderung der Mitgliederinteressen heraus zu verfolgen. Förderung durch die Innung hat also – anders als bei der Handwerkskammer – durchaus in einer Mediation zwischen den Mitgliedern zu erfolgen. Dass bei Erfüllung dieser Innungsaufgaben Gesamtinteressen des Handwerks die Gesamtbelange des jeweiligen Einzelhandwerks ebenfalls zu berücksichtigen sind, ist selbstverständlich und ergibt sich als grundsätzliche Verpflichtung bereits aus dem öffentlichen Körperschaftsstatus der Innungen. Dennoch sind die Ziele der Aufgabenerfüllung zwischen Handwerkskammer und Innung durchaus unterschiedlich. Nur in dieser Sicht lassen sich die jeweiligen Förderungsaufgaben handwerklicher Interessen zwischen Handwerkskammern und Innungen sachgerecht unterscheiden (vgl. für die Innungen näher → § 54 Rn. 3 ff.).

10 Daraus folgt, dass **Handwerkskammer und Innung** allgemein-grundsätzlich bereits nach ihrer jeweiligen **Aufgabenstellung zu unterscheiden sind,** nicht nur in personeller und räumlicher Tätigkeit hinsichtlich ihrer Aufgabenerfüllung (Badura/Kormann GewArch 2005, 99, 102). Gewisse „Überschneidungen" zwischen Handwerkskammern und Innungen (Detterbeck GewArch 2005, 273 ff.; Detterbeck Rn. 5 ff.) mag es also geben, hinsichtlich der Regelungsbereiche wie auch der jeweils einzusetzenden Ordnungsmittel; unterschiedlich bleiben aber die Ziele, damit entscheidende Kriterien der Aufgabenerfüllung zwischen beiden Trägern der Selbstverwaltung. Ein rechtlicher Zwang zur Einführung eines **Beitragsbonussystems** der Handwerkskammer für Innungsmitglieder (vgl. Detterbeck § 113 Rn. 9 mN.) lässt sich aus der Aufgabenstellung der beiden Organisationen jedenfalls nicht ableiten (BVerwGE 125, 384 (393)). Die Zulässigkeit eines solchen hat das Gericht offen gelassen. Sie kann allenfalls in Bewertung der von Handwerkskammer und Innung jeweils einzusetzenden Ordnungsmittel und deren Belastungswirkungen für die (Innungs-)Mitglieder ermittelt werden. Die dargelegten Unterschiede der Aufgabenstruktur sind aber stets zu beachten (vgl. auch die Auseinandersetzung mit dem Bonussystem bei Leisner, W.G., Ausschüttung von Innungsvermögen, S. 15).

V. Allgemeine Grenzen der handwerklichen Interessenförderung

11 Diese Förderung der „Interessen des Gesamthandwerks wie der Einzelhandwerke" ist Aufgabe der Handwerkskammer lediglich in **örtlichen und sachlichen Grenzen.** Sie darf diese nur in ihrem Kammerbezirk (→ § 90 Rn. 27 ff.) wahrnehmen. Diese Interessen sind aber weitestgehend als solche überregional; sie können durch Aktivitäten einzelner Kammern gefördert oder auch beeinträchtigt werden. Rechtliche Auswirkungen in anderen Kammer-

bezirken dürfen sie nicht entfalten (örtliche Grenzen). Sachlich sind sie iRd verfassungsmäßigen Ordnung zulässig, dessen Rechtsstaatlichkeit (Art. 20 Abs. 3 GG) effiziente Interessenförderung verlangt. Dies begründet für die Handwerkskammer die **Verpflichtung zur Zusammenarbeit** mit anderen Kammern, mit denen gemeinsam sie das Gesamtinteresse des Handwerks wahrnimmt, aber auch mit den Innungen, welchen die Interessenförderung der Mitglieder obliegt; auch deren Individualinteressen sind bei der Bestimmung und Verfolgung der Gesamtinteressen jedenfalls zu berücksichtigen, mag auch ihre Förderung als solche nicht Aufgabe der Kammern sein, sondern nur, soweit sich aus ihnen ein Gesamtinteresse ergeben kann.

Für sämtliche Interessenvertretungen durch Selbstverwaltungskörperschaften im Handwerk, in erster Linie aber für solche durch die Handwerkskammer, gilt der Grundsatz, dass diese öffentlichen Interessen nicht nur unter Berücksichtigung aller anderen öffentlichen Belange verfolgt werden dürfen. Dies verlangt insbes. laufende Abwägung insbes. mit Interessen anderer Berufsgruppen, welche ihrerseits öffentliche Belange beinhalten, und es **verbietet jede Einseitigkeit** in der Gewichtung von handwerklichen Interessen seitens der Handwerkskammer. Diese darf dabei auch nicht den Eindruck erwecken, sie handele nicht mehr iRd Handwerksförderung, sondern als eine „von übergeordneter Warte aus tätige Stelle" (OVG Koblenz GewArch 1983, 69) – eine oft nicht einfache Aufgabe. **12**

Den Handwerkskammern obliegt darüber hinaus in ihrer Interessenwahrnehmung für das Handwerk wie in allen Äußerungen ihrer Aufgabenerfüllung eine **allgemeine Neutralitätsverpflichtung**, insbes. (vgl. dazu näher Leisner, W. G., Die körperschaftliche Rechtsform, 47 ff.) **im politischen Bereich**. Diese folgt bereits aus ihrer organisatorischen Rechtsform als **Körperschaft des öffentlichen Rechts**, insbes. unter Berücksichtigung der **Pflichtmitgliedschaft** in der Handwerkskammer. Diese Neutralitätsverpflichtung gilt für den gesamten, weiten Bereich der Berufspolitik, darüber hinaus aber als Pflicht zu **parteipolitischer Zurückhaltung**. Die Handwerkskammer unterliegt einer **generellen Beschränkung ihrer Aufgaben** gegenüber Interessenverbänden und politischen Parteien. Sie darf nicht in Funktionen eingreifen, die nach der verfassungsmäßigen Ordnung anderen Organisationen vorbehalten sind (BVerfG GewArch 1982, 124 (126)). Dies bedeutet vor allem, dass Handwerkskammern **kein „allgemein-politisches Mandat"** wahrnehmen dürfen (vgl. dazu bereits Reuß GewArch 1974, 317). Zur sogenannten „Limburger Erklärung" einer Handwerkskammer hat das Bundesverwaltungsgericht (BVerwG GewArch 2010, 400; vgl. dazu Kluth GewArch 2012, 424) festgestellt: Die Handwerkskammern dürfen nur im Rahmen ihrer Kompetenzen handeln, sich auch nur in diesem äußern. Dies rechtfertigt aber auch bereits Äußerungen zu Fragen, welche Kammerinteressen nur am Rande berühren, wenn sie nämlich zu „Auswirkungen auf die Wirtschaft im Kammerbereich führen können". Der **sachliche Rahmen** der Zulässigkeit ist also sehr weit. Engere Kompetenzschranken für Äußerungen der Handwerkskammern betreffen aber die **Form ihrer Äußerungen**: Sie dürfen nicht polemisch sein, politisch einseitig bestimmte Inhalte oder Intensionen erkennen lassen. Dies verstieße auch gegen die „Unabhängigkeit", aus der sich die öffentlich-rechtliche Rechtsform der Kammern legitimiert. **13**

VI. Spitzenverbände von Handwerkskammern

Die seit Jahrzehnten geübte Praxis der Handwerkskammern, sich in sog. „Spitzenverbänden" (ZDH, DHKT) zusammenzuschließen, hat vor allem früher, zwischen 1975 und 1985, zu Diskussionen über die Zulässigkeit derartiger Dachorganisationen geführt (Fröhler/Oberndorfer WiVerw 1981, 137; Hoffmann-Riem NVwZ 1984, 286; Siegert/Sternberg GewArch 1986, 301; Pietzcker NJW 1987, 305; Oberndorfer S. 18 ff.). Ausgelöst wurde sie durch Meinungsverschiedenheiten darüber, ob derartige privatrechtliche Zusammenschlüsse die gleichen mitgliedschaftlichen Strukturen aufweisen müssten wie die in ihnen zusammengeschlossenen Handwerkskammern. Vor allem ging es dabei um Wirkungsrechte von Gesellen auch in den Spitzenverbänden des Handwerks (näher dazu Detterbeck § 90 Rn. 20 ff. mwN.; Honig/Knörr § 90 Rn. 7 f.). Das Bundesverwaltungsgericht hat jedoch die Zulässigkeit dieser Zusammenschlüsse bestätigt (BVerwG GewArch 1986, 298), selbst wenn dort eine der Kammerorganisation entsprechende „paritätische Mitbestimmung" nicht vorgesehen ist: Es gibt keinen Rechtssatz des Inhalts, dass öffentlich-rechtliche Körperschaften nur in **14**

Vereinigungen Mitglieder sein dürfen, die eine ihnen entsprechende Organisationsstruktur aufweisen. Derartige Zusammenschlüsse unterliegen lediglich den Ordnungsvorschriften des BGB. Selbst wenn dort die Interessenförderung der selbstständig im Handwerk Tätigen im Vordergrund steht, ist die Mitgliedschaft der Handwerkskammer in solchen Dachverbänden nicht rechtswidrig (Honig/Knörr § 90 Rn. 7). Sie dürfen dafür Haushaltsmittel einsetzen (OVG Münster GewArch 1975, 117). Es handelt sich hier um Organisationsformen der Kooperation zwischen den Handwerkskammern, einer Verpflichtung, die diesen bereits aus der Zielrichtung ihrer Tätigkeit auf **Förderung der Belange des Gesamthandwerks** obliegt (→ Rn. 11). Allerdings darf sich aus dieser Mitgliedschaft keine Verpflichtung zu handwerklicher Interessenförderung auf anderen Gebieten und mit anderen Mitteln ergeben als denen, welche die Handwerksordnung jeweils für die einzelnen Handwerke vorsieht; die Mitgliedschaften in Spitzenverbänden bringen für die Handwerkskammern also keinerlei Veränderung ihrer Aufgabenstruktur als solcher. Die sich aus dieser ergebenden Verpflichtungen schränken die gesetzlich vorgesehenen Mitbestimmungsrechte in keiner Weise ein. Sie verleihen den Handwerkskammern auch keine über die Regelungen der Handwerksordnung hinausgehenden Befugnisse. Solange insoweit keine neuen Entwicklungen auftreten, erübrigen sich derartige Diskussionen (ebenso iErg Detterbeck § 90 Rn. 20 ff; Honig/Knörr § 90 Rn. 7 f.).

B. Die einzelnen Aufgaben der Handwerkskammer nach Abs. 1 Nr. 2–13

I. Verhältnis von Nr. 1 zu Nr. 2 ff.

15   Die Förderung der Gesamtinteressen des Handwerks und die der einzelnen Handwerke ist nicht eine Generalklausel, welche sämtliche Aufgaben der Handwerkskammer, welche die Grundlage für die Erfüllung sämtlicher Aufgaben der Handwerkskammer darstellt. Für die folgenden Aufgaben (§ 91 Nr. 2 ff.) gibt sie allerdings einen **Rahmen** vor: sie dürfen nicht erfüllt werden, soweit dies handwerkliche Interessen nicht berührt, oder ihnen in einer nicht durch gesetzliche Bestimmungen gedeckten Weise entgegenwirkt. Aus Nr. 2 ff. ergeben sich auch spezielle Konkretisierungen des Begriffs der Förderung handwerklicher Interessen, wie etwa der Wortlaut der Nr. 7, 9 belegt. Andererseits bedeutet Nr. 1 als Rahmen-, nicht als Generalklauselbestimmung, dass nicht bei der Anwendung jeder der speziellen Aufgabenvorschriften der Nr. 2 ff. primär auch zu fragen ist, ob die Art ihrer Erfüllung „dem/den Handwerk(en) nützt" (etwa bei den Nr. 3, 5, 6, 8 des § 91). Vielmehr sind diese Aufgabenerfüllungen als solche zunächst stets am Maßstab ihrer jeweiligen Regelung in den Nr. 2 ff. zu messen, und sodann erst daran, ob sie sich in dem erwähnten Rahmen halten; denn keine der „insbesondere" eingeführten Aufgaben darf ja einer anderen derartigen widersprechen.

II. Zusammenarbeit mit Behörden und Berichterstattung (§ 91 Abs. 1 Nr. 2)

16   Die Vorschrift verpflichtet die Handwerkskammern zu einem intensiven Kooperationsverhalten gegenüber allen Behörden, iSe **weiten Behördenbegriffs**. Er umfasst nicht nur die mit Handwerksfragen befassten Verwaltungseinheiten (Schwannecke/Webers Rn. 10), sämtliche „Behörden" von Bund und Ländern nach deren Organisationsrecht, entsprechend den Regelungen über Rechts- und Amtshilfe, sondern auch allen Organisationseinheiten von Körperschaften, Anstalten und Stiftungen des Öffentlichen Rechts. Diesen gegenüber obliegt der Handwerkskammer auch die Berichtspflicht, obwohl die Behörden insoweit nicht ausdr. genannt werden – die Kammern haben nicht nur „ihnen" regelmäßig zu berichten.

17   Inhaltlich geht die Kooperationspflicht deutlich über allgemeine Amtshilfeverpflichtungen oder gar über Bindungen iSe Organtreue hinaus. Ein „Ersuchen" muss nicht vorliegen, dies ergibt sich schon aus den Begriffen „Anregungen" und „Vorschlägen": Sie erwachsen (auch) aus einseitiger Initiative der Handwerkskammer, und dies bezieht sich auch auf **„Gutachten"**; solche sind nicht nur auf Anforderung vorzulegen – „Erstattung" setzt keinen Auftrag voraus – sondern nur eine Vorlage seitens der Handwerkskammer. Diese aber behördlich aufgefordert, so hat sie dem zu entsprechen (vgl. BVerfG NJW 1974, 689). **„Anregung"** ist jeder Anstoß gegenüber einer Behörde zu deren Tätigkeit; er setzt allerdings eine, allgemeine oder punktuelle, Begründung voraus. **Vorschläge** konkretisieren Anregungen in ausgearbeiteter Form. **Berichte** sind über die Lage des Handwerks im Kammerbereich zu

erstatten; sie haben sich darauf aber nicht zu beschränken, wenn sie handwerksrelevante Informationen betreffen, die der Kammer vorliegen, aus welchen Quellen immer. Alle diese Kooperationsformen beziehen sich auf den Förderungsbegriff der Nr. 1 (→ Rn. 4 ff.). Sie unterliegen aber keinen weiteren inhaltlichen Vorgaben. Ihre Erstattung liegt also in einem – weiten – **Ermessen der Handwerkskammer**, soweit dieses nicht durch Anforderungen zur konkreten Verpflichtung wird. All dies wird allerdings durch Nr. 2 iSe gewissen **Intensität der Kooperation** orientiert: Diese hat zu „**unterstützen**", nicht nur zu informieren. Bei all diesen Aktivitäten hat die Handwerkskammer stets den Datenschutz zu beachten (vgl. § 6 Abs. 2 ff.).

Die **Berichterstattungspflicht** allein ist „regelmäßig", also in (einigermaßen) fest **18** bestimmten zeitlichen Abständen zu erfüllen. Nach dem Gesetzeswortlaut könnte angenommen werden, sie obliege der Handwerkskammer nicht nur gegenüber den Behörden, sondern auch gegenüber ihren Mitgliedern oder gar gegenüber „der Allgemeinheit". Letzteres würde bedeuten, dass die Berichterstattung über „allgemein zugängliche Quellen" iSv Art. 5 Abs. 1 S. 1 GG erfolgen **müsste**, also etwa über periodische Druckschriften oder Internetseiten. Dass dies insoweit zulässig ist, als es iRd allgemeinen Öffentlichkeitsarbeit der Handwerkskammer erfolgt, ja deren Verpflichtung ist, in deren Rahmen diese eine legitime öffentliche Aufgabe erfüllt, steht außer Frage (vgl. BVerwGE 64, 298; Detterbeck Rn. 25 mwN). Fraglich ist allerdings, ob zu einer solchen Informationstätigkeit nicht nur ein Recht, sondern eine aus Nr. 2 sich ergebende Rechtspflicht besteht, die dann sogar periodisch zu erfüllen wäre. Dagegen spricht immerhin der Gesetzeswortlaut: „Öffentlichkeitsarbeit" ist keine Form der „Berichterstattung an ..." eine wie immer bestimmte Öffentlichkeit/Allgemeinheit; sie richtet sich stets an bestimmte Rechtsträger. Eine Erstattung periodischer Berichte über „die Lage des Handwerks" lässt sich also Nr. 2 nicht entnehmen.

Die Handwerkskammer kommt ihren Verpflichtungen aus Nr. 2, eben auch den Behörden **19** gegenüber, durch Herausgabe periodisch erscheinender Nachrichtenblätter und durch Jahresberichte nach. Die Veröffentlichung einer **Handwerkskammer-Zeitschrift** ist jedenfalls zulässig; auch deren Kosten können über Kammerbeiträge finanziert werden (BVerwGE 64, 115; Detterbeck § 90 Rn. 25 mwN). Dies alles geschieht aber bereits iRd Öffentlichkeitsarbeit der Kammer, welche eine rechtliche Verpflichtung derselben darstellt, daher nicht in Nr. 2 zu verorten ist. Inhalt und Grenzen dieser Verpflichtung der Handwerkskammer ergeben sich aus allgemeinen Grundsätzen (zur allgemeinen Verpflichtung der Exekutive zu Öffentlichkeitsarbeit vgl. BVerfGE 44, 125 (147); 63, 230 (243)). Konkrete Veröffentlichungspflichten lassen sich daraus aber auch für die Handwerkskammer nicht begründen (vgl. allgemein für die Verwaltung Isensee/Kirchhof HdbStaatsR Bd. 3 § 42 Rn. 56).

III. Führung der Handwerksrolle (§ 91 Abs. 1 Nr. 3)

Die Aufgabe der Führung der Handwerksrolle begründet eine Kompetenzzuweisung. Sie **20** bezieht sich ausdrücklich auf die Regelungen des § 6, damit auch auf die der §§ 7–15: Die im Zug der Führung der Handwerksrolle zu treffenden Entscheidungen werden durch diese Bestimmung zu Aufgabeninhalten für die Handwerkskammer. Sie verlangen eine sorgfältige Prüfung und Beurteilung des Sachverhalts im Verfahren der Eintragung, deren Ablehnung und Löschung; dies gilt aber eben auch nur, soweit es in dem dabei zu beobachtenden Verfahren erforderlich und möglich ist. Weitergehende Verpflichtungen, etwa die einer besonderen Sorgfalt oder Sachkunde gerade der zuständigen Bediensteten, lassen sich daraus nicht ableiten. Eine Klage wegen Nichteintragung ist nicht gegen die Handwerkskammer, sondern gegen die zur Betriebsuntersagung nach § 16 Abs. 3 zuständige Stelle zu richten. Ein Kläger hat das beabsichtigte Gewerbe zu konkretisieren (BVerwGE 140, 267). Die Handwerkskammern selbst wie auch ihre Bediensteten haften – etwa für falsche Auskünfte aus der Handwerksrolle – nur nach allgemeinen Amtshaftungsgrundsätzen (vgl. BGH NVwZ-RR 1996, 65).

IV. Berufsausbildung, berufliche Fortbildung, Umschulung (§ 91 Abs. 1 Nr. 4, 4a)

Den Handwerkskammern steht die Regelung der Berufsausbildung nur subsidiär zu (vgl. **21** § 41), dh, soweit nicht andere Instanzen zum Erlass solcher Normen zuständig sind, insbes. das BMWi, (§ 25 Abs. 1, s. auch §§ 27a, 27c, 36 Abs. 2, 40 Abs. 1, 2; s. dazu Kormann

GewArch 1986, 105; 353; 1989, 366; 1991, 89). Dies verstößt grds. nicht gegen Art. 12 Abs. 1 (Honig/Knörr Rn. 12). Zuständig ist die Vollversammlung der Handwerkskammer (§ 106 Abs. 1 Nr. 10); der Berufsbildungsausschuss ist zu beteiligen. Anfechtbar sind diese Regelungen nach § 47 VwGO und § 90 Abs. 3 BVerfGG (Landesverfassungsrechtliche Rechtsbehelfe) sowie Art. 93 Abs. 1 Nr. 4a GG (Vb zum BVerfG).

22 Die Handwerkskammern sind auch zur **Regelung der sog. überbetrieblichen Lehrlingsunterweisung (ÜLU)** zuständig. Entsprechend ihren Vorschriften ist es Aufgabe der Innungen, die Lehrlingsausbildung zu regeln und zu überwachen sowie für die berufliche Ausbildung der Lehrlinge zu sorgen und ihre charakterliche Entwicklung zu fördern (§ 54 Abs. 1 S. 2 Nr. 3; zur Zuständigkeit der Handwerkskammer vgl. zusammenfassend und eingehend Leisner, W. G. (ÜLU), 28 ff. mwN; Detterbeck Rn. 30). Die Handwerkskammer kann in diesem Rahmen auch eigene Einrichtungen errichten und betreiben (Leisner, W.G, ÜLU, 28 ff.) und die Teilnahme der Lehrlinge ihres Bezirks an deren Veranstaltungen anordnen (Leisner, W.G., ÜLU, 39 ff.). Auch insoweit bilden die Anordnungen der Handwerkskammer den Rahmen für Ausbildungsregelungen der Innungen. (Zur Finanzierung der ÜLU durch Handwerkskammern (vgl. Leisner, W.G., ÜLU, 53 ff., zu deren Verhältnis zu Finanzierungsregelungen der Innungen, Leisner, W.G., ÜLU, 57 ff.)).

V. Gesellenprüfungsordnungen, Gesellenprüfungsausschüsse (§ 91 Abs. 1 Nr. 5)

23 Die Handwerkskammer müssen (§ 38 Abs. 1) **Gesellenprüfungsordnungen** jeweils für die einzelnen Handwerke erlassen; zuständig ist die Vollversammlung (§ 106 Abs. 1 Nr. 11). Der Inhalt dieser Normen, welchen die Rechtsqualität von Satzungen der Selbstverwaltungskörperschaft zukommt, ist in § 38 geregelt. Die Gesellenprüfungsordnungen bedürfen der Genehmigung durch die oberste Landesbehörde (§ 106 Abs. 2 S. 1); sie sind in den dafür bestimmten Organen zu veröffentlichen (§ 106 Abs. 2. S. 2 iVm § 105 Abs. 2 Nr. 12). Die Ordnungen müssen sich im gesetzlichen Rahmen halten, insbes. den Zielsetzungen des IV. Abschnitts (§§ 31 ff.) entsprechen.

24 **Gesellenprüfungsausschüsse** muss die Handwerkskammer ebenfalls errichten (§ 33 Abs. 1 S. 1), für alle einzelnen Handwerke ihres Bezirks. Es können auch mehrere Kammern solche Prüfungsausschüsse als gemeinsame bei einer von ihnen errichten (§ 33 Abs. 1 S. 2). Die Handwerkskammer kann auch Innungen ihres Bereichs ermächtigen, Gesellenprüfungsausschüsse zu errichten, wenn deren Leistungsfähigkeit die ordnungsgemäße Durchführung der Prüfung sicherstellt (§ 33 Abs. 1 S. 3). Dies und damit die Abnahme der Prüfung auch in ihren Einzelheiten, hat (daher) die Handwerkskammer zu überwachen. Insoweit steht ihr eine Rechtsaufsicht über die ermächtigte Innung – nicht über den Prüfungsausschuss – zu. Zusammensetzung und Verfahren der vom Ausschuss abzunehmenden Gesellenprüfung bestimmen sich nach §§ 31 ff.

VI. Meisterprüfungen, Meisterprüfungsausschüsse (§ 91 Abs. 1 Nr. 6)

25 **Meisterprüfungen für die A-Handwerke** sind in **Meisterprüfungsordnungen** zu regeln, hinsichtlich der Zulassung zur Prüfung und des Prüfungsverfahrens. Diese sind von der Handwerkskammer zu erlassen. Zuständig ist die Vollversammlung (§ 106 Abs. 1 S. 1 Nr. 11). Sie bedürfen der Genehmigung der obersten Landesbehörde (§ 50 Abs. 1 S. 2; § 106 Abs. 2) unter Veröffentlichung in den dafür bestimmten Organen (§ 106 Abs. 2 S. 2). Die Regelungen der Handwerkskammer haben sich iRd Gesetze und durch das BMWi erlassenen Vorschriften (§ 50 Abs. 2) zu halten. Solche wurden mit der Meisterprüfungsverfahrensordnung vom 17.12.2001 (MPVerfVO) bundeseinheitlich erlassen (BGBl. 2001 I 4154).

26 **Meisterprüfungsausschüsse für A-Handwerke** werden durch die höhere Verwaltungsbehörde nach Anhörung der Handwerkskammer errichtet und aufgrund ihrer Vorschläge besetzt (§ 47 Abs. 2 S. 1). Ihre Geschäftsführung liegt bei der Handwerkskammer (§ 47 Abs. 2 S. 2). Sie lassen zur Meisterprüfung nach den Vorschriften der §§ 45 ff. zu und nehmen diese ab.

27 **Meisterprüfungsordnungen für B-Handwerke** muss die Handwerkskammer an sich nicht erlassen, denn es fehlt eine Vorschrift, welche der Regelung des § 51b Abs. 1 S. 2 für die A-Handwerke entspricht. Verpflichtet sind die Handwerkskammern jedoch zum Erlass solcher Prüfungsordnungen, wenn sich dies aus einer Rechtsverordnung des BMWi ergibt

(§ 51 a Abs. 2 iVm § 41, → Rn. 26). Jeder Handwerker, der die Voraussetzungen erfüllt (§ 51a) hat jedoch ein Recht auf Zulassung und Ablegung der Prüfung. Es muss daher, falls es solche Bewerber gibt, auch eine Prüfungsordnung gelten. Diese muss dann die Handwerkskammer erlassen. Dies kann von jedem Bewerber durch Klage auf Zulassung durchgesetzt werden (§ 42 VwGO).

Meisterprüfungsausschüsse für ein B-Handwerk werden von der Handwerkskammer an ihrem Sitz und für ihren Bezirk errichtet (§§ 51a Abs. 4 S. 1, 51b Abs. 1 S. 1). Mehrere Handwerkskammern könnten bei einer von ihnen gemeinsame Meisterprüfungsausschüsse errichten (§ 51b Abs. 1 S. 2). **28**

VII. Technisch-betriebswirtschaftliche Fortbildung (§ 91 Abs. 1 Nr. 7)

Diese Aufgabe der Fortbildung beinhaltet eine solche der Unterrichtung der Handwerker, nicht eine solche zur Produktion handwerklicher Leistungen; solche können aber, beispielhaft, Gegenstände der Fortbildung sein, dürfen jedoch nicht als solche mit wirtschaftlicher Zielsetzung erbracht werden (Honig/Knörr § 90 Rn. 25; zur wirtschaftlichen Tätigkeit der Handwerkskammer vgl. Honig/Knörr § 90 Rn. 43 ff.). Gegenstände der Unterrichtung sind sämtliche technische und betriebswirtschaftliche Fragenbereiche, welche für handwerkliche Tätigkeiten von Bedeutung sein können, nicht aber etwa medizinische Problembereiche, juristische nur insoweit, als sie zur betriebswirtschaftlichen Fortbildung gehören (zum Steuerrecht → Rn. 65). Eine solche Fortbildung umfasst sowohl allgemeine und grundsätzliche Unterweisung als auch eine solche in Einzelfragen. IE geht es etwa um Informationen über (neue) Werkzeuge, Maschinen und Materialien, Planung und Einrichtung von Werkstätten, Arbeitsverfahren uÄ mehr, sowie insbes. auch Betriebsorganisation und Wirtschaftlichkeit der Tätigkeit, vor allem über Produktionsablaufanalysen, Kalkulation sowie das Rechnungs- und Buchführungswesen – all dies stets mit besonderem Bezug auf handwerkliche Tätigkeiten aller Art. Das Fortbildungsangebot richtet sich an alle handwerklich Tätigen, auch an Selbständige, die nicht Meister sind sowie an sonstige in Handwerksbetrieben Tätige. **29**

In der Wahl der Fortbildungsorganisation sowie der Formen und Mittel der Unterrichtung sind die Handwerkskammern frei; sie haben dabei jedoch in – notwendiger – Zusammenarbeit mit den Innungsverbänden zu entscheiden. Bei der Beurteilung der Erforderlichkeit steht ihnen ein weiter Spielraum zu. Einrichtungen der Fortbildung können sie selbst schaffen und betreiben oder Institutionen anderer öffentlicher oder privater Träger durch Sach- oder finanzielle Leistungen unterstützen. Gebühren darf die Handwerkskammer dafür mit Genehmigung der obersten Landesbehörde erheben (§ 113 Abs. 4 S. 1). Seit langem werden diese Aufgaben von den **Gewerbeförderungsanstalten** erfüllt, sowie von **Berufsbildungs- und Technologiezentren (BTZ)**. Die Fortbildung wird dort, wie generell, weithin in Einrichtungen erbracht, welche „Fachschulen" darstellen und Fachkurse abhalten. **30**

Die Fortbildung erfolgt stets, auch wenn sie in Kurzform stattfindet, mit dem Ziel einer **individuellen Beratung** (OVG Lüneburg GewArch 1986, 201), mag sie auch der Leistungsfähigkeit des Gesamthandwerks oder Einzelhandwerke stets dienlich sein. Sie kann insoweit als Betriebsberatung qualifiziert werden (zur Haftung s. Schotthöfer GewArch 1977, 213; Webers GewArch 1997, 405). Die Handwerkskammer kann damit im Wettbewerb stehen zu privaten Anbietern gleicher Fortbildungsleistungen, etwa einer Innung oder auch Privater. Dies ist auf den spezialgesetzlichen Grundlagen des Abs. 1 Nr. 7 zulässig, soweit damit das dort besonders hervorgehobene hochrangige öffentliche Interesse der Leistungssteigerung gesamthandwerklich verfolgt wird (OLG Celle WRP 1997, 38). **31**

VIII. Bestellung von Sachverständigen (§ 91 Abs. 1 Nr. 8)

Die Bestellung von Sachverständigen über Ergebnisse handwerklicher Tätigkeiten iSd Handwerksordnung obliegt allein der Handwerkskammer. Ihre Entscheidungen ergehen in der Form von Verwaltungsakten; sie bedürfen keiner Genehmigung oder Bestätigung. Der Bestellte erhält damit den Status eines **Öffentlich bestellten Sachverständigen** für das betreffende, näher bezeichnete Sachgebiet. Die rechtlichen Folgen, die sich daraus für die Qualifikation seiner Beurteilungen ergeben, bestimmen sich nach den für das jeweilige Sachgebiet geltenden (Rechts-)Normen sowie nach den auf deren Grundlage erfolgenden richterlichen Einschätzungen (vgl. zur Rspr. die Übersicht von Bleutgen GewArch 2008, 9). **32**

33   Rechtsgrundlage für die Bestellung sind ausschließlich Rechtsvorschriften mit Satzungsqualität (VG Hannover GewArch 1982, 268), welche die Handwerkskammer erlässt, durch Beschluss ihrer Vollversammlung (§ 106 Abs. 1 Nr. 12). Sie bedürfen der Genehmigung durch die oberste Landesbehörde (§ 106 Abs. 2 S. 1) und sind in dem Publikationsorgan der Handwerkskammer zu veröffentlichen (§ 106 Abs. 2 S. 2). Nähere Bestimmungen über einen notwendigen Inhalt der Vorschriften ergeben sich aus der Handwerksordnung nicht. § 36 GewO ist weder als Rechtsgrundlage noch hinsichtlich inhaltlicher Einzelheiten der Regelungen auf die Sachverständigenbestellung im Bereich des Handwerks anzuwenden (§ 36 Abs. 5 GewO). Die Vorschriften der Handwerkskammern gelten auch für Bestellung und Beeidigung von Gutachtern, die als solche gewerbsmäßig tätig sind; (zur Gewerbsmäßigkeit vgl. BVerwG GewArch 1970, 125; VGH Mannheim GewArch 1972, 271; Detterbeck § 90 Rn. 40). Weithin in Anlehnung an Grundsätze der GewO hat jedoch der Deutsche Handwerkskammertag eine **Mustersachverständigenordnung** ausgearbeitet (MSVO vom 17.03.2005, abgedr. in Schwannecke Ordnungsnummer 236; sie ist bei Schwannecke/Heck § 90 Rn. 20–53, inhaltlich dargestellt und erläutert). Vom Erlass von Rechtsvorschriften über die Bestellung von Sachverständigen kann die Handwerkskammer nicht absehen, da es dafür, jedenfalls in ihrem Bezirk (irgendeinen) Bedarf geben wird.

34   Voraussetzung für die Bestellung eines bestimmten Sachverständigen ist grundsätzlich, dass dafür ein **Bedürfnis** in einem handwerklichen Sachbereich besteht, also ein Bedarf für die Bestellung eines Sachverständigen gerade für dieses Fachgebiet gegeben ist oder für die Zukunft nicht ausgeschlossen werden kann. Diese Erforderlichkeitsprüfung ist nach allgemeinen rechtsstaatlichen Gründen zwar stets durchzuführen; sie wird aber in den weitaus meisten Fällen der Bestellung eines Sachverständigen in einem konkreten Fall nicht entgegenstehen; sie muss daher ja auch normativ vorgesehen sein (→ Rn. 33). Insoweit sollte nicht von einer „abstrakten Bedürfnisprüfung" gesprochen werden (so aber Detterbeck § 90 Rn. 45), sondern von einer generellen Bedarfs- oder Erforderlichkeitsprüfung.

35   Diese – idR unproblematische – Erforderlichkeitsprüfung ist zu unterscheiden von einer etwaigen an diese sich anschließenden **Bedürfnisprüfung**, einer Bedarfsprüfung für die Bestellung eines bestimmten Sachverständigen in einem dogmatisch engeren Sinn: Hier geht es dann darum, ob ein konkretes Bedürfnis für die Bestellung eines **weiteren Sachverständigen** für das betreffende Sachgebiet besteht, weil – und obwohl – für dieses bereits „hinreichende" Sachverständigenkapazitäten zur Verfügung stünden. Eine solche Begründung für eine Ablehnung eines Sachverständigen im Einzelfall wäre jedoch verfassungswidrig: Eine solche „Bedürfnisprüfung", wie sie früher bei der Genehmigung von Apotheken oder Gaststätten praktiziert wurde, verstößt allgemein-grundsätzlich gegen Art. 12 Abs. 1 GG (BVerfGE 7, 377; 86, 28 – stRspr), da sie zu einem unberechtigten Konkurrenzschutz der bereits Bestellten führen würde (BVerfGE 19, 330; 111, 10 – stRspr). Gründe für Ausnahmen davon, aufgrund eines übergeordneten öffentlichen Interesses, wie etwa beim Linienverkehr (BVerfGE 11, 168) und in wenigen anderen Fällen, sind hier zwar vorstellbar (unseriöse Begutachtungen wegen eines Konkurrenzkampfs zu zahlreicher Bestellter in einem „Gebührendumping"); dem kann aber idR bereits durch eine entsprechend strenge Eignungsprüfung rechtzeitig entgegengewirkt werden. Eine Bedürfnisprüfung bedürfte überdies rechtsstaatlich klarer Regelung der Ausnahmen, in denen die Bestellung versagt werden könnte. Derartige normative Gestaltungen dürften hier aber kaum möglich sein.

36   Voraussetzung für die Bestellung eines Sachverständigen im Handwerk kann daher nur die **Eignung und Sachkunde** des jeweilig zu Bestellenden sein. Dies sind unbestimmte Rechtsbegriffe, die von der Handwerkskammer im Einzelfall nach allgemeinen verfassungs- und verwaltungsrechtlichen Grundsätzen auszufüllen sind. Dabei steht der Handwerkskammer **kein Ermessen** zu, wohl aber ein – enger – **Beurteilungsspielraum** (aA Detterbeck § 90 Rn. 46). Dies Letztere ergibt sich bereits aus den Begriffen der Eignung und der Sachkunde als solchen: Sie setzen eben ein „Urteil" über die Persönlichkeit, deren Zuverlässigkeit, deren Leistungs- und Kenntnisstand voraus. Die grundsätzliche Ablehnung eines Beurteilungsspielraums der Handwerkskammer wäre ein Widerspruch in sich – sie müsste dann Sachkunde unterstellen, wofür keinerlei Kriterien ersichtlich wären. Das Missverständnis der Ablehnung des Beurteilungsspielraums beruht darauf, dass dieser – selbstverständlich – eine Beurteilung nach Kriterien ausschließt, die für eine Beurteilung der Eignung und Sachkunde des zu Bestellenden sachwidrig wären, etwa das sittliche Verhalten eines Bausachverständigen.

Der Beurteilungsspielraum der Handwerkskammer ist hier in besonderer Weise sach- und fachspezifisch verengt; nur was die **Qualität seiner Begutachtung beeinträchtigen könnte** rechtfertigt die Ablehnung seiner Bestellung: etwa auch Befangenheit wegen ständiger, ausschließlicher Tätigkeit für bestimmte Private und in speziellen Interessenlagen, welche seine Eignung wegen zu befürchtender Parteilichkeit, jedenfalls Befangenheit, in Frage stellen kann (zur Befangenheit OLG Stuttgart BB 1965, 604; LG München NJW 1976, 1642; Schwannecke/Heck Rn. 38; Bleutge GewArch 1986, 146; Pause GewArch 1986, 218), oder mangelhafte Prüfungsleistungen, welche Zweifel an seiner Sachkunde begründen. Eignung und Sachkunde sind daher nach den gleichen Grundsätzen zu überprüfen, wie sie auch für die Zulassung zu öffentlichen Ämtern gelten (Art. 33 Abs. 2 GG), wobei ja gerade hier die Verfassung eine tätigkeitsspezifische Überprüfung vorsieht. Eine ausschließlich an den Ergebnissen anderer (Über-)Prüfungen orientierte Entscheidung der Handwerkskammer wäre allerdings sachwidrig und würde ihrer Beurteilungspflicht nicht gerecht.

Weitere persönliche Voraussetzung soll ein **Mindestalter** von 30 Jahren sein (Mustersatzung 2.2.2. Abs. 1), wegen einer erst dann zu erwartenden Lebenserfahrung. Dies mag generell zutreffen. Ausnahmen sollten aber für besondere technisch-naturwissenschaftliche Gutachterbereiche möglich sein. Eine **generelle Altersgrenze** von 68 Jahren (Mustersatzung 2.2.2. Abs. 2) mit einmaliger Verlängerungsmöglichkeit bei Vollendung des 71. Lebensjahres stellt eine nach dem AGG unzulässige Benachteiligung wegen des Alters dar. Mit ihr wird nicht das Ziel einer Sicherstellung eines geordneten Rechtsverkehrs verfolgt. Dieses rechtfertigt nach der Rechtsprechung des Europäischen Gerichtshofs zwar die Verfolgung sozialpolitischer Ziele (vor allem in Beschäftigungspolitik, Arbeitsmarktpolitik und beruflicher Betätigung). Die besondere Qualifikation eines Sachverständigen wird aber nicht notwendig durch das Lebensalter bestimmt (BVerwG NJW-Spezial 2012, 205). **37**

Zu bestellende Gutachter **müssen nicht Handwerker und auch nicht in irgendeiner Form im Bereich des Handwerks tätig sein;** eine Beschränkung auf solche Personen begegnet rechtlichen Bedenken (so aber die Mustersatzung 2.2.1). Ebenso wenig sind Bestellungsvoraussetzungen irgendwelche Beziehungen zum Handwerk außerhalb derer, welche für den Erwerb der notwendigen Sachkunde erforderlich sind (Detterbeck Rn. 40; Honig/Knörr Rn. 28). Erforderlich soll aber praktische Berufserfahrung sein (OVG Lüneburg GewArch 1977, 377). Diese ist jedoch nicht in allen Fällen ausschlaggebend und sie kann auch gerade über Gutachtertätigkeit, nicht über Berufstätigkeit, erworben werden. Eine „Akzeptanz des zu Bestellenden in Handwerkskreisen" (vgl. Mustersatzung 2.2.2.2) ist zwar wünschenswert, darf aber die unparteiische Tätigkeit des Gutachters nicht beeinträchtigen. Betriebsinhaberschaft oder Wohnsitz im Kammerbereich ist jedenfalls nicht erforderlich (aA VG Magdeburg GewArch 1995, 340). **38**

Ein Bewerber hat einen Rechtsanspruch darauf, als Sachverständiger bestellt zu werden, wenn er die Voraussetzungen (nach den → Rn. 35, → Rn. 36) erfüllt (unzutreffend so allg. Honig/Knörr Rn. 29). Verwaltungsgerichtlicher Nachprüfung ist die Entscheidung der Handwerkskammer jedoch insoweit entzogen, als sie in deren Beurteilungsspielraum ergeht (→ Rn. 36). **39**

Der Öffentlich bestellte Sachverständige wird als privater Gewerbetreibender tätig. Verpflichtet ist er nur zur Übernahme von **gerichtlichen Gutachtenaufträgen** (§ 407 ZPO, § 75 StPO; § 98 VwGO iVm § 407 ZPO; § 118 SGG). Er kann die Übernahme nur aus wichtigem Grund ablehnen, den er dem Gericht unverzüglich mitzuteilen hat. Ein solcher kann auch in der Überlastung infolge bereits übernommener Aufträge liegen. **40**

Mit der Bezeichnung „Öffentlich bestellter Sachverständiger für …." darf nicht geworben werden (BGH GewArch 1984, 386 mAnm Heck; Heck GewArch 1985, 71; OLG Celle BB 1968, 316; BayObLG WRP 1976, 202). Zum straf- und zivilrechtlichen Schutz der Bezeichnung OLG München GewArch 1995, 297; Brenner BB 1974, 210; Bünger GewArch 1998, 231. **41**

Die Bestellung zum Sachverständigen kann jederzeit widerrufen werden, wenn ihre Voraussetzungen weggefallen sind; ausdrücklich muss dies aber nicht vorgesehen sein (vgl. dazu Heck WiVerw 1999, 12). Eine Bestellung auf Zeit ist zulässig, (MSVO 5.5), aber nicht notwendig. Sie kann auch für einen bestimmten Fall, für ein bestimmtes Verfahren erfolgen. Eine förmliche Disziplinargewalt über Sachverständige steht der Handwerkskammer nicht zu (VG Neustadt a.d. Weinstraße GewArch 2001, 339). **42**

IX. Förderung der wirtschaftlichen Interessen des Handwerks und der ihnen dienenden Einrichtungen, insbes. des Genossenschaftswesens

43 Die „wirtschaftlichen Interessen" betreffen einen – sehr großen und bedeutsamen – **Ausschnitt aus dem Gesamtinteresse des Handwerks** iSv Nr. 3. Die besondere Aufgabenerwähnung bedeutet einerseits eine – allerdings wiederum sehr weite – Konkretisierung des gesamthandwerklichen Interessenbegriffs, zum anderen verpflichtet sie die Handwerkskammer, die wirtschaftlichen Belange stets besonders, wenn auch nicht mit grds. höherem Gewicht, zu verfolgen. Die wirtschaftlichen Interessen sind dabei als solche zu bestimmen, sodann anderen, etwa Bildungsinteressen, soweit möglich, gegenüber zustellen und abzuwägen. Derartiges ist in vielen Bereichen und auch bereichsübergreifend ständig zu leisten; dies eben verlangt auch die Gesetzesfassung des § 91 Abs. 1 Nr. 1 und 9, mag sie auch vom damaligen Gesetzgeber nicht voll durchdacht worden sein. Eine einfache Zusammenfassung beider Aufgaben oder eine Vereinheitlichung ihrer Inhalte (vgl. Detterbeck Rn. 50) vereinfacht jedenfalls über Gebühr.

44 Der Handwerkskammer steht jedoch ein **weites Gestaltungsermessen** gerade bei dieser Interessenförderung zu. Sie ist weder hinsichtlich des Einsatzes von (sächlichen oder finanziellen) Mitteln näher bestimmt, noch mit Bezug auf die Förderungsadressaten: Es müssen dies allerdings „Einrichtungen" sein, die eben „diesen wirtschaftlichen Interessen des Handwerks dienen". Dies gilt für alle in der Handwerksordnung geregelten Handwerksorganisationen, darüber hinaus aber auch für private rechtliche Zusammenschlüsse, insbes. Interessenvertretung von im Handwerk Tätigen, darüber hinaus privatrechtlichen Organisationen, deren schwerpunktmäßige oder überwiegende Zielsetzung die Förderung wirtschaftlicher Interessen des Handwerks darstellt. Dies ist nicht nur nach deren Satzung, sondern auch nach ihrer tatsächlichen Tätigkeit und deren Ergebnis zu ermitteln. Der Handwerkskammer muss hier ein weiter Beurteilungsspielraum zur Verfügung stehen.

45 Der in Nr. 9 erwähnte Begriff der „**Einrichtung**" ist nicht nur iSd Förderung konkreter Organisationen, sondern auch in einem **institutionellen Verständnis** zu begreifen, wie die Erwähnung des Genossenschaftswesen belegt: Dies verweist auf die rechtsdogmatischen Begriffe der institutionellen Garantien und Rechtsinstitutsgarantien. Aufgabe der Handwerkskammer ist also auch etwa eine Förderung des Stiftungswesens, soweit es sich auf handwerkliche Gegenstände bezieht, oder der wissenschaftlichen Forschung in diesem institutionellen Verständnis.

46 **Wirtschaftliche Eigenbetätigung mit Gewinnstreben** der Handwerkskammer, in welcher, vor allem privatrechtlicher Rechtsform auch immer (vgl. Jahn GewArch 2006, 89 ff; Fröhler/Kormann, Wirtschaftliche Betätigung von handwerklichen Organisationen, 1984) kann an sich den wirtschaftlichen Interessen des Gesamthandwerks oder einzelner Handwerke durchaus dienlich sein, so etwa preisgünstige Produktion von Materialien, Arbeitsinstrumenten oder Maschinen. Dennoch kann es nicht Aufgabe der Handwerkskammer als einer Körperschaft des Öffentlichen Rechts sein, Produktions- und Dienstleistungsunternehmen aufzubauen, welche als solche und primär Leistungen für die Allgemeinheit erbringen, oder, dabei mit dem Handwerk in einer entsprechenden Leistungskette, aber als selbstständige Einrichtungen, stehen. Vielmehr müssen **Leistungs/Förderungsadressaten stets die Handwerke** sein, nicht die Bezieher von deren Leistungen. Denn die Handwerkskammern haben die Interessen der Allgemeinheit nur insoweit zu fördern, als dies den Interessen des Handwerks oder der Handwerke dient. Die Abgrenzung mag im Einzelnen schwierig sein; doch gerade im wirtschaftlichen Bereich sind eben handwerkliche Belange und solche der Allgemeinheit insoweit zu unterscheiden. Andernfalls würden die Handwerkskammern über ihr Beitragsrecht Instanzen der Erhebung von Sonderabgaben bei den Handwerkern zur Finanzierung von Aufgaben werden, deren Erfüllung Interessen der Allgemeinheit dient. Diese ausschließlich handwerksfördernde Zwecksetzung nach Abs. 1 Nr. 9 ist ernst zu nehmen; sie muss zu einer zurückhaltenden Beurteilung eigenwirtschaftlicher Tätigkeit des Handwerks führen (vgl. idS BVerwGE 112, 69; Honig GewArch 2000, 99, 100). Dies ergibt sich systematisch schon zwingend aus § 113 Abs. 1: Die Handwerkskammern sind nicht gewinnorientierte Unternehmen, sie finanzieren ihre Tätigkeit grds. aus Mitgliedsbeiträgen. Deshalb ist auch eine Analogie von wirtschaftlicher Eigentätigkeit der Gemeinden zu einer solchen der Handwerkskammer problematisch (vgl. Schwannecke/Webers Rn. 68): Die Gemeinden haben unmittelbar der Allgemeinheit dienende Aufgaben zu erfüllen.

Selbst in diesem eingeschränkten Verständnis ist der Handwerkskammer wirtschaftliche 47
Eigenbetätigung insoweit versagt, als diese sich als **Wettbewerb** zu Tätigkeiten der Mitglieder
auswirken würde (Detterbeck Rn. 52); damit würden Mitgliederbeiträge aus einer Pflichtmitgliedschaft gegen die Interessen eben dieser Mitglieder eingesetzt. Gestattet sind nur
Tätigkeiten der Handwerkskammer, welche ganz allgemein wettbewerbsfördernd erfolgen,
nicht aber zur Beeinträchtigung von konkreten Interessen einzelner Handwerker im Wettbewerb führen (wohl zu weitgehend OVG Koblenz GewArch 1980, 329).

Soweit die Handwerkskammer ihre Aufgaben nach Abs. 1 Nr. 9 erfüllt – in dem in → 48
Rn. 43 bis → Rn. 46 eingeschränkten Sinn – bedeutet ihre wirtschaftliche Tätigkeit keinen
Eingriff in (Grund-)Rechtspositionen der Kammermitglieder (BVerwGE 39, 329; 65, 167;
BVerwG NJW 1995, 2939; Detterbeck Rn. 53 mwN). In den Bereichen, auf denen die
Handwerkskammer danach wirtschaftlich tätig werden darf, steht ihr die **Wahl der Rechtsform frei**, in der eine solche Tätigkeit erfolgt. Sie kann sich auch an **juristischen Personen des Privatrechts beteiligen** (dazu eingeh. Kormann/Lutz/Rührmaier, Beteiligung von
Handwerksorganisationen an privatrechtlichen juristischen Personen, 2002). Der Zweck dieser Vereinigungen muss aber jedenfalls allgemein innerhalb des Aufgabenkreises der Handwerkskammer liegen (BVerwGE 112, 69). Andernfalls muss sich die Handwerkskammer
einen so starken Beteiligungseinfluss sichern, dass sie die Tätigkeit der Vereinigung iSd Abs. 1
Nr. 9 entscheidend beeinflussen kann; es genügt nicht, dass sie anderweitige Aktivitäten nicht
unterstützt (so aber Detterbeck Rn. 56). Ist dies nicht der Fall, so steht Mitgliedern der
Handwerkskammer ein Anspruch nach Art. 2 Abs. 1 GG – aus ihrer Pflichtmitgliedschaft –
zu auf Beendigung der Mitgliedschaft der Handwerkskammer in oder ihrer Beteiligung an
einer solchen Vereinigung/Gesellschaft (OVG Münster GewArch 1983, 302 ff.).

X. Förderung der Formgestaltung (§ 91 Abs. 1 Nr. 10)

Diese Aufgabe soll die Bedeutung der Formgebung im Handwerk besonders betonen 49
(BT-Drs. 12/5918, 24), etwa in Schulungsmaßnahmen für Design. Hier werden ja nicht nur
wirtschaftliche oder sonstige Belange des Handwerks verfolgt, sondern maßgeblich auch
solche künstlerischer Art.

XI. Einrichtung von Vermittlungsstellen (§ 91 Abs. 1 Nr. 11)

Vermittlungsstellen können die Handwerkskammern nicht nur einrichten, dies muss 50
geschehen, gleich ob dafür ein Bedarf bereits ersichtlich oder absehbar ist; denn auszuschließen ist er keineswegs. Diese Aufgabe obliegt den Kammern unabhängig von der (nur) Soll-Aufgabe der Innungen, auf Antrag in solchen Streitigkeiten (nur) zwischen ihren Mitgliedern
und deren Auftraggebern zu vermitteln (§ 54 Abs. 3 Nr. 3). Während die Innung frei darin
ist, ob sie dafür einen Ausschuss einrichtet, einem Obermeister oder einem anderen Innungsmitglied die Schlichtung überträgt (Detterbeck § 54 Rn. 30), muss die Handwerkskammer
sie einem Ausschuss übertragen. In der Organisation des Ausschusses ist die Handwerkskammer frei; diese muss jedoch zur Erfüllung der Schlichtungsaufgaben sachgerecht ausgestaltet
sein und es müssen Unabhängigkeit und unparteiische Tätigkeit des Ausschusses gewährleistet
sein. Nur insoweit bedarf er einer institutionalisierten Eigenständigkeit (vgl. dazu OLG Karlsruhe GewArch 1983, 227). Die Handwerkskammer kann das von dem Ausschuss anzuwendende Verfahren regeln oder dies dem Ausschuss überlassen.

Aufgabe des Ausschusses ist die **Schlichtung von Streitigkeiten zwischen Mitgliedern** 51
der Handwerkskammer und deren Auftraggebern; diese können alle Fragen betreffen,
die mit handwerklichen Leistungen iSd Handwerksordnung, deren Bedingungen und Vergütungen zusammenhängen. Auftraggeber können – und werden in vielen Fällen – auch Kammerexterne sein. Der Ausschuss hat auf eine gütliche Einigung der Parteien hinzuwirken;
Zwangsmittel stehen ihm dazu nicht zur Verfügung. IRd Schiedsverfahrens ist den Ausschüssen Rechtsberatung gestattet (vgl. dazu näher Kormann/Schinner-Stör GewArch 2004,
265 ff.). Wenn die Parteien sich dem Spruch des Ausschusses durch Schiedsvertrag unterwerfen, ist eine Klage, die vor dessen Ergehen erhoben wird, unzulässig (OLG Celle NJW 1971,
288). Auch nach der Entscheidung des Ausschusses können die Gerichte noch angerufen
werden, da der Ausschuss nicht als Schiedsgericht iSd ZPO tätig wird (Detterbeck § 54
Rn. 30).

HwO § 91 Vierter Teil: Organisation des Handwerks

52 **Gebühren** kann die Handwerkskammer für die Inanspruchnahme der Vermittlungsstelle erheben (§ 113 Abs. 4), mit Genehmigung der obersten Landesbehörde. Dies ist nicht nur ihr Recht, weil diese Tätigkeit ja auch Kammerfremden zugutekommen kann; es ist auch ihre rechtliche Pflicht, da sie andernfalls Beitragsmittel ihrer Mitglieder auch für kammerexterne Interessenverfolgung einsetzen würde. Die Beitragserhebung steht also nicht im Widerspruch zur Zielsetzung dieser Form von Mediation (so aber Detterbeck Rn. 58); die Gebührenerhebung muss selbstverständlich den allgemeinen Grundsätzen entsprechen, die für sie gelten, also insbes. kostenadäquat erfolgen.

XII. Ausstellung von Ursprungszeugnissen (§ 91 Abs. 1 Nr. 12)

53 Ursprungszeugnisse sind von der Handwerkskammer nur auszustellen, soweit sie Waren und Dienstleistungen von Handwerksbetrieben iSd Handwerksordnung betreffen; dasselbe gilt für alle anderen Bescheinigungen über diese Gegenstände, welche nach gesetzlichen Vorschriften oder auf deren Grundlage nach behördlichen Anordnungen im Wirtschaftsverkehr in- oder ausländischen Verwaltungsträgern vorzulegen sind. Bescheinigungen, die von Privaten gefordert werden (können) fallen nur unter Nr. 12, soweit eine **Rechtsvorschrift** dies für handwerkliche Waren oder Leistungen vorsieht. Dies ergibt sich daraus, dass diese Ausstellungsverpflichtung stets einer normativen Grundlage bedarf, soweit sie sich nicht für handwerkliche Leistungen aus Nr. 12 ergibt, weil diese Aufgaben eben „durch Rechtsvorschriften" zugewiesen werden, oder unter Umständen auch „anderen Stellen". Besonders bedeutsam ist die Vorschrift, für den Export von handwerklichen Gütern. Gebühren können nach § 113 Abs. 4 mit Genehmigung der obersten Landesbehörde erhoben werden. Zu den Ursprungszeugnissen vgl. Frentzel/Jäkel/Junge IHKG § 1 Anm. 9.

XIII. Unterstützung notleidender im Handwerk Tätiger

54 Diese sozialstaatliche Aufgabe (vgl. Art. 20 Abs. 1 GG) erlegt den Handwerkskammern die Verpflichtung auf, „notleidende" im Handwerk Tätige zu „unterstützen". Beides sind unbestimmte Rechtsbegriffe, die von der Handwerkskammer in einem **weiten Ermessensspielraum** zu konkretisieren sind, wie sozialstaatliche Hilfen allgemein, in denen sie Fälle und Mittel der Hilfe bestimmen. Dies schließt Ansprüche auf bestimmte Leistung seitens von Notleidenden aus, zumal die Handwerkskammer im Einzelnen nur nach Maßgabe ihrer Leistungsfähigkeit Unterstützung gewähren kann. Zu konkreten Leistungen verpflichtet das Gesetz die Handwerkskammern aber nicht. Lediglich der allgemeine Gleichheitssatz (Art. 3 Abs. 1 GG) ist zu beachten.

55 **Adressatenkategorien der Unterstützungspflicht** sind Handwerker iSd Handwerksordnung (selbstständig Tätige in A- und B-Betrieben), deren Gesellen und andere Arbeitnehmer mit einer abgeschlossenen Berufsausbildung (vgl. § 90 Abs. 2) nicht aber Lehrlinge. **Inhalt** der Verpflichtung sind „Maßnahmen", welche die Handwerkskammer selbst treffen kann, oder solche, welche andere öffentliche oder auch private Träger tatsächlich bereits getroffen haben; auch in der Bestimmung oder Auswahl der letzteren steht der Handwerkskammer ein weiter Ermessensspielraum zur Verfügung. Eine solche „Maßnahme" kann auch die Errichtung einer **Unterstützungskasse** sein; dass für Innungen hier eine besondere gesetzliche Regelung besteht (§ 54 Abs. 3 Nr. 2), schließt das Maßnahmeermessen der Handwerkskammer nicht aus (Detterbeck Rn. 60). Auch Krankenkassen können von den Handwerkskammern errichtet werden, die Regelung der Innungskrankenkassen (§ 54 Abs. 5) steht dem nicht entgegen. Deren Förderung kann allerdings eine zulässige Maßnahme der Handwerkskammer sein (vgl. BGH GewArch 1986, 380).

XIV. Weitere Aufgabenregelungen (§ 91 Abs. 2–4)

56 Die in **Abs. 2** angesprochenen Prüfungsausschüsse sind nur die Gesellen- und Meisterprüfungsausschüsse nach Abs. 1 Nr. 5 und 6. Abs. 2 erlaubt deren Errichtung gemeinsam mit der Industrie- und Handelskammer. Diesen müssen daher alle diesbezüglichen Befugnisse gemeinsam mit den Handwerkskammern zustehen (→ Rn. 23 f., → Rn. 25 ff.).

57 **Nach Abs. 3** soll die Handwerkskammer in allen „wichtigen", das Handwerk und das handwerksähnliche Gewerbe betreffenden Fragen **gehört werden**. Dies betrifft nur die

Anhörung seitens aller öffentlichen Behörden, nicht seitens Privater. Nur in **wichtigen** Angelegenheiten ist diese Anhörung vorgesehen. Diese Wichtigkeit bestimmt nicht die Handwerkskammer, sondern die jeweils anhörende Instanz. Diese entscheidet nach pflichtgemäßem Ermessen danach, ob eine Anhörung für sachgerechte Entscheidung in der betreffenden Angelegenheit, unter Berücksichtigung des Sachverstandes der Handwerkskammer, angezeigt ist. Die Anhörung darf nicht nur dann unterbleiben, wenn ihr zwingende Gründe entgegenstehen (aA Detterbeck Rn. 68). Ein Rechtsanspruch auf Anhörung oder gar auf Beteiligung im Verfahren über derartige Fragen steht der Handwerkskammer nicht zu. Das Unterbleiben der Anhörung macht eine Entscheidung der Behörde, welche anzuhören hat, nicht nichtig oder auch nur rechtswidrig. In anderen **gesetzlichen Bestimmungen** ist dagegen den Behörden eine Verpflichtung zur Anhörung der Handwerkskammer auferlegt (zB § 380 Abs. 1 FamFG). Auch dies begründet aber kein Antragsrecht der Handwerkskammer darauf, gehört zu werden (OLG Karlsruhe NJW-RR 1997, 1058).

Nach **Abs. 4** finden auf die **handwerksähnlichen Gewerbe** die Aufgabenerfüllungsregelungen für die Handwerkskammern nach Abs. 1 Nr. 1, 2, 7–13 entsprechende Anwendung. Das bedeutet, dass überall dort, wo in diesen Bestimmungen von „Handwerk" oder „Handwerken" die Rede ist, darunter auch handwerksähnliche Gewerbe zu verstehen sind. 58

XV. Aufgaben der Handwerkskammern im Innungsbereich

Die hier der Handwerkskammer obliegenden Aufgaben sind vor allem, wenn auch nicht abschließend, in § 91 Abs. 1 aufgezählt. Hinzukommen unter anderem Aufgaben, welche die Handwerkskammer nach der Handwerksordnung als Aufsichtsbehörden über die Innungen zu erfüllen haben (§ 75): Genehmigung der Innungssatzung (§ 56), und von Beschlüssen der Innungsversammlung (§ 61 Abs. 3), sowie weitere Zuständigkeiten im Innungsbereich (§§ 62 Abs. 3, 66 Abs. 3), sowie die der Auflösung einer Innung (§ 76). 59

XVI. Aufgaben nach dem Berufsbildungsgesetz

Die Handwerkskammern sind zuständig für den Erlass von Ausbildungs- und Umschulungsordnungen, einschließlich der Regelung von Prüfungsanforderungen, für nichthandwerkliche Berufe (§§ 9, 59 iVm § 71 Abs. 7 BBiG), soweit solche nicht vom BMWi nach §§ 4, 5 BBiG erlassen werden. Die Handwerkskammer hat auch Prüfungsordnungen für diesen Bereich zu erlassen und Prüfungsausschüsse zu bestellen (§ 71 BBiG; vgl. dazu Detterbeck Rn. 66). Für Fortbildung ist dagegen nach § 71 Abs. 2 BBiG subsidiär die Industrie- und Handelskammer zuständig. 60

C. Freiwillige Aufgaben der Handwerkskammer

I. Pflichtaufgaben und freiwillige Aufgaben

Die vorstehend unter → Rn. 15 ff. behandelten Aufgaben werden herkömmlich als **Pflichtaufgaben** der Handwerkskammern bezeichnet. Die Handwerkskammern müssen sie erfüllen, wenn ein Bedarf für derartige Aktivitäten ihrerseits besteht. Sie können dazu von den obersten Landesbehörden im Wege der Rechtsaufsicht (§ 115) angehalten werden. Ob auf ihr Tätigwerden ein Rechtsanspruch von Mitgliedern oder Kammerexternen besteht, ist dafür gleichgültig. Diesen Pflichtaufgaben stehen andere gegenüber, zu welchen die Handwerkskammer zwar befugt, nicht aber rechtlich verpflichtet ist, die sie also in freier Entscheidung und Maßgabe ihrer Leistungsfähigkeit erfüllen oder nicht annehmen kann. Es sind dies Bereiche, in denen den Handwerkskammern dies durch Gesetz gestattet ist, oder weil es den Interessen des Handwerks dient, jedoch zu deren Wahrnehmung nicht erforderlich ist. Diese Tätigkeitsfelder werden als **Freiwillige Aufgaben** der Handwerkskammer bezeichnet. Von Bedeutung sind die Folgenden: 61

II. Rechtsberatung

Rechtsberatung ist den Handwerkskammern als Körperschaft des Öffentlichen Rechts im Rahmen ihrer Zuständigkeit erlaubt, ebenso den von ihnen zur Erfüllung ihrer öffentlichen 62

Aufgaben gebildeten Unternehmen und Zusammenschlüssen (Rechtsdienstleistungsgesetz, (RDG) vom 1.7.2008, § 8 Abs. 1 Nr. 2 RDG), dh zur Erfüllung ihrer Aufgaben nach § 91 und aller anderen Pflichtaufgaben (Schöbener GewArch 2011, 49; zu den früheren §§ 3 Nr. 1, 7 RBerG vgl. Kormann/Schinner-Stör, Zulässigkeit von Rechtsdienstleistungen der Handwerksorganisationen, 2003, Zusammenfassung Kormann/Schinner-Stör GewArch 2004, 265; Lenssen GewArch 1973, 201; VGH Kassel GewArch 1969, 169; VG Düsseldorf GewArch 2002, 244). Auskünfte kann die Handwerkskammer nach ihrem freien Ermessen erteilen, soweit dies Interessen des Handwerks, im Zusammenhang mit ihren Zuständigkeiten, fördert. Adressaten können nicht nur ihre Mitglieder (aA Schwannecke/Webers Rn. 64), Gegenstände aber nur Rechtsstreitigkeiten von handwerksrechtlichem Belang sein. Rechtsberatung muss insoweit erteilt werden, als dies zur sachgerechten Erfüllung der Aufgaben nach § 91 und anderer Pflichtaufgaben erforderlich ist (vgl. insbes. § 91 Abs. 1 Nr. 2, Abs. 3). Prozessvertretungen dürfen von der Kammer nur übernommen werden, soweit eine gesetzliche Regelung dies nicht speziell regelt (Kormann/Schinner-Stör, Zulässigkeit von Rechtsdienstleistungen der Handwerksorganisationen, 2003, 98 ff.).

63   Rechtsberatung muss stets durch Erstattung **richtiger, vollständiger, unmissverständlicher Auskünfte** erfolgen (BGH NJW 1970, 1414; BB 1987, 922 mwN). Der Ratsuchende kann jedoch, soweit die Rechtsberatung nicht im Rahmen einer Pflichtberatung erfolgt, an eine andere Behörde oder einen Rechtsanwalt verwiesen werden (OLG Zweibrücken NVwZ-RR 2001, 799). Auch die freiwillige Rechtsberatung durch die Handwerkskammer stellt keinen unlauteren Wettbewerb gegenüber anderen Rechtsberatern, insbes. Rechtsanwälten dar (OLG Karlsruhe WRP 1983, 223). Eine öffentliche Werbung für Rechtsberatung ist nur im Rahmen zulässiger Öffentlichkeitsarbeit der Handwerkskammer erlaubt (einschr. OLG Frankfurt a. M. NJW 1982, 1003).

III. Betriebliche Beratung

64   Für Betriebs(wissenschaftliche) Beratung gelten die gleichen Grundsätze wie für Rechtsberatung. Sie haben sich in einer ständigen Praxis entwickelt (vgl. näher dazu Schwannecke/Webers Rn. 59 ff.; Emmerich-Fritsche GewArch 2011, 385), in einem weitgehend flächendeckenden Beratungsstellennetz. Adressaten sind vor allem Mitglieder der Handwerkskammer, aber auch an (künftiger) handwerklicher Berufstätigkeit Interessierte. Diese weitgehend öffentlich geförderte Beratungstätigkeit verletzt andere Berufsberater nicht in ihren Grundrechten nach Art. 12 und 14 GG, soweit sie zur Förderung von Interessen des Handwerks und der in ihm Tätigen erfolgt; sie verstößt auch nicht gegen das Wettbewerbsrecht (VG Schleswig GewArch 1982, 30; OVG Lüneburg GewArch 1986, 201; zur Haftung vgl. Maiwald GewArch 1990, 46 ff.; Webers GewArch 1997, 405 ff..

IV. Steuerberatung

65   Steuerberatung durch die Handwerkskammer ist nach § 4 Nr. 3 StBerG zulässig. Sie darf gegenständlich umfassend auf dem Gesamtgebiet des Abgabenwesens erfolgen. Traditionell geschieht dies seit vielen Jahren durch die Buch- und Steuerberatungsstellen. **Beschränkt** ist sie allerdings **auf im Handwerk Tätige**. Sie kann auch Buchungen und steuerliche Bilanzierungen umfassen, bis zur Übernahme der Finanzbuchhaltung und der Lohnbuchhaltung für Handwerksbetriebe (Schwannecke/Webers Rn. 62 f.; dazu auch Ress GS D. Schultz, 1987, 305; Kormann GewArch 1988, 249; Sternberg GewArch 1989, 374; Kormann/Schinner-Stör, Zulässigkeit von Rechtsdienstleistungen der Handwerksorganisationen, 2003, 105 ff.).

V. Inkassostellen

66   Inkassostellen kann die Handwerkskammer für die Förderung ihrer Mitglieder einrichten (BVerwG GewArch 1958, 130). Sie darf für deren Tätigkeit Gebühren berechnen, die vom Schuldner zu bezahlen sind (OLG Köln GewArch 1986, 341). Prozessvertretung ist den Inkassostellen jedoch untersagt (OLG Bamberg NVwZ 2002, 377; Jahn NVwZ 2002, 306, 307), sie müssen einen Rechtsanwalt einschalten (vgl. OLG Köln VersR 1994, 197; s. allg. dazu Kormann/Schinner-Stör GewArch 2004, 268 f.).

VI. Messen

Handwerkskammern dürfen in der Organisation von Messen tätig sein und dort hand- **67**
werkliche Interessen wie die Belange ihrer Mitglieder vertreten (Detterbeck Rn. 65).

§ 92 [Organe der Handwerkskammer]

Die Organe der Handwerkskammer sind
1. die Mitgliederversammlung (Vollversammlung),
2. der Vorstand,
3. die Ausschüsse.

Literatur: Diefenbach, Wilhelm, Zur Organstruktur der Handwerks- und der Industrie- und Handelskammern, GewArch 2006, 313; Kluth, Winfried/Goltz Ferdinand, Führungsteam statt Hauptgeschäftsführer – Zur rechtlichen Zulässigkeit des Verzichts auf die Bestellung eines Hauptgeschäftsführers einer Handwerkskammer und der Einsetzung eines kollegial arbeitenden Führungsteams – GewArch 2003, 265; Schotten, Thomas/Häfner, Sascha, Hauptgeschäftsführer einer Handwerkskammer ist kein Organ, GewArch 2004, 55.

Überblick

§ 92 zählt in abschließender Form die Organe der Handwerkskammern auf.

Organe einer juristischen Person des privaten oder öffentlichen Rechts sind nach allge- **1**
meinen Grundsätzen Personen oder organisatorische Einheiten, welche durch eine gesetzliche oder Satzungsregelung mit der Wahrnehmung bestimmter Aufgaben betraut sind, mit rechtlicher Wirkung für und gegen die betreffende juristische Person. Nach eindeutigem Wortlaut des § 92 sind dies („Die Organe") im Falle der Handwerkskammer **nur** deren **Mitgliederversammlung**, der **Vorstand** sowie in der Handwerksordnung genannte **Ausschüsse**; diese letzteren können aus Mitgliedern der genannten Organe bestehen (§ 110 HwO) oder von einem derselben nach dem Gesetz zu bestellen sein (Gesellenprüfungsausschüsse § 91 Abs. 1 Nr. 5, B-Meisterprüfungsausschuss § 51b Abs. 1 S. 1, Berufsbildungsausschuss § 43). Diese Ausschüsse sind dann ebenfalls Kammerorgane (Detterbeck Rn. 2). Der bei einer Innung errichtete Gesellenprüfungsausschuss ist dagegen Innungsorgan.

Keine „Organe der Handwerkskammer" sind nach dem Gesetz deren **Präsident** und **2**
Hauptgeschäftsführer, obwohl sie kraft Gesetzes zur gerichtlichen und außergerichtlichen Vertretung der Handwerkskammer berufen sind (§ 109 S. 1 Hs. 2) und daher nach allgemeinen Grundsätzen als Organe der Handwerkskammer anzusehen wären. Gleiches gilt für die etwa zur Vertretung der Handwerkskammer nach Satzungsrecht berufenen zwei Vorstandsmitglieder (§ 109 S. 2). Gewählt werden sie nach § 108 Abs. 1 (Vorstandsmitglieder, Präsident, Vizepräsidenten) und § 106 Abs. 1 Nr. 3 ((Haupt-) Geschäftsführer) von der Vollversammlung. Sie werden als **„Gehilfen des Vorstandes"** bezeichnet (Honig/Knörr Rn. 2). Insoweit gilt für die Handwerkskammer ein spezieller Organbegriff (vgl. zur Organfrage Diefenbach GewArch 2006, 313).

Diese Organregelung der Handwerksordnung ist abschließend; die daraus folgen- **3**
den Organstellungen können durch Satzungsrecht weder verändert, noch können auf diesem Wege weitere „Organe" der Handwerkskammer geschaffen werden (VG Dresden GewArch 2001, 172; Detterbeck Rn. 1; Schotten/Häfner GewArch 2004, 55; aA Kluth/Goltz GewArch 2003, 265 (267)). Die Stellung des **Hauptgeschäftsführers** im Verhältnis zu anderen Geschäftsführern kann jedoch durch Satzungsrecht näher bestimmt werden. Nach Schwannecke/Schwannecke Rn. 4 f. können seine Befugnisse nicht einem abteilungsbezogenen Leitungsgremium übertragen werden. Dafür spricht, dass das Gesetz in § 106 Abs. 1 Nr. 3 davon ausgeht, dass im Falle der Bestellung mehrerer Geschäftsführer jedenfalls ein Hauptgeschäftsführer zu bestellen ist. Wie dessen Position rechtlich auszugestalten ist, bleibt allerdings dem Satzungsrecht der Handwerkskammer vorbehalten. Jedenfalls muss ihm das Vertretungsrecht der Handwerkskammern nach § 109 S. 1 Hs. 1 zustehen.

§ 93 [Zusammensetzung der Vollversammlung]

(1) ¹Die Vollversammlung besteht aus gewählten Mitgliedern. ²Ein Drittel der Mitglieder müssen Gesellen oder andere Arbeitnehmer mit einer abgeschlossenen Berufsausbildung sein, die in dem Betrieb eines Gewerbes der Anlage A oder Betrieb eines Gewerbes der Anlage B beschäftigt sind.

(2) ¹Durch die Satzung ist die Zahl der Mitglieder der Vollversammlung und ihre Aufteilung auf die einzelnen in den Anlagen A und B zu diesem Gesetz aufgeführten Gewerbe zu bestimmen. ²Die Satzung kann bestimmen, daß die Aufteilung der Zahl der Mitglieder der Vollversammlung auch die Personen nach § 90 Abs. 3 und 4 zu berücksichtigen hat. ³Bei der Aufteilung sollen die wirtschaftlichen Besonderheiten und die wirtschaftliche Bedeutung der einzelnen Gewerbe berücksichtigt werden.

(3) Für jedes Mitglied sind mindestens ein, aber höchstens zwei Stellvertreter zu wählen, die im Verhinderungsfall oder im Falle des Ausscheidens der Mitglieder einzutreten haben.

(4) ¹Die Vollversammlung kann sich nach näherer Bestimmung der Satzung bis zu einem Fünftel der Mitgliederzahl durch Zuwahl von sachverständigen Personen unter Wahrung der in Absatz 1 festgelegten Verhältniszahl ergänzen; diese haben gleiche Rechte und Pflichten wie die gewählten Mitglieder der Vollversammlung. ²Die Zuwahl der sachverständigen Personen, die auf das Drittel der Gesellen und anderer Arbeitnehmer mit einer abgeschlossenen Berufsausbildung anzurechnen sind, erfolgt auf Vorschlag der Mehrheit dieser Gruppe.

Überblick

§ 93 regelt die von der Pflichtmitgliedschaft in der Handwerkskammer zu unterscheidende Mitgliedschaft in der Vollversammlung, die eine verhältnismäßige Repräsentation der im Bezirk der Kammer vorhandenen Handwerke sowie der diese ausübenden Arbeitnehmer und Arbeitgeber gewährleisten soll.

1   Die Vollversammlung besteht aus nach §§ 95–99 gewählten Mitgliedern; jede andere Bestellungsart zum Mitglied der Vollversammlung ist ausgeschlossen – mit Ausnahme der beschränkten Zuwahl (Kooptation) von Sachverständigen Personen (§ 93 Abs. 4) durch die Vollversammlung selbst. Die so Gewählten sind Mitglieder eines berufsständischen Vertretungsorgans; Grundsätze des Parlamentsrechts sind auf Wahlvorgang wie Rechtsstellung der Gewählten nur anwendbar, soweit die Handwerksordnung dies ausdrücklich vorsieht.

2   Ein Drittel der Mitglieder **müssen Gesellen oder andere Arbeitnehmer mit abgeschlossener Berufsausbildung sein** (§ 93 Abs. 1 S. 2); daraus folgt, dass auch die Gesellen im Handwerk „Arbeitnehmer" sind. Bei den „anderen Arbeitnehmern" muss „die Berufsausbildung als solche", nicht nur eine Stufe derselben, wie im Falle der Gesellen, abgeschlossen sein. Einen „Gesellenausschuss", wie er früher nach der Gewerbeordnung vorgesehen war und noch immer bei den Innungen besteht (§§ 68 ff.), gibt es bei der Handwerkskammer nicht. Die Befassung mit Angelegenheiten der Berufsbildung erfolgt auf Kammerebene im Berufsbildungsausschuss (§ 43). Zum Begriff der **Gesellen** vgl. § 70. Die Regelungen des § 93 sind auch auf die genannten Kategorien anzuwenden, die in einem handwerksähnlichen Betrieb beschäftig sind.

3   **Mitgliederzahl und Zusammensetzung der Vollversammlung** (§ 93 Abs. 2) werden zwingend ausschließlich in der Satzung der Handwerkskammer festgelegt (vgl. dazu Schmidt GewArch 2007, 233). Die Mitgliederzahl muss genannt, nicht nur nach anderen Rechengrößen bestimmbar sein. In der Bestimmung der Mitgliederzahl unterliegt das Satzungsrecht keiner gesetzlichen Beschränkung, solange das Kriterium des Abs. 2 S. 1 beachtet wird, dass dabei eine Aufteilung auf die einzelnen in den **Anlagen A und B angeführten Gewerbe** erfolgt. Eine gesetzliche Mindestzahl ist nicht vorgesehen; die Verteilung auf die einzelnen Gewerbe kann aber dafür sprechen, dass die Zahl der Mitglieder der Vollversammlung nunmehr über die im Jahre 1953 im Gesetzgebungsverfahren angenommene Zahl von 33 (BT-Drs. I /4172, 10) hinausgehen muss (vgl. BT-Drs. 15/1206, 39). Die Mitgliederzahl muss

aber durch 3 teilbar sein (vgl. § 93 Abs. 2 S. 1). Weitere zwingende spezielle gesetzliche oder verfassungsrechtliche Beschränkungen sind nicht ersichtlich, jedoch darf die Zahl der Mitglieder nicht so hoch sein, dass dies die Durchführung des Wahlverfarhens, insbes. die Aufstellung von Wahllisten, nicht unerheblich erschweren würde (BVerwG GewArch 2002, 432).

Bei der **Zusammensetzung der Vollversammlung** stehen der Handwerkskammer in 4 ihrer Satzungsgebung gewisse **gesetzliche Gestaltungsspielräume** zu, deren Ausnutzung sich auf die Zahl der Mitglieder auswirken kann: Die Satzung kann, auch nach 2003, die einzelnen Gewerbe zu **Gewerbegruppen** zusammenfassen (Anl. C § 4; Schwanneck/Karsten Rn. 7). Sie kann bestimmen, dass bei der Aufteilung der Mitgliederzahl auch die Personen nach § 90 Abs. 3 und 4 (Kleinunternehmer) zu berücksichtigen sind (§ 93 Abs. 2 S. 2). Schließlich sollen bei der Aufteilung die **wirtschaftlichen Besonderheiten und die wirtschaftliche Bedeutung der einzelnen Gewerbe** berücksichtigt werden, sodass die Zusammensetzung ein Spiegelbild der handwerklichen Wirtschaftsstruktur im Kammerbezirk bietet. Dieses Kriterium ist allerdings weder zwingend (aA Honig/Knörr Rn. 5), noch ist seine Erfüllung problemlos überprüfbar. Eine **regionale Aufteilung**, etwa auch nach Stadt- und Landkreisen, ist gesetzlich zwar nicht vorgesehen, und auch kein eigenständiges Kriterium für die Zusammensetzung (BVerwG GewArch 2002, 432); sie ist jedoch zulässig, insbes. als Ausdruck der handwerklichen Wirtschaftsstruktur im Kammerbereich. Gleiches gilt auch für eine Berücksichtigung der Alleinmeister (vgl. Detterbeck Rn. 4; Honig/Knörr Rn. 5).

Stellvertreter müssen für jedes Mitglied gewählt werden (eine höchstens zwei Personen), 5 jedoch nur für gewählte Mitglieder (→ Rn. 6). Sie nehmen deren Rechtsstellung (§ 94) in den Fällen der Verhinderung oder des Ausscheidens (§ 93 Abs. 3) von solchen. Dies gilt auch nach der Novellierung von 2003, welche Abs. 3 S. 2 aF aufgehoben hat (Detterbeck Rn. 5); denn es ergibt sich bereits daraus, dass die Vertreter „einzutreten haben".

Zuwahl weiterer Personen (vgl. Krause GewArch 1944, 220) als Mitglieder der Vollver- 6 sammlung durch diese (§ 106 Abs. 1 Nr. 2) ist zulässig, aber selbst bei entsprechender Antragsstellung durch Gruppen in der Vollversammlung nicht notwendig. Einzige persönliche Voraussetzung der Zuwählbarkeit ist, dass diese Personen „sachverständig" sein müssen (§ 93 Abs. 3 S. 1). Sie brauchen jedoch weder Sachverständige iSv § 91 Abs. 1 Nr. 8, noch Handwerker iSd Handwerksordnung zu sein, und auch nicht handwerklich in irgendeiner Weise tätig (gewesen sein) zu sein (vgl. zur Zuwahl VG Hannover GewArch 1963, 89). Zuwählbar sind daher etwa auch handwerkspolitisch Tätige oder Wissenschaftler, die in handwerksrelevanten Bereichen tätig sind. Die Auswahl liegt, in diesem weiten Rahmen, im Beurteilungsspielraum der Vollversammlung. Die Zahl der Zugewählten darf **ein Fünftel der Mitgliederzahl der Vollversammlung** – ohne die Zugewählten – nicht übersteigen. Die Zuwahl darf ferner das in Abs. 1 festgelegte Gruppenverhältnis nicht verändern, sondern die danach erforderliche Anzahl von Mitgliedern lediglich ergänzen (§ 93 Abs. 4 S. 1). Die Zuwahl von Personen, die auf die Gruppe der „Gesellen und anderen Arbeitnehmer mit einer abgeschlossenen Berufsausbildung" anzurechnen sind, darf nur auf Antrag dieser Gruppe erfolgen. – Die Zugewählten haben die volle Rechtsstellung der gewählten Mitglieder inne.

§ 94 [Rechtsstellung der Mitglieder]

¹**Die Mitglieder der Vollversammlung sind Vertreter des gesamten Handwerks und des handwerksähnlichen Gewerbes und als solche an Aufträge und Weisungen nicht gebunden.** ²**§ 66 Abs. 4, § 69 Abs. 4 und § 73 Abs. 1 gelten entsprechend.**

Überblick

§ 94 sichert die Rechtsstellung der Vollversammlungsmitglieder als weisungsunabhängige, nur dem Interesse des Handwerks verpflichteten Ehrenamtsträger ab und garantiert ergänzend, dass das Ehrenamt die Mitglieder in der Ausübung ihrer Tätigkeit weder benachteiligt, noch begünstigt.

Die Vorschrift regelt die **Rechtsstellung der Mitglieder der Vollversammlung**, Drit- 1 ten, insbesondere auch ihren Arbeit- und Auftraggebern gegenüber. Daraus ergeben sich auch Rechte und Pflichten der Vollversammlungsmitglieder selbst. S. 1 betont ihre **Unabhängigkeit** in Anlehnung an eine Formulierung des Abgeordnetenstatus (Art. 38 Abs. 1 S. 2 GG), schließt damit ein imperatives Mandat und rechtliche Bindungen an Wähler, Parteien oder wirtschaftliche, insbesondere handwerkliche Institutionen, Verbände oder Gruppierungen aus. Die Tätigkeit der Mitglieder hat sich auf **übergeordnete Interessenverfolgung des Handwerks** als solchen zu richten. Verpflichtungen, welche die Mitglieder daran hindern, sind nichtig (§ 134 BGB). Derartige Regelungen gelten schon nach allgemeinen Grundsätzen auch für gewählte Vertreter anderer berufsständischer Organisationen, sind dort aber nicht vergleichbar hervorgehoben (Schwannecke/Karsten Rn. 3). Inkompatibilitäten mit der Stellung eines Mitglieds der Vollversammlung sieht das Gesetz nicht vor. Nach der Mustersatzung für Handwerkskammern (vgl. Schwannecke Ordnungsziffer 765) dürfen Kreishandwerksmeister, Innungsobermeister oder Fachverbandsvorsitzende nicht Präsident oder Vizepräsident einer Handwerkskammer werden, wegen der damit verbundenen Interessenkollisionen. Durch das Gesetz ist dies nicht gedeckt.

2   Die Mitgliedschaft in der Vollversammlung ist ein **Ehrenamt** (§ 94 S. 2 HwO iVm § 66 Abs. 4 HwO). Bare Auslagen können ihnen nach näherer Bestimmung in der Satzung (§ 106 Abs. 1 Nr. 13 HwO) ersetzt und es kann ihnen eine Entschädigung für Zeitversäumnis gewährt werden. Zu ersetzen sind auch die Lohn- und Lohnnebenkosten, welche ein Arbeitgeber zu tragen hat, der Gesellen und andere Arbeitnehmer für diese Tätigkeit in der Vollversammlung freistellen muss, von der Handwerkskammer zu erstatten (§ 73 Abs. 1 HwO); Freistellung ist aber nur erforderlich, wenn dem wichtige betriebliche Gründe nicht entgegenstehen (§ 69 Abs. 4 HwO), was auch für „andere Arbeitnehmer" gilt. Die Mitglieder selbst dürfen wegen dieser ihrer Stellung in keiner Weise und von niemandem benachteiligt oder begünstigt werden.

3   **Weitere Rechte und Pflichten der Mitglieder** der Vollversammlung ergeben sich aus § 94 nicht; sie folgen jedoch aus der Mitgliedschaft als solcher, welche eine wirksame Beteiligung an der Erfüllung der Handwerkskammer über die Zuständigkeiten der Vollversammlung obliegenden Auflagen (§ 106 HwO) ermöglichen muss. Die Satzung hat die Teilnahmerechte der Mitglieder an den Arbeiten der Vollversammlung sicherzustellen (Schwannecke/Karsten § 94 Rn. 8 f.). Dies gilt insbesondere für ein umfassendes Informationsrecht der Mitglieder (OVG NW GewArch 2004, 255).

§ 95 [Wahl der Mitglieder]

(1) ¹Die Mitglieder der Vollversammlung und ihre Stellvertreter werden durch Listen in allgemeiner, freier, gleicher und geheimer Wahl gewählt. ²Die Wahlen zur Vollversammlung werden im Briefwahlverfahren durchgeführt.

(2) Das Wahlverfahren regelt sich nach der diesem Gesetz als Anlage C beigefügten Wahlordnung.

Literatur: Leisner, Walter Georg, Die Wahlen zur Vollversammlung der Handwerkskammer, Zugleich eine kommentierende Handreichung zur Anlage C der HwO, LFI- Schriftenreihe 2012, BffK, Achtungserfolg für kritische Konstanzer Handwerker vom 8.7.2014; Rieger, Frank, Handwerksnovelle 2004- Verdeckte Änderungen im Wahlrecht, GewArch 2005, 231;

Überblick

§ 95 Abs. 1 legt die allgemeinen Grundsätze der Wahl zur Vollversammlung der Handwerkskammer fest, Abs. 2 wiederum verweist auf die Anlage C, welche detaillierte Regelungen in diesem Bereich beinhaltet.

A. Historie der Norm

1   Die Norm blieb seit ihrer Einführung im Jahre 1953 weitgehend unverändert. Einzig eine Gesetzesänderung durch das Dritte Gesetz zur Änderung der Handwerksordnung und anderer handwerksrechtlicher Vorschriften vom 24.12.2003 (BGBl. 2003 I 2934) fügte den in Abs. 1 geregelten allgemeinen **Wahlrechtsgrundsätzen** einen Satz 2 hinzu, der bestimmt,

dass die Wahlen zur Vollversammlung allein durch **Briefwahl** stattfinden können. Diese Gesetzesänderung trat zum 1.1.2004 in Kraft und sollte die Vereinfachung des Wahlverfahrens bewirken (BT-Drs. 15/2138, 21).

B. Die allgemeinen Wahlrechtsgrundsätze (§ 95 Abs. 1)

§ 95 Abs. 1 enthält die allgemeinen **Wahlrechtsgrundsätze**, dass die Mitglieder der Vollversammlung und ihrer Stellvertreter durch Listen in allgemeiner freier, gleicher und geheimer Wahl gewählt werden. Diese Grundsätze entsprechen weitestgehend jenen, die auch in Art. 38 GG niedergelegt sind (vgl. Leisner,W.G., Die Wahlen zur Vollversammlung der Handwerkskammer, S. 68). Trotzdem bestehen für die Wahlen zur Vollversammlung Besonderheiten. 2

I. Das Listenwahlprinzip

Die Wahl zur Vollversammlung findet als sogenannte **Listenwahl** statt. Dies bedeutet, dass die Stimmen für ganze Listen abgegeben werden, auf denen mehrere Bewerber für die zu besetzenden Wahlstellen kandidieren. Eine Stimmabgabe für den einzelnen Kandidaten hingegen ist nicht vorgesehen (vgl. Bader/Ronellenfitsch/Delbanco VwVfG § 92 Rn. 5). Die Vorschrift ist im Zusammenhang mit § 18 Abs. 2 der **Anlage C** zu lesen. Diese Norm konkretisiert das Listenwahlverfahren dahingehend, dass es sich um eine **Mehrheitswahl** und nicht um eine Verhältniswahl handelt. Die Kombination der Grundsätze der **Listen- und der Mehrheitswahl** führt zu dem Ergebnis, dass nur eine ganze Liste als solche gewählt werden kann. Dieses Wahlverfahren ist deswegen für die Wahl zur Vollversammlung der Handwerksammer zwingend, da sonst die in § 93) vorgesehene Verteilung der Vollversammlungsmitglieder auf die im Wahlbezirk vertretenen Handwerke nicht gesichert wäre (vgl. auch Honig/Knörr Rn. 2). IErg kann dieses Wahlrecht jedoch dazu führen, dass bei einem Wahlergebnis von 51 % zu 49 % die Liste, die 49 % erreicht hat, nicht in der Vollversammlung vertreten ist (vgl. BffK, Achtungserfolg für kritische Konstanzer Handwerker vom 8.7.2014). 3

Das System der **Listenwahl** stellt erhöhte Anforderungen an die Form, in der die Listen eingereicht werden müssen (§§ 8–10 der **Anlage C**). Dies führt häufig dazu, dass nur eine Liste in korrekter Form zur Wahl steht. Für diesen Fall ist in § 20 der **Anlage C** die sog. **Friedenswahl** vorgesehen. Der Begriff der **Friedenswahl** bedeutet, dass ein Wahlverfahren ohne tatsächliche Wahlhandlung stattfindet. Für die Wahlen zur Vollversammlung der Handwerkskammer hat diese Fiktion der Wahlhandlung (vgl. Leisner, W.G., Die Wahlen zur Vollversammlung der Handwerkskammer, S. 231; BVerfGE 13, 1 ff.) große praktische Relevanz. Seit 1953 wurde die Friedenswahl bis auf drei Ausnahmen immer durchgeführt. Dass die Wahlhandlung nur fingiert wird, ohne tatsächlich stattzufinden, stellt unter dem Gesichtspunkt, dass die Vollversammlung der Handwerkskammer als Organ einer Institution der funktionalen Selbstverwaltung grds. der demokratischen Legitimation gem. Art. 20 Abs. 1 iVm. 28 Abs. 2 S. 1 GG bedarf, ein Problem dar. IErg ist jedoch mit dem BVerfG von der Verfassungskonformität des § 20 der **Anlage C** auszugehen (vgl. BVerfG GewArch 2001, 74; BVerfGE 41, 1 ff.), soweit die Vorschriften der **Anlage C** zur Handwerksordnung verfassungskonform ausgelegt werden. Das BVerfG begründet diese Auff. damit, dass der Zweck der Wahlen zur Handwerksordnung die Konstituierung einer funktionsfähigen Selbstverwaltung ist. Weiter wendet das Bundesverfassungsgericht bei Wahlen iRd funktionalen Selbstverwaltung nicht den strengen **Wahlrechtgrundsatz** aus Art. 3 GG an, sondern lässt in diesem Zusammenhang Wahlrechtsbestimmungen zu, wenn sie mit dem „jeweiligen Wahlsystem und den daran nach der Natur der konkreten Wahl zu stellenden Anforderungen vereinbar sind, dem Charakter der Wahl als eines auf die Bildung von funktionsfähigen Organen gerichteten Indikationsvorganges Rechnung tragen und nicht auf sachfremden Erwägungen beruhen und damit willkürlich sind" (vgl. BVerfG NJW 1976, 889). Vorliegend stellen die Gründe des Gesetzgebers für die sog. **Friedenswahl** zum Einen die Praktikabilität und zum Anderen das geringe Interesse der Kammermitglieder dar (vgl. ausf. zu dieser Problematik einerseits VGH Mannheim GewArch 1998, 61 ff. für die Verfassungswidrigkeit: die Richtervorlage zum BVerfG wurde von diesem als unzulässig abgewiesen, BVerfG GewArch 2001, 74 ff., allerdings unter der Andeutung, dass bei verfassungskonformer Auslegung von § 8 Abs. 5 iVm § 20 Anlage C aF Verfassungskonformität gegeben wäre; für die Verfassungsmä- 4 ßigkeit andererseits VGH Mannheim GewArch 2001, 426 ff.; weiter ausf. zur Problematik Leisner, W.G., Die Wahlen zur Vollversammlung der Handwerkskammer, S. 234 ff.).

II. Allgemeine Wahlrechtsgrundsätze

5   Laut § 95 Abs. 1 S. 1 gelten die verfassungsrechtlichen Grundsätze der allgemeinen, gleichen und geheimen Wahl (Art. 38 GG; BVerfGE 47, 253, 256; 60, 162, 169; 71, 81, 94 ff.; vgl. näher Sodan/Leisner GG Art. 38 Rn. 24 ff.). Die Grundsätze der **Allgemeinheit und Gleichheit der Wahl** betreffen nicht nur den eigentlichen Wahlakt, sondern gelten bereits für die Wahlvorbereitung, insbes. auch für das Wahlvorschlagsrecht (vgl. VGH Mannheim NVwZ RR. 1998, 366, (370)). Der Grundsatz der Allgemeinheit der Wahl bedeutet, dass jeder Inhaber eines Handwerks bzw. eines handwerksähnlichen Betriebes sowie die dort beschäftigen Gesellen und Arbeitnehmer an den Wahlen zur Vollversammlung teilnehmen können, soweit sie die Voraussetzungen der Handwerksordnung (beispielsweise die Erreichung eines Mindestalters) erfüllen (vgl. Detterbeck Rn. 1). Der Grundsatz der gleichen Wahl führt dazu, dass jeder Wahlberechtigte eine Stimme hat, die auch gleich gewichtet wird (Detterbeck Rn. 2; vgl. zur Problematik eines mehrfachen Wahlrechts ausf. Leisner, W. G., Die Wahlen zur Vollversammlung der Handwerkskammer, 53 ff.). Der Grundsatz der geheimen Wahl beinhaltet neben dem Punkt, dass nicht bekannt werden darf, wen der Einzelne gewählt hat, zusätzlich auch, dass nicht bekannt sein darf, ob der Einzelne an der Wahl überhaupt teilgenommen hat (Detterbeck Rn. 3). § 95 sieht hingegen nicht wie Art. 38 GG den Grundsatz der Unmittelbarkeit der Wahl vor (dies wird allerdings durch § 18 Abs. 2 der Anlage C bestimmt).

6   Der Verstoß gegen einen der Grundsätze aus § 95 Abs. 1 hat nicht die Nichtigkeit der Wahl zur Folge, es besteht die Möglichkeit, einen **Einspruch** einzulegen (§ 101 Abs. 1; vgl. hierzu Honig/Knörr Rn. 1; Detterbeck Rn. 4).

III. Briefwahl

7   Durch die Novelle aus dem Jahr 2003 wurde dem Abs. 1 ein S. 2 hinzugefügt, der vorschreibt, dass die Wahl nur per **Briefwahl** durchzuführen ist. Die verpflichtende Einführung des Briefwahlverfahrens, diente der Vereinfachung (Rieger GewArch 2005, 231 (232)). Die **Briefwahl** stellt neben der Urnenwahl die zweite Möglichkeit der Durchführung des Wahlmodus durch Stimmzettelabgabe dar. Zur Problematik des Einsatzes von Wahlcomputern bzw. der Möglichkeit einer Online-Wahl vgl. ausf. Leisner, W. G., Die Wahlen zur Vollversammlung der Handwerkskammer, 165 ff.. Detaillierte Regelungen zur Durchführung des Briefwahlverfahrens finden sich in den §§ 14–16 der **Anlage C**.

C. Die Anlage C als Bestandteil der Handwerksordnung (§ 95 Abs. 2))

8   § 95 Abs. 2 verweist auf die **Anlage C** zur Handwerksordnung für die detaillierten Verfahrensregelungen zur Wahl der Vollversammlung der Handwerkskammer. Die **Anlage C** ist daher Bestandteil der Handwerksordnung, und keine bloße Mustervorschrift (vgl. Honig/Knörr Rn. 3). Dementsprechend sind die Vorschriften der Anlage C zwingend. Sie kann durch die Handwerkskammer nicht abgeändert werden, auch nicht durch den Erlass einer Satzung (vgl. Detterbeck Rn. 7).

§ 96 [Wahlrecht]

(1) ¹Berechtigt zur Wahl der Vertreter des Handwerks und des handwerksähnlichen Gewerbes sind die in der Handwerksrolle (§ 6) oder im Verzeichnis nach § 19 eingetragenen natürlichen und juristischen Personen und Personengesellschaften sowie die in das Verzeichnis nach § 90 Abs. 4 Satz 2 eingetragenen natürlichen Personen. ²Die nach § 90 Abs. 4 Satz 2 eingetragenen Personen sind zur Wahl der Vertreter der Personen nach § 90 Abs. 3 und 4 berechtigt, sofern die Satzung dies nach § 93 bestimmt. ³Das Wahlrecht kann nur von volljährigen Personen ausgeübt werden. ⁴Juristische Personen und Personengesellschaften haben jeweils nur eine Stimme.

(2) Nicht wahlberechtigt sind Personen, die infolge strafgerichtlicher Verurteilung das Recht, in öffentlichen Angelegenheiten zu wählen oder zu stimmen, nicht besitzen.

(3) An der Ausübung des Wahlrechts ist behindert,
1. wer wegen Geisteskrankheit oder Geistesschwäche in einem psychiatrischen Krankenhaus untergebracht ist,
2. wer sich in Straf- oder Untersuchungshaft befindet,
3. wer infolge gerichtlicher oder polizeilicher Anordnung in Verwahrung gehalten wird.

Literatur: Jahn, Ralf, Die Änderungen im Recht der Industrie- und Handelskammern per 01.01.2004, GewArch 2004, 41; Diefenbach, Willhelm, Einwirkungen des EU-Rechts auf das deutsche Kammerrecht, GewArch 2006, 217; Leisner, Walter Georg, Die Wahlen zur Vollversammlung der Handwerkskammer, Zugleich eine kommentierende Handreichung zur Anlage C der HwO, LFI- Schriftenreihe 2012;

Überblick

§ 96 regelt das aktive Wahlrecht der Arbeitgebervertreter im Handwerk. Die Vorschrift legt den wahlberechtigten Personenkreis (→ Rn. 5) fest und bestimmt zusätzlich, unter welchen Voraussetzungen eine grds. wahlberechtigte Person ihr Wahlrecht verliert (→ Rn. 11) bzw. an der Ausübung des Wahlrechts gehindert ist (→ Rn. 13).

A. Historie der Norm

§ 96 wurde mehrfach geändert. Ab dem 31.7.1974 verloren nicht nur Personen, die strafrechtlich verurteilt waren ihr Wahlrecht, sondern zusätzlich auch Personen, die infolge gerichtlicher Anordnung in der Verfügung ihres Vermögens beschränkt waren. Dieser Ausschlussgrund wurde mit Wirkung zum 1.1.1999 abgeschafft. In der Folge wurde § 96 Abs. 1 mehrfach modifiziert. Mit Wirkung zum 1.1.2004 wurde eine Anpassung an die neue Struktur der Anlage A und B und der hieraus folgenden Bezeichnungen der Gewerbe vorgenommen (vgl. BT-Drs. 15/1206, 39), da iRd Novelle von 2004 gem. § 19, wonach ein Verzeichnis durch die Handwerkskammer zu führen ist, welches die Inhaber eines Betriebes eines zulassungsfreien Handwerks oder eines handwerksähnlichen Betriebes mit diesen Gewerben einzutragen sind, dahingehend geändert wurde, dass der Wortlaut nunmehr zulassungsfreie Handwerke und handwerksähnliche Gewerbe umfasste. 1

Entsprechend wurde § 96 Abs. 1 an die im Zuge der sog. **kleinen Handwerksnovelle** (Gesetz z. Änderung der Handwerksordnung und zur Förderung von Kleinunternehmern v. 24.12.2003, BGBl. I 2933; vgl. BT-Drs. 15/1089) vorgenommene Änderung bzgl. der **Kammerzugehörigkeit** für Personen, die „einfache handwerkliche Tätigkeiten" gem. § 1 Abs. 2 S. 2 Nr. 1 nF ausführen, angepasst und ein Wahlrecht für diese Personen begründet, soweit die übrigen Voraussetzungen gem. § 90 Abs. 3 und 4 vorliegen. Die geänderte organisationsrechtliche Zuordnungsregelung wurde von der Überlegung getragen, dass wer sich als Handwerker fühle, auch in der Handwerkskammer zu Hause sein solle (vgl. Jahn GewArch 2004, 41 (42); Detterbeck § 90 Rn. 9). 2

§ 96 Abs. 3 blieb unverändert. 3

Das aktive Wahlrecht nach § 96 knüpft im Gegensatz zu § 12 BWahlG nicht an die Staatsangehörigkeit an, sondern an die **Kammerzugehörigkeit**. Dementsprechend besteht keine Problematik im Hinblick auf Art. 18 AEUV wegen **Diskriminierung** aufgrund der Staatsangehörigkeit. Für EU-Ausländer besteht eine Kammerpflichtmitgliedschaft im Ergebnis gem. § 9 iVm § 7 nur noch für Handwerker, die von der **Niederlassungsfreiheit** gem. Art. 49 AEUV Gebrauch machen (vgl. ausf. zur Vereinbarkeit der Kammerpflicht mit dem Unionsrecht → § 90 Rn. 23; Detterbeck § 90 Rn. 28 ff.). 4

B. Wahlberechtigung (§ 90 Abs. 1)

I. Umfasster Personenkreis

Allgemein gesprochen umfasst der Personenkreis, der gem. § 96 Abs. 1 wahlberechtigt ist, alle die Personen, die auch **kammerzugehörig** sind. Dies sind namentlich die Personen, 5 die gem. § 6 in die Handwerksrolle eingetragen sind bzw. die natürlichen und juristischen Personen, die in das Verzeichnis nach § 19 eingetragen sind. In das Verzeichnis nach § 19 sind die Inhaber eines Betriebes eines zulassungsfreien Handwerks oder eines handwerksähnlichen Gewerbes einzutragen (vgl. ausf. → § 19 Rn. 1 ff.). Schließlich sind noch die Kleinunternehmer erfasst, die die Voraussetzungen nach § 90 Abs. 3 und 4 erfüllen, dies jedoch nur, soweit die Satzung nach § 93 dies auch vorsieht. Zwingende Folge dieser Anforderung ist auch, dass der Nutznießer einer Ausnahmebewilligung gem. § 9 Abs. 1 S. 1 Nr. 2, dh der Dienstleister aus dem EU-Ausland, der von der Kammerpflichtmitgliedschaft befreit ist (vgl. Diefenbach GewArch 2006, 217 (219); vgl. Honig/Knörr § 9 Rn. 15), kein aktives Wahlrecht gem. § 96 besitzt.

II. Zusätzliche Voraussetzungen für natürliche Personen

6   Natürliche Personen besitzen das Wahlrecht in dem Moment, in dem sie volljährig sind. Maßgeblich ist daher, ob man spätestens am Wahltag den 18. Geburtstag begeht (§ 187 Abs. 2, § 188 BGB; vgl. Honig/Knörr Rn. 2).

III. Zusätzliche Voraussetzungen für juristische Personen

7   Für juristische Personen bestimmt § 96 Abs. 1 S. 4, dass diese jeweils nur eine Stimme haben. Dementsprechend hat eine vertretungsberechtigte Personen abzustimmen (→ § 63 Rn. 5).

IV. Übertragbarkeit des Wahlrechts

8   Aufgrund des Grundsatzes der **Höchstpersönlichkeit der Wahlhandlung**, der in § 16 Abs. 2 der Anlage C niedergelegt ist, sowie aus dem Umstand, dass im Gegensatz zu den Regelungen über die Innungen iRd Vorschriften für die Wahlen zur Vollversammlung der Handwerkskammer keine § 65 entsprechende Regelung getroffen wurde, lässt sich schließen, dass eine **Übertragbarkeit des Wahlrechts** weder für natürliche noch für juristische Personen möglich ist (vgl. Honig/Knörr Rn. 3).

V. Ergänzende Vorschriften der Anlage C

9   § 96 wird insbes. durch § 12 Anlage C der Handwerksordnung ergänzt.

C. Maßgeblicher Zeitpunkt für das Bestehen des Wahlrechts

10   Diese Voraussetzungen des § 96 Abs. 1 müssen grds. am Wahltag als Stichtag vorliegen (vgl. Leisner, W.G., Die Wahlen zur Vollversammlung der Handwerkskammer, Zugleich eine kommentierende Handreichung zur Anlage C der HwO, LFI- Schriftenreihe 2012, 70). Da jedoch § 95 Abs. 1 S. 2 als einzigen Wahlmodus den der **Briefwahl** vorsieht, ist entspr. § 39 Abs. 5 BWahlG ausnahmsweise der Zeitpunkt des Wahlaktes maßgeblich (vgl. Leisner, W. G., Die Wahlen zur Vollversammlung der Handwerkskammer, 70), da bei der **Briefwahl** das Auseinanderfallen des Wahlaktes und des Wahltages der Regelfall ist (vgl. Leisner, W. G., Die Wahlen zur Vollversammlung der Handwerkskammer, 70).

D. Der Ausschluss des Wahlrechts (§ 96 Abs. 2)

11   § 96 Abs. 2 schließt Personen von ihrem Wahlrecht aus, soweit sie wegen strafrechtlicher Verurteilung das Recht in öffentlichen Angelegenheiten zu wählen oder zu stimmen nicht mehr besitzen. Dementsprechend muss eine **rechtskräftige Verurteilung** vorliegen, die den Verlust des Wahlrechts gem. §§ 45 ff. StGB in Form einer Nebenstrafe ausspricht (vgl. Honig/Knörr Rn. 4).

12   Der maßgebliche Zeitpunkt für das Vorliegen der Voraussetzungen von § 96 Abs. 2 ist der Zeitpunkt der Wahl (vgl. Honig/Knörr Rn. 4). Rechtsfolge des Ausschlusses des Wahlrechts ist nicht nur, dass das Wahlrecht nicht besteht, zusätzlich muss gem. § 12 Abs. 7 der Anlage C das Wahlverzeichnis dahingehend ergänzt werden, dass das Stimmrecht des Betroffenen ruht (vgl. Leisner, W. G., Die Wahlen zur Vollversammlung der Handwerkskammer, 186).

E. Behinderung an der Ausübung des Wahlrechts (§ 96 Abs. 3)

§ 96 Abs. 3 regelt in drei Unterfällen, wer an der Ausübung seines Wahlrechts behindert **13** ist. Die vorgesehenen Fälle knüpfen jeweils an die vorübergehende Freiheitsentziehung des Betroffenen an, ohne dass die Voraussetzungen für einen Ausschluss des Wahlrechts gem. § 96 Abs. 2, mithin die **rechtskräftige Verurteilung** unter Entziehung des Wahlrechts als Nebenstrafe, vorliegen. Für das Vorliegen der Voraussetzungen von Abs. 3 ist es insbes. nicht maßgeblich, ob die Verwahrung bzw. die Haft an sich rechtmäßig erfolgt sind, der tatsächliche Umstand ist entscheidend (vgl. Honig/Knörr Rn. 5).

Auch diese Vorschrift wird durch § 12 Abs. 7 der Anlage C dahingehend ergänzt, dass das **14** Wahlverzeichnis um einen besonderen Hinweis auf die Behinderung des Stimmberechtigten zu ergänzen ist (vgl. Leisner, W. G., Die Wahlen zur Vollversammlung der Handwerkskammer, 186).

§ 96 Abs. 3 trifft selbst keine Regelung bzgl. der Rechtsfolge der Behinderung an der **15** Ausübung des Wahlrechts. Faktisch führt die Norm jedoch zu denselben Wirkungen wie der Ausschluss des Wahlrechts gem. § 96 Abs. 2, insbes. wegen des Grundsatzes der **Höchstpersönlichkeit der Wahl** gem. § 16 Abs. 2 der Anlage C (vgl. Detterbeck Rn. 5).

Die Vorschrift des § 96 Abs. 3 ist daher vor dem Hintergrund des **Grundsatzes der** **16** **Gleichheit der Wahl** problematisch (aA Honig/Knörr Rn. 6). Der **Grundsatz der Gleichheit der Wahl**, der auch auf die Wahlen zur Vollversammlung der Handwerkskammer anwendbar ist, verlangt, dass allen Wahlberechtigten das Wahlrecht gleichermaßen zustehen muss (vgl. Epping/Hillgruber/Butzer GG Art. 38 Rn. 51). Da dem in der Ausübung seines Wahlrechts Behinderten sein Wahlrecht offensichtlich noch zusteht, greift der **Grundsatz der Gleichheit der Wahl**. Die Ausübung des Wahlrechts darf dementsprechend nur aus zwingenden Gründen eingeschränkt werden (vgl. BVerfGE 36, 139, 141). Vorliegend knüpft Abs. 3 jedoch immer an vorübergehende Freiheitsentziehung mit unterschiedlichen Ursachen an. Selbst wenn diese Freiheitsentziehung den gesamten Zeitraum, in dem die **Briefwahl** möglich ist, umfasst, kann die Behinderung an der Ausübung des Wahlrechts zumindest nicht aus Praktikabilitätsgründen zu einem faktischen Ausschluss des Wahlrechts führen. Über die Einführung des Modus der Briefwahl gem. § 95 Abs. 1 S. 2 wurde mit Wirkung zum 1.1.2004 das organisatorische Hindernis, dass ein Aufenthalt des Betroffenen nicht zwingend in seinem Wahlbezirk gegeben ist und daher die zwangsläufigen Ungerechtigkeiten, die daraus resultieren würden, dass die Betroffenen, die zufällig in ihrem Wahlbezirk festgehalten werden, ihr Wahlrecht ausüben können, hingegen Betroffene, die nicht in ihrem Wahlrechtsbezirk untergebracht sind, nicht, sowie der Umstand, dass all diese Betroffenen gegebenenfalls immer zum Ort der Wahl verbracht werden hätten müssen, überwunden, da eben die **Briefwahl** diese organisatorischen Schwierigkeiten beseitigt (vgl. idS auch die Argumentation StGH Hess BeckRS 1966, 00550 Rn. 18). Ein zwingender Grund, der dazu führt, dass die vorübergehende Freiheitsentziehung in jedem Fall faktisch zu einem Verlust des Wahlrechts führt, ist nicht ersichtlich.

§ 97 [Wählbarkeit]

(1) ¹Wählbar als Vertreter der zulassungspflichtigen Handwerke sind
1. die wahlberechtigten natürlichen Personen, sofern sie
    a) im Bezirk der Handwerkskammer seit mindestens einem Jahr ohne Unterbrechung ein Handwerk selbständig betreiben,
    b) die Befugnis zum Ausbilden von Lehrlingen besitzen,
    c) am Wahltag volljährig sind;
2. die gesetzlichen Vertreter der wahlberechtigten juristischen Personen und die vertretungsberechtigten Gesellschafter der wahlberechtigten Personengesellschaften, sofern
    a) die von ihnen vertretene juristische Person oder Personengesellschaft im Bezirk der Handwerkskammer seit mindestens einem Jahr ein Handwerk selbständig betreibt und
    b) sie im Bezirk der Handwerkskammer seit mindestens einem Jahr ohne Unterbrechung gesetzliche Vertreter oder vertretungsberechtigte Gesellschafter

einer in der Handwerksrolle eingetragenen juristischen Person oder Personengesellschaft sind, am Wahltag volljährig sind.
²Nicht wählbar ist, wer infolge Richterspruchs die Fähigkeit zur Bekleidung öffentlicher Ämter oder infolge strafgerichtlicher Verurteilung die Fähigkeit, Rechte aus öffentlichen Wahlen zu erlangen, nicht besitzt.

(2) Bei der Berechnung der Fristen in Absatz 1 Nr. 1 Buchstabe a und Nr. 2 Buchstabe b sind die Tätigkeiten als selbständiger Handwerker in einem zulassungspflichtigen Handwerk und als gesetzlicher Vertreter oder vertretungsberechtigter Gesellschafter einer in der Handwerksrolle eingetragenen juristischen Person oder Personengesellschaft gegenseitig anzurechnen.

(3) Für die Wahl der Vertreter der zulassungsfreien Handwerke, der handwerksähnlichen Gewerbe und der Personen nach § 90 Abs. 3 und 4 gelten die Absätze 1 und 2 entsprechend.

Literatur: Leisner, W. G., Zulässigkeit satzungsmäßiger Altersgrenzen für die Wählbarkeit als Organvertreter in Handwerksorganisationen? LFI 2014;

Überblick

§ 97 enthält als Gegenstück zu § 96 die Regelungen zum passiven Wahlrecht der Arbeitgebervertreter. Die Norm blieb in ihrem Kern grds. unverändert, es wurden jedoch punktuelle Anpassungen, oft redaktioneller Art, idR in der Vergangenheit ergangenen Novellen durchgeführt.

Übersicht

	Rn.		Rn.
A. Historie der Norm	1	IV. Der Ausschluss der Wählbarkeit (§ 97 Abs. 1 S. 2)	17
B. Voraussetzung für die Wählbarkeit	4	V. Möglichkeit der weiteren Einschränkung der Wählbarkeit durch Satzung	19
I. Voraussetzung für die Wählbarkeit natürlicher Personen (§ 97 Abs. 1 Nr. 1)	5	C. Vertreter der zulassungsfreien Handwerke und der handwerksähnlichen Gewerbe sowie Personen gem. § 90 Abs. 3 u. 4 (§ 97 Abs. 3)	20
II. Möglichkeit der wechselseitigen Anrechnung	15		
III. Maßgeblicher Zeitpunkt	16	D. Redaktionelle Unstimmigkeiten	21

A. Historie der Norm

1   Ursprünglich sah die Norm als Voraussetzung für die **Wählbarkeit** die deutsche Staatsangehörigkeit entweder des Vertreters der juristischen Person oder des selbständigen Handwerkers vor. Diese Anforderung entfiel mit der Handwerksnovelle von 1994 (BT-Dr. 12/5918, 22, 25). Im Zuge der immer weitreichenderen Integration auf europäischer Ebene, insbes. angesichts des Diskriminierungsverbots in Art. 18 AEUV, war eine derartige Voraussetzung für die **Wählbarkeit** nicht mehr haltbar (vgl. Schwannecke/Webers Rn. 3). Da zumindest für EU-Ausländer, die von der Niederlassungsfreiheit gem. Art. 49 AEUV Gebrauch machen, die Pflichtmitgliedschaft für die Kammer weiterhin aufrechterhalten wird (→ § 90 Rn. 23 ff.), behält Art. 18 AEUV auch weiterhin seine Relevanz für diese Frage.

2   Im Zuge der großen Handwerksnovelle von 2003 (Drittes Gesetz zur Änderung der Handwerksordnung und anderer rechtlicher Vorschriften v. 24.12.2003, BGBl. I 2934 ff.) mussten redaktionelle Änderungen vorgenommen werden. Da nunmehr nicht mehr eine Unterscheidung zwischen eintragungspflichtigen handwerklichen Tätigkeiten und eintragungsfreien handwerksähnlichen Tätigkeiten, sondern vielmehr eine Dreiteilung zwischen zulassungspflichtigen und zulassungsfreien Handwerken sowie handwerksähnlichen Tätigkeiten bestand, wurden iRv § 97 die entsprechenden Anpassungen vorgenommen (vgl. BT-Drs. 15/1206, 39).

3   Entsprechende redaktionelle Anpassungen wurden auch iRd kleinen Handwerksnovelle (vgl. BT-Dr. 15/1098) vorgenommen, um die Norm des § 97 an die neuen Regelungen zur Kammerzugehörigkeit (→ § 96 Rn. 2) anzupassen.

B. Voraussetzung für die Wählbarkeit

§ 97 regelt das **passive Wahlrecht** der Arbeitgeber der zulassungspflichtigen Handwerke **4**
(vgl. Leisner, W. G., Die Wahlen zur Vollversammlung der Handwerkskammer, 96).

I. Voraussetzung für die Wählbarkeit natürlicher Personen (§ 97 Abs. 1 Nr. 1)

Für die **Wählbarkeit** natürlicher Personen stellt § 97 Abs. 1 Nr. 1 mehrere Voraussetzungen auf: **5**

Zunächst muss die Person aktiv wahlberechtigt iSv § 96 sein (→ § 96 Rn. 5 ff.). Außerdem **6** muss die natürliche Person ein nicht notwendigerweise zulassungspflichtiges Handwerk seit mindestens einem Jahr ohne Unterbrechung ausüben (vgl. Detterbeck Rn. 1). Das selbständige Betreiben des Handwerks muss rechtmäßig sein.

Dementsprechend muss die Person bei Ausübung eines zulassungspflichtigen Handwerks **7** der Anlage A der HwO gem. § 1 iVm. § 7 in die Handwerksrolle eingetragen sein. Entscheidend ist die tatsächliche **Eintragung** in die **Handwerksrolle,** nicht, ob die Voraussetzungen für die Eintragung theoretisch vorgelegen hätten (vgl. Honig/Knörr Rn. 1). Kammerzugehörige, dh wahlberechtigte Personen gem. § 96, die Nutznießer einer Ausnahmebewilligung gem. § 7 ff. sind, üben das zulassungspflichtige Handwerk auch ohne Meistertitel rechtmäßig aus. Die Ausnahmebewilligung muss allerdings auch hier tatsächlich vorliegen und in die Handwerksrolle eingetragen sein.

Die Person ist nur selbständig, wenn sie das Handwerk selbständig seit mindestens einem **8** Jahr ohne Unterbrechung selbständig betreibt (vgl. bzgl. des Merkmals der Unterbrechung die Ausführungen Honig/Knörr Rn. 4). Die Berechnung der Jahresfrist wird gem. § 187 Abs. 1, § 188 BGB vorgenommen (vgl. Honig/Knörr Rn. 1). Es handelt sich mithin um eine Ereignisfrist.

Die Person muss die Befugnis zum Ausbilden von Lehrlingen besitzen (vgl. die Ausführungen zu den → § 22 Rn. 1 ff.). **9**

Außerdem muss die Person am Wahltag **volljährig** sein. Dementsprechend muss gem. **10** § 187 Abs. 2, § 188 BGB spätestens am Wahltag der 18. Geburtstag begangen werden (vgl. Detterbeck Rn. 3).

Die Voraussetzungen für die **Wählbarkeit** der Vertreter juristischer Personen entsprechen **11** weitestgehend denen, die für natürliche Personen nach Nr. 1 aufgestellt werden.

Zunächst ist Voraussetzung, dass die juristische Person wahlberechtigt gem. § 96 ist (→ **12** § 96 Rn. 5; → § 96 Rn. 7). Wählbar ist jedoch nicht die juristische Person als solche, sondern nur der gesetzliche Vertreter bzw. der vertretungsberechtigte Gesellschafter als natürliche Person. Dementsprechend ist ein Kommanditist einer KG keine wählbare Person (vgl. Honig/Knörr Rn. 3). Der Vertreter muss im Gegensatz zur natürlichen Person nach Abs. 1 nicht selbst in seiner Person die handwerkliche Qualifikation und **Ausbildungsbefugnis** besitzen, diese Anforderung bezieht sich ausschließlich auf die juristische Person.

Die wahlberechtigte juristische Person bzw. Personengesellschaft muss seit mindestens **13** einem Jahr ein Handwerk selbständig betreiben. Die juristische Person muss dabei dieselbe bleiben, eine Umwandlung unterbricht die Jahresfrist, sogar wenn alle Rechte und Verbindlichkeiten übernommen werden (vgl. Honig/Knörr Rn. 3). Weiter muss die juristische Person in die **Handwerksrolle eingetragen** sein, soweit dies Voraussetzung für das rechtmäßige Betreiben des Handwerks ist.

An den Vertreter der juristischen Person selbst wird weiter die Voraussetzung gestellt, dass **14** er seit mindestens einem Jahr ohne Unterbrechung gesetzlicher Vertreter bzw. vertretungsberechtigter Gesellschafter einer, nicht notwendigerweise derselben, juristischen Person bzw. Personengesellschaft, welche in die **Handwerksrolle eingetragen** ist, ist. Bzgl. des Merkmals der Unterbrechung vgl. die Ausführungen bei § 58. Dementsprechend ist die Funktion als Betriebsleiter nicht ausreichend (vgl. Detterbeck Rn. 5). Schließlich muss der juristische Vertreter am Wahltag **volljährig** sein (vgl. die Ausführungen zu → Rn. 9).

II. Möglichkeit der wechselseitigen Anrechnung

Was die Berechnung der Jahresfristen betrifft, so besteht gem. § 97 Abs. 2 die Möglichkeit **15** der **wechselseitigen Anrechnung** der Tätigkeit als selbständiger Handwerker bzw. als gesetzlicher Vertreter einer juristischen Person.

III. Maßgeblicher Zeitpunkt

16 Maßgeblicher Zeitpunkt für die genannten Voraussetzungen ist der Wahltag als Stichtag (vgl. Honig/Knörr Rn. 5).

IV. Der Ausschluss der Wählbarkeit (§ 97 Abs. 1 S. 2)

17 § 97 verweist bzgl. des Ausschlusses der Wählbarkeit auf die §§ 45 ff. StGB (vgl. Honig/Knörr Rn. 6). IRv S. 2 wird eine Differenzierung dahingehend vorgenommen, dass die Fähigkeit zur Bekleidung öffentlicher Ämter generell durch Richterspruch aberkannt wurde, während die Aberkennung der Fähigkeit Rechte aus öffentlichen Wahlen zu erlangen, nur in Folge strafrechtlicher Verurteilung zu einem Ausschluss der **Wählbarkeit** führt. Diese Differenzierung ergibt sich aus dem Umstand, dass, insbes. was das Beamtenrecht betrifft, auch Richtersprüche der Verwaltungsgerichte dazu führen können, dass die Folge des Verlusts der Fähigkeit zur Bekleidung öffentlicher Ämter eintritt.

18 Es sei insbes. auch auf die mögliche Aberkennung der genannten Rechte durch das BVerfG gem. **§ 39 BVerfGG iVm. mit Art. 18 GG** iRd Verfahrens bzgl. der Verwirkung von Grundrechten hingewiesen. Dieses Verfahren hat jedoch kaum praktische Relevanz, ein solches Verfahren wurde bislang in der Geschichte der Bundesrepublik Deutschland nur viermal angestrengt und dies erfolglos (vgl. Maunz/Dürig/Dürig/Klein GG Art. 18 Rn. 2).

V. Möglichkeit der weiteren Einschränkung der Wählbarkeit durch Satzung

19 Fraglich ist, ob diese Voraussetzungen der **Wählbarkeit** als Mindestvoraussetzung gesehen werden, die durch Satzung der Handwerkskammer noch weiter konkretisiert und erweitert werden können, oder ob es sich bei den in § 97 genannten Einschränkungen um eine **abschließende Aufzählung** handelt. Die überwiegende Auff. der Lit. scheint davon auszugehen, dass es sich bei § 97 um eine **abschließende Aufzählung** handelt (vgl. Honig/Knörr Rn. 2; Detterbeck Rn. 4; OVG Lüneburg BB 1971, S. 412). Der Wortlaut der Norm als solcher ist nicht eindeutig. Insbes. ist bei der Frage zu berücksichtigen, dass in der Anlage C, die gen.. § 95 Abs. 2 Bestandteil des Gesetzes ist, weitere verfahrensmäßige Einschränkungen insbes. in den §§ 7 ff. der Anlage C bezüglich der **Wählbarkeit** vorgesehen sind, indem die Wahlvorschläge an Fristen und Quoren gebunden sind. Diese verfahrensmäßigen Einschränkungen jedoch rechtfertigen sich durch das Erfordernis, das Wahlverfahren transparent und objektiv zu halten. Ob hingegen materielle Einschränkungen iSv subjektiven Anforderungen möglich sind, ist eher fraglich. Dieses Problem stellt sich insbes. auch bzgl. der Frage, ob in den Satzungen der Handwerkskammern eine Altersgrenze für die **Wählbarkeit** vorgesehen werden kann. Vgl hierzu ausf. Leisner, W. G., Zulässigkeit satzungsmäßiger Altersgrenzen für die Wählbarkeit als Organvertreter in Handwerksorganisationen? LFI 2014, 1 ff.

C. Vertreter der zulassungsfreien Handwerke und der handwerksähnlichen Gewerbe sowie Personen gem. § 90 Abs. 3 u. 4 (§ 97 Abs. 3)

20 Über den Verweis gem. § 97 Abs. 3 werden die Anforderungen und Voraussetzungen von § 97 Abs. 1 und 2 auch auf die Vertreter der zulassungsfreien Handwerke, der handwerksähnlichen Gewerbe und der Personen gem. § 90 Abs. 3 und 4, dh die Kleinunternehmer, die eine wesentliche Tätigkeit i.S.v. § 1 Abs. 2 S. 2 Nr. 1 ausführen, erstreckt. In Gewerben, die keine anerkannten Ausbildungsberufe sind, entfällt zwangsläufig die Anforderung der **Ausbildungsbefugnis** (vgl. Detterbeck Rn. 7).

D. Redaktionelle Unstimmigkeiten

21 Insbes. auf Grund der Gesetzesänderungen der Novelle von 1993 (BT-Dr. 12/6302) weisen § 97 Abs. 1 Nr. 1 lit. b und lit. c, sowie Abs. 1 Nr. 2 lit. b grammatikalische Unstimmigkeiten auf, die es zu beseitigen gilt. In Abs. 1 Nr. 1 lit. b hätte anstelle des Beistriches ein „und" gesetzt werden müssen und am Ende von Abs. 1 Nr. 1 lit. c hätte ein Semikolon eingefügt

werden müssen. In Abs. 1 Nr. 2 lit. b hätte der letzte Beistrich durch ein „und" ersetzt werden müssen.

§ 98 [Wahl der Vertreter der Arbeitnehmer]

(1) ¹**Berechtigt zur Wahl der Vertreter der Arbeitnehmer in der Handwerkskammer sind die Gesellen und die weiteren Arbeitnehmer mit abgeschlossener Berufsausbildung, sofern sie am Tag der Wahl volljährig sind und in einem Betrieb eines Handwerks oder eines handwerksähnlichen Gewerbes beschäftigt sind.** ²**§ 96 Abs. 2 und 3 findet Anwendung.**

(2) **Kurzzeitig bestehende Arbeitslosigkeit läßt das Wahlrecht unberührt, wenn diese zum Zeitpunkt der Wahl nicht länger als drei Monate besteht.**

Literatur: Leisner, Walter Georg, Die Wahlen zur Vollversammlung der Handwerkskammer, Zugleich eine kommentierende Handreichung zur Anlage C der HwO, LFI- Schriftenreihe 2012; Korman, Joachim/ Hüpers, Frank, Zweifelsfragen der HwO-Novelle 2004, GewArch 2004, 353; John, Peter, Novellierung der Handwerksordnung: Arbeitnehmerbeteiligung konkretisiert, gefestigt und ausgeweitet, WiVerw 1994, 34

Überblick

Die Norm des § 98 regelt das aktive Wahlrecht der Arbeitnehmer bzw. **Gesellen,** und bildet somit das Gegenstück zu § 96, welcher das aktive Wahlrecht auf Seiten der Arbeitgebervertretungen regelt (vgl. Leisner, W. G., Die Wahlen zur Vollversammlung der Handwerkskammer, S. 69).

A. Historie der Norm

Die Norm erfuhr im Laufe der Zeit einige Änderungen, die der Veränderung der tatsächlichen sowie rechtlichen Gegebenheiten geschuldet war. 1

I. Die Novelle von 1994

Die größte Modifizierung erfuhr die Norm durch das Gesetz zur Änderung der HwO, anderer handwerksrechtlicher Vorschriften und des Berufsbildungsgesetzes vom 20.12.1993 (BGBl. I 2261). IRd Novelle der Handwerksordnung wurden grundlegende Anpassungen vorgenommen, um das den Handwerkskammern zugrundeliegenden **Modell der Kooperation** zwischen Arbeitgebern und **Arbeitnehmern** (vgl. John WiVerw 1994, 34 (34)) zu gewährleisten. 2

Zu diesem Zweck wurden zwei **strukturelle Defizite** der Norm ausgeglichen sowie eine begriffliche Anpassung vorgenommen. 3

In ihrer ursprünglichen Fassung sah die Norm ein Wahlrecht nur für **Gesellen** vor. Da die Kammerzugehörigkeit mit der Novelle von 1994 auch auf **Arbeitnehmer** ausgeweitet wurde, konnte diese Beschränkung nicht mehr aufrechterhalten werden. Die Ausweitung des aktiven Wahlrechts auch auf **Arbeitnehmer** von Handwerksbetrieben war aufgrund des Wandels der Beschäftigungsstruktur erforderlich. Eine adäquate Repräsentation der im Handwerk Beschäftigten war mit der Reduzierung des aktiven Wahlrechts auf **Gesellen** nicht mehr gewährleistet (vgl. John WiVerw 1994, 34 (38)). 4

Eine weitere Änderung zur Ausgleichung eines **strukturellen Defizits** beim aktiven Wahlrecht der **Arbeitnehmer** im Handwerk stellte die Einführung von § 98 Abs. 2 dar. Diese Norm soll sicherstellen, dass in den Handwerkskammern eine kontinuierliche Arbeit gewährleistet ist. Gerade bei saison- und konjunkturabhängigen Handwerksbetrieben, wie dem Baugewerbe, war bislang der Umstand, dass auch **kurzzeitige Arbeitslosigkeit** das aktive und passive Wahlrecht der **Arbeitnehmer** entfallen ließ diesbezüglich ein Hindernis (vgl. John WiVerw 1994, 34 (42)). 5

Überdies wurde mit der Novelle von 1994 erstmals auch für die **Gesellen** und **Arbeitnehmer** in Handwerksbetrieben das Verfahren der unmittelbaren und der direkten Wahl eingeführt. Das bis dahin gültige System, das auf einer mittelbaren Wahl durch Wahlmänner beruhte, wurde abgeschafft, insbes. aufgrund des Umstandes, dass es iErg kleinere Hand- 6 werksbetriebe bevorzugte (vgl. John WiVerw 1994, 34 (43)) und beschäftigungsstarke Unternehmen im Verhältnis unterrepräsentiert waren. Dieses System wurde von **Gesellen** und **Arbeitnehmern** als undemokratisch und patriarchalisch empfunden.

7   Aus Gründen der Praktikabilität jedoch, insbes. um bürokratischen Aufwand zu vermeiden, besteht für die **Arbeitnehmer** bzw. **Gesellen** nicht das Erfordernis, ein Wählerverzeichnis zu führen, stattdessen ist gem. § 13 der Anlage C vorgesehen, dass den wahlberechtigten Personen von ihrem Arbeitgeber eine **Wahlrechtsbescheinigung** ausgestellt wird (vgl. Leisner, W.G., Die Wahlen zur Vollversammlung der Handwerkskammer, 187 ff.).

8   Schließlich wurden noch begriffliche Defizite der Norm korrigiert, in dem nicht mehr von Gesellen und Mitgliedern sondern nunmehr von Vertretern der **Arbeitnehmer** gesprochen wird. Diese begriffliche Änderung zeigt auch die Bestärkung durch den Gesetzgeber hinsichtlich der Zwecksetzung der Arbeitnehmerbeteiligung, nämlich die Realisierung des Kooperationsmodells der Handwerkskammern. Überdies stellte diese begriffliche Anpassung eine Notwendigkeit dar, da ein Auseinanderfallen der Terminologien des Berufsbildungsgesetzes und der Handwerksordnung zu einer vom Gesetzgeber nicht gewollten Differenzierung zwischen den in der Handwerksordnung vorgesehenen Berufsbildungsausschüssen gem. § 43 bzw. Prüfungsausschüssen gem. § 34 durch die Handwerkskammern führte (vgl. John WiVerw 1994, 34 (54)).

II. Die Novelle von 2003

9   IRd Novelle von 2003 wurden überwiegend redaktionelle Anpassungen vorgenommen, die der neuen Systematik der Handwerksordnung, die nunmehr eine Aufteilung in zulassungspflichtige und zulassungsfreie Gewerbe vorsieht (→ Einleitung Rn. 1 ff.), geschuldet waren (vgl. BT-Drs. 15/1206, 39).

10 Die Veränderungen, die durch die Novelle 2003 für die Organisationszugehörigkeit der Kleinunternehmer gem. § 90 Abs. 3 iVm. § 1 Abs. 2 S. 1 Nr. 1 vorgenommen wurden, haben überdies zu Zweifelsfragen bezüglich des Anwendungsbereichs der Norm des § 98 hervorgerufen. Die Kleinunternehmer iSv § 1 Abs. 2 S. 2 Nr. 1 sind zwar seit der Novelle von 2003 Pflichtmitglieder der Handwerkskammern, sie haben jedoch kein aktives Wahlrecht gem. § 98 erhalten. In diesem Zusammenhang wurde verschiedentlich die Frage aufgeworfen, ob eine Pflichtmitgliedschaft, die am Maßstab von Art. 2 Abs. 1 GG zu messen ist (BVerfGE 15, 235, 239 ff.; aA, wonach Art. 9 GG der Maßstab zur Beurteilung der Verfassungskonformität der Zwangsmitgliedschaft in der Handwerkskammer sei zB Maunz/Dürig/Scholz GG Art. 9 Rn. 90), ohne korrespondierende Rechte ausgestaltet werden kann (vgl. Kormann/Hüpers GewArch 2004, 353, (356)). Es wurde daher angedacht, ob § 98 mit der Gewährung des aktiven Wahlrechts auf die Kammer im Moment zugehörigen Kleinunternehmer analog Anwendung finden muss. Dieser Gedanke überzeugt insbes. angesichts des Argumentes, dass die Zuordnung der handwerksnahen Unternehmen zur Handwerkskammerorganisation gerade in der Absicht erfolgte, handwerklich geprägte Betriebe auch der Kammer zuzuordnen, der sie sich auch zugehörig fühlen (vgl. Detterbeck § 90 Rn. 9) und spricht sogar dafür, in der Außerachtlassung der gem. § 90 Abs. 3 der kammerzugehörigen Kleinunternehmer ein Redaktionsversehen des Gesetzgebers zu sehen (vgl. Kormann/Hüpers GewArch 2004, 353 (357)). Geht man aber hiervon aus, stellt sich in der Folge das Problem, dass die für Kleinunternehmer iSv § 90 Abs. 3 vorgesehene Befreiung von der Beitragspflicht gem. § 113 Abs. 2 S. 4 im Lichte des Gleichheitssatzes gem. Art. 3 Abs. 1 GG problematisch ist. Aus diesem Grund ist eine Analogie im Ergebnis auch abzulehnen.

B. Das aktive Wahlrecht (§ 98 Abs. 2)

11 § 98 Abs. 1 sieht das aktive Wahlrecht für die Vertreter der **Arbeitnehmer**, dh für die Gesellen und weiteren **Arbeitnehmer** mit abgeschlossener Berufsausbildung, vor. Der Arbeitnehmerbegriff der Handwerksordnung ist ein einheitlicher (vgl. bereits die Ausführungen zu → § 70 Rn. 2 ff.). **Geselle** iSd Handwerksordnung ist, wer die Gesellenprüfung gem. §§ 31 Abs. 1 S. 1, 32 erfolgreich abgelegt hat (→ § 70 Rn. 4, vgl. Detterbeck § 70 Rn. 4; Leisner, W.G., Die Wahlen zur Vollversammlung der Handwerkskammer, 71). Dem **Arbeitnehmer** steht das aktive Wahlrecht aus § 98 Abs. 1 nur zu, soweit im Zeitpunkt der Wahl ein ordnungsgemäßes Beschäftigungsverhältnis im Rahmen eines Handwerksbetriebes (→

§ 1 Rn. 18 ff.) bzw. handwerkähnlichen Betriebes (→ § 18 Rn. 7 ff.) besteht. Eine ordnungsgemäße Beschäftigung setzt voraus, dass ein geregeltes Arbeitsverhältnis vorliegt (vgl. Detterbeck § 70 Rn. 1), die bloße gelegentliche Beschäftigung im Rahmen eines Handwerksbetriebes bzw. eines handwerkähnlichen Betriebes ist ungenügend. Darüber hinaus, muss der **Arbeitnehmer** volljährig sein (vgl. hierzu → § 96 Rn. 6).

C. Auswirkungen der kurzzeitigen Arbeitslosigkeit (§ 98 Abs. 2)

§ 98 Abs. 2, der dem Zweck dient, eine kontinuierliche Arbeit in den Handwerkskammern zu gewährleisten, sieht vor, dass eine **kurzzeitige Arbeitslosigkeit** von max. drei Monaten im Zeitpunkt der Wahl das aktive Wahlrecht nicht tangiert. Das Arbeitsverhältnis, das maximal drei Monate vor dem Zeitpunkt der Wahl beendet wurde, muss jedoch den Anforderungen des Abs. 1 entsprechen (vgl. Detterbeck Rn. 3). Der **Arbeitnehmer** muss weiter auch die übrigen Voraussetzungen des § 98 Abs. 1, mit Ausnahme des **ordnungsgemäßen Arbeitsverhältnisses** erfüllen. 12

§ 99 [Wählbarkeit zum Vertreter der Arbeitnehmer]

Wählbar zum Vertreter der Arbeitnehmer in der Vollversammlung sind die wahlberechtigten Arbeitnehmer im Sinne des § 90 Abs. 2, sofern sie
1. **am Wahltag volljährig sind,**
2. **eine Gesellenprüfung oder eine andere Abschlußprüfung abgelegt haben oder, wenn sie in einem Betrieb eines handwerksähnlichen Gewerbes beschäftigt sind, nicht nur vorübergehend mit Arbeiten betraut sind, die gewöhnlich nur von einem Gesellen oder einem Arbeitnehmer ausgeführt werden, der einen Berufsabschluß hat.**

Literatur: John, Peter, Novellierung der Handwerksordnung: Arbeitnehmerbeteiligung konkretisiert, gefestigt und ausgeweitet, WiVerw 1994, 34

Überblick

§ 99 regelt das **passive Wahlrecht** der **Arbeitnehmer** im Handwerk, und entspricht soweit § 97. Er ist außerdem das Gegenstück zum aktiven Wahlrecht, das in § 98 für die **Arbeitnehmer** geregelt ist. Eine weitere Konkretisierung erfährt das **passive Wahlrecht** der **Arbeitnehmer** in den §§ 8 ff. der Anlage C.

A. Historie der Norm

§ 99 war Gegenstand mehrerer Gesetzesänderungen, diese waren jedoch zumeist redaktioneller Art (vgl. die Novelle von 2003, BT-Drs. 15/1206, 39; sowie auch teilw. die Novelle von 1994, BT-Drs. 12/5918, 25). Neben redaktionellen Anpassungen brachte die Novelle von 1994 jedoch auch eine inhaltliche Änderung von § 99 mit sich. Das bis zu diesem Zeitpunkt bestehende Erfordernis, dass Wählbarkeitsvoraussetzung die deutsche Staatsangehörigkeit sei, entfällt seither (BT-Drs. 12/5918, 25). Dieses Erfordernis war unter dem fortschreitenden Integrationsprozess auf europäischer Ebene so nicht mehr vertretbar (vgl. John WiVerw 1994, 34 (40 f.)). 1

B. Umfasster Personenkreis

Wählbarer Personenkreis sind gem. § 99 Nr. 2 grds. Personen, die eine **Abschlussprüfung** im ausgeübten Gewerbe besitzen. Zum einen sind dies die Gesellen, die die Gesellenprüfung gem. § 31 abgelegt haben, zum anderen können diese Personen mit einer anderen Abschlussprüfung sein. Diese andere Abschlussprüfung, die eine Gleichstellung mit den Gesellen bewirkt, ist die Prüfung, mit der nicht handwerkliche Lehrlinge ihre Ausbildung beenden (vgl. Detterbeck Rn. 2). Was den Gesellen betrifft, so wird auf die Ausführung unter → § 70 Rn. 4 verwiesen. § 99 macht von diesem Prüfungserfordernis nur für **Arbeitnehmer** in handwerksähnlichen Betrieben eine Ausnahme. Diese können unter der Voraussetzung, 2 dass sie nicht nur vorübergehend mit Tätigkeiten betraut werden, die für gewöhnlich ein Geselle oder ein **Arbeitnehmer** mit einem Berufsabschluss im oben genannten Sinne ausgeführt werden, ebenfalls als Mitglieder der Arbeitnehmervertreter in die Vollversammlung gewählt werden.

3   Diese **Arbeitnehmer** müssen volljährig sein (vgl. für die Berechnung → § 97 Rn. 9).

C. Voraussetzung des Vorliegens von § 98

4   Der so von § 99 Nr. 2 bestimmte Personenkreis, muss zusätzlich die Voraussetzungen des § 98 erfüllen. Dies ergibt sich aus dem Umstand, dass § 99 auf die wahlberechtigten Arbeitnehmer abstellt. Über diesen Verweis auf § 98 wird sichergestellt, dass auch bei **kurzzeitiger Arbeitslosigkeit** vor der Wahl (→ § 98 Rn. 12) ein Arbeitnehmer weiterhin sein **passives Wahlrecht** behält. Ergänzt wird diese Absicherung des **passiven Wahlrechts** durch die Vorschrift des § 103 Abs. 3 S. 2, die die Aufrechterhaltung des **passiven Wahlrechts** für den Fall regelt, dass die **Arbeitslosigkeit** während der Amtsausübung eintritt und damit den Grundsatz des § 104 Abs. 1, der bei Entfallen der Wählbarkeit das automatische Ausscheiden aus dem Amt vorsieht, in nur klarstellender Funktion ausfüllt. Weiter wird über den Verweis auf § 98 die Voraussetzung aufgestellt, dass ein Beschäftigungsverhältnis in einem Betrieb eines Handwerks bzw. eines handwerksähnlichen Gewerbes auch tatsächlich vorliegt.

D. Maßgeblicher Zeitpunkt

5   Die so definierten Voraussetzungen müssen am Wahltag vorliegen (vgl. Detterbeck Rn. 5). Ergänzt wird diese Vorschrift durch § 104 Abs. 1 bzw. § 103 Abs. 3 S. 2 (→ Rn. 4) der für den Fall des Wegfalls einer dieser Voraussetzungen während der Amtsausübung vorsieht, dass bis zum Ende der Amtszeit das Amt weiter beibehalten werden darf.

E. Fehlende Entsprechung zu § 97 Abs. 1 S. 2

6   Was das **passive Wahlrecht** der **Arbeitnehmer** betrifft, fehlt ein Verweis bzw. eine entsprechende Regelung des Ausschlusses des **passiven Wahlrechts**, die vergleichbar mit § 97 Abs. 1 S. 2 ist. Dementsprechend wären rein vom Wortlaut her, auch **Arbeitnehmer** wählbar, soweit sie infolge Richterspruchs die Fähigkeit zur Bekleidung öffentlicher Ämter oder infolge strafgerichtlicher Verurteilung die Fähigkeit, Rechte aus öffentlichen Wahlen zu erlangen, nicht besitzen. Eine solche Differenzierung zwischen der Wählbarkeit von **Arbeitnehmern** und Arbeitgebern ist nicht schlüssig. Dementsprechend ist trotz fehlender Regelung bzw. fehlendem Verweis auf die Vorschrift des § 97 Abs. 1 S. 2 dieser Gedanke entsprechend anzuwenden, so dass Personen, die infolge Richterspruchs die Fähigkeit zur Bekleidung öffentlicher Ämter oder infolge strafgerichtlicher Verurteilung die Fähigkeit, Rechte aus öffentlichen Wahlen zu erlangen, nicht besitzen, auch als **Arbeitnehmer** nicht wählbar sind (vgl. Schwannecke/Webers Rn. 1).

§ 100 [Wahlprüfung; Bekanntmachung des Ergebnisses]

(1) **Die Handwerkskammer prüft die Gültigkeit der Wahl ihrer Mitglieder von Amts wegen.**

(2) **Das Ergebnis der Wahl ist öffentlich bekanntzumachen.**

Literatur: Diefenbach, Wilhelm, Zur Organstruktur der Handwerks- und der Industrie- und Handelskammern, GewA2006, 313; Leisner, W.G., Die Wahlen zur Vollversammlung der Handwerkskammer, Zugleich eine kommentierende Handreichung zur Anlage C der HwO, LFI- Schriftenreihe 2012

Überblick

§ 100 regelt die Wahlprüfung durch die Handwerkskammer. In dem **von Amts wegen** durchzuführenden, objektiven Verfahren (vgl. VGH Mannheim GewArch 1998, 164), wird durch das zuständige **Wahlprüfungsorgan** die Wahl auf formelle und materielle Fehler hin überprüft.

Die Vorschrift erfuhr seit in Krafttreten der Handwerksordnung am 18.9.1953 keine Änderung.

Übersicht

	Rn.		Rn.
A. Ungültigkeitserklärung der Wahl (§ 100 Abs. 1)	1	C. Konsequenzen der Ungültigkeitsentscheidung	14
B. Rechtsmittel gegen die Ungültigkeitsentscheidung	9	D. Bekanntgabe des Wahlergebnisses (§ 100 Abs. 2)	23

A. Ungültigkeitserklärung der Wahl (§ 100 Abs. 1)

§ 100 Abs. 1 bestimmt, dass die Wahlprüfung durch die Handwerkskammer erfolgt. Die Wahlprüfung stellt ein **objektives Verfahren** dar (vgl. VGH Mannheim GewArch 1998, 164), das unabhängig von den in § 101 bzw. in § 21 der Anlage C vorgesehenen Verfahren ist. Das Verfahren nach § 100 dient insbes. nicht dem Rechtsschutz des Einzelnen, sondern soll primär den ordnungsgemäßen Ablauf der Wahl und die richtige Zusammensetzung der Vollversammlung gewährleisten (vgl. Leisner, W.G., Die Wahlen zur Vollversammlung der Handwerkskammer, 171). 1

Dementsprechend ist sowohl die Wahl im Hinblick auf den **Wahlhergang** zu prüfen, als auch auf die **Wählbarkeit des einzelnen Mitglieds** (vgl. Honig/Knörr Rn. 2). Beachtliche Mängel der Wahl können sowohl in verfahrensrechtlicher als auch in materieller Hinsicht vorliegen. Die Wahl ist daher insbes. daraufhin zu prüfen, ob die Anforderungen der §§ 96–99 sowie die der Wahlordnung Anlage C zur HwO (vgl. ausf. hierzu Leisner, W.G., Die Wahlen zur Vollversammlung der Handwerkskammer, 1 ff.) eingehalten wurden. Aber auch alle anderen davon unabhängigen Umstände, die die Gültigkeit der Wahl beeinflussen könnten, sind zu berücksichtigen (vgl. Detterbeck Rn. 2, der als Argument anführt, dass § 100 gerade keine § 101 Abs. 2 entsprechende Beschränkung des Prüfungsumfangs enthält). 2

Grds. sind alle Verstöße beachtlich. Allerdings ist nach dem aus dem Demokratieprinzip gem. Art. 20 Abs. 1 GG abgeleiteten „**Grundsatz der Mandatsrelevanz**" zusätzlich das Erfordernis aufzustellen, dass nicht jeder geringfügige Wahlfehler, der ohne Auswirkung auf das Wahlergebnis blieb, zum Verlust des Mandats führt (vgl. Schreiber BWahlG § 49 Rn. 14). 3

Die Prüfung ist (im Unterschied zum Verfahren nach § 101) **von Amts wegen** durchzuführen, dh, dass im Unterschied zum Verfahren gem. § 101 kein Einspruch erforderlich und selbst bei Vorliegen eines Einspruches durchzuführen ist. Hintergrund hierfür ist, dass die Handwerkskammer einen Informations- und Ermittlungsvorsprung gegenüber dem Einzelnen besitzt. Die Ahndung von Verstößen gegen Wahlrechtsgrundsätze soll aber nicht an der Unkenntnis der einzelnen Anfechtungsberechtigten scheitern (vgl. Leisner, W.G., Die Wahlen zur Vollversammlung der Handwerkskammer, 172). Nach dem Wortlaut der Vorschrift ist das Verfahren auch nicht fristgebunden. Generell ist aber davon auszugehen, dass die Prüfung unverzüglich nach der Wahl erfolgen muss (vgl. VGH Mannheim GewArch 1998, 65). Zweckmäßig erscheint daher die Durchführung in der ersten Sitzung der neugewählten Vollversammlung (vgl. Leisner, W.G., Die Wahlen zu Vollversammlung der Handwerkskammer, S. 173). 4

Das zuständige **Wahlprüfungsorgan** wird von der Handwerksordnung und auch von der Wahlordnung nicht bestimmt. Es stellt allerdings hM dar, dass grds. die Vollversammlung der Handwerkskammer selbst für die Wahlprüfung zuständig ist, soweit sie diese Befugnis nicht gem. § 105 Abs. 2, Nr. 5 per Satzung auf den Vorstand, bzw. einem von ihr gebildeten besonderen Ausschuss gem. § 110 übertragen hat (vgl. VGH Mannheim NVwZ-RR 1998, 366; Diefenbach GewA2006, 313, (317) (318)). Dies entspricht auch den Regelungen für die Innungen, wo in § 61 Abs. 1 S. 1 die **Allzuständigkeit** der Innungsversammlung grds. festgelegt wurde (→ § 61 Rn. 5). Außerdem stellt dies auch einen allgemeinen Grundsatz im Kommunalrecht dar, wo zB in der BayGO durch Art. 29 BayGO ebenfalls grds. die **Allzuständigkeit** des Gemeinderats festgelegt wird, und nur für gesetzlich durch Art. 37 BayGO besonders vorgesehene Fälle eine Kompetenz des ersten Bürgermeisters besteht. Schließlich führt die Stellung der Vollversammlung als Hauptorgan der Handwerkskammer 5 zu diesem Schluss. Ein Hauptorgan kann auf Grund des Demokratieprinzips nicht die grundlegenden, wichtigen Angelegenheiten ohne präzise Vorgaben delegieren, dies gilt auch für die Delegation durch Satzung (vgl. Diefenbach GewA2006, 313 (318)); → § 106 Rn. 2).

6   Es begegnet in diesem Zusammenhang auch keinen Bedenken, dass die neugewählte Vollversammlung über die eigene Legitimation entscheidet. Diese kammerinterne Selbstkontrolle stellt nur den ersten Teil eines zweiaktigen Prüfungsverfahrens dar (vgl. Leisner, W.G., Die Wahlen zu Vollversammlung der Handwerkskammer, 174). Im Anschluss an die Selbstkontrolle ist nämlich der Verwaltungsrechtsweg eröffnet (→ Rn. 9).

7   Grds. sind iRd Wahlprüfung alle Mitglieder der Vollversammlung stimmberechtigt, für den Fall jedoch, dass die Wählbarkeit eines Mitgliedes geprüft wird, ist das betroffene Mitglied nicht stimmberechtigt (auch dies entspricht den Regelungen im Kommunalrecht vgl. nur Art. 49 BayGO; vgl. Honig/Knörr Rn. 3).

8   Soweit keine Ungültigkeitsentscheidung iRd Prüfung ergeht, wird keine konstitutive Entscheidung getroffen (vgl. Honig/Knörr Rn. 6), die mit Rechtskraftwirkung einer erneuten Prüfung der Wahl entgegenstehen würde. Dementsprechend kann für den Fall, dass im Nachhinein Umstände bekannt werden, die die Anerkennung eines Mitglieds als irrtümlich erscheinen lassen, die Prüfung **von Amts wegen** erneut aufgenommen werden (vgl. Honig/Knörr Rn. 2).

B. Rechtsmittel gegen die Ungültigkeitsentscheidung

9   Rechtsmittel, die gegen die Ungültigkeitsentscheidung der Handwerkskammer eingelegt werden, dürfen nicht mit den Möglichkeiten, die in § 101 vorgesehen sind, verwechselt werden. Gegenstand des Rechtsmittels gegen die Entscheidung gem. § 100 ist die Ungültigkeitsentscheidung der Handwerkskammer, nicht die Wahl selbst. Im Verfahren nach § 101 hingegen, ist Gegenstand die Wahl als solche.

10 Die Ungültigkeitsentscheidung ist ein Verwaltungsakt iSv. § 35 Abs. 1 VwVfG (vgl. Leisner, W.G., Die Wahlen zur Vollversammlung der Handwerkskammer, 174 mwN).

11 Gegen die Ungültigkeitsentscheidung durch die Handwerkskammer kann zunächst, soweit statthaft, Widerspruch eingelegt werden. Zuständige Widerspruchsbehörde ist gem. § 73 Abs. 1 S. 2 Nr. 3 VwGO die Handwerkskammer selbst (vgl. Detterbeck Rn. 4).

12 Darüber hinaus ist eine Anfechtungsklage gegen die Ungültigkeitsentscheidung gem. § 42 Abs. 1 Alt. 1 VwGO zulässig.

13 Sowohl der Widerspruch als auch die Anfechtungsklage gegen die Ungültigkeitsentscheidung haben gem. § 80 Abs. 1 VwGO aufschiebende Wirkung. Was die Frage der Möglichkeit einer Sofortvollzugsanordnung durch die Handwerkskammer betrifft, so ist idR von einem überwiegenden Interesse des betroffenen Mitgliedes am Verbleib in der Vollversammlung während des Prüfungsverfahrens auszugehen (vgl. LVG Düsseldorf NJW 1955, 1208; Detterbeck Rn. 4). Dementsprechend bleibt das betroffene Mitglied während des Verwaltungs- und Gerichtsverfahrens ein vollberechtigtes Mitglied der Vollversammlung.

C. Konsequenzen der Ungültigkeitsentscheidung

14 Mit Rechtskraft der Entscheidung, die die Ungültigkeit der Wahl eines Mitgliedes bekanntgibt, geht der Verlust des Mitgliederstatus einher. Zwischenzeitlich gefasste Beschlüsse bleiben allerdings grds. wirksam. Dies gilt zumindest dann, wenn die Wahl als solche für ungültig erklärt wird (vgl. VGH Mannheim GewArch 1998, 164). Für den Fall, dass nur die Wahl eines einzelnen Mitgliedes mangels Vorliegen der Voraussetzung der Wählbarkeit Inhalt der Ungültigkeitsentscheidung ist, ist allerdings von einer grds. ähnlichen Handhabung wie im Bereich des Kommunalrechts auszugehen. Dementsprechend bleiben auch hier die **zwischenzeitlich gefassten Beschlüsse** trotz Mitwirkens des nunmehr ausgeschlossenen Mitgliedes wirksam, außer die Stimme dieses Mitgliedes war ausnahmsweise ausschlaggebend (vgl. VGH Mannheim GewArch 1998, 164; VG Freiburg Urt. v. 24.2.1996 – 10 K 1064/95 Ls. 1).

15 Fraglich ist allerdings, welche Auswirkungen der Umstand hat, wenn als Konsequenz der Ungültigkeitserklärung der Wahl eines Mitgliedes die Liste unvollständig wird. Dies ist dann denkbar, wenn sowohl das Mitglied, als auch die gem. § 8 Abs. 1 der Anlage C benannten Stellvertreter die Wählbarkeitsvoraussetzungen nicht (mehr) erfüllen.

Die Wahl zur Vollversammlung ist als **Listen-Mehrheitswahl** ausgestaltet (→ § 95 Rn. 3). 16
Dementsprechend müssen die Listen, die die Wahlvorschläge enthalten, dem Abbildungs-
und Vollständigkeitsprinzip entsprechen (vgl. Leisner, W.G., Die Wahlen zur Vollversammlung der Handwerkskammer, 161), bei **Unvollständigkeit** einer Liste liegt ein Verstoß gegen
diese Anforderung vor und damit gem. § 11 Abs. 1 Anlage C ein mangelhafter Wahlvorschlag
(vgl. Leisner, W.G., Die Wahlen zur Vollversammlung der Handwerkskammer, 107).

Eine Heilung eines mangelhaften Wahlvorschlages ist gem. § 11 Abs. 1 der Anlage C ausdr. 17
nur vor der Wahl möglich. Im Umkehrschluss ist eine nachträgliche Heilung nach der Wahl
unmöglich. Dieser Schluss wird auch dadurch bestätigt, dass der mit der Liste festgesetzte
Wahlvorschlag in seiner Gesamtheit zugelassen wurde (vgl. Leisner, Die Wahlen zur Vollversammlung der Handwerkskammer, 158, 160) und die Nachwahl einer einzelnen Person eine
Beeinträchtigung des passiven Wahlrechts der anderen Personen auf der Liste darstellen würde
(vgl. Leisner, Die Wahlen zur Vollversammlung der Handwerkskammer, 94 ff.).

Damit ist höchstens zwischen der erfolgten Festsetzung und der Wahl eine Korrektur der 18
Liste noch möglich ist (vgl. hingegen Schreiber BWahlG § 43 Rn. 5, der bei Nichteinhaltung
der Anforderungen von §§ 24, 26 Abs. 1 S. 1 BWahlG eine Korrektur nach Festsetzung nicht
mehr zulässt). Mit dem Wahltag bleibt eine Liste ohne nachträgliche Korrekturmöglichkeit
hingegen unwirksam.

Die Konsequenz hieraus ist, für den Fall, dass nur eine Liste zur Wahl stand, mithin die 19
sogenannte Friedenswahl gem. § 20 der Anlage C stattfand, dass die Wahl als Ganzes zu
wiederholen ist.

Wenn hingegen mehrere konkurrierende Listen zur Wahl standen, wäre es denkbar, dass 20
eine ungültige Liste nur zu der Situation des § 20 der Anlage C führt. Dies würde aber
eine unverhältnismäßige Beeinträchtigung des passiven Wahlrechts der übrigen Bewerber der
ungültigen Liste bedeuten.

Eine Nachwahl nur bzgl. der Person, die die Unvollständigkeit der Liste begründet, ist 21
jedoch ebenfalls auszuschließen. Nach der **Listen-Mehrheitswahl** steht jedem Wahlberechtigten nur eine Stimme zu, die er für die Liste als solche abzugeben hat. Würde man den
Wahlberechtigten nun eine weitere Stimme für eine einzelne Person zugestehen, dann hätten
die Wahlberechtigten zwei Stimmen, eine für die **Listen-Mehrheitswahl** und eine für die
Personen-Mehrheitswahl (vgl. den Unterschied zur Situation der Nachwahl gem. § 43
BWahlG bei der personalisierten Verhältniswahl, wo dem Wahlberechtigen von Haus aus
zwei Stimmen zustehen, so dass ein Stimmensplitting möglich ist, Schreiber BWahlG § 43
Rn. 5), womit zusätzlich auch noch unzulässigerweise der Charakter der Wahl zu einer
teilweisen Personenmehrheitswahl geändert würde. Bestätigt wird dies auch durch die
Grundsätze der Wiederholungswahl gem. § 44 BWahlG, da auch hier die „gespaltene Wahl"
nur auf der Grundlage diskutiert werden kann, dass den Wahlberechtigten von Haus aus
zwei Stimmen zustehen (vgl. Schreiber BWahlG § 44 Rn. 2). Schließlich würde die Nachwahl einer einzelnen Person, ohne Änderung des Wahlergebnisses an sich, dazu führen, dass
die „siegreiche Liste" unabhängig von ihrer personellen Zusammensetzung von vornherein
feststehen würde, was eine Beeinträchtigung des aktiven Wahlrechts der Wahlberechtigten
darstellen würde.

IErg ist daher für diesen Fall eine komplette Neuwahl durchzuführen, für die neue Wahl- 22
vorschläge, den Anforderungen der Anlage C entsprechen, einzureichen sind.

D. Bekanntgabe des Wahlergebnisses (§ 100 Abs. 2)

Neben der Prüfung der Wahl begründet § 100 Abs. 2 zusätzlich noch die Pflicht, das 23
Wahlergebnis öffentlich Bekanntzumachen.

Die Form dieser Bekanntmachung muss also eine öffentliche sein, eine weitere Präzisie- 24
rung fehlt. Überträgt man den allgemeinen Rechtsgedanken des VwVfG, insbes. § 41 Abs. 4
VwVfG, wonach die öffentliche Bekanntmachung idR als ortsübliche Bekanntmachung
durchzuführen ist (vgl. Kopp/Ramsauer VwVfG § 41 Rn. 49), was bei Behörden Amts-
blätter, Tageszeitungen oder Amtstafeln (vgl. Kopp/Ramsauer VwVfG § 41 Rn. 50) sind, auf
die Situation der Handwerkskammern, wäre eine kammerübliche Bekanntmachung dann
wohl, falls ein Organ der Bekanntmachung nicht gem. § 105 Abs. 1 Nr. 12 in der Satzung

festgelegt wurde, eine Bekanntmachung in den Kammernachrichten, an einer Anschlagstafel im Kammergebäude etc. Auch eine Bekanntgabe im Internet wäre denkbar.

25 Diese öffentliche Bekanntgabe ist nicht mit der in § 18 Abs. 1 Anlage C der vorgesehenen Feststellung und öffentlichen Bekanntgabe des Wahlergebnisses zu verwechseln. Dass es sich hierbei um zwei voneinander unabhängig zu erfüllenden Anforderungen handelt lässt sich aus zwei Punkten ableiten.

26 Zum einen liegt für die Pflicht aus § 100 die Zuständigkeit grds. bei der Vollsammlung der Handwerkskammer (→ Rn. 5). Im Gegensatz dazu ist iRv § 18 Abs. 1 S. 1 der Anlage C der Wahlleiter zuständig (vgl. Leisner, W.G., Die Wahlen zur Vollversammlung der Handwerkskammer, 227). Für die Prüfungsentscheidung nach § 100 Abs. 2 muss jedoch eines der in § 92 abschließend aufgezählten Organe der Handwerkskammer zuständig sein. Dementsprechend wird das Ergebnis der Wahl zweimal veröffentlicht, einmal vom Wahlleiter gem. § 18 Abs. 1 S. 1 der Anlage C und einmal von der Handwerkskammer gem. § 100 Abs. 2 (vgl. Leisner, W.G., Die Wahlen zur Vollversammlung der Handwerkskammer, 227).

27 Zum anderen dienen die Vorschrift des § 100 Abs. 2 und § 18 Abs. 1 S. 1 der Anlage C unterschiedlichen Zwecken in unterschiedlichen Verfahrensstadien.

28 Die öffentliche Bekanntgabe durch den Wahlleiter gem. § 18 Abs. 1 S. 1 der Anlage C soll kurz nach der Wahl für eine möglichst hohe Transparenz im Hinblick auf die Gestaltung der Auszählung der Wahl bewirken und möglichst viele Wähler so schnell wie möglich über den Ausgang der Wahl informieren (vgl. zum BWahlG BeckRS 2009, 37590 Rn. 51, 72; Leisner, W.G., Die Wahlen zur Vollversammlung der Handwerkskammer, 211). Diese Veröffentlichung direkt nach der Wahl stellt auch immer nur ein vorläufiges Ergebnis dar, eine umfassende Gültigkeitsprüfung kann ja gerade noch nicht stattgefunden haben. Sie ist Teil des Wahlverfahrens und damit auch Voraussetzung für die Gültigkeit der Wahl.

29 Der Zweck der Bekanntgabe nach § 100 Abs. 2 hingegen ist der, nach erfolgter Gültigkeitsprüfung ein endgültiges Ergebnis zu veröffentlichen, gegen das gem. § 101 ggf. noch Einspruch eingelegt werden kann und für dieses Verfahren sowie für die Möglichkeit der Ablehnung der Wahl gem. § 102 Abs. 2 den **Fristlauf** in Gang zu setzen. § 100 Abs. 2 stellt dementsprechend auch kein Gültigkeitserfordernis für die Wahl dar (vgl. Detterbeck Rn. 3), diese Pflicht steht sozusagen außerhalb des Wahlverfahrens.

30 Was das Ingangsetzen des **Fristlaufs** betrifft, so stellt sich für den Fall, dass die Bekanntgabe nach § 100 Abs. 2 auf zwei verschiedenen Arten, zB das Internet und per Anschlag, erfolgt, die Frage, welche Bekanntgabe maßgeblich für den Fristbeginn ist. Diese Situation kann keine Unsicherheit zu Lasten des Einspruchführers gem. § 101 begründen, Alternativität ist daher auszuschließen. Vielmehr ist von einer kumulativen Bekanntgabe auszugehen (vgl. zur entsprechenden Frage bei § 41 VwVfG Kopp/Ramsauer VwVfG § 41 Rn. 50a), so dass die Frist erst durch die spätere Bekanntgabe in Gang gesetzt wird (aA Schwannecke/Webers § 101 Rn. 4, der für den Fristbeginn auf den Tag des Erscheinens des ersten Publikationsorgans abstellt).

§ 101 [Einspruch gegen die Wahl]

(1) Gegen die Rechtsgültigkeit der Wahl kann jeder Wahlberechtigte innerhalb von einem Monat nach der Bekanntgabe des Wahlergebnisses Einspruch erheben; der Einspruch eines Inhabers eines Betriebs eines Handwerks oder handwerksähnlichen Gewerbes kann sich nur gegen die Wahl der Vertreter der Handwerke und handwerksähnlichen Gewerbe, der Einspruch eines Gesellen oder anderen Arbeitnehmers mit einer abgeschlossenen Berufsausbildung nur gegen die Wahl der Vertreter der Arbeitnehmer richten.

(2) Der Einspruch gegen die Wahl eines Gewählten kann nur auf eine Verletzung der Vorschriften der §§ 96 bis 99 gestützt werden.

(3) ¹Richtet sich der Einspruch gegen die Wahl insgesamt, so ist er binnen einem Monat nach der Bekanntgabe des Wahlergebnisses bei der Handwerkskammer einzulegen. ²Er kann nur darauf gestützt werden, daß
1. gegen das Gesetz oder gegen die auf Grund des Gesetzes erlassenen Wahlvorschriften verstoßen worden ist und
2. der Verstoß geeignet war, das Ergebnis der Wahl zu beeinflussen.

Literatur: Hahn, Dittmar, Verwaltungsstreitverfahren zwischen Kammer und ihren Mitgliedern, GewArch 2003, 217 ff.; Hahn, Dittmar, Das Wirtschaftsverwaltungsrecht in der Rechtsprechung des Bundesverwaltungsgerichts von 2002 bis 2003, GewArch 2003, 441 ff.; Leisner, Walter Georg, Die Wahlen zur Vollversammlung der Handwerkskammer, Zugleich eine kommentierende Handreichung zur Anlage C der HwO, LFI- Schriftenreihe 2012

Überblick

§ 101 sieht ein **subjektives Wahlprüfungsverfahren** auf den Einspruch eines Wahlberechtigten hin vor. Gegenstand des Wahlprüfungsverfahrens aus § 101 kann sowohl die Wahl als solche (Abs. 1 iVm. Abs. 3) als auch nur die Wahl einer bestimmten Person (Abs. 1 iVm. Abs. 2) sein.

Übersicht

	Rn.		Rn.
A. Historie der Norm	1	I. Zulässigkeit	12
B. Der Einspruch gegen die Wahl von Personen (§ 101 Abs. 1 iVm Abs. 2)	3	II. Die Begründetheit des Anspruchs	15
I. Zulässigkeit des Einspruchs	4	D. Zuständiges Prüfungsorgan	16
II. Begründetheit des Einspruchs	9	E. Der weitere Verfahrensgang – mögliche Rechtsmittel	17
C. Der Einspruch gegen die Wahl insgesamt (§ 101 Abs. 3)	11	F. Auswirkungen der Ungültigkeit der Wahl bzw. der des Einspruchs	20

A. Historie der Norm

Die Norm des § 101 blieb weitestgehend unverändert. Die Novelle der Handwerksordnung aus dem Jahr 1993 allerdings führte dazu, dass der Antrag gem. § 101 Abs. 1 iVm Abs. 2 einer Monatsfrist unterliegt (vgl. BT-Drs. 12/5918, 25). Im Zuge dieser Novellierung wurde auch § 101 Abs. 3 angepasst. Dieser sah zwar immer schon eine Frist vor, allerdings war dies bis dahin 4 Wochen-Frist. Um Parallelität mit dem Einspruch nach Abs. 1 iVm Abs. 2 zu gewährleisten, wurde auch für den Antrag nach § 101 Abs. 3 nunmehr die Monatsfrist eingeführt. **1**

Alle weiteren Änderungen von § 101 waren redaktioneller Art. Im Zuge der Handwerksordnungsnovelle von 2003 wurde damit nur eine Anpassung an die neue Struktur der Anlage A und B und die hieraus folgenden Bezeichnungen der Gewerbe vorgenommen (vgl. BT-Drs. 15/1206, 39). Außerdem wurde noch der Kreis der Einspruchsberechtigten an den modifizierten Kreis der Mitglieder der Handwerkskammer angepasst. **2**

B. Der Einspruch gegen die Wahl von Personen (§ 101 Abs. 1 iVm Abs. 2)

§ 101 beinhaltet zum einen den Einspruch, der sich rein auf die Wahl einer Person beschränkt. Die Anforderungen an die Zulässigkeit und die Begründetheit dieses Anspruchs sind in § 101 Abs. 1 Hs. 2 und Hs. 3 sowie § 101 Abs. 2 niedergelegt. **3**

I. Zulässigkeit des Einspruchs

Damit der Einspruch gegen die Wahl einer Person zulässig ist, müssen die Voraussetzungen der **Einspruchsberechtigung**, der **Einspruchsbefugnis** sowie der **Einspruchsfrist** gewahrt sein. **4**

Einspruchsberechtigt sind grds. gem. § 101 Abs. 1 Hs. 1 alle Kammerzugehörigen, die wahlberechtigt gem. § 96 bzw. § 98 (→ § 96 Rn. 5 ff.; → § 98 Rn. 11 ff.) sind. **5**

Was die **Einspruchsbefugnis** betrifft, so ist allerdings bei dem Einspruch gegen die Wahl einer Person eine Einschränkung dahingehend vorzunehmen, dass nur Personen der gleichen Gruppe wie der des Gewählten auch die Wahl im Hinblick auf seine Person angreifen können (vgl. Detterbeck Rn. 2). Gem. § 101 Abs. 1 Hs. 2 können dementsprechend nur Arbeitgeber die Wahl eines Arbeitgebers angreifen und gem. § 101 Abs. 1 Hs. 3 ist die **Einspruchsbefugnis** eines Arbeitnehmers auf die Wahl eines Arbeitnehmervertreters beschränkt. **6**

7   Allgemein ist die **Einspruchsbefugnis** bezüglich der Wahl einer Person hinsichtlich der Ungültigkeitsgründe, die geltend gemacht werden können, auf Mängel der Wahl durch die Verletzung der §§ 96–99 beschränkt.

8   Der Einspruch ist zusätzlich fristgebunden. Die Monatsfrist beginnt gem. § 100 Abs. 2 iVm §§ 187, 188 BGB mit der Bekanntgabe des Wahlergebnisses durch die Vollversammlung zu laufen. Vgl. ausf. zum Beginn des Fristlaufs unter → § 100 Rn. 30 sowie → Rn. 14.

II. Begründetheit des Einspruchs

9   Der Einspruch gegen die Wahl einer Person kann nur auf Verstöße gegen die §§ 96–99 gestützt werden. Andere Mängel des Wahlverfahrens können nicht mit Erfolg gerügt werden. Eine solche Rüge kann jedoch möglicherweise einen Anstoß dahingehend bewirken, dass die Handwerkskammer zu einer erneuten Prüfung der Gültigkeit der Wahl nach dem Verfahren des § 100 Abs. 1 von Amts wegen angeregt wird (vgl. Detterbeck Rn. 3).

10 Darüber hinaus ist es hM, dass der gerügte Verstoß gegen die §§ 96–99 zusätzlich geeignet gewesen sein muss, das Ergebnis der Wahl zu beeinflussen (vgl. Honig/Knörr Rn. 3). Dieser **Grundsatz der Mandatsrelevanz** ist ein allgemeiner Wahlrechtsgrundsatz, so dass das Fehlen einer ausdrücklichen diesbezüglichen Bestimmung unschädlich ist (vgl. Detterbeck Rn. 2; Schreiber BWahlG § 49 Rn. 14).

C. Der Einspruch gegen die Wahl insgesamt (§ 101 Abs. 3)

11 Neben diesem in § 101 Abs. 1 sowie Abs. 2 vorgesehenen, auf die Wahl einer Person beschränkten Einspruchs, sieht § 101 Abs. 3 zusätzlich einen Einspruch vor, der sich gegen die Gültigkeit der Wahl als solcher richtet. Dieses Verfahren unterscheidet sich zudem in § 101 Abs. 1 geregelten sowohl was die Zulässigkeit, als auch die Begründetheit betrifft.

I. Zulässigkeit

12 Die **Einspruchsberechtigung** ergibt sich, wie für den Antrag aus § 101 Abs. 1 in Zusammenhang mit Abs. 2, ebenfalls aus § 101 Abs. 1 Hs. 1, so dass jeder Wahlberechtigte gem. § 96 sowie § 98 zugleich einspruchsberechtigt ist.

13 Ein wesentlicher Unterschied besteht darin, dass die **Einspruchsbefugnis,** sobald die Wahl als solche angefochten wird, eine unbeschränkte ist, dh., es können zB auch Verstöße gegen die Wahlordnung, welche in Anlage C zur Handwerksordnung geregelt ist, gerügt werden. Allerdings muss selbstverständlich bereits iRd Zulässigkeit ein substantiiertes Vorbringen dahingehend vorliegen, dass gegen eine gesetzliche Vorschrift bzw. gegen die Anlage C verstoßen wurde und dass dieser Verstoß auch geeignet war, das Ergebnis der Wahl zu beeinflussen (vgl. § 101 Abs. 3 Nr. 1, Nr. 2).

14 Schließlich ist der Einspruch auch bezüglich der Wahl als solche fristgebunden. Die Monatsfrist beginnt nach der öffentlichen Bekanntmachung des Wahlergebnisses gem. § 100 Abs. 2 zu laufen (vgl. §§ 187, 188 BGB). Maßgeblich für den Fristlauf ist die Bekanntmachung nach § 100 Abs. 2, diese ist von der Bekanntmachung gem. § 18 der Wahlordnung zu unterscheiden (→ § 100 Rn. 25 ff.; vgl. Leisner, W. G., Die Wahlen zur Vollsammlung der Handwerkskammer, 227). Die Monatsfrist ist insbes. auch keine **materielle Präklusionsfrist** (vgl. BVerwG NVwZ-RR 2003, 110 (110 f.)). Dieses Urteil des BVerwG erging entgegen einer vorhergehenden Rspr. durch den VGH Baden-Württemberg (VGH Mannheim GewArch 2001, 422) und stützt diese Auslegung von § 101 Abs. 3 maßgeblich darauf, dass sich eine solche Auffassung zum einen nicht auf den Gesetzgeberwillen stützen lässt (vgl. BT-Drs. 12/5918, 25), sowie dass wenn der Gesetzgeber eine solche materielle Präklusion angestrebt hätte, er wegen der Tangierung des Schutzbereiches von Art. 12 GG eine solche Anordnung ausdrücklich und ausreichend bestimmt hätte treffen müssen (vgl. Hahn GewArch 2003, 441 (448)).

II. Die Begründetheit des Anspruchs

15 Damit der Einspruch gem. § 100 Abs. 3 begründet ist, muss substantiiert dargelegt werden, dass ein Verstoß gegen die Vorschriften der Handwerksordnung bzw. gegen die Vorschriften

der Wahlordnung (Anlage C zur Handwerksordnung) vorliegt sowie, dass dieser Verstoß das Wahlergebnis zumindest möglicherweise beeinflusst hat.

D. Zuständiges Prüfungsorgan

Das zuständige Prüfungsorgan für den Einspruch nach § 101 ist sowohl für den Einspruch gegen die Wahl einer Person also auch für Einspruch gegen die Wahl als solche die Handwerkskammer, und damit eines ihrer Organe gem. § 92. Damit ist grds. die Vollversammlung zur Handwerkskammer das **zuständige Prüfungsorgan**, soweit nicht diese Befugnis auf einen Ausschuss bzw. per Satzung an den Vorstand übertragen wurde (vgl. ausf. hierzu → § 100 Rn. 5). Es bestehen keine Bedenken bzgl. des Umstandes, dass die Handwerkskammer als Selbstverwaltungskörperschaft die Gültigkeit der Wahl eines ihrer Organe selbst prüft, da der bundesweit bestehende Verwaltungsrechtsschutz einen ausreichenden Rechtsschutz des Einzelnen gewährleistet (vgl. Honig/Knörr Rn. 4; vgl. Leisner, W.G., Die Wahlen zur Vollversammlung der Handwerkskammer, 174).

16

E. Der weitere Verfahrensgang – mögliche Rechtsmittel

Gegen die Entscheidung, die die Handwerkskammer auf einen Einspruch hin getroffen hat, bestehen Rechtsmittel. Die Rechtsnatur der Einspruchsentscheidung durch die Handwerkskammer ist die eines Verwaltungsaktes (vgl. VGH Mannheim NVwZ-RR 1998, 366 (367)).

17

Der Antragsteller kann gegen einen ablehnenden Bescheid eine Versagungsgegenklage bzw. ggf. eine Fortsetzungsfeststellungsklage erheben (vgl. BVerwG NVwZ-RR 2003, 110). Im Gegenzug kann jeder Gewählte für den Fall, dass die Wahl für ungültig erklärt wurde, nach Durchführung eines Vorverfahrens falls statthaft, Anfechtungsklage gem. § 42 Abs. 1 Alt. 1 VwGO gegen diese Entscheidung erheben (vgl. Honig/Knörr Rn. 6). Was die in einem Gerichtsverfahren vorgebrachten Ungültigkeitsgründe betrifft, so besteht für das Gericht kein Hindernis, Gründe zu prüfen, die im Verfahren vor der Handwerkskammer nicht geltend gemacht wurden (vgl. Honig/Knörr Rn. 7). Das Gericht kann die Wahl, für den Fall, dass es zur Ungültigkeit letzterer kommt, allerdings nicht selbst für ungültig erklären. Es kann die Handwerkskammer nur zur Vornahme dieser Erklärung verpflichten (vgl. Honig/Knörr Rn. 7).

18

Wird eine Anfechtungsklage von einem betroffenen Gewählten gegen die Ungültigkeitsentscheidung erhoben, so hat diese Anfechtungsklage gem. § 80 Abs. 1 S. 1 VwGO aufschiebende Wirkung. Die Voraussetzungen für die Anordnung der sofortigen Vollziehung werden idR nicht vorliegen (vgl. diesbezüglich die Ausführungen → § 100 Rn. 13).

19

F. Auswirkungen der Ungültigkeit der Wahl bzw. der des Einspruchs

Die Einleitung eines Einspruchsverfahrens hat keine Auswirkung auf die Wirksamkeit von zwischenzeitlich gefassten Satzungsbeschlüssen durch die Vollversammlung der Handwerkskammer. Die Gültigkeit der Wahl zur Vollsammlung stellt nämlich insbes. keine Vorfrage für die Rechtmäßigkeit von Satzungsbeschlüssen dar (vgl. Hahn GewArch 2003, S. 217 (219)). Das Einspruchsverfahren aus § 101 stellt ein eigenständiges Verfahren dar, daher kann die Frage der Gültigkeit der Wahl keine Vorfrage im Rahmen eines anderen Verfahrens sein (vgl. BVerwG NJW 1999, 2292 (2294)).

20

Aber auch für den Fall, dass im Einspruchsverfahren bzw. am Ende des gerichtlichen Verfahrens die Wahl für ungültig erklärt wird, wird die Wirksamkeit von zwischenzeitlich gefassten Beschlüssen nicht berührt. Diese Entscheidung wird durch die Argumentation des BVerfG bei der Wahl der Landtage und des deutschen Bundestages gestützt, wonach es mit der Rechtssicherheit und der Rechtsklarheit unvereinbar sei, wenn Maßnahmen und Beschlüsse des Organs, die bis zur Rechtskraft der Wahlprüfungsentscheidung getroffen bzw. gefasst wurden, in ihrem Rechtsbestand in ihrer Verbindlichkeit in Frage gestellt würden (vgl. BVerfGE 1, 14 (38)). Dass diese für Landtags- und Bundestags-Wahlen entwickelten Grundsätze auf das Kammerwahlrecht übertragen werden, ist unbedenklich (vgl. BVerwG NJW 1999, 2292 (2295)).

21

§ 102 [Ablehnung der Wahl; Amtsniederlegung]

(1) Der Gewählte kann die Annahme der Wahl nur ablehnen, wenn er
1. das sechzigste Lebensjahr vollendet hat oder
2. durch Krankheit oder Gebrechen verhindert ist, das Amt ordnungsmäßig zu führen.

(2) Ablehnungsgründe sind nur zu berücksichtigen, wenn sie binnen zwei Wochen nach der Bekanntgabe des Wahlergebnisses bei der Handwerkskammer geltend gemacht worden sind.

(3) Mitglieder der Handwerkskammer können nach Vollendung des sechzigsten Lebensjahrs ihr Amt niederlegen.

Literatur: Diefenbach, Wilhelm, Zur Organstruktur der Handwerks- und der Industrie- und Handelskammern, GewArch 2006, 313

Überblick

§ 102 regelt die Möglichkeiten eines Gewählten, direkt im Anschluss an die Wahl die Wahl abzulehnen, bzw. die Voraussetzungen für die nachträgliche **Amtsniederlegung** während der Wahlperiode.

Die Norm wurde seit Erlass der Handwerksordnung nicht geändert.

A. Ablehnungsgründe

1   Die in § 102 Abs. 1 Nr. 1 und 2 aufgezählten **Ablehnungsgründe** sind abschließend. Dies ergibt sich bereits aus dem Wortlaut der Norm, die „nur" diese beiden Gründe zulässt. Daraus folgt, dass der Gewählte grds. verpflichtet ist, das Amt in der Vollversammlung wahrzunehmen (vgl. Detterbeck Rn. 1; Schwannecke Rn. 1).

2   Was das zuständige **Entscheidungsorgan** betrifft, so trifft die Handwerksordnung selbst keine genaue Regelung. § 102 Abs. 2 sieht nur vor, dass die **Ablehnungsgründe** bei der Handwerkskammer geltend gemacht werden müssen. Dementsprechend können jedoch wiederum nur die Organe der Handwerkskammer gem. § 92 für die Entscheidung zuständig sein. Falls die Satzung der Handwerkskammer kein zuständiges Organ festlegt, erscheint es insbes. auch praktikabel, dass auch das Wahlprüfungsorgan iSv § 100 (vgl. die Ausführungen dort → § 100 Rn. 5) für die Entscheidung über die Ablehnung des Amtes zuständig ist (vgl. Detterbeck Rn. 1). IZw ist in jedem Fall die Vollversammlung zuständig (vgl. Diefenbach GewArch 2006, 313 (317) (318)) da diese als Hauptorgan der Handwerkskammer von Verfassung wegen die wesentlichen Sach- und Personalfragen selbst zu regeln hat (vgl. Diefenbach GewArch 2006, 313 (317) (318); vgl. die Ausführungen zu → § 100 Rn. 5).

3   Die Handwerkskammer sieht zwei **Ablehnungsgründe** vor. Zum einen kann bei Vollendung des 60. Lebensjahres die Wahl zur Vollversammlung abgelehnt werden. Die Berechnung richtet sich nach § 187 Abs. 2 BGB, sodass der 60. Geburtstag innerhalb der Zwei-Wochen-Frist aus § 102 Abs. 2 liegen muss.

4   Der weitere mögliche **Ablehnungsgrund** zum anderen ist der, dass durch Krankheit oder Gebrechen eine ordnungsgemäße Amtsführung unmöglich ist. Ob diese Voraussetzung erfüllt ist, kann die Handwerkskammer entweder selbst feststellen, oder aber sich der Hilfe Dritter bedienen, indem sie die Vorlage von **ärztlichen**, gegebenenfalls auch **amtsärztlichen Bescheinigungen** verlangt. Die Kosten hierfür sind durch den Gewählten zu tragen, der auch verpflichtet ist, die angeforderten Bescheinigungen herbeizuschaffen (vgl. Schwannecke Rn. 2).

B. Verfahrensanforderungen (§ 102 Abs. 2)

5   Die vorstehend erläuterten **Ablehnungsgründe** können jedoch nur dann iRd Ablehnungsentscheidung berücksichtigt werden, wenn sie innerhalb einer Zwei-Wochen-Frist nach Bekanntgabe des Wahlergebnisses bei der Handwerkskammer geltend gemacht werden. Die Zwei-Wochen-Frist stellt insoweit eine materielle Präklusionsfrist dar. Sie ist insbes. auch auf beide aufgezählte **Ablehnungsgründe** anzuwenden, auch wenn gem. § 104 Abs. 1

für den Fall der Krankheit bzw. des Gebrechens sogar die Pflicht besteht, aus dem Amt auszuscheiden (vgl. Detterbeck Rn. 2). Grund für diese unterschiedliche Behandlung ist der Gesetzeszweck von § 102. Die Norm soll sicherstellen, dass innerhalb kurzer Frist erkennbar ist, wer Mitglied der Vollversammlung geworden ist. Es sollen Unklarheiten vermieden werden (vgl. Detterbeck Rn. 3). § 102 soll hingegen niemanden aus seinem Amt zwingen.

Maßgeblicher Zeitpunkt für den Fristbeginn ist die Bekanntgabe des Wahlergebnisses gem. § 100 Abs. 2 (vgl. hierzu die Ausführungen unter → § 100 Rn. 23 ff.), dh die förmliche Bekanntmachung des Wahlergebnisses durch das zuständige Prüfungsorgan im Publikationsorgan der Handwerkskammer. **6**

C. Konsequenzen der Ablehnungsentscheidung

Für den Fall, dass das Entscheidungsorgan den Ablehnungsantrag ablehnt, steht dem Gewählten statthaft Widerspruch, sonst Anfechtungsklage gem. § 42 Abs. 1 Alt. 1 VwGO zu (vgl. Honig/Knörr Rn. 2). Bis zu einer rechtskräftigen Entscheidung über die Ablehnung besteht für das gewählte Mitglied grds. die Pflicht zur Amtsausübung. Der Verstoß gegen diese Pflicht bleibt allerdings sanktionslos, da das Gesetz davon ausgeht, dass eine erzwungene Mitwirkung an der Selbstverwaltung keinen Nutzen, sondern eher Schaden bringt (vgl. Honig/Knörr Rn. 2). **7**

D. Die Amtsniederlegung aus Altersgründen (§ 102 Abs. 3)

Unabhängig von der unmittelbar nach der Wahl durchzuführenden Ablehnung des Amtes, steht dem Amtsinhaber während der Wahlperiode unter bestimmten Voraussetzungen die Möglichkeit zu, sein Amt niederzulegen. Voraussetzung der **Amtsniederlegung** während der Wahlperiode ist, dass der Gewählte das 60. Lebensjahr vollendet hat. Die Vollendung des 60. Lebensjahres findet gem. § 187 Abs. 2 BGB am 60. Geburtstag des Vollversammlungsmitglieds statt. Die **Amtsniederlegung** stellt eine bloße Möglichkeit für den Amtsinhaber dar, es besteht kein Zwang zur **Amtsniederlegung** aus Altersgründen (vgl. Honig/Knörr Rn. 3). **8**

Für den Fall allerdings, dass der Amtsinhaber das Amt niederlegen möchte, hat er einen diesbezüglichen Rechtsanspruch. Diesen Rechtsanspruch muss der Amtsinhaber durch ausdrückliche, empfangsbedürftige Willenserklärung erklären (vgl. Honig/Knörr Rn. 3). **9**

Die **Amtsniederlegung** ist zwar nicht fristgebunden, für die wirksame Willenserklärung ist allerdings der Zugang beim Kammervorstand maßgeblich (vgl. Detterbeck Rn. 3; Honig/Knörr Rn. 3). Es erscheint zweckmäßig, eine Eingangsbestätigung zu erteilen (vgl. Schwannecke Rn. 5). **10**

§ 103 [Amtsdauer]

(1) ¹**Die Wahl zur Handwerkskammer erfolgt auf fünf Jahre.** ²**Eine Wiederwahl ist zulässig.**

(2) **Nach Ablauf der Wahlzeit bleiben die Gewählten solange im Amt, bis ihre Nachfolger eintreten.**

(3) ¹**Die Vertreter der Arbeitnehmer behalten, auch wenn sie nicht mehr im Betrieb eines Handwerks oder eines handwerksähnlichen Gewerbes beschäftigt sind, solange sie im Bezirk der Handwerkskammer verbleiben, das Amt noch bis zum Ende der Wahlzeit, jedoch höchstens für ein Jahr.** ²**Im Falle der Arbeitslosigkeit behalten sie das Amt bis zum Ende der Wahlzeit.**

Überblick

§ 103 regelt die Wahlperiode und damit die Amtsdauer der Vollversammlungsmitglieder (→ Rn. 1), wobei für das Ausscheiden der Arbeitnehmervertreter aus dem Amt ggü. § 104 eine Sonderregelung getroffen wird (→ Rn. 2).

HwO § 104 Vierter Teil: Organisation des Handwerks

1   Die **Wahlperiode** beträgt für alle Mitglieder der Vollversammlung 5 Jahre. Dies bedeutet, dass nach Ablauf von 5 Jahren nach der Wahl zur Vollversammlung deren Mandat in der aus der Wahl sich ergebenden Zusammensetzung erlischt. Um die Organkontinuität, damit die Arbeitsfähigkeit der Handwerkskammer zu gewährleisten, muss daher rechtzeitig eine neue Mitgliederwahl stattfinden, deren Wahlperiode sich an die der vorhergehenden Vollversammlung anschließt. Bis zur Neuwahl bleiben die Gewählten im Amt. Eine Überschneidung von Wahlperioden, eine gleichzeitige Amtstätigkeit von früher und später bestellter Vollversammlung darf es nicht geben, ebenso wenig irgendeine Amtstätigkeit eines Mitglieds der früher gewählten Vollversammlung nach Wahl einer neuen (bedenkl. daher Honig/Knörr Rn. 3). Für die Mitglieder des Vorstandes und der Ausschüsse gilt grds., dass ihre Amtszeit mit der Wahlperiode der Vollversammlung endet, welche sie bestellt hat. – Wiederwahl ist ohne Begrenzung zulässig.

2   Für die **Vertreter der Arbeitnehmer** gilt nach Abs. 3 eine Sonderregelung für das Ausscheiden aus dem Amt, ggü. § 104: Sie alle – auch die Gesellenmitglieder – scheiden nicht sogleich aus wenn sie nicht mehr in einem handwerk(sähn)lichen Betrieb im Bezirk der Handwerkskammer beschäftigt sind; sie müssen allerdings im Bezirk verbleiben und können unter dieser Voraussetzung ihr Amt noch bis zum Ende der Wahlzeit, höchstens aber für ein Jahr, ausüben. Werden sie dagegen arbeitslos, so behalten sie das Amt bis zum Ende der Wahlzeit. Diese Unterscheidung ist berechtigt, weil diese Gewählten ja nicht aufgrund eigener Entscheidung aus der Handwerkstätigkeit ausgeschieden sind (aA Detterbeck Rn. 3).

§ 104 [Ausscheiden aus dem Amt]

(1) Mitglieder der Vollversammlung haben aus dem Amt auszuscheiden, wenn sie durch Krankheit oder Gebrechen verhindert sind, das Amt ordnungsmäßig zu führen oder wenn Tatsachen eintreten, die ihre Wählbarkeit ausschließen.

(2) Gesetzliche Vertreter juristischer Personen und vertretungsberechtigte Gesellschafter der Personengesellschaften haben ferner aus dem Amt auszuscheiden, wenn
1. sie die Vertretungsbefugnis verloren haben,
2. die juristische Person oder die Personengesellschaft in der Handwerksrolle oder in dem Verzeichnis nach § 19 gelöscht worden ist.

(3) Weigert sich das Mitglied auszuscheiden, so ist es von der obersten Landesbehörde nach Anhörung der Handwerkskammer seines Amtes zu entheben.

Überblick

§ 104 regelt die Fälle, in denen ein Vollversammlungsmitglied zur Amtsniederlegung verpflichtet ist (→ Rn. 1 ff.). Verstößt das Mitglied gegen diese Verpflichtung, besteht die Möglichkeit der Amtsenthebung (→ Rn. 3 f.).

1   Die Vorschrift begründet rechtliche Obliegenheiten nur für das zum Ausscheiden aus der Vollversammlung verpflichtete Mitglied: Es muss der Handwerkskammer seinen Rücktritt als Mitglied ihres Organs mitteilen, die Handwerkskammer ist lediglich Adressat dieser Erklärung; deren „Annahme" ist nicht Voraussetzung eines wirksamen Ausscheidens. Mit Zugang, also ohne weiteres Zutun der Handwerkskammer (vgl. Honig/Knörr Rn. 2), wird die Rücktrittserklärung wirksam.

2   Das Mitglied ist nur unter **zwei alternativen Voraussetzungen zum Ausscheiden verpflichtet:** entweder es treten Tatsachen ein, die seine **Wählbarkeit nach den §§ 97–99** ausschließen; es kann sich dabei nur um solche handeln, die erst nach Abschluss der Wahlprüfung (§ 100) ihre Rechtswirksamkeit entfalten („eintreten"); waren sie schon vorher existent, aber nicht bekannt, so ist das Wahlprüfungsverfahren darüber unverzüglich erneut zu eröffnen (Detterbeck § 100 Rn. 3; Honig/Knörr Rn. 1). Spezielle Gründe für das Ausscheiden gesetzlicher Vertreter, juristischer Personen oder vertretungsberechtigter Gesellschafter von Personengesellschaften nennt Abs. 2. Die zweite mögliche Voraussetzung für ein Ausscheiden besteht darin, dass das Mitglied durch **„Krankheit oder Gebrechen"** an

der ordnungsgemäßen Ausübung seiner Funktionen im Bereich der Vollversammlung gehindert ist oder voraussichtlich sein wird. War dies schon vor Aufnahme dieser seiner Tätigkeit der Fall, ja sogar bekannt, so ist das Wahlprüfungsverfahren dennoch insoweit nicht mehr neu aufzunehmen, da der körperliche Zustand keine Voraussetzung der Wählbarkeit ist; er kann sich ja zwischenzeitlich gebessert haben. Weitere Gründe, auch grobe Pflichtverletzung im Amt oder unehrenhaftes Verhalten, verpflichten nicht zum Rücktritt. Ein solcher muss aber jederzeit auch ohne Angabe von Gründen möglich sein und mit seiner Erklärung wirksam werden. Es tritt für das ausscheidende Mitglied jeweils ein(er seiner) Stellvertreter ein (→ § 93 Rn. 3).

Nur im Falle von § 104 Abs. 1 und 2 greift Abs. 3 dann ein, wenn das betreffende Mitglied 3 nicht von sich aus ausscheiden will: Die oberste Landesbehörde (zuständiges Ministerium/Senatsverwaltung) muss eine **Amtsenthebung** des Mitglieds aussprechen, auf Grund der Voraussetzungen und mit den rechtlichen Folgen nach → Rn. 4. Diese Zuständigkeit kann die Landesregierung durch Rechtsverordnung auf andere (Landes-) Behörden übertragen, oder die oberste Landesbehörde zu einer solchen Übertragung ermächtigen (§ 116 S. 1). In Betracht kommt vor allem die höhere Verwaltungsbehörde (Regierungspräsident) als Ermächtigte, nicht aber die Handwerkskammer, da es sich um eine typische Aufgabe der Rechtsaufsicht über deren Funktionsausübung handelt (Schwannecke/Stark HwO § 116).

Die **Entscheidung der Amtsenthebung** ergeht durch Verwaltungsakt. Sie ist von der 4 zuständigen Behörde von Amts wegen vorzunehmen. Die Handwerkskammer ist im Verwaltungsverfahren zu beteiligen und in diesem Rahmen anzuhören. Gegen die Amtsenthebung steht dem Betroffenen die Anfechtungs-, gegen ihre Ablehnung der Handwerkskammer die Verpflichtungsklage (§ 42 VwGO) zu, nicht aber einem Dritten, auch nicht einem anderen Mitglied der Vollversammlung, wohl aber dem etwa zum Eintreten berechtigten oder verpflichteten Stellvertreter (§ 93 Abs. 3).

§ 105 [Satzung der Handwerkskammer]

(1) ¹Für die Handwerkskammer ist von der obersten Landesbehörde eine Satzung zu erlassen. ²Über eine Änderung der Satzung beschließt die Vollversammlung; der Beschluß bedarf der Genehmigung durch die oberste Landesbehörde.

(2) Die Satzung muß Bestimmungen enthalten über
1. den Namen, den Sitz und den Bezirk der Handwerkskammer,
2. die Zahl der Mitglieder der Handwerkskammer und der Stellvertreter sowie die Reihenfolge ihres Eintritts im Falle der Behinderung oder des Ausscheidens der Mitglieder,
3. die Verteilung der Mitglieder und der Stellvertreter auf die im Bezirk der Handwerkskammer vertretenen Handwerke,
4. die Zuwahl zur Handwerkskammer,
5. die Wahl des Vorstands und seine Befugnisse,
6. die Einberufung der Handwerkskammer und ihrer Organe,
7. die Form der Beschlußfassung und die Beurkundung der Beschlüsse der Handwerkskammer und des Vorstands,
8. die Erstellung einer mittelfristigen Finanzplanung und deren Übermittlung an die Vollversammlung,
9. die Aufstellung und Genehmigung des Haushaltsplans,
10. die Aufstellung, Prüfung und Abnahme der Jahresrechnung sowie über die Übertragung der Prüfung auf eine unabhängige Stelle außerhalb der Handwerkskammer,
11. die Voraussetzungen und die Form einer Änderung der Satzung,
12. die Organe, in denen die Bekanntmachungen der Handwerkskammer zu veröffentlichen sind.

(3) Die Satzung darf keine Bestimmung enthalten, die mit den in diesem Gesetz bezeichneten Aufgaben der Handwerkskammer nicht in Verbindung steht oder gesetzlichen Vorschriften zuwiderläuft.

(4) Die Satzung nach Absatz 1 Satz 1 ist in dem amtlichen Organ der für den Sitz der Handwerkskammer zuständigen höheren Verwaltungsbehörde bekanntzumachen.

Literatur: BT-Dr. 12/5918, 25 Entwurf eines Gesetzes zur Änderung der Handwerksordnung, anderer handwerksrechtlicher Vorschriften und des Berufsbildungsgesetzes, Gesetzesentwurf der Fraktionen CDU/CSU, SPD und F.D.P v. 20.10.1993; Eyermann, Erich, Staatsaufsicht über Handwerkskammern, GewArch 1992, 209; Eyermann, Erich, Prüfung einer Handwerkskammer durch einen Rechnungshof aus Sicht der neuen § 105 Abs. 2 Nr. 9, § 106 Abs. 1 Nr. 5 HwO, GewArch 1994, 441; Fröhler, Ludwig/Kormann, Joachim Haushaltsaufsicht über die Handwerkskammer – eine erweiterte Rechtsaufsicht? 1983; Kluth, Winfried, Rechnungslegung, Rechnungsprüfung und Rechnungshofkontrolle der Kammern, WiVerw 2006, 227; Knöpfle, Franz, Die Zuständigkeit der Rechnungshöfe für die Prüfung der Körperschaften des öffentlichen Rechts, 1988, 44 ff. Kopp, Ferdinand O., Die Aufsicht über den Haushalt und das Finanzgebaren der Handwerkskammern, 1992; Kopp, Ferdinand O., Die Zukunft des Handwerksrechts und seiner Organisation, WiVerw 1994, 1; Kopp, Ferdinand O., Die Regelung der Rechnungsprüfung der Handwerkskammern durch die Handwerksordnung, WiVerw 1994, 20; Schöbener, Burkhard/Scheidtmann, André, Kammersatzungen im Gemeinschaftsrecht – Prüfungsmaßstab und Rechtsschutzmöglichkeiten, WiVerw 2006, 286; Volino, Angela, Anmerkung z. BVerwG v. 30.09.2009, IHK, Rechnungshofprüfung, GewArch 2010, 69

Überblick

§ 105 legt die Verpflichtung zum Erlass (→ Rn. 1) einer Satzung der Handwerkskammer sowie die an diese zu stellenden formellen (→ Rn. 19) sowie materiellen Anforderungen (→ Rn. 3 ff.) in Form von zwingenden Regelungsinhalten fest. Vom Erlass wird die mögliche Änderung der Satzung (→ Rn. 2) unterschieden.

A. Erlass und Änderung der Satzung

1   Die Satzung der Handwerkskammer muss durch die oberste Landesbehörde erlassen werden, wenn diese eine Handwerkskammer errichtet (§ 90 Abs. 5 HwO). Der Satzungserlass ist Teil des Errichtungsverfahrens, weil die Handwerkskammer ohne Satzung rechtlich nicht handlungsfähig wäre. Daher ist der Satzungserlass, wie eben die Errichtung der Handwerkskammer, ein staatlicher Organisationsakt. Zu Rechtsschutzmöglichkeiten der Handwerkskammer vgl. Schöbener/Scheidtmann, WiVerw 2006, 286. Der Satzungsbeschluss ist in dem amtlichen Organ der für den Sitz der Handwerkskammer zuständigen höheren Verwaltungsbehörde bekanntzugeben. – Die Kosten der Errichtung wie der Änderung der Satzung trägt die Handwerkskammer (§ 113 Abs. 1 HwO).

2   Vom Erlass der Satzung der Handwerkskammer ist deren **Änderung** zu unterscheiden. Sie setzt voraus, dass „eine Satzung", als ein Normenwerk bereits erlassen ist, das ersichtlich eine „Satzung" als Gesamtregelung für die Handwerkskammer darstellen soll(te), und sich an deren notwendigen Satzungsinhalten nach Abs. 2 orientiert. Soll diese Satzung **abgeändert oder ergänzt** werden, so erfolgt dies ausschließlich durch Beschluss der Vollversammlung (§ 105 Abs. 1 S. 2 HwO). Die Erlassbehörde kann eine Änderung nur im Zug der Änderung des Kammerbezirks vornehmen (§ 90 Abs. 3 S. 2 HwO; § 105 Abs. 2 Nr. 1 HwO). Die Handwerkskammer muss für eine solche Satzungsänderung bereits aufgrund des Satzungserlasses rechtlich handlungsfähig sein, jedenfalls in dem Sinn, dass sie einen solchen Beschluss fassen kann. Dieser bedarf dann (§ 106 Abs. 1 Nr. 14 HwO) der Genehmigung durch die oberste Landesbehörde (§ 105 Abs. 1 S. 2, 2. HS HwO; § 106 Abs. 2 S. 1 HwO); er ist nach Eingang der Genehmigung ebenso bekanntzumachen, wie die Satzung (→ Rn. 1; § 106 Abs. 2 S. 2 HwO).

B. Notwendiger Inhalt der Satzung

3   Die Satzung der Handwerkskammer **muss Bestimmungen enthalten** (§ 105 Abs. 2 HwO) über die dort in den Nummern 1 – 12 aufgeführten Regelungsgegenstände. Auf sie alle müssen sich daher (irgendwelche) Bestimmungen der Satzung beziehen. Deren **Inhalt im Einzelnen**, sowie ihre Ordnung und Systematik unterliegen dem **Normgebungsrecht** der obersten Landesbehörde bzw., bei Änderungen und Ergänzungen, der Vollversammlung: Soweit das Gesetz nicht Regelungen oder rechtlich verbindliche Rahmen für solche vorgibt, kann die Vollversammlung mehr oder weniger weitgehend Einzelbestimmungen erlassen,

Beurteilungs- oder Ermessensspielräume vorsehen. Die Aufzählung der Nummern 1 – 12 schließt aber **weitere Zuständigkeiten der Vollversammlung** nicht aus, welche diese durch Änderung oder Ergänzung der von der obersten Landesbehörde erlassenen Satzung vorsehen kann.

Zu Nr. 1 s. → § 90 Rn. 27, für das gesamte Bundesgebiet besteht ein flächendeckendes Netz von Handwerkskammern. 4

Zu Nr. 2 s. → § 93 Rn. 3, wobei zu lesen ist: Mitglieder der Vollversammlung der Handwerkskammer, da sich die Zahl der Mitglieder der Handwerkskammer aus den vorhandenen Handwerken im Bezirk zwingend ergibt; es ist keine gesetzliche Mindestzahl vorgesehen. 5

Zu Nr. 3 s. → § 93 Rn. 3 für jedes Mitglied der Vollversammlung müssen bis zu zwei Stellvertreter gewählt werden; die Mitglieder müssen die im Bezirk vorhandenen Handwerke der Anlage A und B verhältnismäßig repräsentieren gem. § 93 Abs. 2 S. 1 HwO. 6

Zu Nr. 4 s. → § 93 Rn. 6, eine Zuwahl weiterer sachverständiger Personen iSv. § 93 Abs. 4 HwO ist gem. § 106 Abs. 1 Nr. 2 HwO möglich aber nicht zwingend; eine Änderung des Gruppenverhältnisses darf nicht bewirkt werden. 7

Zu Nr. 5 s. → § 108 Rn. 8, → § 109 Rn. 1 ff.; soll die Zahl der Vorstandsmitglieder höher als 3 sein, so muss dies in der Satzung vorgesehen werden. 8

Zu Nr. 6 s → § 55 Rn. 33 ff.; die Satzung legt fest, wer die Vollversammlung einberuft, in welcher Weise dies zu geschehen hat und in welchen Zeitabständen die Einberufung erfolgt. 9

Zu Nr. 7 s. → § 55 Rn. 34; neben den gesetzlich vorgesehenen Beschlüssen der Vollversammlung, die einer besonderen qualifizierten Mehrheit bedürfen (z. B. § 108 Abs. 3 S. 1 HwO), können in der Satzung zusätzlich noch andere Beschlüsse diesem Erfordernis unterworfen werden. 10

Zu Nr. 8: Die Satzung der Handwerkskammer muss, anders als die der Innungen, eine **mittelfristige Finanzplanung** der Kammer regeln. Das zuständige Organ ist in der Satzung zu bestimmen: es kann dies die Vollversammlung, der Vorstand oder ein Ausschuss sein (§ 92 HwO). Vorstand oder Ausschuss haben dementsprechend die Finanzplanung zu beschließen, oder nur einen Entwurf auszuarbeiten, den die Vollversammlung dann zu beschließen hat oder, wenn er bereits beschlossen ist, abändern kann. Jedenfalls muss aber die Vollversammlung über die Finanzplanung informiert werden. 11

Zu Nr. 9 s. → § 55 Rn. 37; es sind Bestimmungen im Zusammenhang mit dem vom Vorstand aufzustellenden Haushaltsplan und der Jahresrechnung in der Satzung aufzunehmen; zu den Systemen der Doppik und der Kameralistik zwischen denen die Handwerkskammern zur Erstellung des Haushaltsplanes wählen können (Leisner, W.G., HwO und doppelte Buchführung bei den Handwerkskammern, S. 67) vgl. Ausführlich Leisner, W.G., HwO und doppelte Buchführung bei den Handwerkskammern, S. 54 ff.. 12

Zu Nr. 10: Der Begriff der Rechnungsprüfung (vgl. auch § 106 Abs. 1 Nr. 7 HwO) bezieht sich primär auf die formelle Ordnungsmäßigkeit der Rechnung und der Rechnungsführung, umfasst aber auch die darauf aufbauende Prüfung der Haushalts- und Wirtschaftsführung (vgl. Kopp WiVerw 1994, 26). Die Satzung muss die Aufstellung, Prüfung und Abnahme der Jahresrechnung durch die Vollversammlung regeln, soweit diese dafür zuständig sein soll (**kammerinterne** Prüfung). Die Vollversammlung kann praktisch diese Überprüfung nicht selbst (vollständig) durchführen. Vielmehr überträgt sie diese einem Rechnungsprüfungsausschuss der Handwerkskammer (§ 92 HwO). Dieser unterrichtet sodann die Vollversammlung vom Ergebnis seiner Prüfung und diese fasst darüber Beschluss. 13

Eine andere Form der Rechnungsprüfung bei der Handwerkskammer ist die **kammerexterne** Prüfung. Diese Möglichkeit muss zwar die Satzung regeln, damit die Handwerkskammer von dieser Möglichkeit Gebrauch machen kann. Ob, wie und inwieweit die Handwerkskammer diesen Gebrauch machen will, das liegt nicht in ihrem freien Organisationsermessen: Die Prüfung der Jahresrechnung muss sie von einer unabhängigen Instanz vornehmen lassen (vgl. BT-Dr. 12/5918, 25), das ergibt sich eindeutig aus § 106 Abs. 1 Nr. 7. Es steht der Handwerkskammer lediglich ein durch Beschluss der Vollversammlung auszuübendes Auswahlrecht der betreffenden Einrichtung zu. Dieser Beschluss bedarf der Genehmigung durch die Oberste Landesbehörde (§ 105 Abs. 1 S. 2, 2 TS HwO). Zur Rechnungsprüfung vgl. Kopp, Die Aufsicht über den Haushalt und das Finanzgebaren der Handwerkskammer, 1992; ders. WiVerw 1994, 14 ff., 20 ff.). 14

15 Die Überprüfung der Handwerkskammer als einer landesunmittelbaren juristischen Person des Öffentlichen Rechts durch einen **Landesrechnungshof** wird durch §§ 105, 106 weder begründet noch ausgeschlossen; Sie kann durch landesrechtliche Vorschrift angeordnet werden (BayVerfGH Gew Arch 1992, 388; BVerwGE 98, 163 (170 ff.); Knöpfle, Die Zuständigkeit der Rechnungshöfe für die Prüfung der Körperschaften des Öffentlichen Rechts, 1988, 44 ff.). Zur Rechnungsprüfung bei der Industrie- und Handelskammer vgl. Volino Anm. z. BVerwG v. 30.9.2009 GewArch 2010, 69 (74); Reus/Mühlhausen GewArch 2009, 93. In Bayern unterliegt die Haushalts- und Wirtschaftsführung der Prüfung durch den BayObRH (BVerwG GewArch 1995, 377). – Zur Rechnungsprüfung der Handwerkskammer s. Fröhler/Kormann, Haushaltsaufsicht über die Handwerkskammer – eine erweiterte Rechtsaufsicht? 1983; dies. GewArch 1984, 1; Eyermann GewArch 1992, 209 (212); ders. GewArch 1994, 441; Kluth WiVerw 2006, 227).

16 Die einzelnen Mitglieder der Vollversammlung können auf **Einsichtnahme in Prüfungsberichte** der Rechnungsprüfungsinstanz klagen; dieser Informationsanspruch ergibt sich, auch ohne spezielle gesetzliche oder satzungsmäßige Regelung, schon aus ihrer Rechtsstellung und damit ihrer Pflicht zur ordnungsgemäßen Aufgabenerfüllung im Rahmen der Vollversammlung (so für die Industrie- und Handelskammer OVG NRW GewArch 2004, 256 f.).

17 **Zu Nr. 11**: Eine qualifizierte Mehrheit (3/4 wie für die Änderung der Innungssatzung, § 62 Abs. 2 S. 2 HwO) ist für die Änderung oder Ergänzung der Satzung nicht vorgesehen. Allerdings werden hier der Vollversammlung ja bereits durch die satzungserlassende oberste Landesbehörde Vorgaben gemacht. Die Mustersatzung (§ 12 Abs. 3 S. 3 HwO) sieht auch hier eine ¾ Mehrheit der anwesenden Mitglieder vor.

C. Aufgabenkonformität der Satzung (§ 105 Abs. 3)

18 Die Satzung darf nur die Erfüllung gesetzlicher bestimmter Aufgaben der Handwerkskammer zum Gegenstand haben. Weitere Aufgaben darf sich die Handwerkskammer durch Satzungsrecht nicht stellen. Nach dem Gesetzeswortlaut darf sie solche auch nicht insoweit zum Regelungsgegenstand ihrer Tätigkeit machen, als Aufgabenerfüllung der Handwerkskammer nach anderen Gesetzen möglich ist; Einzelheiten sind dann in diesen anderen Gesetzen zu regeln. Die Satzung darf auch in keiner Weise in ihren Bestimmungen irgendwelchen Gesetzesvorschriften widersprechen, was sich schon aus dem Prinzip der Normhierarchie ergibt.

D. Veröffentlichung der Satzung(sänderungen/ergänzungen)

19 Nur **veröffentlichte Satzungen** entfalten Rechtswirksamkeit, von dem Tag an, an dem das entsprechende Publikationsorgan erscheint, oder den sie selbst bestimmen, letzteres unter Beachtung der allgemeinen rechtsstaatlichen Grundsätze über die Rückwirkung von Normen. Die von der obersten Landesbehörde erlassene Satzung ist in dem amtlichen Organ der für den Sitz der zuständigen höheren Verwaltungsbehörde bekanntzumachen (§ 105 Abs. 4 HwO), spätere Änderungen und Ergänzungen der Satzung durch die Handwerkskammer jedoch in deren nach Abs. 2 Nr. 12 in der Satzung bestimmten Organen.

§ 106 [Beschlussfassung der Vollversammlung]

(1) Der Beschlußfassung der Vollversammlung bleibt vorbehalten
1. die Wahl des Vorstands und der Ausschüsse,
2. die Zuwahl von sachverständigen Personen (§ 93 Abs. 4),
3. die **Wahl des Geschäftsführers**, bei mehreren Geschäftsführern des Hauptgeschäftsführers und der Geschäftsführer,
4. die Feststellung des Haushaltsplans einschließlich des Stellenplans, die Bewilligung von Ausgaben, die nicht im Haushaltsplan vorgesehen sind, die Ermächtigung zur Aufnahme von Krediten und die dingliche Belastung von Grundeigentum,

5. die Festsetzung der Beiträge zur Handwerkskammer und die Erhebung von Gebühren,
6. der Erlaß einer Haushalts-, Kassen- und Rechnungslegungsordnung,
7. die Prüfung und Abnahme der Jahresrechnung und die Entscheidung darüber, durch welche unabhängige Stelle die Jahresrechnung geprüft werden soll,
8. die Beteiligung an Gesellschaften des privaten und öffentlichen Rechts und die Aufrechterhaltung der Beteiligung,
8a. die Beteiligung an einer Einrichtung nach § 91 Abs. 2a,
9. der Erwerb und die Veräußerung von Grundeigentum,
10. der Erlaß von Vorschriften über die Berufsausbildung, berufliche Fortbildung und berufliche Umschulung (§ 91 Abs. 1 Nr. 4 und 4a),
11. der Erlaß der Gesellen- und Meisterprüfungsordnungen (§ 91 Abs. 1 Nr. 5 und 6),
12. der Erlaß der Vorschriften über die öffentliche Bestellung und Vereidigung von Sachverständigen (§ 91 Abs. 1 Nr. 8),
13. die Festsetzung der den Mitgliedern zu gewährenden Entschädigung (§ 94),
14. die Änderung der Satzung.

(2) ¹Die nach Absatz 1 Nr. 3 bis 7, 10 bis 12 und 14 gefaßten Beschlüsse bedürfen der Genehmigung durch die oberste Landesbehörde. ²Die Beschlüsse nach Absatz 1 Nr. 5, 10 bis 12 und 14 sind in den für die Bekanntmachungen der Handwerkskammern bestimmten Organen (§ 105 Abs. 2 Nr. 12) zu veröffentlichen.

Literatur: Diefenbach, Wilhelm, Zur Organstruktur der Handwerks- und der Industrie- und Handelskammer, GewArch 2006, 313; Eyermann, Erich, Staatsaufsicht über Handwerkskammern, GewArch 1992, 209; Kluth, Winfried/Goltz, Ferdinand, Führungsteam statt Hauptgeschäftsführer – Zur rechtlichen Zulässigkeit des Verzichts auf die Bestellung eines Hauptgeschäftsführers einer Handwerkskammer und der Einsetzung eines kollegial arbeitenden Führungsteams, GewArch 2003, 265; Leisner, Walter Georg, Ermöglicht die Handwerksordnung die Einführung der doppelten kaufmännischen Buchführung bei den Handwerkskammern? – Zugleich eine vergleichende Analyse der praktizierten Buchführungssysteme der Körperschaften des Öffentlichen Rechts, LFI- Schriftenreihe 2011/12 Schotten, Thomas/Häfner, Sascha, Hauptgeschäftsführer einer Handwerkskammer ist kein Organ, GewArch 2004, 55

Überblick

§ 106 legt fest, welche Bereiche der ausschließlichen Beschlussfassung der Vollversammlung unterliegen (→ Rn. 5 ff.) und bestimmt darüber hinaus, dass für bestimmte Beschlüsse ein Genehmigungserfordernis besteht (→ Rn. 21).

Übersicht

	Rn.		Rn.
A. Die Beschlussfassung durch die Vollversammlung – Allgemeines	1	C. Genehmigung	21
B. Die Gegenstände notwendiger Beschlussfassung im Einzelnen (§ 106 Abs. 1 Nr. 1–14)	5	D. Veröffentlichung	22

A. Die Beschlussfassung durch die Vollversammlung – Allgemeines

Eine Beschlussfassung durch die Vollversammlung muss zwingend zur Regelung der in Abs. 1 Nr. 1–14 aufgezählten Gegenstände erfolgen. Nur idS ist die Aufzählung abschließend und kann durch Satzungsrecht nicht erweitert werden. Insoweit kann die Vollversammlung ihre ausschließliche Zuständigkeit nicht auf andere Organe der Handwerkskammer iSv § 92 delegieren (Schwannecke/Schmitz Rn. 2). **Ausschüsse** können für diese Regelungsbereiche nur zur Vorbereitung der Entscheidungen der Vollversammlung tätig werden, zB bei der Aufstellung der Jahresrechnung (→ § 105 Rn. 13). 1

§ 106 gestattet aber Beschlussfassungen der Vollversammlung in Bereichen, welche iRd Aufgaben der Handwerkskammer nach § 91 liegen, durch Gesetz jedoch nicht anderen Instanzen ausschließlich zugeordnet sind. Dieser Grundsatz gilt für alle Organe der Handwerks- 2 kammer iSd § 92. Es folgt dies bereits aus der allgemeinen organisationsrechtlichen Systematik der Handwerksordnung; es muss also nicht notwendig daraus abgeleitet und damit begründet werden, dass nach § 106 die für die Handwerkskammer wesentlichen und grundlegenden Entscheidungen durch die Vollversammlung zu treffen sind (so aber OVG Koblenz GewArch 1981, 336), oder aus einer „demokratischen Legitimation" der Vollversammlung. Aus § 106 folgt auch nicht, dass die Vollversammlung „im Zweifel" (nur) für alle „Entscheidungen von grundsätzlicher Bedeutung" im Tätigkeitsbereich der Handwerkskammer ausschließlich zuständig wäre (so aber Schwannecke/Schmitz Rn. 2). Eine derartige allgemeine Kompetenzzuweisung wäre kaum mit der erforderlichen rechtsstaatlichen Klarheit vollziehbar und auch nicht mit Blick auf die Entscheidungsmaterien nach Abs. 1 näher bestimmbar.

3   Die Beschlüsse der Vollversammlung haben die **rechtliche Qualität,** die sich aus der Regelung(snotwendigkeit) ihres jeweiligen Gegenstandes ergibt: Soweit sie nach rechtsstaatlichen Grundsätzen nur in Form von allgemein geltenden Bestimmungen wirksam werden können (→ Rn. 5; → Rn. 6; → Rn. 10; → Rn. 11; → Rn. 12; → Rn. 14), insbes. wo sie einen Erlass von „Vorschriften" beinhalten, können sie nur in Satzungsform ergehen, müssen daher den nach Verfassung und Gesetz an den Erlass von solchen Normen zu stellenden formalen und inhaltlichen Anforderungen genügen (OVG Koblenz GewArch 1981, 336); Haushaltsentscheidungen haben dann die Qualität von Satzungsnormen im nur formalen Sinn. Soweit sie (auch) Entscheidungen in konkretisierbaren Einzelfällen zum Inhalt haben (können) (→ Rn. 5; → Rn. 7; → Rn. 8; → Rn. 9; → Rn. 13), ergehen sie in der Form von Verwaltungsakten. Das gilt auch für Organisationsakte in Form von Wahlen (→ Rn. 1 bis → Rn. 3), soweit sie Rechtspositionen einzelner Rechtssubjekte bestimmen.

4   Beschlüsse der Vollversammlung bleiben rechtswirksam, wenn die Wahl zur Vollversammlung nach ihrem Ergehen durch rechtskräftiges verwaltungsgerichtliches Urteil als fehlerhaft beurteilt werden (BVerwGE 108, 169 (176 f.); vgl. dazu → § 101 Rn. 21).

B. Die Gegenstände notwendiger Beschlussfassung im Einzelnen (§ 106 Abs. 1 Nr. 1–14)

5   **Zu Nr. 1, Wahl des Vorstandes und der Ausschüsse:** Das Verfahren der Wahl des Vorstandes ist in all seinen für die ordnungsmäßige Durchführung erforderlichen Einzelheiten satzungsmäßig zu regeln. Gesetzliche Vorgaben gibt § 108; in ihrem Rahmen können Einzelheiten durch Satzungsrecht ausgestaltet werden. Nach dieser Satzungsgrundlage ist sodann jeweils die Vorstands- und Präsidentenwahl durchzuführen. Gleiches gilt für die Ausschüsse (§§ 92, 110) soweit ihre Bestellung nicht bereits gesetzlich geregelt ist (vgl. § 33 ff.: Gesellenprüfungsausschuss). Die Wahlen können nach dem Gesetz in beliebiger zeitlicher Reihenfolge ablaufen; nähere Satzungsregelungen sind aber zulässig.

6   **Zu Nr. 2, Zuwahl der sachverständigen Personen (§ 93 Abs. 4):** Eine feste zeitliche Reihenfolge der Zuwahl im Verhältnis zu den Wahlen nach Nr. 1 ist nicht erforderlich (Schwannecke/Schmitz Rn. 5), kann aber satzungsrechtlich vorgeschrieben werden.

7   **Zu Nr. 3, Geschäftsführerwahl:** Die Handwerkskammer **muss einen Geschäftsführer** haben; dies ergibt sich aus dem Gesetzeswortlaut und entspricht iÜ gefestigter Tradition in der Praxis. Ebenso ist gesetzlich, unabdingbar für das Satzungsrecht, festgelegt, dass der oder die Geschäftsführer, wie auch ein etwa zu bestellender Hauptgeschäftsführer, nicht **„Organe der Handwerkskammer"** sind (s. § 92). Organqualität iSd Handwerksordnung wird ihnen auch nicht durch die Wahl verliehen (hL; vgl. VG Dresden GewArch 2001, 127; Schotten/Häfner GewArch 2004, 55 f.; Detterbeck Rn. 3; Schwannecke/Schmitz Rn. 6; aA Diefenbach GewArch 2006, 315 f.; s. auch Kluth/Goltz GewArch 2003, 267). Der Geschäftsführer ist Mitarbeiter des Vorstandes. Der Geschäftsführer als solcher ist auch nicht zur Vertretung der Handwerkskammer zuständig (§ 109 S. 1), sondern nur der Hauptgeschäftsführer, wenn ein solcher bestellt wird, was nicht notwendig ist (→ Rn. 8).

8   Über die **Wahl** des oder der Geschäftsführer oder eines Hauptgeschäftsführers enthält das Gesetz keine nähere Bestimmung; sie kann daher satzungsrechtlich durch Beschluss der Vollversammlung geregelt werden. Die Bestimmungen zur Vorstandswahl in der Innung (§ 66 Abs. 1) können, müssen aber nicht übernommen werden. Gleiches gilt für die Rechtsstellung des (der) Geschäftsführer und eines etwaigen Hauptgeschäftsführers, sowie für deren Zuständigkeit(sabgrenzung)en: sie können, müssen aber nicht (beliebig) durch Satzungsrecht (näher)

Beschlussfassung der Vollversammlung   § 106 HwO

ausgestaltet werden. Weiteres ergibt sich aus dem jeweiligen Anstellungsvertrag dieser Personen mit der Handwerkskammer.

Nach dem Gesetzeswortlaut **muss ein Geschäftsführer bestellt** werden („Wahl des 9 Geschäftsführers") (Kluth/Goltz GewArch 2003, 269; Schwannecke/Schmitz Rn. 6; aA Schotten/Häfner GewArch 2004, 56; Diefenbach GewArch 2006, 317). Die Vollversammlung kann aber auch mehrere Geschäftsführer wählen, diesen jeweils ihre Zuständigkeiten zuweisen, oder dies dem Vorstand überlassen. Werden mehrere Geschäftsführer gewählt, so muss ein(er von ihnen als) Hauptgeschäftsführer gewählt werden. Die Wahl eines Gremiums von gleichberechtigten Geschäftsführern ist unzulässig (Schwannecke/Schmitz Rn. 6; Detterbeck Rn. 3; Diefenbach GewArch 2006, 316; Kluth/Goltz GewArch 2003, 265 ff.; aA Schotten/Häfner GewArch 2004, 55). Seine Befugnisse gegenüber den ihm nachgeordneten Geschäftsführern können jedoch für diese auch weithin selbstständige Entscheidungsspielräume vorsehen.

Zu Nr. 4, Haushaltsplan, Haushaltswirtschaft: Die Bestimmung unterwirft die 10 **gesamte Haushaltswirtschaft** der Handwerkskammer der Regelungszuständigkeit der Vollversammlung, in Form von Satzungsnormen und Einzelentscheidungen, nach Maßgabe des Gesetzes und näherer Satzungsregelung. Besonders geregelt ist die Beitrags- und Gebührengestaltung (→ § 113 Rn. 5). Dass der Haushaltsplan zwischen Einnahmen und Ausgaben ausgeglichen sein sollte (vgl. Leisner, W.G., HwO und doppelte Buchführung bei den Handwerkskammern, 57 ff.), mag eine allgemeine Direktive des Haushaltsrechts mit Geltung auch für juristische Personen des Öffentlichen Rechts sein (Schwannecke/Schmitz Rn. 7), ebenso gilt ein allgemeiner Wirtschaftlichkeits- und Sparsamkeitsgrundsatz auch für die Handwerkskammer (vgl. Art. 114 Abs. 2 GG). Das Gesetz sieht aber ausdrücklich die Bewilligung von im Haushaltsplan nicht vorgesehenen Ausgaben und die Ermächtigung zur Aufnahme von Krediten sowie dinglicher Belastung von Grundeigentum vor. Bzgl. des Buchführungsverfahrens besteht ein Wahlrecht zwischen Doppik und Kameralistik (vgl. Leisner, W.G., HwO und doppelte Buchführung, 69). Über all dies kann die Vollversammlung allgemeine satzungsrechtliche Regelungen beschließen, aber auch im Einzelfall entscheiden. Dabei hat sie das gesetzliche Haushaltsrecht zu beachten, soweit es für sie gilt. Ein allgemeines Verbot der Kreditaufnahme zu konsumtiven Zwecken gibt es nicht (vgl. auch die Neuregelungen in der Finanzverfassung, Art. 115 ff. GG).

Zu Nr. 5, Beitragsfestsetzung und Gebührenregelung: Durch Beschlüsse der Voll- 11 versammlung sind die rechtlichen Grundlagen dafür normativ zu schaffen. Dies gilt für Beiträge sowohl hinsichtlich der Bestimmung ihres generell-abstrakten Maßstabes als auch für ihre (unter Umständen jährlich wechselnde) Höhe (vgl. OVG Münster GewArch 1973, 15; Schwannecke/Schmitz Rn. 8). Für die Maßstabnormierung der Beiträge ergeben sich nähere Regelungs- und Genehmigungsvorgaben aus § 113 Abs. 1–3, für die Gebühren aus § 113 Abs. 4. § 106 bringt dafür lediglich die – ausschließliche – Zuständigkeitszuweisung an die Vollversammlung.

Zu Nr. 6, Erlass einer Haushalts-, Kassen- und Rechnungslegungsordnung: Nach 12 dem Gesetzeswortlaut dieser durch die Handwerksordnung-Novelle von 1998 neu eingeführten ausschließlichen Zuständigkeit der Vollversammlung ist wohl eine solche Ordnung in einem einheitlich normativen Akt zu erlassen; eine Rechtsverpflichtung dazu besteht aber nicht, nur der Erlass „einer", nicht „der" Ordnung ist vorgesehen; Nr. 6 beinhaltet lediglich eine Zuweisungsregelung der Zuständigkeit, sie entspricht der Mustersatzung der Handwerkskammer (Schwannecke Ordnungsnummer 765): Der inhaltlich für die Wirtschaftsordnung der Handwerkskammer zuständigen Vollversammlung soll auch die alleinige Kompetenz für die Normierung wichtiger formaler Instrumente derselben zustehen.

Zu Nr. 7, Jahresrechnung: Die (notwendige) allgemeine Regelung über Aufstellung, 13 Prüfung und Abnahme der Jahresrechnung und der Übertragung der Prüfung auf eine externe Stelle muss in Satzungsform nach § 105 Abs. 2 Nr. 10 erfolgen (→ § 105 Rn. 13 ff.); die Entscheidungen im jeweiligen Einzelfall stehen ausschließlich der Vollversammlung zu; Letzteres ist der Inhalt von Nr. 7.

Zu Nr. 8, Beteiligung an Gesellschaften: Derartige Fragen treten vor allem auf im 14 Zusammenhang mit der Förderung der wirtschaftlichen Interessen des Handwerks und der ihnen dienenden Einrichtungen (§ 91 Abs. 1 Nr. 9), aber auch bei der Wahl von Formen anderer Aufgabenerfüllung der Handwerkskammer. Hier müssen wirtschaftliche und politische Risiken einer Beteiligung, vor allem an privaten Gesellschaften, stets abgewogen werden gegenüber Vorteilen für die Aufgabenerfüllung durch die Handwerkskammer. Die Zuständigkeitserweiterung von der Entscheidung über die Beteiligung auf die Aufrechterhaltung einer solchen bedeutet nicht, dass unter diesem letzteren Gesichtspunkt laufend alle Beteiligungen einer Prüfung durch die Vollversammlung unterzogen werden müssten; derartiges kommt nur in problematischen Fällen, insbes. bei neuen Entwicklungen der Beteiligungsgesellschaften in Betracht.

15   **Zu Nr. 9, Geschäfte über Grundeigentum:** Ausschließliche Zuständigkeit der Vollversammlung sind Erwerb, Veräußerung, aber auch jede Belastung von Grundeigentum der Handwerkskammer (vgl. § 61 Abs. 2 Nr. 7 lit. a, die entsprechende Bestimmung für die Innungen); die Regelung gilt für jedes Grundstücksgeschäft, auch wenn es unentgeltlich erfolgt.

16   **Zu Nr. 10, Berufsausbildung – Fortbildung:** → § 91 Rn. 21 ff.. Die Verpflichtung einer Teilnahme an der ÜLU kann nur die Vollversammlung anordnen (OVG Koblenz GewArch 1981, 336; OVG Münster DVBl. 1994, 416), ebenso eine Befreiung von derselben (vgl. Schwannecke/Schmitz Rn. 17).

17   **Zu Nr. 11, Erlass von Gesellen- und Meisterprüfungsordnungen:** → § 91 Rn. 23 ff. Der Vorstand ist zu keiner derartigen Änderung befugt (→ § 38 Rn. 1 ff.).

18   **Zu Nr. 12, Vorschriften über die Bestellung und Vereidigung von Sachverständigen:** → § 91 Rn. 32. Der notwendige Inhalt der Vorschriften ist nicht weiter gesetzlich bestimmt, ein Rückgriff auf § 36 GewO ist nicht möglich. Grds. muss jedoch ein Bedürfnis für die Bestellung eines Sachverständigen bestehen.

19   **Zu Nr. 13, Entschädigung für Mitglieder:** → § 94 Rn. 2. Gem. § 94 S. 2 iVm § 66 Abs. 4 ist nur der Erlass von allgemeinen (Satzungs-)Regelungen, nicht Einzelentscheidungen, ausschließliche Zuständigkeit der Vollversammlung; letztere stehen auf deren Grundlage der Verwaltung zu.

20   **Zu Nr. 14, Satzungsänderung:** → § 105 Rn. 2; dort ist bereits die in Abs. 2 vorgesehene Genehmigungsnotwendigkeit normiert.

C. Genehmigung

21   Beschlüsse der Vollversammlung müssen von der obersten Landesbehörde genehmigt werden. Ausnahmen gelten nur für die (Einzel-)Akte der Organbestellung (iwS, Nr. 1–3), da es sich dabei um Selbstverwaltungsangelegenheiten handelt, sowie für Entscheidungen in Einzelfällen von geringer(er) wirtschaftlicher Bedeutung (Nr. 8, 9, 13). Auch Beschlüsse über diese Gegenstände unterliegen jedoch der Rechtsaufsicht der obersten Landesbehörde nach § 115. Diese Genehmigung ist ein Akt der Aufsicht, dabei ist die Überprüfung auf **rechtsaufsichtliche Kontrolle** beschränkt (vgl. Schwannecke/Schmitz Rn. 24; Eyermann GewArch 1992, 209, (214)). Gegen die Versagung der Genehmigung, die in Form eines **Verwaltungsakts** ergeht, kann die Handwerkskammer die verwaltungsgerichtliche Verpflichtungsklage (§ 42 VwGO) erheben (BVerwG GewArch 1963, 235); es handelt sich nicht um einen Mitwirkungsakt der obersten Landesbehörde bei einer Normsetzung durch die Handwerkskammer (Detterbeck Rn. 12).

D. Veröffentlichung

22   Die Veröffentlichung ist für Beschlüsse nach Nr. 3–7, 10–12 und 14 erforderlich; sie werden erst mit ihr wirksam. Die Veröffentlichung kann nur nach der Genehmigung erfolgen und auch für deren Bekanntmachung ist Veröffentlichungsorgan stets das Organ der Handwerkskammer, nicht das der Genehmigungsbehörde.

§ 107 [Zuziehung von Sachverständigen]

Die Handwerkskammer kann zu ihren Verhandlungen Sachverständige mit beratender Stimme zuziehen.

Überblick

§ 107 eröffnet der Handwerkskammer die Möglichkeit Sachverständige bei der Vorbereitung von Sachentscheidungen in beratender Funktion einzubinden.

Die Vorschrift ist inhaltlich ersichtlich darauf beschränkt, der Vollversammlung die Zuziehung von Sachverständigen zu ihren „Verhandlungen" zu gestatten, welche ihr nicht bereits als zugewählte Mitglieder (§ 93 Abs. 4) angehören. Dasselbe gilt daher auch für Ausschüsse (§ 107 S. 2). Für das dritte Organ der Handwerkskammer, den Vorstand (§ 92), bedarf es einer solchen Zuziehung nicht, weil in diesem Bereich ja nicht „verhandelt" wird. Dass der Vorstand sich ebenfalls sachverständiger Berater bedienen darf, ist selbstverständlich, soweit ihm selbst die für eine spezielle Entscheidung oder auch allgemein die erforderliche Sachkunde fehlt. Für „Sachverständige nach § 107" gelten nicht die speziellen Voraussetzungen, unter denen Sachverständige nach § 91 Abs. 1 Nr. 8 bestellt werden dürfen. Sachkundig müssen sie selbstverständlich sein, jeweils für die einzelnen „Handlungsgegenstände", zu deren Beratung sie zugezogen werden. Sie haben dann einen Status von „Mitgliedern der Vollversammlung mit beratender Stimme", der insoweit dem der Zugewählten nach § 93 Abs. 4 entspricht, aber eben nur für die Verhandlungen über diese Gegenstände. Ihr Rechtsverhältnis zur Handwerkskammer unterliegt vertraglicher Einigung; diese kann, da es sich immerhin um Organtätigkeit handelt, wohl auch durch öffentlich-rechtlichen Vertrag geregelt werden, allerdings auch durch privatrechtliche Vereinbarung. 1

§ 108 [Vorstands- und Präsidentenwahl]

(1) ¹Die Vollversammlung wählt aus ihrer Mitte den Vorstand. ²Ein Drittel der Mitglieder müssen Gesellen oder andere Arbeitnehmer mit abgeschlossener Berufsausbildung sein.

(2) Der Vorstand besteht nach näherer Bestimmung der Satzung aus dem Vorsitzenden (Präsidenten), zwei Stellvertretern (Vizepräsidenten), von denen einer Geselle oder ein anderer Arbeitnehmer mit abgeschlossener Berufsausbildung sein muß, und einer weiteren Zahl von Mitgliedern.

(3) ¹Der Präsident wird von der Vollversammlung mit absoluter Stimmenmehrheit der anwesenden Mitglieder gewählt. ²Fällt die Mehrzahl der Stimmen nicht auf eine Person, so findet eine engere Wahl zwischen den beiden Personen statt, welche die meisten Stimmen erhalten haben.

(4) ¹Die Wahl der Vizepräsidenten darf nicht gegen die Mehrheit der Stimmen der Gruppe, der sie angehören, erfolgen. ²Erfolgt in zwei Wahlgängen keine Entscheidung, so entscheidet ab dem dritten Wahlgang die Stimmenmehrheit der jeweils betroffenen Gruppe. ³Gleiches gilt für die Wahl der weiteren Mitglieder des Vorstands.

(5) Die Wahl des Präsidenten und seiner Stellvertreter ist der obersten Landesbehörde binnen einer Woche anzuzeigen.

(6) Als Ausweis des Vorstands genügt eine Bescheinigung der obersten Landesbehörde, daß die darin bezeichneten Personen zur Zeit den Vorstand bilden.

Literatur: Leisner, Walter-Georg, Zulässigkeit satzungsmäßiger Altersgrenzen für die Wählbarkeit als Organvertreter in Handwerksorganisationen? LFI-Schriftenreihe 2014

Überblick

§ 108 regelt die Zusammensetzung (→ Rn. 1 ff.), die interne Organisation (→ Rn. 9) und das Verfahren der Wahl zum Vorstand (→ Rn. 8 ff.) der Handwerkskammer.

A. Zusammensetzung des Vorstands (§ 108 Abs. 1, 2)

Der Vorstand muss ausschließlich aus Mitgliedern der Vollversammlung bestehen (Abs. 1 S. 1). Die Zahl seiner Mitglieder muss jedenfalls drei betragen, von denen einer zum Präsiden- 1 ten, die beiden anderen zu Vizepräsidenten der Handwerkskammer und Vertretern von deren Präsident gewählt werden (müssen). Die Satzung kann eine größere Zahl von Vorstandsmitgliedern vorsehen; sie muss jedoch durch 3 teilbar sein (Abs. 1 S. 2).

2 **In den Vorstand wählbar** sind sämtliche Mitglieder der Vollversammlung, welche zum Zeitpunkt der Vorstandswahl der Vollversammlung angehören, die sich idR kurz nach der Versammlungswahl konstituiert (§ 93), nicht aber die gewählten Vertreter (§ 93 Abs. 3). In den Vorstand gewählt können daher auch die in der Vollversammlung Zugewählten nach § 93 Abs. 4, soweit deren Wahl bereits erfolgt ist. Da ein Zeitpunkt für diese Zuwahl gesetzlich nicht bestimmt ist, kann die Wahl eines Zugewählten in den Vorstand dadurch verhindert werden, dass der Vorstand vor dieser Zuwahl gewählt wird (Schwannecke Rn. 1; aA Detterbeck § 106 Rn. 1). Die Satzung kann aber vorgängige Zuwahl vorsehen.

3 Ein Drittel der Vorstandsmitglieder muss der Mitgliedergruppe (§ 93 Abs. 2) der „Gesellen und anderen Mitgliedern mit abgeschlossener Berufsausbildung" angehören, die in A- oder B-Betrieben beschäftigt sind (§ 93 Abs. 1 S. 2). Angehörige dieser Gruppe stellen also jedenfalls einen Vizepräsidenten; ein derartiges Gruppenmitglied der Vollversammlung kann aber auch zum Präsidenten gewählt werden (Detterbeck Rn. 2).

B. Status der Vorstandsmitglieder

4 Der Status der Vorstandsmitglieder wird durch ihre Aufgaben und Befugnisse (§ 109), näher durch die Satzung bestimmt (§ 106 Abs. 2 Nr. 5). Die **Zuständigkeitsverteilung** kann die Vollversammlung durch Satzung regeln – unbeschadet des Vertretungsrechts des Präsidenten oder zweier Vorstandsmitglieder nach § 109 S. 1 u. 2; die Kompetenzabgrenzung kann aber auch durch Geschäftsordnung des Vorstandes erfolgen. Vorgaben dafür hinsichtlich der sachlichen Zuständigkeit der einzelnen Vorstandsmitglieder enthält die Handwerksordnung nicht. Insbes. muss die Zuständigkeitsverteilung bezüglich der Bedeutung der jeweiligen Aufgaben keine gleichgewichtige sein. Ausgeschlossen ist aber wohl, nach Gesetzeswortlaut, ein hierarchisches Über-Unterordnungsverhältnis zwischen den einzelnen Geschäftsführern, was jedoch Kooperationsverpflichtung derselben im Einzelfall nicht ausschließt. Eine Überordnung des Präsidenten über die anderen Vorstandsmitglieder ist wohl lediglich über Zustimmungs-, nicht aber Anordnungsrecht zulässig. Das Gesetz geht von einer grundsätzlichen „Gleichordnung nach innen" aus, unbeschadet eines (möglichen) Vorrangs für den Präsidenten bei der Vertretung nach außen (§ 109 S. 1); dies entspricht auch dem gleichen Bestellungsmodus für alle Vorstandsmitglieder, durch Wahl seitens der Vollversammlung.

5 Gewisse **Beschränkungen der Wählbarkeit zum Vorstand** durch die Satzung sind zulässig, vgl. ausf. hierzu Leisner, W.G., Zulässigkeit satzungsmäßiger Altersgrenzen. Diese kann eine **Altersgrenze** vorsehen (zu Gründen einer solcher Regelung vgl. Honig/Knörr Rn. 4 f.) und die Wiederwahlmöglichkeit beschränken. Wegen **Interessenkollisionen** sollen Innungsobermeister oder Kreishandwerksmeister von der Wählbarkeit in den Vorstand ausgeschlossen sein (vgl. Mustersatzung Schwannecke Ordnungsnummer 765 § 17 Abs. 2; Steffens GewArch 1960, 175; aA Dannbeck GewArch 1961, 73). Nach Detterbeck Rn. 7 sollen sie jedenfalls, im Hinblick auf die Aufsichtsrechte des Vorstandes über diese Organe des Handwerks, wenigstens von der Teilnahme an diesbezüglichen Verhandlungen der Vollversammlung gehindert sein; dies Letztere ist allerdings problematisch, da sie gerade insoweit spezielle Sachkunde einbringen können.

6 Die Vorstandsmitglieder sind **gleichzeitig Mitglieder der Vollversammlung,** was auch Gestaltungen des deutschen Parlamentsrechts entspricht. Die Satzung kann eine zeitliche Beschränkung ihrer Amtszeit vorsehen, nach deren Ablauf dann unverzüglich eine Wiederwahl stattfinden muss; bis zu dieser bleiben die bisherigen Vorstandsmitglieder im Amt (Mustersatzung bei Schwannecke Ordnungsnummer 765 § 17 Abs. 3).

7 Eine **Abberufungsmöglichkeit** der Vorstandsmitglieder aus diesem ihrem Amt sieht das Gesetz nicht vor, ebenso wenig eine **Verpflichtung zum Ausscheiden aus dem Amt des Vorstandsmitglieds;** eine solche ist allerdings die Folge eines Ausscheidens aus der Vollversammlung (§ 104). Eine **Abberufung von Mitgliedern des Vorstands,** (lediglich) aus diesem Amt, sieht die Mustersatzung (Schwannecke Ordnungsnummer 765 § 17 Abs. 4 – in Anlehnung an die entsprechende gesetzliche Regelung für den Innungsvorstand § 66 Abs. 2) vor. Damit werden die Voraussetzungen des Amtsverlusts verschärft: er kann hier

auch wegen grober Pflichtverletzung erfolgen, während die Mitgliedschaft in der Vollversammlung auch bei einer solchen bestehen bleibt. Allerdings soll für die Abberufung von Mitgliedern des Vorstandes eine ¾-**Mehrheit der Anwesenden** erforderlich sein. Angesichts der besonderen zusätzlichen Aufgaben der Mitglieder des Vorstandes, gegenüber denen der Vollversammlung, dürfte eine solche Regelung nicht unzulässig sein.

C. Verfahren der Wahl des Präsidenten (§ 108 Abs. 3)

Das Gesetz sieht zwingend die **Wahl des Präsidenten** mit absoluter Stimmenmehrheit der anwesenden Mitglieder der Vollversammlung vor (§ 108 Abs. 3 S. 1). Erreicht kein Mitglied der Vollversammlung diese Stimmenzahl, so findet ein zweiter Wahlgang statt, in dem nur mehr die beiden Mitglieder wählbar sind, welche die meisten Stimmen erhalten haben. Gewählt ist dann, nach dem Gesetzeswortlaut, derjenige, welcher die meisten Stimmen erhalten hat. Die Satzung kann wohl weitere Wahlgänge (entspr. etwa der Wahl des Bundespräsidenten, Art. 54 Abs. 6, 7 GG) nach § 106 Abs. 2 Nr. 5 vorsehen (Detterbeck Rn. 4; Schwannecke Rn. 7), in ihnen (zunächst) das Erreichen der absoluten Mehrheit verlangen. Sie müssen aber wohl zwischen den beiden Kandidaten stattfinden, welche die meisten Stimmen erhalten haben. Wird auch in diesen Wahlgängen die absolute Mehrheit von keinem der beiden erreicht, oder zieht einer der beiden seine Kandidatur zurück, so ist der andere mit einfacher (relativer) Mehrheit der meisten Stimmen gewählt. Ein Losentscheid (vgl. Mustersatzung Schwannecke Ordnungsnummer 765 § 18 Abs. 1) muss nach dem Gesetz wohl möglich sein, wenn die beiden Kandidaten, zwischen denen allein noch eine Auswahl möglich ist, in den lediglich dafür zur Verfügung stehenden Wahlgängen die jeweils gleiche Stimmenzahl erhalten.

8

D. Wahl der Vizepräsidenten und der weiteren Vorstandsmitglieder

Nach der Handwerksordnung sind die beiden gesetzlich vorgesehenen **Vizepräsidenten**, als notwendige Vertreter des Präsidenten (§ 108 Abs. 2), in der gleichen Weise wie der Präsident (→ Rn. 8) zu wählen: Sämtliche „Gruppen" (vgl. § 93 Abs. 1, § 108 Abs. 4) stimmen mit all ihren jeweiligen Mitgliedern **gemeinsam** in der Wahl von allen jeweils einzeln zu wählenden Vorstandsmitgliedern ab (**Friedenswahl**). In dieser Form werden zwei Wahlgänge durchgeführt (vgl. Abs. 3) die relative Mehrheit erreicht. Die Satzung kann hier aber weitere Wahlgänge in Form der „Friedenswahl" nicht vorsehen (§ 108 Abs. 4 S. 2). In diesen beiden erforderlichen Wahlgängen (in Form der „Friedenswahl") gilt überdies bereits: Keiner der hier zu wählenden Vorstandsmitglieder darf **gegen den Willen der Gruppe** gewählt werden, der er angehört, als deren Vertreter der Betreffende also in die Vollversammlung gewählt worden ist (§ 108 Abs. 4 S. 1). Wird die erforderliche Mehrheit nach der Friedenswahl oder wird diese Gruppenmehrheit verfehlt, so ist in einem dritten – und notwendig letzten – Wahlgang die einfache Mehrheit der Gruppe, welcher der zu Wählende angehört, entscheidend. Die Satzung kann hier also nicht (zunächst) einen Wahlgang vorsehen, in dem die absolute Gruppenmehrheit erreicht sein muss. Diese gesamte Regelung gilt für die Gruppe der Gesellen und anderen Arbeitnehmern (§ 93 Abs. 1 S. 2), aber auch für die Gruppe der Betriebsinhaber. (Zum Minderheitsschutz in diesem Zusammenhang vgl. John WiVerw 1994, 45 ff.).

9

E. Anzeige der Vorstandswahlen, Bescheinigung der Vorstandsstellung (§ 108 Abs. 5, 6)

Die Handwerkskammer hat die Wahl des Präsidenten und seiner Vertreter (§ 108 Abs. 2), nicht aber die der nichtvertretungsberechtigten Vorstandsmitglieder, innerhalb einer Woche der **obersten Landesbehörde anzuzeigen**. Diese hat auf dieser Grundlage eine Bescheinigung darüber auszustellen, wer zurzeit den Vorstand bildet (§ 108 Abs. 6; vgl. für die Innung § 66 Abs. 1 S. 4 bzw. Abs. 3). Die Bescheinigung dient als Vollmachtsurkunde bei Handlungen in Vertretung der Handwerkskammer (vgl. § 71 ff. BGB). Auf die Wirksamkeit der Wahl haben Anzeige und Bescheinigung jedoch keinen Einfluss. Die Landesregierungen können nach § 116 die Behördenzuständigkeit nach § 108 Abs. 6 anders bestimmen und die obersten Landesbehörden auch zur Übertragung der Kompetenz ermächtigen.

10

§ 109 [Befugnisse des Vorstands; Vertretungsrecht]

¹Dem Vorstand obliegt die Verwaltung der Handwerkskammer; Präsident und Hauptgeschäftsführer vertreten die Handwerkskammer gerichtlich und außergerichtlich. ²Das Nähere regelt die Satzung, die auch bestimmen kann, daß die Handwerkskammer durch zwei Vorstandsmitglieder vertreten wird.

Literatur: Diefenbach, Wilhelm, Zur Organstruktur der Handwerks- und der Industrie- und Handelskammern, GewArch 2006, 313

Überblick

§ 109 legt fest, dass dem Vorstand die Verwaltung der Handwerkskammer anvertraut ist (→ Rn. 1) und begründet die Vertretungsbefugnis des Präsidenten und des Hauptgeschäftsführers, soweit nicht die Satzung eine andere Vertretungsregelung zu Gunsten von zwei Vorstandsmitgliedern trifft (→ Rn. 2).

A. Befugnisse des Vorstandes: Verwaltung

1   Die Befugnisse des Vorstandes werden allgemein durch die Bestimmung (S. 1 Hs. 1) umschrieben, dass ihm die **Verwaltung** der Handwerkskammer obliegt. Nur in deren Rahmen kann die Satzung Näheres regeln (§ 105 Abs. 2 Nr. 5); stets hat dies jedoch in allgemeinnormativer Form zu erfolgen, nicht in der von konkreten Einzelentscheidungen. Zur Verwaltung gehört insbes. die **Anwendung des Gesetzes- und Satzungsrechts**, nach dessen Auslegung innerhalb der der Verwaltung nach allgemeinen Grundsätzen zulässigerweise eröffneten Ermessens- und Beurteilungsspielräumen. Nicht zu der Verwaltung iSd § 109 gehören Entscheidungen in Bereichen, welche einem anderen Organ durch Gesetzes- oder Satzungsrecht zugeordnet sind. Insbes. stehen dem Vorstand haushalts-, beitrags- und gebührenrechtliche Entscheidungen nur im Rahmen und auf der Grundlage von Beschlüssen der Vollversammlung zu (§ 106 Abs. 1 Nr. 4–7), ebenso solche über Beteiligung an Gesellschaften und über Grundeigentum der Handwerkskammer (§ 106 Abs. 1 Nr. 8, 9). Ferner zählen zur Verwaltung Entscheidungen im Zusammenhang mit der Führung der Handwerksrolle (§§ 6 ff.) sowie die Kontrolle über die Einhaltung von Ausbildungsvorschriften im Einzelfall (vgl. § 111), schließlich die Festsetzung eines Ordnungsgeldes (§ 112). Die Führung der Aufsicht über die Innungen (§ 75) ist allgemein Verwaltungsangelegenheit, wichtige Entscheidungen in diesem Rahmen können aber satzungsmäßig der Vollversammlung vorbehalten werden (etwa §§ 56, 61 Abs. 3, 62 Abs. 3, 76). Die dem Vorstand nach allgemeinen Grundsätzen zustehende Befugnis zur Erledigung von „**Geschäften der laufenden Verwaltung**" kann die Verwaltungskompetenz bereichsmäßig nicht erweitern – etwa in Richtung auf „häufig wiederkehrende Geschäfte".

B. Vertretung der Handwerkskammer

2   Rechtsakte, welche die Handwerkskammer im Verhältnis zu Dritten berechtigen oder verpflichten, also Vertretungsakte, können kraft Gesetzes (S. 1) nur in Gesamtvertretung der Präsident und der Hauptgeschäftsführer vornehmen (vgl. Diefenbach GewArch 2006, 313 (314); diese Befugnis bezieht sich, umfassend, auf alle derartigen Handlungen (allgemeine Vertretungsvollmacht). Die Satzung kann „das Nähere" regeln, jedoch nur im Rahmen der Gesetze (vgl. §§ 164 ff. BGB). Sie kann, statt der Gesamtvertretungsregelung nach S. 1, eine Gesamtvertretung durch je zwei Vorstandsmitglieder vorsehen (S. 2), die auch konkret genannt werden können. Einem Geschäftsführer, kann eine Einzelvertretungsmacht durch sie nicht übertragen werden. Die Inhaber der Vollmacht können gemeinschaftlich Einzelvertretungs(vollzugs)vollmacht handlungsfähigen Rechtsobjekten für gewisse Angelegenheiten erteilen (Detterbeck Rn. 4). Auch deren Erteilung kann satzungsmäßig näher geregelt, insbes. beschränkt oder ausgeschlossen werden.

C. Geschäftsführung

3   Rechtsakte mit Innenwirkung im Bereich der Handwerkskammer werden im Rahmen der Geschäftsführung gesetzt. Die Geschäftsführung beinhaltet kein Vertretungsrecht für

Handlungen aller Art im Gesamtbereich der Verwaltung (→ Rn. 1) für die Vertretung der Handwerkskammer nach außen (→ Rn. 2). Für die Geschäftsführung muss die Vollversammlung (wenigstens) einen Geschäftsführer wählen (§ 106 Abs. 1 Nr. 3). Sie kann aber auch mehrere Geschäftsführer berufen, einer muss dann notwendig als Hauptgeschäftsführer in dieser Form bestellt werden. Die Geschäftsführung kann durch Satzung, durch Beschluss der Vollversammlung oder durch Geschäftsordnung des Vorstandes, aber auch durch Einzelentscheidung desselben, näher bestimmt werden. Der Vorstand als solcher kann sich in diesem Rahmen Entscheidungen vorbehalten, generell oder im Einzelfall. Der Abschluss von Dienstverträgen mit Geschäftsführern fällt in die Verwaltungs- und Vertretungszuständigkeit (→ Rn. 1, → Rn. 2) des Vorstandes. Der Abschluss anderer Dienstverträge mit der Kammer gehört zur Geschäftsführung derselben. Die Zuständigkeit kann durch Satzung, Geschäftsordnung des Vorstandes oder Entscheidung des Hauptgeschäftsführers näher geregelt werden. Geschäftsführer können, schon im Hinblick auf ihre hoheitlichen Befugnisse, als Beamte bestellt werden (Art. 33 Abs. 4 GG; dies empfiehlt sich wenigstens für den Hauptgeschäftsführer, vgl. Honig/Knörr Rn. 6). Voraussetzung ist, dass die Handwerkskammer nach den landesrechtlichen Bestimmungen dienstherrenfähig ist. Mit der Ausübung des Berufs eines Rechtsanwalts ist die Tätigkeit als Geschäftsführer unvereinbar (BGH NJW-RR 1999, 571).

D. Vorstandsamt als Ehrenamt

Die Vorstandsmitglieder üben Ehrenämter aus, auch in dieser ihrer Funktion, nicht nur **4** als Mitglieder der Vollversammlung (§ 94 iVm § 66 Abs. 4). Es kann ihnen daher lediglich Entschädigung für Zeitversäumnis und Ersatz für bare Auslagen gewährt werden.

E. Haftung für Handlungen des Vorstandes

Die Handwerkskammer haftet für den Schaden, den der Vorstand oder ein Mitglied **5** desselben durch eine ihm zustehende Amtshandlung einem Dritten zufügt. Für bürgerlich-rechtliche Handlungen bestimmt sich dies nach §§ 31, 89 BGB, für öffentlich-rechtliche Tätigkeit nach § 839 BGB iVm Art. 34 GG. Dies gilt auch für andere vertretungsberechtigte Bedienstete der Handwerkskammer (s. LG Würzburg GewArch 1973, 122).

§ 110 [Ausschüsse der Vollversammlung]

¹Die Vollversammlung kann unter Wahrung der im § 93 Abs. 1 bestimmten Verhältniszahl aus ihrer Mitte Ausschüsse bilden und sie mit besonderen regelmäßigen oder vorübergehenden Aufgaben betrauen. ²§ 107 findet entsprechende Anwendung.

Überblick

§ 110 ermöglicht der Vollversammlung, Ausschüsse unter Wahrung der Verhältnisse des § 93 Abs. 1 zu bilden, welchen Aufgaben der Vollversammlung zur Entscheidung, soweit sie nicht ausschließliche iSv. § 106 Abs. 1 sind (→ Rn. 2), übertragen werden können.

Die Ausschüsse nach § 110 sind Organe der Handwerkskammer (§ 92 Nr. 3). Sie können **1** nur von der Vollversammlung gebildet werden und nur aus Mitgliedern derselben („aus ihrer Mitte") bestehen. Ihre Zusammensetzung muss dem in Abs. 3 bestimmten Verhältnis der Vollversammlung entsprechen. Die Bestimmung gilt nicht für die gesetzlich speziell geregelten Ausschüsse (Gesellenprüfungsausschuss §§ 33 ff.; Berufsbildungsausschuss §§ 43 ff.; Meisterprüfungsausschuss § 47).

Ob die Vollversammlung Ausschüsse aus ihrer Mitte bilden will, unterliegt ihrer freien **2** Entscheidung, vorbehaltlich des § 93 Abs. 1 ist sie in deren Zusammensetzung, Organisation und hinsichtlich des von ihnen zu beobachtenden Verfahrens frei. Die Ausschüsse können sich durch Sachverständige beraten lassen (S. 2). Sie können als ständige Ausschüsse für die gesamte Wahlperiode der Vollversammlung oder nur für eine begrenzte Zeit eingerichtet werden. Betrauen kann sie die Vollversammlung mit Aufgaben, welche von dieser frei bestimmt werden. Die Vorbereitung von Entscheidungen kann den Ausschüssen in beliebigem Umfang übertragen werden, auch wenn die Entscheidung selbst durch Gesetz oder Satzung einem anderen Organ der Handwerkskammer oder sonstigen Kompetenzträgern ausschließlich zugewiesen ist. Beschließende Ausschüsse sind aber, jedenfalls für den Bereich der Zuständigkeit der Vollversammlung (§ 106), ausgeschlossen. Die Aufgabenstellung der Ausschüsse muss schon deshalb nach rechtsstaatlichen Grundsätzen klar geregelt werden.

§ 111 [Überwachung der Lehrlingsausbildung; Auskunftspflicht der Gewerbetreibenden]

(1) ¹Die in die Handwerksrolle und in das Verzeichnis nach § 19 eingetragenen Gewerbetreibenden haben der Handwerkskammer die zur Durchführung von Rechtsvorschriften über die Berufsbildung und der von der Handwerkskammer erlassenen Vorschriften, Anordnungen und der sonstigen von ihr getroffenen Maßnahmen erforderlichen Auskünfte zu erteilen und Unterlagen vorzulegen. ²Die Handwerkskammer kann für die Erteilung der Auskunft eine Frist setzen.

(2) ¹Die von der Handwerkskammer mit der Einholung von Auskünften beauftragten Personen sind befugt, zu dem in Absatz 1 bezeichneten Zweck die Betriebsräume, Betriebseinrichtungen und Ausbildungsplätze sowie die für den Aufenthalt und die Unterkunft der Lehrlinge und Gesellen bestimmten Räume oder Einrichtungen zu betreten und dort Prüfungen und Besichtigungen vorzunehmen. ²Der Auskunftspflichtige hat die Maßnahme von Satz 1 zu dulden. ³Das Grundrecht der Unverletzlichkeit der Wohnung (Artikel 13 des Grundgesetzes) wird insoweit eingeschränkt.

(3) Der Auskunftspflichtige kann die Auskunft auf solche Fragen verweigern, deren Beantwortung ihn selbst oder einen der in § 383 Abs. 1 Nr. 1 bis 3 der Zivilprozeßordnung bezeichneten Angehörigen der Gefahr strafgerichtlicher Verfolgung oder eines Verfahrens nach dem Gesetz über Ordnungswidrigkeiten aussetzen würde.

Literatur: Diefenbach, Wilhelm, Das Urteil des Europäischen Gerichtshofs vom 03.10.2000 und die „Registrierung" von Handwerkern, GewArch 2001, 305; Thiel, Markus, Auskunftverlangen und Nachschau als Instrumente der Informationsbeschaffung im Rahmen der Gewerbeaufsicht, GewArch 2001, 403

Überblick

§ 111 begründet in Ergänzung der Vorschriften der §§ 17 und HwO über die Führung der Handwerksrolle und § 19 über die Führung des Verzeichnisses der Anlage B die Auskunftspflicht der Gewerbetreibenden (→ Rn. 1) sowie die korrespondierenden Ermittlungsbefugnisse der Handwerkskammer (→ Rn. 3).

1   Die Bestimmung regelt die Überwachung sämtlicher Handwerksbetriebe nach den Anlagen A und B sowie von solchen handwerksähnlichen Gewerben nach § 19 seitens der Handwerkskammer. Damit werden die Regelungen nach §§ 17 u. 20 hinsichtlich der Führung der Handwerksrolle und des Verzeichnisses nach § 19 ergänzt. Für den Bereich der beruflichen Bildung und deren Vorbereitung sowie der Umschulung verweist § 41a Abs. 1 S. 3 ausdr. auf § 111 als Rechtsgrundlage der Tätigkeit der Ausbildungsberater. Die Überwachungsbefugnisse der Handwerkskammer beschränken sich jedoch auf die Durchführung von Rechtsvorschriften über die Berufsbildung und die Durchführung „**von der Handwerkskammer**" erlassenen Vorschriften, Anordnungen und sonstiger Maßnahmen. Sie können nicht zur Überwachung der Durchführung anderer Regelungen und Entscheidungen eingesetzt werden. Die Überwachung beinhaltet hoheitliche Tätigkeit (Detterbeck Rn. 7).

2   **Beauftragte** müssen für diese Überwachung bestellt werden. Dies ist eine Aufgabe des Vorstandes, im Rahmen seiner Zuständigkeit für die „Verwaltung" der Handwerkskammer (§ 9 S. 1; Detterbeck Rn. 3; aA Honig/Knörr Rn. 2; abw. Schwannecke/Brandt Rn. 3: Notwendigkeit einer entsprechenden Delegation durch Satzungsbestimmung). Die Beauftragten können, müssen aber nicht Mitglieder der Vollversammlung und auch nicht Bediens-

tete der Handwerkskammer oder anderer öffentlich-rechtlicher Organisationseinheiten sein; sie können haupt-, nebenamtlich oder freiberuflich tätig sein. Ausbildungsberater nach § 41a können Beauftragte sein, ebenso Mitglieder des Berufsbildungsausschusses.

Die **Befugnisse der Beauftragten** sind auf die in Abs. 2 geregelten Maßnahmen **3** beschränkt, die ausschließlich dem Zweck nach Abs. 1 dienen dürfen. Alle anderen Maßnahmen und Zweckverfolgungen sind den Behörden der allgemeinen Gewerbeaufsicht vorbehalten (§ 139b GewO; vgl. dazu Thiel GewArch 2001, 403 ff.) Die Betretungsbefugnis von Räumen schränkt das Grundrecht der Wohnungsfreiheit in zulässiger Weise ein (Art. 13 Abs. 3 GG, soweit dringende Gefahren für die öffentliche Sicherheit und Ordnung, insbesondere im Jugendschutz bestehen, vgl. BVerfG NJW 1971, 2299; GewArch 2007, 206 ff.). Die gesetzliche Regelung ist idS verfassungskonform zu interpretieren (vgl. näher, auch im Zusammenhang mit § 17, OGL Hamm Gew 1993, 28; OVG Lüneburg GewArch 1996, 75; VG Oldenburg GewArch 1997, 345; Diefenbach GewArch 2001, 305).

Die **Verweigerung einer Auskunft,** zu welcher der Betriebsinhaber verpflichtet ist, stellt **4** eine Ordnungswidrigkeit dar (§ 118 Abs. 1 Nr. 2); sie ist nur zulässig, wenn sie zu einer Selbstbelastung führen würde. Die Räume dürfen aber auch in diesem Fall betreten werden (VG Stuttgart GewArch 2001, 127).

§ 112 [Ordnungsgeld]

(1) Die Handwerkskammer kann bei Zuwiderhandlungen gegen die von ihr innerhalb ihrer Zuständigkeit erlassenen Vorschriften oder Anordnungen Ordnungsgeld bis zu fünfhundert Euro festsetzen.

(2) ¹Das Ordnungsgeld muß vorher schriftlich angedroht werden. ²Die Androhung und die Festsetzung des Ordnungsgelds sind dem Betroffenen zuzustellen.

(3) Gegen die Androhung und die Festsetzung des Ordnungsgelds steht dem Betroffenen der Verwaltungsrechtsweg offen.

(4) ¹Das Ordnungsgeld fließt der Handwerkskammer zu. ²Es wird auf Antrag des Vorstands der Handwerkskammer nach Maßgabe des § 113 Abs. 2 Satz 1 beigetrieben.

Literatur: Kormann, Joachim, Sieben Thesen zur Kammeraufsicht über Innung und Kreishandwerkerschaft, GewArch 1987, 249; Kormann, Joachim, Statthafte Instrumente der Handwerkskammer, GewArch 1989, 105

Überblick

§ 112 regelt die Befugnis der Handwerkskammer zur Durchsetzung ihrer Befugnisse Ordnungsgelder festzusetzen. Das Festsetzungsverfahren umfasst eine vorige Androhung und unterliegt der gerichtlichen Kontrolle.

A. Rechtscharakter

Die Festsetzung eines Ordnungsgeldes stellt eine Sonderregelung eines Zwangsmittels **1** („Zwangsgeld") im Sinne des Verwaltungsvollstreckungsrechts (§ 11 VwVG) dar (vgl. Kormann GewArch 1989, 105 (112 ff.)); die Bestimmung des Verfahrens in der Handwerksordnung entspricht dessen Grundzügen. Das Ordnungsgeld hat weder Straf- noch Bußcharakter; der Grundsatz „ne bis in idem" gilt für das Ordnungsgeld nicht, es kann also auch mehrfach aus demselben Grund verhängt werden, wenn dies zur Erreichung des Zieles dieser Maßnahme erforderlich ist: die Adressaten müssen sich in einer Weise verhalten, dass die durch die Verwaltungsvollstreckung zu verhindernden Rechtswirkungen unterbleiben oder wieder rückgängig gemacht werden. Im Rahmen dieser Zielverfolgung gilt für das Ordnungsgeld das **Opportunitätsprinzip**: Der Handwerkskammer steht ein **Beurteilungsspielraum hinsichtlich der Notwendigkeit der Festsetzung** zu (Detterbeck Rn. 3); eine solche darf also nur erfolgen, wenn keine milderen, den Adressaten weniger belastenden (Zwangs-)Maßnahmen in Betracht kommen (Kormann GewArch 1987, 249 (255)). Ferner muss auch jeweils die Verhältnismäßigkeit des Ordnungsgeldes gewahrt werden, im Hinblick auf die

Bedeutung des zu erreichenden Zwecks und/oder des zu erwartenden Widerstandes. Das Ordnungsgeld muss sich dabei jedenfalls in einem Rahmen von bis zu 500,00 EUR halten.

B. Adressaten

2   Das Ordnungsgeld kann verhängt werden, um zur Befolgung von **Vorschriften oder Anordnungen** anzuhalten, also um letztere durchzuführen. Mögliche Adressaten der Festsetzung sind alle diejenigen, welche die Vorschriften der Handwerkskammer oder deren Einzelanordnungen nach Gesetz oder Satzung zu befolgen haben. Dies sind alle Kammerangehörigen (Inhaber von Handwerks- und handwerksähnlichen Betrieben, Gesellen, Arbeitnehmer mit abgeschlossener Berufsausbildung), darüber hinaus Innungen und Kreishandwerkerschaften als solche, welche Vorschriften und Einzelanordnungen der Handwerkskammer zu befolgen oder durchzuführen haben (§§ 54 Abs. 1 Nr. 10 bzw. 87 Abs. 1 Nr. 6). Festsetzung von Ordnungsgeld ist auch eine zulässige Maßnahme der Rechtsaufsicht über die Innung (Kormann GewArch 1989, 112), Adressat ist hier aber die Innung als Körperschaft, nicht ein Innungsorgan, Mitglieder der Innung oder für diese Tätige (Kormann GewArch 1987, 255).

C. Androhung

3   Vor der Festsetzung des Ordnungsgeldes muss dieses schriftlich angedroht und es muss dabei seine Höhe wenigstens rahmenmäßig genannt werden. Die Androhung muss den Grund der beabsichtigten Festsetzung klar erkennen lassen und insoweit bereits ausreichend begründet sein. Wird das rechtswidrige Verhalten nach der Androhung eingestellt, erfolgt später aber ein neues derartiges Verhalten, so kann die Androhung erneuert werden. Bei mehreren, auch zeitlich nicht zusammenfallenden, Verhaltensweisen, kann eine einheitliche Androhung ergehen (OVG Münster DÖV 1952, 698). Die Androhung muss dem Adressaten eine angemessene Frist zur Änderung seines Verhaltens setzen.

4   Bereits die Androhung des Ordnungsgeldes ist dem Betroffenen **zuzustellen** (§ 112 Abs. 2 S. 2). Eine ausdrückliche Bestätigung des Empfangs durch den Adressaten ist zwar gesetzlich nicht vorgesehen; die Handwerkskammer ist aber für den Zugang beweispflichtig. Dem kann durch Zustellung mittels Einschreiben mit Rückschein, Postzustellungsurkunde oder persönliche Empfangsbestätigung auf einer Zweitschrift des durch Boten überbrachten Bescheides genügt werden.

D. Festsetzung des Ordnungsgeldes

5   Die Festsetzung des Ordnungsgeldes kann erst **nach Androhung desselben** erfolgen, nach Ablauf einer darin zu setzenden Frist (→ Rn. 3). Sie muss ebenfalls begründet und mit einer Rechtsmittelbelehrung versehen sein. Steht das durchzusetzende Verhalten des Adressaten zu erwarten, so kann auch nach diesem Fristablauf auf die Festsetzung verzichtet werden. Im Übrigen ist die Handwerkskammer selbst nach Androhung frei, ob sie der Androhung eine Festsetzung folgen lassen oder die Androhung als Zwangsmittel genügen lassen will.

E. Rechtsweg

6   Gegen die Androhung wie auch gegen die Festsetzung des Ordnungsgeldes kann der Betroffene jeweils getrennt, aber auch verbunden den Verwaltungsrechtsweg (§§ 40, 42 VwGO) beschreiten. Das Gericht prüft die Notwendigkeit beider Maßnahmen nur dahin, ob die Handwerkskammer innerhalb ihres entsprechenden Beurteilungsspielraums gehandelt hat.

F. Beitreibung

7   Die Beitreibung des Ordnungsgeldes welches der Handwerkskammer zusteht, erfolgt nach **§ 113 Abs. 3 S. 1** – nicht Abs. 2 S. 1, wie nach der früheren Gesetzesfassung. Die Landesregierung kann durch Rechtsverordnung eine andere Form der Beitreibung zulassen und dieses Ermächtigung auf die zuständigen obersten Landesbehörden übertragen (§ 113 Abs. 3 S. 4).

Die Beitreibung setzt eine Weigerung des Betroffenen voraus, der Zahlungsverpflichtung nachzukommen, nach Erschöpfung aller dagegen zulässigen Rechtsmittel. Die zuständige Behörde prüft nur, ob die Festsetzung unter Beachtung der für ihr Ergehen erforderlichen Voraussetzungen (→ Rn. 2 bis → Rn. 5) erfolgt ist und ob sie bestandskräftig und vollziehbar ist. Auch gegen die Vollstreckung der Geldforderung als solcher kann Anfechtungsklage erhoben werden. Hat sie Erfolg, so steht dem Betroffenen ein Folgenbeseitigungsanspruch auf Rückzahlung zu.

Eine **Verjährung** der Festsetzung oder Beitreibung des Zwangsgeldes sehen weder die 8 Handwerksordnung noch das VVwG vor. Das Ordnungswidrigkeitsrecht ist nicht entsprechend anwendbar (aA Honig/Knörr Rn. 10).

§ 113 [Beiträge und Gebühren]

(1) Die durch die Errichtung und Tätigkeit der Handwerkskammer entstehenden Kosten werden, soweit sie nicht anderweitig gedeckt sind, von den Inhabern eines Betriebs eines Handwerks und eines handwerksähnlichen Gewerbes sowie den Mitgliedern der Handwerkskammer nach § 90 Abs. 3 nach einem von der Handwerkskammer mit Genehmigung der obersten Landesbehörde festgesetzten Beitragsmaßstab getragen.

(2) ¹Die Handwerkskammer kann als Beiträge auch Grundbeiträge, Zusatzbeiträge und außerdem Sonderbeiträge erheben. ²Die Beiträge können nach der Leistungskraft der beitragspflichtigen Kammerzugehörigen gestaffelt werden. ³Soweit die Handwerkskammer Beiträge nach dem Gewerbesteuermeßbetrag, Gewerbeertrag oder Gewinn aus Gewerbebetrieb bemißt, richtet sich die Zulässigkeit der Mitteilung der hierfür erforderlichen Besteuerungsgrundlagen durch die Finanzbehörden für die Beitragsbemessung nach § 31 der Abgabenordnung. ⁴Personen, die nach § 90 Abs. 3 Mitglied der Handwerkskammer sind und deren Gewerbeertrag nach dem Gewerbesteuergesetz oder, soweit für das Bemessungsjahr ein Gewerbesteuermessbetrag nicht festgesetzt wird, deren nach dem Einkommen- oder Körperschaftsteuergesetz ermittelter Gewinn aus Gewerbetrieb 5 200 Euro nicht übersteigt, sind vom Beitrag befreit. ⁵Natürliche Personen, die erstmalig ein Gewerbe angemeldet haben, sind für das Jahr der Anmeldung von der Entrichtung des Grundbeitrages und des Zusatzbeitrages, für das zweite und dritte Jahr von der Entrichtung der Hälfte des Grundbeitrages und vom Zusatzbeitrag und für das vierte Jahr von der Entrichtung des Zusatzbeitrages befreit, soweit deren Gewerbeertrag nach dem Gewerbesteuergesetz oder, soweit für das Bemessungsjahr ein Gewerbesteuermessbetrag nicht festgesetzt wird, deren nach dem Einkommensteuergesetz ermittelter Gewinn aus Gewerbebetrieb 25 000 Euro nicht übersteigt. ⁶Die Beitragsbefreiung nach Satz 5 ist nur auf Kammerzugehörige anzuwenden, deren Gewerbeanzeige nach dem 31. Dezember 2003 erfolgt. ⁷Wenn zum Zeitpunkt der Verabschiedung der Haushaltssatzung zu besorgen ist, dass bei einer Kammer auf Grund der Besonderheiten der Wirtschaftsstruktur ihres Bezirks die Zahl der Beitragspflichtigen, die einen Beitrag zahlen, durch die in den Sätzen 4 und 5 geregelten Beitragsbefreiungen auf weniger als 55 vom Hundert aller ihr zugehörigen Gewerbetreibenden sinkt, kann die Vollversammlung für das betreffende Haushaltsjahr eine entsprechende Herabsetzung der dort genannten Grenzen für den Gewerbeertrag oder den Gewinn aus Gewerbebetrieb beschließen. ⁸Die Handwerkskammern und ihre Gemeinschaftseinrichtungen, die öffentliche Stellen im Sinne des § 2 Abs. 2 des Bundesdatenschutzgesetzes sind, sind berechtigt, zur Festsetzung der Beiträge die genannten Bemessungsgrundlagen bei den Finanzbehörden zu erheben. ⁹Bis zum 31. Dezember 1997 können die Beiträge in dem in Artikel 3 des Einigungsvertrages genannten Gebiet auch nach dem Umsatz, der Beschäftigtenzahl oder nach der Lohnsumme bemessen werden. ¹⁰Soweit die Beiträge nach der Lohnsumme bemessen werden, sind die beitragspflichtigen Kammerzugehörigen verpflichtet, der Handwerkskammer Auskunft durch Übermittlung eines Doppels des Lohnnachweises nach § 165 des Siebten Buches

Sozialgesetzbuch zu geben. ¹¹Soweit die Handwerkskammer Beiträge nach der Zahl der Beschäftigten bemißt, ist sie berechtigt, bei den beitragspflichtigen Kammerzugehörigen die Zahl der Beschäftigten zu erheben. ¹²Die übermittelten Daten dürfen nur für Zwecke der Beitragsfestsetzung gespeichert und genutzt sowie gemäß § 5 Nr. 7 des Statistikregistergesetzes zum Aufbau und zur Führung des Statistikregisters den statistischen Ämtern der Länder und dem Statistischen Bundesamt übermittelt werden. ¹³Die beitragspflichtigen Kammerzugehörigen sind verpflichtet, der Handwerkskammer Auskunft über die zur Festsetzung der Beiträge erforderlichen Grundlagen zu erteilen; die Handwerkskammer ist berechtigt, die sich hierauf beziehenden Geschäftsunterlagen einzusehen und für die Erteilung der Auskunft eine Frist zu setzen.

(3) ¹Die Beiträge der Inhaber von Betrieben eines Handwerks oder handwerksähnlichen Gewerbes oder der Mitglieder der Handwerkskammer nach § 90 Abs. 3 werden von den Gemeinden auf Grund einer von der Handwerkskammer aufzustellenden Aufbringungsliste nach den für Gemeindeabgaben geltenden landesrechtlichen Vorschriften eingezogen und beigetrieben. ²Die Gemeinden können für ihre Tätigkeit eine angemessene Vergütung von der Handwerkskammer beanspruchen, deren Höhe im Streitfall die höhere Verwaltungsbehörde festsetzt. ³Die Landesregierung kann durch Rechtsverordnung auf Antrag der Handwerkskammer eine andere Form der Beitragseinziehung und Beitragsbeitreibung zulassen. ⁴Die Landesregierung kann die Ermächtigung auf die zuständige oberste Landesbehörde übertragen.

(4) ¹Die Handwerkskammer kann für Amtshandlungen und für die Inanspruchnahme besonderer Einrichtungen oder Tätigkeiten mit Genehmigung der obersten Landesbehörde Gebühren erheben. ²Für ihre Beitreibung gilt Absatz 3.

Literatur: Badura, Peter/Kormann, Joachim, Der Beitrag zur Handwerkskammer – Zur Frage einer Anrechenbarkeit von an eine Innung geleisteten Beiträgen – GewArch 2005, 99,; Detterbeck, Steffen, Handwerkskammerbeitrags-Bonussystem für Innungsmitglieder, Fortsetzung von GewArch 2005, 271 ff., GewArch 2005, 321 ff.; Detterbeck, Steffen/Will, Martin, Die Handwerks-Innungen in der dualen Ordnung des Handwerks, 2003; Franz, Thorsten, in: Kluth, Winfried, Handbuch des Kammerrechts 2005, Baden-Baden, 329; Frentzel, Gerhard/Jäkel, Ernst/Junge, Werner, Industrie- und Handelskammergesetz, Kommentar, 6. Auflage 1999, § 3 Rn. 45; Jahn, Ralf, Zur Entwicklung des Beitragsrechts der Industrie- und Handelskammern – Ein Rechtsprechungsreport 2000 bis 2004 –, GewArch 2005, 169; Karsten, Frederick, Die GmbH im Internationalen Wettbewerb um die beste Gesellschaftsform für den Mittelstand, GewArch 2006, 234; Leisner, Walter Georg, Die Überbetriebliche Lehrlingsunterweisung (ÜLU) im Handwerk, Bedeutung – Rechtsgrundlagen – Finanzierung, LFI- Schriftenreihe 2012, 50 ff.; Leisner, Walter-Georg, Ausschüttung von Innungsvermögen an Innungsmitglieder in Form von Beitragsrückerstattung oder Erlösauskehr aus der Veräußerung von (Analge-)Vermögen? LFI 2013; Ossenbühl, Fritz, Anmerkung zum BVerwG, Urteil vom 17.04.2002, JZ 2003, 96; Stober, Rolf, Anmerkungen zum Entwurf eines IHK-Änderungsgesetzes, GewArch 1996, 184; Tettinger, Peter J., Kammerrecht, München 1997, 200 ff.; Tettinger, Peter J., Der Kammerbeitrag als Verbandslast, in: Festschrift für Kruse 2001, 79; Zimmermann, Eric, Einführung eines Handwerkskammerbeitragsbonus für Innungsmitglieder, GewArch 2007, 141 ff.

Überblick

§ 113 bestimmt, dass die Handwerkammer ihre Kostendeckung (→ Rn. 5 ff.), soweit nicht bereits anders geregelt, durch die Erhebung von Mitgliederbeiträgen (→ Rn. 1 ff.) der Arbeitgeber (→ Rn. 17 ff.) in Form von Grund-, Zusatz- und Sonderbeiträgen (→ Rn. 26 ff.), vornimmt, wobei sich deren Höhe ggf. nach der Leistungsfähigkeit des Mitglieds (→ Rn. 10 ff.) bemessen werden kann, soweit kein Befreiungstatbestand gegeben ist (→ Rn. 23 ff.). Für die Ermittlung der Bemessungsgrundlage steht den Handwerkskammern ein Auskunftsrecht gegenüber den Finanzbehörden zu (→ Rn. 42 ff.). Die Beitreibung wird durch die Gemeinde vollzogen (→ Rn. 45 ff.). Darüber hinaus kann die Handwerkskammer auf Grundlage dieser Norm Gebühren erheben (→ Rn. 47 ff.).

Übersicht

	Rn.		Rn.
A. Beiträge	1	I. Allgemeines	26
I. Begriff	1	II. Grundbeiträge	28
II. Zwingende Maßstäbe der Beitragserhebung: Erforderlichkeit, Äquivalenz (§ 113 Abs. 1)	5	III. Zusatzbeiträge	29
		IV. Sonderbeiträge	31
III. Mögliche Maßstäbe der Beitragserhebung, insbes. die Leistungskraft (§ 113 Abs. 2 S. 2, 3, 9 ff.)	10	**D. Beitragserhebung: Normative Grundlagen, Beitragsbescheide**	35
B. Beitragsverpflichtete; Entfallen der Beitragspflicht	17	**E. Durchsetzung der Beitragspflicht**	43
I. Beitragsverpflichtete – Allgemeines	17	I. Rechtsmittel zur Beitragsfestsetzung	43
II. Mischbetriebe	20	II. Einziehung und Beitreibung von Beiträgen (§ 113 Abs. 3)	45
III. Beitragsfreiheit	23	**F. Gebühren**	47
C. Beitragsarten	26	**G. Verjährung**	51

A. Beiträge

I. Begriff

Die Bestimmung wurde **mehrfach geändert und ergänzt:** 1994 durch nähere Bestim- 1
mung der Beitragsarten und Erwähnung der Leistungskraft (§ 113 Abs. 2 S. 1, 2) als Maßstab
sowie durch Vorschriften zum Datenschutz (§ 113 Abs. 2 S. 3), 1998 hinsichtlich der Gebührenbeitreibung (§ 113 Abs. 4), 2003 durch eingehende Bestimmungen über die (teilweise)
Freistellung von Existenzgründern und Kleinunternehmern (§ 113 Abs. 2 S. 4 ff.) (vgl.
Schwannecke/Karsten Rn. 3–5). Die Beitragsregelung ist dadurch redaktionell unübersichtlich geworden. Ihre zentralen handwerksrechtlichen Inhalte (§ 113 Abs. 1, 2, 4) sind jedoch
inhaltlich unverändert geblieben.

Die **Beiträge**, welche die Handwerkskammer nach Abs. 1 erheben kann, sind finanzielle 2
Leistungen iSd öffentlichen Abgabenrechts, nach welchem die „Beiträge" eine der drei
Grundkategorien desselben darstellen, neben „**Steuern**" iSv von § 1 AO und „**Gebühren**"
i. S. des Abs. 4 und der allgemeinen gebührenrechtlichen Grundsätze. Von den Steuern
unterscheiden sich die Beiträge dadurch, dass jene lediglich zur Wahrnehmung öffentlicher
Belange erhoben werden, ohne jeden Förderungsbezug zu Interessen von Mitgliedern der
steuererhebenden Körperschaft des Öffentlichen Rechts. Beiträge dagegen dienen **auch,**
wenn auch nicht ausschließlich, der Interessenförderung der in der Handwerkskammer in
Pflichtmitgliedschaft zusammengeschlossenen Kammermitglieder. Diese Belange, deren Kostenwahrnehmung die Beiträge dienen, liegen idR in einem Gemenge mit privaten Interessen
der einzelnen Handwerker („private Interessen im Öffentlichen Interesse" – und umgekehrt);
dogmatisch müssen sich diese aber beiden Zweckkomplexe, zu denen sie erhoben werden,
nicht eindeutig trennen lassen.

Diese Beiträge zur **Kammerfinanzierung** stellen eine typische Form des Rechts der 3
Körperschaften des Öffentlichen Rechts und Grundlage ihrer Finanzautonomie dar (Stober
GewArch 1996, 184 (189)). Ihre Erhebung ist grds. im Rahmen verfassungsrechtlicher
Grundsätze zulässig (vgl. BVerwG GewArch 1989, 382): Die Beiträge sind **Gegenleistungen
für Vorteile,** welche die zu ihrer Leistung verpflichteten Kammermitglieder aus ihrer Kammerzugehörigkeit als solcher oder einer besonderen Tätigkeit der Kammer ziehen oder
ziehen können (BVerwG GewArch 1990, 398; GewArch 1999, 195; vor allem aber GewArch
2006, 341 – stRspr). Der Nutzen muss von dem einzelnen Mitglied nicht tatsächlich gezogen
werden. Es genügt die **Nutzbarkeit** der beitragsfinanzierten Organisation oder Leistung
(vgl. Stober GewArch 1996, 184 (189)). Der Nutzen, der dem einzelnen Mitglied daraus
erwächst, kann zwar wirtschaftlich messbar und von diesem auch betriebswirtschaftlich
ermittelbar sein; dies ist aber nicht notwendig (OVG Hamburg GewArch 1989, 382; VGH
Mannheim GewArch 1999, 80). Es kann sich auch nur um einen „mittelbaren Vorteil"
handeln, der dem Mitglied dadurch zugutekommt, dass die Handwerkskammer „das Hand-

werk als solches" oder das (betreffende) Handwerk des Beitragspflichtigen fördert. Dieser Vorteil ist eines Beweises im Einzelnen weder bedürftig noch einem (Gegen-)Beweis zugänglich. Es wird also **vermutet,** auf Grund der gesetzlichen Aufgabenstellung der Handwerkskammer (Förderung des Handwerks; BVerwG 1995, 426; zur IHK BVerwG NJW 1998, 3512; GewArch 1990, 399), dass die Tätigkeit der Handwerkskammer auch – in einem nicht näher bestimmbaren Umfang – den einzelnen Mitgliedern zugutekommt. Von einer gesetzlichen Fiktion idS sollte nicht gesprochen werden; keinesfalls wäre sie (un)widerleglich.

4 Die Beitragsverpflichtungen der Mitglieder der Handwerkskammer stellen **keine sog. Verbandslasten** dar (so aber Tettinger, Kammerrecht 1997, 200 ff.; Tettinger FS Kruse, 2001, 79 (86 ff.); Frentzel/Jäkel/Junge, IHKG, 6. Aufl. 1999, § 3 Rn. 45), denn sie dienen nicht zur Erfüllung einer den Mitgliedern gemeinsam obliegenden Pflicht (Schwannecke/Karsten Rn. 7; Detterbeck Rn. 1; vgl. BVerwG DÖV 1973, 829). Der Beitrag ist auch nicht mit einem (privatrechtlichen) Mitgliederbeitrag zu vergleichen (so aber Kluth/Franz, Handbuch des Kammerrechts, 1. Aufl. 2005, 329), da er zugleich – und wesentlich – der Erfüllung öffentlich-rechtlicher Belange dient und (deshalb) nicht auf vertraglicher, sondern gesetzlicher Grundlage erhoben wird.

II. Zwingende Maßstäbe der Beitragserhebung: Erforderlichkeit, Äquivalenz (§ 113 Abs. 1)

5 Beiträge dürfen von den Mitgliedern der Handwerkskammer nur erhoben werden, soweit sie zur Deckung von Kosten der Errichtung der Kammer und der für deren Aufgabenerfüllung entfaltete Tätigkeit (§§ 90, 91) erforderlich sind; dieses **Erforderlichkeitsprinzip** findet seine verfassungsrechtliche Grundlage in der Rechtsstaatlichkeit (Art. 20 Abs. 3 GG). Die Feststellung dessen, wofür Beiträge erforderlich sind und in welcher Höhe, trifft die Handwerkskammer durch Festlegung von **generell-abstrakten Bemessungsgrundsätzen** für die jeweilige Beitragserhebung, in normativer Form (Beitragsordnung, → Rn. 36 ff.; vgl. BVerwG GewArch 1989, 381), sowie durch Festsetzung der **jährlichen Beiträge,** entsprechend den jeweiligen Haushaltsbedürfnissen der Handwerkskammer (Beitragssatzung; § 106 Abs. 1 Nr. 5). Da beide Regelungen, als Satzungsrecht der Kammer, normativen Charakter haben, gilt für jede von ihnen, hinsichtlich der ihnen zugrundeliegenden Erforderlichkeit, der **weite normative Beurteilungsspielraum,** der bei Festsetzung von Beiträgen der Selbstverwaltungskörperschaften allgemein zugrunde zu legen ist (vgl. Schwannecke/Karsten Rn. 17, 24). Eine **verwaltungsgerichtliche Überprüfung** der (allgemeinen) Beitragsordnung wie der (konkreten jährlichen) Beitragsfestsetzung ist im Rahmen einer verwaltungsgerichtlichen Normenkontrolle der Satzungsleistungen nach § 47 VwGO sowie im Wege der Anfechtungs- bzw. Verpflichtungsklage nach § 42 VwGO gegen die Beitragsfestsetzung durch Verwaltungsakt möglich. Die Verwaltungsgerichte haben die Erforderlichkeit der Beitragserhebung für die Kostendeckung zu kontrollieren. Damit steht ihnen das Recht der Überprüfung der Einstellung der Kosten in die Beitragsberechnung zu, als ein **Kontrollrecht über die Kostenfestsetzung** für Errichtung und vor allem für die Tätigkeit der Handwerkskammer. Die gerichtliche Beitragskontrolle beinhaltet also eine Maßstabskontrolle der Beiträge hinsichtlich von deren Erforderlichkeit.

6 Beiträge dürfen nur erhoben werden, soweit die beitragsfähigen Kosten **nicht anderweitig gedeckt sind**, dh soweit dafür nicht andere Einkünfte aus zulässiger gewerblicher Tätigkeit, Vermietung und Verpachtung, anderen Vermögenserträgen, oder durch Gebühren, öffentliche, insbes. staatliche Zuschüsse oder private Zuwendungen zur Verfügung stehen. Zum Zweck der Vermögensbildung dürfen Beiträge nicht erhoben werden, soweit dies nicht zu einer nachhaltigen Aufgabenerfüllung erforderlich ist. Nur in diesem Rahmen ist der Kammer die Bildung von **Rücklagen** erlaubt (vgl. OVG Magdeburg GewArch 2014, 210), zB zur Schaffung einer überbetrieblichen Bildungsstätte (BVerwG GewArch 1990, 398, für eine IHK).

7 Der **Maßstab der Erforderlichkeit** verpflichtet die Handwerkskammer aber nicht zu einer Beitragserhebung auf der Grundlage von Rechenwerken, die a priori eine „punktgenaue" Zurechnung von Beitragseinnahmen zu den Kosten oder gar zu einzelnen Kostenpositionen ermöglichen (Schwannecke/Karsten Rn. 24). Vielmehr deckt das satzungsrechtliche Beurteilungsrecht der Handwerkskammer (→ Rn. 5) hinreichende **Prognosespielräume**

zur Ausgestaltung der Beitragspflichten (OVG Frankfurt/Oder GewArch 2005, 31). Kosten allgemeiner gewerblicher Einnahmeerzielung ohne Aufgabenbezug dürfen jedoch nicht über Beiträge finanziert werden.

IRd **Prognosespielraums** kann es auch zu Beitragserhebungen kommen, welche zur Bildung eines nicht unerheblichen Vermögens der Handwerkskammer führen. Soweit dies nicht, nach der Aufgabenplanung der Handwerkskammer, entsprechend der Haushaltsplanung für einen absehbaren Zeitraum, voraussichtlich zu Erfüllung konkreter Aufgaben eingesetzt werden muss, entsteht eine **Rücklage** (→ Rn. 6), welche uU aufzulösen ist. Einen **Rückgewähranspruch** (bisher) gezahlter Beiträge sieht die Handwerksordnung aber nicht vor. Er könnte zwar in der Beitragsordnung (→ Rn. 35) (näher) geregelt werden, wobei dann wohl die jeweilige Zahlungsverpflichtung der einzelnen Mitglieder zugrunde zu legen wäre. Dies würde jedoch zu immer wieder auftretenden Rückgewähraktionen führen, welche – verständlicherweise – ständig von irgendwelchen Mitgliedern angemahnt würden. Diese würden dann geltend machen, die oder jene Aufgabenerfüllung komme ihnen nicht (hinreichend) zugute. Dies wiederum widerspräche den Grundsätzen über den Vorteilscharakter der Beiträge für die Mitglieder (→ Rn. 3). Überdies würde damit der Prognosespielraum über Gebühr eingeengt. Sachgerecht ist also nur – bei eindeutiger, übermäßiger „Rücklagenbildung" in Folge von „zu hohen Beiträgen" für längere Zeit – eine Verringerung der Beitragslast ein pro futuro, für eine bestimmte Zeit, welche dann zur Auflösung nicht erforderlicher Rücklagen führt. Vgl. ausf. zu dieser Problematik Leisner, W.G., Ausschüttung von Innungsvermögen, 40 ff., speziell für Innungen, auf Handwerkskammern übertragbar. 8

Das **Äquivalenzprinzip** ist, neben dem Erforderlichkeitsprinzip, ebenfalls zwingend bei der Beitragsgestaltung zu beachten; dies ergibt sich bereits aus dem Begriff des Beitrags als einer Gegenleistung für Vorteile der Mitglieder aus der Kammermitgliedschaft. Dabei sind jedoch die Grundsätze über diese – uU nicht in Anspruch genommenen – Vorteile (→ Rn. 3) zu beachten. Die Beitragshöhe darf allerdings nicht in einem Missverhältnis zu diesem, wenn auch nur möglichen, Nutzen stehen (BVerwG GewArch 1990, 398; 1995, 426; 2002, 245; 2006, 341 – stRspr; vgl. Detterbeck GewArch 2005, 322 f.; Badura/Kormann GewArch 2005, 137 f.). Ein solches Missverhältnis widerspräche dem **Verhältnismäßigkeitsgrundsatz** (OVG Koblenz GewArch 2002, 37; VGH Mannheim GewArch 1999, 80), damit auch dem Rechtsstaatsprinzip (Art. 20 Abs. 3 GG), welches im Beitragsrecht zu einem speziellen Äquivalenzgrundsatz konkretisiert ist. Überdies würde eine Beitragserhebung, die völlig unabhängig von einem Bezug auf (mögliche) Vorteile aus irgendwelchen beitragsfinanzierten Veranstaltungen erfolgte, im Ergebnis die Belastungsgleichheit und damit den **allgemeinen Gleichheitssatz (Art. 3 Abs. 1 GG) im Abgaberecht** verletzen, weil dann ein Mitglied für ein anderes zu Zahlungen herangezogen würde. Dieser notwendige dogmatische Zusammenhang zwischen Äquivalenzprinzip und Gleichheitssatz ist auch in der vorstehend erwähnten Rechtsprechung stets betont worden. Einer speziellen Prüfung im handwerklichen Beitragsrecht nach einem „Gleichheitssatz" (vgl. Schwannecke/Karsten Rn. 22) bedarf es also nicht. Ein Verstoß gegen das Äquivalenzprinzip stellt jedenfalls zugleich eine Grundrechtsverletzung übermäßig belasteter Mitglieder dar, welche auch durch Verfassungsbeschwerde gerügt werden könnte. Ein solcher Rechtsverstoß liegt allerdings nicht schon dann vor, wenn eine „exakte Vorteilsgerechtigkeit" durch die Beitragshöhe nicht gewahrt wird, was ja auch gar nicht exakt feststellbar wäre (→ Rn. 3). Zwischen beidem hat lediglich ein Zusammenhang zu bestehen, in dem sich Vorteil und Beitragsleistung in einem gewissen Umfang entsprechen (BVerwG GewArch 1992, 28). Diese Entsprechung darf allerdings nicht allein damit begründet werden, dass eine beitragsfinanzierte Tätigkeit ja „das Handwerk als solches fördere"; vielmehr muss ein Angebot von möglichen Nutzungsvorteilen für Mitglieder jedenfalls darin zu finden sein (BVerwG GewArch 2002, 206; OVG Münster GewArch 1994, 480 (482)). 9

III. Mögliche Maßstäbe der Beitragserhebung, insbes. die Leistungskraft (§ 113 Abs. 2 S. 2, 3, 9 ff.)

Die (finanzielle) **Leistungskraft** der Mitglieder **kann** ein Kriterium der differenzierenden Erfüllung von Kammerbeiträgen sein; es **muss aber nicht** danach verfahren werden (BVerwG E 125, 384 (387 ff.)). Eine Differenzierung der Beitragspflicht nach Leistungsfähig- 10 keit wird, als eine zulässige Gestaltung, damit gerechtfertigt, dass nach – im Abgabenrecht anzuwendender typisierender Betrachtungsweise – wirtschaftlich stärkere Mitglieder regelmäßig höheren Nutzen aus ihrer Mitgliedschaft in der Handwerkskammer und aus deren Angeboten ziehen als schwächere (BVerwG GewArch 2002, 206; VGH Mannheim GewArch 2002, 84 ff.). Damit wird der Vorteilsgerechtigkeit der Beitragsgestaltung und damit dem Äquivalenzprinzip (→ Rn. 9) in einem gewissen Umfang, gesetzeskonform Rechnung getragen. Als geeignete Indikatoren gelten nach dem Gesetz – schon nach dem redaktionellen Zusammenhang – **Gewerbesteuermessbetrag, Gewerbeertrag oder Gewinn aus Gewerbebetrieb** (§ 113 Abs. 2 S. 3). Bei fehlerhafter Annahme dieser Größen seitens der Handwerkskammer kann diese Beiträge nacherheben (OVG Lüneburg GewArch 2009, 314).

11   Nach ausdrücklicher Bestimmung des Abs. 2 S. 9–13 durften Beiträge von Betrieben des Beitrittsgebiets auch nach dem **Umsatz**, der **Beschäftigtenzahl** oder der **Lohnsumme** gestaffelt werden. Nach manchen (Schwannecke/Karsten Rn. 20; Honig/Knörr Rn. 14) soll dies dort – oder gar allgemein – noch weiterhin zulässig sein, insbes. in Form eines Rückgriffs auf den Umsatz. Dies verbietet sich jedoch angesichts des eindeutigen, örtlich und zeitlich eingegrenzten Ausnahmecharakters dieser Vorschrift (Detterbeck Rn. 7).

12   Eine höhere Leistungsfähigkeit kann jedoch nach hL generell auf Grund der **Rechtsform** von Mitgliedsbetrieben der Handwerkskammer angenommen und als differenzierendes Kriterium der Beitragsbemessung zugrunde gelegt werden: Danach können juristische Personen sowie GmbH & Co. KGs zu höheren Beiträgen herangezogen werden als Handwerksbetriebe natürlicher Personen oder andere Personengesellschaften (BVerwG GewArch 2002, 206; VGH Mannheim GewArch 2002, 84 ff.; OVG Koblenz GewArch 2002, 37). Ein Rechtsanspruch darauf besteht aber nicht. Begründet wird die Möglichkeit einer solchen Belastung auch damit, dass eine juristische Person etwa Geschäftsführergehälter absetzen und damit höheren Gewinn erzielen kann (OVG Hamburg GewArch 1993, 185), also insoweit stärker leistungsfähig ist. Dies soll auch der Richtlinie 69/335/EWG des Rats vom 17.7.1969 nicht widersprechen (VGH Mannheim GewArch 2002, 84). Außerdem entstehe der Handwerkskammer ein höherer Aufwand durch die Geschäftstätigkeit juristischer Personen (Kluth/Franz, Handbuch des Kammerrechts, 1. Aufl. 2005, 35), dem entspreche idR aber auch eine höhere finanzielle Leistungsfähigkeit. – Zur Anwendbarkeit dieser Grundsätze und Argumente auf **im Ausland gegründete juristische Personen** (sog. „Limited") vgl. Karsten GewArch 2006, 234.

13   Für Handwerksbetriebe mit mehreren **Filialen** im Kammerbezirk können ebenfalls **höhere Beiträge** festgesetzt werden (vgl. Schwannecke/Karsten Rn. 33): Einerseits zeigt diese Betriebsstruktur in aller Regel eine stärkere wirtschaftliche Leistungskraft, was an sich schon eine höhere Beitragsbelastung rechtfertigt, nachdem sich daraus ja auch eine vermehrte Nutzbarkeit der Mitgliedschaft in und der Angebote der Handwerkskammer ergibt; zum anderen verursacht auch ein Filialbetrieb, schon wegen der äußerlichen Trennung der Betriebsstätten, für die Handwerkskammer höheren Aufwand, damit typisierbar höhere Kosten (vgl. BVerwG GewArch 2002, 206; 245; VGH Mannheim GewArch 2001, 83). Höhere Beiträge sind daher vom Erforderlichkeits- wie vom Äquivalenzprinzip gedeckt; dem Gleichheitssatz entsprechen sie schon dadurch, dass hier ein anderer Sachverhalt vorliegt als im Fall einer einzelnen Betriebsstätte.

14   Die zulässigen möglichen, wenn auch nicht notwendigen, Kriterien der Beitragsbemessung nach der Leistungskraft der Verpflichteten sind nicht die einzigen, welche die Handwerkskammer ihrer Satzungsgebung zugrunde legen darf, um danach eine Differenzierung der Beitragsgestaltung vorzunehmen. Da aber Umsatz, Beschäftigtenzahl und Lohnsumme als zulässige Kriterien ausscheiden (→ Rn. 11), werden idR als allgemeine Maßstäbe Gewerbesteuermessbetrag, Gewerbeertrag oder Gewinn aus Gewerbebetrieb (§ 113 Abs. 2 S. 3) übrig bleiben. Das Gesetz schließt allerdings andere Kriterien nicht aus, etwa die wirtschaftliche Schwäche einzelner Betriebe oder Sektoren von solchen. Die Leistungsstärke beinhaltet auch Leistungsschwäche als mögliches Kriterium. Beide Gestaltungen sind jedoch als Korrekturkriterien einer (allzu) strengen Äquivalenz (iVm der Erforderlichkeit der Kostendeckung) zu verstehen, welche ebenfalls stets grundsätzlich zu beachten ist.

15   **Höchstbeiträge** können festgesetzt werden (VG Freiburg GewArch 1995, 251 (254); VG Koblenz GewArch 1967, 33 f.). Allerdings darf dadurch nicht eine Entscheidung beeinflusst werden, ob ein Industriebetrieb vorliegt (Honig/Knörr Rn. 17). Die Grundsätze der Erfor-

derlichkeit und der Äquivalenz (→ Rn. 5, → Rn. 9) müssen dabei jedenfalls beachtet werden.

Als ein Maßstabskriterium der Beitragsgestaltung der Handwerkskammer wurde neuerdings die **gleichzeitige Mitgliedschaft in Innung und Handwerkskammer** diskutiert, welche eine Absenkung der Beitragshöhe zur Handwerkskammer für solche Mitglieder begründen soll. Gefordert wurde für Doppelmitglieder ein **Bonussystem** bei der Gestaltung von Kammerbeiträgen (ausf. dazu Schwannecke/Karsten Rn. 55 ff.; Detterbeck/Will, Die Handwerks-Innungen in der dualen Ordnung des Handwerks, 2003; Detterbeck GewArch 2005, 271 ff.; 321 ff.; Zimmermann GewArch 2007, 141 ff.). Begründet wurde dies damit, dass Leistungen an und Vorteile für Handwerker aus der (freiwilligen) Innungsmitgliedschaft **und** aus der Pflichtmitgliedschaft in der Handwerkskammer sich weithin überschnitten, so dass es ungerecht sei, dafür die Innungsmitglieder zweimal zahlen zu lassen, während Nur-Kammermitgliedern die gleichen Vorteile lediglich über einen Beitrag, den zur Handwerkskammer, geboten würden. Dagegen wurde vorgebracht (Badura/Kormann GewArch 2005, 99 ff., 136 ff.): die Art der Vorteile aus einer Kammer- und einer Innungsmitgliedschaft sei unterschiedlich, wie ja beide Körperschaften überhaupt verschieden akzentuierte Ziele verfolgten. Das BVerwG hat entschieden (GewArch 2006, 341, vgl. dazu Schwannecke/Karsten Rn. 59), dass eine Beitragsgestaltung mit einem solchen Bonus für (zugleich) Kammer- und Innungsmitglieder zwar zulässig, nicht aber rechtlich erforderlich sei, weil die handwerkliche Förderungsaufgaben von Kammer und Innung unterschiedlich seien (zu ersteren → § 91 Rn. 4 ff., zu letzteren → § 54 Rn. 3 ff.). Soweit deckungsgleiche Aufgaben und damit auch deckungsgleiche Leistungen der beiden Körperschaften vorlägen, stelle sich lediglich die Frage, ob diese Überschneidung notwendig sei und daher Innungs-Aktivitäten nicht, angesichts der höheren Bedeutung der Handwerkskammer-Aktivitäten, zurücktreten sollten. Diesen Grundsätzen ist zuzustimmen. Im Einzelnen sollte stets eine Abstimmung von Leistungsangeboten der beiden Körperschaften erfolgen, nach jeweiliger Sachnähe und Leistungsfähigkeit; „Verdrängungswettbewerb" zwischen ihnen muss jedenfalls vermieden werden.

B. Beitragsverpflichtete; Entfallen der Beitragspflicht

I. Beitragsverpflichtete – Allgemeines

Die Beitragspflicht zur Handwerkskammer trifft selbstständig tätige Mitglieder derselben; sie ist insoweit an die Inhaberschaft eines Handwerksunternehmens oder eines handwerksähnlichen Betriebes geknüpft. Das gilt für die Inhaber von **A-Betrieben**, seit 2004 aber auch für die Inhaber von **B-Betrieben und Handwerker,** die Mitglieder der Handwerkskammer nach **§ 90 Abs. 3** sind. Für alle Angehörigen dieser drei Kategorien ist Voraussetzung der Beitragspflicht, dass sie in die entsprechenden **Verzeichnisse der Handwerkskammer eingetragen** sind (Handwerksrolle § 1; Verzeichnis nach § 19 bzw. nach § 90 Abs. 4). Angeknüpft wird also nicht an die tatsächliche Ausübung einer handwerklichen Tätigkeit. Diese Regelung trägt den Erfordernissen der Rechtsklarheit und Rechtssicherheit Rechnung. Gesellen, Lehrlinge sowie andere Arbeitnehmer und Angehörige der Handwerkskammer unterliegen keiner Beitragspflicht.

Filialbetriebe und Zweigniederlassungen eines beitragspflichtigen Betriebes nach → Rn. 17 sind also solche nicht selbstständig tätig beitragspflichtig. Die Handwerkskammer kann in ihrer Beitragsordnung aber für sie eine teilweise oder sogar eine volle Beitragspflicht vorsehen (→ Rn. 13), wenn und soweit dies nach Äquivalenz und Erforderlichkeit, oder nach der wirtschaftlichen Leistungsfähigkeit dieser Betriebseinheiten, im Verhältnis zu ihren Trägerbetrieben, gerechtfertigt ist.

Nebenbetriebe von A- und B-Betrieben sind als solche nicht Mitglieder der Handwerkskammer, also auch nicht als solche beitragspflichtig. Ist aber ihr jeweiliger Hauptbetrieb dort Mitglied, so kann die Beitragsordnung einen erhöhten Beitrag für den Hauptbetrieb vorsehen, soweit dies nach Äquivalenz und Erforderlichkeit oder deshalb erforderlich ist, weil eine stärkere Leistungsfähigkeit des Hauptbetriebes aus diesem Grunde anzunehmen ist.

II. Mischbetriebe

20 „Mischbetriebe" sind solche Unternehmen, welche einen (oder mehrere) handwerkliche und nicht handwerkliche **Betriebsteil(e)** aufweisen. Für diese sind sie „getrennt" Mitglieder der Handwerkskammer und/oder der Industrie- und Handelskammer, in deren Bezirken die jeweiligen Betriebsteile liegen. Der Mischbetrieb als solcher ist insoweit **„Doppelmitglied"** in beiden Kammern (so VGH Mannheim GewArch 1999, 80; VG Magdeburg GewArch 2001, 347), obwohl hier nur eine Mitgliedschaft pro parte, also eine **„Teilmitgliedschaft"** vorliegt (Jahn GewArch 2005, 169 (171); Schwannecke/Karsten Rn. 42). Der Mischbetrieb ist als solcher eintragungspflichtig in die Handwerksrolle bzw. das Verzeichnis nach § 19.

21 Die Mitgliedschaft für den **handwerklichen Betriebsteil** unterliegt den Regelungen der Handwerksordnung (→ Rn. 17, → Rn. 18, → Rn. 19), die des **nichthandwerklichen Betriebsteils** (§ 2 Abs. 3 IHKG) denen des IHKG (§ 3 Abs. 3 S. 1 IHKG): Ein Industrie- und Handelskammer-Beitrag wird nur erhoben, wenn der Umsatz für letztere Betriebsteile 130.000,00 Euro übersteigt, **oder** insoweit Kaufmannseigenschaft (§§ 1 ff. HGB) für den Betrieb in diesem Unternehmensteil gegeben ist. Liegt eine dieser Voraussetzungen für den nichthandwerklichen Betriebsteil vor, so **können** sowohl die Handwerkskammer als auch die Industrie- und Handelskammer den Mischbetrieb insgesamt, jeweils und unabhängig voneinander, zu ihren **vollen Grundbeiträgen** heranziehen (VG Neustadt a.d. Weinstraße GewArch 1997, 299; VG Magdeburg GewArch 2001, 347; VG Arnsberg DStR 2003, 854); dies lässt sich damit begründen, dass die Vorteile aus **beiden Mitgliedschaften** ja von den Mischbetrieben in Anspruch genommen werden können (Schwannecke/Karsten Rn. 43). **Sonderbeiträge** können jedoch nur jeweils nach den (nicht)handwerklichen Voraussetzungen erhoben werden (→ Rn. 31 ff.).

22 Bei **Mischbetrieben können Zusatzbeiträge** (→ Rn. 29 ff.) dagegen unter Berücksichtigung des Gewerbeertrags des jeweiligen Betriebsteils aufgeteilt werden (vgl. BVerwG GewArch 1992, 28 ff. zum Innungsbeitrag). Vereinbarungen zwischen Arbeitsgemeinschaften der Handwerkskammern und der Industrie- und Handelskammern sind insoweit zulässig, als dabei der Gewerbeertrag der Mischbetriebe nach den jeweiligen Beschäftigungszahlen oder Umsatzanteilen des Betriebsteils aufgeteilt wird (VGH Mannheim GewArch 1999, 80 f.). Dies gilt aber nicht für den Grundbetrag (→ Rn. 21; aA Detterbeck Rn. 25).

III. Beitragsfreiheit

23 **Kleinunternehmer** (§ 90 Abs. 3) sind nach § 113 Abs. 2 S. 4 beitragsfrei, wenn bei ihnen der Gewerbeertrag nach dem GewStG oder, soweit für das Bemessungsjahr ein Gewerbesteuermessbetrag nicht festgesetzt wird, ihr nach EStG oder KStG ermittelter Gewinn des Gewerbebetrieb 5.200,00 Euro nicht übersteigt (§ 113 Abs. 2 S. 4). Damit wollte der Gesetzgeber dem Äquivalenzprinzip (→ Rn. 9) Rechnung tragen (keine zu hohen Beiträge im Verhältnis zu anderen Mitgliedern) und zugleich die Beitragsfestsetzung und -erhebung erleichtern. Dies ist nicht zu beanstanden (krit. Schwannecke/Karsten Rn. 53). Die Rechtsform, in welcher der Kleinunternehmer tätig wird, ist gleichgültig.

24 **„Existenzgründer"** sind ab dem Jahr der Anmeldung degressiv 4 Jahre lang von der Entwicklung des Grund- und des Zusatzbeitrages (nicht der Sonderbeiträge) befreit (§ 113 Abs. 2 S. 5 u. 6), soweit ihr Ertrag oder Gewinn (ermittelt wie bei Kleinunternehmern, → Rn. 23) im Jahr 25.000,00 EUR nicht übersteigt. Die Voraussetzungen der Befreiung müssen jeweils für die einzelnen Bemessungsjahre vorliegen und gesondert geprüft werden. Voraussetzung ist die Anmeldung des Betriebs. Als Gründung gilt auch dessen Übernahme durch einen anderen Inhaber. Die Befreiung kommt aber nur natürlichen Personen, nicht Personengesellschaften oder juristischen Personen zugute (Schwannecke/Karsten Rn. 50), nach der eindeutigen Gesetzesformulierung. Die praktische Wirksamkeit dieses Existenzgründerprivilegs ist bezweifelt worden (Honig/Knörr Rn. 5 f.).

25 Die Voraussetzungen für die Beitragsfreiheit von Existenzgründern nach → Rn. 24 kann die Handwerkskammer durch Absenkung der Freistellungsgrenzen (unter 25.000,00 EUR) verschärfen, wenn die Zahl der voll beitragspflichtigen Mitglieder bei ihrer Anwendung unter 55 % aller Mitglieder abzusinken droht. Diese **Prognoseentscheidung** der Vollversammlung (§ 113 Abs. 2 S. 7) muss zum Zeitpunkt ihres Ergehens vertretbar sein; sie fällt dann in einen

gerichtlich nur begrenzt nachprüfbaren Beurteilungsspielraum. Eine **Verpflichtung** zur Absenkung der Freistellungsgrenzen besteht jedoch auch dann nicht, wenn die Quote der voll Beitragspflichtigen andernfalls unter 55 % absinken könnte; der klare Gesetzeswortlaut („kann") lässt nur dieses Verständnis zu (aA Detterbeck Rn. 23).

C. Beitragsarten

I. Allgemeines

Als **Beitragsarten** nennt das Gesetz **Grund-, Zusatz- und Sonderbeiträge**. Sie sind aber gesetzlich als solche nicht näher bestimmt. Zur Erhebung all dieser finanziellen Leistungen, welche sämtlich „Beiträge im rechtlichen Sinn darstellen", bei den Beitragsverpflichteten (→ Rn. 17, → Rn. 18, → Rn. 19, → Rn. 20, → Rn. 21, → Rn. 22, → Rn. 23, → Rn. 24, → Rn. 25), nach den erwähnten Grundsätzen (→ Rn. 1, → Rn. 2, → Rn. 3, → Rn. 4, → Rn. 5, → Rn. 6, → Rn. 7, → Rn. 9, → Rn. 10, → Rn. 11, → Rn. 12, → Rn. 13, → Rn. 14, → Rn. 15, → Rn. 16) ist die Handwerkskammer rechtlich verpflichtet. Dies kann nicht in Form eines einheitlichen Beitrags, es muss jedenfalls in den **beiden Formen des Grund- und des Zusatzbeitrages** geschehen, da für beide jeweils getrennte Befreiungen für Existenzgründer gesetzlich vorgesehen sind (§ 113 Abs. 2 S. 5), obwohl der Gesetzeswortlaut (§ 113 Abs. 2 S. 1: auch) selbst insoweit der Handwerkskammer einen Beurteilungsspielraum einzuräumen scheint. Für alle Beitragsarten gilt, dass die Handwerkskammer die Beitragsschlüssel nach Praktikabilität ausgestalten und auf sehr weitgehende Differenzierungen verzichten darf; allerdings sind hier Grenzen ihres Beurteilungsspielraums nicht nur grobe Ungerechtigkeit und Unbilligkeit (so VG Freiburg GewArch 1994, 251), sondern auch Äquivalenz und Erforderlichkeit iSv → Rn. 5 ff.

26

Für **Filialbetriebe** gilt allgemein → Rn. 18: Betriebsstätten eines Betragspflichtigen in **verschiedenen Kammerbezirken** begründen Mitgliedschaften in mehreren Handwerkskammern. Jede von diesen kann dann die von ihr gewählte Bemessungsgrundlage nur insoweit zur Berechnung von ihr zustehenden Beiträgen heranziehen, als sie für Gemeinden gilt, die in ihrem Kammerbezirk liegen (Zerlegungsanteile, vgl. Detterbeck Rn. 14).

27

II. Grundbeiträge

Grundbeiträge werden von allen Kammerzugehörigen erhoben, in Form von Jahresabgaben. Der Beitrag wird für das gesamte Jahr eingezogen (VG Hannover GewArch 1995, 158). Hört die jeweilige Zugehörigkeit zur Handwerkskammer während des Jahres auf, so kann nur eine entsprechende anteilige Beitragspflicht vorgesehen werden (VG Gießen GewArch 2006, 214 hält dies für zwingend). Grundbeiträge können in einer einheitlichen Höhe erhoben werden, aber auch progressiv gestaffelt, nach der Rechtsform, in welcher ein Betrieb geführt wird, und auch prozentual abgestuft (Schwannecke/Karsten Rn. 27). Die Staffelungskriterien werden in der Beitragsordnung (→ Rn. 35 ff.) festgelegt, die konkreten so etwa bestimmten Vomhundertsätze ergeben sich aus den Haushaltsplänen oder den Beitragsbeschlüssen der Vollversammlung. Dabei kann – muss aber nicht – der Gewerbesteuermessbetrag, der Gewerbebetrag oder der Gewinn aus Gewerbebetrieb zugrunde gelegt werden (Detterbeck Rn. 12). Wird der Gewerbesteuer-Messbetrag später geändert, so kann die Beitragsordnung entsprechende Änderungen der Beitragshöhe vorsehen (VGH Mannheim GewArch 2003, 480).

28

III. Zusatzbeiträge

Zusatzbeiträge können neben den Grundbeiträgen erhoben werden. Ihre Höhe richtet sich idR nach dem **Gewerbesteuermessbetrag** (VGH Mannheim GewArch 1999, 80), bei Filialen nach dem Gewerbesteuer-Zerlegungsanteil (→ Rn. 27; vgl. VGH Mannheim GewArch 1985, 368). Dabei kann auf den **Messbetrag eines früheren Jahres** (VGH München BayVBl. 1977, 125; OVG Münster GewArch 1977, 269) zurückgegriffen werden. Ein Rückgriff über drei Jahre ist zulässig, selbst bei zwischenzeitlicher Verschlechterung der Ertragslage des Betriebes (VG Magdeburg GewArch 1977, 269). Bei unentgeltlichem

29

Betriebserwerb können die Bemessungsgrundlagen des Rechtsvorgängers zugrunde gelegt werden (gegebenenfalls unter Nachberechnung, OVG Hamburg GewArch 1984, 351).

30 Falls für das Bemessungsjahr kein Gewerbesteuermessbetrag festgesetzt ist, kann der Gewinn aus Gewerbebetrieb nach EStG oder VStG ermittelt und zugrunde gelegt werden; in diesem Fall sind Gewinne aus ausländischen Betriebsstätten, Beteiligungserträge von anderen Unternehmen und noch nicht ausgeglichene Gewerbeverluste abzuziehen (Detterbeck Rn. 14).

IV. Sonderbeiträge

31 Der Begriff der **Sonderbeiträge** ist gesetzlich ebenso wenig näher bestimmt wie der der Grund- und Zusatzbeiträge. In Form eines Sonderbeitrags können „vor allem" Kosten für die Erfüllung einer speziellen Aufgabe der Handwerkskammer auf bestimmte Mitglieder derselben umgelegt werden, die sich von „allgemeinen Kammerkosten abgrenzen lassen" **und** für deren Erhebung bei den Verpflichteten „besondere Gründe" sprechen, dh., weil es sich um Kosten iSe **besonderen Vorteils** für die (betreffenden) Beitragspflichtigen handelt (BVerwG GewArch 1999, 193 = BVerwGE 108, 169 (178 ff.)). Damit sind Sonderbeiträge in besonderer Weise Ausdruck des Äquivalenzprinzips (→ Rn. 9): Sie dürfen nur insoweit verlangt werden, als sie für „Sondervorteile" erhoben werden, bzw. soweit, wenn sie nicht erhoben würden, der das Äquivalenzprinzip tragende Gleichheitssatz verletzt wäre (näher dazu Detterbeck Rn. 16 – 19; Schwannecke/Karsten Rn. 35 – 41, beide mwN.).

32 Sonderbeiträge sind als solche zu bezeichnen und nach folgenden Grundsätzen auszugestalten: In der **Beitragsordnung** (→ Rn. 35 ff.) müssen – und können häufig – Sonderbeiträge weder nach Maßstab noch nach absoluter Höhe festgelegt werden. Dies kann, ebenso wie ihre nähere Ausgestaltung, lediglich durch Beschluss der Vollversammlung erfolgen. Die Notwendigkeit einer satzungsrechtlich-normativen Bestimmung der Sonderbeiträge, welche dem Kommunalrecht zugrunde liegt, gilt nach der Handwerksordnung nicht (BVerwG GewArch 1992, 314 f.).

33 Sonderbeiträge dürfen wegen des Äquivalenzprinzips (→ Rn. 31) nur **vorteilsgerecht** bemessen werden. Der Handwerkskammer steht insoweit ein weites normatives Ermessen zu, ob und wofür sie Sonderbeiträge erheben will. Dessen Grenzen liegen jedoch in der **Vorteilsgerechtigkeit** der Beitragserhebung nach dem Äquivalenzprinzip (→ Rn. 31): Die Höhe des Sonderbeitrages darf nicht in einem Missverhältnis zu dem Vorteil stehen, der die durch ihn zu deckenden Kosten hervorruft (VGH Mannheim GewArch 1995, 484). Die Beiträge müssen auch im Verhältnis der Sonderbeitragsverpflichteten untereinander vorteilsgerecht bestimmt sein (BVerwGE 108, 169 (179)). Insoweit sind **Gruppensonderbeiträge** nicht nur zulässig, sondern auch geboten. Ein allgemeiner Grundsatz der Beitragsgleichheit aller Kammermitglieder steht dem nicht entgegen.

34 Für **überbetriebliche Ausbildung** (dazu eingehend Leisner, W. G., ÜLU; zum Begriff S. 10 ff; zu rechtlichen Grundlagen S. 28 ff; zu Teilnahme(verpflichtungen) S. 39; zur Finanzierung S. 44 ff.) dürfen Sonderbeiträge erhoben werden (vgl. Detterbeck Rn. 16 mwN), bei allen Betrieben, für deren Berufe jene durchgeführt wird, selbst wenn sie von dieser Ausbildung tatsächlich keinen Gebrauch machen. Dies gilt jedenfalls, soweit auch die letzteren Betriebe von dieser Ausbildung insoweit Vorteile haben, als sie bei Bedarf, unabhängig von ihren eigenen Ausbildungsanstrengungen, auf einen qualifiziert ausgebildeten Nachwuchs allgemein zurückgreifen können (BVerwGE 108, 169 (180); vgl. auch bereits BVerwG GewArch 1992, 304). Voraussetzung ist aber immer, dass die Ausbildungskosten, bezogen auf die einzelnen Betriebe des jeweiligen Gewerbes, nicht wesentlich voneinander abweichen (BVerwGE 108, 169 (181 f.)). Höhenmäßige Beschränkungen gibt es hier nicht. **Handwerksähnliche Betriebe** dürfen für Kosten einer Ausbildung überhaupt nicht herangezogen werden, da eine solche für sie nicht zu den Aufgaben der Handwerkskammer gehört (BVerwG GewArch 1998, 36 f.; VGH Mannheim GewArch 1994, 484)

D. Beitragserhebung: Normative Grundlagen, Beitragsbescheide

35 Die Beiträge werden nach Abs. 1 nach einem von der Handwerkskammer festzusetzenden **Beitragsmaßstab** erhoben. Dabei sind inhaltlich die gesetzlichen Maßstäbe nach → Rn. 5 ff. zu beachten und Entscheidungen zu möglichen Maßstäben nach → Rn. 10 ff. zu

treffen. Formal muss die Maßstabsbestimmung („Beiträge **nach** einem festgesetzten Beitragsmaßstab") in einer normativen Form erfolgen, dh durch Satzungsregelungen. Auf deren Grundlage erfolgt dann die **Festsetzung der Beitragspflicht.** Auf deren Grundlage wiederum ergeht der konkrete **Beitragsbescheid** im Einzelfall, als Verwaltungsakt. Normativ bestimmt werden muss aber auch der **Bedarf der Handwerkskammer**, der nach den gesetzlichen und satzungsmäßigen Maßstäben auf die Mitglieder zu verteilen ist.

Die Einhaltung dieses **Systems der Beitragsfestsetzung** ist als solche aus rechtsstaatlichen Gründen zwingend. Beitragsgestaltung und -erhebung wie Beitragsbedarf müssen auf gesetzlicher Grundlage bestimmt werden, deren Gestaltung der Gesetzgeber weitestgehend der Vollversammlung als Normgeber der Handwerkskammer nach § 106 Abs. 1 überlassen hat. Dabei sind stufenmäßig **drei Instrumente** (Formen) der Bestimmung der Beitragspflicht des einzelnen Mitglieds zu unterscheiden: Eine **Beitragordnung** (§ 106 Abs. 1 Nr. 5), welche die allgemeinen Formen der Beitragserhebung jahresübergreifend regelt, durch Normen im formellen und materiellen Sinn; sodann der **Haushaltsplan** der Handwerkskammer, ein satzungsrechtliches Normenwerk im rein formellen Sinn, welches jährlich den (durch Beiträge) zu deckenden Mittelbedarf der Handwerkskammer feststellt (§ 106 Abs. 1 Nr. 4). In ihm können, bereits alljährlich, die konkreten Kriterien, Faktoren und Messzahlen festgelegt werden, welche in der Beitragsordnung nur allgemein geregelt sind; insoweit hat dann § 106 Abs. 1 Nr. 5 keine Bedeutung. Diese letzteren Festsetzungen können aber auch in einer von der Vollversammlung alljährlich zu beschließenden gesonderten **Beitragssatzung** erfolgen. Notwendig ist nach der Handwerksordnung der jährliche Erlass der Haushaltssatzung wie der Beitragsfestsetzung, beides in der erwähnten normativen Form. Zur Wahrung der Rechtsstaatlichkeit (Bestimmbarkeit, Vorhersehbarkeit der Belastung der Mitglieder) sowie der Abgabengleichheit, aber auch aus Gründen der Praktikabilität sollten (aber müssen nicht) Vorschriften zur Beitragserhebung, welche jahresübergreifend gelten können, in der von der jährlichen Beitragsfestsetzung zu unterscheidenden **Beitragsordnung** geregelt werden.

Die **Beitragsordnung** wird nach § 105 Abs. 1 Nr. 5 als allgemeine Form der Festsetzung der Beiträge in einer besonderen Satzung von der Vollversammlung erlassen. Ihr Inhalt regelt die Arten der Beiträge, deren Bemessungsgrundlagen und ihre Staffelung. Ferner enthält sie Bestimmungen über Stundung, Niederschlagung und Erlass der Beiträge sowie uU zur Beitragsfreiheit und auch zur Rückgewähr zu viel gezahlter Beiträge. Ein Beschluss der Vollversammlung darüber unterliegt der Genehmigung durch die oberste Landesbehörde sowie einer Veröffentlichungspflicht nach § 106 Abs. 2.

Im **Haushaltsplan** legt die Vollversammlung nach § 106 Abs. 1 s. 4 ihren jährlichen Bedarf fest, der durch Beiträge zu decken ist. Der Haushaltsplan wird seinerseits aufgestellt auf der Grundlage und nach den Grundsätzen einer von der Vollversammlung ebenfalls zu erlassenden **Haushaltsordnung** (§ 106 Abs. 1 Nr. 6). Diese bestimmt Kriterien, Faktoren und Messzahlen für die Aufstellung des jährlichen Haushaltsplans. Haushaltsplan wie Haushaltsordnung bedürfen der Genehmigung durch die oberste Landesbehörde und unterliegen der Veröffentlichungspflicht (§ 106 Abs. 2).

Die Beitragsordnung (→ Rn. 37) kann, mit Belastungswirkung für alle oder bestimmte Mitglieder, grds. **nicht rückwirkend** erlassen oder geändert werden, wenn etwa die bisherige Ordnung für bestimmte Beitragsbescheide keine ausreichende Ermächtigungsgrundlage bietet. Der rückwirkende Erlass einer Beitragsordnung ist, nach den allgemeinen verfassungsrechtlichen Regeln über eine ausnahmsweise zulässige echte Rückwirkung, nur zulässig, wenn die Belasteten mit dieser Regelung rechnen mussten, weil eine unklare Satzungs- oder Rechtslage bestand, welche durch die neue Beitragsordnung rückwirkend geklärt wird, weil diese eine nichtige Bestimmung durch eine nicht zu beanstandende Norm ersetzt, oder, in engsten Grenzen, weil zwingende Gründe des Gemeinwohls, dem das Gebot der Rechtssicherheit übergeordnet sind, die Rückwirkung rechtfertigen (OVG Lüneburg GewArch 1999, 124 zu Satzungsbestimmungen für die Kreishandwerkerschaft).

Die alljährlich vorzunehmende **konkrete Festsetzung der Beitragsverpflichtungen,** im Wesentlichen gruppenspezifisch, in satzungsrechtlicher Form, welche in der **Haushalts-** oder einer von dieser getrennten **Beitragssatzung** erfolgen kann (→ Rn. 36), unterliegt ebenfalls grundsätzlich dem für normative Bestimmungen geltenden **Rückwirkungsverbot**. In diese Regelungen können – und sollten – aber Bestimmungen aufgenommen werden, welche einer während ihrer Geltung eintretenden Veränderung der Leistungsfähigkeit von

Verpflichteten Rechnung tragen. In allgemeiner Form kann dies auch bereits in der **Beitragsordnung** vorgesehen sein. So kann etwa die Höhe der Verpflichtung zunächst geschätzt, später endgültig bestimmt werden (vgl. dazu Schwannecke/Karsten Rn. 46 f.), insbes. erst, wenn alle erforderlichen Daten zur Festsetzung der Beiträge (→ Rn. 42) vorliegen.

41   **Beitragsbescheide,** die auf diesen satzungsrechtlichen Grundlagen ergehen, werden im Verfahren nach dem VwVfG erlassen (vgl. Schwannecke/Karsten Rn. 48). Sie können insbes. auch **abgeändert** werden, wenn sich nachträglich herausstellt, dass sich ihre Festsetzungsgrundlagen geändert haben, etwa, wenn sich ergibt, dass der Gewerbeertrag höher war. Zu früheren Beitragsfestsetzungen als nicht abschließenden Teilfestsetzungen vgl. BVerwGE 67, 129 (134).

42   Die **Daten zur Festsetzung der Beiträge** ergeben sich hinsichtlich des Gewerbesteuermessbetrages, des Gewerbeertrages sowie des Gewinns aus Gewerbebetrieb nach den Besteuerungsgrundlagen der Finanzbehörden, welche zu ihrer Mitteilung verpflichtet sind (§ 113 Abs. 2 S. 3) gegenüber der Handwerkskammer und ihren Gemeinschaftseinrichtungen, welche öffentliche Stellen iSd § 2 Abs. 2 des Bundesdatenschutzgesetzes sind (§ 113 Abs. 2 S. 8). Die Auskunftspflichten der Kammermitglieder nach Abs. 2 S. 10 und 11 sind obsolet, weil Abs. 2 S. 9 nicht mehr anwendbar ist (→ Rn. 25). Gleiches gilt für Abs. 2 S. 12, der sich redaktionell nur auf diese Daten bezieht (aA Detterbeck Rn. 21). Nach Abs. 2 S. 13 sind die beitragspflichtigen Kammerzugehörigen aber weiterhin verpflichtet, der Handwerkskammer Auskunft über die – alle – zur Beitragsfestsetzung erforderlichen Grundlagen zu erteilen; die Handwerkskammer kann ihnen dazu eine Frist setzen, und soweit dies erforderlich ist, die Einsichtnahme in diese Unterlagen erzwingen. Dabei ist der rechtsstaatliche Erforderlichkeitsgrundsatz stets zu beachten.

E. Durchsetzung der Beitragspflicht

I. Rechtsmittel zur Beitragsfestsetzung

43   Die Beiträge, welche ein Beitragsbescheid festsetzt, können von Mitgliedern weder vollständig noch teilweise **verweigert** werden, auch nicht mit der Begründung, sie würden offensichtlich zu einem gesetz- oder satzungswidrigen Zweck verwendet (BVerwG GewArch 1977, 231). Beiträge sind öffentliche Abgaben iSv § 80 VwGO; ein Abgabenbescheid ist also sofort vollstreckbar. Gegen ihn kann jedoch eine **Anfechtungsklage** erhoben (§ 42 VwGO) und der Antrag auf Aussetzung der Vollziehung nach § 80 VwGO gestellt werden. – Gegen die **Beitragsordnung** und die **Beitragssatzung** kann ein aufgrund derselben belastetes Mitglied Normenkontrollklage nach § 47 VwGO erheben. Entscheidend ist dabei allein der objektive Gehalt der Satzungsbestimmungen, nicht der subjektive Wille der Vollversammlung (Detterbeck Rn. 32; vgl. BVerwG GewArch 1995, 426).

44   Beruht der Beitragsbescheid auf einem Beitragsbeschluss der Vollversammlung, so kann ein Mitglied gegen ihn dann nicht mehr erfolgreich vorgehen, wenn die Wahl der Vollversammlung nach dieser Beschlussfassung durch Gerichtsentscheid beanstandet wird (BVerwG GewArch 1999, 193; 2002, 432); eine Unterlassungsklage bzgl. der Heranziehung zu einem Beitrag steht einem betroffenen Mitglied aber zu, wenn die Handwerkskammer ihren durch §§ 90, 91 festgelegten Zuständigkeits- und Aufgabenbereich überschreitet (BVerwG GewArch 1998, 410; 1999, 193 (194)).

II. Einziehung und Beitreibung von Beiträgen (§ 113 Abs. 3)

45   **Einziehung** (titulierte Zahlungsaufforderung) und **Beitreibung** der Beiträge erfolgen **durch die Gemeinden** (zwangsweise Durchsetzung im Wege der Zwangsvollstreckung). Zu beidem sind die Gemeinden verpflichtet aufgrund einer von der Handwerkskammer aufzustellenden Aufbringungsliste. Beides erfolgt nach den für Gemeindeabgaben geltenden landesrechtlichen Vorschriften. Nach hL sind die Gemeinden dabei auf die technische Durchführung von Einziehung und Beitreibung beschränkt, insoweit also Gehilfen der Handwerkskammer; die Bescheide bleiben aber solche der Handwerkskammer (Detterbeck Rn. 27; Honig/Knörr Rn. 21; Schwannecke/Karsten Rn. 72; VG Koblenz GewArch 1967, 33; aA VG Kassel GewArch 1969, 134). Rechtsbehelfe gegen die Bescheide sind gegen die Hand-

werkskammer zu richten. Dafür spricht, dass diese inhaltlich für die Bescheide verantwortlich ist. – Die Gemeinden können für ihre Tätigkeit eine angemessene Vergütung von der Handwerkskammer verlangen. Bei Streitigkeiten wird die Vergütung von der höheren Verwaltungsbehörde festgesetzt (§ 113 Abs. 3 S. 2). Dagegen können Handwerkskammer wie Gemeinde das VG anrufen. Dieses kann die Entscheidung der obersten Verwaltungsbehörde darauf nachprüfen, ob diese innerhalb ihres Beurteilungsspielraums (Detterbeck Rn. 27 – nicht ihres Ermessens, so aber Honig/Knörr Rn. 22) gehandelt hat.

Die **Landesregierung** kann durch Rechtsverordnung eine **andere Form der Einziehung und Beitreibung** zulassen. Erforderlich ist ein entsprechender Antrag der Handwerkskammer, für deren Bereich dies gelten soll. Näheres ist im Gesetz dazu nicht bestimmt. Insbes. kommt aber eine Übertragung der Befugnisse zu Einziehung und Beitreibung auf die Handwerkskammer selbst in Betracht (§ 113 Abs. 3 S. 3). Diese erstellt dann Rückstandsverzeichnisse; auf deren Grundlage führt der Gerichtsvollzieher die Beitreibung durch. Diese Befugniszuständigkeitsregelung der Beitreibung kann die Landesregierung auch auf die oberste Landesbehörde übertragen. Bei den ordentlichen Gerichten können die Beitragsrückstände aber nicht eingeklagt und im Wege des Zahlungsbefehls beigetrieben werden, da es sich um öffentlich-rechtliche Abgaben handelt (Honig/Knörr Rn. 24). 46

F. Gebühren

Gebühren sind nach der Handwerksordnung öffentlich-rechtliche Geldleistungen, welche vollständiger oder teilweiser Kostendeckung dienen, soweit die Kosten der Handwerkskammer dadurch entstehen, dass sie dem Gebührenschuldner **individuell zurechenbare Leistungen** erbringt (vgl. BVerfGE 5, 217 (226); 93, 319 (345); BVerwGE 95, 188 (200)); maßgeblich sind aber im Einzelnen die Gebührenregelungen der Handwerksordnung (OVG Münster GewArch 1997, 374 (375)). Die Gebührenverpflichtung entsteht auf Grund öffentlich-rechtlicher Normen durch Gebührenfestsetzung, hier seitens der Handwerkskammer. **Gebührenschuldner** ist der Veranlasser der Tätigkeit der Handwerkskammer oder derjenige, in dessen Interesse diese erfolgt. Insbes. dürfen Gebühren von denjenigen verlangt werden, welchen besondere Einrichtungen einer Handwerkskammer zugutekommen (Auszubildende) oder in deren Interesse dies erfolgt (Ausbilder). Gebühren können, anders als Beiträge, auch bei Nicht-Mitgliedern erhoben werden; uU muss dies geschehen (→ Rn. 49). 47

Die Gebühren sind grundsätzlich in einer **vorteilsentsprechenden Art und vor allem Höhe** festzusetzen (vgl. dazu Leisner, W. G., ÜLU, 50 ff.). Für sie gilt das Äquivalenzprinzip ebenso wie für die **Beiträge** (→ Rn. 9), und auch das Erforderlichkeitsprinzip (→ Rn. 5 ff.), hier in der speziellen Ausprägung des **Kostendeckungsprinzips**. Dieses verlangt idR eine möglichst exakte Berechnung der Kosten der Einrichtung, welche benutzt wird, insbes. aber des **Verwaltungsaufwands** für die Tätigkeit, für welche Gebühren erhoben werden. Hierbei kann sich die Handwerkskammer an allgemeinen Verwaltungsvorschriften zur Ermittlung des Kostenaufwands von Amtshandlungen orientieren (vgl. dazu Schwannecke/Karsten Rn. 65; zu vergleichbaren Kommunalgebühren vgl. BVerwG NJW 2002, 2807, dazu Ossenbühl, JZ 2003, 96). All dies sind Ausprägungen des Gleichheitssatzes (Art. 3 Abs. 1 GG) und daher an diesem zu orientieren. Vorteile für die Pflichtigen sind zu berücksichtigen (vgl. oben → Rn. 3), können aber nicht einziger Maßstab sein, weil Gebühren auch für belastende Amtshandlungen erhoben werden. 48

Die Handwerkskammer ist zwar grds. frei darin, ob sie ihre Kosten, für welche sie Gebühren erheben darf, auf diese Weise oder (bereits) durch Beiträge (global) decken will. Dabei muss sie aber immerhin der Gleichheit Rechnung tragen: Soweit gewisse (Kategorien von) Amtshandlungen eindeutig wesentlich bestimmten Mitglieder(gruppe)n Vorteile bringen oder von solchen veranlasst werden, müssen sie auch von diesen getragen werden; andernfalls wäre die Gleichheit der Belastung der Mitglieder verletzt. So darf die Handwerkskammer zB ÜLU-Kosten, welche ihr durch Tätigkeiten zum Vorteil oder auf Veranlassung von Nicht-Kammermitgliedern entstehen, nur über Gebührenverpflichtungen von Kammerexternen decken (ebenso für Innungen, Leisner, W. G., ÜLU, 52 ff. mwN). 49

Die Gebührenerhebung ist durch Satzungsbestimmungen in einer **Gebührenordnung** zu regeln, welche die Vollversammlung zu beschließen hat (§ 106 Abs. 1 Nr. 5), und die von der obersten Landesbehörde genehmigt wird und zu veröffentlichen ist (§ 106 Abs. 2). 50

Inhaltlich sind darin Gegenstände, Tatbestände und Maßstäbe der Gebührenerhebung **allgemein zu regeln**, das Verfahren der Einziehung und Beitreibung sowie gewisse Korridore, innerhalb deren Gebühren erhoben werden dürfen. Einzelheiten zu den Regelungsbereichen können (auch) in Satzungsbestimmungen geregelt werden, welche sich auf die wesentlichen Amtshandlungen beziehen. Zusammen mit der Gebührenordnung muss diese Normierung eine wenigstens fassungsmäßig vorhersehbare Bestimmung von Tatbestand und Rechtsfolgen der Gebührenerhebung zulassen, insbes. auch zur Gebührenhöhe.

G. Verjährung

51 **Verjährungsregelungen** für Beiträge und Gebühren enthält die Handwerksordnung nicht. Sie können von der Handwerkskammer in den Beitrags- und Gebührenordnungen als Satzungsrecht erlassen werden (→ Rn. 45 ff., → Rn. 50). Soweit dies nicht erfolgt (Detterbeck Rn. 33), ist wie folgt zu unterscheiden: Erfolgen Einziehung und Beitreibung durch die Gemeinden (→ Rn. 45), so richtet sich die Verjährung nach den Kommunalabgabengesetzen der Länder, uU unter Weiterverweisung auf die AO. Führt dagegen die Handwerkskammer selbst Einziehung und Beitreibung durch, so bestimmt sich die Verjährung nach den landesrechtlichen Vorschriften über die Erhebung von Beiträgen und Gebühren. Gibt es solche nicht, oder enthalten sie keine Verjährungsregelung, so gilt die regelmäßige Verjährungsfrist von 3 Jahren (§ 195 BGB; Schwannecke/Karsten Rn. 71) nicht, wie früher, von 30 Jahren (so noch Honig/Knörr § 73 Rn. 15).

§ 114 (aufgehoben)

§ 115 [Aufsicht über Handwerkskammer; Auflösung der Vollversammlung]

(1) ¹Die oberste Landesbehörde führt die Staatsaufsicht über die Handwerkskammer. ²Die Staatsaufsicht beschränkt sich darauf, soweit nicht anderes bestimmt ist, daß Gesetz und Satzung beachtet, insbesondere die den Handwerkskammern übertragenen Aufgaben erfüllt werden.

(2) ¹Die Aufsichtsbehörde kann, falls andere Aufsichtsmittel nicht ausreichen, die Vollversammlung auflösen, wenn sich die Kammer trotz wiederholter Aufforderung nicht im Rahmen der für sie geltenden Rechtsvorschriften hält. ²Innerhalb von drei Monaten nach Eintritt der Unanfechtbarkeit der Anordnung über die Auflösung ist eine Neuwahl vorzunehmen. ³Der bisherige Vorstand führt seine Geschäfte bis zum Amtsantritt des neuen Vorstands weiter und bereitet die Neuwahl der Vollversammlung vor.

Literatur: Eyermann, Erich, Staatsaufsicht über Handwerkskammern, GewArch 1992, 209; Fröhler, Ludwig, Die Staatsaufsicht über die Handwerkskammern, München 1957; Kopp, Ferdinand O., Die Staatsaufsicht über die Handwerkskammern, Alfred 1992; Kopp, Ferdinand O., Die Zukunft des Handwerkrechts und seiner Organisation, WiVerw 1994, 1; Kelber, Markus, Grenzen des Aufgabenbereichs einer Körperschaft des öffentlichen Rechts unter verfassungsrechtlichen Gesichtspunkten – am Beispiel der Handwerkskammer, Berlin 1998

Überblick

§ 115 regelt den Umstand, dass die Handwerkskammer in all ihren Tätigkeiten, unabhängig davon, ob diese der Selbstverwaltung, der mittelbaren Staatsverwaltung oder der Erfüllung von Aufgaben in Organleihe dienen (→ Rn. 3 ff.), der Staatsaufsicht in Form der Rechtsaufsicht (→ Rn. 1 ff.) unterliegt. Ultima ratio der Aufsichtsbehörde stellt die Auflösung der Vollversammlung der Handwerkskammer dar (→ Rn. 8 ff.).

A. Staatsaufsicht (§ 115 Abs. 1)

I. Rechtsaufsicht

Die Handwerkskammer unterliegt einer **Staatsaufsicht** (§ 115 Abs. 1 S. 1); diese führt **1** die oberste Landesbehörde. Die Art der Aufsicht wird (ausschließlich) durch § 115 Abs. 1 S. 2 bestimmt, der eine spezielle Regelung gegenüber allen anderen bundes- und landesrechtlichen Bestimmungen, und auch sonstigen Regelungen der Handwerksordnung, zur Aufsicht über Selbstverwaltungskörperschaften beinhaltet, soweit diese nicht ausdrücklich Abweichendes bestimmen. Geführt wird über die Handwerkskammer eine „Aufsicht". Dieser Begriff ist nach den allgemeinen, insbes. verfassungsrechtlichen Grundsätzen über die Rechte „des Staates gegenüber Selbstverwaltungsträgern" zu bestimmen. Dementsprechend ist auch hier zwischen Rechts- und Fachaufsicht zu unterscheiden (arg. § 124b S. 2). Eine besondere „handwerksrechtliche Aufsichtsform" gibt es nicht.

Die Staatsaufsicht nach § 115 (vgl. dazu allg. Fröhler, Die Staatsaufsicht über die Handwerkskammer, 1957; Kopp, Staatsaufsicht über die Handwerkskammern, 1992; Eyermann GewArch 1992, 209) ist **lediglich eine Rechts- nicht eine Fachaufsicht**. Dies ergibt sich aus dem eindeutigen Gesetzeswortlaut: nach Abs. 1 S. 2 ist sie „darauf beschränkt", dass die Handwerkskammer (alle) gesetzliche(n) und (ihre eigenen) Satzungsbestimmungen beachtet, dh nach deren Vorschriften handelt. Ein wie auch immer geartetes Kontrollrecht über eine Ausübung des der Handwerkskammer durch diese Bestimmungen eingeräumten **Ermessens** steht der Aufsichtsbehörde nicht zu; sie kann der Handwerkskammer **keinerlei fachaufsichtliche Weisungen** erteilen, zu einem Verhalten, das sie als „zweckmäßig" – nicht als rechtlich geboten – ansieht. Ihr Ermessen darf sie nicht an die Stelle des Ermessens der Handwerkskammer setzen. Ermessensüberprüfung der Handwerkskammer ist der Aufsicht nur bei Ermessensüberschreitung, Ermessensfehlgebrauch oder fehlerhaftem Nichtgebrauch des Ermessens gestattet. Die Rechtsaufsicht hat jedoch die Auslegung und Anwendung unbestimmter Rechtsbegriffe durch alle Kammerinstanzen laufend zu überwachen und gegebenenfalls zu beanstanden. Dies ergibt sich aus der gesetzlichen Wortwahl („Beschränkung" auf die Beachtung von Gesetz und Satzung), aber auch klar aus § 124b S. 2: Dort werden die Fälle zulässiger „Fachaufsicht" – unter Verwendung gerade dieses Begriffs – ausdrücklich und abschließend aufgezählt. Eine Fachaufsicht kommt also iÜ iRd § 115 nicht in Betracht.

II. Gegenstand der Aufsicht

Diese Beschränkung auf Rechtsaufsicht gilt, ohne stufenweise Abschwächung, ggü. sämtli- **3** chen Aktivitäten der Handwerkskammer, **gleich in welcher Funktion** diese dabei tätig wird: Selbstverwaltung, mittelbare Staatsverwaltung im staatlichen Auftrag oder bei der Erfüllung von unter Organleihe zu erfüllenden Aufgaben. Unterschiede nach derartigen Kategorien von Formen der Aufgabenerfüllung (vgl. Kopp, Die Staatsaufsicht über die Handwerkskammern, 1992, 28 ff., 50 f.) sind durch den Gesetzeswortlaut (→ Rn. 2) eindeutig ausgeschlossen. Eine Fachaufsicht ist insbes. auch nicht über Tätigkeiten zulässig, welche als Ausdruck mittelbarer Staatsverwaltung erscheinen, wie die Aufsicht der Handwerkskammer über Innungen und Kreishandwerkerschaften (so aber OVG Münster GewArch 1990, 215 f.; vgl. im selben Sinne Kelber, Grenzen des Aufgabenbereichs einer Körperschaft des Öffentlichen Rechts unter verfassungsrechtlichen Gesichtspunkten – am Beispiel der Handwerkskammer, 1998, 160 f.; zutr. dagegen Eyermann GewArch 1992, 210; Schwannecke/Stork Rn. 3; s. auch VGH München GewArch 1991, 389).

Lediglich der Rechtsaufsicht unterliegt auch das Verhalten der Handwerkskammer, wel- **4** ches „**politische" Vertretung handwerklicher Interessen** zum Gegenstand hat. Gleiches gilt für die Wahrnehmung von Individualinteressen, welche gruppenspezifisch etwa auch von privatrechtlichen Vereinigungen vertreten werden (Detterbeck Rn. 4; aA Stork, in: Schwannecke Rn. 8). „Reine" Individual- oder Gruppeninteressen darf die Handwerkskammer gar nicht vertreten (vgl. dazu → § 91 Rn. 44 ff), stets müssen dabei ja (auch) öffentliche Interessen verfolgt werden. Dies letztere zu gewährleisten ist aber die Aufgabe der Staatsaufsicht, die sich schon deshalb auf den Bereich der Interessenvertretung insgesamt erstrecken muss. Dort sichert sie allerdings nur die Wahrnehmung dieser öffentlichen Belange, und eben diese werden ja durch Gesetz und Satzung geregelt, welche von der Handwerkskammer zu beachten sind.

5 Die Gesamttätigkeit der Handwerkskammer ist idS Gegenstand der Staatsaufsicht, dass diese die Aufgabenerfüllung durch die Handwerkskammer zu überwachen hat, gleich ob diese in **hoheitlicher** oder **in privatrechtlicher Form** erfolgt (Detterbeck Rn. 6): Auch die Beachtung privatrechtlicher Normen durch die Handwerkskammer ist, soweit sie ihre Aufgaben in dieser Rechtsform erfüllt, Gegenstand der Staatsaufsicht. Soweit allerdings diese Normen der Handwerkskammer privatautonome Handlungsfreiheit belassen, kann die Aufsicht ein bestimmtes Verhalten der Kammer nicht erzwingen; in privatrechtliche Streitigkeit der Handwerkskammer hat sie sich in diesem Bereich nicht einzumischen.

B. Aufsichtsmittel

I. Erforderlichkeit und Verhältnismäßigkeit

6 Allgemeine Bestimmungen über die Voraussetzungen der Ausübung der Aufsicht enthält das Gesetz nicht. Darüber ist daher, jeweils im Einzelfall, unter Anwendung allgemeiner, insbes. von Verfassungsgrundsätzen, zu entscheiden (vgl. Kopp, Die Staatsaufsicht über die Handwerkskammer, 1992, 66; Kopp WiVerw 1994, 1 (13 f.)). Die Voraussetzungen ergeben sich dabei jeweils aus dem bereits im Aufsichtsbegriff (→ Rn. 1 ff.) festgelegten Ziel, negativ jede Art der Verletzung von Gesetzes- und Satzungsrecht rückgängig zu machen, positiv die Beachtung dieser Normen sicherzustellen. Dies hat (aber nur) zu geschehen iRd rechtsstaatlichen Grundsätze der **Erforderlichkeit** und der **Verhältnismäßigkeit ieS.** Es ist daher stets (zunächst nur) das jeweils die Adressaten, in erster Linie die Handwerkskammer, am wenigsten belastende Aufsichtsmittel anzudrohen, unter Umständen unter Fristsetzung, so dann erst dasselbe einzusetzen. Dabei ist zugleich die Verhältnismäßigkeit ieS, der jeweiligen Maßnahme zu prüfen, dh, in die Tätigkeit der Handwerkskammer darf durch die Aufsicht nur soweit eingegriffen werden, als dem nicht schutzwürdige Belange der Kammer, ihrer Organe und Mitglieder und/oder Dritter entgegenstehen, welche schwerer wiegen als die Interessen, die den Einsatz rechtfertigen (können). Diese Prüfung ist stets durchgehend und strikt sowie (später nachprüfbar) vor Ergreifen jeder Aufsichtsmaßnahme durchzuführen.

7 Unter Beachtung dieser Grundsätze, deren Verletzung sogar die Verfassungsbeschwerde begründet (Art. 2 Abs. 1 GG iVm Art. 20 Abs. 3 GG – Rechtsstaatlichkeit) **gilt allgemein für Aufsichtsmaßnahmen:** Sie können **präventiv wie repressiv** erfolgen, im ersten Falle muss die Nichtbeachtung des Gesetzes- oder Satzungsrechts mit hinreichender Wahrscheinlichkeit zu Rechtsverstößen führen. Zu verfahren ist grds. nach dem **Legalitätsprinzip**, die Anwendung des **Opportunitätsprinzips** ist nur iRd Erforderlichkeit und Verhältnismäßigkeit ieS (→ Rn. 6) zulässig, insbes. wenn der durch die Aufsichtsmaßnahmen hervorgerufene Schaden größer sein könnte als der Nutzen für die Wahrung öffentlicher Belange, oder wenn der **Verwaltungsaufwand bei der Aufsichtsbehörde wie bei der Handwerkskammer** in keinem rechtsstaatlichen Verhältnis mehr zu jenem Nutzen stünde, der durch die Aufsichtsmaßnahme erstrebt wird; denn dann wäre das Aufsichtsinteresse von geringerem Gewicht als die durch seine Verfolgung zu wahrenden öffentlichen Interessen.

II. Arten der Aufsichtsmittel

8 Auch über die Art der zulässigen Aufsichtsmittel enthält die Handwerksordnung keine Bestimmungen, abgesehen von der Einzelregelung der Auflösung der Vollversammlung (im Folgenden → Rn. 14 f.). Daraus wird – zutreffend – gefolgert, alle weniger belastenden (→ Rn. 6, → Rn. 7) Aufsichtsmaßnahmen seien generell zulässig (Detterbeck Rn. 10). Es ergibt sich aus Abs. 2 aber nicht, dass die Auflösung der Vollversammlung das schärfste zulässige Aufsichtsmittel sei, eine **Auflösung der Handwerkskammer** im Wege der Aufsicht also nicht in Betracht komme (so Schwannecke/Stork Rn. 10). Bei strikter Beachtung von Erforderlichkeit und Verhältnismäßigkeit ieS mag die Auflösung der Handwerkskammer zwar ein Extrem, ja ein „theoretischer" Fall sein; nachdem die Aufsichtsbehörde aber für die Errichtung der Handwerkskammer zuständig ist (§ 90 Abs. 5), kann sie diese grds. auch auflösen. Dogmatisch bleibt es gleich, ob eine solche Maßnahme (auch) auf § 115 gestützt wird.

"Formalisierte" Aufsichtsmaßnahmen sind, nach allgemeinen Grundsätzen, auch im 9
Handwerksrecht, Beanstandung, Aufhebungsverlangen, (einstweilige) Anordnung und
Ersatzvornahme, (zeitweise) Einsetzung eines staatlichen Beauftragten oder Amtsenthebung
(von einzelnen Mitgliedern) des Kammervorstands. Zwangsgelder kommen nur aufgrund
gesetzlicher Grundlage, im Wege einer Zwangsvollstreckung, in Betracht (Schwannecke/
Stork Rn. 12). Vor Androhung oder gar Ergreifung all dieser Maßnahmen sowie deren
Durchsetzung sind stets, soweit dies im Einzelfall deren Wirksamkeit nicht beeinträchtigt,
Hinweise, Warnungen, Rügen und Fristsetzungen in geeigneter Form zwingend erforderlich:
Das Recht der Handwerkskammer zu entsprechender **Selbstkorrektur ihres Verhaltens**
muss stets gewahrt bleiben.

Insbes. Zurückhaltung bei **Ersatzvornahmen** ist geboten. Aufsichtsbehörden dürfen zwar 10
Entscheidungen der Handwerkskammer und ihrer Organe außer Kraft setzen, aber nicht
ihre eigenen Entscheidungen in Selbstverwaltungsangelegenheiten an die Stelle von solchen
der Vollversammlung oder anderer Organe der Handwerkskammer setzen. Dies folgt bereits
aus Abs. 2: Vollversammlungsbeschlüsse dürfen nur unter strengen Voraussetzungen aufgehoben werden (→ Rn. 14 f.). Folgerichtig gilt dies auch gegenüber Entscheidungen aller
anderen Organe der Handwerkskammer und der von diesen Beauftragten: Sie sind abzumahnen, entsprechende Tätigkeit ist ihnen zu untersagen, notfalls sind sie abzuberufen. Die
allgemeine Regel ist demnach in Fällen, in denen eine Ersatzvornahme in Betracht kommt,
dass die Aufsicht stets zunächst auf das zuständige Organ Einfluss zu nehmen hat, bis hin zu
dessen Ablösung. Diese darf aber auch nur mit dem Ziel erfolgen, der Handwerkskammer
Gelegenheit zu bieten, zulässiges Handeln durch andere Amtsträger sicherzustellen. Daher
ist eine solche Aufsichtsmaßnahme nur auf Zeit zulässig.

Trotz dieser streng von der Aufsicht zu beobachtenden Achtung der Selbstverwaltung 11
der Handwerkskammer muss es jener aber doch in gewissen Fällen möglich sein, selbst
zu entscheiden: wenn ein Handeln der Handwerkskammer-Instanzen nicht abgewartet werden
kann, insbes. auch weil die Handwerkskammer zu einer solchen Selbstkorrektur nicht bereit
ist. Nach dem BVerwG (GewArch 1972, 333) darf nicht nur, es muss die Aufsichtsbehörde
anstelle der Handwerkskammer handeln, wenn nach eingehenden Ermittlungen und trotz
(wiederholter) Einflussnahme auf die Handwerkskammer bzw. ihre Organe die Nichtbeachtung der gesetzlichen oder satzungsmäßigen Bestimmungen droht, also ein rechtswidriger
Zustand (Detterbeck Rn. 10, 11).

Die Aufsichtsbehörde kann die Gesetzmäßigkeit des Handelns der Handwerkskammer 12
auch über die von ihr zu erteilenden Genehmigungen nach § 106 Abs. 2 S. 1 sicherstellen.
Diese stellen zwar begrifflich keine Aufsichtsmaßnahmen dar, wirken jedoch wie solche.
Sie sind daher nach den Grundsätzen der → Rn. 6 und → Rn. 7 zu erteilen oder **zu
verweigern**.

III. Informationsrecht der Aufsichtsbehörde

Die Aufsichtsbehörde ist berechtigt, sich über alle Vorgänge der Handwerkskammer zu 13
informieren, welche zu ihrem Eingreifen Anlass geben könnten. Auch die Ausübung dieses
Rechts ist aber stets auf das dazu erforderliche und verhältnismäßige Ausmaß (→ Rn. 6, →
Rn. 7) zu beschränken. Das Informationsrecht deckt nicht eine Verpflichtung der Handwerkskammer, laufend allgemein über ihre Tätigkeiten der Aufsicht zu berichten, oder diese
gar in spezieller Weise zu rechtfertigen. Grds. müssen bei Aufsichtsmaßnahmen „konkrete
Anhaltspunkte" dafür vorliegen, dass Gesetzesverletzungen drohen oder begangen wurden
(Detterbeck Rn. 7). IdR reichen die Genehmigungsrechte der Aufsichtsbehörde (vgl. § 106
Abs. 1 S. 1) aus (→ Rn. 12); sie vermitteln ja ein laufendes Bild der wichtigsten rechtlich
relevanten Vorgänge im Bereich der Handwerkskammer.

C. Auflösung der Vollversammlung

Auflösung der Vollversammlung (§ 115 Abs. 2) setzt voraus, dass sich die Handwerkskam- 14
mer – nicht (nur) deren Vollversammlung – nicht „im Rahmen der für sie geltenden Rechtsvorschriften hält": Voraussetzung ist – ganz allgemein – ein rechtswidriges Verhalten „der
Kammer", dh all ihrer Organe und von ihr Beauftragter, gleich welcher Art. Dies muss aber
durch den Einsatz anderer Aufsichtsmittel (→ Rn. 6 ff.) nicht zu verhindern sein (→ Rn. 6,

→ Rn. 7). Dass der die Aufsicht auslösende Vorgang (besonders) schwerwiegend ist (so Detterbeck Rn. 13; Honig/Knörr Rn. 9), wird idR, es muss aber nicht, Voraussetzung dieser Maßnahme sein. Auch eine Hartnäckigkeit der Handwerkskammer, die auf weitere derartige Verstöße schließen lässt, kann die Auflösung rechtfertigen. Die Handwerkskammer muss aber vorher mind. zweimal abgemahnt werden.

15 **Wirkung der Auflösung** ist der Amtsverlust der Mitglieder der Vollversammlung sowie ihrer Vertreter, nicht aber der der Mitglieder des Vorstands. Dieser hat vielmehr die Neuwahl vorzubereiten (§ 115 Abs. 2 S. 2) und bleibt daher bis zum Amtsantritt eines neuen Vorstandes geschäftsführend im Amt (§ 115 Abs. 2 S. 3). Gegen die Auflösung können die Handwerkskammer sowie die von dieser Maßnahme Betroffenen Anfechtungsklage (§ 42 VwGO) erheben, nach ausdrücklicher Bestimmung des Abs. 2 S. 1 hat diese aufschiebende Wirkung, jedoch nach näherer Maßgabe der Regelungen der VwGO.

D. Rechtsschutz

16 Gegen alle Aufsichtsmaßnahmen kann die Handwerkskammer, es können aber auch die dadurch verletzten Amtsträger und Bediensteten derselben sowie Dritte Anfechtungsklage erheben (§ 42 VwGO). Die rechtsaufsichtlichen Entscheidungen unterliegen aber nur einer Rechtmäßigkeits-, nicht einer Zweckmäßigkeitskontrolle durch das Verwaltungsgericht. Gegen Verletzung der Aufsichtspflicht durch die Aufsichtsbehörde stehen Dritten grds. keine vor dem Verwaltungsgericht zu verfolgende Ansprüche zu (Detterbeck Rn. 9 mwN). IZw wird es insoweit schon am Rechtsschutzbedürfnis fehlen.

§ 116 [Ermächtigung]

¹Die Landesregierungen werden ermächtigt, durch Rechtsverordnung die zuständigen Behörden abweichend von § 104 Abs. 3 und § 108 Abs. 6 zu bestimmen. ²Sie können diese Ermächtigung auf oberste Landesbehörden übertragen.

Überblick

Die Vorschrift regelt die Möglichkeit der Landesregierungen, zur Vereinfachung der Verwaltungstätigkeit die Zuständigkeitsverteilungen der §§ 104 Abs. 3 und § 108 Abs. 6 anderweitig zu regeln.

A. Historie der Norm

1 § 116 besteht in seiner derzeitigen Form seit dem 1.4.1975. Mit § 17 Nr. 4 des Gesetzes zur Erleichterung der Verwaltungsreform in den Ländern (BGBl. 1975 I 685) sollten die Länder die Möglichkeit erhalten, durch alternative Zuständigkeitszuweisungen die oberste Landesbehörde zu entlasten (vgl. Schwannecke/Stork HwO § 116).

B. Zweck und Inhalt der Norm

2 Den Landesregierungen wird durch die Vorschrift die Möglichkeit eingeräumt die Aufgaben der Amtsenthebung bestimmter Kammermitglieder gem. § 104 Abs. 3 sowie die Ausstellung von Vorstandsbescheinigungen gem. § 108 Abs. 6 auf andere Behörden unmittelbar zu übertragen (vgl. Schwannecke/Stork HwO § 116). Die Landesregierungen haben auch die Möglichkeit, die obersten Landesbehörden, die diese Aufgabe nach der HwO ausüben zu dieser Übertragung zu ermächtigen.

3 Die praktische Relevanz der Vorschrift ist gering, da dieser Zweck wegen der umfassenden Rechtsaufsicht der obersten Landesbehörde gem. § 115 iErg verfehlt wird (vgl. Detterbeck Rn. 1).

Fünfter Teil: Bußgeld-, Übergangs- und Schlußvorschriften

Vorbemerkung zu §§ 117 ff

Der fünfte und letzte Teil der HwO beinhaltet Bußgeld-, Übergangs- und Schlussvorschriften. 1

Neben der Möglichkeit, Ordnungsgelder zur Durchsetzung ihrer Anordnungen zur Wahrnehmung ihrer Befugnisse hinsichtlich der Einhaltung der berufsregulierenden gesetzlichen Regelungen zu erheben, hat die Handwerkskammer bei einem festgestellten Verstoß gegen eben jene Regeln auch das Recht und die Pflicht, Bußgelder nach den §§ 117, 118 festzusetzen. Nach den Voraussetzungen des OWiG ist allerdings vorsätzliche Begehungsweise des Gesetzesverstoßes zwingende Voraussetzung für die Verfolgbarkeit der Tatbestände der §§ 117, 118 (vgl. Detterbeck § 118a Rn. 2). 2

Die von der HwO vorgegebenen bußgeldbewehrten Normen sind namentlich die, die in Zusammenhang mit der zulässigen Ausübung eines Handwerks im stehenden Gewerbe stehen (§ 117). Hier ergänzen die Vorschriften der HwO diejenigen des Gesetzes zur Bekämpfung der Schwarzarbeit, bzw. die des UWG. Darüber hinaus wird die Überwachungsfunktion der Handwerkskammer auch auf dieser Ebene des Verwaltungsverfahrens gestärkt, indem diese auch Verstöße gegen die den Gewerbetätigen obliegenden Auskunftspflichten ahnden kann (§ 118). 3

Die Handwerksordnung beinhaltet für das Handwerk den allgemeinen Grundsatz der Besitzstandwahrung (Detterbeck § 119 Rn. 1). Um diejenigen in ihrer Rechtsstellung iRd HwO zu schützen, die von Gesetzesänderungen dahingehend betroffen sind, dass nunmehr strengere Anforderungen an die zulässige Ausübung eines Handwerks im stehenden Gewerbe bzw. sonstiger Befugnisse gestellt werden, die der Betroffene nicht erfüllen würde, wurden vom Gesetzgeber anlässlich jeder Novelle diesbezüglich sog. Übergangsvorschriften erlassen. Diese arbeiten in der Regel mit den Mechanismen einer Einschränkung der zeitlichen Geltung der neuen Regelungen, der Gleichstellung von Qualifikationen sowie ggf. der Beschränkung des sachlichen Anwendungsbereichs der Normen, um diesen sog. Altfällen die alte Rechtslage weitestgehend zu erhalten, bzw. für diese Ausnahmetatbestände zu schaffen. Damit sollen Härten vermieden werden (Schwannecke/Behrendt § 119 Rn. 1). 4

Erster Abschnitt: Bußgeldvorschriften

§ 117 [Ordnungswidrigkeiten]

(1) Ordnungswidrig handelt, wer
1. entgegen § 1 Abs. 1 Satz 1 ein dort genanntes Gewerbe als stehendes Gewerbe selbständig betreibt oder
2. entgegen § 51 oder § 51d die Ausbildungsbezeichnung „Meister/Meisterin" führt.

(2) Die Ordnungswidrigkeit nach Absatz 1 Nr. 1 kann mit einer Geldbuße bis zu zehntausend Euro, die Ordnungswidrigkeit nach Absatz 1 Nr. 2 kann mit einer Geldbuße bis zu fünftausend Euro geahndet werden.

Literatur: Leisner, Walter-Georg, Die „wesentliche Tätigkeit" eines Handwerks in § 1 Abs. 2 HwO – Rechtsprechungsanalyse und systematische Einordnung von Einzel(grenz)fällen, LFI-Schriftenreihe 2014; Leisner, Walter-Georg, Wettbewerbsschutz vor Irreführung durch die Handwerksordnung? Schutz der handwerklichen Berufsbezeichnungen der Anlage A vor irreführendem Missbrauch unter besonderer Berücksichtigung des Bäckereihandwerks, LFI-Schriftenreihe 2014; § 117 sieht Ordnungswidrigkeiten vor, die an das Ausüben eines Gewerbes anknüpfen.

Überblick

Die Vorschriften des Gesetzes über Ordnungswidrigkeiten (OWiG) finden auf die OWi-Tatbestände der HwO Anwendung. Der Vollzug ist landesrechtlich geregelt (vgl. Honig/Knörr Rn. 1). Bei Durchsuchungen zur Tatsachenermittlung ist allerdings von den Behörden die Ausstrahlungswirkung von Art. 12 GG zu beachten (vgl. ausf. zur ergangenen Verfassungsrechtsprechung Leisner, W.G., Die „Meisterqualifikation" im Deutschen Handwerk, 57 ff.) was die Anforderung eines erhöhten Ermittlungsaufwandes begründet.

Die Verfolgbarkeit der Handlungen gem. § 117 Abs. 1 setzt Vorsatz voraus (Detterbeck § 118a Rn. 2). Grund hierfür ist, dass entgegen § 10 OWiG die fahrlässige Begehensweise nicht ausdr. für verfolgbar erklärt wurde. Da außerdem entgegen § 13 OWiG der Versuch nicht ausdr. als ahndungswürdig erklärt wurde, reicht ein Versuch nicht zur Tatbestandsverwirklichung aus.

Aus der Erforderlichkeit eines vorsätzlichen Handelns folgt zwangsläufig das Eingreifen von „strafausschließenden" Irrtümern. Das unverschuldete Verkennen von tatbestandsbegründenden Umständen lässt mithin den Vorsatz entfallen (Detterbeck § 118a Rn. 2; vgl. § 11 Abs. 2 OWiG; zuletzt OLG Koblenz GewArch 1986, 200). Ein vermeidbarer Irrtum hingegen lässt den Vorsatz unberührt, kann allerdings iRd Bußgeldbemessung Berücksichtigung finden (Schwannecke/Behrendt Ordnungsnummer 670 Rn. 2).

Gegen ergangene Bußgeldbescheide kann gem. § 67 OWiG Einspruch eingelegt werden. Dieser Einspruch wird zunächst im Rahmen eines Zwischenverfahrens gem. § 69 OWiG von der zuständigen Verwaltungsbehörde geprüft. Nimmt die Verwaltungsbehörde am Ende ihrer Prüfung den Bußgeldbescheid nicht zurück, obgleich sie ihn nicht als unzulässig verworfen hat, muss sie die Sache an die Staatsanwaltschaft abgeben, die nach eigenem Ermessen darüber entscheidet, ob die Ermittlungen fortgeführt werden oder das Verfahren eingestellt wird. Die Verfolgungsverjährung richtet sich nach § 31 OWiG.

A. Der Tatbestand des § 117 Abs. 1 Nr. 1

1 § 117 Abs. 1 Nr. 1 sanktioniert die Ausübung eines zulassungspflichtigen Gewerbes als stehendes Gewerbe ohne Eintragung in die Handwerksrolle. Diese Vorschrift erfordert daher eine Prüfung aller relevanten Abgrenzungsfragen der HwO (vgl. Schwannecke/Behrendt Rn. 1).

2 Die Vorschrift stellt ein Dauerdelikt dar (Honig/Knörr Rn. 15), dh, mit Beginn der Erfüllung der Tatbestandsvoraussetzungen kann das Verhalten geahndet werden, die Verjährung beginnt hingegen erst mit der vollständigen Einstellung der Gewerbetätigkeit zu laufen (Schwannecke/Behrendt Rn. 6). Der maßgebliche Zeitpunkt, der den Beginn des Betreibens eines Gewerbes ohne die hierfür erforderlichen Voraussetzungen darstellt, ist der Moment der tatsächlichen Arbeitsaufnahme (Detterbeck § 118a Rn. 8). Ob auch Vorbereitungshandlungen, wie die Anmietung bzw. Einrichtung einer Werkstatt, oder Werben um Aufträge bereits zur Aufnahme ausreichen, wird in Literatur und Rechtsprechung zum Teil uneinheitlich behandelt (dafür zB BGH NJW 1956, 1366; AG Ansbach GewArch 1978, 131; BVerwG NJW 1993, 1346; dagegen zB Detterbeck § 118a Rn. 8). Unter Berücksichtigung der hohen Anforderungen, die an den Nachweis von konkreten Verstößen gestellt werden, kann jedoch idR die Verfolgbarkeit von reinen Vorbereitungshandlungen abgelehnt werden (vgl. OLG Hamm GewArch 2008, 215 mwN; näher hierzu Dürr GewArch 2007, 61 (66 f.)).

3 Voraussetzung dafür, dass der Tatbestand erfüllt ist, ist zunächst, dass der Betroffene wesentliche Leistungen eines zulassungspflichtigen Handwerks erbringt (vgl. Schwannecke/Behrendt Rn. 2). Die Prüfung, ob die ausgeübte Tätigkeit auch zum Kernbereich eines A-Handwerks gehört, obliegt in diesem Fall den Strafgerichten.

4 Indiz dafür, dass eine wesentliche Tätigkeit vorliegt, sind die Aufzählungen der Meisterprüfungsbildverordnungen, ein zwingender Rückschluss kann hieraus jedoch nicht gezogen werden (Dürr GewArch 2007, 61 (65)) da sich der Gesetzgeber gerade verweigert, eine Definition für die Bestimmung der wesentlichen Tätigkeiten zu liefern. Vgl. ausf. zu dieser Thematik Leisner W.G., Die „wesentliche Tätigkeit eines Handwerks.

5 Bzgl. der Abgrenzung des Ausübens einer wesentlichen Tätigkeit vom sog. Minderhandwerk und Reisegewerbe, wird auf die Ausführungen unter → § 1 Rn. 1 ff. sowie verwiesen (vgl. auch Leisner W.G., Die „wesentliche Tätigkeit eines Handwerks, S. 17).

Die Rspr. verlangt mittlerweile mit der Begründung, Einzelfallgerechtigkeit sicherstellen **6** zu wollen (Dürr GewArch 2007, 61 (66)), zum Nachweis für das unerlaubte Tätigwerden für jede konkrete Tätigkeit genaue Angaben zu Art, Umfang, Zeit und Ort der Tätigkeit um zu bestimmen, ob sie wesentlich ist oder nicht (vgl. nur OLG Hamm GewArch 2000, 79).

Die Tätigkeit muss weiter gewerbsmäßig ausgeführt werden. An dieses Merkmal werden **7** keine hohen Anforderungen gesetzt (Honig/Knörr Rn. 8). Gewerbsmäßigkeit wird angenommen, wenn die Tätigkeit von der Absicht getragen wurde, sich durch das wiederholte Ausüben der Tätigkeit eine fortlaufende Einnahmequelle von einiger Dauer und einigem Umfang zu verschaffen, ohne dass die Tätigkeit den hauptsächlichen oder regelmäßigen Erwerb darstellen muss (OLG Düsseldorf GewArch 1978, 164 (165)).

Dass alle Voraussetzungen für die Eintragung in die Handwerksrolle theoretisch vorliegen **8** ändert nichts an der Verfolgbarkeit; maßgeblich ist die tatsächliche Eintragung. In solchen Fällen wird allerdings idR das öffentliche Interesse an der Verfolgung fehlen (Detterbeck § 118a Rn. 8), zumindest ist dieser Umstand iRd Bußgeldbemessung zu berücksichtigen.

Neben der Sanktion des § 117 Abs. 1 Nr. 1 stellt das Ausüben eines zulassungspflichtigen **9** Handwerks im stehenden Gewerbe ohne Eintragung in die Handwerksrolle zusätzlich noch einen Verstoß gegen § 1 Abs. 2 Nr. 5 SchwarzArbG dar. Zivilrechtliche Folge der Qualifikation einer Tätigkeit als Schwarzarbeit ist, falls der Vertrag unter beiderseitigem Verstoß von Auftraggeber und -nehmer gegen das Verbot der Schwarzarbeit geschlossen wurde, dass der Vertrag gem. § 134 BGB nichtig ist (vgl. BGH, NJW 1983, 109, 110). Ein einseitiger Schwarzarbeitsverstoß des Auftragnehmers hingegen lässt die Gültigkeit des Vertrages unberührt (vgl. BGH NJW 1984, 1176). Bei Nichtigkeit des Vertrages kann unter bestimmten Umständen wegen Treu und Glauben (§ 242 BGB) trotzdem eine Bindung an bestimmte Regelungen angenommen werden (vgl. Schwannecke/Behrendt Rn. 24). Bei Nichtigkeit besteht weder ein Erfüllungsanspruch des Auftraggebers, noch ein Vergütungsanspruch des Auftragnehmers. Gem. §§ 812, 818 Abs. 2 BGB kann allerdings der Schwarzarbeiter teilweise Wertersatz verlangen (Schwannecke/Behrendt Rn. 24). § 817 S. 2 BGB steht dem Anspruch auf Wertersatz aus Billigkeitsgründen nicht entgegen (BGH NJW 1990, 2542).

Schließlich kann das von § 117 Abs. 1 Nr. 1 erfasste Verhalten auch eine Handlung des **10** unlauteren Wettbewerbs nach UWG darstellen. Insbes. ein Verstoß gegen den sog. Rechtsbruchtatbestand gem. §§ 3, 4 Nr. 11 UWG iVm §§ 1, 7 kommt in Betracht (vgl. ausführlich Leisner, W.G., Wettbewerbsschutz vor Irreführung durch die Handwerksordnung?, 62 ff.). Über das von § 117 erfasste Verhalten hinaus können durch irreführende Werbung bzw. irreführender Begriffsverwendungen noch Verstöße gegen § 5 UWG vorliegen (vgl. Leisner, W.G., Wettbewerbsschutz vor Irreführung durch die Handwerksordnung?, S. 62, S. 64 ff.).

B. Der Tatbestand des § 117 Abs. 1 Nr. 2

§ 117 Abs. 1 Nr. 2 sanktioniert das Führen der Ausbildungsbezeichnung „Meister/Meiste- **11** rin" gem. § 51 ohne die hierfür erforderliche Meisterprüfung gem. §§ 45, 51a mit Erfolg abgelegt zu haben. Vgl. ausf. zu den einzelnen Voraussetzungen für das zulässige Führen eines Meistertitels → § 51 Rn. 2 ff., → § 45 Rn. 1 ff.

C. Geldbuße (§ 117 Abs. 2)

Der Höchstbetrag, der als Geldbuße für eine Ordnungswidrigkeit nach § 117 Abs. 1 Nr. 1 **12** festgesetzt werden kann, beträgt zehntausend EUR, für eine Zuwiderhandlung nach § 117 Abs. 1 Nr. 2 fünftausend EUR.

Der Mindestbetrag beträgt nach § 17 Abs. 1 OWiG fünf EUR. **13**

Gem. § 17 Abs. 4 S. 1 OWiG soll die Geldbuße den wirtschaftlichen Vorteil, der aus der **14** Ordnungswidrigkeit gezogen wurde, übersteigen. Zu diesem Zweck darf gem. § 17 Abs. 4 S. 2 OWiG sogar der gesetzliche Höchstrahmen der Geldbuße überschritten werden. Insbes. bei der unerlaubten Ausübung eines Handwerks kommt dieser Norm große praktische Relevanz zu (vgl. Detterbeck § 118a Rn. 6).

§ 118 [Weitere Ordnungswidrigkeiten]

(1) Ordnungswidrig handelt, wer
1. eine Anzeige nach § 16 Abs. 2 oder § 18 Abs. 1 nicht, nicht richtig, nicht vollständig oder nicht rechtzeitig erstattet,
2. entgegen § 17 Abs. 1 oder Abs. 2 Satz 2, § 111 Abs. 1 oder Abs. 2 Satz 2 oder § 113 Abs. 2 Satz 11, auch in Verbindung mit § 73 Abs. 3, eine Auskunft nicht, nicht richtig, nicht vollständig oder nicht rechtzeitig erteilt, Unterlagen nicht vorlegt oder das Betreten von Grundstücken oder Geschäftsräumen oder die Vornahme von Prüfungen oder Besichtigungen nicht duldet,
3. Lehrlinge (Auszubildende) einstellt oder ausbildet, obwohl er nach § 22a Nr. 1 persönlich oder nach § 22b Abs. 1 fachlich nicht geeignet ist,
4. entgegen § 22 Abs. 2 einen Lehrling (Auszubildenden) einstellt,
5. Lehrlinge (Auszubildende) einstellt oder ausbildet, obwohl ihm das Einstellen oder Ausbilden nach § 24 untersagt worden ist,
6. entgegen § 30 die Eintragung in die Lehrlingsrolle nicht oder nicht rechtzeitig beantragt oder eine Ausfertigung der Vertragsniederschrift nicht beifügt,
7. einer Rechtsverordnung nach § 9 Abs. 1 Satz 1 Nr. 2 zuwiderhandelt, soweit sie für einen bestimmten Tatbestand auf diese Bußgeldvorschrift verweist.

(2) Die Ordnungswidrigkeiten nach Absatz 1 Nr. 1, 2, 6 und 7 können mit einer Geldbuße bis zu eintausend Euro, die Ordnungswidrigkeiten nach Absatz 1 Nr. 3 bis 5 können mit einer Geldbuße bis zu fünftausend Euro geahndet werden.

Überblick

§ 118 regelt Ordnungswidrigkeiten, die auf Verstößen gegen verfahrensrechtliche Vorschriften beruhen.

A. Ordnungswidrigkeiten

1   Hinsichtlich der Ausführungen zu den Ordnungswidrigkeiten im Allgemeinen kann auf die Ausführungen unter → § 117 Rn. 5 ff. verwiesen werden.

B. Die einzelnen Tatbestände

2   Bzgl. § 118 Abs. 1 Nr. 1 kann auf die Ausführungen unter → § 16 Rn. 4 ff. und unter → § 18 Rn. 1 ff. verwiesen werden.

3   Bzgl. § 118 Abs. 1 Nr. 2 kann auf die Ausführungen unter → § 17 Rn. 3 ff., → § 111 Rn. 2 ff., → § 113 Rn. 42 verwiesen werden. Es ist insbes. auf die Auskunftsverweigerungsrecht der Betroffenen aus § 17 Abs. 3 bzw. § 111 Abs. 3 hinzuweisen.

4   Bzgl. § 118 Abs. 1 Nr. 3 kann auf die Ausführungen unter → § 22a Rn. 1 ff; → § 22b Rn. 1 ff. verwiesen werden.

5   Bzgl. § 118 Abs. 1 Nr. 4 kann auf die Ausführungen unter → § 22 Rn. 1 ff. verwiesen werden.

6   Bzgl. § 118 Abs. 1 Nr. 5 kann auf die Ausführungen unter → § 24 Rn. 1 ff. verwiesen werden.

7   Bzgl. § 118 Abs. 1 Nr. 6 kann auf die Ausführungen unter → § 30 Rn. 1 ff. verwiesen werden.

8   Bzgl. § 118 Abs. 1 Nr. 7 kann auf die Ausführungen unter → § 9 Rn. 15 ff. verwiesen werden. In § 8 Abs. 1 EU/EWR HwV ist eine schriftliche vorherige Anzeigepflicht des Dienstleisters vorgesehen.

C. Geldbuße (§ 118 Abs. 2)

9   Was die Geldbuße betrifft so kann weitestgehend auf die Ausführungen unter → § 117 Rn. 12 ff. verwiesen werden. Je nach Verstoß kann im Rahmen dieser Vorschrift eine Höchstgeldbuße zwischen Tausend und Fünftausend EUR festgesetzt werden.

§ 118a [Unterrichtung der Handwerkskammer]

¹Die zuständige Behörde unterrichtet die zuständige Handwerkskammer über die Einleitung von und die abschließende Entscheidung in Verfahren wegen Ordnungswidrigkeiten nach den §§ 117 und 118. ²Gleiches gilt für Verfahren wegen Ordnungswidrigkeiten nach dem Gesetz zur Bekämpfung der Schwarzarbeit in der Fassung der Bekanntmachung vom 29. Januar 1982, zuletzt geändert durch Anlage I Kapitel VIII Sachgebiet E Nr. 3 des Einigungsvertrages vom 31. August 1990 in Verbindung mit Artikel 1 des Gesetzes vom 23. September 1990 (BGBl. 1990 II S. 885, 1038), in seiner jeweils geltenden Fassung, soweit Gegenstand des Verfahrens eine handwerkliche Tätigkeit ist.

Überblick

§ 118a regelt die Pflicht die Handwerkskammer über ein Verfahren wegen begangener Ordnungswidrigkeiten zu unterrichten.

Den Handwerkskammern steht nach § 118a ein weitreichender Anspruch auf Unterrichtung hinsichtlich von Ordnungswidrigkeiten mit Bezug zur HwO zu (vgl. Schwannecke/Behrendt HwO § 118a). 1

Die Vorschrift wurde 1994 eingeführt (Honig/Knörr HwO § 118a), bis dahin waren die Handwerkskammern auf das Wohlwollen der Bußgeldbehörden bzw. auf ihre eventuelle Einschaltung als Gutachter angewiesen um Kenntnis über den Verlauf von sie betreffenden Ordnungswidrigkeitenverfahren zu erhalten (Schwannecke/Behrendt HwO § 118a). 2

Zweiter Abschnitt: Übergangsvorschriften

§ 119 [Erhaltung der Berechtigung, ein Handwerk zu betreiben]

(1) ¹Die bei Inkrafttreten dieses Gesetzes vorhandene Berechtigung eines Gewerbetreibenden, ein Handwerk als stehendes Gewerbe selbständig zu betreiben, bleibt bestehen. ²Für juristische Personen, Personengesellschaften und Betriebe im Sinne des § 7 Abs. 5 oder 6 gilt dies nur, wenn und solange der Betrieb von einer Person geleitet wird, die am 1. April 1998 Betriebsleiter oder für die technische Leitung verantwortlicher persönlich haftender Gesellschafter oder Leiter eines Betriebs im Sinne des § 7 Abs. 5 und 6 ist; das gleiche gilt für Personen, die eine dem Betriebsleiter vergleichbare Stellung haben. ³Soweit die Berechtigung zur Ausübung eines selbständigen Handwerks anderen bundesrechtlichen Beschränkungen als den in diesem Gesetz bestimmten unterworfen ist, bleiben diese Vorschriften unberührt.

(2) Ist ein nach Absatz 1 Satz 1 berechtigter Gewerbetreibender bei Inkrafttreten dieses Gesetzes nicht in der Handwerksrolle eingetragen, so ist er auf Antrag oder von Amts wegen binnen drei Monaten in die Handwerksrolle einzutragen.

(3) ¹Die Absätze 1 und 2 gelten für Gewerbe, die in die Anlage A zu diesem Gesetz aufgenommen werden, entsprechend. ²In diesen Fällen darf nach dem Wechsel des Betriebsleiters einer juristischen Person oder eines für die technische Leitung verantwortlichen persönlich haftenden Gesellschafters einer Personengesellschaft oder des Leiters eines Betriebs im Sinne des § 7 Abs. 5 oder 6 der Betrieb für die Dauer von drei Jahren fortgeführt werden, ohne daß die Voraussetzungen für die Eintragung in die Handwerksrolle erfüllt sind. ³Zur Verhütung von Gefahren für die öffentliche Sicherheit kann die höhere Verwaltungsbehörde die Fortführung des Betriebs davon abhängig machen, daß er von einem Handwerker geleitet wird, der die Voraussetzungen für die Eintragungen in die Handwerksrolle erfüllt.

(4) Werden in der Anlage A zu diesem Gesetz aufgeführte Gewerbe durch Gesetz oder durch eine nach § 1 Abs. 3 erlassene Rechtsverordnung zusammengefaßt, so ist der selbständige Handwerker, der eines der zusammengefaßten Handwerke

betreibt, mit dem durch die Zusammenfassung entstandenen Handwerk in die Handwerksrolle einzutragen.

(5) ¹Soweit durch Gesetz oder durch Rechtsverordnung nach § 1 Abs. 3 Handwerke oder handwerksähnliche Gewerbe zusammengefasst werden, gelten die vor dem Inkrafttreten der jeweiligen Änderungsvorschrift nach § 25 dieses Gesetzes oder nach § 4 des Berufsbildungsgesetzes erlassenen Ausbildungsordnungen und die nach § 45 Abs. 1 oder § 51a Abs. 1 in Verbindung mit Abs. 2 sowie die nach § 50 Abs. 2 oder § 51a Abs. 7 dieses Gesetzes erlassenen Rechtsvorschriften bis zum Erlass neuer Rechtsverordnungen nach diesem Gesetz fort. ²Satz 1 gilt entsprechend für noch bestehende Vorschriften gemäß § 122 Abs. 2 und 4.

(6) ¹Soweit durch Gesetz zulassungspflichtige Handwerke in die Anlage B überführt werden, gilt für die Ausbildungsordnungen Absatz 5 entsprechend. ²Die bis zum 31. Dezember 2003 begonnenen Meisterprüfungsverfahren sind auf Antrag des Prüflings nach den bis dahin geltenden Vorschriften von den vor dem 31. Dezember 2003 von der höheren Verwaltungsbehörde errichteten Meisterprüfungsausschüssen abzuschließen.

(7) In den Fällen des Absatzes 3 Satz 1 liegt ein Ausnahmefall nach § 8 Abs. 1 Satz 2 auch dann vor, wenn zum Zeitpunkt der Antragstellung für das zu betreibende Handwerk eine Rechtsverordnung nach § 45 noch nicht in Kraft getreten ist.

Überblick

§ 119 stellt sicher, dass durch die Vorschriften der HwO keine unverhältnismäßigen Einschnitte in die Wahrung des Besitzstandes hervorgerufen werden, indem er die Voraussetzungen bestimmt, unter denen ein ursprünglich von den Vorschriften der HwO nicht tangierter Betroffener weiterhin seine Tätigkeit auch unter Geltung der HwO ausüben darf.

Übersicht

	Rn.		Rn.
A. Systematik und Zweck der Norm	1	C. Trennung und Zusammenfassung von Handwerken	14
B. Besitzstandswahrung bei Inkrafttreten des Gesetzes	2	D. Ausbildungssicherung (§ 119 Abs. 5 und Abs. 6)	17
I. Sachlicher Anwendungsbereich – das tatsächliche Ausüben eines Gewerbes	4	E. § 119 Abs. 7	19
II. Persönlicher Anwendungsbereich – die Privilegierten nach § 119 Abs. 1	6	F. Regelungen für die neuen Bundesländer	21
III. Umfang des Bestandsschutzes	10		

A. Systematik und Zweck der Norm

1   Die Norm des § 119 sieht Besitzstandsregelungen für verschiedene Zeitpunkte vor, um jeweils Härten zu vermeiden, die dadurch entstehen, dass eine zunächst zulassungsfreie Tätigkeit nunmehr unter die Anforderungen von § 1 Abs. 1 fällt (vgl. Schwannecke/Behrendt Rn. 1) bzw. der Gewerbetreibende die Anforderungen von § 1 Abs. 1 nicht mehr erfüllt. Hervorgerufen werden kann diese Veränderung durch das Inkrafttreten der HwO, durch die Aufnahme eines Gewerbes in die Anlage A, durch die Zusammenfassung mehrerer Anlage A-Gewerbe, sowie durch die Zusammenfassung von Anlage-A- und Anlage-B-Gewerben. Aber auch der umgekehrte Weg, der ein ursprünglich zulassungspflichtiges Gewerbe zu einem zulassungsfreien Handwerk macht, wird durch die Vorschrift erfasst. Der Zweck der Norm ist damit zusammenfassend eine Rückwirkung der Handwerksordnung zu verhindern (Honig/Knörr Rn. 1).

B. Besitzstandswahrung bei Inkrafttreten des Gesetzes

2   § 119 Abs. 1 regelt den Fall, dass zum Zeitpunkt des Inkrafttretens der HwO, am 24.9.1953, eine Tätigkeit im stehenden Gewerbe berechtigt ausgeübt wurde. Berechtigt heißt

in diesem Fall, dass der Gewerbetreibende alle damals geltenden Anforderungen, wie zB eine Gewerbeanmeldung gem. § 14 GewO, erfüllt (vgl. Honig/Knörr Rn. 4). Dass bei Inkrafttreten der HwO in den verschiedenen Besatzungszonen unterschiedliche Anforderungen galten, nach denen sich das berechtigte Betreiben eines Handwerks bemessen hat, ist kein Verstoß gegen Art. 3 GG (BVerwG GewArch 1962, 252).

Über § 119 Abs. 3 werden die Regelungen des § 119 Abs. 1, Abs. 2 auch auf Gewerbe angewendet, die neu in die Anlage A aufgenommen wurden. Maßgeblicher Zeitpunkt ist hier damit nicht mehr das Inkrafttreten der HwO, sondern der Zeitpunkt der Neufassung der Anlage A und damit die Gesetzesnovelle. 3

I. Sachlicher Anwendungsbereich – das tatsächliche Ausüben eines Gewerbes

Das Gewerbe musste tatsächlich ausgeübt werden (Detterbeck Rn. 2). Dafür genügt eine gleichberechtigte Teilhaberschaft an einem angemeldeten Betrieb (Schwannecke/Behrendt Rn. 6) oder aber die tatsächliche Leitung eines Betriebs (VGH Kassel GewArch 1973, 300). Voraussetzung dafür, dass das Privileg des § 119 Abs. 1 eingreift, ist, dass die ausgeübte Tätigkeit hätte eingetragen werden müssen, wenn die HwO schon vorher gegolten hätte. Daher ist die Norm nicht auf Gewerbetätigkeiten im Ausland anwendbar (Honig/Knörr Rn. 4). 4

Die Handwerkskammern haben das Vorliegen der ursprünglichen Voraussetzungen in eigener Verantwortung zu prüfen, es besteht keine Bindung an Entscheidungen anderer Kammern (Schwannecke/Behrendt Rn. 7). 5

II. Persönlicher Anwendungsbereich – die Privilegierten nach § 119 Abs. 1

§ 119 findet nicht nur auf natürliche Personen Anwendung. Gem. Abs. 1 S. 2 sind auch juristische Personen, Personengesellschaften, Betriebe iSv § 7 Abs. 5 aF (heute Nebenbetriebe, vgl. Detterbeck Rn. 6) und Betriebe iSv § 7 Abs. 6 aF erfasst. 6

Dem nach § 119 Abs. 1 Privilegierten steht bis drei Monate nach Inkrafttreten der HwO ein Anspruch auf Eintragung in die Handwerksrolle zu, stellt der Gewerbetreibende selbst keinen Antrag ist die Eintragung von Amts wegen vorzunehmen. Die Frist stellt keine Ausschlussfrist dar (Schwannecke/Behrendt Rn. 10). Auch nach Fristablauf ist die Eintragung noch möglich und auch verpflichtend (BVerwG GewArch 1964, 249). 7

Die Eintragung mit einem dem einzutragenden verwandten Handwerk ist auch für einen Handwerker, der auf Grund von § 119 in die Handwerksrolle eingetragen ist, möglich. Diese Möglichkeit wurde mit der Novelle von 1965 eingeführt. Dass iRd Novelle keine Anpassung von §§ 7 und 119 vorgenommen wurde, steht dem nicht entgegen (vgl. Schwannecke/Behrendt Rn. 11; Detterbeck Rn. 5). 8

Für den Fall, dass der Gewerbetreibende eine Ausnahmegenehmigung beantragt hatte, ist vorab ein Anspruch auf Eintragung gem. § 119 Abs. 2 zu prüfen (Schwannecke/Behrendt Rn. 12). 9

III. Umfang des Bestandsschutzes

Der Umfang des Bestandsschutzes erstreckt sich für natürliche Personen auf alle im Betrieb tatsächlich und ständig ausgeübten Gewerbe, auch wenn nicht alle angemeldet waren (Detterbeck Rn. 3). Wenn der Gewerbetreibende vor Inkrafttreten der HwO nur beschränkt zur Ausübung der Tätigkeit berechtigt war, so bleiben diese Beschränkungen erhalten (BVerwG GewArch 1960, 231). 10

Für juristische Personen, Personengesellschaften, Betriebe nach § 7 Abs. 5aF und Betriebe nach § 7 Abs. 6 aF ist der Umfang des Bestandsschutzes jedoch gem. § 119 Abs. 1 S. 2 ein beschränkter. Diese Beschränkungen wurden von der Novelle aus 2003 nicht berührt. 11

In zeitlicher Hinsicht gilt der Bestandsschutz für og Betriebsformen nur solange, wie der am 1.4.1998 tätige Betriebsleiter oder handwerklich qualifizierte Gesellschafter den Betrieb auch tatsächlich leitet. Die Privilegierung knüpft dementsprechend an die natürliche Person an und kommt nur indirekt dem Betrieb zugute. Im Hinblick auf die Aufgabe des Inhaberprinzips durch die Novelle von 2003 (→ § 7 Rn. 1 ff.) ist es fraglich, ob diese Beschränkung so noch tragbar ist. 12

13 Handelt es sich um einen Betrieb, der gem. Abs. 3 erst durch Neufassung der Anlage A zulassungspflichtig wurde, besteht ab dem Ausscheiden des Betriebsleiters bzw. Gesellschafters noch drei Jahre die Möglichkeit, diesen ohne einen Betriebsleiter, der die Eintragungsvoraussetzungen erfüllt, weiter fortzuführen. Erfüllt der neue Betriebsleiter die Eintragungsvoraussetzungen stellt sich das Problem nicht (vgl. Detterbeck Rn. 6).

C. Trennung und Zusammenfassung von Handwerken

14 Werden ursprünglich getrennte Handwerke gem. § 1 Abs. 3 durch das Bundesministerium für Wirtschaft und Energie durch Rechtsverordnung in der Anlage A zu einem Handwerk zusammengefasst, so besteht die Berechtigung, dass sich der Handwerker, der bisher nur eines der beiden Teile ausgeübt hat, für das neue Handwerk insgesamt eintragen lässt (Honig/Knörr Rn. 6). Ein Verstoß gegen Art. 3 Abs. 1 GG kann hierin nicht liegen, da eine Zusammenfassung von Gewerben nur in Betracht kommt, soweit eine weitgehende Ähnlichkeit der betreffenden Handwerke gegeben ist (Schwannecke/Behrendt Rn. 14).

15 Wird umgekehrt ein ursprünglich einheitliches Handwerk in mehrere aufgeteilt, so trifft § 119 keine Regelung (Detterbeck Rn. 10). Somit bleibt angesichts der Gesamtbestrebung der Norm, den Gewerbetreibenden ihren erworbenen Besitzstand zu wahren, die ursprüngliche Berechtigung bestehen (Honig/Knörr Rn. 7). Darüber hinaus muss die Berechtigung bestehen, für Handwerke eintragungsberechtigt zu werden, denen Teile des ursprünglichen Handwerks zugewiesen wurden (Detterbeck Rn. 10).

16 Über diese formelle Änderung der Anlage A durch Rechtsverordnung gem. § 1 Abs. 3 hinaus muss die Vorschrift entsprechend auf die Situation angewendet werden, dass über den dynamischen Handwerksbegriff, der die tatsächlichen technischen und wirtschaftlichen Veränderungen aufgreift ohne dass eine formelle Änderung der Gesetzeslage stattfindet, eine Inhaltsveränderung der Handwerke dergestalt stattfindet, dass eine ursprünglich zulassungsfreie Tätigkeit Teil eines zulassungspflichtigen Gewerbes wird. Diesen Personen muss in konsequenter Fortführung des Bestandsschutzgedankens des § 119 ebenfalls ein Anspruch auf Eintragung in die Handwerksrolle zustehen (Detterbeck Rn. 11).

D. Ausbildungssicherung (§ 119 Abs. 5 und Abs. 6)

17 Zweck dieser Vorschriften ist die Sicherstellung einer Fortgeltung der bisherigen Ausbildungsordnungen etc im Fall der Zusammenlegung von Handwerken und handwerksähnlichen Gewerben, bis eine neue Regelung für das zusammengefasste Handwerk erlassen wurde (Schwannecke/Behrendt Rn. 18).

18 Art. 6 erstreckt die Anordnung des Abs. 5 auf die Situation, dass zulassungspflichtige Handwerke in die Anlage B überführt werden (Detterbeck Rn. 13). Die Vorschrift des § 119 Abs. 6 S. 2 ist mittlerweile überflüssig.

E. § 119 Abs. 7

19 Für Personen, die nicht von den Besitzstandsregeln der Abs. 1–4 erfasst werden, trifft Abs. 7 eine Sonderregelung (Detterbeck Rn. 14). In der Konstellation, dass ein Gewerbe in die Anlage A aufgenommen wird, jedoch noch keine Meisterprüfungsordnung gem. § 45 erlassen wurde, kann der Gewerbetreibende nach Abs. 7 eine Ausnahmebewilligung nach § 8 beantragen (Schwannecke/Behrendt Rn. 17).

20 Vom Nachweis der für die Handwerksausübung notwendigen Kenntnisse und Fertigkeiten – wie in § 8 verlangt – ist der Gewerbetreibende in diesem Fall nicht befreit (BT-Drs. 13/9388, 24).

F. Regelungen für die neuen Bundesländer

21 Im Zuge der Wiedervereinigung Deutschlands wurden für die neuen Bundesländer, wegen der erheblichen Unterschiede des in der DDR geltenden Rechts zur HwO, im Anhang I zum Einigungsvertrag eine Vielzahl von Übergangs- und Anpassungsregelungen getroffen (Schwannecke/Behrendt Rn. 19). Diese Regelungen galten nur für die neuen Bundesländer und sollten langfristig zu einer Angleichung führen (Detterbeck Rn. 15). Hervorzuheben ist

die Anerkennung von Prüfungen und Befähigungsnachweisen, auch soweit sie nicht vollumfänglich den Anforderungen der HwO entsprachen (Schwannecke/Behrendt Rn. 15). Ausf. zu diesem Thema sei auf die Ausführungen von Czybulka GewArch 1994, 89 verwiesen.

§ 120 [Erhaltung der Befugnis zur Lehrlingsausbildung]

(1) Die am 31. Dezember 2003 vorhandene Befugnis zur Einstellung oder zur Ausbildung von Lehrlingen (Auszubildenden) in Handwerksbetrieben bleibt erhalten.

(2) Wer bis zum 31. März 1998 die Befugnis zur Ausbildung von Lehrlingen (Auszubildenden) in einem Gewerbe erworben hat, das in die Anlage zu diesem Gesetz aufgenommen wird, gilt im Sinne des § 22b Abs. 1 als fachlich geeignet.

Überblick

§ 120 enthält eine Besitzstandswahrungsnorm im Hinblick auf die Berechtigung zur Einstellung und Ausbildung von Lehrlingen.

A. Personeller und sachlicher Anwendungsbereich (§ 120 Abs. 1)

Die Norm ergänzt § 119, der nur die Berechtigung der Ausübung des Handwerks betrifft (Honig/Knörr § 119 Rn. 1) und wahrt die Befugnis, Lehrlinge einzustellen und auszubilden (Detterbeck Rn. 1), soweit diese am 31.12.2003 bestand (BT-Drs. 15/3980, 70). **1**

Daher kann § 120 auf erst im Nachhinein entstandene Ausbildungsberechtigungen sowie für umgestaltete Handwerke nicht angewendet werden (Detterbeck Rn. 1). **2**

Die Vorschrift findet nur auf natürliche Personen Anwendung, da nur diese auch die Ausbildungsleistung erbringen können und die Ausbildungsbefugnis stets an die persönliche Eignung anknüpfen (vgl. die Ausführungen zu §§ 22 ff). **3**

B. Umfang des Bestandsschutzes

Die gewahrte Ausbildungsberechtigung umfasst grds. das bislang ausgeübte Gewerbe. Für den Fall, dass Gewerbe zusammengelegt wurden, erstreckt sich die Befugnis auch auf das so neu entstandene gesamte Gewerbe und zusätzlich auch auf Gewerbe, in die Teile des Gewerbes, für das die ursprüngliche Ausbildungsberechtigung bestand, überführt wurden (vgl. Detterbeck § 119 Rn. 1; BT-Drs. 13/9388, 24). **4**

C. Normzweck (§ 120 Abs. 3)

§ 120 Abs. 2 wurde mit der Novelle von 1998 eingefügt, da das Gerüstbauerhandwerk in die Anlage A überführt wurde (Detterbeck Rn. 2; BT-Drs. 13/9388, 24). Auf diese Weise wird der Fortbestand der fachlichen Eignung garantiert. **5**

§ 121 [Der Meisterprüfung gleichgestellte Prüfungen]

Der Meisterprüfung im Sinne des § 45 bleiben die in § 133 Abs. 10 der Gewerbeordnung bezeichneten Prüfungen gleichgestellt, sofern sie vor Inkrafttreten dieses Gesetzes abgelegt worden sind.

Überblick

§ 121 regelt den Umgang mit den vor Inkrafttreten der HwO erworbenen Qualifikationen nach § 133 Abs. 10 GewO aF.

Mit Inkrafttreten der HwO am 24.9.1953 wurde § 133 Abs. 10 GewO aF aufgehoben, da sich ab diesem Moment die Meisterprüfung nunmehr alleine nach der HwO bemisst **1**

(Detterbeck Rn. 1). Vor dem 24.9.1953 vollständig erfolgreich abgelegte Prüfungen nach der GewO werden durch die Norm mit Prüfungen nach der HwO gleichgestellt, unter der Voraussetzung, dass eine zumindest weitgehende inhaltliche Vergleichbarkeit der Prüfungsanforderungen gegeben ist (Schwannecke/Behrendt HwO § 121).

2   Die praktische Relevanz der Norm nahm mit dem Lauf der Zeit immer mehr ab, heute ist sie kaum noch von Bedeutung (Honig/Knörr HwO § 121).

§ 122 [Gesellen- und Meisterprüfungsvorschriften bei Trennung oder Zusammenfassung von Handwerken]

(1) Werden zulassungspflichtige Handwerke durch Gesetz oder durch eine nach § 1 Abs. 3 erlassene Rechtsverordnung getrennt oder zusammengefasst, so können auch solche Personen als Beisitzer der Gesellen- oder Meisterprüfungsausschüsse der durch die Trennung oder Zusammenfassung entstandenen Handwerke oder handwerksähnlichen Gewerbe berufen werden, die in dem getrennten oder in einem der zusammengefassten Handwerke oder handwerksähnlichen Gewerbe die Gesellen- oder Meisterprüfung abgelegt haben oder das Recht zum Ausbilden von Lehrlingen besitzen und im Falle des § 48 Abs. 3 seit mindestens einem Jahr in dem Handwerk, für das der Meisterprüfungsausschuss errichtet ist, selbständig tätig sind.

(2) ¹Die für die einzelnen Handwerke oder handwerksähnlichen Gewerbe geltenden Gesellen-, Abschluss- und Meisterprüfungsvorschriften sind bis zum Inkrafttreten der nach § 25 Abs. 1 und § 38 sowie § 45 Abs. 1 Nr. 2 dieses Gesetzes oder nach § 4 des Berufsbildungsgesetzes vorgesehenen Prüfungsverordnungen anzuwenden, soweit sie nicht mit diesem Gesetz im Widerspruch stehen. ²Dies gilt für die nach § 50 Abs. 1 Satz 2 erlassenen Meisterprüfungsordnungen sowie für die nach § 50 Abs. 2 erlassene Rechtsverordnung entsprechend.

(3) Die für die einzelnen Handwerke oder handwerksähnlichen Gewerbe geltenden Berufsbilder oder Meisterprüfungsverordnungen sind bis zum Inkrafttreten von Rechtsverordnungen nach § 45 Abs. 1 und § 51a Abs. 1 in Verbindung mit Abs. 2 anzuwenden.

(4) Die für die einzelnen Handwerke oder handwerksähnlichen Gewerbe geltenden fachlichen Vorschriften sind bis zum Inkrafttreten von Rechtsverordnungen nach § 25 Abs. 1, § 45 Abs. 1 und § 51a Abs. 1 in Verbindung mit Abs. 2 anzuwenden.

Überblick

§ 122 trifft die erforderlichen Übergangsregelungen bzgl. der Prüfungen und Prüfungsanforderungen für den Fall der Trennung oder Zusammenfassung von Handwerken.

1   Die Norm des § 122 stellt sicher, dass die Trennung oder Zusammenfassung von Handwerken nicht die weitere, ordnungsgemäße Durchführung von Gesellen- und Meisterprüfungen beeinträchtigt (Detterbeck Rn. 1).

2   Zu diesem Zweck stellt Abs. 1 sicher, dass trotz der Veränderungen der Zusammensetzung des Gewerbes ein ordnungsgemäßer Gesellen- oder Meisterprüfungsausschuss zusammentreten kann (Schwannecke/Behrendt HwO § 122).

3   Die Abs. 2–4 treffen Übergangsregelungen bzgl. der materiellen Prüfungsanforderungen, indem sie die Fortgeltung der bestehenden prüfungsrelevanten Vorschriften bis zum Erlass neuer Regelungen anordnen (Detterbeck Rn. 2). Die Norm ergänzt § 104 BBiG.

§ 123 [Zulassung zur Meisterprüfung]

(1) Beantragt ein Gewerbetreibender, der bis zum 31. Dezember 2003 berechtigt ist, ein zulassungspflichtiges Handwerk als stehendes Gewerbe selbständig zu

betreiben, in diesem Handwerk zur Meisterprüfung zugelassen zu werden, so gelten für die Zulassung zur Prüfung die Bestimmungen der §§ 49 und 50 entsprechend.

(2) Absatz 1 gilt entsprechend für ein Gewerbe, das in die Anlage A aufgenommen wird.

Überblick

Die Norm ergänzt § 119 und ermöglicht die Ablegung der Meisterprüfung für Gewerbetreibende, die zur Gewerbeausübung ohne Meisterprüfung berechtigt waren.

Grds. mussten auch vor 2003 alle Personen, die ein zulassungspflichtiges Handwerk selbständig im stehenden Gewerbe betreiben wollten, die Meisterqualifikation oder eine entsprechende Ausnahmebewilligung besitzen und damit in die Handwerksrolle eingetragen werden. Eine Ausnahme stellen die Personen nach § 119 dar (vgl. die Ausführungen zu → § 119 Rn. 2 ff.). Für diese Personen nun soll § 123 über den erleichterten Zugang zu Meisterprüfung einen Anreiz schaffen, die Meisterprüfung abzulegen. 1

Im Zuge der Reform von 2003 wurden allerdings die vorher in § 123 Abs. 1 Nr. 1 und Nr. 2 vorgesehenen Zugangserleichterungen zur Meisterprüfung, die die Anforderungen von § 49 modifizierten, gestrichen. 2

Abs. 2 der Norm erstreckt diese Prüfungszugangserleichterung auf Gewerbe, die nachträglich in die Anlage A aufgenommen wurden. Diese Regelung war wegen der mit der Novelle von 1998 erfolgten Aufnahme der Gerüstbauer in die Anlage A erforderlich (Schwannecke/Schwannecke Rn. 1). 3

Scheitert der Antragsteller bei der Meisterprüfung, geht seine Berechtigung zur selbständigen Ausübung des Handwerks im stehenden Gewerbe nicht verloren (vgl. Honig/Knörr HwO § 123). 4

§ 124 [Bestehende Handwerksorganisation]

(1) ¹Die bei Inkrafttreten dieses Gesetzes bestehenden Handwerksinnungen oder Handwerkerinnungen, Kreishandwerkerschaften oder Kreisinnungsverbände, Innungsverbände und Handwerkskammern sind nach den Bestimmungen dieses Gesetzes bis zum 30. September 1954 umzubilden; bis zu ihrer Umbildung gelten sie als Handwerksinnungen, Kreishandwerkerschaften, Innungsverbände und Handwerkskammern im Sinne dieses Gesetzes. ²Wenn sie sich nicht bis zum 30. September 1954 umgebildet haben, sind sie aufgelöst. ³Endet die Wahlzeit der Mitglieder einer Handwerkskammer vor dem 30. September 1954, so wird sie bis zu der Umbildung der Handwerkskammer nach Satz 1, längstens jedoch bis zum 30. September 1954 verlängert.

(2) Die nach diesem Gesetz umgebildeten Handwerksinnungen, Kreishandwerkerschaften, Innungsverbände und Handwerkskammern gelten als Rechtsnachfolger der entsprechenden bisher bestehenden Handwerksorganisationen.

(3) ¹Soweit für die bisher bestehenden Handwerksorganisationen eine Rechtsnachfolge nicht eintritt, findet eine Vermögensauseinandersetzung nach den für sie bisher geltenden gesetzlichen Bestimmungen statt. ²Bei Meinungsverschiedenheiten entscheidet die nach dem geltenden Recht zuständige Aufsichtsbehörde.

Überblick

§ 124 ordnet Umbildungen und Vermögensauseinandersetzungen für die Handwerksorganisationen an.

Die Norm hat ihren Anwendungsbereich mittlerweile verloren, da alle enthaltenen Anordnungen umgesetzt wurden (Honig/Knörr HwO § 124). 1

Die heute bestehenden Handwerksorganisationen sind die Gesamtrechtsnachfolger gem. Abs. 2 der Vorschrift. Dementsprechend haften sie für alle Verbindlichkeiten ihrer Vorgänger, 2 umgekehrt können sie auch die Forderungen letzterer geltend machen (Schwannecke/Stork Rn. 7). Von Relevanz sind insbes. bestehende Beitragsforderungen oder Verpflichtungen aus Mietverträgen.

3 Änderungen von Bezeichnungen im Grundbuch sind möglich, aber nicht zwingend erforderlich (Detterbeck Rn. 1).

4 Die Rechtsnachfolge erfasst auch den Punkt, dass die Mitgliedschaft zu den bisher bestehenden Innungen und Innungsverbänden durch die Umbildungen unberührt bleibt, dh es bedarf keines Neuerwerbs der Mitgliedschaft (Schwannecke/Stork Rn. 7), auch nicht, wenn, wie auf Grund der HwO für Württemberg-Hohenzollern bzw. Rheinland-Pfalz, eine Pflichtmitgliedschaft bestand (Schwannecke/Stork Rn. 7).

5 Diese Rechtsnachfolge tritt dann nicht ein, wenn sich die umgebildeten und die ursprünglichen Organisationen nicht entsprechen (Schwannecke/Stork Rn. 7).

§ 124a [Bis zum 31. 12. 2004 begonnene Wahlverfahren]

[1]Verfahren zur Wahl der Vollversammlung von Handwerkskammern, die nach den Satzungsbestimmungen bis zum 31. Dezember 2004 zu beginnen sind, können nach den bisherigen Vorschriften zu Ende geführt werden. [2]Durch Beschluss der Vollversammlung kann die Wahlzeit nach Wahlen, die entsprechend Satz 1 nach den bisherigen Vorschriften zu Ende geführt werden, in Abweichung von § 103 Abs. 1 Satz 1 verkürzt werden. [3]Wahlzeiten, die nach den Satzungsbestimmungen bis zum 31. Dezember 2004 enden, können durch Beschluss der Vollversammlung bis zu einem Jahr verlängert werden, um die Wahl zur Handwerkskammer nach den neuen Vorschriften durchzuführen. [4]Die Verlängerung oder Verkürzung der Wahlzeiten sind der obersten Landesbehörde anzuzeigen.

Überblick

§ 124a soll den problemlosen Übergang zur neuen Rechtslage für die Wahlen zur Vollversammlung nach der Novelle von 2003 sicherstellen.

A. Allgemeines

1 Die Norm des § 124a wurde im Zuge der Novelle von 2003 (BGBl I S. 2934) neu gefasst. Die Notwendigkeit hierfür war in dem Umstand begründet, dass mit dieser Novelle eine Vielzahl von Modifikationen im Bereich des Wahlrechts für die Vollversammlung der Handwerkskammer vorgenommen wurden (→ § 95 Rn. 2; → § 96 Rn. 2; → § 97 Rn. 3; → § 98 Rn. 10 f.; → § 99 Rn. 2).

2 Diese Anpassungen verlangten zu einem Großteil eine Anpassung der Satzungen der Handwerkskammern (Schwannecke/Schmitz Rn. 1).

3 Eine solche rechtzeitige Anpassung wäre vielen Handwerkskammern aufgrund der langen Vorlaufzeiten einer Vollversammlungswahl nicht möglich gewesen (Detterbeck Rn. 1) sodass die Norm den Handwerkskammern für die bis zum 31.12.2004 beginnenden Wahlen neben der Durchführung der Wahlen nach dem neuen Wahlrecht noch weitere Möglichkeiten einräumt (Detterbeck Rn. 1) unter denen die Handwerkskammern nach freiem Ermessen wählen können (Schwannecke/Schmitz Rn. 2).

4 Die Norm ist nur auf die Wahlen zur Vollversammlung, hingegen nicht auf die Wahlen zu den Organen, die erst nach einer Vollversammlungswahl iRv deren konstituierender Sitzung möglich sind, anwendbar. Auf die Organwahlen ist daher immer nur das Recht anwendbar, das am Tag der konstituierenden Sitzung gültig ist (Detterbeck § 124 Rn. 7).

5 Der **zeitliche Anwendungsbereich der Vorschrift endet spätestens am 31.12.2009**. Diese zeitliche Grenze ergibt sich aus dem Umstand, dass gem. S. 1 die Wahlen des Jahres 2004 nach altem Recht durchgeführt werden können, eine Wahlperiode dauert gem. § 103 Abs. 1 S. 1 fünf Jahre. Danach sind alle weiteren Wahlen nach neuem Recht durchzuführen. Die Verkürzung der Wahlperiode nach S. 2 führt höchstens dazu, dass der Zeitrahmen unterschritten wird und die Verlängerung der Wahlperiode nach S. 3 ist nur bis 31.12.2005 mög-

lich (vgl. Schwannecke/Schmitz Rn. 17). Dementsprechend wäre es im Rahmen einer zukünftigen Gesetzesnovelle begrüßenswert, wenn der Gesetzgeber die Norm, die mittlerweile keinen Anwendungsbereich mehr hat, aufheben würde (Schwannecke/Schmitz Rn. 18).

B. Durchführung der Wahl nach dem alten Recht (§ 124a S. 1)

Die Handwerkskammern, die nach ihren Satzungen das Wahlverfahren zur Vollversammlung bis zum 31.12.2004 beginnen müssen, haben zum einen gem. § 124a S. 1 die Möglichkeit, ihre Wahlen nach altem Wahlrecht durchzuführen. Der Beginn der Wahl ist in dem Zeitpunkt der Aufforderung durch den Wahlleiter zur Einreichung von Wahlvorschlägen gem. § 7 der Anlage C zu sehen (Detterbeck Rn. 2). Ausgehend von diesem Tag bemisst sich die Frist bis zum Wahltermin nach gesetzlichen Vorschriften einheitlich für alle Handwerkskammern, womit ein objektiver Anknüpfungspunkt gegeben ist. 6

Die Fiktion der Fortgeltung des alten Wahlrechts (Schwannecke/Schmitz Rn. 6) erfasst nicht nur die eigentliche Wahlhandlung. Der Wortlaut der Norm, „Verfahren der Wahl" bezieht vielmehr auch alle Vorbereitungshandlungen ein. Die gesetzliche Fiktion der Fortgeltung des alten Rechts hat zur Konsequenz, dass die HwO, Anlage C und die darauf beruhenden Satzungsbestimmungen in unveränderter Form weiter anzuwenden sind, was insbes. von Relevanz für die Einteilung der Handwerke und handwerksähnlichen Gewerbe in Gewerbegruppen in den Anlagen A und B ist. Umgekehrt können nicht einzelne Vorschriften der neuen Rechtslage isoliert zur Anwendung kommen (Schwannecke/Schmitz Rn. 6). 7

Die Norm regelt die Zuständigkeit für die nach S. 1 zu treffende Entscheidung nicht ausdrücklich. § 106 sieht keinen Vollversammlungsvorbehalt vor (Detterbeck Rn. 3). Soweit allerdings die Kammersatzungen keine anderweitige Regelung treffen gilt im Zweifel der Grundsatz, dass die Vollversammlung zuständig ist (vgl. zur Auffangzuständigkeit der Vollversammlung die Ausführungen unter → § 100 Rn. 5), da die Entscheidung kein Geschäft der laufenden Verwaltung ist und damit nicht der Zuständigkeit des Vorstandes unterfällt (§ 109). 8

C. Die Verkürzung der Wahlperiode (§ 124a S. 2)

Konsequenz der Durchführung der Wahl nach altem Recht ist die Befugnis der Vollversammlung, die Wahlperiode der nach altem Recht gewählten Vollversammlung zu verkürzen. Zweck dieser Norm ist es, möglichst schnell eine Neuwahl nach neuem Recht zu ermöglichen (Detterbeck Rn. 4). Die Entscheidung steht im Ermessen der Vollversammlung, nicht nur was das Ob der Verkürzung, sondern auch was deren zeitlichen Umfang betrifft (Schwannecke/Schmitz Rn. 8). 9

Dass die Vorschrift für die Ermessensausübung keinen zeitlichen Rahmen vorgibt, wird allgemein kritisiert (vgl. Schwannecke/Schmitz Rn. 8; Detterbeck Rn. 4). 10

D. Verlängerung der Wahlperiode (§ 124a S. 3)

Statt aber eine Wahl nach altem Recht durchzuführen, bzw. innerhalb der eigentlichen Wahlperiode bereits das neue Recht zur Anwendung kommen zu lassen ermöglicht § 124a S. 3 den Handwerkskammern, Wahlperioden, die bis zum 31.12.2004 oder früher enden, um bis zu ein Jahr zu verlängern, um die folgende Wahl nach neuem Recht durchzuführen. 11

Zweck dieser Norm ist es, den Handwerkskammern die nötige Zeit zur Schaffung der satzungsmäßigen Voraussetzungen für eine Durchführung der Wahl nach neuem Recht zu verschaffen und damit so frühzeitig wie möglich eine Wahl nach neuem Recht zu erreichen (Schwannecke/Schmitz Rn. 11). 12

Die Norm sieht im Unterschied zu S. 2 indirekt eine zeitliche Grenze für die Entscheidung der Vollversammlung vor, nämlich den 31.12.2004. Dies folgt daraus, dass die Wahl zu einer Vollversammlung, die spätestens am 1.1.2005 ihre Tätigkeit aufnimmt, im Jahr 2004 durchgeführt werden muss (Schwannecke/Schmitz Rn. 11). 13

Die Entscheidung über das Ob und die Dauer der Verlängerung innerhalb der Obergrenze von einem Jahr liegt wiederum im freien Ermessen der Vollversammlung (Schwannecke/Schmitz Rn. 12). 14

15 Fällt eine Verlängerungsentscheidung, so behalten in der Konsequenz die Vollversammlungsmitglieder ohne weitere Wahlhandlung ihr Amt bis zum Ablauf des beschlossenen Verlängerungszeitraums. Hierbei wird nicht zwischen Mitgliedern unterschieden, die nach Listen- oder Friedenswahl ermittelt wurden (Schwannecke/Schmitz Rn. 13). Die Vollversammlung ist in diesem Zeitraum auch nicht in ihren Befugnissen auf die laufende Verwaltung beschränkt, sie kann ohne Einschränkung weiter Beschlüsse fassen (Schwannecke/Schmitz Rn. 13).

E. Anzeigepflicht

16 Sowohl die Verlängerung als auch die Verkürzung der Wahlperiode nach S. 2 und S. 3 sind der obersten Landesbehörde anzuzeigen, eine Genehmigungspflicht besteht nicht (Detterbeck Rn. 6). Im Gegensatz dazu unterliegt die Beschlussfassung zur Durchführung der Wahl nach altem Recht gem. S. 1 keiner Anzeigepflicht.

17 Die Anzeigepflicht unterliegt keiner Frist. Jedoch muss eine solche Anzeige zur Zweckerfüllung möglichst schnell, dh zeitnah, erfolgen (Schwannecke/Schmitz Rn. 16).

§ 124b [Ermächtigung zur Übertragung von Zuständigkeiten]

¹Die Landesregierungen werden ermächtigt, durch Rechtsverordnung die nach diesem Gesetz den höheren Verwaltungsbehörden oder den sonstigen nach Landesrecht zuständigen Behörden übertragenen Zuständigkeiten nach den §§ 7a, 7b, 8, 9, 22b, 23, 24 und 42q auf andere Behörden oder auf Handwerkskammern zu übertragen. ²Satz 1 gilt auch für die Zuständigkeiten nach § 16 Absatz 3; eine Übertragung auf Handwerkskammern ist jedoch ausgeschlossen. ³Die Staatsaufsicht nach § 115 Abs. 1 umfasst im Falle einer Übertragung von Zuständigkeiten nach den §§ 7a, 7b, 8 und 9 auch die Fachaufsicht.

Überblick

Die Norm ermächtigt die Landesregierungen, durch Rechtsverordnung bestimmte nach der HwO den höheren Verwaltungsbehörden bzw. sonstigen, nach Landesrecht zuständigen Behörden übertragenen Zuständigkeiten auf andere Behörden bzw. auf die Handwerkskammer zu übertragen.

A. Historie der Norm

1 § 124b wurde iRd großen Novelle der HwO im Jahr 2003 eingefügt (BGBl. I 2934). Die Norm war im ursprünglichen Gesetzesentwurf der Bundesregierung nicht vorgesehen (vgl. BT-Drs. 15/1206, 14) und wurde im Laufe des Gesetzgebungsverfahrens mehrfach geändert. In der ursprünglichen Fassung war die Möglichkeit der Zuständigkeitsübertragung auf die Zuständigkeiten nach den §§ 7a, 7b, 8 und 9 beschränkt. Diese Beschränkung wurde auch vom Vermittlungsausschuss in seiner Beschlussempfehlung noch aufrechterhalten (BT-Drs. 15/2246, 4). iRd Vermittlungsverfahrens vor dem Bundesrat hingegen, war in einem Gesetzesantrag des Freistaats Bayern eine generelle, unbeschränkte Möglichkeit der Zuständigkeitsübertragung vorgesehen (BR-Drs. 466/03, 70), die auch Zuständigkeitsübertragungen im Bereich der Berufsausbildungen erfasst hätte (Schwannecke/Karsten Rn. 3). Dieser Ansatz, der von der Überzeugung getragen war, dass die Handwerkskammern auch im Bereich der Ausbildung die größte Sachnähe und Sachkompetenz besitzen und der auch von anderen Bundesländern unterstützt wurde (vgl. Antrag des Landes Baden-Württemberg, BR-Drs. 466/5/03; vgl. Empfehlung des Bundesratsausschusses für Wirtschaft, 712. Sitzung v. 26.6.2003 zur Drs. 422/03), wurde von der Bundesregierung jedoch nicht aufgenommen.

2 Der Wechsel der Bundesregierung führte noch im Jahr 2004 dazu, dass iRd BerBiRefG (Berufsbildungsreformgesetz) mit der Begründung der größeren Sachnähe, des Bürokratieabbaus und der Beschleunigung von Verwaltungsverfahren, eine Erweiterung der Möglichkeit der Zuständigkeitsübertragung vorgenommen wurde (BT-Drs. 15/4752, 39). Die Norm trat am 23.3.2005 in Kraft (BGBl. 2005 I 931).

Schließlich wurde in der Norm iRd GewRÄndG vom 11.7.2011 (BGBl. 2011 I 1341) **3**
noch eingefügt, dass die Zuständigkeitsübertragung auch für § 16 Abs. 3 gilt, wobei in diesem
Fall jedoch eine Übertragung auf die Handwerkskammern ausdrücklich ausgeschlossen ist.
Begründet wurde die Änderung damit, dass bislang eine Übertragung der Zuständigkeit für
die Untersagungsverfügung nur im weniger flexiblen Gesetzgebungsverfahren möglich war
(BT-Drs. 17/5312, 10). Dass die Zuständigkeitsübertragung auf die Handwerksammern ausgeschlossen ist, steht in Einklang mit der in § 16 Abs. 3–10 angelegten Systematik (vgl. insbes.
die Ausführungen zu → § 16 Rn. 9 ff.).

B. Norminhalt und Zweck

Den Landesregierungen wird über die Norm die Ermächtigung zuteil, durch Rechtsver- **4**
ordnung die in der HwO grds. den höheren Verwaltungsbehörden bzw. anderen Behörden
übertragenen Zuständigkeiten auf andere Behörden, einschließlich der Handwerkskammern,
zu übertragen.

Erfasst sind die folgenden Zuständigkeiten zur: **5**
- Erteilung von Ausübungsberechtigungen gem. § 7a,
- Erteilung von Ausübungsberechtigungen gem. § 7b,
- Erteilung von Ausnahmebewilligungen gem. § 8,
- Erteilung von Ausnahmebewilligungen gem. § 9,
- Zuerkennung der fachlichen Eignung zur Lehrlingsausbildung gem. § 22,
- Mitteilung nicht behebbarer Mängel der Eignungsstätte oder Gefährdung des Auszubilden-
  den gem. § 23,
- Entscheidung über das Untersagen der Ausbildung bei fehlender fachlicher oder persönli-
  cher Eignung sowie bei Ungeeignetheit der Ausbildungsstätte gem. § 24 HwO und zur
- Entscheidung über die Untersagung von Berufsbildungsvorbereitungen bei der beruflichen
  Bildung behinderter Menschen gem. § 42q.

IErg sind damit alle den Verwaltungsbehörden nach der HwO zugewiesenen Entscheidungs- **6**
zuständigkeiten im Rahmen mehrstufiger Verwaltungsverfahren erfasst (vgl. Schwannecke/
Karsten Rn. 2).

Zweck dieser Ermächtigung ist es, den Ländern die Möglichkeit zu eröffnen, die **sachnä-** **7**
here Behörde mit der Aufgabenwahrnehmung zu übertragen bzw. die **Verwaltungsverfah-**
ren zu vereinfachen (vgl. BT-Drs. 15/2138, 22).

C. Umsetzung in den Ländern

Mittlerweile haben alle Bundesländer von der Ermächtigung des § 124b Gebrauch **8**
gemacht.

Die Zuständigkeiten für die Erteilung von Ausübungsberechtigungen und Ausnahmebe- **9**
willigungen gem. §§ 7a, 7b, 8 und 9 liegen damit bei den Handwerkskammern (Schwann-
ecke/Karsten Rn. 6).

IE sind folgende Regelungen erlassen worden: **10**
Baden-Württemberg: Verordnung der Landesregierung über Zuständigkeiten nach der
HwO v. 12.9.2006, Gesetzblatt für das Land Baden-Württemberg v. 20.10.2006, S. 294,
295. Zuletzt geändert durch Art. 83 Achte AnpassungsVO vom 25.1.2012 (GBl. S. 65)
Bayern: Zuständigkeitsverordnung zur HwO v. 14.12.2004, Gesetz- und Verordnungsblatt
für den Freistaat Bayern 2005, S. 6.
Berlin: Zweite Verordnung zur Übertragung von Zuständigkeiten auf die Handwerkskam-
mer Berlin v. 9.1.2007, Gesetz- und Verordnungsblatt für Berlin v. 18.1.2007, S. 6
Brandenburg: Verordnung zur Übertragung von Zuständigkeiten nach § 124b der HwO
v. 13.12.2005, Gesetz- und Verordnungsblatt für das Land Brandenburg v. 21.12.2005,
S. 586. Die §§ 1–3 HwOZustÜbertrVO_124b wurden geändert durch Verordnung vom
9.12.2010, GVBL II/10, Nr. 87.
Bremen: Verordnung über die Zuständigkeiten nach der Handwerksordnung vom
22.3.2005, Gesetzblatt der Freien Hansestadt Bremen vom 31.3.2005, S. 96.
Hamburg: Anordnung zur Änderung der Anordnung über Zuständigkeiten nach der
HwO vom 8.3.2005, Amtlicher Anzeiger des Hamburgischen Gesetz- und Verordnungs-

blattes vom 15.3.2005, S. 565. Verordnung zur Übertragung der Zuständigkeiten nach § 30 Abs. 6 BBiG und § 22b Abs. 6 HwO v. 5.6.2007, Hamburgisches Gesetz- und Verordnungsblatt v. 22.6.2007, Hamburgisches Gesetz- und Verordnungsblatt v. 22.6.2007, S. 165 (bzgl. der Übertragung nach dem BBiG).
Hessen: Gesetz zur Bestimmung der nach der HwO zuständigen Behörde für die Erteilung von Ausübungsberechtigungen und Ausnahmebewilligungen, für die Anerkennung beruflicher Befähigungsnachweise sowie für die Untersagung der Ausübung des selbstständigen Betriebs eines zulassungspflichtigen Handwerks als stehendes Gewerbe (Handwerkszuständigkeitsgesetz – HWZG), Gesetz- und Verordnungsblatt für das Land Hessen vom 26.10.2005, S. 685, 686), zuletzt geändert durch Artikel 41 des Gesetzes vom 13. Dezember 2012 (GVBl. S. 622).
Mecklenburg- Vorpommern: Landesverordnung zur Bestimmung der zuständigen Behörden nach der HwO v. 6.4.2005, Gesetz- und Verordnungsblatt für Mecklenburg-Vorpommern vom 20.4.2005, S. 141, sowie die Erste Landesverordnung zur Änderung der Landesverordnung zur Bestimmung der zuständigen Behörden nach der HwO v. 6.8.2007, Gesetz- und Verordnungsblatt für Mecklenburg-Vorpommern v. 15.8.2007, S. 13 (die erste Verordnung sah die Übertragung der Zuständigkeiten gem. §§ 7a, 7b und 9 auf die Handwerkskammern vor, die Zuständigkeitsübertragung nach § 8 war auf die Handwerkskammer Schwerin beschränkt. In der zweiten Verordnung wurde der Handwerkskammer Ostmecklenburg-Vorpommern die Zuständigkeit nach § 8 übertragen).
Niedersachsen: Verordnung über Zuständigkeiten auf dem Gebiet des Wirtschaftsrechts sowie in anderen Rechtsgebieten v. 18.11.2004, Gesetz- und Verordnungsblatt für Niedersachsen vom 25.11.2004, S. 482.
Nordrhein-Westfalen: Verordnung über die Zuständigkeiten nach der HwO und der EU-EWR-HW-VO vom 24.4.2006, Gesetz- und Verordnungsblatt für das Land Nordrhein-Westfalen v. 12.5.2006, S. 212, zuletzt geändert durch Artikel 2 der Verordnung vom 1. Dezember 2009 (GV. NRW. S. 758), in Kraft getreten am 16. Dezember 2009; sowie durch Verordnung vom 2. Oktober 2014 (GV. NRW. S. 646), in Kraft getreten am 16. Oktober 2014 (die Verordnung war auf die Übertragung der Zuständigkeiten gem. §§ 7a, 7b, 8 und 9 HwO beschränkt). Verordnung über die Zuständigkeiten nach dem BBiG und die Angelegenheiten der Berufsbildung iRa HwO v. 5.9.2006, Gesetz- und Verordnungsblatt für das Land Nordrhein-Westfalen v. 18.10.2006, S. 446 ff., zuletzt geändert durch Artikel 22 des Gesetzes vom 20. November 2007 (GV. NRW. S. 572), in Kraft getreten am 7. Dezember 2007; Artikel 22 des Zweiten Gesetzes zur Straffung der Behördenstruktur vom 30.10.2007 (GV. NRW. S. 482), in Kraft getreten am 1. Januar 2008; Artikel 5 des Gesetzes zur Auflösung des Landesversicherungsamtes v. 20.11.2007 (GV. NRW. S. 588), in Kraft getreten am 1. Januar 2008; VO vom 31. August 2010 (GV. NRW. S. 513), in Kraft getreten am 30. September 2010; VO vom 11. September 2012 (GV. NRW. S. 426), in Kraft getreten am 29. September 2012; VO vom 4. Juli 2014 (GV. NRW. S. 400), in Kraft getreten am 1. August 2014 (die Verordnung sieht die Zuständigkeitsübertragung für §§ 22b Abs. 5, 23 Abs. 2, 24 Abs. 1 und 2 und 42q Abs. 1 vor).
Rheinland-Pfalz: Vierte Landesverordnung zur Änderung der Landesverordnung über Zuständigkeiten nach der HwO und dem Schwarzarbeitsbekämpfungsgesetz v. 21.7.2005, Gesetz- und Verordnungsblatt für das Land Rheinland-Pfalz 2005 v. 17.8.2005, S. 355; heute Landesverordnung über Zuständigkeiten für die Berufsbildung nach dem Berufsbildungsgesetz und der Handwerksordnung vom 4. März 2009 (GVBl. 2009, 108).
Saarland: Verordnung über Zuständigkeiten nach der HwO v. 29.11.2005, Amtsblatt des Saarlands v. 22.12.2005, S. 2061, zuletzt geändert durch die Verordnung vom 28. Februar 2012 (Amtsbl. I S. 98).
Sachsen: Verordnung der Sächsischen Staatsregierung zur Änderung der Verordnung über die Übertragung von Ermächtigungen nach der HwO v. 12.5.2006, Sächsisches Gesetz- und Verordnungsblatt v. 27.5.2006, S. 134.
Sachsen-Anhalt: Vierte Verordnung zur Änderung der Verordnung über Regelung der Zuständigkeiten im Immissions-, Gewerbe- und Arbeitsschutz, sowie in anderen Rechtsgebieten v. 21.12.2004, Gesetz- und Verordnungsblatt für das Land Sachsen-Anhalt v. 29.12.2004, S. 878, zuletzt geändert durch § 17 Absatz 6 des Gesetzes vom 7. August 2014 (GVBl. LSA S. 386, 389).

Schleswig-Holstein: Landesverordnung zur Bestimmung der zuständigen Behörden nach den §§ 7a, 7b, 8 und 9 der HwO sowie den §§ 1 und 3 der EU/EWR- Handwerk-Verordnung v. 24.2.2004, Gesetz- und Verordnungsblatt für Schleswig-Holstein 2004, S. 61; aktuelle Fassung vom 12.3.2008 (GVOBl. 2008, 143). Schleswig-Holstein hatte unter Berufung auf die in § 8 Abs. 3 S. 3 enthaltene Ermächtigung bereits vor der Novelle von 2003 eine Zuständigkeitsübertragung für die Erteilung von Ausübungsberechtigungen und Ausnahmebewilligungen auf die Handwerkskammern vorgenommen, vgl. Landesverordnung über die zuständige Behörde nach den §§ 7a und 8 HwO sowie den §§ 1 und 3 der EU/EWR-Handwerk-Verordnung v. 11.12.2004, Gesetz- und Verordnungsblatt für Schleswig-Holstein 2001, S. 452; sowie die Landesverordnung über die Zuständigkeiten nach dem Berufsbildungsgesetz, dem Berufsqualifikationsfeststellungsgesetz und der Ausbilder-Eignungsverordnung (Berufsrechtzuständigkeitsverordnung – BRZVO) vom 3. Dezember 2005, die die Zuständigkeitsübertragung für § 22b Abs. 5, § 23 Abs. 2, § 24 Abs. 1 und 2 und § 42q Abs. 1 auf die Handwerkskammern vorsieht.

Thüringen: Zweite Verordnung zur Änderung der Thüringer Zuständigkeitsverordnung Gewerbe v. 14.3.2005 (GVBl. 2006, S. 159).

Aufgrund der nunmehr für alle Kammern bestehenden Zuständigkeit sind das Anhörungsrecht der Kammern gem. § 8 Abs. 3 und die Eröffnung des Verwaltungsrechtsweges gegen eine Ausnahmebewilligung gem. § 8 Abs. 4 bedeutungslos (vgl. die Ausführungen unter → § 8 Rn. 66 ff.). **11**

D. Staatsaufsicht

§ 124b S. 2 erfasst nur die Übertragung von Zuständigkeiten auf die Handwerkskammer, **12** da für den Fall, dass die Zuständigkeit bei der höheren Verwaltungsbehörde verbleibt bzw. auf andere, der Staatsaufsicht unterliegenden Verwaltungsbehörden übertragen wird, die Staatsaufsicht auch die Fachaufsicht umfasst (Detterbeck Rn. 2).

Da die Erteilung von Ausübungsberechtigungen und Ausnahmebewilligungen der Fach- **13** aufsicht iSv § 115 Abs. 1 unterliegt, sind die Kammern insoweit weisungsunterworfen (Schwannecke/Karsten Rn. 9). Zweckmäßige Mittel der Fachaufsicht sind Anweisungen zu rechtmäßigem sowie zu einem konkreten, der Aufsichtsbehörde zweckmäßig erscheinenden Verhalten (Detterbeck Rn. 2).

Dritter Abschnitt: Schlußvorschriften

§ 125 (Inkrafttreten)

Die HwO wurde in ihrer ursprünglichen Fassung vom 17.9.1953 am 23.9.1953 verkündet **1** und trat damit am 24.9.1953 in Kraft (Honig/Knörr Rn. 1 ff.).

Das Gesetz zur Änderung der Handwerksordnung vom 9.9.1965, das am 15.9.1965 ver- **2** kündet wurde trat am 16.9.1965 in Kraft.

Das Gesetz zur Änderung der Handwerksordnung, anderer handwerksrechtlicher Vor- **3** schriften und des Berufsbildungsgesetzes v. 20.12.1993 wurde mit Datum vom 28.12.1993 verkündet und trat am 1.1.1994 in Kraft.

Das Zweite Gesetz zur Änderung der Handwerksordnung und anderer handwerksrechtli- **4** cher Vorschriften idF vom 25.3.1998 wurde am 31.3.1998 verkündet und trat am 1.4.1998 in Kraft.

Das Gesetz zur Änderung der Handwerksordnung und zur Förderung von Kleinunterneh- **5** men vom 24.12.2003, verkündet am 29.12.2003, trat am 30.12.2003 in Kraft.

Das Dritte Gesetz zur Änderung der Handwerksordnung und andere handwerksrechtlicher **6** Vorschriften vom 24.12.2003, verkündet am 29.12.2003, trat am 1.1.2004 in Kraft.

Neben diesen großen Reformen der HwO ergingen noch zahlreiche weitere Änderungs- **7** gesetze (vgl. Überblick bei Schwannecke Ordnungsnummer 110 ff.).

Anlage A zu dem Gesetz zur Ordnung des Handwerks (Handwerksordnung)

Verzeichnis der Gewerbe, die als zulassungspflichtige Handwerke betrieben werden können
(§ 1 Abs. 2)

Nr.
1. Maurer und Betonbauer
2. Ofen- und Luftheizungsbauer
3. Zimmerer
4. Dachdecker
5. Straßenbauer
6. Wärme-, Kälte- und Schallschutzisolierer
7. Brunnenbauer
8. Steinmetzen und Steinbildhauer
9. Stukkateure
10. Maler und Lackierer
11. Gerüstbauer
12. Schornsteinfeger
13. Metallbauer
14. Chirurgiemechaniker
15. Karosserie- und Fahrzeugbauer
16. Feinwerkmechaniker
17. Zweiradmechaniker
18. Kälteanlagenbauer
19. Informationstechniker
20. Kraftfahrzeugtechniker
21. Landmaschinenmechaniker
22. Büchsenmacher
23. Klempner
24. Installateur und Heizungsbauer
25. Elektrotechniker
26. Elektromaschinenbauer
27. Tischler
28. Boots- und Schiffbauer
29. Seiler
30. Bäcker
31. Konditoren
32. Fleischer
33. Augenoptiker
34. Hörgeräteakustiker
35. Orthopädietechniker
36. Orthopädieschuhmacher
37. Zahntechniker
38. Friseure
39. Glaser
40. Glasbläser und Glasapparatebauer
41. Mechaniker für Reifen- und Vulkanisationstechnik

Anlage B zu dem Gesetz zur Ordnung des Handwerks (Handwerksordnung)

Verzeichnis der Gewerbe, die als zulassungsfreie Handwerke oder handwerksähnliche Gewerbe betrieben werden können (§ 18 Abs. 2)

Abschnitt 1: Zulassungsfreie Handwerke

Nr.	
1	Fliesen-, Platten- und Mosaikleger
2	Betonstein- und Terrazzohersteller
3	Estrichleger
4	Behälter- und Apparatebauer
5	Uhrmacher
6	Graveure
7	Metallbildner
8	Galvaniseure
9	Metall- und Glockengießer
10	Schneidwerkzeugmechaniker
11	Gold- und Silberschmiede
12	Parkettleger
13	Rollladen- und Sonnenschutztechniker
14	Modellbauer
15	Drechsler (Elfenbeinschnitzer) und Holzspielzeugmacher
16	Holzbildhauer
17	Böttcher
18	Korb- und Flechtwerkgestalter
19	Maßschneider
20	Textilgestalter (Sticker, Weber, Klöppler, Posamentierer, Stricker)
21	Modisten
22	(weggefallen)
23	Segelmacher
24	Kürschner
25	Schuhmacher
26	Sattler und Feintäschner
27	Raumausstatter
28	Müller
29	Brauer und Mälzer
30	Weinküfer
31	Textilreiniger
32	Wachszieher
33	Gebäudereiniger
34	Glasveredler
35	Feinoptiker
36	Glas- und Porzellanmaler
37	Edelsteinschleifer und -graveure
38	Fotografen
39	Buchbinder
40	Drucker
41	Siebdrucker
42	Flexografen
43	Keramiker
44	Orgel- und Harmoniumbauer

Nr.	
45	Klavier- und Cembalobauer
46	Handzuginstrumentenmacher
47	Geigenbauer
48	Bogenmacher
49	Metallblasinstrumentenmacher
50	Holzblasinstrumentenmacher
51	Zupfinstrumentenmacher
52	Vergolder
53	Schilder- und Lichtreklamehersteller

Abschnitt 2: Handwerksähnliche Gewerbe

Nr.	
1	Eisenflechter
2	Bautentrocknungsgewerbe
3	Bodenleger
4	Asphaltierer (ohne Straßenbau)
5	Fuger (im Hochbau)
6	Holz- und Bautenschutzgewerbe (Mauerschutz und Holzimprägnierung in Gebäuden)
7	Rammgewerbe (Einrammen von Pfählen im Wasserbau)
8	Betonbohrer und -schneider
9	Theater- und Ausstattungsmaler
10	Herstellung von Drahtgestellen für Dekorationszwecke in Sonderanfertigung
11	Metallschleifer und Metallpolierer
12	Metallsägen-Schärfer
13	Tankschutzbetriebe (Korrosionsschutz von Öltanks für Feuerungsanlagen ohne chemische Verfahren)
14	Fahrzeugverwerter
15	Rohr- und Kanalreiniger
16	Kabelverleger im Hochbau (ohne Anschlussarbeiten)
17	Holzschuhmacher
18	Holzblockmacher
19	Daubenhauer
20	Holz-Leitermacher (Sonderanfertigung)
21	Muldenhauer
22	Holzreifenmacher
23	Holzschindelmacher
24	Einbau von genormten Baufertigteilen (z. B. Fenster, Türen, Zargen, Regale)
25	Bürsten- und Pinselmacher
26	Bügelanstalten für Herren-Oberbekleidung
27	Dekorationsnäher (ohne Schaufensterdekoration)
28	Fleckteppichhersteller
29	(weggefallen)
30	Theaterkostümnäher
31	Plisseebrenner
32	(weggefallen)
33	Stoffmaler
34	(weggefallen)
35	Textil-Handdrucker
36	Kunststopfer
37	Änderungsschneider
38	Handschuhmacher
39	Ausführung einfacher Schuhreparaturen
40	Gerber
41	Innerei-Fleischer (Kuttler)

Zulassungsfreie Handwerke oder handwerksähnliche Gewerbe **Anl. B HwO**

Nr.
42 Speiseeishersteller (mit Vertrieb von Speiseeis mit üblichem Zubehör)
43 Fleischzerleger, Ausbeiner
44 Appreteure, Dekateure
45 Schnellreiniger
46 Teppichreiniger
47 Getränkeleitungsreiniger
48 Kosmetiker
49 Maskenbildner
50 Bestattungsgewerbe
51 Lampenschirmhersteller (Sonderanfertigung)
52 Klavierstimmer
53 Theaterplastiker
54 Requisiteure
55 Schirmmacher
56 Steindrucker
57 Schlagzeugmacher

Anlage C zu dem Gesetz zur Ordnung des Handwerks (Handwerksordnung)
Wahlordnung für die Wahlen der Mitglieder der Vollversammlung der Handwerkskammern

Erster Abschnitt. Zeitpunkt der Wahl, Wahlleiter und Wahlausschuß

§ 1 [Zeitpunkt der Wahl; Wahlleiter]

¹Der Vorstand der Handwerkskammer bestimmt den Tag der Wahl. ²Er bestellt einen Wahlleiter sowie einen Stellvertreter, die nicht zu den Wahlberechtigten gemäß § 96 Abs. 1 und § 98 der Handwerksordnung gehören und nicht Mitarbeiter der Handwerkskammer sein dürfen.

Literatur: Boettcher E./Högner R., Bundeswahlgesetz; Bündnis 90/Die Grünen Bundestagsfraktion, Fraktionsbeschluss „Kammern der Zukunft" vom 05.04.2011; Bundestags-Drucksache I/4172; Detterbeck, St., Handwerksordnung; Fröhler, L., Das Recht der Handwerksinnung; Honig, G./Knörr, M., Handwerksordnung; Leisner, W. G., in: Sodan, H., Grundgesetz; Pointner, M., Bundeswahlrecht; Positionspapier der Kommission „Reform des Kammerwesens" der Mittelstands- und Wirtschaftsvereinigung der CDU/CSU zur Reform der Industrie- und Handelskammern und der Handwerkskammern vom 09.06.2006 „Für eine bessere und modernere Selbstverwaltung der Wirtschaft"; Schreiber, W., Bundeswahlgesetz; Schwannecke, H., in: Schwannecke, H., Handwerksordnung; Schweinoch, J./ Simader, A., Bundeswahlgesetz; Weides, P., Bestimmung des Wahltages von Parlamentswahlen; Will, M., Selbstverwaltung der Wirtschaft

Rechtsprechung: VGH München BayVBl 1987, 239; GewArch 1975, 129; BGH GewA, 1988, 164; BVerfG Beschl. v. 28.5.1984 – 2 BvR 351/84, 352/84; BVerfGE 11, 310; 47, 253; 60, 162; 71, 81; BVerfG NVwZ 2009, 708; BVerfG GewArch 1960, 138; BayVerfGH BayVBl. 1975, 15; OVG Bautzen SächsVBl 2006, 89; LKV 2004, 364; OVG Bautzen v. 17.6.2009 – 5 B 266/07; VGH Mannheim GewArch 1982, 137

Überblick

Den ersten Abschnitt der Anlage C bilden die §§ 1 und 2. In diesen Vorschriften sind der **Zeitpunkt der Wahl**, die **Bestimmung des Wahlleiters** und die **Bildung und Zusammensetzung des Wahlausschusses** geregelt.

Übersicht

	Rn.		Rn.
A. Vorbemerkung – Der Vorstand der Handwerkskammer	1	IV. Mehrfachwahlrecht bei Eintragung mehrerer Handwerke	21
B. Vorbemerkung – Wahlberechtigung	3	V. Die Vollversammlung der Handwerkskammer	27
C. Vorbemerkung – Sonderproblem: mehrfaches Wahlrecht?	4	D. Der Vorstand der Handwerkskammer	30
I. Die Fragen nach einem „mehrfachen Wahlrecht" – Unterscheidungen	5	E. Die Bestimmung des Wahltages	62
II. Mitgliedschaft in handwerksrechtlichen Vertretungskörperschaften	8	F. Der Wahlleiter	71
		G. Die allgemeinen Wahlgrundsätze	82
III. Die Regelungen des Wahlrechts dieser Mitglieder	13	H. Das aktive und passive Wahlrecht	86

A. Vorbemerkung – Der Vorstand der Handwerkskammer

1   Der **Vorstand** der Handwerkskammer übernimmt bei der Gestaltung und Festlegung dieser Punkte eine **bestimmende Rolle**. Er setzt sich zusammen aus dem Präsidenten und zwei Stellvertretern sowie einer weiteren Zahl von Mitgliedern. Gewählt wird der Vorstand aus den Mitgliedern der Vollversammlung (vgl. Wahl des Vorstandes detailliert bei Detterbeck

HwO § 108 Rn. 4 ff.) Einen besonderen Aspekt stellt die **Wahl der Gesellenvertreter in den Vorstand** dar. § 108 Abs. 1 S. 2 HwO regelt diesbezüglich, dass „ein Drittel der Mitglieder (…) Gesellen oder andere Arbeitnehmer mit abgeschlossener Berufsausbildung sein" müssen. Gleiches gilt für einen der beiden Vizepräsidenten (vgl. § 108 Abs. 2 HwO). Demnach ist es möglich, dass ein Geselle oder anderer Arbeitnehmer mit abgeschlossener Berufsausbildung zum Präsidenten gewählt wird, in der Praxis ist das jedoch bisher nicht der Fall gewesen (vgl. auch Detterbeck § 108 Rn. 2).

Der Vorstand der Handwerkskammer soll ebenso wie deren Vollversammlung das gesamte Handwerk repräsentieren. Dazu gehören neben den Betriebsinhabern auch die Gesellen und anderen Arbeitnehmer mit abgeschlossener Berufsausbildung. Mit dem **Drittelprinzip** (gleichbedeutend mit einem **Qualifikationsproporz**), das sowohl für die Wahl des Vorstandes als auch für die Wahl der Vollversammlung gesetzlich zwingend vorgesehen ist (vgl. §§ 93 Abs. 1 S. 2 HwO und 108 Abs. 1 S. 2 HwO), wird die Vertretung der Arbeitnehmerseite sichergestellt. 2

B. Vorbemerkung – Wahlberechtigung

§§ 1 und 2 nehmen zur näheren Bestimmung der Wahlberechtigung Bezug auf §§ 96 und 98 HwO. Diesbezüglich ist festzuhalten, dass es für die Wahlberechtigung nach § 96 HwO iVm § 7 unerheblich ist, aufgrund welcher HwO-Bestimmung (Meisterprüfung, Ausnahmebewilligung, Ausübungsberechtigung) eine Person in die Handwerksrolle eingetragen ist. Maßgeblich ist die bloße Eintragung. Die Eintragung an sich stellt einen konstitutiven Akt dar, der zur Folge hat, dass die faktische Eintragung schon dazu führt, dass der Selbständige zur Führung des Betriebs berechtigt ist, unabhängig davon, ob die Eintragungsvoraussetzungen überhaupt erfüllt sind (BGH GewArch 1988, 164; Detterbeck § 1 Rn. 40, § 6 Rn. 5). Außerdem berechtigt die Eintragung in die Handwerksrolle gem. § 96 Abs. 1 automatisch zur Wahl. Die Voraussetzungen für die Eintragung sind in § 7 geregelt. Neben der Ablegung der Meisterprüfung (Abs. 1a) oder einer gleichgestellten Prüfung (Abs. 2 und 2a) kommt auch die Eintragung aufgrund einer Ausnahmebewilligung (Abs. 3) oder Ausübungsberechtigung (Abs. 7) in Betracht. 3

C. Vorbemerkung – Sonderproblem: mehrfaches Wahlrecht?

Ein Sonderproblem zum Thema Wahlberechtigung bildet die Frage, ob bei einer Eintragung mit **mehreren Handwerken** in die Handwerksrolle ein **mehrfaches Wahlrecht** besteht. 4

I. Die Fragen nach einem „mehrfachen Wahlrecht" – Unterscheidungen

a) Es fragt sich, ob ein Mitglied einer Handwerkskammer, einer Innung oder einer anderen Selbstverwaltungskörperschaft, das mit **mehreren Handwerken** in die Handwerksrolle eingetragen ist, in diesen Körperschaften auch ein entsprechendes, also ein **mehrfaches Wahlrecht** besitzt. 5

Hier stellen sich mehrere Fragen: 6
(1) Wer ist Mitglied der Körperschaft?
(2) Wie ist das Wahlrecht dieser Mitglieder allgemein geregelt?
(3) Welche Regelung gilt in dem besonderen Fall, dass ein Wahlberechtigter mit mehreren Handwerken in der Handwerksrolle eingetragen ist?

b) Zu **entscheiden** ist – ausschließlich – nach dem **Gesetzesrecht** der **Handwerksordnung**. Probleme und deren Lösungen hinsichtlich mehrfacher Wahlrechte bei anderen öffentlichen Körperschaften (so etwa zum Mehrfachwahlrecht bei Zweckverbänden, vgl. OVG Bautzen SächsVBl 2006, 89; LKV 2004, 364; BeckRS 2009, 37805) oder privaten Körperschaften (bei Aktiengesellschaften, § 134 AktG, insbes. bei traditionellem Stimmrechtsprivileg) sind unbeachtlich, wenn eine Beantwortung der Frage nach Handwerksrecht möglich ist. 7

II. Mitgliedschaft in handwerksrechtlichen Vertretungskörperschaften

8 a) Pflichtmitglieder der Handwerkskammer, als „zu ihr gehörend", sind nach § 90 Abs. 2 HwO „**die Inhaber eines Betriebes eines Handwerks** und eines handwerksähnlichen Gewerbes des Handwerkskammerbezirkes sowie (...)" Gesellen, andere Arbeitnehmer und Lehrlinge (Herv. v. Verf.). Die hervorgehobenen Worte können nur wie folgt verstanden werden: „die **jeweiligen konkreten Inhaber eines bestimmten Betriebes** eines Handwerks". Nur dann ergeben sie einen rechtlich fassbaren Sinn zur Bestimmung der Mitgliedschaft in der Handwerkskammer; andernfalls wäre dieses gesamte Zentralkapitel der Handwerksordnung unvollziehbar. Es müsste dann ja näher bestimmt sein, welche Kategorien von Inhabern welcher Kategorie von Betrieben Mitglieder sein sollen.

9 Daraus folgt: Der **Inhaber** wird durch den **jeweiligen Betrieb des Handwerks** bestimmt; die Mitgliedschaft in der Handwerkskammer ist also insoweit **betriebsbestimmt**.

10 b) Ein solcher Betriebsinhaber kann aber nur eine Person im Rechtssinne sein, eine natürliche oder juristische Person. Diese „Personenbezogenheit des betriebsbestimmten Inhaberbegriffs", damit des Mitgliedschaftsbegriffs in der Handwerkskammer, ergibt sich eindeutig aus den personenbezogenen Regelungen in § 90 Abs. 2 und 3 HwO sowie auch aus § 96 Abs. 1 und 2 HwO: Nur Personen im Rechtssinn können ja vertreten werden, nur deswegen mussten besondere Bestimmungen zur Inhaberschaft bei juristischen Personen erlassen werden. Gleiches gilt auch für Innungen nach §§ 58 und 63 HwO.

11 c) Die Regelung bezüglich der **Eintragung in die Handwerksrolle** (§ 6) und in das Handwerkerverzeichnis (§ 19) nehmen diese Begriffsbestimmungen auf und bringen dazu die erforderlichen **formellen Regelungen**. Einzutragen sind Daten zur Person des Inhabers, diese sind zu bestimmen mit Bezug auf den ebenfalls einzutragenden Betrieb.

12 Für die Mitgliedschaft in der Körperschaft kommt es also auf den **„Betrieb"** an, für welchen jeweils die Inhaberschaft einer Person entscheidend ist, die mit Bezug auf den Betrieb bestimmt wird.

III. Die Regelungen des Wahlrechts dieser Mitglieder

13 a) Die Grundsatznorm des § 95 HwO enthält zwar die allgemeinen Wahlrechtsgrundsätze, entsprechend Art. 38 Abs. 1 GG, nichts Näheres aber über individuelle Wahlrechte der einzelnen Mitglieder; gleiches gilt für die Bestimmungen über das Wahlverfahren nach Anlage C (§§ 12–18, 20).

14 Das **Wahlrecht** steht hier den **Inhabern „eines" Handwerksbetriebes** zu. Dazu wird die Auffassung vertreten, dass jeweils ein Betrieb mit seiner Inhaberschaft seinem Inhaber die Stimme vermittelt (Detterbeck § 95 Rn. 1). Ausdrücklich wird sodann, mit Blick auf die Wahlgleichheit, daraus abgeleitet (Detterbeck § 95 Rn. 2), dass jedem Mitglied „gleich viele Stimmen" zukommen, „in der Regel eine". Das kann nur bedeuten, dass es eben auch Fälle geben kann, in denen ein Mitglied mehr als eine – also auch mehrere – Stimmen führt. Dies kann wiederum nur dann anzunehmen sein, wenn dieselbe Person (→ Rn. 10) Inhaber zweier oder mehrerer Betriebe ist.

15 Dies ergibt sich ja auch überzeugend aus der Grundregel (→ Rn. 8) der Betriebsbestimmtheit der Inhaberstellung: Wenn der jeweilige Betrieb die Inhaberperson bestimmt, ja konstituiert, diese aber Träger des Wahlrechts ist, so führt eben die **Mehrfachinhaberschaft** zu einem **Mehrfachwahlrecht**.

16 b) Die Regelungen über die Wahl zur Innungsversammlung bestätigen dies. Auch hier „**kann**" wieder „**jeder**" (wie es hier ja ausdrücklich heißt) „**Inhaber eines Betriebes eines Handwerks**" usw. Mitglied der Innung werden (Herv. v. Verf.), § 58 Abs. 1 S. 1 HwO. Diese Mitgliedschaft vermittelt ihm dann das Wahlrecht (§ 63 Abs. 1 HwO). Auch hier finden sich wieder (in § 63 S. 2 HwO) spezielle Bestimmungen für das Wahlrecht juristischer Personen.

17 IÜ aber gilt jedenfalls der Grundsatz: „Nur eine Stimme für jedes Mitglied" (Detterbeck §§ 63, 64 Rn. 2). Dies schließt aber Mehrfachmitgliedschaften einer Betriebsinhaber-Person nicht aus, daher ebenso wenig ein damit verknüpftes **Mehrfachwahlrecht bei mehreren Inhaberschaften**, als solcher selbstständig einzutragender Betriebe, in den Händen derselben Person.

Dieses Verständnis wird auch nach der vertretenen Auffassung vorausgesetzt (Detterbeck §§ 63, 64 Rn. 2 unter Hinweis auf Fröhler, L., Das Recht der Handwerksinnung, 89) nach welcher (nur) ein abgestuftes Stimmrecht nach Betriebsgröße oder ein minderes Stimmrecht für einzelne Gruppen von Innungsmitgliedern hier ausgeschlossen werden sollte. Wenn damit auch ein Mehrfachstimmrecht bei Mehrfachinhaberschaft von Betrieben hätte verhindert werden sollen, so hätte gerade dies hier ausdrücklich Erwähnung finden müssen. 18

c) Dieses Ergebnis eines **Mehrfachwahlrechts als Folge einer betriebsorganisatorischen Eigenständigkeit eines Handwerksbetriebs** ist auch unter einem anderen Gesichtspunkt nicht zu beanstanden: dem der (möglichen) Aufgliederung einer Tätigkeit in einen Hauptbetrieb mit (mehreren) Filialen oder in mehrere selbständige „Hauptbetriebe". „Dem Handwerker muss die Entscheidungsfreiheit bleiben, ob er bei mehreren Betriebsstätten diese als Filialen oder als weitere unabhängige Hauptbetriebe behandelt wissen will, wofür es durchaus Gründe geben mag. Sollen **bewusst mehrere Betriebe eingetragen werden, so ist dies mit allen Konsequenzen durchzuführen**, was z. B. auch von vorne herein mehrfachen Grundbeitrag zur Handwerkskammer bedeutet" (Herv. v. Verf.) (Honig/Knörr HwO § 6 Rn. 10) Zu diesen Konsequenzen gehört dann aber auch – positiv – das mehrfache Stimmrecht: Wer **mehrmals Beiträge** zu leisten hat, muss auch mit **mehreren Stimmen** wählen und abstimmen dürfen. 19

Ein Mehrfachwahlrecht ist also zulässig und systemkonform im Handwerksrecht. 20

IV. Mehrfachwahlrecht bei Eintragung mehrerer Handwerke

Diese dritte oben unter → Rn. 5 gestellte, ausdrücklich als Untersuchungsgegenstand hier angesprochene Frage geht dahin, ob die **Eintragung von mehreren Handwerken** – nicht Handwerksbetrieben – in der Handwerksrolle nach § 6 und dem Handwerksverzeichnis nach § 19 als solche zu „mehrfachem Wahlrecht", also zu mehreren Stimmen führt. 21

Diese Problematik ist von der Betriebsbestimmtheit des Wahlrechts und seiner Personenbezogenheit (→ Rn. 8; → Rn. 13) zu unterscheiden. Hier geht es nun um den Begriff „(Betrieb) **eines** Handwerks", nicht um Betriebsinhaberschaft. 22

Dies kann nur dahin zu verstehen sein: Kann eine Person, welche Inhaber eines Betriebes ist, in dem mehrere Handwerke, nach den handwerksrechtlichen Bestimmungen dieses Begriffs in den Anlagen zur HwO, betrieben werden, allein aus dieser Mehrheit von Handwerken, auch bei Betriebseinheit, mehrere Wahlrechte (Stimmen) ableiten? Es geht also um den **„Mehrfachhandwerker"**. 23

b) Dieser Mehrfachhandwerker muss aber keineswegs mit mehreren Betrieben in der Handwerksrolle und das Handwerksverzeichnis eingetragen sein, was ihm Mehrfach-Stimmen sichern würde (→ Rn. 13). Er kann in einem und demselben eingetragenen Betrieb mehrere Handwerke betreiben – diese müssen allerdings als solche ebenfalls für diesen betreffenden Betrieb eingetragen werden (BVerfG GewArch 1960, 138; Detterbeck § 6 Rn. 12). Dennoch kann Betriebseinheit bestehen, es darf also **nur eine Stimme** geführt werden (Honig/Knörr § 6 Rn. 12). 24

Für ein **Mehrheitswahlrecht** kommt es daher nicht auf eine Mehrheit ausgeübter Handwerke, sondern allein auf **Betriebseinheit oder -mehrheit unter demselben Inhaber** an. 25

Die Mitgliedschaft in den Handwerksorganisationen wird also durch die **Inhaberschaft** eigenständiger, als solcher eintragungspflichtiger **Betriebe** seitens einer Person im Rechtssinne bestimmt. Die bei Wahlen zu führende Stimmenzahl entspricht der Zahl der eigenständigen Betriebe eines und desselben Inhabers. Auf eine Mehrheit in diesem jeweiligen Betrieb ausgeübter Handwerke kommt es nicht an. Diese Regelung entspricht der betrieblichen **Organisationsfreiheit der Handwerker**. Ihr Wahlrecht reicht so weit, wie die Zahl der von ihnen jeweils geführten eigenständigen Betriebe, nicht aber als solche nicht eintragungsfähiger Filialen (dazu Detterbeck § 6 Rn. 9 mwN). 26

V. Die Vollversammlung der Handwerkskammer

Der Vorstand bestimmt den Tag der Wahl zur Vollversammlung. Die **Vollversammlung besteht** gem. § 93 Abs. 1 HwO **aus gewählten Mitgliedern. Neben der Wahl** der Mitglieder der Vollversammlung besteht jedoch abhängig von der jeweiligen Satzung die **Mög-** 27 lichkeit einer Zuwahl sachverständiger Personen zur Vollversammlung**. Nach § 93 Abs. 4 HwO **kann sich die Vollversammlung** „nach näherer Bestimmung der Satzung bis zu einem Fünftel der Mitgliederzahl durch Zuwahl von sachverständigen Personen (…) **ergänzen**" (Herv. v. Verf.). Es muss sich bei den zugewählten Personen nicht zwingend um selbständige Handwerker oder Gesellen handeln (Will, Selbstverwaltung der Wirtschaft, 734). Wichtig ist nur, dass sie mit den wirtschaftlichen und politischen Strukturen der einzelnen in der Handwerkskammer vertretenen Gewerbe vertraut sind (Will, Selbstverwaltung der Wirtschaft, 734; Detterbeck § 93 Rn. 6). Voraussetzung ist, dass auch bei den Zugewählten das Verhältnis von **einem Drittel Gesellen** oder anderen Arbeitnehmern mit einer abgeschlossenen Berufsausbildung **in der Vollversammlung** gewahrt sein muss (immanenter Qualifikationsproporz). Dadurch, dass die Gruppe der Gesellen und anderen Arbeitnehmer das ausschließliche Vorschlagsrecht für dieses Drittel der Zugewählten hat, wird sichergestellt, dass nur solche Personen hinzugewählt werden, die auch das Vertrauen der Gesellen und anderen Arbeitnehmer haben (Detterbeck § 93 Rn. 6). Festzuhalten ist, dass es sich bei der Zuwahl von sachverständigen Personen nicht um eine Verpflichtung handelt (Will, Selbstverwaltung der Wirtschaft, 734; Detterbeck § 93 Rn. 6). Wird von der **Möglichkeit der Zuwahl** jedoch Gebrauch gemacht, so stehen die gewählten und zugewählten Mitglieder der Vollversammlung **gleichberechtigt** nebeneinander (Will, Selbstverwaltung der Wirtschaft, 735). Gem. § 93 Abs. 3 HwO haben sie die gleichen Rechte und Pflichten.

28bis29 [nicht belegt]

D. Der Vorstand der Handwerkskammer

30 Der **Vorstand** ist ein **Organ** der Handwerkskammer (§ 92 Nr. 2 HwO). Seine Organstellung ist nicht aufhebbar (Detterbeck § 92 Rn. 1; Schwannecke/Schwannecke § 92 Rn. 1). Vgl. iÜ → Rn. 1.

31 Er wird **aus der Mitte der Vollversammlung gewählt** und setzt sich damit aus Mitgliedern der Vollversammlung zusammen (§§ 108 Abs. 1 S. 1, 106 Abs. 1 Nr. 1 Alt. 1 HwO), wobei auch nach §§ 93 Abs. 4, 106 Abs. 1 Nr. 2 HwO zugewählte Mitglieder in den Vorstand gewählt werden können (Schwannecke § 108 Rn. 1).

32 Die Zusammensetzung der Vollversammlung regelt § 93 HwO. Neben den gewählten Mitgliedern kann sie auch aus den zugewählten sachverständigen Personen bestehen. Ob eine solche Zuwahl erfolgt und wie hoch die Anzahl der Zugewählten ist, ist abhängig von der „näheren Bestimmung der Satzung" der jeweiligen Handwerkskammer gem. § 93 Abs. 4 HwO.

33 Zur Möglichkeit der **Zuwahl sachverständiger Personen** → Rn. 27.

34 Durch die gesetzliche Regelung des § 93 Abs. 1 S. 2 HwO und dem darin enthaltenen **Drittelgrundsatz**, ergibt sich eine zwingende Aufteilung innerhalb der Vollversammlung. „Ein Drittel der gewählten Mitglieder der Vollversammlung müssen Gesellen oder andere Arbeitnehmer mit abgeschlossener Berufsausbildung sein (…)".

35 Dieser Grundsatz muss auch bei der **Besetzung des Vorstandes** beachtet werden, § 108 Abs. 1 S. 2 HwO (vgl. auch BT-Drs. 4172, S. 10).

36 Nach der gesetzlichen Regelung des § 108 Abs. 2 HwO besteht der Vorstand aus dem **Vorsitzenden** (auch genannt Präsident), **zwei Stellvertretern** (auch genannt Vizepräsidenten), von denen einer Geselle oder ein anderer Arbeitnehmer mit abgeschlossener Berufsausbildung sein muss, und abhängig von der Regelung in der Satzung der betroffenen Handwerkskammer evtl. einer weiteren Zahl von Vorstandsmitgliedern (vgl. gem. § 19 Abs. 1 der Satzung der Handwerkskammer für München und Oberbayern: „**12 weitere Mitglieder**"; vgl. § 17 Abs. 1 der Satzung der Handwerkskammer Leipzig: „**6 weitere Mitglieder**"). Der Vorstand muss damit aufgrund der gesetzlichen Vorgabe aus **mindestens drei Mitgliedern** bestehen. Wird in der **Satzung** der jeweiligen Handwerkskammer eine höhere Mitgliedszahl festgesetzt, ist diese **maßgeblich**. Dabei muss die gesetzlich **vorgegebene Gewichtung** der Arbeitgeber- und Arbeitnehmervertretung beachtet werden, so dass ein Drittel der Mitglieder von Seiten der Arbeitnehmervertreter sein muss. Deshalb muss die in der Satzung der Handwerkskammer bestimmte Anzahl der Vorstandsmitglieder aufgrund des in § 93 Abs. 1 S. 2 HwO enthaltenen Rechtsgedanken der vorgeschriebenen Drittelung immer durch die Zahl drei teilbar sein (Schwannecke/Schwannecke § 108 Rn. 3).

Die **Befugnisse des Vorstands** sind in § 109 S. 1 Hs. 1 HwO geregelt. § 109 S. 1 Hs. 1 **37**
HwO sieht folgenden Wortlaut vor: „Dem Vorstand obliegt die Verwaltung der Handwerkskammer." Zur Verwaltung der Handwerkskammer gehören die Erledigung aller laufenden Geschäfte und der Vollzug der Beschlüsse der Vollversammlung. (vgl. ausf. zu den Befugnissen des Vorstands Honig/Knörr § 109 Rn. 1; Detterbeck § 109 Rn. 1; Schwannecke/Schwannecke § 109 Rn. 1).

Zum **Wahlverfahren der Vorstandswahl** vgl. Detterbeck § 108 Rn. 4 ff. **38**

Der Vorstand setzt den Tag der Wahl durch Beschluss fest („**bestimmt**"). Als Gremium **39** beschließt er in **Sitzungen**.

Die Wahlordnung der Anlage C der HwO enthält keine gesetzlichen Bestimmungen, die **40** den Ablauf einer Vorstandssitzung regeln. Eine entsprechende Rahmenregelung ist in der Mustersatzung für die Handwerkskammern im § 20 enthalten. Die einzelnen Handwerkskammern haben als Selbstverwaltungskörperschaften darüber hinaus im Rahmen ihrer Zuständigkeit eigene Satzungen zu erlassen, die Bestimmungen zur Vorstandssitzung enthalten können (vgl. § 22 Satzung der Handwerkskammer für München und Oberbayern).

Nähere Einzelheiten zur Vorbereitung und zum Ablauf der Sitzung des Vorstands sind **41** zudem meistens in der **Geschäftsordnung des Vorstandes** geregelt, die sich der Vorstand gibt (vgl. § 21 Abs. 2 Satzung der Handwerkskammer für München und Oberbayern).

Allgemein gilt der Grundsatz, dass die Sitzungen des Vorstands nach Bedarf stattfinden. **42**

Der **Präsident** als Vorsitzender des Vorstandes ist grds. verpflichtet, die Sitzungen vorzu- **43** bereiten und zu leiten (§ 20 Abs. 2 der Mustersatzung für die Handwerkskammern). Eine **Übertragung der Vorbereitungspflicht** auf einen Vizepräsidenten oder ein anderes Vorstandsmitglied ist möglich, wenn es sich nicht um nur vom Vorsitzenden wahrzunehmende Aufgaben handelt. Dies sind va Routineangelegenheiten, die für die Handwerkskammer sachlich, politisch oder finanziell nicht von grundsätzlicher Bedeutung sind. Im kommunalen Bereich besteht eine entsprechende Übertragungsbefugnis (vgl. Art. 39 Abs. 2 BayGO; § 41 Abs. 3 NRWGO).

Bestandteil der **Vorbereitungspflicht** ist die Versendung der Einladungen an die Vor- **44** standsmitglieder unter Beachtung der vorgegebenen Mindestfrist. Die nähere Ausgestaltung bzgl. des Inhalts der Einladung va hinsichtlich der einzuhaltenden Frist und Form ist abhängig von den Regelungen in der **Geschäftsordnung des Vorstands**.

Grds. sollte die **Ladungsfrist** nicht zu kurz bemessen sein. Sinn und Zweck ist es, den **45** Mitgliedern des Vorstands ausreichend Zeit zur Vorbereitung auf die Sitzung zu gewähren. Die Mustersatzung sieht in § 20 Abs. 2 eine **Mindestfrist von einer Woche** vor. In der Praxis ist jedoch meist eine Mindestfrist von zwei Wochen üblich, welche nur in begründeten Ausnahmefällen auf eine Woche verkürzt wird.

Die **schriftliche Einladung** sollte neben der Tagesordnung mit den einzelnen Tages- **46** ordnungspunkten das **Datum**, den **Ort der Sitzung** mit genauer Adresse unter Angabe des Sitzungsraums und den Zeitpunkt des Beginns der Sitzung enthalten. In Ausnahmefällen besteht nach der Mustersatzung die Möglichkeit von dem Formerfordernis der Schriftlichkeit abzusehen und **fernmündlich** zur Sitzung einzuladen.

Dabei sind **alle** Vorstandsmitglieder zu der Sitzung zu laden, unabhängig davon, ob sich **47** diese zB im Urlaub befinden, berufsbedingt abwesend oder krank sind. Zweck der Beifügung der Tagesordnung ist es den Vorstandsmitgliedern die Möglichkeit zu geben sich umfassend auf die Sitzung vorzubereiten. Dieses Recht würde den einzelnen Mitgliedern genommen werden, wenn ihnen die Tagesordnung nicht im Voraus zukommen würde. Zudem besteht die Möglichkeit, dass einzelne Vorstandsmitglieder aufgrund der Wichtigkeit der zu beschließenden Tagesordnungspunkte trotz ursprünglich geplanter Abwesenheit dennoch zu der Sitzung erscheinen möchten.

Die Sitzungen sollten an einem für die Mitglieder gut erreichbaren **Ort** stattfinden. Dafür **48** bietet sich regelmäßig das Gebäude der Handwerkskammer an. Zudem sollte darauf Rücksicht genommen werden, den **Tag der Sitzung** so festzusetzen, dass möglichst eine Vielzahl der Mitglieder daran teilnehmen kann.

Die Vorstandsmitglieder der Arbeitnehmerseite sind für ihre Tätigkeit im Vorstand und **49** damit zur Sitzungsteilnahme von der Arbeit durch den Arbeitgeber **freizustellen** (→ § 2 Rn. 53).

Das **Benachteiligungs- und Begünstigungsverbot** der §§ 94 S. 2, 69 Abs. 4 HwO, **50** das direkt Anwendung auf die Sitzungen der Vollversammlung findet, gilt als allgemeiner

Rechtsgrundsatz auch für die Sitzungen des Vorstands. Die Mitglieder dürfen in der Ausübung ihrer Arbeit nicht behindert werden und dürfen deswegen auch nicht benachteiligt oder begünstigt werden (Detterbeck HwO § 94 Rn. 3, 4). Den Arbeitnehmervertretern steht nach dem allgemeinen Rechtsgedanken der sich aus § 69 Abs. 4 S. 3 HwO ergibt, ein **Lohnfortzahlungsanspruch** gegenüber ihrem Arbeitgeber zu. Nach § 94 S. 2 HwO, der auf den § 73 Abs. 1 HwO verweist, steht dem Arbeitgeber gegenüber der Handwerkskammer ein entsprechender Erstattungsanspruch zu.

51 Problematisch ist, ob der Präsident des Vorstands ein formelles und materielles **Vorprüfungsrecht** bzgl. der Aufnahme einzelner Tagesordnungspunkte hat. Gesetzlich normiert ist ein solches Recht nicht. Ein solches erscheint zweckmäßig, vergleichbar etwa mit dem Vorprüfungsrecht des Bürgermeisters auf Kommunalebene. Dieser kann (etwa in Bayern) aus **formellen Gründen** die Aufnahme eines beantragten Beratungsgegenstandes in die Tagesordnung ablehnen, d.h. wenn die Formalien für die Antragstellung nicht eingehalten werden wie z. B. die nötige Schriftform, Frist oder Begründung.

52 Es besteht aber kein **materielles Vorprüfungsrecht**. Der Bürgermeister kann die Aufnahme eines Beratungsgegenstandes in die Tagesordnung nicht aus inhaltlichen Gründen ablehnen. Eine Ausnahme besteht nur dann, wenn das Aufnahmeverhalten rechtsmissbräuchlich ist (zB strafbarer Inhalt) oder weil die Angelegenheit bereits entschieden wurde (dh, neuer Antrag ist schikanös) (VGH München BayVBl 1987, 239).

53 Die maßgeblichen Regelungen zur **Beschlussfähigkeit** des Vorstands sind in den Satzungen der Handwerkskammern enthalten. Nach § 20 Abs. 3 der Mustersatzung für Handwerkskammern ist der „Vorstand (…) beschlussfähig, wenn einschließlich des Präsidenten oder des Vizepräsidenten mindestens die Hälfte der Mitglieder **anwesend** ist" (Herv. v. Verf.).

54 Die Beschlüsse werden gem. § 20 Abs. 4 der Mustersatzung für Handwerkskammern mit Stimmenmehrheit gefasst. Bei Stimmgleichheit entscheidet nach der üblichen Kammersatzungspraxis die Stimme des Präsidenten oder des ihn vertretenden Vizepräsidenten.

55 **Ladungsmängel** können die Beschlussfähigkeit beeinflussen. Diese werden unterteilt in allgemeine und individuelle Ladungsmängel. Ein **allgemeiner** Ladungsmangel betrifft den gesamten Vorstand und liegt zB vor, wenn der Einladung zur Sitzung die Tagesordnung nicht beigefügt ist oder einzelne Tagesordnungspunkte fehlen. Auf Kommunalebene (etwa in Bayern) ist ein solcher Mangel unerheblich, wenn alle Vorstandsmitglieder zur Sitzung erscheinen und sich rügelos zur Beratung und Abstimmung einlassen. Die Heilung dieser Fehler erscheint sinnvoll, denn im Nachhinein kann jedes betroffene Mitglied auf seine organschaftlichen Rechte verzichten.

56 Ein **individueller** Ladungsmangel betrifft nur einzelne Vorstandsmitglieder. Ein solcher besteht, wenn z. B. einzelne Vorstandsmitglieder nicht ordnungsgemäß geladen wurden oder vergessen wurden. Auf (etwa bayerischer) Kommunalebene ist ein solcher Ladungsmangel unerheblich, wenn das betroffene Vorstandsmitglied zur Sitzung erscheint und sich rügelos zur Beratung und Abstimmung einlässt. Das Rügerecht steht nur dem nicht ordnungsgemäß geladenen Mitglied zu und nicht den übrigen Mitgliedern, denn nur das nicht ordnungsgemäß geladene Mitglied ist in seinem Organrecht auf individuelle Vorbereitung auf die Sitzung verletzt. In diesem Fall besteht ebenfalls die Möglichkeit der Heilung des Mangels, da das Vorstandsmitglied im Nachhinein auf seine organschaftlichen Rechte verzichten kann.

57 Die **Form der Beschlussfassung** bestimmt nach der gängigen Kammersatzungspraxis der Präsident. Regelmäßig erfolgt eine offene Abstimmung durch Handzeichen oder Zuruf. **Enthaltungen** werden nicht berücksichtigt. Wie es in Einzelfällen der Kammersatzungspraxis entspricht, findet eine verdeckte Abstimmung mittels Stimmzettel statt, wenn mehr als ein Drittel der anwesenden Vorstandsmitglieder dies verlangt.

Entsprechend des Rechtsgedankens des § 94 S. 1 HwO sind die einzelnen Mitglieder des Vorstandes bei der Abstimmung **nicht** an **Aufträge und Weisungen gebunden**, gleich ob sie von ihren Wählern oder von Interessenvertretern wie Verbänden, Innungen oder Gewerkschaften kommen (Detterbeck § 94 Rn. 1).

58 **In eiligen Fällen** soll entsprechend der Regelung der §§ 20 Abs. 5, 14 Abs. 2 der Mustersatzung für Handwerkskammern ein **Vorstandsbeschluss** auch **schriftlich** herbeigeführt werden können, wenn kein Mitglied widerspricht. § 14 Abs. 2 der Mustersatzung für Handwerkskammern hat folgenden Wortlaut: „Die zur Abstimmung gestellte Beschlussvorlage ist den (…) Mitgliedern mit erschöpfender Sachdarstellung und Begründung der Eilbedürftig-

keit sowie einer Frist, während der die Stimmabgabe oder der Widerspruch gegen die schriftliche Abstimmung der Handwerkskammer zugehen muss, mitzuteilen" (Erg. d. Verf.).

Über die Sitzung des Vorstands ist eine **Niederschrift** zu fertigen. Diese ist von dem Vorsitzenden und dem Hauptgeschäftsführer zu unterzeichnen, § 20 Abs. 6 Mustersatzung für Handwerkskammern. In der Kammersatzungspraxis ist es üblich, dass im Verhinderungsfall diese durch den Vizepräsident und den Geschäftsführer vertreten werden. Die Niederschrift hat **Beweisfunktion**. Um dem Zweck der Nachweisbarkeit des ordnungsgemäßen Ablaufs der Sitzung gerecht zu werden, sollte ua in der Niederschrift der wesentliche Ablauf der Sitzung, die ordnungsgemäße Beschlussfassung und die konkreten Abstimmungsergebnisse dokumentiert werden. **59**

„Eine **Abschrift** der Niederschrift ist den Mitgliedern des Vorstands zu übersenden", (Herv. v. Verf.), § 20 Abs. 6 Mustersatzung für Handwerkskammern. **60**

Nach §§ 31 S. 1, 10 Abs. 1 S. 1 BWahlG sind die **Wahlhandlungen** öffentlich und die „(…) **Wahlvorstände verhandeln, beraten und entscheiden in öffentlicher Sitzung**" (Herv. v. Verf.). Es gilt der aus dem Demokratie- und Rechtsstaatsprinzip (**Art. 38, 20 Abs. 1, 2 GG**) abgeleitete **Grundsatz der Öffentlichkeit** der Wahl (Sodan/Leisner GG Art. 20 Rn. 11a; BVerfG JuS 2009, 746; Schreiber BWahlG § 10 Rn. 1; vgl. Boettcher/Högner/Högner BWahlG § 10 Rn. 5). Um die **Kontrollfunktion** der Öffentlichkeit zu ermöglichen und das Vertrauen in den ordnungsgemäßen Ablauf der Wahl zu stärken (Schreiber BWahlG § 10 Rn. 1), sollen die Sitzungen des Vorstands öffentlich sein. Hingegen zeigt die gängige Kammersatzungspraxis, dass die Sitzungen des Vorstands der Handwerkskammer idR nicht öffentlich sind. **61**

E. Die Bestimmung des Wahltages

Die **Bestimmung des Wahltages** ist zwingende Voraussetzung für die Durchführung der Wahl (Schreiber BWahlG § 16 Rn. 1). **62**

Der Vorstand ist bei der Bestimmung des Wahltages an Gesetz und Recht gebunden (Schreiber BWahlG § 16 Rn. 6). Es gilt das **Willkürverbot** des Art. 3 Abs. 1 GG. Es dürfen **keine unsachlichen oder rechtlich missbilligten Erwägungen** bei der Festlegung des Wahltages eine Rolle spielen. Entsprechend dem geltenden Grundgedanken bei Bundestagswahlen auf Bundesebene, die Chancengleichheit der politischen Parteien nicht zu beeinträchtigen, soll der Wahltag so bestimmt werden, dass es zu keiner Bevorzugung einzelner Gruppen kommt (Schreiber BWahlG § 16 Rn. 6). **63**

Die HwO enthält **keine** näheren Ausführungen dazu, wann der Wahltag sein soll. Für die Wahl zum Bundestag etwa ist in § 16 S. 2 BWahlG geregelt, dass der „Wahltag (…) ein Sonntag oder gesetzlicher, bundeseinheitlicher Feiertag sein" muss. Dies entspricht dem **Wahlgrundsatz der allgemeinen Wahl** aus Art. 38 Abs. 1 S. 1 GG (Sodan/Leisner GG Art. 38 Rn. 26) und gewährleistet ungehinderte Teilnahme, hohe Wahlbeteiligung, optimale Wahlorganisation (Schreiber BWahlG § 16 Rn. 4; Boettcher/Högner/Högner BWahlG § 16 Rn. 2; Pointner BWahlG § 16 Rn. 2), sowie größere Aufmerksamkeit und Konzentration. Es wird „einerseits eine allgemeine, von der Last des Alltags unbeschwerte und überlegte Wahlhandlung und andererseits die Feststellung des Wahlergebnisses durch die ehrenamtlich tätigen Wahlvorstände" ermöglicht (BayVerfGH BayVBl. 1975, 15, 19 f.; Weides, Bestimmung des Wahltages von Parlamentswahlen, 933, 944; Schreiber BWahlG § 16 Rn. 4). Die Festlegung auf einen Sonn- oder Feiertag ist jedoch nicht verfassungsrechtlich zwingend (Schreiber BWahlG § 16 Rn. 4). Diese Grundsätze gelten unmittelbar für die Bundestagswahl, die primär als Urnenwahl ausgestattet ist. **64**

Abhängig von dieser Zielsetzung soll nicht nur bei einer Urnenwahl, sondern auch bei der Wahl zur Vollversammlung, welche ausschließlich als Briefwahl organisiert ist (§ 95 Abs. 1 S. 2 HwO), bei der Festsetzung des Wahltags darauf geachtet werden, eine möglichst **hohe Wahlbeteiligung** zu ermöglichen. Deshalb sollte der Wahltag etwa nicht in den Zeitraum von bedeutenden Messeveranstaltungen fallen. Angeregt wird in der Politik etwa die Abhaltung regional einheitlicher Wahltermine, die in den Medien bekannt gegeben werden, um die Wahlbeteiligung zu erhöhen (Positionspapier der Kommission „Reform des Kammerwesens" der Mittelstands- und Wirtschaftsvereinigung der CDU/ CSU zur Reform der Industrie- und Handelskammern und der Handwerkskammern, S. 4). **65**

66 Zu beachten ist, dass **zwischen dem Beschluss des Vorstands** zur **Festsetzung des Wahltags und dem Wahltag** selbst ein Mindestzeitraum von **3 Monaten** bestehen muss, um die Frist des § 7 zu gewährleisten. Die Aufforderung des Wahlleiters zur Einreichung von Wahlvorschlägen ist nämlich spätestens 3 Monate vor dem Wahltag bekannt zu geben.

67 Der Wahltermin soll in den für die Bekanntmachungen der Handwerkskammer bestimmten Organen **verkündet** werden (→ § 7 Rn. 122. ff.).

68 Eine **Terminverlegung** ist auf Bundes- und Landesebene ausnahmsweise möglich zum Zwecke der Zusammenlegung von Parlamentswahlen oder von Parlamentswahlen und Kommunalwahlen (BVerfG Beschl. v. 28.5.1984 – 2 BvR 351, 352/84 – zur Vorverlegung eines Wahltermins für eine LT-Wahl; Schreiber BWahlG § 16 Rn. 5). Auch bei Naturkatastrophen, Streiks, Unruhen, Seuchen, etc. ist eine Neufestsetzung auf einen anderen Tag möglich, um eine möglichst hohe Wahlbeteiligung zu sichern (Schreiber BWahlG § 16 Rn. 5). Die Terminverlegung muss aus **gewichtigen Gründen** erfolgen, die nicht willkürlich sind, da das Vertrauen in den Bestand des ursprünglichen Termins überwiegt (Schreiber BWahlG § 16 Rn. 5, 6).

69 Zuständig für die **Absage/ Verschiebung des ursprünglichen Wahltermins** wäre ebenfalls der **Vorstand** der Handwerkskammer, da die Absage die Kehrseite der Festlegung ist (actus-contrarius-Theorie). Er beschließt darüber als Gremium in einer Sitzung. Zweckmäßig erscheint es, die Absage des Wahltermins ebenfalls in den entsprechenden Publikationsorganen zu veröffentlichen. Bzgl. der Auswahl des neuen Wahltermins sind die oben dargestellten Grundsätze zu beachten. Eine max. **Zeitspanne** zwischen dem **alten** und dem **neuen** Wahltermin wird von Seiten des Gesetzgebers in der HwO oder der Anlage C nicht vorgegeben. Empfehlenswert ist ein Zeitraum von 3 Monaten zwischen der Festsetzung des neuen Wahltermins und dem neuen Wahltag (→ Rn. 66).

70 Bis zum Zusammentritt der neuen Vollversammlung bleiben die Mitglieder der alten Vollversammlung im Amt (§ 103 Abs. 2 HwO).

F. Der Wahlleiter

71 **Der Vorstand bestellt** einen **Wahlleiter** und **dessen Stellvertreter**. Sie dürfen nicht zu den Wahlberechtigten nach § 96 Abs. 1 und § 98 HwO gehören und nicht Mitarbeiter der Handwerkskammer sein.

72 Der Vorstand bestimmt den Wahlleiter durch Beschluss (**„bestellt"**). Die Bestimmung des Wahlleiters ist **als Tagesordnungspunkt** für die Sitzung aufzunehmen. Nach den Erfordernissen der Geschäftsordnung des Vorstands muss dieser in der Sitzung beschlussfähig sein (zur Beschlussfähigkeit → Rn. 53).

73 **Der Wahlleiter** ist zuständig für die Vorbereitung und Durchführung der Wahl. Im Gegensatz zum Bundeswahlleiter, der zusammen mit dem Bundeswahlausschuss ein Organ des Bundes bildet (Schreiber BWahlG Einf. zu Teil I Rn. 44), sind die Wahlleiter iSd Anlage C keine Organe der Handwerkskammer, da diese abschließend in § 92 HwO aufgelistet sind. Weitere Organe können selbst durch Satzung nicht eingeführt werden (Honig/Knörr § 92 Rn. 1, 2). Um seiner Aufgabe absolut **unabhängig** nachzukommen, ist es erforderlich, dass der **Wahlleiter weder aktiv wahlberechtigt**, **noch Mitarbeiter der Handwerkskammer** ist. Bei der Bestellung des Wahlleiters sollte maßgebliches Kriterium seine Sachkompetenz sein.

74 Da die Mitgliedschaft in der Vollversammlung in § 93 Abs. 1 S. 1 HwO an die Wählbarkeit anknüpft, und diese wiederum im Zusammenhang mit dem Wahlrecht steht, kann ein **Mitglied der Vollversammlung** nicht Wahlleiter sein.

75 Bei **Mitarbeitern der Handwerkskammer** ist zu differenzieren: Mitarbeiter der Handwerkskammer ist jede dort beschäftigte Person. Die Bestellung **ehemaliger** Mitarbeiter als Wahlleiter erscheint möglich, da sie sich in keinem Abhängigkeitsverhältnis mehr befinden und die Gefahr der Parteilichkeit gering ist. Anders ist dies bei aktuellen Mitarbeitern einer anderen Handwerkskammer, dh aus einem anderen Wahlbezirk, da der Rechtsschein der Unabhängigkeit gefährdet ist.

76 In der Praxis wird meistens ein Externer als Wahlleiter bestimmt, wie zB Mitarbeiter der Landesmittelbehörden, Anwälte oder Richter.

Der Wahlleiter wird nicht auf unbestimmte Zeit ernannt, sondern ist **vor jeder Wahl** zu 77 bestimmen. Anders als in § 1 BWO, der Regelungen zum Bundeswahlleiter enthält, hat der Gesetzgeber in § 1 eine andere Formulierung des Gesetzes gewählt. Es fehlt der Zusatz „auf unbestimmte Zeit". Zudem sollte **vor jeder Wahl** überprüft werden, ob die **Unabhängigkeit** des Wahlleiters noch gewährleistet ist.

Mit der amtlichen Bekanntmachung über die Festsetzung des Wahltags soll der Vorstand 78 auch **veröffentlichen**, wer zum Wahlleiter bestimmt wurde. Anzugeben sind – entsprechend dem Erfordernis des § 1 S. 2 BWO beim Bundeswahlleiter – der vollständige Name des Wahlleiters und die Anschrift seiner Dienststelle mit Telekommunikationsanschlüssen, etwa die Anschrift der Handwerkskammer, wobei gewährleistet sein sollte, dass der Wahlleiter über die Handwerkskammer telefonisch erreichbar ist.

Da durch die Veröffentlichung der Daten des Wahlleiters etwa wie vorstehend der Daten- 79 schutz nicht berührt wird, kann der Wahlleiter der Veröffentlichung nicht widersprechen.

Die Ausübung des Amtes des Wahlleiters ist ein **Ehrenamt**. Eine Vergütung der Tätigkeit 80 erfolgt nicht. Ähnlich wie etwa beim Bundeswahlleiter bei Bundestagswahlen, § 11 Abs. 1 BWahlG, üben die Beisitzer der Wahlausschüsse und die Mitglieder der Wahlvorstände ihre Tätigkeit ehrenamtlich aus. **Der Wahlleiter** bildet **zusammen mit den Beisitzern** den **Wahlausschuss** zur Wahl der Mitglieder der Vollversammlung, § 2 Abs. 1 S. 2.

Der Stellvertreter übernimmt im Verhinderungsfall die Aufgaben des Wahlleiters. Er 81 muss die gleichen Voraussetzungen erfüllen wie der Wahlleiter (→ Rn. 71). Die Person des Stellvertreters ist unter der Angabe der entsprechenden Daten ebenfalls zu veröffentlichen (→ Rn. 78).

G. Die allgemeinen Wahlgrundsätze

Die Vollversammlung repräsentiert das gesamte Handwerk und handwerksähnliche 82 Gewerbe und beruht aufgrund ihrer Wahl auf einer demokratischen Legitimation. Das Handwerk wählt seine Vertreter. Die Wahl ist das wichtigste **Mitwirkungsrecht,** wobei keine Wahlpflicht, wohl aber eine **Wahlberechtigung** besteht (Schreiber BWahlG § 12 Rn. 1). Mit der Stimmabgabe nimmt der Einzelne unmittelbar Einfluss auf die (politische) Willensbildung (Schreiber BWahlG Einl. zu Teil I Rn. 2).

Es gelten die verfassungsrechtlichen Grundsätze der **allgemeinen, gleichen und gehei-** 83 **men Wahl** (Art. 38 GG; BVerfGE 47, 253 (256); 60, 162 (169); 71, 81 (94 f.); vgl. näher Sodan/Leisner Art. 38 Rn. 24 ff.). **Allgemeine Wahl** heißt, dass jeder Inhaber eines Handwerks und handwerksähnlichen Betriebes sowie die dort beschäftigten Gesellen und Arbeitnehmer an der Wahl zur Vollversammlung teilnehmen können, wenn sie die in der Handwerksordnung bestimmten Voraussetzungen (zB die Erreichung eines Mindestalters) erfüllen (Detterbeck § 95 Rn. 1). Aufgrund des Grundsatzes der **gleichen Wahl** hat jeder Wahlberechtigte eine Stimme (Detterbeck § 95 Rn. 2). Jede Stimme wird gleich gewichtet (Detterbeck § 95 Rn. 2).

Zur Problematik ob bei einer Eintragung mit mehreren Handwerken in die Handwerks- 84 rolle **ein mehrfaches Wahlrecht** besteht → Rn. 4.

Die Wahl ist **geheim**. Es darf nicht veröffentlicht werden, ob ein Wahlberechtigter gewählt 85 hat und wie er gewählt hat (Detterbeck § 95 Rn. 3).

H. Das aktive und passive Wahlrecht

Das **Wahlrecht** gliedert sich in zwei Bereiche. Das aktive und das passive Wahlrecht. Das 86 **aktive Wahlrecht** ist das Recht bei einer Wahl zu wählen, während das **passive Wahlrecht** die Wählbarkeit, d.h. das Recht sich wählen zu lassen umfasst. **Unerheblich** für die Ausübung des Wahlrechts und für die Wählbarkeit ist die **Staatsangehörigkeit**. Die Handwerksordnung knüpft das Wahlrecht (anders etwa als das Bundeswahlgesetz in § 12 BWahlG zu Bundestagswahlen) aufgrund der Formulierung der Normen nicht an die Deutscheneigenschaft iSv Art. 116 Abs. 1 GG an. Eine solche Reduzierung des Wahlrechts zur Vollversammlung einer Handwerkskammer wäre vor dem Hintergrund des Diskriminierungsverbotes aus Art. 18 AEUV schwer zu vertreten.

87 Die Handwerksordnung differenziert zwischen dem Wahlrecht der Inhaber eines Handwerks und handwerksähnlichen Betriebs sowie dem Wahlrecht der dort beschäftigten Gesellen und Arbeitnehmer und knüpft es an unterschiedliche formale Voraussetzungen.

88 Das aktive Wahlrecht ergibt sich aus § 96 HwO auf Seiten der Arbeitgebervertretung und aus § 98 HwO auf Seiten der Arbeitnehmervertretung. Das passive Wahlrecht regelt § 97 HwO für die Vertreter der Arbeitgeber; § 99 HwO behandelt die Wählbarkeit zum Vertreter der Arbeitnehmer.

89 Nach § 96 Abs. 1 S. 1 HwO sind „berechtigt zur Wahl der **Vertreter des Handwerks und des handwerksähnlichen Gewerbes** (…) die in der Handwerksrolle (§ 6) oder im Inhaberverzeichnis nach § 19 eingetragenen natürlichen und juristischen Personen und Personengesellschaften, sowie die in das Verzeichnis nach § 90 Abs. 4 S. 2 eingetragenen natürlichen Personen" (Herv. v. Verf.). **Maßgebliches Kriterium** ist allein die Eintragung in die **Handwerksrolle** bzw. in das **B-Verzeichnis** nach § 19 HwO oder in das **Verzeichnis der Kleinunternehmer** nach § 90 Abs. 3, 4 HwO (Detterbeck § 97 Rn. 1). Die Kleinunternehmer sind aber gem. §§ 96 Abs. 1, S. 2, 93 Abs. 2 S. 2 HwO nur wahlberechtigt, wenn die Satzung der Handwerkskammer bestimmt, dass die Aufteilung der Zahl der Mitglieder der Vollversammlung auch die Kleinunternehmer zu berücksichtigen hat.

90 Da die Wahlberechtigung aufgrund des eindeutigen Wortlauts des § 96 HwO an die Eintragung in die Handwerksrolle anknüpft, besteht noch **kein Wahlrecht**, wenn **erst** der **Antrag auf Eintragung** gestellt ist iSv § 10 Abs. 1. Dies gilt auch, wenn es zu Verzögerungen bei der Eintragung in die Handwerksrolle kommt infolge Verschuldens der Handwerkskammer. Es macht keinen Unterschied aus welchem Grund die Eintragung erfolgt ist (Detterbeck § 96 Rn. 1).

91 Zur Problematik des **Rechtsgrundes der Eintragung** → Rn. 3

92 **Natürliche Personen** erlangen die **aktive** Wahlberechtigung mit **Volljährigkeit** (§ 96 Abs. 1 S. 3 HwO). Dies ist mit den Verfassungsgrundsätzen der Allgemeinheit und Gleichheit der Wahl, sowie mit dem Demokratieprinzip vereinbar (Schreiber BWahlG § 12 Rn. 9). Die Festsetzung eines Mindestalters gewährleistet den für eine Teilnahme an der Wahl erforderlichen Grad an Reife und Vernunft, sowie Verantwortungsbewusstsein (Schreiber BWahlG § 12 Rn. 9). Die Volljährigkeit tritt mit der Vollendung des 18. Lebensjahres ein, § 12 Abs. 1 Nr. 1 BWahlG. Wahlberechtigt ist, wer spätestens am Wahltag 18 Jahre alt wird (Schreiber BWahlG § 12 Rn. 9; Schweinoch/Simader/Schweinoch § 12 Rn. 11; Detterbeck § 96 Rn. 3).

93 „**Juristische Personen oder Personengesellschaften** haben jeweils nur **eine Stimme**" (Herv. v. Verf.) nach dem Wortlaut des § 96 Abs. 1 S. 4 HwO. Die Stimme der juristische Personen des Privatrechts (AG, GmbH) oder der Personengesellschaften (GbR, OHG, KG, GmbH&Co.KG) darf nur der zur Vertretung der Gesellschaft Berechtigte abgeben. Die Berechtigung ergibt sich aus dem entsprechenden Fachrecht. Vertretungsberechtigt können neben den gesetzlichen Vertretern und den vertretungsberechtigten Gesellschaftern auch die wirksam berufenen Prokuristen sein (Detterbeck § 64 Rn. 3).

94 § 96 regelt in Anlehnung an den § 13 BWahlG den **Ausschluss vom Wahlrecht**. Nach dem Wortlaut des § 96 Abs. 2 HwO sind „nicht wahlberechtigt (…) Personen, die infolge **strafrechtlicher Verurteilung** das Recht, in öffentlichen Angelegenheiten zu wählen oder zu stimmen, nicht besitzen" (Herv. v. Verf.). Das Wahlrecht muss infolge rechtskräftiger Verurteilung durch richterliche Entscheidung aberkannt worden sein.

95 Nach dem Wortlaut des § 96 Abs. 3 Nr. 1–3 HwO ist „an der Ausübung des Wahlrechts (…) behindert, (…) wer **wegen Geisteskrankheit** oder Geistesschwäche in einem psychiatrischen Krankenhaus untergebracht ist, (…) wer sich in Straf- oder Untersuchungshaft befindet" und „(…) wer infolge gerichtlicher oder polizeilicher Anordnung in Verwahrung gehalten wird" (Herv. v. Verf.).

96 Maßgeblich zur **Beurteilung des Bestehens der Wahlbefugnis** ist grds. der **Wahltag** als Stichtag (Schreiber BWahlG § 12 Rn. 21). Bei der nach Anlage C ausschließlich durchzuführenden **Briefwahl** der Vollversammlung gilt die Sonderregelung des § 39 Abs. 5 BWahlG entsprechend. Danach werden „die Stimmen eines Wählers, der an der Briefwahl teilgenommen hat, (…) nicht dadurch ungültig, dass er vor dem oder am Wahltag stirbt oder sein Wahlrecht aufgrund der oben dargestellten Gründe verliert". Denn maßgeblich ist der **Zeitpunkt des Wahlaktes**, d.h. des Ausfüllens des Stimmzettels und des Versendens der Unterla-

gen an den Wahlleiter (Schreiber BWahlG § 39 Rn. 31). Bei der Briefwahl fallen regelmäßig der Zeitpunkt des Wahlakts des einzelnen Wahlberechtigten und der Wahltag auseinander. Da maßgeblicher Zeitpunkt des Bestehens der Wahlbefugnis der Zeitpunkt des Wahlaktes ist, ist es umso wichtiger, dass die Handwerkskammer das Wählerverzeichnis so aktuell wie möglich hält, dh, sowohl Eintragungen in die Handwerksrolle als auch Löschungen aus der Handwerksrolle sind grds. zeitnah zu bewirken. Nur auf diese Weise kann gewährleistet werden, dass alle materiell Wahlberechtigten nach § 96 HwO auch ihre Stimmberechtigung ausüben können. In der Praxis kann es dennoch nicht ausgeschlossen werden, dass es zu zeitlichen Verzögerungen bei der Eintragung in die Handwerksrolle oder der Löschung aus der Handwerksrolle kommt. Erhält ein Wahlberechtigter die Wahlunterlagen und verliert seine Wahlberechtigung noch vor der Ausübung des Wahlaktes, etwa infolge der Löschung aus der Handwerksrolle, wäre seine Stimme ungültig. Verliert er hingegen seine Wahlberechtigung erst nach Ausübung des Wahlaktes, wäre seine Stimme gültig.

Zum **handwerksähnlichen Gewerbe** → Rn. 8. **97**

Wahlberechtigt zur **Wahl der Vertreter der Arbeitnehmer** nach § 98 Abs. 1 S. 1 HwO **98** sind die volljährigen Gesellen und die volljährigen weiteren Arbeitnehmer mit abgeschlossener Berufsausbildung, welche im Betrieb eines Handwerks oder handwerksähnlichen Gewerbes beschäftigt sind (Honig/Knörr § 98 Rn. 1–3; Detterbeck § 98 Rn. 1, 2). „Kurzzeitig bestehende Arbeitslosigkeit lässt das Wahlrecht unberührt, wenn diese zum Zeitpunkt der Wahl nicht länger als drei Monate besteht", § 98 Abs. 2 HwO.

Die **Gesellen und Arbeitnehmer mit abgeschlossener Berufsausbildung** wählen **99** ihre Vertreter in der Vollversammlung selbst unmittelbar. Das bis 1993 geltende Wahlmännersystem wurde aufgrund der Bevorzugung kleinerer Handwerksbetriebe durch das Änderungsgesetz von 1993 abgeschafft (Detterbeck § 98 Rn. 1).

Zur **Volljährigkeit** → Rn. 92. **100**

ISd Handwerksordnung ist **Geselle,** wer die Gesellenprüfung erfolgreich abgelegt hat **101** (Detterbeck § 70 Rn. 4). Die Gesellenprüfung iSd §§ 31 Abs. 1 S. 1, 32 HwO ist die Abschlussprüfung in einem Handwerksberuf und gilt als Nachweis der beruflichen Kenntnisse und Fähigkeiten in den Gewerben der Anlage A und Anlage B (Detterbeck § 31 Rn. 2).

Für die **Wahl des Gesellenausschusses** nach § 70 HwO wird die Geselleneigenschaft **102** erweitert und nicht allein von der Gesellenprüfung abhängig gemacht. Danach sollen auch **Facharbeiter** mit einer Lehrabschlussprüfung **und andere Arbeitnehmer,** die nicht nur vorübergehend in einem Handwerksbetrieb mit Arbeiten betraut sind, die gewöhnlich nur von Gesellen oder Facharbeitern ausgeführt werden, wahlberechtigt sein, wenn sie ihre Qualifikation in einer von der Innung betreuten Branche erworben haben (Honig/Knörr § 70 Rn. 4; Detterbeck § 70 Rn. 4; BVerfGE 11, 310 (322); VGH München GewArch 1975, 129; VGH Mannheim GewArch 1982, 137). Es erscheint sachgerecht diesen Personen auch bei der Wahl der Vollversammlung ein aktives Wahlrecht zu gewähren. Denn sowohl der Gesellenausschuss in der Handwerksinnung (§ 68 HwO) als auch die Arbeitnehmervertretung in der Vollversammlung, haben die Aufgabe, die Interessen der Gesellen zu vertreten. Eine ausdrückliche Beschränkung auf die Gesellen im funktionalen Sinn nimmt § 98 HwO nicht vor.

Die weiteren **Arbeitnehmer mit abgeschlossener Berufsausbildung** sind die Arbeit- **103** nehmer, die keine Gesellenprüfung, sondern eine andere Abschlussprüfung ablegen müssen. In Berufen der Industrie erfolgt die Endprüfung in Form einer Facharbeiterprüfung und im Handel in Form einer Gehilfenprüfung (Detterbeck § 31 Rn. 2).

Die Gesellen und die weiteren Arbeitnehmer mit abgeschlossener Berufsausbildung müs- **104** sen zum Zeitpunkt der Wahl grds. in einem kammerzugehörigen Betrieb beschäftigt sein. Eine Ausnahme ergibt sich bei **kurzfristiger Arbeitslosigkeit** (→ Rn. 107).

Die **Kammerzugehörigkeit** des Handwerksbetriebs oder des handwerksähnlichen **105** Betriebs ergibt sich durch den **Sitz des Betriebes im Bezirk der Handwerkskammer.** Der Betrieb gehört zu der Handwerkskammer, in dessen Bezirk er sich befindet, vgl. § 3 Anlage C. Unerheblich für das Wahlrecht ist damit der private Wohnsitz des Gesellen bzw. des Arbeitnehmers mit abgeschlossener Berufsausbildung (Honig/Knörr § 98 Rn. 1).

Beschäftigt ist der Geselle bzw. der weitere Arbeitnehmer mit abgeschlossener Berufsaus- **106** bildung, wenn er sich in einem ordnungsgemäßen Arbeitsverhältnis befindet (Detterbeck § 98 Rn. 2). Nicht ausreichend ist lediglich eine Gelegenheitsbeschäftigung, ohne dass dabei ein Arbeitsverhältnis begründet wird (Detterbeck § 98 Rn. 2).

107 Eine **kurzfristige Arbeitslosigkeit** liegt nach § 98 Abs. 2 S. 2 HwO vor, wenn diese zum Zeitpunkt der Wahl nicht länger als drei Monate besteht.

108 **Nicht wahlberechtigt** sind mangels abgelegter Endprüfung die Lehrlinge und Auszubildenden, bloße Hilfsarbeiter, Büro- und Ladenpersonal (Honig/Knörr § 70 Rn. 4; BVerfGE 11, 310).

109 Die Regelungen des § 96 Abs. 2 und 3 HwO zum **Ausschluss des Wahlrechts** finden aufgrund des Verweises im § 98 Abs. 1 S. 2 HwO entsprechend Anwendung (→ Rn. 94 ff.).

110 Zum **passiven Wahlrecht** der Arbeitgeber → § 10 Rn. 10 ff. und der Gesellen und Arbeitnehmer → § 10 Rn. 21 ff.

§ 2 [Wahlausschuss]

(1) ¹Der Wahlleiter beruft aus der Zahl der Wahlberechtigten vier Beisitzer und die erforderliche Zahl von Stellvertretern, die je zur Hälfte Wahlberechtigte nach § 96 Abs. 1 und nach § 98 der Handwerksordnung sein müssen. ²Der Wahlleiter und die Beisitzer bilden den Wahlausschuß; den Vorsitz führt der Wahlleiter.

(2) ¹Der Wahlausschuß ist beschlußfähig, wenn außer dem Wahlleiter oder seinem Stellvertreter mindestens je ein Wahlberechtigter nach § 96 Abs. 1 und nach § 98 der Handwerksordnung als Beisitzer anwesend sind. ²Er beschließt mit Stimmenmehrheit; bei Stimmengleichheit entscheidet die Stimme des Wahlleiters.

(3) Die in den Wahlausschuß berufenen Beisitzer und Stellvertreter werden von dem Vorsitzenden auf unparteiische und gewissenhafte Erfüllung ihres Amtes sowie zur Verschwiegenheit über die ihnen bei ihrer amtlichen Tätigkeit bekanntgewordenen Tatsachen, insbesondere über alle dem Wahlgeheimnis unterliegenden Angelegenheiten verpflichtet.

(4) Die Stellvertreter werden für abwesende oder ausgeschiedene Beisitzer herangezogen.

(5) Zu den Verhandlungen des Wahlausschusses bestellt der Vorsitzende einen Schriftführer, den er auf unparteiische und gewissenhafte Erfüllung seines Amtes verpflichtet; der Schriftführer ist nicht stimmberechtigt und soll nicht zu den Wahlberechtigten gemäß § 96 Abs. 1 und § 98 der Handwerksordnung gehören.

(6) ¹Ort und Zeit der Sitzungen bestimmt der Vorsitzende. ²Die Beisitzer und der Schriftführer werden zu den Sitzungen eingeladen.

(7) Der Wahlausschuß entscheidet in öffentlicher Sitzung.

(8) Öffentlich sind diese Sitzungen auch dann, wenn Zeit, Ort und Gegenstand der Sitzung vorher durch Aushang am Eingang des Sitzungshauses mit dem Hinweis bekanntgegeben worden sind, daß der Zutritt zur Sitzung den Stimmberechtigten offen steht.

(9) ¹Die Beisitzer des Wahlausschusses erhalten keine Vergütung; es wird ihnen für bare Auslagen und Zeitversäumnis eine Entschädigung nach den für die Mitglieder der Handwerkskammer festgesetzten Sätzen gewährt. ²Die Arbeitnehmer sind, soweit es zur ordnungsgemäßen Durchführung der ihnen gesetzlich zugewiesenen Aufgaben erforderlich ist und wichtige betriebliche Gründe nicht entgegenstehen, von ihrer beruflichen Tätigkeit ohne Minderung des Arbeitsentgelts gemäß § 69 Abs. 4 Satz 3 freizustellen.

Literatur: Boettcher E./Högner R., Bundeswahlgesetz; Bundestags-Drucksache 12/5918; Detterbeck, St., Handwerksordnung; Honig, G./Knörr, M., Handwerksordnung; Kluth, W., Handbuch des Kammerrechts; Kopp, F./Schenke, W.-R., Verwaltungsgerichtsordnung; Leisner, W. G., in: Sodan, H., Grundgesetz; Palandt, O., Bürgerliches Gesetzbuch; Pointner, M., Bundeswahlrecht; Schreiber, W., Bundeswahlgesetz; Schwannecke, H., H., Handwerksordnung

Rechtsprechung: BVerfGE 38, 35; 99, 1; BVerfG NVwZ 2009, 708; BVerwG NJW 2002, 2263; OVG Münster GewArch 2003, 378

Übersicht

	Rn.		Rn.
A. Der Wahlausschuss	1	II. Die Anforderungen an den Schriftführer	39
I. Die Berufung in den Wahlausschuss	1	**F. Sitzung**	40
II. Die Ablehnung der Berufung	5	I. Die Sitzungen des Wahlausschusses	40
III. Der Wahlausschuss	9	II. Die Einladung zur Sitzung	41
B. Beschlussfähigkeit des Wahlausschusses	19	**G. Öffentlichkeit**	43
C. Belehrung	26	I. Der Grundsatz der Öffentlichkeit	43
I. Die Belehrung der Mitglieder des Wahlausschusses	26	II. Die Zuhörer	44
II. Der Zeitpunkt der Belehrung	31	**H. Hinweis auf Zeit, Ort und Gegenstand der Sitzung**	47
D. Die Stellvertreter	34	**I. Entschädigung der Beisitzer**	48
E. Der Schriftführer	37	**J. Benachteiligungs- und Begünstigungsverbot**	53
I. Belehrung des Schriftführers	37		

A. Der Wahlausschuss

I. Die Berufung in den Wahlausschuss

Der **Wahlleiter** hat aus der Zahl der Wahlberechtigten vier Beisitzer und die erforderliche Zahl von Stellvertretern zu berufen. **1**

Zum Wahlleiter → § 1 Rn. 71 ff. mit den entsprechenden Ausführungen. **2**

Der Wahlleiter **beruft die vier Beisitzer** des Wahlausschusses und die erforderliche Zahl der Stellvertreter. Entsprechend dem Wahlleiter bei Bundestagswahlen (§ 9 Abs. 2 S. 1 BWahlG) soll auch hier der Wahlleiter bei der Auswahl der Personen einen **Ermessensspielraum** haben (vgl. Schreiber BWahlG § 9 Rn. 6). Gesetzliche Vorgaben bzgl. der Auswahl bestehen nicht. Zu beachten ist nur die vom Gesetzgeber geforderte **Quotelung**, wonach die Beisitzer und die Stellvertreter je zur Hälfte Wahlberechtigte nach § 96 Abs. 1 HwO und nach § 98 HwO sein müssen. Aufgrund des Wortlautes „muss" ist diese **Halbteilung** für den Wahlleiter **verbindlich**. Danach gehören zwei Beisitzer zur Arbeitgeberseite und zwei Beisitzer zur Arbeitnehmerseite. Die Arbeitnehmerseite ist damit im Wahlausschuss entgegen dem sonst in der Handwerksordnung üblichen Drittelungsgrundsatz hier stärker beteiligt (vgl. Zusammensetzung des Wahlausschusses → Rn. 15). **3**

Die Beisitzer und die Stellvertreter hat der Wahlleiter entsprechend der Regelung des § 4 Abs. 1 S. 1 BWO „alsbald" nach der Bestimmung des Wahltages durch den Vorstand und seiner eigenen Bestellung zu berufen (Herv. v. Verf.). Nach der Legaldefinition des § 121 Abs. 1 S. 1 BGB soll die Berufung **unverzüglich** erfolgen. Dies bedeutet, dass sie zwar nicht sofort, aber **ohne schuldhaftes Zögern** vorzunehmen ist (Palandt/Ellenberger BGB, § 121 Rn. 3). Abhängig von den Umständen des Einzelfalles sollte die Obergrenze von i. d. R. 2 Wochen nicht überschritten werden (Palandt/Ellenberger BGB § 121 Rn. 3). **4**

II. Die Ablehnung der Berufung

Die Beisitzer bzw. die Stellvertreter haben die **Möglichkeit** ihre **Berufung** in das Ehrenamt **abzulehnen**. Zwar ist aufgrund der Regelung des § 11 Abs. 1 S. 2 BWahlG auf Bundesebene bei Bundestagswahlen jeder Wahlberechtigte nach dem Wortlaut der Norm zur Übernahme eines Ehrenamtes „verpflichtet". Diese „staatsbürgerliche Pflicht" ergibt sich aus dem Rechtsgedanken, dass dem „Recht auf Teilnahme an der staatlichen Willensbildung durch Wahlen gem. Art. 20 Abs. 2 S. 2 GG die Verpflichtung zur Mitwirkung im Wahlverfahren durch die Übernahme eines Wahlehrenamtes entspricht" (Schreiber BWahlG § 11 Rn. 2). Dennoch kann diese Verpflichtung nicht zwangsweise durchgesetzt werden. Nach § 49a Abs. 1 Nr. 1, Abs. 2 BWahlG ist die Rechtsfolge einer Ablehnung nur das Begehen einer **Ordnungswidrigkeit**, so dass eine **Geldstrafe** verhängt werden kann (Boettcher/Högner/Högner BWahlG § 11 Rn. 2; Pointner BWahlG § 11 S. 38; Schreiber BWahlG § 11 Rn. 3). **5**

6 Die Ablehnung der Bestellung durch den Wahlberechtigten ist aus **schwerwiegenden Gründen** möglich. Hinsichtlich der Ablehnungsgründe ist eine Orientierung am **Katalog des § 9 BWO** mit seiner katalogartigen Aufzählung möglich (Schreiber BWahlG § 11 Rn. 3). Die Ablehnung kann durch die Abgabe einer entsprechenden Erklärung und dem Nachweis der Entschuldigung erfolgen (Schreiber BWahlG § 11 Rn. 3). § 9 BWO bestimmt seinem Wortlaut nach: „Die Übernahme eines Wahlehrenamtes können ablehnen (…) Mitglieder der Bundesregierung oder einer Landesregierung, (…) Mitglieder des Europäischen Parlaments, des Deutschen Bundestages oder eines Landtages" und „(…) Wahlberechtigte, die am Wahltag das 65. Lebensjahr vollendet haben (…)". Ein Ablehnungsgrund steht auch den Wahlberechtigten zu, „(…) die glaubhaft machen, dass ihnen die Fürsorge für ihre Familie die Ausübung des Amtes in besonderer Weise erschwert" und „(…) Wahlberechtigte, die glaubhaft machen, dass sie aus dringenden beruflichen Gründen oder durch Krankheit oder Behinderung oder aus einem sonstigen wichtigen Grund gehindert sind, das Amt ordnungsgemäß auszuführen".

7 An die **Glaubhaftmachung** gegenüber dem Wahlleiter sind nach § 294 ZPO bzw. § 60 Abs. 2 S. 2 VwGO keine strengen Anforderungen zu stellen. Erforderlich ist allein die „überwiegende Wahrscheinlichkeit" (Kopp/Schenke § 60 Rn. 30; BVerfGE 38, 35). Sie kann durch eidesstattliche Versicherung, durch die Vorlage einer amtlichen Auskunft oder in anderer geeigneter Weise erfolgen (Kopp/Schenke, § 60 Rn. 30). Möglich ist auch eine plausible Erklärung des Betroffenen, deren Richtigkeit nicht angezweifelt wird (Kopp/Schenke § 60 Rn. 30).

8 In einem Fall zur Europawahl hat das BVerwG (NJW 2002, 2263) entschieden, dass gegen die Bestellung als Beisitzer bzw. ihre Aufrechterhaltung nach Versagung der Anerkennung eines Ablehnungsgrundes der Betroffene Widerspruch – soweit statthaft – und **Klage** zum Verwaltungsgericht erheben kann, da die Berufung zum Beisitzer eines Wahlvorstandes sich „nicht unmittelbar auf das Wahlverfahren bezieht, sondern Teil der Vorbereitung und Organisation des Wahlverfahrens" ist (BVerwG NJW 2002, 2263). Es liegt kein „Wahlfehler vor, der iRd Wahlprüfungsverfahrens zu korrigieren wäre", so dass nicht nur eine Überprüfung im Wahlprüfungsverfahren nach §§ 100, 101 HwO möglich ist, sondern die allgemeinen Rechtsbehelfe zur Anwendung kommen. Die Geltendmachung dieser Rechtsbehelfe soll dem Betroffenen auch zustehen, wenn dadurch die ordnungsgemäße und termingemäße Durchführung der Wahl behindert oder vereitelt wird (vgl. Schreiber BWahlG § 11 Rn. 2).

III. Der Wahlausschuss

9 Für die ehrenamtliche Tätigkeit als **Beisitzer** erhalten diese **keine Vergütung**. Entsprechend der Regelung des § 10 BWO erfolgt ein **Auslagenersatz** auf entsprechende Nachweise (Schreiber BWahlG § 11 Rn. 4).

10 Die Wahlberechtigten haben **kein Recht auf die Berufung** zum Beisitzer, denn sonst wird aus der Ermessensentscheidung des Wahlleiters eine gebundene Entscheidung.

11 Die Tätigkeit als Beisitzer hat keinen Einfluss auf das aktive und passive **Wahlrecht** des Wahlberechtigten.

12 **Die Zahl der Wahlberechtigten** ist abhängig von der aktuellen Mitgliederzahl der Handwerkskammer.

13 Die vier **Beisitzer** müssen **aus der Reihe der Wahlberechtigten** stammen. Zur Wahlberechtigung → § 1 Rn. 3 ff. und → § 1 Rn. 86 ff.

14 Der Wahlleiter bestellt die **erforderliche Anzahl von Stellvertretern**. Entsprechend dem Wahlleiter bei Bundeswahlen soll auch hier der Wahlleiter bei der Auswahl der Personen einen **Ermessensspielraum** haben (vgl. Schreiber BWahlG § 9 Rn. 6). Ermessen besteht nur hinsichtlich der Tatsache, **welches** wahlberechtigte **Mitglied** der Handwerkskammer Stellvertreter sein soll. **Kein** Ermessen hat der Wahlleiter bzgl. der **Anzahl** der Stellvertreter. Das Gesetz nennt zwar keine konkrete Zahl, sondern schreibt nur eine „erforderliche Anzahl" vor. Erforderlich sind nach Auslegung des Wortlautes insgesamt vier Stellvertreter, um im Verhinderungsfall jeden der vier Beisitzer vertreten zu können. Aufgrund der gesetzlich vorgegebenen Quotelung müssen zwei Stellvertreter aus den Reihen der Arbeitgeber und zwei Stellvertreter aus den Reihen der Arbeitnehmer stammen. Die Stellvertreter überneh-

men im Verhinderungsfall die Aufgaben der Beisitzer. Der Beisitzer soll seine Verhinderung rechtzeitig bekannt geben, damit der Stellvertreter dessen Aufgaben wahrnehmen kann.

Der Wahlausschuss besteht insgesamt aus 10 Personen. Er setzt sich zusammen aus dem Wahlleiter und dessen Stellvertreter, jeweils zwei Beisitzern aus den Reihen der Arbeitgeber, ihren zwei Stellvertretern und aus jeweils zwei Beisitzern aus den Reihen der Arbeitnehmer und ihren beiden Stellvertretern. 15

Der Wahlausschuss darf bei der Durchführung der Wahl grds. **Helfer** heranziehen. Wesentliche Entscheidungen, bspw. über die Gültigkeit oder Ungültigkeit einer Stimme, muss er hingegen selbst vornehmen. Ein Delegieren auf die Helfer ist unzulässig (vgl. hierzu OVG Münster GewArch 2003, 378 (381); Kluth, Handbuch des Kammerrechts, Rn. 67). 16

Im Gegensatz zur Bundestagswahl ist der Wahlausschuss iSd Anlage C kein Organ der Handwerkskammer, da diese in § 92 HwO abschließend aufgezählt und nicht erweiterbar sind (so jedenfalls Schwannecke/Schwannecke HwO § 92 Rn. 2, Schwannecke/Brandt § 110 Rn. 1; vgl. Honig/Knörr § 92 Rn. 1, 2). 17

Der **Wahlleiter** führt den **Vorsitz** im **Wahlausschuss**. Er eröffnet, leitet und schließt die Sitzungen des Wahlausschusses. Im Falle seiner Verhinderung führt sein Stellvertreter den Vorsitz. 18

B. Beschlussfähigkeit des Wahlausschusses

Im Gegensatz zu der Beschlussfähigkeit des Vorstandes, die in der Anlage C nicht ausdr. geregelt ist, legt Abs. 2 die Voraussetzungen für die **Beschlussfähigkeit des Wahlausschusses** fest. 19

Der Wahlausschuss als Gremium beschließt in **Sitzungen**. Der Wahlleiter als Vorsitzender des Wahlausschusses bereitet die Sitzungen vor und lädt alle Beisitzer und Stellvertreter zu den Sitzungen ein. Im Verhinderungsfall eines Beisitzers ist der entsprechende Stellvertreter zu laden. 20

Zu den einzelnen Problemen hinsichtlich der **Einladung** wie Form und Frist → § 1 Rn. 44 ff., soweit es keine vorrangige Regelungen in einer speziellen Geschäftsordnung gibt. 21

Die Beschlussfähigkeit des Wahlausschusses liegt vor, wenn außer dem Wahlleiter oder seinem Stellvertreter mindestens je ein Wahlberechtigter nach § 96 Abs. 1 HwO und nach § 98 HwO als Beisitzer anwesend sind. Die **Anwesenheitsmehrheit** liegt vor, wenn neben dem Wahlleiter ein Beisitzer von Seiten der Arbeitgeber-Vertreter und ein Beisitzer von Seiten der Arbeitnehmer-Vertreter in der Sitzung anwesend sind. Nicht beschlussfähig ist der Wahlausschuss, wenn die Beisitzer einer Vertreterseite komplett fehlen. Eine schriftliche oder telefonische Beschlussfassung ist nicht zulässig. 22

Der Wahlausschuss beschließt mit **Stimmenmehrheit**. Stimmenmehrheit liegt vor, wenn die Anzahl der „Ja"- Stimmen, die Anzahl der „Nein"- Stimmen überwiegt. Stimmenthaltungen sowie die Abgabe einer ungültigen Stimme bleiben außer Betracht (Pointner BWahlG § 10 Rn. 2; Schreiber BWahlG § 10 Rn. 4). Es reicht die **einfache Mehrheit** der abgegebenen Stimmen aus. Sind alle fünf Mitglieder des Wahlausschusses in der Sitzung anwesend, liegt die einfache Mehrheit bei der Abgabe von drei gültigen Stimmen vor. Ist die minimale Anzahl von drei Mitgliedern anwesend, liegt die einfache Mehrheit bei der Abgabe von zwei gültigen Stimmen vor. 23

Bei **Stimmgleichheit** entscheidet die Stimme des (neutralen) Wahlleiters bzw. seines Stellvertreters im Verhinderungsfall. Stimmengleichheit besteht, wenn gleich viele gültige „Ja"- und „Nein"- Stimmen abgegeben wurden. Sinn und Zweck der Regelung ist es, die Gleichbehandlung der Arbeitgeber- und Arbeitnehmervertreter sicherzustellen. Keine Seite soll nach dem gesetzgeberischen Willen bevorzugt werden, indem in einer Pattsituation einem Beisitzer die ausschlaggebende Stimme zukommt. Zudem soll die Handlungsfähigkeit des Wahlausschusses gewährleistet werden. Maßgeblich ist deshalb die Stimme des (neutralen) Wahlleiters bzw. seines Stellvertreters. 24

Wird ein Beschluss von einem nicht beschlussfähigen Gremium gefasst, ist dieser **ungültig.** Es bedarf einer erneuten Beschlussfassung unter Beachtung der maßgeblichen Voraussetzungen. 25

C. Belehrung

I. Die Belehrung der Mitglieder des Wahlausschusses

26   Die **Belehrung** der Beisitzer und Stellvertreter durch den Vorsitzenden erfolgt hinsichtlich der **Unparteilichkeit**, der **gewissenhaften Aufgabenerfüllung** und der **Verschwiegenheit**. Die Norm entspricht der Regelung des § 10 Abs. 2 BWahlG iVm § 53 Abs. 1 BWO auf Bundesebene bei Bundestagswahlen.

27   Die berufenen Beisitzer und Stellvertreter werden von dem Wahlleiter als Vorsitzenden auf die **unparteiische** Erfüllung ihres Amtes verpflichtet. IRd Erfüllung des Amtes ist jegliche Begünstigung oder Benachteiligung einer politischen Partei, Wählergruppe oder eines Bewerbers zu unterlassen (Schreiber BWahlG Einf. zu Teil 1 Rn. 45). Jegliche Wahlbeeinflussung muss unterbleiben (Schreiber BWahlG § 32 Rn. 2).

28   Die Erfüllung des Amtes muss **gewissenhaft** erfolgen, dh unter Beachtung der für die Aufgabe erforderlichen Sorgfalt.

29   Die in den Wahlausschuss berufenen Beisitzer und Stellvertreter haben über die bei Ausübung ihres Amtes in Erfahrung gebrachten Tatsachen **Stillschweigen** zu bewahren (Schreiber BWahlG § 9 Rn. 13). Dies gilt insbes. auch für alle dem Wahlgeheimnis unterliegenden Angelegenheiten.

30   Unter **Wahlgeheimnis** (vgl. dazu Sodan/Leisner Art. 38 Rn. 38) versteht man die absolute Geheimhaltung der Stimmabgabe (Schreiber BWahlG § 1 Rn. 94). Die Geheimheit der Wahl ist Ausprägung des verfassungsrechtlich geschützten Prinzips der Wahlfreiheit iSd Art. 38 Abs. 1 S. 1 GG (BVerfGE 99, 1 (13); Schreiber BWahlG § 1 Rn. 19) und zählt zu den Wahlrechtsgrundsätzen, die den freiheitlichen demokratischen Staat schützen sollen (Schreiber BWahlG § 1 Rn. 94). Denn ohne **geheime Wahl** wäre die **Wahlfreiheit** nicht gesichert. Es besteht somit nicht nur ein individuelles Interesse der Wahlberechtigten an der Geheimhaltung der Wahl, sondern auch ein **öffentliches Interesse** (Schreiber BWahlG § 1 Rn. 94).

II. Der Zeitpunkt der Belehrung

31   Der Vorsitzende hat sicherzustellen, dass alle Beisitzer und Stellvertreter **vor der Aufnahme ihrer Tätigkeit** über ihre Verpflichtung nach Absatz 3 aufgeklärt sind (Schreiber BWahlG § 9 Rn. 13). Die Aufklärung soll im Anschluss der Berufung in den Wahlausschuss und **vor** der Aufnahme ihrer Tätigkeit erfolgen. Dazu bietet sich die Vornahme der Belehrung zu Beginn der (ersten) Sitzung des Wahlausschusses an (Schreiber BWahlG § 10 Rn. 6). Nach dem Wortlaut erfolgt eine Belehrung **ohne Vereidigung**.

32   Die Grundsätze der gewissenhaften, unparteiischen und verschwiegenen Amtsführung sollen auch von dem **Wahlleiter** beachtet werden. Zwar ist dieser im Abs. 3 nicht als zu Belehrender aufgezählt, aber es sind keine Gründe ersichtlich, weshalb der Vorsitzende diese maßgeblichen Grundsätze bei seiner Tätigkeit im Wahlausschuss nicht einhalten soll.

33   Der Vorsitzende ist wie die Beisitzer und die Stellvertreter insoweit gleichbedeutendes Mitglied des Wahlausschusses.

D. Die Stellvertreter

34   Die Stellvertreter übernehmen im Verhinderungsfall die Aufgaben der Beisitzer. **Abwesend** ist ein Beisitzer dann, wenn er bei einer Sitzung des Wahlausschusses nicht präsent, also nicht vor Ort ist.

35   Mit **ausgeschieden** ist der Abschied aus dem Amt des Beisitzers gemeint. Ausgeschiedene Beisitzer nehmen nicht mehr aktiv an ihrer Tätigkeit im Wahlausschuss teil. Ausscheidungsgründe sind ua der Tod des Beisitzers und die freiwillige Amtsniederlegung aus wichtigen Gründen. In der Praxis sollte für den Fall eines Ausscheidens eine diesbezügliche unzweideutige Erklärung des Beisitzers gegenüber dem Wahlleiter vorliegen.

36   Der **Verlust des Amtes im Wahlausschuss** hat per se **keine Auswirkung** auf das aktive und passive **Wahlrecht** des Ausgeschiedenen. Maßgeblich für das Wahlrecht sind allein die in den §§ 96, 97, 98, 99 HwO genannten Voraussetzungen (→ § 1 Rn. 86 ff.). Der Tod führt zum Verlust des Wahlrechts.

E. Der Schriftführer

I. Belehrung des Schriftführers

Der Wahlleiter bzw. sein Stellvertreter bestellt zu den Verhandlungen des Wahlausschusses 37 einen Schriftführer.

Der **Schriftführer** protokolliert die Verhandlungen des Wahlausschusses. Er wird vor der 38 Aufnahme seiner Tätigkeit auf die **unparteiische und gewissenhafte Erfüllung** seines Amtes durch den Wahlleiter bzw. dessen Stellvertreter verpflichtet (→ Rn. 26 ff.). Nach dem Wortlaut der Norm, wird der Schriftführer nicht ausdr. zur **Verschwiegenheit** über die ihm bekannt gewordenen Tatsachen während seiner Tätigkeit verpflichtet. Dabei handelt es sich um ein redaktionelles Versehen.

II. Die Anforderungen an den Schriftführer

Der Schriftführer ist **nicht stimmberechtigt**. In den Verhandlungen des Wahlausschusses 39 kann er seine Stimme nicht abgeben. Er soll nicht zu den Wahlberechtigten gehören gem. § 96 Abs. 1 HwO und § 98 HwO, sondern eine neutrale Person sein. Diese Vorgabe ist für den Wahlleiter bindend, um die neutrale und unparteiische Stellung des Schriftführers zu wahren. Die Vorschrift ist als **„Muss"-Vorschrift** zu lesen. Ein Ermessensspielraum kommt dem Wahlleiter nur bei der Auswahl der Person des Schriftführers zu, unter Beachtung der zwingenden gesetzlich vorgegebenen Kriterien. In der Praxis ist der Schriftführer oftmals ein nicht wahlberechtigter Mitarbeiter der Handwerkskammer.

F. Sitzung

I. Die Sitzungen des Wahlausschusses

Der Wahlleiter als Vorsitzender bzw. sein Stellvertreter bestimmt **Ort** und **Zeit** der Sitzung 40 des Wahlausschusses. Hinsichtlich der Auswahl des Ortes und des Zeitpunktes wird auf die Ausführungen zu → § 1 Rn. 48 verwiesen, soweit es keine speziellere Regelung in einer anzuwendenden Geschäftsordnung gibt.

II. Die Einladung zur Sitzung

Die Beisitzer und der Schriftführer werden zu den Sitzungen eingeladen. Im Umkehr- 41 schluss würde dies bedeuten, dass aufgrund des eindeutigen Wortlauts des § 2 Abs. 6 die Stellvertreter keine Einladung erhalten würden. Dies ist nicht sachgerecht. Zu den Sitzungen sind grds. alle Mitglieder des Wahlausschusses zu laden, da zum Zeitpunkt der Ladung nicht beurteilt werden kann, ob ein Fall der notwendigen Stellvertretung eintritt.

Zu der erforderlichen Ausgestaltung der **Einladung** hinsichtlich Form und Frist → § 1 42 Rn. 45, soweit es keine speziellere Regelung in einer anzuwendenden Geschäftsordnung gibt.

G. Öffentlichkeit

I. Der Grundsatz der Öffentlichkeit

Bezogen auf den Wahlausschuss stellt diese Regelung eine einfachgesetzliche Ausprägung 43 des Grundsatzes der **Öffentlichkeit der Wahl** (vgl. zu den Wahlgrundsätzen Sodan/Leisner, Art. 38 Rn. 24 ff.) dar. Diese verfassungsrechtliche Grundentscheidung für Demokratie, Republik und Rechtsstaat (Art. 38 iVm Art. 20 Abs. 1 und 2 GG) stellt grds. eine **Kontrollfunktion der Öffentlichkeit gegenüber den Wahlorganen** dar, um die Ordnungsgemäßheit und Nachvollziehbarkeit der Wahlvorgänge sowie das Vertrauen des Bürgers in die Manipulationsfreiheit des Wahlvorganges zu sichern, was laut BVerfG NVwZ 2009, 708 die „Grundvoraussetzung für eine demokratische politische Willensbildung" ist (Schreiber BWahlG § 10 Rn. 1; vgl. auch Kluth, Handbuch des Kammerrechts, S. 243).

II. Die Zuhörer

44   **Zuhörer** haben im Rahmen einer öffentlichen Sitzung freien Zutritt. Sie können die Diskussion, Beratung, Abstimmung und abschließende Beschlussfassung verfolgen (Schreiber BWahlG § 10 Rn. 1). Um die Kontrollfunktion der Öffentlichkeit zu ermöglichen, sind Zeit, genauer Ort (va auch die Zimmernummer) und Gegenstand der Sitzung **öffentlich bekannt zu machen** (Schreiber BWahlG § 10 Rn. 1). Ausreichend ist nach den Vorgaben des § 2 Abs. 8 **Aushang im Eingangsbereich** des Sitzungsgebäudes mit dem Zusatz, dass jedermann berechtigt ist, als Zuhörer an der Sitzung des Wahlausschusses teilzunehmen (Schreiber BWahlG § 10 Rn. 1). Aufgrund des Wortlautes des § 2 Abs. 8 ergibt sich, dass **nur Wahlberechtigte Zuhörer** sein können und nicht Jedermann (→ Rn. 47 und die dort geäußerten Bedenken).

45   Werden in der Sitzung des Wahlausschusses „geheime" Dinge besprochen, kann ausnahmsweise die **Öffentlichkeit ausgeschlossen** werden, um va das Persönlichkeitsrecht eines anderen Sitzungsteilnehmers zu schützen (Schreiber BWahlG § 10 Rn. 1; Kluth, S. 243).

46   Zuhörer, die die Sitzung des Wahlausschusses erheblich und nachhaltig **stören**, sollen von der Sitzung durch den **Vorsitzenden**, der das **Hausrecht ausübt**, ausgeschlossen werden können. Eine entsprechende Ausschlussbefugnis existiert auf kommunaler Ebene (etwa in Bayern in Art. 53 Abs. 1 S. 1 BayBayGO und in NRW in § 51 NRWGO) und bei Parlamentswahlen nach § 5 Abs. 6 BWO.

H. Hinweis auf Zeit, Ort und Gegenstand der Sitzung

47   Diese Regelung in Abs. 8 steht im Widerspruch zu § 5 Abs. 3 iVm § 86 Abs. 2 BWO, wonach der Hinweis erforderlich ist, dass „jedermann" Zutritt zu der Sitzung hat. IRd Bundestagswahl steht es somit auch den nicht zum Bundestag Wahlberechtigten frei, die Tätigkeit der Wahlorgane zu beobachten (Schreiber BWahlG § 10 Rn. 1). Die vorliegend vorgesehene gesetzgeberische Beschränkung ist im Hinblick auf das verfassungsrechtliche Prinzip der Öffentlichkeit der Wahl bedenklich (→ Rn. 44).

I. Entschädigung der Beisitzer

48   Die Beisitzer üben ihre Tätigkeit **ehrenamtlich** aus (→ § 1 Rn. 80).

49   Sie erhalten jedoch für getätigte bare Auslagen und erlittene Zeitversäumnisse eine **Entschädigung** in Höhe der für Mitglieder der Handwerkskammer festgesetzten Sätze für ehrenamtliche Tätigkeiten.

50   Die für Mitglieder der Handwerkskammer festgesetzten Sätze ergeben sich aus der **Satzung** der Handwerkskammer.

51   Neben einer **pauschalen Entschädigung** ist auch ein konkreter Ausgleich im Einzelfall durch Nachweis der getätigten baren Auslagen mittels **Quittungen und Belegen** denkbar. Bei Parlamentswahlen etwa gewährt § 10 Abs. 1 S. 1 BWO iVm §§ 4, 5 Bundesreisekostengesetz (BRKG) den Ersatz der notwendigen individuellen Fahrtkosten und nach § 10 Abs. 1 S. 2 BWO iVm §§ 6, 7 BRKG ein pauschales Tages- und Übernachtungsgeld. Für die Teilnahme an einer Sitzung erhalten die ehrenamtlichen Mitglieder des Wahlausschusses ein pauschales Erfrischungsgeld von 21 EUR, § 10 Abs. 2 BWO.

52   Aufzeichnungen, aus denen sich die Zeitversäumnis nachvollziehbar ergibt, sind zu führen, wobei zu beachten ist, dass eine Entschädigung nur bei einer **echten Zeitversäumnis** zu leisten ist und nicht bei Tätigkeiten, die dem Bereich der bloßen sonstigen Freizeit zuzuordnen sind.

J. Benachteiligungs- und Begünstigungsverbot

53   §§ 94 S. 2, 69 Abs. 4 S. 3 HwO mit dem **Benachteiligungs- und Begünstigungsverbot** und dem darin beinhalteten **Lohnfortzahlungsanspruch** (→ 1 Rn. 50) kommen zur Anwendung. Die Beisitzer von Seiten der Arbeitnehmer haben gegenüber ihren Arbeitgebern einen **Freistellungsanspruch** von der beruflichen Tätigkeit zugunsten der ordnungsgemäßen Durchführung der ihnen gesetzlich zugewiesenen Aufgabe als Beisitzer. **Wichtige betriebliche Gründe** dürfen jedoch **nicht** entgegenstehen. Besonders bei kleinen Betrieben

mit einer geringen Zahl von Mitarbeitern können betriebliche Belange Vorrang vor der Amtsausübung im Wahlausschuss haben (Detterbeck § 69 Rn. 13). Beispiele: die zügige Ausführung von Aufträgen zur Abwendung einer Vertragsstrafe oder die Ausführung von Arbeiten zur Beseitigung akuter Notfälle bei Sturm- oder Wasserschäden oder personelle Engpässe durch Urlaub oder Krankheit anderer Arbeitnehmer des Betriebes (vgl. Wortlaut BT-Drs. 12/5918, S. 23; Detterbeck § 69 Rn. 13). Demnach ist im Einzelfall zu entscheiden.

Die Arbeitgeber haben einen **Erstattungsanspruch** gegen die Handwerkskammer nach **54** §§ 94 S. 2, 73 Abs. 1 S. 3 HwO in Höhe des Lohnfortzahlungsanspruchs, den der Arbeitnehmer gegen seinen Arbeitgeber nach §§ 94 S. 2, 69 Abs. 4 S. 3 HwO hat (vgl. § 1 Rn. 20).

Zweiter Abschnitt. Wahlbezirk

§ 3 [Wahlbezirk]

Der Handwerkskammerbezirk bildet einen Wahlbezirk.

Literatur: Bundestags-Drucksache I/4172; Detterbeck, St., Handwerksordnung; Honig, G./ Knörr, M., Handwerksordnung; Meyer, W., Regionale Kammergliederungen, GewArch 2006, 227; Meyer, W., Der Kammerbezirk GewArch 2006, 305; Schreiber, W., Bundeswahlgesetz; Schwannecke, H., in: Schwannecke, H., Handwerksordnung; Wagener, F., Maßstäbe für die Abgrenzung von Handwerkskammerbezirken, GewArch 1979, 73; Weides, P., Neugliederung der Bezirke von Industrie- und Handelskammern, GewArch 1981, 366

Rechtsprechung: BVerfGE 107, 59; GVBl. NRW 1993, 340; OVG Münster GewArch 1975, 194; VG Halle GewArch 1996, 75

Überblick

Der zweite Abschnitt der Anlage C besteht aus der Vorschrift des § 3. Dieser enthält Regelungen über den **Wahlbezirk**. Er steht insoweit im Zusammenhang mit der Regelung des § 90 Abs. 5 HwO (Errichtung der Handwerkskammer durch die oberste Landesbehörde), als die Errichtung der Handwerkskammer und die damit einhergehende Bestimmung des Handwerkskammerbezirks notwendige Voraussetzung für die Abgrenzung des Wahlbezirks ist.

Der **Handwerkskammerbezirk** iSv § 90 Abs. 5 S. 1 HwO ist das **Gebiet einer Hand-** **1** **werkskammer**, auf den sich ihr **Tätigkeitsbereich** sowie ihre **Aufgabenerfüllung** nach § 91 HwO erstrecken.

„Die **Handwerkskammern** werden von der obersten Landesbehörde errichtet (…)" **2** (Herv. v. Verf.), Wortlaut des § 90 Abs. 5 S. 1 HwO. Notwendig für die Errichtung ist der Erlass einer entsprechenden **Rechtsverordnung** (Honig/Knörr § 90 Rn. 12; Detterbeck § 90 Rn. 36). Eine **neue** Handwerkskammer, die zur Zeit noch nicht besteht, kann nur infolge einer Neueinteilung bereits bestehender Handwerkskammerbezirke entstehen, da bereits das gesamte Gebiet der BRD in Kammerbezirke gegliedert ist (Detterbeck § 90 Rn. 34; Honig/Knörr § 90 Rn. 18). Die **Vereinigung** zweier bestehender Handwerkskammern berührt die Kammern in ihrem Bestand. Die **Aufhebung des Bestandes** kann nur auf die gleiche Weise wie die Errichtung erfolgen (actus contrarius), so dass es ebenfalls einer **Rechtsverordnung** bedarf (so geschehen bei den Kammern Detmold und Bielefeld GVBl. NRW 1993, 340; Detterbeck § 90 Rn. 36). Die **Änderung der Bezirksgröße** eines Kammerbezirks (Verkleinerung, Vergrößerung) kann hingegen sowohl durch **Rechtsverordnung als auch** durch **Verwaltungsakt** erfolgen (OVG Münster GewArch 1975, 194, 196; VG Halle GewArch 1996, 75; Detterbeck § 90 Rn. 36), da die **Größe** eines Handwerkskammerbezirks **nicht** zum essentiellen **Bestand** der Einrichtung der **Handwerkskammer** als solche zählt (Detterbeck § 90 Rn. 36).

Nach dem Wortlaut des § 105 Abs. 2 Nr. 1 HwO muss die **Satzung** „Bestimmungen **3** über den Namen, den Sitz und den Bezirk der Handwerkskammer enthalten". Der **Handwerkskammerbezirk** soll nach den Vorgaben der Mustersatzung für Handwerkskammern gleich zu Beginn der Handwerkssatzung geregelt werden, um den Geltungsbereich der Handwerkskammer für jedermann erkennbar, verbindlich festzulegen.

4   Die meisten Handwerkssatzungen enthalten im § 1 Abs. 1 die entsprechende Regelung zum Bezirk. So wird z. B. der Regierungsbezirk Oberbayern als Bezirk der Handwerkskammer für München und Oberbayern umfasst (vgl. § 1 Abs. 1 der Satzung der Handwerkskammer für München und Oberbayern).

5   Regelmäßig gleicht der Handwerkskammerbezirk dem **Bezirk einer höheren Verwaltungsbehörde** (zB Regierungsbezirk), (BT-Drs. I/4172, 9; Detterbeck HwO § 90 Rn. 35; Meyer GewArch 2006, 305 (310)). Dies sei am Bsp. des Freistaat Bayerns verdeutlicht, der aus 7 Regierungsbezirken besteht und sich aus 6 Handwerkskammerbezirken zusammensetzt: Handwerkskammer Mittelfranken, Handwerkskammer München und Oberbayern, Handwerkskammer Oberfranken, Handwerkskammer Schwaben und Handwerkskammer Unterfranken; eine Ausnahme bildet die Handwerkskammer Niederbayern-Oberpfalz, deren Kammerbezirk aus zwei Regierungsbezirken besteht.

6   Bei der Bildung eines Kammerbezirks spielt die **Leistungsfähigkeit** einer Kammer eine große Rolle, um eine **effektive** und zugleich möglichst **kostengünstige Aufgabenerledigung** zu gewährleisten (Meyer, GewArch 2006, 305 (307); Weides GewArch 1981, 366 (369); Wagener GewArch 1979, 73 (78 ff.)). Seinerzeitiges Ziel des Ausschusses für Wirtschaftspolitik des Deutschen Bundestages 1949 war bei der Schaffung der HwO die Errichtung möglichst leistungsfähiger Handwerkskammern (BT-Drs. I/4172, 9). Vermieden werden sollten sowohl zu kleine, als auch zu große Handwerkskammerbezirke (BT-Drs. I/4172, 9). Bei sehr kleinen Kammerbezirken besteht die Gefahr, dass die Erfüllung der den Kammern nach § 91 HwO obliegenden Aufgaben in finanzieller, personeller sowie organisatorischer Hinsicht nicht hinreichend gewährleistet ist (BT-Drs. I/4172, 9; Schwannecke/Schwannecke § 90 Rn. 20). Sehr große Kammerbezirke haben eine Verbürokratisierung zur Folge und können aus diesem Grund der erforderlichen Betreuung ihrer Mitglieder nicht gerecht werden (BT-Drs. I/4172, 9; Detterbeck § 90 Rn. 35; Honig/Knörr § 90 Rn. 15; Meyer GewArch 2006, 305 (307), 2006, 227).

7   Die **Funktion des Kammerbezirks** liegt darin, den **Bestand** der **Pflichtmitglieder festzulegen** und so die sich daraus ergebenden **Kammeraufgaben räumlich** zu **begrenzen** und zu konkretisieren. Die Kammern sind darauf beschränkt, nur die Aufgaben zu erfüllen, die im Interesse der in **ihrem** Bezirk ansässigen Berufsangehörigen liegen (Meyer GewArch 2006, 305; BVerfGE 107, 59 (92)).

8   Der **Wahlbezirk** ist das Gebiet, auf das sich die Wahlhandlung bezieht. Er ist sozusagen die unterste Ebene für die Ermittlung und Feststellung des Wahlergebnisses (Schreiber BWahlG § 2 Rn. 5) und **deckt sich räumlich mit dem Handwerkskammerbezirk**.

9   Bei der Vereinigung zweier Handwerkskammern ändert sich entsprechend zum Kammerbezirk auch der Wahlbezirk, da der Wahlbezirk dem Handwerkskammerbezirk entspricht, bleibt aber ein Bezirk. Bei einer potentiellen Aufteilung eines Kammerbezirks in zwei, bestehen in dessen Zuge dann zwei Wahlbezirke.

Dritter Abschnitt. Stimmbezirke

§ 4 [Aufteilung der Mitglieder der Vollversammlung]

Zur Aufteilung der Mitglieder der Vollversammlung können die Handwerkskammern in ihrer Satzung gemäß § 93 Abs. 2 der Handwerksordnung Gruppen bilden.

Literatur: Bundestags-Drucksache I/4172; Detterbeck, St., Handwerksordnung; Frentzel, G./ Jäkel, E., Industrie- und Handelskammergesetz; Honig, G./ Knörr, M., Handwerksordnung; Karsten, F., in: Schwannecke, H., Handwerksordnung; Schwannecke, H./Heck, H.-J., Die Handwerksnovelle 2004, GewArch 2004, 129; Will, M., Selbstverwaltung der Wirtschaft.

Rechtsprechung: BVerwG NVwZ-RR 2003, 110; VGH Mannheim GewArch 2001, 422

Überblick

Den dritten Abschnitt der Anlage C bildet § 4. § 4 steht in einem **Regelungszusammenhang** mit § 93 Abs. 2 HwO. Die Handwerkskammern **können** in ihrer Satzung hinsichtlich ihrer **Vollversammlungsmitglieder** regeln, in welcher **Anzahl** sie bestehen **und** wie eine **Aufteilung** derselben auf die einzelnen **in den Anlagen A und B** zur HwO **aufgeführten Gewerbe** zu erfolgen hat. § 93 Abs. 2 S. 3 HwO bestimmt seinem Wortlaut nach: „Bei der Aufteilung sollen die **wirtschaftlichen Besonderheiten** und die **wirtschaftlichen Bedeutungen der einzelnen Gewerbe**" hinsichtlich **historischer** und **örtlicher**, aber auch **traditioneller Gegebenheiten** „berücksichtigt werden" (Herv. v. Verf.).

§ 93 Abs. 1 HwO sieht folgenden Wortlaut vor: „Die **Vollversammlung** besteht aus gewählten Mitgliedern. Ein Drittel der Mitglieder müssen **Gesellen** oder **andere Arbeitnehmer** mit abgeschlossener Berufsausbildung sein, die in dem Betrieb eines Gewerbes der Anlage A oder Betrieb eines Gewerbes der Anlage B beschäftigt sind" (Herv. v. Verf.). Auf der Grundlage des § 93 Abs. 1 HwO erfolgt eine grundsätzliche **Einteilung der Betriebe in die beiden Gruppen** des zulassungspflichtigen und zulassungsfreien Handwerks. 1

Anlage A zur Handwerksordnung enthält als Positivliste ein Verzeichnis der Gewerbe, die als **zulassungspflichtige Handwerke** betrieben werden können. Nach dem Wortlaut des **§ 1 Abs. 2 S. 1 HwO** ist „ein Gewerbebetrieb (…) ein Betrieb eines zulassungspflichtigen Handwerks, wenn er handwerkmäßig betrieben wird und ein Gewerbe vollständig umfaßt, das in der Anlage A aufgeführt ist, oder Tätigkeiten ausgeübt werden, die für dieses Gewerbe wesentlich sind (wesentliche Tätigkeit)". 2

Anlage B zur Handwerksordnung enthält als Positivliste das Verzeichnis der Gewerbe, die als **zulassungsfreie Handwerke** (Abschnitt 1) **oder** als **handwerksähnliche Gewerbe** (Abschnitt 2) betrieben werden. Nach dem Wortlaut des **§ 18 Abs. 2 HwO** ist „ein Gewerbe (…) ein **zulassungsfreies Handwerk** (…)" im Sinne der HwO, „wenn es handwerksmäßig betrieben wird und in Anlage B Abschnitt 1 (…) aufgeführt ist (Herv. v. Verf.). Ein Gewerbe ist ein **handwerksähnliches Gewerbe** (…)" im Sinne der HwO, „wenn es handwerksähnlich betrieben wird und in Anlage B Abschnitt 2 (…) aufgeführt ist" (Herv. v. Verf.). Zum **handwerksähnlichen Gewerbe** vgl. Ausführungen in → § 7 Rn. 71 ff. 3

Die übrigen zwei Drittel der Mitglieder der Vollversammlung bestehen aus den **selbständigen Handwerkern**. Innerhalb dieser zwei Drittel sollte nach der gesetzgeberischen Vorstellung von 1949 die Verteilung jeweils zu 50 % aus Alleinmeistern und den übrigen Handwerksmeistern bestehen (vgl. dazu BT-Drs. I/4172, 10). Dies entsprach damals auch der tatsächlichen Verteilung im gesamten Bundesgebiet, wonach ca. die Hälfte aller Handwerksbetriebe von Alleinmeistern geführte Einmannbetriebe waren (vgl. dazu BT-Drs. I/4172, 10). 4

Das Gesetz nennt **keine Mindest- oder Höchstzahl der Mitglieder der Vollversammlung**. § 93 Abs. 2 S. 1 HwO sieht folgenden Wortlaut vor: „Durch die Satzung ist die Zahl der Mitglieder der Vollversammlung und ihre Aufteilung auf die einzelnen in den Anlagen A und B (…) aufgeführten Gewerbe zu bestimmen". Aus der Satzung der entsprechenden Handwerkskammer muss sich die **Mitgliederzahl eindeutig** iSd Bestimmtheitsgrundsatzes als Ausprägung des Rechtstaatsprinzips des Art. 20 Abs. 3 GG ergeben (vgl. Honig/Knörr § 93 Rn. 4). Dies erfolgt durch die Nennung einer **konkreten Zahl**. Eine bloße Bestimmbarkeit durch eine mögliche Errechnung der Zahl der zu wählenden Vollversammlungsmitglieder erfüllt die Anforderungen nicht (zB je 1000 Betriebe 2 Mitglieder, vgl. Honig/Knörr § 93 Rn. 4). Nach dem schriftlichen Bericht des Ausschusses für Wirtschaftspolitik zu der Drucksache Nr. 4172 der 1. Wahlperiode des Deutschen Bundestags von 1949 ist an die **untere Grenze von 33 Mitgliedern** gedacht, die auch den Unselbständigen mit einer Beteiligung an der Vollversammlung von einem Drittel, also mit 11 Sitzen eine entsprechende Berufsgliederung ermöglicht und dadurch eine Repräsentation der Interessen der verschiedenen Gewerbe in der Handwerkskammer zu gewährleisten (Will, Selbstverwaltung der Wirtschaft, S. 728). **Über die Zahl 33** empfiehlt der Ausschuss für Wirtschaftspolitik in seinem schriftlichen Bericht von 1949 **auf tausend Betriebe je 2 bis 3 Mitglieder**, um ein arbeitsfähiges Gremium zu erhalten. Zudem sollen die zwei Drittel der Mitglieder der selbständigen Handwerker noch einmal so aufgeteilt sein, dass sie im Schnitt zur Hälfte aus Alleinmeistern und zur anderen Hälfte aus den übrigen Handwerksmeistern bestehen 5

(BT-Drs. I/4172, 10). Diese Vorgaben des Ausschusses für Wirtschaftspolitik stellen **Orientierungshilfen** in Form von Empfehlungen dar. Aufgrund des **Selbstverwaltungsrechts der Handwerkskammer** als Körperschaft des Öffentlichen Rechts kann sie die **Anzahl der Mitglieder** unter Beachtung des gesetzlich vorgeschriebenen Drittelungsgrundsatzes **frei bestimmen**. Zu beachten ist lediglich, dass die Struktur des Handwerks innerhalb des entsprechenden Handwerksbezirks berücksichtigt wird und diese Gewichtung in der Vollversammlung widerspiegeln soll (**Qualifikations- und Regionalproporz,** → Rn. 6). Zudem soll die Arbeitsfähigkeit der Organe gewährleistet sein.

6   § 4 ergänzt (punktuell konkretisierend) den Regelungsgehalt des § 93 Abs. 2 HwO dahingehend, dass die Handwerkskammern ausdr. ermächtigt werden, **in ihrer Satzung eine genauere Aufteilung der festgesetzten Gesamtzahl** der Vollversammlungsmitglieder **auf** die einzelnen in **Anlage A und Anlage B** genannten Gewerbe vorzunehmen (Schwannecke/Karsten § 93 Rn. 7; Honig/Knörr § 93 Rn. 4; Detterbeck HwO § 93 Rn. 3). Damit können die Handwerkskammern eine zusätzliche konkrete Zuordnung innerhalb der einzelnen Berufsgruppen vornehmen. Nach Sinn und Zweck der Regelung soll wiederum die regionale Struktur des Handwerks, abhängig von der **Ortsspezifik** eine entsprechende Repräsentanz finden und der interne Proporz gewährleistet werden.

7   Nach dem eindeutigen Wortlaut des § 4 „**kann**" hat die Norm nur **fakultativen Charakter** (Herv. v. Verf.). Die Handwerkskammern können in ihren Satzungen eine solche klare Zuordnung vornehmen. Eine diesbezügliche Verpflichtung besteht nicht, da es sich nicht um eine obligatorische Regelung handelt. Dies ergibt sich schon aus Praktikabilitätsgründen. Bei einer Verpflichtung der Handwerkskammern könnten die örtlichen Gegebenheiten und Besonderheiten im Einzelfall ggf. nicht stets hinreichend berücksichtigt werden, was dann problematisch auch hinsichtlich diesbezüglicher Konsequenzen wäre.

8   Aufgrund der **Satzungsautonomie** bleibt es den Kammern überlassen, welche Aufteilung der Vollversammlungssitze, abhängig von der jeweiligen Mitgliederstruktur, vorgenommen wird (Schwannecke/Heck GewArch 2004, 129 (141)). Grds. soll jedoch das Repräsentationsprinzip beachtet werden, so dass jede Gruppe mit mind. einem Vertreter in der Vollversammlung vertreten ist (Schwannecke/Heck, GewArch 2004, 129, 141).

9   Enthält die Satzung keine entsprechende Zuordnung, so ist eine entsprechende Gruppenaufteilung mangels Ermächtigungsgrundlage auch nicht möglich.

10   Ist eine entsprechende Zuordnung zu den einzelnen Berufsgruppen aufgrund der Regelung in der Satzung hingegen vorgeschrieben, ist diese Zuordnung obligatorisch.

11   Ein Beispiel hierzu: Die Handwerkskammer München und Oberbayern hat in ihrer Satzung in § 4 Abs. 1 die Zahl der Mitglieder der Vollversammlung auf 63 festgelegt: „42 Inhaber eines Betriebs eines Handwerks und handwerkähnlichen Gewerbes und 21 Gesellen oder andere Arbeitnehmer mit einer anderen abgeschlossenen Berufsausbildung, die in dem Betrieb eines Gewerbes der Anlage A oder eines Gewerbes der Anlage B beschäftigt sind". In § 4 Abs. 2 der Satzung wird die Zuordnung konkretisiert. Danach „sollen" die gewählten Mitglieder der Vollversammlung den nachfolgend beispielhaft aufgeführten Gewerbegruppen angehören: Aus der Gruppe des Bau- und Ausbaugewerbe müssen sieben Mitglieder der Vollversammlung selbständige Gewerbetreibende sein und drei Gesellen und andere Arbeitnehmer mit abgeschlossener Berufsausbildung. Aus der Gruppe des Elektro- und Metallgewerbes müssen vierzehn Mitglieder der Vollversammlung selbständige Gewerbetreibende sein und sieben Gesellen und andere Arbeitnehmer mit abgeschlossener Berufsausbildung.

12   Bei der Zuordnung sind nach dem Wortlaut des § 4 Abs. 2 „(…) die **wirtschaftliche Besonderheit** des Kammerbezirks und die **wirtschaftliche Bedeutung** der einzelnen Gewerbe zu berücksichtigen (…)" (Herv. v. Verf.). So ergibt es sich in der Handwerkskammer für München und Oberbayern, dass aus der Gruppe der Bekleidungs-, Textil- und Ledergewerbes nur ein selbständiger Gewerbetreibender Mitglied der Vollversammlung sein soll, aber von Seiten der Gesellen und andere Arbeitnehmer mit abgeschlossener Berufsausbildung keiner Mitglied der Vollversammlung sein soll. Mit dieser Aufteilung wurde der spezifischen Struktur des Handwerkskammerbezirks Rechnung getragen.

13   Nach § 93 Abs. 2 HwO ist eine **zusätzliche regionale Aufteilung** der Vollversammlungssitze in der Handwerkskammersatzung, mangels ausdr. abschließender Formulierung dieser Regelung und zur Stärkung des Legitimations- und Repräsentationsgedankens, zulässig **(Regionalprinzip)** (VGH Mannheim GewArch 2001, 422 (425)). Die Satzung kann darü-

ber hinaus auch die Zahl der Mitglieder auf die Stadt- und Landkreise aufteilen (BVerwG NVwZ-RR 2003, 110 (111); Honig/Knörr § 93 Rn. 5). **Unzulässig** ist es aber, eine derartige **regionale Komponente** als „**selbständiges Verteilungskriterium**" zu bestimmen (BVerwG NVwZ-RR 2003, 110 (111)). § 93 Abs. 2 HwO gestattet nur die Aufteilung auf Kreise und kreisfreie Städte als „**verfeinerndes Kriterium** zur Umsetzung der gesetzlich angeordneten Berücksichtigung der wirtschaftlichen Besonderheiten des Kammerbezirks zu verwenden" (Herv. v. Verf.) (BVerwG NVwZ-RR 2003, 110 (111); vgl. Frentzel/Jäkel/Junge/Rickert IHKG § 5 Rn. 54).

Vierter Abschnitt. Abstimmungsvorstand

§ 5 [aufgehoben]

§ 6 [aufgehoben]

Fünfter Abschnitt. Wahlvorschläge

§ 7 [Aufforderung zur Einreichung von Wahlvorschlägen]

Der Wahlleiter hat spätestens drei Monate vor dem Wahltag in den für die Bekanntmachungen der Handwerkskammer bestimmten Organen zur Einreichung von Wahlvorschlägen aufzufordern und dabei die Erfordernisse dieser Wahlvorschläge (§§ 8 bis 10) bekanntzugeben.

Literatur: BT-Drs 17/6844; Detterbeck, St., Handwerksordnung; Erman, W., Bürgerliches Gesetzbuch; Emde, E. Th., Die demokratische Legitimation der funktionalen Selbstverwaltung; Hesse, K., Grundzüge des Verfassungsrechts der Bundesrepublik Deutschland; Honig, G./Knörr, M., Handwerksordnung; Janal, R., Die Errichtung und der Zugang einer Erklärung in Textform gem. § 126b BGB, MDR 2006, 368; Jauernig, O., Bürgerliches Gesetzbuch; Leisner, W. G., Die körperschaftliche Rechtsform bei Innungen, Kreishandwerkerschaften und Landesinnungsverbänden: Öffentlich-rechtlicher oder privatrechtlicher Status?, LFI 2011; ders., Öffentlich-rechtliche oder privatrechtliche Körperschaftsrechtsform für Innungen, Kreishandwerkerschaften und Innungsverbände, GewArch 2011, 470; ders., Ist eine Änderung des § 5 HwO dahingehend anzustreben, dass auch Meisterbetriebe der B 1-Handwerke in seinen Anwendungsbereich fallen? LFI 2011; v. Mangoldt/Klein/ Starck, Grundgesetz; Palandt, O., Bürgerliches Gesetzbuch; Schenke, W. R., Die Verfassungsorgantreue; Schmidt, Überlegungen zum Begriff der „handwerksähnlichen" Berufe, GewArch 1962, 25; Schreiber, W., Bundeswahlgesetz; Sommermann, K.-P., Staatsziele und Staatszielbestimmungen; Thomas, H./Putzo, H., Zivilprozessordnung; Ultsch, M. L., Zugangsprobleme bei elektronischen Willenserklärungen, NJW 1997, 3007

Rechtsprechung: BAGE 50, 179; BGHZ 2, 287; 20, 109; 67, 271; 71, 243; 88, 245; 91, 331; BGH NJW 1957, 988; 1975, 382; 1988, 2599; 1991, 2726; 1995, 191; 1995, 665; 2000, 2499; 2004, 1320; 2005, 1869; 2008, 843; 2008, 2443; BGH NJW-RR 1995, 859; BVerfGE 2, 266; 7, 198; 9, 268; 10, 89; 13, 97; 15, 235; 32, 54; 33, 1; 34, 165; 35, 263; 36, 139; 38, 281; 46, 120; 46, 196; 47, 198; 48, 271; 50, 270; 50, 290; 52, 283; 53, 1; 70, 138; 80, 244; 85, 360; 93, 266; 95, 1; 98, 145; 100, 214; 118, 212; 119, 247; 124, 25; BVerfG NJW 1963, 195; NVwZ 2002, 335; BVerwGE 42, 210; 107, 169; 108, 169; BVerwG GewArch 1994, 248; 2002, 332; 2003, 40; EGMR NZA 2012, 199; EGMR v. 23.09.2010, BeckRS 2010, 24774 = EuGRZ 2010, 571; OLG Celle WM 1993, 591; OLG Hamm NJW-RR 1995, 286; OLG Hamm GewArch 1979, 94; OLG Oldenburg NJW 2004, 168; OVG Hamburg GewArch 1993, 74; 1993, 741; OVG Münster GewArch 1974, 387; OVG Koblenz GewArch 1992, 146; VGH Mannheim GewArch 2001, 422; 2008, 249.

Übersicht

	Rn.		Rn.
A. Vorbemerkung zum Fünften Abschnitt	1	II. Möglichkeit der Listenergänzung	8
		III. Zulässigkeit teilidentischer Listen	10
I. Zulässigkeit von Einzel- und Teilwahlvorschlägen	3	IV. Verfassungsmäßigkeit der Gruppenbildung innerhalb der Wahlvorschläge	11

	Rn.		Rn.
1. Die geltende gesetzliche Regelung; Fragestellung	12	VIII. Die Lehrlingsausbildungsbefugnis nach § 97 HwO	87
2. Die Wahlvorschlagsregelung als pflichtverbandliche Gestaltung	15	IX. Zulassung kritischer Listen: „Liste gegen HwK-Pflichtmitgliedschaft"	89
3. Die Verein(igung)sfreiheit als grundrechtlicher Maßstab – verfassungsrechtliche Klärung	16	1. Die Fallkonstellation	90
		2. Das geltende Gesetz	93
		3. Verfassungskonforme Auslegung der Wählbarkeitsvorschriften	97
4. Zulässigkeit der Pflichtverbandlichkeits-Regelungsformen nach Notwendigkeit derselben zur Aufgabenerfüllung	21	4. Pro Zulässigkeit „kritischer Listen": Meinungsfreiheit	100
5. Rechtfertigung der Gruppenkandidaturen durch Vertretung des gesamten Handwerks	22	5. Contra Zulassung kritischer Listen: Organtreue	104
6. Demokratiedefizit der Gruppenspezifik?	30	6. Contra Zulassung: Tendenzschutz	109
V. Anfechtung und Widerruf der Zustimmungserklärung zur Kandidatur	35	X. Veröffentlichung der Wohnanschrift iRd öffentlichen Bekanntmachung	113
VI. Differenzierung „handwerksähnliches Gewerbe" – „Handwerk"	71	XI. Rechtsmittel gegen die Zulassung von Wahlvorschlägen	116
1. Das geltende Recht: Begriff und Bedeutung des „handwerksähnlichen Gewerbes"	72	XII. Änderung eines festgesetzten Wahlvorschlags	117
2. Rechtliche Abgrenzung des Begriffs der handwerksähnlichen Gewerbe nach der Verkehrsauffassung	79	XIII. Änderung oder Abkürzung von Listen-Namensvorschlägen	118
3. Ansätze für Abgrenzungskriterien	81	**B. Aufforderung zur Einreichung von Wahlvorschlägen**	120
VII. Die Frist des § 97 HwO als Wählbarkeitsvoraussetzung	86	I. Die Aufforderung des Wahlleiters	120
		II. Die Bekanntmachung der Aufforderung	122
		III. Der Zeitpunkt der Aufforderung	127

A. Vorbemerkung zum Fünften Abschnitt

1 Die §§ 7–11 bilden für die Wahl zur Vollversammlung den fünften Abschnitt der Anlage C. Dieser enthält Regelungen zu den **Wahlvorschlägen**. Maßgeblich geht es in diesen Vorschriften um die **Einreichung** von Wahlvorschlägen (§ 7), um die **formellen** und **materiellen Erfordernisse** der Wahlvorschläge (§§ 8–10), sowie um die **Zulassung** von Wahlvorschlägen und deren **Fehlerfolgen** (§ 11).

2 Zu den **formellen Erfordernissen der Wahlvorschläge**, welche in § geregelt sind, ergeben sich einige Einzelfragen, welche hier vorab isoliert behandelt werden:

I. Zulässigkeit von Einzel- und Teilwahlvorschlägen

3 Häufig tritt die Frage auf, ob Einzel- oder Teilwahlvorschläge zulässig sind oder nur ein Gesamtwahlvorschlag. Dies lässt sich wie folgt beantworten:

4 § 8 Abs. 1 bestimmt, dass ein Wahlvorschlag die Namen von so vielen Bewerbern enthalten muss, als Mitglieder und Stellvertreter in dem Wahlbezirk zu wählen sind. Dies ergibt einen sog. **Gesamtwahlvorschlag**. Unter einem **Einzelwahlvorschlag** versteht man eine Liste, die nur eine Person benennt. Ein **Teilwahlvorschlag** enthält zwar mehrere Bewerber, jedoch gerade nicht so viele, als Mitglieder und Stellvertreter in dem Wahlbezirk zu wählen sind.

5 **Einzel- und Teilwahlvorschläge** erfüllen zwar die Voraussetzungen des § 8 Abs. 1 Anlage C nicht, es ist jedoch möglich, zumindest **mehrere Teilwahlvorschläge** zu einem Gesamtwahlvorschlag zusammenzufügen (VGH Mannheim GewArch 2001, 422 (427)). Diesbezüglich hat sich das BVerwG im Urteil vom 26.6.2002 (BeckRS 2002, 23998) nicht ausdr. geäußert. Zwar schweigt sich die Regelung vorliegend darüber aus, ob es überhaupt einen Teilwahlvorschlag geben darf und ob mehrere Teilwahlvorschläge einen gültigen Gesamtwahlvorschlag ergeben können. Solange der Gesetzgeber sich nicht für oder gegen eine solche Konstellation ausspricht, besteht insoweit eine Regelungslücke, die erforderlichenfalls geschlossen werden muss. Immerhin gehen die Rspr. (VG Freiburg BeckRS 1995, 31341997) sowie die Lit. (etwa Honig/Knörr § 95 Rn. 4) von der Statthaftigkeit der Bildung eines Gesamtwahlvorschlags auf diesem Wege aus. Anzumerken ist jedoch, dass es iErg eine Beeinträchtigung des passiven Wahlrechts eines Kandidaten darstellen könnte, wenn in der Konsequenz möglicherweise völlig widerstreitende Gruppen auf einer Liste zusammen kandidieren müssten.

Wichtige Voraussetzung ist, dass der so gebildete Gesamtwahlvorschlag seinerseits des **6** erforderlichen Unterschriftenquorums gem. § 8 Abs. 5 bedarf (Honig/Knörr § 95 Rn. 4). Nicht ausreichend ist also, dass lediglich die Teilwahlvorschläge das Unterschriftenquorum erfüllen (Honig/Knörr § 95 Rn. 4). Es muss der neu gebildete Gesamtwahlvorschlag selbst von ausreichend vielen Unterschriften gestützt werden. Insoweit ist der Wortlaut des § 8 Abs. 5 eindeutig, da er von „Wahlvorschlag" und nicht von „Teilwahlvorschlägen" spricht (vgl. auch VG Freiburg GewArch 1995, 248 (249)).

Neuerdings wird in die Debatte der Zulässigkeit von Teilwahlvorschlägen der Gedanke **7** der Zulassung einer Verhältnismäßigkeitswahl in diesem Zusammenhang erörtert; im Schrifttum wird dies gegenwärtig nicht weiter vertieft.

II. Möglichkeit der Listenergänzung

Zur Frage, ob eine **Listenergänzung möglich ist**, ist festzuhalten, dass nach § 8 Abs. 1 **8** und 3 grds. das **Erfordernis kompletter Wahlvorschlagslisten** besteht.

Im Wege einer verfassungskonformen Auslegung lassen die §§ 10 und 11 eine Komplettie- **9** rung nicht vollständiger Wahlvorschlagslisten durch ergänzenden Verweis auf andere, komplette Wahlvorschlagslisten zu (VGH BW GewArch 2001, 422 (423); Honig/Knörr § 95 Rn. 6). Eine nur unvollständige Wahlvorschlagsliste darf somit durch ergänzenden Verweis auf die Kandidaten anderer Wahlvorschlagslisten vervollständigt werden (VGH Mannheim GewArch 2001, 422 (427); wobei anzumerken gilt, dass das BVerwG als Revisionsinstanz im Urteil vom 26.6.2002 (BeckRS 2002, 23998) diese Frage wegen fehlender Entscheidungserheblichkeit offen lässt. Immerhin stellt dies im Ergebnis eine Beeinträchtigung des passiven Wahlrechts eines Kandidaten dar, wenn in der Konsequenz möglicherweise völlig widerstreitende Gruppen auf einer Liste dann kandidieren müssten.).

III. Zulässigkeit teilidentischer Listen

Teilidentische Wahllisten sind iÜ grds. zulässig. Vgl. dazu auch II. zur Listenergän- **10** zung Dabei bleibt zu beachten, dass nur eine Liste und damit auch jeder Bewerber nur einmal gewählt werden kann.

IV. Verfassungsmäßigkeit der Gruppenbildung innerhalb der Wahlvorschläge

Eine weitere Frage besteht dahingehend, ob es der Vereinigungsfreiheit Art. 9 Abs. 1, 3 **11** GG, Art. 2 Abs. 1 GG widerspricht, wenn Wahlvorschläge die Verteilung der Bewerber verschiedener Gruppen (zB der unterschiedlichen Gewerbe) widerspiegeln müssen (§ 8). Dies lässt sich wie folgt beantworten:

1. Die geltende gesetzliche Regelung; Fragestellung

a) Das Gesetz bestimmt – notwendig – wie sich die Vollversammlung zusammensetzt. **12** Global-quantitativ erfolgt dies durch Festlegung der Mitgliederzahl innerhalb derselben, in Aufteilung in qualitativ-handwerksspezifisch bestimmte Gruppen (§ 93 Abs. 2 S. 1 HwO). Während die **Bestimmung der Zahl unabdingbar** ist, bleibt die **Gruppenbildung**, nach **Ob** und **Wie**, den **Handwerkskammern in Satzungsautonomie überlassen** (§ 4). Soll sie erfolgen, so ist sie nach dem Wortlaut des § 93 Abs. 2 S. 1 HwO in „Aufteilung auf die einzelnen in den Anlagen A und B" zur HwO „aufgeführten Gewerbe zu bestimmen". Die Muss-Form dieser Bestimmung bezieht sich dabei allerdings nur auf die obligatorische Regelungsform gerade in einer Kammersatzung.

b) Dieser Gruppenbildung muss durch **Anforderungen an die Wahlvorschläge** Rech- **13** nung getragen werden (vgl. § 8): Bewerber für die einzelnen gebildeten Gruppen sind jeweils zu bestimmen. Würde damit nicht der Gruppenspezifik entsprochen (Kandidaten jeweils aus der – Nähe zu – jeweiligen Gruppe), so fragte sich, ob damit nicht eine offensichtlich sachwidrige Zusammensetzung der Vollversammlung die Folge wäre. Insbes. träte dann das Problem auf, ob die (Interessen der) jeweiligen Gewerbe sachnah vertreten werden könnten. **Wahlvorschläge nach Gruppenzugehörigkeit** sind daher **systemnotwendig**.

c) Hier stellt sich jedoch eine **Verfassungsfrage**, hinsichtlich der **Gruppenbildung**, **14** wie der ihr entsprechenden Kandidatenaufstellung: Ist es mit dem Grundgesetz vereinbar, dass **innerhalb** der **Vollversammlung nach Gruppen** organisiert, damit insbes. **gewählt** wird? Die Überprüfung hat dabei am Maßstab der **Grundrechte** zu erfolgen, sich aber zugleich auf das **Demokratieprinzip** (Art. 20 Abs. 1 GG) zu beziehen.

2. Die Wahlvorschlagsregelung als pflichtverbandliche Gestaltung

15   Diese geltende gesetzliche Regelung ist einzuordnen in die **pflichtmitgliedschaftliche Gestaltung**, welche die Ordnung der Handwerkskammer bestimmt (§ 90 Abs. 2 ff. HwO). Durch sie wird allen Handwerkern eines Kammerbezirks die Verpflichtung auferlegt, einer Kammer anzugehören und sich in Formen der Selbstverwaltung in dieser zu organisieren. Zu dieser Organisation gehören insbes. die Kammerwahlen, daher auch die Regelung der notwendig ihnen vorhergehenden Bestimmung der Kandidaten. Dass diese in der vorstehend unter 1. dargestellten Form erfolgen muss, ist also ein **gesetzlicher Eingriff** in die **Verein(igung)sfreiheit der Handwerker**. Es bleibt ihnen zwar die Möglichkeit, sich in anderen – privaten – verbandlichen Rechtsformen zusammenzuschließen (dazu näher W. G. Leisner, Die körperschaftliche Rechtsform bei Innungen, Kreishandwerkerschaften und Landesinnungsverbänden: Öffentlich-rechtlicher oder privatrechtlicher Status?, S. 291 ff. mwN.; Leisner GewArch 2011, 470); die wichtigsten Formen und Gegenstände ihrer möglichen Zusammenschlüsse, daher ihrer Verein(igung)sfreiheit, sind jedoch gesetzlich dem Wahrnehmungsmonopol der Pflichtkörperschaft Handwerkskammer als deren Aufgaben zugeordnet. Muss diese nun wahlmäßig **in solcher Gruppenform organisiert** sein, so stellt auch diese Regelung als solche einen **Eingriff** in den Schutzbereich der **Verein(igung)sfreiheit** dar. Nach den für diese geltenden Maßstäben ist dieser Eingriff zu beurteilen. Er ist dabei auch, im Hinblick auf seine mögliche verfassungsrechtliche Rechtfertigung, darauf zu prüfen, ob er mit der Staatsgrundsatznorm der **Demokratie** (Art. 20 Abs. 1 GG) im Einklang steht (→ 6).

3. Die Verein(igung)sfreiheit als grundrechtlicher Maßstab – verfassungsrechtliche Klärung

16   a) Die Wahlregelung zur Vollversammlung betrifft an sich die **grundrechtliche Vereinsfreiheit** (Art. 9 Abs. 1 GG), gleichzeitig aber auch, in ihrer Geltung für „Gesellen oder andere Arbeitnehmer" (§ 93 Abs. 1 HwO) die **Vereinigungsfreiheit** (Koalitionsfreiheit) (Art. 9 Abs. 3 GG). Inwieweit der eine oder der andere verfassungsrechtliche Regelungsgegenstand nach Art. 9 GG eingreift, kann hier jedoch offenbleiben. Denn Art. 9 GG schützt generell nur **freigebildete** privatrechtliche Vereinigungen (BVerfGE 85, 360 (370)), er gilt **nicht** für und gegenüber **Pflicht-Zusammenschlüssen** wie den Handwerkskammern (BVerfGE 10, 89 (102); 38, 281 (297); BVerfG NVwZ 2002, 335 (336); stRspr). **Grundrechtsmaßstab** ist für Regelungen, welche die Verein(igung)sfreiheit hier einschränken vielmehr ausschließlich **Art. 2 Abs. 1 GG** (BVerfGE 10, 89 (102); 38, 281 (297); BVerfG NVwZ 2002, 335 (336); sowie etwa noch für HwK BVerfGE 32, 54 (64); für IHK BVerfGE 15, 235 (239)). Das BVerwG ist dieser Rspr. gefolgt (BVerwGE 42, 210 f.; 107, 169 (170 f.); 108, 169 ff.).

17   Dieser Ausschluss des Maßstabes des Art. 9 GG für Pflichtkörperschaften ist zwar kritisiert worden (näher dazu v. Mangoldt/Klein/Starck/Starck Art. 9 Rn. 134 mwN). Er ist jedoch vom BVerfG (BVerfG NVwZ 2002, 335 (336)) wie vom BverwG (BVerwG NVwZ 2005, 340) auch neuerdings aufrechterhalten worden. Daher ist von **Art. 2 Abs. 1 GG als Maßstab der grundrechtlichen Prüfung auszugehen**.

18   b) Als **Maßstab** käme jedoch auch **Art. 12 Abs. 1 GG (Berufs-/ Gewerbefreiheit)** in Frage, jedenfalls dort, wo die Pflichtverbandlichkeit wirtschaftliche Freiheit einschränkt (vgl. Mangoldt/Klein/Starck/Kemper GG Art. 9 Rn. 47, unter Hinweis auf die Überprüfung der organisationsrechtlichen Bestimmungen des Mitbestimmungsgesetzes in BVerfGE 50, 290 (364 ff.)); dies trifft auch im Falle der Handwerksordnung zu. Dann könnte sogar angenommen werden, die Wahlregelungen zur Handwerkskammer beträfen gar nicht primär den (engen) Schutzbereich der Verein(igung)sfreiheit, das „Sich-frei-Zusammenschließen", sondern eine organisationsrechtliche Ausgestaltung des „Pflichtverbands Handwerkskammer", die nicht notwendig gerade mit der Verbandspflicht zusammenhänge (wovon vorstehend → Rn. 15 ausgegangen wurde). Dann wäre alleiniger Verfassungsmaßstab Art. 12 Abs. 1 GG,

da ihm gegenüber Art. 2 Abs. 1 GG nur subsidiär gilt (BVerfGE stRspr, vgl. etwa BVerfGE 46, 120 (137 ff.); 53, 1 (20 ff.)).

c) Dennoch ist hier von **Art. 2 Abs. 1 GG als Maßstab** auszugehen. Die Verfassungsrechtsprechung hat zu Art. 9 Abs. 1 GG ausgesprochen (BVerfGE 80, 244 (253); 50, 290 (354); 124, 25 (34)), dass die Verein(igung)sfreiheit als solche „die Selbstbestimmung über die eigene Organisation (und) das Verfahren ihrer Willensbildung" schützt. Gleiches wurde auch für die Koalitionsfreiheit festgestellt (BVerfGE 50, 270 (273); 100, 214 (221)) und ausdr. als Ausdruck der Satzungsautonomie bezeichnet (BAGE 50, 179 (196)); dieser aber ist die hier zu prüfende Wahlregelung ausdrücklich zugeordnet (§ 93 HwO). Sie kann auch durchaus als **Normierung der Organisation der Handwerkskammer und deren Willensbildung** verstanden werden. **19**

IErg ist also von dem Verfassungsmaßstab des Art. 2 Abs. 1 GG auszugehen. **20**

4. Zulässigkeit der Pflichtverbandlichkeits-Regelungsformen nach Notwendigkeit derselben zur Aufgabenerfüllung

Die Regelung der Pflichtverbandlichkeit, hier also (auch) des besonderen Wahlmodus zur Handwerkskammer, steht **nicht im freien Belieben der staatlichen Selbstverwaltungs-Organisationsgewalt,** wie sie hier nach der Handwerksordnung ausgeübt wird. Sie muss sich vielmehr aus den der jeweiligen Organisation übertragenen **Aufgaben rechtfertigen** lassen. Nur in diesem Rahmen haben sich Bundesverfassungs- wie Bundesverwaltungsgericht für die (grundsätzliche) **Zulässigkeit von Pflichtmitgliedschaften** ausgesprochen (BVerfGE 10, 89 (102); 38, 281 (297); BVerfG NVwZ 2002, 335 (336); stRspr; für HwK BVerfGE 32, 54 (64); für IHK BVerfGE 15, 235 (239); BVerwGE 42, 210; 107, 169 (170 f.); 108, 169; v. Mangoldt/Klein/Starck/Starck Art. 9 Rn. 134 mwN; vgl. BVerwG NVwZ 2005, 340). Ausdr. wurde immer wieder betont, eine ständige Überprüfung sei dahin nötig, ob sich nicht die **Umstände wesentlich geändert** hätten, welche die Übertragung der betreffenden Selbstverwaltungsaufgabe gerechtfertigt hätten (so etwa deutlich BVerfG NVwZ 2002, 335, 336). Es sind eben diese „Umstände", welche die Aufgaben legitimieren, die von den Selbstverwaltungsorganisationen, hier des Handwerks, zu erfüllen sind. Das Bundesverfassungsgericht hat dies schon früh betont (s. etwa BVerfG NJW 1963, 195) und in seiner Rspr. bis in neueste Zeit stets daran festgehalten (zB BVerfG NVwZ 2002, 335 (336)): Die Aufgabenerfüllung legitimiert, soweit sie nach rechtsstaatlichen Kriterien geeignet, erforderlich und zumutbar ist, insoweit den Grundrechtseingriff in die Verein(igung)sfreiheit des Art. 2 Abs. 1 GG. **21**

5. Rechtfertigung der Gruppenkandidaturen durch Vertretung des gesamten Handwerks

a) Bezogen auf den Fall der Handwerkskammern bedeuten diese grundrechtsdogmatischen Feststellungen nach vorstehend 4.: Die Selbstverwaltung im Handwerk legitimiert sich im Falle der Handwerkskammern aus der Übertragung von zwei Aufgaben(komplexen): **22**

- **Wahrnehmung der Interessen des „Handwerks" – des gesamten Handwerks, als solches betrachtet,** und
- **Erfüllung von Verwaltungsaufgaben im Gesamtbereich des Handwerks** (s. BVerfG NJW 1963, 195; NVwZ 2002, 335 (336); näher dazu für die Innungen Leisner, W. G., Die körperschaftliche Rechtsform bei Innungen, Kreishandwerkerschaften und Landesinnungsverbänden: Öffentlich-rechtlicher oder privatrechtlicher Status?, S. 35 ff., 40 ff.).

Die hier zu prüfenden **Gruppenkandidaturen** müssen sich also **aus diesen Aufgabenstellungen,** schwerpunktmäßig aus der Interessenwahrnehmung des „Handwerks", deutlich nachvollziehbar, **rechtfertigen lassen**: Als organisationsrechtliche Gestaltung (iSv → Rn. 19) müssen gerade sie **zur Aufgabenerfüllung erforderlich** sein. **23**

b) **Diese Problematik ist, soweit ersichtlich, bisher noch nicht vertiefend behandelt worden.** In den Regelungen, welche die Kammersatzung, über die Festlegung der Mitgliederzahl der Vollversammlung hinaus, treffen darf, liegen bisher nur Äußerungen zu den regionalen Kriterien und solchen zu „Alleinmeistern" vor (vgl. BVerwG GewArch 2002, 332; 2003, 40). In einer **eingehenden Behandlung des Wahlrechts** aus früherer Zeit wird **24** gerade die **Gruppenbildung** bei der Kandidatenaufstellung **nicht näher behandelt** (Emde, Die demokratische Legitimation der funktionalen Selbstverwaltung, 1991, 437 ff.).

25 c) Die Erfüllung der Aufgabe einer **„Wahrnehmung der Interessen des Handwerks"** **rechtfertigt** die Möglichkeit – geht man von der Zulässigkeit der Gruppenbildung aus (→ Rn. 12) – **auch einer Kandidatenaufstellung nach diesen Gruppen**. Gerade die Gruppenbildung dient der Erfassung der **Einzelbelange** aus den Gruppen, und deren **Integration**; werden sie nicht ermittelt, erfasst, in ihren Gemeinsamkeiten – und Spannungen – festgestellt, so bleibt als „Interessen des Handwerks" nur eine inhaltsleere, „abgehobene" Begrifflichkeit.

26 Wenn aber der Aufbau von „Interessen des Handwerks" als solchen, sich aus gemeinsamen Elementen der Gruppenbelange ergibt, so erfolgt die Ermittlung und Vertretung dieser Gruppeninteressen durch entsprechend „gruppenzugehörige" Vertreter in den Vollversammlungen. Andernfalls würden (uU entscheidende) Interessenbereiche in diese „Vertretung" der Gesamtbelange entweder überhaupt nicht einfließen oder von sachfernen Vertretern, d. h. nur ungenügend, wahrgenommen werden (können).

27 **Gruppeneinteilung** wie dementsprechende Kandidatenaufstellung sind also für eine sachgerechte Aufgabenerfüllung durch die Handwerkskammer als plausibel anzusehen. Sie **legitimieren** nicht nur damit **verbundene Grundrechtseinschränkungen** (→ Rn. 15), sie legitimieren die **handwerkliche Selbstverwaltung** als solche, als deren notwendige organisatorische Ausprägung.

28 d) Gleiches gilt auch für die **Übertragung von Verwaltungsaufgaben** auf die Handwerkskammern: Sie rechtfertigen sich ebenfalls gerade aus der organisatorisch sicherzustellenden flächendeckenden Interessennähe des entscheidenden Selbstverwaltungsorgans – eben der Vollversammlung. Dies folgt schon aus dem wesentlichen Zusammenhang dieser Aufgabenlegitimation mit der „Interessenwahrnehmung des Handwerks" (s. Leisner, W. G., Die körperschaftliche Rechtsform bei Innungen, Kreishandwerkerschaften und Landesinnungsverbänden: Öffentlich-rechtlicher oder privatrechtlicher Status?, S. 40 ff.; Leisner GewArch 2011, 470).

29 Insgesamt sollte jedoch im Ergebnis darauf geachtet werden, dass trotz der Statthaftigkeit einer derartigen Gruppenkandidatur im Ergebnis eine erkennbare repräsentative Struktur der Handwerke der Anlage A, B1 und B2 in der Vollversammlung zu Tage tritt.

6. Demokratiedefizit der Gruppenspezifik?

30 a) Besonders zu prüfen ist jedoch weiter die Frage, ob das **Gruppenprinzip** mit der Folge entsprechender Kandidatenaufstellung nicht **dem Demokratieprinzip** des Grundgesetzes **widerspricht**. Dieses stellte eine Staatsgrundsatznorm dar, welche in Art. 20 Abs. 1 GG verankert ist (näher dazu v. Mangoldt/Klein/Starck/Sommermann Art. 20 Rn. 88 ff., auf der Grundlage von ders., „Staatsziele und Staatszielbestimmungen"), ja sogar einen änderungsfesten Kern aufweist (Art. 79 Abs. 3 GG) (v. Mangoldt/Klein/Starck/Sommermann Art. 20 Rn. 81 ff.). Ausprägung findet dies in den Wahlrechtsgrundsätzen des Art. 38 Abs. 1 S. 1 GG. Das – beherrschende – Prinzip der **Allgemeinheit der Wahl verbietet** nicht nur grds. gesetzgeberische **Beschränkungen des aktiven, sondern auch des passiven Wahlrechts**. Dies ist in Entscheidungen etwa zum Ausschlussgrund der geistigen Mängel (BVerfGE 36, 139 (141 f.)), zu Inkompatibilitätsregelungen für Angehörige des Öffentlichen Dienstes (BVerfGE 98, 145 (158)) oder zur Unzulässigkeit der Beschränkung der Wählbarkeit durch Beschränkung des Wahlvorschlagsrechts auf politische Parteien (s. etwa BVerfGE 46, 196 (199); 48, 271 (278)) bekräftigt worden.

31 Eine solche Einschränkung der Wählbarkeit regelt die §§ 4, 8; denn kandidieren können hier nur Gruppenzugehörige, also liegt eine Beschränkung der Wählbarkeit durch die Handwerksordnung vor.

32 b) Eine **Verfassungswidrigkeit** stellt dies allerdings **nur** dar, **wenn das Demokratieprinzip**, auch in seiner Ausprägung in Art. 38 Abs. 1 S. 1 GG, **für diese Form funktionaler Selbstverwaltung gilt**. Vertreten wurde diese Auffassung grds. in einer eingehenden Untersuchung (Emde, Die demokratische Legitimation der funktionalen Selbstverwaltung, 1991, 49 ff.). Im Schrifttum wird jedoch von einer eindeutig herrschenden Lehre, die These von einem „Demokratisierungszwang privater Verbände" abgelehnt (s. Nachweise bei v. Man-

goldt/Klein/Starck/Kemper Art. 9 Rn. 56). Für Pflichtverbände konnte allerdings eine Verfassungsbindung an das Demokratieverbot daraus abgeleitet werden, dass hier (mittelbare) Staatsgewalt ausgeübt werde, und daher deren Organisation den Grundsätzen über die Allgemeinheit der Wahl schon deshalb unterworfen sei, weil „alle (Staats-)Gewalt vom Volk ausgehe" (vgl. zu **dieser grundsätzlichen Bindung** aller funktionaler Selbstverwaltung Emde, Die demokratische Legitimation der funktionalen Selbstverwaltung, 1991, 208 ff.). Selbst wenn man dies aber ebenso grds. zugesteht, wie im vorliegenden Fall der Handwerkskammer ja auch ein Grundrechtseingriff vorliegt (→ Rn. 15 ff.), so wird ein Demokratiedefizit eben auch insoweit in gleicher Weise **verfassungsrechtlich gerechtfertigt durch die Legitimation des Eingriffs in den Grundrechtsschutz**, wie dies vorstehend unter 5. dargelegt wurde: Die **Aufgabenstellung der handwerklichen Selbstverwaltung** für die Handwerksorganisationen, die als solche verfassungsrechtlich zulässig ist (BVerfGE 15, 235 (241 ff.)), verlangt eben zwingend – nach satzungsmäßiger Einschätzung durch die Handwerkskammer – die Gruppenbildung, damit aber auch entsprechende Kandidatenaufstellung.

Als Ergebnis lässt sich festhalten: Die in der Gestaltungsfreiheit der Handwerkskammer liegende Gruppenbildung im Wahlverfahren zur Vollversammlung (§ 4 iVm § 93 Abs. 2 HwO) verlangt entsprechend gruppenspezifische Kandidatenaufstellung (§ 8). Verfassungsrechtlich ist der damit verbundene Eingriff in die Verein(igung)sfreiheit der Kammermitglieder (Art. 2 Abs. 1 GG) durch die Aufgabenstellung der handwerklichen Selbstverwaltung in der Handwerkskammer nicht nur gerechtfertigt, sondern geboten. Dies legitimiert diese Gestaltung auch gegenüber dem Demokratieprinzip. 33

Weitere Fragen ergeben sich im Zusammenhang mit dem **passiven Wahlrecht**: 34

V. Anfechtung und Widerruf der Zustimmungserklärung zur Kandidatur

Problematisch ist, ob die Zustimmungserklärung zu einer Kandidatur widerrufen oder angefochten werden kann. 35

Die Anlage C zur HwO enthält keine Regelung über die Möglichkeiten die Zustimmung zur Aufnahme in den Wahlvorschlag aufzuheben. Auch ist nicht klargestellt, ob es sich bei den Begriffen „Anfechtung" und „Widerruf" um sog. öffentlich-rechtliche Gestaltungsakte (also quasi iS eines actus contrarius) handelt, oder ob diese nicht ihren Begriffen nach im Zivilrecht verortet sind. Während im ersteren Falle eine Rücknahme im öffentlich-rechtlichen Sinne ggf. gänzlich ausgeschlossen wäre (vgl. etwa § 14 Abs. 3 LPVGWO) ergibt sich bei der zivilrechtlichen Betrachtung folgendes: 36

Nach den allgemeinen Grundsätzen ist die Zustimmung eine **einseitige empfangsbedürftige Willenserklärung** (Palandt/Ellenberger BGB Vor § 182 Rn. 3). Die Normen über die Rechtsgeschäfte sind anzuwenden (Palandt/Ellenberger BGB Vor § 182 Rn. 3). Dazu gehören ua die Vorschriften über die Willensmängel nach §§ 116 ff. BGB und über den Zugang nach §§ 130 ff. BGB (Palandt/Ellenberger BGB Vor § 182 Rn. 3). 37

Damit kann die Zustimmung des Bewerbers zur Aufnahme in die Wahlliste unter Beachtung der gesetzlich vorgeschriebenen Voraussetzungen grds. angefochten oder widerrufen werden. 38

1) Der Bewerber kann seine Zustimmung zu seiner Aufnahme in die Wahlvorschlagsliste **anfechten**. Aufgrund der Rückwirkung (ex tunc-Wirkung) der Anfechtung nach § 142 Abs. 1 BGB wird die Zustimmung so behandelt, als habe sie von Beginn an nicht existiert (Palandt/Ellenberger BGB § 142 Rn. 2). Die Anfechtung unterliegt strengen Voraussetzungen. Das Anfechtungsrecht wird wirksam ausgeübt, wenn der Berechtigte einen **Anfechtungsgrund** hat und die Anfechtungserklärung innerhalb der **Anfechtungsfrist** gegenüber dem Anfechtungsgegner abgegeben wird. 39

a) **Anfechtungsberechtigt** ist der Bewerber hinsichtlich der von ihm abgegebenen Willenserklärung (Erman/Arnold BGB § 143 Rn. 6). Ein Dritter kann die Willenserklärung des Bewerbers nicht anfechten (Jauernig/Jauernig BGB § 143 Rn. 1; Palandt/Ellenberger BGB § 143 Rn. 4). 40

b) Die **Anfechtungserklärung** § 143 BGB ist eine einseitige empfangsbedürftige Willenserklärung (Erman/Arnold BGB § 143 Rn. 1). Sie muss nach § 143 Abs. 3 S. 1 BGB **gegenüber** dem Erklärungsempfänger abgegeben werden (Palandt/Ellenberger BGB § 143 Rn. 6). 41

Adressat der Zustimmungserklärung ist der **Wahlleiter**, so dass auch die Anfechtung ihm gegenüber zu erklären ist.

42 Die Anfechtungserklärung kann **formfrei** ergehen (Jauernig/Jauernig BGB § 143 Rn. 1; Erman/Arnold BGB § 143 Rn. 4). Sie bedarf keiner Schriftform. Sie kann ausdrücklich oder konkludent durch schlüssiges Verhalten erklärt werden (BGHZ 88, 245; 91, 331; Erman/Arnold BGB § 143 Rn. 1). Ausreichend ist allein, dass sich aus dem Willen des Bewerbers im Wege einer Auslegung nach §§ 133, 157 BGB ergibt, dass sein Name nicht mehr auf der Wahlvorschlagsliste stehen soll und er sich nicht mehr zu einem Mitglied der Vollversammlung wählen lassen möchte. Nicht notwendig ist, dass der Bewerber ausdrücklich das Wort „Anfechtung" benutzt (BGHZ 91, 331; BGH NJW-RR 1995, 859; Jauernig/Jauernig BGB § 143 Rn. 2). Bei einer mündlichen Erklärung empfiehlt sich zur Nachweisbarkeit etwa die Abgabe vor Zeugen.

43 c) Ein Anfechtungsrecht besteht nur, wenn ein **Anfechtungsgrund** vorliegt. Die Anfechtungsgründe sind innerhalb des BGB im Allgemeinen Teil abschließend in den §§ 119, 120, 123 BGB geregelt. Nur wenn ein dort aufgeführter Grund vorliegt, kann der Bewerber seine Zustimmung anfechten.

44 aa) Nach § 119 BGB ist eine Anfechtbarkeit der Zustimmung wegen **Irrtums** möglich. Ein Irrtum liegt vor, wenn das objektiv Erklärte und das subjektiv Gewollte des Erklärenden auseinanderfallen (BGHZ 20, 109; BGHZ 71, 243; Palandt/Ellenberger BGB § 119 Rn. 7). Nach dem Wortlaut des § 119 Abs. 1 BGB kann die Erklärung anfechten, „wer bei der **Abgabe einer Willenserklärung** über **deren Inhalt im Irrtum** war **oder** eine **Erklärung** dieses Inhalts **überhaupt nicht abgeben wollte** (…), wenn anzunehmen ist, dass er sie bei Kenntnis der Sachlage und bei verständiger Würdigung des Falles nicht abgegeben haben würde" (Herv. v. Verf.). Zu unterscheiden ist der **Inhaltsirrtum** nach § 119 Abs. 1 Alt. 1 BGB vom **Erklärungsirrtum** nach § 119 Abs. 1 Alt. 2 BGB. Daneben gibt es den Eigenschaftsirrtum nach § 119 Abs. 2 BGB.

45 (1) Beim **Inhaltsirrtum** nach § 119 Abs. 1 Alt. 1 BGB irrt sich der Erklärende über die inhaltliche Tragweite seiner Erklärung (Jauernig/Jauernig BGB § 119 Rn. 7; BGH NJW 2008, 2443). Ein Inhaltsirrtum liegt vor, wenn der Bewerber den Erklärungsinhalt seiner Zustimmung verkennt, da er ihr einen anderen Erklärungswert zukommen lässt (vgl. Palandt/Ellenberger BGB § 119 Rn. 11 ff.), dh, wenn der Bewerber sich zB über die Rechtsfolgen der von ihm erteilten Zustimmung zu seiner Aufnahme in die Wahlvorschlagsliste irrt. Der Bewerber muss sich zum Zeitpunkt der Zustimmungserteilung **über die Konsequenzen seiner Aufnahme in die Wahlvorschlagsliste irren**, dh über die mögliche Wahl der Liste und damit verbunden die mögliche Mitgliedschaft in der Vollversammlung der Handwerkskammer. Ein solcher Anfechtungsgrund wird aufgrund der nach §§ 7, 8 gesetzlich vorgeschriebenen Hinweispflichten des Wahlleiters in der Bekanntmachung zur Aufforderung der Einreichung der Wahlvorschläge, soweit ordnungsgemäß erfolgt, **nur schwer begründet** werden können.

46 (2) Der **Erklärungsirrtum** nach § 119 Abs. 1 Alt. 2 BGB ist ein Irrtum in der äußeren Erklärungshandlung (Erman/Arnold BGB § 119 Rn. 22; Jauernig/Jauernig BGB § 119 Rn. 6). Voraussetzung ist, dass der Bewerber es nicht schafft, die gewollte Erklärung so zu äußern wie es gewollt war, da die Benutzung des Erklärungsmittels fehlschlägt (Erman/Arnold BGB § 119 Rn. 22). Dies sind die Fälle des **Versprechens**, **Verschreibens** oder **Vertippens** (OLG Oldenburg NJW 2004, 168; Jauernig/Jauernig BGB § 119 Rn. 6; Palandt/Ellenberger BGB § 119 Rn. 10). Ein Erklärungsirrtum wird kaum vorkommen, da die einzig mögliche Fallvariante bei der schriftlichen Zustimmungserklärung die des Verschreibens ist. Ein Verschreiben kann aber nicht vorkommen, denn der Bewerber darf seine Unterschrift zur Zustimmungserklärung nicht mit dem PC tippen, sondern es bedarf einer eigenhändigen Unterschrift (→ § 8 Rn. 64 ff.).

47 (3) Ein **Eigenschaftsirrtum** liegt vor, wenn der Erklärende sich „über solche Eigenschaften der Person oder der Sache" irrt, „die im Verkehr als wesentlich angesehen werden", § 119 Abs. 2 BGB. Eigenschaften sind alle wertbildenden Faktoren, die als wesentlich für das konkrete Geschäft zu erachten sind (Palandt/Ellenberger BGB § 119 Rn. 24, 25). Ein solcher Irrtum ist hinsichtlich der Zustimmung des Bewerbers zur Aufnahme in die Wahlvorschlagsliste nicht möglich.

48 (4) **Kein** Anfechtungsgrund ist ein sonstiger **einseitiger Motivirrtum** hinsichtlich Überlegungen, Gründen und Erwartungen des Erklärenden (Jauernig/Jauernig BGB § 119 Rn,

Palandt/Ellenberger BGB § 119 Rn. 45). Ein **Irrtum im Beweggrund des Bewerbers zur Erteilung der Zustimmung ist unbeachtlich**. Daher besteht **kein Anfechtungsrecht**, wenn sich der Bewerber zB über den **Arbeits- und Zeitaufwand** irrt, der mit der Mitgliedschaft in der Vollversammlung verbunden ist.

bb) Besteht ein Anfechtungsgrund aus § 119 BGB bedarf es zusätzlich der **Kausalität** des Irrtums (Erman/Arnold BGB § 119 Rn. 22; Palandt/Ellenberger BGB § 119 Rn. 31). Der **Irrtum** des Bewerbers muss **für die Abgabe der Zustimmung ursächlich** gewesen sein. Kausalität bedeutet, dass aus der Sicht eines objektiven Dritten, der Erklärende bei Kenntnis des objektiven Erklärungswertes seiner Erklärung, diese Erklärung nicht abgegeben hätte (Jauernig/Jauernig BGB § 119 Rn. 18; BGH NJW 1991, 2726; 1995, 191). 49

cc) Kein Anfechtungsrecht kann sich aus **§ 120 BGB** ergeben wegen **falscher Übermittlung der Willenserklärung** des Erklärenden. Denn die Zustimmung zur Aufnahme in die Wahlvorschlagsliste erfolgt persönlich durch den Bewerber infolge der Unterzeichnung der Einverständniserklärung. Eine fehlerhafte Übermittlung durch einen Übermittler kann nicht erfolgen. 50

Ein Anfechtungsgrund besteht, wenn der Erklärende „durch **arglistige Täuschung** oder **widerrechtlich** durch **Drohung**" zur Abgabe seiner Willenserklärung bestimmt wurde, § 123 Abs. 1 BGB (Herv. v. Verf.). 51

(1) **Täuschung** ist das Erregen, Unterhalten oder Bekräftigen eines Irrtums durch positives Tun oder pflichtwidriges Unterlassen (Jauernig/Jauernig BGB § 123 Rn. 3; Palandt/Ellenberger BGB § 123 Rn. 3). Die Täuschung ist **arglistig**, wenn der Täuschende vorsätzlich handelt (BGH NJW 2000, 2499; Jauernig/Jauernig BGB § 123 Rn. 7; Palandt/Ellenberger BGB § 123 Rn. 11). Er muss zumindest billigend in Kauf nehmen, dass der Getäuschte eine Willenserklärung abgibt, die er ohne die Täuschung nicht abgegeben hätte (OLG Hamm NJW-RR 1995, 286; BGH NJW 1957, 988; Jauernig/Jauernig BGB § 123 Rn. 7; Palandt/Ellenberger BGB § 123 Rn. 11). Bei empfangsbedürftigen Willenserklärungen kann der Empfänger (dh der Wahlleiter) oder ein Dritter Täuschender sein. „Hat ein Dritter die Täuschung verübt, so ist eine Erklärung, die einem anderen gegenüber abzugeben war, nur dann anfechtbar, wenn dieser die Täuschung kannte oder kennen musste", § 123 Abs. 2 BGB. 52

Wird ein Bewerber zur Abgabe seiner Zustimmungserklärung von dem Wahlleiter arglistig getäuscht, kann er seine Erklärung anfechten. Ein Anfechtungsrecht besteht bei einer arglistigen Täuschung durch einen Dritten dh jeder anderen Person als dem Wahlleiter nur, wenn der Wahlleiter Kenntnis von der Täuschung hatte bzw. fahrlässige Unkenntnis vorlag. 53

Beim Bewerber muss infolge der arglistigen Täuschung eine Fehlvorstellung erzeugt worden sein **(Kausalität)**. 54

(2) Eine **Drohung** nach § 123 Abs. 1 Alt. 2 BGB ist die ausdrückliche oder konkludente Ankündigung eines künftigen Übels, wenn der Erklärende die gewünschte Willenserklärung nicht abgibt (BGHZ 2, 287; BGH NJW 1988, 2599; Palandt/Ellenberger BGB § 123 Rn. 15). Der Drohende muss vorgeben den Eintritt des Übels beeinflussen zu können, damit nicht eine bloße Warnung vorliegt (Palandt/Ellenberger BGB § 123 Rn. 16; BGHZ 2, 287; BGH NJW 1988, 2599). Die Drohung ist **widerrechtlich**, wenn das Drohungsmittel, der Drohungszweck oder die Zweck-Mittel-Relation verwerflich ist (Palandt/Ellenberger BGB § 123 Rn. 19 ff., Jauernig/Jauernig BGB § 123 Rn. 13 ff.). 55

Zwischen der Drohung und der Abgabe der Zustimmung muss eine **Kausalität** bestehen, dh der Bewerber hätte ohne die Drohung seine Zustimmung nicht erteilt. 56

c) Die **Anfechtungsfrist** ergibt sich abhängig vom bestehenden Anfechtungsgrund aus dem § 121 Abs. 1 BGB oder dem § 124 Abs. 1 BGB. Der Wortlaut des § 121 Abs. 1 S. 1 BGB sieht vor: „Die Anfechtung muss in den **Fällen der §§ 119, 120 BGB ohne schuldhaftes Zögern** (unverzüglich) erfolgen, nachdem der Anfechtungsberechtigte von dem Anfechtungsgrund Kenntnis erlangt hat" (Herv. v. Verf.). Unverzüglich bedeutet so schnell wie möglich, abhängig von den Umständen des Einzelfalls (Palandt/Ellenberger BGB § 121 Rn. 3). Die Anfechtung muss zwar nicht sofort aber ohne schuldhaftes Zögern erklärt werden (BGH NJW 2005, 1869; Palandt/Ellenberger BGB § 121 Rn. 4). Als Obergrenze wird idR eine **Frist von 2 Wochen** erachtet (Palandt/Ellenberger BGB § 121 Rn. 3). 57

Im Falle der **Anfechtung wegen arglistiger Täuschung oder widerrechtlicher Drohung** nach § 123 BGB muss die Anfechtung „binnen **Jahresfrist** erfolgen" (Herv. v. Verf.), 58

§ 124 Abs. 1 BGB. Die **Ereignisfrist** berechnet sich nach §§ 187 Abs. 1, 188 Abs. 2 Hs.1 BGB (Palandt/Ellenberger BGB § 124 Rn. 7).

59 2) Der Bewerber kann seine Zustimmung zu seiner Aufnahme in die Wahlvorschlagsliste **widerrufen**. Adressat der Widerrufserklärung ist der **Wahlleiter**, da nach § 9 der Wahlvorschlag auch bei ihm eingereicht werden muss. Der Widerruf muss allerdings „**fristgerecht**" erfolgen.

60 Die Zustimmung wird nicht wirksam, wenn dem Wahlleiter **vor** oder **gleichzeitig** mit der Wahlvorschlagsliste der Widerruf zugeht. Nach § 130 Abs. 1 S. 1 BGB werden empfangsbedürftige Willenserklärungen gegenüber Abwesenden erst mit der Abgabe des Erklärenden und dem Zugang beim Erklärungsempfänger wirksam (Palandt/Ellenberger BGB § 130 Rn. 2). **Zugegangen** ist die Erklärung dem Empfänger, wenn sie so in seinen Machtbereich gelangt ist, dass unter normalen Umständen die Möglichkeit der Kenntnisnahme besteht (Palandt/Ellenberger BGB § 130 Rn. 5; BGHZ 67, 271; BGH NJW 2004, 1320). Die Erklärung geht dem Wahlleiter damit in dem Zeitpunkt zu, in dem dieser nach der Verkehrsauffassung die Möglichkeit hat, von ihr Kenntnis zu erlangen. Dies ist der Fall, wenn die schriftliche Erklärung **(Brief)** ihm ausgehändigt wird oder in seinem Briefkasten liegt und abhängig von dem normalen Geschäftsgang mit der nächsten Entleerung gerechnet werden kann (Palandt/Ellenberger BGB § 130 Rn. 6). Bei Briefen, die bis 18 Uhr eingeworfen wurden, erfolgt der Zugang noch am selben Tag (Palandt/Ellenberger BGB § 130 Rn. 6; BayVerfGH NJW 1993, 518). Der nach 18 Uhr, nach Schluss den Geschäftszeiten oder in der Nacht eingeworfene Brief, geht erst am nächsten Morgen mit Beginn der Geschäftszeiten zu (Palandt/Ellenberger BGB § 130 Rn. 6; BGH NJW 2008, 843). Auf die **tatsächliche Kenntnis** von der Erklärung kommt es nicht an (Erman/Arnold BGB § 130 Rn. 5). Es ist unerheblich, wenn der Wahlleiter die Erklärung tatsächlich erst später liest.

61 Geht der Widerruf **gleichzeitig** mit dem Wahlvorschlag dem Wahlleiter zu, ist der Widerruf auch dann wirksam, wenn der Wahlleiter zeitlich zuerst von dem Wahlvorschlag Kenntnis nimmt und dann erst von dem Widerruf (vgl. Erman/Arnold BGB § 130 Rn. 20; vgl. Palandt/Ellenberger BGB § 130 Rn. 11; BGH, NJW 1975, 382).

62 **Beispiel:** Einwurf der Wahlvorschlagsliste in den Briefkasten des Wahlleiters um 10 Uhr. Ab diesem Zeitpunkt ist die Wahlvorschlagsliste in den Machtbereich des Wahlleiters gelangt und es besteht die Möglichkeit der Kenntnisnahme. Der Widerruf muss dem Wahlleiter vorher (dh vor 10 Uhr) oder gleichzeitig (dh um 10 Uhr) zugehen. Wird die Wahlvorschlagsliste erst nach dem Ende der üblichen Bürozeiten eingeworfen bzw. nach 18 Uhr, erfolgt die Entleerung des Briefkastens üblicherweise erst am nächsten Arbeitstag zu Beginn der Bürozeiten, so dass erst dann die Möglichkeit der Kenntnisnahme besteht und der Zugang vorliegt. Der Widerruf muss dem Wahlleiter vorher oder gleichzeitig zugehen.

63 Eine elektronische Widerrufserklärung **(E-Mail)** geht zu, wenn der Wahlleiter im Rechtsverkehr mit einer E-Mail-Adresse auftritt und die E-Mail abrufbar auf seinem Server eingegangen ist (vgl. Ultsch NJW 1997, 3007; vgl. Janal MDR 2006, 368; vgl. Palandt/Ellenberger BGB § 130 Rn. 7a). Bei Eingang zu Unzeit geht die E-Mail erst am nächsten Tag zu (Palandt/Ellenberger BGB § 130 Rn. 7a).

64 Voraussetzung für den Zugang eines **Telefax** ist der Ausdruck beim Empfänger (BGH NJW 1995, 665; 2004, 1320; Palandt/Ellenberger BGB § 130 Rn. 7).

65 Geht die **Widerrufserklärung** dem Wahlleiter **zu spät** zu, kann dieser den Widerruf dennoch infolge einseitigen Verzichts berücksichtigen, da § 130 Abs. 1 S. 2 BGB eine **dispositive Norm** ist (vgl. Erman/Arnold BGB § 130 Rn. 32; vgl. Palandt/Ellenberger BGB § 130 Rn. 11, 19; **aA**: OLG Celle WM 1993, 591).

66 Wird der **Widerruf berücksichtigt**, ist der **Wahlvorschlag unvollständig**, so dass ein Mangel nach § 11 Abs. 1 vorliegt. Eine Heilung des Fehlers ist innerhalb der vom Wahlleiter gesetzten Frist möglich. Ein **neuer Bewerber** muss in die Wahlliste aufgenommen werden und seine Zustimmungserklärung muss beigelegt werden. Diese neue geänderte Wahlliste muss die Voraussetzungen des § 8 Anlage C einhalten, vor allem bedarf es einer erneuten Unterzeichnung durch das Quorum nach § 8 Abs. 5 (vgl. zu den einzelnen Voraussetzungen → § 8 Rn. 52 ff.).

67 a) **Widerrufsberechtigt** ist nur der Bewerber hinsichtlich seiner **eigenen** Willenserklärung in Form der Zustimmungserklärung. Ein Dritter hat kein Widerrufsrecht.

68 b) Aus dem Rechtsgedanken des § 355 Abs. 1 S. 2 BGB ergibt sich, dass der **Bewerber keine Gründe für den Widerruf** seiner Zustimmung **angeben muss**. Ausreichend ist

allein, dass sich aus seiner Erklärung ergibt, nicht mehr Bewerber der Wahlliste sein zu wollen.

c) Nach dem entsprechend anzuwendenden Rechtsgedanken des § 355 Abs. 1 S. 2 BGB **69** hat der Widerruf in **Textform** nach § 126 b BGB zu erfolgen (vgl. Palandt/Grüneberg BGB § 355 Rn. 7). Nach § 126b BGB „(…) muss die Erklärung in einer Urkunde oder auf andere zur dauerhaften Wiedergabe in Schriftzeichen geeignete Weise abgegeben, die Person des Erklärenden genannt und der Abschluss der Erklärung durch Nachbildung der Namensunterschrift oder anders erkennbar gemacht werden". Die Widerrufserklärung muss **schriftlich** erfolgen, um die dauerhafte Wiedergabe zu gewährleisten (Jauernig/Jauernig BGB § 126b Rn. 1). Möglich ist neben einer schriftlichen Erklärung zu Papier auch eine E-Mail oder ein Fax (Palandt/Ellenberger BGB § 126b Rn. 3; Palandt/Grüneberg BGB § 355 Rn. 7). Eine elektronische Übermittlung ist aber nur dann möglich, wenn der Wahlleiter durch die Mitteilung seiner E-Mail-Adresse oder Faxnummer verdeutlicht hat, dass er mit einer solchen Übermittlung von Erklärungen einverstanden ist (Palandt/Ellenberger BGB § 126b Rn. 3). Maßgeblich sind daher im Einzelfall die Angaben in der Bekanntmachung des Wahlleiters hinsichtlich der Aufforderung zur Abgabe der Wahlvorschläge (vgl. § 7). Eine **mündliche Erklärung** genügt den Anforderungen nicht (Jauernig/Jauernig BGB § 126 b Rn. 1; Erman/Arnold BGB § 126b Rn. 3). Die Widerrufserklärung bedarf **keiner Unterschrift** oder elektronischen Signatur, muss aber den Erklärenden zweifelsfrei erkennen lassen (Palandt/Ellenberger BGB § 126b Rn. 5; Palandt/Grüneberg BGB § 355 Rn. 7).

3) Ein **Rücktritt** nach § 346 BGB **ist nicht möglich**, da Voraussetzung für das Bestehen **70** eines Rücktrittsrechts die vertragliche Vereinbarung eines Rücktrittsvorbehaltes nach §§ 145 ff. BGB ist oder das Vorliegen eines gesetzlichen Rücktrittsrechts (zB §§ 323, 324, 326 Abs. 5, 437 Abs. 1 Nr. 2, 634 Nr. 3 BGB). Da beide Varianten nicht anwendbar sind, kann die Zustimmung nicht im Wege des Rücktritts beseitigt werden.

VI. Differenzierung „handwerksähnliches Gewerbe" – „Handwerk"

§ 8 Abs. 1 S. 1 Hs. 2 sieht vor, dass **Wahlvorschläge** getrennt **für die Wahl** der **Vertreter 71 des Handwerks** und des **handwerksähnlichen Gewerbes** (…) in Form von Listen eingereicht werden müssen. Daraus ergibt sich die Notwendigkeit der **Differenzierung** eines sog. handwerksähnlichen Gewerbes, von dem klar aufgrund in der Handwerksrolle eingetragenen und damit konstitutiv beschriebenen „Handwerks" (vgl. § 1 Abs. 1 HwO).

1. Das geltende Recht: Begriff und Bedeutung des „handwerksähnlichen Gewerbes"

a) „Handwerksähnliches Gewerbe" ist ein Rechtsbegriff des Handwerksrechts. Es ist dies **72** ein stehendes Gewerbe, das „handwerksähnlich betrieben **und** in Anlage B Abschnitt 2 (zur Handwerksordnung) aufgeführt ist" (Herv. v. Verf.), § 18 Abs. 1, 2 HwO. Nähere Bestimmungen zu dieser „Handwerksähnlichkeit" trifft die Handwerksordnung nicht.

Die handwerksähnlichen Gewerbe sind in Anlage B 2 zur Handwerksordnung aufgeführt; **73** diese Aufzählung kann durch Rechtsverordnung des Bundesministers für Wirtschaft und Energie verändert werden. Eine Änderung der handwerksähnlichen Gewerbe kann auch dadurch bewirkt werden, dass die Anlage B 1 zur Handwerksordnung verändert, damit das Bezugshandwerk der Handwerksähnlichkeit verändert wird.

b) Die rechtliche Bedeutung der handwerksähnlichen Gewerbe liegt darin, dass sie hand- **74** werksrechtlich behandelt werden wie Anlage B-Handwerke: Sie unterliegen insbes. wie diese der Anzeigepflicht zur Handwerkskammer ihres Bezirks. Sie vermitteln auch ein Wahlrecht zur Vollversammlung der Handwerkskammer. Dieses ist über getrennte Listen für diese Gewerbe(inhaber) auszuüben (§ 8). Rechtlich stehen die handwerksähnlichen Gewerbe nach dem „Handwerkern" gleich, obwohl sie ein „Handwerk" nicht ausüben.

c) Eingeführt wurde die Rechtsfigur der handwerksähnlichen Gewerbe im Jahr 1961 (vgl. **75** BVerwG GewArch 1994, 248; Schmidt GewArch 1962, 25) mit der Begründung, diese Gewerbe würden wegen ihrer Tätigkeitsnähe zum Handwerk besser von dessen Selbstverwaltung betreut.

Seither hat es immer wieder **Kontroversen** über **Maßnahmen der handwerklichen 76 Selbstverwaltung zur Durchsetzung des Handwerksrechts gegenüber diesen Gewer-**

ben gegeben (vgl. etwa OVG Münster GewArch 1974, 387; OVG Hamburg GewArch 1993, 741; OVG Koblenz GewArch 1992, 146, rechtskräftig aufgrund von BVerwG BeckRS 1994, 31229331; VGH Mannheim BeckRS 2008, 33244).

77 Der Begriff des handwerksähnlichen Gewerbes wird **im Gesetz nicht** durch **einzelne, spezielle Kriterien verdeutlicht**. Fest steht lediglich, dass ein „**Nebenbetrieb**" als solcher nicht ein handwerksähnliches Gewerbe darstellen kann (Herv. v. Verf.) (BVerwG GewArch 1994, 248).

78 In dieser Lage wird von berufsverbandlicher Seite die Praxis der Handwerkskammern kritisch gesehen (vgl. etwa Berufsverband unabhängiger Handwerkerinnen und Handwerker, http://www.buhev.de\2003\04\Anlage-b.html).

2. Rechtliche Abgrenzung des Begriffs der handwerksähnlichen Gewerbe nach der Verkehrsauffassung

79 a) Spezielle, vertiefende Untersuchungen aus neuerer Zeit sind nicht ersichtlich. In der Rspr. zeigt sich eine reiche Kasuistik (Honig/Knörr § 18 Rn. 6; etwa zum Bautenschutz: OLG Hamm GewArch 1979, 94; oder zu einer Schnellreinigung: OVG Hamburg GewArch 1993, 74). Völlig kriterienlose Einzelfalljudikatur widerspräche jedoch der Rechtsstaatlichkeit (Art. 20 Abs. 3 GG). Daher wird in Gerichtsentscheidungen wie Kommentaren (Detterbeck § 18 Rn. 9 ff.; Honig/Knörr § 18 Rn. 6) übereinstimmend auf die „**Verkehrsauffassung**" zur **Handwerksähnlichkeit** hingewiesen (Herv. v. Verf.).

80 b) „**Beteiligte Kreise**" wird dabei allerdings wohl recht weit gefasst, jedenfalls nicht näher verdeutlicht: Es sind dies dann alle Gewerbetreibenden, die den jeweils zu prüfenden handwerksähnlichen Gewerben „irgendwie nahestehende" Aktivitäten aufweisen, also „die den potenziellen handwerksähnlichen Gewerben ähnlichen Gewerbe" – praktisch meist „Konkurrenten". Darüber hinaus sind „maßgeblich" die **Auffassungen der Handwerksorganisationen**, der **Industrie- und Handelskammern**, der **zuständigen Behörden**, der **Auftraggeber** usw. Wie in den meisten anderen Fällen, in denen zur Abgrenzung die „Verkehrsauffassung" bemüht wird, ist dies dogmatisch unbefriedigend, praktisch aber häufig kaum zu vermeiden.

3. Ansätze für Abgrenzungskriterien

81 a) **Wenig gewonnen** ist mit Worten wie „**Indiz**", „**Hinweis**", soweit diese sich nicht auf Einzelargumente beziehen sollen. Unbehilflich ist ein Bestimmungsversuch der „Handwerksähnlichkeit" unter Hinweis auf „wesentliche Tätigkeiten" nach § 1 Abs. 1 HwO; denn diese Bestimmung betrifft Anlage A-Handwerke, nicht, die Handwerksähnlichkeit, Anlage B-Handwerke (Detterbeck § 18 Rn. 10).

82 „**Quantitative Kriterien**" der Übereinstimmung von Handwerks- und handwerksähnlicher Tätigkeit (anklingend bei Detterbeck § 18 Rn. 11) **sind problematisch**: Ähnlichkeit verlangt (teilweise) qualitative Übereinstimmung; dabei steht allerdings fest, dass der handwerksähnlich Arbeitende nicht alle Aktivitäten des „Handwerksnahen" ausüben muss (Detterbeck § 18 Rn. 12).

83 b) **Entscheidend** kommt es auf das „**technisch-wirtschaftliche Gesamtbild**" an, welches der einzuordnende Betrieb als solcher bietet (Herv. v. Verf.) (Detterbeck § 18 Rn. 12). Dabei spielen **Vergleichbarkeit zu Anlage B-Handwerken** eine Rolle, insbes. hinsichtlich des **Maschineneinsatzes**, der **Arbeitsteilung**, die bei handwerksähnlichen Betrieben nicht eine industrieähnliche Fertigungsspezialisierung aufweisen sollte, und der **Fachkräfteeinsatz** (Detterbeck § 18 Rn. 13 f.). Entscheidend ist eben, ob sich schwerpunktmäßig ein im weiteren Sinn gewerblich-industrielles oder ein handwerkliches Erscheinungsbild zeigt; **Hand-Werklichkeit** ist dabei, trotz aller Mechanisierung, immer noch ein Anhaltspunkt.

84 c) Einen deutlicheren Anhaltspunkt bieten die **Meisterberufsbilder** für die Anlage B-Handwerke, welche nach § 25 HwO oder nach § 4 Berufsbildungsgesetz geboten werden (§ 51a Abs. 1, 2 HwO) – soweit es solche gibt. Hier lassen sich dann „Ähnlichkeiten" wohl doch konkreter feststellen.

85 Zusammenfassend lässt sich festhalten: **Handwerksähnlichkeit** lässt sich – abgesehen von „Meisterberufsbildern" für B-Handwerke – nur nach der **Verkehrsauffassung im Einzel-**

Aufforderung zur Einreichung von Wahlvorschlägen　　　　　　　§ 7 Anl. C HwO

fall von nichthandwerklicher Tätigkeit abgrenzen. „**Beteiligte Kreise**" sollte dabei nicht zu weit, die **Vergleichbarkeit** nicht zu eng aufgefasst werden.

VII. Die Frist des § 97 HwO als Wählbarkeitsvoraussetzung

Die Einjahresfrist nach § 97 HwO stellt eine Ereignisfrist dar. Zur Frage wie die **Jahresfrist nach § 97 HwO berechnet wird**, → § 10 Rn. 11, 12. 　86

VIII. Die Lehrlingsausbildungsbefugnis nach § 97 HwO

Die Lehrlingsausbildungsbefugnis nach § 97 HwO ist zwingend, → § 10 Rn. 13. 　87

IRd Zulassung von Wahlvorschlägen, welche in § 11 geregelt ist, ergeben sich ebenfalls eine Reihe von Einzelfragen, welche im Folgenden geklärt werden: 　88

IX. Zulassung kritischer Listen: „Liste gegen HwK-Pflichtmitgliedschaft"

Besteht eine Pflicht zur Zulassung eines Wahlvorschlags, dessen Kandidaten die Handwerkskammer-Pflichtzugehörigkeit abschaffen möchten („Liste gegen HwK-Pflichtmitgliedschaft")? 　89

1. Die Fallkonstellation

a) Die Frage betrifft einen **Wahlvorschlag** für die Vollversammlung in der Handwerkskammer nach §§ 95 ff. HwO. Es geht um die Zulässigkeit der Wahlvorschläge, zusammengefasst in Listen (§ 95 Abs. 1 S. 1 HwO). Für diese gelten die Bestimmungen der §§ 7–11. **Es fragt sich, ob eine Liste, die nur Kandidaten aufstellen möchte, welche eine bestimmte Auffassung grds. und entschieden vertreten** (Grundsatzkritik an der Pflichtmitgliedschaft in der Handwerkskammer), **als Wahlvorschlag zugelassen werden muss, oder ob sie** (nur) **aus dem erwähnten Grund vom Wahlleiter als unzulässiger Wahlvorschlag i.S.v. § 11 Abs. 6 zurückgewiesen werden darf.** 　90

b) Die **Wählbarkeit** (passives Wahlrecht; Eligibilität) der auf der Liste zusammengefassten Kandidaten **bestimmt sich für jeden Einzelnen von ihnen** nach dessen **Wahlberechtigung** (§ 97 Abs. 1 und 2 HwO), also **nach seinem aktiven Wahlrecht** (§ 96 Abs. 1 HwO). Nicht wählbar ist er, wenn er wegen strafgerichtlicher Verurteilung nicht wählen darf (§ 96 Abs. 2 HwO), oder in der Ausübung des Wahlrechts behindert ist (§ 96 Abs. 3 HwO), als Geisteskranker, Häftling oder Unterzubringender. 　91

c) **Der zu prüfende Fall bezieht sich** nicht auf die individuelle Wählbarkeit von auf der Liste aufgeführten Kandidaten, sondern **auf den Listenvorschlag als solchen**. Eine – notwendige – Beziehung zwischen individueller Wählbarkeit der Listenkandidaten und Zulässigkeit der Liste als solcher besteht immerhin nach der zu prüfenden Konstellation insoweit, als die Liste nur Personen aufführt, welche die „Pflichtmitgliedschaft" abschaffen möchten. 　92

2. Das geltende Gesetz

a) Die Frage ist **zunächst nach dem geltenden Recht der Handwerksordnung zu prüfen**. 　93

Hierbei ist festzustellen: 　94
- Die Wahl zur Vollversammlung „durch Listen" ist ausdr. vorgesehen, und zwar als insoweit einziger Wahlmodus (§ 95 Abs. 1 S. 1 HwO).
- Das individuelle **passive Wahlrecht**, also die „Kandidatenfähigkeit" nach Wählbarkeit (§ 97 HwO), **entspricht dem aktiven Wahlrecht** (§ 96 HwO).
- Die **Wahllisten als Wahlvorschläge (§§ 7 ff.) dürfen nur wählbare Personen als Kandidaten aufführen;** andernfalls würden die gesetzlichen Wählbarkeitsregelungen (§§ 96, 97 HwO) durch § 95 Abs. 1 S. 1 HwO unterlaufen.
- **Einschränkungen der Wählbarkeit durch Einschränkungen des aktiven Wahlrechts** sind zwar vorgesehen (§ 96 Abs. 2 und 3 HwO). Diese rechtfertigen aber die Zurückweisung der „kritischen Liste" nicht: Wegen derartiger Meinungen könnten die aufgeführten Kandidaten weder strafrechtlich belangt werden, noch stellt Kritik an der

„Pflichtmitgliedschaft" ein Phänomen einer etwa (beginnenden) Geisteskrankheit dar, welche zu einer Unterbringung führen dürfte.
- **Eine zusätzliche Einschränkung der Wählbarkeit als solcher** sieht die Handwerksordnung lediglich in § 97 Abs. 1 S. 2 vor, bei Verlust der Wählbarkeit oder Fähigkeit zur Bekleidung öffentlicher Ämter.
- In den Regelungen der Anlage C zur Handwerksordnung (§§ 7–11) finden sich zwar Bestimmungen über die **Zulassung von Listen**; diese verweisen aber auf die gesetzlichen Bestimmungen über Wählbarkeit (vgl. § 10 Abs. 1 Nr. 2 a). Einschränkungen der Wählbarkeit enthalten sie nicht.

95   b) IErg **lässt** also das **geltende Gesetzesrecht** nach seiner textlichen Fassung eine **Zurückweisung der „kritischen Liste" nicht zu:** Sie würde (zugleich) eine Einschränkung der Wählbarkeit der darin aufgeführten Personen als Kandidaten bedeuten, die vom Gesetz nicht vorgesehen ist. Dieses beschränkt die Wählbarkeit nur in so eng begrenzten Fallkonstellationen, dass dies sogar dafür sprechen könnte, weitere Einschränkungen schon deshalb nicht zuzulassen.

96   c) **Auch eine systematische Auslegung** kann eine Zurückweisung der Liste, ausgehend allein von der Handwerksordnung, **nicht** tragen; denn nichts lässt erkennen, dass eine einfachgesetzlich fassbare Systementscheidung hier vom einfachen Gesetzgeber dahin getroffen worden ist, dass gerade das Vertreten einer kritischen, ja sogar einer grds. ablehnenden Auff. zur „Pflichtmitgliedschaft in einer Handwerkskammer" (jedenfalls auch) zum Ausschluss der Wählbarkeit eines Kandidaten führen sollte. Derartiges hätte einfachgesetzlich ohne Weiteres vorgesehen werden können, was aber nicht geschehen ist. Die hier restriktiven Regelungen sprechen jedenfalls für das Fehlen einer entsprechenden systematisch übergreifenden gesetzgeberischen Grundentscheidung.

3. Verfassungskonforme Auslegung der Wählbarkeitsvorschriften

97   a) Die Handwerksordnung muss jedoch, hier wie allgemein, „im Einklang mit der Verfassung" ausgelegt werden (BVerfG std. Rspr., vgl. für viele BVerfGE 2, 266 (282;) 118, 212 (234); 119, 247 (274)). Zu einer solchen **„verfassungskonformen Auslegung"** sind nicht nur die Fachgerichte, sondern alle zur Gesetzesanwendung berufenen Instanzen verpflichtet. **Grenze** einer solchen ergänzenden oder gar verändernden verfassungskonformen Auslegung des Gesetzeswortlauts („**vor dem der Richter nicht Halt zu machen hat**", BVerfGE 35, 263, 278 f. (Herv. v. Verf.)) ist jedoch der in diesem **klar zum Ausdruck gekommene Wille des einfachen Gesetzgebers**. Widerspricht er der Verfassung, (auch) in deren wesentlichen normativen Wertungen, so darf das Gesetz nicht verfassungskonform interpretiert, es muss auf seine Verhältnismäßigkeit geprüft, ggf. aufgehoben werden (zur Problematik näher BVerfGE 34, 165, 200 mwN).

98   b) Im vorliegenden Fall ist davon auszugehen, dass eine solche verfassungskonforme Auslegung(smöglichkeit) oder gar -notwendigkeit zu prüfen ist. Die Handwerksordnung gilt mit diesen ihren Wahlregelungen seit sehr langer Zeit. Zur Erlasszeit und auch bei Anlässen zu ihrer späteren Änderung wurden derartige Fallkonstellationen, soweit ersichtlich, nicht als regelungsbedürftige Probleme gesehen; die Verfassungsentwicklung hatte dogmatisch noch nicht den gegenwärtigen Stand erreicht.

99   Von der Notwendigkeit einer Überprüfung mit Blick auf „gesetzesleitende Grundentscheidungen der Verfassung" – Pro (→ Rn. 100) wie Contra (→ Rn. 104 ff.) ist also auszugehen.

4. Pro Zulässigkeit „kritischer Listen": Meinungsfreiheit

100   a) Für die Zulassung von Listen, welche gebündelt für Abschaffung der Pflichtmitgliedschaft eintreten, spricht, mit erheblichem grundsätzlichem Gewicht, dass hier eine **(dezidierte) Meinungsäußerung** zum Ausdruck kommt.

101   Die Auff., die „Pflichtmitgliedschaft" solle oder müsse gar abgeschafft werden, unterfällt dem sehr weiten **Meinungsbegriff**: Sie beinhaltet eine wertende Auffassung (vgl. f. viele BVerfGE 7, 198, 210; 93, 266, 289); diese bezieht sich hier sogar auf öffentliche Angelegenheiten **(was nicht abgrenzender Gegenstand der Meinungsfreiheit sein darf** (vgl. BVerfGE 33, 1 (12)), **immerhin aber für besondere Schutzintensität dieser Freiheit**

spricht). Der Schutzbereich des Art. 5 Abs. 1 GG umfasst auch die Freiheit der Äußerungsform (BVerfGE 47, 198 (232 f.)): Dass die Meinung im Rahmen einer öffentlichen Organtätigkeit vertreten wird, steht dem nicht entgegen; im Parlamentsrecht genießt dies sogar den besonderen Schutz der Immunität und Indemnität (Art. 46 GG).

Dass dieses Grundrecht der Meinungsfreiheit, vor allem in öffentlichen Angelegenheiten, als geradezu staatsformkonstituierender Ausdruck der Demokratie von besonderem Gewicht ist, entspricht ganz h. L. (s. Mangoldt/Klein/Starck/Starck Art. 5 Rn. 1 mwN); es enthält insoweit, als Bürgerfreiheit wie als organisationsrechtliches Grundelement der „Demokratie", einen unantastbaren normativen Kern (Art. 79 Abs. 3 GG). **102**

b) Im vorliegenden Fall ist besonders zu berücksichtigen, dass sich die Kritik auf eine **Entscheidung des einfachen Gesetzgebers** richtet, die Pflichtmitgliedschaft, die damit in Verbindung stehende Frage der Beibehaltung der „Meisterpflicht". Diese ist zwar verfassungsrechtlich nach wie vor zulässig (ganz hL und Rspr. seit BVerfGE 13, 97 (Handwerksurteil); zu neueren Rechtsprechungsentwicklungen vgl. Leisner, W. G., Ist eine Änderung des § 5 HwO dahingehend anzustreben, dass auch Meisterbetriebe der B 1-Handwerke in seinen Anwendungsbereich fallen?, 2011, 33 f.; s. auch Honig/Knörr § 90 Rn. 9); sie ist auch zweifelsfrei ein Wesenselement der geltenden gesetzlichen Ordnung des Handwerks. Aber auch als ein solches ist sie verfassungsrechtlich nicht geschützt, durch einfaches Gesetzesrecht vielmehr veränderbar. Die Kritik wendet sich also nicht gegen Grundlagen der verfassungsmäßigen Ordnung; sie zielt auf Änderung der einfachen Gesetzeslage. Derartige Bestrebungen können aber grds. nicht über verfassungskonforme Interpretation als verfassungswidrig angesehen und einfachgesetzlich aus dem Schutzbereich des Art. 5 GG ausgeschlossen werden. Eine **verfassungskonforme Interpretation** der Handwerksordnung spricht also – insoweit – **für eine Zulassung solcher Listen**. **103**

5. Contra Zulassung kritischer Listen: Organtreue

a) **Im Staatsorganisationsrecht ist der Rechtsgrundsatz der „Organtreue"** entwickelt worden (grdl. Schenke, Die Verfassungsorgantreue, 1977), zunächst für das Verhältnis der Verfassungsorgane untereinander, für die Beziehungen vor allem der drei Gewalten zueinander (s. etwa BVerfGE 9, 268 (279 f.); 95, 1 (15)). Der Grundsatz ist als Ausdruck des verfassungsrechtlichen **Verhältnismäßigkeitsgebots** anzusehen und schützt insoweit auch generell gegen Eingriffe in staatliche Kompetenzbereiche (s. dazu v. Mangoldt/Klein/Starck/ Sommermann Art. 20 Rn. 204, 284, 318 („**Eingriffe in besonders geschützte Kompetenzsphären**") (Herv. v. Verf.). Nun sind zwar weder die Zuständigkeit der Handwerkskammern, noch im Besonderen die von deren Vollversammlung, verfassungsrechtlich geschützt (→ Rn. 103). Immerhin handelt es sich aber um Grundentscheidungen der Gesetzgebung im Bereich der Funktion einer Selbstverwaltung. Diese ist als solche in ihrer Funktionsfähigkeit, als Organisationsentscheidung der Staatsgewalt, soweit sie eben getroffen ist, in ihrer **Effektivität zu sichern**. Dies begründet auch insoweit eine Geltung der Organtreue als Verfassungsprinzip: Es darf keine funktionsschwache (mittelbare) Staatsgewalt geben. **104**

b) Die **Selbstverwaltung** im Handwerk, zentral über Handwerkskammern, ist also eine grundlegende Organisationsentscheidung der Staatsgewalt, zu Formen mittelbarer Staatsverwaltung. Eine Ordnung, die dies konstituiert, und sei es auch auf der Grundlage einfachen Gesetzesrechts, muss jedenfalls als solche voll funktionsfähig sein und reibungslos funktionieren. Dieses **Effizienzgebot**, welches als ungeschriebene Verfassungsvoraussetzung, schon nach der Rechtsstaatlichkeit (Art. 20 Abs. 3 GG), für jede öffentliche Organisationsordnung prinzipiell gilt, bezieht sich für die des Handwerksrechts vor allem auf das **Funktionieren der Handwerkskammer**. Diese wird wiederum grds., wie in all ihren wesentlichen Einzelheiten, von der Funktionstüchtigkeit der Vollversammlung als ihrem zentralen Organ bestimmt. Wenn für diese Gruppierungen aber Listen kandidieren, welche ein **tragendes Element ihrer Funktionsfähigkeit, die Pflichtmitgliedschaft, abschaffen wollen**, so werden ins Zentrum der Selbstverwaltung des Handwerks schwerwiegende Spannungen getragen, welche eine geordnete Arbeit behindern. Sämtlich Entscheidungen sind dann in einer Atmosphäre zu treffen, welche von einer Grundstimmung möglicher Relativierung ihrer Legitimität geprägt ist; bei jeder Gelegenheit kann diese ja in Zweifel gezogen werden, unter Hinweis auf „Freiheitsdefizite", wie sie die „Pflichtverbandlichkeit" eben beinhaltet. **105**

Darunter muss jedenfalls die Effizienz der handwerklichen Selbstverwaltung nicht unerheblich leiden.

106 c) Ein diese Effizienz konkretisierender Gesichtspunkt spricht besonders dafür, hier Unzulässigkeit einer solchen Liste wegen **Verstoßes gegen den Grundsatz der Organtreue** anzunehmen. Die Vollversammlung hat zwar weitreichende Kompetenzen (§§ 105, 106 HwO). Diese umfassen aber gerade nicht die Befugnisse, die **organisationsrechtlichen Grundlagen zu verändern, die für die Kammer gesetzlich bestimmt sind**, insbes. die Pflichtmitgliedschaft in dieser. Eine solche Liste will also etwas organisieren wie einen „Organaufstand gegen Organkompetenzbestimmung", der Gesetzesunterworfenen gegen den Gesetzgeber. Dies aber liegt gerade außerhalb der Kompetenz der Vollversammlung. Insoweit zielt also die **Zwecksetzung der Liste**, auf eine **gesetzeswidrige Kompetenzausübung**. Besonders schwer wiegt dabei, dass ihre Kandidaten diesem ihrem Ziel vor allem, wenn nicht ausschließlich, dadurch näher kommen können, dass sie „Sand ins Getriebe" der Vollversammlung werfen, damit der Handwerkskammer, indem sie deren **schlechtes Funktionieren nicht nur aufzeigen, sondern hervorrufen**.

107 Damit aber disqualifizieren die Kandidaten die Liste gerade für jene konstruktive Zusammenarbeit, für welche sie aber gewählt werden wollen. Als Parlamentarier könnten sie sich für dieses Ziel ohne Weiteres einsetzen, weil sie es durch Gesetzesänderung erreichen könnten. Als Private dürfen sie im Namen der Meinungsfreiheit diese Kritik ebenfalls, iRd allgemeinen Gesetzesgehorsams, vertreten. Organisationsrechtlich können sie aber mit solchen zentralen Forderungen von Aktion(smöglichkeit)en ausgeschlossen werden.

108 d) Der Verfassungsgrundsatz einer so verstandenen Organtreue muss dann gegenüber der Meinungsfreiheit (→ Rn. 100) abgewogen werden nach dem methodischen Grundsatz der „praktischen Konkordanz" von Verfassungsentscheidungen (Herv. v. Verf.) vgl. Konrad Hesse, Grundzüge des Verfassungsrechts der Bundesrepublik Deutschland, 20. Aufl. 1999, Rn. 317 ff.). Hierbei wird es darauf im Einzelfall ankommen, mit welcher Ausschließlichkeit und Intensität die Listengruppierung ihre Auffassungen bisher vertritt und (daher wohl) auch in der Vollversammlung vertreten wird. Wenn sie ersichtlich nicht darauf ausgeht, durch Organverhalten ihrer Vertreter ihrer Forderung Nachdruck zu verleihen, wird dies für eine Zulassung sprechen. Strenge Grundsätzlichkeit, bis hin zur ideologieähnlicher Intensität und Geschlossenheit, sprechen aber für die Unzulässigkeit der Liste. Eine solche Entscheidung hat, das sei betont, nichts mit einer Bewertung der Meinung zu tun. Sie aber muss „privat", nicht unter Einsatz öffentlicher Selbstverwaltungsgewalt als Organmeinung, vertreten werden.

6. Contra Zulassung: Tendenzschutz

109 a) Im Arbeitsrecht ist die Rechtsfigur des **Tendenzschutzes** anerkannt. In seinem Namen sind vor allem Kündigungen zulässig, welche eine Grundeinstellung des Beschäftigten belegen, die der im Betrieb erkennbar und zulässig verfolgten Tendenz widerspricht (ErfK/Oetker KSchG § 1 Rn. 174).

110 Hinter diesen Tendenzschutz müssen auch hochrangige grundrechtlich geschützte Verfassungswerte nach gebotener sorgfältiger Abwägung unter Umständen zutreten. Dies gilt, insbes., nach Verfassungsrecht (vgl. grdl. BVerfGE 70, 138 (168 ff.)) wie nach Europäischem Gemeinschaftsrecht (EGMR NZA 2012, 199; BeckRS 2010, 24774 = EuGRZ 2010, 571 (575)) für die und innerhalb der Glaubens- und Gewissensfreiheit (Art. 4 GG), je nach dem Überwiegen kollektiver kirchlicher oder individueller Freiheit. In gleicher Weise ist **im Bereich der Meinungsfreiheit abzuwägen**, etwa zwischen der **Tendenz einer Zeitung und der journalistischen Freiheit** (BVerfGE 52, 283 (297)) lässt die Frage, ob den Redakteuren ein Mitbestimmungsrecht zusteht, offen (vgl. v. Mangoldt/Klein/Starck/Starck Art. 5 Rn. 90 Fn. 296). Dies lässt sich auch grds. auf das Spannungsverhältnis übertragen, das – wie hier – zwischen einer Staatsorganisationsentscheidung, verstanden als „Tendenz", und einer individuellen Meinungsfreiheit besteht.

111 b) Im vorliegenden Fall ist dann wohl der **„Organisationstendenz" der Vorrang einzuräumen**, unter den in → Rn. 104 dargelegten Voraussetzungen (besonders „intensiver" Meinungsäußerung). Denn anders als in den nach Kündigungsschutz zur entscheidenden Fällen wird der Träger der Meinungsfreiheit im vorliegenden Zusammenhang weder allgemein-wirtschaftlich, noch in der Ausübung seiner Meinungsfreiheit (vergleichbar) schwer belastet: Als Handwerker hat er die Pflichtmitgliedschaft hinzunehmen, die ihm ja auch Vorteile bringt; als Meinungsträger kann er sich außerhalb der Organisation frei äußern, politisch für seine Meinung werben. Seine „Pflichtmitgliedschaft" als solche und allein zwingt ihn nicht zu spezieller „Pflichtmitgliedschaftstreue", die ihn über Beitragspflichten hinaus belasten könnte. Letzteres allein kann aber nicht genügen.

Als Ergebnis lässt sich festhalten: Eine pflichtmitgliedschaftskritische Liste kann nicht für Wahlen zur Vollversammlung von Handwerkskammern zugelassen werden, wenn diese Auffassung eine durchgehende vorrangige und intensive Tendenz erkennen lässt, welche die betreffenden Kandidaten verfolgen wollen. Es widerspräche dies der Organtreue, welche auch im Bereich der Selbstverwaltung zu achten ist. **112**

X. Veröffentlichung der Wohnanschrift iRd öffentlichen Bekanntmachung

Die Veröffentlichung der Wohnanschrift bei der Bekanntmachung der zugelassenen Wahlvorschläge ist statthaft. **113**

Soweit der Betriebssitz in der Lage ist, die Voraussetzungen des § 8 Abs. 2 (Identifikationsfunktion) zu gewährleisten, genügt dieser und ist aufgrund des Grundsatzes der Subsidiarität primär zu ermitteln. Sollte dieser allerdings nicht ausreichen, weil zB der Bewerber nicht am Betriebssitz wohnt, dann ist weiterhin dessen Wohnort zu ermitteln und zu benennen. **114**

§ 8 Abs. 2 stellt eine Ordnungsvorschrift zur näheren organisatorischen Regelung der Wahl dar, mit der die Identifikation und Auffindbarkeit der Bewerber gewährleistet werden. Wie in § 10 Abs. 1 Nr. 1 muss jeder Bewerber eine Zustimmungserklärung zur Aufnahme seines Namens in den Wahlvorschlag abgeben. Diese Zustimmungserklärung bezieht sich auf die Regelung des § 8 Abs. 2 und beinhaltet auch die anderen in § 8 Abs. 2 genannten persönlichen Daten, wie Beruf, Wohnort und Wohnung (→ § 10 Rn. 3). Sollte der Bewerber aus datenschutzrechtlichen Gründen die Zustimmung nicht bzgl. seines Wohnortes erteilen, – was ihm nach § 10 Abs. 1 Nr. 1 zusteht – so erfüllt er die Voraussetzungen des § 8 Abs. 2 offensichtlich nicht. In einem solchen Fall der ausdrücklichen Verweigerung, ist er vom Wahlvorschlag auszuschließen. Anders liegt der Fall dann, wenn der Bewerber die Bekanntgabe lediglich duldet (nichts aktiv dagegen unternimmt), weil die Identifikation anders nicht erfüllbar ist. **115**

XI. Rechtsmittel gegen die Zulassung von Wahlvorschlägen

Gegen die Zulassung von Wahlvorschlägen bestehen keine expliziten Rechtsmittel. Weder die HwO noch die Anlage C hierzu ermöglichen bereits in diesem Stadium Rechtsschutz gegen die Einreichung eines Wahlvorschlags zu betreiben. § 100 HwO gewährt Rechtsschutz gegen das Ergebnis der Prüfung der Gültigkeit der Wahl, welche von der Handwerkskammer von Amts wegen geprüft wird (Honig/Knörr § 100 Rn. 4). § 101 HwO eröffnet jedem Wahlberechtigten die Möglichkeit, nach Bekanntgabe des Wahlergebnisses Einspruch zu erheben; dies erfordert somit bereits die Durchführung der Wahl (vgl. iÜ → § 17 Rn. 34). **116**

XII. Änderung eines festgesetzten Wahlvorschlags

Mit der Frage, ob ein festgesetzter Wahlvorschlag noch einmal geändert werden kann und der Problematik, was bei Rücktritt oder Tod eines Kandidaten geschieht, → § 11 Rn. 18 ff. **117**

XIII. Änderung oder Abkürzung von Listen-Namensvorschlägen

Listen-Namensvorschläge können grds. abgeändert oder gekürzt werden. Allerdings ist eine Modifikation nur bis zu dem Zeitpunkt möglich, an dem der Wahlleiter den Wahlvorschlag festgesetzt hat gem. § 11 Abs. 5. Denn die **Festsetzung des Wahlvorschlags** stellt den **Schlusspunkt** dar, ab dem **keine Abänderung** mehr möglich ist. **118**

Zu beachten ist, dass bei der Abänderung oder Kürzung der Listen-Namensvorschläge jederzeit die **Differenzierbarkeit** bzw. **Unterscheidbarkeit** der Wahlvorschläge gewahrt bleiben muss. Außerdem darf es sich nur um eine **sinnvolle** Änderung bzw. Kürzung handeln. **119**

B. Aufforderung zur Einreichung von Wahlvorschlägen

I. Die Aufforderung des Wahlleiter

120 Die Vorschrift hat **Appellativcharakter**. Der Wahlleiter (→ § 1 Rn. 71 ff.) bzw. im Verhinderungsfall sein Stellvertreter fordern die Wahlberechtigten auf, Wahlvorschläge einzureichen. Die Wahlberechtigten (→ § 1 Rn. 86 ff.) haben die Möglichkeit bereits vor der eigentlichen Wahlhandlung aktiv am Wahlverfahren teilzunehmen. Es steht jedem Wahlberechtigten frei, einen eigenen Wahlvorschlag einzubringen (BT-Drs. 17/6844, 4). Diese vorgezogene Beteiligungsmöglichkeit ist Ausfluss des Demokratieprinzips aus Art. 20 Abs. 1, 2 GG. Das **Vorschlagsrecht** ist aber dahingehend **eingeschränkt**, dass die wahlberechtigten **Arbeitnehmer** nur eine **eigene Liste für die Arbeitnehmervertreter** in der Vollversammlung einreichen können. Entsprechend können selbständige Wahlberechtigte **nur Vorschläge für ihre Gruppe** unterbreiten. Die Einreichung eines Wahlvorschlags erfolgt **freiwillig** und optional. Die Nichtabgabe eines Wahlvorschlages wird nicht sanktioniert.

121 In der Aufforderung muss sich die strikte **Neutralität des Wahlleiters** wiederfinden. Sie muss **schriftlich** erfolgen und zusammen mit den **Hinweisen** auf die konkrete Ausgestaltung und Form der Wahlvorschläge sowie den Ablauf des Vorschlagsverfahrens nach Vorgaben der §§ 8–10 bekannt gemacht werden. Die Aufnahme dieser Hinweise v.a. auf den Ort und den letzten Termin für die Einreichung ist verbindlich, denn nur so kann gewährleistet werden, dass die Wahlberechtigten die Möglichkeit haben gültige Wahlvorschläge abzugeben.

II. Die Bekanntmachung der Aufforderung

122 Die **Bekanntmachung** erfolgt in den dafür **bestimmten Organen**. Die Handwerkskammern können sich grds. den gängigen Massenmedien bedienen. Neben den klassischen Massenmedien, wie Printmedien (Zeitungen, Zeitschriften etc.) existieren seit den 1990er-Jahren auch digitale Medien. **Zweck** der Bekanntmachung ist es, **möglichst viele Wahlberechtigte zu erreichen**. Vor allem bei **Zeitungen** und Zeitschriften sind deshalb solche auszuwählen, die im handwerklichen Bereich verbreitet sind, wie zB regionale Handwerkszeitungen im Handwerkskammerbezirk und überregionale Handwerkszeitungen wie etwa die „Deutsche Handwerks Zeitung". Entsprechen dieser Zielsetzung sollte die Veröffentlichung in den digitalen Medien zumindest auch auf der jeweiligen **Homepage der Handwerkskammer** hervorgehoben erfolgen.

123 Üblicherweise werden die Organe, in denen die Bekanntmachungen der Handwerkskammer zu veröffentlichen sind, **in der Satzung der Handwerkskammer festgelegt** (§ 105 Abs. 2 Nr. 12 HwO). So bestimmt etwa § 35 Abs. 1 der Satzung der Handwerkskammer für München und Oberbayern, dass „(…) Bekanntmachungen der Handwerkskammer (…) in der Deutschen Handwerks Zeitung oder durch Aushang im Eingangsbereich des Verwaltungsgebäudes der Handwerkskammer für München und Oberbayern (…) zu veröffentlichen" sind. Gleichgestellt wird die Bekanntgabe „auf der Homepage im Internetauftritt www.hwk-muenchen.de unter dem Stichwort „Rechtsgrundlagen"".

124 Die drei in § 35 der Satzung der Handwerkskammer für München und Oberbayern vorgesehenen **Bekanntmachungsarten Aushang**, **Handwerkszeitung** und **Internet** stehen nicht kumulativ und zwingend nebeneinander; schon **eine** Form der Bekanntmachung soll dem Wortlaut („oder") nach ausreichend sein. Die Praxis verfährt jedoch idR durch Verwendung aller drei Arten. Anders jedoch für die Aufforderung zur Einreichung von Wahlvorschlägen. Schon der Wortlaut des § 7 („in den (…) Organen") zeigt, dass die Aufforderung zur Einreichung von Wahlvorschlägen in mehreren **Publikationsorganen veröffentlicht werden müssen**. Auch **Sinn und Zweck** der Vorschrift, möglichst alle Wahlberechtigten eines Handwerkskammerbezirks zu erreichen und zu informieren, spricht für die **kumulative Nutzung mehrerer Bekanntmachungsorgane**. Die Aufforderung zur Einreichung von Wahlvorschlägen soll daher zweckmäßigerweise in **mindestens zwei** der in der Satzung vorgegebenen Bekanntmachungsformen bekanntgegeben werden. Der Aushang im Eingangsbereich des Verwaltungsgebäudes der Handwerkskammer ist allein keinesfalls ausreichend, da damit nicht gewährleistet ist, dass nicht im Stadtgebiet ansässige Kammermitglieder zuverlässig von der Aufforderung, ihre Wahlvorschläge abzugeben, erfahren.

Aus Kostengründen erscheint die einmalige Veröffentlichung in den Printmedien ausreichend. Hingegen sollte sowohl der Aushang im Verwaltungsgebäude der Handwerkskammer, als auch die Veröffentlichung durch die Nutzung der digitalen Medien für einen längeren Zeitraum erfolgen. Dadurch wird sichergestellt, dass eine Vielzahl von Wahlberechtigten von der Aufforderung Kenntnis erlangen können. In diesen Fällen sollte die Aufforderung bis zum Ablauf der Frist zur Einreichung der Wahlvorschläge veröffentlicht bleiben. 125

Erfolgt überhaupt **keine Bekanntgabe**, liegt ein **Verstoß** gegen **§ 7** vor. Die Bekanntgabe an die Beteiligten ist nicht nur die Pflicht des Wahlleiters, sondern auch Voraussetzung für das Wirksamwerden der Aufforderung zur Einreichung des Wahlvorschlages. Denn nur durch die Bekanntgabe haben die Wahlberechtigten die Möglichkeit von ihrem verfassungsrechtlich garantierten Recht auf Teilnahme an den Wahlen Gebrauch zu machen. Andernfalls läge ein **Verstoß** gegen das **Demokratieprinzip** des Art. 20 Abs. 1, 2 GG vor, der zur Anfechtbarkeit der Wahl führen könnte. 126

III. Der Zeitpunkt der Aufforderung

Die Aufforderung muss **spätestens drei Monate vor dem Wahltag** erfolgen (vgl. Ausführungen zum Wahltag → § 1 Rn. 62 ff.). Aufgrund des Wortlauts „spätestens" handelt es sich um eine **Mindestfrist**, so dass eine frühere Bekanntmachung möglich ist. Die drei Monate dürfen somit überschritten werden, nicht aber unterschritten. 127

Maßgeblich für die **Fristberechnung** ist, dass es sich bei der vorliegenden Frist um eine **Ereignisfrist** handelt, die nach den allgemeinen Vorschriften der §§ 187 Abs. 1, 188 Abs. 2 Hs. 1 BGB zu berechnen ist. Diese zivilrechtlichen Vorschriften finden aufgrund entsprechender Verweisungsnormen auch im Öffentlichen Recht Anwendung (vgl. § 57 Abs. 2 VwGO iVm § 222 Abs. 1 ZPO der auf die §§ 187 ff. BGB verweist bzw. § 31 Abs. 1 VwVfG iVm §§ 187 ff. BGB). 128

§ 187 Abs. 1 BGB regelt den **Fristbeginn**. Danach wird bei der Berechnung der Frist der Tag nicht mitgerechnet, in welchen das Ereignis fällt, das für den Anfang der Frist maßgeblich ist (Palandt/Ellenberger BGB § 187 Rn. 1). Der darauffolgende Tag ist der erste Tag der Frist (Thomas/Putzo/Hüßtege ZPO § 222 Rn. 2; Palandt/Ellenberger BGB § 187 Rn. 1). Für den Fristbeginn ist es gleichgültig, ob dieser Tag ein Sonnabend, Sonn- oder Feiertag ist (Palandt/Ellenberger BGB § 187 Rn. 1). **Fristauslösendes Ereignis** ist die Bekanntgabe der Aufforderung Wahlvorschläge einzureichen, dh der Tag an dem die Veröffentlichung in der Zeitung oder im Internet erfolgt bzw. der Aushang im Verwaltungsgebäude. 129

Der Wortlaut des § 188 Abs. 2 Hs. 1 BGB bestimmt: „Eine Frist, die (…) nach Monaten (…) bestimmt ist, endigt (…) mit dem Ablauf desjenigen Tages (…) des letzten Monats, welcher durch (…) seine Zahl dem Tag entspricht, in den das Ereignis (…) fällt (…)". Fehlt der entsprechende Tag, ist es der letzte Tag des Monats (Thomas/Putzo/Hüßtege ZPO § 222 Rn. 7). Der Endzeitpunkt gehört noch zur Frist (Thomas/Putzo/Hüßtege ZPO § 222 Rn. 7; Palandt/Ellenberger BGB § 188 Rn. 5). Fällt das Fristende auf einen Sonnabend, Sonn- oder gesetzlichen Feiertag, endet die Frist nach den allgemeinen Grundsätzen des § 57 Abs. 2 VwGO iVm § 222 Abs. 2 ZPO mit Ablauf des nächsten Werktages. 130

Beispiel für die Fristberechnung: Die Bekanntgabe der Aufforderung erfolgt am 16.3.2011. Fristbeginn ist der 17.03.2011 um 0.00 Uhr, Fristende ist der 16.6.2011 um 24 Uhr. Der Wahltag ist dann frühestens am 17.6.2011. 131

Geschieht die Aufforderung zur Einreichung von Wahlvorschlägen nicht drei Monate vor dem festgesetzten Wahltag, wird die **Frist** also **nicht eingehalten**, so muss der Wahltermin konsequenterweise so weit verschoben werden, bis die 3-Monatsfrist wieder eingehalten ist. 132

Zur **Bestimmung eines neuen Wahltermins** ist die erneute Beschlussfassung des beschlussfähigen Vorstandes in der Sitzung nach den Vorgaben des § 1 S. 1 erforderlich (vgl. die Ausführungen unter → § 1 Rn. 39–70). 133

Formulierungsbeispiel: „Als Wahlleiter fordere ich zur Einreichung von Wahlvorschlägen zur Wahl zur Vollversammlung der Handwerkskammer (…) am (…) auf. Dazu gebe ich folgende Hinweise:" Anschließend sind die Voraussetzungen des §§ 8–10 aufzulisten. 134

§ 8 [Anforderungen an die Wahlvorschläge]

(1) Die Wahlvorschläge gelten für den Wahlbezirk (§ 3); sie sind getrennt für die Wahl der Vertreter des Handwerks und des handwerksähnlichen Gewerbes und für die Wahl der Vertreter der Gesellen und anderen Arbeitnehmer mit abgeschlossener Berufsausbildung in Form von Listen einzureichen und müssen die Namen von so vielen Bewerbern enthalten, als Mitglieder und Stellvertreter in dem Wahlbezirk zu wählen sind.

(2) ¹Die Bewerber sind mit Vor- und Zunamen, Beruf, Wohnort und Wohnung so deutlich zu bezeichnen, dass über die Person kein Zweifel besteht. ²In gleicher Weise sind für jedes einzelne Mitglied der oder die Stellvertreter deutlich zu bezeichnen, so dass zweifelsfrei hervorgeht, wer als Mitglied und wer als Stellvertreter vorgeschlagen wird. ³Bei zwei Stellvertretern für jedes einzelne Mitglied muss aus der Bezeichnung zweifelsfrei hervorgehen, wer als erster oder zweiter Stellvertreter vorgeschlagen wird.

(3) Die Verteilung der Bewerber des Handwerks und des handwerksähnlichen Gewerbes sowie der Gesellen und anderen Arbeitnehmer mit abgeschlossener Berufsausbildung muss den Bestimmungen der Satzung der Handwerkskammer entsprechen.

(4) ¹Auf jedem Wahlvorschlag sollen eine Vertrauensperson und ein Stellvertreter bezeichnet sein, die bevollmächtigt sind, dem Wahlleiter gegenüber Erklärungen abzugeben. ²Fehlt diese Bezeichnung, so gilt der erste Unterzeichnete als Vertrauensperson, der zweite als sein Stellvertreter.

(5) Die Wahlvorschläge müssen mindestens von der zweifachen Anzahl der jeweils für die Arbeitgeber- und Arbeitnehmerseite in der Vollversammlung zu besetzenden Sitze an Wahlberechtigten, höchstens aber von 70 Wahlberechtigten, unterzeichnet sein.

(6) ¹Die Unterzeichner der Wahlvorschläge müssen bei der Unterschrift auch Beruf, Wohnort und Wohnung angeben. ²Die Unterschriften müssen leserlich sein.

Literatur: Detterbeck, St., Handwerksordnung; Jarass, H./ Pieroth, B., Grundgesetz; Kluth, W., Handbuch des Kammerrechts; Leisner, W. G., in: Sodan, H., Grundgesetz; Palandt, O., Bürgerliches Gesetzbuch; Sachs, M, Grundgesetz; Schreiber, W., Bundeswahlgesetz; Seifert, K.-H., Bundeswahlrecht; Will, M., Selbstverwaltung der Wirtschaft, 2010

Rechtsprechung: BerlVerfGH NVwZ-RR 2003, 397; BGH NJW 1981, 1900; 1994, 55; 1997, 3380; 2003, 1120; NJW-RR 2007, 351; BGHZ 47, 68; BVerfGE 7, 63; 21, 355; 47, 253; 95, 335; 97, 317; 99, 1; 102, 197; 111, 10; OVG Lüneburg GewArch 1992, 421; OLG Brandenburg WM 2003, 2037; VG Freiburg v. 2.10.2001 – 4 K 2348/00; VG Freiburg GewArch 1995, 248; VGH Mannheim GewArch 2001, 422

Überblick

§ 8 regelt das **Wahlvorbereitungsverfahren** und ergänzt § 95 HwO, der die Grundsätze der Wahl festlegt. § 95 HwO Abs. 1 S. 1 sieht folgenden Wortlaut vor: „Die Mitglieder der Vollversammlung und ihre Stellvertreter werden durch **Listen** in allgemeiner, freier, gleicher und geheimer Wahl gewählt" (Herv. v. Verf.). **§ 8 Abs. 1 Hs. 2** bestimmt die **nähere Ausgestaltung der Wahlvorschläge**. Der Gesetzgeber hat sich für das **Listenprinzip** entschieden, im Gegensatz zu Wahlen einzelner Personen. Nach § 95 Abs. 1 S. 2 werden die Wahlen der Vollversammlung infolge der Novelle von 2004 im **Briefwahlverfahren** durchgeführt (Detterbeck § 95 Rn. 3). Die Wahl erfolgt durch Stimmabgabe per Brief.

Übersicht

	Rn.		Rn.
A. Anforderungen an die Wahlvorschläge	1	IV. Die Form des Wahlvorschlages	9
I. Der Wahlbezirk	1	V. Die inhaltliche Ausgestaltung des Wahlvorschlages	11
II. Die Wahlvorschlagsberechtigung	2		
III. Die formalen Voraussetzungen eines Wahlvorschlages	6	VI. Der Bewerber des Wahlvorschlages	22
		B. Die anzugebenden Daten der Bewerber	24

	Rn.		Rn.
C. Die Anforderungen an die Stellvertreter der Bewerber	33	I. Das Unterschriftenquorum	51
		II. Mehrfachunterzeichnung	58
D. Verteilung der Bewerber	39	III. Mehrfache Ausfertigung einer Liste	59
E. Vertrauensperson	45	IV. Die Rechtsfolge bei Nichteinhaltung des Quorums	60
I. Die Vertrauensperson	45	V. Beispiel	61
II. Der Stellvertreter	50	VI. Angaben bei der Unterschrift	62
F. Unterschriften	51	G. Leserlichkeit	69

A. Anforderungen an die Wahlvorschläge

I. Der Wahlbezirk

§ 8 Abs. 1 Hs. 1 regelt **abschließend** den **räumlichen Geltungsbereich** der Wahlvorschläge. Danach gelten die Wahlvorschläge für den **Wahlbezirk** (vgl. zum Wahlbezirk → § 3 Rn. 1 ff.). Wahlvorschläge die den **Wahlbezirk überschreiten** sind **fehlerhaft**. Dieser Mangel führt nicht sofort zur Unwirksamkeit des Wahlvorschlages. Vielmehr kann der **Mangel** nach den Regelungen des **§ 11 behoben** werden. Nach § 11 Abs. 1 fordert der Wahlleiter die Vertrauensperson der betroffenen Liste unter Setzung einer angemessenen Frist zu der Beseitigung des Mangels auf (→ § 11 Rn. 4). Erst wenn der Fehler von der Vertrauensperson **nicht rechtzeitig beseitigt** wird, ist der Wahlvorschlag **unwirksam** und kann **nicht zur Wahl zugelassen** werden, da er die gesetzlichen Voraussetzungen des § 8 Abs. 1 Hs. 1 nicht erfüllt, **§ 11 Abs. 4**; (zur Unwirksamkeit nach § 11 Abs. 4 → § 11 Rn. 15 ff.).

II. Die Wahlvorschlagsberechtigung

Die **Berechtigung Wahlvorschläge einzureichen** steht **jedem Wahlberechtigten** nach § 96 und § 98 HwO zu (Detterbeck § 95 Rn. 5). Vgl. zur Wahlberechtigung → § 1 Rn. 86 ff. Dies ist **Ausfluss** des **Grundsatzes** der **allgemeinen Wahl**. Danach kann jeder Wahlberechtigte an der Wahl teilnehmen. Bestandteil dieses Teilnahmerechts ist das Wahlvorschlagsrecht, denn die Wahlvorbereitung ist der einleitende Teil des Wahlverfahrens (Sodan/Leisner Art. 38 Rn. 26). Zu beachten ist, dass das Wahlvorschlagsrecht durch das Merkmal der Gruppenzugehörigkeit eingeschränkt wird. Die Wahlberechtigten dürfen **nur Vorschläge** für die **Gruppe**, der sie selbst angehören, **einreichen** (Will, Selbstverwaltung der Wirtschaft, S. 730). Damit können Arbeitnehmer nur Vorschläge für die Arbeitnehmervertretung einreichen und Selbständige nur Vorschläge für die Arbeitgebervertretung.

Hinsichtlich der **Mitglieder** des **Wahlausschusses** iSv § 2 Abs. 1 S. 2 Hs. 1 ist zu differenzieren (vgl. zum Wahlausschuss → § 1 Rn. 80 aE; → § 2 Rn. 9 ff.). Keine Wahlvorschlagsberechtigung hat mangels Wahlberechtigung nach § 1 S. 2 der **Wahlleiter** und **sein Stellvertreter** (vgl. zum Wahlleiter → § 1 Rn. 71; vgl. zum Stellvertreter → § 1 Rn. 81). Die weiteren Mitglieder des Wahlausschusses, d.h. die **Beisitzer und ihre Stellvertreter**, können aufgrund ihrer Wahlberechtigung Wahlvorschläge einreichen. Ebenso die Mitglieder des **Vorstandes** der Handwerkskammer (vgl. zum Vorstand → § 1 Rn. 1 ff. und § 1 Rn. 30 ff.).

Reicht eine **nicht wahlberechtigte Person einen Wahlvorschlag ein**, ist dieser Vorschlag **fehlerhaft**. Nach § 11 Abs. 1 fordert der Wahlleiter die Vertrauensperson (vgl. zur Vertrauensperson → Rn. 45 ff.) der betroffenen Liste unter Setzung einer angemessenen Frist zu der Beseitigung des Mangels auf (→ § 11 Rn. 4). Wird der Mangel nicht rechtzeitig beseitigt, ist der Wahlvorschlag unwirksam und kann nicht zur Wahl zugelassen werden, § 11 Abs. 4 (zur Unwirksamkeit nach § 11 Abs. 4 → § 11 Rn. 15 ff.).

Adressat der **Wahlvorschläge** ist der **Wahlleiter** (vgl. zum Wahlleiter → § 1 Rn. 71). Sie sind an die in der öffentlichen Bekanntmachung (→ § 7 Rn. 122 ff.) angegebene Adresse zu senden.

III. Die formalen Voraussetzungen eines Wahlvorschlages

Die **formalen Voraussetzungen** der Wahlvorschläge müssen beachtet werden. An die formale Ausgestaltung der Listen werden mehrere Anforderungen gestellt. Neben dem **Listenprinzip** ist das **Trennungsprinzip** zu beachten.

7 Nach dem **Listenprinzip** sind die Wahlvorschläge in Form von Listen einzureichen. Die Wähler können nur eine Liste **als Ganzes wählen oder** für sich **ablehnen**. Die Auswahl oder der Ausschluss einzelner favorisierter oder unliebsamer Personen ist nicht möglich, da eine Personenwahl nicht stattfindet. Die vom Gesetzgeber gewählte Listenform ist **verbindlich**. Die Verbindlichkeit der Listenwahl verstößt **nicht** gegen den **Grundsatz der Unmittelbarkeit** der Wahl aus Art. 38 Abs. 1 S. 1 GG (BVerfGE 7, 63 (69); 21, 355 (356); 47, 253 (283); Sodan/Leisner Art. 38 Rn. 28; Schreiber BWahlG § 27 Rn. 4), wenn der Wähler Kenntnis darüber hat, für welche Bewerber er votiert (Sodan/Leisner Art. 38 Rn. 28; BVerfGE 95, 335 (350); 97, 317 (324 ff.)).

8 Nach dem – ebenfalls verbindlichen – Trennungsprinzip sind die Wahlvorschläge getrennt für die Wahl der Vertreter des Handwerks und des handwerksähnlichen Gewerbes und für die Wahl der Vertreter der Gesellen und anderer Arbeitnehmer mit abgeschlossener Berufsausbildung sowie des Kleingewerbes (§ 93 Abs. 2 S. 2 HwO) einzureichen (Detterbeck § 95 Rn. 5). Bei jeder Wahl der Vollversammlung gibt es mindestens zwei getrennte Listen. Eine Liste für die Wahl der Vertreter der Selbständigen und eine zweite Liste für die Wahl der Arbeitnehmer. Dies führt auch zu einer formalen Übersichtlichkeit und gewährleistet die vom Gesetzgeber in § 93 Abs. 1 S. 2 HwO geforderte Zusammensetzung der Vollversammlung. Daneben ist auf beiden Seiten die Einreichung einer weiteren Anzahl von den jeweiligen vorstehenden Listen erwachsenden Konkurrenzlisten möglich. Eine gesetzliche Beschränkung auf eine Höchstzahl von Listen besteht nicht und wäre als unzulässige Wahleinschränkung mit den Wahlgrundsätzen des Art. 38 GG nicht vereinbar.

IV. Die Form des Wahlvorschlages

9 §§ 8 und 9 beinhalten, anders als etwa § 19 BWahlG für die Einreichung der Kreiswahlvorschläge und der Landeslisten („schriftlich"), keine ausdrückliche Aussage zur **Form der Wahlvorschläge**. Aus dem gesetzlichen Listenprinzip und der notwendigen Unterzeichnung der Unterstützer der Liste nach § 8 Abs. 5 lässt sich ableiten, dass auch vorliegend **Schriftlichkeit** notwendig ist. Auch wenn im § 8 nicht ausdr. geregelt, so bedeutet Schriftlichkeit iSd § 19 BWahlG grds. nach der allgemeinen Regelung des § 126 Abs. 1 BGB, dass der **Wahlvorschlag** von dem **Einreichenden** in seiner Funktion als Aussteller eigenhändig durch Namensunterschrift **unterzeichnet** werden muss und der Wahlvorschlag **im Original beim Wahlleiter einzureichen** ist (vgl. Schreiber BWahlG § 19 Rn. 2). Die **Unterzeichnung** muss persönlich und handschriftlich erfolgen (Schreiber BWahlG § 19 Rn. 2). Der Wahlvorschlag ist dem Wahlleiter **im Original** vorzulegen (Schreiber BWahlG § 19 Rn. 2). Eine Einreichung **per E-Mail** oder **Telefax** erfüllt im Allgemeinen die Voraussetzungen der Schriftlichkeit nicht (Schreiber BWahlG § 19 Rn. 2). Dies gilt auch dann, wenn etwa das Telefax unterzeichnet ist (Schreiber BWahlG § 19 Rn. 2).

10 Wird die formale Voraussetzung der Schriftlichkeit bzw. das verbindliche Listen- oder Trennungsprinzip nicht eingehalten, ist der Wahlvorschlag **unwirksam**, wenn der Mangel nicht **rechtzeitig** durch die Vertrauensperson **behoben** wird, § 11 Abs. 1, Abs. 4.

V. Die inhaltliche Ausgestaltung des Wahlvorschlages

11 Hinsichtlich der inhaltlichen Ausgestaltung der Listen sind das Vollständigkeits- und das Abbildungsprinzip zu beachten.

12 Nach dem Vollständigkeitsprinzip müssen die Wahlvorschläge in Form von Listen so viele Bewerber (→ Rn. 22) enthalten als Mitglieder und Stellvertreter in dem Wahlbezirk (vgl. zum Wahlbezirk → § 3 Rn. 1 ff.) zu wählen sind. Eine Wahlvorschlagsliste muss immer vollständig sein. Die Anzahl der wählbaren Personen muss zahlenmäßig mit der entsprechenden zahlenmäßigen Festsetzung der Mitglieder der Vollversammlung in der Satzung der Handwerkskammer übereinstimmen. Weder eine Überbesetzung noch eine Unterbesetzung der Liste ist zulässig. Zur Problematik der Zulässigkeit von Teilwahlvorschlägen → § 7 Rn. 3 ff.

13 Bei einem Verstoß gegen das Vollständigkeitsprinzip fordert nach § 11 Abs. 1 der Anlage C der Wahlleiter die Vertrauensperson der unvollständigen Liste, unter Setzung einer angemessenen Frist, zur Beseitigung des Mangels auf. Wird die Liste nicht innerhalb der gesetzten

Frist vervollständigt, ist der Wahlvorschlag unwirksam und kann nicht zur Wahl zugelassen werden, § 11 Abs. 4.

Nach dem Abbildungsprinzip müssen die Wahlvorschläge zudem die Verteilung der Bewerber der verschiedenen Handwerksgruppen entsprechend der verbindlichen **Vorgabe der Satzung** der Handwerkskammer widerspiegeln, § 4 (vgl. zur Aufteilung in Gruppen → § 4 Rn. 1 ff.). Zur Frage des **Verstoßes der Vorgreiflichkeit des Abbildungsprinzips gegen die verfassungsrechtlich geschützte Vereinigungsfreiheit** → § 7 Rn. 11 ff. 14

Empfehlenswert ist zur besseren Übersicht eine **zusätzliche Unterteilung** der Wahlvorschlagslisten der Arbeitgeber und der Wahlvorschlagslisten der Arbeitnehmer in die Gewerbe der Anlage A (zulassungspflichtiges Handwerk) und der Anlage B (zulassungsfreie Handwerk und handwerksähnliche Betriebe). Innerhalb der Aufteilung in Anlage A und Anlage B erscheint eine weitere Aufteilung nach den einzelnen Gewerbegruppen sinnvoll. Zu beachten sind bei der zahlenmäßigen Aufteilung die verbindlichen Vorgaben der Satzung der entsprechenden Handwerkskammer. 15

Fehlerhaft ist die Liste auch bei einem **Verstoß gegen das Abbildungsprinzip, d.h.** wenn sie den Vorgaben der Satzung der Handwerkskammer hinsichtlich der Aufteilung nach Handwerksgruppen nicht entspricht. Nach § 11 Abs. 1 fordert der Wahlleiter die Vertrauensperson der betroffenen Liste unter Setzung einer angemessenen Frist auf, die Vorschlagsliste den Anforderungen der Satzung anzupassen und damit den Mangel zu beseitigen. Wird der Fehler nicht rechtzeitig beseitigt, ist der Wahlvorschlag unwirksam und kann nicht zur Wahl zugelassen werden, § 11 Abs. 4. 16

Ein Bewerber kann aufgrund seiner Gruppenzugehörigkeit entweder nur auf der Liste der Arbeitgebervertretung oder auf der Liste für die Wahl der Arbeitnehmervertretung stehen. Ausgeschlossen ist damit die **doppelte Listung** einer Person auf **beiden Listen**. Möglich ist aber die **doppelte Listung** eines Bewerbers innerhalb seiner Gruppe auf **konkurrierenden Listen** (→ Rn. 19). 17

Unter **Listung** ist die zwanghafte eindeutige Aneinanderreihung von verschiedenen Namen in gebotener Reihenfolge zu verstehen. Die vorgeschlagene Wahlliste hat damit bereits eine bestimmte Zuordnung der Platzziffern zu den einzelnen Bewerbern und Nachrückern vorgenommen. Durch eine **Listenwahl** kann an dieser festgelegten Reihenfolge nichts geändert werden. 18

Eine **Mehrfachbewerbung** eines Bewerbers ist bei der Wahl der Vollversammlung **zulässig**. Er kann innerhalb seiner Arbeitnehmer- bzw. Arbeitgeber-Gruppe auch auf einer konkurrierenden Wahlvorschlagsliste stehen. Eine solche **Pluralkandidatur** ist in § 20 Abs. 1 S. 2 BWahlG bei Kreiswahlvorschlägen und in § 27 Abs. 4 S. 1 BWahlG bei Landeslisten ausgeschlossen (Schreiber BWahlG § 27 Rn. 18; Seifert BWahlG § 26 Rn. 12). Die „wahltaktische Mehrfachaufstellung von sog. Zugkandidaten" verstoße gegen den Grundsatz der Unmittelbarkeit der Wahl nach Art. 38 Abs. 1 S. 1 GG (Schreiber BWahlG § 27 Rn. 18; § 20 Rn. 2). Anders ist dies bei der Wahl der Vollversammlung aufgrund Listenwahl. Hier stehen nicht Koalitionsinteressen im Vordergrund, sondern die Interessen der Gewerbegruppen, die die gewählten Kandidaten repräsentieren (VGH Mannheim GewArch 2001, 422 (428)). Eine Regelung, die eine Pluralkandidatur verbietet, gibt es weder in der HwO noch in der Anlage C (VGH Mannheim GewArch 2001, 422 (428)). Zudem wird auf diese Weise die Kandidatur Einzelner oder kleiner Gruppierungen ermöglicht, die nicht in der Lage sind aus eigener Kraft eine vollständige Liste aufzustellen (VGH Mannheim GewArch 2001, 422 (428)). 19

Zur Problematik der **Zulassung teilidentischer Wahllisten** → § 7 Rn. 10. 20

Zur Problematik der Pflicht zur Zulassung eines Wahlvorschlags, dessen Kandidaten die Handwerkskammer-Pflichtzugehörigkeit abschaffen möchten (**„Liste gegen Handwerkskammer-Pflichtmitgliedschaft"**) → § 7 Rn. 89 ff. 21

VI. Der Bewerber des Wahlvorschlages

Bewerber kann jeder sein, der **passiv wahlberechtigt** ist. Die **Wählbarkeit** als Vertreter des **zulassungspflichtigen Handwerks** regelt § 97 Abs. 1, Abs. 2 HwO. Aufgrund des Verweises in § 97 Abs. 3 HwO gilt § 97 Abs. 1, 2 HwO für die Wahl der Vertreter der **zulassungsfreien Handwerke**, der **handwerksähnlichen Gewerbe** und der **Personen** 22 nach § 90 Abs. 3 und 4 HwO entsprechend. Zum **passiven Wahlrecht der Selbständigen** → § 10 Rn. 10ff., zur Differenzierung „**handwerksähnliche Gewerbe**"-„**Handwerk**" → § 7 Rn. 71ff.

23   § 99 HwO regelt die Wählbarkeit zum **Vertreter der Arbeitnehmer**. Zum **passiven Wahlrecht der Arbeitnehmer** → § 10 Rn. 19ff.

B. Die anzugebenden Daten der Bewerber

24   Sinn und Zweck dieser Vorschrift ist es, die Bewerber eines Wahlvorschlages so eindeutig voneinander abzugrenzen, dass eine eindeutige Identifizierung der einzelnen Personen möglich ist **(Identifikationsfunktion)**. Die Person eines Bewerbers muss **eindeutig** feststehen. Dies soll durch die vollständige Angabe der gesetzlich abschließend genannten kumulativen Merkmale erfolgen. Aufzuführen sind von jedem einzelnen Bewerber der Liste alle in § 8 Abs. 2 genannten Merkmale.

25   Anzugeben ist der **Vor- und Zuname**. Die Bewerber müssen mit vollständigem Namen, dh, mit ihrem Vornamen sowie ihrem Familiennamen bezeichnet werden, um sie eindeutig von anderen Handwerkskammermitgliedern abzugrenzen (vgl. Schreiber BWahlG § 26 Rn. 8). Bei **mehreren Vornamen** sollen zwar alle Vornamen angegeben werden; es reicht jedoch aus, lediglich den gebräuchlichen Vornamen (Rufname) auszuschreiben und evtl. zusätzlich die übrigen Vornamen mit dem ersten Buchstaben abzukürzen (z. B. Wolfgang K.-H.; vgl. Schreiber BWahlG § 26 Rn. 8).

26   Als **Zuname** muss der aktuelle, vollständige und ungekürzte Familienname angegeben werden. Dies ist bei verheirateten Bewerbern der Ehe- bzw. Lebenspartnerschaftsname (Schreiber BWahlG § 26 Rn. 8).

27   Die **Höflichkeitsanreden** „Herr" und „Frau", welche zugleich Geschlechtshinweise enthalten, gehören dagegen nicht zum Familiennamen; **Adelstitel** (zB Graf, Freiherr, Baron) dagegen schon (Schreiber BWahlG § 26 Rn. 8). **Akademische Grade** (zB Prof., Dr., Dipl.-Ing., Dipl.-Kaufm.) sind hingegen – in diesem Zusammenhang – keine Bestandteile des Familiennamens (Schreiber BWahlG § 26 Rn. 8).

28   Anzugeben ist der **Beruf**. Als Beruf gilt diejenige Tätigkeit, die in ideeller wie in materieller Hinsicht der Schaffung und Erhaltung einer Lebensgrundlage dient (BVerfGE 102, 197 (212); 111, 10 (28), Jarass/Pieroth/Jarass Art. 12 Rn. 4; Sachs/Mann Art. 12 Rn. 45). Die Angabe des Berufs dient zum einen der **Identifizierbarkeit** der einzelnen Bewerber, um Bewerber mit ähnlichen oder gleichen Namen eindeutig voneinander abzugrenzen. Zum anderen bringt die Berufsbezeichnung die nötige – iSd § 4 geforderte – Transparenz mit sich **(Transparenzfunktion)**. Durch die **Angabe** der **Berufe** der Bewerber im Wahlvorschlag werden die in § 4 iVm der Satzung gebildeten **Gruppen erkennbar**. Entsprechend dem Zweck des § 34 BWO bei Kreiswahlvorschlägen, soll dem Wähler die Berufsbezeichnung verdeutlichen, welche Tätigkeit der Bewerber ausübt (vgl. Schreiber BWahlG § 26 Rn. 8). Anzugeben ist der **erlernte** oder der **zuletzt ausgeübte** Beruf (Schreiber BWahlG § 26 Rn. 8). Beim Vorliegen mehrerer Berufe ist die Angabe eines Berufs ausreichend (Schreiber BWahlG § 26 Rn. 8).

29   Unter **Wohnort** ist der Ort zu verstehen, an dem sich die Wohnung des Bewerbers befindet. Der Ort ist mittels Postleitzahl genau zu bezeichnen.

30   Die **Wohnung** bezeichnet den gewöhnlichen Aufenthaltsort des Bewerbers, der zu Wohnzwecken dient. Es ist die genaue Adresse des Bewerbers mit Straße und Hausnummer anzugeben.

31   Die anzugebenden Daten sind rein melderechtlicher Art und überschreiten daher nicht die Grenze des **Daten- und Persönlichkeitsschutzes**. Der Bewerber muss die Mitteilung dieser Daten akzeptieren.

32   Zur Übersichtlichkeit erscheint es zweckmäßig, zusätzlich eine **Nummerierung** der Bewerber innerhalb der Liste vorzunehmen. Dies ist aber kein zwingendes Merkmal, da die Nummerierung nicht Bestandteil der abschließenden Aufzählung des § 8 Abs. 2 S. 1 ist.

C. Die Anforderungen an die Stellvertreter der Bewerber

33   **Für jedes Mitglied** der Liste ist im Wahlvorschlag **mindestens ein Stellvertreter** zu benennen. Die **Anzahl** der Stellvertreter pro Bewerber ist abhängig von den maßgeblichen

Vorgaben in der Satzung der entsprechenden Handwerkskammer. Nach dem Wortlaut des § 8 Abs. 2 § 93 Abs. 3 besteht die Möglichkeit, für ein einzelnes Mitglied auch zwei Stellvertreter vorzuschlagen. Ein Bewerber kann demnach mindestens einen, höchstens jedoch zwei Stellvertreter haben. Die Benennung von mehr als zwei Stellvertretern pro Bewerber und auch deren vollständige Weglassung ist unzulässig.

Der Stellvertreter übernimmt im Verhinderungsfall oder im Fall des Ausscheidens des Mitglieds der Vollversammlung dessen Aufgaben (→ § 1 Rn. 81). Die Stellvertreter sind in gleicher Weise wie in Satz 1, dh mit **Vor- und Zunamen, Beruf, Wohnort und Wohnung** zu bezeichnen, um der Identifikationsfunktion gerecht zu werden (→ Rn. 24 ff.). 34

Des Weiteren muss zweifelsfrei hervorgehen, wer als Mitglied und wer als Stellvertreter vorgeschlagen wird. Zudem muss eine **klare und deutliche Zuordnung** eines jeden Stellvertreters zu einem bestimmten Bewerber erfolgen. Aus der Wahlliste muss sich eindeutig ableiten lassen, wer reguläres Mitglied der Vollversammlung sein soll und wer dessen Stellvertreter sein soll. 35

Sind nach der Satzung der Handwerkskammer **zwei Stellvertreter** aufzulisten, muss aus dem Wahlvorschlag eindeutig hervorgehen, wer als erster und wer als zweiter Stellvertreter vorgeschlagen wird. Die **Reihenfolge** der einzuspringenden Stellvertreter im Verhinderungsfall muss erkennbar sein. Eine Nummerierung innerhalb der Liste als 1. und 2. Stellvertreter bietet sich an. 36

Die Stellvertreter müssen dem **gleichen Gewerbe** wie der Bewerber angehören und wenn die Satzung der Handwerkskammer eine zusätzliche regionale Aufteilung (→ § 4 Rn. 13 zum Regionalprinzip) vorschreibt auch dem **gleichen Teilbezirk** angehören (Detterbeck § 93 Rn. 5). Auf diese Weise wird gewährleistet, dass die strukturellen Festsetzungen der Satzung (örtlich, fachlich) nicht unterlaufen werden (Detterbeck § 93 Rn. 5). 37

Werden die Vorgaben des § 8 Abs. 2 nicht eingehalten, ist der **Wahlvorschlag mangelhaft** iSv § 11 Abs. 1. Wird der Mangel nicht innerhalb der vorgegebenen Frist behoben, ist der Wahlvorschlag unwirksam § 11 Abs. 4. 38

D. Verteilung der Bewerber

§ 8 Abs. 3 Anlage C stellt eine **deklaratorische Verweisung** auf § 93 Abs. 2 HwO dar, der iVm § 4 und der Satzung die **Mitglieder** der Vollversammlung **in einzelne Gruppen** unterteilt **und** deren **zahlenmäßige Verteilung** gem. der Satzung festlegt. 39

Sinn und Zweck des § 8 Abs. 3 ist es, eine Über- bzw. Unterbesetzung der Liste zu vermeiden. Der Wahlvorschlag muss die Zusammensetzung der Vollversammlungsmitglieder widerspiegeln. Sowohl der zahlenmäßige Aufteilungsmodus zwischen den einzelnen Gruppen, als auch der Proporz zwischen den in Anlage A und Anlage B aufgeführten Gewerben muss den Erfordernissen, die an die Zusammensetzung der Vollversammlung gestellt werden, entsprechen. 40

Zum **Bewerber** → Rn. 22. 41
Zum **handwerksähnlichen Gewerbe** → § 7 Rn. 71 ff. 42
Zur **Gesellseneigenschaft** → § 1 Rn. 101 f. 43
Zu **Arbeitnehmer mit abgeschlossener Berufsausbildung** → § 1 Rn. 103. 44

E. Vertrauensperson

I. Die Vertrauensperson

Eine inhaltlich vergleichbare Regelung beinhaltet der § 22 Abs. 1 BWahlG hinsichtlich Kreiswahlvorschlägen. Trotz des Gesetzeswortlauts „sollen" handelt es sich hierbei nicht um eine fakultative Vorschrift. **Pro** Wahlvorschlagsliste **müssen zwingend** eine Vertrauensperson und ein Stellvertreter ermittelbar sein. Bei der Wahl der Vollversammlung gibt es, abhängig von der Anzahl der Listen insgesamt **mindestens zwei Vertrauenspersonen** und **mindestens zwei Stellvertreter**. Eine Vertrauensperson und ein Stellvertreter für die Liste der Arbeitnehmervertreter und eine Vertrauensperson und ein Stellvertreter für die Liste der Arbeitgebervertretung. 45

Die Träger des Wahlvorschlages können aufgrund freier Willensentscheidung eine **Person ihres Vertrauens** benennen. Gesetzliche Vorgaben hinsichtlich der Auswahl der Vertrauens- 46 person existieren nicht. Sie muss selbst nicht wahlberechtigt iSv § 96 HwO bzw. § 98 HwO sein (→ § 1 Rn. 86 ff. zur Wahlberechtigung) oder Bewerber der Liste sein (vgl. Schreiber BWahlG § 22 Rn. 1). In der Praxis ist dies aber oftmals der Fall. § 8 Abs. 4 enthält keine Regelungen zur näheren **Ausgestaltung der Benennung**. Sinnvoll erscheint es zumindest neben dem vollständigen **Vor- und Zunamen** auch den **Wohnort** und die **Wohnung** der Vertrauensperson zu bezeichnen. Um zu gewährleisten, dass der Wahlleiter die Möglichkeit hat, jederzeit ohne großen Aufwand mit der Vertrauensperson in Kontakt zu treten, wäre die Angabe seiner **Telefonnummer** zweckmäßig.

47 **Fehlt** auf dem Wahlvorschlag die **ausdrückliche Bezeichnung** einer Vertrauensperson sowie deren Stellvertreter, so gilt der erste Unterzeichnete der Liste (→ § 8 Rn. 54 ff.) als Vertrauensperson und der zweite als sein Stellvertreter. Aufgrund der Vorgaben des § 8 Abs. 5 sind die Kontaktdaten dieser Vertrauensperson dem Wahlleiter bereits bekannt.

48 Durch die Benennung einer **Vertrauensperson** soll der **Kontakt** zwischen dem Wahlleiter und den Trägern des Wahlvorschlags erleichtert werden (vgl. Schreiber BWahlG § 22 Rn. 1). Die Kommunikation soll direkt zwischen der Vertrauensperson und dem Wahlleiter stattfinden. Gerade jungen Bewerbern, wie z. B. Gesellen soll damit die Kommunikation mit dem Wahlleiter mittels einer Vertrauensperson erleichtert werden. Die **Vertrauensperson** ist va **Adressat, wenn die Wahlvorschläge mangelhaft** sind und die Mängel innerhalb der vorgegebenen Frist des Wahlleiters behoben werden sollen, § 11 Abs. 1, 4. Sie besitzt insoweit **gesetzliche Vertretungsmacht** (vgl. Schreiber BWahlG § 22 Rn. 1, 2; vgl. Seifert BWahlG § 22 Rn. 2).

49 Gem. der Regelung des § 22 Abs. 3 BWahlG gilt jedenfalls bei Kreiswahlvorschlägen und über die Verweisungsnorm des § 27 Abs. 5 BWahlG bei Landeslisten, dass die **Vertrauensperson** und ihr Stellvertreter „durch schriftliche Erklärung der Mehrheit der Unterzeichner" des Wahlvorschlags an den Wahlleiter „**abberufen und durch einen anderen ersetzt** werden können" (Herv. v. Verf.) (BerlVerfGH NVwZ-RR 2003, 397, Schreiber BWahlG § 22 Rn. 4). Da immer eine Vertrauensperson pro Wahlvorschlag bestehen muss, kann die Abberufung nur erfolgen, **zeitgleich eine neue** Vertrauensperson benannt wird (vgl. Seifert BWahlG § 22 Rn. 3; vgl. Schreiber BWahlG § 22 Rn. 4). Erfolgt keine neue Benennung, würde bei entspr. Anwendung dann die Fiktion des § 8 Abs. 4 S. 2 eintreten und der erste Unterzeichner der Liste wird Vertrauensperson und der Zweite sein Stellvertreter (vgl. Schreiber BWahlG § 22 Rn. 4).

II. Der Stellvertreter

50 Jeder Vertrauensperson wird ein **Stellvertreter** zugeordnet, der als Vertreter der Vertrauensperson im Verhinderungsfall ebenfalls bevollmächtigt ist, Erklärungen gegenüber dem Wahlleiter abzugeben.

F. Unterschriften

I. Das Unterschriftenquorum

51 Die Norm des § 8 Abs. 5 Anlage C stellt aufgrund des Erfordernisses einer bestimmten Zahl von Unterschriften für die Einreichung der Wahlvorschläge eine insoweit einschränkende Anforderung **der Ausübung des passiven Wahlrechts** dar. Vgl. zum passiven Wahlrecht der Arbeitgeber → § 10 Rn. 10 ff. und der Gesellen und Arbeitnehmer → § 10 Rn. 19 ff.

52 Sinn und Zweck dieses geforderten **Unterschriftenquorums** ist die **demokratische Legitimation der Liste** durch die zeichnungsverpflichteten Wahlberechtigten (vgl. zur **aktiven** Wahlberechtigung → § 1 Rn. 86). Damit eine Liste Grundlage einer demokratischen Wahl sein kann, muss sie über ein Mindestmaß an Unterstützung aus dem Kreis der Wahlberechtigen verfügen. Dies geschieht durch ein **Quorum (geforderte Mindestanzahl)**. Wenn ein Quorum von einer bestimmten Anzahl von Wahlberechtigten die vorgeschlagene Liste mittels Unterzeichnung akzeptiert hat, so ist diese **Liste wählbar**. Durch das Quorum wird bewiesen, dass der Wahlvorschlag ernsthaft und nicht von Anfang an chancenlos ist und nur den Wahlablauf erschwert (Kluth S. 236; BVerfGE 99, 1; OVG Lüneburg

GewArch 1992, 421). Eine vergleichbare Regelung existiert bei Kreiswahlvorschlägen in § 20 Abs. 2 S. 2 BWahlG.

Zweck der Unterschrift ist es das notwendige Quorum zu erreichen. Der Unterzeichnende bringt mit seiner Unterschrift seine **Zustimmung** zur Listenkonstellation zum Ausdruck. Über diese Akzeptanz hinausgehende Konsequenzen oder Verpflichtungen können sich daraus für den Unterzeichnenden nicht ergeben. Vor allem ergibt sich für den Unterzeichner keine Prüfungspflicht dahingehend, ob die gesetzlich vorgeschriebenen Voraussetzungen eingehalten wurden. Durch die Unterschriften werden die Unterzeichner nicht zum Träger des Wahlvorschlages (vgl. Schreiber BWahlG § 20 Rn. 7). Sie bekunden lediglich ihre **Unterstützung** für diesen Wahlvorschlag (vgl. Schreiber BWahlG § 20 Rn. 7). 53

Sowohl die Arbeitgeberliste als auch die Arbeitnehmerliste muss **mind.** von zweimal so viel Wahlberechtigten unterschrieben werden, wie Bewerber auf einer Liste stehen, **höchstens** jedoch von 70 Wahlberechtigten. IRd Novelle der Handwerksordnung im Jahr 2004 wurde die erforderliche Zahl der Unterschriften von 100 auf 70 reduziert (Will, Selbstverwaltung der Wirtschaft, S. 631; VG Hamburg Urt. v. 7.11.2013 – 17 K 1001/10). Die Ausübung des passiven Wahlrechts sollte erleichtert werden (VG Hamburg Urt. v. 7.11.2013 – 17 K 1001/10 unter Hinweis auf BR-Drs. 382/03). 54

Das **gesetzliche Minimum** an Unterschriften in Höhe der zweifachen Anzahl der Bewerber muss unbedingt erreicht werden. Der notwendige Begründungsaufwand ist daher bei kleinen Kammern größer, als bei größeren Kammern, die die Mindestgrenze meist problemlos erreichen. 55

Als **Obergrenze** wurde ein Unterschriftenquorum von 70 Unterschriften festgesetzt, unabhängig davon, wie viele Bewerber der Wahlvorschlag wirklich enthält, da es sonst ua sehr schwierig sein dürfte, die nötige Akzeptanz der Unterzeichner untereinander hinsichtlich der erforderlichen entsprechenden Aufteilung der Bewerber innerhalb der Liste auf die jeweilige Platzziffer zu erreichen. 56

Die **Unterschriften** der **Wahlberechtigten** iSv § 96 HwO bzw. § 98 HwO (→ § 1 Rn. 86 ff.) müssen schon bei der **Einreichung des Wahlvorschlages** vorliegen. Nach dem Wortlaut der Norm dürfen **alle** Wahlberechtigten (innerhalb ihrer Gruppenzugehörigkeit) den Wahlvorschlag mit ihrer Unterschrift unterstützen. Berechtigt zur Unterzeichnung wären danach **auch** die **Bewerber selbst**, da in der Anlage C nicht ausdrücklich das Gegenteil geregelt ist (vgl. VG Freiburg v. 2.10.2001 – 4 K 2348/00 zur Vertreterversammlung der Bezirkszahnärztekammer). Eine engere Auslegung des Wortlautes würde, allein aufgrund der Eigenschaft als Kandidat der Liste, zum Verlust von Rechten führen, die den sonstigen Kammermitgliedern allgemein zustehen und damit v. a. gegen die Grundsätze der allgemeinen, gleichen und freien Wahl aus Art. 38 Abs. 1 GG verstoßen (vgl. VG Freiburg v. 2.10.2001 – 4 K 2348/00 zur Vertreterversammlung der Bezirkszahnärztekammer). Da die Wahlvorschläge mindestens von der zweifachen Anzahl der auf der Liste enthaltenen Bewerber zu unterzeichnen ist, wird gewährleistet, dass die Liste nicht nur durch die Bewerber selbst, sondern auch durch sonstige wahlberechtigte Arbeitnehmer bzw. Arbeitgeber unterstützt wird und damit ein gewisses Mindestmaß an Unterstützung durch alle Kammermitglieder vorliegt. 57

II. Mehrfachunterzeichnung

Problematisch ist, ob **ein Wahlberechtigter auf zwei konkurrierenden Listen unterschreiben** darf, oder ob in diesem Fall eine oder beide Unterschriften ungültig werden. Eine diesbezügliche Regelung beinhaltet Anlage C nicht. Nach § 34 Abs. 4 Nr. 4 BWO darf ein Wahlberechtigter „nur einen Kreiswahlvorschlag unterzeichnen". Hat er „mehrere Kreiswahlvorschläge unterzeichnet, so ist seine Unterschrift auf allen Kreiswahlvorschlägen ungültig". Zweck der Regelung ist es, „den Wahlakt auf eine ernsthafte Bewerbung zu beschränken" (Schreiber BWahlG § 20 Rn. 13). Eine ernsthafte Unterstützung liegt nur vor, wenn der Unterzeichnende nur einen Kreiswahlvorschlag unterstützt (Schreiber BWahlG § 20 Rn. 13). Bei der Unterstützung mehrerer Wahlvorschläge macht sich der Unterzeichnende nach § 108d StGB iVm § 107a StGB wegen Wahlfälschung strafbar (Schreiber BWahlG § 20 Rn. 13). Vorliegend werden bei der **Wahl der Vollversammlung** mit der Unterzeichnung der Wahlvorschlagslisten jedoch andere Interessen vertreten. Der Unterzeichner möchte 58 die Repräsentation seiner Gewerbegruppe und Region gewährleisten. Zweckmäßig ist es, die **mehrfache Unterschrift** auf konkurrierenden Wahlvorschlagslisten **zuzulassen, zumal** eine **mehrfache Kandidatur auf Konkurrenzlisten** ebenfalls möglich ist (→ Rn. 19).

III. Mehrfache Ausfertigung einer Liste

59 Bei **mehrfacher Ausfertigung** einer **identischen Liste** ist eine Aufteilung der Unterschriften auf die verschiedenen Ausfertigungen der Liste möglich (zB 20 Unterschriften auf der einen Ausfertigung und 40 Unterschriften auf der anderen Ausfertigung). Auf jeder ausgefertigten Liste können somit Unterzeichnungen erfolgen. Auf die Verhinderung von Doppelunterschriften ist durch den Wahlvorsitzenden zu achten.

IV. Die Rechtsfolge bei Nichteinhaltung des Quorums

60 Ein **gültiger Wahlvorschlag** kann also nur in **unterzeichneter Form** eingereicht werden. In § 7 wird zur Einreichung von Wahlvorschlägen unter Bekanntgabe der Erfordernisse der Wahlvorschläge (§§ 8–10) aufgefordert. Die in § 8 Abs. 5 geregelte Unterzeichnung des Wahlvorschlages ist damit ein normatives **Formerfordernis** des Wahlvorschlages, das bei Einreichung des Wahlvorschlages bereits vorliegen muss. Ist der Wahlvorschlag mit einer **nicht ausreichenden Anzahl von Unterschriften** unterzeichnet, so ist dieser **Vorschlag fehlerhaft**. Nach § 11 Abs. 1 fordert der Wahlleiter die Vertrauensperson der betroffenen Liste unter Setzung einer angemessenen Frist zu der Beseitigung des Mangels auf. Wird der Fehler nicht rechtzeitig beseitigt, ist der Wahlvorschlag unwirksam, da er nicht den gesetzlichen Voraussetzungen entspricht und kann daher nicht zur Wahl zugelassen werden, § 11 Abs. 4 Alt. 2 (VG Freiburg GewArch 1995, 248 (249)).

V. Beispiel

61 Angenommen die Zahl der Mitglieder der Vollversammlung beträgt 90 Sitze, dann muss der Wahlvorschlag der Arbeitgeberseite 60 Bewerber und der Wahlvorschlag der Arbeitnehmerseite 30 Bewerber enthalten, um die gesetzlich vorgesehene (§ 93 Abs. 1 S. 2 HwO) Drittelung einzuhalten. Der Wahlvorschlag auf Arbeitgeberseite muss von mindestens der zweifachen Anzahl von Wahlberechtigten, also von 120 Wahlberechtigten, unterschrieben werden. Da dies die gesetzlich normierte Höchstgrenze von 70 Unterschriften überschreitet, bleibt es bei 70 Unterzeichnungen auf Arbeitgeberseite. Der Arbeitnehmer-Wahlvorschlag muss von mindesten 60 Unterzeichnern signiert werden, was der zweifachen Anzahl der Bewerber auf der Arbeitnehmerliste entspricht.

VI. Angeben bei der Unterschrift

62 Die Regelung des Absatzes 6 steht im Zusammenhang mit den Vorgaben des Abs. 5.
63 Die Vorschrift dient der **Überprüfung der Existenz der Unterzeichner** und der **Vermeidung von Täuschungen**. Daneben soll mittels Berufsangabe überprüft werden können, ob die angestrebte Streuung erreicht wurde. Denn die Vorschlagslisten sollen, um eine möglichst breite Akzeptanz unter den Wahlberechtigten zu finden, nicht nur aus einer Berufsgruppe stammen.
64 Notwendig ist, dass **persönlich** und **eigenhändig** geschrieben und unterschrieben wurde (vgl. Seifert BWahlG § 19 Rn. 2). Das Erfordernis der eigenhändigen Unterschrift hat **Klarstellungs- und Beweisfunktion** (Palandt/Ellenberger BGB § 126 Rn. 6). Die Identität des Ausstellers soll erkennbar gemacht werden. Daneben besteht aber auch eine **Kontrollfunktion**. Dem Wahlleiter muss ermöglicht werden seiner Prüfungspflicht nachzukommen. Dieser hat zu überprüfen, wer die Wahlvorschläge unterzeichnet hat und ob damit die gesetzlichen Voraussetzungen eines wirksamen Wahlvorschlages vorliegen.
65 Um die Person des Unterschreibenden eindeutig bestimmen zu können, ist die Unterzeichnung lediglich mit den Anfangsbuchstaben (**„Paraphe"**) (Herv. v. Verf.) oder einem anderen **Kürzel** unzulässig (Palandt/Ellenberger BGB § 126 Rn. 10; BGH NJW-RR 2007, 351; OLG Brandenburg WM 2003, 2037). Den gesetzlichen Anforderungen genügt auch die Unterzeichnung mit einem **Handzeichen** (Kreuze, Striche, Initialen) nicht (Palandt/

Ellenberger BGB § 126 Rn. 11). Ausreichend ist die Unterzeichnung mit dem **Familiennamen** ohne Hinzufügung des Vornamens (BGH NJW 2003, 1120; Palandt/Ellenberger BGB § 126 Rn. 10). Allein die Unterschrift mit dem Vornamen genügt hingegen nicht (BGH NJW 2003, 1120; Palandt/Ellenberger BGB § 126 Rn. 10).

Eine **eigenhändige Unterzeichnung** muss erfolgen. Eine Schreibhilfe ist zulässig, sofern der Schriftzug allein vom Willen des Unterzeichners bestimmt wird und lediglich eine Unterstützung erfolgt (BGH NJW 1981, 1900; BGHZ 47, 68; Palandt/Ellenberger BGB § 126 Rn. 8). **66**

Die konkrete **Berufsbezeichnung** muss angegeben werden. Insbes. soll sich der Grad der Ausbildung ergeben, dh, die Berufsbezeichnung soll den Zusatz „Meister" enthalten, wenn die Voraussetzungen für die Führung eines Meistertitels vorliegen. Denn für den Wähler können der **Beruf des Bewerbers und** damit die **Zugehörigkeit zu einer Gewerbegruppe prägend** für die **Wahlentscheidung** sein. **67**

Zum **Wohnort und zur Wohnung** → Rn. 29 f. **68**

G. Leserlichkeit

Durch das Erfordernis der Lesbarkeit der Unterschrift soll die **Zuordnung** gewährleistet werden. Der Schriftzug muss die „**Andeutungen von Buchstaben**" hinreichend deutlich erkennen lassen (Herv. v. Verf.) (BGH NJW 1997, 3380; Palandt/Ellenberger BGB § 126 Rn. 10). Der individuelle Schriftzug darf jedoch entsprechende charakteristische Merkmale aufweisen (BGH NJW 1994, 55; Palandt/Ellenberger BGB § 126 Rn. 10). Eine Unterschrift in **Druckbuchstaben** kann nicht gefordert werden. **69**

§ 9 [Einreichungsfrist]

Die Wahlvorschläge müssen spätestens am fünfunddreißigsten Tag vor dem Wahltage bei dem Wahlleiter eingereicht sein.

Literatur: Bamberger, H. G./ Roth, H., Bürgerliches Gesetzbuch; Detterbeck, St., Handwerksordnung; Honig, G./ Knörr, M., Handwerksordnung; Palandt, O., Bürgerliches Gesetzbuch; Pointner, M., Bundeswahlrecht; Schreiber, W., Bundeswahlgesetz; Seifert, K.-H., Bundeswahlrecht

Rechtsprechung: BVerfGE 24, 300; OVG Münster DVBl. 1978, 149

Die Festsetzung einer gesetzlichen Frist ist notwendig, um die **ordnungsgemäße Abwicklung der Wahl** zu gewährleisten (vgl. Schreiber BWahlG § 19 Rn. 3; vgl. Pointner BWahlG § 53a S. 103). Durch eine genaue Fristenregelung wird eine **zügige Wahlvorbereitung** und eine **einheitliche Durchführung der Wahl** (BVerfGE 24, 300 (349 f.); Schreiber BWahlG § 19 Rn. 3) in allen Handwerkskammerbezirken garantiert. § 19 BWahlG ist auf Bundesebene eine inhaltlich vergleichbare Parallelvorschrift zu § 9. **1**

Die Wahlvorschläge als empfangsbedürftige Willenserklärungen (Seifert BWahlG § 19 Rn. 1; Schreiber BWahlG § 19 Rn. 3; Pointner BWahlG § 19 S. 52) müssen **vor** dem Ablauf der Frist am 35. Tag vor der Wahl beim Wahlleiter **als Original** samt **Originalunterschriften der Zustimmenden** (vgl. § 8 Rn. 53 ff.) zugegangen sein. Maßgeblich ist nach dem Wortlaut der Norm („eingereicht sein") der **fristgerechte Zugang beim Wahlleiter** d.h. der Eingang per Post oder die persönliche Übergabe und nicht die fristgerechte Absendung des Wahlvorschlags (vgl. Seifert BWahlG § 19 Rn. 1). Nach den allgemeinen Grundsätzen des § 130 BGB ist der Wahlvorschlag zugegangen, wenn er in den Machtbereich des Wahlleiters gelangt ist und die Möglichkeit der Kenntnisnahme besteht, tatsächliche Kenntnisnahme ist nicht erforderlich. **2**

Zur **Nachweisbarkeit der Rechtzeitigkeit** der Einreichung empfiehlt es sich mittels **Eingangsstempel** auf den Wahlvorschlägen den Tag des Eingangs zu vermerken (vgl. Schreiber BWahlG § 19 Rn. 3). **3**

Die Frist des § 9 ist, vergleichbar mit der Frist nach § 19 BWahlG für Kreiswahlvorschläge und Landeslisten, eine **Ausschlussfrist** (vgl. Seifert § 19 Rn. 3; vgl. Pointner BWahlG § 19 S. 52). Dies hat zur Folge, dass bei **Fristversäumung** der Wahlvorschlag **ungültig** ist und zurückzuweisen ist (vgl. Schreiber BWahlG § 19 Rn. 3; vgl. Seifert BWahlG § 19 Rn. 3), § 11 Abs. 4. Eine **Wiedereinsetzung in den vorigen Stand** ist auch aufgrund Vertrauens- **4** schutzes wegen der Besonderheiten des Wahlverfahrens grds. nicht möglich (vgl. Schreiber BWahlG § 19 Rn. 3; vgl. Seifert BWahlG § 19 Rn. 3; vgl. Pointner BWahlG § 19 S. 52). Ausnahmsweise kann ein verspäteter Wahlvorschlag nachträglich noch zugelassen werden, wenn die Fristversäumung **allein** auf dem **Verschulden des Wahlleiters** oder seines Stellvertreters beruht (OVG Münster DVBl. 1978, 149; Schreiber BWahlG § 19 Rn. 3), weil dieser z. B. eine objektiv falsche Auskunft erteilt hat. Der Wahlleiter als Adressat der Wahlvorschläge ist aber verpflichtet auch verspätete oder mangelhafte Wahlvorschläge anzunehmen, da allein der Wahlausschuss nach § 11 Abs. 2 über die Zulassung der Wahlvorschläge zur Wahl entscheidet (vgl. Seifert BWahlG § 19 Rn. 5).

5   Die Frist ist entsprechend der vergleichbaren Frist des § 19 BWahlG eine **Ereignisfrist** (vgl. Schreiber BWahlG § 25 Rn. 6). Sie ist in **Tagen** zu berechnen. Mangels Einschränkung des Wortlauts der Norm auf Werktage, handelt es sich um **Kalendertage.** Ausgehend von einer 7-Tage-Woche sind die Sonn- und Feiertage mitzuzählen.

6   Aufgrund des Wortlauts der Norm („35 Tage vor dem Wahltag") berechnet sich die Frist von dem Wahltag als Endzeitpunkt ab als **Rückwärtsfrist** nach §§ 187 Abs. 1 analog, 188 Abs. 1 BGB (vgl. Palandt/Ellenberger BGB § 187 Rn. 4). § 187 Abs. 1 BGB regelt unmittelbar nur den Fall, dass der Fristanfang feststeht und das Fristende ermittelt werden soll (Palandt/Ellenberger BGB § 187 Rn. 4). Es ist jedoch eine entsprechende Anwendbarkeit auf die Fälle möglich, in denen die Frist von einem Endzeitpunkt ab zu berechnen ist (Palandt/Ellenberger BGB § 187 Rn. 4). In diesem Fall zählt analog § 187 Abs. 1 BGB der Tag, an dem die Frist endet, nicht mit (Palandt/Ellenberger BGB § 187 Rn. 4). **Fristbeginn** ist vorliegend der **Tag vor dem Wahltag.**

7   Nach § 188 Abs. 1 BGB **endet** eine nach Tagen bestimmte Frist, mit dem Ablauf des letzten Tages der Frist um **24 Uhr** (Bamberger/Roth/Henrich BGB § 188 Rn. 1; Palandt/Ellenberger BGB § 188 Rn. 1). Anders als § 19 BWahlG wonach die Wahlvorschläge bis 18 Uhr des letzten Tags der Frist einzureichen sind, wird im § 9 Anlage C keine Uhrzeit angegeben, so dass die allgemeinen Grundsätze zur Anwendung kommen. Alle Wahlvorschläge die vor 24 Uhr des Endtages der Frist zur Einreichung der Wahlvorschläge bei dem Wahlleiter eingehen, sind daher fristgerecht.

8   **Beispiel:** Die Frist ist vom Tag der Wahl ab rückwärts zu berechnen. Im Beispiel → § 7 Rn. 131 ist Wahltag der 17.6.2011; dieser ist somit bei der Fristberechnung analog § 187 Abs. 1 BGB nicht mitzuzählen. Fristbeginn ist daher der 16.6.2011. Die Frist endet mit Ablauf des 35. Tages, gerechnet ab dem 16.6.2011. Der 35. Tag ab dem 16.6.2011 entspricht dem 13.05.2011. Alle Wahlvorschläge die vor 24 Uhr des 13.05.2011 bei dem Wahlleiter eingehen, sind fristgerecht.

9   Nach dem Wortlaut der Norm („spätestens") handelt es sich um eine **Mindestfrist**. Die 35-Tage-Frist darf somit nicht unterschritten, aber jedoch überschritten werden. Wahlvorschläge dürfen also bereits vor dem letzten Tag der Frist eingereicht werden.

10 Der **Wahlleiter** bzw. sein Stellvertreter soll die Einreichungsfrist aufgrund der komplexen Ausgestaltung der §§ 187 Abs. 1 analog, 188 Abs. 1 BGB **selbst berechnen**. Publiziert werden soll nur das **konkrete Enddatum** verbunden mit dem Hinweis, dass die Wahlvorschläge auch bereits vor dem Enddatum eingereicht werden können und dass der Zugang des Wahlvorschlags beim Wahlleiter fristwahrend ist.

11 **Formulierungsbeispiel:** „Die Wahlvorschläge müssen spätestens am 13.5.2011 bei dem unterzeichneten Wahlleiter eingereicht sein (Anschrift: Name und Adresse des Wahlleiters)".

§ 10 [Einzureichende Erklärungen und Bescheinigungen]

(1) Mit jedem Wahlvorschlag sind einzureichen
1. die Erklärung der Bewerber, daß sie der Aufnahme ihrer Namen in den Wahlvorschlag zustimmen,
2. die Bescheinigung der Handwerkskammer, daß bei den Bewerbern die Voraussetzungen
    a) auf seiten der Inhaber eines Betriebs eines Handwerks oder handwerksähnlichen Gewerbes des § 97,

b) auf seiten der Gesellen und anderen Arbeitnehmer mit abgeschlossener Berufsausbildung des § 99
der Handwerksordnung vorliegen und
3. die Bescheinigung der Handwerkskammer, daß die Unterzeichner des Wahlvorschlages
   a) bei den Inhabern eines Betriebs eines Handwerks und eines handwerksähnlichen Gewerbes in die Wählerliste (§ 12 Abs. 1) eingetragen sind,
   b) bei den Gesellen und anderen Arbeitnehmern mit abgeschlossener Berufsausbildung, die die Voraussetzungen für die Wahlberechtigung (§ 98) erfüllen.
(2) Die Bescheinigungen sind gebührenfrei auszustellen.

Literatur: Detterbeck, St., Handwerksordnung; Honig, G./Knörr, M., Handwerksordnung; Leisner, W. G., Die überbetriebliche Lehrlingsunterweisung im Handwerk (ÜLU); Palandt, O., Bürgerliches Gesetzbuch; Webers, G., in: Schwannecke, H., Handwerksordnung

Rechtsprechung: BVerfGE 41, 1 (21); OVG Lüneburg BB 1971, 412; VG Dresden v. 7.9.2006 – 1 K 2548/03; VGH Mannheim GewArch 2001, 422

Überblick

§ 10 listet **weitere inhaltliche Voraussetzungen** auf, die für einen **wirksamen Wahlvorschlag** notwendig sind. Er steht im Zusammenhang mit § 8 und ergänzt diesen noch zusätzlich um die **Erklärungen der passiven Wahlberechtigten** und die **Bescheinigungen der Handwerkskammer**. Zusammen mit dem Wahlvorschlag müssen kumulativ die Zustimmungserklärungen der Bewerber, die Bescheinigungen der Handwerkskammer über das passive Wahlrecht der Bewerber und die Bescheinigungen der Handwerkskammer über das aktive Wahlrecht der Unterzeichner des Wahlvorschlags beim Wahlleiter eingereicht werden. Der Ersteller des Wahlvorschlags ist verpflichtet, die notwendigen Nachweise beizubringen, damit der Wahlleiter die maßgeblichen Voraussetzungen prüfen kann (VG Dresden v. 7.9.2006 – 1 K 2548/03).

Übersicht

	Rn.		Rn.
A. Zustimmungserklärung	1	II. Passive Wahlberechtigung juristischer Personen und Personengesellschaften	16
I. Die Zustimmungserklärungen der Bewerber	1	III. Ausschluss des passiven Wahlrechts	17
II. Die Form der Zustimmungserklärung	6	IV. Passive Wahlrechtberechtigung der Vertreter zulassungsfreier Handwerke und handwerksähnlicher Gewerbe	18
III. Der Adressat der Zustimmungserklärung			
IV. Die Rechtsfolge einer fehlerhaften Zustimmungserklärung	7	V. Passive Wahlberechtigung der Arbeitnehmer (§ 10 Abs. 1 Nr. 2 lit. b)	19
V. Die Rücknahme der Zustimmungserklärung	8	VI. Die Ausstellung der Bescheinigungen	20
B. Passives Wahlrecht	9	**C. Aktives Wahlrecht**	23
I. Passive Wahlberechtigung der Selbständigen (§ 10 Abs. 1 Nr. 2 lit. a)	10	**D. Gebührenfreiheit**	26

A. Zustimmungserklärung

I. Die Zustimmungserklärungen der Bewerber

Nach dem Wortlaut der Norm („ist") handelt es sich um eine „Muss-Vorschrift" und damit um verbindliche Anforderungen, die nicht im Ermessen der Bewerber stehen. **1**

Die **Zustimmung** ist die Einverständniserklärung des passiven Wahlberechtigten (Bewerbers) mit der Aufnahme seines Namens in die Wahlvorschlagsliste. Es wird die Bereitschaft bekundet, sich als Vertreter der Selbständigen bzw. Arbeitnehmer in die Vollversammlung wählen zu lassen. Gleichzeitig wird auch das Einverständnis zur Platzierung des eigenen Namens innerhalb der Liste erteilt (und damit gleichzeitig erklärt, die konkret zugewiesene Platzziffer zu billigen). **2**

3 Entgegen dem Wortlaut der Vorschrift erklärt sich der Bewerber nicht nur damit einverstanden, dass allein sein Name in die Liste aufgenommen wird. Denn die Norm steht im direkten Zusammenhang mit dem § 8 Abs. 1 und Abs. 2. Nach § 8 Abs. 2 sind die Bewerber mit Vor- und Zunamen, Beruf, Wohnort und Wohnung zu bezeichnen. Damit stimmt der Bewerber zu, dass **neben seinem Namen** auch alle in § 8 Abs. 2 aufgeführten **weiteren persönlichen Daten** Bestandteil der Liste und damit des Wahlvorschlags sind.

4 § 10 Abs. 1 Nr. 1 ist verfassungskonform auszulegen, wenn eine unvollständige Wahlvorschlagsliste zwecks Behebung des Vollständigkeitsmangels auf eine andere vollständige Wahlvorschlagsliste verweist, welche die auf der vollständigen Liste aufgeführten Kandidaten durch die Kandidaten seines Wahlvorschlags ersetzt werden sollen (VGH Mannheim GewArch 2001, 422 (427); so auch VG Hamburg Urt. v. 7.11.2013 – 17 K 1001/10). Die Kandidaten der Liste auf die verwiesen wird, haben insoweit ihre Unterschriften schon geleistet, so dass es einer zusätzlichen Unterschrift auf der unvollständigen Liste nicht mehr bedarf (VGH Mannheim GewArch 2001, 422 (427); vgl. BVerfGE 41, 1 (21) zur Wahl der Richtervertretung; so auch VG Hamburg Urt. v. 7.11.2013 – 17 K 1001/10); dies ist nicht ganz unproblematisch vor dem Hintergrund, dass somit das passive Wahlrecht der übrigen Kandidaten ausgeblendet wird.

4.1 IE führte das VG Hamburg in seinem Urt. v. 7.11.2013 – 17 K 1001/10 dazu aus:

„Dem steht nicht entgegen, dass § 10 Abs. 1 Nr. 1 Anl. C HwO grundsätzlich vorschreibt, mit jedem Wahlvorschlag zugleich auch die Erklärung der darauf genannten Kandidaten einzureichen, wonach sie der Aufnahme ihres Namens in „den" Wahlvorschlag zustimmen, und dass die auf einer konkurrierenden, kompletten Wahlvorschlagsliste aufgeführten Kandidaten insoweit nur ihre Zustimmung zur Kandidatur auf dieser Liste, nicht aber auf der des konkurrierenden Einzelkandidaten erklärt haben. § 10 Abs. 1 Nr. 1 Anl. C HwO ist nämlich dahingehend interpretierbar, dass es im Falle der Einreichung einer unvollständigen Wahlvorschlagsliste und eines zwecks Ergänzung im Übrigen erfolgenden Verweises auf die Kandidaten einer anderen Wahlvorschlagsliste nicht deren zusätzlicher Erklärung bedarf, dass sie auch mit der Aufnahme ihres Namens in die Wahlvorschlagsliste eines Kandidaten einverstanden sind, der nur durch Verweis auf ihre Kandidatur eine komplette Wahlvorschlagsliste zustande bringen kann. Wie das BVerfG nämlich in seiner oben erwähnten Entscheidung (BVerfGE 41, 1 <21> insoweit deutlich ausgeführt hat, bedarf es einer nochmaligen schriftlichen Zustimmung eines Kandidaten einer Wahlvorschlagsliste nicht, auf den zwecks Vervollständigung in einer anderen Wahlvorschlagsliste verwiesen wird. Vielmehr ergibt sich seine Bereitschaft zur Annahme der Wahl aus der Bewerbung, der er zugestimmt hat. Ein Bewerber, der auf einem Wahlvorschlag kandidiert und als solcher gekennzeichnet ist, kann sich daher laut BVerfG (E 41, 1 <21> grundsätzlich nicht dagegen wenden, dass sein Name mit dieser Kennzeichnung auch in anderen Wahlvorschlägen enthalten ist, denn in dem Stimmzettel ist nur das Kennwort eines Wahlvorschlags anzugeben, dem der Kandidat zugestimmt hat. Das ist deshalb zulässig, weil das Einverständnis der Kandidaten mit ihrer Benennung auf der Wahlvorschlagsliste nach seinem Sinn und Zweck lediglich sicherstellen soll, dass sie auch tatsächlich für die Repräsentationsaufgabe zur Verfügung stehen, Der Wortlaut des § 10 Abs. 1 Nr. 1 Anlage C Handwerksordnung, wonach mit „jedem" Wahlvorschlag auch die entsprechende Einverständniserklärung der genannten Kandidaten hinsichtlich der Aufnahme ihres Namens in „den" (also diesen konkreten) Wahlvorschlag, vorzulegen ist, steht dieser verfassungskonformen Auslegung nicht entgegen. Er schließt sie nicht aus, sondern enthält sich vielmehr insoweit einer Regelung, lässt diese Möglichkeit also durchaus offen.

Eine Regelung, die eine Nennung desselben Kandidaten auf zwei verschiedenen Wahlvorschlagslisten verbietet, existiert zudem nicht, was sich damit erklären lässt, dass die Vollversammlungsmitglieder in erster Linie nicht übergreifende Koalitionsinteressen, sondern die Interessen der Gewerbegruppe und Region vertreten sollen, als deren Repräsentant sie gewählt wurden.

Auf diese Weise wird einerseits dem Bedürfnis nach einer die vorgegebene räumliche und gewerbliche Sitzverteilung vollständig abdeckenden Kandidatenzahl Rechnung getragen, zugleich aber auch eine Kandidatur Einzelner oder einer kleinerer Gruppierungen ermöglicht, die aus eigener Kraft eine komplette Liste aufzustellen außerstande sind."

5 Eine entsprechende Erklärung mit dem gesetzlich vorgegebenen Inhalt ist auch von dem ersten und zweiten **Stellvertreter** eines jeden Bewerbers erforderlich (vgl. zum Stellvertreter → § 1 Rn. 81).

II. Die Form der Zustimmungserklärung

Das Erfordernis der **Einreichung** setzt die Schriftlichkeit der Zustimmungserklärung 6 voraus. Die sich aus § 11 Abs. 1 ergebende **Prüfungspflicht des Wahlleiters** muss gewährleistet werden. Dem Wahlleiter muss es möglich sein eindeutig zu untersuchen, ob eine wirksame Erklärung jedes einzelnen Bewerbers vorliegt. Auch zu **Beweiszwecken** für eventuell später entstehende Streitigkeiten über die ordnungsgemäße Durchführung der Wahl der Vollversammlung ist eine schriftliche Erklärung des zustimmenden Bewerbers notwendig. Nach dem allgemeinen Rechtsgedanken des § 126 Abs. 1 BGB bedeutet **Schriftlichkeit**, dass die Erklärung schriftlich verfasst ist, gleichgültig wie sie erzeugt ist (Palandt/Ellenberger BGB § 126 Rn. 2). Sie kann mit der Hand oder mit dem PC geschrieben sein (Palandt/Ellenberger BGB § 126 Rn. 2). Auch können bestehende Vordrucke verwendet werden. Erforderlich ist allerdings die **eigenhändige durch Namensunterschrift unterzeichnete Erklärung des Bewerbers**, um im Rahmen der Klarstellungs- und Beweisfunktion die Identität des Ausstellers offenkundig zu machen. Zweckmäßig ist die Unterschrift mit Vor- und Zuname. Eine **mündliche Erklärung** des Bewerbers kann diese Zwecke nicht erfüllen und ist damit nicht ausreichend.

III. Der Adressat der Zustimmungserklärung

Adressat der schriftlichen Erklärung ist der **Wahlleiter**. Aufgrund des Wortlauts des § 10 Abs. 1 („mit") sind die Zustimmungserklärungen der Bewerber zusammen mit der Wahlvorschlagsliste beim Wahlleiter einzureichen. Diese Urkunde, besteht aus der Liste und den einzelnen Zustimmungserklärungen; sie kann auf postalischem Weg an die in der öffentlichen Bekanntmachung angegebene Adresse des Wahlleiters geschickt werden.

IV. Die Rechtsfolge einer fehlerhaften Zustimmungserklärung

Fehlt die notwendige schriftliche Zustimmungserklärung des Bewerbers, weist der Wahl- 7 vorschlag einen **Mangel** iSv § 11 Abs. 1 auf. Allerdings besteht die Möglichkeit der Heilung des Fehlers, indem innerhalb der vom Wahlleiter gesetzten Frist die fehlende Zustimmungserklärung nachgereicht wird.

V. Die Rücknahme der Zustimmungserklärung

Zur Problematik der **Rücknahme der Zustimmungserklärung zur Kandidatur** 8 → § 7 Rn. 35 ff.

B. Passives Wahlrecht

Mit dem Wahlvorschlag ist auch die **Bescheinigung der Handwerkskammer über** 9 **das passive Wahlrecht** des Bewerbers einzureichen. Die passive Wahlberechtigung ergibt sich auf Seiten der Inhaber eines Betriebs eines Handwerks oder handwerksähnlichen Gewerbes aus § 97 HwO. § 99 HwO regelt die Wählbarkeit auf Seiten der Gesellen und anderer Arbeitnehmern mit abgeschlossener Berufsausbildung.

I. Passive Wahlberechtigung der Selbständigen (§ 10 Abs. 1 Nr. 2 lit. a)

Nach § 97 Abs. 1 S. 1 Nr. 1 sind „**wählbar** als Vertreter der zulassungspflichtigen Hand- 10 werke (…) die wahlberechtigten **natürlichen Personen** (…)" iSv § 96 Abs. 1, **sofern sie die aktive Wahlberechtigung besitzen** (→ § 1 Rn. 86 ff.), „(…) im Bezirk der Handwerkskammer seit mindestens einem Jahr ohne Unterbrechung ein Handwerk selbständig betreiben", „(…) die Befugnis zum Ausbilden von Lehrlingen besitzen" und „(…) am Wahltag volljährig sind" (Herv. v. Verf.). Die **kumulativen** Voraussetzungen sind abschließend (Honig/Knörr § 97 Rn. 2). Damit ist eine natürliche Person passiv wahlberechtigt, wenn alle in § 97 HwO Abs. 1 S. 1 Nr. 1 genannten Voraussetzungen vorliegen.

Der Bewerber muss seit **mind. einem Jahr** ein zulassungspflichtiges Handwerk ohne 11 Unterbrechung selbständig betreiben. Eine rechtmäßige Betreibung liegt nur vor, wenn der Bewerber nach § 6 in die **Handwerksrolle eingetragen** ist (Schwannecke/Webers § 97

Rn. 1; Honig/Knörr § 97 Rn. 1). Maßgeblich ist allein die tatsächliche Eintragung zum Zeitpunkt des Wahltages (Detterbeck § 97 Rn. 6). Eine solche liegt noch nicht vor, wenn der Bewerber erst einen Antrag auf Eintragung in die Handwerksrolle gestellt hat, denn er ist als Außenstehender noch kein Mitglied der Handwerkskammer (Honig/Knörr § 97 Rn. 1). Die Durchführung eines Verfahrens zur Löschung aus der Handwerksrolle nach § 13 ändert nichts an der Wählbarkeit, denn erst mit der endgültigen Löschung geht das passive Wahlrecht verloren (Honig/Knörr § 97 Rn. 1). Bis dahin bleibt der Bewerber Mitglied der Handwerkskammer.

12 Die **Einjahresfrist als Ereignisfrist berechnet** sich nach den Vorschriften der §§ 187 Abs. 1, 188 Abs. 2 Hs. 1 BGB (Detterbeck § 97 Rn. 1; Honig/Knörr HwO § 97 Rn. 1). Nach dem Wortlaut des § 97 Abs. 2 HwO sind „bei der Berechnung" der Jahresfristen nach § 97 Abs. 1 Nr. 1a und Nr. 2b HwO „die Tätigkeiten als selbständiger Handwerker in einem zulassungspflichtigen Handwerk und als gesetzlicher Vertreter oder vertretungsberechtigter Gesellschafter einer in der Handwerksrolle eingetragen juristischen Person oder Personengesellschaft gegenseitig anzurechnen".

13 Der Bewerber muss zudem die **Befugnis zum Ausbilden von Lehrlingen** haben nach den § 21 ff HwO. § 21 HwO regelt die Anforderungen an die Ausbildungsstätten. § 21 Abs. 1 Nr. 1 HwO sieht folgenden Wortlaut vor: „Lehrlinge (Auszubildenden) dürfen nur eingestellt und ausgebildet werden, wenn (…) die Ausbildungsstätte nach Art und Einrichtung für die Berufsausbildung geeignet ist (…)". Kumulativ muss der Betrieb die Voraussetzungen des § 21 Abs. 1 Nr. 2 HwO erfüllen, nach dessen Wortlaut „die Zahl der Lehrlinge (Auszubildenden) in einem angemessenen Verhältnis zur Zahl der Ausbildungsplätze oder zur Zahl der beschäftigten Fachleute steht, es sei denn, dass andernfalls die Berufsausbildung nicht gefährdet wird". § 21 Abs. 2 HwO sieht folgenden Wortlaut vor: „Eine Ausbildungsstätte, in der die erforderlichen beruflichen Fertigkeiten, Kenntnisse und Fähigkeiten nicht in vollem Umfang vermittelt werden können, gilt als geeignet, wenn diese durch Ausbildungsmaßnahmen außerhalb der Ausbildungsstätte vermittelt werden." (sog. überbetriebliche Lehrlingsunterweisung; vgl. Leisner, W. G., ÜLU). Zudem bedarf es nach § 22 der persönlichen (§ 22a HwO) und fachlichen (§ 22b HwO) Eignung der Ausbilder.

14 Als dritte kumulative Voraussetzung, muss der passive Wahlberechtigte am Wahltag volljährig sein. Zur **Volljährigkeit** → § 1 Rn. 92.

15 **Eine weitere Einschränkung der Wählbarkeit** über die in § 97 Abs. 1 S. 1 Nr. 1 HwO hinausgehende Voraussetzungen wie z. B. die Einführung einer Altersgrenze für die Mitglieder der Vollversammlung **ist unzulässig** (Detterbeck § 97 Rn. 4, OVG Lüneburg BB 1971, 412). Aufgrund des Diskriminierungsverbotes des Art. 18 AEUV wäre eine Beschränkung der Wählbarkeit auf die deutsche Staatsangehörigkeit unzulässig.

II. Passive Wahlberechtigung juristischer Personen und Personengesellschaften

16 Nach § 97 Abs. 1 S. 1 Nr. 2 HwO sind „wählbar als Vertreter der zulassungspflichtigen Handwerke (…) die **gesetzlichen Vertreter** der wahlberechtigten juristischen Personen" (GmbH, AG, KGaA) „und die **vertretungsberechtigten Gesellschafter** der wahlberechtigten Personengesellschaften" (OHG, KG, GbR) „sofern (…) die von ihnen vertretene juristische Person oder Personengesellschaft im Bezirk der Handwerkskammer **seit mindestens einem Jahr ein Handwerk selbständig betreibt** und (…) sie im Bezirk der Handwerkskammer **seit mindestens einem Jahr** ohne Unterbrechung **gesetzliche Vertreter** oder vertretungsberechtigte Gesellschafter einer in der Handwerksrolle eingetragenen juristischen Person oder Personengesellschaft sind", sowie „am Wahltag **volljährig** sind" (Herv. v. Verf.). Zweck der **Jahresfrist** ist, sicherzustellen, dass nur solche Vertreter in die Vollversammlung gewählt werden, denen die besonderen Strukturen des Handwerks im Kammerbezirk bekannt sind (Detterbeck § 97 Rn. 5). Zur **Volljährigkeit** → § 1 Rn. 92.

III. Ausschluss des passiven Wahlrechts

17 Die Wählbarkeit ist nach § 97 Abs. 1 S. 2 HwO **ausgeschlossen**, wenn der Bewerber „(…) infolge Richterspruchs die Fähigkeit zur Bekleidung öffentlicher Ämter oder infolge strafgerichtlicher Verurteilung die Fähigkeit, Rechte aus öffentlichen Wahlen zu erlangen, nicht besitzt". Die Regelung des § 97 Abs. 1 S. 2 HwO bezieht sich auf den gesamten § 97

Abs. 1 S. 1 HwO und damit auf alle Vertreter des zulassungspflichtigen Handwerks (→ Rn. 10 ff.).

IV. Passive Wahlrechtberechtigung der Vertreter zulassungsfreier Handwerke und handwerksähnlicher Gewerbe

§ 97 Abs. 3 HwO bestimmt seinem Wortlaut nach: „Für die Wahl der **Vertreter der** **zulassungsfreien Handwerke**, der **handwerksähnlichen Gewerbe** und der Personen nach § 90 Abs. 3 und 4 HwO gelten die [§ 97] Absätze 1 und 2 [HwO] entsprechend".(Herv. u. Ergänz. v. Verf.). → Rn. 10–16. **18**

V. Passive Wahlberechtigung der Arbeitnehmer (§ 10 Abs. 1 Nr. 2 lit. b)

Die Wählbarkeit der Vertreter der Arbeitnehmer ergibt sich aus § 99, der folgenden Wortlaut hat: „Wählbar zum Vertreter der Arbeitnehmer in der Vollversammlung sind die wahlberechtigten Arbeitnehmer im Sinn der § 90 Abs. 2" HwO, „sofern sie (…) am Wahltag volljährig sind, (…) eine Gesellenprüfung oder eine andere Abschlußprüfung abgelegt haben oder, wenn sie in einem Betrieb eines handwerksähnlichen Gewerbes beschäftigt sind, nicht nur vorübergehend mit Arbeiten betraut sind, die gewöhnlich nur von einem Gesellen oder einem Arbeitnehmer ausgeführt werden, der einen Berufsabschluß hat". Vgl. zum **aktiven Wahlrecht** → § 1 Rn. 86 ff.; zur **Volljährigkeit** → § 1 Rn. 92; zur **Geselleneigenschaft** → § 1 Rn. 101. **19**

VI. Die Ausstellung der Bescheinigungen

Aufgrund der obligatorischen Wirkung der Norm ist die Handwerkskammer verpflichtet, die notwendigen **Bescheinigungen** auszustellen. Denn ohne die Bescheinigungen wäre eine ordnungsgemäße Kontrolle der Wahlvorschlagsliste durch den Wahlleiter nicht möglich. Um dem Kontrollrecht Genüge zu tun, sind die Bescheinigungen **schriftlich** zu erteilen. **20**

Die **Bescheinigungen** sollen möglichst **zügig** erteilt werden, damit der Wahlvorschlag vollständig an den Wahlleiter weitergeleitet werden kann, um die gesetzlich vorgegebene Frist des § 9 einhalten zu können. **21**

§ 10 Abs. 1 Nr. 2 enthält keine Regelungen über den Ablauf der Ausstellung der Bescheinigungen. Die Ausstellung der Bescheinigung ist bei der zuständigen Handwerkskammer zu beantragen. **Antragsberechtigt** ist der jeweilige Bewerber. **22**

C. Aktives Wahlrecht

§ 10 Abs. 1 Nr. 3 lit. b ist aufgrund des Wortlauts („die die") eine semantisch etwas missglückte Vorschrift. **23**

Die Bescheinigungen der Handwerkskammer über das **aktive Wahlrecht der Unterzeichner (§ 8 Abs. 5** des Wahlvorschlags müssen zusammen mit dem Wahlvorschlag beim Wahlleiter eingereicht werden. Die Bescheinigung ist von dem Unterzeichnenden zu beantragen. Die Handwerkskammer ist zur Erteilung der Bescheinigung **verpflichtet** (→ Rn. 20). **24**

Zum **Wahlvorschlag** → § 7 Rn. 120 ff., → § 8 Rn. 2 ff.; zur **Unterzeichnung des Wahlvorschlags** → § 8 Rn. 52 ff.; zur Abgrenzung des **handwerksähnlichen Gewerbe** → → Vorbemerkung zum Fünften Abschnitt, Ziff. VI; zur **Wählerliste** nach § 12 Abs. 1 → § 12 Rn. 57 ff.; zur aktiven **Wahlberechtigung der Arbeitnehmer nach § 98** → § 1 Rn. 98 f.; zur **Geselleneigenschaft** → **§ 1** Rn. 101. **25**

D. Gebührenfreiheit

Abs. 2 bezieht sich inhaltlich auf die notwenigen Bescheinigungen nach § 10 Abs. 1 Nr. 2 und Nr. 3 (vgl. zur Bescheinigung → Rn. 20 ff.). **26**

Gebührenfreiheit bedeutet, dass die Handwerkskammer für die Inanspruchnahme ihrer Leistungen im Zusammenhang mit der Ausstellung der Bescheinigungen keine Vergütung verlangen darf. Der Verwaltungsaufwand der Handwerkskammer als Körperschaft des Öffentlichen Rechts wird entgegen den sonst im öffentlichen Recht geltenden Grundsätzen (wie **27**

zB dem Verwaltungskostengesetz) nicht durch die Einnahme von Gebühren gedeckt. Insoweit steht der **Mitgliedsbeitrag** zur Mittelverwendung für die Aufgabenerfüllung zur Verfügung.

§ 11 [Beseitigung von Mängeln; Zulassung und Veröffentlichung der Wahlvorschläge]

(1) Weisen die Wahlvorschläge Mängel auf, so fordert der Wahlleiter die Vertrauenspersonen unter Setzung einer angemessenen Frist zu deren Beseitigung auf.

(2) Spätestens am zwanzigsten Tag vor dem Wahltag entscheidet der Wahlausschuß (§ 2) über die Zulassung der Wahlvorschläge.

(3) Die Vertrauenspersonen der Wahlvorschläge sind über Ort, Zeit und Gegenstand der Sitzung zu benachrichtigen.

(4) Nicht zuzulassen sind Wahlvorschläge, die zu spät eingereicht sind oder den gesetzlichen Voraussetzungen nicht entsprechen.

(5) Nachdem die Wahlvorschläge festgesetzt sind, können sie nicht mehr geändert werden.

(6) ¹Der Wahlleiter veröffentlicht spätestens am fünfzehnten Tag vor dem Wahltage die zugelassenen Wahlvorschläge in den für die Bekanntmachung der Handwerkskammer bestimmten Organen in der zugelassenen Form, aber ohne die Namen der Unterzeichner. ²Jeder Wahlvorschlag soll eine fortlaufende Nummer und ein Kennwort erhalten, das ihn von allen anderen Wahlvorschlägen deutlich unterscheidet.

Literatur: Boettcher, E./Högner, R., Bundeswahlgesetz; Palandt, O., Bürgerliches Gesetzbuch; Schreiber, W., Bundeswahlgesetz; Schreiber, W., Nachwahl am Tag der Hauptwahl und sonstige wahlrechtliche Auffälligkeiten – Rechtliche Nachbetrachtung zur Bundestagswahl 2002, NVwZ 2003, 402; Seifert, K.-H., Bundeswahlrecht; Schweinoch J./ Simader A., Bundeswahlgesetz

Rechtsprechung: VGH München VGHE 32/I S. 153; 33/I S. 152; BVerfGE 89, 243; Bescheid des Ministeriums für Wirtschaft und Verkehr des Landes Rheinland-Pfalz v. 6.7.1964- ZA I-14/02-383/64, GewArch 1965, 108; LG Berlin NVwZ 1985, 685; VG Dresden v. 7.9.2006 – 1 K 2548/03; VGH Mannheim GewArch 2001, 422.

Überblick

§ 11 regelt die **Zulassung der Wahlvorschläge** und die dafür nötigen Voraussetzungen. Sämtliche Absätze stellen zwingende Vorschriften dar. Die Vorschrift enthält die Rechtsfolgen für **Fehler von Wahlvorschlägen** iRv §§ 8, 9 und 10.

Übersicht

	Rn.		Rn.
A. Beseitigung von Mängeln	1	II. Teilnahmerecht der Vertrauensperson	14
I. Mangelhafte Wahlvorschläge	2	**D. Inhalt der Zulassungsentscheidung**	15
II. Vorprüfung durch den Wahlleiter	3	**E. Wahlvorschläge**	18
III. Die Beanstandung des Wahlvorschlags	4	I. Die Festsetzung der Wahlvorschläge	18
B. Zulassung der Wahlvorschläge	7	II. Modifikation der Wahlvorschläge	19
I. Zulassungsentscheidung	7	**F. Veröffentlichung**	25
II. Beispiel	11	I. Die Veröffentlichung der Wahlvorschläge	25
C. Vertrauenspersonen	13	II. Beispiel	26
I. Benachrichtigung der Vertrauensperson	13	III. Der Inhalt der Veröffentlichung	28

A. Beseitigung von Mängeln

1 § 11 **Abs. 1** Anlage C ist **vorgreiflich zu Abs. 4** hinsichtlich der Fehlerfolge. Bei behebbaren Mängeln des Wahlvorschlags, muss der Wahlleiter der Vertrauensperson des entspre-

chenden Wahlvorschlags die Möglichkeit geben, den Mangel zu beseitigen (VG Dresden v. 7.9.2006 – 1 K 2548/03). Wahlvorschläge sollen nicht an leicht behebbaren formalen Fehlern scheitern (VGH München VGHE 32/I, 153 (157); 33/I, 152 (154); Schreiber BWahlG § 25 Rn. 1; Seifert BWahlG § 25 Rn. 2). Erst wenn keine fristgerechte Mangelbeseitigung erfolgt, ist der Wahlvorschlag endgültig nicht zur Wahl zuzulassen.

I. Mangelhafte Wahlvorschläge

Mängel der Wahlvorschläge sind sämtliche Fehler, die bei der Erstellung der Wahlvor- 2 schläge entstehen können (VG Dresden v. 7.9.2006 – 1 K 2548/03). Ein **Wahlvorschlag ist mangelhaft**, wenn er den gesetzlichen Voraussetzungen des § 8 und des § 10 nicht entspricht. Dies ist va der Fall, wenn der Wahlvorschlag den **Geltungsbereich des Wahlbezirks nicht einhält**, ein **Verstoß gegen das Trennungs-, Listen-, Vollständigkeits- und Abbildungsprinzip** oder das **Formerfordernis der Schriftlichkeit** vorliegt (§ 8 Abs. 1), die notwendigen Angaben des § 8 Abs. 2 fehlen, das **Abbildungsprinzip** aus § 8 Abs. 3 nicht eingehalten wird, die **Bezeichnung des Vertrauensmannes** und seines Stellvertreters iSv § 8 Abs. 4 fehlen, das **notwendige Unterschriftenquorum** aus § 8 Abs. 5 nicht eingehalten wird oder die Voraussetzungen an die **Unterzeichnung der Zustimmenden** nicht eingehalten worden sind (§ 8 Abs. 6). Zudem ist ein Wahlvorschlag mangelhaft, wenn er die nach § 10 Abs. 1 notwendigen **Erklärungen der Bewerber** und die **Bescheinigungen der Handwerkskammer über das passive Wahlrecht der Bewerber** und über das **aktive Wahlrecht der Unterzeichner des Wahlvorschlags** nicht beigefügt sind.

II. Vorprüfung durch den Wahlleiter

Nach dem Eingang der Wahlvorschläge hat der Wahlleiter in Ausübung seines Amtes den 3 Wahlvorschlag zu prüfen und damit die Entscheidung des Wahlausschusses über die Zulassung der Wahlvorschläge nach § 11 Abs. 2 vorzubereiten (vgl. Boettcher/Högner/Boettcher BWahlG § 25 Rn. 3; zum Wahlleiter → § 1 Rn. 73 ff.). Eine solche **Prüfungspflicht** ist anders als bei Kreiswahlvorschlägen in § 25 Abs. 1 S. 1 BWahlG, § 35 Abs. 1 S. 2 BWO in der Anlage C nicht ausdr. gesetzlich normiert. Die Prüfung der Wahlvorschläge dahingehend, ob sie die Voraussetzungen der §§ 8, 9, 10 einhalten, ist aber zwingend notwendig, um Mängel feststellen zu können, so dass eine Prüfungspflicht besteht. Die Prüfung soll **unverzüglich** erfolgen, damit der Vertrauensmann noch ausreichend Zeit hat, sich um die Fehlerbeseitigung zu kümmern, bevor die Einreichungsfrist des § 9 verstrichen ist (→ Rn. 19). Nach den allgemeinen Grundsätzen ist „unverzüglich" iSd § 121 Abs. 1 BGB auszulegen, so dass der Wahlvorschlag ohne schuldhaftes Zögern überprüft werden soll (vgl. Boettcher/Högner/Boettcher BWahlG § 25 Rn. 4; vgl. Schreiber BWahlG § 25 Rn. 1).

III. Die Beanstandung des Wahlvorschlags

Liegt ein Mangel vor, muss der Wahlleiter den Vertrauensmann benachrichtigen und ihn 4 nach Darstellung aller festgestellten Fehler zur **Beseitigung auffordern** (VG Dresden v. 7.9.2006 – 1 K 2548/03; vgl. Schreiber BWahlG § 25 Rn. 4). Die Aufforderung bedarf **nicht der Schriftform** (vgl. Schreiber BWahlG § 25 Rn. 4; vgl. Boettcher/Högner/Boettcher BWahlG § 25 Rn. 4). Ein solches Formerfordernis ist gesetzlich nicht normiert (vgl. Schreiber BWahlG § 25 Rn. 4). Möglich ist eine Aufforderung auch per **E-Mail oder Fax** (vgl. Schreiber BWahlG § 25 Rn. 4). Vor allem in **Eilfällen** erscheint eine **fernmündliche** Aufforderung zweckmäßig (vgl. Boettcher/Högner/Boettcher BWahlG § 25 Rn. 4; vgl. Schweinoch/Simader/Schweinoch BWahlG § 25 Rn. 4).

Der Vertrauensperson muss für die **Behebung der Mängel** eine angemessene Frist 5 gesetzt werden. Unter angemessener Frist versteht man eine Frist, die solange bemessen ist, damit der Vertrauensperson **ausreichend Zeit** bleibt, den **gerügten Mangel zu beheben**. Zu beachten ist bei der zeitlichen Festsetzung der Frist, dass die Vertrauensperson für die Beseitigung des Mangels gegebenenfalls auf die Mitwirkung anderer an dem Wahlvorschlag Beteiligten angewiesen ist. Bei der Fristsetzung ist die **Frist des § 11 Abs. 2 zu beachten** (VG Dresden v. 7.9.2006 – 1 K 2548/03). Nach der Regelung des Abs. 2, muss der Wahlausschuss spätestens am **20. Tag vor dem Wahltag** über die **Zulassung der Wahlvorschläge**

entscheiden. Geht der Wahlvorschlag am letzten Tag der Frist aus § 9 ein, dh am 35. Tag vor der Wahl, kann die **Frist zur Nachbesserung** des Wahlvorschlags, höchstens **15 Tage** betragen (VGH Mannheim GewArch 2001, 422 (428)). Dies entspricht genau dem Zeitraum zwischen dem Zugang der Wahlvorschläge am 35. Tag vor dem Wahltag bei dem Wahlleiter (vgl. § 9) und der Entscheidung des Wahlausschusses über die Zulassung der Wahlvorschläge am 20. Tag vor dem Wahltag. Die Nachbesserung eines Wahlvorschlags ist damit auch nach Ablauf der 35-Tage-Frist des § 9 möglich (VGH Mannheim GewArch 2001, 422 (428); so auch VG Hamburg Urt. v. 7.11.2013 – 17 K 1001/10).

6 Der **Wahlleiter** soll die **Frist** abhängig von dem jeweiligen Mangel und dem notwendigen Aufwand zur Beseitigung **bemessen**. Diesbezüglich hat er ein **Ermessen** (VG Dresden v. 7.9.2006 – 1 K 2548/03; VGH Mannheim GewArch 2001, 422 (428)). Der Wahlleiter selbst kann am besten beurteilen, wie lange die Frist bemessen sein muss, um den jeweiligen Fehler zu beheben. Grds. kann hier der Rechtsgedanke des § 323 Abs. 1 BGB zur Angemessenheit der Frist herangezogen werden. Demnach soll die Frist der Vertrauensperson eine letzte Möglichkeit geben, die Fehler des Wahlvorschlags zu beheben. Auch eine kurze Frist von zwei Tagen kann bei ganz besonderer Eilbedürftigkeit ausreichend sein (vgl. Palandt/Grüneberg BGB § 323 Rn. 14).

B. Zulassung der Wahlvorschläge

I. Zulassungsentscheidung

7 Die **Wahlvorschläge** bedürfen der **Festsetzung** (§ 11 Abs. 5) und **Zulassung**, um zur Wahl aufgenommen zu werden.

8 Die **Zulassungsentscheidung** trifft der **Wahlausschuss** (→ § 2 Rn. 9 ff.). Er entscheidet als Gremium in **Sitzungen**, zu der alle Mitglieder des Wahlausschusses zu laden sind (vgl. zur Sitzung, Ladungsmängel und Beschlussfähigkeit → § 1 Rn. 45 ff.). Der Wahlleiter als Vorsitzender bzw. sein Stellvertreter lädt die vier Beisitzer und ihre Stellvertreter zur Sitzung und leitet diese (→ § 2 Rn. 18). In der Sitzung bedarf es einer separaten Entscheidung zu **jedem** eingereichten Wahlvorschlag (vgl. Schweinoch/ Simader/Schweinoch BWahlG § 26 Rn. 2). Aus dem Umkehrschluss des § 11 Abs. 4 ergibt sich, dass alle Wahlvorschläge zuzulassen sind, die fristgerecht eingereicht worden sind und den gesetzlichen Voraussetzungen entsprechen. Dies ist eine **gebundene Entscheidung**, so dass der Wahlausschuss hinsichtlich des „Ob" der Zulassung kein Ermessen hat (vgl. Schweinoch/Simader/Schweinoch BWahlG § 26 Rn. 2; vgl. Seifert BWahlG § 26 Rn. 3).

9 Der Wahlausschuss hat ein umfassendes **Prüfungsrecht und eine ebensolche Pflicht** (vgl. BVerfGE 89, 243 (253)). Ein solches ist zwar gesetzlich in der Anlage C, anders als in § 36 Abs. 3 S. 1 BWO bei Kreiswahlvorschlägen, nicht näher normiert, muss vor der Zulassung aber notwendigerweise erfolgen, da nur ordnungsgemäße – geprüfte – Wahlvorschläge zugelassen werden können.

10 Die Zulassungsentscheidung soll **spätestens am 20. Tag** vor dem Wahltag erfolgen. Mit Tage sind **Kalendertage** gemeint (→ § 9 Rn. 5). Aufgrund des Wortlauts („vor dem Wahltag") berechnet sich die Frist als **Rückwärtsfrist** nach §§ 187 Abs. 1 analog, 188 Abs. 1 BGB (vgl. § 9 Rn. 6). **Fristbeginn** ist vorliegend der **Tag vor dem Wahltag**. Nach § 188 Abs. 1 BGB **endet** eine nach Tagen bestimmte Frist mit dem Ablauf des letzten Tages der Frist um **24 Uhr** (→ § 9 Rn. 7).

II. Beispiel

11 Die Frist ist vom Tag der Wahl ab rückwärts zu berechnen. Im Beispiel → § 7 Rn. 131 ist Wahltag der 17.6.2011; dieser ist somit bei der Fristberechnung analog § 187 Abs. 1 BGB nicht mitzuzählen. Fristbeginn ist daher der 16.6.2011. Die Frist endet mit Ablauf des 20. Tages, gerechnet ab dem 16.6.2011. Der 20. Tag ab dem 16.6.2011 entspricht dem 28.5.2011. An diesem Tag soll die Festsetzungsentscheidung spätestens erfolgen.

12 Nach dem Wortlaut der Norm („spätestens") handelt es sich um eine **Mindestfrist**. Die 20-Tage-Frist darf somit nicht unterschritten, aber jedoch überschritten werden. Die Zulassungsentscheidung darf also bereits vor dem letzten Tag der Frist erfolgen.

C. Vertrauenspersonen

I. Benachrichtigung der Vertrauensperson

Die Vertrauenspersonen (→ § 8 Rn. 45 ff.) sind über **Ort, Zeit und Gegenstand** der Sitzung, in der über die Zulassung des Wahlvorschlags iSv Abs. 2 entschieden wird, zu benachrichtigen. Die **Benachrichtigung** durch den Wahlleiter als Vorsitzender des Wahlausschusses § 2 Abs. 1 S. 2 Hs. 2 (vgl. zum Wahlleiter → § 1 Rn. 73; vgl. zum Wahlausschuss → § 2 Rn. 15) sollte **schriftlich** und **persönlich** an die jeweiligen Vertrauenspersonen erfolgen, um die mögliche Kenntnisnahme zu gewährleisten. 13

II. Teilnahmerecht der Vertrauensperson

Ob die **Vertrauensperson** auch ein **Teilnahmerecht** (was abzugrenzen ist von der Tatsache, dass der Wahlausschuss öffentlich verhandelt § 2 Abs. 7) an der Sitzung hat, regelt Absatz 3 nicht. Zweckmäßig erscheint es den Begriff „Benachrichtigung" nicht nur als bloße Information über die zukünftige Sitzung auszulegen, sondern der Vertrauensperson zusätzlich ein Recht zur Teilnahme an der Sitzung zu geben. Die Angabe aller relevanten Daten zur Sitzung (Zeit, Ort, Gegenstand) lässt darauf schließen, dass der Gesetzgeber den Vertrauenspersonen auch ein solches Recht zubilligen wollte. Aufgrund der Vergleichbarkeit der Regelung des § 11 Abs. 3 mit § 36 Abs. 1 BWO erscheint dieses Ergebnis ebenfalls sachgerecht. Bei Kreiswahlvorschlägen gem. § 36 Abs. 1 BWO „lädt" der Kreiswahlleiter die Vertrauenspersonen zu der Sitzung, in der über die Zulassung entschieden wird. Infolge der Einladung hat der Vertrauensmann dort ein gesetzlich normiertes Recht in der Sitzung anwesend zu sein. 14

D. Inhalt der Zulassungsentscheidung

Abs. 4 stellt die Schlüsselvorschrift für alle Fehler im Zusammenhang mit den Wahlvorschlägen dar. Dabei wird der Begriff Zulassung in Absatz 4 negativ definiert. Wahlvorschläge sind zurückzuweisen, die **formelle oder materielle Mängel** aufweisen. Aufgrund des Wortlauts („oder") ist das Vorliegen bereits **eines** formellen oder **eines** materiellen Fehlers ausreichend für die Nichtzulassung. 15

Eine **verspätete Einreichung** liegt vor, wenn der Wahlvorschlag nicht innerhalb der in § 9 gesetzten Frist, also nicht **spätestens am 35. Tag** vor dem Wahltag beim zuständigen Wahlleiter eingereicht ist (→ § 9 Rn. 2 ff.). 16

Die **gesetzlichen Vorschriften**, denen der Wahlvorschlag entsprechen muss, um zugelassen zu werden, sind folgende (→ Rn. 2): Die Wahlvorschläge müssen gem. § 8 Abs. 1 ordnungsgemäß in Listen eingereicht werden. Die Bewerber und Stellvertreter sind gem. § 8 Abs. 2 ordnungsgemäß zu bezeichnen. Die Verteilung der Bewerber muss gem. § 8 Abs. 3 den Vorgaben der Satzung entsprechen. Gem. § 8 Abs. 4 ist eine Vertrauensperson und deren Stellvertreter zu bezeichnen. Außerdem müssen die Wahlvorschläge gem. § 8 Abs. 5, Abs. 6 ordnungsgemäß unterschrieben werden. Zudem müssen mit den Wahlvorschlägen die Zustimmung gem. § 10 Abs. 1 Nr. 1, die Bescheinigung nach § 10 Abs. 1 Nr. 2 und die Bescheinigung nach § 10 Abs. 1 Nr. 3 eingereicht werden. 17

E. Wahlvorschläge

I. Die Festsetzung der Wahlvorschläge

Der Wahlausschuss prüft in seiner Sitzung, ob sämtliche in Abs. 4 genannte Voraussetzungen gegeben sind. Wenn dies der Fall ist, sind die Wahlvorschläge per Beschluss **festzusetzen.** Sinn und Zweck der Festsetzung ist die Schaffung **klarer Verhältnisse** in rechtlicher und tatsächlicher Hinsicht (Bescheid des Ministeriums für Wirtschaft und Verkehr des Landes Rheinland-Pfalz v. 6.7.1964 – ZA I-14/02-383/64, GewArch 1965, 108 (109); Schreiber BWahlG § 23 Rn. 3). 18

II. Modifikation der Wahlvorschläge

19 **Bis zum Ablauf der Einreichungsfrist** des § 9 am 35. Tag vor der Wahl, können die Wahlvorschläge modifiziert werden. Eine Rücknahme oder Änderung ist möglich.

20 **Festgesetzte Wahlvorschläge** können grds. **nicht mehr modifiziert** werden (Bescheid des Ministeriums für Wirtschaft und Verkehr des Landes Rheinland-Pfalz v. 6.7.1964 – ZA I-14/02-383/64, GewArch 1965, 108 (109); LG Berlin NVwZ 1985, 685; vgl. Schreiber BWahlG § 23 Rn. 3). Das Interesse der Öffentlichkeit an der ordnungsgemäßen Vorbereitung und Durchführung der Wahl ist ab dem Zeitpunkt der Festsetzung vorrangig gegenüber dem Interesse der Bewerber der Liste (Bescheid des Ministeriums für Wirtschaft und Verkehr des Landes Rheinland-Pfalz v. 6.7.1964 – ZA I-14/02-383/64, GewArch 1965, 108, 109; vgl. Schreiber BWahlG § 23 Rn. 3). Gesetzlich nicht normiert in der ist das Vorgehen beim Tod eines Bewerbers nach der Festsetzung und die Möglichkeit des Widerrufs und der Anfechtung der Zustimmungserklärung des Bewerbers.

21 Eine Regelung zur Auswirkung des **Todes** enthält § 43 Abs. 1 Nr. 2 BWahlG. Stirbt ein **Wahlkreisbewerber** nach der Festsetzung aber vor der Wahl findet eine Nachwahl im gesamten Wahlkreis statt (Schreiber BWahlG § 43 Rn. 5; Schreiber NVwZ 2003, 402). Stirbt ein Wahlkreisbewerber erst nach Beginn der Wahlhandlung tritt nach § 48 Abs. 1 S. 1 BWahlG Listennachfolge ein (Schreiber BWahlG § 43 Rn. 5). Eine Ersatzwahl findet statt, § 48 Abs. 2 BWahlG (Schreiber BWahlG § 43 Rn. 5). Stirbt ein **Landeslistenbewerber** in diesem Zeitraum, hat dies keinen Einfluss auf die Durchführung der Wahl (Schreiber BWahlG § 43 Rn. 5). Die nachfolgenden Parteibewerber rücken bei der Wahlergebnisfeststellung auf (Schreiber BWahlG § 43 Rn. 5).

22 Diese Regelungen zum Tod eines Wahlkreisbewerbers und eines Landeslistenbewerbers würden vorliegend zu keinem sachgerechten Ergebnis führen. Vielmehr soll vorliegend ausnahmsweise eine **Listenergänzung** erfolgen. Der tote Wahlberechtigte ist nicht mehr Bewerber der Liste zur Wahl der Vollversammlung. Die Liste ist unvollständig. Es liegt ein Verstoß gegen das Vollständigkeitsprinzip und das Abbildungsprinzip des § 8 Abs. 1 Hs. 2 vor (→ § 8 Rn. 12, 14). Aus **Praktikabilitätsgründen** erscheint es sachgerecht die Liste erneut zu vervollständigen, indem der **Stellvertreter des verstorbenen Bewerbers nachrückt**. Für den nachgerückten Bewerber soll ein neuer Stellvertreter bestimmt werden, damit die Liste mit den zahlenmäßigen Vorgaben der Satzung der Handwerkskammer wieder übereinstimmt. Insoweit soll eine Änderung der Liste auch nach der Festsetzung bis zum Beginn der Wahl möglich sein. Danach ist die Listenänderung unwirksam. Darüber hinausgehende Änderungen bleiben nach der Festsetzung weiterhin unzulässig.

23 Ein **Widerruf** der Zustimmungserklärung des Bewerbers ist nicht mehr möglich, da dies nur bis zum Zeitpunkt des Zugangs der Zustimmungserklärung beim Wahlleiter möglich ist (→ § 7 Rn. 35 ff.).

24 Eine **Anfechtung** ist dagegen möglich, wenn der Bewerber erst nach der Festsetzung des Wahlvorschlags Kenntnis vom Anfechtungsgrund erlangt hat (→ § 7 Rn. 35 ff.). Die Zustimmung des Bewerbers ist aufgrund der Rückwirkung der Anfechtung von Anfang an unwirksam. Da der anfechtende Wahlberechtigte nicht mehr Bewerber der Liste ist, ist diese unvollständig. Es liegt ein Verstoß gegen das Vollständigkeitsprinzip und das Abbildungsprinzip des § 8 Abs. 1 Hs. 2 vor (→ § 8 Rn. 12, 14). Aus Praktikabilitätsgründen erscheint es sachgerecht die Liste erneut zu vervollständigen, indem der Stellvertreter des ausgeschiedenen Bewerbers nachrückt. Für den nachgerückten Bewerber soll ein neuer Stellvertreter bestimmt werden, damit die Liste mit den zahlenmäßigen Vorgaben der Satzung der Handwerkskammer wieder übereinstimmt. Insoweit soll eine Änderung der Liste auch nach der Festsetzung bis zum Beginn der Wahl möglich sein. Danach ist die Liste endgültig unwirksam. Darüber hinaus gehende Änderungen bleiben nach der Festsetzung weiterhin unzulässig.

F. Veröffentlichung

Absatz 6 stellt eine echte Sollvorschrift dar, der keine konstitutive Wirkung für den Wahlvorschlag zukommt. Die aufgelisteten Voraussetzungen fallen nicht in den Katalog der „gesetzlichen Voraussetzungen" des § 11 Abs. 4. Wenn eine der in → Rn. 15 ff. genannten Voraussetzungen nicht eingehalten wird, ändert das nichts an der Wirksamkeit des jeweiligen

Wahlvorschlages. Wohl aber können Fehler oder Versäumnisse einen Anfechtungsgrund bzgl. der gesamten Wahl darstellen (§ 101 HwO).

I. Die Veröffentlichung der Wahlvorschläge

Spätestens am 15. Tag vor dem Wahltag hat der Wahlleiter die zugelassenen Wahlvorschläge (→ Rn. 7 ff.) zu veröffentlichen. Mit Tage sind **Kalendertage** gemeint (→ § 9 Rn. 5). Aufgrund des Wortlautes („vor dem Wahltag") berechnet sich die Frist als **Rückwärtsfrist** nach §§ 187 Abs. 1 analog, 188 Abs. 1 BGB (→ § 9 Rn. 6). **Fristbeginn** ist vorliegend der **Tag vor dem Wahltag**. Nach § 188 Abs. 1 BGB **endet** eine nach Tagen bestimmte Frist, mit dem Ablauf des letzten Tages der Frist um **24 Uhr** (→ § 9 Rn. 7). 25

II. Beispiel

Die Frist ist vom Tag der Wahl ab rückwärts zu berechnen. Im Beispiel → § 7 Rn. 131 ist Wahltag der 17.6.2011; dieser ist somit bei der Fristberechnung analog § 187 Abs. 1 BGB nicht mitzuzählen. Fristbeginn ist daher der 16.6.2011. Die Frist endet mit Ablauf des 15. Tages, gerechnet ab dem 16.6.2011. Der 15. Tag ab dem 16.6.2011 entspricht dem 2.6.2011. An diesem Tag soll die Veröffentlichung spätestens erfolgen. 26

Nach dem Wortlaut der Norm („spätestens") handelt es sich um eine **Mindestfrist**. Die 15-Tage-Frist darf somit nicht unterschritten, aber jedoch überschritten werden. Die Veröffentlichung darf also bereits vor dem letzten Tag der Frist erfolgen. 27

III. Der Inhalt der Veröffentlichung

Die **Veröffentlichung** findet in den für die Bekanntmachung der Handwerkskammer bestimmten **Organen** statt (→ § 7 Rn. 122). Die Wahlvorschläge sind in der **zugelassenen Form**, jedoch **ohne die Namen der Unterzeichner** zu veröffentlichen. Die Unterzeichner bieten nur intern eine Gewähr für die Legitimation der Liste (→ § 8 Rn. 52 ff.). Die Namen der Unterstützer der Liste sollen nicht nach außen bekannt werden. Dies würde gegen den Grundsatz der geheimen Wahl verstoßen (→ § 2 Rn. 30). 28

Jeder Wahlvorschlag soll eine **fortlaufende Nummer** und ein **Kennwort** erhalten, um sicherzustellen, dass er sich bei der Wahl für den Wähler eindeutig von den übrigen Wahlvorschlägen unterscheiden lässt. Neben der Sicherstellung der eindeutigen Zuordnung ist Sinn und Zweck dieses Erfordernisses auch die Wahrung der **Individualität** eines jeden Wahlvorschlages. 29

Nach dem Wortlaut des **§ 14 Abs. 2** muss der Stimmzettel den Wahlvorschlag nach der vom Wahlleiter veröffentlichten **Nummer und** dem **Kennwort** bezeichnen. Dagegen setzt **§ 15 S. 5** seinem Wortlaut nach fest, dass die Stimmzettel den **Namen oder** das **Kennwort** der nach § 11 zugelassenen Wahlvorschläge enthält. Nicht erwähnt wird die festgesetzte Nummer. Der insoweit festzustellende gesetzgeberische Widerspruch im Hinblick auf die verschiedenen Erfordernisse wird im Wege einer insoweit vorzunehmenden gesetzesintensiver Auslegung dergestalt vorgenommen, dass der jeweils weiteste Norminhalt zur Minimal- und damit zur Grundvoraussetzung erhoben wird. Das bedeutet im Ergebnis eine kumulative Notwendigkeit von Name, Kennwort und Nummer. Hierbei lässt sich allenfalls von einer Identität von Name und Kennwort ausgehen. 30

Sechster Abschnitt. Wahl

§ 12 [Wählerverzeichnis]

(1) ¹Für die Wahl der Vertreter des Handwerks und des handwerksähnlichen Gewerbes dient als Wahlunterlage ein von der Handwerkskammer herzustellender und zu beglaubigender Auszug aus der Handwerksrolle und dem Verzeichnis nach § 19 der Handwerksordnung, der alle am Wahltag Wahlberechtigten der Hand-

werkskammer enthält (Wahlverzeichnis). ²Wählen kann nur, wer in dem Wahlverzeichnis eingetragen ist.

(2) ¹Das Wahlverzeichnis ist öffentlich auszulegen. ²Die Auslegungszeit und den Ort bestimmt der Wahlleiter. ³Innerhalb der Auslegungsfrist ist das Anfertigen von Auszügen aus dem Wählerverzeichnis durch Wahlberechtigte zulässig, soweit dies im Zusammenhang mit der Prüfung des Wahlrechts einzelner bestimmter Personen steht. ⁴Die Auszüge dürfen nur für diesen Zweck verwendet und unbeteiligten Dritten nicht zugänglich gemacht werden.

(3) ¹Wer das Wahlverzeichnis für unrichtig oder unvollständig hält, kann dagegen bis zum Ablauf der Auslegungsfrist bei der Handwerkskammer oder einem von ihr ernannten Beauftragten schriftlich oder zur Niederschrift Einspruch einlegen. ²Soweit die Richtigkeit seiner Behauptung nicht offenkundig ist, hat er für sie Beweismittel beizubringen.

(4) Wenn der Einspruch nicht für begründet erachtet wird, entscheidet über ihn die höhere Verwaltungsbehörde.

(5) Die Entscheidung muß spätestens am vorletzten Tag vor dem Abstimmungstag gefällt und den Beteiligten bekanntgegeben sein.

(6) Wenn die Auslegungsfrist abgelaufen ist, können Stimmberechtigte nur auf rechtzeitg angebrachte Einsprüche aufgenommen oder gestrichen werden.

(7) ¹Wird das Wahlverzeichnis berichtigt, so sind die Gründe der Streichungen in Spalte „Bemerkungen" anzugeben. ²Wenn das Stimmrecht ruht oder der Stimmberechtigte in der Ausübung des Stimmrechts behindert ist, so ist dies in dem Wahlverzeichnis besonders zu bezeichnen. ³Ergänzungen sind als Nachtrag aufzunehmen.

(8) Das Wählerverzeichnis ist bis zum Wahltag fortzuführen.

Literatur: Baumbach, A./ Lauterbach, W./ Albers, J./ Hartmann, P., Zivilprozessordnung; BT-Drucksache 17/6844; Detterbeck, St., Handwerksordnung; Frotscher, W., Selbstverwaltung und Demokratie, 1983; Groß, Die Wahl zur Vollversammlung der Industrie- und Handelskammer; Heyne, K., Die funktionale Selbstverwaltung im Spiegel der Kommentierungen des Grundgesetzes, in: IFK aktuelle Stellungnahmen 6/11 vom 05.08.2011; Honig, G./Knörr, M., Handwerksordnung; Jäde, H./ Dirnberger, F./ Weiß, J., Baugesetzbuch; Kluth, W., Grundfragen des Kammerwahlrechts in Wirtschaftskammern, in: IFK Jahrbuch des Kammer- und Berufsrechts 2003; Kluth W./ Heyne K., Ausgewählte Fragen des Wahlprüfungsrechts der Industrie- und Handelskammern, in: Jahrbuch des Kammer- und Berufsrechts 2010; Kopp, F./ Ramsauer, U., Verwaltungsverfahrensgesetz; Kopp, F./ Schenke, W.-R., Verwaltungsgerichtsordnung; Leisner, W. G., in: Sodan, H., Grundgesetz; Loertzer, C., Aktuelle Fragen des Kammerrechts, GewArch 2009, 64; Pointner, M., Bundeswahlrecht; Rickert, A., Online Wahlen in der Industrie- und Handelskammer, in Jahrbuch des Kammerrechts 2010; Rieger, F., Handwerksnovelle 2004 – Verdeckte Änderungen im Wahlrecht, GewArch 2005, 231; Schreiber, W., Bundeswahlgesetz; Schwannecke, H., in: Schwannecke, H., Handwerksordnung; Schwannecke, H./ Heck, H.-J., Die Handwerksnovelle 2004, GewArch 2004, 129; Seifert, K.-H., Bundeswahlrecht; Spannowsky, W./ Uechtritz, M., Baugesetzbuch; Thomas, H./ Putzo, H., Zivilprozessordnung

Rechtsprechung: BVerfGE 1, 208; 89, 291; 107, 59; 123, 39; BVerfG BayVBl. 99, 46; BVerwG NVwZ 1993, 475 f.; OVG Münster GewArch 2003, 378; VGH Kassel BeckRS 2005, 26733; LVG Düsseldorf NJW 1955, 1208; OVG Lüneburg Urt. v. 30.8.1982 – 6 C 12/80; VG Dresden v. 7.9.2006 – 1 K 2548/03; VG Freiburg GewArch 1997, 423; VG Würzburg BeckRS 2004, 32698; VGH Mannheim DVBl. 1998, 542; DÖV 1998, 395; GewArch 1998, 66; 1999, 80; 2001, 422; VGH Mannheim BeckRS 2005, 27134; VBlBW 1999, 178

Überblick

§ 12 ist Bestandteil des Sechsten Abschnitts der Anlage C, der sich inhaltlich mit der Wahl befasst. Der sechste Abschnitt lässt sich in drei Blöcke unterteilen: Den ersten Block bilden die **§§ 12, 13**. Darin ist die **Vorbereitung der Wahl** geregelt. Die **Durchführung der Wahl**, geregelt in den **§§ 14, 15 und 16**, bildet den zweiten Block. Abschließend befassen sich die **§§ 17, 17a, 18** mit der **Ermittlung des Wahlergebnisses** und bilden damit den dritten Block.

Übersicht

	Rn.		Rn.
A. Einleitung zum Sechsten Abschnitt (§§ 12–18)	1	II. Die öffentliche Bekanntmachung der Auslegung	61
I. Kenntnis der wahlberechtigten Selbständigen	1	III. Das Bestimmungsrecht des Wahlleiters	63
II. Kenntnis der wahlberechtigten Arbeitnehmer	2	**E. Auszüge (§ 12 Abs. 2 S. 3, 4)**	64
III. Online-Wahl	4	I. Die Anfertigung von Auszügen	64
IV. Briefwahlverfahren	19	II. Die Anfertigungsberechtigung	65
V. Formelle Voraussetzungen bzgl. der Wahlunterlagen	21	**F. Einspruch (§ 12 Abs. 3)**	67
VI. Zuständigkeit für die Feststellung des Wahlergebnisses und des Gültigkeitsbeschlusses nach § 100 HwO	22	I. Der Einspruch	67
		II. Form und Inhalt des Einspruchs	69
VII. Veröffentlichungspflichten	25	**G. Einspruchsentscheidung (§ 12 Abs. 4)**	70
VIII. Beginn der Einspruchsfrist nach § 101 Abs. 1 HwO	31	**H. Entscheidungsbekanntgabe (§ 12 Abs. 5)**	72
IX. Wahlprüfung	33	I. Der Zeitpunkt der Einspruchsentscheidung	72
X. Rechtsfolge der Ungültigkeitserklärung der Wahl	47	II. Die Bekanntgabe der Einspruchsentscheidung	73
XI. Mehrheitsbegriff des § 18 Abs. 2	50	**I. Präklusion (§ 12 Abs. 6)**	75
B. Vorbemerkung zu § 12	53	**J. Berichtigung (§ 12 Abs. 7)**	76
C. Wahlverzeichnis (§ 12 Abs. 1)	57	I. Die Berichtigung des Wahlverzeichnisses	76
I. Das Wahlverzeichnis	57	II. Ruhen des Wahlrechts/ Behinderung in der Ausübung	77
II. Die Stimmberechtigung	58	III. Ergänzungen des Wahlverzeichnisses	78
D. Auslegung (§ 12 Abs. 2 S. 1, 2)	60	**K. Fortführung des Wahlverzeichnisses (§ 12 Abs. 8)**	79
I. Die öffentliche Auslegung des Wahlverzeichnisses	60		

A. Einleitung zum Sechsten Abschnitt (§§ 12–18)

I. Kenntnis der wahlberechtigten Selbständigen

IRd **ersten Blocks** befasst sich § 12 mit der **Wahlberechtigung der Vertreter der** **1** **Selbständigen** und § 13 mit der **Arbeitnehmervertretung**. Zur Legitimierung ihres aktiven Wahlrechts werden die Vertreter der Selbständigen in ein **Wahlverzeichnis** aufgenommen, welches **nach § 12 Abs. 2 auszulegen ist** (→ Rn. 60).

II. Kenntnis der wahlberechtigten Arbeitnehmer

Für die **Vertreter der Arbeitnehmerseite** dagegen gibt es kein Wählerverzeichnis, weil **2** die Handwerkskammern kein Register über die in den Mitgliedsbetrieben Beschäftigten führen (dürfen). Sie müssen sich durch einen Wahlberechtigungsschein legitimieren. Für den Fall, dass den Kammern die Arbeitnehmerseite gänzlich unbekannt ist, stellt sich die Frage, **wie man überhaupt – und das rechtzeitig – von den Wahlberechtigten der Arbeitnehmerseite Kenntnis erhält**.

Durch eine **laufende und frühzeitige Zusammenarbeit der Handwerkskammern** **3** mit **Organisationen** außerhalb der Handwerke, wie etwa den Kolpingwerken und dem Deutschen Gewerkschaftsbund, wird die Personalisierung und Lokalisierung der Wahlberechtigten der Arbeitnehmerseite ermöglicht. Ohne diese kooperative Zusammenarbeit mit Externen wäre eine umfassende Kenntnis der jeweiligen Handwerkskammer über die Wahlberechtigten der regionalen Arbeitnehmerseite kaum möglich, da bei den Arbeitnehmern eine hohe Fluktuation herrscht. So kann es gerade bei Arbeitnehmern vorkommen, dass sie von ihrem Betrieb nicht übernommen werden und aus diesem Grund einen neuen Betrieb aufsuchen oder gar die regionale Kammer wechseln.

III. Online-Wahl

4 Im **zweiten Block**, der sich mit der **Durchführung der Wahl** befasst, steht das **Briefwahlverfahren** im Fokus der Vorschriften. Dies stellt neben der präsenten Urnenwahl das gesetzliche Leitbild bzgl. des Wahlmodus durch Stimmzettelabgabe dar. Mit Blick auf den stetig wachsenden elektronischen Fortschritt stellt sich jedoch die berechtigte Frage, ob nicht auch ein **Online-Wahlverfahren möglich** wäre.

5 Nach dem **traditionellen Verständnis** vom **Ablauf der Wahl** erfolgt diese in Form einer **Urnenwahl** mit **amtlichen Stimmzetteln oder Briefwahl**. Zur Erleichterung der Abgabe und Zählung der Wählerstimmen wurde in § 35 BWahlG iVm § 1 ff. Bundeswahlgeräteverordnung (BWahlGV) bei Bundestagswahlen die Stimmabgabe mittels mechanisch oder elektronisch betriebenen, einschließlich rechnergesteuerten Wahlgeräten gesetzlich normiert.

6 Festzustellen gilt es eingangs, dass aktuell weder die Handwerksordnung noch die Anlage C die Möglichkeit eines Online-Verfahrens vorsehen. Für die Handwerkskammer ist die Briefwahl zwingend durch Gesetz vorgeschrieben. Eine Ermächtigungsgrundlage, etwa das Online-Wahlverfahren durch autonomes Satzungsrecht (kammerindividuell) einzuführen, gibt es nicht.

7 Um jedoch dem Fortschritt der Technik Rechnung zu tragen, stellt sich insoweit die Frage, ob im heutigen digitalen Zeitalter die **Online-Wahl** eine **zusätzliche Alternative zur Wahl mittels Stimmzettelabgabe** sein kann.

8 1) Das **Bundesverfassungsgericht** hat in seiner **Entscheidung** vom 03.03.2009, Az. 2 BvC 3/07, 2 BvC 4/07 (BVerfGE 123, 39) zum **Einsatz von Wahlcomputern** in Wahllokalen bei der Bundestagswahl 2005 Stellung genommen. Nach dem Grundsatzurteil ist die Stimmabgabe mit rechnergesteuerten Wahlgeräten bei Parlamentswahlen nach den Normen der BWahlGV verfassungswidrig, da der **Grundsatz der Öffentlichkeit** der Wahl aus Art. 38 GG iVm Art. 20 Abs. 1, 2 GG verletzt ist (BVerfGE 123, 39). Die Öffentlichkeit der Wahl basiert auf dem verfassungsrechtlich garantierten Demokratie- und Rechtsstaatsprinzip und ist das zentrale Element für die „demokratisch politische Willensbildung" (BVerfGE 123, 39 (68)). Das Vertrauen des Bürgers in den einwandfreien Ablauf der Wahl soll gefestigt werden (BVerfGE 123, 39 (68)). Dem Bürger muss die **Kontrolle** der rechtmäßigen Durchführung aller **wesentlichen Schritte** der Wahl und damit die darauf basierende richtige Zusammensetzung des demokratisch legitimierten Bundestages ermöglicht werden (BVerfGE 123, 39 (68, 83); Schreiber BWahlG § 31 Rn. 2). Die Öffentlichkeit muss in einer der Wahl mit Stimmzetteln und Urnen entsprechenden Weise die Möglichkeit haben, „**ohne besondere Sachkenntnis**" die Wahlhandlung sowie die Ermittlung und Feststellung des Wahlergebnisses auf die Einhaltung der Wahlgrundsätze hin zu überprüfen (Herv. v. Verf.) (BVerfGE 123, 39 (68f., 83)). Bei dem Einsatz der **rechnergesteuerten Geräte** werden die Stimmen der Wähler elektronisch im Inneren des Wahlgerätes erfasst und ausgewertet, so dass **weder** die **Stimmabgabe** noch die **Ermittlung** des **Wahlergebnisses transparent** und die **Auswertung der abgegebenen Stimmen nachvollziehbar durchgeführt werden** (BVerfGE 123, 39 (71)). Der Wähler wird lediglich über eine elektronische Anzeige darüber informiert, dass seine Stimmabgabe registriert wurde (BVerfGE 123, 39 (72)). Der Wahlcomputer legt die abgegebenen Stimmen ausschließlich auf einem elektronischen Speicher ab und zählt sie am Ende des Wahltags aus (BVerfGE 123, 39 (41)). Das Wahlgerät zeigt die für den jeweiligen Wahlvorschlag insgesamt abgegebenen Stimmen an und druckt das Ergebnis aus (BVerfGE 123, 39 (41)). Mangels entsprechender öffentlich verifizierbarer Kontrollmechanismen kann der Bürger nicht überprüfen, ob seine Stimme unverfälscht erfasst wird, bei der Ermittlung des Wahlergebnisses berücksichtigt wird und wie die abgegebene Stimme zugeordnet und gezählt wird (BVerfGE 123, 39 (70)). Wird die Stimme nicht erfasst, liegt ein **Verstoß gegen den Grundsatz der allgemeinen Wahl** vor (BVerfGE 123, 39; Rickert, Jahrbuch des Kammerrechts 2010, Online Wahlen in der Industrie- und Handelskammer, S. 88 ff.). Bei unrichtiger Erfassung liegt keine **gleiche Wahl** vor und am Grundsatz der **Unmittelbarkeit der Wahl** fehlt es, wenn das Wahlgerät dahingehend manipuliert ist, dass die Stimmabgabe nicht auf dem Willen des Wählers sondern eines Dritten basiert (BVerfGE 123, 39; Rickert, Jahrbuch des Kammerrechts 2010, S. 88 ff.; zu den Wahlgrundsätzen vgl. Sodan/Leisner Art. 38 Rn. 24 ff.).

9 2) Nicht grds. ausgeschlossen hat das BVerfG in seinem Grundsatzurteil die **Online-Wahl**, so dass aus verfassungsrechtlicher Sicht einer **digitalen Wahl** grds. nichts entgegensteht, **so**

lange die von der Verfassung vorgegebenen allgemeinen **Wahlgrundsätze** des Art. 38 Abs. 1 S. 1 GG und der **Grundsatz der Öffentlichkeit** aus Art. 38 GG iVm Art. 20 Abs. 1, 2 GG **beachtet werden**. Danach muss gewährleistet werden, dass eine allgemeine, unmittelbare, freie, gleiche und geheime Wahl erfolgt und die Wahl für den Bürger transparent ist.

Nach der Entscheidung des BVerfG gilt der Grundsatz der Öffentlichkeit **nicht schrankenlos**, so dass er zugunsten anderer Verfassungsprinzipien eingeschränkt werden kann (BVerfGE 123, 39 (75)). Durch die Einführung der **Briefwahl** etwa wurde dem Grundsatz der allgemeinen Wahl Vorrang gegenüber dem Öffentlichkeitsgrundsatz eingeräumt. 10

3) Die Wahl zur Vollversammlung iRd **funktionalen Selbstverwaltung** der Körperschaften (zB Handwerkskammer, Industrie- und Handelskammer) kann daher **grds.** auch im Wege der **Online-Wahl** erfolgen. Durch die Möglichkeit der Stimmabgabe über das Internet kann eine **höhere Wahlbeteiligung** erreicht werden, so dass der Grundsatz der allgemeinen Wahl gefördert wird (Rickert, Jahrbuch des Kammerrechts 2010, S. 81). All dies gilt unter dem Vorbehalt der strikten Einhaltung der allgemein verfassungsrechtlich verankerten Wahlgrundsätze als Element demokratischer Legitimationsfunktion. 11

Bisher erfolgte die Durchführung der Wahl zur **Vollversammlung der Handwerkskammer** nach § 95 Abs. 1 S. 2 HwO im **Briefwahlverfahren**. Die Briefwahl wurde iRd Gesetzesnovelle von 2004 neu eingeführt, um das Wahlverfahren zu vereinfachen (Rieger GewArch 2005, 231). 12

Einige **Industrie- und Handelskammern** haben seit 2007 neben der Briefwahl durch Satzung auch die **Online-Wahl** eingeführt (vgl. § 17 Wahlordnung der IHK Hannover; § 12 Abs. 1 Wahlordnung der IHK Ulm; § 16 Wahlordnung der IHK Hamburg; Rickert, Jahrbuch des Kammerrechts 2010, S. 88 ff.). 13

Aufgrund der **Vergleichbarkeit der Aufgabenwahrnehmung** der Industrie- und Handelskammer und der Handwerkskammer – beide Kammern vertreten auf regionaler Ebene die Interessen ihrer Mitglieder, dh, der gewerblichen Wirtschaft bzw. des Handwerks – kommt auch eine Online-Wahl iRd Wahl der Vollversammlung der Handwerkskammer in Betracht; dies müsste sich näher in den Satzungen der Kammern wiederfinden. Hierfür ließe sich maßgeblich ausführen: 14

Aufgrund der unterschiedlichen Funktionen der Wahl und der „**abgestuften Aufgabenwahrnehmung**" (Herv. v. Verf.) (Rickert, Jahrbuch des Kammerrechts 2010, S. 93) kann eine **Abstufung der Wahlrechtsgrundsätze** va des Grundsatzes der Öffentlichkeit erfolgen, so dass an die Online-Wahl iRd funktionalen Selbstverwaltung nicht so hohe Anforderungen zu stellen sind wie bei einer parlamentarischen Wahl (Rickert, Jahrbuch des Kammerrechts 2010, S. 93). Die Wahlgrundsätze aus Art. 38 GG gelten direkt nur für politische Abstimmungen und können außerhalb politischer Wahlen eingeschränkt werden (BT-Drs. 17/6844, 4). Zweck der Kammerwahl ist die Wahl eines Repräsentationsorgans iRd funktionalen Selbstverwaltung und nicht die Schaffung einer parlamentarischen politischen Vertretung (OVG Münster GewArch 2003, 378, 379; Kluth, Grundfragen des Kammerwahlrechts in Wirtschaftskammern, in IFK Jahrbuch des Kammer- und Berufsrechts 2003, S. 144). Im Vordergrund stehen bei der Handwerkskammer als Einrichtung der funktionalen Selbstverwaltung die Erfüllung der Sachaufgaben nach §§ 90, 91 HwO (BT-Drs. 17/6844, 4). 15

Der Bundestag als Parlament wird vom Volk gewählt, so dass die notwendige „demokratische Legitimation aufgrund einer **ununterbrochenen Legitimationskette**" besteht (Herv. v. Verf.) (BVerfGE 107, 59 (87 f.); Rickert, Jahrbuch des Kammerrechts 2010, S. 89; Sodan/Leisner Art. 20 Rn. 10; Frotscher FG von Unruh, 1983, 145). Die Vollversammlung als Organ der Selbstverwaltung (§ 92 Nr. 1 HwO) wird bei der Wahl innerhalb der funktionalen Selbstverwaltung nicht unmittelbar durch ihre Wahl demokratisch legitimiert (Rickert, Jahrbuch des Kammerrechts 2010, S. 89; Groß, Die Wahl zur Vollversammlung der Industrie- und Handelskammer, 29 ff.). Vielmehr besteht eine mehrstufige Legitimation. Die Legitimation der Vollversammlung beruht primär auf dem zugrunde liegenden parlamentarischen Gesetz der HwO bzw. des IHK-G (Rickert, Jahrbuch des Kammerrechts 2010, 89; Heyne, Die funktionale Selbstverwaltung im Spiegel der Kommentierungen des Grundgesetzes, in IFK aktuelle Stellungnahmen 6/11 S. 1). Diese Gesetze wurden von dem durch Wahlen unmittelbar legitimierten Parlament erlassen und regeln die Aufgaben und die Organisation der Handwerkskammer und der IHK als Selbstverwaltungskörperschaft (Rickert, Jahrbuch des Kammerrechts 2010, 89). Mithin knüpft die Wahl der Vollversammlung an einem schon 16

bestehenden Fundament an Legitimation an (Rickert, Jahrbuch des Kammerrechts 2010, 89).

17   Dadurch kommt dem **Grundsatz der Öffentlichkeit** innerhalb der Wahl der funktionalen Selbstverwaltung nicht die gleiche überragende Bedeutung zu wie bei Parlamentswahlen, obgleich er zu beachten ist. Gegenüber der zulässigen Briefwahl weist die Online-Wahl bei der Wahl der Vollversammlung einen äquivalenten Stand an Transparenz und Öffentlichkeit auf, so dass die Stimmabgabe über das Internet eine zusätzliche Variante darstellt (Rickert, Jahrbuch des Kammerrechts 2010, 92).

18   4) Aus rechtlicher Sicht ist daher eine Online-Wahl bei Wahlen der funktionalen Selbstverwaltung grds. möglich. Allerdings gibt es zu dieser Problematik noch **keine höchstrichterliche Rechtsprechung**. Voraussetzung für die Zulässigkeit ist die verfassungsrechtlich gebotene Möglichkeit einer gesicherten zuverlässigen Kontrolle der Richtigkeit der Stimmabgabe (BVerfGE 123, 39 (73); Loertzer GewArch 2009, 64). Die technische Ausgestaltung der Online-Wahl muss eine Manipulation der Wahl ausschließen, um va eine unmittelbare, gleiche und geheime Wahl zu gewährleisten. Eine denkbare Variante wäre die „Kennzeichnung des Stimmzettels mit einer **zufälligen Transaktionsnummer**" (Herv. v. Verf.) (Rickert, Jahrbuch des Kammerrechts 2010, S. 92), die allein der Wähler bei seiner Stimmabgabe kennt. Die Entwicklungen im Bereich der IT sind abzuwarten, um einwandfreie Kontrollmechanismen zu gewährleisten.

IV. Briefwahlverfahren

19   Das **Briefwahlverfahren** ist im sechsten Abschnitt Wahl (§§ 12 ff.) geregelt. Während die §§ 12, 13 die Vorbereitung der Wahl betreffen und die §§ 17, 17a und 18 die Ermittlung des Wahlergebnisses behandeln, ist die **Durchführung des (Brief-)Wahlverfahrens** in den §§ 14, 15 und 16 geregelt. Dabei bestimmt insbes. § 16 Abs. 2 die Art der Vornahme des Wahlaktes, während § 16 Abs. 3 den **technischen Vorgang** zum Abschluss der Wahlhandlung regelt.

20   Hinsichtlich der Frage, **wie eine Briefwahl funktioniert**, vgl. die Kommentierung in → § 16 Rn. 1 ff.

V. Formelle Voraussetzungen bzgl. der Wahlunterlagen

21   § 16 Abs. 1 enthält formelle Voraussetzungen hinsichtlich der Wahlunterlagen. Hinsichtlich der Frage, **welche Formulare und Hinweisblätter benötigt werden** vgl. die Kommentierung in → § 16 Rn. 5 ff. und → § 16 Rn. 16 ff.

VI. Zuständigkeit für die Feststellung des Wahlergebnisses und des Gültigkeitsbeschlusses nach § 100 HwO

22   Bei der Auszählung des Wahlergebnisses stellt sich die Frage, wer zur Feststellung des Wahlergebnisses befugt ist, und wer konkret zuständig für den Gültigkeitsbeschluss nach § 100 HwO ist.

23   Gem. § 18 Abs. 1 S. 1 stellt der Wahlausschuss das Gesamtergebnis der Wahl fest. Es handelt sich hierbei um einen konstitutiven Feststellungsakt. Die Feststellung des Gesamtergebnisses der Wahl bildet den Schlusspunkt des Wahlverfahrens.

24   § 100 Abs. 1 HwO steht iVm § 18 Abs. 1 S. 1. Das heißt § 18 Abs. 1 konkretisiert § 100 Abs. 1 HwO dahingehend, dass es den Wahlausschuss als konkretes Organ der Handwerkskammer benennt, welches zuständig für den Gültigkeitsbeschluss ist.

VII. Veröffentlichungspflichten

25   Es bestehen **Veröffentlichungspflichten iRv Vollversammlungswahlen** gem. §§ 11 Abs. 6 (→ § 11 Rn. 25 ff.), 18 Abs. 1 S. 1 (→ § 18 Rn. 4 ff.) und 100 Abs. 2 HwO (→ HwO § 100 Rn. 23).

26   Zuerst werden gem. § 11 Abs. 6 die zugelassenen Wahlvorschläge in den für die Bekanntmachung der Handwerkskammer bestimmten Organen öffentlich bekannt gemacht.

Später ist dann das **Gesamtergebnis der Wahl** durch den **Wahlleiter** in den für die 27
Bekanntmachung der Handwerkskammer bestimmten Organen **öffentlich bekanntzumachen**, § 18 Abs. 1 S. 1.

Der Wortlaut des § 18 Abs. 1 stimmt zwar diesbezüglich mit § 100 Abs. 2 HwO überein. 28
Dennoch betrifft § 100 Abs. 2 HwO gem. dem VG Dresden Urt. v. 7.9.2009 – 1 K 2548/
03 eine eigenständige – von der Veröffentlichung durch den Wahlleiter nach § 18 Abs. 1
unabhängige – Veröffentlichung des Wahlergebnisses durch die Vollversammlung. Auf die
weiteren Ausführungen zu der zweimaligen Veröffentlichung des Wahlergebnisses und den
diesbezüglichen unterschiedlichen Zuständigkeiten → § 18 Rn. 5.

Die Veröffentlichung findet in den für die **Bekanntmachung der Handwerkskammer** 29
bestimmten Organen statt. Diese sind gem. § 35 der Satzung der Handwerkskammer für
München und Oberbayern die Deutsche Handwerks Zeitung, der Aushang im Eingangsbereich des Verwaltungsgebäudes der Handwerkskammer für München und Oberbayern sowie
die Bekanntgabe auf der Homepage im Internetauftritt www.hwk-muenchen.de unter dem
Stichwort „Rechtsgrundlagen". Zu den Bekanntmachungsorganen → § 7 Rn. 122 ff.

Für die **Friedenswahl** gelten dieselben Veröffentlichungspflichten, wie für tatsächlich 30
durchgeführte Wahlen. Das Gesamtergebnis ist nach den oben genannten Vorgaben bekannt
zu machen.

VIII. Beginn der Einspruchsfrist nach § 101 Abs. 1 HwO

Die **öffentliche Bekanntmachung** des Gesamtergebnisses der Wahl iRd § 100 HwO 31
stellt zugleich den maßgeblichen Zeitpunkt für den Beginn der **einmonatigen Einspruchsfrist** gegen die Rechtsgültigkeit der Wahl gem. § 101 Abs. 1 HwO dar (Schwannecke § 100
Rn. 4).

Wie lange die **Frist zur Entscheidung über einen Einspruch** ist, ist dagegen nicht 32
ausdrücklich geregelt. Da das Wahlverfahren insgesamt dem gängigen Verwaltungsverfahren
angeglichen ist, kann zur Beantwortung der obigen Frage der allgemeine Rechtsgedanke
der Untätigkeitsklage nach § 75 VwGO herangezogen werden. Demnach hat das Gericht
für die Entscheidung über den Einspruch 3 Monate Zeit. Dauert die Entscheidungsfindung
länger als drei Monate an, so hat das Gericht hinreichende Gründe für seine Überlastung
glaubhaft zu machen (Kopp/Schenke VwGO § 75 Rn. 13).

IX. Wahlprüfung

Eine zentrale Bedeutung hat die Wahlprüfung bei Kammerwahlen. 33

Die Wahlprüfung ist die Entscheidung über die Gültigkeit der Wahl. Das Wahlprüfungsverfahren ist ein besonderes Verfahren der „objektiven Rechtskontrolle", das hauptsächlich den 34
ordnungsgemäßen Ablauf der Wahl und die richtige Zusammensetzung des gewählten
Organs (zB Vollversammlung, Bundestag) sicherstellen soll und nicht originär dem Rechtsschutz des Einzelnen dient (Herv. v. Verf.) (BVerfGE 1, 208 (238); Schreiber BWahlG § 49
Rn. 6). Die Rechtmäßigkeit der Wahlen ist Voraussetzung der Demokratie, da durch die
Wahl die demokratische Legitimation begründet wird (Sodan/Leisner Art. 20 Rn. 9). Indem
die Wahlprüfung die ordnungsgemäße Durchführung der Wahlen sichert, ist auch die Wahlprüfung selbst notwendiger Bestandteil des Demokratieprinzips aus Art. 20 Abs. 1, 2 GG.

1) **Gesetzlich normiert** ist die Wahlprüfung bei Parlamentswahlen im Wahlprüfungsgesetz (WahlPrüfG) und auf Kommunalebene in den Kommunalwahlgesetzen und -ordnungen 35
der Länder (vgl. Kluth/Heyne, Ausgewählte Fragen des Wahlprüfungsrechts der Industrieund Handelskammer, in Jahrbuch des Kammerrechts 2010, S. 164 ff.). In der Anlage C zur
Wahl der Vollversammlung der Handwerkskammer ist nur die **Beschwerde** in § 21 gesetzlich
geregelt. Mit der Thematik der Wahlprüfung befasst sich primär **§ 100 Abs. 1 HwO.** Daneben regelt § 101 HwO die Einspruchseinlegung (→ § 17 Rn. 34). Die **rechtliche Kontrolle**
der Wahl kann nur iRd Wahlprüfung erfolgen. In Wahlangelegenheiten gilt der Grundsatz,
dass Entscheidungen und Maßnahmen der Wahlorgane, die zeitlich von der Aufforderung
zur Einreichung der Wahlvorschläge bis zur Verkündung des Wahlergebnisses reichen, **nur**
mit den in den **Wahlvorschriften vorgesehenen Rechtsbehelfen** und im **Wahlprüfungsverfahren** angefochten werden können, um den Wahltermin nicht durch Rechtsmittelver-

fahren beeinflussen zu können (BVerfG BeckRS 1998, 22267 = BayVBl. 99, 46 mwN; VG Würzburg BeckRS 2004, 32698; VGH Mannheim GewArch 1999, 80).

36 2) Die **Wahlprüfung** ist der letzte Teilakt der Wahl der Vollversammlung. Nach der öffentlichen Bekanntgabe des Gesamtergebnisses durch den Wahlleiter in den für die Bekanntmachung der Handwerkskammer bestimmten Organen gem. § 18 Abs. 1 prüft die **Handwerkskammer** nach **§ 100 Abs. 1 HwO** die **Gültigkeit der Wahl von Amts wegen**, unabhängig davon, ob Einsprüche gegen die Wahl gem. § 101 HwO eingelegt wurden.

37 Die Überprüfung **von Amts wegen (Offizial-/ Totalitätsprinzip)** ist zweckmäßig, da die Handwerkskammer über größere Informations- und Ermittlungsmöglichkeiten verfügt und somit gewährleistet wird, dass die Aufdeckung von Wahlfehlern nicht an der Unkenntnis einzelner Anfechtungsberechtigter scheitert (BVerfGE 89, 291 (308 f.); VGH Mannheim GewArch 2001, 422, 424). Verstöße gegen die Wahlgrundsätze des § 95 Abs. 1 HwO (Wahl der Mitglieder der Vollversammlung durch Listen in allgemeiner, freier, gleicher und geheimer Wahl) führen nicht automatisch zur **Nichtigkeit der Wahl**, sondern eröffnen den Anwendungsbereich der §§ 100, 101 HwO (Honig/Knörr § 95 Rn. 1; Detterbeck § 95 Rn. 4). Unabhängig von der **Wahlprüfung nach § 100 Abs. 1 HwO** besteht die Möglichkeit für jeden Wahlberechtigten **Einspruch** gegen die Wahl einzulegen nach **§ 101 HwO** (→ § 17 Rn. 34).

38 3) Gegenstand der Wahlprüfung sind alle Vorgänge mit direktem Bezug auf das Wahlverfahren (Sodan/Leisner Art. 41 Rn. 3), die geeignet sind die Gesetzmäßigkeit der Zusammensetzung der Vollversammlung zu beeinträchtigen (Detterbeck § 100 Rn. 2). Neben der durchgeführten Wahl als solche (BVerfGE 1, 238), die zeitlich von der Vorbereitung der Wahl über den eigentlichen Wahlakt bis zur Feststellung des Wahlergebnisses reicht, kann sich die Prüfung auch auf die Wahl einzelner Mitglieder begrenzen (Detterbeck § 100 Rn. 2; Honig/Knörr HwO § 100 Rn. 2). Aus dem Umkehrschluss zu § 101 HwO ergibt sich, dass das Prüfungsrecht nicht auf die Vorschriften der dort genannten Normen der §§ 96–99 HwO reduziert ist (Detterbeck § 100 Rn. 2). Der aus dem Demokratieprinzip des Art. 20 Abs. 1 GG ableitbare „Grundsatz der Mandatsrelevanz" (Herv. v. Verf.) (Schreiber BWahlG § 49 Rn. 14; Kluth/ Heyne, Jahrbuch des Kammerrechts 2010, 166; vgl. OVG Münster, GewA. 2003, 378 zu IHK-Wahl), gilt ua bei Parlamentswahlen. Danach führt nicht jeder geringfügige Wahlfehler zum Mandatsverlust, wenn er keine Auswirkung auf das Wahlergebnis hatte (Schreiber BWahlG § 49 Rn. 14; Kluth/ Heyne, Jahrbuch des Kammerrechts 2010, 166). Nach dem Wortlaut des § 101 Abs. 3 S. 2 Nr. 1, 2 HwO kommt dieser Grundsatz auch bei der Wahl der Vollversammlung zur Anwendung. Danach kann der Einspruch eines Wahlberechtigten gegen die Wahl insgesamt nur darauf gestützt werden, dass gegen das Gesetz oder gegen die auf Grund des Gesetzes erlassenen Wahlvorschriften verstoßen worden ist und der Verstoß geeignet war, das Ergebnis der Wahl insgesamt zu beeinflussen.

39 4) § 100 HwO bestimmt keinen **Zeitpunkt** für die Durchführung der Wahlprüfung. Zweckmäßig ist es, dass sie in der **ersten Sitzung** des zuständigen Organs nach Abschluss der Wahl erfolgt (Honig/Knörr § 100 Rn. 2; Detterbeck § 100 Rn. 3).

40 Erlangt das zuständige Organ erst später, d.h. nach Abschluss der Wahlprüfung Kenntnis von Tatsachen, die die Wahl ungültig werden lassen könnten, muss es die **Wahlprüfung erneut** von Amts wegen aufnehmen (Honig/Knörr § 100 Rn. 2; Detterbeck § 100 Rn. 3).

41 **Nicht stimmberechtigt** iRd Beschlussfassung über die Gültigkeit der Wahl ist das Mitglied der Vollversammlung über dessen Wahl abgestimmt wird, da es die Rechtmäßigkeit der Erlangung seines Amtes nicht selbst bekunden können soll (Honig/Knörr § 100 Rn. 3).

42 5) Die **anschließend** an die Wahl durchzuführende Wahlprüfung **obliegt** nach dem Wortlaut des § 100 Abs. 1 HwO der **Handwerkskammer** als Selbstverwaltungskörperschaft und nicht der Aufsichtsbehörde (Schwannecke § 100 Erl. 1; Detterbeck § 100 Rn. 1).

43 a) Welches **Organ** der Handwerkskammer zuständig ist, bestimmt § 100 Abs. 1 HwO nicht. Organe der Handwerkskammer sind nach § 92 HwO die Mitgliederversammlung (Vollversammlung), der Vorstand (§§ 108, 109 HwO) und die Ausschüsse der Vollversammlung (§ 110 HwO). Eine Zuweisung der Wahlprüfung an den **Vorstand** kann innerhalb der Satzung der Handwerkskammer vorgenommen werden, § 105 Abs. 2 Nr. 5 HwO. Erfolgt eine solche Zuteilung an ein konkretes Organ nicht, ist die Wahlprüfung **Aufgabe der Vollversammlung** (Detterbeck § 100 Rn. 1; Honig/Knörr § 100 Rn. 2), als das oberste

Organ der Handwerkskammer (BT-Drucks. 17/6844 S. 4). IdR ist die **aktuelle** Vollversammlung zuständig und **nicht die neu gewählte** (vgl. Kluth/ Heyne, Jahrbuch des Kammerrechts 2010, 174).

b) Dies führt unter Umständen zu der Besonderheit, dass die aktuelle Vollversammlung nach Abschluss der Wahlhandlung die Gültigkeit der Wahl der neuen Vollversammlung überprüft und damit über die eigene Legitimation und Existenz des Organs entscheidet (vgl. Schreiber BWahlG § 49 Rn. 11, 19). Die kammerinterne **Selbstkontrolle** ist verfassungsrechtlich nicht zu beanstanden, da sie nur ein **Teil des zweiaktigen Überprüfungsverfahrens** ist und dadurch die demokratische Legitimation abgesichert wird, denn nur fehlerfreie Wahlen begründen eine hinreichende Legitimationswirkung (vgl. Kluth/ Heyne, Jahrbuch des Kammerrechts 2010, 164, 165). Nach der Selbstkontrolle ist gegen den Beschluss der Vollversammlung über die Gültigkeit der Wahl auf der zweiten Stufe ein verwaltungsrechtlicher Rechtsschutz möglich (VGH Mannheim GewArch 2001, 422 (424)). Der Beschluss des zuständigen Organs, mit dem die Wahl eines Mitgliedes für ungültig erklärt wird, ist ein **Verwaltungsakt** nach § 35 S. 1 VwVfG, der dem betroffenen Mitglied der Vollversammlung bekannt zu geben ist (VGH Mannheim GewArch 1998, 66; Detterbeck § 100 Rn. 4; Honig/ Knörr § 100 Rn. 4). Dieses Mitglied kann gegen die Ungültigkeitserklärung Widerspruch – soweit statthaft – und Anfechtungsklage einlegen (VGH Mannheim GewArch 1998, 66; Detterbeck § 100 Rn. 4; Honig/Knörr § 100 Rn. 4). **Widerspruchsbehörde** ist die Handwerkskammer nach § 73 Abs. 1 S. 2 Nr. 3 VwGO (Honig/Knörr § 100 Rn. 4; Detterbeck § 100 Rn. 4). Während des Verwaltungs- und Gerichtsverfahrens bleibt das betroffene Mitglied bis zu einer rechtskräftigen Entscheidung Mitglied der Vollversammlung mit all seinen Aufgaben, da Widerspruch und Anfechtungsklage nach § 80 Abs. 1 S. 1 VwGO aufschiebende Wirkung haben (LVG Düsseldorf NJW 1955, 1208; Detterbeck § 100 Rn. 4; Honig/ Knörr § 100 Rn. 4; Schwannecke § 100 Erl. 3). Die Ungültigkeitserklärung der Wahl hat aus Gründen der Rechtssicherheit keinen Einfluss auf die **Rechtmäßigkeit der Beschlüsse** der Vollversammlung, die bis zu diesem Zeitpunkt ergangen sind (VG Dresden v. 7.9.2006 – 1 K 2548/03; Detterbeck § 100 Rn. 4; VGH Mannheim DVBl. 1998, 542; VG Freiburg GewArch 1997, 423). Diese bleiben weiterhin wirksam (VG Dresden v. 7.9.2006 – 1 K 2548/03; Detterbeck § 100 Rn. 4; VGH Mannheim DVBl. 1998, 542).

Ist die **Klage begründet**, weist das Verwaltungsgericht die Handwerkskammer an, die Wahl für ungültig zu erklären, da das Gericht selbst dies nicht tun kann (VGH Mannheim DÖV 1998, 395). Nach der Ungültigkeitserklärung der Wahl wird das **betroffene Mitglied** aus der Vollversammlung **ausgeschlossen** (Honig/Knörr § 100 Rn. 5). Aus Praktikabilitätsgründen ist das Nachrücken seines Stellvertreters sachgerecht.

Ist die **gesamte Wahl** der Vollversammlung **ungültig**, bedarf es der Durchführung einer Neuwahl (Kluth/ Heyne, Jahrbuch des Kammerrechts 2010, 175). Bis zur rechtskräftigen Entscheidung des Gerichts kann sich die neu gewählte Vollversammlung konstituieren und die ihr zugewiesenen Aufgaben wahrnehmen (vgl. Kluth/ Heyne, Jahrbuch des Kammerrechts 2010, 175).

X. Rechtsfolge der Ungültigkeitserklärung der Wahl

Für den Fall der Ungültigkeitserklärung einer Kammerwahl stellt sich die Frage nach den Rechtsfolgen:

Sollte die gesamte Wahl für ungültig erklärt worden sein, so ist eine Neuwahl nach den Regularien der „alten" Wahl durchzuführen.

Wird dagegen nur die Wahl eines einzelnen Mitglieds für ungültig erklärt, so kann der Betroffene gegen die Ungültigerklärung und den damit einhergehenden Ausschluss aus der Mitgliederversammlung mit Widerspruch – soweit statthaft – und Anfechtungsklage vorgehen (Detterbeck § 100 Rn. 4).

XI. Mehrheitsbegriff des § 18 Abs. 2

IRd § 18 Abs. 2 stellen sich die Fragen, wie der Mehrheitsbegriff zu verstehen ist, wie bei Stimmengleichheit, und wie bei drei Listen zu verfahren ist. Zur Beantwortung dieser Einzelfragen vgl. die Kommentierung in (→ § 18 Rn. 11 ff.).

[Derzeit nicht belegt]

B. Vorbemerkung zu § 12

53 § 12 bezieht sich nur auf die Vertreter des Handwerks und des handwerksähnlichen Gewerbes, somit also auf die **Stimmberechtigung (formelle Wahlberechtigung) auf Seiten der Selbständigen/Arbeitgeber**. Die Stimmberechtigung der Arbeitnehmer wird durch § 13 geregelt.

54 § 12 ist eine verbindliche Regelung zur formellen Wahlberechtigung. Die am Wahltag aktiv Legitimierten müssen besonders referenziert sein. Zu unterscheiden ist zwischen dem **Wahlberechtigten nach § 96 HwO (materiell Wahlberechtigter)**, der also grds. berechtigt ist, an der Wahl teilzunehmen und dem sogenannten **Stimmberechtigten (formell Wahlberechtigten)**, dem Wahlberechtigten, **der zugleich in das Wahlverzeichnis** eingetragen ist. Nicht jeder Wahlberechtigte ist gleichzeitig stimmberechtigt. Erst wenn die Voraussetzungen des § 12 Abs. 1 erfüllt sind und der Wahlberechtigte auch in das Wahlverzeichnis eingetragen ist, ist er stimmberechtigt.

55 Aus Geheimnisgründen ist besonders geregelt, dass ausschließlich den Wahlberechtigten die Befugnis verbleibt, das Wahlverzeichnis einzusehen und damit Kenntnis davon zu haben, wer stimmberechtigt ist. Wer stimmberechtigt ist, kann mithin nur durch den Wahlberechtigten überprüft werden. Der Wahlberechtigte ist einspruchsbefugt iSd § 12 Abs. 3.

56 Die Feststellung der Anzahl der Stimmberechtigten bildet die **Bemessungsgrundlage für das Abstimmungsverhältnis**. Beispiel: Wenn von 80 Wahlberechtigten nur 70 stimmberechtigt sind, so folgt daraus, dass die einfache Mehrheit bei 36 Stimmen liegt.

C. Wahlverzeichnis (§ 12 Abs. 1)

I. Das Wahlverzeichnis

57 Abs. 1 enthält den vom Gesetzgeber selbst definierten Begriff des Wahlverzeichnisses **(Legaldefinition)**. Das Wahlverzeichnis hat **konstitutive Wirkung** bezüglich der Ausübung des aktiven Wahlrechts der selbständigen Arbeitgeber. Die Vorschrift ergänzt die Regelung des § 96 HwO.

Die **Handwerkskammer** ist zur Anlegung und Führung des Verzeichnisses der wahlberechtigten Arbeitgeber verpflichtet. Das Verzeichnis ist ein herzustellender und zu beglaubigender Auszug aus der Handwerksrolle und dem Verzeichnis nach § 19 der Handwerksordnung, das alle am Wahltag Wahlberechtigten der Handwerkskammer enthält. Die **Handwerksrolle** nach § 6 Abs. 1 HwO wird ebenfalls von der Handwerkskammer als Verzeichnis geführt und beinhaltet „(...) die Inhaber von Betrieben zulassungspflichtiger Handwerke ihres Bezirks nach Maßgabe der Anlage D Abschnitt I" zur HwO. Das **Verzeichnis nach § 19 HwO** beinhaltet „(...) die Inhaber eines Betriebs eines zulassungsfreien Handwerks" und „(...) eines handwerksähnlichen Gewerbes nach Maßgabe der Anlage D Abschnitt II" zur HwO im Bezirk der Handwerkskammer (vgl. zur Problematik der **Abgrenzung des handwerksähnlichen Gewerbes** (→ § 7 Rn. 71 ff.).

II. Die Stimmberechtigung

58 Aufgrund der konstitutiven Wirkung des Wahlverzeichnisses, kann nur derjenige Arbeitgeber/Selbständige an der Wahl teilnehmen, der in das Wahlverzeichnis eingetragen ist. **Voraussetzung für die Stimmberechtigung** iSv § 12 ist neben dem Vorliegen der Wahlberechtigung gem. § 96 HwO (→ § 1 Rn. 86 ff.) **kumulativ** die Eintragung ins Wahlverzeichnis nach § 12 Abs. 1. Der Selbständige kann nur in dem Handwerkskammerbezirk wählen, in dessen Wahlverzeichnis er aufgeführt ist (vgl. Schreiber BWahlG § 17 Rn. 1).

59 Maßgeblich für die Beurteilung des Wahlrechts ist in sämtlichen Zweifelsfällen der **tatsächliche Inhalt** des Wahlverzeichnisses am Wahltag. Wurde beispielsweise ein neu aufgenommenes Mitglied der Handwerkskammer trotz bereits bezahlten Mitgliedsbeitrags noch nicht in das Wahlverzeichnis eingetragen, so besteht in diesem Zeitpunkt auch noch keine Stimmberechtigung des neuen Mitglieds. Die Stimmberechtigung beginnt erst mit Eintragung ins Wahlverzeichnis. Ebenso endet diese erst mit der Löschung aus dem Wahlverzeichnis.

D. Auslegung (§ 12 Abs. 2 S. 1, 2)

I. Die öffentliche Auslegung des Wahlverzeichnisses

Das Wahlverzeichnis muss **öffentlich ausgelegt** werden. Den Wahlberechtigten soll hin- 60
reichend Gelegenheit gegeben werden, das aktuelle Wahlverzeichnis einzusehen und sich so
verlässlich Kenntnis von dessen Inhalt verschaffen zu können. Vergleichbar mit der öffentlichen Auslegung des Bebauungsplans nach § 3 BauGB, darf die **Einsichtnahmemöglichkeit**
nicht in unzumutbarer Weise eingeschränkt werden. Das Wahlverzeichnis muss allen Wahlberechtigten allgemein zugänglich sein und es dürfen **keine Zugangshindernisse** bestehen.
In der Beschränkung der Einsichtnahme auf die üblichen Geschäfts- und Öffnungszeiten am
Auslegungsort ist aufgrund Praktikabilitätserwägungen keine unzumutbare Beschränkung zu
sehen (vgl. VGH Kassel BeckRS 2005, 26733; vgl. Jäde/Dirnberger/Weiß BauGB § 3
Rn. 17). Diese Auslegung stützt auch § 17 Abs. 1 S. 2 BWahlG, der die Überprüfung des
Wahlverzeichnisses auf Bundesebene gesetzlich normiert und auf die allgemeinen Öffnungszeiten reduziert. Die Festsetzung der Öffnungszeiten unterliegt der Organisationsgewalt der
Handwerkskammern. Das ausgelegte Wahlverzeichnis muss jedem Wahlberechtigten leicht
und ohne unzumutbare Schwierigkeiten zugänglich sein (vgl. Seifert BWahlG § 17 Rn. 5;
vgl. Pointner BWahlG § 17 Rn. 1). Dies ist zB nicht der Fall, wenn das Verzeichnis in einem
nicht frei zugänglichen Aktenschrank aufbewahrt wird (VGH Mannheim BeckRS 2005,
27134; VGH Mannheim VBlBW 1999, 178; Jäde/Dirnberger/ Weiß BauGB § 3 Rn. 19).

II. Die öffentliche Bekanntmachung der Auslegung

Die Auslegung sollte in den **Publikationsorganen** der Handwerkskammer (→ § 7 61
Rn. 122 ff.) **öffentlich bekannt gemacht** werden. Anlage C enthält zwar keine Verpflichtung zur öffentlichen Bekanntmachung der Auslegung. Dies erscheint aber zweckmäßig, um
die materiell Wahlberechtigten über die Einsichtnahmemöglichkeit zu informieren und ihnen
ihr Kontrollrecht zu gewährleisten. Auf Bundesebene ist eine solche Pflicht gesetzlich in § 20
Abs. 1 Nr. 1, 2 BWO normiert. Neben dem **Ort** und der **Dauer** der öffentlichen Auslegung
des Wahlverzeichnisses sollte auch der **Hinweis** auf die Einlegung des Einspruchs nach § 12
Abs. 3 **öffentlich bekannt gemacht** werden.

Inhaltlich sollte die **Bekanntmachung** mit der genauen Adresse des **Auslegungsortes** 62
unter Angabe der Abteilung und Zimmernummer erfolgen. Des Weiteren sollte die **Auslegungszeit** bekannt gemacht werden. Gemeint ist hiermit der genaue Zeitraum (Tage),
innerhalb dessen das Wahlverzeichnis öffentlich zur Einsicht ausliegt. Eine Angabe der Zeiten
(iSv Öffnungszeiten), zu denen der Wahlvorschlag eingesehen werden kann (Uhrzeit), ist
hingegen nicht erforderlich, aber empfehlenswert (BVerwG NVwZ 1993, 475 f.; Spannowsky/Uechtritz BauGB § 3 Rn. 92).

III. Das Bestimmungsrecht des Wahlleiters

Die **Auswahl** des Auslegungsortes und der Auslegungsdauer steht im **Ermessen** des 63
Wahlleiters. § 12 enthält diesbezüglich keine ausdrückliche Regelung, so dass der Wahlleiter
ein **einseitiges Bestimmungsrecht** hat. Bei seiner Entscheidung soll er sich an dem Zweck
der öffentlichen Auslegung orientieren. Als **Ort der Auslegung** bietet sich das Verwaltungsgebäude der Handwerkskammer an, aber auch andere öffentliche Gebäude können geeignet
sein. Um den Wahlberechtigten eine ausreichende Möglichkeit zur Einsichtnahme zu geben,
soll die **Auslegungsfrist** nicht zu kurz sein. **Längstens** hat das Wahlverzeichnis bis zum
Wahltag auszuliegen. Regelmäßig beträgt die Auslegungsfrist zwischen 10 und 14 Kalendertagen, entsprechend der Regelung in den IHK, Wahlordnungen (vgl. § 10 Abs. 4 Wahlordnung der IHK München und Oberbayern: „mindestens 14 Tage"; § 9 Abs. 1 Wahlordnung
der IHK Stuttgart: „2 Wochen"; § 13 Abs. 1 Wahlordnung IHK Hannover: „mindestens 10
Tage"). § 20 Abs. 1 BWO sieht eine Frist von mind. 24 Tagen vor der Wahl vor. Der erste Tag
der Auslegung kann auch an einem **Wochenende** sein (OVG Lüneburg Urt. v. 30.8.1982 –
6 C 12/80; vgl. Jäde/ Dirnberger/Weiß BauGB § 3 Rn. 15).

E. Auszüge (§ 12 Abs. 2 S. 3, 4)

I. Die Anfertigung von Auszügen

64   § 12 Abs. 2 erlaubt das **Anfertigen von Auszügen** aus dem Wahlverzeichnis innerhalb der Auslegungsfrist, dh längstens bis zum Wahltag. Die bloße **Einsichtnahme** in das Wahlverzeichnis ist als Minus zur Anfertigung von Auszügen möglich. Sie dient als Ausfluss des Demokratieprinzips aus Art. 20 GG dem Grundsatz der Öffentlichkeit und Transparenz der Wahl (Schreiber BWahlG § 17 Rn. 5; Seifert BWahlG § 17 Rn. 5). Der Wahlberechtigte soll während dem Zeitraum der Auslegung eine Kontrollmöglichkeit haben (Schreiber BWahlG § 17 Rn. 5). Eine vergleichbare Regelung enthält § 17 Abs. 1 S. 2 BWahlG, § 21 Abs. 3 BWO.

II. Die Anfertigungsberechtigung

65   Ermächtigt, das Wahlverzeichnis einzusehen, bzw. Auszüge daraus anzufertigen, ist **nicht jedermann**, sondern nach dem Wortlaut der Norm nur die „Wahlberechtigten". Die Anlage C konkretisiert den Begriff der „Wahlberechtigten" in § 12 nicht. Vergleichbar mit der Norm des § 17 Abs. 1 S. 2 BWahlG, § 21 Abs. 3 BWO haben nur die **materiell wahlberechtigten Selbständigen** nach § 96 HwO ein Einsichtsnahme- und Ausfertigungsrecht. Ausgeschlossen sind **unbeteiligte Dritte**. Ihnen dürfen die angefertigten Auszüge nicht zugänglich gemacht werden. Unbeteiligt sind all diejenigen Personen, die mit der Wahl zur Handwerkskammervollversammlung nichts zu tun haben, die also weder zum Kreis der materiell Wahlberechtigten, noch zu den an der Wahl Beteiligten zählen.

66   Die Möglichkeit der Anfertigung von Auszügen des Wählerverzeichnisses ist neben der materiellen Wahlberechtigung nach § 96 HwO noch an eine weitere Voraussetzung gebunden: Es muss ein **sachlicher Zusammenhang** mit der Prüfung des Wahlrechts einzelner bestimmter Personen bestehen. Es ist nicht nur eine Prüfung des Wahlrechts anderer Personen, sondern gerade auch eine Kontrolle der hinsichtlich seiner eigenen Person erfolgten Eintragungen möglich (vgl. Schreiber BWahlG § 17 Rn. 3). Sinn und Zweck der Vorschrift ist die **Kontrollfunktion**. Das Anfertigen von Auszügen bzw. die Einsichtnahme darf auch zwingend **nur für diesen Zweck** erfolgen. Verhindert werden soll die Einsichtnahme zu Ausforschungszwecken, wie etwa zur Adressrecherche (vgl. Schreiber BWahlG § 17 Rn. 7).

F. Einspruch (§ 12 Abs. 3)

I. Der Einspruch

67   Gegen ein unrichtiges oder unvollständiges Wahlverzeichnis besteht die Möglichkeit **Einspruch einzulegen** mit dem Ziel der Berichtigung (vgl. Schreiber BWahlG § 17 Rn. 6). Der Einspruch kann bis zum **Ablauf der Auslegungsfrist** (→ Rn. 63), dh, bis zum letzten Tag der Auslegung eingelegt werden.

68   **Adressat des Einspruchs** ist entweder die Handwerkskammer selbst oder ein von ihr ernannter Beauftragter. **Beauftragter** der Handwerkskammer kann jede beliebige natürliche Person sein.

II. Form und Inhalt des Einspruchs

69   Der Einspruch kann nach dem Wortlaut der Norm **schriftlich** oder **zur Niederschrift** der Handwerkskammer eingelegt werden. Ein mündlich geäußerter Einspruch genügt den Formerfordernissen nicht. Soweit die behaupteten Tatsachen zur Unrichtigkeit des Wahlverzeichnisses nicht offenkundig sind, hat der Einspruchsführer die erforderlichen **Beweismittel beizubringen**. Diese Vorschrift enthält den aus § 291 ZPO bekannten Regelungsgehalt, wonach Tatsachen, die bei Gericht offenkundig sind, keines Beweises bedürfen. **Offenkundig** sind solche Behauptungen, die allgemeinkundig sind, die also einer beliebig großen Anzahl von Menschen privat bekannt oder ohne Weiteres zuverlässig wahrnehmbar sind (Thomas/Putzo/Reichold ZPO, § 291 Rn. 1). Es müssen Behauptungen sein, von deren Wahrheit ein besonnener, verständiger Dritter ohne Weiteres überzeugt sein kann (BLAH

ZPO, § 291 Rn. 4). Sollte die Richtigkeit einer Behauptung nicht offenkundig sein, so sind für sie Beweismittel beizubringen. Möglich zur Überzeugung der Handwerkskammer ist die Beibringung eines Strengbeweises und eines Freibeweises. Als **Strengbeweismittel** kommen nur in Betracht: Zeugen, Augenschein, Sachverständige, Urkunden, Parteivernehmung und amtliche Auskunft (Thomas/ Putzo/Reichold ZPO Vor § 284 Rn. 12). Im **Freibeweisverfahren** kann jeder taugliche Beweis angeboten werden. Eine Beschränkung auf bestimmte Beweismittel erfolgt nicht.

G. Einspruchsentscheidung (§ 12 Abs. 4)

Die Handwerkskammer als Einspruchsbehörde hat über den Einspruch zu entscheiden. **70** Hält sie ihn nach Prüfung für **begründet**, hilft sie ihm ab. Das Wahlverzeichnis wird entsprechend korrigiert. Das **unvollständige** Verzeichnis ist zu **ergänzen**. Das **unrichtige** Verzeichnis ist durch die **Streichung der nicht wahlberechtigten Person zu berichtigen**. Nach den Vorgaben des § 12 Abs. 5 (→ Rn. 74) ist der Einspruchsführer über die Entscheidung der Handwerkskammer zu benachrichtigen.

Wird der Einspruch von der Handwerkskammer als **unbegründet** erachtet, leitet sie ihn **71** weiter an die höhere Verwaltungsbehörde, die dann über ihn entscheidet. Wer **höhere Verwaltungsbehörde** ist, richtet sich nach dem Landesrecht (Honig/Knörr § 8 Rn. 59). Grds. sind es die Bezirksregierungen (Honig/Knörr § 8 Rn. 59). Diese entscheidet dann über den Einspruch. Hält sie ihn für begründet, hilft sie ihm ab und weist die Handwerkskammer an, das Wahlverzeichnis zu korrigieren. Hält sie den Einspruch für unbegründet, ist der Einspruch endgültig abzulehnen.

H. Entscheidungsbekanntgabe (§ 12 Abs. 5)

I. Der Zeitpunkt der Einspruchsentscheidung

Die **Entscheidung** der Handwerkskammer bzw. der höheren Verwaltungsbehörde über **72** den Einspruch (→ Rn. 67) muss spätestens am **vorletzten Tag vor dem Abstimmungstag**, d.h. 2 Tage vor der Wahl gefällt werden. Es handelt sich hierbei um eine Rückwärtsfrist (vgl. Ausführungen zu → § 9 Rn. 6 ff.). Zweck der Norm ist es, die Korrektur des Wahlverzeichnisses bis zum Wahltag zeitlich zu ermöglichen, so dass das Wahlverzeichnis hinsichtlich der formellen Wahlberechtigung (→ Rn. 53) richtig ist.

II. Die Bekanntgabe der Einspruchsentscheidung

Die Entscheidung muss den Beteiligten **bekanntgegeben** werden. **Beteiligte** des Ein- **73** spruchs sind der Einspruchsführer und der Einspruchsgegner. **Einspruchsführer** ist der materiell Wahlberechtigte nach § 96 HwO, der Zweifel an der Richtigkeit oder Vollständigkeit des Wahlverzeichnisses hat. **Einspruchsgegner** ist die Handwerkskammer, welche das Wahlverzeichnis führt. Zweckmäßig erscheint es bei einer Korrektur infolge der Streichung eines **dritten Stimmberechtigten** aus dem Wahlverzeichnis auch diesen Betroffenen davon zu unterrichten.

§ 12 Abs. 5 enthält keine näheren Angaben zur **Form der Bekanntgabe**. In der entspre- **74** chenden Parallelvorschrift auf Bundesebene bei Bundeswahlen ist in § 22 Abs. 4 S. 1 BWO die Zustellung der Entscheidung über den Einspruch vorgeschrieben. Eine solche förmliche Bekanntgabe ist hier nicht vorausgesetzt. Hinsichtlich der Bekanntgabe der Einspruchsentscheidung können die Grundsätze des § 41 VwVfG über die Bekanntgabe eines Verwaltungsakts herangezogen werden. Demnach kommen als Form der Bekanntgabe die **mündliche Mitteilung** sowie die **schriftliche Übersendung** per Post in Frage (vgl. Kopp/Ramsauer VwVfG § 41 Rn. 9), aber auch eine **Zustellung**, wenn sich die Handwerkskammer dafür entscheidet. Eine **elektronische Übermittlung** kommt nur in Betracht, wenn die Beteiligten eine E-Mail-Adresse angegeben haben, da sie nur dann auch mit einer elektronischen Übermittlung rechnen müssen. Eine **öffentliche Bekanntmachung** scheidet aus, da sie gem. § 41 Abs. 3 S. 1 VwVfG nur dann in Betracht kommt, wenn dies ausdrücklich durch Rechtsvorschrift zugelassen ist.

I. Präklusion (§ 12 Abs. 6)

75 Nach Ablauf der Auslegungsfrist ist eine Korrektur des Wahlverzeichnisses nur noch möglich, wenn der Einspruch rechtzeitig, dh, innerhalb der Auslegungsfrist eingelegt wurde. Die **Korrektur des Wahlverzeichnisses** in Form der Aufnahme oder Streichung von Stimmberechtigten (→ Rn. 76) ist abhängig von der rechtzeitigen Einlegung des Einspruchs. Nur Einsprüche, die vor Ablauf des Auslegungszeitraums eingelegt wurden, haben im Falle ihrer Begründetheit eine abändernde Wirkung auf das Wahlverzeichnis. Ist der Einspruch verfristet, ist der Einspruchsführer mit seinen verspäteten Einwendungen **präkludiert**.

J. Berichtigung (§ 12 Abs. 7)

I. Die Berichtigung des Wahlverzeichnisses

76 Werden Stimmberechtigte aus dem Wahlverzeichnis **gestrichen**, so sind die **Gründe** der Streichungen in der dafür vorgesehenen Spalte „Bemerkungen" anzugeben. Die vorgenommenen Änderungen sollen zu **Dokumentations- und Beweiszwecken** erläutert werden. § 23 Abs. 3 BWO verlangt darüber hinaus zusätzlich, dass der Bedienstete, der die Änderung vornimmt, die Änderung mit **Datum und Unterschrift** versieht bzw. im „(...) automatisierten Verfahren anstelle der Unterschrift mit einem Hinweis auf den verantwortlichen Bediensteten" versieht. Dies wäre auch vorliegend sinnvoll, aber mangels ausdrücklicher Regelung nicht verpflichtend.

II. Ruhen des Wahlrechts/ Behinderung in der Ausübung

77 Das **Ruhen des Stimmrechts** oder die **Behinderung des Stimmberechtigten** in der Ausübung seines Stimmrechts, sind im Wahlverzeichnis besonders zu bezeichnen. In beiden Fällen ist die **Rechtsfolge** der **Ausschluss des Betroffenen von der Teilnahme an der Wahl** (vgl. Schreiber BWahlG § 13 Rn. 1). Das **Wahlrecht** ruht in den Fällen des **§ 96 Abs. 2** HwO, wenn der Betroffene „(...) infolge strafgerichtlicher Verurteilung das Recht, in öffentlichen Angelegenheiten zu wählen oder zu stimmen, nicht besitzt". Der Wortlaut des **§ 96 Abs. 3** HwO sieht vor: „An der **Ausübung des Wahlrechts** ist behindert, (...) wer wegen Geisteskrankheit oder Geistesschwäche in einem psychiatrischen Krankenhaus untergebracht ist, (...) wer sich in Straf- oder Untersuchungshaft befindet" und „(...) wer infolge gerichtlicher oder polizeilicher Anordnung in Verwahrung gehalten wird" (Herv. v. Verf.).

III. Ergänzungen des Wahlverzeichnisses

78 **Ergänzungen** des Wahlverzeichnisses sind als Nachtrag aufzunehmen. Nach dem Wortlaut der Norm, sind bei erfolgten Ergänzungen in der Spalte „Bemerkungen" keine entsprechenden Hinweise aufzunehmen.

K. Fortführung des Wahlverzeichnisses (§ 12 Abs. 8)

79 Die Handwerkskammer ist verpflichtet das Wahlverzeichnis bis zum Wahltag fortzuführen und zu aktualisieren. Nur auf diese Weise kann gewährleistet werden, dass am Wahltag alle materiell Wahlberechtigten nach § 96 HwO auch ihre Stimmberechtigung ausüben können. **Auch nach der Auslegungsfrist** ist das **Wahlverzeichnis also ständig zu aktualisieren**. Einzige **Ausnahme** ist § 12 Abs. 6. Berichtigungen des Wahlverzeichnisses können demnach nur erfolgen, wenn der Einspruch rechtzeitig, dh, vor Ablauf der Auslegungsfrist eingelegt wurde.

80 Zweckmäßig ist es, entsprechend der Regelung des § 23 Abs. 2 S. 1, 2 BWO der Handwerkskammer zuzubilligen, offensichtliche Mängel des Wahlverzeichnisses von Amts wegen beheben zu dürfen, wenn die Mängel nicht Gegenstand eines Einspruchsverfahrens sind.

§ 13 [Wahlberechtigungsschein]

(1) Die ihr Wahlrecht wahrnehmenden Gesellen und Arbeitnehmer mit abgeschlossener Berufsausbildung weisen dem Wahlleiter ihre Wahlberechtigung durch

eine die Unterschrift des Betriebsrates, soweit dieser in Betrieben vorhanden ist, in allen übrigen Betrieben durch eine die Unterschrift des Betriebsinhabers oder seines gesetzlichen Vertreters tragende Bescheinigung (Wahlberechtigungsschein)[1] nach.

(2) ¹Wählen kann nur, wer sich durch eine solche Bescheinigung als Wahlberechtigter legitimiert oder wer von kurzzeitiger Arbeitslosigkeit (§ 98) betroffen ist. ²Diese ist dem Wahlleiter durch Vorlage einer Bescheinigung der Agentur für Arbeit nachzuweisen.

Literatur: Schreiber, W., Bundeswahlgesetz; Seifert, K.-H., Bundeswahlrecht

Rechtsprechung: VGH München BayVBl 1986, 209

Überblick

§ 13 regelt neben § 12 Abs. 1 den Nachweis der **formellen Wahlberechtigung**. Die Aktivlegitimierten für die Wahl der Vollversammlung setzen sich aus zwei Kreisen zusammen. Während § 12 die Wahlberechtigung der Vertreter der Selbständigen regelt, betrifft **§ 13** als **Spezialregelung** nur die **Gesellen** und **Arbeitnehmer mit abgeschlossener Berufsausbildung**, mithin die **Arbeitnehmervertretung**. Zur Legitimierung des aktiven Wahlrechts werden die Vertreter der Selbständigen in ein **Wahlverzeichnis** aufgenommen, während die Vertreter der Arbeitnehmer sich **durch** einen **Wahlberechtigungsschein legitimieren müssen**. Aufgrund des Wahlverzeichnisses und den Wahlberechtigungsscheinen wird die formelle Wahlberechtigung, dh, die **Stimmberechtigung nachgewiesen**. Wegen der klaren rechtlichen Anordnung ist § 13 Anlage C eine eigenständige Regelung zu § 12. Ausreichend ist allein der Nachweis des Wahlrechts durch die Vorlage des Wahlberechtigungsscheins, einer zusätzlichen Aufnahme in das Wahlverzeichnis bedarf es nicht.

Bescheinigt wird das aktive Wahlrecht der Gesellen und der Arbeitnehmer mit abgeschlossener Berufsausbildung. Zur Bestimmung des **aktiven Wahlrechts** ist der **§ 13** Abs. 1 **im Zusammenhang mit § 98** HwO zu betrachten. Während § 98 HwO das materielle Wahlrecht beinhaltet, bestimmt § 13 die Voraussetzung für das Stimmrecht (formelle Wahlrecht).

A. Wahlberechtigung

I. Der Wahlberechtigungsschein

§ 13 Abs. 1 Anlage C enthält eine gesetzliche Definition des Wahlberechtigungsscheins **1** (**Legaldefinition**). Die Gesellen und Arbeitnehmer mit abgeschlossener Berufsausbildung weisen dem Wahlleiter die Berechtigung zur Ausübung ihres Wahlrechts durch die Vorlage des Wahlberechtigungsscheins nach. Der **Wahlberechtigungsschein** ist die vom Betriebsrat, Betriebsinhaber oder seinem gesetzlichen Vertreter unterschriebene Bescheinigung. Er ist eine öffentliche Urkunde, die den Straftatbeständen der §§ 267 ff. StGB unterfallen (vgl. Schreiber BWahlG § 14 Rn. 10; vgl. Seifert BWahlG § 14 Rn. 5).

In der Anlage zur Wahlordnung für die Wahlen der Mitglieder der Vollversammlung der **2** Handwerkskammer befindet sich ein vom Gesetzgeber ausgearbeitetes **amtliches Muster** zum Wahlberechtigungsschein (vgl. A. Gesetzestexte/ Materialien). Zur Vereinfachung und Vereinheitlichung sollte dieses amtliche Muster verwendet werden. Aus dem **Inhalt des Wahlberechtigungsscheins**, ergibt sich, dass der wahlberechtigte Arbeitnehmer eine abgeschlossene Berufsausbildung hat, als Mitarbeiter im Unternehmen beschäftigt ist und das Stimmrecht zur Wahl der Arbeitnehmermitglieder der Vollversammlung ausüben kann. Angegeben wird zum Zwecke der eindeutigen Identifizierung der Familienname, Vorname und die Wohnanschrift mit Postleitzahl, Ort, Straße und Hausnummer des Arbeitnehmers. Zusätzlich wird das Unternehmen, in dem der Arbeitnehmer beschäftigt ist, mit der Firma, Postleitzahl, Ort, Straße und Hausnummer bezeichnet. Abschließend wird bescheinigt, dass der Arbeitnehmer die Berechtigung besitzt, das Stimmrecht zur Wahl der Arbeitnehmermitglieder der Vollversammlung der Handwerkskammer, in dessen Bezirk sich das Unternehmen befindet, auszuüben. Der Wahlberechtigungsschein muss vom Betriebsrat bzw., wenn dieser in den Betrieben nicht vorhanden ist, vom Betriebsinhaber oder seinem gesetzlichen Vertreter **unterschrieben** werden, im Falle der kurzfristigen Arbeitslosigkeit von der Agentur für Arbeit.

3 **Bescheinigt** wird **nur** das **aktive Wahlrecht** der **Gesellen** und der **Arbeitnehmer mit abgeschlossener Berufsausbildung**. Die **Geselleneigenschaft** wird in der Anlage C nicht näher konkretisiert, sondern vorausgesetzt. Zu ihrer Bestimmung sind die Regelungen der Handwerksordnung, vor allem § 98 HwO entspr. anzuwenden. Zum **Wahlrecht der Gesellen** nach § 98 HwO (→ § 1 Rn. 98 ff.).

4 Aus dem Umkehrschluss zu § 13 Abs. 2 ergibt sich, dass die Gesellen und weiteren Arbeitnehmer zum Zeitpunkt der Vorlage des Wahlberechtigungsscheins und damit zum Zeitpunkt der Wahl grds. in einem **kammerzugehörigen Betrieb** beschäftigt sein müssen. Eine Ausnahme ergibt sich bei kurzfristiger Arbeitslosigkeit, § 13 Abs. 2. Zur **Kammerzugehörigkeit** → § 1 Rn. 105; zur **Beschäftigung** → § 1 Rn. 106; zur **kurzfristigen Arbeitslosigkeit** → § 1 Rn. 107, → Rn. 2.

5 Verpflichtet zur Vorlage des Wahlberechtigungsscheins sind nur die ihr **Wahlrecht wahrnehmenden** Gesellen und Arbeitnehmer mit abgeschlossener Berufsausbildung. Eine **Wahlpflicht** besteht nicht **(negative Wahlfreiheit)**. Es ist der freien Entscheidung der Arbeitnehmer überlassen, ob sie an der Wahl ihrer Vertreter zur Vollversammlung teilnehmen möchten oder nicht und damit ihr Wahlrecht ausüben wollen. Die Arbeitnehmer, die sich aber für die Ausübung ihres aktiven Wahlrechts entschieden haben, müssen sich zwingend um die Ausstellung des Wahlberechtigungsscheins kümmern, denn nur nach Vorlage dieses Scheins erhalten sie vom Wahlleiter nach § 16 Abs. 1 S. 2 ihre Wahlunterlagen.

II. Das Antragsverfahren

6 Die Anlage C enthält keine Konkretisierung des **Verfahrens** hinsichtlich der Erlangung des Wahlberechtigungsscheins. Die Regelungen der Bundeswahlordnung können daher aufgrund der gesetzlichen Regelungslücke und der vergleichbaren Situation entsprechend herangezogen werden. Notwendig ist, dass der materiell wahlberechtigte Arbeitnehmer einen **Antrag auf Erteilung des Wahlscheins** stellt (vgl. § 17 Abs. 2 BWahlGG, § 27 BWO). Danach kann die **Beantragung** des Wahlberechtigungsscheins **schriftlich** oder **mündlich** erfolgen (vgl. § 27 Abs. 1 S. 1 BWO). Die Schriftform gilt auch durch **Telefax** oder **E-Mail** als gewahrt (vgl. § 27 Abs. 1 S. 2 BWO). Eine **telefonische** Antragstellung ist unzulässig (vgl. § 27 Abs. 1 S. 3 BWO). Nach dem Rechtsgedanken des § 27 Abs. 3 BWO muss der Wahlberechtigte **nicht persönlich** den Antrag auf Erteilung des Wahlberechtigungsscheins stellen. Durch Vorlage einer **schriftlichen Vollmacht** ist dazu auch ein ermächtigter Dritter berechtigt.

III. Die Antragsfrist

7 Aufgrund des verfassungsrechtlich verbürgten Rechts auf Teilnahme an der Wahl erscheint es zweckmäßig, dem materiell wahlberechtigten Arbeitnehmer so lange wie möglich ein Antragsrecht zuzubilligen. Zugleich muss aber auch berücksichtigt werden, dass es der Mitwirkung des Betriebsrates (→ Rn. 8) bzw. des Betriebsinhabers (→ Rn. 9) oder der seines gesetzlichen Vertreters bedarf und der organisatorische Ablauf der Wahl (vgl. VGH München BayVBl 1986, 209; vgl. Schreiber BWahlG § 17 Rn. 13) gewahrt werden soll, so dass eine zeitliche Befristung notwendig ist. Mangels Regelung der **Antragsfrist** in der Anlage C, liegt eine Orientierung an der Norm des § 27 Abs. 4 BWO nahe. In entsprechender Anwendung des Regelungsgehalts des § 27 Abs. 4 S. 1 BWO könnten „(…) Wahlscheine **bis zum zweiten Tag vor der Wahl, 18 Uhr**, beantragt werden" (Herv. v. Verf.). Die Ausnahmefälle des §§ 27 Abs. 4 S. 2, 25 Abs. 2 BWO und des § 27 Abs. 4 S. 3 BWO, wonach die „(…) Wahlscheine noch bis zum Wahltage, 15.00 Uhr beantragt werden" können, sind vorliegend nicht anwendbar. Die Arbeitnehmer werden entgegen der Voraussetzung des §§ 27 Abs. 4 S. 2, 25 Abs. 2 BWO nicht ins Wählerverzeichnis eingetragen. Bei der vorliegend durchzuführenden Briefwahl kann die Antragsfrist auch nicht nach § 27 Abs. 4 S. 3 BWO verlängert werden, wenn „bei nachgewiesener plötzlicher Erkrankung der Wahlraum nicht (…) aufgesucht werden kann (…)".

Gültigkeit der abgegebenen Stimmen   § 14 Anl. C HwO

IV. Die Ausstellungsberechtigung

Ausstellungsberechtigt hinsichtlich des Wahlberechtigungsscheins sind der **Betriebsrat**, 8
der **Betriebsinhaber** oder sein **gesetzlicher Vertreter**. Der Arbeitnehmer hat kein Wahlrecht bzgl. des Ausstellers. Aus dem Wortlaut der Vorschrift des § 13 Abs. 1 ergibt sich, dass **primär** der **Betriebsrat**, vertreten durch seinen Vorsitzenden bzw. Vertreter, für die Erteilung des Wahlberechtigungsscheins zuständig sein soll. Nur in Betrieben, in denen kein Betriebsrat vorhanden ist, soll der Betriebsinhaber oder sein gesetzlicher Vertreter die Bescheinigung unterschreiben.

§ 13 Abs. 1 **differenziert** zwischen **Betriebsinhaber und dessen gesetzlichem Vertre-** 9
ter. **Betriebsinhaber** kann eine natürliche Person, eine juristische Person oder eine Personengesellschaft sein. Ist eine natürliche Person Inhaber eines Handwerksbetriebs bzw. eines handwerksähnlichen Betriebs, hat diese die Bescheinigung zu unterzeichnen. Ist eine juristische Person des Privatrechts (AG, GmbH) oder eine Personengesellschaft (GbR, OHG, KG, GmbH & Co. KG) Inhaber des Betriebs haben die **gesetzlichen Vertreter** die Bescheinigung zu unterzeichnen. Wer gesetzlicher Vertreter ist, ergibt sich aus dem entsprechenden Fachrecht gem. gewählter Rechtsform des Betriebs.

V. Der Adressat

Adressat des Wahlberechtigungsscheins ist der **Wahlleiter** (→ § 1 Rn. 73) bzw. im Ver- 10
hinderungsfall dessen **Stellvertreter** (→ § 1 Rn. 81).

B. Die Stimmberechtigung

Zu differenzieren ist die Wahlberechtigung der Gesellen und der Arbeitnehmer mit abge- 11
schlossener Berufsausbildung nach § 98 HwO von ihrer **Stimmberechtigung** nach § 13. Die Arbeitnehmer sind nicht automatisch stimmberechtigt, weil sie wahlberechtigt sind. **Erst infolge** der Legitimierung durch den **Wahlberechtigungsschein** wird der Arbeitnehmer **stimmberechtigt**. Dies hat zur Folge, dass ein Arbeitnehmer, der sich keinen Wahlberechtigungsschein hat ausstellen lassen, nicht an der Wahl der Arbeitnehmervertreter der Vollversammlung teilnehmen kann.

Im Falle der **Arbeitslosigkeit** verlieren die Gesellen und die Arbeitnehmer mit abge- 12
schlossener Berufsausbildung nicht automatisch ihr Stimmrecht. Bei kurzzeitiger Arbeitslosigkeit besteht dies fort. Für die Auslegung des Begriffs der Kurzzeitigkeit verweist § 13 Abs. 2 S. 1 auf den § 98 Abs. 2 HwO, der eine bestehende Arbeitslosigkeit von **nicht länger als drei Monaten** als unschädlich erachtet. In diesem Fall hat die **Agentur für Arbeit** den Wahlberechtigungsschein auszustellen.

Erst ab einer Arbeitslosigkeit von mehr als drei Monaten sind die Gesellen und die Arbeit- 13
nehmer mit abgeschlossener Berufsausbildung nicht mehr stimmberechtigt.

§ 14 [Gültigkeit der abgegebenen Stimmen]

(1) **Bei der Wahl sind nur solche Stimmen gültig, die unverändert auf einen der vom Wahlausschuß zugelassenen und vom Wahlleiter veröffentlichten Vorschläge lauten.**

(2) **Zur Gültigkeit des Stimmzettels genügt es, daß er den Wahlvorschlag nach der vom Wahlleiter veröffentlichten Nummer und dem Kennwort bezeichnet.**

Überblick

§ 14 Abs. 1 regelt die **Voraussetzungen** für die **Gültigkeit der abgegebenen Wähler-stimmen**. Er steht im direkten Zusammenhang mit der Norm des § 11.

Eine Differenzierung der Wahlberechtigten erfolgt in § 14 Abs. 1 nicht, so dass die Norm sowohl für die Beurteilung der Gültigkeit der Stimmen der wahlberechtigten Selbständigen nach § 96 HwO als auch für die Stimmen der wahlberechtigten Arbeitnehmer nach § 98 HwO gilt.

§ 14 Abs. 2 enthält das **materielle Gültigkeitsprinzip** des Stimmzettels. Er konkretisiert die Voraussetzungen eines gültigen Stimmzettels hinsichtlich seiner inhaltlichen Gestaltung durch die Handwerkskammer. Die Norm steht im Zusammenhang mit dem **§ 15**. Im Gegensatz dazu regelt § 17 die formale Betrachtung der Gültigkeit bei der Stimmabgabe.

A. Gültigkeit

1   Aufgrund des **Formalitätsprinzips** ist eine abgegebene Stimme nur gültig, wenn sie den Wahlvorschlag in der Form und mit dem Inhalt akzeptiert, wie er eingebracht, zugelassen und veröffentlicht wurde. **Jede Veränderung des Wahlvorschlags** führt automatisch zur **Ungültigkeit der Stimme**. Zusätze, wie z. B. die Aufnahme eines weiteren Bewerbers in die Liste oder die Streichungen einzelner Bewerber aus der Liste oder die Veränderung der Reihenfolge der Bewerber haben die Ungültigkeit der Stimme zur Folge. Eine Heilung des Fehlers kommt nicht in Betracht.

2   **Ungültige Stimmen** werden bei der Auszählung der Stimmen nicht berücksichtigt.

3   Der Gesetzgeber hat **Ausnahmen** vom strengen Formalitätsprinzip **nicht vorgesehen**. Dies wäre auch nicht zweckmäßig. Für die Beurteilung der Gültigkeit der Stimmen müssen strenge Maßstäbe angesetzt werden. Nur dann kann eine ordnungsgemäße Wahl durchgeführt werden und verhindert werden, dass infolge eines Ermessens des Wahlleiters bzw. des Wahlausschusses im Ergebnis in unzulässiger Weise auf das Wahlergebnis Einfluss genommen wird.

4   **Zugelassen** werden vom Wahlausschuss nach § 11 Abs. 2, Abs. 4 nur Wahlvorschläge in Form von Listen, wenn sie fristgerecht nach § 9 eingereicht wurden und die gesetzlichen Voraussetzungen des § 8 eingehalten wurden (→ § 11 Rn. 15 ff.). Nach § 11 Abs. 6 S. 1 werden die zugelassenen Wahlvorschläge in den für die Bekanntmachung der Handwerkskammer bestimmten Organen **veröffentlicht** (→ § 11 Rn. 25 ff.).

B. Nummer und Kennwort

5   Nach § 11 Abs. 6 S. 2 wird jedem Wahlvorschlag eine **fortlaufende Nummer** und ein **Kennwort** zugeordnet, um die **Individualität** eines jeden **Wahlvorschlages** zu wahren und dessen eindeutige Zuordnungsbarkeit sicherzustellen (vgl. § 11 Rn. 31, 32). Der Wahlleiter veröffentlicht den Wahlvorschlag mit der zugeordneten Nummer und dem Kennwort in den entsprechenden Organen, § 11 Abs. 6 S. 1.

6   Der Stimmzettel als körperlicher Träger der Wählerstimme soll diese veröffentlichte **Nummer und** das **Kennwort** eines jeden Wahlvorschlags enthalten. Die Angabe beider Zuordnungskriterien auf dem Stimmzettel ist zweckmäßig, um später die abgegebene Stimme eindeutig einem bestimmten Wahlvorschlag zuordnen zu können. Aufgrund des Wortlauts der Norm („und") handelt es sich um **kumulative** Voraussetzungen. Die Nennung dieser beiden Erkennungsmerkmale ist nach dem Wortlaut der Norm („genügt") ausreichend.

7   Um das Wahlverfahren so einfach wie möglich zu gestalten, sollte die Handwerkskammer den Stimmzettel so konzipieren, dass die Wählerinnen und Wähler nur noch den von ihnen präferierten Vorschlag ankreuzen müssen (s. auch § 15).

§ 15 [Stimmzettel]

[1]Bei der Wahl dürfen nur von der Handwerkskammer amtlich hergestellte Stimmzettel und die zugehörigen amtlich hergestellten Umschläge verwendet werden. [2]Sie sind von der Handwerkskammer zu beschaffen. [3]Die Umschläge sind mit dem Stempel der Handwerkskammer zu versehen. [4]Die Stimmzettel sollen für die Wahl der Wahlberechtigten nach § 96 Abs. 1 und der Wahlberechtigten nach § 98 der Handwerksordnung in verschiedener Farbe hergestellt sein. [5]Sie enthalten den Namen oder das Kennwort der nach § 11 zugelassenen Wahlvorschläge.

Literatur: Schreiber, W., Bundeswahlgesetz; Schweinoch, J./ Simader, A., Bundeswahlgesetz; Seifert, K.-H., Bundeswahlrecht.

Stimmzettel § 15 Anl. C HwO

Überblick

§ 15 ist Ausdruck einer strengen Formalisierung der Wahl und dient dem Schutz vor Wahlfälschung. Die Norm bezieht sich auf die **Wahl insgesamt** und gilt mangels Differenzierung sowohl für die Wahl der **Vertreter der Selbständigen** als auch für die **Wahl der Vertreter der Arbeitnehmer**.

A. Amtliche Herstellung der Wahlunterlagen

Die Stimmabgabe bei der Briefwahl der Vollversammlung erfolgt mittels amtlich hergestellter Wahlunterlagen. **Amtlich hergestellt** bedeutet, dass die Unterlagen von der Handwerkskammer offiziell hergestellt wurden. Sowohl die **Stimmzettel** als auch alle zugehörigen Umschläge **(Wahlumschläge und Rücksendeumschläge)** iSv § 16 Abs. 1 S. 1 (→ § 16 Rn. 8 ff.) müssen amtlich hergestellt werden. Nur durch die „**typographische Gestaltung**" (Herv. v. Verf.) (Schreiber BWahlG § 30 Rn. 1) der Wahlunterlagen kann vor Wahlfälschung geschützt werden und aufgrund der einheitlichen Gestaltung eine zügige Ermittlung und Feststellung des Wahlergebnisses ermöglichen (vgl. Schreiber BWahlG § 30 Rn. 1; vgl. Seifert BWahlG § 30 Rn. 1). 1

Ein **Stimmzettel**, der **nicht richtig** gestaltet ist, kann **gegen die Chancengleichheit** der Wahlvorschlagsträger und Wahlbewerber verstoßen (Schreiber BWahlG § 30 Rn. 1; Schweinoch/Simader/Simader BWahlG § 30 S. 151). 2

Der Gesetzgeber hat im Gegensatz zu den Bundestagswahlen **keine Muster** zur äußeren Gestaltung vorgegeben, in dem das Format und die Farben der Unterlagen festgesetzt werden. Dies bleibt unter Einhaltung der Vorgaben des § 16 der Handwerkskammer überlassen. 3

B. Beschaffung der Wahlunterlagen

Die Handwerkskammer hat alle notwendigen Unterlagen für die Briefwahl, dh, den Stimmzettel und die Wahl- und Rücksendeumschläge (→ § 16 Rn. 7 ff.) zu **besorgen**. Dadurch wird gewährleistet, dass die einheitlichen Wahlunterlagen in **vollständiger Anzahl** vorliegen. Die Beschaffung der Wahlunterlagen ist ein bedeutender Bestandteil der Organisation der Wahl (Schreiber BWahlG § 30 Rn. 1). 4

§ 15 enthält keine Regelung zur Kostentragungspflicht. Als notweniger Bestandteil der Besorgung und damit der Wahl, hat die Handwerkskammer die besorgten Unterlagen auch zu bezahlen. Dies stimmt mit dem Grundsatz des § 22 überein, wonach die Handwerkskammer die Kosten der Wahl zu tragen hat (→ § 22 Rn. 1 ff.). 5

C. Stempel der Handwerkskammer

Die Handwerkskammer hat nach dem Wortlaut der Norm alle Umschläge iSv § 16 Abs. 1 S. 1 lit. c und d **(Wahlumschläge und Rücksendeumschläge)** mit ihrem **Stempel zu versehen**. Die Norm hat konstitutive Wirkung und ist eine verbindliche Vorgabe. Die Authentizität soll gewahrt werden. § 15 ist Ausdruck einer strengen Formalisierung der Wahl und dient dem Schutz vor Wahlfälschung. In der Praxis wird diese Auslegung teilw. als zu weit gesehen und die Kennzeichnung der Rücksendeumschläge als nicht erforderlich betrachtet. 6

Nach dem eindeutigen Wortlaut des § 15 muss der **Stimmzettel** mangels Erwähnung nicht abgestempelt werden. 7

D. Äußere Gestaltung der Stimmzettel

Durch die unterschiedliche Farbgestaltung soll sichergestellt werden, dass die unterschiedlichen Stimmzettel nicht verwechselt werden und den richtigen Wählern zukommen. Die Wahlberechtigten erhalten nur den Stimmzettel für die Wahl ihrer Vertreter. 8

Damit gibt es Stimmzettel in zwei verschiedenen Farben. Die Handwerkskammer kann die Farben nach freiem Ermessen festlegen. 9

Leisner

E. Inhaltliche Gestaltung der Stimmzettel

10 Nach dem Wortlaut des § 15 S. 5 enthalten die Stimmzettel den „**Namen oder** das **Kennwort**" (Herv. v. Verf.) der nach § 11 Abs. 2, 4 zugelassenen Wahlvorschläge. Es handelt sich um eine zwingende Voraussetzung.

11 Der Name ist gleichzusetzen mit dem Kennwort der Liste. Zweckmäßiger erscheint es neben dem Namen bzw. Kennwort auch die **fortlaufende Nummer** der Liste auf den Stimmzettel aufzunehmen (→ § 11 Rn. 29). So wird gewährleistet, dass sich die Wahlvorschläge deutlich unterscheiden lassen. Zudem fordert § 14 Abs. 2 für die Gültigkeit des Stimmzettels die kumulative Bezeichnung mit veröffentlichter Nummer und dem Kennwort (→ § 11 Rn. 30).

§ 16 [Abstimmungshandlung]

(1) ¹Die Kammer übermittelt den nach § 96 der Handwerksordnung Wahlberechtigten folgende Unterlagen:
a) einen Nachweis der Berechtigung zur Ausübung des Wahlrechts (Wahlschein),
b) einen Stimmzettel,
c) einen neutralen Umschlag der Bezeichnung „Handwerkskammer-Wahl" (Wahlumschlag) und
d) einen Umschlag für die Rücksendung der Wahlunterlagen (Rücksendeumschlag).
²Die nach § 98 der Handwerksordnung Wahlberechtigten erhalten die Wahlunterlagen vom Wahlleiter nach Vorlage des Wahlberechtigungsscheins (§ 13).

(2) ¹Der Wahlberechtigte kennzeichnet den von ihm gewählten Wahlvorschlag dadurch, dass er dessen Namen auf dem Wahlvorschlag ankreuzt. ²Er darf nur eine Liste ankreuzen.

(3) ¹Der Wahlberechtigte hat den von ihm gemäß Absatz 2 gekennzeichneten Stimmzettel in dem verschlossenen Wahlumschlag unter Beifügung des von ihm unterzeichneten Wahlscheins in dem Rücksendeumschlag so rechtzeitig an den Wahlleiter zurückzusenden, dass die Unterlagen am Wahltag bis spätestens 18.00 Uhr bei der Handwerkskammer eingehen. ²Ist der Wahltag ein Sonn- oder Feiertag, müssen die Wahlunterlagen am ersten darauf folgenden Werktag bis spätestens 18.00 Uhr bei der Handwerkskammer eingehen. ³Die rechtzeitig bei der Kammer eingegangenen Wahlumschläge werden nach Prüfung der Wahlberechtigung unverzüglich ungeöffnet in die Wahlurne gelegt.

Literatur: Boettcher, E./Högner, R., Bundeswahlgesetz; Burmeister, Th./Huba, H., Der Skandal vor der Wahl, Jura 1988, 598; Schreiber, W., Bundeswahlgesetz; Schweinoch, J./Simader, A., Bundeswahlgesetz; Seifert, K.-H., Bundeswahlrecht

Rechtsprechung: BVerwGE 55, 341

Überblick

§ 16 Abs. 1 enthält neben § 15 weitere formelle Voraussetzungen hinsichtlich der Wahlunterlagen. Die Norm **differenziert** zwischen den **Selbständigen** und den **Arbeitnehmern**. Die stimmberechtigten Selbständigen erhalten ihre Wahlunterlagen entspr. der Regelung in § 16 Abs. 1 S. 1. Die stimmberechtigten Arbeitnehmer erhalten ihre Wahlunterlagen nach § 16 Abs. 1 S. 2.

§ 16 Abs. 2 bestimmt die Art der Vornahme des **Wahlaktes**. Er gilt einheitlich für die Selbständigen und die Arbeitnehmer.

§ 16 Abs. 3 regelt den technischen Vorgang zum **Abschluss der Wahlhandlung**.

Übersicht

	Rn.		Rn.
A. Wahlunterlagen	1	C. Kennzeichnung	19
I. Die Adressaten der Briefwahlunterlagen	1	I. Der Grundsatz der Höchstpersönlichkeit	19
II. Die Übermittlung der Briefwahlunterlagen	2	II. Der Wahlakt	20
III. Gebührenfreie Beförderung	4	D. Nach der Kennzeichnung	23
IV. Die Zusammensetzung der Briefwahlunterlagen der Arbeitgeber	5	I. Der Abschluss der Wahlhandlung	23
		II. Die Rücksendung der Wahlunterlagen	27
B. Wahlberechtigungsschein	13	III. Der verspätete Eingang	30
I. Die Vorlage des Wahlberechtigungsscheins	13	E. Prüfung und Einlegung	31
II. Die Zusammensetzung der Briefwahlunterlagen der Arbeitnehmer	16	I. Die Prüfung der Legitimation	32
		II. Die Einlegung in die Wahlurne	35

A. Wahlunterlagen

I. Die Adressaten der Briefwahlunterlagen

Die Handwerkskammer übermittelt den nach § 96 HwO Wahlberechtigten die in Abs. 1 **1** S. 1 lit. a–d **aufgezählten Briefwahlunterlagen**. Der Wortlaut der Norm („Wahlberechtigte") ist dahingehend auszulegen, dass **Adressat** der Wahlunterlagen nur alle **stimmberechtigten Selbständigen** (→ § 12 Rn. 53, 54) sind, die ins Wahlverzeichnis eingetragen sind. Maßgeblich ist nicht lediglich die sich aus § 96 HwO ergebende materielle Wahlberechtigung. Denn ein Wahlberechtigter nach § 96 HwO ist nicht allein aufgrund seiner Wahlberechtigung auch stimmberechtigt. Zur Stimmberechtigung (formellen Wahlberechtigung) bedarf es zusätzlich der **Eintragung in das Wahlverzeichnis** (→ § 12 Rn. 57 ff.).

II. Die Übermittlung der Briefwahlunterlagen

Die **Form der Übermittlung** der Briefwahlunterlagen ist in Anlage C nicht normiert. **2** Nach dem Rechtsgedanken der Regelung in § 28 Abs. 4 S. 1 BWO bei Bundestagswahlen erfolgt die Übermittlung grds. auf **postalischem Weg** oder durch die **Abholung** der Wahlunterlagen bei der Handwerkskammer. Denn der Nachweis der Stimmberechtigung der Selbständigen erfolgt bereits durch die Eintragung in das Wahlverzeichnis, so dass die Handwerkskammer allein durch den Blick in das Wahlverzeichnis Kenntnis von den Stimmberechtigten hat.

Die Briefwahlunterlagen sind an die in der Handwerksrolle (Anlage D zur HwO unter **3** I 1c) bzw. in dem Verzeichnis der Inhaber eines zulassungsfreien Handwerks oder handwerksähnlichen Gewerbes (Anlage D zur HwO unter II iVm I 1c) und dem Wahlverzeichnis genannte **Anschrift der gewerblichen Niederlassung** zu senden. Die Wahlunterlagen müssen die **vollständige Anschrift** des Adressaten erhalten, damit sichergestellt wird, dass der Wahlbrief den Adressaten erreicht. Nur durch die Angabe der vollständigen Anschrift kann gewährleistet werden, dass der Stimmberechtigte die Möglichkeit hat, sein Recht auf Teilnahme an der Wahl auszuüben. Aus diesem Grund sind die Wahlunterlagen dem Stimmberechtigten **rechtzeitig** zuzusenden.

III. Gebührenfreie Beförderung

Die **Kosten der Zusendung**, die Bestandteil der Kosten der Wahl sind, trägt die Hand- **4** werkskammer nach § 22 (→ § 22 Rn. 1 ff.). Zur Rücksendung → Rn. 27.

IV. Die Zusammensetzung der Briefwahlunterlagen der Arbeitgeber

Die zuzusendenden **Briefwahlunterlagen bestehen aus** den in Abs. 1 S. 1 lit. a–d aufge- **5** zählten Unterlagen. Sie setzen sich zusammen aus dem Wahlschein, dem Stimmzettel, dem Wahlumschlag und dem Rücksendeumschlag.

6   Der **Wahlschein** iSd Abs. 1 S. 1 lit. a ist der Nachweis der Berechtigung zur Ausübung des Wahlrechts. Der Wahlschein dient dem individuellen Nachweis. Jeder in das Wahlverzeichnis eingetragene wahlberechtigte Selbständige erhält ihn. Er ist aus dem Wahlverzeichnis zu entwickeln, das von der Handwerkskammer geführt wird. Der Wahlschein der Selbständigen ist nicht zu verwechseln mit dem Wahlberechtigungsschein der Arbeitnehmer nach § 13 Abs. 1.

7   Der amtlich hergestellte **Stimmzettel** ist als Bestandteil der Wahlunterlagen nach Abs. 1 S. 1 lit. b in der für die Selbständigen geltenden Farbe zu versenden (zum amtlich hergestellten Stimmzettel → § 15 Rn. 1). Er beinhaltet nach den Vorgaben des § 14 Abs. 2 aufgelistet alle festgesetzten Wahlvorschläge, bezeichnet nach der vom Wahlleiter veröffentlichten Nummer und dem Kennwort (vgl. zum Inhalt → § 14 Rn. 5, 6). Es gibt nur **einen** Stimmzettel, der nach den Vorgaben des § 16 Abs. 2 durch den Wahlberechtigten persönlich gekennzeichnet wird (vgl. zur Kennzeichnung → Rn. 19 ff.).

8   Der **Wahlumschlag** nach Abs. 1 S. 1 lit. c ist ein neutraler Umschlag mit der **Bezeichnung „Handwerkskammer-Wahl"** (Herv. v. Verf.). In den Wahlumschlag legt der Stimmberechtigte nach der Durchführung des Wahlakts den von ihm gekennzeichneten Stimmzettel (zur Kennzeichnung → Rn. 19 ff.). Der Stimmberechtigte hat nur **eine Stimme**.

9   Wie ein **neutraler Umschlag** gestaltet ist, wird in der Anlage C nicht bestimmt. Neutraler Umschlag bedeutet, dass er zwar nach § 15 S. 3 mit dem **Stempel** der Handwerkskammer (→ § 15 Rn. 6) zu versehen ist, aber **keine farbliche Gestaltung** erfolgen soll. Ein weißer bzw. weißlicher abgestempelter Umschlag mit der Bezeichnung „Handwerkskammer-Wahl" ist zu verwenden. Hinsichtlich der Größe des Umschlags ist darauf zu achten, dass der gefaltete Stimmzettel hinein passt.

10 Der **Rücksendeumschlag** Abs. 1 S. 1 lit. d wird bei den Unterlagen für die Briefwahl mit versendet, um vom Wähler für die Rücksendung der Briefwahlunterlagen verwendet zu werden. Um sicherzustellen, dass die Wahlunterlagen beim Wahlleiter ankommen und keine Hindernisse dem Stimmberechtigten bereitet werden, sollte der Rücksendeumschlag bereits vorab an ihn **adressiert** sein. Diese Anforderung lässt sich bei Briefwahlen auch § 66 Abs. 1 S. 1 BWO ableiten, der unmittelbar für Bundestagswahlen gilt. In den Rücksendeumschlag werden der eigenhändig unterschriebene Wahlschein und der verschlossene Wahlumschlag, der den Stimmzettel beinhaltet, gelegt und an den Wahlleiter gesendet. Der Rücksendeumschlag muss bei der Rücksendung mittels einfachen Briefs durch die Inanspruchnahme der Post nicht durch den Stimmberechtigten **frankiert** werden. Die Beförderung der Wahlbriefe soll nach entsprechender Anwendung des § 36 Abs. 4 S. 1 BWahlG **kostenfrei für den Wähler** erfolgen. Der Wähler soll nicht aus finanziellen Gründen daran gehindert werden sein Recht auf Teilnahme an der Wahl auszuüben. Möglich ist in entsprechender Anwendung des § 66 Abs. 1 S. 2 BWO auch die persönliche Abgabe des Wahlbriefs bei der Handwerkskammer.

11 Die **Kosten der Rücksendung** als Bestandteil der Kosten der Wahl trägt nach § 22 die Handwerkskammer (→ § 22 Rn. 1 ff.).

12 § 16 Abs. 1 S. 1 stellt keine besonderen Anforderungen an die **äußere Gestaltung** des amtlich hergestellten und abgestempelten Rücksendeumschlags (§ 15 S. 3) hinsichtlich der **Farbe oder Größe**. Bezüglich der Größe des Umschlags soll berücksichtigt werden, dass er sowohl den Wahlumschlag, als auch den Wahlschein beinhalten können muss.

B. Wahlberechtigungsschein

I. Die Vorlage des Wahlberechtigungsscheins

13 Durch die Vorlage des Wahlberechtigungsscheins (→ § 13 Rn. 1 ff.) weist der stimmberechtigte Arbeitnehmer seine **Legitimation zur Wahl** beim Wahlleiter nach, so dass in zeitlicher Reihenfolge zuerst die Legitimation erfolgen muss und erst anschließend die Wahlunterlagen ausgehändigt werden dürfen.

14 Anlage C enthält keine nähere Regelung zur **Art der Vorlage** des Wahlberechtigungsscheins. Sinnvoll erscheint die **Vorlage** durch persönliche Übergabe an den Wahlleiter oder durch die Zusendung des Wahlberechtigungsscheins mittels der Post; Fax oder E-Mail sind

hier insoweit wegen der bloßen Abschriftqualität der Übertragung problematisch und wegen der Gefahr von Fälschung abzulehnen.

Der Wahlleiter übergibt oder schickt nach Eingang des Wahlberechtigungsscheins dem Stimmberechtigten die Wahlunterlagen zu. **15**

II. Die Zusammensetzung der Briefwahlunterlagen der Arbeitnehmer

Inhaltlich unterscheiden sich die Wahlunterlagen der Selbständigen von den Wahlunterlagen der Arbeitnehmer. Die **Wahlunterlagen der Arbeitnehmer** setzen sich zusammen aus dem Stimmzettel, dem Wahlumschlag und dem Rücksendeumschlag. Nicht Bestandteil ist in diesem Fall der Wahlschein, der allein dem Nachweis der Berechtigung zur Ausübung des Wahlrechts des Selbständigen dient. **16**

Teil der Wahlunterlagen ist der amtlich hergestellte **Stimmzettel** in der für den **Arbeitnehmer bestimmten Farbe** nach § 15 S. 4 (→ § 15 Rn. 8, 9). Der Stimmzettel beinhaltet nach § 14 Abs. 2 aufgelistet alle vom Wahlleiter festgesetzten Wahlvorschläge, bezeichnet nach der von ihm veröffentlichten Nummer und dem Kennwort (→ § 14 Rn. 5, 6). Es gibt nur **einen** Stimmzettel, der nach den Vorgaben des § 16 Abs. 2 gekennzeichnet wird. Der Stimmberechtigte hat nur **eine Stimme**. **17**

Bzgl. des **Wahlumschlags** und des **Rücksendeumschlags** gelten die gleichen Anforderungen wie bei den Wahlunterlagen der Selbständigen, → Rn. 5–9. **18**

C. Kennzeichnung

I. Der Grundsatz der Höchstpersönlichkeit

Der Wahlberechtigte übt sein Wahlrecht **persönlich** durch die **Kennzeichnung** des von ihm gewählten Wahlvorschlags aus (vgl. Boettcher/Högner/Högner BWahlG § 14 Rn. 4). Eine **Stellvertretung** bei der Stimmabgabe ist unzulässig und verstößt gegen den aus dem Unmittelbarkeitsgrundsatz des Art. 38 Abs. 1 S. 1 GG abgeleiteten **Grundsatz der Höchstpersönlichkeit der Wahlentscheidung** (vgl. Schreiber BWahlG § 14 Rn. 13; vgl. Seifert BWahlG § 14 Rn. 7; vgl. Schweinoch/Simader/Simader BWahlG § 14 Rn. 4). Der amtlich hergestellte Stimmzettel enthält alle vom Wahlleiter festgesetzten und zugelassenen Wahlvorschläge durch Angabe der fortlaufenden Nummer und des Kennworts nach § 15 S. 5. Angekreuzt wird der Name des gewünschten Wahlvorschlags auf dem Stimmzettel, der eine bestimmte Liste repräsentiert. **19**

II. Der Wahlakt

Nach dem Wortlaut der Norm („ankreuzt") wird die **Form der Kennzeichnung** gesetzlich vorgegeben. Sie ist danach anders als in § 34 Abs. 2 S. 1 Nr. 1, 2 BWahlG nicht dem Wähler überlassen. Bei Bundestagswahlen kann die Kennzeichnung durch ein **Kreuz im aufgedruckten Kreis** „oder auf andere Weise" erfolgen (Schreiber BWahlG § 34 Rn. 4). Möglich ist danach auch z. B. ein Abhaken, die Setzung eines Doppelkreuzes oder eines einfachen Strichs (Schreiber BWahlG § 34 Rn. 4). **20**

Nach § 16 Abs. 2 S. 2 darf der Stimmberechtigte **nur eine Liste** ankreuzen, da jeder Stimmberechtigte nur **eine Stimme** hat. Aufgrund des **Verbots der Mehrfachwahl** darf jeder Wahlberechtigte sein Wahlrecht nur einmal ausüben (vgl. Schreiber BWahlG § 14 Rn. 12). Nach dem geltenden **Listenprinzip** (→ § 8 Rn. 7) wählt der Stimmberechtigte die Liste und keine Einzelpersonen. **21**

Kreuzt der Stimmberechtigte **mehrere Listen** an, ist seine **Stimme ungültig** nach § 17 Abs. 2 Nr. 3 (→ § 17 Rn. 10 ff.). Der Wille des Abstimmenden ist aus der Kennzeichnung nicht eindeutig ableitbar, denn es ist nicht erkennbar, welcher der jeweils angekreuzten Liste der Stimmberechtigte seine einzige Stimme geben will. **22**

D. Nach der Kennzeichnung

I. Der Abschluss der Wahlhandlung

23 Den nach § 16 Abs. 2 gekennzeichneten Stimmzettel (→ Rn. 20 ff.) hat der Stimmberechtigte in den Wahlumschlag (→ Rn. 8) zu legen und diesen zu **verschließen**. Der Wahlumschlag soll in der Art und Weise verschlossen werden, dass die Gefahr des Zugriffs Unbefugter minimiert wird. Zweckmäßig ist das **Zukleben des Wahlumschlags**. Dadurch besteht ein hinreichender Schutz vor Wahlfälschung und der Grundsatz der geheimen Wahl aus Art. 38 Abs. 1 S. 1 GG wird gewährleistet.

24 Die **Arbeitnehmer** legen den zugeklebten Wahlumschlag in den Rücksendeumschlag und senden diesen an den Wahlleiter zurück.

25 Die **Selbständigen** müssen **zusätzlich** zu dem zugeklebten Wahlumschlag den von ihnen **unterzeichneten Wahlschein** dem **Rücksendeumschlag** beifügen. Unterzeichnung bedeutet, den Wahlschein eigenhändig zu unterschreiben. Vgl. zur Unterschrift → § 8 Rn. 64–66.

26 Es ist darauf zu achten, dass der unterzeichnete Wahlschein sich nicht zusammen mit dem Stimmzettel im Wahlumschlag befindet („Beifügung" (…) „in den Rücksendeumschlag"). Dies wäre ein Verstoß gegen den Grundsatz der geheimen Wahl aus Art. 38 Abs. 1 S. 1 GG und würde zur Ungültigkeit der Stimme führen.

II. Die Rücksendung der Wahlunterlagen

27 Die Unterlagen sollen so **rechtzeitig** an den Wahlleiter zurück gesendet werden, dass die Wahlunterlagen **am Wahltag bis spätestens 18.00 Uhr** bei der Handwerkskammer eingehen. Infolge einer richtigen Adressierung des Rücksendeumschlags durch die Handwerkskammer kann verhindert werden, dass es durch die unrichtige oder unvollständige Angabe der Adresse zu Verzögerungen iRd Versendung kommt, so dass eine vorherige Adressierung sinnvoll erscheint.

28 Ein **früherer Eingang** der Wahlunterlagen bei der Handwerkskammer ist unschädlich. Denn die Briefwahl ist eine „**Vorauswahl**", bei der der Wahlberechtigte selbst entscheiden kann, wann er seine Wahlhandlung vollziehen möchte (Herv. v. Verf.) (Burmeister/ Huba, Jura 1988, 598; vgl. Schreiber BWahlG § 36 Rn. 6). Die Stimmabgabe erfolgt nicht erst am Wahltag, sondern kann ab dem Zeitpunkt des Erhalts der Briefwahlunterlagen als „vorgezogene" Wahl erfolgen (Schreiber BWahlG § 36 Rn. 6; Schweinoch/Simader/Simader BWahlG § 36 Rn. 2). Ungültig sind nur Stimmen, die nach 18.00 Uhr am Wahltag eingehen. Eine Ausnahme ergibt sich, wenn der **Wahltag ein Sonn- oder Feiertag** ist. Der Feiertag muss ein in dem Wahlbezirk geltender staatlich anerkannter Feiertag sein. In diesem Fall verlängert sich die Frist bis zum ersten unmittelbar darauf folgenden Werktag bis spätestens 18.00 Uhr. Zweck der Regelung ist der Schutz der Sonn- und Feiertagsruhe, zumal an diesen Tagen die Wahlunterlagen nicht durch die Post transportiert werden.

29 Nicht explizit aufgezählt wird entgegen der sonst geltenden Normen zu Fristen und Terminen wie zB im § 31 VwVfG und § 193 BGB der **Sonnabend**. Fällt der Wahltag auf einen Samstag haben die Wahlunterlagen bis 18.00 Uhr beim Wahlleiter einzugehen. Entgegen der sonst üblichen 5-Tage-Woche erfolgt keine Fristverlängerung auf den unmittelbar nächsten Werktag.

III. Der verspätete Eingang

30 Wahlbriefe, die **nicht fristgerecht** bei der Handwerkskammer eingehen, werden zurückgewiesen (vgl. Schreiber BWahlG § 36 Rn. 11). Die abgegebene **Stimme gilt als nicht abgegeben** (→ § 39 Abs. 4 S. 1 Nr. 1, S. 2 Hs. 1 BWahlG, § 75 Abs. 2 S. 5 Hs. 2 BWO). Dies gilt auch, wenn der Wahlbrief noch rechtzeitig vor Ablauf der Wahlzeit durch den Wahlberechtigten zur Post gegeben wurde oder der verspätete Zugang auf dem Verschulden eines Dritten wie etwa des Postunternehmens beruht (Schreiber BWahlG § 36 Rn. 11; Schweinoch/Simader/Simader BWahlG § 36 Rn. 5). Das **Risiko** der nicht rechtzeitigen Übermittlung der Wahlunterlagen **trägt der Wahlberechtigte** (BVerwGE 55, 341 (345 f.); Schreiber BWahlG § 36 Rn. 11; Boettcher/Högner/Högner BWahlG § 36 Rn. 5). Eine Aus-

nahmeregelung beinhaltet § 75 Abs. 10 S. 1 BWO bei Bundestagswahlen, wenn die „Beförderung von Wahlbriefen infolge von **Naturkatastrophen** oder **ähnlichen Ereignissen höherer Gewalt** gestört" wurde und die Wahlbriefe „spätestens (…) am 22. Tag nach der Wahl" eintreffen (Herv. v. Verf.). Es erscheint sinnvoll, diese Regelung auch bei der Wahl der Vollversammlung entsprechend anzuwenden.

E. Prüfung und Einelegung

Alle Rücksendeumschläge (→ Rn. 10), die bis 18.00 Uhr des Wahltags (vgl. zum Wahltag → § 1 Rn. 62 ff.) bei der Handwerkskammer eingegangen sind, werden nacheinander geöffnet. Die Wahlumschläge und bei den Arbeitgebern zusätzlich die Wahlscheine werden entnommen. Die Wählenden werden zuerst auf die Wahlberechtigung hin überprüft. Erst dann werden die ungeöffneten Wahlumschläge (→ Rn. 35) in die Wahlurne gelegt. **31**

I. Die Prüfung der Legitimation

Die **Legitimation der Arbeitgeber** zur Wahl erfolgt über den **Wahlschein** (→ Rn. 6), der sich im Rücksendeumschlag befindet, § 16 Abs. 3 S. 1. Der Wahlschein wird dahingehend geprüft, ob der Wahlberechtigte ihn unterschrieben hat. Ein zusätzlicher Abgleich mit dem Wahlverzeichnis (→ § 12 Rn. 57 ff.) erscheint nicht notwendig, da die Wahlscheine aus dem Wahlverzeichnis entwickelt wurden. **32**

Anlage C enthält keine Regelung dazu, ob der **Stimmzettel gültig ist, wenn** dem **Rücksendeumschlag** gar kein oder **kein** gültiger **Wahlschein beiliegt**. Gesetzlich normiert ist dieser Fall auf Bundesebene in § 39 Abs. 4 S. 1 Nr. 2 BWahlG; Danach „(…) sind Wahlbriefe zurückzuweisen", da die Wahlberechtigung nicht überprüfbar ist. Der Stimmzettel gilt als nicht abgegeben (vgl. § 39 Abs. 4 S. 2 Hs. 2 BWahlG, § 75 Abs. 2 S. 5 Hs. 2 BWO). **33**

Nach der Regelung der §§ 13, 16 Abs. 1 S. 2 erfolgt die **Legitimation der Arbeitnehmer** bereits im Vorfeld. Erst durch die Vorlage des Wahlberechtigungsscheins (→ § 13 Rn. 11 ff.) haben sie die Wahlunterlagen vom Wahlleiter erhalten. Ein nochmaliger Nachweis der Legitimation ist nicht möglich, da der Wahlberechtigungsschein nicht Bestandteil der Wahlunterlagen ist und damit auch nicht an den Wahlleiter versendet wird. **34**

II. Die Einlegung in die Wahlurne

Aufgrund des Grundsatzes der geheimen Wahl aus Art. 38 Abs. 1 S. 1 GG muss der **Wahlumschlag ungeöffnet** in die Wahlurne gelegt werden. Wird der Stimmzettel aus dem Wahlumschlag vorher entnommen, besteht die Gefahr, dass bei den selbständigen Wählern in Kombination mit dem Wahlschein auf die Identität des Wählenden geschlossen wird. **35**

Der verschlossene Wahlumschlag muss nach der allgemeinen Geltung des Begriffs „**unverzüglich**" (Herv. v. Verf.) nach dem Rechtsgedanken des § 121 Abs. 1 BGB grds. ohne schuldhaftes Zögern in die Wahlurne gelegt werden. Aufgrund der hohen verfassungsrechtlichen Bedeutung der Wahl als Ausfluss des Demokratieprinzips Art. 20 Abs. 1 GG sollten erhöhte Anforderungen gelten. Der Wahlumschlag sollte **sofort** nach dem Eingang beim Wahlleiter und unmittelbar nach der Öffnung des Rücksendeumschlags in die Wahlurne gelegt werden. Bei solch einem Vorgehen wird das Risiko des Verlustes eines Wahlbriefs auf ein Minimum reduziert. **36**

§ 17 [Ermittlung des Wahlergebnisses in den Stimmbezirken; ungültige Stimmen; Abstimmungsniederschrift]

(1) ¹Nach Schluss der Abstimmung beruft der Wahlleiter den Wahlausschuss ein. ²Der Wahlausschuss hat unverzüglich das Ergebnis der Wahl zu ermitteln.

(2) Ungültig sind Stimmzettel,
1. die nicht in einem amtlich abgestempelten Umschlag oder die in einem mit Kennzeichen versehenen Umschlag übergeben worden sind,
2. die als nichtamtlich hergestellte erkennbar sind,

3. aus deren Beantwortung oder zulässiger Kennzeichnung der Wille des Abstimmenden nicht unzweifelhaft zu erkennen ist,
4. denen ein durch den Umschlag deutlich fühlbarer Gegenstand beigefügt ist,
5. die mit Vermerken oder Vorbehalten versehen sind.

(3) Mehrere in einem Umschlag enthaltene Zettel gelten als eine Stimme, wenn sie gleichlautend sind oder wenn nur einer von ihnen eine Stimmabgabe enthält; sonst sind sie ungültig.

(4) ¹Die Stimmzettel, über deren Gültigkeit oder Ungültigkeit der Wahlausschuss Beschluss gefasst hat, sind mit fortlaufender Nummer zu versehen und der Niederschrift beizufügen. ²In der Niederschrift sind die Gründe kurz anzugeben, aus denen die Stimmzettel für gültig oder ungültig erklärt worden sind.

(5) Ist ein Stimmzettel wegen der Beschaffenheit des Umschlags für ungültig erklärt worden, so ist auch der Umschlag beizufügen.

(6) ¹Alle gültigen Stimmzettel, die nicht nach den Absätzen 4 und 5 der Abstimmungsniederschrift beigefügt sind, hat der Wahlausschuss in Papier einzuschlagen, zu versiegeln und dem Wahlleiter zu übergeben, der sie verwahrt, bis die Abstimmung für gültig erklärt oder eine neue Wahl angeordnet ist. ²Das Gleiche gilt für die Wahlberechtigungsscheine der Arbeitnehmer.

(7) Das Wählerverzeichnis wird dem Wahlleiter übergeben.

(8) ¹Über die Sitzung des Wahlausschusses ist eine Niederschrift zu fertigen. ²Diese ist zusammen mit den Wahlunterlagen aufzubewahren und der Aufsichtsbehörde auf Anforderung vorzulegen.

Literatur: Bundestags-Drucksache 15/1850; Detterbeck, St., Handwerksordnung; Eyermann, E., Staatsaufsicht über Handwerkskammern- insbesondere im Interessenvertretungsbereich, GewArch 1992, 209; Honig, G./Knörr, M., Handwerksordnung; Kluth, W., Grundfragen des Kammerwahlrechts in Wirtschaftskammern, in: IFK Jahrbuch des Kammer- und Berufsrechts 2003; Schreiber, W., Bundeswahlgesetz

Rechtsprechung: VGH München VGHE 20/I, S. 122; BVerwG NVwZ-RR 2003, 110; VG Freiburg GewArch 1995, 248; VGH Mannheim DÖV 1998, 395; GewArch 2001, 422.

Überblick

§ 17 regelt iVm den Normen der §§ 17a, 18 die **Ermittlung des Wahlergebnisses** als letzten Teil des Wahlverfahrens. Er regelt die formale Betrachtungsweise der **Gültigkeit bei der Stimmabgabe**. Er enthält **sechs formale Ungültigkeitsgründe** in den § 17 Abs. 2 Nr. 1–5 und dem § 17 Abs. 3. Daneben gibt es noch die sich aus § 14 Abs. 1, 2 ergebenden beiden Ungültigkeitsgründe.

Übersicht

	Rn.		Rn.
A. Ermittlung des Wahlergebnisses	1	I. Die Beschlussfassung über die Gültigkeit	21
I. Die Feststellung des Wahlergebnisses	1	II. Die Beifügung zur Niederschrift	23
II. Der Grundsatz der Öffentlichkeit	5	D. Die Beifügung des Wahlumschlags	25
B. Ungültigkeit der Stimme	6	E. Verfahren hinsichtlich der gültigen Stimmzettel	27
I. Amtlich abgestempelter Umschlag	7		
II. Gekennzeichneter Umschlag	8	I. Die Übergabe und Verwahrung der Wahlunterlagen	27
III. Nichtamtlich hergestellte Stimmzettel	9		
IV. Nicht eindeutige Kennzeichnung	10	II. Die Aufbewahrungsfrist	31
V. Die Beifügung eines Gegenstandes	12	III. Die Form der Aufbewahrung	35
VI. Der modifizierte Stimmzettel	14	F. Übergabe des Wählerverzeichnisses	36
VII. Mehrere Zettel in einem Umschlag	15	G. Niederschrift	37
1. Der Begriff des „Umschlags"	15		
2. Der Begriff des „Zettels"	16	I. Die Niederschrift	37
C. Gültigkeit	21	II. Die Aufsichtsbehörde	39

A. Ermittlung des Wahlergebnisses

I. Die Feststellung des Wahlergebnisses

Nach Beendigung der Wahlhandlung ist anschließend „ohne Unterbrechung" (vgl. § 67 **1** Hs. 1 BWO) das Wahlergebnis festzustellen. Die Abstimmung in Form der Briefwahl ist nach **„Schluss der allgemeinen Wahlzeit"** (Herv. v. Verf.) (vgl. § 75 Abs. 3 S. 1 BWO), also mit Ablauf des Wahltags um 18.00 Uhr bzw. des darauf folgenden Werktags um 18.00 Uhr, wenn der Wahltag ein Sonn- oder gesetzlicher Feiertag war (→ § 16 Rn. 28, 29), beendet.

Zuständig für die Ermittlung des Wahlergebnisses ist der **Wahlausschuss**, der sich nach **2** den Vorgaben des § 2 Abs. 1 aus dem Wahlleiter und den Beisitzern zusammensetzt (vgl. zum Wahlausschuss → § 2 Rn. 9 ff.). Die Ermittlung und Feststellung des Wahlergebnisses erfolgt durch **Auszählung der eingegangenen Stimmzettel**. IRd Auszählung ist nach den Kriterien des § 17 Abs. 2 und § 14 zu beurteilen, ob die jeweiligen Stimmzettel gültig sind. Entsprechend dem Rechtsgedanken des § 69 Abs. 1 S. 1 BWO ist es sinnvoll, separate Stapel zu bilden mit gültigen und ungültigen Stimmen. Die Mitglieder des Wahlausschusses haben nach § 2 Abs. 3 ihre Verpflichtung unparteiisch und gewissenhaft zu erfüllen. Ihre Verschwiegenheitspflicht über die ihnen bei ihrer amtlichen Tätigkeit bekannt gewordenen Tatsachen ist zu beachten (→ § 2 Rn. 26 ff.).

Die Auszählung der Stimmen erfolgt in der **Sitzung** des Wahlausschusses. Zum Ablauf **3** der Sitzung enthält Anlage C keine Regelung. Zu der Sitzung sollen alle Mitglieder des Wahlausschusses ordnungsgemäß, (entsprechend den Vorgaben der Geschäftsordnung des Wahlausschusses soweit vorhanden) unter Einhaltung der notwendigen Form und Frist der Ladung, **vom Wahlleiter** als Vorsitzenden **einberufen** werden. Da das Ende des Wahltages weit im Vorfeld feststeht, kann eine entsprechende Terminierung mit einer großzügigen Einladungsfrist erfolgen.

Hinsichtlich der Frist ist die Besonderheit zu beachten, dass der Wahlausschuss nach dem **4** Wortlaut der Norm das Wahlergebnis **„unverzüglich"** zu ermitteln hat (Herv. v. Verf.). Nach dem allgemeinen Rechtsgedanken des § 121 Abs. 1 BGB bedeutet unverzüglich „ohne schuldhaftes Zögern". Um vor Wahlfälschung zu schützen ist die Durchführung der Auszählung im Anschluss an die Beendigung der Briefwahl, d.h. nach Schluss der allgemeinen Wahlzeit, ohne Unterbrechung, empfehlenswert (vgl. Schreiber BWahlG § 37 Rn. 1, 2).

II. Der Grundsatz der Öffentlichkeit

Die Stimmauszählung und die Feststellung des Wahlergebnisses haben in einer **öffentli- 5 chen Sitzung** zu erfolgen. Gesetzlich normiert ist der Grundsatz der Öffentlichkeit der Sitzungen des Wahlausschusses in § 2 Abs. 7. Eine vergleichbare Regelung existiert bei Bundeswahlen in § 10 Abs. 1 S. 1 BWahlG. Basierend auf dem Grundsatz der Demokratie soll infolge der **Transparenz** das Vertrauen der Öffentlichkeit in die ordnungsgemäße Durchführung der Wahl gestärkt werden (Schreiber BWahlG § 37 Rn. 1). Zudem wird die Ausübung des Kontrollrechts der Öffentlichkeit gewährleistet und Wahlfälschung vorgebeugt (Schreiber BWahlG § 37 Rn. 1). Um der **Kontrollfunktion** Genüge zu tun, sollte **Ort** und **Zeit** der Sitzung des Wahlausschusses in den entsprechenden **Publikationsorganen** (→ § 7 Rn. 122 ff.) bekannt gemacht werden (Schreiber BWahlG § 38 Rn. 2) oder nach § 2 Abs. 8 im Eingang des Sitzungshauses ein entsprechender Aushang erfolgen (→ § 2 Rn. 44, 47).

B. Ungültigkeit der Stimme

IRd Auszählung der Stimmzettel werden die Wahlumschläge geöffnet. Der Wahlausschuss **6** prüft, ob **formelle Unwirksamkeitsgründe** aus § 11 Abs. 2 vorliegen, mit der Folge, dass diese Stimmzettel ungültig sind und eine Stimmabgabe nicht vorliegt. Das entspricht dem Rechtsgedanken aus § 39 Abs. 4 S. 2 BWahlG, § 75 Abs. 2 S. 5 BWO. Ungültige Stimmen entfalten keine rechtliche Wirkung (Schreiber BWahlG § 39 Rn. 1). Abs. 2 Nr. 1–5 nennt **fünf formale Gründe**, aus denen ein Stimmzettel ungültig sein kann. Die Aufzählung in Abs. 2 ist nicht kumulativ, sondern **alternativ**.

I. Amtlich abgestempelter Umschlag

7   Nach § 17 Abs. 2 Nr. 1 Alt. 1 muss der Stimmzettel sich in einem **amtlich abgestempelten Umschlag** befinden, damit er gültig ist. Die Norm konkretisiert den Begriff des „Umschlags" nicht. Amtlich hergestellt werden gem. § 15 S. 1 sowohl der Wahlumschlag gem. § 16 Abs. 1 S. 1 lit. c (→ § 16 Rn. 8, 9) als auch der Rücksendeumschlag gem. § 16 Abs. 1 S. 1 lit. d (→ § 16 Rn. 10). Nach dem Wortlaut der Parallelnorm des § 39 Abs. 1 S. 3 Alt. 1 BWahlG bei Bundestagswahlen liegt Ungültigkeit vor, „(…) wenn sich" bei der Briefwahl „der Stimmzettel nicht in einem amtlichen Stimmzettelumschlag (…)" befindet. Der Stimmzettelumschlag nach § 36 Abs. 1 S. 1 lit. b BWahlG entspricht dem Wahlumschlag bei der Wahl der Vollversammlung. Mit Umschlag iSd § 17 Abs. 2 Nr. 1 Alt. 1 ist damit der **Wahlumschlag** gemeint. Verwendet der Stimmabgebende einen anderen als den amtlich hergestellten und nach § 15 S. 3 abgestempelten Wahlumschlag, führt dies zur Ungültigkeit seines Stimmzettels und damit auch gleichzeitig zur Ungültigkeit seiner Stimmabgabe. Im Umkehrschluss ist die Verwendung eines nicht amtlich hergestellten **Rücksendeumschlags** unschädlich.

II. Gekennzeichneter Umschlag

8   Nach § 17 Abs. 2 Nr. 1 Alt. 2 darf der Umschlag nicht **mit Kennzeichen versehen** sein. Mit Umschlag ist hier nur der Wahlumschlag iSv **§ 16 Abs. 1 S. 1 lit. c** (→ § 16 Rn. 8, 9) gemeint, da der Rücksendeumschlag (→ § 16 Rn. 10) gezwungenermaßen mit dem Absender und damit mit einem Kennzeichen versehen ist. **Kennzeichen** sind sämtliche Zeichen, wie z. B. Initialen, geeignet sind, den Stimmabgebenden in irgendeiner Weise erkenntlich zu machen. Diese strenge Vorgabe dient dem Grundsatz der geheimen Wahl aus Art. 38 Abs. 1 S. 1 GG.

III. Nichtamtlich hergestellte Stimmzettel

9   Nach § 17 Abs. 2 Nr. 2 sind Stimmzettel ungültig, die als **nichtamtlich hergestellt** iSv § 15 S. 1 **erkennbar sind** (vgl. zur amtlichen Herstellung → § 15 Rn. 1). Dem Wahlausschuss obliegt die Pflicht zur Überprüfung der Beschaffenheit der Stimmzettel. Die Stimmzettel müssen hinsichtlich Papierwahl, Farbe (§ 15 S. 4), Größe und Aufdruck den Vorgaben der Handwerkskammer entsprechen sowie den Namen oder das Kennwort der zugelassenen Wahlvorschläge enthalten (§ 15 S. 5). Es muss sich bei dem vom Wahlberechtigten benutzten Stimmzettel um den amtlich hergestellten Originalstimmzettel handeln. Wurde etwa ein **nachgedruckter**, **gefälschter** oder **handschriftlich hergestellter** Stimmzettel verwendet, ist die Stimmabgabe ungültig und damit die Stimme (vgl. Schreiber BWahlG § 39 Rn. 6). Außerdem könnten durch diese Handlungen Wahlstraftaten nach §§ 107 ff. StGB (→ § 17a Rn. 15) erfüllt sein. Vor allem kommt der Straftatbestand der Fälschung von Wahlunterlagen nach § 107b StGB in Betracht. Unschädlich ist die Beschädigung des Originalstimmzettels wie etwa durch **Flecken** oder **Risse**, da der maßgebliche amtlich hergestellte Stimmzettel verwendet wurde (vgl. Schreiber BWahlG § 39 Rn. 6). Der Inhalt des Stimmzettels muss jedoch noch zweifelsfrei entnehmbar sein.

IV. Nicht eindeutige Kennzeichnung

10   Nach § 17 Abs. 2 Nr. 3 sind Stimmzettel ungültig, aus deren Beantwortung oder zulässiger Kennzeichnung der **Wille des Abstimmenden** nicht **zweifelfrei** erkennbar ist. Maßgeblich ist der objektive Inhalt der Erklärung des Wählenden, der sich aus der Kennzeichnung des Stimmzettels im Einzelfall ableiten lässt (vgl. Schreiber BWahlG § 39 Rn. 9). **Zulässige Kennzeichnung** iSv § 16 Abs. 2 ist das Ankreuzen des Namens des gewählten Wahlvorschlags (→ § 16 Rn. 19 ff.). Entscheidend ist, dass die Kennzeichnung keine Rückschlüsse auf den Stimmabgebenden zulässt, sondern neutral ist.

11   Die Kennzeichnung muss so **deutlich** sein, dass **kein Zweifel** erkennbar ist. Der Wille des Kennzeichnenden muss eindeutig hervorgehen. Beispielsweise ist ein Kringel oder ein Kreuz **zwischen zwei Wahlvorschlägen**, das **Ankreuzen mehrerer Listen** oder das Vorliegen eines Stimmzettels, der **überhaupt keine Kennzeichnung** erhält, **nicht eindeutig**, da dadurch ein Interpretationsspielraum eröffnet wird, wie der wirkliche Wille des Stimmab-

gebenden zu deuten ist. Wichtig ist, dass zweifelsfrei erkennbar ist, welchen Wahlvorschlag die abgegebene Stimme zu unterstützen denkt.

V. Die Beifügung eines Gegenstandes

Nach § 17 Abs. 2 Nr. 4 sind **Stimmzettel ungültig**, denen ein durch den Umschlag **deutlich fühlbarer Gegenstand beigefügt** ist. Grds. darf sich nur der Stimmzettel im Wahlumschlag befinden **(Eliminierungsfunktion)**. Sind sonstige Gegenstände im Umschlag deutlich fühlbar, so führt dies zum sofortigen Ausschluss des betroffenen Stimmzettels ohne ihn vorher zu öffnen. Die Stimmabgabe ist **eo ipso** ungültig. Diese Regelung dient dazu, Missbrauchsfällen vorzubeugen. 12

Problematisch sind **nicht fühlbare Gegenstände**, wie Fotos, Geldscheine, oÄ. Entgegen dem Wortlaut führen auch diese Gegenstände zum Ausschluss des jeweiligen Stimmzettels, um – dem Sinn und Zweck der Vorschrift folgend – den Grundsatz der Anonymität bei der Stimmabgabe zu wahren. 13

VI. Der modifizierte Stimmzettel

Nach § 17 Abs. 2 Nr. 5 sind **Stimmzettel ungültig**, die **mit Vermerken oder Vorbehalten** versehen sind. Sämtliche Ergänzungen, Zusätze wie etwa Worte oder Sätze, Abänderungen und sonstige modifizierende Merkmale, die über die zulässige Abstimmungskennzeichnung nach § 16 Abs. 2 hinaus gehen, sind auf Stimmzetteln unzulässig (**strenges Formalprinzip**) (vgl. Schreiber BWahlG § 39 Rn. 12; BayGH VGHE 20/I, S. 122 zu § 39 BWahlG; BT-Drs. 15/1850). Grund für das strenge Formalprinzip ist, die Anonymität der Wahl zu wahren und eine Identifizierung des Stimmabgebenden über beispielsweise das Schriftbild zu vermeiden. 14

VII. Mehrere Zettel in einem Umschlag

1. Der Begriff des „Umschlags"

§ 17 Abs. 3 Hs. 1 verwendet erneut den allgemeinen Begriff des „**Umschlags**" ohne eine Konkretisierung auf den Wahl- oder den Rücksendeumschlag vorzunehmen (Herv. v. Verf.). Nach der Parallelvorschrift in § 39 Abs. 2 BWahlG, der für Briefwahlen auf Bundesebene gilt, ist der „Stimmzettelumschlag" gemeint. Zwar hat § 39 Abs. 2 BWahlG einen leicht abweichenden Wortlaut zu § 17 Abs. 3 Hs. 1, aber vom Sinn und Zweck weist die Norm den gleichen Regelungsgehalt auf. Der **Wahlumschlag** zur Wahl der Mitglieder der Vollversammlung entspricht dem Stimmzettelumschlag auf Bundesebene. Es erscheint nicht sachgerecht bei der Wahl der Vollversammlung strengere Maßstäbe anzusetzen als bei der Bundestagswahl. Mit Umschlag iSd § 17 Abs. 3 Hs. 1 ist der **amtliche Wahlumschlag** gemeint. 15

2. Der Begriff des „Zettels"

Nach dem Wortlaut der Norm müssen sich **mehrere Zettel** in dem Wahlumschlag befinden, dh mind. zwei. § 17 Abs. 3 Hs. 1 verwendet den allgemeinen Begriff des „Zettels". Darunter lässt sich grds. neben dem Stimmzettel auch jedes andere Blatt Papier subsumieren. Damit eine gültige Stimmabgabe überhaut vorliegen kann, muss sich zumindest **ein** zulässig gekennzeichneter Stimmzettel im Wahlumschlag befinden (vgl. zur Kennzeichnung → § 16 Rn. 19 ff.). Diese Auslegung ergibt sich auch im Vergleich mit der Parallelvorschrift des § 39 Abs. 2 BWahlG, der seinem Wortlaut nach den „Stimmzettel" meint. 16

Befinden sich **mehrere Stimmzettel** derselben Wahl in einem Wahlumschlag gelten sie als eine Stimme, wenn es sich um **wiederholende, bestätigende Stimmabgaben** mit der **identischen** zulässigen Kennzeichnung handelt. Mehrere **gleichlautende gültige Stimmzettel** werden nur als **eine Stimme** gewertet. Dies gilt auch wenn sich im amtlichen Wahlumschlag mehrere Stimmzettel befinden und davon **nur einer** in zulässiger Weise gekennzeichnet ist und der andere Stimmzettel überhaupt keine oder eine unzulässige Kennzeichnung enthält (vgl. Schreiber BWahlG § 39 Rn. 19). 17

18   Enthalten die Stimmzettel im amtlichen Wahlumschlag **verschiedene gültige Stimmabgaben**, so sind sie allesamt ungültig nach § 17 Abs. 3 S. 1 Alt. 2, da **nicht** gleichlautend (Alt. 1).

19   Befindet sich **neben dem gültigen Stimmzettel** ein weiterer **anderer Zettel** im Wahlumschlag, so ist die Stimme als gültig zu werten, soweit beide gleichlautend sind oder wenn nur einer von ihnen eine Stimmabgabe enthält, § 17 Abs. 3 S. 1 **Alt. 1**.

20   Befindet sich neben dem gültigen Stimmzettel ein Wahlschein oder schlicht „etwas anderes" im Wahlumschlag, wird der gültige Stimmzettel zur ungültigen Stimme, § 17 Abs. 3 S. 1 **Alt. 2**. Grund hierfür ist dann der Umstand, dass die Anonymität der Wahl durch eine derartige Stimmabgabe nicht gewahrt ist.

C. Gültigkeit

I. Die Beschlussfassung über die Gültigkeit

21   Der Wahlausschuss als Gremium entscheidet in seiner Sitzung mittels **Beschlussfassung** über die **Gültigkeit** bzw. **Ungültigkeit** der **abgegebenen Stimmen**. Nach dem Wortlaut des § 2 Abs. 2 S. 1 ist der Wahlausschuss „**beschlussfähig**, wenn außer dem Wahlleiter oder seinem Stellvertreter mindestens je ein Wahlberechtigter nach § 96 Abs. 1" HwO „und nach § 98 der Handwerksordnung als Beisitzer anwesend sind" (Herv. v. Verf.) (→ § 2 Rn. 19 ff.). „Er beschließt mit Stimmenmehrheit; bei Stimmgleichheit entscheidet die Stimme des Wahlleiters", § 2 Abs. 2 S. 2 (→ § 2 Rn. 23, 24).

22   Alle Stimmzettel sind nach dem Öffnen der Briefwahlumschläge mit **fortlaufenden Nummern**, beginnend mit der Nummer 1, zu versehen. Es gibt **zwei mögliche Vorgehensweisen**: Entweder werden die Stimmzettel nach dem Öffnen der Wahlumschläge in gültige und ungültige Stimmzettel unterteilt und innerhalb der jeweiligen Kategorie durchnummeriert, was freilich bei einer hohen Wahlbeteiligung sehr aufwendig wäre. Oder es werden nach dem Öffnen der Wahlumschläge zuerst alle Stimmzettel durchnummeriert und erst dann nach Gültigkeit bzw. Ungültigkeit getrennt. Beide Vorgehensweisen sind grds. gleichwertig. Eine Orientierung am gesetzlich normierten Vorgehen bei der Briefwahl bei Parlamentswahlen nach §§ 75 Abs. 3 S. 2, 69 BWO ist möglich. Danach erfolgt **zuerst** die **Zählung** und **anschließend** die **Aufteilung** in die **separaten Stapel**.

II. Die Beifügung zur Niederschrift

23   Die durchnummerierten Stimmzettel müssen der **Niederschrift**, die nach § 17 Abs. 8 über die Sitzung des Wahlausschusses zu fertigen ist (→ Rn. 37), zu Beweiszwecken als Anlage **beigefügt**, dh, körperlich angeheftet werden. Zweckmäßig erscheint entsprechend der Vorgabe des § 17 Abs. 6 das Einschlagen in Papier und Versiegeln (→ Rn. 35), um den Verlust einzelner Stimmzettel vorzubeugen.

24   Nach § 17 Abs. 4 S. 2 sind in der Niederschrift die **Gründe** anzugeben, aus denen die Stimmzettel für gültig oder ungültig erklärt worden sind. Um Willkür zu verhindern, ist in der Niederschrift die Abwägung, die bei der Einteilung der gültigen und ungültigen Stimmen vorgenommen wurde, kurz schlagwortartig wiederzugeben. Diese Regelung dient **Beweiszwecken**, um vor allem den Ausschluss der ungültigen Stimmzettel (auch später) **nachvollziehbar** zu machen.

D. Die Beifügung des Wahlumschlags

25   § 17 Abs. 5 steht in Zusammenhang mit § 17 Abs. 2 Nr. 1 und Nr. 4, welche allesamt Gründe dafür enthalten, dass ein Stimmzettel wegen der **Beschaffenheit des Umschlags** für ungültig erklärt worden ist. Im Falle des § 17 Abs. 2 Nr. 1, da der Stimmzettel in einem nicht amtlich abgestempelten Wahlumschlag oder in einem mit Kennzeichen versehenen Wahlumschlag übergeben wurde (→ Rn. 7 f.). Im Falle des § 17 Abs. 2 Nr. 4 lag dem Wahlumschlag ein Gegenstand bei (→ Rn. 12 f.).

26   Zusätzlich zu den Stimmzetteln müssen ebenfalls zu **Beweiszwecken** der Niederschrift über die Sitzung des Wahlausschusses nach § 17 Abs. 4 S. 2 (→ Rn. 23 f.) die **Wahlumschläge** (vgl. zur Auslegung des Begriffs „Umschlag" → Rn. 7) **beigefügt** werden, da sich

in diesen Fällen die Ungültigkeit der Stimmabgabe nicht allein aus dem Stimmzettel ergibt. Vgl. iÜ vorstehend → Rn. 23 f.

E. Verfahren hinsichtlich der gültigen Stimmzettel

I. Die Übergabe und Verwahrung der Wahlunterlagen

§ 17 Abs. 6 S. 1 ist seinem Sinngehalt nach **wie folgt zu lesen**: 27
„Alle gültigen Stimmzettel, **außer denen die ungültig sind**, hat der Wahlausschuss in Papier einzuschlagen, (…)".
Gültige Stimmzettel iSd Abs. 6 sind alle Stimmzettel, die nicht nach § 17 Abs. 2 Nr. 1– 28
5, Abs. 3 oder § 14 ungültig sind. Denn diese **ungültigen** Stimmzettel bilden eine **Einheit mit der Niederschrift**, der sie gem. § 17 Abs. 4 zu Beweiszwecken beizufügen sind (→ Rn. 21 ff.).
Der **Wahlleiter verwahrt** somit nach dem Wortlaut des **§ 17 Abs. 6 S. 1** nur die **gültigen** 29
Stimmzettel. Daneben verwahrt er zusätzlich nach den Vorgaben des § 17 Abs. 7 das **Wählerverzeichnis** (→ Rn. 36).
Nach **§ 17 Abs. 6 S. 2** sollen die **Wahlberechtigungsscheine** der Arbeitnehmer entspre- 30
chend den gültigen Stimmen zu behandeln sein, so dass eine Verwahrung durch den Wahlleiter erfolgt.

II. Die Aufbewahrungsfrist

Die gültigen Stimmzettel und die Wahlberechtigungsscheine der Arbeitnehmer sind nach 31
dem Wortlaut der Norm aufzubewahren, bis die Abstimmung für gültig erklärt oder eine neue Wahl angeordnet ist. Eine starre **Aufbewahrungsfrist** gibt es nicht.
Die **Wahlprüfung** hat **von Amts wegen durch die Handwerkskammer** zu erfolgen, 32
§ 100 Abs. 1 HwO. Die unverzügliche Prüfung der Wahl sämtlicher Mitglieder, sowohl auf die Wählbarkeit des Mitglieds wie auf den Ablauf der Wahl, obliegt grds. der **Vollversammlung**, **soweit** die Befugnis in der Satzung der Handwerkskammer **nicht** auf den **Vorstand oder** einen **besonderen Ausschuss** übertragen wurde (Honig/Knörr § 100 Rn. 2; Detterbeck § 100 Rn. 1). Das zuständige Organ der Handwerkskammer entscheidet über die Gültigkeit der Wahl. Vgl. zur Wahlprüfung → § 12 Rn. 33 ff.
Gegen die auf den Beschluss des zuständigen Organs basierende **Ungültigkeitserklärung** 33
der Wahl, welche mitzuteilen ist, kann Widerspruch – soweit statthaft – und Anfechtungsklage eingelegt werden (Honig/Knörr § 100 Rn. 4). Die gesamten Wahlunterlagen sind bis zu dem Zeitpunkt der rechtskräftigen gerichtlichen Entscheidung aufzubewahren. War die Wahl nach der rechtskräftigen Entscheidung des Gerichts ungültig und wurde die Handwerkskammer zur Ungültigkeitserklärung durch das Gericht verpflichtet (VGH Mannheim DÖV 1998, 395), ist eine neue Wahl durchzuführen.
Gegen die **Rechtsgültigkeit** der Wahl besteht für jeden Wahlberechtigten, unter Beach- 34
tung der Voraussetzungen des **§ 101 HwO**, die Möglichkeit, einen **Einspruch** gegen die Wahl als solche oder gegen die Wahl eines Gewählten einzulegen **(Anfechtungsprinzip)** (VGH Mannheim GewArch 2001, 422, 424; Kluth, Grundfragen des Kammerwahlrechts in Wirtschaftskammern, in: IFK Jahrbuch des Kammer- und Berufsrechts 2003, 155). Über den Einspruch entscheidet das gleiche Organ, das über die Gültigkeit der Wahl nach § 100 Abs. 1 HwO entscheidet, dh abhängig von der Satzung der Handwerkskammer die Vollversammlung, der Vorstand oder der Ausschuss (Detterbeck § 101 Rn. 6; Honig/Knörr § 101 Rn. 5). Die Entscheidung ist ein Verwaltungsakt nach § 35 S. 1 VwVfG (VG Freiburg, GewArch 1995, 248). Gegen die Entscheidung kann anschließend an den eingelegten Widerspruch, soweit dieser statthaft ist, Anfechtungsklage erhoben werden (Honig/Knörr § 101 Rn. 6; VGH Mannheim, DÖV 1998, 395). § 101 Abs. 3 HwO enthält **keine materielle Präklusion** von Wahlmängelrügen, die nicht innerhalb der Einspruchsfrist substantiiert gerügt wurden, da es an einer eindeutigen Norm, die eine Präklusion festlegt, fehlt (BVerwG NVwZ-RR 2003, 110). Die Wahlunterlagen sind ebenfalls bis zur rechtskräftigen Entscheidung des Gerichts aufzubewahren.

III. Die Form der Aufbewahrung

35   Die Wahlunterlagen sind in **Papier einzuschlagen** und **zu versiegeln**. Auf diese Weise können die Wahlunterlagen vor Verlust und unbefugtem Zugriff geschützt werden. Sinnvoll ist entsprechend § 73 Abs. 1 S. 1 BWO die einzelnen Pakete mit Notizen über den **Inhalt des jeweiligen Pakets** zu versehen.

F. Übergabe des Wählerverzeichnisses

36   Abs. 7 steht im Zusammenhang mit § 17a Abs. 1. Das Wahlverzeichnis ist dem Wahlleiter (→ § 1 Rn. 73 ff.) als neutrale und unabhängige Person zur Aufbewahrung zu übergeben, um einen **Schutz vor der Einsichtnahme durch Unbefugte** zu gewährleisten (vgl. § 17a Abs. 1).

G. Niederschrift

I. Die Niederschrift

37   Der nach den Vorgaben des § 2 Abs. 5 vom Vorsitzenden bestellte **Schriftführer** (→ § 2 Rn. 37–39) hat über die Sitzung des Wahlausschusses eine Niederschrift zu fertigen. Zu **Beweiszwecken** iRd Wahlprüfung ist genau zu protokollieren, welcher Stimmzettel mit welcher Nummer gültig oder ungültig ist. Zudem sind die **Gründe** der Entscheidung des Wahlausschusses anzugeben (→ Rn. 24).

38   Die **Niederschrift**, der nach § 17 Abs. 4 S. 1 die Stimmzettel und evtl. die Wahlumschläge beigefügt sind (→ Rn. 23; → Rn. 25), ist zusammen **mit den restlichen Wahlunterlagen** vom Wahlleiter **aufzubewahren** und der **Aufsichtsbehörde auf Anforderung vorzulegen**. Nach § 17a Abs. 2 sind die Wahlunterlagen bis zur **Unanfechtbarkeit der Wahl** aufzubewahren (→ § 17a Rn. 6 ff.).

II. Die Aufsichtsbehörde

39   Die **Aufsichtsbehörde** ist iRd **Rechtsaufsicht** (Eyermann GewArch 1992, 209; Detterbeck § 115 Rn. 1–2) befugt, die Wahlunterlagen einzusehen. **Aufsichtsbehörde** ist gem. § 115 Abs. 1 S. 1 HwO die **oberste Landesbehörde**, also das zuständige Fachministerium (Detterbeck § 90 Rn. 33), das idR das **Wirtschaftsministerium** ist (Honig/Knörr § 115 Rn. 1).

§ 17a [Verwahrung, Aufbewahrung und Vernichtung der Wahlunterlagen; Auskünfte]

(1) Das Wählerverzeichnis, die Wahlberechtigungsscheine und sonstigen Wahlunterlagen sind so zu verwahren, daß sie gegen Einsichtnahme durch Unbefugte geschützt sind.

(2) Nach der Wahl sind die in Absatz 1 genannten Unterlagen bis zur Unanfechtbarkeit der Wahl aufzubewahren und danach zu vernichten.

(3) Auskünfte aus den in Absatz 1 genannten Unterlagen dürfen nur Behörden, Gerichten und sonstigen öffentlichen Stellen und nur dann erteilt werden, wenn diese die Auskünfte zur Erfüllung von Aufgaben benötigen, die sich auf die Vorbereitung, Durchführung oder Überprüfung der Wahl sowie die Verfolgung von Wahlstraftaten, Wahlprüfungsangelegenheiten oder auf wahlstatistische Arbeiten beziehen.

Literatur: Boettcher, E./Högner, R., Bundeswahlgesetz; Kopp, F./Ramsauer, U., Verwaltungsverfahrensgesetz; Schreiber, W., Bundeswahlgesetz; Seifert, K.-H., Bundeswahlrecht

Rechtsprechung: BVerfGE 63, 59; 85, 148; BVerwGE 10, 48; 30, 157; 70, 13; OVG Münster DVBl 1987, 102

A. Verwahrung der Wahlunterlagen

§ 17a Abs. 1 regelt als Teil des abschließenden Aktes des Wahlverfahrens die **Verwahrung** 1
der Wahlunterlagen. Die Vorschrift steht in Zusammenhang mit den §§ 17 Abs. 6, Abs. 7,
18 Abs. 1 S. 2. IÜ sichert diese Regelung auch die Beweisbarkeit der Wahlabläufe.

I. Unbefugte Dritte

Gesetzlich normierter **Zweck** der Aufbewahrung der Wahlunterlagen ist der Schutz gegen 2
die Einsichtnahme durch Unbefugte. **Unbefugte Dritte** sind Personen, die mit der Wahl
zur Handwerkskammervollversammlung überhaupt nicht befasst sind.

II. Die Verwahrung der Wahlunterlagen

Verwahrt werden die Wahlunterlagen vom **Wahlleiter** (→ § 17 Rn. 27 ff.). Dieser ist 3
als neutrale und unabhängige Person, da er weder wahlberechtigt, noch Mitarbeiter der
Handwerkskammer ist (→ § 1 Rn. 71 ff.), besonders dazu geeignet.

Bestandteil der **Wahlunterlagen** ist das in § 17a Abs. 1 ausdr. genannte Wählerverzeichnis 4
(→ § 17 Rn. 29, 36; → § 12 Rn. 57 ff.) und die Wahlberechtigungsscheine der Arbeitnehmer (→ § 13 Rn. 1 ff.). Daneben sind als **sonstige Wahlunterlagen** zu verwahren die
gültigen Stimmzettel (→ § 17 Rn. 28, 29), die Niederschrift mit den beigefügten ungültigen
Stimmzetteln (→ § 17 Rn. 23, 24, 37 f.), die evtl. zugehörenden Wahlumschläge, aus denen
sich die Ungültigkeit der Stimmzettel ergibt (→ § 17 Rn. 25, 26), die Wahlscheine der
Arbeitgeber (→ § 16 Rn. 6 ff.) und die zu spät eingegangenen Briefwahlunterlagen (→ § 16
Rn. 30).

Zweckmäßig ist es, die **Wahlunterlagen voneinander getrennt** als separate Stapel ent- 5
sprechend der Vorgabe in § 17 Abs. 6 S. 1 **in Papier einzuschlagen**, zu **versiegeln** und
die einzelnen Pakete mit **Inhaltsangaben** zu versehen.

B. Die Vernichtung der Wahlunterlagen

§ 17a Abs. 2 knüpft an § 17 Abs. 8 S. 2 an (→ § 17 Rn. 37 ff.). 6
Die Wahlunterlagen (→ Rn. 4) sind bis zur **Unanfechtbarkeit der Wahl** aufzubewahren. 7
Die Wahl ist dann unanfechtbar, wenn keine Rechtsmittel mehr dagegen eingelegt werden
können **(formelle Bestandskraft)**. Gegen die **Ungültigkeitserklärung** der Wahl iRd
Wahlprüfung nach **§ 100 Abs. 1 HwO** kann **Widerspruch – soweit statthaft –** und
Anfechtungsklage eingelegt werden (→ § 17 Rn. 32). Gegen die **Rechtsgültigkeit der
Wahl** kann gem. § 101 Abs. 1 HwO innerhalb von einem Monat nach der Bekanntgabe des
Wahlergebnisses (§ 100 Abs. 2 HwO) **Einspruch** erhoben werden (→ § 17 Rn. 34). Die
Wahlunterlagen müssen somit **mindestens einen Monat ab Bekanntmachung des Wahlergebnisses** (→ § 18 Rn. 5) aufbewahrt werden. Ist nach der Bekanntgabe des Wahlergebnisses **keine fristgerechte Einwendung** erhoben worden, ist die Wahl nach Ablauf der
einmonatigen Einspruchsfrist unanfechtbar, die Wahlunterlagen sind zu vernichten.

Wurde ein **Einspruch** gem. § 101 Abs. 1 HwO **fristgerecht** innerhalb der Einspruchsfrist 8
eingelegt, ist die Entscheidung der Handwerkskammer als sog. Einspruchsbehörde abzuwarten (→ § 17 Rn. 34). Innerhalb der Handwerkskammer entscheidet das gleiche Organ über
den Einspruch, das auch über die Gültigkeit der Wahl entscheidet. Das zuständige Organ
ergibt sich aus den satzungsmäßigen Regelungen der Handwerkskammer (→ § 17 Rn. 34).
Wird der Einspruch abgelehnt, so ist innerhalb eines Monats (§ 74 VwGO) Klage zum
Verwaltungsgericht möglich (Detterbeck § 101 Rn. 5). Ob vorher ein Widerspruchsverfahren als Vorverfahren durchgeführt werden muss, ist abhängig von den bestehenden landesrechtlichen Regelungen. Nach § 68 Abs. 1 S. 2 VwGO bedarf es vor der Erhebung einer
Anfechtungsklage keiner Durchführung eines Vorverfahrens, wenn ein Gesetz dies bestimmt.
Einige Bundesländer haben von dieser Regelung Gebrauch gemacht (vgl. die Auflistung der
Regelungen in den einzelnen Bundesländern bei Redeker/v. Oertzen/Kothe VwGO § 68
Rn. 11). Wird rechtzeitig Klage eingereicht, so sind die Wahlunterlagen zwingend bis zu
einem rechtskräftigen Urteil aufzubewahren.

Zu **Beweiszwecken** darf keine Vernichtung der Wahlunterlagen im laufenden Klagever- 9
fahren erfolgen, um eine Nachprüfung des Wahlergebnisses und des Wahlverfahrens zu

ermöglichen (vgl. Schreiber BWahlG § 37 Rn. 4; BVerfGE 85, 148). **Vernichtung** ist die vollständige Unkenntlichmachung und endgültige Zerstörung der Unterlagen, beispielsweise durch einen Papierhäcksler. Nach dem Rechtsgedanken des § 90 BWO ist die endgültige Vernichtung aber nach der rechtskräftigen Entscheidung des Gerichts **zwingend** erforderlich, um va den Zweck des § 17a Abs. 1 – Schutz der Unterlagen vor Unbefugten, sowie Absicherung der Beweisbarkeit der Wahlabläufe – zu wahren.

C. Das Auskunftsrecht

10   § 17a Abs. 3 ist dem § 89 Abs. 2 BWO angenähert und enthält nach seinem Wortlaut **kumulative** Voraussetzungen („dürfen nur Behörden (...) **und** nur dann erteilt werden (...)") (Herv. v. Verf.). Es besteht eine **doppelte Einschränkung hinsichtlich des Auskunftsrechts**: Nur die ausdrücklich genannten Stellen haben ein Recht auf Auskunft, **aber auch nur dann**, wenn **diese Stellen** die Auskünfte zur Erfüllung von Aufgaben benötigen, die sich auf die Vorbereitung, Durchführung oder Überprüfung der Wahl sowie die Verfolgung von Wahlstraftaten, Wahlprüfungsangelegenheiten oder auf wahlstatistische Arbeiten beziehen.

I. Die Auskunftsberechtigten

11   **Behörde** ist nach der Legaldefinition des § 1 Abs. 4 VwVfG jede Stelle, die Aufgaben der öffentlichen Verwaltung wahrnimmt. Es handelt sich dabei um mit hinreichender organisatorischer Selbständigkeit ausgestattete Einrichtungen, denen Aufgaben der öffentlichen Verwaltung zum Handeln mit Außenwirkung in eigener Zuständigkeit und im eigenen Namen übertragen sind (BVerwGE 10, 48; 70, 13; OVG Münster DVBl 1987, 102; Kopp/Ramsauer VwVfG § 1 Rn. 51). Behörden sind etwa das statistische Landesamt (mittlere Verwaltungsbehörde), die Aufsichtsbehörde (höhere Verwaltungsbehörde, → § 21 Rn. 6), sowie die Staatsanwaltschaft.

12   Ein Auskunftsrecht der **Gerichte** ist sinnvoll, damit sie über Klagen hinsichtlich der Überprüfung der Wahl entscheiden oder Wahlstraftaten verfolgen können. Es kommen neben den Verwaltungsgerichten auch zB die Zivil- und Strafgerichte in Betracht.

13   Der Begriff der **sonstigen öffentlichen Stellen** ist restriktiv zu handhaben, um eine Ausweitung der Vorschrift zu verhindern. Die Zwecksetzung des § 17a Abs. 1, die Verhinderung der Einsichtnahme durch Unbefugte, ist zu beachten (→ Rn. 2).

II. Gründe für die Auskunftserteilung

14   Die Auskünfte dürfen nur zur Erfüllung der in § 17a Abs. 3 genannten Aufgaben erteilt werden. Jegliche Auskunftserteilung aus **anderen Gründen** ist unzulässig.

15   Zulässig sind Auskünfte, um die Wahl vorbereiten (§§ 12, 13), durchführen (§§ 14–16) und überprüfen (§§ 100, 101 HwO) zu können, zu Wahlprüfungsangelegenheiten und zur Verfolgung von Wahlstraftaten. Als **Wahlstraftaten** nach § 107 ff. StGB kommen etwa Wahlbehinderung § 107 StGB, Wahlfälschung § 107a StGB, Fälschung von Wahlunterlagen § 107b StGB und Verletzung des Wahlgeheimnisses § 107c StGB in Betracht.

16   Möglich ist auch die Einsicht zu **wahlstatistischen Arbeiten** durch das statistische Landesamt zur Analyse der Wahl, um Aufschlüsse va über das Wahlverhalten zu erlangen und den Informationsbedarf der Gesellschaft zu decken (vgl. Schreiber BWahlG Einf. zu Teil I Rn. 69, § 51 aF Rn. 1 ff.; vgl. Boettcher/Högner/Högner BWahlG, § 51 S. 201). Darunter versteht man bspw. die Ermittlung der aktuellen Wahlbeteiligung, der Anzahl der gültigen und ungültigen Stimmen sowie die Erforschung der Wählerschichten (vgl. Schreiber BWahlG § 51 aF Rn. 1 ff.; vgl. Seifert BWahlG § 51 Rn. 3).

III. Auskunftsrecht Privater, Rechtsanwälte und Wahlberechtigter

17   Nach dem geschlossenen Kreis bzgl. der genannten Stellen ist eine Auskunftserteilung an **Private** daher ausgeschlossen. Auch **Rechtsanwälte** haben demnach kein Auskunftsrecht. Dies ist problematisch, da ohne Einsicht in die Wahlunterlagen eine sachgerechte Beratung und Vertretung der Interessen des Mandanten va im Gerichtsprozess kaum möglich ist. Zumal

sich erst durch den Einblick und Prüfung der Wahlunterlagen die Erfolgsaussichten eines möglichen Prozesses beurteilen lassen. Zudem ist ein Recht der Rechtsanwälte auf Akteneinsicht grds. vorgesehen. Nach dem Wortlaut des § 29 Abs. 1 S. 1 VwVfG besteht ein Einsichtnahmerecht in die Akten während des Verwaltungsverfahrens, „soweit deren Kenntnis zur Geltendmachung oder Verteidigung (…)" der „rechtlichen Interessen erforderlich ist". Das Recht darf nur aus Geheimhaltungsinteressen eingeschränkt werden, § 29 Abs. 2 VwVfG. Ein solches Recht garantiert auch § 100 Abs. 1 VwGO während des Gerichtsverfahrens.

Das Recht auf Akteneinsicht ist als **Ausfluss des Rechtstaatsprinzips** notwendiger Bestandteil jedes rechtsstaatlichen Verfahrens, um das Recht auf rechtliches Gehör verwirklichen zu können (BVerwGE 30, 157; BVerfGE 63, 59; Kopp/Ramsauer VwVfG § 29 Rn. 2, 3). 18

Da ein Anwaltszwang grds. vor dem erstinstanzlichen Verwaltungsgericht nach § 67 Abs. 1 VwGO oder vor dem Amtsgericht nach § 78 Abs. 1 ZPO gesetzlich nicht vorgeschrieben ist, müsste darüber hinaus auch den **Wahlberechtigten** nach § 96 HwO (→ § 1 Rn. 88 ff.) und nach § 98 HwO (→ § 1 Rn. 98 ff.) zum Zwecke der eigenen Rechtsverfolgung ein Einsichtnahmerecht zustehen. 19

§ 18 [Ermittlung des Gesamtergebnisses der Wahl; gewählte Bewerber]

(1) ¹Nach Übergabe der Unterlagen an den Wahlleiter stellt der Wahlausschuss das Gesamtergebnis der Wahl fest, das durch den Wahlleiter in den für die Bekanntmachung der Handwerkskammer bestimmten Organen öffentlich bekannt zu machen und der Aufsichtsbehörde anzuzeigen ist. ²Die Wahlunterlagen sind aufzubewahren und der Aufsichtsbehörde auf Anforderung vorzulegen.

(2) Als gewählt gelten die Bewerber desjenigen Wahlvorschlags, der die Mehrheit der abgegebenen Stimmen erhalten hat.

Literatur: Bundestags-Drucksache 15/2083, S. 50; Detterbeck, St., Handwerksordnung; Honig, G./ Knörr, M., Handwerksordnung; Jarass, H./ Pieroth, B., Grundgesetz; Kluth, W., Allgemeine Grundsätze der Ausübung der Kammeraufsicht in: IFK aktuelle Stellungnahmen 04/08 vom 15.07.2008; Rieger, F., Handwerksnovelle 2004 – Verdeckte Änderungen im Wahlrecht, GewArch 2005, 231; Rieger, F., Mehrheit der abgegebenen Stimmen – Zur Auslegung einer Änderung des Wahlrechts zur Vollversammlung der Handwerkskammer in § 18 Abs. 2 Anlage C HwO durch die Handwerksnovelle 2004, in: IFK aktuelle Stellungnahmen 1/05 vom 25.01.2005; Schwannecke, H., Handwerksordnung; Traublinger, H., Handwerksordnung: Kahlschlag oder zukunftsorientierte Reform?, GewArch 2003, 353.

Rechtsprechung: BGH NJW 1982, 1585; 1989, 1090; VG Dresden v. 7.9.2006 – 1 K 2548/03.

A. Gestamtergebnis

I. Die Feststellung des Gesamtergebnisses

Der konstitutive Feststellungsakt des Gesamtergebnisses bildet den Schlusspunkt des Wahlverfahrens. 1

In **zeitlicher Reihenfolge** wird zuerst das Gesamtergebnis der Wahl **durch den Wahlausschuss in öffentlicher Sitzung** ermittelt, § 17 Abs. 1 S. 2 (→ § 17 Rn. 1–5). **Anschließend** sind nach dem Wortlaut der Norm die gesamten **Wahlunterlagen** (→ § 17a Rn. 4) **an den Wahlleiter** (→ § 1 Rn. 73) zu übergeben und das **Wahlergebnis** wird vom **Wahlausschuss festgestellt**. Als Abschluss der Wahl wird das **Gesamtergebnis** durch den **Wahlleiter veröffentlicht** und der **Aufsichtsbehörde mitgeteilt**. 2

Die **Feststellung des Wahlergebnisses** sollte unmittelbar nach der Auszählung der Stimmen in der öffentlichen Sitzung des Wahlausschusses erfolgen, um dem Grundsatz der Öffentlichkeit Rechnung zu tragen und das Vertrauen der Öffentlichkeit in die ordnungsgemäße Durchführung der Wahl zu stärken (→ § 17 Rn. 4 ff.). 3

II. Die Veröffentlichung des Gesamtergebnisses

Die Veröffentlichung findet in den für die Bekanntmachung der Handwerkskammer bestimmten **Organen** statt (→ § 7 Rn. 122 ff.). Zweck der Norm ist es, möglichst viele Wähler über den Ausgang der Wahl zu informieren. 4

5   Neben der erforderlichen **öffentlichen Bekanntmachung** durch den Wahlleiter nach § 18 Abs. 1 S. 1 ist nach der Norm des § 100 Abs. 2 HwO ebenfalls eine öffentliche Bekanntmachung des Wahlergebnisses nötig. Dabei handelt es sich um eine **zusätzliche** Bekanntmachung (vgl. VG Dresden v. 7.9.2006 – 1 K 2548/03). Nach dem Wortlaut beider Normen ist das **Ergebnis der Wahl zu veröffentlichen**. Allerdings unterscheiden sie sich in der Zuständigkeit. Nach **§ 18 Abs. 1 S. 1** muss der **Wahlleiter** dies veranlassen. Nach **§ 100 Abs. 2 HwO**, der im Zusammenhang mit § 100 Abs. 1 HwO steht, erfolgt die Bekanntmachung durch die **Handwerkskammer**, nachdem sie die Wahl ihrer Mitglieder von Amts wegen auf die Gültigkeit hin prüft (vgl. VG Dresden v. 7.9.2006 – 1 K 2548/03). Zuständig innerhalb der Handwerkskammer ist, abhängig von der Regelung in der Satzung, eines ihrer in § 92 HwO abschließend aufgezählten Organe, dh die Vollversammlung, ein Ausschuss oder der Vorstand. Der Wahlleiter kann nach dieser Norm nicht zuständig sein, denn er ist kein Organ der Handwerkskammer (→ § 1 Rn. 73). Dies führt iErg zu einer doppelten Veröffentlichung.

6   Maßgeblicher Zeitpunkt für den Beginn der **einmonatigen Einspruchsfrist** gegen die Rechtsgültigkeit der Wahl gem. § 101 Abs. 1 HwO ist die **öffentliche Bekanntmachung** der Handwerkskammer nach **§ 100 Abs. 2 HwO** (Schwannecke § 100 Rn. 4; Detterbeck § 100 Rn. 5; Honig/Knörr § 100 Rn. 6). Diese Bekanntmachung hat aufgrund ihrer deklaratorischen Wirkung keinen Einfluss auf die Gültigkeit der Wahl (Detterbeck § 100 Rn. 5; Honig/Knörr § 100 Rn. 6).

III. Die Information der Aufsichtsbehörde

7   Das Gesamtergebnis der Wahl ist der **Aufsichtsbehörde anzuzeigen**. Aufsichtsbehörde ist gem. § 115 Abs. 1 S. 1 HwO die oberste Landesbehörde, also das zuständige Fachministerium (Detterbeck § 90 Rn. 33), idR das Wirtschaftsministerium (Honig § 115 Rn. 1).

B. Wahlunterlagen

I. Die Aufbewahrung der Wahlunterlagen

8   Die Wahlunterlagen sind unter den in **§ 17a** genannten Voraussetzungen aufzubewahren (→ § 17a Rn. 2–9). Bei § 17a handelt es sich um eine neuere Vorschrift, die erst nachträglich eingefügt wurde, was an dem Zusatz „a" erkennbar ist. Vor Einfügung des § 17a war die Verwahrung der Unterlagen nicht speziell geregelt. Es war lediglich vorgegeben, dass die Unterlagen aufzubewahren sind (§ 18). Der Einschub des § 17a stellt somit eine **Verschärfung** der Aufbewahrungsvorgaben dar.

II. Die Vorlage der Wahlunterlagen

9   Die Unterlagen sind der Aufsichtsbehörde auf Anforderung vorzulegen. Die **Aufsichtsbehörde** (→ Rn. 7) ist berechtigt im Rahmen ihrer Rechtsaufsicht, die Wahlunterlagen einzusehen (vgl. zur Rechtsaufsicht Kluth, Allgemeine Grundsätze der Ausübung der Kammeraufsicht in: IFK aktuelle Stellungnahmen 04/08, 2).

C. Gewählter; Mehrheitsbegriff

I. Die Handwerksnovelle 2004

10 Die Handwerksnovelle 2004 hat ua eine Änderung des § 18 Abs. 2 mit sich gebracht (Rieger GewArch 2005, 231, 232; Rieger IFK aktuelle Stellungnahmen 1/05, 1; vgl. zur Novelle von 2004 allgemein: Traublinger GewArch 2003, 353 ff.). **Vor der Änderung** hatte § 18 Abs. 2 folgende Fassung: „Als gewählt gelten die Bewerber desjenigen Wahlvorschlags, der mehr als die Hälfte der abgegebenen Stimmen erhalten hat." (Rieger IFK aktuelle Stellungnahmen 1/05, 1; Rieger GewArch 2005, 231 (232)). In der **neuen Fassung** wurde die Formulierung „**mehr als die Hälfte**" durch „**Mehrheit**" ersetzt (Herv. v. Verf.) (Rieger GewArch 2005, 231, 232; Rieger IFK aktuelle Stellungnahmen 1/05, 1). Ein Wahlvorschlag soll als gewählt gelten, wenn er **nur eine Stimme mehr** als einer der anderen Wahlvor-

schläge hat (Riege, IFK aktuelle Stellungnahmen 1/05, 2). Dabei werden nur **gültige abgegebene** Ja- oder Nein-Stimmen berücksichtigt (Rieger IFK aktuelle Stellungnahmen 1/05, 2). **Enthaltungen** werden nicht gewertet (BGH NJW 1982, 1585; 1989, 1090; Honig/Knörr § 62 Rn. 5). **Begründet** wurde die Formulierungsänderung vom Ausschuss für Wirtschaft und Arbeit damit, das Wahlverfahren weiter zu vereinfachen und Kosten zu sparen (BT-Drs. 15/2083, 50; vgl. auch Rieger GewArch 2005, 231 (232)).

II. Der Mehrheitsbegriff

Der **Mehrheitsbegriff** wird in Abgrenzung zum Begriff der Minderheit verwendet. Die Norm des **§ 18 Abs. 2 konkretisiert** den Begriff der „**Mehrheit**" **nicht** (Herv. v. Verf.). Neben der einfachen Mehrheit wäre nach dem Wortlaut grds. auch eine qualifizierte Mehrheit denkbar. 11

Eine **einfache Mehrheit** liegt vor, wenn die abgegebenen Ja-Stimmen die Nein-Stimmen überwiegen und 50 % plus eine Stimme vorliegt (Jarass/Pieroth Art. 42 Rn. 4; vgl. auch Rieger GewArch 2005, 231 (232); Rieger IFK aktuelle Stellungnahmen 1/05, 2). Dies ist jedenfalls dann der Fall, wenn zwei Wahllisten miteinander konkurrieren und eine Liste mehr als die Hälfte der abgegebenen gültigen Stimmen erhält (Rieger IFK aktuelle Stellungnahmen 1/05, 2). Daher liegt bei **Stimmengleichheit keine einfache Mehrheit** vor (Rieger IFK aktuelle Stellungnahmen 1/05, 2; Rieger GewArch 2005, 231 (232)). Der Wahlvorgang muss wiederholt werden (Rieger GewArch 2005, 231 (234)). 12

Unter **qualifizierter Mehrheit** versteht man, dass ein höheres Quorum, dh mehr als die Hälfte, erforderlich ist (Rieger IFK aktuelle Stellungnahmen 1/05, 2; Rieger GewArch 2005, 231, 232). Bspw. ist eine Zweidrittelmehrheit bei der Änderung des Grundgesetzes nach Art. 79 Abs. 2 GG oder eine Dreiviertelmehrheit zur Änderung der Vereinssatzung nach § 33 Abs. 1 BGB nötig (Rieger IFK aktuelle Stellungnahmen 1/05, 2; Rieger GewArch 2005, 231 (232)). 13

Wenn im Gesetz **nur** von „**Mehrheit**" die Rede ist (Herv. v. Verf.), ist **grds.** die **einfache Mehrheit** gemeint, da eine qualifizierte Mehrheit einer expliziten gesetzlichen Regelung bedarf (vgl. z. B. § 62 Abs. 2 S. 2 HwO für die Satzungsänderung der Handwerksinnung) (Rieger IFK aktuelle Stellungnahmen 1/05, 2). Eine solche explizite Regelung fehlt in der Anlage C, so dass **bei der Wahl der Vollversammlung die einfache absolute Mehrheit** ausreichend ist (Rieger IFK aktuelle Stellungnahmen 1/05, 4). Erfolgreich ist der Wahlvorschlag, auf den **mehr als 50 % der Stimmen** entfallen (Rieger IFK aktuelle Stellungnahmen 1/05, 4). 14

Stehen **mehr als zwei Wahlvorschläge** zur Auswahl, so ist es unproblematisch, wenn ein Wahlvorschlag mehr als 50 Prozent der abgegebenen Stimmen erhält (Rieger IFK aktuelle Stellungnahmen 1/05, 5). Schwierigkeiten bilden sich erst dann, wenn **keine der drei Alternativen mehr als 50 Prozent** der Stimmen erhält (Rieger GewArch 2005, 231 (234)). Es erfolgt in diesem Fall keine Stichwahl zwischen den beiden Wahlvorschlägen, auf welche die meisten Stimmen entfallen sind, da § 19, welcher die Stichwahl regelte, ebenfalls mit der Handwerksnovelle 2004 abgeschafft wurde (Rieger IFK aktuelle Stellungnahmen 1/05, 1 (5); Rieger GewArch 2005, 231 (232, 234)). **Mangels gesetzlicher Regelung** wird in einem solchen Fall ein **weiterer Wahlgang** mit allen Wahlvorschlägen durchgeführt (Rieger IFK aktuelle Stellungnahmen 1/05, 5; Rieger GewArch 2005, 231 (234)). Dies birgt die Gefahr der Erzielung des gleichen oder wenigstens eines ähnlichen Ergebnisses mit der Folge, dass ein erneuter Wahlvorgang durchzuführen ist, bis ein Wahlvorschlag mehr als die Hälfte aller abgegebenen Stimmen erreicht hat (Rieger IFK aktuelle Stellungnahmen 1/05, 5; Rieger GewArch 2005, 231 (232)). Dieses unbefriedigende Ergebnis ist mangels gesetzlicher Alternativen hinzunehmen. 15

§ 19 [aufgehoben]

§ 20 [Wegfall der Wahlhandlung]

Wird für den Wahlbezirk nur ein Wahlvorschlag zugelassen, so gelten die darauf bezeichneten Bewerber als gewählt, ohne daß es einer Wahlhandlung bedarf.

Literatur: Bundestags-Drucksache 17/6844; Detterbeck, St., Handwerksordnung; Emde, S. Th., Die demokratische Legitimation der funktionalen Selbstverwaltung, 1991; Honig, G./Knörr, M., Handwerksordnung; Groß, C., in: Kluth, W., Handbuch der Funktionalen Selbstverwaltung, 2008; Groß, C., Die Wahl zur Vollversammlung zur Industrie- und Handelskammer; Kluth, W., Die funktionale Selbstverwaltung, 1979; Kluth, W., Handbuch des Kammerrechts; Kluth, W., Reformperspektiven für Kammern und Kammerrecht; Nullmeier, F., Kammerwahlen aus Sicht der Politikwissenschaft; Rieger, F., Mehrheit der abgegebenen Stimmen – Zur Auslegung einer Änderung des Wahlrechts zur Vollversammlung der Handwerkskammer in § 18 Abs. 2 durch die Handwerksnovelle 2004, in: IFK aktuelle Stellungnahme 1/05 vom 25.01.2005; Schwannecke, H./ Heck, H.-J., GewArch 2004, 129; Wimmer, R., NJW 2004, 3369

Rechtsprechung: BSGE 36, 242; BVerfGE 39, 247; 41, 1; 66, 270; BVerfG GewArch 1980, 96; 2001, 74; BVerwG GewArch 2002, 432; VGH Mannheim GewArch 1998, 65; NVwZ-RR 1998, 366; GewArch 2001, 423

Übersicht

	Rn.		Rn.
A. Vorbemerkungen	1	IV. Argumente für Verfassungsmäßigkeit der Friedenswahl	15
I. Die Regelung der „Friedenswahl"	2	V. Die Zulässigkeit der Friedenswahl nach dem BVerfG	18
II. Begriff und Bedeutung der „Friedenswahl"	7	VI. Sachliche Rechtfertigung der Friedenswahl	21
III. Argumente für Verfassungswidrigkeit der Friedenswahl	12	**B. Friedenswahl**	27

A. Vorbemerkungen

1   Die Friedenswahl ist die häufigste, ja geradezu die Standardform von Wahlen zur Vollversammlung der Handwerkskammer laut Bt-Drs. 17/6844 (Antwort der Bundesregierung auf die Kleine Anfrage der Fraktion DIE LINKE im Deutschen Bundestag). Seit der Einführung der Handwerksordnung im Jahre 1953 ist sie in nahezu sämtlichen Kammerwahlen des Handwerks bis auf drei Mal durchgeführt worden. So oft sie – aus offensichtlichen Praktikabilitätsgründen – auch durchgeführt wurde, so werden wiederholt verfassungsrechtliche Bedenken gegen dieses Wahlverfahren vorgetragen.

I. Die Regelung der „Friedenswahl"

2   **a)** Die Handwerksordnung regelt in den §§ 95–101 HwO näher die Wahl der Mitglieder der Vollversammlung der Handwerkskammer, insbes. das aktive Wahlrecht (§ 96 HwO) und die Wählbarkeit (§§ 97–99 HwO). Nach § 95 Abs. 2 HwO „regelt sich das Wahlverfahren nach Anlage C zur Handwerksordnung".

3   Diese Anlage C normiert die Wahlen zur Vollversammlung der Handwerkskammer.

4   Diese Regelungen der Handwerksordnung, wie, auf ihrer Grundlage und daher in ihrem Rahmen, die Anlage C zur Handwerksordnung entsprechen im Wesentlichen denen der geltenden Bundes- und Landeswahlgesetze für die Mitglieder der gesetzgebenden Körperschaften.

5   **b)** § 20 regelt nun die Konstellation, in der ein Wegfall der Wahlhandlung in Frage kommt: „Wird für den Wahlbezirk nur ein Wahlvorschlag zugelassen, so gelten die darauf bezeichneten Bewerber als gewählt, ohne dass es einer Wahlhandlung bedarf."

6   Diese Regelung wird allgemein und herkömmlich als „**Friedenswahl**" bezeichnet (s. für viele Honig/Knörr § 95 Rn. 5, 6; Detterbeck § 95 Rn. 5, § 98, Rn. 1; vgl. auch Emde, Die demokratische Legitimation der funktionalen Selbstverwaltung, 1991, 127, 439 ff.). Sie findet sich auch im Sozialversicherungsrecht (§ 46 Abs. 3 SBG IV, ab 1.10.2005, zu den Sozialversicherungswahlen § 45 SBG IV: „Wird aus einer Gruppe nur eine Vorschlagsliste zugelassen oder werden auf mehreren Vorschlagslisten nicht mehr Bewerber benannt, als Mitglieder zu wählen sind, gelten diese Vorgeschlagenen als gewählt" (s. BSGE 36, 242).

II. Begriff und Bedeutung der „Friedenswahl"

7   **a)** „**Friedenswahl**" – eine wohlklingende und integrativ wirkende Bezeichnung – trifft das Wesen des Bestimmungsverfahrens nach § 20 zur Handwerksordnung nicht. Zutreffend

ist vielmehr die dort gewählte Überschrift „Wegfall der Wahlhandlung". **Denn eine „Wahl" im technischen Sinne findet nicht statt,** vielmehr „gelten" die benannten Kandidaten „als gewählt". Rechtsdogmatisch bedeutet dies eine **„Fiktion der Wahl"**. Die eingehenden normativen **Bestimmungen** der **Handwerksordnung wie der Anlage C zur Wahl** iSd Wahlhandlung kommen, in Anwendung dieser einzigen Bestimmung der Anlage C, **nicht zur Anwendung**, allenfalls verbleibt der Restbereich der Wahlvorbereitung den gesetzlichen Regelungen unterworfen. Da dies praktisch durchgehend so gehandhabt wird (→ Rn. 1), ist das auf den ersten Blick erstaunliche Ergebnis, dass diese zahlreichen und eingehenden Wahlregelungen des Gesetzes wie der auf seiner Grundlage erlassenen Anlage, in Folge einer einzigen Bestimmung der letzteren praktisch obsolet (geworden) sind.

b) Dieses Ergebnis ist aber **dogmatisch-rechtsgrundsätzlich jedenfalls nicht zu beanstanden.** Dass Gesetzesbestimmungen durch Nichtanwendung, ja selbst durch Nichtdurchsetzbarkeit **obsolet werden**, ist eine immer wieder begegnende Erscheinung; „Regelanwendung" von erlassenen Normen gehört nicht zu deren Wesen und ist nicht Voraussetzung ihrer Geltung, wie viele Beispiele zeigen (so ist – um nur einen täglichen Fall zu nennen – die Zahl der praktisch obsoleten, weil nicht beachteten, nicht durchgesetzten gemeindlichen Satzungsbestimmungen, ja von Verkehrsregelungen, Legion). Andererseits ist die „Fiktion", wie sie hier gesetzlich vorgesehen ist, als solche ein laufendes **rechtliches Gestaltungsmittel**, was in diesem Zusammenhang keines Beleges bedarf. Mit ihr sollen vor allem schwerfällige, eher „unpraktikable" Lösungen verhindert werden. 8

c) Diese Erwägungen auf der Grundlage von Kriterien der Allgemeinen Rechtslehre gelten auch in demokratischen Rechts- und Verfassungsordnungen. Dort geht ja „alle Gewalt vom Volke" auch in dem Sinn aus (Art. 20 Abs. 2 GG), dass den Normadressaten als Gewaltunterworfenen ein „Wahlrecht der Normakzeptanz" zusteht, insbes. wenn ihnen das Gesetz selbst Alternativen anbietet. Dies ist hier ersichtlich geschehen; die „Wahlvorgangsregelung" ist durch Nichtakzeptanz seitens der Betroffenen weitestgehend obsolet geworden; sie ziehen eben das Verfahren nach § 20 zur Handwerksordnung vor. 9

d) Bleibt also nur die Grundsatz-, damit auch die **Verfassungsfrage**, ob das **Grundgesetz** mit seinem Bekenntnis zur Demokratie (Art. 20 Abs. 1, 28 Abs. 2 S. 1 GG, vgl. auch Art. 79 Abs. 3 GG) **verlangt**, dass „das Volk" – hier die **wahlberechtigten Handwerker** – ihre **„Wahl-Gewalt"** (Art. 20 Abs. 2 GG) **in tatsächlich stattfindenden Wahlvorgängen ausüben müssen**, oder ob es ihnen freisteht, über ihre Instanzen, insbes. die des Innungsbereichs, „Kandidatenaufstellungen als Wahlersatz" durchzuführen, den „streitigen Wahlvorgang" also entfallen zu lassen, ob der Gesetzgeber eine derartige Regelung in diesem Lichte überhaupt erlassen darf, die die Aussetzung der Wahlhandlung insoweit legitimiert. 10

e) Die Frage ist als solche verfassungsgerichtlich noch nicht aufgrund näherer Sachbehandlung beantwortet worden. Immerhin finden sich unterschiedliche, ja **kontroverse Auffassungen** zu der Problematik; auf sie ist im Folgenden – in gebotener Kürze – einzugehen. Solange die Anlage C in der gegenwärtigen Form gilt, also nicht vom Gesetzgeber oder verfassungsgerichtlich aufgehoben wird, ist die **Friedenswahl** daher **weiterhin zulässig**. 11

III. Argumente für Verfassungswidrigkeit der Friedenswahl

a) Im **Schrifttum** wird die Friedenswahl teilweise kritisch gesehen. Der **Wahlvorgang** als solcher sei „**unverzichtbar**" (Emde, Die demokratische Legitimation der funktionalen Selbstverwaltung, 1991, 421, 440 ff.; Kluth, Reformperspektiven für Kammern und Kammerrecht); dies wird aus dem Begriff der Wahlen als Grundlage der Demokratie allgemein und kurzer Hand abgeleitet, ohne dass näher geprüft würde, ob derartiges denn im Bereich der funktionalen Selbstverwaltung in solcher Absolutheit gilt, ob im Rahmen beruflich/gewerblicher Autonomie nicht doch auch andere Grundsätze der Interessenrepräsentation zu beachten sind. Andere meinen, „**die Legitimation von Funktionsträgern**, die staatliche Befugnisse ausüben, durch die Wahlhandlung der Kammermitglieder **(dürfe) nicht durch intransparente Absprachen** bei der **Wahlvorbereitung** ersetzt werden" (Herv. v. Verf.) (so Kluth/Groß, Handbuch der Funktionalen Selbstverwaltung, 2008, unter Berufung auf Kluth, Die funktionale Selbstverwaltung, 1979, 460). Dem ist allerdings entgegenzuhalten, dass das **Transparenzgebot** bei der Kandidatenaufstellung von Wahlen ganz allgemein nur in sehr begrenztem Umfang beachtet wird. Immerhin wird auch bei der Friedenswahl „Transparenz" 12 durch die Bekanntgabe der Listen hergestellt; an ihrem Inhalt können sich andere Listen orientieren. All dies wird in einem Zulassungsverfahren im Einzelnen geprüft.

13 b) In der **Rechtsprechung** hat das **BVerwG** den strengen Grundsatz „**Demokratie verlangt streitige Wahl**" zwar grds. **für** die Industrie- und Handelskammer (**IHK**) vertreten (Herv. v. Verf.) (BVerwG GewArch 1980, 296) und dort die Friedenswahl beanstandet. Dies geschah jedoch ausdrücklich deshalb, weil § 5 IHKG eine „Wahlregelung ohne Wahlvorgang" nicht speziell getroffen habe, die Friedenswahl sich daher nicht iRd gesetzgeberischen Gestaltungsfreiheit halte, sondern eine unzulässige Verengung derselben darstelle. Im Fall der Handwerkskammer ist aber ausdr. eine Listenwahl bereits vorgesehen (§ 95 Abs. 1 S. 1 HwO), was schon eine Einschränkung völlig freier Wahlkandidaten, damit einen anderen Ausgangspunkt auch für die Beurteilung der Friedenswahl darstellt (was auch Emde zugibt).

14 c) Auch für diese spezielle Konstellation nach der Handwerksordnung hat dann allerdings der 9. Senat des **VGH Mannheim verfassungsrechtliche Bedenken** gegen die Friedenswahl (VGH Mannheim NVwZ-RR 1998, 366) geäußert. Er nahm den grundsätzlichen Standpunkt des Bundesverwaltungsgerichts (→ Rn. 13) auch für das Handwerksrecht ein, nach welchem das Demokratiegebot eine streitige Wahl verlange. Entscheidend waren für seine Bedenken Überlegungen zur damaligen Fassung des § 8 Abs. 5 zur Handwerksordnung: er stellte hohe Unterschriften-Hürden für (andere) Wahlvorschläge auf, mit der Folge, dass eine „komplette Liste" praktisch weithin konkurrenzlos blieb.

IV. Argumente für Verfassungsmäßigkeit der Friedenswahl

15 a) Im **Schrifttum** wird zutr. darauf hingewiesen (Honig/Knörr § 95 Rn. 5, 6; Detterbeck § 95 Rn. 5, § 98 Rn. 1), dass die Neufassung des § 8 die wesentlichen **Bedenken gegen** die **Friedenswahl ausgeräumt** habe.

16 b) In einem ausf. begründeten Urteil hat der 14. Senat des **VGH Mannheim** (GewArch 2001, 423) die Friedenswahl als **verfassungsrechtlich zulässig** angesehen. Nach der Rspr. des BVerfG müsse – und dürfe – der Grundsatz der Wahlrechtsgleichheit nicht in streng formaler Ausprägung angewandt werden (VGH Mannheim GewArch 2001, 423 (426 f.); so auch VG Hamburg Urt. v. 7.11.2013 – 17 K 1001/10). Überdies könne in einer inkompletten Liste auf eine komplette verwiesen werden (VGH Mannheim GewArch 2001, 423 (426 f.); → Rn. 14, → Rn. 15); damit sei der Vorstufe der Ausübung des Wahlrechts durch Bestimmung der Wählbaren genüge getan. Die Regelungen des Wahlrechts nach der Anlage C gestatteten dies (insbes. nach deren § 10). Diese „verfassungskonforme Auslegung" geht hierbei jedoch nicht näher auf die Konformität mit dem passiven Wahlrecht der Personen ein, die auf der kompletten Liste kandidieren. Hierzu hat sich weder der VGH noch das BVerwG in nächster Instanz näher geäußert (vgl. BVerwG GewArch 2002, 432 (435)).

17 c) Nach Auff. der **Bundesregierung** ist die Friedenswahl verfassungsgemäß (BT-Drs. 17/6844, 4). Sie begründet dies mit dem Hinweis darauf, dass „Art. 28 und 38 GG unmittelbar nur für die politische Abstimmungen gelten und außerhalb der politischen Wahlen eingeschränkt werden können" (BT-Drs. 17/6844, 4). Die Handwerkskammern sind aber Einrichtungen der funktionalen Selbstverwaltung, die primär durch die Handwerksordnung in § 91 zugewiesene Sachaufgaben erfüllen.

V. Die Zulässigkeit der Friedenswahl nach dem BVerfG

18 a) **Entscheidend** für die **Beurteilung** der **Verfassungsmäßigkeit der Friedenswahl** ist die **Rspr. des BVerfG**. Dieses hat in einer ganzen Reihe von Entscheidungen (BVerfGE 39, 247; 41, 1; 66, 270) für die Wahlen zu Selbstverwaltungsgremien den Grundsatz aufgestellt, hier sei, anders als bei „politischen" Wahlen, nicht der **Grundsatz der Wahlrechtsgleichheit** in seiner streng formalen, sondern **in** seiner **einfachen Ausprägung** zugrunde zu legen. Zu berücksichtigen sei jeweils der spezifische Zweck der Wahl, eine funktionsfähige Selbstverwaltung zu konstituieren. Es sei ein sachliches und damit ausreichendes Ziel einer Regelung der Bestellung solcher Repräsentanten, insbes. eine für kleinere Gruppierung ausreichende Legitimationswirkung anzustreben und dazu eine Sitzverteilung auf die einzelnen Gruppen festzulegen, statt nach dem Verhältniswahlrecht zu wählen. Dies gelte selbst dann, wenn mit einer solchen Vorabsitzverteilung unvermeidbar eine Einschränkung der Erfolgswertgleichheit der für die einzelnen Gruppierungen abgegebenen Stimmen, damit

eine Beschränkung des Grundsatzes der Wahlrechtsgleichheit gegeben sei (so fasst der VGH Mannheim GewArch 2001, 423, 426 f. zutr. Grundsätze der bereits genannten Entscheidungen des BVerfG (BVerfGE 39, 247; 41, 1; 66, 270) zusammen; so auch VG Hamburg Urt. v. 7.11.2013 – 17 K 1001/10).

b) Dies entspricht auch der Entscheidung des BVerfG (BVerfG GewArch 2001, 74), mit der dieses den Vorlagebeschluss des VGH Mannheim zur Friedenswahl (→ Rn. 14) nicht zur Entscheidung angenommen hat. Ausdr. weist das Gericht auf die **Notwendigkeit einer verfassungskonformen Auslegung der Vorschriften über die Friedenswahl** hin. Dabei erwähnt es eine Entscheidung (zur Richtervertretung), in der eine „Kandidatenvorgabe" durch Gesetz **zur Aufrechterhaltung der Funktionsfähigkeit der funktionalen Selbstverwaltung** in diesem Bereich als erforderlich angesehen wurde (BVerfGE 41, 1; → Rn. 14). 19

Diese Auff. legt – deutlich – die Erwartung nahe, dass das BVerfG die Friedenswahl im Handwerksrecht billigen würde. 20

VI. Sachliche Rechtfertigung der Friedenswahl

a) In einem solchen Verfahren würde wohl eine Überlegung durchschlagen: Wenn nach **Verhältniswahlrecht** alle Mitglieder der Vollversammlung von allen Kammermitgliedern gewählt würden, so käme es mit hoher Wahrscheinlichkeit **nicht** zu einer **fachspezifisch und regional ausgewogenen Zusammensetzung** dieses Gremiums. Handwerkspolitische, ja allgemein-politische Überzeugungen würden vielmehr zu einer Zusammensetzung der Vollversammlung führen, welche die einzelnen Gruppen, die Sparten des Handwerks **nicht ausgewogen repräsentierten**. (Große) städtische und ländliche Strukturen würden nicht entsprechend abgebildet. Zahlenmäßig schwächere Handwerke wären gering oder gar nicht repräsentiert. Damit würde das klare Ziel der **Repräsentanz des gesamten Handwerks als solches** eindeutig und schwerwiegend verfehlt. Die Repräsentation wäre, gemessen an den Vorgaben des gerade diese ausdrücklich fordernden Gesetzes (§ 94 S. 1 HwO), sachwidrig. 21

b) Das äußerst geringe, ja praktisch nahezu inexistente Interesse der zu repräsentierenden Selbstverwaltungsmitglieder an einer Ersetzung der Friedenswahl durch den Ablauf eines „vollen Wahlverfahrens" belegt dies und zeigt, dass die unter a) dargestellten Gründe **konsensgetragen** sind – gerade durch diejenigen, die Handwerker, welche hier die Sachlichkeit eindeutig am besten beurteilen können. Es geht also nicht darum, „Wahlen nicht ablaufen zu lassen, weil an ihnen als solchen kein Interesse bestehe", also um das bekannte Problem der „allgemeinen Demokratiemüdigkeit", sondern um die **sachliche Legitimation von besonderen Wahlen für besondere Interessenvertretungen und deren Repräsentationsfunktion**, die durch die Friedenswahl als besser erfüllt angesehen wird. 22

Die Aufhebung der Friedenswahl wäre mithin nicht nur eine Entscheidung gegen jede Form von Betroffenendemokratie, sie widerspräche dem Repräsentationsgedanken in seiner hier speziellen Ausprägung; er aber ist die wichtigste und höchste Grundlage aller Vertreterwahlen. 23

Für eine Verfassungsmäßigkeit der Friedenswahl sprechen iErg deutlich überwiegende verfassungsrechtliche Gründe. Es ist kaum zu erwarten, dass das BVerfG diese Form der Mitgliederbestellung für die Vollversammlung der Handwerkskammer aufheben wird. 24

[nicht belegt] 25–26

B. Friedenswahl

Unter **Friedenswahl** versteht man ein **Wahlverfahren ohne Wahlhandlung**. Diese besondere Art des Wahlverfahrens existiert nicht nur im Bereich der Wahlen zur Handwerkskammervollversammlung, sondern auch im sonstigen Kammerrecht und im Sozialversicherungsrecht (Kluth, Handbuch des Kammerrechts, 237; BSGE 36, 242; Wimmer NJW 2004, 3369; Nullmeier, Kammerwahlen aus Sicht der Politikwissenschaft, 20; BT-Drs. 17/6844, 4). § 20 regelt die Legitimation, den einzig zugelassenen Wahlvorschlag und die darauf befindlichen Bewerber ohne Wahlhandlung als gewählt anzusehen. Es liegt in diesem Fall eine bloße **Fiktion des Wahlakts** vor (VGH Mannheim GewArch 2001, 423 (426); VG Hamburg Urt. v. 7.11.2013 – 17 K 1001/10). 27

28 Für den Fall, dass eine solche sog. **Einheitsliste** (einziger Wahlvorschlag für die Arbeitgeberseite und/oder Arbeitnehmerseite) zustande kommt, haben es die Wahlvorschlagsberechtigten selbst in der Hand, welche Personen für die Wahlämter eingesetzt werden (Kluth, Handbuch des Kammerrechts, 237; Groß, Die Wahl der Vollversammlung zur Industrie- und Handelskammer, 237). Darin wird ein Verstoß gegen das **Demokratieprinzip** gesehen (VGH Mannheim GewArch 1998, 65 (68 ff.)). Diese Problematik wird mit einer **verfassungskonformen Auslegung** gelöst (VGH Mannheim GewArch 2001, 423, 429; Groß, Die Wahl der Vollversammlung zur Industrie- und Handelskammer, 237). Die Gründe für die verfassungsrechtliche Legitimation der Friedenswahl sind vor allem **Praktikabilität** und das meist **geringe Interesse** der Kammermitglieder sich an der Wahl zu beteiligen (BT-Drs. 17/6844, 4; Nullmeier, Kammerwahlen aus Sicht der Politikwissenschaft 14). Zur Frage der **Verfassungsmäßigkeit der Friedenswahl** → Rn. 1 ff.

29 Obwohl die in der Anlage C zur Handwerksordnung erlassene Wahlordnung als Regelfall von der Zulassung mehrerer Wahlvorschläge und der Durchführung einer Briefwahl ausgeht, sieht die **Praxis** anders aus. Tatsächlich fanden bis auf wenige Ausnahmen **fast alle Wahlen** zur Handwerkskammervollversammlung als sog. Friedenswahlen statt (Detterbeck HwO § 98 Rn. 1; BT-Drs. 17/6844, 3).

29.1 IE führte das VG Hamburg in seinem Urt. v. 7.11.2013 – 17 K 1001/10 dazu aus:
„Überdies kann die Kammer aus einem weiteren Grund keinen Verstoß gegen das Demokratieprinzip durch die sog. Friedenswahl nach § 20 HwWahlO erkennen. Die Argumentation des Kl., die letztlich standardmäßige Durchführung der Friedenswahl zeige das nichtvorhandene Interesse der (Zwangs-)Mitglieder an der Handwerkskammer und belege, dass die durch eine Friedenswahl zustande gekommene Vollversammlung demokratisch im Wesentlichen nicht legitimiert sei, überzeugt nicht. Aus dem offensichtlich fehlenden Interesse der Mitglieder an der Durchführung der gesetzlich als Normalfall vorgesehenen Briefwahl kann nicht gefolgert werden, dass sie an der Wahl an sich und am Zustandekommen der Vollversammlung kein Interesse hätten. Vielmehr dürfte aus der sich regelmäßig wiederholenden Friedenswahl zu schließen sein, dass das Entfallen der Wahlhandlung von den Mitgliedern im Wesentlichen akzeptiert und konsensgetragen ist. Andernfalls wäre nicht erklärlich, warum bisher kein nennenswerter Widerstand gegen diese tatsächliche (Nicht-)Durchführung der Wahl bzw. gegen die in die Vollversammlung Gewählten entstanden ist. Ein Widerstand dürfte deshalb ausgeblieben sein, weil die Mitglieder dazu keinen Anlass gesehen haben. Aus einer Friedenswahl geht ebenfalls eine fachspezifisch ausgewogene zusammengesetzte Vollversammlung hervor, die das Funktionieren der Selbstverwaltungskörperschaft gewährleistet. Eben dieser Konsens legitimiert die über eine Friedenswahl „gewählte" Vollversammlung."

30 Eine Friedenswahl findet immer dann statt, wenn für den Wahlbezirk **nur ein Wahlvorschlag** eingereicht oder zugelassen wird. Die **Gründe** für nur einen einzigen Wahlvorschlag können vielfältig sein. Beispielsweise können andere konkurrierende Wahlvorschläge an den formellen Erfordernissen der §§ 8–10 gescheitert sein und aus diesem Grund nicht zugelassen worden sein. Oder es wird tatsächlich überhaupt nur ein Wahlvorschlag eingereicht.

31 Festzuhalten ist jedoch, dass es jedem Wahlberechtigten freisteht, einen eigenen konkurrierenden Wahlvorschlag einzureichen und damit die Abhaltung einer Wahl im technischen Sinne herbeizuführen. Schwierigkeiten bereitet wohl jedoch die Erreichung des Quorums des § 8 Abs. 5, welches jedoch im Zuge der Handwerksnovelle 2004 schon drastisch gemindert wurde (Schwannecke/Heck GewArch 2004, 129 (140); Rieger IFK aktuelle Stellungnahme 1/05, 1), überdies, einen Komplettvorschlag einzureichen, der allen regional und fachgruppenspezifischen Vorgaben gerecht werden soll.

32 Die **Folge** der Friedenswahl ist die **Feststellung des** einzigen **Wahlvorschlags** durch den Wahlausschuss **als gewählt**, ohne dass es einer Wahlhandlung bedarf. Es **unterbleibt** daher in der Folge die **Versendung** der **Wahlunterlagen**. Eine etwa **förmliche „Absage" der Wahl** ist **nicht notwendig** und weder in der HwO noch in der Anlage C vorgesehen.

§ 21 [Beschwerdeverfahren]

Beschwerden über die Ernennung der Beisitzer des Wahlausschusses entscheidet die höhere Verwaltungsbehörde.

Literatur: Honig, G./Knörr, M., Handwerksordnung.

Überblick

Der neunte Abschnitt regelt in den §§ 21 und 22 das Beschwerdeverfahren im Zusammenhang mit der Besetzung des Wahlausschusses, sowie die Kosten der Wahl.

A. Die Statthaftigkeit der Beschwerde

§ 21 steht im Zusammenhang mit § 2 Abs. 1 S. 1. Danach beruft der Wahlleiter aus der Zahl der Wahlberechtigten vier Beisitzer und die erforderliche Zahl von Stellvertretern, die je zur Hälfte Wahlberechtigte nach § 96 Abs. 1 HwO (→ § 1 Rn. 88 ff.) und nach § 98 HwO (→ § 1 Rn. 98 ff.) sein müssen. Gegen diese Berufung kann die **Beschwerde als „Rechtsbehelf eigener Art"** (Honig/Knörr § 95 Rn. 7) eingelegt werden. 1

Wörtlich spricht § 21 nur von Beschwerden über die Ernennung der **Beisitzer** des Wahlausschusses (→ § 2 Rn. 1 ff.). Gemeint sind konsequenterweise jedoch **auch** Beschwerden über die Ernennung der erforderlichen Zahl von **Stellvertretern** (→ § 2 Rn. 14), da diese Personen als Mitglieder des Wahlausschusses alle aufgrund eines einseitigen Bestimmungsrechts ihr Amt wahrnehmen. Der Wahlleiter bestimmt die Beisitzer und Stellvertreter nach § 2 Abs. 1 S. 1. Beschwerden über die Bestellung des **Wahlleiters** (→ § 1 Rn. 73 ff.) und seines Stellvertreters (→ § 1 Rn. 81) werden vom Wortlaut der Norm nicht erfasst. Dies findet seinen Grund auch darin, dass der Walleiter sein Amt nicht aufgrund eines einseitigen Bestimmungsrechts erlangt, sondern durch die Beschlussfassung des Vorstands als Gremium § 1 S. 2. 2

In Betracht kommen Beschwerden über die **konkrete Auswahl der Personen** sowie über **die Besetzung des Wahlausschusses bei Nichteinhaltung** der gesetzlich vorgegebenen **Quotelung** aus § 2 Abs. 1. 3

B. Die Beschwerdebefugnis

§ 21 enthält keine Regelung zur **Beschwerdebefugnis**. Sachgerecht ist es, allen **Wahlberechtigten** nach § 96 Abs. 1 HwO (→ § 1 Rn. 88 ff.) und nach § 98 HwO (→ § 1 Rn. 98 ff.) ein Beschwerderecht zuzugestehen (Honig/Knörr § 95 Rn. 7). Daneben sind auch die Mitglieder des **Vorstands** der Handwerkskammer (→ § 1 Rn. 30 ff.) – die ebenfalls zu den Wahlberechtigten gehören – beschwerdebefugt (Honig/Knörr § 95 Rn. 7). 4

C. Die Beschwerdefrist und -form

Nicht gesetzlich normiert sind die **Beschwerdefrist** und die **Beschwerdeform**. Sachgerecht – aber nicht zwingend – erscheint eine Frist von **einem Monat** ab Bekanntgabe der ausgewählten Personen. Die Beschwerdefrist wird innerhalb der VwGO grds. als Monatsfrist festgelegt, vgl. etwa § 146 Abs. 4 VwGO und § 133 Abs. 2 VwGO. Grds. müssen Rechtsmittel **schriftlich** eingelegt und **begründet** werden, vgl. etwa § 146 Abs. 4 VwGO und § 133 Abs. 3 VwGO. 5

D. Die zuständige Behörde

Über die Beschwerde entscheidet **nicht die Aufsichtsbehörde**, sondern die **höhere Verwaltungsbehörde**. Welche Behörde die zuständige höhere Verwaltungsbehörde ist, richtet sich nach dem Landesrecht (Honig/Knörr § 8 Rn. 59). Grundsätzlich sind dies die Bezirksregierungen (Honig/Knörr § 8 Rn. 59). IRd Entscheidung über die eingelegte Beschwerde hat die höhere Verwaltungsbehörde der Beschwerde entweder stattzugeben und die Bestellung der Beisitzer oder der jeweiligen Stellvertreter zu ersetzen oder die Beschwerde abzulehnen und die Bestellung zu bestätigen (Honig/Knörr § 95 Rn. 7). Hinsichtlich der Beurteilung kommt ihr ein Ermessen zu (Honig/Knörr § 95 Rn. 8). 6

Gegen die Entscheidung der höheren Verwaltungsbehörde kann nach durchgeführten Vorverfahren, soweit dies statthaft ist, **Anfechtungsklage** zum Verwaltungsgericht erhoben werden (Honig/Knörr § 95 Rn. 8). 7

HwO Anl. C Anl.   Anlage C Wahlordnung

§ 22 [Kosten der Wahl]
Die Kosten der Wahl trägt die Handwerkskammer.

Literatur: Boettcher, E./Hoegner, R., Bundeswahlgesetz; Pointner, M., Bundeswahlrecht; Schreiber, W., Bundeswahlgesetz

1   Die **Vorbereitung** und die **Durchführung** der Wahl ist Aufgabe der Handwerkskammer. Nach dem sich aus Art. 104a Abs. 1 GG ergebenden **Konnexitätsprinzip** hat die Handwerkskammer daher **auch die** sich aus der Wahrnehmung dieser Aufgabe entstehenden **Kosten** zu tragen (vgl. Schreiber BWahlG § 50 Rn. 2; vgl. Pointer § 50 S. 100).

2   **Kosten der Wahl** sind die durch die „Wahl veranlassten notwendigen Ausgaben" (vgl. § 50 Abs. 1 BWG). Durch die Wahl veranlasst sind alle zur ordnungsgemäßen Vorbereitung und Durchführung der Wahl angefallenen **tatsächlichen Ausgaben** (vgl. Schreiber BWahlG § 50 Rn. 3; vgl. Boettcher/Högner/Högner BWahlG § 50 S. 200). Gesetzlich normiert sind als Ausgaben bei Bundestagswahlen in § 50 Abs. 2 BWG ua die Kosten für die Versendung von Briefwahlunterlagen und die angemessenen Aufwendungen für ehrenamtliche Wahlhelfer. Daneben fallen Ausgaben an in Form von Druck- und Papierkosten, Kosten der Wahlleiter, Veröffentlichungskosten und zusätzliche Personalkosten (vgl. Schreiber BWahlG § 50 Rn. 1). Diese Kosten fallen bei der Wahl der Vollversammlung ebenfalls an und sind von der Handwerkskammer zu übernehmen. Die Kosten der Wahl sind entsprechend in den Haushalt einzustellen.

3   Folgende Kosten stehen zwar in Zusammenhang mit der Wahl, jedoch nicht in Zusammenhang mit der Durchführung der Wahl und werden daher **nicht erstattet**: Aufwendungen zur Anschaffung und Reparatur von Wahlplakattafeln, Ausgaben für Haftpflichtversicherungsprämien für Mitglieder von Wahlorganen, Anschaffungs- und Unterhaltskosten für Wahlgeräte, Kosten der Wahlstatistik, etc (vgl. Schreiber BWahlG § 50 Rn. 6).

Anlage zur Wahlordnung für die Wahlen der Mitglieder der Vollversammlung der Handwerkskammern

Wahlberechtigungsschein zur Vornahme der Wahl der Arbeitnehmermitglieder der Vollversammlung der Handwerkskammer

(§ 13 Abs. 1 der Wahlordnung für die Wahlen der Mitglieder der Vollversammlung der Handwerkskammer)

Der Inhaber dieses Wahlberechtigungsscheins		
Herr/Frau		Arbeitnehmer(in),
wohnhaft in PLZ	Ort ....,	
Str.	Str.-Nr.	
hat eine abgeschlossene Berufsausbildung und		
ist/war bis zum	als Mitarbeiter(in)	
im Unternehmen (Name des Unternehmens)		
.........,	PLZ	Ort ....,
Str.	Nr. ....,	beschäftigt.
Sie/Er ist berechtigt, das Stimmrecht zur Wahl der Arbeitnehmermitglieder der Vollversammlung der Handwerkskammer		
....	auszuüben.	
....................,	den	
	............,	den.............
		....

Anlage D zu dem Gesetz zur Ordnung des Handwerks (Handwerksordnung)

Art der personenbezogenen Daten in der Handwerksrolle, in dem Verzeichnis der Inhaber eines zulassungsfreien Handwerks oder handwerksähnlichen Gewerbes und in der Lehrlingsrolle

I. In der Handwerksrolle dürfen folgende Daten gespeichert werden:
1. bei natürlichen Personen
   a) Name, Vorname, Geburtsname, Geburtsdatum und Staatsangehörigkeit des Betriebsinhabers, bei nicht voll geschäftsfähigen Personen auch der Vor- und Familienname des gesetzlichen Vertreters; im Falle des § 4 Abs. 2 oder im Falle des § 7 Abs. 1 Satz 1 der Handwerksordnung sind auch Vor- und Familienname, Geburtsdatum und Staatsangehörigkeit des Betriebsleiters sowie die für ihn in Betracht kommenden Angaben nach Buchstabe e einzutragen;
   b) die Firma, wenn der selbständige Handwerker eine Firma führt, die sich auf den Handwerksbetrieb bezieht;
   c) Ort und Straße der gewerblichen Niederlassung;
   d) das zu betreibende Handwerk oder bei Ausübung mehrerer Handwerke diese Handwerke;
   e) die Bezeichnung der Rechtsvorschriften, nach denen der selbständige Handwerker die Voraussetzungen für die Eintragung in die Handwerksrolle erfüllt und in dem zu betreibenden Handwerk zur Ausbildung von Lehrlingen befugt ist; hat der selbständige Handwerker die zur Ausübung des zu betreibenden Handwerks notwendigen Kenntnisse und Fertigkeiten durch eine Prüfung nachgewiesen, so sind auch Art, Ort und Zeitpunkt dieser Prüfung sowie die Stelle, vor der die Prüfung abgelegt wurde, einzutragen;
   f) der Zeitpunkt der Eintragung in die Handwerksrolle;
2. bei juristischen Personen
   a) die Firma oder der Name der juristischen Person sowie Ort und Straße der gewerblichen Niederlassung;
   b) Name, Vorname, Geburtsdatum und Staatsangehörigkeit der gesetzlichen Vertreter;
   c) das zu betreibende Handwerk oder bei Ausübung mehrerer Handwerke diese Handwerke;
   d) Name, Vorname, Geburtsdatum und Staatsangehörigkeit des Betriebsleiters sowie die für ihn in Betracht kommenden Angaben nach Nummer 1 Buchstabe e;
   e) der Zeitpunkt der Eintragung in die Handwerksrolle;
3. bei Personengesellschaften
   a) bei Personenhandelsgesellschaften die Firma, bei Gesellschaften des Bürgerlichen Rechts die Bezeichnung, unter der sie das Handwerk betreiben, sowie der Ort und die Straße der gewerblichen Niederlassung;
   b) Name, Vorname, Geburtsdatum und Staatsangehörigkeit des für die technische Leitung des Betriebs verantwortlichen persönlich haftenden Gesellschafters oder im Falle des § 7 Abs. 1 Satz 1 des Betriebsleiters, Angaben über eine Vertretungsbefugnis und die für ihn in Betracht kommenden Angaben nach Nummer 1 Buchstabe e;
   c) Name, Vorname, Geburtsdatum und Staatsangehörigkeit der übrigen Gesellschafter, Angaben über eine Vertretungsbefugnis und die für sie in Betracht kommenden Angaben nach Nummer 1 Buchstabe e;
   d) das zu betreibende Handwerk oder bei Ausübung mehrerer Handwerke diese Handwerke;
   e) der Zeitpunkt der Eintragung in die Handwerksrolle;

4. bei handwerklichen Nebenbetrieben
   a) Angaben über den Inhaber des Nebenbetriebs in entsprechender Anwendung der Nummer 1 Buchstabe a bis c, Nummer 2 Buchstabe a und b und Nummer 3 Buchstabe a und c;
   b) das zu betreibende Handwerk oder bei Ausübung mehrerer Handwerke diese Handwerke;
   c) Bezeichnung oder Firma und Gegenstand sowie Ort und Straße der gewerblichen Niederlassung des Unternehmens, mit dem der Nebenbetrieb verbunden ist;
   d) Bezeichnung oder Firma sowie Ort und Straße der gewerblichen Niederlassung des Nebenbetriebs;
   e) Name, Vorname, Geburtsdatum und Staatsangehörigkeit des Leiters des Nebenbetriebs und die für ihn in Betracht kommenden Angaben nach Nummer 1 Buchstabe e;
   f) der Zeitpunkt der Eintragung in die Handwerksrolle.
II. Abschnitt I gilt entsprechend für das Verzeichnis der Inhaber von Betrieben in zulassungsfreien Handwerken oder handwerksähnlichen Gewerben. Dieses Verzeichnis braucht nicht die gleichen Angaben wie die Handwerksrolle zu enthalten. Mindestinhalt sind die wesentlichen betrieblichen Verhältnisse einschließlich der wichtigsten persönlichen Daten des Betriebsinhabers.
III. In der Lehrlingsrolle dürfen folgende personenbezogene Daten gespeichert werden:
1. bei den Ausbildenden
   a) die in der Handwerksrolle eingetragen sind:
   Die Eintragungen in der Handwerksrolle, soweit sie für die Zwecke der Führung der Lehrlingsrolle erforderlich sind,
   b) die nicht in der Handwerksrolle eingetragen sind:
   Die der Eintragung nach Abschnitt I Nummer 1 Buchstabe a entsprechenden Daten mit Ausnahme der Daten zum Betriebsleiter zum Zeitpunkt der Eintragung in die Handwerksrolle und der Angaben zu Abschnitt I Nummer 1 Buchstabe e, soweit sie für die Zwecke der Lehrlingsrolle erforderlich sind;
2. bei den Ausbildern:
   Name, Geburtsname, Vorname, Geschlecht, Geburtsdatum, Art der fachlichen Eignung;
3. bei den Auszubildenden
   a) beim Lehrling:
   Name, Geburtsname, Vorname, Geschlecht, Geburtsdatum, Staatsangehörigkeit, allgemeinbildender Schulabschluss, vorausgegangene Teilnahme an berufsvorbereitender Qualifizierung oder beruflicher Grundbildung, berufliche Vorbildung, Anschrift des Lehrlings,
   b) erforderlichenfalls bei gesetzlichen Vertretern:
   Name, Vorname und Anschrift;
4. beim Ausbildungsverhältnis:
   Ausbildungsberuf einschließlich Fachrichtung, Datum des Abschlusses des Ausbildungsvertrages Ausbildungsdauer, Datum des Beginns der Berufsausbildung, Dauer der Probezeit, bei überwiegend öffentlich, insbesondere auf Grund des Dritten Buches Sozialgesetzbuch geförderten Berufsausbildungsverhältnissen, Art der Förderung, Anschrift der Ausbildungsstätte, wenn diese vom Betriebssitz abweicht, Wirtschaftszweig, Zugehörigkeit zum öffentlichen Dienst.
IV. In das Verzeichnis der Unternehmer nach § 90 Abs. 3 und 4 der Handwerksordnung werden die Personen nach § 90 Abs. 3 und 4 der Handwerksordnung mit den nach Abschnitt I Nr. 1 Buchstabe a und c geforderten Angaben für natürliche Personen sowie der Zeitpunkt der Gewerbeanmeldung eingetragen.

Sachverzeichnis

Abbildungsprinzip Anl. C 8 14 ff.
Ablehnung der Wahl
– Ablehnungsgründe **102** 1, 3 ff.
– Entscheidungsorgan **102** 2
– Frist **102** 4 f.
– Rechtsmittel **102** 7
Adressaten Ordnungsgeld
– Innungen und Kreishandwerkerschaften **112** 2
– Kammerangehörige **112** 2
Allgemeine Wahlrechtsgrundsätze 95 5 ff.; **Anl. C 1** 82 ff.
– Allgemeinheit der Wahl **95** 5; **Anl. C 1** 64, 83; **Anl. C 7** 30
– geheime Wahl **Anl. C 1** 85
– Gleichheit der Wahl **95** 5; **96** 16; **Anl. C 1** 83
– Verstoß **95** 6
Altersgrenze
– Zulässigkeit passives Wahlrecht **Anl. C 10** 15
– Zulässigkeit Vorstandssatzung **108** 5
Androhung Ordnungsgeld 112 3
– Zustellungspflicht **112** 4
Anhörung
– bei Abberufung aus dem Berufsbildungsausschuss **43** 10
– bei Abberufung aus dem Gesellenprüfungsausschuss **34** 40
– bei Berufung in den Gesellenprüfungsausschuss **34** 34
– bei Untersagung der Ausbildungsbefugnis **24** 6
– bei vorzeitiger Zulassung **37** 8
– bei Zuerkennung der fachlichen Eignung **22b** 23
– Berufsbildungsausschuss **44** 3
Anzeigepflicht 16 1 ff.; **18** 10 ff.
– Anzeigeempfänger **16** 8
– bußgeldbewehrter Verstoß **118** 2
– Gegenstand **16** 4
– handwerksähnliches Gewerbe **18** 1 ff., 10 ff.
– Handwerkskarte **16** 7
– Unterlassen **16** 8; **118** 2
– Verlängerung/Verkürzung der Wahlperiode **124a** 16 f.
– Verpflichtete **16** 5
– Wirkung **16** 7
– zulassungsfreie Gewerbe **18** 4, 10 ff.
Äquivalenzprinzip 113 9
– Gebührenfestsetzung **113** 48
– Sonderbeiträge **113** 33
Arbeiten in anderen Handwerken 5 1 ff.
– Auftragsspezifischer Zusammenhang **5** 3 f.
– fachlicher Zusammenhang **5** 5 f.
– Haftung **5** 7
– Leistungen aus einer Hand **5** 2
– technischer Zusammenhang **5** 5 f.
– Übergangsregelung **5** 8
– Wettbewerbsrecht **5** 7
Arbeitnehmer
– Innung **52** 42; **58** 7, 17
Aufforderung zur Einreichung von Wahlvorschlägen Anl. C 7 120
– Bekanntmachung **Anl. C 7** 122

– Neutralität **Anl. C 7** 121
– Zeitpunkt **Anl. C 7** 127
– Zuständigkeit **Anl. C 7** 120
Aufgaben
– Ausstellung von Ursprungszeugnissen **91** 53
– Berichterstattungspflicht **91** 18
– Berufsausbildung **91** 21 ff.
– Berufsbildungsgesetz **91** 60
– Bestellung von Sachverständigen **91** 32 ff.
– Bundesinnungsverband **84** 12
– Einrichtung von Vermittlungsstellen **91** 50 ff.
– Förderung der Formgestaltung **91** 49
– Förderung der wirtschaftlichen Interessen des Handwerks **91** 43 ff.; **106** 14
– Freiwillige Aufgaben **91** 61
– Führung der Handwerksrolle **91** 20
– Generalklausel **91** 1 ff., 15
– Gesellenprüfungsausschuss **91** 24
– Gesellenprüfungsordnung **91** 23
– Handwerkskammer **91** 1 ff., 10, 15 ff.; **Vorb. 117** 2 ff.
– der Handwerkskammer im Innungsbereich **91** 59
– Innung (s. unter Innungsaufgaben)
– Innungen **91** 10
– Interessenförderung **91** 9 ff.
– Kreishandwerkerschaft **87** 1 ff.
– Landesinnungsverband **81** 2 ff.; **84** 7
– Pflichtaufgaben **91** 61
– Technisch-betriebswirtschaftliche Fortbildung **91** 29 ff.
– Unterstützung Notleidender im Handwerk Tätiger **91** 54 ff.
Auflösung
– Bundesinnungsverband **84** 14
– Innung (s. unter Auflösung Innung)
– Kreishandwerkerschaft **89** 7, 20
– Landesinnungsverband **83** 18
Auflösung der Handwerkskammer 115 8, 16 f.
– Voraussetzungen **113** 14
– Wirkung **113** 15
Auflösung Innung
– Anhörung Landesinnungsverband **76** 10
– Auflösungsgründe **76** 6 ff.
– Aufsichtsmittel **76** 4 f.
– Gemeinwohlgefährdung **76** 7
– Insolvenz **77** 7
– Liquidation **78** 3 ff.
– Rechtsschutz **76** 11
– Ultima ratio **76** 4
– Varianten **76** 2 f.
– Verfolgung unzulässiger Zwecke **76** 8
– Verlust der Leistungsfähigkeit **76** 9
Aufsicht
– über Handwerkskammern **115** 1 ff.
– Innung (s. unter Aufsicht über Innung)
– Kreishandwerkerschaft **89** 19
– Landesinnungsverband **79** 3

Sachverzeichnis

Fette Zahlen = §§

– Rechtsaufsicht **106** 21; **75** 4 f.
Aufsicht über Innung
– Auflösung der Innung **76** 1 ff.
– Aufsichtsbehörde **75** 2 f.
– Aufsichtsmittel **75** 6 ff.
– Grundsatz der Verhältnismäßigkeit **75** 10 f.
– mittelbare Staatsaufsicht **75** 2, 4
– Opportunitätsprinzip **75** 9
– Rechtsaufsicht **75** 4 f.
– Rechtsschutz **75** 12 f.
Aufsichtsmittel 115 6 ff.
– Auflösung der Handwerkskammer **115** 8, 16 f.
– Erforderlichkeit und Verhältnismäßigkeit **115** 6 f.
– Ersatzvornahme **115** 10
– Genehmigungen **115** 12
Ausbilder
– Bestellung **22** 6
– fachliche Eignung **22b** 1 ff.; **22c** 1 ff.
– persönliche Eignung **22a** 1 ff.
Ausbildung
– Ausschließliche Zuständigkeit der Vollversammlung **106** 16
– Berufsausbildung **91** 21 ff.
– Gleichwertigkeit **50b** 8 ff.
Ausbildungsberater
– Bestellung **41a** 2
– Betretungsrecht **41a** 10
– Qualifikation **41a** 4
Ausbildungsberechtigung 22 4
– Entziehung **24** 3 ff.
Ausbildungsberuf
– Ausbildungsordnung **25** 1 ff.; **26** 2
– berufliche Umschulung **42g** 1 ff.
Ausbildungsberufsbild 26 5
Ausbildungsbezeichnung Vorb. 45 5
Ausbildungsdauer 26 4
Ausbildungshelfer 22 10
Ausbildungsnachweis 50b 4 ff.
– Ausbildungsordnung **26** 26
– Ausstellung **50b** 4
– sonstige Befähigungsnachweise **50b** 5 ff.
– Zulassungsvoraussetzung **36** 8
Ausbildungsordnung 25 1 ff.; **26** 1 ff.; **52** 19, 22, 29; **58** 6
– Ausschließliche Zuständigkeit der Vollversammlung **106** 17
Ausbildungsrahmenplan 26 7
Ausbildungssicherung 119 17 ff.
Ausbildungsstätte
– Eignung **21** 1 ff.
– überbetriebliche **42i** 1
– Überwachung **23** 1 ff.; **41a** 7
Ausbildungsvertrag 25 10; **26** 12, 17, 19, 24; **29** 1; **30** 1 ff.; **41** 3; **42l** 3; **44** 4
Ausbildungszeit
– Anrechnung **27a** 1 ff.
– Gesamtausbildungszeit **27c** 1 ff.
– Verkürzung **27b** 1 ff.
– Verlängerung **27b** 11 ff.
Auskunftpflicht 17 3 ff.; **111** 4; **113** 42
– Auskunftsgegenstand **17** 6 ff.
– Auskunftspflichtige **17** 3 ff.
– Beitragsfestsetzung **113** 42
– Betriebsinhaber **111** 4
– bußgeldbewehrter Verstoß **Vorb. 117** 3; **118** 3

– Nachweisverpflichtung **17** 8
– Überwachung der Berufsbildung **41a** 10
– Zulässige Verweigerung **111** 4
Ausländer
– Anpassungslehrgang **50b** 21
– Ausbildungsnachweis **50b** 4 ff.
– Ausnahmebewilligung **8** 29; **9** 1 ff.
– Befreiungen Meisterprüfung **46** 17 ff.
– Eintragungspflicht **1** 16 ff.
– Gleichwertigkeit der Ausbildung **50b** 8 ff.; **51e** 1
– Gleichwertigkeitsantrag **50b** 3
– Inländerdiskriminierung **9** 5 ff.
– Pflichtmitgliedschaft **90** 23 ff.
– Prüfungszeugnis **50a** 1 ff.
Ausnahmebewilligung 7 38; **8** 1 ff.; **9** 1 ff.; **119** 19
– Anfechtbarkeit **7** 38
– Angehörige der EWG-Mitgliedstaaten **9** 1 ff.
– Ausbildungsnachweis **50b** 4 ff.
– Ausnahmefall **8** 3 ff.
– bedingte **50b** 22
– Besitzstandwahrung **119** 19
– Eintragung Handwerksrolle **7** 38
– bei gewerblicher Niederlassung im EU/EWR-Ausland **9** 6 ff.
– Gleichwertigkeitsfeststellung **50b** 3
– für grenzüberschreitende handwerkliche Dienstleistungen **9** 15 ff.
– Prüfungsbelastungen **8** 10 ff.
– Rechtsschutz **9** 23
– restriktive Auslegung **8** 6 ff.
– sonstige Befähigungsnachweise **50b** 5 ff.
– unzumutbare Belastung **8** 19 ff.
– vorrangige Eintragung **119** 9
– Zurückdrängung Meisterpflicht **8** 1 ff.
Ausschließliche Zuständigkeit der Vollversammlung der Handwerkskammer 106 1 ff.
– Beitragsfestsetzung und Gebührenregelung **106** 11
– Berufsausbildung- und Fortbildung **106** 16
– Beteiligung an Gesellschaften **106** 14
– Delegation auf Ausschüsse **106** 1
– Entschädigungen der Mitglieder **106** 19
– Entscheidungen mit grundsätzlicher Bedeutung **106** 2
– Erlass von Gesellen- und Meisterprüfungsordnungen **106** 17
– Geschäfte über Grundeigentum **106** 15
– Haushalts-, Kassen- und Rechnungslegungsordnung **106** 12
– Haushaltswirtschaft, -plan **106** 10
– Jahresrechnung **106** 13
– Satzungsänderung **106** 20
– Vorschriften über die Bestellung/Vereidigung von Sachverständigen **106** 18
Ausschließlichkeitsanspruch
– Bundesinnungsverband **85** 11
– Innung **52** 55
– Landesinnungsverband **79** 19 f.
Ausschließlichkeitsgrundsatz 25 7
Ausschuss 110 1 ff.
– Ausschließliche Zuständigkeiten Vollversammlung **106** 1
– Beratung durch Sachverständige **110** 2
– Einrichtung Ausschuss **91** 50; **110** 2

Magere Zahlen = Randnummern

Sachverzeichnis

– Organqualität **110** 1
– Vorbereitung Entscheidungen Vollversammlung **106** 1
– Wahlverfahren **106** 5
– Zusammensetzung **110** 1
Ausschüsse
– Innung (s. unter Innungsausschüsse)
– Kreishandwerkerschaft **89** 16
Ausübung Wahlrecht
– Behinderung **96** 13 ff.
Ausübungsberechtigung 7 37
– andere Gewerbe **7a** 1 ff.
– zulassungspflichtige Handwerke **7b** 1 ff.
Ausübungsberechtigung andere Gewerbe 7a 1 ff.
– allgemein **7** 37
– Ausübungsberechtigte **7a** 3
– Befähigung **7a** 4 ff.
– Verfahren **7a** 8
Ausübungsberechtigung zulassungspflichtige Handwerke 7b 1 ff.
– allgemein **7** 37
– Anwendungsbereich **7b** 5 ff.
– Qualifikationsnachweis **7b** 19 ff.
– Verfahren **7b** 24 ff.
– Voraussetzungen **7b** 8 ff.
Auszubildender Vorb. 21 3

Behinderte
– Ausbildung **42k** 1 ff.
– Ausbildungsregelungen **42m** 1 ff.
– Berufliche Fortbildung **42n** 1 ff.
– Berufliche Umschulung **42n** 1 ff.
Beisitzer Anl. C 2 9 ff.
– Beschwerde **Anl. C 2** 1 ff.
– Ehrenamt **Anl. C 2** 5
– Recht auf Berufung **Anl. C 2** 10
Beiträge
– Auskunftspflicht **113** 42
– Beitragsarten **113** 26 ff.
– Beitragsgrund **113** 5
– Beitragsmaßstab **113** 35 ff.
– Beitragsordnung **113** 5, 36, 37
– Beitragssatzung **113** 36
– Beitragsverpflichtete **113** 17 ff.
– Bemessungsgrundsätze **113** 5 ff.
– Festsetzung **106** 11; **113** 35
– Festsetzung von Höchstbeiträgen **113** 15
– Handwerkskammer **113** 17 ff.
– Haushaltsplan **113** 38
– Innung *s.* unter Innungsbeiträge
– Kammerfinanzierung **113** 1
– Kostendeckungsprinzip **113** 6
– Kreishandwerkerschaft **89** 17
– Verjährung **113** 51
Beitragsarten 113 26 ff.
Beitragsbeitreibung 113 45 ff.
– Verordnungsermächtigung **113** 46
– Zuständigkeit **113** 45
Beitragsfestsetzung 113 35 ff.
– Äquivalenzprinzip **113** 9
– Beitragsbescheid **113** 41
– Bemessungsmaßstäbe **113** 10 ff.
– Erforderlichkeitsprinzip **113** 5, 7
– Kostendeckungsprinzip **113** 6
– Rechtsmittel **113** 43
– Rückwirkungsverbot **113** 40

– Verhältnismäßigkeitsgrundsatz **113** 9
Beitragsmaßstab 113 35 ff.
Beitragsordnung 113 5, 35 ff.
– Erlass und Inhalt **113** 37
– Sonderbeiträge **113** 32
– Staffelungskriterien **113** 28
– Verjährung **113** 51
– zulässige Rückwirkung **113** 39
Beitragssatzung 113 36
Beitragsverpflichtete 113 17 ff.
Benachteiligungs- und Begünstigungsverbot Anl. C 1 50; **Anl. C 2** 53
Berichterstattungspflicht 91 18
Berichtsheft
– Ausbildungsordnung **26** 26
– Zulassungsvoraussetzung **36** 8
Berufliche Fortbildung
– Befreiung von Prüfungsbestandteilen **42c** 4
– Fortbildungsordnung **42** 1 ff.
– Fortbildungsprüfungsregelungen **42a** 1 ff.
– Prüfungsausschuss **42c** 1
Berufliche Umschulung
– Anzeigepflicht **42i** 2
– Befreiung von Prüfungsbestandteilen **42i** 8 ff.
– Prüfungsausschuss **42i** 5
– Umschulungsordnung **42e** 1 ff.
– Umschulungsprüfungsregelung **42f** 1 ff.
Berufsausbildung 91 21 ff.
– ausschließliche Zuständigkeit der Vollversammlung **106** 16
– Handwerkskammer **91** 21
– Regelungen der überbetrieblichen Lehrlingsunterweisung **91** 22
– Sonderbeiträge **113** 34
Berufsbilder
– dynamischer Handwerksbegriff **45** 12
– Tätigkeitsbezogenheit **45** 9
Berufsbildungsausschuss
– Amtsperiode **43** 8
– Aufgaben **44** 1
– Beschlussfähigkeit **44a** 1
– Entschädigung **43** 9
– Errichtung **43** 1
– Geschäftsordnung **44b** 1
– Mitglieder **43** 3 ff.
– Stimmrecht **44** 14
– Unterausschuss **44b** 3
– Vorsitzender **43** 15
– Wahl **43** 7
Berufsbildungsausschuss Innung
– Aufgaben **67** 12
– Gutes Verhältnis zwischen Meister, Gesellen und Lehrlingen **54** 8
– Satzung **55** 14, 36
– Zusammensetzung **67** 13 ff.
Berufsfachschule 27a 3
Berufsfreiheit Anl. C 7 18 ff.
Beschluss der Vollversammlung der Handwerkskammer
– Auswirkungen der Fehlerhaftigkeit der Wahl zur Vollversammlung **106** 4
– Genehmigungsbedürftigkeit **106** 21
– rechtliche Qualität **106** 3
– Veröffentlichungsbedürftigkeit **106** 22
Bestandsschutz 119 1 ff.; **120** 1 ff.
– Umfang **119** 10 ff.; **120** 4

753

Sachverzeichnis
Fette Zahlen = §§

Beteiligung an Gesellschaften 106 13
– Förderung der wirtschaftlichen Interessen des Handwerks **91** 43 ff.
Betretungsbefugnis 111 3
Betriebsinhaber 52 35; **58** 3 ff.
– Fortführungsrecht nach Tod **4** 2 ff.
– handwerksähnliche Handwerk **58** 6, 13 f.
– Mitgliedschaft Handwerkskammer **90** 8 ff.
– zulassungsfreies Handwerk **58** 5
– zulassungspflichtiges Handwerk **58** 4
Betriebsleiter 58 7
– Aufgaben und Befugnisse **7** 20 ff.
– Bestellung **7** 17
– Eintragungsvoraussetzung **7** 15
– materieller Betriebsleiterbegriff **7** 22 ff.
– Präsenzpflicht **7** 24 ff.
Betriebsleiterprinzip 4 1; **7** 5
– Betriebsleiter **7** 2
– Betriebsleitung **7** 25 ff.
Betriebsstätte
– Niederlassungsfreiheit **90** 24
– Reisegewerbe **1** 7
Betriebsuntersagung
– Anfechtbarkeit **16** 27
– Betriebstätigkeit **16** 9 f.
– Beurteilungsspielraum **16** 13 f.
– Entscheidung der Obersten Landesbehörde **16** 25
– Schlichtungskommission **16** 18 f.
– Vollstreckung **16** 26
– Voraussetzungen **16** 10
– vorläufige **16** 23 ff.
Beurteilungsspielraum
– Beitragsfestsetzung **113** 5
– Betriebsuntersagung **16** 13 f.
– Verhängung Ordnungsgeld **112** 1
Bezirksänderungen 90 30
– Vermögensauseinandersetzung **90** 30
Briefwahl Anl. C 12 4 ff.
– Online-Wahlverfahren **Anl. C 12** 7 ff.
– Verfahren **Anl. C 12** 19 f.
– Zeitpunkt der Wahlberechtigung **96** 10
Bundesinnungsverband
– Anfall des Vermögens **85** 16
– Aufgaben **85** 12
– Auflösung **85** 14
– Ausschließlichkeitsanspruch **85** 11
– Gebiet **85** 1
– Haftung **85** 13
– Insolvenz **85** 15
– Liquidation **85** 16
– Mitgliederversammlung **85** 7
– Mitgliedschaft **85** 9 f.
– Organe **85** 6
– Rechtsfähigkeit **85** 4 f.
– Rechtsform **85** 3
– Verweisungsnorm **85** 2
– Vorstand **85** 8
Bußgeld 117 1 ff.
– Geldbuße **117** 8 ff.
– unberechtigtes Führen Meistertitel **Vorb. 45** 5; **51** 5; **117** 7
– Verfolgbarkeitsvoraussetzungen **Vorb. 117** 2, **117** 2
– Zuständigkeit **Vorb. 117** 2
Datenschutz
– Aufbewahrung Altdaten **13** 14

Datenübermittlung
– automatisiertes Verfahren **5a** 12
– Betriebsleiter **5a** 9 ff.
– Erforderlichkeit **5a** 5
– handwerksverfahrensrechtliche **5a** 2 ff.
– informationelles Selbstbestimmungsrecht **5a** 1
– Lehrlingsrolle **28** 11 ff.
– personenbezogene Daten **5a** 4
– Zweckgebundenheit **5a** 6
– zwischen Handwerkskammern **5a** 8
– zwischen öffentlichen Stellen **5a** 2 ff.
Dienstleistungsfreiheit 1 16; **9** 3 f.; **Vorb. 52** 12 f.
Ehren- und Gastmitglieder
– Handwerkskammer **90** 15
– Innung s. Gastmitgliedschaft Innung
– Pflichtmitgliedschaft **90** 15
Ehrenamt
– Auslagenersatz **109** 4; **Anl. C 2** 9
– Beisitzer Wahlausschuss **Anl. C 2** 5
– Entschädigung **109** 4; **Anl. C 2** 49
– Vollversammlungsmitglied **94** 2; **109** 4
– Wahlleiter **Anl. C 1** 80
Eignung
– Ausbildungsstätte **21** 1 ff.
– fachliche Eignung **22b** 1 ff.; **22c** 1 ff.
– persönliche Eignung **22a** 1 ff.
– Überwachung **23** 1 ff.
– Untersagung **24** 1 ff.
Einspruch
– Gegen Wahl (s. Wahleinspruch)
– Verstoß gegen allgemeine Wahlrechtsgrundsätze **95** 6
Einstellungsberechtigung 22 3 ff.
Eintragung
– Lehrlingsrolle **29** 1 ff.; **42m** 7
Eintragung Handwerksrolle
– Angehörige EWG-Mitgliedstaaten **9** 1 ff.; **10** 5
– Antrag **10** 2 ff.
– Ausnahmebewilligung **7** 38
– Ausübungsberechtigungen **7** 37
– Eintragungsumfang **7** 39 ff.
– Genehmigungsfiktion **10** 6 f.
– Handwerkskarte **10** 1, 9 ff.
– juristische Person **7** 7 ff.
– Klagerecht IHK **12** 1 ff.
– Löschung **13** 1 ff.
– Löschungsanspruch **13** 4
– Löschungsvoraussetzungen **13** 6 ff.
– Meisterqualifikation **7** 27
– Mitteilung **11** 1 ff.
– Mitteilungspflicht **11** 1 ff.
– Personenbezogenheit **7** 1
– Personengesellschaft **7** 10
– verwandte Handwerke **7** 39 ff.; **119** 8
– Von Amts wegen **10** 8
– Voraussetzungen **7** 6 ff.
Eintragungsanspruch 119 7 ff.
– Frist **119** 7
Eintragungspflicht 1 14 ff., 31 ff.
– Besitzstandswahrung **119** 2 ff., 14 ff.
– Schwarzarbeitergesetz **117** 4
– unlauterer Wettbewerb **117** 6
– Verstoß **117** 4
Erforderlichkeitsprinzip 113 5, 7
– Gebührenfestsetzung **113** 48

Magere Zahlen = Randnummern

Sachverzeichnis

- Zulässige Festsetzung von Höchstbeiträgen **113** 15
Existenzgründer 113 24 ff.
Externenprüfung 37 9, **42g** 2

Fachliche Eignung
- Ausbildung in zulassungsfreien Handwerken und handwerksähnlichen Gewerben **22b** 9 ff.
- Ausbildung in zulassungspflichtigen Handwerken **22b** 2 ff.
- Überwachung **23** 1 ff.
- widerrufliche Zuerkennung **22b** 20 ff.
Fakultative Meisterprüfung 51a 1 ff.
- Befähigungsnachweis **51a** 4 ff.
- Befreiungsmöglichkeit **51a** 9
- Gleichstellung von Prüfungszeugnissen **51c** 1
- handwerksähnliche Gewerbe **51a** 1
- Meisterprüfungsberufsbild **51a** 3
- Prüfungskosten **51a** 7
- zulassungsfreie Handwerke **51a** 1
- Zulassungsvoraussetzungen **51a** 2
Fehlerhaftigkeit der Wahl zur Vollversammlung
- Auswirkungen auf Beschlüsse **106** 4
- Ungültigkeitserklärung **100** 1 ff.
Festsetzung Ordnungsgeld 112 5
- Eröffnung Verwaltungsrechtsweg **112** 6
- Verjährung **112** 8
Filialbetrieb
- Abgrenzung zum Nebenbetrieb **3** 10
- Beitragspflicht **113** 18
- Eintragungspflicht **6** 11 f.
- Mitgliedschaft in verschiedenen Handwerkskammern **113** 27
Fortbildung
- Befreiung von Prüfungsbestandteilen **42c** 4
- Fortbildungsordnung **42** 1 ff.
- Fortbildungsprüfungsregelungen **42a** 1 ff.
- Prüfungsausschuss **42c** 2
Freiwillige Aufgaben der Handwerkskammer
- Betriebliche Beratung **91** 64
- Handwerkskammer **91** 61
- Inkassostellen **91** 66
- Messen **91** 67
- Rechtsberatung **91** 62 f.
- Steuerberatung **91** 65
Friedenswahl 95 4; **Anl. C 20** 1 ff.
- Demokratieprinzip **Anl. C 20** 13, 28, 29.1
- Verfassungskonformität **Anl. C 20** 10 ff., 28
- Veröffentlichungspflichten **Anl. C 12** 340
- Wegfall der Wahlhandlung **Anl. C 20** 5 ff., 27
Führung Handwerksrolle 6 1 ff.; **91** 20
- Aufbewahrung Altdaten **13** 14
- Auskünfte **6** 17 ff.
- Datenübermittlung **6** 22 f.
- Handwerkskammer **6** 3; **91** 20
- Inhalt **6** 4 ff.
- Internet **6** 24
- Landesrechtliche Datenschutzgesetze **6** 26
- Löschung von Amts wegen **13** 10
- mehrere Handwerke **6** 15 f.
- Verarbeitungs- und Nutzungssperre **6** 25
- Verwaltungsakt **6** 7 ff.
- Zweigniederlassungen **6** 11 ff.

Gastmitgliedschaft Innung 59 1 ff.
- Aufnahmeanspruch **59** 3

- Austritt **59** 11
- Eintritt **59** 11
- Grundrechtsschutz **59** 12
- Innungsversammlung **61** 2
- Näheverhältnis **59** 5 f.
- Rechte und Pflichten **59** 10 f.
- Stimmrecht **59** 6, 10; **63** 7
- Vertreterversammlung **61** 4
- Voraussetzungen **59** 4 ff.
Gebühren 113 47 ff.
- Bescheinigung der Handwerkskammer **Anl. C 10** 26 f.
- Gebührenfestsetzung **113** 47 ff.
- Gebührenordnung **113** 50
- Innung (s. unter Innungsgebühren)
- Kreishandwerkerschaft **89** 17
- Verjährung **113** 51
Gebührenfestsetzung 113 47 ff.
- Äquivalenzprinzip **113** 48
- Kostendeckungsprinzip **113** 48
Gebührenordnung 113 50
- Verjährung **113** 51
Geldbuße 117 8 ff.; **118** 9
- Höhe **117** 8
- Mindestbetrag **117** 9
- Überschreitung des gezogenen wirtschaftlichen Vorteils **117** 10
Genehmigung
- Beschlüsse der Vollversammlung **106** 21
- Rechtsnatur **106** 21
Genehmigung Innungssatzung
- Anspruch auf Genehmigung **56** 8
- Genehmigungsfähigkeit **56** 7 ff.
- Genehmigungspflichtigkeit **56** 1 ff.
- Rechtsfähigkeit **53** 14 ff.
- Versagungsgründe **56** 7
Geschäftsführer Handwerkskammer
- Organqualität **106** 7
- Vertretungsbefugnis Hauptgeschäftsführer **109** 2
- Wahl **106** 8
Geschäftsführer Innung
- Organ **60** 5; **66** 52
- Vertretungsbefugnis **66** 51 ff.
Geschäftsführung
- Abschluss von Dienstverträgen **109** 3
- Handwerkskammer **109** 3
- Satzungsregelungen **109** 3
Gesellen
- Gesellenausschuss **70** 4, 8; **71** 7
- Gründungsmitglieder Innung **52** 42
- Innung s. Gesellenausschuss Innung
- Mitglieder Innung **58** 7, 17
- zwingende Vorstandsmitglieder **108** 3
Gesellenausschuss Innung
- Aktives Wahlrecht/Wahlberechtigung **70** 2 ff.
- Arbeitslosigkeit **69** 4; **70** 7; **71** 14; **71a** 2; **72** 6 f.
- Aufgaben **68** 8 ff.
- Ausgestaltung der Beteiligung **68** 13 ff.
- Ausscheiden **69** 4
- Ausschussart **68** 2
- Benachteiligungs- und Behinderungsverbot **69** 17
- Beschäftigungsverhältnis **70** 7; **71** 13; **72** 1 ff.
- Beteiligungsrechte **68** 9 ff.
- Einrichtung sui generis **68** 1

755

Sachverzeichnis Fette Zahlen = §§

– Entschädigung Arbeitgeber **69** 20
– Errichtung **68** 6
– Freistellungsanspruch **69** 18 ff.
– Gesellen **70** 4, 8; **71** 7
– Gesellenprüfung **71** 10 ff.
– Gleichgestellte **70** 5 f.
– gutes Verhältnis zwischen Meistern, Gesellen und Lehrlingen **54** 8
– Kosten **68** 7; **69** 20; **73** 26
– Mitwirkungsverbot **68** 12
– Niederschrift **71** 15
– Organqualität **68** 3 ff.
– passives Wahlrecht/Wählbarkeit **71** 5 ff.
– Rechtsschutz **68** 13, 16; **70** 9 f.
– Satzung **55** 36
– Staatsangehörigkeit **71** 6
– Stellvertreter **69** 4 f.
– Stimmrecht in Innungsversammlung **63** 12
– Verlust des Amtes **72** 1 ff.
– Volljährigkeit **71** 8 f.
– Wahl **69** 6 ff.
– Wahlberechtigte **70** 3 ff.
– Zusammensetzung **69** 3 ff.
Gesellenprüfung
– Durchführung **31** 1
– Gebührenfreiheit **31** 17
– gestreckte Gesellenprüfung **26** 14; **31** 8; **36a** 1 ff.
– Prüfungsanforderungen **26** 8
– Prüfungsgegenstand **32** 1 ff.
– Prüfungsordnung **38** 1 ff.
– Rechtsschutz **31** 22 ff.
– Wiederholung **31** 4
– Zeugnis **31** 9 ff.
– Zulassung **36** 1 ff.; **37** 1 ff.
Gesellenprüfungsausschuss 91 24
– Amtszeit **34** 35
– Berufung der Mitglieder **34** 27 ff.
– Beschlussfähigkeit **35** 4
– Entschädigung **34** 42
– Errichtung **33** 1 ff.
– Vorsitzender **35** 1
– Zusammensetzung **34** 1 ff.
Gesellenprüfungsausschuss Innung 54 11; **55** 14, 36; **67** 9, 11
Gesellenprüfungsordnung 91 23; **38** 1 ff.
– ausschließliche Zuständigkeit der Vollversammlung **106** 17
Gewerbe 1 1 ff.
– Abgrenzung Handwerk und Kunst **1** 1
– Abgrenzung zu freien Berufen **1** 1
– Gewinnorientierung **1** 2 ff.
– handwerksmäßiges Betreiben **1** 23 ff.
– Selbständigkeit **1** 9 ff.
– stehendes **1** 5 ff.
– zulassungsfreie **18** 1, 3
Gewerbsmäßigkeit 117 3
Gleichstellung von Prüfungszeugnissen
– ausländische Ausbildungsnachweise **40a** 1 ff.
– ausländische Prüfungszeugnisse **40** 5 ff.
– inländische Prüfungszeugnisse **40** 1 ff.
Gleichwertigkeitsfeststellung 50b 2; **51e** 1
– Amtsermittlung **50b** 14
– Anpassungslehrgang **50b** 21
– Berufserfahrung **50b** 17
– von Prüfungszeugnissen **51c** 1
– wesentliche Unterschiede **50b** 12 ff.

Grundbeiträge 113 26, 28
Grundsatz der Besitzstandswahrung Vorb. 117 4; **119** 1 ff.
– Ausbildungsbefugnis **120** 1 ff.
– Eintragungspflicht **119** 1 ff.; **123** 1 ff.

Haftung
– Handwerkskammern **91** 20
Haftung Innung
– Anwendungsbereich **74** 2
– Eigenhaftung **74** 8
– Innenhaftung **74** 9 f.
– Rechtsfähigkeit **53** 18
– Voraussetzungen **74** 4 ff.
– Zurechnungsnorm **74** 3
Handwerk 1 2 ff.
– Ausübungsberechtigung **7a** 1 ff.
– Betreiben **1** 18 ff.
– betriebsbezogene Definition **91** 4
– handwerksmäßige Tätigkeit **1** 22 ff.
– Minderhandwerk **1** 46
– verwandte Handwerke **7** 39 ff.
– wesentliche Tätigkeiten **1** 35 ff.
– zulassungsfreies **18** 1 ff.
– zulassungspflichtiges **1** 2 ff., 31 ff.; **5** 1 ff.
handwerklicher Kleinunternehmer
– Beitragsfreiheit **113** 23
– Mitgliedschaft Handwerkskammer **90** 10 ff., 12
Handwerksähnliches Gewerbe 18 1 ff.; **Anl. C 7** 71 ff.
– Abgrenzungskriterien zum Handwerk **Anl. C 7** 81 ff.
– Handwerklichkeit **18** 9
– handwerksähnliches Betreiben **18** 9
– Meisterprüfung, freiwillige **Vorb. 45** 7; **51** 1 ff.
– Mitgliedschaft Handwerkskammer **90** 11, 13 ff.
– Nebenbetriebe **90** 13 ff.
– qualitative Ähnlichkeit **18** 8
– quantitative Ähnlichkeit **18** 8
– Sonderbeiträge **113** 34
– Überwachung **111** 1 ff.
– Verkehrsauffassung **Anl. C 7** 79
Handwerksinnung (s. unter Innung)
Handwerkskammer
– Antragsrecht Betriebsuntersagung **16** 2
– Anzeigeempfänger **16** 8
– Arbeitnehmerbeteiligung **Vorb. 52** 9
– Aufgaben **91** 1 ff.
– Auflösung **115** 8, 16 f.
– Aufsicht **115** 1 ff.
– Bekanntgabe Wahlergebnis **100** 23 ff.; **Anl. C 18** 5
– Beteiligung an juristischer Person des Privatrechts **91** 48
– Ehren- und Gastmitglieder **90** 15
– Entstehung **90** 1 ff.
– Ermessen **91** 17, 36, 44
– Errichtung **90** 27
– Gebührenfestsetzung **113** 47
– gemeinsame Erklärung Betriebsuntersagung **16** 2, 6 f.
– Geschäftsführer **106** 7 ff.
– Geschäftsführung **109** 3
– Gestaltungsspielraum **93** 4

Magere Zahlen = Randnummern **Sachverzeichnis**

- Gleichwertigkeitsfeststellung **50b** 2
- Haftung für Handlungen des Vorstands **109** 5
- Insolvenzfähigkeit **90** 31
- Interessenförderung **91** 9 ff.
- Interessenvertretung **Vorb. 52** 10
- Kammerbezirk **90** 29 ff.
- Kammerzugehörigkeit **16** 31
- Kosten der Wahl **Anl. C 22** 2 ff.
- Löschungspflicht **13** 10
- Meisterprüfungsordnung **50** 3
- Mitglieder **Vorb. 52** 12 ff.
- Mitteilungspflicht **11** 1 ff.; **13** 11
- Neutralitätsverpflichtung **91** 13
- notwendige Beiladung **16** 30
- Organe **Vorb. 52** 14 ff.; **92** 1 ff.
- Pflichtmitgliedschaft **Vorb. 52** 16 ff.
- Satzung **Vorb. 52** 5; **93** 4
- Selbstverwaltungsorganisation **Vorb. 52** 8; **90** 4 ff.
- Selbstverwaltungsrecht **90** 5
- Spitzenverbände **91** 14 ff.
- Überwachung Handwerksbetriebe **111** 1 ff.
- Überwachungsfunktion **Vorb. 52** 20; **Vorb. 117** 3
- Unterrichtungsanspruch **118a** 2
- Vertretungsbefugnis **109** 2
- Vollversammlung **Vorb. 52** 14
- Zugehörigkeit **90** 8 ff.
- Zulassungsentscheidung **49** 6 ff.
- Zuziehung von Sachverständigen **107** 1 ff.

Handwerkskarte 10 1, 9 ff.
- Anzeigepflicht **16** 7
- Gebühr **10** 11
- Inhalt **10** 10
- Rückgabepflicht **13** 14

handwerksmäßige Tätigkeit 1 22 ff.
- Abgrenzung Industrie **1** 22 ff.
- handwerksähnliches Gewerbe **18** 2, 9
- zulassungsfreies Handwerk **18** 2

Handwerksorganisationen 52 1 ff.

Handwerksrolle
- Ausnahmebewilligung **8** 1 ff.; **9** 1 ff.
- Betriebsleiter **7** 2
- Betriebsleiterprinzip **7** 5
- Eintragung **7** 1 ff.
- Eintragungsanspruch **119** 7 ff.
- Eintragungspflicht **1** 14 ff., 31 ff.
- EU-Recht **1** 16 ff.
- Führung **6** 1 ff.
- Inhaberprinzip **7** 1
- Löschung von Amts wegen **13** 10
- Nebenbetriebe **2** 1 ff.

Haushalts-, Kassen- und Rechnungslegungsordnung
- Beschluss durch die Vollversammlung **106** 11

Haushaltsplan 113 36, 38
- Haushaltsordnung **113** 38
- Vollversammlungsbeschluss **113** 38

Industrie- und Handelskammer
- Anfechtungsrecht **16** 32
- Antragsberechtigung Löschung **13** 9
- gemeinsame Erklärung Betriebsuntersagung **16** 2, 16 f.
- Kammerzugehörigkeit **16** 31; **90** 10
- Klagerecht **12** 1 ff.
- notwendige Beiladung **16** 30

- Pflichtmitgliedschaft **90** 19 ff., 20

Inhaberprinzip 7 1, 5; **Einl.** 8
- Betriebsinhaber **7** 6 ff.
- Inhaberverzeichnis **19** 1 ff.
- Juristische Person **7** 7 ff.
- Weitergeltung **7** 5

Inhaberverzeichnis 19 1 ff.
- Neben- und Hilfsbetriebe **19** 2
- Ordnungswidrigkeit **19** 3
- Zulässigkeitsvoraussetzung **19** 3

Inländerdiskriminierung 9 5 ff.

Innung 52 ff.
- Aufgaben (s. unter Innungsaufgaben)
- Auflösung (s. unter Auflösung Innung)
- Aufsicht **75** 1 ff.; *s. auch Aufsicht über Innung*
- Ausschüsse (s. unter Innungsausschüsse)
- Beiträge (s. unter Innungsbeiträge)
- Berufsbildungsausschuss *s. unter Berufsbildungsausschuss Innung*
- Bezirk **52** 56 ff.
- Bildung/Gründung **52** 33 ff.
- Doppelnatur **53** 2
- Formen **52** 17 ff.
- Gastmitgliedschaft (s. unter Gastmitgliedschaft Innung)
- Gebühren (s. unter Innungsgebühren)
- Genehmigung der Satzung (s. unter Genehmigung Innungssatzung)
- Geschäfte der laufenden Verwaltung **61** 19; **66** 51, 54
- Geschäftsführung (s. unter Geschäftsführer Innung)
- Gesellenausschuss (s. unter Gesellenausschuss Innung)
- Gesellenprüfungsausschuss (s. unter Gesellenprüfungsausschuss Innung)
- Grundrechtsfähigkeit **52** 64; **53** 11 f.; **59** 12
- Gründungsmitglieder **52** 34 ff.
- Gründungsverfahren **52** 48
- Haftung (s. unter Haftung Innung)
- Historie **52** 8 ff.
- Innung in Reinform (s. dort)
- Innung mit Öffnungsklausel (s. dort)
- Innungskrankenkassen **54** 38; **68** 11
- Innungsmonopol/Ausschließlichkeitsanspruch **52** 55
- Innungsversammlung (s. dort)
- Insolvenz (s. unter Insolvenzverfahren Innung)
- Körperschaft des Öffentlichen Rechts **53** 3 ff.
- Liquidation (s. unter Liquidation Innung)
- Mitgliedschaft (s. unter Innungsmitgliedschaft)
- Mittelbare Staatsverwaltung **53** 10
- Nähe **52** 17, 22
- Name **52** 53 f.
- Organe (s. unter Innungsorgane)
- Rechtsfähigkeit **53** 13 ff.
- Rechtsform **52** 7; **53** 3 ff.
- Sammelinnung (s. dort)
- Satzung (s. unter Innungssatzung) **55** 1 ff.
- Schlichtungsausschuss (s. unter Schlichtungsausschuss Innung)
- Selbstverwaltungskörperschaft der Wirtschaft **53** 6 ff.
- Sterbekasse (s. unter Unterstützungskasse)
- Stimmrecht (s. unter Stimmrecht Innungsversammlung)

757

Sachverzeichnis
Fette Zahlen = §§

- Tariffähigkeit (s. unter Tariffähigkeit der Innung)
- Überblick **52** 6 f.
- Unterstützungskasse (s. dort)
- Vermögensauseinandersetzung **78** 12 ff.; **89** 23
- Vertreterversammlung **61** 3
- Vorstand (s. unter Innungsvorstand)
- Zünfte (s. dort)
- Zweck **Vorb. 52** 2

Innung in Reinform 52 18, 20
Innung mit Öffnungsklausel 52 32; **58** 6, 13 ff.
- Ausbildungsordnung **52** 19, 22, 29 ff.; **58** 6, 13 f.
- Fachliche und wirtschaftliche Nähe **58** 15 f.

Innungsaufgaben
- Amtshilfe **54** 15, 21
- Aufgabenkatalog **54** 6 ff.
- Aufgabenüberscheidung mit Handwerkskammer **54** 3.1
- Aufgabenzuordnung **54** 4 f.
- Auskunftserteilung **54** 15
- Befangenheit **54** 16
- Beratung bei Vergebung öffentlicher Lieferungen und Leistungen **54** 21
- Berufsehre **54** 7
- Berufsschulverwaltung **54** 13
- Betriebsberatung **54** 20
- Disziplinargewalt **54** 7
- Einrichtungen zur Verbesserung der Arbeitsweise und der Betriebsführung **54** 20
- Fachschulen **54** 12
- Förderung des Genossenschaftswesens **54** 14
- Förderung des handwerklichen Könnens **54** 12
- Gemeingeist **54** 7
- Generalklausel **54** 3
- Gesellenprüfung **54** 11
- Gesellenprüfungsausschuss **54** 11
- Gutachtenerstattung **54** 15 f.
- Gutes Verhältnis **54** 8
- Inkassotätigkeit **54** 20
- Interessenförderungspflicht **54** 3
- Kann-Aufgaben **54** 23 ff.
- Lehrlingsausbildung **54** 9 f.; **61** 14
- Muss-Aufgaben/Pflichtaufgaben **54** 6 ff.
- Pressewesen **54** 22
- Prozessvertretung **54** 20
- Rechtsberatung **54** 20
- Satzung **54** 3; **55** 19
- Soll-Aufgaben **54** 19 ff.
- Steuerliche Beratung **54** 20
- Systematik **54** 2
- Tarifvertrag **54** 24 ff.; *s. auch Tariffähigkeit der Innung*
- Unterstützung handwerklicher Organisationen und Einrichtungen **54** 17
- Unterstützungskassen **54** 35 f.
- Veranstaltung von Lehrgängen **54** 12
- Vermittlung bei Streitigkeiten **54** 37
- Vorschriften und Anordnungen der Handwerkskammer **54** 18

Innungsausschüsse
- Arten **67** 9 ff.
- Berufsbildungsausschuss **67** 9, 12 ff.; *s. auch Berufsbildungsausschuss Innung*
- Entscheidungsbefugte Ausschüsse **67** 11
- Fakultative Ausschüsse **61** 13; **67** 4, 9, 17
- Gesellenausschuss **68** 1 ff.; *s. auch Gesellenausschuss Innung*
- Gesellenprüfungsausschuss **67** 9, 11; *s. auch Gesellenprüfungsausschuss Innung*
- Obligatorische Ausschüsse **67** 9
- Organ **67** 4
- Rechnungs- und Kassenprüfungsausschuss **67** 9, 10
- Schlichtungsausschuss (s. unter Schlichtungsausschuss Innung)
- ständige Ausschüsse **67** 10
- temporäre Ausschüsse **67** 10
- vorbereitende Ausschüsse **67** 11
- Wahl **61** 13; **67** 5
- Zusammensetzung **67** 6 ff.
- Zuständigkeit **67** 5
- Zwischenprüfungsausschuss **67** 9

Innungsbeiträge
- Äquivalenzprinzip **73** 17 f.
- Beiträge **73** 5
- Beitragsarten **73** 6 ff.
- Beitreibung **73** 32
- Bemessungsgrundlage **55** 32; **73** 9 ff.
- Gleichheitsgrundsatz **73** 19 f.
- Grundsatz der Erforderlichkeit **73** 4
- Grundsatz der Nichtgewerblichkeit **73** 24
- Höhe **73** 23
- Innungsversammlung **61** 10, 11
- Kostendeckung(sprinzip) **73** 4 ff., 26
- Mischbetriebe **73** 21 f.
- Rabatt/Kammerbeitrags-Bonussystem **73** 25
- Rechtsschutz **73** 34 f.
- Verjährung **73** 33

Innungsbezirk 52 56 ff.
- Grundrechtsschutz **52** 64
- Grundsatz der Deckungsgleichheit **52** 58
- Kammerbezirk **52** 62
- Postulat der Einräumigkeit der Verwaltung **52** 59

Innungsgebühren
- Begriff **73** 27
- Beitreibung **73** 32
- Gebührenordnung **73** 28 ff.
- Gleichheitsgrundsatz **73** 31
- Höhe **73** 31
- Innungsversammlung **61** 10, 12
- Kostendeckungsprinzip **73** 31
- Rechtsschutz **73** 34 f.
- Verjährung **73** 33

Innungskrankenkassen 54 38; **68** 11
Innungsmitgliedschaft
- Arbeitnehmer **58** 7, 17
- Aufnahmeanspruch **55** 21 f.; **58** 18, 28 ff.
- Ausschluss **55** 26 ff.; **58** 34
- Austritt **55** 23 ff.; **58** 33
- Beendigung **58** 32 ff.
- Beginn **58** 31
- Betriebsinhaber **58** 3 ff.
- Betriebsleiter **58** 7
- Bindungswirkung Handwerksrolleneintragung **58** 4, 4.1
- Eintritt **55** 21
- Fakultative Mitgliedschaft **58** 18 ff.
- Gastmitgliedschaft **59** 1 ff.; *s. auch Gastmitgliedschaft Innung*
- Gesellen **58** 17

Magere Zahlen = Randnummern

Sachverzeichnis

- Gewerbeausübung **58** 8 f.
- Gewerbetreibende eines handwerksähnlichen Gewerbe **58** 13 f.
- Gleichbehandlung **58** 40 f.
- Innung mit Öffnungsklausel **58** 13 f.
- Lehrlinge **58** 7, 17
- Löschung aus Handwerksrolle **58** 36
- Löschung aus Inhaberverzeichnis **58** 37
- Mehrere Mitgliedschaften **58** 26 f.
- Mitgliederkreis **58** 1 ff.
- Mitgliedsbeiträge **55** 32; *s. auch Innungsbeiträge*
- Pflichtmitgliedschaft **58** 20 ff.
- Rechte und Pflichten **55** 31
- Rechtsschutz **58** 30
- Satzung **58** 10 ff.
- Teilidentität mit Mitgliederkreis der Handwerkskammer **58** 17
- Tod **58** 35
- Verlegung gewerbliche Niederlassung **58** 38
- Verweigerungsgründe **58** 29 ff.
- Voraussetzungen **58** 2 ff., 10 ff.
- Zweigniederlassung **58** 27

Innungsorgane
- Ausschüsse **55** 36; **60** 2, 12; **67** 4; *s. auch Innungsausschüsse*
- Definition **60** 1
- Geschäftsführer **60** 5; **66** 52; *s. auch Geschäftsführer Innung*
- Innungsversammlung **55** 34; **60** 29 f.; *s. auch Innungsversammlung*
- Legitimation **60** 7
- Vorstand **55** 35; **60** 2, 11; *s. auch Innungsvorstand*

Innungssatzung
- Änderung **55** 12, 42; **61** 20, 21
- Aufgaben **55** 4, 19
- Auflösung Innung **55** 42, 44; **61** 22 f.
- Bekanntmachung **55** 10 f.
- Bezirk **55** 18
- Gastmitgliedschaft **59** 1 ff., 11; *s. auch Gastmitgliedschaft Innung*
- Genehmigung **56** 1 ff.; *s. auch Genehmigung Innungssatzung*
- Haushaltsplan **55** 38; **61** 7, 8
- Inhalt **55** 2 ff., 13 ff.
- Jahresrechnung **55** 39; **61** 7, 9
- Mitgliedsbeiträge **55** 32; *s. auch Innungsbeiträge*
- Mitgliedschaft **55** 20 ff.; **58** 10 ff.; *s. auch Innungsmitgliedschaft*
- Mustersatzung **55** 3
- Name **55** 16
- Nebeneinrichtungen **55** 40
- Nebensatzung **55** 13, 43
- Organe **55** 33 ff.; *s. auch Innungsorgane*
- Rechtsverhältnisse der Mitglieder **55** 6
- Satzungsautonomie **55** 2
- Schriftform **55** 9
- Sitz **55** 17
- Verwaltung **55** 5 f.
- Verwendung Innungsvermögen **55** 44

Innungsversammlung
- Allzuständigkeit **61** 5
- Auflösung Innung **61** 22 f.; **62** 22 ff.; *s. auch Auflösung Innung*
- bedeutsame Geschäfte **61** 15 ff.
- Befangenheit **63** 9; **64** 3 ff.
- Beiträge **61** 10, 11

- Beschlussfähigkeit **62** 14
- Beschlussfassung **62** 4 ff.
- Einberufung **62** 5 ff., 27 ff.
- Gastmitglieder **61** 2, 4; **63** 7
- Gebühren **61** 10, 12
- genehmigungspflichtige Rechtsgeschäfte **61** 25 f.
- Haushaltsplan **61** 7, 8
- Jahresrechnung **61** 7, 9
- laufende Geschäfte der Verwaltung **61** 19
- Lehrlingsausbildung **61** 14
- Mitgliedschaft Landesinnungsverband **61** 24
- ordentliche Innungsversammlung **62** 27
- Organ **60** 29 f.; **61** 1
- Quorum **62** 15, 18
- Satzungsänderung **55** 12; **61** 20, 21, 23; **62** 19 ff.
- Stimmberechtigung **62** 16; **63** 5 ff.; *s. auch Stimmberechtigung Innungsversammlung*
- Tagesordnung **62** 7, 10 f.
- Vertreterversammlung **61** 3; **62** 25 f.; **63** 11
- Vorbehaltsaufgaben **61** 6 ff.
- Wahl Ausschüsse **61** 13; *s. auch Innungsvorstand*
- Wahl Vorstand **61** 13
- Zusammensetzung **61** 2 ff.

Innungsvorstand
- Altersgrenze **66** 19
- Amtszeit **66** 16
- Anzeige des Wahlergebnisses **66** 29
- Bescheinigung der Handwerkskammer **66** 47 f.
- Bildung **66** 2
- Ehrenamt **66** 56 ff.
- Geschäftsführer **66** 51 ff.; *s. auch Geschäftsführer Innung*
- Haftung **66** 55
- Haushaltsplan **61** 7, 8
- Jahresrechnung **61** 7, 9
- Nachwahl **66** 18
- Organ **60** 2, 11; **66** 1
- Rechtsbehelf gegen Wahl **66** 30 ff.
- Umfang Vertretungsmacht **66** 49 f.
- Vertretungsbefugnis **66** 42 ff.
- Wahl **61** 13; **66** 5 ff.
- Wahlverfahren **66** 20 ff.
- Widerruf **66** 37 ff.
- Wiederwahl **66** 17
- Zusammensetzung **66** 3, 15

Insolvenz
- Handwerkskammer **90** 31 ff.

Insolvenzverfahren Innung
- Auflösung **77** 7 f.
- Eröffnung des Insolvenzverfahrens/Antragstellung **77** 9
- Eröffnung gerichtliches Vergleichsverfahren **77** 14
- Eröffnungsgründe **77** 11
- Haftung **77** 10
- Insolvenzfähigkeit **77** 1 ff.
- Liquidation **78** 1 ff.

Interessen
- Gesamtinteresse **91** 4
- Handwerkerinteressen **91** 6 ff.
- des Handwerks **91** 4 ff.
- Interessenförderung **91** 9 ff.
- Privatinteressen **91** 6

759

Sachverzeichnis

Fette Zahlen = §§

Interessenförderung 91 9 ff.
- Grenzen **91** 11 ff.
- Handwerkskammer **91** 9 ff.
- Innungen **91** 10
- wirtschaftliche Interessen **91** 43 ff.

Interessenvertretung
- Handwerkskammern **Vorb. 52** 10; **90** 6 ff.

Juristische Person 58 4, 5
- Datenübermittlung **5a** 2
- Eintragung in die Handwerksrolle **7** 7 ff.
- Eintragungsfähigkeit **7** 9
- des öffentlichen Rechts **7** 7
- des Privatrechts **7** 8

Kammerbezirk 90 29 ff.; **Anl. C 3** 1 ff.
- Bezirksänderungen **90** 30
- Wahlbezirk **Anl. C 3** 9

Kandidatur Anl. C 7 35 ff.
- Anfechtung **Anl. C 7** 39 ff.; **Anl. C 11** 24
- Rücktritt **Anl. C 7** 70
- Widerruf **Anl. C 7** 59 ff.
- Zustimmungserklärung **Anl. C 10** 1 ff.
- Zustimmungserklärung Rechtsnatur **Anl. C 7** 37

Körperschaft des Öffentlichen Rechts
- Doppelnatur der Innung **53** 2 ff.

Kostendeckungsprinzip
- Beiträge zur Handwerkskammer **113** 6
- Gebührenfestsetzung **113** 48
- zulässige Rücklagen **113** 6

Kreishandwerkerschaft
- Aufgaben **87** 1 ff.
- Auflösung **89** 7, 20
- Aufsicht **89** 19
- Ausschüsse **89** 16
- Beiträge **89** 17
- Bezirk **86** 4 f.
- Durchführung der Vorschriften und Anordnungen der Handwerkskammer **87** 12
- Förderungs- und Unterstützungseinrichtungen **87** 7 ff.
- Freiwillige Aufgaben **87** 3
- Führung der Geschäfte der Innung **87** 11
- Gebühren **89** 17
- Genehmigung Satzung **89** 9
- Gesellenausschuss **89** 6
- Haftung **89** 18
- Historie **86** 3
- Insolvenz **89** 21
- Liquidation **89** 22
- Mitgliederversammlung (s. unter Mitgliederversammlung Kreishandwerkerschaft)
- Mitgliedschaft **86** 6 ff.
- Neutralitätsgebot **87** 5
- Organe **89** 10
- Pflichtaufgaben **87** 3 f.
- Rechtsfähigkeit **89** 3
- Rechtsform **89** 3
- Satzung **89** 4 ff.
- Überblick **86** 1 f.
- Unterstützung der Behörden **87** 10
- Unterstützung der Innungen **87** 6
- Unterstützungseinrichtungen **89** 8
- Vermögensauseinandersetzung **89** 23
- Verweisungsnorm **89** 1 ff.
- Vorstand **89** 15
- Wahrung der Gesamtinteressen **87** 5

Ladungsfrist Vorstandssitzung Anl. C 1 45

Landesinnungsverband
- Aufgaben **81** 2 ff.; **84** 7
- Auflösung **83** 18
- Aufsicht **79** 3
- Ausschließlichkeitsanspruch **79** 19 f.
- Austritt **83** 17
- Einrichtungen **82** 5
- Einzelmitglieder **79** 21 f.
- Förderung wirtschaftlicher und sozialer Interessen **82** 3 ff.
- Freiwillige Aufgaben **81** 7 f.; **82** 2 ff.
- Gastmitglieder **79** 23; **83** 9
- Gebiet **79** 18; **80** 9
- Genossenschaftswesen **82** 6
- Grundrechtsfähigkeit **80** 3
- Gründung **80** 6
- Gutachten **81** 6
- Haftung **83** 15
- Handwerksähnliche Gewerbe **84** 2 ff.
- Historie **79** 8 ff.
- Insolvenz **83** 19
- Interessenwahrnehmung **81** 3
- Liquidation **83** 23 ff.
- Mitgliederversammlung *s. auch Mitgliederversammlung Landesinnungsverband*
- Mitgliedschaft **79** 13 ff., 21 ff.; **83** 9; **84** 2
- Oberste Landesbehörde **80** 5
- Organe **83** 4
- Pflichtaufgaben **81** 2 ff.
- Rechtsfähigkeit **80** 4, 7; **83** 20
- Rechtsform **80** 2
- Satzung **80** 10
- Satzungsgenehmigung **80** 8
- Tariffähigkeit **82** 7 f.
- Überblick **79** 1 ff.
- Unterbreitung von Anregungen und Vorschlägen **81** 5
- Unterstützung der Innungen **81** 4
- Vermögensanfall **83** 21 f.
- Verweisungsnorm **83** 1
- Vorstand **83** 14, 34

Lehrling vor 21 3

Lehrlinge 52 42; **58** 17

Lehrlingsrolle
- Änderung **29** 1
- Datenschutz **28** 15
- Einrichtung **28** 3
- Eintragung **29** 1 ff.; **42m** 7
- Führen **28** 3
- Löschung **28** 16; **29** 10

Liquidation Innung
- Aufgaben der Liquidatoren **78** 7 ff.
- Auflösung **78** 3 f.
- Bekanntmachung **78** 10 f.
- Liquidatoren **78** 5 f.
- Vermögensauseinandersetzung **78** 12 ff.

Listenprinzip Anl. C 8 7
- Abbildungsprinzip **Anl. C 8** 14 ff.
- Vollständigkeitsprinzip **Anl. C 8** 12 f.

Listenwahl 95 3 ff.; **Anl. C 8** 7
- Abbildungsprinzip **Anl. C 8** 14 ff.
- Einheitsliste **Anl. C 20** 28
- Friedenswahl **95** 4; **Anl. C 20** 1 ff.
- Listenergänzung **Anl. C 11** 22
- mehrfache Ausfertigung identischer Liste **Anl. C 8** 59

Magere Zahlen = Randnummern

Sachverzeichnis

– Mehrheitswahl **95** 3
– Vollständigkeitsprinzip **Anl. C 8** 12 f.
– Zulässigkeit der Listenergänzung **Anl. C 7** 8 f.
Löschung
– Antragsberechtigung **13** 9
– Betriebsuntersagung **16** 12
– Eintragung in die Handwerksrolle **13** 1 ff.
– Gegenstand **13** 2
– konstitutive Wirkung **13** 3
– Kosten **13** 12
– Lehrlingsrolle **28** 16; **29** 10
– Löschungsvoraussetzungen **13** 6 ff.
– Mitteilungspflicht **13** 11
– Rechtsanspruch **13** 4
– Rücknahmeantrag **14** 5 ff.
– veränderte Umstände **14** 6 ff.
– von Amts wegen **13** 10
– zeitliche Beschränkung **14** 1 ff.

Mangelhafte Wahlvorschläge Anl. C 11 1 ff.
– Beseitigung behebbarer Mängel **Anl. C 11** 1 ff.
Mehrheitswahl 95 3
Meisterprüfung 91 25 ff.
– Anforderungen **Vorb. 45** 1 ff.
– Anpassungslehrgang **50b** 21
– ausländische Prüfungszeugnisse **50a** 1 ff.
– Ausnahmebewilligung **8** 11, 27
– Befreiung **46** 1 ff.; **49** 6 ff.
– Befreiungsantrag **46** 10
– Befreiungsumfang **46** 3 ff.
– Berufsbilder **45** 4
– Bestandsschutz **121** 1 ff.
– einheitliche Prüfung **Vorb. 45** 18, 3
– Eintragungsvoraussetzung Handwerksrolle **7** 27 ff.
– fakultative **51a** 1 ff.
– freiwillige **Vorb. 45** 7
– Gegenstände **45** 18 ff.
– gleichgestellte Prüfungen **121** 1 ff.
– Gleichstellungsverordnung **50a** 2
– gleichwertige Prüfungen **7** 28 ff.
– Gleichwertigkeitsantrag **50b** 3
– Gleichwertigkeitsfeststellung **50b** 2; **51e** 1
– Handwerkskammer **49** 6 ff.; **91** 25 ff.
– Meisterprüfungsausschuss **46** 2
– Meisterprüfungsberufsbilder **45** 7
– Meisterprüfungsverordnung **Vorb. 45** 5
– Meisterprüfungsziel **45** 13 f.
– Prüfungsteile **45** 21 ff.
– Prüfungszugangserleichterungen **123** 1 ff.
– Qualifikationssicherung **45** 2
– Zulassungsentscheidung **49** 9 ff.
– Zulassungsvoraussetzungen **49** 1 ff.
Meisterprüfungsausschuss 47 1 ff.; **91** 25 ff.; **51b** 1 ff.
– Aufgaben **47** 1
– Bestandsschutz **122** 2
– Errichtung **47** 2; **51b** 1
– Handwerkskammer **91** 26
– Mitglieder **47** 3; **48** 1 ff.
– Prüfungsrecht **46** 2
– Staatsorgan **47** 4
– Zulassungsentscheidung **49** 12
Meisterprüfungsberufsbild 45 7
– dynamischer Handwerksbegriff **45** 12
– fakultative Meisterprüfung **51a** 3

– Gesamtregelungsverständnis **45** 15
Meisterprüfungsverordnung Vorb. 45 5
– A-Handwerke **91** 25
– Berufsbilder **45** 4
– Bestandsschutz **122** 1 ff.
– B-Handwerke **91** 27
– Gegenstand **50** 2
– Handwerkskammer **50** 3
– handwerksrechtliche Verfahrensregelungen **45** 17
– Verordnung **50** 4
Meistertitel Vorb. 45 5; **51** 1 ff.
– Ausbildungsbezeichnung **51** 1
– Berechtigung **51** 1 f.
– Bußgeld **Vorb. 45** 5; **117** 7
– Führen **51** 5
– handwerksähnliches Gewerbe **51d** 1
– Ordnungswidrigkeit **51** 5
– zulassungsfreies Handwerk **51d** 1
Meisterverordnungen
– Berufsbilder **45** 6
Minderhandwerk 1 1 ff.; **117** 1
Mischbetriebe 113 20 ff.
Mitglieder der Vollversammlung der Handwerkskammer 93 2 ff.; **94** 1 ff.
– Ehrenamt **94** 2
– Einsichtsrecht bzgl. Rechnungsprüfungsberichte **105** 16
– Rechtsstellung **94** 1 ff.
– Unabhängigkeit **94** 1
– Voraussetzungen für die Wählbarkeit in den Vorstand **108** 2
– Wahl **93** 1; **95** 1 ff.; **98** 11; **124a** 1 ff.
– Ziel **94** 1
Mitgliederversammlung Kreishandwerkerschaft
– Aufgaben **88** 7 ff.
– Ausschluss Stimmrecht **89** 14
– Einberufung und Beschlussfassung **88** 4 ff.; **89** 12
– Stimmrecht **88** 3
– Zusammensetzung **88** 2
– Zuständigkeit **89** 11
Mitgliederversammlung Landesinnungsverband
– Einberufung und Beschlussfassung **83** 10 ff.
– Organ **83** 4
– Stimmrecht **83** 13, 33
– Zusammensetzung **83** 31 f.; **84** 8
– Zuständigkeit **83** 5 ff.
Mitgliedschaft
– Beginn **90** 9
– Betriebsbezogenheit **90** 8
– Ehren- und Gastmitglieder **90** 15
– handwerkliche Nebenbetriebe **90** 13 ff.
– handwerklicher Kleinunternehmer **90** 10 ff.
– Handwerkskammer **Vorb. 52** 12 ff.; **90** 8 ff.
– Pflichtmitgliedschaft **90** 19 ff.
– Vollversammlung **Vorb. 52** 16 ff.
Mitteilung
– Adressat **11** 4 ff.; **13** 11
– Anfechtbarkeit **11** 7 ff.; **13** 12
– der Eintragungsabsicht **11** 1 ff.
– der Löschungsabsicht **13** 11
– Form **11** 8
– Inhalt **11** 3
– Klagerecht IHK **12** 5

Sachverzeichnis
Fette Zahlen = §§

– Rechtsnatur **11** 7; **13** 12
Mitteilungspflicht 11 1 ff.
– Eintragungsverfahren **11** 1
– Handwerkskammer **11** 1 ff.

Natürliche Person 58 4, 5
Nebenbetriebe 2 1 ff.
– Abgrenzung Hauptbetrieb **3** 2 ff.
– B1-Betriebe **3** 16
– Beitragsverpflichtung **113** 19
– Eigenständigkeit **3** 10
– erhebliche Tätigkeit **3** 12 ff.
– handwerkliche **3** 1 ff.
– handwerksähnliches Gewerbe **90** 13 ff.
– Marktzugang **3** 11
– Mitgliedschaft Handwerkskammer **90** 13 ff.
– öffentlich-rechtliche Unternehmen **2** 1 ff.
Neutralitätsverpflichtung 91 13
Niederlassungsfreiheit 1 16; **9** 3 f.; **Vorb. 52** 12 f.; **90** 23 f.
Notwendiger Satzungsinhalt 105 3 ff.

Oberste Landesbehörde
– Anzeigepflicht Vorstandswahl **108** 10
– Aufsicht **115** 1 ff.
– Bescheinigung der Vorstandsstellung **108** 10
– Genehmigung Beschlüsse der Vollversammlung **106** 21
– Genehmigung einer Satzungsänderung **105** 2
– Meisterprüfungsausschuss **47** 2
– Satzung der Handwerkskammer **105** 1
Opportunitätsprinzip 112 1
Ordnungsgeld 112 1 ff.; **Vorb. 117** 2
– Adressaten **112** 2
– Androhung **112** 3
– Beitreibung **112** 7
– Beurteilung **112** 1
– Eröffnung Verwaltungsrechtsweg **112** 6
– Festsetzung **112** 5
– Höhe **112** 1
– Mehrfache Verhängung **112** 1
– Opportunitätsprinzip **112** 1
– Straf- und Bußcharakter **112** 1
– Verjährung **112** 8
– Zuständigkeit **112** 1
– Zweck **112** 2
Ordnungswidrigkeit 19 3; **51** 5; **111** 4; **Vorb. 117** 1 ff.; **Anl. C 2** 5
Organe
– abschließende Regelung **92** 3
– Handwerkskammer **92** 1 ff.; **Anl. C 1** 30 ff.
– Organqualität Geschäftsführer der Handwerkskammer **106** 7
Organisation des Handwerks Vorb. 52 1 ff.

Personenbezogene Daten
– Betriebsleiter **5a** 9 ff.
– Zulässigkeit der Übermittlung **5a** 4
Personengesellschaft 58 4, 5
– Eintragung in die Handwerksrolle **7** 10
Persönliche Eignung 22a 1 ff.
Pflichtaufgaben
– Handwerkskammer **91** 61
Pflichtmitgliedschaft
– Berufsfreiheit **90** 16
– Dienstleistungsfreiheit **90** 23 ff.
– Ehren- und Gastmitglieder **90** 15
– Handwerkskammer **90** 19 ff.

– Industrie- und Handwerkskammer **90** 20
– Innungen **90** 22
– Interessenförderung des Handwerks **91** 6
– Niederlassungsfreiheit **90** 23 ff.
– Verbände **90** 16 ff.
– Verfassungskonformität **Anl. C 7** 21
– Wahlvorschläge **Anl. C 7** 15
Präsident, der Handwerkskammer
– Vertretungsbefugnis **109** 2
– Vorbereitungspflicht bzgl. Vorstandssitzungen **Anl. C 1** 43 ff.
– Wahl **108** 8
Prüfungsausschuss
– Fortbildung **42c** 2
– Gesellenprüfung **31** 2; **33** 1 ff.
– Umschulung **42i** 5
– Zwischenprüfung **39** 5
Prüfungsordnung
– Fortbildung **42c** 3
– Gesellenprüfung **38** 1 ff.
– Prüfungszeugnis **38** 12
– Umschulung **42i** 6
– Zusatzqualifikation **39a** 4
Prüfungszugangserleichterungen 123 1 ff.

Rechnungsprüfung
– kammerexterne **105** 14
– kammerinterne **105** 13
– notwendiger Satzungsinhalt **105** 13 ff.
– Satzungsform der Jahresrechnung **106** 13
– Überprüfung durch Landesrechnungshof **105** 15
Rechtsaufsicht 115 1 ff.
– Aufsichtsmittel **115** 6 ff.
– Festsetzung Ordnungsgeld **112** 2
– Gegenstand **115** 3 ff.
– Genehmigung Vollversammlungsbeschlüsse **106** 21
– Informationsrecht **115** 13
– Rechtsschutz **115** 16
– Wahlergebnis **Anl. C 18** 2
– Zuständigkeit **115** 1
Rechtsberatung
– Handwerkskammer **91** 62
Rechtsnachfolge Handwerksorganisationen 124 1 ff.
– Rechtsnachfolge **124** 2
– Voraussetzungen **124** 5
Reisehandwerk 1 5 ff.
Rücklagen 113 6
– Anspruch auf Rückzahlung **113** 8
– Prognosespielraum **113** 7, 8

Sachverständiger
– Ausschließliche Zuständigkeit der Vollversammlung **106** 18
– Bedürfnis **91** 31
– Beratung der Ausschüsse **110** 2
– Bestellung **91** 30
– Eignung und Sachkunde **91** 36
– Mindestalter **91** 37
– Widerruf der Bestellung **91** 42
– Zuwahl sachverständiger Personen **106** 6; **Anl. C 1** 27
– Zuziehung durch die Handwerkskammer **107** 1 ff.
Sammelinnung 52 21 f.
– Ausgliederung einer Fachgruppe **52** 68 ff.

762

Magere Zahlen = Randnummern

Sachverzeichnis

– Fachgruppen **52** 21 f.; **58** 6
– fachliche Nähe **52** 23 ff., 26
– Gesamtauflösung **52** 79
– handwerksähnliche Handwerk **58** 6, 13
– teilweise Auflösung **52** 75
– wirtschaftliche Nähe **52** 23 ff., 27
Satzung
– Änderung **105** 2
– Aufgabenkonformität **105** 18
– Beschlussfähigkeit Vorstand **Anl. C 1** 53
– Bestimmungen zur Verwaltungsbefugnis des Vorstandes **109** 1
– Erlass **105** 1
– Gestaltungsspielraum **93** 4
– Handwerkskammer **105** 1 ff.
– Kosten **105** 1
– notwendiger Inhalt **105** 3 ff.
– Status der Vorstandsmitglieder **108** 4
– Veröffentlichung **105** 18
– Wahlverfahren **124a** 6 ff.
– Zulässigkeit von Wählbarkeitsbeschränkungen **108** 5
– Zusammensetzung Vollversammlung **93** 4; **Anl. C 4** 6 ff.
– Zuständigkeit **105** 1
– Zuständigkeitsverteilung Vorstand **108** 4
Satzungsänderung 105 2
– ausschließliche Zuständigkeit der Vollversammlung **106** 20
– Genehmigung durch die oberste Landesbehörde **105** 2
– Mehrheitserfordernisse **105** 17
– Veröffentlichung **105** 18
– Voraussetzungen **105** 2
– Zuständigkeit **105** 2
Satzungsautonomie Anl. C 4 8 ff.
– Gruppenbildung **Anl. C 7** 12
– Vollversammlungszusammensetzung **Anl. C 4** 8 ff.
Schlichtungsausschuss Innung
– entscheidungsbefugter Ausschuss **67** 11
– fakultativer Ausschuss **67** 17
– gutes Verhältnis zwischen Meistern, Gesellen und Lehrlingen **54** 8
– Verfahrensordnung **67** 21
– Wesen **67** 18
– Zusammensetzung **67** 19
Schlichtungskommission 16 18 ff.
– Entscheidung in der Sache **16** 22
– Schlichtungsverfahren **16** 20 ff.
Schwarzarbeit 117 5
Selbständige 1 9 ff.
– Abgrenzung Arbeitnehmer **1** 11
– Abgrenzung Scheinselbständige **1** 12
– Subunternehmer **1** 13
Selbstverwaltungsrecht
– funktionale **90** 5
– Handwerkskammern **90** 5
– Interessenvertretung **90** 6 ff.
Sonderbeiträge 113 26, 31 ff.
– Äquivalenzprinzip **113** 33
– Gruppensonderbeiträge **113** 33
– überbetriebliche Ausbildung **113** 34
Spitzenverbände 91 14 ff.
Stellvertreter
– Listenmitglied **Anl. C 8** 33 ff.
– Vollversammlungsmitglied **93** 5

– Zustimmungserklärung **Anl. C 10** 5
Stimmrecht Innungsversammlung
– Ausschluss **63** 9 f.; **64** 3 ff.
– Befangenheit **63** 9; **64** 3 ff.; **65** 12
– Einschränkung **63** 11
– Gast- und Ehrenmitglieder **63** 7
– Gesellenausschuss **63** 12
– Grundsatz der Höchstpersönlichkeit **65** 2; **66** 8
– ordentliche Mitglieder **63** 5 f.
– Stimmberechtigung **62** 16; **63** 5 ff.
– Übertragung **63** 13; **65** 3 ff.
Stimmzettel
– Farbgestaltung **Anl. C 15** 8 f.
– Gültigkeit **Anl. C 14** 1 ff.
– inhaltliche Gestaltung **Anl. C 15** 10
– Kennwort **Anl. C 14** 5 ff.; **Anl. C 15** 10 f.
– Kennzeichnung **Anl. C 17** 10 f.
– Nummer **Anl. C 14** 5 ff.; **Anl. C 15** 11
– Stempel **Anl. C 15** 7
– Ungültigkeit **Anl. C 17** 9 ff.
– Wahlunterlagen *s. dort* **Anl. C 17a** 1 ff.; **Anl. C 18** 8 ff.
Stufenausbildung 26 10 ff.
– Zwischenprüfung **39** 4

Tariffähigkeit der Innung 54 24 ff.
– Beteiligung Gesellenausschuss **68** 12
– Mitgliedschaft ohne Tarifbindung (OT-Mitgliedschaft) **54** 26 ff.
– Subsidiarität **54** 25
– Vereinbarkeit mit Grundgesetz **54** 25, 25.1
– Zweck **54** 24
Technisch-betriebswirtschaftliche Fortbildung 91 29 ff.
– Fortbildungsorganisation **91** 30
– Ziel **91** 31
Teilzeitberufsausbildung 27b 7 ff.
Trennungsprinzip Anl. C 8 8

Überbetriebliche Berufsausbildung 26 22; **41** 7
Überwachung
– Ausbildung behinderter Menschen **42l** 3; **42m** 7
– Berufsausbildungsvorbereitung **42o** 8; **42q** 4
– Berufsbildung **41a** 1 ff.
– Eignung **23** 1 ff.
– Umschulung **42g** 4
Überwachung Handwerksbetriebe 111 1 ff.
– Beauftragte **111** 2
– Überwachungsbefugnisse Handwerkskammer **111** 1
– Verhältnis zur allgemeinen Gewerbeaufsicht **111** 3
– Zweckbindung **111** 3
Überwachungsbeauftragte 111 2
– Bestellung **111** 2
– Zweckbindung **111** 3
Umschulung
– Anzeigepflicht **42i** 2 ff.
– Befreiung von Prüfungsbestandteilen **42i** 8 ff.
– Prüfungsausschuss **42i** 5
– Umschulungsordnung **42e** 1 ff.
– Umschulungsprüfungsregelung **42f** 1 ff.
Unabhängigkeit
– Vollversammlungsmitglied **94** 1
– Vorstand **Anl. C 1** 57

763

Sachverzeichnis

Fette Zahlen = §§

- Wahlleiter **Anl. C 1** 73
Unterausschuss 44b 3
Unterrichtungspflicht 118a 1 ff.
Untersagung
- Ausbilden **24** 3
- Berufsausbildungsvorbereitung **42q** 1 ff.
- Einstellen **24** 3
- Umschulung **42g** 7
Untersagungsverfügung
- Anfechtbarkeit **16** 27
- Anordnung der sofortigen Vollziehbarkeit **16** 28
- Feststellungsklage **16** 29
- Inhalt **16** 15
- Vollstreckung **16** 26
- Zuständigkeit **16**
Unterstützungskasse 57 1 ff.
- Auflösung **57** 12
- Befriedigungsrecht **57** 11
- Gesellen **54** 36
- Haftung **57** 11
- Haushaltsplan **55** 40; **57** 9
- Jahresrechnung **55** 40; **57** 9
- Kann-Aufgabe **54** 35 f.
- Nebeneinrichtung **55** 40; **57** 3
- Nebensatzung **55** 13, 43; **57** 5 ff.
- Organqualität **57** 7
- Rechtspersönlichkeit **57** 4
- Sterbekasse **57** 3
- Vermögenstrennung und -verwaltung **57** 9
- Vermögensverwendung **57** 10
Unterstützungspflicht
- Handwerkskammer **91** 54 ff.
- Inhalt **91** 55
- Unterstützungskasse **91** 55
Vereinigungsfreiheit Anl. C 7 16 ff.
Verkürzte Gesamtausbildungszeit 27c 1 ff.
Verkürzung der Ausbildungszeit 27b 1 ff.
Verlängerung der Ausbildungszeit 27b 11 ff.
Vermittlungsstellen
- Aufgabe **91** 51
- Einrichtung Ausschuss **91** 50
- Gebühren **91** 52
Veröffentlichung der Satzung 105 18
Veröffentlichung des Gesamtergebnisses der Wahl Anl. C 18 4 ff.
Vertretungsbefugnis
- Gesamtvertretungsbefugnis **109** 2
- Handwerkskammer **109** 2
Verwaltung
- Anwendung Gesetzes- und Steuerrecht **109** 1
- Geschäfte der laufenden Verwaltung **109** 1
- Handwerkskammer **109** 1
- zulässige Satzungsregelungen **109** 1
Verwaltungsverfahren
- einheitliche Stelle **5b** 1 ff.
- grenzüberschreitender Verfahrensbezug **5b** 2
Verwandte Handwerke 7 39 ff.
- B1 Handwerke **7** 43
- Rechtsverordnung **7** 40
Verweigerung Auskunftspflicht 111 4
- Betretungsbefugnis **111** 4
- Zulässigkeit **111** 4
Vizepräsident
- Wahl **108** 9
Volljährigkeit
- Arbeitnehmer **98** 11

- Gesellen **98** 11
- Wählbarkeit **99** 3
- Wahlberechtigung **96** 6; **Anl. C 1** 82
Vollständigkeitsprinzip Anl. C 8 12 f.
Vollversammlung
- Amtsdauer **103** 1
- Amtsenthebung **104** 3 f.
- Ausscheiden aus dem Amt **104** 1 ff.
- ausschließliche Zuständigkeit **106** 1 ff.
- Friedenswahl **Vorb. 52** 14
- Handwerkskammer **Vorb. 52** 14; **93** 1 ff.
- Mitglieder **93** 2 ff.; **94** 1 ff.
- Mitgliederbestellung **93** 1
- Mitgliederzahl **93** 3
- Mitgliedschaft **Vorb. 52** 16 ff.
- Satzung zur Zuständigkeitsverteilung im Vorstand **108** 4
- Stellvertreter **93** 5
- Zusammensetzung **93** 4; **Anl. C 1** 27; **Anl. C 4** 1 ff.
- Zuwahl **93** 6
Vorsitzender
- Handwerkskammer **49** 10 ff.
- Zulassungsentscheidung **49** 11
Vorstand
- Beschlussfähigkeit **Anl. C 1** 53
- Bestimmung Wahltag **Anl. C 1** 1 ff., 27, 62 ff.
- Ehrenamt **109** 4
- Gehilfen **92** 2
- Haftung **109** 5
- Handwerkskammer **92** 1 ff.; **Anl. C 1** 30 ff.
- Mitgliederstatus **108** 4 ff.
- Verwaltung **109** 1
- Wählbarkeitsvoraussetzungen **108** 2
- Wahlverfahren **106** 5
- Zusammensetzung **108** 1; **Anl. C 1** 1 f., 36
Vorstandsmitglieder
- Abberufung **108** 7
- Bescheinigung der Vorstandsstellung **108** 10
- Ehrenamt **109** 4
- Gesellen **108** 3
- Status **108** 4 ff.
- Verpflichtung zum Ausscheiden **108** 7
- Vollversammlungsmitglied **108** 6
- Wahl **108** 9
- Wählbarkeitsbeschränkungen **108** 5 ff.
- Zuständigkeitsverteilung **108** 4
Vorstandssitzung Anl. C 1 39 f.
- Anforderungen an die Ladung **Anl. C 1** 41 ff.
- Benachteiligungs-, Begünstigungsverbot **Anl. C 1** 50
- Beschlussfassung **Anl. C 1** 57
- Ladungsfrist **Anl. C 1** 45
- Ladungsmängel **Anl. C 1** 55 ff.
- Niederschrift **Anl. C 1** 59
Vorstandswahl
- Anzeigepflicht **108** 10
Wahl
- Ablehnung **102** 1 ff.
- Amtsdauer **103** 1
- Amtsenthebung **104** 3 f.
- Amtsniederlegung **102** 8 ff.
- Auskunftsrecht **Anl. C 17a** 11 ff.
- Ausscheiden aus dem Amt **104** 1 ff.
- Ausschluss Wahlrecht **96** 11 ff.; **99** 6
- Bekanntgabe Wahlergebnis **100** 23 ff.; **Anl. C 18** 4 ff., 5

Magere Zahlen = Randnummern

Sachverzeichnis

– Einspruch **101** 1 ff.; **Anl. C 17** 34
– Gültigkeit Stimmen/Stimmzettel **Anl. C 14** 1 ff.
– Höchstpersönlichkeit **96** 15
– Kosten **Anl. C 22** 1 ff.
– Präsident **108** 8
– Stellvertreter **93** 5
– Ungültigkeitserklärung **100** 1 ff.
– Veröffentlichungspflichten **Anl. C 12** 25 ff.
– Vizepräsident **108** 9
– Vollversammlung **93** 1; **95** 1 ff.; **98** 11; **124a** 1 ff.
– Vorstandsmitglieder **108** 9
– Wahlakt **Anl. C 16** 19 ff.
– Wahlausschuss **Anl. C 2** 1 ff.
– Wählbarkeit/passives Wahlrecht **99** 1 ff.
– Wahlberechtigung/aktives Wahlrecht **96** 1 ff.; **98** 11 f.; **Anl. C 1** 3
– Wahlbescheinigung **98** 7
– Wahlergebnis **Anl. C 17** 1 ff.; **Anl. C 18** 1 ff.
– Wählerverzeichnis **98** 7
– Wahlmänner **98** 6
– Wahlprüfung **100** 1 ff.
– Wahlrechtsgrundsätze **95** 2 ff.; **98** 6; **Anl. C 1** 82 ff.
– Wahlverfahren **95** 8

Wahlakt
– Grundsatz der Höchstpersönlichkeit **Anl. C 16** 19
– Prüfung Legitimation **Anl. C 16** 32 ff.
– Rücksendung Wahlunterlagen **Anl. C 16** 27 ff.
– Wahlhandlung/Kennzeichnung **Anl. C 16** 20 ff.
– Wahlurne **Anl. C 16** 35 f.

Wahlausschuss Anl. C 1 80; **Anl. C 2** 1 ff.
– Ablehnung der Berufung **Anl. C 2** 5 ff.
– Ausscheiden **Anl. C 2** 35
– Belehrung der Mitglieder **Anl. C 2** 26 ff.
– Benachteiligungs- und Begünstigungsverbot **Anl. C 2** 53
– Berufung durch Wahlleiter **Anl. C 2** 3
– Berufungsfrist **Anl. C 2** 4
– Beschlussfähigkeit **Anl. C 2** 19 ff.
– Beschlussfassung **Anl. C 2** 23 f.
– Beschwerdeverfahren bzgl. Besetzung **Anl. C 21** 1 ff.
– Ehrenamt **Anl. C 2** 5, 48 ff.
– Ermittlung Wahlergebnis **Anl. C 17** 1 ff.
– Feststellung Wahlergebnis **Anl. C 12** 22 ff.; **Anl. C 18** 1 ff.
– Gültigkeitsbeschluss **Anl. C 12** 24
– Halbteilung **Anl. C 2** 3
– Öffentlichkeitsgrundsatz **Anl. C 2** 43 ff.
– Schriftführer **Anl. C 2** 37 ff.
– Sitzungen **Anl. C 2** 40 ff.
– Vorsitz **Anl. C 2** 18
– Wahlvorschlagsberechtigung **Anl. C 8** 3
– Zulassung Wahlvorschläge **Anl. C 11** 9 ff., 15 ff.
– Zusammensetzung **Anl. C 1** 80; **Anl. C 2** 1, 15

Wählbarkeit
– Vertreter zulassungspflichtiger Handwerke **97** 1 ff.

Wählbarkeit/passives Wahlrecht Anl. C 1 86 ff.
– Abschlussprüfung **99** 2

– Arbeitgeber **97** 4; **Anl. C 7** 87; **Anl. C 10** 10 ff.
– Arbeitnehmer **99** 2 ff.; **Anl. C 10** 19
– Arbeitslosigkeit **99** 4
– Ausschluss passives Wahlrecht **99** 6; **Anl. C 10** 17
– Bescheinigung der Handwerkskammer **Anl. C 10** 9 ff., 20 ff.
– Gesellen **99** 2
– juristische Person **Anl. C 10** 16
– Mehrfachbewerbung **Anl. C 8** 19
– natürliche Personen **97** 5 ff.
– Staatsangehörigkeit **99** 1; **Anl. C 1** 86
– Unterschriftenquorum **Anl. C 8** 51, 60
– Volljährigkeit **99** 3

Wählbarkeitsbeschränkungen
– Zulässigkeit für Vorstandswahl **108** 5
– Zulässigkeit passives Wahlrecht **Anl. C 10** 15

Wahlberechtigung/aktives Wahlrecht Anl. C 1 3, 82, 86 ff.; **Anl. C 10** 23 ff.
– Arbeitnehmer **98** 1 ff., 11; **Anl. C 1** 98 ff.
– Arbeitslosigkeit **98** 12; **Anl. C 1** 104, 107
– Ausscheiden aus dem Amt **104** 2
– Ausschluss **96** 11 ff.; **Anl. C 1** 94, 109
– Behinderung der Ausübung **96** 13 ff.
– Beschwerdebefugnis Zusammensetzung Wahlausschuss **Anl. C 21** 4
– Gesellen **98** 11; **Anl. C 1** 101; **Anl. C 13** 3
– Höchstpersönlichkeit **96** 8
– juristische Person **96** 7; **Anl. C 1** 93
– Kammerzugehörigkeit **96** 5
– Kleinunternehmer **98** 10; **Anl. C 1** 89
– mehrfaches Wahlrecht **Anl. C 1** 4 ff.; **Anl. C 8** 58
– Übertragbarkeit **96** 8
– Volljährigkeit **96** 6; **98** 11; **Anl. C 1** 92
– Zeitpunkt **96** 10; **Anl. C 1** 96

Wahlberechtigungsschein Anl. C 13 1 ff.
– Adressat **Anl. C 13** 10
– Antragsfrist **Anl. C 13** 7
– Antragsverfahren **Anl. C 13** 6
– Arbeitslosigkeit **Anl. C 13** 12 f.
– Ausstellungsberechtigung **Anl. C 13** 8 f.
– Geselle **Anl. C 13** 1 ff.
– Inhalt **Anl. C 13** 2 f.
– Muster **Anl. C 13** 2
– Stimmberechtigung **Anl. C 13** 11 ff.
– Voraussetzungen **Anl. C 13** 4
– Wahlakt **Anl. C 16** 19 ff.
– Wahlunterlagen **Anl. C 16** 13 ff.

Wahlbezirk Anl. C 3 1 ff.

Wahleinspruch
– Auswirkung **101** 20 f.
– Begründetheit **101** 9 f., 15
– Einspruchsbefugnis **101** 6 f., 13
– Einspruchsberechtigung **101** 5, 12
– Einspruchsfrist **101** 8, 14; **Anl. C 12** 31 f.; **Anl. C 18** 6
– Gegen Gültigkeit der Wahl insgesamt **101** 11 ff.
– gegen Wahl von Personen **101** 3 ff.
– Prüfungsorgan **101** 16
– Rechtsmittel **101** 17 ff.

Wahlergebnis
– Aufbewahrungsfrist Wahlunterlagen **Anl. C 17** 31 ff.

765

Sachverzeichnis Fette Zahlen = §§

- Einsichtnahmerecht Wahlunterlagen **Anl. C 17** 37
- Einspruch **Anl. C 17** 34; **Anl. C 17a** 7 ff.
- Ermittlung **Anl. C 17** 1 ff.
- Feststellung **Anl. C 12** 22 ff.; **Anl. C 18** 1 ff.
- Grundsatz der Öffentlichkeit **Anl. C 17** 5; **Anl. C 18** 3
- Niederschrift Übergabe Wählerverzeichnis **Anl. C 17** 37 f.
- öffentliche Bekanntmachung **Anl. C 18** 5
- Stimmzettel **Anl. C 17** 9 ff., 22
- Übergabe Wählerverzeichnis **Anl. C 17** 36
- Übergabe Wahlunterlagen **Anl. C 17** 27 ff.; **Anl. C 18** 2
- Umschlag **Anl. C 17** 15
- Ungültigkeit der Stimme **Anl. C 17** 6 ff.
- Veröffentlichung **Anl. C 18** 4 f.
- Veröffentlichung des Gesamtergebnisses **Anl. C 18** 4 ff.
- Verwahrung Wahlunterlagen **Anl. C 17** 27 ff., 35
- Zettel **Anl. C 17** 16 ff.
- Zuständigkeit **Anl. C 12** 23 f.

Wählerverzeichnis Anl. C 12 1 ff.
- Arbeitnehmer **Anl. C 12** 2 ff.

Wahlleiter Anl. C 1 71 ff.
- Adressat der Wahlvorschläge **Anl. C 8** 5; **Anl. C 9** 2
- Adressat der Zustimmungserklärung **Anl. C 10** 6
- Aufforderung zur Einreichung von Wahlvorschlägen **Anl. C 7** 120
- Beseitigung behebbarer Mängel des Wahlvorschlags **Anl. C 11** 3 ff.
- Bestellung **Anl. C 1** 72
- Festsetzung Wahlvorschläge **Anl. C 11** 18; **Anl. C 7** 118
- Mitteilung des Wahlergebnisses an die Aufsichtsbehörde **Anl. C 18** 2, 7
- öffentliche Bekanntmachung Gesamtergebnis der Wahl **Anl. C 12** 27; **Anl. C 18** 2, 4 f.
- persönliche Anforderungen **Anl. C 1** 73 f.
- Stellvertreter **Anl. C 1** 81; **Anl. C 2** 34 f.
- Unabhängigkeit **Anl. C 1** 73
- Verwahrung Wahlunterlagen **Anl. C 17a** 3 ff.
- Vorsitz im Wahlausschuss **Anl. C 2** 18
- Zuständigkeit **Anl. C 1** 73; **Anl. C 2** 3; **Anl. C 7** 120

Wahlprüfung Anl. C 12 33 ff.
- Bekanntgabe Wahlergebnis **100** 23 ff.
- Frist **100** 4; **Anl. C 18** 6
- Handwerkskammer **100** 1
- Inhalt **100** 2 ff.
- Konsequenz der Ungültigkeitsentscheidung **100** 14 ff.
- objektives Verfahren **100** 1
- Rechtsmittel **100** 9 ff.; **Anl. C 12** 44
- Wahlprüfungsorgan **100** 5 ff.; **Anl. C 12** 42 ff.

Wahlrechtsgrundsätze 95 2 ff.; **Anl. C 1** 82 ff.
- allgemeine Wahlrechtsgrundsätze **95** 5 ff.; **98** 6; **Anl. C 1** 82 ff.
- Briefwahl **95** 7
- Listenwahl **95** 3 ff.
- Mehrheitswahl **95** 3; **Anl. C 18** 11 ff.
- Wahlrechtsgleichheit **Anl. C 20** 18 ff.

Wahlunterlagen Anl. C 17a 1 ff.; **Anl. C 18** 8 ff.
- Adressat **Anl. C 16** 1

- Arbeitnehmer **Anl. C 16** 16 ff.
- Aufbewahrungsfrist **Anl. C 17** 31 ff.
- Beschaffung **Anl. C 17** 7 ff.
- Einsichtnahmerecht **Anl. C 17** 37
- Herstellung **Anl. C 15** 1 ff.
- Inhaltliche Gestaltung **Anl. C 15** 10
- Kosten **Anl. C 15** 5; **Anl. C 16** 4, 11
- Prüfung Legitimation **Anl. C 16** 32 ff.
- Rücksendeumschlag **Anl. C 16** 10 ff., 18; **Anl. C 17** 7
- Rücksendung **Anl. C 16** 27 ff.
- Stempel **Anl. C 15** 6 f.
- Stimmzettel **Anl. C 16** 7, 17; **Anl. C 17** 9
- Übergabe Wählerverzeichnis **Anl. C 17** 36
- Übergabe Wahlunterlagen **Anl. C 17** 27 ff.; **Anl. C 18** 2
- Übermittlung **Anl. C 16** 2 f.
- Vernichtung **Anl. C 17a** 6 ff.
- Verwahrung **Anl. C 17** 27 ff., 35; **Anl. C 17a** 1
- Vorlage an die Aufsichtsbehörde **Anl. C 18** 9
- Wahlberechtigungsschein **Anl. C 16** 13 ff.
- Wahlschein **Anl. C 16** 6
- Wahlumschlag **Anl. C 16** 8 f., 18; **Anl. C 17** 7 f.
- Wahlurne **Anl. C 16** 35 f.
- Zusammensetzung **Anl. C 16** 5 ff.

Wahlverfahren 95 8

Wahlvorschläge Anl. C 7 1 ff.
- Abbildungsprinzip **Anl. C 8** 14 ff.
- Adressat **Anl. C 8** 5
- Bekanntmachung **Anl. C 7** 113
- Demokratieprinzip **Anl. C 7** 32 ff.
- Einreichungsfrist **Anl. C 9** 1 ff.
- Festsetzung **Anl. C 7** 118; **Anl. C 11** 7
- Form **Anl. C 8** 9
- Friedenswahl **Anl. C 20** 30
- Geltungsbereich **Anl. C 8** 1
- Gruppenbildung **Anl. C 7** 11 ff.
- Listenprinzip **Anl. C 8** 7
- Modifizierbarkeit **Anl. C 11** 19 ff.
- Rechtsfolgen der Mangelhaftigkeit **Anl. C 11** 1 ff.
- Rechtsmittel **Anl. C 7** 116
- Stellvertreterangabe **Anl. C 8** 33 ff.
- Trennungsprinzip **Anl. C 8** 8
- Unterschriftenquorum **Anl. C 8** 51 ff.
- Veröffentlichung **Anl. C 11** 25 ff.
- Verpflichtenden Angabe persönlicher Daten **Anl. C 8** 24 ff.
- Vertrauensperson **Anl. C 11** 13 ff.; **Anl. C 8** 45 ff.
- Vollständigkeitsprinzip **Anl. C 8** 12 f.
- Wahlvorschlagsberechtigung **Anl. C 8** 2 ff.
- Zulässigkeit Einzel- oder Teilwahlvorschlag **Anl. C 7** 3 ff.
- Zulässigkeit kritischer Listen **Anl. C 7** 89 ff.
- Zulässigkeit Listenergänzung **Anl. C 7** 8 ff.
- Zustimmungserklärung Bewerber **Anl. C 10** 1 ff.

Wesentliche Tätigkeiten 1 35 ff.
- Bußgeld **117** 1 ff.
- zulassungspflichtiges Handwerk **1** 35 ff.

Zentralverband des Deutschen Handwerks e.V. 52 5

Zulassungsfreies Gewerbe 18 3
- Anzeigepflicht **18** 4

Magere Zahlen = Randnummern **Sachverzeichnis**

– Beitragspflicht **113** 17
– handwerksmäßiges Betreiben **18** 2
– Meisterprüfung, freiwillige **Vorb. 45** 7; **51a** 1 ff.
– Mitgliedschaft Handwerkskammer **90** 8 ff., 12
– Überwachung **111** 1 ff.
Zulassungspflichtiges Handwerk 1 2 ff., 31 ff.; **5** 1 ff.
– Angehörige EWG-Mitgliedstaaten **9** 1
– Ausübungsberechtigung **7b** 1 ff.
– Bußgeld **117** 1 ff.
– Meisterqualifikation **Vorb. 45** 2
– Mitgliedschaft Handwerkskammer **90** 8 ff.
Zünfte 52 8
– Zunftbann **52** 10
– Zunftzwang **52** 9
Zusatzbeiträge 113 26, 29 f.
Zusatzqualifikationen 39a 1 ff.

Zuständigkeitsübertragung auf die Handwerkskammer 124b 1 ff.
– Übertragung durch Rechtsverordnung **124b** 5 ff.
– Zuständigkeit **124b** 4
Zuständigkeitsverteilung Vorstand
– Regelung durch Geschäftsordnung **108** 4
– Regelung durch Satzung **108** 4
Zustellung
– Androhung Zwangsgeld **112** 4
Zustimmungserklärung Anl. C 10 1 ff.
– Adressat **Anl. C 10** 6
– Form **Anl. C 10** 6
– Mangelhaftigkeit **Anl. C 10** 7
– Rechtsnatur **Anl. C 7** 37
– Rücknahme **Anl. C 7** 35; **Anl. C 10** 8
Zweigniederlassung
– Beitragsverpflichtung **113** 18
– Eintragungspflicht **6** 11 f.
Zwischenprüfung 39 1 ff.